Dr. Karl Peltzer / Reinhard v. Normann

27. Auflage

Das treffende Wort

Mit einem Griff den richtigen Begriff – das clevere Wörterbuch sinnverwandter Ausdrücke

NIKOL
VERLAG

Genehmigte Lizenzausgabe für
Nikol Verlagsgesellschaft mbH & Co. KG,
Hamburg, 2016

Covergestaltung: Jürgen Hetz, denksportler Grafikmanufaktur
Druck: CPI Moravia Books s.r.o.
Printed in the Czech Republic

ISBN: 978-3-86820-315-8

www.nikol-verlag.de

Vorwort
zur 1. Auflage

Eine Spruchweisheit besagt: Die Worte der Könige sind Könige der Worte! Königlich aber ist etwas, was beherrscht, was überragend, vorzüglich und trefflich ist, etwas, dem der Vorrang gebührt, etwas – was das Beste ist und an der Spitze steht.

Wörter, die wir in unseren Briefen und Schriften benutzen, sollen daher königliche Wörter sein; sie sollen trefflich und vorzüglich sein; sie sollen den Nagel auf den Kopf treffen und den Leser beherrschen. Wer immer schreibt, vergesse nie, dass das Wort nicht nur ganz klar ausdrücken soll, was wir sagen wollen; es soll darüber hinaus auch die Stimmung wiedergeben, in der wir es niederschreiben, so dass der Leser sich uns nahe wähnt, das heißt, dass er sich berührt fühlt. Dieses Berührtsein gibt uns Macht über den Leser. Wir bringen ihn unter unseren Einfluss; wir stimmen ihn zu unserer Ansicht und Absicht, zu unserem Wollen, zu unserem Denken hin. Von dieser Hinstimmung hängt im Leben oft der Erfolg ab.

Darum müssen wir unsere Gedanken sprachlich sorgfältig formulieren und darauf bedacht sein, stets nur das treffende Wort zu gebrauchen. Unsere deutsche Sprache ist so reich, dass wir immer ein Wort finden können, das seinem Gewicht und seinem inneren Gehalt und seinem Schmelz nach das stärkste und treffendste ist.

Aber ein solches Wort will erarbeitet sein. Schefer sagte in seinem Laienbrevier: «Willst du von zweien Dingen wissen, welches das rechte? – Nimmer ist es das bequeme! Was dir die meiste Mühe macht, das ist es.»

Das gilt auch für das treffende Wort. Nicht aber so sehr aus Bequemlichkeit, sondern aus Mangel an Zeit zum Nachdenken wird oft gegen das Wort «gesündigt». Dieses Wörterbuch soll es nun allen, ob Journalist oder Schriftsteller, Lehrer oder Wissenschafter, Kaufmann oder Werbefachmann, leicht machen, ihre Gedanken treffend und stark auszudrücken. Es soll jeden zum bildkräftigen Wort schnell hinführen. Es wurde daher ein Buch aus der Praxis für die Praxis geschrieben, und damit ist auch schon angedeutet, dass es keinen Anspruch erhebt, ein wissenschaftliches Werk zu sein. Es füllt aber eine empfindliche Lücke in den

Nachschlagewerken aus. Zwar gibt es bereits eine ganze Reihe ausgezeichneter Werke sinnverwandter Wörter – aber sie sind in Sachgruppen eingeteilt oder in ein Begriffnetz gegliedert. Dem Praktiker wird das Arbeiten mit ihnen dadurch erschwert. Um diese Schwierigkeiten zu beheben, wurden diesen Büchern mehr oder minder umfangreiche Register als Hilfe beigegeben.

Das **Ideal für ein Wörterbuch sinnverwandter Ausdrücke**, das seinen Platz auf dem Schreibtisch hat und das bei der täglichen Arbeit immer zur Hand sein soll, **ist aber der lexikografische Aufbau**. Darum wurde bei diesem Werk auch dieser Weg beschritten. Um das Buch nun nicht unhandlich zu machen, war es leider nicht möglich, bei jedem einzelnen Wort die sinnverwandten Ausdrücke zu bringen. In vielen Fällen mussten daher Hinweise gegeben werden, um das Wort mit der besten Nuance zu finden. Mit Absicht wurde dabei auf die sonst übliche Art, durch Ziffern solche Anhaltspunkte zu geben, verzichtet, denn oft wird den Benützern des Buches schon mit den Hinweiswörtern gedient sein, so dass sich ein umständliches Suchen und zeitraubendes Nachblättern erübrigt.

Die Sprache ist in ständigem Fluss; das Sprachgut ändert sich von Tag zu Tag. Es ist daher nur natürlich, dass ein solches Wörterbuch trotz langwieriger Arbeit in seinem Umfang nie zum Abschluss kommt. Wenn aber dem Benützer mit der vorliegenden Zusammentragung seine tägliche Arbeit erleichtert wird, dann hat das Buch seinen Zweck erfüllt.

Ich möchte an dieser Stelle sowohl meiner Assistentin, der Germanistin Fr. Werner, Wiesbaden, für ihre unermüdliche und sorgfältige fachliche Arbeit, als auch vor allem dem Verlag, der die Herausgabe ermöglichte, meinen aufrichtigen Dank aussprechen.

Wiesbaden, den 1. Januar 1955 Der Verfasser

Vorwort
zur 23. Auflage

Dieses Buch hat seine Bewährungsprobe bei (weit) über 120000 Benutzern bestanden. Auf der Suche nach dem «treffenden» Wort bringt es schreibende und redende Menschen seit Jahren ungewöhnlich schnell zum Ziel. Das riesige Angebot der Wörter des täglichen Gebrauchs wie auch origineller Begriffe, Fachwörter, «Fremdwörter», deftiger Ausdrücke der Umgangssprache, häufig gebrauchter Redewendungen und (in der neuen Auflage) vollständiger Gruppen von «Gegenbegriffen» ist unter mehr als 40000 Hauptstichwörtern in wenigen Sekunden zugänglich. «Das treffende Wort» führt in 9 von 10 Suchaktionen sofort zum passenden Ausdruck und unterscheidet sich dadurch von den meisten Wörterbüchern mit gleicher oder ähnlicher Zwecksetzung. Sogar im Wettbewerb mit elektronischen Nachschlagewerken hat es unübersehbare (und handgreifliche!) Vorteile. Der Benutzer hat jeweils nicht nur ein Wort und seine Entsprechungen im Auge, vielmehr den weiten Horizont ganzer Wortgruppen (auf 2 Buchseiten mit 6 Spalten) in höchster Informationsdichte! Ein Praktiker (der auch die Möglichkeiten elektronischer «Bücher» kennt) weiß das zu schätzen, und der Wort-Liebhaber erreicht beim Überfliegen der vertrauten (flimmerfreien) Druckseiten, wenn er will, eine lustvolle Empfindung des Schwebens – des Schwimmens im Ozean der (deutschen) Sprache.

Die eher «lockere» als streng wissenschaftliche Auflistung der Wörter macht (angenehme) Überraschungen und «Aha-Effekte» bei zielstrebigen Recherchen nach dem richtigen Ausdruck jederzeit möglich.

Das vorliegende Nachschlagewerk gehört inzwischen zu den (relativ) wenigen echten «Longsellern» im deutschsprachigen Buchhandel. Es steht nicht nur in den Regalen der gebildeten oder bildungssuchenden «Normalbürger», in Griffnähe von Redakteuren und Lektorinnen, von Schreibdamen und (Chef-)Sekretärinnen, von Werbefachleuten und Wissenschaftlern, sondern auch in der Handbibliothek bedeutender (namhafter) «Künstler des Wortes». Sehr viele Menschen, die auf Überzeugungskraft der Wörter und Sätze, auf den sprachlichen «Biss» besonders zu achten haben, gehören zu den treuen Abnehmern und Benutzern von «Das treffende Wort». Bürokraten und ängstliche Typen, die zu stilistischen

Verkrampfungen neigen, finden in diesem Buch häufig entspannende Wortvorschläge.

Der hochkonzentrierte Inhalt dieser Wörtersammlung musste nach Jahrzehnten der Bewährung den (neuen) Ansprüchen unserer Zeit angepasst werden. Dabei sollten und konnten aber viele (liebenswerte) Eigenarten des Buches erhalten bleiben. Es galt also, eine «Totalüberarbeitung» so zu gestalten, dass die unverwechselbaren Qualitäten des Werkes nicht gestört wurden. Das war eine Sisyphusarbeit, die länger als zwei Jahre dauerte! – Integriert wurden auch einige wichtige Ergebnisse der intensiven Beschäftigung des neuen Herausgebers, Bearbeiters und Wörterbuchautors mit Fachsprachen.

Die vollständig überarbeitete Neuauflage des Buches ist bereichert um
- 10 000 weitere Hauptstichwörter und über
- 3 000 Gruppen von «Gegenbegriffen», neu oder zusätzlich unter neuen oder vorhandenen Hauptstichwörtern, so dass auch auf dem Gebiet der Antonyme (Wörter mit entgegengesetzter Bedeutung) kaum noch Wünsche offen bleiben.

An vielen Stellen wurde Überflüssiges gestrichen und Neues ergänzt. Einige «uninteressante» Hauptstichwörter konnten beseitigt werden.

Zahlreiche Hinweise auf (aktuelle) Fremd- und Fachwörter gehören (noch mehr) zu den Besonderheiten dieses nützlichen Buches, das sich jetzt auch auf die wachsende Bedeutung spezieller Termini (Fachausdrücke) in der täglichen Kommunikation, im Schriftverkehr, in der Rhetorik, auf die höheren Ansprüche schreibender und redender Menschen und auf Expertenwünsche, z. B. von Fach- und Sachbuchautoren einstellt.

Zur besseren Lesbarkeit wurde der Zeilensatz etwas aufgelockert. Das Zeichen für Gegenwörter (▸) steht jetzt immer unten ganz links in den Spalten. Die Antonyme sind also noch deutlicher abgegrenzt. Die Übersichtlichkeit des Inhalts wurde insgesamt verbessert.

Bearbeiter und Verlag wünschen den Neuerwerbern und den Kennern des Werkes viel Erfolg und Freude mit dieser ungemein preiswerten Neuausgabe von «Das treffende Wort».

Landsberg am Lech, 1993 Reinhard v. Normann

Zum Gebrauch des Buches

Abkürzungen

bay.	=	in Bayern gebräuchlich
engl.	=	englisch
f	=	weiblich
fr.	=	französisch
j	=	Jägersprache
it.	=	italienisch
lat.	=	lateinisch
m	=	männlich
M	=	Modewörter
ö	=	in Österreich gebräuchlich
s	=	sächlich
schw.	=	in der Schweiz gebräuchlich
sl.	=	mundartlich
sm	=	seemännische Ausdrücke
u	=	Umgangssprache
→	=	unter diesen Wörtern sind weitere sinnverwandte Ausdrücke zu finden
●	=	Trennung von Sinngruppen
▸	=	Gegenbegriffe

Über 140 000 zufriedene Benutzer haben «Das treffende Wort» in den seit 1955 veröffentlichten Ausgaben kennen und schätzen gelernt. Die Ihnen jetzt vorliegende 27. Neuauflage des Buches wurde auf der Grundlage der neuen deutschen Rechtschreibung vollständig überarbeitet. Damit wollen wir unserem Grundsatz, den Anwendern ein «Synonymwörterbuch aus der Praxis für die Praxis» zur Verfügung zu stellen, treu bleiben, denn die neuen Regelungen erleichtern das Schreiben, ohne das uns vertraute Schriftbild der deutschen Sprache wesentlich zu verändern. Das vorliegende Werk ist ein Beweis dafür. Zur besseren Lesbarkeit wurde zudem bei der Überarbeitung auf Blocksatz verzichtet, so dass die Auflage keine Silbentrennungen mehr enthält und daher noch übersichtlicher ist.

Im Juni 2004
Der Verlag

A

A bis O ausnahmslos, durchweg, gänzlich, gesamt, gründlich, hundertprozentig, komplett, planmäßig, radikal, restlos, sämtlich, systematisch, total, ungeteilt, völlig, vollzählig, alles in allem, von Anfang bis Ende, durch die Bank, durch und durch, ganz und gar, im Ganzen genommen, im Ganzen, von Grund auf, mit Haut und Haar, von Kopf bis Fuß, mit Leib und Seele, von oben bis unten, bis über die Ohren, mit Pauken und Trompeten, von der Pike auf, mit Sack und Pack, samt und sonders, vom Scheitel bis zur Sohle, mit Stumpf und Stiel, über und über.
▸ Unwichtigkeit.

A bis Z alles, von Anfang bis Ende, ausnahmslos, Freund und Feind, überhaupt, samt und sonders, unverkürzt, unvermindert, unzerbrochen, unzerschnitten, durchgängig, ungeteilt, ungetrennt, unzerstört, mit Haut und Haar, mit Stumpf und Stiel, von Kopf bis Fuß, einer wie der andere, Groß und Klein, Mann und Maus, Kind und Kegel, Haus und Hof, Stock und Stein, Hülle und Fülle, Leib und Seele. → A und O, all.
▸ Teil.

A und O abschließend, ausschlaggebend, anstreichen, bahnbrechend, beachtenswert, bedeutend, bedeutsam, Bedeutung, bedeutungsvoll, beherzigenswert, betonen, beispielhaft, belangreich, bemerkenswert, beträchtlich, bezeichnend, denkwürdig, dringend, eindringlich, einflussreich, einschärfen, einschneidend, entscheidend, epochal, Epoche machend, erforderlich, erheblich, ernstlich, erstklassig, folgenschwer, gewichtig, grundlegend, hauptsächlich, hervorheben, hervorragend, hochhalten, interessant, lebenswichtig, maßgebend, merkwürdig, schlechthin, tiefgreifend, triftig, vordringlich, vornehmlich, wegweisend, wertvoll, wesentlich, wichtig, zentral, von Belang, in erster Linie, der Mühe wert, kein Pappenstiel, man muss damit rechnen, von Tragweite, viel zu bedeuten haben, vor allem anderen, Wert legen auf, viel Wesens machen. → betonen.
▸ unwichtig.

aalartig → aalglatt, blank.

aalen sich ausruhen, rekeln, sich sonnen, es sich bequem machen, sich behaglich fühlen, dolce far niente, an nichts mehr denken, herrlich und in Freuden leben, sich das Leben verschönern, sich der Lust hingeben, sich dem Nichtstun hingeben, die Sorgen vergessen, sich wohl fühlen, sich's wohl sein lassen.
▸ unbehaglich fühlen.

aalförmig schmal, schmächtig, dünn, schlank, schlangenförmig, haarförmig, fadenförmig, hager, mager, dünn wie ein Faden, Bohnenstange, Latte, gewunden, gebogen, geschlängelt, schlängelnd, wurmartig, schlangenartig. → aalglatt, dünn.

aalglatt glatt, aalartig, schlüpfrig, glibberig, samtartig, glitschig, schmierig, ölig, fettig, weich • gerissen, doppelzüngig, glattzüngig, artig, diplomatisch, pfäffisch, jesuitisch, arglistig, gerieben, listig, verschlagen, schlau, pfiffig, raffiniert, gewiegt, durchtrieben, schlitzohrig, abgefeimt, verschmitzt, spitzfindig, hinterlistig, tückisch, heimtückisch.
▸ rau, aufrichtig, dumm.

Aar Wappenvogel, Adler, König der Lüfte, Sinnbild.

Aas Kot, Kacke, Kadaver, Luder, Mist, Scheiße, faulendes Fleisch. → Dreck, Ekel.

aasen fressen, äsen, verzehren, verschlingen, beißen, hineinstopfen, füttern, ätzen, weiden, grasen, kauen, nagen, knuspern, kröpfen, nadeln *j.* → verschwenden.

Aasgeier → Betrüger.

aasig übel riechend, stinkend, stinkig, faul.

ab abgezogen, abgerechnet, abzüglich, weniger, abgängig, ohne, lösen, absondern, los, locker, für sich, verbindungslos, fort, auf und davon, dahin, hin, hinweg, von dannen, von hinnen.
▸ an, auf, bis, her, nach, hierher, zu.

ab und zu bisweilen, gelegentlich, manchmal, mitunter, zuweilen, dann und wann, hin und wieder, von Zeit zu Zeit.
▸ immer.

abaasen abfressen • Fell vom Fleisch säubern, fluschen.

abändern → ändern, beugen.

Abänderung Umänderung, Umwandlung, Wechsel, Wandel, Wandlung, Verwandlung • Verwahrung, Klausel, Rückzieher, Vorbehalt.

abarbeiten abäschern, abhasten, abplacken, abquälen, abmühen, abrackern, sich schinden, abschleppen, schuften, überarbeiten, überfordern, überlasten, wie ein Sklave arbeiten, Übermenschliches leisten. → ackern, abhasten, abhetzen, abjagen, abmühen, abplacken, abquälen, abrackern, abschleppen, anstrengen, Beste tun, bestreben sich, erkämpfen, fallen schwer.
▸ faulenzen liegen lassen, nicht machen, unerledigt lassen • bezahlen.

Abart Ausnahme, Abweichung, Besonderheit, Eigenart, Eigentümlichkeit, Spielart, Unregelmäßigkeit. → Abteilung, Abweichung.
▸ Übereinstimmung, Gleichheit.

abartig → abnorm.
▸ normal.

abäschern → abarbeiten.

abästen Äste abschlagen, Ästen befreien von, entasten.

abätzen bestreichen mit dem Ätzstift, touchieren.

abbalgen wegnehmen, entfernen, abschälen, herausschälen, abhäuten, abstreifen, entfiedern, entschuppen, abnehmen, das Fell abziehen, abziehen, enthäuten, bälgen, streifen *j*, abschwarten.

Abbau Aussonderung, Zerlegung, Zersetzung, Zerstörung • Abschied, Absetzung, Amtsenthebung, Degradation, Demission, Entfernung, Entlassung, Kassation, Kündigung, Pensionierung, Rückberufung, Rücktritt, Ruhestand, Suspendierung, Urlaub, Verabschiedung. → Abbruch, Abkürzung, Abschied, Abzug, Amtsabtretung, Auflösung,

Demontage, Destruktion, Dezimierung.
▸ Aufbau, Beitritt.

abbauen abbrechen, abschaffen, absondern, beseitigen, demolieren, destruieren, zersetzen, zerstören • abberufen, abdanken, ablohnen, absetzen, ausmustern, ausschließen, ausstoßen, beschränken, beurlauben, degradieren, entlassen, entlohnen, fortjagen, kassieren, kündigen, pensionieren, quittieren, suspendieren, verabschieden, wegschicken, brotlos machen, kaltstellen, den Laufpass geben, der Macht entkleiden, aus den Reihen stoßen, in den Ruhestand versetzen, aus dem Sattel heben, den Stuhl vor die Tür setzen, altern, welken. → abbrechen, abhauen, ablohnen, abschaffen, absetzen, absondern, ausstoßen, demolieren, demontieren, destruieren, nachlassen.
▸ aufbauen, einstellen, bilden, errichten, erstellen, gründen • anstellen, einstellen • einführen • erholen sich • erhöhen, steigern.

abbauend abbrechend, abschaffend, ausstoßend, beschränkend, beseitigend, demolierend, destruierend, destruktiv, zersetzend, zerstörend • nihilistisch.
▸ hinzufügen.

Abbé → Geistlichkeit.

abbeißen zerstückeln, abtrennen, abzwicken, abbrechen, zermalmen, zerknirschen, zerfleischen, zerrupfen, zernagen, abnagen, abknabbern *u*, ausraufen, trennen, teilen, zerteilen, abknicken, losmachen.
▸ verbinden.

abbeizen säubern mit Säuren, tilgen (alte Anstriche).

abbekommen abkriegen, davontragen, erhalten • abkriegen, entfernen/lösen können.

abberufen zurückberufen. → abbauen, abdanken, absetzen, arbeitslos, Bord werfen über, entheben.
▸ berufen, bestellen, einsetzen, einstellen, ernennen, kommen lassen, nominieren, rufen.

Abberufung Abruf, Rückruf, Rückberufung, Kündigung, Entlassung, Verabschiedung, Abschied, Absetzung, Amtsenthebung, Suspendierung, Sturz, Vertreibung, Verjagung.
▸ Verbleib.

abbestellen ablehnen, annullieren, absagen, rückgängig machen, widerrufen, zurückziehen. → ablehnen, absagen.
▸ bestellen.

abbetteln abschmeicheln, abbuhlen, anhalten um, einen Antrag machen, nachsuchen, bemühen, angehen, ansprechen, erbitten, erbetteln.

abbeugen abflachen, abböschen, absinken, sich senken, abfallen, neigen, krümmen, abweichen, abwinkeln • sich gabeln, sich winkeln, abwinkeln.
▸ gerade bleiben.

abbezahlen → abzahlen.
▸ schuldig bleiben.

abbiegen gabeln, abschrägen, krümmen, biegen, winkeln, beugen, abknicken. → abschwenken, abweichen, ausdehnen, biegen, einbiegen, entfernen sich.
▸ bahnen.

Abbiegung Abweichung, Abbeugung, Abknickung, Schwenkung, Abschwenkung • Brechung • Krümmung, Biegung, Schwenkung, Umbiegung.
▸ Gerade.

Abbild Ebenbild, Passendes, Doppelgänger, Gegenstück, Seitenstück, Darstellung, Nachahmung, Wiedergabe, Foto, Porträt. → Ähnlichkeit, Bild.
▸ Ungleichheit • Original, Urbild.

abbilden abdrucken, abformen, abklatschen, abkonterfeien, abmalen, abzeichnen, darstellen, durchpausen, imitieren, kopieren, nachahmen, nachbilden, nachdrucken, nachformen, nachmalen, plagiieren, porträtieren, reproduzieren, übertragen. → abklatschen, abkonterfeien, abmalen, abschreiben, beschreiben.
▸ betrachten • ereignen sich, geschehen, zeigen sich • hindeuten auf.

Abbildung → Abdruck, Bild, Darstellung, Entwurf.

abbinden trennen, teilen, zerteilen, zerstückeln, zergliedern, abtrennen, absondern, losbinden, losmachen, befreien, entbinden, entfesseln, lösen, abschnallen, aufmachen, aufknüpfen, abknöpfen, Blutungen stillen • Mörtel, Gips, Zement fest werden lassen. → ausspannen, trennen.
▸ anmachen.

Abbitte Beilegung, Ehrenerklärung, Entschuldigung, Zufriedenstellung, Widerruf. → Befriedigung, Entschuldigung.
▸ Verstocktheit • Sünde, Untat, Vergehen.

abbitten bedauern, bereuen, beweinen, sich entschuldigen, hoppla, Pardon, sich schämen, widerrufen, zurücknehmen, sein Bedauern ausdrücken, sein Gewissen erleichtern, sich zu Herzen nehmen, zu Kreuz kriechen, es tut mir Leid, eine Schuld bereinigen, sich schuldig bekennen, nichts für ungut, ein Unrecht bekennen, um Vergebung bitten, um Verzeihung flehen, um gutes Wetter bitten. → beweinen, entschuldigen.
▸ trotzen.

abblasen einstellen, aufgeben, unter den Tisch fallen lassen, an den Nagel hängen, aufstecken.

abblättern abschälen, herauswickeln, aushülsen, enthüllen, entblättern, abdecken, abtragen, abfallen, abbröckeln, zerfallen, lösen, ablösen, entfernen. → blättern.
▸ bleiben.

abblenden abschatten, abdrehen, auslöschen, abdunkeln, verfinstern, verdunkeln. → ausgehen, dunkeln.
▸ aufblenden, emporlodern.

Abblendung Halblicht, Halbdunkel, Dämmerlicht, Schummer, Zwielicht, Verschattung, Abschirmung, Verhüllung, Vorhang, Lichtschutz, Abschaltung, Überblendung, Lichtminderung, Blende schließen.
▸ Aufblendung, Helle.

abblitzen ablehnen, absagen, abschlagen, sich abwenden, ausschlagen, ausschließen, versagen, verschmähen, verweigern, zurückweisen, Anstoß nehmen, Ausflüchte machen, dagegen sein, nicht einwilligen, keine Gegenliebe finden, einen Korb geben, stehen lassen, sich taub stellen, von sich weisen. → ablehnen, absagen, abschlagen, blamieren,

beikommen nicht.
▸ erreichen.
abblocken abbiegen, abwehren, abwenden, hindern an, hintertreiben, vereiteln.
abblühen vergehen, verwelken, verblühen, abnehmen, verfallen, verdorren, trocknen, gebrechlich werden, abwärts gehen, vergänglich sein, zu Staub werden.
▸ erblühen.
abbohren → abschreiben.
abböschen abschrägen, abdachen, abdämmen.
abbrauchen abnutzen, abtragen, anfressen, angreifen, ätzen, beeinträchtigen, beschmutzen, besudeln, durchfressen, entwerten, kleiner werden, verfallen, verkümmern, verschleißen, versiegen, vertrocknen, zerstören. → abnutzen, angreifen, besudeln.
abbrausen Brause abspülen mit der • davoneilen, enteilen.
abbrechen abschreiben, abstehen, abtreten, sich abwenden, aufhören, aufgeben, boykottieren, einstellen, entloben, entsagen, sich entziehen, fallen lassen, fertig sein mit, lösen, niederlegen, preisgeben, vermeiden, versagen, verzichten auf, sich zurückziehen, die Flinte ins Korn werfen, eine Gewohnheit abschütteln, an den Nagel hängen, im Stich lassen • abbauen, abreißen, abschaffen, abtragen, beseitigen, demolieren, demontieren, einreißen, entwurzeln, niedermähen, niederreißen, ramponieren, ruinieren, vernichten, vertilgen, verwüsten, zerbrechen, zerbröckeln, zerknicken, zerlegen, zerschlagen, zersplittern, zerstören, knibbeln *u*, abkratzen, abschrappen *u*, ein Ende machen, in Stücke brechen, in Stücke reißen, reinen Tisch machen, aus der Welt schaffen. → abbauen, abbeißen, abbröckeln, abreißen, abschaffen, abstehen, abtreten, ächten, anhalten, aussetzen, einhalten.
abbrechend → anhalten.
abbremsen → abstoppen, anhalten, bremsen, Geschwindigkeit drosseln die, stoppen.
abbrennen verbrennen, niederbrennen, brandschatzen, sengen, absengen, einäschern, untergehen, sengen und brennen, in Asche legen, den roten Hahn aufs Dach setzen, ohne Geld dastehen • auf den Hund kommen, an den Bettelstab kommen. → ausmerzen, ausrotten.
Abbreviation *f* → Abkürzung.
abbringen → ablenken, abschwenken, bekämpfen.
▸ angewöhnen, gewöhnen an • bestärken, hinführen, hinlenken, unterstützen, verführen, zureden.
abbröckeln abbrechen, abreißen, abtragen. → abblättern, abmachen, behauen, brechen.
▸ festhalten.
Abbruch Abbau, Abschaffung, Abtragung, Ächtung, Benachteiligung, Beseitigung, Boykott, Demontage *f*, Einbuße, Fiasko, Krebsschaden, Ruin, Schaden, Verderb, Vernichtung, Vertilgung, Verwüstung, Zerlegung, Zersplitterung, Zerstörung. → Abbau, Abstattung, Abtragung, Ächtung, Demontage.
▸ Anschluss, Aufbau, Bindung.
Abbruch tun → auswischen, beeinträchtigen.
abbrüchig abträglich, schädlich, nachteilig, schmerzlich, kränkend, gefährlich, verderblich, Unheil bringend, elend, kläglich, schrecklich, beklagenswert, nichtswürdig, niederträchtig, abscheulich, schändlich, schlecht, böse, schlimm, übel, unvorteilhaft, unglücklich.
▸ vorteilhaft.
abbruchreif baufällig, morsch, ruiniert, verfallen, verfault, verkommen, verwittert.
abbrühen blanchieren, erhitzen, kochen, sieden, verbrühen. → dünsten.
abbrummen gefangen, sitzen, hinter Schloss und Riegel, im Gefängnis sitzen, eingekerkert sein, im Zuchthaus sitzen, im Arrest sitzen, eine Strafe auf sich nehmen.
▸ frei sein.
abbuhlen verleiten, verführen, berücken, betören, verlocken, ködern, abschmeicheln, bezaubern, reizen, in Versuchung führen, an sich ziehen, das Herz erobern. → beeinflussen, bestimmen.
abbummeln → ausgleichen.
abbürden → abladen, erleichtern.
abbürsten → abstauben, ausbürsten, bürsten.
abbüßen erleiden, durchmachen, büßen, sühnen, gutmachen, abtragen, tilgen, ersetzen, opfern, ausbaden, begleichen, Buße tun, Strafgeld zahlen, Strafe verbüßen oder absitzen, abbrummen *u*, sitzen *u*, Knast schieben *u*, Abbitte leisten, die Zeche zahlen, Genugtuung geben müssen, der Rache oder dem Hass verfallen, heimgezahlt bekommen, Schmerzen erdulden. → ausbaden, büßen.
▸ schuldig werden, sündigen, versündigen sich.
Abbüßung → Aussöhnung, Buße.
Abc Alphabet.
Abc-Buch Fibel, Lexikon.
ABC-Schütze → Anfänger.
abdachen abflachen, abdecken, abtragen, abtakeln, entblößen, entfernen, wegnehmen, ablegen. → abböschen.
abdämmen eindämmen, verdämmen, verstopfen, abschließen, versperren, ausfüllen, abschneiden, absperren, abriegeln, verriegeln, ersticken, erdrosseln, abdrosseln, zumachen, abdeichen, entwässern, ableiten, austrocknen. → abböschen, austrocknen, begrenzen.
▸ fließen/fluten/laufen lassen.
Abdämmung → Barriere, Damm, Kloake.
abdampfen → abhauen, aufbrechen, begeben sich.
abdanken aufgeben, aufkündigen, ausscheiden, austreten, demissionieren, kündigen, niederlegen, quittieren, verabschieden, verzichten, sich zurückziehen, Abschied nehmen, aufs Altenteil setzen, Entlassung einreichen, das Feld räumen, ins Privatleben zurückziehen, zur Ruhe setzen, den Kram vor die Füße werfen *u*, Verzicht leisten. → abbauen, Bord werfen über, entlassen.
▸ fortführen.
Abdankung → Amtsabtretung.
abdarben einschränken, bescheiden, kargen, geizen, knappen, abknappen, ersparen, erübrigen, beiseite legen, Haus halten, sich schwer tun, zusammenkratzen.

→ abarbeiten.
▸ verschwenden.
abdecken aufdecken, ablegen, fortlegen, weglegen, abräumen, forträumen, wegräumen, abtragen, hinaustragen, entfernen, wegfegen, losstrampeln, bloß machen, unbedeckt sein. → abblättern, abdachen, aufwerfen.
▸ bedecken, zudecken, aufdecken, auflegen, auftragen, (den Tisch) decken • offen lassen, unbedeckt lassen.
Abdecker Schinder, Wasenmeister.
abdeichen → abdämmen, austrocknen.
abdichten verdichten, teeren, verstopfen, schließen, sichern, kalfatern, abschließen, verfugen, Schotte schließen. → absperren, ausfüllen, dichten.
▸ aufmachen, durchlässig machen, leckschlagen, undicht werden.
abdingen → abbauen, entlohnen.
abdrängen → unterdrücken.
abdrehen → abblenden, ausgehen, dunkeln.
▸ andrehen, aufdrehen, aufmachen, öffnen • beidrehen, Kurs beibehalten den, hin-/zuwenden sich.
abdrosseln ausschalten, bremsen, sperren, stilllegen, stoppen, verschließen, verstopfen, unterbinden, unterbrechen, zudrehen, zumachen, zuriegeln, Gas wegnehmen, Ventil schließen. → abdämmen, absperren.
▸ öffnen.
Abdruck Abbildung, Ansicht, Bild, Druck, Durchpause, Farbdruck, Gravüre, Holzschnitt, Kopie, Kupferstich, Lithografie, Nachdruck, Neudruck, Radierung, Reproduktion, Sonderdruck, Veröffentlichung, Vervielfältigung, Wiedergabe. → Auflage, Buch.
▸ Druckvorlage, Original.
abdrucken → abbilden.
abdrücken → schießen, abquetschen.
abdunkeln → abblenden, verdunkeln.
abebben abnehmen, weniger werden, vermindern, verkleinern, nachlassen, schrumpfen, verringern, abfallen, schwinden, zurückgehen, abschwächen.
▸ zunehmen.
Abend Abenddämmerung, Abendrot, Abendruhe, Dämmerstunde, Schlummerstunde, Sonnenuntergang, Spätnachmittag, Tagesende, Zwielicht, Anbruch der Nacht, Einbruch der Nacht, Neige des Tages, der Tag neigt sich, die Sonne sinkt, vorgerückte Stunde, zwischen Tag und Nacht.
▸ Morgen.
Abend, heiliger → Christabend.
Abendbrot → Abendessen.
▸ Frühstück.
Abenddämmerung → Abend.
Abendessen Abendbrot, Abendtisch, Nachtessen, Nachtmahl, Souper.
Abendfriede → Feierabend.
abendfüllend → andauernd, unterhaltsam.
Abendland Hesperien, Okzident, der Westen, westliche Welt, Alte Welt.
▸ Morgenland, Orient.
abendlich → allabendlich, dämmernd, dämmerig • spät • westlich.
Abendmahlsgefäß Kelch.
Abendmusik → Serenade.
Abendruhe → Abend.
Abendtisch → Abendessen.
Abendunterhaltung → Ball, Fest.
Abenteuer Affäre, Bedrängnis, Begebenheit, Begebnis, Episode, Ereignis, Erlebnis, Experiment, Feuerprobe, Feuertaufe, Gefahr, Geschehnis, Glückssache, Glücksspiel, Hinterhalt, Probe, Sprung ins Dunkel, Unternehmung, Versuch, Vorkommnis, Wagestück, Wagnis, Zwischenfall, Aventüre. → Affäre, Chance.
▸ Alltag, Geborgenheit, Idylle, Langeweile • planmäßiges Unternehmen, Risikolosigkeit, sichere Angelegenheit.
Abenteuerlust Wagemut.
Abenteuer suchen → bestehen.
abenteuerlich → gefährlich, blindlings.
Abenteurer Draufgänger, Glücksritter, Waghals, Weltenbummler, Desperado.
aber allein, dagegen, dennoch, dessenungeachtet, doch, gleichwohl, immerhin, indessen, jedenfalls, jedoch, nichtsdestoweniger, sogar, trotzdem, zwar. → allein, dagegen.
Aber, das → Einwand.
Aberglaube Astrologie, Blendwerk, Chiromantie, Dämonenglaube, Geisterbeschwörung, Geisterklopfen, Gespenstseherei, Hellseherei, Hexenglaube, Hexerei, Hokuspokus, Höllenkunst, Magie, Mesmerismus, Nekromantie, schwarze Kunst, Sehergabe, Spiritismus, Taschenspielerei, Teufelsaustreibung, Tischrücken, Totenbeschwörung, Trugwerk, Verzauberung, vierte Dimension, Wahn, Wahnbild, Weissagung, Wettermacherei, Zauber, Zauberei, zweites Gesicht.
▸ Glaube, Wahrheit.
aberkennen absprechen, abstreiten, ausschlagen, berichtigen, bestreiten, dementieren, desavouieren, negieren, protestieren, tilgen, verneinen, versagen, verwerfen, widerrufen, zurücknehmen, zurückweisen, in Abrede stellen, in Frage stellen, ungültig erklären.
▸ anerkennen.
Aberkennung Abjudikation *f*, Lossagung, Negation, Verzicht. → aberkennen.
▸ Anerkennung.
abermals da capo, erneut, neuerlich, noch einmal, nochmals, verschiedentlich, wiederholt. → beständig, dann und wann.
▸ vereinzelt.
abernten ausbringen, ernten, erzielen, gewinnen, lesen, pflücken.
Aberwitz → Übermut, Unsinn.
aberwitzig hirnverbrannt, wahnwitzig, unsinnig.
abfahren abfliegen, abgondeln, auslaufen, absegeln, in See stechen, abreisen, abrücken, abstoßen, abzuckeln *u*, abtreten, aufbrechen, ausfahren, sich bewegen, Schlitten fahren mit jemandem, abtöffeln *u*. → abhauen, abreisen, abtreten, aufbrechen, Bord gehen an.
▸ ankommen, eintreffen • bleiben, dableiben • zurückkommen • Anklang finden.
Abfahrt Abflug, Ablauf, Abschub, Fahrt, Anker lichten, in See stechen, die Segel hissen. → Bahn.
▸ Ankunft.
Abfall Asche, Ausschuss, Rest,

Rückstand, Rudiment, Schlacken, Schrott, Überrest • Absage, Abschwörung, Aufgebung, Entlobung, Fahnenflucht, Sinnesänderung, Sinneswechsel, Umkehr, Verleugnung, Wankelmut, Widerruf, Zaudern • Abschaum, Auswurf, Dreck, Hefe, Kehricht, Kram, Lumpen, Makulatur, Mist, Müll, Pfeifenfutter, Plunder, Ruß, Quisquilien, Schlacken, Schlamm, Schleim, Schmiere, Schmutz, Spreu, Spülicht, Spülwasser, Staub, Trödel, Unkraut, Unrat, Zeug, Prüll *u.* → Absage, Absonderung, Asche, Bruch, Fahnenflucht. ▸ Treue, Ausbeute, Wert, brauchbare Sache, Gebrauchsgegenstand, Neuanschaffung, Nützlichkeit, Wertsache, Wertstoff • Loyalität, Treue • Vereinigung, Zuwendung.

abfallen sich ablagern • abtrünnig werden, desertieren, sich entloben, entsagen, treulos werden, übergehen, überlaufen, umfallen, umkehren, unbeständig werden, verändern, wankelmütig werden, sich anders besinnen, andern Sinnes werden • absacken, abstürzen, fallen, niederfallen, plumpsen, stürzen, taumeln, torkeln. → abblättern, absacken, abschwenken, abweichen, ausfallen, breitschlagen, erlahmen, einbiegen, fallen. ▸ bleiben, dauern, erklettern, festhalten, festbleiben.

abfallend → abschüssig, schräg.

abfallend, jäh steil.

Abfallfasern Hede, Werg.

abfällig → ungünstig.

abfangen → aufhalten, dawider, berauben, einfangen, fassen. ▸ durchschlüpfen lassen, durchlassen, loslassen, weiterleiten.

abfärben → ausgehen.

abfassen aufzeichnen, niederschreiben, verewigen, verfassen, einen Brief schreiben, ein Buch schreiben, eine Liste anlegen, zu Papier bringen. → anhalten, ausarbeiten, ausdrücken, beschreiben, bemächtigen. ▸ laufen lassen • lesen, reden, vorbringen, vortragen • Ideen haben.

Abfassung → Form, Text.

abfedern federn, hüpfen, wippen, zurückschnellen.

abfegen → entstauben.

abfeiern → verabschieden.

abfertigen → ausführen, befördern, bezahlen, expedieren. ▸ liegen-/unterlassen.

Abfertigung → Absendung.

Abfertigungsfenster Schalter.

abfeuern abschießen, ballern, feuern, losschießen, schießen.

abfinden stillhalten, ertragen, hinnehmen, fügen, schicken, zufrieden geben. → bezahlen, entschädigen. ▸ schulden, trotzen.

Abfindung Aufhebung, Ausgleich, Belohnung, Nachzahlung, Deckung, Entgelt, Entschädigung, Ersatz, Gegenleistung, Schadloshaltung, Vergütung, Zurückerstattung, Apanage. → Ausgleich, Befriedigung, Bezahlung, Einzahlung. ▸ Schulden, Unterlassung, Verweigerung Schädigung.

abflachen → abdachen.

abflauen absinken, nachlassen, schwinden, verringern, zurückgehen, verebben, schwächer werden. → abnehmen. ▸ anfachen • anschwellen, stärker werden, wachsen, zunehmen • Anzug sein im, zusammenbrauen sich.

abfliegen → abfahren, aufbrechen. ▸ anfliegen, ankommen, landen.

abfließen → ausfließen.

Abflug → Abfahrt.

Abfluss Abnahme, Abzug, Erguss, Kloake.

Abfolge → Folge.

abformen → abbilden.

abfragen abhören, ausfragen, befragen, interviewen, prüfen, testen.

Abfuhr Absage, Versagung, Verweigerung.

abführen → ausgeben, entfernen, verhaften.

abführend → verdauungsfördernd.

abfüllen → abziehen, ausstoßen.

Abfüllgerät Trichter.

Abgabe Abstrich, Abzug, Ausgabe, Auslieferung, Ausscheidung, Steuer, Taxe, Überweisung, Verkauf, Vermittlung, Zahlung, Zoll, Zuweisung. → Beitrag, Entrichtung. ▸ Einnahme, Annahme, Empfang • Abnahme, Bezug.

Abgang → Abnahme, Abschied, Abzug, Kloake, Verbrauch, Verlust • Fehlgeburt. ▸ Aufgang • Auftreten, Auftritt • (Amts-)Antritt • Eingang, Lieferung, Zugang.

abgängig → ab.

Abgangsempfehlung (für Schüler oder Studenten) Consilium abeundi.

Abgas → Abzug.

abgaunern → bestehlen, beschwindeln.

abgearbeitet down *u*, runter *u*, schachmatt *u*. → erholungsbedürftig.

abgebaut → arbeitslos.

abgeben abtreten, liefern, weitergeben, übergeben, überreichen, überweisen, verkaufen, zuwenden, überlassen, absetzen, abstoßen, umsetzen, veräußern, vertreiben, zu Geld machen, auf den Markt bringen. → absenden, abtreten, anvertrauen, begegnen. ▸ behalten, beibehalten.

abgeben, sich → beteiligen sich, bekümmern, beschäftigen, dazwischentreten.

Abgeber Lieferant, Händler, Fabrikant, Hersteller, Lieferer, Verkäufer, Vermittler, Hausierer, Markthöker, Zeitungshändler, Großhändler, Einzelhändler, Makler, Reisender, Agent.

abgeblasen → aus.

abgeblüht → verwelkt.

abgebrannt Not leidend, ruiniert, ausgepowert, bet *u*, klamm *u*, verarmt, abgerissen, bedürftig, arm, besitzlos, blank, brotlos, erwerbslos, unbemittelt, ohne einen Pfennig (Rappen), ohne Mittel, nichts zu nagen und zu beißen, auf Almosen angewiesen, auf den Hund gekommen, arm wie eine Kirchenmaus • eingeäschert. → arm. ▸ bemittelt.

abgebraucht → beschädigt, defekt.

abgebrochen abrupt. → angeschlagen.

abgebrüht abgestumpft, anteilslos, dickfellig, empfindungslos, frostig, gefühllos, gleichgültig, gleichmütig, herzlos, kaltblütig, indolent, mitleidslos, ruhig, stoisch, unbekümmert, unempfindlich, unerschütterlich, ungerührt,

zynisch, wurstig, immer mit der Ruhe, sich nichts daraus machen, den Kopf oben behalten, sich nicht anfechten lassen, nicht aus dem Gleichgewicht zu bringen, nicht aus der Ruhe bringen lassen, kaltes Blut bewahren. → arglistig.
▸ empfindlich, empfindsam feinfühlig, naiv, sensibel, unschuldig, zart besaitet.

Abgebrühtheit → Dickfelligkeit.

abgedacht → abschüssig.

abgedankt abgesetzt, niedergelegt, verzichtet, abgebaut, abgehalftert, abgeschossen *u*, zurückgetreten, verzichtet.
▸ berufen.

abgedroschen abgegriffen, abgenutzt, abgeschmackt, banal, bedeutungslos, belanglos, fade, flach, gewöhnlich, nichts sagend, platt, schablonenhaft, schal, veraltet, verbraucht, wertlos, witzlos, langweilig sein, nicht verlockend, abgeklappert *u*, abgeleiert *u*, abgespielt. → allgemein, alltäglich.
▸ geistreich, aktuell, brisant, neu • eindrucksvoll, unterhaltsam.

abgefeimt → aalglatt, bübisch, durchtrieben, falsch.

abgegrast → abgedroschen.

abgegrenztes Gebiet → Bereich, Gebiet.

abgegriffen → abgedroschen, fadenscheinig.

abgehackt höckerig, holprig, uneben • stammelnd, stockend, stotternd.

abgehängt besiegt, bezwungen, geschlagen, hinten geblieben, hinter sich gelassen.

abgehärmt abgezehrt, ausgemergelt • abgearbeitet, voller Sorge oder Kummer, abgemüht.

abgehärtet → gesund.

abgehen absenden, abtreten, befördern, liefern, übergeben, überreichen, überweisen, verabfolgen, verkaufen, überlassen, zukommen lassen, zuwenden. → abhanden.
▸ ankommen, vorhanden.

abgehetzt → abgespannt.

abgehoben → durchgebildet, entnommen, plastisch.

abgeholzt entwaldet, gerodet, kahl, kahl geschlagen.

abgekämpft down, Ende am, entkräftet, erschöpft, fertig.

abgekartet übereingekommen, verabredet, ausgemacht, vereinbart, abgestimmt.
▸ unüberlegt.

abgeklärt → alt, besonnen.

Abgeklärtheit → Weisheit.

Abgekochtes Absud, Sud.

abgekürzt breve manu. → summarisch.

abgelagert alt, abgestanden, abgegriffen, altersschwach, nicht mehr brauchbar • ausgereift.
▸ brauchbar, neu.

abgelebt hochmütig, eingebildet, blasiert, übersättigt, abgestumpft, müde, entartet, dekadent • abgezehrt, alt, ältlich, bejahrt, hinfällig, kaputt, senil. → abgestumpft, alt, dekadent, entartet.
▸ jung, unerfahren, unreif.

abgelegen einsam, entfernt, entlegen, fern, fremd, getrennt, unerreichbar, unzugänglich, weit. → einsam, entlegen.
▸ nahe, benachbart, dabei, hier, inmitten, nahe liegend, zentral.

abgelegene Gegend Abseits, Einöde, Einsiedelei, jwd (janz weit draußen).

abgeleiert abgedroschen, eintönig, langweilig, platt.

abgelenkt → zerstreut.

Abgelenktheit Zerstreutheit, Gedankenlosigkeit, Konzentrationsschwäche.

abgelohnt → arbeitslos.

abgelten abfinden, begleichen, entschädigen, wettmachen, wieder gutmachen.

Abgeltung → Abfindung, Befriedigung, Ersatz.

abgemacht verbrieft, vertragsmäßig, abgeschlossen, angenommen, ausgemacht, besiegelt, bestätigt, festgesetzt, gegengezeichnet, genehmigt, paktiert, paraphiert, ratifiziert, besiegelt, unterschrieben, unterzeichnet, verabredet, ausgehandelt, abgesprochen, handelseinig, einverstanden, erlaubt, gestattet, zugestimmt, gutheißen. → abgeschlossen, besiegelt, bewilligt, einstudiert, verabredet.
▸ entbunden, verbunden, vorbehalten, offen, strittig, schwebend, ungeklärt.

abgemagert → dünn.

abgemeldet → abwesend.

abgeneigt → ungern.
▸ bereitwillig, gern, gewogen, zugetan, zustimmend • zaudernd, zögernd.

abgenutzt abgegriffen. → abgedroschen, beschädigt, defekt, dünn, fadenscheinig.
▸ frisch, (nagel)neu, unverbraucht.

Abgeordnetenhaus Parlament(sgebäude), Volksvertretung.

Abgeordneter Abgesandter, Delegierter, Emissär *m*, Beauftragter, Bevollmächtigter, Botschafter, Gesandter, Geschäftsträger, Repräsentant, Unterhändler, Vertreter, Vermittler, Volksführer, Parlamentarier. → Abgesandter, Beauftragter, Bevollmächtigter.

abgepackt portioniert, abgewogen.
▸ unverpackt.

abgepasst angemessen, genau • rechtzeitig, zeitgerecht, wie gerufen, zur rechten Zeit, im richtigen Augenblick, in letzter Minute, günstig, gelegen.

abgerechnet → ab, abzüglich.

abgerichtet gebändigt, domestiziert, dressiert, gedrillt, gezähmt, zahm.

abgerichtet werden → anpassen.

abgerieben abgeschabt, berieben, beschabt, abgewetzt, abgegriffen, fadenscheinig, unansehnlich.

abgerissen verarmt, bedürftig, kümmerlich, arm, ärmlich, besitzlos, brotlos, elend, mittellos, Not leidend, schäbig, unbemittelt, armselig, hilflos. • abgetrennt, unterbrochen, unzusammenhängend. → abgebrannt, beengend, defekt.
▸ verbunden, bemittelt.

abgerundet → fasslich.

abgesägt verkleinert, vermindert, zugerichtet • gefenstert, abgeschossen, entfernt. → abgedankt.

Abgesandter Abgeordneter, Delegierter, Emissär *m*, Geschäftsträger, Diplomat, Envoyé *m*, Gesandter, Botschafter. → Abgeordneter, Beauftragter, Bevollmächtigter.

Abgesang Ausklang, Kehraus.

abgeschabt → defekt.

abgeschafft entfernt, gestrichen, aufgehoben, abgebaut, davon getrennt • müde.

abgeschieden allein, abgesondert, isoliert, abgetrennt, abgesprengt, einzeln, für sich • dahingegangen, gestorben, leblos, verschieden, tot. → abschließen, allein.

▸ gesellig • dabei, inmitten, nahe liegend, zentral.
Abgeschiedenheit → Absonderung, Einsamkeit.
abgeschlafft → erschöpft.
abgeschlossen dicht, geschlossen, hermetisch, luftdicht, undurchdringlich, undurchlässig, nicht zu öffnen • ausgeführt, ausgereift, beendet, bereit, durchgeführt, erledigt, fertig, fertig gestellt, fix und fertig, vollbracht, vollendet, vorbei, vorüber, vollständig, vollkommen • abgemacht, gültig, vollzogen, perfekt, ausgefertigt, gestiefelt und gespornt. → abgemacht, abgetan, aus, besiegelt. ▸ offen, geöffnet • unfertig, unvollendet.
abgeschlossenes Wachstum Reife.
abgeschmackt ausdruckslos, kümmerlich, läppisch, banal, fad, hausbacken, langstielig, ledern, matt, monoton, nüchtern, platt, prosaisch, schal, spießig, stumpf, trivial. ▸ geschmackvoll.
abgeschnitten → kurz, verstellt.
abgeschrieben nachgeahmt, nachgemacht, abgespickt *u* • aufgegeben, gelöscht, gestrichen. ▸ selbst erdacht/gedichtet/geschrieben • im Original.
abgesehen abgesehen von, ausgenommen, ausgeschlossen, ausschließlich, exklusiv, ungerechnet, abzüglich, mit Ausschluss von, außer, nicht inbegriffen, ohne. → nachgeahmt. ▸ eingerechnet, eigenartig.
abgesehen von → ausschließlich.
abgesetzt → arbeitslos.
abgesondert → abgeschieden, auseinander, ausschließend, einer nach dem andern. ▸ dabei, einbezogen, inmitten, mittendrin.
Abgesondertheit → Einöde.
Abgesottenes Auszug, Siede, Sud.
abgespannt abgezehrt, altersschwach, anfällig, ausgedient, ausgemergelt, bresthaft, angegriffen, bettlägerig, erschöpft, gelähmt, hilflos, kraftlos, leidend, matt, unpässlich, unwohl, mutlos, ohnmächtig, schlaff, schwach, schwächlich, unfähig, abgehetzt, entkräftet, erholungsbedürftig, schlapp, zerschlagen, müde, alle sein *u*, ab sein *u*. → arbeitsunfähig, entnervt, erholungsbedürftig. ▸ dienstuntauglich, munter.
abgesprengt → abgeschieden.
abgesprochen → abgemacht.
abgestanden alt, veraltet, abgenutzt, abgegriffen, morsch • schal, fade, flau, reizlos, geschmacklos, würzlos, ohne Saft und Kraft • altersschwach. ▸ frisch, neu.
abgestimmt → abgekartet, ästhetisch, scharmant.
abgestorben empfindungslos. → gefühllos, stumpf. ▸ belebt, blutvoll, empfindsam, lebend(ig).
abgestuft → verschieden.
abgestumpft übersättigt, blasiert, abgelebt, müde, entartet, dekadent • dickfellig, dickhäutig, frostig, gelassen, gefühllos, gleichgültig, herzlos, kühl, lau, nüchtern, ungerührt. → abgelebt, abgebrüht, betäubt, beziehungslos, dumpf, eindruckslos, eingebildet, entartet. ▸ scharf, belebt.
Abgestumpftheit Abstumpfung, Gleichgültigkeit, Lethargie, Stumpfheit, Stumpfsinn.
abgetan ausgeglichen, erledigt, getilgt, glatt, gleich, quitt, wettgemacht • altmodisch, altväterlich, bezopft, rückständig, unbrauchbar, unmodern, unzeitgemäß, zopfig, veraltet, überlebt, überaltert, aus Großmutters Zeit, so ein Bart, darüber hinaus sein, von anno dazumal, aus der Mode gekommen, aufgewärmter Kohl *u*, olle Kamellen *u*. → abgeschlossen, abgestanden, alt, aus, definitiv, ein für alle Mal. ▸ anhängig, modern, aktuell, brandaktuell, gegenwärtig.
abgetragen abgeschabt, jämmerlich, schäbig, schändlich, verschlissen, zerfleddert • schleißig *u*.
abgetrennt → abgeschieden, allein, abgerissen.
abgewetzt → abgenutzt.
abgewiesen abgelehnt, verschmäht, einen Korb geben, verlassen.
abgewiesen werden - abblitzen.
abgewinnen gefallen, erfreuen, Vergnügen machen • gewähren, Befriedigung bereiten, Freude erregen, behagen, ergötzen, entzücken, fesseln, berücken, berauschen • den Vorrang ablaufen, gewinnen, den Preis davontragen, Lorbeer ernten, Sporen verdienen • lieben, gern haben, leiden mögen, bewundern • abnötigen, nehmen, abgaunern *u*, abzwacken *u*, herausquetschen *u*, bis aufs Hemd ausziehen *u*. → erzwingen, lieben, vergnügen sich.
abgewogen ausgeglichen, ausgewogen, ebenmäßig, gleichmäßig, maßvoll, passend.
Abgewogenheit → Harmonie.
abgewöhnen → ablegen, abstreifen, entwöhnen.
Abgewöhnung → Abstinenz, Einstellung, Entwöhnung.
abgezehrt → abgelebt, abgerissen, abgespannt, dünn.
abgezogen → ab.
Abglanz Widerschein, Reflex, Spiegelung, Aufhellung • Gloriole.
abgleiten → abrutschen.
abgondeln → abfahren.
Abgott Götzenbild, Idol *s*, Angebetete, Augapfel, Betthäschen, Dulcinea, Engel, Flamme, Geliebte, Schwarm, Schatz, Gspusi, Herzensdame, Liebchen, Liebling, Turteltäubchen, belle amie • Freund, Gönner, Hausfreund. → Herzensdieb, Hahn im Korb, persona grata.
abgöttisch → innig, glühend.
abgraben, das Wasser → auswischen, bekämpfen.
abgrasen → werben.
abgrenzen → begrenzen, einfassen, einmauern.
Abgrenzung → Demarkation.
Abgrund Absturz, Berglehne, Böschung, Feldwand, Halde, Hang, Lehne, Wand, Kessel, Kluft, Krater, Schlucht, Schlund, Tal • Gefahr, am Rande des Abgrundes, auf abschüssigem Weg, auf schiefer Bahn, Überhang. ▸ Höhe, Berg, Erhebung, Gipfel.
abgründig abschüssig, jäh, schroff, bodenlos, grundlos, knietief, tief, unergründlich • hoffnungslos, schutzlos, dräuend, drohend. ▸ aufsteigend, hoffnungsvoll.
abgucken → abschreiben, fälschen, nachmachen.
Abguss Aufguss, Absud *m*, Brühe, Elixier, Lauge, Lösung, Schleim, Sekret, Seim, Tinktur,

Tunke • Entwurf, Muster, Musterform, Vorbild, Modell, Abklatsch. → Aufguss, Bad. ▸ Original, Vorbild.
abhacken → abschneiden.
abhaken abchecken, durchsehen, überprüfen, kontrollieren.
abhalftern → ausspannen.
abhalten → abwehren, aufhalten, beeinträchtigen, beschneiden, dazwischentreten, durchkreuzen, eindämmen. ▸ anfeuern, anhalten, aufhetzen, drängen, ermuntern, fördern • durchlassen, einlassen, hineinlassen.
Abhaltung → Beeinflussung.
abhandeln → diskutieren, erhandeln, drücken den Preis.
abhanden fort, futsch, hinweg, verloren, zerrinnen, flöten gehen, draufgehen, abgehen, abhanden kommen, futschicato, durch die Finger gehen, in die Brüche gehen, ist dahin. → auseinander setzen, dahin. ▸ aufhalten sich, dabei.
Abhandenkommen Verlust.
Abhandlung → Arbeit, Artikel, Beitrag, Denkschrift.
Abhang → Abgrund, Berg.
abhängen abschieben, ausbooten, entlassen, entmachten, kaltstellen, schassen, zurücklassen.
abhängig begründet, motiviert, verursacht, unausbleiblich • botmäßig, dienstbar, hörig, lehenspflichtig, leibeigen, untergeordnet, untertan, untertänig, unterworfen, versklavt, geknechtet, unfrei, angewiesen. ▸ unabhängig.
Abhängigkeit Herrendienst, Fron *f*, Unfreiheit, Dienst, Knechtschaft, Leibeigenschaft, Unterordnung, Unterwerfung, Verpflichtung, Versklavung, Unfreiheit. → Dienstbarkeit. ▸ Unabhängigkeit, Autonomie, Eigenständigkeit, Freiheit, Selbstständigkeit, Souveränität.
Abhängigkeiten befreien, sich aus selbstständig machen sich, emanzipieren sich.
abhärmen → abbüßen, abmühen, beklagen.
abhärten → anpassen, betäuben, ertüchtigen, stärken.
abhasten → abmühen, erarbeiten.
abhauen abdampfen, abfahren, davonmachen, ausgehen, fortgehen, weggehen, abbauen, abrücken, abschieben, abziehen, auskneifen, auskratzen, ausreißen, ausrücken, desertieren, drücken, durchbrennen, durchgehen, durchwischen, entfernen, entfliehen, entschlüpfen, fortlaufen, sich fortmachen, fortstehlen, losgehen, losziehen, loszittern, scheiden, starten, stiften gehen, türmen, sich trollen, verabschieden, verdrücken, verduften, verlassen, verkrümeln, verschwinden, sich verziehen, sich wegmachen, die Zelte abbrechen, sich auf den Weg machen, seiner Wege gehen, den Rücken kehren, die Flucht ergreifen, Reißausnehmen, durch die Lappen gehen, auf die Socken machen, Fersengeld geben, das Hasenpanier ergreifen, sich französisch empfehlen, aus dem Staub machen, das Feld räumen, die Koffer packen, sich dünn machen, sich in die Büsche schlagen, Leine ziehen, sich davonmachen • abtrennen, entfernen, lösen, trennen, abschlagen, beseitigen. → begeben sich, behauen, davon auf und, davonlaufen. ▸ zurückkehren, verbinden, bleiben, dableiben, standhalten.
abhäuten → abbalgen.
abheben → abweichen.
abheben, sich abstechen gegen, abweichen von, Gegensatz stehen in, unterscheiden sich, divergieren, kontrastieren.
abheilen gesund werden, heilen, verheilen, vernarben, zuheilen.
Abheilung Konsolidation, Konsolidierung.
abhelfen → ausbessern.
abhetzen → abmühen, erarbeiten.
Abhilfe → Bearbeitung, Befreiung, Erleichterung.
abhold → überdrüssig.
abholen → forttragen.
abholzen → fällen. ▸ aufforsten, Bäume pflanzen.
abhören → ausforschen.
Abhörgerät, winziges Minispion, Wanze.
Abhörmikrofon Käfer *u*, Wanze *u*.
Abhub → Auswurf.
abirren → abschwenken, abweichen, fehlen.
Abirrung → Bewegung, Laster.
Abitur → Prüfung, Reifezeugnis.
abjagen → abarbeiten, bestehlen, bemächtigen, entreißen.
Abjudikation *f* → Aberkennung.
abkanzeln → anfahren.
abkapseln → einkapseln.
abkassieren beitreiben, einheben, einnehmen, einstreichen, eintreiben, einziehen, kassieren.
abkaufen → bestellen, erhandeln.
Abkehr Abwendung. → Abweichung, Stich lassen im. ▸ Hinwendung, Zuneigung, Zuwendung.
abkehren, sich → brechen mit, erkalten, fallen lassen.
Abklatsch Abschrift, Abzug, Bürstenabzug, Doppel, Duplikat, Kopie, Nachahmung, Nachbildung, Nachdruck, Pause, Plagiat, Spiegelbild, Surrogat, Widerhall, Wiedergabe, Zweitdruck • Ebenbild, aus dem Gesicht geschnitten. → Abguss. ▸ Original.
abklatschen → abbilden.
Abklingen Milderung, Abreaktion *f*, Abschwächung, Beruhigung, Besänftigung, Linderung, Befreiung, Erlösung, Heilung. ▸ Anschwellung, Anwachsen, Schwellung, Verschlimmerung, Wachstum • Erregbarkeit, Verstärkung.
abklingen → abflauen.
abklopfen → untersuchen, vorfühlen.
abknallen → ausrotten.
abknicken → abbeißen, abbiegen, abbrechen.
abknipsen → abbrechen, aufnehmen.
abknöpfen → abbinden, wegnehmen.
abkochen → sterilisieren, kochen, übervorteilen, zubereiten.
Abkocher Zuhälter.
Abkochung Absud.
abkommandieren → entsenden.
Abkomme Abkömmling, Nachfahre, Nachkomme, Schössling, Brut, Enkel, Kindeskind, Leibeserbe, Reis, Same, Sohn, Sprössling, Tochter, Spross, Zweig. ▸ Stammvater, Vorfahre • Erzeuger, Eltern.
Abkommen Abmachung, Abrede, Abschluss, Akkord,

Bündnis, Einvernehmen, Festsetzung, Handschlag, Klausel, Konkordat, Kontrakt, Pakt, Protokoll, Sanktion, Schlichtung, Übereinkommen, Urkunde, Verabredung, Vereinbarung, Vergleich, Vertrag, Akt, Dokument, Verpflichtung, Zustimmung. ▸ Ablehnung.

abkommen, vom rechten Weg → verkommen.

abkommen, vom Thema abgleiten, abschweifen, abweichen.

abkommen von → ablenken, abschwenken.

abkömmlich → disponibel. ▸ unabkömmlich, unentbehrlich.

Abkömmling → Abkomme.

abkratzen → sterben.

abkriegen getroffen werden, eine Abreibung beziehen, sein Fett bekommen. ▸ unbehelligt.

abkühlen abschrecken, eisen, erfrischen, erquicken, fächeln, fächern, kühlen, kalt stellen, erkalten, erstarren, vereisen, dämpfen, ernüchtern, verrauschen. ▸ erwärmen.

Abkunft Abstammung, Geburt, Herkommen, Herkunft, Ursprung.

abkürzen abzwicken, kleiner machen. → näher. ▸ verlängern, ausdehnen, erweitern • einen Umweg machen • (Wörter) ausschreiben.

Abkürzung Abbreviation *f*, Abbau, Abnahme, Beschränkung, Einschränkung, Nachlassen, Schmälerung • Code, Schwund, Verknappung. ▸ Ausdehnung.

Abkürzungszeichen Kürzel, Sigel.

abladen ausladen, ausschiffen, ausschöpfen, ausschütten, entleeren, leeren, löschen, räumen, wegschaffen. → entbürden, entladen, erleichtern. ▸ aufhalsen, aufbürden, befrachten, beladen, belasten, einladen.

Abladeplatz Abraumhalde, Deponie, Müllkippe, Schrottplatz, Schutt(ablade)platz.

Ablage Bord, Etagere, Regal, Stellage.

Ablagemappe Ordner.

Ablagerung Bodensatz, Niederschlag, Satz.

Ablass Absolution, Amnestie, Begnadigung, Entbindung, Erlass, Freispruch, Generalpardon, Gnade, Vergebung, Verzeihung, Pardon.

ablassen sich enthalten, entsagen, lassen, unterlassen, vermeiden, unbenutzt lassen, beiseite legen, keinen Gebrauch machen, aufgeben, aufhören, aussetzen, absehen von, einstellen, fallen lassen, pausieren, an den Nagel hängen, in Ruhe lassen, zufrieden lassen, erlassen, streichen, schenken, ermäßigen, herabsetzen, heruntergehen, nachlassen, senken, verbilligen, Abzug-Rabatt, Abzug gewähren, im Preis entgegenkommen. → aufhören, ausschütten, begeben, belassen, einhalten, entwöhnen. ▸ festhalten • einfüllen, einlassen, füllen, tanken • übernehmen, weiterverfolgen • bedrängen, quälen.

ablassen, nicht → bestehen auf.

Ablauf Abwicklung, Durchführung, Entwicklung, Folge, Fluss, Fortgang, Fortsetzung, Geschehen, Lauf, Richtung, Verlauf, Bahn, Ausfluss, Effekt, Reihenfolge. → Ansatz, Bahn, Kloake, Dauer, Durchführung. ▸ Zulauf, Zufluss • Pause, Stand, Stillstand, Unterbrechung.

ablaufen → abfahren, durchführen, fließen.

ablaufend → abbauend, ausstoßend, fließend.

Ablaufkehle Rinne.

Ablaufstörung Sand im Getriebe *u*.

ablaugen → auslaugen.

ablauschen → nachmachen.

Ableben Ende, Heimgang, Hingang, Hinscheiden, Hinschied *schw.*, Tod, Todesfall, Weggang, Exitus *m*, ins Jenseits gehen, den Geist aufgeben, in die Ewigkeit eingehen, die Augen schließen, abberufen werden, den Geist aufgeben, ins Gras beißen, in die Grube fahren, gen Himmel fahren, das Leben lassen, seine Tage beschließen, zu Staub werden, zu den Vätern versammelt werden, den Weg allen Fleisches gehen, vom Leben Abschied nehmen, das Zeitliche segnen. → Leben scheiden aus dem, hinscheiden, sterben, Zeitliche segnen. ▸ Anfang, Geburt.

ablecken abschlecken, lutschen, lecken, schlecken.

ablegen abstreifen, ausziehen, entblößen, entkleiden, sich frei machen • abgewöhnen, aufgeben, entwöhnen, sich befreien. → abdachen, abdecken, abstreifen, abwerfen, aufstellen, beiseite legen, betten, deponieren, entblößen, entwöhnen. ▸ nehmen, wegnehmen.

Ableger Absenker, Reis, Spross, Nachkomme, Kind. → Ast.

ablehnen sich abkehren, absagen, abschlagen, sich abwenden, anfechten, ausschlagen, protestieren, sich verbitten, verneinen, versagen, verschmähen, verweigern, verwerfen, von sich weisen, abwimmeln *u*, widerstehen, zurückweisen, Einspruch erheben, nichts davon hören wollen, den Kopf schütteln, einen Korb geben, abblitzen lassen, im Stiche lassen, Anstoß nehmen, dagegen sein, nicht einwilligen, nichts damit zu tun haben wollen, abrücken, abstreiten, bestreiten, dementieren, negieren, sich reservieren, nicht annehmen • aussetzen, bekritteln, bemäkeln, bemängeln, einwenden, rügen, tadeln, gering schätzen, verabscheuen, verschmähen, verachten, ächten, verbannen, verbieten, verwehren, nicht erlauben, auf etwas husten *u*, auf etwas scheißen *u*, den Teufel tun *u*, den Buckel heruntersteigen *u*, nicht daran denken *u* • sich bezwingen, sich enthalten, entsagen, unterlassen, verzichten, versagen. → abbestellen, abblitzen, abschlägig, angreifen, auspfeifen, ausstoßen, beanstanden. ▸ absegnen, akzeptieren, befürworten, bejahen, billigen, erlauben, gutheißen • begehren, lieben, mögen • anerkennen, loben • annehmen, entgegennehmen, nehmen.

ablehnend → barsch, entgegen, negativ, passiv.

Ablehnung → Absage, Einsprache, Entsagung.

Ablehnung des Waffendienstes Kriegsdienstverweigerung.
Ablehnung, scharfe → Hass.
Ablehnung stoßen, auf missfallen, Widerstand/Widerwillen erzeugen, Ekel erregen.
ableiten abstammen, entquellen, entsprießen, entstammen, herkommen, abzweigen • annehmen, deduzieren, denken, feststellen, finden, folgern, herbeiführen, induzieren, nachweisen, sich ergeben, hervorgehen aus, Schluss ziehen, begründen, belegen, beweisen, schließen, schlussfolgern, sich berufen auf, sich beziehen auf. → abdämmen, abstammen, austrocknen, beimessen, denken, dränieren, zuschreiben. ▸ zulaufen, zuleiten, vermuten, voraussetzen • einströmen, überschwemmen.
Ableitung → Ablauf, Beweis, Folgerung, Trockenlegung, Ventil.
ablenken abbringen, abkommen von, abschwenken, zerstreuen. → abschwenken, abweichen, beugen. ▸ zielen • aufmerksam machen, hinlenken, hinweisen • konzentrieren.
Ablenkung → Bewegung, Zerstreutheit.
ableugnen widerrufen, für unrichtig erklären, für falsch bezeichnen, dementieren, sein Wort brechen, nicht einlösen, sich entziehen. ▸ gestehen, zugeben.
Ableugnung Widerruf, Berichtigung, Dementi *s*, Wortbruch, Einspruch, Protest, Ungültigkeitserklärung, Zurücknahme. → Dementi. ▸ Geständnis.
Ablichtung Fotokopie, Kopie, Vervielfältigung.
abliefern → abgeben, einliefern.
Ablieferung Übergabe.
Ablieferungsschein Lieferschein, delivery order *sm*.
ablinsen → abschreiben.
ablisten → balbieren, erlisten, täuschen.
ablocken → balbieren, entlocken, erschleichen, erschmeicheln, täuschen.
ablohnen → abbauen, entlohnen.
ablösbar entfernbar. → ersetzbar.
ablösen → abblättern, trennen, abmachen, ausgleichen, ersetzen, erlösen. ▸ anbringen, ankleben, befestigen, festmachen • abhängig bleiben.
ablösen, einander abwechseln, wechseln, alternieren.
Ablösung Abwechslung, Abschweifung, Kurzweil, Unterbrechung, Zeitvertreib. → Abtrennung. ▸ Anschluss, Verbindung.
abluchsen → balbieren, erschmeicheln, täuschen.
abmachen festlegen, beschließen, festsetzen, sich einigen, übereinkommen, verabreden, vereinbaren, deichseln, klären, regeln, sich binden, festhalten, sich verpflichten, ausmachen • abbröckeln, ablösen, locken, roden. → abschneiden, annehmen, anordnen, arrangieren, bestimmen, einigen, festlegen. ▸ anmachen, widersprechen, offen lassen.
Abmachung → Abkommen, Einigung.
abmagern → abnehmen, auszehren, dürren, einfallen. ▸ dick/fett werden, zunehmen.
Abmagerung → Dürre.
Abmagerungskur Entfettungskur, Fastenkur, Hungerkur, Schlankheitskur.
abmähen → abschneiden.
abmalen abbilden, abkonterfeien. → abbilden. ▸ gestalten.
Abmarsch Vormarsch, Ausmarsch • Ablauf, Absprung, Sprung • Spazierfahrt, Ausfahrt, Ausritt, Wanderung, Marsch • Weggang, Abreise, Abflug, Start.
abmarschieren → abhauen, dannen gehen von.
abmelden abbestellen, kündigen, verabschieden (sich).
abmessen dosieren, abschätzen, abschreiten, abwägen, abwiegen, abzirkeln, ausmessen, bemessen, berechnen, beurteilen, bewerten, eichen, ermessen, messen, rechnen, schätzen, sondieren, taxieren, überschlagen, veranlagen, veranschlagen, wägen, werten, wiegen, einen Überschlag machen, eine Rechnung aufstellen. → abschätzen, beurteilen.
Abmessung → Ausdehnung.
abmildern entlasten, rechtfertigen, anweisen, entkräften, verkleinern, untertreiben • zarter machen, entschärfen, entsäuern, entsalzen, bittern Geschmack nehmen. ▸ stärken.
abmindern verringern, dezimieren.
abmühen abarbeiten, abhasten, abhetzen, placken, abplacken, abquälen, abschleppen, ankämpfen gegen, anstrengen, sich kaputt machen *u*, fummeln *u*, arbeiten, aufreiben, befleißigen, büffeln, kämpfen, pauken, plagen, quälen, rackern, ringen, schanzen, schinden, schuften, schwitzen, streben, überarbeiten, alle Kräfte anspannen, Arbeit verrichten, mobilisieren, die Hände voll zu tun haben, alle Hebel in Bewegung setzen, Himmel und Hölle in Bewegung setzen, sich den Kopf zerbrechen. → das Beste tun, bestreben sich. ▸ faulenzen.
abmurksen → ausrotten, töten.
abmustern *sm* Dienst aufgeben, kündigen, in den Sack hauen *u*. → abdanken.
abnabeln → trennen, entbinden.
abnabeln, sich frei machen sich, freischwimmen sich, lösen sich, losmachen sich, emanzipieren sich.
abnagen → abbeißen.
abnähen enger machen.
Abnahme Abfluss, Abgang, Ausfall, Defizit, Einbuße, Fehlbetrag, Mangel, Schmälerung, Schwund, Verbrauch, Verlust, Verminderung, Verringerung, Wegfall • Abschreibung, Erwerbung, Kauf, Übernahme, Anschaffung, Bezug, Einkauf • Entwertung, Verfall. → Abkürzung, Abzug, Entziehung. ▸ Aufstieg, Zunahme, Steigerung, Wachstum • Lieferung, Übergabe.
abnehmen nachlassen, schmelzen, sich verflüchtigen, abebben, abflauen, abmagern, ausgehen, austrocknen, einfallen, eingehen, einlaufen, schrumpfen, schwinden, siechen, sinken, verdorren, verfallen, verkümmern, versiegen, vertrocknen, weichen, welken, dezimieren, mindern, schmälern, verkleinern, einschrumpeln *u*,

verringern, vermindern, wegnehmen, beschränken, aus den Kleidern fallen *u*, nur noch Haut und Knochen *u* • entbürden, entlasten, erleichtern, fördern, helfen • erwerben, kaufen, übernehmen, anschaffen, bestellen, nehmen, abknöpfen *u*, rupfen *u*, erleichtern, abluchsen, ausziehen *u*, ausnehmen, vom Fleisch fallen *u* → abkühlen, abbalgen, abblühen, ausgehen, beeinträchtigen, bestehlen, einfallen, entbürden, entgegennehmen, entreißen, erlahmen • erleichtern. ▸ aufhalsen, geben, zunehmen, anschwellen, stärker werden, • abgeben, übergeben • belasten.

abnehmend auslaufend, nachlassend, rückläufig, sich verringernd.

Abnehmer → Empfänger, Käufer, Kunde.

Abneigung Widerwille, Antipathie *f*, Missbilligung, Missmut, Tadel, Unmut, Unzufriedenheit, Verstimmung, Abscheu, Einspruch, Ekel, Nachlässigkeit, Gleichgültigkeit, Saumseligkeit • Verachtung, Geringschätzung, Hass, Missachtung, Feindschaft, Grausen, Groll, Kühle, Missfallen, Scheu, Überdruss, Unwille, Widerstreben, Unfreundlichkeit, Zwietracht, Erkaltung des Gefühls. → Abscheu, Auflehnung, Bedenken, Entzweiung, Feindschaft, Missbehagen. ▸ Freundschaft, Zuneigung • Appetit, Liebe, Lust, Neigung.

Abneigung haben → Dorn im Auge.

abnibbeln sterben, zu Grunde gehen.

abnorm abartig, abweichend, anders, anormal, auffallend, Aufsehen erregend, ausgefallen, außergewöhnlich, ausschweifend, befremdend, beispiellos, exzeptionell, fremdartig, bizarr, eigenartig, extravagant, eigentümlich, exzentrisch, grotesk, krass, pervers, regelwidrig, selten, seltsam, sonderbar, komisch, putzig *u*, juxig *u*, spezial, speziell, überspannt, unerhört, ungewöhnlich, ungewohnt, ungleichförmig, unnatürlich, vereinzelt, wunderlich, verstiegen. ▸ normal, gesund, natürlich, regelrecht, üblich.

Abnormität Abweichung, Besonderheit, Eigenart, Eigentümlichkeit, Kuriosität, Ungleichheit, Unregelmäßigkeit. ▸ Regelmäßigkeit.

abnötigen rupfen *u*. → erpressen, erzwingen.

abnutzen abtragen, ablatschen *u*, abwetzen, anfressen, beschädigen, angreifen, verschleißen, abreiben, abschürfen, aufbrauchen, aufzehren • verwenden, verwerten, entwerten, herunterbringen. → abbrauchen. ▸ ausbessern, bewahren, erhalten, erneuern, instandsetzen, konservieren, schonen • investieren.

abnutzen → ausnutzen, beschädigen.

Abnutzung → Aufwand, Beschädigung, Verschlimmerung.

Abonnement Einschreibung, Bezug.

abonnieren anschaffen, bestellen, beziehen. ▸ abbestellen.

abordnen → beauftragen, delegieren, entsenden, wählen.

Abordnung Delegation *f*, Deputation *f*, Vertretung.

Abort Abortgrube, Siel, Kloake, Senkgrube, Seuchenherd, Klosett, Toilette, Abtritt, Ort, Örtchen, Lokus, WC, Abé *u*, Klo *u*, Häuschen *u*, Nummer, Null *u*, Tante Meier *u*, Thrönchen *u*, Schiffodrom *u*, Schiffoir *u*, Schissoir *u*, Tankstelle *u*. → Fehlgeburt.

Abortwärterin Frau Kack *u*.

abpassen → auflauern.

abpausen → durchpausen.

abpfeifen → beendigen.

abpflücken abbrechen, abernten, abreißen, abrupfen, abzupfen, ernten, pflücken.

abplacken → abmühen.

abplagen → anstrengen sich.

Abprallball Rebound.

abprallen → federn. ▸ eindringen.

abputzen → entstauben.

abquälen → abmühen.

abquälen, sich → abstrengen sich.

abqualifizieren degradieren, erniedrigen, demütigen, entwürdigen, herabsetzen.

abquetschen → abdrücken.

abrackern → abarbeiten.

abraten entraten, widerraten. → bedenken, beraten, entmutigen. ▸ anbieten, anheim stellen, anraten, empfehlen, vorschlagen, zuraten.

Abratung → Beeinflussung.

Abraum Abfall, Schutt, Müll.

abräumen → abdecken, entladen.

Abraumhalde Abladeplatz, Deponie, Müllkippe, Schrottplatz, Schutt(ablade)platz.

abreagieren → befriedigen, bezähmen.

Abreaktion *f* → Abklingen.

abrechnen ahnden, ankreiden, belangen, heimzahlen, nachtragen, rächen, vergelten, Genugtuung fordern, sich Genugtuung verschaffen, belangen, bestrafen, lynchen, maßregeln, strafen, züchtigen, zurechtweisen, beim Kanthaken nehmen, ein Exempel statuieren, zur Verantwortung ziehen, streng ins Gericht gehen • reinen Tisch machen, Rechnung machen, die Bilanz ziehen, Forderungen stellen, Rechnung legen, Rechenschaft ablegen, vergüten, auszahlen, bezahlen. → ahnden, anschnauzen, bestrafen. ▸ rechtfertigen, schulden.

Abrechnung → Auskunft, Bearbeitung, Bestrafung, Rechenschaft, Rechnung.

Abrede → Abkommen.

Abrede stellen, in ableugnen, abstreiten, bestreiten, leugnen, verneinen.

abreden → bedenken, beraten, entmutigen.

abregen → besänftigen.

abregen, sich beruhigen sich.

abreiben fegen *j*. → abnutzen, balgen, prügeln. ▸ einreiben.

Abreibung Prügel, Schelte.

Abreise → Ausmarsch, Beginn.

abreisen → abfahren, aufbrechen, entfernen sich. ▸ anfliegen, ankommen, bleiben, dableiben, heimfahren, heimkommen, kommen.

abreißen wegreißen. → abbrechen, demolieren, durchreißen. ▸ anfügen, einfügen, verbinden • aufbauen, bauen, errichten.

abrichten schulen, beibringen, dressieren, bändigen, lernen, zähmen. → ausbilden, dressieren, einschulen.

Abrichtung Dressur, Schulung, Zähmung. → Bearbeitung.

abriegeln → absperren, abdämmen.
abringen → bestehen auf, durchsetzen, zwingen.
Abriss Auszug, Kurzfassung, Lehrbuch, Übersicht, Leitfaden, Zusammenfassung, Zusammenstellung, Übersichtstafel, Vademekum. → Compendium.
abrollen → abfahren, vor sich gehen.
abrücken → abhauen, ablehnen, abfahren.
abrücken von → angreifen, absagen.
Abruf Verzicht, Lossagung, Entsagung • Aufhebung, Auflösung, Beseitigung, Trennung, Enthebung, Abberufung, Rückberufung, Kündigung, Entlassung, Absetzung, Kaltstellung, Pensionierung, Suspendierung, Degradierung, Vertreibung, Verjagung.
abrufen → verändern.
abrunden arrondieren, kürzen, handlicher machen, komprimieren, mindern, vereinheitlichen, verdichten, verkleinern, verkürzen, verringern, zusammenpressen, zusammenziehen. ▸ ausbreiten, blähen.
abrunden, sich → ballen, erkennen, klar werden.
Abrundung Vollendung, Auffüllen, Vollständigkeit, Vollkommenheit, Sättigung • Abgerundetheit, Rundung.
abrupt plötzlich, jäh, hastig, rasch, überstürzt, unvermittelt, vorschnell, auf Knall und Fall, Hals über Kopf, wie aus der Pistole geschossen, brüsk, kurz und bündig, blitzartig. ▸ langsam, allmählich, kontinuierlich, nach und nach, nacheinander, sanft, schrittweise.
abrüsten demobilisieren, entwaffnen. → befrieden. ▸ aufrüsten, sich bewaffnen, rüsten.
Abrutsch → Bewegung.
abrutschen → abgleiten, fallen, stürzen, absinken, hinabkollern, herabkugeln • hinfallen, hinschlagen, neigen, abgleiten. ▸ heraufgleiten.
absäbeln → abschneiden.
absacken abfallen, abstürzen, fallen, niederfallen, plumpsen, hinfliegen, hinsausen, stürzen, umfallen, sich hinlegen, umstürzen, nachlassen, zusammenbrechen. → abfallen. ▸ aufsteigen.
Absage Abfall, Sinnesänderung, Absagebrief, Aufhebung, Ablehnung, Ungültigkeitserklärung, Widerruf, Zurücknahme, Missbilligung, Umstoßung, Weigerung, Einspruch, Protest, kalte Aufnahme, Lossagung, Korb *u*, Scheiße *u*, Pustekuchen *u*. → Abfall. ▸ Versicherung, Zustimmung.
absagen abschlagen, nicht annehmen, ausschlagen, verweigern, verwerfen, von sich weisen, zurückweisen, abrücken von, abschwören, versagen, nicht im Traume einfallen lassen, gern haben *u*, gewogen bleiben *u*, gestohlen werden *u*. → abbestellen. ▸ versprechen, zusagen.
absägen → abschneiden.
absatteln → abwerfen.
Absatz Abschnitt, Artikel, Klausel, Passus, Schriftstelle, Bestimmung, Paragraf, Nummer, Ziffer • Umsatz, Umschlag, Vertrieb, Verkauf, Erlös, Ausverkauf. → Artikel, Stöckel. ▸ Ankauf, Einkauf, Erwerb, Kauf • Angebot, Werbung • Aufsatz, Kapitel.
Absatzförderung Marketing.
Absatzkanal Marketing-channel.
Absatzkartell Syndikat.
Absatzlockmittel z.B. Bonifikation.
Absatzrenner Hit.
Absauger Exhaustor.
abschaben → abschneiden, absondern, beschneiden.
abschaffen abtragen, auflösen, aufräumen mit, ausmerzen, ausrotten, ausstreichen, beseitigen, demolieren, einreißen, einstampfen, niederreißen, schleifen, schrotten, absondern, aussondern, ausradieren, ausscheiden, entfernen, fortschaffen, wegbringen, absetzen • ungültig erklären, vernichten, aufgeben, aufstecken, einstellen, enden, liquidieren, löschen, schließen, unter den Tisch fallen lassen, an den Nagel hängen. → abbauen, abbrechen, aufheben, beseitigen. ▸ anschaffen, beauftragen besorgen • erzeugen, hervorbringen • behalten, beibehalten, halten.
abschaffend → abbauend.
Abschaffung → Abbruch, Befreiung, Entlassung.
abschälen → abbalgen, abblättern.
abschalten → ausschalten, erholen.
abschatten → abblenden, ausgehen, dunkeln, zensieren. ▸ aufhellen • einheitlich/eintönig gestalten.
abschattieren abschatten, abstufen, abtönen, schattieren.
Abschattierung Abstufung, Tönung, Färbung.
Abschattung Nuance, Schraffur.
abschätzen → abmessen, anschlagen, beurteilen, charakterisieren. ▸ berechnen, messen, nachprüfen, nachrechnen, prüfen, zählen.
abschätzend → erwägend.
Abschätzer Taxator.
abschätzig → verächtlich.
Abschätzigkeit Despektierlichkeit, Pejoration, Respektlosigkeit.
Abschätzung → Bewertung.
Abschaum → Abfall, Ausbund, Auswurf.
abscheiden → absondern.
Abscheu Schrecken, Horror *m*, Abneigung, Geringschätzung, Hass, Missachtung, Verachtung, Widerwille, Ekel, Überdruss, Antipathie, Entsetzen, Grausen, Groll, Missfallen, Unwille, Aber. → Abneigung, Bedenken, Degout, Dorn im Auge, Entrüstung. ▸ Zuneigung • Appetit, Begierde, Interesse, Liebe, Lust, Neigung, Verlangen.
Abscheu empfinden ablehnen, angewidert sein, ekeln sich, hassen, verabscheuen.
abscheuern abreiben, schaben, kratzen, raspeln, abkratzen, abradieren, abschrubben • abnutzen, entfärben, abtragen, abwetzen • reinigen, säubern, sauber machen, abwaschen, abseifen, spülen, abspülen • fegen, wischen, abwischen, putzen, auskratzen, ausputzen.
abscheulich abstoßend, ekelhaft, Ekel erregend, gräulich, hassenswert, höllisch, infam, niederträchtig, schändlich, schauderhaft, scheußlich, unflätig, verächtlich, verdammenswert • verdammt, verflucht, verrucht, verteufelt, verwünscht • widerlich, wüst, zum Kotzen, arg, äußerst,

ausgemacht, bannig, barbarisch, blödsinnig, bodenlos, eklig, schaurig, schrecklich, unmenschlich, verworfen, fatal, grässlich, unausstehlich, abschreckend. → abbrüchig, abgeschmackt, abschreckend, abstoßend, böse, charakterlos, empörend, faul.
▸ anziehend, erwünscht.
Abscheulichkeit Atrozität.
abschicken absenden, fortschicken/-senden, versenden, wegschicken.
Abschied Abreise, Auszug, Weggang, Abbau • Lebewohl, Glückliche Reise, Auf Wiedersehen, Behüt Gott, Ade, Adieu, Empfehle mich, Habe die Ehre, Ihr Diener, Mach's gut, bye-bye, Glück auf, Gut Heil, Allheil, Servus *ö* • Abschiedssignal, Blauer Peter *sm.* → Abbau, Amtsabtretung.
▸ Ankunft, Eintreffen • Antritt, Arbeitsaufnahme, Dienstantritt, Eintritt • Wiedersehen.
Abschied geben entlassen.
Abschied nehmen → austreten, quittieren, scheiden.
Abschiedsgruß Ade, Adieu, Ciao, goodbye, Servus, Valet.
Abschiedswort → Schlusswort.
abschießen erschießen • entlassen, erwischen, kündigen, schassen, wegjagen.
abschirmen abblenden, verschleiern, verdunkeln, zuziehen, verdecken • sichern, schützen, hüten, behüten, bewachen, beschirmen, abwehren • trennen, abtrennen, isolieren.
▸ bedrohen, beschießen, gefährden • preisgeben.
Abschirmung Bewachung, Deckung, Isolation, Obhut, Schutz, Sicherung.
Abschirmvorrichtung Isolator.
abschlachten niedermetzeln.
Abschlag → Abzug, Rabatt.
Abschlag vom Nennwert Disagio.
abschlagen → abblitzen, abhauen, ablehnen, absagen, entgegenhalten, den Preis drücken.
▸ einwilligen, erlauben, gewähren, gestatten, zubilligen, zusagen • versprechen • anfügen, ankleben • wachsen lassen • aufschlagen.
abschlägig → ablassen, entgegen, negativ.
▸ genehmigt, positiv.
abschlägige Antwort Ablehnung, Absage, Nein, Verweigerung.
Abschlagszahlung → Abzahlung.
abschleifen → ausarbeiten, ausbessern.
abschleppen → entfernen.
abschleppen, sich → abmühen, abarbeiten.
abschließen (sich) abschließen, sich einpuppen, sich einspinnen, sich verbergen, sich zurückziehen, einsam leben, abgeschieden, eingezogen, zurückgezogen, sich abseits halten, der Welt entsagen, die Gesellschaft fliehen oder meiden, den Verkehr abbrechen, ein Leben im Verborgenen führen • zumachen, zusperren, verklüften *j*, verriegeln, beenden, erledigen, entscheiden, zu Ende bringen oder führen, saldieren. → abdämmen, abdichten, abstehen, absondern, annehmen, aufhören, ausführen, begrenzen, besiegeln, drosseln, einkapseln, einspinnen sich.
▸ öffnen • beginnen.
abschließend → A und O, ausschließend, definitiv, Ende gut, alles gut, endlich.
abschließend, sich exklusiv.
abschließendes Nachwort Epilog.
Abschließung → Barriere, Blockade, Einsamkeit.
Abschluss Ausgang, Ausklang, Ende, Feierabend, Finale, Kehraus, Pause, Schluss, Schwanengesang, Beendigung, Vollendung, Krönung, Zusammenfassung. → Abkommen, Ausgang, Bilanz, Coda, Einigung, Endpunkt, Erfüllung, Examen.
▸ Anfang.
Abschlusslinie Grenze.
Abschlussprüfung Abitur, Examen.
Abschlussrand Kante.
Abschlussvergütung Provision.
abschmarotzen → beeinflussen, erschmeicheln.
abschmecken → ausforschen.
abschmeicheln → abbuhlen, beeinflussen, bestimmen, erschmeicheln.
abschnallen → abbinden.
abschneiden halbieren, schnitzeln, sondern, teilen, transchieren, trennen, zerstückeln, abschrappen *u*, absäbeln *u*, abknipsen • abhacken, abmähen, absägen, abschaben, absondern, abtrennen, isolieren, kappen, losmachen, mähen, schneiden. → abdämmen, absondern, absperren, anschneiden, ausschneiden, beeinträchtigen, beschneiden, ernten.
▸ verbinden • annähen, ansetzen, ergänzen, zusammenfügen.
abschneiden, die Ehre → herabsetzen.
Abschnitt Dividendenschein, Kupon *m*, Anteil, Teil, Stück • Strecke, Stufe, Teilstrecke, Teilabschnitt, Stadium, Etappe *f.* → Absatz, Anteil, Artikel, Ausschnitt, Kupon, Dauer, Epoche.
Abschnittsgebiet → Abschnitt.
abschnüren abbinden, schnüren, strangulieren, zuschnüren.
Abschnürinstrument Tourniquet.
Abschnürung → Verknappung, Zuschnürung.
abschrägen → abbiegen, abböschen, abweichen.
abschrauben aufwinden, entfernen, frei machen, lösen, loslösen, losmachen, loswinden, trennen.
▸ verbinden.
abschrecken → abkühlen, abstoßen, erschrecken.
▸ anlocken, anziehen, locken, reizen, werben.
abschreckend exemplarisch, entsetzlich, fürchterlich, grauenhaft, grausig, schrecklich, unheimlich, widerlich, widernatürlich, widrig. → abgeschmackt, abscheulich.
▸ anziehend.
Abschreckung durch Kernwaffen Force de frappe.
abschreiben abgucken, ablauschen, absehen, durchschlagen, nachbeten • tippen *u*, abschmieren, ablinsen, abspicken *u.* → abbilden, abbrechen • verloren geben, amortisieren.
▸ gestalten.
Abschreibung → Abnahme, Verlust.
abschreiten → vorbeigehen.
Abschrift → Abklatsch, Abzug, Durchschlag.
Abschrift mit Urschrift vergleichen kollationieren.
Abschub → Abfahrt, Abzug, Exil.
abschuften, sich → abarbeiten sich.
abschürfen → abnutzen.

Abschürfung Hautabschürfung, Schramme.
Abschuss Entladung, Abfeuerung. → Abberufung, Vernichtung, Entlassung.
abschüssig abfallend, abgedacht, geneigt, jäh, schräg, schroff, steil, überhängend, hat Gefälle. → abgründig.
▸ aufsteigend.
Abschusszählung Count-down, Startzählung (auf null).
abschütteln → befreien, entfernen.
abschwächen → begütigen, bezähmen, dämpfen, drosseln, eindämmen.
Abschwächung → Abklingen.
abschweifen babbeln, brabbeln, labern, plappern, quatschen, ratschen, schwadronieren, schwätzen, tratschen, sich verbreiten, verzapfen, abweichen, ausspinnen, ausdehnen, breittreten, in Fluss kommen, der Zunge freien Lauf lassen, einen Salm machen, redet wie ein Buch, nicht zu Ende kommen, des Langen und Breiten reden, vom Thema abkommen, verhaspeln, verheddern sich *u*, vom Hundertsten ins Tausendste kommen. → drücken sich, Faden verlieren.
▸ aufmerksam.
abschweifend → ausholend.
Abschweifung Ablösung, Abwechslung, Kurzweil, Unterbrechung, Zeitvertreib, Erguss, Geplapper, Gerede, Geschwätz, Geseire, Gewäsch, Klatsch, Redefluss, Wortschwall, Geschwätzigkeit, Maulfertigkeit, Redewut, Salbaderei, Exkurs *m*. → Ablösung, Abwechslung.
▸ Aufmerksamkeit, Konzentration.
abschwellen detumeszieren.
Abschwellung Detumeszenz.
abschwenken abkommen von, zerstreuen, abweichen, abbiegen, abfallen, abirren, abzweigen, ausweichen, drehen, entgleisen, fehlgehen, lavieren, verirren, wenden, den Kurs ändern, aus dem Wege gehen, einen Bogen machen, kehrtmachen, um die Ecke biegen. → ablenken, abweichen.
▸ dabei bleiben.
abschwirren → davonlaufen.
abschwören → absagen.
Abschwörung → Abfall.
absegeln → abfahren, begeben sich.
absegnen befürworten, beistimmen, billigen, gutheißen, zustimmen, positiv beurteilen.
absehbar voraussehbar, vorauszusehen.
absehen → abschreiben.
absehen von → ablassen.
abseitig abseits, seitwärts, absonderlich, eigenartig, abnormal.
abseits seitwärts, seitlich, daneben, daran, seitab, nebeneinander, fern, weit, entlegen, fern liegend, jenseits, unzugänglich, unerreichbar, seitab, diesseits. → beiseite, daneben, fern.
▸ dabei.
Abseits stellen, sich ins absondern sich, ausschließen sich, mitmachen nicht.
absenden befördern, liefern, überweisen, zukommen lassen, schicken, senden, spedieren, verfrachten, verladen, verschiffen, wegschicken, zuleiten, transportieren, expedieren, übermitteln. → abgehen, befördern, detachieren, einschicken.
▸ empfangen.
Absender Adressant, Briefpartner, Korrespondent, Schreiber, Versender.
Absendung Abfertigung, Expedition *f*, Versendung, Aufgabe, Beförderung, Lieferung, Überweisung, Verfrachtung, Verschiffung, Zuleitung, Übermittlung.
▸ Empfang, Aufnahme.
absengen → abbrennen.
absenken → baggern.
Absenker → Ableger.
Absenkung → Absinken.
absent → abwesend.
Absenz (in Abwesenheit – in absentia) → Abwesenheit.
absetzbar → gangbar.
absetzen abstoßen, anbieten, anpreisen, feilhalten, feilbieten, liefern, losschlagen, veräußern, verhandeln, vertreiben, anbringen, umsetzen, auf den Markt werfen, zu Geld machen • sich entfernen, abtreten, sich empfehlen, scheiden, verschwinden • abbacken *j*, abstreichen *j*, abreiten *j*, abdonnern *j*, abbaumen *j*. → abbauen, abdanken, abgeben, abschaffen, absenden, abstoßen, befristet.
▸ ankommen, annehmen, aufheben, einsetzen.
Absetzung → Abbau, Amtsabtretung, Arbeitsunfähigkeit.
absichern schützen, sichern, sicherstellen, untermauern, vorbauen, Vorsorge treffen.
Absicherung Abschirmung, Kaution, Schutz, Sicherung • Versicherung.
Absicht Plan, Idee *j*, Zweck, Zielrichtung, Intention *j*, Begehr, Berechnung, Entschluss, Entwurf, Gedanke, Hintergedanke, Neigung, Projekt, Richtung, Sinnen, Streben, Tendenz, Trachten, Unterfangen, Verlangen, Vorhaben, Vorsatz, Vorschlag • Wunsch, Wunschziel, Wille, Wollen, Anregung, Eingebung. → Bedacht, Begehr.
▸ Zufall.
Absicht, mit (böser) absichtlich, absichtsvoll, vorsätzlich.
absichtlich ausdrücklich, eigens, extra, express *u*, geflissentlich, vorsätzlich, willentlich, wissentlich, mutwillig, wohlbewusst, zielstrebend, beabsichtigt, berechnet, vorbedacht, zu diesem Zweck. → beabsichtigt, bewusst, demonstrativ.
▸ zufällig.
absichtlich übersehen ignorieren.
absichtslos blind, unbeabsichtigt, unbewusst, unmotiviert, unvorhergesehen, vorsatzlos, zufällig, zwecklos. → beiläufig.
▸ bewusst.
absickernd deszendent.
absinken → abflauen, abnehmen, nachlassen Abschwung, Absenkung, Niedergang, Rückgang, Senkung.
absinken (gesellschaftlich) runterkommen *u*.
Absinken des Meeresspiegels Ebbe.
absitzen → abbüßen.
absocken → abfahren.
absolut durchaus, reinweg, ohnehin, sowieso, sicherlich, wahr, wahrlich, wahrhaftig, wirklich, autark, autonom, eigen, unbedingt, voraussetzungslos, ausdrücklich, bestimmt, effektiv, gewiss, kategorisch, schlagend, tatsächlich, augenscheinlich, definitiv, entschieden, fraglos, wie das Amen in der Kirche. →

befehlerisch, bestimmt, beherrschend, definitiv. ▸ unentschieden.
Absolution Befreiung, Dispens, Entlassung, Erlösung, Freispruch, Loskauf, Lossprechung. → Ablass. ▸ Verurteilung.
Absolutismus → Diktatur.
absolvieren abschließen, durchlaufen, erfolgreich beenden, hinter sich bringen.
absonderlich → abstrus, auffallend, bizarr, burlesk, kurios, fantastisch.
Absonderlichkeit → Eigentümlichkeit.
absondern ausscheiden, entfernen, sortieren, sichten, trennen, wegtun, aussondern, fortschaffen, wegbringen, sieben, wegziehen, austreten, analysieren, entzweien, scheiden, separieren, sondern, abscheiden, abschneiden, abtreiben, abtrennen, abzwicken, entbinden, isolieren, kappen, lösen, losbinden, loseisen, losmachen, losschrauben, vereinzeln. → ab, abbauen, abbinden, abschaffen, abschließen, abschneiden, anschneiden, abwenden von, absagen, ausfließen, ausschalten, austreten, beiseite legen, beseitigen, eliminieren. ▸ zusammenhalten, zuführen.
absondernd, sich exklusiv.
Absonderung Ausscheidung, Exkret *s*, Exkrement *s*, Auswurf, Kot, Ausschwitzung, Exsudat, Abfall, Scheidung, Separation, Sezession, Spaltung, Teilung, Trennung, Uneinigkeit, Zergliederung, Zerlegung, Zersetzung, Zerteilung • Abgeschiedenheit, Einsamkeit, Ungeselligkeit, Stillleben, Verlassenheit, Isolierung, Zurückgezogenheit, Ausschluss, Ausstoßung, Austreibung, Ausweisung, Einsiedlertum, Loslösung. → Abfall, Abtrennung, Ausschnitt, Auswurf, Dreck, Entfremdung, Dunst, Entleerung, Kloake. ▸ Geselligkeit, Vereinigung, Zufuhr.
Absonderungsorgan Drüse.
absorbieren → aufsaugen.
abspalten → abtrennen.
Abspannung Entkräftung, Ermattung, Erschlaffung, Erschöpfung, Kraftlosigkeit, Müdigkeit, Schwäche, Stumpfheit, Unbehagen, Zusammenbruch. → Beendigung, Dumpfheit, Erschöpfung. ▸ Spannkraft.
absparen → sparen.
abspenstig machen abwerben. → abtrünnig, wegnehmen.
absperren blockieren, boykottieren, einkreisen, einbögnen *j* • dichtmachen, drosseln, abdrosseln, abriegeln, abschneiden, dämmen, schließen, einschließen, plombieren, versperren, verkitten, verkorken, verrammeln, verriegeln, verschließen, versiegeln, verstopfen, würgen, zubinden, zudecken, zudrehen, zukleben, zumachen, zunähen, zunageln, zuriegeln, zuschienen, zuschnallen, zuschnüren, zusperren. → abdämmen, aufhalten, bewahren, drosseln, einklinken. ▸ aufsperren, aufmachen.
Absperrung Boykott *m* • Belagerung, Einkreisung, Einschließung, Sperre, Umklammerung, Umschnürung, Blockierung, Kordon. → Barriere, Blockade. ▸ Befreiung.
Absperrvorrichtung Gatter, Gitter, Kette, Klappe, Riegel, Schieber, Schlagbaum, Zaun.
abspielen, sich → sich begeben, passieren.
absplittern → trennen.
Absprache → Vereinbarung.
Absprache zwischen Interessengruppen Pool.
absprechen bestreiten, anfechten, widersprechen, verwerfen, außer Stande sein, undenkbar, hoffnungslos, unausführbar, unerreichbar, aussichtslos, keineswegs, keinesfalls, mitnichten, durchaus nicht, ganz und gar nicht, nicht im Geringsten, kein Gedanke daran. → aberkennen. ▸ anerkennen.
Abspreizen Abduktion.
abspringen → bersten, herunterspringen.
Absprung → Fall.
abstammen entquellen, entsprießen, wurzeln, entstammen, herkommen, herleiten, abzweigen. → ableiten.
Abstammung → Abkunft.
Abstammungsnachweis Filiation.
Abstand Zwischenraum, Ferne, Erstreckung, Länge, Strecke, Weite. → Differenz, Distanz, Entfernung. ▸ Nähe.
Abstand nehmen sich distanzieren.
Abstandszahlung Abfindung, Apanage.
abstatten → einlösen.
abstauben putzen, fegen, kehren, reinigen, reiben, scheuern • stehlen. → ausbürsten, entstauben. ▸ beschmutzen.
abstechen → abweichen, ausstoßen.
Abstecher Ausflug, Spaziergang, Wanderung, Umweg, Reise, Bummel, Streifzug, Schlenker *u*. → Bewegung.
abstecken → anbahnen, vermessen.
Absteckpfahl Jalon.
Absteckpflock Fiche.
abstehen aufgeben, beendigen, bewenden lassen, einstellen, enthalten, innehalten, nachgeben, nachlassen, unterbrechen, ablassen, abschließen. → abblasen, abbrechen, aufhören, ausfallen, beeinträchtigen, belassen, schal werden, entfernt stehen, unterlassen, verderben. ▸ beharren, berühren.
Absteige Gästehaus, Gasthof, Herberge, Hotel, Pension.
absteigen → ankommen, besuchen, bleiben, einkehren, heruntersteigen.
Absteigequartier → Gaststätte.
abstellen → aufheben, stellen.
Abstellgleis schieben, auf das abschieben, ausbooten, entlassen, entmachten, kaltstellen, schassen.
Abstellplatte Untersatz.
Abstellraum Einstellraum, Stall, Remise, Wagenschuppen, Garage, Schuppen, Hangar, Heuschober, Magazin, Scheuer, Scheune, Stadel, Tenne, Verschlag, Boden, Kammer, Bühne, Dachkammer, Speicher, Keller, Rumpelkammer, Speisekammer, Vorratskammer.
Abstellraum, kleiner Käfterchen *u*.
abstempeln bestätigen, beglaubigen, bescheinigen, für gültig erklären, unterstempeln, besiegeln • kennzeichnen, eingruppieren • brandmarken.

absterben lassen mortifizieren.
Abstieg → Niedergang.
Abstillen Ablaktation.
abstimmen → wählen.
Abstimmender Wähler.
Abstimmungsbeschluss Resolution.
Abstimmungsmitglied Juror.
abstinent anspruchslos, bedürfnislos, bescheiden, enthaltsam, frugal, karg, mäßig, puritanisch, spartanisch.
▸ unmäßig.
Abstinenz Abgewöhnung, Bedürfnislosigkeit, Diät, Einfachheit, Einschränkung, Enthaltsamkeit, Entsagung, Entwöhnung, Genügsamkeit, Maß, Mäßigkeit, Nüchternheit.
▸ Unmäßigkeit.
abstoppen → anhalten, aufhalten.
Abstoß Anstoß, Stoß, Antrieb, Schub, Zug, Druck • Schlag, Puff, Tritt, Schneller, Knuff • Freistoß, Strafstoß, Elfmeterstoß, Corner.
abstoßen erbittern, verderben, verschütten, entfremden, unbeliebt machen, verschmähen, verabscheuen, abschrecken, veräußern. → absetzen, abgeben, abfahren, absenden, anstoßen, anbinden, anekeln, dick haben etwas.
▸ anziehen, entzücken, kaufen.
abstoßend abscheulich, anstößig, beleidigend, ekelhaft, gemein, hässlich, plump, unschön, entsetzlich, fürchterlich, grässlich, gräulich, missfällig, schauderhaft, scheußlich, schimpflich, unausstehlich, unleidlich, verächtlich, widerlich, widerwärtig, widrig, obszön, ordinär, pöbelhaft, unfreundlich, unanständig.
▸ anziehend, entzückend.
Abstoßung Abtreibung, Entleerung, Abgang, Ausfluss, Auswurf, Schwund • Beschädigung, Mangel, Makel, Fehler, Schwäche, Unvollkommenheit, Schadhaftigkeit, Minderwertigkeit, Übel, Schandfleck.
▸ Anziehung, Blickfang.
abstottern → abbezahlen.
abstrahieren → abziehen.
abstrakt getrennt, besonders, beziehungslos, vereinzelt, an und für sich, losgetrennt • begrifflich, nicht dinggebunden.
▸ konkret.
abstrecken → bahnen.
abstreichen → beschränken, entfernen, ermäßigen, markieren.
abstreifen ablegen, auskleiden, ausziehen, entblößen, entkleiden, sich frei machen, abgewöhnen, aufgeben, entwöhnen, sich befreien. → abbalgen, ausdehnen, ausziehen, durchstreifen, entblößen.
▸ anziehen.
abstreiten → ablehnen, aberkennen, behaupten.
Abstrich → Abgabe, Abzug, Auslassung.
Abstriche machen beschränken, dezimieren, drosseln, einschränken, reduzieren, streichen.
abstrus absonderlich, finster, geheimnisvoll, sonderbar, unbegreiflich, unergründlich, unklar, verworren, unfassbar, kraus, unerfindlich, paradox, verkappt, verschleiert, rätselhaft.
▸ deutlich.
abstufen abschatten, abschattieren, abtönen, differenzieren, nuancieren, schattieren.
Abstufung Abweichung, Abtönung, Schattierung, Verschiedenartigkeit. → Ausdehnung.
▸ Gleichartigkeit.
Abstumpfung Abgestumpftheit, Gleichgültigkeit, Lethargie, Stumpfheit, Stumpfsinn.
Absturz → Abgrund, Fall.
abstürzen runterrasseln *u.* → abfallen, absacken, fallen.
abstützen stützen, unterstützen, abfangen, lagern, betten, verstreben, unterfangen.
absuchen abfährten *j,* abspüren *j.*
Absud *m* → Abguss, Aufguss, Elixier, Essenz.
absurd abwegig, beziehungslos, folgewidrig, hirnverbrannt, lachhaft, sinnlos, paradox, ungereimt, unlogisch, unrichtig, unsinnig, unvernünftig, unzutreffend, verkehrt, widersinnig, kindisch, töricht, toll, unerhört, unglaubhaft, unmöglich, verrückt, narrig, närrisch, sonderbar, spinnet, überspannt, verbohrt, verdreht, verschroben, verstiegen, wahnwitzig, grotesk. → albern.
▸ folgerichtig.
Abszess → Auswuchs.
Abt → Mönch.
abtakeln *sm* Takelage (Zubehör) wegnehmen. → abdachen, ausgedient.
Abtei Kloster.
Abteil Fach, Klasse, Schubfach, Kupee, Koje. → Abteilung.
abteilen → abschneiden, ausschneiden, trennen.
Abteilung Bezirk, Departement, Reservat, Fakultät, Abart, Art, Bereich, Fach, Gattung, Geschlecht, Kategorie, Klasse, Rubrik, Schlag, Schubfach, Sektion, Gruppe, Nachhut, Vorhut, Zug, Einteilung, Kaste, Zweig, Gebiet, Jagen *j.*
▸ Ganzheit.
Abteilungsleiter Chef, Direktor, Disponent, Rayonchef, Sektionschef.
Abteilungsleiterin Direktrice.
abtönen abschatten, differenzieren, nuancieren.
Abtönung → Abstufung, Abweichung, Ausdehnung.
abtöten → betäuben.
abtötend → bakterientötend.
Abtötung → Askese, Betäubung, Beherrschung.
abtragen abblättern, abbrauchen, abbrechen, abbröckeln, abbüßen, abdachen, abdecken • abbezahlen, amortisieren, abzahlen, ausbaden, ausgeben, einlösen, einstampfen. → austragen, belohnen, büßen, bezahlen, demolieren, schonen, schulden.
abträglich → schädlich.
Abtragszahlung → Abzahlung.
Abtragung Rückzahlung, Abzahlung, Ausgleich, Begleichung, Bereinigung, Entrichtung, Tilgung, Überweisung, Wiedererstattung, Zurückgabe. → Abbruch, Ausgleich, Befriedigung, Bezahlung, Einzahlung.
▸ Aneignung.
Abtreibemittel Abortivum.
abtreiben entfernen, einen Eingriff vornehmen. → absondern.
▸ ankommen, zuführen.
Abtreibung Abortus.
abtrennen abbeißen, abbinden, abschneiden, absondern, anschneiden, abspalten, ausschalten, durchreißen, durchteilen. → abhauen.
▸ verbinden.
Abtrennung Amputation *f,* Entfernung, Trennung, Ablösung, Siebung, Fortfall,

Kastration, Verstümmelung. → Absonderung.
▸ Verbindung.
abtretbar zessibel.
abtreten abgeben, liefern, übergeben, überreichen, überweisen, verabfolgen, verkaufen, zukommen lassen, zuwenden. → abbrechen, abfahren, abgeben, abgehen, absenden, absetzend, austreten, begeben, beschenken, entäußern sich.
▸ ankommen, empfangen, verzichten.
Abtretung Überlassung.
Abtrieb Abholzung, Kahlschlag.
Abtritt → Abort, Abschied.
abtrocknen ausdorren, eintrocknen, verdorren, versanden, vertrocknen, welken • abwischen, auftrocknen, aufwischen, auswringen, auswischen, dörren, trocken legen, trocknen, wegwischen. → auswischen.
▸ anfeuchten, nassmachen.
abtrotzen → erpressen, erschmeicheln, erzwingen.
abtrünnig flüchtig, abspenstig, unbeständig, unzuverlässig, treulos, wankelmütig, wetterwendisch, ungetreu, verräterisch, häretisch, irrgläubig, ketzerisch, schismatisch, sich nicht bewähren. → charakterlos.
▸ beständig, treu.
Abtrünniger Apostat *m,* Ketzer, Häretiker *m,* Irrgläubiger, Verräter, Außenseiter, Gottesleugner, Schismatiker, Sektierer, Renegat, Rückfälliger, Deserteur, Fahnenflüchtiger, Hochverräter, Landesverräter, Überläufer, Vaterlandsverräter, Verworfener, Wicht, schwarzes Schaf. → Sonderling.
▸ Bekenner.
Abtrünnigkeit Treuebruch, Treulosigkeit, Untreue, Seitensprung.
abtun → Bord werfen über, demolieren, fegen hinweg, verächtlich machen, vernichten, vollführen.
▸ aufgreifen, aufnehmen, berücksichtigen, erwägen • anziehen, umlegen.
Aburteilung → Anstoß, Kritik, Urteil.
abverdienen → ausgleichen.
abwägen → abmessen, balancieren, sich besinnen, das Beste tun, beurteilen, einschätzen, ermessen, ausloten.
abwägend → diplomatisch, erwägend.
Abwägung → Einschätzung, Kritik.
abwälzen anlasten, aufbürden, befrachten, beladen, belasten, überlassen, zuschieben.
abwandelbar deklinabel, variabel.
abwandeln → ändern, beugen.
▸ belassen, lassen, übernehmen.
abwandern → entfernen sich.
Abwandlung (Ab-)Änderung, Umformung, Umwandlung, Umsetzung, Verwandlung, Wechsel, Deklination, Flexion, Konjugation, Modifikation, Modulation, Variation.
abwarten → bagatellisieren, bedenken, besinnen sich, belassen, beruhen lassen, bewenden lassen, erwarten, faulenzen, stunden, verbringen seine Zeit, zaudern.
abwartend → passiv.
abwärts bergab, flussabwärts, herab, hinunter, stromab, talab, talabwärts, niederwärts, drunten, nieder, unterhalb, in der Tiefe. → bergab, drunten.
▸ aufwärts.
abwärts gehen → abblühen, beeinträchtigen.
abwaschen → abtrocknen, Ablution.
Abwaschung → Bad.
Abwasser → Dreck, Kloake.
Abwässerkanal Kanal, Kloake, Siel.
abwechseln einander, beiderseitig, gegenseitig, umschichtig, wechselseitig, alternieren.
▸ festbleiben, gleich bleiben.
abwechselnd mannigfaltig, abwechslungsreich, kunterbunt, unterschiedlich, verschieden, vielförmig. → beiderseits, bilderreich, einer für alle.
▸ einförmig.
Abwechslung Kurzweil, Unterbrechung, Zeitvertreib. → Ablösung, Abschweifung.
▸ Eintönigkeit, Fadheit.
abwechslungslose Tätigkeit Tretmühle *u.*
Abwechslungslosigkeit Einerlei, Eintönigkeit, Langeweile, Öde.
abwechslungsreich → mannigfaltig, abwechselnd.
▸ einförmig, einschläfernd, eintönig, ermüdend, langweilig, monoton, öde, stumpfsinnig, uninteressant • konstant, stabil.
Abweg → Bewegung, Irrweg, Schuld.
Abwege geraten, auf → verkommen.
abwegig fehlerhaft, folgewidrig, irrig, mangelhaft, ungenau, unlogisch, unrichtig, unvollkommen, vernunftwidrig, widerspruchsvoll. → absurd.
▸ folgerichtig.
Abwehr Verteidigung, Defensive *f* • Schutz, Widerstand, Gegenwehr, Rechtfertigung • Berichtigung, Einrede, Einspruch, Einwand, Entgegnung, Erwiderung, Verwehrung, Widerlegung, Zurückweisung. → Auflehnung, Berichtigung, Defensive.
▸ Angriff, Übereinstimmung Aggression, Attacke, Überfall • Empfänglichkeit, Offenheit, Zugänglichkeit.
abwehren abweisen, abblitzen lassen, die kalte Schulter zeigen, einen Korb geben, auffangen, standhalten, parieren, verteidigen, zurückschlagen • abhalten, erschweren, hemmen, hindern, verbieten, vereiteln, verhüten, vorbeugen, zügeln, zuvorkommen, abwenden • beschützen, schützen, sich wehren, sich zur Wehr setzen, die Zähne zeigen • Widerstand leisten, sich seiner Haut wehren, seinen Mann stellen, die Stirn bieten, in Schach halten, den Angriff abschlagen oder zurückweisen • sich entgegenstellen, entgegenwirken, sich sperren, sich sträuben, sich widersetzen, zurückweisen. → abwenden, aufhalten, auflehnen, beeinträchtigen, bewahren, dawider.
▸ angreifen, übereinstimmen.
abwehrend ablehnend, aufsässig, defensiv, prohibitiv, widersetzlich.
Abwehrfähigkeit Immunität, Resistenz, Widerstandsfähigkeit.
Abwehrstoffe Antikörper, Antitoxine, Immunkörper.
Abwehrstörung Immundefekt.
Abwehrzoll Prohibitivzoll.
abweichen abbiegen, abfallen, abirren, abschwenken, abzweigen, ausweichen, drehen, entgleisen, sich brechen, sich ändern, entarten, abstechen, auffallen, unterscheiden, differieren, divergieren, kontrastieren,

schwanken, differenzieren, ist ein Unterschied wie Tag und Nacht, liegen Welten dazwischen • die Richtung ändern, sich entfernen, einen Bogen beschreiben, abgieren, lavieren, kreuzen, ausweichen, ablenken, verirren, entgleisen, von der Regel abweichen, gegen die Regel verstoßen, eine Ausnahme machen, sich unterscheiden, abstechen • straucheln, ausgleiten, sich vergessen, freveln, der Sünde verfallen, vom rechten Wege oder der Tugend abkommen. → abnorm, abschweifen, abschwenken, anders, anders geartet, beugen, chaotisch, einbiegen.
▸ leiten, übereinstimmen, zusammenlaufen.

abweichend → auffallend, befremdend, beziehungslos, dessenungeachtet, divergierend.
▸ geläufig, gewöhnlich, normal, üblich • entsprechend, gleich, passend, übereinstimmend • gleich bleibend.

abweichendes Verhalten Devianz, Deviation.

Abweichung Abstufung, Abtönung, Schattierung, Verschiedenartigkeit, Änderung, Neugestaltung, Umwandlung, Wechsel, Differenz, Verschiedenheit, Unterschied, Divergenz, Ungleichheit, Unterschiedlichkeit. Aberration, Schlenker *u.* → Abart, Abnormität, Abstufung, Ausdehnung, Bewegung, Biegung.
▸ Übereinstimmung, Gleichartigkeit.

Abweichungen beseitigen normalisieren, stabilisieren.

abweichungsfrei genau, sorgfältig, exakt, präzis.

abweisen → abwehren, austreiben, bekämpfen, fern halten, verhindern, verteidigen, widerstehen, abwimmeln *u.*
▸ akzeptieren, annehmen, aufgreifen, aufnehmen, entgegennehmen • bekommen, empfangen, erhalten, nehmen, übernehmen.

abweisend → ausstoßend.

Abweisung Rejektion, Repudiation, Repuls.

abwenden bekämpfen, bremsen, dämpfen, drosseln, entgegenarbeiten, entkräften, erschweren, ersticken, hintertreiben, inhibieren, neutralisieren, dazwischentreten, abkehren. → abwehren, aufhalten, balgen, beeinträchtigen, fallen lassen.
▸ achten, beispringen, glauben geschehen lassen, nicht vermeiden können • (sich) hinwenden, zudrehen, zuwenden.

abwenden, sich → aufhören, brechen mit, erkalten.

Abwendung → Entzweiung.

abwerben → abspenstig machen.

abwerfen bieten, eintragen, erzielen, gewinnen, herausschlagen, nützen, sichern, einbringen • niederwerfen, ablegen, aus dem Sattel heben, niederlegen, senken, umstoßen, fällen, aufbinden, entfesseln, entjochen, losketten, frei machen, ausspannen, absatteln, entbürden, entlasten. → bombardieren, einbringen, eintragen.
▸ fangen, unterdrücken, verlieren.

abwerten erniedrigen, entwerten.
▸ achten, anerkennen, aufwerten, loben, preisen, würdigen.

abwertend abfällig, abschätzig, geringschätzig, verächtlich.

Abwertung Devaluation, Devalvation, Minderung, Schlechtmachen, Wertminderung.

abwesend absent, ekdemisch, abgemeldet, anderweitig, ausgeflogen, auswärtig, entfernt, fehlend, überfällig, verloren, vermisst, verschollen, verschwunden, auswärts, draußen, drüben, fort, nirgends, sonst wo, weg.
▸ anwesend, gegenwärtig, präsent, vorhanden, zugegen • aufmerksam, gespannt, konzentriert, interessiert.

Abwesenheit Alibi *s,* Fehlanzeige, Absenz (in Abwesenheit – in absentia), Leere, Mangel, Öde.

Abwesenheit, in in absentia.

Abwesenheitsbeweis Alibi.

abwetzen → abnützen.

abwickeln → anstellen, ausführen, austragen, bestellen, betragen sich, bringen unter Dach.
▸ ruhen lassen, unerledigt lassen • verhindern, verzögern • aufrollen, aufspulen, aufwickeln.

Abwicklung → Ablauf, Durchführung.

abwiegeln bagatellisieren, herunterspielen, verharmlosen, verniedlichen.

abwiegen → abmessen.

abwimmeln → abweisen.

abwinkeln → ablehnen.

abwirtschaften runterkommen *u.*

abwischen → abtrocknen, entfernen, entstauben.

abwürgen → verhindern.

abzahlen abtragen, abbezahlen, begleichen, bereinigen, regeln, tilgen, nach und nach zahlen, ratenweise zahlen, abstottern, stottern, auf Raten zahlen, auf Stottern zahlen, mit Kundenkredit kaufen. → abbezahlen.
▸ schulden.

Abzahlung Abschlagszahlung, Abtragszahlung, Anzahlung, Rate, Teilzahlung. → Abtragung, Ausgleich, Einzahlung, Rückzahlung.
▸ Schulden.

Abzahlung, jährliche Annuität.

abzapfen → abziehen, ausstoßen, entnehmen.

Abzapfung → Abzug.

Abzäunung → Barriere.

abzehren → dürren, erlahmen, ermatten.

Abzehrung → Erschöpfung.

Abzeichen → Kennzeichen.

abzeichnen → abbilden.

abziehen nicht beachten, beiseite lassen, abstrahieren • anrechnen, belasten, gutschreiben, zuzählen, verrechnen, abduzieren • abfüllen, abzapfen, anzapfen, anstechen, auskeltern, auspressen, ausziehen, auszupfen, entfernen, versetzen, weggehen, entlüften, entnehmen • abdecken *j.* → abbalgen, abhauen, Abzug, aufbrechen, beschränken, davonmachen sich, drücken den Preis, glätten, schärfen.
▸ einmarschieren, einnehmen, füllen, kratzen.

abzielen → beabsichtigen, erzwecken.

abzinsen diskontieren.

abzirkeln → abmessen, errechnen.

abzuckeln → abfahren.

Abzug Wegzug, Diszession *f,* Abschub, Entfernung, Rückzug, Wegnahme, Räumung • Abfluss, Abgang, Weggang, Ausgang, Auspuff,

Ausweg, Kanal, Mündung, Abfüllung, Abzapfung, Anzapfung, Abgas, Entlüftung, Huze *sm,* Luftschacht ● Abschrift, Doppel, Durchschlag, Kopie, Zweitschrift, Duplikat, Reproduktion, Vervielfältigung, Wiedergabe ● Abschlag, Erlass, Ermäßigung, Nachlass, Vergünstigung, Vergütung, Abnahme, Abbau, Dezimierung, Kürzung, Senkung, Verkleinerung, Verminderung, Verringerung, Abstrich, Disagio, Diskont, Minus, Rabatt, Subtraktion. → Abgabe, Abklatsch, abziehen, Ausgang, Flucht, Kloake. ▸ Annäherung, Aufschlag, Hinzufügung, Original, Zufluss, Zuwanderung.

abzüglich außer, ohne, minus, weniger, abgerechnet, nicht inbegriffen, mit Ausschluss von. → ab, abgesehen, ausschließlich. ▸ zuzüglich eingeschlossen, einschließlich, inbegriffen, inklusive.

Abzugsgraben Dole, Drän, Rigole.

Abzugskanal → Kloake, Kamin, Schornstein ● Kloake.

abzupfen abpflücken, ernten, pflücken.

abzweigen → ableiten, abschwenken, abstammen, abweichen, gabeln. ▸ dazulegen, hinzufügen ● sich kreuzen, münden, sich vereinigen, zusammenlaufen/-treffen.

Abzweigung Ast, Gabel, Gabelung, Kreuzung, Kreuzweg, Scheideweg, Weggabelung.

abzwicken → absondern.

Accessoires Zubehör, Schmuck, Extra.

ach au, autsch, leider, ach Gott, Herr je, oh, o weh, weh mir, auwei, o jemine.

Achillesferse wunder Punkt, dunkler Punkt, wunde Stelle, Blöße, gefährliche Stelle, verwundbare Stelle, weiche Stelle, gefährdet. ▸ Überlegenheit.

Achse Erdachse, Zentrum, Welle, Drehpunkt, Drehungspunkt, Mittelpunkt, Angel, Angelpunkt, Zapfen, Stift, Gelenk.

Achse gelegen, in der axial.

Achselzucken Nasenrümpfen, Stirnrunzeln, Unzufriedenheit, Gleichgültigkeit ● über die Achseln ansehen, Abneigung, Ablehnung, Antipathie, Missfallen, Verachtung, ignorieren, schneiden, übersehen, verleugnen, wie Luft behandeln, die kalte Schulter zeigen, Missachtung, Geringschätzung, Herabsetzung, Hintansetzung, Schimpf, Schmach, Verunglimpfung ● ein Zeichen geben, einen Wink geben, einen Fingerzeig geben. ▸ Achtung.

Achsendrehung → Drehung.

achsengleich koaxial.

Achsenpunkt Pol.

achsrecht axial.

Acht Bann, Quarantäne, Verbannung, Achtung, Anathema, Ausstoßung, Bannfluch, Bannspruch, Bannstrahl, Blutbann, Bulle, Exkommunikation, Fluch, Interdikt, Kirchenbann, Reichsacht, Acht und Aberacht, Verdammung, Verfluchung. → Ächtung, Bann. ▸ Begnadigung, Einwilligung, Gleichstellung.

achtbar angesehen, seriös, anständig, beliebt, brav, ehrenhaft, ehrlich, geachtet, gediegen, geehrt, geschätzt, lauter, lieb, löblich, rechtschaffen, redlich, unbescholten, unbestechlich, verdient, verehrt, würdig. → angesehen, bieder, brav, charakterfest, ehrbar, ehrsam. ▸ verächtlich.

Achtbarkeit → Charakterstärke.

Achteck Oktogon.

achteckig oktogonal.

Achtelkreis Oktant.

achten schätzen, estimieren, anerkennen, bewundern, hoch achten, verehren, würdigen, ehren, huldigen, lieben, preisen, verherrlichen, mit Ehren überschütten, einen Ehrenplatz anweisen, Ehre erzeigen oder erweisen ● Acht geben, vorsichtig sein. → anerkennen, auszeichnen. ▸ verachten, gering schätzen, herabwürdigen, missachten.

ächten boykottieren, abbrechen, bannen, exkommunizieren, verbannen, den Bann aussprechen, verdammen, verfluchen, verurteilen, verwünschen, den Bannstrahl schleudern, mit dem Bann belegen, in Acht erklären ● brandmarken, ausstoßen, degradieren, für vogelfrei erklären, die bürgerlichen Ehrenrechte entziehen, von der Gesellschaft ausschließen, den Stab brechen, unschädlich machen, in Acht und Bann erklären ● ausschließen, aussperren, kaltstellen, nicht anerkennen, verfemen, verschmähen, verwerfen, verpönen, verdonnern, verknacken, mit Verruf belegen, dem Verderben preisgeben. → abbrechen, ablehnen, ausweisen, ausstoßen, bannen, boykottieren. ▸ achten, begnadigen.

Achterklärung → Bannspruch.

achtern *sm* hinten.

Acht geben beobachten, Acht haben, aufmerksam sein, aufmerksam betrachten, ins Auge fassen, nachgehen, nachprüfen, studieren, belauern, erforschen, ergründen, nachspüren, prüfen, sondieren, spähen, stöbern, sich umhören, ganz Aug und Ohr sein, anhören, ansehen, aufhorchen, aufmerken, aufpassen, beachten, bewachen, gucken, mustern, schauen, überlegen, bedenken, berechnen, sich ducken, sichern, sich vorsehen, hüten, schützen, vorsichtig sein, bedachtsam sein, behutsam sein, besonnen sein, umsichtig sein, wachsam sein, sich nicht in Gefahr begeben, sich außer Schussweite halten, sich in Acht nehmen, Worte abmessen oder wägen oder zählen. → achten, belauern, beobachten, bewachen, bleiben bei der Sache, wachen. ▸ achtlos sein, nicht aufpassen, leichtsinnig sein, unvorsichtig sein ● unaufmerksam sein.

Acht haben → Acht geben, beobachten.

achtlos fahrlässig, nachlässig, pflichtvergessen, säumig, saumselig, unzuverlässig, blind, hastig, leichtfertig, leichtsinnig, sorglos, übereilt, unbedacht, unbekümmert, unklug, unüberlegt, unvorsichtig. → blind, blindlings, dummdreist, fahrig. ▸ achtsam, aufmerksam, gespannt, konzentriert ● sorgfältig, umsichtig, vorsichtig.

achtsam angelegentlich, ängstlich, argwöhnisch, anstellig, aufmerksam, bedächtig, charakterfest, Eile mit Weile, vorsichtig. ▸ unachtsam.

Achtsamkeit → Augenmerk, Behutsamkeit, Diskretion.
Achttagefieber Oktana.
Achtung Anerkennung, Ansehen, Auszeichnung, Rang, Ruf, Ruhm, Wertschätzung, Würde, Ehre, Hingebung, Schätzung • Anbetung, Bewunderung, Gefallen, Gewogenheit, Gunst, Huld, Zuneigung, Ehrerbietung, Ehrfurcht, Hochachtung, Respekt • Beachtung, Vorsicht, Bedacht. → Anerkennung. ▸ Ächtung, Missbilligung, Unachtsamkeit, Verunglimpfung.
Ächtung Abbruch, Boykott *m*, Acht, Ausstoßung, Bann, Bannfluch, Bannspruch, Bannstrahl, Blutbann, Bulle, Exkommunikation, Fluch, Interdikt, Kirchenbann, Verdammung, Verfluchung, Deportation, Verbannung, Verfemung, Verruf, Verwünschung, Schmähung, Verschiss. → Acht, Abbruch, Bann, Bestrafung, Exil. ▸ Achtung, Beachtung.
Achtungserweisung → Empfehlung.
Achtung gebietend respektabnötigend. → einschüchternd, imponierend.
achtungsvoll → ehrfurchtsvoll.
achtungswert → anständig, nobel.
ächzen jammern, klagen, schluchzen, schreien, seufzen, weinen, stöhnen. → beklagen, beweinen. ▸ lachen, freuen sich.
Acker → Besitztum, Erdboden.
Ackerbau → Anbau, Feldbestellung.
Ackerbaukunde/-wissenschaft Agronomie.
Ackerblume Kornblume, Mohn.
Ackerertrag Ernte, Feldertrag.
Ackergerät Egge, Forke, Hacke, Harke, Mähdrescher, Pflug, Rechen, Sense.
Ackergrenze Rain.
Ackerknolle Rübe.
Ackermann → Bauer.
ackern anpflanzen, bauen, bebauen, bepflanzen, berasen, besäen, bestellen, bewirtschaften, brachen, düngen, eggen, kultivieren, pflanzen, pflügen, roden, wenden. → abarbeiten, bestellen, durchpflügen. ▸ brachliegen.
Ackerstreifen Gewann.
Acquisiteur → Agent.
ad acta legen → beiseite legen.
Adamsapfel Saufknoten *u*, Schluckanzeiger *u*, Schluckzähler *u*.
adäquat angemessen, entsprechend, passend, stimmend, stimmig, übereinstimmend.
Additionsergebnis Summe.
ade adieu, also, behüt dich Gott, glückliche Reise, grüß Gott, mit Gott, guten Tag, leb wohl, Salü, mach's gut, Servus *ö*, auf Wiedersehen, goodbye. → dahin.
Adel Aristokratie, Noblesse. ▸ Bürger, Niedrigkeit, Unehre.
adelig altadelig, aristokratisch, blaublütig, erlaucht, feudal, fürstlich, gekrönt, gefürstet, hochgeboren, hoch gestellt, hoffähig, nobel, vornehm, von hohem Rang, von hoher Abkunft, von erlauchter Geburt. ▸ bürgerlich, unehrbar.
Adeliger → Adel.
adeln → auszeichnen.
Adelsherrschaft Aristokratie.
Ader Blutgefäß, Vene, Arterie • Erzader, Wasserader.
Aderausbuchtung Aneurysma.
Adererkrankung Angiopathie.
Aderpfropf Embolus, Thrombus.
Aderschlag Puls.
Aderverkalkung Arteriosklerose.
Aderverschluss Embolie, Infarkt, Thrombose.
Adhäsion → Anziehung.
adieu → ade.
Adjunkt → Assistent.
Adjutant → Assistent, Beistand.
Adler → Aar, Fahne.
Adlerauge → Auge.
adlig hochkarätig *u*. → adelig.
Adresse Anrede, Anschrift, Aufschrift, Bestimmung, Bezeichnung. → Bewerbung.
adrett blitzblank, fleckenlos, gewaschen, klar, lauter, nett, rein, reinlich, sauber, unbefleckt, unbeschmutzt, hübsch, schmuck • anständig, ehrenhaft, ritterlich, rechtlich, flott, gesittet, ehrlich. ▸ unanständig, schmutzig, abscheulich, abstoßend, hässlich, schäbig, unansehnlich.
adrig geadert, geädert.
Advokat → Anwalt, Berater, Bevollmächtigter.
Aerometer → Barometer.
Affäre Angelegenheit, Auftritt, Fall, Hergang, Szene, Tatsache, Umstand, Verfahren, Verrichtung, Vorfall, Vorgang, Unfall. → Abenteuer, Angelegenheit.
Affe → Rausch, Rucksack.
Affekt Aufregung, Begeisterung, Bewegung, Eifer, Erregung, Entzücken, Leidenschaft, Impuls, Rausch, Rührung, Wallung, Anwandlung, Geisteszustand, Laune, Verstimmung, Disposition, Stimmung, Verfassung, Ekstase, Feuer, Emotion, Erregtheit, Enthusiasmus, Fanatismus, Glut, Hitze, Inbrunst, Hochgefühl, Hurrastimmung, Koller, Orgasmus, Schwärmerei, Taumel, Überschwang, Verzückung, Wollust, Aufruhr der Gefühle. → Aufregung, Bewegung. ▸ Gemütsruhe.
Affekthascherei Gespreiztheit, Manierismus. → Anmaßung.
affektiert → abgeschmackt, anmaßend, erkünstelt. ▸ locker, natürlich, unbefangen, ungekünstelt, ungezwungen.
affenähnlich pithecoid.
Affenbrotbaum Baobab.
Affenliebe Verzärtelung, Verweichlichung, Verhätschelung.
Affiche Anschlag, Aushang, Plakat. → Anschlag, Aushang.
affig → anmaßend, dünkelhaft, erkünstelt.
Affinität → Anziehung, Ähnlichkeit.
Affront Beleidigung, Beschimpfung, Herausforderung, Kampfansage, Kränkung, Schimpf, Schmähung, Brüskierung, Provokation.
After Allerwertester, Anus, Arsch(loch), Gesäß, Hintern, Hinterteil, Po, Steiß, Sterz • Pupe *u*.
After, durch den anal.
Afterausschlag Analekzem.
Afterentzündung Anitis, Proktitis.
Afterschließmuskel Sphinkter.
Aftervenenknoten Hämorriden.
Agent Reisender, Verkäufer, Vertreter, Vermittler, Makler, Akquisiteur, Beauftragter, Bevollmächtigter, Mittelsmann, Unterhändler, Zwischenhändler • Spion, Späher, Beobachter. → Abgeber, Beauftragter, Bevollmächtigter.
Agentin Spionin, Unterhändlerin, Vermittlerin, Vertreterin.

aggressiv angriffslustig, herausfordernd, kämpferisch, streitbar, streitsüchtig.
agieren → anfassen.
agil betriebsam, beweglich, clever, geschickt, rege, gewandt, wendig.
Agio Aufgeld. → Aufschlag.
Agitation → Werbung.
Agitator Aufhetzer, Aufwiegler, Hetzer, Unruhestifter, Volksverführer, Wühler.
Agonie Todeskampf.
Agraffe → Ausschmückung, Schmuck.
Agrarier → Bauer.
Aggression → Angriff.
Agrikultur Ackerbau, Feldbau, Landwirtschaft, Landbau.
ah → ach.
Ahle Durchlocher, Pfriem, Dorn, Nadel, Spicknadel, Stift → Durchlocher, Dorn, Pfriem, Spicknadel.
Ahn Stammvater, Vorfahr(e).
ahnden abrechnen, heimzahlen, lohnen, rächen, vergelten, wettmachen, belangen, bestrafen, eintränken, maßregeln, strafen, züchtigen, beim Kanthaken nehmen, Strafe auferlegen, den verdienten Lohn geben, zur Verantwortung ziehen, streng ins Gericht gehen. → abrechnen, bestrafen, tadeln. ▸ anerkennen, verzeihen.
Ahndung → Bestrafung.
ähneln ähnlich sehen, analog, annähernd, homolog, verwandt, ebenbürtig, geistesverwandt, gleich gestimmt, anklingen, gemahnen an, sich berühren mit, entsprechen, passen, wie er leibt und lebt, ganz der Papa, ganz die Mama, ist ihm gewachsen, wie aus einem Stück, wie aus dem Gesicht geschnitten. → ähnlich aussehen wie. ▸ unähnlich.
Ahnen Voreltern, Vorahnen, Vorfahren, Alten, Altvordern, Ahnherr, Ahnfrau, Großeltern, Oma, Opa, Urgroßeltern, Ururgroßeltern.
ahnen → argwöhnen, befürchten, dämmern, entgegensehen.
ahnend dämmern, erwarten, fürchten, hellsehen, hoffen, vermuten, vorausfühlen, voraussehen, vorhersehen • entgegensehen, im Gefühl haben, kommen sehen, nahen sehen • ahnend, seherisch, vorahnend, divinatorisch, erwartend, vermutend • argwöhnend, denken sich, einbilden, erraten, glauben, meinen, mutmaßen, wähnen, rechnen auf, spekulieren, in der Nase haben *u*, es schwant mir *u*, einen guten Riecher haben *u*. ▸ ahnungslos, unwissend.
Ahnenforschung Genealogie.
Ahnenreihe → Aufeinanderfolge.
ahnenstolz → anmaßend.
Ahnentafel Stammbaum.
ähnlich entsprechend, analog, als ob, anklingend, erinnernd an, etwa wie, gerade so, gewissermaßen, gleichsam, sozusagen, verwandt, wie, artgemäß, ähnlich sehen, annähernd, anscheinend. → ähneln, analog, dergleichen. ▸ unähnlich, abweichend, andersartig, gegensätzlich, ungleich, unterschiedlich, verschieden • gleich, identisch, kongruent, übereinstimmend.
ähnlich sein → aussehen wie.
Ähnliches → Abbild.
Ähnlichkeit Analogie *f*, Affinität, Anklang, Gleichheit, Abbild, Ebenbild, Seitenstück. ▸ Verschiedenheit.
Ahnung Voraussicht, Vorgefühl, Vorherrschung, Vorkenntnis, Befürchtung, Vermutung, Zweifel, Annahme, Argwohn, Auffassung, Erwartung, Furcht, Hoffnung, Meinung, Verdacht, Vorgeschmack, Vorsorge, Prognose • Prophezeiung, Orakel, dunkler Drang, Fingerspitzengefühl, Instinkt, Nase, Naturtrieb, Riecher, Witterung, Antenne *u*. → Anhaltspunkt, Annahme, Argwohn, Befürchtung, Beklemmung, Erwartung. ▸ Ahnungslosigkeit.
ahnungslos erwartungslos, jählings, mit einem Mal, mit eins, auf einmal, unversehens, Knall auf Fall, auf frischer Tat, überraschend, überrumpelt, verblüffend, wie ein Blitz aus heiterem Himmel. ▸ ahnend, ahnungsvoll.
Ahnungslosigkeit Mangel an Spürsinn, Taubheit, Stumpfheit, Erwartungslosigkeit • Überraschung, Fassungslosigkeit, Befangenheit • Vertrauensseligkeit, Glaube, Zuversicht.
Ahnungsvermögen → Feingefühl.
ahnungsvoll → bange.
Ährenbündel Garbe.
Airport → Flughafen.
Akademie → Anstalt.
akademisches Viertel cum tempore.
Akklimatisation Anpassung, Eingewöhnung, Gewöhnung.
akklimatisieren → anpassen.
Akkord Dreiklang • Leistung, Arbeit, Stückakkord, Zeitakkord. → Abkommen. ▸ Abweichung.
Akkordeon Schifferklavier *u*.
akkordieren → annehmen.
Akku → Batterie.
Akkumulator → Batterie.
akkurat genau, peinlich, sorgsam, sauber, einwandfrei, exakt, gewissenhaft, gründlich, ordentlich, pedantisch, penibel, präzis, sorgfältig, überlegt, umsichtig, fehlerfrei, fein, gefällig, untadelig. → bedächtig. ▸ nachlässig • fehlerhaft, inakkurat, schlampig, ungenau.
Akkuratesse Akribie, Sorgfalt, Präzision.
akquirieren → werben.
Akquisiteur Anzeigenwerber, Kundenwerber, Werber, Werbevertreter.
Akquisition Anschaffung, Einkauf, Erwerb, Kauf.
Akrobat Artist, Turner, Zirkusartist, Zirkuskünstler.
Akt Dokument, Dossier, Aktion, Handlung, Leistung, Maßnahme, Vorgehen • Bildnis einer hüllenlosen Gestalt. → Abkommen, Aufzug, nackt, Fähigkeitsausweis, Faszikel.
Akte Aktenbündel, Aktenstoß, Dossier, Schriftstück(bündel), Urkunde • Schinken *u*.
Akten legen, zu den ad acta legen.
Aktenaufschrift Rubrum.
Aktenbündel Dossier, Faszikel, Konvolut.
Aktenhefter Ordner.
Aktensammlung Aktei, Registratur.
Aktenstelle Registratur.
Aktentasche Mappe.
Akteur Darsteller, Filmstar, Handelnder, Mime, Schauspieler.
Aktie → Anteil.
Aktien, erstklassige Blue-chips.
Aktienhändler Jobber, Stockjobber.
Aktienkurs Effektenkurs, Kurs, Börsenkurs.
Aktienzuteilung Repartierung.
Aktion → Akt, Tätigkeit.
aktiv betriebsam, lebhaft,

rastlos, rege, regsam, rührig, tätig, tatkräftig, unermüdlich, wirksam, handelnd. → beweglich, dramatisch. ▸ faul, untätig.
aktivieren → ankurbeln.
Aktivität Betriebsamkeit, Beweglichkeit, Lebhaftigkeit, Rastlosigkeit, Regsamkeit, Rührigkeit, Tätigkeit, Tatkraft, Wirksamkeit. ▸ Trägheit Inaktivität, Passivität, Reserviertheit, Ruhe, Stillstand, Tatenlosigkeit, Zurückhaltung.
Aktschluss Finale.
Aktualität Bedeutsamkeit/Bedeutung für die Gegenwart, Brisanz, Gegenwartsbezogenheit, Zeitnähe.
aktuell augenblicklich, derzeitig, gegenwärtig, heutig, jetzig, modern, momentan, neu, neuzeitlich, nunmehrig, spruchreif, zeitgemäß, zeitgenössisch, modisch, diesjährig, heurig *ö.* → akut. ▸ unmodern, vergangen abgetan, inaktuell, out, unzeitgemäß, veraltet • zeitlos.
Akustik Phonetik, Lehre vom Schall, Schall, Hall.
akustisch klanglich.
akut augenblicklich, gegenwärtig, momentan, jetzt, eben, derzeitig. ▸ chronisch, langsam, vergangen, latent, schleichend, unbemerkt, unmerklich, versteckt • überholt, vorbei.
Akzent → Betonung.
akzentuiert eindringlich, pointiert, zugespitzt.
akzeptabel annehmbar, erträglich, leidlich, vertretbar, passabel.
akzeptieren anerkennen, annehmen, bejahen, billigen, dulden, genehmigen, gutheißen, zulassen, zustimmen.
Alarm Appell, Signal, Hornsignal, Trommelwirbel, Fanfarenstoß, Sirenengeheul, Feueralarm, Hilferuf, Lärm, Ruf, Notruf, Warnruf, Hiobsbotschaft, Schreckschuss, blinder Alarm, Lärmschlagen, Hundegebell.
Alarmgerät z.B. Feuermelder, Hupe, Nebelhorn, Sirene.
alarmieren beunruhigen, Hilfe rufen zu, mahnen, Unruhe versetzen in, warnen.
albern nichts sagend, matt, geschmacklos, fade, dumm, beschränkt, blöde, einsichtslos, engstirnig, kleinlich, töricht, borniert, damisch *u,* dämlich, eselig, faselig, versimpelt, gefühlduselig, *u,* dösig, doof *u,* kindisch, naiv, primitiv, stupid, abgeschmackt, haltlos, irrig, lachhaft, sinnlos, ungereimt, verkehrt, einfältig, absurd, grillenhaft, grotesk, komisch, kurios, linkisch, affig, kälbern *u,* schrullig, täppisch, ulkig, verschroben, gedankenlos, schal, seicht, talentlos, unreif, untauglich, witzlos, unwichtig, kläglich, lächerlich, nichtig, trivial, unbedeutend, unmaßgeblich, wertlos. → Albernheit, beengt, begriffsstutzig, zerebral, erkünstelt, farcenhaft. ▸ klug, sinnvoll, vernünftig.
albern sein kalbern *u.*
alberner Mensch Blödling, Blödmann, Hanswurst, Kasper, Narr, Pinsel.
albernes Benehmen Blödelei.
Albernheit Geistesträgheit, Geistesarmut, Jugendeselei, Streich, Mätzchen *u,* Dämlichkeit *u,* Faxen *u,* Kinkerlitzchen *u,* Menkenken *u,* Naivität. → Ahnungslosigkeit, albern, Blödigkeit, Drolligkeit, Dummheit, Faselei. ▸ Entschlossenheit, Klugheit, Vernunft.
Albtraum Albdruck, Angsttraum, Nachtmahr, schwerer oder schlechter Traum • Gesichte, Vision, Traumbild. → Angst.
Albinimus Leukodermie.
Albino Weiße, Pigmentmangel, Bleichheit, Farblosigkeit, Blässe, Bleichsucht.
Album Bilderbuch, Gedenkbuch, Sammelband, Stammbuch, Fremdenbuch, Poesiealbum.
alchimistisch spagirisch.
alert → anstellig.
alias → außerdem.
Alibi *s* → Abwesenheit, Abwesenheitsbeweis • Ausrede, Nachweis, Rechtfertigung.
Alkoholgegner Abstinenzler, Temperenzler.
Alkoholiker → Trinker, Gewohnheitstrinker, Säufer, Trinker, Trunksüchtiger, Schnapsdrossel.
alkoholisiert → angeheitert.
Alkoholmesser Vaporimeter.
Alkohol-Teströhrchen Pusterohr *u.*
alkoholfrei soft *u.*
Alkoholgenuss Schluckimpfung *u.*
alkoholhaltig geistreich *u.*
Alkoholika, hochprozentige harte Sachen *u.*
Alkoholiker Bürstenbinder *u,* Fass ohne Boden *u,* nasser Bruder *u,* Schlaucher *u.*
alkoholische Getränke scharfe Sachen *u,* Rachenspüler *u.*
alkoholsüchtig versoffen *u.*
alkoholsüchtig sein saufen *u.*
Alkoholsüchtiger Säufer *u.*
Alkoholverbot Prohibition.
Alkoven → Bettnische.
All Kosmos, Makrokosmos, Natur, Schöpfung, Universum, Welt, Weltall, Weltenraum, Weltgebäude, Sternenhimmel, Himmel, das Weltganze.
all → aus.
allabendlich jeden Abend, immer, wenn die Sonne sinkt.
Allah → Gott.
allbekannt → abgedroschen, berüchtigt, berühmt.
allbekannte Wahrheit Binsenwahrheit.
alle jede, jeder, jedweder, jeglicher, männiglich, wer auch immer • aufgebraucht. → **A** bis **Z,** aus, alle auf einmal. ▸ einzeln, niemand, keiner • ein(e,r), ein paar, einige, manche, teilweise, wenige • gefüllt, voll.
Allee Anlage, Damm, Promenade, Straße, Zufahrt, baumbepflanzte Straße, Prunkstraße.
Allegorie → Anspielen, Bild.
allein abgeschieden, einzeln, frei, für sich, gesondert, geteilt, getrennt, isoliert, unzusammenhängend, separat, vereinzelt, abgetrennt, beziehungslos, unbegleitet, einsam, ungebunden, verbindungslos, vereinsamt, verlassen, ledig, ungepaart, ehelos • aber, jedoch, indessen. → aber, abgeschieden, dagegen, ein, einschichtig, einzeln, entvölkert, Faust auf eigene. ▸ beisammen, gesellig, begleitet, in Begleitung, gemeinschaftlich, in Gesellschaft, paarweise, zu dritt, zu zweit, zu viert etc. • behütet, geschützt, integriert.
Alleinerbe Universalerbe.
Alleingang Solo.
Alleinherrschaft Absolutismus, Autokratie, Diktatur, Monarchie, Tyrannei.
alleinherrschend autokratisch, diktatorisch, tyrannisch.

Alleinherrscher Selbstherrscher, Autokrat *m*, Diktator, Tyrann, Despot.
alleinlebend solitär, allein stehend.
Alleinsein Abgeschiedenheit, Einsamkeit, Verlassenheit, Zurückgezogenheit.
Alleinspiel Alleingang, Einzelspiel, Solo.
Alleinstehen → Einsamkeit.
allein stehend einsam, freundlos, gemieden, vereinzelt, verlassen, verwaist, ledig, ehelos, frei, unverheiratet, gattenlos, unbeweibt, ungebunden, unverehelicht, unvermählt, los und ledig, frei und ungebunden.
▸ ehelich.
Alleinstehender Einspänner, Hagestolz, Junggeselle, Single, Unverheirateter.
Alleinunterhalter Entertainer.
alle Mal → immer.
allen zugänglich amtlich, öffentlich, zugänglich allgemein.
allenfalls allfällig, falls, bestenfalls, gegebenenfalls, möglicherweise, wenn, schließlich, sofern, je nachdem, für den Fall, unter Umständen. → anscheinend, bedingungsweise, denkbar, vielleicht.
▸ keinesfalls.
allenthalben allerorts, allerwärts, da und dort, hier und da, nah und fern, rings, ringsum, weit und breit, in jeder Gegend, im ganzen Land, auf Schritt und Tritt, in aller Welt, in Dorf und Stadt, auf der ganzen Linie, überall, aller Orten, hinten und vorne, alle Naselang • um und um. → allseitig.
▸ nirgends.
allenthalben, von → Ecke, von allen Ecken und Enden.
Allerbarmer → Christus, Gott.
allerdings freilich, gewiss, jawohl, immerhin, zugegeben, zwar, sicherlich, jedenfalls, unter allen Umständen, jedoch, gleichwohl. → definitiv.
▸ keineswegs.
Allergie → Empfindsamkeit.
Allergieauslöser Allergen.
allerhand allerlei, mancherlei, manches, alles Mögliche, Verschiedenes, vieles, vielerlei, verschiedenerlei, bunt, vielfach, vielfältig, vielförmig, vielgestaltig, zusammengewürfelt, diverse, einige, etliche, etwelche, mehrere, mehrfach, dutzendweise, endlos, klotzig, massenhaft, millionenfach, reichhaltig, reichlich, scharenweise, schockweise, überreichlich, uferlos, unerschöpflich, üppig, ungezählt, zahllos, zahlreich, kunterbunt.
▸ einerlei, unerzogen, wenig.
Allerheiligstes Abaton, Adyton, Sanktissimum.
Allerhöchster → Gott.
allerlei → allerhand Kunterbunt, Sammelsurium, Durcheinander, Gemenge, Gemisch, Mischmasch, Vermischung, Vielerlei, Vermischtes, (A. in wissenschaftlichen Zeitschriften) Miszellen.
allerliebst zuckrig *u.* → anmutig, bestrickend, scharmant.
Allerneuestes Aktualität, Aktuelles.
allerorten → allenthalben.
allerortsher, von → Ecke, von allen Ecken und Enden.
allerseits allgemein, bei allen, generell, überall.
allerwärts → allenthalben.
Allerwertester After, Anus, Arsch(loch), Gesäß, Hintern, Hinterteil, Po, Steiß, Sterz.
alles ausnahmslos, samt und sonders, ganz, gesamt, insgesamt, restlos, allesamt, ungeschmälert, summarisch, umfassend, total, vollständig, vollzählig. • mehrere Eisen im Feuer haben. → A und O, A bis Z, all, ausnahmslos, ganz, rundweg.
▸ nichts, ein bisschen, etwas, manches, wenig.
alles in allem → bestehen aus.
alles Mögliche → allerhand.
allesamt → alles.
Allesbeherrscher Pantokrator.
Allesesser Saumagen *u.*
Allesfresser Omnivore, Pantophage.
Alleswisser Besserwisser, Klugscheißer, Neunmalkluger, Rechthaber, Stänkerer.
allewege allzeit, egal, fort und fort, für und für, immer, immerdar, immerfort, immerzu, jederzeit, stets, endlos, ewig, immer während, ständig, jahraus jahrein, jetzt und immerdar, ewig und drei Tage.
▸ gelegentlich, vorübergehend.
allezeit → immer.
allfällig → allenfalls, eventuell.
Allgebieter → Christus, Gott.
Allgegenwart → Christus, Gott.
Allgegenwärtiger → Gott.
allgemach → allmählich.
allgemein umfassend, generell, durchgängig, durchweg, gemeinhin, gesamt, völlig, universal, anerkannt, eingewurzelt, landläufig, gebräuchlich, üblich, vorherrschend, ausnahmslos, alltäglich, abgegrast, abgegriffen, gemeiniglich, nach der Regel, durch die Bank, gang und gäbe. → abgedroschen, alltäglich, bekanntermaßen.
▸ abweichend, einmalig, besonders, eingeschränkt, individuell, persönlich, speziell • bestimmt, gegenständlich, konkret.
allgemeine Wetterlage Klima.
Allgemeinen ausgehend, vom deduktiv.
allgemeinen, im durchgängig, gemeinhin, Großen und Ganzen im, generaliter.
allgemeiner Schrecken Panik.
allgemeiner Straferlass Amnestie.
allgemein gültig generell.
Allgemeingültigkeit Regel, Allseitigkeit, Regelmäßigkeit, Vielseitigkeit, Gewohnheit, Brauch, Sitte, Gegebenheit • Gesetzmäßigkeit, Gesetz, Vorschrift, Ordnung, Richtschnur, Standard, Universalität, Verallgemeinerung.
▸ Charakteristik.
Allgemeinheit → Bevölkerung.
Allgemeinplatz Binsenwahrheit, Gemeinplatz, Redensart, Plattitüde, Plattheit, Selbstverständlichkeit.
allgemein verständlich → anschaulich.
Allgewalt Omnipotenz.
Allgewaltiger → Gott.
Allgütiger → Christus, Gott.
Allheilmittel Arkanum, Panazee.
Allianz → Bündnis.
Alliierter Bundesgenosse, Verbündeter, Komplize, Partner.
Allmacht Omnipotenz. → Christus, Gott, Ein und Alles.
allmächtig allsehend, allwissend, übermenschlich, übernatürlich, unendliche Macht, göttliche Macht. → allwissend.
▸ beschränkt, schwach, impotent.
Allmächtiger → Christus, Gott.
allmählich allgemach, gemächlich, gemütlich, langsam, schleppend, schrittweise, stufenweise,

zögernd, organisch, unmerklich, sacht, stetig, pomadig, saumselig, verspätet, nach und nach, Schritt um Schritt. → behäbig, bequem.
▸ forsch, schnell.

Allodium → Besitztum.

allsehend → allmächtig.

allseitig rings, ringsum, umher, herum, auf jeder Seite, von allen Seiten, an allen Ecken und Enden, in der Runde, rechts und links. → allenthalben.
▸ nirgends.

allseits allenthalben, allerorten, nah und fern, ringsum, überall, weit und breit.

allsofort → baldig.

Alltag Wochentag, Arbeitstag, Tretmühle, der ganze Kram *u,* die ganze Bescherung *u,* der ganze Laden *u,* der ganze Rummel *u,* der ganze Zinnober oder Salat *u,* der ganze Käse *u,* die ganze Geschichte, Tretmühle *u.* → Langeweile, Regel.
▸ Sonntag, Feiertag, Festtag • Ferien, Urlaub.

alltäglich gewöhnlich, nichts sagend, banal, niedrigdenkend, althergebracht, eingebürgert, fortwährend, gebräuchlich, gewohnt, üblich, vertraut, gewohnheitsgemäß, bekannt, geläufig, fade, farblos, leidlich, mittelmäßig, durchschnittlich, bedeutungslos, belanglos, trivial, nicht überwältigend, nicht berühmt, nicht aufregend, nicht weltbewegend, üblich, die alte Tour, die alte Walze *u,* das alte Lied, die alte Leier. → abgedroschen, allgemein, als, bekannt, beständig, erträglich.
▸ außergewöhnlich.

Alltagsgang Trott.

Alltagsmensch Durchschnittsmensch, Herdentier, Dutzendmensch, kleiner Mann, Lieschen Müller, Lückenbüßer, halbe Portion • Spießer, Spießbürger, Philister, Mann auf der Straße, Jedermann, Massenmensch, der gemeine Mann, einer von vielen, Herr Niemand, Kleinbürger • Prolet • Hinz und Kunz, Krethi und Plethi.
▸ Individualist, Persönlichkeit.

allumfassend katholisch.

Allvater → Gott.

Allweiser → Christus, Gott.

Allweisheit Pansophie.

allwissend göttlich. → allmächtig.

Allwissenheit → Christus, Gott, Ein und Alles.

allwo → dort.

allzeit → allewege.

allzu viel → übermäßig.

Allzweck-Wohnraum Central-living.

Alm → Besitztum.

Alma Mater → Anstalt.

Almanach → Chronik, Handelsadressbuch.

Almosen Trinkgeld, Bakschisch *m,* Gabe, Beihilfe, Spende, Geschenk.

Almosenempfänger → Bettler.

Albdruck → Angst, Beengung.

Alpen, nördlich der transalpin.

Alpen, südlich der zisalpin.

Alpentracht-Städter Salontiroler *u.*

Alpenveilchen Zyklame.

Alpenwind Föhn.

Alpenwirtschaft Sennerei.

Alphabet Abc.

alphabetisches Nachschlagewerk Lexikon.

als dieweil, indem, da, unterdessen, während, damals, dermalen, ehedem, ehemals, einst, einstmals, früher, seinerzeit, vordem, vormals, weiland, gleichzeitig, inzwischen, mittlerweile, zugleich, in früherer Zeit, zu seiner Zeit, zur selben Zeit • als ob, wie wenn, gewissermaßen, sozusagen, etwa wie, gleichsam, nahezu, gerade so, quasi, scheinbar. → ähnlich, da, damals.

als erstes zuerst, vorab, vorher.

als ob → beispielsweise.

alsbald → baldig, Knall auf Fall.

alsdann → dann.

alsgleich → baldig.

also daher, darum, demnach, folglich, infolgedessen, ergo, mithin, somit, sonach, dadurch, demgemäß, demzufolge, deshalb, deswegen, logischerweise, nun aber, na also, konsequentermaßen, nach Adam Riese, aus diesem Grunde. → ade, da, dadurch, daher, denn, deshalb.

alsobald → rasch.

alt abgeklärt, amtsmüde, bejahrt, betagt, ergraut, gesetzt, grauhaarig, abgelebt, ältlich, dienstunfähig, hinfällig, invalid, senil, tapprig, greis, greisenhaft, verfallen, verkalkt, verknöchert, welk, in die Jahre gekommen, vergreist • antik, altertümlich, altväterisch, ehrwürdig, antiquarisch, gebraucht, baufällig, vorsintflutlich • vertraut, gewohnt, gebräuchlich, althergebracht, alltäglich. → altern, abgelebt, altertümlich, bereift, fadenscheinig, gebraucht.
▸ jung, neu.

altadelig → adelig.

Altan → Balkon.

Altar Hauptaltar, Hochaltar, Seitenaltar, Flügelaltar, Opfertisch, Tisch des Herrn.

Altardach Tabernakel, Ziborium.

Altargerät Monstranz.

Altarhimmel Ciborium. → Baldachin *m.*

Altarraum Sanktuarium.

altbacken vertrocknet, altes Brot • altmodisch, zopfig, krähwinklig, antiquiert, unzeitgemäß, veraltet.
▸ frisch.

altbekannt aufgewärmt, früher erwähnt, nicht fremd sein • abermals, wiederholt, wiederkehrend, wiederum, nichts Neues, wieder und wieder, oft, immer wieder.
▸ unbekannt.

altbewährt erprobt, probat, bewährt.

Altbuchhändler Antiquar.

Altbuchhandlung Antiquariat.

alte Menschen Friedhofsgemüse *u.*

alteingesessen ansässig, beheimatet, bodenständig, eingeboren, heimisch, sesshaft.

Alteisen und Abfalleisen Schrott.

Altem, Sehnsucht nach Nostalgie.

Alten → Ahnen.

Altenarzt Geriater.

Altenheim Altersheim, Spital, Spittel, Stift.

Altenmedizin Geriatrie.

Altenteil → Besitztum.

Altenverein Kalkfabrik *u.*

alterieren → ärgern, aufregen.

altern erlöschen, austönen, verdämmern, vergehen, zur Neige, zur Rüste gehen, ergrauen, reifen, schrumpfen, verfallen, vergreisen, verkalken *u,* verknöchern, welken. → nachlassen.
▸ heranwachsen • sich frisch halten, jung sein/bleiben, regenerieren, rüstig sein/bleiben, sich verjüngen.

Altern, vorzeitiges Progerie, Protogerie.

alternativ denken querdenken *u.*

Alternative → Entscheidung.

Alternativszene Gegenkultur, Protestkultur, Subkultur.
Alternsforschung Gerontologie.
Altersgeld Pension, Rente, Ruhegehalt.
Altersgenosse Gleichaltriger, Schulkamerad.
Altersheilkunde Geriatrie.
Altersheim Altenheim, Altenwohnheim, Heim, Seniorenheim, Spital, Spittel, Stift.
Altersklasse Altersgruppe, Altersstufe, Generation, Jahrgang.
Altersruhegeld Pension, Rente.
altersschwach → abgespannt, bebend, fadenscheinig gebrechlich, hinfällig, schwächlich, tatterig, verfallen, zittrig.
Altersversorgung → Pension, Rente.
altertümeln antikisieren.
Altertümer Antiquitäten.
altertümlich antik, archaisch (ältester Herkunft). → alt. ▸ modern, neu.
Altertumsforscher Archäologe.
Altertumskunde Archäologie.
Ältestenrat Senat.
Ältestenrecht Majorat, Seniorat.
Ältester Nestor, Presbyter, Senior.
Altgedienter Veteran.
Altgeselle → Arbeiter.
althergebracht → alltäglich, alt, gewohnheitsmäßig.
Althergebrachtes → Brauch.
altklug lausbübisch, frühreif, überheblich, vorlaut, anmaßend, arrogant, unverschämt, vorwitzig, unverfroren, aufsässig • überklug, blasiert, schnodderig. ▸ dumm, zurückgeblieben.
ältlich → abgelebt, alt.
Altmeister Senior.
Altmetall Schrott.
altmodisch plüschig *u.* → abgetan.
Altpapier Makulatur.
Altruismus → Hingabe.
altruistisch idealistisch, selbstlos.
Altschnee Firn.
Altschrift Antiqua.
Altsprachenkenner Humanist.
Altstadtneubelebung Citysanierung.
altsteinzeitlich paläolithisch.
altväterlich → abgetan, alt.
Altvordern → Ahnen.
Altware → Ausschuss, Ramsch, Plunder, Reststücke, Kram, Ladenhüter, Trödel.
Altweibersommer Indianersommer, Nachsommer, Spätsommer.
Aluminiumerz Bauxit.
Alumnat → Anstalt.
am besten optimal.
am Rande liegend marginal, peripher.
Amateur → Liebhaber.
Ambition → Ehrgeiz.
ambivalent doppelwertig (Kehrseite).
Ambrosia → Leckerbissen.
Ameise, weiße Termite.
Amen → aus.
amerikanischer Fußball Soccer.
amerikanischer Geländewagen Jeep.
amerikanischer Rinderhirt Cowboy.
Amme Bonne, Kinderfrau, Nährmutter, Pflegemutter.
Ammenmärchen → Dunst.
Amnestie Begnadigung, Freispruch, Generalpardon, Gnade, Strafaufschub, Straferlass, Strafnachlass, Strafermäßigung, Vergebung. → Ablass, Erlass.
amnestieren → begnadigen.
Amok Mordsucht, Mordwut, Todeslauf.
amorph formlos, gestaltlos, ungeformt.
amortisieren abschreiben, löschen, Schulden abtragen/tilgen, tilgen.
Amouren Liebschaften.
Ampel → Leuchter.
Amphibienfahrzeug Schwimmpanzer, Schwimmwagen.
Amputation *f* → Abtrennung.
Amt Bereich, Beschäftigung, Betätigung, Fach, Posten, Stellung, Wirkungskreis. → Arbeitskreis, Aufgabe, Behörde, Beruf, Charge, Dienst, Obliegenheit.
Amt und Würden, in ein Amt bekleiden oder innehaben, gebieten, herrschen, befehlen, die Zügel halten, lenken, vorstehen. → amtieren.
Ämterherrschaft Bürokratie.
amtieren → anstellen, bedienen, bekleiden.
amtlich offiziell, authentisch, behördlich, geltend, gesetzlich, öffentlich, staatlich. → beglaubigt, behördlich, bekannt, bestimmt, definitiv, dienstlich, dokumentarisch. ▸ ungesetzlich, ungewiss, informell, inoffiziell, nicht amtlich.
amtliche Bescheinigung Zertifikat.
amtliche Mitteilung Kommunikee.
amtliche Untersuchung Enquete.
amtlicher Erlass Dekret.
Amtsabtretung Rücktritt, Amtsniederlegung, Demission *f,* Abbau, Abdankung, Abschied, Absetzung, Degradation, Entlassung, Kündigung, Pensionierung, Rückberufung, Suspendierung, Urlaub, Verabschiedung, Verweisung. → Abbau.
Amtsbewerber Kandidat.
Amtsbezeichnung Titel.
Amtsbruder Kollege, Konfrater.
Amtseinführung, feierliche Inauguration, Inthronisation.
Amtsenthebung Abberufung, Ablösung, Entlassung, Kündigung.
Amtsgehilfe → Assistent.
Amtsgenosse Kollege.
amtsmüde → alt.
Amtsnachfolger Nachfolger, Thronfolger.
Amtsniederlegung → Amtsabtretung.
Amtspflicht → Wirkungskreis.
Amtsschimmel Behördentrott, Kanzleibummel, Beamtensäumigkeit, Amtstrott, Dienstweg, Instanzenweg, Schlendrian, Schlamperei • Bürokratius.
Amtssiegel Stempel.
Amtsstellung → Bedeutung, Rang.
Amtstracht Habit, Kutte, Ornat, Robe, Soutane, Stola, Talar.
Amtsträger Charge.
Amtsverwalter Funktionär.
Amtszeichen Siegel, Stempel.
Amtszimmer Büro, Kanzlei, Kontor.
amüsant → befriedigend, belustigend, erfreulich, ergötzlich, erheiternd, heiter, köstlich, kurzweilig, lustig, spaßig, spaßhaft, unterhaltend, vergnüglich, angenehm, anziehend, ausgelassen, drollig, fesselnd, fidel, geistreich, gemütlich, gesellig, interessant. ▸ langweilig, unerfreulich, uninteressant.
amüsieren beglücken, belustigen, berauschen, erfreuen, ergötzen, erheitern, unterhalten, vergnügen, belustigen. ▸ langweilen.
an bei, neben, längsseits *sm,* daneben, dicht, dabei, dicht bei dicht, zusammen, Seite an Seite, Kopf an Kopf, Mann an

Mann, nahebei, nahezu, rund, sagen wir, schätzungsweise, ungefähr, um die Ecke, ein Katzensprung. → bis.
▸ ab, aus, von.
an der Spitze oben, vorn, vorne.
an sich absolut, per definitionem, per se. → an und für sich.
an und für sich eigentlich, Grunde im, genau genommen, Haus aus von, letztlich, ursprünglich.
Anachoret → Einsiedler.
analog ähnlich, annähernd, entsprechend, verhältnismäßig, parallel, gleich.
▸ unähnlich.
Analogie *f* → Ähnlichkeit.
Analyse Auflösung, Betrachtung, Forschung, Probe, Prüfung, Scheidung, Teilung, Untersuchung, Zergliederung, Zerlegung. → Auflösung, Ausforschung, Betrachtung.
▸ Synthese.
analysieren → absondern, auflösen, ausforschen.
Anämie *f* → Bleichsucht, Blutarmut.
Ananas Pineapple.
Anarchie Chaos, Gesetzlosigkeit, Herrschaftslosigkeit, Unordnung.
Anarchist → Aufständischer, Bandit.
Anästhesie → Betäubung.
Anathema → Acht, Bannfluch.
anbacken → ansetzen.
anbahnen abstecken, anknüpfen, antreiben, beginnen, ebnen, einleiten, führen, leiten, planen, vorbereiten, vorkehren, disponieren, verhandeln, Fühlung nehmen, Kontakt aufnehmen. → anfangen, aufrollen, auftauchen, bahnen, ersinnen.
▸ enden, vollenden.
anbahnend → bahnbrechend.
Anbahnung → Bearbeitung.
anbändeln anknüpfen, angeln, sich anschließen, sich gesellen, sich paaren, sich verbinden, sich verbünden, sich vereinigen, sich zugesellen, Fühlung nehmen, anbeißen, schmusen *u.*
▸ abblitzen, abbrechen.
Anbau Ackerbau, Anpflanzung, Bodenbearbeitung, Landbau, Nebenhaus, Dépendance, Nebengebäude, Seitenhaus. → Balkon, Erker, Feldbestellung.
▸ Abbau, Aberntung, Ernte, Lese, Weinlese • Hauptgebäude.
anbauen → bebauen, pflanzen.
anbauen, sich → bevölkern, bleiben.
anbaufähig urbar.
Anbeginn → Anfang.
anbehalten → bedecken.
anbei → beigeordnet, beisammen.
anbeißen den Anfang machen, anbahnen • hereinfallen oder hineinfallen auf etwas, Glauben schenken, vertrauen • auf den Leim gehen, einen Köder schlucken, willig sein • ködern, locken, angeln.
▸ abweisen.
anbelangen angehen, berühren, betreffen, entsprechen, zu tun haben. → angehen, berühren.
▸ beziehungslos.
anbelfern → anfahren, berühren.
anberaumen → berufen, beordern.
anbeten anflehen, bitten, flehen • huldigen, lobpreisen, idealisieren, verehren, verherrlichen, auf Händen tragen, anhimmeln, bewundern, glühen für, hängen an, hoch achten, hoch schätzen, lieben, vergöttern. → anflehen, beten.
▸ verschmähen.
anbetend → andächtig.
anbetracht → angesichts, anlässlich.
Anbetracht, in → daher, denn.
Anbetung → Achtung, Begeisterung, Gebet, Liebe.
anbetungswürdig adorabel.
anbiedern → anbändeln.
anbieten anpreisen, darbieten, empfehlen, offerieren, unterbreiten, vorlegen, vorschlagen, anempfehlen, animieren, anraten, anregen, loben, preisen, rühmen, werben, feilbieten, ausschellen, ausstellen, feilhalten, veräußern, vertreiben, bescheren, darbringen, darreichen, geben, gewähren, kredenzen, spenden, schenken, spendieren, stiften, verabreichen, vorbringen, zuwenden, andrehen, hausieren, hökern, kolportieren, auf den Markt werfen, Reklame machen, Propaganda machen, zu Geld machen • aufdrängen, aufwarten mit, nötigen, aufnötigen, präsentieren, servieren • anheischig machen sich, auf sich nehmen, andienen, befürworten, beschenken, bestechen, bewerben, bieten, ausbieten, darbieten, darbringen, darreichen.
▸ ablehnen, verschmähen • erwerben, kaufen • akzeptieren, annehmen, nehmen • bitten um • erbitten, fordern.
anbinden → anmachen, bändigen, berauben, beschneiden, fassen, fesseln.
anbinden mit → angreifen.
anblasen anfahren, anschnauzen, anstecken, anzünden. → blasen, einheizen, entzünden.
▸ auslöschen, loben, schöntun.
Anblick Aussicht, Planetenstellung, Aspekt *m,* Perspektive, Fernsicht, Auftritt. → Aufmachung, Aussehen, Aussicht, Blick, Fernblick.
▸ Blindheit, Unsichtbarkeit.
anblicken → anschauen, ansehen, beschauen, darbieten sich, durchblicken, erheben die Augen.
▸ abwenden, ignorieren, übersehen, vorbeisehen, wegschauen.
anbohren → aufbrechen, bohren • mahnen *u,* betteln *u.*
anbolzen → anmachen.
anbräunen attachieren.
anbrechen → aufbrechen, dämmern.
anbrennen → anzünden, anstecken, ansetzen.
anbringen absetzen, aufstellen, abgeben, absenden, stellen, verkennen. → festmachen, verkaufen.
▸ verschmähen, wegbringen, fortbringen/-schaffen • abmachen, entfernen, lösen, wegmachen.
Anbruch → Anfang, Ansatz, Anzug, Beginn.
anbrüllen → anfahren, anschnauzen.
Andacht → Erbauung, Gebet, Glaube.
andächtig fromm, gläubig, gottesfürchtig, religiös, anbetend, inbrünstig, aufmerksam, mit Bedacht, mit Hingabe, von Herzen kommend, zu Herzen gehend. → demütig, erbaulich.
▸ gottverlassen, zerstreut.
Andächtiger Beter.
andächtiges Nachdenken Meditation.
Andachtsbuch Bibel, Postille.

Andachtsgegenstände Devotionalien.
andauern → bestehen, bleiben, feststehen.
Andauern, das Persistenz.
andauernd anhaltend, beharrlich, beständig, dauernd, unaufhörlich, unausgesetzt, ununterbrochen, fortgesetzt, endlos, ewig, fortwährend, fortlaufend, immer während, konstant, kontinuierlich, laufend, pausenlos, abendfüllend, permanent, progressiv, ständig, stetig, unablässig, unverwandt, immer, immerzu, stets, ohne Unterlass, in steter Folge. ▸ vorübergehend.
Andenken Angebinde, Erinnerung, Erinnerungszeichen, Souvenir, Gedenken, Widmung, Aufmerksamkeit, Gabe, Spende, Zueignung, Zuwendung. → Denkzettel, Erinnerungszeichen. ▸ Gedankenlosigkeit, Vergesslichkeit.
änderbar mutabel.
andere Möglichkeit Alternative.
anderes, nichts → dasselbe.
ändern abändern, anders machen, erneuern, umarbeiten, umbilden, umformen, umgestalten, ummodeln, umschaffen, umstellen, umwandeln, verändern, verbessern, verwandeln, wechseln, alternieren • berichtigen, besser machen, richtig stellen, korrigieren, abwandeln, überarbeiten, transponieren, umdrehen, umkehren, umordnen, umstoßen, umstellen, umschalten, umstimmen, herumkriegen, umstülpen, umstürzen, umwenden, versetzen, vertauschen, verwechseln • sich entwickeln, sich entfalten, sich herausbilden, reifen, sprießen, wachsen. ▸ belassen aufrechterhalten, beibehalten, bestehen lassen, lassen, stehen lassen • übernehmen.
ändern sich → abweichen.
ändernd → umwälzend.
andernfalls anderweit, nicht wie sonst, gerade umgekehrt.
andernorts einsetzen abkommandieren.
anders abweichend, entgegengesetzt, unähnlich, ungleich, unterschiedlich, verschieden, umgekehrt, eigenartig, eigentümlich, überraschend, unvergleichlich, vereinzelt, sonst. → abnorm, beispielfern. ▸ gleich bleiben, dasselbe, unverändert, ebenso, genau so, gleich, identisch, übereinstimmend.
anders machen → ändern.
andersartig → anders geartet.
andersfarbig heterochrom.
anders geartet verschiedenartig, heterogen, andersgestaltig, heteromorph, ungleichartig, andersartig, fremdartig, neuartig, pervers, ungleich, unterschiedlich, verschieden, grundverschieden, abweichend, entgegengesetzt, konträr. ▸ alltäglich, unverändert.
andersgestaltig → anders geartet.
andersgläubig → heidnisch. ▸ orthodox, rechtgläubig.
Andersgläubiger Dissident.
andermal, ein → dann.
anderswo → anderweitig, abwesend, dahin.
Änderung → Abweichung, Neuheit, Veränderung.
anderwärts anderswo, sonst wo, auswärtig, auswärts, abwesend, fort, entfernt, weg, nicht da, nicht an der Stelle oder an dem Platz, seitwärts, abseits. → abwesend. ▸ hier.
anderweitig sonstig, anderswo, anderswie, einen anderen Weg suchen. → abwesend. ▸ zugegen.
andeuten → ausdrücken, äußern, aufwerfen, betonen, demonstrieren, deuten, hinweisen, beibringen.
andeutend → andeutungsweise.
Andeutung → Anhaltspunkt, Bemerkung, Blick, Darlegung, Doppelsinn, Erkennungszeichen, Ratschlag, Skizze, Symbol.
andeutungsweise zwischen den Zeilen, anspielend, skizzenhaft, andeutend. ▸ versteckt, ausführlich, betont, detailliert, deutlich, direkt, genau, geradeheraus, offen, ungeschminkt, unverhüllt.
andienen → anbieten.
Andrang → Fülle, Anzahl.
andrehen aufhalsen, aufschwatzen. → anbieten, einschalten.
androhen → ballen, bedräuen, bedrohen, drohen.
Androhung → Bedrohung, Drohung.
anecken blamieren, brüskieren, sich bloßstellen, Missbilligung erregen, Anstoß geben, Ärgernis erregen, Skandal hervorrufen, seinen Ruf verscherzen, sich dem Tadel aussetzen, seinen Namen aufs Spiel setzen. → anstoßen, bums. ▸ verbindlich.
aneifern → anhalten, anregen, beeinflussen, begeistern, beschleunigen, drängen.
Aneiferung → Anziehung, Beispiel, Eifer, Jagd.
aneignen annektieren, einstecken, entwenden, empfangen, erlangen, erwerben, kaufen, nehmen, verschaffen, beschaffen, erhalten, gewinnen, beibringen, besorgen, erringen, zulegen, angeln, ausführen, ausspannen, stehlen, mitgehen lassen, erleichtern, finden, stibitzen *u,* sich etwas unter den Nagel reißen *u.* → bemächtigen, bemeistern, einbrechen, erarbeiten, erbeuten, fassen. ▸ abgewöhnen, wiedergeben.
aneignen, sich → auftreiben, befolgen, befreunden, beschaffen, borgen fremde Gedanken.
Aneignung → Bemächtigung, Enteignung.
aneinander zusammen, fest verbunden. ▸ auseinander, getrennt.
aneinander geraten → balgen.
aneinander gereiht → bei, beisammen, daneben.
Aneinanderreihung → Aufeinanderfolge, Reihe.
Anekdote Geschichtchen, Histörchen, kurze (witzige) Geschichte.
anekeln abstoßen, anwidern, missfallen, widerstehen, Missfallen erregen, zuwider sein, den Magen umkehren, gegen den Strich gehen, gegen die Natur gehen. → dick haben etwas, entsetzen sich. ▸ appetitlich, ergötzen, fesseln.
anempfehlen anraten, ermuntern, ermutigen, raten, überzeugen, zureden, ans Herz legen. → anbieten, bearbeiten, beeinflussen, befürworten, empfänglich machen, empfehlen. ▸ abraten.
Anerbe → Bauernhof, Besitzer.

anerbieten → beantragen, bewerben, einladen.
Anerbieten → Angebot, Vorschlag.
anerkannt bekannt, berühmt, erprobt, festgestellt, gangbar, gebilligt, gebräuchlich, gewürdigt, vertraut, zugestanden, gültig, landläufig, marktläufig, eingeführt, gang und gäbe. → allgemein, bekanntermaßen, berechtigt, berühmt, eingeführt, gebräuchlich, kompetent.
▸ unbekannt, verachtet.
anerkennen billigen, beipflichten, beistimmen, gutheißen, zustimmen, auszeichnen, bezahlen, danken, ehren, belohnen, entschädigen, ersetzen, lohnen, vergelten, vergüten, zuerkennen, zugestehen, zusprechen, bescheinigen, bestätigen, unterschreiben, quittieren, bewundern, loben, schätzen, Beifall zollen, Lob spenden, achten, würdigen, zugeben, bejahen, bestätigen, ratifizieren, beglaubigen, beipflichten, einverstanden sein, willfahren, zubilligen, beloben, hoch achten, die Auffassung teilen. → achten, annehmen, bedanken, beglaubigen, beigeben, bejahen, beloben, belohnen, beipflichten, berücksichtigen, bewilligen, billigen, danken, einverstanden sein, erkenntlich zeigen, erlauben, ernennen.
▸ ablehnen, beanstanden, kritisieren, missachten, missbilligen, tadeln, verreißen, zurückweisen • aberkennen.
anerkennend beipflichtend, billigend, lobend, zustimmend.
anerkennenswert beachtlich, lobenswert, löblich, rühmenswert, rühmlich, ruhmreich.
Anerkennung Beifall, Lob, Auszeichnung, Anklang, Applaus, Beliebtheit, Belobigung, Wertschätzung, Würdigung, Zustimmung, Bewunderung, Huldigung, Verbundenheit, Dankbarkeit, Achtung, Ansehen, Erfolg, Dankeszoll, Erkenntlichkeit. → Achtung, Auswirkung, Beförderung, Beifall, Bekenntnis, Bekräftigung, Belohnung, Bemerkung, Bescheinigung, Bestallung, Bewilligung, Billigung, Dank, Dankbarkeit, Diplom, Ehre.
▸ Missbilligung • Ablehnung, Beanstandung, Beschwerde, Geringschätzung, Kritik, Missachtung, Rüge, Tadel, Vorwurf, Zurechtweisung • Nichtanerkennung.
Aneroid → Barometer.
anerschaffen → behaftet, beschaffen, eingefleischt, erblich.
anerziehen abrichten, dressieren, disziplinieren, einüben, erziehen, trainieren, Verhaltensweisen einüben.
anerzogen äußerlich, oberflächlich, wesensfremd, eingepflanzt, aufgepfropft, unnatürlich, unpersönlich, außenwendig • eingewurzelt, eingepflanzt, eingefleischt • angewöhnen, gewohnt, gewohnheitsmäßig, angepasst.
▸ angeboren.
Anerzogenes Habit.
anfachen → anfeuern, anregen, anzünden, begeistern, reizen, beschleunigen, blasen, bringen in Bewegung, entzünden, steigern.
▸ dämpfen, ersticken, lindern, löschen, unterdrücken.
anfachend → antreibend, stimulierend.
Anfachung Auftrieb, Impuls, Ansporn • Feuer anfachen, Glut anfachen, Entzündung.
anfahren anlaufen, anprallen, zusammenstoßen, ankurbeln, anwerfen, antreiben, Gas geben, zusammenkrachen, losfahren, losschießen, starten, in Gang bringen, auf Touren bringen, in Bewegung setzen • anfauchen, anschreien.
▸ abfahren, versöhnen, anhalten, bremsen, stoppen • ermuntern, loben • trösten.
Anfahrt → Weg.
Anfall Angriff, Attacke *f*, Überfall. → Angriff, Anwandlung.
▸ Wohlergehen, Verteidigung.
Anfall, kleiner Petit mal.
anfallen angreifen, attackieren, überfallen. → angreifen, auflauern.
▸ verteidigen.
anfällig → abgespannt.
anfällig sein runtersein *u.*
Anfang Anbeginn, Anbruch, Auftakt, Beginn, Grundlage, Ausgangspunkt, Basis, Fundament, Plattform, Ursprung, Voraussetzung, Vorbereitung, Vorkehrung, Versuch, Dämmerung, Frühe, Frühstunde, Morgen, Morgengrauen, Morgenstunde, Sonnenaufgang, Tagesanbruch, Frühzeit, Anlauf, Ansatz, Anschnitt, Antritt, Geburt, Ouverture, Debüt, Start, Entstehung, Quelle, Wiege. → Ansatz.
▸ Ende.
Anfang, am → eingangs.
Anfang an, von ab ovo.
Anfang bis Ende, von → **A** bis **Z, A** und **O,** dauernd.
anfangen anheben, aufstreben, auftreten, sich bahnbrechen, beginnen, eintreffen, entspringen, sich entwickeln, erscheinen, sichtbar werden, eröffnen, auftun, angreifen, anpacken, arbeiten, aufbauen, hervorrufen, anbahnen, einführen, einrichten, sich anschicken, ansetzen, dämmern, einsetzen, losgehen *u*, losschießen *u*, sich entspinnen, entstehen, erstehen, keimen, loslegen, losmachen, sprießen, sprossen, starten, ankurbeln, einleiten, anreißen, gründen, dahinter klemmen, sich dahinter klemmen, sich dahinter machen, ins Leben rufen, in Gang bringen, aufs Tapet bringen, den Bann brechen, den Stein ins Rollen bringen, in die Wege leiten, Anstalten machen. → aufrollen, auftauchen, betragen sich, bringen in Gang, debütieren, entspinnen, entsprießen.
▸ beenden, abschließen, aufhören, einstellen, schließen • enden, vorübergehen • warten, zaudern, zögern.
anfangend → bahnbrechend, beginnend.
Anfänger ABC-Schütze, Greenhorn, Neuling, Grünling, Novize, Kiekindiewelt *u.* → Nichtkönner.
▸ Autorität, Experte, Fachmann, Könner, Meister, Profi.
anfänglich, anfangs → eingangs, einleitend.
Anfangsbuchstabe Initiale, Unziale, Versal.
Anfangsdosis Initialdosis.
Anfangsgründe Initien.
Anfangskapital Startkapital.
anfangsmäßig → einfach.
Anfangspunkt → Ansatz, Anzug, Beginn.
Anfangsstadium → Beginn.
anfassen sich befassen, ausüben, besorgen, betreiben, bewerkstelligen, durchführen, erfüllen, verrichten, werken,

beginnen, angreifen, anpacken, anstreben, arbeiten, bestellen, erledigen, formen, handeln, handhaben, nachgehen, machen, schaffen, tun, verwirklichen, vollbringen, vollführen, vollstrecken, tätigen, wirken, agieren, beschäftigen, befummeln, verarzten, sich beteiligen, in die Hand nehmen. → anfühlen, ausüben, begreifen, beistehen, bekümmern, betragen sich, bewerkstelligen.
▸ loslassen.
Anfassstück Henkel, Stiel.
anfauchen → anfahren.
anfechtbar strittig, diskutierbar, anrüchig, fragwürdig, unerwiesen, unbegründet, widersprechend, zweifelhaft, unbestimmt, unsicher, verdächtig • unlogisch, folgewidrig, denkwidrig, nicht schlüssig, widerspruchsvoll, unhaltbar, fehlerhaft.
▸ abgesichert, belegt, bewiesen, eindeutig, fraglos, gesichert, unanfechtbar, zweifellos.
Anfechtbarkeit Reszissibilität.
anfechten bestreiten, bezweifeln, dagegen angehen, in Frage stellen, dagegen ankämpfen, nicht damit zufrieden geben. → aberkennen, ablehnen, absprechen, bekämpfen, Dach steigen auf das, dawider.
▸ zustimmen.
Anfechtung → Versuchung, Verlockung.
anfeinden grollen, hassen, verabscheuen, wüten, bekämpfen, beleidigen, beschimpfen, sticheln, vorgehen, vorstoßen, angiften, unterminieren. → ausstehen, balgen, beeinträchtigen, befehden, bekämpfen, brechen mit, dawider, Einspruch, erheben, entzweien.
▸ vertragen sich.
Anfeindung Angriff, Attacke, Offensive.
anfertigen aufbauen, aufrichten, ausarbeiten, ausführen, bauen, behauen, bewirken, bilden, basteln, drechseln, einrichten, errichten, erschaffen, erzeugen, fabrizieren, formen, gestalten, gießen, herstellen, hervorbringen, hervorrufen, kneten, machen, meißeln, modellieren, modeln, prägen, produzieren, schaffen, schmieden, schnitzen, vollenden, vorbereiten, zubereiten, zusammenstellen, entwickeln, schöpfen, bosseln. → ausführen, basteln.
▸ zerstören.
Anfertigung Errichtung, Erstellung, Fabrikation, Fertigung, Herstellung, Schaffung, Zubereitung.
anfesseln → anmachen.
anfeuchten → befeuchten, bespritzen, begießen, benetzen, eintauchen.
▸ abtrocknen, trocknen.
anfeuern anfachen, aufmuntern, aktivieren, anspornen, anstecken, aufhetzen, aufregen, aufreizen, aufstacheln, empören, entzünden, erregen, reizen, bearbeiten, beeinflussen, bereden, bewegen, durchdringen, einwirken, empfänglich machen, zusetzen, steigern, intensivieren, verstärken, Öl ins Feuer gießen, anhatzen *j*, anfrischen *j*, anrüden *j*, auf den Damm bringen *u*. → anregen, bearbeiten, beeinflussen, begeistern, bestechen, drängen, elektrisieren.
▸ auslöschen, beschwichtigen.
anflechten → anmachen.
anflehen anbeten, beten, bitten, Dank sagen, flehen, huldigen. → anbeten, beten.
▸ zustimmen.
Anflug → Farbe, Wenigkeit, Ziel Andeutung, Hauch, Kleinigkeit, Schimmer, Stich, Touch • Ankunft, Ansteuerung, Landung, Arrival.
▸ Abflug, Start.
anfordern → beschaffen.
Anforderung → Bedarf.
Anfrage Interpellation *f*, Befragung, Erkundigung, Ermittlung, Nachforschung, Sondierung, Aufklärung, Auskunft, Erhebung.
▸ Antwort.
anfragen befragen, fragen, erforschen, erheben, erkundigen, ermitteln, nachforschen, nachfragen, sondieren, nachsuchen, Aufklärung suchen, ausfindig machen, Auskunft erbitten, Erhebungen anstellen, zu erfahren suchen, sich vergewissern. → auskundschaften.
▸ antworten.
anfressen → abbrauchen, abnützen, beeinträchtigen, beschädigen.
Anfressung Korrosion.
anfreunden, sich befreunden sich, Freundschaft schließen, Kontakt anknüpfen.
anfügen → ergänzen.
anfühlen anfassen, befingern, befühlen, berühren, greifen, hinlangen, tasten.
▸ loslassen.
Anfuhr Fracht, Fuhre, Ladung, Last, Transport, Beförderung.
▸ Abfuhr, Versendung.
anführen angeben, aufzählen, belegen, bezeichnen, erwähnen, nennen, zusammenstellen, dirigieren, führen, lenken, lotsen, beaufsichtigen, befehlen, gebieten, herrschen, vorstehen, darlegen, dartun, demonstrieren, dokumentieren, geltend machen, nachweisen, sich berufen auf, den Ton angeben, die Leitung übernehmen, die Zügel ergreifen, den Weg bahnen • irreführen, foppen, narren, täuschen, vorgaukeln, in den April schicken, Sand in die Augen streuen, blauen Dunst vormachen *u*, anschmieren *u*, ankohlen *u*, auf den Arm nehmen *u*, daran kriegen, aufs Eis führen, aufbinden *u*, auf den Leim führen, an der Nase herumführen. → angeben, eine Sache einleiten.
▸ nachfolgen, widerlegen.
anführen, wörtlich zitieren.
Anführer Caudillo, Scheich *u*. → Chef, Cicerone, Leiter, Rädelsführer.
Anführungsstriche Gänsefüßchen.
anfüllen → ausfüllen, bedecken, einschränken.
Angabe Anzeige, Aufklärung, Aussage, Bekanntgabe, Bescheid, Bezeichnung, Botschaft, Darlegung, Erklärung, Eröffnung, Fingerzeig, Hinweis, Meldung, Mitteilung, Nachricht, Nennung, Orientierung, Wink. → Anmerkung, Auskunft, Auslassung, Bericht, Bescheid, Beschreibung, Brief, Chronik, Information, Notiz, Mache.
▸ Stillschweigen, Widerlegung.
Angaben Daten.
Angaben zur Person Personalien.
angängig passabel.
angeben enthüllen, hinterbringen, denunzieren, anzeigen, berichtigen, mitteilen, sagen, schreiben, unterrichten, verständigen, benamsen, bezeichnen,

anführen, aufzählen, belegen, erwähnen, nennen, zusammenstellen, zitieren, dartun, hinweisen, wissen lassen • sich aufblähen, aufprotzen, sich brüsten, flunkern, sich herausstreichen, protzen, renommieren, schwadronieren, schwindeln, sich spreizen, dicktun, großtun, sich wichtig machen, das Maul aufreißen, bramarbasieren, prahlen, aufschneiden, Mund voll nemen, sich selbst loben, viel Wesens machen, sich aufblasen, sich aufplustern, aufdrehen *u,* sich aufspielen, sich breit machen, wichtigtun, Sprüche machen, große Töne reden, sich aufs hohe Ross setzen, sich mit fremden Federn schmücken, sich mausig machen *u,* eine Schau abziehen *u.* → anführen, aufzeigen, auspacken, aussagen, benachrichtigen, benennen, bestätigen, bestimmen, blähen, dartun, datieren, detaillieren, erweisen.
▸ verschweigen, widerlegen, bescheiden (sein).

angeben, den Ton → bahnen, führen.

Angeber Anzeiger, Denunziant *m,* Anbringer, Klatschbase, Klatsche, Ohrenbläser, Plaudertasche, Spitzel, Zuträger, Zwischenträger • Aufschneider, Großsprecher, Großmaul, Maulheld, Bildungsprotz, Klugscheißer, Snob, Sprüchemacher, Dicktuer, Flausenmacher, Flunkerer, Gernegroß, Prahler, Prahlhans, Hochtraber, Protz, Renommist, Säbelrassler, Schwadroneur, Wichtigtuer, Windbeutel, Wortheld, Klügling, Quadratschnauze *u.* → Aufschneider.
▸ Kapazität, Verteidiger.

Angeber, entlarvter Seifenblase *u.*

Angeberei → angeben, Mache.

angeberisch delatorisch. → betragen sich.

angebetet bewundert, gefeiert, hoch geachtet / angesehen / verehrt, vergöttert.

Angebetete → Abgott.

Angebinde → Andenken, Bestechung, Käuflichkeit.

angeblich → quasi.

angeboren ererbt, veranlagt sein, eingewurzelt, triebhaft, instinktmäßig, von der Mutter her, von dem Vater her, behaftet sein, mit der Muttermilch eingesogen. → eingefleischt.
▸ anerzogen, unnatürlich.

angeborene Fähigkeit Talent.

angeborener Schwachsinn Idiotie.

Angebot Anerbieten, Antrag, Aufforderung, Bewerbung, Einladung, Empfehlung, Entgegenkommen, Offerte, Kostenplan, Vorschlag, Kostenvoranschlag, Anpreisung, Annonce, Inserat, Anzeige, Ausschreibung, Flugblatt, Plakat, Rundschreiben, Werbebrief, Prospekt, Katalog, Werbung.
▸ Nachfrage • Annahme, Kauf, Übernahme • Bitte, Forderung.

Angebotserweiterung Diversifikation.

angebracht → angemessen, befindlich, richtig, schicklich.

Angebratenes Rammerl *u.*

angebunden, kurz → brummig, brüsk.

angedeihen lassen → ausliefern, schenken.

Angedenken → Andenken.

angedickt eingedickt, gebunden, sämig.

angefault kariös.

angefüllt dick, gefüllt, prall, vollständig, voll.

angegossen → anliegend, passend.

angegriffen → abgespannt.

Angegriffenheit → Anwandlung, Befinden.

angeheitert betrunken, angetrunken, beduselt, benebelt, besoffen, berauscht, beschwipst, trunken, beknillert, beschickert, bezecht, Schlagseite haben, alkoholisiert, schief geladen, schwer geladen, blau, duhn, knill, betimpelt, betrudelt, sich die Nase begossen, einen Zacken haben, zu tief ins Glas geschaut, der Wein in den Kopf gestiegen, einen in der Krone haben, voll wie ein Sack *u,* selig, einen sitzen haben *u,* einen weg haben *u,* einen zu viel haben *u.* → beduselt, betrunken.
▸ nüchtern.

angehen anbelangen, berühren, betreffen, entsprechen, anrufen, aufrufen, appellieren, zusetzen, bitten, anhalten, begehren, ersuchen, nachsuchen, verlangen, wünschen, einkommen um, sich wenden an, sich hinter jemanden klemmen *u.* • beginnen • möglich sein. → anbelangen, anfassen, belagern, berühren, bewerben sich, bitten, einreichen, erflehen.
▸ beenden, ausgeben, unberührt, zieren sich, aufhören, enden, schließen • lassen, liegen lassen, sein lassen • verhindern.

angehen gegen anfechten, beanstanden, bemängeln, beschweren sich, Klage führen, ankämpfen gegen, bekämpfen, entgegenwirken, Front machen.

angehören gehören zu, verbinden, verknüffen, verbunden sein, entsprechend • zuständig, verwandt • eingeschlossen, zusammengenommen, inbegriffen → zugehören, fallen unter, aufgehen in.

angehörig → eigen.

Angehöriger → Anverwandte.

angekettet → gekettet.

angeklagt beschuldigt, verdächtigt.

Angeklagter Übeltäter, Delinquent *m,* Armsünder, Beklagter, Beschuldigter, Verklagter, Verzeigte *schw.* → Beklagte.
▸ Kläger.

angekommen da, angelangt, am Ziel, hier • gelandet.

angekränkelt morbid.

Angel Haken, Türangel.

Angelegenheit Aufgabe, Bestimmung, Obliegenheit, Pflicht, Begebenheit, Ereignis, Fall, Tatsache, Umstand, Vorkommnis, Problem, Frage, Sache, Thema, Auftrag, Vorfall, Anliegen, Affäre, Faktum, Schose *u,* Geschichte, Kiste *u.* → Affäre, Aufgabe, Begebenheit, Charge.

Angelegenheit, eigene Internum.

angelegentlich achtsam, aufmerksam, beflissen, besonders, mit Bedacht, mit Hingabe. → besonders.
▸ unachtsam.

angelernt → eingetrichtert.

Angelerntes Benehmen, Bildung, Erlerntes, Erziehung, Habit, Prägung, Schulbildung.

angeln fangen, jagen, fischen. → aneignen, anbändeln.

Angelöbnis Verlöbnis, Verlobung, Eheversprechung, Verspruch • Versprechung, Zusage, Beteuerung.

Angelpunkt → Drehpunkt.

Angelsachse Brite, Gringo.

angemaßt → eigenmächtig.

angemessen angebracht, entsprechend, füglich,

gebührend, gebührlich, geeignet, geziemend, passend, schicklich, tunlich, gleichwertig, genügend, wohlverdient, ziemlich, zukommend, zustehend, ausreichend, befriedigend, hinreichend, gerecht, preiswürdig, billig, nicht teuer, geprüft, genug, hinlänglich, reichlich, sattsam, begründet, unanfechtbar, wohlbegründet, sich gehörend, recht und billig, gemäß, adäquat. → anwendbar, ausreichend, bequem, billig, einschlägig, entsprechend.
▸ unpassend, unzureichend, abwegig, deplatziert, inadäquat, übertrieben, unangemessen.

Angemessenheit → Eignung, Genüge, Zweckmäßigkeit.

angenähert etwa, fast, ungefähr, zirka.

angenehm ansprechend, anziehend, anmutig, artig, scharmant, einnehmend, entzückend, freundlich, gefällig, graziös, herzig, hold, holdselig, liebenswürdig, lieblich, liebreizend, nett, niedlich, reizend, schmuck, zierlich, behaglich, einfach, leicht, bequem, mühelos, passend, praktisch, tunlich, gewinnend, sympathisch, zusagend • anregend, erheiternd, vergnüglich, wohl tuend, wünschenswert, dienlich, erwartet, gangbar, verlangt, willkommen, schön, entgegenkommend, erbötig, entlastet, entspannt, gelöst, geruhsam, gesellig, lauschig, ruhig, traulich, traut, wohlig, wohnlich, erlaubt, erwünscht, geeignet, gutgeheißen, recht, aufmerksam, höflich, verbindlich, willfährig, zuvorkommend, wert, abgestimmt, auserlesen, ausgezeichnet, fein, genießbar, gewürzt, herrlich, köstlich, kräftig, lecker, mundend, mundgerecht, prickelnd, vortrefflich, wohlschmeckend, sahnig *u.* → anklingend, anmutig, amüsant, behaglich, bequem, scharmant, delikat, einladend, erlesen, fein, flott.
▸ unangenehm, abscheulich, abschreckend, abstoßend, ärgerlich, ekelhaft, eklig, lästig, leidig, peinlich, störend, übel, unerfreulich, unliebsam, widerlich, widrig.

angenehm warm mollig.

angenehme Empfindung Freude, Genuss, Wonne.

angenommen → abgemacht.

angeordnet → obligatorisch.

angepasst passend, entsprechend, angemessen, gemäß, dienlich.

Angepasstheit Anständigkeit, Artigkeit, Bravheit, Folgsamkeit, Fügsamkeit, Gefügigkeit, Gehorsamkeit.

Anger Dorfwiese, Gemeindewiese.

angeregt → aufgewärmt, berauscht, beschwingt.
▸ abgespannt, gelangweilt, müde, schleppend.

angereichert konzentriert.

angesagt aktuell, en vogue, im Schwange, modern, topaktuell.

angesäuselt → angeheitert, beduselt, betrunken.

angeschlagen abgebrochen, gebrochen, zerschmettert, zersplittert, zerschlagen, verdorben, zertrümmert, zerstört, vernichtet, verloren, erledigt, groggy, verloren, geknickt, erdrückt, überwältigt, überwunden, niedergeschlagen, gefallen, zusammengeschlagen, erschöpft, zu Fall gebracht, in die Binsen gegangen.
▸ ganz.

angeschlossen affiliiert, dazugehörend, integrierend, zugehörig.

angeschrieben, gut → angesehen, beliebt.

angeschwemmt alluvial.

angeschwemmter Küstenboden Marsch.

angeschwollen dick, verdickt, geschwollen.

angesehen achtbar, bieder, wacker, anständig, beliebt, brav, ehrenhaft, ehrlich, geachtet, gediegen, geehrt, geschätzt, lauter, lieb, löblich, rechtschaffen, redlich, unbescholten, reputierlich, verdient, verehrt, würdig • bewundert, populär, berühmt, bedeutend, hoch geschätzt, weltbekannt, stadtbekannt, hat Weltruf, ehrbar, ehrenwert, schätzbar, schätzenswert, gut angeschrieben, Name von Klang haben, einen Namen haben, großen Ruf haben, anerkannt sein. → achtbar, ausgezeichnet, beherrschend, bekannt, beliebt, berühmt, bieder, brav.
▸ unbedeutend, unbekannt • anrüchig, übel beleumdet, unbeliebt, verrufen, verschrien.

angesessen → ansässig, eingesessen.

Angesicht Gesicht, Antlitz, Physiognomie, Visage *u,* Fassade *u,* Fresse *u,* Flabbe *u.*

angesichts gegenüber, in Anbetracht, mit Bedacht auf, im Hinblick auf, in Gegenwart.

angespannt nachdrücklich, eindringlich, intensiv. → angestrengt, aufreibend.
▸ bequem.

angestammt → ansässig, bodenständig, eingesessen.

angestaubt bestaubt, staubbedeckt, grau, gräulich.

angesteckt → befallen von.

angestellt → bedienstet.

angestellt, fest etatmäßig.

Angestellter → Arbeitnehmer.

angestrahlt beleuchtet, bestrahlt, erleuchtet, hellerleuchtet.

angestrengt angespannt, stark, stramm, intensiv, beschäftigt, geschäftig, rührig, tätig, regsam, fleißig, betriebsam, beschwerlich, aufreibend, drückend, ermüdend, lästig, mühsam, mühselig, mühevoll, sauer, schwierig, mit Ach und Krach, im Schweiße seines Angesichts. → angespannt, aufreibend.
▸ bequem.

angestrengt arbeiten rabotten *u,* rackern *u,* rotieren *u,* schanzen *u.*

angetan mit angekleidet, angezogen, bekleidet, gekleidet.

angetanzt → ankommen.

angetrunken → beduselt, betrunken.

Angetrunkenheit → Dusel.

angewackelt → angekommen.

angewalzt → angekommen.

angewidert → widerwillig.

angewidert sein Abscheu empfinden, ekeln sich, hassen, verabscheuen.

angewiesen bedürftig, hilfsbedürftig, hörig, unfrei, unselbstständig.

angewiesen sein → abhängig.

angewöhnen → anpassen.

angewöhnen, sich → befreunden.

Angewohnheit Gewohnheit, Gepflogenheit, Macht der Gewohnheit, gewohntes Verhalten, in Fleisch und Blut übergegangen, von Kindheit an, eingedrillte Verhaltensweise • Stiefel *u.*

angezeigt ratsam. → annehmbar, empfehlenswert.

angezogen angekleidet,

bekleidet, angetan mit, gekleidet.
angezogen, zu feierlich overdressed.
angezottelt → ankommen.
angiften → anfeinden.
angleichen → ausgleichen, anpassen.
Angleichung Assimilation *f*, Anpassung, Gewohnheit, Gepflogenheit, Brauch.
angliedern → beifügen, hinzufügen affiliieren.
anglotzen → anschauen.
angreifen anfallen, attackieren, anbinden mit, anfahren, anpacken, bedrängen, belagern, beschießen, bombardieren, draufgehen, stürmen, überfallen, überrumpeln, umzingeln, berennen, tätlich werden, handgreiflich werden, offensiv vorgehen, befehden, • anschwärzen, beschimpfen, bezichtigen, diskreditieren, entehren, herabsetzen, schmähen, verdächtigen, verhöhnen, verunglimpfen, verwerfen, belästigen, behelligen, kränken, peinigen, verletzen, Front machen gegen • einen Stoß führen, mit Steinen werfen, einen Schuss abgeben, sich auf den Feind werfen, ausfällig werden gegen, in die Enge treiben, zu Leibe gehen, zum Angriff übergehen, die Feindseligkeiten eröffnen. → abbrauchen, abnützen, anfallen, anfassen, anklagen, schädigen, bombardieren, brechen den Frieden, Dach steigen auf das, einhauen, einstürmen.
▸ loslassen, verteidigen.
angreifend aggressiv. → aufreibend, doppelschneidig.
Angreifer → Feind, Widersacher.
angrenzen → begegnen, begrenzen.
angrenzend nahe, anliegend, anstoßend, benachbart, dabei, daneben, dicht, nächst, neben, nebenan, berührend, dicht bei, in nächster Nähe, um die Ecke, über den Zaun, vor der Nase *u.* → bei, beisammen, dabei, daneben, dicht, dabei, zirka.
▸ getrennt.
Angrenzer Anrainer, Anwohner, Nachbar.
Angriff Anfall, Attacke *f*, Aggression, Beleidigung, Kränkung, Überfall, Verletzung, Herabsetzung • Anlauf, Anprall, Ausfall, Einbruch, Einfall, Handstreich, Offensive, Raubzug, Razzia, Streifzug, Überrumpelung, Krieg, Schlacht, Scheinangriff, Hinterhalt, Flankenangriff, Vorstoß • Einleitung, Eröffnung, Inangriffnahme, Inbetriebnahme, Vorgehen, Wagnis, der erste Schritt. → Anfall, Anlauf, Beleidigung, Beschießung, Bissigkeit, Blutbad, Bombardement, Tat.
▸ Abwehr, Defensive, Gegenwehr, Verteidigung • Flucht, Rückzug • Anerkennung, Lob.
Angriff nehmen, in anfangen, beginnen, Bewegung setzen in, Gang bringen in.
Angriff, unsachlicher Polemik.
angriffslustig aggressiv, scharf *u.* → angreifend.
angrinsen → auslachen, belächeln.
angrobsen → beschimpfen.
Angst Bestürzung, Furcht, Grausen, Lähmung, Schrecken, Verzweiflung, Bangigkeit, Besorgnis, Feigheit, Gänsehaut, Kleinmut, Mutlosigkeit, Schiss, Sorge, Unruhe, Verzagtheit, Heidenangst, Albdruck, Fassungslosigkeit, Entsetzen, Panik, Schauder, Mangel an Mut, Bangbüxigkeit *u,* Schwulität *u,* Dampf haben *u,* Horror haben *u,* die Hosen voll haben, Zähneklappern, *u,* Schiss haben *u,* Manschetten haben *u, Horror u,* Schlotter *u.* → Bammel, Bedenken, Beengung, Befangenheit, Beklemmung, Besorgnis, Erstarrung.
▸ Mut, Vertrauen, Courage, Furchlosigkeit, Kühnheit, Selbstvertrauen, Tapferkeit, Wagemut • Leichtsinn, Tollkühnheit.
Angst haben ängstigen sich, fürchten sich, bangen, befürchten.
angstgelähmt panisch.
Angsthase Drückeberger, Feigling, Hasenfuß, Hasenherz, Memme.
ängstigen sich fürchten, bangen, beben, entsetzen, schaudern, schlottern, stutzen, zagen, zittern, durchmachen, sich quälen, sich sorgen, gruseln, Lunte riechen, Manschetten haben, einen Bammel haben, wie versteinert dastehen, Himmelangst haben, hat keine Traute, den Hintern mit Grundeis gehen, die Hose voll haben, dem Frieden nicht trauen, zittern wie Espenlaub, es graut einem, an allen Gliedern zittern, die Hölle heiß machen. → ärgern, davonlaufen, entmutigen, erblassen, erschrecken, Farbe wechseln.
▸ mutig sein. • beruhigen, ermuntern, ermutigen, loben.
Ängstigung → Bedrohung, Drohung.
ängstlich argwöhnisch, misstrauisch, achtsam, angsterfüllt, vorsichtig, wachsam, bange, befangen, besorgt, furchtsam, kleinlaut, kleinmütig, scheu, schüchtern, verstört, verzagt, zage, zaghaft, blümerant *u,* leise weinend *u,* bedrippt *u.* → argwöhnisch, bange, bebend, bedächtig, bedenklich, befangen, beflissentlich, erschrocken, feige.
▸ mutig, vertrauensvoll, beherzt, couragiert, entschieden, entschlossen, forsch, frei, kaltblütig, kühn, leichtsinnig, locker, risikofreudig, tapfer, tollkühn, unbefangen, ungeniert, wagemutig, zwanglos.
Ängstlichkeit → Feigheit.
angstlösend anxiolytisch.
Angstmeier → Feigling.
Angstruf Aufschrei, Geschrei, Hilferufe, Notruf, Schmerzensruf.
Angsttraum Alp.
angstvoll bänglich, furchtsam, ängstlich, scheu, zaghaft, befangen, schüchtern, bestürzt.
▸ dreist, mutig.
angucken anblicken, anschauen, ansehen, besehen, besichtigen, betrachten.
anhaben bekleidet sein mit, tragen.
anhaften → dazukommen, einwurzeln.
anhaftend → chronisch, eingefleischt, erblich, fest.
anhaken → anmachen, einkitten.
Anhalt → Ermahnung, Lichtblick.
anhalten abfassen, arretieren, hindern, verhaften, packen • anraten, anregen, anspornen, antreiben, aufmuntern, bestärken, bewegen, ermutigen, ermuntern, zureden • abbremsen, den Motor abwürgen, abstoppen, ankern, anlegen, anrufen, aufhalten, aussetzen, beharren, beidrehen, beilegen, bleiben, bremsen, einhalten,

festlegen, halten, innehalten, lagern, landen, pausen, rasten, ruhen, sich setzen, stagnieren, stocken, stoppen, stehen, unterbrechen, verweilen, winken, zögern, Halt machen, sich niederlassen, einfallen *j*, vor Anker liegen, auf die Bremse treten, zur Ruhe bringen, in den Weg stellen, zum Stillstand kommen, die Fahrt unterbrechen ● fragen, ansuchen, bewerben, nachsuchen, begehren, wünschen, zu erlangen suchen, um die Hand bitten, schnorren *u* ● per Anhalter fahren *u*, trampen. → abbrechen, angehen, ausruhen, beeinflussen, begehren, beidrehen, belagern, bemühen, betteln, bewerben sich, bewirken, bitten, bleiben, dabei bleiben, datieren, dauern, drängen, einhalten, einkommen um, erbeten, erheben die Hände, erziehen, einhalten. ▸ fortfahren ● anfahren, beschleunigen, fördern, in Gang setzen, Gas geben ● die Reise fortsetzen, weiterfahren ● durchfahren, vorbeifahren ● laufen lassen ● umschlagen, wechseln.

anhalten um → begehren.

anhalten zu → befürworten, bestimmen.

anhaltend → andauernd, beständig, chronologisch, dauernd, immer.

Anhalter reisen, als hitchhiken, trampen.

Anhaltspunkt Belege, Sammlung, Unterlagen, Material, Stütze, Vermutung, Nachricht, Beweggrund, Basis, Stützpunkt, Träger, Argwohn, Verdacht, Ahnung, Meinung, Zeichen, Wink, Andeutung, Motiv, Empfindung, Vorstellung, Gefühl, Veranlassung.

Anhang Partei, Gefolgschaft, Fraktion *f*, Clique, Gruppe, Interessengruppe, Klüngel, Sippe, Sippschaft ● Nachschrift, Postskriptum *s*, Anhängsel, Annex, Appendix, Beifügung, Beisteuer, Beiwerk, Dreingabe, Endung, Ergänzung, Koda, Nachsatz, Nachtrag, Zusatz, Hinzufügung, Anmerkung, Fußnote ● Verlängerung, Allonge, Schlepp *u*, Seilschaft *u*. → Anhängsel, Anmerkung, Bande, Beifügung, Beilage, Clique, Nachtrag. ▸ Gegner, Hauptsache.

anhängen → anmachen, beigesellen, dazukommen, einverleiben, ergänzen, Ferse folgen auf der.

anhängend inhärent.

Anhänger Parteigänger, Genosse, Apostel, Beteiligter, Gefährte, Getreuer, Jünger, Kamerad, Parteimann, Parteigenosse, Spießgeselle, Trabant, Verehrer, Bewunderer, Fan, zweites Ich, Freund, getreuer Begleiter, ständiger Schatten, Begleitung, Bekannter, Complice, Famulus, Gleichgesinnter ● Schmuck, Wagen. ▸ Gegner, Feind, Kontrahent, Opponent, Verächter ● Traktor, Triebwagen, Zugmaschine.

anhängig ausstehend, hängend, schwebend, unerledigt, unterwegs, in Arbeit, in Bearbeitung. ▸ erledigt.

anhänglich treu, ergeben, zugeneigt, zugetan, ehrlich, loyal, erprobt, verlässlich, freundschaftlich. ▸ abgeneigt.

Anhänglichkeit Hingabe, Hingebung, Aufopferung ● Zuneigung, Verliebtheit, Gewogenheit, Liebe. → Treue.

Anhängsel Annex *s*, Gebammel *u*, Bammelage *u*, Schmuckstück. → Anhang.

anhauchen → anfahren.

anhauen → anreden, beschädigen.

anhäufen sammeln, aufbewahren, aufhäufen, aufheben, auftreiben, behalten, ernten, vereinigen, zusammenlegen, sparen, zusammenscharren, aufsparen, ersparen, geizen, zurücklegen, hamstern, ansammeln, anreichern, horten, zusammentragen. → aufbewahren, aufspeichern, ernten. ▸ vergeuden, zerstreuen.

Anhäufung Agglomeration. → Dichte, Reichtum, Schatz.

anheben → anfangen, anziehen, aufrollen, auftauchen.

Anhebung Anstieg, Aufbesserung, Erhöhung, Steigerung, Zuwachs.

anheften → anmachen, anschlagen, beifügen, einverleiben, ergänzen.

anheimelnd angenehm, behaglich, gemütlich, heimelig, traulich, wohlig, wohnlich.

anheim fallen → ausliefern.

anheim stellen pfeifen auf, gering einschätzen, kein Interesse haben, zur Wahl stellen, sich gleichgültig zeigen, nichts danach fragen, die Entscheidung überlassen. ▸ zwingen.

anheizen → anstecken.

anherrschen → anschnauzen.

anheuern *sm* Dienst auf einem Schiff nehmen, anmustern.

Anhieb, auf → sofort.

anhimmeln → anbeten.

Anhöhe → Berg, Erhebung, Höhe.

anhören → Acht geben, bedenken, hören.

Anhörung, öffentliche Hearing.

animalisch → tierisch.

animieren → anbieten, anregen, befürworten, beleben, betrunken, empfehlen.

animiert → beduselt.

Animosität → Erbitterung.

ankämpfen gegenkämpfen, überwinden, sich bemühen, sich durchringen ● entgegenstellen, bekämpfen, entgegentreten, entgegenarbeiten, widerstehen. → ringen.

Ankauf → Einkauf, Kauf.

Anker liegen, vor → anhalten.

ankern → anhalten, ankommen.

Ankerplatz → Halt.

Ankertonne Boje.

Ankerwinde Bugspill, Gangspill, Spill.

anketten → bändigen, berauben, beigesellen, dingfest machen, fesseln.

Anklage Tirade, Scheltrede, Anprangerung, Schimpfrede. → Anzeige, Klage. ▸ Freispruch ● Vergebung ● Verteidigung ● Verurteilung.

Anklagebank Justizkasten *u*.

anklagen angreifen, brandmarken, geißeln, tadeln, verdammen, schuldig sprechen, beschuldigen, rügen, anschwärzen, anzeigen, verklagen, Anzeige machen gegen, vor Gericht laden oder fordern, den Prozess machen, verunglimpfen, in Anklagezustand versetzen. → anschuldigen, aussagen, behaupten, beimessen, belangen, beschuldigen, Dach steigen auf das. ▸ verteidigen, freisprechen ● vergeben ● verurteilen.

Anklagevertreter, rücksichtsloser Scharfmacher *u.*
anklammern → anmachen.
Anklammern, am Gegner Clinch.
Anklang → Ähnlichkeit, Anerkennung, Beifall, Billigung, Echo.
Anklang finden angenehm sein, ankommen, behagen, gefallen, genehm sein, passen, zusagen.
ankleiden → anziehen, bedecken, einmummen.
Ankleideraum Garderobe.
anklingen → ähneln.
anklopfen → anmachen, anschlagen, berühren, bewerben sich, bitten.
anknipsen → einschalten.
anknöpfen → anmachen.
anknüpfen → anbahnen, anbändeln, anmachen, überleiten.
anknüpfend → beifolgend, damit, darauf.
ankochen → ansetzen.
ankohlen → lügen.
ankommen anlangen, eintreffen, eintreten, anrücken, erscheinen, erreichen, heraneilen, kommen, sich melden, nahen, sich nähern, vorsprechen, absteigen, ankern, anlegen, antanzen, besuchen, sich einfinden, einlaufen, einmarschieren, sich einstellen, einziehen, landen, vorfahren, angeflitzt kommen, angeprescht kommen, seine Zelte aufschlagen, im Anzug sein. → begegnen, besuchen.
▸ wegfahren, abfahren, abfliegen, abreisen, Abschied nehmen, aufbrechen, fortfahren/-gehen, losfahren/-fliegen/-gehen, scheiden, starten • bleiben, dableiben • ausbleiben, wegbleiben • abgelehnt werden, erfolglos bleiben.
Ankömmling Gast, Besucher • Eindringling.
ankotzen → anfahren, ekeln.
ankreiden → abrechnen.
ankreuzen anstreichen, anzeichnen, hervorheben, kenntlich machen, kennzeichnen, markieren.
ankünden → ankündigen, veröffentlichen.
▸ verheimlichen.
ankündigen berichten, benachrichtigen, avisieren, ankünden, anzeigen, ausschreiben, bekannt machen, kundtun, publizieren, verbreiten, veröffentlichen, anpreisen, annoncieren, einrücken, empfehlen, inserieren, kundgeben, verlautbaren, drucken, herausgeben, ausklingeln, ausposaunen, ausschellen, aussprengen, austrommeln, preisgeben, in Umlauf bringen • mutmaßen, prophezeien, unken, vorhersagen, wahrsagen, warnen, weissagen. → benachrichtigen, berichten, brauen sich zusammen, dartun, veröffentlichen.
Ankündiger → Anzeiger.
Ankündigung → Anzeige, Ausruf, Bekanntgabe, Erlass, Zirkular.
Ankunft Einzug, Empfang, Aufnahme, Heimkehr, Rückkehr, Willkommen. → Anzug.
▸ Abfahrt, Abflug, Abgang, Abreise, Abschied, Aufbruch, Start.
ankurbeln anregen, anspornen, antreiben, betreiben, in Bewegung setzen, in Gang bringen, anwerfen, bugsieren, anlassen, drücken, peitschen, schalten, schieben, schnicken, starten, treiben, treten, aktivieren, intensivieren, Auftrieb geben, einen Stoß geben, auf Touren bringen. → anfangen, anfassen.
▸ bremsen.
anlächeln zulächeln, freundlich sein, herzlich willkommen heißen • den Hof machen, poussieren, die Cour schneiden, schmeicheln, umschmeicheln, flattieren • verliebte Augen machen, liebäugeln.
Anlage Allee, Garten, Rasen, Park • Anordnung, Betrieb, Einbau, Einrichtung, Fabrik, Anstalt, Werk • Apparat, Zubehör • Aufbau, Aufriss, Ausführung, Weg • Art, Charakter, Neigung, Talent • Inspektion • Einlage, Kapital, Investition. → Beilage, Belehnung, Bereitwilligkeit, Denkvermögen, Etablissement, Fähigkeit, Fassungskraft.
▸ Abbau, Erziehung, Mangelhaftigkeit, Verschwendung.
Anlage, als anbei, anliegend, beigefügt, beiliegend, inliegend.
Anlagenanschluss/-einbau Installation.
anlangen → ankommen, besuchen.
Anlass Gelegenheit, Möglichkeit, Quelle, Ursache, Anreiz, Anstoß, Antrieb, Beweggrund, Grund, Motiv, Ursache, Kraftquelle, Triebfeder, Veranlassung, Voraussetzung, Brutstätte, Erreger, Faktor, Keim, Motor, Wurzel, günstiger Zeitpunkt, Gunst des Augenblicks. → Auswirkung.
▸ Auswirkung, Effekt, Erfolg, Ergebnis, Folge, Konsequenz • Ursache.
Anlass, aus diesem → denn.
Anlass geben → beruhen, bieten, Gelegenheit.
anlassen starten. → ankurbeln.
anlässlich dank, gemäß, infolge, kraft, laut, vermöge, wegen, nicht umsonst, infolgedessen, deswegen, deshalb, denn, auf Grund, veranlasst durch, bedingt durch, in Anbetracht, im Zusammenhang mit, aus diesem Grunde, darum.
▸ folglich.
anlasten → verübeln.
Anlauf Schwung, Begeisterung, Elan *m,* Kraft, Wucht, Auftakt, Beginn, Einleitung, Anstoß, Ruck, Stoß, Antrieb, Triebkraft, Ansturm, Gewalt, Vorstoß, Angriff, Versuch, eine Probe machen, in Bewegung bringen oder setzen. → Anfang, Angriff, Anzug, Bewegungstrieb.
▸ Abschluss, Rückzieher machen, Umkehr.
anlaufen → anfahren, anschlagen, anziehen, ausfüllen, beeinträchtigen, beschlagen.
▸ auslaufen, enden • vorbeifahren/-segeln, vorüberfahren • blank/glänzend bleiben.
anlegen anhalten, ankommen, anordnen, anziehen, aufwenden, ausgeben, investieren, ausmalen, bedecken, begegnen, deponieren, einfädeln, einrichten, zusammenstellen. → ankleiden, behängen, berühren, beschlagen, deponieren.
▸ ausziehen, fortfahren, trennen, verschwenden.
Anlegeplatz für Schiffe Hafen, Mole, Pier, Reede.
anlehnen → begegnen, berühren, vertrauen.
anlehnen, sich nachahmen, stützen auf sich.

Anleihe Darlehen, Schuldsumme, Schuldverschreibung, Aushilfe, Borg, Vorschuss. → Aushilfe, Ausweg, Belehnung, Darlehen, Emission. ▸ Guthaben.
Anleihepapier Pfandbrief, Schuldverschreibung.
anleiten → aufklären, aufziehen, ausbilden, beibringen, belehren, beraten, bevormunden, erzielen, ehren, weisen.
Anleiter → Chef.
Anleitung Anweisung, Aufklärung, Belehrung, Erläuterung, Ermahnung, Fingerzeig, Ratschlag, Gebrauchsanweisung, Instruktion, Schulung, Tipp, Unterweisung, Verhaltungsmaßregel, Vorschrift. → Direktive, Ermahnung, Erziehung, Ratschlag, Schema. ▸ Irreführung.
anlernen unterweisen, unterrichten, lehren, belehren, anweisen, erklären, schulen, einpauken, einbläuen, eintrichtern • abrichten, drillen, eindrillen, dressieren.
Anlernling Auszubildender, Lehrling, Lehrjunge, Lehrmädchen, Azubi.
Anlernzeit, unbezahlte Volontariat.
anliefern bringen, her(bei)schaffen, her(bei)bringen, hinbringen, liefern.
Anliegen → Angelegenheit, Antrag, Begehr, Bedürfnis, Bewerbung, Ding, Gesuch, Sache, Wunsch.
anliegen → begegnen, begrenzen, berühren.
anliegend beiliegend, zugefügt, beigegeben, passend, gut sitzend, eng, angegossen, darin, in der Anlage. → anregend, bei, beisammen, dabei, daneben, dicht dabei, zirka. ▸ getrennt, weit.
Anlieger → Anwohner.
anlocken anposchen *j* (bei Vögeln), anludern *j* (bei Raubwild), anheulen *j* (bei Wölfen), ankörnen *j* (bei Schwarzwild), ankirren *j*, reizen, anködern. → versuchen.
Anlockung → Drang, Versuchung.
anlöten → anmachen.
anlügen → lügen.
anmachen anbinden, verbinden, vertäuen, befestigen, festmachen, vereinigen, zusammenfügen, anhängen, koppeln, kuppeln, hinzufügen, anfesseln, anschnüren, anknüpfen, anheften, anschnallen, anknöpfen, anstricken, einklinken, anschirren, anschmieden, einspannen, anlöten, anspannen, annageln, verketten, anschrauben, anflechten, anklopfen, vernieten, anklammern, anhaken, leimen, anbolzen, einfügen, einbinden, heften, anstecken *sm.* → empfehlen. ▸ lösen, löschen, abmachen, entfernen, wegmachen • abschalten, abstellen, auslöschen, ausmachen • abfahren lassen, abweisen, ignorieren.
anmalen bemalen, übertünchen, streichen.
Anmarsch, im ante portas.
anmarschieren → ankommen.
anmaßen sich herausnehmen, eigenmächtig handeln, sich etwas unbefugt aneignen, unberechtigterweise Besitz ergreifen, das Recht beugen, sich Übergriffe oder Eingriffe erlauben, Befugnis überschreiten oder verletzen, das Gesetz oder ein Gebot übertreten, unverantwortlich oder verfassungswidrig handeln. ▸ Bedenken haben, kriechen, unterschätzen.
anmaßen, sich erdreisten/erfrechen/erkühnen sich, herausnehmen sich, vermessen sein.
anmaßend frech, unverschämt, arrogant, dünkelhaft, impertinent, insolent, stolz, anspruchsvoll, gebieterisch, geringschätzig, herrisch, hochfahrend, hochmütig, höhnisch, selbstgefällig, überheblich, überlegen, übermütig, aufgeblasen, dummstolz, eingebildet, eitel, geschwollen, großkopfet, hochnäsig, stolz, superklug, pomphaft, protzig, prunksüchtig, theatralisch, dreist, frech wie Oskar *u*, aufgeblasen wie ein Frosch, schnippisch, rücksichtslos, unbescheiden, unverfroren, vorlaut, großkotzig *u*, einen Furz im Kopf haben *u*, einen Stich haben *u*, affektiert, affig, prahlerisch • autoritär, despotisch, tyrannisch. → anspruchsvoll, dünkelhaft, ehrgeizig. ▸ kriecherisch, devot • anspruchs-/bedürfnislos, bescheiden, genügsam, zufrieden, zurückhaltend • altruistisch, wohltätig.
Anmaßung Dünkel, Arroganz *f*, Frechheit, Unverschämtheit, Impertinenz *f*, Insolenz *f*, Einbildung, Keckheit, Prahlerei, Überhebung, Eigenmächtigkeit, Rechtswidrigkeit, Eingriff • Aufgeblasenheit, Aufschneiderei, Dicktuerei, Gespreiztheit, Großsprecherei, Windmacherei, Herrschsucht, Hochmut, Hoffart, Mutwille, Rechthaberei, Übermut, Vermessenheit, Zumutung, Vorwitz. ▸ Kriecherei, Unterschätzung.
anmelden → vormerken lassen, ankündigen.
anmerken am Rande notieren, beiläufig äußern, nebenbei bemerken, erläutern.
Anmerkung Ergänzung, Einschiebsel, Erläuterung, Fußnote, Notiz, Zwischenbemerkung, Angabe, Aufzeichnung, Bemerkung, Erwähnung, Randbemerkung, Vermerk, Vormerkung, Kommentar, Randglosse, Sternchen. → Anhang, Auskunft, Denkzettel, Einfügung, Erklärung. ▸ Kerngedanke.
Anmerkungen versehen, mit glossieren.
Anmut anmutiger Reiz, liebenswürdiges Verhalten, Scharm *m*, Grazie *f*, Augenweide, Ebenmaß, Eleganz, Feinheit, Harmonie, Holdseligkeit, Lieblichkeit, Liebreiz, Reinheit, Schimmer, Schmelz, Wohlgestalt, Zauber, Benehmen, Kultur, Stil, Pracht, Appeal, Jugendblüte. → Anstand, Scharm, Eleganz. ▸ Hässlichkeit.
anmutig reizend, liebenswürdig, scharmant, angenehm, ansprechend, anziehend, entzückend, artig, einnehmend, freundlich, gefällig, graziös, herzig, hold, holdselig, lieblich, liebreizend, nett, niedlich, schmuck, zierlich, schick, ebenmäßig, elegant, geschmeidig, herrlich, wohlgestaltet, adrett, flott, sauber, wohlgefällig, wohlgefallend, duftig, blumenhaft, ätherisch, anmutsvoll, apart, bestrickend, fesch, goldig, malerisch, resch, schick, schnieke, süß,

wohlgewachsen, gentil, gut gebaut, allerliebst, bezaubernd, zum Anbeißen, engelgleich, zum Küssen, ästhetisch, bestrickend, scharmant, fein. ▸ hässlich, plump.

annageln → anmachen, anschlagen.

Annagung Arrosion.

annähern, sich → befreunden.

annähernd approximativ, beinahe, fast, nahezu, schätzungsweise, ungefähr, knapp, notdürftig, etwa, gegen, nächst, rund, vielleicht, halbwegs, zirka, dicht daran, um ein Haar, in der Drehe, um ... herum. → ähneln, ähnlich, analog, bei, dergleichen, dicht dabei, einigermaßen, zirka. ▸ genau.

annähern, sich schrittweise iterativ.

Annäherung → Anschluss, Anzug.

Annäherungsgraben Sappe.

Annäherungsversuch Belästigung, Flirt, Kontaktaufnahme, Zudringlichkeit.

annäherungsweise → zirka.

Annahme Fiktion *f,* Vermutung, Hypothese *f,* Erklärungsversuch, Meinung, Theorie, Unterstellung, Voraussetzung, Mutmaßung, Beitritt, Wahrscheinlichkeit, Ahnung, Erwartung, Hoffnung, Vorgefühl, Zuversicht. → Aufstellung, Befürchtung, Beispiel, Billigung, Dafürhalten, Erwartung. ▸ Tatsache, Bestimmtheit, Beweis, Gewissheit, Realität, Sicherheit, Wahrheit • Abgabe, Ablieferung, Ausgabe, Auslieferung, Übergabe • Ablehnung, Abweisung, Zurückweisung • Angebot, Offerte, Vorschlag.

Annahme, nur als hypothetisch.

Annahmeerklärung Akzept.

Annalen → Chronik.

annehmbar angezeigt, bequem, brauchbar, dienlich, entsprechend, ersprießlich, geeignet, gelegen, angängig, nützlich, passend, ratsam, recht, sachdienlich, tauglich, verwendbar, vorteilhaft, willkommen, zweckdienlich, zusagend, akzeptabel, genießbar *u.* → scharmant, erwünscht. ▸ unzweckmäßig • abzulehnen, inakzeptabel, indiskutabel, unannehmbar.

annehmen erdichten, vorgeben, fingieren, konstruieren, voraussetzen, unterstellen, zugrunde legen, sich ausmalen, denken, sich einbilden, erachten, glauben, dafürhalten, meinen, vermuten, wähnen, sich vorstellen, eine Idee haben, abmachen, abschließen, akkordieren, ausmachen, besiegeln, bestätigen, gegenzeichnen, genehmigen, gutheißen, paraphieren, ratifizieren, unterschreiben, unterzeichnen, vergleichen, handelseinig werden, eine Meinung hegen • akzeptieren, anerkennen, beistimmen, eingehen auf, zugeben, zulassen, zustimmen, folgern, einverstanden sein, für möglich halten, für richtig halten • empfangen, aufnehmen, bekommen, beziehen, entgegennehmen, erhalten, hoffen, gewärtigen, schätzen, damit rechnen, Erwartung hegen • adoptieren. → aussehen, basieren, befürchten, beipflichten, beitreten, besiegeln, bestätigen, entgegennehmen, erlangen. ▸ abgeben, wissen • ablehnen, abschlagen, abweisen, missbilligen, verschmähen, verwerfen, zurückweisen • abliefern, aufgeben, einliefern • anbieten, bieten, darbieten, vorschlagen • geben, schenken, spenden, stiften, vererben.

annehmen, sich → verfolgen.

Annehmer → Empfänger.

Annehmlichkeit → Bequemlichkeit, Genuss.

annektieren → aneignen.

Annex → Anhang, Anhängsel.

Annexion → Ausplünderung.

Annonce → Angebot, Anzeige.

annoncieren → ankündigen, anzeigen, einrücken, werben.

annullieren → abbestellen.

anöden sticheln, aufziehen, bloßstellen, höhnen, necken, verhöhnen, verlachen, verspotten, spotten, hänseln, foppen, zum besten halten, sich lustig machen, zum Narren halten • ermüden, langweilen, einschläfern, quälen, plagen, anquatschen, niederdrücken, entmutigen, lästig werden, die Zeit totschlagen, sich mopsen *u,* geistlos daher reden, zum Hals herauswachsen. → ärgern, aufdrängen, aufziehen. ▸ erheitern, würdigen.

anomal → abnorm.

Anomalie Unregelmäßigkeit.

anonym Namen ohne, namenlos, inkognito, ungenannt.

Anorak Kapuzenbluse, Kapuzenjacke, Schneebluse, Schneejacke, Windbluse/-jacke.

anordnen einteilen, disponieren, anlegen, verfügen • arrangieren, deichseln, einrenken, einrichten, entwirren, formen, gliedern, gruppieren, herrichten, sortieren, zurichten, einfädeln, entwerfen, inszenieren, planen, organisieren, veranlassen, ausstaffieren, ausstatten, einräumen, etablieren, ordnen, schmücken, wohnlich machen, behaglich machen • festlegen, bestimmen, festhalten, feststellen, ausbauen, ausgestalten, vorkehren, vorzeichnen, einreihen, zusammenstellen. → arrangieren, aufzwingen, bahnen, befehlen, begehren, bestimmen, diktieren, einleiten eine Sache, erlassen, festlegen. ▸ umstoßen, umstürzen • abwickeln, befolgen, durchführen, gehorchen, machen • abschlagen, sich sträuben, verweigern, sich widersetzen • untersagen, verbieten.

Anordnung Arrangement *f,* Einteilung, Disposition *f,* Anlage, Verfügung, Auftrag, Befehl, Bestellung, Bestimmung, Gebot, Geheiß, Übertragung, Order, Einordnung, Diktat, Ansage, Weisung, Geheisch, Gliederung, Einreihung, Gruppierung, Zusammensetzung, Organisation, Gefüge, Plan, Skizze, Übersicht, Schema, Aufriss, Grundform, Struktur, Gestaltung, Schichtung. → Ansage, Art und Weise, Auflage, Bearbeitung, Ausführungsbestimmungen, Befehl, Bescheid, Bestand, Bildung, Darstellung, Dekret, Vorschrift. ▸ Unerfahrenheit, Unordnung.

anormal abnorm(al), abweichend (von der Norm), anomal, krankhaft, regelwidrig, ungewöhnlich.

anpacken → anfangen,

anfassen, angreifen, arbeiten, ausüben, untenehmen.
anpassbar anschließbar, kompatibel, passend, vereinbar, zusammenpassend.
anpassen entsprechen, bewilligen, nachkommen, stattgeben, übereinstimmen, zusagen, zustimmen, Wunsch erfüllen, angleichen, akklimatisieren, angewöhnen, befreunden, einarbeiten, gewöhnen, anbequemen, abgerichtet werden, dressiert werden, assimilieren, tarnen, sich der Umgebung anpassen, adoptieren. → befolgen, befreunden, beobachten, einbürgern, einrichten. ▸ abweisen, entgegenhandeln.
Anpassung → Angleichung.
Anpassungsbemühung Konformismus.
anpassungsfähig gemeinschaftsfähig, kontaktfähig, einfügsam, einfühlsam, beweglich, flexibel, willig. ▸ kontaktarm.
Anpassungshilfen, staatliche Subventionen.
anpassungswillig anschmiegsam, weich, zärtlich, zutraulich.
anpeilen → zielen.
anpfählen → anmachen.
Anpfiff Missbilligung, Rüffel, Tadel, Vorwurf.
anpflanzen → ackern, einpflanzen, pflanzen. ▸ abernten, abholzen, ernten, fällen, pflücken, roden.
Anpflanzung → Anbau, Baumschule, Feldbestellung.
anpflaumen → auslachen.
anpöbeln → anfahren, anöden, beschimpfen.
Anprall Anstoß, Ansturm, Druck, Karambolage, Kollision, Ramming *sm*, Schwung, Zusammenstoß, Stoß, Stubs, Schubs. → Angriff, Bewegungstrieb.
anprallen → anfahren, anschlagen, berühren, bums.
anprangern → herabsetzen.
anpreisen anempfehlen, anraten, empfehlen, herausstreichen, lobpreisen, preisen, rühmen, zuraten. → absetzen, anbieten, ankündigen, befürworten. ▸ abraten, beanstanden.
Anpreiser → Ausrufer.
Anpreisung → Anzeige.
anpumpen ausleihen sich, leihen, pumpen, Schulden machen.
anquasseln → anreden.
anquatschen → anöden.
Anrainer Angrenzer, Anstößer, Anwohner, Nachbar.
anraten → anbieten, anempfehlen, anhalten, anpreisen, beeinflussen, befürworten, beraten, binden auf die Seele, Dach steigen auf das, empfehlen, ermuntern, erziehen.
anrechnen bemessen, berücksichtigen, bewerten, gutschreiben, verrechnen. → abziehen, berücksichtigen. ▸ aufschlagen.
Anrecht Anspruch, Anwartschaft, Ausnahmestellung, Befugnis, Berechtigung, Ermächtigung, Freibrief, Geburtsrecht, Gerechtsame, Gesetzlichkeit, Gewohnheitsrecht, Jagdschein, Konzession, Monopol, Privileg, Recht, Rechtstitel, Reservat, Sonderrecht, Vorrecht, Bewilligung, Zugeständnis, Fug und Recht, Recht und Billigkeit. → Befugnis. ▸ Eigenmächtigkeit.
Anrecht haben → begehren.
Anrede Rede, Titel, Vorname, Zuname, Taufname, Kosename, Beiname, Überschrift, Rang, Titular. → Adresse.
Anredefall Vokativ.
anreden anhauen, anquasseln, ansprechen, begrüßen, grüßen, vorknöpfen, stellen, nachsteigen, zur Rede stellen. ▸ schweigen, verstummen.
anregen animieren, anreizen, dopen, innervieren, aneifern, anfachen, anfeuern, anspornen, anstacheln, antreiben, anzünden, aufmuntern, aufrütteln, begeistern, bestimmen, bewegen, bewirken, bezirzen, bitten, drängen, einladen, entflammen, erhitzen, ermutigen, erwecken, gebieten, heißen, treiben, veranlassen, befürworten, diktieren, einflüstern, eingehen, einreden, empfehlen, aufrichten, bestärken, motivieren, interessieren, zureden, das Feuer schüren, nahe legen, in Versuchung führen, eindringlich zureden, Lust erregen ● belustigen, beseelen, ergötzen, erheitern, ermuntern, unterhalten, vergnügen, zerstreuen. → anbieten, anhalten, ankurbeln, anstoßen, aufwerfen, beeinflussen, befürworten, bestechen, elektrisieren, entzücken, erfreuen, erinnern, erwecken, fesseln. ▸ abraten, langweilen, verwirren ● beruhigen, betäuben, dämpfen, einschläfern, ermüden, narkotisieren, müde machen ● stillen.
anregend → angenehm, antreibend, scharmant, eindringlich, erfreuend, erfreulich, erfrischend, ergötzlich, erregend, ersehnenswert, gefällig, interessant, kräftigend, reizvoll, stimulierend.
Anregung → Absicht, Anstoß, Anziehung, Bedingung, Beispiel, Einwirkung, Ermunterung, Erregung, Idee, Ursache, Vorschlag.
anreichern → anhäufen, sättigen.
anreihen → beifügen, beigesellen, berühren, bringen in Verbindung, einverleiben.
Anreiz Blendwerk, Fangmittel, Köder, Lockmittel, Lockvogel, Mätzchen, Zauber, Ursachen. → Anlass, Anstoß, Drang, Ermunterung. ▸ Gleichgültigkeit, Hemmung.
anreizen anregen, anstoßen, bearbeiten, beeinflussen, begeistern, beschleunigen, bestechen, empfänglich machen. ▸ hemmen, verleiden.
anrempeln behelligen, belästigen, brüskieren, herausfordern, zu nahe treten, Kampf antragen, einen Streit vom Zaune brechen. ▸ verschonen.
Anrichte Büffet, stummer Diener, Küchenschrank, Arbeitstisch, Pantry *sm*.
anrichten → zubereiten, anstellen.
anrüchig anstandswidrig, gemein, lose, obszön, pikant, schamlos, schändlich, schlüpfrig, schmutzig, schweinisch, sittenlos, unanständig, unflätig, unkeusch, unmoralisch, unrein, unsittlich, unverschämt, unzüchtig, zotig, zweideutig, skandalös, verrufen, verschrien, verworfen, rotzig *u*, schleißig *u*. → bedauerlich, bestechlich, charakterlos, entehrend. ▸ anständig, tugendhaft.
Anrüchigkeit Hugo (haut-gout) *u*.
anrücken → ankommen,

entgegenkommen.
▸ abhauen, abrücken, abziehen, sich zurückziehen.
Anruf Appell, Aufruf, Erkennungswort, Mahnruf, Weckruf, Zuruf, Parole, Telefonat, Fernruf. → Appell.
anrufen → angehen, anhalten, anreden, appellieren, begehren, benachrichtigen, betteln, einreichen.
Anrufung → Antrag, Ausruf, Gebet.
anrühren anrichten, zubereiten. → anfühlen, begreifen, berühren, mischen, verursachen.
anrüpeln → aufdrängen.
Ansage Anordnung, Befehl, Weisung, Konferenz. → Diktat.
ansagen die Zeit bestimmen, ausrufen, abrufen • berichten, erzählen, verbreiten, vorlesen • ankünden, ankündigen.
▸ absagen • hören, zuhören.
Ansager Conférencier. → Ausrufer.
ansammeln → anhäufen.
ansammeln, sich anhäufen sich, häufen sich • heranziehen, heraufziehen, zusammenballen sich.
Ansammlung → Anzahl, Auflauf, Auswahl, Bestand, Dichte, Fülle, Lager, Masse.
ansässig angesessen, angestammt, beheimatet, eingeboren, eingesessen, heimatberechtigt, heimisch, landsässig, sesshaft, verwachsen, verwurzelt, gebürtig, wohnhaft, zuständig, hiesig. → befindlich, daheim.
▸ auswärts.
ansässig sein → aufhalten sich, bewohnen.
Ansässige → Bevölkerung, Einwohner.
Ansässiger Einwohner, Sasse.
Ansatz Anfang, Anstoß, Anbruch, Anschnitt, Anfangspunkt, Ursprung, Ausgangspunkt, Grundlage, Basis • Ablauf, Auslauf, Vorarbeit, Vorbereitung, Grundstein, Bedeckung, Überzug, Kruste, Verdickung, Verhärtung, Versteinerung, Niederschlag, Bodensatz, Verschlackung • Anschlag, Fingersatz, Bogenführung, Bogenstrich. → Anfang, Anzug, Beginn, Wenigkeit.
▸ Ende, Kern, Inhalt.
Ansatzpunkt → Hebel, Grundlage.
Ansaugröhrchen Pipette.
anschaffen → abnehmen, abonnieren, aufspeichern, beschaffen, bestellen, eindecken sich, erhandeln.
▸ abschaffen, ablegen, abstoßen, auf den Müll werfen, verkaufen, wegwerfen.
Anschaffung → Abnahme.
Anschaffungsdarlehen Konsumentenkredit.
anschauen anblicken, ansehen, bemerken, beobachten, besichtigen, betrachten, mustern, prüfen, überblicken, unterscheiden, wahrnehmen • äugen, anglotzen, anstarren, anstieren, beäugen, begucken, blicken, fixieren, gaffen, glotzen, hinsehen, kieken, linsen *u*, anpeilen, schauen, sehen, spähen, starren, stieren • sich vergewissern, durchblättern, durchlesen, kontrollieren • überlegen, eingehend prüfen, näher beleuchten, mit den Blicken verfolgen, den Blick heften auf, in Augenschein nehmen, ins Auge fassen. → durchblättern, durchblicken, erkennen.
▸ übersehen.
anschaulich ausdrucksvoll, bezeichnend, bildlich, erkennbar, sprechend, typisch, symbolisch • allgemein verständlich, ausführlich, begreiflich, bestimmt, deutlich, drastisch, einleuchtend, fasslich, gemeinverständlich, leicht, offen, populär, plausibel, instruktiv, aufklärend, lehrreich, konkret, plastisch, beweisend, durchschlagend, unverblümt, klar und deutlich, klar wie Kloßbrühe *u*. → bedeutungsvoll, beeinflussend, belehrend, beweisend, bilderreich, deutlich, drastisch, durchgebildet, empirisch, erklärbar, erweislich, fassbar.
▸ formlos, unverständlich, abstrakt, blass, einschläfernd, eintönig, grau, langweilig, schwer verständlich, theoretisch, unanschaulich, verschwommen.
anschaulicher Dokumentarbericht Feature.
anschauliches Denken Imagination.
Anschauung → Ansicht, Betrachtung.
Anschauungsvermögen → Blickfeld, Gesichtskreis.
Anschein Ausdruck, Aussehen, Blendung, Blendwerk, Erleuchtung, Täuschung, Trugbild, Unwirklichkeit, Vorspiegelung. → Ausdruck.
▸ Wirklichkeit, Gewissheit, Offensichtlichkeit, Realität, Tatsache, Wahrheit.
Anschein nach, dem angeblich, denkbar, offenbar.
anscheinend scheinbar, offenbar, vermutlich, wahrscheinlich, allenfalls, möglicherweise, wie es scheint, vielleicht, dem Anschein nach. → ähnlich, denkbar.
▸ wirklich.
anscheißen → anfahren.
anschicken, sich → anfangen, vorbereiten.
anschieben → anziehen.
anschießen → verwunden • rüffeln.
anschirren → anmachen, einspannen.
Anschiss → Tadel.
Anschlag Ausdruck, Ausführung, Betonung, Klimperei, Leiherei • Aushang, Affiche, Plakat • Bemessung, Schätzung, Bewertung, Voranschlag, Überschlag, Berechnung, Überblick • Vorhaben, Vorsatz, Plan, Verschwörung, Komplott, Meuterei, Staatsstreich, Heimtücke, Kabale, Intrige, Attentat, Meuchelmord, Bluttat, Mordanschlag, Ermordung, Blutrache • Bogenanschlag. → Affiche, Ansatz, Aushang, Erlass.
▸ Abwehr, Aufrichtigkeit.
anschlagen anheften, festmachen, annageln, anklopfen, vernieten, schlagen, klopfen, dreschen, prellen, hämmern • anfahren, anprallen, zusammenstoßen, anlaufen • veranschlagen, berechnen, beziffern, ausrechnen, vorrechnen, abschätzen. → beifügen, berühren, beschädigen, beschlagen, dazukommen, florieren, läuten.
▸ abschlagen, lösen.
anschlagen, gut → durchschlagen.
Anschlagsäule Litfsssäule.
Anschlagstärke Impakt.
Anschlagszettel Affiche.
anschleichen beschleichen, anpirschen *j*, belauern, heranstehlen, heranmachen, auf der Lauer liegen, im Hinterhalt liegen. → beschleichen.
anschleppen → anziehen, herbeibringen.
anschließbar anpassbar,

kompatibel, passend, vereinbar, zusammenpassend.
anschließen → anbändeln, bändigen, befreunden, beifügen, beigesellen, beiordnen, beitragen, beitreten, berauben, brechen das Eis, dazukommen, einverleiben, ergänzen, fesseln, folgen, geleiten, hinzufügen.
anschließen, sich beitreten, eintreten, Mitglied werden, Mitgliedschaft erwerben.
anschließend einschließlich, eingeschlossen • später, nachher, hinterher.
Anschluss Aufnahme, Beitritt, Einreihung, Einschluss, Eintritt, Gleichstellung, Annäherung, Beifügung, Fusion, Union • Vereinigung, Befestigung, Bindung, Einmündung, Verkettung, Verknüpfung • Vertrag, Zulauf, Zusammengehörigkeit, Zusammenschluss. → Allianz, Aufnahme, Band, Befestigung, Beifügung, Beitritt, Koalition, Kontakt, Verbindung. ▸ Ausschluss, Trennung.
Anschluss, im anschließend, danach, dann, darauf, hinterher, nachher, sodann, später.
anschmieden → anmachen, bändigen.
anschmiegen, sich → schmiegen, sich.
anschmiegsam hingebungsvoll, zärtlich, verliebt, ein Herz und eine Seele, pusselig *u.* → anliegend. ▸ abweisend, ängstlich, kalt, kühl, reserviert, zurückhaltend.
anschmiegsames Mädchen Schlingpflanze *u.*
anschmieren → verunreinigen, betrügen.
anschnallen → anmachen.
anschnauzen anbelfern, anblasen, anbrüllen, anherrschen, andonnern, anhusten *u*, anfurzen *u*, anpfeifen, anmurren, beschimpfen, anranzen, ankotzen *u*, anscheißen *u*, → anfahren, beschuldigen. ▸ loben.
anschneiden teilen, abschneiden, abtrennen, trennen, ausschneiden absondern, entfernen, gliedern, wegnehmen, lösen, loslösen, losmachen, aufschneiden. → aufwerfen. ▸ verbinden, beruhen lassen, fallen lassen.
Anschnitt → Anfang, Ansatz, Kanten.
anschnüren → anmachen.
anschrauben → anmachen, einschrauben.
anschreiben buchen, einschreiben, eintragen, verbuchen, borgen, Kredit nehmen • berichten, mitteilen, informieren, unterrichten, verständigen, Aufklärung geben, Nachricht geben. → anfahren. ▸ bezahlen, verhehlen.
Anschrift → Adresse.
Anschrift versehen, mit einer adressieren.
anschuldigen beschuldigen, inkriminieren, anklagen, anschwärzen, anzeigen, belangen, belasten, bezichtigen, denunzieren, verdächtigen, verklagen, zeihen, zuschreiben, brandmarken, verunglimpfen, Anklage erheben, in die Schuhe schieben, zur Last legen, die Schuld aufbürden, in Verdacht bringen, im Verdacht haben, in Anklagezustand versetzen, Klage führen oder anhängig machen, Klage erheben, Klage einreichen, vor Gericht fordern oder laden oder stellen, vor die Schranken zitieren. → beschuldigen. ▸ freisprechen, verteidigen.
Anschuldigung → Beschwerde, Denunziation, Klage.
anschnüren → anzünden.
anschwärzen schwärzen, verdunkeln, berußen, schwarz machen. → verleumden. ▸ bleichen, reinigen, verteidigen.
anschwellen aufquellen, herausquellen, hervortreten, ansteigen, anwachsen, sich ausdehnen, sich entfernen, sich entwickeln, schwellen, steigen, überhand nehmen, wachsen, wuchern, zunehmen, auftreiben, ausbreiten, ausdehnen, ausweiten, blähen, dehnen, entfachen, erhöhen, mästen, multiplizieren, potenzieren, verbreitern, verdicken, vergrößern, sich summieren, ins Kraut schießen, dick werden, üppig werden, größere Ausmaße oder Dimensionen annehmen, sich recken und strecken, die Schale sprengen, umsichgreifen, umsichfressen, über die Ufer treten. → aufbauschen, aufblasen, aufblühen, ausbuchten, ausfüllen, ausschlagen, bevölkern, blähen, dehnen, dick werden. ▸ zusammenziehen abebben, abflauen, abschwellen, einfallen, fallen, sich legen, nachlassen, sinken, zusammenfallen, zusammensinken.
anschwellfähig erektil.
Anschwellung → Ausdehnung, Congestion, Entwicklung, Erweiterung.
anschwindeln → betrügen.
ansehen → Acht geben, anschauen, aufpassen, bedenken, beimessen, entgegensehen, erheben die Augen. ▸ Bedeutungslosigkeit, Misskredit, Unansehnlichkeit, Verruf.
Ansehen Prestige, Geltung, Gewicht, Einfluss, Macht, Leumund, Image. → Achtung, Anerkennung, Arbeitssegen, Aspekt, Bedeutung, Ehre, Beeinflussung. ▸ Nichtachtung, Verachtung, Unvermögen.
ansehnlich auffallend, ausgedehnt, bedeutend, bedeutsam, beträchtlich, enorm, erheblich, exorbitant, gehaltvoll, groß, reichlich, umfangreich, wuchtig • bemerkenswert, gewaltig, umfassend, geräumig, beachtenswert, eindrucksvoll, beachtlich, vorzüglich, wertvoll, wesentlich, außergewöhnlich, außerordentlich, gigantisch, kolossal, imposant, riesig, stattlich, ungewöhnlich. → ausgedehnt, bedeutsam, erstaunlich. ▸ beengt, unansehnlich, unbedeutend.
ansetzen auseinander gehen, aufschwemmen, schwellen, verfetten, zunehmen, Fett ansetzen, auftreiben, mästen, nudeln, stopfen, sich herausfuttern, sich gut erholen • keimen, knospen, sprießen, aufblähen, entwickeln, mehren, aufgießen • anbacken, ankochen, anbrennen, verkrusten, aufs Feuer stellen, zum Gären bringen. → anfangen, beordern, beifügen, bewerten, ergänzen. ▸ abnehmen, beenden, verkümmern.
Ansicht Anschauung,

Sinnesrichtung, Auffassung, Einstellung, Ermessen, Gesichtspunkt, Gutdünken, Meinung, Standpunkt, Überzeugung, Voraussetzung, Vorstellung, Denkweise, Stellungnahme, Gesinnung, Denkart, Weltanschauung • Bild, Ausblick, Schau, Warte, Aspekt. → Abdruck, Aspekt, Ausblick, Begriff, Darstellung, Erachten. ▸ Unsicherheit.

Ansichtssache → Meinung.

ansiedeln, sich → sesshaft machen sich.

Ansiedler → Bauer, Bevölkerung.

Ansied(e)lung Dorf, Nest, Kaff *u*, Flecken, Gehöft, Gemeinde, Ort, Ortschaft, Platz, Niederlassung, Siedlung, Stadt, Weiler, Großstadt, Anwesen • Besitznahme, Anbau, Landnahme, Unterbringung, Einbürgerung. → Anwesen.

Ansinnen → Anwandlung, Antrag, Begehr.

ansonsten außerdem, ferner(hin), nebenbei, obendrein, überdies, übrigen im.

anspannen → anmachen, einspannen, jagen.

anspannen, die Kräfte abarbeiten sich, abmühen sich, anstrengen sich, plagen sich.

anspielen → aufwerfen, bedeuten, berühren, bringen in Verbindung.

anspielend → andeutungsweise.

Anspielung Allegorie, Gleichnis, Parabel, Symbol, Umschreibung, Vergleich • Fingerzeig, Gebärde, Geste, Wink, Zeichen, Hinweis, Tipp • Spott, Anzüglichkeit, Ausfall, Hohn, Ironie, Neckerei, Schabernack, Stichelei, Spott, Ulk. → Bemerkung, Denunziation, Doppelsinn. ▸ Rechtfertigung, Verheimlichung.

anspießen → anmachen, einführen.

Ansporn Impuls, Auftrieb, Anfachung. → Anziehung, Beeinflussung, Beispiel, Ehrgeiz, Ermunterung, Ursache.

anspornen → anfeuern, anhalten, aufhetzen, ankurbeln, anregen, beeinflussen, begeistern, beschleunigen, bestechen, bewirken, bringen in Bewegung, Dampf dahinter machen, drängen, elektrisieren, entrüsten, entzünden. ▸ abhalten, dämpfen, hemmen, hindern, lähmen, unterdrücken, zügeln.

anspornend → ermutigend, erregend, stimulierend.

Ansprache → Vortrag.

ansprechbar kontaktfähig, reaktionsfähig • beeinflussbar, mitteilsam • empfindlich, empfindsam, hoch empfindlich.

ansprechen gefallen, befriedigen, entzücken, erfreuen, Freude bereiten, Beifall finden, Behagen verursachen • anquasseln *u*, anhauen *u*, anpöbeln, anquatschen *u*, anmeckern *u*, anzapfen *u* • anpumpen *u*. → anreden, befriedigen, behagen, belagern, betteln, delektieren, erflehen. ▸ schweigen, zuwider sein.

ansprechen als → argwöhnen.

ansprechen auf → auskundschaften.

ansprechen, auf etwas reagieren.

ansprechen um → begehren, bewerben sich, bitten.

ansprechend → angenehm, appetitlich, artig, begehrenswert, behaglich, scharmant, einnehmend, ergreifend, ersehnenswert, erwünscht, gefällig, köstlich, nett, reizvoll, schön, sympathisch.

anspringen → berühren, bewegen, einführen.

anspritzen → bespritzen.

Anspruch Anteil, Bedarf, Teil, Zuweisung, Zuwendung, Ration. → Anrecht, Bewerbung, Eingriff. ▸ Anspruchslosigkeit, Bescheidenheit, Entsagung, Genügsamkeit, Verzicht • Ablehnung, Abweisung • Resignation.

Anspruch erheben ausbedingen sich, beanspruchen, begehren, fordern, geltend machen, verlangen.

Ansprüche erfüllen abfinden, befriedigen, entsprechen, erfüllen, Genüge tun, stillen, zufrieden stellen.

anspruchslos bescheiden, einfach, genügsam, prunklos, schlicht, sparsam, wirtschaftlich, natürlich, ungekünstelt, unkompliziert, unverstellt • hausbacken, zufrieden, bedürfnislos, enthaltsam, frugal, karg, mäßig, nüchtern, puritanisch, spartanisch, behaglich, beschaulich, ergeben, geduldig, gelassen, gemütlich, gottergeben, klaglos, ungezwungen, simpel *u*. → bedürfnislos, bescheiden. ▸ anspruchsvoll, unbescheiden.

Anspruchslosigkeit Bescheidenheit, Einfachheit, Genügsamkeit, Unkompliziertheit, Unbedarftheit.

anspruchsvoll aufdringlich, aufgeblasen, bombastisch, großspurig, großsprecherisch, prahlerisch, protzig, übertrieben, wählerisch, verwöhnt, verzärtelt, verhätschelt, stolz, anmaßend, geziert, unbescheiden, dreist, keck, vorlaut, gespreizt, großtuerisch, hochtrabend, schwulstig, sich aufs hohe Pferd setzen. → anmaßend. ▸ anspruchslos, bescheiden, bedürfnislos, einfach, genügsam, schlicht • ungebildet • banal, langweilig, trivial.

anstacheln → anregen, aufhetzen, beeinflussen, begeistern, bestechen, beschleunigen, drängen, elektrisieren, erwecken.

Anstalt Arbeitsraum, Laboratorium, Studio, Werkstatt, Fabrik, Institution, Werk, Anlage • Bildungsstätte, Forschungsanstalt, Studienanstalt, Internat, Gymnasium, Polytechnikum, Akademie, Alma Mater, Alumnat, Schule, Kollegium, Lehranstalt, Pädagogium, Pennal, Penne, Pensionat, Seminar, Technikum, Universität, Unterrichtsanstalt • Krankenhaus, Hospital, Spital, Klinik, Irrenanstalt, Pflegeanstalt, Boardinghouse • Gefängnis, Zuchthaus, Arbeitshaus, Kasten *u*, Kittchen *u*, Bau *u*, Nummer sicher, schwedische Gardinen *u*, Loch *u*, Kahn *u*, Vater Philipp *u*, Spritzenhaus. → Atelier, Betrieb, Erziehungsanstalt.

Anstalten machen → anfangen.

Anstand Artigkeit, Benehmen, Feingefühl, Formgefühl, Höflichkeit, Kultur, Lebensart, Schliff, Sitte, Stil, Takt, Keuschheit, Reinheit, Scham, Sittlichkeit, Sittsamkeit,

Wohlerzogenheit, Zartgefühl, Zucht, Unschuld, Pflichtgefühl ● Behinderung, Erschwerung, Fessel, Hemmnis, Hindernis, Klemme, Schranke, Schwierigkeit, Verstrickung, Widerstand ● Hochsitz, Jagd ● Ungläubigkeit, Bedenklichkeit, Verdacht, Zweifel, Bedenken, Argwohn, Misstrauen. → Anmut, Benehmen, Brauch, Dekorum, Ehrgefühl. ▸ Bereitwilligkeit, Unterzogenheit.

Anstände → Bedenken.

anständig wohlerzogen, gesittet, schicklich, unaufdringlich, dezent, ehrlich, ritterlich, fair, ehrenhaft, honett, lauter, rechtschaffen, redlich, unbescholten, unbestechlich, manierlich, aufmerksam, gefällig, verbindlich, zuvorkommend, sittsam, züchtig, loyal, gerade, gewissenhaft, pflichttreu, pflichtgetreu, treu, edel, unparteiisch, nobel, vertrauenswürdig, freigebig, großmütig, opferwillig, selbstlos, vornehm, reell, echt, zuverlässig, astrein, stubenrein. → achtbar, adrett, brav, erklecklich, erträglich. ▸ unanständig, anstößig, dreckig, lasterhaft, schamlos, schlüpfrig, schmutzig, unmoralisch, unsittlich, unzüchtig, verdorben, verrucht, zotig ● gemein, hinterhältig, infam, niederträchtig, unfair, schurkisch, unverschämt ● billig.

anständiges Verhalten (im Geschäftsleben / Spiel / Sport / Wettkampf) Fairplay.

Anständigkeit → Charakterstärke, Ehrbarkeit.

Anstandsbuch Knigge.

Anstandsdame Genussbremse *u.*

anstandslos bereitwillig, gern, mit Vergnügen, ohne weiteres, selbstverständlich. ▸ ungern.

Anstandsregeln Etikette.

anstarren → durchbohren.

anstatt ersetzbar, dafür, gegen, an der Stelle von, als Ersatz für.

anstaunen → staunen.

anstechen → abziehen, aufbrechen.

anstecken infizieren, sich erkälten, erkranken, verseuchen, befallen werden, sich etwas holen ● beleuchten, entzünden, erhellen, anbrennen, anblasen, einäschern, einfeuern, anheizen, entfachen, heizen, anschüren, verbrennen, Feuer fangen, in Flammen aufgehen, Feuer oder Licht machen ● anbinden *sm.* → anmachen, einheizen. ▸ auslöschen, verhüten ● ausblasen, auslöschen, löschen ● immunsisieren ● abnehmen, ablegen, abmachen, abstreifen.

anstecken, sich zuziehen sich etwas, infizieren sich.

ansteckend → eitrig, epidemisch, unrein, übertragbar.

Ansteckknopf Bouton, Button.

Anstecknadel Abzeichen, Brosche, Fibel, Plakette.

Ansteckung Infektion, Krankheitsübertragung, Ansteckungsgefahr ● Seuche, Seuchenherd, Epidemie.

Ansteckung schützen, vor immunisieren, impfen.

ansteckungsfähig virulent.

Ansteckungsherd Fokus.

Ansteckungsschutz Immunisierung.

anstehen → ausstehen, zaudern.

anstehen lassen → aufschieben, beiseite legen.

ansteigen → anschwellen, aufsteigen.

ansteigend steigend, steil, wachsend, zunehmend, aszendent.

an Stelle anstatt, für, im Auftrag, in Vertretung.

anstellen engagieren, bestallen, berufen, einsetzen, anvertrauen, betrauen, dingen, heuern, beschäftigen, in Anspruch nehmen, in Dienst nehmen, einen Posten geben, eine Stelle besetzen mit, ein Amt bekleiden ● sich betragen, aufführen, verhalten, benehmen, auftreten, sich geben, handeln, verfahren, vorhegen, handhaben, begegnen, bewerkstelligen, ausführen, vollziehen, anfangen, anfassen, anrichten, verrichten, amtieren, betreiben, besorgen, abwickeln, sich fügen, einen Weg einschlagen ● eine Dummheit machen, etwas Böses tun. → beauftragen, berufen, beschäftigen, brauchen, blamieren, chartern. ▸ entlassen.

anstellen, etwas anrichten etwas, Böses tun etwas, Schaden zufügen, Schlimmes tun.

anstellen, sich → auftreten, sich betragen.

anstellen, sich gut → auszeichnen.

anstellig achtsam, alert, arbeitsam, aufmerksam, beflissen, betriebsam, beweglich, eifrig, emsig, fleißig, flink, flott, forsch, klein aber oho *u*, geschäftig, gewandt, hurtig, lebhaft, leistungsfähig, munter, rastlos, rege, regsam, resolut, ruhelos, rührig, schnell, unermüdlich, unternehmend, unverdrossen, tätig, tüchtig, fit, ganz groß, versessen zielbewusst, begabt, behänd, bewandert, brauchbar, eingespielt, einsichtig, erfahren, erfinderisch, fähig, findig, gebildet, gelenkig, genial, geschickt, geübt, gewitzt, handfertig, hoch begabt, kunstfertig, praktisch, rasch, routiniert, scharfsinnig, schöpferisch, sinnreich, talentiert, tauglich, versiert, verwendbar, vielseitig, virtuos ● etwas loshaben, in Form sein, eine große Nummer sein, in bester Form, mit jemandem Pferde stehlen können, das beste Pferd im Stall ● tack. ▸ schwerfällig, unachtsam.

Anstellung → Beruf.

Anstich Beginn, Anzapfung, Öffnung.

Anstieg Aufstieg, Steigung, Aufschwung, Aufwärtsbewegung ● Auftrieb, Aufflug, Bergfahrt, Erkletterung. ▸ Abstieg.

anstieren → anschauen, durchbohren.

anstiften → anregen, bewirken.

Anstifter Antreiber, Aufwiegler, Rädelsführer.

Anstiftung → Veranlassung.

anstimmen einstimmen, jodeln, leiern, singen, summen, trällern, trillern, die Stimme erheben, spielen, pfeifen, flöten, geigen, aufspielen, vortragen, ausführen, einfallen, begleiten, mitsingen, mitspielen, zupfen, klimpern. ▸ verstummen.

Anstoß Stoß, Ursache, Anregung, Anreiz, Deuh *u*, Anlass, Beweggrund, Ermunterung, Grund, Motiv, Kraftquelle, Triebfeder, Veranlassung, Voraussetzung, Antrieb, Einleitung, Entschluss, Initiative *f*, Erreger, Keim, Motor, Quelle, Reiz,

Ursprung, Wiege, Wurzel • Ablehnung, Aburteilung, Bemäkelung, Missbilligung, Tadel, Kritik, Aufsehen. → Anlass, Anlauf, Anprall, Ärgernis, Ansatz, Anzug, Bedingung, Bewegungstrieb, Drang.
▸ Billigung, Hemmung.

Anstoß geben → anecken.

Anstoß nehmen → Ärger, bekommen die Nase voll, Dach steigen auf das.

anstoßen verletzen, schockieren, brüskieren, verwunden, verstoßen, kränken, Unheil stiften, Böses zufügen, Spielverderber sein, aufregen, beleidigen, erzürnen, erbosen, abstoßen, verstimmen, empören, stören, erbittern, betrüben, ein Vergnügen verderben • beschädigen, entstellen, ramponieren, ruinieren, verderben, verhunzen, vermasseln, verschandeln, versehren, verunstalten • schieben, bewegen, stoßen, deuhen *u*, verursachen, anregen, anreizen, ermuntern, treiben, veranlassen, antreiben, einleiten, erregen, reizen, Initiative entwickeln, in Bewegung setzen • anecken, sich bloßstellen, Missbilligung erregen, Ärgernis geben, Skandal hervorrufen, seinen Ruf verscherzen, die gute Meinung verlieren, sich einem Tadel aussetzen, seinen Namen aufs Spiel setzen, sich vorbeibenehmen *u*. → begegnen, begrenzen, berühren, beschädigen, bums, trinken.
▸ hemmen, trennen.

anstoßend → angrenzend, bei, beisammen, dabei, daneben, dicht dabei, nahe.

anstößig gemein, niederträchtig, schimpflich, schmählich, unehrlich, verrufen, schändlich, tadelnswert, missfällig, sträflich, ungünstig, unerfreulich, geschmacklos, widerlich, widerwärtig, nicht empfehlenswert, säuisch *u*. → abstoßend, anrüchig, bedauerlich, empörend, entehrend.
▸ anständig, ansprechend, angepasst, bieder, dezent, ehrbar, ehrenhaft, erlaubt, gesittet, moralisch, sauber, schicklich, sittenstreng, sittsam, tolerabel, unverdorben, züchtig.

Anstößigkeit Gemeinheit, Niedertracht, Schimpf, Schmach, Schande, Unehre, Verruf, Verworfenheit, Unanständigkeit, Ferkelei *u*, Schweinigelei. → dunkler Punkt.
▸ Anständigkeit.

anstrahlen → beleuchten, bewundern.

ansträngen → anmachen.

anstreben → anfassen, arbeiten, begehren, Beste tun, bestreben sich, debütieren, erzwecken, fassen ins Auge, holen, machen.

anstreichen beklecksen, beschmieren, beizen, bemalen, bepinseln, färben, kolorieren, lackieren, malen, schminken, streichen, tönen, tünchen, übermalen, sich zurecht machen, pönen *sm* • vergelten, heimzahlen, sich revanchieren. → A und O, abrechnen, ausmalen, bedecken, einschärfen.
▸ entfärben, vergeben.

Anstreicher Maler, Lackierer, Tüncher, Weißbinder *ö*.

anstreifen → begegnen.

anstrengen sich aufreiben, sich befleißigen, büffeln, kämpfen, sich placken, sich quälen, rackern, ringen, schinden, schuften, hat alle Hände voll zu tun, alle Kräfte anspannen, seine ganze Fähigkeit aufbieten, nichts unversucht lassen, alle Hebel in Bewegung setzen, sich den Kopf zerbrechen, abäschern *u*, abrackern, sich ins Geschirr legen, sich auf die Hinterbeine stellen *u*, sich ins Zeug legen. → abarbeiten, abmühen, arbeiten, Beste tun, erkämpfen.
▸ faulenzen.

anstrengen, sich → arbeiten, beeilen, beschäftigen, bestreben sich, fallen schwer.
▸ ausspannen, entspannen, sich erholen, faul sein, Ferien machen, müßig gehen, nichts tun, pausieren, sich regenerieren, schlafen, sich schonen, Urlaub machen, verschnaufen.

anstrengend aufreibend, beschwerlich, ermüdend, mühevoll, mühsam, stressig • geil *u*.

Anstrengung Arbeit, Bestreben, Bemühung, Dienstleistung, Hilfe, Mühe, Plage, Strapaze, Werk, Beschwerlichkeit, Last, Mühsal, Schwierigkeit, Mühseligkeit, Plackerei, Schinderei, Überbürdung, Kampf, Ringen, Druck, Kraft, Überhast, Pferdearbeit, Heidenarbeit, Mordsarbeit, Sauerarbeit *u* • Leibesübung, Sport • Hudelei, Pfusch, Sudelei, Murks *u* • Fron, Schufterei, Ermattung, Qual, Folter, Albdruck, Kräfteverbrauch, Jagd, Tatkraft • Nachdenken, Nachsinnen, Nachgrübeln, Aufmerksamkeit, Studium, Erforschung, Streben Rührigkeit, Feuereifer, Eifer, Prüfung, Schaffe *u*, Schlauch *u*. → Arbeit, Aufgebot, Bemühung, Beschwerde, Dienst, Erröten.
▸ Nichtstun. Entspannung, Erholung, Ruhe, Schlaf, Schonung • Arbeitsscheu, Faulheit, Trägheit • Mühelosigkeit.

Anstrengung, harte Schaffe *u*.

Anstrich Bewurf, Blendung, Deckfarbe, Firnis, Lack, Oberschicht, Puder, Schminke, Stuckatur, Tünche, Überzug, Verputz • Schein, Scheinwissen, Unfähigkeit, Halbwissen, Verstellung, Heuchelei, Scheinheiligkeit, Frömmelei, Deckmantel, Beschönigung, blauer Dunst, Schnack, Trugschluss. → Bedeckung, Farbe, Farbton.
▸ Enthüllung, Wahrhaftigkeit.

Anstrich geben, falschen täuschen, mogeln, irreführen, überlisten, vorspiegeln. → bemänteln.
▸ wahrhaftig (sein).

anstricken → anmachen, aufschlagen.

anstückeln → ausfüllen.

Ansturm Run. → Anlauf, Anprall, Bewegungstrieb, Drang.

anstürmen → branden, einstürmen.

Ansuchen → Begehr, Bettelei, Eingabe, Gesuch.

ansuchen → anhalten, begehren, bemühen, betteln, bewerben sich.

Ansucher → Antragsteller, Bettler, Bewerber, Bittsteller.

Antagonismus Gegensatz, Divergenz, Gegensätzlichkeit, Kontrast.

antanzen vortraben, anrauschen. → ankommen.

antasten → berühren.

Anteil Wichtigkeit, Neigung, Streben, Ziel, Interesse *s* • Ertrag, Erwerb, Gewinn, Nutzen, Zuschuss, Zuteilung, Zuweisung, Ernte, Wert,

Dividende, Ausbeute, Ausschüttung, Ergebnis, Gewinnanteil, Kontingent, Reinertrag, Teilgenuss, Maß, Portion, Teil, Claim, Ration, Quote, Beitrag, Zahlung, Dosis, Menge, Quantum, Abschnitt, Bissen, Brocken, Bruchstück, Fetzen, Stück, Span, Splitter, Aktie, Anteilschein, Kupon, Deputat, Los, Prämie, Rate, Share, Verdienst, Zinsschein. → Abschnitt, Anspruch, Auflage, Aufschlag, Ausbeute, Beitrag, Kupon, Dosis, Erwerb, Mitgefühl. ▸ Ganzheit, Herzlosigkeit, Verlust.

anteilig anteilmäßig, prozentual, der Zahl oder Menge nach, nach dem Los.

anteillos → abgebrüht, abgestumpft, dickhäutig, eingetrichtert.

Anteilnahme → Augenmerk, Barmherzigkeit, Beflissenheit, Beileid, Charitas, Teilnahme. ▸ Apathie, Desinteresse, Gleichgültigkeit, Lethargie, Interesselosigkeit, Teilnahmslosigkeit, Ungerührtheit ● Abwesenheit, Unaufmerksamkeit.

anteilnehmend → eingenommen.

Anteilschein → Anteil.

Antenne → Ahnung, Gefühl.

anti dagegen, gegen, kontra, wider.

Antialkoholiker Abstinenzler, Blaukreuzler, Temperenzler.

antidemokratisch autokratisch, autoritär, diktatorisch.

antik → alt, altertümlich.

Antike klassisches Altertum, klassisches Kunstwerk.

Antilope, afrikanische Gazelle, Gnu.

Antipathie → Abneigung, Abscheu, Bedenken. ▸ Gefallen, Interesse, Liebe, Sympathie, Zuneigung.

Antipode «Gegenfüßler» (auf der gegenüberliegenden Erdseite) ● Gegenspieler, Widersacher.

antippen → berühren.

antiquarisch → alt. ▸ aktuell, frisch, in, modern, nagelneu, neu(zeitlich), unbenutzt, ungebraucht, zeitgemäß.

Antiquität → Schatz.

Antiseptika → Arznei.

Antithese Entgegenstellung, Gegenbehauptung, Gegensatz.

Antlitz → Angesicht.

Antrag Anliegen, Ansinnen, Bettelbrief, Bitte, Bittschrift, Eingabe, Gesuch, Petition, Ultimatum, Vorschlag, Bewerbung, Anrufung. → Angebot, Bettelbrief, Bewerbung, Chrie. ▸ Ablehnung Abweisung, Korb, Nichtgenehmigung, Zurückweisung ● Annahme, Bewilligung, Einverständnis, Genehmigung, Gewährung.

antragen anbieten, andienen, anpreisen, darbieten, erbieten sich, feilbieten, offerieren.

Antragsbegründung (vor Gericht) Plädoyer.

Antragsteller Bewerber, Bittgänger, Bittsteller, Freier, Suchender, Ansucher, Kandidat, Aspirant, Fürbitter. → Bettler, Bewerber, Bittsteller.

antreffen → begegnen sich, einmarschieren.

antreiben hochkurbeln *u*, scheuchen *u*. → anbahnen, anfahren, anhalten, ankurbeln, anregen, anstoßen, aufrichten, beeinflussen, begeistern, beschleunigen, bringen aufs äußerste, Dampf dahinter machen, drängen, elektrisieren, ermuntern, erregen, stoßen. ▸ abhalten, abwürgen, bremsen ● hemmen, hindern, lähmen, stoppen, zügeln, zurückhalten.

antreibend lebhaft, rasch, draufgängerisch, impulsiv, stimulierend, anfachend, anregend, anspornend, belebend, bewegend, erregend, reizend, aufmunternd, aufkratzend, aufwühlend, auffrischend, berauschend, begeisternd, entflammend, faszinierend, elektrisierend, inspirierend, mitreißend, packend, schürend, zündend, fördernd. → beeinflussend, erregend. ▸ hemmend.

Antreiber Anstifter, Treiber, Bewirker, Schinder. → Anstifter.

antreten → abfahren, erscheinen.

Antrieb Impuls *m*, Einsatz, Entschlossenheit, Tatkraft, Wagemut, Initiative. → Anlass, Anlauf, Anstoß, Beginn, Bedingung, Bewegung, Dynamik, Entschlussfähigkeit, Ermunterung. ▸ Hemmung.

Antrieb, aus eigenem freien Stücken aus, freiwillig, unaufgefordert.

Antriebslosigkeit/-mangel Antriebsschwäche, Apathie, Depression, Energielosigkeit, Schwäche, Willenlosigkeit.

Antriebsmaschine Motor, Turbine.

Antriebsschraube Propeller.

Antritt → Anfang.

Antritt einer Fahrt Abreise.

Antrittsansprache Debüt, Jungfernrede.

antun Gewalt antun, entstellen, verdrehen ● umbringen, überwältigen, kaltmachen, töten ● sich das Leben nehmen, Selbstmord begehen ● behindern, ein Bein stellen, schädigen, ● übervorteilen, hineinlegen, übers Ohr hauen ● anstellen, verletzen, schaden.

Antwort Aufklärung, Auskunft, Beantwortung, Bericht, Bescheid, Einrede, Entgegnung, Erwiderung, Nachricht, Replik, Rückäußerung, Aufschluss, Darlegung, Mitteilung, Gegenbeweis, Widerlegung, Widerspruch, Gegenstimme, Retourkutsche. → Auskunft, Bekenntnis, Bescheid. ▸ Frage, Anfrage, Befragung, Erkundigung, Konsultation, Nachfrage, Rückfrage.

Antwort geben → antworten, beantworten, entgegnen, erwidern, kontern, reagieren, Wirkung zeigen.

antworten beantworten, entgegnen, erwidern, replizieren, widerlegen, widersprechen, Antwort geben, Bescheid geben, versetzen, erklären, sich äußern, aufklären, berichten, entgegentreten, mitteilen, rechtfertigen. → beantworten, einwerfen, erwidern. ▸ fragen.

Antworthandlung Reaktion.

Antwortschreiben → Antwort.

Antwortspiel Quiz.

anulken → auslachen.

anvertrauen abgeben, abliefern, aushändigen, überlassen, überreichen, zustellen, übergeben ● ausposaunen, ausschwatzen, zuflüstern, beichten, einflüstern, einblasen, zutragen ● ausleihen, verborgen, verleihen, verpumpen ● im Vertrauen mitteilen, auf die Nase binden *u*, in Verwahrung geben. → abladen, anstellen, auspacken, ausstehen, beauftragen, beichten, berufen, beschäftigen, delegieren,

ermächtigen.
▸ behalten, verheimlichen.
anverwandt ähnlich, Familie gehörig zur, nahe stehend, verwandt.
Anverwandte Familie, Geschlecht, Sippe, Clan, Sippschaft, Verwandtschaft, Angehörige, Mischpoke *jüd.* ▸ Fremder.
Anverwandtschaft → Anverwandte, Bagage.
anvisieren → visieren.
anwachsen → anschwellen, drängen.
anwachsen, stufenweise eskalieren.
Anwallung → Anwandlung, Befinden.
Anwalt Advokat, Berater, Fürsprecher, Jurist, Rechtsanwalt, Rechtsbeistand, Verteidiger, Vertreter, Helfer, Ratgeber, Sprecher, Sachwalter, Unterhändler, Vermittler, Konsulent, Rechtskundiger, Syndikus, Dr. jur, Doktor beider Rechte, Justiziar • Rechtsverdreher, Paragrafenhengst *u.* → Beauftragter, Beistand, Berater, Bevollmächtigter. ▸ Richter.
Anwalt des Schlechten/ Teufels advocatus diaboli.
Anwaltsbüro Kanzlei, (Anwalts-) Praxis.
Anwaltschaft → Bestallung.
Anwaltskunde Klient.
Anwaltsrede Plädoyer.
anwandeln befallen, beschleichen, heimsuchen, packen, überfallen/-mannen, verfolgen.
Anwandlung Einfall, Erwärmung, Laune, Regung, Stimmung, Verlangen, Wallung, Gemütszustand, Verfassung, Anfall, Grille, Launenhaftigkeit • Schwäche, Anwallung, Übelbefinden, Leiden, Beschwerde, Angegriffenheit • Reizbarkeit, Erregbarkeit, Empfindlichkeit, Heißblütigkeit, Temperament, Gereiztheit, Unruhe, Aufgebrachtheit, Mutwille, Ausgelassenheit, Erregung, Leidenschaftlichkeit, Jähzorn, Koller, Rappel, Wutausbruch, Bosheit, Raserei, Poltern, Erbitterung, Rachgier, Bitterkeit. → Affekt, Befinden, Bewegung. ▸ Beherrschung.
anwärmen → wärmen, erhitzen.
Anwärter Aspirant *m.* → Kandidat.
Anwartschaft → Anrecht, Anspruch.
anweisen → anordnen, befehlen, begehren, beordern, besetzen, bezahlen, binden auf die Seele, diktieren, dirigieren, erteilen Auftrag.
Anweisung → Anleitung, Befehl, Belehrung, Bevormundung, Chrie, Kupon, Dekret, Direktive, Ermächtigung, Ermahnung, Ermunterung, Erziehung, Ratschlag.
anwendbar denkbar, möglich, ausführbar, passend, ratsam, verwendbar, angemessen, förderlich, wirksam, möglich, kann angezogen werden, kann zitiert werden, kann angeführt werden, kann als Beispiel dienen, sachgemäß, ziemlich, gleichwertig, ebenbürtig, recht, richtig, treffend, ordnungsgemäß. → ausführbar, denkbar, einschlägig, erreichbar, fachgemäß.
▸ unanwendbar, unbrauchbar.
anwenden sich bedienen, benützen, brauchen, gebrauchen, verwenden, verwerten, Gebrauch machen von, verarbeiten sich zu Nutze machen • handhaben, bedienen, betreiben, hantieren • verbrauchen, ausnützen, ausschlachten, auswerten. → bedienen sich, brauchen. ▸ ablehnen, verschmähen.
Anwendung Gebrauch, Hantierung, Pflege, Verfahren, Verwendung, Wartung, Bedienung, Benützung, Handhabung, Regel, Sitte, Usus, Usance. → Behandlung, Beispiel, Benützung. ▸ Ablehnung, Verzicht.
anwendungsbezogen pragmatisch.
anwerben → ausheben, beigesellen, berufen, einfordern.
Anwerber Schlepper *u.* → Werber.
Anwerbung Engagement.
anwerfen → anfahren, ankurbeln.
Anwesen Gut, Hof, Gehöft, landwirtschaftlicher Betrieb, Landwirtschaft, Kate, Bauernhof, Gutshof, Schäferei, Farm *f*, Herrenhof, Rittergut, Domäne, Stammgut, Fideikommiss *s*, Hacienda *f*, Klitsche *u.* → Ansiedlung, Bauernhof, Besitztum.
anwesend gegenwärtig, greifbar, vorhanden, effektiv, faktisch, konkret, real, substanziell, wirklich, da, präsent. → ansässig, befindlich, dabei, dort. ▸ abwesend, absent, fern, fort, weg.
anwesend sein → aufhalten sich, bewohnen, daheim, da sein.
Anwesender Beobachter, Augenzeuge, Betrachter, Späher, Spion, Zeuge, Zuschauer, Besucher, Lauscher, Zuhörer. → Beobachter, Dabeistehender.
Anwesenheit Besuch, Gegenwart, Vorhandensein, Mitwirkung, Teilnahme, Existenz. → Besuch, Dasein, Existenz.
▸ Abwesenheit. Absenz, Fehlen, Fernbleiben, Schwänzen • Bewusstlosigkeit, Unaufmerksamkeit.
anwidern widerstreben, widerstehen, schlecht schmecken, anekeln, ankotzen • verleidet werden, schwer ankommen, gegen den Strich gehen • widerlicher Mensch: Ekel, Teufelsbraten, Brechmittel *u*, Knilch *u*, Kunde *u.* → abstoßend, anekeln, dick haben etwas, entsetzen sich. ▸ gefallen, schmecken, zusagen.
Anwohner → Einwohner, Nachbar, Anlieger.
Anwurf → Beleidigung, Beschwerde, Decke.
Anzahl Fülle, Masse, Menge, Vielfalt, Vielheit, Anhäufung • Pack, Posten, Reihe, Folge, Glieder, Kette, Aufeinanderfolge, Serie, Kreis, Sammlung. → Diverses.
▸ Wenigkeit.
anzahlen einen Abschlag zahlen, vorauszahlen, einen Vorschuss geben.
Anzahlung → Abzahlung, Einzahlung.
anzapfen → abziehen, angreifen, aufbrechen.
Anzapfung → Abzug, Angriff.
Anzeichen Art, Bezeichnung, Darstellung, Gepräge, Kennzeichen, Merkmal, Stempel, Wesenheit, Symptom, Erscheinung, Krankheitszeichen, Vorbote, Zeichen, Auspizien, Mahnung, Omen, Vorbedeutung, Vorzeichen, Finger Gottes. → Aspekt, Ausblick, Bake.
anzeichnen ankreuzen, hervorheben, kennzeichnen, markieren.

Anzeige Benachrichtigung, Bericht, Avis *s*, Ankündigung • Zeitungsanzeige, Inserat *s*, Annonce, Anpreisung, Ausschreibung, Bekanntgabe, Einrückung, Erklärung, Insertion, Kundmachung, Kunde, Meldung, Publikation, Bekanntmachung, Protokoll, Rapport • Klage, Anklage, Denunziation *f*, Anschuldigung, Bezichtigung. → Angabe, Angebot, Auskunft, Bekanntgabe, Benachrichtigung, Bericht, Chronik, Denunziation, Depesche. ▸ Verheimlichung.
Anzeige, Aufgeben einer Insertion.
anzeigen ankündigen, benachrichtigen, berichten, avisieren, indizieren • aufdecken, auspacken, bloßlegen, demaskieren, denunzieren, enthüllen, entlarven, verklatschen, verpfeifen, hinterbringen, petzen, vernadern, verraten, anpetzen, verpetzen, anscheißen *u*, verklatschen, ausplaudern • unterrichten, informieren, einen Wink geben, darauf aufmerksam machen, annoncieren, inserieren. → angeben, anklagen, ankündigen, anschuldigen, auspacken, aussagen, behaupten, benachrichtigen, berichten, beschuldigen, beweisen, bloßlegen, brechen das Stillschweigen, darstellen, demaskieren, denunzieren, einrücken, erkennen lassen. ▸ verheimlichen.
anzeigen, sich → auftauchen.
Anzeigenaufgeber Inserent.
Anzeigenauftrags-Ebbe (im Sommer) Sommerloch *u*.
anzeigend symptomatisch.
Anzeigenkennwort Chiffre.
Anzeigenkunde Inserent.
Anzeigenwerber Akquisiteur.
Anzeiger Indikator *m*, Denunziant *m*, Inserent *m*, Ankündiger, Berichterstatter, Bote, Zuträger, Petzer, Petze, Zwischenträger, Zeitung, Blatt, Journal. → Angeber, Bake.
anzetteln aufbegehren, sich empören, meutern, putschen, randalieren, rebellieren, wühlen, verschwören, aufputschen, aufwiegeln, revolutionieren, verhetzen. ▸ beugen sich.
anziehen ankleiden, anlegen, ausstaffieren, bedecken, bekleiden, beschuhen, überziehen, umbinden, umhängen, umhüllen, umwickeln, verdecken, verhüllen, verkleiden, zudecken, einmummeln *u*, sich anpellen *u* • anheben, anlaufen, anschieben, anschleppen, losfahren, beeinflussen, einwirken, beherrschen • ins Schlepptau nehmen, in Bewegung setzen oder bringen • locken, verlocken, heranziehen, Feuchtigkeit anziehen, Einfluss nehmen. → anfahren, anfangen, bedecken, behängen, fesseln. ▸ abstoßen, ausziehen, loslassen.
anziehen, sich sich schalen *u*.
anziehend attraktiv, fesselnd, interessant, begehrenswert, ersehnenswert, erstrebenswert, wünschenswert, bestechend, gewinnend, beachtenswert, kurzweilig, packend, seltsam, spannend, unterhaltsam, erregend, sehenswert, viel sagend, viel versprechend, sympathisch, adrett, lockend, verlockend, knusprig *u*, zum Fressen *u*, zum Anbeißen • hygroskopisch, magnetisch. → angenehm, amüsant, anmutig, begehrenswert, bestechend, bestrickend, scharmant, entzückend. → erfreulich, erwünscht. ▸ abstoßend, abscheulich, abschreckend, abweisend, Ekel erregend, ekelhaft, eklig, hässlich, inattraktiv, widerlich, widerwärtig.
anziehender Gegenstand Magnet.
Anziehung Attraktion *f*, Galanummer, Glanzstück, Reiz, Zugstück, Sensation, Magnet, Anziehungskraft, Anziehungsmittel, Reißer, Schlager, Zugkraft • Verwandtschaft, Liebe, Wahlverwandtschaft, Neigung, Zuneigung, Zärtlichkeit, Teilnahme, Hinneigung, Sympathie, Mitgefühl, Gefallen, Bewunderung, Gunst, Hang, Lust, Liebhaberei • Affinität, Gravitation, Adhäsion, Magnetismus, Schwerkraft, Schwere • Bann, Beeinflussung, Bezauberung, Einfluss, Einwirkung, Köder, Lockspeise, Verlockung, Verführung, Verleitung, Versuchung, Unwiderstehlichkeit, Suggestion, Zauber • Aneiferung, Anregung, Ansporn, Beispiel • Pracht, Glanz, Schimmer, Herrlichkeit, Wohlgestalt, Ebenmaß, Stattlichkeit, Augenweide, Scharm, Ideal. → Anziehungskraft, Attraktion, Bann, Beeinflussung. ▸ Einflusslosigkeit, Hass, (Abstoßung).
Anziehungskraft Anziehungsmittel, Magnetismus, Reißer, Reiz, Schlager, Zugkraft, Sex *u*. → Anziehung, Drang.
Anziehungskraft des Fremden Exotik.
Anziehungsmittel → Anziehung, Anziehungskraft.
Anziehungspunkt Blickfang, Blickfänger, Sensation. → Anziehung.
Anzug Ausrüstung, Bekleidung, Garderobe, Gewand, Gewandung, Kleid, Dress, Kluft, Kostüm, Montur, Schale, Staat, Tracht, Uniform, Livree • Anstoß, Antrieb, Anlauf, Ansatz, Herannahen, Ankunft, Anbruch, Anfangspunkt, Start, Annäherung. ▸ Abzug.
Anzug sein, im nahe sein, beinahe, nahezu, nahend, nahe stehend, nähernd, sich nähern, näher kommen, vorrücken, anmarschieren, nahen, treiben, herankommen, heraneilen, heranlaufen, auf den Fersen folgen.
anzüglich → bissig.
anzügliche Bemerkungen machen triefeln *u*.
Anzüglichkeit → Aufziehen, Bemerkung, Bissigkeit, Spott, Ehrenkränkung.
Anzug → Schale *u*.
anzünden beleuchten, entzünden, erhellen, erleuchten, zünden, Feuer machen, anblasen, anfachen, anstecken, brennen, einfeuern, einheizen, entfachen, anschüren, anbrennen, in Brand stecken, Feuer legen, ankriegen *u*. → anregen, beeinflussen, begeistern, beleuchten, Brand stecken in. ▸ auslöschen.
Anzünder Feuerzeug, Fidibus, Streichholz, Zünder, Zündholz.
anzweifeln → zweifeln.
Apanage → Besitztum.
apart besonders, eigen, eigenartig, erlesen, gefällig, geschmackvoll, persönlich, reizvoll, originell, echt, neu, selbstschöpferisch, ureigen. →

anmutig, besonders, eigen. ▸ gewöhnlich.
Apathie → Betäubung.
apathisch abgestumpft, empfindungslos, gefühllos, gleichgültig, kalt, teilnahmslos.
Aperçu → Einfall.
Apfelsaft Hohenastheimer *u.*
Apfelschnaps Calvados.
Apfelsine Orange.
Apfelsinenhaut Orangenhaut.
Apfelwein Cider, Cidre, Zider.
Aphorismus Aperçu, Bonmot, Devise, Diktum, Maxime, Spruch, Zitat.
Aphrodite schöne Frau, Schönheitsgöttin, Venus.
Apokalypse Enthüllung, Grauen, Offenbarung des Weltuntergangs, Untergang.
Apostat *m* → Abtrünniger.
Apostel → Anhänger.
Apotheke Saftladen *u.*
Apothekerware → Arznei.
Apotheose → Endeffekt.
Apparat Anlage, Einrichtung, Gerät, Getriebe, Instrument, Maschine, Maschinerie, Mechanismus, Motor, Räderwerk, Triebwerk, Vorrichtung, Hebel, Werkzeug • Fotoapparat, Filmapparat, Kurbelkasten, Projektor, Wiedergabeapparat • Radio, Empfänger, Fernsehgerät, Fernseher, Quietschkasten *u*, Grammofon, Wimmerkasten *u*, Plattenspieler, Phonograph, Bandgerät, Elektronengerät, Tonbandgerät.
Appartement Wohnung, Zimmer, Behausung, Bude *u.*
Appeal → Anmut.
Appell Anruf, Aufruf, Erkennungswort, Mahnruf, Weckruf, Zuruf, Parole, Befehlsempfang, Besichtigung, Befehl, Forderung, Gebot, Mahnung. → Alarm, Anruf.
appellieren angehen, anrufen, aufrufen, zusetzen, sich wenden an. → angeben, berufen sich.
Appendix → Anhang, Beifügung.
Appetit Esslust, Esssucht, Hunger, Heißhunger, Kohldampf, Wolfshunger, Durst • Gieper *u.* ▸ Widerwille.
Appetit, krankhafter Hyperorexie, Lykorexie.
Appetitanreger Aperitif, Appetizer, Stomachikum.
Appetithäppchen Bouchée.
appetitlich aromatisch, delikat, fein, genießbar, götterhaft, köstlich, kräftig, lecker, mundgerecht, pikant, schmackhaft, verlockend, wohlschmeckend, würzig, zum Anbeißen • begehrenswert, einladend, erwünscht, süffig, viel begehrt, wünschenswert, ansprechend, knusprig, sauber, zum Fressen *u*, wie aus dem Ei gepellt *u.* → aromatisch, behaglich, delikat. ▸ unappetitlich, abscheulich, abstoßend, Ekel erregend, ekelhaft, fade, widerlich, würzlos.
Appetitlosigkeit Anorexie, Inappetenz. → Ekel, Überdruss, Unlust.
applaudieren Beifall klatschen/spenden, klatschen.
Applaus → Anerkennung, Beifall.
Applausspender, bestellte Jubelkulisse *u.*
apportieren holen, herbeiholen, herbringen.
approximativ → annähernd.
Aprikose Marille.
Aprikosenlikör Apricot-Brandy.
apropos übrigens.
äquivalent angemessen, entsprechend, gleichwertig, wertentsprechend.
Ära → Epoche.
Arbeit Aufgabe, Ausführung, Beschäftigung, Dienstleistung, Funktion, Handlung, Leistung, Obliegenheit, Pflicht, Tätigkeit, Tat, Unternehmen, Verrichtung, Werk, Wirksamkeit, Wirkungskreis • Anstrengung, Bestreben, Bemühung, Hilfe, Mühe, Besorgung, Schöpfung, Verdienst, Kopfzerbrechen, Last, Mühsal, Beruf, Amt, Arbeitsfeld, Ausübung, Betätigung, Broterwerb, Dienst, Job, Erwerbszweig, Existenz, Fach, Gewerbe, Rolle, Stellung, Zweig • Manuskript, Aufzeichnung, Druckvorlage, Handschrift, Niederschrift, Satzvorlage, Urschrift, Kunstwerk, Malerei, Skulptur, Tonsatz, Komposition, Aufsatz, Beitrag, Denkschrift • Plage, Schwierigkeit, Gründung, Vermittlung, Mitarbeit, Schinderei, Strapaze. → Akkord, Anstrengung, Aufgebot, Bemühung, Beruf, Beschwerde, Besorgung, Bewerkstelligung, Dienst, Dienstpflicht, Facharbeit, Leistung. ▸ Müßiggang, Nichtstun, Amüsement, Vergnügen, Zerstreuung • Arbeitsunterbrechung, Entspannung, Erholung, Ferien, Pause, Rast, Ruhe, Schlaf, Schonung, Urlaub • Arbeitsscheu, Faulheit.
Arbeit geben einstellen, engagieren, verpflichten.
Arbeit niederlegen, die in den Sack hauen *u.*
Arbeit, ohne → arbeitslos.
Arbeit ohne Vorbereitung Extemporale, Improvisation.
Arbeit, schnelle Akkordarbeit.
Arbeit vernachlässigen, die blaumachen, bummeln, faulenzen, herumtreiben sich, Muße hingeben sich der.
arbeiten sich anstrengen, rackern *u*, schuften *u*, ausüben, sich befassen, sich befleißigen, sich bemühen, sich beschäftigen, sich betätigen, betreiben, werken, handeln, leisten, produzieren, sich regen, sich rühren, schaffen, schöpfen, tun, sich widmen, wirken • anfangen, angreifen, anpacken, anstreben, anstrengen, aufbauen, ausfeilen, ausführen, beginnen, bemühen, bereiten, bestellen, besorgen, bewerkstelligen, durchführen, handhaben, erfüllen, erledigen, erzeugen, formen, herstellen, hervorrufen, nicht unterlassen, sich weihen, machen, unternehmen, verrichten, verwirklichen, vollbringen, vollführen, vollstrecken, zubereiten • anfassen, beispringen, mitarbeiten, helfen, basteln, bosteln, werkeln, herummachen, wursteln, in Angriff nehmen, Hand anlegen, in die Hand nehmen • herumwursteln *u*, hudeln, schludern *u*, pfuschen, jobben *u.* → abmühen, anfangen, anfassen, ausüben, basten, bedienen, beistehen, bekümmern, beschäftigen, beteiligen sich, binden sich selbst eine Rute, durchbringen sich, erbauen, ernähren sich. ▸ faulenzen, untätig sein • sich amüsieren / vergnügen / zerstreuen, feiern, einer Freizeitbeschäftigung nachgehen • sich ausruhen, ausspannen, entspannen, erholen sich, Ferien machen, pausieren, rasten, ruhen, schlafen, Urlaub machen • arbeitslos sein.
arbeiten, angestrengt rabotten *u*, rackern *u*, rotieren *u*, schanzen *u.*

arbeiten, flüchtig ruscheln *u.*
arbeiten, langsam tritscheln *u.*
arbeiten, schlecht sauen *u.*
arbeiten, schwer abarbeiten sich, malochen, roboten.
Arbeiter Gehilfe, Gesell, Handlanger, Handwerker, Krauter *u*, Knecht, Kuli, Lehrjunge, Mitarbeiter, Fabrikarbeiter, Landarbeiter, Arbeitnehmer, Kumpel, Tagelöhner • Erbauer, Erzeuger, Former, Schaffer, Schöpfer, Urheber, Verfasser • Schaffender, Ausführender. → Arbeitnehmer. ▸ Faulpelz.
Arbeitgeber Brotherr, Meister, Bas (Bass), Boss *m*, Chef, Betriebsleiter, Geschäftsleiter, Direktor, Generaldirektor, Brotgeber, Lohnherr, Ernährer. ▸ Arbeitnehmer.
Arbeitnehmer Lohndiener, Verwalter, Inspektor, Vertreter, Reisender, Beamter, Famulus *m*, Gehilfe, Ephorus *m*, Aufseher, Hausknecht, Employé *m*, Domestik *m*, Dienstmädchen, Dienstbote, Diener, Disponent *m*, Prokurist, Abteilungsleiter, Beamter, Angestellter, Federfuchser *u*, Bürohengst *u*, Stehkragenprolet, Arbeiter. → Arbeiter, Gesinde. ▸ Arbeitgeber.
Arbeitnehmervereinigung Gewerkschaft.
arbeitsam rege, betriebsam, fleißig, geschäftig, regsam, rührig, tätig, unternehmend, beflissen, beweglich, biereifrig, eifrig, emsig, flink, flott, forsch, frisch, hurtig, lebhaft, munter, rastlos, resolut, ruhelos, schnell, unermüdlich, unverdrossen, tüchtig, energisch, lebendig, sich hineinknien, schneidig. → aufgeschlossen, ausdauernd, erwerbsam. ▸ faul, arbeitsscheu, bequem, inaktiv, müßig, phlegmatisch, tatenlos, träge, untätig.
Arbeitsbereich → Beruf, Charge.
Arbeitsbescheinigung, gefälschte Putzzettel *u.*
Arbeitseifer Aktivität, Eifer, Emsigkeit, Fleiß, Geschäftigkeit, Tatendrang, Tatendurst.
arbeitseifrig arbeitswütig, betriebsam, emsig, fleißig, pflichtbewusst, rastlos, tüchtig, unermüdlich.
Arbeitsentgelt Gage, Gehalt, Honorar, Lohn.
Arbeitsergebnis Produkt.
arbeitsfähig → diensttauglich, dienstfähig, gesund.
Arbeitsfähigkeit Energie.
Arbeitsfeld → Arbeit, Beruf, Erwerbszweig, Existenz.
arbeitsfrei → arbeitslos, Ferien, Feierabend.
Arbeitsfreude → Arbeitslust.
Arbeitsgang Operation, Prozess, Takt.
Arbeitsgebiet, besonderes Domäne.
Arbeitsgefährte Kollege, Mitarbeiter.
Arbeitsgerät Requisiten, Utensilien.
Arbeitshaus → Bestrafung, Kerker.
arbeitsintensiv beschwerlich, ermüdend, anstrengend, aufreibend, lästig, mühevoll, unbequem.
Arbeitskamerad Kollege, Kumpel.
Arbeitskleidung → Dienstkleidung Montur, Uniform.
Arbeitskreis → Amt.
Arbeitskunde/-lehre Ergologie.
Arbeitsleistung → Leistung.
Arbeitslohn → Belohnung.
arbeitslos unbeansprucht, frei, unverwendet, verfügbar, ausgedient, pensioniert, abgebaut, abberufen, abgelohnt, abgesetzt, beurlaubt, untätig, brotlos, gekündigt, verabschiedet, entlassen, weggeschickt, fortgejagt, suspendiert, kaltgestellt, aus dem Sattel gehoben, den Stuhl vor die Tür gesetzt. → arm, beschäftigungslos, dienstfrei, erwerbslos, faul. ▸ beschäftigt.
arbeitslos sein rumsitzen *u.*
Arbeitslosenunterstützung Stempelgeld *u.*
Arbeitsloser Privatier *u.*
Arbeitslust Eifer, Beflissenheit, Emsigkeit, Hingabe, Lust und Liebe, Regsamkeit, Arbeitsfreude, Rührigkeit, Tatenlust, Tatendrang, Energie, Begeisterung, Betriebsamkeit, Tatkraft, Fleiß, Ausdauer, Beharrlichkeit, Elastizität, Schaffenslust, Strebsamkeit. → Beflissenheit, Begeisterung, Bemühung, Ehrgeiz, Eifer, Energie. ▸ Trägheit.
Arbeitsmaschine Roboter.
Arbeitsmittel Werkstoff.
Arbeitsniederlegung Streik, Ausstand.
arbeitsparend extensiv, rationell.
Arbeitspause zur Nahrungsaufnahme Fresspause *u.*
Arbeitsplatz Wirkungsbereich, Stelle, Werk, Betrieb, Atelier, Studio, Laboratorium, Dock, Bauhof, Werft, Büro, Schreibstube, Amtsstube, Fabrik, Werkstätte.
Arbeitsplatz-Aufteilung Jobsharing.
Arbeitsplatzwechsel Fluktuation.
Arbeitsplatzwechsel im Unternehmen job rotation.
Arbeitsraum → Anstalt, Atelier, Bureau.
arbeitsscheu untätig, lahm, lässig, müßig, saumselig, träge. → bequem, faul. ▸ arbeitsam, aktiv, arbeitseifrig/-willig, diensteifrig/-willig, ehrgeizig, eifrig, emsig, fleißig, geschäftig, rastlos, strebsam, tätig, tüchtig, übereifrig.
Arbeitsscheuer → Arbeitsunfähiger, Faulpelz.
Arbeitssegen Aufbau, Aufstieg, Förderung, Entwicklung, Erneuerung, Fortschritt, Gedeihen, Segen, Verbesserung, Vermehrung, Wachstum, Zunahme, Weiterentwicklung, Weiterkommen, Gewinn, Ansehen, Ruhm, Versorgung, Reichtum, Glück, Befriedigung. ▸ Misserfolg.
Arbeitsstätte Betrieb, Stelle, Werkstatt. → Arbeitsplatz.
Arbeitsstoff Material.
Arbeitsstube → Altelier.
Arbeitssüchtiger Workaholic.
Arbeitstag → Alltag.
arbeitsunfähig invalid, dienstunfähig, untauglich, abgespannt, behäbig, bequem, bummelig, energielos, faul, lahm, matt, müde, müßig, nachlässig, saumselig, krank, schlaff, schläfrig, schlapp, schwerfällig, träge, unbeweglich, unlustig, untätig, verbummelt, verdrossen, unter das alte Eisen gehörig. ▸ arbeitsfähig, gesund, leistungsfähig.
Arbeitsunfähiger Dienstunfähiger, Invalide, Arbeitsscheuer, Bärenhäuter, Bummelant, Bummler, Döskopp, Drohne, Eckensteher, Faulpelz, Hallodri, Herumlungerer, Müßiggänger, Nichtstuer,

Schlafhaube, Schlafmütze, Strolch, Tagedieb, Taugenichts. ▸ Schaffender.
Arbeitsunfähigkeit Dienstunfähigkeit, Invalidität *f*, Pensionierung, Suspendierung, Verabschiedung, Absetzung, Bummelei, Indolenz, Müßiggang, Trägheit, Widerwille. ▸ Wirksamkeit.
Arbeitsunlustiger → Drückeberger.
Arbeitsuntauglicher Invalide.
Arbeitsunterbrechung Pause, Rast, Streik.
Arbeitsverweigerung Streik.
Arbeitsweise Handhabung, Methode, Praktik, System, Technik, Verfahren(sweise).
Arbeitswut, krankhafte Hyperbulie.
Arbeitswütiger Aktivist, Workaholic.
archaisch (ältester Herkunft) → altertümlich.
Architekt → Baumeister, Erbauer.
Architektur → Baukunst.
Archiv Urkundensammlung, Bildarchiv, Tonarchiv, Bücherei • Fachblatt.
Archiv, elektronisches Datenbank.
Archivbearbeiter Archivar.
Archivraum Magazin.
Areal Rayon, Territorium, Zone.
Arena Sportfeld, Sportplatz, Rennbahn, Kampfbahn, Stadion • Turf, Reitbahn, Tattersall • Turnierplatz • Zirkusrund, Schauplatz, Manege.
arg böse, boshaft, falsch, gehässig, hart, herzlos, hinterlistig, übel wollend • bitter, derb, grausam, heftig, niederschmetternd, schwer, tödlich, unerbittlich, ganz, zu viel, eng, knapp, schmal • charakterlos, gemein, gewissenlos, haltlos, infam, liederlich, nichtsnutzig, nichtswürdig, niederträchtig, ruchlos, schamlos, schändlich, schlecht, schuftig, sittenlos, sündhaft, treulos, unanständig. → abscheulich, beißend, bejammernswert, böse. ▸ gewissenhaft, gut.
Ärger Verstimmung, Groll, Missbehagen, Missfallen, Spannung, Unbehagen, Unmut, Unwilligkeit, Unzufriedenheit, Verübelung, Empfindlichkeit, Laune, Reizbarkeit, Anstoß nehmen, Aufgebrachtheit, Bitterkeit, Erbitterung, Erregung, Missmut, Verdruss, Plage, Qual, Unannehmlichkeit, Verdrießlichkeit, Verdruss, Widerwärtigkeit. → Beschwerde, Bitterkeit, Erbostheit, Erregung, Verstimmung. ▸ Freude.
ärgerlich peinlich, betrübend, lästig, penibel, schwierig, unangenehm, unerfreulich, verdrießlich, widrig, bitter, böse, entsetzlich, schmerzlich, furchtbar, grauenhaft, jammervoll, kläglich, widerwärtig, betrüblich, heikel, unliebsam, verwickelt • auffahrend, unwirsch, unbefriedigt, mürrisch, missvergnügt, missmutig, missgelaunt, missgestimmt, krittlig, grantig *ö*, enttäuscht, brummig, bösartig, zänkisch, unzugänglich, spöttisch, reizbar, bissig, bärbeißig, unzufrieden, verdrossen, enttäuscht, bedeppt, griesgrämig, lustlos, misslaunig, verschnupft, verstimmt. → aufgelegt, aufreibend, bärbeißig, bedenklich, beschämend, bitter, bitterlich, böse, cholerisch. ▸ erfreulich.
ärgern anöden, aufregen, bedrängen, bedrücken, behelligen, behindern, belästigen, beleidigen, benachteiligen, deprimieren, enttäuschen, erbosen, erzürnen, fuchsen, hochbringen, irritieren, kränken, kujonieren, schikanieren, schmähen, versauern, verbittern, verdrießen, vergällen, verleiden, verletzen, verschnupfen, verstimmen, verwunden, wurmen, zurücksetzen, wehe tun, in Wut bringen, unbefriedigt lassen, auf die Nerven gehen, die Freude verderben, die Lust nehmen, die Gefühle verletzen, wütend machen, in Harnisch bringen, die Galle aufregen, aufs Äußerste treiben, zu Tode ärgern, böses Blut machen, den Zorn entfachen, das Blut in Wallung bringen, sich unbeliebt machen, das Herz schwer machen, ein Nagel zum Sarg sein, sich giften, verschnupft sein. → ärgern, aufregen, ausstehen, beklagen, Dorn im Auge, erblassen, Erfahrung machen bittere. ▸ erfreuen, aufheitern, beglücken, ergötzen, froh stimmen.
Ärgernis Anstoß, Ausschweifung, Freveltat, Gräuel, Liederlichkeit, Pflichtverletzung, Rohheit, Schandtat, Schurkerei, Sittenverfall, Biesterei *u*, Ferkelei *u*, Schweinerei *u*, Schweinigelei *u*, Skandal, Zuchtlosigkeit • Plage, Heimsuchung, Leiden, Marter, Missgeschick, Nachteil, Not, Übel, Unglück, Enttäuschung, Kummer, Missstimmung, Missvergnügen, Neid, Unbehagen, Unlust, Verbitterung, Verdrießlichkeit, Verdruss, Aufregung, Ingrimm, Koller, Raserei. → Betrübnis. ▸ Freude.
Ärgernis erregen → anecken.
Arglist Hinterlist, Tücke, Intrige *f*, Ränke, Bosheit, Heimtücke, Hinterhalt. → Bestechung, Betrug, Bosheit, Dolchstoß, Falschheit, Käuflichkeit. ▸ Aufrichtigkeit, Gutmütigkeit, Treuherzigkeit.
arglistig hinterlistig, ränkevoll, streitsüchtig, intrigant, böse, bübisch, eidbrüchig, ehrlos, ehrvergessen, falsch, gewissenlos, heimtückisch, hinterfotzig, heuchlerisch, lügenhaft, lügnerisch, meineidig, perfid, ruchlos, schändlich, schimpflich, schurkisch, spitzbübisch, abgebrüht, ausgekocht, diplomatisch, doppelzüngig, glattzüngig, gleisnerisch, jesuitisch, listig, pharisäisch, scheinheilig, verlogen, tückisch, übergesinnt, übel wollend, bösartig. → aalglatt, abtrünnig, bestechlich, böse, charakterlos, diabolisch, durchtrieben, falsch. ▸ arglos, aufrichtig, gutmütig, treuherzig.
arglos lauter, durchsichtig, echt, ehrbar, ehrlich, klar, makellos, rechtschaffen, rein, sauber, unverfälscht • leichtgläubig, dumm, einfältig, kindisch, naiv, nichts ahnend, offen, treuherzig, vertrauensselig, getrost, hoffnungsvoll, sorglos, zutraulich, zuversichtlich, vertrauensvoll, bieder, brav, harmlos, seelengut, ohne Falsch, ohne Argwohn, ohne Furcht, in gutem Glauben, guten Mutes

● vertraut *j.*
▶ arglistig, vorsichtig.
Arglosigkeit Blauäugigkeit, Einfalt, Harmlosigkeit, Treuherzigkeit, Torheit, Naivität.
Argument Begründung, Bestätigung, Beweisgrund, Beweismittel, Darlegung, Erhellung, Erklärung, Folgerung, Grund, Nachweis, Überführung, Zeugnis, Ableitung, Erhärtung, Schlussfolgerung. → Beweis.
▶ Widerlegung.
argumentieren → auseinander setzen.
Argusaugen haben → belauern.
argwillig böswillig. → charakterlos, feindlich.
Argwohn Ahnung, Befürchtung, Misstrauen, Ungewissheit, Verdacht, Vermutung, Zweifel, Bedenken, Sorge, Vorsicht, Furcht. → Ahnung, Anhaltspunkt, Anstand, Befürchtung, Eifersucht.
▶ Vertrauen, Zutrauen.
Argwohn hegen → befürchten, bezweifeln.
Argwohn, ohne → arglos.
argwöhnen ahnen, annehmen, ansprechen als, anzweifeln, beargwöhnen, befürchten, denken, sich einbilden, glauben, meinen, misstrauen, mutmaßen, verdächtigen, vermuten, wähnen, zweifeln, Bedenken tragen, den Braten riechen, Lunte riechen, Verdacht fassen, Bedenken bekommen, Wind bekommen, Wind holen *j.* → ahnen.
▶ vertrauen, vertrauensvoll.
argwöhnisch achtsam, ängstlich, kopfscheu, kritisch, misstrauisch, skeptisch, stutzig, vorsichtig. → ängstlich.
▶ zutraulich, arglos, bedenkenlos, leichtsinnig, vertrauensvoll.
Arie → Lied.
Aristokrat → Adel.
Aristokratie → Adel.
aristokratisch → adelig.
Arkaden Bogengang → Bogengang, Laubengang.
arktisch → kalt.
arm unbemittelt, Not leidend, mittellos, hilfsbedürftig, elend, brotlos, besitzlos, beschränkt, bedürftig, ärmlich, heruntergekommen, blank, abgerissen, verarmt, abgebrannt, verzweifelt, trübselig, trostlos, traurig, ruiniert, Mitleid erregend, gedrückt, freudlos, erbärmlich, elend, bedauernswert, armselig, mühselig und beladen, schäbig, verloren, unglücklich, erledigt, aufgeschmissen, hilflos, deprimiert, bemitleidenswert, beklagenswert, bejammernswert ● unschön, schiech, reizlos, kümmerlich, eintönig, ausdruckslos, poplig *u*, pover *u.* → abgebrannt, abgerissen, beengend, blank, böse, eingeschränkt, erwerbslos, kläglich.
▶ reich, vielfältig begütert, bemittelt, betucht, vermögend, wohhabend, zahlungskräftig.
Arm → Ausläufer.
Arm fallen, in den abhalten von, behindern, hemmen, hindern.
Arm in Arm → beigeordnet, beisammen, du und du.
Arm nehmen, auf den aufziehen, bespötteln, foppen, frotzeln, hänseln, necken, lustig machen sich, verulken.
Arm reichen, den → beigesellen.
Armatur *f* → Ausrüstung.
Armaturenbrett Bedienungstafel, Schalttafel.
Arme Ruder *u.*
Arme greifen, unter die abstützen, Beistand leisten, behilflich sein, helfen, stützen, unterstützen.
Arme und Beine Extremitäten.
Armee → Aufgebot.
Ärmelaufschlag Patte, Stulpe.
Armengabe Almosen.
Armenviertel Slums.
Armgelenk Ellbogen, Ellenbogen.
Armleuchter Kerzenhalter, Kerzenleuchter ● Idiot.
ärmlich → abgerissen, arm, beengend, erwerbslos.
▶ feudal, glanzvoll, luxuriös, opulent, prächtig, prachtvoll, reichlich, üppig, verschwenderisch.
Ärmlichkeit Bedeutungslosigkeit, Gemeinheit, Gewichtlosigkeit, Nichtigkeit, Unwichtigkeit, Wertlosigkeit. → Armut.
▶ Genüge, Reichtum.
armselig schäbig *u.* → abgerissen, arm, bestechlich, charakterlos, dünn, billig, dürftig.
Armseligkeit Misere.
Armstuhl Fauteuil.
Armsünder → Angeklagter.
Armut Bedrängnis, Beengtheit, Beschränktheit, Drangsal, Druck, Dürftigkeit, Einschränkung, Elend, Kärglichkeit, Knappheit, Kreuz, Kümmernis, bedrängte Lage, Last, Leid, Mangel, Not, Pein, Plage, Qual, Spärlichkeit, Unheil, Verarmung, Verknappung, Zwangslage, Blöße, Hunger, Mittellosigkeit, Schlamassel, Schwulität, Verlegenheit, Bredouille, Dalles, Heimsuchung, Katastrophe, Missgeschick, Prüfung, Ruin, Schicksalsschlag, Kapitalnot, Verelendung, Geldmangel, Pleite *u*, Geldklemme, Ebbe in der Kasse, Auspowerung *u*, gedrückte Verhältnisse. → Entbehrung.
▶ Reichtum, Fülle, Überfluss, Verschwendung, Wohlhabenheit, Wohlstand ● Glanz, Luxus, Pracht.
Armutsgrenze, dicht an der Existenzminimum.
Armutszeugnis ausstellen, sich ein → blamieren sich.
Aroma Blume, Bukett, Beigeschmack, Duft, Geschmack, Nebengeschmack, Nachgeschmack, Wohlgeruch, Wohlgeschmack, Würze. → Duft.
▶ Duftlosigkeit.
aromatisch appetitlich, balsamisch, blumig, duftig, fein, köstlich, lecker, pikant, prickelnd, schmackhaft, verlockend, vortrefflich, würzig, wohlduftend, wohlriechend, wohlschmeckend. → appetitlich, delikat, duftig.
▶ duftlos.
aromatische Flüssigkeit Essenz.
Arrangement *s* → Anordnung.
arrangieren anordnen, abmachen, deichseln, disponieren, einrenken, einrichten, einteilen, entwirren, formen, gliedern, gruppieren, verfrachten *u*, herrichten, in Stand stellen, klären, regeln, sortieren, unterbringen, vereinbaren, zurichten. → abmachen, anordnen, veranstalten, zusammenstellen.
▶ durchkreuzen.
Arrest Gefangenschaft, Einkerkerung, Freiheitsberaubung, Gewahrsam, Haft, Verwahrung, Ausgangsverbot ● Beschlagnahme, Einhalt, Einschränkung, Hemmnis, Hindernis, Verbot, Zwang. →

Beschlagnahme, Bestrafung. ▸ Freiheit.
arretieren → anhalten, bemächtigen.
arrivieren aufrücken, aufsteigen, befördert werden, emporsteigen, hochkommen.
arrogant → anmaßend, ausschließend, befehlerisch, dünkelhaft. ▸ ängstlich, bescheiden, devot, gehemmt, scheu, unsicher, unterwürfig, zurückhaltend • selbstbewusst, selbstsicher.
Arroganz *f* → Anmaßung, Beleidigung, Dünkel.
arrondieren → abrunden.
Arsch After, Gesäß, Hintern, Hinterteil, Po, Steiß, Sterz.
Arsenal → Lager.
Art Zweig, Gewerbe, Geschäftsart, Branche, Gattung • Genre *s*, Muster, Schnitt, Form, Sitz, Haltung, Fasson *f*, Stempel • Anlage, Charakter, Einstellung, Gehabe, Getue, Geblüt, Eigenart, Geistesbeschaffenheit, Geisteshaltung, Gemüt, Gemütsanlage, das Gesamtmenschliche, Gesinnung, Innenleben, Lebensgefühl, Mentalität, Natur, Naturell, Psyche, Typ, Persönlichkeit, Habitus, Individualität, Sinnesart, seelische Struktur, Temperament, Wesen, Wesensart, Zustand • Gang, Lehrart, Lehrgang, Lehrweise, Manier, Methode, Ordnung, Plan, Stil, System, Theorie, Weg, Weise • Artung, Aufbau, Aussehen, Beschaffenheit, Bildung, Einrichtung, Figur, Form, Formation, Gepräge, Gestalt, Gestaltung, Kategorie, Konstitution, Kontur, Marke, Modell, Modalität, Modus, Nummer, Organisation, Physiognomie, Prägung, Profil, Qualität, Rasse, Schablone, Schlag • Schnitt, Sorte, Statur, Stil, Typus. → Anzeichen, Ausdruck, Aussehen, Bildung, Charakter, Charakterfundament, Denkart.
Art schlagen, aus der degenerieren, verkommen.
Art und Weise Verhalten, Aufführung, Benehmen, Betragen, Einstellung, Gebaren, Haltung, Verhaltensweise • Beschaffenheit, Bildung, Form, Gestaltung, System, Gefüge, Anordnung, Regel, Kategorie, Manier, Charakter, Aussehen, Gepräge, Modus, Modalität, Schnitt, Schlag, Pose, Ausdruck • Muster, Schablone, Modell, Verhältnis, Bedingung, Stellung, Phase • Standpunkt, Sachverhalt, Klemme, Wendepunkt, Sachlage, Stiefel *u.* → Stil.
arteigen → bodenständig, natürlich.
arten nach → aussehen wie.
Arterie → Ader.
Artgefüge Aufbau, Charakter.
artgemäß → ähnlich, bodenständig, verwandt.
artgleich → verwandt.
artifiziell gekünstelt, unecht, künstlich.
artig aufmerksam, brav, scharmant, chevaleresk, devot, ehrbar, ehrerbietig, fehlerfrei, feingebildet, feinsinnig, formgewandt, galant, gebildet, gebührlich, geschliffen, gesittet, höflich, honett, korrekt, kultiviert, manierlich, ordentlich, taktvoll, tadellos, tugendhaft, untadelig, verbindlich, wohlerzogen, fesch, gefällig, gewinnend, herzig, liebenswürdig, nett, patent, pfundig, piekfein, prachtvoll, prächtig, sauber, tip-top, einnehmend, anständig, schicklich, ritterlich. → aalglatt, angenehm, anmutig, anmutsvoll, scharmant. ▸ aufmüpfig, aufsässig, eigensinnig, frech, trotzig, unangepasst, unartig, ungezogen, verzogen, widersetzlich.
Artigkeit → Anstand, Beflissenheit, Gefälligkeit, Verbindlichkeit.
Artikel Erzeugnis, Fabrikat, Gattung, Produkt, Ware, Stoff, Warengattung, Werkstück, Präparat • Abhandlung, Aufsatz, Auslegung, Bericht, Notiz, Referat, Untersuchung, Zusammenstellung • Absatz, Abschnitt, Gesetz, Bestimmung, Paragraf. → Absatz, Bedingung, Beitrag.
Artillerie → Batterie.
Artist → Künstler.
Artung → Art, Aussehen, Charakter.
artverwandt ähnlich.
Arznei Arzneimittel, Heilmittel, Medizin, Droge, Apothekerware, Medikament, Gegengift, Gegenmittel, Geheimmittel, Vorbeugungsmittel.
Arzneiabgabe-Anweisung Rezept.
Arzneiauszug Tinktur.
Arzneibehandlung Pharmakotherapie.
Arzneibuch Dispensatorium, Pharmakopöe.
Arzneieinspritzung Injektion.
Arzneien verursacht, durch pharmakogen.
Arzneifläschchen Ampulle.
Arzneiflasche Vitrum.
Arzneigabe Dosis.
Arzneihändler Apotheker.
Arzneikügelchen Dragee, Pille.
Arzneikundiger Apotheker, Pharmakologe.
Arzneilösung Solution.
Arzneimenge Dosis.
Arzneimischung Mixtur.
Arzneimittel → Arznei.
Arzneirohstoff Droge.
Arzneiverordnung Medikation, Rezept.
Arzneiwirkung, durch iatrogen.
Arzneizäpfchen Suppositorium.
Arzt → Heilkünstler, Allgemeinmediziner, Doktor, Heilfachmann, Heilkundiger, Mediziner, Therapeut.
Arzt-Eid hippokratischer Eid.
ärztliche Bescheinigung Attest.
ärztlicher Eingriff Operation.
Arztniederlassung Praxis.
Arztrechnung Liquidation.
Asche Rest, Rücklass, Überbleibsel, Überrest, Rückstand, Schlacke, Abfall, Kehricht. → Abfall, Auswurf, Dreck.
Asche legen, in Einäscherung, Brandstiftung, Zerstörung, Vernichtung, Austilgung, Ausrottung, Verheerung.
Asche legen, in Schutt und niederbrennen.
Aschengefäß Urne.
aschfahl aschgrau, blass, bleich, kreidebleich, leichenblass, totenbleich.
äsen → aasen.
aseptisch → keimfrei.
Askese Abtötung, Bußübung, Mönchsleben, Fasten, Enthaltsamkeit, Kasteiung, Geißelung. → Entsagung. ▸ Unmäßigkeit.
Asket Büßer, Derwisch, Fakir, Enthaltsamer, Sufi, Jogi, Yogi.
asketisch abstinent, enthaltsam.
asozial gesellschaftsfeindlich, ungesellig, entwurzelt. ▸ altruistisch, gemeinnützig, sozial, wohltätig • angepasst, brav, integriert.
Aspasia → Bajadere, Buhle.
Aspekt *m* Ansehen, Ansicht,

Anzeichen, Ausblick, Aussicht, Perspektive, Vorzeichen, Erwartung. → Anblick, Ansicht, Ausblick, Aussicht.
Asphalt Erdpech.
Aspirant Volontär. → Antragsteller, Bewerber.
Assekuranz Versicherung.
assimilieren angleichen. → anpassen.
Assistent Helfer, Gehilfe, Stellvertreter, Amtsgehilfe, Beistand, Adjutant, Mitarbeiter, Trabant, Adjunkt. → Beistand, Commis.
Assistenz Beistand, Hilfe.
assistieren Beistand leisten, behilflich sein, beistehen, helfen, zur Hand gehen.
Assortiment → Auswahl.
Assoziation Gedankenverknüpfung, Verknüpfung (von Vorstellungen) • Vereinigung.
assoziieren → verknüpfen.
Ast Glied, Anteil, Teil, Geäst, Ableger. → Ausläufer.
Äste abschlagen abästen, entasten.
asten abarbeiten sich.
Ästhet Schöngeist, Kunstkenner, Kunstkritiker, Kunstfreund, feinsinniger Mensch, Mann von Geschmack, Mensch mit verfeinerten Manieren. ▸ Banause.
Ästhetik Lehre vom Stil oder Geschmack, Schönheitslehre, Schöngeisterei.
ästhetisch abgestimmt, anmutig, anmutsvoll, auserlesen, geschmackvoll, gewählt, künstlerisch, schmuck, schön, stilgerecht, vollendet, wohlgebaut, wohlgeformt, wohlgegliedert, wohlgestaltet, schöngebaut. → feinsinnig. ▸ geschmacklos.
Asthma → Beengung.
astrein → unverdächtig.
Astrologe Sterndeuter.
Astrologie → Aberglaube.
Astronaut Kosmonaut.
Astronom Sternkundiger.
Astronomie Himmelskunde, Sternkunde.
Astwerk Äste, Geäst, Reisig.
Asyl Freistätte, Heim, Obdach, Schlupfloch, Schlupfwinkel, Schutzdach, Unterschlupf, Versteck, Zufluchtsort, Zuflucht.
Atavismus Rückschlag, Rückwendung, Rückfall, Rückschritt, Rückbildung, Wiederaufleben • Erbkrankheit. ▸ Fortschritt, Neubildung.
Atelier Anstalt, Arbeitsraum, Arbeitsstube, Laboratorium, Studio, Werkstatt.
Atem Odem, Puste *u.* → Brodem, Luft.
atemberaubend erregend, fesselnd, nervenzerreißend, spannend.
Atembeschwerde → Beengung.
Atemfilter Respirator.
atemlos außer Puste *u.* → beflissentlich.
Atemmessgerät Pneumatometer, Spirometer.
Atemnot → Beengung, Beklemmung.
Atempause Einhalt, Halt, Erholung, Muße, Pause, Rast, Ruhe, Stille, Stillstand, Stockung, Unterbrechung. → Einhalt. ▸ Rastlosigkeit.
Atheismus → Gottlosigkeit.
Äther → Beruhigungsmittel, Dunst.
ätherisch aufgelockert, blumig, durchsichtig, locker, zart, sylphenhaft, überirdisch, gewichtslos, flüchtig, federleicht. → anmutig. ▸ körperhaft, körperlich, robust.
Athlet Kraftmensch, Herkules, Simson, Goliath, Zyklop, Hüne, Gewaltmensch, Ringer, Ringkämpfer, Boxer, Gladiator, Preiskämpfer, Stemmer. ▸ Schwächling.
athletisch gut gebaut • sehr kräftig/muskulös/stark.
atmen da sein, existieren, hauchen, Luft bekommen, durchlässig sein, porös. → bestehen, einatmen, einsaugen.
Atmosphäre Lufthülle, Dunstkreis, Luft • Stimmung • Druck, Hochdruck, Luftdruck, Verdichtung.
Atmung, übermäßige Hyperventilation.
Atmungsgerät Respirator.
Atmungsorgan Kieme, Lunge.
Atollgewässer Lagune.
Atom Urstoff, Urmasse, Urmaterial, Masseteilchen, Grundelement • Unwägbarkeit, Kleinheit, Stäubchen.
atomar nuklear, atomgroß, atomklein, unendlich klein, stäubchengroß, verschwindend klein, unsichtbar, unteilbar, atomartig.
Atombrenner Pile, Reaktor.
Atomkern Nukleus, Nuklid.
Atommeiler Kernreaktor.
Atomteilchen, kleinstes Elementarteilchen, Korpuskel.
Atomverbindung Molekül.
Atomwaffen-Nichtweitergabe Nonproliferation.
Atomzerfall Radioaktivität.
Atomzertrümmerung Kernspaltung.
Atonie Erschlaffung, Schlaffheit (von Muskeln).
Attachement → Ergebenheit.
attachieren, sich → beiordnen.
Attacke → Anfall, Angriff.
attackieren → anfallen, angreifen.
Attentat Bluttat, Meuchelmord, Mord, Totschlag, Blutrache, Mordanschlag, politischer Mord. → Anschlag, Beraubung, Bluttat.
Attentäter Mörder, Meuchelmörder, Mordbube, Raubmörder, Lustmörder, Kindesmörder, Totschläger, Gangster.
Attest Zeugnis, Ausweis, Beglaubigung, Beleg, Bescheinigung, Gutachten, Schein, Urkunde, Zertifikat. → Bescheinigung.
attestieren bescheinigen, bestätigen, akkreditieren, testieren.
Attraktion *f* Anziehung, Galanummer, Glanzstück, Zugstück, Schlager, Galavorstellung, Sensation, Bestseller, Verkaufsschlager. → Anziehung.
attraktiv → anziehend.
Attraktivität Anziehungskraft, Verlockung, Reiz • Sex *u.*
Attrappe Nachbildung. → Modell.
Attribut *s* → Beifügung.
ätzen → aasen, abbrauchen, reizen.
ätzend → brennend, drastisch.
Ätzkunst Kaustik.
Ätzmittel Escharotika, Kaustika.
au ach, autsch, oh, o weh, wei, verflixt. → ach.
auch außerdem, desgleichen, ebenfalls, ebenso, ferner, fernerhin, gleichfalls, selbst, sogar, überdies, zugleich, weiterhin, des Weiteren, zudem, dazu, fürderhin, sodann. → beiläufig, dabei, dazu, desgleichen, ferner. ▸ nicht, ohne.
Audienz Besuch, Empfang, Zusammenkunft.
Auditorium Hörsaal, Zuhörerschaft.
auf droben, darüber, oben, obenauf, aufwärts, empor, hinauf • auf und davon, fort,

weg. → aufsteigend, aufwärts, bergauf, droben.
▸ nieder, ab unter • geschlossen, verschlossen, versperrt, zu.
auf alle Fälle bedingungslos, bestimmt, sicher, unbedingt, zwingend.
auf einmal jäh, plötzlich, schlagartig, sprunghaft.
auf keinen Fall keinesfalls, nie, niemals.
auf Umwegen indirekt.
auf und davon → ab, fern.
aufatmen → befreien.
Aufatmen → Befreiung.
aufbacken *sm* → auftragen.
Aufbau Aufstieg, Anlage, Artgefüge, Beschaffenheit, Bildung, Einrichtung, Form, Förderung, Gedeihen, Gefüge, Gepräge, Gestaltung, Gliederung, Gruppierung, Natur, Organisation, Plan, Struktur, Veranlagung • Entwicklung, Ausbau, Ausdehnung, Entfaltung, Entstehung, Erweiterung, Fortschritt, Verbesserung, Vermehrung, Wachstum, Weg, Weiterentwicklung, Werdegang, Zunahme, Zusammensetzung. → Arbeitssegen, Art, Aufsatz, Aufstellung, Ausdrucksweise, Ausführung, Bildung, Reform, Struktur, Tat.
▸ Abbau Abbruch, Abriss, Auflösung, Demontage, Untergang, Verfall, Zerstörung.
aufbauen entfalten, entwickeln, erschaffen, gliedern, schaffen, zusammentragen • erneuern, herstellen, restaurieren, wiederherstellen, konstruieren, einrichten, entwerfen, errichten, erzeugen, formen, gestalten, zusammenfügen, zusammensetzen. → anfertigen, anfangen, arbeiten, aufrichten, aufschlagen, aufstellen, ausbessern, ausdenken, ausführen, ausgestalten, erbauen, erneuern, machen, organisieren.
▸ abbauen, abbrechen, abreißen, auflösen, demontieren, einreißen, niederreißen, ruinieren, verfallen lassen, vernichten, zerstören.
aufbauend bildend, fruchtbar, genial, gestalterisch, fantasiebegabt, schöpferisch, konstruktiv. → erfinderisch, kräftigend, positiv, umwälzend.
▸ abbauend.
aufbäumen → aufwerfen.
aufbauschen anschwellen, aufblähen, ausdehnen, erweitern, steigern, übertreiben, Öl ins Feuer gießen, die Flamme entfachen • aufblähen, sich aufblasen, sich aufspielen, ausschmücken, eine Staatsaktion aus etwas machen, dick auftragen, das Maul vollnehmen *u*, eine Szene machen, Theater machen, sich umbringen, aus einem Furz einen Donnerschlag machen *u*, Wind machen, puffen *u.* → aufschneiden.
▸ verkleinern.
aufbegehren schimpfen, wettern, keifen, maulen, protestieren, Rabatz machen *u.* → anzetteln, entgegenhandeln, trotzen.
▸ sich anpassen, sich beugen, brav sein, sich ducken, dulden, erdulden, ertragen, sich fügen, gehorsam sein, hinnehmen, sich schicken, sich unterwerfen.
aufbessern → verbessern.
Aufbesserung Erhöhung, Steigerung, Zulage.
aufbewahren aufsparen, belegen, bereithalten, frei halten, offen halten, reservieren, sicherstellen, versparen, verwahren, zurücklegen • sammeln, anhäufen, aufhäufen, aufheben, behalten, zusammenlegen, zusammenscharren. → anhäufen, aufspeichern, balsamieren, behüten, bewahren, beseitigen, einpöckeln, ernten, reservieren, sammeln.
▸ veräußern, vernichten, weggeben.
Aufbewahrung Gefangenschaft • Lagerung, Obhut, Speicherung.
Aufbewahrungsort Hort, Lager, Speicher, Depot, Magazin, Safe, Tresor.
aufbieten → ausheben, aufwenden.
Aufbietung → Aufdringlichkeit, Aufwand.
aufbinden → binden, heben, lösen, schwindeln, trennen.
aufblähen → ansetzen, aufbauschen, aufblasen, aufblühen, aufschneiden, auftreiben, ausbuchten, ausfüllen, blähen, blasen, dehnen, dicktun, dick werden. → übersättigen.
aufblähen, sich → angeben, blenden, dünken sich besser, erhöhen sich.
Aufblähung → Überfluss, Überfüllung.
aufblasen anschwellen, auflaufen, wölben, auftreiben, aufblähen, erhöhen. → aufschneiden, auftreiben, ausfüllen, blähen, dehnen, dicktun.
▸ bescheiden (sein), einschrumpfen.
aufblasen, sich → aufbauschen.
aufblenden sichtbar machen, aufhellen, beleuchten, anstrahlen, die Blende öffnen.
▸ abblenden.
aufblicken → aufsehen.
aufblitzen → auftauchen.
aufblühen entwickeln, ausbreiten, entfalten, erblühen, gedeihen, heranwachsen, keimen, knospen, sprießen, reifen, wachsen, werden, ausbilden, anschwellen, aufblähen, aufgehen, feist werden, dick werden, fett werden, strotzen, aussehen wie Milch und Blut, sich erholen, sich aufraffen, gesund werden, genesen, erstarken, sich verjüngen, grünen, auf einen grünen Zweig kommen, es zu etwas bringen, schön werden. → sich entfalten, entwickeln sich, erblühen.
▸ verwelken, altern, sterben, untergehen, verblühen, verfallen, welken, zu Grunde gehen.
aufbohren → aufbrechen.
aufbrauchen → abnutzen, aufsaugen, ausnutzen, brauchen, Eisen zum alten werfen, extrahieren.
▸ ansammeln, aufbewahren, aufheben, horten, lagern, sparen, speichern, übrig lassen, verwahren.
Aufbrausen → Ausbruch, Entrüstung.
aufbrausen aus der Haut/Schale fahren *u.* → aufregen, aufspringen, branden, brausen, ereifern sich, fallen mit der Tür ins Haus, fangen Feuer.
aufbrausend → cholerisch, erregbar, fanatisch, Fassung verlieren die.
aufbrechen öffnen, aufsperren, aufmachen, aufschließen, aufsprengen, zerbersten, aufbohren, anbohren, anzapfen, anstechen, anbrechen, aufstechen,

durchschlagen • abfahren, weglaufen, abziehen, lospilgern, verduften, sich empfehlen, abreisen, abfliegen, losgondeln, abdampfen, losdampfen, sich fortstehlen, sich wegschleichen, davonmachen, eine Reise antreten, nach Hause gehen, sich in Bewegung setzen, sich fortbewegen, sich auf die Lappen machen *u*, losschieben, loszittern *u*, abschieben, sich auf die Socken oder Strümpfe machen *u*. → abfahren, aufgehen, aufrollen, begeben sich, bersten, bewegen sich, davonmachen sich, erbrechen. ▸ ankommen, zusperren.
aufbringen → aufhetzen, aufregen, bestehlen, bemächtigen, berauben, entrüsten, ereifern sich, nehmen, reizen. ▸ beruhigen, besänftigen.
Aufbruch → Abfahrt.
aufbrummen → auferlegen.
aufbügeln → auffrischen.
aufbürden → aufhalsen, beladen, belasten, beschuldigen.
aufdecken → abdecken, anzeigen, aufrollen, aufwerfen, ausschütten, bedeuten, beichten, belehren, blättern, bloßlegen, dahinter kommen, enthüllen, entpuppen, erklären, ermitteln, exponieren. ▸ abdecken, abnehmen, abtragen • verbergen, verdecken, verheimlichen, verschleiern, vertuschen.
Aufdeckung Enthüllung, Entlarvung, Entschleierung, Offenbarung.
aufdonnern → auftakeln.
aufdrängen aufzwingen, beschwatzen, nötigen, abringen, bestehen auf, bestimmen, durchdrücken, durchsetzen, erpressen, vorschreiben, zwingen, sich an den Hals werfen *u*, dazwischenfunken, belästigen, eindrängen, ins Handwerk pfuschen, seine Nase in etwas stecken *u*, seine Nase in jeden Dreck stecken *u*, sich einmengen, einmischen, einlassen, lästig fallen, belagern, zudringlich sein, sich nicht abweisen lassen, anöden, anrüpeln. → anbieten, beeinflussen, befürworten, bekümmern, durchdrücken. ▸ freistellen.
aufdrehen Gas geben, schnell fahren • losmachen, befreien, entfesseln, schalten, losschrauben, auffasern, gerade machen, ausstrecken, auffalten, entrollen, aufrollen, öffnen, aufsperren, aufmachen, aufschließen, aufwickeln, aufhaspeln, spulen, aufringeln • großsprechen, wichtig tun, aufschneiden, übertreiben. → aufrollen, aufwinden, beschleunigen. ▸ zumachen, abdrehen, abschalten, ausmachen • sich beruhigen • leiser stellen • Gas wegnehmen, vermindern, verringern.
aufdringen → bestechen, darbieten.
aufdringlich taktlos, zudringlich, indiskret, aufschneiderisch, großsprecherisch, marktschreierisch, laut, ruhmredig, übertrieben, wichtig tuend, schwulstig, aufgeblasen, bombastisch, großspurig, bettelhaft, bittend, hündisch, kniefällig, unverschämt. → anspruchsvoll, frech. ▸ bescheiden, dezent, distanziert, passiv, reserviert, taktvoll, unaufdringlich, verhalten, zurückhaltend.
Aufdringlichkeit Bettelei, Übereifer, Aufbietung, Himmel und Hölle in Bewegung setzen, sich die Beine ablaufen. → aufdringlich. ▸ Bescheidenheit.
aufdröseln → lösen.
Aufdruck Aufschrift, Fabrikmarke, Kennzeichen, Merkmal, Prägung, Siegel, Marke, Zeichen, Stempel. → Dessin.
Aufeinanderfolge Aneinanderreihung, Reihe, Folge, Gliederung, Kette, Linie, Ordnung, Stufenleiter, Reihenfolge • Erbfolge, Nachfolge, Stammbaum, Ahnenreihen • Gänsemarsch, Zug, Stetigkeit. → Anzahl, Beständigkeit, Colonnade, Dauer, Faden roter. ▸ Unterbrechung.
auf einmal augenblicklich, blitzartig, hastig, heftig, jäh, jählings, rasch, plötzlich, schlagartig, schnell, schroff, übereilt, überhastet, überraschend, unerwartet, ungeahnt. → ahnungslos, rasch. ▸ nach und nach.
aufeinander folgend darauf folgend, folgend, hintereinander, nacheinander, Reihe nach der.
Aufenthalt Rast, Pause, Station, Unterbrechung, Stillstand, Ruhestand, Aufschub, Erfrischung, Stockung, Einhalt, Halt, Zeitverschwendung, Vereitelung, Verzug, Erholung, Muße, Ruhe, Verzögerung, Verschleppung. → Aufenthaltsort, Hindernis, Verspätung.
Aufenthaltsort Ankerplatz, Lager, Rastplatz, Station, Haltstelle • Behausung, Bleibe, Domizil, Elternhaus, Geburtsstätte, Heimat, Heimstätte, Obdach, Penaten, Quartier, Residenz, Sitz, Stammort, Unterkunft, Vaterhaus, Vaterland, Vaterstadt, Wiege, Wohnort, Wohnsitz, Wohnung, Zufluchtsort, Fremde, Zelt, Ruheort, Rasthaus, Nest, Biwak, Hafen, Reede. → Asyl.
auferlegen aufbrummen. → aufzwingen, befehlen, begehren, diktieren.
Auferlegung → Pflicht.
aufersteh(e)n aufwachen, sich erholen, wiedererscheinen, erneuern, nachbilden, restaurieren, verjüngen, wieder aufbauen, wieder beleben, auffrischen, neues Blut zuführen.
Auferstehung → Christus, Verjüngung.
Auferstehungsfest Ostern.
aufessen → aufbrauchen, konsumieren.
auffahren → aufregen, aufspringen, aufwerfen, außer Stande sein, berühren, branden, ereifern sich, erschrecken, Feuer fangen.
auffahrend → ärgerlich, bärbeißig, cholerisch, erregbar, fanatisch, Fassung verlieren die.
Auffahrt Rampe. → Bewegung.
auffallen anecken, entgleisen, anstoßen. → abweichen, auftauchen, brechen den Hals, erstaunen, fallen in die Augen.
auffallend überraschend, auffällig, erstaunlich, zutreffend, frappant, blendend, befremdend • abweichend, augenfällig, durchschlagend, eklatant, hervorragend, hervorstehend, verführerisch, absonderlich, pompös, aufgedonnert, wirkungsvoll, in die Augen fallend, aus dem Rahmen tretend •

augenscheinlich, deutlich, ersichtlich, evident, greifbar, klar, offenbar, offenkundig. → abnorm, ansehnlich, anziehend, aufdringlich, beispiellos, bestechend, blendend, brillant, bunt. ▸ nichts sagend, dezent, normal, schlicht, selbstverständlich, üblich ● unauffällig, unmerklich, verborgen.

auffallendes Benehmen Allüren.

auffällig → auffallend.

auffalten → aufdrehen, öffnen.

auffangen → abwehren, aufhalten, bekämpfen, dawider, einfangen, fassen, parieren.

auffasern → aufdrehen.

auffassen begreifen, durchblicken, einsehen, erfassen, erkennen, erlernen, ersehen, fassen, fressen, kapieren, verstehen. → begreifen, erfassen, fassen. ▸ begreifen nicht, versagen.

Auffassung Bild, Eindruck, Empfindung, Darstellung, Deutung, Fassung, Leseart, Variante, Wendung, Idee, Vorstellung, Version. → Ansicht, Begriff, Darstellung, Denkart, Deutung, Einstellung, Gesichtspunkt, Urteil. ▸ Urteilslosigkeit.

Auffassung teilen, die → anerkennen.

Auffassungsgabe → Denkvermögen, Einfühlungsgabe, Fassungskraft, Verständnis, Beobachtungsgabe.

Auffassungsgabe, schlechte Gehirnstauung *u.*

Auffassungskraft → Begabung, Erfindungsgabe, Fähigkeit.

auffinden → auftreiben, entdecken, wahrnehmen.

Auffindung → Entdeckung.

aufflackern → dampfen, entzünden.

aufflammen → aufsteigen, emporlodern, emporragen.

aufflattern → aufsteigen.

aufflatternd → aufsteigend.

auffliegen → aufsteigen, brechen den Hals, hochgehen.

auffliegend → aufsteigend.

Aufflug → Aufschwung, Bewegung.

auffordern → beantragen, befürworten, begeistern, darbieten, einladen, erinnern, mahnen. ▸ ablehnen, sich sträuben/ weigern ● ausführen, befolgen, sich fügen, gehorchen.

auffordern, zum Kampf herausfordern.

Aufforderung → Angebot, Auflage, Beeinflussung, Dekret, Diktat, Direktive, Geheiß, Ermahnung, Ermunterung.

Aufforderung, letzte Ultimatum.

auffressen → ausrotten, durchfressen.

auffrischen aufbügeln. → auferstehen, ausbessern, beruhigen, erfrischen sich, erinnern sich, erneuern, reparieren, verbessern, verschönern. ▸ abnutzen, abtragen ● abflauen ● ruhen lassen, verdrängen, vergessen.

auffrischend → antreibend.

Auffrischung Belebung, Erholung, Erneuerung, Erquickung, Genesung, Kräftigung, Labsal, Labung, Linderung, Neubelebung, Sammlung, Stärkung, Verjüngung, Wiederherstellung, Zuspruch ● Rückblick, Rückerinnerung, Erinnerung, Gedächtnisübung. → Erneuerung, Erfrischung. ▸ Vergesslichkeit, Rückschritt.

aufführen sich aufführen, sich benehmen, sich gebärden, sich gebaren, sich gehaben, reagieren, verfahren, sich verhalten, sich betragen ● in Szene setzen, inszenieren, theaterspielen, darstellen. → anstellen, auftreten, benehmen sich, betragen sich. ▸ absetzen ● proben, üben ● weglassen.

Aufführung Aufrichtung, Bau ● Vorstellung, Darstellung, Darbietung, Spiel ● Betragen, Haltung, Benehmen, Manieren. → Art und Weise, Beispiel, Benehmen, Beruf, Besorgung, Darbietung, Durchführung, Feier, Verhalten.

auffüllen füllen, aufschütten. → auflegen, aufsetzen, einstampfen.

Aufgabe Amt, Angelegenheit, Bestimmung, Obliegenheit, Pflicht, Posten, Problem, Rätsel, Sache, Schuldigkeit, Schwierigkeit, Thema, Verpflichtung, Verrichtung, Zielsetzung, Werk, Auftrag. → Absendung, Amt, Angelegenheit, Arbeit, Beispiel, Beruf, Dienstpflicht, Exempel, Existenz, Leistung. ▸ Auflösung, Erledigung, Lösung ● Anfang, Eröffnung, Gründung ● Fortführung, Fortsetzung ● Abholung, Aufnahme, Auslieferung, Empfang ● Besetzung, Eroberung, Okkupation ● Gegenwehr.

aufgabeln → ausfindig machen.

Aufgabenabstimmung Koordination.

Aufgabenkreis Bereich, Bezirk, Sphäre, Rahmen, Umgebung, Gebiet.

Aufgang → Aufschwung, Aufstieg. ▸ Abgang ● Untergang.

aufgären → aufspringen.

aufgebauscht → bauchig, übertrieben.

aufgeben kapitulieren. → abblasen, abbrechen, abdanken, ablassen, abschaffen, abstehen, abstreifen, aufheben, aufhören, auflösen, aufstecken, bedenken, befördern, beiseite legen, brechen mit einer Gewohnheit, breitschlagen, desertieren, entloben, entwöhnen, ermatten, expedieren, fallen lassen, Fersengeld geben, verlassen. ▸ antreten, aufmachen, ausbauen, einführen, eröffnen ● aufrechterhalten, aushalten, beibehalten, bewahren, durchhalten, erhalten, fortführen, forsetzen, weiterführen ● abholen, annehmen, bekommen, übernehmen.

aufgeben, eine Anzeige inserieren.

aufgeben, Rätsel → besten halten, zum.

aufgebläht → bauchig, dick, dünkelhaft, ehrgeizig, fächerartig.

aufgeblasen bombastisch, eingebildet, eitel, gefallsüchtig, geziert, großspurig, hochmütig, prahlerisch, selbstgefällig, schwulstig. → anmaßend, anspruchsvoll, ausschließend, bauchig, dünkelhaft, ehrgeizig. ▸ beischeiden, platt.

Aufgeblasenheit → Anmaßung, Bombast, Chauvinismus, Dünkel, Dunst, Eitelkeit.

Aufgebot Verlobung, Brautstand, Verkündung ● Streitkraft, Truppenmacht, Heer, Armee, Polizeikräfte ● Auflage, Kundgebung ● Anstrengung, Mühe, Arbeit,

Strapaze, Schwierigkeit, Schinderei, Plackerei, Kampf. → Ausruf.
aufgebracht böse, erbittert, erzürnt, gereizt, grimmig, grollend, heftig, hemmungslos, heißblütig, hitzig, hochgehend, hysterisch, impulsiv, jähzornig, leidenschaftlich, rasend, stürmisch, tobsüchtig, toll, überspannt, unbändig, ungehalten, ungestüm, wild, wütend, zornig, kratzbürstig, krötig *u*, kritisch. → böse, cholerisch, entrüstet, erbost. ▸ gleichmütig.
Aufgebrachtheit → Anwandlung, Ärger, Bitterkeit, Empfindlichkeit, Entrüstung, Erbitterung, Erbostheit.
aufgebraucht verbraucht, alle, ausgegeben. → aus.
Aufgebung → Abfall.
aufgedonnert → auffallend.
aufgedreht aufgekratzt, fröhlich, lustig, stimmungsvoll, übermütig.
aufgedunsen → feist, umfangreich.
aufgegeben abgesandt, transportiert. → erledigt.
aufgeheitert → aufgelegt, aufgeklärt.
aufgehen entfalten, erhöhen, wachsen lassen, heben, keimen, entspringen, entstehen, entwickeln, erscheinen, knospen, schwellen, sprießen, steigen, aufstreben, emporkommen, sich erheben, klettern • aufbrechen, öffnen, aufmachen, aufreißen, aufsperren, aufspringen, auftun, bersten, einschlagen, platzen, sprengen, aufschieben, tagen, dämmern. → aufblühen, auftauchen, ausfüllen, dämmern, dehnen, dick werden, entwickeln sich, heben, keimen, öffnen, steigen. ▸ schließen, verdorren.
aufgehoben → gestrichen, versorgt.
aufgeilen anmachen, geil machen, anstacheln, scharfmachen, sexuell erregen.
aufgeklärt entwölkt, hell, heiter, klar, licht, sonnig, strahlend, sternenreich, unbewölkt, wolkenlos • belesen. → bekannt, belesen, bewandert, eingeweiht, einsichtsvoll, erfahren, klug, liberal, tolerant, unterrichtet, verstehend, vertraut, vorurteilsfrei, weise, wissend, eingeweiht, vertraut. ▸ trübe, ahnungslos, naiv, unaufgeklärt, uneingeweiht, unwissend • dunkel, geheim(nisvoll), rätselhaft, schleierhaft • bedeckt, bewölkt.
aufgekratzt → fröhlich.
Aufgeld Erhöhung, Aufschlag, Zuschlag, Agio, Gewinnanteil, Verdienst, Ertrag, Zulage, Verteuerung, Kosten, Zinsen, Gebühren, Auflage • Ausgleich, Draufgeld, Aufwertung, Nachzahlung, Kursgeld, Lasten. → Aufschlag.
aufgelockert → ätherisch, duftig, flockig.
aufgelöst → weich.
aufgemacht geöffnet. → aufgeblasen, aufgebläht.
aufgeplatzt explodiert, geborsten, geplatzt, rissig.
aufgeputzt → blendend.
aufgeräumt angeregt, ausgelassen, beflügelt, befriedigt, berauscht, beschwingt, beseligt, freudestrahlend, freudevoll, freudig, froh, frohgemut, fröhlich, gehoben, gemütlich, glücklich, glückselig, gut gelaunt, heiter, kummerlos, lebenslustig, lebhaft, lustig, munter, selig, sorgenfrei, übersprudelnd, unbesorgt, vergnügt, wohlgemut, zufrieden, in guter Laune • eingeordnet, gereinigt, Ordnung gemacht, sauber. → aufgelegt. ▸ durcheinander, vergrämt, missmutig, mürrisch, schlecht gelaunt, verärgert • schlampig, unordentlich.
Aufgeräumtheit → Begeisterung, Stimmung.
aufgeregt → cholerisch, Fassung verlieren die, aufgebracht, erregt, fiebrig, gereizt, ruhelos, unruhig, zapplig, zittrig.
Aufgeregtheit → Aufregung.
aufgerichtet aufrecht, steil, gerade, senkrecht, lotrecht, vertikal, scheitelrecht. → stark. ▸ flach.
aufgerieben angeschlagen, durchgedreht, entkräftet, entnervt, erschöpft, zerstört.
aufgerüstet abwehrbereit, bewaffnet, gerüstet, gewappnet, verteidigungsbereit, wehrhaft.
aufgeschlossen aufnahmebereit, aufnahmefähig, beeindruckbar, beeinflussbar, empfänglich, empfindsam, geneigt, sensibel, wach, zugänglich • munter, betriebsam, fröhlich, heiter, lebhaft, rege, wohlgemut, arbeitsam, fleißig, fortschrittlich, geschäftig, geschäftstüchtig, rührig, unternehmend. → warm, wohlgemut, teilnahmslos, unfähig. ▸ abgeschlossen, geschlossen, zu • autistisch, distanziert, in sich gekehrt, introvertiert, kontaktschwach, (menschen-) scheu, reserviert, unzugänglich, verschlossen, zugeknöpft, zurückhaltend • unbelehrbar • uni.
aufgeschmissen → arm, bankrott.
aufgeschoben verlängert, ausstehend, verzögert, ad acta gelegt, vertagt • vernachlässigt, übergangen. ▸ erledigt.
aufgeschwellt → bauchig.
aufgeschwollen → dick.
aufgesessen → bedenklich, betroffen.
aufgestanden sein auf sein, wach sein.
aufgetrieben → bauchig, fettwanstig.
aufgewacht aufgeweckt, ausgeschlafen, wach.
aufgeweckt quick *u*. → begabt, Eltern nicht von schlechten, geistreich, intelligent. ▸ begriffsstutzig, beschränkt, doof, dumm, (geistig) träge • schlafend.
aufgeweicht weich, schlaff, schlapp, breiig, tonig, matschig, patschig *u*.
aufgeworfen schwulstig, wulstig.
aufgewühlt → erregt.
aufgießen → ansetzen, auflegen, aufsetzen.
aufgliedern aufteilen, gliedern, ordnen, segmentieren, untergliedern, unterteilen.
Aufgliederung → Auflösung.
aufgreifen → fangen, greifen.
Aufguss Absud, Brühe, Lösung, Lauge, Seim, Tinktur. → Abguss.
aufhalsen aufbürden, auflasten, aufjochen, beackern, andrehen, aufschwätzen, beschwerden. → beladen, belasten. ▸ entbürden.
aufhalten abhalten, beeinträchtigen, behindern, einengen, erschweren, hemmen, verzögern, im Wege stehen, zurückhalten, aufschieben, behelligen, belästigen, dazwischentreten, lästig fallen, sich einmengen,

abfangen, absperren, abwehren, abwenden, auffangen, dämpfen, eindämmen, entgegenarbeiten, ersticken, hintertreiben, lähmen, niederhalten, sabotieren, schwächen, stören, unterbrechen, untergraben, untersagen, verbieten, vereiteln, verhindern, verhüten • sich befinden, da sein, existieren, weilen, wohnen, sein Wesen treiben, zugegen sein • bremsen, hinhalten, verlangsamen, stoppen, abstoppen, die Bremsen ziehen, drosseln, verweilen, sich aufhalten • verzögern, vorbeugen, lahm legen, retardieren, stauen, verschieben, auf die lange Bank schieben, dilatorisch behandeln. → abwenden, anhalten, eindämmen, hemmen, schleppen, stören.
▸ fortführen, helfen durchlassen, fahren/gehen lassen, fortlassen • fördern, gewähren lassen, unterstützen, vorantreiben • schließen, zumachen.

aufhalten, sich sich befinden, da sein, leben, verweilen, weilen, wohnen, Wesen treiben, zugegen sein, bleiben, anwesend sein, besetzen, bewohnen, logieren, ansässig sein, sesshaft sein, wohnhaft sein, sich einquartieren, sich melden, besuchen, absteigen, sich niederlassen, einnisten, festsetzen, lagern, Fuß fassen, eine Gegend unsicher machen • zögern, zaudern, säumen, zurückbleiben, verschleppen, schleichen, krabbeln, schlendern, verschieben, warten, abwarten, bedenken, besinnen. → aufhalten, bewohnen, bleiben zurück, da sein.
▸ entfernen sich, durchfahren/-reisen, weiterfahren/-gehen.

aufhängen hängen, schweben, anhängen, aufziehen, hochziehen • henken, richten, aufknüpfen • hochbinden, hissen, aufrichten • sich das Leben nehmen, den Strick nehmen.
▸ abhängen, abnehmen, abmachen, abschneiden, herunternehmen • begnadigen.

Aufhänger Bügel, Haken.

aufhaspeln → aufdrehen.

aufhäufen → anhäufen, aufbewahren.

aufheben aufspeichern, aufstapeln, sammeln, sparen, beseitigen, beiseite legen, bewahren, ersparen, erübrigen, nicht benützen, behüten, bergen, beschirmen, beschützen, bewachen, einkellern, hüten, schirmen, sichern, umhegen, verschließen, verwahren • erhalten, konservieren, räuchern, trocknen • abschaffen, aufwägen, ausgleichen, beseitigen, decken, entkleiden, entziehen, verrechnen, verwerfen, wettmachen, kompensieren, widerrufen, zurücknehmen • einstellen • untersagen, abstellen, verbieten, aufgeben, verzichten, abblasen, rückgängig machen, zu Kreuz kriechen. → anhäufen, aufbewahren, aufwinden, ausgleichen, befehlen, beiseite legen, ernten.
▸ fordern, niedersetzen, vernichten, absetzen, abstellen, hinlegen/-stellen • fallen lassen • (Gesetze/Verträge) beschließen, erlassen, ratifizieren, verabschieden • eröffnen • ausrangieren, aussondern • fortwerfen.

Aufhebung → Abfindung, Absage, Ausgleich, Befreiung, Erlass.

aufheitern aufmuntern, aufrichten, beruhigen, erfrischen, ermutigen, erquicken, trösten, behaglich machen, Mut zusprechen, Trost spenden, die Trauer verscheuchen, die Einsamkeit verscheuchen, Tränen trocknen. → anregen, aufklären, begeistern, begütigen, beseelen, erfreuen, erleichtern.
▸ dunkeln, verbittern, verzweifeln, ärgern, betrüben, reizen, verstimmen • sich bedecken, sich bewölken, sich eintrüben, sich verdüstern, sich verfinstern.

aufhelfen → kurieren.

aufhellen → aufklären, ausfindig machen, bedeuten, bestätigen, emporlodern.

aufhetzen anstacheln, aufwiegeln, fanatisieren, reizen, anspornen, aufbringen, aufreizen, aufstacheln, empören, entrüsten, erregen, erzürnen, entzweien, hetzen, schüren, verfeinden, Zwietracht säen, Hass schüren, gegeneinander ausspielen, Öl ins Feuer gießen, den Zwischenträger machen, Händel stiften, den Frieden stören, scharfmachen, im Trüben fischen. → anfeuern, entzünden.
▸ beschwichtigen.

Aufhetzung Agitation, Aufwiegelung, Demagogie, Hetze, Unruhestiftung, Volksverführung.

aufhissen → emporragen.

aufhocken → aufsetzen, besteigen.

aufholen ausgleichen, einholen, gleichziehen, gutmachen, nachholen, wettmachen.

aufhorchen → Acht geben, aufpassen, bedenken, fesseln.

aufhören ablassen, stranden, aufgeben, aussetzen, einhalten, einstellen, fallen lassen, innehalten, pausieren, an den Nagel hängen, abschließen, beendigen, bewenden lassen, nachgeben, nachlassen, rasten, ruhen, unterbrechen, unterlassen, erlahmen, versiegen, aufstecken, enden, liquidieren, kassieren, löschen, schließen, stoppen, ein Ende machen, Schluss machen, die Arbeit einstellen, kündigen, es dabei bewenden lassen, die Hände in den Schoß legen, in den Sack hauen *u.* → abbrechen, ablassen, aus, aussetzen, befristen, begrenzen, belassen, beruhen lassen, beruhigen, besiegeln, bewenden lassen, brechen mit einer Gewohnheit.
▸ anfangen.

aufjagen sprengen *j*, springen *j*. → ausfindig machen.

aufjochen → aufhalsen, beladen.

aufkaufen kaufen, einkaufen, erwerben, erstehen, ersteigern, erhandeln, einhandeln, besorgen • abkaufen, ankaufen • anschaffen, beschaffen, bestellen, beziehen • ramschen, hamstern.
▸ verkaufen.

aufkeimend → aufsteigend.

aufketten → aufschlagen.

aufklaren *sm* aufräumen, Ordnung machen. → ordnen.
▸ betrügen, dumm (bleiben) lassen, hinters Licht führen, kaschieren, unaufgeklärt lassen, unmündig lassen, verdunkeln, verheimlichen,

verschleuern, vertuschen, zudecken.
aufklären aufzeigen, dartun, einweihen, erklären, hinweisen, klarlegen, klarmachen, offenbaren, orientieren, unterrichten, veranschaulichen, vertraut machen, Bescheid geben, Erkenntnis vermitteln, sich äußern, berichten, entgegentreten, erwidern, mitteilen, widerlegen, widersprechen, entgegnen, lehren, anleiten, ausbilden, belehren, beibringen, instruieren, schulen, unterweisen, enthüllen, erläutern, eröffnen, überprüfen, ermitteln, erzählen, vortragen, dahinter kommen, die Karten aufdecken, Farbe bekennen • referieren, wissen lassen, zur Kenntnis bringen, publizieren, umstimmen, propagieren, bekannt geben, bekennen, gestehen, in Ordnung bringen, Farbe bekennen, Aufschluss geben, die Katze aus dem Sack lassen, deutsch reden, das Kind beim rechten Namen nennen, verraten • melden, petzen, stecken, klatschen, entschleiern, entlarven, auspacken, auskundschaften, untersuchen, aus der Schule plaudern • aufhellen, aufheitern, tagen, entwölken, scheinen, strahlen, leuchten, blinken. → antworten, ausbilden, auslegen, auspacken, bekämpfen, belehren, bestätigen, bilden, deuten, erhellen, erleuchten. ▸ verschweigen.
aufklärend → anschaulich, belehrend, instruktiv.
Aufklärer Freidenker, Pionier, Erzieher.
Aufklärung → Anfrage, Angabe, Anleitung, Antwort, Auskunft, Bekenntnis, Bericht, Berichtigung, Bescheid, Betrachtung, Einblick, Einflüsterung, Enthüllung, Entlarvung, Erhellung, Erklärung, Ermahnung, Ermittlung, Erziehung, Information, Rechenschaft, Werbung.
Aufklärung geben → anschreiben.
Aufklärungsarbeit → Chrie.
Aufklebebild Collage.
Aufkleber Etikett, Label.
aufknüpfen → abbinden, bestrafen.
aufkommen auftauchen, Boden schießen aus dem, entfalten sich, Vorschein kommen zum, werden • heraufziehen, aufziehen, herankommen, heranziehen, kommen, nahen • gesunden.
aufkommen für → bezahlen.
aufkommen lassen, nicht hemmen, stoppen, zurückhalten.
aufkreuzen antanzen, Bildfläche erscheinen auf der, hereinschneien, plötzlich kommen.
aufkündigen → abdanken.
aufkurbeln → aufwinden.
Auflage Ausgabe, Abdruck, Druck, Nachdruck, Neudruck • Befehl, Gebot, Auftrag, Weisung, Bestimmung, Vorschrift, Verfügung, Anordnung, Verordnung, Aufforderung, Verlangen, Begehren • Anteil, Nachzahlung. → Aufgebot, Befehl, Druckschrift.
auflasten → aufhalsen.
auflauern abpassen, anfallen, schleichen, sich heranschleichen, auf der Lauer liegen, eine Schlinge legen, eine Falle stellen, ein Bein stellen, zum Sprung ausholen, meuchlings überfallen. ▸ entkommen (lassen).
Auflauf Krawall, Tumult, Aufruhr, Aufstand, Getümmel, Empörung, Streik, Wirbel, Aufregung, Wallung, Gärung, Ansammlung, Versammlung, Unruhe, Störung, Zusammenprall, Zusammenstoß, Revolte, Erhebung, Auflehnung, Massenerhebung, Verschwörung, Meuterei, Putsch, Zusammenrottung. → Anzahl, Auflehnung, Chaos.
auflaufen → aufblasen, auftreiben, ausbuchten, ausfüllen, blähen, dick werden, eindicken.
aufleben → bessern sich, erholen sich, erstarken.
auflegen belegen, ablegen, niederlegen, unterbringen, verladen, verstauen, auffüllen, aufgießen, aufpressen • segnen. → drucken, einhängen, veröffentlichen.
Auflegung → Emission.
auflehnen abwehren, sich bäumen, sich empören, sich entgegenstellen, entgegentreten, entgegenwirken, sich sperren, sich spreizen, sich sträuben, trotzen, sich weigern, sich widersetzen, widersprechen, widerstreben, widerstehen, zurückweisen, sich, auflehnen. → entgegenstellen sich. ▸ fügen sich.
Auflehnung Abneigung, Abwehr, Einrede, Einspruch, Gegensatz, Unbotmäßigkeit, Ungehorsam, Insubordination *f*, Trotz, Hartnäckigkeit, Widerspenstigkeit, Widerstand, Auflauf, Aufruhr, Aufstand, Empörung, Erhebung, Krawall, Meuterei, Revolte, Streik, Tumult, Verschwörung, Widersetzlichkeit, Opposition, Widerstreit. → Auflauf. ▸ Fügsamkeit.
auflesen → sammeln.
aufleuchten → emporlodern Fluoreszenz.
aufliegen (öffentlich) ausliegen • wund liegen.
auflisten aufzählen, erfassen, listen, registrieren, übersichtlich notieren, verzeichnen.
auflockern enthemmen, entkrampfen, entspannen, locker machen, lockern.
auflösen analysieren, aufgeben, ausverkaufen, einstellen, flüssig machen, liquidieren, bereinigen, zahlen, zerlegen, zersetzen, befreien, entbinden, lösen, losbinden, zerrütten, in Unordnung bringen, desorganisieren, zergliedern, verselbstständigen, dezentralisieren, losmachen, losschnüren, entlassen, verabschieden, fusseln, errechnen, in Luft zerfließen, auftauen, auslassen, schmelzen, verflüssigen, zerlassen. → abschaffen, ausatmen, bedeuten, beruhigen, einschmelzen, entrollen, entwirren, faulen. ▸ festigen, vereinigen, aufstellen, bilden, einberufen, entstehen, gründen • integrieren, konzentrieren, verdichten, zentralisieren, zusammenbringen/-setzen/-rotten • (Rätsel) aufgeben, stellen.
Auflösung Analyse *f*, Abbau, Elektrolyse *f*, Scheidung, Sonderung, Zerlegung, Zersetzung, Zerstückelung, Zerteilung, Aufteilen, Aufgliederung, Dekomposition, Desorganisation *f*, Dezentralisation *f*, Lockerung, Separation, Spaltung, Teilung, Trennung, Unordnung,

Verstreuung, Zergliederung • Austritt, Entlassung, Entzweiung, Uneinigkeit, Zerrüttung. → Analyse, Ausbreitung, Betrachtung, Begriffsbestimmung, Dekadenz, Demolierung, Demoralisation, Desorganisation, Destruktion, Dezentralisation, Dunst, Erwärmung, Fäulnis. ▸ Vereinigung, Aufbau, Bildung, Einberufung, (Er-)Schaffung, Gründung, Konstituierung • Bündnis, Fusion, Integration, Verbindung, Verdichtung, Verschmelzung, Zusammenschluss • Eheschließung, Heirat, Vermählung • Aufgabe.

Auflösung aller Ordnung Chaos.

aufmachen öffnen, aufreißen, aufsperren. → abfahren, aufbrechen, schmücken. ▸ schließen, zumachen aufgeben, dichtmachen • geschlossen lassen.

aufmachen, sich → empfehlen sich, entfernen sich, verschwinden.

Aufmachung Anblick, Aufputz, Ausschmückung, Kriegsbemalung, Aussehen, Ausstattung, Beiwerk, Dekoration, Flitter, Geschmeide, Gewand, Glanz, Hülle, Pracht, Putz, Schale, Schmuck, Staat, Tand, Verpackung, Verschönerung, Make-up *M*, Verzierung, Wichs, Zier, Zierrat, Zubehör, Zutat • geräuschvolle Aufmachung, Klimbim *u*, Zimbumm *u*, Tamtam, Trara, *u*. → Aussehen, Besatz, Dekoration, Farbenglanz. ▸ Bescheidenheit, Einfachheit.

Aufmarsch Besichtigung, Festgepränge, Festzug, Musterung, Parade, Prozession, Schaufahrt, Triumphzug, Vorbeimarsch. → Aufstellung.

aufmerken → acht geben, aufpassen, bedenken, beherzigen, erwachen.

aufmerksam achtsam, konzentriert, beflissen, mit Bedacht, mit Hingabe, bedachtsam, behutsam, geflissentlich, sorgfältig, still, überlegt, umsichtig, verständig, scharfsichtig • willig, eifrig, freundlich, kulant. → andächtig, angelegentlich, angenehm, anständig, anstellig, artig, bedachtsam, bedächtig, beflissentlich, dienstbereit, eilfertig, erbötig, erkenntlich, erwägend, erwartungsvoll. ▸ unaufmerksam, abwesend, achtlos, lässig, nachlässig, ruppig, unkonzentriert, zerstreut.

aufmerksam sein → Acht geben, benehmen sich, bleiben bei der Sache.

aufmerksam machen → zeigen.

Aufmerksamkeit Dienstwilligkeit, Eifer, Eilfertigkeit, Wissbegierde, Beflissenheit, Interesse, Teilnahme, Umsicht, Bedacht, Besorgtheit, Fürsorglichkeit, Sorgfalt, Überlegung, Geschenk, Wachsamkeit, Vorsicht. → Andenken, Anstrengung, Beflissenheit, Bemühung, Bescherung, Besorgnis, Besorgtheit, Darbringung, Dienstwilligkeit, Empfehlung, Erkenntlichkeit. ▸ Unaufmerksamkeit.

aufmöbeln → aufmuntern.

aufmucken auflehnen sich, opponieren, rebellieren.

aufmuntern → anhalten, anregen, aufheitern, beeinflussen, begeistern, begütigen, behagen, beleben, bestechen, bewirken, delektieren, erleichtern, erwecken, aufmöbeln *u*.

aufmunternd → antreibend.

aufmüpfig renitent, widerborstig, aufsässig, trotzig, widerspenstig.

aufnähen applizieren.

Aufnahme Besuch, Zusammenschluss, Empfang, Umgang, Eintritt, Zulass, Zutritt • Inhalt, Einlage, Beilage, Einschluss • Einreihung, Zugehörigkeit, Gleichstellung, Zulassung • Einspritzung, Verschluckung, Aufsaugung, Absorption, Einsaugung, Inhalierung, Essen, Trank, Trunk • Bild • Tonaufnahme, Tonband, Film, Lichtbild. → Ankunft, Anschluss, Aufwartung, Beifügung, Beitritt, Erhaltung. ▸ Ausschluss • Abgabe • Absetzung, Ausscheidung, Entfernung, Entlassung, Streichung • Abschluss, Aufgabe, Beendigung • (Musik) Wiedergabe.

aufnahmebereit → aufgeschlossen, empfänglich.

aufnahmefähig → aufgeschlossen, empfänglich.

Aufnahmefähigkeit Lernfähigkeit, geistige Fähigkeit, Klugheit, Verstand, Einfühlungsvermögen • Tragefähigkeit, Tragfähigkeit, Lastkapazität, Ladevermögen, Fassungsvermögen, Fassungskraft • Rauminhalt, Volumen • Gedächtniskraft.

Aufnahmeraum Studio.

Aufnahmeriten Initiationsriten.

aufnehmen auflesen, borgen, entlehnen, erborgen, leihen, entleihen, Kredit nehmen • aufschreiben, aufzeichnen, berichten, beurkunden, eintragen, festhalten, einfangen, niederschreiben, notieren, protokollieren, verzeichnen, zu Papier bringen, vermerken, stenografieren • fotografieren, filmen, auf Tonband aufnehmen, eine Platte aufnehmen, schneiden, drehen, abknipsen, knipsen, kurbeln, auf die Platte oder den Film bannen • zulassen, einordnen, einreihen. → annehmen, bekehren, bewirten. ▸ ausschließen, bezahlen, abgeben, absetzen, niederlegen • ausbooten, entfernen, entlassen, fallen lassen, streichen • abweisen, zurückweisen • absondern, ausscheiden • abschließen, aufgeben, beenden, dichtmachen, schließen.

aufnehmend rezeptiv.

aufnötigen aufbrummen, aufhalsen, aufdrängen, zuerteilen, aufbinden, aufzwingen. → anbieten.

aufopfernd hingebungsvoll, liebevoll, selbstlos, uneigennützig.

Aufopferung → Begeisterung.

aufopferungsfähig → barmherzig.

Aufopferungsfähigkeit → Hingabe.

aufpacken → aufrollen, beladen.

aufpäppeln → aufziehen.

aufpassen ansehen, aufmerken, beachten, betrachten, schauen, zuhören, aufhorchen, zuhorchen, behorchen, lauschen, spähen, bewachen, vorbeugen, vorkehren, bedenken, spannen, Acht geben, Acht haben, aufmerksam sein, Wache stehen, Schmiere stehen, eingehend prüfen, näher beleuchten, Aufmerksamkeit schenken, die Ohren spitzen, die Augen

aufmachen, die Ohren aufmachen, Argusaugen haben, einem auf die Finger sehen, im Auge behalten. → Acht geben, bedenken, belauern, beobachten, beschatten, Blick nicht lassen aus dem, erwachen. ▸ unaufmerksam (sein).
Aufpasser Schmiere *u.*
aufpflanzen → einpflanzen, einrammen, emporragen.
aufplatzen → bersten, scheitern.
aufplustern, sich → angeben.
aufpolieren → ausarbeiten, ausbessern, erneuern, reparieren, verschönern.
Aufprall → Bewegungstrieb.
aufprallen → zusammenprallen.
Aufpreis Aufgeld, Aufschlag, Mehrpreis, Zuschlag.
aufpressen → auflegen, aufsetzen.
aufpulvern → anregen, dopen.
aufputschen → anzetteln, aufwiegeln, aufhetzen, aufmuntern, beleben, erregen, ermuntern, hetzen, stänkern.
Aufputz → Aufmachung, Aufschlag, Ausschmückung, Dekoration, Garnitur, Schmuck.
aufputzen → aufbauschen, aufschneiden, auftakeln, ausschmücken, beflaggen.
aufquellen → anschwellen.
aufraffen, sich → aufblühen, erholen sich, ermannen sich.
aufragen → emporragen.
aufragend → aufsteigend.
aufrappeln, sich → aufraffen sich.
aufräumen → ordnen.
aufräumen mit → abschaffen.
aufrechnen addieren, kompensieren.
Aufrechnung Clearing, Kompensation.
Aufrechnungsgeschäft Kompensationsgeschäft.
aufrecht senkrecht, gerade, lotrecht, steil, vertikal, gerade stehend, kerzengerade, scheitelrecht, schroff, stramm • jäh, stark, fest, groß, gut, kernhaft, kräftig, standhaft, zäh, stolz, ehrlich, wahrhaftig, unbeugsam. → anständig, brav, charakterfest, ehrsam, ehrsinnig. ▸ flach, hingestreckt, kraftlos, unredlich.
aufrechterhalten beibehalten, bestehen lassen, bewahren, festhalten an, wahren.
Aufrechterhaltung Erhaltung, Pflege, Rettung, Unterhalt, Unterstützung.
aufreden → aufdrängen, aufzwingen.
aufregen alterieren, erhitzen, echauffieren, erregen, überreizen, exaltieren, beunruhigen, entflammen, hinreißen, mitnehmen, ergreifen, packen, rühren, zünden • aufbringen, beleidigen, empören, erbosen, erzürnen, fuchsen, hochbringen, kränken, verbittern, verdrießen, verletzen, in Harnisch bringen, aus dem Häuschen bringen, in Weißglut bringen, auf die Palme oder in die Wolle bringen *u*, auf Touren bringen *u.* → anfeuern, anstoßen, ärgern, beunruhigen, bersten, bringen in Bewegung, durchbeben, erschrecken, fangen Feuer. ▸ beschwichtigen.
aufregend → berauschend, erregend.
Aufregung Aufgeregtheit, Überreizung, Überspannung, Exaltation *f*, Erregung, Heftigkeit, Hitze, Ingrimm, Jähzorn, Koller, Leidenschaft, Raserei, Stinkwut, Ungestüm, Wut, Wutausbruch, Zorn • Temperament, Affekt, Ekstase, Enthusiasmus, Fieber, Impuls, Rausch, Regung, Rührung, Taumel, Überschwang, Verblendung, Verzückung, Wallung • Trubel, Betrieb, Gedränge, Lärm, Rummel, Treiben, Tumult, Unruhe, Wirrwarr, Putz *u.* → Affekt, Anwandlung, Ärgernis, Auflauf, Ausbruch, Begeisterung, Bestürzung, Entzückung, Erregbarkeit, Erregung, Erstaunen. ▸ Beschwichtigung.
aufreiben → abmühen, anstrengen, ausrotten.
aufreibend angestrengt, angespannt, mühselig, lästig, mühsam, ermüdend, ermattend, drückend, mit Aufgebot aller Kräfte, peinigend, quälend, entkräftend, ärgerlich, erschlaffend, schwächend, angreifend. → angestrengt. ▸ beschaulich, ruhig.
aufreihen → verbinden.
aufreißen → aufgehen, aufmachen, aufrollen, aufrütteln, öffnen.
aufreizen → anfeuern, aufhetzen, drängen, reizen.
aufreizend sexy *u*, sextraordinär *u.* → berauschend, erregend.
Aufreizung Agitation, Provokation.
aufrichten aufrütteln, ermuntern, zusprechen, beleben, erfrischen, erquicken, kräftigen, laben, stärken, antreiben, beeinflussen, bestärken, erheitern, ermutigen, zureden • errichten, aufschlagen, aufbauen, erheben, aufziehen, emporbringen, auf die Beine stellen, hochbringen/-kriegen *u* → anfertigen, anregen, aufheitern, aufwerfen, aufrütteln, ausführen, beeinflussen, beleben, bilden, emporragen, erbauen, erheben sich, erhöhen, erklettern. ▸ abbrechen, preisgeben, senken, beugen, ducken, kippen, neigen, niederdrücken • bedrücken, deprimieren, knechten, quälen, schinden • zu Boden werfen, hinlegen, niederlegen/-schlagen/-werfen, umwerfen • liegen lassen.
aufrichtig echt, ehrlich, klar, offenherzig, rechtschaffen, ursprünglich, vertrauenswürdig, wahrhaft, zuverlässig, natürlich, ungekünstelt, unverfälscht, wahr, freiherzig, freimütig, gerade, offen, wahrhaftig, herzlich, warm, vertrauensselig, ungezwungen, unumwunden, rückhaltlos, redlich, unverdorben, ungeziert, unverstellt, bündig, ohne Falsch, ohne Arg, kreuzehrlich, senkrecht *u.* → bieder, brav, charakterfest, derb, erbaulich. ▸ unaufrichtig.
Aufrichtigkeit Wahrheitsliebe. → Charakterstärke, Einfachheit, Offenheit.
Aufrichtung → Aufbau, Aufführung, Erhöhung, Trost.
aufringeln → aufdrehen, aufrollen, aufwinden.
Aufriss Anlage, Schema, Entwurf, Grundform, Grundriss, Muster, Schablone, Plan, Umriss. → Anordnung. ▸ Grundriss.
aufrollen anfangen, beginnen, anheben, anbahnen, entstehen, entspringen, auftauchen, ausbrechen, sich entspinnen, leiten, den Anfang machen, den Anstoß geben, in Angriff nehmen, die Hand anlegen • erschließen, aufdecken, aufdrehen, ausrollen, aufpacken, aufwickeln • aufreißen,

freikämpfen • aufringeln, schlängeln, zusammenziehen, sich winden, krümmen, spulen, winden, drehen, haspeln, rollen, wickeln, wälzen, locken, kräuseln • docken *j.* → aufdrehen, aufwerfen, aufwinden, bringen zum Schweigen, entrollen, entwirren.
▸ abwickeln, abwehren, schließen.

aufrücken befördert werden, emporkommen/-steigen, etwas werden, vorwärts kommen, avancieren, Karriere machen.

Aufruf → Anruf, Appell, Gebot, Ruf.

aufrufen → angeben, appellieren, befehlen, benennen.

Aufruhr Aufstand, Krawall, Unruhe, Feuer, Gewalt, Glut, Kraft, Sturm, Orkan, Ungestüm, Wut, Zorn, Tumult, Friedensbruch, Friedensstörung, Rakadele *u.* → Angriff, Auflauf, Auflehnung, Ausbruch, Bürgerkrieg, Chaos, Detonation, Erregung.
▸ Ordnung, Ruhe.

Aufruhr der Gefühle → Affekt.

aufrühren aufstacheln, aufwiegeln, hetzen, stänkern.

Aufrührer → Aufständischer.

aufrührerisch → aufständisch, chaotisch.

aufrunden → zuzählen.

aufrüsten → bedrohen.
▸ abbauen • abrüsten, demilitarisieren, entmilitarisieren, friedlich/neutral bleiben, die Waffen ablegen/niederlegen.

aufrütteln aufreißen, aufrichten, aufwerfen, bewegen, ermuntern, erschüttern, rütteln, schleudern, schütteln, zusprechen. → anregen, aufrichten.
▸ einschüchtern.

aufsagen → deklamieren.

aufsammeln → zusammenfassen, aufheben, sammeln.
▸ fahren lassen, fallen lassen.

aufsässig → feindlich.

Aufsässiger Rebell, Revolutionär.

Aufsatz Aufbau, Dach, Erhöhung. → Abhandlung, Arbeit, Artikel, Beitrag.

aufsaugen absorbieren, aufbrauchen, aufzehren, austrocknen, erschöpfen, verbrauchen, verlieren.
▸ ausstoßen.

aufsaugend absorptiv.

Aufsaugung → Aufnahme.

aufschauen → aufsehen.

Aufschaukelung Eskalation, Kumulation, kumulativer Prozess.

aufscheuchen → antreiben, aufmuntern, erschrecken.

aufschichten aufsammeln, zusammentragen, anhäufen, häufeln, zusammensetzen, aufstapeln, schichten, ordnen, in Schichten oder Stapeln legen oder aufrichten.
▸ liegen lassen, verstreuen.

aufschieben stunden, prolongieren, vertagen, beschlafen, hinausschieben, hinhalten, verschleppen, anstehen lassen, Zeit geben. → aufhalten, aufgehen.
▸ bezahlen, drängen, schließen.

aufschiebend → dilatorisch.

Aufschiebung → Bedenkzeit.

aufschießen → heranwachsen.

Aufschlag Erhöhung, Zulage, Zuschlag, Versteuerung, Kostensteigerung, Preissteigerung, Preisanstieg, Belastung • Auslagen, Gebühr, Abgabe, Kosten, Spesen, Provision, Zins, Standgeld, Platzgeld, Fracht, Ergänzung, Taxe, Steuer, Zuschlag, Gewinn, Anteil, Nutzen, Aufzahlung, Nachzahlung, Sonderzuschlag • Aufputz, Beiwerk, Manschette, Röllchen, Besatz, Vorstoß, Paspel, Umschlag, Zier, Zierde, Schmuck, Zierrat, Verzierung, Ornament.
▸ Abzug.

aufschlagen durchblättern, nachschlagen • die Preise erhöhen, neppen, rupfen, schröpfen, hochtreiben, überteuern • anstricken, aufketten, aufbauen, errichten. → aufrichten, aufwerfen, bauen, bersten, brechen, durchsehen, erhöhen.
▸ abziehen, zumachen.

aufschlämmen, Erze flotieren.

aufschließen → aufblühen, aufbrechen, aufdrehen, aufrollen, aufwerfen, entfalten sich, entwickeln sich, öffnen.
▸ abriegeln, abschließen, schließen, verriegeln, versperren, zumachen, zuschließen, zusperren • Abstand halten.

Aufschluss → Antwort, Ausführungsbestimmung, Auskunft, Begriffsbestimmung, Bekenntnis, Bericht, Bescheid, Definition, Erklärung, Nachweis, Rechenschaft.

Aufschluss geben → belehren, denunzieren.

aufschlüsseln → verteilen, auflösen, entschlüsseln, enträtseln, entwirren, entziffern, lösen.

aufschlussreich deutlich, klar, erläuternd, das spricht Bände, lässt tief blicken, Blick hinter die Kulissen werfen.

aufschnappen → hören.

aufschneiden fabeln, faseln, flunkern, prahlen, auf die Pauke hauen, loslegen. → angeben, anschneiden, aufbauschen, aufbrechen, aufdrehen, aufmachen, blähen, dick tun, einbilden sich.
▸ bescheiden (sein), Wahrheit sprechen die, untertreiben • kleben, nähen, vernähen, verschweißen, zunähen.

Aufschneider Angeber, Großsprecher, Quadratschnauze *u.* → Angeber, Betrüger, Chauvinist.

Aufschneiderei → Anmaßung, Blendwerk, Bombast, Chauvinismus, Eigenlob, Falschheit, Mache.

aufschnellen → aufwerfen, aufspringen.

Aufschnitt Wurst, Belag.

aufschrauben → aufwinden.

aufschrecken → erschrecken.

Aufschrei → Angstruf.

aufschreiben → aufnehmen, schreiben, verzeichnen.

aufschreien → schreien.

Aufschrift → Adresse, Marke, Aufdruck, Etikette, Stempel.

Aufschub → Aufenthalt, Ausweg, Bedenkzeit, Einstellung, Frist, Pause, Stundung.

aufschürzen → aufziehen.

aufschütten → auffüllen.

aufschwatzen → andrehen, übertölpeln.

aufschwemmen → ansetzen.

Aufschwemmung Emulsion, Kolmation, Kolmatage, Suspension.

aufschwingen → aufsteigen, auftauchen, aufziehen, emporkommen.

aufschwingen, sich → erheben sich, erklettern, steigen.

aufschwingend → aufsteigend.

Aufschwung Geschäftsaufschwung, Boom *m*, Konjunktur • Wallung, Aufstieg, Aufgang • Ekstase, Verzückung, Begeisterung,

Aufflug, Versenkung.
▸ Niedergang, Abschwung, Flaute, Konjunktur(rückgang), Rezession, Rückgang, Stagnation, Stillstand, Zusammenbruch.
aufsehen auffallen, befremden, überraschen, verblüffen, stutzig machen, bezaubern, blenden • aufschauen, aufblicken. → achten.
▸ unauffällig, Blick zu Boden.
Aufsehen Krach, Skandal, Eklat *m*, Furore *s*, Begeisterung, Bewunderung, Entsetzen, Schreck, Überraschung, Anstoß.
▸ Ansehen.
Aufsehen erregen Beifall ernten, Anklang finden, Eindruck machen, Bewunderung hervorrufen, in aller Munde sein, Ruhm ernten, die Welt in Erstaunen versetzen. → aufsehen, blenden.
▸ zurückhaltend (sein).
Aufsehen erregend → abnorm, beispiellos, Epoche machend, erstaunlich.
Aufseher Verwalter, Inspektor, Inspekteur, Inspizient *m* • Beschützer, Hüter, Kastellan, Wächter, Wärter, Beschließer, Garderobier, Kleiderwart, Verwahrer, Hirte, Kurator, Schatten, Wart, Kustos. → Arbeitnehmer, Begleitung, Beschützer, Büttel, Bewachung, Direktrice.
auf sein aufgestanden sein, wach sein • aufhaben, geöffnet haben, offen sein/stehen.
aufsetzen aufstellen, aufhocken, aufstecken, aufgießen, auffüllen, aufpressen. → abfassen, ausarbeiten.
▸ niedersetzen.
aufsetzen, einem Hörner → balbieren.
Aufsicht Inspektor, Besichtigung, Prüfung, Beaufsichtigung, Musterung, Überwachung, Kontrolle, Leitung, Oberaufsicht, Verwaltung. → Beobachtung, Bewachung, Durchsicht.
Aufsichtsbeamter Inspektor, Kontrolleur, Kurator.
Aufsichtsbehörde Kuratorium.
aufsitzen → außer Stande sein, beikommen nicht, besteigen, blamieren.
aufsitzen lassen → beeinträchtigen.
aufspalten → zergliedern, zerteilen.
Aufspaltung Dissoziation.
aufsparen → anhäufen, aufbewahren, aufspeichern, reservieren.
aufspeichern anhäufen, aufheben, aufstapeln, sammeln sich, versehen, versorgen, vorbeugen, vorsorgen, hamstern, horten, einkellern, anschaffen, ersparen, aufsparen, aufbewahren, einscheuern. → aufheben, einkellern.
▸ verbrauchen.
Aufspeicherung → Ersparnis, Lager.
aufsperren → aufbrechen, aufdrehen, aufgeben, aufmachen, aufrollen, aufwinden, erbrechen, öffnen.
aufspielen → anstimmen, musizieren.
aufspielen, sich einen dicken Sack haben *u.* → angeben, aufbauschen, aufschneiden, erhöhen sich, erste Geige spielen.
aufspießen → anmachen, durchstecken.
aufsprengen → aufbrechen, bersten.
aufspringen aufbrausen, rasen, wüten, aufsprudeln, aufwallen, aufgären, kochen, schäumen, losbrechen, losplatzen, bersten, zerspringen, in die Luft gehen • fortstürmen, fortstürzen, fliehen, entfliehen, davonspringen, ausreißen, enteilen, davonlaufen. → aufgeh(e)n, bersten, brechen.
▸ beherrschen sich, zaudern, festmachen, niederlassen.
aufspringend → aufsteigend.
aufsprudeln → aufspringen.
aufspüren → auftreiben, ausfindig machen, beikommen, belauern, durchschauen, durchstöbern, entdecken, ermitteln, fassen ins Auge, suchen.
Aufspürung → Bemühung, Beobachtung, Entdeckung, Ermittlung.
aufstacheln → anfeuern, aufhetzen, reizen.
Aufstand Meuterei, Rebellion *f*, Insurrektion *f*, Revolution, Bürgerkrieg, Empörung, Putsch, Staatsstreich, Umschwung, Umsturz, Umwälzung, Unruhe, Wirren. → Angriff, Auflauf, Auflehnung, Aufruhr, Chaos.
▸ Gehorsam, Ruhe, Ordnung.
Aufständiger Insurgent *m*, Rebell *m*, Meuterer, Revolutionär, Partisan, Empörer, Putschist, Umstürzler, Anarchist, Aufrührer, Jakobiner, Rädelsführer, Verschwörer, Wühler.
aufständisch aufrührerisch, meuterisch, rebellisch, renitent, revolutionär, trotzig, unbotmäßig, ungezügelt, unlenkbar, zügellos, widersetzlich, widerspenstig, ungehorsam, feindselig.
▸ gehorsam, gesittet.
Aufständischer Insurgent, Rebell, Revolutionär, Umstürzler, Widerständler.
aufstapeln → aufheben, aufspeichern, eindecken sich, ernten, versorgen sich.
aufstechen → aufbrechen.
aufstecken → abschaffen, aufhören, aufgeben, aufsetzen.
aufstehen hochkommen *u.* → erheben sich, steigen.
aufsteigen ansteigen, aufstreben, sich erheben, emporragen, ragen, sich recken, überragen, übersteigen • auffliegen, aufflattern, aufschwingen, springen, hüpfen, schwingen, ranken • aufziehen, hissen • auftauchen, sich bäumen, emporlodern, emporquellen, aufflammen, türmen • aufstreben, emporkommen, erklettern, emporklimmen, vorwärts kommen, etwas werden, etwas erreichen. → aufwerfen, aufziehen, besteigen, erheben sich.
▸ heruntergehen, herunterkommen • abfahren, absteigen, hinunterfahren/-klettern • fallen, an Höhe verlieren, landen, niedergehen, sinken, untergehen • sich legen.
aufsteigend auffliegend, aufflatternd, aufschwingend, aufstrebend, wachsend, erhebend, aufkeimend, aufspringend, lodernd, quellend, flammend, aufragend, auftauchend • springend, hüpfend, rankend, steigend, kletternd • empor, aufwärts, herauf, hinauf, bergauf, flussaufwärts, stromauf. → schräg.
▸ hinunter.
Aufsteiger Emporkömmling, Neureicher, Seiteneinsteiger, Senkrechtstarter • Karrierist, Parvenü, Shooting-Star.
Aufsteiger, schneller Senkrechtstarter *u.*
aufstellen gruppieren, disponieren, aufbauen, einordnen, einrichten,

einteilen, ordnen, zusammenstellen, ausstellen, hinterlegen, platzieren, unterbringen, eine Aufstellung machen, aufzählen, durchstellen *j*, sich aufpflanzen *u.* → aufsetzen, bilden, demonstrieren, deponieren, einstufen.
▸ niederlegen, niedersetzen, umstoßen • kippen, umlegen, umstoßen, umwerfen • liegen lassen • absägen, abservieren, stürzen.

Aufstellung Anfertigung, Herstellung, Formung, Errichtung, Bau, Aufbau • Annahme, Hypothese, Theorie • Schlachtordnung, Aufmarsch, Einberufung, Zug, Parade. → Anordnung, Beweis, Rechnung, Tabelle.
▸ Einsturz, Unordnung.

Aufstieg Aufflug, Bergfahrt, Bergbesteigung, Aufbau, Aufschwung, Arbeitssegen, Bewegung, Fortschritt, Tat, Wendepunkt, Aufbruch, Aufschub, Aufgang, Anstieg, Ausbau, Erhebung.
▸ Abstieg.

aufstöbern → auftreiben, ausfindig machen, beikommen, bemächtigen, beschaffen, durchsuchen, einsäckeln, entdecken.

aufstöhnen ächzen, seufzen, stöhnen.

aufstören aufrütteln, aufwecken, munter machen, wachmachen, wecken.

aufstoßen rülpsen, blöken *u*, Bäuerchen machen *u.* → aufwerfen, befallen.

aufstreben → anfangen, aufgehen, aufsteigen, auftauchen, aufziehen, emporklimmen, steigen.

aufstrebend → aufsteigend.

aufstreichen → bedecken.

Aufstufung → Steigerung.

aufstülpen → aufwerfen.

aufstutzen → auftakeln.

aufsuchen → auskundschaften, beehren, beigesellen.

auftakeln aufstutzen, aufzäumen, ausrüsten, ausstaffieren, ausstatten, bemannen, einrichten, herrichten, rüsten • aufputzen, ausputzen, aufdonnern, herausstaffieren, Staat machen, herausstreichen, schön machen, verschönern. → auffallend, aufgedonnert.

Auftakt → Anfang, Anlauf.

auftanken → erholen sich.

auftauchen anheben, auftreten, beginnen, sich Bahn brechen, aufstreben, eintreffen, entspringen, sich entwickeln, erscheinen, kommen, sichtbar werden, sich zeigen, Gestalt annehmen, vorkommen, sich vorfinden, vorhanden sein, entfließen, entströmen • aufgehen, entstehen, ausbrechen, entsprießen, keimen, dämmern, tagen, grauen • einschmuggeln, einführen, einschleichen, aufschwingen, wachsen, heben, aufziehen, emporkommen • bemerken, erscheinen, erkennen, wahrnehmen • da sein, eröffnen • auffallen, sich anzeigen • sich bemerkbar machen, in Umlauf kommen, umgehen, verbreitet werden • sehen, sichten, einfallen, aufblitzen. → aufrollen, aufsteigen, aufziehen, entsprießen, entstehen.
▸ verschwinden, vergessen, versinken • abtauchen, eintauchen, sinken, tauchen, untergehen, untertauchen.

auftauchend → aufsteigend.

auftauen → auflösen.

aufteilen → austeilen, bestimmen, verteilen.

Aufteilen → Auflösung.

auftischen → auftragen, bedienen, bewirten.

Auftrag Befehl, Order. → Angelegenheit, Anordnung, Amt, Aufgabe, Auflage, Besorgung, Bestallung, Beruf, Berufung, Dekret, Diktat, Direktive, Ermächtigung, Leistung.
▸ Verbot, Verhinderung, Abwicklung, Ausführung, Durchführung, Erledigung, Realisierung, Verwirklichung • Abbestellung, Stornierung.

Auftrag geben → befehlen.

Auftrag zurücknehmen stornieren.

Auftragebrett Tablett.

auftragen auftischen, aufwarten, bewirten, servieren, vorsetzen, aufbaaken *sm.* → angeben, aufschneiden, befehlen, begehren, diktieren, erlassen, erteilen Auftrag.
▸ verbieten, wegbringen • abdecken, abräumen, abservieren, abtragen, abkratzen, ablösen, abschleifen, abwischen • übermitteln.

Auftraggeber Kommittent. → Chef, Käufer, Kunde.

Auftragsmörder Killer, Gunman.

auftreiben entdecken, auffinden, aufspüren • rege machen *j*, aufstöbern, aufgabeln, ausfindig machen, finden, gewahr werden, gewahren, herausbekommen, sich verschaffen, zulegen, sich aneignen, verschaffen, besorgen, erringen, erwerben, verhelfen, vermitteln • ausdehnen, blähen, wölben, vorspringen, bauchig werden, auflaufen, aufblasen, aufblähen, erhöhen, bossieren. → anhäufen, anschwellen, ansetzen, aufblasen, ausbuchten, ausfindig machen, ausfüllen, beibringen, beikommen, bemächtigen, beschaffen, blähen, dick werden, einsäckeln, erbetteln.
▸ entgehen, verlieren, zusammenpressen.

auftreten spielen, sich aufführen, sich benehmen, repräsentieren, darstellen, erscheinen, verkörpern, vorstellen, sich betragen, fungieren, sich geben, sich gehaben, sich verhalten, vorgehen, auf der Bildfläche erscheinen, eintreten, vorkommen, sich zutragen, sich ereignen. → anfangen, anstellen, auftauchen, betragen sich, benehmen sich, brechen durch die Wolken, darstellen.
▸ erniedrigen sich, verschwinden.

Auftreten → Ausweg, Benehmen, Darbietung.

Auftreten, sicheres Aplomb.

Auftreten, würdiges Repräsentation.

Auftrieb → Aufstieg, Ermunterung.

Auftritt → Affäre, Anblick, Darbietung, Szene.

Auftritt, erster Debüt.

auftrocknen → abtrocknen.

auftrumpfen → trotzen.

auftun → anfangen, aufgehen, aufmachen, eröffnen, öffnen.

auftürmen → aufziehen, emporragen.

aufwachen → auferstehen, erwecken.
▸ einschlafen, schlafen, schlummern, weiterschlafen.

aufwachsen → aufziehen.

aufwägen → aufheben, ausgleichen, kompensieren.

aufwallen → aufspringen, branden.

Aufwallung → Ausbruch.

Aufwand Aufbietung, Ausgabe, Ausstattung, Gepränge, Luxus,

Prunk, Staat, Klimbim *u*, Tamtam *u*, Zimbumm *u*, Mache *u*, Trara *u* • Abnutzung, Verbrauch, Verlust, Zehrung. → Beitrag, Luxus, Spesen. ▸ Bescheidenheit, Sparsamkeit Effekt, Erfolg, Ertrag, Nutzen • Anspruchslosigkeit, Einschränkung, Genügsamkeit.

Aufwandsentschädigungen Diäten.

aufwärmen anwärmen, erwärmen, heizen, wärmen.

aufwarten → auftragen, bedienen, bewirten, dienen, erweisen Aufmerksamkeit.

aufwarten mit → anbieten.

Aufwärter → Bursche, Commis.

Aufwärterin → Aushilfe.

aufwärts auf, hinauf, empor, herauf, bergauf, flussaufwärts, stromaufwärts. → auf, aufsteigend, bergauf, darüber, droben. ▸ abwärts.

aufwärts gehen bergauf gehen, emporsteigen, hinauf-/hochsteigen, klettern, steigen.

Aufwartung Aufnahme, Empfang, Besuch machen, Bedienung, Diener, Dienstleistung, Handreichung • Bückling, Ehrbezeugung, Ehrerbietung, Gratulation, Huldigung, Reverenz.

aufwecken → erwecken.

aufweichen → abweichen, bähen, einweichen, enthärten, erweichen.

aufweisen verweisen, offenbaren, zeigen, aufdecken, aufklären, erklären, nachweisen. → dartun, darlegen.

aufwenden anlegen, ausgeben, ausstatten, verbrauchen, vergeuden, verschwenden, verwirtschaften, verzehren, auslegen, bezahlen, verausgaben, Kosten bestreiten, Geld in etwas stecken, verläppern *u*, verplempern *u*. → ausgeben. ▸ behalten, einnehmen.

aufwändig → kostspielig.

Aufwendung Investierung, Einlage, Einsatz, Investition, Kapitalanlage. → Aufwand. ▸ Bescheidenheit, Einkünfte, Sparsamkeit.

aufwerfen durcheinander werfen, umherwerfen, vermengen, vermischen, schütteln, rütteln, umrühren, erschüttern • aufmachen, aufschmeißen *u*, erschließen, aufschließen, aufdecken, abdecken, aufrollen, aufwickeln, auspacken • erhöhen, aufrichten, aufschlagen, aufstülpen, erheben, heben, aufschnellen, auffahren, aufstoßen, aufbäumen, aufsteigen, bocken • anschneiden, beleuchten, betrachten, ermitteln, erörtern, erwägen, forschen, prüfen, untersuchen, verfolgen, in Erwägung ziehen, berühren, anregen, andeuten, anspielen, beibringen, vorlegen, vorschlagen, beantragen. → aufrütteln, ausbuchten, darbieten sich. ▸ erwidern, stehen lassen, zumachen.

aufwerfen, die Lippen → schmollen.

aufwerfend → andeutungsweise.

aufwerten → erhöhen. ▸ abwerten, dekretieren, devalvieren, herabsetzen.

aufwickeln → aufdrehen, aufrollen, aufwerfen, aufwinden.

aufwiegeln aufputschen, verhetzen, revolutionieren. → anzetteln, aufhetzen.

Aufwiegelung → Demagogie.

Aufwiegler Agitator, Scharfmacher *u*. → Brandstifter, Demagog.

aufwieglerisch verhetzend, verführend, demagogisch, insurgierend. → aufständisch.

aufwischen → abtrocknen.

aufwühlen furchen, pflügen, zerfurchen.

aufwühlend → antreibend.

aufzählen → anführen, angeben, aufstellen, beschreiben, Einzelheiten eingehen auf die, zählen.

Aufzahlung → Aufschlag Auflistung, Liste, Übersicht, Verzeichnis.

Aufzählung, endlose Litanei.

aufzäumen → auftakeln, einspannen.

aufzehren → abnutzen, aufsaugen, essen.

aufzeichnen → abfassen, aufnehmen, beschreiben.

Aufzeichnung → Anmerkung, Arbeit, Auskunft, Chronik, Denkschrift, Druckvorlage, Manuskript, Notiz.

aufzeigen angeben, beleuchten, dartun, nachweisen, ausmalen, beschreiben, darlegen, darstellen, entwickeln, erklären, erläutern, schildern, kundgeben, ausdrücken, offenbaren, beweisen, herausfinden, ergründen. → aufklären, begründen, belehren, beweisen, bloßlegen, dahinter kommen, dartun, definieren, demonstrieren, erweisen, zeigen. ▸ verschweigen.

aufziehen bestehen, betreuen, helfen, hegen, hüten, aufpäppeln, *u*, hochpäppeln *u*, pflegen, Sorge tragen, warten, züchten, formen, erziehen, heranzüchten, veredeln, verbessern, abrichten, dressieren, zähmen, anleiten, beibringen, schulen, bilden, lehren • spotten, anöden, bloßstellen, höhnen, necken, verhöhnen, verlachen, verspotten, sich lustig machen, lächerlich machen, foppen, durchziehen • aufsteigen, aufschwingen, erheben, aufstreben, aufwachsen, erhöhen, hissen, erklettern, erklimmen, lüften, steigen, auftürmen, türmen, bäumen, emporkommen, auftauchen, aufschürzen. → anöden, aufrichten, aufsteigen, auftauchen, auslachen, ballen, beistehen, Besten halten zum. ▸ ausrotten, herunterstürzen, (lassen in Ruhe).

Aufzug Hebewerk, Emporheber, Elevator *m*, Lift, Fahrstuhl, Paternoster, Flaschenzug, Winde, Gangspill *sm*, Spill *sm* • Umzug, Karawane, Prozession, Demonstration, Festzug, Triumphzug, Festgepränge, Parade • Akt, Reihenfolge. → Aufmarsch.

aufzwingen gebieten, diktieren, aufreden, beschwatzen, nötigen, befehlen, anordnen, auferlegen, fordern, verlangen, verordnen, vorschreiben, heißen. → aufdrängen, bestehen auf. ▸ freistellen.

Augapfel → Abgott, Auge.

Augen Lichter, Seher.

Auge fassen, ins → bekommen Lust.

Auge lassen, nicht aus dem → belauern.

Auge zudrücken, ein → Nachsicht üben, schonen.

Auge zumachen, ein → blind für.

Augen machen → erstaunen, staunen.

Augen, mit Tränen in den → Blick mit feuchtem.

äugen angucken, im Auge behalten. → anschauen.

Augen, unter vier persönlich, vertraulich.
Augen, vorstehende Glotzaugen *u*, Kalbsaugen *u*.
Augenblick Moment, Zeitpunkt, Weile, eines Gedankens Länge, Sekunde, Minute, Nu, Momenterl, alle Nasenlang, ein Schlag *u*.
Augenblick, im → augenblicklich, derzeit.
Augenblicken, in wenigen → bald.
augenblicklich gegenwärtig, derzeit, diesjährig, heute, jetzt, momentan, im Augenblick, zur Stunde, zurzeit, vorderhand • plötzlich, blitzartig, hastig, heftig, jäh, jählings, rasch, schlagfertig, schnell, schroff, übereilt, überhastet, überraschend, unerwartet, ungeahnt, ungestüm, unvermittelt, unvermutet, unversehens. → aktuell, akut, auf einmal, derzeit, derzeitig, direkt, eben, eilends, mit einemmal, rasch. ▸ Jahr und Tag (nach), später.
Augenblicksgebilde → Schaum.
Augenblickgeschöpf → Eintagsfliege.
Augendiagnostik Iridologie.
Augenentzündung Ophtalmie.
augenfällig auffallend, durchschlagend, eklatant, ostentativ, hervorstechend, in die Augen fallend • ausdrücklich, eindeutig, klar, klipp und klar, offenkundig, sichtbar, unverhüllt, unverkennbar, verständlich • evident, greifbar, handgreiflich, konkret, offenbar, sichtlich. → bemerkbar, deutlich, erkennbar, fassbar. ▸ unauffällig, undeutlich, unsichtbar.
Augenfleck der Einzeller Stigma.
Augenglas → Brille.
Augenheilkunde Ophtalmologie.
Augenhöhle Orbita.
Augenhornhaut Kornea.
Augenlicht Gesicht, Sehkraft, Sehschärfe, Sehvermögen.
Augenlidstrichstift Eyeliner.
Augenmaß, nach → ungefähr.
Augenmerk Achtsamkeit, Anteilnahme, Beachtung, Bedacht, Beobachtung, Hingabe, Scharfsinnigkeit, Wachsamkeit • Fleiß, Interesse, Überlegung, Umsicht, Sorgfalt, Besonnenheit, Verständnis, Vorsicht. → Bedacht, Bewachung. ▸ Unaufmerksamkeit, Zerstreutheit.
Augenränder Puffschatten *u*.
Augenschein Besichtigung, Musterung, Betrachtung, Beobachtung.
augenscheinlich bestimmt, gewiss, jedenfalls, offenbar, offenkundig, offensichtlich, sicher, sichtbar, unbestreitbar, unleugbar, unzweideutig, unzweifelhaft, wirklich. → absolut, auffallend, authentisch, beglaubigt, deutlich. ▸ zweifelhaft.
Augenspiegelung Ophthalmoskopie.
Augenspiel → Bewerbung, Blick.
Augenweide → Anmut, Anziehung, Genuss.
Augenzeuge → Anwesender, Beobachter.
Augenzeugenbericht Reportage.
Augenzittern Nystagmus.
Auktion Gant, Versteigerung.
aus abgeschlossen, abgetan, ausgeführt, beendet, bereit, durchgeführt, erledigt, fertig, fertig gestellt, fix und fertig, reif, vollbracht, vollendet, vorbei, vorüber, fort, weg, leer, ratzekahl *u* • durch, kraft, mittels, vermittels, vermöge, mithilfe von, infolge, alle, Amen, basta, gar, genug, selah, punktum, stopp, finish, abgeblasen. → abbrechen, befristet, durch. ▸ anfangen an, in, nach, von, zu.
aus dem Stegreif ex tempore.
aus eigenem Antrieb spontan.
aus sich selbst entstehend autogen, automatisch.
aus Versehen versehentlich.
ausarbeiten abschleifen, ausbauen, ausfeilen, durcharbeiten, vervollkommnen, vervollständigen, vollenden, letzte Hand anlegen, Stil verleihen, Schliff geben, formen, bilden, drechseln, erzeugen, formulieren, gestalten, meißeln, modellieren, prägen, schaffen, schildern, schöpfen, aufpolieren, bearbeiten, ergänzen, verbessern, aufsetzen, behandeln, darstellen, skizzieren, entwerfen, schreiben, wiedergeben, Bericht erstatten. → abfassen, anfertigen, ausdenken, ausführen, behauen, beschreiben, drechseln, erschaffen, ersinnen.
Ausarbeitung → Bearbeitung, Bewerkstelligung, Elaborat.
ausarten → beeinträchtigen, entarten, verschlimmern.
Ausartung → Degeneration, Demoralisation, Fehler.
ausatmen ausstoßen, ausscheiden, aushauchen, ausdünsten, absondern, schnauben, prusten, räuspern, pusten *u*. → ausstoßen, blasen. ▸ aufwachen, einatmen.
Ausatmung Exhalation, Exspiration.
ausbaden abbüßen, begleichen, auslösen, sühnen, gutmachen, abtragen, tilgen, vergüten, entschädigen, ersetzen, opfern, büßen. → abbüßen, beeinträchtigen, begleichen, büßen. ▸ Vorteil haben seinen.
ausbaggern → ausheben.
Ausbaggerung Exkavation.
ausbaldowern → ausfindig machen, ausforschen.
Ausbau → Arbeitssegen, Aufbau, Ausdehnung, Entfaltung, Entwicklung, Fortschritt. ▸ Abbruch, Aufgabe, Ende • Einschränkung, Kürzung, Streichung • Unterbrechung • Einbau, Rohbau.
Ausbauchung Wölbung, Bogen, Buckel, Erhöhung, Geschwulst, Grat, Höcker, Knoten, Schwellung, Vorsprung. → Auswuchs. ▸ Einbug.
ausbauen → anordnen, ausarbeiten, ausführen, ausgestalten, bebauen, entfernen, beseitigen, demontieren, einrichten, erneuern, formen, gruppieren, organisieren.
ausbedingen vorbehalten, feststellen, bestehen auf, verharren bei, verpflichten, verbindlich erklären, Bedingungen machen oder stellen • dixi. → berücksichtigen, bestehen auf. ▸ freistellen.
ausbeizen → auslaugen, bleichen.
ausbessern abhelfen, bearbeiten, aufbauen, auffrischen, aufpolieren, erneuern, herstellen, restaurieren, verjüngen, wiederherstellen, überholen, reparieren, ergänzen, flicken, instandsetzen, renovieren,

verbessern, abschleifen, bereinigen, berichtigen, beheben, korrigieren, verschönern, verbinden, stopfen, sohlen, überarbeiten, veredeln, wieder gutmachen. ▸ verschlechtern.
Ausbesserung → Bearbeitung, Berichtigung, Durchsicht, Elaborat.
Ausbeute Ernte, Ertrag, Erwerb, Frucht, Gewinn, Nutzen, Vorteil, Wert, Ausschüttung, Ergebnis, Gewinnanteil, Dividende, Reinertrag, Lohn. → Anteil, Erwerb. ▸ Verlust.
ausbeuten fortnehmen, ergreifen, erfassen, ergattern, an sich reißen, Besitz ergreifen, ausnutzen, einheimsen • eigennützig handeln, Vorteile erhaschen, im Trüben fischen, ernten, erwerben, gewinnen, Nutzen ziehen, ausschlachten *u*, Schindluder treiben, Ertrag haben, Gewinn machen, einbringen. → bemächtigen, berauben, bestehlen, bewuchern, bringen sein Schäfchen ins Trockene, erpressen. ▸ vergelten, wiedergeben.
Ausbeuter Quetscher *u*.
Ausbeutung → Ausplünderung, Egoismus, Eigennutz, Selbstsucht.
ausbieten → anbieten, ausschreiben.
ausbilden abrichten, anleiten, aufklären, befähigen, beibringen, belehren, bereiten, dressieren, drillen, erziehen, exerzieren, formen, gestalten, instruieren, lehren, schulen, trainieren, unterrichten, unterweisen, züchten, zureiten. → aufblühen, aufklären, belehren, drillen. ▸ bleiben zurück, unvollendet (sein).
Ausbilder Erzieher, Lehrer, Lehrherr, Unterichtender, Instrukteur, Trainer.
Ausbilder, schikanöser Scharfmacher *u*.
Ausbildung → Bearbeitung, Belehrung, Bildung, Entwicklung, Erziehung, Lehre.
ausblasen → ausgehen, dunkeln.
ausbleiben → bleiben zurück, entziehen sich.
ausbleichen abblassen, bleichen, verblassen, verbleichen, verschießen.
Ausblick Aspekt, Aussicht, Anzeichen, Ansicht, Bild, Panorama, Blick, Schau. → Ansicht, Gesichtspunkt, Betrachtung, Aspekt. ▸ Dunkel.
ausbluten → ausfließen.
ausbohren → ausheben, bohren.
ausbooten kaltstellen.
ausborgen → beleihen, entlehnen.
ausbrechen → aufrollen, auftauchen, davonlaufen, davonmachen sich, desertieren. ▸ erlöschen, sich legen, verlöschen • einfangen, fangen, inhaftieren • treu/zuhause bleiben.
ausbreiten ausstrecken, auswalzen, entfalten, entwickeln, vermehren, wachsen, werden, vergrößern, ausdehnen, erweitern, mehren, verbreitern, überschwemmen, verstärken, vervielfachen, um sich greifen, grassieren. → anschwellen, ausfüllen, ausschütten, bestreuen, dehnen, dick werden, dielen, einstreuen, entfalten sich, erblühen. ▸ sammeln, schmälern, zusammenziehen.
ausbreiten, sich → bevölkern.
Ausbreitung Ausstreuung, Aussendung, Ausstrahlung, Sendung, Verbreitung, Entwicklung, Erweiterung, Vergrößerung, Vermehrung, Wachstum, Zunahme • Expansion, Dimension, Gestalt, Fülle, Verbreiterung, Verzettelung, Ausmaß, Gebiet, Größe, Reichweite, Spielraum, Umkreis, Weite. → Ausdehnung, Breite, Dehnung, Emission, Erweiterung. ▸ Zusammenschluss.
ausbrennen → austrocknen.
ausbringen ernten, erzielen, Frucht tragen, gewinnen • produzieren.
Ausbringung Ernte, Ertrag, Frucht, Output, Produkt.
Ausbruch Anfall, Aufruhr, Kraft, Gewalt, Wildheit, Aufwallung, Feuer, Glut, Aufbrausen, Gärung, Wut, Zorn • Unwetter, Gewitter, Erdbeben, Eruption • Aufregung, Heftigkeit, Begeisterung, Ekstase, Delirium, Wahnsinn, Leidenschaft, Raserei, Austritt, Rausch, Verzweiflung • Ausschwitzung, Fieber • Auszug, Auslese, Spitzenwein. → Kloake, Entladung. ▸ Gemütsruhe, Ruhe.
ausbrüten ausdenken sich etwas, nachdenken, erwägen, grübeln, sinnen, überlegen.
ausbuchten ausheben, aushöhlen, auswachsen, buddeln, biegen, vertiefen • auftreiben, aufwerfen, schwellen, sich wölben, vorspringen, hervorragen, bauchig werden, auswachsen, anschwellen, auflaufen, aufblähen. → ausheben. ▸ auftreiben, vertiefen.
Ausbuchtung Ausstülpung, Bauch, Bucht, Höhle, Kuhle, Lagune, Rundung, Wölbung.
ausbuddeln → baggern.
ausbügeln → glätten.
Ausbund Abschaum, Ausgeburt, Auswurf, Eiterbeule, Elender. → Bandit.
ausbürgern aussiedeln, ausweisen, expatriieren, Landes verweisen des, verbannen.
Ausbürgerung Ausweisung, Verbannung, Vertreibung, Denaturalisation, Expatriierung.
ausbürsten abbürsten, abstauben, fegen, kehren, reiben, reinigen, säubern, putzen, scheuern, schrubben, striegeln, verschönern, wegbürsten, wichsen. → bürsten, fegen hinweg. ▸ verunreinigen.
Ausdauer Beharrlichkeit, Beständigkeit, Festigkeit, Gleichmaß, Hartnäckigkeit, Stabilität, Stetigkeit, Treue, Unermüdlichkeit, Unerschütterlichkeit. → Arbeitslust, Beharrlichkeit, Beständigkeit, Dauer, Ehrgeiz, Eifer, Emsigkeit, Entschiedenheit, Fleiß, Wille. ▸ Schwäche, Trägheit, Wankelmut.
ausdauernd arbeitsam, betriebsam, beständig, beharrlich, erpicht, fest, fleißig, gerade, geschäftig, hartnäckig, rastlos, stetig, unaufhörlich, unermüdlich, verbissen, unausgesetzt, ununterbrochen, unentwegt, unverdrossen, unverwüstlich, widerstandsfähig, zäh, zielbewusst. → beharrlich. ▸ wankelmütig, wetterwendisch.
ausdehnbar expansibel, extensibel.
ausdehnen dauern, beharren, bestehen, bleiben, sich hinziehen, verlängern, währen, warten • strecken, auswalzen, ausweiten, entwickeln, hinhalten, verbreitern,

wachsen, ausnützen, vergrößern, erweitern, hinzufügen, mehren, vermehren, verstärken, vervielfachen, überhand nehmen, sich erstrecken, ausrecken, ausziehen, lang ziehen, recken, strecken, weiten, prolongieren, um sich greifen, in die Länge ziehen, ausgiebiger machen. → abschweifen, anschwellen, aufbauschen, auftreiben, ausbreiten, ausbuchten, ausspannen, blähen, dauern, dehnen, entfalten sich. ▸ kürzen, quetschen, zusammenziehen.

ausdehnen, sich → anschwellen, dick werden.

ausdehnend expansiv → ausholend.

Ausdehnung Expansion *f*, Anschwellung, Ausbreitung, Entwicklung, Erweiterung, Förderung, Steigerung, Verbreiterung, Verlängerung, Vermehrung, Zunahme, Zuwachs • Abmessung, Dimension *f*, Breite, Weite, Länge, Spannung, Dehnung, Erstreckung, Ausmaß, Bereich, Fassungskraft, Kapazität, Format, Gehalt, Gestalt, Größe, Gebiet, Größenverhältnis, Inhalt, Masse, Raumgehalt, Raum, Rauminhalt, Raummaß, Umfang, Volumen, Spielraum, Stattlichkeit • Reichweite, Umkreis, Ausbau, Entfaltung, Entfaltungsmöglichkeit, Wachstum, Wirkungskreis. → Aufbau, Breite, Dehnung, Dicke, Dimension, Entfaltungsmöglichkeit, Erstreckung, Erweiterung, Fassung. ▸ Zusammenziehung • Abnahme, Begrenzung, Beschränkung, Eingrenzung, Einschränkung, Konzentration, Kürzung, Reduzierung, Schrumpfung, Stauung, Verdichtung, Zentralisierung.

ausdenken erfinden, ersinnen, erwägen, nachgrübeln, schöpfen, überlegen, verknüpfen, aushecken, tiffelten, tüfteln, entwerfen, konstruieren, aufbauen, formen, gestalten, erdichten, erträumen, herausfinden, entwickeln. → aufbauen, beikommen, erfinden, ersinnen. ▸ faseln.

ausdeuten → erklären.

Ausdeutung Interpretation.

ausdingen → ausdehnen, ausziehen.

ausdorren → abtrocknen, austrocknen.

Ausdruck Begriff, Bedeutung, Beziehung, Bild, Darstellung, Gehalt, Inhalt, Meinung, Sinn, Vorstellung, Wesen, Wortbedeutung, Wortgebrauch, Wortsinn • Fassung, Benennung, Bezeichnung, Redefigur, Wendung, Wort • Art, Aussehen, Benehmen, Beschaffenheit, Betragen, Bildung, Charakter, Eigenheit, Form, Gebaren, Geist, Festigkeit, Halt, Haltung, Kern, Rückgrat, Sinnesart, Standhaftigkeit, Wesenheit, Zuschnitt • Anschein, Physiognomie. → Anschein, Anschlag, Art und Weise, Aussehen, Aussprache, Begriff, Benennung, Charakter, Darstellung, Fassung. ▸ Formlosigkeit.

ausdrücken abfassen, andeuten, äußern, bedeuten, bekunden, beleuchten, bemerken, besagen, beschreiben, betonen, bezeichnen, darlegen, darstellen, dartun, erklären, erwähnen, formen, formulieren, hervorheben, kundgeben, kundtun, manifestieren, mitteilen, offenbaren, schildern, unterstreichen, zur Schau tragen, zu verstehen geben, in Worte fassen, zeigen • auspressen, ausquetschen, auswinden, ausziehen, auswringen, entfernen, keltern, wegschaffen, wegräumen. → abfassen, aufzeigen, ausarbeiten, ausführen, äußern, bedeuten, betonen, darstellen, demonstrieren, durchpressen, eröffnen, extrahieren, formen, hinweisen. ▸ hineinstopfen, verschweigen.

ausdrücklich besonders, eigens, extra, inbesondere, in Sonderheit, namentlich, speziell, vor allem, vornehmlich, vorzugsweise. → absichtlich, absolut, augenfällig, bedeutungsvoll, bestimmt, beglaubigt, behufs, bewusst, darum, deutlich, eidlich, eigens, ein für alle Mal, emphatisch, energisch, ernstlich, express, extra, sicher. ▸ undeutlich, zufällig.

ausdrücklich erwähnen bekräftigen, besonders erwähnen, betonen, deutlich machen, hervorheben.

Ausdrücklichkeit → Bestimmtheit, Deutlichkeit.

Ausdrucksart → Ausdrucksweise, Darstellung, Darstellungsweise, Stil.

ausdrucksbetont expressiv.

Ausdrucksform Ausdrucksweise, Darstellung, Darstellungsweise, Stil.

Ausdruckskraft Power *u*. → Ausstrahlung, Wirkungsvermögen.

ausdruckslos bedeutungslos, gehaltlos, hohl, inhaltslos, leer, nichts sagend, sinnlos, unbestimmt, unsinnig, unwichtig • belanglos, fade, farblos, wirkungslos. → abgeschmackt, arm, farblos, unbedeutend. ▸ ausdrucksvoll.

Ausdruckslosigkeit → Bedeutungslosigkeit, Farblosigkeit.

ausdrucksvoll ernst, feierlich, geschwollen, hochtrabend, inbrünstig, pathetisch, rhetorisch, salbungsvoll, seelenvoll, in gehobener Sprache, in hohem Stil, dialektisch, stilvoll • bedeutsam, bedeutungsvoll, belangreich, bezeichnend, expressiv, gewichtig, viel sagend, wichtig. → anschaulich, bedeutsam, bedeutungsvoll, beredt, deutlich. ▸ ausdruckslos, banal, blass, leer, nichts sagend, phrasenhaft.

Ausdrucksweise Schreibart, Schreibweise, Redeweise, Diktion *f*, Stil, Duktus *m*, Art und Weise, Ausdrucksart, Ausdrucksform, Darstellungsweise, Gepräge, Geschmack, Haltung, Kunstform, Kunstrichtung, Mitteilungsform, Ton, Verfahren, Aufbau, Eigenart, Fassung, Feder, Handschrift, Komposition, Manier, Sprachweise, Vortrag. → Diktion, Fassung, Entleerung.

ausdünsten → ausatmen, entdampfen.

Ausdünstung → Duft, Dunst, Entleerung.

Ausdünstung, giftige (Gift-/Pesthauch) Miasma.

auseinander gegen, wider, entgegen, zuwider, entzwei, für sich, besonders, verstreut, zerstreut, getrennt, einzeln, vereinzelt, lose, abgesondert, unregelmäßig, verteilt, zuweilen, hier und da, hin und wieder, dünn gesät, in alle Winde zerstreut. → auflösen, contra, entfremdet. ▸ zusammen • aneinander, beieinander, beisammen, einig, eins, verbunden, vereint, zueinander.

auseinander bekommen → entwirren.

auseinander brechen → bersten.

auseinander breiten → entrollen.

auseinander bringen → entfädeln.

Auseinanderentwicklung Dissimulation.

auseinander fallen zerfallen, zerbröckeln.

auseinander gehen differieren • auseinander laufen, auseinander stieben, sich trennen. → absetzen, abweichen, zerstreuen Divergenz. ▸ sich annähern, beieinander bleiben, sich berühren, Bündnisse schließen, sich decken, eine Ehe schließen, fusionieren, koalieren, sich nähern, sich treffen/versammeln, sich verbinden/verbünden, sich zusammenfinden.

auseinander gehend → beziehungslos, diskrepant, divergierend.

auseinander halten abgrenzen, differenzieren, unterscheiden.

Auseinanderklaffen Diskrepanz.

auseinander leben entfremden, Streit suchen, sich nicht einfügen, auseinander gehen, eigene Wege gehen • abirren, aus der Reihe tanzen, aus dem Wege gehen.

auseinander legen → belehren, darstellen, deuten, einweihen in das Geheimnis, entrollen, erörtern, erzählen.

auseinander nehmen → demolieren.

auseinander reißen → durchreißen, entwirren, entzweien.

auseinander setzen erklären, anschaulich erläutern, beleuchten, darstellen, deuten, klarmachen, kommentieren, schildern, veranschaulichen, illustrieren • deutsch reden, lehren, verständlich machen, begreiflich machen, auseinander klamüsern *u* • auslegen, definieren, argumentieren, abhandeln, beweisen, diskutieren, durchsprechen, erörtern, kritisieren, ventilieren, verhandeln, durchblicken lassen. → besprechen, beweisen, darlegen, darstellen, debattieren, deuten, diskutieren, disputieren, enträtseln, entziffern, exponieren. ▸ entstellen, verschweigen, verstehen sich.

Auseinandersetzung Verhandlung, Schiedsgericht, Zusammenkunft, Hader, Kampf, Krach, Krakeel, Krieg, Ringen, Streit, Streitigkeit, Wortwechsel, Zank, Duell, Ehrenhandel, Konflikt, Wettstreit, Wettbewerb, Meinungsverschiedenheit, Misshelligkeit, Missverständnis, Prozess, Rechtshandel, Stunk, Uneinigkeit, Zerwürfnis, Kontroverse, Zwietracht, Zwist, Zwistigkeit, Schlagabtausch *u.* → Aussprache, Begriffsbestimmung, Darlegung, Einigungsgespräch, Erklärung, Erörterung. ▸ Einigung, Entstellung, Verschwiegenheit.

auseinander streben → entfernen sich, entfernt halten sich, entfremden.

auseinander strebend divergent.

auseinander ziehen distrahieren.

auserkoren → auserlesen, ausgesucht.

auserlesen → angenehm, ästhetisch, beispiellos, delikat, elegant, erlaucht, erlesen. ▸ geschmacklos.

auserwählt → ausgesucht.

ausfahren → abfahren.

Ausfahrt → Ausmarsch, Chaussee, Reise, Tor.

Ausfall Bruch, Mangelware, Unterbrechung, Unvollständigkeit, Lücke, Mangel, Manko, Nachteil, Übelstand, Verknappung, Wegfall • Offensive. → Abnahme, Angriff, Anspielen, Beleidigung, Defizit, Entbehrung, Fehlbetrag, Raubzug. ▸ Entschädigung.

ausfallen abfallen, ausgehen, entfallen, träumen, entgegenhandeln, verderben. → ausgehen. ▸ entschädigen, ermöglichen, festmachen, präzipitieren, ereigne n sich, erfolgen, geschehen, passieren, stattfinden, vorfallen • nachwachsen, wachsen.

ausfallend frech, ungezogen, dreist, unverschämt.

ausfällig → persönlich.

ausfällig werden gegen → angreifen.

Ausfalltor → Ausgang.

ausfalten → entfalten.

ausfechten → balgen.

ausfeilen → arbeiten, ausarbeiten, machen.

ausfertigen → ausfüllen, ergänzen.

Ausfertigung Exemplar, Ausführung, Durchschrift, Muster, Nummer, Stück, Teil, Note, Handschrift, Manuskript, Konzept, Entwurf, Abschrift, Urschrift, Original.

Ausfertigung, einzige Unikat.

ausfinden → einziehen Erkundigungen, entreißen Geheimnis.

ausfindig machen aufhellen, aufgabeln, aufjagen, aushecken, ausklamüsern, ausklügeln, aufspüren, aufstöbern, auftreiben, ausbaldowern, ausforschen, ausschnüffeln, dahinter kommen, durchschauen, entdecken, erforschen, erfragen, erfühlen, ergrübeln, ergründen, erkunden, erhaschen, erhorchen, erschnüffeln, erspähen, ersinnen, eruieren, erwischen, fangen, finden, herausbekommen, herausbringen, herauskriegen, heraustüfteln, inne werden, merken, den Braten riechen, auf den Grund kommen, auf die Spur kommen, in Erfahrung bringen, an die Sonne bringen, an das Licht zerren, sich Gewissheit verschaffen. ▸ übersehen.

ausflächen → bahnen.

ausfließen abfließen, ablaufen, absondern, ausbluten, ausscheiden, ausschütten, ausschwitzen, ausspeien, ausströmen, austräufeln, austreten, austropfen, durchsickern, entleeren, entspringen, hervorbrechen, ringen, quellen, überlaufen, verbluten, verfließen, vergießen. → austreten. ▸ einfüllen • dichthalten • einfließen • füllen, gefüllt werden, hineinschütten.

ausflippen → begeistern.

Ausflucht Entweichen, Evasion *f* • Lüge, Vorwand, Finte *f*, Flause, Fisimatenten, Ausrede, Irreführung, Trug, Unwahrheit, Beschönigung, Täuschung, Ausweg, Bluff, Notlüge, Vorspiegelung, Verlegenheitsbrücke, leere Phrase. → Ausrede, Ausweg, Behelf, Deckmantel, Entschuldigung.
▸ Genauigkeit, Wahrheit.

Ausflüchte machen → bemänteln, Ausreden gebrauchen, herausreden sich, Notlügen gebrauchen, vorgeben.

Ausflug Partie, Picknick, Ausmarsch, Rundgang, Tour, Wanderschaft, Spritztour, Streifzug, Exkursion, Türchen *u*, Rutschpartie *u*. → Abstecher, Ausmarsch.

Ausflug, kleiner Rutscher *u*, Rutschpartie *u*, Spritzer *u*, Spritzfahrt *u*, Spritztour *u*.

Ausfluss → Ablauf, Ausweg, Auswurf, Kloake, Dunst, Emission.

Ausformung Ausarbeitung • Bau, Form, Formgebung, Gestalt, Gestaltung.

Ausforschen Ausforschung, Prüfung, Examen *s*, Ermittlung, Auskunft, Erkundigung, Mitteilung, Nachfrage, Orientierung, Information, Umfrage, Befragung, Erforschung, Erhebung, Sondierung, Suche, Untersuchung, Verhör, Kreuzverhör, Inquisition, Interpellation, Vernehmung • Analyse, Experiment, Induktion, Kontrolle, Problem, Stichprobe, Versuch, Versuchsballon, Versuchsverfahren, Forschung, Expedition.
▸ Antwort.

ausforschen ermitteln, prüfen, examinieren, ausfragen, ausholen, aushorchen, ausproben, beobachten, sondieren, untersuchen, ergründen, erproben, experimentieren, kontrollieren, nachprüfen, umhertasten, abhören, analysieren, ausbaldowern, auskundschaften, diskutieren, erforschen, erspähen, eruieren, erwägen, fahnden, fragen, rekognoszieren, röntgen, sezieren, verhören, zergliedern, zerlegen, herauskriegen, suchen, beleuchten, durchblättern, durchsehen, nachlesen, nachschlagen, Recherchen anstellen, Erhebung anstellen. → ausfindig machen, auskundschaften, befragen, beikommen, belauern, Busch klopfen auf den, durchforschen, durchstöbern, erfragen, Erkundigungen einziehen, entlocken.
▸ beantworten.

Ausforschung Ausforschen, Auskunft, Betrachtung.

ausfragen → ausforschen, befragen, bloßlegen, Busch klopfen auf den, durchforschen, durchleuchten, Erkundigungen einziehen, entlocken, erfragen, erkundigen, ein Geheimnis entreißen.

Ausfragung → Ausforschen, Interview, Marktanalyse.

ausfressen → anrichten, anstellen, ausbaden.

Ausfuhr → Export.
▸ Einfuhr, Import.

ausführbar anwendbar, bezwingbar, denkbar, erreichbar, erzielbar, möglich. → anwendbar, bezwingbar, denkbar, entwirrbar, erfüllbar, erklärbar, erreichbar, lösbar.
▸ unausführbar.

ausführen bewerkstelligen, verwirklichen, besorgen, effektuieren, ausüben, beachten, berücksichtigen, durchführen, einlösen, entrichten, erfüllen, erledigen, tilgen, verrichten, vollbringen, vollführen, vollstrecken, vollziehen • abfertigen, abschließen, bauen, beendigen, beschließen, enden, sich entledigen, fertig machen, fingern, leisten, tätigen, abwickeln, ausarbeiten, ausbauen, durchsetzen, erreichen, erwirken, erzielen, behandeln, betreiben, anfertigen, aufbauen, aufrichten, bilden, verarzten *u* • ausdrücken, in Worte kleiden, Worte finden für. → anfertigen, anstellen, anstimmen, arbeiten, berücksichtigen, bewerkstelligen, bewirken, bilden, bringen unter Dach, drechseln, durchdrücken, ein Wort einlösen, erbauen, erfüllen, erfüllen die Hoffnung, erschaffen, erzwingen.
▸ aufgeben, einleiten, unterlassen, zerstören • beabsichtigen, entwerfen, planen • beschließen • anordnen, auftragen, befehlen, veranlassen • aufschieben, verschieben, verzögern • lassen • einführen, importieren.

ausführende Staatsgewalt Exekutive.

Ausführender → Arbeiter.

ausführlich vollständig, in extenso, gründlich, genau, buchstäblich, deutlich, eindeutig, fehlerlos, gewissenhaft, klar, peinlich, präzis, richtig, scharf, sorgfältig, treffend, treffsicher, wohlgezielt, zuverlässig. → akkurat, anschaulich, bedeutungsvoll, buchstäblich.
▸ unverständlich • abgekürzt, andeutungsweise, knapp, kurz • unvollständig.

Ausführung Anlage, Aufbau, Gründung, Leistung, Schöpfung, Verrichtung, Werk • Vollzug, Durchführung, Erledigung, Handlung, Vollführung, Vollstreckung, Vollziehung. → Anschlag, Arbeit, Ausfertigung, Behandlung, Besorgung, Betrachtung, Bewerkstelligung, Darlegung, Debatte, Demonstration, Diskussion, Durchführung, Entrichtung, Erfüllung, Exemplar, Leistung.
▸ Unterlassung, Absicht, Entwurf, Plan(ung), Probe, Übung • Beschluss • Anordnung, Anstoß, Auftrag, Befehl, Veranlassung.

Ausführung, doppelte → Durchschlag.

Ausführungsart → System.

Ausführungsbestimmung Maßnahme, Richtschnur, Vorkehrung, Wegweiser, Wegweisung, Merkblatt, Anordnung, Interpretation, Erläuterung, Aufschluss, Kommentar.

Ausfuhrwaren Exporte.

Ausfuhrzuschuss Exportprämie.

Ausfüllblatt → Formular.

ausfüllen füllen, ausstopfen, eingießen, füttern, mästen, voll gießen • ausdehnen, ausgleichen, anfüllen • flicken, stopfen. → dehnen, dick werden.
▸ entleeren, unvollständig (sein), versagen.

Ausgabe Aussendung, Ausstrahlung, Emission *f*, Herausgabe, in Umlauf setzen. → Abgabe, Auflage, Anleihe, Anzahl, Aufwand, Ausbreitung, Buch,

Druckschrift, Zirkular. ▸ Einnahme.
Ausgang Abschluss, Ausklang, Ende, Finale, Kehraus, Koda, Pause, Rausschmeißer, Ruhe, Schluss, Schwanengesang, Wochenende, Beendigung, Wochenende, Beendigung, Neige, Vollendung ● Ziel, Effekt, Erfolg, Ergebnis, Ertrag, Folge, Frucht, Konsequenz, Nachwehen, Nachwirkung, Niederschlag, Reaktion, Reflex, Resultat ● Abzug, Weggang, Auslauf, Tür, Tor, Portal, Mündung, Austritt, Luke, Weg, Drehgitter, Falltür, Pforte, Gatter, Torweg, Ausfalltor, Schlüsselstellung. → Abschluss, Abzug, Ausweg, Begebenheit, Chaussee, Coda, Durchfahrt, Effekt, Kloake. ▸ Anfang, Eingang, Ursache.
Ausgang, guter Happyend.
Ausgang, unentschiedener Remis.
Ausgangspunkt → Anfang, Ansatz, Beginn, Grundlage. ▸ Endpunkt, Ziel.
Ausgangsverbot → Arrest.
ausgearbeitet → durchdacht, planvoll.
ausgeartet → dekadent.
ausgebaucht → bauchig.
ausgeben anlegen, aufwenden, auslegen, ausstatten, bezahlen, verausgaben, verbrauchen, Kosten bestreiten ● begleichen, berappen, abführen, blechen, bluten, entrichten, erstatten, herausrücken, herhalten, überweisen, vergüten, zahlen ● vergeuden, verschwenden, verwirtschaften, verzehren, es geht drauf ● sich ausgeben. → abarbeiten, aufwenden, beseitigen, durchbringen. ▸ behalten, einnehmen ● eingeben ● bekommen, empfangen, erhalten, verdienen ● ansammeln, horten, sammeln, sparen, zurücklegen ● investieren.
ausgeben, sich → anstrengen sich, auftreten, ausgeben.
ausgeben, sich für → beschwindeln, borgen fremde Gedanken.
ausgebildet → entwickelt, erwachsen.
Ausgebot → Ausruf, Bekanntgabe.
ausgebreitet eben, flach, glatt, hingestreckt, horizontal, wasserrecht, waagerecht. → besät, eben. ▸ eingeengt, schmal.
ausgebucht ausgelastet, ausverkauft, voll beansprucht, besetzt, vollbeschäftigt.
ausgedacht → praktisch, sinnreich.
Ausgedachtes Fiktion, Imagination.
ausgedehnt breit, ausgestreckt, fächerartig, geräumig, weit, endlos, fortgesetzt, unaufhörlich, unbegrenzt, unendlich, weitläufig, kolossal, mächtig, gestreckt, ausgezogen, lang, riesig, umfänglich, umfassend, gigantisch ● eindrucksvoll, enorm, gewaltig, reichlich, grandios, großartig, riesenhaft, überragend, unermesslich, groß, ansehnlich, bedeutend, beträchtlich, erheblich, umfangreich, ungeheuer. → ansehnlich, außerordentlich, breit, fächerartig. ▸ eingeengt, zusammengezogen.
ausgedient hinfällig, alt, amtsmüde, verkalkt, bejahrt, dienstunfähig, betagt, überlebt ● abgetakelt, ausrangiert, wertlos, nichtig, verdorben, unbrauchbar ● kraftlos, machtlos, ohnmächtig, unfähig, untauglich, schwach, schwächlich, gebrechlich, entnervt, morsch, ausgemergelt ● entlassen, abgebaut, abgedankt, abgesetzt, pensioniert. → abgespannt, arbeitslos, dienstunfähig, ergraut. ▸ brauchbar, kräftig.
Ausgedienter Veteran.
ausgedorrt ausgetrocknet, dürr, trocken, verdorrt, vertrocknet.
ausgefallen → abnorm.
Ausgefallenheit → Übertreibung.
ausgefeilt ausgearbeitet, ausgereift, durchdacht, wohl überlegt.
ausgeflippt ausgerastet, durchgedreht, überdreht, verrückt, wahnsinnig ● begeistert.
ausgeflogen → abwesend.
ausgefuchst ausgekocht, clever, gewieft, pfiffig.
ausgeführt → abgeschlossen, aus, fertig.
ausgefüllt → voll, beschäftigt, ausgelastet.
ausgeglichen harmonisch. → abgetan, quitt.
Ausgeglichenheit → Harmonie.
ausgehandelt → abgemacht.
ausgehen ausfallen, mangeln, fehlen, ermangeln, entbehren, vermissen ● enden, abbrechen, aussetzen, auslöschen, erlöschen, löschen, ausblasen, abdrehen, abblenden, abschatten, dunkel werden, finster oder düster werden, sich verfinstern ● entfärben, bleichen, erblassen, verschließen, die Farbe verlieren, abfärben ● sich darbieten, eintreten, widerfahren. → abhauen, abnehmen, ausfallen, bleichen. ▸ hineingehen, zunehmen ● bleiben, dableiben, daheim bleiben, zu Hause bleiben ● heimgehen/-kehren/-kommen, wiederkommen, zurückgehen/-kehren/-kommen ● anfangen, beginnen ● eingehen, einlaufen, eintreffen ● angehen
ausgehen auf → bestreben sich, bewerben s ich, Blick richten auf, fassen ins Auge.
ausgehöhlt → eingebogen.
ausgehungert → arm, dünn.
ausgeklügelt → planvoll, praktisch, rationell, sinnreich.
ausgekocht → arglistig.
ausgelassen unbändig, ungehemmt, ungehindert, ungeniert, ungezügelt, ungezwungen, zügellos, zwanglos, unbesonnen, verwegen, unanständig, unartig, unschicklich, wüst, kalbern *u*, außer Rand und Band, den Teufel im Leibe haben. → amüsant, aufgeräumt, ausschweifend, bacchantisch, dirnenhaft, fessellos. ▸ besonnen, still, bedrückt, befangen, betrübt, deprimiert, gehemmt, scheu, schüchtern, traurig, trübsinnig.
Ausgelassenheit Rabatz *u*. → Anwandlung, Ausschreitung, Ausschweifung, Begierde.
ausgelastet vollbeschäftigt, besetzt, ausgenützt, ausverkauft, überbürdet. ▸ arbeits-/beschäftigungslos ● gelangweilt, unausgefüllt, unausgelastet ● überfordert, überlastet.
ausgelernt perfekt.
ausgeliefert ausgesetzt, preisgegeben, schutzlos, ungeschützt, verraten und verkauft.
ausgemacht → abgemacht, abscheulich, abgekartet, äußerst, authentisch, beglaubigt, bestimmt, erwiesen, feststehend, kategorisch.

ausgemergelt → abgespannt.
ausgenommen außer, mit Ausnahme von, ohne, uneingerechnet. → abgesehen, ausschließlich, außer, außerhalb. ▸ inbegriffen.
ausgenutzt ausgebeutet, geschädigt • ausgelastet.
ausgepowert → abgebrannt, abgerissen.
ausgeprägt profiliert. → charakteristisch, intensiv, markant.
ausgerechnet → ach.
ausgereift → abgeschlossen, denkfest, durchdacht, reif, vollkommen. ▸ kindlich, unausgegoren, unausgeprägt, unfertig, unreif, unterentwickelt • entwicklungsfähig.
ausgerottet → zerstört.
ausgeruht erholt, fit, frisch, gestärkt, munter.
ausgeschenkt → ausverkauft.
ausgeschlafen ausgeruht, munter, wach.
ausgeschlossen aussichtslos, hoffnungslos, unausführbar, unbegreiflich, undenkbar, unerhört, unerreichbar, unglaublich, unmöglich, unstatthaft, untunlich, unvernünftig. → abgesehen, ausschließlich, außerhalb, aussichtslos. ▸ denkbar, eingeschlossen.
Ausgeschlossenheit → Einsamkeit.
ausgeschnitten frei, offenherzig • unanständig, alles zeigen. → ausschneiden.
ausgesetzt gefährdet, exponiert.
ausgesprochen → intensiv, wichtig.
ausgestalten aufbauen, ausbauen, einrichten, gliedern, planen, vorkehren. → anordnen.
ausgestoßen → charakterlos, verachtet.
Ausgestoßene → Auswurf.
Ausgestoßener Entrechteter, Geächteter, Verfemter, Outcast, Outlaw, Paria.
ausgestreckt → ausgedehnt, breit.
ausgesucht auserkoren, exquisit, ausgezeichnet, ausgewählt, auserwählt, distinguiert, kultiviert, vornehm, einwandfrei, fehlerfrei, vollwertig, vollendet, edel, kostbar, selten, rar. → distinguiert, einwandfrei, erlesen, exquisit, prächtig. ▸ unkultiviert, wahllos.
Ausgesuchte → Beste.
Ausgesuchtheit → Echtheit.
ausgewachsen → erwachsen, reif.
ausgewählt → auserlesen, ausgesucht, erlesen, stilvoll.
ausgewogen → wohl durchdacht, im Lot, ausgeglichen. ▸ unausgewogen, ungleichmäßig, unharmonisch.
ausgezeichnet vorzüglich, berühmt, famos, eminent, außergewöhnlich, außerordentlich, hervorragend, hervorstehend, erprobt, gesund, haltbar, schätzenswert, prima, erstklassig, vom Besten, blendend, schmissig, prima, dufte *u*, dobsche *u*, himmlisch, Sache, Klasse, klotzig, patent, großartig, eine Wucht, pfundig, knorke *u*, schnafte *u*, zackig, tipp-topp, das hat sich gewaschen *u*, irrsinnig *u*, märchenhaft *u*, sagenhaft *u*. → angenehm, anstellig, auserlesen, ausgesucht, außerordentlich, bekömmlich, brillant, delikat, distinguiert, erlesen, fein. ▸ schlecht • durchschnittlich • mangelhaft, mies, miserabel, ungenießbar, unter aller Sau • ohne Preisangabe, unausgezeichnet.
ausgezogen → ausgedehnt, lang, nackt.
ausgiebig ergiebig, fruchtbar, vermögend, dankbar, einträglich, ertragreich, lohnend, reichhaltig, vorteilhaft, gedeihlich. ▸ unergiebig ärmlich, bescheiden, frugal, karg, knapp, kurz, unbefriedigend, ungenügend, unzulänglich, unzureichend, zu wenig.
ausgießen → abladen, ausschütten. ▸ abfüllen, eingießen, füllen • schöpfen.
Ausgleich → Beilegung, Bilanz, Ersatz.
ausgleichen glätten, gleichmachen, egalisieren, einebnen • beruhigen, angleichen, nivellieren, kompensieren, beilegen, eingreifen, erledigen, schlichten, unterhandeln, verhandeln, versöhnen, vermitteln, aufheben, aufwägen, decken, entschädigen • abverdienen, abbummeln, verrechnen, wettmachen. → abbezahlen, aufheben, ausfüllen, aussöhnen, austragen, bahnen, balancieren, befriedigen, befrieden, begütigen, beikommen, belohnen, bezahlen, bieten, decken, erstatten, ebnen, in Einklang bringen, einlösen, entgelten. ▸ beunruhigen, Differenzen haben • vergrößern, verschärfen, verstärken, vertiefen.
ausgleichend beruhigend, kompensatorisch, neutral, schlichtend, vermittelnd.
Ausgleichskünstler Jongleur.
Ausgleichung Entschädigung, Gegenleistung, Rückzahlung, Tilgung, Vergütung, Zurückerstattung, Wiedererstattung, Zurückgabe • Genugtuung, Lohn, Vergeltung, Buße, Bereinigung • Übereinkommen, Vereinbarung, Vergleich, Versöhnung, Friede. → Abfindung, Abtragung, Aussöhnung, Ausweg, Befriedigung, Berichtigung, Bezahlung, Entlohnung. ▸ Differenz.
ausgleiten gleiten, glitschen • sündigen, sich vergehen, sich versündigen, abirren, fehlen, irren, einen Fehltritt tun, entgleisen, sich vergessen, ausrutschen *u*. → abweichen, beikommen nicht, blamieren, brechen das Gesetz, bringen es nicht weit, entgleisen. ▸ stehen.
Ausgleiten Rutschpartie *u*.
ausgliedern → boykottieren.
ausgraben → baggern.
ausgraben, eine Leiche wieder exhumieren.
Ausgrabung einer Leiche Exhumierung.
Ausgrabung/-höhlung Exkavation.
ausgreifen → beschleunigen.
ausgrübeln → beikommen, ergrübeln, erkundigen, erraten.
Ausguck Feuerturm, Leuchtturm, Lugaus, Mastkorb, Signalposten, Warte, Wartturm, Zinne.
Ausguss Spülbecken, Spülstein, Speibecken, Öffnung, Schnabel, Schnute, Tülle, Zotte. → Ausgang, Erguss.
aushaken *u*, Geduld verlieren • Verstand verlieren.
aushalten → ausharren, bestehen, bleiben, bleiben dabei, bleiben bei der Sache,

dulden, durchhalten, feststehen.
▸ nicht ertragen können • abbrechen, abspringen, brechen, kaputtgehen, platzen, springen, zerbrechen, zerreißen • aufgeben, nachgeben, unterliegen.
aushandeln → handeln, übereinkommen, verhandeln.
aushändigen → anvertrauen, ausliefern, austeilen, begeben, darreichen, entäußern sich, übergeben.
Aushang → Affiche, Anschlag, Plakat.
aushängen → lösen, veröffentlichen.
Aushängeschild → Behelf, Deckmantel.
ausharren aushalten, beständig sein, festbleiben, beharren, durchhalten, Zeit haben, Gefahren trotzen, standhaft sein, nicht wanken. → bleiben, dulden, ertrotzen, feststehen.
▸ abfallen, aufgeben, flüchten.
aushauchen → ausatmen, ausstoßen, blasen.
aushäusig leichtlebig, vergnügungssüchtig.
Aushebemaschine Bagger.
ausheben einberufen, anwerben, einziehen, zusammenscharren, zusammenlesen, zusammenfangen, rekrutieren, zu den Waffen rufen, aufbieten, einreihen, zur Fahne rufen, in Dienst stellen, Himmel und Hölle in Bewegung setzen • vertiefen, aushöhlen, auswachsen, ausspülen, aushebern, ausstechen, ausbaggern, ausbohren, graben, wühlen, auskehlen, ausbuchten. → ausbuchten, baggern.
▸ erhöhen, entlassen.
aushecken ausbrüten, aussinnen, austüfteln, ausgrübeln. → aufbauen, ausdenken, ausfindig machen, ersinnen.
ausheilen abheilen, genesen, gesund machen/werden, gesunden, heilen.
aushelfen → gewähren.
Aushilfe Darlehen, Anleihe, Borg, Dargabe, Vorschuss, Hilfsquelle, Unterstützung, Pump *u* • Ausweg, Behelf, Hilfsmittel, Notbehelf, Notmittel, Surrogat, Notnagel, Ersatz • Stellvertreter, Hilfeleistung, Stütze, Aufwärterin, Pfleger, Gehilfe, Ersatzmann. → Anleihe, Darlehen, Ersatz.
Aushilfskraft Handlanger, Hilfskraft, Teilzeitkraft.
aushilfsmäßig subsidiär, subsidiarisch.
aushilfsweise → einstweilig, provisorisch.
aushöhlen → ausbuchten, ausheben, baggern, bohren.
Aushöhlung Exkavation.
ausholen → ausforschen, befragen, vorbereiten.
ausholend weitschweifig, abschweifend, schwatzhaft, breittretend, ausdehnend, ausspinnend. → ausforschen.
▸ kurzerhand.
aushorchen → ausforschen, erkundigen.
aushülsen → abblättern.
aushungern → belagern, fasten.
aushusten → ausstoßen.
ausjäten → ausmerzen, ausrotten.
auskämpfen → balgen.
auskehlen → ausheben kannelieren.
auskeltern → abziehen, entpressen.
auskennen, sich → beschlagen, durchblicken, verstehen.
auskerben → einkerben.
ausklammern weglassen, auslassen, übergehen, übersehen, beiseite lassen. → ausschließen, vernachlässigen.
ausklamüsern → ausfindig machen.
Ausklang → Abschluss, Ausgang, Feierabend, Neige, Schluss, Schlusswort.
auskleiden → ablegen, abstreifen, ausdehnen, ausziehen, entblößen.
Auskleidung → Enthüllung.
ausklingeln → ankündigen.
ausklingen → aufhören, verklingen, auspendeln.
ausklopfen → bestrafen.
ausklügeln → ausfindig machen, begrübeln, beikommen, beraten sich, beschäftigen, besinnen sich, ergrübeln, ermitteln, überlegen.
auskneifen → abhauen.
ausknipsen → ausschalten.
ausknobeln knobeln, würfeln, das Los entscheiden lassen, sich auf sein Glück verlassen, sein Glück versuchen, auslosen. → ersinnen.
auskochen → bakterientötend.
auskommen ausreichen, genügen, hinreichen, langen, reichen, zu Genüge haben, sich nach der Decke strecken, es geht, herumkommen *u*, hapern nicht *u*.
▸ ermangeln • über die Runden kommen *u*.
Auskommen → Lebensunterhalt.
auskömmlich → befriedigend, genug.
auskratzen → abhauen, ausrotten.
auskultieren → auskundschaften abhorchen, abhören, behorchen.
auskundschaften spionieren, baldowern, anfragen, ansprechen auf, aufsuchen, befragen, beklopfen, auskultieren, belauern, berechnen, betrachten, nachjagen, nachspüren, auf den Busch klopfen, den Puls fühlen, die Nase hineinstecken, ausfindig machen, herauszukriegen suchen, ausklamüsern *u*, ergründen. → aufklären, ausforschen, belauern, durchforschen, durchleuchten, durchstöbern, durchsuchen.
▸ übersehen.
Auskundschafter Spion.
Auskunft Aufklärung, Beantwortung, Bericht, Bescheid, Replik, Rückäußerung • Angabe, Anzeige, Aufschluss, Bekanntgabe, Botschaft, Darlegung, Eröffnung, Kunde, Meldung, Mitteilung, Rapport, Information • Antwort, Befund, Beurteilung, Bewertung, Meinung, Berichterstattung, Erkundigung, Nachfrage, Orientierung. → Anfrage, Antwort, Ausforschen, Auslassung, Begriffsbestimmung, Benachrichtigung, Bericht, Bescheid, Betrachtung, Darlegung, Denunziation, Direktive, Ermittlung.
▸ Verschwiegenheit • Anfrage, Befragung, Erkundigung, Frage, Nachfrage.
Auskunftei Auskunftsbüro, Auskunftsstelle, Detektivbüro.
Auskunftsbüro → Auskunftei.
Auskunftsdame Hostess.
Auskunftsstelle → Auskunftei.
Auskunftstellen Referenzen.
auskurieren → heilen.
auslachen angrinsen, belächeln, ironisieren, karikieren, nachäffen, parodieren, persiflieren, travestieren, zum Besten halten, eine Nase drehen, zum Narren halten, anpflaumen, anulken, aufziehen, bespötteln, foppen, frotzeln,

hänseln, narren, necken, sich mokieren, uzen, veräppeln, veralbern, verhöhnen, verhohnepiepeln, verlachen, verspotten, verulken, in den April schicken. → auspfeifen, belächeln, bespötteln. ▸ bewundern.

ausladen abladen, ausschiffen, ausschöpfen, ausschütten, leeren, löschen, räumen, beseitigen, entfernen, ausleeren, verladen, entladen. → abladen, auspacken, entladen. ▸ beladen.

ausladend ausgeschweift, geschwungen, gewunden, überhängend.

Auslage Schaukasten, Schaufenster, Vitrine.

Auslagen → Aufschlag, Kosten, Spesen.

Ausland Ferne, Fremde, Übersee, weite Welt.

Ausländer → Auswanderer, Eindringling, Fremder.

ausländisch fremdartig, exotisch, befremdend, ungebräuchlich, ungewöhnlich. ▸ heimisch.

ausländische Zahlungsmittel Devisen.

Auslandsunabhängigkeit Autarkie.

Auslandwechsel → ausländisches Zahlungsmittel, Devise.

auslassen auslesen, aussichten, zurückweisen, wegnehmen • schmelzen, zerlassen, erweichen. → auflösen, beiseite legen, vernachlässigen. ▸ festigen, zulassen • aufnehmen, beachten, berücksichtigen • anfügen, einfügen, einschieben, ergänzen, hinzufügen • besuchen, sich beteiligen, mitmachen, teilnehmen.

auslassen, sich → tadeln, äußern sich, erklären, kundtun, reden/sprechen über, Stellung nehmen.

Auslassung Abstrich, Ausscheidung, Fortfall, Sichtung, Verstümmelung, Weglassung. • Bemerkung, Wink, Fingerzeig, Aussage, Verkündung, Bekanntmachung, Angabe, Meldung, Auskunft, Unterredung, Besprechung, Mitteilung. → Brief. ▸ Geheimhaltung.

Auslassungszeichen Apostroph.

auslasten → beanspruchen.

Auslauf → Ansatz, Ausgang, Kloake, Tummelplatz, Gehege, Park, Rennbahn, Spazierweg.

auslaufen → begeben sich, durchlaufen, ergießen sich. ▸ ansteuern, einlaufen • anfangen, anlaufen, beginnen, eingeführt werden, starten • einfüllen.

Ausläufer Arm, Glied, Zweig, Ast, Bestandteil, Abschnitt, Stück, Ende, Schluss, Rest. → Ausrufer, Bote.

auslaugen ablaugen, ausbeizen, ausspülen, auswaschen, ausschwemmen, ausschwenken, bleichen, fortwaschen, reinigen, säubern, waschen, bleichen, desinfizieren, extrahieren. ▸ hinzufügen.

Auslaugung Diffusion, Erosion, Extraktion, Mazeration.

auslegen, sich flott leben, sich des Lebens freuen, genießen, sich dem Genuss hingeben, sich etwas gönnen, sich Freude oder Genuss verschaffen, sich gütlich tun, sich erquicken, sich austoben, über die Stränge schlagen, über die Schnur hauen, ausschweifend leben, ausschweifen, schwelgen, in Saus und Braus leben, sich nichts entgehen lassen, auf Playboys Spuren gehen, das süße Leben genießen.

ausleeren → ausladen, auspacken, ausschütten, aussiedeln.

auslegen deuten, erklären, interpretieren, folgern, halten für, urteilen, aufklären, beleuchten, darstellen, erläutern, explizieren, konzipieren, klarlegen, umschreiben, veranschaulichen, Schlüsse ziehen. → aufwenden, auseinander setzen, ausgeben, aussagen, ausschlagen, bedeuten, begründen, beimessen, bemänteln, beweisen, darlegen, darstellen, deduzieren, denken, deuteln, deuten, disputieren, enträtseln, entrollen, entziffern, erachten, erhellen, erklären, erraten, ersehen • borgen. ▸ missdeuten, verschleiern.

Ausleger Deuter, Erklärer, Interpret *m*, Kommentator, Sprecher. → Deuter.

Auslegung Erklärung, Deutung, Interpretation *f*, Bericht, Referat, Untersuchung, Definition, Begriffsbestimmung, Begriffsbildung, Festlegung, Klärung, Leseart, Sinndeutung, Wortdeutung, Würdigung, Einstellung, Denkweise, Erachtung, Gutbefinden, Meinung, Standpunkt, Stellungnahme, Überzeugung, Erläuterung. → Artikel, Begriffsbestimmung, Darlegung, Definition, Denkart, Erachten. ▸ Fehlschluss.

Auslegware Bodenbelag, Teppichboden.

ausleihen → anvertrauen, beleihen.

Auslese das Beste, Elite *f*, Auswahl, Muster, Vorbild, Spitzenprodukt, Edelprodukt, Nonplusultra. → Ausbruch, Ausbund, Auswahl, Bester, Spitzenleistung. ▸ Minderwertigkeit.

Ausleseklasse Selekta.

auslesen abordnen, ausschalten, ausschließen, aussichten, aussuchen, bestimmen, entsenden, erheben, erküren, ernennen, wählen, auf den Schild heben. → auslassen, beiseite legen, beschränken, ernennen. ▸ einordnen, einrechnen.

ausliefern überführen, überlassen, preisgeben, anheim fallen, verschicken, austeilen, verteilen, zufließen lassen, zukommen, auslösen, austauschen, auswechseln, loskaufen, entschlüpfen lassen, die Freiheit geben, angedeihen lassen, zuwenden, opfern, aushändigen, übergeben, überantworten, sich entäußern. → ausgeben, ausliefern, auslösen, einliefern, fahren lassen. ▸ behalten, entgegenstellen sich • annehmen, bekommen, empfangen, erhalten • behalten, einbehalten, zurückhalten • Asyl gewähren, behüten, decken, schützen, verstecken.

Auslieferung → Abgabe, Belehnung, Deportation, Enteignung.

Auslieferungslager Distributionslager.

auslochen → ausschneiden.

auslöschen → abblenden, ausgehen, ausrotten, begraben, dämpfen das Feuer, dunkel, durchstreichen.

auslosen → losen.

auslösen verursachen, bedingen, bewerkstelligen, bewirken, erregen, erwecken,

erwirken, erzeugen, heraufbeschwören, herbeiführen, hervorrufen, zur Folge haben, entfesseln, veranlassen, zeitigen, nach sich ziehen, im Gefolge haben • befreien, freisetzen, erlösen, entlassen, freigeben, entbinden, losketten, ausliefern, loskaufen, auswechseln. → abbüßen, ausbaden, ausliefern, bedingen.
▸ dingfest machen, verhindern.

Auslosung Lotterie.

ausloten → abwägen, ermessen.

ausmachen → abmachen, annehmen, auskundschaften, bestehen aus.

ausmalen beschreiben, darstellen, entwerfen, erklären, schildern, wiedergeben, ein Bild entwerfen oder machen, vorstellen, deuten, erläutern, veranschaulichen, breittreten • malen, anstreichen, färben, anlaugen, tünchen • ausschmücken, ausputzen, bemänteln, beschönigen. → aufzeigen, beschreiben, darstellen, entwerfen ein Bild, ergänzen, erzählen.

Ausmarsch Abgang, Abreise, Ausfahrt, Ausflug, Bummel, Expedition, Rundgang, Streifzug, Tour, Wanderschaft, Wanderung, Weggang. → Ausflug, Bewegung.
▸ Einmarsch.

Ausmaß Dichte, Fülle, Haufen, Menge, Umfang, Masse, Reichweite, Spielraum, Umkreis, Weite. → Ausbreitung, Ausdehnung, Begrenzung, Dichte, Dimension, Fassungskraft.

ausmergeln → auszehren, dürren.

ausmerzen ausradieren, ausscheiden, aussondern, einäschern, entfernen, fortschaffen, beseitigen, ausjäten, ausrotten, einreißen, einstampfen, entwurzeln, ersticken, niedermähen, niederreißen, niederschießen, rasieren, ruinieren, schleifen, töten. → abbrennen, abschaffen, ausschneiden, beseitigen, Bord werfen über, brandschatzen, demolieren, destruieren, einstampfen.
▸ erzeugen • angewöhnen (sich), einführen, erschaffen • beibehalten, belassen, bestehen lassen, bewahren, erhalten, (stehen)lassen.

ausmessen → abmessen, errechnen.

ausmieten → ausdehnen, ausziehen.

ausmünden → austreten, entfließen.

ausmustern → abbauen, entlassen.

Ausnahme Einmaligkeit, Einzelfall, Einzelheit, Exzeption *f*, Sonderfall, Sonderheit, Vereinzelung • Auszeichnung, Begünstigung, Bevorzugung, Erwählung, Privileg, Vergünstigung, Vorrang, Vorrecht, Sonderwunsch, Extrawurst *u*, Sonderbehandlung, Vorzug. → Abart, Auslese, Ausbund.
▸ Gewohnheit, Häufigkeit, Verbot, allgemeiner Brauch, Durchschnitt, Norm, Regel, Prinzip, Standard, Üblichkeit, Usus.

Ausnahmeerscheinung Anomalie.

Ausnahmefall → Ausnahme, Einmaligkeit, Einzelfall.

Ausnahmestellung → Anrecht.

ausnahmslos alles, durchweg, durchgängig, durchgehend, ganz, gesamt, insgesamt, restlos, summarisch, überall, umfassend, total, vollständig, vollzählig, durch die Bank *u*. → A und O, A bis Z, all, alles, allgemein, einer wie alle, alle auf einmal.
▸ speziell.

ausnahmsweise → außerordentlich.

ausnehmen → berücksichtigen, beseitigen, erleichtern.

ausnehmend äußerst, außerordentlich, besonders, erstaunlich, fabelhaft, geradezu, sonderlich, speziell, vor allem, vornehmlich, vorwiegend, enorm, höchst, überdurchschnittlich, überwiegend, überragend, vorzugsweise, insbesondere, maßgebend, hauptsächlich. → außerordentlich, äußerst, besonders.
▸ minderwertig.

ausnutzen aufbrauchen, abnützen, verwenden, verwerten, genießen, beanspruchen, benützen, profitieren, gewinnen, herausschlagen, ausschlachten *u*, seinen Vorteil haben, sich bedienen, gebrauchen, sich zu Nutze machen, vermehren.
▸ uneigennützig (sein).

ausnützen → abnutzen, anwenden, ausbeuten, ausdehnen, ausnutzen, beanspruchen, bedienen sich, brauchen.

Ausnützung, rücksichtslose → Eigennutz.

auspacken herausnehmen, ausladen, ausschütten, ausräumen, entfernen, beseitigen, entleeren, ausleeren • verraten, schwätzen, aufklären, enthüllen, eröffnen, angeben, anzeigen, Aufschluss geben, bekennen, entlarven, herunterreißen, entpuppen, bloßstellen, demaskieren, bloßlegen, plappern, ausschwatzen, klatschen, zutragen, einblasen, einflüstern, anvertrauen, beichten, an die große Glocke hängen, die Augen öffnen, kein Blatt vor den Mund nehmen, deutsch reden, das Kind beim rechten Namen nennen, aus der Schule plaudern. → anzeigen, aufklären, aufwerfen.
▸ einpacken, verheimlichen.

auspeitschen karbatschen.

Auspeitschung → Bestrafung.

auspendeln → aufhören, ausklingen.

auspfeifen auszischen, missachten, verhöhnen, verlästern, verunglimpfen, verspotten, an den Pranger stellen, ablehnen, verlachen, auslachen, nicht zu Wort kommen lassen. → belächeln, beleidigen, bloßstellen.
▸ anerkennen.

Auspizien → Anzeichen.

ausplaudern verraten, sich vergaloppieren, austrompeten, ausbringen, ruchbar machen oder werden lassen, sich verbabbeln *u*, ausschwatzen, sich verplappern, nicht dicht sein *u*.
▸ für sich behalten, dichthalten, geheim halten, verheimlichen, verschweigen.

ausplündern → bemächtigen, berauben, bestehlen, bewuchern, brandschatzen.

Ausplünderung Annexion, Ausbeutung, Ausraubung, Aussaugung, Brandschatzung, Beraubung, Beschlagnahme, Besteuerung, Enteignung, Erpressung, Konfiskation, Plünderung, Raub, Wegnahme.

ausposaunen → ankündigen, anvertrauen, bloßlegen.

auspressen → abziehen, ausdrücken, bloßlegen, durchpressen, entpressen,

entreißen ein Geheimnis, erkundigen, extrahieren.
ausproben → ausforschen.
ausprobieren → erproben.
Auspuff → Abzug.
auspunkten → siegen.
ausputzen → anfahren, auftakeln, ausmalen, ausschmücken, beflaggen, behängen, bemalen.
Ausputzer → Bestrafung, Beschwerde.
ausquartieren kündigen. → ausdehnen, ausziehen.
ausquetschen → ausdrücken, entpressen, erkundigen, extrahieren.
ausradieren → abschaffen, ausmerzen, ausrotten, beseitigen, durchstreichen.
ausrangieren → Eisen, zum alten werfen.
ausrasten → lösen, ruhen.
ausrauben ausnehmen/-plündern, berauben, beklauen, bestehlen, plündern.
Ausraubung → Ausplünderung.
ausraufen → abbeißen.
ausräumen → ausdehnen, auspacken, ausziehen.
ausrechnen → anschlagen, kalkulieren, zählen.
Ausrede Ausflucht, Lüge, Trug, Unwahrheit, Vorwand, Beschönigung, Scheingrund, Täuschung, leere Phrase, hohles Geschwätz, Umgehung einer Frage, Spitzfindigkeit, Deckmantel, Winkelzug, faule Fische, Notlüge, Umgehung, Einstellung, Fabel, Märchen, Dunst, Nebel, Ausweg, Finte, Fallstrick, Entschuldigung, Flausen, Schnack, Fisimatenten *u*, Putz *u*. → Ausflucht, Ausweg, Behelf, Deckmantel, einmal ist keinmal, Entschuldigung. ▸ Vorwurf, Wahrhaftigkeit.
ausreden → bemänteln, umgehen.
Ausreden gebrauchen Ausflüchte machen, Vorwände benutzen, herausreden sich, schwindeln.
ausreichen → auskommen.
ausreichend genug, befriedigend, genügend, hinlänglich, hinreichend. → angemessen, erklecklich, erträglich, mittelmäßig, reichlich. ▸ unzureichend, begrenzt, beschränkt, dürftig, karg, knapp, kümmerlich, zu wenig • in Fülle, übermäßig viel, überreichlich, zu viel.
ausreisen → entfernen sich.
ausreißen → abhauen, aufspringen, davonlaufen, desertieren, durcheilen, entziehen sich der Gefahr.
Ausreißer → Deserteur, Feigling.
ausrenken → verrenken luxieren.
ausreuten → ausrotten.
ausrichten → bestellen, ordnen.
Ausrichtung Orientierung.
ausroden → ausrotten.
ausrollen → aufrollen.
ausrotten austilgen, beseitigen, erledigen, entledigen, ermorden, abmurksen, erschlagen, hinmachen, hinopfern, hinrichten, kaltmachen, killen, lynchen, massakrieren, schlachten, meucheln, morden, töten, umbringen, umlegen, vernichten, vertilgen • auslöschen, auskratzen, ausradieren, tilgen, wegwischen, einäschern, abbrennen, auffressen, verjagen, ausjäten, ausreuten, ausroden, ausschneiden, wegnehmen, trennen. → abbrennen, abschaffen, ausmerzen, brandschatzen, demolieren, destruieren. ▸ erzeugen.
Ausrottung → Asche, Demolieren, Destruktion.
ausrücken → abhauen, desertieren, erpressen.
Ausruf Anrufung, Einwurf, Frage, Schrei • Verkündigung, Kundmachung, Bekanntgabe, Ankündigung, Kunde, Ausgebot, Aufgebot, Tagesbefehl. → Bekanntgabe, Erlass. ▸ Stummheit.
Ausrufer Verkündiger, Herold *m*, Ansager, Warner, Ausläufer, Anpreiser, Straßenhändler, fliegender Händler, Hausierer.
Ausrufung → Bekanntgabe, Zirkular.
Ausruhen → Entspannung.
ausruhen anhalten, innehalten, einhalten, legen, ruhen, rasten, verweilen, niederlassen, lagern, niederlegen, müßig sein, der Ruhe pflegen, es sich bequem machen, behaglich machen, erholen, Ferien oder Urlaub machen, schlafen, schlummern, auspennen *u* • zu Bett gehen, in die Falle gehen, sich aufs Ohr legen oder hauen, ins Körbchen gehen *u*, sich hinhauen *u*. → bequem, beschäftigungslos, bleiben. ▸ abmühen, eilen, sich abarbeiten, sich anstrengen, arbeiten, schaffen, schuften • erschöpft/matt/müde sein.
ausrüsten versehen, equipieren. → auftakeln, bemannen.
Ausrüstung Armatur *f*, Takelwerk, Gerät, Werkzeug, Einrichtung, Gepäck, Reisegut, Habe, Rüstzeug. → Anzug. Bagage, Bestand.
Ausrüstungsgegenstände Pi(e)selotten *u*.
ausrutschen → ausgleiten, fallen.
Ausrutscher → Fehler.
Aussaat Gesätes, Saatgut, Saat, Samen, Sämerei.
aussäckeln → bestehlen, berauben, bewuchern.
Aussackung Sakkulation.
Aussage Geständnis, Eid, Schwur, Zeugnis. → Angabe, Auslassung, Benachrichtigung, Denunziation, Erklärung, Eröffnung, Zirkular. ▸ Verheimlichung, Weigerung.
Aussageform Kategorie, Modus.
aussagekräftig → eindrucksvoll.
aussagen angeben, anzeigen, bekannt geben, benachrichtigen, berichten, dartun, enthüllen, erklären, hinterbringen, melden, mitteilen, unterrichten, verständigen, Zeugnis ablegen, beweisen, feststellen, auslegen, folgern, schließen, zugeben, bestätigen, bekunden, beglaubigen, beschuldigen, anklagen. → beeiden, bestätigen, behaupten, eingestehen, erzählen. ▸ verheimlichen, verweigern, widerrufen.
aussagend prädikativ.
aussatteln → beseitigen.
aussätzig leprös.
aussaugen → berauben, bestehlen, bewuchern, entfernen, erpressen.
Aussaugung → Ausplünderung, Enteignung.
ausschaben auskratzen, ausreiben, ausstreichen, ausradieren, ausschneiden, abkratzen, abschaben, unleserlich machen. → tilgen.
ausschalten ausscheiden, entfernen, ausschließen, einschränken, sichten, trennen, abtrennen, absondern, verabschieden • ausknipsen, abschalten,

unterbrechen. → abbrechen, abdrosseln, auslesen, ausschneiden, beschränken, deduzieren. ▸ einschalten.

Ausschank Bude, Budike, Kellerei, Krug, Gaststätte, Bar, Bierhalle, Gasthaus, Gasthof, Kantine, Kneipe, Kaschemme, Schänkstube, Trinkstube, Weinhaus, Weinstube, Wirtshaus, Wirtschaft. → Budike.

Ausschau halten → suchen.

ausscheiden → abdanken, ablehnen, absondern, abnehmen, abschaffen, ausatmen, ausfließen, ausmerzen, ausrotten, ausschalten, ausschneiden, austreten, beschränken, beiseite legen, beseitigen, dränieren, eliminieren, entladen.

Ausscheidung → Abbau, Abbruch, Abgabe, Absonderung, Auslassung, Auswurf, Entleerung, Exkrement.

ausschiffen → abladen, ausladen.

ausschimpfen → tadeln.

ausschirren → ausspannen.

ausschlachten → anwenden, zergliedern.

ausschlafen → ausruhen.

Ausschlag → Bedeckung, Wirkung.

ausschlagen knospen, vermehren, ausdehnen, wachsen, anschwellen, entwickeln, vergrößern, schwellen, treiben, entfalten. → abblitzen, aberkennen, ablehnen, absagen, abschaffen, bedecken, behängen. ▸ beistimmen, einwilligen, vertrocknen.

ausschlaggebend begründend, belangreich, bestimmend, bewegend, entscheidend, gewichtig, maßgebend, triftig, überwiegend, wichtig, gebietend, treibend, bedeutend, einflussreich, kompetent, richtungsweisend, tonangebend, wesentlich, durchschlagend, beweisend, grundlegend, bahnbrechend, bedeutsam, bedeutungsvoll, bemerkenswert, Epoche machend, lebenswichtig, verführerisch, wirksam. → A und O, beachtlich, beeinflussend, beherrschend, denkwürdig, dominierend, ereignisreich. ▸ belanglos, hinderlich, ungünstig, unwichtig.

ausschließen ächten, ausklammern, abbauen, abblitzen, abdanken, ablehnen, abschaffen, absondern, auslesen, ausschalten, eliminieren, entsetzen, entvölkern. → beiseite legen, beschränken, beseitigen, boykottieren, deduzieren. ▸ einbeziehen, aufnehmen, berücksichtigen, beteiligen, dazuzählen, einschließen, erfassen, mitmachen / -wirken / teilhaben lassen • wieder aufnehmen.

ausschließend abschließend, abgesondert, unzugänglich, dünkelhaft, exklusiv • arrogant, aufgeblasen, dummstolz, hochtrabend, großkopfet, hochmütig. → ausschließen.

ausschließend, einander folgewidrig, gegensätzlich, unlogisch, unmöglich, widersprüchlich, widerspruchsvoll.

ausschließlich abgesehen von, abzüglich, mit Ausschluss von, außer, nicht inbegriffen, ohne, exklusive, unbedingt, ganz und gar, streng, völlig, auf jeden Fall, ungerechnet, ausgenommen, ausgeschlossen, außerhalb • unvermischt, unvermengt, unversetzt, frei von, klar, rein, lauter, pur, echt, ungefälscht, unverfälscht, natürlich. → abgesehen, außerhalb. ▸ einschließlich, inbegriffen, inklusive • zuzüglich • allgemein, nicht nur.

Ausschließung → Bann, Exil.

ausschlüpfen → erscheinen, geboren werden.

ausschlürfen → einsaugen.

Ausschluss Auslassung, Aussonderung, Wahl, Ausscheidung, Trennung, Auslese, Weglassung • Ablehnung, Abweisung, Absage, Verwerfung • Entfernung, Zurückweisung • Behinderung, Sperre, Verbot, Zurückhaltung, Zwang • Scheidung. → Absonderung, Bescheid, Beschlagnahme, Embargo, Entlassung, Exil. ▸ Aufnahme, Anschluss, Einbeziehung, Zulassung.

Ausschlussgebiet Exklave.

ausschmücken ausstatten, bebildern, illustrieren, beleuchten, bildhaft machen, aufputzen, ausputzen, ausstaffieren, beflaggen, bekränzen, besticken, betressen, bordieren, drapieren, herausputzen, ornamentieren, schmücken, verschönern, fein machen, behängen, beschlagen, vergolden, verzieren, besetzen, dekorieren, garnieren, Zierrat anbringen. → aufbauschen, ausmalen, besetzen, blähen, dekorieren, dick tun, einkleiden in Worte, ergänzen. ▸ natürlich sein, verschandeln.

Ausschmückung Augenweide, Band, Beiwerk, Besatz, Beschläge, Bilder, Blume, Blumengehänge, Blumenstrauß, Bombast, Borte, Bukett, Dekor *m*, Dekoration, Fahne, Feder, Federbusch, Flitter, Floskel, Garnierung, Garnitur *f*, Geschmeide, Geschnörkel, Gewinde, Girlande, Glanz, Haarschmuck, Helmbusch, Herrlichkeit, Juwel, Klunker, Kokarde, Kopfschutz, Kranz, Muster, Orden, Perücke, Pracht, Putz, Putzwerk, Quaste, Raupe, Redebild, Rossschweif, Schimmer, Schleife, Schmelz, Schmuck, Schmucksache, Schnörkel, Schnur, Schwulst, Spitze, Staat, Stern, Stickereien, Tresse, Troddel, blühender Stil, Tirade, Trope, Überladung, Verbrämung, Verschönerung, Verzierung, Wappen, Wimpel, Zier, Zierde, Zierrat. → Aufmachung, Dekoration. ▸ Natürlichkeit, Verschandelung.

ausschneiden abteilen, zerteilen, trennen, stutzen, abschneiden, beschneiden, verstümmeln, einschränken, ausschalten, ausscheiden, wegnehmen, entfernen, dekupieren, heraussägen, auslochen. → anschneiden, ausrotten, beschneiden. ▸ hinzufügen, verbinden.

Ausschnitt Abschnitt, Absonderung, Abteil, Bestandteil, Buch, Bruchstück, Bruchteil, Querschnitt, Detail, Teil, Überblick, Übersicht, Verstümmelung. → Detail. ▸ Ganzheit, Hinzufügung, Verbindung.

ausschnitzen → einkerben.

ausschnüffeln → ausfindig machen, beikommen, ergrübeln.

ausschöpfen → abladen, ausladen, ausnutzen, baggern.

ausschreiben → ankündigen, annoncieren, ausfüllen, veröffentlichen, ausbieten. ▸ abkürzen • sich bewerben • direkt anfragen.
Ausschreiben → Zirkular.
Ausschreibung → Angebot, Anzeige, Konkurrenz.
Ausschreibungspreis Submissionspreis.
ausschreien → kreischen, verlautbaren.
ausschreiten einholen, fortschreiten, fortkommen, laufen, marschieren, überholen, vorwärts gehen, zurücklassen. → beeinträchtigen. ▸ drücken sich, stehen bleiben.
Ausschreitung Exzess, Zügellosigkeit, Maßlosigkeit, Terror, Übergriff. → Ausschweifung, Revolte. ▸ Enthaltsamkeit, Enthaltung.
Ausschreitungen Halbwüchsiger Pubertätigkeiten *u.*
Ausschuss Kollegium, Komitee, Jury, Kommission, Preisgericht, Preisrichter, Rat • fehlerhafte Ware, Schund, Schleuderware, Reststücke, Plunder, Ladenhüter, Kram, Gerümpel, Ausschussware, Dreckzeug, Tinnef *u*, Povel *u*, Altware, Ramsch. → Abfall, Beratung. ▸ Verwendbarkeit • erste Wahl, erstklassige Ware, Qualitätsware, Sonderklasse • Sonderangebot • Vollversammlung • Einschuss.
Ausschussware → Ausschuss, Ramsch.
ausschütteln schwenken, säubern, reinmachen, entstauben, reinigen, ausstreuen, ausschütten, entfernen. → ausschütten. ▸ sammeln, verunreinigen.
ausschütten • ablassen, vergießen, leeren, ausleeren, beseitigen, entfernen, ausgießen, wegwerfen, verspritzen, verteilen, teilen, verbreiten, ausbreiten, umherstreuen, verstreuen, zerstreuen • anvertrauen, ausgießen, ausschwatzen, beichten, plappern, plaudern. → abladen, ausfließen, ausladen, auspacken, bestreuen. ▸ eingießen, sammeln, verheimlichen, verschlossen.
Ausschüttung → Anteil, Ausbeute, Dividende.
ausschwatzen → abladen, anvertrauen, auspacken, bloßlegen, denunzieren.
ausschweifen sich austoben, schlemmen, schwärmen, Saus und Braus leben in, alle Schranken überschreiten, die Grenzen übersteigen, leichtsinnig leben, der Sinnlichkeit frönen, den Leidenschaften nachhängen, sich nicht beherrschen können, sich nichts versagen, Orgien feiern, der Venus opfern, über die Stränge schlagen, über die Schnur hauen, sich gehen lassen. ▸ Maß halten, tugendhaft (sein).
ausschweifend ausgelassen, begehrlich, dirnenhaft, ehebrecherisch, erotisch, extravagant, exzessiv, faunisch, geil, gemein, genießerisch, genusssüchtig, käuflich, leichtlebig, leichtfertig, leichtsinnig, liebestoll, liederlich, locker, lose, lüstern, mannstoll, obszön, prasserisch, pervers, prostituiert, sauflustig, schwelgerisch, sinnlich, tierisch, übermäßig, übertrieben, überspannt, ungebunden, ungezügelt, unsolide, unzüchtig, üppig, verbuhlt, vergnügungssüchtig, weibstoll, wollüstig, wüst, zügellos. → anrüchig, bacchantisch, bedürfnisvoll, begehrlich, buhlerisch, dirnenhaft. ▸ mäßigen sich, tugendhaft anständig, ehrbar, häuslich, maßvoll, sittsam, solide, züchtig.
ausschweifend leben → betäuben, ausschweifend.
Ausschweifung Überspanntheit, Übertreibung, Übertriebenheit, Extravaganz *f*, Überschreitung, ohne Maß und Ziel, Exzess *m*, Débauche, Ausgelassenheit, Übermaß, Verschwendung, Fresserei, Liederlichkeit, Lüste, Prasserei, Schwelgerei, Völlerei, Sauferei, Zügellosigkeit, Schamlosigkeit, Gelüst, Ausschreitung, Ungebühr, Orgie. ▸ Mäßigung, Tugendhaftigkeit • Sause *u.*
ausschwemmen → auslaugen.
ausschwenken → auslaugen.
ausschwitzen → ausfließen, austreten.
Ausschwitzung → Absonderung, Ausbruch Exsudat.
Aussehen Art, Artung, Aufmachung, Anblick, Beschaffenheit, Bildung, Eigenart, Eigenheit, Eigenschaft, Eigentümlichkeit, Äußeres, Figur, Form, Gestalt, Gepräge, Gestaltung, Habitus, Kontur, Natur, Merkmal, Prägung, Profil, Schlag, Sinnesart, Statut, Struktur, Textur, Typ, Veranlagung, Wesen, Wesensart • Ausdruck, Benehmen, Gebaren, Haltung, Zustand, Zuschnitt • Ausdruck, Charakter, Gesicht, Stil, Miene, Züge. → Anschein, Art, Art und Weise, Aufmachung, Ausdruck, Ergehen, Erscheinung.
aussehen erscheinen, sich geben, sich gehaben, scheinen, wirken, sich zeigen, den Anschein haben, zur Schau tragen, prunken, wirken, zeigen, annehmen. → auftreten für.
aussehen wie ähnlich sein, ähneln, gleichen, arten nach, annähern, etwas vorstellen, darstellen, nachahmen, nachäffen. ▸ unähnlich.
außen außerhalb, auswärts, draußen, hinaus, außer dem Hause, unter freiem Himmel, im Freien, an der Luft, in der Natur, äußerlich, oberflächlich, extern. ▸ innen.
außen entstehend exogen.
außen gerichtet, nach extravertiert, extrovertiert.
außen verlagern, nach dezentralisieren.
Außenbereich Randgebiet, Stadtrand, Weichbild.
Außenbordmotor Outboard.
aussenden → senden, strahlen.
Aussendung → Ausgabe, Ausbreitung, Emission.
Außenhandel Export und Import.
Außenseite → Oberfläche.
Außenseiter Outsider. → Abtrünniger.
Außenstände → Kredit.
Außenstehender Nichtfachmann, Laie. → Außenseiter.
Außenstelle Filiale, Geschäftsstelle, Nebenstelle, Niederlassung, Zweigstelle.
außer ausgenommen, mit Ausnahme von, ohne, uneingerechnet, exklusiv, mit Ausschluss von. → abgesehen, abzüglich, ausgenommen, ausschließlich. ▸ inbegriffen.
außer Dienst inaktiv.

außer Gefecht setzen → besiegen.
außer sich erregt, erschüttert, ganz weg, von Sinnen, aus dem Häuschen. ▸ ruhig.
außer sich geraten durchdrehen, ausflippen.
außeramtlich → privat.
außerdem alias, sonst, oder auch, nebenbei, darüber hinaus, gesondert, besonders, getrennt, obendrein, speziell, zusätzlich, überdies, dazu, fernerhin, noch, sodann, zudem. → absichtlich, auch, daneben, desgleichen, ferner. ▸ abzüglich, regelmäßig.
außerdienstlich inoffiziell.
außerehelich illegitim.
außereheliche Beischlafgemeinschaft Konkubinat.
Äußeres → Aussehen.
außergewöhnlich → abnorm, ansehnlich, ausgezeichnet, außerordentlich, befremdend. ▸ alltäglich, durchschnittlich, gebräuchlich, gewöhnlich, normal, üblich • langweilig.
außerhalb ausgenommen, exklusiv, ausgeschlossen, ausschließlich, auswärts, von auswärts, ungerechnet, nicht dazu gehörig, abgesehen von. → ausschließlich, außen. ▸ innerhalb.
außerhalb der Mauern extra muros.
äußerlich formal, oberflächlich, peripher, flüchtig, gehaltlos, nichts sagend, seicht. → außen. ▸ innerlich.
Äußerlichkeit Dehors. → Benehmen, Erscheinung, Etikette.
äußern sagen, zum Ausdruck bringen, zur Sprache bringen, Ausdruck geben, aussprechen, laut werden lassen, andeuten, ausdrücken, hinweisen, kundgeben, reden, sprechen • seinen Senf zu etwas geben *u*, abladen, sich auskotzen *u*, loslegen, ausschleimen *u*, auspacken. → ausdrücken, berühren, erwidern, erzählen • verschweigen. ▸ für sich behalten, schweigen, stumm bleiben, verheimlichen • anhören, hinhören, hören, zuhören.
äußern, sich → antworten, aufklären, darstellen sich.
außerordentlich ausgedehnt, ausgezeichnet, ausnahmsweise, ausnehmend, außergewöhnlich, äußerst, besonders, beträchtlich, eminent, enorm, erstaunlich, exorbitant, extra, extraordinär, exzeptionell, fabelhaft, gewaltig, gigantisch, groß, hervorragend, hochgradig, imposant, kolossal, mächtig, massiv, maßlos, meisterhaft, monströs, monumental, pyramidal *u*, reichlich, riesenhaft, riesig, sehr, überaus, überdurchschnittlich, überragend, überwältigend, unerhört, unermesslich, unfassbar, ungeheuer, ungemein, ungewöhnlich, unglaublich, unsäglich, unsagbar, unvergleichlich, vortrefflich, zyklopisch, über alle Maßen, in höchstem Grade, satt *u*. → ansehnlich, ausgezeichnet, ausnehmend, außerordentlich, äußerst. ▸ gebräuchlich, gewöhnlich, minderwertig.
außerordentlicher Professor Extraordinarius.
außerplanmäßig plötzlich, spontan, unvorhergesehen, zusätzlich.
äußerst zu weit getrieben, extrem, übertrieben, übersteigert, ausnehmend, beispiellos, besonders, maximal, vollwertig, ausgemacht, außerordentlich, bannig, beträchtlich, blödsinnig, unüberbietbar, bodenlos, deftig, einzig, eklig *u*, das höchste der Gefühle *u*. → abscheulich, ausnehmend, außerordentlich, bloß. ▸ wenig.
außer Stande sein feststecken, nicht vom Fleck können, keine Kraft haben, keinen Mumm haben, keinen Mut aufbringen, nicht weiter können. ▸ im Stande sein.
äußersten Fall, im allenfalls, höchstens.
äußerster Preis Limit.
Äußerung Senf *u*. → Darlegung.
aussetzen abbrechen, aufhören, einstellen, innehalten, pausieren, stocken, ruhen, unterbrechen, versiegen • angreifen, tadeln, beanstanden, rügen, mäkeln, kritisieren. → abblasen, ablehnen, anhalten, beanstanden, bereden, beruhen lassen, beruhigen, einhalten, einwenden. ▸ einsetzen, fortführen, bewegen sich, loben.
Aussicht Anblick, Aspekt *m*, Sicht, Fernsicht, Horizont, Überblick, Rundblick, Panorama, Blick, Chance, Gelegenheit, Möglichkeit, Befürchtung, Erwartung, Hoffnung, Vertrauen, Zuversicht, • Bellevue, Belvedere. → Anblick, Aspekt, Ausblick, Bedeckung, Blick, Blickfeld. ▸ Dunkel, Hoffnungslosigkeit, Ungewissheit.
Aussicht stellen, in → ansprechen.
aussichten → auslassen, auslesen Auspizien, Chancen, Möglichkeiten, Perspektiven.
aussichtslos ausgeschlossen, hoffnungslos, unmöglich, unausführbar, undenkbar, unerreichbar, trostlos, unersetzlich, unheilbar, unrettbar, unwiederbringlich, auswegslos, weglos, faul. → aberkennen, absprechen, ausgeschlossen, bedenklich, desperat. ▸ denkbar, hoffnungsvoll, überwindbar, aussichts-/chancenreich, Erfolg versprechend, Gewinn bringend, lukrativ, viel versprechend.
Aussichtslosigkeit → Trostlosigkeit, Unmöglichkeit, Verzweiflung.
Aussichtspunkt Bastei, Bellevue, Belvedere.
aussichtsreich → hoffnungsvoll.
aussichtsreicher Bewerber Favorit.
aussichtsvoll → hoffnungsvoll.
aussiedeln räumen, ausleeren, evakuieren, ausstoßen, ausweisen, fortjagen, hinauswerfen, verstoßen, umsiedeln, vertreiben, wegziehen, an die Luft setzen. ▸ bevölkern.
Aussiedler Kolonist.
Aussiedlung Räumung, Leerung, Evakuation *f*, Verbannung, Ausweisung, Verstoßung, Vertreibung, Umsiedlung. ▸ Ansied(e)lung.
aussinnen → ersinnen.
aussöhnen ausgleichen, befriedigen, begütigen, beilegen, beruhigen, beschwichtigen, schlichten, vermitteln, versöhnen, Frieden stiften, wieder gut machen. → austragen, befrieden, befriedigen, begütigen. ▸ verfeinden.
Aussöhnung Verzeihung, Vergebung, Vergessenheit, Versöhnung, Ausgleich, Vergleich, Vermittlung,

Übereinkommen, Friedensschluss, Waffenruhe, Waffenstillstand, Abrüstung, Entwaffnung, Gnade, Nachsicht, Rechtfertigung, Sühne, Buße, Abbüßung. → Beilegung. ▸ Feindschaft.
aussondern → abschaffen, absondern, ausmerzen, beiseite legen, beseitigen, Bord werfen über, eliminieren.
Aussonderung → Abbau, Ausschluss, Exkrement.
aussortieren aussondern, ausrangieren, Bord werfen über, Müll werfen auf den.
ausspähen → anschauen, beschauen, durchleuchten, durchstöbern.
ausspannen abbinden, losbinden, losmachen, befreien, entbinden, ausschirren, abhalftern, entjochen, frei machen • beurlauben, sich erholen, den Urlaub antreten, sich der Muße hingeben, sich rekeln, sich fleezen *u* • ausdehnen, lang machen, verlängern, ausstrecken, ausziehen, recken, ausspinnen. → abwerfen, dehnen, entspannen. ▸ abmühen, anspannen, zusammenziehen.
Ausspannung → Entspannung, Erholung, Erleichterung, Vergnügen.
aussparen freilassen, weglassen.
ausspeien → ausfließen.
aussperren → ächten, beschränken, boykottieren.
ausspielen austrixen, überlisten.
Ausspielung Lotterie, Tombola.
ausspinnen → abschweifen, ausspannen.
ausspinnend → ausholend.
ausspionieren → anschauen, durchforschen, entlocken, entreißen ein Geheimnis, erfragen.
ausspotten → bespötteln.
Aussprache Meinungsaustausch, Debatte *f*, Erörterung, Diskussion *f*, Gespräch, Diskurs, Unterredung, Plauderei, Unterhaltung, Causerie, Redestreit, Disput *m* Streit, Auseinandersetzung, Übereinkommen, Besprechung, Befragung, Rücksprache, Unterredung, Beratung, Gedankenaustausch, Zusammenkunft, Konversation, Wortgefecht, Zwiegespräch • Ausdruck, Modulation, Tonfall. → Bekenntnis, Benachrichtigung, Beratung, Berichtigung, Besprechung, Betonung. ▸ Verschlossenheit.
aussprechen → äußern, besprechen, bestätigen, erbeten, erklären sich, erzählen, sprechen.
aussprechen, sich ausschütten/erleichtern sein Herz, Herzen Luft machen seinem.
Ausspruch → Eröffnung, Denunziation, Zitat.
Ausspruch, rätselhafter Orakel.
ausspülen → ausheben, auslaugen, desinfizieren, waschen.
Ausspülungsapparat Irrigator.
ausspüren → anschauen, entlocken, enträtseln, entziffern, erfragen, erraten.
Ausspürung → Entdeckung.
ausstaffieren → anordnen, anziehen, auftakeln, ausschmücken, bemannen, einrichten.
ausstaffiert → reisefertig.
ausstampfen → durchlochen.
Ausstand → Schuld.
ausständig → schwebend, rückständig.
ausstatten → aufwenden, ausgeben, ausschmücken, auftakeln, beschenken, befähigen, eindecken mit, einordnen, einrichten, versorgen, wappnen.
Ausstattung → Aufwand, Aufmachung, Aussteuer, Belehnung, Darbringung, Dekoration, Farbenglanz, Inventar.
Ausstattungsstück Revue, Show.
ausstauben → entstauben.
Ausstäupen → Bearbeitung, Bestrafung.
ausstechen besiegen, obsiegen, überbieten, überholen, überragen, übertreffen, den Vorrang haben, überstrahlen, sich hervortun, andere hinter sich lassen, in den Schatten stellen, den Rang ablaufen, den Preis davontragen, den Ton angeben, die Augen der anderen auf sich ziehen, die erste Geige spielen, triumphieren. → ausheben. ▸ unterliegen.
ausstecken → vorbereiten.
ausstehen leiden, durchmachen, hinnehmen, standhalten, überwinden • bevorstehen, anstehen, fehlen, verbleiben, übrig sein. → leiden, verschmerzen. • erfreuen sich, fortsetzen.
ausstehen können, nicht hassen, Hass empfinden, verabscheuen, zuwider sein.
ausstehend fehlend. → anhängig, schwebend.
aussteigen → zurücktreten. ▸ einsteigen • mit aufbauen, sich beteiligen, dabei bleiben/sein, mitgründen, mitmachen • durchfahren • wieder in die Gesellschaft zurückkehren.
ausstellen → anbieten, aufstellen, begeben, feilbieten, schreiben, stellen, tadeln.
Ausstellung Galerie, Messe, Museum, Schau, Überblick, Sammlung. → Corso.
Ausstellungsraum Galerie, Salon.
Ausstellungsstand Koje.
Ausstellungsstück Exponat.
aussterben → sterben, verschwinden. ▸ aufleben, existieren, fortleben • neu züchten.
Aussteuer Ausstattung, Mitgift, Morgengabe, Heiratsgut.
Ausstieg → Öffnung.
ausstopfen → auffüllen, füllen.
ausstoßen ausweisen, hinauswerfen, fortjagen, verbannen, verscheuchen, vertreiben, verstoßen, verwerfen, degradieren, diskriminieren, • ausatmen, aushauchen, aushusten, abzapfen, abstechen, abfüllen, ausscheiden, entleeren, absondern, auswerfen. → abbauen, ablehnen, ächten, ausatmen, aussiedeln, äußern, ausweisen, bannen, boykottieren. ▸ anerkennen, einbeziehen, hereinlassen.
ausstoßend ablaufend, zurückstoßend, abweisend. → abbauend • anziehend.
Ausstoßung → Absonderung, Acht, Ächtung, Bann, Bestrafung, Deportation, Exil.
ausstrahlen → beleuchten, erhellen.
Ausstrahlung Glanz, Leuchtkraft, Ausdruckskraft. → Ausbreitung, Corona.
Ausstrahlung, persönliche Appeal, Aura, Charisma, Flair, Fluidum.
Ausstrahlungskraft Sender *u*.
ausstrecken → aufdrehen, ausbreiten, ausspannen, erstrecken sich.

ausstreichen → abschaffen, demolieren, durchstreichen. ▸ einfügen • hinschreiben • stehen lassen.
ausstreuen → auspacken, ausschütteln, bestreuen.
Ausstreuung → Ausbreitung.
ausströmen → ausfließen, austreten, dampfen.
aussuchen → auslesen, wählen.
Austausch Ersatz, Tausch, Umtausch, Wechsel, Gegenseitigkeit, Tauschhandel, Auswechslung, Gedankenaustausch, Meinungsaustausch. ▸ Beständigkeit.
Austausch von Informationen Kommunikation.
Austauschbarkeit Konvertibilität, Konvertierbarkeit, Substituierbarkeit.
austauschen → auftreten für, ausfüllen, ausliefern, eintauschen, ersetzen, tauschen.
austauschbar → auswechselbar, vertauschbar, ablösbar, umkehrbar.
Austauschgeschäfte Kompensationsgeschäfte.
Austauschverhältnis Kurs.
austeilen aufteilen, verteilen, austragen, bemessen, verabfolgen, verabreichen, verbreiten, vergeben, zumessen, zusprechen, zuteilen, beglücken mit, anbieten, bescheren, beschenken, bedenken mit, beisteuern, aushändigen, bewilligen, darreichen, spenden, spendieren, stiften, überlassen, übergeben, verleihen, versehen mit, versorgen mit, zuteilen, zuwenden, zukommen lassen. → ausliefern, beschenken, darreichen, einteilen. ▸ behalten, sammeln • abbekommen, empfangen, erhalten.
austilgen → ausrotten.
Austilgung → Asche, Zerstörung.
austoben, sich → ausschweifen, betäuben.
austönen → altern, aufhören.
austragen abwickeln, ausgleichen, beenden, erledigen, besiegeln, entscheiden, löschen, forttragen, wegtragen, wegschaffen, gleichmachen • schicken, senden, verschicken, zuschicken • aussöhnen, versöhnen, vertragen • streiten, hadern, balgen, raufen, prügeln, keilen, abreiben. → ausfüllen, aussagen, austeilen, verteilen. ▸ liegen lassen, streiten, versöhnen, abtreiben • eintragen • erhalten, in Empfang nehmen.
Austräger → Bote, Bursche.
austräufeln → ausfließen.
austreiben zurückstoßen, abweisen, beschwören, bannen, vertreiben, wegtreiben, verjagen, entfernen, beseitigen. ▸ eintreiben, zurückweisen.
austreiben, böse Geister exorzieren.
austreibend expulsiv.
Austreibung → Absonderung.
austreten ausfließen, ausströmen, durchsickern, entspringen, hervorbrechen, rinnen, ausscheiden, ausmünden, entquellen, entfließen, entströmen, ausschwitzen, durchschlagen, absondern • Abschied nehmen, abtreten, weggehen. → abdanken, absondern, ausfließen, entlassen. ▸ annehmen, einsickern, eintreten, sich anschließen, aufgenommen werden, Mitglied werden.
austricksen ausspielen, überlisten. → betrügen.
austrinken → leeren, trinken.
Austritt → Auflösung, Ausbruch, Ausgang, Entlassung, Entleerung, Trennung. ▸ Aufnahme, Beitritt, Eintritt, Erwerb der Mitgliedschaft.
austrocknen vertrocknen, schrumpeln *u*, verschrumpeln *u*, krünkeln *u*, einschrumpeln *u*, eintrocknen, dörren, dürren, verdorren, ausdorren, ausbrennen, rösten • ableiten, entwässern, kanalisieren, abdeichen, abdämmen, trockenlegen • verarmen. → abnehmen, abdämmen, aufsaugen, dürren. ▸ anfeuchten, zulaufen • bewässern • feucht werden, nass werden, überschwemmt werden.
Austrocknung → Dürre, Entwässerung.
austrommeln → ankündigen.
austropfen → ausfließen.
ausüben anfassen, sich befassen, besorgen, betreiben, bewerkstelligen, durchführen, erfüllen, nachkommen, unternehmen, verrichten, werken • machen, anpacken, arbeiten. → anfangen, anfassen, arbeiten, ausführen, bekleiden, erfüllen. ▸ aufgeben, faulenzen.
ausübend aktiv.
Ausübung → Amt, Arbeit, Behandlung, Beruf.
ausufern ausarten, häufen sich, überborden, zu viel werden.
Ausverkauf → Absatz, Ermäßigung.
ausverkaufen → auflösen, liquidieren.
ausverkauft besetzt, komplett, verhöckert, verkauft, verschachert, veräußert, abgestoßen, versteigert, losgeschlagen, untergebracht, an den Mann gebracht, zu Geld gemacht, ausgeschenkt, geräumt. ▸ vorhanden.
auswachsen wachsen, eskalieren. → ausbuchten.
Auswahl Assortiment, Fülle, Menge, Reichhaltigkeit, Überfluss, Stapel, Üppigkeit, Vielfalt, das Beste, Digest, Bemusterung, Kollektion, Mustersammlung, Zusammenstellung • Bevorzugung, Entscheidung, Ermessen, Wahl, Erwählung, Gutdünken, Selbstbestimmung, Wunsch. → Auslese, Bestand. ▸ Kargheit • Alles, Gesamtheit, Vollständigkeit.
auswählen erkiesen. → ernennen, wählen.
auswalzen → ausbreiten, ausdehnen, strecken.
Auswanderer Flüchtling, Emigrant *m*, Ausgewiesener, Vertriebener • Ausländer, Eindringling, Fremder, Fremdling, Fremdkörper. ▸ Einheimischer, Einwanderer.
auswandern → Bord gehen an, dannen gehen von, davonmachen sich, ausreisen. ▸ sich ansiedeln, Asyl suchen • einwandern, immigrieren, zuziehen.
Auswanderung Emigration.
auswärtig → abwesend, davon, entlegen.
auswärtige Siedlung Kolonie.
auswärtige Vertretung Konsulat, Repräsentanz.
Auswärtiger Externer.
auswärts fremd, extern. → abwesend, außen, außerhalb, fern. ▸ zuhause.
auswaschen unterspülen. → ausbuchten, ausheben, auslaugen, waschen.

auswechselbar → austauschbar.
auswechseln → auftreten für, ausliefern, auslösen, ausfüllen, eintauschen, ersetzen.
Auswechslung → Austausch.
Ausweg Ausfluss, Ausgang, Auslauf, Bohrloch, Durchgang, Durchlass, Fistel, Kamin, Kanal, Rauchfang, Schacht, Stollen, Tor, Türe, Umweg • Ausflucht, Ausrede, Entschuldigung, Finte, List, Lüge, Notlüge, Scheingrund, Schlupfloch, Umgehung, Verhüllung, Verkleidung, Verschleierung, Vorwand, Winkelzug, Hintertür finden • Auftreten, Benehmen, Schliche, Kniff, Pfiff, Kunstgriff, Manöver • Aufschub, Befreiung, Erlösung, Flucht, Rettung, Rückzug, Verhalten • Anleihe, Ausgleich, Eselsbrücke, Freistätte, Hilfe, Notanker, Notbehelf, Obdach, Schlupfwinkel, Unterschlupf, Versteck, Vertretung, Zuflucht. → Abzug, Ausflucht, Aushilfe, Ausrede, Behelf, Chaussee, Durchfahrt, Ersatz, Ventil. ▸ Falle, Verschluss.
ausweglos → aussichtslos.
ausweichen Platz machen. → abweichen, abschwenken, bemänteln, entziehen sich, federn, fegen hinweg, meiden, umgehen. ▸ anrempeln, rempeln • ausharren, entgegentreten, standhalten, sich stellen • zusammenstoßen.
ausweichen, nicht → ausharren.
ausweichend → anders, zurückweisend.
Ausweis → Argument, Attest, Beleg, Bekräftigung, Bescheinigung, Erkennungszeichen, Diplom, Fähigkeitsausweis, Fahrkarte, Pass, Schein, Zeugnis.
ausweisen ächten, ausstoßen, entlassen, expatriieren, exterminieren, fortjagen, hinauswerfen, verbannen, verscheuchen, verstoßen, vertreiben, verwerfen. → aussiedeln, ausstoßen, beglaubigen, behaupten, beschränken, eliminieren, entvölkern, erweisen. ▸ absprechen, bezweifeln, niederlassen, zulassen.
ausweislich → nachweisbar.
Ausweispapiere (gefälschte) Platten *u.*
Ausweisung → Absonderung, Aussiedlung, Deportation, Exil.
ausweiten ausfächern. → anschwellen, ausdehnen, strecken.
ausweiten, sich ausarten, ausufern • ausbreiten/ausdehnen/entfalten sich, häufen sich.
Ausweitung Ausbreitung, Ausdehung, Erweiterung, Expansion, Vergrößerung.
auswendig lernen einlernen, einpauken, dem Gedächtnis einprägen, lernen, studieren, einstudieren. → büffeln. ▸ vergessen.
auswendig wissen erinnerlich, sich erinnern, entsinnen, festhalten, im Gedächtnis haben, behalten, wieder erkennen, einfallen, ins Gedächtnis rufen, zurückdenken. → entsinnen.
auswerfen → ausstoßen, zahlen.
auswerten → anwenden.
Auswertung Anwendung, Nutzung.
auswinden → ausdrücken.
auswirken → wirken.
auswirken, sich bewirken etwas, Einfluss/Folgen haben, wirken, wirksam werden.
Auswirkung Geltung, Nützlichkeit, Gewinn, Sieg, Vorteil, Ziel • Anerkennung, Ergebnis, Effekt, Folge, Förderung, Resultat. → Ablauf. ▸ Veranlassung.
auswischen sauber machen, säubern, reinigen, abtrocknen, fegen hinweg. ▸ bespritzen.
auswischen, eins beeinträchtigen.
auswringen → abtrocknen, ausdrücken.
Auswuchs Schwulst, Entstellung, Übertreibung, Unsitte, Vergrößerung, Verschandelung, Verzerrung, Verdrehung • Ausbuchtung, Erhöhung, Vorsprung, Knoten, Schwellung, Buckel, Kropf, Unförmigkeit, Überbein, Klumpen, Beule, Knollen, Knubbel *u*, Finne, Schwiele, Blase, Zyste, Pocke, Pustel, Drüse, Warze, Hühneraugen, Geschwür, Abszess, Karbunkel, Furunkel, Schwären, Blähhals, Schwamm, Pilz, Knospe, Missform, Missverhältnis, Missbildung, Verbildung, Missgestalt, Fehler, Mangel, Makel. ▸ Ebenmaß, Vertiefung.
Auswurf Absonderung, Ausscheidung, Abgang, Ausfluss, Entleerung, Erbrechen, Erguss, Exkrement, Fäkalien *f*, Kot, Wasser, Schlacken, Bodensatz, Unflat, Dreck, Ruß, Asche, Abfall, Unrat, Mist, Jauche, Miasma • Abschaum, Pöbel, Gesindel, Gelichter, Pack, Bagage, Krethi und Plethi, Abhub, Hefe, Bettelvolk, Ausgestoßene. → Absonderung, Ausbund, Dreck, Entleerung. ▸ Rang, Sauberkeit, Zufuhr.
Auswurfgestein Lava, Tuff.
Auszackung → Einschnitt.
auszählen → belästigen, zählen.
auszahlen, sich → lohnen.
Auszahlung → Entlohnung.
auszähnen → einkerben.
auszanken → anfahren, belfern, beschuldigen, Dach steigen auf das.
auszehren abmagern, ausmergeln, einschrumpfen, welken, verfallen, zusammenfallen, eingehen, schrumpfen, dünn werden, siechen, kränkeln, leiden, darniederliegen, bresthaft sein. ▸ gesunden, zunehmen.
auszeichnen adeln, ehren, erhöhen, feiern, huldigen, Orden verleihen, zum Ritter schlagen, einen Ehrenplatz anweisen, unsterblich machen, einen Titel geben, ernennen, befördern. → anerkennen, ausstechen, befördern, belohnen, bestimmen, bewähren, danken. ▸ stümpern, übersehen.
auszeichnen, sich bestehen, sich bewähren, geltend machen, hervorragen, überbieten, übertreffen, sich gut anstellen. → ausstechen, bestehen, bewähren.
Auszeichnung Vornehmheit, Ansehen, Distinktion *f* • Ehrenerweisung, Promovierung, Weihe, Anerkennung, Dank, Erkenntlichkeit, Gabe, Geschenk, Prämie, Schätzung, Vorzug, Verehrung, Lob, Preis, Pokal, Medaille, Huldigung, Ehre, Bewunderung, Beifall, Achtung • Befähigung, Fertigkeit, Talent, Genie, Begabung, Anlage, Tauglichkeit, Tüchtigkeit, Ausbildung, Vollkommenheit, Meisterschaft. → Achtung, Anerkennung, Anklang, Ausnahme, Beförderung, Belohnung, Dekoration, Diplom, Ehre, Ehrenamt,

Ehrenpforte, Erwählung.
▸ Ächtung, Erniedrigung, Minderwertigkeit • Beanstandung, Disqualifikation, Maßregelung, Rüffel, Rüge, Tadel, Vorwurf, Zurechtweisung.
Ausziehdame/-mädchen Stripperin.
ausziehen ablegen, abstreifen, auskleiden, entblößen, entblättern sich *u*, auspellen sich *u*, entkleiden, sich frei machen, enthüllen, dekolletieren, sich's bequem machen • entschleiern, entmummen, entlarven, demaskieren • ausräumen, ausquartieren, kündigen, fortziehen, entfernen, ausmieten, ausdingen. → abstreifen, abziehen, ausdehnen, ausdrücken, ausspannen, berauben, bestehlen, bewuchern, demaskieren, desertieren, entblößen, entfernen sich, erstrecken sich, extrahieren.
▸ ankommen, anziehen, einengen, zurückgeben • bekleiden • beziehen, einziehen, wohnen bleiben • zurückkehren • zusammenschieben.
auszischen → auspfeifen, belächeln, beleidigen, bloßstellen.
Auszubildender Anlernling, Azubi, Lehrling, Lehrjunge, Lehrmädchen, Stift, Praktikant.
Auszug Heiltrank, Zaubertrank, Elixier *s*, Extrakt *m*, Balsam, Essenz, Heiltrank, Medizin. → Abriss, Abgang, Abschied, Ausbruch, Essenz, Extrakt, Kompensation.
▸ Einzug, Bezug • Gesamtwerk.
Auszüge machen, schriftliche exzerpieren.
auszuhalten erträglich, leidlich, tragbar, zumutbar.
auszupfen → abziehen.
auszusetzen haben, etwas anfechten, beanstanden, bemängeln, beschweren sich, Klage führen, kritisieren, monieren, reklamieren.
auszustechen trachten → balgen.
autark → absolut, selbstständig.
authentisch apodiktisch, augenscheinlich, ausgemacht, begründet, bekannt, bestimmt, bewiesen, bezeugt, bündig, echt, entschieden, ersichtlich, erwiesen, glaubwürdig, handgreiflich, nachgewiesen, nachgeprüft, quellenmäßig, überzeugend, unleugbar, unstreitig, untrüglich, unumstößlich, unzweideutig, verbürgt, zutreffend, zuverlässig. → amtlich, bestimmt.
▸ zweifelhaft.
Auto Automobil, Kraftfahrzeug/-wagen, Personenkraftwagen, Pkw, Wagen, Benzinkutsche, fahrbarer Untersatz, Flitzer, Kiste, Straßenkreuzer.
Autobahn Straße. → Bahn Autostrada, Fernstraße, Highway.
Autobus Bus, Omnibus.
Autofahrer Fahrer, Fahrzeuglenker, Kraftfahrer, Pkw-Fahrer.
Autogestell Chassis.
Autohotel Motel.
Autokino Drive-in-Kino.
Autokrat *m* → Alleinherrscher.
autokratisch autoritär, antidemokratisch, diktatorisch.
Automat Selbstbeweger, Selbstgetriebe, Gliedergruppe, Roboter.
automatisch zwangsläufig, unvermeidlich.
autonom frei, selbstständig, unabhängig, → absolut.
▸ abhängig, unselbstständig.
Autor → Urheber.
Autor für andere Ghostwriter.
Autoreifen Pneu.
autorisieren → ermächtigen.
autoritär → anmaßend.
Autorität Respektsperson, Würdenträger, hohes Tier, Oberhaupt, Grandseigneur. → Fachmann.
Autoschuppen/-unterstellung Garage.
Autosternfahrt Rallye.
autostoppen hitchhiken, trampen.
Autostopper Hitchhiker, Tramper.
Autotestpuppe Dummy.
Autozerkleinerer Schredder (Shredder).
auwei → ach.
avancieren aufrücken, aufsteigen, befördert werden, Karriere machen.
Avangardist Neuerer, Vorkämpfer, Schrittmacher, Wegbereiter, Pionier.
avantgardistisch fortschrittlich, links, modern, progressiv, vorkämpferisch, zeitgemäß.
Avenue Boulevard, Allee, Prachtstraße.
Aversion → Bedenken.
Avis *s* → Anzeige, Benachrichtigung, Bericht.
avisieren → ankündigen, anzeigen, benachrichtigen, berichten.
Axiom Folgerung, Grundgedanke, Grundsatz, Kernspruch, Lehrsatz, Lehrspruch, Leitsatz, Maxime, Motto, Postulat, Prinzip, Regel, Richtschnur, Schluss, These, Wahlspruch, Wahrspruch.
▸ Ungereimtheit.
Azubi Lehrling. → Auszubildender.
Azur *m* → Blau.

B

Baal → Gott.
babbeln → abschweifen, sprechen.
Baby Kind, Kleines, Kleinkind, Nesthäkchen, Säugling, Schoßkind, Sprössling, Wickelkind, Zögling, Bambino, Stammhalter, Knirps, Fant, Guckindiewelt, Küken, Puppe, Föhle, Spuddle, Gof, Putt, Quas, Spross, Pans, Buschi, Bobele, Wurm, Ditz *u*, Titti *u* • Schisser *u*.
Babysitter Kinderwärter(in), Kinderfräulein.
Bacchanal Orgie.
Bacchanalien → Ausschreitung.
Bacchant Genießer, Säufer, Fresser, Lustmolch.
Bacchantenstab Thyrsus.
bacchantisch ausgelassen, ausschweifend, begehrlich, leichtsinnig, liederlich, locker, lose, maßlos, prasserisch, sauflustig, schwelgerisch, sinnlich, süchtig, triebhaft, ungezügelt, unmäßig, unsolide, vergnügungssüchtig, wild, wollüstig, wüst, zügellos.
▸ enthaltsam, mäßig.
Bach → Gewässer.
Backanweisung Rezept.
Backbord → Bord links.

Backe, linke Schlagseite *u.*
backen → zubereiten, dünsten.
Backenbart Fraise, Koteletten.
Backenstreich → Bestrafung.
Bäcker Konditor, Zuckerbäcker, Mazzebäcker, Lebküchner.
Backfett Frittüre.
Backfisch Göre, Mädchen, Teenager *M.*
Background Hintergrund. → Rückhalt.
Backofen Herd, Ofen, Röhre, Rost, Brotscheibe, Grill.
Backpfeife → Bestrafung.
Backtrog Molle, Mulde.
Backwerk Laib, Schwarzbrot, Roggenbrot, Schrotbrot, Weißbrot, Knäckebrot, Kommisbrot, Bismarcktorte, Königskuchen, Pumpernickel, Schrippe, Brötchen, Knüppel, Weck, Semmel, Striezel, Kümmelstange, Schusterjunge, Gebäck, Bäcksel, Teilchen, Mürbes, Baiser, Meringue, Biskuit, Blätterteig, Blechkuchen, Bienenstich, Brente, Prusten, Brezel, Einback, Eclair, Liebesknochen, Fladen, Fleurons, Hippen, Hörnchen, Kipfel, Kipferl, Keks, Krapfen, Kräppel, Berliner, Kranz, Kringel, Kuchen, Baumkuchen, Napfkuchen, Bundkuchen, Aschkuchen, Topfkuchen, Radonkuchen, Gugelhupf, Leckerli, Lucca-Augen, Makrone, Maultaschen, Powidltatschkerln, Mögge, Mohrenkopf, Negerkuss, Obstkuchen, Datschi, Pastete, Petits Fours, Pfeffernüsse, Pflanzerl, Platz, Plätzchen, Sahnenrolle, Sandtorte, Schillerlocke, Schmalzgebackenes, Schnecke, Schnitte, Schoggibolle, Springer, Spritzkuchen, Schürzkuchen, Stange, Stollen, Schnittchen, Streuselkuchen, Torte, Wähe, Waffel, Windbeutel, Zwieback, Zopf, Lebkuchen, Lebzelten, Herzen, Honigkuchen, Pfefferkuchen, Pflastersteine, Speculatius. → Konfitüre.
Bad Heilbad, Kurbad, Kurort, Badeanstalt, Badeort, Seebad, Schwimmbad, Kurort, Thermalbad.
Badeanstalt Schwimmbad. → Bad.
Badeanzug, zweiteiliger Bikini.
Badehose Sackschoner *u.*
baden → bähen, erfrischen sich, waschen.
Bader Kurpfuscher, Quacksalber, Schäfer, Gesundbeter, Wunderdoktor, Wasserdoktor, Schröpfer, Heilkünstler, Heilpraktiker, Magnetopath, Feldscher • Frisör, Haarkünstler, Bartkräusler, Haarformer, Rasierer, Barbier, Bartscherer, Coiffeur. → Barbier.
Bäderheilkunde Balneologie.
Badezelle Kabine.
Bafel Blabla, Gefasel, Gerede/-schwafel/-schwätz, (leeres) Gewäsch.
baff bestürzt, betreten, betroffen, entgeistert, entsetzt, erschossen, erstarrt, erstaunt, fassungslos, konsterniert, geschmissen, perplex, sprachlos, starr, stutzig, überrascht, verblüfft, verdutzt, verlegen, versteinert, verwirrt, verwundert, wortlos, befremdet.
▸ gefasst.
Bagage Effekten, Gepäck, Reisegepäck, Ausrüstung, Reisegut, Sack und Pack, Habe, Ladung, Habseligkeiten, Sachen, Siebensachen • Anverwandtschaft, Sippe, Sippschaft, Familie, Kinder • Stall voll Kinder, Gesindel.
Bagatelle Deut, Kinderspiel, Kleinigkeit, Larifari, Nebensache, Nichts, Pappenstiel, Pfifferling, quantité négligeable, Schaum, Schnickschnack, Seifenblase, Dreck, Firlefanz, Kinkerlitzchen, Kram, Lappalie, Plunder, Spaß, Zeug, Belanglosigkeit, Gehaltlosigkeit, Geringfügigkeit, Nebensache, Unbedeutendheit, Unwichtigkeit. → Dunst, leerer.
▸ Wichtigkeit, Bedeutsamkeit.
bagatellisieren abwarten, links liegen lassen, gering schätzen, herabsetzen, herabwürdigen, herabziehen, missachten, schmälern, unterschätzen, verachten, verharmlosen, verkennen, verkleinern, verlachen, vernachlässigen, verniedlichen.
▸ Wichtigkeit beimessen.
Bagger Schaufellader, Schrapper, Trax(cavator).
baggern ausgraben, aushöhlen, ausschöpfen, absenken, vertiefen, ausheben, ausbuddeln *u.*
▸ auffüllen.
bähen erwärmen, erhitzen, baden, feuchte Umschläge machen, aufweichen, enthärten.
Bahn Rennbahn, Reitbahn, Rollbahn, Autobahn, Hippodrom *s,* Geleise, Gang, Richtung, Spur, Straße, Strömung, Weg, Durchgang, Gasse, Ablauf, Fahrwasser, Verlauf, Eisbahn, Abfahrt, Piste • Eisenbahn, Bimmel- oder Bummelbahn *u.* Puffpuff (kindertümlich), feuriger Elias *u.* Straßenbahn, Trambahn, Pferdebahn, Hochbahn, U-Bahn, Schwebebahn, Bergbahn, Zwergbahn, Zahnradbahn • freie Bahn, freier Lauf, freier Wille, freies Feld, Unabhängigkeit, Freiheit, freies Ermessen, Selbstständigkeit, Ungebundenheit. → Ablauf, Fahrzeug (Schienen-).
▸ Bahn.
bahnbrechen → auftauchen, bahnen.
bahnbrechen, sich → anfangen, auftauchen.
bahnbrechend einmalig, unvergleichlich, unnachahmlich, genial, einführend, gestaltend, schöpferisch, anbahnend, ins Leben rufend, in Übung bringend, einleitend, ursprünglich, anfangend, vorbereitend, fördernd, fortschrittlich, führend, persönlich, vorbildlich, vorstoßend, wegleitend. → A und O, ausschlaggebend, beginnend, Epoche machend.
▸ nachgeahmt, nachgemacht, unbedeutend, wirkungslos.
Bahnbrecher Schrittmacher, Vorläufer, Vorbereiter, Wegbereiter, Pionier, Schöpfer, Genie, Entdecker, Forscher.
bahnen ebnen, glätten, gleichmachen, richten, abstecken, ausflächen • wegweisen, ordnen, vorbereiten, anbahnen, vorarbeiten, verfügen, einrichten, anordnen, eröffnen, den ersten Schritt tun, den Grund vorbereiten, Schwierigkeiten oder Hindernisse beseitigen, lenken, leiten, führen, steuern, lotsen, gängeln, die Zügel ergreifen, den Weg vorzeichnen, eine Sache einleiten, einfädeln, Bahn brechen, den Ton angeben, leicht machen, entlasten, entbürden, entbinden, entwirren, wegräumen, frei machen, fördern, Vorschub leisten • beitragen, verschaffen, erobern, glücken,

erreichen, gewinnen, erringen, beseitigen, überwältigen, überwinden, bemeistern, vorrücken, emporkommen, erklimmen, erklettern, meistern, vollenden, verwirklichen, bewältigen, bezwingen, freikämpfen. → ebnen.
▸ emporragen, hemmen, rauen, tappen im Dunkeln, Weg gehen aus dem.

Bahnhof Bestimmungsort, Haltestelle, Ziel, Bahnsteig, Station.

Bahnsteig → Bahnhof.

Bahre Sänfte, Tragstuhl, Rollstuhl, Krankenstuhl, Tragbahre, Sarg, Sarkophag, Schragen, Katafalk, Ehrenbett.

Bai Bucht, Busen, Golf, Förde, Fjord, Haff, Lagune, Sund, Belt, Meerbusen, Becken. → Becken, Bucht.

Baiser Schaumgebäck. → Backwerk, Kuss.

Baisse Abschwung • Preisnachlass, Preissturz, Fallen der Kurse.

Bajadère Hetäre, Buhle, Dirne, Kokotte, Tänzerin, Metze, Hure, Freudenmädchen, Liebedienerin, Buhldirne, Huri, Geisha, Phryne, Aspasia, Messalina, Sirene, Kirke, Circe. → Buhle.

Bajazzo Hanswurst, Spaßmacher, Harlekin, Possenreißer, Klown, Narr, Hofnarr, Hofzwerg.

Bake Kennzeichen, Erkennungszeichen, Merkmal, Landmarke, Orientierungszeichen, Merkzeichen, Mal, Weiser, Anzeiger, Fahrzeichen, Signal, Wegweiser, Warnung, Boje, Warner, Warnzeichen, Anzeichen, Seezeichen, Sicherung.

Bakschisch *m* → Almosen.

Bakterie → Bazillus.

Bakteriengift Toxin.

bakterientötend abtötend, sterilisierend, bakterizid, auskochen → antibakteriell, bakterizid.

bakterizid → bakterientötend.

Balance Ausgeglichenheit, Ausgewogenheit, Gleichgewicht.

Balance halten → balancieren.

balancieren ausgleichen, ins Gleichgewicht bringen, im Gleichgewicht halten, Balance halten, durchwinden, die Waage halten, seillaufen, abwägen.
▸ ausgleiten, (aus dem) Gleichgewicht bringen.

balbieren Bart scheren, rasieren • über den Löffel balbieren, täuschen, betrügen, bemogeln, irreführen, bereden, beschwatzen, übervorteilen, überlisten, beschwindeln, prellen, benachteiligen, überfordern, ablocken, ablisten, abluchsen, Sand in die Augen streuen, ein X für ein U vormachen, an der Nase herumführen, auf eine falsche Fährte bringen, in den Sack stecken, hinters Licht führen, eine Nase drehen, ein Schnippchen schlagen, am Narrenseil führen, zum Narren haben, das Fell über die Ohren ziehen, einem Hörner aufsetzen, mauscheln *u*, auf die Nase binden, schummeln *u*, übers Ohr hauen, Menkenken machen *u*, überfahren.

bald in absehbarer Zeit, in Bälde, binnen kurzem, demnächst, früher oder später, gleich, nächstens, dieser Tage, in nächster Zeit, morgen, übermorgen, über Nacht, über ein Kleines, in wenigen Augenblicken, nur eine Sekunde oder Minute, ehest. → Anzug, beiläufig, beizeiten, bevorstehend, demnächst, zirka.
▸ nie, sofort, in ferner Zukunft, künftig, nach langer Zeit, später • vor kurzer Zeit.

Baldachin *m* → Altarhimmel, Betthimmel.

baldig früh, zeitig, frühzeitig, beizeiten, frühestens, ehest, pünktlich, schnell, geschwind, hurtig, flink, eilig, prompt, sofort, alsbald, alsgleich, allsofort, rechtzeitig, bei erster Gelegenheit. → bald, beizeiten.

baldigst → rasch.

baldmöglichst → baldig.

baldowern → auskundschaften.

Baldrian Beruhigungsmittel.

Balg Kind, Bastard, Bankert • Blase, Beutel, Sack, Hülle • Leder, Haut, Pelz, Vlies, Fell, Decke, Schwarte, Pelle *u* • Leib, Körper, Bauch, Wanst, Ranzen. → Baby, Bedeckung, Bengel, Fell.

balgen uneinig sein, verfeinden, sich überwerfen, abwenden, bekämpfen, anfeinden, befehden, bekriegen, zanken, streiten, hadern, bestreiten, polemisieren, prozessieren, widerlegen • schlagen, raufen, hauen, prügeln, keilen, wichsen, abreiben, beuteln, ringen, zürnen, keifen, grollen, maulen, bearbeiten, traktieren, eine Abreibung geben, sich in den Haaren liegen, fechten, aneinander geraten, blankziehen, ausfechten, auskämpfen, das Leder gerben • auszustechen trachten, sich zu überbieten suchen, konkurrieren, rivalisieren, kandidieren, randalieren, disputieren, polemisieren, ein Wettrennen machen. → austragen, beuteln.
▸ vertragen sich.

Balgerei → Getümmel, Streit.

Balken Pfeiler, Pfosten, Querbalken, Sparren, Strebe, Stütze, Tragbalken, Träger, Unterlage, Pfahlwerk, Pfahl, Gebälk, Sparrenwerk, Unterzug.

Balkon Altan, Erker, Vorsprung, Anbau, Vorbau, Veranda. → Erker.

Ball Blase, Erdkugel, Globus, Kugel, Sphäre • Abendunterhaltung, Fünfuhrtee, Gesellschaft, Veranstaltung, Fest, Tanzabend, Maskenball, Redoute, Hausball, Kränzchen • Ei, Kiste, Leder, Pille, Handball, Faustball, Schlagball, Hockey, Polo, Radball, Wasserball, Rugby, Basketball, Korbball, Golf, Krocket, Kricket, Kampfball, Raubball, Jägerball, Prellball, Wettspiel, Tennis, Flugball, Stoppball, Netzball, Sportball, Federball (Badminton, Indiaca), Bewegungsspiel. → Feier, Fest.

Ballade → Dichtung, Erzählung.

Ballast Belastung, Beschwerung, Bürde, Erschwerung, Last, Packung, Sandsack, unnötiges Gepäck, Zusatzgewicht. → Bürde.
▸ Entlastung, Gewichtslosigkeit.

Ballen → Bund.

ballen zusammenziehen, zusammendrücken, aufziehen, sich abrunden • die Zähne zusammenbeißen, die Hände oder Fäuste in die Taschen stecken • die Faust ballen, Händel suchen, streiten, drohen, herausfordern, Trotz bieten, trotzen • bedrohen, androhen, einschrecken, bange machen, einschüchtern.
▸ ausdehnen sich, vertragen sich.

ballen, eine Faust → ballen, bedrohen, Bedrohung.

Ballerina Tänzerin, Balletteuse, Balletttänzerin, Primaballerina.
ballern → dröhnen, lärmen, schießen.
Ballett Pantomime, Tanzspiel, Tanzoper.
Balletttänzerin → Ballerina.
Balletteuse → Ballerina.
Ballon Luftschiff, Zeppelin, Freiballon, Fesselballon, Montgolfiere, Beobachtungsballon, Kinderballon • Behälter, Blase, Flasche, Behältnis.
Ballonfahrerkorb Gondel.
Ballspiel → Ball.
Balsam Heilmittel, Herzstärkung, Labsal, Erlösung, Erquickung, Trost. → Arznei, Auszüge, Baldrian, Duft, Elixier, Essenz.
balsamieren einreiben, erhalten, einbalsamieren, bewahren, aufbewahren, konservieren, einsalben, präparieren, einfetten, einschmieren, haltbar machen.
balsamisch → aromatisch, duftig.
balzen bespringen, belegen, kören, girren, umgirren, lieben.
Bambino → Baby.
Bambus Bambusrohr, spanisches Rohr, Haselstock, Riedstock, Prügelstock.
Bammel Furcht, Angst, Bangigkeit, Befürchtung, Besorgnis, Feigheit, Kleinmut, Mutlosigkeit, Schiss, Sorge, Unruhe, Verzagtheit, Mangel an Mut, Heidenangst, Lampenfieber, Scheu, Schüchternheit, Unentschlossenheit, Mangel an Selbstvertrauen, Beklemmung, Bestürzung, Grauen.
▸ Furchtlosigkeit.
bammeln baumeln, flattern, fliegen, hängen, hangen, pendeln, schaukeln, schwanken, schweben, schwingen, tanzen, wedeln.
▸ ruhen, stehen.
banal platt, trivial. → abgedroschen, abgeschmackt, alltäglich.
banalisieren → vereinfachen.
Banalität Plattitüde, Plattheit, Trivialität. → Fadheit.
Banause Bildungsphilister, Kleinbürger, Spießer, Dummkopf, Dutzendmensch, Hohlkopf, Ignorant, Nichtskönner, Stümper, Einfaltspinsel, Flachkopf, Schwachkopf, Simpel, Stiesel, Strohkopf, Dämel.
▸ Ästhet, Denker, Schöngeist.
banausisch kleinkariert, spießig, ungebildet.
Band Spruchband, Verschlussband, Banderole *f*, Stempelbanderole, Steuerbanderole, Verschlussbanderole, Verschlussstreifen, Zierband • Buch, Werk, Broschüre, Heft • Litze, Tresse, Besatz, Putz • Kette, Beziehung, Verbindung, Verknüpfung, Bindung, Anschließung, Anschluss, Gemeinschaft, Zusammengehörigkeit • Fessel, Seil, Tau, Strick, Strang, Schnur, Strippe, Leine, Bindfaden, Zwirn, Garn, Faden, Riemen, Schleife, Schlinge, Masche, Binde, Gurt, Gürtel, Hosenträger, Hosenband, Strumpfband, Knieband, Schnürsenkel, Haarband • Ehrenzeichen, Dekoration, Ordensband, Lametta. → Ausschmückung, Bindemittel, Buch, Bund, Druckschrift, Faszikel.
▸ Trennung.
Band, am laufenden fortgesetzt, immer, pausenlos, unaufhörlich.
Bandage Verband, Wickel, Umhüllung, Verpackung, Umwicklung, Schienung, Festlegung, Gips.
Bandaufnahme Aufnahme, Phonogramm.
Bande Anhang, Gruppe, Kamarilla, Klüngel, Clique, Sippe, Sippschaft, Gesellschaft, Haufe, Klasse, Trupp, Rotte, Meute, Pack, Brut, Mob, Herde, Horde, Pöbel, Gelichter, Knechtschaft • Musikband • Fessel, Gängelband, Joch, Kette • Gebot, Gehorsam, Treue, Verbundenheit. → Anhang, Clique.
▸ Individuum, Ungebundenheit.
Bändel → Faden.
Bandenführer → Chef.
Banderole *f* → Band.
bandförmiges Gewinde Girlande.
Bandgerät → Apparat.
bändigen unterwerfen, unterjochen, beugen, unterdrücken, zähmen, zwingen, fesseln, binden, knechten, bezwingen, niederdrücken, lenken, zügeln, ketten • befestigen, anbinden, anschließen, anketten, anschmieden, knebeln, einsperren, überwältigen • besänftigen, dämpfen, lindern, stillen, beschwichtigen. → abrichten, beherrschen, bezähmen, eindämmen.
▸ befreien sich, ereifern sich, machtlos (sein).
Bändiger Dompteur.
Bändigung Dressur.
Bandit Dieb, Räuber, Erpresser, Spitzbube, Gauner, Schwindler, Schuft, Schurke, Vagabund, Hochstapler, Landstreicher, Strolch, Stromer, Zigeuner, Pirat, Schnapphahn, Freibeuter, Korsar, Plünderer, Halsabschneider, Mörder, Raubritter, Buschklepper, Raubschütz, Wilderer, Schmuggler, Schinderhannes, Räuberhauptmann, Bösewicht, Missetäter, Übeltäter, Schuldiger, Verbrecher, Frevler, Sträfling, Schelm, Gauch, Strick, Tagedieb, Herumtreiber, Halunke, Schubjack, Hundsfott, Galgenstrick, Galgenvogel, Elender, Ungeheuer, Strauchdieb, Wegelagerer, Unmensch, Unhold, Scheusal, Ausbund, Mordbrenner, Brandstifter, Brandleger, Nihilist, Anarchist, Bombenwerfer, Teufel, Geißel, Höllenhund, Brigant, Ganeff, Ganove. → Bestie.
Bandrosette Kokarde.
Bandwürmer Cestoda, Cestodes, Zestoden, Taeniidae.
Bangbüchse → Feigling.
bange ahnungsvoll, ängstlich, befangen, besorgt, furchtsam, kleinlaut, kleinmütig, scheu, schüchtern, unruhig, verängstigt, verstört, verzagt, zage, zaghaft • bestürzt, betreten, entgeistert, entsetzt, erschrocken, furchterfüllt, sprachlos, starr, verdattert, verlegen, versteinert, verwirrt • rege *j*. → ängstlich, bebend, befangen, erstarrt, fahl.
▸ furchtlos.
Bange machen → ballen, bedrängen, bedräuen, bedrohen, drohen.
bangen sich ängstigen, beben, sich entsetzen, schaudern, schlottern, stutzen, zagen, zittern, graulen, gruseln, puppern, scheuen, schwanken, Bammel oder Gamaschen oder Manschetten oder Angst haben → ängstigen, befürchten, benehmen den Atem, erblassen, erwarten, Farbe wechseln.
▸ mutig sein, unbesorgt sein.
bangend → bebend.

Bangigkeit → Angst, Bammel, Bedenken, Befangenheit.
bänglich → ängstlich, bange.
Bänglichkeit Schisschen *u.*
Bank Ruhestätte, Pritsche, Schulbank • Sandbank, Untiefe • Großbank, Privatbank, Genossenschaftsbank, Sparkasse, Volksbank, D-Bank, Kreditanstalt, Hypothekenbank, Lombardbank, Kasse, Sparbank, Kreisbank, Wechselstube, Staatsbank, Rentenbank, Kasse, Sparbank, Kreissparkasse, Länderbank, Diskontbank.
Bankeinlagen Depositen.
Bankert → Anverwandte, Balg, Bastard.
Bankett Essgelage, Festmahl, Festtafel, Gastmahl, Tafel, Gesellschaft. → Essen, Feier, Fest.
Bankfach Safe, Tresor.
Bankfachmann Bankier, Banker.
Bankhalter (der Spielbank) Croupier.
Bankier → Finanzier.
Banknoten Platten *u.* → Bargeld.
Bankpapiere → Effekten.
Bankrott Pleite *u.* → Konkurs.
▸ flüssig, liquid, solvent.
bankrott erledigt, geliefert, gestrandet, kaputt, schiffbrüchig, umgeworfen, verloren • zahlungsunfähig, geplatzt, verschuldet, überschuldet, pleite, verkracht, hops *u*, macholle *u*, hinüber, alle fertig, kapores *u*, bis über die Ohren oder bis an den Hals in Schulden stecken.
▸ zahlungsfähig.
Bann Acht, Verbot, Interdikt *s*, Ächtung, Bulle, Bannfluch, Exkommunikation, Verbannung, Verweisung, Vertreibung, Ausschließung, Ausstoßung • Verlockung, Anziehung, Versuchung, Zauber, Magnet, Suggestion, Einwirkung. → Acht, Ächtung, Anziehung, Bannspruch, Beeinflussung, Bezauberung, Exil.
▸ Einreihung, Unbeeinflussbarkeit.
bannen ächten, ausstoßen, boykottieren, exkommunizieren, für vogelfrei erklären. → ächten, austreiben, behexen, Blick böser, zaubern.
▸ aufnehmen, begünstigen heraufbeschwören, herbeiführen, hervorrufen.
Banner Fahne, Flagge, Standarte, Feldzeichen.
Bannfluch Kirchenfluch, Verfluchung, Anathema *s.* → Acht, Ächtung, Bann, Bannspruch.
bannig → abscheulich, äußerst, sehr.
Bannkreis → Blickfeld, Region.
Bannkunst → Aberglaube, Bezauberung.
Bannspruch Bannstrahl, Bannfluch, Bann, Bulle, Kirchenbann, Schwur, Achterklärung, Fluchandrohung, Interdikt • Zauberformel, Zauberspruch, Beschwörungsformel. → Acht, Ächtung, Bann, Fluch, Verwünschung.
Bannstrahl → Bannspruch.
Bantuneger Kaffer.
Bar Genussschuppen *u.* → Ausschank, Gaststätte.
▸ auf Abzahlung/Kredit • bargeldlos, unbar • mit Scheck, per Überweisung.
bar mit Bargeld zahlen, bezahlt, flüssig. → blattlos, entblößt, federlos, nackt.
▸ ratenweise, schulden.
bar bezahlen und mitnehmen cash and carry.
Barbar Bilderstürmer, Bluthund, Gottesgeißel, Hunne, Melac, Moloch, Rohling, Satan, Teufel, Vampir, Vandale, Verderber, Verheerer, Vertilger, Verwüster, Zerstörer • Bauer, Flegel, Grobian, Knote, Lümmel, Prolet, ungebildeter Mensch oder Bursche, Bestie, Biest, Unmensch, Vieh. → Bedrücker, Bestie, Bluthund.
Barbarei Brutalität, Grausamkeit, Härte, Gefühlskälte, Herzlosigkeit, Lieblosigkeit, Rohheit, Ruchlosigkeit, Unbarmherzigkeit, Unmenschlichkeit.
▸ Menschlichkeit.
barbarisch bestialisch, blutrünstig, brutal, drakonisch, eisern, eisig, empfindungslos, entmenscht, erbarmungslos, gefühllos, gewissenlos, grausam, herzlos, hart, hartherzig, kalt, lieblos, mitleidlos, roh, ruchlos, rücksichtslos, rüde, schonungslos, teilnahmslos, unbarmherzig, unempfindlich, unerbittlich, unnachgiebig, unnachsichtig, unversöhnlich, zynisch. → abscheulich, bäurisch, bestialisch, blutgierig, brutal.
▸ edel, menschlich, behutsam, human, rücksichtsvoll • zivilisiert.
Barbecue (Bratrost) Grillparty, Fest im Freien.
Bärbeißer Brummbär, Griesgram, Murrkopf, Muffel, Klotz, Flegel, Raubauz, Raubein, Rowdy, Rüpel.
bärbeißig ärgerlich, auffahrend, bissig, einsilbig, gebieterisch, hämisch, herrisch, hochmütig, reizbar, tadelsüchtig, verletzend, zänkisch, zanksüchtig, rechthaberisch, barsch, borstig, boshaft • brummig, düster, grämlich, grantig, grob, barsch, herb, knorrig, missmutig, mürrisch, streng, tückisch, unfreundlich, verbittert, verdrießlich, versauert, verschlossen.
▸ freundlich, vergnügt.
Bärbeißigkeit Barschheit, Bitterkeit, Härte, Herbheit, Rauheit, Schroffheit, Strenge, Verdrießlichkeit, Brummigkeit, Trotz, Verbitterung, Bissigkeit.
▸ Aufgeräumtheit, Liebenswürdigkeit.
Barbesitz Aktiva.
Barbier Frisör, Haarkünstler, Haarformer, Haarschneider, Rasierer, Bader, Bartscherer, Coiffeur, Figaro. → Bader.
barbieren scheren, rasieren, schaben, einseifen, schneiden.
barbusig busenfrei, oben ohne, topless.
Barde → Dichter.
Bären aufbinden → angeben.
Bärenführer → Cicerone.
Bärenhäuter → Arbeitsunfähiger, Bummler.
Bärenhunger → Esslust.
barfuß barfüßig, bloßfüßig, nacktfüßig, ohne Schuhe und Strümpfe.
Bargeld Münzen, Banknoten, Geldscheine, Tauschmittel, Umsatzmittel, Zahlungsmittel • Blech, Draht, Eier, Dukaten, Taler, Flachs, Goldfüchse, Kies, Klamotten, Knöpfe, Koks, Kullerchen, Pfennige, Kröten, Lappen, Märker *u*, Mammon, Mittel, Moos, Mumm, Monete, Nervus Rerum, Pinkepinke, Pinunzie, Nickel, Pulver, Rosinen, Schiefer, Spagat, Zaster, Zechinen, Zimt, Zunder, Zwirn, Kleingeld, Geldstück, Hartgeld, Kupfer, Kupfergeld • Heckpfennig, Nadelgeld, Taschengeld, Papiergeld, Zehrpfennig, Barschaft, Barvermögen, Kassa.
Bargeldeinziehung Inkasso.

bargeldlos bankmäßig, durch Giro, per Überweisung.
barhäuptig entblößten Hauptes, unbedeckt, hutlos, erfurchtsvoll.
▸ bedeckt.
Barkasse → Boot, Fahrzeug (Wasser-), Schiff.
Barkauf Komptant-/Kontantgeschäft.
Barke → Boot, Fahrzeug (Wasser-), Schiff.
barmherzig nachsichtig, mild, sanft, sanftmütig, duldsam, tolerant, nachgiebig, freundlich, gütig, gnädig, schonend, mitleidig, freigebig, großmütig, wohltätig, hilfsbereit, mitfühlend, teilnehmend, menschenfreundlich, liebevoll, menschlich, opferwillig, aufopferungsfähig, human, weichherzig, weichmütig, schonungsvoll.
▸ unbarmherzig, unerbittlich • barbarisch, brutal, erbarmungslos, gnadenlos, grausam, herzlos.
barmherziger Helfer Samariter.
Barmherzigkeit Anteilnahme, Erbarmen, Menschenliebe, Humanität, Mitgefühl, Mitleid, Nachsicht, Pardon, Schonung, Teilnahme, Verzeihung, Vergebung, Milde, Nächstenliebe, Wärme, Wohltätigkeit, Gemeinsinn, Freigebigkeit, Großmütigkeit, Hilfsbereitschaft, Hochherzigkeit, Mildtätigkeit. → Charitas, Erbarmen.
▸ Unbarmherzigkeit.
barock übertrieben, verkünstelt, verstiegen, überspannt, übermäßig, schwülstig, verschnörkelt, bombastisch, überschwänglich, bizarr.
Barograph → Barometer.
Barometer Aerometer, Aneroid, Barograph, Luftdruckmesser, Wetterglas, Druckanzeiger.
Baron → Adel.
Baronesse → Adel.
Baronin → Adel.
Barriere Abschließung, Abzäunung, Begrenzung, Behinderung, Einhalt, Hemmnis, Hindernis, Scheidung, Schranke, Sperre, Blockade, Seesperre, Blockierung, Riegelstellung, Abdämmung, Absperrung, Versperrung, Verrammelung, Verriegelung.
Barrikade Befestigung, Bollwerk, Brustwehr, Deckung, Schanze, Sperre, Vorwerk, Wall, Bastei, Bastion, Brüstung, Drahtverhau, Erdaufwurf, Palisade, Stacheldraht, spanischer Reiter. → Beschwernis, Damm.
barsch ablehnend, schroff, rücksichtslos, borstig, ungehobelt, brüsk, ruppig *u.* → bärbeißig, brüsk, cholerisch, fassen sich kurz, Fassung kurze, rücksichtslos.
▸ rücksichtsvoll, sanftmütig.
Barschaft → Bargeld, Besitztum, Kapital.
Barschheit → Bärbeißigkeit, Bissigkeit, Erbitterung, Ernst.
Bart Backenbart, Fliege, Schnauzbart, Schnurrbart, Stoppeln, Vollbart, Kotelett, Bürste, Flaum, Knebel, Spitzbart, Mücke, Zahnbürste *u*, Fußsack, Rauschebart, Sauerkohl, Manneswürde.
bärtig behaart, borstig, buschig, filzig, haarig, stopplig, zottig. → borstig, buschig, faserig.
Bartkräusler → Bader.
bartschaben rasieren.
bartscheren → balbieren.
Bartscherer → Bader, Barbier.
Barvermögen → Bargeld.
Barzahlung Cash, Kassazahlung.
Barzahlungsnachlass Skonto.
Bas (Baas) → Arbeitgeber.
Basar → Detailgeschäft.
Base → Anverwandte.
basieren ruhen, stehen, fußen, stützen, tragen, halten, bauen auf, sich gründen auf, sich beruhen auf, sich beziehen auf, annehmen, vorstellen.
▸ unbegründet (sein).
Basis Unterlage, Untergrund. → Anfang, Anhaltspunkt, Ansatz, Bedingung, Beginn, Grundlage.
basisch alkalisch.
Basiseinkommen fundiertes Einkommen.
Basketball → Ball.
Bass Singstimme, Kontrabass, Generalbass, Bassist, Sänger, Bassgeige, Brummbass.
bass → sehr.
Bassgeige → Bass.
Bassin → Becken.
Bassist → Bass.
Basstrompete Bombardon.
Bast Hülle, Umschlag, Umhüllung, Überzug.
basta ein für alle Mal, abgemacht, aus, vorbei, fertig, zum letzten Mal, punktum. → aus, ein für alle Mal.
Bastard Mischling, Halbblut, Kreuzung, Mestize, Mulatte, Promenadenmischung, Zwitter, Hermaphrodit, Mannweib, Bankert. → Balg.
Bastei → Barrikade, Bastion.
basteln bosteln, arbeiten, selbst anfertigen, anfertigen, bauen, flicken. → anfertigen, arbeiten, bauen, beschäftigen.
bastgelb ekrü.
Bastion Befestigung, Festungswerk, Bollwerk, Wälle, Mauer, Brustwehr, Brüstung, Umwallung, Vorwerk, Bastei, Brückenwerk, Brückenkopf, Festung, Kastell, Fort, Zitadelle, Burg, Felsennest, Turm, Warte. → Barrikade, Burg.
Bastler Tausendsassa, Pfiffikus, Praktikus, Tüftler.
Bastonade → Bearbeitung, Bestrafung.
Batik → Farbenreichtum.
Batterie Truppenkörper, Geschützpark, Artillerie • elektrische Batterie, galvanische Batterie, Akku, Akkumulator, Stromspeicher, Stromspender, Kraftspender, Kraftspeicher • Batterie, Flaschen, Vielzahl von Flaschen bzw. von Dingen.
Bau Gebäude, Haus, Wohnblock, Baukomplex, Bauvorhaben, Neubau • Tierbau, Fuchsbau, Höhle • Gefängnis, Zuchthaus, Knast *u.* → Aufführung, Aufstellung, Bildung, Erbauung, Erzeugung, Figur, Form, Struktur.
▸ Abbau, Abbruch, Demontage, Untergang, Verfall, Zerstörung • Entwurf, Planung.
Bauart → Stil.
Bauch Dickbauch, Dicksack, Dickwanst, Wanst, Wampe, Fettwanst, Hängebauch, Abdomen, Spitzbauch, Spitzkühler *u*, Embonpoint, Schmerbauch, Mollenfriedhof *sl.*, Ränzlein, Korpulenz, Leibesfülle, Plauze, Blunze *sl.* → Balg.
Bauchaufschlitzen, Selbstmord durch Harakiri.
Bauchbinde Reklamestreifen, Auszeichnung.
Bauchbruch Bauchhernie, Laparozele.
Bauchdiener → Feinschmecker.
Bauchfellentzündung Peritonitis.
Bauchhöhleneröffnung Laparotomie.
bauchig aufgetrieben, gewölbt, hochrundig, ausgebaucht, aufgeschwellt, vorspringend, rund, aufgebläht, aufgeblasen, dick.
▸ ausgehöhlt, flach, platt.
bäuchlings → kriechend.

bauchpinseln → schmeicheln.
Bauchredner Ventriloquist.
Bauchschmerzen Bauchweh, Leibschmerzen.
Bauchspeicheldrüse Pancreas, Pankreas.
Bauchspeicheldrüsenentzündung Pankreatitis.
Bauchspeicheldrüsenhormon Insulin.
Bauchspiegelung Laparoskopie.
bauchwärts ventral.
Bauchwassersucht Aszites.
bauen → ackern, anfertigen, ausführen, basteln, bilden, erbauen, herstellen, hoffen. ▸ abbrechen, abreißen, abtragen, niederreißen, sprengen, zerlegen, zerstören • entwerfen, planen • erneuern.
bauen, auf glauben, hoffen, rechnen mit, verlassen sich, vertrauen.
Bauer Fellache *m (ägypt.)*, Ackermann, Agrarier, Agronom, Ansiedler, Landarbeiter, Landmann, Landwirt, Mähder, Pflanzer, Säer, Sämann, Schnitter, Kolonist, Bauersmann, Farmer, Großgrundbesitzer, Gutsbesitzer, Inspektor, Krautjunker, Ökonom, Weinbauer, Winzer, Häusler, Kötter • ungehobelter Mensch, Bauernlümmel, Ackerknecht, Fuhrknecht • Bauernmädchen, Unschuld vom Lande, Bauerntrampel *u*, Trine *u*, Landpomeranze. → Barbar. ▸ Städter, Kavalier.
bäuerlich → derb.
Bauernarbeit → Feldbestellung.
Bauernfänger Betrüger, Beutelschneider, Fälscher, Falschspieler, Gauner, Hochstapler, Lockvogel, Schelm, Schnapphahn, Schuft, Schurke, Schwindler, Spitzbube, Strauchdieb. → Betrüger. ▸ Betrogener.
Bauernhof Domäne, Herrschaft, Gut, Freisitz, Lehen, Lehensgut, Fideikommiss, Majoratsgut, Stammgut, Erbgut, Erbhof, Ahnerbe, Meierei, Pachthof, Pachtgut, Farm, Plantage, Hazienda, Pflanzung, Landwirtschaft, Ökonomie, Hof, Anwesen, Gehöft, Vorwerk, Schäferei. → Ansiedlung, Anwesen, Besitztum.
bauernmäßig → bäurisch.
Bauersmann → Bauer.
baufällig verfallen, zerfallen, gebrechlich werden, verwelken, verblühen. ▸ haltbar, fest (stehen).
Bauführer Polier.
Baugrundstück Baufläche, Baugelände, Bauplatz, Baustätte, Baustelle, Parzelle.
Bauherr → Erbauer.
Bauhütte Baracke.
Baukunst Architektur, Hochbau, Brückenbau. → Stil.
Baum Laubbaum, Nadelbaum, Obstbaum, Zierbaum, Nutzholz.
baumbestanden bewaldet, waldig, waldreich.
Bäume fällen abholzen, fällen, roden, urbar machen.
Baumeidechse Chamäleon, Leguan.
Baumeister Architekt *m*, Bauunternehmer, Erschaffer.
Baumeister aller Welten Demiurg.
baumeln → bammeln, schweben.
bäumen → aufziehen, bewegen sich.
bäumen, sich → auflehnen, aufsteigen.
bäumend → aufsteigend.
Baumforscher Dendrologe.
Baumgarten → Baumschule.
Baumgott → Faun.
Baumkunde Dentrologie.
Baumpickel Sapine.
Baumschule Baumgarten, Gärtnerei, Anpflanzung, Pflanzung, Plantage → Kamp.
baumstark → derb.
Baumsteppe Savanne.
Baumuster Modell, Maquette.
Baumwolle → Werkstoffe.
Bauplan Entwurf, Skizze, Grundriss.
Bauplatz Baugelände, Baugrund(stück), Bauland, Baustelle, Grundstück, Parzelle.
bäurisch ungebildet, unkultiviert, ungeschliffen, grob, ungeschlacht, tölpisch, linkisch, ungehobelt, bauernmäßig, kleinstädtisch. ▸ gebildet, wohlerzogen.
Bausch und Bogen → bestehen aus, rundweg.
bauschen, sich → ausbuchten, blähen.
bauschig bauchig, gewölbt, aufgeblasen. → dick.
Bauschutt Schamott *u*.
Baustelle → Bauplatz.
Baustoff Stein, Ziegel, Zement, Kalk, Beton *m*, Holz, Eisen, Stahl, Kies, Mörtel.
Bauunternehmer → Baumeister.
Bauwerk Bau, eindrucksvolles Gebäude/Haus.
bayerisches Vergnügen Gaudi.
Bazar → Laden.
Bazillus Bakterie, Fiebererreger, Kokke, Krankheitsträger, Miasma, Pilz, Seuchenüberträger, Spirochäte, Spore.
beabsichtigen abzielen, bezwecken, erstreben, in petto haben, hinsteuern, hinzielen, planen, trachten nach, vorhaben, sich vornehmen, sich wenden, wünschen, im Auge haben, ins Auge fassen, im Sinne haben, im Schilde führen, vorschweben, entschlossen sein, gesonnen sein, gewillt sein, zielen auf, ausgehen auf, hinauswollen auf, zu erreichen suchen, schielen nach, verfolgen, sich interessieren für, sich tragen mit, schwanger gehen mit, sich in den Kopf setzen, auf der Pfanne haben *u*, aufs Ganze gehen, projektieren, überlegen, erörtern, erwägen, sich beschäftigen mit, sich zum Ziel setzen • am gleichen Strang ziehen, ins gleiche Horn blasen oder tuten. → Blick richten auf, ersinnen, erzwecken, fassen ins Auge, streben. ▸ absichtslos, zufällig (geschehen) • ausführen, durchführen, machen, realisieren, verwirklichen • bleiben lassen, entsagen, verzichten.
beabsichtigt absichtlich, berechnet, bewusst, geflissentlich, spontan, vorbedacht, vorsätzlich, willentlich, willig, gewollt. → absichtlich, bewusst, eigens. ▸ unbeabsichtigt.
beachten ernst nehmen. → Acht geben, aufpassen, ausführen, befolgen, beherzigen, beobachten, berücksichtigen, Beste tun, bleiben bei der Sache, einlösen das Wort, erwägen. ▸ ignorieren, missachten, übergehen, übersehen, übertreten, umgehen.
beachtenswert → A und O, ansehnlich, anziehend, eindrucksvoll, erheblich, interessant.
beachtlich wichtig, bedeutend, groß, gewichtig, belangreich, von Belang, ernst, kritisch, bedeutungsvoll, dringend, triftig, eindringlich, wuchtig, ausschlaggebend, maßgebend, hervorragend, schwer, erheblich, wertvoll,

wesentlich, respektabel, bemerkenswert, merkwürdig, denkwürdig, beherzigenswert. → ansehnlich, erheblich. ▸ unbedeutend, gering, klein, mäßig, minimal, wenig, winzig.

beachtsam → beflissentlich.

Beachtung → Achtung, Augenmerk, Bedacht, Beobachtung, Berücksichtigung, Nachfrage, Interesse.

Beachtung schenken → bekümmern.

beamtenhaft → bürokratisch.

Beamtenherrschaft Bürokratie.

Beamter Staatsdiener, Hüter der öffentlichen Ordnung, Arbeitskraft bei Behörden, Bürokrat, Dienstnehmer, Amtsträger. → Arbeitnehmer.

beamtet → bedienstet.

beängstigen → erschrecken.

beängstigend → beklemmend, böse, schmerzlich.

beängstigt → bebend, befangen, bestürzt.

Beängstigung → Beengung, Beklemmung, Bekümmernis, Besorgnis, Bestürzung, dumpfes Schweigen.

beanspruchen Anspruch erheben, fordern, heischen, verlangen, bedürfen, erheischen, ausnützen, benützen, zurückfordern, Anrecht besitzen, erwerben, Anspruch geltend machen, sein Recht behaupten oder erzwingen, um sein Recht kämpfen. → Anspruch erheben, begehren, behaupten, bestehen auf, brauchen, auslasten, erfordern, ermangeln können nicht. ▸ bescheiden sich, genügen, kümmern sich nicht um • entlasten, in Ruhe lassen, schonen, verschonen, zufrieden lassen • verzichten • versorgen.

Beanspruchung, starke Absorption, Strapaze, Stress.

beanstanden bekritteln, bemäkeln, bemängeln, einwenden, kritisieren, missbilligen, nicht anerkennen, nörgeln, rügen, tadeln, durchhecheln, bemeckern *u*, verhackstücken *u*, am Zeug flicken, durch die Zähne ziehen *u*. → aussetzen, einwenden, tadeln. ▸ anerkennen, zustimmen.

Beanstandung → Klage.

beantragen anerbieten, auffordern, empfehlen, vorschlagen, Antrag stellen, genehmigen lassen. → anraten, aufwerfen. ▸ ablehnen, abschlagen, ausschlagen, zurückweisen • erlauben, genehmigen, gestatten.

beantworten antworten, erwidern, entgegnen, widersprechen, widerlegen, Antwort geben, schreiben, Bescheid geben, Auskunft geben. → antworten, erwidern. ▸ fragen, schweigen.

Beantwortung → Antwort, Auskunft, Bekenntnis.

bearbeiten beeinflussen, anempfehlen, anfeuern, anreizen, bewegen, bewirken, durchdringen, einwirken, empfänglich machen, veranlassen, zusetzen, einreihen, ordnen, leiten, regeln, vorbereiten, vorkehren, zurechtlegen, zusammenstellen • pflügen, säen, kochen, brauen, Druck ausüben • abfassen, anfeuern, ausarbeiten, ausbessern, balgen, beeinflussen, behauen, bestrafen, bewirken, bohren, durchnehmen, empfänglich machen, werben. ▸ beiseite legen, verfallen, brachliegen lassen, liegen lassen, verkommen lassen, vernachlässigen • in Frieden lassen, roh/unbearbeitet lassen, ruhen lassen.

Bearbeitung Wiederherstellung, Reparatur, Ausbesserung, Korrektur, Berichtigung, Verbesserung, Durchsicht, Musterung, Reinigung, Verfeinerung, Abhilfe, Zubereitung, Anordnung, Vorsorge, Vorarbeit, Zurüstung, Vorkehrung, Anbahnung, Vorbesprechung, Unterhandlung • Züchtigung, Abrechnung, Schlagen, Prügel, Stoß, Tritt, Hieb, Knuff, Puff, Denkzettel, Rippenstoß, Faustschlag, Kopfnuss, Ohrfeige, Tracht, Bastonade, Ausstäupung, Rutenlaufen, Stockstreiche, Bestrafung • Ausbildung, Ausarbeitung, Abrichtung, Schulung, Dressur, Trainierung. → Auffrischung, Bearbeitung, Buch, Denkschrift, Elaborat, Erzeugung. ▸ Zerstörung.

Bearbeitung in → anhängig.

beargwöhnen misstrauen, Verdacht fassen, den Braten riechen, verdächtigen, den Ruf antasten, Bedenken hegen, Argwohn haben, auf der Nase sitzen *u*. → argwöhnen, befürchten. ▸ vertrauen.

Beatmung, künstliche Insufflation.

beaufsichtigen prüfen, inspizieren, bevormunden, dirigieren, leiten, verwalten. ▸ lassen fünf gerade sein, unbeaufsichtigt (sein).

Beaufsichtigung → Aufsicht, Behandlung, Direktion.

beauftragen befugen, ermächtigen, berechtigen, abordnen, senden, entsenden, übergeben, betrauen, anvertrauen, belehnen, anstellen, beschäftigen, ernennen, einsetzen, bestellen, bediensten, Vollmacht erteilen oder verleihen, besetzen, berufen, bestallen, nahe legen, befördern, erheben. → anraten, befehlen, beordern, berufen, beschäftigen, bestellen, delegieren, deputieren, ernennen, erteilen, Auftrag. ▸ widerrufen • ausführen, durchführen, machen • selber machen.

Beauftragter Bevollmächtigter, Abgeordneter, Abgesandter, Botschafter, Delegierter, Diplomat, Gesandter, Geschäftsträger, Internunzius, Kommissar, Konsul, Landbote, Legat, Mandatar, Nunzius, Repräsentant, Unterhändler, Vertreter, Verwalter, Volksvertreter, Agent, Anwalt, Faktor, Kurator, Makler, Kommissär *ö*, Kommissionär, Prokurist, Sachwalter, Treuhänder, Vermittler, Vormund, Betriebsrat, Beigeordneter, Stadtrat, Gemeinderat. → Agent, Bevollmächtigter.

Beauftragung → Befugnis, Berufung, Bestallung, Ermächtigung, Vollmacht.

beäugeln → beschauen.

beäugen → anschauen, sehen.

Beauty schöne Frau. → Schönheit.

bebauen ausbauen, verbauen, entfalten, beendigen, herrichten, zusammenstellen, anbauen. → ackern, pflanzen. ▸ brachliegen.

Beben → Bewegung, Trema, Tremor, Vibration.

beben → änstigen, bangen, dröhnen, erbeben, erblassen, ergrimmen, erschrecken, fürchten, schwanken.

bebend zitternd, schwach,

schwächlich, gebrechlich, kraftlos, machtlos, ohnmächtig, unfähig, hilflos, entnervt, entkräftet, siech, bresthaft, verweichlicht, verzärtelt, zart, erschüttert, zerrüttet, hinfällig, altersschwach, mutlos • stammelnd, stotternd, lallend, lispelnd, undeutlich, stockend • fürchtend, bangend, furchtsam, ängstlich, unruhig, scheu, schüchtern, bange, verzagt, vom Schrecken ergriffen, erregt, gepackt, betroffen, blümerant, erschreckt, entsetzt, bestürzt, furchterfüllt, beängstigt, verwirrt, versteinert, stumm, starr, der Fassung beraubt. → erschrecken.
▸ fest, furchtlos, mutig, stark.

bebildern → ausschmücken, illustrieren.

bebilderte Zeitschrift Illustrierte, Magazin.

bebürden → beirren.

Becher → Behälter, Gefäß.

bechern → trinken, Durst löschen/stillen den, saufen, zechen, pokulieren.

Becken Tal, Kessel, Einsenkung, Pfütze, Tümpel, Bucht, Busen, Klamm, Krater, Schlucht, Mulde, Golf, Bai, Förde, Fjord, Strandsee, Binnenhafen, Haff, Küstensee, Teich, Weiher, Lache, Wasserloch, Sund, Belt, Meerbusen, Hafen. → Bai, Behälter, Bucht, Busen, Gefäß.

Beckmesser → Kritiker.

bedachen decken, bedecken, zudecken, überdecken, belegen, verdachen, eindachen, überdachen, zumachen. → bedecken.
▸ offen stehen (lassen).

Bedacht Absicht, Augenmerk, Beachtung, Sorgfalt, Überlegung, Verständnis, Vorsicht, Rücksichtnahme, Wachsamkeit, Fürsorge, Takt, Einsicht, Scharfblick, Klugheit, Geschicklichkeit, Scharfsinn, List, Gelassenheit, Gleichmut, Geduld. → Achtung, Aufmerksamkeit, Beherrschung, Behutsamkeit, Besonnenheit, Besorgnis, Besorgtheit, Ernst, Umsicht.
▸ Unbedachtsamkeit, Unbesonnenheit.

Bedacht, mit → angelegentlich, aufmerksam.

bedacht → begabt, besinnlich, charakterfest, klug, sorgfältig, still, vorsichtig.

bedächtig gemach, nach und nach, bequem, faul, flau, gelassen, indolent, lahm, langsam, phlegmatisch, pomadig, sacht, säumig, saumselig, schläfrig, schlapp, schleppend, schrittweise, schwerfällig, träge, tranig • achtsam, akkurat, ängstlich, bedenklich, behutsam, exakt, genau, gewissenhaft, gründlich, klug, minuziös, ordentlich, pedantisch, penibel, peinlich, präzis, pünktlich, sorglich, sorgfältig, sorgsam, subtil, tippelig, überlegt, umsichtig, vernünftig, vorsichtig, wachsam, zuverlässig • aufmerksam, geflissentlich, klüglich, einsichtsvoll. → ängstlich, bequem, erwägend, faul, feige.
▸ hastig, unachtsam, unbesonnen eifrig, eilig, impulsiv, leichtsinnig, rasch, schnell, spontan, übereilt, überstürzt, unüberlegt.

Bedächtigkeit → Behutsamkeit.

bedachtlos → fahrig, nachlässig.

bedachtsam aufmerksam, behutsam, geflissentlich, gemessen, maßvoll, sorgfältig, still, überlegt, umsichtig, vernünftig, verständig. → aufmerksam, bedächtig, Eile mit Weile, ernst, ruhig.

bedachtsam sein → Acht geben, ruhig.

Bedachtsamkeit → Besinnlichkeit, Diskretion.

bedanken dankbar sein, erkenntlich zeigen, danken, anerkennen, sich zu Dank verpflichtet fühlen, verpflichtet sein, verbunden sein, Dank sagen, Dank aussprechen oder bekunden, dartun oder bezeigen, Dank zollen.
▸ dankvergessen (sein).

Bedarf Bedürfnis, Erfordernis, Forderung, Notwendigkeit, Unentbehrlichkeit, Unerlässlichkeit, Verbrauch, Zehrung, Nachfrage, Kauflust, Anforderung • Gerät, Rohstoff, Werkstoff, Zeug, Material, Gerätschaft, Hilfsmittel, Werkzeug, Siebensachen, Zubehör, Nahrung, Mundvorrat, Essware, Pflege, Speisung, Futtermittel. → Anspruch, Bedürfnis, Beköstigung, Effekten, Kost, Ration, Requisit.
▸ Angebot.

Bedarfsdeckung → Kauf.

Bedarfsfall → Erfordernis.

Bedarfsforschung → Marktanalyse.

Bedarfsgegenstand → Gebrauchsgegenstand.

Bedarfsgüter Gebrauchsgegenstände, Gebrauchsgüter, Konsumgüter.

Bedarfslenkung → Bedarfsweckung. → Werbung.

bedauerlich böse, bitter, schlimm, unglücklich, elend, verunglückt, unselig, schrecklich, verhängnisvoll, trostlos, kläglich, mühselig, beklagenswert, bedauernswert, bejammernswert, freudlos • schändlich, ehrlos, schamlos, verächtlich, unwürdig, schmählich, verworfen, gemein, niederträchtig, nichtswürdig, schlecht, schandvoll, schimpflich, skandalös, anstößig, verabscheuenswert.
▸ erfreulich, würdig.

bedauerlich, sehr jammerschade *u.*

Bedauern → Charitas, Reue.
▸ begrüßen, erfreut sein, als vorteilhaft ansehen • beglückwünschen • beneiden.

bedauern → abbitten, bekennen, beklagen, bemitleiden, bereuen, bessern sich, beweinen, dauern, demütigen, einlenken wieder, leider.

bedauernswert → abgerissen, arm, bedauerlich, beendend, bejammernswert, unglücklich.

bedecken anfüllen, überziehen, überdecken, überschütten, überall begegnen, übersteigen, verdecken, decken, zudecken, einhüllen, umhüllen, verhüllen, überhängen, verhängen • behängen, belegen, bedachen, verdachen, eindachen, überdachen • einwickeln, einrollen, einbinden, einpacken, einschlagen, zumachen, einmummen • schminken, pudern, bestreuen • ankleiden, bekleiden, anziehen, anlegen, beschuhen, anbehalten • einkrusten, einbröseln, panieren, rösten • verschwimmen, unsichtbar sein, verschwinden, verdunkeln, die Aussicht nehmen, vergehen, sich auflösen, verflüchtigen, verduften. → anziehen, ausschlagen, bedachen, behängen, beherrschen, bestreuen, bewahren.
▸ abdecken, ausziehen, sichtbar machen.

bedeckt unsichtbar, unauffällig,

unwahrnehmbar, versteckt, unbemerkbar, verborgen, unauffindbar, aus den Augen • dunkel, unklar, undeutlich, verhüllt, maskiert, verschleiert • bewachsen, behängt, überdacht, bedacht, zugedeckt, überzogen, bestrichen, eingerollt, eingeschlagen • bekleidet, angezogen, angekleidet, aufbehalten • gesichert, geschützt, unangreifbar, ungefährdet, unbedroht, sicher. ▸ bloß, nackt, gefährdet, blank, entblößt, enthüllt, entkleidet, unbedeckt, unbekleidet, unverhüllt, barhäuptig • blau, heiter, hell, klar, sonnig, wolkenlos.

Bedeckung Geleit, Eskorte *f*, Convoy, Konvoi *sm*, Geleitzug, Schutz, Aufsicht, Bewachung, Hut, Obhut, Sicherheit • Lampenschirm, Brüstung, Schild, Schutzdecke, Schirm, Brustwehr, Bunker, Schutzwand, Schutzraum, Schutzdach, Markise • Anstrich, Bewurf, Verblendung, Deckfarbe, Emailfarbe, Firnis, Getäfel, Lack, Mörtel, Moos, Oberschicht, Puder, Schmelzglas, Schminke, Stuck, Stuckatur, Täfelung, Tünche, Verglasung, Verkleidung, Furnier, Verputz, Verschalung, Ausschlag • Dach, Dachpappe, Decke, Deckel, Stülpe, Stürze, Schindel, Strohdach, Ziegeldach, Zelt • Balg, Behang, Bettdecke, Bezug, Einband, Haut, Feder, Fell, Gefieder, Haar • Gehäuse, Haube, Hülle, Hülse, Kapsel, Kasten, Kiste, Leder, Lid, Pelz, Pergament, Schale, Scheide, Schoner, Tapete, Teppich, Überzug, Umschlag, Kleidung, Bekleidung, Verpackung, Vorhang. → Ansatz, Besatzung, Bewachung, Decke, Deckel, Einband, Einschlag, Farbe. ▸ Schutzlosigkeit.

Bedenken Einspruch, Desinteresse, Unlust, Einrede, Einwurf, Missfallen, Zweifel, innerer Konflikt, Unsicherheit, Verlegenheit, Zaudern, Zwiespalt, Hemmung, Anstände, Gewissensbiss, Skrupel • Angst, Bangigkeit, Besorgnis, Furcht, Schiss, Sorge, Unruhe, Heidenangst, Befangenheit, Lampenfieber, Scheu, Unentschlossenheit, Unschlüssigkeit, Beklemmung, Entsetzen, Grauen, Grausen. → Anstand, Argwohn, Beeinflussung, Befangenheit, Befürchtung, Begriffsscheidung. → Beklemmung, Besorgnis, Betrachtung, Zweifel. ▸ Entschlossenheit, Mut.

bedenken abwarten, hinausschieben, anstehen lassen, beschlafen, hinhalten, verschleppen, verlängern, besinnen, verweisen, zaudern, einstellen, aufgeben, versäumen, abgeneigt sein, säumen • aufmerken, ansehen, besehen, durchsehen, beobachten, aufpassen, anhören, aufhorchen, zuhorchen, belauern, lauschen, überlegen, erwägen, besichtigen, mustern, durchblättern, durchlesen, sich beschäftigen mit, Augen offen halten, vorsichtig sein, unentschlossen, zweifeln, schwanken, sich nicht entschließen, ratlos sein, ungewiss sein, Bedenkzeit lassen, ermahnen, einschärfen, abreden, abraten. → Acht geben, aufhalten sich, aufpassen, befürchten, begrübeln, beherzigen, beraten, beratschlagen, besinnen, besprechen, debattieren, denken, denken an, diskutieren, ermessen, erwägen, überlegen. ▸ billigen, entscheiden sich, entschlossen sein, ausführen, durchführen • ignorieren, übergehen, übersehen, wegschieben • überzeugt sein • übereilen, überstürzen.

Bedenken haben, – tragen → befürchten, bezweifeln, bleiben neutral.

bedenken mit → austeilen, beschenken.

bedenkenlos → unbedenklich.

bedenklich peinlich, ängstlich, gedankenlos, leichtsinnig, leichtfertig, unbesonnen, unbedacht, unvorsichtig, unvernünftig, hirnverbrannt, unklug, flüchtig, übereilt, überstürzt, oberflächlich • fraglich, unglaublich, unbegreiflich, gefährlich, unheilbar, unrettbar, lebensgefährlich, sterbenskrank, todkrank, verfänglich, unangenehm, heikel, lausig, kritisch, ärgerlich, lästig, schlimm, faul, oberfaul, kitzlig *u*, brenzelig *u*, mulmig, mau *u* • verwickelt, kompliziert, aussichtslos, hilflos, festgefahren, aufgesessen • es stinkt *u*, ominös • krumme Sache oder Tour *u*, heißes Eisen, sengerig *u*. → bedächtig, dahingestellt, gravierend, windig. ▸ unbedenklich, harmlos, ungefährlich.

Bedenklichkeit → Anstand.

Bedenkzeit Aufschub, Stundung, Probezeit, Aufschiebung, Pause, Frist, Galgenfrist, Gnadenfrist, Unterbrechung, Bewährungsfrist. ▸ Vollzug.

bedeppert bedrückt. → ratlos.

bedeppt → ärgerlich.

bedeuten ausdrücken, aussagen, ausmalen, besagen, kundmachen, erklären, hindeuten, darlegen, aufdecken, bloßlegen, aufhellen, beleuchten, einen Wink geben, zu verstehen geben. → andeuten, ausdrücken, darstellen. ▸ missverstehen, Stroh dreschen leeres.

bedeutend → A und O, angesehen, ansehnlich, auserlesen, ausgedehnt, ausnehmend, ausschlaggebend, beachtlich, bekannt, berühmt, denkwürdig, eindrucksvoll, ereignisreich, erfolgreich, erheblich, groß, hochgradig, maßgebend, wichtig. ▸ unbedeutend, bedeutungslos, belanglos, irrelevant, unerheblich, uninteressant, untergeordnet, unwesentlich, unwichtig • gering, klein, schwach, wenig • gegenstandslos, hinfällig • gewöhnlich.

bedeutsam ausdrucksvoll, bedeutungsvoll, belangreich, bezeichnend, gewichtig, viel sagend, wichtig, sinnvoll, inhaltsreich, tief. → A und O, ansehnlich, ausdrucksvoll, ausschlaggebend.

Bedeutsamkeit Aktualität, Brisanz, Gewichtigkeit, Relevanz, Signifikanz.

Bedeutung Größe, Format, Höhe, Rang, Macht, Ansehen, Einfluss, Kraft, Stärke, Amtsstellung, Folge, Grad, Platz, Posten, Ruf, Stellung, Titel, Würde • Wert, Belang, Geltung, Nützlichkeit, Verdienst, Wichtigkeit, Gewicht, Grundlage, Schwere, Wirksamkeit. → A und O, Ausdruck, Begriff, Darstellung,

Einfluss, Inhalt, Interesse. ▸ Belanglosigkeit, Unbedeutsamkeit.

Bedeutung, von bedeutend, wesentlich, wichtig.

Bedeutungseinheit, lexikalische Lexem.

bedeutungslos → abgedroschen, alltäglich, ausdruckslos, berührungslos, episodisch, farblos, nebensächlich, nichts, unbedeutend. ▸ Aufsehen erregend, außerordentlich, außergewöhnlich, bedeutend, bedeutsam, bedeutungsvoll, berühmt, einzigartig, enorm, großartig, imponierend, imposant, wichtig.

Bedeutungslosigkeit Kleinheit, Wenigkeit, Geringfügigkeit, Knappheit • Beschränktheit, Kargheit, Unzulänglichkeit, Mittelmäßigkeit, Kleinlichkeit, Einflusslosigkeit, Wirkungslosigkeit, • leerer Schall, Leerheit, Hohlheit, toter Buchstabe, Ausdruckslosigkeit, Blech, Wortkrämerei, Gemeinplatz, Phrase, hohles Wort, Phrasendrescherei, Floskel, Firlefanz, Unwichtigkeit. → Ärmlichkeit, Dummheit, Dunst leerer, Einflusslosigkeit, Farblosigkeit. ▸ Bedeutung.

bedeutungsvoll erwartungsvoll, hoffnungsvoll, möglich, zu befürchten, deutlich, klar, sonnenklar, klipp und klar • ausdrucksvoll, ausdrücklich, nachdrücklich, ausführlich, einleuchtend, ersichtlich, anschaulich, viel sagend, unzweideutig, erschöpfend, bestimmt, rückhaltlos. → A und O, ausdrucksvoll, ausschlaggebend, beachtlich, bedeutsam, denkwürdig, emphatisch, ereignisreich. ▸ bedeutungslos.

bedichten → bejubeln, besingen.

bedienen aufwarten, behilflich sein, besorgen, Dienste leisten, helfen, bewirten, auftischen, aufbacken *sm* • handhaben, benützen, betreiben, brauchen, hantieren, manipulieren, umgehen mit, wirken, pflegen, arbeiten, verrichten, bewerkstelligen, vollführen, amtieren. → anwenden, bewirten. ▸ untätig sein.

bedienen, sich anwenden, benutzen, brauchen, gebrauchen, verwenden, verwerten, Gebrauch machen von, ausnutzen, sich zu Nutze machen. → anstellen, anwenden, ausnutzen, brauchen. ▸ beiseite legen, versagen sich.

bedienstet angestellt, beschäftigt, eingesetzt, bestellt, berufen, bestallt, ermächtigt, beglaubigt, bevollmächtigt, beamtet. ▸ selbstständig.

bedient sein → genug haben.

Bedienter Dienstbote, Heiduck, Kammerdiener, Kastellan, Knecht, Kuli, Kutscher, Lakai, Lehrling, Mameluk, Mietling, Packesel, Pförtner, Portier, Reitknecht, Schlossverwalter, Tagelöhner, Diener, Treiber, Türsteher, Verwalter, Zugeher, Personal, Dienstmann, Geschäftsdiener, Laufbursche, Angestellter, Arbeiter, Beamter, Diener, Domestike, Hintersasse, Lehnsmann, Söldner, Trabant, Untergebener, Untertan, Vasall, Gefolge, Gesinde, Gehilfe, Geselle, Handlanger, Ordonanz, Steward, Page, Majordomus, Knappe, Mundschenk, Stallmeister, Fronknecht, Helot, Höriger, Leibeigener, Roboter, Sklave, Unfreier. ▸ Gebieter.

Bedienung → Anwendung, Aufwartung, Beihilfe, Beistand, Dienst, Dienstbarkeit, Dienstleistung, Gebrauch, Handreichung.

Bedienungsgeld Saft *u.* → Trinkgeld.

Bedienungsgeld Seifengeld *u.*

Bedienungsgeräte Armaturen.

Bedienungsgriff Handgriff, Drücker, Hebel, Joystick, Schalt-/Steuerhebel.

bedingen bestimmen, bewirken, erfordern, herbeiführen, hervorrufen, verpflichten, voraussetzen, zeitigen, verursachen, auslösen, bewerkstelligen, erregen, erzeugen, heraufbeschwören, zur Folge haben, deichseln, fingern, entfesseln, erwecken, veranlassen, nach sich ziehen, im Gefolge haben, mit sich bringen. → auslösen, bestimmen. ▸ folgern.

bedingt → denkgerecht, folgerichtig, vorausgesetzt.

bedingterweise → relativ.

Bedingung Beschränkung, Bestimmung, Einschränkung, Festsetzung, Verpflichtung, Voraussetzung, Vorbehalt, Klausel, Maßgabe, Nebenbestimmung, Bemerkung, Vereinbarung, Kondition • Beweggrund, Basis, Antrieb, Anstoß, Anregung, Ursache • Konzession, Sicherheitsmaßregel, Übereinkunft, Artikel, Feststellung. → Art und Weise, Berücksichtigung. ▸ Folgerung.

Bedingung stellen → bestehen auf.

Bedingung, unerlässliche (notwendige Voraussetzung) conditio sine qua non.

Bedingungsform Konditional.

bedingungslos → ohne weiteres.

bedingungsweise vorausgesetzt dass, möglich, umständehalber, im Falle, falls, den Umständen gemäß, unter diesen Umständen, wie die Sache steht, wenn es sich so verhält, je nachdem, dementsprechend, allenfalls, möglicherweise, gelegentlich, gewissermaßen. ▸ tatsächlich.

bedrängen → angreifen, ärgern, auswischen, bedrücken, beeinträchtigen, befeinden, belagern, bitten, dringen, drücken zu Boden, durchkreuzen, einstürmen, erheben die Hände, erschüttern die Hoffnung, erstürmen, erzwingen, stören. ▸ abweisen • in Ruhe lassen, zufrieden lassen • verdrängen.

Bedrängnis → Abenteuer, Armut, Beschwerde, Beschwerlichkeit, Betrübnis, Bitternis, Dilemma, Eile, erdrückende Sorge, Mühe, Not, Unglück, Verlegenheit.

bedrängt → beengen, beklemmend, betroffen, hilflos.

bedräuen bedrohen, gefährdet sein, Gefahr laufen, es geht an den Kragen, drohen, androhen, bange machen, einschüchtern. ▸ abwehren, schützen.

bedrecken → bespritzen.

bedripst → betrübt, benommen, traurig.

bedrohen androhen, drohen, schrecken, terrorisieren, bluffen, erpressen, Furcht

einjagen oder einflößen, bange machen, ins Bockshorn jagen, die Zähne fletschen, eine Faust ballen, die Hand erheben, mit dem Stock drohen, Drohungen oder Verwünschungen ausstoßen, aufrüsten, die Pistole auf die Brust setzen, aus dem Anzug stoßen *u*, Truppen aufmarschieren lassen, mobil machen. → ballen, bedräuen.
▸ abwehren, schützen, abschirmen, in Frieden lassen, verteidigen.

bedrohlich beunruhigend, gefahrdrohend, ultimativ, unheilschwanger, verderbendrohend, zähnefletschend. → drohend, fatal, gefährlich.
▸ gefahrlos, sicher.

Bedrohung Brandbrief, Drohbrief, Drohgebärde, Drohschreiben, Drohwort, geballte Faust, gepanzerte Faust, blinder Schuss, Einschüchterung, Demonstration, Androhung, Ängstigung, Beunruhigung, Herausforderung, Ultimatum, Erpressung, Schmährede, Terror, Warnung, Säbelgerassel, Damoklesschwert, Streik, Sitzstreik, Hungerstreik. → Brandbrief, Drohung.
▸ Abwehr, Gefahrlosigkeit.

bedrucken → drucken.

bedrücken bedrängen, auf die Bude rücken *u*, auf die Nähte rücken *u*, beunruhigen, peinigen, plagen, placken, quälen, schädigen, schikanieren, piesacken, auf den Pelz kommen *u*, zusetzen, schinden, schleifen, schurigeln, sekkieren *ö*, triezen, übel wollen, zappeln lassen. → ärgern, befeinden, deprimieren, treten in den Dreck.
▸ abwehren, befreien, erleichtern, aufmuntern, aufrichten, belustigen, erheitern • in Ruhe lassen.

bedrückend → beengend, drückend.

Bedrücker Tyrann, Despot, Zuchtmeister, Strengling, Monstrum, Dämon, Wüterich, Blutsauger, Barbar, Unmensch, Ungeheuer. → Despot.
▸ Befreier.

bedrückt → pessimistisch.

Bedrücktheit Kümmernis, Betrübnis, Bedrückung, Beschwerde, Druck, Bürde, Mühsal, Last, Sorge, Ungemach, Unglück, Erbitterung, Bitterkeit, Depression.
▸ Befreiung.

Bedrückung → Bedrücktheit.

bedürfen → beanspruchen, begehren, beschäftigen, brauchen, erfordern, ermangeln können nicht.

Bedürfnis Bedarf, Begierde, Erfordernis, Forderung, Hang, Neigung, Notwendigkeit, Unentbehrlichkeit, Unerlässlichkeit, Verlangen, Wunsch, Nachfrage, Kauflust, Anliegen, Begehr, Gelüst, Herzenswunsch, Gebot. → Bedarf, Begehr, Begierde, Belieben, Drang, Erfordernis.
▸ Erfüllung, Genügsamkeit.

Bedürfnis erfüllen → befriedigen.

Bedürfnisanstalt Abort, Klo, öffentliche Toilette, Pinkelbude, Pissoir. → Abort *u*.

bedürfnislos bescheiden, anspruchslos, einfach, schlicht, hausbacken, mäßig, enthaltsam, nüchtern, genügsam, puritanisch, stoisch. → abstinent, anspruchslos, enthaltsam.
▸ bedürfnisvoll.

Bedürfnislosigkeit → Abstinenz.

bedürfnisvoll eigennützig, neidisch, missgünstig, engherzig, schäbig, knauserig, knickerig, rücksichtslos, unmäßig, maßlos, übermäßig, begehrlich, genusssüchtig, vergnügungssüchtig, ausschweifend, zügellos, ungezügelt, leichtsinnig, schwelgerisch.
▸ bedürfnislos.

bedürftig → abgebrannt, abgerissen, arm.

Bedürftigkeit → Armut.

beduselt angeduhnt *u*, angeheitert, besäuselt *u*, im Tran *u*, bespitzt *u*, hinüber sein *u*, betrunken, angeheitert, angetrunken, benebelt, berauscht, beschwipst, trunken, besoffen, voll, weinselig, animiert, angesäuselt, bekneipt, geladen, in Weinlaune, in gehobener Stimmung. → betrunken.
▸ nüchtern.

Beefsteak Steak, Rumpsteak, gebratenes Fleisch, Rindfleisch.

beehren besuchen, Besuch abstatten, die Karte abgeben, vorsprechen, die Ehre erweisen oder schenken, zusammenkommen, aufsuchen, in Verbindung setzen • abgrasen, abklopfen *u*, abklappern, die Bude einlaufen *u*.
▸ verbergen, zurückziehen sich.

beeiden beschwören, behaupten, geloben, versichern, zusichern, beteuern, bezeugen, schwören, verbürgen, erhärten, bekräftigen, aussagen, beharren, dabei bleiben, den Himmel zum Zeugen anrufen, bejahen, erhärten.
▸ abschwören.

beeidigen → beglaubigen.

beeifern, sich → bestreben.

beeilen beflügeln, beschwingen, beschleunigen, hasten, überstürzen, drängen, übereilen, rechtzeitig fertig oder da sein, pünktlich kommen, treiben, schnell gehen oder fahren, drauflos arbeiten, zurechtkommen, eilen, rennen, laufen, die Beine unter die Arme nehmen, Dampf machen, Trab machen *u*, keinen Augenblick verlieren, sich anstrengen, hexen, die Beine ausreißen. → aufspringen, beschleunigen, Dampf dahinter machen, drängen, dringen, durcheilen, eilen.
▸ lassen sich Zeit, säumen.

beeilen, sich schleunen *u*.

beeindruckbar → aufgeschlossen, empfänglich.

beeindrucken imponieren, blenden, einschüchtern, Aufsehen erregen, Bewunderung hervorrufen, sich Achtung verschaffen. → ergreifen das Herz.
▸ (keine) Beachtung schenken, übersehen.

beeindruckend eindrucksvoll, einschüchternd, ergreifend, imponierend.

beeindruckt → ergriffen.

beeinflussbar hörig, wankelmütig. → aufgeschlossen, empfänglich.

beeinflussen anempfehlen, anfeuern, anreizen, bearbeiten, bereden, bewegen, bewirken, durchdringen, einwirken, empfänglich machen, veranlassen, zusetzen, ermuntern, aneifern, anhalten, anraten, anregen, anspornen, antreiben, aufmuntern, aufrichten, bestärken, erheitern, ermutigen, erwärmen, interessieren, unterstützen, zureden, Einfluss haben oder gewinnen, erreichen, beherrschen, verleiten, verführen, berücken, einflüstern, aufdrängen, einstürmen, überreden, beschwatzen, betören, ködern, verlocken, in Versuchung führen, den Mund wässerig machen, abschmeicheln, abbuhlen, abschmarotzen, überzeugen, anstacheln, begeistern, erwecken, anzünden, lenken, leiten, führen, Brei ums Maul schmieren *u*, hinbiegen *u*, beschmussen *u*, einseifen *u*, bezirzen, chloroformieren *u*, verchloroformieren *u*, auf die Bude rücken *u*, unter Druck setzen, einheizen, das Messer an die Kehle setzen, die Hölle heiß machen, auf die Pelle rücken, auf der Pelle sitzen, die Pistole auf die Brust setzen, in die Quetsche oder Zange nehmen *u*, zwischennehmen, impfen *u*. → anfeuern, anhalten, anregen, anziehen, aufklären, aufrichten, bearbeiten, befürworten, begeistern, bestimmen, eingeben, empfänglich machen, entzücken, werben. ▸ abwenden, beiseite legen, machtlos (sein), wirkungslos (sein), gewähren lassen, sich frei entfalten lassen.

beeinflussend eindringlich, anschaulich, bündig, nachdrücklich, packend, überzeugend, werbend, wuchtig, gewichtig, stark triftig, tonangebend, ausschlaggebend, maßgebend, bewegend, antreibend, verführerisch, reizend, versuchend, verlockend, Lust erregend, bezaubernd, hemmend, hinderlich, entmutigend, gewaltig, herrisch, gebieterisch, absolut, herrschend, Furcht einflößend. → ergreifend. ▸ einflusslos.

Beeinflussung Einfluss, Gewicht, Druck, Macht, Recht, Ansehen, Stärke, Geltung, Stellung, Herrschaft, Übergewicht, Überlegenheit, Gewalt, Fähigkeit • Verleitung, Verlockung, Empfehlung, Ermutigung, Betreiben, Veranlassung, Anziehung, Verführung, Versuchung, Köder, Lockspeise, Bezauberung, Zauber, Bann, Suggestion, Einwirkung, Gebot, Beispiel, Ansporn, Aufforderung, Herausforderung, Einladung, Ersuchen, Bitte, Überredung, Ermahnung, Ermunterung, Geheiß, Gesuch, Rat, Schmeichelei, süße Worte, Neckerei, Quälerei, Abhaltung, Einwand, Verhinderung, Entkräftigung, Abratung, Entmutigung, Beherrschung, Furcht, Bedenken, Gewissensbiss, Fänge, Steuer, Zügel, Klauen, Gebieten, Befehl, Lenkung, Leitung, Vorschrift • Willkürherrschaft, Gewaltherrschaft, Vergewaltigung, Tyrannei, Hypnose. → Anziehung, Beispiel, Einfluss, Einflüsterung, Einordnung, Einwirkung. ▸ Einflusslosigkeit, Wirkungslosigkeit.

Beeinflussung des Denkens Gehirnmassage *u*.

beeinträchtigen herabsetzen, schmälern, herabwürdigen, gering schätzen, missachten, links liegen lassen, verkleinern, verkennen, verachten, verspotten, in den Schmutz ziehen, wegwerfen, verlachen, verhöhnen, verunglimpfen, verleumden, vernachlässigen, hänseln, foppen, zum Besten halten, lächerlich machen • beschädigen, erleiden, ausbaden, bezahlen lassen, verlieren, Abbruch tun, das Wasser abgraben, ein Bein stellen, eins auswischen, einen Floh ins Ohr setzen, lädieren, verletzen, verderben, verdammen, unbrauchbar machen, zerstören, quälen, belästigen, bedrängen, verfolgen, unterjochen, beschimpfen, verwunden, treten, schlagen, prügeln, kränken, besudeln, bemäkeln, anfressen • unvollkommen sein, nicht gleichkommen, nicht erreichen, zurückstehen, ermangeln, misslingen, sich nicht bewähren, versagen, verschlimmern, verschlechtern, abnehmen, ausarten, abwärts gehen, tiefer sinken, zerbrechen • verwelken, verblühen, faulen, umkommen, verdorren, trocknen, vermodern, verschimmeln, rosten, anlaufen, abstehen, einbüßen, beschädigen, untergraben, zerrütten, verfälschen, verunstalten, verdummen, verbauern, verwildern, aus den Fugen gehen • verweichlichen, verziehen, verwöhnen, verhätscheln, verzärteln • erschweren, belasten, verwirren, außer Fassung bringen, hemmen, hindern, aufsitzen lassen, verwickeln, verschlingen, beirren, abschneiden, einengen, in den Arm fallen, entgegenarbeiten, verhüten, verzögern, vorbauen, vorbeugen, abwenden, eindämmen, niederhalten, entkräften, schwächen, lähmen, beschweren, abwehren, hintertreiben, vereiteln, zuschande machen, durchkreuzen, an die Wand drücken, abhalten, stören, unterbrechen, bekämpfen, anfeinden, verbieten, beschränken, entmutigen. → abbrauchen, aufhalten, beirren, benachteiligen, beschädigen, dazwischentreten, entschädigen, entstellen, entwerten, billigen, hemmen, verlieren, schädigen, missfallen, täuschen, verleumden. ▸ fördern, gewinnen, überschätzen, zu Nutze machen sich, zuträglich (sein).

Beeinträchtigung Behinderung, Herabwürdigung, Nachteil, Schädigung, Überschreitung, Unrecht, Unterschätzung, Unvollkommenheit, Verderben, Verlust. → Bekümmernis, Beschädigung, Entehrung, Entwertung, Fehlbetrag. ▸ Förderung, Gewinn, Überschätzung, Verbesserung, Vorteil.

beeisen → beschlagen.

beeist → bereift.

Beelzebub Teufel, Widersacher, Versucher, Erzfeind, Satan. → Dämon.

beenden → abschließen, austragen, begrenzen, belassen, beruhen lassen, beruhigen, besiegeln, bringen zur Entscheidung, erledigen.

beendet → abgeschlossen, aus, Ende gut – alles gut, fertig, fix und fertig.

beendigen → abstehen, aufhören, ausführen, bebauen, besiegeln, bringen zur Entscheidung, schließen, abpfeifen.

Beendigung → Abschluss, Ausgang, Bewerkstelligung,

Coda, Elaborat, Endpunkt, Erfüllung, Schluss.
beengen abnehmen, vermindern, verringern, verkleinern, zusammenziehen, einengen, niedriger oder kleiner machen, einschränken, zusammenfallen, verdichten, zusammenpressen • bedrängt, verwirren, festgefahren, in die Enge getrieben.
▸ ausbreiten, ebnen den Weg, leicht machen.
beengend dicht gedrängt, volkreich, überfüllt, eingeengt, zahlreich, viele, vollzählig, gerammelt voll *u*, proppenvoll *u* • bedrückend, schwül, drückend • mangelhaft, knapp, unbemittelt, arm, mittellos, kümmerlich, ärmlich, Not leidend, unzulänglich, spärlich, kärglich, verarmt, abgerissen, schäbig, bedauernswert, unangenehm, freudlos, schauderhaft, beklemmend.
▸ ausreichend, entspannend, frisch, verbreitern sich.
beengt engherzig, ungerecht, unduldsam, verrannt, kleinlich, engstirnig, vorurteilsvoll, hartnäckig, unverständig, geistesarm, unentwickelt, beschränkt, borniert, schwachköpfig, schwerfällig, albern, dumm, kindisch, kurzsichtig, töricht, blöde, närrisch, unbegabt, tölpelhaft, einfältig, verrückt, sinnlos, bigott, dünkelhaft, eingebildet, ungenügend, unzureichend, unvollkommen. → beengend, befangen, begrenzt, eingeschränkt, einseitig, eng.
▸ ausgedehnt, entspannt, großzügig, verständig.
Beengtheit → Armut, Beengung, Beklemmung, Einengung, Engpass, Platzmangel, Verknappung.
Beengung Unbehaglichkeit, Abspannung, Dumpfheit, Missbehagen, Schmerz, Leiden, Beklommenheit, Beklemmung, Albdruck, Keuchen, Schnaufen, Atemnot, Atembeschwerde, Asthma, Ohnmacht, Erlahmung, Erschöpfung, Entkräftung, Beängstigung, Herzpochen, Herzklopfen • Angst, Furcht, bange Ahnung, Beängstigung, Beunruhigung, Schreck, Himmelangst, dumpfes Schweigen, Ruhe vor dem Sturm, beängstigendes Gefühl. → Besorgnis, Erröten.
▸ Entspannung, Spannkraft, Unerschrockenheit.
beerben erhalten, erlangen, bekommen, empfangen, ergattern, erbeuten, einheimsen, ererben, erben, zufallen, einsäckeln, ein Vermächtnis oder Legat antreten, erschleichen, eine Erbschaft machen. → ersitzen.
▸ einbüßen, enterben.
beerdigen → bestatten, eingraben.
▸ ausgraben, exhumieren • einäschern, verbrennen.
Beerdigung → Bestattung.
Beet Rabatte, Blumenschmuck, Gemüseanpflanzung, Gartenstück, Parzelle.
befähigen ermöglichen, gestatten, in die Lage versetzen, Gelegenheit bieten, können, zulassen, ausstatten, bewaffnen, ertüchtigen, rüsten, stählen, stärken, vorbereiten, vorkehren, vorsehen. → ausbilden, einschulen, ermöglichen, ertüchtigen, erziehen.
▸ außer Stande sein, entrechten, Flügel beschneiden, irreführen.
befähigt fähig. → intelligent, Eltern nicht von schlechten, tauglich.
Befähigung → Denkvermögen, Eignung, Einfühlungsgabe, Erfindungsgabe, Ermächtigung, Fähigkeit, Fassungskraft, Fertigkeit, Kapazität, Verständnis.
befahrbar → fahrbar.
befahren → begehen, dampfen, durchfurchen, durchpflügen, fahren.
befallen erfahren, erdulden, durchmachen, erleiden, erleben, vorkommen, widerfahren, vorkommen, zustoßen, eintreten.
▸ abwenden.
befallen von angesteckt, erkrankt, krank, leidend.
befangen geistesabwesend, in Gedanken verloren, voreingenommen, parteiisch, einseitig, engherzig, beengt, ungerecht, unduldsam, verrannt, besessen, kleinlich, engstirnig, vorurteilsvoll, unzugänglich • ängstlich, misstrauisch, schüchtern, scheu, bange, verzagt, zaghaft, verwirrt, betreten, unterwürfig, ergeben, schamhaft • schwärmerisch, berauscht, betört, entzückt, trunken, entrückt, exaltiert, überspannt, begeistert. → ängstlich, bange, einseitig.
▸ aufmerksam, sachlich, sicher, wagemutig • frei, gewandt, lässig, salopp, selbstbewusst, sicher, unbefangen • objektiv, unparteiisch, unvoreingenommen, vorurteilsfrei.
Befangenheit Bedenken, Angst, Bangigkeit, Befürchtung, Besorgnis, Feigheit, Furcht, Kleinmut, Mutlosigkeit, Schiss, Sorge, Unruhe, Verzagtheit, Mangel an Mut, keine Zivilcourage, Lampenfieber, Scheu, Schüchternheit, Zweifel, Mangel an Selbstvertrauen. → Bedenken, Bescheidenheit, Blödigkeit, Delirium, Denkart kleinliche, Einseitigkeit, Erröten, Vorurteil.
▸ Sachlichkeit, Selbstvertrauen, Sicherheit.
befassen → arbeiten, ausüben, machen.
befassen, sich → anfassen, arbeiten, ausüben, bekümmern, berufstätig, beschäftigen, beteiligen sich, Dampf machen, dazwischentreten.
befehden bekriegen, anfeinden, bekämpfen, sich überwerfen, sich entzweien, zanken, streiten, hadern, prozessieren, herausfordern, fordern, ringen, kämpfen, fechten. → angreifen, balgen, bekämpfen.
▸ verteidigen, vertragen sich.
Befehl Diktat *s*, Kommando, Gebot, Order, Anordnung, Geheiß, Anweisung, Auflage, Bescheid, Beschluss, Bestimmung, Bulle, Dienstanordnung, Edikt, Enzyklika, Erlass, Gesetz, Kanon, Reglement, Richtlinie, Statut, Ukas, Verfügung, Verordnung, Vorladung, Vorschrift, Gewissen. → Anordnung, Ansage, Appell, Auflage, Auftrag, Beeinflussung, Bescheid, Dekret, Diktat, Erlass, Ruf.
▸ Ausführung, Befolgung • Gehorsam • Verweigerung, Zurückweisung.
befehlen anordnen, auferlegen, aufrufen, auftragen, begehren, bestimmen, dekretieren, dirigieren, diktieren, einschärfen, festsetzen, fordern, gebieten, heischen, veranlassen, verfügen, verordnen, vorschreiben, Auftrag erteilen, Verfügung treffen, Vorschrift machen oder erlassen, Order erteilen, Auftrag geben, zur Ordnung rufen, anweisen, beauftragen,

befehligen, beordern, berufen, bescheiden, entbieten, bestellen, heißen, vorladen, zitieren • beschließen, entscheiden, aufheben, einstellen, untersagen, verbieten, verurteilen. → anführen, aufzwingen, befehligen, begehren, beherrschen, diktieren, dirigieren, erteilen Auftrag, leiten.
▸ untertänig (sein), gehorchen.

befehlend → diktatorisch.

befehligen → führen.

Befehlsempfang → Appell.

Befehlsform Imperativ.

befehlsgemäß → gehorsam.

Befehlsgewalt → Herrschaft.

Befehlshaber Anführer, Baas, Bandenführer, Chef, Exponent, Führer, Gebieter, Haupt, Häuptling, Herr, Kapitän, Leiter, Meister, Sprecher, Alleinherrscher, Autokrat, Diktator, Gewalthaber, Herrscher, Krone, Landesfürst, Landesherr, Landesmutter, Landesvater, Machthaber, Monarch, Oberherr, Potentat, Regent, Reichsverweser, Serenissimus, Souverän, Staatsoberhaupt, Tyrann, Zwingherr, Bey, Cäsar, Caudillo, Chan, Condottiere, Daimio, Dalai-Lama, Dei, Doge, Duce, Effendi, Emir, Großmogul, Großvesir, Imam, Imperator, Kalif, Kral, Maharadscha, Moret, Mikado, Tenno, Mufti, Pascha, Padischah, Pharao, Satrap, Schah, Scheich, Schogun, Sultan, Wesir, Zar, Direktor, Schulze, Gouverneur, Kommandant, Marschall, Aufseher, Obmann, Präses, Präsident, Statthalter, Verweser, Vizepräsident, Vorsitzender, Vorstand, Vorsteher, Rat, Sowjet.
▸ Untergebener.

befehlshaberisch → befehlerisch, despotisch.

befeinden behelligen, belästigen, plagen, quälen, peinigen, martern, bedrängen, bedrücken, schinden, kujonieren, mitspielen, verfolgen, eingreifen, herausfordern.
▸ versöhnen.

befestigen → anmachen, bändigen, beschlagen, einkitten, fassen, fesseln, festhalten, verbinden, dübeln.

Befestigung Bollwerk, Bunker, Heldenkeller *u*, Burg, Feste, Festung, Fort, Kastell, Verschanzung, Zitadelle, Luftschutzkeller, Schutzraum, Unterstand • Verbindung, Verknüpfung, Bindung, Verkettung, Anschließung, Anschluss • Gelenk, Zapfen, Wirbel, Sehne, Flechse, Dalben (*sm* = Pfähle zum Festmachen der Schiffe), Poller (*sm* = Metallpfosten zur Befestigung der Taue). → Anschluss, Barrikade, Bastion.
▸ Schutzlosigkeit, Trennung.

befetzen → begeifern.

befeuchten anfeuchten, benetzen, betränen, durchnässen, triefen, rieseln, bewässern, begießen, betauen, beträufeln. → beschlagen, bespritzen, durchnässen, eintauchen.
▸ trocknen.

befeuern → heizen.

Befinden Ermessen, Bemessung, Würdigung, Beurteilung, Befund, Gutachten • Ergehen, Wohlbefinden, (Gesundheits-)Zustand, Genesung, Besserung, Hinfälligkeit, Schwäche, Schwachheit, Gebrechlichkeit, Unwohlsein, Anwandlung, Anwallung, Leiden, Übelbefinden, Übel, Beschwerde, Gebrechen, zerrüttete Gesundheit, Angegriffenheit. → Ergehen, Lage.

befinden → abwägen, erwägen.

befinden, sich → aufhalten sich, bestehen, bewohnen, da sein, sein.

befindlich angebracht, gelegen, gelegt, gesetzt, gestellt, ansässig, anwesend, gegenwärtig, greifbar, vorhanden, eingewurzelt, fest verankert, wohnhaft, einquartiert, zugegen. → daheim.
▸ fern, fort.

befingern puhlen *u*. → anfühlen, begreifen, tasten.

beflecken → bespritzen, betupfen, entehren, verunreinigen.

befleckt → dreckig, unrein.

Befleckung → dunkler Punkt, Entweihung.

befleißigen → abmühen, arbeiten.

befleißigen, sich → anstrengen (sich).

beflissen → angelegentlich, anstellig, arbeitsam, aufmerksam, devot, dienstwillig, eifrig, erbötig, gefällig, geflissentlich, strebsam.
▸ cool, faul, gleichgültig, lässig, müßig, nachlässig, säumig.

Beflissenheit Dienstwilligkeit, Eifer, Eilfertigkeit, Regsamkeit, Tatenlust, Arbeitslust, Emsigkeit, Hingabe, Lust, Rührigkeit, Tatendrang, Artigkeit, Bereitwilligkeit, Entgegenkommen, Gefälligkeit, Wachsamkeit, Umsicht, Geschäftigkeit, Unternehmungsgeist, Trachten, Betreibung, Verfolgung, Bewerbung, Jagd, Wettlauf, Munterkeit, Bestreben, Energie, Begeisterung. → Arbeitslust, Aufmerksamkeit, Bemühung, Bestreben, Dienstwilligkeit, Eifer, Eilfertigkeit.
▸ Gleichgültigkeit.

beflissentlich → angelegentlich, beflissen, geflissentlich.
▸ gleichgültig.

beflügeln → beeilen, beschleunigen.

beflügelt schnell, geschwind, hastig, hurtig, flink, flugs, rasch, eilends, schleunig, behände, rührig, flüchtig, leichtfüßig, schnellfüßig, beschwingt, pfeilgeschwind, schnell wie der Wind, wie ein Lauffeuer, Hals über Kopf, wie besessen. → aufgeräumt, beschwingt, froh.
▸ langsam • ängstlich, enttäuscht, frustriert, unentschlossen, zögernd.

befolgen beachten, sich anpassen, gewöhnen, sich befreunden mit, sich einarbeiten, sich aneignen, gehorsam sein, gehorchen, sich unterwerfen, willfahren, sich unterordnen, sich fügen, sich ergeben, beugen, sich nicht mucksen, nach der Pfeife tanzen, den Wink befolgen, sich kehren an, sich richten nach, sich kümmern um. → beobachten, einwilligen.
▸ trotzen • anordnen, auffordern, beauftragen, befehlen • übertreten, verstoßen, zuwiderhandeln • sich sträuben, verweigern, sich weigern.

befördern den Weg glätten, – ebnen, – frei machen, verscheuchen • auszeichnen, erheben, belohnen, die Treppe hinauffallen, avancieren • abfertigen, absenden, aufgeben, bringen, hinfahren, rollen lassen, schicken,

senden, spedieren, umschlagen, verfrachten, verladen, verschiffen, versenden, wegschicken, zuführen, zuleiten, zutragen, abtragen • versetzen, verholen *sm*, loslassen *u*. → abgehen, auszeichnen, beauftragen, berufen, ernennen, expedieren, schicken.
▸ empfangen, ruhen lassen, stillstehen, zurücksetzen.

befördert werden aufrücken, aufsteigen, emporsteigen, hochkommen, klettern, arrivieren.

Beförderung Auszeichnung, Ernennung, Anerkennung, Versetzung, Erhebung, Erhöhung, Avancement. → Absendung, Anfuhr, Belohnung, Bewerkstelligung, Erhebung, Transport.
▸ Empfang, Stillstand, Zurücknahme.

befrachten → beladen.

befrackt bekleidet, kostümiert.

befragen untersuchen, nachforschen, verhören, inquirieren, ausfragen, interviewen, abhorchen, ausforschen, ausholen, erfragen, erkunden, erkundigen, ermitteln, ins Gebet nehmen, nachfragen, nachspüren. → anfragen, auskundschaften, beraten, beratschlagen, erfragen, erkundigen.
▸ antworten, verschweigen.

Befragtengruppe, repräsentative Sample.

Befragung → Anfrage, Ausforschung, Aussprache, Beratung, Besprechung, Interview, Marktanalyse, Umfrage.

befreien erlassen, dispensieren, entpflichten, frei lassen • sich frei machen, selbstständig machen, emanzipieren • erleichtern, entlasten, entbürden, entledigen, erlösen, frei machen, Hindernisse wegräumen, entspannen, aufatmen, beruhigen, zur Ruhe kommen. → abbinden, aufdrehen, auflösen, auslösen, ausspannen, begünstigen, beistehen, bersten, entbinden, entbürden, entheben, entfesseln, entledigen, erlassen, erleichtern, erlösen, helfen.
▸ behindern, einsperren, unterjochen.

befreien, sich → ablegen, abstreifen, brechen einen Vertrag, davonmachen sich.

befreiend → entspannend, lösend.

Befreier Retter, Erlöser, Heiland, Helfer, Engel in der Not, rettender Engel, Erretter, Schützer.
▸ Bedrücker.

befreit → entbunden, entspannt.

Befreiung Emanzipation *f* • Erleichterung, Linderung, Abhilfe, Rettung • Erlösung, Freiheit, Dispensation, Dispens, Beseitigung, Abschaffung, Entlassung, Verabschiedung, Aufhebung, Erlassung, Entwöhnung, Freigebung, Freilassung, Loslassung, Loskauf, Enthebung, Entbindung, Verzicht, Entlastung, Mündigkeitsprechung, Freimachung, Freisprechung, Entweichung, Herauswicklung, Herauswindung • Entledigung, Erledigung, Lösung, Entspannung, Aufatmen, Freude, Lust, Glück, Befriedigung, Erfüllung, Wendung • Abgabefreiheit. → Abklingen, Absolution, Ausweg, Bewegung, Dispensation, Entlastung, Entledigung, Entspannung, Erhaltung, Erlösung, Hilfe.
▸ Behinderung, Dienstleistung, Einkerkerung, Spannung, Unterdrückung, Verhaftung.

Befremden Staunen, Überraschung, Erstaunen, Bestürzung, Verwirrung, Fassungslosigkeit, Betroffenheit, Verwunderung.
▸ Fassungskraft, Gefasstheit, Gewohnheit.

befremden → aufsehen, begreifen, bestürzen, verwundern.

befremdend merkwürdig, regelwidrig, eigentümlich, abweichend, eigenartig, unnatürlich, überspannt, von der Regel abweichend, eine Ausnahme machen, ungewöhnlich, außergewöhnlich, ungebräuchlich, fremdartig, fantastisch, grotesk, seltsam, sonderbar, lächerlich. → abnorm, auffallend, ausländisch, frappant.
▸ geschmackvoll, gewohnt, überbracht, überliefert.

befremdet → baff.

befremdlich → ungewöhnlich.

befreunden sich einer Sache annehmen, eine Sache betreiben, eine Lanze brechen, durchs Feuer gehen für, den Rücken stärken, Beistand leisten • Freunde werden, Freundschaft eingehen oder schließen oder pflegen, gut bekannt sein, befreundet sein, kennen, auf gutem Fuß stehen, freundliche Beziehungen unterhalten, bekannt werden, sich annähern, sich anschließen, Zuneigung haben, lieb gewinnen, in das Herz schließen, in Gunst stehen, Vertrauen schenken, auf den Händen tragen, zusammenstimmen, sich vertragen, einig sein, sich verbinden • sich gewöhnen an, sich angewöhnen, sich anpassen, sich einarbeiten, dabei bleiben, sich hingeben, einwurzeln, sich aneignen. → anpassen, beobachten.
▸ befehden, übel wollen.

befreunden, sich mit → befolgen, beitreten.

befreundet brüderlich, einig, einträchtig, freundlich, freundschaftlich, geneigt, harmonisch, nachbarlich, traut, unzertrennlich, zugetan, bekannt, beliebt, intim, vertraut, gut bekannt, gern gesehen. → bekannt, kordial.
▸ verfeindet, fremd.

befreundet sein → befreunden.

befreundet werden → brechen das Eis.

befrieden Frieden stiften oder herstellen, aussöhnen, versöhnen, ausgleichen, beruhigen, beschwichtigen, begütigen, befriedigen, schlichten, beilegen, entwaffnen, abrüsten, Zerwürfnis beseitigen, die Einigkeit wieder herstellen, den Bruch heilen, sich verständigen, sich vergleichen. → befriedigen, begütigen.
▸ befinden.

befriedigen Bedürfnis erfüllen, beruhigen, beschwichtigen, erfreuen, ergötzen, erlaben, erquicken, Vergnügen bereiten, Wunsch erfüllen, zufrieden stellen, darum besorgt sein, sich angelegen sein lassen, ansprechen, Behagen verursachen, Beifall finden, entzücken, Freude machen, gefallen • sich aussöhnen, sich ergeben, sich fügen, es zufrieden sein, sich zufrieden geben, Ja und Amen sagen, vorlieb nehmen, es dabei belassen, jeden Wunsch

erfüllen, abreagieren, sich einigen, sich vergleichen, sich verständigen, sich wieder vertragen, ausgleichen, aussöhnen, begütigen, beilegen, schlichten, vermitteln, versöhnen. → aussöhnen, aussprechen, befrieden, begütigen, behagen, belohnen, berücksichtigen, bezahlen, delektieren, erfreuen, erfreuen sich.
▸ missfallen, schulden, unbefriedigt (sein), verdrießen, versagen sich.

befriedigend → amüsant, angemessen, ausreichend, genug, erträglich, mittelmäßig.
▸ mangelhaft, unbefriedigend
● ausgezeichnet, hervorragend.

befriedigt → aufgeräumt, beruhigt, entzückt, froh.

Befriedigung Ergötzen, Gefallen, Gelüst, Gunst, Neigung, Vergnügen, Verlangen, Behagen, Tilgung, Ausgleichung, Abfindung, Abgeltung, Abtragung, Bereinigung, Begleichung, Freude, Wollust, Hochgenuss, Wonne, Entzücken, Rausch, Zufriedenheit, Beruhigung, Wohlbehagen, Genügsamkeit, Heiterkeit, Herzensruhe, Gemütsruhe, Behaglichkeit, Genugtuung, Zufriedenstellung ● Beilegung, Entschuldigung, Abbitte, Ehrenerklärung. → Arbeitssegen, Befreiung, Bezahlung, Delikatesse, Ergiebigkeit, Ergötzen, Freude.
▸ Missfallen, Unbehagen, Verdrießlichkeit.

Befriedigung durch Qual/Schmerz Masochismus.

Befriedung Pazifikation.

befristen → stunden.

befristet fällig, zahlbar, aus, vorbei, zu Ende, halt, genug, fertig, datiert, terminiert, begrenzt (zeitlich), aufhören, absetzen, rasten, ruhen, Schluss. → bis, fällig.
▸ fristlos, immer.

Befristung Fristsetzung, zeitliche Abgrenzung, Terminierung.

befruchten erzeugen, hervorrufen, bewirken, zeugen, begatten, besamen, schwängern, decken, umlegen *u*, bürsten *u*, bimsen *u*, dick machen *u*, ein Kind machen *u*, bespringen, belegen, fohlen, ins Leben rufen, beleben, beseelen, erwecken, erregen, vermehren, fortpflanzen.
▸ abtreiben, vernichten, zerstören.

Befruchtung Zeugung, Empfängnis, Beschälung, Erschaffung, Begattung, Belegung, Schwängerung, Fortpflanzung ● Erweckung, Beseelung, Erregung, Hervorrufung. → Empfängnis, Erzeugung.
▸ Zerstörung.

Befruchtung, künstliche Insemination.

befugen → beauftragen, berufen, bewilligen, delegieren, dürfen, einräumen, ermächtigen.

Befugnis Konzession, Berechtigung, Bewilligung, Erlaubnis, Genehmigung, Privilegium, Rechtstitel, Vorrecht, Zugeständnis, Ermächtigung, Freiheit, Recht, Vollmacht, Beauftragung, Einräumung, Macht, Machtvollkommenheit, Gewalt, Bevollmächtigung, Gerechtsame, Mandat, Bestallung, Kompetenz. → Anrecht, Anspruch, Bemächtigung, Berufung, Erlaubnis, Ermächtigung.
▸ Enthebung, Machtlosigkeit, Verbot, Zurücknahme.

befugt → berechtigt, kompetent.

befühlen → anfühlen, begreifen, tasten.

befummeln → anfassen, bewerkstelligen, tasten.

Befund → Auskunft, Befinden, Bescheid, Experiment, Endergebnis, Inventar.

befürchten vorherfühlen, ahnen, erwarten, bedenken, Argwohn hegen, misstrauen, beargwohnen, in Frage ziehen, Verdacht fassen, verdächtigen, schwanken, zweifeln, vorhersehen, entgegensehen, gewärtigen, zögern, vermuten, annehmen, mutmaßen, glauben, wähnen, meinen, sich einbilden, Bedenken haben, stutzen, stutzig werden, scheuen, zurückbeben, zurückschrecken, bangen, kalte Füße bekommen *u*, schwül oder heiß werden *u*. → argwöhnen, fassen ins Auge.
▸ ahnungslos (sein), arglos (sein) begehren, erhoffen, erwarten, sich wünschen.

Befürchtung Erwartung, Vorgefühl, Spannung, Berechnung, Verdacht, Argwohn, Ahnung, Misstrauen, Ungewissheit, Vermutung, Zweifel, Bedenken, Annahme, Mutmaßung, Meinung → Ahnung, Argwohn, Bammel, Befangenheit, dumpfes Schweigen.
▸ Vertrauen.

befürworten anregen, begrüßen, eine Lanze brechen für, dafür sein, anempfehlen, vorschlagen, willkommen heißen, zusprechen, anbieten, animieren, anpreisen, anraten, eintreten für, ermutigen, herausstreichen, hinweisen, loben, preisen, raten, rühmen, zuraten ● beeinflussen, empfänglich machen, einwirken, einflüstern, auffordern, aufdrängen, einreden, überreden, bereden, beschwatzen, betören, ködern, anhalten zu. → anregen, bewirken.
▸ erschweren, verhindern.

begabt intelligent, geistvoll, geistreich, aufgeweckt, fähig, gescheit, scharfsinnig, talentiert, schöpferisch, bedacht, einsichtig, geschickt, gewiegt, gewitzig, überlegt, urteilsfähig, vernünftig, weise, feinsinnig, feingeistig, Köpfchen, Grütze im Kopf, Witz. → anstellig, denkend, Eltern nicht von schlechten.
▸ dumm, unbegabt, blöd(e), minderbegabt, talentlos, unfähig, untalentiert.

begabt sein → können.

Begabter, sehr Genie.

Begabung Klugheit, Verständnis, Denkfähigkeit, Intelligenz *f*, Talent, Eignung, Fähigkeit, Gelehrigkeit, Geschick, Gewandtheit, Tauglichkeit, Veranlagung, Erbanlage, Geist, Mutterwitz, Naturgabe, Genie, Kopf, Schöpferkraft, Schlauheit, List, Geschicklichkeit, Kenntnis, Wirklichkeitssinn, Scharfsinn, Auffassungskraft. → Begriffsvermögen, Charakter, Denkvermögen, Fassungskraft.
▸ Dummheit, Ungeschicklichkeit.

Begabung, vielseitige Universalismus.

begaffen → anschauen, beschauen.

begatten → befruchten, belegen, decken.

Begattung → Befruchtung.

begaunern → bemächtigen, bewuchern, Decke unter der stecken, drehen eine Nase, einbrechen, fälschen, Fell über die Ohren ziehen das.

begeben in Umlauf bringen, in

Umlauf setzen, umsetzen, umlaufen lassen, flüssig machen, ausstellen, abgeben, übertragen, diskontieren, einlösen, verwerten, vorzeigen • abtreten, ablassen, einhändigen, aushändigen, übergeben, ausliefern, überantworten, in Besitz geben, veräußern, sich entäußern, aus der Hand geben, tauschen, verhandeln, verschicken, versenden. → begeben sich, begegnen, entspinnen.
▸ festhalten.

begeben, sich sich abspielen, sich einstellen, erfolgen, geschehen, stattfinden, vorfallen, vorgehen, werden, widerfahren, zustoßen, sich zutragen, vorkommen, sich entspinnen, der Fall sein, Tatsache werden, darbieten, erleben, erleiden, eintreffen, zutreffen • reisen, gehen, fahren, fliegen, sich bemühen, wandern, schreiten, laufen, aufbrechen, besuchen, eilen, marschieren, spazieren, gehen, trollen, packen, davonmachen, sich auf die Beine machen, schleichen, sich fortstehlen, verduften, sich empfehlen, besteigen, abdampfen, absegeln, abhauen. → begeben, bestehen, bewegen sich, darbieten sich, einstellen sich.
▸ bleiben auf dem Platze.

Begebenheit Ereignis, Begebnis, Verrichtung, Tatsache, Wirklichkeit, Angelegenheit, Erlebnis, Befahrnis, Begegnung, Erscheinung, Ausgang, Geschehnis, Lauf, Vorgang, Vorkommnis, Wendung. → Abenteuer, Angelegenheit, Begebnis, Episode, Erlebnis, Fall, Tatsache, Vorfall, Zwischenfall.

Begebnis → Begebenheit, Ereignis.

begegnen angrenzen, anstoßen, widerfahren, zustoßen, darbieten, erleben, erleiden, erfahren, anrainen, berühren, nähern, entgegengehen, treffen, antreffen, anlehnen, anstreifen, näher kommen, vorrücken, entgegenkommen, nahen, herankommen, erreichen, ankommen, eintreffen, zusammenlaufen, zusammenfließen, vereinigen, einholen • vorfallen, begeben, sich zutragen, sich darbieten, sich ereignen • zusammenkommen, einführen, vorstellen, bekannt werden, Bekanntschaft anknüpfen, sich kennen lernen. → anstellen, sich betragen, passieren, umgehen.
▸ abweichen, auseinander gehen, entfernen sich, entfernt halten sich.

begegnen, sich → begegnen, beigesellen, beitreten, bekannt werden.

Begegnung → Begebenheit, Episode, Erlebnis.

begehbar gangbar, betretbar, erschlossen. → offen.

begehen gehen, wandern, betreten, durchstreifen, durchsuchen, durchqueren, bewandern, durchstreichen, besuchen, pilgern, besteigen, durchkreuzen, bereisen, befahren • feiern, ehren, veranstalten • sündigen, verüben, tun, verfallen, nicht lassen können, verfehlen, frönen, sich vergessen, freveln. → betreten, sich bewegen.
▸ stehen bleiben, unschuldig (sein).

Begehr Gesuch, Anliegen, Ansuchen, Begehren, Bitte, Bittschrift, Eingabe • Verlangen, Wunsch, Herzenswunsch, Ziel, Vorliebe, Wunschbild • Bestreben, Hang, Bedürfnis, Gelüst, Wollen, Wille, Absicht, Neigung, Begierde, Laune, Ansinnen. → Absicht, Bedürfnis, Belieben, Bettelei, Bewerbung, Brandbrief, Eingabe, Erwartung.
▸ Genügsamkeit, Keuschheit.

Begehren → Auflage, Begehr, Begierde, Belieben, Gesuch, Lust.

begehren benötigen, bedürfen, erfordern, verlangen, nicht ermangeln können, nicht vermissen mögen, beanspruchen • befehlen, anordnen, auferlegen, auftragen, verordnen, einschärfen, bescheiden, anweisen, verfügen, bestimmen, festsetzen • bitten, ersuchen, ansuchen, fordern, erheischen, erbitten, einkommen um, angehen, ansprechen um, anrufen, nachsuchen, belästigen, bemühen, anhalten um, sich bewerben, bestürmen, belagern, anstreben, suchen • Anrecht haben, zurückfordern, beharren, sein Recht erzwingen oder behaupten, Ansprüche erheben oder durchsetzen, berechnen, Zahlung verlangen. → angehen, anhalten, aufzwingen, beanspruchen, befehlen, bekommen Lust, bemühen, beordern, bestehen auf, betteln, bewerben sich, bewerten, bitten, brauchen, drängen, entbrennen, erbeten, erfordern, ersehen, ersehnen, erwarten, finden Geschmack, mögen.
▸ gering schätzen, wunschlos (sein), zufrieden geben sich • ablehnen, ausschlagen, verschmähen, zurückweisen • besitzen, haben • desinteressiert/frigide sein.

begehrend → ehrgeizig.

begehrenswert ansprechend, anziehend, ersehnenswert, erstrebenswert, reizend, wertvoll, wünschenswert, erwünscht, lieb, recht. → anziehend, appetitlich, ersehnenswert, erwünscht.
▸ reizlos.

Begehrer → Kandidat.

begehrlich ausschweifend, flatterhaft, genießerisch, leichtsinnig, sinnlich, ungezügelt, geizig, vergnügungssüchtig, geldgierig, raffgierig, habgierig, filzig, schäbig, engherzig, knickerig, erpicht, versessen, gewinnsüchtig, unersättlich, wucherisch, raubgierig, neidisch, missgünstig, scheelsüchtig, unmäßig, maßlos, genusssüchtig, zügellos • locker, frivol, unzüchtig, wollüstig, prasserisch, schwelgerisch, rauflustig. → ausschweifend, bacchantisch, bedürfnisvoll, buhlerisch, dirnenhaft, erotisch.
▸ mäßig, unschuldig, wunschlos.

Begehrlichkeit → Begierde.

begehrt → ersehnenswert, erwünscht.

Begehung Festlichkeit • Kontrollgang.

begeifern → angreifen, schmähen.
▸ schmeicheln.

begeistern berücken, gewinnen, beeinflussen, bereden, einflüstern, einladen, auffordern, bestürmen, beschwatzen, betören, ködern, verlocken, den Mund wässerig machen, reizen, zureden, überzeugen, mit sich reißen, das Herz erobern, anspornen, anreizen, aufmuntern, anfeuern, erhitzen, anfachen, entflammen, das Feuer schüren, anstacheln, aneifern, antreiben, erwecken, anzünden, erregen, wachrufen, erwärmen, aufmuntern, beseelen, das Blut in Wallung bringen, aufheitern, aufmöbeln *u*, von den Plätzen reißen (Zuhörer). → anregen, aufregen, beeinflussen, berühren, beseelen, bestechen, drängen, eingeben, Fahne fliegender mit. ▸ beruhigen, entmutigen, hemmen anekeln, anöden, anwidern, gleichgültig/kalt lassen, langweilen.

begeisternd → antreibend.

begeistert freudetrunken, Feuer und Flamme sein, dionysisch, verzückt, ekstatisch, enthusiastisch, entflammt, bezaubert, eingenommen, entbrannt, entzündet, ergriffen, gefesselt, gepackt, eifrig, feurig, hemmungslos, impulsiv, lebhaft, leidenschaftlich, rasend, stürmisch, temperamentvoll, unbändig, ungestüm, wild. → befangen, berauscht, entbrannt, entrückt, entzückt. ▸ teilnahmslos.

Begeisterter, überschwänglich Enthusiast, Fan.

Begeisterung Verzückung, Ekstase, Elan *m*, Schwung, Enthusiasmus *m*, Idealismus, Arbeitslust, Erregung, Entzücken, Rausch, Rührung, Wallung, Jubel, Beifall, Freudenbezeugung, Freudengeschrei, Freudentaumel, Frohlockung, Gejauchze, Triumphgeschrei, Stimmung, Entzücken, Freude, Fröhlichkeit, Frohsinn, Gehobenheit, Laune, Lebhaftigkeit, Spannung, Aufregung, Feuer und Flamme, Fleiß, Spannkraft, Unverdrossenheit, Ausdauer, Beharrlichkeit, Unermüdlichkeit, Elastizität, Wärme, Eifer, Glut, Hitze, Inbrunst, Ernst, Leidenschaft, Unverzagtheit, Verwegenheit, Tollkühnheit, Zuneigung, Hinneigung, Hingabe, Bewunderung, Innigkeit, Aufopferung, Schwärmerei, Zauber, Bezauberung, Verehrung, Anbetung, Vergötterung, Besessenheit, Verzauberung, Zauberbann. → Affekt, Anlauf, Arbeitslust, Aufschwung, Aufsehen, Ausbruch, Beflissenheit, Begierde, Beharrlichkeit, Beifall, Beseligung, Bezauberung, Drang, Ehrgeiz, Ekstase, Enthusiasmus, Entzückung, Erröten. ▸ Bedachtsamkeit, Feigheit, Teilnahmslosigkeit, Trägheit, Widerwille, Verzweiflung.

Begeisterung versetzen, in begeistern, entzücken, mitreißen.

begeisterungsfähig idealistisch.

Begeisterungsfähigkeit Begeisterung, Hingabe.

Begier → Begierde.

Begierde Wille, Lust, Wunsch, Neigung, Begier, Trieb, Begehren, Berauschung, Rausch, Taumel, Begeisterung, Eindringlichkeit, Verlangen, Sehnsucht, Gelüst, Lüsternheit, Trachten, Schmachten, Streben, Gier, Habsucht, Hang, Vermessenheit, Ehrgeiz, Ehrsucht, Bedürfnis, Maßlosigkeit, Übermaß, Sinnlichkeit, Gelüste, Geilheit, Wollust, Genusssucht, Zügellosigkeit, Ausgelassenheit, Begehrlichkeit, Geschlechtstrieb, Fleischeslust, Begier, Sinnesrausch, Liebeswut, Kitzel, Brunst • in die Nase stechen *u*, das Maul wässrig machen *u*, Gieper *u*, Japper *u*. → Bedürfnis, Begehr, Bemächtigung, Drang. ▸ Genügsamkeit, Keuschheit Reiz • Abneigung, Abscheu, Aversion, Ekel • Desinteresse, Gleichgültigkeit • Befriedigung.

begierig erwartungsvoll, erwartend, mit verhaltenem Atem, in atemloser Spannung, mit offenem Munde, happig *u*, erpicht *u*, auf etwas scharf sein *u*, die Finger nach etwas lecken *u*, spannen *u*, verrückt sein auf etwas, betriebsam, rührig, regsam, fleißig, ruhelos, rastlos, versessen auf, geil *u*. → ehrgeizig. ▸ gleichgültig, wunschlos.

begierig sein scharf sein *u*.

begießen eingießen, bespritzen, besprengen, übergießen, überschütten, bewässern, anfeuchten, berieseln, betauen • feiern, darauf wollen wir anstoßen, einen genehmigen, etwas trinken. → befeuchten, benetzen, durchnässen, einspritzen. ▸ austrocknen.

Beginn Eröffnung, Anstoß, Antrieb, Anlauf, Ansatz, Anbruch, Anschnitt, Anfangspunkt, -stadium, Basis, Grundsteinlegung, Ursprung, Quelle, Entstehung, Geburt, Geburtsjahr, Baujahr, Wiege, Abgangspunkt, Ausgangspunkt, Grundlage, Spitze, Kopf, Vorarbeit, Vorbereitung • Ausmarsch, Abfahrt, Ablauf, Start, Abreise. → Anfang, Anlauf, Anzug, Einsatz. ▸ Ende.

Beginn einer Handlung Initiative.

Beginn, zu → eingangs.

Beginnen → Entstehung.

beginnen → anbahnen, anfangen, anfassen, arbeiten, aufrollen, auftauchen, einsetzen, ausführen, ausüben, debütieren, einfädeln, einführen, entspinnen, entsprießen, eröffnen. ▸ abbrechen, aufhören, beenden, einstellen, enden, vollenden • hinhalten, verschieben, vertagen, verzögern, warten, zaudern • vorübergehen • vorbei sein.

beginnend einleitend, anfänglich, anfangs, vorausschickend, vorweg, erst, zuerst, zuvor, zuvorderst, ursprünglich, anfangend, angehend, bahnbrechend, von vorne versuchend, versuchsweise, probeweise. → eingangs. ▸ abschließend.

beglaubigen bezeugen, nachweisen, dartun, feststellen, anerkennen, verbürgen, bekräftigen, versichern, besiegeln, nachweisen, ausweisen, bekunden, belegen, legitimieren, bestätigen, versichern, beweisen, erklären, beschwören, beeiden, erhärten, bekräftigen, beteuern, bürgen, verbürgen, Gewähr leisten, garantieren, einstehen für, bestallen, berufen, bestellen, akkreditieren. → anerkennen, aussagen, ausweisen, bestätigen, beweisen. ▸ aberkennen, ungültig (erklären), verabschieden, verleugnen, widersprechen.

beglaubigt gewiss, zutreffend,

unzweifelhaft, tatsächlich, sicher, bestimmt, wirklich, entschieden, unzweideutig, unverkennbar, unleugbar, unfehlbar, ohne Fehl, zweifellos, zweifelsohne, unumstößlich, unbestreitbar, unfraglich, fraglos, verbürgt, glaubwürdig, bezeugt, amtlich, offiziell, dogmatisch, zuverlässig, wahrhaftig, untrüglich, augenscheinlich, ersichtlich, handgreiflich, erwiesen, unstreitig, ausgemacht, natürlich, selbstverständlich, wahrlich, fürwahr, gewisslich, ausdrücklich, überzeugt, unverdächtig. → bedienstet, behördlich, beweisend, definitiv.
▸ unerwiesen, ungültig.

Beglaubigung Attest, Beweis, Diplom, Eid, Erweis, Nachweis, Zeugnis.
▸ Aberkennung, Verabschiedung, Widerlegung.

Beglaubigungsbüro Notariat.

Beglaubigungsschreiben Akkreditiv.

Beglaubigungsvorgang Zertifikation.

begleichen sühnen, büßen, gutmachen, Ersatz leisten, abtragen, tilgen, vergüten, entschädigen, ersetzen, opfern, abbüßen, ausbaden, die Zeche zahlen, sich reinigen, Abbitte leisten, um Verzeihung bitten, auswetzen. → abbüßen, abzahlen, ausbaden, ausgeben, bezahlen, bitten, decken, ordnen.
▸ bezahlen (nicht), unterlassen.

Begleichung → Abtragen, Befriedigung, Berichtigung, Entrichtung, Entlohnung, Rückzahlung.

begleiten → anstimmen, beigesellen, bewahren, bringen nach Haus, decken, geleiten, musizieren.

Begleiter → Beistand, Bekannter, Beschützer, Bewachung, Famulus, Freund, Kamerad, Teilnehmer.

Begleiterscheinung Umstand, Faktor, Wirkung. → Nebenwirkung.

Begleitmannschaft Eskorte.

Begleitschiff Tender.

Begleitung Anhängsel, Kamerad, Gespons, Ehehälfte, Satellit, Trabant, Schatten, Geleit, Bewachung, Anhänger, Gefolge, Gefährte, Freund, Beschirmer, Hirte, Hüter, Verteidiger, Vormund, Kurator, Kavalier, Ritter, Schildträger, Knappe, Aufseher, Wächter, Eskorte, Schlepp *u.* → Bewachung, Schützer.
▸ Einsamkeit, Melodie, Wegnahme.

Begleitung, ohne allein, einsam, solo.

beglücken berauschen, berücken, bezaubern, entzücken, erfreuen, Freude bereiten oder machen, Wonne verursachen, Gutes erzeigen, wohl tun, Vergnügen machen, aufheitern, erheitern, freudig, stimmen, ergötzen, unterhalten, anregen, belustigen, bestricken, beseligen, glücklich machen, hinreißen, für sich einnehmen, fesseln, lieben, betören, den Kopf verdrehen, besuchen, bitten, befriedigen. → amüsieren, erfreuen, erfreuen mit.
▸ belästigen, verdrießen.

beglücken, mit → austeilen.

beglückt → beschwingt.

Beglückung → Entzücken, Freude.

beglückwünschen gratulieren, Glückwunsch, darbringen, eine Freude ausdrücken, teilnehmen, mitfühlen, Glück wünschen, Empfinden aussprechen.
▸ beklagen, teilnahmslos (sein), Anteilnahme/Beileid aussprechen, kondolieren • trösten.

begnadet erwählt, hoch begabt. → talentiert, gottbegnadet.

begnadigen vergeben, verzeihen, nachsehen, amnestieren, Strafe schenken oder nachlassen, Gnade für Recht ergehen lassen, mit Milde behandeln, freisprechen, ein Auge schließen, lossprechen, entlassen, freigeben.
▸ bestrafen, hartherzig (sein), strafen • aburteilen, schuldig sprechen, verurteilen • hinrichten, (Urteil) vollstrecken.

Begnadigung → Ablass, Amnestie, Ehrenrettung.

begnügen, sich zufrieden sein, sich fügen, ergeben, sich zufrieden geben, vorlieb nehmen, sich nach der Decke strecken, es dabei belassen.
▸ unbefriedigt (sein).

begraben vergessen, auslöschen, nicht mehr daran denken, verzeihen, aus dem Sinn verlieren, vergeben, nachsehen. → bestatten, vergeben.
▸ erinnern sich, zurückdenken.

Begräbnis → Bestattung.

Begräbnisstätte Friedhof, Mausoleum, Katakombe, Nekropolis.

begradigen → formen.

begreifen einleuchten, einsehen, erfassen, ergründen, lernen, nachfühlen, verstehen, durchschauen, erkennen, klar sehen, unterscheiden, sich bewusst sein, sich geschickt zeigen, sich klug erweisen, Verstand haben, auffassen, erlernen, sich auskennen, mitkommen, abklavieren können *u*, kapieren, intus haben *u*, fressen *u*, schalten • betasten, berühren, befühlen, anfühlen, angreifen, anfassen, in die Hand nehmen, befingern, antippen, fummeln *u*, befummeln *u*, tätscheln, schlau kriegen *u*. → auffassen, bemeistern, bleiben bei der Sache, denken, durchschauen, einleuchten, erfassen, erkennen, erweichen.
▸ ablassen, bleiben zurück, faseln, unverständlich (bleiben).

begreifen, nicht → blamieren, bleiben zurück.

begreiflich → anschaulich, einleuchtend, fasslich, verständlich.

begreiflich machen → auseinander setzen.

begreiflicherweise → natürlich.

Begreiflichkeit → Bestimmtheit, Deutlichkeit.

begrenzen abschließen, enden, beenden, beschließen, aufhören, vollenden, besiegeln, krönen, zu Ende machen, auf sich beruhen lassen • anstoßen, angrenzen, anrainen, berühren, anliegen, treffen, anspülen • beschränken, einschränken, abgrenzen, eindämmen, abdämmen, umschließen, umgeben, umgürten, einfassen, umringen, einfriedigen, umhegen, einhegen, umzäumen, umhecken, umkreisen, einmauern, einpferchen, einsperren, einschließen. → beschränken, einfassen, entsagen.
▸ ausdehnen.

begrenzend determinativ, limitativ.

begrenzt wenig, unbeträchtlich, unbedeutend, winzig, gering, geringfügig, schwächlich,

spärlich, kärglich, beschränkt, eingeschränkt, beengt, notdürftig, elend, erbärmlich • mäßig, ziemlich, mittelmäßig, unvollkommen. → eingekeilt, eng.
▸ unbegrenzt, grenzenlos, infinit, umfassend, unendlich, unermesslich, universell, weit.

begrenzt auftretend, örtlich endemisch.

Begrenztheit Geschlossenheit, Endlichkeit, Enge, Beschränkung, Begrenzung, Schmalheit, Dünne, Dürre, Gedrängtheit • Dichte. → Begrenzung, Einengung, Extrakt, Platzmangel.
▸ Ausdehnung.

Begrenzung Grenze, Platzmangel, Begrenztheit, Mindestmaß, geringe Ausdehnung, Umfassung, Gehalt, Inhalt, Ausmaß, Kleinigkeit, Winzigkeit, Zwerghaftigkeit, Geringheit, Kleinigkeit, Geringfügigkeit. → Barriere, Begrenztheit, Demarkation, Einheit.

Begriff Grundgedanke, Vorstellung, Gedachtes, Abstraktum, Gedanke, Eingebung, Inspiration, Vorstellungsinhalt, Vorstellungsablauf, Erinnerung, Bild, Apperzeption, Wahrnehmung, Empfindung, Reiz, Gefühl, Eindruck, Trugbild, Einbildung, Gedankenbild, Meinung, Ansicht, Auffassung, Standpunkt, Beleuchtung, Gesichtspunkt • Überzeugung, Urteil, Glauben, Bekenntnis, Prinzip, Dogma • Empfindung, Eindruck, Betrachtung, Erkenntnis, Einblick • Geist, Sinn, Ausdruck, Bedeutung, Deutung, Zweck, Ziel • einen Begriff haben, Bewunderung, hohe Meinung, Wertschätzung, Hochachtung, Würdigung • Definition, Wesen, Wortbedeutung, Wortgebrauch, Wortsinn. → Ausdruck, Definition, Ding, Einblick, Gegenstand, Idee, Inhalt, Kenntnis, Sache, Wesen.
▸ Anschauung • Erscheinung, Gegenstand, Objekt.

Begriff sein, im → augenblicklich, derzeit.

begriffen intus *u.*

begrifflich unwirklich, nur gedacht, abstrakt. → ideell.

Begriffsbestimmung Erklärung, Auslegung, Erörterung, Erläuterung, Auseinandersetzung, Darstellung, Lesart, Aufschluss, Auskunft, Schlüssel, Auflösung. → Auslegung, Definition, Erklärung.

Begriffsbildung → Auslegung, Begriffsscheidung, Definition, Denkart.

Begriffsfolge → Begriffsscheidung, Beweis, Denkart, Schluss.

Begriffskreis → Gesichtskreis.

Begriffsmangel Dummheit, geistige Armut, Beschränktheit, Schwachsinn, Urteilslosigkeit.
▸ Begriffsvermögen, Denkvermögen.

Begriffspaare eingeteilt, in dichotom.

Begriffsscheidung Überlegung, Bedenken, Nachdenken, Betrachtung, Nachsinnen, Nachgrübeln, Kopfarbeit, Aufmerksamkeit, Studium, Erforschung, Streben, Berechnung, Gedankentiefe, Gedankengang, Untersuchung, Prüfung, Forschung, Gedankenarbeit • Begriffsbildung, Abstraktion, Begriffsfolge, Ideenverbindung, Ideenfolge, Ideenkette, Denkweise, Reflexion.

begriffsstutzig nicht mit Verstand oder Vernunft begabt, unvernünftig, albern, dumm, geistig träge, verkommen, verblödet, geistlos, schwerfällig, lahm, stur, klobig, geistesarm, borniert • hirnscheu *u*, s.v.K. (schwer von Kapee) *u.*
▸ klug.

Begriffsumfang → Inhalt.

Begriffsverallgemeinerung Abstraktion.

Begriffsvergegenständlichung Hypostase.

Begriffsvermögen → Denkvermögen, Erkenntnisvermögen.
▸ Begriffsmangel.

Begriffsverwirrung → Fehler, Haarspalterei.

begründen einrichten, aufmachen, etablieren, eröffnen • beweisen, auf den Grund gehen, versuchen, probieren, experimentieren, prüfen, erweisen, urteilen, auslegen, deuten, kommentieren, dartun, demonstrieren, nachweisen, veranschaulichen, überführen, zeigen, aufzeigen, bekräftigen, belegen, bezeugen, erhellen, rechtfertigen, argumentieren. → ableiten, ausweisen, beimessen, beruhen, beweisen, darlegen, diskutieren, erweisen.
▸ beschuldigen, fehlschießen, widerlegen, widersprechen.

begründend → ausschlaggebend.

begründet gesichert, fundiert, unangreifbar, hiebfest, durchdacht, erprobt, überlegt. → abhängig, angemessen, authentisch, demnach, denkgerecht, folgerichtig, richtig.
▸ unbegründet, aus der Luft gegriffen, grundlos, haltlos, ungerechtfertigt, unmotiviert.

begründet auf → demgemäß, demzufolge.

Begründung → Argument, Auskunft, Beweis, Beweisführung, Erweis, Nachweis, Rechenschaft, Schluss.

begrünen, sich ausschlagen, grün werden, keimen, knospen, sprießen.

begrünt → blühend.

begrüßen → anreden, befürworten, grüßen, Ehre schenken.
▸ ablehnen, zurückweisen • bedauern, beklagen • verabschieden.

begrüßt → erwünscht, lieb.

Begrüßung Verneigung, Verbeugung, Bückling, Kratzfuß, Handschlag, Händedruck, Umarmung, Handkuss, Shakehands *M.*

begucken → anschauen, beschauen, besehen.

begünstigen Vorteile verschaffen, favorisieren, vorziehen, vorschieben, bevorzugen, höher einschätzen, lieben, den Vorrang geben, Vorrecht einräumen, Gunst gewähren, sein Herz verschenken an, fördern, gut behandeln, unterstützen, Wohltat erweisen, Freundschaft zeigen, Liebesdienst erweisen • entbinden, erleichtern, entlasten, entbürden, befreien, erlauben, gestatten, bewilligen, dulden, genehmigen, willfahren, vergönnen, zugeben, bevollmächtigen, ermächtigen, berechtigen. → bevorzugen.
▸ schikanieren, verhindern, zurückstellen • benachteiligen,

vernachlässigen, zurücksetzen • gerecht sein.
begünstigt → beneidenswert.
Begünstigung Schiebung *u.* → Ausnahme, Beistand.
begutachten → abwägen, beurteilen, charakterisieren, deuten, ermessen, probieren, schätzen, zensieren.
Begutachter → Experte, Fachmann.
Begutachtung → Betrachtung, Bewertung, Durchsicht, Kontrolle, Kritik.
Begutachtungsinstanz → Jury.
begütert wohlhabend → bemittelt, reich.
begütigen beruhigen, besänftigen, abschwächen, beschwichtigen, entwaffnen • lindern, mildern, erweichen, bezähmen, bezwingen, unterdrücken, eindämmen, hemmen, zügeln, stillen, zähmen, dämpfen, erleichtern, einschläfern, zur Vernunft oder Ruhe bringen, Frieden stiften, aussöhnen, versöhnen, ausgleichen, befrieden, befriedigen, Missverständnis beheben oder aufklären • trösten, lindern, aufmuntern, aufheitern, ermutigen, stärken, erquicken, laben, beleben, erfrischen, helfen, heilen, Hoffnung wecken, Trost spenden, Tränen trocknen, neu beleben, Balsam in die Wunde träufeln. → aussöhnen, befrieden, befriedigen, besänftigen, dämpfen, entwaffnen.
▸ aufregen, streiten.
Begütigung → Abklingen.
behaart → bärtig, borstig, faserig.
▸ glatzköpfig • kahl, haarlos, unbehaart.
behäbig behaglich, gemütlich, wohlig, mollig, geduldig, gottergeben, resigniert, gelassen • langsam, träge, allmählich, schrittweise, unmerklich, faul, schläfrig, im Schneckengang, schwerfällig, phlegmatisch. → arbeitsunfähig.
▸ beweglich, ungemütlich.
behaftet innewohnend, anerschaffen, angeboren, eingefleischt, geartet, eingewurzelt, anerzogen, anhaftend, ererbt, instinktmäßig, gewohnt, überbracht, eingebürgert, gebräuchlich, üblich, herkömmlich. → krank.
▸ gesund, ungewöhnlich.
behaftet sein → angeboren, chronisch, krank.
Behagen → Befriedigung, Dämmerstündchen, Daseinsfreude, Ergehen, Freude, Lebensfreude.
▸ Missbehagen, schlechte Laune, Unbehagen, Unzufriedenheit.
Behagen verursachen → ansprechen.
behagen Vergnügen machend, erfreuen, freudig stimmen, vergnügen, wohlbehagen, belieben, bequem sein, brauchbar sein, dienlich sein, entsprechen, gefallen, genehm sein, passen, sich eignen, zusagen, konvenieren, erquicken, befriedigen, erfrischen, laben, aufmuntern, ansprechen, belustigen, beseligen, beglücken, gefangen nehmen. → belieben, erfreuen sich.
▸ verdrießen.
behaglich angenehm, wohnlich, gemütlich, labend, herzstärkend, zusagend, trefflich, herrlich, einladend, appetitlich, ansprechend, wohl tuend, ergötzlich, bequem, schön, schläfrig, gemächlich, erleichtert, entlastet, entbunden, erfreulich, lauschig, sorgenfrei, unbekümmert, kommod, glücklich, beseligt, zufrieden, sauwohl *u*, kuschelig *u.* → angenehm, anspruchslos, behäbig, bequem, gemütlich.
▸ angestrengt, lästig, ungehaglich.
behaglich, äußerst sauwohl *u.*
behaglich machen → anordnen, aufheitern, bequem.
Behaglichkeit → Befriedigung, Behagen, Bequemlichkeit.
behalten anhäufen, aufbewahren, behaupten, behüten, beibehalten, bewahren, erinnern, sammeln.
▸ abgeben, aushändigen, hergeben, schenken, spenden, stiften, verschenken, weggeben • abschaffen, fortschaffen, wegwerfen • zurückgeben • vergessen.
Behälter Hülle, Etui *s*, Kasten, Dose, Sack, Tube, Tüte, Blase, Bläschen, Börse, Beutel, Kapsel, Kästchen, Gefäß, Röhre, Sack, Schlauch, Kolben, Kiste, Koffer, Mappe, Schachtel, Urne, Tasche, Büchse, Köcher, Ranzen, Affe *u*, Felleisen, Tornister, Knappsack, Brotsack, Rucksack, Futteral, Vase, Geschirr, Gerät, Topf, Pott *u*, Hafen, Pfanne, Kasserolle, Kessel, Korb, Truhe, Trog, Mulde, Gelte, Bütte, Reff, Hotte, Kübel, Napf, Krippe, Reservoir, Becken, Kufe, Küpe, Fass, Tonne, Tank, Eimer, Zuber, Butte, Bottich, Wanne, Krug, Kanne, Waschschüssel, Flasche, Feldflasche, Trinkschale, Tasse, Bowle, Kelch, Becher, Glas, Trinkhorn, Pokal, Humpen, Liter, Schoppen, Maß, Seidel, Schnitt, Schüssel, Schale, Kump *u*, Platte, Teller, Löffel, Schöpfer, Schrank, Spind, Kommode, Schubfach, Schublade, Geldschrank, Pult, Schreibtisch, stummer Diener, Anrichte, Büffet, Gestell, Bücherbrett, Bord, Kasse, Kassette, Fach, Lade, Kolli, Koffer, Tasche, Behältnis, Depot, Silo, Kofferraum, Tresor. → Ballon, Dose, Eimer.
Behältnis → Ballon, Behälter, Eimer, Futteral, Gefäß.
behämmern → bestrafen.
behämmert bekloppt, töricht, dümmlich.
behänd → anstellig, eilfertig.
behände → beflügelt, beschwingt, eilends, fix, rasch.
Behändigkeit Hurtigkeit, Flinkheit, Raschheit, Rührigkeit, Lebhaftigkeit • Geschicklichkeit, Gewandtheit, Fertigkeit, Geschick, Anstelligkeit, Gelenkigkeit, Leichtigkeit, Geläufigkeit, Raschheit.
▸ Trägheit, Ungeschicklichkeit.
behandeln → abfassen, ausarbeiten, ausführen, kurieren.
behandeln, schlecht → auswischen, beleidigen.
Behandelnder Therapeut.
behandelter Stoff Thema.
Behandlung Anwendung, Ausführung, Ausübung, Gebrauch, Hantierung • Pflege, Verfahren, Verwendung, Wartung, Heilung, Kur, Diät, Bestrahlung, Bad, Massage, Operation, Eingriff • Handhabung, Bewerkstelligung, Regelung, Gebarung, Beaufsichtigung, Kontrolle, Lenkung, Leitung, Steuerung. → Besorgung, Leistung.
Behandlungsweise Methode, Prozedur.
Behang Vorhang, Schleier, Umhang, Blende, Gardine, Storen. → Bedeckung, Blende.

behängen bedecken, verdecken, zudecken, überdecken, einhüllen, umhüllen, verhüllen, zuhängen, verhängen, einschlagen, ausschlagen, ankleiden, anziehen, anlegen • zieren, schmücken, verschönen, ausputzen, betressen, besäen, herausstaffieren, dekorieren, bewimpeln, beflaggen, bekränzen, sich in Putz werfen, in Samt und Seide, prunken, Pomp machen, Geschmeide und Juwelen anlegen, Orden tragen. → ausschmücken, bedecken.
▸ abdecken, abnehmen.

beharren → anhalten, ausdehnen, ausharren, beeiden, begehren, behaupten, bestehen, bestehen auf, biegen, dabei bleiben, dauern, durchhalten, ertrotzen, festhalten, feststehen.
▸ flexibel sein, nachgeben, weichen.

beharren, auf dringen auf, insistieren, pochen auf.

beharrend rückschrittlich, rückwärts gerichtet • inhäsiv, starr, stabil.

beharrlich ausdauernd, beständig, erpicht, fest, gerade, hartnäckig, ohne Wanken, stetig, unaufhörlich, unermüdlich, umwandelbar, verbissen, zielbewusst, fortwährend, von Anfang bis zu Ende. → andauernd, ausdauernd, beständig, charakterfest, chronisch, dauerhaft, dauernd, eisern, erpicht, fanatisch, konstant, zäh.
▸ sprunghaft, träge, wankelmütig, inkonsequent, nachgiebig, ungeduldig, willensschwach.

Beharrlichkeit Entschiedenheit, Entschlossenheit, Festigkeit, Standhaftigkeit, Beständigkeit, Unveränderlichkeit, Unbeugsamkeit, Unerschütterlichkeit, Ausdauer, Starrsinn, Verstocktheit, Hartnäckigkeit, Energie, Kraft, Mut, Begeisterung, Streben, Zielstrebigkeit, Zielbewusstsein, Drang, Unverfrorenheit, Härte, Kaltblütigkeit, Stumpfsinn, Gemütsruhe, Gelassenheit • Verstocktheit, Verhärtung, ungerührtes Gewissen, ohne Reue. → Arbeitslust, Ausdauer, Begeisterung, Bemühung, Beständigkeit, Dauer, Ehrgeiz, Eifer, Emsigkeit, Entschiedenheit, Entschlossenheit, Ewigkeit, Fleiß, Wille.
▸ Flüchtigkeit, Trägheit, Wankelmut.

Beharrung → Beständigkeit.

Beharrungsvermögen → Beständigkeit.

behauchen aspirieren.

behauen abtrennen, absondern, abbrechen, abhauen, absplittern, abbröckeln, abspalten, abschlagen, kürzen, verkürzen, weghauen, abkappen, stutzen, gestalten, formen, ausarbeiten, meißeln, aushauen, aushämmern, modellieren, Form geben, bearbeiten, aus dem Groben arbeiten. → anfertigen.
▸ unbehauen (lassen), Verbindung.

behauen, roh bossieren.

behauptbar → beweisend, erweislich.

behaupten bejahen, bestätigen, feststellen, festsetzen, ausweisen, beweisen, erklären, bekennen, bekräftigen, aussagen, beteuern, bestehen auf, dabei bleiben, beharren, betonen • behalten, nicht aufgeben, nicht loslassen, bewachen, behüten, beanspruchen, beharren, erzwingen, Ansprüche durchsetzen • anklagen, beschuldigen, bezeihen, zuschreiben, zur Last legen, in die Schuhe schieben, vorhalten, vorwerfen, verdächtigen, vorbringen, anbringen, anzeigen, anschwärzen. → beeiden, behüten, beibehalten, berufen sich, beschwören, bringen zum Schweigen, beschuldigen, eingestehen, erhärten, festhalten, versichern.
▸ aufgeben, sich zurückziehen • abstreiten, anzweifeln, bestreiten, bezweifeln • dementieren, widerrufen • ahnen, annehmen, vermuten • beweisen, demonstrieren, untermauern.

behaupten, sich → bestehen, bemeistern, bleiben, durchsetzen sich, feststehen.

behauptend kategorisch, thetisch.

Behauptung → behaupten, Grundsatz, Kampf.

Behauptung, falsche Lüge, Geflunker, Schwindel.

behausen → einlogieren.

Behausung → Aufenthaltsort, Elternhaus, Heim, Obdach, Unterkunft.

beheben → ausbessern, beikommen, beseitigen, ausmerzen.

beheimaten → einbürgern, eingesessen.

beheimatet → ansässig, beheimaten, daheim.

Behelf Ausflucht, Ausweg, Deckmantel, Aushängeschild, Winkelzug, Ausrede, Notlüge, Umgebung, Blendwerk, Entstellung, Verkleidung, Verhüllung, Vorspiegelung, Finte, Fallstrick, Entschuldigung, Schlupfloch, Beschönigung, Eselsbrücke • Notmittel, Hilfsmittel, Notnagel, Notmast, Notanker, Ersatz, Strohmann, Lückenbüßer • Mithilfe, Stütze, Beistand, Hilfe, Unterstützung. → Aushilfe, einmal ist keinmal, Ersatz, Mittel.

behelfen, sich sich forthelfen, sich darein finden, fügen, sich nach der Decke strecken, durchbringen, von der Hand in den Mund leben, begnügen sich.
▸ schöpfen aus dem Vollen.

behelfsmäßig (-weise) → provisorisch.

behelligen → angreifen, anrempeln, ärgern, aufhalten, belästigen, befeinden, durchkreuzen, stören.

Behelligung Aufdringlichkeit, Belästigung, Panne, Unterbrechung, Zudringlichkeit.

beherbergen unterbringen, einquartieren, beschirmen, beschützen. → bewirten, einlogieren.
▸ ausquartieren.

Beherbergungsbetrieb Hotel, Motel.

beherrschen bezwingen, unterdrücken, zurückhalten, eindämmen, hemmen, zügeln, zähmen, unterjochen, bändigen, überwältigen, bemeistern, am Gängelband führen *u*, am Bändel haben *u*, um den Finger wickeln können, an der Strippe oder Leine haben *u* • hoch sein, emporragen, überragen, übersteigen, bedecken, erheben • Macht haben, – besitzen, – genießen, – ausüben, herrschen, regieren,

unter dem Pantoffel haben *u*, befehlen, lenken, leiten, kommandieren, heischen, gebieten, diktieren, Gehorsam fordern, das Zepter führen, die Hosen anhaben, das Ruder fassen, die Zügel halten, lenken, tyrannisieren, das Übergewicht erlangen, in die Tasche stecken. → anziehen, ausstechen, beeinflussen, beruhigen, besänftigen, bezähmen, dämpfen, siegen, wissen.
▸ unterliegen unterdrückt/versklavt werden.

beherrschen, sich sich überwinden, hinunteressen, in sich hinein fressen, einstecken, hinunterwürgen, eindämmen, zurückhalten, sich enthalten, zurückdrängen, hemmen, dämpfen, unterdrücken, zügeln, sich im Zaume halten, verbeißen, bemeistern, sich selbst besiegen, Ruhe behalten oder bewahren, sich nicht aus der Ruhe bringen lassen, ruhig Blut bewahren, auf die Zähne beißen, sich bremsen können *u*.
▸ aufbrausen, durchdrehen, die Fassung verlieren.

beherrschend einflussreich, gewichtig, stark, triftig, vorherrschend, tonangebend, ausschlaggebend, maßgebend, angesehen, einen langen Arm haben, am Drücker sitzen *u* • überlegen, mächtig, uneingeengt, gewaltig, überragend, herrisch, gebieterisch, absolut, allgewaltig, befehlerisch, diktatorisch, dominierend.
▸ einflusslos, unterlegen.

beherrscht gefasst, kaltblütig, unerregbar, unempfindlich, leidenschaftslos, ruhig, kühl, kalt, besonnen, gesetzt, gesammelt, gelassen, ernst, still, nüchtern, gleichmütig, unerschütterlich, unbeweglich, unbeeinflusst, eindruckslos, gleichgültig, stoisch, zynisch, standhaft, kühl bis ans Herz, nicht aus der Ruhe zu bringen.
▸ auffahrend, leidenschaftlich.

Beherrschtheit → Besonnenheit, Engelsgüte, Fassung.

Beherrschung Gefasstheit, Ruhe, Unerschütterlichkeit, Festlichkeit, Gesetztheit, Leidenschaftslosigkeit, Ernst, Gravität, Würde, Bedacht, Besonnenheit, Gelassenheit, Gleichmut, Sammlung, Fassung, Nüchternheit, kaltes Blut, Kälte, Kraft, Stärke, Mut, Langmut, Lammsgeduld, Geduld, Unterdrückung, Abtötung • Enthaltsamkeit, Genügsamkeit, Einfachheit, Selbstentsagung, Überwindung, Bezähmung, Beschränkung, Standhaftigkeit, Selbstbeherrschung, Enthaltung, Abstinenz. → Beeinflussung, Beruhigung, Diät, Ernst, Haltung.
▸ Heftigkeit, Unmäßigkeit, Unruhe, Willensschwäche.

Beherrschung verlieren, die ausflippen, Fassung geraten aus der, vergessen sich.

beherzigen empfänglich sein, berührt, sich zu Herzen nehmen, beachten, folgen, Rat annehmen, bedenken, überlegen, erwägen, sich beschäftigen mit, aufmerksam, sich merken, zuhorchen, berücksichtigen.
▸ Wind schlagen in den.

beherzigenswert → A und O, beachtlich, wichtig.

beherzt → brav, charakterfest, chevaleresk, entschlossen, herzhaft.

Beherztheit → Begeisterung, Courage, Entschlossenheit, Fassung, Mut.

behexen zaubern, beschwören, bannen, bezaubern, verzaubern, Geister rufen, den Teufel beschwören, verhexen, verwünschen. → Blick böser.

behilflich → bedienen, dienlich, dienstbereit, förderlich.

behilflich sein → bedienen, beraten, beteiligen sich, bringen auf die Beine, dienen, Hand im Spiel haben, helfen.

behindern → ärgern, aufhalten, durchkreuzen, hemmen, stören.
▸ anregen, anspornen • behilflich sein, fördern, helfen, nützen.

behindert → gehemmt.

Behinderter Invalide, Körperbehinderter, Krüppel, Schwerbeschädigter, Versehrter.

Behinderung → Anstand, Ausschluss, Barriere, Beschlagnahme, Einhalt, Embargo, Hindernis.

Behinderung von Spielern (beim Eishockey) Check.

behorchen → aufpassen, belauern, beschatten.

Behörde Amt, Obrigkeit, Regierung, Verwaltung. → Amt, Dienstweg.

Behördendeutsch Amtsdeutsch, Kanzleistil, Papierdeutsch.

behördlich amtlich, offiziell, beglaubigt, authentisch, gesetzlich, öffentlich, staatlich. → amtlich, bestimmt, beweisend, dokumentarisch.

behördlich zulassen approbieren.

behördliche Würde Magistratur.

behufs darum, zwecks.

behürden → beeinträchtigen.

behüten behalten, festhalten, bewahren, aufbewahren, zurückhalten, nicht aufgeben, behaupten, nicht loslassen, bewachen, hüten, nicht aus dem Auge lassen, beistehen, beschirmen, umsorgen. → aufheben, behaupten, beibehalten, bestehen, beschützen, bewachen, bewahren, bringen unter Dach, decken, einstehen.
▸ gefährden sich, Glatteis führen aufs, weggeben.

Behütetsein Geborgensein, Schutz, Obhut, Nestwärme.

behutsam → aufmerksam, bedachtsam, bedächtig, beflissentlich, Eile mit Weile, erwägend, sachte, sorgfältig, vorsichtig.
▸ brutal, grob, rabiat • unvorsichtig.

behutsam sein → Acht geben.

Behutsamkeit Vorsicht, Umsicht, Bedacht, Besonnenheit, Selbstbeherrschung, ruhiges Blut, Verschlossenheit, Klugheit, Achtsamkeit, Sorgfalt, Bedächtigkeit, Hingabe, Wachsamkeit, Einsicht, Überlegung, Besorgnis, Rücksichtnahme, Fürsorge, Gewissenhaftigkeit. → Beflissenheit, Besonnenheit.
▸ Unbesonnenheit, Unvorsichtigkeit.

bei nahe, dicht, benachbart, anstoßend, angrenzend, daneben, nebenan, gegenüber, nebenbei, beisammen, zusammen, anliegend, in der Nähe von, dabei, aneinander gereiht • annähernd, annäherungsweise, ungefähr. → an.
▸ fern.

bei alledem trotz, bei dem allem.

bei Kräften sein Kräfte haben.
▸ kraftlos sein.

beibehalten behalten, festhalten, halten, bewahren, zurückhalten, nicht aufgeben,

behaupten, nicht loslassen, behüten.
▸ ablegen, wechseln die Gesinnung.
beibiegen → beibringen, andeuten.
Beiblatt → Beilage.
Beiboot → Boot.
beibringen beweisen, nachweisen, erhellen, bekunden, belegen • erklären, predigen, ermahnen, lehren, unterrichten, unterweisen, anleiten, eintrichtern, einbläuen, einpauken, einprägen, einschustern, beibiegen • beschaffen, besorgen, erwerben, heranholen, verschaffen, auftreiben. → abrichten, aneignen, anführen, aufklären, aufwerfen, aufziehen, ausbilden, ausweisen, belehren, beschaffen, drillen.
▸ aussondern, Dunkeln lassen im.
Beichte Geständnis, Confessio *f*, Sakrament, Schuldgeständnis, Selbstbekenntnis, Sündenbekenntnis, Enthüllung, Eröffnung, Darlegung, Aussprache, Erguss, Ausschüttung, Vertraulichkeit, Erleichterung, Seelen-Striptease *u*. → Bekenntnis, Berichtigung, Enthüllung.
▸ Verstocktheit.
beichten enthüllen, eröffnen, offenbaren, aufdecken, die Wahrheit bekennen, Farbe bekennen, sich schuldig bekennen, gestehen, das Gewissen erleichtern, sich entlasten, sich befreien von Schuld, sich reinigen, sich beruhigen, die Sünden bekennen, sich anvertrauen. → abladen, anvertrauen, auspacken.
▸ verheimlichen.
Beichtender Konfitent, Pönitent.
Beichtvater Seelenspucknapf *u*.
beidäugig binokular.
beide zwei, gepaart, paarig, paarweise, zween, zwo.
▸ einzeln.
beiderseitig → beiderseits.
beiderseits gegenseitig, wechselseitig, wechseln, abwechselnd, beiderseitig, paarweise, wechselweise. → abwechselnd.
▸ einerseits.
beidrehen *sm* beilegen, festlegen, den Anker werfen, stoppen, anhalten, Segel reffen, Fahrt unterbrechen, landen, vor Anker gehen, anhalten, Fahrt verlangsamen, Richtung oder Kurs ändern. → anhalten.
▸ abdampfen, entfernen sich.
beieinander → bei, zusammen.
Beifahrer → Fahrgast.
Beifall Applaus *m*, Akklamation, Anklang, Auszeichnung, Belobigung, Bewunderung, Billigung, Einverständnis, Huldigung, Lob, Wertschätzung, Würdigung, Zustimmung, Beliebtheit, Gutheißung, Begeisterung, Freudenbezeugung, Freudengeschrei, Freudentaumel, Frohlockung, Gejauchze, Jubel, Triumphgeschrei, Klatschen, Echo, Zuruf. → Anerkennung, Begeisterung.
▸ Ablehnung, Teilnahmslosigkeit, Desinteresse, Gleichgültigkeit • Buhrufe, Missfallenskundgebung, Protest, Pfiffe.
Beifall finden → ansprechen.
Beifall spenden applaudieren. → beloben.
Beifall zollen → anerkennen.
beifallen → einfallen.
beifällig bejahend, einhellig, einmütig, einstimmig, unwidersprochen.
▸ ablehnend.
Beifallklatscher, bestellte Jubelkulisse *u*.
Beifallsklatscher, bezahlter Claqueur.
Beifallsspender → Claqueur.
Beifallssturm Ovation.
beifallswürdig bewunderungswürdig, anerkennenswert, eindrucksvoll.
beifolgend hinzugefügt, beigeschlossen, beiliegend, ergänzend, anknüpfend, in Ergänzung, anhängend, beigeordnet, beigepackt, einverleibt, angeheftet mit, zugleich, zusammen mit, beigelegt, beigefügt. → beiliegend, damit, ferner.
▸ abzüglich.
beifügen hinzufügen, addieren, vereinigen, verbinden, ansetzen, hinzusetzen, beitragen, beilegen, beischließen, anschließen, beiordnen, beipacken, einverleiben, anheften, anreihen, einreihen, angliedern, anschlagen, einpfropfen, pelzen, einlegen, einschieben, einflechten, verbinden • einrühren, einmischen, einmengen, vermischen, beirühren, durcheinanderschaufeln, zusammenschütteln, zusammenwerfen, dazukneten, hineinbrauen, schwängern mit, versetzen mit • einträufeln, eingießen, einspritzen, übergießen, überschütten, übertragen auf, verquicken, amalgamieren, legieren, verwickeln, fälschen, verfälschen. → anschlagen, bilden, dazukommen, einrechnen, ergänzen.
▸ weglassen.
Beifügung Attribut, Anhängsel, Anhang, Annex, Appendix, Apposition, Augment, Beisatz, Beisteuer, Beiwerk, Dreingabe, Endung, Suffix, Ergänzung, Koda, Komplement, Mehr, Nachsatz, Nachschrift, Nachtrag, Plus, Postscriptum, Präfix, Vorsilbe, Prozente, Summand, Supplement, Vorort, Vorstadt, Zubehör, Zugabe, Zulage, Zusatz, Zuwachs, Zuwaage, Zuzug, Addition, Anschluss, Beitritt, Hinzufügung, Einlage, Beilage, Beischluss, Einschluss, Inhalt, Aufnahme, Beiordnung, Einreihung, Einschluss, Eintritt, Mischung, Schwängerung, Einflößung, Übertragung, Beimischung, Zutat. → Anhang, Anmerkung, Anschluss, Beilage, Einlage, Einschluss, Ergänzung.
▸ Weglassung.
Beigabe → Beifügung, Beilage, Beitrag.
beige falb, gelb, gelb-grau, gelblich, sandfarben.
beigeben klein beigeben, sich nicht trauen, bejahen, anerkennen, zugestehen, zulassen, bewilligen, sich unterwerfen, gehorchen, zu Kreuz kriechen, sich beugen, die Waffen strecken, den Nacken beugen, sich ergeben, Ja und Amen sagen. → beifügen, einrenken.
▸ lassen nicht locker-, weglassen.
beigefügt → beifolgend, beifügen, beigeben, beigeordnet.
beigefügtes Schriftstück Anlage, Beiblatt.
beigegeben → anliegend.
beigelegt → beifügen, beigeben.
beigenannt → benannt, benennen.
beigeordnet enthalten, eingeordnet, eingereiht,

beigefügt, hinzugefügt, inbegriffen, einbegriffen, eingeschlossen, einschließlich, zugehörig, in sich fassend • vereinigt, verbunden, gepaart, anfolgend, anbei, mit, samt, zusammen, und, Seite an Seite, Hand in Hand, Arm in Arm. → beifolgend, beiliegend, beisammen.
▸ allein, ausgenommen.

Beigeordneter Attaché. → Beauftragter, Bürgermeister.

beigepackt → beifolgend, beiliegend.

beigeschlossen → beifolgend, beifügen, beiliegend, damit, ferner.

Beigeschmack Geschmack von, Anhauch, Anflug von, Unterton, Nebengeschmack, Spur von, Nachgeschmack. → Aroma.
▸ Geschmacksleere, Fadheit.

beigesellen verbinden, vereinigen, zusammenkuppeln, zugesellen, hinzufügen, paaren, kreuzen, verehelichen, zusammengehen, anketten, anpfählen, verloben, verheiraten, kopulieren, sich scharen, hinzutreten, gruppieren, einberufen, hinzudrängen, hinzuströmen, anwerben, zusammenscharen, zusammenfassen, anreihen, begleiten, folgen, anschließen, einhängen, den Arm geben, den Arm reichen, beteiligen, verbünden, verbrüdern, zueinander halten, sich verschwören, verkehren, umgehen mit, sich begegnen, treffen, aufsuchen, beisammenstecken. → beitreten.
▸ auseinander gehen.

Beiguss Soße, Tunke.

Beihilfe Hilfeleistung, Handreichung, Dienstleistung, Stütze, Beistand, Hilfe, Unterstützung, Bedienung, Bemühung, Gefälligkeit, Mitwirkung, Beitrag, Förderung, Hilfsdienst, Nachhilfe • Assistenz, Subvention. → Almosen, Beistand, Bemühung.
▸ Hintertreibung.

beikommen Schritt halten • entdecken, erkunden, ausforschen, auffinden, herausfinden, aussinnen, ersinnen, erdenken, ausdenken, studieren, ausgrübeln, ausklügeln, auftreiben, erhaschen, erjagen, aufstöbern, ausfindig machen, ermitteln, ausschnüffeln, den Braten riechen, auf die Spur kommen, aufspüren, Wind bekommen, auf die Fährte kommen, durchschauen, an den Tag bringen, erwischen, fangen. → bewältigen, Ferse folgen auf der.
▸ entfernen sich, Kürzern ziehen den, Mühe sparen sich, überragen, verloren.

beikommen, nicht nicht erreichen, über den Kopf wachsen, kleiner sein, geringer sein, zurückbleiben, den Kürzeren ziehen, nicht einholen, entfernt sein, entfernt bleiben, unvollkommen sein, nicht gleichkommen, zurückstehen, sich nicht bewähren, versagen, erfolglos bleiben, schlecht davonkommen, abblitzen, mit langer Nase abziehen, zurückweichen müssen, sich umsonst bemühen, vergeblich sich abmühen, sich umsonst anstrengen, aufsitzen, sitzen bleiben, überstimmt werden, durchfallen, leer ausgehen, das Feld räumen müssen, sich blamieren, ausgleiten, zu Fall kommen, zu Grunde gehen, scheitern, ins Hintertreffen geraten, untergehen, verderben.
▸ beikommen, erlangen, gleichkommen.

Beilage Anlage, Beifügung, Beischluss, Einschluss, Inhalt, Zugabe, Zubehör, Dazugehöriges, Ergänzung, Zusatz, Zutat, Zulage, Nachtrag, Anhang, Nachschrift, Anhängsel, Beiwerk, Beimischung, Beifügung, Beiblatt. → Aufnahme, Beifügung.
▸ Weglassung.

beiläufig nebenbei, unbeabsichtigt, zufällig, aufs Gratewohl, auf gut Glück, absichtslos, vorsatzlos, unvorsätzlich, unbewusst. → zirka, daneben, dazu, episodisch, ferner.
▸ beabsichtigt, hervorgehoben, unaufhörlich.

beilegen → abblasen, anhalten, ankommen, ausgleichen, aussöhnen, befrieden, befriedigen, beidrehen, beifügen, beruhigen, dazukommen, Einklang bringen, ergänzen, schicken, vermitteln.

Beilegung Versöhnen, Aussöhnen, Ausgleich, Vergleich, Vermittlung, Übereinkommen, Vereinbarung, Schlichtung, Erledigung, Abfindung, Kompromiss, Vergebung, Versöhnung, Entbindung, Vertrag, Entschuldigung, Abbitte, Ehrenerklärung. → Abbitte, Befriedigung, Berichtigung.
▸ Zerwürfnis.

beileibe nicht durchaus nicht, nicht, nein, weit entfernt davon, fern davon, Gott behüte, auf keinen Fall, keinesfalls, nie und nimmer, nicht für Geld und gute Worte, nicht ums Verrecken *u*, nicht für fünf Pfennige *u*, i wo *u*.
▸ tatsächlich.

Beileid Beileidsbezeugung, Kondolenzbesuch, Tröstung, Zuspruch, Mitgefühl, Anteilnahme, Herz haben, Mut zusprechen, Trost geben.
▸ Teilnahmslosigkeit • Glückwunsch, Gratulation.

Beileid aussprechen kondolieren.

beiliegend hinzugefügt, beigeschlossen, beifolgend, ergänzend, beigepackt, angeheftet, eingehängt, beigeordnet, in der Anlage, als Beilage. → anliegend, beifolgend, damit, ferner.
▸ abzüglich, außer.

beimengen → beifügen, beibringen, einmengen.

Beimengungen Beimischungen, Bestandteile, Zutaten, Ingredienzen.

beimessen zuschreiben, beilegen, ableiten, herleiten, auslegen, begründen, beschuldigen, zeihen, anklagen, zur Last legen, verantwortlich machen, die Schuld aufbürden, verdächtigen • für wichtig halten, hervorheben, für belangreich halten, ernst nehmen, dringend erachten, als triftig ansehen, nachdrücklich fordern. → belangen, beschuldigen.
▸ beiseite legen, belanglos (sein), rechtfertigen.

beimischen → einverleiben.

Beimischung → Beifügung, Beilage.

Bein Stütze, Stützpunkt, Knochen, Elfenbein, Glied, Gliedmaßen, Schenkel, Schienbein, Wade, Lauf *j*, Branken *j*, Ständer *j*, Stempel *u*, Haxe *u*, O-Beine, X-Beine, Säbelbeine *u*.

Bein stellen eine Schlinge legen, zum Sprung ausholen, aus dem Hinterhalt anfallen, zu Fall bringen, eines auswischen, Böses zufügen, übel wollen, Schaden zufügen. ▸ beistehen, fördern, schützen.
beinahe → annähernd, beiläufig, zirka, dicht dabei, fast, gewissermaßen, nahezu.
Beiname Benennung, Name, Vorname, Kosename, Schimpfname, Scheltname, Spitzname, Spottname, Künstlername, Pseudonym, Deckname. → Anrede.
Beine Kackstelzen *u.*
Beine stellen, auf die bewerkstelligen, fertig bringen, veranstalten, arrangieren, organisieren.
Beingeschwür Ulcus cruris.
Beinhaus Ossarium.
Beinkleid Hose.
Beinspreizen Spagat.
beiordnen sich anschließen, sich attachieren, spuren • hinzuzählen, einbeziehen, einreihen, einordnen, zuordnen, beitreten, mitrechnen, hintun, koordinieren. → beifügen, beitreten, einbeziehen, einrechnen, einverleiben, ergänzen. ▸ ausschließen, hervortreten.
Beiordnung → Beifügung, Ergänzung.
beipacken → beifügen.
beipflichten billigen, anerkennen, beistimmen, gutheißen, zustimmen, einverstanden sein, genehmigen, zugeben, übereinkommen, gewähren, annehmen, eingehen auf, der Meinung beitreten, gleicher Ansicht sein, einräumen, erlauben, bekräftigen, bestätigen, bejahen, willfahren, beitreten, seine Zustimmung aussprechen, Beifall geben, ins gleiche Horn stoßen, am gleichen Strang ziehen, zu allem Ja und Amen sagen *u.* → beloben, bewilligen, billigen, einverstanden sein. ▸ ablehnen.
Beipflichtung → Bekräftigung, Bemerkung, Berücksichtigung, Bewilligung, Billigung.
Beirat Berater, Ratgeber, Beistand, Mentor, Nestor • Kommission, Kollegium, Konzilium, Vertretung.
beirren schwierig machen, erschweren, belasten, bebürden • verwirren, verlegen machen, außer Fassung bringen, ratlos machen, in Verlegenheit bringen • hindern, in den Weg legen, den Weg verlegen, den Weg verbauen oder verstellen, in die Enge treiben, in den Arm fallen, entgegenarbeiten, den Plan durchkreuzen. → beeinträchtigen. ▸ ebnen den Weg, erleichtern.
beisammen vereinigt, verbunden, gepaart, beigeordnet, anbei, mit, samt, zusammen, Seite an Seite, Hand in Hand, Arm in Arm, verbündet, vereint, gemeinschaftlich, einig, einstimmig, wie ein Mann • nahe, dicht, benachbart, anstoßend, angrenzend, daneben, nebenan, anliegend, aneinander gereiht • beraten, überlegen, bedenken, besprechen, erörtern, diskutieren, beurteilen, die Köpfe zusammenstecken. → bei, dicht dabei. ▸ getrennt, fern.
beisammenhalten → sparen.
Beisammensein → Treffen.
beisammenstecken → beigesellen, beisammen.
Beisatz → Anmerkung, Beifügung.
Beischlaf Koitus, Kohabitation, Sex, Vereinigung.
Beischläferin Geliebte, intime Freundin, Konkubine, Kurtisane, Mätresse.
beischlaffähig potent.
beischließen → beifügen.
Beischluss → Beifügung, Beilage, Einlage, Ergänzung.
Beischrift → Beifügung.
Beisegel Spinnaker.
beiseite neben, daneben, nebeneinander, aneinander, seitwärts, seitlich, seitab, jenseits, drüben, abseits, Seite bei Seite. ▸ inbegriffen.
beiseite bringen → beiseite schaffen.
beiseite legen aufheben, bewahren, einlagern, wegstecken, auf die hohe Kante legen, einschränken, ersparen, erübrigen, hausen, Haus halten, sparen, wirtschaften, zurücklegen, nicht benutzen, sparsam umgehen, auf Eis legen • ausschließen, auslassen, übersehen, auslesen, aussichten, zurückweisen, kalt stellen, weglassen, absondern, vernachlässigen, ausscheiden, trennen • keinen Gebrauch machen, nicht anwenden, sich nicht bedienen, sich versagen, anstehen lassen, sich enthalten, entsagen, davon abkommen, unterlassen, aufgeben, ablegen, niederlegen, aussondern, aus dem Wege schaffen, ad acta legen, zurückbehalten. → beseitigen. ▸ anwenden, ausgeben, hinzuzählen, verschwenden.
beiseite räumen → wegräumen.
beiseite schaffen → bemächtigen, berauben, stehlen, demolieren, einstampfen.
beiseite schieben → zurückdrängen, zurückstellen.
beisetzen → bestatten.
Beisetzung → Bestattung, Einäscherung.
Beisitzer → Beirat.
Beispiel Muster, Exempel, Annahme, Anwendung, Darstellung, Erklärung, Erläuterung, Illustration, Interpretation, Veranschaulichung, Probe, Muster, Musterbild, Modell, Schulbeispiel • Ansporn, Aneiferung, Anregung, Verleitung, Verlockung, Ermutigung, Verführung, Versuchung, Einwirkung, Beeinflussung, Vorbild. → Anziehung, Beeinflussung, Einwirkung. ▸ Gegenstück, Hemmung.
Beispiel, ohne einzigartig, ohnegleichen, beispiellos.
Beispiel, zum → beispielsweise.
beispielgebend → beispielhaft, beispielsweise.
beispielhaft → A und O.
beispiellos erstaunlich, auffallend, Aufsehen erregend, außergewöhnlich, sensationell, bemerkenswert, merkwürdig, seltsam, unglaublich, einzig, ohnegleichen, anders, neu, neuartig, fremd, überraschend, einmalig, grenzenlos, unerreicht, unübertroffen, gewaltig, ungeheuer, unergründlich, unerhört, unermesslich, unmäßig, unbeschreiblich, unausdrückbar, unbegreiflich, wunderbar, göttlich, vollendet, auserlesen, meisterhaft, makellos, einzig dastehend, himmlisch. → abnorm, ausnehmend, äußerst, charaktervoll, erhaben über, erlesen, erstaunlich.

▸ gewöhnlich, häufig, unvollkommen.
Beispielsfall Präzedenzfall.
beispielshalber → beispielsweise.
beispielsweise zum Beispiel, wie wenn, als ob, gewissermaßen, sozusagen, eigentlich, folgendermaßen, nämlich, das heißt, das ist, mit andern Worten, in kurzen Worten, einfach ausgedrückt, schlicht gesprochen, streng genommen, etwa so, auf gut Deutsch, beispielshalber.
▸ anders, unähnlich.
beispringen helfen, beistehen, stützen, unterstützen, fördern, Vorschub leisten, behilflich sein, die Stange halten, zur Seite stehen, Partei ergreifen, sich auf die gleiche Seite stellen, mithelfen, beschirmen, beschützen, ins Schlepptau nehmen, unter die Arme greifen, den Weg frei halten, die Bahn ebnen, eine Stütze sein, versorgen, erhalten, verpflegen, ernähren, unterhalten, hegen und pflegen, beitragen, liefern, zuschießen, verschaffen, die Kosten bestreiten, die Kastanien aus dem Feuer holen, dienen, zukommen lassen, Beistand leisten, in die Hände arbeiten, die Stange halten, auf die Beine helfen, zu Hilfe kommen, in die Bresche springen, ermuntern, ermutigen, bestärken. → abwehren, arbeiten, beraten, beteiligen sich, bringen auf die Beine, bugsieren, entladen, entlasten.
▸ verhindern.
Beispringen → Entlastung.
beißen flicken *j.* → aasen, bekämpfen, essen, sterben, verbeißen.
beißend grimmig, bitter, schneidend, scharf, brennend, ätzend, prickelnd, schmerzend, schmerzhaft, heftig, grausam, arg, stechend, peinigend, schlimm, martervoll, unerträglich, ekelhaft, garstig. → bissig, bitterlich, böse, brennend, eisig.
▸ gefällig, genießbar, mild, wohl tuend.
Beistand Beisteher, Gehilfe, Assistent, Berater, Anwalt, Ermahner, Helfer, Ratgeber, Freund, Begleiter, Tröster, Adjutant, Bundesgenosse, Diener, rechte Hand, Mitarbeiter, Stütze, Verbündeter, Gönner, Pfleger • Bedienung, Erleichterung, Hilfeleistung, Unterstützung, Handreichung, Hilfe, Beihilfe, Bemühung, Gefälligkeit, Linderung, Mitwirkung, Vorschub, Beitrag, Förderung, Hilfsdienst, Bärendienst *u*, Nachhilfe, Förderung, Gönnerschaft, Pflege, Gunst, Begünstigung, Gunstbezeugung, Schutz. → Assistent, Behelf, Beihilfe, Beirat, Beitrag, Bemühung, Berater, Bruder, Diener, Dienstleistung, Famulus, Komplize.
▸ Behinderung.
Beistand leisten → beistehen, bugsieren.
beistehen betreuen, helfen, hegen, hüten, pflegen, Sorge tragen, warten, befreien, dienen, fördern, gefällig sein, mitwirken, retten, unterstützen, zusprechen, beispringen, anfassen, angreifen, anpacken, arbeiten, eingreifen, Hand anlegen, handeln, schaffen, vorgehen, wirken, in Angriff nehmen, in die Hand nehmen, abwehren, behüten, beschirmen, beschützen, schützen, verteidigen, einstehen, eintreten, entlasten, entschuldigen, fürsprechen, rechtfertigen, eine Lanze brechen. → abwehren, ausharren, beispringen, beitreten, beraten, beteiligen sich, bringen auf die Beine, dienen, einstehen, entlasten.
▸ erschweren • Abstand nehmen, bekämpfen, im Stich lassen.
Beisteher Beistand, Gehilfe, Assistent. → Beistand.
Beisteuer → Anhang, Beifügung, Beitrag, Einzahlung, Gabe, Hinzufügung, Zuschuss.
beisteuern → austeilen, beifügen, beitragen, geben, hinzufügen, zuschießen.
beistimmen → anerkennen, annehmen, beipflichten, beloben, bestätigen, bewilligen, billigen, einstehen.
Beistimmung → Bekräftigung, Bemerkung, Berichtigung, Einklang, Übereinstimmung, Zustimmung.
Beitrag Opfer, Darbringung, Drangabe, Gabe, Scherflein, Spende, Einbuße, Verlust, Beigabe, Preis, Zugabe, Anteil, Teil, Zuweisung, Beisteuer, Ergänzung, Schenkung, Aufwand, Kosten, Unkosten, Gebühr, Abgabe, Steuer, Umlage, Ertrag, Zuschuss, Alimente, Zulage, Rate, Quote • Beistand, Förderung, Hilfe, Unterstützung, Mitwirkung • Abhandlung, Aufsatz, Versuch, Artikel, Riemen *u.* → Anteil, Arbeit, Beihilfe, Beistand, Denkschrift, Einzahlung.
▸ Beschwernis, Hemmung.
beitragen angliedern, anschließen, bemerken, einflechten, erwähnen, hinzufügen, hinzusetzen, hinzutun, verbinden, vermehren. → bahnen, beifügen, beispringen, Daumen halten, Decke stecken unter der, beteiligen sich.
▸ ablehnen, passiv sein, verhüten, zusehen.
Beiträger → Helfer.
Beitragsfestlegung Kontingentierung.
beitreiben → eintreiben.
Beitreibung Einziehung, Geldeinziehung, Inkasso, Kontribution, Vollstreckung.
beitreten übereinkommen, sich einigen, sich verbinden, einverstanden sein, vereinigen, einigen, einen, zugesellen, verbünden, beigesellen, beiordnen, anschließen, einreihen, sich zuzählen, einbeziehen, hinzutreten, zusammentun, zusammenscharen, einen Bund schließen, eine Partei bilden, sich verschwören, Gemeinschaft machen, sich verbrüdern • bestätigen, gutheißen, annehmen, genehmigen, vergleichen. → beiordnen, beipflichten, dazukommen.
▸ ausschließen, bekritteln, verhüten, widersprechen.
Beitritt Vereinigung, Verbindung, Einschluss, Anschluss, Zusammenschluss, Aufnahme, Eintritt, Zulass, Zutritt, Mitglied werden, Teilnehmer werden, Zugehörigkeit, Teilhaber werden. → Annahme, Aufnahme.
▸ Ausschluss, Austritt.
bei weitem weitaus, in hohem Grade. → bei.
Beiwagen Sozius, Tender.
Beiwerk Pipapo *u.* → Anhang, Aufmachung, Aufschlag, Ausschmückung, Beifügung, Beilage, Besatz, Dekoration, Zusatz, Zier.
Beize Tunke, Pökel, Sole. → Bad, Farbe.
beizeiten früh, zeitig, frühzeitig,

frühestens, ehest, pünktlich, schnell, hurtig, flink, eilig, prompt, verfrüht, vorzeitig, übereilt, überstürzt, plötzlich, unerwartet, bald, gleich, sofort, baldig, rechtzeitig, auf die Minute, mit dem Glockenschlag, bei erster Gelegenheit, brühwarm, stantepede *u.* → baldig, ehestens.
▸ langsam, spät.

beizen → anstreichen.

beizend → beißend, scharf, spöttisch.

beiziehen → anziehen, herbeiziehen.

bejahen behaupten, geloben, versichern, zusichern, beschwören, beeiden, bekennen, bekräftigen, belegen, bescheinigen, zugeben, zustimmen, bestätigen, konstatieren, bekunden, anerkennen, bestätigen, gestehen, Ja sagen, einverstanden sein. → anerkennen, behaupten, beigeben, beipflichten, bekennen, beschwören, bestätigen, bewilligen, eingehen auf, eingestehen, einverstanden sein.
▸ verneinen, ablehnen, missachten, missbilligen • negieren • sich der Stimme enthalten, neutral bleiben.

bejahend → eidlich, einhellig, positiv.

bejahrt → abgelebt, alt, bereift, ergraut.

Bejahrtheit Alter, Greisenalter, Lebensabend, Lebensherbst • Kalk *u.*

bejaht abgemacht, beschlossen, erlaubt, gestattet, genehmigt.

Bejahung → Bekenntnis, Bekräftigung, Bewilligung, Billigung.

bejammern → beklagen, bereuen, bemitleiden, beweinen.

bejammernswert bedauernswert, beklagenswert, bejammernswürdig, hilfsbedürftig, jämmerlich, elend, erbärmlich, hilflos, herzbewegend, herzzerreißend, unglückselig, schmerzerfüllt, trostlos, unglücklich, schmerzlich, schmerzend, schmerzvoll, hart, bitter, grausam, schwer, arg, niederschmetternd, beweinenswert, herzbrechend, jammervoll, bemitleidenswert, rührend, bedauernswürdig • Unglückswurm, armer Schlucker oder Teufel, armes Luder *u*, armes Tier *u.* → arm, bedauerlich, betrogen, böse.
▸ glücklich.

bejubeln ehren, feiern, loben, preisen, rühmen, verherrlichen, würdigen, bejauchzen, in den Himmel heben, auf den Händen tragen, auf die Schulter heben, sich von den Sitzen erheben, applaudieren. → besingen.
▸ herunterreißen, tadeln, verdammen.

bejubelt geehrt, gefeiert, verherrlicht, bewundert, gepriesen, gerühmt, verherrlicht, beklatscht, umtost, mit Beifall überschüttet. → bejubeln.
▸ beschimpft.

bekämpfen hindern, verhindern, verhüten, entgegenarbeiten, vorbauen, vorbeugen, abwenden, hemmen, niederhalten, schwächen, lähmen, erschweren, sich erwehren, hintertreiben, vereiteln, zuschande machen, anfeinden, verbieten, dämpfen, beschränken, ersticken, untergraben, das Wasser abgraben, abfangen, auffangen, entmutigen, entgegenstehen, entgegenwirken, widersprechen, widerstreiten, widersetzen, sträuben, spreizen, sperren, entgegenstellen, auflehnen, empören, anfechten, Einspruch erheben, vereiteln, verderben, durchkreuzen, dagegen verschwören, meutern, angreifen, ringen, aufwiegeln, befehden, dagegen anrennen, schmähen • abraten, abmahnen, entmutigen, den Reiz nehmen, abhalten, abbringen, verleiden, zügeln, verbieten, abweisen, erschüttern, warnen, vorstellen, zu bedenken geben, den Kopf zurechtsetzen • einen Irrtum beheben, einen Vorteil beseitigen • Gesundheit wiederherstellen, eine Krankheit behandeln, heilen • Leidenschaft hemmen, abschwören, enthalten, verzichten, abschütteln, abwenden, sich enthalten, unterlassen, bezwingen, bezähmen. → abwenden, anfeinden, angreifen, balgen, beeinträchtigen, befehden, betäuben, bezwingen, dawider, durchkreuzen, Einspruch erheben.
▸ beschwichtigen, billigen, helfen, verbinden sich, versöhnen sich, verteidigen sich, zusammenhalten, beistehen, fördern, helfen, unterstützen • bejahen • billigen, dulden, hinnehmen, respektieren, tolerieren • sich verbünden.

Bekämpfung Befehdung, Bekriegung, Feindschaft, Feindseligkeit, Krieg. → bekämpfen, Beschwernis, Durchkreuzung.
▸ Versöhnung, Verständigung • Verteidigung.

bekannt vertraut, alltäglich, geläufig, wohl bekannt, aufgeklärt, eingeweiht, bewandert in, klar, deutlich, nachweisbar, angezeigt, verschrien, berüchtigt, gang und gäbe, gerüchtweise, ruchbar, kundbar, öffentlich, amtlich, umlaufend, bekanntermaßen, entpuppt, entschleiert, populär, entmummt, ausgeschwatzt, ausgeplaudert, beredet, befreundet • vorgestellt, eingeführt, berühmt, bedeutend, angesehen, beliebt, geschätzt, geachtet • alte Jacke, einen Bart haben, olle Kamellen *u*, die Spatzen pfeifen es von den Dächern, profiliert *u.* → abgedroschen, alltäglich, anerkannt, authentisch, befreundet, bekanntermaßen, beliebt, erwähnt schon.
▸ unbekannt.

bekannt, gut → befreundet.

bekannt mit → eingeweiht.

bekannt, sehr allbekannt, angesehen, bedeutend, berühmt, namhaft, populär, weltbekannt.

bekannt werden → befreunden, begegnen.

Bekanntenkreis Bekanntschaft, Clique, Freundeskreis.

Bekannter Freund, Busenfreund, Herzensfreund, zweites Ich, Schatten, Begleiter, Vertrauter, Bundesgenosse, Nachbar, Genosse, Gefährte, Kamerad, Mitgesell, Gespiel, Schulfreund, Spielfreund, Trinkgenosse, Spießgeselle, Konsorte, Kommilitone, Kumpan, Schützer, Schützling, Anhänger, Gönner.
▸ Fremder, Unbekannter.

bekanntermaßen erkennbar,

unverkennbar, offenkundig, offenbar, anerkannt, klar, bekannt, sprichwörtlich, allgemein. → bekannt.

Bekanntgabe Eröffnung, Erlass, Mitteilung, Kundgebung, Verkündigung, Kundmachung, Ankündigung, Anzeige, Nachricht, Kunde, Ausruf, Verbreitung, Umlauf, Ausrufung, Aufgebot, Tagesbefehl, Tagesbericht, Heeresbericht, Verordnung, Verfügung, Runderlass. → Angabe, Anzeige, Auskunft, Ausruf, Bericht, Brief, Zirkular, Enthüllung, Erlass, Veröffentlichung. ▸ Geheimhaltung, Verheimlichung.

bekannt geben → aufklären, auseinander setzen, aussagen, benachrichtigen, darstellen, eröffnen, melden.

bekanntlich bekannt wie, weiß wie man, bekanntermaßen.

bekannt machen → ankündigen, annoncieren, werben.

Bekanntmachung Erlass, Edikt *s*, Ukas, Rundschreiben, Enzyklika *f*. → Anzeige, Auslassung, Benachrichtigung, Bericht, Zirkular, Einflüsterung, Erlass, Werbung. ▸ Geheimhaltung.

Bekanntschaft → Erfahrung, Freundschaft.

Bekanntschaft anknüpfen → begegnen, bekannt werden.

Bekanntschaft machen → bekannt werden.

Bekanntsein Publicity, Publizität.

bekanntsein, gut → befreunden.

bekannt werden Bekanntschaft machen, Publicity, in Beziehung treten, sich annähern, Freundschaft eingehen oder schließen, Freundschaft anknüpfen, in Verkehr treten, Umgang suchen, sich begegnen, sich treffen, sich einführen, sich vorstellen, flirten, kokettieren, ein Rendezvous geben, einen Besuch machen. → bloßstellen, durchsetzen. ▸ abschließen (sich), entfremden, unbekannt (bleiben).

bekehren bereuen, in sich gehen, den Glauben erwecken, von der Sünde erlösen, in den Schoß der Kirche aufnehmen, überreden, den Glauben finden, den Glauben verbreiten, überzeugen, den Sinn wechseln, überführen, lehren, unterrichten, unterweisen, beraten, erziehen, schulen, belehren, übergehen, überlaufen, umgestalten, umformen, umkehren, auf andere Gedanken kommen, dem Unglauben abschwören, sich anders besinnen, sich zu Herzen nehmen, Einkehr halten, zu Kreuz kriechen, sich wandeln. → einlenken wieder. ▸ freveln, reuelos (sein), unverbesserlich (sein), verschlechtern sich.

Bekehrung → Sinnesänderung, Wandlung. ▸ Abfall.

bekennen bereuen, abbitten, bedauern, beklagen, büßen, gestehen, sühnen, bejahen, bezeugen, zugeben, zustimmen, bekunden, feststellen, versichern • herausrücken, enthüllen, eröffnen, verraten, zugestehen, Farbe bekennen, der Wahrheit die Ehre geben, die Wahrheit sprechen, offen heraus sagen. → aufklären, behaupten, bejahen, beklagen, bereuen, bestätigen, eintreten für, erhärten. ▸ lügen, reuelos (sein), verhärten sich, verleugnen.

Bekenner Kämpfer, Mann der Tat, Held, Rufer im Streit, Löwe, Streithahn • Blutzeuge, Märtyrer.

Bekenntnis Religion, Glaube, Konfession, Glaubensbekenntnis, Lehre, Dogma • Beantwortung, Rückäußerung, Anerkennung, Erklärung, Aufschluss, Antwort • Enthüllung, Darlegung, Aufklärung, Offenbarung, Aussprache, Erguss, Herzensergießung, Geständnis, Beichte • Bejahung, Zustimmung, Versicherung, Beteuerung, Schwur, Eid, Bezeugung, Händedruck • falsches Bekenntnis, unrichtige Darstellung, Unwahrheit, Lüge, Falschheit, Unterschiebung, Betrug, Meineid, Treubruch, Verrat, Eidbruch, Untreue, Erdichtung. → Begriff, Beichte, Bekräftigung, Berichtigung, Beweis, Dogma, Enthüllung. ▸ Reuelosigkeit, Verheimlichung, Verneinung, Zweifel.

beklagen bedauern, bereuen, bekennen, trauern, abhärmen, sorgen, untröstlich sein, trostlos sein, unzufrieden sein, ungenügsam sein, sich enttäuscht fühlen, murren, ärgern, schmollen, sich verletzt fühlen, beweinen, bejammern, klagen, wehklagen, knurren, brummen, abgrämen, betrauern, Leid tragen, in Klage ausbrechen, ein Jammergeschrei erheben, zetern, aufschreien, wehrufen, heulen, brüllen, Seufzer ausstoßen, plärren, schluchzen, greinen, flennen, kreischen, wimmern, winseln, ächzen, stöhnen, seufzen, in Tränen schwimmen, vor Schmerz vergehen • bemitleiden, Anteil nehmen, Mitleid haben • um Abstellung ersuchen, Beschwerde führen, einkommen gegen, vorstellig werden, Einspruch erheben, Widerspruch erheben. → bekennen, bemitleiden, bereuen, bessern sich, beweinen, Blick mit feuchtem, dauern, erweichen. ▸ frohlocken, beglückwünschen, teilnahmslos (bleiben), zufrieden geben sich • anerkennen, begrüßen, gutheißen.

beklagenswert → abbrüchig, abgerissen, abgebrannt, arm, bedauerlich, bejammernswert, böse, schlecht.

Beklagter Angeklagter, Verklagter, Beschuldigter, armer Sünder. → Angeklagter.

beklatschen → bejubeln, klatschen.

bekleben → bedecken.

bekleckern trentschen *u*. → bedecken, beschmieren.

beklecksen → anstreichen.

bekleiden Platz oder Stellung oder Amt einnehmen, innehaben, einen Rang haben, dienen, amtieren, ein Amt ausfüllen, ausüben, einen Posten haben. → anziehen, bedecken, verrichten. ▸ entblößen, untätig sein, auskleiden, ausziehen, entkleiden • nackt bleiben/lassen • abgeben, kündigen, niederlegen • enthoben werden.

bekleidet angekleidet, angetan mit, angezogen, gekleidet.

Bekleidung Kleidung, Tracht, Anzug, Kleid, Kluft, Gewand, Putz, Staat, Ornat • Umkleidung, Verkleidung,

Belag, Hülle, Getäfel, Bewurf, Furnierung, Verputz, Überzug ● Behang, Blende, Mantel, Schleier, Umhang, Wegerung (*sm* = innere Bekleidung der Spanten). → Anzug, Bedeckung, Kleidung. ▸ Entblößung.

beklemmend eng, schmal, bedrängt, dumpf, unbehaglich, lästig, beengend, beunruhigend, beängstigend, Furcht einflößend, schrecklich, entsetzlich, furchtbar, fürchterlich, scheußlich, unheimlich, gruselig, grauenvoll, das graue Elend haben, Dampf vor etwas haben *u*, nicht wohl fühlen in seiner Haut, die Hose geht mit Grundeis *u*. ▸ behaglich, beruhigend, erquickend, heiter ● befreiend, entkrampfend, entspannend.

Beklemmung Enge, Beengtheit, Bedrängung, Beklommenheit, Missbehagen, Dumpfheit, Tortur, Alp, Mahr, Schmerzgefühl, Beengung, Atemnot, Unruhe, Verwirrung, Fassungslosigkeit, Herzklopfen, Herzpochen, Beängstigung, Angst, Furcht, Niedergeschlagenheit, bange Ahnung. → Angst, Bammel, Bedenken, Beengung, Bekümmernis, Beschwerde, Besorgnis, Bestürzung, Dumpfheit, Erstarrung. ▸ Beruhigung, Erquickung, Heiterkeit.

beklommen → beklemmend.

Beklommenheit → Beengung, Beklemmung, Besorgnis.

bekloppt dumm, dümmlich, behämmert *u*, beknackt *u*.

bekneipen → besaufen, betrinken.

bekneipt → beduselt, betrunken.

beknillt → angeheitert.

bekommen erhalten, zufliegen, ergattern, erwerben. → annehmen, beerben, beikommen, bemächtigen, beschaffen, einkommen, empfangen, entlocken, erben, erhaschen, erlangen, erschmeicheln, ersitzen, fassen, zusagen. ▸ absenden, geben, schaden, verlieren.

bekommen, Wind → beikommen.

bekömmlich fördernd, gesund, heilsam, kräftig, kraftspendend, nahrhaft, wohl tuend, wohltätig, zuträglich, zu vertragen, essbar, genießbar, gut, nährend, nahrhaft, unschädlich, einwandfrei, erprobt, schätzenswert, schmackhaft, vorzüglich. → essbar. ▸ schädlich.

beköstigen verköstigen, bewirten, unterhalten, proviantieren, verpflegen, versorgen, nudeln *u*, päppeln *u*.

Beköstigung Proviant, Mundvorrat, Verpflegung, Versorgung, Wegzehrung, Zehrung, Kost, Essen, Nahrung, Speise, Bedarf, Speisung, Fütterung. → Essen.

bekräftigen → beeiden, beglaubigen, begründen, behaupten, beipflichten, bejahen, besiegeln, bestätigen, betonen, beweisen, bürgen, darlegen, eintreten für, erhärten, konstatieren. ▸ ableugnen, abschwächen, abstreiten, dementieren, entkräften, leugnen, negieren, verneinen.

bekräftigend → beweisend, eidlich.

Bekräftigung Beweis, Zeugnis, Erklärung, Beleg, Ausweis, Bürgschaft, Schuldschein, Glaubwürdigkeit, Echtheit, Beglaubigung, Gewähr, Bestätigung, Bescheinigung, Beweisschrift, Unterschrift, Schriftstück, Diplom, Anführung, Zitat, Erhärtung ● Zustimmung, Beistimmung, Beipflichtung, Vertrag, Bekenntnis, Billigung, Anerkennung, Zulassung, Genehmigung, Versicherung, Beteuerung, Schwur, Eid, Zeugenaussage, Bezeugung, Bejahung. → Echo, Eid. ▸ Aberkennung, Widerruf.

bekränzen → ausschmücken, behängen, dekorieren.

bekreuzigen das Kreuz machen, das Kreuz schlagen, das Böse oder den Teufel bannen, abwenden.

bekriegen → balgen, befehden, bekämpfen, belächeln.

bekritteln → ablehnen, beanstanden.

bekümmeln → betrinken sich.

bekümmern sich angelegen sein lassen, Beachtung schenken, unternehmen, verrichten, besorgen, bewerkstelligen, erledigen, vollbringen, vollführen, anfassen, angreifen, tätig sein ● sich einmischen, einmengen, sich eindrängen, aufdrängen, sich befassen, dazwischentreten, einschreiten, eingreifen, sich abgeben, einlassen, die Nase in etwas stecken, die Hand im Spiel haben, dabei sein ● nagen an. ▸ abwenden, vernachlässigen.

Bekümmernis Beeinträchtigung, Pech, Unglück, Übel, Böses, Unheil ● Verhängnis, Schicksal, Heimsuchung, Prüfung, Mühsal, Mühseligkeit, Beschwerde, Beschwerlichkeit, Plage, Leidensgang, Leidensweg, Leidenskelch, Schicksalsschlag, Katastrophe, Unsegen, Fluch, Elend, Leiden, Jammer, Trübsal, Missgeschick, Drangsal, Absturz, Bedrängnis, Bürde, Qual, Schlag, Kreuz, Ungemach, bittere Pille, Wermutstropfen, Unstern, Unglücksstern, Tücke ● Schmerz, Betrübnis, Trübsal, Kummer, Weh, Harm, Bitterkeit, Kränkung, Demütigung, Schmach, Beschimpfung, Vertreibung, Beleidigung, Unbill, Verdrießlichkeit, Beschämung, Trübsinn, Niedergeschlagenheit, Gedrücktheit, Traurigkeit, Schwermut, Mutlosigkeit, Missmut, Entmutigung, Gram, Erfolglosigkeit, Weltschmerz, Selbstquälerei, Lebensüberdruss, Verzagtheit, Mutlosigkeit, Sorge, Unruhe, Besorgnis, Verzweiflung, Seelenqual. ▸ Glück, Lebensfreude, Heiterkeit, Sorglosigkeit.

bekümmert sorgenvoll, ernst, leidvoll, verzweifelt, untröstlich, elend, erbärmlich, vergrämt, bedrückt, gedrückt, betrübt, schwer geprüft, niedergeschlagen, unglücklich, heimgesucht, übel, leidsam, vergrämt. → unglücklich. ▸ aufgelegt gut, unbeschwert, fidel, froh, heiter, hoffnungsvoll, sorgenfrei, vergnügt, zuversichtlich.

bekunden → ausdrücken, aussagen, ausweisen, beglaubigen, beibringen, bejahen, bekennen, beschuldigen, beweisen, dartun, demonstrieren, dokumentieren, erweisen, manifestieren, konstatieren, → zollen.

belächeln angrinsen, schmunzeln, kichern,

auflachen ● auslachen, verspotten, höhnen, verlachen, sich lustig machen, belustigen über, lästern, ins Lächerliche ziehen, auszischen, auspfeifen, bemäkeln, bekritteln, verhöhnen, schmähen, bewiehern *u.* → auslachen. ▸ beklagen, bewundern, würdigen.

beladen belasten, aufbürden, aufhalsen, bepacken, beschweren, füllen, einfüllen, verfrachten, befrachten, aufladen, aufjochen, aufpacken. → aufhalsen, belasten, erdrücken. ▸ abladen, entbürden, entlasten ● ausladen, entladen ● leer.

Belag Decke ● Beschichtung, Lack, Schicht, Schutzschicht, Aufschnitt, Brotaufschnitt. → Aufschnitt, Bekleidung, Farbe.

belagern umschließen, umgeben, umgürten, umringen, umkreisen, einschließen, einsperren, eingrenzen ● berennen, erstürmen, umzingeln, bestürmen, blockieren, aushungern, umringen ● bitten, anhalten, begehren, erbitten, angehen, ansprechen, bedrängen, belästigen, lästig fallen. → angreifen, aufdrängen, begehren, betteln, bitten. ▸ verteidigen, zurückweisen.

Belagerung → Absperrung, Blockade, Einkreisung.

Belang → Bedeutung, Berücksichtigung, Bezug, Beziehung, Einfluss, Gesichtspunkt, Hinsicht, Interesse, Sache, Werbung.

belangen anklagen, beschuldigen, bezeihen, bezichtigen, beimessen, zur Last legen, vorhalten, vorwerfen, verantwortlich machen, Klage vorbringen, zur Verantwortung ziehen, bei den Hammelbeinen nehmen *u*, am Kragen nehmen *u*, es kostet ihm den Kragen *u.* → abrechnen, ahnden, anschuldigen, beschaffen. ▸ rechtfertigen.

belanglos → abgedroschen, alltäglich, ausdruckslos, berührungslos, beziehungslos, einförmig, episodisch, gering, kleinlich, langweilig, nebensächlich, unbedeutend. ▸ bedeutsam, bedeutungsvoll, wichtig ● sensationell.

Belanglosigkeit Popelkram *u*, Quark *u.* → Bagatelle, Deut, Dunst leerer, Schaum.

belangreich → A und O, ausdrucksvoll, ausschlaggebend, beachtlich, bedeutsam, wichtig.

belangvoll → belangreich, wichtig.

belassen es dabei belassen ● lassen, es dabei bewenden lassen, durchgehen lassen, nicht ausführen, nicht vollziehen, nicht vollbringen, ungetan lassen, vernachlässigen, versäumen, sich zufrieden geben, fürlieb nehmen, auf sich beruhen lassen, an den Nagel hängen, aufhören, abbrechen, unter den Tisch fallen lassen, vertuschen. → festhalten. ▸ durchführen, durchgreifen, handeln.

belassen, es dabei → befriedigen, belassen, bleiben neutral.

belasten aufbürden, aufhalsen, beladen, bepacken, beschweren, drücken, hetzen, drängen, zwängen. → abziehen, anschuldigen, aufhalsen, beeiden, beeinträchtigen, beirren, beschuldigen, erdrücken, fallen zur Last, verrechnen. ▸ entbürden, entlasten, erleichtern, verteidigen abnehmen, befreien, entbinden, entschuldigen, helfen, stützen, übernehmen.

belastend erschwerend, erschwert, verschlimmernd, verschärfend, verschlechternd, steigernd. → lästig. ▸ erleichtern.

belastet → beladen, erdrückt.

belastet sein → tragen.

belästigen bemühen, inkommodieren. → angreifen, anrempeln, ärgern, aufdrängen, aufhalten, auswischen, beeinträchtigen, befeinden, begehren, belagern, beleidigen, bitten, bleiben, necken, plagen, quälen, stören. ▸ behagen, entschuldigen sich, passen, in Frieden/Ruhe lassen ● helfen, stützen, unterstützen ● abweisen.

Belästigung → Störung.

Belastung → Aufschlag, Ballast, Faktura, Rechnung, Schuld, Schwere, Verbindlichkeit.

belauern bespitzeln, aufpassen, behorchen, spähen, Acht haben, Acht geben, Argusaugen haben, auf die Finger sehen, mit den Blicken verfolgen, nicht aus dem Auge lassen, die Ohren spitzen, ausforschen, auskundschaften, nachspüren, spionieren, ermitteln. → Acht geben, aufpassen, auskundschaften, bedenken, beobachten, beschatten, beschleichen, durchleuchten. ▸ übersehen, vertrauen.

belaufen → beschlagen, zahlen.

belauschen → hören, belauern, beschatten.

beleben aufrichten, erfrischen, erneuern, erquicken, kräftigen, laben, stärken, erholen, erfrischen ● beseelen, erwecken, wachrufen, animieren, aufmuntern. → aufrichten, befruchten, begütigen, beseelen, entzücken, erfrischen, erwecken. ▸ ärgern, entkräften, verbittern, verdrießen.

belebend → antreibend, erfrischend, heilkräftig, kräftigend, reizvoll, stimulierend.

belebt → aufgelebt, überfüllt.

Belebung → Auffrischung, Erquickung, Stärkung.

Belebungsmittel → Arznei.

Beleg Anhaltspunkt, Beweis, Beweismittel/-stück, Buchungsunterlage, Dokument, Nachweis, Quittung, Unterlage, Zeugnis.

belegbar beweisbar, nachweisbar/-lich, überprüfbar.

Belege Anhaltspunkte, Sammlung, Unterlagen, Material, Beweise, Beweismittel, Zeugnisse, Ausweise, Beglaubigungen, Legitimationen, Bestätigungen, Bescheinigungen, Verschreibungen, Schriftstücke, Dokumente, Akten, Briefe, Korrespondenz. → Anhaltspunkte, Attest, Bescheinigung, Beweis, Diplom, Erweis.

belegen einquartieren, garnisonieren, kantonieren, besetzen, bemannen, einstellen, einstallen, einlagern, einlogieren. → ableiten, anführen, angeben, aufbewahren, auflegen, balzen, bedachen, bedecken, befruchten, beglaubigen, begründen, beibringen, bejahen, bemannen, beschlagen, besetzen, bestätigen, beweisen, bombardieren, decken, deponieren, dielen, dokumentieren, erweisen, reservieren, verzeichnen. ▸ abdecken, ausquartieren, versäumen, widerlegen.

belegen, durch Tatsachen dokumentieren, substanziieren. → beweisen.

belegend beweisend, echt, urkundlich, dokumentarisch. ▸ zweifelhaft.

Belegsammlung Dokumentation.

Belegschaft Bewohner, Besatzung, Bemannung, Mannschaft, Arbeiter, Angestellte, Betriebsangehörige, Mitarbeiter.

belegt (Stimme) leise, matt, schwach, erstickt, heiser, gedämpft, unterdrückt, verhalten, leise, stimmlos, rau • bewiesen, dokumentiert.

belegtes Weißbrot Sandwich.

Belegung → Befruchtung.

belehnen unterwerfen, abhängen, verpflichten, in die Hände legen, bevollmächtigen, betrauen, verleihen. → beauftragen, berufen, delegieren. ▸ abdanken.

Belehnung Pacht, Lehen, Miete, Gewährung, Beschenkung, Überreichung, Darreichung, Bewilligung, Schenkung, Verleihung, Auslieferung, Zuteilung, Zuweisung, Ausstattung, Aussteuer, Geldanlage, Darlehen, Vorschuss, Anlage, Verschreibung, Verpfändung, Anleihen. → Berufung, Bestallung, Kredit.

belehren unterrichten, informieren, instruieren, unterweisen, dozieren, erklären, lehren, anleiten, aufklären, ausbilden, beibringen, bilden, erziehen, schulen, dartun, aufzeigen, nachweisen, verständigen, auseinander legen, aufdecken, hinterbringen, die Augen öffnen, einen Wink geben, zu verstehen geben, eintrichtern, einbläuen, einpauken, einprägen, einschustern, eindrillen, einexerzieren, vorbereiten • enthüllen, eröffnen, offenbaren, aufdecken, verraten, Aufschluss geben. → aufklären, ausbilden, bekehren, beraten, bevormunden, bilden, einschärfen, erziehen. ▸ irreführen, verheimlichen, verziehen • sich aneignen, aufnehmen, erlernen, lernen.

belehrend unterweisend, unterrichtend, informierend, instruierend, instruktiv, informativ, anschaulich, aufklärend, lehrreich, überzeugend. → anschaulich. ▸ irreführend.

belehrende Erzählung Fabel.

Belehrung Unterweisung, Ausbildung, Anweisung, Instruktion. → Anleitung, Bevormundung, Bildung, Direktive, Einführung, Ermahnung, Erziehung, Lektüre. ▸ Irreführung.

beleibt → dick.

Beleibtheit → Dicke.

beleidigen beschimpfen, insultieren, herabsetzen, bloßstellen, durchhecheln, herabwürdigen, missachten, verlästern, verunglimpfen, in den Staub ziehen, belästigen, erzürnen, benachteiligen, wehe tun, verletzen, verwunden, treffen, kränken, demütigen, schmähen, verschreien, Schlechtes nachreden, verlachen, auspfeifen, auszischen, verspotten, unhöflich sein, persönlich werden, schnöde behandeln, keiner Antwort für würdig halten, keines Blickes würdigen, kein Gehör schenken, über die Achsel ansehen, ungebührlich werden, ungezogen sich benehmen gegen • das Ohr beleidigen: kreischen, misstönend, unharmonisch, grölen, tuten, johlen, aufklopfen, lärmen • das Gefühl verletzen: unanständige Witze, Zoten, Zweideutigkeit, Unflat, unzüchtiges Verhalten, schockieren. → anfeinden, anstoßen, ärgern, aufregen, auswischen, begeifern, beschuldigen, erbosen, erdolchen mit den Blicken. ▸ achten, bewundern, Ehre bezeigen, versöhnen.

beleidigend → abstoßend, beleidigen, gehässig, ausfallend.

beleidigt gekränkt, verschnupft, verletzt, sich beschimpft, entwürdigt, erniedrigt fühlen, dem Gespött, dem Schimpf, der Schmach ausgesetzt sein, verleumdet, verlacht, geschmäht, beschimpft, gekränkt werden, angeflegelt werden, sich hintangesetzt fühlen, eingeschnappt. ▸ bewundert, geehrt.

Beleidigung Injurie *f*, Insult *m*, Beschimpfung, Schmähung, Invektive *f*, Entwürdigung, Erniedrigung, Geringschätzung, Gespött, Kränkung, Missachtung, Schimpf, Anfeindung, Schmach, Verletzung, Verachtung, Verunglimpfung, Verleumdung • Ausfall, Züchtigung, Hieb, Schlag, Streich, Demütigung, Anmaßung, Arroganz, Unverschämtheit, Frechheit, Grobheit, Roheit, Ungezogenheit, Schamlosigkeit, Flegelei, Rücksichtslosigkeit, Taktlosigkeit, Unart, Unmanierlichkeit, Lümmelei, Gemeinheit, Zotenhaftigkeit, Unfreundlichkeit, Bosheit, Bitterkeit, Schärfe, Unehrerbietigkeit, Verächtlichkeit, Nichtachtung, Geringschätzung, Vernachlässigung, Hintansetzung, Herabsetzung, Schande, Verspottung, Affront, Schnoddrigkeit *u*, Verhöhnung, Gespött, Spötterei, Verlästerung, Entehrung, üble Nachrede, Ehrenkränkung, Schmeichelei • Schimpfname, Schimpfwort, Scheltname, Scheltwort. → Angriff, Betrübnis, Bissigkeit, Demütigung, Entehrung, Erniedrigung. ▸ Bewunderung, Ehrerbietung, Schmeichelei, Versöhnung.

Beleidigung, tätliche Realinjurie.

beleihen abtreten, übertragen, Geld aufnehmen, ein Pfand geben, ausleihen, entleihen, ausborgen, pumpen, Geld aufnehmen, Schulden machen, Anleihe aufnehmen, borgen, verleihen, herleihen, hergeben, auf Borg geben. ▸ behalten.

Beleihung → Darlehen.

belämmert → betrogen, übel.

belesen gelehrt, unterrichtet, aufgeklärt, bewandert, erfahren, eingeweiht, gebildet, bibelfest, sattelfest, studiert. → aufgeklärt, bibelfest. ▸ ungebildet, unwissend.

Belesenheit → Bildung.

beleuchten anzünden, erhellen, bescheinen, ausstrahlen, Licht verbreiten, blinken, glühen, anstrahlen, illuminieren. → abfassen, anstecken, anzünden, aufwerfen, aufzeigen, ausdrücken, auseinander setzen, ausforschen, auslegen, ausschmücken, bedeuten, bestätigen, betonen, beurteilen, beweisen, bloßlegen, darlegen, dartun, demonstrieren, deuten, durchleuchten, erhellen, erleuchten, erklären, hinweisen, illustrieren, veranschaulichen, weisen. ▸ irreführen, missverstehen, verdunkeln, widersprechen.

beleuchtet angestrahlt, bestrahlt, hell, illuminiert, lichtüberflutet.

Beleuchtung → Begriff, Betrachtung, Darlegung, Erhellung, Erklärung, Farbenpracht.

Beleuchtungskörper Ampel, Kandelaber, Lampion, Laterne.

Beleuchtungsstärke Lux.

beleumdet, übel → gebrandmarkt, entehrend.

belfern grölen, schreien, brüllen, jaulen, kläffen, bellen, knurren • anknurren, anfahren, murren, schmähen, schimpfen, schelten, keifen, grollen, streiten, zanken, bissig werden, auszanken. → bellen. ▸ beschwichtigen.

belichten → exponieren.

Belieben Begehr, Wunsch, Gelüste, Gutdünken, Bedürfnis, Verlangen, Gelüst, Hang, Erfordernis, Herzenswunsch • Willkür, Wahl, Wille, Absicht, Lust, Neigung, Begehren, Laune, Stimmung. ▸ Bedürfnislosigkeit, Bestimmung, Pflicht.

Belieben, nach ad libitum. → beliebig, einer oder der andere.

belieben behagen, bequem sein, brauchbar sein, dienlich sein, entsprechen, gefallen, genehm sein, passen, sich eignen, zusagen, konvenieren. → behagen. ▸ bleiben lassen, sollen.

beliebig frei stehend, nach Belieben, nach Gutdünken, frei nach Schnauze, so oder so, von ungefähr, wahllos, freiwillig, willkürlich, schalten und walten, nach Wunsch, Hinz und Kunz *u.* → einer oder der andere, entweder. ▸ bestimmungsgemäß, bestimmt, fest(liegend), verpflichtend.

beliebig einsetzbar/ verwendbar fungibel.

beliebt in Mode, en vogue, angesehen, bewundert, empfohlen, gelobt, gut angeschrieben, populär, Vorrang haben, Vorzug haben, ein Prä haben *u,* verehrt, volkstümlich, geschätzt, geachtet, berühmt, bekannt, gern gesehen, willkommen, bevorzugt, Hahn im Korb, geliebt, hoch geschätzt, angebetet, vergöttert, verzärtelt, verhätschelt • sich beliebt machen: einschmeicheln, sich Liebkind machen, sich ankratzen *u.* → achtbar, angesehen, befreundet, bekannt, berühmt, empfohlen. ▸ unbeliebt, tadelnswert.

beliebter Schlager, viele Jahre Evergreen, Oldie.

Beliebtheit → Anerkennung, Anklang, Beifall.

beliefern → liefern.

belle amie → Abgott.

bellen bäffen, belfern, kläffen, bläffen, heulen, knurren, lautgeben *j* • anschreien, beschimpfen, schelten, anfahren. → beeifern.

beloben würdigen, ehren, Lob spenden, Lob zollen, Lob erteilen, Beifall spenden. → anerkennen, belohnen, danken. ▸ tadeln.

belobigen → anerkennen, würdigen.

Belobigung → Anerkennung, Anklang, Beifall, belohnen.

belohnen anerkennen, auszeichnen, bezahlen, danken, ehren, entschädigen, ersetzen, honorieren, lohnen, vergelten, vergüten, entlohnen, abtragen, ordnen, befriedigen, sich erkenntlich zeigen • wiedervergelten, wettmachen, heimzahlen, ausgleichen, sich revanchieren, die Scharte auswetzen, den Spieß umdrehen, entgelten lassen, eintränken. → anerkennen, befördern, entgelten, erkenntlich zeigen. ▸ bestrafen, ahnden, maßregeln, strafen, züchtigen • undankbar (sein).

Belohnung Entlohnung, Lohn, Sold, Anerkennung, Gegenleistung, Vergeltung, Geschenk, Gabe, Trinkgeld, Gehalt, Taggeld, Taglohn, Verdienst, Bezahlung, Prämie, Finderlohn, Honorar, Gage, Auszeichnung, Titel, Würde, Beförderung, Preis, Ehrensold, Ehrenlohn, Ernennung, Orden, Lob, Entgeltung, Abfindung • Vergeltung, Gegenschlag, Gegenstreich, Heimzahlung, Abrechnung. → Abfindung, Ausgleich, Beförderung, Bezahlung, Dank, Entlohnung, Erkenntlichkeit. ▸ Bestrafung, Undankbarkeit.

Belt → Bai, Becken, Bucht.

beluchsen → beschwindeln.

belüften auslüften, durchlüften, Fenster öffnen die, frische Luft hereinlassen.

Belüfter Ventilator.

belügen vorflunkern. → blenden, düpieren, fälschen, täuschen.

belustigen sich vergnügen, sich erfreuen, unterhalten, verzapfen *u,* Gefallen finden, sich amüsieren, sich freuen, spaßen, scherzen, lachen, guter Dinge sein, kalbern, herumkalbern, bucklig lachen, die Zeit vertreiben, ergötzen, zerstreuen, das Leben genießen, erheitern, witzeln, Witze reißen, Possen treiben, sich lustig machen, tanzen, zum Lachen bringen. → amüsieren, anregen, behagen, bekämpfen. ▸ ärgern, grämen sich, verdrießen.

belustigen, sich → belächeln, betäuben.

belustigend → amüsant, erfreuend, ergötzlich.

Belustigung Vergnügen, Vergnügung, Frohsinn, Fröhlichkeit, Labsal, Ergötzlichkeit, Festlichkeit, Festivität, Vergnüglichkeit, Lustbarkeit, Unterhaltung, Scherz, Spaß, Jux, Posse, Zerstreuung, Zeitvertreib, Kurzweil, Geselligkeit, Erdenfreuden, Gesellschaft, Veranstaltung, Spiel • Witzelei, Spott, Stichelei, Spöttelei, Spötterei, Neckerei, Fopperei, Hänselei, Hechelei, Aufziehen, Gelächter, Narretei, Hanswursterei, Mummenschanz, Schelmerei. → Ball. ▸ Ärger, Gram, Verdrießlichkeit.

bemächtigen erwerben, gewinnen, erlangen, sich zueignen, aneignen, nehmen, seine Hand darauf legen, bekommen, ergattern, verschaffen, sich etwas versichern, auftreiben, aufstöbern, ergreifen, erbeuten, erobern, einheimsen, beschaffen, einsäckeln, wegnehmen, erraffen, Besitz ergreifen, bedienen, annektieren, erwischen, kriegen,

wegschnappen, kapern *sm*, ausspannen *u*, abjagen, einfangen, aufbringen, abfassen, abpressen, entlocken, abdrängen, erobern, rauben, stehlen, stibitzen, besteuern, erpressen, ausplündern, ausbeuten, rupfen, schröpfen, konfiszieren, arretieren, säkularisieren, enterben, vertreiben, verdrängen, auspfänden, wegschleppen, entführen, beiseite schaffen, verschwinden lassen, mausen, unterschlagen, unterschleifen, an sich reißen, beschwindeln, betrügen, in Besitz nehmen, die Herrschaft an sich reißen, abfassen, festnehmen, verhaften, einstecken, in Haft nehmen, ein Gefühl bekommen, Feuer fangen, hervorrufen, erzeugen, hervorbringen, erwecken, wachrufen, berühren, packen, erschüttern, mitgerissen werden, bewegen, erweichen, die Sinne verwirren, außer sich bringen, in Erstaunen versetzen, in Wut bringen, vor Begierde brennen, in Liebe entbrennen. → beikommen, berauben, bestehlen, entpressen.
▸ zurückgeben.

Bemächtigung Erwerbung, Aneignung, Erlangung, Gewinnung, Besitznahme, Wegnehmen, Ergreifen, Erfassen, Gefangennahme, Beschlagnahme, Konfiskation, Säkularisation, Enteignung, Auspfändung, Vertreibung, Verdrängung, Verstoßung, Enterbung, Aussaugung, Ausziehung, Rupfen, Schröpfen, Schiebung, Erpressung, Raub, Beraubung, Diebstahl, Erbeutung, Zugriff, Kaperung, Eroberung, Entführung, Verschleppung, Raub, Entwendung, Entfremdung, Fälschung, Nachahmung, Plagiat, Mauserei, Schwindel, Betrug, Gaunerei, Gewinn, Vorwärtskommen, Vorteil, Befugnis, Amtsgewalt, Bevollmächtigung, Ermächtigung, Verhaftung, Inhaftnahme, Erregung, Verfassung, Begierde, Verlangen. → Enteignung, Entnahme.
▸ Rückgabe.

bemäkeln → ablehnen, beanstanden, beeinträchtigen, belächeln.

Bemäkelung → Anstoß, Bemerkung, Entehrung, Entweihung, Kritik.

bemalen färben, malen, marmorieren, tätowieren, anstreichen, schminken, tünchen, beschmieren • ausputzen, schön machen, das Gesicht aufmachen, Make-up. → anstreichen, betupfen.
▸ entfärben.

bemalt → bunt, bemalen, farbig.

bemängeln → ablehnen, beanstanden, herabsetzen.

Bemängelung → Klage.

bemannen einquartieren, mit Truppen besetzen, belegen, ausrüsten, bewaffnen, ausstaffieren. → auftakeln, belegen, besetzen.
▸ abrücken, ausquartieren.

Bemannung → Belegschaft, Besatzung.

bemänteln beschönigen, undeutlich machen, verdunkeln, im Dunkeln lassen, verdrehen, irrig angeben, verfälschen, verzerren, entstellen, übertreiben, falschen Anstrich geben, lügen, hintergehen, unrichtig berichten, falsch darstellen, verbergen, verstecken, verhehlen, verdecken, verschleiern, verhüllen, verkleiden, verkappen, vertuschen, verheimlichen, fälschen, ausweichen, verblümen, umgehen, rechtfertigen, weiß brennen, weiß waschen, entlasten, entbürden, lossprechen, Ausflüchte machen, Vorwände brauchen, mildern, verringern, verkleinern, mindern, frisieren *u*. → ausmalen, Brücken bauen goldene, Dunkeln lassen im.
▸ aufdecken, verraten, Wahrheit sprechen die.

bemasten → beflaggen, dekorieren.

bematscht → dumm, bekloppt, töricht.

bemeistern begreifen, verstehen, erfassen, erlernen, einleuchten, erkennen, bewältigen, aneignen, überwinden, bezwingen, erobern, überwältigen, gewinnen, sich behaupten, sich nicht überwältigen lassen, sich nicht unterkriegen lassen. → bahnen, beherrschen, beherrschen sich, bemächtigen, bewirken, fassen, fesseln, durchgreifen, durchkämpfen sich, durchsetzen.
▸ schusseln, unterliegen, versagen, zusehen.

bemerkbar sichtbar, unterscheidbar, ersichtlich, augenfällig, deutlich, handgreiflich, klar, offenbar, offenkundig, erkennbar. → brechen durch die Wolken, fühlbar.
▸ unsichtbar.

bemerkbar machen, sich → auftauchen.

Bemerkbarkeit → Bestimmtheit.

bemerken → anschauen, ansehen, auftauchen, ausdrücken, beitragen, betonen, einflechten, empfinden, entdecken, erleben, ersehen, fallen in die Augen, fassen ins Auge, hinweisen, hinzufügen, schauen, spüren, wahrnehmen.

bemerkenswert → A und O, ansehnlich, ausschlaggebend, beachtlich, beispiellos, bezeichnend, denkwürdig, eindrucksvoll, ereignisreich, erheblich, erstaunlich, groß, wichtig.

bemerkt → erwähnt schon.

Bemerkung Wink, Andeutung, Anspielung, Anzüglichkeit. → Anmerkung, Auslassung, Bedingung, Erklärung, Klausel, Notiz.

bemessen → abmessen, anrechnen, austeilen, berücksichtigen, ermessen, errechnen, erwägen, kalkulieren, schätzen, urteilen, verteilen.

Bemessung → Anschlag, Befinden, Bewertung, Preis.

bemitleiden bedauern, beklagen, beweinen, bejammern, Mitgefühl haben, mitfühlen, mitempfinden, Anteil nehmen, Mitleid haben. → beklagen, dauern, erweichen.
▸ mitleidlos (sein).

bemitleidenswert → arm, bejammernswert, unglücklich.

bemittelt reich, begütert, vermögend, wohlhabend, bestückt *u*.
▸ arm, unbemittelt.

bemogeln → balbieren.

bemoost → bereift.

bemühen bitten, ersuchen, ansuchen, anhalten, verlangen, begehren, fordern, erheischen, erbitten. → arbeiten, begehren, belästigen, beteiligen sich, bewerben sich, bitten, drängen, machen.

▸ abstehen, bescheiden, entziehen sich, faulenzen, versagen.

bemühen, sich → arbeiten, begeben sich, bleiben bei der Sache, beschäftigen, bewerben sich, Beste tun.

bemühen, sich umsonst → blamieren.

bemüht bestrebt, besorgt, befleißigt.

Bemühung Anstrengung, Arbeit, Bestreben, Hilfe, Mühe, Beihilfe, Beistand, Gefälligkeit, Mitwirkung, Unterstützung, Nachfrage, Umfrage, Untersuchung, Prüfung, Erforschung, Nachdenken, Studium, Trachten, Streben, Mühsal, Sorge, Besorgung, Leistung, Wagnis, Unternehmung, Rührigkeit, Beflissenheit, Eifer, Energie, Wachsamkeit, Fleiß, Aufmerksamkeit, Geduld, Beharrlichkeit, Unermüdlichkeit, Spannkraft, Arbeitslust, Plackerei, Strapaze, Mühseligkeit, Dienst, Tätigkeit, Teilnahme, Vermittlung. → Anstrengung, Arbeit, Beihilfe, Beistand, Beschwerde, Besorgung, Bestreben, Leistung.
▸ Faulheit, Muße, Verhütung, Versagen.

bemüßigen nötigen, zwingen.
▸ freistellen, kneifen, Stücken aus freien (tun).

bemüßigt fühlen, sich genötigt, gezwungen, zwingend, drängend, notwendigerweise, unerlässlich, zwangsweise, gebieterisch, streng, unerbittlich, entschieden, strikt, unausweichlich, müssen.
▸ freiwillig.

Bemusterung → Auswahl, Kollektion.

bemuttern → begünstigen.

benachbart → angrenzend, bei, beisammen, dabei, daneben, dicht dabei, nahe.

benachrichtigen ankündigen, anzeigen, berichten, avisieren, angeben, bekannt geben, Bescheid erteilen, erwähnen, erzählen, mitteilen, sagen, schreiben, unterrichten, verständigen, wissen lassen, melden, dartun, erklären, hinterbringen, Botschaft bringen, drahten, telegrafieren, depeschieren, funken, telefonieren, an der Strippe hängen *u*, anrufen, Auskunft geben, kabeln. → ankündigen, anzeigen, aussagen, berichten, drahten.
▸ verheimlichen.

Benachrichtigung Bericht, Anzeige, Avis *s*, Zeitung, Auskunft, Berichterstattung, Wink, Fingerzeig, Aussage, Verkündigung, Meldung, Rapport, Bekanntgabe, Eröffnung, Enthüllung, Aussprache, Nachricht, Meldung, Kunde, Botschaft, Depesche, Telegramm, Kabel, Funkspruch, Brief, Drahtantwort, Schreiben, Postkarte, Eilbrief, Einschreibebrief, Telefongespräch, Telefonat, Fernspruch, Ferngespräch, Fernschreiben, Rundspruch, Rundfunknachricht, Bildfunk, Fernsehen, Botschaft. → Anzeige, Bericht.
▸ Verheimlichung.

benachteiligen beeinträchtigen, betrügen, hemmen, Irreführen, prellen, übers Ohr hauen, übertölpeln, übervorteilen, zurücksetzen, mogeln, täuschen, überlisten, ködern, beschwindeln, bewuchern, überfordern, schmuggeln, schwärzen, schieben, umgehen, fälschen, falschmünzen, unterschlagen, unterschleifen, veruntreuen, entfremden, stehlen, nassauern, erschleichen, abgaunern, ablocken, erschwindeln, abschwindeln, herausschwindeln, ablisten, abluchsen, heucheln, Sand in die Augen streuen, ein X für ein U machen, an der Nase herumführen, hinters Licht führen, ein Schnippchen schlagen, zum Narren halten, das Fell über die Ohren ziehen, einem Hörner aufsetzen, mitspielen, schädigen. → ärgern, balbieren, beleidigen, beschwindeln, Decke stecken unter der.
▸ begünstigen, bevorzugen • gerecht behandeln.

benachteiligt betrogen, getäuscht, genarrt, zum Besten gehalten, übervorteilt, überlistet, überfordert • der Dumme sein, den Kürzeren ziehen, in den Mond oder die Röhre sehen *u*, zu kurz kommen, in den Eimer sehen *u*.
▸ begünstigt, bevorzugt, beneidenswert, im Vorteil, mit Vorteilen ausgestattet, privilegiert.

Benachteiligung → Abbruch, benachteiligen.

benachten → dunkeln.

benagen → beschädigen.

benamen → benamsen, benennen.

benamsen benennen, rufen, heißen, bezeichnen, betiteln, taufen, benamen, benannt werden, geheißen werden, einen Namen geben. → angeben, benennen.

benannt genannt, beigenannt, zugenannt, geheißen, gekennzeichnet.
▸ namenlos.

benebelt → angeheitert, beduselt, betrunken.

Benebelung → Dusel.

Benehmen Manieren, Allüre, Betragen, Lebensart, Schicklichkeit, Sitten, Höflichkeit, Ton, Anstand, Etikette, Zeremoniell, Komment, Äußerlichkeit, Erziehung, Bildung, Verfeinerung der Sitten, Schliff, Firnis, Politur, Aufführung, Haltung, Verhalten, Auftreten, Taktik, Kampfesweise, Verhandlungsweise, Benimm *u*. → Anmut, Anstand, Art und Weise, Aufführung, Ausdruck, Aussehen, Ausweg, Erziehung, Haltung, Verhalten.
▸ Tölpelhaftigkeit, Unbildung.

Benehmen beibringen → erziehen.

benehmen, sich sich verhalten, sich aufführen, sich gebärden, sich gebaren, sich gehaben, reagieren, verfahren, auftreten, sich betragen, Lebensart zeigen, schicklich sein, höflich sein, aufmerksam sein, sich anständig aufführen, der Etikette oderdem Komment nach erzogen sein, Schliff haben, Haltung zeigen, sich halten, taktisch richtig vorgehen, verhandeln. → aufführen, auftreten.

beneiden missgönnen, übel wollen, krumm nehmen, übel nehmen, schadenfroh sein, nicht grün sein, missgünstig sein, neidisch sein, neiden, vor Neid bersten, jemandem nicht grün sein, missgünstig sein, kein gutes Haar an jemandem lassen, bekritteln, auf jemanden hacken *u*. → bersten.
▸ gönnen bedauern, bemitleiden • beglückwünschen, Glück wünschen.

beneidenswert glücklich, glückselig, gesegnet, sorgenfrei, von Glück verhätschelt, erfolgreich sein,

vorwärts kommen, gesund sein, geachtet sein, berühmt sein, Glück haben, Schwein haben *u*, fein heraus sein, seinem Schöpfer danken müssen, reich sein, das große Los gezogen haben, einen Totogewinn eingesteckt haben, eine Reise tun. → beruhigt.
▸ erfolglos, krank, unglücklich bedauernswert, beklagenswert, benachteiligt.
benennen angeben, aufrufen, benamsen, betiteln, bezeichnen, heißen, taufen • das Kind beim richtigen Namen nennen. → benamsen.
Benennung Ausdruck, Bezeichnung, mit einem Wort belegen, Nennung, einen Namen geben, Taufe, Kennzeichnung. → Ausdruck, Beiname.
benetzen befeuchten, anfeuchten, betränen, durchnässen, berieseln, bewässern, begießen, betauen, nass machen. → befeuchten, bespritzen, durchnässen.
▸ abtrocknen, trocknen.
Bengel Junge, Knabe, Strick, junges Gemüse *u*, Dreikäsehoch, Kiekindiewelt *u*, Hosenscheißer *u*, Pimpf, Köttel *u*, Bube, Bursche, Schlingel, Laffe, Flegel, Range, Kind, Muttersöhnchen, Knirps, Fant, Schelm, Balg, Halbstarker, Elefantenküken *u*, Gelbschnabel, Früchtchen, Pflänzchen, Lümmel, Rotzbengel *u*, Rotzbube *u*, Engel mit einem B davor *u*. → Bube, Bursche.
bengelhaft → brutal.
Benimm Auftreten, Benehmen, Manieren, Umgangsformen.
Benjamin Jüngster (einer Familie oder Gruppe).
benommen rammdösig *u*. → betäubt.
Benommenheit, tiefe Sopor.
benoten beurteilen, bewerten mit Noten, beurteilen, Noten geben, zensieren.
benötigen → beanspruchen, beschäftigen, brauchen, erfordern, ermangeln, wünschen, begehren.
Benotung → Bewertung.
benutzbar → bewohnbar, handlich, verfügbar.
▸ unbrauchbar, unnütz.
benutzen besuchen, frequentieren. → anwenden, ausnutzen, beanspruchen, bedienen, bedienen sich, brauchen, dingen, genießen, handhaben, profitieren, verwenden.
▸ benutzen nicht, verschmähen.
benutzen, regelmäßig frequentieren.
Benutzer → Gebraucher, Käufer Anwender, Nutzer, Verwender.
Benutzung Gebrauch, Anwendung, Verwendung, Genuss, Nutznießung, Nießbrauch, Nutzbarmachung, Ausnutzung, Dienstlichkeit. → Anwendung, Gebrauch.
▸ Unterlassung, Weigerung.
Benzin Gasolin, Sprit • Stoff *u*, Sprit *u*.
Benzinbehälter Kanister, Tank.
beobachten Acht geben, Acht haben, aufmerksam betrachten, ins Auge fassen, nachgehen, nachprüfen, studieren, forschen, aufpassen, belauern, lauschen, spähen, peilen *sm*, beluchsen, beschatten, franzen, auf die Finger sehen, aufs Korn nehmen, auf der Lauer liegen, auf dem Kieker haben *u*, bewachen, Wache stehen, Wache schieben, Schmiere stehen • befolgen, gewöhnen, angewöhnen, anpassen, befreunden, beachten, erfüllen, halten, berücksichtigen, durchführen, tilgen, seine Schuldigkeit tun, nichts versäumen, nichts vernachlässigen, auf dem Posten sein. → Acht geben, anschauen, aufpassen, ausforschen, bedenken, belauern, berücksichtigen, beschatten, beschauen, Blick nicht lassen aus dem, durchblicken, durchleuchten, einziehen Erkundigungen, experimentieren, fassen ins Auge.
▸ abwenden sich, blind für, entfernt halten sich, liegen lassen links.
Beobachter Anwesender, Augenzeuge, Betrachter, Dabeistehender, Lauscher, Späher, Spion, Zeuge, Zuschauer, Kundschafter, Sterngucker, Ohrenzeuge. → Agent, Anwesender, Dabeistehender.
Beobachtung Anschauen, Ansehen, Gaffen, Besichtigung, Augenschein, Betrachtung, Erspähen, Späherei, Spioniererei, Prüfung, Musterung, Forschung, Beachtung, Beschauung, Wachsamkeit, Umsicht, Vorsicht, Aufsicht, Untersuchung, Durchsicht, Nachforschung, Umfrage, Erkundigung, Erforschung, Ausforschung, Kundschaften, Auskundschaften, Aufspürung • Angleichung, Angewöhnung, Übung, Verantwortung. → Augenmerk, Bemühung, Durchsicht, Gepflogenheit, Kontrolle.
▸ Lässigkeit, Nichtachtung, Pflichtvergessenheit, Unaufmerksamkeit.
Beobachtungsballon → Ballon.
Beobachtungsgabe Scharfblick, Erkenntnisvermögen, Auffassungsgabe.
Beobachtungsgerät Mikroskop, Teleskop.
Beobachtungsreise z.B. Safari.
Beobachtungsstand Krähennest *sm*, Befehlsstelle, Ausschau, Ausguck, Kontrollstand, Beobachtungsturm, Wachtturm, Tower.
beordern vorladen, vorfordern, berufen, bescheiden, heißen, beauftragen, heischen, begehren, befehligen, vorschreiben, anweisen, verfügen, bestimmen, anberaumen, ansetzen, festsetzen, beschließen. → befehlen, berufen.
bepacken → aufhalsen, beladen, belasten.
bepflanzen → ackern, pflanzen.
bepflastern → bedecken.
bepinseln → anstreichen.
bequem angenehm, behaglich, einfach, leicht, mühelos, passend, praktisch, tunlich, ungehindert, unschwer, angemessen • langsam, schläfrig, bedächtig, gemächlich, schwerfällig, lahm, träge, faul, flau, allmählich, teilnahmslos, nachlässig, energielos, phlegmatisch, bleiern, schlaff, schlapp, sich hängen lassen, verdrossen, beschaulich, lauschig, in aller Ruhe, mit aller Muße • bequem machen es sich, setzen, legen, befreien, einrichten, genießen, behaglich machen, ausruhen, der Ruhe pflegen, auf den Lorbeeren ausruhen, nichts tun, die Arbeit niederlegen, pausieren, rasten, leicht erarbeiten, müßig gehen, komfortabel. → angenehm, annehmbar, arbeitsscheu, arbeitsunfähig, bedächtig, behaglich, bleiern, faul.

▸ aufreibend, betriebsam, fleißig, schnell, schwierig, unbequem, unzweckmäßig.

bequem machen, es sich sich schlau machen *u.*

bequem machen, sich's → ausziehen, ausdehnen.

bequemen → anpassen, belieben, bequem, rühren sich.

Bequemlichkeit Annehmlichkeit, Wohlleben, Genuss, Behaglichkeit, Labsal, Komfort. → Luxus. ▸ Bürde, Regsamkeit.

Bequemung Herbeilassung, Herablassung.

berahmen → einrahmen.

berappen → bezahlen.

beraten anleiten, helfen, Rat erteilen, unterstützen, unterweisen, Weg bereiten, zeigen, belehren, ermahnen, zuraten, anraten, abraten, zureden, abreden, einreden, verleiten, fördern, beistehen, beispringen, behilflich sein, zur Seite stehen. → bekehren, beratschlagen, besprechen, debattieren, erörtern, erwägen, bevormunden. ▸ irreführen.

beraten, sich erwägen, überlegen, bedenken, sich Rat holen, um Rat angehen, befragen, besprechen, erörtern, diskutieren, eine Sache beschlafen, sich vertiefen in, sich besinnen, grübeln, ausklügeln, prüfen, nachsinnen, nachdenken, beratschlagen. → beraten, beratschlagen. ▸ unbesonnen (sein).

beratend → erwägend.

beratende Körperschaft Gremium.

Berater Anwalt, Beistand, Ermahner, Helfer, Ratgeber, Sprecher, Advokat, Fürsprecher, Jurist, Rechtsanwalt, Rechtsbeistand, Verteidiger, Vertreter, Steuerberater, Steuerhelfer, Experte, Fachmann, Disponent, Seelsorger, Beichtvater, Beichtiger, Priester, Geistlicher, Arzt, Hebamme, Weisefrau, Mediziner, Mentor, Nestor, Seelenhirt, Lehrer. → Anwalt, Beirat, Beistand, Chef, Ermahner.

beratschlagen bedenken, befragen, besprechen, erörtern, erwägen, prüfen, sich beraten, überlegen, untersuchen, betrachten, nachdenken. → beraten sich, besprechen. ▸ entschlossen sein.

Beratung Aussprache, Besprechung, Gedankenaustausch, Gespräch, Zusammenkunft, Konferenz, Zwiegespräch, Meinungsaustausch, Befragung, Lesung, Konzilium, Konklave, Kollegium, Ausschuss, Kommission, Sitzung. → Aussprache, Besprechung, Debatte, Erörterung.

Beratungsausschuss/-gruppe Braintrust, Expertengruppe, Gremium.

berauben kapern, erbeuten, abjagen, abfangen, erjagen, aufbringen, bemächtigen, abpressen, entlocken, erobern, rauben, stehlen, stibitzen, besteuern, ausplündern, aussaugen, ausziehen, ausbeuten, rupfen, aussäckeln, schröpfen, enteignen, konfiszieren • einbrechen, einsteigen, entwenden, wegnehmen, entführen, freibeuten, erraffen, beiseite schaffen, verschwinden lassen, wegstibitzen, mausen, naschen, unterschlagen, unterschleifen, lange Finger machen, gewaltsam an sich reißen, abgaunern, erpressen • Ehre abschneiden, um den Ruf bringen, entehren, schänden, verleumden, Unschuld rauben, ehebrechen, entweihen, deflorieren, notzüchtigen, vergewaltigen • die Freiheit entziehen, knechten, unterjochen, einengen, ketten, fesseln, einkerkern, verhaften, ergreifen, anbinden, anschließen, anketten, fangen, festnehmen, einstecken, bewachen, abführen, blenden, lähmen, ersticken, entwaffnen, die Kräfte rauben, schwächen, entkräften, entmannen. → bestehlen, bringen an den Bettelstab. ▸ erwerben, Ehre erweisen, freisprechen, kräftigen, wieder gutmachen, widersetzen sich, zurückhalten.

beraubt, der Sinne → bestürzt.

Beraubung Raub, Brandschatzung, Diebstahl, Kaperung, Entführung, Verschleppung, Machtraub, Plünderung, Räuberei, Wegelagerei, Straßenraub, Kirchenraub, Seeräuberei, Piratentum, Korsarentum, Mauserei, Taschendiebstahl, Einbruch, Wilderei, Jagdfrevel, Konterbande, Unterschlagung, Veruntreuung, Betrug, Gaunerei, Schieberei, Ehrabschneidung, Notzucht, Ehebruch, Vergewaltigung, Freiheitsberaubung, Verhaftung, Gefangennahme, Einschließung, Blendung • Schwächung, Machtentziehung, Entsetzung, Absetzung, Entthronung, Abdankung, Tötung, Lebensraub, Bluttat, Mord, Totschlag, Ermordung, Blutschuld, Selbstmord, Attentat, Schlachten, Blutvergießen, Hinrichtung, Duell, Harakiri, Ritualmord • Vollstreckung, Rechtswidrigkeit, Rechtsbruch, Demütigung, Beschimpfung. → Ausplünderung, Bemächtigung, Dieberei, Einbruch, Enteignung, Entziehung. ▸ Freilassung, Rechtmäßigkeit, Verteidigung, Wiedergutmachung.

berauschen → amüsieren, beglücken, berühren, beseelen, betrinken, entzücken.

berauschen, sich → betäuben.

berauschend überwältigend, betörend, entzückend, trunken, erregend, aufreizend, erschütternd, ergreifend, aufregend, herzbewegend, beseligend, bezaubernd, betäubend, benebelnd. → antreibend, faszinierend. ▸ langweilig, ernüchternd, unerträglich.

berauscht wonnetrunken, freudestrahlend, vom Glück trunken, angeregt, exaltiert, fiebrig, schwärmerisch, begeistert, entzückt, trunken, entrückt. → angeheitert, aufgeräumt, beduselt, befangen, beseligt, betrunken, entrückt, entzückt. ▸ blasiert, ernüchtert, langweilig, nüchtern.

Berauschung → Begierde, Betäubung, Bezauberung, Dusel, Enthusiasmus, Entzückung.

berechenbar zählbar, messbar, teilbar • berechnet, Vorteile bedenken, auf den Nutzen aus sein, den Gewinn im Auge haben, das Interesse wahrnehmen, auf Erwerb aus sein, Profit erjagen. ▸ unberechenbar, irrational, launisch, plötzlich, überraschend,

unvorhersehbar, wetterwendisch.
berechnen → abmessen, Acht geben, anschlagen, auskundschaften, begehren, bestimmen, bewerten, datieren, errechnen, kalkulieren, zählen.
berechnend → diplomatisch, durchtrieben, express.
berechnet → absichtlich, beabsichtigt, beflissentlich, berechenbar, bewusst, diplomatisch, durchdacht, planvoll, selbstsüchtig.
berechnet, für → eigens.
Berechnung → Absicht, Anschlag, Beflissenheit, Befürchtung, Begriffsscheidung, Berücksichtigung, Betrachtung, Erwartung, Kombination, Kalkulation.
berechtigen → beauftragen, begünstigen, berufen, bestätigen, bewilligen, einräumen, erlauben, ermächtigen, ernennen.
berechtigt befugt, bevollmächtigt, bevorrechtigt, bewilligt, gestattet, privilegiert, bevorrechtet, mit Fug und Recht bestehen, kompetent, anerkannt, zuständig, maßgebend. → erlaubt.
▸ unberechtigt.
Berechtigte → Bevollmächtigte.
Berechtigung → Anrecht, Anspruch, Befugnis, Bevollmächtigung, Erlaubnis, Ermächtigung, Konzession, Recht.
bereden lästern, schmähen, losziehen, geifern, tadeln, aussetzen, bloßstellen, verleumden, herunterziehen, beschimpfen, verunglimpfen, verlästern, ins Gerede bringen, die Ehre abschneiden, verdächtig, hinter dem Rücken angreifen, beschwatzen, berücken, schwänzeln, schöntun, scharwenzeln, schmeicheln. → anfeuern, balbieren, beeinflussen, befürworten, begeistern, Besten halten zum, bestimmen, bewegen lassen sich, bewirken, einschleichen sich in die Gunst, empfänglich machen, erschmeicheln.
▸ abhalten, loben.
beredsam → beredt.
Beredsamkeit Redseligkeit, Redewut, Gesprächigkeit, Plauderhaftigkeit, Schwatzhaftigkeit, Geschwätzigkeit, Zungengeläufigkeit, Maulfertigkeit, Wortschwall, Redefluss, Suade • Redegabe, Rhetorik, Redekunst, Mitteilungsfreudigkeit, Plauderlust, Dialektik, Vortragskunst, Beherrschung des Ausdrucks • Mundwerk, Revolverschnauze *u*, Maulwerk, große Klappe *u*, Babbel *u*, Schwabbelei *u*, Schnoddrigkeit.
▸ Schweigen, Sprachlosigkeit.
beredt wortgewandt, eloquent, sprachbegabt, gesprächig, redselig, mitteilsam, schwatzhaft, plauderhaft, zungenfertig, schlagfertig, eine Schnauze haben oder vollnehmen *u*, ein großes Maul oder Maulwerk haben *u*, Quasselwasser getrunken haben *u*, nicht auf den Mund gefallen sein, sich einen Stiefel zusammenschwätzen *u*, fließend, geläufig, scharfzüngig, witzig, klar, eindeutig, kristallklar, deutlich, ausdrucksvoll, hell.
▸ undeutlich, wortkarg, schüchtern, schweigsam, sprechfaul, still, (sprachlich) unbeholfen, verschlossen.
Beredtheit Beredsamkeit, Redekunst/-gewalt, Rednergabe.
Beregnungsanlage (Rasensprenger) Sprinkler.
Bereich → Abteilung, Amt, Aufgabenkreis, Ausdehnung, Befugnis, Bezirk, Blickfeld, Demarkation, Distrikt, Domäne, Ecke, Lage, Ort, Rahmen, Region, Spielfeld, Spielraum, Umfang, Zweig.
bereichern vervollkommnen, erwerben, erlangen, verdienen, verschaffen, machen, einheimsen, horten, sparen, sammeln, gewinnen.
▸ verarmen, zurückgeben.
bereichern, sich einheimsen, erlangen, gewinnen, stehlen, Vorteile verschaffen sich.
Bereicherung Horten, Gewinnen, Anreicherung, Erwerbung, Sparen, Ersparung, Sammeln, Sammlung.
▸ Verarmung, Zurückgabe.
bereift alt, bejahrt, hochbetagt, grauköpfig, grauhaarig, silberlockig, weißlockig, ehrwürdig • bedeckt, überzogen, behängt, umhüllt, überstrichen, weißlich, bemoost, vereist, glasiert, mit Reif bedeckt, beeist, bestäubt • mit Reifen oder Ringen umwunden, umgeben, eingeschlossen, bestückt, versehen. → kalt.
▸ jung.
Bereifung Reifen, Pneu.
bereinigen → abbezahlen, ausbessern, ausgeben, auflösen, bezahlen, liquidieren, ordnen, verbessern.
Bereinigung → Abtragung, Ausgleich, Befriedigung, Berichtigung, Entrichtung, Rückzahlung.
bereisen → begehen.
bereit → abgeschlossen, aufmerksam, aus, dienstwillig, erhältlich, essbar, fertig, gar, geneigt, verfügbar.
▸ unfertig, unvorbereitet.
bereiten → abrichten, arbeiten, ausbilden, machen.
bereiten, Vergnügen → befriedigen.
bereitgestellt → verfügbar.
bereithalten → aufbewahren.
bereits vorher, zuvor, vorangehend, zuerst, früher, einst, eher, schon, neulich, kürzlich, vormals, vorüber, ehedem, seither, vordem, bisher, bislang, unlängst, jüngst, sonst, ehemals, weiland, längst.
▸ noch nicht, zukünftig.
Bereitschaft → Entschluss, Neigung, Stimmung.
bereitstellen → vorbereiten, zur Verfügung stehen.
Bereitung → Zubereitung.
bereitwillig → anstandslos, artig, dienstbeflissen, dienstbereit, erbötig, freundlich, geneigt, gern, höflich, kulant.
▸ ablehnend, unwillig, widerstrebend, widerwillig.
Bereitwilligkeit Dienstleistung, Entgegenkommen, Entschlussfreude, Gefälligkeit, Geneigtheit, Liebenswürdigkeit, Nachgiebigkeit, Willfährigkeit, Willigkeit, Hang, Lust, Neigung, Stimmung, Anlage, Sinn, Laune, Zustimmung, Anerbietung. → Beflissenheit, Dienstwilligkeit, Entgegenkommen, Entschlussfreude.
▸ Unwille.
bereuen bedauern, bekennen, beklagen, büßen, gestehen, sühnen, leider, Leid tun, nicht recht sein, schade sein, umkehren, sich bekehren, wenden, verwünschen, bejammern, beweinen, sich grämen, Schmerz darüber

empfinden, sich schuldig bekennen. → abbitten, bekehren, bekennen, beklagen, beweinen, bessern sich, einlenken wieder. ▸ verhärten sich.
bereuend → bußfertig.
Berg Haufen, Fülle, Klumpen • Höhe, Erhöhung, Erhebung, Steigung, Gebirge, Gipfel, Riese, Dschebel *arab*, Hochgebirge, Alpen, Alpenzug, Gebirgsmassiv, Gebirgszug, Hügel, Erdhügel, Rücken, Anhöhe, Hochland, Spitze, Kuppe, Höcker, Buckel, Bühl, Fels, Klippe, Wand, Fluh, Riff, Vorgebirge, Düne, Bank, Abhang, Hang, Jähe, Steile, Zacke, Kap, Zinke, Höhenzug, Vulkan • Welle, Hochflut, Springflut. → Erhebung, Fels. ▸ Ebene, Flachland, Niederung, Tal.
Berg sein, über den → erreichen, gesunden.
bergab herab, hinunter, abwärts, flussab, stromab, talwärts. → abwärts. ▸ bergan, bergauf, aufwärts, hoch, nach oben.
Bergabhang Abhang, Leite.
bergan → bergauf. ▸ bergab.
Bergarbeiter Kumpel, Steiger, Halloren *m*.
bergauf steigend, kletternd, aufwärts, auf, empor, herauf, hinauf, bergan, bergwärts, flusswärts, stromwärts, flussauf, stromauf. → aufsteigend, aufwärts. ▸ bergab, abwärts, hinab, hinunter, nach unten.
Bergbahn → Bahn.
Bergbau Bergwerk, Mine, Hüttenwesen, Montanbau.
bergbaulich montan.
Bergbesteigung → Bewegung.
Bergblume z.B. Alpenrose, Arnika, Edelweiß, Enzian.
Bergdurchstich Tunnel.
Berge, jenseits der transmontan.
Bergeinschnitt Kar, Klamm, Mulde, Schlucht, Tal.
bergen → aufheben, bewahren, bringen unter Dach, schützen.
bergen, sich → decken sich.
Bergfahrt → Bewegung.
Berggeist → Bergmann, Dämon, Kobold, Rübezahl.
Berggipfel Bergkuppe/-spitze, Gipfel, Gupf, Horn, Kofel, Kogel, Kuppe, Nock, Piz, Spitz(e).
Berghang Hang, Abgrund.
Berghof → Ansied(e)lung.
Berghütte Baude.
bergig → gebirgig, holprig, hüglig, rau, uneben, wellig. ▸ eben, flach, platt.
Bergkamm Grat.
Bergkette Massiv.
Bergkuppe Berggipfel, Kuppe. → Bergspitze, Gipfel.
Berglehne → Abgrund.
Berglöwe Puma.
Bergmann Bergknappe, Steiger, Kumpel, Grubenfahrer, Schachtfahrer, Obersteiger, Bergrat • Bergmännchen, Rübezahl, Berggeist • Püttmann *u*.
Bergnymphe Oreade.
Bergpfad Steig, Stieg.
Bergrettungsschlitten Akia, Akja.
Bergrücken Grat, Kamm.
Bergschlucht Klamm.
Bergspitze Kogel, Peak, Pic, Pico, Pik, Piz.
bergsteigen → klettern, Alpinistik, Hochtouristik.
Bergsteiger Hochtourist, Alpenfex, Bergfex, Gletscherfloh, Gipfelfresser, Kletterer, Gipfelstürmer, Alpinist, Klettermaxe *u*.
Bergsteigergruppe Seilschaft.
Bergstraße, kurvenreiche Serpentine.
Bergübergang Pass.
Bergung → Rettung, Sicherstellung.
Bergungsschlitten Akia, Akja.
Bergwandern (mit Führer im Hochgebirge) Trecking.
bergwärts → bergauf.
Bergweg Pfad, Steig, Stieg.
Bergwerk → Bergbau.
Bergwerksanteil Kux.
Bergwiese Alm, Alpe, Bergweide, Mahd, Matte.
Bergwild z.B. Gams, Gämse, Steinbock.
Bergzacke Zinne.
Bergziege Gams, Gämse.
Bergzug Berggruppe, Gebirge, Gebirgsgruppe, Gebirgsstock, Gebirgszug, Höhenzug.
Bericht Bekanntmachung, Tagesbericht, Bulletin *s*, Darlegung, Denkschrift, Exposee *s*, Benachrichtigung, Anzeige, Avis, Angabe, Aufklärung, Aufschluss, Auskunft, Bekanntgabe, Bescheid, Botschaft, Darlegung, Eröffnung, Kunde, Meldung, Mitteilung, Nachricht, Rapport, Beschreibung, Erzählung, Schilderung, Übersicht, Widergabe. → Antwort, Anzeige, Artikel, Auslegung, Benachrichtigung, Beschreibung, Brief, Chronik, Darstellung, Denkschrift, Depesche, Eingabe, Erzählung, Rapport, Zirkular.
berichten ankündigen, benachrichtigen, avisieren, anzeigen. → abfassen, aberkennen, angeben, ankündigen, anschreiben, antworten, anzeigen, aufklären, aufnehmen, aussagen, benachrichtigen, beschreiben, bestätigen, darstellen, drahten, entgegnen, entwerfen ein Bild, erzählen, melden, schildern, schreiben, sprechen. ▸ verschweigen.
Berichterstatter Berichter, Schreiber, Historiker, Annalist, Chronist, Journalist, Zeitungsschreiber, Federfuchser, Pressehengst *u*, Tintenspion *u*, Reporter, Korrespondent. → Anzeiger.
Berichterstattung → Auskunft, Benachrichtigung, Information.
berichtigen verbessern, emendieren, korrigieren, richtig stellen. → ablehnen, ändern, ausbessern, durchsehen, korrigieren, verbessern. ▸ behalten, verdächtigen, verfälschen, verschlechtern, entstellen, falsch machen, Fehler machen, einen Irrtum begehen • (Fehler) stehen lassen • verschleiern.
Berichtigung Übereinkunft, Übereinstimmung, Zustimmung, Einverständnis, Beistimmung, Beilegung • Gleichlauf, Einklang, Gleichmachung, Gleichstellung, Ausgleichung • Überführung, Enthüllung, Darlegung, Erklärung, Aufklärung • Aussprache, Bekenntnis, Geständnis, Beichte • Ausbesserung, Korrektur, Verbesserung, Reinigung, Bereinigung, Reform • Zurückgabe, Wiederherstellung, Restauration, Irredenta • Erwiderung, Gutschrift, Belastung, Abfindung, Abgeltung, Begleichung, Entschädigung • Entgegnung, Einrede, Einwand, Zurückweisung, Abwehr, Verwahrung, Ehrenerklärung, Widerruf, Ableugnung, Dementi. → Abwehr, Ableugnung, Auskunft, Bearbeitung, Dementi, Durchsicht, Ehrenerklärung, Entlastung, Rechenschaft.

▸ Verdächtigung, Verfälschung, Verschlechterung, Weigerung.
berieseln → befeuchten, begießen, benetzen, bespritzen.
beringen → abrunden.
Berliner (Norddeutscher *u*, Westdeutscher) Saupreuße *u*.
Berliner Mauer Schandmauer *u*.
Berme Böschung, Böschungsabsatz.
Bernstein Harz. → Schmuckstein.
Berserker Wüterich, Missetäter, Verbrecher, Unheilstifter, Zerstörer, Verderber, Schlächter, Würger, Blutmensch, Unmensch, Ungeheuer, Bluthund, Monstrum.
bersten brechen, aufkrachen, knacken, zertrümmern, zerschellen, zerknallen, platzen • aufspringen, abspringen, zerspringen, entzweigehen, auseinander brechen, zerbrechen, aufbrechen, zerschlagen, aufschlagen, zersplittern, aufsplittern, zerstoßen, aufspalten, aufsprengen, aufmachen, öffnen, befreien, erbrechen. → aufgehen, aufmachen, aufspringen, brechen, erregen, öffnen, reizen.
▸ beherrschen sich, dulden, widerstandsfähig (sein), zusammenhalten.
berüchtigt verschrien, allbekannt, weltbekannt, berühmt, verrufen, in üblem Geruch stehen, mit Schande beladen sein, mit Schimpf bedeckt, bescholten. → anrüchig, bekannt, berühmt.
▸ geachtet, unbescholten.
berüchtigte Sache cause célèbre.
berücken → abbuhlen, beeinflussen, begeistern, beglücken, bereden, bestricken, blenden, breitschlagen, Cour schneiden, entzücken, zaubern.
berückend bestechend, betörend, bezaubernd. → bestrickend, scharmant, entzückend, faszinierend, schön.
berücksichtigen beachten, befriedigen, darum besorgt sein, sich angelegen sein lassen, anrechnen, bemessen, bewerten, gutschreiben, beschränken, verklauseln, ausbedingen, ausnehmen, einräumen, vorbehalten, Bedacht nehmen auf, Ausnahme zulassen, ausführen, beobachten, vollführen, bewerkstelligen, erfüllen, halten, erledigen, durchführen, abtragen, abstatten, die Pflicht tun, das Versprechen halten, Anspruch befriedigen, das Wort einlösen, würdigen, anerkennen. → anrechnen, aufmerksam ausführen, beherzigen, beobachten, veranlassen.
▸ unterlassen, verabsäumen • abtun, auslassen, ignorieren, übergehen, übersehen, unberücksichtigt lassen, vernachlässigen.
Berücksichtigung Bezug, Bezugnahme, Betreff, Rücksicht, Hinsicht, Gesichtspunkt, Belang, Beziehung, Beobachtung, Wahrnehmung, Prüfung, Rücksichtnahme, Überwachung, Überlegung, Beschränkung, Bedingung, Vorbehalt, Vorbedingung, Voraussetzung, Berechnung, Grund, Erfüllung, Durchführung, Beachtung, Würdigung, Beistimmung, Billigung, Beipflichtung, Gutheißung, Zustimmung, Erwähnung, Schätzung.
▸ Unterlassung.
berückt → berauscht.
Beruf Amt, Arbeit, Arbeitsfeld, Aufgabe, Ausübung, Beschäftigung, Metier, Betätigung, Broterwerb, Dienst, Erwerbszweig, Fach, Gewerbe, Obliegenheit, Pflicht, Rolle, Stellung, Tätigkeit, Wirkungskreis, Zweig, Auftrag, Tätigkeitsbereich, Wirkungsbereich, Geschäft, Verpflichtung, Auftrag, Sache, Angelegenheit, Unternehmen, Feld, Arbeitsbereich, Machtbereich, Schauplatz meiner Tätigkeit, Handwerk, Laufbahn, Bestimmung, Lebensberuf, Lebensaufgabe, Brot, Platz, Posten, Anstellung, Stand, Berufspflicht. → Amt, Arbeit, Dienst, Existenz.
berufen versammeln, zusammenziehen, vereinigen, einberufen, anwerben, vorfordern, vorladen, bescheiden, beauftragen, beordern, bestimmen, anberaumen, bevollmächtigen, besetzen, beschicken, abordnen, entsenden, befugen, ermächtigen, berechtigen, übergeben, betrauen, anvertrauen, belehnen, anstellen, beschäftigen, ernennen, einsetzen, bestellen, bediensten, Amt oder Stellung verleihen, befördern, verleihen, krönen, erheben • beschreien, den Teufel an die Wand malen, vorhersagen. → anstellen, beauftragen, bedienstet, befehlen, beglaubigen, beordern, beschäftigen, beschreien, bestellen, delegieren, entbieten zu sich.
▸ entheben, ermutigen.
berufen, sich appellieren, behaupten, beziehen sich auf, geltend machen.
▸ entgegenhalten.
berufen auf → ausweisen, beruhen, beziehen sich auf, bringen zum Schweigen.
beruflich → geschäftlich.
▸ privat.
beruflicher Entwicklungsgang Fortkommen, Karriere, Laufbahn, Werdegang.
Berufsausbildung Anleitung, Erziehung, Lehre.
Berufsberater → Berater.
berufsbesessene Frau Career Girl.
Berufserfahrung Beschlagenheit, Fachkenntnisse, Kenntnisse, Background, Praxis.
Berufsfahrer Chauffeur.
Berufsgenosse Kollege.
Berufsmörder Killer, Gunman.
Berufsspieler Hasardeur.
Berufssportler Professional, Profi • Profi *u*.
berufstätig wirken, schaffen, arbeiten, besorgen, bedienen, amtieren, einen Beruf ausüben • ausfüllen, ein Amt bekleiden, tätig sein, sich beschäftigen mit, sich befassen mit.
▸ arbeitslos.
Berufung Bestimmung, Lebensaufgabe, Mission, Schicksal, Sendung, Bestallung, Beauftragung, Verleihung, Sendung, Mandat, Auftrag, Ermächtigung, Befugnis, Bestätigung, Ernennung, Wahl, Einsetzung, Belehnung, Krönung. → Bestallung.
▸ Billigung, Enthebung.
beruhen verursachen, veranlassen, Anlass geben, entstehen, hervorgehen, entspringen, herstammen, herkommen, herrühren, erwachsen, berufen auf, entsprossen, begründen, sich

ergeben aus.
▸ bestreiten, täuschen.
beruhen lassen aufhören, abstehen, einstellen, aufgeben, abbrechen, vertuschen, unterbrechen, verschieben, aussetzen, hemmen, beenden, abschließen, beschließen, ein Ende machen, bewenden lassen, abwarten. → abblasen, belassen.
▸ fortsetzen.
beruhigen aufhören, nachlassen, abstehen, aussetzen, einhalten, ruhen, beenden, abnehmen, sich auflösen, umwandeln, beschwichtigen, verstummen, lautlos oder still werden, stumm werden, mäßigen, umformen, beherrschen, ruhen, schlafen, Atem schöpfen, sich verschnaufen, einschlafen, einschlummern, einschläfern, einwiegen, einlullen, beilegen, mildern, sich erholen, Kräfte sammeln, kräftigen, auffrischen, befriedigen, dämpfen. → abblasen, abkühlen, aufheitern, ausgleichen, aussöhnen, befreien, befrieden, befriedigen, begütigen, beichten, besänftigen, betäuben, bezähmen, bringen zum Schweigen • Beruhigungspille geben *u*, dämpfen, eindämmen, einschläfern, erleichtern.
▸ beunruhigen, aufregen, erregen, reizen, scharfmachen • aufbringen, aufhetzen, aufwiegeln, empören, fanatisieren.
beruhigen, das Gewissen → betäuben.
beruhigen, sich abflauen, nachlassen, verebben.
beruhigend → erleichternd, ermutigend, tröstlich.
beruhigt überzeugt, sicher, zuversichtlich, vertrauensvoll, glücklich, beglückt, selig, sorgenfrei, beneidenswert, froh, zufrieden, wohlgemut, heiter, unbesorgt, kummerlos, selig.
▸ beunruhigt.
Beruhigung Milderung, Nachlassen, Verminderung, Besänftigung, Linderung, Beschränkung, Einschläferung, Einhalt, Aufschub, Zerstreuung, Flaute, Feuerpause, Ruhe, Friedlichkeit, Eintracht, Friede, Übereinstimmung, Beherrschung, Sammlung, Ernüchterung, kalte Dusche *u*, Nüchternheit, Mäßigung, Befriedung, Gemütsruhe, Herzensruhe, Behaglichkeit, Gemütlichkeit, Erleichterung, Vergebung. → Abklingen, Baldrian, Befriedigung, Besinnen, Charitas, Erquickung, Erlösung, Ermutigung.
▸ Beunruhigung.
Beruhigungsmittel Narkotika, Toxine, Lachgas, Chloroform, Äther, Chloräthyl, Opium, Kokain, Betäubungsmittel, Baldrian, Schlafmittel, Schlafpulver. → Arznei, Baldrian.
berühmt angesehen, bedeutend, beliebt, hoch geschätzt, populär, weltbekannt, allbekannt, Weltruf haben, unsterblich, anerkannt, geachtet, berüchtigt, verschrien. → anerkannt, angesehen, ausgezeichnet, bekannt, beliebt, berüchtigt.
▸ unberühmt, bedeutungslos, namenlos, unbedeutend, unbekannt.
Berühmtheit Fachgröße, Könner, Meister, Kapazität, Star, Held, Heldin, Diva, Primadonna, Heros, Großmeister, Tagesberühmtheit, Stern, Koryphäe.
▸ Unberühmtheit.
berühren betreffen, angehen, anbelangen, zu tun haben mit, zusammenbringen, in Verbindung bringen, verbinden, verknüpfen, anreihen, angliedern, verketten, folgern, koppeln, kuppeln, anstoßen, anlegen, anliegen, anlehnen, anspringen, anprallen, auffahren, anfahren, anschlagen, anklopfen, prellen, nahe kommen • anspielen, hindeuten, zeigen, äußern • erröten, erblassen, erbleichen, zittern, erbeben, erregen, treffen, ergreifen, packen, erschüttern, begeistern, berauschen. → anbelangen, anfühlen, angehen, aufwerfen, begegnen, begreifen, betäuben, begrenzen, bemächtigen, fesseln, tasten, verbinden.
▸ gefühllos sein, trennen.
berühren, sich mit → ähneln.
berührend → angrenzend.
berührend, schmerzlich → deprimieren.
berührt → beherzigen, bestürzt.
berührt werden, nicht → beikommen nicht, betäuben, blasiert.
Berührung Anfassen, Anschluss, Anstoß, Fühlungnahme, Körperkontakt, Verbindung, Kontakt.
Berührungslinie Tangente.
berührungslos beziehungslos, ohne Beziehung auf, an und für sich, bezugslos, fern stehend, fern liegend, belanglos, unpassend, bedeutungslos, nicht im Zusammenhang stehen, keinen Bezug haben, isoliert, verbindungslos, vereinzelt, episodisch, nebenher, unberührt sein, nicht beteiligt sein, frei, für sich, einsam, ungebunden. → beziehungslos.
▸ zusammenhängen.
Berührungsverbot Tabu.
besabbern → spucken.
besäen → ackern, behängen.
besagen → ausdrücken, bedeuten.
besagte angedeutete, betitelte, behandelte, betreffende, bezeichnete, fragliche, genannte, obige, in Rede stehende.
besamen → belegen.
besänftigen abschwächen, abstumpfen, begütigen, beherrschen, beruhigen, beschwichtigen, dämpfen, ebnen, eindämmen, einschläfern, entwaffnen, erleichtern, erweichen, glätten, hemmen, lindern, lullen, mäßigen, mildern, stillen, unterdrücken, zähmen, zügeln, zurückhalten, Öl auf die Wogen gießen, einen Dämpfer aufsetzen, zur Besinnung bringen, zur Ruhe bringen • sich abregen, sich beruhigen, sich fassen, zu sich kommen, Vernunft annehmen, Abstand gewinnen, abtöten, betäuben. → bändigen, begütigen, bezähmen, erleichtern.
▸ aufbrausen, beschweren, erregen.
Besänftigung → Abklingen, Baldrian, Beruhigung, Besinnung, Charitas, Trost.
besät bestreut, besetzt, ausgebreitet, verbreitet, bespritzt, zerstreut, verstreut, umhergestreut, ausgestreut, verteilt, zersprengt, gesät.
▸ blank.
Besatz Einfassung, Bordüre *f*,

Aufputz, Ausputz, Verzierung, Borte, Litze, Tresse, Randschnur, Volant, Garnitur, Garnierung, Verschönerung, Aufmachung, Beiwerk, Zierrat, Schmuck. → Aufschlag, Ausschmückung, Band, Einfassung.

Besatzung Bemannung, Sicherheitstruppe, Sicherheitswache, Beschirmung, Geleit, Crew *sm* • Belegschaft, Garnison, Mannschaft, Crew *u* → Belegschaft.

besaufen betrinken, bekneipen, die Nase begießen, mehr als genug haben, berauschen, antrinken, unmäßig trinken, bechern, bezechen, sich dem Trunk ergeben, zu tief ins Glas schauen, den Kummer ersäufen, die Sorge ertränken, einen guten Zug haben, hinter die Binde gießen, pokulieren, durch die Gurgel jagen, einer Flasche den Hals brechen, den Humpen leeren, eine Flasche ausstechen, angetrunken sein, weinselig sein, sich eindecken, voll laufen lassen, voll sein, ansaufen, picheln. → betrinken. ▸ enthalten sich, Maß halten.

beschädigen abnutzen, angreifen, beeinträchtigen, entstellen, entwerten, fälschen, erniedrigen, herunterbringen, verstümmeln, verunstalten, zerstören, anfressen, einfressen, durchfressen, zerfressen, zerkratzen, einätzen, verstopfen, zernagen, abtragen, abwetzen, anschlagen, anstoßen, anhauen, verletzen, bestoßen, zerbeißen, ramponieren *u*, durchschneiden *j*. → anstoßen, beeinträchtigen, durchfressen. ▸ erneuern, instandsetzen, renovieren, reparieren, restaurieren, wiederherstellen.

beschädigt fehlerhaft, unvollständig, defekt, abgebraucht, abgegriffen, abgenutzt, abgewetzt, dünn, entzwei, lädiert, lückenhaft, mangelhaft, mitgenommen, ramponiert, schadhaft, unbrauchbar, verletzt, versehrt, zerbrochen, zerrissen, angestoßen, angeknackst, angebufft, brüchig, kaputt, zerschlissen, schwer mitgenommen, da ist etwas dran. → defekt, entzwei, fadenscheinig. ▸ fehlerfrei, ganz, heil, intakt, unbeschädigt, unversehrt • renoviert, repariert, restauriert, wiederhergestellt.

Beschädigung Makel, Mangel, Fehler, Fäulnis, Verfall, Verwesung, Zerfall, Zerstörung, Verbrauch, Abnutzung, Austrocknung, Schadhaftigkeit, Fehlerhaftigkeit, Gebrechen, Flecken, Lücke, Verheerung, Verwüstung, Verunreinigung, Beeinträchtigung, Besudelung. → Defekt. ▸ Fehlerlosigkeit.

beschaffen anschaffen, beibringen, besorgen, beziehen, erwerben, heranholen, holen, kaufen, organisieren, einholen, einfordern, anfordern, einkommen um, heranschaffen, herbeiholen, sich aneignen, bekommen, sich beschaffen, einbringen, erhalten, erreichen, erzielen, gewinnen, verschaffen, auftreiben, erringen, verhelfen zu, vermitteln, zukommen lassen, zulegen, einsammeln, erheben, aufstöbern, ergattern, erbeuten, erobern, ersitzen, erarbeiten, einsäckeln, beschlagnahmen, konfiszieren • anerschaffen, angeboren, eigen, anerzogen, gefügt, zusammengesetzt, veranlagt, eingepflanzt, geneigt. → aneignen, beibringen, bemächtigen, einsäckeln, erbetteln, erbeuten, erhandeln. ▸ abschaffen, beseitigen, verbrauchen • ausgehen, fehlen, mangeln.

Beschaffenheit Anordnung, Art, Art und Weise, Aufbau, Ausdruck, Aussehen, Bestand, Bildung, Charakter, Denkart, Disposition, Ergehen, Form, Gewebe, Qualität, Struktur, Wesen.

Beschaffung → Erwerbung, Zustand.

beschäftigen hantieren, betreiben, handeln, wirken, schaffen, arbeiten, sich beschäftigen mit, basteln, spielen, dienen, tun, Hand anlegen, sich befassen mit, sich bemühen, sich abmühen, sich befleißigen, büffeln, schanzen, wirken, unternehmen, verrichten, besorgen, bewerkstelligen, erledigen • sich anstrengen, plagen, schinden • sich einmischen, einmengen, sich kümmern, einschreiten, eingreifen, sich abgeben • brauchen, benötigen, bedürfen, benützen, gebrauchen, verwenden • beauftragen, bevollmächtigen, abordnen, entsenden, ermächtigen, berechtigen, übergeben, betrauen, anvertrauen, anstellen, ernennen, einsetzen, bestellen, berufen, bestallen, erheben → anfassen, anstellen, arbeiten, ausfüllen, beauftragen, berufen, beteiligen sich, brauchen, Dienst stellen in, ernennen. ▸ entheben, faulenzen, unterlassen, versäumen.

beschäftigen, sich → arbeiten, beschäftigen, Blick richten auf, denken, durchbringen sich.

beschäftigt → angestrengt, bedienstet, berufstätig, ausgefüllt.

Beschäftigung → Amt, Arbeit, Beruf, Besorgung, Dienst, Erwerbszweig, Existenz, Leistung, Spiel.

Beschäftigungslage Konjunktur, Wirtschaftslage, Prosperität.

beschäftigungslos untätig, arbeitslos, geschäftslos, unbeteiligt, müßig, unbeschäftigt. → dienstfrei. ▸ beschäftigt.

Beschälung → Befruchtung.

beschämen → bloßstellen, demütigen, erniedrigen.

beschämend bloßstellend, blamabel, demütigend, niederschmetternd, respektlos • trostlos, jämmerlich, erbärmlich, traurig, unerfreulich, schmerzlich, ärgerlich, peinlich, fürchterlich, scheußlich, schauerlich, garstig, wüst, schmutzig, niederträchtig, gemein, niedrig, schädlich, verächtlich, schmählich, nichtswürdig, schimpflich. ▸ ehrenhaft, würdig.

Beschämung Bekümmernis, Erröten.

beschatten verdunkeln, verfinstern, verdüstern, überwölken, umschatten • überwachen, verdächtigen, beobachten, aufpassen, spitzeln, bespitzeln, belauern, bespähen, behorchen, belauschen, unter Kontrolle nehmen. → bewölken, dunkeln. ▸ erhellen, unbeaufsichtigt (sein).

Beschattung → Dämmer, Dunkel.

Beschau Ausstellung,

Besichtigung, Musterung, Prüfung, Schau, Show.
beschauen betrachten, anschauen, besehen, begaffen, begucken, anblicken, beobachten, mustern, prüfen, besichtigen, in Augenschein nehmen, durchschauen, durchblicken, ausspähen, beäugeln, mit den Blicken verfolgen. → durchblicken.
▸ Augen schließen die, blind für.
Beschauer Beobachter, Betrachter, Zuschauer.
beschaulich → anspruchslos, bequem, Familie im Schoss der, ruhig.
Beschaulichkeit Kontemplation. → Muße, Ruhe.
Bescheid Angabe, Antwort, Aufklärung, Aufschluss, Auskunft, Befund, Beurteilung, Bewertung, Darlegung, Meinung, Mitteilung, Bescheinigung, Urteil, Entscheidung, Anordnung, Orakel, Nachricht, Rat, Befehl. → Angabe, Antwort, Auskunft, Befehl, Bericht, Dekret, Direktive, Endergebnis, Ermittlung, Erweis.
▸ Nachfrage, Unterlassung, Verheimlichung, Verschwiegenheit.
Bescheid erteilen → benachrichtigen.
Bescheid geben → antworten, darstellen.
Bescheid tun → bewillkommnen.
Bescheid wissen → zurechtfinden sich.
bescheiden anspruchslos, einfach, genügsam, prunklos, schlicht, sparsam, wirtschaftlich, abstinent, zufrieden, sittsam. → abarbeiten, abdarben, anspruchslos, bedürfnislos, befehlen, begehren, behäbig, beordern, berufen, bestellen, brav, einfach, eingeschränkt, enthaltsam, ergeben, erübrigen, mäßig.
▸ anmaßend, unbescheiden, anspruchsvoll, gierig, unverschämt • arrogant, aufgeblasen, eingebildet, hochmütig, überheblich • selbstbewusst • feudal, glanzvoll, prächtig, üppig.
bescheiden, sich zurücktreten, im Hintergrund bleiben, im Verborgenen bleiben, sich klein machen, nicht vordrängen • vorlieb nehmen, nach der Decke strecken. → zurückstehen.
▸ unbescheiden (sein), vordrängen sich.
Bescheidenheit Genügsamkeit, Wirtschaftlichkeit, Häuslichkeit, Mäßigkeit, Zufriedenheit, Anspruchslosigkeit, Prunklosigkeit, Schüchternheit, Befangenheit, Verzagtheit, Verschämtheit, Zurückhaltung, Scheu, Enthaltsamkeit, Entsagung, Selbstüberwindung, Enthaltung, Abstinenz, Geduld, Nachsicht, Sittsamkeit, Wohlerzogenheit, Züchtigkeit, Schamhaftigkeit, Mädchenhaftigkeit. → Demut, Einfachheit, Enthaltung, Ergebenheit.
▸ Unbescheidenheit.
bescheinen → beleuchten, erhellen.
bescheinigen → anerkennen, bejahen, bestätigen, quittieren.
Bescheinigung Gutachten, Zeugnis, Attest, Erklärung, Beleg, Ausweis, Verschreibung, Bürgschaft, Schuldschein, Beglaubigung, Legitimation, Beweis, Bestätigung, Schein, Unterschrift, Schriftstück, Siegel, Urkunde, Diplom, Garantieschein, Stempel, Versicherung, Gutschrift, Abmachung, Vergleich, Quittung, Anerkennung. → Bescheid, Empfangsschein, Erweis, Nachweis, Quittung, Schein, Zeugnis.
▸ Absage, Einspruch.
bescheißen → betrügen.
beschenken anbieten, darbieten, darbringen, schmieren, Trinkgeld geben, sich erkenntlich zeigen, geben, schenken, spenden, spendieren, verleihen, übergeben, verabfolgen, überreichen, einhändigen, zuschießen, gewähren, abtreten, bescheren, überraschen, ausstatten, versorgen, widmen, zueignen, weihen, kredenzen, austeilen, zuteilen, stiften, unterstützen, ein Almosen geben, zufließen lassen, zukommen lassen, angedeihen lassen, zuwenden, opfern, bestimmen für, vermachen, vererben, hinterlassen, testieren, bedenken mit, ein Legat aussetzen, verschreiben, eine Freude machen, eine Aufmerksamkeit erweisen. → austeilen, darbieten, darreichen, erfreuen mit.
▸ empfangen.
Beschenkung → Belehnung, Bestechung, Darbringung, Geschenk, Käuflichkeit.
bescheren → anbieten, austeilen, beschenken, darbringen, schenken.
Bescherung Ereignis, Begebnis, Unannehmlichkeit, Vorfall, Verhängnis. → Bestechung, Geschenk, Käuflichkeit.
▸ Annehmlichkeit, Erhalt.
Beschichtung Schicht, Überzug.
beschicken anordnen, entsenden, ordnen, sein Haus bestellen, seine letzte Verfügung treffen, seine Rechnung machen. → berufen, delegieren.
▸ abberufen.
beschickert → angeheitert.
Beschickung → Charge.
beschießen mit Bomben belegen, Bomben abwerfen, bombardieren, feuern, befunken *u*, beharken *u*, bepflastern, angreifen, beunruhigen, plänkeln, stürmen, Feuer geben, das Feld bestreichen, ins Kreuzfeuer nehmen, vernichten, zerstören. → angreifen, bombardieren.
Beschießung Bombardement *s*, Kanonade, Überfall, Angriff, Geschützsalve, Breitseite abfeuern, Rottenfeuer, Gewehrfeuer. → Bombardement.
beschiffen → durchfurchen, durchpflügen.
beschildern etikettieren.
beschimpfen → anfeinden, angreifen, auswischen, beeinträchtigen, begeifern, beleidigen, beschuldigen, Dreck treten in den, Ehre bringen um die, entehren, erniedrigen, verleumden, angrobsen.
▸ auszeichnen, ehren, loben, preisen, rühmen.
beschimpft → beleidigt.
Beschimpfung → Beleidigung, Betrübnis, Demütigung, Ehrenkränkung, Entehrung, Missachtung, Verwünschung.
beschirmen → aufheben, beherbergen, beispringen, beistehen, bewahren, bugsieren, decken, schützen, verteidigen.
Beschirmer → Begleitung, Bewachung.
Beschirmung → Bewachung.

beschlafen → aufschieben, bedenken.
Beschlag → Zubehör.
Beschläge → Ausschmückung.
beschlagen gründlich wissen, sich auskennen, geschickt, gewandt, handfertig, routiniert, geübt, bewandert, erfahren, geschult • hinzufügen, anschlagen, bestücken, anlegen, belegen, befestigen, festmachen, annageln, behufen • feucht werden, nass werden, anlaufen, befruchten, betauen, niedergeschlagen, benetzt, vereisen, beeisen. → anstellig, ausschmücken, erfahren. ▸ klar, unwissend, wegnehmen.
Beschlagnahme Arrest, Embargo, Einschränkung, Verbot, Hemmnis, Hindernis, Einhalt, Kontrolle, Einziehung, Sperre, Zurückhaltung, Behinderung, Ausschluss, Konfiskation. → Ausplünderung, Enteignung, Entnahme, Entziehung. ▸ Ermächtigung, Rückgabe.
beschlagnahmen → beschaffen, wegnehmen. ▸ freigeben, herausgeben, zurückgeben.
beschleichen anschleichen, heranstehlen, überrumpeln, ertappen, erwischen, belauern, spionieren. → angreifen. ▸ bemerkbar machen sich.
beschleunigen aneifern, anreizen, antreiben, beeilen, beflügeln, beschwingen, vorantreiben, auf die Tube drücken *u*, fördern, anspornen, aufreizen, betreiben, ermuntern, hinter etwas haken *u*, hasten, drängen, übereilen, anstacheln, laufen, rennen, galoppieren, stürmen, fortstürzen, sich tummeln, rühren, regen, ausgreifen, die Beine unter den Arm nehmen, enteilen, überstürzen, anfeuern, anfachen, anstacheln, schneller werden, an Geschwindigkeit zunehmen, Gas geben, draufdrücken, Dampf machen, abgasen. → Dampf dahinter machen, drängen, dringen, durcheilen, machen. ▸ aufhalten, hemmen, verzögern • abstoppen, anhalten, bremsen, Gas wegnehmen, stoppen • blockieren, verhindern • hinhalten.
beschleunigter Lauf Spurt.
Beschleunigung Geschwindigkeitserhöhung, mehr Tempo.
beschließen → abmachen, ausführen, befehlen, begrenzen, belassen, beordern, beruhen lassen, besiegeln, bestimmen, einigen, entscheiden, vereinbaren, verordnen.
beschließend → dahinter.
Beschließer → Aufseher.
beschlossen → besiegelt, bevorstehend, bewilligt.
Beschluss → Befehl, Chrie, Coda, Dekret, Endergebnis, Endpunkt, Entschluss, Erwählung.
beschmieren → anstreichen, bedecken, bemalen, beschreiben, verunreinigen.
beschmutzen → abbrauchen, bespritzen, bestauben, verunreinigen.
Beschmutzung → Dreck, dunkler Punkt, Ehrenkränkung, Entweihung.
beschneiden entfernen, wegnehmen, lichten, verstümmeln, abschneiden, ausschneiden, kastrieren, stutzen, kürzen, abscheren, rasieren, schälen, abschaben, kurz machen, verkürzen, vermindern, abmähen, weghauen, abkappen • hindern, abhalten, aufhalten, eindämmen, niederhalten, schwächen, lähmen, verbieten, beschränken, dämpfen, erschweren, einengen, die Flügel stutzen. → ausschneiden, beschränken, einschränken. ▸ bevollmächtigen, hinzufügen.
beschnitten abgeschnitten, gekürzt, gestutzt, verkürzt, vermindert, verstümmelt.
beschnüffeln → riechen.
beschnuppern → riechen.
bescholten angeknackst, etwas auf dem Kerbholz haben, ehrlos, einen Fleck auf der weißen Weste haben, einen Klecks in den Akten haben *u*. → berüchtigt, bestechlich, charakterlos. ▸ unbescholten.
beschönigen → ausmalen, bemänteln, besänftigen, Brücke bauen goldene, fälschen.
beschönigend euphemistisch.
Beschönigung → Anstrich, Ausflucht, Ausrede, Behelf, Deckmantel, einmal ist keinmal, Vorwand.
beschottern chaussieren.
beschränken auslesen, ausscheiden, begrenzen, beschneiden, einfassen, einschränken, hemmen, kürzen, mäßigen, schmälern, sparen, vermindern, verringern, wegnehmen, zügeln, zurückhalten, zusammenziehen, abziehen, verkleinern, abstreichen • ausschließen, aussperren, ausschalten, ausweisen, weglassen. → abbauen, abnehmen, beeinträchtigen, begrenzen, bekämpfen, besänftigen, beschneiden, einschränken, einsparen, Einspruch erheben, fesseln. ▸ bevollmächtigen, hinzufügen, ausbauen, ausdehnen, erhöhen, erweitern, heraufsetzen, steigern, vergrößern, vermehren, verstärken, vervielfachen.
beschränkend → abbauend.
beschränkt → albern, arm, beengt, begrenzt, dumm, eingeschränkt, einsichtslos, eng, engstirnig, knapp, mäßig.
Beschränktheit → Armut, Bedeutungslosigkeit, Begriffsmangel, Blödigkeit, Dummheit, Verknappung.
Beschränkung → Abkürzung, Bedienung, Begrenztheit, Beherrschung, Bescheidenheit, Beschwernis, Demarkation, Dezimierung, Enthaltung, Verknappung.
beschreiben aufzählen, berichten, darstellen, erzählen, formulieren, schildern, überliefern, veranschaulichen, bekritzeln, beschmieren, abfassen, ausarbeiten, zu Papier bringen, sammeln, ausmalen, ein Bild entrollen, entwerfen, zeigen, abbilden, niederschreiben, aufzeichnen. → aufzeigen, ausdrücken, ausmalen, charakterisieren, darstellen, detaillieren, deuten, entwerfen ein Bild, erzählen, schildern.
beschreibender Ausdruck Metapher.
Beschreibung Angabe, Bericht, Kunde, Schilderung, Übersicht, Wiedergabe. → Bericht, Chronik, Darstellung, Erzählung.
beschreien den Teufel an die Wand malen, unken. → berufen. ▸ beschwichtigen.
Beschriftung → Kennzeichen.
beschuhen → anziehen, bedecken.
beschuldigen angreifen, anklagen, bloßstellen, brandmarken, verdammen,

verurteilen, zuschreiben, beimessen, beilegen, zeihen, aufbürden, nachweisen, dartun, feststellen, anzeigen, binden, in Schande bringen, anprangern, an den Pranger stellen, verunglimpfen, herabsetzen, verlästern, verleumden, entehren, schänden, beschimpfen, verklatschen, verpfeifen, bezichtigen, Vorwürfe machen, rügen, mahnen, abkanzeln, heruntermachen, auszanken, anfahren, anschnauzen, anbelfern, beleidigen, zur Rechenschaft ziehen, tadeln, zuschreiben, zur Last legen, in die Schuhe schieben, vorhalten, vorwerfen, verantwortlich machen, aufbürden, verdächtigen, in Verdacht bringen, den Verdacht lenken auf, Klage einreichen oder erheben, Verdacht wecken oder erregen oder wachrufen, anschuldigen, belasten, verurteilen. → anschuldigen, aussagen, behaupten, beimessen, belangen.
▸ rechtfertigen, freisprechen, lossprechen • verteidigen • entschuldigen.

Beschuldigter → Angeklagter, Beklagte, Angeklagter, Tatverdächtiger, Verklagter.

Beschuldigung → Beschwerde, Denunziation, Klage.

beschummeln beschubsen. → betrügen.

beschubsen → betrügen.

Beschuss → Bombardement.

beschützen → abwehren, aufheben, beherbergen, beispringen, beistehen, bewachen, bringen nach Hause, decken, sich einsetzen für, einstehen, schützen, verteidigen.

Beschützer Aufseher, Wächter, Hüter, Verwalter, Wärter, Hirt, Begleiter, Leibwächter, Anstandswauwau *u*, Vertrauter, Helfer, Schutzgeist, Schutzengel, Pfleger, Waisenvater, Krankenpfleger, Schwester, Schirmer, Schirmherr, Retter, Aufseher.
▸ Feind, Widersacher.

Beschützerin Patrona.

Beschützung → Bewachung.

beschwatzen rumkriegen *u*. → abbuhlen, aufdrängen, aufzwingen, balbieren, beeinflussen, befürworten, begeistern, beraten, bereden, besprechen, bestimmen, bewirken, einschleichen in die Gunst, erschmeicheln, erwägen.

Beschwerde Krankheit, Leiden, Übel, Gebrechen, Schwäche, Unwohlsein, Schmerz, Pein • Anstrengung, Bemühung, Mühe, Strapaze, Arbeit, Beschwerlichkeit, Mühseligkeit, Plackerei, Schinderei, Pflicht, Bürde, Überbürdung, Kopfzerbrechen, Druck • Ermattung, Mattigkeit, Ermüdung, Müdigkeit, Erschöpfung, Erschlaffung, Erlahmung, Entkräftigung, Hinfälligkeit, Kraftlosigkeit, Keuchen, Schnaufen, Atemnot, Beklemmung, Ohnmacht • Verwicklung, Verlegenheit, Umstände, Hindernis, Verstrickung, Not, Zwangslage, Bedrängnis, Pech, Tinte, Schmiere, Falle, Schlinge, Klemme, Dilemma, Notfall, Qual, Verdruss, Verdrießlichkeit, Ärger, Widerwärtigkeit, Plage • Missbilligung, Vorwurf, Rüge, Ausputzer, Beschuldigung, Klage, Trauer, Anschuldigung, Vorwurf, Anwurf, Verdächtigung, Angeberei, Verwarnung. → Anwandlung, Bedrücktheit, Befinden, Bekümmernis, Betrübnis, Klage.
▸ Bequemlichkeit, Erholung, Erleichterung, Hilfe, Rechtfertigung, Wohlbefinden Anerkennung, Auszeichnung, Lob, Würdigung, Zustimmung.

Beschwerde führen → beklagen.

Beschwerdeführer Reklamant.

Beschwerden verursachen krank machen, molestieren, plagen, Schmerzen bereiten.

beschweren → aufhalsen, beeinträchtigen, beladen, belasten, entgegenarbeiten.

beschweren, sich → sich beklagen, murren.

beschwerlich sauer *u*. → angestrengt, böse, hinderlich, lästig, schwierig.
▸ bequem, einfach, leicht, mühelos.

Beschwerlichkeit Leidensgang, Leidensweg, Leidenskelch, Schicksalsschlag, Verderben, Verheerung, Schaden, Ruin, Unglück, Leiden, Unheil, Unsegen, Flucht, Elend, Jammer, Trübsal, Missgeschick, Drangsal, Bedrängnis, Bürde, Plage, Qual, Schlag, Kreuz, Ungemach, Schererei *u*. → Anstrengung, Bekümmernis, Beschwerde, Mühe.
▸ Bequemlichkeit, Hilfe, Wohlbefinden.

Beschwernis Behinderung, Verhinderung, Hintertreibung, Vereitelung, Durchkreuzung, Bekämpfung, Verhütung, Verzögerung, Verzug, Störung, Beschränkung, Erschwerung, Untersagung, Sperrung, Einmischung, Einmengung, Dazwischentreten, Anfeindung, Gegnerschaft, Missbilligung, Hindernis, Hemmnis, Schranke, Damm, Eindämmung, Querstrich, Einhalt, Barrikade, Verhau, Verhack, Wand, Mauer, Gitter, Gatter, Wehr, Deich, Graben, Verschlag, Schranke, Schlagbaum, Fallbaum, Drehbaum, Zollschranke, Drahtgitter, Riegel, Haken, Knoten, Scheidewand, Bollwerk, Fallgitter, Hemmvorrichtung, Sperre, Sperrkette, Radschuh, Radsperre, Bremse, Last, Bürde, Klotz, Klöppel, Keil, Fußkugel, Kettenkugel, Gegenwindung, Gegenströmung, Fessel, Erschwerung, Unglück, Verschlimmerung, Betrübnis, Bitterkeit, Bürde, Schmerz, Gemurr, Klage.
▸ Bequemlichkeit, Erholung, Hilfe.

Beschwerung → Ballast.

beschwichtigen → aussöhnen, bändigen, befrieden, befriedigen, begütigen, beruhigen, besänftigen, bezähmen, dämpfen, eindämmen, entwaffnen, erleichtern, lindern, mäßigen, versöhnen.

Beschwichtigung Verniedlichung, Verharmlosung. → Abklingen, Baldrian, Beruhigung, Mäßigung.

beschwindeln täuschen, betrügen, mogeln, irreführen, irreleiten, übervorteilen, überlisten, prellen, benachteiligen, bewuchern, überfordern, veruntreuen, erschwindeln, ablisten, abluchsen, sich ausgeben für, sich geben als, abgaunern, herauslocken, erheucheln, erlügen, hintergehen. → balbieren, benachteiligen, bewuchern, fälschen, Fell über die Ohren ziehen das,

täuschen.
▸ Wahrheit sprechen die.
beschwingen → beeilen, beschleunigen.
beschwingt schnell, geschwind, hurtig, flink, rasch, behände, leichtfüßig, schnellfüßig, beflügelt, heiter, lustig, frohlockend, jubelnd, erregt, beglückt, lebenslustig, angeregt. → aufgeräumt, beflügelt.
▸ bedächtig, langsam, niedergeschlagen.
beschwipst → angeheitert, betrunken, beduselt.
beschwören beeiden, behaupten, bejahen, das Wort geben, geloben, versichern, zusichern. → austreiben, beeiden, beglaubigen, bejahen, bitten, Blick böser, Blick mit feuchtem, drängen, versprechen, zaubern.
▸ abstreiten, widerrufen.
beschwörend eindringlich, flehentlich, mahnend, Nachdruck mit, unmissverständlich.
Beschwörung → Bezauberung, Bitte, Eid, Ermahnung, Zauberei.
Beschwörungsformel → Bannspruch.
beseelen beleben, erwecken, erregen, einflößen, inspirieren, begeistern, bezaubern, entzücken, hinreißen, berauschen, aufheitern, erheitern. → anregen, befruchten, begeistern, beleben.
▸ betrüben, vergehen, vernichten.
beseelt → berauscht, erfüllt, gemütvoll, innig.
Beseelung → Befruchtung.
besehen → bedenken, beschauen, durchblicken, schauen.
beseitigen verschleudern, vertun, durchbringen, abschaffen, absondern, ausmerzen, ausradieren, ausscheiden, aussatteln, aussondern, entfernen, fortschaffen, wegbringen, ausschließen, ungültig erklären, vernichten, nicht benutzen, aufbewahren, fortjagen, spedieren *u*, verabschieden, aufgeben, beiseite legen, ablegen, wegwerfen, aus dem Wege schaffen, aus der Welt schaffen, zurückhalten, verbrauchen, ausgeben, abgeben, vergeuden. → abbauen, abbrechen, abbrennen, abdanken, abhauen, abschaffen, aufheben, ausladen, ausmerzen, auspacken, ausrotten, ausschütten, austreiben, bahnen, bestehen, Bord werfen über, brechen mit einer Gewohnheit, demolieren, destruieren, durchgreifen, eliminieren, töten.
▸ anerkennen, erzeugen, hinzufügen, mitrechnen, unterbringen, wiedergeben, erschaffen, erzeugen, hervorbringen, produzieren • anschaffen, beschaffen • aufheben, bewahren, erhalten, lassen, liegen-/stehen lassen.
beseitigen Hindernis → bringen in Gang.
beseitigen, Zerwürfnis → befrieden.
beseitigend → abbauend.
Beseitigung → Absonderung, Abbruch, Befreiung.
beseligen beglücken, erfreuen, Freude bereiten.
beseligend verlockend, bezaubernd, anbetungswürdig, hinreißend, engelgleich, überirdisch, sinnberauschend, herzfesselnd, herzbetörend, überglücklich, himmlisch, paradiesisch, elysisch, dionysisch. → berauschend, elysisch.
▸ abscheulich, höllisch, niederschmetternd.
beseligt glücklich, selig, glückselig, fröhlich, freudig, wonnig, bezaubert, entzückt, berauscht, freudvoll. → aufgelegt, aufgeräumt, behaglich.
▸ niedergeschlagen, unglücklich, verdammt.
Beseligung Glück, Seligkeit, Glückseligkeit, Bezauberung, Entzücken, Ekstase, Verzückung, Begeisterung, Elysium, Freudenleben, Wonneleben, Vorhimmel. → Eden, Entzückung, Freude.
▸ Niedergeschlagenheit, Teilnahmslosigkeit, Verdammung.
Besen → Bürste.
besengt → verrückt.
besessen voreingenommen, parteiisch, einseitig, fanatisch, unduldsam, starrsinnig, versessen, erpicht, gierig, heißhungrig, gefräßig, saufgierig, unersättlich, habsüchtig, giererfüllt, lüstern, süchtig • bezaubert, verzaubert, gebannt, verhext, vom Teufel besessen, mit der Hölle im Pakt, dem Satan verschworen. → befangen.
▸ fromm, genügsam, gleichmütig, wohl erwogen.
besessen von → besessen, ehrgeizig.
besessen, wie → beflügelt.
Besessenheit Tollheit, Raserei, Tobsuchtsanfall, Verfolgungswahn. → Aberglaube, Begeisterung, Bezauberung.
▸ Glaube, Gleichmut, Urteilsfähigkeit.
besetzen setzen, anweisen, belegen, niederlassen, bemannen, einpflanzen, bewohnen, kolonisieren, mieten, unterbringen, eine Stelle oder Position einnehmen, sich einquartieren, einkehren, absteigen, sich sesshaft machen, einnisten, festsetzen, lagern, einwurzeln, nisten • ausschmücken, zieren, verschönen, putzen, garnieren, betressen. → aufhalten sich, ausschmücken, beauftragen, belegen, berufen, dekorieren, ernennen.
▸ abtrennen, räumen, weggehen.
besetzt → ausverkauft, besät, voll.
Besetzung Einnahme, Besitznahme, Okkupation.
beseufzen → Blick mit feuchtem, dauern.
besichtigen → ansehen, anschauen, bedenken, beschauen, durchsehen.
Besichtigung → Appell, Augenschein, Aufmarsch, Aufsicht, Beobachtung, Betrachtung, Inspektion.
besiedeln → niederlassen.
besiedelt → bevölkert.
Besiedelung → Ansiedelung.
besiegbar → bezwingbar.
besiegeln beschließen, abschließen, aufhören, erreichen, krönen, zur Entscheidung bringen, ein Ende machen • bekräftigen, bestärken, versichern, unterstützen, unterstreichen • entschlossen sein, entscheiden, bestimmen, festbleiben, bestehen auf • die Krone aufsetzen, das Siegel aufdrücken, den Stempel aufdrücken, das Endziel erreichen, zu einem Wendepunkt oder Ziel kommen • annehmen, genehmigen, unterzeichnen, unterschreiben, gegenzeichnen, petschieren, fertig stellen, Brief und Siegel

geben • sein Schicksal besiegeln, den Lebensfaden abschneiden, das Lebenslicht ausblasen, aburteilen, verdammen, schuldig sprechen, den Stab brechen. → annehmen, beglaubigen, begrenzen, bestätigen, beweisen, erhärten. ▸ ablehnen, beginnen, freisprechen, widersprechen.

besiegelt unausbleiblich, unvermeidlich, unumgänglich, unabwendbar, unabweislich, unentfliehbar, unentrinnbar, beschlossen, bestimmt, gewiss, unwiderruflich, notwendig, nötig • entschlossen, entschieden, unerschütterlich, unveränderlich, gebieterisch, unausweichlich, ernstlich, unfehlbar, endgültig, vertragsgemäß. → abgemacht. ▸ unentschieden, ungewiss.

besiegen → ausstechen, beugen, bewältigen, bezwingen, durchsetzen, erobern, erstürmen, siegen, unterwerfen. ▸ erliegen, geschlagen werden, unterliegen, verlieren • Frieden schließen, sich versöhnen.

besiegen, überlegen abfertigen *u*, abservieren *u*, aufputzen *u*, aufräumen *u*, eins drüberziehen *u*.

besingen bejubeln, ehren, feiern, loben, preisen, rühmen, verherrlichen, würdigen, in den Himmel heben, auf den Händen tragen, auf die Schulter heben, einen Trinkspruch ausbringen, Beifall zollen, ein Lob anstimmen, herausstreichen, in Weihrauch hüllen, lobpreisen, lobsingen, Lobgesang anstimmen, die Größe preisen, Lob und Dank sagen. → bejubeln, dichten, fabulieren. ▸ schmähen, verabscheuen.

besinnen, sich bedenken, erwägen, hinausschieben, studieren, überlegen, zaudern, zögern, zweifeln, abwarten, sich Zeit nehmen, nachhinken, zurückbleiben, vertagen, anstehen lassen, auf die lange Bank schieben, eine Sache beschlafen, hinhalten, verschleppen, verweilen, grübeln, ausklügeln, erörtern, prüfen, bebrüten, zurückdenken, nachdenken, mit sich zurate gehen, ein Wort wägen. → aufhalten sich, bedenken, beraten sich, bleiben neutral, denken, diskutieren. ▸ faseln, festbleiben, überstürzen.

besinnen, sich anders → bekehren, breitschlagen.

besinnen, sich eines Bessern → bekehren, bereuen.

besinnlich bedacht, umsichtig, sorglich, feinfühlig, sensibel, sensitiv, empfänglich, feinfühlend, gefühlvoll, seelenvoll, geruhsam, still, gemessen, sanft, zart, gelassen, friedfertig, nachdenklich, innerlich, versonnen. → still. ▸ unbedacht, unruhig.

Besinnlichkeit Bedachtsamkeit, Meditation, Nachdenklichkeit, versunkenes Anschauen, Versonnenheit, In-sich-gekehrt-Sein, starkes Innenleben. ▸ Ruhelosigkeit, Unbedachtsamkeit.

Besinnung Verstand, Vernunft, Bewusstsein, zur Besinnung kommen, zur Vernunft kommen, bei Sinnen sein, bei vollem Verstand sein, gesunder Menschenverstand, Wirklichkeitssinn • Erwachung, aus der Ohnmacht erwachen, Erwachen, Erholung, Zusichkommen • Selbstbeherrschung, Sammlung, Fassung, Beruhigung, Besänftigung, Ernüchterung, Mäßigung, Gleichmut zeigen. ▸ Aufgeregtheit, Schwachsinn, Unvernunft.

Besinnung, ohne → Dämmerzustand.

besinnungslos starr, totengleich, todähnlich, scheintot, unempfindlich, bewusstlos, empfindungslos, ohnmächtig • wegsein, abbauen *u*, flau werden *u*, zusammenklappen, bunt oder schwarz vor den Augen werden. → Koma.

besinnungslos werden rübergehen *u*.

Besinnungslosigkeit → Betäubung.

Besitz Eigentum, Geld und Gut, Hab und Gut, Habe, Haus und Hof • Schatz, Vermögen, Kapital, Reichtum, Wohlstand, Beute, Geld, Mitbesitz, Anteil, Gemeindegrund, Gemeingut, Besitzung, Herrschaft, Pacht, Lehen, Erbteil, Güter, Hort, Erdengüter, irdisches Gut. → Eigentum, Einkommen. ▸ Mittellosigkeit.

Besitz ergreifen okkupieren. → bemächtigen, bestehlen.

Besitz, nehmen in → bemächtigen.

Besitzanmaßung Usurpation.

Besitzanspruch Claim.

besitzanzeigend possessiv.

besitzen eignen, gehören, haben, zu Eigen sein, zukommen, mitbesitzen, beteiligt sein, Anteil haben, reich sein, wohlhabend sein, in Besitz haben. ▸ entbehren, mittellos (sein), verarmen.

besitzend → eigen.

Besitzer Eigentümer, Eigner, Inhaber, Herr, Herrin, Meister, Gebieter, Gutsbesitzer, Patron, Grundherr, Lehnsherr, Hausherr, Hauswirt, Majoratsherr, Schiffseigner. ▸ Mieter, Pächter, Insaß, Lehnsmann, Erbsaß ▸ Nutznießer, Erbe, Nachfolger, Hinterbliebene, Anerbe. → Eigentümer • Armer, Hungerleider.

Besitzergreifung Aneignung, Bemächtigung, Beschlagnahme, Besetzung, Eroberung, Okkupation.

Besitzgier → Habsucht.

besitzgierig geldgierig, habgierig, gewinnsüchtig.

besitzgieriger Mensch Raffke *u*, Raffzahn *u*.

besitzlos → abgebrannt, abgerissen, arm.

Besitznahme → Bemächtigung, Beute, Besetzung.

Besitzstand → Kapital.

Besitztum Vermögen, Grundeigentum, Liegenschaft, Bodenbesitz, Land, Grund, Boden, Acker, Feld, Hufe, Scholle, Gebiet, Domäne, Herrschaft, Gut, Kammergut, Bauernhof, Freisitz, Lehen, Lehensgut, Ausgeding, Leihgeding, Altenteil, Apanage, Allodium, Latifundium, Fideikommiss, Majoratsgut, Rittergut, Stammgut, Erbgut, Meierei, Pachthof, Farm, Plantage, Hazienda, Wohnung, Pflanzung, Landwirtschaft, Ökonomie, Wald, Weide, Triften, Haus, Hof, Anwesen, Gehöft, Alm, Villa, Landhaus, Schloss, Burg, Kastell, Stadthaus, Palais, Palast. ▸ Habe, Eigentum, Ware, Habseligkeit, Güter, Gerät, Gerätschaften, Gepäck, Sachen, Lager, Vorrat, Mobilien, Möbel, Hausrat, Einrichtung, Siebensachen,

Schmuck, Putz, Nebengüter, Sack und Pack, Schiffsladung, Geld, Wertsachen, Barschaft, Konto, Sparbuch. → Besitz, Eigentum.
Besitzung → Besitz, Eigentum.
Besitzwechsel Aktivwechsel, Rimesse.
besoffen → angeheitert, beduselt, besaufen, betrunken.
besolden → bezahlen, entlohnen.
Besoldung Bezahlung, Entlohnung, Gehalt, Lohn, Verdienst, Adjutum, Dotierung, Fixum, Gage, Salär.
Besoldungsstufe Preisklasse *u.*
besondere Art (einer Gattung) Spezies.
Besonderheit Eigenheit, Eigentümlichkeit, Merkmal. → Abart, Abnormität, Ausnahme, Charakter, Charakteristik, Differenz, Eigenart, Eigenerzeugnis, Kennzeichen, Spezialität, Unterschied, Verschiedenheit.
besonders ausnehmend, hauptsächlich, hervorragend, in erster Linie, sonderlich, speziell, vor allem, vornehmlich, vorwiegend. → angelegentlich, apart, auseinander, ausdrücklich, ausnehmend, außerdem, außerordentlich, äußerst, darüber, eigen, einzeln, extra, gesondert, hauptsächlich, individuell, separat, speziell. ▸ gewöhnlich, minderwertig, zusammen.
Besondres, etwas → Besonderheit.
besonnen abgeklärt, beherrscht, gleichmütig, leidenschaftslos, unerschütterlich, gelassen, gefasst, gesetzt, ausgeglichen, kühl, nüchtern, kaltblütig, nachsichtig, geduldig, still, ernst, geistesgegenwärtig. → bedächtig, beherrscht, charakterfest, Eile mit Weile, ruhig. ▸ unbesonnen • hastig, hektisch, nervös, übereilt • leichtfertig, planlos, unbedacht, unüberlegt • leichtsinnig, tollkühn, vermessen, verwegen.
Besonnenheit Gelassenheit, Sanftheit, Ruhe, Gesetztheit, Mäßigkeit, Mäßigung, Besorgtheit, Behutsamkeit, Vorsicht, Klugheit, Rücksichtnahme, Sorge, Bedacht, Wachsamkeit, Fürsorge, Umsicht, Überlegung, Gewissenhaftigkeit, Beherrschtheit, Selbstbeherrschung, Gleichmut. → Augenmerk, Bedacht, Beherrschung, Behutsamkeit, Ernst, Fassung. ▸ Unbesonnenheit.
Besonnenheit mahnen, zur gut zureden, Gewissen reden ins, Vernunft mahnen zur.
besonnt → sonnig, hell.
besorgen → aneignen, anfassen, anstellen, arbeiten, auftreiben, ausführen, ausüben, bedienen, beibringen, bekümmern, beschaffen, beschäftigen, bestellen, betragen sich, erledigen, machen, verrichten, verschaffen, verwalten, akquirieren.
Besorgnis Besorgtheit, Fürsorge, Fürsorglichkeit, Rücksichtnahme, Schonung, Sorge, Umsicht, Wachsamkeit, Zweifel, Zwiespalt, Unschlüssigkeit, Misstrauen, Leidwesen, Betrübnis, Kümmernis, Unruhe, Beängstigung, Niedergeschlagenheit, Beklemmung, Beklommenheit, Furcht, Kummer, Beengung, bange Ahnung, Verzagtheit. → Angst, Bammel, Bedenken, Befangenheit. ▸ Furchtlosigkeit, Sorglosigkeit.
Besorgnis erregend → bedrohlich, beklemmend.
besorgt fürsorglich, häuslich, rührig, sparsam, bedacht, hilfsbereit. → ängstlich, bange, vorsichtig. ▸ unbesorgt.
besorgt sein darum → befriedigen.
Besorgtheit Aufmerksamkeit, Bedacht, Fürsorglichkeit, Sorgfalt, Überlegung, Verständnis, Wachsamkeit, Vorsicht, Vorsorge, Vorkehrung, Sparsamkeit. → Aufmerksamkeit, Besonnenheit, Besorgnis. ▸ Sorglosigkeit, Unbedachtsamkeit.
Besorgung Ausführung, Botengang, Einkauf, Erledigung, Handlung, Verrichtung, Bewerkstelligung • Tätigkeit, Leistung, Betätigung, Unternehmung, Rolle, Vorgehen, Behandlung, Handhabung, Hantieren, Vollziehen, Beschäftigung, Arbeit, Bemühung, Aufgabe, Verpflichtung, Auftrag, Dienst, Einsammlung. → Arbeit, Einkauf, Leistung. ▸ Nichtstun.
bespähen → beschatten.
bespitzeln → belauern.
Bespitzelung → Schnüffelei.
bespötteln narren, hänseln, necken, foppen, zum Besten oder Narren halten, sich lustig machen, belustigen über, sticheln, auslachen, verlachen, höhnen, ausspotten, verspotten, spötteln, lästern, dem Gelächter preisgeben, bewitzeln. → auslachen. ▸ bewundern.
besprechen beraten, beratschlagen, erörtern, erwägen, prüfen, unterhandeln, untersuchen, verhandeln • beurteilen, disputieren, streiten, kritisieren, auseinander setzen, sich verständigen, klären, aussprechen, diskutieren, beschwatzen, verabreden, bedenken, überlegen, aufrühren, aufwärmen *u,* aufs Tapet bringen *u.* → beraten, beratschlagen, debattieren, erörtern, erwägen. ▸ ausweichen.
Besprechung Konferenz, Zusammenkunft, Tagung, Sitzung, Versammlung, Rat, Ratsverordnung, Consilium, Vorbesprechung, Beratung, Lesung • Aussprache, Palaver *sm,* Befragung, Besuch, Rücksprache, Unterredung. → Auseinandersetzung, Auslassung, Aussprache, Beratung, Besuch, Bewertung, Diskussion, Einigungsgespräch, Erörterung, Kritik, Unterhaltung, Unterhandlung, Verabredung.
besprengen → begießen, bespritzen, einspritzen.
besprenkeln → bespritzen, betupfen.
bespringen → balzen, befruchten, belegen, decken.
bespritzen anspritzen, einspritzen, besprengen, einsprenkeln, übergießen, verspritzen, zerteilen, bewässern, anfeuchten, überschwemmen, waschen, berieseln, befeuchten, anfeuchten, benetzen, nässen, betauen, einnebeln, sprenkeln • beschmutzen, verunreinigen, beflecken, besudeln, verderben, bedrecken, kotig machen. → begießen, einspritzen. ▸ abtrocknen, reinigen.
bespritzt → besät, nass.
besprühen → bespritzen.

besser → groß, passend, richtig, verbessern.
besser machen → ändern.
bessere Gesellschaft Hautevolee.
bessern → erziehen.
bessern, sich sich erholen, der Genesung entgegen gehen, genesen, wiederaufkommen, aufleben, gedeihen, besser werden, sich sammeln, sich befassen, überstehen • bereuen, bedauern, beklagen, beweinen, sich grämen, sich zu Herzen nehmen, Reue empfinden, sich schuldig bekennen, Einkehr halten, zu Kreuz kriechen, an seine Brust schlagen. → einlenken wieder. ▸ verschlechtern sich.
Bessern, sich eines – besinnen → bekehren, bereuen.
bessernd → erleichternd.
Besserung → Befinden, Befreiung, Genesung, Reue.
Besserungsanstalt → Bestrafung, Erziehungsanstalt.
besserungsfähig → bußfertig.
Besserwisser Großtuer, Gernegroß, Narr, Prahler, Schulfuchser, Kleinigkeitskrämer, Pedant, Wortspalter, Kümmelspalter, Spiegelfechter, Obergescheiter, Klugscheißer, Tausendsassa, Umstandskrämer, Wortkrämer, Haarspalter • Querschläger *u.* ▸ Könner (Untertreiber).
bestallen → anstellen, beauftragen, beglaubigen, berufen, beschäftigen, bestätigen, bevollmächtigen, ernennen.
bestallt → bedienstet.
Bestallung Bevollmächtigung, Beauftragung, Übertragung, Verleihung, Auftrag, Geschäftsübertragung, Anwaltschaft, Ermächtigung, Bestätigung, Belehnung, Ernennung, Berufung, Anerkennung • Diplom, Patent, Urkunde, Legitimation. → Befugnis, Berufung, Bevollmächtigung. ▸ Enthebung.
Bestand Einrichtung, Ausrüstung, Inventar *s*, Vorrat, Ansammlung, Haufe, Menge, Inhalt, Verzeichnis, Güter, Habe, Vorrat, Lager, Bestehen, Vorhandensein, Leben, Dasein, Zustand, Gestaltung, Beschaffenheit, Gefüge, System, Anordnung • Metall, Mineral, Erz, Ton, Holz, Ziegel, Klinker, Kachel, Mörtel, Stoff, Zeug, Werkstoff, Material, Rohstoff, Baustoff, Brennstoff • Besatz *j.* → Auswahl, Batzen, Bestandteil, Dasein, Effekten, Erhaltung, Ewigkeit, Inventar, Register, Schatz, Substanz, Vorrat. ▸ Fehlbetrag, Wandel, Umschwung, Veränderung, Wechsel • Abgang, Zugang.
Bestand haben → bleiben.
Bestände abhaken prüfen, überprüfen, abchecken, kontrollieren.
beständig gleich, regelmäßig, stimmig, fortgesetzt, dauernd, beharrlich, währenddessen, unterdessen, forwährend, immer, immerfort, eine Zeit lang, von Tag zu Tag, von Anfang bis Ende, eine Ewigkeit, täglich, stündlich, alltäglich, wiederholt, häufig, unaufhörlich, jedes Mal, oft, öfters, abermals, in einem fort, gewöhnlich, zu jeder Zeit, jahraus jahrein, gang und gäbe, immer wieder, stetig, zielbewusst, gewohnt. → andauernd, anhaltend, ausdauernd, beflissentlich, beharrlich, bis, charakterfest, chronisch, chronologisch, dauerhaft, dauernd, einem fort in, erpicht, fanatisch, farbecht, fortwährend, haltbar, immer, stabil. ▸ unbeständig, flatterhaft, instabil, launisch, schwankend, unzuverlässig, wankelmütig, wechselhaft, wetterwendisch • ab und zu, gelegentlich, manchmal, vorübergehend.
beständig sein → ausharren, bleiben.
Beständigkeit Dauer, Dauerhaftigkeit, Gleichmäßigkeit, Gleichtakt, Haltbarkeit, Regelmäßigkeit, Stetigkeit, Treue, Unveränderlichkeit, Ununterbrochenheit, Verbindung, Aufeinanderfolge, Beharrlichkeit, Kontinuität, Folge, Reihe, Gewohnheit, Gleichförmigkeit, Unvergänglichkeit, Unzerstörbarkeit, Fortdauer, Ewigkeit, Unsterblichkeit, Stabilität, Ruhe, Ausdauer, Erhaltung, Konservativismus, Fortbestand, Unwandelbarkeit, Unvertauschbarkeit, Unersetzbarkeit, Beharrungsvermögen, Entschlossenheit, Entschiedenheit, Festigkeit • Standhaftigkeit, Unbeugsamkeit, Starrsinn, Verstocktheit, Hartnäckigkeit • Grundsätzlichkeit, Gerechtigkeit, Redlichkeit. → Ausdauer, Beharrlichkeit, Charakterstärke, Dauer, Dauerhaftigkeit, Ewigkeit, Fels, Rechtschaffenheit, Wille. ▸ Unbeständigkeit.
Bestandsaufnahme → Inventar.
Bestandsfortschreibung Skontration.
Bestandsliste → Inventar.
Bestandsverzeichnis → Inventarium *s.*
Bestandteil Zusatz, Ingredienz *s*, Bestand, Grundstoff, Zubehör. → Ausläufer, Ausschnitt, Ganzes, Teil. ▸ Ganzheit.
bestärken → anhalten, anregen, aufrichten, beeinflussen, beispringen, besiegeln, beweisen, erhärten, ermuntern, ermutigen, erweisen. ▸ abbringen, abraten, unsicher machen, verunsichern.
bestärkend → ermutigend.
Bestärkung Bejahung, Bekräftigung, Bestätigung, Versicherung, Zuspruch.
bestätigen bejahen, bekennen, bekräftigen, belegen, bescheinigen, beweisen, bezeugen, versichern, zugeben, zustimmen, festhalten, feststellen, festnageln, sich überzeugen, beistimmen, übereinkommen, genehmigen, eingehen auf, einer Ansicht beitreten, einer Meinung huldigen, gutheißen, anerkennen, billigen, berichten, melden, eröffnen, unterrichten, verständigen, erklären, aussagen, angeben, aufzählen, sagen, aussprechen, telegrafieren, telefonieren, drahten, kabeln, Auskunft geben, Aufklärung geben, bloßlegen, aufhellen, beleuchten, aufklären, hinterbringen, beglaubigen, beurkunden, unterschreiben, unterhauen *u*, unterzeichnen, siegeln, besiegeln, ein Zeichen geben, nicken, winken, den Kopf schütteln, eine Fahne hissen, zurufen, signalisieren. → anerkennen, annehmen, aussagen, beglaubigen, behaupten, beipflichten, beitreten, bejahen, berichtigen, bestallen, bevollmächtigen, bewahrheiten, beweisen, bewilligen, bürgen, statieren, quittieren, versichern, zugeben, zustimmen.

▸ ablehnen, anfechten, entrechten, verneinen, widerlegen, in Abrede stellen, abstreiten, bestreiten, dementieren, entkräften, leugnen, negieren, widerrufen, widersprechen • aufheben.

bestätigt → abgemacht, bestimmt, erwiesen, experimentell, sicher.

Bestätigung → Amt, Argument, Bekräftigung, Berufung, Bescheinigung, Bestallung, Beweis, Bewilligung, Billigung, Diplom, Empfangsschein, Erweis, Konvention, Nachricht, Quittung, Übereinstimmung, Vollmacht, Zwischenbescheid, Zustimmung.

bestatten beerdigen, begraben, beisetzen, einäschern, kremieren, einsargen, einscharren, in die Grube senken, zur letzten Ruhe begleiten, die letzte Ehre erweisen. → eingraben. ▸ ausgraben, exhumieren • verbrennen.

Bestattung Beerdigung, Begräbnis, Beisetzung, Grablegung, Leichenfeier, Feuerbestattung, Verbrennung, Einäscherung.

bestauben bestäuben, pudern, beschmutzen, verunreinigen. ▸ reinigen.

bestäuben → bestauben.

bestäubt → bereift.

Beste Güte, Vortrefflichkeit, Vorzüglichkeit, Kostbarkeit, Seltenheit, Ausgesuchte, Vollkommenheit, Edelstein, Perle, Gold, Manna, Nektar, Vollendung, Makellosigkeit, Ehrenhaftigkeit, Tadellosigkeit, Vollkommenste, Ziel, Wunschbild, Ideal, Meisterstück, Muster, Vorbild, Spiegel, Auslese, Juwel, Gipfel. ▸ Schund, Unvollkommenheit.

Beste, das → Auslese, Auswahl.

bestechen anspornen, anreizen, aufmuntern, ermutigen, anfeuern, das Feuer schüren, anregen, anstacheln, aneifern, antreiben, begeistern, verlocken, anbieten, darbieten, darbringen, schenken, einladen, versprechen, erkenntlich zeigen, aufdringen, Gefälligkeit erweisen • schmieren die Hand, schmieren, die Hände versilbern *u.* → bestimmen. ▸ entmutigen, zurückweisen.

bestechend anziehend, auffallend, erobernd, gewinnend, in die Augen springend, berückend, fesselnd, überwältigend, betörend, überzeugend. → anziehend, dinglich. ▸ abstoßend.

bestechlich unredlich, unrechtlich, pflichtvergessen, dienstvergessen, ehrvergessen, unehrlich, unreell, unsolid, charakterlos, schimpflich, ehrlos, treulos, verräterisch, hinterlistig, arglistig, tückisch, heimtückisch, falsch, falschherzig, untreu, wortbrüchig, eidbrüchig, meineidig, perfid, unaufrichtig, gemein, niedrig, schlecht, unanständig, verderbt, niederträchtig, nichtswürdig, erbärmlich, verächtlich, elend, frei, käuflich, infam, verworfen, würdelos, bescholten, anrüchig, armselig, gaunerhaft, schuftig, schäbig, selbstisch, egoistisch, eigensüchtig, gewinnsüchtig, vorteilsüchtig, beutesüchtig, habgierig, schmutzig, jämmerlich, erbärmlich, unverantwortlich. → charakterlos. ▸ unbestechlich • anständig, charakterfest, ehrenhaft, ehrlich, treu, zuverlässig.

Bestechlichkeit Feilheit, Käuflichkeit, Zugänglichkeit, Unehrenhaftigkeit, Gewissenlosigkeit, Unverlässlichkeit, Pflichtvergessenheit, Charakterlosigkeit, Nichtswürdigkeit, Schamlosigkeit, Unredlichkeit, Unehrlichkeit. ▸ Unbestechlichkeit.

Bestechung Arglist, Hintergehung, Erschleichung, Schiebung, Kunstgriff, Schweigegeld, Schmiergeld, Beschenkung, Darreichung, Vergünstigung, Schenkung, Zuteilung, Zuweisung, Überweisung, Geschenk, Gabe, Spende, Angebinde, Andenken, Bescherung, Liebesgabe, Unterstützung, Pfründe, Zuschuss, Trinkgeld, Vergütung, Entschädigung. → Betrug, Käuflichkeit. ▸ Unbestechlichkeit.

Bestechungsgeld → Bestechung.

Besteck Essgerät, Messer und Gabel (Besteck aufmachen, geografischen Ort bestimmen).

Bestehen → Bestand, Dasein, Einrichtung, Existenz.

bestehen aushalten, beharren, durchhalten, gleich bleiben, sich bewähren, standhalten, treu bleiben, sich durchsetzen, es darauf ankommen lassen, beim Alten lassen oder bleiben, verharren, andauern • sein, da sein, existieren, vorkommen, sich vorfinden, sich befinden, vorhanden sein, leben, atmen • sich behaupten, überlegen, feststehen • sich ereignen, geschehen, stattfinden, sich zutragen, sich begeben, vorfallen, eintreten, sich entspinnen, sich einstellen, der Fall sein, Tatsache werden, lebendig sein, fortleben, Gefahr überwinden, Abenteuer suchen, in ein Wagnis stürzen oder einlassen, erreichen, gewinnen, ans Ziel kommen, glücken, durchkommen, durchrutschen *u,* wagen, Gefahr oder Wagnis herausfordern. → atmen, aufziehen, ausdehnen, auszeichnen sich, bleiben, da sein, dauern, erlangen das Bewusstsein, sein, versichern, zwingen. ▸ aufgeben, beginnen, enden, nicht (sein), stürzen.

bestehen auf beanspruchen, verlangen, fordern, begehren, zurückfordern, beharren, pochen, sein Recht erzwingen, Recht behaupten, geltend machen, von seinem Recht Gebrauch machen, Ansprüche erheben, durchsetzen oder erlangen wollen • beteuern, dabei bleiben, nochmals betonen, versichern, sich nicht abwendig machen lassen, durchhalten, nicht nachgeben, entschlossen sein, unbeugsam bleiben, unnachgiebig sein, dickköpfig sein, einen Dickkopf aufsetzen, mit dem Kopf durch die Wand rennen wollen, nicht locker lassen, erzwingen, keine Gnade gewähren, ohne Schonung vorgehen, verharren bei, Bedingung stellen, den Willen durchsetzen, sich nicht abbringen lassen, einer Sache treu bleiben, sich hingeben, Hindernisse übersteigen, nicht ablassen. → aufdrängen, ausbedingen, behaupten, durchsetzen. ▸ eigenmächtig handeln, freistellen, widerrufen, zurücknehmen.

bestehen aus gänzlich, ganz, ganz und gar, gesamt, alles, völlig, vollständig, enthalten,

ausmachen, in sich schließen, sich zusammensetzen, gebildet werden, inbegriffen, einbegriffen, eingeschlossen, einschließlich, mitgerechnet, in sich fassend, im Ganzen genommen, alles in allem, in Bausch und Bogen.
▸ ausgenommen.

bestehend → real.

bestehlen an sich reißen, Besitz ergreifen, nehmen, einstecken, erwischen, wegschnappen, kapern, erbeuten, abjagen, aufbringen, bemächtigen, abpressen, rauben, stehlen, stibitzen, krumme Finger machen, berauben, besteuern, erpressen, ausplündern, aussaugen, ausziehen, ausbeuten, rupfen, aussäckeln, schröpfen, enteignen, die Haut abziehen, einbrechen, einsteigen, entwenden, wegnehmen, wegschleppen, entführen, sich unrechtmäßig aneignen, erbeuten, beiseite schaffen, beseitigen, verschwinden lassen, mausen, wegstibitzen, naschen, unterschlagen, unterschleifen, lange Finger machen, mit etwas druchbrennen, das Fell über die Ohren ziehen, abgaunern, bemausen *u*, ausführen, buxen *u*, ausspannen, wegmausen *u*, wegputzen *u*, sich unter den Nagel reißen *u* • finden, besorgen, erleichtern, verdrücken *u*.
▸ ehrlich (sein), zurückgeben.

Bestehlung → Dieberei, Einbruch.

besteigen aufsteigen, einen Berg begehen, erklettern, bezwingen, heraufgehen, sich in den Sattel setzen, hinaufschwingen, hineinklettern, hinaufangeln, hinauffahren, aufsitzen, aufhocken. → begeben sich, begehren, bewegen sich, Bord gehen an.
▸ absteigen.

bestellen anschaffen, in Auftrag geben, beziehen, kaufen, verlangen, erhandeln, erstehen, abkaufen, erwerben, einkaufen, nehmen • vorladen vorfordern, berufen, bescheiden, heißen, beauftragen • durchführen, besorgen, vollbringen, erledigen, zu Stande bringen, ausrichten, abwickeln, sagen, übermitteln. → abonnieren, abnehmen, ackern, anfassen, arbeiten, beauftragen, beglaubigen, berufen, beschäftigen, kaufen, machen, pflanzen, verwalten.
▸ absetzen, unterlassen, zurücknehmen, abbestellen • beziehen, empfangen, erhalten • auftischen, servieren • abernten • brachliegen lassen.

Besteller → Käufer, Kunde.

Bestellschein Bestellliste.

bestellt → bebauen, bedienstet, bestellen.

Bestellung → Anordnung, Auftrag, Nachfrage.

Besten geben, zum erzählen, plaudern über, darlegen, eine Ansicht äußern, einen Witz reißen, zur Unterhaltung beitragen, unterhalten.
▸ empfangen, zuhören.

Besten halten, zum verspotten, verhöhnen, verächtlich machen, verlachen, hänseln, foppen, lächerlich machen, zum Gespött machen, vorgaukeln, vorspielen, einreden, narren, hänseln, täuschen, in den April schicken, blauen Dunst vormachen, hinters Licht führen, lackieren *u*. → bereden.
▸ Wein einschenken reinen.

beste Seite nehmen → gleichmütig, zufrieden.

besten Zehn, die Topten.

Bestenauslese Elite.

bestenfalls → allenfalls, bestmöglich.

bestens → bestmöglich.

Bester Erfolgreichster, Erster, Gewinner, Held, Meister, Sieger.

besteuern → bemächtigen, berauben, bestehlen, erheben.

Besteuerung → Ausplünderung.

Bestfall Optimum.

bestialisch unflätig, wüst, pestilenzisch, garstig, bluttriefend, kaltherzig, kaltblütig, grausam, hart, brutal, wild, roh, ungezügelt, zügellos, unmenschlich, barbarisch, tierisch, vertiert, viehisch, entmenscht, blutgierig, mordlustig, mörderisch, blutbefleckt, blutbespritzt, blutbesudelt, teuflisch, höllisch, infernalisch, diabolisch, dämonisch. → barbarisch, brutal, dämonisch, diabolisch, eingefleischt, entmenscht.
▸ gut, gütig, kultiviert, menschenfreundlich, sittsam.

Bestialität Blutdurst, Gewalttätigkeit, Grausamkeit, Mordgier, Rohheit, Wildheit.

besticken → ausschmücken.

Bestie wildes Tier, Raubtier, Bluthund, der Böse in Menschengestalt, Unmensch, Verbrecher, Schächer, Schlächter, Würger, Blutmensch, Ungeheuer, Blutsauger, Hyäne, Vampyr, Viper, Satan, Monstrum, Dämon, Ausgeburt der Hölle, böser Geist, Höllendrache, Geißel, Unhold, Schurke, Scheusal, Bandit, Meuchelmörder, Bauchaufschlitzer, Mordbrenner, Teufel. → Barbar.

bestimmbar → dinghaft, fassbar, gegenständlich.

bestimmen anordnen, einrichten, ordnen, verfügen, einteilen, aufteilen, einordnen, bezeichnen, angeben, berechnen, herbeiführen, bewirken, zwingen, nötigen, beschließen, entscheiden, veranlassen • beeinflussen, bereden, empfänglich machen, einwirken, einflüstern, eingeben, einflößen, bitten, überreden, beschwatzen, betören, verlocken, anhalten zu, zusetzen, überzeugen, mit sich fortreißen, bestechen, erkaufen, auszeichnen. → anordnen, anregen, aufdrängen, auslesen, bedingen, befehlen, begehren, bemüßigen, beordern, berufen, besiegeln, bewirken, datieren, diktieren, dirigieren, durchdrücken, enträtseln, entscheiden, erlassen, ernennen, erteilen Auftrag, fackeln ohne zu, festhalten, festlegen, schätzen, urteilen, wählen, zwingen.
▸ ausforschen, behindern, empfangen, müssen, verdrehen, verweigern, verwirren, wollen.

bestimmend → ausschlaggebend.

bestimmt ausgemacht, entschieden, ernsthaft, fürwahr, gewiss, offenkundig, sicher, todsicher, sichtlich, tatsächlich, unabweisbar, unfehlbar, unumstößlich, schlüssig, unwiderlegt, unzweideutig, unzweifelhaft, wahr, wahrlich, wirklich, zuversichtlich, unanfechtbar, zutreffend, definitiv, zweifellos, zweifelsohne, unbestreitbar, fraglos, verbürgt, beglaubigt, amtlich, behördlich, offiziell, zuverlässig, untrüglich, sicher wie das Amen in der Kirche *u*, unstreitig, festgestellt, bestätigt, beweisbar • streng, nachsichtslos, energisch, unnachsichtig, unerbittlich, entschieden, strikt, kurz und bündig, ohne Rücksicht, ohne viel Federlesens, ausdrücklich, kategorisch, unbedingt, eisern, starr, hart, unbarmherzig, mitleidlos, unbeugsam. → absolut, anschaulich, augenscheinlich, authentisch, bedeutungsvoll, beglaubigt, charaktervoll, definitiv, deutlich, durchaus, energisch, ernstlich, erwiesen, fanatisch, fix, geregelt, kategorisch, positiv, sicher, streng. ▸ unbestimmt • allgemein, beliebig, eventuell, fraglich, hypothetisch, strittig, umstritten, ungeklärt, unsicher, vage, vermutet, vielleicht, zweifelhaft • wahrscheinlich.

bestimmte Menge Anteil, Dosis, Partie, Portion, Quantität, Quantum.

bestimmter Zeitpunkt Datum, Termin.

Bestimmtheit Klarheit, Deutlichkeit, Begreiflichkeit, Genauigkeit, Ausdrücklichkeit, Kraft, Offenheit, Bündigkeit, Kernigkeit, Wucht, Feuer, Wärme, Stärke, Lebhaftigkeit, Schwung, Glut, Kühnheit, Schärfe. → Eifer, Eindringlichkeit, Nachdruck, Tatsache. ▸ Unbestimmtheit.

Bestimmung → Adresse, Absatz, Angelegenheit, Anordnung, Artikel, Aufgabe, Auflage, Auftrag, Bedingung, Befehl, Beruf, Berufung, Convention, Definition, Dekret, Diktat, Endabsicht, Entscheidung, Erlass, Ermächtigung, Fügung, Gebot, Klassifikation, Norm, Paragraf, Regel, Ziel, Zufall, Zweck.

Bestimmung, ungenaue Gummiparagraf.

bestimmungsgemäß → obligatorisch.

Bestimmungskauf Spezifikationskauf.

Bestimmungsort → Bahnhof.

Bestimmungszahl Determinante.

bestirnt funkelnd, sternenglänzend.

Bestleistung → Rekord.

bestmöglich bestens, optimal, bestenfalls, gut, vollkommen, tadellos, einwandfrei, fehlerfrei, makellos, meisterhaft, mustergültig, zünftig, unübertrefflich, unvergleichlich. ▸ schlecht.

bestoßen → beschädigen.

bestrafen schlagen, züchtigen, prügeln, durchklopfen, bearbeiten, durchhauen, behämmern, peitschen, geißeln, knütteln, knüppeln, wichsen, durchwichsen, dreschen, gerben, schmieren, walken, beuteln, wamsen, dachteln, patschen, ohrfeigen, maulschellen, stäupen, boxen, bei den Ohren nehmen, auf die Finger klopfen, eins geben, versetzen, verabreichen, zukommen lassen, ausklopfen, das Fell gerben, traktieren, einen Denkzettel geben, windelweich schlagen, einsperren, einkerkern, hinter Schloss und Riegel setzen, hinrichten, den Hals brechen, den Gnadenstoß geben, hängen, rädern, aufs Rad flechten, vierteilen, pfählen, kreuzigen, ans Kreuz schlagen, dem Flammentod übergeben, auf den Scheiterhaufen bringen, schinden, martern, foltern, stellen an den Pranger, aufknüpfen, erschießen, enthaupten, guillotinieren, einen Kopf kürzer machen. → abrechnen, ahnden, beuteln, dreschen, verurteilen. ▸ belohnen, anerkennen, belobigen, loben, würdigen • begnadigen • wieder gutmachen.

bestraft werden abbüßen, büßen, Buße tun, Strafe verbüßen, sühnen • einen auf den Sack kriegen *u.*

Bestrafung Verurteilung, Ahndung, Wischer, Ausputzer, Züchtigung, Strafe, Strafpredigt, Gardinenpredigt, Philippika, Vergeltung, Wiedervergeltung, Heimzahlung, Lohn, Abrechnung, Verbannung, Deportation, Ächtung, Ausstoßung, Verlust der Ehrenrechte, Freiheitsentziehung, Freiheitsstrafe, Arrest, Hausarrest, Festungshaft, Haft, Gefängnis, Strafanstalt, Kerker, Arbeitshaus, Besserungsanstalt, Zuchthaus, Zwangsarbeit, Karzer, Konzentrationslager, körperliche Züchtigung, Schläge, Prügel, Denkzettel, Rippenstoß, Kopfnuss, Faustschlag, Backenstreich, Ohrfeige, Maultausche, Maulschelle, Dachtel, Tracht, Stockhiebe, Auspeitschung, Bastonade, Spießrutenlaufen, Stockstreiche, Todesstrafe, Hinrichtung, Erhängen, Erdrosseln, Enthaupten, Köpfen, Erschießen, Kreuzigung, Flammentod, Vierteilung, Rädern, Folterung. → Bearbeitung, Denkzettel, Exil. ▸ Belohnung.

bestrahlen beleuchten, besonnen, röntgen, wärmen.

Bestrahlung Beleuchtung. → Behandlung, Erwärmung.

Bestrahlung aufleuchten, bei fluoreszieren.

Bestrahlungsgerät z.B. Höhensonne, Solarium.

Bestrahlungstherapie Radiotherapie.

Bestrahlungszeit, zulässige Toleranzdosis.

Bestreben Eifer, Emsigkeit, Regsamkeit, Rührigkeit, Zielsetzung, Streben, Hinneigung, Neigung, Hang, Wille, Trachten, Unternehmungsgeist, Beflissenheit, Betreibung. → Anstrengung, Arbeit, Beflissenheit, Begehr, Bemühung, Bewerbung, Neigung. ▸ Erlahmung, Trägheit.

bestrebt bemüht, eifrig, emsig, fleißig, gefällig, pflichtbewusst, strebsam, willig.

bestreichen → bedecken.

bestreitbar → diskutierbar.

bestreiten → ablehnen, aberkennen, absprechen, anfechten, angreifen, balgen, behaupten, widerlegen.

bestreuen verstreuen, zerstreuen, umherstreuen, ausstreuen, säen, ausbreiten, verteilen, ausschütten, verspritzen. → bedecken, einbröseln. ▸ wegräumen.

bestreut → besät.

bestricken entzücken, bezaubern, berücken, hinreißen, für sich einnehmen, die Herzen gefangen nehmen. → blenden. ▸ unausstehlich (sein).

bestrickend schön, herrlich, prächtig, hübsch, fein, liebenswürdig, reizend, anmutig, lieblich, holdselig, allerliebst, entzückend, bezaubernd, berückend, anziehend, schmuck, fesch, wunderschön, blitzsauber, köstlich, prachtvoll, vollendet. → anmutig, scharmant,

entzückend, faszinierend. ▸ unausstehlich, unerfreulich.
Bestseller Verkaufsschlager. ▸ Ladenhüter.
bestücken → beschlagen.
bestückt → bemittelt.
Bestückung Armierung.
bestürmen → aufdrängen, begehren, begeistern, belagern, bitten, dringen, einstürmen, erstürmen.
bestürzen verwirren, erschüttern, verblüffen, erschrecken, überrumpeln, überraschen, verlegen machen, befremden, verwundern, erstaunen. → begreifen, erschrecken, erstaunen. ▸ beruhigen, bringen in Ordnung, mutig sein.
bestürzend entsetzlich, erschreckend, schauderhaft, schrecklich.
bestürzt fassungslos, betreten, betroffen, verwirrt, irre, wirr, niedergeschmettert, verblüfft, aus den Wolken gefallen, vom Blitz getroffen, beunruhigt, bewegt, berührt, ergriffen, erschüttert, erschreckt, entsetzt, furchterfüllt, beängstigt, versteinert, sprachlos, starr, von panischem Schrecken ergriffen, von Furcht betäubt, von Entsetzen erfüllt, zu Tode erschrocken, der Sinne beraubt, die Fassung verloren, von blinder Furcht ergriffen, grün und blau vor den Augen. → baff, bange, bebend, ergriffen, erschrocken, erstarrt. ▸ beruhigt, mutig.
bestürzt sein → betäuben.
bestürzt werden → bestürzen.
Bestürzung Verblüffung, Aufregung, Krawall, Tumult, Empörung, Überraschung, Verzweiflung, Erregung, Fassungslosigkeit, Erschütterung, Beklemmung, Beängstigung, dumpfes Schweigen, beängstigendes Gefühl, Schreck, Entsetzen, Furcht. → Angst, Bammel, Befremden, Betäubung, Erstarrung, Erstaunen, Panik, Verwunderung. ▸ Beruhigung, Mut.
bestusst → dumm.
Bestwert Optimum.
Besuch Verkehr, Frequenz, Stippvisite *u.* → Anwesenheit, Audienz, Aufnahme, Besprechung, Einladung, Geselligkeit, Interview, Reise. ▸ Einladung • Gastgeber • Gegenbesuch.
Besuch abstatten → beehren, bekannt werden, besuchen.
besuchen vorsprechen, einkehren, absteigen, reisen, durchwandern, herumstreichen, durchqueren, durchstreifen, bewandern, ankommen, anlangen, sich einfinden, sich einstellen, vorfahren, Besuch abstatten, Höflichkeitsbesuch machen, seine Karte abgeben, auf einen Sprung kommen, zu jemandem herumkommen *u,* mit einem Besuch beehren, die Ehre schenken • begehen *j.* → aufhalten sich, beehren, begeben sich, begehen, bewegen sich. ▸ abreisen, fortbleiben, zurückziehen sich.
besuchen, regelmäßig frequentieren.
Besucher → Anwesender, Eingeladener, Gast.
Besucherschaft Publikum.
besudeln in Schande bringen, verunglimpfen, herabsetzen, schmähen, verlästern, verleumden, entehren, schänden, die Ehre abschneiden, in üblen Leumund bringen. → abbrauchen, auswischen, beeinträchtigen, bespritzen, entweihen, verderben, verunreinigen, verunstalten. ▸ einschmeicheln, loben, reinigen, schmücken.
besudelt befleckt, beschmiert, fleckig, verdreckt, verschmutzt, voll geschmiert.
Besudelung → Beschädigung, Entweihung.
betagt → alt, ergraut.
betastbar palpabel.
betasten betappen *u,* tappen *u,* rumfingern *u.* → begreifen, berühren, befühlen, palpieren, tastend untersuchen, tätscheln.
Betasten, intimes Stippvisite *u.*
betätigen bedienen, handhaben, hantieren.
betätigen, sich → arbeiten.
betätigen an, sich → beteiligen sich.
Betätigung → Amt, Arbeit, Beruf, Besorgung, Dienst, Erwerbszweig, Leistung.
Betätigungsdrang Aktivität, Betriebsamkeit, Eifer, Tatendrang, Unternehmungsgeist, Gschaftelhuberei.
betätscheln hätscheln, liebkosen, tätscheln.
betäuben abstumpfen, abtöten, das Ohr verschließen, taub sein für • narkotisieren, chloroformieren, einschläfern, beruhigen • ersticken, ergreifen, berühren, rühren, packen, erschüttern, beunruhigen, Gefühle ersticken, hemmen, unterdrücken, zügeln, im Zaume halten, bekämpfen, verbeißen, bezwingen, bewältigen, lahm legen, abhärten, gefühllos werden, dämpfen • überrascht sein, verwirrt werden, sprachlos werden, verstummen, fassungslos sein, bestürzt sein, entsetzt sein • das Gewissen beruhigen, nicht berührt werden, kalt bleiben, verhärten, abtöten, nichts danach fragen • sich zerstreuen, das Leben genießen, Vergessen suchen, sich austoben, Zerstreuung suchen, ausschweifend leben, trinken, sich berauschen. → besänftigen, einschläfern. ▸ ahnen, erregen, fühlen, anregen • beleben, erwecken, wieder beleben.
betäubend → berauschend, einschläfernd.
betäubt schläfrig, abgestumpft, stumpf, tot, leblos, schlummernd, schlafend, benommen, duselig *u,* chloroformiert *u,* beduselt *u,* dösig *u* • schlafmützig, transusig *u,* tranig, tranfunzelig *u.* → Koma, erschrocken, erstarrt. ▸ erregt, fühlbar, mutig.
betäubt vor Furcht → bestürzt.
Betäubung Narkose, Anästhesie, Starr, Empfindungslosigkeit, Bewusstlosigkeit, Apathie, Stumpfheit, Lähmung, Erstarrung, Besinnungslosigkeit, Unempfindlichkeit, Teilnahmslosigkeit, Lethargie, Stumpfsinn • Berauschung, Rausch, Taumel, Abtötung, Bestürzung, Erschütterung, Verwirrung, Fassungslosigkeit, Bezauberung, Verblendung, Bewunderung, Erstaunen, Staunen, Überraschung. → Bezauberung, Koma, Erstarrung, Verwunderung. ▸ Gefühl, Gefühlserschütterung, Spürsinn.
Betäubung mit Eis/Kälte Kälteanästhesie.
Betäubung, örtliche Lokalanästhesie.
Betäubungsmittel → Arznei, Beruhigungsmittel.

Betäubungsschlaf Narkose.
betauen → ausschlagen, befeuchten, begießen, beschlagen, bespritzen, durchnässen.
Betbruder Mönch, Pfarrer, Pfaffe.
beteiligen, sich mitarbeiten, anfassen, angreifen, seine Pflicht erfüllen, Hand anlegen, mitmachen, sich einmischen, sich eindrängen, sich befassen, sich kümmern, sich abgeben, einlassen, mithelfen, beistehen, beispringen, unter die Arme greifen, mithalten, mittragen, beitragen, zuschießen, mitschaffen, mitwirken, mitspielen, beteiligen • sich vereinigen, verbünden, verbrüdern, zueinander halten, sich verabreden, unter einer Decke stecken, hinter etwas stecken, sich zu einer Partei schlagen, sich verschwören, mitgenießen, mitbesitzen, sich betätigen an, eintreten. → anfassen, beigesellen. ▸ ablehnen, trennen, abseits stehen, sich ausschließen, fernbleiben, sich isolieren, nicht mitmachen • absagen.
beteiligt → interessiert. ▸ abseits, abwesend, ausgeschlossen • gleichgültig, unbeteiligt, ungerührt • indifferent, neutral.
beteiligt sein dabei sein, dazugehören, teilhaben, partizipieren.
Beteiligte Mitarbeiter, Mitwirkende, Teilnehmer • Anhänger • Komplizen.
Beteiligter → Anhänger, Kamerad, Komplice, Teilnehmer.
Beteiligung → Interesse, Teilnahme.
beten anbeten, anflehen, bitten, Dank sagen, flehen, huldigen, lobpreisen, verehren, verherrlichen, sich erbauen, zum Himmel aufblicken, mit Gott sprechen. → anflehen, erflehen.
betende Gestalt Orant.
beteuern → beeiden, beglaubigen, behaupten, bejahen, bestehen auf, schwören, versichern, versprechen.
Beteuerung → Bekenntnis, Bekräftigung, Eid, Ehrenwort, Versprechen.
Betgang → Bittgang, Bußgang.
betimpelt → angeheitert.
betiteln → benennen.
betölpeln → übervorteilen.
Beton *m* → Baustoff.
betonen ausdrücklich erwähnen, Gewicht legen auf, hervorheben, Nachdruck verleihen, unterstreichen, hinweisen, andeuten, ausdrücken, beleuchten, bemerken, dartun, besonders erwähnen, sagen, zeigen, Wichtigkeit beimessen, Beachtung schenken, geltend machen, einschärfen, bekräftigen. → A und O, ausdrücken, behaupten, einschärfen, sprechen, versichern. ▸ abschwächen • bedeutungslos (sein), verallgemeinern.
Betonung Akzent, Aussprache, Tonfall, Modulation, Rhythmus, Hebung, Senkung, Silbenfall. → Anschlag, Eindringlichkeit, Nachdruck. ▸ Abschwächung, Gehaltlosigkeit.
Betonungszeichen Akzent.
betören verleiten, bezaubern, verzaubern, verblenden. → abbuhlen, beeinflussen, befürworten, begeistern, bestimmen, blenden, entzücken, lügen.
betörend → berauschend.
betört → befangen, entrückt, entzückt.
Betörung → Betrug, Blendwerk, Täuschung, Schmeichelei.
Betracht → Hinsicht.
Betracht ziehen, in bedenken, berücksichtigen.
betrachten besichtigen, beachten, anblicken, ansehen, besehen, zusehen, aufschauen, zuschauen, beschauen, anschauen, im Auge behalten, den Blick heften auf, mit Blicken prüfen • beobachten, mustern, prüfen, spähen, fixieren, begaffen, anstarren, anstieren, anglotzen, beäugen *j.* → anschauen. ▸ beantworten, blind für, liegen lassen links.
betrachtend kontemplativ.
Betrachter → Anwesender, Beobachter.
beträchtlich → A und O, ansehnlich, ausgehend, außerordentlich, äußerst, enorm, erheblich, erklecklich, groß, reichlich, stark, wichtig.
Beträchtlichkeit → Dimension.
Betrachtung Überlegung, Bedenken, Nachsinnen, Nachgrübeln, Erforschung, Berechnung, Gedankengang, Denkweise, Untersuchung, Prüfung, Gedankenfülle, Tiefsinn, Beschauung, Besichtigung, Überlegung, Durchsicht, Ausforschung, Erwägung, Studium, Induktion, Deduktion, Sinnen, Trachten, Streben, Auflösung, Darstellung, Darlegung, Ausführung, Beleuchtung, Demonstration, Auskunft, Bewertung, Schätzung, Würdigung, Begutachtung, Erkennen, Wahrnehmung, Aufklärung, Einblick, Ausblick, Vorstellung. → Analyse, Begriff, Begriffsscheidung, Erinnerung. ▸ Flüchtigkeit.
Betrag → Menge, Preis, Zahl.
Betragen → Art und Weise, Aufführung, Ausdruck, Haltung, Verhalten.
betragen → aufgeben für, ergeben sich, zählen.
betragen, sich aufführen, verhalten, benehmen, sich anstellen, auftreten, sich geben, sich gehen lassen, handeln, vergehen, handhaben, begegnen, entgegenkommen, anfangen, anfassen, verrichten, amtieren, sich entledigen, betreiben, vollziehen, besorgen, abwickeln, fügen • höflich, hoffähig, vornehm, gebildet, anständig, wohlerzogen, kultiviert, zivilisiert, nobel, gewandt, galant, unbefangen, ungezwungen, ungeniert, frei, einfach, fein • schlecht, unhöflich, ungebildet, unanständig, unerzogen, unkultiviert, unzivilisiert, ungewandt, linkisch, roh, wüst, befangen, gezwungen, steif, unfrei, angeberisch, unfein. → anstellen, aufführen, auftreten.
betränen → befeuchten, beweinen, durchnässen, klagen.
betrauen → anstellen, beauftragen, bevollmächtigen.
betrauern → beweinen.
beträufeln → befeuchten.
betreffen → anbelangen, angehen, berühren, drehen sich um.
betreffend bezüglich, in Bezug auf, was betrifft, betreffs, insofern als, in Hinsicht.
betreffs → behufs, betreffend.
Betreiben → Verlangen.
betreiben → anfassen, ankurbeln, anstellen, anwenden, arbeiten, aufbauen, ausführen, ausüben, bedienen, betragen,

machen.
▸ abschalten, aufgeben, ausschalten, beenden, dichtmachen, stilllegen, zumachen.
Betreibung → Beflissenheit, Bestreben.
betressen → ausschmücken, behängen, schmücken.
betretbar begehbar, gangbar, zugänglich.
betreten einen Weg einschlagen, begeben, eintreten, hineingehen, eindringen, einsteigen, einbrechen, einmarschieren, einrücken, einschleichen, einschmuggeln, einspringen *j*, einschieben, einsteigen *j*, schliefen *j*, hineinkriechen. → baff, bange, befangen, begehen, bestürzt, betroffen, verlegen, verwundert.
▸ abschwenken, unbeirrt, unerschrocken, vermuten • hinausgehen, verlassen • abgehen, abtreten • umgehen • gelöst, lässig, unbefangen.
Betretenheit → Bestürzung.
betreuen → aufziehen, geleiten, hegen, kurieren, pflegen, verwalten.
betreuen, Sportler coachen.
Betreuer Agent, Begleiter, Coach, Beschützer, Fürsorger, Manager, Steward.
Betreuerin Begleiterin, Hostess, Hostess, Krankenschwester, Pflegerin, Schwester.
Betreuung → Bewachung, Obhut.
Betrieb Anlage, Anstalt, Fabrik, Geschäft, Institution, Organisation, Werk, Wirkungsbereich. → Aufregung, Büro, Fabrik, Trubel, Vergnügen.
▸ Bummelei, Ruhe.
Betrieb, landwirtschaftlicher → Anwesen.
betriebsam → aktiv, angestrengt, anstellig, arbeitsam, aufgeschlossen, ausdauernd, beflissen, begierig, beweglich, eifrig, erwerbsam, lebhaft, munter, rege.
Betriebsamkeit → Aktivität, Arbeitslust, Ausdauer, Emsigkeit, Energie, Fleiß.
betriebsbereit fertig, funktionsfähig, parat, startbereit/-fertig.
betriebsblinder Experte Fachidiot.
Betriebsführung Management.
Betriebsklima betriebliche Human Relations.
Betriebsleiter → Arbeitgeber.
Betriebsleitung/-führung Management.
Betriebsnudel Stimmungsmacher, Unterhalter, Hansdampf.
Betriebsrat → Beauftragter.
Betriebsvermögensverzeichnis Inventar.
betrifft, was → betreffend.
betrinken sich besaufen, bekneipen, die Nase begießen, sich beschlauchen *u*, sich beknüllen *u*, sich ansaufen, sich vollschlauchen *u*, sich einen ankümmeln *u*, sich einen ansäuseln *u*, sich die Nase begießen *u*, einen Affen antrinken *u*, sich beschickern *u*, sich die Hucke voll saufen *u*. → betäuben, betrunken.
▸ Maß halten.
betroffen betreten, fassungslos, verwirrt, irre, wirr, bedrängt, festgefahren, in die Enge getrieben, aufgesessen, verzweifelt • berührt werden, bedrückt werden, zustoßen, passieren, erwischt werden, überrascht werden, getroffen werden, etwas wegbekommen *u*. → baff, bebend, bestürzt, interessiert, verwundert.
▸ erfreut, gefasst, schuldlos, unbeirrt.
Betroffene Hinterlassene, Hinterbliebene, Leidtragende, Trauernde, Trauergemeinde.
Betroffener → Dulder, Opfer.
Betroffenheit → Befremden, Verwunderung.
betrogen hintergangen, getäuscht, lackiert *u*, gelackmeiert *u*.
▸ begünstigt, geliebt.
betrogen werden → hereinfallen.
Betrogener Opfer, Gimpel, Pinsel, Narr, Tropf, Gefoppter, Drahtpuppe, Hahnrei, Gehörnter, Gerupfter, Hintergangener, Getäuschter.
▸ Betrüger.
betrübend → ärgerlich, arm, peinlich.
betrüblich → ärgerlich, kläglich, unangenehm.
Betrübnis Unglück, Heimsuchung, Schicksal, Prüfung, Mühsal, Mühseligkeit, Schmerz, Pein, Leiden, Ungemach, Schlag, Bedrängnis, Kummer, Sorge, Kreuz, Leid, Kümmernis, Weh, Harm, Bitterkeit, Kränkung, Demütigung, Schmach, Beschimpfung, Beleidigung, Unbill, Ärgernis, Pille, Stachel, Missgeschick, Widerwärtigkeit, Unstern, Verhängnis, Fügung. → Bedrücktheit, Beschwerde, Besorgnis.
▸ Ermutigung, Frohsinn.
betrübt → traurig.
Betrug Unterschlagung, Defraudation *f*, Entstellung, Betörung, Fälschung, Irreführung, List, Schein, Schwindel, Täuschung, Verrat, Falschheit, Schelmerei, Schliche, Schummel, Schmu, Tücke, Diebstahl, Meineid, Doppelspiel, Ente, falscher Bericht, Verdrehung, Erdichtung, Verstellung, Heuchelei, Scheinheiligkeit, Frömmelei, Gleisnerei, Hintergehung, Vorspiegelung, Arglist, Veruntreuung, Bestechung, Schiebung, Unterschleif, Prellerei, Überlistung, Erschleichung, Falschmünzerei, Schmuggel, Hochstapelei, Hinterziehung, fauler Zauber, blauer Dunst, Beschiss *u*, Hereinfall, Leim, Humbug *u*, Pfusch *u*, Schmul *u*, Schiss *u*, fauler Schlich *u*, Spritzer *u*. → Doppelrolle, Falschheit, Schlauheit.
▸ Aufrichtigkeit, Ehrlichkeit, ehrlicher Handel • Tatsache, Wahrheit.
betrügen prellen, unterschlagen, düpieren, Schmu machen *u*, begaunern, andrehen, anschmieren, anschwindeln, bemogeln *u*, anscheißen *u*, bescheißen *u*, einseifen *u*, einwickeln, beschummeln *u*, pfuschen *u* • nebenaus gehen *u*, fremd gehen *u*. → balbieren, benachteiligen, Betrug, Besten halten zum, düpieren, erlangen Reichtum, hineinlegen, täuschen, ausschwindeln.
▸ aufrichtig (sein), ehrlich (sein).
Betrüger Preller, Zechpreller, Defraudant *m*, Lump, Fallot *m*, Lügner, Heuchler, Versteller, Scheinheiliger, Schwindler, Fälscher, Falschmünzer, Schurke, Spitzbube, Falschspieler, Schelm, Gaukler, Gauner, Preller, Schwärzer, Strauchdieb, Beutelschneider, Bauernfänger, Kurpfuscher, Aufschneider, Galgenstrick, Halunke, Aasgeier, Tunichtgut, Tagedieb, Strolch, Elender, Erpresser, Wucherer, Schieber, Erbschleicher, Erzgauner, Pfuscher, Oberammergauner *u*, Schlitzohr *u*. →

Bauernfänger.
▸ Betrogener.
Betrügerei Gaunerei, Hintergehung, Machenschaft, Täuschung. → Betrug.
betrügerisch falsch, heuchlerisch, hinterhältig, lügnerisch, unwahrhaftig • schlitzohrig *u*. → hinterlistig *u*, unaufrichtig *u*, unehrlich *u*, verschlagen *u*.
betrunken angeheitert, angetrunken, beduselt, benebelt, berauscht, beschwipst, trunken, besoffen, animiert, angesäuselt, bezopft, bekneipt, schief geladen, voll wie ein Sack, Schlagseite haben, in Weinlaune, in gehobener Stimmung, sternhagelvoll *u*, einen Affen haben, beschickert *u*, blau, duhn *u*, fertig *u*, granatenvoll *u*, den Kanal voll haben *u*, voll wie eine Kanone *u*, voll wie eine Spritze *u*, beschickert *u*, schicker *u*. → angeheitert, beduselt, betrinken.
▸ nüchtern.
betrunken, völlig satt *u*. → volltrunken.
Betrunkener → Trinker.
Betrunkensein Berauschtheit, Rausch, Trunkenheit.
Bett Bettgestell, Bettlade, Bettstatt, Bettstelle, Feldbett, Lager, Liege, Ruhebett, Schlafcouch, Lotterbett, Liebesinsel, Wasserbett, Luftbett, Wiege, Polster, Liegestuhl, Hängematte, Pritsche, Koje *sm*, Falle *u*, Federn *u*, Heia *u*, Kahn *u*, Klappe *u* • Flussbett, Graben, Gerinne, Strombett, Wasserweg • Horchposten *u*, Hutsche *u*, Poofe *u*, Schlummerkasten/-kiste *u*.
Bettdecke → Bedeckung.
Bettel → Batzen, Kitsch.
bettelarm → arm.
Bettelbrief Gesuch, Petition, Bittschrift, Eingabe, Antrag. → Antrag, Brandbrief.
Bettelei Bettelhaftigkeit, Schnorrerei • Forderung, Begehr, Ansuchen, Verlangen, Geheisch. → Aufdringlichkeit, Bewerbung.
▸ Zurückhaltung.
Bettelhaftigkeit → Bettelei.
Bettelmönch z.B. Derwisch, Fakir, Franziskaner, Karmeliter, Mendikant.
betteln umherstreichen, herumlungern, umherstreifen, vagabundieren, strolchen, mit dem Bettelsack wandern, fechten, sammeln, schnorren *u*, die Klinken putzen *u*, Almosen begehren, von Tür zu Tür gehen, anbohren *u* • bitten, ersuchen, ansuchen, anhalten, verlangen, begehren, fordern, erheischen, erbitten, angehen, ansprechen, anrufen, nachsuchen, lästig fallen, anhalten um, sich bewerben, jemanden bestürmen, belagern, sich einschmeicheln, schmarotzen, nassauern, schaben *u*, schnorren *u*. → bitten, erbetteln.
▸ arbeiten, geben, verweigern.
Bettelsack → Bittsteller.
Bettelvolk → Auswurf, Bettler.
betten ablegen, niederlegen, kuscheln, schmiegen, einlagern, einlogieren, einbetten, einpflanzen. → einbetten.
▸ ausquartieren, entwurzeln.
Bettfeder Daune.
Bettfedernhülle Inlett.
Bettgestell → Bett.
Betthäschen → Abgott.
Betthimmel Baldachin *m*.
Betthupferl Süßigkeit, Nachtisch, Schlaftrunk.
Bettlade → Bett.
bettlägerig → abgespannt, krank.
Bettler Bittsteller, Antragsteller, Ansucher, Schmarotzer, Krippenreiter, Schnorrer, Almosenempfänger, Fechter, Lumpengesindel, Lumpenstrick, Lumpenpack, Vagabund, Lumpenkerl, Fechtbruder, Bettelpack, Schnorrer *u*, Klinkenputzer *u*, Bettelvolk, Parasit, Nassauer. → Bittsteller.
▸ Geber, Wohltäter.
Bettlersprache Argot.
Bettnische fensterloses Kämmerchen, Alkoven *m*.
Bettpolster Matratze.
Bettschwere → Rausch.
Bettsofa Diwan.
Bettstatt → Bett.
Bettstelle → Bett.
Betttuch Bettlaken, Laken, Leintuch.
Bettverschlag Koje.
betucht → baff, bemittelt.
betulich → entgegenkommen.
betupfen bemalen, marmorieren, punktieren, beflecken, besprenkeln, tüpfeln, flecken. → befeuchten.
▸ abtrocknen.
Beugemuskel Flexor.
beugen ablenken, abweichen, abwinkeln, krümmen, nachgeben, nachlassen • abwandeln, abändern, flektieren, deklinieren, konjugieren • unterwerfen, unterjochen, unterdrücken, zähmen, zwingen, fesseln, zum Sklaven machen, besiegen, in die Knie zwingen, unter das Joch bringen, zu Boden drücken, zum Gehorsam zwingen, knechten • huldigen, die Hand küssen, das Knie beugen, zu Füßen fallen, einschüchtern, demütigen. → abbiegen, abweichen, bändigen, befolgen, biegen, ergeben sich, hinablassen.
▸ erhaben (sein), strecken, trotzen, überheben sich.
beugen, sich → buhlen, dareingeben sich, demütigen sich, dulden, ducken sich, erniedrigen sich, gehorchen.
▸ aufbegehren, sich auflehnen, meutern, rebellieren, trotzen, sich widersetzen.
Beugung → Biegung, Drehung.
Beule Pletsche *u*. → Auswuchs.
Beule am Schädel Hirnanhang *u*.
beunruhigen verwirren, drohen, streiten. → angreifen, aufregen, bedrücken, beschießen, betäuben, Bockshorn jagen ins, bunt zugehen, durchbeben.
▸ beruhigen.
beunruhigend → bedrohlich, beklemmend, böse, drohend, einschüchternd, gefährlich.
beunruhigend, sehr alarmierend.
beunruhigt → aufgelegt, bestürzt, erschrocken.
Beunruhigung → Bedrohung, Beengung, Drohung, dumpfes Schweigen, Erregung.
beurkunden → aufnehmen, beglaubigen, bestätigen, schreiben.
Beurkundungsbeamter Notar.
Beurkundungsbüro Notariat.
beurlauben → abbauen, abdanken, ausspannen, entlassen.
beurlaubt → arbeitslos, Ferien haben.
beurteilen abschätzen, begutachten, bewerten, bekritteln, zensieren, charakterisieren, deuten, einschätzen, ermessen, ermitteln, erwägen, sichten, sondern, sondieren, unterscheiden, untersuchen, vergleichen, prüfen, beleuchten, durchleuchten, kritisieren. → abmessen, abwägen, besprechen, charakterisieren, debattieren,

deuten, diskutieren, durchblicken, einschätzen, entscheiden, erachten, erwägen, schätzen, urteilen.
▸ wissen nicht ein noch aus.
Beurteiler Kritiker, Zensor.
Beurteilung → Auskunft, Befinden, Besitz, Bescheid, Bewertung, Einschätzung, Erkenntnis, Kritik.
Beurteilungsstelle → Jury.
Beute Fang, Raub, Prise, Schleichware, Schmuggelware, Konterbande, Tribut, Trophäe, Gewinn, Besitznahme, Ertrag, Diebesgut. → Besitz.
Beute teilen schaben *u.*
Beuteanteil (eines Diebstahls) Schab *u.*
beutegierig diebisch, räuberisch, raublustig, langfingrig, betrügerisch. → diebisch.
▸ ehrlich, selbstlos.
Beutel Behälter, Börse, Sack, Säckel, Tasche, Tüte, Blase, Brotsack, Rucksack, Futteral, Pompadur, Geldkatze, Sparsack, Aaser *j*, Affe *u.* → Balg, Behälter.
beuteln schütteln, streiten, balgen, raufen, prügeln, schlagen. → balgen, bestrafen.
▸ belohnen, versöhnen, vertragen sich.
Beutelschneider → Bauernfänger, Betrüger.
Beutestück Trophäe.
beutesüchtig → beutegierig, bestechlich.
bevölkern sich ausbreiten, sich entfalten, zunehmen, sich niederlassen, sich sesshaft machen, einnisten, festsetzen. → bewohnen.
▸ aussiedeln, entvölkern, sich leeren.
bevölkert bewohnt, besiedelt, belebt, belegt, voll.
Bevölkerung Allgemeinheit, Öffentlichkeit, Ansässiger, Bewohner, Bürger, Einwohner, Landeskinder, Masse, Menge, Volk, Eidgenossen, Volksgemeinde, Volksgemeinschaft, Eingeborene, Ureinwohner, Ursasse, Staatsangehörige, Heimatberechtigte, Eingesessene, Kolonisten, Ansiedler, Städter, Dorfbewohner, Landbewohner, Bauern, Pflanzer, Farmer.
Bevölkerung, Zählung der Volkszählung.
Bevölkerungs-Fortpflanzungsrate Nettoreproduktionsrate.
Bevölkerungsdichte Abundanz.
Bevölkerungsteile isolieren gettoisieren.
Bevölkerungswissenschaft Demographie.
Bevölkerungszuwachs Geburtenrate, -entwicklung.
bevollmächtigen → begünstigen, bestätigen, delegieren, einräumen, ermächtigen, ernennen.
bevollmächtigt → bedienstet, berechtigt.
Bevollmächtigter Vertrauensmann, Beauftragter, Ersatzmann, Vertreter, Verwalter, Unterhändler, Volksvertreter, Botschafter, Gesandter, Abgesandter, Konsul, Repräsentant, Legat, Nuntius, Internuntius, Geschäftsträger, Agent, Geschäftsführer, Prokurist, Anwalt, Notar, Vormund, Kurator, Sachverwalter, Makler, Unterhändler, Vermittler, Advokat, Rechtsberater, Treuhänder, Stellvertreter. → Abgeordneter, Agent.
Bevollmächtigung Stellvertretung, Regentschaft, Repräsentation. → Befugnis, Bestallung, Diplom, Erlaubnis, Ermächtigung.
▸ Entziehung, Widerrufung.
bevor ehe, früher als, vorher, zuvor, zuvorderst, vorangehend, zuerst, einst. → binnen, ehe, vorher.
▸ nachher, nachdem, sobald.
bevormunden belehren, zurechtweisen, beraten, anleiten, lenken, leiten, führen, lotsen, gängeln, beaufsichtigen, überwachen, knechten, maßregeln, den Weg vorzeichnen • jemandem oder einem vor die Nase setzen *u.*
▸ verleiten • emanzipieren, sich frei entfalten lassen, in die Selbstständigkeit entlassen.
Bevormundung Belehrung, Anweisung, Leitung, Führung, Unterweisung, Ermahnung, Zurechtweisung, Lenkung, Kuratel.
▸ Verleitung.
Bevormundung, gegen jede antiautoritär.
bevorrechten privilegieren.
bevorrechtigt → berechtig.
bevorschussen → vorauszahlen.
bevorstehen herannahen, in der Luft liegen, herankommen, drohen, sich nähern, erwarten. → kommen.
▸ vorübergehen.
bevorstehend imminent, nächstens, bald, demnächst, nächsthin, in Kürze, dieser Tage, in absehbarer Zeit, zukünftig, herannahend, drohend, unausbleiblich, unvermeidlich, unumgänglich, unabwendbar, unabweislich, unentfliehbar, unentrinnbar, entschieden, beschlossen. → demnächst.
▸ vorüber, gewesen, passee, vorbei • in diesem Augenblick, jetzt.
bevorzugen begünstigen, höher einschätzen, lieben, den Vorrang geben, Vorrecht einräumen, vorziehen. → begünstigen, verehren.
▸ ablehnen, benachteiligen, verabscheuen, vernachlässigen, zurücksetzen • ablehen, abweisen, verschmähen • gerecht behandeln.
bevorzugt → beliebt.
bevorzugte Stellung Vorrangstellung, Vorzugsstellung, Primat.
Bevorzugung → Ausnahme, Auswahl, Erwählung, Vorliebe, Vorzug, Wahl.
bewachen beschützen, beschirmen, behüten, verteidigen, decken, verwahren, sichern, unter Aufsicht stellen, in Verwahr nehmen, inhaftieren. → Acht geben, aufheben, aufpassen, behaupten, behüten, beobachten, Beste tun das, decken, schützen.
▸ preisgeben, schutzlos lassen, unbewacht (sein), wegwerfen.
Bewacher Begleiter, Beschützer, Leibwächter, Pförtner, Polizist, Wächter, Wärter.
bewachsen belaubt, blattreich, grün, blühend, voll Blumen oder Pflanzen, bemoost, verkrautet, übersät, bedeckt, überdeckt, behängt, belegt, verdeckt, zugedeckt, verhüllt, verhängt, überzogen, bekleidet.
▸ blattlos.
bewacht → eingeschlossen.
Bewachung Betreuung, Geleit, Schutz, Obhut, Augenmerk, Aufsicht, Wachsamkeit, Überwachung, Gewahrsam, Quarantäne, Beschützung, Deckung, Bedeckung, Beschirmung, Einsperrung, Einschließung, Hut, Verwahrung • Begleitung, Gefährte, Schatten, Begleiter,

Geleite, Gefolge, Wache, Schildwache, Feldwache, Nachhut, Vorhut, Horchposten, Runde, Leibgarde, Schützer, Beschirmer, Hirte, Hüter, Schildträger, Aufseher, Wächter. → Bedeckung, Begleitung.
▸ Schutzlosigkeit, Übergabe.

bewaffnen → befähigen, bemannen, wappnen.
▸ abrüsten, entmilitarisieren, entwaffnen.

bewaffnen, sich aufrüsten, rüsten sich, wappnen sich.

bewaffnet aufgerüstet, abwehrbereit, gerüstet, gewappnet, kampf-/verteidigungsbereit, wehrhaft.

Bewaffnung Rüstung.

bewahren behalten, behüten, bergen, beschirmen, bedecken, erhalten, schützen, verschließen, decken, verwahren, sichern, eine Gefahr beseitigen, verhüten, abwehren, umhegen, absperren, begleiten, die Schwingen ausbreiten über, in Schirm und Schutz nehmen, mit dem Schilde decken, aufbewahren, nicht aus den Augen lassen, sparen. → aufheben, balsamieren, behüten, beibehalten, beiseite legen, bleiben, erübrigen, sparen.
▸ abtreten, ändern, bedrohen, weggehen. abschaffen, aufgeben, fortwerfen • preisgeben, verzichten • beseitigen, ruinieren, tilgen, vernichten, zerstören • abwandeln, ändern, verbessern.

bewähren vortrefflich sein, übertreffen, überbieten, wetteifern, die Probe bestehen, Bescheid wissen, gut durchführen, wohl besorgen, mutig sein, wagen, nicht wanken und nicht weichen, seinen Mann stellen, den Teufel nicht fürchten, durch dick und dünn gehen, durchhalten, auszeichnen, hervortun, sich die Sporen verdienen. → auszeichnen sich, bestehen, durchhalten, wappnen.
▸ abirren, bewähren sich nicht, erniedrigen, schlapp machen, schusseln, versagen.

bewähren, sich nicht → beikommen nicht, blamieren.

bewahrend konservativ.

Bewahrheitung → Bewährung.

bewährt altgedient. → charaktervoll, empfehlenswert, erprobt, gut, reell, vorteilhaft.

Bewahrung → Erhaltung.

Bewährung Bewahrheitung, Probezeit, Probe, Feuerprobe, Wasserprobe.
▸ Untauglichkeit.

Bewährungsfrist → Bedenkzeit.

Bewährungsversuch Probe, Test.

bewaldet baumbestanden, waldig, waldreich.

bewältigen durchsetzen, Herr werden, meistern, Oberhand gewinnen, erfüllen, nachkommen, verkraften, Ziel erreichen, zu Ende führen, ochsen, büffeln, erreichen, überwinden, lösen, mit Mühe erkämpfen, erringen, sich durchschlagen • unterjochen, niederwerfen, überwältigen, bezwingen, besiegen, obsiegen, unterdrücken, umlegen *u*, übermannen, niederstrecken • den Sieg erringen, erfolgreich sein, Erfolg haben, glücklich ausgehen, gut zu Ende bringen, erzwingen, schaffen *u*. → bahnen, bemeistern, betäuben, bewerkstelligen, durchgreifen, durchkämpfen sich, durchsetzen, fassen, siegen.
▸ fehlschlagen, erlahmen, scheitern, schusseln, unterliegen.

bewandern → begehen, besuchen, bewegen sich.

bewandert → anstellig, aufgeklärt, beschlagen, erfahren.

bewandert, in → bekannt, eingeweiht.

Bewandtnis → Lage, Sachlage, Tatsache.

bewässern → befeuchten, begießen, bespritzen, durchnässen.

bewegbar → fahrbar.

Bewegbarkeit Motilität.

Bewegen → Bewegung.

bewegen verändern, verrücken, fortbewegen, drehen, flattern, gleiten, fließen, schweben, anspringen, fliegen, schwingen. → anfeuern, anführen, anhalten, anregen, anstoßen, aufrütteln, bearbeiten, beeinflussen, einladen, empfänglich machen, erheben, ermuntern, erregen, leiten, mahnen, stoßen.
▸ beruhigen, hemmen, rasten, verrohen • liegen lassen, ruhen/stehen lassen • zum Stillstand bringen • gleichgültig/ungerührt lassen.

bewegen, sich eilen, fahren, fliegen, gehen, laufen, marschieren, sich regen, reisen, reiten, sich rühren, schweifen, turnen, wandeln, traben, trippeln, schieben, gleiten, schweben, flattern, schlittern, glitschen, rollen, kullern *u*, fließen, strömen, fegen, wandern, umherirren, irrlichtern, schiffen, radeln, rodeln, segeln, rudern, pullen *sm*, schaukeln, Rad fahren, autofahren, gondeln, watscheln, sich auf den Weg machen, eine Reise antreten, fliehen, flüchten, entrinnen, wallen, umherschlendern, herumstreichen, durchqueren, durchstreifen, durchstreichen, durchforschen, bewandern, durchsuchen, schwärmen, sich begeben, aufbrechen, besuchen, begehen, wallfahrten, pilgern, spazieren, lustwandeln, stolzieren, sich ergehen, sich Bewegung machen, sich trollen, schleichen, besteigen, sprengen, trotten, galoppieren, hüpfen, springen, sich bäumen, steigen, staken, stolpern, straucheln, schleifen, kutschieren, treiben.
▸ ruhen.

bewegen lassen, sich reizen, fesseln, gewinnen, bereden. → bereden, lose.
▸ festbleiben.

bewegen suchen, zu ankurbeln, anregen, anstoßen, beeinflussen, ermuntern, erregen, mahnen, stoßen.

bewegend → antreibend, ausschlaggebend, beeinflussend, brennend, ergreifend, reizvoll.

bewegende Kraft Antrieb, Dynamik, Motor(ik).

Beweggrund → Anhaltspunkt, Anlass, Anstoß, Bedingung, Ursache, Voraussetzung, Vermutung, Veranlassung.

beweglich veränderlich, verrückbar, wandelbar, labil, unbeständig, wankelmütig, unstet, schwankend, rastlos, ruhelos, flatterhaft, flüchtig, veränderbar, unruhig, vagabundierend, quecksilbrig, umherschweifend, launenhaft, wetterwendisch, geschäftig, rege, munter, rührig, regsam, erwerbsam, fleißig, betriebsam, agil, mobil, ambulant. → aktiv, anstellig, arbeitsam, beflissentlich, eifrig, eilfertig, empfindungsvoll, lebhaft, erwerbsam, rastlos. ▸ unbeweglich, bequem, fest, immobil, lahm, schwerfällig, starr, steif, stur, träge.

beweglich, schwer grobschlächtig, klobig, hölzern, klotzig.

bewegliche Habe Hausrat, Möbel, Mobiliar.

bewegliche Sachen Fungibilien, Mobilien.

Beweglichkeit → Aktivität, Begierde.

bewegt → bestürzt, blass, Fassung verlieren die.

Bewegung Eile, Fahrt, Flug, Fortbewegung, Gang, Hast, Leibesübung, Marsch, Ortsveränderung, Ritt, Ruck, Schwimmen, Strom, Unruhe, Zug, Wandel, Strömung, Lauf, Durchgang, Durchzug, Ausmarsch, Durchmarsch, Rennen, Trippeln, Traben, Fahren, Bewegen, Fließen, Fluss, Fall, Sinken, Versinken, Versenkung, Untertauchen, Bodensenkung, Lawine, Erdrutsch, Bergsturz, Abrutsch, Talfahrt, Wasserfall, Stolpern, Gleiten, Fehltritt, Straucheln, Senkung, Sturz, Verbeugung, Neigung, Abweichung, Ablenkung, Schwenkung, Abirrung, Abweg, Umweg, Umschweif, Abstecher, Brechung, Auffahrt, Aufstieg, Erhöhung, Aufflug, Erhebung, Befreiung, Sprung, Satz, Bergfahrt, Bergbesteigung, Raketenflug, Schwingung, Oszillation, Vibration, Pendelbewegung, Gewoge, Wellenbewegung, Pulsschlag, Schwebe, Schlagen, Zittern, Beben, Schwankung, Wackeln, Zappeln, Gewackel, Schnelligkeit, Schwung, Rückprall, Rückwärtsbewegung, Vorwärtsbewegung, Erschütterung, Langsamkeit, Wanderung. → Affekt, Anwandlung, Drehung, Enthusiasmus, Erregung, Geste, Kreisbewegung. ▸ Beruhigung, Stillstand, Trägheit, Unerschütterlichkeit, Beständigkeit, Bewegungslosigkeit, Reglosigkeit, Ruhe, Stagnation, Starrheit, Stand.

Bewegung aus eigener Kraft Autokinese.

Bewegung, bedingt durch dynamisch, kinetisch.

Bewegung setzen, in → ankurbeln, davonmachen sich.

Bewegungsarmut Hypokinesie, Akinesie.

Bewegungsdrang, krankhafter Hyperkinese.

Bewegungsfähigkeit Motilität.

Bewegungsfreiheit → Entfaltungsmöglichkeit, Spielraum.

Bewegungsgleichmaß Eurhythmie.

Bewegungslähmung Paralyse.

Bewegungslehre Dynamik, Kinematik, Kinetik, Mechanik, Motorik.

bewegungslos → feststehend, starr.

Bewegungstherapie Kinesiotherapie.

Bewegungstrieb Schwung, Stoß, Anstoß, Antrieb, Triebkraft, Druck, Drang, Durchschlagskraft, Anlauf, Ansturm, Gewalt, Heftigkeit, Erschütterung, Entladung, Zusammenstoß, Anprall, Erdbeben, Explosion, Schlag, Streich, Wurf, Schleuder, Tritt • Rückprall, Rückstoß, Rücklauf, Rückgang, Gegenwirkung, Aufprall, Rückfluss, Springfeder, Federkraft, Rakete. → Drang. ▸ Beharrungsvermögen.

Bewegungstyp Hektiker, Motoriker.

Bewegungsübungen Gymnastik.

bewegungsunfähig machen lähmen, lahm legen.

bewehren armieren. → wappnen.

beweihräuchern → hervorheben sich.

beweinen bedauern, beklagen, bejammern, bereuen, verwünschen, betrauern, heulen, brüllen, plärren, schluchzen, greinen, flennen, kreischen, wimmern, winseln, ächzen, stöhnen, betränen, Zähren vergießen, in Tränen ausbrechen, sich die Augen rot weinen, in Tränen zerfließen, sich blind weinen. → abbitten, beklagen, bemitleiden, bereuen, bessern sich, dauern. ▸ bejubeln, frohlocken, verrohen.

beweinenswert → arm, bejammernswert.

Beweis Ableitung, Argument, Beglaubigung, Begriffsfolge, Beleg, Bestätigung, Erhärtung, Erhellung, Schlussfolgerung, Zeugnis, Erklärung, Kostprobe, Begründung, Rechenschaft • Geständnis, Bekenntnis, Überführung, Gutachten. → Bekräftigung, Bescheinigung, Diplom, Erweis. ▸ Einwand, Widerlegung • Annahme, Hypothese, Unterstellung, Vermutung, Wahrscheinlichkeit • Behauptung • Indiz, Verdachtsgründe.

Beweis stellen, unter → annehmen, beweisen.

beweisbar → bestimmt, beweisend, demnach, erweislich.

beweisen darlegen, kundgeben, demonstrieren, begründen, Zeugnis ablegen, bezeugen, bewahrheiten, dartun, feststellen, festsetzen, auslegen, anzeigen, zugeben, bestätigen, verbürgen, bekräftigen, bestärken, versichern, besiegeln, beleuchten, nachweisen, erweisen, bekunden, belegen, beglaubigen, schwarz auf weiß bringen, überführen, bloßlegen, ermitteln, entziffern, auseinander setzen, klar machen, aufzeigen. → ableiten, aufzeigen, auseinander setzen, aussagen, ausweisen, beglaubigen, begründen, behaupten, beibringen, bejahen, bestätigen, darlegen, dartun, demonstrieren, dokumentieren, entrollen, erweisen. ▸ bestreiten, einwenden, verdrehen, widerlegen.

beweisend zutreffend, gewiss, unzweifelhaft, dokumentarisch, urkundlich, durchschlagend, entscheidend, folgerichtig, stichhaltig, überzeugend, unwiderleglich, zwingend, anschaulich, beweiskräftig, eindringlich, triftig, verbürgt, bezeugt, beglaubigt, amtlich, behördlich, festgestellt • beweisbar, nachweisbar, erwiesenermaßen, behauptbar, bekräftigend, bestimmt, untrüglich. → anschaulich, ausschlaggebend, belegend, demonstrativ, dokumentarisch, durchschlagend, empirisch, erweislich. ▸ widersprechend.

Beweisführung Urteilskraft, Logik, Dialektik, Induktion, Deduktion, Demonstration, Darlegung, Beweisgrund, Überzeugungskunst,

Überzeugungskraft, Überführung, Probe, Nagelprobe, Begriffsfolge, Begründung, Folgerung, Schlussfolgerung, Urteil, Schluss. → Darlegung, Demonstration. ▸ Fehlurteil, Widerspruch.

Beweisgrund → Argument, Beweisführung, Nachweis.

beweiskräftig → beweisend, durchschlagend, logisch, stichhaltig.

Beweismaterial → Indizien.

Beweismittel → Argument, Belege, Nachweis.

Beweisstück Akte, Asservat, Corpus Delicti, Dokument, Quittung. → Beweis(mittel).

bewerben, sich anhalten, ansuchen, ersuchen, nachsuchen, offerieren, sich anbieten, sich empfehlen, wettstreiten, zu erlangen suchen, erstreben, werben, es anlegen auf, kandidieren, bitten, begehren, fordern, erbitten, einreichen, einkommen um, angehen, ansprechen um, eine Bitte richten, Gesuch machen, Eingabe richten, bemühen, anklopfen, sich bemühen, nach etwas umtun, streben, trachten nach, ausgehen auf. → begehren, bestreben sich, bitten, suchen. ▸ bewenden lassen, verzichten • angenommen werden • abgelehnt werden • eine Stellenanzeige aufgeben.

Bewerber Bittsteller, Antragsteller, Ansucher, Kandidat, Aspirant • Bettler, Freier, Fürbitter, Anbeter, Verehrer • Teilnehmer, Interessent. → Antragsteller, Bittsteller, Courmacher.

Bewerber, aussichtsreicher Favorit.

Bewerbung Antrag, Gesuch, Anliegen, Petition, Bittschrift, Bettelbrief, Eingabe, Vorschlag, Ansinnen, Anrufung, Adresse • Vorhaben, Vorsatz, Verlangen, Begehr, Trachten, Bestreben, Streben, Betreiben, Verfolgung, Wettlauf, Kampf, Wettspiel, Wetteifer, Konkurrenz, Nebenbuhlerschaft, Wettrennen, Wettturnen, Preisrudern • Forderung, Bettelei, Begehr, Geheisch, Verlangen • Liebesbezeigung, Geschmeichel, Schmeichelei, süße Worte, Gekose, Getändel, Augenspiel, Ständchen, Serenade, Liebesbrief, Liebespfand, Liebesgabe, Liebeserklärung, Hofmacherei, Heiratsantrag, Galanterie, Kompliment. → Angebot, Antrag, Beflissenheit, Eingabe. ▸ Ablehnung, Verzicht, Widerrufung.

bewerfen → bedecken, schmähen.

bewerkstelligen anfassen, bewältigen, bewirken, den Hebel ansetzen, durchführen, erledigen, handeln, in die Hand nehmen, nachkommen, unternehmen, vollbringen, vollführen, verursachen, wirken, tun, ausführen, auf die Beine bringen, fingern *u*, deichseln *u*, managen *u*, schmeißen *u*, ein Ding drehen *u*, aus dem Ärmel schütteln *u*, sich durchfressen. → anfassen, anstellen, arbeiten, ausführen, ausüben, auslösen, bedienen, bedingen, bekümmern, berücksichtigen, beschäftigen, bewältigen, bringen zu Wege, durchgreifen, durchkämpfen sich, erledigen, erwirken, machen, verrichten, verursachen. ▸ unterlassen, versäumen.

Bewerkstelligung Verursachung, Erzeugung, Werk, Arbeit, Verrichtung, Tat, Schöpfung, Handlung, Unternehmung, Betätigung, Ausführung, Vollziehung, Vollendung, Besorgung, Vollzug, Durchführung, Erledigung, Vollführung, Vollstreckung, Zugriff, Entledigung, Abwicklung, Erfüllung, Beendigung, Fertigstellung, Vervollständigung, Vervollkommnung, Ausarbeitung, Beförderung, Abfertigung, Eroberung, Leistung, Tilgung. → Behandlung, Besorgung, Durchführung, Erfüllung, Leistung. ▸ Versäumnis, Unterlassung.

bewerten einen Preis fordern, verlangen, begehren, feststellen, ansetzen, berechnen, schätzen, taxieren. → abmessen, abwägen, anrechnen, beurteilen, charakterisieren, deuten, einschätzen, entscheiden, ermessen, urteilen. ▸ entwerfen, unterschätzen.

Bewertung Wertung, Schätzung, Bemessung, Abschätzung, Benotung, Würdigung, Beurteilung, Begutachtung, Kritik, Besprechung, Musterung, Gutachten, Verurteilung. → Anschlag, Auskunft, Bescheid, Betrachtung, Einschätzung. ▸ Entwertung, Unterschätzung.

bewiesen → authentisch, erwiesen, belegt, dokumentiert.

bewiesenermaßen bewiesen, beweiskräftig, erwiesen, nachweislich.

bewilligen zustimmen, beistimmen, gewähren, genehmigen, eingehen auf, einräumen, gestatten, erlauben, bestätigen, gutheißen, bejahen, anerkennen, zulassen, billigen, zugestehen, erlauben, dulden, einwilligen, ermächtigen, berechtigen, befugen, beipflichten, spendieren, aushelfen. → anpassen, ausstellen, begünstigen, bestätigen, darbringen, darreichen, dürfen, entsprechen, erlauben, geben. ▸ abschlagen, verbieten.

bewilligt einverstanden, abgemacht, bejaht, erlaubt, gestattet, statthaft, beschlossen, unverwehrt, geschenkt. → berechtigt, erlaubt. ▸ verboten, verweigert.

Bewilligung Zustimmung, Beistimmung, Beipflichtung, Billigung, Einwilligung, Genehmigung, Bestätigung, Anerkennung, Gewährung, Gutheißung, Bejahung. → Anspruch, Befugnis, Belehnung, Billigung, Einräumung, Erlaubnis, Konzession, Recht, Vollmacht. ▸ Verbot, Verweigerung.

bewillkommnen grüßen, küssen, umarmen, in die Arme schließen, zutrinken, Bescheid tun, anstoßen, anklingen, ein Hoch ausbringen, zuwinken, zunicken, anlächeln, zulächeln, sich verbeugen, verneigen, das Haupt entblößen, den Hut abnehmen, die Hand geben, die Hand bieten, reichen, schütteln oder drücken. ▸ Rücken kehren den.

bewirken Einfluss haben, geltend machen, vermögen, einwirken, bearbeiten, bemeistern, durchdringen, ausführen, durchführen, erreichen, veranlassen, verleiten, bewegen, verführen, bestimmen, empfänglich machen, ersuchen, bitten,

befürworten, vorschreiben, überreden, bereden, beschwatzen, betören, ködern, verlocken, anhalten zu, zusetzen, abschmeicheln, anspornen, anreizen, aufmuntern, ermutigen, anfeuern, entflammen, erzwingen, gebieten, heißen, heischen. → anfertigen, anregen, auslösen, bearbeiten, bedingen, beeinflussen, befruchten, bestimmen, bewerkstelligen, bilden, drechseln, durchbringen, durchgreifen, empfänglich machen, erregen, verursachen, zeitigen.
▸ hemmen, verhindern, wirkungslos sein ● agieren, anstoßen, handeln, machen, tätig sein, veranlassen ● fehlschlagen, misslingen.

bewirten auftischen, aufwarten, bedienen, beherbergen, frei halten, einladen, spendieren, offenes Haus halten, aufnehmen, auftafeln, Gesellschaft geben. → auftragen, bedienen, beköstigen.
▸ anfeinden, ausquartieren, zurückziehen sich.

bewirtschaften → ackern, pflanzen, verwalten.

Bewirtung → Essen.

Bewirtungsgewerbe Gastronomie.

bewitzeln → bespötteln, höhnen.

bewohnbar benutzbar, brauchbar, verwendbar.
▸ unbewohnbar.

bewohnen wohnen, sich niederlassen, einmieten, unterbringen, sich befinden, anwesend sein, bevölkern, logieren, sich aufhalten, weilen, ansässig sein, sich einquartieren, absteigen, einkehren, einnisten, sein Lager aufschlagen, Fuß fassen, einwurzeln, horsten, befahren *j.* → aufhalten sich.
▸ ausziehen, entfernen sich, entvölkern.

Bewohner → Bevölkerung, Eingeborener, Einwohner.

bewohnter Teil der Erde Biosphäre.

bewölken verdunkeln, verfinstern, verdüstern, beschatten, überwölken, beziehen, einnebeln, wolkig werden.
▸ aufklären.

bewölkt → dunkel, trübe.
▸ blau, heiter, klar, sonnig, unbewölkt, wolkenlos.

bewuchern aussaugen, ausplündern, ausziehen, ausbeuten, rupfen, aussäckeln, schröpfen, das Blut aussaugen, das letzte Hemd wegnehmen, um Hab und Gut bringen, betrügen, übervorteilen. → benachteiligen, täuschen.
▸ ehrlich (sein), gewissenhaft (sein).

Bewunderer → Courmacher, Liebhaber.

bewundern → achten, anbeten, anerkennen, besingen, Cour schneiden, rühmen, schätzen, staunen, verehren.
▸ ablehnen, verachten ● herabsetzen, lächerlich/verächtlich machen.

bewundernswert → bestrickend, blendend, brillant, scharmant, einnehmend, schön, tugendhaft, vortrefflich.

bewundernswürdig → beispiellos, bieder, charaktervoll.

bewundert → angesehen, beliebt, bejubelt.

Bewunderung → Achtung, Anerkennung, Anziehung, Aufsehen, Begeisterung, Begriff, Beifall, Betäubung, Liebe.

Bewurf → Anstrich, Bedeckung, Decke.

bewusst beabsichtigt, berechnet, absichtlich, ausdrücklich, vorsätzlich, geflissentlich, gewünscht, bezweckt, ins Auge gefasst, im Sinne gehabt. → beabsichtigt, eigens.
▸ unbewusst, automatisch, mechanisch, unbeabsichtigt ● fahrlässig.

bewusst beeinflussen manipulieren.

bewusst werden, sich → denken.

bewusstlos → besinnungslos.

bewusstlos machen betäuben, einschläfern, narkotisieren.

bewusstlos, tief komatös. → besinnungslos.

Bewusstlosigkeit → Betäubung.
▸ Bewusstsein, Wachheit, Wachsein.

Bewusstsein Geist, Herz, Ich, Inneres, Innenwelt, Seele, Selbst, Subjekt, Verstand, Denkkraft, Vernunft, Selbstbewusstsein, Ichbewusstsein. → Begriffsvermögen, Besinnung.
▸ Begriffsmangel, Bewusstlosigkeit.

Bewusstsein verbannen, aus dem verdrängen.

bewusstseinsgespalten schizophren.

Bewusstseinsspaltung Schizophrenie.

Bewusstseinstrübung Black-out.

Bewusstseinswachheit Vigilanz.

bezahlbar erschwinglich, erschwingbar, erreichbar, nicht zu teuer.
▸ unbezahlbar.

bezahlen abtragen, aufkommen für, ausgleichen, begleichen, berappen, latzen *u*, bluten, bereinigen, decken, regeln, erledigen, entledigen, tilgen, vergüten, erfüllen, einlösen, nachkommen, befriedigen, löschen, Verpflichtungen nachkommen, Verbindlichkeiten erfüllen, einen Wechsel akzeptieren, anweisen, trassieren, ersetzen, besolden, entlohnen, abfertigen, abfinden. → abrechnen, ahnen, anerkennen, aufwenden, ausgeben, belohnen, bestrafen, decken, einbringen, einlösen, entlohnen, ordnen.
▸ einkassieren, knausern, schulden, verweigern ● einnehmen, kassieren ● fordern ● die Zeche prellen.

bezahlen, für → geben.

bezahlen lassen → beeinträchtigen.

bezahlen, in gleicher Münze → wieder vergelten.

bezahlen, sich gut → Nützlichkeit, Vorteil.

bezahlen, die Kosten → geben, misslingen, unterhalten, verlieren.

bezahlen, vorläufig vorauszahlen, vorstrecken.

bezahlen, zu viel → verschwenderisch.

bezahlt → bar entlohnt, erledigt.

bezahlt machen, sich auszahlen sich, fruchten, lohnen sich, nützen.

bezahlter Beifall Claque.

bezahlter Beischlaf Prostitution.

bezahlter Tanzpartner Gigolo.

Bezahlung Zahlung, Auszahlung, Einzahlung, Abzahlung, Befriedigung, Tilgung, Ausgleichung, Abfindung, Abgeltung, Abtragung, Bereinigung, Anzahlung, Abschlagszahlung, Teilzahlung, Vorauszahlung, Ratenzahlung, Aufgeld, Handgeld, Vorschuss,

Rückzahlung, Erstattung, Vergütung, Entlohnung, Belohnung, Lohn, Gehalt, Gage, Honorar, Arbeitslohn, Akkordlohn, Stücklohn. → Ausgleich, Belohnung, Einzahlung, Entlohnung, Entrichtung, Entschädigung, Leistung.
▸ Einnahme, Schulden.

Bezahlung, ohne au pair, frei, gratis, kostenlos, umsonst.

bezähmbar gelehrig, zähmbar.
▸ unbezähmbar.

bezähmen mäßigen, besänftigen, abschwächen, bezwingen, unterdrücken, zurückhalten, beherrschen, eindämmen, hemmen, zügeln, stillen, abstumpfen, zähmen, dämpfen, bändigen, dressieren, zureiten, abrichten, bezäumen, beruhigen, abkühlen, abreagieren • unterjochen, unterwerfen, zwingen, unter das Joch beugen, knechten, dienstbar machen • kalt bleiben, gefasst bleiben, sich selbst besiegen, seinen Vorteil oder Wunsch zurückstellen, selbstlos sein, uneigennützig sein, enthaltsam sein, die Zunge im Zaume halten, schweigsam oder verschlossen sein, beschwichtigen. → begütigen, bekämpfen, dämpfen, einschläfern.
▸ aufbrausen, ungehorsam (sein), widersetzen sich.

Bezähmung → Beherrschung.

bezaubern → abbuhlen, aufsehen, beglücken, behexen, beseelen, bestricken, blenden, Cour schneiden, verleiten, zaubern.

bezaubernd → anmutig, auserlesen, ästhetisch, beeinflussend, berauschend, beseligend, bestrickend, scharmant, faszinierend, feenhaft, fantastisch, schön.

bezaubert → begeistert, beseligt, besessen, entbrannt, entflammt.

Bezauberung Verzückung, Verblendung, Faszination *f*, Verlockung, Verführung, Versuchung, Zauber, Bann, Beeinflussung, Suggestion, Einwirkung, Entzückung, Berauschung, Betäubung, Begeisterung, Schwärmerei, Enthusiasmus, Beschwörung, Verhexung, Behexung, Besessenheit, Verzauberung, Zauberbann. → Anziehung, Beeinflussung, Begeisterung, Betäubung, Entzückung.
▸ Ernüchterung, Gefühlsleere.

bezechen → betrinken.

bezecht → angeheitert, betrunken.

bezeichnen → angeben, anführen, ausdrücken, benennen, bestimmen, charakterisieren, darstellen, demonstrieren, deuten, einzeichnen.

bezeichnend kennzeichnend, eigen, geartet, in der Gattung liegend, gang und gäbe, vorherrschend, bemerkenswert, merkwürdig, denkwürdig, behutsam, symptomatisch, klassisch *u.* → A und O, anschaulich, ausdrucksvoll, beachtlich, charakteristisch, bedeutsam, Blut liegen im, denkwürdig, erheblich.
▸ gewöhnlich, unerheblich.

Bezeichnung → Adresse, Angabe, Anzeichen, Ausdruck, Benennung, Etikette, Firma, Kennzeichen, Marke.

bezeigen → ausdrücken, behaupten, manifestieren.

bezeihen → beschuldigen.

bezeugen → ausdrücken, beeiden, beglaubigen, begründen, bejahen, bekennen, bestätigen, beweisen, dartun, deuten, eingestehen, eintreten für, manifestieren, schwören, versichern.

bezeugt → authentisch, beglaubigt, erwiesen, sicher.

Bezeugung → Bekräftigung, Eid.

bezichtigen → angreifen, anschuldigen, behaupten, beschuldigen, verleumden.

Bezichtigung → Anzeige, Denunziation, Klage, Verleumdung.

beziehen in Verbindung bringen, verbinden, verknüpfen, zusammenbringen, verketten, zurückkommen auf, in Betracht ziehen. → abonnieren, annehmen, beschaffen, bestellen, bewölken, empfangen, entgegennehmen, erwerben, kaufen, nehmen.
▸ aufklären, ausziehen, liefern, wegschicken, abziehen • anfordern, bestellen, ordern • abbestellen • bezahlen.

beziehen auf, sich Bezug haben, zusammenhängen mit, im Gefolge haben, sich berufen auf. → berufen sich, bringen in Verbindung, drehen sich um.
▸ ausnehmen, beziehungslos (sein), ergeben sich, unberührt (bleiben).

Beziehung → Ausdruck, Band, Begriff, Berücksichtigung, Bezug, Freundschaft, Hinsicht.

Beziehung, in jeder vollständig, ganz, gänzlich, vollkommen, aus einem Guss, erschöpfend, vollauf, von Anfang bis zu Ende, vom Scheitel bis zur Sohle, mit Leib und Seele, Richtung, Weise.
▸ unvollständig, unzureichend.

Beziehung treten, in → bekannt werden, brechen das Eis.

Beziehungen haben Verbindungen –, Kontakte –, Protektion / Möglichkeiten haben.

Beziehungen, zwischenmenschliche Human Relations.

beziehungslos ohne Beziehung auf, an und für sich, bezugslos, fern stehend, fern liegend, nicht zur Sache gehörig, unanwendbar, fremd, belanglos, nicht im Zusammenhang, der Sache fremd, in keiner Berührung damit, außer Frage, nicht hierher gehörig, weit vom Ziel, an den Haaren herbeigezogen, fern von, weit entfernt, unvereinbar, verbindungslos, isoliert, vereinzelt, nebenher bemerkt, weit voneinander, anders, nicht dasselbe, verschiedenartig, verschieden, entgegengesetzt, widersprechend, zuwiderlaufend, entgegen, wie Tag und Nacht, ganz im Gegenteil, nicht übereinstimmend, ungleich, unzeitgemäß, abweichend, auseinander gehend, ungereimt, aus der Luft gegriffen, wie ein Fisch auf dem Trockenen, wie die Faust aufs Auge, unzusammenhängend, berührungslos, einzig in seiner Art, abweichend, unlogisch, folgewidrig, grundlos, trügerisch, frei, unabhängig. → absurd, absolut, allein, berührungslos, vereinzelt.
▸ beziehen auf sich, übereinstimmend, verbunden, zusammenhängend.

Beziehungspunkt Anhalt(spunkt), Bezugspunkt, Knackpunkt.

beziehungsweise bezüglich, betreffs, gemäß, hinsichtlich, in Bezug auf, was betrifft,

insofern als, in Hinsicht, mit Rücksicht auf, in Verbindung mit, im Zusammenhang mit, anspielend. → bezüglich, diesbezüglich.
beziffern → anschlagen, zählen.
Bezirk Diözese, Sprengel, Gau, Kreis, Distrikt, Bereich, Gebiet, Domäne, Departement, Territorium, Kanton, Provinz, Gouvernement, Vogtei, Gemeinde, Pfarrei, Wirkungskreis. → Abteilung, Aufgabenkreis, Distrikt, Domäne, Lage, Rahmen, Region.
Bezirksvorsteher Präfekt.
bezirzen → verlocken.
bezogen → bedeckt, Bezug auf, Bezug haben.
bezopft → abgetan, betrunken, veraltet.
Bezug Bezugnahme, Betreff, Hinsicht, Gesichtspunkt, Belang, Beziehung. → Abnahme, Abonnement, Bedeckung, Einkunft, Einnahme, Erlös, Erwerb, Hinsicht, Kauf, Rente. ▸ Aufwand, Ausschluss, Verkauf Auszug, Umzug • Abonnement • Bestellung • Lieferung • Abbestellung.
bezug auf, in → betreffend, bezüglich, dementsprechend, diesbezüglich.
Bezug haben → beziehen sich auf, drehen sich um.
Bezüge → Einkommen, Einnahme.
bezüglich entsprechend, vergleichsweise, im Hinblick auf, in Bezug auf, beziehungsweise, gemäß, betreffs, was anbetrifft. → betreffend, beziehungsweise, dementsprechend, diesbezüglich. ▸ beziehungslos.
Bezugnahme → Beziehung, Bezug.
bezugnehmend → betreffend.
bezugslos → berührungslos, beziehungslos, diskrepant.
Bezugsquelle Fundgrube, Lieferant, Versorgungsstelle, Geschäft, Kaufhaus. → Laden.
bezuschussen subventionieren, Kosten teilweise übernehmen, Zuschüsse zahlen.
bezwecken → beabsichtigen, bedeuten, Blick richten auf, erzwecken, fassen ins Auge, streben, wollen.
bezweckt → bewusst.
bezweifeln Argwohn hegen, Bedenken haben, Misstrauen, in Frage stellen, dahingestellt, sein lassen, Verdacht fassen, verdächtigen, unsicher sein, fragwürdig erscheinen, nicht glauben, unbegreiflich sein. → anfechten. ▸ glauben, vertrauen • sicher sein • annehmen, vermuten • behaupten.
bezwingbar möglich, erzwingbar, besiegbar, überwindbar, erschwingbar, erzielbar, erreichbar, ausführbar. → ausführbar. ▸ unbezwingbar.
bezwingen verhüten, eindämmen, niederhalten, entkräften, schwächen, lähmen, erschweren, abwehren, hintertreiben, vereiteln, zu Schanden machen, durchkreuzen, bekämpfen • fesseln, binden, besiegen, verderben, zunichte machen, im Keime ersticken, einen Riegel vorschieben, einen Strich durch die Rechnung machen, zu Fall bringen, zu Boden schlagen, die Flügel stutzen, fertig machen, schaffen *u.* → bahnen, bändigen, begütigen, beherrschen sich, bekämpfen, bemeistern, besänftigen, besteigen, betäuben, bewältigen, drücken zu Boden, durchhalten, durchsetzen, entsagen, erobern, fesseln, unterwerfen, vollführen. ▸ ausschweifen, fehlschlagen, unterliegen, verlottern, sich beugen / ergeben / fügen / unterwerfen, nachgeben, resignieren, unterliegen.
bezwingen, sich → bezähmen, versagen.
Bezwinger Eroberer, Held, Sieger.
bibbern → schlottern.
Bibel Heilige Schrift, Evangelium, Postille, Messbuch, Gebetbuch, Zeremonial, Zeremonienbuch, Brevier.
bibelfest belesen, gebildet, unterrichtet, eingeweiht, vertraut mit, bekannt mit.
Bibliophiler → Büchernarr.
Bibliothek Büchersammlung, Büchersaal, Bücherei, Leibibliothek. → Bücherei.
Bibliotheksverwalter Kustos.
bieder brav, rechtschaffen, tugendhaft, vertrauenswürdig, wacker, aufrichtig, offenherzig, zuverlässig, treu, ehrlich, redlich, treuherzig, treusinnig, einfach, unverdorben, natürlich, ohne Falsch, rechtlich, ehrenhaft, ehrbar, erprobt, glaubwürdig, gewissenhaft, verlässlich, unbestechlich, achtbar, würdig, pflichtbewusst, angesehen, tadellos, gut, charaktervoll, bewährt. → angesehen, arglos, aufrichtig, charakterfest, charaktervoll, ehrbar, ehrsam, wacker. ▸ böse, überragend, unaufrichtig, unredlich, unsolide, unzuverlässig • elegant, flott, frech, gewagt, keck, mondän, schick.
Biederkeit Gutmütigkeit, Bonhommie *f.* → Charakterstärke, Ehrbarkeit, Rechtschaffenheit. ▸ Unaufrichtigkeit, Unredlichkeit.
Biedermann Ehrenmann, Mann von Wort, Auftrechter, Mann von altem Schrot und Korn, Charakter.
Biedersinn → Charakterstärke, Rechtschaffenheit.
biegen (sich) abbiegen, beugen, krümmen, nachgeben, nachlassen, geschmeidig sein, geschmeidig machen. → abbiegen, abweichen, ausbuchten, einbiegen, federn. ▸ ausstrecken, gehen eigene Wege, gerade machen, gleichlaufend (sein), stählen, steifen sich.
biegsam dehnbar, flexibel, spannbar, federnd, elastisch, veränderlich • schmiegsam, grazil, schlank, anmutig, zierlich, graziös, dünn, mager, geschmeidig, zart • streckbar, spannfähig, federkräftig • lenksam, folgsam, lenkbar, regierbar, willig, unterwürfig, willfähig, gehorsam, formbar, ergeben, fügsam, nachgiebig, speichelleckerisch, sklavisch, knechtisch, lakaienhaft, hündisch, charakterlos. → dehnbar, demütig, elastisch, nachgiebig. ▸ aufsässig, aufrecht, stählern, unbiegsam, unnachgiebig, fest, hart, spröde, starr, steif, stur, unflexibel.
Biegsamkeit → Elastizität.
Biegung Krümmung, Abweichung, Windung, Kante, Ecke, Beugung, Schlängelung, Kurve • Abwandlung, Flexion, Deklination, Konjugation. → Falte, Kurve. ▸ Geradlinigkeit.
Biene Imme, Drohne (Hummel, Wespe, Hornisse), Insekten.
Bienenhaus Apiarium.

Bienenkorb Kar.
Bienenstock Bienenkorb, Bienenhaus.
Bienenzüchter Imker.
Bier Getränk, Gerstensaft, Weißbier, Warmbier, Starkbier, Malzbier, Bockbier, Doppelbock, Eisbock, Pilsner, Blondes *u*, Dunkles *u* • Stange, Kelch, Seidel, Glas, Schoppen, Liter, Maß, Krug, Maßkrug • Querschläger *u*.
Bier, dünnes/schales Pissolin *u*, Plempe *u*, Plörre *u*.
biereifrig → arbeitsam.
Bierhalle → Ausschank.
Bierhaus → Gasthaus.
Bierleiche → Trinker.
Biertischpolitiker Politikaster.
Biese → Einfassung.
Biest → Barbar, Ekel.
bieten erlauben, ermöglichen, gestatten, gewähren, in sich schließen • verschaffen, anbieten, darbieten, darbringen, Gelegenheit geben, sich erbieten, erbötig sein, veräußern, verkaufen, verklopfen, verkümmeln, feilschen, schachern, feilhalten, markten, Handel treiben, akkordieren • verhandeln, vergleichen, beilegen, ausgleichen, schlichten. → abwerfen, einbringen, ermöglichen, geben, veranstalten.
▸ ablehnen, nehmen, versäumen, verweigern, zurückweisen • akzeptieren, annehmen, zuschlagen.
bieten, die Spitze → herausfordern, verhindern, widerstehen.
bieten, die Stirne → Mut, widerstreben.
bieten, Trotz → herausfordern, ungehorsam.
Bieter Reflektant.
Bigband → Kapelle.
Bigamie Doppelehe.
bigott kleinlich, engstirnig, vorurteilsvoll, einseitig, unduldsam, engherzig, dumm, falsch, frömmlerisch, pfäffisch, scheinheilig, unduldsam, scheinfromm, gleisnerisch, heuchlerisch, pharisäisch, muckerisch. → beengt, engherzig.
▸ echt, großzügig.
Bilanz Gleichstellung, Gleichgewicht, Ausgleich, Abschluss, Vermögensausweis, Schlussrechnung.
Bilanzaufstellung Bilanzierung.
Bilanzkosmetik Window-Dressing.
bilanzmäßige Erfassung Aktivierung und Passivierung.
Bilanzseite, linke Aktiva.
Bilanzseite, rechte Passiva.
bilateral doppelseitig, zweiseitig, beidseitig.
Bild Bildnis, Porträt, Gemälde, Skizze, Stillleben, Studie, Zeichnung, Ölgemälde, Aquarell, Freske, Wandgemälde, Heiligenbild, Ikon, Abbild, Illustration, Bildschmuck, Altarbild, Holzschnitt, Linolschnitt, Gravüre, Stich, Radierung, Diptychon, Modebild, Trachtenbild, Figurine, Miniatur, Schattenriss, Genre, Handzeichnung, Federzeichnung, Kreidezeichnung, Pastell, Tempera, Aquatinta, Schabkunst, Karton, Fotografie, Lichtbild, Foto, Mosaik, Transparent, Glasmalerei, Enkaustik, Wachsmalerei, Lithografie, Steindruck, Glasdruck, Stahlstich, Kupferstich, Kupferdruck, Lichtdruck, Prozellanmalerei, Bildweberei, Gobelin • Abbildung, Vorbild, Darstellung • Metapher, Redebild, Sinnbild, Allegorie • Erinnerungsbild, Vorstellung, Idee, Gedanke • Zerrbild, Karikatur, Kopie • Imago (Image). → Ausdruck, Ansicht, Auffassung, Ausblick, Ausdruck, Begriff, Darstellung, Erscheinung, Figur, Gesichtspunkt, Idee, Symbol.
Bild geben von, ein → darstellen.
Bild, geklebtes Collage.
Bild, räumliches Hologramm.
Bild, rundes Tondo.
Bild und Ton Audiovision.
Bildabmaler Kopist.
Bildaufnahmegerät Filmkamera, Fotoapparat, Kamera.
Bildband Album.
Bildberichterstatter Fotoreporter.
Bilde, im in effigie, informiert.
Bilde, nicht im desorientiert.
Bildeinfassung Rahmen.
bilden herstellen, aufstellen, formieren • enthalten, einschließen, ausmachen, sich zusammensetzen, in sich schließen, umfassen, einordnen, beifügen • erzeugen, schaffen, erschaffen, hervorrufen, bewirken, ausführen, tun, machen, formen, weben, schmieden, drechseln, meißeln, ausschnitzen, bauen, errichten, aufrichten, zusammenstellen, einrichten, anfertigen, zubereiten, erwecken, erregen, entwickeln • belehren, erziehen, aufklären, lernen, unterrichten. → anfertigen, aufziehen, ausarbeiten, ausführen, belehren, erlernen, erschaffen, erziehen, formen, lehren, malen, schaffen.
▸ bleiben zurück, irreführen, verunstalten, weglassen, zerstören, abbauen, auflösen, vernichten • (aus dem Nichts) entstehen (lassen).
bildend → aufbauend, beigeordnet, erfinderisch, schöpferisch.
bildende Kunst z.B. Architektur, Grafik, Plastik.
Bilder → Ausschmückung.
Bilderbuch → Album.
Bildern ausstatten, mit illustrieren.
Bilderrätsel Rebus.
bilderreich vielfältig, mannigfach, vielförmig, abwechselnd, malerisch, vielerlei, allerhand, anschaulich.
▸ ausdruckslos, einerlei, kahl.
Bilderschmuck Illustration, Vignette.
Bilderschrift Piktographie.
Bilderschriftzeichen Hieroglyphe, Piktogramm.
Bildersturm → Demolierung.
Bilderstürmer → Barbar.
Bilderverehrer Ikonodule.
Bildfläche, verschwinden von → entschwinden.
Bildgeschichten Cartoons, Comics.
bildhaft → anschaulich, gestalterisch.
bildhaft machen, Ideen visualisieren.
bildhafte Übertragung Metapher.
Bildhaftigkeit Plastizität.
Bildhauerarbeitensammlung Glyptothek.
Bildhauerei Bildnerei, Bildhauerkunst, Skulptur, Plastik, Flachrelief, Halbrelief, Hochrelief, Gießkunst, Holzschnitzerei, Elfenbeinschnitzerei, Drechslerei, Modellierkunst, Wachsbildnerei, Töpferkunst, Keramik • Bildwerk, Statue, Standbild, Bildsäule, Statuette, Büste, Figur, Herme, Karytide, Torso, Gipsabguss, Denkmal, Gedenksäule, Steinpfeiler, Gemme, Kamee, Intaglio, Hautrelief, Basrelief.

bildhübsch → schön.
Bildkapsel Medaillon.
bildlich figürlich, durch die Blume, allegorisch. → anschaulich, durchgebildet, plastisch.
▸ klar, offen, schlicht.
Bildlichkeit → Darstellung.
Bildnis → Bild.
Bildnis, sehr kleines Miniatur.
Bildplatte Videoplatte.
Bildpunkt image point.
Bildsäule Statue.
Bildschirm Leinwand, Kristallwand, Silberwand, Projektionswand, Bildröhre, Mattscheibe.
Bildschirm-Einkaufen Homeshopping, Teleshopping.
Bildschmuck Illustration.
bildschön → schön.
Bildseite → Vorderseite.
Bildstock Klischee.
Bildstreifen → Film Comic, Film.
Bildteppich Gobelin, Kelim, Tapisserie.
Bildung Beschaffenheit, Form, Gestaltung, Bau, Gefüge, Anordnung • Gepräge, Stil, Manier, Art, Modus, Schnitt, Haltung, Pose • Entstehung, Erzeugung, Entwicklung, Schöpfung, Gestaltung, Anfertigung, Herstellung, Formung, Errichtung, Gründung, Zubereitung, Struktur, Aufbau, Gebilde, Zusammensetzung • Erziehung, Unterricht, Selbstunterricht, Belehrung, Ausbildung, Gelehrtheit, Belesenheit, Schulung. → Anordnung, Art, Art und Weise, Aufbau, Ausdruck, Aussehen, Charakter, Entstehung, Erbauung, Kultur, Struktur, Wesen.
▸ Bildungslosigkeit, Formlosigkeit, Unbildung, Vernichtung, Abbau, Auflösung, Untergang, Zerstörung • Bildungslücke, Dummheit, Naivität, Torheit, Unbildung, Unwissenheit.
Bildung, vielseitige Allroundbildung, Universalität.
bildungsfähig → intelligent.
bildungshungrig bildungsbesessen, lernbegierig, wissensdurstig, wissbegierig.
Bildungslosigkeit → Unwissenheit.
Bildungsphilister → Banause.
Bildungsstand Niveau.
Bildungsstätte → Anstalt, Institut, Schule.
Bildungstrieb → Interesse, Erfindungsgabe, Lebenskraft.
Bildungswille → Bildungstrieb.
Bildunterschrift Legende.
Bildwerfer Projektor (z.B. Diaskop, Epidiaskop, Episkop).
Bildwerk z.B. Aquarell, Collage, Graffiti, Grafik, Lithografie, Mosaik.
bildwirksam photogen.
Billett → Brief, Einlasskarte, Fahrkarte.
billig gerecht, richtig, angemessen, maßvoll, geziemend, geschenkt *u.* → angemessen, erkäuflich, preiswert, wohlfeil.
▸ kostspielig, teuer, aufwändig, edel, kostbar, wertvoll • unangemessen, unbillig.
billig aufkaufen ramschen.
billigen anerkennen, beipflichten, beistimmen, gutheißen, zustimmen, übereinstimmen, genehmigen. → anerkennen, beipflichten, bestätigen, bewilligen, eingestehen, einverstanden sein, erlauben, gutheißen.
▸ ablehnen, tadeln, verbieten, verneinen.
billigend anerkennend, beipflichtend, lobend, zustimmend.
Billigklasse im Flugverkehr Economyklasse.
Billigmarkt Discountgeschäft.
Billigung Einverständnis, Anklang, Zustimmung, Übereinstimmung, Beistimmung, Beipflichtung, Einwilligung, Gestattung, Zulassung, Einräumung, Genehmigung, Gutheißen, Bestätigung, Anerkennung, Annahme, Bewilligung, Bejahung. → Beifall, Bekräftigung, Bewilligung.
▸ Ablehnung, Tadel, Verbot, Verneinung.
Bimmel Glocke, Uhr. → Klingel.
bimmeln → läuten.
bimsen → schlagen, prügeln.
Binde Verband. → Band, Bindemittel.
bindegewebsartig fibrös.
Bindegewebsknoten Gelose.
Bindeglied → Bindemittel, Verbindung, Zwischenstück.
Bindekraft Haltekraft, Zusammenhalt, Kohäsion.
Bindemittel Band, Fessel, Kette, Draht, Tau, Kabel, Strick, Seil, Strang, Schnur, Leine, Bindfaden, Zwirn, Garn, Faden, Seide, Riemen • Knopf, Knoten, Schleife, Kinken *sm*, Schlinge, Masche, Binde, Gurt, Gürtel, Hosenträger, Hosenband, Strumpfband, Knieband, Schnalle, Schließe, Reißverschluss, Nestel, Schnürsenkel, Haarband, Druckknopf • Leim, Kleister, Gummiarabikum, Fischleim, Syndetikon, Kitt, Fliegenleim, Kaltleim • Lot, Nagel, Stift, Schraube, Haken, Nadel, Bolzen, Dollen, Klammer, Niet, Riegel, Schloss, Angel, Scharnier • Fuge, Gips, Zement, Kalk, Mörtel, Beton • Glied, Gelenk, Zapfen, Wirbel, Genick, Hals, Halsung *j*, Nacken, Sehne, Flechse • Bindewort • Verbindung.
binden → bändigen, bezwingen, broschieren, fassen, hindern, knebeln, unterjochen, verbinden, zwingen.
▸ aufbinden, aufknoten, losbinden • befreien, entbinden, lösen.
binden, sich → engagieren sich, fesseln, festlegen, versprechen.
binden, die Hände → lähmen, Schranken ziehen, kurz halten, ketten, fesseln, in Bande schlagen, knebeln, unter Aufsicht stellen, einen Hemmschuh vorlegen, abhängig machen.
binden, nicht auf die Nase geheim halten, verbergen, verschleiern, verhüllen, verdunkeln, vorenthalten, vertuschen, verheimlichen, für sich behalten, hinter dem Berge halten, ein Schloss vor den Mund legen.
▸ offenbaren.
binden, auf die Seele raten, anraten, ermahnen, beraten, anweisen, anraten, zureden, einschärfen, Vorstellungen machen, ans Herz legen.
▸ entheben, unterlassen, widerrufen.
bindend → obligatorisch.
Binder Krawatte, Schlips, Selbstbinder, Senkel.
Bindewort → Verbindung, Konjunktion.
Bindfaden Schnur, Zwirn, Garn, Faden, Kordel, Strick, Band. → Band, Faden.
Bindung → Anschluss, Band, Befestigung, Verbindlichkeit, Verbindung, Verpflichtung, Zusammenhang.
▸ Freiheit, Freizügigkeit, Ungebundenheit • Lösung, Scheidung, Spaltung, Trennung.
Bindung eingehen → verpflichten sich, binden sich.

binnen inmitten, innen, dazwischen, inzwischen, zwischenliegend, mittendrin, innerhalb, bis, ehe, bevor, nachdem, seit, sobald, während. → bis, fällig. ▸ augenblicklich, außerhalb, ringsum, ringsumher, von.
binnen kurzem → bald, demnächst.
Binnenhafen → Becken.
Binnenmeer Binnensee, Gewässer, Strandsee, Haff, Küstensee, Lagune, Teich, Weiher, Wasserloch, Binnenwasser, Süßsee.
Binnenschifffahrt Kabotage.
Binse Strohhalm, dünner Faden, Riedgras • Geringfügigkeit, Bedeutungslosigkeit, Gehaltlosigkeit, Unwichtigkeit, Kleinigkeit, Schulweisheit.
Binsen, gehen in die → Zerstörung, Verlust.
Binsenwahrheit → Wahrheit.
Biografie Lebensbeschreibung / -bild / -erinnerungen / -geschichte / -lauf, Memoiren, Vita, Werdegang.
Birne Lampe, Leuchte, Glühbirne, Röhre, Radioröhre • Obst • Kopf, Schädel.
birschen → Ferse folgen auf der.
bis bisher, bislang, bisweilen, bis auf weiteres, fortwährend, immer, während, eine Zeit lang, von Tag zu Tag, einstweilen, inzwischen, unterdessen, währenddessen, währenddem, beständig, beharrlich, dauernd, fortgesetzt, befristet bis, befristen, mit Ziel, fällig, reichen bis, zu, durch, über, mit Richtung auf, heran, an • da capo, wiederholt. → binnen. ▸ hier, sofort, ab, seit, über hinaus, von.
bis auf ausgenommen, außer, Ausnahme mit, ausschließlich, bis auf, ohne, sonder, exklusive.
bis auf weiteres → bis.
Bischof → Geistlichkeit.
bischöflich pontifikal.
Bischofsamt Episkopat.
Bischofskirche Dom, Kathedrale, Münster.
Bischofsmütze Mitra.
Bischofssprengel Bistum, Diözese.
Bischofsversammlung Konzil.
bisher → bereits, bis, früher.
bislang → bereits, bis.
Biss → Wunde.
bisschen → bloß, klein.
Bissen → Anteil, Batzen, Teil.
bissig streitig, feindlich, gehässig, händelsüchtig, zänkisch, streitsüchtig, streitlüstern, eklig *u*, katzig, krakeelig *u*, raubeinig, stichelnd, anzüglich, persönlich, kratzig, spöttisch, sarkastisch, satirisch, ironisch, bitter, scharf, spitz, beißend, schneidend, scharf *u*. → ärgerlich, bärbeißig, brummig, erbittert, zynisch. ▸ freundlich, gutmütig, herzlich, witzlos, zahm.
bissiges Sinngedicht Xenie.
Bissigkeit Anzüglichkeit, Anzapfung *u*, Wortkrieg, Maulgefecht, hämischer Ausfall, bissiger Angriff, Bärbeißigkeit, Barschheit, Frechheit, Unverschämtheit, schlechte Laune, üble Stimmung, barsche Antwort, höhnische Bemerkung, Unhöflichkeit, Gehässigkeit, Bitterkeit, Schärfe, Herbheit, Geifer, Erbitterung, Gift und Galle. ▸ Freundlichkeit, Herzlichkeit, Witzlosigkeit, Wohlwollen, Zahmheit.
bisweilen → ab und zu, einige Male, gelegentlich.
Bitte → Antrag, Beeinflussung, Begehr, Gesuch, Wunsch. ▸ Dank • Abfuhr, Ablehnung, Absage, Verweigerung • Einwilligung, Erfüllung, Genehmigung.
bitte schön Pardon, Verzeihung, bei allem was hoch und heilig ist, wollen Sie die Güte haben, seien Sie so gut, wenn ich bitten darf, um Gottes Willen, gelt, erbarm dich. → danken nichts zu.
bitten angehen, anhalten, begehren, einkommen um, ersuchen, nachsuchen, verlangen, wünschen, fordern, heischen, erbitten, einreichen um, sich wenden an, ansprechen um, anrufen, anflehen, beschwören, bedrängen, belästigen, bemühen, sich bewerben, bestürmen, belagern, erflehen, um etwas anklopfen, fechten, Almosen begehren, betteln, erwünschen, um Gnade flehen, um Verzeihung bitten, Abbitte tun, begleichen. → anbeten, anflehen, angehen, anregen, begehren, belagern, bemühen, bestimmen, beten, betteln, bewerben sich, bewirken, Blick mit feuchtem, dringen, einladen, einkommen um, einstürmen, erbeten, erflehen, erheben die Hände. ▸ ablehnen, befehlen, einspinnen sich, danken, gering schätzen.
bitter stark, scharf, herb, gallebitter, hart, übelschmeckend, ungenießbar, ekelhaft, widerlich, Ekel erregend, unangenehm, eklig • traurig, niedergeschlagen, trostlos, unerfreulich, unerquicklich, abscheulich, scheußlich, garstig, schlecht, verwünscht, verflucht, verdammt, verteufelt, ärgerlich, enttäuschend, unbefriedigend, bedauernd, grässlich, entsetzlich, schauderhaft, erbitternd, verdrießlich, böse, bösartig, tückisch, heimtückisch. → anwidern, arg, ängstlich, beißend, bejammernswert, bissig, brechen das Herz, ekelhaft, entsetzlich, faul, sauer, schmerzlich. ▸ erfreulich, heiter, schmackhaft, süß, tröstlich.
Bitterapfelsine Pampelmuse, Pomeranze.
bitterbös → arglistig.
Bitterkeit Widerlichkeit, schlechter Geschmack, Galle, Wermut, Gift und Geifer, Bitternis, Mutlosigkeit, Überdruss, Unzufriedenheit, Missbehagen, Unlust, Verbitterung, Enttäuschung, Kummer, Verdruss, Beschwernis, Hass, Gehässigkeit, Feindseligkeit, Bosheit, Unerbittlichkeit, Entfremdung, Abwesenheit, Feindschaft, Zwist, Erzürnung, Zorn, Groll, Unwille, Aufgebrachtheit, Grimm, Ingrimm, Unmut, Entrüstung, Erbitterung, Widerwille, Abscheu, Ekel, Verhasstheit, Unausstehlichkeit, Verdrossenheit, Ärger, Wut, Reizbarkeit, Empfindlichkeit, Missmut, Neid, Laune, Übellaunigkeit. → Anwandlung, Ärger, Bärbeißigkeit, Bedrücktheit, Betrübnis, Bissigkeit, Bitternis, Bosheit, Erbitterung. ▸ Heiterkeit, Schmackhaftigkeit, Süßigkeit, Seligkeit, Tröstung.
bitterlich peinlich, misslich, schlimm, böse, ärgerlich, schmerzend, beißend. → bitter, böse. ▸ gut, tröstlich.
Bitternis Ungemach, Bedrängnis, Betrübnis,

Trübsal, Elend, Kummer, Sorge, Schmerz, Kreuz, Leid, Kümmernis, Weh, Harm, Bitterkeit, Unbill. → Bitterkeit. ▸ Heiterkeit, Tröstung.
Bittgang Pilgerung, Betfahrt, Betgang, Wallfahrt, Bußgang, Pilgerfahrt, Prozession. → Bußgang.
Bittgänger → Antragsteller, Kandidat.
Bittgebet Memento, Oration.
Bittgesuch Petition, Supplik.
Bittschreiben → Brandbrief.
Bittschrift → Antrag, Begehr, Bettelbrief, Bewerbung, Gesuch.
Bittsteller Antragsteller, Ansucher, Bewerber, Bettler, Freier, Fürbitter, Schmarotzer, Krippenreiter, Schnorrer, Fechter, Almosensammler, Bettelsack, Habenichts, armer Schlucker, Hungerleider, Lazarus, armer Teufel. → Antragsteller, Bettler, Bewerber.
Biwak → Aufenthaltsort.
biwakieren campen, zelten, Wohnwagen/Zelt leben im.
bizarr merkwürdig, fantastisch, seltsam, ungewöhnlich, wild, zerrissen, grotesk, eigenartig, überspannt, wunderlich, übertrieben, unwirklich, lächerlich, absonderlich, verschroben, ungereimt, schrullenhaft, barock, burlesk, hochkomisch, extravagant. → abnorm. ▸ gewöhnlich.
Bizeps Kraft, Muskeln, Muskelpaket.
Blaba Bafel, Gefasel / -rede / -schwafel / -schwätz, (leeres) Gewäsch, Schmus, Wischiwaschi.
bläffen → bellen.
blähen, (sich) zunehmen, vergrößern, ausdehnen, erweitern, schwellen, wachsen, auflaufen, aufblähen, anschwellen, auftreiben, entfalten, aufblasen, bauchig werden, wölben, aufgeblasen, erweitert, hohl, aufschwellen • aufpusten, prahlen, renommieren, aufschneiden, übertreiben, vergrößern, sich ein Ansehen geben, aus der Mücke einen Elefanten machen, herausputzen, aufputzen, ausschmücken, überheben, verschlimmern, verstärken, protzen, strotzen, prunken, stolzieren, prangen, angeben, ein großes Haus führen, von sich überzeugt sein, den Kopf hoch tragen, auf andere herabschauen, sich aufs hohe Pferd setzen, sich etwas einbilden, in sich verliebt sein, sich spreizen, in die Brust werfen, sich für unwiderstehlich halten, sich besser dünken, sich überschätzen, sich für ein Genie halten, großtun, wichtigtun, sich aufs hohe Ross setzen. → anschwellen, auftreiben. ▸ einschrumpfen, zusammenziehen.
Blähsucht Flatulenz, Meteorismus.
Blähung Qualm *u*, Schas *u*. → Blähsucht, Gährung, Überfluss.
blaken glimmen, kohlen, schwelen, schwalchen, rußen.
bläken blöken, meckern, bähen, schreien.
Blamage Unbesonnenheit, Taktlosigkeit, Unkultur, Unmanierlichkeit, Pfuscherei, Stümperei, Schmiererei, Geschmacklosigkeit, Abgeschmacktheit, Schande, Makel, Bloßstellung, Lächerlichkeit. → Reinfall. ▸ Anerkennung, Bewährung, Erfolg.
blamabel → beschämend.
blamieren, (sich) sich dumm anstellen, Unsinn reden, faseln, sich unfähig zeigen, sich erwischen lassen, bei der Nase herumgeführt werden, nicht begreifen, Fehler machen, mit der Tür ins Haus fallen, Böcke schießen, fehlschießen, sich selbst im Licht stehen, sich die Finger verbrennen, übel beraten, sich nicht bewähren, pfuschen, stümpern, hudeln, faseln, klecksen, schmieren, abblitzen, erfolglos sein, es nicht weit bringen, zurückweichen müssen, sich umsonst bemühen, das Ziel verfehlen, vergeblich sich abmühen, nichts zu Stande bringen, aufsitzen, sitzen bleiben, überstimmt werden, durchfallen, ausgepfiffen werden, ausgezischt werden, leer ausgehen, das Feld räumen müssen, Dummheiten begehen, Missgriffe machen, straucheln, ausgleiten, entgleisen, zu Fall kommen, scheitern, ausgelacht werden, sich lächerlich machen. → anecken, bloßstellen. ▸ bewähren, Erfolg haben, gelingen, hervorheben, hervortun.
blamieren, sich → beikommen nicht, bleiben stecken, bleiben zurück, Brennnessel berühren, Dummheiten machen.
blank geschliffen, glänzend, glatt, leuchtend, rein, sauber, strahlend, unbefleckt, weiß, runzellos, faltenlos, poliert • aalartig, aalglatt, schlüpfrig, ungeadert, aderlos, ungemasert • leer, ohne, unausgefüllt, ohne Geld, arm. → abgebrannt, blanko, poliert. ▸ rau, trübe, unsauber, voll.
blankziehen → balgen.
blanko blank, frei, leer, offen, unausgefüllt, ohne Unterschrift, anonym. ▸ unterschrieben.
Bläschen → Behälter.
bläschenartig vesikulär.
Blase → Auswuchs, Balg, Ball, Ballon, Behälter, Beutel, Kugel.
Blasebalg Gebläse, Ventilator, Exhaustor.
blasen brausen, fauchen, sausen, säuseln, stürmen, wehen, ziehen, aufblähen, fächeln, ausatmen, aushauchen, schnauben, schnaufen, Luft schöpfen, nach Luft schnappen, anfachen, anblasen • flöten, pfeifen, tuten, tröten *u*. → entzünden, musizieren, trauern. ▸ einatmen, freuen sich.
Blasenentzündung Zystitis.
blasiert übersättigt, abgestumpft, eingebildet, hochmütig, abgelebt, müde, entartet, dekadent, verlebt • teilnahmslos, unempfänglich, gelangweilt, unempfindlich, gefühllos, leidenschaftslos, affektlos, gleichgültig, angeödet sein. → abgelebt, abgestumpft, dekadent, eingebildet, entartet. ▸ aufgeschlossen, gefühlvoll, interessiert, lebhaft, natürlich.
blasierter Angeber Snob.
Blasiertheit → Aufgeblasenheit, Übersättigung.
blasig → bauchig, schäumend.
Blasrohr Pusterohr *u*.
blass farblos, bleich, falb, fahl, matt, verblichen, zart, verschlossen, leichenfarbig, blasswangig, bleichsüchtig, blutarm, kränklich, leidend, angegriffen, kraftlos, blutlos, blutleer, käsig *u*, ergriffen, bewegt, erregt, gerührt, bestürzt. → Erregung, farblos, Furcht, Schmerzen, Trauer. ▸ auffällig, farbig, mutig, unerschüttert, braun(gebrannt),

dunkel(häutig), gerötet, rosig • anschaulich, ausdrucksvoll, deutlich, drastisch.
blassrot → chamois.
Blässe Entfärbung, Bleichheit, Farblosigkeit. → Albino. ▸ Farbe, Farbenreichtum.
Blatt Folio *s*, Lamelle, Bogen, Papier, Zeitung • Laub. → Anzeiger, Brett.
Blatt, unbeschriebenes Dark horse.
Blatt, vom a vista.
Blatt vor den Mund nehmen, kein → offenbaren.
Blatt spielen vom → auswendig.
blättern umwenden, umdrehen, umblättern • abblättern, entblößen, abschälen, herausschälen, aushülsen, enthüllen, abhäuten, abstreifen, entblättern, schuppen, abdecken, aufdecken. ▸ bedecken, haften, innehalten → Pocken.
blatternarbig knotig, narbig, hässlich, entstellt, verunstaltet, finnig, scheußlich, abscheulich, widerlich, abstoßend, unrein, schmutzig. ▸ faltenlos, glatt, sauber, schön.
Blätterteiggebäck Bouchée, Krustade, Pastete, Vol-au-vent.
Blätterwald → Presse.
blattförmig → blättrig.
Blattgelb Xanthophyll.
Blattgrün Chlorophyll.
blattlos dürr, trocken, bloß, nackt, bar, entblößt, kahl.
blättrig locker, lose, abgesondert, mehrteilig, unzusammenhängend, für sich, verbindungslos, ungebunden, abgelöst, losgelöst, getrennt, geteilt, bröcklig, gelockert • blattförmig, schuppig, schuppenförmig, faserig, geschichtet, tafelförmig, schichtartig. ▸ blattlos, dick, fest.
Blattrückseite Revers, Verso.
Blattvorderseite Avers, Rekto.
Blattzinn Stanniol.
blau himmelblau, veilchenblau, ultramarinblau, azur *f*, indigo, vergissmeinnichtblau. → angeheitert, betrunken. ▸ nüchtern.
blauäugig arglos, einfältig, Falsch ohne, leichtgläubig, treuherzig, naiv.
Blaubart Wüstling, Lüstling, Frauenschänder, Frauenmörder, Sittlichkeitsverbrecher, Sadist. → Casanova.
Blaublindheit Azyanoblepsie.
blaublütig → adelig.
Blaue, ins ins Ungewisse. → ungewiss Ungewisse ins.
bläuen → prügeln
blauer Fleck Bluterguss, Hämatom, Nävus, Suffusion, Sugilation • Veilchen *u*. → Bluterguss.
Blauhosen Jeans.
bläulich bleu.
blaumachen feiern, faulenzen, bummeln.
Blaustrumpf Schöngeist, Schriftstellerin, Kunstliebhaber, Malerin, Kunstfreund, Künstler.
blausüchtiges Kind Blue baby.
blau-violett heliotrop.
Blazer → Jacke.
Blech Metallplatte, Kuchenblech • Geld • Blech reden, irre reden, fantasieren, Blödsinn, Schwindel, Unsinn, dummes Zeug, leeres Gerede, Geschwätz, bloße Redensarten, Schlagwort, hohle Worte, leere Phrasen, Phrasendrescherei, leerer Schall, Schnickschnack *u*, Seich *u*, Sums *u*, Tratsch *u*, Papperlapapp *u*, Salbader *u*, Quatsch, Quatscherei, Mumpitz *u*, Quasseln, Schmus *u*, Edelschmus *u*, höherer Blödsinn, Gewäsch, Gesabbel *u*, Klatsch, Käse *u*. → Bargeld, Bedeutungslosigkeit, Bombast, Faselei, Kitsch. ▸ durchdacht, stilvoll, überlegt.
Blechbehälter Büchse, Dose, Kanister.
Blechblasinstrumente z.B. Bombardon, Horn, Kornett, Posaune, Saxofon.
Blechbüchse Blechdose, Büchse, Dose, Konservenbüchse.
blechen → ausgeben, zahlen.
Blei → Ballast, Bohne.
Bleibe → Aufenthaltsort.
bleiben überleben, abfallen, sich ablagern, beständig sein, fortdauern, fortbestehen, ausharren, aushalten, anhalten, Bestand haben, kein Ende nehmen • belästigen, verpassen, vertrödeln, die Zeit unbenutzt lassen, zudringlich sein, verweilen, beachtet werden • unverändert sein, verharren, andauern, ausdauern, dauern, nachhalten, erhalten, bewahren, bestehen, sich behaupten, durchsetzen, Wurzel fassen, einwurzeln • einkehren, absteigen, sich niederlassen, sich anbauen, sich sesshaft machen, einnisten, festsetzen, lagern, Fuß fassen, Obdach gewähren, Zuflucht geben, Unterkunft geben, unterbringen, Sicherheit gewähren, übernachten, einladen, ankern, ausruhen, rasten, landen, unterbrechen, sich setzen • überschwemmen, überfluten, überwuchern. → anfallen, aufhalten sich, ausdehnen, dauern. ▸ ändern sich, vergehen, weggehen, abhauen, abfahren, abreisen, aufbrechen, sich entfernen, fortgehen/-laufen/-ziehen • kündigen, verlassen, weggehen • vorbeigehen, vorübergehen • mitfahren/-gehen • wechseln • weichen.
bleiben, beim Alten → bestehen.
bleiben, dabei → andauernd, beeiden, befreunden, behaupten, bleiben bei der Sache, entschlossen, fortsetzen.
bleiben, gefasst → ruhig, kommen sehen.
bleiben, hängen → misslingen, verlieren.
bleiben hinten → bleiben zurück.
bleiben kalt → blasiert.
bleiben lassen → drücken sich.
bleiben, am Leben → entkommen.
bleiben, neutral sich nicht einmischen, unentschlossen sein, zaudern, schwanken, sich nicht entschließen, unschlüssig sein, zögern, sich besinnen, Bedenken haben, sich drehen und wenden, lavieren, hinhalten, es dabei belassen. ▸ einmischen sich, Stellung nehmen.
bleiben, auf dem Platz stehen, verweilen, niedersetzen, ruhen, rasten, einhalten, innehalten, aufhalten • sterben, fallen, verscheiden, aus dem Leben scheiden, umkommen, verenden, verrecken, krepieren, seinen Geist aufgeben. ▸ leben, weggehen.
bleiben, bei der Sache sich angelegen sein lassen, sich bemühen, Acht geben, Sorge tragen, überlegen, beachten, durchhalten, fortfahren, fortsetzen, beharren,

aushalten, dabeibleiben, fortführen, wiederholen, bei der Sache sein, aufmerksam sein, erlernen, verstehen, erfassen, begreifen.
▸ abschweifen, unaufmerksam (sein).

bleiben, sitzen untätig sein, tatenlos zuschauen, sich nicht erheben, nicht aufstehen, nicht versetzt werden, faul, unfähig, dumm, träge, nicht vorwärts kommen, hängen bleiben • unverkäuflich. → beikommen nicht.
▸ arbeiten, vorwärts kommen.

bleiben, stecken sich verfahren, festfahren, nicht mehr vorwärts kommen, keinen Ausweg wissen, sich verrennen, stammeln, stottern, stocken, nicht mehr weiter können, den Faden verlieren, sich blamieren, feststecken.

bleiben, stehen einhalten, stoppen, aufhalten, bleiben, verbleiben.
▸ weggehen.

bleiben, zurück nachhinken, sich aufhalten, ausbleiben, verzögern, zu spät kommen oder gehen, hinten bleiben, nicht nachkommen können, rückwärts sein, langsam gehen, erlahmen, zögern, zaudern, kriechen, schlendern, humpeln, erlahmen • zurückgehen, umkehren, umdrehen, sich zurückziehen, sich entfernt halten, abwarten, vorhalten, einhalten, ermatten, ermüden, erschlaffen, erschöpfen, schwach werden, erliegen, zurückfallen • nichts lernen, verdummen, herumwursteln *u*, herumkrautern *u*, auf keinen grünen Zweig kommen, unwissend bleiben, nicht begreifen, zu hoch finden, sich blamieren, ein Brett vor dem Kopf haben, Stroh im Kopf haben, unbegabt sein, unfähig sein, träge sein, schwer von Kapee sein *u*, vernagelt sein *u*, über den Horizont gehen. → bekommen nicht.
▸ vorankommen, zurechtkommen.

bleibend → chronisch, dauerhaft.

bleiben lassen aufgeben, entziehen sich, machen nicht, unterlassen, versäumen.

bleich kackerig *u*. → blass, fahl, farblos.

bleichen entfärben, erblassen, verschießen, die Farbe verlieren, abschließen, verblassen, ausgehen • auslaugen, ausbeizen, klären. → ausgeben, auslaugen, entfärben, erblassen.
▸ färben, schwärzen.

Bleichgesicht Weißer (Mann).

Bleichheit Farblosigkeit, Blässe, Weiße. → Albino, Blässe.
▸ Farbe, Farbenreichtum.

Bleichsucht Blutarmut, Anämie. → Albino.
▸ Gesundheit, Kräftigung.

bleichsüchtig → blass, farblos.

bleiern schwer, gewichtig, bleischwer, schwül, unbewegbar, fahl, gewitterschwer, bleifarbig, grau • faul, lendenlahm, teilnahmslos, bequem, phlegmatisch, leblos, unbeweglich, schwerfällig, schläfrig, starr, totenähnlich. → einschläfernd.
▸ lebhaft, leicht.

Bleifarbe Mennige.

bleifarbig → bleiern, dämmerig, fahl, farblos.

Bleiglanz Galenit.

bleischwer → bleiern.

Blende Schirm, Vorhang, Verhüllung, Augenklappe, Scheuklappe, Fensterladen, Verdunkelung, Lichtschutz, Behang, Schleier, Umhang, Sonnenblende, Lichtschirm, Maske. → Behang, Fensterladen.

blenden berücken, betören, etwas vormachen, paradieren, prunken, scheinen, täuschen, tun als ob, wichtig tun, Sand in die Augen streuen, an der Nase herumführen, lügen, belügen, verblüffen, verwirren, sich aufblähen, großtun, sich ein Ansehen geben wollen, sein Licht leuchten lassen, seinen Wert oder Verdienst übertreiben, in Verblendung führen, prangen, Pracht entfalten, zur Schau stellen, spreizen, stolzieren, protzen, auf großem Fuß leben, Aufsehen erregen, gefangen nehmen, bestricken, bezaubern, den Kopf verrücken, den Kopf verdrehen, die Sinne verwirren, imponieren, einschüchtern • die Augen ausstechen, blind machen, die Sicht nehmen, die Orientierung verlieren, unsichtbar machen. → aufsehen, beeindrucken, berauben, Cour schneiden, entzücken.
▸ bescheiden (sein), ehrlich (sein), erblicken, verabscheuen.

blendend auffallend, aufgeputzt, täuschend, verfänglich, verführerisch, irreführend, glänzend, blühend, leuchtend, strahlend, himmlisch, köstlich, prachtvoll, bewundernswert, malerisch, makellos, einwandfrei, tadellos, fehlerfrei • grell, schreiend. → anmutig, auffallend, brennend, brillant, bunt, scharmant, eindrucksvoll, farbig, imponierend, pompös.
▸ farblos, reizlos, unauffällig, unverfälscht.

Blender → Dicktuer, Nichtswisser.

Blendung → Anschein, Anstrich, Blindheit, Beraubung, Kniff, Schein.

Blendwerk Betörung, Bluff, Täuschung, Trugbild, Verlockung, Vorspiegelung, Augentäuschung, Sinnestäuschung, Sinnesverwirrung • Luftspiegelung, Fata Morgana, Phantasmagorie, Verzerrung, Luftbild, Gespenst, Vision, Halluzination, Wahnbild • Lug und Trug, Betrug, Hintergehung, Gaukelspiel, Gaukelei, Mummenschanz, Maskerade, Taschenspielerei, Zauberei, Hokuspokus, Kniff, Heuchelei, Frömmelei, Marktschreierei, Mache, Fuchserei, Windbeutelei, Aufschneiderei, Illusion • Verkleidung, Vermummung, Verhüllung. → Aberglaube, Anreiz, Anschein, Behelf, Chimäre, Kniff, Lockmittel, Schrein.
▸ Wahrhaftigkeit, Wahrheit, Wirklichkeit.

Blick Anblick, Aussicht, Ansicht, Panorama, Szenerie, Fernsicht, Ausflug, Scharfblick, Wink, Augenspiel, Andeutung. → Ausblick, Aussicht.

Blick, böser bezaubern, behexen, beschwören, bannen, verzaubern, verhexen.

Blick, mit feuchtem mit Tränen in den Augen, in Tränen aufgelöst, schmerzdurchdrungen, schmerzbewegt, schmerzerstickt, mit nassen Augen, zu Tränen gerührt, in Tränen zerfließend, mit blutendem Herzen, jammern, wimmern, winseln, flehen, bitten, beschwören, um Erbarmen bitten, mitweinen,

mitempfinden, Anteil nehmen, beweinen, bejammern, beseufzen, beklagen.
▸ lachen, lächeln.

Blick, finsterer → unhöflich, gehässig.

Blick, heften auf → sehen.

Blick, nicht lassen aus dem beobachten, sich merken, aufpassen, belauern, bewachen, mustern, sich beschäftigen mit, Argusaugen haben, auf die Finger sehen, mit den Blicken verfolgen, im Auge halten, die Ohren spitzen, eine Sache verfolgen, den ganzen Sinn richten auf.
▸ übersehen.

Blick, preisgeben dem sich den Augen aussetzen, die Augen auf sich ziehen, zur Schau gestellt, Spießruten laufen, auf dem Präsentierteller sitzen *u.*
▸ zurückhaltend, zurückziehen sich.

Blick richten auf das Augenmerk richten auf, sich beschäftigen mit, auf die Finger sehen, im Auge behalten, nicht aus den Augen lassen, prüfen, näher beleuchten, die volle Aufmerksamkeit leihen, eine Sache verfolgen, in Augenschein nehmen, mustern, besichtigen, betrachten, ins Auge fassen, interessieren, aufs Korn nehmen, beabsichtigen, bezwecken, sich vornehmen, ausgehen auf, hinziehen, die Augen spielen lassen.
▸ Augen schließen die, interesselos (sein).

Blick verfolgen, mit dem → Blick nicht lassen aus dem.

Blicke werfen flirten.

Blicke, zärtliche schmeicheln, schöntun, kokettieren, tändeln, herzen, Liebesblicke zuwerfen, liebäugeln, anlächeln, werben.
▸ verabscheuen.

Blicke, zuwerfen zurückblicken, sich erinnern, die Vergangenheit zurückrufen, Vergangenes auffrischen, Bilder der Vergangenheit aufrollen, an vergangene Zeiten denken, frühere Tage zurückrufen, alte Wunden aufreißen. → Zeichen geben.
▸ vorübergehen lassen.

blicken → anschauen, einsehen, sehen.

Blicken verfolgen, mit den → belauern.

Blickes würdigen, keines → beleidigen.

Blickfang Anziehungspunkt, Blickfänger, Hinlenkung, Lockspeise, Köder, Magnet, Reizmittel, z.B. Approach, Display, Eyecatcher, Headline, Schlagzeile. → Anziehungspunkt.
▸ Abstoßung.

Blickfänger → Anziehungspunkt, Blickfang.

Blickfeld Gesichtskreis, Horizont, Reichweite des Geistes, Umfassungsbereich, Anschauungsvermögen, Bereich, Weichbild, Bannkreis, Kimmung, Aussicht, Überblick, Fernsicht, Seehorizont, Kimm *sm.*

Blickwinkel → Gesichtspunkt.

blind lichtlos, matt, glanzlos, stockblind, gebrochen, undurchsichtig, neblig, wolkig, unklar, dunstig, verschwommen, dämmrig, trüb • taub gegen, leichtsinnig, sorglos, unüberlegt, unbedacht, achtlos, unachtsam, unaufmerksam, unwissend, unbewusst, unkundig, unaufgeklärt, unerfahren, uneingeweiht, triebhaft, blindlings, instinktmäßig, vorsatzlos, blind für, blind gegen, rücksichtslos, schonungslos, hart. → absichtslos, dunkel.
▸ achtsam, ahnungsvoll, gefühlvoll, glänzend, sehen, sichtbar, blank, klar • aufmerksam, wachsam • einsichtig, scharfsinnig • hellsichtig • sehend • übersichtig.

blind durch das Leben fatalistisch.

blind, für blind sein, blind gegen, die Augen schließen, nicht hören wollen, mit dem Mantel der christlichen Nächstenliebe bedecken, ein Auge zumachen, übersehen, verzeihen, nachsichtig sein, schonend sein, nachsehen, Nachsicht haben, durch die Finger sehen. → blind.
▸ achtsam, aufnahmefähig, unduldsam.

blind machen → blenden.

Blinddarmentzündung Appendizitis, Typhlitis.

blinde Mordlust Amok.

blinder Alarm → Alarm.

blinder Eifer Fanatismus.

blinder Gehorsam Kadavergehorsam.

blinder Schicksalsglaube Fatalismus.

blinder Zorn Rage.

Blindgänger → Versager.

blindgängig → fanatisch, gutmütig.

Blindheit Lichtlosigkeit, Trübheit, Erblindung, Blendung, Star • Blödsichtigkeit, Achtlosigkeit, Sorglosigkeit, Gedankenlosigkeit, Leichtsinn, Geistesabwesenheit, Unwissenheit, Unerfahrenheit, Hohlheit.
▸ Klarsicht.

blindlings auf gut Glück, gedankenlos, übereilt, unachtsam, unbedacht, unbezweckt, unüberlegt, von ungefähr, vorsatzlos, mechanisch, zufällig, aufs Geratewohl, leichtsinnig, der erste Beste, unvorhergesehen, unklug, achtlos, ungestüm, hastig, hitzig, hitzköpfig, jäh, wild, überhastet, überstürzt, unvernünftig, unverständig, nicht mit den Tatsachen rechnend, sich nicht vorsehend, die Kräfte überschätzend, sinnlos, abenteuerlich, waghalsig, tollkühn, verwegen, unbesonnen, voreilig, unvorsichtig, frech, dreist.
▸ vorsätzlich, willentlich, scharfsichtig.

Blindpackung Attrappe.

Blindschacht Gesenk.

blindwütig → fanatisch.

blindwütiger Zerstörer Vandale, Wandale.

blinken → beleuchten, leuchten, Zeichen geben.

blinkend opalisierend.

blinkern → schillernd, strahlend.

Blinkfeuer → Erkennungszeichen.

Blinkzeichen Lichtsignal.

Blinkzeichengerät Heliograph.

blinzeln flimmern, flirren, schielen, zwinkern, plieren *u*, plinkern *u.*
▸ scharfsichtig.

Blitz Blitzstrahl, Blitzschlag, Gewitter, Donnerwetter • Handstreich, Überrumpelung, Augenblick, Atemzug, Plötzlichkeit, Unwetter, Aufwallung, Ungestüm, Handumdrehen, Übereilung, Überstürzung, Galopp, Sturmlauf, Karriere, Flug, Überraschung, Entladung, Funk, Blitz aus heiterem Himmel, Betäubung, Bestürzung, Erschütterung,

Verwirrung, Fassungslosigkeit, Schreck, Entsetzen, Furcht. ▸ Ahnungsvermögen, Gefasstheit, Trägheit.
Blitz getroffen, wie vom unvermutet, unverhofft, unerwartet, unversehens, unvorgesehen, ahnungslos, überraschend, plötzlich, niederschmetternd, verblüfft, aus den Wolken fallend, auf Knall und Fall, auf einmal, wie vom Donner gerührt. ▸ überraschen lassen nicht.
Blitz, wie der flugs, schnell, sogleich, stehenden Fußes, umgehend. ▸ langsam.
Blitzableiter → Prügelknabe.
blitzartig → augenblicklich, auf einmal, plötzlich.
blitzblank → adrett, sauber.
blitzen → emporlodern, leuchten.
blitzend → strahlend.
Blitz-Erfolg Senkrechtstart *u.*
blitzsauber → adrett, anmutig, bestrickend, sauber.
Blitzschlag → Blitz, Donner, Entladung, Knall und Fall.
blitzschnell → schnell.
Block Klotz, Klumpen, Verdichtung, Partei, Gruppe, Masse, Verband, Vereinigung, Knollen • Buchblock, Blockschrift, Zeichenblock, Notizblock • Fußblock, Schandpfahl, Pranger, Staubsäule, Pfahl. → Bock, Faszikel. ▸ Vereinzelung.
Blockade *f* Absperrung, Belagerung, Einkreisung, Einschließung, Sperre, Umklammerung, Umschnürung, Umfassung, Abschließung, Umschließung. → Absperrung, Barriere, Einkreisung. ▸ Befreiung, Beistand, Bresche, Friede, Hilfsstellung.
Blockflöte gelbe Rübe *u.*
Blockfreiheit Neutralismus.
blockieren → absperren, angreifen, belagern, drosseln.
Blockierung → Absperrung, Barriere.
Blockschrift → Druckschrift.
blöde einfältig. → albern, beengt, befangen, dumm. ▸ gescheit, intelligent, klug, schlau.
blödeln Unsinn reden, albern, ulken.
blöder Blick Kalbsaugen *u.*
blödes Geschwätz Quack *u.*
Blödigkeit Geistesarmut, Geistesschwäche, Unverstand, Beschränktheit, Borniertheit, Torheit, Dummheit, Kurzsichtigkeit, Albernheit, Tölpelhaftigkeit, lange Leitung, Einfältigkeit, kindisches Wesen, Schwachsinn, Narrheit, Dünkelhaftigkeit, Einbildung, Stumpfheit, Stumpfsinn, Befangenheit. ▸ Klugheit.
Blödling Dämlack, Depp, Dussel, Idiot, Narr, Schwachkopf, Simpel, Trottel.
Blödsinn → Blech, Dummheit, Verrücktheit.
blödsinnig → abscheulich, äußerst, dumm.
blödsinniger Gedanke Idiotie.
blöken → bläken, Tierstimme.
blond blassfarbig, aschenfarbig, rot-blond, tizianfarbig, strohgelb, dunkelblond, hellblond.
bloß nichts als, nichts anderes, nur, unbedeutend, nahezu, unbeträchtlich, winzig, gering, geringfügig, spärlich, kärglich, mäßig, eine Hand voll, einen Mund voll, ein bisschen, ein Körnchen, ein Krümchen, ein Spänchen, einen Fingerhut voll. → entblößt, nackt. ▸ (bedeckt), bekleidet, viel.
Blöße → Achillesferse, Armut, Enthüllung, Gefahr, Mangel, Verlegenheit.
bloßfüßig barfüßig, Füßen mit nackten, unbeschuht.
bloßgestellt verspottet, verhöhnt, verlacht, dem Gelächter preisgegeben, karikiert, parodiert. → blamiert. ▸ geachtet.
bloßlegen aufdecken, enthüllen, entmummen, entschleiern, die Maske abreißen • veröffentlichen, zugänglich machen, offenbaren, kundgeben, dartun, zur Schau stellen, beleuchten, aufzeigen, hinweisen, herauslocken, ausfragen, auspressen, entreißen, ausfinden, ergründen, anzeigen, verraten, entlarven, demaskieren, bloßstellen, dahinter kommen, ausschwatzen, ausposaunen, an die große Glocke hängen. → anzeigen, auspacken, äußern, bedeuten, bestätigen, beweisen, demaskieren, einweihen in das Geheimnis, exponieren. ▸ verheimlichen, verhüllen.
bloßstellen lächerlich machen, beschämen, blamieren, auskramen, offenbaren, kundgeben, sich einer Gefahr aussetzen, sich gefährden, an den Tag legen, zu erkennen geben, verunglimpfen, heruntersetzen, lästern, verschreien, herabwürdigen, verlachen, ausklatschen, auspfeifen, auszischen, verhöhnen, verspotten, tadeln, rügen, den Stab brechen über, kritisieren, in Schande bringen, an den Pranger stellen, entehren, die Ehre beschneiden, in üblen Leumund bringen, beschämen, demütigen, kränken, zurücksetzen, verlegen machen, erröten machen, die Innung blamieren *u.* → anöden, aufziehen, auspacken, beleidigen, bereden, beschuldigen, bloßlegen, demaskieren, erkennen lassen, herabsetzen, spotten. ▸ achten, bewähren, hervorheben, verehren.
bloßstellen, sich → anecken, auftauchen, bloßstellen, eingestehen.
Bloßstellung → Blamage.
blubbern aufwallen, Blasen werfen, brodeln, wallen.
Blue jeans → Hose.
Bluff → Ausflucht, Täuschung.
bluffen → bedrohen, täuschen.
blühen → Damm sein auf dem, erblühen, erstarken, florieren. ▸ verwelken, welken • untergehen, verfallen • reifen.
blühend begrünt, bunt, sprießend. → anmutig, blendend, gedeihlich, gesund, jung, munter, schön.
Blume Pflanze, Gewächs, Blüte • Bukett, Aroma, Duft • Ausdruck, durch die Blume, mit anderen Worten, versteckt, maßvoll, schonend. → Aroma, Ausschmückung.
Blumenbänder Girlanden.
Blumenbeet Rabatte.
Blumenbehälter Vase.
Blumenfülle Flor.
Blumengebinde Kranz, Strauß.
Blumengehänge/-gewinde Feston, Girlande.
Blumengöttin Flora.
blumenhaft → anmutig.
Blumenkind Hippie *u.*
Blumensteckkunst Ikebana.
Blumenstrauß Bukett, Gebinde, Gewinde, Gehänge. → Ausschmückung.
Blumenzeit → Frühling.
blümerant entsetzlich, furchtbar, gräulich, fürchterlich, schaudervoll, schauerlich, grässlich, scheußlich, abscheulich, nicht geheuer, von Furcht ergriffen,

erschreckt, entsetzt, bestürzt, furchterfüllt, grün und blau vor den Augen. → bebend. ▸ erfreulich, furchtlos, mutig.
blumig → aromatisch, ätherisch, duftig.
Blunze *sl* → Bauch.
Blut Blutsverwandtschaft, Sippe, Lebenssaft, Geblüt, Herzblut, Fleisch und Blut, Schweiß *j*, Faisch *j*, Fasch *j* • (roter) Saft *u*.
Blut ablassen absondern, laufen, aufbrechen, bluten, verbluten, zur Ader lassen, abzapfen, übertragen, verspritzen, entziehen, purgieren, schröpfen, ausbluten.
Blut auffrischen züchten, kreuzen, veredeln. ▸ entarten.
Blut baden, sich in ein Blutbad anrichten, die Hände in Blut tauchen, die Hände mit Blut besudeln, metzeln, schlachten, erdolchen, erschlagen, erschießen, ermorden, im Blute waten, Ströme von Blut vergießen, kämpfen, Krieg führen. ▸ milde sein, versöhnen sich.
Blut, blaues → Adel.
Blut, böses Groll, Animosität, Erbitterung, Unwillen. → Drachensaat, Feindschaft, Hass, Rache, Zwietracht.
Blut, erregtes → Aufregung, reizbar, Unwille.
Blut für Blut → Rache, Strafmaß, Vergeltung.
Blut gerinnen machen → fürchten, verabscheuen.
Blut, heißes → Brausekopf, Hitzkopf, Heißsporn, Koleriker, Kampfhahn, Raufbold, Krakeeler, Widerspruchsgeist, Rache, Hausteufel, Xanthippe, Keiferin, Zankeisen, Reibeisen. ▸ friedfertig, leidenschaftslos, unerschütterlich.
Blut, liegen im innewohnen, angeboren, anerschaffen, charakteristisch, bezeichnend, kennzeichnend, eigen, geartet, eingewurzelt, in der Art liegend, ererbt, instinktmäßig. ▸ wesensfremd.
Blut, mit kaltem → gefasst, grausam.
Blut, ruhiges → Behutsamkeit.
Blut und Wasser schwitzen → ängstigen.
Blut vergießen → töten.
Blut wallen machen → hassen, lieben.
Blut in Wallung bringen, das → begeistern.
Blutader Aorta, Arterie, Vene.
Blutandrang → Congestion.
blutarm → blass, krank.
Blutarmut Anämie *f*, Blutlosigkeit, Entkräftigung, Erschlaffung, Kraftlosigkeit, Mattigkeit, Schwäche. → Bleichsucht. ▸ Fülle, Kraft.
Blutbad Gemetzel, Blut und Eisen, Feuer und Schwert, Bluttat, Mord, Totschlag, Blutschuld, Meuchelmord, Hinschlachten, Blutvergießung, Ermordung, Metzelei, Vernichtung, Blutvergießen, Schlachtgewühl, Waffengetümmel, Schlacht, Feuergefecht, Gefecht, Angriff, Scharmützel, Luftangriff, Bombardierung.
Blutbann → Acht, Ächtung.
blutbefleckt blutig, blutüberströmt, ermordet, umgebracht, erdolcht, erstochen, beseitigt, umgelegt, blutbespritzt, blutbesudelt, bluttriefend. → bestialisch.
blutbespritzt → blutbefleckt, bestialisch.
blutbesudelt → blutbefleckt, bestialisch.
Blutbild Hämatogramm, Hämogramm.
Blut bildend hämatogen, hämatoplastisch.
Blutblase Quese *u*.
Blutdruck, erhöhter Hypertonie.
Blutdruck, zu niedriger Hypotonie.
blutdurstig → blutgierig.
Blüte → Blume • Falschgeld.
bluten schweißen *j*, ausgeben, bezahlen, Opfer bringen.
Blütenpracht Flor.
Blütensaft Nektar.
Blütenstaub Pollen.
Bluterguss → blauer Fleck.
Bluterkrankheit Hämophilie.
Blütezeit → Frühling.
Blutfetterhöhung Lipämie.
Blutgefäß → Ader.
Blutgefäßverstopfung Embolie.
Blutgericht Feme.
blutgierig blutdürstig, mordlustig, mörderisch, brutal, wild, unmenschlich, barbarisch, tierisch, viehisch, entmenscht, grausam. → bestialisch, entmenscht. ▸ gütig, menschenfreundlich.
Bluthochdruck Hypertonie.
Bluthund Schlächter, Würger, Barbar, Unmensch, Ungeheuer, Blutsauger, Vampir, Monstrum, Satan in Menschengestalt, Dämon, Ausgeburt der Hölle. → Barbar, Bestie. ▸ Wohltäter.
blutig → blutbefleckt.
Blutkreislauf Zirkulation.
blutleer → blass.
Blutmensch → Bestie.
Blutrache → Anschlag, Attentat, Bluttat.
Blutreinigung Entschlackung, Blutwäsche.
blutrünstig → barbarisch.
Blutsauger Wucherer, Vampir, Blutegel, Leuteschinder, Halsabschneider, Güterschlächter, Nimmersatt. → Bedrücker, Bestie, Bluthund, Erpresser. ▸ Wohltäter.
Blutschande → Inzest, Schändung.
Blutschuld → Beraubung, Blutbad, Bluttat.
Blutsverwandtschaft Kognation, Konsanguinität.
Bluttat Mord, Totschlag, Ermordung, Tötung, Lebensberaubung, Meuchelmord, Attentat, Gemetzel, Metzelei, Blutrache, Blutschuld, Verbrechen, Missetat, Freveltat, Übeltat. → Anschlag, Attentat, Blutbad.
bluttriefend → bestialisch, blutbefleckt.
Blutunterdruck Hypotonie.
Blutvergießen → Bluttat, Kampf.
Blutzeugenschaft Martyrium.
Bock Stütze, Unterlage, Unterteil, Kutschbock, Gestell, Schemel • Ziegenbock, Bulle, Schafsbock, Hammel, Schöps, Stier, Ramm, Rammbock, Geißbock, Hippe, Eber, Rehbock, Hirsch • Fehlgriff, Irrtum, Fehler, Versehen, Ungeschick, Schnitzer, Missgriff, Irrtum vom Amt *u* • Block, Folterbank, Schafott, Blutgerüst, Schambock.
Bock schießen → dumm, missdeuten, ungeschickt.
bockbeinig → bockig, eigensinnig, fanatisch.
bocken → auswerfen, bockig.
bockig halsstarrig, hartnäckig, starrsinnig, steifköpfig, eigensinnig, eigenwillig, trotzig, unlenksam, widerspenstig, ungehorsam, unbekehrbar, hartmäulig, querköpfig, störrisch, unnachgiebig, unerbittlich, bockbeinig, seinen Dickkopf aufsetzen, das Maul hängen lassen *u*, ungebärdig, unkonformistisch. ▸ bereitwillig, lenksam.

Bockmist → Unsinn.
Bockshorn jagen, ins Angst einflößen, Unruhe einjagen, beängstigen, beunruhigen, aus dem Geleise bringen, in Furcht und Schrecken stürzen, bange machen, verblüffen, Entsetzen einflößen, die Hölle heiß machen, jemanden bedrohen, die Pistole auf die Brust setzen, die Zähne fletschen, die Hand drohend erheben, die Faust schütteln. ▸ beruhigen.
Bocksprung Seitensprung, Ausgelassenheit.
Bockwurst Jungfernglück *u.*
Boden → Abstellraum, Besitztum, Eigentum, Erdboden, Speicher.
Boden bearbeiten → ackern, vorbereiten.
Boden drücken, zu → unterjochen, schmerzen.
Boden, fruchtbarer Humus.
Boden gehen, zu ohnmächtig werden, umfallen, zusammensinken.
Boden schlagen, zu niederschlagen, zusammenhauen/-schlagen.
Boden verlieren, den erfolglos sein, fehlschlagen, missglücken, schlecht davonkommen, schief gehen, zurückweichen müssen, zu Fall kommen, zu Grunde gehen, scheitern, untergehen, durch die Finger schlüpfen. ▸ bewerkstelligen, erfolgreich (sein).
Bodenbearbeitung → Anbau, Feldbestellung.
Bodenbelag → Teppiche.
Bodenbesitz → Besitztum.
Bodenentwässerung Dränage, Dränung, Dränierung.
Bodenerhebung Berg, Gebirge, Hügel, Wall.
Bodenertrag Ernte.
Bodengüte Bonität.
Bodenkredit Hypothekarkredit, Immobiliarkredit.
Bodenkunde Pedologie.
bodenlegend → sättigen.
bodenlos → abgründig, abscheulich, abtrünnig, äußerst, tief, unerhört, maßlos.
Bodenlosigkeit → Untergründlichkeit, Tiefe, Höllentiefe, Abgrund.
Bodennahrung Dünger, Jauche, Mist.
Bodennutzung Ackerbau, Bergbau, Feldbau, Forst, Gärtnerei, Waldbau.
Bodenplatte Fliese, Diele.
Bodenraum Bühne, Dachkammer, Gaden, Kammer, Speicher.
Bodensatz → Ansatz, Auswurf, Dreck, Schlacke.
Bodensenke Mulde, Tal.
Bodensenkung → Bewegung.
bodenständig autochthon, angestammt, arteigen, artgemäß, echt, heimatlich, heimisch, ursprünglich, verwachsen, verwurzelt, urwüchsig, währschaft. ▸ ausländisch, fremd.
Bodenständiges → Echtes, Original.
Bodenverschlechterung Degradierung.
Bodenvertiefung Bodensenke, Senke, Tal.
bodigen → ausstechen.
Boe (Bö) → Wind.
Bogen → Blatt, Eingang, Formular, Kurve, Papier, Wölbung, Arkade, Waffe.
Bogenanschlag → Anschlag.
bogenförmig → krumm.
Bogenführung → Ansatz.
Bogengang Arkade, Laubengang.
Bogenhalle Loggia.
Bogenlinie Kurve.
Bogensprung Kurbette.
Bogenstrich → Ansatz.
Bohle Diele, Planke, Bord, Brett. → Diele.
Bohne blaue Bohne, Kugel, Geschoss, Schrot, Vogeldunst, Rehposten, Blei.
Bohnerbesen Mopp.
bohnern glätten, glänzen, schleifen, ebnen, polieren, blank machen, wachsen, sauber machen, reinigen, reiben, scheuern, ölen, wichsen. ▸ kratzen, rauen.
bohren bearbeiten, vertiefen, aushöhlen, ausbohren, durchbohren, öffnen, drillen, durchlöchern, anbohren • schmerzen, wehe tun, kneifen, kneipen, stechen, hämmern, pochen, martern, quälen, peinigen, foltern, wühlen, wurmen *j*, wurzeln *j* • betteln. → drillen. ▸ ausfüllen, schließen, schmerzlos (sein).
bohrend → gründlich, peinigend, peinvoll, vertieft.
Bohrloch → Ausweg.
böig → windig.
Bojar → Adel.
Boje *sm* (= verankertes Seezeichen) → Bake.
böllern → dröhnen, schießen.
bollig → uneben.
Bollwerk → Barrikade, Bastion, Befestigung.
Bolzen → Bindemittel, Pfeil.
Bombardement Angriff, Kanonade, Beschießung, Beschuss, Luftangriff. ▸ Abwehr, Verteidigung.
bombardieren beschießen, mit Bomben belegen, unter Feuer nehmen, eine Breitseite abschießen, ins Kreuzfeuer nehmen, eine volle Lage geben, Feuer geben, den Feind beschießen, das Feld bestreichen, eine Bresche schießen, in die Luft sprengen, zur Übergabe zwingen, Eier legen *u.* → angreifen, beschießen. ▸ abwehren, verteidigen.
Bombast Wortschwall, Geschwätz, leeres Gerede, Blech, Phrasendrescherei, Schwulstigkeit, Übertreibung, Überspanntheit, Überladung, Schwulst, Aufgeblasenheit, Windbeutelei, Aufschneiderei, Prahlerei, Renommisterei, Großsprecherei, Ruhmredigkeit, Wichtigmacherei, Aufgeblasenheit, Dicktuerei, Protzentum, Geflunker, hochtrabendes Wesen. → Ausschmückung. ▸ Einfachheit, Zurückhaltung.
bombastisch → anspruchsvoll, aufdringlich, aufgeblasen, barock, schwulstig.
Bombe Sprengkörper/-ladung/-satz • wuchtiger Schuss/Wurf.
Bombe, selbstgebastelte z.B. Molotow-Cocktail.
Bombenknall Detonation, Explosion.
bombensicher → diebessicher, fest, unwiderleglich.
Bombenwerfer → Bandit.
bombensicherer Raum Bunker, Kasematte.
bombig → ausgezeichnet.
Bommel Franse, Quaste, Troddel.
Bon Kupon, Talon, Marke, Gutschein, Vergütung, Rückzahlung, Erstattung, Rabatt.
Bonbon → Süßigkeit.
Bonboniere → Dose.
Bonmot Aperçu, Aphorismus, Devise, Diktum, Maxime, Spruch, Zitat.
Bonne → Dienerschaft, Erzieherin.
Bonze Bürokrat, Fachpapst, starker Mann, Funktionär, Machthaber, Häuptling, Wichtigtuer.
Boom *m* → Aufschwung.
Boot Beiboot, Dingi *sm*

(= kleines Beiboot), Barke, Barkasse, Einer, Zweier, Ruderboot, Faltboot, Kanu, Gig *s*, Klipper, Ewer, Einbaum, Fähre, Motorboot, Nachen, Kahn, Gondel, Pinasse, Felucke, Jolle, Seelenverkäufer, Klepperboot. → Schiff.

Bootswettfahrt Regatta.

Bora → Wind.

Bord Rand, Kante, Einfassung, Einsäumung, Seite ● Steuerbord (rechte Seite), Backbord (linke Seite), Reling *sm*, Schanzkleid. → Behälter, Bohle.

Bord gehen, an abreisen, sich einschiffen, abfahren, auswandern, abdampfen, Abschied nehmen, scheiden, eine Schiffsreise oder Flugreise antreten, besteigen. ▸ ankommen, (aussteigen), (von Bord gehen).

Bord werfen, über zerstören, vernichten, abschaffen, opfern, umwerfen, umstürzen, eine Ende machen, ausmerzen, ausmisten, sieben *u*, abtun, beseitigen, aus dem Weg schaffen, abschwören, verzichten, fahren lassen, fallen lassen, abkommen von, eine Gewohnheit abschütteln, vernachlässigen, unterlassen, von der Hand weisen, absetzen, abdanken, fortjagen, verabschieden, niederlegen, aussondern, wegwerfen, Laufpass geben, kündigen, abberufen, kaltstellen, den Stuhl vor die Tür setzen, preisgeben, einsargen, verloren gehen, eine Hoffnung zu Grabe tragen, die Flinte ins Korn werfen. ▸ benutzen, erhoffen, ermächtigen, verwenden.

Bordell Freudenhaus, Eroscenter, Puff *u*, Rammelhütte *u*, Rotlicht *u*, Samenbank *u*, Saubetrieb *u*, Sex-Salon *u*, Sexsilo *u*. → Puff.

Bordellbesitzer Imker *u*.

bordieren → ausschmücken, dekorieren.

Bordüre → Besatz, Einfassung.

Boreas → Wind.

Borg → Anleihe, Aushilfe, Darlehen, Kredit.

borgen → anschreiben, aufnehmen, beleihen, entlehnen, entleihen.

Borke Rinde, Kruste ● Schale ● Brotrinde, Brotkruste ● Außenhaut, Schwarte.

borkig rindig, krustig, verkrustet, schuppig.

Born Kraftquelle, Quelle, Rückhalt, Schöpferkraft, Tiefe, Unerschöpflichkeit, Ursprung, Brunnen, Fundgrube, Herkunft, Schoß. → Brunnen. ▸ Unfruchtbarkeit.

borniert → albern, beengt, begriffsstutzig, dumm, engstirnig.

Borniertheit → Blödigkeit.

Börse → Beutel, Markt.

Börsenaufschwung Hausse.

börsenfähige Papiere Effekten.

Börsenhandel/-wucher Agiotage.

Börsenhändler/-kaufmann z.B. Börsenmakler, Broker, Remisier, Sensal.

Börsenkurs Aktienkurs, Effektenkurs, Kurs.

Börsenpapiere → Effekten.

Börsenspieler Spekulant, Glücksritter, Abenteurer, Börsenjobber.

Börsenstimmung Tendenz.

Börsenwertpapiere Effekten.

Borste → Bürste, Haar.

borstig stachlig, rau, stachelicht, struppig, haarig, zottig, filzig, behaart, hässlich, garstig, vierschrötig, widerspenstig, eklig, ungekämmt, wuschelig, struwwelig, wüst, schmutzig, unsauber. → abstoßend, bärbeißig, bärtig, eckig. ▸ glatt, heiter, ruhig.

Bort → Brett.

Borte Broderie. → Ausschmückung.

börteln → falten.

bösartig rabiat *u*. → ärgerlich, arglistig, bitter, charakterlos, diabolisch. ▸ freundlich, höflich, zuvorkommend ● gutartig, harmlos, ungefährlich.

bösartige Seuchen z.B. Cholera, Lepra, Pest, Pocken, Typhus.

bösartiges Tier Bestie.

Bösartigkeit Arglist, Boshaftigkeit, Gemeinheit, Häme, Niedertracht, Rachsucht ● Malignität.

Böschung → Abgrund.

Böschung, leichte Dossierung.

Böse, der → Beelzebub.

böse arg, boshaft, falsch, gehässig, hart, herzlos, hinterlistig, neidisch, übel wollend, aufgebracht, erbittert, erzürnt, gereizt, grollend, heftig, ungehalten, wütend, zornig ● schlecht, schlimm, übel, verlustbringend, unrecht, ungezogen, verrufen, strafbar, unartig, unverbesserlich, unheilbar, unersetzbar, ungünstig ● schädlich, nachteilig, schmerzlich, kränklich, schwer, gefährlich, verderblich, Unheil bringend, schrecklich, belämmert *u*, flau, gottserbärmlich, gottsjämmerlich *u*, mies *u*, matsch *u* ● schadenfroh, arglistig, heimtückisch, perfid ● ungesund, kränklich, faul, stinkend, verwesend, eiternd, brandig, giftig, tödlich ● niedrig, gemein, traurig, elend, beklagenswert, schäbig, nichtswürdig, niederträchtig, infam, hassenswert, abscheulich, verabscheuenswert, schändlich, verdammenswert, teuflisch, höllisch, lieblich *u*, diabolisch, dämonisch, satanisch ● missvergnügt, unzufrieden, unbefriedigt, ungemütlich, unheimlich, unglücklich, unselig, trostlos, bescheiden, beschissen *u*, dreckig, haarig, lausig *u*, untröstlich, schmerzerfüllt, unheilvoll, unglückselig, jämmerlich, erbärmlich, herzbewegend, ärgerlich, erbittert, erregt, reizbar, beißend, stechend, beschwerlich, mühselig, beunruhigend, beängstigend, verdrießlich, störend, klagend, peinigend, peinlich, bitterlich, misslich, schlimm, kränkend, ermüdend, lästig, langweilig, überdrüssig, martervoll, unerträglich, unleidlich, unausstehlich, hässlich, fürchterlich, scheußlich, grimmig, schauerlich, schauderhaft, entsetzlich, grauenhaft, verrucht, ekelhaft, widerlich, anwidernd, abstoßend, Ekel erregend, garstig, wüst, schmutzig, unflätig, verächtlich, schmählich, schnöde, verwünscht, verflucht, verdammt, verteufelt. → abbrüchig, arg, ärgerlich, arglistig, aufgebracht, bedauerlich, bitter, bitterlich, boshaft, brummig, charakterlos, cholerisch, diabolisch, erbost, enragiert, schmerzlich, unangenehm, unerfreulich, unglücklich, unrecht. ▸ gut, engelhaft, gütig ● günstig ● artig, brav, folgsam, gehorsam, lieb ● freundlich, friedlich, gewogen, wohlmeinend.

böse machen → ärgern.

böse sein → hadern.

böse Zeiten → Heimsuchung.
böser Blick Basiliskenblick.
böser Geist Dämon, Satan.
böser Mensch Bandit, Ganove, Gangster, Halunke, Kredithai, Krimineller.
Böses tun → sündigen.
böses Weib Furie, Megäre, Xanthippe.
Bösewicht Lump, Schurke, verschlagener Geselle, Racker *u.* → Bandit, Dämon, Sünder, Teufel, Übeltäter.
boshaft frech, tückisch, düster, finster, querköpfig, schroff, gemein, unverschämt, flegelhaft, unartig, ungezogen, rücksichtslos, derb, klotzig, taktlos, ausfällig, giftig, unhöflich, meschant. → arg, bärbeißig, böse, charakterlos, diabolisch, feindlich, zynisch. ▸ gutmütig, liebenswürdig, tugendhaft.
Boshaftigkeit Bösartigkeit, Gehässigkeit, Gemeinheit, Infamie, Niedertracht.
Bosheit Krampf, Zorn, Wut, Bösartigkeit, Niederträchtigkeit, Abscheulichkeit, Arglist, Falschheit, Bubenstück, Heimtücke, Quälerei, Feindschaft, Hass, Groll, Gehässigkeit, Grimm, Ingrimm, Erbitterung, Rachgier, Rachsucht, Galle, Bitterkeit, Galligkeit, Missgunst, böser Wille, Unfreundlichkeit, Ungefälligkeit, Neid, Tücke, Schadenfreude, Brutalität, Rohheit, Ruchlosigkeit, Lieblosigkeit, Schlechtigkeit, Verdorbenheit, Ungerechtigkeit, Unwilligkeit, Verworfenheit, Verruchtheit, Schamlosigkeit, Unverschämtheit, Infamie, Gemeinheit, Unanständigkeit, Hartherzigkeit, Schurkerei, Schuftigkeit, Malice. → Anwandlung, Arglist, Beleidigung, Bitterkeit. ▸ Gutmütigkeit, Liebenswürdigkeit, Sanftmut, Tugendhaftigkeit.
Boss *m* → Arbeitgeber.
bosseln hämmern, prägen, stempeln, stanzen. → drillen.
bosteln → anfertigen, arbeiten, basteln.
böswillig → feindlich.
böswillige Äußerung Affront, Diffamierung.
böswillige Zerstörung Sabotage.
Bote Eilbote, Estafette *f*, reitender Bote, Ausläufer, Austräger, Besorger, Büttel, Laufbursche, Überbringer, Diener, Kurier, Briefträger. → Anzeiger, Bursche.
Botengang → Besorgung, Leistung.
Botenlohn → Trinkgeld.
botmäßig → abhängig.
Botmäßigkeit → Demut, Ergebenheit, Gehorsam.
Botschaft → Angabe, Auskunft, Benachrichtigung, Bericht, Brief, Chronik, Draht, Eröffnung, Information, Nachricht.
Botschafter → Abgeordneter, Beauftragter, Bevollmächtigter.
Botschaftsgebäude Ambassade.
Bottich → Behälter.
Boulevard Allee, Avenue, Prachtstraße.
Bowle → Behälter, Getränk.
Boxarena (Box-)Ring.
Boxbirne Punchingball.
boxen → bestrafen, schlagen.
Boxer → Athlet.
Boxhieb Fausthieb/-schlag (z.B. Haken, Kinnhaken, Uppercut).
Boxkampf Fight.
Boxringecke Corner.
Boykott *m* → Abbruch, Absperrung, Ächtung.
boykottieren ächten, ausgliedern, ausschließen, aussperren, ausstoßen, kaltstellen, nicht anerkennen, verfemen, mit Verruf belegen. → abbrechen, absperren, bannen. ▸ anerkennen, einbeziehen.
brabbeln → abschweifen.
brach → unfruchtbar.
Brache Brachfeld, brachliegendes Land, Brachland.
brachen → ackern.
brachliegen → ruhen.
brachliegen lassen ausbeuten nicht, ungenutzt lassen, unbebaut lassen, veröden lassen.
Brainstorming Geistesblitz, Problemlösung, Ideenfindung in der Gruppe.
bramarbasieren → angeben.
Branche → Art, Zweig.
Branchenkenner Experte, Insider.
Brand Brandopfer, Brandschaden, Einäscherung, Zerstörung, Vernichtung, Austilgung, Entzündung, Feuer, Licht, Glut, Feuersbrunst, Brandherd, Feuermeer, Brandlegung, Brandstiftung, Schadenfeuer • Heizung, Hitze, Verbrennung, Versengung, Verkohlung, Flamme, Auflodern, Emporlodern, Flackern • Feuergarbe, Flammenmeer, Feuersturm, Feuersäule, Feuerschein, Feuerwerk, Feuerregen • Zeichen, Wink, Merkmal, Signal • Krankheit, Blutvergiftung, Fäulnis, Eiterung, Verfall, Knochenfraß. → Durst, Erhellung, Fäulnis.
Brand stecken, in anzünden, anstecken, einheizen, versengen, verkohlen, einäschern, Feuer machen, Brand anlegen, Brand stiften, roten Hahn aufs Dach setzen, Feuer anlegen, Feuer anmachen, Feuer anfachen. ▸ auslöschen, löschen.
Brandbrief Bittschreiben, Bettelbrief, Flehen, Ansinnen, Anrufung, Beschwörung, Forderung, Begehr, Verlangen, Drohschreiben, Einschüchterung, Drohungen. → Bedrohung.
branden wogen, schäumen, aufwallen, kochen, anstürmen, auffahren, rasen, aufbrausen, brechen. ▸ eindämmen, beruhigen (sich).
Brandfackel Feuerzeichen, Fanal *s*.
Brandherd → Brand.
brandig → Brand, eiterig, faul.
Brandlegung → Brand.
Brandmal → Strafe.
brandmarken → ächten, anklagen, anschuldigen, beschuldigen, Ehre bringen um die, entehren, tadeln, verurteilen.
Brandmarkung → Entehrung.
brandneu → neu.
Brandopfer Sühnung, Buße, Strafe, Opferung, Sühnopfer, Schlachtopfer.
Brandschaden → Brand, Demolierung.
brandschatzen zerstören, ausmerzen, ausrotten, dem Erdboden gleichmachen, den roten Hahn aufs Dach setzen, verbrennen, niederbrennen, abbrennen, sengen und brennen, in Asche legen, ausplündern. → abbrennen, ausrotten. ▸ aufbauen.
Brandschatzung → Ausplünderung.
Brandstätte Ofen, Herd, Feuerung, Kamin, Rost, Glutbecken, Feuersbrunst, Waldbrand, Brandstelle, Feuerstelle.
Brandstifter Verführer, Verleiter, Anstifter, Aufwiegler, Umstürzler, Störenfried,

Anarchist, Nihilist, Verbrecher, Missetäter, Freveltäter, Schandbube, Unheilstifter, Feuerleger. → Bandit.
Brandstiftung → Asche, Brand.
Brandstiftungstrieb Pyromanie.
Brandung Wirbel, Strudel, Brecher, Wogen, Flut, Mahlstrom, Springflut.
Brandzeichen Fanal.
Branntwein Brandy. → Fusel.
Branntweinbrennerei Destillation.
Branntweinschenke Destille.
braten rösten, schmoren, brutzeln, grillen, erhitzen, einheizen, zerfließen, zergehen. → dünsten, zubereiten.
Braten riechen → entdecken, Verdacht.
Braten zerlegen transchieren.
Bratenstück z.B. Filet, Karbonade, Kotelett, Steak.
Bratfleischklößchen Frikadelle.
Bratgefäß Bratpfanne, Kasserolle, Pfanne.
Brathähnchen Geier *u*, Gummiadler.
Bratpfanne Pfanne, Gefäß.
Bratrost Grill, Rost.
Bratsche Viola.
Brauch Althergebrachtes, Brauchtum, Etikette, Förmlichkeit, Form, Gewohnheit, Herkommen, Komment, Mode, Regel, Sitte, Ton, Tradition, Überlieferung, Üblichkeit, Übung, Zeremoniell, Gepflogenheit, Kult, Ritus, Verordnung, Usus, Norm, Bestimmung, Usance, Anstand, guter Ton, Lebensart. → Angleichung, Etikette. ▸ Abart, Fortschritt, Neuheit.
brauchbar förderlich, geeignet, geschickt, passend, tauglich, verwendbar, zweckmäßig. → annehmbar, anstellig, bewohnbar, dienlich, empfehlenswert, Erfolg versprechend, erprobt, fahrbar, gut, handlich, passend, praktisch, preiswert. ▸ unbrauchbar, nutzlos, ungeeignet, untauglich • schädlich • schlecht.
Brauchbarkeit Verwendbarkeit, Nützlichkeit, Eignung, Zweckdienlichkeit, Fähigkeit, Tauglichkeit, Tüchtigkeit. → Dienlichkeit, Eignung, Nützlichkeit. ▸ Unzulänglichkeit.
Brauchen → Erfordernis.
brauchen benötigen, bedürfen, verlangen, begehren, nicht ermangeln, können, nicht entbehren können, nicht vermissen können, beanspruchen, gebrauchen, benutzen, anwenden, verwenden, ausnutzen, verwerten, aufbrauchen, verarbeiten, sich bedienen • beschäftigen, anstellen, in Dienst nehmen, heuern, dingen, engagieren. → anwenden, beanspruchen, bedienen, bedienen sich, begehren, erfordern, handhaben, konsumieren. ▸ bedürfnislos (sein), verschmähen.
Brauchtum → Brauch.
Brauen → Bearbeitung.
brauen keltern, brennen, destillieren. → kochen, zusammenballen.
brauen, sich zusammen sich anschicken, zusammenballen, ankündigen, auf der Lauer liegen, eine Falle stellen, eine Schlinge legen, zum Streich ausholen. ▸ auflösen.
Braugemisch Maische.
braun siena, nussbraun, kupferbraun, kastanienbraun, schokoladenbraun, bräunlich, brünett, sonnenverbrannt, gebräunt, bronzen, mahagonibraun, chamois.
Braunbär, amerikanischer Grisly.
braune Farbe z.B. Bister, Sepia, Umber, Umbra.
bräunen anbräunen, anbraten, rösten, braun werden, färben.
braunhaarig brünett.
Braurückstand Treber.
Braus, in Saus und → Verschwendung, Unmäßigkeit.
Brause → Dusche, Getränk.
Brausebad → Dusche.
Brausekopf Hitzkopf, Wüterich, Heißsporn, Kampfhahn, Raufbold, Krakeeler, Choleriker, Brausewind. → Blut heißes, Choleriker, Drache, Fanatiker. ▸ Lamm frommes.
brausen sausen, dröhnen, schwirren, summen, zischen, rauschen, rascheln, säuseln, brummen • schäumen, wallen, perlen, gären, moussieren, sprudeln, aufbrausen. → blasen, lärmen, schäumen. ▸ beruhigen, eindämmen.
Braut → Abgott, Geliebte.
Bräutigam Liebhaber, Schatz, Geliebter, Gespons, Gefährte, Lebensgefährte, Scheich *u*, Gespuse, Verlobter.
Brautschau Brautwerbung, Freite, Partnersuche.
Brautstand → Aufgebot.
brav mutig, tapfer, herzhaft, beherzt, wacker, tüchtig, unerschrocken, furchtlos, unverzagt, verwegen, mannhaft, standhaft, entschlossen, kühn, heldenmütig • ehrenhaft, rechtschaffen, aufrecht, zuverlässig, treu, unverderbt, unverdorben, aufrichtig, unbestechlich, achtbar, fehlerlos, angesehen, tadellos, tugendhaft, tugendsam, gut, fromm, pflichttreu, charaktervoll, gewissenhaft, echt, ohne Falsch, züchtig, verschämt, sittsam, anständig, unbescholten, bescheiden, fein, hausbacken, kreuzbrav, brave Haut *u*. → achtbar, angesehen, arglos, bieder, charakterfest, charaktervoll, nett. ▸ böse, mutlos, trotzig, unhöflich, unkeusch, unredlich • aufsässig, bösartig, frech, trotzig, unangepasst, unartig, ungehorsam, ungezogen • anstößig, frivol, locker, sittenlos, unanständig • schlampig • flott, gewagt, schick.
Bravheit → Charakterstärke.
bravo bravissimo, da capo, heraus, vivat, hoch, lebe hoch, dreimal hoch, Tusch, hört, hört. ▸ Pfuirufe.
Bravur Mut, Schneid, Tapferkeit.
Bravurstück Glanzleistung, Glanznummer, Paradenummer.
brechbar spröde, zerbrechlich, mürbe, morsch, spaltbar, schiefrig, brüchig, splittrig, glashart.
brechen bersten, knacken, knicken, krachen, splittern, springen, zerbrechen, zerschellen, zerspellen, trennen, teilen, zerteilen, zerstückeln, zergliedern, abtrennen, abbrechen, zerreißen, zerklopfen, zerschlagen, zertrümmern, abbröckeln, platzen, aufspringen, zerspringen, aufschlagen. → bersten, branden, entzweien, erkalten. ▸ erzeugen, versöhnen sich, widerstandsfähig (sein), zusammenhalten.
brechen, sich → abweichen, verletzen.
brechen, Bahn → anbahnen, einfädeln, einführen, vorbereiten.

brechen, das Brot mit → bewirten.
brechen, die Ehe verführen, betören, das Ehebett entweihen, sich vergehen, sich vergessen.
▸ treu (sein).
brechen, den Frieden streiten, kämpfen, den Streit vom Zaune brechen, den Frieden stören, den Handschuh hinwerfen, vom Leder ziehen, die Waffen ergreifen, ins Feld rücken, in den Krieg ziehen, das Schwert ziehen, die Waffen anrufen, die Feindseligkeit eröffnen, angreifen.
▸ einigen (sich), friedlich bleiben, versöhnen sich.
brechen, das Gesetz vom Gesetz abweichen, gegen das Gesetz verstoßen, Gesetze umgehen oder verdrehen, Winkelzüge machen, krumme Wege gehen, die Befugnis überschreiten, Übergriffe machen, das Recht beugen, sich unbefugt etwas anmaßen, unberechtigt in Besitz nehmen, gegen die Verfassung verstoßen, eine Gewaltherrschaft antreten, ein Gesetz nicht beachten, dem Recht ausweichen, das Recht mit Füßen treten, dem Gesetz entgegen handeln, vertragsbrüchig werden, es nicht so genau nehmen, sich einen Übergriff erlauben, fahnenflüchtig werden, überlaufen, unrecht tun, sich versündigen, sich verfehlen, abirren, einen Fehltritt tun, straucheln, ausgleiten, entgleisen, sich zu Schulden kommen lassen, sich vergessen, freveln, die Stimme des Gewissens ersticken, auf abschüssigen Pfaden wandeln, Anstoß erregen, über die Stränge schlagen, eigenmächtig handeln, sich selbst Recht verschaffen, das Faustrecht geltend machen, mit Gewalt vorgehen.
▸ gehorchen, (das Gesetz achten).
brechen, den Hals sterben, umkommen, verenden, verrecken, krepieren, das Zeitliche segnen • auffliegen, Kopf und Kragen kosten, verlieren, auffallen, zu Grunde gehen.
▸ Acht geben, gewinnen, leben.
brechen, das Herz herzbewegend, herzzerreißend, mit blutendem Herzen, schmerzlich, unglücklich, hart, bitter, traurig, unerträglich, verzweifelt, kein Mensch mehr, mitgenommen, mich trifft der Schlag.
▸ glücklich, trostreich.
brechen, eine Lanze → befreunden, rechtfertigen, verteidigen.
brechen, mit entzweien, verfeinden, sich überwerfen, sich abkehren, sich abwenden, sich lossagen, zanken, streiten, hadern, sich entgegenstellen, anfeinden.
▸ versöhnen sich.
brechen, die Pflicht die Pflicht verletzen, sich zu Schulden kommen lassen, sich entzweien, verfehlen, die Pflicht mit Füßen treten, vertragsbrüchig werden, sich nicht für verbunden halten, sich einen Übergriff erlauben.
▸ pflichtbewusst (sein).
brechen, den Stab → missbilligen, verurteilen.
brechen, den Starrsinn unter der Rute halten, keine Nachsicht üben, ein strenges Regiment führen, nicht locker lassen, keine Widerrede gelten lassen, Gehorsam erzwingen, unter das Joch beugen, ohne Schonung vorgehen, zur Vernunft bringen, andere Saiten aufziehen.
▸ schwach (sein), unterliegen.
brechen, das Stillschweigen reden, erzählen, den Mund aufmachen, schwatzen, plaudern, babbeln, ein Wort fallen lassen, verraten, anzeigen.
▸ verschweigen.
brechen, den Stolz → demütigen.
brechen, einen Vertrag einen Vertrag verletzen, einen Vertrag umgehen, einer Abmachung ausweichen, eine Verpflichtung nicht beachten, von sich abwälzen, mit Füßen treten, entgegenhandeln, verweigern, vertragsbrüchig sein, den Begriff ausdehnen, sich entbinden, sich befreien, sich frei machen, einen Vertrag einseitig aufheben.
▸ pflichtbewusst (sein), rechtschaffen sein, Wort ein Mann ein.
brechen, durch die Wolken sichtbar werden, erscheinen, in Sicht kommen, auftreten, auftauchen, an das Licht kommen, bemerkbar werden, hell werden, sonnig werden, durchschimmern, sich zeigen.
▸ verdüstern sich.
brechen, sein Wort → täuschen.
Brecher → Brandung.
Brechmittel → Arznei.
Brechruhr Cholera.
Brechung → Bewegung.
Brechwurz Ipekakuanha.
Bredouille → Armut.
Brei Mus, Speise, Schlamm, Masse, Seim, Schleim, Papp, Teig, Pamps *u*, Scheibenkleister *u*, Kitt • Schlabber *u*.
Brei auslöffeln, den sühnen, Folgen tragen, ausbaden.
breiig dickflüssig, dicklich, harzig, kleistrig, lehmig, schleimig, zähflüssig, halbflüssig, schlammig, pampig *u*, matschig *u*, klebrig, pappig, pampsig *u*, leimig. → dickflüssig.
▸ fest.
breit ausgestreckt, ausgedehnt, fächerartig, geräumig, lang, weit, fern. → dick.
▸ schmal.
breit machen, sich → aufbauschen.
breitdrücken stampfen, zermalmen, zerquetschen.
Breite Ausdehnung, Expansion, Ausbreitung, Weite. → Ausdehnung, Dimension.
▸ Enge, Schmalheit.
breite Straße Avenue, Boulevard.
breiter Schal Stola.
breit getreten → platt.
breitkrempiger Hut z.B. Florentiner, Kalabreser, Sombrero.
breit machen → aufschneiden, verbreitern.
breitschlagen den Sinn ändern, sich überreden lassen, auf andere Gedanken kommen, sich anders besinnen, es sich anders überlegen, widerrufen, abfallen, umkehren, verzichten, zurücknehmen, umstoßen, rückgängig machen, um den kleinen Finger wickeln, in die Tasche stecken, keinen Einfluss besitzen, keine Macht mehr haben, in gute Laune bringen, Honig um den Mund schmieren, Süßholz raspeln, betören, berücken, abschmeicheln, erschmeicheln.
▸ unnachgiebig (sein).
breitschultrig → derb.
breittreten → abschweifen,

ausbreiten, ausmalen, brechen das Stillschweigen.
breittretend → ausholend.
Bremse Hemmung, Hemmvorrichtung, Bergkette, Hemmschuh, Radschuh, Radsperre, Behinderung, Gewicht, Last, Bürde, Klotz. → Beschwernis, Insekten.
bremsen → abdrosseln, anhalten, aufhalten, schleppen, stoppen.
bremsen, sehr schnell (die Straße) radieren *u.*
brennbar → entzündbar.
brennbar, leicht entflammbar, feuergefährlich, entzündlich.
brennen wärmen, rauchen, glimmen, verschwelen, knistern, in Flammen stehen, an sein *u,* flackern, picken. → anzünden, emporlodern, leuchten, schmerzen. ▸ verlöschen.
brennend scharf, gewürzt, beißend, ätzend, prickelnd • schreiend, grell, blendend • heftig, eifrig, erregend, bewegend, leidenschaftlich, glühend, wahnsinnig, unangenehm, scheußlich, garstig, widerwärtig • wünschen, begehren, verlangen, sich sehnen nach, ersehnen, erstreben, gelüsten, erpicht sein auf, versessen sein nach, lüstern nach, lieben, verzehrt werden, schmachten, vergehen, bis zur Raserei lieben • entbrennen, entflammen, Feuer fangen, wüten, toben, schäumen, geifern, vor Wut kochen, sieden, bersten, rasend, tobend, überwallend, rachedurstig, rachgierig, rachglühend. → beißend. ▸ gelassen, kalt, lieblich, reizlos.
Brennerei Destille.
brennfest → feuerfest.
Brenngas z.B. Butan, Propan.
Brennmaterial Zündstoff, Heizstoff, Feuerung, Erdöl, Petroleum, Gas, Kohle, Anthrazit, Koks, Holz, Steinkohle, Braunkohle, Holzkohle, Torf, Brikett, Reisig, Zunder, Schwamm, Lunte, Docht, Zündholz, Streichholz, Schwefelholz, Zünder, Fidibus, Brennstoff, Benzin, Benzol, Dieselöl, Phosphor.
Brennpunkt Drehpunkt, Herzstück, Kern, Mitte, Mittelpunkt, Nabel, Sammelpunkt, Zentrum, Kernpunkt. → Charakter, Drehpunkt.
Brennstoff → Bestand, Brennmaterial.
brenzlig → gefährlich.
Bresche → Bruch, Einschnitt, Öffnung.
Bresche springen, in die → beispringen.
bresthaft → abgespannt, bebend, krank, schwach.
bresthaft sein → auszehren.
Brett Blatt, Bord, Plattform • Schachspiel • Bücherbord, Wandbord, Gestell, Gefach, Fach, Leiste, Tafel. → Bohle, Diele.
Bretterbude Bude, Baracke, Verschlag.
Brettergerüst Podest.
Brettergestell Regal.
Bretterschuppen Verschlag.
Bretterstoß (Bretter-)Stapel.
Brettfuge Nut.
Brettspiel z.B. Dame, Go, Halma, Salta, Schach, Solitär, Tokadille.
Brettverkleidung Schalung, Holztäfelung, Täfelung.
Brevier → Abriss.
Brief Schreiben, Nachricht, Epistel, Liebesbrief, Klagebrief, Abschiedsbrief, Trauerbrief, Botschaft, Billett *s,* Mahnbrief, Geschäftsbrief, Angabe, Auslassung, Bekanntgabe, Bekanntmachung, Bericht, Eingabe, Eröffnung, Mitteilung, Schriftstück, Zeilen, Zuschrift, Wisch *u,* Schrieb *u.* → Benachrichtigung.
Brief ansagen diktieren.
Brief, blauer → Kündigung.
Brief und Siegel → Versprechen.
Briefabsender Adressant.
Briefaustausch → Korrespondenz.
Briefchen Billet.
Briefe frei machen frankieren.
Briefe wechseln korrespondieren.
Briefempfänger Adressat.
Briefgebühr Porto.
brieflich → schriftlich.
Briefmarkenkunde Philatelie.
Briefmarkensammler Philatelist.
Briefnachschrift Postskriptum.
Briefpartner Korrespondent.
Briefschaften → Korrespondenz.
Briefträger Briefbote, Austräger, Postbote, Überbringer, Zuträger • Postrat *u.*
Briefumschlag → Kuvert.
Briefwechsel Schriftwechsel, Schreibkram *u.* → Korrespondenz.
Bries Thymus.
Brigg → Schiff.
Brikett → Brennmaterial.
brillant leuchtend, glühend, glitzernd, strahlend, glänzend, feurig, flackernd • prächtig, prachtvoll, unvergleichlich, vollkommen, himmlisch, köstlich, ausgezeichnet, bewundernswert, vortrefflich, kostbar, edel, makellos, schön, frisch, unverwelkt, unverdorben, natürlich, schätzenswert, blühend, blendend, tadellos, ruhmvoll, schimmernd, flimmernd, Aufsehen erregend, auffallend, prunkhaft, pompös, grandios. → anmutig, scharmant, glorreich. ▸ glanzlos, hässlich, stumpf, unbedeutend, verdorben.
Brillant → Edelstein.
Brille Augenglas, Lorgnon, Haftschalen, Stielbrille • Augenprothese, Intelligenzbrille *u,* Kneifer, Zwicker, Klemmer, Nasenquetscher *u* • Schaufenster *u.*
Brillenfachmann/-händler/-macher Optiker.
Brillenschlange z.B. Ara, Aspis, Kobra.
brillieren → glänzen.
Brimborium → Umschweife.
bringen → befördern, einliefern, ausliefern, beliefern, liefern, zuliefern, zusenden, zustellen. ▸ abholen, holen • bekommen, empfangen • fortschicken, senden.
bringen, an sich → erwerben.
bringen, auf die Beine auf die Beine helfen, zu Hilfe kommen, unterstützen, helfen, beistehen, beispringen, fördern, behilflich sein, gesund machen, pflegen, hegen, kräftigen. ▸ hemmen, verweigern.
bringen, an den Bettelstab ins Unglück bringen, berauben, erpressen, aufs Stroh legen, den letzten Blutstropfen entziehen, um Hab und Gut bringen, aus dem Besitz vertreiben. ▸ bringen auf die Beine, vorwärts kommen.
bringen, in Bewegung erschüttern, aufregen, in Feuer und Flamme bringen, einen Sturm hervorrufen, Unruhe erzeugen, anfachen, anfeuern, aufstacheln, anspornen, aufhetzen, Öl ins Feuer gießen, aneifern, ankurbeln • in Bewegung setzen,

davonführen, Gas geben, die Bremsen lösen, anfahren.
▸ anhalten, beruhigen.

bringen, zum Bewusstsein beleben, beseelen, erwecken, zur Besinnung bringen. → innern.
▸ verschweigen.

bringen, in Beziehung → bringen in Verbindung.

bringen, unter Dach einheimsen, bewahren, sichern, bergen, beschützen, schirmen, behüten, erledigen, ausführen, zu Ende bringen, Butter bei die Fische *u*, Nägel mit Köpfen machen, fertig machen, vollenden, durchführen, erreichen, abwickeln, herbeiführen, ein Ende machen, es klappt, gepriesen und gepfiffen *u*, getrommelt und gepfiffen *u*, ein Aufwaschen *u*.
▸ aufgeben, fortführen, gefährdet (sein), stoßen von sich.

bringen, um die Ecke → töten, verschwenden.

bringen, zu Ende → bringen unter Dach, bringen zu Wege.

bringen, es zu etwas Erfolg haben, erfolgreich sein, einschlagen, glücken, beim richtigen Ende anfassen, den günstigen Augenblick erhaschen, das Ziel erreichen, Schwierigkeiten beseitigen, Hindernisse aus dem Weg räumen, vorwärts kommen, aufrücken, Karriere machen, sich in die Höhe schwingen, sich nicht umsonst bemühen, emporkommen, die höchste Stufe erklettern. → bringen zu Wege.
▸ einbüßen, misslingen, scheitern.

bringen, zu Fall → verhindern.

bringen, in Gang den Anfang machen, den Anstoß geben, den ersten Schritt tun, die Führung übernehmen, anfangen, Bahn brechen, ins Leben rufen, vorwärts treiben, in Bewegung setzen, vorbereiten, in Angriff nehmen, Maßregeln treffen, Hindernisse beseitigen, das Eis brechen, die Mine springen lassen. → anfahren, anfangen.
▸ anhalten, aufgeben, beenden, hemmen.

bringen, auf andere Gedanken jemanden überreden, trösten, Trost spenden, Mut zusprechen, Hoffnung erwecken, Tränen trocknen.
▸ entmutigen, Sache treu bleiben einer.

bringen, zu Geld erwerben, gewinnen.

bringen, ins Geleis in Ordnung bringen, ordnen, den Laden in Ordnung bringen, das Kind schaukeln, *u*, eine Sache deichseln, regeln • bereinigen, ein Hühnchen mit jemanden pflücken oder zu rupfen haben *u*.
▸ verwirren.

bringen, um Hab und Gut → nehmen.

bringen, unter die Haube an den Mann bringen, verheiraten, unterbringen, versorgen, zu einem Mann oder einer Frau verhelfen, verkuppeln, zusammengeben, den Eheknoten schürzen.

bringen, nach Hause begleiten, beschützen, beschirmen, geleiten, unter die Fittiche nehmen, in Schirm und Schutz nehmen.

bringen, nicht übers Herz schwach werden, nachgeben, einwilligen, nicht den Mut haben, gestatten, erlauben, sich scheuen, zurückgeben, keine Lust haben, abstehen, Verzeihung gewähren, Nachsicht üben, dulden, Erbarmen zeigen.
▸ ablehnen, durchsetzen, hart (bleiben), verweigern.

bringen, ums Leben → töten.

bringen, vom Leben zu Tode → strafen.

bringen, in üblen Leumund → bloßstellen.

bringen, unter die Leute → verstreuen.

bringen, ans Licht → entdecken, offenbaren.

bringen, an den Mann → bringen unter die Haube.

bringen, mit sich → bedingen.

bringen, in Ordnung → bringen ins Geleis.

bringen, zu Papier → schreiben.

bringen, zur Ruhe → mäßigen.

bringen, sein Schäfchen ins Trockene im Trüben fischen, zu seinem Vorteil ausbeuten, auf Erwerb versessen sein, nur seinen Vorteil im Auge haben, eigennützig handeln, Gewinn einstecken, Geld machen, mit der Wurst nach der Speckseite werfen.
▸ redlich (sein).

bringen, in Schande → bloßstellen.

bringen, zum Schweigen beruhigen, beweisen, nachweisen, dartun, versichern, sich berufen auf, behaupten, widersprechen, das eigene Wort entgegenhalten, mit seinen eigenen Worten fangen, Lügen strafen, zur Vernunft bringen, in die Enge treiben, den Willen brechen, den Feind aufrollen, besiegen, in die Flucht schlagen, den Sieg entreißen, das Feld behaupten, den Gegner entwaffnen, außer Fassung bringen, ein Bein stellen, überlisten, überstimmen.
▸ beharren, bewahrheiten, fortführen, verteidigen.

bringen, in Umlauf → veröffentlichen.

bringen, ins Unglück um Hab und Gut bringen, auf das Stroh setzen, bis aufs Blut verfolgen, ins Unglück stürzen, kein Erbarmen zeigen, keine Nachsicht üben, kein Mitgefühl besitzen. → bringen an den Bettelstab.
▸ bemitleiden, bringen auf die Beine, vorwärts kommen.

bringen, in Verbindung in Beziehung setzen, in Zusammenhang bringen, anspielen, verbinden, verknüpfen, anreihen, angliedern, verketten, folgern, in Betracht ziehen, zusammenbringen, sich beziehen auf, in Beziehung bringen.
▸ trennen.

bringen, zur Vernunft mäßigen, strafen, widerlegen. → brechen den Starrsinn, bringen zum Schweigen.
▸ aufbrausen, dulden, streiten, wüten.

bringen, in Verruf → verleumden.

bringen, in Wallung → bunt zugehen.

bringen, zu Wege vollführen, bewerkstelligen, vollbringen, verwirklichen, zu Ende bringen, ans Ziel gelangen, zu einem Wendepunkt kommen, zum Schluss kommen, Erfolg haben, glücklich ausgehen, etwas erreichen, erringen, gewinnen, aus dem Sattel heben, seinen Weg machen, es zu etwas bringen, vorwärts kommen, den Preis davontragen, vom Glück

begünstigt sein.
▸ versagen.
bringen, es weit → bringen es zu etwas.
bringen, es nicht weit erfolglos sein, zu Grunde gehen, leer ausgehen. Pech haben, sich zwischen zwei Stühle setzen, auf dem Holzweg sein, straucheln, ausgleiten, entgleisen, zu Fall kommen, das Ziel verfehlen, sich vergeblich abmühen, sich umsonst anstrengen, nichts zu Stande bringen, schlecht davonkommen, auf keinen grünen Zweig kommen.
▸ bringen es weit.
bringen, zur Welt gebären, entbinden, ins Leben rufen, bären *j*, wölfen *j*, frischen *j*, setzen *j*.
bringen, in Wut → bemächtigen.
bringen, in Zusammenhang → bringen in Verbindung.
bringen, nichts zu Stande → blamieren, bringen es nicht weit.
bringen, zu Stande → vollführen.
brisant → sprengend.
Brise → Wind.
Britisches Reich Empire.
Bröckchen Priepsel *u*.
bröckeln → trennen.
Brocken → Anteil, Batzen, Bruchstück, Fetzen, Teil.
bröcklig pulverig, krümelig, locker, sandig, kiesig, körnig, grießig, verwitterbar, zerreibbar, zersplittert. → blättrig.
▸ fest, zäh.
brodeln braten, kochen, sieden, wallen, schmoren, brühen, wogen.
▸ ruhen.
Brodem Gischt, Wolke, Dampf, Nebel, Dunst, Atem, Hauch, Schleier, Schwüle, Rauch. → Dunst.
Brokat → Gewebe.
Bronze Legierung, Tombak, Bronzefarbe, Bronzepulver, Statue.
bronzen → braun.
Brosame Krume, Krümel.
Brosche → Schmuck.
broschieren heften, zusammenfügen, binden, einbinden, einhängen, festheften, kartonieren, festklammern.
Broschüre → Band, Buch, Druckschrift.
Brösel Krume, Krümchen, Kleinigkeit, Schnitzelchen, Schnitzchen, Schnippel, Körnchen, Krümelein, Bröckchen, Brocken, Gebrösel.
bröselig → locker.
Brot → Gebäck.
Brot, belegtes Sandwich.
Brötchen Kipf(el), Knüppel, Panino, Rundstück, Schrippe, Semmel, Wecken, Weißbrotsemmel • Rundstück *u*.
Broterwerb → Amt, Arbeit, Beruf, Erwerbszweig, Existenz.
Brotgeber Brotherr. → Arbeitgeber, Dienstherr, Ernährer.
brotlos → abgebrannt, abgerissen, arbeitslos, arm, erwerbslos.
Brotneid Widerspruch, Einwendung, Abwehr, Einspruch, Einrede, Protest, Feindschaft, Neid, Eifersucht, Scheelsucht, Missgunst, Geschäftsneid, Nebenbuhlerei.
▸ Hochherzigkeit, Uneigennützigkeit, Übereinstimmung.
Brotröster Toaster.
Brotsack → Behälter, Beutel.
Brotscheibe Brotschnitte, Butterbrot, Bemme *u*, Stulle *u*.
Brotzeit → Essen.
Bruch Trennung, Teilung, Scheidung, Schaltung, Schisma, Abfall, Entzweiung, Zwiespalt, Uneinigkeit, Isolierung, Loslösung • Teil, Bruchteil, Überbleibsel, Sprung, Dezimalbruch, Teilbruch • Bresche, Spalt, Öffnung, Kluft, Lücke, Ritz, Scharte, Einschnitt, Einbruch, Riss, eine Fünf *u*, Leck, Falte, Falz, Eselohr, Moor, Sumpf, Fenn, Brühl, Kolk, Ried, Moos • Uneinigkeit, Zwistigkeit, Streitigkeit, Meinungsverschiedenheit, Spannung, Trennung, Missverständnis, Entfremdung, Zwist, Treubruch, Verrat, Verletzung, Pflichtvergessenheit. → Ausfall, Ausschnitt, Falte, Differenz, Disharmonie, Disput, Lücke, Wunde.
▸ Einigkeit, Ganzes, Treue, Verbindung, Vollendung, Versöhnung, Zusammenhalt.
Bruchbude Ruine, Schuppen, Klitsche.
Brucheinrenkung Redressement.
bruchfest hart, zäh, dehnbar, elastisch, zerreißfest, bruchsicher, ziehfest, drehfest, biegsam.
Bruchfestigkeit Zerreißfestigkeit, Elastizität, Zähigkeit, Biegsamkeit, Dehnbarkeit, Stärke, Härte.
brüchig → beschädigt, brechbar, spröde.
Bruchstück Kleinigkeit, Rest, Überbleibsel, Überrest, Trümmer, Ruine, Wrack, Fragment, Stumpf, Stummel, Stoppel, Brocken, Splitter, Span, Stück, Fetzen, Lappen, Schnitzel, Teil, Stückwerk • Trumm *u*. → Anteil, Ausschnitt, Fetzen, Teil.
▸ Ganzes, Zusammenhalt.
bruchstückartig unvollendet, unvollständig, fragmentarisch.
▸ ein, ganz, vollendet.
bruchstückhaft lückenhaft, unfertig, unvollendet, unvollständig, fragmentarisch.
Bruchteil → Ausschnitt, Bruchstück, Dosis.
Brücke Verbindung, Überführung, Übergang, Steig, Steg, Schiffstreppe, Schlagbrücke, Fallreep, Gangway *sm*, Drehbrücke, Hängebrücke, Schiffbrücke, Waage, Kommandostelle • Teppich. → Bindemittel.
▸ Abgrund, Graben, Trennung.
Brücke bauen, goldene leicht machen, erleichtern, entlasten, entbürden, freisprechen, beschönigen, bemänteln, Ausflüchte machen, Vorwände gebrauchen, die Schuld milder darstellen, die Schuld verkleinern, die Schuld in milderem Lichte darstellen, mildernde Umstände geltend machen, eine Lanze brechen für, einer Sache einen anderen Anstrich geben, eine bessere Wendung geben, jemanden herausreißen, über den Zaun helfen, den guten Willen für die Tat nehmen.
▸ beschuldigen, erschweren, hintertreiben, verhindern.
Brückenbau → Baukunst.
Brückenkopf → Bastion.
Brückenwerk → Bastion.
Bruder Verwandter, brüderliche Liebe *u*, Mitbruder, Kommilitone, Freund, Helfer, Beistand, Spießgeselle, Gefährte, Vertrauter, Genosse, Busenfreund, Intimus, Kumpan, barmherziger Bruder, Habenichts, armer Schlucker, armer Teufel. → Anverwandte.
▸ Freund falscher.
Bruderkrieg → Bürgerkrieg.
brüderlich einträchtig, einmütig, verbunden, vereint, geistesverwandt, freundschaftlich, ein Herz und eine Seele. → befreundet, ein

Herz und eine Seele, kordial.
▸ uneinig.
Brüderlichkeit Verbrüderung, Fraternität *f*, Einigkeit, Freundschaft, Gemeinschaft, Harmonie, Kameradschaft, Vertrautheit. → Einigkeit.
▸ Uneinigkeit.
Brudermörder Kain.
Bruderschaft Verwandtschaft, Sippschaft, Sippe, Gemeinschaft, Kameradschaft, Clique, Burschenschaft, Verbindung, Genossenschaft, Freundschaftsbande, Freundschaft, Kreis, Zirkel, Orden.
▸ Gegnerschaft.
Brühe Saft, Lauge, Tunke, Soße, Fleischbrühe, Bouillon, Kraftbrühe, Suppenbrühe, Schleim, Suppe ● Schlamm, Kot, Morast. → Abguss, Aufguss.
▸ Brei, Speise (feste).
brühen kochen, sieden, wallen, verbrühen, dünsten. → brodeln.
brühheiß → heiß.
brühwarm warm, frisch, aktuell.
Brühl → Bruch.
brüllen → dröhnen, lärmen.
Brummbär → Bärbeißer.
Brummbass → Bass.
brummeln → brummen.
brummen brummeln, murmeln, in den Bart brummen, vor sich hinbrummen, mit sich selbst sprechen, für sich hinreden, laut denken, schmollen, die Stirne runzeln, verärgert sein, verdrießlich sein, unzufrieden sein, murren. → beklagen, brausen.
▸ unhörbar sein, zufrieden.
brummig mürrisch, unhöflich, unfreundlich, griesgrämig, sauertöpfisch, verdrießlich, versauert, verbittert, querköpfig, böse, launenhaft, reizbar, unumgänglich, kurz angebunden, einsilbig, unliebenswürdig, bissig. → ärgerlich, bärbeißig.
▸ freundlich, gut, höflich, zufrieden.
brummiger Mensch Muffel.
Brummigkeit → Bärbeißigkeit.
brünett → braun.
Brunnen Zisterne, Reservoir, artesischer Brunnen, Bohrbrunnen, Quickborn, Heilbrunnen, Sprudel, Solbad, Born, Quelle, Sodbrunnen, Heilquelle. → Bad, Born.
Brunnenvergifter Agitator.
Brunst Brunft, Liebeswut, Geschlechtstrieb, fleischige Lust, Lüste, Gelüste, Sinnesrausch, Sinnestaumel, Sinneslust, Geilheit. → Begierde.
▸ Enthaltsamkeit, Keuschheit.
brünstig heiß, geil, liebestoll. → buhlerisch.
brüsk kurz angebunden, ungeschlacht, ungalant, ungeschliffen, brutal, hart, schlagartig, unfreundlich, barsch, herrisch, grob. → barsch.
▸ aufgeschlossen, entgegenkommend, freundlich.
brüskieren → anecken, anrempeln, anstoßen.
Brüskierung → Herausforderung.
Brust → Busen.
Brustdrüsenentzündung Mastitis.
brüsten, sich → angeben, aufbauschen, aufschneiden, dick tun, dünken sich besser, einbilden sich, prahlen.
Brustharnisch Kürass.
Brustkorb Thorax.
Brüstung Balustrade. → Barrikade, Bastion, Umhegung.
Brustwarze Titte *u*.
Brustwehr → Barrikade, Bastion, Bedeckung.
Brut → Abkomme, Bande, Clique.
brutal grob, roh, derb, rüde, unanständig, gemein, wild, grausam, hart, zügellos, unmenschlich, barbarisch, tierisch, viehisch, entmenscht, bestialisch, wüst. → barbarisch, bestialisch, blutgierig, brüsk, diabolisch.
▸ anständig, menschlich, taktvoll, weichherzig.
Brutalität → Barbarei, Bosheit.
brüten nisten, ausbrüten.
brütende Henne Glucke.
Brutkasten/-schrank Inkubator.
Brutstätte → Anlass.
brutzeln → braten.
Bube Knabe, Bursche, Boy, Garçon, Junge, Bengel, Schlingel, Grünschnabel, Gelbschnabel, Laffe, Flegel ● Betrüger, Schwindler, Schurke, Spitzbube, Falschspieler, Schelm, Verleumder, Ehrabschneider, Ausbund.
Bubenstück → Bosheit.
Büberei → Schlauheit, Täuschung.
bübisch ränkevoll, falsch, verräterisch, pfiffig, listig, verschlagen, gerieben, durchtrieben, abgefeimt, verschmitzt, tückisch, heimtückisch, bubenhaft, infam, niederträchtig, nichtswürdig, verächtlich, verworfen, schuftig, gewissenlos, nichtsnutzig. → arglistig.
▸ aufrichtig, ehrlich.
Buch Schmöcker *u*, Foliant *m*, Schwarte *u*, alter Schinken *u*, alte Scharteke *u*, Wälzer *u*, Auflage, Ausgabe, Band, Bearbeitung, Druckschrift, Publikation, Quelle, Schrift, Veröffentlichung, Werk, Lektüre, Dichtung, Lesestoff, Literatur, Schriftgut, Unterhaltungsstoff, Katalog, Kalender, Tagebuch, Grundbuch, Denkschrift, Heft, Textbuch, Streitschrift, Druck, Nachdruck, Abdruck, Neudruck, Stammbuch, Gedenkbuch, Fremdenbuch, Poesiealbum, Adressbuch, Blaubuch, Weißbuch, Gebetbuch, Brevier. → Band, Druckschrift.
Buch, dickes/großes Foliant. → Buch.
Buch in Heftform Broschüre.
Buch mit biegsamem Einband Broschur, Paperback.
Buch mit festem Einband Hardcover.
Buch mit hoher Auflage Bestseller.
Buch über Liebe Erotikon.
Buchausgabe Auflage, Edition.
Buchauszüge machen exzerpieren.
Buchbesprecher Rezensent.
Buchbesprechung → Rezension.
Buchdruck → Druck.
buchen → anschreiben, durchlochen, verzeichnen.
Bücherbord → Bücherbrett.
Bücherbrett Wandbrett, Regal, Etagere *f*, Bücherbord. → Behälter.
Bücherei Büchersammlung, Bibliothek *f*.
Buch-Erscheinungsvermerk Impressum.
Bücherfeind Bibliophobe.
Bücherfreund Bibliophile, Büchernarr, Bücherwurm, Leser, Leseratte, Vielleser.
Büchergestell Regal.
bücherkundlich bibliografisch.
bücherliebend bibliophil.
Büchernarr Bücherdieb, Bibliomane *m*, Bücherfreund, Bibliophile, Bücherwurm.
Büchersammlung Bibliothek.
Bücherwurm → Büchernarr.
Buchführungstagebuch Journal.
Buchhalter Rechnungsführer, Kontokorrentbuchhalter, Bilanzbuchhalter, Buchführer, Arbeitnehmer.

Buchprüfer Revisor.
Buchprüfung Revision.
Büchse Behälter, Kapsel, Gefäß, Dose, Köcher, Kasten • Gewehr, Flinte, Muskete, Schießwaffe, Schießeisen, Knarre *u*, Schießprügel, Rohr, Stutzen, Karabiner, Mauser, Jagdgewehr, Vogelflinte, Windbüchse, Luftgewehr. → Behälter.
Buchspaltenüberschrift Kolumnentitel.
buchstabengetreu behördlich, vorschriftsmäßig, bürokratisch.
Buchstabenrechnung Algebra.
Buchstabenreihe Zeile.
buchstäblich genau, im Sinne des Wortes, sinngemäß, wahr, wörtlich, zuverlässig, ausführlich, eindeutig, fehlerlos, gewissenhaft, präzis, sorgfältig, richtig, peinlich, Wort für Wort, streng, bis auf das Tüpfelchen auf dem i, mit strikter Gewissenhaftigkeit. → ausführlich.
▸ ungenau, unwahr.
Bucht Ankerplatz, Golf, Bai, Förde, Fjord, Schlupfhafen, Haff, Sund, Belt, Meerbusen, Becken, Einschnitt. → Bai, Becken, Busen.
buchtig → eingebogen.
Buchumschlag Buchdeckel, Einband, Umschlag, (Plattenhülle) Cover.
Buchungsergebnis Saldo.
Buchungsunterlage Beleg.
Buchverkaufserfolg Bestseller, Longseller, Steadyseller.
Buckel → Auswuchs, Berg, Wölbung.
buckelig → eingebogen, krumm.
buckeln → tragen.
Buckelrind Zebu.
bücken → dienern, herablassen.
Bückling → Aufwartung.
buddeln → ausbuchten, graben (im Sand).
Bude Budike, Stand, Verschlag, Schuppen, Kiosk. → Ausschank, Zimmer.
Budenzauber → Belustigung.
Budget Etat, Haushaltplan, Rechenplan, Haushalt • Voranschlag, Aufwendung.
Budike Kneipe, Laden, Bude, Stand, Wirtshaus, Schenke, Ausschank, Stehbierhalle, Schankstube, Schänkstube, Schwemme, Garküche, Kantine. → Ausschank, Bude.
Büffel z.B. Anoa, Bison, Mindora, Wisent.
büffeln lernen, erlernen, plagen sich, einüben, einbläuen, eindrillen, ochsen, studieren • anstrengen sich, abmühen, ununterbrochen arbeiten, pauken, rackern, schinden, placken, abplagen, auswendig lernen. → abmühen, anstrengen, bestreben sich, bewältigen.
▸ faulenzen.
Büffett → Behälter.
Bug Vorderteil, Schiffsschnabel, Bugspriet, Vorderkastel, Vorderdeck. → Bruch, Falte.
▸ Heck.
bügelfrei no iron, permanent press.
bügeln → plätten, glätten.
bugsieren lotsen, schleppen, tauen, ziehen, ans Tau nehmen, ins Schlepptau nehmen • helfen, beispringen, stützen, unter die Arme greifen, beschützen, beschirmen, unter die Fittiche nehmen, Beistand leisten. → ankurbeln.
▸ unterlassen.
Bugvorbau Galion.
buhen ablehnen, ausbuhen. → auspfeifen.
Bühl → Berg.
Buhldirne → Bajadère, Buhle.
Buhle Liebhaber, Verehrer, Louis, Strizzi, Zuhälter, Strichjunge *u*, Kuppler, Galan • Freundin, Buhlerin, Hetäre *f*, Kirke, Sirene, Kokotte, Liebchen, Flamme, Dulcinea, Konkubine, Nutte *u*, Fose *u*, Strichmädchen *u*, Betthase *u*, Metze, Dirne, Prostituierte, Vettel, Hure, Freudenmädchen, Lustdirne, Weibsbild, Schlampe, Buhldirne, Bajadère, Hari, Geisha, Messalina, Delia, Aspasia. → Bajadère.
buhlen kriechen, zu Kreuz kriechen, katzbuckeln, sich beugen, poussieren, den Hof machen, die Kur schneiden, schön tun, hofieren, kokettieren, flirten, werben, freien, Süßholz raspeln, schmeicheln, huren, nutten *u*, seine Reize feilhalten, auf den Strich gehen, auf den Fang gehen.
▸ keusch (sein).
Buhlerei Buhlschaft, wilde Ehe, Hurerei, Verhältnis.
Buhlerin → Buhle, Dirne.
buhlerisch charakterlos, gemein, schmeichlerisch • mannstoll, weibstoll, verbuhlt, leidenschaftlich, liebestoll, vernarrt, verliebt • sittenlos, schamlos, unanständig, sinnlich, begehrlich, lüstern, wollüstig, geil, brünstig, ausschweifend, locker, zügellos, liederlich, verführerisch. → anrüchig, ausschweifend, charakterlos, dirnenhaft.
▸ anständig, erhaben, keusch, sittlich.
Buhlschaft → Buhlerei.
Buhne Kribbe, Wellenbrecher • Mole.
Bühne → Abstellraum, Theater.
Bühnenauftritt Szene.
Bühnenaufzug Akt.
Bühnenausstatter Dekorateur.
Bühnendichter Dramatiker.
Bühnendichtung Drama.
bühnengerecht dramatisch, theatralisch, tragisch, komisch, tragikomisch, melodramatisch, tänzerisch, szenisch, gesteigert, lebendig, lebhaft, spannend. → dramatisch.
Bühnenhaus Theater.
Bühnenleiter Intendant.
bühnenmäßig → dramatisch, komisch, theatralisch, tragisch, tragikomisch, szenisch.
Bühnenschau → Korso.
Bühnenschiebewand Kulisse.
Bühnenstück Bühnenwerk, Schauspiel, Theaterstück.
Bühnentanz Ballett.
Bühnenwerk z.B. Drama, Melodrama, Musical, Oper, Operette, Revue.
Bukett → Aroma, Ausschmückung, Blume, Blumenstrauß, Duft.
Bulle → Acht, Ächtung, Bann, Bannspruch, Befehl, Tier.
bullenhaft bullig. → stark.
Bullenhitze Affenhitze, Tropenhitze, Sauna.
Bulletin *s* → Bericht.
bullig kräftig, baumstark, eisern, derb, drall, markig, stämmig, vierschrötig, riesig, hünenhaft, bullenhaft. → stark.
bum päng. → piffpaff, puff.
Bumerang Wurfholz.
Bummel → Abstecher, Ausmarsch, Reise.
Bummelant → Arbeitsunfähiger.
Bummelei Fahrlässigkeit, Unachtsamkeit, Versäumnis, Versehen, Versagen, Saumseligkeit, Pflichtvergessenheit, Schläfrigkeit, Lässigkeit, Phlegma. → Arbeitsunfähigkeit.
▸ Achtsamkeit, Durchführung, Fleiß, Schnelligkeit.
bummelig pflichtvergessen, langsam, träge, faul, schläfrig, schwerfällig. → arbeitsunfähig.
▸ fleißig, schnell.
bummeln ausfallen,

ausschweifen, entziehen sich der Arbeit, ergehen sich, faulenzen, spazieren. → fackeln, faulenzen.
▸ arbeiten, berücksichtigen, eilen, zügeln.
Bummler Nichtstuer, Müßiggänger, Flaneur *m*, Weltenbummler, Weltreisender, Globetrotter *m*, Faulenzer, Tagdieb, Faulpelz, Bärenhäuter, Eckensteher, Schlafmütze, Schnecke, Tranfunzel *u*, Transuse *u*, Drohne, Faultier, Döskopf *u*, Siebenschläfer, Murmeltier, Träumer. → Arbeitsunfähiger, Faulpelz.
▸ Arbeiter.
bums aufeinander, ineinander, zusammen, kollidieren, anecken, anfahren, anrempeln, anprallen, anstoßen • Donnerschlag, Klapp, Klatsch, Knall, Krach, Puff, Schlag, Stoß, Schuss, Tritt.
bumsen → anstoßen, decken, koitieren, dröhnen.
Bund Geheimbund, Camorra *f* (südital. B.), Staatenbund, Union, Föderation *f*, Zusammenschluss, Arbeitskreis, Arbeitsring, Arbeitsgemeinschaft, Körperschaft, Genossenschaft, Gremium *s*, Städtetag, Gemeindetag, Gilde, Innung, Hansa, Hanse, Gesellschaft, Handelsgesellschaft, Dachgesellschaft, Völkerbund, Freundschaft, Holdinggesellschaft *f*, Verband, Zweckverband, Zunft • Bündel, Gebinde, Ballen, Pack, Heft, Büschel, Garbe, Mandel, Stoß, Stapel, Hocken, Haufen, Gruppe, Gurt, Band, Gürtel. → Bündnis, Faszikel, Vereinigung.
▸ Spaltung.
Bund fürs Leben Ehe, Ehebund, Ehestand, Heirat.
Bündel Rutenbündel, Fasces *m*, Faschine *f*, Rucksack, Felleisen, Ranzen, Ränzel, Tasche, Koffer, Bürde, Last. → Bund, Faszikel.
bündeln → zusammenbinden.
bündelweise → haufenweise.
Bundesgenosse → Beistand, Bekannter, Komplize, Helfer.
bundesstaatlich föderalistisch.
Bundestagsmitglied Delegierter, Deputierter, Parlamentarier.
bündig kurz gefasst. → anschaulich, aufrichtig, authentisch, beeinflussen, eindringlich, knapp, kurz, kurz angebunden, kurz und gut, streng.
Bündigkeit → Bestimmtheit.
Bündnis Allianz *f*, Entente *f*, Entente cordiale, Einverständnis, Zusammenschluss, Gemeinschaft, Einigkeit, Freundschaft, Genossenschaft, Körperschaft, Schicksalsgemeinschaft, Verbindung, Vereinigung, Verschmelzung, Zusammenarbeit, Zusammengehörigkeit. → Abkommen, Bund.
▸ Auflösung, Gegnerschaft, Spaltung.
Bungalow → Haus, Flachbau.
Bunker (*sm* = Kohlenraum) → Bedeckung, Befestigung, Gefängnis, Festung.
bunkern *sm* Kohle nehmen.
bunt bemalt, blendend, buntscheckig, farbenreich, farbig, gefärbt, grell, kräftig, lebhaft, mannigfarbig, mehrfarbig, reichhaltig, schillernd, schreiend, vielfarbig, zweifarbig, dreifarbig, usw. • prächtig, geschmacklos, zu überladen, auffallend, herausgeputzt, aufgedonnert, schillernd wie ein Pfau, wie eine Pfingstrose. → allerhand, farbenfroh, farbig.
▸ einfarbig, unauffällig, monochrom, uni • eintönig, fade, grau, langweilig • weiß.
bunt zugehen in Unordnung geraten, gären, aufrühren, hetzen, verleiten, in Schrecken versetzen, in Wallung bringen, beunruhigen, aus der Ruhe bringen, streiken, irreführen, das Oberste zuunterst kehren, aus den Fugen bringen, aus dem Häuschen kommen, guter Dinge sein, spaßen, herzen, lachen, lustig machen, Freudesprünge machen, übermütig sein • teeren, federn, Volksjustiz ausüben, eigenmächtig vorgehen, das Faustrecht geltend machen, Gewalt vor Recht gehen lassen, sündigen, schmuggeln, schmieren, gewalttätig handeln, willkürlich vorgehen, gesetzwidrig handeln.
▸ genehmigen, Ordnung halten.
Buntdruck → Farbdruck.
bunte Unterhaltungssendung Show.
Buntfarbigkeit → Farbenreichtum.
Buntheit → Farbenreichtum, Gemisch, Verschiedenheit.
buntscheckig bunt, gebatikt, getüpfelt, gefleckt, schillernd, irisierend, vielfarbig, farbenfroh, regenbogenfarbig, scheckig. → bunt, farbenfroh, farbenreich.
▸ einfarbig.
Bürde Last, Gewicht, Ballast, Zentnerlast, Leid, Unglück, Böses, Schaden, Beschwernis, Klotz, Mühsal, Plage, Verdruss, Unannehmlichkeit, Missgeschick, Elend. → Ballast, Bedrücktheit, Bekümmernis, Beschwerde, Beschwerlichkeit, Beschwernis, Bremse, Bündel, Pflicht, Schmerz, Übel.
▸ Entbürdung, Erleichterung.
Burg Kastell, Vollwerk, Zitadelle, Feste, Bastion, Felsennest, Raubritterburg, Wasserburg. → Bastion, Befestigung, Besitztum.
Bürge Zeuge, Geisel, Garant, Gutsager.
bürgen einstehen, garantieren, Gewähr leisten, gutstehen, haften, hinterlegen, sicherstellen, sein Wort einlösen, auf dem Posten sein, Unrecht entgegentreten, verbriefen, bekräftigen, bestätigen, für eine Schuld geradestehen, Bürgschaft leisten. → beglaubigen, einstehen.
▸ ablehnen, verweigern.
Bürger Staatsbürger, Spießer, Bourgeois *m*, Civis *m*, Citoyen. → Einwohner, Bewohner, Mitbürger, Staatsbürger, Steuerzahler.
Bürger, angesehene Honoratioren.
Bürger, vornehmer Patrizier.
Bürgeradel Patriziat.
Bürgerkrieg Aufruhr, Bruderkrieg, Revolte, Revolution, Aufstand, Empörung, Putsch, Staatsstreich, Umsturz, Unruhe, Wirren. → Aufstand.
▸ Einigkeit, Verständigung.
bürgerlich zivil, einfach, natürlich, schlicht, häuslich, hausbacken, weltlich.
▸ adelig, aufgeblasen, vornehm feudal • unkonventionell • asozial.
Bürgerlicher Rechter, Reaktionär.
Bürgerlichkeit Achtbarkeit, Biederkeit, Ehrsamkeit, Honorigkeit.
Bürgermeister Obrigkeit, Amtsperson, Senator, Magistrat, Gemeinderat, Oberbürgermeister, Schultheiß, Schulze, Ratsherr,

Gemeindevorsteher, Beigeordneter.
Bürgerrecht Heimatrecht, Eingeborenenrecht, Einbürgerung, Naturalisierung, Naturalisation, Gerechtsame.
Bürgerrecht entziehend, das denaturalisieren.
Bürgersteig Fußgängerweg, Fußweg, Gehweg, Gehsteig, Trottoir, Promenade.
Bürgertum Bourgeoisie.
Bürgschaft Sicherheit, Schutzbrief, Geleitbreif, Versicherung, Verpflichtung, Verpfändung, Gutsagung, Delkredere. → Ehrenschuld, Einstandspflicht.
burlesk grotesk, komisch, drollig, spaßig, wunderlich, schnurrig, sonderbar, absonderlich, verschroben, schrullenhaft. → bizarr, farcenhaft.
▸ gewöhnlich, witzlos.
Büro Arbeitsraum, Betrieb, Geschäftsraum, Geschäftsstelle, Kontor, Comptoir, Schreibstube, Wirkungsbereich, Zweigstelle, Office, Filiale, Kanzlei, Kabinett. → Betrieb.
Büroklammer Heftklammer, Hefter, Halter.
Bürokrat Schreibtischathlet *u.* → Beamter, Bonze.
Bürokratie Beamtenherrschaft, Beamtenhierarchie, Behördenapparat, Verwaltungsapparat, Papierkrieg.
bürokratisch beamtenhaft, engstirnig, engherzig, kleinlich, pedantisch, verrannt, unduldsam.
▸ eigenwillig, großzügig, beweglich, effektiv, elastisch, entscheidungsfreudig, flexibel, wirkungsvoll.
Bursche Diener, Bote, Ausläufer, Radler, Austräger, Aufwärter • Junge, Bengel, Schlingel, Milchbart, Grünschnabel, Laffe, Kerl, Lehrling. → Barbar, Commis, Diener.
burschenhaft burschikos.
burschikos dreist, keck, übermütig, vorwitzig, naseweis, altklug.
▸ behutsam, unterwürfig.
Bürste Kratzbürste, Waschbürste, Schrubber, Schnurrbart, Borste, Besen, Kleiderbürste, Haarbürste, Wurzelbürste, Badebürste, Scheuerbürste, Kardätsche. → Bart.
bürsten fegen, säubern, scheuern, putzen, bohnern, schrubben, reiben, rubbeln *u,* kehren, wischen, wichsen, striegeln, abbürsten, ausbürsten, wienern.
Bürstenabzug → Abklatsch.
Bus Autobus, Omnibus.
Busch Büschel, Strauß • Hain, Wald, Auwald, Strauch.
Busch und Feld Wald und Busch, in Feld und Wald, überall, ringsum, allerwärts, allerorts, allenthalben, weit und breit, an allen Ecken und Enden.
▸ nirgends.
Busch klopfen, auf den ausforschen, ergründen, nachspüren, fahnden, ausfragen, ermitteln, prüfen, untersuchen, Aufklärung suchen, durchleuchten.
▸ beantworten, erklären.
Büschel → Bündel.
buschig haarig, zottig, filzig, wollig, flaumig, bärtig • bebuscht, bewachsen, verwachsen, unterwachsen, waldig. → bärtig.
▸ glatt, kahl.
Buschklepper → Bandit.
Buschwerk Dickicht, Geäst, Gebüsch, Gesträuch, Gestrüpp, Unterholz.
Busen Brust, Inneres, Inwendiges, Büste, viel Herz *u,* Kurven *u,* bitterer Reis *M* • Bucht, Becken, Golf, Meerbusen, Haff, Pudding *u.* → Bai, Becken.
Busen, üppiger heiße Titten *u.*
Busenausschnitt Tresor *u.*
busenfrei oben ohne, topless.
Busenfreund Intimus.
Busennadel → Schmuck.
Business → Geschäft.
Buße Entschädigung, Vergeltung, Erkenntlichkeit, Sühne, Abbüßung, Reue, Strafe, Sühnung, Lohn, Heimzahlung. → Ausgleich, Aussöhnung.
▸ Belohnung, Reuelosigkeit, Unversöhnlichkeit, Verstocktheit, Weigerung, Schuld, Sünde, Verbrechen, Vergehen • Vergebung.
Buße tun → abbüßen, bekennen, bereuen, büßen.
busseln → küssen.
büßen sühnen, Ersatz leisten, gutmachen, abtragen, tilgen, entschädigen, opfern, sich loskaufen, auslösen, die Zeche zahlen müssen, Opfer darbringen, Abbitte leisten, Buße tun, sich der Sühne unterziehen, alte Schulden abtragen, Strafe absitzen, Sühnegeld zahlen, Einbuße erleiden, herhalten müssen, bluten *u,* teuer bezahlen, benachteiligt werden, den Kürzern ziehen, sich verrechnen. → abbüßen, ausbaden, begleichen.
▸ annehmen, belohnen, verhärten sich, verweigern.
Büßer Asket, Fakir, Pönitent.
bußfertig zur Sühne bereit, reuig, bereuend, zerknirscht, reumütig, besserungsfähig.
▸ reuelos.
Bußgang Bittgang, Wallfahrt, Betfahrt, Pilgerfahrt, Prozession. → Bittgang.
Bußübung → Askese.
Büste → Bildhauerei, Busen.
Büstenhalter Tittenheber/-sack/-schoner *u.*
Büstenpfeiler Herme.
Butte → Behälter, Bottich, Holzfass/-wanne, Kufe, Zuber.
Büttel Wächter, Wärter, Aufseher, Feldhüter, Flurwächter, Gendarm, Gefangenenwärter, Gerichtsdiener, Häscher.
Butterbrot Bemme, Stulle.
Butterbrot, für ein geschenkt, wohlfeil, billig, preiswürdig, preiswert, spottbillig, halb umsonst, zu einem Schleuderpreis, zum halben Preis, für die Hälfte des Wertes, für eine Bagatelle, für nichts und wieder nichts, für einen Apfel und ein Ei, um einen Pappenstiel, unter Preis.
▸ teuer.
Butterersatz Margarine.
butterig schmalzig, speckig, talgig, fettig, ölig, salbig, glatt, schlüpfrig, weich. → fettig.
Byzantinismus Kriecherei, sklavische Gesinnung, Speichelleckerei, Götzendienerei, Schöntuerei, Scharwenzelei, Ohrenbläserei.
▸ Selbstherrlichkeit.

C
(siehe auch K und Z)

Cache-cache Versteckspiel.
Cachet *s* Gepräge, Siegel, Eigentümlichkeit.
Cafe Konditorei, Konzertkaffee. → Gaststätte.
Cafeteria Imbissstube, Selbstbedienungsrestaurant.
Callgirl Hostess *u* → Buhle, Courtisane, Dirne.
Callgirladresse Dreckadresse *u*.
Cameralia (Kameralia) Staatsverwaltung, Oberleitung, Oberaufsicht.
Camp Lager, Zeltlager, Zelt.
Campagne Feldzug, Vormarsch, Bekämpfung, Reklameplan, Bekriegung, Befehdung, Kriegszug, Heereszug, Heerwesen, Streifzug, Bewegungskrieg • Landgut, Feld.
▸ Friedensschluss, Verteidigung.
campen biwakieren, kampen, zelten, Wohnwagen/Zelt leben im (ferienzeitlich).
camping zelten, lagern.
Campingplatz Ischias-Wiese *u*.
Canaille (Kanaille) Schmarotzer, Lump, Hochstapler, Hundepack, Schurke, Gesindel.
▸ Mensch aufrechter treuer.
cannelieren (kannelieren) kerben, auskerben, zähnen, riffeln.
▸ einebnen, glätten.
Cantus (Kantus) Melodie, Gesang, Wohlklang, Vertonung, Komposition, Lied, Volkslied, Kunstlied, Weise, Kirchengesang, Kantate, Kantilene.
Cape → Faltenwurf.
Caritas Nächstenliebe, Fürsorge, Wohltätigkeit. → Charitas.
Casanova Wüstling, Wollüstling, Weltkind, Lebemann, Lüstling, Lustgreis, Verführer, Eheschänder, Frauenschänder, Mädchenfänger, Mädchenjäger, Ehebrecher, Buhle, Blaubart, Allerweltsliebling, Seelenverkäufer • Herzensbruder, Don Juan.
Casus → Fall.
Casus Belli Kriegsgrund, Streitanlass, Streitfall, Streitpunkt.
Causa Grund, Folge, Voraussetzung.
▸ Folge, Wirkung.
Causerie → Aussprache.
Chaise Fahrzeug, Fuhrwerk, Gefährt, Wagen, Karren, Kutsche, Einspänner, Droschke, Postkutsche, Kalesche, Landauer, Jagdwagen, Automobil.
chamois rötlich, rehfarben, gämsfarben, gelbbräunlich, blassrot, gelb-rot, rostfarben, braun.
Champion Gegenspieler, Meister, Preiskämpfer, Wettkämpfer.
Chance Zufall, Ungefähr, Schicksal, Glückssache, Glücksfall, Los, Zufälligkeit, Geratewohl, Wagnis, Wette, Abenteuer, Erlebnis, Lotterietreffer. → in Aussicht stehen.
▸ Missgeschick, Nachteil, Reinfall.
chancenlos hoffnungslos, aussichtslos.
Change Geldwechsel, Wechsel.
Chaos Unordnung, Regellosigkeit, Vermengung, Vermischung, Wirrwarr, polnische Wirtschaft, Mischmasch, Durcheinander, Kuddelmuddel *u*, Sammelsurium, Stückwerk, Flickwerk, Irrgang, Verknotung, Verschürzung, Knoten, Verwirrtheit, Verwicklung, Verwirrung, Verworrenheit, Gärung, Wallung, Tumult, Getöse, Aufruhr, Aufstand, Getümmel, Empörung, Streik, Strudel, Wirbel, Schlamassel *u*, Kraut und Rüben, Sturm, Zerrüttung, Verkehrtheit, Urmasse. → Charivari, Desorganisation.
▸ Ordnung, Ruhe.
chaotisch in Unordnung, unordentlich, ordnungslos, regellos, unregelmäßig, regelwidrig, unbeständig, wankelmütig, querköpfig, wirr, unentwirrbar, vermengt, unterschiedlos, verwickelt, aufrührerisch, unklar, verkehrt, verdreht, kunterbunt, oberst zu unterst, das Hinterste zu vorderst, Hals über Kopf, wüst. → durcheinander.
▸ geordnet, ruhig, diszipliniert • friedlich, harmonisch.
Chapeau Hut, Klapphut, Kopfbedeckung, Schutz.
Charakter Eigenart, Kennzeichen, Rang, Titel, aufrechter Mensch, treuer Mensch, Anlage, Artung, Beschaffenheit, Besonderheit, Bildung, Eigenschaft, Eigenheit, Eigentümlichkeit, Gestaltung, Merkmal, Natur, Typ, Sinnesart, Veranlagung, Wesen, Wesensart, Art, Ausdruck, Geist, Inhalt, Kern, Sinn, Wesenheit, Inneres, Wesen, der springende Punkt, Gehalt, Seele, Herz, Persönlichkeit, angeborenes Wesen, Gemüt, Temperament, Begabung, Fähigkeit, Gabe, Neigung, Vererbung, Form, Schlag, Menschenklasse, Gattung, Sonderbarkeit, innerliche Beschaffenheit, Geistesrichtung, Gesinnung, Verfassung, Zustand, Hang, Trieb, Empfindung. → Art, Aussehen, Ausdruck.
▸ Äußerlichkeit, Charakterlosigkeit, Schwachheit, Unpersönlichkeit, Urteilslosigkeit, Unvermögen.
charakterfest entschlossen, beherzt, unerschütterlich, beharrlich, zielbewusst, hartnäckig, unnachgiebig, umsichtig, bedacht, sorgfältig, achtsam, besonnen, zurückhaltend, verschwiegen, fest, überlegend, ehrenhaft, rechtschaffen, bieder, gewissenhaft, pflichtbewusst, pflichtgemäß, wacker, brav, aufrecht, ehrbar, gerecht, zuverlässig, beständig, treu, vertrauenswürdig, stubenrein, glaubwürdig, wahr, offen, wahrheitsliebend, unverderbt, unverdorben, hochherzig, verlässlich, pünktlich, unbestechlich, achtbar, würdig, senkrecht *u* → entschlossen, fest.
▸ charakterlos, beeinflussbar, bestechlich, schäbig, unzuverlässig, verführbar.
Charakterfestigkeit → Charakterstärke.
Charakterfundament Art, Denkart, Denkweise, Einstellung, Gebaren, Handlungsweise, menschlicher Wert, Mentalität, Seelenverfassung, Weltanschauung. → Denkart.
▸ Charakterlosigkeit, Geistesarmut.
charakterisieren beschreiben, beurteilen, bezeichnen, deuten, kennzeichnen, darstellen, festhalten,

abschätzen, begutachten, bewerten, einschätzen, ermessen, erwägen, untersuchen, vergleichen, sichten, sondern, unterscheiden, Bescheid wissen, erkennen, das Kind beim rechten Namen nennen. → beurteilen, detaillieren, deuten.
▸ missdeuten.

Charakterisierung → Einschätzung.

Charakteristik Eigenart, eigene Art, individuelle Art, persönliche Art, Besonderheit, Eigenheit, eigener Gehalt, Stil, Sonderart, Wesenheit, Ursprünglichkeit.
▸ Allgemeingültigkeit, Missdeutung, Unpersönlichkeit.

charakteristisch ausgeprägt, bezeichnend, echt, kennzeichnend, typisch, repräsentativ, unterscheidend, ursprünglich.
▸ allgemein, gewöhnlich.

charakterlos minderwertig, schlecht, wertlos, unergiebig, nichtswürdig, niedrig, unwürdig, unterwürfig, kriechend, kriecherisch, schmarotzerisch, speichelleckerisch, sklavisch, knechtisch, untertänig, hündisch, gemein, verworfen, unredlich, unehrenhaft, nicht vertrauenswürdig, unzuverlässig, wortbrecherisch, unrechtlich, pflicht-, dienst- und ehrvergessen, unehrlich, schimpflich, schändlich, ehrlos, schurkisch, treulos, verräterisch, ränkevoll, hinterlistig, arglistig, tückisch, heimtückisch, falsch, falschherzig, doppelzüngig, wortbrüchig, eidbrüchig, meineidig, unaufrichtig, unwahr, lügenhaft, lügnerisch, fahnenflüchtig, abtrünnig, schwindlerisch, schwindlermäßig, spitzbübisch, unanständig, unzüchtig, lose, verderbt, entehrend, unehrbar, niederträchtig, erbärmlich, verächtlich, miserabel, elend, feil, käuflich, würdelos, bescholten, anrüchig, übel berüchtigt, unschön, armselig, gaunerhaft, gaunermäßig, niedrig denkend, schuftig, schäbig, schleichend, auf schlechten, bösen, verderbten Wegen, auf abschüssiger Bahn, dem Laster verfallen, fühllos, unzugänglich für die Schande, gegen alle gute Sitte, lasterhaft sein, lästerlich, sündhaft, bösartig, unmoralisch, sittenlos, böse, boshaft, bösherzig, argwillig, gewissenlos, nichtsnutzig, herzlos, tugendlos, schamlos, verbrecherisch, strafbar, strafwürdig, unrecht, schuldig, schuldbeladen, frevelhaft, freventlich, frevelmütig, gesetzwidrig, rechtswidrig, unbillig, bestechlich, jämmerlich, tadelnswert, unrühmlich, abscheulich, verachtungswürdig, hässlich, verhasst, verflucht, ausgestoßen, verloren, unverbesserlich, unverantwortlich, nicht zu rechtfertigen, nicht zu verteidigen, unsühnbar, unmenschlich, entmenscht, teuflisch, höllisch, erzböse, grundschlecht, verrucht, gebrechlich, schwach, fehlerhaft, unvollkommen, zur Sünde geneigt. → arg, bestechlich, biegsam, buhlerisch.
▸ charaktervoll.

charakterloser Mann Gemütsakrobat *u.*

charakterloser Typ Seelenkrüppel *u.*

Charakterlosigkeit → Bestechlichkeit, Falschheit, Unredlichkeit.

Charaktermischung vorherrschender Gemütszustand, Wesensform.

Charakterschwäche → Bestechlichkeit, Falschheit, Unredlichkeit.

Charakterstärke Rechtschaffenheit, Rechtlichkeit, Ehrenhaftigkeit, Bravheit, Wackerheit, Ehrbarkeit, Biederkeit, Biedersinn, gute Grundsätze, Beständigkeit, Treue, Charakterfestigkeit, Kernhaftigkeit, Gediegenheit, Unangreifbarkeit, Feingefühl, Zartgefühl, Vertrauenswürdigkeit, Zuverlässigkeit, Aufrichtigkeit, Offenheit, Wahrhaftigkeit, Geradheit, Gerechtigkeit, Unbestechlichkeit, Redlichkeit, Ehrlichkeit, Lauterkeit, Gewissenhaftigkeit, Pünktlichkeit, Genauigkeit, Peinlichkeit, Sorgsamkeit, Sorgfalt, Pflichterfüllung, Achtbarkeit, Anständigkeit, Unbescholtenheit.
▸ Charakterschwäche.

charaktervoll tugendhaft, tugendsam, tugendlich, tugendvoll, tugendliebend, tugendreich, tugendeifrig, gut, fromm, verdienstvoll, brav, wacker, bieder, gerecht, rechtschaffen, ehrenvoll, ehrenhaft, pflichttreu, sittlich, sittenfest, bestimmt, gewissenhaft, würdig, lobenswert, erprobt, bewährt, echt, wahr, vortrefflich, ohne Falsch, bewundernswürdig, musterhaft, beispiellos. → bieder, brav.
▸ charakterlos.

Charge Amt, Rang, Grad, Stellung, Würde, Rolle, Pflicht, Dienst, Angelegenheit, Sache, Wirkungskreis, Arbeitsbereich, Machtbereich, Stand, Klasse, Zunft, Kaste, Ladung, Beschickung. → Dienstgrad.

Charisma Ausstrahlung, Ausstrahlungskraft, Begnadung.

Charitas Mitgefühl, Mitleid, Bedauern, Teilnahme, Anteilnahme, Mitempfindung, Mitleidenschaft, Weichherzigkeit, Gemütsbewegung, Erbarmen, Erbarmung, Barmherzigkeit, Mildtätigkeit, Menschenliebe, Menschenfreundlichkeit, Menschlichkeit, Humanität, Langmut, Duldung, Nachsicht, Schonung, Milde, Huld, Gnade, Vergebung, Tröstung, Beruhigung, Besänftigung, tröstender Zuspruch.
▸ Hartherzigkeit, Mitleidlosigkeit, Teilnahmslosigkeit.

Charité Krankenhaus.

Charivari sinnlose Einrichtung, Sinnlosigkeit, Verkehrtheit, Durcheinander, Verwirrung, Zerrüttung, Verwickeltheit, Gewirr, Verwicklung, Unruhe, Zerknitterung, Chaos, Hexenküche, Kraut und Rüben, Katzenmusik, Missklang, Misston, Übellaut, Bardengebrüll, Krächzen, Tonverwirrung, babylonisches Durcheinander, Disharmonie, Sprachgewirr, Ohrbeleidigung, Chaos.
▸ Harmonie, Ordnung.

charmieren → flirten.

Charta Staatsgrundgesetz, Verfassungsurkunde • Grundsatz, Leitsatz.

chartern *sm* dingen, anstellen, engagieren, heuern, mieten, nehmen, verwenden.
▸ abgeben, vermieten.

Chateau Herrenhaus, Landgut, Schloss, Weingut.
Chauffeur Wegfahrer, Fahrer, Automobilfahrer, Steuermann, Pilot, Kutscher, Postillon, Fuhrmann, Lenker. → Arbeitnehmer.
Chaussee Weg, Zufahrt, Hauptstraße, Fahrstraße, Heerstraße, Landstraße.
Chauvinismus Prahlerei, Großtun, Wichtigmacherei, Dicktuerei, Protzentum, Aufgeblasenheit, leerer Dunst, Gespreiztheit, Aufschneiderei, Ruhmredigkeit, Schwulst, hochtrabendes Wesen, Bramarbasieren, Münchhausiade, überspitzte Vaterlandsbegeisterung, Extrem-Nationalismus.
▸ Bescheidenheit, Unterschätzung, Weltbürgertum, Zurückhaltung.
Chauvinist Prahler, Prahlhans, Großsprecher, Dicktuer, Wichtigmacher, Aufschneider, Windbeutel, Marktschreier, Flunkerer, Flausenmacher, Maulheld, Scharlatan, Zungenbrecher, Renommist, Münchhausen, Nationalist.
▸ Persönlichkeit, Weltbürger, (bescheidener, zurückhaltender Mensch).
checken kontrollieren. → prüfen begreifen, durchblicken, erfassen, folgen können, mitbekommen, verstehen.
Checklist Kontrollliste, Prüfliste, Überprüfungsliste.
Chef Befehlshaber, Führer, Gebieter, Haupt, Leiter, Boss, Wortführer, Lenker, Meister, Oberhaupt, Obmann, Vorgesetzter, der Alte, der Olle *u*, Vorstand, Vorsteher, Ratgeber, Berater, Ermahner, Anleiter, Gesetzgeber, Auftraggeber, Schiedsrichter, Offizier, General, Anführer, Generalität, Aufrührer, Aufwiegler, Rädelsführer, Truppenführer, Kommandeur, Bandenführer, Häuptling, Minister, Kapitän, Bürgermeister, Schultheiß, Ratsherr, Richter • Chefin, die Alte, die Olle *u*, Vorsteherin, Leiterin. → Arbeitgeber, Dienstherr, Direktor.
▸ Untergebener.
Chefpilot Flugzeugkapitän.
Chefsekretärin Spritze *u*.
Chefsekretärin auf Dienstreise Tripse *u*.
Chemiesaal Pulverfass *u*.
chemisch kleinster Teil Atom.
chemisch unwirksam inaktiv.
chemische Neigung Affinität.
chemische Umsetzung Reaktion.
chemische Untersuchung Analyse.
chemischer Grundstoff Element.
chemisches Prüfmittel Reagenz.
Chemotechniker Laborant.
chevaleresk ritterlich, scharmant, beherzt. → artig, scharmant.
▸ langweilig, unerzogen, unhöflich.
Chiffre Geheimzeichen, Kennwort, Merkzeichen, Nummer, Zahl, Ziffer.
Chimäre Nichts, Einbildung, Luftbild, Trugbild, Hirngespinst, Halluzination, Wahnbegriff, Wahnbild, Blendwerk, Selbsttäuschung, Fantasie, Vorstellung, Träumerei, Verzückung, zweites Gesicht, Sinnestäuschung, Fieberwahn, Täuschung, Ausgeburt der Fantasie, Dunstbild, Zauberland, Luftschloss, Utopie, Überspanntheit • Seeungeheuer.
▸ Wirklichkeit.
Chinabücher Sinica.
Chinafachmann/-kundiger Sinologe.
Chinagras Ramie.
Chinakunde/-wissenschaft Sinologie.
Chinesensegler Dschunke.
chinesische Ehrenbezeugung Kotau.
Chip Computerchip, Glückspielmarke, Plättchen, Scheibchen, Speicherplättchen.
Chiromantie → Aberglaube.
Chirurg Operateur.
Chirurgenmesser Skalpell, Lanzette.
chirurgisch operativ.
chirurgischer Eingriff Operation.
chloroformieren → betäuben.
Choleriker Hitzkopf, Brausekopf, Heißsporn, Spauzteufel, Kampfhahn, Krakeeler, Widerspruchsgeist, Keiferer, Zankeisen, altes Reibeisen, Pulverkopf *u*. → Blut heißes, Brausekopf.
▸ Lamm frommes (Gemütsmensch, Phlegmatiker).
cholerisch aufbrausend, auffahrend, aufgeregt, heißblütig, hitzig, hitzköpfig, jähzornig, heißes Blut in den Adern haben, leidenschaftlich, heftig, zornig, erzürnt, grimmig, aufgebracht, erhitzt, gereizt, erbittert, grollend, misslaunig, missgestimmt, missmutig, übellaunisch, unwirsch, barsch, verstimmt, wütend. → erregbar, Fassung verlieren die.
▸ gleichmütig, leidenschaftslos, phlegmatisch, verträglich.
Chor Gruppengesang, Gemeinschaftsgesang, Kirchengesang, Gesang, Gesangverein, Kirchenlied (Choral).
Chorfrau Kanonisse.
Chorhemd Albe.
Chorherr Kanoniker, Kanonikus.
Chorlied, mehrstimmiges Madrigal.
Chorraum Presbyterium.
Chorschranke Lettner.
Chorwerk z.B. Kantate, Messe, Oratorium, Tedeum.
Chrie Hauptgedanke, Leitgedanke, Grundgedanke, Motiv, Vorschlag, Antrag, Anweisung, Beschluss, Aufklärungsarbeit.
Christabend Anbetung, Verherrlichung, Verehrung, Lobpreisung, Weihnachten, Heiliger Abend, Christmas.
christlich gläubig, rechtgläubig, religiös, glaubenstreu • hilfsbereit, dienend, nächstenliebend, gottgefällig, menschlich.
christliche Erneuerung Reformation.
christliche Heilsbotschaft Evangelium.
christlicher Einsiedler Anachoret.
Christmond Weihnacht, Christzeit. → Christmonat.
Christus Gott, der Herr, der Allmächtige, das höchste Wesen, Gottheit, Göttlichkeit, Allmacht, Vorsehung, Urquell allen Seins, Schöpfer, Beseliger aller Dinge, Herrscher, Erhalter, Ernährer, König, Allgebieter, Unendlicher, Ewiger, Allmächtiger, Allweiser, Allgütiger, Allerbarmer, Einziger, Anfang und Ende, Vollkommenheit, unendliche Macht, Weisheit, Güte, Gerechtigkeit, Wahrheit, Gnade, Barmherzigkeit, Allwissenheit, Allgegenwart, Ewigkeit, Unverständlichkeit, Heiligkeit, Sohn Gottes, Sohn Davids, Gottmensch, Übermensch, Christkind, Jesus, Gesalbter, Heiland,

Messias, Lamm Gottes, Fleischwerdung, Imanuel, Friedensfürst, der gute Hirte, Vermenschlichung, Menschwerdung, Erlöser, Befreier, Versöhner, Beglücker, Beschützer, Beschirmer, Mittler, Tröster, Seligmacher, Richter, Auferstehung, höheres Wesen, Geist.

Christusdichtung Messiade.

Christzeit → Christmonat, Christmond.

Chromosomenhülle Matrix.

Chronik Almanach, Annalen, Kalender, Tagebuch, Überlieferung, Zeitbuch, Zeitabschnitt, Register, Zeiteinteilung, Zeitspanne, Zeitenfolge, Nachricht, Meldung, Anzeige, Kunde, Botschaft, Bericht, Urkunde, Gedächtnistafel, Gedenktafel, Notiz, Protokoll, Dokument, Beschreibung, Verzeichnis, Zeitgeschichte, Denkmal, Lebensbeschreibung, Aufzeichnung, Erinnerung, Memoiren, Schilderung, Angabe, Geschichte, Darstellung, Wiedergabe, Lebenserinnerung, Lebenslauf, Erlebnisse. → Denkschrift.

Chronikschreiber Chronist.

chronisch anhaftend, bleibend, dauerhaft, dauernd, eingewurzelt, fortgesetzt, langsam verlaufend, langwierig, schleichend, schleppend, beständig, unvergänglich, unzerstörbar, unwandelbar, beharrlich, unaufhörlich, unablässig, lang, immerfort, immer während, in einem fort, jahraus-jahrein.
▸ akut, vergänglich, vorübergehend, befristet, kurzfristig, schnell verlaufend.

Chronist → Berichterstatter.

Chronologie Zeitrechnungskunde, Zeitkunde, Zeitforschung, Zeitfolge, Zeitbestimmung.

chronologisch im Stundenmaß, nach der Zeit geordnet, nach Zeitabschnitten, zusammenhängend, ununterbrochen, anhaltend, beständig, unaufhörlich, stetig, immerfort, fortwährend, stufenweise, Schritt für Schritt, nach und nach, der Reihe nach, geordnet, regelmäßig, zeitlich, zu einer bestimmten Zeit.
▸ regellos.

Chuzpe → Frechheit.

Cicerone Leiter, Meister, Führer, Lehrherr, Lenker, Leithammel, Fremdenführer, Bärenführer, Anführer.

Circe (Kirke) Sirene, Vamp, Kokotte, Hetäre, Messalina • Zauberin, Verführerin.

cirka unbestimmt, ungefähr, bei weitem, dicht daran, angrenzend, annähernd, annäherungsweise, anliegend, beinahe, nahezu, bald, fast, schier, beiläufig, gegen, etwa, um ein Haar, dicht auf der Ferse.
▸ bestimmt, genau.

Cirkular → Zirkular.

City Hauptstadt, Metropole • Stadtzentrum, Stadtmitte, Innenstadt.

Civis *m* → Bürger.

Clan Anhang, Clique, Familie, Sippe, Verwandtschaft.

Claqueur (Klaqueur) Lobpreiser, Beifallspender, Lobredner, Ruhmverkünder, Beifallklatscher, Lobhudler, Reklamemacher, Marktschreier, gedungener Beifallklatscher.

clever ausgefuchst, einfallsreich, findig, gewitzt, klug, pfiffig, raffiniert.

Cleverness Bauernschläue, Findigkeit, Gewitztheit, gesunder Menschenverstand.

Clinch Umklammerung, Konflikt.

Clip Klipp, Klips • Videoclip.

Clique (Klique) Claque, Anhang, Bande, Schwefelbande, Rasselbande, Schweinebande *u*, Saubande *u*, Sauhaufen *u*, Gruppe, heimliche Interessengruppe, Kamarilla, Klüngel, Sippe, Sippschaft, Mischpoke *u*, Schutz- und Trutzbündnis, Vereinigung, Gesellschaft, Gemeinschaft, Klub, Verband, Verbindung, Kaste, Horde, Trupp, Schar, Haufe, Schwarm, Rotte, Bagage, Blase *u*, Geschmeiß, Brut, Gelichter, Mannschaft, Verein. → Anhang, Bande.
▸ Gegnerschaft, (selbstständige Persönlichkeit).

Clou Gipfel, Glanzpunkt, Hauptanziehung, Hauptereignis, Höhepunkt. → Ausbund.
▸ Mittelmäßigkeit, Nichts.

Clown → Spaßmacher.

Club (Klub) → Clique.

Coach Betreuer, Mannschaftsbetreuer, Sportlehrer, Sportlerbetreuer, Trainer.

Cockpit Fahrersitz, Flugzeug-Pilotenkabine.

Cocktail z.B. Fizz, Flip, Sour.

Coda (Koda) Ende, Schluss, Beendigung, Abschluss, Beschluss, das Letzte, das Äußerste, Grenze, Fertigstellung, Vollendung, Endergebnis, Ausgang, Nachspiel, Schlussstein, Ziel, Finale, Nachspiel.

Code Chiffreschrift, Geheimcode, Geheimschrift, Nachrichtenzeichen(system).

Codex (Kodex) Gesetzgebung, Gesetz, Rechtssatzung, Grundsatz, Rechtsspiegel, Verfügung, Erlass, Gebot, gesetzliche Form, Gesetzbuch, Rechtssatzung.

codieren chiffrieren, enkodieren, kodieren, verschlüsseln.

Coiffeur Frisör, Haarkünstler. → Bader, Barbier.

Collage Zusammengesetztes, zusammengesetztes/-geklebtes Kunstwerk.

College höhere Schule.

Combo Band, Ensemble, Gruppe, Kapelle, Jazzensemble/-kapelle.

Come-back *M* Wiederauftreten. → Rückkehr, Wiederkehr.

Commis (Kommis) Diener, Untergebener, Untertan, Untergeordneter, Abhängiger, Gesinde, Gesellschafter, Begleiter, Handreicher, Aufwärter, Bursche, Gehilfe, Assistent, Höfling, Kammerherr, Kammerdiener, Lakai, Leibjäger, Dienstbote, Mietling, Lohndiener, Knecht, Handlanger, Zuträger, Tagelöhner, Treiber, Türsteher, Bürodiener, Ladendiener, Beschließer • Geschäftsreisender, Reiseonkel, Handlungsreisender • Heer, Soldatenstand, Barras, die Preußen *u*.

Communiqué → Benachrichtigung.

Computer Rechner, Elektronenrechner, Rechenmaschine • genialer Idiot *u*, Job-Killer *u*.

Computer-Geldkarte z.B. Chipkarte.

Computer-Geräteumfeld Peripherie.

Computerabfragesprache Query-language.

Computerbestandteile, physische Hardware.

Computereindringling Hacker.

Computerprogramme Software.

Comte → Adel.

Comtesse → Adel.
Conferencier Ansager, Unterhalter, Spaßmacher.
cool beherrscht, gelassen, lässig, nüchtern, ruhig, sachlich, stoisch ● gut.
Copyright Urheberrecht.
coram publico vor aller Welt, vor allem, im Öffentlichen, vor allen Menschen, vor der öffentlichen Meinung, öffentlich.
▸ heimlich.
Cottage Landhaus, Chalet, Häuschen, Gartenhaus.
Couch Chaiselonge, Diwan, Liege(sofa), Ottomane, Ruhebett, Sofa.
Count-down Startzählung, Herunterzählen (auf Null) zum Start. → Abschusszählung (bei Raketen).
Coup glücklicher Fang, Gewaltstück, Meisterstreich, Stoß, Streich, großes Unternehmen, Schlag.
▸ Misserfolg.
Cour schneiden jemandem den Hof machen, verehren, bewundern, vergaffen in, bezaubern, entzücken, berücken, blenden, betören, den Kopf verrücken, verdrehen, ins Netz locken, die Sinne verwirren, lieb Kind sein, in Gunst kommen, sich in das Herz einschleichen, sich einschmeicheln, um Liebe werben, Gunst suchen, schön tun, hofieren, kokettieren, flirten, den Liebenswürdigen spielen, Fensterpromenade machen, sich die Augen aus dem Kopf sehen.
▸ verabscheuen.
Courage Mut, Schneid, Tapferkeit, Wagemut, Beherztheit, Kühnheit, Entschlossenheit, Unerschrockenheit, Zivilcourage, Furchtlosigkeit, Tollkühnheit, Verwegenheit, Unverzagtheit, Verzweiflungsmut, Männlichkeit, Standhaftigkeit, Festigkeit, Heldensinn, Männerherz, Mannesmut, Löwenmut, Heldenhaftigkeit, Todesverachtung, Kriegsmut, Schlachtenmut.
▸ Angst, Ängstlichkeit, Feigheit, Furcht, Mutlosigkeit, Scheu, Schüchternheit, Unterwürfigkeit.
couragiert kühn, mutig, schneidig, tapfer, unerschrocken.
Courmacher → Kurmacher.
Courschneiderei (Kurschneiderei) Höflichkeit, Wohlerzogenheit, Artigkeit, Liebenswürdigkeit, Dienstbeflissenheit, Dienstfertigkeit, verbindliches Wesen, Galanterie, Komplimente, Schmeichelreden, Schmeichelworte, süße Worte, Hofmacherei, Kratzfuß, Katzenbuckelmacherei, Buckelkrümmung, Untertänigkeitsbezeugung. → Cour schneiden.
▸ Verachtung.
Cousin (Kusin) → Anverwandte.
Cusine (Kusine)→ Anverwandte.
Couvert (Kuvert) Besteck, Gedeck ● Decke, Deckel, Hülle, Einschlag, Umschlag, Verpackung, Umhüllung, Überzug, Briefumschlag, Einband.
Cowboy Kuhjunge, Rinderhirt ● Draufgänger, Reiter der Sonderklasse.
Cowboyfest Rodeo.
Cowboyhut Stetson.
Cowboymusik z.B. Hillbillymusic.
Crack bestes Pferd (im Stall), hervorragender Sportler, Spitzensportler ● Kokain-Rauschgift.
Creme Paste, streichbare Masse, Salbe.
cremefarben eierschalfarben, elfenbeinfarben, lehmfarben.
cremen balsamieren, einreiben, einschmieren, ölen, salben.
Crew Gruppe, Besatzung, Mannschaft.
cum grano salis mit einem Körnchen Salz (Wahrheit), mit Einschränkung ● Verstand, Abwägung, Vorbehalt, Verwahrung, nicht genau wörtlich, richtig verstanden.
Curriculum Lehrplan, Lehrprogramm ● Lehrablauftheorie, Lernablauftheorie.
Curriculum Vitae Lebenslauf, Lebensabriss, Lebensgeschichte.
Cutter *m* Schnittmeister.
Cyklon (Zyklon) Wirbelsturm, Wirbel, Strudel, Wirbelwind, Wasserhose.

D

D-Bank → Bank.
da als, dieweil, indem, unterdessen, während, währenddessen, währenddem, sobald, solange, nachdem, wenn, zur selben Zeit, zugleich, weil, also, wegen, deshalb, deswegen. → als, anwesend, behufs, dadurch, darum, daselbst, denn, deshalb, dort.
▸ einstens, fort, keineswegs, abwesend, fort, verschwunden, abwesend, weg ● irgendwo, woanders ● hier.
da sein → aufhalten sich, auftauchen.
dabei nahe, angrenzend, anliegend, anstoßend, benachbart, daneben, dicht, gegenüber, nächst, neben, nebenan, in nächster Nähe, hinzugefügt, dazu, zudem, des Weiteren, fernerhin, auch, noch, anwesend, gegenwärtig, zugegen, vorhanden, greifbar. → angrenzend, bei, beiläufig, dazu, ferner, dort.
▸ abwesend, außer, abgesondert, abseits ● extra, gesondert.
dabei bleiben fortfahren, beharren, ausdauern, aushalten, anhalten, bleiben, verweilen, fortführen, forthandeln, wiederholen, den Zweck nicht aus dem Auge verlieren, den Willen durchführen, einer Sache treu bleiben, sich hingeben, widmen, nicht aufgeben, nicht nachlassen, nicht abwendig werden, fest bleiben, unveränderlich festhalten, auf seinem Willen beharren, sich auf etwas versteifen, den Kopf darauf setzen. → behaupten, bestehen auf.
▸ abschwören.
dabei sein → bekümmern.
Dabeisein Anwesenheit, Gegenwärtigkeit, Mitmachen, Präsenz, Zugegensein.

Dabeistehender Beobachter, Anwesender, Augenzeuge, Betrachter, Lauscher, Zeuge, Zuschauer, Späher, Spion, Nebenstehender, Kundschafter. → Beobachter.
dableiben → bleiben.
da capo → abermals, bis, bravo.
Dach → Aufsatz, Bedeckung.
Dach der Erde Firmament, Himmelsgewölbe, Himmel, Sternenzelt • Tibet.
Dach und Fach bringen abschließen, beenden, fertig stellen.
Dach und Fach, unter in Sicherheit, in Nummer Sicher *u*, in Gefahrlosigkeit, in Schutz, in Gewahrsam, unter Aufsicht, in Verwahrung, in Bewachung, unter Vorsicht, in Schirm und Schutz, in Deckung.
▸ Risiko, Unsicherheit.
Dach steigen, auf das beeinflussen, auf jemanden einwirken, anraten, anempfehlen, eindringen, aufdringen, einstürmen auf, vorschreiben, überreden, anhalten zu, zureden, überzeugen, jemandem seine Meinung sagen, erzwingen • missbilligen, mäkeln, bekritteln, kritisieren, Unzufriedenheit äußern, Missbilligung zeigen, Einspruch erheben, nicht einverstanden sein, sich erklären, gegen Anstoß nehmen, Vorbehalte machen, Einwendungen machen, hofmeistern, ausschimpfen, tadeln, rügen, verurteilen, verwerfen, angreifen, anklagen, bloßstellen, Vorwürfe machen, mahnen, verweisen, ins Gewissen reden, vor Augen halten, schelten, abkanzeln, anschnauzen, auszanken, anfahren, heruntermachen, zur Rechenschaft ziehen, ein Hühnchen rupfen, einen Denkzettel geben, sein Fett geben, den Marsch blasen, den Kopf waschen, nicht hinter dem Berg halten, ins Gebet nehmen, den Kopf zurechtsetzen, die Leviten lesen, Gardinenpredigt halten, den Standpunkt klarmachen, auf die Finger schauen, eines Besseren belehren, bestrafen.
▸ abraten, billigen, loben.
Dachabschluss Giebel.
Dachboden Boden, Bühne, Speicher, Trockenboden, Estrich, Mansarde.
Dachbungalow Penthaus.
Dachfenster Gaube, Gaupe, Luke.
Dachfläche Walm.
Dachfonds Fund of Funds.
Dachgesellschaft → Bund.
Dachkammer → Abstellraum.
Dachpappe → Bedeckung.
Dachrinne Traufe.
Dachshund Dackel, Teckel.
Dachspitze First.
Dachstube/-zimmer Mansarde.
Dachtel → Bestrafung.
dachteln → bestrafen.
Dachterrassenwohnung Penthouse.
dadurch daher, also, darum, demgemäß, demzufolge, deshalb, deswegen, dieserhalb, folglich, aus diesem Grunde, infolgedessen, mithin, somit, sonach, demnach, zufolge, indem, da, weil, wegen, denn, darausfolgend, durch. → also, daher, darum, deshalb.
▸ folgewidrig, warum.
dafür einverstanden, eins für das andere, einer Meinung. → anstatt, eins für das andere.
▸ dagegen.
Dafürhalten Meinung, Ansicht, Auffassung, Gutachten, Überzeugung, Vermutung, Annahme, Anschauung, Anhaltspunkt. → Denkart.
dafür halten annehmen, zugeben, billigen, gutheißen, zustimmen. → anerkennen.
▸ ablehnen, widersprechen.
dafür sein → befürworten.
dagegen aber, allein, dennoch, doch, freilich, jedoch, indessen, zwar, entgegen, zuwider, entgegengesetzt, ganz im Gegenteil, nichtsdestoweniger, dessenungeachtet, obgleich, obwohl, obzwar, wenn auch, wiewohl, wenngleich, indessen, trotz, immerhin, sogar, jedenfalls, unter allen Umständen, unter jeder Bedingung, obschon. → aber, allein, contra, dennoch, eins für das andere.
▸ behilflich, einig, dafür, demnach dafür, für, pro.
dagegenhalten → einwenden.
dagegen sein → ablehnen.
da gewesen, alles schon → alt, altbekannt.
da gewesen, noch nie → einmalig.
Daheim Behausung, Heim, Wohnsitz, Zuhause.
daheim zuhause, ansässig, zugegen, einheimisch, sesshaft, angesessen, heimatberechtigt, gebürtig, wohnhaft, innehabend, eingebürgert, eingewurzelt, angestammt, beheimatet, herstammend, häuslich, darinnen, im Kreise der Seinigen, im Schoße der Familie • behaglich, gemütlich, lauschig, zufrieden, angenehm, im trauten Kreise der Seinen, im traulichen Heim, sich zu Hause fühlen, in seinem Element sein, bequem. → dort, drinnen.
▸ abwesend, auswärts, ungemütlich.
daher also, dadurch, darum, demgemäß, demzufolge, deshalb, deswegen, dieserhalb, folglich, aus diesem Grunde, infolgedessen, mithin, somit, sonach, eben, demnach, folgerichtig, denn, weil, solchermaßen, in Anbetracht, danach, endlich, schließlich, im Ganzen genommen, vermöge. → also, dadurch, daraus, darum, dementsprechend, demzufolge, denn, deshalb, folglich.
▸ folgewidrig, warum.
daherkommend → erfahrungsgemäß.
daherschießen → besessen, einstürmen.
dahin vormals, vorüber, ehedem, seither, vordem, zuvor, unlängst, jüngst, ehemals • zerstört, vernichtet, vertilgt, aus dem Wege geräumt, verschwunden, verloren, aufgegeben, erledigt, fortgebracht, weggelegt, anderswo, anderwärtig, anderwärts, abgereist, weg, davon, über alle Berge, abhanden, ade, auf Nimmerwiedersehen. → ab, angeschlagen, fern, fort.
▸ anwesend, einträglich, ganz, künftig.
dahindämmern → Besinnung ohne sein, verdummen.
dahingegangen vergangen, verflossen, verloren, eingebüßt, abgelaufen, passee. → abgeschieden, verblichen, tot.
▸ anwesend, künftig.
dahingeschieden gestorben, tot, verblichen, verschieden, verstorben.
dahingestellt fraglich, unentschieden, offen stehend, streitig, zweifelhaft, faul *u*, das kommt mir spanisch vor, nicht glaubwürdig, bedenklich,

verfänglich, widersprechend, unglaublich, unbegreiflich, ungewiss, unbestimmt. → dehnbar, diskutierbar, ungewiss.
▸ tatsächlich, wahr.
dahinleben, kümmerlich vegetieren.
dahinschießen → durcheilen.
dahinschwinden → verschwinden.
dahinstürmen → durcheilen.
dahinter abschließend, endend, beschließend, schließlich, hinten, hinterher, rückwärts, am Ende stehend.
▸ vor, voran, vorher.
dahinter kommen entdecken, aufdecken, aufzeigen, entschleiern, entlarven, demaskieren, entpuppen, die Maske herunterreißen. → ausfindig machen, bloßlegen, wahrnehmen.
▸ Grube fallen in die, verrechnen sich.
dahinter machen → Dampf dahinter machen.
dahintreiben driften, gleiten, schweben, schwimmen, treiben.
dalassen hinterlassen, übrig lassen, zurücklassen.
daliegen aalen sich, hingestreckt sein, lagern, liegen, ruhen, viere von sich strecken alle.
Dalles *u* → Armut.
dalli schnell, fix, hopp hopp, tempo.
damalig → vergangen.
damals zu jener Zeit, als, einst, einstens, nach Jahr und Tag, einstmals, gelegentlich, worauf, früher, neulich, kürzlich, vormals, ehedem, vordem, zuvor, unlängst, jüngst, in verflossenen Tagen, zu Olims Zeiten, vorgestern. → als, dann, ehedem, einmal, früher, vorher.
▸ jetzt, künftig.
Dame → Frau.
Dame im Kartenspiel Sattel *u.*
Dame im Staat, oberste First Lady.
damenhaft → vornehm, weiblich.
Damenhut z.B. Florentiner, Kapotte, Schute, Toque.
Damenwäsche Dessous.
Damenzimmer Boudoir.
damisch *u* → albern.
damit hinzugefügt, beigeschlossen, beiliegend, beifolgend, ergänzend, anknüpfend, noch, dazu, ferner, weiter, eingeschlossen, darum, deshalb, deswegen, weil, um zu. → darum, deshalb, wegen.
▸ abzüglich, fehlend, gesondert, möglich.
dämlich polizeiwidrig *u.* → albern.
Damm Verschanzung, Umwallung, Ring, Abdämmung, Deich, Wall, Wehr, Eindämmung, Barrikade. → Allee, Beschwernis, Weg.
Damm sein, auf dem gesund sein, sich wohl befinden, blühen, strotzen, aussehen wie Milch und Blut, erstarkt, wieder hergestellt, geheilt, munter, hell, pudelwohl, frisch, rüstig, kerngesund, unverwüstlich, frischfarbig, rosenwangig, wie ein frischer Apfel, wie der Fisch im Wasser, tätig, geschäftig, munter, rührig, vorwärts strebend, fleißig, regsam, erwerbsam, betriebsam, ruhelos, rastlos, beweglich.
▸ krank.
dämmen → absperren.
Dämmer Dämmerlicht, Dämmerung, Düsterkeit, Halbdunkel, Halblicht, Verschwommenheit, Zwielicht, Schummer, Dämmerschein, Verfinsterung, Verdunkelung, Beschattung, Verlöschung, Nebelhaftigkeit, Frühstunde, Tagesanbruch, Morgengrauen, Morgendämmerung, Morgenanbruch.
▸ Helligkeit.
dämmerig düster, trübe, glanzlos, gebrochen, blind, matt, fahl, bleifarbig, verschwommen, unklar, nebelig, dunstig, undurchsichtig. → dämmernd, dunkel.
▸ hell.
Dämmerlicht → Dämmer.
dämmern ahnen, fürchten, hellsehen, vermuten, vorausfühlen, voraussehen, vorhersehen, ungewiss sein, im Finstern tappen, ein Licht aufgehen • dunkeln, finstern, düstern, sich überwölken, sich verdüstern, sich verfinstern • anbrechen (Morgen), tagen. → ahnen, anfangen, auftauchen, dunkel.
▸ hell werden, wissen.
Dämmerschein → Dämmer.
Dämmerstündchen Abendstunde • Mußezeit, freie Zeit, Ruhezeit, Feierabend, Freizeit, Erholungszeit, Nichtstun, Behagen. → Abend, Feierabend.
▸ Anstrengung, Arbeit.
Dämmerstunde → Abend.
Dämmerung Morgen, Frühe, Frühstunde, Morgengrauen, Morgenrot, Morgenstunde, Tagesanbruch. → Dämmer.
▸ Helligkeit.
Dämmerzustand Ungewissheit, Unschlüssigkeit, Unbestimmtheit, dunkler Punkt, Rätselhaftigkeit • dämmernde Erinnerung, Traum, Albdruck, ohne Besinnung, Verwirrung.
▸ Gewissheit.
Dämmung Isolation.
Damoklesschwert → Bedrohung.
Dämon Geist, Wildheit, Rachegott, Übermacht, Seelenherrschaft, Willensbeherrschung, Hypnose, Übeltäter, Zerstörer, Verderber, Unglückstifter, böser Geist, Teufel, gefallener Engel, Bewohner der Hölle, Satan, Luzifer, Beelzebub, Widersacher, Versucher, der Leibhaftige, Drache, Erscheinung, Spuk, Überirdisches, Ungeheuer, Unhold, Rübezahl, Berggeist, Alraun, Alb, Zaubergeist, Höllenwesen, Höllenwerk, Höllenspuk. → Bedrücker, Bestie.
▸ Geist guter.
Dämonenglaube → Aberglaube.
dämonisch dunkel, ungewiss, rätselhaft, traumhaft, teuflisch, diabolisch, höllisch, satanisch, schlecht, niederträchtig, infam, heißblütig, leidenschaftlich, gewalttätig, ungestüm, zügellos, glühend, grimmig, verrückt, wahnsinnig, unmenschlich, bestialisch. → bestialisch, böse, diabolisch, übersinnlich.
▸ menschenfreundlich.
Dampf → Brodem, Dunst.
Dampf dahinter machen (setzen) antreiben, vorwärts bringen, vom Fleck befördern, beschleunigen, Feuer dahinter machen, alle Hebel in Bewegung setzen, seine Zeit verbringen mit, fortschreiten, kurzen Prozess machen, ohne Umstände zugreifen, die Zeit ausnützen, keine Arbeit scheuen, überhasten, sich beeilen, einem Beine machen, anspornen, aneifern, ermuntern, aufmuntern, anhalten zu, betreiben,

überstürzen, hinter etwas haken, sich hinter etwas klemmen *u*, auf den Schwung bringen, auf Trab bringen.
▸ abwarten, hemmen, verzögern.

Dampfbad → Bad.

dampfen fahren, befahren ● warm, heiß sein, glühen, schwitzen, rauchen, kochen, sieden, glimmen, flammen, brennen, aufflackern, wallen, brodeln, versengen, verdunsten, ausströmen, verflüchtigen, verdampfen. → fahren, wärmen.
▸ frieren, abkühlen, kondensieren.

dämpfen abschwächen, beruhigen, eindämmen, lindern, mäßigen, mildern, stillen, unterdrücken, zügeln, zurückhalten, beschwichtigen, begütigen, erweichen, bezähmen, bezwingen, beherrschen, hemmen, abstumpfen, zähmen, Öl auf die Wogen gießen, zur Vernunft bringen, Frieden stiften, zum Schweigen bringen, den Mund verstopfen, das Wort entziehen, die Rede abschneiden, die Worte abmessen. → abkühlen, abwenden, aufhalten, bändigen, begütigen, beherrschen sich, bekämpfen, besänftigen, beschneiden, betäuben, bezähmen, dazwischentreten, dünsten, eindämmen, einschläfern, zubereiten.
▸ lärmen, toben, verstärken ● anfeuern, anregen, anheizen, aufputschen, beleben, dopen, entfachen, erregen, schüren ● braten, kochen.

dämpfen, die Stimme lispeln, flüstern, säuseln, leise sprechen, murmeln, summen, zischeln, schwirren, erstickt reden, gedämpft reden, unterdrückt reden, mit verhaltenem Atem reden, kaum hörbar sprechen, still sein, unvernehmlich sprechen, abschwächen, mäßigen, zurückhalten, hemmen, beruhigen.
▸ lärmen.

dämpfen, den Ton → dämpfen die Stimme.

Dampfer Pott *u*. → Fahrzeug (Wasser-), Schiff.

dampfförmig verdampft, flüchtig, dunstartig, gasförmig, luftförmig. → dunstförmig.

dämpfig → dumpf.

Dampfschiff → Fahrzeug (Wasser-).

Dämpfung Gedämpftheit, Dumpfheit, Stille, Summen, Flüstern, Wattierung, Wispern, Gesäusel.
▸ Lärm, Verstärkung.

Dämpfung von Tuch Dekatur.

Dampfwagen → Fahrzeug (Schienen-).

danach nachfolgend, nachkommend, folgend, nachstehend, wie folgt, nächst, zunächst, nach, nachdem, hinter, darauf, später, schließlich, Letzteres, der Reihe nach, nachher, später, darauf, worauf. → nachher.
▸ jetzt, sofort ● davor, vorher, zuvor ● voran, voraus.

Danaergeschenk Falle, Fallstrick, Fallnetz, Garn, Lockvogel, Hinterhalt, Lauer, Listigkeit, Arglist, Hinterlistigkeit, Hintertüre, Überlistung, Umgarnung, Übertölpelung, Schleichweg.
▸ Aufrichtigkeit, Offenheit.

Dandy Geck, Stutzer, Elegant, Gigerl, Modeherrchen, Modenarr, Modepuppe, Zierpuppe, Ziernarr, Zierbengel, Zieraffe, Kleidernarr, Salontiroler, Fatzke *u*, feines Luder oder Aas *u*, Playboy *M*, Gent.

daneben außerdem, beiläufig, nebensächlich, des Weiteren, ferner, obendrein, weiter ● dicht, benachbart, anstoßend, angrenzend, nebenan, gegenüber, nebenbei, beisammen, zusammen, anliegend, aneinander gereiht, seitwärts, seitlich, seitab, längsseits, jenseits, drüben, diesseits, abseits. → abseits, an, dicht dabei, diesseits, nahe, seitlich.
▸ abzüglich, auseinander, fern, innerhalb, ständig.

danebenbenehmen, sich entgleisen, Rolle fallen aus der, vorbeibenehmen sich.

danebengehen → misslingen.

danebenhauen → irren sich.

Dank Dankbarkeit, Dankgefühl, Erkenntlichkeit, Erinnerung, Anerkennung, Dankempfindung, Danksagung, Lob, Preis, Dankgebet, Vergütung, Belohnung, Entlohnung, Vergeltung, Gegenleistung, Erwiderung, Entgelt, Geschenk, Gabe, Entschädigung, Genugtuung.
▸ Undank, Bitte, Wunsch.

Dank aussprechen → danken.

Dank, schnöder Undank, Dank der Welt, Eselstritt, Undankbarkeit.
▸ Dank.

Dank zollen → danken.

dank → anlässlich, durch, vermittels.

dankbar dankerfüllt, dankpflichtig, dankwillig, erkenntlich, verbunden, verpflichtet, zugetan, dankenswert, anerkennenswert, erinnerungswert, stets daran denkend, erinnern, unvergesslich sein, unverwischbar sein, unauslöschlich bleiben ● ersprießlich, lohnend, nützlich, Gewinn bringend, vorteilhaft, ergiebig, einträglich, verdienstlich. → ausgiebig, dankenswert, ergiebig, erkenntlich, lohnend.
▸ undankbar.

Dankbarkeit Anerkennung, Dankgefühl, Erinnerung, Erkenntlichkeit, Gefühl der Verpflichtung, Verbundenheit. → Anerkennung, Dank, Erkenntlichkeit.
▸ Undankbarkeit.

dankbeflissen → dankbar.

dankbereit → erkenntlich.

dankeifrig → dankbar.

Dankempfindung → Erkenntlichkeit.

danken erkenntlich zeigen sich, dankbar sein, anerkennen, sich zu Dank verpflichtet fühlen, verpflichtet sein, verbunden sein, Dank aussprechen, Dank bekunden, Dank zollen, in Dankesworten sich ergießen, Gott loben, den Himmel preisen, seinem Schicksal danken, belohnen, lohnen, schadlos halten, vergelten, auszeichnen, ehren. → anerkennen, bedenken, belohnen, erkenntlich zeigen.
▸ dankvergessen (sein).

danken, nichts zu keine Ursache, bitte sehr, nicht um die Welt, dankend zurückgewiesen, dies ist selbstverständlich, gern getan, schon gut.

dankenswert dankbar, dankerfüllt, erkenntlich, verpflichtet, verbunden, dankwillig, dankeifrig, dankbeflissen, dankbegierig, dankbereit, sehr verbunden, zugetan ● lohnend, fruchtbar, ergiebig, dienlich, empfehlenswert, ersprießlich, günstig, vorteilhaft, nützlich.

→ dankbar.
▸ dankvergessen.
dankerfüllt → dankbar, erkenntlich.
Dankeszoll → Anerkennung, Gegenleistung.
Dankgefühl → Dankbarkeit.
dankpflichtig → dankbar.
Dank sagen → beten.
Danksagung → Dank, Erkenntlichkeit.
dankvergessen undankbar, danklos, unerwidert, unerkenntlich, unbedankt, schlecht vergolten, übel belohnt.
▸ dankbar.
dankwillig → dankbar, erkenntlich.
dann sodann, damals, flugs, worauf, zu jener Zeit, einstmals, alsdann, ein andermal, manchmal. → damals, dereinst, nachher.
▸ jetzt, davor, erst, vorerst, vorher, zunächst, zuvor.
dann und wann wiederholt, wiederkehrend, erneuert, wieder, von neuem, abermals, noch einmal, einige Male, manchmal, wie schon, selten, kaum, vereinzelt, zuweilen, hier und da, alle Jubeljahre, ab und zu, hin und wieder, nicht häufig, nicht oft, gelegentlich.
▸ immer, unaufhörlich.
daran → abseits, seitlich.
darauf später, in der Folge, schließlich, infolge, nach, nachdem, zunächst, nächst, nachfolgend, anknüpfend, nachher, worauf • oben, droben, über, darüber, oberhalb. → danach, dereinst, ferner, nachher.
▸ unter, vorher, zuvor.
darauf ankommen lassen, es → wagen.
darauf folgend aufeinander folgend, folgend, hintereinander, nacheinander.
daraufhin → danach, dann, darauf.
daraus daraus folgend, hieraus, deshalb, folglich, denn, weil, daher, dieserhalben. → darum.
▸ folgewidrig.
daraus folgend → dadurch, daraus, denn, erfahrungsgemäß.
darben entbehren, schmachten, fasten, verhungern, hungern, dürsten, kärglich zumessen, den Brotkorb höher hängen, den Riemen enger schnallen, arm sein, sich kümmerlich behelfen, am Hungertuch nagen, nichts zu beißen haben, am Daumen lutschen, ein dürftiges Dasein fristen, sich kümmerlich nähren, sich mühselig durchbringen, von der Hand in den Mund leben, vom Munde abdarben, geizen, Hunger leiden. → ermangeln, hungern.
▸ reich (sein), ausreichen, schwelgen, verdienen.
darbieten anbieten, darbringen, beschenken, einladen, auffordern, sich erbieten, erbötig sein, aufdrängen sich, darreichen, entfalten, geben, präsentieren, schenken, vorführen, vorlegen, vorstellen, vorweisen. → anbieten, begeben sich, begegnen, bestechen, bieten, schenken, verehren.
▸ annehmen, versagen.
darbieten, sich gegenüberstehen, anblicken, vor jemanden treten, gegenübersehen, verteidigen • aufwerfen, sich zutragen, vorfallen, sich zufällig ereignen, sich begeben. → ausfallen, ausgehen, begegnen.
▸ anstreben, verbergen sich.
Darbietung Auftritt, Gastspiel, Auftreten, Erscheinung, Spiel, Schauspiel, Theater, Stück, Aufführung, Vorstellung, Darstellung, Aufzug, Handlung, Präsentation, Vorführung. → Aufführung.
darbringen → anbieten, beschenken, bestechen, bieten, büßen, darbieten, darreichen, schenken.
▸ ablehnen, erhalten.
Darbringung Geschenk, Gabe, Spende, Angebinde, Liebesgabe, Stiftung, Darreichung, Beschenkung, Schenkung, Zuweisung, Zuteilung, Ausstattung. → Geschenk, Opfer.
▸ Ablehnung, Erhalt.
dareingeben, sich sich unterjochen, übergeben, niederwerfen, unterliegen, erliegen, nachgeben, in den sauren Apfel beißen, die bittere Pille schlucken, verwinden, gehorchen, klein beigeben, zu Kreuze kriechen, sich beugen, sich demütigen, zu Füßen fallen, niederlegen, die Waffen strecken, das Knie beugen, den Nacken beugen, die Flagge streichen, die Tore öffnen, Ja und Amen sagen, dienen, einwilligen, nachgeben, sich fügen, sich ergeben.
▸ aufbegehren.
Dargabe → Aushilfe, Darlehen.
dargestellt abgebildet, beschrieben, demonstriert, gespielt, gezeichnet, gezeigt.
dargestellt, umfassend enzyklopädisch.
darin → innen, drinnen.
darinnen → einwärts.
darlegen sichtbar machen, zeigen, erkennen lassen, dartun, demonstrieren, nachweisen, begründen, veranschaulichen, vor Augen führen, beweisen, erklären, hindeuten, hervorheben, bekräftigen, deuten, auslegen, auseinander setzen, klarmachen, erläutern, beleuchten, illustrieren, kommentieren, ein Bild entrollen. → anführen, aufzeigen, ausdrücken, bedeuten, Besten geben zum, beweisen, darstellen, dartun, definieren, deuten, entrollen, erklären, erweisen, erzählen, manifestieren, sprechen, veranschaulichen.
▸ verdecken, verheimlichen.
darlegend → demonstrativ.
Darlegung Darstellung, Untersuchung, Prüfung, Ausführung, Beleuchtung, Demonstration, Auskunft, Beweisführung, Andeutung, Äußerung, Auslegung, Meinung, Erklärung, Deutung, Erörterung, Auseinandersetzung, Wiedergabe, Kommentar, Illustration, Randbemerkung, Randglosse. → Angabe, Antwort, Argument, Beichte, Bekenntnis, Bericht, Berichtigung, Bescheid, Betrachtung, Beweisführung, Erweis, Nachweis, Rechenschaft.
▸ Verheimlichung.
Darlehen Anleihe, Aushilfe, Borg, Dargabe, Vorschuss, Hypothek, Pump, Kredit, Wechsel, Beleihung, Schuldforderung. → Kredit.
▸ Schulden.
Darlehen mit Gewinnanspruch partiarisches Darlehen.
Darlehen ohne Sicherheiten Blankokredit.
Darlehenszuteilung Kreditrationierung.
Darling → Abgott, Liebling.
Darm Gedärm, Innerei, Gekröse, (Speiseröhre) Fressschlauch *u*, Schlauch *u*. → Enteron, Intestinum.
Darmaufblähung Meteorismus.
Darmausgang After, Anus.

Darmbakterien Darmflora.
Darmbewegung Peristaltik.
Darmeinlauf Klysma, Klistier.
Darmentzündung Enteritis.
Darmgasbildung Blähsucht, Flatulenz, Meteorismus.
Darmkrampf Enterospasmus.
Darmspülung Klistier.
Darmverengung Darmstenose.
Darmverschlingung Volvulus.
Darmverschluss Ileus.
Darmwind → Blähung.
Darmwinde laut entweichen lassen pupen *u*, pupsen *u*.
darnach → danach, endlich.
darniederliegen krank sein, sich nicht wohl fühlen, siechen, kränkeln, leiden, erkranken, bettlägerig sein, fiebern, mit einem Fuß im Grabe stehen, hinfällig sein, schwächlich sein, ungesund sein, altersschwach sein, abgezehrt sein, heruntergekommen sein, angegriffen sein, matt sein, kraftlos sein, behaftet sein, mit Krankheiten. → auszehren, erkranken.
▸ gesunden.
Darre Trockner, Trockenanlage, Obsttrockner.
darreichen geben, gewähren, schenken, spenden, spendieren, bewilligen, verleihen, übermachen, überreichen, aushändigen, zuschießen, vergönnen, darbringen, zulassen, beschenken, versorgen, widmen, zueignen, anbieten, austeilen, verteilen, zuwenden, zukommen. → anbieten, austeilen, darbieten, darbringen, schenken.
▸ ablehnen, nehmen.
Darreichung Belehnung, Bestechung, Darbringung, Käuflichkeit.
▸ Ablehnung, Entgegennahme.
darstellen zeigen, zur Schau tragen, sichtbar machen, offenbaren, anzeigen, erkennen lassen • Bescheid geben, Antwort geben, auslegen, erklären, erörtern, auseinander setzen, näher bestimmen, erschließen, ergründen, darlegen, bezeichnen, kundmachen, ausdrücken, deuten, klarmachen, erläutern, den Sinn wiedergeben, veranschaulichen, entrollen, bekannt geben, auseinander legen, beschreiben, schildern, berichten, erzählen, zusammenstellen, ausmalen, ein Bild entrollen • spielen, vorstellen, auftreten. → abbilden, aufführen, auftreten, ausarbeiten, ausdrücken, auseinander setzen, auslegen, ausmalen, aussehen wie, beschreiben, charakterisieren, deuten, entwerfen ein Bild, ergänzen, erzählen.
▸ entstellen, missdeuten, Stroh dreschen leeres, verhüllen.
darstellen, sich sich äußern, sich ausdrücken, sich bedeuten, seine Meinung wiedergeben, sich charakterisieren, sich erklären, sich verständlich machen, sich vorstellen. → darstellen.
▸ enthalten sich, stillschweigen.
darstellen, vereinfachend anschaulich machen, vereinfachen, verständlicher machen.
Darsteller Schauspieler, Sänger, Filmstar, Komödiant • Künstler, Lichtbildner, Maler, Zeichner, Bildhauer, Grafiker.
Darsteller, stummer Figurant, Komparse, Statist.
darstellerisch bildnerisch, illustrativ, mimisch, tänzerisch, bühnenmäßig • zeichnerisch.
Darstellung Ansicht, Ausdruck, Bedeutung, Bild, Vorstellung, Erklärung, Erläuterung, Illustration, Interpretation, Veranschaulichung, Exempel, Beschreibung, Angabe, Bericht, Dokumentation, Erzählung, Schilderung, Übersicht, Wiedergabe, Anordnung, Entwurf, Deutung, Fassung, Lesart, Wortlaut, Ausdrucksart, Ausdrucksform, Anschauung, Bildlichkeit, Abbildung, Nachahmung, Abschrift. → Abbild, Anzeichen, Auffassung, Aufführung, Ausdruck, Beschreibung, Betrachtung, Bild, Chronik, Darbietung, Darlegung, Denkschrift, Deutung, Ermittlung, Erzählung, Exempel.
▸ Darstellung unrichtige, Entstellung, Missdeutung.
Darstellung, gleichnishafte Allegorie.
Darstellung, unrichtige Verzerrung, Verdrehung, Karikatur, Zerrbild, Verkünstelung, Stillosigkeit, Gehudel, Schmiererei, Übertreibung, Entstellung, Flickwerk, Druckfehler, Stümperei, Parodie. → Anordnung.
▸ Darstellung, Wahrheit.
Darstellungsweise Stil, Art und Weise, Ausdrucksart, Ausdrucksform, Gepräge, Kunstform, Schreibart, Verfahren. → Ausdrucksweise.
▸ Stillosigkeit.
dartun beweisen, feststellen, beleuchten, demonstrieren, nachweisen, veranschaulichen, vor Augen führen, dafür sprechen, bezeugen, ankündigen, aufzeigen, klarmachen, klarlegen, erklären, angeben, hinweisen, erhellen, betonen, hervorheben, unterstreichen, zeigen, bekunden, darlegen, enthüllen, verständigen. → anführen, angeben, aufklären, aufzeigen, ausdrücken, aussagen, ausweisen, beglaubigen, begründen, belehren, benachrichtigen, betonen, beweisen, bloßlegen, darlegen, dokumentieren.
▸ verheimlichen, widerlegen.
darüber drüber, über, obendrein, darüber hinaus, besonders, hauptsächlich, vor allem, insbesondere, mehr, noch, außerdem, überdies, dazu, noch dazu, ebenfalls, des Weiteren, fürderhin, ferner, überzählig • oberhalb, aufwärts, höher, hoch, hinauf, aufsteigend, eingerechnet, einschließlich, nebst, zudem, ebenso, soeben auf, empor, droben. → auf, darauf, droben, ferner.
▸ abzüglich, minderwertig, unterhalb.
darüber hinaus → außerdem, darüber.
darum daher, dadurch, deshalb, weil, wegen, vermöge, da, deswegen, demnach, demgemäß, zufolge, infolge, anlässlich, denn, daraus, hieraus, solchermaßen, zu, um, behufs, damit, eigens, ausdrücklich, aus diesem Grunde, infolgedessen, mithin, somit, sonach, dieserhalb, logischerweise, zwecks. → also, dadurch, daher, denn, damit, deshalb, eigens.
▸ unbeabsichtigt, warum.
darunter in, inmitten, zwischen, dazwischen, unter.
▸ abgesondert, außerhalb, darüber.
Dasein Bestehen, Vorhandensein, Existenz, Leben, Anwesenheit, Vorkommen, Wesen, Wesenheit, Daseinsform, Sein, Erscheinung, Tatsächlichkeit, Wirklichkeit, Tatsache, Bestand, Erdentage,

Lebenszeit, Vegetation • Gegenwart, der jetzige Augenblick. → Bestand, Ding, Erdentage, Existenz. ▸ Leere, Nichts, Vergangenheit.
da sein bestehen, leben, existieren, vorkommen, sich vorfinden, sich befinden, vorhanden sein, sich aufhalten, weilen, zugegen sein, gegenwärtig sein, anwesend sein. → aufhalten, atmen, bestehen. ▸ fehlen, vergangen, verlöschen • abwesend / fort / weg / woanders sein, fernbleiben, nicht existent/vorhanden sein, schwänzen, vermisst werden, weggeblieben sein, weg sein.
daseinsbejahend optimistisch, → daseinsfreudig.
Daseinsberechtigung Lebensrecht, Existenzberechtigung.
Daseinsform → Dasein.
Daseinsfreude Lebensfreude, Behagen, Wohlgefühl, Lebensbejahung, Zufriedenheit, Lebenslust, Lebensgefühl. ▸ Beschwerlichkeit, Missbehagen.
daseinsfreudig heiter, lebensfroh, lebenslustig, optimistisch, positiv.
Daseinskampf Existenzkampf, Kampf ums Dasein, Ringen, Anstrengen. → Erwerbskampf. ▸ Daseinsfreude.
dasselbe das Gleiche, kein anderes, nichts anderes, genau dasselbe, gerade dasselbe, das Nämliche, gleich, einstimmig, identisch, zusammenfallend, sich decken, dieses, dito, ebenfalls, ebenso, ohnegleichen, einzig, egal, gleichwertig, unterschiedslos. → ebenso, ebenso viel, ein und dasselbe. ▸ unterschiedlich, vielförmig.
dastehen → da sein, überrascht.
Datenausgabe Output.
Datenband Magnetband.
Datenbank Datenbanksystem, Dokumentationsbank.
Dateneingabe Input.
Datensichtgerät Bildschirm, Monitor, Terminal.
Datenverarbeitungsanlage Elektronengehirn, Rechenautomat, Computer, Rechner.
datieren festsetzen, bestimmen, anhalten, angeben, die Zeit bestimmen, Zeit berechnen, Zeit beachten, Frist setzen, stunden, registrieren.
Datum Termin, Fälligkeitstag, Frist, Zeit, Zeitpunkt, Zeitabschnitt, Zeitmaß, Verabredung.
Datumsanzeiger Kalender.
Dauer Dauerhaftigkeit, Gleichmäßigkeit, Stetigkeit, Regelmäßigkeit, Unveränderlichkeit, Unvergänglichkeit, Fortdauer, Ewigkeit, Beständigkeit, Ununterbrochenheit, Aufeinanderfolge, Beharrlichkeit, Folge, Verlauf, Ablauf, Frist, Zeitraum, Zeitdauer, Abschnitt, Ausdauer, Fortsetzung, Erhaltung. → Beständigkeit. ▸ Augenblick, Stillstand, Veränderlichkeit, Vergänglichkeit.
Dauerabnehmer Abonnent.
Dauerbezugsrecht Abonnement.
Dauerbrenner Schlager, Longseller, Erfolg.
Dauereinkommen permanentes Einkommen.
Dauererfolg Evergreen, Longseller, Steadyseller.
dauerhaft fest, durabel, beständig, dauernd, haftend, unvergänglich, unzerstörbar, unwandelbar, beharrlich, langlebend, lebenslang, langlebig, zählebig, langwierig, immergrün, unablässig, lang, bleibend, fortgesetzt, haltbar, solid, stark, unverwüstlich, unzerstörbar, zuverlässig, stabil, fest, sicher, steif, unveränderlich, widerstandsfähig, echt, massiv, strapazierfähig, unverderblich, verlässlich, währschaft, einwandfrei, gediegen, haltbar, tadellos, vorzüglich, vortrefflich, wertvoll, unwandelbar. → beständig, chronisch, farbecht, fest. ▸ augenblicklich, schwach, veränderlich, vergänglich, vorbei, für einen Augenblick, befristet, flüchtig, kurz(fristig) • instabil, provisorisch, vorläufig • wechselnd.
dauerhaft machen konservieren, stabilisieren.
Dauerhaftigkeit Beständigkeit, Haltbarkeit, Unveränderlichkeit, Stabilität, Unempfindlichkeit, Unzerstörbarkeit, Unverwüstlichkeit, Zuverlässigkeit, Gediegenheit, Vorzüglichkeit, Vortrefflichkeit, Strapazierfähigkeit, Unverderblichkeit, Verlässlichkeit, Widerstandsfähigkeit. → Dauer, Ewigkeit. ▸ Veränderlichkeit, Vergänglichkeit.
Dauerleser Abonnent.
Dauermiete Abonnement.
Dauermieter Abonnent, Stammgast.
dauern beharren, ausdehnen, bestehen, bleiben, verlängern, warten, sich hinziehen, fortsetzen, fortdauern, fortfahren, anhalten • bemitleiden, Mitleid haben, bedauern, beklagen, beseufzen, Mitgefühl haben, mitfühlen, Anteil nehmen, beweinen, das Herz rühren. → bestehen, bleiben. ▸ aufhören, mitleidlos (sein), unbeständig (sein), vergehen, sich ändern/wandeln, wechseln • enden, vergehen, vorbeigehen, vorübergehen • befristet/kurz(fristig) existieren/sein.
dauernd gleichförmig, gleichmäßig, regelmäßig, anhaltend, immer wieder, fortgesetzt, beharrlich, beständig, ununterbrochen, immer, von Anfang bis zu Ende, unausgesetzt, ewig, in einem fort, immerfort, immer während, unwandelbar, unaufhörlich, unablässig, jahraus, jahrein, in Ewigkeit, fortwährend, von Tag zu Tag, von Jahr zu Jahr, unsterblich. → andauernd, beständig, chronisch, dauerhaft, in einem fort. ▸ unbeständig, vergangen, vorbei • ab und zu, dann und wann, gelegentlich, hin und wieder, manchmal, zeitweise • augenblicklich, derzeitig, gegenwärtig, momentan • behelfsmäßig, provisorisch, vorläufig • instabil, vergänglich.
Dauerware Konserve.
Daumen Glied, Körperteil, Finger, Handteil → Pollex.
Daumen drehen → abwarten.
Daumen halten Daumen drücken, mit jemandem unter einer Decke stecken, am selben Strang ziehen, das seine beitragen, sich ins Zeug legen, eintreten für, sich zur Verfügung stellen, Dienst erweisen, unterstützen, helfen. → drücken sich.
Daumenballen Thenar.

Däumling Zwerg, Gernegroß, Gnom → Dreikäsehoch.
Daune → Feder.
Daunen Federn, Flaum, Gefieder.
Dauphin (franz. Kronprinz) → Adel.
Davis Cup Salatschüssel *u.*
davon fern, weit, entlegen, fern liegend, fort, auswärtig, fremd, getrennt, unerreichbar, voneinander. → dahin.
▸ anwesend, nahe, verbunden, vereinigt, heran, herbei, zurück.
davon, auf und über alle Berge, fort, hinweg, abhauen, weg, entkommen, entweichen, flüchtig, abgereist.
▸ daheim, hier, sichtbar.
davonbringen → entbinden.
davoneilen → enteilen, entfliehen.
davonfahren → bringen in Bewegung.
davongehen → weggehen.
davonfliegen → entfliegen.
davonkommen → durchkommen, entgehen/ -rinnen/-kommen, Glück haben noch einmal, retten sich, überstehen etwas.
davonkommen, schlecht → beikommen nicht, Boden verlieren den.
davonlaufen entweichen, entgehen, Flucht ergreifen, entrinnen, entkommen, entlaufen, entwischen, fliehen, flüchten, sich davonmachen, abhauen, sich fortstehlen, durchbrennen, ausreißen, ausbrechen, sich drücken, Fersengeld geben, sich auf die Socken machen, aus dem Staube machen, Reißaus nehmen, kneifen • sich fürchten, ängstigen, zurückweichen, die Flinte ins Korn werfen. → aufspringen, desertieren, enteilen, Fersengeld geben.
▸ bleiben, kommen, mutig sein.
davonmachen, sich reisen, gehen, fahren, laufen, rennen, abschwärmen, abziehen, auswandern, sich in Bewegung setzen, aufbrechen, jagen, eilen, lange Beine machen, sich trollen, seiner Wege gehen, sich auf die Beine machen, schleichen, sich fortstehlen, verduften, sich auf Französisch drücken, sich verdünnisieren, sich empfehlen, entfliehen, ausbrechen, sich befreien, sich der Fesseln entledigen, entschlüpfen, flüchten, entspringen, entwischen, ausbrechen, durchbrennen, entkommen, das Weite gewinnen, das Joch abschütteln, die Ketten zerreißen, sich der Schlinge entziehen, der Haft entkommen, losschlagen sich *j.* → begeben sich, davonlaufen, desertieren.
▸ auftreten, bleiben, kommen, näher kommen.
davonrennen → enteilen.
davonschleichen entfernen, entweichen, entfliehen, ausfliegen, entfliegen, zurückziehen, abtreten, abreisen, seiner Wege gehen, Fersengeld geben, französisch Abschied nehmen. → davonlaufen.
davonspringen → aufspringen, durcheilen, enteilen.
davonstehlen, sich → fortstehlen, fortschleichen.
davonstürzen → besessen, enteilen.
davontragen wegtragen, stehlen.
davor → vor.
▸ dahinter, danach, dann, hinterher, nachher, später.
dawider widerspenstig, gegensätzlich, gegnerisch, entgegengesetzt, unfreundlich, feindlich, konträr, entgegen, gegenteilig.
▸ dafür, entgegenkommend, helfen.
dazu zudem, dabei, weiter, des Weiteren, fernerhin, obendrein, noch, beiläufig. → auch, außerdem, dabei, damit, darüber, eingerechnet, ferner, überdies.
▸ abzüglich, außer.
dazugeben → beifügen, einrangieren.
dazugehörend angeschlossen, integrierend, teilhaftig, verbunden, zugehörig.
Dazugehöriges → Beilage, Zubehör.
dazukneten → beifügen.
dazuknoten → einmengen.
dazukommen hinzukommen, beitreten, hinzugefügt werden, sich anschließen, einmischen, einrühren, einmengen, beipacken, einverleiben, anhaften, anhängen, angliedern, einreihen, anschlagen, beischließen, beilegen, beifügen, hinzusetzen, hinzufügen.
▸ abziehen, ausscheiden, weggehen.
dazutun beifügen, beisteuern, beitragen, ergänzen, hinzufügen, zufügen, vervollständigen.
dazuzählen addieren.
dazwischen zwischen, inzwischen, zwischenliegend, innen, inmitten, mitten, mittendrin, mittenmang *u.* → binnen, darunter.
▸ ringsum.
dazwischendrängen → eindrängen sich.
dazwischenfügen → eintreiben.
dazwischenfunken eingreifen, einmischen sich, intervenieren • querficken *u.*
dazwischenkommend → dazwischentretend.
dazwischenlegen → einlegen.
dazwischenreden querfurzen *u.* → zwischenfunken, unterbrechen.
dazwischenschieben → einflechten, einlegen.
dazwischentreten intervenieren, vermitteln, einschalten, einmengen, einmischen, sich befassen, sich bekümmern, eingreifen, einschreiten, sich abgeben, einlassen, die Nase in etwas stecken, die Hand im Spiele haben, hindern, verhindern, abhalten, verhüten, vorbauen, hemmen, schwächen, erschweren, lähmen, hintertreiben, vereiteln, zu Schanden machen, durchkreuzen, stören, beeinträchtigen, einschränken, dämpfen, das Wasser abgraben, den Vermittler machen, sich ins Mittel legen, sich verwenden, schlichten. → abwenden, aufhalten, bekümmern, durchkreuzen, eindrängen, stören.
▸ einmischen sich nicht.
dazwischentretend zwischenliegend, zwischenkommend, eindringend, einsaugend, einschreitend, einfließend.
▸ einmischen sich nicht, ermutigend.
dazwischenwerfen → einwerfen.
Deal Geschäft, Handel.
Debatte Streitgespräch, Diskussion, Erörterung, Ausführung, Polemik, Wortstreit, Streitigkeit, Unterhaltung, Unterredung, Gespräch, Zwiegespräch, Wortgefecht, Gedankenaustausch, Meinungsaustausch, Dialog, Verhandlung, Beratung, Zank, Streit, Disput, Maulgefecht,

Gezänke, Gekeife, Gehader, Wortwechsel. → Aussprache, Diskussion, Erörterung.
▸ Aussprache (Monolog), Schlichtung, Verschlossenheit.
debattieren beraten, bedenken, besprechen, erörtern, diskutieren, beurteilen, zanken, streiten, polemisieren, unterhalten, reden, schwatzen, sich ereifern, verhandeln, auseinander setzen, disputieren.
▸ einmischen sich nicht, schweigen.
Debüt → Anfang.
Debütant Anfänger, Greenhorn, Neuling, Newcomer.
debütieren vorstellen, versuchen, probieren, die Probe machen, anstreben, Gelegenheit bieten, übernehmen, auf sich nehmen, sich unterziehen, sich unterfangen, sich die Aufgabe stellen, den ersten Schritt tun, anfangen, beginnen, einführen, den Anfang machen.
▸ aufhören, beenden.
dechiffrieren auflösen, auf/-entschlüsseln, enträtseln, entziffern, dekodieren.
Deckbett Bettdecke, Federbett, Oberbett, Überbett, Plumeau.
Decke Bedeckung, Plache, Plane, Einband, Hülle, Überzug, Umschlag, Verkleidung, Verschalung, Zudecke, Hutze, Schicht, Einschlag, Oberfläche, Oberschicht, Verpackung, Umhüllung, Bewurf, Anwurf, Außenhaut *sm* (= äußere Beplankung), Verputz, Stuck. → Balg, Bedeckung, Couvert.
▸ Boden, Grundlage, Inhalt.
Decke gehen, an die ausflippen, böse werden, empören sich, erregen sich, (sehr) sauer sein.
Decke stecken, unter einer mittun, am selben Strang ziehen, beitragen, unterstützen, eine Lanze brechen, Dienste erweisen.
▸ Licht aufstecken ein.
Deckel Bedeckung, Verschluss. → Bedeckung.
▸ Öffnung.
Deckelbehälter Büchse, Dose, Kasten, Kiste, Schachtel.
decken einbinden, einkapseln, einwickeln, umhüllen, umkleiden, verhüllen, zudecken • ausgleichen, ersetzen, schadlos halten, vergüten, Ersatz leisten, entschädigen, entgelten, erstatten, bezahlen, tilgen, löschen, begleichen • zeugen, begatten, schwängern, bespringen, belegen, fohlen, kreuzen, paaren, kören, behängen *j*, rammeln *j*, bereiten *j*, beschlagen *j*, begehren *j*, besteigen *j*, betreten, rauschen *j*, züchten *j*, verknüpfen *j* • beschützen, beschirmen, behüten, verteidigen, bewachen, geleiten, begleiten, unter die Fittiche nehmen • auftischen, den Tisch zurechtmachen, aufbacken *sm*, auftragen • verbergen *j*. → aufheben, ausgleichen, bedachen, bedecken, befruchten, bewachen, bewahren, bezahlen, kompensieren, schützen, versichern.
▸ angreifen, aufdecken, bemerken, Gefahr laufen, gegenüberstellen, schulden, versagen, abdecken, abräumen • im Stich lassen • ungedeckt/ungeschützt lassen.
decken, seitlich flankieren.
decken, sich übereinstimmen, dasselbe sein, zusammenfallen, in dieselbe Kerbe hauen, ducken, sich schützen hinter, sich bergen. → dasselbe.
▸ unterschiedlich (sein) differieren, divergieren, parallel laufen, sich unterscheiden.
decken, den Rücken → befreunden.
deckend, sich → ein und dasselbe.
Deckendekoration Soffitte.
Deckengewölbe Kuppel.
Deckfarbe → Anstrich, Bedeckung.
Deckgebühr Sprunggeld *u.* → Nuttenlohn.
Deckgewebe Epithel.
Deckmantel Vorwand, Ausflucht, Aushängeschild, Winkelzug, Ausrede, Notlüge, Umgehung, Vorspiegelung, Entschuldigung, Schlupfloch, Beschönigung. → Anstrich, Ausrede, Behelf.
▸ Wahrhaftigkeit, Offenheit.
Decköffnung Luke.
Deckschicht Belag, Beschichtung, Haut, Lack, Schicht, Überzug.
Deckung → Abfindung, Ausgleich, Barrikade, Bewachung, Einstandspflicht, Entschädigung, Garantie, Kaution, Schutz.
Deckung nehmen die Rübe einziehen *u.*
deckungsgleich kongruent, übereinstimmend.
deckungsungleich inkongruent.
decouragiert ängstlich geworden, deprimiert, eingeschüchtert, entmutigt, gehemmt, mutlos.
Deduktion → Betrachtung.
deduzieren abziehen, entfernen, wegnehmen, ausschließen, ausschalten • folgern, auslegen. → ableiten, schließen.
▸ einbeziehen, widerlegen, zufügen.
Defekt Mangel, Verstümmelung, Fehler, Gebrechen, Unvollkommenheit, Fehlerhaftigkeit, Schadhaftigkeit, Beschädigung, Flecken.
▸ Vollständigkeit.
defekt beschädigt, dünn, entzwei, fehlerhaft, lädiert, lückenhaft, mitgenommen, ramponiert, schadhaft, unbrauchbar, unvollständig, verletzt, versehrt, zerbrochen, zerrissen, mangelhaft, verstümmelt, ausgewaschen, ausgeschwemmt, abgeschabt, abgerieben, fadenscheinig, wurmstichig. → beschädigt, entzwei.
▸ ganz, intakt, vollständig.
Defekt, technischer Sand im Getriebe *u.*
Defensive *f* Verteidigung, Deckung, Abwehr, Widerstand. → Abwehr.
▸ Angriff.
defilieren → vorbeigehen.
definieren erklären, deuten, den Sinn aufzeigen, den Inhalt angeben, erläutern, darlegen, abgrenzen, aufzeigen. → auseinander setzen, deuten.
Definition Auslegung, Begriff, Bestimmung, Begriffsbildung, Erklärung, Festlegung, Klärung, Lesart, Sinndeutung, Wortbedeutung, Aufschluss. → Auslegung.
▸ Fehlgriff, Missdeutung.
definitiv abschließend, endgültig, entschieden, fest, unveränderlich, unwiderruflich, abgetan, bis hierher und nicht weiter, fertig, ein für alle Mal, zum letzten Mal, absolut, bestimmt, wirklich, unzweideutig, unumstößlich, verbürgt, fraglos, beglaubigt, amtlich, erwiesenermaßen, unstreitig, untrüglich, deutlich, klar, unabänderlich, verfügt,

angeordnet, befohlen, untersagt, aufgehoben • allerdings, gewiss, sicherlich, unter allen Umständen, in jedem Fall. → absolut, bestimmt.
▸ unentschieden.
Defizit Fehlbetrag, Ausfall, Mangel. → Abnahme, Schuld.
▸ Guthaben.
Deflation Entwertung, Preisverfall.
Defloration Jungfernstich *u.*
deflorieren → entjungfern, berauben.
Deformation Verunstaltung, Entstellung, Verstümmelung, Verkrüppelung, Unförmigkeit, Formlosigkeit, Verzerrung, Abweichung, Hässlichkeit, Missgestaltung, Verbildung, Missgebilde.
▸ Schönheit, Verschönerung.
deformieren entstellen, verfälschen, verunstalten.
deformiert entstellt, missgebildet, verfälscht, verunstaltet.
Defraudant *m* → Betrüger.
Defraudation *f* → Betrug.
deftig → äußerst, kräftig.
Degen Handwaffe, Stoßdegen, Florett.
Degeneration Abweichung, Verschlechterung, Rückgang, Krebsgang, Ausartung, Entartung, Verwilderung. → Verschlimmerung.
▸ Erneuerung, Verfeinerung.
degenerieren entarten, entwickeln sich negativ, geistig/körperlich verkümmern/verfallen.
degeneriert versimpelt, verkommen, verdummt.
Degenquaste Portepee.
Degout übler Geschmack, schlechter Geschmack, Ekel, Mangel an Geschmack, Ekelhaftigkeit, Widerlichkeit, Abscheu, Widerstreben, Abneigung, Widerwille, Überdruss. → Ekel.
▸ Hinneigung, Schmackhaftigkeit.
degoutiert abscheulich, empörend, haarsträubend, Ekel erregend, unschmackhaft, ungenießbar, unleidlich, unausstehlich, abstoßend, ekelhaft, widerwärtig, anstößig, unangenehm, missfällig, übel.
▸ anziehend, lecker.
Degradation → Amtsabtretung, Abbau.
degradieren → ächten, abbauen, ausstoßen, entwerten.
Degradierung → Entwertung.
dehnbar biegsam, elastisch, modulierbar, streckbar, reckbar, ausdehnbar, formbar, geschmeidig, nachgiebig, weich, federnd • doppeldeutig, doppelsinnig, unbestimmt, undefinierbar, undeutlich, unsicher, verrückbar, vielseitig, zweideutig, antastbar, schlüpfrig, anfechtbar, fraglich, dahingestellt, ungewiss, missverständlich. → biegsam, doppelsinnig, elastisch.
▸ eindeutig, hart, straff, tatsächlich, verknöchert, zusammenziehend.
dehnbares Gewebe Elastik, Stretch.
Dehnbarkeit → Dehnung.
dehnen aufblähen, aufschwellen, aufblasen, breiter werden, ausdehnen, ausbreiten, verbreitern, wachsen, anschwellen, ausspannen, ausfüllen • entfalten, strecken, keimen, aufsprießen, knospen, aufgehen, um sich greifen, entwickeln, zunehmen • sich spannen. → anschwellen, erstrecken sich, federn.
▸ verkürzen, verknöchern, zusammenziehen, kürzen, stauchen.
Dehnung Federkraft, Elastizität • Ausdehnung, Vergrößerung, Zunahme, Verbreiterung, Ausbreitung, Ausstreckung, Wuchs, Streckung, Verlängerung, Dehnbarkeit. → Ausdehnung, Erstreckung, Erweiterung.
▸ Kürzung, Starrheit, Zusammenziehung.
dehnungsfähig → elastisch.
Dehnungsgymnastik Stretching.
Dehnungsinstrument Dilatator.
Dehnungszeichen Zirkumflex.
Deich → Damm.
Deichschleuse Siel.
deichseln → abmachen, anordnen, arrangieren, bedingen.
dekadent entartet, überzüchtet, müde, abgelebt, hochmütig, eingebildet, blasiert, übersättigt, abgestumpft, ausgeartet, krank, verfallen. → abgelebt, abgestumpft, blasiert, entartet.
▸ fortschrittlich, natürlich, verjüngend.
Dekadenz Verfall, Entartung, Niedergang, Abstieg, Fehlschlag, Misserfolg, Rückschritt, Zusammenbruch, Unstern, Verschlechterung, Rückgang, Abnahme, Neige, Verheerung, Entwährung, Auflösung, Rückfall, Zerrüttung, Schwächung, Zusammensturz. → Desorganisation, Entartung.
▸ Fortschritt, Natürlichkeit, Verjüngung.
deklamieren vorsprechen, aufsagen, hersagen, vortragen, Vorlesung halten, rezitieren.
▸ leiern, monoton (aufsagen).
Deklaration Erklärung, Inhaltsangabe, Wertangabe (beim Zoll).
deklarieren anmelden, anzeigen, bezeichnen als etwas, erklären.
deklassieren besiegen, demütigen, erniedrigen, herabsetzen, schlagen.
Deklassierung Diskriminierung, Herabsetzung, Erniedrigung.
Deklination → Beugung.
deklinieren → beugen.
dekodieren auflösen, auf/-entschlüsseln, enträtseln, entziffern.
Dekolletee Ausschnitt, Blöße.
Dekolletee, tiefes kniefreie Titten *u.*
dekolletieren, sich sich entkleiden, entblößen, sich enthüllen, sich entblättern, abstreifen, freizügig sein, ablegen. → ausdehnen, ausziehen.
▸ verhüllen.
dekolletiert, hinten rücksichtsvoll *u.*
Dekomposition → Auflösung.
Dekor *m* → Ausschmückung, Dekoration, Dessin, farbige Verzierung, Muster, Schmuck, Ornament, Zier.
Dekorateur Ausschmücker, Innenraumgestalter, Schaufenstergestalter.
Dekoration Zier, Zierde, Schmuck, Verzierung, Zierrat, Ornament, Zierwerk, Arabesken, Schmuckwerk, Wandbekleidung, Tapete, Malerei, Aufputz, Prunk, Geschnörkel, Girlanden, Goldstickerei, Verbrämung, Ausstattung, Beiwerk, Flitter, Putz, Schaufensterwerbung, Tand, Verschönerung, Ausschmückung • Auszeichnung, Lorbeerkranz, Ehrenzeichen, Dekorierung, Ordenverleihung, Ehrenerweisung, Ehrenkranz, Ehrenkrone, Rosette, Siegeskranz, Eichenlaub. →

Aufmachung, Ausschmückung, Band. ▸ Verunstaltung.
dekorieren schön machen, verschönern, zieren, verzieren, ausschmücken, putzen, ornamentieren, sich in Gala werfen, Staat machen, sich herausstaffieren, herausstreichen, polieren, vergolden, garnieren, besetzen, bemasten, bewimpeln, beflaggen, bekränzen, in Samt und Seide kleiden, schmuck machen sich, bordieren • zu Ehren gelangen, Ehre erweisen, Orden verleihen, hohe Würden und Ämter verleihen, den Ehrenplatz anweisen, heilig sprechen. → ausschmücken, beflaggen, behängen. ▸ verunstalten.
Dekorierung → Dekoration.
Dekorum Anstand, Schicklichkeit, Wohlerzogenheit, Anständigkeit, Ehrbarkeit, Pflicht, gutes Betragen, Schicklichkeitsgefühl, Salonfähigkeit, gute Manieren. ▸ Unschicklichkeit.
Dekret Beschluss, Verordnung, behördliche oder richterliche Verfügung, Entscheid, Befehl, Gebot, Geheiß, Verfügung, Anordnung, Bestimmung, Auftrag, Weisung, Vorschrift, Erlass, Bescheid, Aufforderung, Edikt, Anweisung, Vollmacht, Statut. ▸ Widerrufung.
dekretieren → befehlen.
dekupieren → ausschneiden.
Delegation *f* → Abordnung.
delegieren beauftragen, bevollmächtigen, beschicken, abordnen, entsenden, ernennen, befugen, ermächtigen, berechtigen, übergeben, betrauen, anvertrauen, belehnen, gutheißen, anerkennen, genehmigen, zustimmen, bescheinigen, einsetzen, berufen, Vollmacht erteilen. ▸ widerrufen.
Delegierter → Abgesandter, Abgeordneter, Beauftragter.
delektieren sich ergötzen, sich gütlich tun, gut schmecken, Vergnügen machen, Geschmack finden, gefallen, ansprechen, befriedigen, erquicken, erfrischen, den Gaumen kitzeln, laben, letzen, aufmuntern. ▸ ekeln, zuwider sein.
delikat auserlesen, gut, herrlich, köstlich, kostbar, lecker, schmackhaft, wohlschmeckend, süß, schön, zart, angenehm, lieblich, abgestimmt, appetitlich, genießbar, mundgerecht, ausgezeichnet, aromatisch, trefflich, verlockend, himmlisch, wunderbar • heikel, unangenehm, verwickelt, unverständlich. → appetitlich, auserlesen. ▸ ekelhaft, möglich, mühelos.
Delikatesse Genussmittel, Sinnenfreude, Befriedigung, Sinnenreiz, Erquickung, Belebung, Erfrischung, Gaumenkitzel, Behagen, Vergnügen, Schmackhaftigkeit, Blume, Leckerbissen, Feinkost, Vortrefflichkeit, Götterspeise, Genuss, Schmaus • Feingefühl, Zartgefühl, Schönheitssinn, Geschmack, Geschliffenheit. ▸ Degout, Taktlosigkeit.
Delikt Vergehen, strafbare Handlung, Missetat, Schuld, Sünde, Strafbarkeit, strafbares Benehmen, Verstoß, Zuwiderhandlung, Versehen, Fehler, Irrtum, Unterlassungssünde, Übertretung, Missachtung des Gesetzes, Abweichung vom rechten Weg, widerrechtliches Tun, Frevel. ▸ Makellosigkeit.
Delinquent *m* Bösewicht, Verbrecher. → Angeklagter.
Delirium Wahnvorstellung, Wahnsinn, Verrücktheit, Irrsinn, Geistesumnachtung, Geistesstörung, Sinnesverwirrung, Tollheit, Tobsucht, Raserei, Fantasieren, Fieber, Verzückung, Sinnestäuschung, Fieberwahn, Schwärmerei, Ekstase, Befangenheit, Taumel, Rausch.
deliziös → delikat, entzückend.
Delle → Beule (Auswuchs), Druckstelle, Einbuchtung.
Demagoge Führer, Volksführer, Volksverführer, Aufwiegler, Wühler, Stänkerer, Untergrundbeweger • Scharfmacher *u.*
Demagogie Umsturzregierung, Umsturz, Vergewaltigung. → Demagoge.
demagogisch → aufwieglerisch.
Demarkation Umgrenzung, Umfassung, Umschanzung, äußerster Bereich, Mauer, Wand, Wall, Rand, Grenze, Begrenzung, Abzäunung, Markstein, Grenzstein, Grenzzeichen, Schranke, Grenzlinie, Scheidelinie, Abgrenzung, Grenzfluss, Umgürtungslinie, Einsäumung, Einfassung, Einhegung, Gatter, Umfassung.
demaskieren entkleiden, auskleiden, ausziehen, wegnehmen, entfernen, die Maske abnehmen, entblößen, herausschälen, enthüllen, abstreifen, entblättern, entlarven, entschleiern, entmummen, offenbaren, anzeigen, die Maske fallen lassen, die Maske herunterreißen, entpuppen, bloßlegen, bloßstellen. → anzeigen, ausdehnen, auspacken, ausziehen, bloßlegen, dahinter kommen. ▸ Grube fallen in die, maskieren, verrechnen sich, verstecken.
Dementi *s* Berichtigung, Widerruf, Ableugnung. → Ableugnung. ▸ Anerkennung, Bestätigung.
dementieren → aberkennen, ablehnen, ableugnen.
dementsprechend daher, demgemäß, demzufolge, deshalb, deswegen, folgerichtig, infolgedessen, insofern, mithin, wie die Sache liegt, folglich, verwandt, im Zusammenhang mit, in Verbindung mit, entsprechend, gleich, gegenseitig, passend, hinsichtlich, in Bezug auf, angelegentlich, betreffs, mit Rücksicht auf, insofern als, was betrifft, rücksichtlich dessen, bezüglich. → bedingungsweise, demgemäß, diesbezüglich. ▸ beziehungslos, entgegengesetzt, warum.
demgegenüber aber, allerdings, and(e)rerseits, dabei, dagegen, freilich, hingegen.
demgemäß den Umständen gemäß, wenn die Sache so steht, unter diesen Umständen, dementsprechend • übereinstimmend, gleichförmig, ebenso, gleichartig, gemäß, folglich, demnach, demzufolge, folgerecht, folgerichtig, begründet auf. → also, dadurch, daher, darum, dementsprechend, demzufolge, dergestalt, derlei, deshalb, erfahrungsgemäß, erweislich. ▸ beziehungslos,

entgegengesetzt, obwohl, warum.
Demimonde Halbwelt, Gemeinheit, Geschmacksverirrung, Abgeschmacktheit, Plattheit, Unanständigkeit, Unmanierlichkeit, Pöbelhaftigkeit, Unschicklichkeit, Taktlosigkeit, Bildungslosigkeit.
Demission *f* → Abbau, Amtsabtretung.
demissionieren → abdanken.
demnach demzufolge → also, dadurch, daher, darum, demgemäß, demzufolge.
▸ obgleich, warum.
demnächst bald, in absehbarer Zeit, in Bälde, binnen kurzem, später, nächstens, dieser Tage, in nächster Zeit, bevorstehend, nächsthin, in Kürze. → bald, bevorstehend.
▸ fristlos, früher.
Demo Massenkundgebung, Demonstration, Protest(marsch).
demobilisieren → abrüsten.
Demokrat Anhänger der Demokratie, Anhänger der Volksherrschaft.
Demokratie Volksherrschaft, Volksstaat, Volk, Volksvertretung.
▸ Gewaltherrschaft, Tyrannei, Willkür-/Zwangsherrschaft • Aristokratie.
demokratiefeindlich antidemokratisch.
demokratisch → Demokratie.
demolieren destruieren, zersetzen, zerstören, demontieren, zerlegen, abbrechen, abbauen, vernichten, abschaffen, ausstreichen, durchstreichen, umwerfen, umstürzen, aus der Welt schaffen, umräumen, abtun, ausmerzen, beseitigen, beiseite schaffen, ausrotten, vertilgen, entwurzeln, abtragen, abreißen, dem Erdboden gleichmachen, zerschmettern, zermalmen, zersplittern, zerschlagen, verheeren, verwüsten, verderben, zertrümmern, zerbröckeln, auseinander nehmen, niedermähen, überwinden, niederschlagen, plündern, niederbrennen, aufwühlen, brandschatzen, veröden. → abbauen, abbrechen, abschaffen.
▸ aufbauen.
demolierend zerstörend, vernichtend, zertrümmernd, zermalmend, verderbend, plündernd, abbrennend, abreißend. → abbauend.
▸ aufbauend.
Demolierung Zerstörung, Auflösung, Austilgung, Vernichtung, Verwischung, Umsturz, Einfall, Zerfall, Zusammenbruch, Ausrottung, Unterdrückung, Verödung, Verderben, Überschwemmung, Verheerung, Einäscherung, Bildzerstörung, Vertilgung, dem Erdboden gleichmachen • Brandschaden, Trümmerfeld, Bildersturm. → demolieren.
▸ Aufbau, Erzeugung, Herstellung.
Demonstration Beweis, eingehende Darlegung, praktische Bildvorführung, Erklärung, Gebrauchsvorführung, Schaustellung, Vorführung, Definition, Ausführung, Beleuchtung, Darstellung, Beweisführung, Fingerzeig, Offenbarung • Massenkundgebung, Drohung, Streik, Kundgebung. → Aufzug, Bedrohung, Betrachtung, Beweisführung, Darlegung.
▸ Einspruch, Missdeutung.
demonstrativ beweisend, darlegend, absichtlich, drohend, hinweisend, dagegen, wider, anzeigend.
▸ folgewidrig, unabsichtlich, widersprechend.
demonstrieren zeigen, nachrechnen, aufstellen, zusammenstellen, beweisen, festsetzen, feststellen, dartun, beleuchten, bekunden, an den Tag legen, ausdrücken, andeuten, zur Schau stellen, bezeichnen, aufzeigen, offenbaren, beweisen, hinweisen, an das Licht bringen, hervorbringen, ergründen, kundgeben. → anführen, begründen, beweisen, darlegen, dartun.
▸ Einspruch erheben, missdeuten.
Demontage Zerlegung, Abbruch, Abbau, Zersetzung, Zerstörung, Destruktion *f*. → Abbau, Abbruch.
▸ Aufbau, Herstellung.
demontieren zerlegen, abbrechen, abbauen, zerstören, zersetzen, destruieren, verderben, abrüsten, unbrauchbar machen, außer Bereitschaft setzen. → demolieren, destruieren.
▸ aufbauen, erzeugen, herstellen.
Demoralisation Verschlechterung, Verschlimmerung, Entsittlichung, Auflösung von Sitte und Ordnung, Zuchtlosigkeit, Rückgang, Krebsgang, Abgelebtheit, Verfall, Ausartung, Entartung, Verwilderung, Verderbnis, Entwertung, Verunreinigung, Schändung, Entehrung, Auflösung, Zerrüttung, Schwächung, Laster, Verdorbenheit, Unwürdigkeit, Niedergang der Sitten, Sittenlosigkeit, Sittenverfall, Entsittlichung, Laxheit der Sitten, Sünde.
▸ Fortschritt, Reform, Sittlichkeit.
demoralisieren → entmutigen.
demungeachtet abweichend, regelwidrig, willkürlich, abnormal, gleichwohl, obschon, wenn auch, trotz, auf alle Fälle, jedenfalls, doch, jedoch, sogar, dennoch, dessen ungeachtet. → aber, allein, dagegen, dennoch, dessen ungeachtet, doch.
▸ demzufolge, regelmäßig.
Demut Untertänigkeit, Unterwürfigkeit, Selbstdemütigung, Selbstverleugnung, Gehorsam, Gefügigkeit, Ergebenheit, Hingebung, Fügsamkeit, Ehrerbietung, falsche Scham • Kriecherei, sklavische Gesinnung, Willfährigkeit, Fügsamkeit, Wohldienerei, Augendienerei, Speichelleckerei, Buckelkrümmung, Selbsterniedrigung, Fußfall, hündischer Gehorsam • Botmäßigkeit, Folgsamkeit, Unterordnung, Willfährigkeit. → Dienstbarkeit, Ehrfurcht, Einfachheit, Ergebenheit.
▸ Achtung, Stolz, Überheblichkeit, Unfolgsamkeit, Verstocktheit, Würde.
demütig gehorsam, fügsam, gefügig, unterwürfig, ergeben, hündisch, willfährig, biegsam, geschmeidig, gefällig, zuvorkommend, untertänig, hörig, diensteilig, diensteifrig, pflichteifrig, kriecherisch, demutsvoll, niedrig, gelassen, ehrfurchtsvoll, sanftmütig, fromm, sittsam, schamhaft, mit niedergeschlagenen Augen, zerknirscht, erniedrigt, niedergebeugt, andächtig,

gottesfürchtig, andachtsvoll, erbaulich, zurückhaltend. → devot, ehrfurchtsvoll.
▸ ermutigend, stolz, überheblich, ungehorsam, verstockt, würdig.
demütigen erniedrigen, bedauern, herabsetzen, kränken, schimpfen, schmähen, zurücksetzen, verunglimpfen, stellen an den Pranger, den Stolz brechen, kleinkriegen, eines auswischen, fertig machen, ducken, kirren *u.* → betrüben, bloßstellen, diskreditieren, ergeben sich, erniedrigen.
▸ achten, würdigen.
demütigen, sich sich erniedrigen, sich herabsetzen, sich herablassen, sich neigen, sich beugen, sich verneigen, sich verbeugen, kriechen, katzbuckeln *u,* dienern, Schmerz ertragen, Schmerz erdulden, sich klein machen, sich zu Boden drücken, sich unterwerfen, Beleidigung hinnehmen, einen Fußfall tun, nach eines anderen Pfeife tanzen. → beugen, dareingeben sich, dienen, ducken sich, erniedrigen sich.
▸ überheben sich.
demütigend → beschämend.
Demütigung Kränkung, Erniedrigung, Fußfall, Verbeugung, Herabwürdigung, Herabsetzung, Verminderung, Schmach, Unannehmlichkeit, Missfälligkeit, Widerwärtigkeit, Vernichtung. → Betrübnis, Demut.
▸ Achtung, Erfolg, Sieg, Triumph.
demutsvoll → demütig, ehrfurchtsvoll.
demzufolge demgemäß, übereinstimmend, aus diesem Grund, folglich, daher, logischerweise, begründet auf, ersichtlich, weil, demnach. → also, dadurch, daher, dementsprechend, demgemäß, demnach, deshalb, erweislich.
▸ abweichend, demungeachtet, vorausgesetzt.
dengeln schärfen.
Denkapparat Denkgerät, Denkorgan, Denkzentrum, Gehirn • Computer, Prozessor, Rechner.
Denkarbeit → Kopfarbeit.
Denkart Gesinnung, Art, Charakterfundament, Denkweise, Einstellung, Handlungsweise, Gebaren, Seelenverfassung, Mentalität, Betrachtungsweise, Erforschung, Erwägung, Prüfung, Untersuchung, Gedankengang, Begriffsbildung, Begriffsfolge, Gedankenreihe, Dafürhalten, Geistesrichtung, Gesinnung, Gemütslage, Zustand, Verfassung, Beschaffenheit, Weltanschauung, Überlegung, Nachdenken, Nachsinnen, Betrachtung, Auffassung, Beurteilung, Auslegung. → Ansicht, Charakterfundament.
▸ Denkart kleinliche, Geistesarmut.
Denkart, kleinliche Vorurteil, Befangenheit, Unfreiheit, Voreingenommenheit, Einseitigkeit, Unduldsamkeit, Rechthaberei, Hartnäckigkeit, engherzige Ansichten, Pedanterie, keine Großzügigkeit, Engherzigkeit, Verranntheit, Kleinlichkeit, Unzulänglichkeit.
▸ Denkart, Gedankentiefe.
denkbar möglich, ausführbar, erreichbar, erzielbar, erschwinglich, erschwingbar, vielleicht, möglicherweise, allenfalls, so Gott will, wenn die Umstände es gestatten, wahrscheinlich, in Aussicht stehend, dem Anschein nach, anscheinend, glaublich, wie anzunehmen ist, vermutlich, wie es scheint, jedenfalls anwendbar. → anscheinend, anwendbar, ausführbar, erfassbar, erreichbar.
▸ undenkbar, auf keinen Fall, ausgeschlossen, unmöglich, unvorstellbar • absurd.
Denkbild Ideal, Musterbild, Wunschbild, Leitstern, Hochziel.
▸ Unvollkommenheit, Wirklichkeit.
Denken Gedankenarbeit, Kopfzerbrechen, Reflexion, Überlegen
denken verstehen, begreifen, erfassen, erkennen, sich bewusst werden, Verstand haben, sinnen, überlegen, erwägen, erörtern, in Betracht ziehen, prüfen, überdenken, nachsinnen, sich besinnen, nachdenken, seine Gedanken sammeln, mit sich zurate gehen, den Geist in Anspruch nehmen, einprägen, unterscheiden, durchschauen, durchblicken, klarsehen, entdecken, auslegen, erachten, ermessen, folgern, grübeln, halten für, meinen, Schlüsse ziehen, studieren, urteilen, sich vergegenwärtigen, wähnen, schließen auf, feststellen, finden, ableiten, herleiten, nachweisen, gewahr werden, Bewusstsein erlangen von. → ahnen, ableiten, annehmen, argwöhnen, begrübeln, erfassen, ergrübeln, erinnern sich, ersinnen.
▸ bezweifeln, faseln, leicht nehmen, mitkommen nicht, nachbeten, widersprechen • agieren, handeln, machen, schaffen • empfinden, fühlen • schlafen.
denken an sich entsinnen, einfallen, sich erinnern, bedenken, Entschwundenes zurückrufen, wieder erkennen. → einfallen.
▸ vergessen.
denken geben, zu befremden, erstaunen, Erstaunen setzen in, stutzig machen.
denkend aufgeweckt, geistreich, begabt, gescheit, scharfsinnig, schöpferisch, talentiert.
▸ dumm, unbegabt.
Denker Weiser, fähiger Kopf, geistige Größe, Meisterkopf, Fachmann, hervorragender Geist, Leuchte der Wissenschaft, Kirchenlicht, Gewährsmann, Gehirnakrobat *u,* Intelligenzbestie *u,* Intelligenz, gelehrtes oder kluges Haus *u* • Gehirnathlet *u,* Geistesakrobat *u,* Geistesriese *u.*
▸ Dummkopf, Fantast, Träumer.
Denkfähigkeit → Begabung.
denkfaul → faul.
Denkfehler Irrtum. → Falschheit, Fehler.
denkfest durchdacht, entwickelt, fähig, fertig, ernst, geformt, geprägt, reif, lebenskundig, vorbereitet, ausgereift. → durchdacht.
▸ dumm, unbedacht.
denkgerecht denkrichtig, folgerichtig, begründet, bedingt, durchdacht, folgerecht, konsequent, logisch, vernunftgemäß, vernunftgerecht.
▸ folgewidrig, töricht, dumm.
Denkgesetzlehre Nomologie.
Denkkraft → Begriffsvermögen, Bewusstsein, Denkvermögen.
Denklehre Dialektik, Dianoetik, Logik, Noetik.
Denkmal → Bildhauerei, Chronik.
Denkmalspfleger Konservator.

Denkmalunterbau Podest, Sockel.
denkrichtig beweiskräftig, denkscharf, sachgemäß, sachlich, sinngemäß, vernunftgerecht, verstandesgemäß. → denkgerecht.
▸ dumm, folgewidrig, töricht.
denkscharf → denkrichtig.
Denkschärfe Intelligenz. → Erkenntnisvermögen.
Denkschema (Muster, Verhaltensmuster) Pattern.
Denkschrift Chronik, Lebensbeschreibung, Erinnerung, Memoiren, Schilderung, Bericht, Erklärung, Darstellung, Lebenserinnerung, Schrift, Aufsatz, Beitrag, Monatsschrift, Bearbeitung, Exposee, Memorandum. → Arbeit, Bericht, Buch.
Denkspiel Quiz, Rätsel.
Denksport Intelligenztraining, Knobelei, Kopfarbeit • Gehirngymnastik *u.*
Denksportaufgabe Rätsel.
Denkspruch Grundsatz, Grundgedanke, Richtschnur, Prinzip, Kernspruch, Betrachtung, goldene Regel, Satzung, Vorschrift, Motto, Zeichen, Plan, Wahlspruch, Sinnspruch, Wahrspruch. → Devise.
Denkungsart → Denkart, Denkweise.
Denkvermerk Memorandum. → Denkschrift.
Denkvermögen Verstand, Denkkraft, Auffassungsgabe, Auffassungsvermögen, Erkenntnisvermögen, Vernunft, Intelligenz, Anlage, Fähigkeit, Fassungskraft, Talent, Begabung, Begriffsvermögen, Verständnis, Einsicht, Scharfsinn, Geistesgabe, Anlage, Befähigung, schnelle Auffassungsgabe, Urteilskraft, hohe Intelligenz, Klarsicht, Scharfblick, Unterscheidungsgabe, Grips *u* • lange Leitung, kurze Leitung. → Begriffsvermögen, Erkenntnisvermögen, Fassungskraft.
▸ Begriffsmangel, Dummheit, Geistlosigkeit.
Denkweise → Ansicht, Auslegung, Betrachtung, Charakterfundament, Denkart, Denkungsart.
denkwidrig → unlogisch.
denkwürdig wichtig, bedeutend, gewichtig, von Belang, ernstlich, bedeutungsvoll, maßgebend, hervorragend, wertvoll, wesentlich, wirksam, bemerkenswert, merkwürdig, bezeichnend, ereignisreich, folgenreich. → A und O, beachtlich, bezeichnend, ereignisreich.
▸ unbedeutend, unwichtig.
Denkwürdigkeiten Memoiren, Memorabilien.
Denkzettel Andenken, Anmerkung, Erinnerung, Erinnerungszeichen, Lesezeichen, Gedächtnistafel, Aufzeichnung, Anmerkung, Rückerinnerung, Gedenken, Angedenken • Strafe, Prügel, Bestrafung. → Bearbeitung, Bestrafung, Dusche.
▸ Belobigung.
denn weil, also, in Anbetracht, vermöge, wegen, da, deshalb, deswegen, aus diesem Grunde, aus diesem Anlass, daher, darum, daraus folgend. → dadurch, daher, daraus, darum, dennoch.
▸ aber, vorausgesetzt.
dennoch dessenungeachtet, doch, gleichwohl, trotz allem, trotzdem, dagegen, hingegen, jedoch, indessen, freilich, trotz, obgleich, obschon, obwohl, ungeachtet, wenn auch, regelwidrig, sogar, dennoch, unter allen Umständen, für alle Fälle, jedenfalls, sogar, freilich, wiewohl. → aber, allein, dagegen, dessen ungeachtet, doch.
▸ aber, Regel nach der.
Dentist Zahnarzt, Zahnheilkundiger, Zahnbehandler.
Denunziant *m* Zuträger, Zubläser, Spitzel, Zwischenträger. → Angeber, Anzeiger.
▸ Mensch aufrechter.
Denunziation Auskunft, Bekanntmachung, Aussage, Fingerzeig, Angabe, Anspielung, Beschuldigung, Anschuldigung, Anklage, Anzeige, Verdächtigung, Beschimpfung, Bezichtigung, gerichtliche Anzeige, Belastung. → Anzeige.
denunzieren angeben, anzeigen, verraten, Aufschluss geben, eingestehen, ausschwatzen, zutragen. → angeben, anschuldigen, anzeigen.
▸ entlasten, verschweigen.
Departement → Abteilung, Bezirk.
Dependance Abhängigkeit • Zubehör, Nebengebäude, Teil, Abschnitt, Ausschnitt, Unterabteilung, Bruchteil, Anteil, Bruchstück, Stück, Seitengebäude, Vorgebäude, Nebengebäude, Nebenhaus, Nebenflügel. → Anbau.
Depesche Botschaft, Nachricht, Meldung, Anzeige, Kunde, Eilbrief, Eilbotschaft, Bericht, Telegramm, Kabelsendung, Drahtantwort, Brief-Neuigkeit, Zuschrift, Zettel, Drahtnachricht, Funknachricht. → Benachrichtigung.
depeschieren → benachrichtigen, drahten.
deplatziert → unpassend.
deponieren ablegen, einlagern, einzahlen, hinterlegen, niederlegen, sicherstellen, unterbringen, in Verwahr geben, anbringen, aufstellen, platzieren, einstallen, einstellen, Geld anlegen, auf Zinsen anlegen. → aufstellen, einkellern.
▸ entlehnen, zurücknehmen.
Deportation zwangsweise Verbringung in eine Strafkolonie, Versetzung, Verlegung, Verschiffung, Verschleppung, Einschleppung, Verbannung, Auslieferung, Ausstoßung, Vertreibung, Verstoßung, Ausweisung, Strafversetzung, Verweisung. → Ächtung, Bestrafung, Exil.
deportieren → verbannen.
Depot Sammelstelle, Lager, Niederlage, Geschäftsstelle, Niederlassung, Sammelort, Sammelpunkt, Versammlungsplatz, Vorratshaus, Unterbringung, Rücklage, Ansammlung, Sammelwerk, Aufbewahrungsort, Lagerhaus, Kornspeicher, Getreidekammer, Behälter, Scheuer, Speicher, Stapelplatz, Markthalle. → Etablissement.
Depp → Idiot.
Depression Hoffnungslosigkeit, Kummer, Mutlosigkeit, Niedergeschlagenheit, Verzagtheit, Verzweiflung, Hemmung, Hinderung, Bedrücktheit, Gedrücktheit, Trübseligkeit, Enttäuschung, Aussichtslosigkeit • Rückgang, Senkung, Tiefstand, Flaute • Tief. → Entmutigung.
▸ Aufrichtung, Aufstieg, Fröhlichkeit, Hochgefühl.

depressiv bedrückt, melancholisch, schwermütig, todunglücklich, trübsinnig, wehmütig.
deprimieren entmutigen, verstimmen, die Freude verderben, die Lust nehmen, des Vergnügens berauben, sich betrüben, schmerzlich berühren, sich zu Herzen nehmen, sich grämen, Kummer haben, sich härmen, bedrücken, niederdrücken, mutlos machen, verzagt machen, den Mut nehmen, kleinmütig machen, die Hoffnung nehmen • hinausekeln, herausgraulen. → ärgern.
▸ ermutigen, hochfliegend.
deprimiert → arm, deprimieren.
Deputat → Anteil.
Deputation *f* → Abordnung.
deputieren abordnen, beauftragen, bevollmächtigen. → abordnen.
▸ abberufen.
Deputierter Abgeordneter, Bevollmächtigter. → Abgeordneter.
derart derartig, dergestalt, dermaßen, ebenso, gleichartig, so, solchermaßen, auf diese Weise, entsprechend, passend, übereinstimmend, ordnungsgemäß, regelrecht. → dermaßen.
▸ anders, unterschiedlich.
derartig → derart, dermaßen.
derb stark, unverblümt, drastisch, grobschlächtig, handfest, plump, rau, ungeschlacht, zugriffig, roh, kräftig, schlagend, wirksam, flegelhaft, ungebührlich, rücksichtslos, energisch, baumstark, kraftvoll, breitschultrig, herzhaft, stählern, stämmig, untersetzt, muskulös, vierschrötig, schwerfällig, ungelenk, grob • rückhaltlos, auf gut Deutsch, frei von der Leber weg, einfach, offenherzig, ungeziert, unverblümt, unverstellt, ungeschliffen, ungehobelt, ungraziös, gewöhnlich, gering, bäuerlich. → arg, boshaft, brutal, Deutsch auf gut, dick, dickwanstig, drastisch.
▸ fein, hinfällig, höflich, kraftlos, sanft, zierlich, empfindsam, rücksichtsvoll, sensibel, zart • grazil, elegant, schick • feinsinnig, geistreich • anständig, harmlos.
derber Mensch Grobian.
Derbheit → Grobheit.
Derby Pferderennen • Sportereignis bedeutendes.
dereinst zukünftig, in spe, einmal, in Zukunft, hinterher, nachfolgend, nachher, später, hernach, darauf, einstens, einst, einstmals, nach Jahr und Tag, ein anderes Mal, dann. → einmal.
▸ früher.
dergestalt in dieser Form, so geartet, in dieser Lage, dermaßen, gerade so, demgemäß, solch. → derart, derartig, dermaßen.
▸ vorausgesetzt, unterschiedlich.
dergleichen so etwas, ähnlich, gleichartig, einstimmend, etwa wie, als ob, annähernd, sozusagen, scheinbar, annäherungsweise, wie, gleich, derlei, solchermaßen, gerade so, gleichförmig, übereinstimmend.
▸ ungleich.
derlei dieserhalb, demgemäß. → dergleichen.
▸ ungleich.
dermalen damals, ehedem, ehemals, einst, einstmals, seinerzeit, zu seiner Zeit, vormals, weiland, in früherer Zeit, früher, vordem, derzeit. → als, ehedem.
▸ dereinst.
dermaßen derartig, derart, dergestalt, ebenso, gleichartig, so, solchermaßen, auf diese Weise, in dieser Form, in dieser Gestalt, so geartet, so gestaltet. → demgemäß, derart, dergestalt.
▸ unterschiedlich, vorausgesetzt.
derselbe → dasselbe.
derweil → indessen.
derzeit zurzeit, augenblicklich, gegenwärtig, diesjährig, heute, im Augenblick, zur Stunde, momentan, jetzt, zunächst, heuer. → augenblicklich, dermalen, diesjährig.
▸ damals, früher.
derzeitig aktuell, augenblicklich, gegenwärtig, heutig, modern, momentan, neu, neuzeitlich, nunmehrig, spruchreif, zeitgemäß, zeitgenössisch. → akut.
▸ damals, vergangen.
desavouieren → aberkennen.
Deserteur Flüchtling, Fahnenflüchtiger, Entweicher, Überläufer, Drückeberger, Abgefallener, Ausreißer, Rückfälliger. → Abtrünniger, Drückeberger.
desertieren überlaufen, durchbrennen, entlaufen, entfliehen, aufgeben, umkehren, rückgängig machen, den Spieß umkehren, die Farbe wechseln, davonlaufen, sich fortstehlen, ausreißen, ausbrechen, sich drücken, Fersengeld geben, entweichen, entschlüpfen, einteilen, entwischen, flüchten, entkommen, fahnenflüchtig werden, seine Pflicht vernachlässigen, zum Feind übergehen, die eigene Sache verraten, in den Sack hauen *u.* → abfallen, abhauen, entfliehen.
▸ bleiben, durchhalten, pflichttreu (sein).
desgleichen auch, außerdem, ebenfalls, ebenso, ferner, fernerhin, überdies, zugleich, dito, idem, item, das Gleiche, dieses, gleichfalls, obendrein, darüber, noch, einschließlich, auch. → auch, ebenso viel, ferner.
▸ unterschiedlich.
deshalb daher, also, dadurch, darum, demzufolge, demgemäß, deswegen, folglich, aus diesem Grunde, infolgedessen, mithin, somit, sonach, folgerichtig, insofern, wie die Sache liegt, logischerweise, um zu, zwecks, da, weil, dieserhalb, damit. → also, anlässlich, behufs, da, dadurch, daher, damit, daraus, darum, dementsprechend, denn, eben, eigens.
▸ folgewidrig, unbeabsichtigt dennoch, trotzdem.
Design → Entwurf, Dessin.
designieren bestimmen, bezeichnen, bestellen für ein Amt, ernennen, nominieren.
desillusionieren enttäuschen, entzaubern, ernüchtern, frustrieren, verprellen.
Desillusionierung Frustration, Enttäuschung.
Desinfektion Entseuchung, Reinigung, Duftlosigkeit, Läuterung, Säuberung, Reinigungsprozess, Abwaschung.
▸ Infektion.
desinfizieren ausräuchern, entseuchen, reinigen, abwaschen, auslaugen, einem Reinigungsprozess unterziehen, ausputzen, ausspülen, säubern, desodorieren.
▸ anstecken, verunreinigen.
Desinteresse →

Gleichgültigkeit, Interesse-/Leidenschafts-/ Teilnahmslosigkeit, Apathie, Indolenz, Lethargie, Phlegma.
desinteressiert abgestumpft, apathisch, gleichgültig, interesse-/leidenschafts-/ teilnahmslos.
desolat übel, schlecht, verdorben.
Desorganisation Zerrüttung, Unordnung, Verwirrung, Störung, Chaos, Verfall, Zusammenbruch, Zerfall, Dekadenz, Verwüstung, Zusammensturz. → Auflösung. ▸ Organisation.
desorganisieren → auflösen.
desorientiert → unwissend.
despektierlich verächtlich, geringschätzig, herabwürdigend, entehrend, ungeachtet, unbeachtet, gering gehalten. ▸ achtungsvoll.
Desperado Abenteurer, politischer Abenteurer • Bandit • Verzweifelter.
desperat verzweifelt, hoffnungslos, aussichtslos, ohne Hoffnung, erregt, erhitzt, aufgebracht, gereizt, verstimmt. ▸ hoffnungsvoll, sanftmütig.
Despot Gewaltherr, Willkürherrscher, Gebieter, Diktator, Tyrann, Alleinherrscher, Bedrücker, Zuchtmeister, Schreckensherrscher, Gewaltherrscher, Imperator. → Bedrücker, Diktator. ▸ Demokrat • Knecht, Lamm frommes, Untergebener.
despotisch willkürlich, herrisch, gebieterisch, befehlshaberisch, absolut, gewaltig, herrschend, imperatorisch, allgewaltig, Furcht einflößend, streng, unerbittlich, unbeugsam, tyrannisch, mitleidlos, eisern, ausdrücklich, außergesetzlich, eigenmächtig. → anmaßend, diktatorisch. ▸ demokratisch, rechtmäßig, sanft.
Despotismus Willkürherrschaft, rohe Gewalt, Gewalttätigkeit, Knechtung, Unterjochung, Tyrannei, Zwang, Grausamkeit, Schonungslosigkeit, Schärfe, Willkür, Gewaltherrschaft, Schreckensherrschaft, Alleinherrschaft. → Diktatur. ▸ Demokratie, Rechtmäßigkeit, Sanftmut.
dessen ungeachtet dennoch, doch, gleichwohl, trotz allem, trotzdem, jedoch, obschon, obwohl, trotz, wenn auch, sogar, dennoch, unter allen Umständen, auf jeden Fall, jedenfalls. → dennoch. ▸ demzufolge.
Dessert Nachspeise, Nachtisch.
Dessin Muster, Zeichnung, Musterzeichnung, Aufdruck, Entwurf, Handdruck, Plan, Vorbild, Vordruck, Vorschrift, Musterblatt, Modell, Form, Schilderung.
Dessous Damenunterwäsche.
Destille Ausschank. → Kneipe.
destillieren → klären, scheiden.
destruieren zerstören, demontieren, zerlegen, abbrechen, demolieren, vernichten, umwerfen, beseitigen, ausrotten, erledigen, verheeren, verwüsten, verderben, zertrümmern, niedermähen. → abbauen, demolieren, demontieren. ▸ aufbauen, konstruieren.
destruierend → abbauend.
Destruktion *f* Zerstörung, Zersetzung, Demontage *f*, Zerlegung, Abbruch, Abbau, Vernichtung, Auflösung, Austilgung, Zerfall, Ausrottung. → Abbau, Demontage. ▸ Aufbau, Konstruktion.
destruktiv zerstörend, zersetzend, zerlegend, abbauend, umstürzlerisch. ▸ aufbauend.
des ungeachtet → dessen ungeachtet.
deswegen → also, anlässlich, behufs, da, dadurch, daher, damit, darum, dementsprechend, denn, deshalb, eben.
Deszendenz Abstammung, Nachkommenschaft, Abkunft, Herkommen, Herkunft, Ursprung, Geburt, Stamm, Geburtsstätte, Abkömmling, Erbkunde.
detachieren entsenden, absondern, trennen, schicken, verteilen, teilen, entlassen, entsetzen, lösen, loslösen, wegschicken. ▸ attachieren sich.
Detail Ausschnitt, Einzelheit, Einzelstück, Teilstück, Einzelteil, Vereinzeltheit. → Ausschnitt, Einzelheit. ▸ Ganzes.
Detailgeschäft Einzelhandel, Kaufhaus, Kaufhalle, Bazar, Warenhaus, Laden, Magazin.
Detailhandel Kleinhandel, Ladenverkauf. → Einzelhandel.
detaillieren verstreuen, verzetteln, zerstreuen, zergliedern, in Stücke brechen, ins Einzelne gehen, ausführlich erzählen, besonders anführen, angeben, auf die Einzelheiten eingehen, aufzählen, beschreiben, schildern, darstellen. ▸ vereinigen.
Detaillist Einzelhändler, Krämer, Ladenbesitzer, Kaufmann, Händler, Gewerbetreibender, Kleinhändler, Kleinkrämer, Tütendreher *u*, Heringsbändiger *u*. ▸ Großhändler.
Detektei Auskunftsbüro, Ermittlungsbüro.
Detektiv Ermittler, Ermittlungsbeamter, Geheimpolizist, Kriminalist.
Detektivbüro → Auskunftei.
determiniert bestimmt, beschlossen, entschieden, endgültig, versiegelt. ▸ unbestimmt, unentschieden.
Detonation Knall, Explosion, Erschütterung, Ausbruch, Aufbrausen, Aufruhr, Erdbeben, Erderschütterung, Ruck, Entladung, Stoß, Krach, Dröhnen, lautes Geräusch, Gepolter, Gestampfe, Gedröhn, Gebrause, Gerassel, Krachen, Zerbersten, Zerspringen. → Explosion.
detonieren explodieren, zerbersten, zerknallen, zerplatzen, platzen, puffen.
Deut kleine Münze • Wink, Andeutung, Anspielung, Zeichen • Belanglosigkeit, Unwichtigkeit, Unbedeutendheit, Bedeutungslosigkeit, Geringfügigkeit, Nichtigkeit, Kleinlichkeit. → Bagatelle. ▸ Verheimlichung, Wichtigkeit.
deuteln auslegen, verdrehen, verzerren, entstellen, kleinlich deuten, verfälschen, falsch darstellen, übertreiben, missdeuten, unrichtig übertragen. ▸ deuten.
deuten beurteilen, begutachten, bewerten, charakterisieren, auslegen, ermessen, einschätzen, erwägen, untersuchen, unterscheiden, beschreiben, bezeichnen, kennzeichnen, darstellen, darlegen, erklären, erläutern, explizieren, klarlegen, verständlich machen,

beleuchten, aufklären, klarmachen, veranschaulichen, den Sinn wiedergeben, zwischen den Zeilen lesen, erkennen, folgern, verdolmetschen, definieren, auseinander setzen, auseinander legen, entziffern, erraten, gestikulieren, mit dem Finger zeigen, ein Zeichen geben, hinweisen, hinzeigen, andeuten, bezeugen. → auseinander setzen, auslegen, ausmalen, begründen, bemänteln, beurteilen, charakterisieren, darlegen, darstellen, definieren, entnehmen, entrollen, entziffern, erklären, erörtern, ersehen.
▸ fehlschießen, missdeuten, nachfragen, verrechnen sich.

Deuter Ausleger, Erklärer, Exegete, Übersetzer, Dolmetscher. → Ausleger.

deutlich augenfällig, ausdrücklich, eindeutig, genau, hervorgehoben, klar, leserlich, klipp und klar, leichtfasslich, offenkundig, offensichtlich, scharf, sichtbar, unverhüllt, unverkennbar, vernehmbar, verständlich, bestimmt, nachdrücklich, unbedingt, gewiss, offenbar, unübersehbar, unzweideutig, unzweifelhaft, sichtbar, plausibel, fasslich, anschaulich, leicht erkennbar, übersichtlich, begreiflich, hörbar, laut, ausdrucksvoll, einleuchtend, ersichtlich, einfach, greifbar, augenscheinlich, entschieden, nachdrucksvoll. → absolut, anschaulich, auffallend, augenfällig, augenscheinlich, ausführlich, bedeutungsvoll, bemerkbar, beredt, Deutsch auf gut, drastisch, eidlich, emphatisch, erkennbar, ernstlich, fassbar.
▸ undeutlich, andeutungsweise, blass, leise, nebelhaft, schleierhaft, vage, verschwommen.

deutlich betonen akzentuieren. → deutlich kennzeichnen, deutlich machen.

deutlich kennzeichnen plakatieren.

deutlich machen bekräftigen, besonders erwähnen, betonen, hervorheben, unterstreichen.

deutlich werden → deutsch reden.

Deutlichkeit Hörbarkeit, Vernehmlichkeit, Sichtbarkeit, Wahrnehmbarkeit, Anschaulichkeit, Klarheit, Veranschaulichung, Bestimmtheit, Begreiflichkeit, Kraft, Offenheit, Ausdrücklichkeit, Genauigkeit, Lesbarkeit, Verständlichkeit, Fasslichkeit, Ausführlichkeit. → Bestimmtheit.
▸ Undeutlichkeit.

Deutsch, auf gut verständlich, unmissverständlich, deutlich, unzweideutig, nachdrücklich, unverkennbar, genau, scharf, offen, unverschleiert, gemeinverständlich, unbeschönigt, unverhüllt, klar, in kurzen Worten, rückhaltlos, frisch und frei, von der Leber weg, derb, unverblümt, unverstellt, ungekünstelt, geradeaus, schlecht und recht, von Mann zu Mann. → deutlich.
▸ durchtrieben, unaufrichtig, verschleiert.

deutsch reden, mit jemandem kein Blatt vor den Mund nehmen, reinen Wein einschenken, ungekünstelt reden, von der Leber weg reden, offen mit jemandem reden. → deutlich.
▸ unaufrichtig (sein), undeutlich (sein), verschleiert.

Deutscher Sauerkraut *u.*

Deutschkunde Germanistik.

Deutschkundler Germanist.

Deutschland zur Römerzeit Germanien.

Deutung Version, Auffassung, Darstellung, Fassung, Lesart, Sinngebung, Variante, Wortlaut. → Auslegung, Begriff, Darlegung, Darstellung.
▸ Fehlabschluss, Missdeutung.

Deutungskunst Hermeneutik.

Devise Denkspruch, Kernspruch, Leitsatz, Losung, Merksatz, Motto, Richtschnur • These, Doktrin, Axiom, Dogma, Prinzip, Gebot, Regel, Rezept, Weisung • Auslandswechsel, ausländisches Zahlungsmittel, Scheck.

devot unterwürfig, beflissen, gefügig, willfährig, zuvorkommend, demütig, diensteifrig, gefällig, untertänig, ehrfurchtsvoll, schmeichlerisch, fromm. → artig, ergeben.
▸ boshaft, selbstbewusst, überheblich, verstockt.

Devotion → Ergebenheit, Servilismus, Unterwürfigkeit.

Dezember Christmonat, Weihnachtsmonat, Christmond, Christzeit.

dezent → anständig, distinguiert.

Dezentralisation Auseinanderlegung von Verwaltungen, Trennung, Scheidung, Sonderung, Zersprengung, Zergliederung, Loslösung, Auflösung, Lockerung, Verteilung, Verstreuung, Zersplitterung. → Auflösung.
▸ Konzentration, Zusammenschluss.

dezentralisieren → auflösen, trennen.

dezidiert bestimmt, klar.

dezimieren zehnten, große Verluste beifügen, vermindern, stutzen, abscheren, schwinden, schmälern, verringern. → abnehmen.
▸ hinzufügen.

Dezimierung Abbau, Abnahme, Beschränkung, Einschränkung, Herabsetzung, Kürzung, Verkleinerung, Verminderung, Verringerung, Zusammenziehen. → Abzug.
▸ Hinzufügung.

diabolisch böse, schlimm, verrufen, gefährlich, verderblich, Unheil bringend, elend, schrecklich, arglistig, heimtückisch, schadenfroh, niedrig, gemein, niederträchtig, nichtswürdig, hassenswert, abscheulich, schändlich, verdammenswert, teuflisch, dämonisch, höllisch, satanisch, mephistophelisch, grausam, bösartig, boshaft, übel wollend, hämisch, tückisch, brutal, infernalisch, mörderisch, herzlos, lasterhaft, sündhaft, sittenlos, schamlos, bestialisch, erzböse, grundschlecht, unmenschlich, teufelhaft, verteufelt. → bestialisch, böse, dämonisch.
▸ gut, menschenfreundlich.

Diagnose Krankheitsbestimmung, Untersuchung, Bestimmung, Unterscheidung • Erkennen, Beurteilung.
▸ Befragung • Behandlung, Therapie • Prognose.

diagnostisch bestimmend, entscheidend, beurteilend.

diagnostizieren feststellen, eine Diagnose oder Prognose stellen, die Ursache herausfinden • die Lösung finden.

diagonal eckenstrebig, durchkreuzend,

durchschneidend, durchschnitten, gekreuzt, quer. ▸ senkrecht, waagrecht.
Diagramm Darstellung zeichnerische, Graph, Schaubild.
Dialekt Mundart, Umgangssprache, Platt, Slang.
Dialektik → Beredsamkeit, Beweisführung.
dialektisch → ausdrucksvoll.
Dialog Zwiegespräch. ▸ Monolog.
Diamantenschleifpulver Boort.
diametral in Richtung des Durchmessers, entgegengesetzt, widersprechend, entgegengestellt, zuwiderlaufend, gegenläufig, entgegen, gegenübergestellt, gegenüber. ▸ nebeneinander.
Diät Ernährung, Schonkost, Heilkost, Gesundheitsmittel, vorschriftsmäßiges Essen, Einschränkung, Beherrschung, Mäßigung, Enthaltsamkeit, Genügsamkeit, Fasttag, Selbstbezwingung, Hungerkur, schmale Kost, Fastenkost, Entwöhnung, richtige Ernährung, angepasste Kost, Krankenkost. → Abstinenz, Behandlung. ▸ Schwelgerei.
Diäten Abgeordnetenbezüge, Tagegelder.
dicht luftdicht, wasserdicht, verschlossen, abgedichtet, fest gefügt, geschlossen, undurchlässig, undurchdringlich, fest, unzugänglich, gedrängt, eingeengt. → abgeschlossen, angrenzend, bei, beisammen, dabei, daneben, fest. ▸ durchlässig, porös, aufgelockert, dünn, gelichtet, licht, locker, schütter • abseits, entfernt, fern, weit (ab).
dicht dabei nahe, benachbart, anstoßend, angrenzend, daneben, nebenan, nebenbei, beisammen, zusammen, annähernd, beinahe, nahezu, annäherungsweise, anliegend, dicht auf der Ferse. → an. ▸ entfernt, getrennt.
dicht daran → annähernd, dicht dabei.
dichtgedrängt → beengend.
dicht verschlossen hermetisch.
dichtbesetzt rammelvoll *u.*
dichtbesiedelt sehr bevölkert, übervölkert.
Dichte Festigkeit, Widerstand, Zusammenhalt, Starrheit, Härte, Fülle, Anhäufung, Ansammlung, Ausmaß, Gedränge, Massigkeit, Verdichtung, Kondensierung, Masse, spezifisches Gewicht. → Ausmaß. ▸ Durchsichtigkeit, Lockerung.
Dichtebestimmung Densitometrie, Densometrie.
dichten verdichten, abdichten, verstopfen, härten, sich zusammenschließen, sich zusammendrängen, unporös machen, imprägnieren, undurchsichtig machen, undurchlässig machen, geschlossen sein, widerstandsfähig sein, verdicken, kondensieren, erstarren, versteinern, zusammenziehen, zusammenpressen • reimen, in Verse setzen, in Verse bringen, besingen, schreiben, beschreiben. → ausfüllen, erzählen, fabulieren. ▸ öffnen, durchlässig machen • bei der Wahrheit bleiben.
Dichter Erzähler, Belletrist, Genie, Meistersänger, Minnesänger, Poet, Barde, Romancier, Sänger, Troubadour, Wortkünstler, Schriftsteller, Schreiber, Bücherschreiber, Skalde, Lyriker, Reimschmied, Stegreifdichter, Gelegenheitsdichter, Volkssänger, Bänkelsänger, Fahrender.
dichter Urwald Dschungel.
Dichterheimat Hippokrene.
dichterisch → poetisch.
dichterische Übertreibung Hyperbel.
dichterische Wortfolge Vers.
Dichterschwulst, barocker Gongorismus.
dichtester Wert Modus.
dichtgedrängt → überfüllt.
dichthalten sagen nichts, schweigen, stillschweigen, totschweigen, verschweigen.
Dichtheit → Dichte.
Dichtigkeit Verkettung, Zusammenfluss, Zusammendrängen, Zusammenhang, Gewicht, Masse • Undurchsichtigkeit, Trübung, Nebel, Wolke. → Dichte. ▸ Durchsichtigkeit, Leichtigkeit, Lockerung.
Dichtigkeitsgrad Konzentration.
Dichtkunde Poetik.
Dichtung Buch, Belletristik, Erbauung, Lesestoff, Literatur, Schriftgut, Unterhaltungsstoff, Roman, Gedicht, Drama • Einbildung, eigene Erfindung, Fantasie, Gedachtes, Gedankending, Gedankenbild, Geistesschöpfung, Eingebung, Unwahrheit, Lüge, Erdichtung • Abdichtung. → Dunst, Erzählung.
Dichtungsart Gedicht, Lied, Volkslied, Ode, Hymne, Choral, Elegie, Klagegesang, Meistergesang, Schäfergedicht, Singspiel, Liebeslied, Minnesang, Meistergesang, Trinklieder, Gelegenheitsgedicht, Zauberspruch, Denkspruch, Sinnspruch, Sinngedicht, Epigramm, Trauerlied, Trauerspiel, Tragödie, Komödie, Lustspiel, Schlaflied, Epos, Heldengedicht, Ballade, Romanze, Legende, Fabel, Parabel, Allegorie, Roman, Novelle, Erzählung, Drama, Libretto, Geschichte, Märchen.
dick aufgeschwollen, beleibt, breit, drall, feist, fest, fett, vollschlank, fleischig, gedrungen, korpulent, pummelig, vollgefressen *u,* massig, pausbackig, rund, rundlich, stark, stattlich, umfangreich, untersetzt, voll, wohlbeleibt, wohlgenährt, stämmig, strotzend, plump, schwerfällig, aufgebläht, dickwanstig, wassersüchtig, schmerbäuchig, aufgedunsen, derb, gewaltig, kolossal, mächtig, gepolstert *u.* → bauchig, dickwanstig, fettwanstig. ▸ dünn dürr, grazil, hager, mager, schlank • fein, hauchdünn.
dick haben, etwas anekeln, anwidern, zum Halse heraushängen, Abscheu erregen, abstoßen, missfallen, mehr als genug haben, übersättigt sein, sich übernehmen, mehr als zur Genüge genossen, bis zum Ekel genossen, bis zum Überdruss genossen. ▸ erfreuen sich, genießen.
dicktun übertreiben, aufblähen, sich ein Ansehen geben, sich in den Himmel erheben, aus der Mücke einen Elefanten machen, herausputzen, ausschmücken, großtun, sich in die Brust werfen, herausfordern, hochmütig sein, von oben herab schauen, sich selbst vor Stolz nicht kennen, sich rühmen mit, den Kopf hoch tragen, sich

überheben, überschätzen, sich fühlen, von sich überzeugt sein, prahlen, prangen, sich brüsten, aufschneiden, flunkern, großsprechen, das Maul voll nehmen, hohe Töne reden, aufprotzen, sich wichtig machen, sein eigenes Lob singen. → abgeben, ballen.
▸ bescheiden (sein).

dick werden breiter werden, zunehmen, anschwellen, aufblähen, anspannen, auflauern, ausfüllen, sich entfalten, aufgehen, gedeihen, vergrößern, vervielfältigen, auftreiben, ausstopfen, feist werden, fett werden, mästen, nudeln, sich ausdehnen, auseinander gehen *u.*
▸ abmagern, dünn werden.

Dickbauch → Bauch, Dickwanst.

Dickdarmentzündung Kolitis.

Dicke Stärke, Wohlbeleibtheit, in gutem Zustand, Embonpoint *s,* Umfang, Korpulenz, Mächtigkeit, Erweiterung, Dehnbarkeit, Größe, Ausdehnung, Umfänglichkeit, Geschwollenheit, Beleibtheit, Feistigkeit, Aufblähung, Wulstigkeit, Unermesslichkeit, Ungeheuerlichkeit. → Dichte.
▸ Durchsichtigkeit, Magerkeit.

dicke Masse Brei, Mus, Teig.

dicken → erhärten.

Dicker Fettsack *u,* Jumbo *u.*

dicker Angeber und Genießer Falstaff.

dicker Bauch Schmerbauch, Wampe, Wanst.

dickfellig → abgebrüht, abgestumpft.

Dickfelligkeit Abgestumpftheit, Dickkopf, Gefühllosigkeit, Unempfänglichkeit, Eindrucklosigkeit, Unempfindlichkeit, Abgebrühtheit, Dickhäutigkeit, Phlegma, Kaltschnäuzigkeit.
▸ Empfindlichkeit.

dickflüssig breiig, dicklich, harzig, lehmig, kleisterig, schleimig, sämig, zähe, zähflüssig, geronnen, käsig, seimig, gallertartig, teigig, pappig, klebrig. → breiig.
▸ sprudeln.

dickflüssiger Saft Seim, Sirup.

Dickhäuter Elefant, Flusspferd, Nashorn, Schwein, Tapir.

dickhäutig anteillos, gelassen, gefühllos, gleichgültig, stumpf, ungerührt, starr, unempfindlich, undurchdringlich. → abgestumpft, dickfellig.
▸ dünn, empfindlich, gefühlvoll.

Dickhäutigkeit → Dickfelligkeit.

Dickicht Buschwerk, Geäst, Gebüsch, Gesträuch, Gestrüpp, Unterholz.

Dickkopf Dickschädel, Holzkopf, Trotzkopf, Hartnäckiger, Rechthaber, Verrannter, Halsstarriger, Starrkopf, Haberecht, Streiter, Verfechter, Fanatiker, Eigensinniger, Störriger, Eigenwilliger.
▸ nachgiebig(er Mensch), Weichling.

dickköpfig bockig, eigensinnig, halsstarrig, störrisch, stur, trotzig, verstockt.

dicklich → breiig, dickflüssig, füllig, mollig, wohlgenährt.

Dicksack → Bauch.

Dickschädel → Dickkopf, Fanatiker.

Dickschädeigkeit Eigensinn(igkeit), Halsstarrigkeit, Starrsinnigkeit.

Dicktuer → Angeber, Chauvinist, Dreikäsehoch.

Dicktuerei → Anmaßung, Chauvinismus, Eigenlob.

dicktuerisch → anmaßend, dicktun, dünkelhaft, ehrgeizig.

Dickwanst Schmerbauch, Tonne, Klumpen, Block, Brocken, Dicksack, Maschine, Stöpsel *u,* Bulle von Kerl *u,* Kubus, Wanst, dicke Hummel, Falstaff, Ungeheuer, Koloss, Dampfwalze *u,* Fass, Tonne, Pummel *u,* Knubbel *u,* Mammut, Riese, Gigant, Elefant, Untier, Haufen, Walfisch, dicker Bär. → Bauch.
▸ Bohnenstange.

Dickwurzel Knolle, Rübe.

didaktisch belehrend, erzieherisch, lehrhaft, methodisch, pädagogisch.

Dieb Schurke, Halunke, Landstreicher, Lump, Schuft, Strolch, Vagabund, Stehler, Erpresser, Räuber, Schieber, Spitzbube, Gauner, Stromer, Freibeuter, Plünderer, Langfinger, Uhrenabzwicker, Wegelagerer, Einbrecher, Straßenräuber, Klettermaxe *u,* Ganove *u,* Gangster, Hotelwanze *u.* → Bandit.
▸ ehrlich(er Mensch).

Dieberei Diebstahl, Bestehlung, widerrechtliche Aneignung, Zueignung, Entwendung, Entfremdung, Wilderei, Einbruch, Mauserei, Unterschlagung, Veruntreuung, Betrug, Schwindel, Schädigung, Fälschung, Nachdruck, Gaunerei, Schiebung, Schieberei, Beraubung, Plünderung, Wegelagerei, Räuberei, Straßenraub, Kirchenraub, Freibeuterei. → Einbruch.
▸ Ehrlichkeit.

Diebesbeuteanteil Schab *u.*

Diebesgut → Beute.

Diebesjargon Gaunersprache, Dunkelmännerlatein, Schimpfworte, Diebessprache, Rotwelsch, Gewelsch.

Diebesschlüssel Dietrich.

diebessicher einbruchsicher, gesichert, geschützt, sicher, unter Dach und Fach, gefeit, unverlierbar, bombensicher, unbezwinglich, uneinnehmbar, unangreifbar, im sicheren Hafen. → einbruchsicher, fest.
▸ gefährdet, unsicher.

Diebessprache → Diebesjargon.

Diebessucht Kleptomanie.

diebisch beutegierig, raublustig, langfingrig, klebrige Finger haben *u,* stehlen wie die Raben oder eine Elster, die Finger nicht bei sich behalten können *u,* betrügerisch, verstohlen, heimlich, elsterhaft, füchsisch, spitzbübisch, gaunerisch, schwindlerisch, schurkenhaft, nichtsnutzig. → beutegierig.
▸ ehrlich.

Diebstahl Raub, Entwendung, Klau, Quinte *u,* Spritzer *u.* → Beraubung, Betrug, Dieberei, Einbruch.

Diebstahl geistigen Eigentums Plagiat.

Diele Eingang, Vorhalle, Vorzimmer, Hausflur, Flur, Halle, Hausgang • Brett, Platte, Plättchen, Bohle, Planke, Span • Eisdiele, Tanzdiele.

dienen helfen, beistehen, unterstützen, behilflich sein, zur Seite stehen, mithelfen, gehorchen, sich demütigen, aufwarten. → abhängig, ausharren, beispringen, beistehen, ducken sich, durchbringen sich, eignen sich.
▸ beeinträchtigen, faulenzen, hemmen, herrschen, selbstständig (sein), stolz (sein), zwecklos (sein).

Diener Gehilfe, Helfer, Lakai, Page, Kammerdiener, rechte Hand, Hilfskraft, Mitarbeiter, Stütze, Handwerker, Handlanger, Knecht, Bursche, Lehrjunge, Gesell, Unterstützer, Beistand,

Assistent, Untergebener, Untertan, Untergeordneter, Abhängiger, Angestellter. → Arbeitnehmer, Aufwartung, Aushilfe, Beistand, Bote, Bursche, Commis, Komplize, Famulus.
▸ Herr.

Diener Gottes Pfarrer, Kaplan, Kardinal, Papst, Pastor, Geistlicher, Bischof, Erzbischof, Legat, Abt, Mönch, Bruder, Nonne, Kleriker, Priester, Seelsorger, Seelenhirt, Beichtiger, Pfaffe, Schwarzrock, Kuttenträger, Stiftsherr, Domherr, Chorherr, Dechant, Prediger, Vikar, Diakonus, Superintendent, Probst, Abbé, Oberin, Äbtissin, Priorin, Klausner, Rabbi, Rabbiner, Levit, Pater, Beichtvater, Missionar, Katechet, Primas, Kirchenfürst, Dekan, Kanonikus, Pope, Theologe.

Diener machen, einen dienern • verbeugen/verneigen sich.

Diener, stummer Serviteur, Teewagen.

Dienerin Dienstmädchen, Hausgehilfin, Magd, Zofe.

Dienerkleidung/-uniform Livree.

dienern kriechen, sich bücken, sich kleiner machen, unterwürfig tun, zusammenklappen wie ein Taschenmesser *u.* → demütigen sich, einschleichen sich in die Gunst, erstreben.
▸ aufbegehren, herrisch (sein), herrschen.

Dienerschaft Dienstbote, Kammermädchen, Köchin, Magd, Dienstmädchen, Perle *u*, Donna *u*, Spritze *u*, Aufwartefrau, Raumpflegerin, Wärterin, Bonne, Beschließer, Butler, Wirtschafter, Kammerzofe, Gouvernante, dienstbarer Geist *u.* → Diener.

dienlich zweckmäßig, vorteilhaft, günstig, erfreulich, Gewinn bringend, förderlich, passend, nützlich, behilflich. → angenehm, annehmbar, dankenswert, einträglich, empfehlenswert, erfolgreich, Erfolg versprechend.
▸ hinderlich, unzweckmäßig, wertlos.

Dienlichkeit Vorteil, Einträglichkeit, Förderlichkeit, Nützlichkeit, Vergünstigung, Tauglichkeit, Sachdienlichkeit, Anwendbarkeit, Geneigtheit, Fähigkeit, Dienstleistung, Nutzen, Brauchbarkeit. → Einträglichkeit.

Dienst Arbeit, Bedienung, Verrichtung, Gefälligkeit, Dienstbarkeit, Betätigung, Beschäftigung, Geschäft, Beruf, Pflicht, Anstrengung, Bemühung, Beruf • Backschaft *sm*, Aufwartedienst. → Abhängigkeit, Amt, Arbeit, Besorgung, Charge, Leistung.
▸ Muße, Müßiggang, Pflichtvergessenheit, Unabhängigkeit.

Dienst, guter Fürbitte, Fürsprache, Verwendung, Hilfe, Liebesdienst, Kundendienst.
▸ Ungefälligkeit.

Dienst nehmen, in → dingen.

Dienst stellen, in einstellen, beschäftigen, arbeiten lassen, ein Amt bekleiden lassen, ein Geschäft betreiben lassen, eine Hilfe einstellen.
▸ abbauen, entlassen.

Dienstabzeichen → Erkennungszeichen.

Dienstalter Dienstgrad, Berufsjahre, Gehaltsstufe.

Dienstältester Doyen.

Dienstanordnung → Befehl.

Dienstanweisung Instruktion.

dienstbar → abhängig.

Dienstbarkeit Verpflichtung, Unterordnung, Gehorsam, Abhängigkeit, Willfährigkeit, Fügsamkeit, Unterwürfigkeit, Ergebung, Pflichterfüllung, Bedienung, Aufwartung, Unterwerfung, Hörigkeit, Untergebenheit • kriecherisches Wesen, Demut. → Dienst, Ergebenheit.
▸ Pflichtvergessenheit, Ungehorsam.

dienstbeflissen tätig, geschäftig, rührig, betriebsam, dienstwillig, diensteifrig, untertänig, willig, bereitwillig, hilfsbereit. → dienstbereit.
▸ ungefällig, ungehorsam.

dienstbeflissen zeigen, sich scharwenzeln *u.*

dienstbereit bereitwillig, erbötig, entgegenkommend, gefällig, willfährig, zuvorkommend, behilflich, diensteifrig, dienstbeflissen, pflichteifrig, verbindlich, aufmerksam, höflich. → angenehm, erbötig.
▸ ungefällig.

Dienstbezeichnung Titel.

Dienstbote → Arbeitnehmer, Diener, Dienerschaft.

Dienste leisten → bedienen.

diensteifrig geil *u.* → devot, dienstbeflissen.

Diensteifrigkeit Beflissenheit, Eifer, Übereifer.

Diensteinkommen Besoldung, Honorar, Sold.

Diensten, zu behilflich, entgegenkommend, hilfsbereit, gefällig.

Dienstenthebung, zeitweilige Suspension.

Dienstentlassung Demission, Kassation.

dienstfähig tauglich, arbeitsfähig, erprobt, fähig, stark, nützlich. → diensttauglich.
▸ dienstunfähig.

dienstfertig höflich, gefällig, diplomatisch, formgewandt. → dienstbeflissen.
▸ ungefällig, unhöflich.

dienstfrei untätig, unbeschäftigt, außer Tätigkeit, dienstlos, arbeitslos, beschäftigungslos, geschäftslos, müßig. → beschäftigungslos.
▸ angestrengt, beschäftigt, im Dienst.

Dienstgrad Amt, Rang, Charge *f.*

Dienstherr Brotgeber, Herr, Chef, Leiter, Vorsteher, Meister.
▸ Untergebener.

Dienstkleidung Amtstracht, Dienstanzug, Arbeitskleidung. → Uniform.

Dienstleistung Beistand, Handreichung, Hilfeleistung, Stütze, Hilfe, Unterstützung, Bedienung, Liebesdienst, Mildtätigkeit, Wohltätigkeit, Gefälligkeit. → Amt, Anstrengung, Arbeit, Aufwartung, Aushilfe, Beihilfe, Bemühung, Bereitwilligkeit, Dienlichkeit.
▸ Ungefälligkeit, Verweigerung.

dienstlich von Amtes wegen, ex officio, geschäftlich, amtlich, berufsmäßig.
▸ privat, außerdienstlich, inoffiziell.

dienstliche Meldung Rapport.

dienstlicher Ungehorsam Insubordination.

Dienstmädchen → Arbeitnehmer, Dienerschaft.

Dienstpersonal Gesinde, Gefolge. → Diener.
▸ Dienstherr, Herrschaft.

Dienstpflicht Amt, Angelegenheit, Arbeit, Aufgabe, Auftrag, Obliegenheit, Funktion, Pflicht, Schuldigkeit • Militärdienst.
▸ Pflichtvergessenheit, Verweigerung.

Dienstsiegel Stempel.

Dienststelle Amt, Arbeitsplatz,

Behörde, Betrieb, Büro, Geschäft, Job.
Dienststellung Funktion.
Dienststrafverfahren Disziplinarverfahren.
diensttauglich erprobt, arbeitsfähig, dienstfähig, stark, kräftig, stählern, eisern, mächtig. → dienstfähig. ▸ dienstunfähig.
dienstunfähig kraftlos, gebrechlich, unfähig, entkräftet, hinfällig, gebrochen, ausgedient, abgenützt, untauglich, ungeeignet, abgetakelt, ungeschickt, linkisch, unbeholfen, ungelenk, unerfahren, ungeschult, ungelernt. → alt, arbeitsunfähig. ▸ dienstfähig.
Dienstunfähiger → Arbeitsunfähiger.
Dienstunfähigkeit → Arbeitsunfähigkeit.
Dienstuntauglicher Defizient, Invalide.
dienstvergessen → bestechlich.
Dienstvorschrift Idiotenfibel *u.*
Dienstweg Instanz *f,* Gerichtsbarkeit, Behörde, Obrigkeit. ▸ direkt(er Weg). → Instanzenweg, Informationsweg, Kommunikationsweg.
dienstwillig → diensteifrig, dienstbeflissen, erbötig.
Dienstwilligkeit Beflissenheit, Eifer, Regsamkeit, Tatenlust, Bereitwilligkeit, Entgegenkommen, Freundlichkeit, Geneigtheit. → Aufmerksamkeit, Beflissenheit, Eifer, Eilfertigkeit. ▸ Faulheit, Ungefälligkeit, Verweigerung.
diesbezüglich dieserhalb, entsprechend, übereinstimmend, bezüglich, dementsprechend, gemäß, beziehungsweise, in Bezug auf, was betrifft, in Hinsicht auf, in Verbindung mit, gleichgerichtet, angemessen, passend. ▸ beziehungslos.
dieserhalb → also, daher, daraus, darum, deshalb.
diesig → dunstig.
diesjährig gegenwärtig, augenblicklich, derzeit, jetzt, zurzeit, in diesem Jahr, heuer, laufenden Jahres. → aktuell, augenblicklich, derzeit. ▸ vergangen.
diesseitig hier und jetzt, irdisch, profan, weltlich.
Diesseitigkeit Weltlichkeit, Vergänglichkeit.
diesseits auf der gleichen Seite, daneben, neben, hier, nebeneinander, aneinander. → abseits, beiseite, daneben. ▸ jenseits, auf der anderen Seite, drüben, gegenüber.
dieweil → als, da.
diffamieren → verunglimpfen andichten/anhängen etwas, nachreden/nachsagen etwas, diskreditieren, schmähen, verleumden, verunglimpfen.
Differenz Unterschied, Abstand, Besonderheit, Unterscheidungszeichen, Verschiedenheit, Unstimmigkeit, Ungleichartigkeit, Zwiespalt, Ungleichheit, Ungleichmäßigkeit, Meinungsverschiedenheit, Bruch, Trennung, Missverständnis. → Abweichung. ▸ Ähnlichkeit, Einstimmigkeit, Gleichheit, Ausgleich, Einigung • Einigkeit, Einmütigkeit, Einverständnis, Übereinstimmung.
differenzieren Differenzialrechnung anwenden, trennen, verschieden gestalten. → abweichen. ▸ gleichmachen, gleichsetzen, oberflächlich behandeln, pauschalieren, über einen Kamm scheren • Überblick verschaffen einen.
Differenziertheit Verschiedenartig, Divergenz, Variabilität.
differieren verschieden sein, voneinander abweichen, sich entzweien, sich verfeinden, auseinander gehen. → abweichen. ▸ gleichkommen, übereinstimmen.
diffizil heikel, kompliziert, schwierig, vertrackt, verzwickt.
diffus zerstreut, weitläufig, weitschweifig, langatmig. ▸ gesammelt.
Diktat Nachschrift, Ansage, Befehl, Weisung, Aufruf, Auftrag, Bestimmung, Vorschrift, Erlass, Aufforderung, Mahnung. → Anordnung, Ansage, Befehl. ▸ Abschrift, Willfährigkeit.
Diktator Gebieter, Despot, Absolutist. → Alleinherrscher. ▸ Demokrat.
diktatorisch gewaltig, absolut, beherrschend, gebieterisch, nachsichtslos, streng, tyrannisch, ohne Rücksicht, gewalttätig, totalitär, unbarmherzig, befehlend, despotisch, Fraktur schreiben *u.* ▸ demokratisch, nachgiebig.
Diktatur Alleinherrschaft, Tyrannei, Gewaltherrschaft, Willkürherrschaft, Vergewaltigung, Absolutismus, Despotismus, Faschismus, Nationalsozialismus, Kommunismus, Militärherrschaft, Staatsgewalt. ▸ Demokratie, Toleranz.
diktieren ansagen, vorsprechen, vorschreiben • vordiktieren, erzwingen, keine Nachsicht üben, anordnen, gebieten, befehlen, Vorschriften machen, Verfügungen erlassen, dirigieren, auferlegen, auftragen, verordnen, anweisen, verfügen, bestimmen, befehligen. → anregen, aufzwingen, befehlen, beherrschen, dirigieren. ▸ abschreiben, gehorchen, mildern.
Diktiergerät Diktafon.
Diktion Schreibart, Ausdrucksweise, Fassung, Manier, Eigentümlichkeit, Stil. → Ausdrucksweise.
dilatorisch aufschiebend, hinhaltend, dauernd, schleppend, dauerhaft, verzögert, hinausschiebend, saumselig. ▸ baldig, umgehend.
Dilemma Klemme, Verlegenheit, Bedrängnis, Schwierigkeit, Ratlosigkeit, Unsicherheit, Notlage, Zwiespalt, Zwangslage, Umstand, Unentschiedenheit, Zweifelhaftigkeit, Unschlüssigkeit, Entscheidungspunkt, Sackgasse, Enge, Komplikation, Verworrenheit, Falle, missliche Angelegenheit, Unlösbarkeit, verwickelte Geschichte, Verwicklung. ▸ Entschiedenheit, Entschlossenheit, Erleichterung, Gewissheit, Sicherheit.
Dilettant Halbwisser, Anfänger, Liebhaber, Laie, Neuling, Nichtberufener, Nichtfachmann, Stümper, Ungelehrter, Nichtskundiger, Nichtwisser, Kunstliebhaber, Kunstfreund, Ungelernter.

▸ Fachmann, Autorität, Experte, Kenner, Könner, Profi.
dilettantisch halbgelehrt, oberflächlich, laienhaft, ungenau, unerfahren, ungebildet, unaufgeklärt, unbelesen.
▸ fachmännisch.
Dilettantismus Laienarbeit, Bastelarbeit, Stümperei, Murks *u*, schlechte Arbeit, Gemurkse *u*, Hudelei.
Dimension Ausmaß, Beträchtlichkeit, Umfang, Weite, Größe, Breite. → Ausdehnung.
▸ Begrenztheit.
Diner → Mahlzeit.
Ding Sache, Chaos *s*, Gegenstand, Angelegenheit, Körper, Materie, Stoff, Substanz, Wesen, Begriff, Anliegen, Sein, Dasein, Objekt, Etwas, Vorhandenes, Gestalt, Element, Zeug • Gericht. → Backfisch, Element, Etwas.
▸ Körperlos(es), Nichts, Unsichtbarkeit.
dingen benützen, chartern, engagieren, heuern, mieten, nehmen, verwenden, gebrauchen, einstellen, in Dienst nehmen, in Anspruch nehmen. → anstellen, chartern.
▸ entlassen.
dingfest rechtlich festgesetzt, verhaftet, gefangen, unter Aufsicht, in Gewahrsam.
▸ frei.
dingfest machen jemanden verhaften, jemandem die Freiheit entziehen, einzwängen, erfassen, in Bande schlagen, ergreifen, anketten, knebeln, einschließen, einsperren, hinter Schloss und Riegel bringen, einkerkern, unschädlich machen, ins Gefängnis oder Zuchthaus bringen, in Gewahrsam bringen.
▸ befreien, frei bewegen sich.
dinghaft fassbar, greifbar, körperhaft, gegenständlich, wesenhaft, stofflich, bestimmbar, substanziell, körperlich, konkret, handgreiflich, klar, auf der Hand liegend, sichtbar, leibhaftig, gegenwärtig, gegenwartsnahe, wirklich. → fassbar.
▸ unfassbar, unwirklich.
dinglich bestehend, real, greifbar, tatsächlich, wesenhaft, wirklich. → dinghaft.
▸ wesenlos, abstrakt, ideell • persönlich.
Dingwort Hauptwort, Substantiv.
dinieren → speisen.
dionysisch → beseligend.
Diopter *sm* Visiervorrichtung, Peilvorrichtung.
Diözese → Bezirk.
Dip *engl.* → Tunke.
Diplom Auszeichnung, Ausweis, Dokument, Schriftstück, Urkunde, Zeugnis, Patent, Beleg, Akte, Fähigkeitsausweis, Bevollmächtigung, Bestätigung, Beweis, Vollmacht, Beglaubigung, Anerkennung, Ernennungsschreiben, Ehre, Ehrenerweisung. → Bestallung, Bescheinigung, Erweis, Fähigkeitsausweis.
Diplomat → Abgesandter, Beauftragter.
Diplomatie Klugheit, Gescheitheit, Geist, Schlagfertigkeit, geistige Überlegenheit, Schlauheit, Esprit, Pfiffigkeit, Verschlagenheit, Geschicklichkeit • Takt, Schliff, Menschenkenntnis, Fingerspitzengefühl, Unterhandlungskunst, politische Vertretung.
diplomatisch abwägend, berechnend, förmlich, gerieben, geschickt, geschmeidig, gewandt, schlau, glattzüngig, schmiegsam, vorsichtig, artig, einnehmend, verbindlich, glatt, geschliffen, formgewandt, falsch, aalglatt, schöntuend, unehrlich, Gewinn bringend. → aalglatt, arglistig.
▸ geradezu, offenherzig, unhöflich, unverbindlich.
diplomieren Zeugnis ausstellen, ehren. → auszeichnen.
Diplomprüfling Diplomand.
direkt geradewegs, geradlinig, ohne Umwege, stracks, schlankweg, unumwunden, unvermittelt, aus erster Quelle, ohne weiteres, sogleich, sofort, augenblicklich, soeben, stehenden Fußes, geradezu, nicht abweichend, vorwärts, mit Richtung auf, mittendurch, unmittelbar, zielbewusst, Ohr zu Ohr, Hand zu Hand. → durchgehend, eigenhändig.
▸ abweichend, indirekt, mittelbar, auf Umwegen.
Direktion Richtung, Wendung, Neigung, Lauf, Gang • Führung, Leitung, Beaufsichtigung, Verwaltung, Oberleitung, Oberaufsicht, Überwachung, Lenkung, Regelung, Bevormundung.
Direktive Weisung, Belehrung, Unterweisung, Verhaltensregel, Fingerzeig, Bescheid, Maßregel, Auftrag, Anleitung, Anweisung, Aufforderung, Zurechtweisung, Ermahnung, Auskunft.
Direktor Leiter, Führer, Lenker, Veranstalter, Lehrer, Vorsteher, Vorstand, Rektor, Meister, Lehrmeister, Wortführer, Chef, Präsident, Vorgesetzter, Vorsitzender, Verwalter, Geschäftsführer, Gebieter, Oberaufseher. → Arbeitgeber.
Direktorium Geschäftsleitung, leitende Behörde, Vorstand.
Direktrice Direktorin, Vorgesetzte, Vorsitzende, Verwalterin, Aufseherin, Oberhaupt. → Direktor.
Dirigent Chorleiter, Kapellmeister, Orchesterleiter.
dirigieren den Vorsitz führen, führen, leiten, lenken, lotsen, regeln, steuern, verwalten, Weg bahnen, überwachen, beaufsichtigen, handhaben, regeln, die Zügel ergreifen, die Leitung übernehmen, den Ton angeben, an der Spitze stehen, diktieren, befehlen, fordern, verfügen, bestimmen, vorschreiben, anweisen. → anführen, befehlen, diktieren, erfassen das Ruder.
▸ abwarten, gehorchen.
Dirne Jungfrau, Mädchen, Maid, Fräulein, Jungfer • Freudenmädchen, Kreatur, Frauenzimmer, Metze, Herumtreiberin, Allerweltsliebchen, Allermannsliebchen, liederliches Frauenzimmer, Verlorene, Gefallene, zu Fall Gekommene, Entjungferte, Prostituierte, öffentliche Person, Straßenmädchen, Liebedienerin, Buhlerin, Konkubine, Callgirl *M*, Liebchen, Schickse *u*. → Bajadere, Buhle, Kurtisane.
Dirnendienst Liebesmühe *u*.
Dirnengegend/-welt Milieu.
dirnenhaft begehrlich, wollüstig, feil, erotisch, liebestoll, ungezügelt, locker, leichtlebig, buhlerisch, prostituiert, käuflich, ehebrecherisch, unmoralisch, schlüpfrig, ohne Schamgefühl.

→ anrüchig, ausschweifend.
▸ anständig, keusch.
Dirnenstraße Strich.
Discount → Diskont.
Disharmonie Missverhältnis, Missklang, Misston, Verschiedenheit, Ungleichartigkeit, Uneinigkeit, Widerspruch, Zwist, Zwietracht, Verwirrung, Misstrauen, Meinungsverschiedenheit, Zwiespalt, Unstimmigkeit, Missstimmung, Abweichung, Spannung, Hader, Entzweiung, Spaltung, Zerwürfnis, Riss, Trennung, Entfremdung, Feindseligkeit, Bruch. → Charivari.
▸ Harmonie.
Diskant Fistelstimme, Gegenstimme, Oberstimme, oberste Stimme, schrille Stimme.
Diskette Datenscheibe, Floppy (disk), Magnetspeicherscheibe, Speicherscheibe.
Diskont Zinsabzug, Weglassung, Auslassung, Verminderung, Nachteil, Rückgang, Abschlag. → Abzug.
▸ Aufschlag.
Diskontbank → Bank.
diskontieren → begeben.
Diskothek Plattensammlung, Schallplattenarchiv/-sammlung • Disko, Musikschuppen, Tanzlokal • Radauschuppen *u.*
diskreditieren in üblen Ruf bringen, Schlechtes nachsagen, Argwohn hegen, misstrauen, verneinen, abstreiten, verschlechtern, verschlimmern, untergraben, verunglimpfen, beflecken, besudeln, schimpflich reden, erniedrigen, herabwürdigen, brandmarken, herabsetzen, schmähen, verleumden, lästern, entehren, verlästern, mit Füßen treten, kränken, demütigen, gering schätzen. → angreifen.
▸ achten, verehren, hofieren.
diskrepant abweichend, misshellig, ungleich, zwiespältig, auseinander gehend, verschieden, widerstrebend, bezugslos, misstönend, unvereinbar, widerstrebend, in Widerspruch stehen, widersprechend.
▸ übereinstimmend.
Diskrepanz Abweichung, Missverhältnis, Unstimmigkeit, Widersprüchlichkeit.
diskret taktvoll, zurückhaltend, verschwiegen, dichthalten, schweigsam, geschickt, gewandt, rücksichtsvoll, vorsichtig, einsichtsvoll, verständig, schonend.
▸ indiskret.
Diskretion Rücksichtnahme, Behutsamkeit, Vorsicht, Schonung, Bedachtsamkeit, Vorbedacht, Verständnis, Zurückhaltung, Einsicht, Takt, Umsicht, Verschwiegenheit, Achtsamkeit.
▸ Indiskretion.
diskriminieren benachteiligen, herabsetzen, schlecht/ungerecht/unterschiedlich behandeln, zurücksetzen.
Diskriminierung Demütigung, Herabsetzung, Erniedrigung, Vernachlässigung, Zurücksetzung.
Diskurs → Aussprache.
Diskussion Erörterung, Streitgespräch, Debatte, Besprechung, Ausführung, Wortstreit, Wortwechsel. → Aussprache, Debatte, Erörterung.
▸ Ansprache, Monolog, Verschlossenheit, Vortrag.
Diskussionstagung Symposion, Symposium.
diskutabel erwägenswert, möglich.
diskutieren erörtern, erwägen, ermessen, in Betracht ziehen, prüfen, nachsinnen, sich besinnen, erforschen, zerlegen, untersuchen, betrachten, beurteilen, disputieren, streiten, sich ereifern, kommentieren, kritisieren, abhandeln, begründen, verhandeln, reden, bedenken, überlegen. → auseinander setzen, ausforschen, besprechen, debattieren, erörtern.
▸ beilegen, drücken sich, verheimlichen, vortragen.
diskutierbar streitbar, unentschieden, unbestimmt, dahingestellt, zweifelhaft, ungewiss, dunkel, anfechtbar, bestreitbar, streitig, strittig.
▸ bestimmt, entschieden, gewiss.
Dispens → Absolution, Befreiung, Dispensation.
Dispensation Befreiung, Dispensierung, Dispens, Enthebung, Entbindung, Zurücknahme, Enthaltung, Entsagung, Verzicht, Freiheit, Absetzung, Entlastung, Entlassung, Verabschiedung, Freigebung, Freilassung, Urlaub. → Befreiung.
▸ Dienstleistung, Verpflichtung.
dispensieren → befreien, erlassen.
Dispensierung → Dispensation.
Disponent *m* → Arbeitnehmer, Berater.
disponibel abkömmlich, verfügbar, frei, vorhanden, greifbar, vorrätig, unverwendet, unbenutzt, unbeansprucht, entbehrlich.
▸ fehlend, unentbehrlich • nicht einsetzbar, indisponibel, krank, verhindert.
disponieren → anordnen, arrangieren, aufstellen.
disponiert aufgelegt, empfänglich, veranlagt, hingeneigt. → abgeschlossen.
▸ abgeneigt, unbeholfen.
Disposition *f* Verfassung, Zustand, Beschaffenheit, Charakter, Eigenschaft. → Anordnung, Affekt.
▸ Unerfahrenheit, Unordnung.
Disput Meinungsverschiedenheit, Unstimmigkeit, Verschiedenheit, Uneinigkeit, Missstimmung, Zerwürfnis, Spaltung, Bruch, Nichtübereinstimmung, Streitigkeit, Zwietracht, Zwistigkeit, Zank, Streit, Meinungsaustausch, Gespräch, Unterredung, Wortstreit, Schlagabtausch *u.* → Aussprache, Debatte.
▸ Schlichtung, Übereinstimmung.
disputieren streiten, seine Meinung verfechten, sich ereifern, verhandeln, kommentieren, auseinander setzen, auslegen, deuten, schließen, folgern, erörtern, beurteilen. → besprechen, diskutieren, ereifern sich.
▸ fehlschießen, übereinstimmen, versöhnen.
Disqualifikation → Kündigung.
disqualifizieren ausschließen (wegen Regelverstoß) • demütigen, entwürdigen, erniedrigen, untauglich erklären für.
Dissens Meinungsverschiedenheit, Nichtübereinstimmung, Unstimmigkeit.
Dissertation → Arbeit, Beitrag, Denkschrift.
Dissident Abweichler, Andersdenkender, Freidenker, Konfessionsloser, Religionsloser.
dissonant misstönend, unschön, unstimmig.
Dissonanz Missklang, Unstimmigkeit,

Tonverwirrung, Taktwidrigkeit, Übellaut, Katzenmusik. → Disharmonie.
▸ Gleichklang, Wohlklang.
Distanz Entfernung, Abstand, Entlegenheit, Zwischenraum, Entferntheit, Spannung. → Abstand.
▸ Nähe.
distanzieren abhängen, trennen, überholen.
distanzieren, sich abgrenzen sich, Leib halten sich vom.
distanziert → zurückhaltend.
distinguiert ausgesucht, ausgezeichnet, fein, gesittet, kultiviert, unaufdringlich, vornehm, erlesen, dezent. → ausgesucht, ausgezeichnet.
▸ aufdringlich, unhöflich, unkultiviert.
Distrikt Bezirk, Bereich, Gebiet, Gegend, Kreis, Platz, Raum, Revier, Zone, Lager, Landschaft, Landesteil, Ort, Land, Gemarkung, Feldmark, Flächenraum, Gau, Grundstück. → Bezirk.
Diszession *f* → Abzug.
Disziplin Ordnung, Regelung, Geordnetheit, Zucht, Drill, Abrichtung, Schulung, Bändigung, Zähmung, Dressur, Zaum, Disziplinierung, Maßregelung, Zurechtweisung • Fachrichtung.
▸ Nachgiebigkeit, Unordnung, Zuchtlosigkeit, Chaos, Disziplinlosigkeit, Durcheinander, Ungehorsam.
Disziplin halten Ordnung halten, anordnen, kommandieren, die Zügel halten, lenken, leiten, steuern, die Oberhand behalten, das Übergewicht erlangen, den Ton angeben, befehlen, vorschreiben, diktieren, den Ausschlag geben, Gehorsam fordern, mit eisernem Besen kehren • in Ordnung sein, in Butter sein *u*, im Lot in Schuss sein, klargehen • in Ordnung bringen, hinkriegen, in Schuss bringen, zurechtfummeln *u*.
▸ undiszipliniert (sein), verweigern den Gehorsam.
disziplinieren → Disziplin halten, erziehen.
diszipliniert beherrscht, gefasst, gelassen, gezügelt, kaltblütig, ruhig, cool, stoisch.
Disziplinierung → Disziplin.
Disziplinlosigkeit Saustall *u*.
dito → dasselbe, desgleichen, ebenso.
divergent → divergierend.
Divergenz → Abweichung, Differenz.
divergieren → abweichen.
divergierend abweichend, divergent, different, entgegen, entgegengesetzt, widersprechend, unpassend, nicht übereinstimmend, ungleich, verschieden, widerstrebend, auseinander gehend, abstoßend.
▸ gleichförmig.
diverse viele, mehrere, manche, einige, verschiedene, verschiedenartige, vielerlei, zahlreiche, vielfache, häufige, vollzählige, überzählige, überflüssige. → allerhand.
▸ keiner, wenig.
Diverses Vielerlei, Unzahl, Hand voll, Unsumme, Anzahl, Haufen.
▸ Wenigkeit.
Dividende → Anteil, Ausbeute.
Dividendenschein → Abschnitt.
divinatorisch → ahnen.
Diwan Sitz, Sofa, Kanapee, Liegebett, Liegestuhl, Ruhebett, Couch, Lager, Ruhestätte, Schlafsessel • türkische Regierung, Beratung, Thronsessel, Herrschersitz.
doch nichtsdestoweniger, dennoch, jedoch, obgleich, obwohl, obzwar, wenn auch, wiewohl, wenngleich, trotzdem, indessen, immerhin, aber, sondern, sogar, sei dem wie ihm wolle, jedenfalls, unter allen Umständen, unter jeder Bedingung, obschon, gleichwohl, trotz, für alle Fälle. → aber, allein, dagegen, dennoch, immerhin, schließlich.
▸ dafür, Regel nach der.
Dock *sm* Ausbesserungsanlage oder Reparaturwerkstätte für Schiffe.
Dogma Glaubenssatz, Satzung, Überzeugung, Festlegung, Bekenntnis, Glauben, Gebot, Prinzip.
▸ Irrlehre, Ungewissheit.
dogmatisch beglaubigt.
Doktor → Arzt.
Doktrin Theorie, Lehrsatz, Schulmeinung. → Devise.
doktrinär → einseitig.
Dokument → Abkommen, Akt, Chronik, Diplom, Vertrag. → Belege.
dokumentarisch belegend, beweisend, echt, urkundlich, amtlich, behördlich, offiziell, tatsächlich, unzweifelhaft. → belegend, beweisend.
▸ unerwiesen, zweifelhaft.
Dokumentation anschaulicher Beweis • Erfassung/Zusammenstellung von Dokumenten.
dokumentieren beweisen, nachweisen, dartun, schließen, folgern, bekunden, belegen. → anführen.
▸ bezweifeln, Dunkeln lassen im.
dokumentiert beurkundet, bezeugt, garantiert, urkundlich.
Dolce-far-niente süßes Nichtstun. → Muße, Müßiggang.
Dolch Kris, Stilett.
Dolchstoß Arglist, Hinterlist, Falschheit, Doppelspiel, Judaskuss, Verrat, Eidbruch, Wortbruch, Treubruch, Schurkerei, Treulosigkeit.
Dollpunkt Angelpunkt, Hauptsache, Kernpunkt, Knackpunkt, springender Punkt.
dolmetschen übersetzen, entziffern, herausbuchstabieren, den Sinn wiedergeben, übertragen.
Dolmetscher → Deuter.
Dolmetscherwesen zweitältestes Gewerbe (der Welt) *u*.
Dom → Kirche.
Domäne Gebiet, Bereich, Bezirk, Herrschaft, Gut. → Anwesen, Bauernhof, Besitztum, Bezirk.
Domestik *m* → Arbeitnehmer, Diener.
domestizieren → zähmen.
dominierend unerreicht, unübertroffen, vorherrschend, hervorragend, überwiegend, größer, höher, mehr, vorwiegend, maßgebend, ausschlaggebend, wichtig, einflussreich, gewichtig, tonangebend, beherrschend, überragend.
▸ schwach, unterlegen.
Dominium → Eigentum.
Domizil → Aufenthaltsort.
Dompteur Dresseur, Tierbändiger, Tiererzieher, Tierlehrer.
Don Juan → Casanova.
Donner Gewitter, Donnerwetter, Unwetter, Blitzschlag, Krach, Getöse, Geschmetter, Lärm, Gepolter, Gedröhn, Knall, Schlag. → Entladung, Explosion.
Donnergott Donar, Thor.
donnern → fluchen, lärmen.
Donnerstimme → Geschrei.
Donnerwetter → Donner, Heftigkeit.
doof *u* → albern.
Doofheit Begriffsstutzigkeit,

Beschränktheit, Dummheit, Unklugheit.
dopen aufpulvern. → anregen.
Doppel → Abklatsch, Abzug, Duplikat, Durchschlag, Kopie.
Doppelbock → Bier.
Doppeldecker → Fahrzeug (Luft-).
doppeldeutig → dehnbar, doppelsinnig.
Doppelehe Bigamie.
Doppelfahrrad Tandem.
doppelförmig dimorph.
Doppelgänger Gegenstück, Gegenbild, Doppelgestalt, Doublette, Strohmann. → Abbild.
doppelgeschlechtlich zwittrig, zweigeschlechtlich.
Doppelgestalt → Doppelgänger, Dublette.
Doppelkinn dicker Hals, Mondgesicht.
Doppelkringel Brezel.
Doppellaut Diphthong, Geminata.
Doppellösung → Doppelsinn.
doppeln verdoppeln, verzweifachen • kopieren, wiederholen, nochmal so viel.
Doppelpunkt Kolon.
Doppelrolle Treulosigkeit, Untreue, Vertrauensmissbrauch, verstecktes Spiel, Verräterei, Schurkerei, Hinterlist, Gemeinheit, Betrug, Verstellung, Heuchelei.
Doppelschluss → Doppelsinn.
doppelschneidig → zweischneidig.
doppelseitig zweiseitig, beidseitig, beiderseits, gegenseits • bipolar, bilateral • zweipolig.
▸ einseitig.
Doppelsinn Ungewissheit, Undeutlichkeit, Doppellösung, Doppelschluss, Trugschluss, Zweideutigkeit, Spitzfindigkeit, Anspielung, Andeutung, Hintergedanken, Verstellung, Hinterlist, Heimtücke, Täuschung.
doppelsinnig doppeldeutig, unbestimmt, undefinierbar, undeutlich, unsicher, dehnbar, vieldeutig, zweideutig, falsch, unehrlich, unverlässlich, unentschieden. → dehnbar.
Doppelspiel → Betrug, Dolchstoß, Täuschung.
Doppelstück → Dublette.
doppelt verdoppelt, zweifach, zwiefach, zweimal, noch einmal.
▸ einfach • einzeln • halb.
Doppeltreffer Ambe, Dublette.
doppelwertig ambivalent.
doppelzüngig → aalglatt, arglistig, charakterlos, doppelsinnig, falsch.
Doppelzüngigkeit → Falschheit.
Dorado Eldorado, Goldland, Land der Erfüllung, Paradies, Traumland.
Dorf → Ansiedlung.
Dorfbewohner → Bevölkerung.
dörflich ländlich, bäuerlich.
Dorfplatz Anger.
Dorn Spitze, Stachel, Nadel, Sporn, Kummer, Qual, Pein, Plage, Übel. → Ahle.
Dorn im Auge Widerwille, Abscheu, Unausstehlichkeit, Verhasstheit, Missfallen, Feindseligkeit, Stein des Anstoßes.
Dornenpfad → Leidensweg.
dornenvoll → schwierig, stachelig.
dörren abtrocknen, austrocknen, dürren, dünsten.
Dörrfrüchte Backobst.
dort gegenwärtig, anwesend, zugegen, vorhanden, greifbar, hier, da, daselbst, allda, allwo, zu Hause, daheim, dabei.
dorthin → dahin.
▸ hierher, hierhin.
Dose Schachtel, Etui, Futteral, Hülle, Hülse, Kapsel, Kasten, Gefäß, Schale, Bonbonniere. → Behälter, Büchse.
dösen träumen vor sich hin, dämmern.
dosieren → abmessen.
dösig → albern.
Dosis Teil, Stück, Bruchteil, Anteil, Gehalt, Portion, Maß, Quantum, Zumaß, Pille.
Dossier Akte, Aktenbündel, Aktenstoß, Faszikel, Konvolut.
Dotation → Gabe.
dotieren → geben.
Dotter Eigelb.
down → niedergeschlagen.
Dozent → Lehrer.
dozieren → lehren.
Drache Lindwurm, Ungeheuer • Furie, Megäre, Hausdrache, Xanthippe, zanksüchtiges Weib, Kratzbürste, Hausteufel, Keiferin, Reibeisen, Krakeeler, Kampfhahn, Heißsporn, Hitzkopf, Brausekopf, Viper, Giftschlange, Menschenschinder • Drachen, Papiervogel.
Draht Kabel, Seil, Leitung, Strang, Verbindung • Botschaft, Telegraf, Fernsprecher, Telefon. → Bargeld, Bindemittel.
Draht sein, auf → emsig, fest, intelligent, verständig.
Drahtantwort → Benachrichtigung, Depesche.
Drahtarbeit/-kunstwerk Filigran.
drahten telegrafieren, faxen, depeschieren, telefonieren, benachrichtigen, verständigen, berichten, kundgeben, melden, mitteilen. → benachrichtigen, bestätigen.
Drahtesel Fahrrad.
drahtförmig fadenförmig, haarförmig, dünn, fein.
Drahtgeflecht Rastel.
drahtig geschmeidig.
Drahtnachricht Eilbotschaft, Kabel, Depesche *f*, Telegramm.
Drahtpuppe → Betrogener.
Drahtschlinge Öse.
Drahtseil Trosse.
Drahtstift Nagel.
Drahtverhau → Barrikade.
Drahtzaun Fenz.
Drahtzieher → Intrigant.
dränieren entleeren, ausscheiden, trockenlegen, ableiten, entwässern, kanalisieren.
drakonisch → barbarisch, streng.
drall → dick, beleibt, breit, füllig, mollig, pummelig, rund(lich), vollschlank.
Drall → Drehung.
Drama Bühnendichtung, Bühnenstück/-werk, (ernstes) Schauspiel, Stück, Theaterstück, Tragödie.
dramatisch spannend, lebendig, gesteigert, lebhaft, aktiv, bühnenmäßig, theatralisch, tragisch, bühnengerecht. → bühnengerecht.
dramatisches Gedicht Ballade.
dramatisches Tonstück Oper, Oratorium.
dramatisieren für die Bühne einrichten, auf die Bühne bringen, in Szene setzen. → übertreiben.
Drang Druck, Triebkraft, Ansturm, Stoßkraft, Anstoß, Trieb, Spannung, Bewegungstrieb • Instinkt, Bedürfnis, Notwendigkeit, Zwang, Gewalt, Unterbewusstsein, Begeisterung, Einfall, Eingebung, Idee, Ehrgeiz, Hang, Begierde, Gier, Gelüst, Reiz, Anlockung, Anziehungskraft, Anreiz, Wunsch, Streben, Schmachten, Trachten, Sehnsucht, Heimweh, Verlangen, Lust, Neigung, Liebe. → Bewegungstrieb, Dynamik.

drangeben → fallen lassen.
drängeln → vordrängen sich.
drängen schwärmen, wimmeln, anwachsen, vermehren • beeilen, beschleunigen, überstürzen, übereilen, hasten • ermutigen, aneifern, aufreizen, anspornen, ermuntern, anfeuern, entflammen, anstacheln, antreiben, begeistern, betreiben, eingreifen, verlangen, begehren, beanspruchen, bemühen, anhalten um, beschwören • treiben, kräftigen, stählen, zusammenziehen, zusammenschließen, triezen *u.* → ankurbeln, anregen, beeilen, belasten, beschleunigen, dringen. ▸ auseinander gehen, entmutigen, hemmen, säumen, zurücknehmen.
drängen um → begehren.
drängend stoßend, stößig • dynamisch, impulsiv • begierig, verlangend, besessen, versessen, habgierig.
Drangsal → Armut, Elend, Not, Unglück.
drangsalieren knechten, schikanieren, vergällen, kränken, piesacken. → ärgern.
drankriegen zwingen, festnageln, nötigen.
drapieren → ausschmücken.
drastisch kräftig, stark, scharf, ätzend, derb, anschaulich, wirksam, deutlich, eindeutig, unmissverständlich, unzweideutig, klipp und klar. → anschaulich, derb. ▸ lau, sanft.
dräuen → bedrohen, drohen.
dräuend → abgründig, gefährlich.
drauf → vorwärts.
Draufgänger Haudegen, Kämpfer, Kampfhahn, Streithahn, Kämpe, Mann, Löwe, Held, Tollkühner, Tausendsassa, Courschneider. ▸ Leisetreter, Schwächling.
draufgängerisch geil *u* → antreiben, eifrig.
draufgehen → abhanden, wagen.
draufhalten, den Daumen → beeinflussen, beherrschen, verdecken.
drauflos → voran.
drauflosgehen → angreifen.
draußen → abwesend, außen. ▸ darin(nen), drin(nen), innerhalb.
drechseln erzeugen, hervorrufen, bewirken, ausführen, tun, machen, herstellen, formen, ausarbeiten, schnitzen, drehen, modellieren. → anfertigen, ausarbeiten, bilden, formen.
Dreck Schmutz, Staub, Ruß, Asche, Schmiere, Bodensatz, Schlacke, Kehricht, Absonderung, Niederschlag, Spülwasser, Unrat, Beschmutzung, Schlamm, Aas, Kot, Abwasser, Auswurf, Mist, Patsch *u*, Quatsch *u*, Moder, Müll. → Abfall, Auswurf, Bagatelle, Exkrement. ▸ Sauberkeit.
Dreck treten, in den erniedrigen, herabsetzen, den Fuß auf den Nacken setzen, bedrücken, beschimpfen, mit Schmutz bewerfen. ▸ achten, überschätzen.
dreckig schmutzig, unrein, befleckt, staubig, rußig, kotig, schmierig, ungewaschen, ungereinigt, garstig, schimmlig, quatschig *u*, moderig • unansehnlich, gemein, über, schlotterig, verkommen. ▸ sauber.
Dreckspatz → Schmutzfink.
Dreh → Trick.
Drehbruch Torsionsfraktur.
Drehbuch Skript.
drehen winden, wirbeln, wenden, spulen, verflechten, verknoten, wickeln, ringeln, rollen, schlängeln, kreisen, kugeln, rühren, schwöien *sm*. → abschwenken, abweichen, aufnehmen, drechseln, drillen. ▸ ausstrecken.
drehen, eine Nase ein Schnippchen schlagen, übers Ohr hauen, das Fell über die Ohren ziehen, falsches Spiel treiben, ins Netz locken, aufs Korn nehmen, eine Grube graben, eine Falle stellen, umgarnen, begaunern, übertölpeln, überlisten, hintergehen. → balbieren. ▸ Wahrheit sprechen die.
drehen, einen Strick aufs Glatteis führen, eine Grube graben, eine Schlinge legen, in die Falle locken, ins Garn locken, eine Nase drehen. ▸ Grube fallen in die.
drehen, sich um betreffen, zu tun haben mit, in Beziehung sein, Bezug haben, sich beziehen auf, zusammenhängen mit • sich umwenden, sich umschauen, zurückschauen. ▸ beziehungslos (sein).
Drehflügelflugzeug Hubschrauber, Helikopter.
Drehgelenk Kardangelenk, Rotationsgelenk, Scharnier.
Drehgitter → Ausgang.
Drehkörper Kreisel, Rotor.
Drehleier Drehorgel, Leierkasten, Werkel, Viella.
Drehpunkt Mittelpunkt, Angelpunkt, Sammelpunkt, Wendungspunkt, Zentrum, Nabe, Herzstück, Brennpunkt • Entscheidung. → Brennpunkt. ▸ Rand.
Drehschwung Pirouette.
Drehstab (des Rades) Achse.
Drehung Umlauf, Umdrehung, Kurve, Kreisen, Schwenkung, Achsendrehung, Windung, Umwälzung, Krümmung, Beugung, Gewinde, Ringelform, Schnörkel, Schlingung, Bewegung. ▸ Stillstand.
Drehwurm → Schwindel.
Drehzahlmesser Tourenzähler.
drei Jahre Triennium.
drei Tage Triduum.
Dreibeingestell Stativ.
dreidimensionale Abbildung Hologramm.
Dreieck Delta, Triangel, Triangulum, Trigonum.
dreieckig triangulär, trigonal, triquetrus.
dreieckige Flagge Wimpel.
Dreiecksegel Aap, Spinnaker.
Dreieckstuch Mitella.
Dreieinigkeit Trinität, Dreifaltigkeit, Dreiheit, Dreieinheit.
Dreiergruppe Dreigespann, Kleeblatt, Terzett, Triga, Trio, Troika.
Dreierherrschaft Triumvirat.
dreifach ternär, tripel.
dreifacher Erfolg Hattrick.
Dreifaltigkeit → Dreieinigkeit.
dreifarbig → bunt.
Dreigespann Triga, Troika.
Dreiheit → Dreieinigkeit.
Dreikäsehoch Gernegroß, Wicht, Zwerg, Knirps, Hand voll, Geringfügiges, Kleinigkeit, Menschlein, Däumling • Großsprecher, Flausenmacher, Prahlhans, Dicktuer, Großhans. ▸ Riese.
Dreiklang → Akkord.
Dreikönigsfest Epiphanias.
Dreimännerherrschaft Triumvirat.
Dreingabe → Anhang, Beifügung.
dreinhauen → reinhauen.
dreinreden unterbrechen, ablenken, abbringen.
Dreipolröhre Triode.

Dreirad → Fahrzeug (Straßen-).
dreiseitige Pyramide Tetraeder.
Dreisprachenwerk/wörterbuch Triglotte.
dreisprachig trilinguisch.
dreist keck, lümmelhaft, kess, schnöselig, rotzig *u.* → anmaßend, anspruchsvoll, ausgelassen, burschikos, dummdreist.
Dreistigkeit Rücksichtslosigkeit, Frechheit, Waghalsigkeit, Unerschrockenheit, Tollkühnheit, Unbesonnenheit, Unverschämtheit, Keckheit, Vorwitz, Rechthaberei, Ungezogenheit. ▸ Fügsamkeit, Höflichkeit, Schüchternheit.
dreiteilig trimer.
Dreitonintervall Terz.
Dreiverband → Dreiblatt.
dreiwertig trivalent.
dreiwinklig trigonal.
Dreizack Trident.
Dreizahl Triade, Trio.
Dreschabfall Spreu.
Dreschboden Tenne.
Dresche Haue, Prügel, Senge, Tracht.
dreschen verdreschen, züchtigen, bestrafen, schlagen, hauen, prügeln, durchklopfen, durchbeuteln, durchwichsen, ohrfeigen, das Fell gerben, dachteln *u*, eine herunterhauen, eine knallen *u*, eine langen, eine kleben, ein paar hinter die Lappen geben, watschen *u*, eine kriegen *u*, eine abkriegen *u*, hinter die Ohren hauen, eine Tracht Prügel geben, das spanische Rohr zu kosten geben, einen Denkzettel geben • Körner aus den Ähren entfernen, entkörnen. → bestrafen. ▸ belohnen.
Dreschplatz Tenne.
Dresseur Dompteur, Tierbändiger/-erzieher/-lehrer.
dressieren → abrichten, ausbilden, drillen, einschulen, ertüchtigen.
dressiert werden → anpassen.
Dressing Gewürzmischung, Kräutermischung (als Fülle), Salatsoße, Würzsoße.
Dressman Coverboy, männliches Fotomodell/Mannequin • (verhüllend für:) männliche Prostituierte, Callboy.
Dressur → Abrichtung, Bearbeitung.
Dressurleine Longe.
Drift Trend, Strömung.
Drill Ruck-Zuck *u*, Schlauch *u*. → Disziplin.
drillen bohren, durchlöchern, drehen • einimpfen, eindrillen, einprägen, einexerzieren, abrichten, erziehen, beibringen, eintrichtern, einbläuen, einpauken, schulen, vorbereiten, trainieren, dressieren, ausbilden, einüben, bimsen *u*, schleifen, zurechtbügeln *u*, hoch nehmen *u*, Griffe kloppen *u*, hochkurbeln *u*, triezen *u*. → ausbilden, bohren. ▸ verwöhnen.
Drilling → Anverwandte, Waffe.
Drillinge Trigemini.
dringen vorwärts dringen, vorwärts laufen, voranmarschieren, vorrücken, eindringen, überholen, sich beeilen, beschleunigen, drängen • in jemanden dringen, bedrängen, bestürmen, bitten, ersuchen, erbitten, eine Bitte richten. ▸ ablehnen, herausreißen, zurückbleiben.
dringend nötig, notwendig, unentbehrlich, eindringlich, nachdrücklich, wichtig, eilig, unaufschiebbar, schnell, höchste Eisenbahn *u*, es brennt, brennend, pressant *u*. → A und O, beachtlich, erforderlich. ▸ überflüssig, unwichtig.
dringlich → dringend.
Dringlichkeit → Bedrängnis, Eile.
Drink → Getränk, Umtrunk.
drinnen innen, innerhalb, darin, zuinnerst, in, innerlich, intern, inwendig • daheim, zu Hause, im stillen Kämmerlein, in seinen vier Wänden. ▸ draußen.
Dritter → Eindringling.
drittrangig tertiär.
droben hoch, oben, empor, auf, darüber, über, aufwärts, oberhalb, hinauf, am Himmel. → auf, darauf, darüber. ▸ darunter.
Droge → Arznei, Rauschgift.
Drogenbenutzer User.
Drogenhändler Apotheker, Drogist • Dealer, Puscher.
Drogenkater(stimmung) Hang-over.
Drogenkunde Pharmakognosie.
Drogenrausch Trip.
Drogenspritze Gun.
Drogenspritzer/-süchtiger Fixer.
drogenunabhängig clean.
Drogenverkäufer → Drogenhändler.
Drohbrief → Bedrohung.
drohen bedrohen, bange machen, Furcht einjagen, einschüchtern, schrecken, dräuen, warnen, mahnen, beunruhigen, zu bedenken geben, die Hölle heiß machen, die Zähne zeigen, die Faust schütteln, ins Bockshorn jagen, eine Drohung ausstoßen, die Pistole auf die Brust setzen. → ballen, bedräuen, bedrohen, beunruhigen, bevorstehen, demonstrativ, fatal. → beruhigen, ermutigen.
drohen ,mit dem Stock → bedrohen.
drohend gefährlich, waghalsig, bedrohlich, gewagt, heikel, beunruhigend, ahnungsvoll, unheimlich, furchtsam, eingeschüchtert, säbelrasselnd, belämmert *u*, bedeppert *u*, dräuend. → abgründig, bevorstehend. ▸ beruhigend.
Drohgebärde → Bedrohung, Drohung.
Drohne Bienenmännchen. → Arbeitsunfähiger, Biene, Bummler, Faulpelz. ▸ Schaffer.
Drohnendasein → Untätigkeit.
dröhnen erdröhnen, erschüttern, brausen, brüllen, kreischen, grölen, poltern, schreien, klappern, schallen, tönen, klingeln, widerhallen, lärmen, tosen, knallen, krachen. → brausen, erklingen. ▸ verstummen.
Drohschreiben → Bedrohung, Brandbrief, Drohung.
Drohung Androhung, Herausforderung, Ängstigung, Bedrohung, Beunruhigung, Einschüchterung, Drohwort, Erpressung, Drohblick, Drohgebärde, Warnung, Drohschreiben. → Bedrohung, Brandbrief, Demonstration. ▸ Beruhigung.
drollig putzig *u* → amüsant, auffallend, burlesk.
Drolligkeit Ergötzung, Erheiterung, Scherz, Lustigkeit, Lächerlichkeit, Komik, Witz, Posse, Possenspiel, Possenhaftigkeit, Schnurre, Albernheit • Seltsamheit, Sonderheit, Wunderlichkeit. ▸ Ernst, Gewohnheit.
Droschke → Chaise, Fahrzeug (Straßen-).
drosseln schwächen, abschwächen, entkräften, erschöpfen, unterdrücken,

zerstören, lärmen, abschließen, blockieren, absperren, die Verbindung abschneiden • erdrosseln, ersticken, erwürgen. → abwenden, absperren, aufhalten.
▸ entbinden, öffnen, stärken.
drüben auf der andern Seite, jenseits, am andern Ufer. → abwesend, beiseite, daneben.
▸ hier, diesseits.
drüber und drunter → durcheinander.
drüber, Schwamm → vergeben, vergessen.
Druck Buchdruck, Tiefdruck, Lichtdruck, Heliogravüre, Plandruck, Rotationsdruck, Schnelldruck, Flachdruck, Hochdruck, Reliefdruck, Gummidruck, Offsetdruck, Siebdruck • Erstdruck, Zweitdruck, Wiegendruck, Frühdruck, Inkunabel, Nachdruck. → Abdruck, Anprall, Anmut, Anstrengung, Atmosphäre, Auflage, Bedrückung, Beeinflussung, Bewegungstrieb, Buch, Explosion, Wichtigkeit.
▸ Beglückung, Eigenwille, Einflusslosigkeit, Kraftlosigkeit, Leichtigkeit, Untätigkeit, Unwichtigkeit • Zug.
Druck ausüben durchsetzen etwas, einschüchtern, erpressen, nötigen, zwingen.
Druckanzeiger → Barometer.
Druckbrand Dekubitus.
Drückeberger Faulpelz, Faulenzer, Arbeitsunlustiger • Fahnenflüchtiger, Überläufer, Deserteur. → Deserteur, Feigling.
▸ Schaffer.
drucken stempeln, gravieren, eintragen • veröffentlichen, herausgeben, auflegen, publizieren, im Druck erscheinen lassen. → ankündigen.
drücken → belasten.
drücken, sich abschweifen, umgehen, sich aus dem Staube machen, einer Sache aus dem Wege gehen, von der Sache abweichen, dem Kern der Sache ausweichen, jemanden in der Patsche lassen. → bewegen sich, davonlaufen, desertieren, entziehen sich der Gefahr, Fersengeld geben.
▸ bekennen, mittun, näher kommen.
drücken, zu Boden unterwerfen, unterdrücken, unterjochen, überwältigen, bezwingen, bedrängen, untertänig machen, in die Knie zwingen, den eigenen Willen aufzwingen • große Schmerzen ertragen, Unannehmlichkeiten haben, in Verzweiflung sein.
▸ erfreuen, trotzen.
drücken, die Hand grüßen, die Hand geben, die Hand reichen, die Hand schütteln, Freunde werden, auf freundschaftlichem Fuße stehen, freundliche Beziehungen unterhalten, die Hand zum Bunde reichen, Freud und Leid teilen, durch dick und dünn, in freundschaftlichem Verhältnis sein.
▸ übersehen.
drücken, ans Herz liebkosen, herzen, umarmen, sich innig anschmiegen, an die Brust ziehen, in die Arme nehmen, sich in die Arme fallen.
▸ verabscheuen.
drücken, den Preis herunterdrücken, abpressen, abhandeln, abmarkten, abfeilschen, verkürzen, nachlassen, abschlagen, abziehen.
▸ erhöhen, steigern.
drückend schwül, bedrückend, heiß, glühend, drückend heiß. → angestrengt, aufreibend, beengend.
▸ behaglich, beruhigend.
Druckerlaubnis Imprimatur.
Druckfeder → Feder.
Druckfehler Verdrucktes. → Darstellung unrichtige.
Druckhebel Taste.
Druckheft Broschüre.
Druckindustrie grafische Industrie.
Druckklemme Clip, Klips.
Druckknopf → Bindemittel, Schalter.
Druckmaß Atmosphäre.
Druckmesser Manometer, Tonometer.
Druckmittel Repressalie, Sanktion, Trumpf.
druckreif einwandfrei, fehlerlos, vollkommen.
Drucksache, kleine Akzidenz.
Druckschrift Blockschrift • Veröffentlichung, Ausgabe, Auflage, Schrift, Werk, Buch, Band, Broschüre, Flugblatt, Zeitschrift.
drucksen zögern, stottern.
Druckspalte Kolumne.
Druckstelle Beule, Delle, Vertiefung, Einbuchtung • Loch, Grube. → Ausbuchtung.
Drucktopf Autoklav.
Druckverband Kompressionsverband.
Druckvorlage Manuskript, Urschrift, Niederschrift, Aufzeichnung, Handschrift, Satzvorlage. → Arbeit.
Drudenfuß Diagramm, Pentagramm.
drum und dran mittelbar, was dazu gehört, mit dem ganzen Kram, alles zusammen genommen, Fluidum, Hintergrund, Nimbus, Rahmen, Umgebung, mit allem was dazu gehört.
▸ unmittelbar.
drunten unten, unter, unterst, hinunter, herab, herunter, unterhalb, abwärts, in der Tiefe, niederwärts, zutiefst, tief unten.
▸ droben.
drunter und drüber → durcheinander, Anarchie, Chaos, Durcheinander.
Drüse → Auswuchs.
Drüsenerkrankung Adenopathie.
Drüsengeschwulst Adenom.
Drüsensaft Inkret, Sekret.
dry herb, trocken.
Dschungel Urwald, Dickicht, Tropen.
du du! → Bedrohung.
dübeln → befestigen.
Dublette Doppelstück, Doppelgestalt, Verdoppelung. → Abklatsch.
▸ Einmaligkeit.
ducken, sich gehorsam sein, gehorchen, sich unterwerfen, sich demütigen, sich fügen, nachgeben, dienen, sich erniedrigen, sich beugen, Beleidigungen hinnehmen, kauern, tiefgehen, nach einer Pfeife tanzen, die Faust in die Tasche machen. → anfahren, Acht geben, decken sich.
▸ aufbegehren.
Duckmäuser Schleicher, Leisetreter, Heuchler, Gelegenheitsmacher. → Feigling.
▸ Mensch aufrechter treuer.
Ductus *m* → Ausdrucksweise.
Dudelsack Musette.
Duell Zweikampf, Kartell, Herausforderung, Kampf, Fehde, Streit, Gefecht, Zusammenstoß, Mensur, Abfuhr, Genugtuung, Ehrenhandel, Holmgang. → Auseinandersetzung.
Duett Duo, Gesang, Wechselgesang, Zwiegesang, zweistimmiger Gesang, Lied, Melodie.

Duft Aroma, Wohlgeruch, Odeur, Ausdünstung, Erguss, Geruch, Parfüm, Bukett, Balsam, Blume • Witterung. → Aroma, Blume.
▸ Duftlosigkeit.
Duft des Weines Blume. → Bukett.
dufte → Klasse, prima, Spitze, o. k.
duften riechen, wohlriechen, Duft aushauchen, als Duft aufsteigen.
▸ duftlos (sein), stinken, schlecht riechen.
duftend → duftig.
duftig flüchtig, wohlriechend, aromatisch, balsamisch, parfümiert, würzig, duftend, wohl duftend. → anmutig, aromatisch, ätherisch.
▸ duftlos, plump.
duftlos geruchslos, unaromatisch, unparfümiert, ohne Geruch, desodoriert, erkaltet *j.*
▸ duftig.
Duftstoff/-wasser Parfüm, Parfum.
Dulcinea → Abgott, Buhle.
dulden ausharren, sich beugen, ertragen, erleiden, erfahren, durchmachen, hinnehmen, einstecken, erdulden, sich fügen, sich ergeben, verwinden, überwinden, verschmerzen, durchstehen, die bittere Pille schlucken, Schmerz erleiden. → begünstigen, bewilligen, bringen nicht übers Herz, dürfen, erlauben, erleben.
▸ aufbegehren, auflehnen sich, bekämpfen, unterbinden, untersagen, verbieten, wehren/widersetzen sich • ärgern, quälen • Leid/Schmerzen zufügen • jammern, klagen.
duldend erleidend, ausharrend, hinnehmend, verwindend, verschmerzend. → dulden.
▸ glücklich • verboten.
Dulder Betroffener, Geschädigter, Leidender, Leidtragender, Leidensgenosse.
▸ Glückskind.
dulderisch duldsam, langmütig, geduldig, nachsichtig, wohlwollend, gutmütig, entgegenkommend.
▸ unduldsam.
Duldermiene Leidensmiene, leidendes Gesicht, Rührmichnichtanmiene.
duldsam → barmherzig, blind für, dulderisch.
Duldsamkeit Lammsgeduld, Engelsgeduld, Gefasstheit, Nachsicht, Geduld, Ergebung, Langmut, Sanftmut, Freundlichkeit, Edelmut, Liebenswürdigkeit, Mitgefühl, Gutherzigkeit, Edelsinn.
▸ Unduldsamkeit.
Duldung → Charitas, Duldsamkeit.
dumm unerfahren, zurückgeblieben, grün hinter den Ohren, gedankenlos, unüberlegt, unbedacht, töricht, leichtgläubig, vertrauensselig, harmlos, einfältig, geistesarm, engstirnig, beschränkt, borniert, dämlich, damisch *u,* depp *u,* eselig, kreuzdumm, oberschlau *(u),* schafsköpfig *u,* bekloppt, bestusst, blöde, von gestern *u,* saublöd *u,* saudumm *u,* erzdumm, geistig impotent, unbeholfen, einen sonnigen Nerv haben *u,* Verstand mit Schaumlöffeln gegessen haben *u,* vor Dummheit stinken *u,* weiche Birne *u,* Stroh im Kopf *u,* schwachköpfig, schwerfällig, stumpfsinnig, albern, kurzsichtig, närrisch, idiotisch, idiotenhaft, verrückt, sinnlos, unvernünftig, unbegabt, engherzig, dünkelhaft, eingebildet, gedankenlos, unbesonnen, hirnverbrannt, verstiegen, spleenig, lächerlich, nicht ganz richtig im Kopf, nicht bis drei zählen können, wie der Ochs vorm Tor, dastehen wie ein Ölgötze, die Weisheit mit Löffeln gegessen, hirnrissig *u.* → beengt, begriffsstutzig, sitzen bleiben, bigott, einsichtslos, erfahrungslos, farcenhaft.
▸ klug • einsichtig, gescheit, intelligent, schlau, weise, begabt, genial • gebildet, vernünftig, verständig • sinnvoll.
dumm verkaufen, für → betrügen, heucheln.
dummdreist unbedacht, leichtsinnig, leichtfertig, achtlos, unüberlegt, waghalsig, vermessen, verwegen, dreist, frech, unvernünftig, überstürzt, unbehutsam, vermessen.
▸ befangen, überlegt, vernünftig.
dumme Bemerkung Hirnfurz *u.*
Dummen spielen, den narren, täuschen.
dummer August Clown, Kasper, Narr, Possenreißer, Spaßmacher, Zirkusclown.
Dummerian Dummkopf, Dümmling, Narr, Irrsinniger, Schwachkopf, Tor, Wasserkopf, Idiot, Trottel, Gimpel, Einfaltspinsel, Tölpel, Tollpatsch, Grünling, Gelbschnabel, Hohlkopf, Strohkopf, Kauz, Döskopp, Nichtswisser, Stümper.
▸ Denker.
dummerweise bedauerlicherweise, leider, unglücklicherweise.
dummes Gerede → Geschwätz.
dummes Zeug → Blech.
dummes Zeug reden daherreden, faseln, quatschen, schwafeln.
Dummheit Unwissenheit, Unverstand, Unsinn, Albernheit, Gedankenlosigkeit, Ungeschick, Unbeholfenheit, Torheit, Narrheit, Narretei, Irrsinn, Verkehrtheit, Verwerflichkeit, Unbesonnenheit, Afferei, Unbedachtheit, Stumpfsinn, Blödsinn, Eselei, Dämelei *u,* Blödheit, Doofheit *u,* Bedeutungslosigkeit, Unwichtigkeit, Geistesarmut, Einfalt, Gefühlsduselei *u,* Trotteligkeit, Beschränktheit, Betise. → Bagatelle, Begriffsmangel, Blödigkeit, Farce, Faselei, Fehler.
▸ Klugheit.
Dummheit begehen → blamieren, Dummheit machen.
Dummheit machen ungeschickt sein, sich ein Armutszeugnis ausstellen, ein Brett vor dem Kopf haben, die Weisheit nicht mit Löffeln gefressen haben, auf den Leim kriechen, den Bock zum Gärtner machen, Fehler machen, sein eigener Feind sein • sich blamieren, zu Fall kommen, zu Grunde gehen • Kurzweil treiben, sich die Zeit vertreiben, den Hanswurst machen, Narren machen, Mutwillen treiben, Witze machen, Scherze machen, Possen reißen.
▸ glücken, witzlos (sein).
Dummheit zeugend, von ignorant.
Dummkopf Dümmling, Narr, Irrsinniger, Schwachkopf, Tor, Wasserkopf, Idiot, Trottel, Gimpel, Einfaltspinsel, Tölpel, Tollpatsch, Grünling, Gelbschnabel, Esel, Hammel, Hornochse, Laffe, Hornvieh *u,* Heuochse *u,* Kamel, Mondkalb, Kamuffel *u,* Simpel, kein Kirchenlicht, Blödian *u,* Depp *u,* das Pulver nicht

erfunden haben, Blödhammel *u*, Dämel *u*, Dämelack *u*, dummes Huhn, dummes Luder *u*, Rhinozeros *u*, Schaf, Vollidiot *u*, Schussel *u*, Riesenross *u*, Schafsnase *u*, Schaute *u*, Hohlkopf, Strohkopf, Kauz, Döskopp, Nichtswisser, Stümper, Dummerian. → Banause, Dummerian.
▸ Schlaukopf.

dümmlich porös *u*, simpel *u*, tälsch *u*.

dummlustig albern.

dummschwätzen quaken *u*, säuseln *u*.

dummstolz → anmaßend, ausschließend, dünkelhaft.

Dummy Attrappe, Buchmuster, Probeband, Unfalltestpuppe, Schaupackung.

dumpf feucht, dumpfig • unvernehmlich, dämpfig, gedämpft, erstickt, undeutlich • ohne Empfindung, dumpf, brütend, abgestumpft, stumpf. → beklemmend, dumpf brütend, erschlagen.
▸ dröhnend, erfrischend, genießerisch, lebensfroh.

dumpf brütend verzweifelt, ohne Hoffnung, stumpf. → dumpf.
▸ fröhlich.

dumpfes Schweigen gefährliche Stille, Ruhe vor dem Sturm, dumpfe Schwüle, Vorboten des Sturmes, finsteres Gewölk, lautlose Stille, beängstigendes Gefühl, Schreck, Beunruhigung, Beängstigung, Verzagtheit.
▸ Heiterkeit, Zuversicht.

Dumpfheit Missbehagen, Unbehaglichkeit, Abspannung, Beklemmung, Unfreude • Gedämpftheit, Stille, Gedämpfe, Summen, Seufzen • Trägheit, Phlegma, Gleichgültigkeit, Saumseligkeit, Nachlässigkeit, Flaute, Erschlaffung, Mattigkeit. → Beklemmung, Dämpfung.
▸ Behaglichkeit, Gedröhn, Tatkraft.

dumpfig → dumpf.

Dung Mist, Dünger, Jauche, Stallmist, Gründüngung, Stalldung • Kunstdünger, Kali, Phosphat, Thomasmehl, Guano, Kalk, Kot, Abwässer, Kuhfladen.

Düngemittel, natürliches z.B. Guano, Kompost, Jauche.

düngen → ackern.

Dunkel Dunkelheit, Finsternis, Düsternis, Nacht, Lichtlosigkeit, Schatten, Verdunkelung, Verfinsterung, Verdüsterung, Beschattung, Umwölkung, Schwärze • Unsichtbarkeit, Undeutlichkeit, Unwahrnehmbarkeit, Heimlichkeit • Ungewissheit, Unentschiedenheit, Zweifelhaftigkeit, Unschlüssigkeit, Unsicherheit, Unbestimmtheit, dunkler Punkt, Unverständlichkeit, Unfassbarkeit, Verworrenheit, Rätselhaftigkeit, Zweideutigkeit, Unklarheit • Unbekanntheit, Unbedeutendheit, Unberühmtheit.
▸ Berühmtheit, Gewissheit, Helle.

dunkel finster, düster, blind, matt, wolkig, dämmerig, schummerig, schwach, neblig, schattig, undurchsichtig, lichtlos, trübe, unerleuchtet, überschattet, stockfinster, stockdunkel, überwölkt, nachts, nächtlich, sternenlos, dunstig, schwarz, rabenschwarz, negerfarbig, geschwärzt • unlogisch, unverständlich, verworren, unklar, geheimnisvoll, rätselhaft, unbegreiflich, wildfremd, das sind mir böhmische Dörfer, zweideutig, zwielichtig, verwickelt, missverständlich, zweifelhaft, unbekannt, fremd • gemein, niederträchtig, verworfen, elend, niedrig, ungekannt, unbedeutend. → abstrus, dämonisch.
▸ hell, klar, leuchtend, licht, strahlend • blass, durchsichtig, weiß • deutlich, einleuchtend • freundlich, günstig, positiv • Höhenrausch *u*.

Dünkel Überschätzung, Übertreibung, Überhebung, Einbildung, Arroganz, Eigendünkel, Selbstschmeichelei • Geziertheit, Getue, Geckenhaftigkeit, Aufgeblasenheit, Hochmut, Unverschämtheit, Vermessenheit, Geringschätzung. → Anmaßung.
▸ Bescheidenheit.

dunkelbraune Farbe Umber, Umbra.

dünkelhaft eitel, dummstolz, eingebildet, selbstgefällig, verblendet, dicktuerisch, geldprotzig, prunksüchtig, hochnäsig, prahlerisch, großsprecherisch, wichtig tuend, aufgebläht, aufgeblasen, übertreibend, anmaßend • geringschätzig, verächtlich, arrogant, herrisch, hochfahrend • geziert, förmlich, steif, affig, gefallsüchtig, geckenhaft, unnatürlich, gezwungen, pomadig *u*. → anmaßend, ausschließend, beengt, dumm.
▸ bescheiden.

Dünkelhaftigkeit → Blödigkeit, Dünkel.

dunkelhäutiger Mensch Negride, Negroid.

Dunkelheit → Dunkel.

Dunkelmänner Finsterling, Besserwisser, Blender, Jesuit, Silbenstecher, Silbenreiter, Wortstreiter, Haarspalter, Kniffler, Schwarzer, Fuchser.

dunkeln finstern, düstern, verdunkeln, verfinstern, verdüstern, beschatten, überwölken, dämmern, benachten, auslöschen, erlöschen, ausblasen, abdrehen, abblenden, abschatten, schattieren. → dämmern.
▸ erhellen, hell werden.

Dunkeln lassen, im bemänteln, verwirren, ungewiss sein, unschlüssig sein, auf sich beruhen lassen, im Finstern tappen, unverständlich sein, der Sache ausweichen, aus dem Wege gehen, nicht begreifen können. → bemänteln.
▸ aufklären, versichern.

dunkel-rot amarant.

dünken wählen, scheinen, weismachen.

dünken, sich besser sich etwas einbilden, von sich eingenommen sein, den Mund voll nehmen, sich spreizen, sich brüsten, in die Brust werfen, eine zu hohe Meinung von sich haben, seine Talente überschätzen, sich wichtig tun, sich aufs hohe Ross setzen, sich breit machen.
▸ bescheiden (sich), dienern, zurückstehen.

dunkler Punkt Schande, Unehre, Verrufenheit, Verruf, Schimpf, Anstößigkeit, Schändlichkeit, Ehrlosigkeit, Gemeinheit, Verworfenheit, Niederträchtigkeit, Geringschätzung, Makel, Schandfleck, Schandmal, Beschmutzung, Schändung, Befleckung, Verunreinigung.
▸ Ehrbarkeit, Leumund, Makellosigkeit.

dünn kaum, verdünnt, dünngesät, spärlich, wenig, knapp, kümmerlich, fisselig *u*, schmal • mager, klein, winzig, abgemagert, hager, schlank, ausgehungert, unbeleibt, fleischlos, spack, klapperdürr, schlaksig *u*, nichts auf den Rippen haben *u*, die Rippen zählen können, spindeldürr, knochig, abgezehrt, zart • haarförmig, schlangenförmig, fadenförmig, faserig, fein • durchsichtig, porös, fadenscheinig, lose, abgenutzt, armselig, schäbig, herabgekommen. → aalförmig, aalglatt, beschädigt, biegsam, defekt, drahtförmig. ▸ dick, beleibt, fett, füllig, korpulent, mollig, rundlich, umfangreich, vollschlank • dicht, kräftig, üppig, voll • breiig • kräftig, stark, tragend • fest, reißfest.
dünn wie ein Faden → aalförmig, aalglatt, dünn.
Dünnbier Pissolin *u*, Plörre *u*.
dünne Schichten auftragen beschichten (galvanisieren, furnieren, kaschieren).
dünnes Blättchen Lamelle.
dünnes Gebäck Oblate.
dünnes Getränk Plempe *u*.
dünnes Gewebe z.B. Chiffon, Flor, Gaze.
dünnes Metallblatt Folie.
dünnflüssig → wässerig, fade, verwässert.
dünngesägt → dünn.
Dünnheit → Dürre, Durchsichtigkeit.
dünn machen, sich → abhauen, davonlaufen.
Dunst Dampf, Qualm, Brodem, Schaum, Luft, Feuchtigkeit, Verflüchtigung, Hauch, Rauch, Äther, Vergasung, Dunstartigkeit, Flüchtigkeit, Auflösung, Gas, Nebel • Ausdünstung, Absonderung, Ausfluss • Trübung, Düsterkeit • blauer Dunst, schwere Luft, Verdichtung • Dichtung, Fabel, Ammenmärchen, Lüge • Prahlerei, Großtun, Wichtigmacherei, Aufgeblasenheit, leerer Dunst, leerer Schall. → Ausrede, Brodem, Eintagsfliege. ▸ Bescheidenheit, Klarheit.
Dunst, blauer → Anstrich, Dunst vormachen.
Dunst, leerer Einbildung, Hirngespinst, Luftbild • Unwichtigkeit, Belanglosigkeit, Geringfügigkeit, Kümmelspalterei, Schulweisheit, Null, Pfifferling, Bagatelle. ▸ Bedeutung, Wahrheit.
Dunst vormachen weismachen, täuschen, foppen, hänseln, narren, vorschwatzen, einreden, vorgaukeln, vorspiegeln, hintergehen, fälschen, verdrehen, in den April schicken, Sand in die Augen streuen, hinter das Licht führen, blauen Dunst vormachen • die Wahrheit verhehlen, etwas unrichtig darstellen, an der Nase herumführen. ▸ Wein einschenken reinen.
dunstartig flüchtig, gasförmig, luftig, verdampfbar, dampfförmig, luftförmig. → dampfförmig, duftig. ▸ flüssig.
Dunstbild → Chimäre, Dunst. ▸ Realität.
dünsten dämpfen, braten, backen, rösten, sieden, kochen, zurichten, erhitzen, erwärmen, schmoren, dörren, abbrühen. → brühen.
dunstig diesig, neblig, trüb. → dämmerig, dunkel.
Dunstkreis Luftkreis, Luft • Umgrenzung, Umgebung, Umringung, Grenze. → Atmosphäre.
Dünung Seegang, Gewoge, Brecher • Strömung, Wellengang.
Duo → Duett.
düpieren täuschen, foppen, hänseln, vorspiegeln, vorschwatzen, narren, einreden, vorfabeln • betrügen, belügen, irreführen, überlisten. → betrügen. ▸ Wahrheit sprechen die.
Duplikat → Abzug, Abklatsch, Durchschlag. ▸ Original, Urschrift.
duplizieren verdoppeln, zweifach machen.
durabel → dauerhaft.
durch hindurch, zu • vermittels, aus, vermöge, mittels, dank, mithilfe, durch Vermittlung. → aus, dadurch. ▸ dagegen.
durch und durch gänzlich, insgesamt, restlos, total, völlig, ganz und gar, bis auf die Wurzel, bis zum Äußersten, hundertprozentig, blutig *u*, sehr • restlos, ratzekahl, bis aufs i-Tüpfelchen, mit Haut und Haar, mit Bomben und Granaten. → A bis Z, durchgreifend. ▸ teilweise.
durchackern → durchpflügen.
durcharbeiten durchlesen, durchnehmen, durchkauen *u*, durchackern, durchhaben, durch sein, durchpauken, lesen, lernen, vorbereiten. → ausarbeiten, durchrechnen. ▸ liegen lassen.
durchaus bestimmt, entschieden, restlos, tatsächlich, unbedingt, uneingeschränkt, völlig, vollkommen, vollständig, wirklich, zweifellos, gänzlich, ganz, unerlässlich, unentbehrlich, glatt, partout, express *u*, unabweislich, in jeder Beziehung, unter allen Umständen, auf jeden Fall, ganz und gar. → absolut. ▸ durchaus nicht.
durchbeben durchzittern, durchzucken, erschüttern, erregen, aufregen, rege machen, beunruhigen, betäuben, erstarren, an die Nieren gehen, das Herz ergreifen, die Sinne verwirren, die Fassung rauben. → durchschüttern, durchziehen, erbeben. ▸ beruhigen.
durchbeuteln → dreschen.
Durchblasen Perflation.
durchblättern durchgehen, durchschauen, durchsehen, durchstöbern, nachschlagen, schmökern, durchlesen, durchfliegen, durchmustern, betrachten, überspringen, anschauen, durchforschen. → aufschlagen, ausforschen, bedenken, durchsehen, durchstöbern. ▸ aufmerken.
Durchblick Einblick, Einsicht, Erfahrung, Erkenntnis, Erleuchtung, Kenntnis, Wissen.
durchblicken betrachten, anschauen, beschauen, besehen, anblicken, beobachten, durchschauen, forschen • unterscheiden, verstehen, beurteilen, erkennen, sich auskennen, Bescheid wissen, mit einem Blick durchsehen, zwischen den Zeilen lesen. → auffassen, durchschauen, durchsehen, eindringen in das Geheimnis. ▸ missverstehen, tappen im Dunkeln, übersehen.
durchbohren durchschneiden, durchlochen, durchkreuzen, durchqueren, durchdringen • mit Blicken fest ansehen, anstieren, anstarren, mustern. → bohren, durchbrechen, durchschießen, durchstecken.

durchbohrt perforiert.
Durchbohrung → Durchbruch.
durchboxen, sich → durchsetzen.
durchbrechen durchdringen, durchführen, durchbohren, trennen, durchpressen, durchkreuzen, durchqueren, durchziehen, durchzwängen • erschließen, sich durchhauen, sich durchsetzen, das Ziel erreichen, seinen Weg erzwingen, eine Gasse machen, einbrechen *j.* → durchdringen.
durchbrennen → abhauen, davonlaufen, davonmachen sich, desertieren, entfliehen, entziehen sich der Gefahr.
durchbringen bewirken, erzeugen, durchführen, durchhalten, seinen Mann stellen • vertun, verzetteln, verwirtschaften, verbrauchen, ausgeben, vergeuden, verschleudern, verschwenden, verjubeln, verprassen, verschwelgen, auf großem Fuß leben, durch die Gurgel jagen, flott leben. → beseitigen, durchhalten, erfüllen, ertüchtigen.
▸ behüten, sparen, unterliegen, versagen.
durchbringen, sich arbeiten, dienen, schaffen, wirken, handeln, sich durchschlagen, sich ernähren, sich beschäftigen, Geschäft betreiben, ein Amt bekleiden, den Kampf ums Dasein führen, sein Brot verdienen.
▸ faulenzen.
durchbrochen durchkreuzt, durchschnitten, gekreuzt, netzförmig, gitterförmig, vergittert, verschlungen, kariert, durchzogen.
Durchbruch Trennung, Teilung, Spaltung, Zerlegung, Zerklüftung, Zergliederung, Zerteilung • Durchgang, Durchzug, Durchfahrt, Durchbohrung, Tunnel, Hohlweg, Engpass, Schacht, Gang • Einbruch, Durchbruchsschacht • Erfolg.
durchdacht ausgearbeitet, berechnet, klug, methodisch, planmäßig, überlegt, vorbereitet, systematisch, ausgereift, denkfest, entwickelt, fertig, geformt, geprägt, ausgetüftelt, durchgeknobelt, durchkonstruiert. → begründet, denkgerecht.
▸ sinnlos.
durchdenken überdenken, rekapitulieren, überlegen. → durchdacht.
durchdrehen → durchstecken, verdreht (sein), die Fassung verlieren.
durchdringbar penetrabel, permeabel.
durchdringen durchbrechen, durchführen, sich durchsetzen, erschließen, einbrechen, einrücken, durchschweifen, durchkreuzen, durchqueren, durchziehen, zu Ende bringen, ans Ziel gelangen, zur Entscheidung gelangen, zu einem Wendepunkt kommen, das Ziel erreichen, das Ende herbeiführen • Beachtung finden, Recht behalten. → bearbeiten, beeinflussen, bewirken, durchsetzen sich, durchbohren, durchbrechen, erzwingen.
▸ übersehen, unterliegen.
durchdringend gründlich, tiefgründig, tiefliegend, umfassend, umfänglich, durchdrungen, eindringend, tief, viel sagend, tief gehend, gehaltvoll • laut, schrill, markerschütternd.
▸ leise, sanft, weich.
durchdrücken erzwingen, zwingen, durchsetzen, erpressen, bestimmen, veranlassen, vorschreiben, unterwerfen, abringen, aufdrängen, nötigen, ausführen, vollziehen, vollbringen, erreichen, erzielen. → aufdrängen, durchpressen, durchsetzen, durchstecken.
▸ nachgeben, unterliegen.
durchdrungen → durchdringend, überzeugt.
durcheilen eilen, beeilen, durchlaufen, laufen, rennen, beschleunigen, galoppieren, dahinschießen, dahinstürmen, fortstürmen, tummeln, regen, davonspringen, ausreißen, enteilen, entweichen, überstürzen. → durchpflügen.
▸ trödeln.
Durcheinander Ramasuri *u*, Remisuri *u*, Rührei *u*, Salat *u*. → Bestürzung, Chaos, Charivari.
durcheinander wirr, ungeordnet, chaotisch, kunterbunt, vermengt, vermischt, konfus, unklar, verwirrt, verworren, zerstreut, zusammenhanglos, verzwickt, unmethodisch, regellos, unordentlich, verdreht, drunter und drüber, wie Kraut und Rüben *u*. → aufgeregt.
▸ beruhigt, ordentlich, aufgeräumt, geordnet, übersichtlich.
durcheinander bringen beirren, kopfscheu machen, Unordnung bringen in, verstören, verwirren.
▸ ordnen.
durcheinander gemischt querbeet *u*.
durcheinander schütteln → einmengen.
durcheinander werfen durcheinander bringen, Topf werfen in einen, vermengen/-mischen, verquicken.
Durchfahrt Öffnung, Ausgang, Eingang, Zufahrt, Weg, Ausweg, Durchgang, Durchlass, Kanal, Tunnel • Durchreise, Durchzug. → Durchbruch, Durchzug.
▸ Endpunkt, Hindernis.
Durchfall Diarrhoe, Dünnpfiff (-schiss), Aftersausen, Durchmarsch • Dünnschiss *u*, Schiss *u*, flotter Hugo *u*, Scheiße(rei) *u*.
durchfallen herunterfallen, herunterstürzen • außer Stande sein, unfähig sein, keine Aussicht haben, erfolglos sein, versagen, das Ziel verfehlen, das Ziel nicht treffen, nichts zu Stande bringen, sitzen bleiben, durchfliegen, durchplumpsen *u*, durchrasseln, durchsausen, mit Pauken und Trompeten durchfallen. → beikommen nicht, blamieren.
▸ ausführen, befähigt sein (das Ziel erreichen).
durchfeuchten → durchnässen.
durchfinden → finden sich zurecht.
durchfliegen → durchblättern, durcheilen, durchfallen.
durchfließen → durchlaufen.
durchforschen forschen, suchen, erforschen, ausforschen, ergründen, nachsuchen, auskundschaften, durchstöbern, ausspionieren, ausfragen, verhören, prüfen, durchleuchten, untersuchen, durchsehen. → bewegen sich, durchblättern, durchkreuzen, durchsuchen, durchstöbern.
durchfressen zernagen, zerfressen, einfressen, beschädigen, untergraben, rosten, verderben, zerrütten, verschießen, verschlechtern, verschlimmern. → abnutzen, abbrauchen, beschädigen, durchkommen.
▸ erneuern, fehlerfrei (sein).

durchführbar ausführbar, gangbar, möglich, praktikabel.
durchführen ausführen, vollführen, bewerkstelligen, verrichten, erledigen, fertig stellen, verwirklichen, vollenden, abwickeln, ausrichten, zu Ende führen, ans Ziel gelangen, zur Reife bringen • durchsetzen, durchbringen, durchhalten, erreichen, erringen, vermögen, durchgreifen • anfassen, beeinflussen, leisten, erzwingen • ablaufen, durchlaufen, ableiten, zuleiten. → anfassen, arbeiten, ausführen, ausüben, bestellen, durchbrechen, durchbringen, durchdringen, durchgreifen, durchhalten, durchsetzen sich. ▸ faulenzen, Stroh dreschen leeres, unterlassen, versagen • beabsichtigen, entwerfen, planen • beschließen • anordnen, auftragen, befehlen, veranlassen • aufschieben, verschieben, verzögern.
Durchführung Ablauf, Abwicklung, Entwicklung, Fortsetzung, Fortgang, Richtung, Verlauf, Aufführung, Vollzug, Ausführung, Bewerkstelligung, Erledigung, Vollführung, Vollziehung, Handlung, Durchgang, Gasse, Straße. → Ablauf, Ausführung, Berücksichtigung, Bewerkstelligung, Erfüllung. ▸ Unterlassung.
durchfurchen durchschiffen, durchsegeln, befahren, beschiffen, durchpflügen.
durchfüttern versorgen, am Leben halten, beköstigen, aushalten.
Durchgang Öffnung, Durchlass, Einfahrt, Eingang, Einlass, Tor, Pforte, Zugang, Weg, Gasse, Straße, Durchlass, Tunnel. → Bahn, Bewegung, Durchfahrt, Durchbruch, Durchführung, Durchkreuzung, Durchstich, Durchzug. ▸ Endpunkt, Hindernis.
durchgängig allgemein, A und O, A bis Z, ausnahmslos, durchgehend. ▸ teilweise.
durchgeben → mitteilen.
durchgebildet körperlich, geformt, anschaulich, bildlich, abgehoben, plastisch, modelliert. ▸ formlos.
durchgedreht ausgeflippt, fassungslos, kopflos, närrisch, übergeschnappt, verwirrt.
durchgeführt → abgeschlossen, aus.
durchgehen → abhauen, durchblättern, durchkreuzen, durchschreiten, durchsehen.
durchgehen lassen vorübergehen lassen, aus dem Wege gehen, vom Leibe halten, auf sich beruhen/es dabei bewenden lassen, die Hand in den Schoß legen, sich die Mühe ersparen • übersehen, überhören, entschlüpfen lassen, sich nicht kümmern um, außer Acht lassen, beiseite schieben, fünf gerade sein lassen, durch die Finger sehen, ein Auge zudrücken, keine Notiz nehmen. → belassen. ▸ Dampf dahinter machen, durchgreifen.
durchgehend direkt, gerade, geradewegs, stracks, geradlinig, unmittelbar, schlankweg, durchgängig, ohne Umweg. → ausnahmslos, direkt. ▸ geteilt, mittelbar, ungerade.
durchgeistigt ätherisch.
Durchgeseihtes Filtrat.
durchgesiebt geklärt, gereinigt, gefiltert, destilliert, gesichtet, bereinigt • überarbeitet, veredelt, geprüft, abgesondert, durchgesichtet. ▸ chaotisch, vermengt.
durchglühen erglühen, erwärmen für, sich ereifern, durchdrungen sein, in Hitze geraten, in Eifer geraten, von Begeisterung erfasst werden, Feuer fangen, in Aufregung geraten, durch die Seele dringen, von einem Gefühl beherrscht werden, der Seele entstammen. ▸ ablehnen, gleichgültig (sein).
durchgreifen überwinden, bemeistern, durchführen, bewerkstelligen, bewirken, bewältigen, Schwierigkeiten aus dem Weg räumen, seinen Weg bahnen, es zu etwas bringen, vorwärts kommen • eingreifen, zuschlagen, Beispiel geben, kurzen Prozess machen. → biegen, direkt, eindringen mit Gewalt, ermannen sich, fackeln ohne zu, Federlesens machen nicht viel. ▸ misslingen, nachgeben.
durchgreifend energisch, entschieden, entschlossen, radikal, rücksichtslos, hartnäckig, kraftvoll, resolut, tiefgreifend, tatkräftig, tüchtig, unerbittlich, unerschütterlich, durch und durch, bis auf die Wurzel, bis zum Äußersten, päpstlicher als der Papst sein *u.* → einschneidend. ▸ energielos, unentschlossen.
durchhalten beharren, bezwingen, aushalten, standhalten, sich bewähren, nicht wanken, Gefahren trotzen, nicht ausweichen, mutig sein, nicht weichen, seinen Mann stellen, auf ein Ziel lossteuern, nicht aufgeben, fest bleiben, auf seinem Willen beharren, sich nicht klein kriegen lassen, nicht aus der Haut können *u.* → ausharren, bestehen, bestehen auf, bewahren, biegen, bleiben bei der Sache, durchbringen, ertrotzen, festhalten, feststehen. ▸ aufgeben, nachgeben, unterliegen, zaudern.
Durchhau Schneise.
durchhauen → bestrafen, durchbrechen, durchschlagen, schlagen.
durchhecheln → begeifern, beleidigen, herabsetzen.
durchhelfen → helfen.
durchkämpfen → kämpfen.
durchkämpfen, sich bewältigen, durchsetzen, erreichen, erringen, bewerkstelligen, Erfolg haben, sein Ziel erreichen, sich in die Höhe schwingen, zu etwas kommen, Schwierigkeiten aus dem Weg räumen. ▸ unterliegen.
durchklopfen → bestrafen, dreschen.
durchkommen entkommen, entrinnen, davonkommen, entweichen, sich durchschlagen, sich eine Gasse bahnen • mit heiler Haut davonkommen, dem Tode entrinnen, mit einem blauen Auge davonkommen. → davonlaufen, entlaufen, entschlüpfen. ▸ gefährden sich, durchfallen • eingehen, erliegen, sterben, verkümmern, zu Grunde gehen • stecken bleiben.
durchkonstruiert → durchdacht.
durchkreuzen teilen, durchteilen, spalten, durchschneiden • durchqueren, kreuzen, durchreißen, durchstreifen, durchforschen, durchgehen • stören, hindern, bedrängen, behelligen, behindern, dazwischentreten, hemmen, abhalten, vereiteln,

hintertreiben, stören, untergraben, zu Schanden machen, im Weg stehen, zunichte machen, einen Riegel vorschieben, einen Strich durch die Rechnung machen. → beeinträchtigen, begehen, bekämpfen, bezwingen, dazwischentreten, durchbohren, durchbrechen, durchdringen, durchpflügen, durchschreiten.
▸ fördern, helfen, mitwirken, verbinden.

durchkreuzt → durchbrechen.

Durchkreuzung Verhinderung, Hintertreibung, Bekämpfung, Störung, Untersagung, Hindernis, Hemmnis, Einwand, Einspruch, Gegenwirkung. → Beschwernis, Durchschnitt.
▸ Hilfestellung, Verbindung.

Durchlass → Ausweg, Durchfahrt, Durchgang, Öffnung.

durchlassen → durchlaufen, durchgehen lassen, öffnen.
▸ abhalten, abweisen, aufhalten, stoppen.

durchlässig porös, löcherig, schwammartig, lückenhaft, leck, durchlöchert, undicht. → atmen.
▸ undurchlässig (sein).

durchlaufen rinnen, auslaufen, durchsickern, fließen, durchfließen, strömen, laufen, durchrennen, durchrinnen, durchrutschen, durchflutschen *u*, durchlassen. → durcheilen, durchschreiten.
▸ eingießen, stehen bleiben, zuführen.

durchlesen → anschauen, bedenken, durcharbeiten, durchblättern, durchnehmen, durchsehen, lesen.

durchleuchten erforschen, ergründen, nachsuchen, auskundschaften, ausfragen, verhören, ausspähen, beobachten, belauern, näher betrachten, beim Lichte besehen, beleuchten, ausbaldowern *u* • röntgen. → beurteilen, durchforschen, durchscheinen.
▸ tappen im Dunkeln, undurchsichtig (sein), verbergen.

durchlochen knipsen, durchlöchern, einprägen, bohren, durchbohren, lochen, kennzeichnen, ausstanzen • sticken. → durchlöchern.

Durchlocher Locher, Pfrieme, Nagelbohrer, Drillbohrer, Lochbohrer, Locheisen, Schneidbohrer. → Ahle.

durchlöchern durchlochen, drillen, durchschießen, einstechen. → bohren, durchlochen.

durchlöchert → durchlässig sein.

durchlüften auslüften, belüften, Fenster öffnen, frische Luft hereinlassen, lüften.

durchmachen → abbüßen, ängstigen, ausstehen, befallen, dulden, erleben.

Durchmarsch → Bewegung, Durchzug, Durchfall.

durchmischen mischen, mixen.

Durchmischung Diffusion.

durchmustern → durchblättern, durchsehen, mustern.

durchnässen durchfeuchten, nässen, bewässern, begießen, betauen, betränen, benetzen, befeuchten, anfeuchten, nass machen, feucht machen, durchrieseln, durchrinnen. → befeuchten, benetzen.
▸ dichten, trocknen.

durchnässt nass, klatschnass, tropfnass.

durchnässt, völlig platschnass *u*, quatschnass *u*.

durchnehmen durcharbeiten, bearbeiten, durchsehen, durchlesen, aufmerksam sein, in Augenschein nehmen, sich beschäftigen mit, näher beleuchten. → durcharbeiten.
▸ liegen lassen, übersehen.

durchpauken → durcharbeiten.

Durchpause → Abdruck.

durchpausen abpausen, lithografieren, nachbilden, zeichnen, malen, pausen, nachzeichnen, nachahmen. → abbilden.
▸ entwerfen.

durchpflügen durchschiffen, befahren, beschiffen, durchsegeln, durcheilen, durchschneiden, durchkreuzen, das Meer durchpflügen • ackern, durchackern.
▸ brachliegen (lassen).

durchpressen durchdrücken, durchseihen, sieben, auspressen, ausdrücken, durchzwängen. → durchbrechen.

durchqueren → begehen, besuchen, sich bewegen, durchbohren, durchbrechen, durchdringen, durchkreuzen, durchschreiten.

Durchquerung → Durchkreuzung.

durchrasseln → durchfallen.

Durchreise → Durchfahrt, Durchkreuzung, Durchzug.

durchreisen → durchqueren.

durchreißen teilen, zerteilen, zerstückeln, abtrennen, auseinander reißen, zerreißen, entzweireißen, trennen, voneinander reißen, halbieren, schnitzeln, abreißen. → durchkreuzen.
▸ verbinden.

durchrennen → durchlaufen.

durchrieseln → durchnässen.

durchringen → durchkämpfen sich.

durchrinnen → durchlaufen, durchnässen.

durchrütteln → strafen.

durchsagen → unterrichten.

durchschaudern → schaudern.

durchschauen erkennen, begreifen, einsehen, verstehen, scharfsichtig sein, erfassen, durchblicken. → aufschlagen, ausfindig machen, begreifen, beikommen, beschauen, denken, durchblättern, durchblicken, durchsehen, durchstöbern, eindringen in das Geheimnis, erraten.
▸ tappen im Dunkeln, übersehen, Sand in die Augen streuen.

durchscheinen scheinen, durchschimmern, durchleuchten, durchsichtig sein, fadenscheinig sein, klar sein, glasig sein, durchsehen.
▸ undurchsichtig (sein). → Transparenz.

durchscheinend → durchscheinen.

durchschießen zerstören, vernichten, zusammenschießen, töten, durchbohren, durchlöchern, erschießen • auflockern, ausweiten, ausdehnen, den Satz durchschießen. → durchstecken.
▸ zusammenziehen.

durchschiffen → durchfurchen, durchpflügen.

durchschimmern → brechen durch die Wolken, durchscheinen.

Durchschlag Duplikat, Abschrift, Doppel, Kopie, Nachbildung, Wiedergabe, Reproduktion, doppelte Ausführung. → Abzug.
▸ Original, Erstschrift, Urschrift.

durchschlagen zerstückeln, zerbrechen, einschlagen, einstoßen • gut anschlagen, geraten, glücken • strafen, züchtigen, bestrafen, durchhauen, prügeln, hauen,

klopfen • durchkommen, sich durchbeißen, sich durchwursteln *u*, sich durchkrabbeln *u*. → aufbrechen, austreten, durchkommen, eindringen mit Gewalt.
▸ loben, verbinden.
durchschlagen, sich → bewältigen, davonlaufen, durchkommen, durchbringen, durchbringen sich, ernähren sich.
durchschlagend erfolgreich, kraftvoll, wirksam, eklatant, hervorragend, schlagend, entscheidend, beweisend, überzeugend, zwingend, unwiderleglich, beweiskräftig, eindringlich, begründet, beweisbar. → anschaulich, auffallend, augenfällig, ausschlaggebend, beweisend.
▸ falsch, unwirksam, widersprechend • erfolglos.
Durchschlagkraft → Bewegungstrieb.
durchschlängeln, sich manövrieren, lavieren, diplomatisch sein.
Durchschlupf Ausweg, Fluchtweg, Loch.
durchschlüpfen → entschlüpfen.
durchschlüpfen lassen verlieren, einbüßen, durch die Finger fahren lassen. → entschlüpfen.
▸ festhalten.
durchschneiden → durchbohren, durchkreuzen, durchpflügen.
Durchschneidung → Durchschnitt, Durchkreuzung.
Durchschnitt Mittelmaß, Mittelding, Mittelweg • Trennung, Halbierung, Teilung, Durchschneidung, Schnitt, Durchkreuzung, Querschnitt, Querteilung. → Durchkreuzung.
▸ Spitzenleistung, Verbindung, Vollkommenheit Ausnahme, Auswahl, Elite, Extrem.
durchschnitten → durchbrochen, diagonal.
durchschnittlich → alltäglich.
Durchschnittlichkeit → Bedeutungslosigkeit.
Durchschnittsbeschaffenheit Durchschnittsqualität, Standard.
Durchschnittsbürger Alltagsmensch, Dutzendmensch, Durchschnittsmensch, einfacher Mann, Normalverbraucher.
Durchschnittsmensch → Alltagsmensch.
durchschreiten durchstreifen, durchgehen, durchschweifen, durchlaufen, durchkreuzen, durchqueren, durchwandern, durchstreichen.
▸ bleiben auf dem Platz.
Durchschrift → Ausfertigung.
durchsegeln → durchpflügen.
durchsehen sehen, durchschauen, durchblicken, durchblättern, durchgehen, durchstöbern, nachschlagen, besichtigen, durchlesen, durchmustern, aufschlagen, korrigieren, berichtigen, nachsehen, richtig stellen, überarbeiten, verbessern, kritisieren. → ausforschen, bedenken, durchblicken, durchforschen, durchnehmen, durchstöbern, durchscheinen.
▸ tappen im Dunkeln, übersehen.
durchseihen reinigen, klären, läutern. → durchpressen, filtrieren.
▸ mischen.
Durchseiher Filter.
durchsetzen bewältigen, überwinden, bemeistern, bezwingen, besiegen, meistern, zwingen, durchdrücken, abringen, bestehen auf, Herr werden, Oberhand gewinnen, sich durchboxen, Ziel erreichen, zu Ende führen. → aufdrängen, ausführen, bestehen auf, bewältigen, bleiben, durchdrücken, durchkämpfen sich, festhalten, feststehen.
▸ nachgeben, unterliegen.
durchsetzen, sich sich behaupten, Beachtung finden, das Ziel erreichen, bekannt werden. → bestehen, durchsetzen, durchbrechen, durchdringen, erheben Anspruch, ermannen sich, erzwingen.
▸ nachgeben, unterliegen.
durchsetzt gesprenkelt.
Durchsetzungsvermögen Power *u*.
Durchsicht Kontrolle, Aufsicht, Prüfung, Begutachtung, Untersuchung, Überwachung, Beobachtung, Musterung • Verbesserung, Ausbesserung, Korrektur, Berichtigung. → Bearbeitung, Beobachtung.
durchsichtig à jour. → arglos, anschaulich, ätherisch, dünn, fassbar.
▸ lichtundurchlässig • undurchsichtig, unklar, zweifelhaft.
durchsichtig sein → durchscheinen.
Durchsichtigkeit Transparenz, Klarheit, Dünnheit, Zartheit.
▸ Undurchsichtigkeit.
durchsickern → ausfließen, austreten, durchlaufen.
durchsickernd → durchlässig sein.
durchsieben durchseihen, filtern, filtrieren, seihen, sieben • löchern.
durchsintern → filtrieren.
durchsprechen → auseinander setzen.
durchstechen → einstechen.
durchstecken → durchziehen, einfädeln, durchbohren, aufspießen, durchzwängen, durchtreiben, durchschießen, durchwinden, hineinstecken, eindringen, eintreiben, einführen, durchdrücken.
▸ herausreißen.
durchstehen → dulden.
Durchstich Tunnel, Durchgang, Trennung, Verbindung.
▸ Endpunkt, Hindernis.
durchstöbern durchforschen, durchsuchen, auskundschaften, ausspähen, nachjagen, aufspüren, durchschauen, durchsehen, durchblättern, nachschlagen, nachsuchen, nachspüren, erspähen, ergründen, ausforschen. → aufschlagen, durchblättern, durchforschen, durchsehen, durchsuchen.
▸ verbergen.
durchstoßen löchern, durchbohren • Erfolg haben.
durchstreichen ausradieren, radieren, vernichten, auslöschen, ausstreichen. → begehen, bewegen sich, durchschreiten.
▸ stehen lassen.
durchstreifen durchkreuzen, durchqueren, stromern, reisen, abstreifen, besuchen, herumschlendern, walzen, ergehen sich, lustwandeln, stolzieren, bewandern, befahren, besteigen. → begehen, besuchen, bewegen sich, durchkreuzen, durchschreiten.
▸ stehen bleiben.
durchsuchen durchforschen, nachsuchen, erforschen, nachsehen, suchen, auskundschaften, durchstöbern, filzen *u*, das Haus auf den Kopf stellen, wie nach einer Stecknadel suchen, aufstöbern. → begehen, bewegen sich, durchstöbern.
▸ verbergen.
Durchsuchung Visitation, Inspektion, Kontrolle, Razzia.

durchteilen trennen, teilen, zerteilen, abtrennen, halbieren, spalten. → durchkreuzen.
▸ verbinden.
durchtrainiert athletisch, fit, gestählt, kraftstrotzend, muskulös, sportlich, topfit.
durchtreiben → durchstecken.
durchtrieben listig, verschlagen, schlau, verschmitzt, berechnend, pfiffig, raffiniert, gewiegt, gerieben, abgefeimt, arglistig, hinterlistig, faustdick hinter den Ohren, schlau wie ein Fuchs, mit allen Wassern gewaschen, mit allen Hunden gehetzt. → aalglatt, bübisch.
▸ offenherzig.
durchtriebener Mensch Filou.
durchwachsen mittelprächtig, wechselhaft.
durchwandern → besuchen, durchschreiten.
Durchwanderung → Durchzug.
durchweben → durchwirken.
durchweg → allgemein, A bis Z, ausnahmslos.
durchweichen aufweichen, durchnässen.
durchwirken durchweben, durchziehen, sticken, einweben, durchschlingen, verschiedene Fäden einarbeiten.
durchwühlen absuchen, durchstöbern/-suchen.
durchwursteln improvisieren, mühsam zurechtkommen.
durchziehen durchschlingen, durchstecken • durchbeben, durchzittern, durchzucken. → aufziehen, durchschreiten, durchbrechen, durchdringen, durchstecken.
▸ achten, bleiben auf dem Platze, herausreißen, ruhig (bleiben).
durchzittern → durchbeben.
durchzogen → durchbrochen.
durchzucken → durchbeben, durchziehen, erbeben.
Durchzug Wind, Zug, Lufthauch • Durchmarsch, Durchgang, Durchwanderung, Prozession, Wallfahrt, Streifzug, Durchreise. → Bewegung, Durchbruch, Durchfahrt, Durchkreuzung.
durchzwängen durchbrechen, durchpressen, durchstecken.
▸ entfernen.
dürfen erlauben, gestatten, bewilligen, zulassen, dulden, genehmigen, gewähren, einwilligen, frei stehen, befugen, können, nicht verhindern, nichts in den Weg legen, keinen Einspruch erheben, die Befugnis erteilen, freie Hand lassen, die Erlaubnis geben, Nachsicht haben, ein Auge zudrücken. → müssen, verbieten.
▸ begehren, wollen • unerlaubt handeln.
dürftig popelig *u*, poplig *u*. → arm, erwerbslos.
Dürftigkeit Ungenügen. → Armut, Entbehrung.
dürr hutzelig *u*. → dünn, trocken.
Dürre → Dünnheit, Magerkeit, Hagerkeit, Abmagerung, Schlankheit, Knochengerippe • Trockenheit, Kargheit, Austrocknung, Wasserarmut, Sonnenglut, Erhitzung • Knappheit, Mangel. → Begrenztheit.
▸ Dicke, Nässe.
dürren zusammenschrumpfen, einschrumpfen, dörren, austrocknen, ausmergeln, abzehren, abhagern, abmagern, verzehren, verfallen, abnehmen, kürzen, eingehen. → austrocknen.
▸ ausdehnen, nässen.
Durst Wassernot, Wassermangel, Schmachten, Entbehrung, trockene Kehle, Durstigkeit, Mords- oder Höllendurst *u* • Trunksucht • Liebesdurst, Liebesverlangen, Lüsternheit. → Appetit.
▸ Hunger, Mäßigkeit.
Durst, krankhafter Polydipsie • Alkoholismus, Trunksucht.
Durst löschen/stillen, den bechern, trinken, zechen.
Durst trinken, einen über den betrinken sich, tief ins Glas schauen zu.
dursten → ermangeln.
dürsten → darben.
durstig gierig • sauflustig *u*, versoffen *u*, eine durstige Leber haben *u*, trinklustig, säuferisch.
Durstigkeit Durst.
Durststrecke Zeit des Mangels, magere Jahre, Anlaufzeit.
Dusche Brause, Brausebad • Regen, Schauer, Wolkenbruch • Denkzettel, Prügel. → Bad.
▸ Anerkennung.
Dusel Schläfchen, Halbschlaf, Halbschlummer • Rausch, Berauschung, Benebelung, Angetrunkenheit, Weinnebel, Weinseligkeit, Schwips • Glück, Zufall • Schwindelgefühl.
Düsenjäger Jet. → Fahrzeug.
Dussel unaufmerksamer Mensch, Dusselkopf *u*, Dusseltier *u*, Suse, Transuse *u*, Schussel *u*. → Banause.
düster trübe, mürrisch. → arm, bärbeißig, boshaft, dämmrig, dunkel, elegisch, fahl.
Düsterkeit → Dämmer, Dunkel, Dunst.
düstern → dämmern, dunkel.
Düsternis → Dunkel.
Dutzendmensch → Banause.
Dutzendware Mittelmaß, Billigware.
dutzendweise → allerhand.
Dynamik Macht, Stärke, Gewalt, Potenz, Energie, Wirksamkeit, Druck, Hochdruck, Kraft, Spannung, Übergewalt, Schwung, Antrieb, Triebkraft, Drang, Durchschlagskraft, Heftigkeit, Erschütterung, Entladung.
▸ Kraftlosigkeit, Unvermögen.

E

Ebbe Flaute, Schwund, Abfluss, Abstrom • Niederwasser, ablaufendes Wasser, Ebbestrom, Rückstrom, Nippebbe, Nipptide • Mangel, Leere, Erschöpfung, nichts in der Kasse.
▸ Flut, Menge, Hochwasser • (Geld im) Überfluss.
eben faltenlos, flach, glatt, runzellos, ausgebreitet, hingestreckt, waagrecht, platt, gleich • jetzt, momentan, augenblicklich, gerade, gegenwärtig, soeben, im Augenblick, gerade eben, im Moment • ebendrum, deswegen, deshalb. → akut, ausgebreitet, daher, einigermaßen.
▸ gebirgig, senkrecht, später, uneben, abschüssig, ansteigend, bergig, gewellt,

holprig, hüglig, uneben, wellig • früher, längst, vor langer Zeit.
Ebenbild → Abbild, Abklatsch, Ähnlichkeit.
ebenbürtig gleichwertig, ranggleich, gleichgestellt. → ähneln, anwendbar. ▸ unebenbürtig.
Ebene Fläche, Flachheit, Flachland, Plateau, Platte, Tafelland, Schichte, Hochebene, Tiefebene, Tiefland • Stufe, Rangstufe. ▸ Gebirge, Unebenheit, Berg, Bergland, Gebirge, Hochland, Hügellandschaft • Hang, Neigung, Steigung.
ebenen gleichmachen, ausgleichen, bahnen, glattmachen, ebenerdig machen, glatt streichen. → besänftigen. ▸ aufrollen, rauen.
ebenerdig im Erdgeschoss, Parterre.
ebenfalls → auch, darüber, dasselbe, desgleichen, eingerechnet, ferner.
Ebenmaß → Anmut, Anziehung, Scharm.
ebenmäßig harmonisch, wohlgeformt, wohlgestaltet. → anmutig, schick, anmutsvoll. ▸ unharmonisch, unschön.
ebenso dasselbe, dito, seinesgleichen. → auch, eingerechnet, ferner. ▸ entgegengesetzt, ungleich, abweichend, anders, divergent, ungleich, unterschiedlich, verschieden.
ebenso viel dasselbe, egal, einheitlich, unterschiedslos, genauso viel, gleichviel, desgleichen, gleichbedeutend, gleichkommend, ohne Unterschied. ▸ weniger.
Eber Keiler.
Eberesche Elsbeerbaum, Sperberbaum, Teufelsbaum, Vogelbeerbaum.
ebnen → anbahnen, bahnen, befördern, dielen, ebenen, entfalten.
ebnen, den Weg erleichtern, entlasten, frei machen, helfen, eintreten für, Hindernisse wegräumen, den Weg glätten, den Weg frei machen, eine goldene Brücke bauen, den Knoten lösen. ▸ erschweren.
echauffieren → aufregen.
Echo Widerhall, Wiederholung, Verdoppelung, Resonanz, Nachklang, Rückprall, Rückwirkung, Rückschall, Schall, Rückantwort • Nachahmung, Bekräftigung. → Beifall.
Echolehre Katakustik.
Echse z.B. Agame, Basilisk, Gecko, Krokodil, Leguan, Teju, Waran.
echt hochkarätig *u.* → anständig, apart, arglos, aufrichtig, authentisch, belegend, bieder, bodenständig, brav, charakteristisch, charaktervoll, dauerhaft, dokumentarisch, erwiesen, farbecht. ▸ falsch, gefälscht, imitiert, künstlich, nachgemacht, synthetisch, unecht • untypisch.
Echtes Bodenständiges, Ursprüngliches, Urwüchsiges, Wurzelhaftes, Original. ▸ Ersatz, Nachahmung.
Echtheit Wirklichkeit, Wahrheit, Lebensnähe, Natürlichkeit • Vorzüglichkeit, Kostbarkeit, Gediegenheit, Ausgesuchtheit. ▸ Falschheit, Fälschung, Unvollkommenheit, Unwahrheit.
Echtheit beglaubigen, die authentifizieren.
Echtheitserklärung Legitimation.
Ecke Vorsprung, Ort, Platz, Winkel, Bereich • Spitze, Zacke. → Biegung, Falte.
Ecke, bringen um die → töten, verschwenden.
Eckensteher → Arbeitsunfähiger, Bummler, Faulpelz.
eckig gezackt, scharf, kantig, gespitzt, winklig, zackig, gezahnt • abstoßend, grob, hässlich. ▸ anziehend, rund.
Eckstein → Pfeiler.
eckig schleifen facettieren.
Eckzähne Dentes canini.
Eck-zu-Eck-Linie Diagonale.
edel → anständig, ausgesucht, brillant, gezeichnet, ehrsam, erhaben, erlesen. ▸ derb, gemein, grob, niederträchtig, ordinär, unedel, ungeschliffen.
Edelholz z.B. Mahagoni, Palisander, Teak.
Edelholzblatt Furnier.
Edelkastanie Marone.
Edelmann → Adel.
Edelmensch Tugendbold, Vorbild, Musterbild, Unschuld, guter Mensch, reiner Mensch, Ehrenmann. ▸ Bösewicht, Windbeutel.
Edelmut Noblesse. → Duldsamkeit.
edelmütig → gutmütig, großmütig, selbstlos.
Edelrost Patina.
Edelsinn → Duldsamkeit, Erhabenheit.
edelsinnig → charakterfest, vornehm.
Edelstein Geschmeide, Juwel, Brillant, Schmuck, Kleinod, Karfunkel, Schatz, Prunkstück, Schmucksache, Kostbarkeit, Wert. → Beste.
Edelsteinkunde Gemmologie.
Eden Paradies, Elysium, Olymp, himmlische Gefilde, Paradiesesgarten, Beseligung, Wonne, Insel der Seligen, elysische Gefilde. ▸ Hölle.
Edikt Befehl, Bekanntmachung, Dekret.
Efendi Herr, Gebieter, Beg, Pascha, Großwesir, Scheich.
Effekt Ergebnis, Erfolg, Ertrag, Ausgang, Nachwirkung, Reaktion, Reflex, Resultat. → Ablauf, Ausgang, Auswirkung, Erfolg. ▸ Grund, Ursache.
Effekten Wertpapiere, Börsenpapiere, Werte, Titel, Wertsachen, Bankpapiere, Staatspapiere • Sachen, Habseligkeiten, Bedarf, Habe, Bestand, Hab und Gut. → Bagage.
Effektenkurs Aktienkurs, Kurs, Börsenkurs.
Effekthascherei → Angabe, Eitelkeit.
effektiv → absolut, anwesend. ▸ ergebnislos, ineffektiv, nutzlos, umsonst, wirkungslos.
Effet Drall, Drehung, Schwung, Stoß.
egal einerlei, gleichgültig. → allewege, dasselbe, ebenso groß, ebenso viel, einförmig, entweder, gleich.
egalisieren → ausgleichen.
eggen → ackern.
Egoismus Selbstsucht, Ichsucht, Ichbezogenheit, Selbstliebe, Rücksichtslosigkeit, Eigenliebe, Eigennutz, Selbstherrlichkeit, Egozentrik • Ausbeutung, Hartherzigkeit, Herzlosigkeit, Gefühllosigkeit, Habgier, Engherzigkeit. → Eifersucht. ▸ Selbstlosigkeit.
Egoist → Egoismus.
egoistisch selbstsüchtig, eigennützig, rücksichtslos, habgierig, eigensüchtig, engherzig, unfreigiebig, gewinnsüchtig, ichsüchtig, ichbezogen, knausrig,

kleinlich, herzlos. → bestechlich.
▸ selbstlos, altruistisch, aufopfernd, großherzig, gütig, hilfsbereit, idealistisch, opferbereit, selbstlos, uneigennützig.
egozentrisch (extrem) → egoistisch.
ehe bevor, früher, als vorher. → bevor, binnen.
▸ nachher.
Ehe Lebensgemeinschaft, Ehebund, Ehestand, Heirat, Verheiratung, Verbindung, Vermählung, Hochzeit, Eheband, gute Partie, Heiratsvertrag.
Ehe auf Probe Ehe ohne Trauschein, eheähnliche Verbindung, Konkubinat, Lebensgemeinschaft, Onkelehe, wilde Ehe.
Ehe ohne Geschlechtsverkehr Josefsehe *u.*
Ehe schließen, die ehelichen, freien, heiraten, trauen lassen sich, verheiraten sich, vermählen sich.
Ehe, standesamtliche Zivilehe.
Ehe, wilde Konkubinat, Kebsehe, Ehebruch, Missehe, freie Liebe.
Eheaussteuer Aussteuer, Mitgift.
Eheband → Ehe.
ehebrechen Hörner aufsetzen, nebenausgehen, fremdgehen *u.* → berauben.
▸ treu (sein).
ehebrecherisch → ausschweifend.
Ehebruch → Beraubung, Ehe wilde.
Ehebund → Ehe, Heirat, Eheschließung, Hochzeit, Trauung.
ehedem früher, vordem, vormals, einst, einstmals, ehemalig, damalig, damals, vormalig, ehemals, vorher, dermalen, seinerzeit, zuvor, unlängst, vor Stunden, vor Tagen, vor Jahren. → als, bereits, dahin, damals, dermalen, ehemals.
▸ künftig, später.
Ehefeind Junggeselle aus Leidenschaft *u.*
ehefeindliche Ledige eiserne Junggesellin *u.*
Ehefrau Gattin, Gemahlin, Lebensgefährtin, Herrin, Hauszierde, bessere Hälfte, Frau und Gebieterin, treue Begleiterin, Ehegespons, Ehegenossin, Lebenskamerad, Hauskreuz, Ehedrachen, Ehekreuz, Olle *u* • Gepäck *u.*
Ehefrau, zänkische → Xanthippe.
Ehefrauentausch Wifeswopping.
Ehegemeinschaft mit Kindern Familie.
Ehegenosse Ehemann, Vermählter, Ehegespons, Eheherr, Gemahl, Gatte, Mann, Lebensgefährte, Ehewirt, Gebieter, Herr des Hauses, Göttergatte, Ehekrüppel *u,* Alter, Oller *u,* Gatterich *u.* → Bräutigam.
Ehegenossin → Ehefrau.
Ehegespons → Ehefrau, Ehegenosse.
Ehehälfte → Begleitung, Ehefrau, Ehegenosse.
Eheherr → Ehegenosse.
eheleiblich → ehelich.
Eheleute Ehepaar, Paar, Vermählte, Verheiratete, Ehegespann, Zweiheit, Mann und Frau, ein Fleisch und Blut, treue Begleiter durchs Leben.
ehelich verheiratet, verehelicht, vermählt, ehegattlich, getraut, eheleiblich, in den Stand der Ehe getreten.
▸ allein stehend, ledig • außerehelich, unehelich, vorehelich.
ehelichen heiraten, freien, heimführen, vermählen, verbinden, unter die Haube bringen, zum Traualtar führen, seine Hand reichen, zum Manne nehmen, zur Frau nehmen, den ewigen Bund schließen, das Jawort geben, Hochzeit halten, zur Ehehälfte nehmen.
▸ ledig (bleiben).
ehelos → allein, allein stehend.
ehelustig verliebt, zugeneigt, zugetan, heiratslustig, mannstoll, weibstoll, auf Freiersfüßen.
ehemalig → ehedem.
▸ aktuell, derzeitig, heutig, jetzig • künftig, zukünftig.
ehemals → als, bereits, dahin, dermalen, ehedem, eher.
Ehemann → Bräutigam, Ehegenosse.
Ehepaar → Eheleute.
Ehepartner Gatte, Lebens-/Weggefährte, Partner. → Ehefrau, Ehemann.
eher zuvor, vorher, früher, schon, vordem, ehemals, unlängst, vorhin. → bereits, ehedem, ehestens.
▸ folgend, künftig, nachher, später • weniger.
ehern hart, eisern, starr, steif, unbiegsam, steinhart, erzen, stählern, versteinert, steinern, gepanzert, gestählt, hart wie Granit. → felsenhart, fest.
▸ geschmeidig, schwach.
Eheschänder Frauenschänder, Ehrenräuber, Schürzenjäger, Buhle, Verführer, Entehrer, Liebhaber, Don Juan.
Ehescheidung Scheidung, Auseinandergehen, Scheidung, Trennung.
Ehescheu Misogamie.
Eheschließung Heirat, Hochzeit, Vermählung. → Ehe.
Ehestand → Ehe.
ehestens frühestens, verfrüht, ehest, frühzeitig, zeitig, vorzeitig, beizeiten, eher, fällig.
▸ spätestens.
Ehetrennung Scheidung.
Ehrabschneider Verleumder, Verlästerer, Frevelzunge, Lästermaul, Schmäher, Ehrenschänder, böse Zunge. → Bube.
▸ Schmeichler.
Ehrabschneidung → Beraubung, Entehrung.
ehrbar → angesehen, arglos, artig, bieder, charakterfest.
Ehrbarkeit Ehrsamkeit, Anständigkeit, Rechtschaffenheit, Biederkeit, Gediegenheit, Rechtlichkeit, Zuverlässigkeit. → Charakterstärke.
▸ Charakterlosigkeit, Unanständigkeit.
Ehrbezeugung → Aufwartung.
Ehre Anerkennung, Lob, Preis, Ansehen, Auszeichnung, Rang, Ruf, Ruhm, Wertschätzung, Würde. → Achtung, Ehrenplatz.
▸ Unehre, Ehrlosigkeit, Schande, Schmach, Unehre • Demütigung • schlechter Ruf.
Ehre, auf ganz gewiss, auf jeden Fall, unter Bibeleid, auf mein Ehrenwort, unter allen Umständen, auf Treu und Glauben.
▸ wortbrüchig.
Ehre bezeigen auszeichnen, bejubeln.
▸ erniedrigen, verachten.
Ehre bringen Orden verleihen, hohe Würden und Ämter verleihen, in den Adelsstand erheben, den Ehrenplatz anweisen. → Ehre bezeigen.
▸ erniedrigen.
Ehre bringen, um die verleumden, herunterziehen, herabsetzen, erniedrigen, beschimpfen, verunglimpfen, entehren, schänden, brandmarken, verlästern, verhöhnen, verspotten, schmähen, verdächtigen, die

Ehre verletzen, Böses nachreden, die Ehre abschneiden, den guten Ruf angreifen, falsch beschuldigen. ▸ achten, Ehre bezeigen.
Ehre schenken einladen, empfangen, begrüßen, willkommen heißen, Besuch abstatten, Bekanntschaft machen. → Ehre bezeigen. ▸ ablehnen, missachten.
Ehre und Gewissen, auf → aufrichtig, bestimmt.
ehren
▸ blamieren, bloßstellen, demütigen, herabsetzen, missachten, schänden, (mit Verachtung) strafen.
Ehren von, zu zur Verherrlichung von, zum Lob von, als Ehrerweisung, als Ehrerbietung.
ehren → achten, anerkennen, auszeichnen, begehen, bejubeln, beloben, belohnen, besingen, danken.
Ehrenabzeichen Orden.
Ehrenamt Ehrenposten, Ehrendienst, Auszeichnung.
Ehrenbett → Bahre.
Ehrenbezeugung Honneurs, Kotau, Ovation, Referenz, Salut, Salve. → Aufwartung.
Ehrenbogen → Ehrenpforte.
Ehrenbrief Diplom.
Ehrendieb → Ehrabschneider.
Ehrendienst → Ehrenamt.
Ehrenerklärung Rechtfertigung, Berechtigung. → Abbitte, Befriedigung, Beilegung, Berichtigung. ▸ Verleumdung.
Ehrenerweisung → Ehrenbezeugung.
Ehrenfest Ehrentag, Festfeier, Festtag, Jubiläum, Gedenktag, Feier, Fest, Jubeltag, Jahresfeier, Jahrestag.
Ehrengabe Ehrung, Orden, Ovation, Huldigung, Auszeichnung.
Ehrengasse Spalier.
Ehrengeleit Eskorte, Kortege.
ehrenhaft ehrenvoll, honett, honorabel, honorig. → achtbar, adrett, angesehen, anständig, bieder, brav, charakterfest, charaktervoll, ehrsam. ▸ unehrenhaft, ehrlos, schändlich, unehrenhaft, verbrecherisch.
ehrenhaftes Spiel/verhalten Fairplay.
Ehrenhaftigkeit → Beste, Charakterstärke.
ehrenhalber um der Ehre willen, des Lobes wegen, des Preises wegen, um sich einen Namen zu machen, aus Ehrgeiz, aus Interesse, um sich einen Ruf zu erwerben, um Lorbeeren zu pflücken, ausgezeichnet zu werden, der Sache wegen, ohne Entgelt. ▸ Entgelt (gegen).
Ehrenhandel → Auseinandersetzung, Duell.
Ehrenkränkung Verleumdung, Verlästerung, Verunglimpfung, Beschimpfung, Schmähung, Entehrung, Schändung, Ehrenverletzung, Herabwürdigung, Beschmutzung, Anzüglichkeit, Schmährede, üble Nachrede, hämischer Ausfall. → Beleidigung, Erniedrigung. ▸ Hochachtung, Schmeichelei, Versöhnung.
Ehrenlohn → Belohnung.
Ehrenmal Denkmal, Gedenkstätte.
Ehrenmann → Biedermann.
Ehrenname Titel.
Ehrenpforte Triumphpforte, Triumphbogen, Ehrenbogen, Auszeichnung, Huldigung, Ehrerweisung, Ehrung.
Ehrenplatz Ehrensitz, Ehrenseite, Vorsitz, Ehrung, Wertschätzung, Hochachtung, Reverenzbezeigung, Ehrerweisung, Ehre.
Ehrenpunkt Ehrensache, Pflichterfüllung, Verpflichtung, Gewissenssache, Gewissenhaftigkeit, Gebot. ▸ Gewissenlosigkeit.
Ehrenrettung Rechtfertigung, Freisprechung, Lossprechung, Entlastung, Begnadigung. ▸ Verurteilung.
ehrenrührig → anrüchig, schimpflich, unehrenhaft, verwerflich.
Ehrensache → Ehrenpunkt, Ehrenschuld.
Ehrensalve Salut.
Ehrenschänder → Ehrabschneider, Ehrenräuber.
Ehrenschreiben Adresse.
Ehrenschuld Schuld, Verpflichtung, Ehrensache, Ehrensold, Ehrenwort, Gelöbnis, Bürgschaft. ▸ Pflichtvergessenheit, Undankbarkeit.
Ehrenseite → Ehrenplatz.
Ehrensitz → Ehrenplatz.
Ehrensold → Belohnung, Ehrenschuld.
Ehrenstuhl Cathedra.
Ehrentag Geburtstag, Jubiläum, Namenstag, Verlobung, Hochzeit, Konfirmation, Kommunion. → Ehrenfest.
Ehrentor Triumphbogen.
Ehrenverletzung → Ehrenkränkung.
ehrenvoll ruhmvoll, würdevoll, feierlich, großartig, glänzend, erfolgreich. → angesehen, artig, charaktervoll, ehrenfest. ▸ unehrenhaft, schändlich.
Ehrenvorstellung Benefiz.
ehrenwert verehrenswert. → ehrsam, erlaucht.
Ehrenwort Schwur, Eid, Gelöbnis, Gelübde, Wort, Versprechen, Beteuerung, Manneswort, Versicherung, Handschlag. → Ehrenschuld, Eid. ▸ Eid falscher, Pflichtvergessenheit.
ehrenwörtlich ehrlich, eidlich, hoch und heilig, feierlich, unwiderruflich.
Ehrenzeichen Band, Dekoration, Medaille, Orden, Plakette.
Ehrenzeugnis Diplom.
ehrerbietig → artig, ehrfurchtsvoll, erbaulich, höflich.
Ehrerbietung → Achtung, Aufwallung, Demut, Empfehlung, Höflichkeit.
Ehrerweisung Honneurs. → Ehrenpforte, Ehrenplatz.
Ehrfurcht Gottesfurcht, Demut, Ergebenheit. → Achtung. ▸ Unehrerbietigkeit, Verunglimpfung • Ablehnung, Geringschätzung, Missachtung, Respektlosigkeit, Unhöflichkeit, Verachtung.
ehrfürchtig → ehrfurchtsvoll.
ehrfurchtslos abschätzig, geringschätzig, respektlos, überheblich/-legen, verächtlich.
ehrfurchtsvoll ehrerbietig, untertänig, achtungsvoll, demutsvoll, ergeben, ehrfürchtig, demütig, zerknirscht, ehrwürdig. → demütig, devot, höflich. ▸ hochmütig, unehrerbietig, verächtlich.
Ehrgefühl Anstand, Ehrsamkeit, Gefühl, Ehrgeiz, Ehrsucht, Ruhmsucht. ▸ Charakterlosigkeit, Ehrlosigkeit, Niedrigkeit.
Ehrgeiz Streben, Ambition, Ansporn, Eifer, Einsatz, Energie, Ausdauer, Beharrlichkeit, Begeisterung, Feuer, Arbeitslust, Fleiß. → Begierde, Drang, Ehrgefühl. ▸ Gleichgültigkeit, Lauheit.
ehrgeizig besessen von, strebsam, eitel, ehrsüchtig, ruhmsüchtig, nach Beifall haschend, unbescheiden,

anmaßend, großsprecherisch, aufgeblasen, hochfliegend, hochfahrend.
▸ gleichgültig, lau, schüchtern.
ehrgeizige Ziele Ambitionen.
Ehrgeizling Karrieremacher, Karrierist, Musterschüler, Opportunist, Streber.
Ehrgeizling, verbrecherischer Herostrat.
ehrlich → achtbar, adrett, angesehen, anhänglich, anständig, arglos, aufrecht, aufrichtig, bieder.
▸ betrügerisch • erlogen, falsch, gelogen, lügenhaft, unaufrichtig, unwahr, verlogen • charakterlos, heimtückisch, heuchlerisch, hinterlistig, verschlagen, verstellt, windig • betrügerisch, ehrlos, schmutzig *u.*
ehrlich erarbeitet verdient.
ehrliches Spiel Fairplay.
Ehrlichkeit → Charakterstärke, Fehlerlosigkeit.
ehrliebend → ehrsam.
ehrlos → anrüchig, arglistig, bedauerlich, bestechlich, charakterlos, fahnenflüchtig.
Ehrlosigkeit → dunkler Punkt.
ehrsam ehrenwert, achtbar, schätzbar, schätzenswert, würdig, verdient, edel, rechtschaffen, ehrliebend, aufrecht, ehrenfest, ehrenhaft, ehrbar, bieder, wacker, unverdorben. → erlaucht.
▸ ehrlos, unehrenhaft.
Ehrsamkeit → Ehrbarkeit, Ehrgefühl.
ehrsinnig stolz, hochgemut, selbstsicher, aufrecht, würdig, unbeugsam. → ehrgeizig.
▸ schüchtern, unsicher.
Ehrsucht → Begierde, Ehrgefühl.
Ehrung → Ehrenpforte, Ehrenplatz, Feier.
ehrvergessen → anrüchig, arglistig, bestechlich.
Ehrverletzung → Entehrung.
ehrwidrig → anrüchig, arglistig, gemein.
Ehrwürden → Anrede.
ehrwürdig → alt, bereift, ehrfurchtsvoll, erhaben, erlaucht.
Ei Ovum, Ovulum.
Ei des Kolumbus Problemlösung, Problem, Erfindung, Entdeckung, Einfachheit, Lösung, Sackgasse, Blindtüre.
Eiausstoßung Ovulation.
eichen justieren. → abmessen.
Eid Schwur, Gelöbnis, Gelübde, Ehrenwort, Beteuerung, Versicherung, Erhärtung, Zeugenaussage, Bezeugung, Beglaubigung, Bekräftigung, Verpfändung, Pfand, Beschwörung, Eidschwur, Versicherung, eidliche Erklärung. → Aussage, Bekenntnis, Bekräftigung, Ehrenwort.
▸ Meineid, Unaufrichtigkeit.
Eid ablegen, einen beeiden, schwören • geloben.
Eid, falscher Meineid, Eidbruch, Treubruch, Verrat, Lüge, falscher Schwur, falsches Bekenntnis, unrichtige Darstellung.
▸ Aufrichtigkeit, Eid.
Eidbruch → Bekenntnis, Eid falscher, Dolchstoß.
eidbrüchig → arglistig, bestechlich, charakterlos, Eid falscher, fahnenflüchtig.
eidesstattliche Beurkundung Affidavit.
Eidgenossen Schweizer Bürger. → Bevölkerung.
eidlich bekräftigend, ausdrücklich, klar, formell, offiziell, feierlich, deutlich, endgültig, bejahend.
▸ meineidig, unaufrichtig.
Eidotter Vitellus.
Eientwicklung Ovogenese.
Eier → Bargeld.
Eier der Fische Rogen.
Eier der Läuse Nissen.
Eierauflauf Soufflee.
Eierkunde Oologie.
eierlegend ovipar.
Eierschädel Oozephalie.
Eierstock Oophoron, Ovarium.
Eifer Tatenlust, Tatendrang, Rührigkeit, Regsamkeit, Hingabe, Emsigkeit, Beflissenheit, Arbeitslust, Dienstwilligkeit, Wissbegierde, Lerneifer, Fleiß, Bier- oder Mordseifer *u,* Schaffenslust, Beharrlichkeit, Ausdauer, Strebsamkeit, Verbissenheit • Eile, Hast, Aneiferung, Unrast • Eindringlichkeit, Bestimmtheit. → Affekt, Anstrengung, Arbeitslust, Aufmerksamkeit, Beflissenheit, Begeisterung, Bemühung, Bestreben, Dienstwilligkeit, Ehrgeiz, Eilfertigkeit, Enthusiasmus, Ernst.
▸ Pflichtvergessenheit, Trägheit • Nüchternheit, Sachlichkeit • Bequemlichkeit, Faulheit, Gleichgültigkeit, Lässigkeit, Nachlässigkeit, Teilnahmslosigkeit, Trägheit.
Eiferer Eifernder, Feger *u,* Fanatiker, Streiter, Verfechter, Rechthaber, Starrkopf, Unnachgiebiger, Eigenwilliger, Zelot. → Fanatiker.
▸ Gesinnungslump, Heuchler.
eifern → drängen.
Eifernder → Eiferer.
Eifersucht Eifersüchtelei, Eifersüchtigkeit, Neid, Missgunst, Misstrauen, Zweifel, Argwohn, Ungläubigkeit, Egoismus, Brotneid.
Eifersüchtelei → Eifersucht.
eifersüchtig misstrauisch, missgünstig, argwöhnisch.
Eiform Oval.
eiförmig eirund, länglich rund, ellipsenförmig, oval.
eifrig → anstellig, arbeitsam, aufmerksam, begeistert, beweglich, brennend, eilfertig, erpicht, fanatisch.
Eigelb Dotter, Vitellus.
eigen zugehörig, angehörig, besitzend, erbeigen, persönlich • eigenartig, besonders, individuell, apart, erlesen, eigentümlich, persönlich. → absolut, apart, beschaffen, bezeichnend, Blut liegen im, eingefleischt, erblich.
▸ alltäglich, fremd, nachgeahmt, unpersönlich • entlehnt, entliehen, geborgt, geliehen, gemietet, gepachtet • fremd.
Eigenart → Abart, Abnormität, Art, Aussehen, Charakter, Charakteristik.
eigenartig → abnorm, anders, anziehend, apart, befremdend, bizarr, eigen.
Eigenbrötler Außenseiter, Außenstehender, Einzelgänger, Kauz, Sonderling • Individualist, Original → Eigensinn, Individualist, Sonderling.
eigenbrötlerisch sonderlich, eigentümlich, merkwürdig, zurückgezogen, verschlossen.
Eigendrehimpuls (von Elementarteilchen) Spin.
eigene Lebensbeschreibung Autobiografie.
eigener Hand, mit propria manu.
eigener Herd Haushalt, Heim, Haushaltung, Haus und Herd, häuslicher Herd, eigenes Heim, eigener Hausstand, Reich der Frau.
Eigenerzeugnis Selbsterzeugnis, Spezialität, Besonderheit, Eigentümlichkeit, Sondergebiet, hauseigene Ware.
Eigengebrauch, zum ad usum proprium.

eigengesetzlich genial, eigengestalterisch, schöpferisch, geistvoll, ureigen, originell, individuell. ▸ alltäglich, nachgeahmt.
eigenhändig selbst, persönlich, direkt, mit eigenen Händen, in eigener Person. ▸ unpersönlich, vermittels.
eigenhändig schreiben autographieren, autografieren.
eigenhändige Unterschrift Autogramm, Signatur, Signum.
Eigenheim eigene vier Wände, eigene Wohnung, eigenes Haus, Eigentumswohnung, Hauseigentum, Wohnungseigentum.
Eigenheit → Ausdruck, Aussehen, Charakter, Charakteristik.
Eigeninfektion Autoinfektion.
Eigenleben Individualität, Ich.
Eigenliebe → Egoismus.
Eigenlob Selbstlob, Selbstverherrlichung, Lobhudelei, Eitelkeit, Dicktuerei, Großsprecherei, Aufschneiderei. ▸ Bescheidenheit, Selbsterkenntnis.
eigenmächtig angemaßt, unbefugt, unerlaubt, gewaltsam, willkürlich, unverantwortlich, auf eigene Faust, eigenwillig, selbstherrlich. → despotisch, Faust auf eigene, egoistisch. ▸ berechtigt, rechtlich.
Eigenmächtigkeit Eingriff, Rechtswidrigkeit, Unbefugtheit, Rechtsverletzung, Übergriff. → Anmaßung. ▸ Berechtigung.
Eigennutz Gewinnsucht, Habgier, Selbstsucht, Rücksichtslosigkeit, Ausbeutung, Ichsucht, Eigennützigkeit, Engherzigkeit, Hartherzigkeit, rücksichtslose Ausnutzung. → Egoismus. ▸ Selbstlosigkeit.
eigennützig unsozial. → bedürfnisvoll, egoistisch.
eigennützig handeln → sein Schäfchen ins Trockene bringen.
Eigennützigkeit → Eigenutz.
eigens ausdrücklich, vorsätzlich, bewusst, beabsichtigt, berechnet für, deshalb, deswegen, darum. → absichtlich, ausdrücklich, behufs, darum, express. ▸ unbeabsichtigt, zufällig.
Eigenschaft → Aussehen, Charakter, Disposition.
Eigenschaftswort Adjektiv.
Eigensinn Halsstarrigkeit, Hartnäckigkeit, Widerspenstigkeit, Steifsinn, Starrsinn, Starrköpfigkeit, Störrigkeit, Trotz, Eigenwille, Eigenbrötelei, Verstocktheit, Verhärtung, Unlenksamkeit • Ungehorsam, Unfolgsamkeit, Nichtbefolgung. ▸ Nachgiebigkeit.
eigensinnig hartnäckig, starrsinnig, steifköpfig, dickköpfig, stur *u,* verbohrt, unnachgiebig, eigenwillig, trotzig, unlenksam, widerspenstig, ungehorsam, störrisch, bockbeinig, querköpfig, eigenbrötlerisch, kapriziös, halsstarrig, bockig, fanatisch. ▸ nachgiebig • anpassungsfähig, flexibel • integrativ, kooperativ • folgsam, fügsam, gefügig, gehorsam, nachgiebig.
eigensinniger Kopf Querdenker *u.*
eigenständig → selbstständig. ▸ abgeschrieben, abgekupfert, epigonal, geklaut, nachgeahmt, nachgemacht, übernommen • gebräuchlich, selbstverständlich, üblich.
Eigenständigkeit Autonomie, Autarkie, Freiheit, Selbstständigkeit, Selbstbestimmung, Unabhängigkeit.
Eigensucht → Selbstsucht.
eigensüchtig → bestechlich.
eigentlich tatsächlich, sozusagen, letztlich, wahrheitsgemäß, im Grunde, au fond, an und für sich, bei Licht betrachtet, in Wirklichkeit, beispielsweise. ▸ irrtümlich, zweifelhaft.
Eigentum Besitz, Besitztum, Habe, Vermögen, Besitzung, Dominium, Grund, Boden, Hab und Gut, Haus und Hof, Siebensachen, Klamotten *u.* → Besitz, Besitztum. ▸ Mittellosigkeit.
Eigentümer Besitzer, Eigner, Inhaber, Herr, Meister, Grundherr, Hausherr, Hauswirt, Lehnsherr, Gutsbesitzer.
eigentümlich → abnorm, anders, befremdend, eigen.
Eigentümlichkeit → Abart, Abnormität, Aussehen, Charakter, Eigenerzeugnis.
Eigentumsentzug → Enteignung.
Eigenwille → Eigensinn.
eigenwillig → anmaßend, bockig, eigensinnig, fanatisch, Faust auf eigene, rücksichtslos, dickköpfig.
eigenwillige Handlungsweise Extratour.
eignen besitzen, gehören, haben, zukommen, innehaben, zu Eigen haben, sich in Händen befinden, in Besitz sein, zur Vefügung stehen, zu Eigen sein, das Alleinrecht haben. → besitzen. ▸ verlieren.
eignen, sich passen, zusagen, entsprechen, dienen, übereinstimmen, gefallen, brauchbar sein, dienlich sein, genehm sein, zweckdienlich sein, gelegen sein. ▸ ungeeignet (sein).
Eigner → Besitzer, Eigentümer.
Eignung Befähigung, Brauchbarkeit, Tauglichkeit, Verwendbarkeit, Zweckmäßigkeit, Angemessenheit, Geschicklichkeit, Gelehrigkeit, Nützlichkeit, Verwendungsmöglichkeit, Vorzüglichkeit. → Begabung, Brauchbarkeit, Fähigkeit, Fassungskraft. ▸ Untauglichkeit.
Eignungsprüfung Test.
Eignungstest Idiotentest *u.*
Eiland Insel.
Eilbote Expressbote, Kurier, Stafette.
Eilbrief → Benachrichtigung.
Eile Hast, Übereiltheit, Überstürzung, Ungestüm, Übereifer, Voreiligkeit, Übereilung, Hatz, Dringlichkeit, Hetze, Zeitnot, Bedrängnis, Unrast, jüdische Hast *u,* Drang der Geschäfte. → Bewegung, Eifer. ▸ Besonnenheit, Schlendrian, Trägheit • Bedächtigkeit, Beschaulichkeit, Gemächlichkeit, Gemessenheit, Gemütlichkeit, Hingabe, Langsamkeit, Muße, Ruhe.
Eile, fieberhafte Hektik.
Eile mit Weile gemächlich, bedachtsam, gelassen, ruhig, stoisch, langsam, unübereilt, besonnen, achtsam, behutsam, ohne Überstürzung. ▸ hastig, unbedacht.
Eileiter Ovidukt, Salpinx, Tube.
eilen laufen, hetzen, fegen, socken *u,* spritzen, flitzen *u,* treiben, dahinschwirren, hasten, jagen, springen, sputen, beeilen, sich tummeln, rühren sich, überhasten, überstürzen, sauen *u.* → aufspringen, beeilen,

begegnen sich, bewegen sich, davonmachen sich, durcheilen.
▸ bummeln, zaudern, Zeit haben.
eilen heran nahen, nähern sich, kommen, heranziehen, heranlaufen, hineilen, antanzen, anwetzen *u,* antuckern *u,* anschwirren, herbeiflitzen, anpesen *u,* anschesen *u,* anzockeln *u,* anlatschen *u,* angondeln *u,* anstaaken *u,* anstiefeln. → Anzug.
eilend express.
eilends schnell, rasch, flink, flugs, geschwind, schleunigst, stracks, augenblicklich, behände, postwendend, prompt, sogleich, umgehend, unverweilt, unverzüglich, eilig, sofort, sogleich, hastig, hurtig. → beflügelt.
▸ langsam.
eilfertig eifrig, emsig, fleißig, rührig, aufmerksam, beweglich, tätig, rastlos. → eilends, unüberlegt.
▸ faul, langsam, träge.
Eilfertigkeit Beflissenheit, Dienstwilligkeit, Eifer, Regsamkeit, Tatenlust. → Aufmerksamkeit, Beflissenheit.
▸ Pflichtvergessenheit, Trägheit.
eilig pressant *u.* → baldig, beizeiten, dringend, eilends, hastig, mit einemmal.
▸ bedächtig, beschaulich, gemächlich, gemessen, gemütlich, geruhsam, hingebungsvoll, konzentriert, ruhig • säumig, unpünktlich, zaudernd, zögernd.
eilig sein pressieren *u.*
eiligst vordringlich, holterdipolter *u.*
Eilnachricht Depesche, Expressbrief, Telegramm, Telex, Fax.
Eimer Gefäß, Behälter, Behältnis, Gerät, Aufbewahrungsort, Kübel, Pütz *sm.* → Behälter.
ein einzeln, einzig, allein, solo, abgesondert.
▸ alle, mehrere • beide • einige • kein • niemand.
ein für alle Mal endgültig, angetan, vorbei, fertig, punktum, basta, jedenfalls, nachsichtslos, unerbittlich, kategorisch, entschieden, ausdrücklich, zum letzten Mal. → definitiv.
▸ beginnend, unentschlossen.
Ein und Alles Gott, Vollkommenheit, Allwissenheit, Allmacht, Unendlichkeit, Anfang und Ende.
▸ Unvollkommenheit, Vergänglichkeit.
Ein und Alles, mein mein Liebstes, mein Teuerstes, mein Herz, mein Einzigstes, mein Leben, meine Sonne, mein Stern, mein Bestes, mein Wertvollstes, meine Welt, mein Abgott, mein Engel, mein Geliebter, mein Liebling, mein Herzenskind, mein Herzblatt, mein Goldkind, mein Augapfel, mein Kleinod.
ein und dasselbe genauso, gleich, dasselbe, identisch, unterschiedslos, ineinander fallend, ununterscheidbar, einerlei, sich deckend, das Nämliche.
▸ unterschiedlich.
ein Herz und eine Seele einmütig, einträchtig, harmonierend, verbunden, vereint, geistesverwandt, übereinstimmend, einstimmig, brüderlich, friedlich, freundschaftlich, zusammenklingend.
▸ feindlich, unterschiedlich, verschieden.
ein Mann, wie jeder, jedermann, ausnahmslos, einstimmig, verbündet, vereint, zusammen, einig, gemeinschaftlich.
▸ uneinig.
einander → abwechseln.
einander ausschließend gegensätzlich, unlogisch, widersprüchlich.
einarbeiten → anpassen.
einarbeiten, sich → befolgen, befreunden, einbürgern.
einäschern → abbrennen, anstecken, ausmerzen, ausrotten, bestatten.
Einäscherung Feuerbestattung, Krematorium, Verbrennung, Totenfeier, Beisetzung, Leichenbegängnis. → Asche, Bestattung, Brand, Demolierung.
Einäscherungsanlage/-anstalt Krematorium.
einatmen einhauchen, inhalieren, einziehen, atmen, Luft schnappen. → einsaugen.
▸ ausatmen.
Einatmung Inhalation, Inspiration.
einätzen → beschädigen.
einbalsamieren → balsamieren.
einbalsamierte Leiche Mumie.
Einbalsamierung Mumifizierung.
Einband Hülle, Bedeckung, Überzug, Umschlag, Verkleidung, Verschalung, Schutzhülle, Umhüllung, Papier. → Bedeckung, Couvert, Decke, Einschlag.
▸ Inhalt.
Einbau Montage, Umbau, Anlage, Einsetzung, Einrichtung, Installation. → Einrichtung.
▸ Ausbau.
Einbauchung Höhlung, Vertiefung, Einschnitt, Loch, Graben, Höhle, Grube, Mulde, Kuhle *u.*
▸ Ausbauchung.
einbauen → einrichten.
Einbauen → Boot, Fahrzeug (Wasser-).
Einbaum Kanu, Piroge.
einbegreifen implizieren, involvieren.
einbegriffen → beigeordnet, bestehen aus, einschließlich, inbegriffen.
einbehalten → einhalten.
Einbeinigkeit, angeborene Monopus.
einberufen → ausheben, berufen.
Einberufung Versammlung, Zusammenkunft. → ausheben, Aufstellung, Einrückung.
▸ Entlassung.
einbetten einlagern, betten, einlogieren, einpflanzen, einmieten, hineinstecken, hineingeben, hinlegen. → betten, einkellern.
▸ herausbrechen, herausnehmen.
Einbeulung Delle, Einbuchtung, Druckstelle • Dippel *u,* Tippel *u.*
einbeziehen zuzählen, beiordnen, hinzuzählen, mitrechnen, einordnen, einreichen, einschachteln, hineinstecken, zuteilen, zuordnen. → beiordnen, beitreten, einschließen, fassen in sich, falten.
▸ ausschließen, ausstoßen, trennen.
Einbeziehung Zusammensetzung, Vereinigung, Verbindung, Verknüpfung. → einbeziehen.
▸ Ausschließung, Ausstoßung, Trennung.
einbezogen implizit.
einbiegen abbiegen, abweichen, abfallen, biegen, umbiegen, einschlagen, krümmen, einschwenken. → einlenken, falten.
▸ begradigen, geradeaus (fahren), strecken.
Einbiegung → Einschnitt.
einbilden → erträumen.

einbilden, sich prahlen, aufschneiden, großtun, sich spreizen, brüsten sich, überschätzen sich, den Mund voll nehmen, auf hohen Stelzen gehen. → ahnen, annehmen, argwöhnen, befürchten, erhöhen sich, fantasieren, festhalten. ▸ bescheiden (sein), erwiesen, herabsetzen sich.
Einbildung Vorstellung, Illusion, Sinnestäuschung, Trugbild, Wahn. → Anmaßung, Auswuchs, Begriff, Blödigkeit, Chimäre, Dunkel, Dunst leerer, Dunstbild, Erscheinung. ▸ Bescheidenheit, Wirklichkeit Realität, Tatsache, Wirklichkeit • Bildung, Wissen.
Einbildungskraft Einfall, Eingebung, Fantasie, Inspiration, Erleuchtung, Erfindungsgabe, Gedankengut, Schöpferkraft, Vorstellungsvermögen.
einbinden einwickeln, umhüllen, umkleiden, verhüllen, zudecken, einrollen, einschlagen, einpacken. → anmachen, bedecken, broschieren, decken, einkapseln, einschnüren. ▸ aufdecken, losbinden.
einblasen → anvertrauen, auftauchen, auspacken.
Einblasung Insufflation.
einbläuen → beibringen, belehnen, drillen, einhämmern.
Einblendung, kurze Flash (Rückblende, Rückblick).
Einblick Einsicht, Kunde, Aufklärung, Erleuchtung, Erkenntnis, Schimmer, Kenntnis, Begriff. → Begriff, Betrachtung. ▸ Unkenntnis.
Einblicke bietend informativ.
einblicken → einsehen.
einbrechen eindringen, einsteigen, einschleichen, Zutritt verschaffen sich • scheitern • stehlen, rauben, entfremden, entwenden, wegnehmen, mausen, wegstibitzen, aneignen, begaunern, einschmuggeln sich, fremdes Eigentum mitlaufen lassen • einknicken, einkrachen, stemmen *u.* → berauben, bestehlen, betreten, durchdringen, einrücken, einstehlen. ▸ ehrlich (sein), haltbar (sein).
Einbrecher → Dieb.
Einbrenne Schwitze.
einbringen lohnen, vergüten, entschädigen, bezahlen, honorieren, vergelten • heimbringen, einfahren, Ertrag bringen. → abwerfen, ausbeuten, eintragen. ▸ verlieren.
einbrocken verursachen, anrichten.
einbröseln panieren, einkrusten, bestreuen, in Brotkrumen wälzen.
Einbruch Diebstahl, Bestehlung, Mauserei, Dieberei, Zueignung, Spritzer *u.* → Angriff, Beraubung, Bruch, Dieberei, Durchbruch, Eindringen, Einfall.
einbruchsicher sicher, geschützt, unangreifbar, ungefährdet, gesichert, diebessicher, im sichern Hafen, in guter Hut, wohl verwahrt. → diebessicher, fest. ▸ gefährdet.
Einbuchtung Kerbe, Kuhle, Mulde, Delle, Vertiefung.
einbürgern niederlassen, nationalisieren, wohnen, einführen, beheimaten, anpassen sich, einwurzeln, einarbeiten sich, Wurzel fassen. → einwurzeln. ▸ abschieben, ausbürgern, aussiedeln, ausweisen, Landes verweisen des • aus der Mode kommen, unüblich werden.
Einbuße Verlust, Pech, Schaden, Verschlechterung. → Abnahme, Abbruch, Beitrag, Bekümmernis, Entbehrung, Entziehung, Fehlbetrag. ▸ Gewinn, Verbesserung, Verdienst.
einbüßen → beeinträchtigen, drumkommen, durchschlüpfen lassen. ▸ gewinnen, profitieren, verdienen.
eincremen einölen, einreiben, salben.
eindämmen abschwächen, beruhigen, mäßigen, stillen, unterdrücken, zügeln, zurückhalten, steuern, entgegenarbeiten, hindern, verhüten, vorbeugen, unterbinden, aufhalten, abhalten, dämpfen, beschwichtigen, zähmen, bändigen. → abdämmen, aufhalten, beeinträchtigen, begrenzen, begütigen, beherrschen sich, besänftigen, beschneiden, bezähmen, bezwingen, dämpfen, dämpfen das Feuer, einfassen, einschläfern. ▸ anfachen.
Eindämmung → Beschwernis, Damm, Entwässerung.
eindecken → bedachen, bedecken.
eindecken, sich aufstapeln, ausstatten, einheimsen, einspeichern, erwerben, anschaffen, einlagern, versorgen sich, versehen mit. → abnehmen, besaufen. ▸ mäßigen sich, verbrauchen.
eindeutig → augenfällig, ausführlich, beredt, buchstäblich, deutlich, drastisch. ▸ anfechtbar, mehrdeutig, missverständlich, unklar, verschwommen, zweideutig, zweifelhaft.
Eindeutigkeit → Bestimmtheit, Klarheit.
eindeutschen germanisieren.
eindicken einkochen, gelieren, auflaufen, verdicken, verschleimen, verbreien, verdichten, gerinnen. → erhärten, festigen. ▸ verdünnen.
eindrängen, sich dazwischendrängen, einschalten sich, einschieben sich, einklemmen, einzwängen, dazwischentreten • aufdrängen, kümmern, einschreiten, die Nase in etwas stecken. → aufdrängen, bekümmern, beteiligen sich. ▸ enthalten sich, freistellen.
eindrillen → beibringen, belehren, drillen, eindrillen, einhämmern, ertüchtigen.
Eindringen Einsickern, Einlagerung, Einflößung, Infiltration, Ingression • Einschaltung, Einschiebung, Einfügung, Einmischung, Vermittlung, Einführung, Eintritt • Einbruch, Einmarsch, Einrückung • Einspritzung, Injektion, Einimpfung. ▸ Ausmarsch, Entleerung, Vertreibung.
eindringen einsickern, einlagern, einflößen, infiltrieren. → betreten, Dach steigen auf das, dringen, durchstecken, einbrechen, eindringlich zureden, einsaugen, einstehen, einstürmen. ▸ abraten, ausscheiden, entleeren, weggehen, verteidigen, vertreiben • abgestoßen werden, abgewiesen werden, abgleiten, abprallen • abwehren, schützen sich • abmarschieren, abziehen, verlassen.
eindringen, in das Geheimnis nachforschen, erforschen,

neugierig sein, nach Aufklärung suchen, ganz Auge und Ohr sein • verstehen, durchschauen, durchblicken, entdecken, erkennen, klar sehen.
▸ auseinander setzen, verschweigen.
eindringen, mit Gewalt eingreifen, durchgreifen, einschlagen, durchschlagen • das Gesetz brechen, das Gesetz umstoßen, eigenmächtig verfahren, das Faustrecht geltend machen, Gewalt vor Recht gelten lassen. → einbrechen.
▸ verteidigen.
eindringend → dazwischentretend, durchdringend.
eindringlich emphatisch, inständig, nachdrücklich. → angespannt, A und O, beachtlich, beeinflussend, beweisend, dringend, durchschlagend.
Eindringlichkeit Nachdruck, Bestimmtheit, Betonung, Gewicht, Überzeugungskraft. → Begierde, Eifer, Eindrücklichkeit, Ernst.
▸ Ausdruckslosigkeit, Belanglosigkeit.
Eindringling Fremdling, Fremder, Ausländer • Zwischenträger, Einmischer, Einschalter, Dritter, Mittelsperson. → Auswanderer.
Eindringling in Computersysteme Hacker.
Eindruck Impression, Empfindung, Gefühl, Wahrnehmung, Vorstellung, Erkenntnis, sinnliche Wahrnehmung. → Auffassung, Begriff, Einfluss, Einwirkung.
Eindruck machen imponieren, Bewunderung hervorrufen, Bewunderung erregen, Furore machen *u*, Aufsehen erregen, Eindruck schinden, Anklang finden. → angeben.
▸ abstoßend sein.
eindrücken → aufrollen.
Eindrücklichkeit Eindrucksfähigkeit, Eindringlichkeit. → Eindruck.
▸ Eindruckslosigkeit.
Eindrucksfähigkeit → Eindrücklichkeit.
eindruckslos empfindungslos, abgestumpft, unempfänglich, unberührt, gefühllos, kalt, unerregbar, stoisch, keinen Staat machen können *u*. → beherrscht.
▸ eindrucksvoll, empfindungsvoll.
eindrucksvoll imponierend, imposant, beeindruckend, blendend, hervorragend, einprägsam, aussagekräftig, glänzend, beachtenswert, bemerkenswert, wirkungskräftig, bedeutend, hinreißend *u*, satt *u*. → ansehnlich, ausgedehnt.
▸ eindruckslos, blass, einschläfernd, langweilig, misslungen, monoton, öde, wirkungslos.
eindrucksvoll, höchst pyramidal *u*, saustark *u*.
einebnen → ausgleichen.
▸ ausbaggern, ausgraben, ausheben, aushöhlen, ausschachten • vertiefen.
Einehe Monogamie.
einehig monogam.
einem zum andern, von veränderlich, unbeständig, wechselnd, schwankend, verändert, wankend.
▸ beständig.
einem fort, in ununterbrochen, beständig, unaufhörlich, immerfort, fortwährend, dauernd, unablässig, immer, endlos, stetig, tagaus tagein, unablässig, egalweg *u*, am laufenden Band, mit konstanter Bosheit.
▸ schwankend, unbeständig.
einemmal, mit augenblicklich, sofort, prompt, schnell, geschwind, eilig, rasch, stürmisch, ungestüm.
▸ Eile mit Weile, langsam, überlegt, vorbereitet.
einen → beitreten, einigen.
einengen einschnüren. → aufhalten, beeinträchtigen, beengen, berauben, beschneiden, knechten, fesseln.
▸ ausdehnen.
einengend bedrückend, einschränkend, hemmend, hinderlich, lästig • autoritär, repressiv, restriktiv.
Einengung Platzmangel, Beengtheit, Begrenztheit, Enge, Raumknappheit, Raummangel • Enge, Beschränkung, Kargheit, Bedrängung, ärmliche Verhältnisse • Hemmung, Widerstand, Behinderung, Verhinderung, Abhaltung, Lähmung.
▸ Ausdehnung.
einer für alle wechselseitig, abwechselnd, zusammen, jeder Einzelne.
▸ keiner.
einer wie alle jeder, jedermann, ausnahmslos, einstimmig, einmütig, Mann für Mann, wie ein Mann, auf ein Haar.
▸ keiner.
einer wie der andere → A und O, A bis Z, einer wie alle.
einer nach dem anderen abgesondert, vereinzelt, der Reihe nach, in Abständen, im Gänsemarsch.
▸ zusammen.
einer oder der andere willkürlich, beliebig, nach Wunsch, nach Belieben, nach Gutdünken, so oder so, entweder oder.
▸ gezwungen, obligatorisch, unfreiwillig.
einerlei gleichgültig, egal. → ein und dasselbe, dito, Monotonie.
einerseits teils, teilweise, zum Teil, in mancher Hinsicht, einesteils, halb und halb, stückweise.
▸ ganz, ganz und gar.
einesteils → einerseits.
einexerzieren → belehren, drillen.
einfach elementar, mäßig, frugal, ländlich, friedlich, unkompliziert, keine Kunst, kinderleicht, unverfälscht, ungekünstelt, leichtfasslich, treuherzig, harmlos, einfältig, gediegen, idyllisch. → anspruchslos, angenehm, anschaulich, bedürfnislos, bequem, bescheiden, betragen sich, bieder, bürgerlich, derb, deutlich, eins, einschichtig.
▸ anspruchsvoll, doppelt, mehrteilig, unbequem, unbescheiden • zweifach • mannigfach, mehrfach, vielfach, vielfältig • detailliert, differenziert, umfassend • gebildet, kultiviert, verfeinert • feudal, luxuriös • kompliziert.
einfacher Mann Alltagsmensch, Dutzendmensch, Durchschnittsbürger/-mensch, Normalverbraucher.
Einfachheit Bescheidenheit, Demut, Natürlichkeit, Aufrichtigkeit, Schlichtheit, Schmucklosigkeit, Verständlichkeit, Fasslichkeit, Geradheit, Ungekünsteltheit. → Abstinenz, Beherrschung, Bescheidenheit, Enthaltung.
▸ Aufgeblasenheit, Unbescheidenheit.
einfädeln → anordnen, bahnen, durchstecken.
einfahren → einbringen, einlenken.
Einfahrt Einlass, Zulass, Pforte,

Portal, Tor, Türe, Zutritt. → Chaussee, Durchgang. ▸ Ausfahrt, Ausgang, Hemmnis.
Einfall Eingebung, Erleuchtung, Gedanke, Geistesfunke, Geistesblitz, Inspiration, Intuition, Laune, Aperçu, Pfundsidee *u* • Flausen, Mucken *u,* Schrulle, Spleen, Zicken *u,* Raptus *u,* Kateridee *u,* Grillen oder einen Furz im Kopf haben *u,* einen Rappel haben *u,* Raupen im Kopf, Einfälle wie ein altes Haus *u* • Einbruch, Verheerung, Geistesblüte *u,* Geistesfurz *u.* → Angriff, Anwandlung, Auswuchs, Drang, Einbildungskraft, Idee. ▸ Gedankenlosigkeit, Verteidigung.
Einfall haben, einen → denken.
Einfall, witziger Fazetie, Gag.
einfallen gedenken, wieder erkennen, denken an, entsinnen sich, erinnern sich, Entschwundenes zurückrufen • erwidern, entgegnen, unterbrechen, beifallen • abmagern, abnehmen, einschrumpfen, zusammenfallen. → abnehmen, anstimmen, auftauchen, denken an, einhauen, einmarschieren, einreden, einstürmen. ▸ vergessen, verteidigen, zunehmen, anschwellen, aufgehen • abwehren • verdrängen • halten, stehen bleiben.
einfallreich → findig.
einfallslos beschränkt, geistlos, ideenlos, langweilig, fantasielos, unschöpferisch.
Einfallslosigkeit Geist-/Fantasielosigkeit.
Einfallsreichtum Erfindungsgabe, Ideenreichtum, Kreativität, Fantasie.
Einfalt → Demut, Dummheit.
einfältig unbedarft, simpel *u.* → albern, arglos, beengt, dumm.
einfältiger Mensch Abderit, Gimpel, Naivling, Narr, Simpel, Tölpel, Tor • (Einfalts-)Pinsel *u.*
Einfältigkeit → Blödheit.
Einfaltspinsel → Banause, Dummerian, Dummkopf, Tor, Tölpel, Narr.
Einfamilienhaus Bungalow, Eigenheim, Reihenhaus, Villa.
einfangen auffangen, sammeln, einstecken • fangen, fesseln, einschließen, einkerkern, zu Fall bringen. → bemächtigen, erhaschen, fassen. ▸ befreien.
einfärben färben, tönen.
einfarbig eintönig, einheitlich, ungemasert, uni. ▸ bunt.
einfassen abgrenzen, eindämmen, umschließen, umgeben, umgürten, umsäumen, einsäumen, einfriedigen, einhegen, umzäunen, umhecken. → begrenzen, beschränken. ▸ ausdehnen.
Einfassung Bordüre, Süll *sm* (Einfassung der Luken). → Besatz, Bord, Demarkation.
einfetten → balsamieren.
einfinden, sich → ankommen, besuchen.
einflechten erwähnen, hinzufügen, hinzusetzen, bemerken, einschieben, dazwischenschieben, einschalten, einfügen • einschlingen. → anmachen, beifügen, beitragen, dazwischenschieben, einfalzen, extemporieren. ▸ lösen, weglassen.
einfließen → einflechten, einfüllen, einsaugen.
einflößen → beseelen, bestimmen, einträufeln.
Einflößung → Beifügung, Eindringen, Einlagerung.
Einfluss Geltung, Gewicht, Eindruck, Macht, Überlegenheit, Wichtigkeit, Übergewicht. → Ansehen, Anziehung, Bedeutung, Beeinflussung, Einmündung, Einwirkung, Faktor. ▸ Einflusslosigkeit.
Einfluss nehmen beeinflussen, Einfluss haben, einwirken.
Einfluss spüren lassen, überall seinen einen langen Schatten haben *u.*
Einflussgebiet Aktionsradius, Wirkungskreis, Kompetenzbereich → Aktionsradius, Domäne, Kompetenzbereich, Wirkungsbereich/-kreis • Interessensphäre.
Einfluss haben → bewirken.
Einflussgröße Faktor, Parameter.
einflusslos nichts zu sagen oder zu melden haben. → erfolglos.
Einflusslosigkeit Wirkungslosigkeit, Unwirksamkeit, Ohnmacht, Schwäche, Unvermögen, Bedeutungslosigkeit. → Bedeutungslosigkeit. ▸ Einfluss.
einflussreich beherrschen, beeinflussen, den Ton angeben, die erste Geige spielen, Beachtung finden, vermögen, einwirken. → A und O, ausschlaggebend, beherrschend, dominierend, Epoche machend. ▸ Einfluss ohne, machtlos, ohnmächtig, schwach, unbedeutend, wirkungslos.
einflüstern → anregen, anvertrauen, aufklären, auftauchen, auspacken, bedeuten, beeinflussen, bestimmen, einweihen in ein Geheimnis.
Einflüsterung Beeinflussung, Bekanntmachung, Aufklärung, Propaganda. → Ahnung. ▸ Ahnungslosigkeit, Unbeeinflussbarkeit.
einfordern anwerben, einziehen, einsammeln, eintreiben, einklagen, fordern, verlangen, einnehmen, einkassieren. → beschaffen, einkassieren. ▸ stunden, weggeben.
einförmig einheitlich, regelmäßig, unterschiedslos, egal • eintönig, langweilig, geistlos, monoton, stereotyp, ermüdend, belanglos, reizlos. → arm. ▸ abwechslungsreich, belebt, bunt, interessant, unterhaltsam, vielfältig • vielgestaltig.
einfressen → beschädigen, durchfressen.
einfrieden → begrenzen, einfassen.
Einfriedung Umzäunung, Brüstung, Gitter, Begrenzung.
einfrieren einfrosten, gefrieren, frosten, tiefgefrieren, tiefkühlen, vereisen. ▸ auftauen • herausnehmen, wieder beleben.
einfrosten → einfrieren.
einfügen → anmachen, anpassen, eindrängen sich, einfalzen, einflechten, einkleiden, eintreiben, zwischenschieben.
einfügsam → anpassungsfähig, gehorsam.
Einfügung Randbemerkung, Einschiebung, Erläuterung, Anmerkung, Erklärung, Kommentar, Zwischenbemerkung, Zwischenruf. → Eindringen, Einführung. ▸ Weglassung.
einfühlen → anpassen.
einfühlen, sich mitfühlen,

nachfühlen, nachempfinden, verstehen.
einfühlsam empfindsam, feinfühlig/-nervig, mitempfindend, sensibel, zart fühlend.
Einfühlungsgabe Verständnis, Befähigung, Geschick, Einsicht, Fassungsvermögen, Auffassungsvermögen.
▸ Verständnislosigkeit.
Einfühlungsvermögen Einsichtigkeit, Mitgefühl, Nachsicht, Verständnis, Toleranz.
Einfuhr → Aufnahme, Einführung.
einführen → anfangen, auftauchen, begegnen, durchstecken, einbürgern, einlassen.
▸ abschaffen, absetzen, aufgeben • entlassen, verabschieden • ausführen, exportieren, herausziehen.
einführen, sich → bekannt werden, debütieren.
einführend → eingangs, bahnbrechend.
Einführer/Einfuhrhändler Importeur.
Einfuhrgebühr z.B. Maut, Zoll.
Einfuhrgenehmigung Importlizenz.
Einführung Einleitung, Vorrede, Vorwort, Eröffnung • Einschaltung, Einfügung • Empfang, Vorstellung • Belehrung, Unterweisung, Erläuterung, Erklärung, Vorbereitung • Einfuhr, Import. → Eindringen.
▸ Ausführung, Entleerung, Schlusswort.
Einführungsübung Proseminar.
Einfuhrwaren Importe.
einfüllen → beladen, einlegen, einschenken, füllen.
Eingabe Begehr, Verlangen, Ansuchen, Bewerbung • Eröffnung, Mitteilung, Schreiben, Bericht. → Antrag, Begehr, Bettelbrief, Brief, Bewerbung.
▸ Ablehnung • Ausgabe, Output • Antwort.
Eingang Eintritt, Entree, Tür, Tor, Pforte, Portal. → Diele, Durchgang, Durchfahrt.
▸ Ausgang • Ausgabe • Absatz, Verkauf, Versand.
eingangs anfangs, anfänglich, einleitend, beginnend, vorhin, zuvor, zuvörderst, zu Beginn, Anfang am.
▸ abschließend.
eingearbeitet berufserfahren, beschlagen, erfahren, fachkundig, kundig, versiert.
eingearbeitete Gruppe Team.
eingeäschert → abgebrannt.
eingeben beeinflussen, inspirieren. → anregen, bestimmen, einnehmen, einträufeln.
▸ ausscheiden, enthalten sich, entleeren, kalt (lassen), liegen lassen links, ausgeben, ausdrucken • bearbeiten, verarbeiten • herausbekommen.
eingebildet abgestumpft, hochmütig, übersättigt, blasiert, geschwollen *u*, hochnäsig, protzig *u*. → abgelebt, abgestumpft, anmaßend, aufgeblasen, beengt, blasiert, Zynisch, dekadent, dünkelhaft, dumm, entartet, nichtig.
▸ bescheiden, • schüchtern, zurückhaltend • selbstbewusst • existent, real, wirklich.
eingebildet Kranker Hypochonder.
eingebildeter Mensch Snob. → Angeber.
eingebläut → eingetrichtert.
eingebogen umgebogen, verbogen, krumm, gekrümmt, genötigt, buckelig • vertieft, ausgehöhlt, hohl, buchtig. → einbiegen.
▸ gerade, gewölbt.
eingeboren → ansässig.
Eingeborenen-Schutzgebiet Reservation.
Eingeborener Ureinwohner, Ursasse, Landsmann, Heimatberechtigter, Ansässiger, Bewohner, Eingesessener, Einheimischer, Inländer, Landeskind, Staatsangehöriger, Bürger, Einwohner. → Bevölkerung.
▸ Ausländer, Fremder.
Eingebung Erleuchtung, Inspiration. → Absicht, Begriff, Drang, Dunstbild, Einbildungskraft, Einfall, Idee.
▸ Gedankenarmut.
Eingebung folgend, einer impulsiv, spontan.
Eingebung Gottes Theopneustie.
eingebürgert → alltäglich, ansässig, behaftet.
eingedeckt → besudelt.
eingedeichtes Land Koog, Polder.
eingedenk erinnerlich, unvergesslich, unverwischbar, unauslöschlich, stets daran denkend, frisch im Gedächtnis.
▸ vergesslich.
eingedickt angedickt, dickflüssig, gebunden, sämig, schleimig.
eingedickter Saft Gallert, Sirup.
eingeengt → beengend, dicht, eingekeilt, eng.
eingefahren → anstellig.
eingefleischt angeboren, eigen, eingewurzelt, anerschaffen, innewohnend, anhaftend, eingepflanzt • verrucht, grundschlecht, erzböse, unmenschlich, gemein, bestialisch, teuflisch. → behaftet.
▸ angelernt, gut.
eingeführt anerkannt, landläufig, gültig, marktgängig, im Umlauf. → bekannt.
▸ unbekannt • abgeschafft, gestrichen • ausgeführt, exportiert • einheimisch, heimisch, inländisch.
eingegliedert eingeordnet, aufgenommen, ausgerichtet, geregelt, eingeführt, ins Gleis gebracht • geschult, gedrillt, gezähmt, abgerichtet, ausgebildet • verpflichtet • anerkannt.
eingehen schrumpfen, aufgehoben werden, verschwinden. → abnehmen, auszehren, dürren, einkommen, faulen.
▸ ausdehnen sich, ausweiten sich, dehnen sich, weiten sich • abgehen, ausgehen • blühen, entwickeln sich, florieren, gedeihen, leben, werden, wachsen • erholen sich.
eingehen, auf einstimmen, übereinstimmen, bejahen, einer Meinung sein, eintreten für • erklären, näher schildern, in die Einzelheiten gehen. → annehmen, beipflichten, bestätigen.
▸ ablehnen, widersprechen.
eingehend genau, gründlich, erschöpfend, sorgfältig, umfassend, vollständig, gewissenhaft, sorgsam.
▸ oberflächlich, ungenau.
eingekeilt begrenzt, eingeengt, knapp, eng, eingeklemmt, eingepresst, eingeklammert, eingeschlossen, eingeschoben, eingezwängt.
▸ Ecken und Enden von allen.
eingekerkert → eingeschlossen.
eingeklammert → eingekeilt.
eingeklemmt → eingekeilt.
Eingekochtes Eingewecktes, Eingemachtes.
Eingeladener Gast, Geladener.
▸ Gastgeber.
eingelegt → aufheben,

einkellern, einpökeln, frosten, verzieren (verziert).
eingemacht → haltbar.
Eingemachtes → Konfitüre.
eingemeinden eingliedern, aufnehmen.
Eingemeindung Kommunalisierung.
eingenommen anteilnehmend, zugetan, zugeneigt, ergebend, interessiert • erarbeitet, verdient, erworben, gewonnen • ererbt, eingetrieben, erhoben, eingezogen, gepfändet, eingestrichen, umgesetzt. → begeistert. ▸ abgeneigt.
eingeordnet → aufgeräumt, beigeordnet.
eingepflanzt → beschaffen, eingefleischt.
eingepflanztes Gewebestück Implantat.
eingepresst → eingekeilt, eng.
eingeräumt → erlaubt.
eingerechnet inklusive, einschließlich, ferner, überdies, dazu, ebenfalls, ebenso, gleichfalls, nebst, des Weiteren. ▸ ausgenommen.
eingereiht → beigeordnet.
eingerostet → rostig, unbeweglich, unbrauchbar.
eingeschaltet → episodisch.
eingeschlossen eingekerkert, gefangen, bewacht, unfrei, eingesperrt. → bereift, bestehen aus, eingekeilt, eingerechnet, fassen in sich, ferner. ▸ ausgenommen, ausgeschlossen, ausschließlich, außer, exklusive • abzüglich, extra • befreit, frei, freigelassen.
eingeschnappt → beleidigt.
eingeschoben → eingekeilt, episodisch.
eingeschränkt klein, kleinlich, beengt, beschränkt, notdürftig, bescheiden, sparsam, arm. → begrenzt, eng. ▸ frei, gefördert, großzügig, unbeschränkt, ungehemmt • absolut • grenzenlos, schrankenlos.
eingeschrumpft hutzelig *u.*
eingeschüchtert → drohend.
eingesessen → ansässig.
Eingesessener → Bevölkerung, Eingeborener.
eingesetzt → bedienstet.
eingesperrt → eingeschlossen.
eingespielt → anstellig.
Eingeständnis → Geständnis.
eingestehen zustimmen, beistimmen, zugeben, bestätigen, billigen, offenbaren, bejahen, behaupten, aussagen, bezeugen, bloßstellen sich. → ausschütten, bekennen. ▸ leugnen, widersprechen, verheimlichen.
eingetrichtert mechanisch, teilnahmslos, anteillos, seelenlos, stumpf • eingedrillt, eingebläut, angelernt. ▸ angeboren, freiwillig, verwirrt.
eingeübt gelernt, eingetrichtert, gepaukt, geübt, memoriert, trainiert.
eingeübter/einstudierter Vorrat Repertoire.
Eingeweide Gescheide *j,* Geschlinge *j,* Innereien, Organe, Weichteile.
Eingeweidebruch Hernie.
Eingeweidewürmer Helminthen.
eingeweiht aufgeklärt, mitwissend, erfahren, unterrichtet, vertraut mit, bekannt mit, bewandert in. → aufgeklärt, bekannt, belesen. ▸ unaufgeklärt, uneingeweiht, unwissend • ausgeschlossen.
Eingeweihten-Lächeln Augurenlächeln.
eingewöhnen → sich anpassen.
Eingewöhnung Anpassung, Akklimatisierung.
eingewurzelt verankert, sesshaft. → allgemein, angeboren, befindlich, behaftet, chronisch, daheim, eingefleischt.
eingezwängt → eingekeilt.
eingießen → ausfüllen, begießen, beifügen, einschenken, einträufeln, füllen.
eingliedern → anschließen, anpassen, verbinden.
eingliedrig monomisch.
Eingottglaube Monotheismus.
eingraben einscharren, bestatten, beerdigen, beisetzen, vergraben, versenken, verscharren, verstecken, einbuddeln *u.* → einmauern, einpflanzen, einrammen. ▸ ausbuddeln, ausgraben, zu Tage fördern • exhumieren.
eingravieren → einzeichnen.
eingreifen → ausgleichen, beistehen, bekümmern, beschäftigen, dazwischentreten, drängen, durchgreifen, eindringen mit Gewalt, einschreiten.
eingrenzen → belagern.
Eingriff → Anmaßung, Behandlung, Eigenmächtigkeit. → Intervention.
Eingriffe, staatliche Dirigismus, Regulierung.
einhaken → einhängen.
Einhalt Hemmnis, Hindernis, Schranke, Sperre, Begrenzung, Behinderung • Atempause, Erholung, Pause, Unterbrechung, Rast. → Arrest, Atempause, Aufenthalt, Barriere, Beruhigung. ▸ Anstoß, Bewegung, Förderung, Rastlosigkeit, Stetigkeit.
Einhalt gebieten anhalten, stoppen, untersagen, verbieten.
einhalten anhalten, aussetzen, einstellen, innehalten, pausieren, abbrechen, ablassen, rasten, halten • einbehalten, abknapsen, einen Dämpfer aufsetzen. → anhalten, aufhören, ausruhen, beruhigen, bleiben stehen, bleiben zurück. ▸ antreiben, arbeiten, bewegen, fortfahren • brechen, missachten, überschreiten, versäumen • abweichen, verlassen • verabreden, versprechen, zusagen.
einhämmern einbläuen, einprägen, einpauken, eintrommeln, eindrillen, eintrichtern, sich hinter die Ohren schreiben. ▸ angeboren (sein), vergessen.
einhandeln tauschen, vertauschen, eintauschen, umtauschen • verkaufen, verklopfen, verkümmeln, Geschäfte machen, Handel treiben.
einhängen einhaken, den Arm geben, den Arm reichen • auflegen. → broschieren. ▸ trennen.
einhauchen → einatmen, Inhalation.
einhauen fressen, reinhauen, verschlingen, hineinstopfen. → anfeinden, angreifen, anmachen, einfallen, essen, überfallen, überrumpeln. ▸ lösen, nippen, verteidigen.
einhegen → begrenzen, einfassen.
einheimisch endemisch, entopisch, inländisch, indigen, örtlich gebunden. → ansässig. ▸ ausländisch, fremd.
Einheimischer → Eingeborener.
einheimsen → beerben, bringen unter Dach, eindecken sich, erbeuten, erhandeln, ernten.

Einheit Ganzheit, Gesamtheit, Gleichform, Zusammengehörigkeit, Eintracht, Verschmolzenheit, Einklang, Einstimmigkeit.
▸ Teil, Ungleichheit, Verschiedenheit, Vielheit • Abspaltung, Abtrennung, Scheidung, Spaltung, Teilung, Trennung • Teil, Uneinheitlichkeit • Pluralität, Vielfalt • Dualität, Zweiheit.
Einheit aus zwei Teilen Dyade.
Einheit durch Ergänzung Integration.
Einheit einer Skala Grad.
Einheit, unteilbare Monade.
einheitlich gleichförmig, gleichmäßig, uniformiert, in Kriegsbemalung *u,* im bunten Rock *u,* gleichartig, zusammengehörend, unterschiedslos, geschlossen, insgesamt, durch die Bank, gehupft wie gesprungen, gleich. → ebenso viel, einfarbig, einförmig.
▸ uneins, verschieden, heterogen, mannigfaltig, uneinheitlich, variationsreich, verschiedenartig, vielfältig • abgespalten, geteilt, getrennt.
einheitlich festsetzen normen, normieren, standardisieren, typisieren.
Einheitlichkeit Einheit, Ganzes, Ganzheit, Geschlossenheit, Homogenität.
Einheitsform Gleichförmigkeit, Gleichartigkeit, Regelmäßigkeit, Einheitsstück, Musterform, Muster, Vorbild, Schnitt.
▸ Verschiedenartigkeit.
Einheitskleidung Montur, Uniform.
Einheitsstück → Einheitsform.
einheizen heizen, anstecken, erwärmen, erhitzen, schüren, verbrennen, anblasen. → anzünden, Brand stecken in, braten, tadeln.
▸ abkühlen, loben.
Einheizung → Erwärmung.
einhellig einmütig, einig, einstimmig, einträchtig, übereinstimmend, vereint, verbunden, einverstanden. → beifällig.
▸ uneins.
Einhelligkeit → einhellig.
einholen ereilen, überholen. → ausschreiten, begegnen, beschaffen, einfordern, erhaschen, Ferse folgen auf der.
▸ bleiben zurück, wegschaffen.
Einholung → Ernte.
einhüllen → bedecken, behängen, einbröseln, einmummen.
▸ entblößen, enthüllen, freimachen.
einig → befreundet, beisammen, Kordial, einhellig.
▸ feindlich, gegensätzlich, gegnerisch, überworfen, uneinig, uneins, zerstritten, zwieträchtig • geschieden, gespalten, getrennt.
einig sein → befreunden.
einige → allerhand, diverse, etliche.
einigeln, sich schützen (sich), verkriechen (sich).
einige Mal manchmal, zuweilen, jeweils, bisweilen, gelegentlich, mitunter, dann und wann, hin und wieder. → dann und wann.
▸ einmal.
einigen übereinkommen, übereinstimmen, festlegen, vereinigen, einen, beschließen, abmachen, verständigen sich, die Friedenspfeife rauchen. → befriedigen, beitreten, bringen in Einklang.
▸ streiten, trennen.
einigermaßen annähernd, nahezu, halbwegs, ungefähr, etwas, eben • spärlich, notdürftig, unvollkommen, knapp, leichthin, mäßig.
▸ ganz, hinreichend.
einiges → beiläufig, bloß.
Einigkeit Konkordanz, Übereinstimmung, Eintracht, Gemeinschaft, Gleichklang, Vereinigung, Zusammenarbeit, Zusammengehörigkeit, Verträglichkeit, Zufriedenheit, Friede, Freundschaft. → Brüderlichkeit, Bündnis, Einklang.
▸ Uneinigkeit.
Einigung Einvernehmen, Abmachung, Festlegung, Festsetzung, Übereinkommen, Verständigung, Abschluss, Übereinkunft, Übereinstimmung, es kommt zum Klappen *u.*
▸ Uneinigkeit.
Einigungsgespräch Auseinandersetzung, Schlichtung, Verhandlung, Vermittlung, Besprechung, Verbindung.
▸ Streitgespräch.
einimpfen impfen, einspritzen. → drillen.
▸ ausscheiden, verwirren.
Einimpfung → Eindringung.
einkapseln einwickeln, umhüllen, abkapseln, verhüllen, verkleiden, umkleiden, einbinden, abschließen. → decken, zurückziehen sich.
▸ auspacken, gesellen sich.
einkassieren einnehmen, einsammeln, einziehen, erheben, einfordern, eintreiben, kassieren. → einfordern.
▸ ausgeben, bezahlen.
Einkassierung → Eintreibung.
Einkauf Besorgung, Erledigung, Verrichtung, Kauf, Ankauf, Versorgung, Ergänzung. → Abnahme, Besorgung, Leistung.
▸ Verkauf.
einkaufen → bestellen, kaufen.
Einkäufer → Käufer.
Einkaufsucht Oniomanie.
Einkaufszentrum Geschäftsviertel/-zentrum, Großmarkt, Hauptgeschäftsstraße, Ladenstraße/-zentrum, Markt, Shoppingcenter.
Einkehr Selbsterkenntnis, Reue, Insichgehen, Zusichkommen, Geständnis. → Besuch.
▸ Verstocktheit, Weggang.
Einkehr halten → bekehren.
einkehren absteigen, hineingehen, logieren, niederlassen sich, eintreten, in sich gehen, sich vom Äußeren abkehren. → belegen, besuchen, bewohnen, bleiben.
▸ wegbleiben, weggehen, verhärten sich.
einkeilen einquetschen, einschrauben, einpressen, einfügen, einrammen, einzwängen. → bleiben stecken, einfalzen, einstampfen, eintreiben.
▸ befreien.
einkellern einlagern, einbetten, deponieren, einstellen, aufspeichern, einspeichern, auf Lager nehmen • unbenutzt lassen, nicht gebrauchen. → aufheben, aufspeichern, einlagern.
▸ fortschaffen, vergeuden.
einkerben einschneiden, einzähnen, auszähnen, zacken, auskerben, ausschnitzen.
▸ glätten, glattmachen.
Einkerbung Kerbe. → Einschnitt.
einkerkern → berauben, bestrafen, dingfest machen, einfangen, einmauern.
Einkerkerung Freiheitsberaubung, Gewahrsam, Haft, Verwahrung, Gefangenschaft.

→ Arrest.
▸ Befreiung.
einkesseln einkreisen, einschließen, umringen, umschließen, umzingeln.
einkitten kitten, anhaken, festmachen, befestigen, verkitten.
▸ lösen.
einklagen → einfordern.
Einklang → Gleichklang, Harmonie, Stimmeneinheit, Übereinstimmung, Zusammenklang, Einverständnis, Gleichstimmung, Wohlklang, Zufriedenheit, Verträglichkeit, Einigkeit.
▸ Disharmonie, Dissonanz, Missklang.
Einklang bringen ausgleichen, vermitteln, versöhnen, beilegen, schlichten, übereinkommen, einigen sich, Streitigkeiten beseitigen, Einigkeit wieder herstellen.
▸ streiten, vereiteln.
einkleiden, in Worte umschreiben, ausschmücken, durch Worte ausdrücken.
▸ Deutsch auf gut.
einklemmen → eindrängen, einkeilen, einlegen.
einklinken zumachen, absperren, zuschlagen, zusperren, einfallen lassen, zufallen lassen. → anmachen.
▸ öffnen.
einkneten → beibringen.
einknicken umknicken, stolpern, straucheln • umbiegen, einfalten, einen Knick machen.
▸ begradigen, glattmachen, strecken.
einknöpfen → einschnüren.
einknüpfen → einschnüren.
einkoffern packen, verpacken, verstauen, wegstecken, einwickeln, verschließen.
▸ auspacken.
Einkommen Verdienst, Gewinn, Erwerb, Einnahme, Geldmittel, Geld, Gehalt, Lohn, Zaster *u,* Marie *u,* Einkünfte, Besitz, Bezüge. → Einkunft.
▸ Aufwand, Verlust • Ausgaben, Auslagen, Kosten.
einkommen einnehmen, bekommen, erlangen, empfangen, einlaufen, eingehen.
▸ ausgeben, verbrauchen.
einkommen, gegen widersprechen, verneinen, entgegenhalten, widerstreiten, entgegenwirken, entgegenstreben. → beklagen.
▸ anerkennen, fördern.
Einkommen in Sachleistung Deputat.
Einkommen nach Nennwert Nominaleinkommen.
einkommen, um bitten, anhalten, ersuchen, verlangen, wünschen • herbeischaffen, herausschaffen, verschaffen. → angehen, begehren, beschaffen, bewerben sich, bitten, einreichen.
▸ ablehnen, befehlen, fortschaffen.
Einkommenskaufwert Effektivlohn, Reallohn.
Einkommensumverteilung Redistribution, Sekundärverteilung.
Einkommensverteilung Distribution.
einkreisen → blockieren.
Einkreisung Blockade, Belagerung, Einschließung, Umschnürung, Umklammerung, Umzingelung. → Absperrung, Blockade.
▸ Befreiung.
einkrusten → austrocknen, bedecken, einbröseln.
Einkunft Rente, Bezug, Pension, Zehrgeld, Ruhegehalt. → Einkommen.
▸ Aufwand, Verbrauch, Verlust.
einladen → anregen, begeistern, bestechen, bewirten, bitten, schenken Ehre.
▸ abladen, ausladen, entladen • besuchen • empfangen • verabschieden.
einladend gastfreundlich, leutselig, angenehm, verlockend, gefällig. → appetitlich, behaglich.
▸ unappetitlich, unbehaglich.
Einladung Anziehung, Verlockung, Werbeschrift • Geselligkeit, Festlichkeit, Besuch, Empfang. → Beeinflussung, Angebot, Fest.
Einlage Beifügung, Beischluss, Einschluss, Zugabe, Anlage, Zusatz • Einlagekapital, Einsatz, Investition, Kapitalanlage. → Aufnahme, Beifügung, Beilage.
▸ Entnahme, Entziehung, Weglassung.
einlagern → aufstellen, belegen, betten, deponieren, einbetten, eindecken sich, eindringen, einkellern.
Einlagerung Einflößung, Einsickerung, Infiltration. → Eindringen.
▸ Entziehung.
Einlass → Durchlass, Einfahrt.
einlassen empfangen, herauslassen, importieren, einführen, öffnen, hereinkommen lassen, Einlass gewähren. → aufdrängen, bekümmern, beteiligen sich.
▸ ablehnen, heraustreiben.
einlassen, sich helfen, einmischen, mit jemandem unter einer Decke stecken, am selben Strang ziehen, das Seine beitragen. → dazwischentreten, engagieren sich.
▸ drücken sich, neutral bleiben.
Einlasskarte Eintrittskarte, Billet, Kinokarte, Theaterkarte.
Einlauf Ziel, Zugang, Ankunft • Infiltration.
einlaufen → abnehmen, ankommen, einkommen.
einleben, sich → gewöhnen • heimisch werden.
einlegen einmachen, einfüllen, lagern, einkochen, sterilisieren • einschieben, einklemmen, dazwischenschieben, dazwischenlegen. → beibringen, beifügen, beladen.
▸ herausnehmen.
einlegen, Schande herabsetzen, Anstoß erregen, Missfallen erregen, Schande auf sich laden.
▸ einlegen Ehre.
einlegen, gute Worte verhandeln, vermitteln, schlichten, Fürsprache einlegen, sich ins Mittel legen, den Vermittler machen. → dazwischenschieben.
▸ hetzen.
einleiten veranlassen, entrieren. → anbahnen, anfangen, anstoßen, aufrollen, auftauchen.
▸ nachfolgen • vollenden, abschließen, beenden, schließen, Schlusswort schreiben/sprechen ein • ausführen, durchführen • ableiten.
einleiten, eine Sache anordnen, in die Hand nehmen, die Leitung übernehmen, eine Sache einfädeln, die Zügel ergreifen.
▸ ausführen, vollenden.
einleitend → bahnbrechend, besinnend, eingangs.
Einleitung → Angriff, Anlauf, Anstoß, Einführung.
einlenken hinsteuern, hinlotsen, hinführen, hinlenken, umbiegen, einfahren, einbiegen • umfallen, verdrehen, umkehren, umwerfen, umstürzen, umdrehen,

umstellen, stürzen, kentern. ▸ ablenken.
einlenken, wieder umkehren, bessern sich, ein neues Leben beginnen • bereuen, bedauern, vertragen sich. ▸ streiten, unverbesserlich sein.
einlernen → lernen.
einlesen → eintun, verstehen.
einleuchten begreifen, einsehen, erfassen, ergründen, verstehen, lernen, nachfühlen. → begreifen, bemeistern. ▸ begreifen nicht.
einleuchtend evident, offenbar, verständlich, klar, hell, ersichtlich, erkennbar, gemeinverständlich, unzweideutig, völlig klar, klar wie Kloßbrühe *u* • dicke Fische *u.* → anschaulich, deutlich, fassbar. ▸ unbegreiflich, absurd, abwegig, geheimnisvoll, irreführend, rätselhaft, unbegreiflich, undurchsichtig, unklar.
einliefern ausliefern, abliefern, überreichen, einhändigen, liefern, bringen, überliefern, hinfahren • heranschleifen. ▸ annehmen, erhalten ausliefern • abholen, annehmen, empfangen, holen • entlassen.
einliegend → anbei.
einlochen → einsperren.
einlogieren beherbergen, behausen, einmieten, unterbringen, vermieten. → belegen, betten, einbetten. ▸ ausquartieren, kündigen.
einlösen bezahlen, tilgen, vergüten, entrichten, abstatten, abtragen, erledigen, zurückgeben, wettmachen, erstellen, ausgleichen. → ausführen, begeben, bezahlen. ▸ schulden, unterlassen.
einlösen, Wort ausführen, beachten, vollbringen, nachkommen, verrichten, seine Pflicht tun, sein Versprechen halten, Ansprüche befriedigen. → bürgen. ▸ drücken sich, unterlassen, wortbrüchig (sein).
einlösend → ersetzend.
einlullen einschläfern, in Ruhe bringen, den Sturm beschwören. → beruhigen, schlummern. ▸ beunruhigen, stören.
Einmachen → Erhalten.
einmachen → einhüllen, einlegen.
einmal dereinst, einst, einstmals, damals, vordem, einzig, eines Tages, ein einziges Mal. → dereinst, eins. ▸ künftig, zweimal • häufig, immer wieder, mehrmals, oft, wiederholt, wiederkehrend • meist(ens), vorwiegend.
einmal, auf → Blitz getroffen wie vom, plötzlich.
einmal, alle auf gesamt, alle, sämtlich, ganz, ausnahmslos, allesamt und sonders, einer wie alle. ▸ einzeln.
einmal, es war in alter Zeit, in fernen Tagen, vor undenklicher Zeit, zu Olims Zeiten, eines schönen Tages, vor langem. ▸ künftig.
einmal ist keinmal Ausweg, Finte, Fallstrick, Vorspiegelung, Winkelzug, Ausrede, Deckmantel, Notlüge, Beschönigung, Behelf, leere Ausflucht • rechtfertigen, rein waschen, freisprechen, lossprechen, verteidigen, verfechten, entschuldigen, beschönigen, bemänteln, in milderem Licht darstellen, Not kennt kein Gebot. ▸ beschuldigen.
einmalig unikal → bahnbrechend, beispiellos, einmal, Epoche machend. ▸ alltäglich, gewöhnlich, häufig, normal, oft, regelmäßig, üblich, wieder immer • banal, langweilig, uninteressant.
Einmaligkeit Einzelfall, Sonderfall, Vereinzelung, Sonderheit. → Ausnahme, Erstmaligkeit. ▸ Häufigkeit, Vielheit, Wiederholung.
Einmarsch → Eindringen.
einmarschieren einrücken, einziehen, einquartieren, einfallen, antreffen. → ankommen, betreffen, einrücken. ▸ abmarschieren.
einmauern einschließen, einkerkern, zumauern, einpferchen, einsperren, eingraben, lebendig begraben. → begrenzen. ▸ frei machen, öffnen.
einmengen einmischen, einrühren, vermischen, beimengen, dazukneten, hineinbrauen, durcheinander schütteln, einstreuen. → aufdrängen, beifügen, bekümmern, beschäftigen, dazukommen, dazwischentreten, einwenden, einwerfen. ▸ absondern, weglassen.
einmengen, sich stören, hemmen, hindern, lästig fallen, im Wege stehen, Missbehagen verursachen, Ungemach bereiten. → aufhalten, bekümmern, Einspruch erheben. ▸ einmischen sich nicht, neutral bleiben.
Einmengung → Beschwernis.
einmieten → bewohnen, einbetten, einlogieren.
einmischen → beifügen, dazukommen, einmengen.
einmischen, sich → aufdrängen, beschäftigen, beteiligen sich, dazwischentreten, einlassen sich, einmengen sich, Einspruch erheben, erste Geige spielen.
einmischen, sich nicht → bleiben neutral.
einmischen, sich ungefragt querfurzen *u.*
Einmischung Hinzufügung, Vereinigung, Vermengung, Ergänzung, Vermischung. → Beschwernis, Eindringen. ▸ Absonderung.
einmummen einhüllen, umhüllen, vermummen, zudecken, einwickeln, einpacken, warm anziehen. → bedecken. ▸ enthüllen.
einmünden begegnen, treffen, resultieren, zusammenfließen.
Einmündung Vereinigung, Eintritt, Zufluss, Einfluss, Zulauf. → Anschluss. ▸ Ausfluss, Trennung.
einmütig → beifällig, brüderlich, ein Herz und eine Seele, einer wie alle, einhellig.
Einmütigkeit Einverständnis, Einvernehmen, Einhelligkeit, Einklang, Zustimmung, Beistimmung, Beifall, Einigkeit, Eintracht, Übereinkommen, Übereinstimmung • Stimmeneinheit • Bekenntnis, Bekräftigung • Hausfriede, Ruhe, gutes Einvernehmen, Verträglichkeit.
Einnahme → Einkommen, Erhaltung, Erlös, Ernte, Errungenschaft, Erwerb • Besitznahme, Besetzung. ▸ Ausgabe, Bezahlung, Überweisung, Zahlung • Aufgabe, Verlust • Ausscheidung.
Einnahmen → Einkünfte.
einnebeln → bespritzen, bewölken.

einnehmen schlucken, eingeben, verabreichen. → einkassieren, einkommen, einfordern, einquartieren sich, erben, erbetteln, erlangen. ▸ absondern • abführen, ausgeben, bezahlen, entrichten, überweisen, zahlen • ausgeben, austeilen, verteilen • verordnen, verschreiben • ausscheiden, von sich geben • aufgeben, räumen • weggeben.
einnehmen, für sich → bestricken, brechen das Eis.
einnehmend → angenehm, anmutig, artig, scharmant, diplomatisch, entzückend, erwünscht, fein.
einnicken → einschlafen, schlummern.
einnisten einquartieren, weilen, festsetzen, lagern, sich sesshaft machen, sich niederlassen • horsten, nisten. → aufhalten sich, besetzen, bevölkern, bewohnen, bleiben. ▸ ausquartieren, aussiedeln.
Einöde Öde, Wüste, Wildnis, Steppe, Savanne • Einsamkeit, Abgesondertheit, Entvölkerung, Ungastlichkeit.
einölen balsamieren, (ein)cremen, (ein)salben, einschmieren, ölen.
einordnen → aufnehmen, aufstellen, beiordnen, bestimmen, bilden, einbeziehen, einrangieren, einrücken, einschachten, einstufen.
Einordnung Einreihung, Gliederung, Gruppierung, Einteilung, Sichtung, Sonderung • Anordnung, Aufbau, Einschätzung. ▸ Auflösung, Chaos, Übertretung.
einpacken → bedecken, einbinden, einkoffern, einmummen, einrollen, einsacken, einschachteln.
einpassen → ergänzen.
einpauken → beibringen, belehren, drillen, einhämmern.
Einpauker Repetitor.
einpeitschen einschärfen, einbläuen.
einpferchen → begrenzen, einmauern, einschließen.
einpflanzen verpflanzen, umpflanzen, anpflanzen, aufpflanzen, eingraben. → besetzen, betten, einbetten. ▸ herausreißen.
einpflanzen, Gewebe implantieren.
Einpflanzenanbau Monokultur.
einpropfen → beifügen.
einpökeln einsalzen, in Salz legen.
einprägen → beibringen, belehren, denken, drillen, einhämmern, erinnern, festhalten, memorieren • durchlochen, einzeichnen.
einprägsam → eindrucksvoll.
einpudern bepudern, einstäuben, pudern.
einquartieren → beherbergen, belegen, bemannen, einlogieren, einmarschieren, einnisten.
einquartieren, sich Wohnung nehmen, an einem Ort bleiben, niederlassen sich. → ankommen, aufhalten sich, seine Zelte aufschlagen, besetzen, bewohnen, einlogieren. ▸ ausquartieren.
einquartiert → befindlich.
einquetschen → einkeilen.
einrahmen berahmen, umrahmen • umgeben, umringen, umschließen.
Einrahmung Einfassung, Rahmen, Rahmung, Umrandung • Zaun.
einrammen versenken, eingraben, pfählen, einsetzen, aufpflanzen. → einkeilen, einstampfen, eintreiben. ▸ herausreißen.
einrangieren einreihen, einordnen, hinzufügen, dazugeben, zusammensetzen. ▸ entfernen, verwirren.
einräumen einwilligen, gewähren, erlauben, leiden, gestatten, genehmigen, zulassen. → anordnen, beipflichten, berücksichtigen, bewilligen, erhören, erlauben. ▸ ablehnen, aufheben, ausräumen, verbieten, verneinen • ausräumen, entrümpeln, wegwerfen • abstreiten, leugnen, zugeben nicht • verweigern, vorenthalten.
Einräumung Entgegenkommen, Vergünstigung, Genehmigung, Bewilligung, Erlaubnis, Ermächtigung. → Befugnis, Billigung, Erlaubnis. ▸ Ablehnung, Aufhebung, Räumung, Verbot, Verneinung.
einrechnen hinzufügen, hinzusetzen, einschließen, beifügen. → abziehen. ▸ abziehen.
Einrede → Abwehr, Antwort, Auflehnung, Bedenken, Berichtigung, Berufung, Brotneid, Einwand.
einreden erwidern, entgegnen, die Ohren voll blasen. → anregen, anführen, befürworten, beraten, Besten halten zum, düpieren, Dunst vormachen, erwidern, fantasieren. ▸ abhalten, ablehnen.
einreiben einfetten, eincremen, einschmieren. → balsamieren. ▸ abwischen.
Einreibung Inunktion, Friktion, Unktion.
einreichen angehen, anrufen, einkommen um, Gesuch stellen, eine Bitte richten • Klage einbringen, anhängig machen. → bewerben sich. ▸ bewenden lassen, verzichten.
einreichen um → bitten.
einreihen → anordnen, aufnehmen, ausheben, bearbeiten, beifügen, beiordnen, beitreten, dazukommen, einbeziehen, einordnen, einrangieren, einstufen, einverleiben, fassen in sich.
Einreihung → Anordnung, Anschluss, Aufbau, Aufnahme, Beifügung, Einordnung.
Einreiseerlaubnis Visum.
einreisen → einwandern.
einreißen zur Gewohnheit werden lassen. → abbrechen, abschaffen, ausmerzen. ▸ abgewöhnen, aufbauen, haltbar (sein), aufbauen, erbauen, errichten.
einrenken vermitteln, schlichten, wieder gut machen, sich wieder vertragen • Arm oder Glied einrenken oder einrichten. → anordnen, arrangieren. ▸ streiten, umstoßen.
Einrenkung Redressement, Reposition.
Einrenkung, Heilung durch Chiropraktik.
einrichten einbauen, anlegen, installieren • anpassen. → anfangen, anfertigen, anordnen, arrangieren, aufbauen, aufstellen, möblieren, auftakeln, ausgestalten, bahnen, begründen, bequem, bestimmen, bilden. ▸ demontieren, räumen, umstoßen, vernichten, verrücken abbauen, auflösen, demontieren.
Einrichtung Einbau, Ablage, Installation, Institution • Möbel, Hausgerät. → Apparat, Art, Aufbau, Ausrüstung, Besitztum, Bestand, Einbau, Etablissement.

▸ Abbau, Räumung, Sinnlosigkeit, Verwirrung.
Einrichtungsgegenstände Inventar, Möbel.
Einriss Fissur.
einritzen eingravieren, gravieren, kratzen, rillen, ritzen.
einrollen einpacken, einwickeln, verstauen, verschalen, verhüllen, zusammenrollen, aufschließen *sm.* → einbinden, enthüllen.
einrosten altern, verfallen, verderben, oxidieren.
einrücken einmarschieren, einziehen, einbrechen • einsetzen, inserieren, annoncieren, anzeigen • einschalten, einordnen. → ankündigen, betreten, durchdringen, einmarschieren. ▸ abmarschieren, wegbleiben, verheimlichen.
Einrückung Einberufung. → Anzeige, Eindringen.
einrühren → beifügen, dazukommen, einmengen.
eins einzeln, einzig, einmal, einfach. → ein. ▸ viele.
eins ins andere eins ins andere gerechnet, alles in allem, durch die Bank weg, in Bausch und Bogen. ▸ ausgenommen, einzelne gehen ins.
eins für das andere vertauschen, umorganisieren *u*, dagegen, dafür, wechselweise. → dafür. ▸ für sich.
eins um das andere regelmäßig, der Reihe nach, in regelmäßigen Abständen, in regelmäßiger Ordnung. ▸ unregelmäßig.
einsäckeln mitnehmen, zusammenscharren, beschaffen, aufstöbern, auftreiben, zusammenkratzen, sammeln, einscheuern, wegschleppen, aneignen sich. → beerben, bemächtigen, beschaffen, erbeuten. ▸ einbüßen, verlieren, zurückgeben.
einsacken einpacken, verpacken, verstauen, wegpacken, einstecken, mitnehmen. → bedecken. ▸ auspacken, enthüllen.
Einsager Souffleur, Vorsager.
Einsagerin Souffleuse, Vorsagerin.
einsalben → balsamieren, einreiben.
Einsalbung Unktion.
einsalzen → einpökeln.
einsam entlegen, fern, getrennt, unzugänglich, unbesucht, unbewohnt, allein auf weiter Flur. → abgelegen, allein, allein stehend, berührungslos, entvölkert. ▸ beisammen, gesellig, vereint • belebt, besucht • Gesellschaft in, Masse in der • extravertiert, kontaktfreudig • haufenweise, massenweise • inmitten, zentral.
einsames Inselleben Robinsonade.
Einsamkeit Isolierung, Verlassenheit, Alleinstehen, Weltentfremdung, Ausgeschlossenheit, Abschließung. → Absonderung, Einöde, Entlegenheit. ▸ Geselligkeit, Vereinigung.
Einsamkeitsangst Monophobie.
einsammeln → beschaffen, einkassieren, eintun, ernten, sammeln.
Einsammlung → Besorgung, Leistung.
einsargen → bestatten, Bord werfen über.
einsargen, Hoffnung verzagen, verzweifeln, eine Hoffnung zu Grabe tragen, aus allen Himmeln fallen, jede Hoffnung verlieren, die Flinte ins Korn werfen. ▸ hoffen.
Einsatz Anfang, Beginn. → Antrieb, Einlage, Ehrgeiz. ▸ Abschluss, Trägheit, Unentschlossenheit • Ergebnis, Erfolg, Ertrag, Gewinn, Nutzen, Resultat, Wirkung • Verlust.
einsatzbereit → verfügbar.
Einsatzsignal Alarm.
einsauen bekleckern, beschmutzen, besudeln, dreckig/schmutzig machen, verunreinigen.
einsaugen eindringen, vollsaugen, einfließen, einziehen, saugen, trinken, ausschlürfen, lutschen • einatmen, atmen • Feuchtigkeit anziehen. ▸ ausatmen, austrocknen.
Einsaugung → Aufnahme.
einsäumen → einfassen.
Einsäumung → Einfassung.
einschachteln einstecken, reinstecken, einpacken, unterbringen, einordnen, hineinstecken. → einbeziehen. ▸ auspacken, enthüllen.
einschalten andrehen, anknipsen, einstellen, schalten. → beibringen, einflechten, einrücken. ▸ ausschalten.
einschalten, sich → dazwischentreten, eindrängen sich, einmengen sich.
Einschalter → Eindringling, Kontakt, Schalter.
Einschaltung Eindringen, Einführung. ▸ Beseitigung, Trennung.
einschärfen ermahnen, mahnen, hinweisen, erinnern, belehren, unterweisen, predigen, hervorheben, betonen, anstreichen, zurechtweisen, verordnen, etwas auf die Seele binden, jemandem auf der Seele knien. → A und O, befehlen, begehren, betonen, binden auf die Seele. ▸ Hand freie lassen.
einscharren → bestatten, eingraben.
einschätzen würdigen, taxieren, bewerten, ermessen, beurteilen, abwägen, übersehen. → beurteilen, charakterisieren, deuten, ermessen. ▸ verkennen.
Einschätzung Bewertung, Beurteilung, Charakterisierung, Klassifikation, Abwägung, Würdigung, Einteilung, Einordnung.
einschenken eingießen, einfüllen, voll gießen, füllen, anfüllen, die Gläser füllen. → ausfüllen. ▸ ausgießen.
einschenken, reinen Wein → belehren.
einscheuern → aufspeichern, einsäckeln, eintun.
einschichtig einfach, einzeln, einteilig, unbegleitet, ungepaart, allein. ▸ mehrteilig.
einschicken schicken, senden, versenden, absenden, verschicken, zuschicken, einsenden • verfrachten. ▸ empfangen.
einschieben → beibringen, beifügen, einflechten, einlegen, einschmuggeln.
einschieben, sich → eindrängen sich, einmengen.
Einschiebsel → Anmerkung.
Einschiebung → Eindringen, Einfügung Ergänzung, Nachtrag, Parenthese.
einschiffen, sich → Bord gehen an.
Einschiffung Abfahrt, Start, Ausreise.
einschlafen einnicken,

einschlummern, einduseln, ruhen, niederlegen sich, vom Schlaf überwältigt werden, einpennen *u,* hinüber sein *u.* → beruhigen, erlahmen.
▸ aufwachen, erwachen, munter werden • wach sein, wach bleiben, wachen.
einschläfern langweilen sich • dämpfen, lindern, eindämmen, bezähmen, beruhigen, betäuben. → anöden, begütigen, beruhigen, besänftigen, betäuben, einlullen.
▸ beunruhigen, erheitern.
einschläfernd betäubend, lindernd • langweilig, monoton, bleiern.
▸ erheiternd, fühlbar.
Einschläferung → Beruhigung.
Einschlag Umschlag, Umhüllung, Verkleidung, Bedeckung, Verpackung, Einband, Briefumschlag, Papier, Verschalung, Hülle • Blitz. → Couvert, Decke, Falte.
▸ Inhalt.
einschlagen → aufgehen, aufmachen, bedecken, behängen, bringen es zu etwas, durchschlagen, einbiegen, einbinden, eindringen mit Gewalt, erfüllen die Hoffnung, falten.
einschlagen, den Weg hinsteuern, seine Richtung haben. → betreten.
▸ stehen bleiben.
einschlägig entsprechend, sachgemäß, geeignet, passend, anwendbar, zweckdienlich, angemessen, richtig. → fachgemäß.
▸ ungeeignet.
einschleichen → auftauchen, betreten, einbrechen, einstehlen.
einschleichen, sich in die Gunst verwirren, verdrehen, beschwatzen, bereden, scharwenzeln, kriechen, schöntun, dienen, hofieren, krümmen sich, einschmeicheln sich, in Gunst kommen, den Weg zum Herzen finden, Ohren kitzeln.
▸ unbeliebt machen.
Einschleppung → Verbreitung, Verschleppung.
einschließen einbeziehen, einbegriffen sein, implizieren. → absperren, angreifen, einfangen, einmauern, begrenzen, belagern, bilden, dingfest machen, einmauern, einrechnen, enthalten, fassen in sich.
▸ ausschließen • befreien, freilassen, herauslassen • ausnehmen • ignorieren, übersehen.
einschließen zurückziehen sich.
einschließlich einbegriffen, impliziert, inklusiv. → beigeordnet, bestehen aus, eingerechnet, fassen in sich, ferner.
▸ ausgenommen, ausschließlich.
Einschließung → Absperrung, Beraubung, Bewachung, Blockade, Einkreisung, Fesselung.
einschlingen → einflechten.
einschlummern sterben, vergehen, erlöschen, dem Tode anheim fallen, das Zeitliche segnen, einschlafen. → ausatmen, beruhigen, einschlafen, entschlafen.
▸ aufwachen, leben.
Einschluss Beischluss, Zugabe, Beifügung, Hinzufügung, Mitwirkung. → Anschluss, Aufnahme, Beifügung, Beilage, Beitritt, Einlage.
einschmeicheln → betteln, einschleichen sich in die Gunst, einschmeicheln sich.
einschmeicheln, sich schaben *u.*
einschmeichelnd → schmeichlerisch.
einschmelzen auflösen, schmelzen, flüssig machen, zerfließen lassen, zergehen lassen.
▸ erhärten.
einschmieren → balsamieren, einreiben.
einschmuggeln einschieben, unterschlagen, unterschleifen, heimlich einführen, einpaschen *u.* → auftauchen, betreten, einbrechen, einstehlen.
▸ offiziell (einführen), verschwinden.
einschnallen → einschnüren.
einschnappen → aufregen, einklinken.
einschneiden → einkerben.
einschneiden, Metall / Steine gravieren.
einschneidend fühlbar, merklich, empfindlich, durchgreifend, scharf, streng. → A und O, doppelschneidig.
▸ unwirksam.
Einschnitt Kerbe, Auszackung, Einbiegung, Scharte, Bresche, Grube, Schneide • Zäsur. → Bruch, Bucht, Einbauchung.
▸ Verbindung.
einschnüren einbinden, einschnallen, einknüpfen, einknöpfen, zusammenziehen, zusammenpressen, engmachen, verengern, schmälern, schnüren, einengen, zusammendrängen, zusammendrücken.
▸ aufbinden, ausbreiten.
Einschnürung Kontraktion.
einschränken beschränken, vermindern, schmälern, kürzen, verringern, begrenzen, beschneiden, kurz halten, kurz treten, den Brotkorb höher hängen, an die Kandare nehmen, einen Dämpfer aufsetzen, nach der Decke strecken, sich krumm legen. → abarbeiten, abdarben, abrunden, ausschalten, ausschneiden, beengen, begrenzen, beschränken, beiseite legen, dazwischentreten, erübrigen.
▸ vermehren • ausbauen, ausdehnen, ausweiten, erweitern, steigern, vergrößern, verstärken • anregen, animieren, entwickeln lassen sich, fördern, gewähren lassen, helfen, wachsen lassen.
Einschränkung → Abkürzung, Abstinenz, Armut, Arrest, Beschlagnahme, Besinnung, Demarkation, Dezimierung, Diät, Einsparung, Enthaltung, Entziehung, Ersparnis.
Einschränkung, mit bedingt, Vorbehalt unter, vorbehaltlich.
Einschränkung, ohne bedingungslos, extrem, kompromisslos, unbedingt.
einschrauben festschrauben, zuschrauben. → einkeilen.
▸ lösen.
Einschreibebrief → Benachrichtigung.
einschreiben verzeichnen, freimachen, verbuchen, eintragen, hineinschreiben, inskribieren. → anschreiben, ausfüllen, einzeichnen.
Einschreibung → Abonnement, einschreiben.
einschreiten schlichten, eingreifen, versöhnen, verhandeln, verbinden. → ausgleichen, bekümmern, beschäftigen, dazwischentreten, eindrängen sich.
▸ abwarten, verhindern, zuwiderhandeln.
einschreitend → dazwischentretend.
einschrumpfen → auszehren, dürren, einfallen.
Einschub → Ergänzung.
einschüchtern bange machen,

Furcht einjagen, die Pferde scheu machen, kusch halten *u*, ins Bockshorn jagen. → bedrängen, bedrohen, beeindrucken, beugen, blenden, drohen, entmutigen. ▸ ermutigen, ermuntern, loben, unterstützen.
einschüchternd Achtung gebietend, beeindruckend, Furcht einflößend, beunruhigend, erschreckend, schreckensvoll. ▸ ermutigend.
Einschüchterung → Bedrohung, Drohung.
einschulen vorbereiten, abrichten, befähigen, dressieren, eintrainieren. → erziehen, schulen.
einschütten → füllen.
einschwenken → einbiegen.
einsegnen → einweihen.
einsehbar begreiflich, deutlich, einleuchtend, einsichtig, erklärlich, klar, verständlich.
einsehbar intellegibel, plausibel.
einsehen hineinblicken, hineinschauen, hineinsehen, einblicken, sehen, blicken. → auffassen, begreifen, durchschauen, einleuchten, erkennen. ▸ undurchsichtig (sein), unbegreiflich (finden), unvernünftig (sein).
einseifen → barbieren, blenden, waschen.
einseitig engherzig, parteilich, voreingenommen, verzerrt, schief, unklar, beengt, entstellt, unsachlich, verdreht, zweckgefärbt, zurechtgemacht, doktrinär • ein Feible haben *u*, einen Narren gefressen haben. → befangen, bigott, entstellt. ▸ großzügig, unparteiisch, vielseitig.
Einseitigkeit Befangenheit, Voreingenommenheit, Entstellung, Verzerrung, Unsachlichkeit, Unklarheit, Zweckdienlichkeit. → Denkart, kleinliche. ▸ Großmut, Sachlichkeit.
einsenden → einschicken.
Einsendung Eingabe, Gesuch • Beteiligung.
Einsenkung → Becken.
einsetzbar bereit, einsatzfähig, fertig, parat, startbereit, verfügbar.
einsetzbar, beliebig fungibel.
einsetzen → anfangen, anstellen, beauftragen, berufen, beschäftigen, delegieren, einrammen, ermächtigen, einrücken, ereifern sich, ernennen, verwenden sich. ▸ abberufen, absetzen, ausbooten, entlassen, suspendieren, verabschieden • abbrechen, aussetzen • abziehen, zurückbeordern • ernten, gewinnen, herausholen, kassieren • verlieren.
einsetzen, sein Leben wagen.
einsetzen, sich sich engagieren.
Einsetzung Einweihung. → Berufung, Einbau.
Einsetzung, feierliche Inauguration.
Einsicht Gehirnschmalz *u*. → Bedacht, Begriffsvermögen, Behutsamkeit, Denkvermögen, Diskretion, Einblick, Einfühlungsgabe, Erfahrung, Erkenntnis.
einsichtig → anstellig, begabt, feinspürig.
einsichtslos beschränkt, engstirnig, kurzsichtig, unwissend, unverständig, dumm. → albern. ▸ einsichtsvoll.
einsichtsvoll → anstellig, aufgeklärt, bedächtig, begabt, diskret, einspurig.
einsickern → eindringen.
Einsickerung → Eindringen, Einlagerung.
Einsiedelei Eremitage, Kartause, Klause.
Einsiedler Menschenfeind, Klosterbruder, Klausner, Eremit, Anachoret, Säulenheiliger. ▸ Gesellschaftsmensch.
einsiedlerisch abgekapselt, weltabgewandt, zurückgezogen.
Einsiedlermönch Kartäuser.
Einsiedlertum → Absonderung.
einsilbig schweigsam, still, verschlossen, verschwiegen, wortkarg, zurückhaltend, zugeknöpft, unmitteilsam. → bärbeißig, brummig, fassen sich kurz, Fassung kurze. ▸ aufgeschlossen, redselig.
einsinken → untersinken.
einsitzen abbrummen/abbüßen/absitzen eine Strafe, brummen, gefangen sitzen, Gittern sitzen hinter.
einspannen anspannen, festmachen, anschirren, aufzäumen, satteln. → anmachen, arbeiten. ▸ ausspannen • entlasten • in Ruhe lassen.
Einspänner → Chaise, Fahrzeug.
einsparen → einschränken. ▸ aufwenden, ausgeben, verbrauchen, vergeuden, verprassen.
Einsparung Einschränkung, Wirtschaftlichkeit, Drosselung der Ausgaben. → Ersparnis. ▸ Verschwendung.
einspeichern → eindecken, einkellern.
einsperren → bändigen, begrenzen, belagern, bestrafen, dingfest machen, einmauern, einschließen, einbuchten *u*. ▸ befreien, entlassen, freilassen, herausholen, herauslassen • laufen lassen.
Einsperrung → Bewachung.
einspielen, sich proben, üben, sich einfahren, gewöhnen.
einspinnen, sich zurückziehen sich, entfernt halten sich, abschließen sich, einpuppen sich, einsam leben, ein Muschelleben führen. ▸ verkehren.
Einsprache Ablehnung, Einspruch, Gegenerklärung, Widerspruch, Veto, Weigerung, Verwahrung. → Berufung, Einwand. ▸ Zustimmung.
einspringen → beispringen.
einspritzen besprengen, begießen, voll spritzen, injizieren, schießen *u*. → beifügen, bespritzen, einimpfen. ▸ extrahieren.
Einspritzpumpe Injektor.
Einspritzung Einimpfung. → Aufnahme, Beruhigungsmittel, Eindringung.
Einspruch → Ableugnung, Abneigung, Absage, Abwehr, Auflehnung, Bedenken, Berufung, Durchkreuzung, Einsprache, Einwand, Entkräftigung, Gegenstimme. ▸ Annahme, Einverständnis, Einwilligung, Genehmigung, Zustimmung.
Einspruch erheben verhindern, zuvorkommen, entgegenstellen, hemmen, vereiteln, bekämpfen, beschränken, anfeinden, einmengen sich, einmischen sich. → beklagen, Dach steigen auf das. ▸ zustimmen.
einst → als, bereits, bevor, damals, dereinst, dermalen, ehedem, einmal.
einstallen → belegen, deponieren, einbetten, einkellern.
einstampfen makulieren, festtreten, einrammen, eintreiben, einstopfen,

auffüllen, vergraben • zerstören, vernichten, beiseite schaffen, vertilgen, ausmerzen, abtragen, schleifen, zerquetschen, zermalmen, zerdrücken, dem Erdboden gleichmachen. → abschaffen.
▸ aufbauen, ausgraben, lockern.
Einstandspflicht Bürgschaft, Gewähr, Haftung, Sicherheit, Verpflichtung, Gewährleistung, Deckung.
einstäuben bepudern, bestäuben, einpudern, pudern, stäuben.
einstechen durchstechen, stechen, anspießen, einstoßen, durchlöchern, anstechen.
▸ herausziehen.
einstecken → aneignen, beherrschen sich, bemächtigen, berauben, bestehlen, dulden, einfangen, einsacken, einschachteln, einwerfen.
einstehen garantieren, haften, Gewähr leisten, bürgen • beschützen, fördern, fürsprechen, schützen, behüten, beistehen, helfen, eintreten. → auftreten für, ausfüllen, beistehen, bürgen, deponieren, Dienst stellen, dingen, eintreten für, entlasten.
▸ aberkennen, bloßstellen, widerrufen, zurücktreten.
einstehlen einschleichen, einsteigen, hineingehen, einschmuggeln.
▸ bemerkbar machen sich.
einsteigen → berauben, bestehlen, betreten, einbrechen, einstehlen sich.
▸ absteigen, aussteigen • aufhören, beenden, zurückziehen sich • flüchten.
einstellen berufen, beauftragen, engagieren, Arbeit geben, aufnehmen. → abblasen, abbrechen, ablassen, abschaffen, abstehen, aufheben, aufhören, auflösen, aufsetzen, aufstellen, bedenken, befehlen, belegen, beruhen lassen, einbetten, einhalten, einkellern, einschalten, entspinnen, entwöhnen, erfolgen.
▸ abschalten, abstellen, ausstellen • verstellen, verstimmen • abbauen, entlassen, hinauswerfen, kündigen, suspendieren • anfangen, starten • fortführen, weitermachen.
einstellen, sich begeben sich, vorfallen, ereignen sich, stattfinden, zutragen sich. → ankommen, begeben sich, bestehen, besuchen.
▸ unterbleiben, wegbleiben.
einstellen lassen, sich → engagieren sich.
Einstellraum → Abstellraum.
Einstellung Abgewöhnung, Entwöhnung, Enthaltung • Aufschub, Pause, Unterbrechung, Stillstand, Streik, Stockung, Stundung, Aufschub • Ausstellung • Beitritt, Engagement. → Ansicht, Art, Art und Weise, Auslegung, Charakterfundament, Denkart, Entwöhnung, Erachten.
▸ Ausführung, Gewohnheit, Entlassung, Kündigung • Beginn • Fortführung.
Einstellung, maßlose Extremismus, Radikalismus.
einstig vergangen, verflossen, gewesen, unwiderbringlich. → damals, ehedem.
▸ künftig, später.
einstimmen → anstimmen, bewilligen, eingehen auf, singen.
einstimmend → dergleichen.
einstimmig → beifällig, beisammen, dasselbe, einhellig, ein Herz und eine Seele, eine wie alle, ein Mann wie.
Einstimmigkeit Übereinstimmung, Zusammenklang, Einvernehmen, Einverständnis. → Einheit.
▸ Unstimmigkeit.
einstmals → damals, dann, dereinst, dermalen, ehedem, einmal.
einstöckig eingeschossig.
einstopfen → einstampfen.
einstoßen → durchschlagen, einstechen.
einstreichen → einziehen.
einstreuen verstreuen, zerstreuen, ausstreuen, säen, ausbreiten. → einmengen.
▸ absondern, einsammeln.
einströmen münden, zusammenfließen → Infiltration.
einstudieren → lernen.
einstudiert gelernt, auswendig gelernt. → erkünstelt.
▸ natürlich, unkundig.
einstufen einordnen, aufstellen, einreihen • einen Rang zuweisen, Platz geben.
Einstülpung Invagination, Inversion.
einstürmen heranstürmen, anstürmen, heranstürzen, daherschießen • bedrängen, bitten, ersuchen • angreifen, losstürmen, einfallen, eindringen. → beeinflussen, Dach steigen auf das, fallen mit der Tür ins Haus.
▸ ablehnen, verteidigen, zaudern, zurückhalten.
Einsturz Zusammensturz, Zerfall, Umsturz, Einfallen, Zusammenbruch, Sturz. → Fall.
▸ Errichtung.
einstürzen → umstürzen.
einstweilen inzwischen, mittlerweile, solange, unterdessen, während, bis dahin, bis dann. → bis.
▸ immer.
einstweilig aushilfsweise, vorläufig, probeweise, vorübergehend, interimistisch. → einstweilen.
▸ immer wieder.
einstweilige Amtsenthebung Suspension.
Eintagsfliege Augenblicksgeschöpf, Seifenblase, Vergänglichkeit, Schall und Rauch, Spreu vor dem Winde.
▸ Beständigkeit.
Eintänzer Gigolo.
eintauchen untertauchen, tauchen, eintunken, tunken, hineinwerfen, anfeuchten, befeuchten, nass machen, stippen *u.* → einweichen.
▸ abtrocknen, auftauchen.
eintauschen → einhandeln.
einteilen teilen, verteilen, zuteilen, austeilen. → aufstellen, anordnen, arrangieren, bestimmen.
▸ verbinden, zerstreuen.
einteilig → einschichtig.
Einteilung → Abteilung, Anordnung, Einordnung, Einschätzung.
eintönig → arm, einfarbig, einförmig, langweilig.
▸ abwechslungsreich, interessant, spannend, unterhaltsam • bunt, farbenprächtig • mannigfaltig, vielfältig.
eintöniges Gerede Litanei.
Eintönigkeit → Fadheit.
Eintopf z.B. Hochepot, Hotchpotch, Irishstew, Labskaus.
Eintracht → Beruhigung, Einheit, Einklang.
▸ Feindschaft, Hader, Hass, Streit(igkeit), Uneinigkeit, Zwiespalt, Zwietracht.
einträchtig → befreundet, brüderlich, Kordial, einhellig, ein Herz und eine Seele.

Eintrag Vermerk, Notiz, Buchung.
eintragen einbringen, abwerfen, zum Nutzen gereichen, Gewinn bringen, sich lohnend erweisen. → abschreiben, abwerfen, aufnehmen, drucken, einschreiben, einzeichnen. ▸ benachteiligen, streichen, verlieren, ausstreichen, austragen, streichen • einbüßen, verlieren.
einträglich lohnend, nützlich, vorteilhaft, günstig, nutzbringend, dienlich, Gewinn bringend, förderlich. → ausgiebig, dankbar. ▸ Verlust bringend.
Einträglichkeit Vorteil, Nutzen, Gewinn, Nützlichkeit, Verwendbarkeit, Wert, Ertrag, Förderlichkeit, Dienlichkeit, Profit. → Dienlichkeit. ▸ Benachteiligung, Verlust.
Eintragung Inskription, Notiz.
eintrainieren → einschulen.
eintränken vergelten, heimzahlen, ein Hühnchen rupfen, das Blatt wenden. → abrechnen, ahnden, belohnen. ▸ bewenden lassen, wieder gutmachen.
einträufeln einflößen, eingießen, eingeben, verabreichen, geben, eintröpfeln. ▸ entfernen, erbrechen.
Einträufelung Instillation.
Eintreffen → Ankunft.
eintreffen → ankommen, auftauchen, begeben sich, begegnen, einstellen. ▸ abfahren, abreisen, aufbrechen, fortgehen, scheiden, starten • ausbleiben, fernbleiben.
eintreiben hineintreiben, einfügen, einrammen, einkeilen, dazwischenfügen. → durchstecken, einfordern, einkassieren, einstampfen. ▸ herausreißen, schulden.
Eintreibung Einziehung, Einkassierung, Einzug. → eintreiben.
eintreten → ankommen, ausgehen, befallen, begeben sich, beistehen, bestehen, beteiligen sich, betreten, einkehren, einstehen, ereignen sich, erfolgen, entspinnen. ▸ abgehen, ausscheiden, austreten, verlassen • draußen bleiben.
eintreten für vertreten, einstehen, Gewähr leisten, verbürgen, bekennen, bezeugen, bekräftigen • helfen, unterstützen, die Stange halten *u.* → befürworten, Daumen halten, ebnen den Weg. ▸ ablehnen, bloßstellen, hemmen, widerrufen.
eintrichtern → beibringen, belehren, drillen, einhämmern.
Eintritt → Anschluss, Aufnahme, Beifügung, Beitritt, Eindringen, Eingang, Einmündung. ▸ Abgang, Abschied, Abzug, Ausscheiden, Austritt, Verabschiedung, Verlassen.
Eintritt verboten off limits.
Eintrittsgeld Entrée.
Eintrittskarte → Einlasskarte.
eintrocknen → abtrocknen, austrocknen, dürren.
eintrommeln → einhämmern, drillen.
eintröpfeln → beifügen, einträufeln.
eintrüben → verdunkeln.
eintun einherbsten, einernten, einscheuern, einsammeln, ernten, einlesen. → ernten. ▸ entleeren, verbrauchen.
eintunken titschen *u.* → eintauchen, einweichen.
eintüten kuvertieren.
einüben → drillen, lehren.
einverleiben beipacken, anheften, anhängen, anreihen, einreihen, beimischen, hinzutun, anschließen, beiordnen, hinzufügen, taufen *u,* panschen *u,* zugesellen, verbinden, essen, trinken. → beifügen, dazukommen. ▸ absondern, wegnehmen, zerteilen.
einverleibt. → beifolgend, eingegliedert.
Einverleibung Vereinigung, Verknüpfung, Einbeziehung, Eingemeindung, Vermischung, Verquickung, Vermehrung, Hinzufügung, Beischluss, Anreihung, Annexion, Zuwachs, Beifügung, Bindung, Vermengung, Kuppelung, Verkettung, Abrundung, Landnahme, Eroberung, Beute.
Einvernehmen → Abkommen, Konvention, Einheit, Einigung, Einklang, Einstimmigkeit.
einverstanden → abgemacht, einhellig, gebilligt.
einverstanden sein einwilligen, zustimmen, beipflichten, gutheißen, billigen, bejahen, anerkennen, übereinkommen. → annehmen, anerkennen, beipflichten, beitreten, bejahen, dafür sein. ▸ ablehnen.
Einverständnis → Beifall, Berichtigung, Billigung, Bündnis, Einigung, Einklang, Einstimmigkeit. ▸ Ablehnung, Missbilligung • Differenz, Gegensatz, Meinungsverschiedenheit, Uneinigkeit • Einspruch, Einwand, Opposition, Protest, Widerspruch, Widerstand.
Einverständnis, heimliches täuschen, irreführen, heucheln, Geheimnisse miteinander haben, einverstanden sein, den Wünschen entgegenkommen, die Auffassung teilen, ein Herz und eine Seele sein, am gleichen Strang ziehen, zusammenwirken, mit verteilten Rollen spielen, gemeinsame Sache machen, sich die Bälle zuspielen, sich einen falschen Anschein geben, sich verstellen, unter einer Decke stecken. ▸ bloßlegen, bloßstellen, offenbaren.
einwachsen wichsen, bohnern.
Einwand Einspruch, Protest, Verweis, Missbilligung, Entgegnung, Einrede, Aber, Hemmung, Einwurf. → Abwehr, Beeinflussung, Berichtigung, Durchkreuzung. ▸ Anerkennung, Zustimmung.
Einwanderer Immigrant.
einwandern einreisen, einziehen, zuziehen, niederlassen. ▸ auswandern.
Einwanderung Immigration, Zuzug.
einwandfrei untadelig, unbescholten, jungfräulich *u.* → akkurat, auserlesen, ausgesucht, bekömmlich, blendend, scharmant, dauerhaft, erlesen, vollkommen. ▸ defekt, fehlerhaft, mangelhaft, unkorrekt • schlecht, ungenießbar, verdorben • anrüchig, anstößig, faul.
einwandfrei tipptopp *u.*
einwärts inwärts, inwendig, darinnen, innen, nach innen zu. ▸ auswärts.
einwässern → einweichen.
einweben → anmachen, durchwirken.
Einwecken → Erhaltung.
einwecken → einlegen.
einweichen eintunken, eintauchen, einwässern, enthärten, aufweichen. → abweichen, enthärten,

erweichen.
▸ trocknen.
einweihen einsegnen, weihen, salben, ordinieren, segnen, eröffnen, in Gebrauch nehmen. → bedeuten, benehmen, Irrtum nehmen.
▸ ausschließen, entweihen, irreführen, verdammen.
einweihen, in ein Geheimnis → belehren.
Einweihung → Einsetzung, Eröffnung, Feier.
einweisen → besetzen, hinweisen, unterweisen.
Einweisung Anleitung, Einführung, Einweihung, Instruktion, Unterweisung.
einwenden einwerfen, einmengen, kritisieren, aussetzen, beanstanden, nörgeln, missbilligen, nicht anerkennen. → ablehnen, dagegenhalten, einwerfen, erwidern.
▸ anerkennen, begründen, vorwerfen, zustimmen.
Einwendung → Abwehr, Bemerkung, Berufung, Durchkreuzung, Einwand.
einwerfen zerschmettern, zerschlagen, zersplittern, zerbrechen, einschmeißen • einwenden, einmengen, dazwischenwerfen, antworten, entgegnen • hineinwerfen, einstecken, aufgeben. → einwenden.
▸ instand setzen, unbeschädigt (sein), zustimmen.
einwickeln beschwatzen. → bedecken, decken, einbinden, einkoffern, einkapseln, einmummen, einrollen, falten, Fell über die Ohren ziehen das.
einwiegen → beruhigen.
einwilligen zustimmen, zulassen • willfahren, gehorchen, befolgen, fügen sich. → bewilligen, bringen nicht übers Herz, dareingeben sich, dürfen, einräumen, einverstanden sein, erhören, erlauben.
▸ verbieten, widersetzen sich.
Einwilligung → Bewilligung, Billigung, Erlaubnis.
einwirken → anfeuern, anziehen, bearbeiten, beeinflussen, befürworten, bestimmen, bewirken, Dach steigen auf das, eindringlich zureden, empfänglich machen.
Einwirkung Empfindung, Einfluss, Eindruck, Wirkung, Wahrnehmung, Anregung. → Anziehung, Bann, Beeinflussung, Beispiel, Bezauberung.
▸ Einflusslosigkeit.
Einwohner → Bevölkerung, Eingeborener.
Einwohnerverzeichnis Adressbuch.
Einwurf → Ausruf, Bedenken, Einwand.
einwurzeln Fuß fassen, einbürgern, anpassen, ansässig sein, sesshaft sein, eingewöhnen sich • anhaften. → besetzen, bewohnen, bleiben, feststehen.
▸ entwurzeln.
Einzahl Singular.
einzahlen → deponieren, zahlen.
▸ abheben • auszahlen.
Einzahlung Bezahlung, Zahlung, Beitrag, Beisteuer, Zuschuss, Abzahlung, Tilgung, Abtragung, Anzahlung, Abfindung, Rückzahlung. → Bezahlung.
▸ Auszahlung.
einzähnen → einkerben.
einzäumen → einfassen, umgeben.
einzäunen fenzen.
Einzäunung Einfriedung, Gatter, Zaun.
einzeichnen eingravieren, bezeichnen, markieren, einbuchen, einprägen, eintragen, einschreiben.
Einzelarbeit Handarbeit, Facharbeit, Meisterwerk, Gesellenstück, Meisterstück, Handwerkszeugnis, Erzeugnis persönlicher Art.
Einzeldarsteller Solist.
Einzelfall → Ausnahme, Einmaligkeit.
Einzelgänger Querschläger *u*, Steppenwolf *u*. → Individualist.
Einzelhandel Kleinhandel, Ladenverkauf, Detailhandel. → Detailgeschäft, Detailhandel.
▸ (Großhandel).
Einzelhändler → Abgeber, Detaillist.
Einzelheit Einzelstück, Teilstück, Detail. → Ausnahme, Detail.
▸ Ganzes, Alles, Ganze das, Gesamtheit, Masse, Summe, Totalität.
Einzelheit eingehen, in die gründlich durchsehen, näher betrachten, bei Licht besehen • aufzählen, ausführlich schildern, ins einzelne gehen, detaillieren.
▸ im Ganzen genommen, oberflächlich (behandeln).
einzeln pro Nase *u*. → abgeschieden, allein, auseinander, besonders, ein, einschichtig.
▸ gemeinsam, gemeinschaftlich, Gesellschaft in, kollektiv, vereint • doppelt, paarweise, zu zweit • mannigfach, vielfach • en masse, haufenweise.
einzeln aufführen/-zählen spezifizieren.
Einzelne gehen, ins → Einzelheit eingehen in die.
einzelne Person Individuum.
einzelner Mensch Person.
Einzelspiel Alleingang, Single, Solo.
Einzelspieler Solist.
Einzelstück → Detail, Einzelheit.
Einzelteil Detail.
Einzelwesen Person, Individuum.
einziehen → ankommen, ausheben, beeinträchtigen, einatmen, einfordern, einkassieren, einrücken, einsaugen, einmarschieren, einwandern.
▸ abziehen, ausziehen, räumen, verlassen, wegziehen • entlassen • freigeben, zurückgeben • begleichen, bezahlen • erlassen, stunden • herausstrecken, vorstrecken, wölben.
einziehen, Erkundigungen ausforschen.
Einziehung → Beschlagnahme, Eintreibung, Entwertung.
Einziehungskosten → Eintreibung.
einzig → äußerst, bahnbrechend, beispiellos, ein, einmal, eins.
einzigartig → Epoche machend.
einzigartiges Werk Unikat.
Einzug → Ankunft, Eintreibung.
▸ Abzug, Auszug, Räumung.
Einzug halten einziehen, hereinkommen, hineinkommen, kommen.
einzwängen → eindrängen sich, einkellern, fesseln.
eirund oval.
Eis am Stiel gefrorener Rotz am Marterpfahl *u*.
Eis führen, aufs uzen, necken, verspotten, sich lustig machen über, eine Grube graben, eine Falle stellen, eine Schlinge legen.
▸ achten, beistehen, klug (sein).
Eis kühlen, mit frappieren.
Eisbahn Schleifbahn, Schlittenbahn, Schleife, Glatteis, Eisfläche.
eisen → abkühlen.
Eisen werfen, zum alten fortwerfen, aufbrauchen, verbrauchen, ausrangieren,

wegwerfen.
▸ behalten, würdigen.
Eisen anziehendes Metall Magnet.
Eisenbahn → Bahn, Fahrzeug.
Eisenbahnwagen Wagon.
Eisenbahnzugmaschine Lokomotive.
Eisenschmiedeblock Amboss.
Eisentferner Defroster.
eisern stark, mächtig, kräftig, hart, stählern, handfest • beharrlich, unnachgiebig, unerbittlich. → barbarisch, bestimmt, despotisch, ehern, felsenhart.
▸ nachgiebig.
eiserne Ration Notpfennig, letzte Reserve, Rettung.
Eisfläche → Eisbahn.
Eishockeyscheibe Puck.
eisig kalt, frisch, frostig, kühl, starr, vereist, winterlich, eisig kalt, eiskalt, beißend, gefroren. → barbarisch, sauer.
▸ heiß.
eiskalt → eisig.
Eisklumpen Eisscholle, Eiszapfen, Eisberg, Schneeklumpen, Schneeball • Froschnatur, kalte Seele, Fischblut, Mitleidlosigkeit, Herzlosigkeit.
▸ Empfindlichkeit.
Eisprung Ovulation.
Eisschießen Curling.
Eisscholle → Eisklumpen.
Eisschrank Tiefkühlbehälter.
Eisstrom Gletscher.
Eiswürfeln, mit on the rocks.
Eiszapfen → Eisklumpen.
eiszeitlich glazial.
eitel → anmaßend, aufgeblasen, ehrgeizig.
Eitelkeit Geckenhaftigkeit, Selbstgefälligkeit, Aufgeblasenheit, Putzsucht, Prunksucht. → Eigenlob.
▸ Bescheidenheit, Einfachheit.
Eiter Eiterung, Abszess, Entzündung, Herd. → Brand.
Eiterbeule → Ausbund, Geschwulst.
Eiter erzeugend pyogen.
Eitergeschwür Abszess, Furunkel, Karbunkel.
eiternd → böse, eitrig, entzündet.
eitrig brandig, eiternd, stinkend, giftig, ungesund, kränklich, faul, zerfressen, ansteckend, schädlich, purulent. → faul.
▸ gesund.
Ejakulation Abgang *u*, Schuss *u*.
ekdemisch → abwesend.
Ekel Widerwille, Überdruss, Übersättigung, Degout • Biest, Aas, widerlicher Mensch, unangenehmer Mensch. → Abneigung, Abscheu, Bitterkeit, Degout.
▸ angenehmes Gefühl, Anreiz, Lust, Neigung, Reiz, Sympathie, Wohlgefallen, Zuneigung.
Ekel erregend → abscheulich, ekelhaft.
ekelhaft Ekel erregend, eklig, widerlich, geschmacklos, schal, ungenießbar, ranzig, bitter, unappetitlich, fies, widrig, übel, unangenehm. → abgeschmackt, abscheulich, abstoßend, anrüchig, anwidern, beißend, bitter, bitternarbig, böse, degoutiert.
▸ anziehend, erfreulich, schön, angenehm, attraktiv, hinreißend, liebenswert, reizvoll, sympathisch • appetitlich, delikat, köstlich, schmackhaft, verlockend, wohlschmeckend.
ekeln anekeln, anwidern, ankotzen, widerstreben, Übelkeit erregen, vor etwas fies sein *u*, widerwärtig sein, missfallen • zurückschaudern, zurückschrecken, die Kotze kriegen *u*, abwenden sich, entsetzen sich, aus dem Wege gehen, vermeiden • verletzen, abstoßen, beleidigen, vergällen, entrüsten.
▸ anziehen, gefallen.
Eklat *m* → Aufsehen.
eklatant → auffallend, augenfällig, durchschlagend.
eklig → abscheulich, äußerst bitter, borstig, ekelhaft.
Ekstase Verzückung, Sinnestäuschung, Wahn, Enthusiasmus, Begeisterung, Übereifer, Exaltation, Taumel, Rausch. → Affekt, Aufregung, Aufschwung, Ausbruch, Begeisterung, Beseligung.
▸ Beherrschtheit, Gemütsruhe.
ekstatisch fantastisch, schwärmerisch, überspannt, verzückt, wunderlich, erregt. → begeistert.
▸ nüchtern.
Elaborat Ausarbeitung, Bearbeitung, Verbesserung, Ausbesserung, Erledigung, Beendigung, Verrichtung.
Elan *m* → Anlauf, Begeisterung, Elastizität.
elastisch biegsam, dehnbar, federnd, fedrig, geschmeidig, schmiegsam, sehnig. → biegsam, dehnbar, flexibel.
▸ fest, steif.
Elastizität Schnellkraft, Spannkraft, Federkraft, Schwungkraft, Biegsamkeit, Emsigkeit, Fleiß, Unermüdlichkeit, Ausdauer, Elan. → Arbeitslust, Begeisterung, Dehnung.
▸ Festigkeit, Steifheit.
Elefant der Vorzeit Mammut.
Elegant → Dandy.
elegant geschmackvoll, auserlesen, gewählt, schick, modern, vornehm • gewandt, höflich, hoffähig, geplättet *u*. → anmutig, anmutsvoll, scharmant, fein.
▸ geschmacklos, hässlich, lumpig, schäbig, unelegant • plump, tölpelhaft, unbeholfen, ungeschickt.
elegante Kleidung flotte Schale *u*.
Eleganz Gefälligkeit, Wohlklang, Schönheitssinn, Geschmack, Grazie, Anmut, Noblesse. → Anmut, Scharm.
▸ Geschmacklosigkeit, Hässlichkeit.
elegisch klagend, wehmütig, schmerzlich, schwermütig, traurig, melancholisch, trostlos, düster.
▸ heiter.
elegische Gefühlslage Seelenblähung *u*.
elektrischer Strom Saft *u*.
elektrisches Elementarteilchen Elektron.
elektrisieren entflammen, erregen, anregen, anspornen, anfeuern, erhitzen, anstacheln, antreiben • einen Schlag bekommen, mit der elektrischen Leitung in Berührung kommen • erschrecken.
▸ abstumpfen, langweilen.
elektrisierend → antreibend.
Elektrisiermaschine Influenzmaschine.
Elektrizitätsspeicher z.B. Batterie, Kondensator.
Elektrolyse *f* Niederschlag, galvanisches Bad, Galvanoplastik, Verkupferung, Verchromung, Versilberung, Vergoldung. → Auflösung.
Elektronengehirn Datenverarbeitungsanlage, EDV-Anlage, Rechenautomat, Computer, Rechner.
Elektronengerät → Apparat.
Elektronenschleuder Betatron, Rheotron.
Element Stoff, Körper, Ding, Wesen, Materie, Urstoff, Grundelement, Urmasse • Batterie.
elementar → einfach.
Elend Not, Drangsal, Kreuz, Kümmernis, Last, Leid, Mangel, Plage, Pein, Qual,

Unheil, Verknappung. → Armut, Bekümmernis, Beschwerlichkeit, Bürde. ▸ Fülle, Glück, Wohlstand.
elend → abbrüchig, abgerissen, abscheulich, arm, aufgelegt, bedauerlich, begrenzt, bejammernswert, bestechlich, böse, charakterlos, dunkel, erwerbslos. ▸ angenehm, feudal, glanzvoll, luxuriös, nobel, prächtig, schön, Überfluss im, üppig, wohlständig • fit, gesund, kräftig, vital.
Elender → Ausbund, Bandit, Betrüger, Schurke.
Elevation → Erhebung.
Elevator Emporheber, Hebemaschine, Hebewerk, Kran, Förderwerk, Hebe, Flaschenzug, Winde. → Aufzug.
Eleve → Schüler.
Elfe → Fee.
Elfenbein Ebur.
elfenbeinfarben cremefarben, eierschalfarben, lehmfarben.
elfenhaft → feenhaft.
Elfenkönig Oberon.
Elfenkönigin Titania.
Elimination → Entfernung.
eliminieren aussondern, entfernen, beseitigen, absondern, ausschließen, abschaffen, ausmerzen, ausweisen, sichten, ausscheiden, wegschaffen, wegräumen. ▸ hinzufügen.
elitär dünkelhaft, eingebildet • auserlesen, ausersehen, berufen, erwählt.
Elite → Auslese.
Elitetruppe Garde.
Elixier Heilmittel, Heiltrunk, Absud, Balsam, Essenz, Extrakt, Medizin • Jungbrunnen, Lebenselixier. → Abgang, Abguss, Abriss, Abschied, Arznei, Auszug.
Ellenbogenfreiheit Bewegungsfreiheit, Entfaltungsmöglichkeit, freie Bahn, Spielraum, Unabhängigkeit.
ellipsenförmig eiförmig, eirund. → elliptisch, länglich rund, oval.
elliptisch eirund, eiförmig, oval • gekrümmt, gerundet.
eloquent → beredt.
Eloquenz Beredsamkeit, Redegabe, Redegewandtheit, Sprachgewalt, Wortgewandtheit.
elsternhaft → diebisch.
Eltern → Anverwandte. ▸ Kinder • Söhne, Töchter.
Eltern, nicht von schlechten verständig, scharfsinnig, talentiert, aufgeweckt. → gut. ▸ unbefähigt.
Eltern und Kinder Familie.
Elternbeirat Rütlischwur *u.*
Elterngeneration Parenteralgeneration.
Elternhaus Vaterhaus, Zuflucht, Heim, Behausung, Geburtsstätte, Obdach. → Aufenthaltsort. ▸ Fremde.
elternlos beziehungslos, entwurzelt, verwaist.
elysisch paradiesisch, himmlisch, überirdisch, selig, beseligend.
Elysium → Beseligung, Eden.
Email Emaille, Schmelzglas, Schmelzglasüberzug, Emaillierung • Oberschicht, Deckschutz, feuerfester Schutz, Schmelz, Glasfluss, Glasguss, Überglasung.
Emailfarbe → Bedeckung.
Emanzipation Gleichstellung, Gleichberechtigung, Unabhängigkeit, Selbstständigkeit, Selbstbestimmung, Selbstbestimmungsrecht, Mündigsprechung, Freiheit, Frauenemanzipation, Frauenstimmrecht. → Befreiung. ▸ Abhängigkeit, Unterdrückung.
emanzipieren → befreien.
emanzipiert befreit, eigenständig, eigenlebig, frei, gleichberechtigt, unabhängig, ungebunden.
Emballage → Verpackung.
Embargo Beschlagnahme, Sperre, Verbot, Zurückhaltung, Behinderung, Ausschluss, Zwang, Stockung. → Beschlagnahme. ▸ Aufhebung, Rückgabe.
Emblem Kennzeichen, Sinnbild, Wappen, Merkzeichen, Merkmal, Warenzeichen, Markenzeichen, Hoheitszeichen, Erkennungszeichen.
Embonpoint → Bauch, Dicke.
Embryo Leibesfrucht, Ungeborenes, Keim.
Emeritierung Abberufung, Pensionierung, Entlassung.
Emigrant *m* → Auswanderer.
emigrieren Ausland gehen ins, auswandern, Fremde gehen in die. ▸ einwandern, immigrieren • ansiedeln sich, zuziehen • Asyl suchen.
eminent → ausgezeichnet, außerordentlich.
Eminenz → Anrede.
Emissär *m* → Abgeordneter, Abgesandter.
Emission Aussendung, Ausfluss, Ausstrahlung, Anleihe, Ausbreitung, Sendung. → Ausgabe. ▸ Empfang.
Emotion → Affekt.
emotional gefühlsbetont, spontan, leidenschaftlich, erregt.
Empfang → Ankunft, Audienz, Aufnahme, Aufwartung, Einführung, Einladung, Erhaltung, Erwerb.
Empfangen → Empfängnis.
empfangen → aneignen, annehmen, beerben, bitten, Ehre schenken, einkommen, einlassen, entgegennehmen, erben, erlangen, ersitzen, erweisen Aufmerksamkeiten, fassen, abholen. ▸ abgeben, abliefern, aufgeben, ausliefern, austeilen, geben, hingeben, liefern, schenken, spenden, stiften, übergeben, versenden, verteilen • verabschieden, wegschicken • ausstrahlen, senden, übermitteln • abschlagen, abweisen.
Empfänger Annehmer, Abnehmer. → Apparat. ▸ Überbringer, (Absender).
empfänglich nachgiebig, pflaumenweich *u*, überzeugbar, überredbar, beeinflussbar, aufgeknöpft • empfindlich, sensibel, empfindsam, reizbar, erregbar. → anfeuern, aufgeschlossen, besinnlich, disponiert, still. ▸ unempfänglich.
empfänglich machen anreizen, überreden, einwirken, bearbeiten. → beeinflussen, befürworten, bestimmen, bewirken. ▸ ablehnen, hindern, lähmen, zurückhalten.
Empfänglichkeit Hang, Lust, Regung, Veranlagung, Verlangen, Neigung. → Empfindlichkeit. ▸ Unempfänglichkeit.
Empfängnis Fruchtbarkeit, Befruchtung, Zeugung, Fortpflanzung, Empfangen. → Befruchtung, Erzeugung. ▸ Unfruchtbarkeit.
empfängnisverhütend antikonzeptionell, kontrazeptiv.
Empfängnisverhütung Kontrazeption.
Empfängnisverhütung nach Knaus-Ogino römisches Roulette *u.*

Empfangsbescheinigung Acquit, Quittung, Rezepisse, Rezepiss.
Empfangsbestätigung, vorläufige z.B. Interimsschein, Scrip.
Empfangsbüro/-stelle Rezeption.
Empfangshalle Lounge, Vorhalle/-raum, Vestibul.
Empfangsschein Quittung, Bescheinigung, Bestätigung.
Empfangszimmer Salon.
empfehlen → anbieten, ankündigen, anpreisen, anregen, beantragen, befürworten.
empfehlen, sich scheiden, fortgehen, weggehen. → aufbrechen, aufmachen, rüsten sich, begeben sich, bewegen sich, bewerben sich. ▸ kommen.
empfehlenswert ratsam, nützlich, gut, ergiebig, erprobt, lobenswert, bewährt, brauchbar, preiswert, dienlich, günstig, vorteilhaft. → dankenswert, gut.
Empfehlung Gruß, Aufmerksamkeit, Ehrerbietung, Achtungserweisung, Kompliment, Verehrung • Empfehlungsschreiben. → Angebot, Beeinflussung. ▸ Ablehnung, Unehrerbietigkeit.
empfinden bemerken, fühlen, gewahr werden, sich bewusst werden, verspüren • drücken, reizen, stechen, kitzeln, brennen, beißen, jucken, kratzen, kribbeln, krabbeln, bohren • Gefühle hegen, in sich aufnehmen, sich beeinflussen lassen, bemächtigen, ergreifen, erleben, durchdrungen sein, beherrscht sein von einem Gefühl, den Weg zum Herzen finden • erschauern, erzittern, erbeben, durchschüttern, den Atem verlieren, ärgern. ▸ abstumpfen.
Empfinden Empfindung, Gefühl, Instinkt • Bewusstsein, Wahrnehmung.
empfindlich weich, verzärtelt, pimpelig *u*, quengelig *u*, allergisch. → einschneidend, empfänglich, empfindungsvoll, erbittert, ergreifen das Herz, erleben, erregbar, sensibel. ▸ unempfindlich, abgehärtet, immun, robust, stabil, strapazierfähig, widerstandsfähig • abgebrüht, abgestumpft, derb, gefühllos, kalt, roh, stumpf, unsensibel, verhärtet • erträglich, mild.
Empfindlichkeit Sensibilität, Empfänglichkeit, Empfindsamkeit, Zugänglichkeit, Verletzbarkeit, Gereiztheit, Erregbarkeit, Reizbarkeit, Allergie, Aufgebrachtheit, Gefühlsduselei *u*. → Anwandlung, Ärger, Bitterkeit, Empfänglichkeit, Erregbarkeit. ▸ Empfindungslosigkeit.
empfindsam rührsam, feinnervig, gefühlsbetont, mitfühlend, gefühlsduselig *u*, musisch. → aufgeschlossen, empfindungsvoll, feinsinnig, sensibel. ▸ unempfindlich, abgebrüht, abgestumpft, brutal, derb, gefühllos, kalt, roh, stumpf, unsensibel, verhärtet.
empfindsam machen sensibilisieren.
Empfindsamkeit → Empfindlichkeit, Feingefühl.
Empfindung → Charakter, Eindruck, Anhaltspunkt, Auffassung, Begriff, Eindruck, Einwirkung.
Empfindung, ohne → abgebrüht, ausdruckslos, barbarisch, dumpf.
Empfindungsfähigkeit Ästhesie.
empfindungslos → abgebrüht, barbarisch, besinnungslos, eindruckslos.
Empfindungslosigkeit → Betäubung, Koma.
Empfindungsstörung Parästhesie.
Empfindungsstrang Nerv.
empfindungsvoll feinfühlend, zart fühlend, gefühlvoll, empfindlich, empfindsam, sentimental, beweglich, schwärmerisch, gefühlsduselig *u*. → feinsinnig, sensibel. ▸ empfindungslos.
empfohlen gut, erprobt, gelobt, beliebt, gut angeschrieben. → beliebt, gut. ▸ empfehlenswert nicht.
Emphase Eindringlichkeit, Leidenschaftlichkeit, Nachdruck, Redeschwung.
emphatisch deutlich, nachdrücklich, entschieden, eindringlich, mit Nachdruck. → eindringlich, stark, Nachdruck mit. ▸ oberflächlich, undeutlich, unbestimmt.
Empirie → Erfahrung.
empirisch erfahrungsgemäß, experimentell, experimentalisch, anschaulich, beweisend. ▸ (apriorisch), theoretisch.
Employé *m* → Arbeitnehmer.
empor auf. → aufsteigend, aufwärts, bergauf, darüber, droben. ▸ abwärts, herab, herunter, hinab, hinunter.
emporarbeiten (sich) erreichen, überwinden, überwältigen, emporklimmen, emporkommen, vorrücken, vorwärts kommen, es zu etwas bringen, Erfolg haben, erfolgreich sein, sich herausmachen *u*. ▸ bleiben zurück, faulenzen, unterliegen.
emporbringen → aufrichten, erhöhen.
Empore → Erhebung.
empören → anfeuern, anstoßen, aufhetzen, aufregen, bekämpfen, dawider, entrüsten, entzünden.
empören, sich heimzahlen, meutern, widersetzen sich, erheben sich, zusammenrotten sich, Verschwörung anzetteln. → anzetteln, auflehnen. ▸ gehorchen.
empörend abscheulich, haarsträubend, Ekel erregend, gemein, verhasst, unanständig, abstoßend, anstößig, verheerend, grässlich, unvorstellbar. → degoutiert. ▸ erfreulich.
Empörer → Aufständiger.
emporfliegen → erheben sich.
emporgekommen arriviert. → erfolgreich.
emporheben → erheben sich.
emporklettern → emporklimmen.
emporklimmen emporklettern, emporkommen, aufstreben, erklettern, hochkommen, klettern, steigen, aufschwingen. → emporarbeiten, erklettern. ▸ faulenzen, herunterspringen, unterliegen.
emporkommen aufgehen. → auftauchen, aufziehen, bahnen, bringen es zu etwas, emporarbeiten, emporklimmen, erklettern. ▸ bleiben zurück, faulenzen, herunterspringen, untertauchen.
Emporkömmling Neureicher, Glückspilz, Usurpator, homo novus, Raffke *u*. → Banause, Streber.

emporlodern aufflammen, brennen, strahlen, aufleuchten, blitzen, flackern, lodern, glühen, funken, glänzen. → aufsteigen.
▸ erlöschen, eindämmen.
emporquellen hervorbrechen, fluten, fließen, sprudeln, strömen, rinnen, emporrieseln, überfluten. → aufsteigen, emporlodern.
▸ austrocknen, versiegen.
emporragen aufrichten, aufflammen, aufpflanzen, auftürmen, aufhissen, erhöhen, aufrecht stehen, senkrecht sein • hervorstechen, überstrahlen, hervortun sich, die höchsten Stufen erklimmen. → aufsteigen, beherrschen, emporlodern.
▸ erniedrigen, versenken.
emporrichten → erheben.
emporrieseln → emporquellen.
emporschauen → erheben die Augen.
emporschwingen, sich → aufrichten, emporarbeiten, erhöhen.
emporsteigen → erklettern.
emporstreben → erheben sich, erklettern.
empört → entrüstet.
Empörung → Angriff, Auflauf, Auflehnung, Aufstand, Bürgerkrieg, Chaos, Entrüstung.
emsig anstellig, arbeitsam. → beflissentlich, eilfertig.
▸ faul, nachlässig.
Emsigkeit Regsamkeit, Rührigkeit, Schaffenslust, Betriebsamkeit, Fleiß, Ausdauer. → Arbeitslust, Beflissenheit, Bestreben, Eifer, Elastizität.
▸ Faulheit, Nachlässigkeit.
en passant beiläufig, nebenbei, nebenher.
en vogue aktuell, up to date.
Endabsicht Zweck, Ziel, Bestimmung, Vorsatz, Vorhaben, Zielpunkt, Vorherbestimmung.
▸ Zufall.
Endbetrag Ergebnis, Gesamtbetrag, Resultat, Summe.
Endbuchstabe → Endung.
Ende Exitus, Finale, Endrunde, Endsatz, Schlussteil, Schluss, Finish, Finis, Happyend, Freitod, Endergebnis, Fazit, Schlusssumme, Ergebnis, Endkampf • Selbstmord, Harakiri • alle sein • Stummel, Kippe *u* • Tampen *sm* (Ende einer Leine), Nocken *sm*, Bändsel *sm*, Topp *sm*. → Ableben, Abschluss, Ausgang, Ausläufer, Coda, Endpunkt, Ergebnis, Feierabend.
▸ Anfang, Leben, Beginn • Anbruch, Ausbruch • Eintritt • Einführung, Eröffnung • Spitze.
Ende aller Dinge Apokalypse, Weltuntergang.
Ende, am hinten, Stelle an letzter, rückseitig • abgekämpft, entkräftet, erschöpft, fertig • abschließend • endlich, schließlich.
Ende, böses Verschlechterung, Rückgang, Verfall, Schicksalsschlag, Vernichtung, Niedergang • Strafe, Gefängnis.
▸ Aufbau, Fortschritt, Glück.
Ende bringen, zu abschließen, beenden, einstellen, fertig stellen, Schluss machen.
Ende gut, alles gut vollendet, vorbei, vollbracht, abschließend, fertig • guter Ausgang, glückliches Ende.
▸ Misserfolg, unvollendet.
Ende kommen, zu → belassen.
Ende machen, ein → belassen.
Endeffekt Schlusseffekt, Verherrlichung, Apotheose. → Endabsicht.
endemisch → einheimisch.
enden → abschaffen, aufhören, ausführen, ausgehen, begrenzen, sterben.
▸ anbrechen, anfangen, angehen, anlaufen, aufkommen, ausbrechen, beginnen, eröffnet werden, losgehen • andauern, fortdauern, währen, weitergehen.
endend → abschließend, endlich.
Endergebnis Bescheid, Ergebnis, Befund, Urteil, Beschluss, Vollendung, Schlussarbeit, Bewertung, Zeugnis. → Ende.
▸ Anfang.
Endfertigung Konfektionierung, Montage.
endgültig → besiegelt, definitiv, determiniert, eidlich, ein für alle Mal, entschlossen, ernstlich.
▸ behelfsmäßig, provisorisch, vorläufig, vorübergehend, zeitweilig • widerruflich.
Endkampf → Ende.
endlich schließlich, abschließend, am Ende, zum Schluss, zu guter Letzt. → daher, vergänglich.
▸ uferlos, endlos, ewig, grenzenlos, unendlich, unermesslich.
Endlichkeit → Begrenztheit.
endlos → allerhand, allewege, andauernd, ausgedehnt, einem fort in, enorm.
▸ begrenzt, beschränkt, endlich, kurz.
Endlosigkeit → Ewigkeit.
Endpunkt Ende, Beendigung, Abschluss, Omega, Fertigstellung, Schlussstein, das Letzte, das Äußerste. → Ende.
▸ Anfangspunkt, Ausgangspunkt, Start.
Endpunkt der Erdachse Pol.
Endrunde → Ende.
Endsatz → Ende.
Endspiel/-kampf Finale.
Endspurt Spurt, Beschleunigung, Ziellauf, letzte Anstrengung.
Endstation Bestimmungsort, Endpunkt, Omega, Ziel(ort) • Hölle, Paradies, Tod.
Endung Satzendung, Sprachendung, Endziffern, Endbuchstaben, Wortendung. → Anhang, Beifügung.
▸ (Vorsilbe).
Endziel Endzweck, Enderfolg, Endpunkt • Ende, Schluss, Ausgang, Ausklang • Vollendung.
▸ Beginn, Start.
Endzweck → Endabsicht.
Energie Kraft, Nachdruck, Tatkraft, Schneid, Ausdauer, Wirksamkeit, Strenge, Lebensmut, Power *u*, Saft *u*. → Arbeitslust, Beflissenheit, Beharrlichkeit, Bemühung, Dynamik, Ehrgeiz, Enthusiasmus, Entschiedenheit, Schaffenskraft.
▸ Faulheit, Kraftlosigkeit, Phlegma.
energiegeladen dynamisch, vital, gewaltig, machtvoll, kraftvoll, stark, kraftstrotzend • willensstark, aktiv.
▸ lahm.
energielos schwach, kraftlos, marklos • träge, ohnmächtig, faul, langsam, phlegmatisch, schlaff, tranig, lapsig *u*, trauerklötig *u*, trottelig, vertrottelt, läppisch, flapsig *u*, lahmarschig *u*, tranfunzelig *u*, waschlappig • unbeständig, flatterhaft, saftlos *u*, schlapp *u*. → arbeitsunfähig, bequem.
▸ energisch.
energieloser Mensch Schlappier, Schlappschwanz, Schlappsack, Memme, Schisser *u*, Schmachtlappen,

Hampelmann, Lahmer, Lahmarsch *u*, Jammerlappen, Flaps *u*, Laps *u*, Heini *u*, Laumann *u*, Leimsieder, Tranfunzel *u*, Trottel, Waschlappen, Suse *u*.
▸ Mann der Tat.
energisch streng, nachsichtslos, gebieterisch, entschieden, ausdrücklich, strikt, bestimmt, kurz und bündig, ohne Rücksicht, ohne viel Federlesens, mit der Faust auf den Tisch schlagen. → arbeitsam, bestimmt, derb, durchgreifend.
▸ energielos.
eng eingeengt, fest, zusammengezogen, schmal, eingeschränkt, beengt, hauteng, knapp, gepresst, eingepresst, zusammengedrängt. → arg, beklemmend, eingekeilt.
▸ breit, geräumig, grenzenlos, umfassend, unbegrenzt, weit(räumig) • leger, locker, lose • großzügig, tolerant, weitherzig.
eng verbunden intim, liiert.
Engagement Verpflichtung, Einstellung • Interesse, Leidenschaft.
engagieren → anstellen, brauchen, chartern, dingen.
▸ entbinden, entlassen, entpflichten.
engagieren, sich verschreiben, binden sich, einlassen sich, einstellen lassen sich.
▸ ablehnen, lösen sich.
eng anliegend schlauchig *u*. → anliegend.
Enge → Begrenztheit, Beklemmung, Dilemma, Einengung, Engpass.
▸ Breite, Geräumigkeit, Größe, Großzügigkeit, Weite.
Enge treiben, in die zurücktreiben, erschüttern, entkräften, schwächen, verstummen machen, zum Schweigen bringen.
▸ fördern, Stange halten die.
enge → eng, eingekeilt.
Engel Cherub. → Fee.
Engel, gefallener → Dämon.
Engel, rettender → Befreier.
engelgleich vollkommen, makellos, rein, tugendhaft, himmlisch. → anmutig, beseligend.
▸ hässlich, teufelhaft.
engelsfromm seelengut, gedankenrein, herzensrein, ohne Falsch. → arglos.
▸ teufelhaft.
Engelsgüte Gutmütigkeit, Milde, Sanftmut, Beherrschtheit, Langmut. → Duldsamkeit.
▸ Härte, Unduldsamkeit.
enger Raum Gefängniszelle, Kammer, Klause, Zelle.
engherzig pedantisch, engstirnig, grämlich, kleinlich, kleinkrämerisch, voreingenommen, unduldsam, spießig • geizig, knickerig, habgierig. → bedürfnisvoll, beengt, befangen, begehrlich, bigott, bürokratisch, dumm, egoistisch, einseitig.
▸ großzügig.
Engherzigkeit → Denkart kleinliche, Egoismus, Eigennutz.
engmachen → einschnüren.
Engpass *m* Pass, Wegenge, Schlucht, Enge, Flaschenhals, Beengtheit. → Durchbruch, Hindernis.
▸ Breite, Hilfe.
engstirnig verrannt, verkappt, vorurteilslos, borniert, unzugänglich, hartnäckig, intolerant. → albern, beengt, befangen, bigott, bürokratisch, dumm, einsichtslos, engherzig.
▸ großzügig, klug, tolerant.
Enkel → Abkomme, Anverwandte.
Enkelkinder → Abkomme.
enorm endlos, sehr viel, zahllos, gewaltig, erheblich, übergroß, ungeheuer. → ansehnlich, ausgedehnt, ausnehmend, außerordentlich.
▸ gering, winzig.
enragiert wütend, rasend, gereizt, böse, zornig, giftig, wild, grimmig, sehr aufgebracht.
▸ beherrscht, ruhig.
Ensemble Clique, Gruppe, kleine Besetzung, Künstler-/Schauspielergruppe, Team.
entarten ausarten, zurückgeben, abnehmen, verfallen, verschließen, tiefer sinken, aus der Art schlagen, schlechter werden. → abweichen.
▸ auffrischen, verjüngen.
entartet müde, abgelebt, hochmütig, eingebildet, blasiert, übersättigt, abgestumpft, missgeartet, dekadent. → abgelebt, abgestumpft, dekadent, entarten.
▸ jung, kraftvoll, natürlich.
Entartung Niedergang, Abstieg, Dekadenz, Neige, Rückbildung, Atavismus, Rückschritt, Unheil, Verfall. → Degeneration, Dekadenz, Demoralisation.
▸ Erneuerung, Natürlichkeit, Verjüngung.
entäußern → begeben, Feld räumen das.
entäußern, sich abtreten, weggeben, veräußern, übergeben, aushändigen, geben, aus der Hand geben. → ausliefern.
▸ behalten.
entbehren mangeln, fehlen, kargen, verarmen, missen, vermissen, drumkommen, Not leiden, entraten. → ausgehen, darben, drumkommen, ermangeln, fehlen lassen es.
▸ auskommen, schlemmen • (mehr als) genug haben, luxuriös leben, prassen, schlemmen, schwelgen, Überfluss leben im, verschwenden • bekommen, erhalten • besitzen, haben, verfügen.
entbehrlich überflüssig, unnötig, unnütz, nutzlos, überzählig, übrig. → disponibel.
▸ unentbehrlich, erforderlich, nötig, notwendig.
Entbehrung Mangel, Ausfall, Dürftigkeit, Not, Armut, Verknappung, Übelstand, Manko • Einbuße, Verlust. → Durst.
▸ Hülle und Fülle.
entbinden gebären, abnabeln • befreien, erlösen, entheben, davonbringen, losbinden, entledigen, freisprechen, lossprechen • schuldlos sprechen. → abbinden, absondern, auflösen, auslösen, ausspannen, bahnen, begünstigen, bringen zur Welt, erlassen.
▸ einsperren, verbinden, verpflichten, verurteilen.
Entbindung Geburt, Niederkunft • Lossprechung, Loslösung, Freispruch. → Ablass, Befreiung, Beilegung, Dispensation, Erleichterung, Erlösung, Erzeugung.
▸ Verpflichtung, Verurteilung.
Entbindungsheim Brutanstalt *u*.
entblähen pupen *u*, pupsen *u*.
entblättern → abblättern, blättern, demaskieren.
entblößen ablegen, abstreifen, auskleiden, exhibieren, ausziehen, entkleiden, sich frei machen, sich dekolletieren. → abdachen, abstreifen, ausdehnen, ausziehen, blättern, dekolletieren sich,

demaskieren, strip. ▸ anziehen.
entblößt tief ausgeschnitten bloß, bar, entkleidet, unbekleidet • haarlos, unbefiedert. → blattlos, federlos, dekolletiert. ▸ behaart, (bekleidet).
Entblößung → Enthüllung.
entbrannt entflammt, begeistert, bezaubert, entzündet, ergriffen, gefesselt, gepackt, erregt, verliebt. → begeistert, entzündet. ▸ gelangweilt, nüchtern.
entbrennen entflammen, ereifern sich, erglühen, erwärmen, hinreißen, sehen sich, begehren • lieben, gern haben. → brennend, entbrannt. ▸ langweilen, verabscheuen.
entbunden entfesselt, losgelöst, gelöst, befreit, enthoben, überhoben, abgetan, freigesprochen, ungebunden, entlastet, entledigt. → behaglich, entlastet. ▸ eingesperrt, verbunden, verpflichtet.
entbürden erleichtern, abnehmen, entlasten, helfen, vermindern, abladen, befreien, leicht machen. → abnehmen, abwerfen, bahnen, befreien, begünstigen, bemänteln, Brücken bauen goldene, ebnen den Weg, entladen, entlasten, erleichtern. ▸ aufhalsen, erschweren.
Entbürdung → Entspannung, Erleichterung.
entdampfen entdünsten, evaporieren, verdunsten, ausdünsten, verdampfen, verflüchtigen, verrauchen, flüchtig werden. ▸ niedergeschlagen.
entdecken auffinden, aufspüren, aufstöbern, finden, gewahren, sehen, bemerken, erblicken, Braten riechen, bei Licht besehen, ausknobeln, austüfteln, ausklamüsern *u*, beriechen, herauskriegen, spitzkriegen, beschnuppern, dahinter kommen, herumknobeln *u* • ergründen, erraten, enträtseln, erschließen, spitz haben, heraushaben. → auftreiben, ausfindig machen, ausschütten, beikommen, dahinter kommen, denken, eindringen in das Geheimnis, enträtseln, erforschen, erraten. ▸ nachforschen, übersehen, unerkennbar (sein), forschen, suchen • verbergen, verstecken • erfinden.
Entdecker → Bahnbrecher.
Entdeckung Auffindung, Ausfindung, Erforschung, Aufspürung, Ausspürung. → Erfindung, Erforschung.
Entdeckungsreise Expedition.
Ente Falschmeldung → Betrug.
entehren entweihen, entwürdigen, missbrauchen, beflecken, herabsetzen, verleumden, verlästern, brandmarken, beschimpfen. → angreifen, begreifen, beschuldigen, besudeln, bloßstellen, diskreditieren, Ehre bringen um die, entweihen. ▸ ehren.
entehrend herabwürdigend, schamlos, verächtlich, schmählich, schimpflich, schandvoll, skandalös, unwürdig, nichtswürdig, anrüchig, anstößig. → charakterlos, despektierlich. ▸ ehrenhaft.
Entehrte → Kurtisane, Dirne.
Entehrung Verleumdung, Beeinträchtigung, Ehrverletzung, Schmähung, Verunglimpfung, Brandmarkung, Verlästerung, Missachtung, Beleidigung, Ehrabschneidung, Bemäkelung, Beschimpfung. → Beleidigung, Ehrenkränkung, Entweihung, Erniedrigung. ▸ Ehre, Ehrenhaftigkeit.
enteignen → berauben, bestehlen.
Enteignung Auslieferung, Wegnahme, Fortschaffung, Aneignung, Bemächtigung, Beschlagnahme, Konfiskation, Aussagung, Entziehung, Beraubung, Diebstahl, Expropriation. → Ausplünderung, Bemächtigung, Entfremdung, Entnahme. ▸ Wiedergutmachung.
enteilen davonlaufen, davoneilen, wegeilen, flüchten, entschlüpfen, entschwinden, verduften, verschwinden, davonspringen, beschleunigen, desertieren, durcheilen, entfliehen. ▸ zurückkommen.
Entente *f* → Bündnis.
enterben → bemächtigen.
Enterbung → Bemächtigung.
entfachbar → entzündbar.
entfachen → anschwellen, anstecken, anzünden.
entfädeln entwirren, lösen, ordnen, auseinander bringen, zurechtbekommen, entflechten. ▸ verwirren.
entfahren entschlüpfen, entweichen, entrinnen, heraussprudeln, herausplatzen, herausfahren. ▸ verheimlichen, zurückhalten.
entfallen vergessen, verlernen, aus dem Sinn kommen, aus dem Gedächtnis kommen, nicht mehr daran denken. → ausfallen. ▸ erinnern sich, wissen.
entfalten glätten, ebnen, ausfalten, glattmachen • entschleiern, entmummen, enthüllen. → aufbauen, aufblühen, aufgehen, ausbreiten, ausschlagen, ausschütten, bebauen, blähen, darbieten, dehnen, entrollen, erblühen, ergänzen. ▸ verblühen, zusammenlegen.
entfalten, sich ausdehnen, ausbreiten, entwickeln, aufblühen, knospen, aufschließen, wachsen, entsprossen, vervollständigen sich, entwickeln sich. → ändern, anschwellen, aufbauschen, bevölkern, dick werden, entwickeln sich. ▸ abnehmen, unentwickelt (sein), verblühen, unterdrücken, verkommen, verkümmern, Zuge kommen nicht zum • falten sich, schließen sich, zusammenfalten sich.
Entfaltung Entwicklung, Evolution, Erweiterung, Fortschritt, Wachstum, Ausbau • Prunkentfaltung, Prachtentfaltung, Gepränge. → Aufbau, Ausdehnung, Entwicklung, Entfaltungsmöglichkeit. ▸ Rückschritt, Verfall.
Entfaltungsmöglichkeit Spielraum, Ausdehnung, Bewegungsfreiheit, Wirkungskreis, Entfaltungsgebiet, Entfaltungsumfang. → Ausdehnung.
entfärben bleichen, erblassen, verblassen, erbleichen. → ausgehen, bleichen, erblassen, erschrecken, Farbe wechseln. ▸ erröten, färben, unberührt (bleiben).
entfärbt → farblos.
Entfärbung → Blässe, Farblosigkeit.
entfernen abstreichen, wegschaffen, wegräumen, verlagern, ausstreichen, abtupfen, abwischen,

ausreißen, ausbrechen, ausrupfen, auszupfen, ausgraben, abräumen, Platz machen, ausschöpfen, aussaugen, vernichten, ausziehen, auspressen, auswringen, auswinden, ausdrücken, ausquetschen, auslaugen, abzapfen, entwässern, abziehen, abfüllen, schröpfen. → abbalgen, abblättern, abdachen, abdecken, ausziehen, beseitigen, beschneiden, davonschleichen, deduzieren, demaskieren, eliminieren, entladen, fern halten. ▸ aufstellen, füllen, hinzufügen, näher kommen, vermischen, anbringen, anmachen, befestigen, aufhängen, einbringen • erzeugen, machen, produzieren • belassen, dalassen, lassen.

entfernen, sich abreisen, empfehlen, schneiden, verschwinden, abfahren, weggehen, fortgehen, abschwenken, abwandern, ausreisen, verduften, abbiegen, umkehren, entweichen, abrücken, ausziehen, aufmachen sich, abbauen *u*, abhauen *u*, abkratzen, abschieben, absocken *u*, abstinken *u*, ausbüxen *u*, von der Bildfläche verschwinden, einpacken *u*, kneifen, Leine ziehen *u*, sich auf die Lappen machen *u*, das Hasenpanier ergreifen, sich zum Kuckuck scheren, in den Sack hauen *u*, sich auf die Socken machen *u*, sich zum Teufel scheren, sich in die Büsche schlagen, in der Versenkung verschwinden, sich drücken, verdrücken, verkrümeln *u*, verdünnisieren *u*, sich empfehlen. → abweichen. ▸ zurückkommen.

entfernt abgelegen, einsam, entlegen, fern, fremd, weit, unerreichbar, weit weg. → abgelegen, abwesend, entlegen, fern. ▸ anwesend, nahe, anliegend, beieinander, dabei, dicht, eng, unfern, unweit.

entfernt sein → beikommen nicht, fehlen.

Entferntheit → Distanz, Entfernung, Entlegenheit.

Entfernung Wegschaffen, Elimination, Streichung, Weggang, Entferntheit, Ferne, Weite, Abstand, große Ecke *u*, ganzes Ende, Mordsweg *u* • Ausreise, Auswanderung. → Abstand, Abtrennung, Abzug, Distanz, Entlegenheit, Fahnenflucht. ▸ Anwesenheit, Einzug, Nähe, Verbindung Annäherung • geringer Abstand • Anbringung, Befestigung • Aufnahme, Einstellung.

entfesseln losmachen, befreien, freisetzen, lösen, frei machen, entketten, losketten, entjochen. → abbinden, abwerfen, auslösen, bedingen. ▸ einsperren, verbinden festbinden, fesseln • dämpfen, hemmen, zügeln.

entfesselt → entbunden.

entfiedern → abbalgen.

entflammbar brennbar, feuergefährlich, entzündlich.

entflammen → anregen, aufregen, begeistern, begeistert, bewirken, drängen, elektrisieren, entbrennen, erwecken.

entflammend → anregen, antreibend, aufregen, drängen.

entflammt → entbrannt, entzündet.

entflechten → entfädeln.

entflecken → säubern.

entfliegen davonfliegen, wegfliegen, entweichen, fortfliegen. → zurückkommen.

entfliehen durchbrennen, davoneilen, entlaufen, desertieren, abdampfen, entschwinden, fliehen, enteilen, flüchten, entkommen. → abhauen, aufspringen, davonlaufen, davonmachen sich, davonschleichen, desertieren, entfernen, entgehen, entkommen, entlaufen, entziehen sich der Gefahr, fliehen. ▸ zurückkommen.

entfließen entquellen, entspringen, ausmünden, entströmen, hervorbrechen. → auftauchen, austreten, ergießen sich. ▸ ablaufen, eindringen, füllen.

entfremden → abstoßen, auseinander leben, benachteiligen, einbrechen.

entfremdet fremd, unnahbar, unzugänglich, auseinander, getrennt • uneinig, entgegengesetzt, feindlich. → fern. ▸ befreundet, zugänglich.

Entfremdung Trennung, Missverständnis, Entzweiung, Kälte • Spannung, Weltentfremdung, Absonderung • Diebstahl, Enteignung. → Abbau, Bitterkeit, Bruch, Disharmonie, Entzweiung, Feindschaft. ▸ Bekanntschaft, Einigkeit, Freundschaft, Zugänglichkeit.

entführen → bemächtigen, berauben, bestehlen.

Entführung → Bemächtigung, Beraubung.

entgegen entgegengesetzt, gegenwirkend, gegen, gegenüber • abgeneigt, gegenteilig, gegnerisch, gegensätzlich, widersetzlich, ablehnend, abschlägig. → auseinander, Kontra, diametral, divergierend, doch. ▸ dafür • übereinstimmend, entsprechend, gemäß • in gleicher Richtung, parallel.

entgegenarbeiten hemmen, hindern, verhindern, niederhalten, schwächen, erschweren, beschweren. → abwenden, aufhalten, beeinträchtigen, beirren, bekämpfen, dazwischentreten, eindämmen. ▸ helfen, unterstützen.

entgegenbringen → erweisen.

entgegeneilen nähern, anrücken, hinlaufen, herkommen, herbeilaufen, herbeirennen, entgegenkommen, entgegenlaufen, entgegengehen, heranlaufen • treffen. ▸ fortlaufen.

entgegengehen → begegnen, entgegenstellen.

entgegengesetzt → anders, anders geartet, contra, dagegen, dawider, diametral, divergierend, entfremdet, entgegen, feindlich.

entgegenhalten hinhalten, zeigen • widersprechen, abschlagen, verweigern. → einkommen, fangen mit seinen eigenen Worten, gegen. ▸ bejahen, beistimmen.

entgegenhandeln zuwiderhandeln, aufbegehren, widerstehen, verweigern, weigern, widersetzen sich, ungehorsam sein. → ausfallen, brechen einen Vertrag, erheben sich. ▸ gehorchen, helfen.

Entgegenkommen Bereitwilligkeit, Gefälligkeit, Geneigtheit, Liebenswürdigkeit, Wohlwollen, Nachgiebigkeit, Willigkeit, Willfährigkeit, Freundlichkeit •

Näherkommen, Treffen. → Angebot, Beflissenheit, Bereitwilligkeit, Dienstwilligkeit, entgegeneilen, Einräumung, Erkenntlichkeit. ▸ Abzug • Herzlosigkeit, Ungefälligkeit, Widerspenstigkeit.
entgegenkommen helfen, nachgeben, willig sein. → begegnen, betragen sich, breitschlagen, entgegeneilen, erwarten. ▸ beharren, entgegenstellen, fortlaufen, überheben sich.
entgegenkommend → angenehm, aufmerksam, dienstbereit, dulderisch, entgegenkommend, erbötig. ▸ ablehnend, abweisend • desinteressiert, gleichgültig, ungefällig, unhöflich • reserviert, skeptisch, zurückhaltend • aggressiv, rücksichtslos, skrupellos.
entgegenlaufen → entgegeneilen, entgegenkommen.
Entgegennahme → Empfang.
entgegennehmen annehmen, empfangen, erhalten, abnehmen, beziehen, nehmen, fassen *u*, kriegen *u*, erben. → annehmen, nehmen. ▸ ablehnen, geben.
Entgegennehmer → Empfänger.
entgegensehen ahnen, erwarten, vorhersehen, hoffen, erhoffen, voraussehen • hinsehen, ansehen. → ahnen, befürchten, erwarten. ▸ abwenden sich, übersehen, zurückblicken.
entgegenstehen → bekämpfen, dawider, entgegenarbeiten, entgegenhandeln.
entgegenstellen → bekämpfen, brechen mit, dawider, Einspruch erheben, Protest erheben.
entgegenstellen, sich widerstehen, entgegentreten, entgegenwirken, widersprechen, widerstreben, trotzen, sauer reagieren, auflehnen sich, sträuben sich. → abwehren, auflehnen, entgegenarbeiten, entgegenhandeln. ▸ entgegenkommen, helfen.
entgegenstreben → einkommen gegen, entgegenarbeiten, entgegenhandeln, entgegenstellen.
entgegenstrecken anbieten, reichen, übergeben.
entgegentreten → antworten, auflehnen, aufklären, bürgen, entgegenarbeiten, entgegenhandeln, entgegenstellen, ereifern sich.
entgegenwirken → abwehren, auflehnen, bekämpfen, benehmen die Lust, einkommen gegen, entgegenarbeiten, entgegenhandeln, entgegenstellen.
entgegnen → antworten, aufklären, beantworten, einfallen, einreden, einwerfen, erwidern.
Entgegnung → Abwehr, Antwort, Berichtigung, Einwand.
Entgehen → Entweichen.
entgehen entkommen, entschlüpfen, entwischen, entfliehen, an etwas herumkommen • überhören, übersehen. → davonlaufen, entkommen, entschlüpfen. ▸ ereilen, erspähen, hereinfallen, hören.
entgeistert → baff, bange.
Entgelt Entlohnung, Lohn, Sold, Löhnung, Gehalt, Tagelohn, Tagegelder, Heuer *sm* • Gabe, Erkenntlichkeit. → Abfindung, Ausgleich, Dank.
entgelten wiedervergelten, vergelten, wettmachen, ausgleichen, zurückgeben, vergüten, entschädigen, ersetzen, belohnen, entlohnen. → decken, erstatten. ▸ einheimsen, schädigen, verzeihen.
Entgeltung → Belohnung, Erkenntlichkeit, Ersatz.
entgleisen scheitern, fehlschlagen, misslingen, missraten • ausgleiten, straucheln, vergessen sich, taktlos sein. → abschwenken, abweichen, ausgleichen, brechen das Gesetz, bringen es nicht weit. ▸ feststehen, gelingen, taktvoll (sein).
Entgleisung Verstoß, Fehltritt, Missachtung, Schnitzer, Unschicklichkeit, Taktlosigkeit. → Extravaganz, Fehltritt, Formlosigkeit. ▸ Fehlerlosigkeit, Höflichkeit, Takt.
entgleiten → abfallen, schwinden.
enthaaren depilieren, epilieren.
enthalten einschließen, umfassen, zugehören, einbeziehen, fassen, halten. → abstehen, beigeordnet, bekämpfen, bestehen aus, bilden, entziehen sich, fassen, fassen in sich. ▸ ausschließen, ausschweifen, zugreifen.
enthalten, sich abstehen, unterlassen, zurückhalten, schweigen • entziehen, verzichten, entsagen, versagen sich. → beiseite legen, bekämpfen, belassen, entwöhnen.
enthaltsam bedürfnislos, sparsam, genügsam, bescheiden, mäßig, anspruchslos • opferungsfähig, opferwillig. → abstinent, anspruchslos, bedürfnislos, bezähmen. ▸ anspruchsvoll, ausschweifend, unbescheiden • genießerisch, genussfreudig, genusssüchtig, hedonistisch, luxuriös, maßlos, schwelgerisch, sinnenfroh.
enthaltsam leben, sexuell Samen sammeln *u*.
Enthaltsamer Asket.
Enthaltsamkeit → Abstinenz, Askese, Beherrschung. → Bescheidenheit, Diät.
Enthaltung Sparsamkeit, Bescheidenheit, Einfachheit, Genügsamkeit, Mäßigkeit, Beschränkung, Einschränkung, Abstinenz, Beherrschung, Bescheidenheit, Dispensation, Einstellung, enthaltsam, Entsagung, Entwöhnung. ▸ Ausschweifung, Unmäßigkeit, Verschwendung.
enthärten einweichen, aufweichen, schmelzen, erweichen, geschmeidig machen, biegbar machen, weich machen. → bähen, einweichen, erweichen. ▸ härten.
Enthaupten → Bestrafung.
enthaupten → bestrafen.
enthäuten → abbalgen.
entheben befreien, dispensieren, entledigen, davonbringen, lossprechen, erlösen, abberufen, ledig, sprechen, vom Amt entheben. → benehmen das Recht, entbinden, entledigen, erlassen. ▸ bevollmächtigen, verpflichten.
Enthebung → Befreiung, Dispensation.
entheiligen → entweihen.
Entheiligung → Entweihung.
enthemmt aufdringlich • befreit, entkrampft, entspannt

• bacchantisch • hemmungslos, zügellos.

enthoben → entbunden.

enthüllen → abblättern, angeben, anzeigen, aufklären, ausdehnen, auspacken, aussagen, ausschütten, äußern, ausziehen, beichten, bekennen, belehren, benehmen, blättern, bloßlegen, dekolletieren sich, demaskieren, entblößen, entfalten, entpuppen, entrollen, exponieren, Irrtum nehmen.
▸ bedecken, einhüllen, verbergen, verdunkeln, verheimlichen, verschleiern • recherchieren, suchen.

Enthüllung Entkleidung, Nacktheit, Auskleidung, Entblößung, Blöße, Abschälung, Schälung • Bekanntgabe, Offenbarung, Eröffnung, Aufklärung, Kundgebung • Geständnis, Beichte, Bekenntnis. → Beichte, Bekenntnis, Benachrichtigung, Berichtigung, Entlarvung.
▸ Verheimlichung, Verschleierung.

Enthüllung eigener Verfehlungen Beichte, Seelen-Striptease *u.*

Enthusiasmus Eifer • Erregung, Feuer, Inbrunst, Ernst, Begeisterung, Leidenschaft, Entzückung, Berauschung, Optimismus. → Affekt, Aufregung, Begeisterung, Bezauberung, Ekstase.
▸ Ernüchterung, Leidenschaftslosigkeit, Schwäche, Trägheit.

Enthusiast Fantast, Romantiker, Fanatiker, Schwärmer, Feuerkopf, Optimist, Hitzkopf.
▸ nüchtern(er), leidenschaftslos(er Mensch).

enthusiastisch → begeistert.

entjungfern deflorieren.

entkeimen → entsprießen, entstehen.

Entkeimung Desinfektion, Entgiftung, Entseuchung, Erregerabtötung.

Entkeimungsgerät z.B. Autoklav, Sterilisator.

entketten → entfesseln.

entkleiden → abstreifen, aufheben, ausdehnen, ausziehen, dekolletieren sich, demaskieren, entblößen.
▸ anziehen, bekleiden, kleiden, verkleiden.

entkleidet → entblößt.

Entkleidung → Enthüllung, Entlarvung.

Entkleidungstheater Striptease.

Entkommen → Entweichen.

entkommen entschlüpfen, entweichen, entgehen, entrinnen, entfliehen, entlaufen, entwischen, fliehen • überstehen, am Leben bleiben, aus dem Kerker brechen • überrollen *j.* → davon auf und, davonlaufen, davonmachen sich, desertieren, durchkommen, entfliehen, entgehen, entlaufen, entschlüpfen.
▸ einfangen, erliegen.

entkorken → öffnen.

entkräften schwächen, erschöpfen, lähmen, unterdrücken, niederdrücken • widerrufen, zurücknehmen. → abwenden, beeinträchtigen, berauben, bezwingen, drosseln, Enge treiben in die.
▸ bekräftigen, kräftigen.

entkräftend → aufreibend.

entkräftet widerlegt, hinfällig, aufgehoben, umgestoßen, abbefohlen, widerrufen, zurückgenommen. → abgespannt, bebend, dienstunfähig, entnervt, erholungsbedürftig.
▸ bekräftigend, frisch, kräftigend, stark, erholt, fit, kräftig, lebendig, munter • bestätigt.

Entkräftigung Kraftlosigkeit, Ohnmacht, Schwäche, Unvermögen, Schwächung, Ermattung, Erschlaffung, Erschöpfung • Widerlegung, Einspruch, Gegenzeugnis, Umstoßung, Gegenteil. → Abspannung, Beeinflussung, Beschwerde, Blutarmut, Ermattung, Erschöpfung.
▸ Bekräftigung, Kraft, Kräftigung.

entkrampfen → lösen.

entkrampft cool, entspannt, frei, gelockert, gelöst, lässig, leger.

entladen ausladen, abräumen, wegbringen, entfernen, abladen, entleeren, ausscheiden, löschen *sm* • entlasten, erleichtern, entbürden, helfen, beispringen. → ausladen.
▸ beladen, belasten.

entladen, sich bersten, losgehen, platzen, zerbersten/-knallen/-platzen/-springen • abreagieren sich, Erregungen/Spannungen abbauen.

Entladung Blitzschlag, Donner, Ausbruch, Gewitter, Gewalt, Krach, Schlag, Knall, Krachen, Explosion. → Bewegungstrieb, Blitz, Detonation, Dynamik, Explosion.

entlang längs, neben, seitwärts, daneben, der Länge nach, von Ende zu Ende.
▸ mitten, mittendrin.

entlarven → anzeigen, aufklären, ausdehnen, auspacken, ausziehen, bloßlegen, dahinter kommen, demaskieren, überführen.

Entlarvung Entkleidung, Enthüllung, Demaskierung • Offenbarung, Aufklärung, Schaustellung.
▸ Verheimlichung, Verschleierung.

entlassen freisprechen • beurlauben, verabschieden, abdanken, austreten • abhauen, absägen, abservieren *u*, schassen, wippen *u*, den Laufpass geben, zum Teufel jagen, wimmeln *u* • fliegen, einen Tritt kriegen, gegangen werden *u* • auf die Menschheit loslassen. → abbauen, abdanken, arbeitslos, auslösen, ausweisen, begnadigen, benehmen die Macht, entsetzen.
▸ einstellen lassen sich, verurteilen • anheuern, anstellen, berufen, einsetzen • einberufen, einziehen, engagieren, ernennen • begrüßen, empfangen • einsperren, gefangen nehmen, inhaftieren • aufnehmen, einliefern.

entlassen, schimpflich feuern *u*, schassen *u*.

Entlassung Ausschließung, Versetzung, Ausschluss, Abschaffung • Freilassung, Loslassung, Freigabe, Verabschiedung. → Abbau, Absolution, Amtsabtretung, Auflösung, Befreiung, Erlösung, Exil.
▸ Anstellung, Verurteilung • Einstellung, Engagement • Berufung, Einführung, Einsetzung, Ernennung • Begrüßung, Empfang • Aufnahme, Einlieferung • Arrest, Gefängnisstrafe, Verhaftung.

Entlassung (aus dem Wehrdienst) Sabbat *u.*

entlasten beistehen, einstehen, beispringen, fürsprechen, helfen, rechtfertigen, entschuldigen. → abnehmen,

abwehren, bahnen, befreien, begünstigen, beistehen, ebnen den Weg, entbürden, entladen, entledigen, entschuldigen, entspannen, erleichtern.
▸ belasten, erschweren, hemmen, hindern • anschuldigen, beschuldigen • beanspruchen, beladen • einspannen, in die Pflicht nehmen.
entlasten, sich → beichten.
entlastend → entspannend.
entlastet entbunden, frei, entspannt, sorglos, unbesorgt, gelöst. → angenehm, behaglich, entbunden, entspannt.
▸ belastet, erschwert, sorgenvoll, unfrei.
Entlastung Erleichterung, Befreiung • Berichtigung, Rechtfertigung, Fürsprache, Beispringen, Hilfe. → Befreiung, Ehrenrettung, Entschuldigung, Entspannung, Erleichterung.
▸ Belastung, Erschwerung.
entlaufen entfliehen, entwischen, durchkommen, entkommen, flüchten, fliehen. → davonlaufen, desertieren, entfliehen, entkommen, entziehen sich der Gefahr.
▸ bleiben, zurückkehren.
entledigen befreien, erlösen, entheben, lösen, entlasten, losmachen, wegtun, sich vom Halse schaffen *u*, leicht machen. → ausrotten, befreien, bezahlen, entbinden, entheben.
▸ belasten, bevollmächtigen, erschweren.
entledigen, sich fahren lassen, vom Halse schaffen. → ausführen, betragen sich.
▸ aufhalsen.
entledigt → entbunden.
Entledigung Erledigung, Erlösung, Losmachen, Befreiung, Freimachung. → Ablauf, Befreiung, Bewerkstelligung, Erleichterung.
▸ Belastung, Erschwerung.
entleeren auswerfen, lösen *j*, kälken *j*, schmeißen *j*, stäuben *j*. → abladen, ausfließen, auspacken, dränieren, entladen, leeren.
Entleerung Leerung, Ausscheidung, Abtreibung, Absonderung, Erguss, Austritt, Auswurf, Ausdünstung, Stuhlgang, Losung *j*. → Auswurf, Erguss, Exkrement.
▸ Füllung.
entlegen entfernt, weit, fern, auswärtig, unerreichbar, unzugänglich, abgelegen, fremd, getrennt. → abgelegen, abseits, davon, einsam, entfernt, fern.
▸ nahe.
entlegenes Dorf Kaff.
Entlegenheit Entfernung, Ferne, Entferntheit, Einsamkeit, Abgesondertheit, Unerreichbarkeit, Unzulänglichkeit, Abgelegenheit, am Ende der Welt, wo sich die Füchse gute Nacht sagen. → Distanz.
▸ Nähe.
entlehnen leihen, entleihen, borgen, pumpen, ausborgen, erborgen, einen Pump aufnehmen *u*. → aufnehmen.
▸ verleihen.
entleiben → töten.
entleihen → aufnehmen, beleihen, entlehnen.
entloben widerrufen, entsagen, aufgeben, abfallen, umkehren, verzichten, zurücknehmen, rückgängig machen, lösen. → abbrechen.
▸ binden sich.
Entlobung Entsagung, Aufkündigung, Rücknahme, Rückgängigmachung. → Abfall.
▸ Verlöbnis.
entlocken ausforschen, verhören, nachspüren, ausspüren, herauslocken, ausfragen, ermitteln, ausspionieren, erschnüffeln • ablocken, erhaschen, erwischen, bekommen, kriegen. → bemächtigen, berauben, erschmeicheln.
▸ verheimlichen, verstecken.
entlohnen bezahlen, vergelten, wettmachen, wiedervergelten, ablohnen, abdingen. → abbauen, belohnen, bezahlen, entgelten.
▸ bediensten, erheben Anspruch, verdienen.
entlohnt bezahlt, abgelohnt, belohnt, besoldet, vergütet, vergolten, abgegolten, entschädigt, prämiiert, honoriert • abgesetzt, ausgedient, abgedankt, abgebaut, entlassen, abgesägt, arbeitslos.
▸ bedienstet, eingenommen, gefordert.
Entlohnung Vergeltung, Belohnung • Ablohnung, Abschied • Bezahlung, Zahlung, Auszahlung, Ausgleichung, Begleichung. → Belohnung, Bezahlung, Dank, Entgelt, entlohnen.
▸ Bestrafung, Forderung, Schulden, Undank.
entlüften ventilieren, frische Luft hereinlassen, die Luft erneuern, abziehen lassen, auslüften, durchblasen, durchwehen, klimatisieren, bewettern. → abziehen.
▸ verpesten.
Entlüfter → Fächer.
Entlüftung → Abzug.
entmachten → Abbau, Amtsenthebung.
entmannen sterilisieren, schwächen, berauben, unfruchtbar machen, kastrieren, verschneiden, entkatern, wallachen, verstümmeln, zeugungsunfähig machen, eheunfähig machen. → berauben.
▸ fortpflanzen, frohlocken, getrauen sich, kräftigen.
Entmannter Eunuch, Kastrat, Kastrierter, Verschnittener.
Entmannung Emaskulation, Kastration, Keimdrüsenentfernung, Sterilisation, Sterilisierung, Verschneidung.
entmenscht unmenschlich, tierisch, bestialisch, gemein, mordlustig, blutgierig, teuflisch, satanisch. → barbarisch, bestialisch, brutal, charakterlos.
▸ gütig, menschenfreundlich.
entmischen sichten, klären, sieben, reinigen, filtrieren, destillieren, entfernen, aussondern, absondern, trennen, ausscheiden. → absondern, reinigen, trennen.
▸ mischen, schwängern.
Entmischung Läuterung, Reinigung, Klärung, Sichtung, Siebung, Seihung, Isolierung, Trennung, Absonderung, Scheidung.
▸ Mischung.
entmummt → bekannt.
entmündigen → benehmen die Macht.
entmutigen abraten, abmachen, hindern, hemmen, abweisen, abreden, missbilligen, ängstigen, einschüchtern, verscheuchen, bange machen, schwarz malen, demoralisieren. → anöden, ärgern, beeinträchtigen, bekämpfen, benehmen den Mut, deprimieren, erschüttern die Hoffnung.
▸ ermutigen.
entmutigend anödend, hemmend, hinderlich,

lähmend, erschwerend, hindernd, missbilligend. → beeinflussend. ▸ ermutigend.
entmutigt deprimiert, decouragiert, gedrückt, mutlos, niedergedrückt/-geschlagen, resigniert, verzagt, flügellahm, gebrochen, gekickt, gelähmt, kleinmütig.
Entmutigung Mutlosigkeit, Missmut, Verzagtheit, Kleinmut, Depression, Hemmung, Hoffnungslosigkeit, Niedergeschlagenheit. → Beeinflussung, Bekümmernis, Depression, Hilflosigkeit. ▸ Ermutigung.
Entnahme Wegnehmen, Bemächtigung, Diebstahl, Aneignung, Beschlagnahme • Anleihe, Kredit, Beleihung, Belehnung, Pump, Borg. → Enteignung, Entziehung. ▸ Rückgabe.
entnehmen ersehen, folgen, schließen, deuten, auslegen. → abziehen. ▸ absprechen, zufügen, zurückgeben.
entnerven beunruhigen, auf den Geist/Keks gehen, denervieren, enervieren, nervös machen, stören.
entnervt entkräftet, erschöpft, kraftlos, schwach, gelähmt, unfähig, hilflos, energielos, zerrüttet, abgespannt, enerviert. → bebend, feminin. ▸ kräftig, mannhaft.
Entnervung Erschöpfung, Kraftlosigkeit, Ermattung, Versagen, Schwächung, Kräfteverlust, Abspannung, Mattigkeit. → Erschöpfung. ▸ Stärkung.
entnommen gefolgert, geschlossen, erkannt • abgehoben, verwertet, bezahlt, beglichen, überzogen • entfernt, herausgenommen, genommen. ▸ hinzugefügt, unzutreffend, verkannt.
entölen entfetten, säubern.
entopisch → einheimisch.
Entpersönlichung Depersonalisation.
entpflichten → befreien.
entpressen auspressen, ausrücken, pressen, ausquetschen, auskeltern • abnehmen, erbeuten, abjagen, abpressen, bemächtigen. ▸ füllen, wiedergeben.
entpuppen enthüllen, aufdecken, entmummen, entschleiern, zeigen, verwandeln, die Maske fallen lassen. → auspacken, dahinter kommen, demaskieren. ▸ verhüllen.
entquellen → ableiten, abstammen, austreten, entfließen, entsprießen, ergießen sich.
entraten → entbehren.
enträtseln entdecken, erraten, auslegen, bestimmen, erkennen, erschließen, ergründen, ausspuren, auseinander setzen, lösen, entziffern, dahinter kommen. → entdecken, entziffern, erraten. ▸ missdeuten, unlösbar (sein) • verschlüsseln.
entrechtet ausgestoßen, geächtet, rechtlos, verbannt, vogelfrei.
Entree → Eingang.
entreißen abjagen, ergreifen, losreißen, wegnehmen, abnehmen, erfassen, an sich reißen • den Sieg entreißen. → bloßlegen, bringen zum Schweigen, erjagen, erlösen, erpressen. ▸ verteidigen, wiedergeben, aushändigen, überreichen • lassen.
entreißen, Geheimnis auspressen, ergründen, aushören, ausspionieren, erforschen, ausfinden, herauslocken, ausfragen, in die Karten sehen, auf die Schliche kommen, hinter die Schliche kommen, die Würmer aus der Nase ziehen. ▸ ausschwatzen, verheimlichen.
entrichten → ausführen, ausgeben, einlösen, zahlen.
Entrichtung Abgabe, Begleichung, Bezahlung, Bereinigung, Spende, Obolus • Erledigung, Ausführung. → Abtragung. ▸ Zahlungsunfähigkeit.
Entrindung Dekortikation.
Entrinnen → Entweichen davonkommen, desertieren, entgehen/-kommen/-wischen, flüchten, retten sich, überstehen etwas. ▸ aufgehalten werden • hineingeraten • sterben.
entrinnen → bewegen sich, davonlaufen, desertieren, durchkommen, durchlaufen, entfahren, entkommen, entlaufen.
entrollen auflösen, aufrollen, entwirren, auseinander legen, auseinander breiten, entfalten • deuten, auslegen, erläutern, ermitteln, beweisen, ergründen, enthüllen, ein Bild entrollen, ein Bild entwerfen. → aufdrehen, aufwinden, darstellen, entwirren, erraten. ▸ einrollen, missdeuten.
entrückt entzückt, trunken, erregt, betört, begeistert, verzückt, überspannt, schwärmerisch, exaltiert • anhimmeln, die Engel im Himmel pfeifen hören • fantastisch. → befangen, berauscht, fern. ▸ nahe, nüchtern.
Entrücktheit Ekstase, Rausch, Taumel, Trunkenheit, Überschwang.
entrunzeln → ebnen, verschönern.
entrüsten empören, indignieren, reizen, anspornen, aufstacheln, schüren, aufbringen, anfeuern. → aufhetzen, ergrimmen. ▸ beruhigen, erfreuen.
entrüstet empört, indigniert, heftig, erhitzt, aufgebracht, wütend, rasend, toll, tobend, grimmig, wild, kochend. ▸ beruhigt, erfreut.
Entrüstung Empörung, Abscheu, Indignation, Zorn, Erbitterung, Erregung, Grimm, Groll, Wut, Rachsucht, Unwille, Aufgebrachtheit, Wildheit, Aufbrausen. → Bitterkeit, Erbostheit. ▸ Beruhigung, Freude.
entsagen verzichten, unterlassen. → abbrechen, abfallen, ablassen, ablehnen, beiseite legen, breitschlagen, desertieren, entloben, enthalten sich, entwöhnen, versagen sich. ▸ Anspruch erheben, gewöhnen, selbstsüchtig (sein), unbescheiden (sein).
Entsagung Enthaltung, Weltflucht, Askese, Verneinung, Ablehnung, Verzicht, Uneigennützigkeit, Selbstlosigkeit, Zurücknahme. → Abstinenz, Bescheidenheit, Dispensation, Entlobung. ▸ Forderung, Gewöhnung, Selbstsüchtigkeit, Unbescheidenheit.
Entsatz → Rettung.
entschädigen zurückgeben, abtragen, abgelten, tilgen, ablösen, vergüten, abfinden, ausgleichen • sühnen, wieder gutmachen, ersetzen, ausbaden, wettmachen, abbüßen • entlohnen, besolden, bezahlen, ablohnen, vergelten, honorieren, danken,

erkenntlich zeigen, auszeichnen, anerkennen • ein Pflaster kriegen *u.* → abbüßen, anerkennen, ausbaden, ausgleichen, begleichen, belohnen, büßen, decken, einbringen, entgelten, entlohnen, erkenntlich zeigen, erstatten.
▸ behalten, schulden, verdienen, verweigern • schaden, schädigen.

entschädigend → ersetzend.

Entschädigung Vergütung, Wiedergutmachung, Erkenntlichkeit, Vergeltung. → Abfindung, Ausgleich, Berichtigung, Bestechung, Buße, Dank, Erkenntlichkeit, Ersatz, Käuflichkeit.
▸ Bestrafung, Entnahme, Forderung.

entschädigungspflichtig → ersatzpflichtig.

entschärfen → abstumpfen, entspannen.
▸ anheizen, scharfmachen, schüren, verschlimmern.

Entscheid → Dekret.

entscheiden bestimmen, beurteilen, bewerten, beschließen, ein Wörtchen mitzureden oder zu sagen haben. → abschließen, austragen, befehlen, besiegeln, bestimmen.
▸ gehorchen, widersprechen, zögern.

entscheiden, sich erwägen • entschließen sich, Wahl treffen, das Auge richten auf.
▸ unentschlossen (sein).

entscheidend entschieden, zwingend, auf des Messers Schneide, notwendig, unerlässlich, unausweichlich. → A und O, ausschlaggebend, beweisend, durchschlagend.
▸ nebensächlich.

Entscheidendes Hauptsache, Kernpunkt, Mittelpunkt, Schwerpunkt.

Entscheidung Verfügung, Schiedsspruch, Verordnung, Dekret, Bestimmung, Entweder-oder, Zwangslage, Alternative. → Auswahl, Bescheid, Drehpunkt, Entschluss.
▸ Unentschiedenheit.

Entscheidung bringen, zur durchführen, ein Ende machen, zum Austrag bringen • zu einem Wendepunkt kommen, zum Schlusse kommen, nicht auf die lange Bank schieben. → belassen.
▸ lassen fünf gerade sein, lassen sich Zeit, unterlassen.

Entscheidung, falsche Trugschluss, Unverstand, Fehlschluss, Irrtum, Widerspruch, Verrechnung, Unrichtigkeit, falsche Auslegung.
▸ Entscheidung.

Entscheidungsanstoß Initiative.

Entscheidungsfähigkeit Entschlussfähigkeit, Entschlossenheit, Entschlussfreudigkeit.

entscheidungsfreudig beweglich, unbürokratisch, elastisch, flexibel.

Entscheidungskampf Endkampf, Endspurt, Finish, Show-down.

Entscheidungsrecht Option.

Entscheidungsunfähigkeit Abulie. → Unentschlossenheit.

entschieden Die Würfel sind gefallen. → absolut, authentisch, beglaubigt, bemüßigt, besiegelt, bestimmt, bevorstehend, charakterfest, definitiv, deutlich, durchaus, durchgreifend, ein für alle Mal, emphatisch, energisch, entschlossen, ernst, ernstlich, Faust auf eigene.
▸ offen, in der Schwebe, unbestimmt, unentschieden, ungewiss.

Entschiedenheit Entschlossenheit, Tatkraft, Unbeugsamkeit, Festigkeit, Ausdauer, Unveränderlichkeit, Beharrlichkeit, Unerbittlichkeit, Unerlässlichkeit, Widerstandskraft, Zähigkeit. → Beharrlichkeit, Beständigkeit.
▸ Unentschiedenheit.

entschlackt geläutert, gesiebt, geklärt, gereinigt, sauber.
▸ schmutzig, verschlackt.

Entschlackung Blutreinigung, Blutwäsche.

entschlafen entschlummern, sterben, erliegen, hinübergehen, verscheiden, scheiden, vergehen, erlöschen, einschlummern, versterben, das Zeitliche segnen. → ausatmen.
▸ leben.

entschleiern aufklären, ausdehnen, auskleiden, ausziehen, ausschütten, benehmen, entfalten, entlarven, entpuppen, offenbaren, Irrtum nehmen. → bloßlegen, dahinter kommen, demaskieren.
▸ verheimlichen, verhüllen, verschleiern.

entschleiert → bekannt.

entschließen, sich → entscheiden sich.

entschlossen dabei bleiben, beherzt, entschieden, mannhaft, mutig, unbeugsam, charakterfest, männlich, zielbewusst, forsch • unerbittlich, endgültig, unwiderruflich, hartnäckig. → besiegelt, brav, charakterfest, durchgreifend, ernst, ernstlich, erpicht, Faust auf eigene, felsenfest, fest.
▸ unentschlossen, ängstlich, unentschieden, unschlüssig, wankelmütig, zaghaft, zimperlich, zögernd.

entschlossen sein → besiegeln, biegen.

Entschlossenheit Festigkeit, Standhaftigkeit, Unbeugsamkeit, Beharrlichkeit, Forsche *u* • Mutigkeit, Beherztheit, Unerschrockenheit, Männlichkeit. → Antrieb, Begeisterung, Beharrlichkeit, Entschiedenheit, Entschlossenheit, Entschluss, Entschlussfähigkeit.
▸ Unentschlossenheit.

entschlummern → entschlafen.

entschlüpfen durchschlüpfen, entkommen, durchkommen, entgehen, entwischen. → abhauen, desertieren, enteilen, entfahren, entfallen, entgehen, entkommen, entrinnen.
▸ bleiben, einfangen, verschweigen.

Entschluss Entschließung, Willensbestimmung, Entscheidung, Entschlossenheit. → Absicht, Anstoß, Entschiedenheit.
▸ Unentschlossenheit.

entschlüsseln auflösen, aufschlüsseln, dechiffrieren, dekodieren, enträtseln, entwirren.
▸ kodieren, verschlüsseln • verbergen, verheimlichen.

Entschlussfähigkeit Entschlossenheit, Inangriffnahme, Unternehmungsgeist, Tatkraft, Antrieb, Initiative, Wagemut.
▸ Unentschlossenheit, Wankelmut.

Entschlussfreude Bereitwilligkeit, Willfährigkeit, Willigkeit, Geneigtheit. → Bereitwilligkeit.
▸ Unwilligkeit.

Entschlusskraft Geistesgegenwart, Reaktionsvermögen.

entschlusslos schwankend,

unentschlossen, unschlüssig, zaudernd, zögernd.
entschuldbar verzeihlich, erlassbar, verzeihbar, lässlich, erlässlich, gerechtfertigt, zulässig, zu verteidigen, zu rechtfertigen.
▸ unverzeihlich.
entschuldigen entlasten, erlassen, nachsehen, rechtfertigen, vergeben, verteidigen, verzeihen, abbitten, sich rein waschen, Bedauern ausdrücken. → abwehren, beistehen, entlasten.
▸ beschuldigen, heimzahlen, nachtragen, übel nehmen.
entschuldigen, sich Abbitte tun, Nachsicht/Verzeihung bitten um.
Entschuldigung Ausrede, Vorwand, Ausflucht • Verzeihung, Nachsicht, Vergebung • Abbitte, Rechtfertigung, Entlastung. → Abbitte, Ausrede, Ausweg, Befriedigung, Behelf, Beilegung, Deckmantel.
▸ Beschuldigung, Unnachgiebigkeit, Vorwurf, Wahrheit.
entschuppen → abbalgen.
entschwinden → durchkommen, entfallen, entfliehen, entrinnen, entschlüpfen.
▸ bleiben, dableiben • herankommen, kommen • wiederkommen.
entschwunden → entfallen.
entseelt → tot.
entsenden abordnen, wegschicken, senden, fortschicken, hinsenden. → auslesen, beauftragen, berufen, beschicken, delegieren, detachieren, ernennen, expedieren, senden.
▸ empfangen.
Entsetzen → Abscheu, Angst, Aufsehen, Bedenken, Bestürzung, Erstarrung.
▸ Entzücken, Freude, Wonne • Gleichgültigkeit, Kaltblütigkeit, Teilnahmslosigkeit.
entsetzen absetzen, verabschieden, ausschließen, versetzen, abschaffen. → abdanken, entlassen.
▸ aufnehmen, engagieren.
entsetzen, sich schaudern, erschrecken, grauen, gruseln, erzittern, erbleichen • anwidern, anekeln, widerstreben. → ängstigen, bangen.
▸ erfreuen, mutig sein.
entsetzlich Entsetzen erregend, schrecklich, unselig, widerlich, widerwärtig, grausam, hart, bitter, markverzehrend, schauerlich, furchtbar, tragisch, verteufelt, fürchterlich, Ekel erregend. → abschreckend, abstoßend, ärgerlich, barbarisch, beißend, beklemmend, bitter, blümerant, böse.
▸ tröstlich • angenehm, entzückend, erfreulich.
entsetzt → baff, bange, bebend, bestürzt, erschrocken, erstarrt, Donner gerührt vom.
▸ entzückt, erfreut • gleichgültig.
Entsetzung → Beraubung.
entseuchen → desinfizieren.
Entseuchung → Desinfektion.
entsichert schussbereit, drohend, gefährlich.
entsiegeln → öffnen.
entsinnen, sich erinnern, zurückrufen, zurückdenken, wieder erkennen, gedenken, auswendig wissen, im Gedächtnis haben, ins Gedächtnis rufen. → denken an, einfallen, erinnern sich, festhalten.
▸ vergessen.
entspannen entlasten, ausspannen, absatteln, frei machen, entzügeln, losketten, loslassen, losbinden. → befreien.
▸ arbeiten, einspannen, spannen, verkrampfen • verschärfen/zuspitzen.
entspannend lösend, befreiend, lindernd, entbürdend, entlastend. → erleichternd.
▸ aufreibend.
entspannt befreit, frei, los, ledig, entlastet. → angenehm, entlastet.
▸ belastet, drückend.
entspanntes Nachsinnen Meditation.
Entspannung Erholung, Sammlung, Muße, Rast, Ausruhen, Gelöstheit • Befreiuung, Ausspannung, Entlastung. → Befreiung, entspannen, Erbauung, Erholung, Erleichterung, Erlösung, Ferien.
▸ Spannung, Anspannung, Anstrengung • Verkrampfung, Verschärfung, Verschlimmerung, Zuspitzung.
entspinnen anfangen, beginnen, ereignen, geschehen, stattfinden, begeben, eintreten, vorkommen, einstellen. → anfangen, aufrollen, auftauchen, begeben sich, bestehen, erfolgen.
▸ beenden.
entsprechen übereinstimmen, passen, gleichstehen, gleichkommen. → ähneln, anbelangen, angehen, anpassen, behagen, belieben, eignen sich, willfahren.
▸ abweichen.
entsprechend vergleichbar, parallel • genügend, hinreichend, angemessen, gemäß. → ähnlich, analog, angemessen, annehmbar, bezüglich, dementsprechend, derart, diesbezüglich, einschlägig, fachgemäß.
▸ beziehungslos, unähnlich, ungenügend, entgegen, inadäquat, unpassend.
Entsprechung Ähnlichkeit, Analogie, Gegenstück, Gleichartigkeit, Parallele, Pendant, Übereinstimmung, Vergleichbarkeit, Verwandtschaft.
entsprießen entkeimen, ausbrechen, auftauchen, entquellen, entspringen, anfangen. → ableiten, abstammen, auftauchen, entstehen.
▸ verblühen, verdorren.
entspringen → anfangen, aufgeh(e)n, aufrollen, auftauchen, ausfließen, austreten, davonmachen sich, entfliehen, entsprießen, erfolgen.
▸ einmünden, münden • gefangen werden, gefasst werden.
entsprossen herstammend, herkommend, entstammend, abstammend, entkeimt. → beruhen, entfalten sich, erfolgen.
entsprungen → entfliehen, entstehen.
entstammen → ableiten, abstammen.
entstauben abstauben, abwischen, abputzen, abfegen, saugen, sauber machen. → ausschütteln.
▸ stauben, verunreinigen.
entstehen entsprießen, entkeimen, auftauchen, erscheinen, entsprungen. → anfangen, aufheben, aufrollen, auftauchen, beruhen, entsprießen, erfolgen.
▸ beenden, verblühen, vernichtet (sein) • bestehen, existieren.
entstehen lassen bilden, gebären, hervorbringen,

inszenieren, kreieren, produzieren, schaffen.
Entstehung Schöpfung, Geburt, Genesis, Erzeugung, Erschaffung, Bildung, Formung, Herstellung, Errichtung, Keimung, Beginnen, Herkunft. → Anfang, Aufbau, Beginn, Bildung, Entwicklung.
▸ Abbau, Ende, Vernichtung.
Entstehungsstätte Ursprung, Abkunft, Heimat, Herkunft, Quelle, Schoß.
entstellen verunstalten, verzerren, verdrehen, beeinträchtigen, missdeuten, lügen, verschlechtern, frisieren, eine Sache drehen. → anführen, anstoßen, bemänteln, beschädigen, deuteln.
▸ richtig stellen, verschönern.
entstellt zurechtgemacht, verdreht, verzerrt, zweckdienlich, zweckgefärbt • hässlich. → blatternarbig, einseitig.
▸ richtig, schön.
Entstelltheit → Entstellung.
Entstellung Verunstaltung, Missdeutung, Verfälschung, Übertreibung, Verdrehung, Verzerrung, Umkehrung, Falschheit, Entstelltheit, Missbildung, Verkrüppelung, Makel. → Ausrede, Auswuchs, Behelf, Betrug, Darstellung unrichtige, Deformation, Fehler, Einseitigkeit.
▸ Verschönerung, Wahrheit.
entstrahlen dekontaminieren.
entströmen → abdanken, auftauchen, austreten, entfliehen, ergießen sich.
entsühnen → lossprechen.
enttäuschen täuschen, erliegen, fehlschlagen, scheitern, versagen, unbrauchbar sein, sich nicht bewähren. → ärgern, entzaubern, ernüchtern.
▸ auszeichnen sich, erfreuen, einschlagen.
enttäuschend → bitter.
enttäuscht getäuscht, ernüchtert, unbefriedigt, unzufrieden, hoffnungslos, verzweifelt, niedergeschlagen. → ärgerlich.
▸ befriedigt, erfreut, begeistert, beglückt, zufrieden.
enttäuscht fühlen, sich → beklagen.
Enttäuschung Hereinfall, Misserfolg, Misslingen, Schlag, Pech, Täuschung, Missgeschick, Unglück, Fehlschlag • Missvergnügen, Unzufriedenheit, Niedergeschlagenheit, kalte Dusche *u.* → Ärgernis, Bitterkeit, Depression.
▸ Erfolg, Zufriedenheit.
entthronen absägen, abschieben, ausbooten, entheben, entlassen, entmachten, kaltstellen, schassen, stürzen.
Entthronung → Beraubung.
entvölkern leeren, räumen, ausweisen, auswurzeln, verstoßen, ausschließen.
▸ bevölkern.
entvölkert unbevölkert, verlassen, leer, unbewohnt, öde, einsam, unbesucht, allein.
▸ bevölkert.
Entvölkerung → Einöde.
entwachsen, der Rute erwachsen, herangebildet, reif, volljährig, mündig, entwickelt.
▸ jung, unmündig, unreif.
entwaffnen lahm legen, unterdrücken, schwächen • beschwichtigen, begütigen. → abrüsten, befrieden, begütigen, berauben, besänftigen, bringen zum Schweigen.
▸ aufregen, bewaffnen, aufrüsten, mobilisieren, rüsten.
entwaffnet abgerüstet, friedlich, machtlos, waffenlos.
Entwaffnung → Aussöhnung.
Entwährung → Entwertung.
entwässern → abdämmen, austrocknen, dränieren.
entwässert → trocken.
Entwässerung Austrocknung, Trockenlegung, Abdämmung, Eindämmung, Ableitung, Verödung, Versteppung.
▸ Zufluss, Zuleitung.
Entwässerungsanlage Drän, Fleet, Kanalisation, Rigole.
Entwässerungsröhre Drän.
entweder beliebig, egal, gleich, wählbar, nach Gutdünken.
▸ bedingt, zwingend, andernfalls, oder, sonst.
Entweder-oder → Entscheidung.
Entweder-oder-Möglichkeit Alternative.
entweichen → davonschleichen, durchkommen, entfernen sich, entfliehen, entfließen, entkommen, entziehen sich der Gefahr, fliehen.
Entweichen Entkommen, Entrinnen, Entgehen, Flucht, Rückzug, Rettung. → Ausflucht, Entleerung.
▸ Verhaftung.
Entweichung → Entleerung, Befreiung.
entweihen entwürdigen, verderben, besudeln, verunreinigen, erniedrigen, entheiligen, schänden, entehren. → berauben, entehren.
▸ ehren, würdigen, weihen.
Entweihung Beschmutzung, Zerstörung, Schändung, Entehrung, Verfälschung, Entheiligung, Verunreinigung, Entwürdigung, Besudelung, Missbrauch, Befleckung, Bemäkelung.
▸ Ehrung, Würdigung.
entwenden → aneignen, berauben, bestehlen, einbrechen.
Entwendung → Bemächtigung, Dieberei.
entwerfen → anordnen, aufbauen, ausarbeiten, ausdenken, ausdrücken, ausmalen, beschreiben, ersinnen.
▸ ausarbeiten, durchführen.
entwerfen, ein Bild beschreiben, schildern, erzählen, darstellen, ausmalen, zusammenstellen, berichten, ein Bild entrollen, einen Gegenstand behandeln, ins Einzelne gehen.
Entwerfer → Erfinder.
entwerten herabsetzen, abwerten, erniedrigen, degradieren, beeinträchtigen, entwähren. → abbrauchen, abnutzen, beschädigen.
▸ bewerten, erhöhen, schonen, veredeln.
Entwertung Erniedrigung, Verminderung, Herabsetzung, Verschlechterung, Herabwürdigung, Degradierung, Beeinträchtigung • Entwährung, Einziehung. → Abnahme, Demütigung.
▸ Erhöhung, Würdigung.
Entwesung Desinfektion, Entseuchung.
entwichen → davon auf und.
entwickeln → anfertigen, anschwellen, ansetzen, aufbauen, aufblühen, aufgehen, aufzeigen, ausbreiten, ausdehnen, ausdenken, ausschlagen, bilden, dehnen, entfalten sich, erblühen.
entwickeln, sich heranwachsen, aufschließen, aufblühen, entfalten sich, wachsen, zunehmen, aufgehen, den Kinderschuhen entwachsen • in Schwung kommen. → ändern, anfangen, anschwellen, auftauchen,

entfalten sich.
▸ unentwickelt (sein), verblühen, vernichten • anhalten, aussetzen, halten, stehen bleiben • eingehen, untergehen, verkommen, verkümmern.
entwickelt herangewachsen, ausgebildet, fertig, reif, mündig, volljährig, mannbar, erwachsen, flügge. → durchdacht, entwachsen der Rute.
▸ unentwickelt, einfach, primitiv.
Entwicklung Evolution, Anschwellung, Zunahme, Entfaltung, Fortschritt, Ausbildung, Schöpfung, Entstehung. → Ablauf, Arbeitssegen, Aufbau, Ausbreitung, Ausdehnung, Bildung, Durchführung, Entfaltung.
▸ Abbau, Entwertung, Rückschritt, Unbildung, Vernichtung.
Entwicklungsjahre Jugend, Reifung, Pubertät.
entwinden → wegnehmen.
entwirrbar lösbar, entzifferbar, zerlegbar, löslich, ausführbar, überwindbar, übersteigbar, unschwer, gängig. → erklärbar.
▸ unentwirrbar.
entwirren lösen, auseinander bekommen, auseinander reißen, losmachen, frei machen, auflösen, zerlegen, zergliedern, zerteilen, aufrollen, auseinander klamüsern *u.* → anordnen, arrangieren, bahnen, entfädeln, entrollen, entziffern.
▸ verwirren.
entwischen → aufspringen, davonlaufen, davonmachen sich, desertieren, entfallen, entgehen, entkommen, entlaufen, entrinnen, entschlüpfen, entziehen sich der Gefahr, Fersengeld geben.
▸ gefasst werden, in die Falle gehen.
entwöhnen abgewöhnen, aufgeben, einstellen, ablegen, ablassen, versagen sich, vermeiden, entsagen, verzichten, unterlassen, enthalten sich • mit der Vergangenheit brechen. → abstreifen, brechen mit einer Gewohnheit.
▸ angewöhnen, stillen.
Entwöhnung Einstellung, Abgewöhnung, Abbruch, Versagung, Enthaltung, Vermeidung, Verzicht. → Abstinenz, Befreiung, Diät, Einstellung.
▸ Gewöhnung.
entwürdigen → entehren, entweihen.
entwürdigen, sich → erniedrigen sich.
entwürdigend ruhmlos, schändlich, schmachvoll, unrühmlich.
entwürdigt beleidigt, erniedrigt, gekränkt, geschändet, verletzt, pikiert.
Entwürdigung → Beleidigung, Entweihung.
Entwurf Skizze, Anform, Abbildung, Vorbild, Zeichnung, Design, Urform, Probe, Vordruck, Muster, Plan. → Abguss, Absicht, Anordnung, Aufriss, Ausfertigung, Darstellung, Dessin.
▸ Ausführung, Ausgestaltung, Endfassung, Fertigprodukt, Produkt.
entwurzeln → abbrechen, ausmerzen.
entwurzelt heimatlos, asozial, einsam.
▸ beheimatet, behütet, bodenständig, geborgen, verwurzelt.
entzaubern enttäuschen, ernüchtern, kränken • Zauber austreiben. → ernüchtern.
▸ verzaubern.
entziehen, sich ausweichen, meiden, bestehen, enthalten, vermeiden, nicht nachkommen, ausbleiben, umgehen, sich mit Händen und Füßen wehren, verweigern. → aufheben, brechen die Pflicht, erpressen.
▸ stellen sich.
entziehen, sich der Arbeit trödeln, faulenzen, bummeln, herumlungern, strolchen, keinen Finger rühren.
▸ arbeiten.
entziehen, sich der Gefahr entweichen, entfliehen, entlaufen, entwischen, ausreißen, durchbrennen, fortstehlen sich, drücken sich, sich aus dem Staube machen, das Hasenpanier ergreifen.
▸ stellen sich, verteidigen.
entziehen, sich der Schlinge die Bande sprengen, die Fesseln abwerfen, der Haft entkommen, die Freiheit wiederhaben. → entziehen sich.
▸ stellen sich.
Entziehung Abziehung, Entzug, Einschränkung, Schmälerung, Verlust, Abnahme, Einbuße, Beraubung, Entnahme, Aneignung, Beschlagnahme • Zueignung. → Enteignung.
▸ Gewinn, Rückgabe, Wiedergutmachung.
Entziehungserscheinungen Abstinenzsyndrom, Entzugserscheinungen.
Entziehungskur S.d.H.-Kur (Sauf die Hälfte ...) *u.*
entzifferbar → entwirrbar.
entziffern enträtseln, dechiffrieren, entwirren, auslegen, erschließen, ausspüren, herauslesen, herausbuchstabieren, lösen, übersetzen, den Sinn ermitteln. → deuten, dolmetschen, enträtseln, erklären.
▸ missdeuten • kodieren, verklausulieren, verschlüsseln.
Entzücken Beglückung, Ergötzung, Fröhlichkeit, Beseligung, Gehobenheit, Frohsinn, Glücksgefühl, Heiterkeit, Jubel, Glück, Seligkeit, Wonne, Stimmung, Frohlocken. → Affekt, Befriedigung, Begeisterung, Eden.
▸ Gefühllosigkeit, Trübseligkeit.
entzücken erfreuen, ergötzen, laben, erquicken, berauschen, erheitern, gefallen, beleben, fesseln, anregen, berücken, betören, blenden, verwirren. → ansprechen, befriedigen, bestricken, Cour schneiden.
▸ abstoßen, gefühllos sein, gleichgültig (sein).
entzückend köstlich, deliziös, schön, herrlich, hübsch, goldig, lieblich, holdselig, berückend, einnehmend, niedlich, wohlgestaltet, zierlich, nett, anziehend, köstlich, süß, reizend, puppig *u.* → angenehm, anmutig, auserlesen, berauschend, bestrickend, scharmant, fein.
▸ abstoßend, furchtbar, hässlich, langweilig, plump, reizlos, unattraktiv, unschön.
entzückt erfreut, befriedigt, froh, begeistert, berauscht, betört, ganz weg, enchantiert. → befangen, berauscht, beseligt, entrückt, entzücken.
▸ unbefriedigt.
Entzückung Bezauberung, Berauschung, Zauber, Rausch, Begeisterung, Seligkeit, Beseligung. → Bezauberung, Enthusiasmus, Entzücken.
▸ Ernüchterung, Gleichgültigkeit.
Entzug → Entziehung.
entzündbar brennbar, erhitzbar,

entfachbar, verbrennbar.
▸ unentzündbar.
Entzündbarkeit, leichte Explosibilität.
entzünden anfachen, aufflackern, schüren, anblasen, verbrennen, anfeuern, einfeuern, erhitzen, erwärmen, Feuer anblasen • reizen, empören, anspornen, aufhetzen, aufstacheln, erregen. → anfeuern, anstecken, anzünden.
▸ auslöschen, beruhigen.
entzündet entflammt, begeistert, ergriffen, entbrannt, gefesselt, gepackt, erhitzt, erwärmt • eiternd, krank. → begeistert, entbrannt, erfreuen.
▸ anteillos, erloschen, geheilt.
entzündlich explosiv, krisenhaft, anfällig.
Entzündung Phlogmasie, Phlogose, Inflammation.
entzwei defekt, kaputt, zerrissen, zerbrochen, verletzt, zerstört, unbrauchbar, schadhaft, beschädigt, halbiert, zweigeteilt, gespalten, zertöppert *u*, aus dem Leim, in die Binsen *u*, hops gehen *u*, im Eimer *u*, kapores *u*. → auseinander, beschädigt, defekt.
▸ ganz, heil, in Stand, unbeschädigt.
entzweien auseinander reißen, voneinander bringen, trennen, verfeinden, brechen, erzürnen, abkehren sich, entfremden sich, verkrachen sich, verkabbeln sich *u* • mit jm. quitt sein. → absondern, aufhetzen, befehden, brechen mit, differieren, erkalten.
▸ versöhnen.
entzweigehen → bersten, brechen, zerbrechen.
entzweit feindlich, feindselig, gegnerisch, hasserfüllt, verfeindet, getrennt, uneinig, geschieden. → feindlich.
▸ einig.
Entzweiung Zerwürfnis, Entfremdung, Teilung, Zank, Streit, Nichtübereinstimmung, Missverständnis, Spannung, Abneigung, Feindseligkeit, Erkaltung, Abwendung, Unversöhnlichkeit, Feindschaft. → Auflösung, Bitterkeit, Bruch, Disharmonie, Entfremdung, Feindschaft.
▸ Versöhnung.
Enzyklika päpstliches Rundschreiben. → Befehl, Bekanntmachung.
Enzyklopädie systematische Zusammenfassung, alphabetische Zusammenfassung, Sammelwerk, Nachschlagewerk, Lexikon, Handbuch.
enzyklopädisch umfassend, universal.
epidemisch ansteckend, übertragbar, zerstörend, versuchend, verderblich, tödlich • umgreifend, seuchenhaft.
▸ vereinzelt.
Epigone Abkömmling, Erbe, Nachfolger, Nachkomme, Thronfolger • Imitator, Nachahmer, Nachmacher.
epigonenhaft nachgeahmt, abgeguckt, nachgemacht, abgeschrieben, übernommen, nachbetend.
▸ fortschrittlich, original, schöpferisch.
Episode Begebenheit, Begebnis, Ereignis, Zwischenfall, Vorkommnis, Zwischenspiel, Erlebnis, Begegnung. → Abenteuer, Begebnis, Erlebnis.
▸ Hauptsache.
episodisch eingeschoben, eingeschaltet, vereinzelt • nebensächlich, belanglos, bedeutungslos, beiläufig, nebenbei. → berührungslos.
▸ wesentlich.
Epistel → Brief, Vorhaltung.
epochal weltbewegend. → Epoche machend.
Epoche Zeitraum, Zeitalter, Ära, Zeitabschnitt, Verlauf, Zeit, Ablauf, Dauer • Kunstrichtung.
Epoche machend einmalig, unvergleichlich, bahnbrechend, einzigartig, hochbedeutend, Aufsehen erregend, maßgebend, einflussreich, wichtig, erheblich, pyramidal *u*. → A und O, ausschlaggebend.
▸ belanglos, einflusslos, unwichtig.
Erachten Ansicht, Einstellung, Auslegung, Gutdünken, Meinung, Standpunkt, Ermessen, Schlussrichtigkeit.
erachten ermessen, folgern, erwägen, beurteilen, auslegen, erkennen, finden, halten für. → annehmen, denken.
▸ voreingenommen (sein).
erachten, dringend → beimessen.
erarbeiten erwerben, erlangen, aneignen, verschaffen, erkämpfen, verdienen, erobern, zueignen, erschaffen, erhalten. → beikommen, beschaffen, erwerben.
▸ bringen es nicht weit, verwirken, übernehmen • zufallen, zukommen.
Erbanlage → Begabung.
Erbarmen Milde, Sanftmut, Gnade, Huld, Güte, Mitleid, Schonung, Mitgefühl, Teilnahme, Erbarmung. → Barmherzigkeit, Charitas.
▸ Hartherzigkeit, Herzlosigkeit.
erbärmlich → arm, begrenzt, bejammernswert, beschämend, bestechlich, charakterlos.
▸ anständig • beneidenswert, erfreulich, froh, gesund, glücklich • erhaben, großartig.
Erbarmung → Erbarmen.
erbarmungslos rücksichtslos, hart, zügellos, viehisch, grimmig, schonungslos, rachsüchtig, unerbittlich. → barbarisch, entmenscht.
▸ barmherzig, versöhnlich, gerührt, mitfühlend • gnädig, rücksichtsvoll.
erbarmungswürdig → kläglich.
erbauen erschaffen, bauen, errichten, herstellen, erzeugen, aufbauen, ausführen, aufrichten, arbeiten • erbauen sich, stärken sich, aufrichten sich. → bekehren, beten, erbauen.
▸ vernichten, versündigen sich • abbauen, abreißen, niederreißen, vernichten.
Erbauer Erschaffer, Erzeuger, Bauherr, Schöpfer, Gründer, Gestalter, Architekt, Errichter. → Arbeiter, Erschaffer.
▸ Zerstörer.
erbaulich andachtsvoll, weihevoll, feierlich, stärkend, aufrichtig, ehrerbietig, andächtig, fromm, beispielhaft, tugendhaft, nachahmenswert. → demütig.
▸ heuchlerisch, nichts sagend, unerfreulich • hektisch, unruhig.
Erbauung Erzeugung, Bau, Errichtung, Herstellung, Schöpfung, Gründung, Bildung • Andacht, Sammlung, Feierstunde, Erholung, Entspannung. → Erfindung.
▸ Vernichtung, Zerstreuung.
Erbauungsschrift Postille, Traktat.
Erbe → Besitzer.
▸ Erblasser.
erbeben beben, erschüttern, schwingen, erzittern, erschaudern, frösteln, frieren, durchzucken, durchbeben, bewegen, rühren, ergriffen

werden • zurückschrecken, zurückweichen. → berühren, erblassen, erschrecken, Farbe wechseln.
▸ bleiben gefasst.
erbeigen → eigen.
erben erhalten, bekommen, empfangen, ererben, erlangen, einnehmen, einziehen, Erbschaft machen, Erbschaft antreten, nachrücken. → beerben, ersitzen.
▸ entrechten, kommen um etwas • hinterlassen, nachlassen, vererben, vermachen.
erbeten bitten, ersuchen, erbitten, begehren, aussuchen, anhalten, verlangen, aussprechen, anflehen, eine Bitte richten. → erheben die Hände.
▸ abschlagen, widerrufen, zurückweisen.
erbetteln ersuchen, beschaffen, auftreiben, einnehmen, verschaffen, zusammenscharren, schalen *u.* → erbeten, erschmeicheln.
▸ abschlagen, Almosen (geben), zurückweisen.
erbetteln schlauchen *u.*
erbeuten ergreifen, erobern, einheimsen, einsäckeln, zusammenscharren, erhaschen, ergattern, beschaffen, aneignen, nehmen, finden. → beerben, beikommen, bemächtigen, berauben, bestehlen, entpressen, erjagen, stehlen.
▸ einbüßen.
Erbeutung → Bemächtigung.
Erbfaktor Gen.
Erbfeind → Beelzebub, Feind.
Erbfolge → Aufeinanderfolge.
erbgleich isogen.
Erbgut → Bauernhof, Besitztum.
Erbhof → Bauernhof.
erbieten anpreisen, anbieten, erbötig sein, willig sein, sich anheischig machen, sich breit schlagen lassen, den Wünschen entgegenkommen. → bieten, darbieten.
▸ ablehnen.
erbitten → begehren, belagern, bemühen, betteln, bewerben sich, bitten, dringen, erbeten, erheben die Hände, erschmeicheln.
erbittern → abstoßen, anstoßen.
erbittert verärgert, erregt, unzufrieden, missgelaunt, missgestimmt, verdrießlich, kratzig, giftig, empfindlich, in Harnisch geraten, fanatisch, ergrimmt, reizbar, bissig, unleidlich, grollend, verschnupft, ihm ist eine Laus über die Leber gelaufen. → aufgebracht, böse, cholerisch, erbost, feindlich.
▸ fröhlich, gut gelaunt, versöhnlich, zufrieden.
Erbitterung Gereiztheit, Animosität, Missvergnügen, Verdrießlichkeit, Verbitterung, Murrsinn, Verdruss, Barschheit, Groll, Erzürnung, Missmut, Unwille, Unmut, Aufgebrachtheit, Bitterkeit, Schärfe, feindliche Gesinnung. → Ärger, Anwandlung, Bedrücktheit, Bissigkeit, Bitterkeit, Bosheit, Entrüstung, Erbostheit, Feindschaft.
▸ Fröhlichkeit, Versöhnlichkeit, Zufriedenheit.
erblassen bleichen, erbleichen, weiß werden, farblos werden, verfärben sich, fahl werden • erzürnen, ärgern, wüten, erbeben, beben, fürchten, ängstigen, bangen, erschrecken, erschaudern, entsetzen sich. → ausgehen, berühren, bleichen, entfärben, erschrecken.
▸ erröten, freuen sich, furchtlos (sein).
erbleichen → erblassen, Farbe wechseln.
erblich eigen, angeboren, vererbt, anerschaffen, innewohnend, anhaftend, ererbt, angestammt, übertragbar, hereditär.
▸ erworben.
erblich bedingt genetisch.
Erblichkeit Heredität.
erblicken → entdecken, ersehen, fallen in die Augen, fassen ins Auge, sehen.
Erblindung → Blindheit.
erblöden, sich nicht → entblöden sich nicht.
erblühen keimen, knospen, gedeihen, blühen, reifen, wachsen, sprießen, entfalten, aufblühen, ausbreiten, entwickeln. → aufblühen.
▸ verblühen, alt werden, verdorren, vergehen, vertrocknen, verwelken, welken.
Erbmasse Genotyp, Idioplasma.
erborgen → aufnehmen, borgen, entlehnen.
erbosen ergrimmen, grollen, zürnen, nachtragen, verdrießen, verstimmen, kränken, beleidigen. → anstoßen, ärgern, aufregen, ergrimmen.
▸ beruhigen, erfreuen sich, verzeihen.
erbost wütend, grimmig, aufgebracht, erbittert, böse, unwillig, zornig. → ärgerlich, erbittert, feindlich.
▸ beruhigt, erfreut, friedfertig.
Erbostheit Ärger, Abneigung, Grimm, Wut, Zorn, Verübelung, Aufgebrachtheit, Ingrimm, Erbitterung, Verdrossenheit, Entrüstung, Ungehaltenheit. → Feindschaft.
▸ Beruhigung, Friedlichkeit, Freude, Gleichgültigkeit.
erbötig gefällig, beflissen, dienstwillig, entgegenkommend, aufmerksam, bereitwillig, dienstbereit, willfährig, zuvorkommend, verbindlich, hilfsbereit. → angenehm, dienstbereit.
▸ ungefällig.
Erbprinz → Adel.
Erbrechen → Auswurf.
erbrechen zerbrechen, öffnen, aufmachen, aufbrechen, aufsperren • speien, geifern, herausbrechen, von sich geben, sabbeln, sabbern, kotzen, übergeben sich, sich erleichtern, Kotzebues Werke studieren *u*, die Fische füttern *u.* → bersten.
▸ schließen, schlucken.
erbrechen, sich kalben *u.*
erbringen → beschaffen.
Erbsaß → Besitzer.
Erbschaft → Errungenschaft, Erwerb.
Erbschleicher → Betrüger, Erpresser.
Erbteil → Besitz.
Erdachse → Achse.
Erdaufwurf → Barrikade.
Erdball → Erde.
Erdbeben → Ausbruch, Bewegungstrieb.
Erdbewohner → Kreatur, Mensch.
Erdboden Boden, Erde, Acker, Feld, Flur, Gelände, Grund, Land, Scholle, Weide, Gefilde.
▸ Himmel.
Erdboden, gleichmachen dem → ebnen, zerstören.
Erde Weltkörper, Globus, Natur, Schöpfung, Raum, Erdball, Erdkugel, Erdfläche, Jammertal *u.* → Erdboden.
▸ Himmel.
Erde bringen, unter die → begraben, töten.
▸ bringen zur Welt.
Erde verkriechen, sich in die → fürchten, schämen.
Erdenbürger → Mensch.
Erdenfreuden → Belustigung.
Erdengüter → Besitz.

erdenken → beikommen, ersinnen.
erdenklich → vorstellbar.
Erdentage Dasein, Leben, Lebenszeit, Wirklichkeit, Erdenwallen, Jammertal, Lebenstage. → Dasein.
▸ Jenseits, Tod.
erdgebunden → weltlich.
Erdgeschoss → Parterre.
erdhaft → irdisch, stofflich.
Erdhügel → Berg.
erdichten → ausdenken, erfinden, ersinnen, erträumen.
Erdichtung → Bekenntnis, Betrug, Erfindung, Falschheit.
Erdkugel → Ball, Erde.
Erd-Lebensraum Biosphäre.
Erdabsatz Terrasse.
Erdabtragung Denudation, Erosion.
Erdachsenendpunkt Pol.
Erdbahn Ekliptik.
Erdbeben, durch seismisch.
erdbebenfrei aseismisch.
Erdbebenkunde Seismik, Seismologie.
Erde ausheben auskoffern.
Erde, fruchtbare Humus.
Erdentstehungslehre Geogenese.
Erdentwicklungsgeschichte Geologie.
Erdfarbe Ocker, Umbra.
Erdgeist Gnom.
erdgeschichtlich geologisch.
Erdgeschichtsforscher Geologe.
erdichtet fabulös, fiktiv, mythisch, vgl. dichterisch.
Erdkunde Geografie.
Erdlängenkreis Meridian.
Erdöl → Brennmaterial.
erdolchen → töten.
erdolchen, mit den Blicken ergrimmen, grollen, zürnen, nachtragen, verdrießen, verstimmen, kränken, beleidigen.
▸ Blicke zärtliche, verzeihen.
Erdölschiff Tanker.
Erdpech Asphalt, Bitumen.
Erdreich → Erdboden, Erde.
erdreisten, sich unterfangen sich, erkühnen sich, unterstehen • Gefahren trotzen, keine Furcht haben, mutig sein • unverschämt sein, frech sein.
▸ bescheiden (sich), bleiben lassen, feige (sein).
erdröhnen → dröhnen.
erdrosseln → abdämmen, drosseln, töten.
erdrücken belasten, beladen. → demolieren, drücken.
▸ aufrichten, entlasten.
erdrückende Sorge Bedrängnis, Unglück, Armut, Kummer, schlechte Verhältnisse. → Sorge.
▸ Überfluss, Wohlstand, Zufriedenheit.
erdrückt geknechtet, unterjocht, unterworfen, rechtlos, belastet, vernichtet, zu Boden gedrückt. → angeschlagen.
▸ entlastet, frei, ganz.
Erdrutsch → Bewegung.
Erdstrich Zone.
Erdstufe Terrasse.
Erdteil Kontinent, Subkontinent.
erdulden → abbüßen, ausstehen, befallen, dulden, Erfahrung machen bittere, erleben.
▸ aufbegehren, aufmucken, meutern, protestieren, revoltieren • klagen, jammern • zerbrechen.
erdulden, Schmerzen → abbüßen, leiden.
Erdwissenschaftler Geologe.
ereifern, sich disputieren • auffahren, aufbrausen, erhitzen sich, aufbringen, rastlos sein, entrüsten sich, in die Höhe fahren, außer sich kommen. → debattieren, diskutieren, disputieren, durchglühen, entbrennen.
▸ beruhigen (sich), erlahmen, gelassen (sein), versöhnen sich.
ereignen, sich geschehen, eintreten, widerfahren, stattfinden, passieren, erfolgen, vorkommen, vorfallen, zutragen sich, abspielen sich, einstellen sich • was ist los?, wo brennts?, steigen. → begeben sich, begegnen, bestehen, darbieten sich, einstellen sich, entspinnen, erfolgen.
▸ unterbleiben.
Ereignis → Abenteuer, Angelegenheit, Begebenheit, Begebnis, Bescherung, Episode, Erlebnis.
ereignislos → langweilig.
Ereignislosigkeit Sendepause *u*, tote Hose *u*.
ereignisreich wichtig, bedeutend, wesentlich, gewichtig, ausschlaggebend, maßgebend, bedeutungsvoll, erheblich, folgenreich, denkwürdig, bemerkenswert. → denkwürdig.
▸ unbedeutend, unwichtig.
ereilen → einholen, Ferse folgen auf der.
Eremit → Einsiedler.
ererben → beerben, erben, ersitzen.
ererbt → angeboren, behaftet, Blut liegen im, erblich.
erfahren erleben, widerfahren, hören, kennen, wissen, erfassen, unterrichtet sein, Bescheid wissen, zu Ohren kommen *u* • bewandert, kenntnisreich, kundig. → abbüßen, anstellig, aufgeklärt, befallen, begegnen, bekommen Wind, belesen, beschlagen, dulden, eingeweiht, einziehen Erkundigungen, erleben.
▸ informieren, mitteilen, unterrichten • verraten • naiv, unerfahren, unschuldig.
Erfahrung Erkenntnis, Empirie, Geschicklichkeit, Fertigkeit, Einsicht, Verständnis, Scharfsinn, Bekanntschaft, Menschenkenntnis, Kenntnis, Übung, Vertrautheit, Wissen. → Erlebnis, Fertigkeit.
▸ Unerfahrenheit, Unkenntnis, Unwissenheit • Praxisferne, Theorie.
Erfahrung bringen, in auskundschaften, ausfindig machen, entdecken, erforschen, herausfinden.
Erfahrung machen, bittere erdulden, ärgern, durchmachen, erleiden, teuer bezahlen, eine bittere Pille schlucken, den bitteren Kelch leeren.
▸ gewitzigt.
Erfahrung überschreitend metaphysisch.
erfahrungsgemäß erprobt, erwiesen, versuchsweise, erfahrungsmäßig, folglich, hierausfolgend, erwiesenermaßen, demgemäß, daraus folgend, daherkommend. → empirisch, experimentell.
▸ theoretisch, unerwiesen.
erfahrungslos ungeschickt, linkisch, unerfahren, schwerfällig, schülerhaft, stümperhaft, dumm, grün, noch nicht trocken hinter den Ohren, tölpelhaft, verkehrt, unreif, ungeeignet, unfähig, untauglich, unverständig, unbesonnen.
▸ gewitzigt (sein), Glück haben.
Erfahrungsmensch Empiriker.
Erfahrungssatz Aposteriori, Empirem.
Erfahrungswissenschaft Empirie, Realwissenschaft.
erfassbar verständlich, logisch, ergreifbar, konkret, vorstellbar, ergründbar, denkbar, nachdenkbar.
▸ unlogisch, unverständlich.

Erfassen → Bemächtigung. ▸ streichen, stornieren • ausschließen • übersehen, verkennen • verschonen.
erfassen sammeln, auffassen, zusammenziehen, vereinigen, ergreifen • verstehen, begreifen, denken, erkennen. → auffassen, ausbeuten, begreifen, beikommen, bemeistern, bleiben bei der Sache, denken, dingfest machen, durchschauen, einleuchten, entreißen, erfahren, erkennen, nehmen. ▸ beikommen nicht, bleiben zurück, loslassen, zerstreuen.
erfassen, die Gelegenheit ergreifen, die Gelegenheit beim Schopfe ergreifen, von der Gelegenheit Gebrauch machen, Anschluss bekommen, den richtigen Augenblick erfassen. ▸ verpassen.
erfinden schöpfen, erzeugen, erforschen • brüten, ausdenken, ersinnen, erwägen, lügen, erdichten, verdrehen, täuschen, fälschen, fingieren. → ausdenken, ersinnen, erträumen. ▸ nachahmen, Wahrheit sprechen die • imitieren, kopieren, plagiieren • forschen, suchen.
Erfinder Urheber, Schöpfer, Gründer, Meister, Forscher, Erschaffer, Genie, Entwerfer. → Erschaffer. ▸ Nachbeter.
Erfindergeist → Erfindungsgabe.
erfinderisch ingeniös, sinnreich, schöpferisch, gestalterisch, fantasiereich, genial, schaffend, aufbauend, bildend. → anstellig. ▸ dumm, ungeschickt, (einfallslos) epigonal, fantasielos, unkreativ.
Erfindung Sage, Erdichtung, Märe, Legende, Lüge, Verdrehung • Schöpfung, Erbauung, Gründung • Leistung, Entdeckung. ▸ Nachahmung, Wahrheit, Wirklichkeit.
Erfindungsgabe Erfindergeist, Bildungstrieb, Gestaltungstrieb, Auffassungskraft, Erfindungssinn, Fassungskraft, Befähigung, Geistesgabe. → Einbildungskraft. ▸ Einfallslosigkeit, Ideenlosigkeit, Fantasielosigkeit.
erfindungsreich → findig.
erflehen beten, flehen, bitten, anrufen, erheischen, angehen, ansprechen. → erbeten, bitten. ▸ ablehnen, versagen.
Erfolg Leistung, Wirkung, Effekt, Ergebnis, Fortschritt, Vorwärtskommen, Lohn, Gelingen, Gedeihen, Gewinn, Durchbruch, Chancen, Massel *u*, Sieg, Erzeugnis, Nachwirkung, runde Sache *u*, Schluck aus der Pulle *u*. → Anerkennung, Ausgang, Effekt, Ergiebigkeit, Erzeugung. ▸ Misserfolg, Fehlschlag, Niederlage.
Erfolg haben → bringen es zu etwas, bringen zu Wege.
Erfolg, kleine Schritte zum Salamitaktik *u*.
Erfolg, schneller Senkrechtstart *u*.
erfolgen vorfallen, entstehen, eintreten, ereignen, entspringen, resultieren, entsprossen, auslösen, ausfallen, stattfinden, einstellen, entspinnen, passieren, geschehen. → begeben sich, ereignen sich, ergeben sich. ▸ verursachen.
erfolglos ergebnislos, verfehlt, umsonst, missglückt, misslungen, fehlgeschlagen, vergeblich, nutzlos, einflusslos, negativ, zwecklos. ▸ erfolgreich.
erfolglos bleiben → nicht beikommen.
erfolglos sein → Boden verlieren den, blamieren, bringen es nicht weit, durchfallen.
Erfolglosigkeit → Bekümmernis.
erfolgreich günstig, dienlich, zweckvoll, bedeutend, förderlich, fruchtbar, Gewinn bringend, nutzbringend, vorteilhaft, gedeihlich, wirksam, glücklich, gelungen, Erfolg versprechend, siegreich. → durchschlagend, ehrenvoll. ▸ erfolglos, misslungen, nutzlos, umsonst, vergeblich.
erfolgreich sein → bringen es zu etwas.
erfolgsabhängige Vergütung Provision.
Erfolgsanwärter Favorit.
Erfolgsaussicht Chance.
Erfolgsmensch → Glückskind, Favorit, Karrieremacher, Streber, Emporkömmling. ▸ Unglücksrabe, Versager.
Erfolgsstück Attraktion, Clou, Hit, Knüller, Zugstück.
Erfolg versprechend zweckmäßig, dienlich, zweckentsprechend, passend, geeignet, brauchbar, verwendbar, vorteilhaft, zukunftsträchtig. → erfolgreich. ▸ unzweckmäßig • aussichtslos, hoffnungslos, ungünstig.
erforderlich nötig, notwendig, dringend, unumgänglich, unerlässlich, durchaus, unentbehrlich • verbindlich, verpflichtend, gefordert, obligatorisch, vorgeschrieben, auferlegt. → A und O. ▸ entbehrlich, überflüssig, unnötig • möglich.
erfordern bedürfen, brauchen, benötigen, verlangen, beanspruchen, begehren, erheischen, fehlen, vorschreiben, fordern. → bedingen, begehren, ermangeln, können nicht. ▸ zufrieden geben sich.
Erfordernis Anforderung, Bedürfnis, Unentbehrlichkeit, Unerlässlichkeit, Notwendigkeit, Forderung. → Bedarf, Bedürfnis, Belieben. ▸ Überflüssigkeit.
erforschen ermitteln, nachforschen, eruieren, entdecken, suchen. → Acht geben, anfragen, ausfindig machen, ausforschen, durchforschen, durchleuchten, durchsuchen, eindringen in das Geheimnis, erfragen, ergrübeln, erkundigen. ▸ beantworten, denkfaul.
Erforscher Explorer, Forscher, Kundschafter, Pionier, Späher.
Erforschung Erwägung, Untersuchung, Prüfung, Entdeckung, Forschung, Zergliederung, Experiment. → Anstrengung, Ausforschung, Begriffsscheidung, Bemühung, Beobachtung, Betrachtung, Entdeckung, Forschung. ▸ Beantwortung, Stumpfsinn.
erfragen erforschen, befragen, anfragen, ausfragen, ermitteln, ausspüren, ergründen, ausspionieren, nachfragen, erkundigen, erkunden, verhören, nachspüren. → ausfindig machen, befragen. ▸ beantworten.
erfrechen → entblöden sich nicht.
erfrechen, sich anmaßen sich, erdreisten sich, erkühnen sich, herausnehmen sich.
erfreuen gefallen, befriedigen, erquicken, erfrischen, anregen, erregen, entzücken, erheitern,

aufheitern, ergötzen, unterhalten, beglücken, vergnügen, zufrieden stellen. → amüsieren, ausnutzen, ansprechen, befriedigen, behagen, entzücken. ▸ abstoßen, ärgern, quälen • kalt lassen.
erfreuen, sich behagen, ergötzen, befriedigen, laben, sonnen sich, gütlich tun, sich des Lebens freuen. → erfreuen. ▸ quälen sich, verdrießen.
erfreuen mit überraschen, beschenken, schenken, beglücken, froh machen, erheitern, eine Freude machen, glücklich machen. ▸ entgegennehmen, übergehen.
erfreuend anregend, erheiternd, ergötzlich, belustigend, unterhaltsam, zerstreuend, zusagend. → erfreulich. ▸ ärgerlich.
erfreulich lohnend, günstig, fruchtbar, gut, erfreuend, ertragreich, nutzbringend, vorteilhaft, nützlich, Gewinn bringend, herrlich, wünschenswert, wohl tuend, erwünscht, sahnig *u.* → amüsant, behaglich, scharmant, dienlich, erfreuend, erwünscht. ▸ unerfreulich, mies, negativ, schlecht, traurig, übel, unerquicklich, ungünstig, widerlich.
erfreut → beruhigt, entzückt, froh.
erfrieren → erkalten, gefrieren.
Erfrierung Kongelation.
erfrischen, sich erholen, erquicken, stärken, laben, kräftigen, auffrischen, erneuern, wieder beleben, beleben, ergötzen, letzen, anbieten etwas • baden, waschen, schwimmen, frisch machen • spazieren gehen, lustwandeln, promenieren. → begütigen, behagen, beleben, delektieren, erfreuen, fächeln. ▸ ermüden.
erfrischend kräftigend, belebend, erquickend, stärkend, wohl tuend, heilsam, erneuernd, anregend • gut, lecker, köstlich, kühl, labend, saftig. → scharmant, erleichternd. ▸ ermüdend.
erfrischt ausgeruht, belebt, erholt, erquickt, frisch, gestärkt, munter.
Erfrischung Erquickung, Kräftigung, Labsal, Genuss, Auffrischung, Kühlung, Belebung, Imbiss, Labung, Stärkung. → Aufenthalt, Auffrischung, Delikatesse, Erholung. ▸ Ermüdung, Ermattung, Schwächung.
erfüllbar ausführbar, erklärbar, löslich, möglich, lösbar, gängig, erledigbar, vollziehbar, vollführbar, vollbringbar. → erreichbar. ▸ unerreichbar, unmöglich.
erfüllen vollführen, vollstrecken, vollenden, durchbringen, erledigen, verrichten, verfertigen, halten, genügen, leisten, ausüben. → arbeiten, anfassen, ausfindig machen, ausführen, ausüben, beobachten, berücksichtigen, bezahlen, erfüllen die Hoffnung. ▸ unterlassen • anstehen lassen, aufhalten, hinhalten, vertrösten • fordern, verlangen, wünschen.
erfüllen, die Hoffnung gelingen, gedeihen, ausführen, glücken, einschlagen, geraten, zufrieden stellen, gut anschlagen, die Erwartung erfüllen, den Zweck erreichen. ▸ enttäuschen.
erfüllen, seine Pflicht → beteiligen sich, bürgen.
erfüllen, jeden Wunsch → befriedigen.
erfüllt glücklich, freudig, beschwingt.
erfüllt von Entsetzen → bestürzt.
Erfüllung Durchführung, Vollführung, Ausführung, Vollzug, Erledigung, Beendigung, Fertigstellung, Vollziehung, Abschluss, Bewerkstelligung, Lösung. → Befreiung, Berücksichtigung, Bewerkstelligung. ▸ Misslingen, Unterlassung, Nichterfüllung • Bitte, Forderung, Verlangen, Wunsch • Übererfüllung • Weissagung.
Erfüllungsaufschub Moratorium.
erfunden unwahr, falsch, lügnerisch, unbegründet, unecht, erlogen, gefälscht, verdreht, irreführend, nichtig, lügenhaft, unrichtig, widersinnig. → falsch. ▸ wahr.
ergänzen vervollkommnen, entfalten, vervollständigen, vollenden, ausfertigen • ausschmücken, ausmalen, darstellen, beilegen, beifügen, hinzufügen, hinzusetzen, anreihen, anschließen, anhaften, anhängen, beiordnen, ansetzen, hinzutun, anfügen, einpassen. → ausarbeiten, ausbessern, ausfüllen. ▸ aufbrauchen, ausfallen, weglassen, wegnehmen.
ergänzend → beifolgend, beiliegend, ferner.
Ergänzung Vervollständigung, Ganzheit, Beifügung, Ansetzung, Beiordnung, Zusatz, Zugabe, Hinzufügung, Vermehrung, Beischuss, Einschub, Anreihung. → Anhang, Anmerkung, Aufschlag, Beifügung, Beilage, Beitrag, Eindachung, Einkauf. ▸ Verbrauch, Verfall, Weglassung, Wegnahme.
Ergänzung, in → beifolgend.
ergattern → ausbeuten, beerben, beikommen, bemächtigen, beschaffen, erbeuten, erhandeln.
ergaunern → erlisten.
ergeben unterwürfig, fromm, bescheiden, devot, kriecherisch, knechtisch, hündisch • gleichmütig, ruhig, gefasst, gelassen, unberührt. → anhänglich, anspruchslos, befangen, begnügen sich, biegsam, demütig, untertänig, ehrfurchtsvoll, eingenommen. ▸ anspruchsvoll, aufgeregt, herrschsüchtig, hochmütig, selbstsicher.
ergeben, sich betragen, resultieren, erfolgen • unterwerfen, übergeben, nachgeben, erliegen, beugen, demütigen, gehorchen, fügen, in sich hineinfressen, herunterschlucken, sich nicht mucksen *u*, hinnehmen, das Maul halten *u.* → befolgen, befriedigen, beigeben, dareingeben sich, dulden. ▸ besiegen, entgegenhandeln, verteidigen sich.
Ergebenheit Kriecherei, Unterwürfigkeit, Bescheidenheit, Frömmigkeit, Devotion, Demut, Erniedrigung, Hingebung, Fügsamkeit, Botmäßigkeit, Unterordnung, Willfährigkeit, Dienstbarkeit. → Demut, Ehrfurcht. ▸ Feindseligkeit, Selbstsicherheit, Überheblichkeit.
Ergebnis Resultat, Ende, Folge, Wirkung, Schluss. → Anteil, Ausgang, Ausbeute, Auswirkung, Effekt, Ende,

Endergebnis, Erfolg.
▸ Anfang, Ursache, Prämisse, Voraussetzung.
ergebnislos → erfolglos.
▸ einträglich, fruchtbar.
Ergebung → Dienstbarkeit, Duldsamkeit, Ergebenheit Kapitulation.
Ergehen Befinden, Aussehen, Fühlen, Behagen, Zustand, Stand, Beschaffenheit, Lage. → Befinden.
ergehen, sich lustwandeln, flanieren, promenieren, spazieren gehen, schlendern, bummeln, Luft schöpfen, erfrischen sich. → bewegen sich, redselig.
▸ abhetzen, schweigen.
ergiebig → ausgiebig, dankbar, empfehlenswert, erträglich.
▸ aufwändig • unergiebig, unfruchtbar, unrentabel.
Ergiebigkeit Ertrag, Wohlstand, Fruchtbarkeit, Segen, Genüge, Fülle, Hinlänglichkeit, Gedeihen, Glück, Erfolg, Befriedigung, Lohnarbeit.
▸ Kargheit, Misserfolg, Fruchtlosigkeit.
ergießen, sich strömen, fluten, regnen, rieseln, auslaufen, entströmen, entfließen, entquellen.
▸ stauen.
erglühen leuchten, glänzen, funkeln, schimmern, scheinen, flackern, lodern, strahlen, glühen, blitzen, blinken • erröten, röten • entflammen, begeistern, durchdringen, entbrennen, schwärmen, Feuer fangen. → durchglühen, entbrennen.
▸ erlöschen, Maß halten, verschmähen.
ergo → also.
Ergötzen Lust, Befriedigung, Genuss, Vergnügen, Kostbarkeit, Köstlichkeit, Freude, Wohlleben, Erheiterung, Ergötzlichkeit, Erholung, Festlichkeit, Hochgenuss.
▸ Langweiligkeit, Missvergnügen.
ergötzen → amüsieren, anregen, ausnutzen, befriedigen, beglücken, belustigen, delektieren, entzücken, erfreuen, erfrischend.
ergötzlich → amüsant, behaglich, scharmant, erfreuend, erfrischend.
Ergötzlichkeit Leckerbissen, Schmaus, Schmauserei, Schwelgerei. → Belustigung, Ergötzen.
▸ Fadheit, Missvergnügen, Plage.
Ergötzung → Ergötzen.
ergrauen → altern.
ergraut grau, grauköpfig, ausgedient, gealtert, hochbetagt, bejahrt, silberhaarig, weißhaarig, betagt. → alt.
▸ jung.
ergraut, leicht meliert.
ergreifbar → erfassbar.
Ergreifen → Bemächtigung, Entnahme.
▸ absetzen, niedersetzen • freigeben, freilassen, laufen lassen, loslassen • gleichgültig lassen, kalt lassen • verschonen.
ergreifen → aufregen, ausbeuten, befeinden, beikommen, bemächtigen, berauben, berühren, betäuben, dingfest machen, entreißen, erbeuten, erfassen, erfassen die Gelegenheit, erstürmen, fassen, nehmen.
ergreifen, das Herz erschauern, beeindrucken, durchschüttern, empfinden, erschüttern, sich des Herzens bemächtigen, die Seele ergreifen, der Seele bemächtigen.
▸ kalt bleiben.
ergreifend erschütternd, erregend, bewegend, beeindruckend, beeinflussend, herzbewegend, rührend, ansprechend, nachdrücklich, packend, sprechend, schmerzend. → berauschend, erregend, faszinierend.
▸ eindrucksvoll, langweilig.
ergriffen gepackt, erschüttert, angesprochen, erregt, beeindruckt, bestürzt, in die Knochen gefahren *u*, an die Nieren gegangen *u*. → begeistert, bestürzt, blass, entbrannt, entzündet, ergreifend.
▸ kalt, unberührt, gleichmütig, teilnahmslos, ungerührt.
Ergriffenheit → Spannung.
Ergrimmen → Grimm.
ergrimmen zürnen, wüten, poltern, grollen, toben, rasen, schäumen, entrüsten, zittern, beben, erbosen sich, in Wut ausbrechen, vor Wut schnauben. → aufregen, erbosen, erdolchen mit den Blicken.
▸ beruhigen (sich), gelassen (sein).
ergrimmt → cholerisch, wütend.
ergrübeln ergründen, herausfinden, ausschnüffeln, erforschen, ersinnen, denken, überlegen, nachgrübeln, ausgrübeln, ausklügeln, ermitteln. → ausfindig machen, erkundigen.
▸ nachahmen, übersehen.
ergründbar → erfassbar.
ergründen schlau kriegen *u*. → Acht geben, aufzeigen, ausfindig machen, ausforschen, begreifen, bloßlegen, Busch klopfen auf den, darstellen, demonstrieren, durchforschen, durchleuchten, durchstöbern, einleuchten, entdecken, enträtseln, entreißen Geheimnis, entrollen, erschließen, erfragen, ergrübeln, erraten, experimentieren, sondieren.
▸ ungeklärt lassen.
Erguss Abfluss, Ausströmung, Ausmündung, Entleerung, Ejakulation, Ausguss, Abwässerung, Strömung • Herzensergießung, Gefühlserguss, Wortschwall, Geständnis, Rede. → Abschweifung, Auswurf, Beichte, Bekenntnis, Congestion, Duft, Entleerung, Exkrement.
▸ Zufluss, Zuleitung, Wortkargheit.
erhaben überragend, hoch, droben, überlegen, unerreicht, würdevoll, ehrwürdig, weihevoll, stattlich, feierlich, edel, vornehm, fein • hoch, aufgetrieben, emporragend, uneben, erhöht.
▸ gewöhnlich, eingebogen, natürlich, unedel • demütig, devot, erbärmlich, jämmerlich, niedrig, verächtlich • alltäglich, banal, profan, prosaisch • lächerlich.
erhaben sein → bewenden lassen.
erhaben, über überlegen, mehr, beispiellos, unübertrefflich, uns kann keiner *u*. → ausnehmend, erhaben.
▸ minderwertig, unterlegen.
Erhabenheit Würde, Erhöhung, Erhebung, Größe, Überlegenheit, Seelenadel, Reife, Hochsinn, Edelsinn, Weihe, Großmut, Haltung, Duldsamkeit • Wölbung, Erhöhung, Erhebung, Relief.
▸ Missgunst, Niedrigkeit, Unwürdigkeit.
Erhalt → Erhaltung, Ernte, Erwerb.
erhalten → aneignen,

annehmen, aufheben, balsamieren, beerben, beikommen, beispringen, beschaffen, bewahren, entgegennehmen, erarbeiten, erben, erlangen, erwerben, fassen.
▸ erstreben, fordern, verlangen • abgeben, abliefern, geben, hergeben, liefern • bekommen • besitzen, haben • verderben, zerrütten, zerstören • abgerissen, demoliert, zerstört.
erhaltend bewahrend, konservativ.
Erhalter → Ernährer.
erhältlich vorrätig, vorhanden, verfügbar, bereit, gebrauchsfertig, gerichtet. → erkäuflich.
▸ vergriffen.
Erhaltung Bewahrung, Konservierung, Einmachen, Einwecken, Aufbewahrung, Räucherung • Bestand, Erhalt, Erwerbung, Erlangung, Empfang, Aufnahme, Entgegennahme, Einnahme. → Aufrechterhaltung, Beständigkeit, Dauer.
▸ Abgabe, Veränderung, Verbrauch, Verderben, Zerstörung.
erhandeln kaufen, erstehen, erkaufen, erwerben, ersteigern, anschaffen, abkaufen, ankaufen, abhandeln, abfeilschen, abmarkten, ramschen, ergattern, einheimsen. → bestellen.
▸ abbestellen, verkaufen, weggeben.
Erhängen → Bestrafung.
erhängen hängen, henken, aufknüpfen, strangulieren.
erhärten versteinern, härten, verhärten, stählen, verknöchern, versteifen, festigen, eindicken, dicken, erstarren, gerinnen, gefrieren, verdichten, verdicken, erkalten • bekräftigen, bestärken, behaupten, besiegeln, bestätigen, bekennen, verbürgen, beharren, beeiden. → beeiden, beglaubigen, erkalten, festigen.
▸ enthärten, lockern, widersprechen.
Erhärtung Verhärtung, Versteinerung, Verknöcherung, Verknorpelung, Verdichtung, Verdickung, Festigung, Gerinnung, Erstarrung. → Argument, Bekräftigung, Beweis, Eid.
▸ Lockerung, Schmelzung, Widerlegung.
erhaschen fangen, einfangen, bekommen, einholen, erwischen. → ausfindig machen, beikommen, entlocken, erbeuten, fassen, nehmen.
▸ entlaufen, übersehen, zurückgeben.
erheben erhöhen, aufrichten, errichten, aufstocken, aufwinden, aufstreben, aufragen, auftauchen, auftürmen • auftreiben, einsäckeln, einheimsen, herausschlagen, ergattern, besteuern, regeln, fordern, entrichten, verpflichten, einziehen, anfordern, einfordern, eintreiben, einkassieren, umlegen, einstreichen. → anfragen, anstellen, aufrichten, aufwerfen, aufwinden, aufziehen, auslesen, beauftragen, befördern, beherrschen, berufen, beschaffen, einkassieren, erhöhen.
▸ beantworten, bezahlen, gering schätzen, niederreißen, zurücksetzen • fallen lassen, senken.
erheben, sich aufsteigen, aufschwingen, emporheben, emporfliegen, aufrichten, emporstreben • zusammenrotten, entgegenhandeln, widersetzen, widerstehen, widerstreben, verschwören, aufstehen • auf sein, auf den Beinen sein. → aufgehen, aufsteigen, empören sich.
▸ herunterkommen, unterliegen, unterwerfen.
erheben, Anspruch fordern, beanspruchen, zukommen, gehören, zueignen, verlangen, erzwingen, durchsetzen, sein Recht behaupten. → begehren.
▸ bewilligen, erheben die Hände, verwirken, zufrieden geben sich.
erheben, die Augen hochblicken, emporschauen, hochsehen, hochrichten, emporrichten, hochschauen, ansehen, anblicken.
▸ Blick zu Boden (richten).
erheben, die Hände flehen, erbitten. → bedrohen, beten.
▸ erheben Anspruch, gewähren.
erheben, bis in den Himmel → verehren.
erheben, Protest widersprechen, widerstreiten, entgegenstellen, sträuben, trotzen, Einspruch erheben, die Stirn bieten • tadeln, rügen, Meinung sagen.
▸ einwilligen, loben.
erhebend → aufsteigend, Epoche machend.
erheblich ziemlich, beträchtlich, höchlich, überaus, bemerkenswert, wesentlich, vorzüglich, beachtenswert, beachtlich, erwähnenswert, bezeichnend, bedeutend. → A und O, ansehnlich, ausgedehnt, beachtlich, enorm, ereignisreich, erstaunlich.
▸ unerheblich, geringfügig, irrelevant, unwichtig.
Erhebung Hügel, Berg, Erhöhung, Empore, Estrade, Anhöhe, Erhabenheit, Höhe, Steigung, erhöhter Platz • Beförderung, Rang • Elevation. → Anfrage, Angriff, Auflauf, Auflehnung, Ausforschung, Beförderung, Bewegung, Erhabenheit.
▸ Degradierung, Verteidigung, Vertiefung, Senke, Tiefe • Unterdrückung, Unterwerfung.
erheischen → beanspruchen, begehren, bemühen, betteln, erflehen, erfordern.
erheitern → amüsieren, anregen, aufrichten, beeinflussen, belustigen, entzücken, erfreuen, ergötzen.
▸ ärgern, erzürnen • bekümmern, deprimieren.
erheiternd → amüsant, angenehm, erfreuend.
erheitert → aufgelegt, entzückt.
Erheiterung → Drolligkeit, Ergötzen, Freude.
erhellen bescheinen, beleuchten, anstrahlen, verklären • aufklären, erklären, auslegen, reinen Wein einschenken, den richtigen Weg zeigen. → anstecken, anzünden, begründen, beibringen, beleuchten, dartun.
▸ auslöschen, verdunkeln, verschweigen.
Erhellung Helligkeit, Helle, Licht, Brand, Klarheit, Aufklärung, Erklärung, Beleuchtung, Erläuterung. → Argument, Beweis.
▸ Dunkelheit, Unklarheit, Widerlegung.
erhitzbar → entzündbar.
erhitzen anwärmen. → abbrühen, anregen, aufregen, begeistern, braten, dünsten, einheimsen, elektrisieren, entzünden, Feuer fangen.
▸ abkühlen, kühlen, unterkühlen • beruhigen, mäßigen.

erhitzen, sich entzünden, erwärmen, rösten, heiß werden, glühend werden, schmelzen, zerfließen, schwitzen, dörren, schmoren, rauchen. → ereifern sich. ▸ abkühlen, kalt bleiben.
erhitzt → cholerisch, entrüstet, entzündet, heiß.
Erhitzung → Dürre, Erwärmung, Hitze.
erhoffen → entgegensehen, ersehnen, erträumen, erwarten, hoffen.
erhöhen aufrichten, aufschlagen, aufstocken, emporbringen, erheben, steigern, aufwerten, verteuern, neppen, draufknallen *u.* → anschwellen, aufblasen, aufgehen, auftreiben, aufwerfen, aufziehen, auszeichnen, ehren, emporragen. ▸ erniedrigen, herabsetzen, heruntersetzen, niedriger machen, vertiefen • abtragen, ebnen, egalisieren, einebnen • kürzen, mindern, reduzieren, senken, verringern • bremsen, drosseln.
erhöhen, sich vergrößern, aufblähen, prahlen, prangen, dicktun, großtun, einbilden sich, aufspielen sich, wichtig machen, vornehm tun, große Reden führen, dicke Töne reden. ▸ bescheiden (sein), erniedrigen sich.
erhöhter Platz/Standort Empore, Estrade, Galerie, Kanzel, Podest.
Erhöhung → Aufsatz, Aufschlag, Auswuchs, Beförderung, Berg, Bewegung, Erhabenheit, Erhebung.
Erhöhung, kleine Hubbel *u.*
erholen, sich genesen, bessern, ausheilen, gesunden, wiederherstellen, aufleben, gedeihen, wieder genesen, aufraffen, auftanken, sich herausmachen *u*, sich aufrappeln, auf den Damm kommen, sich herauskrabbeln, wieder auf die Beine kommen, abschalten. → aufblühen, auferstehen, ausruhen, beleben, erfrischen. ▸ arbeiten, erkranken • abbauen, abschlaffen, ermatten, ermüden • verfallen, verkümmern • zusammenbrechen, zusammenklappen.
erholsam → erquickend. ▸ anstrengend, aufreibend, mühsam, strapaziös.
erholt erfrischt, frisch, kräftig, bei Kräften, belebt, wie ein Fisch im Wasser, auf Deck, fit. ▸ abgehetzt, abgelascht, abgeschlafft, abgespannt, angegriffen, ausgelaugt, ausgepowert, ausgepumpt, down, erholungsbedürftig, ermüdet, erschöpft, gestresst, matt, müde, schlaff, schlapp.
Erholung Ausspannung, Erquickung, Entmüdung, Neubelebung, Entspannung, Kräftigung, Linderung, Ruhe, Erfrischung, Sammlung, Zerstreuung. → Atempause, Aufenthalt, Auffrischung, Besinnung, Einhalt, Entspannung, Erbauung, Erfrischung, Ergötzen, Erleichterung, Feierabend, Ferien. ▸ Ermattung.
erholungsbedürftig krank, schwach, müde, matt, erschlagen, abgespannt, überarbeitet, abgearbeitet, entkräftet, kraftlos, hinfällig, aufgerieben, ruhebedürftig, fertig *u*, erschossen sein *u.* → abgespannt. ▸ frisch, gesund.
Erholungsheim Kurhaus, Sanatorium, Pflegeanstalt.
Erholungspause Pause, Rast, Unterbrechung.
Erholungszeit → Dämmerstündchen, Feier, Ferien.
erhören hören, zuhören, wahrnehmen • gestatten, erlauben, einwilligen, einräumen, zustimmen, Gehör verleihen. ▸ ablehnen, hören wollen nicht, verbieten.
erinnern mahnen, auffordern, hinweisen, einprägen, anheim stellen, anregen, aufmerksam machen. → einschärfen, entsinnen sich, festhalten. ▸ abwarten, vergessen.
erinnern, sich entsinnen, denken, gedenken, zurückdenken, auffrischen, zurückrufen, einfallen, zurückblicken, nachsinnen, nachdenken, erkennen, im Gedächtnis haften bleiben, hängen bleiben *u*, sitzen *u.* → Blicke zuwerfen, denken an, einfallen. ▸ erinnerungslos (sein), vergessen.
erinnernd, an → ähnlich.
Erinnerung Wiedererneuerung, Gedenken, Denken, Zurückrufen, Zurückschauen, Betrachtung, Nachsinnen. → Andenken, Auffrischung, Begriff, Chronik, Dank, Dankbarkeit, Denkschrift, Denkzettel, Erinnerungszeichen. ▸ Vergesslichkeit.
Erinnerungen Biografie, Denkwürdigkeiten, Lebensbeschreibung, Memoiren.
Erinnerungen, schriftliche Seelen-Striptease *u.*
Erinnerungsbuch Album, Memorial, Notizbuch.
Erinnerungsfähigkeit → Gedächtnis.
Erinnerungsfeier → Gedenkfeier.
erinnerungslos vergesslich, kopflos, zerstreut, ohne Erinnerung, ohne Gedächtnis. ▸ erinnerlich.
Erinnerungsstörung, plötzliche Black-out.
Erinnerungsverlust Amnesie.
Erinnerungszeichen Widmung, Andenken, Erinnerung, Angebinde, Gedenken, Zeichen, Angedenken. → Andenken, Denkzettel, Erkennungszeichen.
erjagen jagen, erbeuten, rauben, abnehmen, abjagen, entreißen, erlegen, niederschießen, auf die Decke legen *j*, schlagen *j*, reißen *j*, strecken *j*, zur Strecke bringen *j.* → bekommen, berauben. ▸ fortlaufen, verlieren.
erkalten gefrieren, erstarren, erhärten • brechen, entzweien, abwenden sich, abkehren sich, überwerfen sich, erkaltete Gefühle. → abkühlen, erhärten. ▸ erhitzen, erwärmen für, versöhnen sich.
erkälten, sich fiebern, erkranken, frieren, frösteln, schaudern, durchschütteln. → anstecken, erkalten.
Erkältung Schnupfen, Husten, Fieber, Grippe, Pips *u.* → Entzweiung, Krankheit.
Erkältung mit Schnupfen Pips *u.*
erkämpfen anstrengen, mühen, erstreben, ringen, abarbeiten, erobern, plagen sich, schinden sich, ankämpfen gegen, schwer ankommen. → erarbeiten. ▸ faulenzen, verwirken, unterliegen.
erkaufen → bestimmen, erhandeln, erkämpfen, kaufen.
erkäuflich kaufbar, erschwingbar, erschwinglich, möglich, erreichbar, erzielbar, erhältlich, erwerbbar,

zugänglich, billig.
▸ kostspielig, Kraft über die, unmöglich.
erkennbar feststellbar, fasslich, verständlich, fassbar, offenbar, offenkundig, vorstellbar, greifbar, klar, unverkennbar, augenfällig, sichtbar, deutlich. → anschaulich, bekanntermaßen, bemerkbar, deutlich, einleuchtend, erklärbar.
▸ unerkennbar, unmerklich, unsichtbar, verborgen • unvorhersehbar.
Erkennen schlau kriegen *u.* → Betrachtung.
▸ irren • übersehen.
erkennen feststellen, identifizieren, anschauen, einsehen, verstehen, begreifen, erfassen, unterscheiden, abrunden sich. → auffassen, auftauchen, begreifen, bemeistern, charakterisieren, denken, deuten, durchblicken, durchschauen, eindringen in das Geheimnis, keine Knöpfe auf den Augen haben *u*, enträtseln, erachten, erfassen, erinnern sich, ersehen.
▸ blind (sein), einsichtslos (sein), ersticken Stimme des Gewissens, verrechnen sich, widersprechen.
erkennen lassen zeigen, bloßstellen, verraten, offenbaren, anzeigen, darlegen, vorzeigen, sehen lassen, bemerken lassen, hervorragen lassen, zu erkennen geben, dekuvrieren. → darlegen, darstellen.
▸ verheimlichen.
erkenntlich dankbar, zugetan, verbunden, dankwillig, dankbereit, dankerfüllt, verpflichtet, dankpflichtig, aufmerksam, verbindlich, zuvorkommend, liebenswürdig. → dankbar, dankenswert, erkennbar.
▸ unerkenntlich.
erkenntlich zeigen belohnen, vergüten, entschädigen, abgelten, vergelten, ersetzen, erweisen, danken, anerkennen. → bestehen, danken.
▸ undankbar (sein), zurückweisen.
Erkenntlichkeit Dankbarkeit, Dankgefühl, Dankempfindung, Danksagung, Vergeltung, Dankesanerbieten, Vergütung, Entgeltung, Belohnung, Entschädigung, Ersetzung • Aufmerksamkeit, Entgegenkommen, Gefälligkeit, Hilfsbereitschaft. → Anerkennung, Belohnung, Buße, Dank, Dankbarkeit, Entgelt, Entschädigung.
▸ Ungefälligkeit, Undankbarkeit.
Erkenntnis Vernunft, Intellekt, Beurteilung, Gutachten, Klugheit, Scharfblick, Erleuchtung, Überzeugung, Einsicht, Urteilskraft, Verständnis, Kenntnis, Klarsicht. → Begriff, Einblick, Eindruck, Erfahrung, Fährte, Feingefühl.
▸ Begriffsmangel, Unkenntnis, Unvernunft • Fehleinschätzung, Irrtum, Täuschung • Gefühl • Glaube.
Erkenntnisvermögen Denkvermögen, Scharfblick, Scharfsichtigkeit, Unterscheidungsgabe, Intelligenz, Denkschärfe, Begriffsvermögen, Verständnis, Auffassungsvermögen, Geisteskraft. → Begriffsvermögen, Denkvermögen, Erkenntnis, Beobachtungsgabe.
▸ Begriffsmangel, Dummheit.
Erkennungsmarke → Erkennungszeichen.
Erkennungswort → Anruf, Appell, Erkennungszeichen.
Erkennungszeichen Losung, Signal, Erkennungswort, Alarm, Anruf, Zuruf • Erinnerungszeichen, Andenken, Kennzeichen, Merkmal, Andeutung, Stempel, Symbol, Merkzeichen, Ausweis, Pass, Nummer, Kennwort, Dienstabzeichen, Abzeichen, Erkennungsmarke, Vermerkung, Inschrift, Meilenstein, Blinkfeuer, Verkehrsschild, Grenzmarke, Ordensband, Kerbzeichen, Muttermal • Zeichensprache, Fingerzeig, Geste, Wink, Mienenspiel. → Bake, Emblem.
Erker Vorbau, Anbau, Vorsprung, Ausbauchung, Ausbau, Vorstoß, Ausbaufenster, Altan, Überbau. → Balkon.
Erkiesung → Erwählung.
erklärbar ableitbar, erklärlich, logisch, vernunftgerecht, verstandesgemäß, folgerichtig, erkennbar, anerkannt, lösbar, ausführbar, anschaulich, entwirrbar, beweisbar. → erfüllbar.
▸ unerklärlich.
erklären definieren, auslegen, erläutern, explizieren, verdeutlichen, deuten, ausdeuten, wiedergeben, entziffern, beleuchten, unterweisen, nahe bringen, näher bestimmen, klarer machen, unterscheidende Merkmale angeben. → antworten, aufklären, aufzeigen, ausdrücken, auseinander setzen, auslegen, ausmalen, aussagen, bedeuten, beglaubigen, behaupten, beibringen, belehren, benachrichtigen, bestätigen, darlegen, darstellen, dartun, definieren, deuten, eingehen auf, erhellen, erleuchten, erörtern, erwidern, exponieren.
▸ fragen, irreleiten, missdeuten.
erklären, sich vorsprechen, aussprechen, freien, werben, anhalten um die Hand, erklären seine Liebe. → darstellen sich, erklären.
▸ abweisen, enthalten sich.
Erklärer → Ausleger, Deuter.
erklärlich → erklärbar.
Erklärung Erläuterung, Auseinandersetzung, Sinndeutung, Aufschluss, Begriffsbestimmung, Kommentar, Beleuchtung, Anmerkung, Glosse, Aufklärung, Aussage, Angabe, Mitteilung, Bemerkung, Erwähnung. → Angabe, Anzeige, Argument, Auskunft, Auslegung, Begriffsbestimmung, Beispiel, Bekenntnis, Bekräftigung, Berichtigung, Bescheinigung, Beweis, Darlegung, Darstellung, Definition, Demonstration, Denkschrift, Einfügung, Einführung, Erhellung, Ermittlung, Eröffnung, Erörterung, Erweis, Exempel.
▸ Entstellung, Missdeutung, Problem, Verheimlichung.
Erklärungsversuch → Annahme, Erklärung.
Erklärungswörterbuch Glossar.
erklecklich genügend, genügsam, ausreichend, gut, anständig, beträchtlich, befriedigend, vollauf, erträglich, leidlich, völlig, hinreichend, mittelmäßig, mäßig.
▸ wenig.
erklettern emporklimmen, erklimmen, hochgehen, emporkommen, emporsteigen, steigen. →

aufsteigen, aufziehen, bahnen, besteigen, emporklimmen. ▸ heruntersteigen.

erklimmen → aufziehen, bahnen, erklettern.

erklingen klingen, widerhallen, dröhnen, nachklingen, tönen, hallen, schallen, ertönen, klirren, singen, läuten, trapsen. ▸ verstummen.

erkranken kränkeln, leiden, darniederliegen, fiebern, dahinschwinden, siechen, krank liegen, das Bett hüten, sich unwohl fühlen, verkümmern *j*, sich etwas holen, einen Knacks bekommen, auf den Hund kommen. → anstecken, darniederliegen, erkälten sich. ▸ gesunden.

erkrankt → krank.

Erkrankung Beschwerden, Anfall, Schwäche, Unpässlichkeit, Siechtum, Unwohlsein, Übelkeit, Auszehrung, Abzehrung, Schwachheit, Gebrechen, Gebrechlichkeit, Unfall, Leiden, zerrüttete Gesundheit, Schmerzen, Angegriffenheit, kritische Tage, nicht gut in Schuss sein *u*, ich weiß nicht, was mit mir los ist *u*, etwas in den Knochen haben, es ist etwas im Anzug *u*.

Erkrankungsbereitschaft Disposition.

erkühnen wagen, übereilen, überstürzen, den Hals wagen, auf das Spiel setzen, sich in Gefahr stürzen. → einsetzen sein Leben, erdreisten sich. ▸ hofieren, überlegen, vorsichtig sein, zurückschrecken.

erkunden → ausfindig machen, ausforschen, befragen, beikommen, durchforschen, durchleuchten, durchsuchen, erforschen, erfragen.

erkundigen nachfragen, fahnden, ausfragen, fragen, befragen, aushorchen, horchen, auspumpen, ausquetschen, schnüffeln, auspressen, ergrübeln, ausgrübeln, ergründen, erforschen, vergewissern sich, zu erfahren suchen. → anfragen, ausfindig machen, befragen, erforschen, erfragen, eindringen in das Geheimnis. ▸ antworten, verheimlichen.

Erkundigung → Anfrage, Ausforschen, Auskunft, Beobachtung, Examen.

Erkundung → Ermittlung.

erkünstelt gekünstelt, affig, ete petete *u*, affektiert, unnatürlich, erzwungen, geckenhaft, albern, unecht, geziert, überfeinert, einstudiert, stutzerhaft, zimperlich, überzüchtet, überspannt. ▸ natürlich.

Erküren → Erwählung.

erküren → auslassen, ernennen, wählen.

erlahmen ermatten, weichen, nachgeben, zurückweichen, abfallen, vergehen, nachlassen, abnehmen, abzehren, unterliegen, einschlafen, nachhinken, schleichen, lahmen, hinschleppen, taumeln, humpeln, stolpern, schlendern, hinken, ermüden, stocken, verzögern, erschlaffen, erschöpfen, schmachten, zusammenbrechen. → aufhören, zurückbleiben. ▸ aufmuntern, aufraffen sich, meistern, stählen sich, vorankommen.

Erlahmung → Ermattung.

erlangbar → ergreifbar, erreichbar.

erlangen erreichen, gewinnen, erringen, bekommen, erhalten, kriegen, empfangen, annehmen, erwerben, erzielen. → aneignen, beerben, beikommen, bemächtigen, bereichern, einkommen, erarbeiten, erben, erlangen, Reichtum erlisten, fassen. ▸ geben, misslingen, verlieren.

erlangen, das Bewusstsein leben, atmen, bestehen, erwachen, wiedererwachen, zusichkommen, aus der Ohnmacht erwachen, zur Besinnung kommen. → denken, erkennen. ▸ Besinnung ohne (sein).

erlangend → erwünscht.

Erlangung → Bemächtigung, Erhaltung.

Erlass Kundmachung, Bekanntmachung, Verkündigung, Veröffentlichung, Ankündigung, Bekanntgabe, schriftliche Verordnung, Bestimmung, Ermächtigung, Befehl, Vollmacht, Ausruf, Anschlag, Ukas, Irade • Straferlass, Schulderlass, Aufhebung, Amnestie, Freispruch, Begnadigung. → Ablass, Befehl, Bekanntgabe, Bekanntmachung, Cirkular, Codex, Dekret, Diktat, Ermäßigung. ▸ Aufschlag, Bestrafung.

erlassbar → entschuldbar.

erlassen anordnen, verordnen, auftragen, verhängen, aussprechen, vorschreiben, bestimmen, verfügen, Gesetz erlassen, Befehl erlassen • entheben, entbinden, dispensieren, nachsehen, vergeben. → ablassen, befreien, entschuldigen. ▸ bestrafen • aufheben, außer Kraft setzen • erheben • eintreiben.

erlässlich → entschuldbar, entbehrlich, verzeihlich.

Erlassung → Befreiung.

erlauben gestatten, bewilligen, zulassen, dulden, genehmigen, einwilligen, zugeben, vergönnen, einräumen, freistellen, ermächtigen, berechtigen, ermöglichen, lassen, zustimmen, willfahren, gewähren, billigen, gutheißen, erkennen. → anmaßen, befähigen, begünstigen, beipflichten, bewilligen, bieten, bringen nicht übers Herz, dürfen, einräumen, erhören, ermöglichen. ▸ untersagen, verbieten, verwehren • unterbinden, vereiteln.

erlauben, sich die Freiheit nehmen, gestatten sich, auf dem eigenen Willen bestehen, die Schranken überschreiten, die Grenzen übergehen, sich Freiheiten herausnehmen, sich Ungebührlichkeiten erlauben. → entblöden sich nicht, erlauben. ▸ gehorchen, hofieren.

Erlaubnis Einwilligung, Genehmigung, Gestaltung, Bewilligung, Zugeständnis, Zulassung, Gewährung, Ermächtigung, Lizenz, Berechtigung, Bevollmächtigung. → Befugnis, Einräumung, Ermächtigung. ▸ Einspruch • Untersagung, Verbot • Verhinderung, Verhütung.

Erlaubnisschein Eintrittskarte, Passierschein, Vollmacht. → Pass.

erlaubt zulässig, statthaft, gestattet, recht, berechtigt, gültig, unverboten, rechtlich, bewilligt, unbenommen, eingeräumt. → abgemacht, angenehm, bewilligt. ▸ illegal, unerlaubt,

ungesetzlich, unzulässig, verboten.
erlaucht hervorragend, auserlesen, ausersehen, vortrefflich, ehrwürdig, ruhmvoll, ehrenwert, würdig, achtbar. → adelig.
▸ gewöhnlich, minderwertig, unwürdig.
erläutern → aufklären, aufzeigen, auslegen, ausmalen, bedeuten, darlegen, darstellen, definieren, deuten, entrollen, erklären, erörtern.
Erläuterung → Anleitung, Anmerkung, Ausführungsbestimmung, Auslegung, Begriffsbestimmung, Beispiel, Darstellung, Einfügung, Einführung, Erhellung, Erklärung, Ermittlung, Erörterung.
erleben durchmachen, erdulden, widerfahren, zustoßen, erfahren, fühlen, sehen, hören, empfinden, bemerken, spüren, verspüren, erleiden, leiden, dulden, ertragen. → befallen, begeben sich, begegnen, erfahren.
▸ gefühllos sein, langweilen (sich).
Erlebnis Ereignis, Begegnung, Erfahrung, Zufälligkeit, Episode, Erscheinung, Geschehen, Geschehnis, Vorkommnis, Vorfall, Abenteuer • Festlichkeit, Feier. → Abenteuer, Begebenheit, Begebnis, Episode, Chance.
▸ Bagatelle, Unwichtigkeit.
Erlebnisbericht Tatsachen-, Abenteuerbericht.
erlebnishungrig → lebenshungrig.
Erlebnisse → Chronik.
erledigen → abschließen, anfassen, arbeiten, ausführen, ausgleichen, ausrotten, austragen, bekümmern, berücksichtigen, beschäftigen, bestellen, bewerkstelligen, besorgen, bewältigen, bezahlen, bringen unter Dach, einlösen, erfüllen, expedieren.
▸ aufschieben, vertagen • lassen, liegen lassen, unterlassen • offen lassen • vernachlässigen • aufgeben.
erledigt bezahlt, bekommen, zurückgegeben, erstattet, abgetragen, abgetan, getilgt, quitt, entlastet, entbunden, losgesprochen, entgolten, vergütet • zerstört, vernichtet, dahin, fort, verschwunden, verloren, aufgegeben, ausgerottet, todgeweiht • leblos, abgestorben, hingeschieden, entseelt, atemlos, fertig, still, kalt • aussichtslos, verzweifelt, am Boden liegen, im Dreck stecken, unrettbar, mutlos, niedergedrückt, geschlagen, verzagt, vernichtet, ohne Hoffnung, der Bart ist ab *u*, fertig ist die Laube *u*, unheilbar. → abgeschlossen, abgetan, angeschlagen, arm, aus, bankrott, dahin, fällig.
▸ bleibend, hoffnungsvoll, lebendig.
Erledigung → Ablauf, Ausführung, Befreiung, Beilegung, Besorgung, Durchführung, Einkauf, Elaborat, Entledigung, Entrichtung, Erfüllung, Leistung, Vernichtung.
erlegen → erjagen.
erleichtern entbürden, entlasten, abbürden, abladen, abnehmen, helfen, verringern, vermindern, wegnehmen, befreien • lindern, trösten, beruhigen, besänftigen, beschwichtigen, aufheitern, aufmuntern, lockern, erlösen, loshelfen, losmachen, vereinfachen, glätten, Hindernisse wegräumen. → abnehmen, befreien, begünstigen, begütigen, besänftigen, den Weg ebnen, entbürden, entladen.
▸ aufbürden, belasten, beschweren • behindern • erschweren, komplizieren, verschlimmern • verstärken.
erleichternd lindernd, tröstlich, schmerzstillend, beruhigend, ermutigend, erquickend, erholend, erfrischend, entspannend, kräftigend, bessernd, fördernd, stärkend. → einschläfernd, ermutigend.
▸ erschwerend.
erleichtert → behaglich.
Erleichterung Entlastung, Entbürdung, Hilfe, Entledigung, Linderung, Tröstung, Heilmittel, Erlösung, Milderung, Abhilfe, Verbesserung, Erholung, Ruhe, Ausspannung, Entspannung • Entbindung. → Baldrian, Befreiung, Beichte, Beistand, Beruhigung, Einräumung, Entlastung, Ermutigung.
▸ Belastung, Bürde, Erschwerung.
erleiden → abbüßen, befallen, begeben sich, begegnen, beeinträchtigen, dulden, Erfahrung machen bittere, erleben, leiden.
erleidend → duldend.
erlernen → auffassen, begreifen, bemeistern, lernen.
erlesen gut, vortrefflich, ausgezeichnet, wertvoll, schätzenswert, vorzüglich, kostbar, angenehm, schön, selten, makellos, edel, herrlich, glänzend, prächtig, prachtvoll, unvergleichlich, unbezahlbar, vollkommen, einwandfrei, tadellos, fehlerlos, meisterhaft, beispiellos, unübertrefflich. unvergleichlich, auserlesen, vollendet. → apart, distinguiert, eigen.
▸ fehlerhaft, schlecht, wertlos.
erleuchten beleuchten, veranschaulichen, erläutern, erklären, aufklären, anschaulich machen. → anzünden.
▸ verdunkeln.
erleuchtet angestrahlt, erhellt, illuminiert • göttlich inspiriert, geistig vollendet, höchst weise, zu höchster Erkenntnis gelangt.
Erleuchtung → Anschein, Einbildungskraft, Einblick, Einfall, Eingebung, Erkenntnis, Licht.
erliegen → ausatmen, bleiben zurück, dareingeben sich, entschlafen, enttäuschen, ergeben sich, erlahmen, ermatten, sterben, unterliegen.
erlisten erschleichen, abheucheln, abgaukeln, ergaunern, herauslocken, ablocken, abschwindeln, ablisten, erluchsen, abluchsen. → überlisten.
▸ offen fordern • verweigern.
erlogen → erfunden, falsch.
Erlös Einnahme, Ertrag, Erwerb, Gewinn, Verdienst, Lohn, Sold, Geld, Bezug, Erträgnis. → Absatz.
▸ Verlust.
erloschen verglimmen, erlöschen, verglühen. → abgeschlossen, dunkel, tot.
erlöschen → altern, ausatmen, ausgehen, dunkeln, einschlummern, entschlafen, sterben.
erlösen retten, erretten, befreien, freimachen, entreißen, loshelfen, lossprechen, freilassen, losketten, losbinden, loskaufen. → auslösen, befreien, entbinden, entheben, entledigen, erleichtern.
▸ aufgeben, bedrücken, fesseln, unterdrücken.
Erlöser → Befreier, Christus.
Erlösschmälerungen Bonus,

Preisermäßigung, Nachlass, Rabatt, Skonto.
erlöst → entbunden, entspannt, tot.
Erlösung Errettung, Befreiung, Freilassung, Freimachung, Lossprechung, Sicherheit, Entlassung, Entbindung, Linderung, Tröstung, Beruhigung, Trost, Entspannung. → Abklingen, Absolution, Ausweg, Balsam, Befreiung, Entledigung, Erleichterung. ▸ Bedrücktheit, Fesselung, Unterdrückung.
ermächtigen bevollmächtigen, befugen, berechtigen, anvertrauen, genehmigen, zustimmen, ernennen, einsetzen, zukommen, gebühren, Vollmacht erteilen, Vollmacht verleihen. → beauftragen, begünstigen, berufen, erlauben. ▸ aufheben, entheben, verbieten.
ermächtigt → bedienstet.
Ermächtigung Bevollmächtigung, Befugnis, Auftrag, Beauftragung, Anweisung, Bestimmung, Vollmacht, Genehmigung, Berechtigung, Befähigung, Anrecht, Gewähr, Recht. → Anrecht, Befugnis, Berufung, Bestallung, Einräumung, Erlass, Erlaubnis, Erwählung. ▸ Aufhebung, Enthebung, Verbot.
Ermächtigungsgesetz Notstandsgesetz, Ausnahmegesetz.
ermahnen → ankündigen, bedenken, beraten, einschärfen, mahnen.
Ermahner Lehrer, Erzieher, Lehrender, Ratgeber, Mahnender, Berater, Warner • Gewissen. → Beistand, Berater.
Ermahnung Anleitung, Anweisung, Aufklärung, Ratschlag, Belehrung, Unterweisung, Mahnung, Verweis, Zurechtweisung, Anhalt, Warnung, Mahnbrief, Verwarnung, Tadel, Rüge, Denkzettel, Rüffel, Anpfiff, Wischer *u*, Anschiss *u*, Zigarre *u*, Nasenstüber, Kopfwäsche, Gewissenspauke • Ermutigung, Aufforderung, Seelenberieselung *u*. → Anleitung, Beeinflussung, Bevormundung, Direktive, Ermunterung. ▸ Belobigung, Irreführung.
ermangeln entbehren, fehlen, kargen, missen, vermissen, benötigen, darben, mangeln, hungern, dürsten, schmachten, fasten, notleiden. → ausgehen, beeinträchtigen. ▸ ausreichen, strotzen, übersättigen.
ermangeln können, nicht brauchen, benötigen, bedürfen, erfordern, verlangen, beanspruchen, nötig haben, nicht entbehren können, nicht missen können, nicht umhin können, durchaus brauchen, unentbehrlich finden. → begehren, brauchen. ▸ ermangeln, entbehren.
ermannen, sich aufraffen sich, getrauen sich, fürchten sich nicht, ein Herz fassen, Mut schöpfen, kurzen Prozess machen, den Gefahren ins Auge sehen, sich aufrappeln *u*. ▸ schlappmachen, zurückweichen, furchtsam (sein).
ermäßigen abziehen, heruntergehen, fallen, sinken, abschlagen, nachlassen, vermindern, abstreichen, verringern, kürzen, verbilligen, abrechnen, herabsetzen, Rabatt geben. → ablassen. ▸ steigern, verteuern.
ermäßigt herabgesetzt, unter dem Einkaufspreis • billig, preiswert.
Ermäßigung Kürzung, Nachlass, Erlass, Abschlag, Preissenkung, Erniedrigung, Verringerung, Verbilligung, Vergünstigung, Rabatt, Ausverkauf, Räumungsverkauf, Schleuderpreis, Reduktion, Herabsetzung, Senkung. → Abzug. ▸ Aufschlag, Steigerung.
ermatten ermüden, erschlaffen, erschöpfen, schnaufen, lähmen, abzehren, abnehmen, vergehen, nachlassen, aufgeben, versagen, abmüden. → bleiben zurück, erlahmen. ▸ erholen sich, ermuntern, nachgeben nicht.
ermattend → aufreibend.
ermattet down, erschöpft, groggy, matt, müde.
Ermattung Ermüdung, Müdigkeit, Erschöpfung, Erschlaffung, Erlahmung, Entkräftigung, Hinfälligkeit, Kraftlosigkeit, Abgespanntheit, Schwäche, Unkraft, Lähmung, Mattigkeit, Teilnahmslosigkeit, Gebrechlichkeit, Versagen, Schwächung. → Abspannung, Anstrengung, Entkräftigung, Entnervung, Erschöpfung. ▸ Erholung.
ermessen prüfen, erwägen, erörtern, besinnen, bedenken, nachdenken, bemessen, einschätzen, ermitteln, feststellen, abwägen, beurteilen, begutachten, bewerten. → abmessen, beurteilen, charakterisieren, deuten, einschätzen, erachten. ▸ verkennen.
Ermessen → Annahme, Ansicht, Auswahl, Erachten.
Ermessen, freies → Bahn, Erachten, Gutdünken.
Ermessung → Befinden.
ermitteln → anfragen, aufklären, aufwerfen, ausforschen, bedeuten, befragen, beikommen, belauern, beurteilen, beweisen, einziehen Erkundigungen, entlocken, entrollen, erforschen, erfragen, ergrübeln, ermessen, erraten.
Ermittler Detektiv, Rechercheur.
Ermittlung Auskunft, Erklärung, Aufklärung, Darstellung, Erläuterung, Erkundung, Bescheid, Nachricht, Nachforschung, Untersuchung, Umfrage, Nachfrage, Aushorcherei, Fragerei, Aufspürung, Untersuchung, Entdeckung. → Anfrage, Ausforschen.
Ermittlungsbüro Detektei.
ermöglichen erlauben, gestatten, in den Griff bekommen, befähigen, zulassen, gewähren lassen, helfen, Gelegenheit geben, in die Lage versetzen. → befähigen, bieten, erlauben. ▸ hemmen, verbieten.
ermorden → ausrotten, töten.
Ermordung → Anschlag, Beraubung, Bluttat, Tötung.
ermüden umfallen, ermatten, erschlaffen, erlahmen, erliegen • schnaufen, schwitzen • zurückfallen, zurückbleiben, schlappmachen, absacken • einschlafen, einduseln, schläfrig werden, müde werden. → anöden, bleiben zurück, erlahmen, ermatten. ▸ erholen sich, ermannen sich, ermuntern, aufmuntern, beleben, erfrischen, kräftigen • anregen, fesseln, unterhalten.
ermüdend → angestrengt, aufreibend, böse, einförmig, langweilig.
ermüdet ermattet, erschöpft, matt, müde, schläfrig.

Ermüdung → Ermattung, Erschöpfung, Langeweile.
ermuntern anempfehlen, anhalten, anregen, anstoßen, aufdrehen, aufmöbeln *u*, aufpulvern, auf den Damm bringen, anfrischen *j*, fertig machen *u*. → aufrichten, aufrütteln, beeinflussen, beispringen, beschleunigen, Dampf dahinter machen, drängen, erfreuen, Ermunterung, erwachen, fesseln.
▸ abraten, ausreden, warnen • betäuben, einschläfern, lähmen • erlahmen, ermatten, erschöpfen.
ermunternd → ermutigend.
Ermunterung Antrieb, Anreiz, Ansporn, Ermutigung, Aufforderung, Stoß, Wink, Fingerzeig, Verlockung, Ermahnung, Herausforderung, Anregung. → Anstoß, Beeinflussung.
▸ Ermüdung, Hemmung.
ermutigen encouragieren. → anempfehlen, anhalten, anregen, aufheitern, aufrichten, beeinflussen, befürworten, begütigen, beispringen, bestechen, bewirken, drängen.
▸ abhalten, ängstigen, bedrücken, einschüchtern, entmutigen, schrecken.
ermutigend zusprechend, tröstlich, helfend, erleichternd, anspornend, bestärkend, förderlich, ermunternd, kräftigend, aufrichtend, beruhigend. → erleichternd.
▸ entmutigend.
Ermutigung Trost, Aufrichtung, Erleichterung, Besänftigung, Aufmunterung, Hilfe, freundlicher Zuspruch. → Beeinflussung, Beispiel, Ermahnung, Ermunterung.
▸ Entmutigung.
ernähren, sich essen, trinken • handeln, wirken, schaffen, arbeiten, Geschäft betreiben, den Kampf ums Dasein führen, ein Amt bekleiden, einen Beruf haben. → beispringen, durchbringen sich.
▸ faulenzen, hungern, verhungern.
ernähren, sich kümmerlich → ermangeln, darben, hungern.
Ernährer Vater, Erhalter, Versorger, Brotherr, Fütterer, Gastgeber, Brotgeber, Lohnherr • Gott. → Arbeitgeber.
Ernährung Essware, Lebensmittel, Nährmittel, Nahrung, Nahrungsmittel, Speise, Unterhalt, Verpflegung, Kost, Proviant, Diät.
ernennen wählen, auswählen, erküren, bestimmen, entsenden, erkiesen, auslesen, betrauen, bevollmächtigen, berechtigen, anerkennen, einsetzen, befördern, besetzen, versetzen, bestallen, beauftragen, beschäftigen. → auslesen, auszeichnen, beauftragen, berufen.
▸ ablehnen, degradieren, widerrufen • abberufen, ablösen, absetzen, entfernen, entheben, entlassen.
Ernennung → Belohnung, Beförderung, Berufung, Bestallung.
Ernennung vorgeschlagen, zur designiert.
Erneuerer Ausbesserer, Restaurator, Reformer.
erneuern renovieren, auffrischen, erfrischen, aufbauen, ausbauen, reformieren, umwandeln, modernisieren. → ändern, aufbauen, auferstehen, ausbessern, beleben, erfrischen sich.
▸ abnutzen, verbrauchen • beschädigen • auslaufen lassen, verfallen lassen • ruhen lassen.
erneuernd → erfrischend, kräftigend, Reform.
erneuert → neu.
Erneuerung Verjüngung, Renovation, Neuinstandsetzung, Wiederbelebung, Wiedererzeugung, Umwandlung, Reform, Veränderung, Auffrischung, Neuerung, Wiederkehr. → Arbeitssegen, Auffrischung, Erholung.
▸ Verfall.
Erneuerungsbewegung Reformismus.
erneut wieder, nochmals, wiederholt, wiederum, wiederkehrend, mehrmals, häufig, vielmals, fortwährend, noch einmal, von neuem. → abermals.
▸ vereinzelt.
erniedrigen vermindern, herabsetzen, verkennen, abwerten, herabwürdigen, gering schätzen, missachten, verhöhnen, verunglimpfen, verleumden, beschimpfen, demütigen, herunterziehen, übersehen, unterschätzen. → beschädigen, diskreditieren, Dreck treten in den, Ehre bringen um die, entweihen, entwerten.
▸ achten, erhöhen.
erniedrigen, sich entwürdigen sich, herablassen sich, wegwerfen sich, demütigen sich, beugen sich, unterwerfen sich, herabwürdigen sich, klein machen sich • sich etwas vergeben. → demütigen sich, ducken sich.
▸ charaktervoll (sein), überheben sich.
erniedrigend → zynisch.
erniedrigt → geduckt.
Erniedrigung Herabsetzung, Herabziehung, Schmähung, Schimpf, Verkleinerung, Verleumdung, Geringschätzung, Verunglimpfung, Verachtung, Missachtung, Kränkung, Herabwürdigung, Nachrede, Beleidigung, Entehrung, Ehrenkränkung, Demütigung • Herablassung, Demut. → Beleidigung, Demut, Demütigung, Entwertung, Ergebenheit, Ermäßigung.
▸ Achtung, Erhöhung, Steigerung, Überheblichkeit.
Ernst Ernstlichkeit, Nachdruck, Gewicht, Nachdrücklichkeit, Zucht, Härte, Heftigkeit, Sammlung, Würde, Besonnenheit, Bedacht, Gefasstheit • Traurigkeit, Trübsinn. → Begeisterung, Beherrschung, Besonnenheit, Enthusiasmus.
▸ Ausgelassenheit, Fröhlichkeit, Heiterkeit, Humor, Komik, Scherz, Spaß, Vergnügen • Probe, Spiel, Übung • Unbesonnenheit.
ernst gelassen, ruhig, still, gemessen, geduldig, verständig, überlegt, bedachtsam, ernsthaft, feierlich, gesetzt, finster, trocken, entschlossen, entschieden, nachdrucksvoll • trübsinnig, unfreundlich, unwirsch, herb. → aufgelegt, ausdrucksvoll, beachtlich, beherrscht, ernstlich.
▸ ausgelassen, fröhlich, heiter, lustig, scherzhaft, spaßig, witzig • entspannt, leicht, locker, unbeschwert, ungefährlich • unbesonnen.
ernsthaft → bestimmt, ernst, ernstlich, gewichtig.
ernstlich ausdrücklich, deutlich, kategorisch, klar, entschieden, bestimmt, endgültig, streng,

ernsthaft, entschlossen. → A und O, beachtlich, besiegelt, denkwürdig. ▸ beileibe nicht, irrtümlich, unentschlossen.

ernst nehmen würdigen, für voll nehmen. → beachten.

Ernte Einholung, Ertrag, Lese, Erzeugnis, Frucht, Einnahme, Erwerbung, Erhalt, Schnitt. → Anteil, Ausbeute, Erwerb, Erzeugung. ▸ Aussaat, Saat.

ernten mähen, schneiden, heuen, sicheln, lesen, einheimsen, herbsten, eintun, pflücken, sammeln, einsammeln, einernten, abernten, auflesen, aufraffen, abschneiden, aufstapeln, hereinbringen, anhäufen, aufheben, zusammenscharren, aufbewahren. → anhäufen, ausbeuten, eintun. ▸ aussäen, säen • anbauen, anpflanzen, bebauen, bepflanzen, bestellen, einsetzen, pflanzen.

ernüchtern enttäuschen, überrumpeln, entzaubern, die schönsten Hoffnungen vernichten, unangenehm überraschen, jemanden hereinfallen lassen, die Erwartung nehmen. → abkühlen, entzaubern. ▸ bezaubern.

ernüchtert → enttäuscht.

ernüchtert sein → fallen aus allen Himmeln.

Ernüchterung → Beruhigung, Besinnung.

Eroberer Invasor, Konquistador • Frauenheld, Verführer.

erobern unterwerfen, niederwerfen, überwältigen, überwinden, unterdrücken, bezwingen, siegen, besiegen, niederstrecken, übermannen, gelingen, vorrücken. → bahnen, beikommen, bemächtigen, besetzen, beschaffen, erarbeiten, erbeuten, erkämpfen, erstürmen, Feld behaupten das. ▸ abblitzen, zurückweichen müssen • abwehren, verteidigen • aufgeben, hergeben, preisgeben, schenken, überlassen • zurückgeben.

erobernd → bestechend.

Eroberung → Bemächtigung, Errungenschaft.

eröffnen → anfangen, aufklären, auftauchen, auseinander setzen, auspacken, ausschütten, bahnen, begründen, beichten, bekennen, belehren, erzählen. ▸ abschließen, aufheben, beenden, schließen • aufgeben, zumachen • verbergen, verheimlichen.

Eröffnung Mitteilung, Verkündung, Botschaft, Ausspruch, Erwähnung, Aussage, Erklärung, Meldung, Angabe • Kampferöffnung, Gefechtseröffnung • Neueröffnung, Einweihung. → Angabe, Angriff, Auskunft, Beginn, Beichte, Bekanntgabe, Benachrichtigung, Bericht, Brief, Einführung, Eingabe, Enthüllung. ▸ Beendigung, Verheimlichung.

Eröffnungsrede Jungfernrede, Antrittsvorlesung.

erörtern besprechen, auseinander legen, verhandeln, deuten, diskutieren, erklären, erläutern, beraten, erwägen, näher bestimmen, klarmachen, auf die Tapete bringen. → aufwerfen, auseinander setzen, beabsichtigen, begrübeln, beisammen, beraten sich, beratschlagen, beschäftigen, besinnen sich, besprechen, darstellen, debattieren, denken, diskutieren, disputieren, ermessen. ▸ beilegen, fehlschließen, missverstehen.

erörternd → erwägend.

Erörterung Streitgespräch, Diskussion, Debatte, Besprechung, Wortstreit, Erklärung, Erläuterung, Auseinandersetzung, Beratung, Erwägung, Auseinanderlegung, Verhandlung. → Auskunft, Aussprache, Begriffsbestimmung, Darlegung, Debatte, Diskussion.

Eros Anziehung sinnliche, Hingezogenheit, Liebe, Liebesprinzip, Zuneigung.

Erotik Amore, Anziehung/Faszination geschlechtliche, Liebe, Minne, Sex, Sexualität, sinnliche Liebe • zärtlicher Sex *u.*

erotisch sinnlich, leidenschaftlich, begehrlich, lüstern, tierisch, animalisch, mannstoll, liebestoll, ungezügelt, verführerisch, fleischlich, wollüstig, schwül, wüst, locker, leichtlebig, ungebunden, zügellos • anreizend, scharfe Sache *u.* → ausschweifend. ▸ beherrscht, kühl.

erotische Darstellungen scharfe Sachen *u.*

erotomanisch → liebestoll.

erpicht beharrlich, hartnäckig, unnachgiebig, ausdauernd, beständig, gierig, verbissen, versessen, entschlossen, eifrig, verbiestert. → ausdauernd, begehrlich, beharrlich. ▸ energielos, gleichgültig, wankelmütig.

erpicht sein, auf → besessen.

erpressen erzwingen, durchsetzen, extorquieren, androhen, abnötigen, abtrotzen, wegnehmen, entreißen, entziehen, brandschatzen, aussagen, ausbeuten, schröpfen, rupfen, das Messer auf die Brust setzen, die Faust zeigen, mit Gewalt aufdrängen, zu Boden drücken, scheren *u.* → aufdrücken, bedrohen, bemächtigen, berauben, bestehlen, bringen an den Bettelstab, durchdrücken, erzwingen. ▸ dulden, ersetzen, freistellen, wiedergeben.

Erpresser Börsendieb, Börsenschneider, Räuber, Raubritter, Schmuggler, Erzlump, Halunke, Verbrecher, Wucherer, Hochstapler, Erbschleicher, Gangster, Blutsauger. → Bandit, Betrüger.

Erpressung → Ausplünderung, Bedrohung, Bemächtigung, Drohung.

erproben → ausforschen, erweisen, experimentieren, prüfen.

erprobt → anerkannt, anhänglich, ausgezeichnet, begründet, bekömmlich, charaktervoll, empfehlenswert, empfohlen, erfahrungsgemäß, experimentell, geschickt prüfen.

Erprobung Probe, Prüfung, Test.

erquicken → abkühlen, aufheitern, aufrichten, befriedigen, begütigen, behagen, beleben, delektieren, entzücken, erfreuen, erfrischen, trösten.

erquickend → erfrischend, erleichternd.

erquicklich belebend, heilsam • tröstlich, beruhigend, ermutigend • erleichternd, lindernd, balsamisch. ▸ unerquicklich.

Erquickung → Auffrischung, Balsam, Erfrischung, Erholung.

erraffen → bemächtigen, berauben, sammeln, zusammenscharren.
erraten durchschauen, enträtseln, auslegen, erschließen, entdecken, herausfinden, ergründen, entziffern, ausspüren, ausgrübeln, finden, ermitteln, voraussehen, raten, herausbuchstabieren, entrollen, den Schleier lüften. → ahnen, bedeuten, deuten, entdecken, enträtseln, entziffern.
▸ missdeuten, rätselhaft (bleiben).
errechnen berechnen, abzirkeln, abmessen, bemessen, wägen, überschlagen, taxieren, werten, vermessen, ausmessen. → auflösen, rechnen.
▸ annehmen.
erregbar reizbar, empfindlich, verletzlich, leidenschaftlich, erregt, überreizt, nervös, unbeherrscht, unbändig, unüberlegt, unbesonnen, vorschnell, cholerisch, aufbrausend, heißblütig, auffahrend, heftig, ungestüm, aufgeregt. → empfänglich, Fassung verlieren die.
▸ besonnen, ruhig, unempfänglich.
erregbar, geschlechtlich erogen.
Erregbarkeit Reizbarkeit, Empfindlichkeit, Verletzlichkeit, Verletzbarkeit, Heißblütigkeit, Unbeherrschtheit, Überreizung, Temperament, Heftigkeit, Aufregung, Überstürzung, Erregtheit, Übereifer. → Anwandlung, Empfindlichkeit.
▸ Besonnenheit, Ruhe, Unempfänglichkeit.
Erregbarkeit, krankhafte Affektivität, Erethrismus.
erregen anregen, herbeiführen, antreiben, anreizen, wecken, verursachen, veranlassen • aufregen, wachrufen, erwecken, anfeuern, das Feuer schüren, anstacheln, entflammen, beleben, beseelen, entzücken, begeistern, berauschen • den Kopf verlieren, Ruhe verlieren, auf die Palme bringen, auf die Tapete bringen, erhitzen sich, hitzig werden, Feuer fangen, aus dem Geleise geraten, aus der Fassung kommen, die Ruhe verlieren, aufbrausen, kochen, sieden • Blut sieden machen, Rache schnauben, knirschen vor Zorn, vor Wut zittern, mit den Füßen stampfen, Feuer und Flamme speien, vor Wut schäumen, aufs Äußerste treiben. → anfeuern, anstoßen, aufhetzen, aufregen, auslösen, bedingen, befruchten, begeistern, berühren, beseelen, bilden, durchbeben, durchschüttern, elektrisieren, entzücken, entzünden, erfreuen, erwecken, Fahne fliegender mit, Farbe wechseln, Feuer gießen Öl ins.
▸ ablehnen, beschwichtigen, erlöschen, fügen sich.
erregen, Aufsehen → beeindrucken.
erregend aufregend, nervenzerfetzend *u*, aufreizend, wirkungsvoll, sinnverwirrend, hinreißend, unwiderstehlich, ergreifend, spannend, packend, anpackend, anregend, anspornend, antreibend. → antreibend, anziehend, berauschend, brennend, ergreifend, ersehnenswert, faszinierend.
▸ abstoßend, beruhigend, hemmend.
Erreger → Anlass, Anstoß.
Erregerabtötung Desinfektion.
erregt → außer sich, erregbar, bebend, befangen, beschwingt, blass, böse, ekstatisch, entbrannt, entrückt, ergriffen, aufgewühlt, Fassung verlieren die.
▸ gelassen, gleichmütig, ruhig • beherrscht, gezügelt • desinteressiert, gelangweilt, ungerührt.
erregt, geschlechtlich rammelig *u*.
Erregtheit → Affekt, Aufregung, Erregbarkeit.
Erregung Exaltation, Blasswerden, Aufregung, Beunruhigung, Erschütterung, Aufruhr, Herzklopfen, Herzbubbern *u*, Unruhe, Zorn, Erzürntheit, Gefühlsbewegung, Gefühlserschütterung, Heftigkeit, Ungestüm, Ärger, Wut, Ingrimm. → Affekt, Anwandlung, Ärger, Aufregung, Befruchtung, Begeisterung, Begierde, Bemächtigung, Bestürzung, Bewegung, Enthusiasmus, Entrüstung, Entzückung, Erregbarkeit, Erröten, Erstaunen.
▸ Beruhigung, Besonnenheit, Unempfänglichkeit.
Erregung, manische Hypermanie.
erreichbar nahe, erlangbar, erschwinglich, erschwingbar, ausführbar, unschwer, leicht möglich, zugänglich, gängig, erfüllbar, ausführbar, anwendbar, denkbar. → ausführbar, bezahlbar, bezwingbar, denkbar, erkäuflich, leicht.
▸ unerreichbar.
Erreichbarkeit → Nähe.
erreichen → ankommen, ausführen, bahnen, beeinflussen, begegnen, beschaffen, besiegeln, bestehen, bewältigen, bewirken, bringen unter Dach, bringen zu Wege, durchdrücken, durchkämpfen sich, emporarbeiten, erlangen, erwirken, Ferse folgen auf der, gewinnen.
▸ anstreben, erstreben, fordern, verlangen, wollen, wünschen • verfehlen, verpassen • scheitern, versagen.
erretten → erlösen, retten.
Erretter → Befreier.
Errettung → Erlösung, Rettung.
errichten → anfertigen, aufbauen, aufrichten, aufschlagen, bilden, erbauen.
Errichter → Erbauer.
Errichtung → Aufstellung, Bildung, Entstehung, Erbauung, Erzeugung.
erringen → aneignen, auftreiben, bahnen, beikommen, beschaffen, bewältigen, durchkämpfen sich, erlangen, erschmeicheln, ersitzen, erwerben, gewinnen.
Erröten Rotwerden, Verfärben, Erregung, Begeisterung, Wärme, Verwirrung, Herzklopfen, Bestürzung, Verlegenheit, Beschämung, Befangenheit, Schamgefühl, Schamröte, Schuldgefühl.
▸ Beruhigung, Blässe.
erröten → berühren, Farbe wechseln, verlegen.
▸ blass werden, erbleichen, Farbe verlieren.
Errungenschaft Erwerbung, Kauf, Erwerb, Gewinn, Einnahme, Erbschaft, Wertzuwachs, Eroberung, Wiedererlangung.
▸ Verlust.
Ersatz Behelf, Notbehelf, Notmittel, Ausweg, Surrogat, Hilfsmittel, Aushilfe • Wiedergutmachung,

Entschädigung, Ausgleich, Vergeltung, Entgeltung, Gegenleistung, Vergütung, Schadenersatz, Wiedererstattung, Ersetzung, Wiederherstellung, Genugtuung. → Abfindung, Ausgleich, Aushilfe, Austausch, Behelf, Vergeltung, Entgeltung, Gegenleistung, Vergütung, Schadenersatz, Wiedererstattung, Ersetzung, Wiederherstellung, Genugtuung.
Ersatz leisten → abbüßen, anerkennen, begleichen, büßen, decken.
Ersatzdarsteller Double, (E. in gefährlichen Situationen) Stuntman.
Ersatzglied → Prothese.
Ersatzmann → Aushilfe, Beauftragter, Bevollmächtigter.
ersatzpflichtig pflichtig, haftpflichtig, entschädigungspflichtig, nicht umsonst, zur Vergütung.
ersatzweise → ersetzbar.
ersaufen ertrinken, versinken, untergehen, sterben, vergehen, hineinfallen, hineinstürzen, zu Grunde gehen, versaufen, verenden, verrecken, enden, absterben.
▸ auftauchen, retten, schwimmen.
erschaffen erzeugen, schaffen, hervorrufen, hervorbringen, bewirken, ausführen, tun, machen, bilden, herstellen, formen, ausarbeiten, vorbereiten, vollenden. → anfertigen, aufbauen, befruchten, bilden, erarbeiten, erbauen.
▸ zerstören.
Erschaffer Erzeuger, Schöpfer, Erbauer, Urheber, Erfinder, Verfasser, Autor, Züchter, Künstler, Baumeister, Former, Bildner, Hersteller, Schaffender, Gründer, Macher, Meister • Gott. → Erbauer, Erfinder.
▸ Zerstörer.
Erschaffung → Befruchtung.
erschallen → schallen.
erscheinen → anfangen, ankommen, aufgehen, aufsehen, auftauchen, auftreten, entstehen, ausschlüpfen.
▸ abtreten, entschwinden, fortgehen, verschwinden, weggehen • abwesend sein, fehlen.
Erscheinung Äußerlichkeit, Aussehen, Kennzeichen, Bild, Vorstellung, Wirklichkeit, Sichtbare das • Geist, Schemen, Fantasie, Gespenstererscheinung, Einbildung, Sinnestäuschung, Vorspiegelung, Täuschung, Scheinbild, Luftbild. → Anwesenheit, Anzeichen, Auswuchs, Begebenheit, Darbietung, Dunstbild, Erlebnis, Etwas.
▸ Abwesenheit, Unsichtbarkeit, Unwirklichkeit, Wirklichkeit.
Erscheinungsfest Epiphanias.
Erscheinungslehre Phänologie.
Erschießen → Bestrafung.
erschießen → auswischen, bestrafen, durchschießen, töten.
erschlaffen → erlahmen, ermatten.
erschlaffend → aufreibend.
erschlafft ermattet, schläfrig, erledigt, ohne Kraft, ohneSaft und Kraft, nicht mehr weiter können.
▸ frisch.
Erschlaffung Lockerung, Schlaffheit, Laxheit, Kraftlosigkeit, Mattheit, Erweichung, Schlappheit, Weiche, Weichheit. → Abspannung, Beschwerde, Blutarmut, Koma, Dumpfheit, Entkräftigung, Ermattung.
▸ Härte, Kräftigung, Stärke.
erschlagen dumpf, lau, kaputt, matt, müde, krank, flau, angegriffen, erschöpft, nicht wohl. → ausrotten, beklemmend, erholungsbedürftig, töten.
▸ frisch.
erschleichen → beerben, beikommen, benachteiligen, erlisten, hintergehen, stehlen.
Erschleichung → Bestechung, Betrug, Käuflichkeit.
erschlichen heimlich herangemacht, verstohlen, erlistend.
▸ offen.
erschließen → aufrollen, aufwerfen, durchbrechen, durchdringen, durchforschen, entdecken, enträtseln, entziffern, erforschen, erraten, öffnen, ergründen, herausfinden.
erschlossen zugänglich. → offen.
▸ brach, unerschlossen, ungenutzt • unwegsam.
erschmeicheln verschaffen, erringen, erhalten, bekommen, erbetteln, abschmeicheln, schmeicheln, einschmeicheln, abschmarotzen, schmarotzen, abschwatzen, beschwatzen, bereden, herumscharwenzeln, erbitten, abnehmen, abtrotzen, entlocken, abluchsen, ablocken, herausschinden, nassauern. → breitschlagen.
▸ abschlagen.
erschöpfen → aufsaugen, ermatten, drosseln, entkräften, erlahmen, schwächen.
erschöpfend → anschaulich, bedeutungsvoll, Beziehung in jeder, eingehend.
erschöpft marode, fertig, kaduk *u*, sauer *u*, schachmatt *u*. → abgespannt, angeschlagen, entnervt, erschlagen.
▸ ausgeruht, erholt, fit, frisch, gestärkt, kräftig, munter.
erschöpft sein runter sein *u*.
Erschöpfung Kraftlosigkeit, Wehrlosigkeit, Ohnmacht, Unfähigkeit, Schwäche, Versagen, Entnervung, Hinfälligkeit, Kräfteverfall, Schwächeanfall, Entkräftung, Ermattung, Schwächung, Lähmung, Mattigkeit, Abspannung, Abzehrung, Verbrauch, Ermüdung. → Abspannung, Beengung, Entkräftung, Entnervung, Ermattung, Erschlaffung, Erzeugung.
▸ Erholung, Stärkung, Tatkraft.
erschossen → baff, blutbefleckt, tot.
erschrecken ängstigen, erbeben, beben, schaudern, erschaudern, grauen, gruseln, erbleichen, erblassen, zittern, erstarren, verzagen, zurückweichen, auffahren, zurückfahren, zusammenfahren, stutzen, scheuen, fürchten, beängstigen, beunruhigen, abschrecken, scheuchen, verblüffen, bestürzen, entfärben, verwirren, aufregen. → bestürzen, davonlaufen, entsetzen sich.
▸ beruhigen, bleiben gefasst, mutig sein.
erschreckend → einschüchternd.
erschreckt → bebend, bestürzt, erschrecken, erstarrt.
erschrocken entsetzt, schockiert, erschreckt, bestürzt, betäubt, starr, ängstlich, furchtsam, sprachlos, fassungslos, verstört, versteinert, bebend, schlotternd, zitternd, verwirrt, beunruhigt, totenblass, leichenfahl, angstgrün, käsbleich. → bange, erblassen.
▸ unerschrocken.
erschüttern → aufrütteln, aufwerfen, bekämpfen,

berühren, bestürzen, betäuben, bringen in Bewegung, dröhnen, durchbeben, durchschüttern, Enge treiben in die, erbeben, ergreifen das Herz.
erschüttern, den Glauben → zweifeln.
erschüttern, die Hoffnung entmutigen, verzagen, niederdrücken, verzweifeln, zweifeln, grämen, abgrämen, bedrängen, die Hoffnung verlieren, Hoffnung sinken lassen, zur Verzweiflung treiben.
▸ ermutigen.
erschütternd → berauschend, ergreifend.
erschüttert außer sich, bebend, bestürzt, blass, ergriffen, erschrocken, erstarrt.
Erschütterung → Aufregung, Bestürzung, Betäubung, Bewegung, Bewegungstrieb, Detonation, Dynamik, Entladung, Erregung, Explosion.
erschweren → abwehren, abwenden, aufhalten, beeinträchtigen, bekämpfen, beschneiden, bezwingen, dawider, dazwischentreten, entgegenarbeiten, hindern.
▸ begünstigen, erleichtern, fördern, unterstützen, vereinfachen.
erschwerend → belastend, entmutigend.
▸ erleichternd.
erschwert → belastend.
Erschwerung → Anstand, Ballast, Beschwernis, Hindernis.
erschwindeln → benachteiligen, beschwindeln, Decke unter der stecken.
erschwinglich → bezahlbar, denkbar, erkäuflich, erreichbar, möglich.
▸ (zu) kostspielig/teuer, unerschwinglich.
ersehen sichten, erspähen, bemerken, beäugen, bewahren, wahrnehmen, erkennen, erblicken • folgern, schließen, entnehmen, deuten, auslegen. → auffassen, entnehmen, erwarten.
▸ übersehen, unverständlich (bleiben).
ersehnen, sich erhoffen, hoffen, erwarten, verlangen, erstreben, wünschen, begehren, gelüsten, erwünschen, haben wollen, Lust haben, Geschmack haben, Geschmack finden, Sehnsucht haben, erpicht sein, versessen sein.
▸ entsagen, gering schätzen.
ersehnenswert begehrenswert, wünschenswert, erstrebenswert, wertvoll, ansprechend, reizend, lockend, erwünscht, begehrt, teuer, lieb, erhoffenswert, hingeneigt, verlockend, anregend, erregend. → anziehend, begehrenswert.
▸ abstoßend, wertlos.
ersehnt → erwünscht.
ersetzbar gleichwertig, anstatt, für, in Vertretung, ersatzweise, vertretungsweise, aushilfsweise, an seiner Stelle, zur Not, als Ersatz für. → Ermangelung in.
▸ unersetzbar.
ersetzen abbüßen, anerkennen, auftreten für, ausbaden, ausfüllen, begleichen, belohnen, entgelten, erkenntlich zeigen, vergelten, vergüten, wieder gutmachen. → bezahlen, decken.
▸ wegnehmen, zurückweisen abnutzen, verbrauchen, verschleißen.
ersetzend entschädigend, wieder gutmachend, vergütend, vergeltend, ablösend, einlösend, lohnend, abgeltend, bezahlend.
Ersetzung → Erkenntlichkeit, Ersatz.
ersichtlich → anschaulich, auffallend, authentisch, bedeutungsvoll, beglaubigt, bemerkbar, einleuchtend, demnach, demzufolge, deutlich, erweislich, offenbar.
ersinnen erfinden, erdichten, erdenken, aussinnen, ausdenken, erwägen, nachgrübeln, grübeln, schöpfen, sinnen, überlegen, denken, beabsichtigen, entwerfen, ausarbeiten, vorbereiten, anbahnen, vorausberechnen, erzeugen, ausknobeln *u*, aushecken. → ausdenken, ausfindig machen, beikommen, erfinden, ergrübeln.
▸ nachahmen.
ersitzen ererben, erringen, bekommen, hereinbekommen, gelangen zu, in Besitz gelangen, eine Erbschaft antreten.
▸ leer ausgehen.
Erspähen → Beobachtung.
erspähen → ausfindig machen, ausforschen, durchstöbern, ersehen, sehen.
ersparen → abarbeiten, abdarben, anhäufen, aufheben, aufspeichern, beiseite legen, erübrigen, sparen.
Ersparnis Vorrat, Schatz, Hamsterkiste, Rücklage, Rüstkammer, Speicher, Vorratshaus, Aufspeicherung, Hinterlegung, Sammelbecken, Vorratskammer, Einschränkung, Einsparung, Speisekammer • Sparkasse, Sparbüchse, Hilfsquelle, Notgroschen, Rücklage, Notpfennig, Sparkassenbuch. → Einsparung.
▸ Verschwendung.
Ersparnisse Polster *u*.
Ersparung → Bereicherung.
ersprießlich → annehmbar, dankbar, dankenswert, fruchtbar, nützlich.
erspüren → fühlen.
erst → beginnend.
erstarken wachsen, gedeihen, blühen, zunehmen, gelingen, glücken, aufleben, kräftigen, strotzen, stark werden, sich wohl befinden, auf dem Damm sein, kraftvoll sein, Lebenskraft in sich haben, größer werden. → aufblühen.
▸ erschlaffen, zu Grunde gehen.
erstarren → abkühlen, durchbeben, erhärten, erkälten, erschrecken, festigen, gefrieren.
erstarrt entsetzt, erschüttert, fassungslos, sprachlos, starr, stumm, erstaunt, betroffen, stutzig, betäubt, erschreckt, bestürzt, versteinert, verstört, furchtsam • fest, hart, verhärtet, gefroren, kristallisiert. → baff.
▸ flüssig, weich.
Erstarrung Festigkeit, Verdichtung, Verglasung, Kristallisation, Verdickung, Verhärtung, Gefrierung, Versteinerung, Vereisung, Kälte • Betäubung, Starrsucht, Starre, Scheintod, Lähmung, Abhärtung, Unempfindlichkeit, Entsetzen, Bestürzung, Beklemmung, Furcht, Angst, Staunen, Verwunderung, Erstaunen, Verblüffung. → Betäubung, Erhärtung, Erstaunen.
▸ Unerschütterlichkeit, Wärme, Weichheit.
erstatten zurückgeben, zurückerstatten, abtragen, abgelten, vergüten, entgelten, ausgleichen, zurückerstellen, entschädigen, wieder gutmachen, tilgen. → ausgeben, decken.
▸ wegnehmen, zurückweisen •

behalten, einbehalten, zurück(be)halten • einnehmen, vereinnahmen • verrechnen.
Erstattung → Bezahlung, Bon.
Erstauftritt Antrittsvorstellung, Debüt, Premiere, Start.
Erstaunen Überraschung, Staunen, Verwunderung, Erstarrung, Betäubung, Fassungslosigkeit, Betroffenheit, Verblüffung, Überrumpelung, Unerwartetheit, Erregung, Bestürzung, Aufregung, Freude • potztausend, Donnerwetter, Donnerkeil *u*, au Backe *u*, Bauklötze staunen *u*. → Befremden, Betäubung, Erstarrung.
▸ Erwartung, Gefasstheit, Unerschütterlichkeit.
erstaunen staunen, anstaunen, starren, gaffen, glotzen, überraschen, verblüffen, auffallen, verwirren, wundern sich, verwundern sich, keine Worte finden, unerklärlich vorkommen, sein blaues Wunder erleben, die Maulsperre kriegen *u*, leicht gerührt sein. → begreifen, bestürzen.
▸ gefasst bleiben, gewärtigen.
erstaunlich beträchtlich, ansehnlich, erheblich, bemerkenswert, merklich, vortrefflich, ordentlich, tüchtig, gehörig, weidlich, wacker, gründlich, ungewöhnlich, beispiellos, gewaltig, fabelhaft, unbeschreiblich, unvergleichlich, maßlos, Aufsehen erregend, ungeheuerlich, wunderbar. → auffallend, ausnehmend, außerordentlich, beispiellos.
▸ alltäglich, gewöhnlich.
erstaunt außer sich, baff, erstarrt, Donner gerührt vom, überrascht, platt, perplex, verdutzt *u*, weg sein • aus allen Himmeln/Wolken gefallen, die Luft bleibt einem fort *u*, ich werde verrückt *u*, hast du Worte *u*, hast du Töne *u*, mach keine Sachen *u*, du ahnst es nicht, du wirst lachen *u*.
▸ gefasst, ruhig.
Erstausgabe Original, Erstdruck.
erstbeste unbeabsichtigt, zufällig, blindlings, leichtfertig, leichtsinnig, absichtslos, unbeteiligt, auf gut Glück, vom Zufall abhängig.
▸ beabsichtigt, überlegt.
Erstdruck Druck, Original.
▸ Kopie.
erste Geige spielen den Ton angeben, Aufhebens machen, im Mittelpunkt sein, der erste sein, Takt angeben • aufspielen sich, einmischen sich, überheblich sein, hochfahrend sein.
▸ bescheiden (sein), zurückziehen sich.
erstechen → auswischen, töten.
erstehen → abnehmen, anfangen, bestellen, erhandeln, kaufen.
ersteigen → erstürmen, erklettern.
ersteigern → erhandeln, erwerben.
erstellen → einlösen.
Erstellung Anfertigung, Fertigung, Herstellung, Schaffung.
ersten Ranges an der Spitze/erster Stelle, bedeutend, eindrucksvoll, führend, vorn.
ersten Zehn, die Topten.
Erster Spitzenmann, Primus, Koryphäe, Genie, Vorkämpfer, Schrittmacher, Wegbereiter.
erster Preis Großes Los, Hauptgewinn, Jackpot, Supergewinn/-preis, Volltreffer.
erster Schritt Initiative.
ersterben verstummen, versiegen, ersticken, beugen, verbeugen, krümmen, kriechen, dienern, wortlos, hinnehmen, nicht mucksen, in Demut ersterben, sich gefallen lassen, sich alles bieten lassen, unterwürfig sein.
▸ ertönen, überheben sich.
ersterbend verhauchend, verlöschend, (in der Musik) smorzando.
Erstgebärende Primapara.
ersticken → abdämmen, abwenden, aufhalten, ausmerzen, bekämpfen, berauben, betäuben, drosseln, ersterben, sterben, unterdrücken, verstummen.
▸ atmen, Luft bekommen • beatmen, Luft zuführen • anfachen, anzünden • schüren.
erstickt → belegt (Stimme), dumpf, tot.
erstklassig → A und O, ausgezeichnet, vorzüglich.
erstmalig neu, frisch, neuerdings, neuartig, ungewohnt, frisch gemacht, neuzeitlich, modern, taufrisch, modisch, ungebraucht, zeitgemäß, zum ersten Mal.
▸ gewöhnlich, veraltet.
Erstmaligkeit Neuerscheinung, Neuheit, Neuerung, Neues, Fortschritt, Neugestaltung, Umwandlung, Einmaligkeit, Neuerrungenschaft. → erstmalig.
▸ Althergebrachtes, Rückschritt.
erstmals auftreten debütieren.
erstochen → blutbefleckt, tot.
erstrahlen ausstrahlen, Strahlen aussenden, aufleuchten, aufblinken, aufblitzen, erglühen. → leuchten.
▸ dunkel bleiben.
erstrangig → primär.
erstreben → beabsichtigen, Beste tun, erkämpfen, ersehnen, erwarten, wünschen.
erstrebenswert → anziehend, begehrenswert, ersehnenswert.
erstrecken, sich währen, dauern, hinauszögern, verzögern, verlängern, hinhalten, verschleppen, ausstrecken, recken, strecken, dehnen, langen, längen, ausziehen. → ausdehnen.
▸ drängen, kürzen, zusammenziehen.
Erstreckung Spanne, Auslängerung, Verlängerung, Länge, Spannung, Ausdehnung, Extension, Verzögerung, Streckung, Dehnung, Hinausschiebung, Vertagung. → Abstand, Ausdehnung.
▸ Abkürzung, Annäherung.
erstreiten → gewinnen.
erstürmen bestürmen, überfallen, überrumpeln, bedrängen, erobern, eindringen, ergreifen, anrücken, einziehen, besiegen, heranstürmen, ersteigen, stürmen, heranstürzen. → belagern.
▸ verteidigen, zurückweisen.
Ersuchen → Beeinflussung.
ersuchen → angehen, anregen, begehren, bemühen, betteln, bewerben sich, bewirken, bitten, dringen, einkommen um, einstürmen, erbeten, erbetteln, erheben die Hände, zureden.
ertappen → überraschen.
ertappt flagrant.
ertappt werden hoppgehen *u*, hopsgehen *u*.
erteilen → geben, zuteilen.
erteilen, Auftrag gebieten, befehlen, anordnen, auftragen, heißen, beauftragen, vorschreiben, anweisen, bestimmen, beschließen, verlangen, einen Befehl erlassen, Vorschriften machen, Verfügungen treffen, einen

Auftrag geben. → befehlen.
▸ ausführen, widerrufen.
erteilen, Auskunft → mitteilen.
erteilen, Befugnis → erlauben, ermächtigen.
erteilen, Bewilligung → erlauben, ermächtigen.
erteilen, das Recht → ermächtigen.
ertönen → erklingen, tönen.
Ertrag → Anteil, Ausbeute, Ausgang, Beitrag, Beute, Effekt, Ernte, Erwerb, Einträglichkeit, Ergiebigkeit, Erlös, Gewinn.
Ertrag bringen einbringen, lohnen, rentieren.
ertragen → abbüßen, abfinden, dulden, erleben.
▸ aufbegehren • einstürzen, kaputtgehen, reißen, zerbrechen.
erträglich genügend, befriedigend, ergiebig, mittelmäßig, leidlich, ziemlich, alltäglich, gewöhnlich, anständig, ausreichend, genügsam, nichts Besonderes, den Verhältnissen entsprechend, erklecklich.
▸ unerträglich.
erträglicher machen bessern, entlasten, erleichtern, lindern, mildern, Schmerz stillen.
Erträgnis → Erlös.
ertragreich → ausgiebig, erfreulich, fruchtbar, lohnend.
ertragsfähig → ertragreich.
ertragslos → ertragsunfähig.
ertragsunfähig → unfruchtbar.
ertränken → töten.
erträumen träumen, fiebern, hellsehen, einbilden, vortäuschen, vorspiegeln, vorgaukeln, fantasieren, schwärmen, erfinden, erdichten, erhoffen, in den Kopf setzen, von Einbildungen leben, Luftschlösser bauen. → ausdenken.
▸ entzaubern, erwirken, hoffnungslos (sein).
ertrinken → ersaufen.
ertrotzen erzwingen, versteifen sich, hartnäckig sein, halsstarrig sein, etwas abtrotzen, einen Kopf aufsetzen, an den Haaren herbeiziehen, den Willen durchsetzen, Hindernisse beseitigen, sein Ziel erzwingen. → erzwingen.
▸ nachgeben.
ertüchtigen befähigen, waffnen, kräftigen, stärken, stählen, rüsten, vorbereiten, abhärten, durchbringen, durchführen, durchhalten, eindrillen, dressieren, wappnen, die Macht erteilen, Kraft verleihen, seinen Mann stellen. → befähigen.
▸ schwächen, unterliegen.
erübrigen übrig bleiben, zurücklassen, übrig haben, sparen, absparen, bescheiden, zurücklegen, abknappen, zusammenkratzen, wirtschaften, Haus halten, ersparen, einschränken, bewahren, sparsam umgehen, gut hausen. → abarbeiten, abdarben, aufheben, beiseite legen.
▸ ausgeben.
eruieren → ausfindig machen, ausforschen, erforschen.
Eruption → Ausbruch.
Erwachen hochkommen *u.* → Besinnung.
▸ schlafen, weiterschlafen • betäubt sein, bewusstlos sein, ohnmächtig sein.
erwachen wach werden, erwecken, ermuntern, reden, aufmerken, aufpassen, zuhören, lauschen, aufmerksam werden, die Augen öffnen, die Aufmerksamkeit wecken, den Geist sammeln, die Gedanken anspannen, das Augenmerk richten, volle Aufmerksamkeit schenken • tagen, dämmern. → erlangen das Bewusstsein, fesseln.
▸ einschlafen.
erwachsen → beruhen, entwachsen der Rute, entwickelt.
▸ infantil, kindlich, minderjährig, unreif • halb erwachsen, jugendlich.
Erwachung → Besinnung.
erwägen → aufpassen, aufwerfen, ausdenken, ausforschen, beabsichtigen, bedenken, begrübeln, beherzigen, beraten sich, beratschlagen, besinnen sich, besprechen, beurteilen, charakterisieren, denken, deuten, diskutieren, entscheiden sich, erachten, erfinden, ermessen, erörtern zu, ersinnen, überlegen.
erwägend durchdacht, nachdenklich, aufmerksam, bedächtig, gedankenvoll, behutsam, überlegt, vernünftig, überlegend, abschätzend, sachverständig, erwogen, beurteilend, abwägend, beratend, erörternd, besprechend.
▸ unüberlegt.
erwägenswert denkbar, diskutabel, überlegenswert.
Erwägung → Betrachtung, Denkart, Erforschung, Erörterung.
erwählen → wählen, erkiesen.
erwählt → erlesen, gewählt.
Erwählung Erkiesung, Erkürung, Wahl, Bevorzugung, Auszeichnung, Vorrang, Vergünstigung, Entscheidung, Beschluss, Vorhaben • Ermächtigung, Bevollmächtigung. → Ausnahme, Auswahl.
▸ Ablehnung, Enthebung.
erwähnen → anführen, angeben, ausdrücken, beitragen, benachrichtigen, einflechten, erzählen.
▸ übergehen, unerwähnt lassen • verheimlichen, verschweigen.
erwähnen, besonders → betonen.
erwähnenswert → erheblich, wichtig.
erwähnenswert, nicht → unwichtig.
erwähnt, schon vorerwähnt, gesagt, hingewiesen, vorgenannt, bemerkt, aufgewärmt, wiederkehrend, vorher, früher, altbekannt, bekannt, nichts Neues, ein und dasselbe, bemorken *u.*
▸ neu, unbekannt.
Erwähnung → Anmerkung, Auskunft, Berücksichtigung, Erklärung, Eröffnung, Mitteilung.
erwärmen → bähen, beeinflussen, begeistern, dünsten, einheizen, entbrennen, entzünden, wärmen.
erwärmt → entzündet, warm.
Erwärmung Erhitzung, Heizung, Einheizung, Schmelzung, Auflösung, Verdunstung, Verflüssigung, Wärme, Eindampfung, Hitze, Bestrahlung, Strahlung. → Anwandlung, Erregung.
▸ Abkühlung, Erstarrung.
erwarten erhoffen, ersehnen, gewärtigen, entgegensehen, vorausblicken, vorherfühlen, warten, harren, abwarten, hoffen, entgegenkommen, lauern, erwünschen, erstreben, begehren, verlangen, wünschen, bangen. → ahnen, befürchten, bevorstehen, entgegensehen, ersehnen, fassen ins Auge.
▸ Hoffnung nehmen die, kalt bleiben, misstrauen, passieren, verzichten, zurückblicken.
erwartend → ahnen, begierig.

erwartet → angenehm, fällig. ▸ überraschend, plötzlich, unerwartet, unvorhergesehen.
Erwartung Hoffnung, Annahme, Vermutung, Ahnung, Spannung, Vorgefühl, Vorausschau, Vorahnung, Vorfreude, Neugier, Sehnsucht, Verlangen, Begehr, Wunsch, Ungeduld. → Ahnung, Annahme, Aspekt, Aussicht stehen in, Befürchtung, Begeisterung. ▸ Hoffnungslosigkeit, Tatsache, Teilnahmslosigkeit.
Erwartungsangst Lampenfieber, Herzklopfen, großes Zittern.
erwartungslos → ahnungslos, hoffnungslos.
erwartungsvoll aufmerksam, wachsam, gespannt, glaubensstark, zuversichtlich, vertrauensvoll, vertrauensselig, auf der Hut, ganz Auge und Ohr, mit offenen Augen. → bedeutungsvoll, beflissentlich, begierig. ▸ teilnahmslos, unaufmerksam.
erwecken wecken, anregen, erregen, beleben, wieder erwecken, aufwecken, wachrufen, aufmuntern, anfeuern, anstacheln, entflammen, aus der Ruhe bringen, in Aufregung bringen. → anregen, auslösen, bedingen, beeinflussen, befruchten, begeistern, beleben, bemächtigen, beseelen, bilden, bringen zum Bewusstsein, bringen auf andere Gedanken, erwachen, erwirken. → einschläfern. ▸ abtöten, betäuben, einschläfern, narkotisieren • schlafen lassen • unterdrücken.
Erweckung → Befruchtung.
erwehren → vereiteln, wehren.
erweichen enthärten, einweichen, aufweichen, schmelzen, biegen • dauern, bemitleiden, beklagen, begreifen, bewegen, rühren, mitfühlen, mitleiden, mitempfinden, das Herz erweichen, bereden, beschwatzen, jemanden weichstoßen *u.* → abweichen, auslassen, begütigen, dämpfen, enthärten. ▸ erhärten, lassen nicht locker, verrohen.
Erweichung → Erschlaffung.
Erweis Nachweis, Aufzeigung, Beweis, Bescheinigung, Beweisgrund, Beweismittel, Bescheid, Zeugnis, Zitat, Welle, Begründung, Beglaubigung, Darlegung, Bestätigung, Beleg, Diplom, Erklärung, Versicherung, Bekundung. ▸ Widerlegung.
erweisen beweisen, aufweisen, zeigen, bezeigen, aufzeigen, erproben, begründen, ausweisen, nachweisen, bekunden, entgegenbringen, belegen, anführen, darlegen, bekräftigen, bestärken, angeben. → begründen, bewahrheiten, beweisen, erkenntlich zeigen. ▸ widerlegen.
erweisen, Aufmerksamkeiten grüßen, aufwarten, empfangen, Achtung erweisen, Anstand wahren, die Ehre erweisen, gesellschaftliche Formen wahren. ▸ ignorieren, verachten.
erweisen, Dienst → Daumen halten, Decke stecken unter der, helfen.
erweisen, Ehre → achten, anerkennen, auszeichnen.
erweisen, Gefälligkeit → bestechen, helfen.
erweisen, sich herausstellen sich, zeigen sich.
erweislich nachweisbar, beweisend, folglich, demzufolge, ersichtlich, behauptbar, anschaulich, unwiderlegbar, stichhaltig, handgreiflich, überzeugend, beweisbar, logisch, demgemäß, demnach. ▸ unerwiesen.
erweitern → aufbauschen, ausbreiten, ausdehnen, blähen. ▸ begrenzen, beschränken, eingrenzen, einschränken • kürzen, mindern, reduzieren, straffen, verringern • sich verengen.
erweiternd extensiv.
Erweiterung Zunahme, Vermehrung, Zuwachs, Anwachs, Steigerung, Verstärkung, Vergrößerung, Ausdehnung, Verbreitung, Anschwellung, Wulst, Breite, Ausbreitung, Dehnung, Aufblähung. → Aufbau, Ausbreitung, Ausdehnung, Entfaltung. ▸ Abbau, Einengung, Zusammenziehung.
Erwerb Ertrag, Gewinn, Zuwachs, Zugabe, Erhalt, Ernte, Erbschaft, Wertzuwachs, Nutzen, Ausbeute, Anteil, Empfang, Bezug, Einnahme, Lohn. → Anteil, Ausbeute, Einkommen, Erlös, Errungenschaft. ▸ Einbuße • Absatz, Veräußerung, Verkauf • Schenkung, Stiftung.
erwerbbar → erkäuflich.
erwerben ersteigern, gewinnen, verdienen, erarbeiten, erringen, beziehen, erhalten, gelangen zu, zueignen sich, es zu etwas bringen, eine Erbschaft antreten, an sich bringen, bringen zu Geld. → abnehmen, aneignen, auftreiben, ausbeuten, beanspruchen, beibringen, beikommen, bemächtigen, bereichern, beschaffen, bestellen, eindecken sich, erarbeiten, erhandeln, erlangen, Reichtum erlangen, kaufen. ▸ einbüßen.
Erwerber → Käufer.
erwerbsam rührig, tätig, rege, unermüdlich, schaffig, betriebsam, fleißig, munter, regsam, ruhelos, rastlos, anstellig, wendig, beweglich, unruhig. → beflissentlich, beweglich. ▸ faul, untätig.
erwerbsfähig arbeitsdienstfähig. → gesund.
Erwerbskampf Konkurrenz, Wirtschaftskampf, Wettkampf, Kampf, Wettbewerb, Wettstreit, Daseinskampf, Kampf ums tägliche Brot. ▸ Daseinsfreude (sorgenfreies Leben).
erwerbslos arbeitslos, brotlos, arm, elend, verlottert, schlimm, hungrig, geldlos, ärmlich, Not leidend, hilfsbedürftig, ausgehungert, heruntergekommen, schäbig, dürftig, spärlich. → abgebrannt. ▸ bedienstet, bemittelt.
erwerbstätig beschäftigt, in Lohn und Brot. → berufstätig.
Erwerbszweig Wirkungskreis, Betätigungskreis, Arbeitsfeld, Geschäftszweig, Beschäftigung, Gewerbe, Handwerk, Broterwerb, Stellung, Tätigkeit. → Arbeit, Beruf.
Erwerbung → Abnahme, Bemächtigung, Bereicherung, Erhaltung, Ernte, Errungenschaft, Erwerbung, Kauf.
erwidern entgegnen, antworten, beantworten, sagen, rechtfertigen, äußern,

meinen, mitteilen, erklären, einreden, reden, einwenden • entgelten lassen, gutmachen, wieder gutmachen, vergelten. → antworten, aufklären, beantworten, einfallen. ▸ fragen, schweigen.
Erwiderung → Abwehr, Antwort, Auskunft, Bekenntnis, Berichtigung.
erwiesen klar, offensichtlich, tatsächlich, richtiggehend *u*, unanfechtbar, unbestreitbar, unbestritten, wirklich, zweifellos, unzweifelhaft, faktisch, feststehend, ausgemacht, bestätigt, bestimmt, offenkundig, sicher, unleugbar, gewiss, verbürgt, bezeugt, wahr, glaubwürdig, nachgewiesen, echt, bewiesen. → authentisch, beglaubigt, erfahrungsgemäß, feststehend. ▸ unerwiesen.
erwiesenermaßen → beweisend, definitiv, demnach, erfahrungsgemäß.
erwirken erzeugen, bewirken, hervorrufen, herbeiführen, erreichen, vollenden, gelangen, zu Wege bringen, zu Stande bringen, verwirklichen, vollführen, bewerkstelligen, verursachen, erwecken. → ausführen, auslösen. ▸ aufgeben, unterlassen, zerstören.
erwischen → ausfindig machen, beikommen, bemächtigen, beschleichen, bestehlen, entlocken, erhaschen, überraschen.
erwogen → erwägend, geprüft, überlegt.
erworben ersessen, von Rechts wegen • gekauft, erhandelt, erstanden, ersteigert, auf- oder angekauft • erhalten, empfangen, erhascht, geschnappt, erbettelt, erheiratet, verdient, verschafft, ergattert, erobert, erarbeitet • anerzogen, erlernt. ▸ angeboren • geerbt, geschenkt • geliehen, gepachtet.
erwünschen → bitten, ersehnen, erwarten.
erwünscht gefällig, ansprechend, zusagend, willkommen, wohl tuend, erfreulich, wünschenswert, annehmbar, trefflich, köstlich, schön, anziehend, einnehmend, ersehnt, begehrt, begehrenswert, lieb, teuer, erwünschbar, lockend, verlockend, verlangend, den richtigen Weg weisen • verfeinern, zivilisieren, kultivieren, Manieren beibringen. → angenehm, appetitlich, aufziehen, ausbilden, begehrenswert, bekehren, belehren, beschreiben, darstellen, detaillieren, drillen, erfreulich, ersehnenswert, fabeln, fabulieren. ▸ unerwünscht.
erwürgen → drosseln, töten.
Erzader → Ader.
erzählen berichten, melden, mitteilen, erwähnen, ausrücken, sprechen, aussprechen, eröffnen, auseinander legen, aussagen, darstellen, schildern, beschreiben, zusammenstellen, ausmalen, dichten, schreiben, veranschaulichen, äußern, offenbaren, reden, aussprechen, darlegen, plaudern, plauschen, schnacken *u*, klöhnen *u*, kakeln *u*, mit etwas hausieren gehen. → aufklären, benachrichtigen, zum Besten geben, entwerfen ein Bild. ▸ fragen, schweigen.
erzählend, breit episch.
erzählende Dichtung z.B. Ballade, Belletristik, Epos, Novelle, Roman.
erzählender Dichter Epiker.
erzählenswert → interessant.
Erzähler Schilderer. → Dichter.
Erzählung Bericht, Darstellung, Schilderung, Wiedergabe, Angabe, Beschreibung, Kunde, Dichtung, Prosadichtung, Novelle, Ballade, Märchen, Sage, Fabel, Gleichnis, Legende, Mär, Geschichte, Kurzgeschichte, Anekdote, Humoreske, Roman, Story *M*. → Bericht, Beschreibung, Darstellung, Dichtungsart. ▸ Frage, Verheimlichung.
Erzählung, beispielhafte Fabel, Parabel, Paradigma.
erzeugen → achten, anerkennen, anfertigen, arbeiten, aufbauen, ausarbeiten, auslösen, bedingen, befruchten, bemächtigen, bilden, drechseln, durchbringen, erbauen, erfinden, erschaffen, ersinnen, erwirken.
Erzeuger → Arbeiter, Erbauer, Erschaffer, Schöpfer, Urheber.
Erzeugnis → Artikel, Erfolg, Ernte, Erzeugung, Ware.
Erzeugung Herstellung, Bearbeitung, Verarbeitung, Gewinnung, Fabrikation, Erzeugnis, Bau, Bildung, Formung, Errichtung, Urheberschaft, Gründung, Schöpfung, Erschöpfung, Erfolg, Ernte, Begebnis • Fortpflanzung, Hervorbringung, Niederkunft, Entbindung, Empfängnis, Befruchtung, Züchtung. → bewerkstelligen, Bildung, Entstehung, Erbauung. ▸ Unfruchtbarkeit, Zerstörung.
Erzfeind → Beelzebub.
erziehen schulen, vorbereiten, befähigen, disziplinieren, anhalten, anleiten, unterweisen, anraten, lehren, bilden, belehren, weisen, unterrichten, zurechtweisen, zurechtsetzen, einschulen, formen, gestalten, befähigen, heranbilden, schleifen, Benehmen beibringen, Schliff geben, Mores lehren, die Flötentöne beibringen *u*, am Zeuge flicken *u*, in der Mache haben *u*, hobeln *u*. → bilden. ▸ verziehen.
Erzieher → Ermahner, Lehrer.
Erzieherin Bonne, Gouvernante, Kindergärtnerin, Kinderfräulein, Lehrerin, Ermahnerin, Ratgeberin, Beraterin, Hauslehrerin, Privatlehrerin, Kinderwärterin, Kinderfrau.
erzieherisch → pädagogisch.
Erziehung Belehrung, Schulung, Unterweisung, Aufklärung, Anweisung, Anleitung, Bildung, Leistung, Führung, Zurechtweisung, Mahnung, Bevormundung, Verweis, Vorbereitung, Ausbildung, Lehre, Lehrzeit, Unterrichtung, Benehmen. → Benehmen. ▸ Verbildung.
Erziehung, gute → Benehmen, Wohlerzogenheit.
Erziehung, Mangel an → Unhöflichkeit.
Erziehungsanstalt Schule, Bildungsstätte, Institut, Internat, Pensionat, Lehranstalt, Bildungsanstalt, Unterrichtsanstalt, Kostschule, Anstalt, Klosterschule, Besserungsanstalt, Bekehrungsanstalt, Fortbildungsanstalt.
erzielbar → ausführbar, bezwingbar, denkbar, erkäuflich.
erzielen → abwerfen, ausführen, ausnutzen, beschaffen, durchdrücken, erlangen, gewinnen.

erzittern → entsetzen sich, erheben, erschrecken, Farbe wechseln.
Erzlump → Erpresser.
erzürnen hochbringen *u.* → anstoßen, ärgern, aufhetzen, aufregen, beleidigen, betrüben, entzweien, erblassen, verletzen.
erzürnt → aufgebracht, böse, cholerisch, wütend.
Erzürnung → Bitterkeit, Erbitterung.
Erzvater Patriarch.
erzwecken beabsichtigen, bezwecken, anstreben, abzielen, hinzielen, vorhaben, wünschen, verlangen, ausgehen auf, hinsteuern auf, aus sein auf, anlegen auf, trachten nach, fahnden nach, bestreben sich, befleißigen um, im Sinne haben, im Schilde führen, Lust haben, aufs Korn nehmen, in den Kopf setzen sich.
▸ anheim stellen.
erzwingbar → bezwingbar.
erzwingen forcieren, durchsetzen, durchdringen, nötigen, bedrängen, abnötigen, abringen, ausführen, festhalten, beharren, abtrotzen, ertrotzen, bestehen auf, versteifen sich, das Messer auf die Brust setzen, mit Gewalt etwas durchsetzen, die Hand an die Gurgel legen, Zwangsmittel anwenden, mit dem Kopf durch die Wand rennen. → behaupten, bestehen auf, bewältigen, bewirken, biegen, brechen den Starrsinn, Dach steigen auf das, diktieren, durchdrücken, erheben Anspruch, erpressen, ertrotzen, festhalten.
▸ aufgeben, freistellen, nachgeben.
erzwungen → erkünstelt, gezwungenermaßen, unnatürlich.
Eselei → Faselei.
Eselsbrücke → Ausweg, Behelf.
Eselsohr → Bruch.
Eselstritt → Dank schnöder.
Eskalation stufenweise Steigerung, schrittweise Ausweitung, gefährliche Entwicklung, Zuspitzung. → Krise.
eskalieren anschwellen/-steigen, anwachsen, ausweiten sich, verschärfen/-stärken.
Eskimohütte Iglu.
Eskorte *f* → Bedeckung.
eskortieren → geleiten.
Esprit → Geist.
esoterisch → geheim.
Essay → Abhandlung, Arbeit, Aufsatz.
essbar genießbar, bekömmlich, nahrhaft, nährend, zuträglich, gesund, gut, gar, bereit, mundgerecht, zubereitet, fein, saftig, lecker, wohlschmeckend, schmeckend, schmackhaft, weich, mundend. → bekömmlich.
▸ ungenießbar.
Essbesteck Schanzzeug *u*, Stemmeisen *u*.
Esse Feuerung, Heizkörper, Feuermauer, Herd, Rost, Ofen, Schornstein, Kamin, Schlot, Rauchfang, Ofenrohr, Luftloch, Schacht.
Essen Frühstück, Dejeuner, Gabelfrühstück, Lunch, Mittagessen, Dîner, Dinner, Hauptmahlzeit, Jause, Brotzeit, Nachmittagskaffee, Nachtmahl, Souper, Bankett, Festessen, Festmahl, Vorspeise, Hors d'œuvre, Nachtisch, Dessert, Zwischengericht, Speise, Entremets, Abendbrot, Abendessen, Kost, Nahrung, Speisung, Beköstigung, Schleckerei, Essware, Gericht, Mahl, Mahlzeit, Schmaus, Essgelage, Bewirtung, Kommers, Gastmahl • Fraß, Saufraß *u* • Futterage, Futteralien *u*, Fressalien *u*, inhalieren *u*, schanzen *u*. → Aufnahme, Beköstigung.
essen verzehren, kosten, schmausen, tafeln, schwelgen, prassen, dinieren, frühstücken, verspeisen, einhauen, knuspern, nagen, zechen, kauen, aufspeisen, naschen, lecken, zusprechen, fressen, zu sich nehmen, Mahlzeit halten, verdrücken *u*, verputzen *u*, sich den Bauch voll schlagen, kacheln *u*, dreinhauen *u*, schlabbern *u*, knabbern, schnabulieren *u*. → ernähren sich.
▸ fasten, hungern, trinken.
essen, genüsslich präpeln *u*.
essen, hastig runterstürzen *u*.
Essen, ungenießbares Saufraß *u*, Saufutter *u*.
essenziell → wesentlich.
Essenz Extrakt, Getränk, Balsam, Trank, Lösung, Tinktur, Auszug, Aufguss, Heiltrank, Absud, Heilöl, Heilmittel, Medikament. → Abgang, Abriss, Abschied, Arznei, Auszug, Elixier.
Essgelage → Bankett, Essen.
Essgeschirr Service.
Esslust Hunger, Magenknurren, Gefräßigkeit, Esssucht, Unersättlichkeit, Gier, Heißhunger, Wolfshunger, Bärenhunger, Fresssucht, Fressgier, Verfressenheit *u* • Völlerei, Zecherei, Prasserei, Schwelgerei, Schlemmerei, Fressgelage. → Appetit.
▸ Degout, Enthaltsamkeit, Übersättigung, Sattheit.
esslustig fressfröhlich *u*.
Essraum Esszimmer, Kantine, Kasino, Mensa, Messe, Speiseraum, Speisesaal, Speisezimmer • (Kantine) Fressteil *u*.
Esssucht → Appetit, Esslust.
Essware → Bedarf, Ernährung, Essen, Speise.
Esswaren Fressabilien *u*, Fressalien *u*.
Establishment herrschende Gesellschaft → Klassen.
estimieren → achten, schätzen.
Estrade → Erhebung.
etablieren → anordnen, aufstellen, begründen, einrichten.
Etablissement Einrichtung, Anlage, Betrieb, Niederlassung, Niederlage, Geschäftsstelle, Filiale, Depot, Geschäft, Zweigniederlassung.
Etagere *f* → Bücherbrett.
Etappe *f* → Abschnitt, Teil.
etappenweise → bedächtig.
etepetete anspruchsvoll, heikel, wählerisch, überkritisch.
Ethik Sittsamkeit, Sittenlehre • Sittenreinheit, Sittlichkeit, Tugendlehre, Moral, Moralität.
Etikette Aufschrift, Schild, Zeichen, Bezeichnung, Warenzeichen, Marke, Bauchbinde • Äußerlichkeit, Förmlichkeit, Form, Formenzwang, Mode, Maske, Gewohnheit, Regel, Üblichkeit, Tradition, Sitte, Zeremoniell, Formalität, Brauch, Hofsitte. → Benehmen, Brauch.
▸ Zwanglosigkeit.
etliche einige, manche, mehrere, verschiedene, zahlreiche, ein paar, mehr als einer. → allerhand, diverse.
▸ ein, wenig.
Etui → Behälter, Dose, Futteral.
etwa → annähernd, nahezu, zirka.
▸ exakt, genau, präzis.
etwa wie → als, ähnlich, gleichsam.
etwas → beiläufig, bloß, einigermaßen.

▸ alles, eine Menge, viel • nichts.
Etwas Ding, Gebilde, Gegenstand, Körper, Objekt, Sache, Stoff, Substanz, Bestehen, Vorhandensein, Erscheinung, Materie, Vorhandenes. → Ding.
▸ Nichts.
Etwas, das gewisse Anziehendes, Fesselndes, Interessantes, Bestechendes, Gewinnendes, Seltsames, Eigenartiges, Exotisches, Sexappeal, Lockendes, Sympathisches • Beherrschendes, Tonangebendes, Einnehmendes, Hervorstechendes, Hervorragendes, Eigenwilliges.
etwas von allem querbeet *u.*
Eulen nach Athen tragen Wasser in den Fluss oder Teich gießen. → überflüssig.
Eulenspiegel Spaßmacher, Betrüger.
Eulenspiegelei verkehrte Welt, Fehlgriff, Verkennung, Verdrehung, Verzerrung, Entstellung, Advokatenkniffe • Unsinn, Dummheit, Schelmenstück.
Eunuch Entmannter, Haaremswächter, Kastrat, Verschnittener.
Euphorie Ekstase, Hochgefühl, Hochstimmung, Rausch, Wohlbefinden trügerisches.
Euter Pompadour *u.*
Evakuation *f* → Aussiedlung.
evakuieren → aussiedeln.
Evangeliarium → Bibel.
evangelisch protestantisch.
evaporieren → entdampfen.
Evasion *f* → Ausflucht, Entweichen.
Eventualität → Möglichkeit.
eventuell → vielleicht.
Evergreen Dauerbrenner, Erfolgsstück, Longseller. → Schlager.
evident → auffallend, augenfällig, einleuchtend, erwiesen, sichtbar.
Evidenz Eindeutigkeit, Deutlichkeit, Klarheit, Unmissverständlichkeit.
Evolution → Entfaltung, Entwicklung.
▸ Rückentwicklung • Revolution • Stagnation, Stillstand.
Ewer → Boot.
ewig zeitlos, jenseits von Raum und Zeit, unsterblich, bleibend, unvergänglich, unzerstörbar, unvertilgbar, beständig, fortwährend, dauernd, unendlich, endlos, unaufhörlich, fortgesetzt, immerdar, fort und fort, unwandelbar, stetig, verharrend, andauernd. → allewege, andauernd, immer.
▸ vergänglich • befristet, kurz(fristig), nur heute, sekundenlang, zeitlich begrenzt, zeitweilig.
Ewigkeit Zeitlosigkeit, Unendlichkeit, Endlosigkeit, Stetigkeit, Unablässigkeit, Unaufhörlichkeit, Fortdauer, Unveränderlichkeit, Dauerhaftigkeit, Unvergänglichkeit, Unsterblichkeit, Langlebigkeit, Stete, Bestand • Gott. → Beständigkeit, Dauer.
▸ Vergänglichkeit Endlichkeit • Frist • Zeitpunkt, Zeitraum.
Ewigkeit dauernd → fortdauernd, immer.
ex tempore Stegreif aus dem, improvisiert, überraschend.
exakt → akkurat, anschaulich, bedächtig, genau.
Exaltation *f* → Aufregung, Ekstase, Erregung.
exaltieren → aufregen, durchbeben, durchschüttern.
exaltiert → befangen, berauscht, entrückt, überspannt.
Examen Prüfung, Ausfragerei, Erkundigung, Anfrage, Untersuchung, Abitur, Abschluss, Doktorprüfung, Reifeprüfung, Wagnis, Glückssache, Kolloquium, Gesellenstück, Meisterprüfung. → Ausforschen.
examinieren → ausforschen, prüfen.
Exegete → Deuter.
Exekution Hinrichtung, Vollstreckung (des Todesurteils).
Exempel Muster, Probe, Schulbeispiel, Musterbild, Musterform, Darstellung, Erklärung, Veranschaulichung, Fiktion, Annahme, Aufgabe. → Beispiel, Darstellung.
▸ Gegenstück, Zerrbild.
Exempel statuieren → strafen.
Exemplar → Ausfertigung, Stück.
exemplarisch → abschreckend, musterhaft.
Exerzierdienst Drill *u*, Schinderei *u.*
exerzieren → ausbilden, drillen.
Exerzierplatz Sandkasten *u.*
Exhauster → Blasebalg.
Exil Ausschluss, Ausschließung, Ausschaltung, Abschaffung, Aussperrung, Verstoßung, Ausstoßung, Ausweisung, Verbannung, Bann, Ächtung, Exkommunikation, Entlassung, Bestrafung, Abschub, Deportation.
▸ Zugehörigkeit.
existent bestehend, dinglich, greifbar, gegenständlich, real, stofflich, wirklich.
Existenz Vorhandensein, Dasein, Gegenwart, Bestehen, Sein, Wirklichkeit, Leben • Beruf, Broterwerb, Tätigkeit, Beschäftigung, Wirkungskreis, Arbeitsfeld, Stellung, Aufgabe, Pflicht. → Amt, Anwesenheit, Arbeit, Beruf, Dasein.
▸ Leere, Nichts, Untätigkeit.
Existenzkampf → Daseinskampf.
existieren → atmen, aufhalten, da sein, leben.
▸ entstehen, werden • aussterben, untergehen, vergehen • nicht sein.
existierend → bestehend.
Exitus *m* → Ableben, Ende, Tod.
exklusive → abgesehen, ausschließlich, außer, außerhalb, unnahbar.
Exkommunikation → Acht, Ächtung, Bann, Exil.
exkommunizieren → ächten, bannen.
Exkrement Ausscheidung, Austritt, Erguss, Abwasser, Absonderung, Aussonderung, Kot, Entleerung, Schmutz, Dreck, Müll, Kehricht, Unrat. → Absonderung, Auswurf.
Exkret *s* → Absonderung, Exkrement.
Exkurs *m* → Abschweifung.
Exkursion → Wanderung.
exorbitant → ansehnlich, außerordentlich, übertrieben.
exorzieren → beschwören.
exotisch → ausländisch.
expandieren ausdehnen sich, ausweiten sich, erweitern den Einflussbereich.
Expansion *f* → Ausdehnung, Ausbreitung.
expatriieren → ausweisen.
expedieren befördern, fortschicken, fortsenden, wegschaffen, abfertigen, aufgeben, verfrachten, verschicken, entsenden, herausbringen • den Laufpass geben, zum Teufel jagen. → absenden.
▸ empfangen.
Expedition *f* → Absendung, Ausforschen, Ausmarsch, Wanderung.
Experiment → Abenteuer,

Ausforschen, Erforschung, Versuch.
experimentalisch → empirisch.
experimentell versuchsweise, probeweise, probegemäß, ausprobiert, erprobt, erfahrungsgemäß, bestätigt, belegt, untersucht, geprüft. → empirisch.
experimentieren versuchen, probieren, prüfen, umhertasten, ergründen, erproben, untersuchen, proben, beobachten. → ausforschen, begründen, extemporieren.
Experte Profi *u.* → Berater, Fachmann.
explizieren → auslegen, deuten, erklären.
explizit ausdrücklich, ausführlich, klar und deutlich, unmissverständlich.
explodieren platzen, zerknallen, losgehen, bersten, zerspringen, zerkrachen, in die Luft gehen, auffliegen • toben, branden, schäumen, brausen, aufbrausen, auffahren, aufspringen, aufwallen, gären, wüten, zürnen. → fangen Feuer.
▸ implodieren • ruhig bleiben • sich beruhigen.
Explosion Erschütterung, Schlag, Stoß, Ruck, Katastrophe, Detonation, Entladung, Krach, Knall, Donner, Bombenschlag, Schlag, Geknatter • Sprengkraft, Brisanz. → Bewegungstrieb, Detonation, Entladung.
Explosionsgeschoss Granate.
explosiv brisant, hochaktuell, gespannt, (sehr) kritisch, spannungsgeladen.
exponieren bloßstellen, belichten, enthüllen, aufhellen, bloßlegen, aufdecken, offenbaren. → erklären.
▸ schützen, verbergen.
exponieren, sich aussetzen sich, hervortreten, hervorwagen sich, Vordergrund schieben sich in den.
exponiert → ausgesetzt, gefährdet.
Export Ausfuhr, Ausfuhrhandel, Ausfuhrgeschäft, Außenhandel, Überseehandel, Interzonenhandel • Güteraustausch, Transithandel, Auslandsverkehr • Transaktion, Transport über die Grenze • Transfer.
▸ Einfuhr, Import.
exportieren ausführen, transportieren, überführen, befördern ins Ausland, mit dem Ausland Geschäfte betreiben • transferieren.
▸ einführen, importieren.
Exposee *s* → Bericht.
express eigens, ausdrücklich, darum, bezweckt, vorgehabt, deswegen. → schnell.
▸ schleppend, unabsichtlich.
expressiv → ausdrucksvoll.
Expropriation → Enteignung.
exquisit → ausgesucht.
Exsudat → Absonderung, Exkrement.
extemporieren einflechten, zusetzen, experimentieren, unvorbereitet sein, aus dem Stegreif, improvisieren.
▸ vorbereiten sich.
Extension → Erstreckung.
extenso, in → ausführlich.
exterminieren → ausweisen.
extern → auswärts, außen.
▸ intern.
extra → absichtlich, ausdrücklich, außerordentlich, besonders, überdies.
Extragericht → Spezialität.
extrahieren ausziehen, rausziehen, auspressen, ausdrücken, erschöpfen, aufbrauchen, verbrauchen, ausquetschen, auslaugen, einen Auszug machen.
▸ hinzufügen.
Extrakt Gedrängtheit, Zusammenpressung, Zusammenziehung, Abhandlung, Grundriss. → Abgang, Abriss, Abschied, Arznei, Auszug, Elixier, Essenz.
▸ Beiwerk.
extraordinär → außerordentlich.
extravagant → ausschweifend, bizarr, überspannt, übertrieben.
▸ dezent, konventionell, normal, unauffällig.
Extravaganz Überspanntheit, Übertriebenheit, Überschwänglichkeit, Verstiegenheit, Übertreibung, Übersteigerung, Überladung, Hypermodernheit, Geschmacklosigkeit, Geschmacksverirrung, Unkultur, Entgleisung. → Ausschweifung.
▸ Einfachheit.
extrem → äußerst, übertrieben äußerst, bedingungslos, unnachgiebig, radikal, übertrieben.
Extrem Grenze, Endpunkt, das Höchste, Äußerste, Letzte.
▸ Durchschnitt, Mitte, Mittelmaß, Norm • Nullpunkt.
Extremitäten Glieder, äußere Körperteile.
extrovertiert extravertiert, gesellig, kommunikationsfreudig, kontaktfähig, zugänglich.
exzellent → hervorragend.
Exzellenz → Anrede.
exzentrisch → abnorm, übertrieben.
Exzeption *f* → Ausnahme.
exzeptionell → abnorm, außerordentlich.
Exzess *m* → Ausschreitung, Ausschweifung.
exzessiv → ausschweifend.

F

Fabel → Ausrede, Dichtungsart, Dunst, Erzählung.
fabelhaft → akkurat, anmutig, ausnehmend, außerordentlich, erstaunlich, wunderbar.
Fabelland z.B. Atlantis, Dorado, Orplid, Thule.
fabeln vorspiegeln, vorgaukeln, narren, täuschen, weismachen, lügen, erzählen, foppen, hänseln. → aufschneiden, fabulieren.
▸ Wahrheit sprechen die.
Fabelwelt → Dunstbild.
Fabrik → Anstalt, Betrieb.
Fabrikant Geschäftsmann, Industrieller, Kaufmann, Unternehmer, Fabrikherr, Fabrikbesitzer, Eigentümer, Besitzer, Inhaber. → Arbeitgeber.
Fabrikarbeiter → Arbeiter.
Fabrikat → Artikel, Erzeugnis, Produkt.
Fabrikation → Erzeugung.
Fabrikationsgut → Rohstoff.
Fabrikationsname Herstellungszeichen, Schutzzeichen, Bildzeichen,

Wortmarke, Fabrikzeichen, Bezeichnng, Marke, Kennzeichen, Schriftzeichen.
Fabrikbesitzer → Fabrikant, Produzent.
Fabrikherr → Fabrikant.
Fabrikmarke → Aufdruck, Marke, Markenartikel.
Fabrikrestaurant Kantine.
Fabrikwohnung Loft.
Fabrikzeichen → Fabrikationsname.
fabrizieren → anfertigen, herstellen.
fabulieren dichten, reimen, fabeln, besingen • plaudern, erzählen, schwatzen.
Fach → Abteil, Abteilung, Amt, Arbeit, Behälter, Beruf, Brett, Wirkungskreis.
Facharbeit Arbeit, Maßarbeit, Hausarbeit, Heimarbeit, Handarbeit, Handwerkserzeugnis. → Einzelarbeit. ▸ Dilettantismus, Konfektion.
Facharbeiter gelernter Arbeiter. → Fachmann.
Facharzt → Fachmann.
Fachberater → Fachmann.
Fachbericht Referat.
fächeln flattern, wedeln, schlagen, schwingen, wehen, fächern, zuwehen, blasen, kühlen, erfrischen, erquicken. → abkühlen, blasen.
Fächer Wedel, Entlüfter, Lüfter, Blaser, Kühler, Schwinger, wehender Schleier.
fächerartig ausgestreckt, ausgedehnt, aufgebläht, aufgeblasen, zusammenlegbar, verästelt, platt, fächerförmig. → ausgedehnt, breit.
fächerartige Flussmündung Delta.
Fachgebiet → Sondergebiet.
fachgemäß einschlägig, richtig, entsprechend, geeignet, passend, angemessen, sachgemäß, gekonnt, anwendbar, sinngemäß, vernunftgerecht, gut, ordentlich, fachkundig, zunftgemäß, zünftig, gescheit. ▸ dilettantisch, unkundig.
fachgerecht fachkundig, fachmännisch, gekonnt, sachgemäß, kundig, kunstgerecht, qualifiziert, profimäßig, routiniert, sachgerecht/-kundig, zünftig.
Fachgespräch unter Fachleuten Kolloquium.
Fachgespräch führen, ein fachsimpeln.
Fachgröße → Berühmtheit, Fachmann, Kapazität.
Fachhochschule z.B. Akademie, Konservatorium, Polytechnikum, Technikum.
Fachjargon Slang.
fachkundig → fachgemäß.
fachkundig sein auskennen sich, Bau sein vom, beschlagen sein, Fachmann/Experte sein.
Fachleuten, Abwanderung von Braindrain.
fachlich beschlagen firm.
Fachmann Experte, Könner, Sachverständiger, Kenner, Insider, Meister, Sachkenner, Spezialist, Kapazität, Fachgröße, Gutachter, Begutachter, Meisterkopf, Fachberater, Kanone *u*, alter Hase, vom Bau sein, Profi *u*. → Berater, Denker. ▸ Dilettant, Nichtswisser, Ungelernter, Amateur, Anfänger, Laie, Lehrling • Pfuscher.
fachmännisch → fachgemäß, richtig.
Fachpapst → Bonze.
Fachrichtung Disziplin, Fach, Fachbereich, Fakultät, Zweig.
fachsimpeln Fachsprache sprechen • langweilen.
Fachvortrag Referat.
Fachwissen, sicher im firm.
Fachwörter-ABC Thesaurus.
Fachzeitschrift Fachblatt, Magazin.
Fackel Flamme, Feuer, Licht, Leuchte, Lichtquelle, Kienspan, Fackellicht, Kalklicht, Feuerschein, Lampion, Nachtlicht, Geleucht.
Fackelei → Faselei.
fackeln umhertreiben, verlottern, schlampen, verlumpen, verludern, bummeln • schusseln, herumfackeln, fickfacken, tappen, tapsen • leuchten. ▸ bewähren sich, verlöschen, zusammenreißen sich.
fackeln, ohne zu zufassen, zupacken, durchgreifen, bestimmen, kurzen Prozess machen, nicht viel Federlesens machen, den Marsch blasen. ▸ zaudernd.
Façon *f* → Art.
fade soft *u*. → abgedroschen, abgeschmackt, albern, alltäglich, anwidern, ausdruckslos, farcenhaft, langweilig, würzlos. ▸ aromatisch, delikat, gut gewürzt, herzhaft, kräftig, pikant, würzig • anregend, geistreich, geistvoll, interessant, unterhaltsam, witzig.
Faden Schnur, Bindfaden, Zwirn, Garn, Faser, Fussel *u*, Strang, Schnüre, Zwirnsfaden, Lahn, Zaser, Bändel • Länge (*sm* = 6 Fuß = 1,83 m). → Band, Bindfaden, Bindemittel.
Faden, dünner → Binse.
Faden hängen, an einem gefährden sich, Gefahr laufen, an einem Haar hängen, im Feuer stehen, auf einem Vulkan wohnen. → gefährlich. ▸ sicher, ungefährlich.
Faden, roter Hauptsache, Schwergewicht, Kern, Markstück, der springende Punkt, der wesentliche Teil • Zusammenhang, Aufeinanderfolge, Folge, Fortgang. ▸ Nebensache, Unterbrechung, zusammenhanglos.
Faden verlieren abschweifen, vergessen, verwirren, verheddern, vermengen, außer Ordnung kommen, aus dem Geleise kommen. ▸ konzentrieren.
fadenartig → Kapillar, dünn, faserig.
fadenförmig → aalförmig, aalglatt, drahtförmig, dünn.
Fadennudeln Spagetti.
fadenscheinig alt, abgenutzt, abgegriffen, morsch, altersschwach, schäbig, gewöhnlich, beschädigt, schadhaft, fehlerhaft, zerschlissen, minderwertig, unvollkommen. → defekt, dünn. ▸ dicht, ganz, stabil • überzeugend, unverfänglich.
Fadenwerk Filament.
Fadenwürmer Nematoden.
fader Witz Kalauer.
Fadheit Geschmacklosigkeit, Geschmacksleere, Gewürzlosigkeit, Schalheit, Flauheit, Saftlosigkeit, Flachheit, Eintönigkeit, Langweiligkeit, Alltäglichkeit, Plattheit, Plattitüde, Geistesstumpfheit, Witzlosigkeit, Lahmheit. ▸ Abwechslung, Schmackhaftigkeit.
Fadigkeit → Fadheit.
fähig tüchtig, ausgewiesen, qualifiziert, kapabel. → anstellig, denkfest, denkfähig, feinspürig, geschickt, klug. ▸ außer Stande, impotent, unfähig, ungeeignet.
fähig für → talentiert.
fähig halten für → können.
fähig machen → vorbereiten.
fähig sein im Stande sein,

kompetent sein, (leisten) können, meistern, vermögen.
Fähigkeit Befähigung, Können, Meisterschaft, Talent, Macht, Wirksamkeit, Geschicklichkeit, Anstelligkeit, Eignung, Auffassungskraft, Geschick, Anlage, Neigung, Eigenart, Wissen, Gelehrigkeit, Tüchtigkeit, Kraft. → Begabung, Beeinflussung, Brauchbarkeit, Charakter, Denkvermögen, Dienlichkeit, Fertigkeit, Fassungskraft. ▸ Unfähigkeit, Impotenz, Schwäche, Unvermögen.
Fähigkeit absprechen abqualifizieren.
Fähigkeitsausweis Ausweis, Akte, Dokument, Beleg, Urkunde, Schriftstück, Zeugnis, Befähigungsausweis, Legitimation, Diplom, Meisterbrief. → Diplom.
fahl düster, grau, matt, glanzlos, dämmerig, unklar, gräulich, bleifarbig, erdfahl, bleich, leichenfahl, totenblass, weiß, käsig, furchtsam, bange, beunruhigt. → blass, bleiern, dämmerig, farblos. ▸ farbig, hell, klar.
Fahlheit Blässe, Blässlichkeit, Bleichheit, Farblosigkeit.
fahnden → ausforschen, Busch klopfen auf den, erkundigen, suchen.
Fahndung Ermittlung, Nachforschung, (Nach-)Prüfung, Recherche, Sondierung, Untersuchung.
Fahne Flagge, Feldzeichen, Standarte, Wimpel, Adler, Zeichen, Symbol, Stoff, Tuch • Bierfahne, Rausch, Trunkenheit, Weinseligkeit, Weinnebel. → Ausschmückung, Banner.
Fahne, mit fliegender → abhauen.
Fahne schwören, zur den Fahneneid leisten.
Fahnenflucht Flucht, Wegzug, Abzug, Ablehnung, Untreue, Willkür, Staatsentfremdung, Entfernung, Überlaufen, Übertritt, Abfall, Ungehorsam, Übertretung, Treubruch, Aufsage, Verletzung, Auflehnung, Widerstand, unerlaubte Entfernung. → Abfall. ▸ Pflichterfüllung, Treue.
fahnenflüchtig abtrünnig, eidbrüchig, wortbrüchig, unverlässlich, verräterisch, treulos, ungetreu, gewissenlos, ehrlos, gemein, niedrig, feige. → brechen das Gesetz, charakterlos. ▸ verlässlich.
fahnenflüchtig werden → desertieren.
Fahnenflüchtiger → Abtrünniger, Deserteur, Drückeberger, Überläufer.
Fähnrich Kornett.
Fahrausweis Billet, Fahrkarte, Fahrschein, Ticket.
fahrbar befahrbar, schiffbar, segelbar, steuerbar, bewegbar, lenkbar, brauchbar, möglich, fertig, geeignet, klar *sm.* ▸ seicht, unbeweglich.
Fährboot → Fahrzeug (Wasser-).
Fähre → Boot, Fahrzeug (Wasser-).
fahren fuhrwerken, kutschieren, steuern, lenken, rollen, radeln, sausen, flitzen, karjuckeln *u,* rollern, leiten, lotsen, schiffen, segeln, befahren, rudern, gondeln, paddeln, fliegen, befehligen, schaukeln *u.* → begeben sich, bewegen sich, Bewegung, dampfen, davon machen sich. ▸ bleiben, stehen, gehen, laufen, marschieren, wandern • anhalten, bremsen, stoppen • schleppen, tragen.
fahren, in die Grube → sterben.
fahren, aus der Haut → toben.
fahren lassen aufsagen, absagen, fallen lassen, von sich stoßen, von sich weisen, sich lösen von, nichts davon hören wollen • abtreten, preisgeben, wegwerfen, ausliefern, sich trennen von. → Bord werfen über. ▸ auffordern, benutzen, verwenden.
fahren lassen, die Hoffnung → verzweifeln.
fahren, schlecht sauen *u.*
Fahrer → Chauffeur.
Fahrgast Passagier, Fahrtgenosse, Insasse, Mitfahrender, Reisegast, Reisender, Beifahrer, Durchreisender, Sozius, Sozia, Beiwagenfahrer, Klammeraffe *u,* Auspuffengel *u,* Anhalter.
Fahrgastraum Kabine, Kupee.
fahrig unklar, zerstreut, nachlässig, bedachtlos, flüchtig, gedankenlos, lässig, leichtsinnig, oberflächlich, sorglos, unachtsam, unvorsichtig, zerfahren, abschweifend, wuselig, unbesonnen, unbedacht, ungenau, achtlos, übereilt, überstürzt, duselig *u,* schusselig *u,* im Tran, nach Schema. ▸ aufmerksam, besonnen, sorgsam, überlegt.
Fahrigkeit → Fahrlässigkeit.
Fahrkarte Fahrtausweis, Billett, Ausweis, Nachweis, Fahrschein, Schein, Monatskarte, Wochenkarte, Jahreskarte, Sechserkarte.
fahrlässig → achtlos, fahrig, nachlässig, unvorsichtig. ▸ absichtlich, beabsichtigt, bewusst, vorsätzlich, wissentlich.
Fahrlässigkeit Pflichtvergessenheit, Unachtsamkeit, Unvorsichtigkeit, Zerstreutheit, Fahrigkeit, Oberflächlichkeit, Nachlässigkeit, Unbesonnenheit, Schlamperei, Flatterhaftigkeit, Unaufmerksamkeit. → Bummelei. ▸ Achtsamkeit, Besonnenheit, Pflichterfüllung.
Fahrnis → Inventar.
Fährnis → Gefahr.
Fahrrad Flitzeped *u.* → Fahrzeug (Straße).
Fahrrad Hobel *u,* Tretesel/-roß *u.*
Fahrrad mit Hilfsmotor Mofa, Moped.
Fahrschein → Fahrkarte.
Fährschiff Trajekt.
Fahrstraße → Chaussee.
Fahrstuhl Krankenstuhl, Rollstuhl, Rollsessel. → Aufzug.
Fahrt Rutsch *u.* → Abfahrt, Bewegung, Reise. ▸ Gang • Flug • Halt, Pause, Ruhe, Stopp • Stillstand.
Fahrtantritt Abreise, Start.
Fahrtausweis Fahrkarte.
Fährte Spur, Fußstapfen, Witterung, Spüre, Zeichen, Nachweis, Beleg, Erkenntnis, Richtung, Abtritt *j,* Spur, Burgstall *j,* Tappe *j,* Tritt, Trittspur, Kreuztritt *j,* Beitritt *j,* Schlosstritt *j,* Geläufe *j,* Insiegel *j,* Grimmen *j.*
Fährte, auf der → folgen.
Fährte, auf falscher → irren, verfehlen.
Fahrtgenosse → Fahrgast.
Fahrwasser → Bahn.
Fahrweg → Weg.
Fahrzeichen → Bake, Zeichen.
Fahrzeug Auto(mobil), Gefährt, Kraftfahrzeug, Personenkraftwagen, Pkw, Vehikel, Wagen • Chaise *u.*
Fahrzeug, Luft- Luftschiff, Zeppelin, Kriegsluftschiff, Flugzeug, Flugmaschine, Luftfahrzeug, Eindecker, Zweidecker, Doppeldecker, Stuka, Postflugzeug, Kampfflugzeug, Jagdflugzeug,

Segelflugzeug, Passagierflugzeug, Raketenflugzeug, Hubschrauber, Düsenflugzeug, Aeroplan, Ballon, Fesselballon ● Kahn *u*, Kiste, Mühle *u*.

Fahrzeug, Schienen- Eisenbahn, Bahn, Lokomotive, Dampfwagen, Eilzug, Schnellzug, D-Zug, Luxuszug, Personenzug, Bummelzug, Vorortszug, Frachtzug, Güterzug, Zug, Expresszug, Straßenbahn, Elektrische, Tram, Bimbim *u*, Lumpensammler *u*, Trambahn, Pferdebahn, Stadtbahn, Ringbahn, Zahnradbahn.

Fahrzeug, Straßen- Auto, Fahrrad, Drahtesel, Stahlross, Fuhrwerk, Gefährt, Handwagen, Lastwagen, Schubkarren, Leiterwagen, Wagen, Droschke, Kutsche, Fiaker, Kalesche, Karosse, Landauer, Jagdwagen, Einspänner, Zweispänner, Omnibus, Postkutsche, Karren, Kraftfahrzeug, Kraftwagen, Kiste *u*, Vehikel, Karre, Klapperkasten *u*, Blechkiste *u*, Rappelkasten *u*, Bruchkiste *u*, Nuckelpinne *u*, Schabracke, Schlitten *u*, Kraftrad, Motorrad, Chausseewanze *u*, Hämorridenschaukel *u*, Taxi, Zweirad, Dreirad, Straßenkreuzer, Roller, Motorroller, Moped.

Fahrzeug, Wasser- Schraubendampfer, Raddampfer, Zweimaster, Dreimaster, Turmschiff, Küstenfahrer, Küster, Dogger, Lugger, Heringsfänger, Fischerboot, Handelsschiff, Klipper, Fregatte, Schnellsegler, Brigg, Kutter, Fährboot, Schleppkahn, Galeere, Paddelboot, Schiff, Kahn, Boot, Barke, Nauen, Nachen, Barkasse, Dampfer, Fähre, Floß, Gondel, Jacht, Schaluppe, Schlepper, Segler, Segelschiff, Dschunke, Einbaum, Ruderschiff, Ruderboot, Dampfschiff, Motorschiff, Faltboot, Floß, Klepperboot, Kanu, Kajak ● Arche.

Fahrzeugabstellraum Garage.

Fahrzeugschaden Panne.

Fahrzeugversicherung Kaskoversicherung.

Faible Gefallen, Interesse, Neigung, Schwäche, Sympathie, Vorliebe.

fair → anständig. ▸ gemein, heimtückisch, hinterhältig, regelwidrig, unanständig, unfair, unsportlich.

Fairness Anstand, Aufrichtigkeit, Redlichkeit, Offenheit.

Fäkalien *f* → Auswurf, Exkrement.

Fakir Zauberer, Feuerfresser, Weissager, Magier, Gaukler, Willensbeherrscher ● Asket, Mönch, Säulenheiliger.

Faksimile Abschrift, Abdruck, Abklatsch, Nachbildung, Ebenbild, Spiegelbild, Abzug, Wiedergabe, Abbildung, Reproduktion, Nachahmung, Vorlage. ▸ Original.

faktisch → anwesend, erwiesen, feststehend, tatsächlich.

Faktor Zahl ● Bewirkung, Einfluss, Funktion, Größe, Kraft, Macht, Potenz, Punkt, Sache, Tatsache, Träger, Triebkraft, Umstand, Wirksamkeit. → Anlass, Beauftragter, Meister. ▸ Ergebnis, Gegenwirkung.

Faktotum → Helfer.

Faktum → Angelegenheit, Tatsache.

Faktura Rechnung, Belastung, Forderung, Warenrechnung, Verzeichnis, Liste, Warenverzeichnis. ▸ Auftrag.

Fakultät *f* → Abteilung.

fakultativ → freiwillig.

Fakultätsvorsteher Dekan.

fälbeln → falten.

Fall Sturz, Absprung, Abrutsch, Rutsch, Absturz, Einsturz, Zusammenbruch, Fußfall, Beugung, Demütigung. → Affäre, Angelegenheit, Bewegung, Kasus, Fehler, Fehlgeburt, Fehltritt, Tatsache. ▸ Aufstieg, Makellosigkeit, Stillstand.

Fall, auf keinen ausgeschlossen, bestimmt nicht, mitnichten, nie, nimmer.

Fall, böser → schlimm.

Fall bringen, zu vernichten, hinopfern, verderben, untergraben, zusammenschließen, in den Grund bohren ● hindern, hemmen, vereiteln, das Wasser abgraben, ein Schnippchen schlagen, das Genick brechen, den Hals umdrehen, einen Strick drehen, abschießen ● versuchen, vergehen sich, vergessen sich, die Ehre rauben. ▸ ehren, fördern, helfen.

Fall, für den falls, gegebenenfalls, gesetzt den Fall, wenn.

Fall, in jedem → definitiv.

Fall, in keinem → nie.

Fall kommen, zu → fallen, scheitern, sündigen, unterliegen.

Fall, möglicher Eventualität.

Fall sein, der → zutreffen.

Fall setzen, den → vermuten.

Fall, trauriger → Unglück.

Fallbaum → Beschwernis.

Fallbeil Guillotine.

Falle Hinterhalt, Lauer, Täuschung, Überlistung, Kniff, List, Büberei, Hinterhalt, Gefahr, Nachstellung, Tücke, Schlauheit, Verschlagenheit, Findigkeit, Hinterlist ● Schlinge, Fallstrick, Garn, Netz, Leimrute, Fallgrube, Falltüre, Falleisen, Fangeisen, Schwanenhals, Berliner Eisen *j*, Falkenrönnen *j*, Stoßgarn *j*, Fallnetz, Habichtskorb *j*, Habichtsstoß *j*, Wolfsangel *j*, Wolfsgrube *j*, Fangschnur, Fußangel, Diebesfalle, Angelrute, Fliegenleim. → Beschwerde, Danaergeschenk, Dilemma. ▸ Aufrichtigkeit, Hilfe, Sicherheit.

Falle gehen, in die → hereinfallen.

Fälle, für alle → gewiss.

Falle, im → bedingungsweise.

Falleisen → Falle.

fallen niederfallen, niederstürzen, niedersinken, hinsinken, umstürzen, abstürzen, herunterstürzen, heruntersinken, stolpern, straucheln, abrutschen, hinunterkollern, umfallen, hinhauen *u*, umwerfen, vergehen, sterben, zu Fall kommen ● neigen, abfallen, abschrägen, lehnen. → abfallen, absacken, ausgleiten, bleiben auf dem Platz, ermäßigen. ▸ erhöhen, steigen, ansteigen, aufsteigen, emporsteigen, hochsteigen, klettern ● anschwellen ● anheben, aufheben, heben ● auffangen, fangen ● festhalten, stützen ● hängen bleiben.

fallen, sich in die Arme → umarmen.

fallen, in die Augen auffallen, abheben, erblicken, bemerken, sichten, sehen, erspähen, beäugen, hervorragen, abstechen, den Blicken sich

aussetzen, an den Tag kommen, zur Schau stellen.
▸ unauffällig.
fallen, zu Füßen → bitten, unterwerfen.
fallen, in die Grube → hereinfallen.
fallen, aus allen Himmeln ernüchtert sein, enttäuscht sein, überrumpelt werden, aus den Wolken fallen, aus einem Traum erwachen, kommen zu sich • verzagen, entmutigen, die Hoffnung nehmen, die Hoffnung verlieren.
▸ ahnen, ermutigen.
fallen, auf die Knie → beten, bitten, unterwerfen.
fallen lassen hinwerfen, umwerfen, umschmeißen, herunterwerfen, hinfallen, aufgeben, verlassen, drangeben, zurückweichen, verzichten, aufsagen, absagen, abwenden, abkehren, ablehnen, preisgeben, überlassen, anheim geben, abtreten. → aufhören, Bord werfen über.
▸ beharren, festhalten.
fallen lassen, unter den Tisch → abblasen, unterlassen.
fallen, zur Last verlangen, verpflichten, fordern, belasten, ausbürden, vorhalten, vorwerfen, verantwortlich machen, zur Last legen, in die Schuhe schieben, zur Rechenschaft ziehen, lästig fallen, unangenehm sein, zu viel werden.
▸ entlasten.
fallen, schwer abarbeiten, abplagen, überarbeiten, ringen, anstrengen sich, quälen sich, abschleppen sich, ankämpfen gegen, schwer ankommen, Übermenschliches leisten, alle Kräfte anspannen, seine ganze Tatkraft aufbieten, Schwierigkeiten haben, gegen Schwierigkeiten ankämpfen, abmühen sich, mit Mühe erkämpfen.
▸ Hand glückliche, (fallen leicht).
fallen, mit der Tür ins Haus aufbrausen, auffahren, auffliegen, einstürmen, heranstürzen, übers Knie brechen, kein Blatt vor den Mund nehmen, sich den Mund verbrennen, reinen Wein einschenken, unverfälscht denken.
▸ beherrschen sich, zurückhalten.
fallen, in Ungnade erzürnen, verabscheuen, ablehnen, unausstehlich finden, Abneigung zeigen, das Gefühl erkalten lassen, das Herz abwenden, die Liebe abwenden, die Liebe verscherzen, nicht mehr leiden können.
▸ hoch schätzen.
fällen umlegen, umholzen, abholzen, hinlegen, niederhauen, umhauen, umfällen, ansägen, absägen, umwerfen, herunterziehen, senken • ein Urteil fällen. → abwerfen.
▸ aufrichten, stehen lassen.
fallend sinkend, eintauchend, untersinkend, abnehmend, ermäßigt, neigend, ausgleitend, auf den Hund kommen.
▸ steigend.
Fallensteller Trapper.
Fallgitter → Beschwernis.
Fallgrube → Falle.
fällig erledigt, zahlbar, längstens, spätestens, ehestens, binnen, bis, noch, planmäßig, erwartet, vermutlich, vorausgesehen, einkalkuliert. → befristet bis.
▸ andauernd.
Fälligkeitstag → Datum, Termin.
Fallnetz → Danaergeschenk.
Fallot → Betrüger.
Fallreep *sm* (Außenbordtreppe) → Brücke.
falls → allenfalls, bedingungsweise, wenn.
Fallschirmspringer Sprungteufel *u.*
Fallstrick → Ausrede, Behelf, einmal ist keinmal, Falle, Danaergeschenk.
Fallsucht Epilepsie.
Falltür → Ausgang, Falle.
Fallwind z.B. Bora, Föhn, Mistral.
falsch meineidig, unehrlich, treulos, unaufrichtig, lügnerisch, verlogen, heuchlerisch, schadenfroh, heimtückisch, doppelzüngig, abgefeimt, unwahr, erfunden, erlogen, gefälscht, unecht, trügerisch, unredlich, unwahrhaft, pflichtvergessen, unrichtig, irrtümlich, fehlerhaft, unhaltbar, unlogisch, ungenau, widersinnig, irrig, missverstanden, regelwidrig, übel, schlecht, vertippt, verhauen, listig. → aalglatt, arg, arglistig, bestechlich, bigott, böse, bubenhaft, bübisch, diplomatisch, doppelsinnig, erfunden.
▸ ehrlich, gut, echt, natürlich, richtig, wahr, wirklich • aufrichtig, treu, zuverlässig • angemessen, passend, recht.
falsch bezeichnen, als Abrede stellen in, abstreiten, anfechten, bestreiten, leugnen, verneinen.
falsch darstellen → anführen, bemänteln, fälschen, lügen.
falsch machen Bock schießen einen, fehlgehen, (sich) irren, sündigen, verfehlen, verhauen/verrechnen sich, versagen.
Falsch, ohne → arglos, bieder, brav, gut, wahr.
falsche Behauptung Falschaussage, Lüge, Schwindel(ei), Unwahrheit.
falsche Vermutung Tippfehler *u.*
fälschen verfälschen, verdrehen, verstellen, heucheln, verhüllen, beschönigen, verblümen, klittern, umgehen, verhehlen, verschleiern, ablauschen, abgucken, nachmachen, betrügen, belügen, mogeln, beschwindeln, veruntreuen, falschmünzen, hinterziehen, unterschlagen, begaunern, nachahmen, falsifizieren, falsch darstellen. → bemänteln, benachteiligen, beschädigen, betrügen, Decke unter der stecken, Dunst vormachen, erfinden.
▸ bezeugen, ehrlich (sein), Wahrheit sprechen die.
falschen Karten spielen, mit → betrügen.
Fälscher Zechpreller, Falschmünzer, Falschspieler, Münzfälscher, Wechselfälscher, Buchfälscher, Urkundenfälscher, Schieber, Devisenschieber, Heuchler, Schurke, Schelm. → Bauernfänger, Betrüger.
▸ Betrogener.
falscher Name Deckname, Inkognito, Pseudonym.
falscher Schmuck Talmi.
falsches Spiel treiben, ein beschummeln, betrügen, falsch spielen, schummeln.
falsches Zeugnis ablegen → lügen.
Falschgeld Blüte, Fälschung, Falschmünze.
Falschheit Denkfehler, Falschurteil, Fehlurteil, Widerspruch, Ungültigkeit, Verrechnung, Versehen, Irrtum, Fälschung, Irreführung, Schlauheit, Schliche,

Täuschung, Umgehung, Ausweichung, Zweideutigkeit, Unwahrheit, Unrichtigkeit, Nichtigkeit, Fehler, Verstoß, Verdrehung, Bemäntelung, Betrug, Falschmünzerei, Nachahmung, Fehlgriff, Fehltritt, Trugschluss, Fehlschluss, Doppelzüngigkeit, Lügenhaftigkeit, Unaufrichtigkeit, Verschlagenheit, Verstellungskunst, Hinterhältigkeit, Unehrlichkeit, Hinterlist, Arglist, Verstellung, Verlogenheit, Heuchelei, Erdichtung, Lüge, Aufschneiderei, Unredlichkeit, Charakterlosigkeit, Gemeinheit. → Bekenntnis, Betrug, Bosheit, Danaergeschenk, Dolchstoß, Entstellung.
▸ Aufrichtigkeit, Ehrlichkeit, Gutmütigkeit, Richtigkeit.

fälschlich → falsch, unbegründet.

Falschlieferung Aliud-Lieferung.

Falschmeldung Ente.

falschmünzen → benachteiligen, fälschen.

Falschmünzer → Betrüger, Fälscher.

Falschmünzerei → Betrug, Falschheit, Fälschung.

Falschspieler Spanner *u.* → Bauernfänger, Betrüger, Bube, Fälscher.

Fälschung Nachbildung, Falsifikat, Falsum, Falschmünzerei, Geldfälschung, Urkundenfälschung, Volksbetrug, Schein, Humbug, Unrechtmäßigkeit, falsche Angabe. → Bemächtigung, Betrug, Dieberei, Eid falscher, Falschheit.
▸ Original.

Falschurteil → Falschheit.

Falsifikat → Fälschung.

falsifizieren → fälschen.

Falstaff → Dickwanst.

Faltbilderreihe Leporelloalbum.

Faltboot → Boot, Fahrzeug (Wasser-).

Falte Biegung, Einbiegung, Bruch, Falz, Klappe, Saum, Umschlag, Bug, Einbug, Einschlag, Knick, Ecke, Faltensaum, Rüsche • Schrumpel *u*, Krünkel *u.* → Bruch.
▸ Glätte.

fälteln → falten.

falten fälteln, fälbeln, kräuseln, falzen, einschlagen, umschlagen, einbiegen, umbiegen, kniffen, knicken, umknicken, umschlagen, zusammenlegen, einwickeln, plissieren, börteln, zerknittern, runzeln.
▸ entfalten, glätten.

falten, die Stirn → runzeln.

faltenlos flach, runzellos, glatt, fugenlos, ausgespachtelt, geschliffen, spiegelglatt, aalglatt, seidenglatt, sammetartig, zart, weich, sanft, gleich, gerade. → blank, eben.
▸ faltig.

Faltensaum → Falte.

Faltenwurf Bekleidung, Gewand, Überwurf, Überzug, Tuch, Toga, Umschlag, Bedeckung, Umhang, Vorhang, Cape, Umwurf.

faltig gefaltet, gefältelt, plissiert, geknickt, gekräuselt, zerknickt, umgeschlagen, gefalzt, umgebogen, runzelig, krünkelig *u*, schrumpelig *u*, narbig, uneben, knitterig • hutzelig *u.*

Faltung → Falte.

Falz → Bruch, Falte.

falzen → falten.

Fama Gerücht, Klatsch, Geschwätz, Geklatsch, Stadtgespräch, Gerede, Nachrede, Kunde, Märe, Neuigkeit, Ruf, Märchen, Geflüster, Bekanntmachung, Gemunkel, üble Nachrede.
▸ Wahrheit, Tatsache.

familiär → privat.

Familie Sippe, Sippschaft, Geschlecht, Gattung, Haus, Schlag, Stamm, Verwandtschaft, Zusammenschluss, Zweig, Verbindung, Name, Glied, Zusammengehörigkeit, Gruppe, Vereinigung, Ehe, Stammbaum, Gepäck *u.* → Anverwandte, Bagage.

Familie gründen → heiraten.

Familie, im Schoß der daheim, gemütlich, beschaulich, behaglich, zu Hause, im Kreise der seinigen, im trauten Kreis, in seinen vier Wänden, im traulichen Heim, Familienleben, trauter Familienkreis, in Sicherheit. → daheim.
▸ allein, auswärts, unbehaglich.

Familienbuch → Buch.

Familienforschung Ahnenforschung, Genealogie, Stammbaumforschung.

Familienleben → Familie, im Schoß der.

Familienmitglieder Angehörige, Anverwandte, Blutsverwandte, Verwandte.

Familienname Eigenname, Geburtsname, Nachname, Name, Zuname.

Familienplanung Geburtenbeschränkung, Geburtenkontrolle/-regelung.

Familienzweig Linie.

Familienzwist → Streit.

famos → ausgezeichnet.

Famulus Diener, Gehilfe, Begleiter, Betreuer, Knecht, Gefolgsmann, Helfer, Beistand • Schüler, Hörer. → Arbeitnehmer.

Fan → Liebhaber.

Fanal *s* → Brandfackel.

Fanatiker Brausekopf, Hitzkopf, Eiferer, Haberecht, Heißsporn, Prinzipienreiter, Quadratschädel, Querkopf, Dickschädel, Rechthaber, Starrkopf, Streiter, Rigorist, hartnäckiger Mensch, unnachgiebiger Mensch, radikaler Mensch, intoleranter Mensch, verblendeter Mensch, Dickkopf, Stockpreuße oder -franzose, Pulverkopf *u.* → Eiferer, Enthusiast.
▸ Lamm frommes, (toleranter Mensch).

fanatisch überzeugt, unduldsam, aufbrausend, auffahrend, beharrlich, beständig, bestimmt, blindgläubig, intolerant, fest, radikal, hundertprozentig, konsequent, standhaft, stur, unabänderlich, unbeugsam, zäh, hartköpfig, blindwütig, bockbeinig, eifrig, eigensinnig, eigenwillig, halsstarrig, hartnäckig, leidenschaftlich, störrisch, unbeirrbar, unbekehrbar, unbeugsam, umduldsam, verrannt, versessen, verbohrt, verhärtet. → besessen.
▸ tolerant, versöhnlich.

fanatischer Glaubenseiferer Zelot.

fanatischer Nationalist Chauvinist.

fanatisieren → aufhetzen.

Fanatismus Voreingenommenheit, Vorurteil, Verblendung, Frömmelei, Unduldsamkeit, Intoleranz, Rechthaberei, Hartnäckigkeit, Verranntheit, Verbohrtheit, Verblendung, Wahnsinn. → Affekt.
▸ Gelassenheit, Sachlichkeit, Toleranz.

Fanfare Trompetenstoß, Trommelschlag, Geschmetter, Geräusch, Lärm, Jubel,

Getöse, Signal, Zeichen, Meldezeichen, Gong, Schuss, Anzeichen, Ton, Alarm, Trompetengeschmetter, Schlachtlied, Trommelwirbel, Hornsignal, Tusch, Paukenschall.
Fanfarenstoß → Alarm, Fanfare.
Fang → Beute.
Fangarm → Fänge.
Fänge Fangarme, Tatze • Fangball, Fangeisen, Fangleine, Fangmesser, Fangnetz, Fangreuse, Fangschnur. → Beeinflussung, Falle.
Fangeisen → Falle, Fänge.
fangen greifen, angeln, ausfindig machen, beikommen, berauben, einfangen, erhaschen, mausen *j.* ▸ befreien, loslassen ausbrechen, entspringen • zuwerfen • fallen lassen.
fangen, Feuer aufbrausen, auffahren, gären, kochen, toben, schäumen, platzen, explodieren, aufregen, erhitzen, in Flammen geraten, den Kopf verlieren, aus der Fassung kommen • verlieben, vergaffen, vergehen, schmachten, lichterloh brennen, einen Narren fressen. → bemächtigen. ▸ erlöschen, ernüchtern, gefasst bleiben.
fangen, mit seinen eigenen Worten widerlegen, entgegenhalten, entkräften, lahm legen, bestreiten, die Waffen umkehren, das Blatt wenden, das eigene Wort entgegenhalten, Lügen strafen, zum Schweigen bringen.
Fanghaken Harpune.
Fangkugel Bola.
Fangleine → Fänge.
Fangnetz → Falle, Fänge.
Fangschnur → Falle, Fänge.
Fangseil Lasso.
Fant → Baby, Bengel, Dandy.
Fantasie Einbildungskraft, Schöpferkraft, Erfindungsgabe, Vorstellungskraft, Eingebung, Dichtergabe, Dunstbild, Übertreibung, Wahn, Trugbild, Schwärmerei, Überspannung, Überspanntheit, Überschwänglichkeit, Übersteigerung, Überschwang, Luftbild, -gebilde, Auswuchs, Hirngespinst, Fabel, Märchen, Erdichtung • Musikstück. → Einbildungskraft. ▸ Gedankenlosigkeit, Wirklichkeit, Faktum, Realität, Tatsache • Fantasielosigkeit.
fantasiebegabt → erfinderisch, schöpferisch.
Fantasiebild → Ideal.
fantasielos → dumm, engstirnig, geistlos.
fantasiereich → erfinderisch, schöpferisch.
Fantasieren → Delirium.
fantasieren spinnen, einbilden, vortäuschen, vorspielen, vorgaukeln, vormachen, flunkern, einreden, vorreden, fiebern, schlafwandeln, hellsehen, träumen, krank sein, die Besinnung verlieren, das Bewusstsein verlieren, dahinschwinden, darniederliegen, leiden, das Bett hüten, krank liegen, irrereden, Grillen fangen, der Fantasie die Zügel schießen lassen, von Einbildungen leben, das Gras wachsen hören, Luftschlösser bauen • prahlen, großsprechen, erdichten, lügen, plagieren, großtun, flunkern, zusammenreimen → Blech, erträumen. ▸ klar sehen, nüchtern (sein), überlegen, wohlbefinden sich.
fantasievoll → schöpferisch, fantasiebegabt.
Fantast Wolkenschieber, Schwärmer, Träumer, Romantiker, Verzückter, Erdichter, Gespensterseher, Aufschneider, Hellseher, Utopist. → Enthusiast. ▸ (Realist).
fantastisch märchenhaft, wunderbar, himmlisch, zauberisch, bezaubernd, traumhaft, zauberhaft, feenhaft, wunderlich, herrlich, prima, erdenfern, utopisch • absonderlich, verstiegen, grotesk, übertrieben, närrisch, überspannt, sonderbar, eigenartig. → befremdend, bizarr, ekstatisch, entrückt, feenhaft, geisterhaft, grotesk. ▸ natürlich, abscheulich, gewohnt.
Farbanstriche tilgen (mit Säure) abbeizen.
Farbauftrag, starker Impasto.
färbbar, leicht chromatophil.
Farbdruck Buntdruck, Buntschnitt, Dreidruck, Farbenreichtum, Vielfarbigkeit, Farbenwechsel, Buntscheckigkeit → Abdruck.
Farbe Färbung, Schattierung, Kolorierung, Kolorit, Couleur, Farbenglanz, Farbenreichtum, Schimmer, Ton, Farbton, Anflug, Anhauch, Stich, Farbstoff, Schminke, Tünche, Anstrich, Beize, Naturfarbe, Grundfarbe, Nebenfarbe, Wasserfarbe, Ölfarbe, Bedeckung, Belag, Farbenpracht, Farbgebung, Farbverteilung • Klangfarbe • Würze, Schwung. ▸ Farblosigkeit.
Farbe bekennen → bekennen.
Farbe verlieren, die → bleichen.
Farbe wechseln wankelmütig sein, den Sinn ändern, anderen Sinnes werden, den Mantel nach dem Winde hängen, mit den Wölfen heulen, den Spieß umdrehen, sich anders besinnen • erregen, beunruhigen, erschauern, entfärben, verfärben, erbeben, erzittern, bangen, ängstigen, erröten, einen Ballon oder rote Rübe kriegen *u,* erblassen, erbleichen, Herzklopfen bekommen, Gänsehaut kriegen, in Furcht sein. ▸ beharren, furchtlos (sein), ruhig (sein).
farbecht farbbeständig, lichtecht, waschecht, überdauernd, gleich bleibend, verlässlich. → unbeständig.
Färbeflüssigkeit Flotte.
färben bemalen, anstreichen, beizen, tünchen, weißen, schminken. → bemalen, verändern. ▸ bleichen, entfärben, verblassen, verbleichen.
farbenblind → Sehmängel, Wahn.
Farbenbrechung → Farbton.
farbenfroh schillernd, bunt, farbenreich, mannigfarbig, vielfarbig, zierfarbig, prächtig, regenbogenfarbig, schimmernd, glänzend, gleißend, fleckig, scheckig, buntscheckig, gescheckt, gemustert, gewürfelt, geblümt, gestreift, kariert, gesprenkelt. ▸ farblos.
Farbgebung → Farbenpracht.
Farbglanz Aufmachung, Aufputz, Prunk, Herrlichkeit, Prachtentfaltung, Pomp, Gepränge, Schimmer, Augenlust, Ausstattung. → Korso, Farbe. ▸ Einfachheit, Farblosigkeit.
Farbenkünstler Kolorist.
Farbenmischplatte Palette.
Farbpracht Farbgebung,

Beleuchtung, Farbenwechsel. → Farbe, Farbglanz, Farbreichtum. ▸ Einfachheit.
farbenprächtig farbenfroh. → bunt.
farbenreich bunt, farbig, vielfarbig, schillernd, fleckig, scheckig, buntscheckig, gescheckt, gefleckt, geblümt, gesprenkelt, getupft. → bunt, buntscheckig, farbenfroh. ▸ eintönig, farblos.
Farbreichtum Buntheit, Buntfarbigkeit, Mannigfaltigkeit, Buntscheckigkeit, Vielfarbigkeit, Polychromie, Batik, Mosaik, Marmorierung, Farbspiel, Farbwechsel. → Farbdruck, Farbe. ▸ Farblosigkeit.
Farbenschwund → Farblosigkeit.
Farbsinn → Geschmack.
Farbenspiel → Farbendruck, Farbe, Farbenreichtum.
Farbwechsel → Farbdruck, Farbpracht, Farbreichtum, Gesinnungswechsel.
Färberbottich Küpe.
Farberde Bol.
farbig gefärbt, bemalt, gestrichen, bunt, vielfarbig, lebhaft, frischfarbig, schreiend, grell, blendend, knallig *u.* → bunt, farbenreich. ▸ farblos.
Farbiger Neger, Mohr, Nubier, Äthiopier, Mulatte, Mischling, Indianer, Mestize, Chinese, Japaner, Exote. ▸ Weißer.
Farbigkeit Anschaulichkeit, Lebendigkeit • Buntheit, Farbe, Farbenpracht, Farbton.
farbig schillern changieren.
farblos ungefärbt, unbemalt, entfärbt, fahl, falb, matt, verschossen, verblichen, verwelkt, weiß, schwarz • zart, blass, bleich, schneefarbig, aschenfarbig, bleichfarbig, bleifarbig, geisterhaft, blasswangig, bleichsüchtig • gehaltlos, ausdruckslos, inhaltslos, nichts sagend, hohl, leer, bedeutungslos, nicht Fleisch noch Fisch • achromatisch. → alltäglich, blass. ▸ farbig.
Farblosigkeit Entfärbung, Farbenschwund, Blässe, Wasserhelle, Weiße, Schwärze, Dunkel • Bedeutungslosigkeit, Ausdruckslosigkeit, Hohlheit, Gemeinplatz, Schlagwort, Phrase, Larifari, leerer Schall, Schall und Rauch, leeres Stroh. → Albino, Blässe, Bleichheit. ▸ Farbe, Farbreichtum, Gedankentiefe.
Farbstoff → Farbe.
Farbton Färbung, Schattierung, Kolorierung, Kolorit, Buntheit, Tinte, Schimmer, Stich, Anflug, Anhauch, Farbenbrechung, Schminke, Anstrich. → Farbe.
Farbtonmesser Kolorimeter.
Färbung → Farbe, Farbenton.
Farce Füllsel • Dummheit, Streich, Torheit, Unklugheit, Gedankenlosigkeit, Schnickschnack, Posse, Quatsch, Schmus, Stuss.
farcenhaft possenhaft, burlesk, faxenhaft, fade, geistesarm, geistlos, schal, platt, trivial, witzlos, blöd, weltfremd, borniert, albern. → burlesk. ▸ geistvoll, überlegen.
Farm → Anwesen, Bauernhof, Besitztum.
Farmer → Bauer, Bevölkerung.
Fasces *m* → Bündel.
Faschine.
Fasching Fastnacht, Karneval, närrisches Treiben, tolle Tage.
Faschingsgesellschaft Narhalla.
Faschingstruppe Garde.
Faschingszug Fastnachts(um)zug, Karnevalszug.
Faschismus Extrem-Nationalsozialismus, Hitlertum, Despotismus, Tyrannei, Zwingherrschaft, Schreckensherrschaft, Willkürherrschaft, Alleinherrschaft, Absolutismus, Einherrschaft. ▸ Demokratie.
Faselei Gedankenarmut, Sinnlosigkeit, Geistesarmut, Torheit, Leichtfertigkeit, Unsinn, Albernheit, Possen, Gicksgacks, Blech, Stuss, Eselei, Ungereimtheit, Larifari, Halbheit, Dummheit. ▸ Gedankentiefe, Überlegung.
faseln spinnen, Unsinn reden, Blech reden, trunken, umherschwärmen, albern reden, Scherz treiben. → aufschneiden, blamieren. ▸ nachdenken, überlegen.
Faser Fiber, Haar, Schnur, Hanf, Flachs, Jute, Spinnstoff, Fussel *u.* → Faden.
Fäserchen Fibrille.
Fasergeschwulst Fibrom.
Fasergewebe Textilien.
faserig borstig, haarig, haarförmig, fadenartig, fibrös, drahtförmig, verästelt, rau, dünn, haarfein, hauchdünn, zottig, filzig, wollig, behaart, bärtig, stoppelig, fransig. → blättrig, kapillar, dünn, federartig. ▸ glatt, massiv.
fasern fusseln, haaren • zerzupfen, auszupfen. → auflösen.
Faserschicht Flor, Vlies.
fashionable → fein.
Fass → Behälter.
Fass ohne Boden Danaidenfass.
Fassade Schauseite, Schaufenster, Umkleidung, Vorderseite, Stirnseite, Giebel. ▸ Rückseite.
fassbar dinghaft, körperlich, substanziell, dinglich, handgreiflich, greifbar, wesenhaft, bestimmbar, körperhaft, gegenständlich, stofflich, fühlbar, wägbar, materiell • deutlich, verständlich, fasslich, einleuchtend, anschaulich, augenfällig, durchsichtig, unverkennbar, genau, scharf, abgerundet, unverhüllt, handgreiflich, gemeinverständlich, unzweideutig, unmissverständlich, dinghaft. → erkennbar. ▸ geheimnisvoll, mystisch, rätselhaft, unbegreiflich, unerklärlich, unfassbar, unverständlich.
Fassbarkeit → Fasslichkeit.
Fassbrett Daube.
fassen verbinden, vereinigen, befestigen, binden, fesseln, heften • umfassen, enthalten, umfangen, betragen, umranden • auffassen, erlernen, bemeistern, bewältigen, bestreben sich, aneignen, greifen *j* • ergreifen, packen, anbinden, festnehmen, einfangen, abfangen, auffangen, verhaften, ins Loch stecken, in Haft nehmen, in Ketten legen, beim Wickel nehmen, beim Schlafittchen kriegen, bei den Hammelbeinen nehmen, beim Krips fassen *u* • erwerben, bekommen, erlangen, erhaschen, erhalten, ergreifen, empfangen, kriegen. → auffassen, enthalten. ▸ befreien, loslassen, trennen, unbegreiflich (sein), greifen • herausnehmen.
fassen, sich Fassung bewahren, den Kopf oben halten, die Nerven nicht

verlieren. → besänftigen, bessern, mäßigen.
fassen, ins Auge erwarten, gewärtigen, hoffen, befürchten, harren, in Aussicht haben • sehen, erblicken, erspähen, wahrnehmen, bemerken, gewahr werden, sichten, beobachten, mustern, aufspüren, anstarren, anstieren, anglotzen • beabsichtigen, bezwecken, sich vornehmen, ausgehen auf, anstreben, hinzielen, hinstarren, vorhaben, im Schilde führen, sich angelegen sein lassen, im Sinne haben, aufs Korn nehmen, sich in den Kopf setzen. → beobachten. ▸ anheim stellen, übersehen, vergessen.
fassen, in sich einschließen, anschließen, einreihen, umfassen, enthalten, zuzählen, einbeziehen, mitrechnen, in sich begreifen • inbegriffen, einbegriffen, eingeschlossen, verbunden, umfassend, einschließlich. ▸ ausschließen.
fassen, sich kurz schnodderig, ungeschliffen, ungalant, unschicklich, unanständig, unziemlich, ungebührlich, verletzend, kurz angebunden, einsilbig, unumgänglich, barsch, brummig, verdrießlich, kurzen Prozess machen, nicht viel Worte machen, nicht viel Federlesens machen, kein Gehör schenken. ▸ höflich (sein), Fluss geraten in.
fasslich → anschaulich, deutlich, erkennbar, fassbar.
Fasslichkeit → Bestimmtheit, Deutlichkeit, Einfachheit.
Fassmacher Küfer.
Fasson → Form.
Fasson, nach eigener → Lebensart.
Fassung Umfassung, Umschließung • Ausdruck, Ausdrucksweise, Form, Stil, Schreibart, Text, Wortlaut, Mitteilungsform, Manier • Beherrschung, Haltung, Zucht, Geduld, Würde, Ernst, Besonnenheit, Leidenschaftslosigkeit, Ruhe, Gefasstheit, Beherrschtheit, Unerschütterlichkeit, innerer Halt • Mannhaftigkeit, Standhaftigkeit, Festigkeit, Beherztheit, Entschlossenheit, Tapferkeit, Mut, Unerschrockenheit, Furchtlosigkeit • Haltung, Zurückhaltung, Selbstzucht, Seelenruhe, Großmut • Umfang, Ausdehnung, Inhalt, Volumen. → Auffassung, Ausdruck, Ausdrucksweise, Beherrschung, Besinnung, Darstellung, Deutung, Diktion. ▸ Begrenztheit, Fassungslosigkeit, Furcht, Stillosigkeit.
Fassung bringen, aus der beirren, durcheinander bringen, irremachen, stören, verunsichern, verwirren.
Fassung rauben, jm die schaffen *u.*
Fassung verlieren, die leidenschaftlich, reizbar, erregbar, aufgeregt, ungeduldig, erregt, bewegt, stürmisch, ungestüm, hitzig, heftig, heißblütig, hitzköpfig, aufbrausend, auffahrend, cholerisch, unüberlegt, unbesonnen, vorschnell, übereilt, unruhig, rastlos, kribbelig, aus dem Häuschen sein *u*, sich nicht einkriegen *u.* ▸ beherrschen sich.
Fassungskraft Kapazität, Volumen, Rauminhalt, Ausmaß • Gelehrigkeit, Fähigkeit, Begabung, Talent, Auffassungsgabe, Geschicklichkeit • Befähigung, Anlage, Eignung, Denkvermögen, Anstelligkeit. → Ausdehnung, Begriffsvermögen, Denkvermögen. Erfindungsgabe. ▸ Begrenztheit, Begriffsmangel.
fassungslos haltungslos. → baff, bestürzt, betroffen, erschrocken, erstarrt, betäuben.
Fassungslosigkeit → Angst, Befremden, Beklemmung, Bestürzung, Betäubung, Blitz, Erstaunen. ▸ Beherrschtheit, Beherrschung, Fassung, Gleichmut, Ruhe • Gleichgültigkeit.
Fassungsvermögen → Einfühlungsgabe, Raum.
Fassverschluss Spund.
fast nicht so ganz, gegen, beinahe, mehr oder minder, ungefähr, gewissermaßen, einigermaßen, soso, ziemlich, nahezu, annähernd, annäherungsweise, schier, um ein Haar, in der Nähe von, sozusagen, in gewissem Maße. → annähernd, beiläufig, bloß, zirka, kaum, ungenau. ▸ genau, vollständig.
Fasten → Askese, Diät.
fasten aushungern, darben, halten Diät, den Riemen enger schnallen, eine Hungerkur machen, Hunger leiden, am Hungertuch nagen, auf halbe Kost gesetzt sein • fasten und beten, gottgefällig leben, sich vom Irdischen abkehren, (sich einen) runterhungern *u.* → darben, ermangeln. ▸ schlemmen, prassen • essen, futtern, sich den Bauch füllen.
Fastenkost → Diät.
Fastenkur Abmagerungskur, Hungerkur, Schlankheitskur.
Fastnacht Fasching *m*, Karneval *m*, Mummenschanz.
Fastnachtstruppe Garde.
Fastnachts(um)zug Faschingszug, Karnevalszug.
Fasttag Hungerkur. → Diät.
Faszikel Akte, Bündel, Bund, Block, Heft, Sammelwerk, Band, Schnellhefter, Ordner, Zusammenstellung.
Faszination *f* → Bezauberung.
faszinieren behexen, berücken, bestricken, betören, bezaubern, entzücken, fesseln, verzaubern.
faszinierend bezaubernd, verhexend, ergreifend, packend, herrlich, köstlich, reizend, wunderbar, himmlisch, berauschend, bestrickend, berückend, lockend. → antreibend. ▸ abstoßend.
Fata Morgana → Blendwerk, Täuschung.
fatal schicksalhaft, schicksalmäßig, unabwendbar, unabweislich, unheilvoll, schlimm, verhängnisvoll, trostlos, unheilschwanger. → abscheulich. ▸ erfreulich, Glück verheißend, gut.
Fatalismus Kismet, Prädestination, Verhängnis, Vorherbestimmung, Fügung, Zwangsvorstellung, Zwang. ▸ Willensfreiheit.
Fatalist Schicksalsgläubiger, Anhänger des Fatalismus, schicksalsgläubiger Mensch, ein Mensch, der sich resigniert dem Schicksal beugt.
Fatum → Schicksal.
Fatzke → Banause.
fauchen → aufregen, blasen, zischen.
faul träge, arbeitsscheu, bequem, stinkfaul, nichtsnutzig, tatenlos, schlaff, schlapp, matt, schwach, teilnahmslos, schwerfällig, langsam, energielos, phlegmatisch, lethargisch, müde, stumpf, langweilig,

nachlässig, willenlos, lendenlahm, ohne Schneid • schleppend, zögernd, schläfrig, bedächtig, gemächlich, lahm, saumselig • ungenießbar, widerlich, tranig, verdorben, faulig, gärig, bitter, weich • übel riechend, stinkend, stinkig, ranzig, muffig, moderig, aasig, denkfaul, träge, wurstig, blasiert • schlecht, übel, minderwertig, abscheulich, schädlich, abträglich, gefährlich, ungesund, verrottet, verfault, giftig, madig, eitrig, brandig • untätig, unbeschäftigt, arbeitslos, müßig, vagabundierend, mit verschränkten Armen, die Hände in den Schoß legen, Maulaffen feilhalten, den Tag stehlen, auf seinen Lorbeeren ausruhen, auf der Bärenhaut liegen, sich aufs Ohr legen, den Tag verschlafen, in den Tag hineinträumen. → aasig, arbeitsscheu, arbeitsunfähig, arg, bedächtig, behäbig, bequem, bleiben sitzen, bleiern, böse, bummelig, eitrig, energielos. ▸ einwandfrei, frisch, genießbar, gut • arbeitsam, emsig, fleißig, strebsam, tüchtig • glaubwürdig • korrekt, legal, ordnungsgemäß.

faule Ausrede Ausflucht, Ausrede, Beschönigung, Finte, Lüge, Notlüge, Vorwand.

faulen sich zersetzen, zergehen, verfaulen, modern, zerfallen, verrotten, absterben, veröden, vermodern, verderben, eingehen, zergehen, untergehen • auflösen sich, vergehen, verschimmeln, zu Grunde gehen, in die Binsen gehen. → beeinträchtigen. ▸ (frisch bleiben).

faulenzen bummeln, lottern, herumlungern, gammeln, auf Arbeit verzichten, der Arbeit aus dem Wege gehen, die Hände in den Schoß legen, sich Träumen hingeben, kein Glied rühren, nichts tun, keinen Finger rühren, müßig gehen, untätig bleiben, auf der faulen Haut liegen, sich aalen, blaumachen *u*, krankfeiern, auf der Bärenhaut liegen, vor Faulheit stinken *u*. → beschäftigungslos, entziehen sich der Arbeit, gehen müßig. ▸ arbeiten.

Faulenzer → Bummler, Drückeberger, Faulpelz, Müßiggänger.

fauler Witz Kalauer.

fauler Zauber Blendwerk, Gaukelei, Hokuspokus, Humbug, Scharlatanerie, Schein, Täuschung, Trug.

Faulheit → Müßiggang.

faulig → faul.

Fäulnis Auflösung, Zersetzung, Spaltung, Verfall, Verwesung, Gärung, Vernichtung, Austilgung, Tod, Zerfall, Verpestung, Vermoderung, Vergiftung, Brand, Vereiterung. → Beschädigung, Brand. ▸ Unversehrtheit.

fäulnisfrei aseptisch.

Faulpelz Bummler, Tagedieb, Müdling, Faulenzer, Faulsack, Faultier, Nichtstuer, Taugenichts, Pflastertreter, Eckensteher, Vagabund, Strolch, Arbeitsscheuer, Herumlungerer, Drohne, Siebenschläfer, Träumer, Schläfer, fauler Sack *u*. → Arbeitsunfähiger, Bummler, Drückeberger. ▸ Arbeiter.

Faultier → Bummler, Faulpelz.

Faun Waldgott, Baumgott • Wüstling, Wollüstling, Lebemann, Lüstling, Lustgreis, Hahnrei, Verführer, Schänder, Entehrer.

Fauna Tierreich, Tierwelt.

faunisch → ausschweifend.

Faust → Glied.

Faust aufs Auge, wie die → unpassend.

Faust ballen → Bedrohung, trotzen, verwünschen.

Faust, auf eigene eigenwillig, entschlossen, entschieden, allein, nach eigenem Ermessen • willkürlich, eigenmächtig, unverantwortlich, außergesetzlich, unberechtigt, unbefugt. ▸ berechtigt, unentschlossen.

Faust, gepanzerte → Bedrohung.

Faustball → Ball.

Faustgewalt Brachialgewalt.

faustisch getrieben, rastlos, genial, suchend.

Faustkämpfer Boxer, Fighter.

Faustrecht Gewalt, Terror, Naturrecht, Recht des Stärkeren.

Faustschlag → Bearbeitung, Bestrafung.

favorisieren → begünstigen.

Favorit Anwärter (auf den Sieg), Begünstigter, Günstling, Protegé, Schützling, voraussichtlicher Sieger.

Faxen → Streiche, Witz.

faxenhaft → farcenhaft.

Fazenda *f (bras.)* → Anwesen.

Fazit → Ende, Folge, Quintessenz.

fechten → abwehren, angreifen, balgen, befehden, betteln, bitten.

fechten gehen → betteln.

Fechter → Bettler, Bittsteller, Sportler.

Fechthieb z.B. Filo, Finte, Parade, Riposte, Volte.

Feder Deckschicht, Bekleidung, Gefieder, Schutz, Daune, Eiderdaunen, Flaum, Federbusch, Leichtigkeit, Unbeschwertheit, Flocke • Druckfeder, Springfeder, Sprungfeder, Zeichenfeder, Schreibfeder, Federzug, Federkiel. → Ausdrucksweise, Ausschmückung, Bedeckung.

federartig befiedert, federig, buschig, bewimpert, flaumig, samtartig, faserig, geästelt, verästelt, zart, leicht, wollig, weich, aufgesträubt, fransig, seidig, samtglatt, sanft. ▸ rau, schwer.

Federballspiel Badminton.

Federbett Bettdecke, Oberbett, Überbett, Plumeau.

Federbusch Panasch.

Federfuchser → Berichterstatter, Pfuscher.

Federgewicht Leicht-, Fliegengewicht.

Federkiel → Feder.

Federkraft → Elastizität, Kraft, Spannkraft.

federleicht → ätherisch, leicht.

federlos bloß, bar, ledig, unbefiedert, nackt, entblößt, kahl, gerupft, abgezogen, unflügge. ▸ gefiedert.

federn zurückspringen, zurückschnellen, abprallen, zurückprallen, schnellen, biegen, ausweichen, springen, elastisch sein. → aufspringen, dehnen. ▸ starr (sein), Daunen, Federkleid, Flaum, Gefieder.

federnd → biegsam, dehnbar, elastisch.

Federsprungbrett Trampolin.

Federstrich → Strich, Zug.

Federstrich, mit einem unterzeichnen. → abschließen.

Federung → Elastizität.

Federvieh Geflügel.

Federzange Pinzette.

Federzeichnung → Bild.

Federzug → Feder.

fedrig → elastisch, federartig.

Fee Undine, Melusine, Hexe, Waldgeist, Zauberin, Drude,

Weissagerin, Grazie, Göttin, Engel, Erscheinung, Elfe, Nixe, Sirene, Dame, Wasserjungfrau, Unwesen, weise Frau.
feenhaft bezaubernd, märchenhaft, traumhaft, zauberhaft, fantastisch, unirdisch, geisterhaft, schattenhaft, elfenhaft, koboldartig, unheimlich, verhext, überirdisch, himmlisch.
▸ irdisch, natürlich, unschön.
Feenoper Feerie.
Fegefeuer Purgatorium, Vorhölle.
fegen → abblasen, abstauben, ausbürsten, bewegen sich, bürsten.
fegen, hinweg auskehren, auswischen, reinigen, säubern, wegkehren, wegräumen, ausbürsten, wegscheuern • fortlaufen, wegsausen, dahinlaufen, abschwenken, ausweichen, wegrasen • überrennen, übergehen, abtun, gering schätzen, herabschauen, herabsehen.
▸ achten, beschmutzen, bleiben auf dem Platze.
Fehde → Duell, Feindschaft.
Fehl, ohne → tugendhaft, zweifellos.
fehl am Platz → unangebracht.
Fehlanzeige Ente. → Abwesenheit, Versagen.
fehlbar fallibel.
Fehlbestand Manko.
Fehlbetrag Mangel, Unvollkommenheit, Versehen, Fehler, Einbuße, Schaden, Ausfall, Verderb, Minderung, Beeinträchtigung, Schädigung, Verlust. → Abnahme, Defizit.
▸ Überschuss.
Fehlbildung Dysgenesie.
Fehlbitte → Verweigerung.
Fehldruck Makulatur.
Fehlen Abwesenheit, Nichtanwesenheit • Unaufmerksamkeit, Zerstreutheit korrigieren, verbessern, wieder gutmachen • überflüssig sein.
fehlen wegbleiben, schwänzen, fortbleiben, abwesend sein, fort sein, entfernt sein, verschwunden sein, verloren sein, über alle Berge sein, ade sein *u*, futsch sein *u*, hapern, verschütt sein *u*, futschikato *u* • irren, fehlschießen, fehlgehen, verrechnen, übersehen, verfehlen, abirren, Böcke schießen • versagen, sündigen, versäumen, verletzen, versumpfen, vom Weg der Rechtlichkeit abirren, einen Fehltritt tun, fehlen lassen es. → ausgehen, ausgleiten, ausstehen, mangeln, erfordern, ermangeln, entbehren.
▸ anwesend sein, erkennen, vorhanden (sein), tugendhaft (sein).
fehlend → abwesend.
▸ anwesend, vorhanden • überflüssig, überschüssig.
Fehler Fehl, Unvollständigkeit, Unvollkommenheit, Mangelhaftigkeit, Stückwerk, Gebrechen, Denkfehler, Fehlurteil, Widersinn, Widerspruch, Begriffsverwirrung, Ungültigkeit, Verrechnung, Sprachfehler, Versehen, Irrtum, Irrigkeit, Nichtigkeit, Verstoß, Erztorheit, Fehlgriff, Fehlschlag, Fehlschluss, Trugschluss, Ausrutscher, Schnitzer, Fehlleistung, Bockmist, Tippfehler, Übersehen, Fehlbewertung, Unreife, Versager, Niete, Fehlgang, Fehlschritt, • Makel, Mangel, Entstellung, Verunstaltung, Fehlfarbe, Fleck • Untugend, Laster, Entgleisung, Ausartung, Schuld, Vergehen, Fall, Übertretung, Fehlwurf, Pudel *u.* → Auswuchs, Beschädigung, Bock, Defekt, Delikt, Dummheit, Falschheit, Fehlbetrag, Fehltritt.
▸ Fehlerlosigkeit • Tugend, Vorteil, Vorzug.
Fehler machen einen Bock schießen, sich verhauen, danebenhauen, sich vertippen. → blamieren.
Fehlererkennung/ -feststellung Diagnose.
fehlerfrei untadelig, einwandfrei. → akkurat, artig, ausgesucht, blendend, engelgleich, tugendhaft.
fehlerhaft → abwegig, absurd, beschädigt, charakterlos, defekt, dunkel, fadenscheinig, falsch.
▸ einwandfrei, fehlerfrei, fehlerlos, makellos, richtig.
Fehlerhaftigkeit → Beschädigung, Defekt, Fehler, Unvollkommenheit.
fehlerlos → ausführlich, brav, buchstäblich, erlesen, richtig, tugendhaft.
Fehlerlosigkeit Vollkommenheit, Richtigkeit, Genauigkeit, Gediegenheit, Gewissenhaftigkeit, Sorgfalt, Fleckenlosigkeit, Vertrauenswürdigkeit, Zuverlässigkeit, Ehrlichkeit, Unbestechlichkeit, Glaubwürdigkeit, Makellosigkeit, Unverdorbenheit, Lauterkeit.
▸ Fehlerhaftigkeit.
Fehlfarbe → Fehler, Unvollkommenheit.
Fehlgang → Fehler.
Fehlgeburt Abortus, Missgeburt, Frühgeburt, Abgang • Unfall, Schaden, Fall, Misserfolg, Vereitelung, Unglück, Unheil, Schicksalsschlag, Unglücksfall, schlimme –, missliche Wendung, schiefer Ausgang.
fehlgehen → abschwenken, fehlen, verirren.
▸ sitzen, treffen • Erfolg haben, gelingen • Recht haben.
fehlgeschlagen erfolglos, missglückt.
Fehlgewicht Manko.
fehlgreifen → irren, versagen, verwechseln.
Fehlgriff → Bock, Falschheit, Fehler, Versagen.
Fehlkonstruktion Pfusch, Murks, Stümperei. → Unvollkommenheit.
fehlschießen → blamieren, fehlen, irren, verfehlen.
Fehlschlag Schlag ins Wasser *u.* → Dekadenz, Enttäuschung, Fehler, Misserfolg.
▸ Coup, Erfolg, Fang, Gelingen, gutes Ergebnis, reiche Beute, Sieg, Treffer, Triumph, Volltreffer.
fehlschlagen → bankrott, Boden verlieren den, entgleisen, enttäuschen, misslingen.
Fehlschluss → Entscheidung falsche, Falschheit, Fehler, Misserfolg.
Fehlschritt → Fehler.
Fehlschuss Pudel *u.*
Fehlspekulation → Irrtum.
Fehltritt Fall, Entgleisung, Fehler, Ungeschick, Missgriff, Versehen, Schnitzer, Übersehen, Sünde, Schuld, Übertretung, Vergehen, Verletzung, Fauxpas. → Bewegung, Entgleisung, Falschheit, Fehler.
▸ Fehlerlosigkeit.
Fehltritt tun, einen → brechen das Gesetz.
Fehlurteil → Falschheit, Fehler, Rechtswidrigkeit, Versagen.
Fehlwurf Hund *u.* Pudel *u.*
Fehlzündung Fehlstart • Missverständnis, lange Leitung, Begriffsstutzigkeit.

feien → schützen, sichern.
Feier Ruhezeit, Muße, Feiertag, Erholungszeit, Feierzeit, Feierlichkeit, Unterhaltung, Zerstreuung, Vergnügung, Ausspannung, Erheiterung, Fest, Festlichkeit, Feierstunde, Freudentag, Jubelfeier, Jahresfeier, Hochzeit, Taufe, Geburtstag, Gesellschaft, Festmahl, Bankett, Gesellschaftsabend, Gastmahl, Veranstaltung, Morgenfeier, Tanzabend, Lustbarkeit, Aufführung, Ball, Festball, Hausball, Kostümball, Jubiläum, Ehrung, Einweihung • Gottesdienst, Messfeier. → Ehrenfest, Erlebnis.
Feierabend Schluss, Ende, Schlussakkord, Schicht, Ruhezeit, Rast, Freizeit, Erholung, Mussezeit, Abendstunde, Abendruhe, Abendfriede, Ausklang, Feierstunde, Ruhepunkt, Pause, Stille, Sammlung, Erbauungsstunde, Friede. → Abschluss, Dämmerstündchen. ▸ (Arbeitszeit), Morgenstunde Dienstzeit • Beginn, Start.
feierlich → ausdrucksvoll, ehrenvoll, eidlich, erbaulich, erhaben, ernst, prächtig.
feierlich anbieten kredenzen.
feierlich begehen zelebrieren.
feierliche Amtstracht Ornat, Robe.
feierliche Handlung Aktus, Zeremonie.
feierlicher Brauch Ritus.
feierlicher Umzug Prozession.
feierliches Gedicht Ode.
Feierlichkeit → Feier, Fest, Pracht.
feiern → auszeichnen, begehen, begießen, bejubeln, besingen, Ehre bezeigen, ehrenvoll, entgegenjauchzen, erbaulich, erhaben, ernst, prächtig.
Feierschicht blaue Schicht *u.* → Freizeit.
Feierstunde → Erbauung, Feier, Feierabend.
Feiertag → Feier, Sonntag. ▸ Alltag, Arbeitstag, Werktag, Wochentag.
feiertäglich . ▸ alltäglich, gewöhnlich.
Feiertracht Ornat.
feige memmenhaft, zaghaft, kleinmütig, mutlos, furchtsam, scheu, verzagt, hasenherzig, weibisch, bangherzig, unmännlich, schreckhaft, unsicher, verzärtelt, wehleidig, ängstlich, die Hosen voll haben *u*, den Schwanz einziehen *u* • um gut Wetter bitten. → fahnenflüchtig. ▸ mutig, beherzt, furchtlos, kühn, risikofreudig, tapfer, verwegen, wagemutig.
Feigheit Memmenhaftigkeit, Feigherzigkeit, Furchtsamkeit, Kleinmut, Verzagtheit, Zaghaftigkeit, Unsicherheit, Mutlosigkeit, Hasenherzigkeit, Unmännlichkeit, Ängstlichkeit, Schreckhaftigkeit, Himmelangst, Schüchternheit. → Angst, Bammel, Befangenheit. ▸ Mut.
Feigherz → Feigling.
feigherzig → feige.
Feigherzigkeit → Feigheit.
Feigling Memme, Feigherz, Hasenherz, Bangbüchse, Hasenfuß, Jämmerling, Pantoffelheld, Schlappschwanz, Angstmann, Schlappmacher, Ausreißer, Drückeberger, Duckmäuser, Mamakindchen, Waschlappen, Weib, Weichling, Piepmeier, Angsthase, Angstmeier, Schisser *u*, feiger Hund, Hundsfott *u*, Knacker *u.* • Flasche *u*, Pulle *u*, Hosenscheißer *u*, Schisser *u*, Schisskerl *u*, Schlapparsch *u*, Schlappohr *u*. ▸ Held.
feil → anrüchig, ausschweifend, bestechlich, charakterlos, dirnenhaft, verkäuflich.
feilbieten absetzen, anbieten, feilschen, verkaufen.
feilen → abschaben, ausgleichen, glätten.
feilhalten → absetzen, anbieten, bieten, feilschen, verkaufen.
feilhalten, seine Reize → buhlen.
Feilheit Verkäuflichkeit, Käuflichkeit, Zugänglichkeit, Unredlichkeit, • käufliche Liebe. → Bestechlichkeit. ▸ Ehrlichkeit, Redlichkeit, Unbestechlichkeit.
feilschen verhandeln, bedingen, markten, austauschen, umtauschen, schachern, mauscheln *u*, feilhalten, feilbieten, verkaufen, spekulieren, sich einigen, handelseinig werden. → bieten. ▸ ablehnen, Federlesens machen nicht viel, kaufen.
fein geschmackvoll, elegant, vornehm, adelsstolz, feudal, fashionable, zart, gesittet, sanft, nett, zierlich, schmuck, herrlich, lieblich, graziös, reizend, anmutig, einnehmend, hold, holdselig, wohlgestaltet, hübsch, ausgezeichnet, kostbar, angenehm, prachtvoll, prächtig, köstlich, hochfein, piekfein *u.* → akkurat, angenehm, appetitlich, aromatisch, auserlesen, bestrickend, betragen sich brav, scharmant, distinguiert, drahtförmig, dünn, erhaben, essbar, feinsinnig. ▸ unfein, derb, grob, klobig, plump, unfein • rau, stumpf • billig, ordinär.
Feinbäckerei Konditorei, Patisserie.
Feind Widersacher, Gegenspieler, Gegner, Todfeind, Hasser, Scheinfreund, Verräter, Gegenpartei, Nebenbuhler, Rivale, Erbfeind, Gegenredner, Angreifer, Konkurrent, böser Nachbar, falscher Freund, schlimmer Kunde. ▸ Freund.
Feind übergehen, zum desertieren.
Feindesliebe → Großmut.
feindlich feindselig, verfeindet, entzweit, Spinnefeind, verfehdet, unfreundlich, giftig, erbost, zwiespältig, gegnerisch, entgegengesetzt, uneinig, unverträglich, zwieträchtig, gehässig, unversöhnlich, widerspenstig, borstig, übel gesinnt, streitsüchtig, boshaft, schlecht, böswillig, schadenfroh, rücksichtslos, lieblos, herzlos, rachsüchtig, widerlich, erbittert, nachhaltend, nachtragend • Unfrieden stiften, stänkern, herumstänkern, herummeckern. → bissig, dawider, entfremdet, entzweit. ▸ freundlich, freundschaftlich, friedlich • alliiert, verbündet • geliebt.
feindliche Gesinnung Animosität.
feindlicher Einfall Invasion.
Feindschaft Gegnerschaft, Ungunst, Entzweiung, Spannung, Zwietracht, Zwist, Streit, Hader, Händel, Krach, Gefühlskälte, Verstimmtheit, Entfremdung, Groll, Feindseligkeit, Erbitterung, Unversöhnlichkeit, Hass, Zerwürfnis, Zwiespalt, Missverständnis, Unfriede, Kampf, böses Blut. → Abneigung, Bekämpfung, Bitterkeit, Bosheit, Brotneid,

Entzweiung.
▸ Freundschaft.
feindselig → aufständisch, entzweit, feindlich.
Feindseligkeit Bekämpfung, Bitterkeit, Disharmonie, Dorn im Auge, Entzweiung, Feindschaft.
Feindumklammerung Clinch.
feine Gesellschaft Hautevolee.
feine Sitte Fashion.
feiner Brauch Etikette.
feiner Spott Ironie.
feiner Unterschied Nuance.
feines Benehmen Courtoisie.
feinfädig → dünn.
feinfühlend → besinnlich, empfindungsvoll, still.
feinfühlig → feinsinnig.
Feinfühligkeit Empfindsamkeit, Fingerspitzengefühl, Feingefühl, Sensibilität, Zartgefühl.
Feingebäck → Feinkost.
Feingefühl Feinheit, Geschmack, Kennerblick, Fingerspitzengefühl, Witterung, Klugheit, Scharfblick, Lebenskunst, Erkenntnis, Zartheit, Gemütstiefe, Empfindsamkeit, Einfühlsamkeit, Unterscheidungsvermögen, Taktgefühl. → Anstand, Charakterstärke, Delikatesse, Feinschmeckerei.
▸ Taktlosigkeit, Ungeschmack.
Feingeist Ästhet.
Feingeschmack → Feinschmeckerei.
feingliedrig → zierlich.
Feinheit → Anmut, Feingefühl, Feinschmeckerei.
▸ Derbheit, Grobheit.
Feinkost Extragericht, Leibgericht, Schmaus, Feingebäck, Leckerbissen, Näscherei, Götterspeise, Götterkost, Göttertrank, Gaumenkitzel, Wohlgeschmack, Würze, Lerchenzunge, lukullische Mahlzeit. → Delikatesse.
Feinkostgeschäft Fressgeschäft *u.*
fein machen, sich → schminken, schmücken.
feinnervig → feinsinnig, sensibel.
Feinplanung Detailplanung.
fein schmeckend delikat, deliziös.
Feinschmecker Naschkatze, Gourmand, Fresser, Leckermaul, Lüstling, Nimmersatt, Schlemmer, Vielfraß, Bauchdiener, Genießer, Prasser, Schwelger, Schlecker, Lukull ● Kenner, Kunstfreund, Schöngeist, Mäzen, Kunstschlemmer, Kunstjünger, Geschmacksrichter.
▸ Banause, Kostverächter ● Schleckermaul *u.*
Feinschmeckerei Leckerhaftigkeit, Naschhaftigkeit, Feingefühl, Gelüste, Feinheit, Feingeschmack, Genuss, Verhätschelei, Sinnenfreude, Gaumenfreude, Tafelfreude, Gastronomie, Kochkunst, Speisekunst, Kunstküche, Schlemmerei, Völlerei.
feinschmeckerisch wählerisch, heikel, schnuppig, fies *u*, verschnupft, leckermäulig, schleckerig, naschhaft, genießerisch, leckerhaft, verwöhnt, verzärtelt, verhätschelt, gewählt, gesucht, zimperlich, üppig, verschwenderisch, schlemmerisch, schwelgerisch.
▸ übersättigt.
Feinschnitttabak Shag.
feinsinnig kritisch, klug, fein, empfindsam, gefühlvoll, empfindungsvoll, zart, feinnervig, feinfühlig, sentimental, gefühlsselig, schwärmerisch, ästhetisch, stilgerecht, poetisch, künstlerisch, musisch, gewählt, gesucht. → artig, begabt.
▸ gefühllos, grob, stumpf.
feinspürig einsichtig, weise, klug, fähig, gescheit, findig, scharfsinnig. → begabt.
▸ unbegabt.
Feinstverteilung Dispersion.
Feinzucker Raffinade.
feist aufgedunsen. → dick, dickwanstig, fettwanstig.
Feistigkeit → Dicke.
feixen schmunzeln.
Feld Beruf, Besitztum, Erdboden.
Feld behaupten, das siegen, obsiegen, erobern, bezwingen, meistern, übertrumpfen, Lorbeer ernten, die Palme erringen, den Gegner entwaffnen, in die Flucht schlagen, den Zweck erreichen, eine günstige Wendung geben, Anklang finden, Beifall ernten, erfolgreich sein, Schach bieten, aus dem Sattel heben, den Preis davontragen, vorwärts kommen.
▸ Feld räumen das.
Feld räumen, das untergehen, zu Fall kommen, sich nicht halten können, im Nachteil sein, den Boden unter den Füßen verlieren, durch die Finger schlüpfen lassen, aufs Trockene geraten, auf den Hund kommen, preisgeben, entäußern, sich trennen von, überlassen, hergeben, Verzicht leisten, rückgängig machen.
▸ Feld behaupten das.
Feld und Wald Wald und Busch, Busch und Feld, Stadt und Land, in allen Landen, weit und breit, überall, allenorts, allenthalben, fern, weit, weit voneinander, über alle Berge, Flur, Mutter Grün, vor den Toren, in der Natur, draußen in der Einsamkeit. → Busch und Feld.
▸ nirgends.
Feld ziehen, ins → kämpfen.
Feldarbeit → Ackerbau.
Feldbestellung Bodenkultur, Landwirtschaft, Landbau, Ackerbau, Anbau, Felderwirtschaft, Bodenbearbeitung, Aussaat, Anpflanzung, Bauernarbeit.
Feldflasche Behälter.
Feldherr Heerführer.
Feldhüter → Büttel, Wächter.
Feldjäger Gendarm.
Feldmark → Distrikt.
Feldmütze Schiffchen *u.*
Feldrand Rain.
Feldscher → Bader, Sanitäter.
Feldstecher Fernstecher, Fernrohr, Scherenfernrohr, Teleskop, Prismenglas, Opernglas, Krimstecher, Kieker *u.* Glas.
Feldwache → Bewachung.
Feldweg → Weg.
Feldzeichen → Banner, Fahne.
Feldzug → Kampagne.
Feldzugplanung Strategie.
Fell Haut, Balg, Schwarte, Pelz, Vlies, Wolle ● Häutchen, Blatt, Schicht ● Hülle, Decke, Kleid, Leder ● Zotte, Mähne, Haar. → Balg, Bedeckung.
Fellache *(ägypt.)* → Bauer.
Felleisen → Behälter, Bündel.
Fels Gestein, Stein ● Härte, Unempfindlichkeit, Festigkeit, Beharrlichkeit, Fortbestand, Beständigkeit, Unveränderlichkeit ● Berg, Grat, Wand, Fluh, Riff, Zacke. → Berg.
▸ Ebene, Sand, Unbeständigkeit.
felsenfest unverrückbar, unbeweglich, unzerstörbar, unvergänglich, fest stehend, unwiderruflich, unentwegt, beharrlich, unbeirrt, stabil, wie aus Erz gegossen ● zielbewusst, hartnäckig,

starrsinnig, trotzig, unnachgiebig, unerbittlich, zäh, unerschrocken, furchtlos, unverzagt, standhaft, entschlossen, unerschütterlich, ungebeugt, ungebrochen. → charakterfest. ▸ nachgiebig, weich.
felsenhart hart, steinhart, ehern, felsig, stählern, eisern • streng, unbeugsam, unnachgiebig, rücksichtslos, unnachsichtig, unerbittlich, unerschütterlich, hartnäckig, gestreng, herrisch, gebieterisch, unbarmherzig, mitleidlos, lieblos. ▸ nachgiebig, weich.
Felsenhöhle Grotte.
Felseninseln, flache Schären.
Felsenklippe Riff.
Felsennest → Bastion, Burg.
felsig → felsenhart, fest.
Felsspalte Kamin.
Felswand → Abgrund.
Feluke → Boot.
Feme → Rache.
Femgericht → Gericht.
feminin weiblich, mädchenhaft, jungfräulich, weibisch, zimperlich, schlapp, weichlich, entnervt, verzärtelt, verweichlicht, zart, nachgiebig, schwach. ▸ männlich.
Feministin Blaustrumpf, Emanze, Emanzipierte, Frauenrechtlerin, Suffragette.
Femme fatale Vamp, Verführerin.
Fenn → Bruch.
Fenster → Öffnung.
Fenster, Geld werfen durchs → verschwenden.
Fenster klirren, dass die → Lärm.
Fensterladen Laden, Blende, Jalousie, Rollo, Rollladen. → Blende.
fensterlose Kammer Kabuff, Kabuse.
Fensterpromenade → Liebeswerbung.
Fensterschutz Jalousie.
Fenstervorhang Gardine, Rideau, Store, Vorhang.
Fenstervorsprung Sims.
Ferien Freizeit, Erholung, Erholungszeit, Reisezeit, Urlaub, Urlaubszeit, Betriebsferien, Entspannung, Muße, Rasttage • Freiheit, Unabhängigkeit, Ungebundenheit, freie Bahn. ▸ Alltag, Gebundenheit • Arbeitszeit.
Ferienhaus Chalet, Cottage, Datscha, Gartenhaus/-laube, Salettel, Wochenendhaus.
Ferienlager Camp.
Ferienspielleiter Animateur.
Ferientag Feiertag, Ruhetag, Sonntag, Urlaubstag.
Ferkel kleine Sau, Schweinchen • Schmutzfink.
ferm → fest.
Ferment Gärungsmittel, Gärme, Hefe • Zersetzung, Gärung • Lab, Gärstoff, Spaltpilz.
fern weit, entfernt, entfremdet, entlegen, fern liegend, weltweit, weit her, ab, fort, abseits, jenseits, auswärts, fremd, unzugänglich, unnahbar, unerreichbar, getrennt, auf und davon, über alle Berge, aus dem Wege, weit voneinander weg, dahin, geschieden von, weit entfernt • isoliert, vereinzelt, verbindungslos, anders, neu, fremd, überraschend • nichts dergleichen, ohnegleichen, bei weitem nicht, fern davon, in keiner Beziehung, ganz und gar nicht, keineswegs, beileibe nicht. → abgelegen, abseits, breit, davon, einsam, entfernt, entlegen, Feld und Wald. ▸ bezüglich, einverstanden • nahe, unweit • anwesend, präsent, zugegen.
fern und nah überall, allgegenwärtig, allerorts, allerwärts, ringsum, allenthalben, zuweilen, in alle Winde, an allen Ecken, weit und breit, in allen Landen, in Feld und Wald, in Wald und Busch, in Haus und Hof, von Haus zu Haus, in Stadt und Land, international, hier und dort, wo man steht und geht, in Berg und Tal, oben und unten. ▸ nirgends.
fern von → beziehungslos.
fernab → fern.
Fernbestellung am Bildschirm Teleshopping.
fernbleiben nicht teilnehmen, den Rücken kehren, sich drücken, kneifen, abstehen, davonschleichen, entfernt halten, verbergen sich, verleugnen lassen, den Rücken zeigen • verpassen, fehlen, versagen. ▸ engagieren, mitmachen anwesend sein, dabei sein, da sein, teilnehmen, zugegen sein • dazukommen, sich nähern.
Fernblick Scharfblick, Scharfsichtigkeit • Gesichtskreis, Anblick, Panorama • Spürnase, Riecher, Vorgefühl, sechster Sinn.
Ferne → Abstand, Entfernung, Entlegenheit.
ferner hinzugefügt, beigeschlossen, eingeschlossen, beiliegend, beifolgend, ergänzend, des Weiteren, fürder, einschließlich, auch, gleichfalls, desgleichen, ebenfalls, ebenso, in Ergänzung, beiläufig, überdies, außerdem, ungerechnet, noch, dabei, dazu, zudem, weiterhin, nachträglich, obendrein, darüber, mit, sowohl als, nicht nur, sondern auch, und so weiter, zum Überfluss • nebenbei, nachher, später, seit, darauf, worauf. → auch, beiläufig, eingerechnet, damit daneben, darüber, desgleichen. ▸ abzüglich, ausgenommen • erst • näher • zunächst.
fernerhin → außerdem, auch, dabei, dazu, desgleichen.
Ferngespräch Telefonat → Benachrichtigung.
Fernglas Feldstecher, Fernrohr.
fern halten entfernen, weggehen, fliehen, verlassen, abweisen, sich zurückziehen. Abstand wahren, sich fern halten, vom Leibe halten, die Finger davon lassen, ablehnen, kühl behandeln, den Rücken kehren, vom Halse halten. ▸ aufnehmen, erscheinen, mitmachen.
fern halten, sich sich schälen *u.*
fernher weither, aus fernen Ländern, von jenseits des großen Teiches, von jenseits der Berge.
Fernleitung Kabel.
fern liegend → abseits, berührungslos, beziehungslos.
fernmündlich telefonisch.
Fernrohr → Feldstecher.
Fernruf → Anruf.
Fernschreiben → Benachrichtigung.
Fernsehdiskussionsleiter Moderator.
fernsehen glotzen *u.*
fernsehgeeignet/-wirksam telegen.
Fernsehgerät Fernsehapparat, Fernseher, Flimmerkiste *u*, Glotze *u*, Heimkino *u*, Pantoffelkino *u*, TV, Schlummerkasten/-kiste *u.*
Fernsehsucht Televisionismus.
Fernsehunterricht Telekolleg.
Fernsehwerbefilm, kurzer TV-Spot.

Fernsicht → Anblick, Aussicht, Blick, Blickfeld.
fernsprechen telefonieren.
Fernsprecher Sabbelapparat *u*, Quatschofon *u*. → Draht.
Fernsprechleitung Quasselstrippe *u*.
Fernsprechnummer Nummer, Ruf, Rufnummer, Telefonnummer.
Fernspruch → Benachrichtigung.
Fernstecher → Feldstecher.
fern stehend → berührungslos, beziehungslos.
Fernstraße Autobahn, Hauptstraße, Landstraße, Highway.
Fernweh Reiselust, Wandertrieb, Wanderlust, Reisefieber, Sehnsucht nach der Ferne oder nach anderen Ländern.
▸ Heimweh.
Fersengeld geben davonlaufen, verduften, auskneifen, entwischen, fortschleichen, wegstehlen, drücken, packen, verkrümeln, stiften, aufgeben, zurückziehen sich, das Hasenpanier ergreifen, aus dem Staube machen, Reißaus nehmen, im Stiche lassen, den Rücken kehren, die Beine unter die Arme nehmen.
▸ Mann stellen seinen.
Fersenstachel Sporen.
fertig → abgeschlossen, aus, befristet, definitiv, denkfest, durchdacht, ein für alle Mal, Ende gut alles gut, entwickelt, fahrbar • erschöpft, kaputt.
▸ halb fertig, unfertig, unreif, unterentwickelt • erholt, fit, frisch, gesund, munter.
fertig werden mit verkraften. → meistern.
fertig bringen → schaffen.
fertigen → herstellen.
fertig gestellt → abgeschlossen, aus, besiegeln.
Fertigkeit Fähigkeit, Befähigung, Tauglichkeit, Tüchtigkeit, Geschicklichkeit, Praxis, Gewandtheit, Anstelligkeit, Talent, Gelenkigkeit, Gefügigkeit, Flinkheit, Erfahrung, Übung, Kunstfertigkeit, Meisterhaftigkeit. → Behändigkeit, Erfahrung.
▸ Unerfahrenheit, Untüchtigkeit.
Fertigkleidung Konfektion.
fertig machen → ausführen, bezwingen, bringen unter Dach.
fertig stellen abwickeln, ausführen, durchziehen, fertig machen, erledigen, verwirklichen.
Fertigstellung → Bewerkstelligung, Coda, Endpunkt, Erfüllung.
Fertigung Anfertigung, Errichtung, Erstellung, Erzeugung, Herstellung, Produktion, Schaffung.
fertig werden (mit etwas) bewältigen, klarkommen, schaffen, zurechtkommen • fertig stellen.
fesch schmissig. → anmutig, artig, bestrickend, scharmant.
Fessel → Anstand, Band, Bande, Beschwernis, Bindemittel, Hindernis.
Fesselballon → Ballon.
fessellos unbeherrscht, hemmungslos, maßlos, gierig, giererfüllt, happig, scharf • frei, unabhängig, los und ledig, selbstständig, zügellos, unbändig, ausgelassen, ungehemmt, unbegrenzt, ungebunden, unkontrolliert, zwangslos, ungeniert, außer Rand und Band.
▸ beherrscht, gefesselt.
fesseln einengen, einzwängen, zwingen, verbieten, beschränken, ketten, befestigen, anbinden, anschließen, anketten, knebeln, festnehmen, verhaften, unschädlich machen, dingfest machen, kurz halten, in Bande schlagen, die Freiheit entziehen, koppeln *j* • anziehen, gewinnen, hinreißen, aufhorchen, beobachten, anregen, ermuntern, erwachen, berühren, aufmerksam werden, nicht aus den Augen lassen, gespannt sein, die Ohren spitzen • knechten, unterwerfen, unterdrücken, bemeistern, zähmen, in Fesseln schlagen, unter das Joch beugen • in Fesseln legen, den Kopf verrücken, ins Netz locken, die Sinne verwirren, sich in das Herz einschleichen, um Liebe werben, das Herz gewinnen. → bändigen, beschneiden, berauschen, beugen, bewegen lassen sich, bezwingen, binden die Hände, einfangen, entzücken, fassen.
▸ abstoßen, befreien, helfen, langweilen, unaufmerksam (sein).
Fesseln abstreifen befreien, erlösen, freimachen, loskommen, losmachen, selbstständig machen.
Fesseln schlagen, in → fesseln.
fesselnd → amüsant, anziehend, interessant.
Fesselung Bindung, Einschließung, Umschnürung, Freiheitsentziehung, Ankettung.
▸ Befreiung.
Fest Bankett, Gesellschaft, Einladung, Lustbarkeit, Festlichkeit, Veranstaltung, Feierlichkeit, Ball, Gastmahl, Gesellschaftsabend, Empfangsabend, Abendunterhaltung, Jubelfeier, Vergnügung, Fête, Budenzauber, Klimbim *u*, Festivität *u*, Party *m*. → Ball, Ehrenfest, Feier.
▸ Alltag.
fest hart, solid, knorrig, klotzig, dicht, dauerhaft, unzerbrechlich, untrennbar, unteilbar, unlösbar, unauflöslich, geronnen, gefroren, verschlackt, versteinert, erzen, ehern, stählern, eisern, felsig, verknöchert • sehr, wohl, mächtig, recht, einzig, vortrefflich, ordentlich, tüchtig, gehörig, weidlich, wacker, stark, wirklich, riesig, richtig, gründlich • anhaftend, klebrig, zähe, zugfest • geregelt, stetig, verlässlich, zuverlässig, unverändert, unbeirrt, haltbar, widerstandsfähig, kräftig • standhaft, entschlossen, charakterfest, ungebeugt, ungebrochen, streng, unbestechlich, treu, lauter, unantastbar • haltbar, schussfest, hiebfest, kugelfest, feuerfest, diebessicher, einbruchsicher, bombensicher, bombenfest, gefahrlos, sicher, fern, firm. → aufrecht, ausdauernd, beharrlich, charakterfest, dauerhaft, definitiv, dicht, dick, eng, ernstlich, erstarrt, fanatisch, felsenhart.
▸ lose, schwach, unregelmäßig, unsicher, wankelmütig, weich • flüssig • gasförmig • beweglich, unbefestigt, locker • biegsam, dehnbar, elastisch, flexibel • brüchig, lose, morsch • instabil, labil, schwankend, unbeständig, variabel, veränderlich.
fest angestellt etatmäßig.
fest entschlossen bestimmt,

entschieden, standhaft, unbeugsam, unerschütterlich.
Fest im Freien Openairfestival.
fest umrissen eindeutig, klar, klipp und klar.
fest verbunden → aneinander.
Fest, wildes Bacchanal, Orgie.
Festakt Feierstunde, Feier, Festveranstaltung,.
Festaufführung/-vorstellung Gala.
Festball → Feier.
Festbeleuchtung Illumination.
festbinden → anbinden, anketten, anmachen.
festbleiben → ausharren, besiegeln, biegen, dabei bleiben.
Feste → Befestigung, Burg.
feste Abmachung → Vertrag.
feste Kosten fixe Kosten, Fixkosten.
festes Einkommen Fixum.
Festessen → Essen, Fest.
festfahren → stecken bleiben.
Festfeier → Ehrenfest, Fest.
Festgedicht Karmen, Ode.
festgefahren bewegungs-/hilflos, stagnierend, starr, stecken geblieben, stockend, unbeweglich.
festgefahren sein stagnieren.
fest gefügt → dicht, verbunden.
festgegründet etabliert, fundiert.
Festgehalt Fixum.
festgelegt → geregelt, determiniert, fix, geregelt, indisponibel, limitiert, manifest, programmiert, starr.
festgenagelt → starr.
Festgepränge → Aufmarsch, Aufzug.
Festgesang Hymne.
festgesetzt → abgemacht, dingfest.
festgestellt → anerkannt, bestimmt, beweisend.
festhalten knüpfen, verbinden, vereinigen • beharren, behaupten, belassen, befestigen, bestimmen, ordnen, fixieren, durchhalten, fest im Sattel sitzen, bleiben dabei, durchsetzen, festbleiben, erzwingen, sich versteifen, sich verbeißen, versessen sein • merken, sich einbilden, einprägen, nicht aus dem Sinne kommen • erinnern, entsinnen, gedenken, denken an, im Auge behalten auswendig wissen, im Gedächtnis haben, zurückdenken, in der Vergangenheit leben, alte Wunden aufreißen • festlegen, unbeweglich machen, sichern • bedecken *j.* → anordnen, aufnehmen, behüten, beibehalten, bestätigen, charakterisieren, deuten, erzwingen, festlegen, verbinden.
▸ leicht nehmen, loslassen, nachgeben, schwanken, rückgängig machen, vergessen • abgehen von, ablassen, ablegen • fortlassen, freigeben, weglassen.
festheften → anmachen, broschieren.
festigen erhärten, stärken, verdichten, enger schließen, eindicken, gefrieren, erstarren, kondensieren, konsolidieren • festlegen, beilegen, beidrehen, untermauern. → erhärten.
▸ enthärten, lockern, lösen, auflösen • schwächen.
Festigkeit Beständigkeit, Beharrlichkeit, Stetigkeit, Steifheit, Haltbarkeit, Härte, Unbeweglichkeit, Unveränderlichkeit, Dauerhaftigkeit, Beharrungsvermögen • Konsolidierung • Starrheit, Unnachgiebigkeit, Widerstand. → Ausdauer, Ausdruck, Beharrlichkeit, Beherrschung, Beständigkeit, Courage, Dichte, Entschiedenheit, Entschlossenheit, Erstarrung, Fassung, Fels, Gleichmut, Halt, Haltung, Nachdruck, Wille.
▸ Nachgiebigkeit, Unbeständigkeit, Wankelmut, Labilität, Schwäche, Unsicherheit, Weichheit.
Festigung → Erhärtung, Festigkeit.
Festival *M* Festspiel → Fest, Schauspiel.
Festivität → Belustigung.
festklammern → anmachen, broschieren.
festkleben stillstehen, stocken, stagnieren. → kleben.
Festkleid → Gewand.
Festkleidung Gala.
Festland Kontinent.
festlegen abmachen, anordnen, bestimmen, festhalten, festsetzen, vereinbaren, binden sich, verpflichten sich. → abmachen, anhalten, anordnen, beidrehen, bestimmen, einigen, festhalten, festigen, vereinbaren.
▸ lösen, offen lassen.
Festlegung → Auslegung, Bandage, Definition, Dogma, Einigung, Vertrag.
festlich → feierlich.
festlich beleuchten illuminieren.
festliches Abendessen Souper.
Festlichkeit → Belustigung, Corso, Einladung, Ergötzen, Erlebnis, Feier, Fest, Schmaus, Vergnügen.
festliegend festgelegt. → geordnet.
festmachen → anmachen, anschlagen, beschlagen, einkitten, einstampfen, einspannen.
Festmahl → Bankett, Essen, Feier.
festnageln → bestätigen, konstatieren.
festnehmen verhaften, greifen. → bemächtigen, berauben, fassen, fesseln.
festschrauben → einschrauben.
festsetzen → abmachen, aufhalten sich, befehlen, begehren, behaupten, beordern, besetzen, bevölkern, beweisen, bleiben, datieren, deponieren, einnisten, einquartieren sich, einschließen, festlegen.
Festsetzung → Abkommen, Bedingung, Konvention, Einigung, Vertrag.
festsitzen feststecken, stecken bleiben, sich festfahren, nicht vom Fleck kommen, in der Tinte sitzen, auffahren, keinen Rat wissen, sich nicht zu helfen wissen, in den Nesseln sitzen, auf glühenden Kohlen sitzen. → fest, verbunden, festhalten.
▸ locker, beweglich.
Festspiel Festival. → Schauspiel.
feststecken → anmachen, außer Stande sein, stecken bleiben.
feststehen gelten, umfassen, überwiegen, gleich bleiben, andauern, ausdauern, durchhalten, behaupten sich, durchsetzen, einwurzeln • glauben, außer Zweifel stellen, beharren, aushalten, ausharren, bestehen auf, nicht schwanken, sich nicht abbringen lassen, einer Sache treu bleiben, dabei bleiben. → bestehen, bleiben auf dem Platze, festhalten.
▸ schwanken, umfallen, zweifelhaft (sein).
feststehend ausgemacht, erwiesen, faktisch, klar, offensichtlich, tatsächlich, unanfechtbar, unbestreitbar, unbestritten, unwiderruflich, unzweifelhaft, wirklich,

zweifellos • bewegungslos, unbeweglich, verharrend, stabil, verankert. → erwiesen, felsenhart, fix, konstant, maßgeblich.
▸ lose, schwankend, zweifelhaft.
feststehender Ausdruck Formel, Stereotype.
feststellbar → erkennbar, haltend.
feststellen → ableiten, anordnen, ausbedingen, aussagen, ausweisen, beglaubigen, behaupten, bekennen, beschuldigen, bestätigen, beweisen, bewerten, dartun, demonstrieren, denken, erkennen, ermessen, konstatieren, schließen, verzeichnen, wahrnehmen, festhalten.
Feststellung → Bedingung.
Festtafel → Bankett.
Festtag → Ehrenfest.
festtreten → einstampfen.
Festung Bastion, Befestigung.
Festungskommandant Gouverneur.
festverankert → befinden, fest.
Festveranstaltung Feierstunde, Feier, Fest, Festakt.
Festvorstellung Gala.
Festwert Konstante.
Festzeit Feiertag, Volksfest, Maifeier, Erntefest, Winzerfest, Rosenfest, Kirchweih, Kirmes, Julfest, Fastnacht, Fasching, Vastelovend *(köln.)*, Rosenmontag, Ostern, Pfingsten, Weihnachten, Festspielzeit.
▸ Alltag.
Festzug → Aufmarsch, Aufzug.
Fete ausgelassene Feier, Fest, Party.
Fetisch Zaubermittel, Amulett, Talismann.
Fett Fettigkeit, Talg, Speck, Feist *j*, Unschlitt, Inselt *j*, Schmalz, Butter, Margarine, Kunstbutter, Tran, Öl, Hirschtalg, Wachs, Erdöl, Pomade, Salbe, Schmiere, Bohnerwachs, Gleitwachs, Stauferfett.
fett schlachtreif *u.* → dick, fettwanstig, schlüpfrig, unförmlich.
▸ dünn, dürr, hager, karg, mager • fettarm, fettfrei, fettlos.
fett werden → dick werden.
Fettabsaugung Liposuktion.
fettähnliche Stoffe Lipoide.
fetten schmieren, einschmieren, ölen, einölen, einfetten, salben, speisen, wichsen, bohnern, glätten, einreiben, cremen.
▸ (entfetten).
fetthaltig fettig, fetttriefend, ölig, schmierig.
fettig salbig, ölig, talgig, speckig, tranig, schmalzig, seifig, wachsig, schlüpfrig, glatt, schmierig. → aalglatt, butterig.
▸ trocken, rau.
Fettigkeit → Fett.
fettleibig → dick.
Fettleibigkeit Beleibtheit, Dickleibigkeit/-wanstigkeit, Feistheit, Fülle, Korpulenz.
fettlöslich lipophil.
Fettwanst → Bauch.
fettwanstig unförmig, formlos, missförmig, missgestaltet, feist, dickwanstig, dick, abstoßend, hässlich, aufgetrieben, entstellt, quabbelig *u.* → dickwanstig.
▸ mager.
Fettzelle Adipozyt, Lipozyt.
Fetzen Brocken, Happen, Überbleibsel, Splitter, Stück, Teil, Abschnitt, Bruchteil, Stückchen, Kleinigkeit, Stoff, Lappen, Schnipsel, Schnitzel, Schnittchen, Schnitte. → Anteil, Bruchstück.
▸ Ganzheit.
feucht pitschig *u.* → dumpf, nass.
▸ ausgetrocknet, dürr, getrocknet, vertrocknet • sonnig.
feucht machen → durchnässen, anfeuchten, befeuchten, benetzen, nass machen, nässen, netzen.
feucht werden → beschlagen, nass.
Feuchte → Feuchtigkeit.
feuchter Boden Sumpf, Wasen.
feuchter Umschlag Kompresse.
feuchtfröhlich → angeheitert, übermütig.
Feuchtigkeit Feuchte, Wässerigkeit, Nässe, Benetzung, Befeuchtung, Begießung, Bewässerung, Zuleitung, Niederschlag, Regen, Schauer, Nebel, Tau, Reif, Berieselung, Stichregen, Sprühregen, Staubregen, Platzregen, Gewitterregen, Schnee. → Dunst.
▸ Trockenheit, Dürre.
Feuchtigkeit anziehend hydrophil, hygroskopisch.
feuchtwarm drückend, schwül, stickig.
feudal → adelig, fein, vornehm.
Feudel *sm* Aufwischtuch.
Feuer Licht, Glut, Brand, Flamme, Gezüngel, Feuergarbe, Feuermeer, Lohe, Qualm, Funke, Feuersbrunst, Hitze, Rotglut, Weißglut, Siedehitze, Brandopfer, Fieberglut, Freudenfeuer, Scheiterhaufen, Feuerzeichen, Feuersäule, Waberlohe, Verbrennung, Feuerschein, Feuerstrahl, Feuerwerk, Erhitzung, Entzündung, Verkohlung, Erwärmung, Wärme, Sonnenglut, Feuerausstrahlung, Feuerschlund. → Affekt, Aufruhr, Ausbruch, Bestimmtheit, Brand, Ehrgeiz, Enthusiasmus, Fackel.
▸ Asche, Beherrschtheit, Dunkel, Gemütsruhe, Gleichgültigkeit, Ruhe, Trägheit, Wasser.
Feuer anfachen → Brand stecken in.
Feuer anlegen → Brand stecken in.
Feuer anmachen → Brand stecken in.
Feuer der Begeisterung → Begeisterung.
Feuer dahinter machen fördern, antreiben, aneifern, ermuntern, anspornen, aufmuntern, drängen, beschleunigen, anhalten zu, Dampf dahinter machen, einem Beine machen, alle Hebel in Bewegung setzen, seine Kraft aufbieten, vorwärts bringen, seine Zeit verbringen mit, keine Anstrengungen scheuen.
▸ hemmen, müßig gehen.
Feuer dämpfen → hemmen, löschen.
Feuer fangen → brennen, verlieben, zürnen.
Feuer und Flamme → Begeisterung.
Feuer und Flamme speien → zürnen.
Feuer geben → beschießen, bombardieren.
Feuer gehen durchs einspringen, verteidigen, ermutigen, den Rückzug decken, eine Lanze brechen, die Kastanien aus dem Feuer holen, an die Hand gehen, Gefallen erweisen, die Stange halten, auf den Händen tragen, Erleichterung gewähren, auf seine Seite treten, seine Partei ergreifen.
▸ erschweren, Stich lassen im.
Feuer gießen, Öl ins erregen, entzünden, schüren, in heftige Bewegung bringen, Unruhe hervorrufen, auf die Spitze

treiben, das Feuer schüren, die Fassung rauben.
▸ beruhigen.
Feuer legen anstecken, anzünden, zünden, einfeuern, schüren, anmachen, anblasen, einheizen, entzünden, anbrennen, Feuer anlegen, brandstiften.
▸ Feuer löschen.
Feuer löschen → löschen.
Feuer machen → Brand stecken, Feuer legen.
Feuer nehmen, unter → bombardieren.
Feuer schüren → Feuer gießen Öl ins.
Feuer spielen, mit dem Gefahr herausfordern, den Hals wagen, auf das Spiel setzen, sich die Zunge verbrennen, in den Wind schlagen, sich blindlings in Gefahr stürzen, den Teufel versuchen, Gott versuchen, sich ins Verderben stürzen, sich nicht bedenken.
▸ vorsehen sich.
Feueralarm → Alarm.
Feueranzünder Fidibus, Flint.
Feuerbestattung → Bestattung, Einäscherung.
Feuerbestattungsanstalt Krematorium.
Feuereifer → Anstrengung, Begeisterung.
feuerfest unverkennbar, feuersicher, brennfest, unentzündbar, sicher, geschützt, gesichert. → fest.
▸ brennbar.
Feuerfresser → Fakir.
Feuerfurcht Pyrophobie.
Feuergarbe → Brand, Feuer.
Feuergefecht → Blutbad.
Feuergeist Tatmensch, Feuerkopf, Arbeitsmensch, Arbeitsbiene, Tummler, Kraftmensch, Betriebskraft, Enthusiast, begeisterter Mensch, tatenlustiger Mensch, lebensmutiger Mensch. → Enthusiast.
▸ Einfaltspinsel, Pessimist, Schlafmütze.
Feuerkopf → Enthusiast, Feuergeist.
Feuerlärm → Alarm.
Feuerleger → Brandstifter.
Feuermauer → Esse.
Feuermeer → Brand, Feuer.
feuern entlassen, rausschmeißen. → anzünden, beschießen, bombardieren.
Feuern, zwischen zwei unentschlossen, unzuverlässig, zwischen zwei Stühlen, zwei Herren dienen, zwei Eisen im Feuer, auf seinen Vorteil bedacht.
▸ entschlossen, gefeit (sein), zuverlässig.
Feuerpause → Beruhigung.
Feuerprobe → Abenteuer, Bewährung.
Feuerprobe bestehen, die wagen, bestehen, bewähren, überdauern, aushalten, überstehen, die Probe bestehen, Abenteuer bestehen, das Wagnis bestehen, sich einer Prüfung unterziehen.
▸ unterliegen.
Feuerrad Girandole.
Feuerregen → Brand.
Feuersäule → Brand, Feuer.
Feuersbrunst → Brand, Brandstätte, Feuer.
Feuerschein → Brand, Fackel, Feuer.
Feuerschlund → Feuer.
Feuerschutz Brandverhütung, Imprägnierung • Brandmauer, Asbest, Asbestmörtel, Schamott, Schamottziegel • Wall, Schützengraben, Sperrfeuer, Feuervorhang, Feuerglocke, Salve.
Feuerschwamm Zunder.
feuersicher → feuerfest, sicher.
Feuersnot → Gefahr, Not.
Feuer speiender Berg Vulkan.
Feuerstelle → Brandstätte.
Feuerstrahl → Feuer.
Feuersturm → Brand.
Feuertaufe → Abenteuer, Gefahr, Mut.
Feuerturm → Ausguck.
Feuerung Feuerstelle, Feuerherd, Herdstelle, Ofen, Herd, Backofen, Feuerbock, Brandstelle, Rost, Heizkörper, Kamin • Brennstoff, Heizstoff, Brand, Zündstoff, Kohle, Holz, Reisig. → Brandstätte, Brennmaterial, Esse.
Feuerwaffe z.B. Browning, Colt, Gewehr, Kanone, Pistole, Rakete.
Feuerwasser → Getränk.
Feuerwehr Brandwache, Feuerschutzpolizei.
Feuerwerk → Brand, Feier.
Feuerwerkskunst Pyrotechnik.
Feuerzeichen → Brandfackel.
Feuerzeug Feuer, Zündhölzchen, Streichhölzchen, Zünder, Schwefelhölzchen, Phosphorhölzchen, Fidibus, Anzünder, Benzinfeuerzeug, Gasfeuerzeug, Kien • Jamäle *u*, Schamäle (nach jamais ... "nie ... funktionierend") *u*.
Feuilleton Unterhaltungsteil, Unterhaltungsschrift, Schilderung, Darstellung, Bericht, Beschreibung, Aufsatz.
feuilletonistisch → unterhaltend.
feurig fackelnd, flackernd, glänzend, leuchtend, glühend, scheinend, hell, glitzernd • hitzig, heftig, blitzig, heißblütig, aufbrausend, auffahrend, hitzköpfig, leidenschaftlich, reizbar, erregbar, kochend, siedend, gärend, schäumend, heiß. → begeistert, brillant.
▸ gelassen, ruhig, lichtlos.
Fex Geck, Stutzer, Gigerl, Albernhans, Dandy, Elegant, Modeherrchen, Fratz, Angeber, Zierpuppe, Zierbengel, Zieraffe, Alpenfex, Kleidermacher, Salontiroler, Schönling.
▸ Mensch feinsinniger.
Fiaker → Fahrzeug (Straßen-).
Fiasko → Abbruch, Misserfolg.
Fibel Buch, Schulbuch, ABC-Buch, Handbuch, Anfangsgründe, Grundriss, Elementarbuch, Lehrbuch, Katechismus, Grammatik, Bibel.
Fiber → Faser.
ficken koitieren.
Fickfack Ausflucht, Vorwand, Winkelzug.
fickfacken → herumfackeln.
fickrig ängstlich, aufgeregt, erregt, hektisch, nervös, unruhig, zittrig.
Fideikommiss *s* → Anwesen, Bauernhof, Besitztum.
fidel → amüsant, froh, heiter, lustig.
Fidibus → Brennmaterial, Feuerzeug.
Fieber Krankheit, Erkrankung, Fieberanfall, Weh, Unpässlichkeit, Wechselfieber, Wundfieber, Hitze, Fieberglut, Fieberhitze, Störung • Einbildung, Verzückung, Rausch, Fieberwahn. → Aufregung, Ausbruch, Delirium.
fieberbekämpfend antipyretisch.
fiebererregend pyrogen.
Fiebererreger → Bazillus.
Fieberfrösteln Febrizitieren.
fieberhaft fiebrig, erregt, erschüttert, ungeduldig, schwärmerisch, gefühlsselig, trunken, überspannt, übereilt, unruhig, rastlos, ruhelos, hastig, gereizt, fanatisch, ungestüm.
▸ besonnen, gelassen, ruhig, langsam, phlegmatisch, träge.
fieberhafte Eile Hektik.

Fiebermittel → Arznei.
Fiebermücke Anopheles.
fiebern → darniederliegen, erkälten sich, erkranken, erträumen, fantasieren.
Fieberwahn → Auswuchs, Chimäre, Delirium, Fieber.
fiebrig → berauscht, fieberhaft, krank.
fies → anwidernd, ekelhaft, hässlich.
fifty-fifty → halbpart.
fighten boxen, fechten, kämpfen, messen sich, ringen, wettkämpfen.
Fighter Faustkämpfer, Preisboxer, Boxer.
Figur Form, Gestalt, Formung, Bildung, Wuchs, Gebilde, Bild, Guss, Schattenriss, Bronzefigur, Steinfigur, Büste, Standbild, Aussehen, Darstellung, Modell, Wachsfigur, Puppe, Abbildung, Nachahmung, Gipsabguss, Statue, Plastik, Torso, Herme. → Art, Aussehen, Bildhauerei, Erscheinung.
Figürchen Figurine.
figurieren → formen, mustern.
Figurine → Bild.
figürlich figurativ, körperlich, vorstellbar, bildlich, geformt, modelliert, gestaltet, dargestellt, ausgemeißelt, gehämmert, vergleichbar, vorstellbar. → bildlich. ▸ geistig, geisterhaft, verzerrt.
Fiktion *f* Erdichtung, Erdachtes, erdachtes Gebilde. → Annahme, Exempel.
fiktiv angeblich, gedacht, scheinbar, trügerisch.
Filiale Büro, Depot, Geschäftsstelle, Niederlassung, Tochtergeschäft, Zweiggeschäft, Nebenstelle, Agentur. → Büro, Etablissement. ▸ (Hauptgeschäft).
Filigran Verschlingung, Verknotung, Verflechtung, Klöppelei, Häkelei, Netzwerk, Ziselierung, Filet.
Film Bildstreifen, Negativ, Movie, Spielfilm, Kino.
Filmapparatur Kino, Flimmerkiste, Filmapparat, Filmkamera, Wiedergabeapparat, Projektor. → Apparat.
Filmarchiv Filmothek, Kinemathek, Cinemathek, Videothek.
Filmdarsteller, stummer Komparse, Statist.
Filmdrehbuch Skript.
filmen → aufnehmen.
Filmfest Festival.
Filmkammer Magazin.
Filmneufassung Remake.
Filmproduktion Traumfabrik *u.*
Filmschauspieler(in) Darsteller, Diva, Filmstar, Kino-/Leinwandgröße/-star, Star(let).
Filmstar Schauspieler(in), Darsteller(in), Filmstern, Komödiant, Diva.
Filmstatisten Komparsen.
Filmtheater Kino, Kintopp *u*, Lichtbildtheater, Lichtbildbühne, Wochenschaukino, Aktualitätenschau, Premierentheater, Wanderkino.
Filmvorschau (Vorfilm, Vorspann) Trailer.
Filou Schlauberger, Pfiffikus.
Filter Durchlass, Trichter, Klärung, Sichtung, Läuterung, Reinigung, Säuberung, Trennung, Scheidung, Siebung.
filtern aussondern, durchseihen, durchsieben, filtrieren, seihen, sieben, sondern.
filtrieren durchlassen, durchschlagen, durchpressen, durchsickern, durchsintern, reinigen, säubern, durchseihen, klären, läutern, raffinieren, sieben. ▸ abdichten, mischen.
Filz Hut, Haarfilz, Filzhut, Filzunterlage, Filzsohle, Filzschuhe, Filzpantoffeln. → Geizhals.
filzen → durchsuchen.
filzig haarig, buschig, verfilzt, zottig, flockig, flaumig, wollig, stoppelig, stupfelig, weich, warm, eingelaufen. → bärtig, begehrlich, buschig, faserig, geizig. ▸ glatt, Hand offene, kahl.
Filzlaus Sackratte *u.* Sackrenner *u.*
Fimmel → Spleen.
Finale → Abschluss, Ausgang, Coda, Ende.
Finanzen → Geld.
Finanzgut → Kapital.
finanziell geldlich, geldmäßig, pekuniär, wirtschaftlich, fiskalisch, monetär, flüssig.
finanzielles Wagnis Risiko.
Finanzier Bankier, Finanzmann, Geldverleiher, Börsenmann, Aktionär, Aktieninhaber, Geldverwalter, Geldmakler, Börsenspieler, Finanzverwalter, Geschäftsvermittler, Geschäftsteilhaber, Geldwechsler, Fabrikant. → Kapitalist.
finanzieren vorstrecken, leihen, kreditieren, investieren.
Finanzierung von Krediten Refinanzierung.
Finanzmann Banker, Bankier, Börsianer, Finanzier, Geldgeber, Investor.
finden → ableiten, auftreiben, ausfindig machen, beikommen, denken, entdecken, erbeuten, erraten Auffindung, Ausgrabung, Entdeckung, Fund. ▸ forschen, suchen • aussetzen • verbergen, verstecken • auseinander gehen, sich verfehlen.
finden, sein Auskommen → glücken.
finden, Beifall → befriedigen.
finden, Geschmack an genießen, behagen, befriedigen, erfreuen, ergötzen, vergnügen, ansprechen, gefallen, verlocken, erwünschen, erhoffen, erwarten, gelüsten, begehren, Lust haben. ▸ abstoßen, gering schätzen, versagen sich.
finden, Glauben → überzeugen.
finden, keinen Glauben → misstrauen, zweifeln.
finden, seine Rechnung gewinnen, erzielen, abwerfen, lohnen, Nutzen abwerfen, zum Vorteil dienen, Vorteil einbringen, sein Ich nicht vergessen, seinen Vorteil wahrnehmen, sich zu Nutze machen, sich gesund machen, den Rahm abschöpfen. ▸ verrechnen sich.
finden, den Schlüssel → entziffern, lösen.
finden, sich in → gewöhnen.
finden, den Sinn → bedeuten, entziffern.
finden, keine Worte → sprachlos.
finden, Zeit ruhen, rasten, aufatmen, verschnaufen, ausruhen, einhalten, nachlassen, Muße finden, sich's behaglich machen, der Ruhe pflegen, sich Ruhe gönnen, Feierabend machen, die Arbeit einstellen, Einkehr halten, die Hände in den Schoß legen, Atem schöpfen. ▸ abarbeiten.
finden, die Zeit lang → langweilig.
finden, zu hoch → bleiben zurück.
finden, sich zurecht erkennen, durchschauen, durchfinden, ausfinden, durchkommen, sich

auskennen, Bescheid wissen, zwischen den Zeilen lesen.
▸ tappen im Dunkeln.
Finderlohn → Belohnung.
findig ideenreich, einfallsreich, spitzfindig, abgefeimt, gebildet, belesen, erfahren, bewandert, gewandt, wissend, beschlagen, aufgeklärt, sattelfest, geschickt, behänd, flink, geschult, erfindungsreich, tauglich, brauchbar, anschlägig, verständig, befähigt, schlau, listig, pfiffig, gerieben, abgefeimt. → anstellig, feinspürig.
▸ einfallslos, schwerfällig, ungeschickt, unwissend.
Findigkeit Spürsinn, Spürnase, Scharfsinn, Fernblick, Einblick, Vertrautheit, Aufgeklärtheit, Erfahrenheit, Geschick, Geschicklichkeit, Gewandtheit, Anstelligkeit, Befähigung, Auffassungskraft, Fertigkeit, Behändigkeit, Schlauheit, Pfiffigkeit, Verschlagenheit, List. → Falle.
▸ Einfalt, Unfähigkeit.
Findling Waise, Waisenkind, Mündel, Mündling, Schutzbefohlener, Schützling, Vögtling, Anvertrauter, Wesen, Kind, Aussetzung. → Stein.
Finesse → Feinheit, Schlauheit.
Finger → Daumen, Glied.
Finger deuten, mit dem → hinweisen.
Finger Gottes → Anzeichen.
Finger klopfen, auf die → strafen.
Finger, mit dem digital.
Finger sehen, auf die → Aufmerksamkeit, belauern.
Finger sehen, durch die vernachlässigen, übersehen, nachgeben, dulden, erlauben, alle beide Augen zumachen, blind sein für, Nachsicht üben, auf die leichte Achsel nehmen, sich kümmern um, durchgehen lassen, die Karre laufen lassen *u.*
▸ Finger sehen auf die.
Finger verbrennen, sich die → blamieren, sich.
Finger wickeln, um den kleinen bewältigen, meistern, bemeistern, breitschlagen, die Oberhand haben, in der Gewalt haben, den Ton angeben, die erste Geige spielen, jemanden herumbekommen, jemanden umstimmen können.
▸ unterliegen.
Fingerabdruck Daktylogramm.
Fingerdeut → Fingerzeig.
fingerfertig → geschickt.
Fingerfertigkeit Fertigkeit, Geschick(lichkeit), Kunstfertigkeit.
fingern → ausführen, bedingen.
Fingern weisen auf, mit den → hinweisen.
Fingernagel-Schmutz Trauerrand *u.*
Fingersatz Ansatz.
Fingerspitzengefühl → Ahnung, Feingefühl, Takt.
Fingerzeig Fingerdeut, Auskunft, Bescheid, Aufschluss, Deut, Wink, Angabe, Aufklärung, Erklärung, Darlegung, Zeichen, Geste, Kopfnicken, Mimik, Mienenspiel, Anzeichen, Rat, Andeutung, Anweisung, Unterweisung, Maßregel, Warnung. → Angabe, Anleitung, Anspielen, Auslassung, Benachrichtigung, Demonstration, Denunziation, Direktiven, Erkennungszeichen, Ermunterung.
▸ Verheimlichung, Verschwiegenheit.
fingieren → annehmen, unterstellen, vortäuschen.
fingiert vorgetäuscht, erdichtet, eingebildet, vorgespiegelt, erfunden, unterstellt, falsch, erlogen, verstellt, unwahr, unbegründet, lügenhaft.
▸ wahr.
finish → aus.
Finne → Auswuchs.
finnig → blatternarbig.
finster → abstrus, boshaft, dämmern, dunkel, ernst, mürrisch, unverständlich.
▸ hell, licht, sonnig • erfreulich, freundlich, günstig.
finstern → dunkeln.
Finstern tappen, im verirren, missverstehen, nicht kennen, nicht verstehen, nicht fassen können, ungewiss sein, im Dunkeln tappen, sich nicht auskennen, nicht definieren können, den Zusammenhang nicht kennen, etwas nicht begreifen, nicht ergründen können.
▸ erkennen, verstehen.
Finsternis → Dunkel.
▸ Helligkeit, Licht • Tag.
Finte → Ausflucht, Ausrede, Ausweg, Behelf, einmal ist keinmal, Fall.
Firlefanz Kinderei, Tand. → Bagatelle, Bedeutungslosigkeit, Gerede, Kitsch.
firm → anstellig, fest.
Firma Geschäft, Laden, Bezeichnung, Geschäftsname, Gesellschaft, Handelsname, Haus, Unternehmen, Zusammenarbeit, Genossenschaft, Handelshaus, Vereinigung, Aktiengesellschaft, Kommanditgesellschaft, Fabrik, Handelsgesellschaft, Betrieb, Gebäude, Betriebsgemeinschaft, Trust, Handelsfirma.
Firmament → Himmel.
Firmenansehen Goodwill.
Firmenbezeichnung Firma.
Firmenvertretung Agentur, Filiale, Repräsentanz.
Firmenzeichen Logo, Signet.
Firmenzusammenschluss z.B. Fusion, Konzern.
Firn → Gletscher.
Firnis → Anstrich, Bedeckung, Benehmen.
firnissen → bedecken, lackiert.
First Giebel, Dachstuhl, Sparre, Spitze, Dachreiter, Gipfel, Zinne, Dach, Ziergiebel, Vorsprung, Erhöhung, Firstziegel.
Fisch noch Fleisch, weder sinnlos, nichts sagend, unsinnig, ausdruckslos, nichts, gehaltlos, inhaltlos, missverständlich • unentschlossen, unschlüssig, unentschieden, energielos, nicht gehauen noch gestochen.
▸ ausdrucksvoll, energisch.
Fisch im Wasser, wie der → gesund.
Fischabfall Gammel.
Fischblut → Eisklumpen.
Fischbrut Laich.
Fische fangen angeln, fischen, Netze auswerfen.
Fischeier Rogen, Kaviar.
fischen → angeln.
fischen, im Trüben hintergehen, überlisten, übertölpeln, umgarnen, spekulieren, etwas im Schilde führen, falsches Spiel treiben, der Frage ausweichen, Fallen stellen, sich zu drehen und zu wenden wissen, ein Schnippchen schlagen, ins Garn locken.
▸ ehrlich (handeln).
Fischerboot → Fahrzeug (Wasser-).
Fischfangwurfhaken Harpune.
Fischfett Tran.
Fischkunde Ichthyologie.
Fischleim → Bindemittel.
Fischsuppe, provenzalische Boullabaisse.
Fischzug → Erfolg.

Fisimatenten → Ausflucht, Dummheit, Unsinn.
Fiskus öffentliche Hand, Staatssäckel.
Fistel → Ausweg, Krankheit, Ton.
Fistelstimme Falsett.
fit → leistungsfähig. ▸ abgelascht, entkräftet, erschöpft, matt, müde.
Fittich → Flügel.
fix → bestimmt, Fall und Knall, feststehend, schnell.
fix und fertig vollführt, vollbracht, vollendet, beendet, geendigt, vollständig, abgeschlossen, vollzogen • flugs, flink, schnell, fertig, bereit, abgerichtet, gestiefelt und gespornt • ermattet, abgekämpft, schachmatt, erledigt, kaputt, erschöpft. ▸ gemächlich, munter, unvollendet.
fixe Idee Fimmel, Macke, Marotte, Tick, Verrücktheit, Monomanie.
fixieren → anschauen, festhalten.
fixiert → gemustert.
Fixigkeit → Schnelligkeit.
Fixum → Einkommen.
Fjord → Bai, Becken, Bucht.
flach → abgedroschen, ausgebreitet, eben, faltenlos.
Flachboot/-kahn Floß.
flachbusige Frau Platte *u.*
Flachdruck → Druck.
Fläche Ausdehnung, Strecke, Ausbreitung, Platz, Raum, Weite, Breite, Gebiet, Bereich, Schicht, Oberfläche, Flur, Plan. → Ebene. ▸ Punkt • Linie, Strecke • Körper, Raum.
flächen → Kannelieren.
Flächeninhalt → Flächenraum.
Flächenraum → Raum, Areal, Flächeninhalt, Gebiet, Umkreis, Bereich, Bezirk, Gemarkung, Landesbezirk. → Distrikt.
flachfallen ausfallen, überflüssig werden.
flächig → eben, flach.
Flachheit → Ebene, Fadheit.
Flachkopf → Banause.
Flachland Fläche, Flur, Platte, Tafelland, Ebene, Boden, Land, Hochland, Gefilde. → Ebene, Fläche. ▸ Gebirge, Anhöhe, Berg, Hügel(landschaft).
flachlegen → ausstrecken, umwerfen, zusammenfalten.
Flachrelief → Bildhauerei.
Flachs → Bargeld, Faser, Pflanze, Unsinn.
Flachskopf Blondschopf.
flachverlaufend rasant.
Flackern → Brand.
flackern → brennen, emporlodern, erglühen.
flackernd → brillant.
Fladen Kuchen, Teig, Masse, Knollen, Hefemasse, Klumpen, flacher Kuchen, breiige Masse • Kot, Unrat, Schmutz, Dreck, Kuhfladen.
Flagge → Banner, Fahne.
Flagge segeln, unter der heißen, nennen, bezeichnen, benennen, betiteln, beim richtigen Namen nennen, unter einem Namen bekannt sein, unter einem Namen gehen. ▸ namenlos (sein).
Flagge streichen, die → unterliegen.
flaggen zieren, schmücken, bewimpeln, bemasten, herausschmücken, herausputzen, garnieren, fahnen, beflaggen, feiern, Wimpel aufstecken, Fahne aufstecken.
flagranti, in ertappt, schuldig erwischt, sündig, schuldbetroffen, schuldbeladen, schuldbewusst, betroffen, strafbar, straffällig, verboten, auf frischer Tat. ▸ unschuldig.
Flair Atmosphäre, Fluidum, (persönliche) Ausstrahlung • Gespür, Instinkt.
Flamme Flammenmeer, Flammensäule, Licht, Fackel, Funke, Brand, Feuergarbe, Feuerfunke, Gefunkel, Schein, Feuersglut, Glanz, Qualm, Feuersäule, Lohe, Feuersbrunst, Kerze, Lichtquelle, Kienspan, Feuermeer, Gezüngel, Scheiterhaufen, Feuerzeichen, Hitze, Glut. → Abgott, Brand, Buhle, Fackel, Feuer. ▸ Asche, Leidenschaftslosigkeit.
Flammen stehen, in → brennen.
Flammen übergeben, den → verbrennen.
flammen → brennen, dampfen, emporlodern, leuchten.
flammend heiß, lodernd, flackernd, lichterloh, lohend, emporlodern, glimmend, glühend, brennend, erhitzt, brandig, rauchend, rauchgeschwärzt, dampfend, züngelnd, leuchtend, schillernd, funkelnd, schwelend, flimmernd. → aufsteigend. ▸ erloschen, kalt.
Flammenmeer → Brand, Flamme.
Flammensäule → Flamme.
Flammenschrift → Warnung.
Flammentod → Bestrafung, Opfer.
Flammenzeichen Fanal.
Flaneur → Bummler, Müßiggänger.
flanieren faulenzen, herumschwärmen, herumzigeunern, umherlungern, schlendern, Pflaster treten, strolchen, herumschlendern, auf der faulen Haut liegen, die Zeit vergeuden. → beschäftigungslos, ergehen sich. ▸ beschäftigen sich.
Flanke Seite, Seitenlage, Weiche, Körperteil, Flügel, Hüfte, Dünnung *j*, Fläme *j*, Wamme *j* • Turnübung. ▸ Rückseite, Vorderseite.
flankieren → decken.
flapsig albern, ungezogen, tölpelig.
Flasche Bouteille, Pulle, Buddel *u*, Pulle *u*. → Ballon, Behälter, Gefäß.
Flaschenkürbis Kalabasse, Kalebasse.
Flaschenzug → Aufzug, Elevator Gien, Takel, Talje.
flatterhaft → begehrlich, beweglich, ein und aus, energielos, oberflächlich.
Flatterhaftigkeit Wankelmut, Unbeständigkeit, Oberflächlichkeit, Flattersinn, Energielosigkeit, Charakterlosigkeit, Veränderlichkeit, Wandelbarkeit, Zuchtlosigkeit, Haltlosigkeit, Unausgeglichenheit, Laune, Leichtsinnigkeit, Unvorsichtigkeit, Unordentlichkeit. → Fahrlässigkeit. ▸ Entschlossenheit, Ernst, Willensstärke.
flattern → bammeln, bewegen sich, fächeln, fliegen.
flatternd → wedeln(d).
flattieren → schmeicheln.
flau → anwidern, bedächtig, erschlagen, übel sein.
Flauheit Flaute, Geschäftsstille, Windstille, Brache, Gewürzlosigkeit, Ungeschmack, Trägheit, Kraftlosigkeit, Schwäche, Mattigkeit, Abspannung, Dumpfheit, Unbehaglichkeit, Übelbefinden, Hunger, Beklemmung, Stille, Zahlungsschwierigkeit,

Unterbilanz, Druck, Geldschwierigkeit, Geldmangel, schlechte Geschäfte. → Fadheit.
▸ Bemühung, Geschäftsaufschwung, Rührigkeit.
Flaum Flaumfeder, Haar, Glätte, Daune, Feder, Flocke, Weichheit, Zartheit, Eiderdaunen, Sanftheit, Pfirsichhaut, Plüsch, Samt, Seide. → Bart, Feder.
▸ Zotte.
flaumig → buschig, federartig, weich.
flauschig flockig, weich, wollig.
Flausen Fisimatenten. → Ausflucht, Ausrede, Laune.
Flausenmacher → Angeber, Chauvinist, Dreikäsehoch, Spaßmacher.
Flaute → Beruhigung, Dumpfheit, Flauheit, Stille, Ruhe.
Flaute, geschäftliche (im Sommer) Saure-Gurken-Zeit *u.*
Flechse → Befestigung, Bindemittel, Glied.
flechten verschlingen, verknoten, verflechten, durchschlingen, durchwirken, umranken, ineinander schlingen, ineinander fügen, verfilzen, verweben, ineinander wirken, verhaspeln, einflechten, zusammenflechten, ineinander flechten.
▸ entflechten.
Flechtwerk → Filigran, Geflecht.
Fleck Plack *u*, Pletsche *u.* → Fehler.
Flecken Fleck, Gebiet, Gemarkung, Ort, Platz, Stelle, Stätte, Punkt, Winkel, Marktflecken • Fehler, Schmutz, Makel, Schmutzfleck, Schandfleck, Brandmal, Tupfer, Plack *u*, Plakat *u.* → Ansiedlung, Beschädigung, Defekt.
▸ Fleckenlosigkeit.
fleckenlos → adrett, rechtschaffen, rein.
Fleckenlosigkeit → Fehlerlosigkeit.
fleckig → farbenfroh, farbenreich, schmutzig.
fleddern ausnehmen/-plündern, berauben, beklauen, bestehlen, plündern.
Flegel Rotzlümmel *u*, Schlot *u.* → Barbar, Bärbeißer, Bengel, Bube.
▸ höflicher Mensch.
Flegelei → Beleidigung, Unhöflichkeit.
flegelhaft → boshaft, brutal, derb, ungezogen, unhöflich.
Flegeljahre Jugendzeit, Pubertät, Jünglingsjahre, Wachstumsjahre, Trotzalter • Unhöflichkeit, Ungebührlichkeit, Rücksichtslosigkeit, Ungezogenheit, Rohheit, Pöbelhaftigkeit, Dickfelligkeit.
▸ Reife.
Flehen Bitte, Anliegen, Begehr, Ansuchen, Ansinnen, Ersuchung, Erflehung, Verlangen, Wunsch, Geheisch, Anrufung, Beschwörung, Gebet, Bittgesuch, Anflehen, Fußfall, Bittschrift, Bedürfnis. → Brandbrief.
▸ Ablehnung.
flehen → anbeten, anflehen, beten, Blick mit feuchtem, bitten, erflehen.
flehend beschwörend, flehentlich, eindringlich, inständig, Nachdruck mit.
flehentlich flehend, fordernd, inständig, fußfällig, kniefällig, demütig, untertänig, bittend, eindringlich, bettelnd, ersuchend.
▸ ablehnend.
Fleisch füllen, mit farcieren.
Fleisch und Blut Blutsverwandte, Leib, Körper, Leben, Belebung, Lebenssaft, Geschöpf, Kreatur, Sein, Realität, Bestehen, Dasein, Organismus, Leib und Leben.
▸ Fremder.
Fleisch, zähes Radiergummi *u.*
Fleischbrühe → Brühe.
Fleisches gehen, den Weg allen → sterben.
Fleischeslust → Begierde.
Fleischfresser Karnivore, Zoophage.
Fleischfüllung Farce.
fleischig → dick, dickwanstig.
Fleischkloß Bulette, Frikadelle, Klops.
fleischlich → erotisch.
Fleischlichkeit → Unkeuschheit.
fleischlos → dünn.
Fleischsaftgelee Glace.
Fleischsülze Aspik.
Fleischvergiftung Botulismus.
Fleischwerdung → Christus.
Fleischwolf drehen, durch den faschieren.
Fleiß → Arbeitslust, Augenmerk, Begeisterung, Bemühung, Ehrgeiz, Eifer, Elastizität, Emsigkeit.
▸ Faulheit, Müßiggang, Trägheit, Untätigkeit • Beschaulichkeit, Muße.
fleißig → angestrengt, anstellig, arbeitsam, aufgeschlossen, ausdauernd, beflissentlich, begierig, beweglich, Damm sein auf dem, eilfertig, erwerbsam, tätig.
▸ arbeitsscheu, bequem, faul, müßig, träge.
fleißig arbeiten schaffen *u.*
flektieren → beugen.
flennen → beklagen, beweinen, weinen.
fletschen, die Zähne → bedrohen.
fleucht, was da kreucht und → alles.
flexibel → biegsam, schmiegsam.
Flexion → Biegung.
flicken → anmachen, ausbessern, ausfüllen, basteln, reparieren, verbessern.
flicken, am Zeug → tadeln, vorwerfen.
Flickwerk Gehudel, Geschmier, Schmiererei, Sudelei, Stümperei, Mangel, Makel, Fehler, Schwäche, Unzulänglichkeit, Ausschuss, Unbrauchbarkeit, Schnitzer, Bock, Missgriff, Pfuscherei, Pfuschwerk, Halbheit, Dummheit, Unkunke, Unerfahrenheit. → Chaos, Darstellung unrichtige.
▸ Brauchbarkeit, Fehlerlosigkeit, Vollendung.
fliederfarben lila.
Fliege Insekt, Stechfliege, Schmeißfliege, Aasfliege, Brummer, Mücke. → Bart, Bürste.
fliegen schweben, schaukeln, wippen, schwanken, schwingen, sich aufschwingen, auf Flügeln erheben, die Fittiche ausbreiten, zappeln, flattern, fortbaumen *j*, schrauben *j*, fortholzen *j*, fortstreichen *j*, fortstieben *j*, hochschwingen, stieben *j*, streichen *j* • steigen, reisen, fahren, fortbewegen, bewegen sich, starten, kurven, aufsteigen, durch die Luft sausen, Flugsport betreiben. → bammeln, begeben sich, bewegen sich, fahren, rennen, schweben.
▸ ruhen, sinken, zu schwer sein.
fliegende Untertasse UFO (unidentified flying object), unbekanntes Flugobjekt.
fliegender Händler ambulanter Händler.
fliegender Hund Kalong.
Fliegengewicht Leicht-, Federgewicht.

Fliegenleim → Falle, Bindemittel.
Fliegerei Aeronautik, Flugverkehr, Luftfahrt, Luftverkehr.
fliehen entweichen, entschlüpfen, entrinnen, entlaufen, enteilen, flüchten, abhauen, desertieren, durchbrennen, ausreißen, ausbrechen, davonlaufen, verduften, auskneifen, entwischen, fortschleichen, wegschleichen, fortstehlen, drücken, verkrümeln, stiften, zurückziehen sich, Fersengeld geben, das Hasenpanier ergreifen, sich auf die Beine machen, sich aus dem Staube machen, Reißaus nehmen, den Rücken kehren, entfernen, von dannen gehen, davonmachen sich, türmen *u*, in den Sack hauen *u*, Leine ziehen *u*, durch die Lappen gehen *u*, stiften gehen, ausbüxen *u*, ausrücken, auskratzen *u*, über alle Berge sein, heidigehen *u* • abreisen, scheiden, fortgehen, abfahren, wegziehen, abrücken • meiden, zurückschaudern, scheuen, ausweichen, aus dem Wege gehen, vermeiden. → aufspringen, bewegen sich, davonlaufen, entfliehen, entlaufen, entkommen, fernhalten.
▸ abgeben sich, angreifen, vorstoßen, kommen, zurückbleiben.
fliehend → rückwärts (gewendet).
▸ steil, vorspringend.
Fliehkraft Zentrifugalkraft.
Fließen → Bewegung.
▸ stagnieren, sich stauen • versiegen.
fließen strömen, versinken, laufen, ausfließen, abfließen, zufließen, sprudeln, rinnen, sickern, plätschern, pladdern *u*, rauschen, rieseln, drieseln, tröpfeln, emporquellen, hervorquellen, hervorbrechen, fluten, spülen, umfluten, umwogen, überschwemmen, austreten, bewegen sich, rühren. → bewegen sich, durchlaufen, hervorquellen, entfließen, quellen.
▸ stillstehen.
fließend geläufig, harmonisch, verlaufend, leicht, rhythmisch, störungsfrei, ununterbrochen, ohne zu stocken, fortreißend, ohne stecken zu bleiben, reden wie ein Buch. → beredt.
▸ stockend, umständlich.
Fließfähigkeit/-vermögen Fluidität.
Flimmerhärchen Kinozilien.
flimmern → blinzeln, leuchten.
flimmern, vor den Augen flirren, schwirren, einen Schleier vor den Augen haben. → schwach.
flimmernd → brillant, pompös, strahlend.
flink → anstellig, arbeitsam, baldig, beflügelt, beizeiten, beschwingt, eilends, fix, rasch, schnell.
▸ behäbig, lahm, langsam, schwerfällig, träge.
Flinkheit → Behändigkeit, Fertigkeit.
Flinte → Büchse.
Flinte ins Korn werfen die Fassung verlieren, den Kopf verlieren, den Mut verlieren, Leine ziehen, klein beigeben, die Flucht ergreifen, ins Bockshorn jagen lassen, ein Haar in der Suppe finden, verzagen, schlappmachen. → durchhalten, mutig sein.
Flip Cocktail.
flirren → blinzeln.
flirten charmieren, radaren *u*, schäkern *u*. → bekannt werden, buhlen, kokettieren.
Flitscherl → Backfisch.
Flittchen → Backfisch, Halbwelt.
Flitter → Aufmachung, Ausschmückung, Dekoration.
Flitterwochen Rammelferien *u*, Stoßzeit *u*. → Liebe, Vergnügen.
flitzen → fahren, rennen.
Flitzer Sportwagen, Rennwagen, schnelles Fahrzeug • Herumtreibender, Ausbund.
Flocke Stück, Teil • Flaum, Daune, Stäbchen, Schaum • Geriesel, Schnee. → Feder, Flaum.
flockig schuppig, blättrig, zottig, flaumig, wollig, faserig, federig • locker, aufgelockert, los, duftig, fein, zart • borstig, fest.
Flöhe husten hören hellsehen, vorausschauen, das Gras wachsen hören.
Flop Fehlschlag. → Misserfolg.
Flora Pflanzen alle, Pflanzenreich/-welt, Pflanzenwuchs, Vegetation.
florieren blühen, aufleben, erstarken, verjüngen sich, auf dem Damm sein, befinden sich wohl, gedeihen, gut anschlagen, gut gehen, wachsen, zunehmen • glücken, einschlagen, gelingen, prosperieren, eine glückliche Hand haben, seinen Weg bahnen, vorwärts kommen, erfolgreich sein, den Zweck erreichen, das Spiel gewinnen, das Feld behaupten.
▸ misslingen, zurückgehen.
florierend → gedeihlich.
Floskel Gerede, Gefasel, Geschwätz, Blech, Gemeinplatz, Firlefanz, Beiwerk, Sprachschnörkel, Wortblümchen, Schlagwort, Umschweife, Tirade, Umschreibung, Schwulst. → Ausschmückung, Bedeutungslosigkeit, geflügeltes Wort.
▸ Bündigkeit, Gehalt.
Floß → Fahrzeug (Wasser-), Schiff.
Flosse Pfote, Tatze, Pratze, Pranke, Fangarm, Schwinger.
flöten → anstimmen, musizieren.
flöten gehen → abhanden kommen, verlieren.
flott fahrbereit, auslaufen, flottmachen • leicht, unbeschwert, flüchtig, luftig, üppig, verschwenderisch, unwirtschaftlich, unklug, schwelgerisch, schlemmerhaft, liederlich, ausgelassen, übermütig, leichtherzig, aufgeräumt, lustig, genusssüchtig, zügellos, ungezügelt, ungebunden, leichtsinnig, lose, windig, leichtlebig, derb, jugendlich, burschikos, patent, fesch. → adrett, anmutig, anstellig, arbeitsam, fix, sauber, schmuck, schnell.
▸ beschädigt, bieder, schwerfällig.
flott von der Hand → spielend.
flott leben → vergnügen sich.
flottmachen → flott.
Flotte Schiffsverband, Geschwader, Kriegsflotte, Handelsflotte, Luftflotte, Luftgeschwader • Flotille, Armada • Seemacht, Marine.
Flottenboss/-chef/-führer Admiral.
Fluch Verwünschung, Verfluchung, Verdammung, Achterklärung, Bann, Ausstoßung, Fluchwort, Schimpfwort, Schmährede, Gotteslästerung • Unglück, Missgeschick, Verderben, Unheil, Vernichtung, Zusammenbruch. → Acht, Ächtung, Bekümmernis.
▸ Achtung, Glück, Gnade, Heil, Segen, Wohl.
Fluch der bösen Tat → Schuld.

fluchen verfluchen, verdammen, verwünschen, verurteilen, ächten • wettern, lästern, schelten, schimpfen, schwören, geifern, donnern, Tod und Teufel wünschen, Tod und Verderben herabrufen, wie ein Stallknecht fluchen, Drohungen schleudern. ▸ schönreden • begnadigen, wohl tun.
Flucht Rückzug, Abzug, Abschied, Entrinnen, Entkommen, Abfall, Aufgabe, Feigheit, Untreue, Preisgabe • Zurückziehung, zurückziehen, Rückzieher, Rückwärtsbewegung • Reihe, Zeile, Kette, Schleiche *u.* → Ausweg, Beschwerlichkeit, Entweichen, Fahnenflucht. ▸ Bereitschaft, Pflichterfüllung, Verteidigung, Vormarsch, Attacke, Angriff • Beharrlichkeit, Standfestigkeit • Widerstand.
Flucht ergreifen → davonlaufen.
Flucht vor der Wirklichkeit Eskapismus.
flüchten davonlaufen, davonmachen sich, desertieren, enteilen, entfliehen, entlaufen, fliehen, losbrechen *j.* ▸ bleiben auf dem Platze oder bei der Sache, verteidigen, attackieren, angreifen, entgegentreten • ausharren, standhalten • in den Sack hauen *u.*
flüchtig andeutungsweise. → abtrünnig, ätherisch, äußerlich, beflügelt, beweglich, dampfförmig, davon auf und, duftig, dunstartig, ein und aus, fahrig, luftig, nachlässig, oberflächlich, vergänglich. ▸ beharrlich, dauerhaft, ewig, nachhaltig • eingehend, genau, gewissenhaft, gründlich, intensiv, sorgfältig • vertraut • gefangen.
flüchtig arbeiten ruscheln *u.*
flüchtig lesen diagonal lesen *u*, querlesen *u.*
flüchtige Zeichnung Skizze.
flüchtiges Ereignis Episode.
Flüchtigkeit → Dunst, Langsamkeit, Leichtfertigkeit, Vergänglichkeit.
Fluchtkapital Floating-money, Hot-money.
Flüchtling → Auswanderer, Deserteur, Vertriebener.
Flüchtlingszug Treck.
Flug Luftfahrt, Luftsport, Segelflug, Gleitflug, Abflug, Fliegerei, Schwarm, Reise, Flugwesen, Flugsport, Sturzflug, Kunstfliegen, Rückenflug, Aeronautik, Blindflug, Verkehrsluftfahrt. → Bewegung, Blitz.
Flug der Gedanken → Gedankenfülle.
Flug, im volley.
Flugangst Aviophobie, Aeroneurose, Aerophobie.
Flugball → Ball.
Flugbegleiterin Hostess, Stewardess.
flugbereit fertig, bereit, fliegerisch, unternehmungsbereit, reisefertig, aeronautisch, marschbereit, flugfertig.
Flugblatt → Angebot, Druckschrift.
Flügel Fittich, Schwingen, Tragdeck, Pendel, Schleuder, Seitenflügel, Nebenflügel, Seite, Heeresflügel, Flanke, Glied, Flügelschlag, Fortbewegungsmittel • Musikinstrument, Piano, Stutzflügel.
Flügel beschneiden schwächen, hemmen, hindern, entkräften, abschwächen, erschöpfen, lähmen, stutzen, entnerven, bremsen, erschweren, lahm legen, hintertreiben, vereiteln, der Kraft berauben, ein Gebiss anlegen, das Handwerk legen, einen Riegel vorschieben. ▸ gewähren.
Flügel hängen lassen trauern, verzweifeln, verzagen, entmutigen, sich betrüben, das Herz schwer machen, finster dreinschauen, den Kopf hängen lassen, den Blick auf den Boden heften, saure Miene zeigen, ein Gesicht machen, sich in Sack und Asche hüllen, Grillen fangen, jede Hoffnung verlieren. ▸ erhoffen, unbesorgt (sein).
Flügelkleid → Backfisch.
Fluggast Passagier.
Fluggastabfertigung (vor dem Start) Check-in.
Fluggastbrücke/-laufgang Gangway, Jetway.
flügge → entwickelt.
Flughafen Airport, Landeplatz.
Flugkapitän Chefpilot.
Flugkarte Ticket.
Fluglinie Airline.
Flugmaschine → Fahrzeug (Luft-).
Flugplatz Airport, Flughafen, Landeplatz.
flugs → beflügelt, Blitz wie der, dann, eilend, Fall und Knall, schnell.
Flugschrift → Buch.
Flugstrecke Route.
Flugtaxi Aerotaxi, Aerotaxe.
Flugzeug Sarg *u.* → Fahrzeug (Luft-).
Flugzeug, gemietetes Chartermaschine.
Flugzeugentführung Hijacking, Jetnapping.
Flugzeugführer → Pilot.
Flugzeugschuppen Hangar.
Fluidum → drum und dran.
Fluktuation Bewegung, Wechsel (auf dem Arbeitsmarkt), Stellungswechsel.
Flunkerei → Chauvinismus, Lüge.
Flunkerer → Angeber, Chauvinist, Lügner.
flunkern → angeben, aufschneiden, dick tun, fantasieren, lügen.
Flur Schlauch *u.* → Diele, Erdboden, Feld und Wald, Korridor, Gang, Hausflur • Acker(land), Feld und Wald, Land, Natur.
Flurwächter → Büttel.
Fluss Strom, Gewässer, Wasserstraße, Flusslauf, Hauptfluss, Nebenfluss, Ausfluss, Abfluss, Flussbett, Strombett, Bach, Gießbach, Wildbach, Durchlauf, Wasser • Fortgang, Lauf, Redefluss, Redefolge, Fließarbeit. → Ablauf, Bewegung. ▸ Stillstand.
Fluss, der Rede → Fluss geraten in, Rede.
Fluss geraten, in loslegen, plaudern, mit sich fortreißen, in Redefluss geraten, sich das Herz erleichtern • bewegen, erweichen, erschüttern, zu Tränen rühren. ▸ fassen sich kurz, verstummen.
flussab → bergab.
flussabwärts → abwärts.
flussauf → bergauf.
flussaufwärts → aufsteigend, aufwärts.
Flussbad → Bad.
Flussbett → Bett, Fluss.
flüssig wässrig, feucht, saftig, tauig, tropfbar, strömend, ungeronnen, geschmolzen, ungefroren, löslich, brühig, unverdickt, getaut. → bar. ▸ fest, flüchtig, mittellos, eingefroren, gefroren • festgelegt, illiquid • gasförmig • dick, zäh • stockend, unbeholfen.

flüssig machen → auflösen, ausgehen, begeben.
Flüssigkeit Getränk, Lymphe, Feuchtigkeit, Feuchte, Trank, Trunk, Gerinsel, Geriesel, Saft, Brühe, Lauge, Tunke, Soße, Schleim, Wasser, Blut, Tinktur, Gewässer, Serum, Lebenswasser, Elixier, Absud, Aufguss, Lösung. → Getränk.
flüssigkeitsdurchlässig permeabel, leck, undicht.
Flussübergang Brücke, Furt.
Flüstern → Dämpfung.
▸ brüllen, laut sprechen, rufen.
flüstern murmeln, einflüstern, zuflüstern, zischen, fispern, fispeln, tuscheln, munkeln, wispern, zischeln, rascheln, zusammentuscheln, soufflieren, anvertrauen, leise reden, leise, sprechen, Heimlichkeiten treiben, ins Ohr sagen. → dämpfen die Stimme.
▸ schreien.
flüsternd → leise.
flüsternd vorsagen einsagen, soufflieren.
Flut Springflut, Sturmflut, Welle, Woge, Brandung, Meer, Wasserflut, Salzflut, Erguss, Fluss, Sprudel, Strömung, Sturzbach, Wildbach, Strom, Seegang, Wasserfall, Gewässer, Sintflut, Überflutung, Hochwasser, Flutwelle, Wallung, Hochflut, Katastrophe, Umspülung, Ausströmung, Erguss. → Anzahl, Auswahl, Brandung, Überfluss.
▸ (Ebbe), Knappheit.
fluten strömen, umfluten, umspülen, überfluten, unterspülen, wogen, umwogen, umwallen, branden, strudeln, wirbeln, überschwemmen, sprudeln, rauschen, hervorbrechen. → emporquellen, ergießen sich.
▸ abdrosseln, stillstehen.
Flutlicht Rampenlicht, Scheinwerferlicht.
flutschen gut funktionieren. → gelingen.
Föderation *f* → Bund.
Fohlen Füllen, Pferdchen.
fohlen → belegen, befruchten, decken.
Folge Abfolge, Nachfolge, Gefolge, Reihenfolge, Anhang, Fortsetzung, Nachspiel, Nachwehen, Nachklang, Stufe, Rangfolge, Reihe, Richtung, Plan, Lauf, Fluss, Stetigkeit, Fortgang, Verkettung, Folgezeit, Folgerung, Schluss, Fazit, Ergebnis, Folgerichtigkeit, Sinn • das Ende vom Liede. → Ablauf, Anzahl, Aufeinanderfolge, Ausgang, Auswirkung, Bedeutung, Beständigkeit, Causa, Dauer, Ergebnis, Faden roter.
▸ Grund, Regellosigkeit, Unterbrechung, Ursache.
Folge, in der → darauf.
Folge, in steter → andauernd.
Folge, regelmäßige z.B. Rhythmus, Sequenz, Serie, Zyklus.
folgen erfolgen, nachfolgen, nachkommen, anschließen, anhängen, nachahmen, zusammenhängen, anreihen, fortfahren, fortschreiten, beobachten, übereinstimmen, begleiten, geleiten, hervorgehen, ausfallen, entspringen, entstehen, herkommen, herrühren, zutreffen, eintreffen, sich ereignen, auf der Fährte, nachziehen *j*, nachsteigen, nachzuckeln *u*. → beigesellen, beherzigen, auf den Fersen folgen, gehorchen, verfolgen.
▸ umkehren, unfolgsam (sein), verursachen, vorangehen, anführen, führen, leiten, vorangehen • anordnen, befehlen • sich weigern/widersetzen • bewirken, veranlassen, verursachen.
folgend → danach, nachfolgend.
folgendermaßen → beispielsweise, so.
folgenreich → denkwürdig, ereignisreich.
folgenschwer → A und O, schlimm.
folgerecht → anschaulich, beweisend, demgemäß, demnach, denkgerecht, erklärbar.
folgerichtig → anschaulich, beweisend, daher, dementsprechend, demgemäß, demnach, denkgerecht, deshalb, erklärbar.
Folgerichtigkeit Konsequenz, Logik.
folgern → ableiten, annehmen, auslegen, aussagen, berühren, bringen in Verbindung, deduzieren, denken, deuten, disputieren, dokumentieren, erachten, entnehmen, ersehen, schließen.
folgernd → logisch.
Folgerung Schlussfolgerung, Syllogismus, Beweisführung, Darlegung, Schluss, Beweisgrund, Voraussetzung, Ergebnis, Ableitung, Tatsache, Folgerichtigkeit, Logik, Begriffsfolge. → Argument, Axiom, Betrachtung, Beweisführung.
▸ Fehlurteil, Grund, Widerlegung, Widerspruch.
Folgerungsfehler Inkonsequenz.
folgewidrig denkwidrig, unlogisch, falsch, unhaltbar, fehlerhaft, verbogen, täuschend, trügerisch, unsachlich, schwach, vernunftlos, kindisch, einfältig, töricht. → absurd, abwegig, beziehungslos.
▸ folgerichtig.
Folgezeit folgende Zeit, kommende Zeit, später, Zukunft.
folglich → also, dadurch, daher, daraus, dementsprechend, demgemäß, demzufolge, deshalb, erfahrungsgemäß, erweislich, logisch.
folgsam → aufmerksam, biegsam, gehorsam, hörig.
Folgsamkeit → Demut, Gehorsam.
Foliant *m* → Buch.
Folie *f* → Blatt.
Folter Strenge, Härte, Grausamkeit, Unnachsichtigkeit, Rücksichtslosigkeit, Gewalttätigkeit, Zwangsmittel, Gewaltmittel, Marter, Strafe, Kerker, Ketten, Halseisen, Daumenschrauben, Handschelle, Knute, Stock, Marterwerkzeug, Folterwerkzeug, Tortur, Rad, Kreuz, Pfahl, Schafott, Schandpfahl, Pranger, Kummer, Schmerzen, Pein, Folterung, Züchtigung, Geißelung, Flüsterfolter • glühende Kohlen, auf die Folter spannen, neugierig machen. → Anstrengung.
▸ Begnadigung, Entspannung, Menschlichkeit, Nachsichtigkeit.
Folterbank → Bock.
foltern → bestrafen, bohren, Folter, quälen.
Folterung → Bestrafung, Folter.
Fond → Hintergrund.
Fontäne Springbrunnen, Wasserspiele • Geiser, Springquell, Sprudelquelle, artesischer Brunnen • Wasserorgel.
foppen → anführen, anöden, aufziehen, auslachen, beeinträchtigen, bespötteln, Besten halten zum, Dunst

vormachen, düpieren, fabeln, necken.
Fopperei → Belustigung, Spott.
forcieren → erzwingen.
Förde → Bai, Becken, Bucht.
Förderer → Helfer, Mäzen.
förderlich → anwendbar, brauchbar, dienlich, einträglich, erfolgreich, ermutigend, fördernd, nützlich. ▸ hemmend, hinderlich, schädlich, ungesund, widrig.
Förderlichkeit → Dienlichkeit, Einträglichkeit, Nützlichkeit.
fordern → beanspruchen, befehden, befehlen, begehren, bemühen, bestehen auf, betteln, bewerben sich, bitten, dirigieren, einfordern, erfordern, erheben Anspruch, fallen zur Last, verlangen, postulieren. ▸ ablehnen, verweigern • anbieten • erfüllen, geben, gewähren, zugestehen • erlassen • bitten, flehen.
fördern → abnehmen, bahnen, begünstigen, beispringen, beistehen, beraten, beschleunigen, bringen auf die Beine, einstehen, unterstützen. ▸ abbrechen • beeinträchtigen, behindern, bremsen, erschweren, hemmen, hindern, stoppen, unterbinden, vereiteln • ruinieren, schaden, schädigen, stören, verderben, zerstören • vernachlässigen.
fördernd behilflich, förderlich, einsatzbereit, hilfsbereit, begünstigend, hilfreich, gönnerhaft, geneigt, gefällig, helfend, unterstützend, wohlwollend, nützlich, nutzbringend, lohnend, verbessernd, fördersam. → antreiben, bahnbrechend, bekömmlich, erleichternd. ▸ hindernd.
Forderung → Appell, Bedarf, Bedürfnis, Bettelei, Bewerbung, Brandbrief, Erfordernis, Faktura, Verlangen. ▸ Verbindlichkeit • Ablehnung • Zusage • Erfüllung • Angebot • Bitte.
Förderung Hilfe, Beihilfe, Handreichung, Begünstigung, Unterhalt, Beförderung, Nachhilfe, Erleichterung, Zuschuss, Gönnerschaft, Gunstbezeigung, Stütze, Nutzen, Vorteil, Besserung, Verbesserung, Fortschritt. → Arbeitssegen, Aufbau, Ausdehnung, Auswirkung, Beihilfe, Beistand, Beitrag.
Förderwerk → Elevator.
Forke → Gabel.
Form Gestalt, Prägung, Formung, Schnitt, Bau, Figur, Umriss, Zustand, Beschaffenheit, Muster, Modell, Vorschrift, Einheitsform, Musterform, Körper, Schema, Gefüge, Bauart, Satzform, Kunstform • Kuchenform • Schliff, Schmiss, Protokoll, Benehmen. → Art, Art und Weise, Aufbau, Ausdruck, Aussehen, Bildung, Brauch, Charakter, Dessin, Etikette, Fasson, Fassung. ▸ Formlosigkeit • Gehalt, Inhalt, Sinn, Wesen.
Form geben → behauen, formen.
Form, gut in durchtrainiert, gesund, kerngesund, fit, leistungsfähig, topfit.
Form, in dieser → dergestalt, dermaßen.
formal → äußerlich, förmlich.
Formalität → Etikette.
Formänderung → Verunstaltung.
Format Größe, Art, Maß, Kleinformat, Großformat, Ausmaß, Dimension, Gestalt, Umfang, Zuschnitt. → Ausdehnung, Bedeutung. ▸ Bedeutungslosigkeit.
Formation → Art.
formbar weich, teigig, breiig, tonig, knetbar, mürbe, biegsam, biegbar, geschmeidig, fügsam, fügbar, nachgiebig, schmiegsam, hämmerbar, schmiedbar, plastisch, bildsam. → biegsam, dehnbar. ▸ fest, unveränderlich.
Formel → Vorschrift.
formell → eidlich, förmlich.
formen gestalten, bilden, ausarbeiten, drechseln, meißeln, ausschnitzen, ausschneiden, aushauen, hauen, modellieren, figurieren, prägen, behauen, entwerfen, erzeugen, hervorbringen, basteln, bauen, errichten, anfertigen, darstellen, verkörpern, veranschaulichen, schaffen, ausbilden, züchten, Form geben, gerade machen → anfassen, anfertigen, anordnen, arbeiten, arrangieren, aufbauen, aufziehen, ausarbeiten, ausbilden, ausdenken, ausdrücken, behauen, bilden, drechseln, erschaffen, erzielen. ▸ umstoßen, unvollendet (sein), verziehen, zerstören.
Formenkram Formalismus.
Formenmensch Formalist.
Formenreichtum Vielfalt, Vielförmigkeit, Mannigfaltigkeit.
Formenzwang → Etikette.
Former → Arbeiter, Erschaffer.
Formfehler Entgleisung, Missgriff, Fehler, Versehen, Verwechseln, Schnitzer, Sprachfehler, Ausdrucksfehler, Geschmacklosigkeit, Taktlosigkeit, Satzfehler, Verstoß, Verirrung. ▸ Formgefühl.
Formgefühl → Anstand, Höflichkeit.
Formgestalter Designer, Stylist.
formgewandt → artig, dienstfertig, diplomatisch, höflich.
formieren → bilden.
förmlich steif, geziert, gesucht, einstudiert, gespreizt, aufgesteift, salbungsvoll, unnatürlich, erzwungen, formell, formal, langweilig, erkünstelt, überfeinert, unecht. → diplomatisch, dünkelhaft. → aufgeschlossen, natürlich.
Förmlichkeit → Brauch, Etikette.
formlos gestaltlos, amorph, unförmlich, unbehauen, roh, ungeformt, verkrüppelt, amorph, gewöhnlich, stillos, missförmig, ungestalt, unproportioniert. → fettwanstig, unhöflich. ▸ geformt, höflich.
Formlosigkeit Ungezwungenheit • Unförmigkeit, Gestaltlosigkeit, Missgestalt, Verunstaltung, Entstellung, Verstümmelung, Verkrüppelung, Unschönheit, Missform, Missgebilde, Stillosigkeit, Unart, Unhöflichkeit, Entgleisung, Unbildung, Ungezogenheit, Verstoß, Taktlosigkeit. → Deformation. ▸ Form, Höflichkeit.
Formsache Formalität, Routine, Förmlichkeit.
formschön elegant, formvollendet, gut gestaltet, wohlproportioniert.
Formschreiben Standardbrief/-schreiben.
Formular Ausfüllblatt, Bogen, Formblatt, Leerdruck, Liste, Musterblatt, Schein, Verzeichnis, Vordruck, Rundschreiben, Entwurf, Anordnung, Papier, Fragebogen.
formulieren → ausarbeiten, ausdrücken, beschreiben.

Formulierung → Abfassung.
Formung → Aufstellung, Bildung, Entstehung, Erzeugung, Form.
Formwechsel Anamorphose, Metamorphose.
forsch → anstellig, arbeitsam, scharmant, flott.
forschen → aufwerfen, beobachten, durchforschen. ▸ entdecken, enthüllen, erfinden, finden, herausfinden • verbergen, verhüllen, verschleiern.
forschend gedankenreich, nachdenklich • gedankenverloren, besinnlich, überlegend • ermittelnd, dahinterkommend, entdeckend.
Forscher → Bahnbrecher, Erfinder.
Forschung Erforschung, Erkundigung, Ausforschung, Untersuchung, Prüfung, Nachforschung, Ausfragerei, Erfindung, Expedition, Erwägung, Berechnung, Forschungsreise, Beobachtung. → Analyse, Ausforschen, Begriffsscheidung, Beobachtung, Erforschung.
Forschungsanstalt → Anstalt.
Forschungsbetrieb → Laboratorium.
Forschungsgegenstand → Problem.
Forschungsreise Expedition.
Forschungstrieb → Interesse.
Forschungsweise Methode, Methodik.
Forst → Wald.
Forstbezirk Revier.
Fort → Bastion, Befestigung.
fort weg sein. → ab, abhanden, abwesend, auf, aus, davon auf und, davon, fern. ▸ anwesend, da, hier, vorhanden, zugegen • heimwärts, herbei, nach Hause, zu Hause.
fort, in einem → dauernd, unterbrochen.
fortbegeben, sich → weggehen.
Fortbestand → Beständigkeit • Fels.
fortbestehen → bleiben, dauern.
fortbestehend → dauernd.
fortbewegen, sich → bewegen sich.
Fortbewegung → Bewegung.
Fortbildung Weiterbildung, Ausbildung, Weiterschulung, Qualifizierung.
Fortbildungsanstalt → Erziehungsanstalt, Schule.
fortbleiben → fehlen, wegbleiben.
fortbringen → wegbringen.
Fortdauer → Beständigkeit, Dauer, Ewigkeit.
fortdauern überdauern, fortbestehen, beharren, durchhalten, anhalten, aushalten, fortsetzen, verewigen, fortleben, überstehen, bleiben, Bestand haben, kein Ende nehmen. → ausharren, bleiben, dauern. ▸ vergehen.
fortdauernd andauernd, beständig, fortgesetzt, fortlaufend, fortwährend, immer, konstant, ständig, stets, unablässig, unaufhörlich, ohne Unterlass, eine Ewigkeit dauern. → anhaltend. ▸ vergänglich.
Fortentwicklung → Fortschritt.
fortfahren. fortsetzen, fortschreiten, fortführen, währen, fortdauern, weitermachen, beharren, fortgehen, ausdauern, ausharren, anhalten, bleiben, verweilen, wiederholen • abreisen, scheiden, weggehen, abdampfen, einschiffen, auslaufen, abfliegen, abrollen, starten, verlassen, ausziehen, auswandern, durchbrennen, fliehen, entfernen, verduften, Gas geben, sich davonmachen, von dannen ziehen, von der Bildfläche verschwinden, die Zelte abbrechen, sich auf den Weg machen, eine Reise antreten, einen Zug besteigen, zum Bahnhof gehen, ein Flugzeug nehmen, Abschied nehmen. → bleiben bei der Sache, dabei bleiben, dauern. ▸ beginnen, bleiben.
Fortfall → Abtrennung, Auslassung, Weglassung.
fortfallen → fehlen.
fortfegen → wegschaffen.
fortfliegen entfernen, fortbewegen, fortlaufen, abreisen, ausfliegen, auffliegen, entfliegen, davonfliegen, wegflattern, verwehen, auf und davon, vom Winde fortgeführt, entweichen. → entfliehen, fortfahren. ▸ bleiben.
fortführen fortsetzen, weitermachen, beharren, betreiben, dabeibleiben, verweilen, seinem Ziele zustreben, unermüdlich sein, nicht lockerlassen, die Nachfolge antreten, beginnen wo jemand aufgehört hat. → bleiben bei der Sache, dabeibleiben, fortfahren. ▸ aufhören, beginnen.
Fortgang → Ablauf, Durchführung, Faden roter, Folge, Geleise.
fortgebracht → dahin.
fortgehen → abhauen, empfehlen sich, entfernen sich.
fortgejagt → arbeitslos, kündigen, wegschicken.
fortgeschritten gereift, entwickelt, weitergekommen. ▸ im Anfängerstadium.
fortgesetzt → andauernd, anhaltend, ausgedehnt, beständig, bis, chronisch, dauerhaft, dauernd, fortwährend, immer.
forthelfen, sich bewähren sich, anfassen, schaffen, arbeiten, werken, durchfressen sich, sein Geschäft verstehen, alles anfassen, die Zügel ergreifen, seinen Mann stellen, nicht untergehen. ▸ unterliegen.
fortjagen → aussiedeln, ausstoßen, ausweisen, benehmen das Recht, beiseitigen, Bord werfen über, geben den Laufpass, vertreiben.
fortkehren → räumen.
Fortkommen Auskommen, Unterhalt, Bestand, Fortentwicklung, Fortgang, Fortbildung, Ausbildung, Schulung, Werdegang, Entwicklung, Fortschritt, Entfaltung, Weiterentwicklung, Höherentwicklung, Gewinn. ▸ Mangel, Not, Rückschritt.
Fortkommen finden, sein gedeihen, grünen, blühen, vom Glück begünstigt sein, vorwärtskommen, Karriere machen, sein Auskommen finden, zu etwas bringen, vom Glück verwöhnt werden, zu etwas kommen, etwas werden, auf einen grünen Zweig kommen, aufsteigen, sein Glück machen. ▸ untergehen.
fortkommen → ausschreiten, gedeihen, vorrücken, wachsen.
fortlassen ausklammern, auslassen, streichen, weglassen.
Fortlassung → Abzug, Weglassung.
fortlaufen → abhauen, dannen gehen von, desertieren, fegen hinweg, fortfahren, zerfließen. ▸ angelaufen kommen,

herbeilaufen • heimlaufen • bleiben, dableiben.
fortlaufend → andauernd.
fortleben → bestehen.
fortlegen → abdecken.
fortmachen, sich abhauen, davongehen, fliehen, flüchten, verabschieden sich, weggehen.
fortnehmen → entfernen.
fortpflanzen → befruchten, bewegen, zeugen.
Fortpflanzung → Befruchtung, Empfängnis, Erzeugung, Vermehrung.
Fortpflanzung, ungeschlechtliche Agamogonie, Monogenese, Monogonie.
fortpflanzungsfähig fertil, fruchtbar, potent, reif, vermehrungsfähig, zeugungsfähig.
Fortpflanzungsfähigkeit Zeugungsfähigkeit, Potenz, Mannbarkeit, Reife.
Fortpflanzungstrieb Geilheit, Geschlechtstrieb, Libido, (Lust auf) Sex, Sexualität, Sexualtrieb, Wollust.
Fortpflanzungszelle Gamet.
forträumen → abdecken.
fortreisen abreisen, entschwinden, verreisen.
fortreißen, mit sich → beeinflussen.
fortschaffen → abschaffen, absondern, ausmerzen, beseitigen.
Fortschaffung → Enteignung, Räumung, Transport.
fortscheren, sich → hinausweisen, hinauswerfen.
fortschicken → entfernen, entsenden, expedieren.
fortschieben fortstoßen, fortdrücken, fortziehen, wegschubsen *u*, versetzen, umstellen, den Platz ändern • sorglos leben, abwarten, an sich herankommen lassen.
fortschleichen, sich → Fersengeld geben, verschwinden.
fortschreiten → ausschreiten, Dampf dahinter machen, marschieren.
▸ sich zurückentwickeln, zurückbleiben • stagnieren, stehen bleiben.
fortschreitend → unwälzend, unausgesetzt.
Fortschritt Fortentwicklung, Entfaltung, Zunahme, Gewinn, Ausbildung, Schulung, Progression, Fortsetzung, Fluss, Lauf, Schnelle, Raschheit, Eile, Geschwindigkeit • Neuheit, Neuerung • Fortgang, Fortsetzung, Vormarsch, Wegbereitung, Anbahnung • Erkenntnis, Erfahrung, Entdeckung, Erfindung, Aufklärung, Erleuchtung, Dämmerung, Erziehung, Geschicklichkeit, Fähigkeit, Kunst • Besserung, Verfeinerung, Aufbau, Veredelung, Heilung, Hilfe, Förderung, Erleichterung, Erholung, Erfolg, Ergebnis, Vorwärtskommen, Gelingen, Arbeitssegen, Aufstieg, Erneuerung, Förderung, Segen, es herrlich weit bringen, Vermehrung, Wachstum, Zunahme. → Arbeitssegen, Aufbau, Entfaltung, Entwicklung, Erfolg, Erstmaligkeit, Kultur, Neuheit, Reform, Segen.
▸ Degeneration, Dekadenz, Rückgang • Stagnation, Stillstand.
Fortschritte machen entwickeln sich, fortschreiten, vorwärts kommen, weiterkommen.
fortschrittlich → aufgeschlossen, bahnbrechend, beherrschend, positiv, rege, strebsam, umwälzend, zeitgemäß.
▸ beharrlich, beständig, konservativ • reaktionär, rückschrittlich.
fortschrittsfeindlich konservativ, reaktionär, restaurativ, rückständig, zurückgeblieben.
Fortschrittsglaube Optimismus, Zukunftsglaube, Zuversicht.
fortsein → fehlen.
fortsenden → expedieren.
fortsetzen fortfahren, fortführen, weitermachen, beharren, aushalten, betreiben, bleiben dabei, verweilen • folgen, nachahmen, nachfolgen, in die Fußstapfen treten • verewigen, fortdauern • erfassen, ergreifen, verfolgen, arbeiten, befleißigen. → bleiben bei der Sache, dabeibleiben, dauern.
▸ aufhören, faulenzen, verschwinden, vorangehen.
Fortsetzung Nachfolge, Fortgang, Fortführung, Ausführung, Dauer, Fortfahren, Folge, Beisatz, Zusatz, Zutat, Anfügung, Anhang. → Ablauf, Dauer, Durchführung.
▸ Einstellung, Schluss, Spitze, Unterlassung, Pause, Unterbrechung.
fortstehlen davon, fortstehlen sich. → abhauen, begeben sich, bewegen sich, davonlaufen, davonmachen sich, entziehen sich der Gefahr.
fortstehlen, sich → desertieren.
fortstellen → wegräumen, wegstellen.
fortstoßen → abstoßen, verstoßen.
fortstürzen → aufspringen, beschleunigen.
forttragen → austragen.
forttreiben wegtreiben, austreiben, wegjagen, entlassen, fortschieben, fortschaffen, wegräumen, entfernen, hinaustreiben, hinausjagen, ausquartieren, versetzen.
▸ belassen, unterbringen, zusammenhalten.
Fortuna Glück, Glückssache, Glücksfall, Zufall, Zufälligkeit, Glückslos, Gewinn, Treffer, Glücksstern, Trumpfkarte, Erfolg, Gunst des Schicksals, günstiger Wind • Göttin, Glücksgöttin.
▸ Pech, Unglück.
fortwähren → dauern, fortdauern.
fortwährend fortgesetzt, dauernd, dauerhaft, ewig, endlos, unaufhörlich, unvergänglich, beharrlich, anhaltend, beständig, stetig, ununterbrochen, häufig, vielmals, immer, alltäglich, jahraus jahrein, jeden Tag, von Tag zu Tag. → andauernd, alltäglich, beharrlich, beständig, bis, chronologisch, dauernd, in einem fort, erneut.
▸ außergewöhnlich, flüchtig, regellos, selten, unbeständig.
fortwaschen → auslaugen.
fortwerfen wegschmeißen. → Eisen zum alten werfen.
fortziehen → ausziehen, ausdehnen.
Forum → Gericht.
fossil alt, altertümlich, vorweltlich, vorsintflutlich, tot, abgelagert, versteinert, hart, fest, vorzeitlich, verhärtet.
Foto Lichtbild → Abbild, Bild.
Fotoapparat Fotokamera, Lochkamera, Filmkamera, Camera obscura, Plattenkamera, Rollfilmkamera, Apparat, Balgkamera, Spiegelreflexkamera, Kleinbildkamera. → Apparat

Fotografie Lichtbildkunst, Lichtbildnerei, Schwarzweißkunst, Farbaufnahmen, Licht und Schatten, Nahaufnahmen, Fernaufnahmen, Schnappschuss, Freilichtaufnahmen, Bildentwicklung, Bildvergrößerung. → Bild.
fotografieren Aufnahme machen eine, aufnehmen, Bild machen/schießen ein, knipsen.
Fotokopie Ablichtung, Kopie, Vervielfältigung.
Foul Regelwidrigkeit, Grobheit. ▸ Fairness.
Fourage Lebensmittel, Mundvorrat, Futter, Nahrung, Zehrung, Bedarf, Lebensbedürfnis, Ration, Versorgung.
fouragieren → versorgen.
Foyer Raum, Vorzimmer, Vorhalle, Wandelhalle, Couloir, Wandelgang, Halle, Theaterwandelgang.
Fracht Transport, Fuhre, Ladung, Schub, Last, Versand, Inhalt, Schlepplast, Gut, Beförderung • Bulkladung *sm* (lose Ladung, unverpackt), Decksladung *sm.* → Anfuhr, Aufschlag.
Fracht, beschwerende/ wertlose Ballast.
Frachtbrief Begleitpapiere, Seeladeschein, Konnossement *sm,* Bill of Lading.
frachtfrei franko, franco.
Frachtstück Kollo.
Frachtverkehr Güter-/Warentransport.
Frachtzug → Fahrzeug (Schienen-).
Frack → Anzug.
Frage Nachfrage, Erkundigung, Anfrage, Zwischenfrage, Ausfragerei, Ausforschung, Prüfungsfrage, Umfrage, Kreuzverhör, Fragerei • Fragebogen, Probebogen, Verhör, Statistik • Fragestellung, Ungewissheit, Rätsel, Problem, Frageform, offene Frage, rhetorische Frage • Fragezeichen. → Angelegenheit, Ausruf. ▸ Antwort, Auskunft, Beantwortung, Entgegnung, Erwiderung • Ergebnis, Klärung, Lösung.
Frage, offene → diskutierbar.
Frage, ohne fraglos, gesichert, unbestritten, sicher, zweifellos.
Frage, schwierige Problem.
Frage stellen, in anzweifeln, bezweifeln, Zweifel ziehen in, zweifeln an.
Fragebogen Seelenspiegel *u.* → Frage.
Fragegespräch → Interview.
fragen → anfragen, anhalten, ausforschen, erkundigen. ▸ antworten, Auskunft geben, beantworten, entgegnen, erwidern • klären, lösen.
Fragen aufwerfen → ausforschen.
fragen, nach nichts → betäuben, beikommen nicht, blasiert, leichtsinnig.
fragen, sich denken, durchdenken, grübeln, nachdenken, rätseln, tüfteln, überlegen.
fragend → erwägen.
fragend, unnachgiebig inquisitorisch.
Fragenkreis Materie, Problemkreis.
Fragerei → Ermittlung, Frage.
Fragespiel Quiz.
Fragesteller Späher, Ausforscher, Ausfrager, Untersucher, Erforscher, Inquisitor, Prüfer, Anfrager, Schnüffler.
Fragestellung Problem.
fragil zerbrechlich, zart, gefährdet.
fraglich → bedenklich, dahingestellt, dehnbar, ungewiss. ▸ bestimmt, fraglos, geklärt, unstrittig, unzweifelhaft, zweifellos.
fraglos → absolut, beglaubigt, bestimmt, definitiv, gewiss, sicher, todsicher, zweifellos, zweifelsfrei/-ohne, absolut, definitiv.
Fragment → Bruchstück.
fragmentarisch → bruchstückartig, stückweise.
fragwürdig → unsicher. ▸ anständig • zweifelsfrei, zweifellos.
Fraktion Bruchteil, Bruchstück, Stück, Fragment • Partei, Klub, Zusammenschluss, Vereinigung, Körperschaft, Verband, Verbindung. → Anhang. ▸ (Einzelgänger), Ganzes, Gegnerschaft.
Fraktur deutsche Druckschrift • Bruch, Knochenbruch. ▸ Antiqua.
Fraktur reden → deutsch reden.
frank → frei.
frankieren → freimachen.
franko → frei.
Franse → Verzierung.
Fransenbesen Mopp.
fransig faserig, gesträubt, stupfelig, zottig, bewimpert, wimperartig, flaumig, ästig, federartig, fedrig, haarig, befiedert, fusselig *u.* → faserig, federartig. ▸ glatt.
französisch, sich empfehlen → abhauen.
frappant → auffallend, verblüffend.
frappieren → auffallen, überraschen.
Fraß → Essen, Fressen, Atzung, Fütterung, Beköstigung, Schmaus, Kost, Mast *j,* Völlerei, Unmäßigkeit, Schwelgerei, Fresserei, Prasserei, Ungezügeltheit, Übersättigung, Üppigkeit, Maßlosigkeit, Überladung • Dreckfraß, Dreckessen. ▸ Leckerbissen, Mäßigkeit, Trunk.
fraternisieren → verbrüdern.
Fraternität *f* → Brüderlichkeit.
Fratze Grimasse, Visage, Zerrbild, Spottbild, Verunstaltung, Entstellung, Scherzzeichnung, Karikatur, Schmiererei, Ungestalt, Hässlichkeit, Missgestalt, Schreckgestalt, Scheusal, Entstelltheit, Verbildung, Missgebilde, Garstigkeit, Abscheulichkeit, Widerlichkeit, Fratzenhaftigkeit, Fratzengestalt • Maske, Larve, Schwellkopf. ▸ Ebenmaß, Schönheit.
Fratzen schneiden grimassieren.
fratzenhaft → hässlich, teuflisch.
fratzenhaft verzerrt sardonisch.
Frau Weib, Frauenzimmer, Weibsbild, Evastochter, Dame, Madame, Ehefrau, Gattin, Herrin, Gebieterin, Matrone, Mutter, Hausfrau, Hauswirtin, Gemahlin, Ehegespons, Edelfrau, Femina, Weibsstück, Krone der Schöpfung, bessere Hälfte, das schöne Geschlecht, Frau und Gebieterin, Fraumensch *u,* das Mensch *u,* Schachtel *u.* → Ehefrau. ▸ Mann.
Frau, alte Chaise *u.*
Frau, alte/hässliche Schabracke *u.*
Frau, kriegerische Amazone.
Frau, leichtlebige Easy-Going-Girl.
Frau, mannstolle Nymphomanin.
Frau, Unheil bringende Femme fatale, Vamp.
Frau, weise Geburtshelferin, Hebamme, Wehmutter,

Wehfrau, Storchentante, Pflegerin, Heilkünstlerin.
Frauenarzt Gynäkologe.
Frauenbewegung Emanzipation(sbewegung), Feminismus.
Frauenbrust Titte *u.*
Frauenemanzipation → Emanzipation.
Frauenfeind Misogyn.
frauenhaft → fraulich.
Frauenhass Misogynie.
Frauenheilkunde Gynäkologie.
Frauenheld Scharfmacher *u.* → Casanova.
Frauenliebe untereinander lesbische Liebe, Tribadie.
Frauenliebling Belami.
Frauenmörder → Blaubart.
Frauenrechtlerin Blaustrumpf, Emanze, Emanzipierte, Feministin, Suffragette.
Frauenzimmer → Dirne, Frau.
Frauenzimmer, liederliches → Buhle, Dirne.
Fräulein Demoiselle, Mädchen, Girl, Jungfer, Jungfrau, Maid, Mamsell, Mädel, Miss, Weibsstück, Weibsbild, Weib, Braut, Blaustrumpf, Kinderfräulein, Gouvernante, Lehrerin, Junggesellin, alte Jungfer, Hulda *u,* Kuh *u,* Reff *u,* Schachtel, Schraube, Vettel, Schlampe, Schlunze *u,* Trina, Tranfunzel *u,* Trampel *u,* Dragoner *u,* Schreckschraube *u.* → Dirne.
▸ Frau.
fraulich frauenhaft, weiblich, mütterlich, heiratsfähig, entwickelt, reif, feminin, zimperlich, weibisch, damenhaft, zart, schwach, blaustrümpfig.
▸ männlich, unweiblich.
Fraulichkeit Weiblichkeit, Mutterschaft, Schwachheit, Zartheit, Feinfühligkeit. → Frau.
▸ Männlichkeit.
frech rabiat *u,* rotzig *u.* → anmaßend, anrüchig, ausgelassen, blindlings, boshaft, burschikos, dummdreist, ungezogen.
▸ brav, dezent, gut erzogen, schüchtern, unauffällig, zurückhaltend.
freche Ausdrucksweise Schandschnauze *u.*
Frechheit → Anmaßung, Beleidigung, Bissigkeit, Dreistigkeit.
Frechling Frechdachs, Großmaul, Rotz, Schnodder, Schnösel, Wichtling, Prahler.
Fregatte → Fahrzeug (Wasser-).
frei ungebunden, emanzipiert, franko, frank, los, ledig, selbstständig, autonom, unabhängig, fessellos, zügellos, ungehindert, ungehemmt, zwanglos, unbeaufsichtigt, unkontrolliert, unverantwortlich, unverheiratet, ungezwungen, flott, spontan, unbefangen, unbelastet, anstößig, anstandswidrig, unziemlich, burschikos, freihändig. → absolut, allein, allein stehend, arbeitslos, berührungslos, beziehungslos, blanko, diplomatisch, entlastet, entspannt, fessellos.
▸ unfrei, abhängig, hörig, versklavt • besetzt, belegt, okkupiert, reserviert • ergriffen, gefangen, gefasst • gesperrt, verbaut, verstellt • befangen, gehemmt • gebunden, geschützt, vergeben.
Freibeuter Seeräuber, Kaper.
frei bleibend zeitlos, ohne Zeitangabe, nach freiem Ermessen, zu keiner Zeit, niemals • ohne Verpflichtung, nicht bindend.
▸ bis, gebunden, verpflichtet.
Freibord *sm* Höhe zwischen Wasserlinie und Oberdeck bei beladenen Schiffen.
frei gesinnt → frei, ungezwungen.
Freibrief → Anrecht, Erlaubnis.
freidenkend freidenkerisch, freigeistig, gottesleugnerisch, ungläubig, konfessionslos, zweiflerisch, skeptisch, zweifelsüchtig, atheistisch, materialistisch, religionslos, heidnisch, kritisch, unreligiös, glaubenslos, gottlos, unchristlich, antichristlich, weltlich, lau, großzügig.
▸ gläubig.
Freidenker Freigeist, Gottesverleugner, Atheist, Ungläubiger, Heide, Gottloser, Gottesleugner, Gottesfeind, Unbekehrter, Glaubensloser, Zweifler, Zweifelsgeist, Religionsspötter, Religionsverächter, Materialist, Außenseiter.
▸ (Gläubiger).
freie Zeit → Dämmerstündchen, Freizeit.
freien → buhlen, ehelichen, erklären sich.
Freien, im außen, auswärts, draußen, auswendig, außerhalb, hinaus, heraus, außer dem Hause, in der freien Luft, unter freiem Himmel, in Gottes freier Natur.
▸ drinnen.
freien Stücken, aus Antrieb aus eigenem, freiwillig, unaufgefordert.
Freier → Antragsteller, Bewerber, Bittsteller.
freier Abwehrspieler Libero.
freier Mut → Freimütigkeit.
freier Wechselkurs flexibler Wechselkurs.
Freiersfüße Werbung, Bewerbung, Freiung, Freite, Brautlauf, Antrag, Heiratsantrag, Liebeserklärung, Liebesbezeigung, Hofmacherei, Galanterie, Komplimente, Liebesdienst, Fensterpromenade.
freies Geleit → Sicherheit.
Freifrau → Adel.
Freifräulein → Adel.
freigeben sausen lassen *u.* → auslösen, begnadigen, scheiden.
freigebig edelmütig, generös, freigebig, großmütig, großzügig, edelherzig, mildtätig, wohltätig, gastfreundlich, sich nicht lumpen lassen *u,* hochherzig, barmherzig, hilfsbereit, nobel, spendabel, verschwenderisch, königlich, fürstlich, gütig, liebevoll, gutherzig, wohlwollend, huldreich, menschenfreundlich, selbstlos, hingabefähig, opferfähig, großherzig, bezahlen teuer • spendieren, etwas springen lassen, eine Runde schmeißen *u.* → anständig, barmherzig.
▸ geizig, verhärtet, unbarmherzig.
Freigebigkeit Großmut, Mildtätigkeit, Gastfreundschaft, Wohltätigkeit, Opfermut, Hochherzigkeit, Herzensgüte, Guttätigkeit, Liebesdienst, Selbstlosigkeit, Uneigennützigkeit, Edelmut, Edelsinn. → Barmherzigkeit.
▸ Geiz, Unbarmherzigkeit.
Freigeist Freidenker, Atheist, Gottesleugner, Ungläubiger, Religionsloser. → Aufklärer.
freigeistig tolerant, aufgeklärt, liberal, weltoffen.
freigesprochen → entbunden, unschuldig.
freigestellt beliebig, fakultativ.
frei halten → aufbewahren, bewirten.
Freiheit Unabhängigkeit, Ungebundenheit, Selbstständigkeit, Unverantwortlichkeit, Selbstbestimmung,

Ungezwungenheit, Freiheitsdrang, Freiheitsdurst, Freiheitstrieb, Freiheitsgefühl, Freiheitsliebe, Gedankenfreiheit, Emanzipation, Freiheitlichkeit, Liberalismus, Freiheitssinn, Uneingeschränktheit, Zwanglosigkeit. → Bahn, Befreiung, Befugnis, Dispensation, Emanzipation, Ferien.
▸ Unfreiheit, Abhängigkeit, Bevormundung, Bindung, Knechtschaft, Zwang • Gefangenschaft, Haft.

freiheitlich demokratisch, tolerant, großzügig, liberal.

Freiheitsberaubung → Arrest, Beraubung, Einkerkerung.

Freiheitsdrang → Freiheit.

Freiheitsentziehung → Bestrafung, Einkerkerung, Fesselung.

freiheitsliebend freiheitlich, freigesinnt, liberal, zwanglos, aller Fesseln ledig.
▸ kriecherisch, unterwürfig, devot.

Freiheitsstrafe Qualm *u.* → Bestrafung, Einkerkerung.

frei heraus → offen.

freiherzig → aufrichtig, freigebig.

freikämpfen → aufrollen, bahnen, freimachen.

Freikarte Gratisbillet/-ticket.

freikommen → loskommen.

Freikörperkultur FKK, Nacktkultur, Naturismus, Nudismus.

freilassen → befreien, loslassen.
▸ einsperren, fassen, festhalten, festnehmen, halten, internieren, packen, verhaften, zurückhalten.

Freilassung → Befreiung, Dispensation, Entlassung, Erlösung.

freilich → allein, allerdings, dagegen, dennoch, zwar.

freimachen befreien, freisetzen, freisprechen, lossprechen, entledigen, erlösen, loshelfen, loseisen, abhalsen *j,* abkoppeln *j,* ablassen *j,* freilassen, lösen, entlassen, freigeben, aufbinden, entfesseln, loslassen, losketten, losschießen, losbinden, aufschließen, aufriegeln, abspannen, ausspannen, absatteln, entzügeln, entbinden, beurlauben, entbürden, entlasten, entheben, erleichtern, frankieren. → abschrauben, abwerfen, bahnen, befördern, befreien, ebnen den Weg, einschreiben, entfesseln, entspannen, entwirren, erlösen.
▸ festmachen, festnehmen, hemmen, unterdrücken.

freimachen, sich → brechen einen Vertrag.

Freimachung → Befreiung, Entledigung, Erlösung.

freimütig → aufrichtig.

Freimütigkeit Freimut, Offenheit, Offenherzigkeit, Ehrlichkeit, Bekenntnis, Beichte, Zugebung, Bekennermut, Aufrichtigkeit, Wahrhaftigkeit, Wahrheitsliebe, Treuherzigkeit, Arglosigkeit, Natürlichkeit, Rechtlichkeit, Geradheit, freier Mut.
▸ Heuchelei, Verschlossenheit.

Freischärler Heckenschütze, Partisane, Franktireur, Freigänger, Streifschar, Guerilla, Raubgesindel, Heimatkämpfer, Verteidiger, Untergrundler, Gegner, Kämpfer.

freisetzen → auslösen, befreien, entfesseln, freimachen.

Freisitz → Bauernhof, Besitztum.

freisprechen → befreien, begnadigen, Brücke bauen goldene, entbinden, entlassen, freimachen.
▸ beschuldigen • schuldigsprechen, verurteilen • bestrafen, strafen.

Freisprechung Vergebung, Absolution, Freispruch, Lossprechung, Enthebung, Freigebung, Entlastung, Entbindung, Entlassung, Loslassung, Rechtfertigung, Ehrenrettung, Straffreiheit, Straflosigkeit, Begnadigung, Straferlass. → Befreiung, Ehrenrettung.
▸ Verurteilung.

Freispruch → Ablass, Absolution, Amnestie, Entbindung, Erlass.
▸ Beschuldigung • Schuldspruch, Verurteilung.

Freistätte → Asyl, Ausweg, Zuflucht.

freistehen → dürfen, können.

freistehend → beliebig.

freistellen → bieten Gelegenheit, dürfen, erlauben.

Freistilringer Catcher.

Freitod → Ende, Tod.

freiwillig willkürlich, ungezwungen, ungeheißen, unaufgefordert, fakultativ, frei, unbeschränkt, lustbetont, aus freiem Willen, aus freien Stücken, aus eigenem Antrieb, nach eigenem Wunsch, nach eigenem Gutdünken. → beliebig.
▸ unfreiwillig, gezwungen, widerwillig, zwangsweise.

freiwillige Zuwendungen Spenden.

Freizeit Urlaub, Erholung, Rast, Ferien, Muße, Erbauung, Ruhe, Ausruhen, Zeit, Freiheit, Entspannung, Erleichterung, Ablenkung, Unterhaltung, Schulferien, Wochenende, Feiertage, Behaglichkeit, Poofe *u.* → Feierabend, Ferien.
▸ Arbeitstag Arbeitszeit.

Freizeitbeschäftigung Hobby, Liebhaberei, Passion, Steckenpferd, Vergnügen, Zeitvertreib.

freizügig aufgeschlossen, duldsam, großmütig, nachsichtig, verständnisvoll, vorurteilsfrei, weitherzig • gebefreudig, freigebig, großzügig.

freizügig sein → bewegen sich, dekolletieren sich, freigebig.

Freizügigkeit → Anstößigkeit, Freigebigkeit.

fremd → abgelegen, auswärts, beispiellos, beziehungslos, davon, dunkel, entfernt, entfremdet, entlegen, fern.
▸ bekannt, nahestehend, vertraut, verwandt • einheimisch, inländisch • eigen.

fremd, der Sache → unwissend.

fremd werden, sich auseinander leben sich, entfremden sich, nebeneinanderher leben.

fremdartig → abnorm, anders geartet, ausländisch, befremdend.

Fremde Unbekannte • Ferne, Entferntheit, Unbekanntheit, Fremdartigkeit, Unerreichbarkeit, Entfernung, Ausland, Kluft, Entfremdung, Trennung. → Aufenthaltsort.
▸ Heimat • Bekannte, Freunde, Vertraute, Verwandte.

Fremdenbegleiterin/-führerin Hostess.

Fremdenbuch → Album, Buch.

Fremdenführer Schlepper *u.* → Cicerone.

Fremdenheim Hotel, Motel, Pension.

Fremdenverkehr Tourismus, Touristik.

Fremder Ausländer, Fremdling,

Eindringling, • Unbekannter, Ungenannter, Dingsda. → Auswanderer, Eindringling. ▸ Bekannter, Inländer.
fremdgehen betrügen, Ehebruch begehen, einen Seitensprung machen.
Fremdherrschaft Besatzung, Überwältigung, Bewältigung, Zwang, Gewalt, Herrschaft, Unfreiheit, Freiheitsentzug, Zucht, Unselbstständigkeit. ▸ Freiheit.
Fremdkapital Kreditkapital.
Fremdkörper Abweichung, Ausnahme, Abart, Eigentümlichkeit, Eigenart, Regelwidrigkeit, Verirrung, Abirrung, Regellosigkeit, Schmutzkörper, Schmutzteil. → Auswanderer. ▸ Gleichartigkeit, Verwandtschaft.
fremdländisch → ausländisch.
Fremdling → Auswanderer, Eindringling.
Fremdwährungen Devisen, Valuta.
Fremdwort Unklarheit, Lehnwort, Fremdwörterei, Fremdwörterunfug, Vermengung, Fehler, Sprachwidrigkeit, Verwechslung, Ausländerei, Sprachmengerei, Geschmacklosigkeit, Fremdwörtersucht, Bildungslosigkeit. ▸ Muttersprache.
frenetisch → leidenschaftlich.
frequentieren → benutzen, besuchen.
Frequenz Schwingungszahl, Periodenzahl, Zahl, Wiederkehr, Wiederholung, Mehrmaligkeit, Häufung, Häufigkeit. → Besuch. ▸ Seltenheit, (Wellenlänge).
Fresko → Bild, Malerei.
Fressbegier → Esslust.
Fresser Schlingpflanze *u*, Schluckspecht *u*.
fressgierig → gefräßig.
Fressen → Fraß.
fressen → aasen, auffassen, einhauen, essen, schaffen *u*, schaufeln *u*.
Fresser Vielfraß, Nimmersatt, Schwelger, Prasser, Schlemmer, Fresssack, Wanst, Dickwanst, Fresswanst • Feinschmecker, Leckermaul, Lukull. → Bacchant, Feinschmecker. ▸ Kostverächter, Hungerleider.
Fresserei → Ausschreitung, Ausschweifung.
Fressgelage → Esslust.
Fressgier → Esslust.
Fresssucht → Esslust.
Fresszellen Phagozyten.
Freude Freudenfeuer, Freudengefühl, Freudentaumel, Freudentränen, Freudentag, Erheiterung, Frohsinn, Heiterkeit, Spaß, Gaudi, Gaudium, Glücksgefühl, Hochgefühl, Freudigkeit, Vergnügen, Entzücken, Freudenleben, Wonne, Glück, Jubel, Glückseligkeit, Begeisterung, Rausch, Taumel, Ergötzlichkeit, Vergnügung, Festlichkeit, Glückstag, Feierlichkeit, Herzensfröhlichkeit, Stimmung, Lustigkeit, Lust, Gelächter, Scherz. → Befreiung, Befriedigung, Begeisterung, Ergötzen, Erstaunen. ▸ Schmerz • Ärger, Entsetzen, Gram, Jammer, Kummer, Leid, Missmut, Pein, Sorge, Trauer, Überdruss, Unmut, Unwill, Verdruss, Wut, Zorn.
Freud und Leid teilen → Freundschaft.
Freude am (eigenen) Leiden Masochismus.
Freude an Grausamkeit Sadismus.
Freude bereiten → ansprechen.
Freude machen → befriedigen.
Freude verursachen → erfreuen.
Freudenausbruch Jubel.
freudestrahlend → aufgeräumt, berauscht, beglückt, froh(lockend), glücklich, glückselig, hochbeglückt, selig.
freudetrunken → begeistert.
freudevoll → aufgelegt, aufgeräumt, beseligt.
Freudenbezeigung → Freude.
Freudenbezeugung → Beifall, Begeisterung.
Freudenbotschaft → Freude.
freudenerregt → froh.
Freudenfeier → Fest, Freude.
Freudengefühl → Freude.
Freudengeschrei → Beifall, Begeisterung, Freude.
Freudenhaus Dirnenhaus, Eroscenter, Bordell, Puff, Zuhälterwirtschaft, Harem, Venusberg.
Freudenleben → Beseligung, Glück.
freudenleer → freudlos.
Freudenmädchen → Bajadere, Buhle, Dirne, Kurtisane.
freudenreich → froh.
Freudensprünge machen → bunt zugehen.
Freudenstörer Querkopf, Spielverderber, Störenfried, Quälgeist, Quäler, Quengler, Stänkerer, Plagegeist, Griesgram, Trauerkloß, Kopfhänger, Grillenfänger, Leichenbitter, Miesmacher, Unke, Brummbär. ▸ Haus lustiges.
Freudentag Feiertag, Hochzeit, Festlichkeit, Geburtstag, Ehrentag, Fest, Geselligkeit, Jubelfeier, Veranstaltung, Taufe, Jahresfest, Jubiläum, Volksfest, Feier, Ball, Aufführung, Festtag, Feierlichkeit, Festspiel, Jubel, Lustbarkeit. → Feier. ▸ Alltag.
Freudentaumel → Beifall, Begeisterung, Freude.
Freudentränen vergießen die Freude auskosten, vor Freude weinen, in Seligkeit schwimmen, glückselig sein, der Freude freien Lauf lassen, unter Tränen lachen. ▸ trauern, wehklagen.
freudig → aufgeräumt, beseligt, froh, munter.
freudlos lustlos, unlustig, leidig, widrig, freudenleer, traurig, schmerzerfüllt, unglücklich, missvergnügt, unzufrieden, unbefriedigt, leidvoll, schwer, verdrießlich, ärgerlich, überdrüssig, störend, unerfreulich, kränkend, betrübend, schlimm, böse, unerträglich, unausstehlich, unangenehm, entmutigend, peinigend, langweilig, kläglich, unglückselig, furchtbar, schrecklich, tragisch, hart, bitter, grausam, arg, fürchterlich, schauderhaft, scheußlich, hässlich, anstößig, ekelhaft, garstig. → arm, bedauerlich, beengend, langweilig, trübselig, unglücklich. ▸ freudig, erfreut, fidel, froh, fröhlich, glücklich, heiter, lustig, spaßig.
Freudlosigkeit Trübsinn, Niedergeschlagenheit, Bedrücktheit, Traurigkeit, Mutlosigkeit, Trübseligkeit, Lebensüberdruss, Schwermut, Melancholie, Verdüsterung, Verdrießlichkeit, Grämlichkeit, Ernst, Schwarzseherei, Weltschmerz, Pessimismus, Überdruss, Miesmacherei, Hypochondrie, Kopfhängerei, Kleinmut, Selbstqual, Selbstanklage, Verzweiflung, Trostlosigkeit, Tiefsinn, Bitterkeit, Übellaunigkeit,

Verstimmung, Missmut.
▸ Freude.

freuen, sich erfreuen, ergötzen, weiden, erquicken, berauschen sich an, freuen sich auf, erwarten, hoffen, vergnügen, belustigen, frohlocken, genießen, jauchzen, jubeln, lachen, scherzen, schwelgen, strahlen, triumphieren, sonnen sich, fragen nach, ersehnen, erstreben, wünschen, guter Dinge sein, sich der Fröhlichkeit hingeben, froh sein, die Sorge abschütteln, Fäustchen lachen ins, vor Freude an die Decke springen. → belustigen, erfreuen, hoffen.
▸ freudlos (sein), trauern • sich ärgern, bedauern, betrübt/deprimiert sein, klagen, sich grämen, jammern, trauern • gleichgültig/unberührt bleiben.

freuen, sich auf → sehnen sich, wünschen.

freuen, sich mit → teilnehmen.

freuen, sich über → vergnügen.

Freund Anhänger, Begleiter, Beistand, Gefährte, Genosse, Helfer, Intimus, Kamerad, Liebhaber, Tröster, Weggenosse, Busenfreund, altes Haus *u,* Gefolgsmann, Vertrauter, Spielkamerad, Schulkamerad, Studienfreund, Trinkgenosse, Kommilitone, Leibfuchs, guter Geist, Beschützer, getreuer Eckehart, Schatten, Famulus, Gönner, Schirmer, Schützer, Förderer, Verehrer, Freier, Geliebter, Spezi *u.* → Abgott, Anhänger, Begleitung, Beistand, Bekannter, Bruder, Buhle, Helfer.
▸ Ehemann, Feind, Freund falscher.

Freund, falscher Scheinfreund, Allerweltsfreund, Schranze, Höfling, Heuchler, Gleisner, Speichellecker, Schmeichler, Augendiener, Zuträger, Ohrenbläser, Katzelmacher, Honigmaul, Schmeichelzunge, Lobhudler.
▸ Freund.

Freunde werden → befreunden.

Freundin Busenfreundin, Herzensfreundin, Gefährtin, Kameradin, Vertraute, Gespielin. • Liebhaberin, Geliebte, Angebetete, Verehrerin, Liebling, Liebchen, Püppchen, Flamme, Herzensdame, Donna, Engel, Abgott, Buhle, Tante *u.* → Buhle.
▸ Feind(in), Ehefrau.

Freundin, intime Ische *u,* Pussi *u.*

freundlich höflich, artig, galant, formgewandt, wohlerzogen, ritterlich, nett, gefällig, zuvorkommend, liebenswürdig, leutselig, zutraulich, verbindlich, aufmerksam, einnehmend, hilfsbereit, behilflich, wohl wollend, geneigt, gönnerhaft, einig, verbunden, freundschaftlich, brüderlich, friedlich, gütig, nachsichtig, duldsam, gnädig, langmütig, herzensgut, lieb, herzlich, zugeneigt, vertraut, ergeben, → angenehm, anmutig, aufmerksam, barmherzig, befreundet, scharmant, kordial, gefällig, höflich, lieb, nett, sympathisch.
▸ unfreundlich • abscheulich, abweisend, bärbeißig, bösartig, böse, feindlich, feindselig, mürrisch, sauer, unausstehlich, ungehalten, unhöflich • dunkel, finster.

freundlicherweise bitte, möglichst, tunlichst.

Freundlichkeit → Duldsamkeit, Dienstwilligkeit, Entgegenkommen, Gefälligkeit, Verbindlichkeit, Wohlwollen.

freundlos → allein stehend, eins, hilflos, unbeliebt.

Freundschaft Brüderlichkeit, Verbrüderung, Kameradschaft, Einigkeit, Gemeinschaft, Harmonie, Einvernehmen, Einverständnis, Kollegialität, Vertrautheit, Vertraulichkeit, Eintracht, Gegenliebe, Freundschaftsbande, Übereinstimmung, Sympathie, Freud und Leid teilen • Bekanntschaft, Beziehung, Verbindung, zu jemandem einen Draht haben, Schwägerschaft, Verwandtschaft, Gemeinschaft, Freundschaftsbund, Kreis, Zirkel, Nachbarschaft gute. → Brüderlichkeit, Bruderschaft, Bündnis, Bund, Einheit.
▸ Feindschaft, Abneigung, Gegnerschaft, Rivalität.

Freundschaft, anknüpfen → bekannt werden.

freundschaftlich → anhänglich, befreundet, brüderlich, kordial, ein Herz und eine Seele, gesellig.

Freundschaftsbande → Bruderschaft, Freundschaft.

Freundschaftsdienst → Liebesdienst.

Frevel Tollkühnheit, Vermessenheit, Waghalsigkeit, Frechheit, Dreistigkeit, Rücksichtslosigkeit • Schuld, Rechtsbruch, Unrecht, Unfug, Unziemlichkeit, Ungebühr, Ungesetzlichkeit, Rechtsbeugung, Faustrecht • Sünde, Pflichtverletzung, Fehltritt, Übertretung, Verbrechen, Untat, Übeltat, Missetat, Gräueltat, Schandtat.
▸ Besonnenheit, Gesetzlichkeit, Makellosigkeit.

frevelhaft freventlich, frevelmütig, schlecht, falsch, böse, nichtswürdig, verbrecherisch, verräterisch, niedrig, abscheulich, unrühmlich, tadelnswert, hässlich, nichtsnutzig, unsittlich, ausgeartet, sündhaft, sittenlos, schändlich, hemmungslos, leichtsinnig, pflichtvergessen, gottlos, gotteslästerlich, sündig. → charakterlos.
▸ besonnen, gesetzlich, makellos, tugendhaft.

frevelmütig → charakterlos, frevelhaft.

freveln sündigen, vergehen sich, abirren, straucheln, ausgleiten, entgleisen, verlottern, bemakeln sich, fehlen, versumpfen, versündigen sich, sich der Sünde ergeben, dem Laster verfallen, vom rechten Weg abweichen, einen Fehltritt tun, auf abschüssige Bahn geraten, von Stufe zu Stufe sinken, die Stimme des Gewissens ersticken, in Sünde verfallen, auf abschüssigen Pfaden wandeln, vom Wege der Tugend abweichen, Anstoß erregen, über die Stränge schlagen, Gott verspotten, den Namen Gottes entweihen. → abweichen, begehen, brechen das Gesetz.
▸ rechtschaffen (sein), überlegen, unschuldig (sein).

Freveltat → Ärgernis, Bluttat.

Freveltäter → Brandstifter, Frevler, Mörder, Sünder.

freventlich → charakterlos, frevelhaft.

Frevler Untermensch, Bösewicht, Schädling, Missetäter, Übeltäter, Verbrecher, Mörder, Sünder, Gotteslästerer, Abtrünniger. → Bandit.

▸ Ehrenmann, Tugendmuster, Freveltäter, Sünder, Verbrecher.
frevlerisch verbrecherisch, ruchlos, schlecht, gotteslästerlich, gottlos, gottvergessen, abscheulich, elend, erbärmlich, verächtlich, verworfen, verrucht, perfid, gemein, infam, niederträchtig, verabscheuenswürdig, verdammenswert, verderbt. ▸ anständig, rechtschaffen, unschuldig, unverdorben.
Friede → Ausgleich, Beruhigung, Einheit, Feierabend, Harmonie.
Frieden halten → vertragen.
Frieden herstellen → versöhnen.
Frieden leben, in → vertragen.
Frieden schließen aussöhnen sich, beilegen/bereinigen Konflikte, einlenken, schlichten, versöhnen sich.
Frieden stiften → befrieden.
friedensbewegt pazifistisch.
Friedensbruch → Aufruhr, Kampf.
Friedensfürst → Christus.
Friedenslehre Irenik.
Friedenspfeife Kalumet.
Friedensschluss Kriegsende, Friedensstiftung, Friedensangebot, Waffenruhe, Waffenstillstand, Vorfriede, Friedensvorschläge, Abrüstung, Entwaffnung, Übereinkunft, Vermittlung, Vereinbarung, Vergleich, Einstellung der Feindseligkeiten, Niederlegung der Waffen, die Waffen strecken. → Aussöhnung. ▸ Kriegszug, (Kriegserklärung).
Friedensstiftung → Friedensschluss, Versöhnung.
Friedensstörer → Störenfried.
Friedensstörung → Aufruhr, Streit, Widerspenstigkeit.
friedfertig nachgiebig, verträglich, versöhnlich, verständig, friedlich, sanftmütig, gütig, nachsichtig, christlich, friedliebend, ruhig, harmlos, schwach, unterwürfig, fügsam, lenksam, maßvoll, leidenschaftlich, sachlich, unbeeinflusst, unberührt, gleichgültig, nüchtern, kühl, besonnen, gesetzt, ruhevoll, ausgeglichen, sanft, kalt, zufrieden, geduldig. → besinnlich, still. ▸ unfriedlich, unverträglich.
Friedfertigkeit → Friedlichkeit.
Friedhof Gottesacker, Begräbnisfeld, Gräberanlage, Ehrenfriedhof, Kirchhof, Waldfriedhof, Ruhestätte, Totenacker, Campo Santo.
friedlich ausgleichend, ruhig, still, harmlos, friedfertig, friedliebend, lammfromm, auf friedlichem Wege, in aller Ruhe • nachgiebig, verträglich, versöhnlich, sanftmütig, gerecht, gütig, nachsichtig, verzichten, alles zum Besten kehren, einen guten Mann sein lassen, Zurückhaltung üben, durch die Finger sehen. ▸ unfriedlich • aggressiv, angriffslustig, gewaltsam, gewalttätig, handgreiflich, kriegerisch, militärisch, streitsüchtig • wütend, zornig • bewegt, unruhig • geräuschvoll.
friedliches Nebeneinander Koexistenz.
Friedlichkeit Nachgiebigkeit, Verträglichkeit, Sanftmut, Friedfertigkeit, Versöhnlichkeit, Friedensbereitschaft, Eintracht, Unterwürfigkeit, Fügsamkeit, Lenksamkeit, Duldsamkeit, Toleranz, Nachsicht. Güte. → Beruhigung. ▸ Unfriede, Unversöhnlichkeit.
friedliebend freundlich, freundschaftlich, brüderlich, friedlich, ein Herz und eine Seele • nachgiebig, verträglich, versöhnlich, sanft, gütig, fügsam, lenksam, unterwürfig, kriegsmüde. ▸ unfriedlich, unverträglich.
friedlos geächtet, vogelfrei, ausgewiesen, ausgestoßen • rastlos, beweglich, unruhig, nomadisch, vagabundisch, unstet, umherirrend, wuselig, irrlichterierend, quecksilbrig • unfriedlich, unruhig, aufgeregt, ungemütlich, unbehaglich, störend, lärmend • einsam, vereinsamt, freundlos, gemieden, verloren, unselig. → beweglich. ▸ friedlich, verbunden.
friedvoll → friedfertig.
frieren frösteln, kalt haben es, schaudern, schlottern, zittern, vor Frost beben, eine Gänsehaut bekommen, bibbern *u*, wie ein Schneider frieren, Stein und Bein frieren • abkühlen, erkalten, gefrieren, erstarren, erhärten, vergletschern, zu Eis werden, die Temperatur sinkt unter Null. → erbeben, erkälten sich. ▸ schwitzen, glühen, warm sein • auftauen, schmelzen, tauen.
Frieselstoff Frottee.
frigide gefühllos, gefühlskalt, unbeteiligt. ▸ gefühlvoll, geil, liebesüchtig, sexbesessen.
frigider Typ Sexmuffel *u*.
Frigidität → Gefühllosigkeit.
Frikadelle gebackene Hackfleischsemmel *u*.
frisch neu, jung, frischfarbig, taufrisch, neugeboren, neugebacken • neulich, kürzlich, kaum • kühl, frostig, kalt, jüngst, unlängst, vorhin, frostklar, eisig, grimmig, bitter, schneidend, gefroren • gesund, unverdorben, unbeschädigt, natürlich, unverfälscht, rein • erfrischt, kräftig, belebt, erquickt, unermüdlich, erholt, gestärkt, entspannt, aufnahmefähig, wendig, lebhaft, munter, wohlgemut, angeregt, fröhlich, lebenslustig, übermütig. → arbeitsam, brillant, Damm sein auf dem, eisig, erstmalig, kalt, munter. ▸ alt, erschöpft, gleichgültig, hinfällig, lustlos, verdorben, warm.
Frische → Jugend, Kälte.
frischweg → rasch.
Frisör → Bader, Barbier, Coiffeur.
frisieren (beschönigen) überarbeiten, verbessern, die Motorleistung steigern • herausputzen, kämmen, locken, kräuseln, wellen, bürsten, sauber machen, das Haar in Ordnung bringen, Wasserwellen legen, Dauerwellen machen, färben, festlegen, kreppen, ondulieren, zurechtmachen sich. → zurechtmachen. ▸ aufrichtig, ungepflegt (sein), verschandeln, (Haare) durcheinander bringen, zerzausen.
Frisör Putz *u*.
Frist Aufschub, Termin, Zeitspanne, Zeitraum, Zeitpunkt, Verlängerung, Weile, festgesetzter Tag, Gnade, • Galgenfrist, Matthäi am letzten *u*. → Bedenkzeit, Datum, Dauer, Gnade, Stundung, Termin, Zeit, Ziel. ▸ Fall und Knall, Vollzug.
fristen stunden, befristen, Frist setzen, Zeit geben • in Armut leben, Mangel leiden, ein dürftiges Dasein führen, von der Hand in den Mund leben. ▸ schlemmen, vollstrecken.
fristgemäß pünktlich, prompt,

rasch, hurtig, schnell, ungesäumt, unverzüglich, ohne Verzug, zur vereinbarten Zeit.
▸ unpünktlich.

fristlos sofort, plötzlich, auf einmal, ohne Zeitverlust, Knall und Fall.
▸ unbefristet ▸ fristgerecht.

Fristung → Stundung.

Frisur Haartracht, Haarschnitt. → Haare.

frivol ausschweifend, liederlich, locker, lose, obszön, ungezügelt, unmäßig, unsolid, wüst, zügellos. → begehrlich.
▸ züchtig.

froh heiter, munter, frohgemut, freudig, sonnig, lebenslustig, frisch, fröhlich, erfreut, freudenerregt, freudenreich, vergnüglich, lustig, vergnügt, aufgeräumt, froh gestimmt, gut gelaunt, fidel, übermütig, ausgelassen, gehobenen Herzens, heilsfroh *u.* → aufgelegt, aufgeräumt, beruhigt, Blick mit leuchtendem, entzückt.
▸ niedergeschlagen, bedrückt, bekümmert, deprimiert, griesgrämig, leidvoll, melancholisch, unglücklich, traurig, vergrämt.

frohgemut → aufgeräumt, froh, wohlgemut.

fröhlich → aufgelegt, aufgeräumt, aufgeschlossen, scharmant, frisch, froh, munter, aufgekratzt.

Fröhlichkeit Heiterkeit, Ausgelassenheit. → Begeisterung, Belustigung, Freude, Jubel, Stimmung.
▸ Depression, Melancholie, Niedergeschlagenheit, Schwermut, Traurigkeit, Trübsinn.

Frohlocken Gejauchze, Jubel, Freudengeschrei, Begeisterung, Triumphgeschrei. → Begeisterung, Beifall, Entzücken.
▸ Niedergeschlagenheit.

frohlocken → freuen sich, jauchzen, lachen.

frohlockend → beschwingt.

froh machen → erfreuen mit.

Frohmut → Freude, Lust.

Frohnatur Humor, Feuer, Tatkraft, Lebenslust, Lebensmut, Fröhlichkeit, Munterkeit, Heiterkeit, Aufgeschlossenheit, Ausgelassenheit, heiterer Sinn, lachende Augen, lustiges Huhn, ein Bruder Lustig, Schäker.
▸ Pessimist.

Frohsinn → Begeisterung, Belustigung, Entzücken, Freude, Lust, Stimmung, Vergnügen.

fromm religiös, andächtig, gottesfürchtig, gottesgläubig, gottgefällig, gottergeben, demütig, unschuldig, christlich • sanft, gutmütig, lammfromm, duldsam, tolerant, langmütig, seelengut, herzensrein, ohne Arg, tugendhaft, gesittet, gut, brav, bieder, ehrenhaft, musterhaft, beispielhaft. → andächtig, charaktervoll, gläubig, brav, demütig, erbaulich, ergeben.
▸ gottlos, gotteslästerlich, lästerlich • ungläubig.

Frömmelei → Anstrich, Betrug, Blendwerk, Fanatismus.

frömmelnd falsch, unaufrichtig, heuchlerisch, pharisäerisch, gleisnerisch, glattzüngig, bigott, maulfromm, frömmlerisch, verstellt, quisselig *u,* scheinheilig, scheinfromm, muckerisch, fanatisch, übereifrig. → bigott, engherzig.
▸ aufrichtig.

frommer Büßer Asket.

Frömmigkeit → Ergebenheit, Glauben.

Frömmler Scheinheiliger, Mucker, Heuchler, Gleisner, Pharisäer, Eiferer, Fanatiker, Betbruder, Philister.
▸ Mensch aufrechter, treuer.

Frömmlerin Salberin *u.*

frömmlerisch → bigott, frömmelnd, scheinfromm.

Fron Plackerei, Schinderei, Plage, Bürde, Beschwerlichkeit, Mühsal, Sklaverei, Schwerarbeit, Joch, Fronarbeit, Frondienst. → Abhängigkeit, Anstrengung.
▸ Nichtstun, Unabhängigkeit.

fronen roboten, dienen, bedienen, arbeiten, abhängig sein, von der Gnade abhängen, nach der Pfeife tanzen, in Fesseln geschlagen sein, Frondienste leisten müssen, gehorchen müssen, geknechtet sein, hörig sein.
▸ faulenzen, herrschen.

frönen dem Laster verfallen, sich vergessen, versumpfen, schwelgen, huldigen, sich ganz hingeben. → begehen.
▸ beherrschen sich, versagen sich.

Front → Kampfplatz, Vorderseite.

Front machen → angreifen, dawider.

frontal von vorn, stirnseitig, direkt.
▸ hinten, von hinten • seitlich, seitwärts.

Froschlarve Kaulquappe.

Froschperspektive Engstirnigkeit, mit Scheuklappen, Intoleranz.

Frost → Kälte.

frösteln → durchschüttern, erheben, erkälten sich, frieren, zittern.

frostig → abgebrüht, abgestumpft, eisig, kalt, unempfindlich.

Frostigkeit Beherrschtheit, Unerbittlichkeit, Ruhe, Gefasstheit, Leidenschaftslosigkeit, Gelassenheit, Gleichmut, Gemütsruhe, Gleichgültigkeit, Wurstigkeit, Geduld, Beherrschung, Seelenruhe. → Kälte.
▸ Wärme.

frostklirrend → kalt.

frottieren abreiben, abtrocknen, reiben, rubbeln, bürsten, schrubben.

frozzeln → auslachen, hänseln.

Frucht → Ausbeute, Ausgang, Ernte, Wirkung.

fruchtbar ausgiebig, ergiebig, fruchtbringend, glücklich, wirksam, ersprießlich, ertragreich, Erfolg versprechend, formidabel. → aufbauend, ausgiebig, dankenswert, erfolgreich, erfreulich, ergiebig, ersprießlich, förderlich, gedeihlich, genial, lohnend, produktiv, schöpferisch.
▸ unfruchtbar, ergebnislos, ineffektiv, fruchtlos, unersprießlich • brach(liegend), karg, öde • steril.

fruchtbare Insel in der Wüste Oase.

fruchtbarer Boden Humus.

Fruchtbarkeit → Empfänglichkeit, Erzeugung, Ergiebigkeit, Fülle, Gedeihen, Nützlichkeit.

Fruchtblatt Karpell.

Fruchtbonbon → Konfitüre.

fruchtbringend → fruchtbar.

Früchtchen → Ausbund.

fruchten reifen, Frucht tragen, erbringen.

Fruchtgetränk z.B. Limonade, Orangeade.

Fruchtknoten Pistill, Stempel.

fruchtlos → nutzlos.

Fruchtlosigkeit Erfolglosigkeit, Nutzlosigkeit,

Wirkungslosigkeit, Vergeblichkeit, Unfruchtbarkeit, vergebliche Liebesmühe, Tropfen auf einen heißen Stein, brotlose Kunst, tot geborenes Kind. ▸ Fruchtbarkeit.
Fruchtmark Pulp.
Fruchtmus Jam, Konfitüre, Marmelade.
Fruchtpresse Kelter.
Fruchtsaft eindicken gelieren.
Fruchtsaftgetränk → Fruchtgetränk.
Fruchtzucker Fructose.
frugal → abstinent, anspruchslos, einfach. ▸ opulent, unmäßig, üppig.
früh → baldig, beizeiten, einemmal mit, prompt, zeitig. ▸ spät • abends, nachmittags, nachts.
früh, zu schnell zu, übereilt, voreilig, vorschnell.
Frühdruck → Druck.
Frühe → Anfang, Dämmerung, Morgen.
früher vorher, zuerst, bevor, einst, einstens, eher, vorangehend, vorhergehend, einleitend, einführend, angekündigt, ehemals, vormals, damals, ehedem, seither, vordem, bis jetzt, bisher, bislang, zuvor, weiland, vorbei, vorüber, längst dahin, in alter Zeit, in fernen Tagen, in grauer Zeit, zu Olims Zeiten, es war einmal. → als, bereits, bevor, damals, dermalen, ehedem, eher, erwähnt, schon, vergangen, vorher. ▸ später, zukünftig, künftig • augenblicklich, gegenwärtig, heute, jetzt • anschließend, danach • bald.
früher als → bevor.
früher oder später → bald.
frühestens → baldig, beizeiten, ehestens.
Frühgeburt → Fehlgeburt.
Frühjahr → Frühling.
Frühling Frühjahr, Lenz, Maienzeit, Wonnemonat, Blütezeit, Blumenzeit. ▸ Herbst.
frühmorgens frühzeitig, beizeiten, zeitig, morgendlich, in der Frühe, vor Sonnenaufgang, in der Morgenstunde, sobald die Sonne sich hebt, beim Morgenrot, bei Tagesanbruch, wenn der Tag erwacht, wenn der Hahn kräht. → zeitig. ▸ abendlich.
frühreif → vorzeitig. ▸ kindlich, naiv • spätentwickelt, zurückgeblieben.
Frühstück → Essen.
frühstücken → essen.
Frühstückskorb Fresskorb *u.*
Frühstunde → Anfang, Dämmer, Dämmerung, Morgen.
Frühvorstellung Matinee.
Frühzeit → Anfang.
frühzeitig → baldig, beizeiten, ehestens, prompt, zeitig.
Frust(ration) Desillusionierung, Enttäuschung (durch Versagung/Verzicht).
frustrieren desillusionieren, enttäuschen, Kopf stoßen vor den, unbefriedigt lassen, verprellen.
frustrierend enttäuschend, ergebnislos, fruchtlos, mühsam zu, unbefriedigend.
Fuchs Reineke, Rotrock, *j* • Bursche • Schlaukopf, Intrigant, Rechtsverdreher, Winkeladvokat, Federfuchser, Ränkeschmied, Leisetreter, Riemenstecher, Schieber, Halsabschneider, Jobber, Spitzbube, Schwindler, Freibeuter. ▸ Mensch aufrichtiger, treuer.
fuchsen → ärgern, aufregen.
füchsisch → diebisch.
Fuchtel → Strafe, streng.
fuchteln bewegen sich, eilen, schusseln, schieben, schwenken, stoßen, fegen, schweifen, wuseln, rütteln, schütteln, stolpern, aufbrausen. ▸ mäßigen sich, ruhig (bleiben).
fuchtig → wütend.
Fuder → Haufen.
fügbar → fügsam.
Fuge Einschnitt, Kerbe, Riss, Ritze, Schlitz, Falz, Spalte, Sprung, Rille, Rinne, Riefe *j,* Naht, Verbindungsstelle, Lötstelle, Schweißnaht, Nut, Nute, Fügung • Tonstück. → Bindemittel, Furche, Höhlung.
fügen verbinden, vereinigen, befestigen, verknüpfen, zusammenstecken, hinzufügen, zusammenstellen, ineinander schlingen. → fügen sich, verbinden. ▸ trennen.
fügen, sich passen, übereinstimmen, zusammenstimmen, entgegenkommen, begegnen sich, schicken sich, vertragen sich, anpassen, in Einklang bringen, angleichen sich, nachgeben, entsagen • ereignen sich, geschehen, stattfinden, zutragen sich, begeben sich, vorfallen, einstellen sich, entspinnen, eintreten, widerfahren, zustoßen, erleben, erfahren • anstellen sich, verhalten, benehmen, aufführen, bewähren s ich, betragen • gehorchen, unterwerfen sich, einwilligen, willfahren, beugen sich, unterordnen, nachgeben, demütigen, keinen eigenen Willen haben, zu Kreuze kriechen, klein beigeben, die Segel streichen, das Knie beugen, den Schwanz einziehen *u* • sich zufrieden geben, es dabei belassen, von der besten Seite nehmen, mit allem aussöhnen, jeden Wunsch erfüllen, ergeben, die Flagge streichen, verkriechen sich, sich beherrschen, bezwingen, bemeistern, gefasst bleiben, gute Miene machen zum bösen Spiel, die Fassung bewahren, ruhiges Blut bewahren, sich selbst beherrschen • kriechen, bücken sich, dienern, scharwenzeln, buckeln, hofieren, schweifwedeln, mit dem Strome schwimmen, den Mantel nach dem Winde hängen, auf den Knien rutschen, den Lakaien machen, kuschen *u,* spuren *u,* den Bären machen. → abfinden, anstellen, ausharren, befolgen, befriedigen, behelfen sich, belassen, betragen sich, dareingeben sich, ducken sich, dulden, einwilligen, ergeben sich, gehorchen, schicken. ▸ durchsetzen sich, trotzen, widersprechen.
fügen, hinzu → zusammentun.
fugenlos → faltenlos, nahtlos.
füglich schicklich, rechtsmäßig, ordnungsgemäß, mit Fug und Recht, sachgemäß, artig, ziemlich, harmonisch, zur Sache gehörig. → angemessen, schicklich. ▸ unschicklich, unvereinbar.
fügsam biegsam, geschmeidig, fügbar, nachgiebig, schmiegbar, dehnbar, bildsam, verträglich, versöhnlich, verständig, friedfertig, friedlich, sanft, gütig, lenksam, unterwürfig, gehorsam, folgsam, gefügig, ergeben, willig, willenlos, untertänig, sklavisch, hündisch. → aufmerksam, biegsam, demütig, dienstwillig. ▸ widerspenstig.

Fügsamkeit → Demut, Dienstbarkeit, Ergebenheit.
Fügung Bestimmung, Geschick, Schicksal, Schickung, Verhängnis • Kreis, Kette, Glied, Lauf, Verkettung, Verbindung, Zusammenhang, Unheil, Ungemach, Heimsuchung, Übel, Prüfung, Unstern, Missgeschick, Schlag. → Betrübnis, Zufall, Fatalismus. ▸ Willensfreiheit, Willkür, Unterbrechung.
Fügung, in das Schicksal Resignation.
fühlbar bemerkbar, gewahr, bewusst, fühlend, eindringlich, eindrücklich, lebhaft, empfindlich, merklich, kitzelig • körperlich, greifbar, fassbar, leiblich, wägbar. → einschneiden, fassbar. ▸ empfindungslos, fühllos, unmerklich.
fühlen empfinden, gewahr werden • betasten, befühlen, anfühlen, berühren, angreifen, anfassen, befingern, suchen, sondieren, verspüren • sein Gefühl sprechen lassen, dem Herzen entfließen, von einem Gefühle beherrscht werden, in Anspruch genommen sein, durchdrungen, erleben. → erleben, spüren. ▸ abstumpfen, kalt bleiben.
fühlen, sich einherstolzieren, von sich überzeugt sein, den Kopf hoch tragen, sich etwas zugute halten, herabschauen auf, überschätzen sich, überheben sich, anmaßen, erlauben sich, gestatten sich, erdreisten sich, erfrechen sich, herausnehmen sich, sich nicht entblöden, den Herrn spielen, die Menschen einschüchtern, Ansprüche erheben, Grobheiten erlauben sich. → ausstechen, blähen, dick tun. ▸ bescheiden (sich), unterwerfen sich.
fühlen, sich heimisch → wohl fühlen.
fühlen, sich nicht wohl → ängstigen, darniederliegen.
fühlen, auf den Zahn → prüfen.
Fühler Versuch, Probe, Witterung, Fingerspitzengefühl, Vorhersicht, Voraussicht, Spürsinn, Erprobung, Erforschung, Vorstufe, der erste Schritt. ▸ Tür ins Haus fallen mit der.
Fühligkeit Gespür, feine Nase, Antenne, Sensibilität, Feinsinn.
fühllos → charakterlos, gleichgültig, unbelebt.
Fühlung nehmen → anbändeln.
Fühlungnahme Kontakt.
Fuhre → Anfuhr, Transport.
führen lenken, navigieren, verwalten, lotsen, steuern, regieren, befehlen, kommandieren, herrschen, befehligen, die Zügel ergreifen, bevormunden, in die Hand nehmen, die Leitung übernehmen, den Ton angeben, an der Spitze stehen, vorangehen, voranschreiten, anführen, den Reigen eröffnen, → anbahnen, anführen, aufbauen, ausstechen, bahnen, beeinflussen, bevormunden, dirigieren, leiten, organisieren, steuern, verwalten. ▸ folgen, irreführen, unterliegen.
führen, hinters Licht → balbieren, täuschen, verspotten.
führen, am Narrenseil → balbieren, verspotten.
führen, im Schilde → vorhaben.
führen, in Versuchung → beeinflussen.
führend → bahnbrechend.
führende Stellung Hegemonie, Leitung, Spitzenstellung, Überlegenheit, Vorrangstellung.
Führer → Chef, Cicerone, Demagoge, Direktor, Katalog.
führerlos → hilflos.
Führerschicht Elite, Oberschicht, herrschende Klasse.
Fuhrmann Fahrer, Wagenlenker, Kutscher, Pferdeknecht, Fuhrknecht, Postillon, Schwager. → Chauffeur.
Führung → Aufbau, Bevormundung, Direktion, Erziehung, Organisation, Vortrag.
Führungsebenen Hierarchie.
Führungsfähigkeit Autorität.
Führungsgruppe Direktorium, Kader, Regierung, Stab, Unternehmensleitung. → Führerschicht.
Führungslosigkeit Anarchie, Chaos.
Führungsrolle Führerschaft, Herrschaft, leitende Stellung, Machtposition, Spitzenstellung.
Führungsschicht Elite, herrschende Klasse, Oberschicht, Spitze der Gesellschaft, Upper ten.
Führungssitz Zentrale.
Fuhrunternehmer Spediteur.
Fuhrwerk → Chaise, Fahrzeug (Straßen-), Karren.
fuhrwerken → fahren.
Fülle Andrang, Anhäufung, Ansammlung, Flut, Fruchtbarkeit, Füllhorn, Gedränge, Haufen, Menge, Masse, Reichhaltigkeit, Überfluss, Üppigkeit, Vielfalt. → Anzahl, Ausbreitung, Ausmaß, Auswahl, Berg, Dicke, Dichte, Ergiebigkeit, Genüge, Herde, Inhalt, Masse, Reichtum, Segen, Vorrat. ▸ Armut, Leere, Magerkeit, Mangel, Wenigkeit.
füllen einfüllen, anfüllen, auffüllen, eingießen, tanken, einkriegen *u,* einschütten, verstopfen, zustopfen, voll stopfen, ausstopfen, wattieren, einführen, voll gießen, voll schütten, einspritzen, zuführen, hineingießen, tanken, einblasen, aufblasen, einschlürfen, saufen, sättigen, füttern, mästen. → ausfüllen, beladen, einschenken. ▸ ausgießen, entleeren.
Füllen → Fohlen.
füllend → sättigend.
Füllfederhalter Pinsel *u.*
Füllhorn → Glück, Fülle.
füllig beleibt, breit, drall, feist, mollig, pummelig, rund(lich), stattlich, vollschlank, wohlgenährt • schlabberig *u.*
Füllsel → Farce.
Füllung Fütterung, Einfüllung, Auffüllung, Füllsel, Fülle, Ausfütterung, Einlage, Watte, Plombe, Ausfüllung, Aufspeicherung, Sättigung, Anhäufung. ▸ Entleerung.
fummeln → befingern.
Fund Lösung, Anhaltspunkt, Schlüssel, Erklärung, Auffindung, Deutung • Zufall, Verlorenes, Entdeckung. ▸ Nachforschung, Suche • Verlust.
Fundament → Anfang, Grundlage.
fundamental → grundlegend.
Fundgrube → Bezugsquelle, Born, Quelle.
fundieren → rechtfertigen.
fundiert → begründet.
Fundierung → Nachweis, Rechtfertigung.
Fundus → Kapital.
Fünfeck Pentagon.
fünfeckig pentagonal.
Fünfergruppe Quintett.

Fünfsprachenbuch Pentaglotte.
Fünfter Quintus.
Fünfuhrtee → Ball, Geselligkeit.
fünfzackiger Stern Pentagramm.
fungieren → auftreten.
Funk Funkbericht, Übertragung, Rundfunk, Radio, Sendung, Drahtfunk, Sprechfunk, Telegrafie, drahtlose Übertragung, Radar, Ortung, Polizeifunk. → Blitz.
Funke → Feuer.
funkeln → emporlodern, erglühen, leuchten.
funkelnagelneu → neu.
funkelnd → strahlend.
funken senden, übertragen, drahten, morsen, vermitteln, weiterleiten • schießen, Feuer geben, feuern, knallen, abschießen, beschießen, einschießen, ballern, eindecken, Kugeln wechseln, Geschütze bedienen. → benachrichtigen. ▸ bleiben kalt, bleiben neutral.
Funknachricht → Depesche.
Funkortung Radar, Radionavigation.
Funkspruch → Benachrichtigung.
Funktion → Amt, Arbeit, Dienstpflicht, Faktor, Obliegenheit.
Funktion, außer → Lähmung, Stillstand, unwirksam.
Funktion, in → tätig, wirksam.
Funktionär → Bonze.
funktionieren → arbeiten, tätig sein, wirken, wirksam. ▸ gestört sein, versagen.
funktionslos → unnütz.
Funktionsstörung Dysfunktion.
Funktionsträger Organ.
Funkwellenempfänger Detektor.
Funzel Öllampe, Petroleumlampe. → Lampe, Tranfunzel.
für in Vertretung von, Ersatz für, an seiner Stelle, zur Not, an Stelle von, dafür. ▸ gegen, kontra, wider.
für sich → ab, allein, auseinander, berührungslos, blättrig.
für und wider pro und contra.
Fürbitte → Bewerbung, Dienst guter, Gebet.
Fürbitter → Antragsteller, Bewerber, Bittsteller.
Furche Falz, Fuge, Graben, Nute, Ritze, Spalte, Sprung, Spur, Einschnitt, Schrunde, Riss, Schlitz, Rinne, Mulde. → Höhlung.
furchen → pflügen.
Furcht → Ahnung, Angst, Argwohn, Bammel, Bedenken, Beeinflussung, Beengung, Befangenheit, Beklemmung, Besorgnis, Bestürzung, Blitz, Erstarrung, Panik. ▸ Beherztheit, Mut, Tapferkeit • Liebe, Verehrung, Vertrauen, Zuneigung • Missachtung.
Furcht, krankhafte Phobie.
Furcht, ohne → arglos.
Furcht erwecken → ängstigen, Bockshorn jagen ins.
Furcht sein, in → ängstigen, benehmen den Atem.
furchtbar Furcht einflößend, fürchterlich, bänglich, beunruhigend, schrecklich, entsetzlich, Furcht erregend, gräulich, schauerlich, grässlich, Entsetzen erregend, schreckensvoll, schaudervoll, unheimlich, haarsträubend, gruselig, grauenvoll • sehr, hochgradig, bedeutend, besonders, ausgesprochen, beträchtlich, tüchtig, ordentlich, wirklich, arg, peinvoll, verdammt, verflucht, verteufelt, abscheulich, widerwärtig, abstoßend, blass werden. → abgeschmackt, abschreckend, ärgerlich, beispiellos, beißend, beklemmend, blümerant, entsetzlich, hässlich, schmerzlich, sehr. ▸ anziehend, beruhigend, erfreulich, wohl tuend harmlos, ungefährlich, unschädlich.
Furcht einflößend → beeinflussend, beklemmend, despotisch, einschüchternd, beängstigend.
fürchten (sich) ängstigen sich, bangen, beben, bekreuzigen sich, graueln, gruseln, puppern, entsetzen sich, schaudern, schlottern, scheuen, schwanken, stutzen, zagen, zittern, zögern, kein Glied rühren können, die Hosen voll haben, Mores haben, blass werden, in die Erde verkriechen, an allen Gliedern zittern, keine Traute haben, Gänsehaut bekommen, mit den Zähnen klappern, mit den Knien schlottern, Blut schwitzen, einen Bammel haben, Manschetten haben • erschrecken, zusammenfahren, zurückscheuen, erblassen, erbleichen, erschauern, erzittern, den Mut verlieren, die Fassung verlieren, klein und hässlich werden, Schiss haben. → ahnen, ängstigen, dämmern, davonlaufen, erblassen, erschrecken. ▸ Mann stellen seinen, mutig sein, vertrauen, erhoffen, ersehnen • lieben, verehren • ignorieren, missachten, verachten.
fürchtend → bebend.
furchterfüllt → bange, bebend, bestürzt, blümerant.
fürchterlich schauderös *u.* → abgeschmackt, abschreckend, abstoßend, beißend, beklemmend, beschämend, blümerant, böse.
Furcht erregend beunruhigend, Angst erregend, drohend • Achtung gebietend, gewichtig, allgewaltig, überlegen, mächtig, stark • grauenvoll, gruselig, haarsträubend. → furchtbar. ▸ beruhigend, erfreulich, lächerlich.
furchtlos → brav, felsenfest, herzhaft, mutig, optimistisch, sorglos. ▸ ängstlich, bang, feige, furchtsam, mutlos.
Furchtlosigkeit → Courage, Fassung, Mut.
furchtsam → ängstlich, bange, bebend, befangen, drohend, erschrocken, erstarrt, fahl, feige. ▸ beherzt, couragiert, furchtlos, heldenhaft, kühn, mutig, tapfer, unerschrocken.
Furchtsamkeit → Feigheit.
fürder → ferner.
fürderhin → auch, darüber.
Furie → Drachen.
furienhaft zornig, böse, grimmig, aufgebracht, fuchtig, grollend, erbittert, gereizt, giftig, gallig, unwirsch, wutverzerrt, zähneknirschend. ▸ sanftmütig.
fürlieb nehmen bescheiden sich, zurücktreten, bleiben im Hintergrund, stellen sein Licht unter den Scheffel, nach der Decke strecken. → belassen. ▸ aufblähen, beanspruchen.
Furnier → Bedeckung.
furnieren → bedecken.
Furore *s* → Aufsehen.
Furore machen → Aufsehen erregen, Bewunderung hervorrufen, in Erstaunen bringen, Überraschungen herbeiführen, Begeisterung hervorrufen, Taumel erregen, Verzückung erzeugen, begeistern, bezaubern, entzücken, hinreißen, berauschen, wahnsinnig machen, die Sinne verwirren,

außer Fassung bringen, zur Schau stellen, Pracht entfalten, goldene Lorbeeren erringen, in jedermanns Munde sein. ▸ bescheiden (sich), bloßstellen sich, übersehen (werden).
Fürsorge → Bedacht, Behutsamkeit, Besonnenheit, Besorgnis, Besorgtheit, Obhut.
Fürsorgeanstalt → Bestrafung, Verwahrung.
Fürsorger Begleiter, Beschützer, Betreuer, Coach, Förderer, Helfer, Manager.
fürsorglich vorsorglich, besorgt, häuslich, hilfsbereit, rührig, sparsam. → besorgt. ▸ unachtsam, verschwenderisch.
Fürsorglichkeit → Aufmerksamkeit, Besorgnis, Besorgtheit, Umsicht.
Fürsprache → Bewerbung, Dienst guter, Gunst.
fürsprechen → abwehren, beistehen, einsetzen sich, einstehen, entlasten, verteidigen.
Fürsprecher → Anwalt, Berater.
Fürst Gebieter, Herrscher, Landesherr, Regent, Souverän.
Fürstenhaus Dynastie.
Fürstenhof Residenz.
Fürstin Gebieterin, Herrin, Herrscherin, Regentin.
fürstlich → adelig, edel, freigebig.
Furt Untiefe, Seichtheit, Versandung, Sandbank, Barre, Hungersteine, Weg, Durchgang, Übergang.
Furunkel → Auswuchs, Krankheit.
fürwahr traun! tatsächlich! → beglaubigt, bestimmt.
Fürwitz → Neugierde, Übermut.
Fürwort Pronomen.
Fusel Schnaps, Branntwein, Rachenputzer, Krätzer, Feuerwasser, Alkohol, Spirituose, schlechter Weinbrand.
Fusion → Anschluss, Vereinigung.
fusionieren → verbinden.
Fuß Längenmaß • Grundlage, Unterlage, Basis, Fundament, Grundstein, Stütze, Sockel, Plattform, Rost, Lager, Unterteil • Glied, Körperteil, Knochen, Gliedmaßen, Huf, Pfote, Tatze, Pratze, Latschen *j,* Ruder *j,* Pedal *u,* Quanten *u,* Quadratlatschen *u* • Untersatz, Gestell, Befestigung • Versfuß, Versmaß.
Fuß leben, auf großem → Verschwendung.
Fuß, auf gutem → herzlich, vertraut.
Fuß fassen → aufhalten sich, bleiben, einwurzeln.
Fuß, zu → gehen.
Fußangel → Falle.
Fußball → Ball, Sport.
Fußballsport Tretsport *u.*
Fußbank Hutsche *u,* Rutsche *u.*
Füße Quanten *u.*
Füße, große/breite Sauerkohlstampfer *u.*
Fussel Fädchen, Faser, Fäserchen, Fluse.
fusselig → faserig.
fusseln → auflösen.
fußen → basieren.
Fußfall → Demut, Demütigung, Fall, Huldigung, Kriecherei.
Fußfall tun, einen → demütigen sich.
Fußgänger Wanderer, Wandersmann, Tourist, Pilger, Wallfahrer, Wandervogel, Bergsteiger, Hochtourist, Wanderbursche, Tippelbruder, Landfahrer, Zugvogel, Vagabund, Nomade, Läufer. ▸ (Fahrer).
Fußgängerweg Bürgersteig, Fußweg, Gangway, Gehsteig/-weg, Spazierweg, Trottoir.
Fußhebel/-taste Pedal.
Fußnote → Anhang, Anmerkung, Auskunft, Randbemerkung.
Fußpflege Pediküre.
Fußreise → Wanderung.
Fußsoldat Füselier, Grenadier, Infanterist.
Fußspur Spur, Fährte, Fußstapfen.
Fußstapfen → Fährte.
Fußtritt → Grobheit, Strafe.
Fußtruppe Infanterie.
Fußvolk → Heer.
Fußweg → Straße.
futsch(icato) → abhanden.
Futter Fütterung, Ausfütterung, Einlage, Watte, Füllung • Nahrung, Kost, Beköstigung, Essen, Fraß, Schütte *s j,* Speisung, Bedarf, Mundvorrat, Lebensmittel, Furage, Zehrung. ▸ Trank.
Futter beschaffen furagieren.
Futteral Etui, Hülle, Hülse, Kapsel, Scheide, Schutz, Überzug. → Behälter, Beutel, Dose.
Fütterer → Ernährer.
Futtermittel → Bedarf.
füttern → füllen, nähren, unterlegen.
Futterneid Brotneid, Missgunst, Selbstsucht. ▸ Altruismus, Bescheidenheit, Freigebigkeit, Großzügigkeit.
Futterspeicher Silo.
Fütterung → Beköstigung, Füllung.

G

Gabe Schenkung, Donation, Dotation, Stiftung, Geschenk, Beschenkung, Zuwendung, Zueignung, Spende, Liebesgabe, Opfergabe, Scherflein, Notopfer, Winterhilfe, Beisteuer, Abgabe, Angebinde, Aufmerksamkeit, Festgabe, Unterstützung, Mitgift, Aussteuer, Lohn. → Almosen, Andenken, Beitrag, Belohnung, Bestechung, Charakter, Dank, Darbringung, Entgelt, Käuflichkeit, Talent. ▸ Entgegennahme, Untauglichkeit.
Gabel Gerät, Essgerät, Besteck, Forke, Ackergerät • Gabelung, Zweiteilung, Verzweigung, Spaltung, Halbung, Gaffe, Kreuzung.
gabelförmig gegabelt, zweiteilig, zweifach, zweigliedrig, verzweigt, gespalten, halbiert, gezackt, gezähnt, zackenförmig, sägenförmig, gebogen.
Gabelfrühstück → Essen.
Gabelmücke Anopheles.
gabeln spalten, verzweigen, abzweigen, kreuzen, abbiegen, auseinander gehen, auseinander laufen, abweichen, abschwenken, abirren. → abbiegen, abweichen. ▸ zusammenlaufen.
Gabelung Verzweiflung,

Abzweigung, Abspaltung, Spaltung • Schwenkung, Abschwenkung • Scheideweg, Wegscheide, Straßengabelung • Brechung, Verteilung, Abweichung • Kreuzweg, Kreuzung.
gackern glucksen, girren, lärmen, kollern, gicksen.
gacksen → ermatten, stammeln.
gaffen → anschauen, erstaunen.
Gag witziger Einfall, Knüller, komische Situation, Überraschungseffekt, Witz.
Gage → Bezahlung, Belohnung.
Gage, geringe besseres Trinkgeld *u.*
gähnen klaffen, offen stehen, aufstehen, aufgehen, auffliegen • ermatten, ermüden, langweilen, erschlaffen, erschöpfen, einduseln, schlapp machen. ▸ ermuntern, frisch (sein).
gähnend → offen.
Gähnkrampf/-zwang Chasma.
Gala Aufmachung, Glanz, Kleiderpracht, Putz, Staat, Wichs, Pracht, Gepränge, Prunk, Pomp, Hofstaat, Hoftracht, Prunkwagen, Prachtwagen, Schaufahrt, Festgepränge, Schaugepränge, Farbenglanz. ▸ Einfachheit.
Galadiner Bankett, Festbankett / -essen / -mahl.
Galakutsche Karosse.
Galan → Buhle, Liebhaber, Wüstling.
galant höflich, vornehm, ritterlich, formgewandt, fein, geschliffen, zuvorkommend, wohlerzogen, freundlich, liebenswürdig, aufmerksam, glatt, einnehmend, diplomatisch, kavaliersmäßig. → artig, betragen sich, freundlich. ▸ unfreundlich, unhöflich.
Galanterie → Bewerbung, Courschneiderei, Höflichkeit.
Galanummer → Anziehung, Attraktion.
Galavorstellung Aufführung, Oper, Operette, Schauspiel, Ausstattung, Feierlichkeit, Festlichkeit, Festgepränge, Prunkfest, Hoffest, Prachtentfaltung, Prunkentfaltung, Schaustück. → Attraktion.
Galeere → Fahrzeug (Wasser-).
Galerie Sammlung, Ansammlung, Anhäufung, Überblick, Ausstellung, Bildergalerie, Gemäldeausstellung, Gemäldesaal, Gemäldehalle, Durchgang, Säulengang, Rang, Olymp *u,* Empore, Seitengalerie. → Ausstellung.
Galgen Schwebebaum, Hebebaum, Balken, Gerüst • Bestrafung, Erhängen, Halsgericht, Hinrichtung, Vollstreckung, Entehrung, Marter, Pranger, Strang, Strick.
Galgenfrist → Bedenkzeit, Gnade.
Galgenhumor Sarkasmus, schwarzer Humor • Selbstüberwindung, Trotz.
Galgenstrick → Bandit, Betrüger, Lump.
Galgenvogel → Bandit, Betrüger, Lump.
Galle Eingeweide, Gallenblase, Gallenflüssigkeit • Bitterkeit, Ungeschmack, Ekel, Widerlichkeit, Geifer, Ingrimm, Groll, Erbitterung, Rachsucht, Missmut, Zorn, Gift und Galle, finsterer Blick → Bosheit. ▸ Gutmütigkeit, Liebenswürdigkeit.
Galleabsonderung Cholerese.
Gallenblasenentzündung Cholezystitis.
Gallenfarbstoff Bilirubin.
Gallenstein Cholelith.
Gallert Aspik, Gelatine, Gelee, Jus.
gallertartig dicklich, geronnen, schwabelig, seimig, schleimig, pappig, kleistrig, geleeartig, gelatineartig, käsig. → dickflüssig. ▸ flüssig.
Gallestau Cholestase.
Galligkeit → Bosheit, Galle.
Galopp Schnelle, Geschwindigkeit, Hurtigkeit, Flinkheit, Raschheit, Behändigkeit, Schnelligkeit, Eile, Rennerei, Lauf, Schnellschritt, Laufschritt, Eilmarsch, Schnelllauf, Siebenmeilenstiefel, Pferdegang • Hopser, Tanz, Hupf. → Blitz. ▸ Trägheit, (Trapp).
Galopp, im en pleine carrière.
galoppieren → beschleunigen, bewegen sich, durcheilen.
gammeln herumlungern, sich herumtreiben, strolchen. → faulenzen. ▸ arbeiten, sich anstrengen, fleißig/tätig sein • schuften.
Gammler Faulenzer, Hippie, Landstreicher, Müßiggänger, Rumtreiber.
Gang → Art, Bahn, Bewegung, Direktion, Durchbruch. ▸ Ruhe, Stand, Stillstand.
Gang bringen, in antreiben, beginnen, anführen, anfangen, anbahnen, anfassen, angreifen, anpacken, vorgehen, übernehmen, einleiten, eröffnen, antreten, anfahren, ankurbeln, ankuppeln, in Bewegung bringen, in die Welt setzen, den ersten Schritt tun, Hand anlegen, in die Hand nehmen. ▸ hemmen.
gang und gäbe → gewohnheitsmäßig.
Gangart Bewegung, Schritt, Trab, Galopp, Marsch, Lauf, Tanz, Rennen, Hopsen, Springen, Hüpfen, Promenieren, Trippeln, Schlendern, Hast, Torkeln, Schwanken.
gangbar offen, frei, aufgeschlossen, aufgesperrt, auf, unversperrt, begehbar, leicht, laufend, gängig, im Umlauf, courant. → anerkannt, angenehm. ▸ geschlossen, unangenehm, unmöglich.
gangbar machen Bahn brechen, bahnen, ebnen, zugänglich machen.
Gängelband Leitseil, Zügel, Schlüsselgewalt, Vollmacht, Drang, Druck, Zwangsmittel, Joch, Fessel, Kette, Freiheitsberaubung, Schürzenbändel, Bändigung, Zähmung. → Bande. ▸ Ungebundenheit.
gängeln → bahnen, bevormunden, bürokratisch, leiten.
gängig → entwirrbar, erfüllbar, erreichbar, gangbar.
Gangster Erpresser, Lump.
Gangway Passagier-Laufgang/ Lauftreppe.
Ganove Bandit, Dieb, Gangster, Gauner, Krimineller, Spitzbube, Verbrecher.
Gans Vogel, Haustier, Getier, Zweifüßler, Wildgans • Dummkopf, Pute, Einfaltspinsel, Gelbschnabel, Grünschnabel, Gimpel, dumme Gans, Schwätzer, Stadtklatsche, Schnattermaul, Plaudertasche.
Gänsehaut → Angst, Kälte.
Gänsemarsch → Aufeinanderfolge.
ganz alles, durchgängig, durch und durch, ganz und gar, gesamthaft, insgesamt, restlos, erschöpfend, total, unverkürzt, vollauf, gänzlich, völlig, vollkommen, unteilbar • heil, intakt, unbeschädigt, unversehrt, in Ordnung, wohlbehalten, unberührt. →

absolut, alles, arg, ausnahmslos, ausschließlich, bestehen aus, Beziehung in jeder, durchaus, einmal alle auf, vollständig.
▶ geteilt, lückenhaft ● partiell, stellenweise, teilweise, zum Teil ● halb ● defekt, entzwei, kaputt, zerbrochen, zerstört.

ganz und gar gänzlich, alles, sämtlich, ausnahmslos, vollzählig, völlig, vollständig, vollkommen, insgesamt, restlos, unverkürzt, vollauf, ohne Ausnahme, durchweg, samt und sonders, Kind und Kegel, von Kopf bis zu Fuß, Freund und Feind, mit Haut und Haar, auf Gedeih und Verderb, mit Stumpf und Stiel. → A bis O, bestehen aus.
▶ ausgenommen, geteilt, nichts, unvollständig.

Ganzes → Bestandteil, Ganzheit.

Ganzheit Alles, Gesamtheit, Ganzes, Gesamtbetrag, Vollständigkeit, Masse, Vollzähligkeit, Fülle, Vollheit, Zusammengehörigkeit, Unteilbarkeit, Weltall, Unzertrennbarkeit. → Einheit, Ergänzung.
▶ Teil.

gänzlich → A bis O, bestehen aus, Beziehung in jeder, durchaus, durch und durch, vollständig.
▶ partiell, teilweise, zum Teil.

Ganztagsarbeit Fulltimejob.

gar aus, essbar.
▶ halbroh, roh, ungekocht.

gar nicht → nicht.

gar nichts Geringste nicht das, nichts, überhaupt nichts.

Garage → Abstellraum.

Garant → Bürge.

Garantie Berechtigung, Anrecht, Bestätigung, Gewähr, Garantieschein, Recht, Gutsprechung, Gutschrift, Bürgschaft, Deckung, Gewährleistung, Haftung, Sicherheit, Unterpfand.
▶ Risiko.

garantieren → bürgen, einstehen, beglaubigen, versichern.

garantiert authentisch, gewährleistet, sicher, verbürgt, zuverlässig.

Garantieschein → Bescheinigung, Garantie.

Garaus Henkersmahlzeit, Vollstreckung, Tötung, Todesstoß, Mord, Totschlag, Ermordung, Meuchelmord, Blutvergießen, Raubmord, Vernichtung.

Garbe Bündel, Bund, Ballen, Gebund, Busch, Gebinde, Ähre, Strauß, Stapel, Getreide, Gelege, Korn, Frucht, Grummel, Ernte. → Bund.
▶ (Haufen loser).

Garde → Schutz.

Garderobe Kleiderablage, Kleiderabgabe, Ankleideraum, Ankleidezimmer, Kleiderkammer, → Anzug.

Garderobier → Aufseher.

Gardine → Behang.

Gardinenpredigt → Bestrafung.

gären → brausen, dröhnen, fangen Feuer, gar kochen, gar machen, kochen, sieden.

gärender Most Sauser *u.*

Gärfutter Silage.

Gärfutterbehälter Silo.

gärig → faul.

Garküche → Boutiquee.

Garn → Band, Bindemittel, Bindfaden, Danaergeschenk, Faden, Falle.

Garn locken, ins nachstellen, überlisten, erhaschen, eine Grube graben, eine Falle stellen, auf der Lauer liegen, eine Schlinge legen, eine Angel auslegen, ein Bein stellen.
▶ helfen, unterschlüpfen (lassen).

garnieren → ausschmücken, besetzen, dekorieren.

Garnierung → Ausschmückung, Besatz.

Garnison → Besatzung.

garnisonieren → belegen.

Garnitur *f* → Ausschmückung, Besatz.

garstig → abgeschmackt, bäurisch, beißend, beschämend, bestialisch, bitter, blatternarbig, böse, borstig, brennend, dickwanstig, dreckig.

Garstigkeit → Hässlichkeit.

Gärstoff → Ferment.

Garten Anpflanzung, Anlage, Lustgarten, Lustwäldchen, Palmengarten, Stadtgarten, Vorgarten, Kräutergarten, Obstgarten, Gemüsegarten, Baumgarten, Blumengarten, Steingarten, Gelände, Flur, Erdreich ● Tiergarten, Tiergehege, Freigehege, Zwinger, Zoo, Zoologischer Garten.

Garten Gottes Eden, Elysium, Paradies.

Gartenanlage, weitläufige Park.

Gartenbau Hortikultur.

Gartenhaus → Cottage.

Gartenstück → Beet.

Gartentempel Monopteros.

Gartenzwerg Wichtel, Wichtelmann, Männlein, Männchen ● halbe Portion, abgebrochener Riese ● Knirps, lächerliche Figur, Spottfigur.

Gärtner machen, den Bock zum falsche Entscheidung, Dummheit, Leichtfertigkeit, Umkehrung.

Gärtnerei → Baumschule.

Gärung → Ausbruch, Chaos, Fäulnis, Ferment.

Gärungslehre Zymologie.

Gärungsmittel → Ferment.

Gas Dunstartigkeit, Nebelgas, Giftgas, Tränengas, Flüchtigkeit, Dampf, Rauch, Schwaden, Grubengas. → Brennmaterial, Dunst.
▶ Flüssigkeit.

Gas geben → anfahren, bringen in Bewegung.

Gasableitungsrohr Auspuff.

Gasaufnahme Adsorption.

Gasausbrüche der Sonne Protuberanzen.

Gasbehälter Gasometer.

Gasbildung in Darm/Magen Flatulenz, Meteorismus.

Gasdruck Tension.

gasförmig → dampfförmig, dunstartig.

Gashebel Pulle *u.*

Gasse → Bahn, Bindemittel, Durchführung, Durchgang, Straße.

Gassenhauer → Schlager.

Gassenjunge Kerl, Bengel, Rüpel, Schlot, Bauernflegel, Lümmel, Bauernkerl, Michel, Flegel, Geselle, Bube, Range, Schusterjunge, Halbstarker, Bagage.
▶ (Mensch wohlerzogener).

gassenmäßig verwildert, lausbubenhaft, ungepflegt, schülermäßig, jungenhaft, ungezogen, frech, laut, schlecht erzogen.
▶ wohlerzogen.

Gassensprache Slang, Umgangssprache.

Gast Besucher, Kostgänger, Stammgast, Kunde, Ankömmling, Besuch, Angekommener, Geladener. → Eingeladener.
▶ Gastgeber.

Gast bitten, zu → bitten, einladen.

Gastarbeiter ausländischer Arbeitnehmer, Fremdarbeiter.

Gästehaus Absteige, Gasthaus, Gasthof, Herberge, Hotel, Pension.

gastfreundlich gastfrei, gastlich, gesellig, einladend, umgänglich, zugänglich, leutselig, freigebig, großzügig, hochherzig, zuvorkommend.

→ einladend.
▸ ungastlich.
Gastfreundschaft Freigebigkeit, Gastlichkeit, Gebefreudigkeit, Geselligkeit, Höflichkeit, Leutseligkeit, Herzlichkeit, Freundschaftlichkeit, offenes Haus, offene Hand.
▸ Ungastlichkeit.
Gastgeber Bewirter, Wirt, Einlader, Hausherr, Gesellschafter, Spender, Geber, Schenker. → Ernährer.
▸ Gast, Besuch.
Gasthaus → Ausschank, Gaststätte.
Gasthof → Ausschank, Gaststätte.
Gasthörer/-schüler Hospitant.
gastieren auftreten, vorstellen, darstellen, vorführen, spielen, herausbringen, eine Gastrolle geben, zu Gast sein.
gastlich → gastfreundlich.
Gastlichkeit → Gastfreundlichkeit.
Gastmahl → Bankett, Essen, Feier, Fest.
Gastpflanze/-tier Parasit, Schmarotzer, Symbiont.
Gastrolle Einzelfall, Sonderfall, Einzelauftreten, Ausnahme, Einzelheit, Gastspiel, Aufführung, Vorstellung, einmaliges Auftreten.
▸ Ständigkeit.
Gastronomie → Feinschmeckerei.
Gastspiel Tournee. → Darbietung, Gastrolle.
Gaststätte Kaffeehaus, Konditorei, Restaurant, Gastwirtschaft, Schenke, Gasthaus, Speisehaus, Trinkstube, Bar, Weinstube, Weinhaus, Wirtschaft, Gasthof, Rasthaus, Herberge, Unterkunft, Bleibe, Schankstube, Schänkstube, Kneipe, Bumslokal *u*, Spelunke, Kaschemme, Bumskneipe *u*, Bierhaus, Speisewirtschaft, Branntweinstube, Teestube. → Ausschank.
Gaststätte, kleine Pinte *u*.
Gaststättengewerbe Gastronomie, Hotellerie.
Gastwirt → Wirt.
Gastwirtschaft → Gaststätte.
Gatte → Bräutigam, Ehegenosse.
gattenlos → allein stehend.
Gatter → Ausgang, Beschwernis, Demarkation, Zaun.
Gattin → Ehefrau, Frau.
Gattin, oberste First Lady.
Gattung → Abteilung, Art, Artikel, Charakter, Familie.
Gau → Bezirk, Distrikt.
Gauch → Bandit.
Gaudi Belustigung, Fröhlichkeit, Heiterkeit, Freude, Vergnügen.
Gaudium Belustigung. → Ulk.
Gaukelei → Betrug, Scherz.
gaukeln → täuschen, zaubern.
Gaukelspiel → Blendwerk.
Gaukler → Betrüger, Fakir.
Gaul → Pferd.
Gaumen → Geschmack.
Gaumenfreude Sinneslust, Genussfreude, Befriedigung, Labung, Genuss, Behaglichkeit, Sinnenreiz, Gaumenkitzel, Schnabelweide, Genussmittel. → Feinschmeckerei.
▸ Degout, Entbehrung, Ekel.
Gaumenkitzel → Delikatesse, Feinkost, Gaumenfreude.
Gaumenlaut Guttural, Palatal.
Gaumenmandelentzündung Tonsillitis.
Gaumenzäpfchen Uvula.
Gauner → Bandit, Bauernfänger, Betrüger, Dieb.
Gaunerei Täuschung, Betrug, Betrügerei, Übertölpelung, Überlistung, Verrat, Blendung, Vorspiegelung, Gemeinheit, Unterschlagung, Bestechung, Schiebung, Fälschung, Schelmerei, Unredlichkeit, Falschheit, Schurkerei, Charakterlosigkeit, Hinterlist, Buberei, Lumperei, Aasgeschäft, Heimtücke, Prellerei, Diebstahl, Wucher, Spitzbüberei, Schwindel, Einbruch, Raub. → Bemächtigung, Beraubung, Dieberei.
▸ Ehrlichkeit, Redlichkeit.
gaunerhaft → bestechlich, charakterlos, gemein.
gaunerisch → diebisch.
Gaunersprache → Diebesjargon.
Gazelle Antilope.
Gazette → Zeitung.
geachtet → achtbar, angesehen, bekannt, beliebt, berühmt.
geachtet sein → beneidenswert.
geächtet einsam, gemieden, geflohen, verloren, umherirrend, verbannt, unselig, vogelfrei, ausgestoßen, verfemt, ehrlos, rechtlos, verachtet, gerichtet, verhasst, unbeachtet, ungeschätzt, unangesehen.
▸ angesehen.
Geächteter Außenstehender, Desperado, Outsider, Rechtloser, Verbannter, Verstoßener.
geadert streifig, gestreift, bebändert, gewellt, gesprenkelt, punktiert, geändert, gefleckt, fleckig, meliert.
▸ einfarbig.
gealtert → alt, ergraut.
geartet eigen, zueigen, erblich, artgemäß, vererbt, angeboren, eingewurzelt, eingepflanzt, eigentümlich, zugehörig, beschaffen, charakteristisch, kennzeichnend. → behaftet, bezeichnend, Blut liegen im, dergestalt.
▸ äußerlich, gewöhnlich.
geartet, so → dermaßen.
Geäst → Ast.
geästelt → federartig.
Gebäck Nachtisch, Naschwerk, Näscherei, Zuckerwerk, Leckerbissen, Delikatesse, Plätzchen, Konfekt, Kuchen, Leckereien, Biskuit, Torte, Süßes, Zuckerwaren, Backwerk, Backwaren, Zeltchen.
Gebälk → Balken.
geballt → haufenweise.
gebändert → geadert.
gebändigt abgerichtet, besiegt, bezwungen, domestiziert, dressiert, erzogen, gedrillt, gezähmt, zahm.
gebannt besessen.
Gebärde Geste, Augenspiegel, Blick, Achselzucken, Kopfschütteln, Mienenspiel, Zeichensprache, Kopfnicken, Wink, Fingerzeig, Mimik, Fingersprache, Handbewegung. → Anspielung.
gebärden, sich → aufführen.
Gebärdenspiel → Pantomime.
Gebärdensucht Hypermimie.
Gebaren Allüren, Manier, Hantierung, Förmlichkeit, Gehabe(n), Handlungsweise, Haltung, Verhalten, Betragen, Benehmen. → Art und Weise, Ausdruck, Aussehen, Charakterfundament, Denkart.
▸ Formlosigkeit.
gebären → bringen zur Welt, entbinden.
gebaren, sich → aufführen, auftreten für.
Gebärmutter Uterus.
Gebärmutterentfernung Hysterektomie, Uterusexstirpation.
Gebärmutterentzündung Metritis, Endometritis.
Gebäude → Bau.
Gebäude, verfallenes Ruine.

Gebäudegrundlage Fundament.
Gebäudevorderseite Fassade.
gebaut, schön → ästhetisch.
gebefreudig freigebig, großzügig, generös, nobel, spendabel, wohltätig.
Gebein → Knochen.
Gebeine Gerippe, Knochengerüst, Skelett • Leiche, sterbliche Überreste, toter Körper.
Gebell Bellen, Gekläff, Kläffen.
geben erteilen, dotieren, schenken, zuteilen, spenden, gewähren, opfern, bescheren, darreichen, darbringen, zuwenden, verehren, überraschen, bewilligen, abtreten, stiften, unterstützen, beitragen, bezahlen, ausstatten, ausrüsten, versorgen, versehen, zustecken, verleihen, widmen, zueignen, überreichen, überlassen, anbieten, spendieren, ausgeben, verabfolgen, einhändigen, aushändigen, reichen, verteilen, austeilen, zuweisen, tun. → anbieten, beschenken, bezahlen für, darbieten, darbringen, darreichen, einträufeln, entäußern sich, die Kosten zahlen. ▸ nehmen, abnehmen, annehmen, bekommen, empfangen, entgegennehmen, erhalten, kriegen • anfordern, beanspruchen, fordern, verlangen • bitten, erbitten, sich wünschen • versagen, verweigern, vorenthalten.
geben, sich → anstellen, auftreten, aussehen, betragen sich.
geben, sich als → borgen, fremde Gedanken.
geben, den Anstoß → bringen in Gang.
geben, ein Beispiel vormachen, aneifern, eingreifen, durchsetzen, durchführen, anführen, wirken, leiten, vorstehen, erziehen, Eindruck machen. ▸ müßig gehen, nachfolgen.
geben, zum besten erzählen, witzeln, scherzen, spaßen, necken, erheitern, zum Lachen bringen, den Hanswurst machen, Possen treiben, Witze machen, einen Ulk erzählen. ▸ langweilen.
geben, aus der Hand → weggeben.
geben, den Laufpass verstoßen, verweisen, aussperren, ausgliedern, fortjagen, hinauswerfen, verscheuchen, bannen, verjagen. → Bord werfen über. ▸ anschließen, aufnehmen.
Gebenedeite Madonna.
Geber Schenker, Spender, Gastgeber, Wohltäter, Unterstützer, Armenpfleger, Zahlmeister, Lohnherr, Brotgeber, Brotherr, Ernährer, Stifter, Gründer, Erbonkel, Helfer, Retter. ▸ Empfänger, Geizhals.
gebessert genesen, erholt, geheilt, gesundet, gelindert, wiederhergestellt, aufgerafft, davongekommen, gerettet • bekehrt, gereinigt, befreit, von der Sünde abgelassen, zu Kreuz gekrochen, ein neues Leben begonnen, den alten Menschen abgelegt, zu sich selbst zurückgefunden, zur Erkenntnis gekommen, sich vom Bösen abgewandt, sich zu Herzen genommen. ▸ verschlimmert.
Gebet Fürbitte, Bitte, Flehen, Bittgebet, Bußgebet, Andacht, Stoßgebet, Dankgebet, Lobpreisung, Festgebet, Tischgebet, Schulgebet, Anliegen, Anrufung, Beschwörung, Ablassgebet, Preis.
Gebet nehmen, ins → erforschen, strafen.
Gebet sprechen, ein beten, Gott anrufen.
Gebetbuch → Bibel.
Gebetshaus z.B. Kapelle, Kirche, Moschee, Synagoge.
gebeugt gebückt, geduckt, angeschlagen. ▸ aufrecht, gerade • heiter, optimistisch • ungebeugt.
Gebiet → Abteilung, Ausbreitung, Ausdehnung, Besitztum, Bezirk, Distrikt, Domäne, Fläche.
Gebieten → Beeinflussung.
gebieten → anführen, anregen, aufzwingen, befehlen, befehligen, beherrschen, bewirken, Dach steigen auf das, diktieren, erteilen Auftrag.
gebietend → ausschlaggebend, gebieterisch.
Gebieter → Besitzer, Chef, Dienstherr, Diktator, Direktor, Despot, Efendi, Ehegenosse, Herrscher. ▸ Diener, Knecht, Untertan.
Gebieterin → Ehefrau, Frau.
gebieterisch befehlshaberisch, herrisch, überlegen, selbstsicher, selbstbewusst. → anmaßend, bärbeißig, befehlerisch, beeinflussend, beherrschend, bemüßigt, besiegelt, charakterfest, despotisch, diktatorisch, energisch, ernstlich, felsenhart. ▸ energielos, kriecherisch, sanftmütig, devot, duldsam, folgsam, untertänig.
Gebietsausschluss Exklave.
Gebietseinschluss Enklave.
Gebietsteil Bezirk, Distrikt, Zone.
gebietsweise landschaftlich, lokal, partiell, regional, strichweise, teilweise.
Gebietszugehörigkeit Territorialität.
Gebilde → Bildung, Etwas.
gebildet gesittet, sprachgebildet, kultiviert, erzogen, zivilisiert, anständig, höflich, manierlich, formgewandt, geschliffen, wohlerzogen, freundlich, zuvorkommend, hilfsbereit, hoffähig. → anstellig, artig, belesen, betragen sich, bibelfest. ▸ ungebildet, dumm, primitiv, unkultiviert, unwissend.
Gebildetsein Allgemeinbildung, Bildung, Erziehung, Prägung, Wissen.
gebilligt → anerkannt.
Gebimmel → Missklang.
Gebinde → Blumenstrauß, Bund, Garbe.
Gebirge → Berg. ▸ Ebene, Flachland, Täler, Tiefland.
gebirgig hoch, erhaben, emporragend, aufsteigend, steil, bergig, hügelig, uneben, luftig, oben, oberhalb, wolkenwärts, droben, höckerig, felsig, buckelig. ▸ flach.
Gebirgsjäger Hippie *u*, Jodler *u*.
Gebirgsmassiv → Berg.
Gebirgsstock Massiv.
Gebirgszug → Berg.
Gebiss Raffel *u*. → Zähne.
Gebiss, künstliches Prothese, Zahnersatz.
gebläht aufgebläht, dick, aufgetrieben, aufgedunsen, geschwollen, aufgeschlossen, aufgeblasen, ausgedehnt, breit, angeschwollen. ▸ zusammengezogen.
Gebläse → Blasebalg.
geblendet blind, lichtlos, gesichtslos, schneeblind, sonnenblind • überrascht, entzückt, erstaunt, fassungslos, starr, festgebannt, betroffen, verwirrt, verblüfft. ▸ gefasst, scharfsichtig.
Geblüt → Art, Blut.

gebogen verbogen, umgebogen, gekrümmt, geschweift, wellig, bogenförmig, halbmondförmig, ankerförmig, eingezogen, ausgebogen, gekrümmt, gewunden, verschlungen, gelockt, ausgeschweift. → aalförmig, aalglatt.
▸ gerade.
geboren → lebendig.
geboren werden das Licht der Welt erblicken, zur Welt kommen, erscheinen, entbunden werden, ausschlüpfen, auskriechen, abgenabelt werden.
geborgen gerettet, erlöst, befreit, frei, heil, sicher, behaglich, geschützt, gesichert, gefeit, ungefährdet, gefahrlos, im sicheren Hafen.
▸ gefährdet.
Geborgenheit Behütetsein, Geborgensein, Nestwärme, Obhut, Schutz, Sicherheit.
Geborgtes Anleihe, Darlehen, Kredit, Schulden.
Gebot → Anordnung, Appell, Auflage, Bande, Bedürfnis, Beeinflussung, Befehl, Codex, Dekret, Dogma, Ehrenpunkt.
▸ Befolgung, Einhaltung • Untersagung, Verbot.
Gebot stehen, zu → verfügen.
Gebote, die 10 Dekalog.
geboten erforderlich, nötig, unabdingbar, unerlässlich, vonnöten.
Gebotsübertretung → Sünde, Vergehen.
gebrandmarkt beschämt, gekränkt, geschändet, entehrt, verunglimpft, befleckt, beschmutzt, ehrlos, geächtet, niedrig, gedemütigt, erniedrigt, zurückgesetzt, verrufen, berüchtigt, bescholten.
▸ geachtet, unbescholten.
Gebräu Mischung, Vermischung, Vermengung, Brau, Bräu, Hexengebräu, Gemisch, Flüssigkeit, Getränk, Gesöff, Mischmasch, Mischgetränk, Gemengsel.
Gebrauch Benutzung, Anwendung, Nutzanwendung, Verwendung, Benutzung, Brauch, Brauchtum, Sprachgebrauch, Üblichkeit, Regel. → Anwendung, Behandlung, Benutzung.
▸ Ablehnung, Enthaltung.
Gebrauch machen von → bedienen sich.
gebrauchen → anwenden, ausnutzen, bedienen sich, beschäftigen, brauchen, dingen.
gebrauchen können angewiesen sein auf etwas, benötigen, brauchen, nötig haben.
Gebraucher Benutzer, Anwender, Genießer, Nutznießer, Teilhaber, Teilnehmer, Partner, Beteiligter, Mitbesitzer, Eigentümer, Verfügungsberechtigter, Alleinbesitzer, Sachbesitzer, Wertbesitzer, Inhaber, Eigner, Gebieter • Konsument, Käufer, Kunde, Abnehmer, Besteller, Ersteher.
▸ Hersteller.
gebräuchlich → allgemein, alltäglich, alt, anerkannt, behaftet.
Gebrauchsanweisung → Anleitung.
gebrauchsfertig gebrauchsbereit, bereit, mundgerecht, fertig, tischfertig, verwendungsbereit, gerichtet, parat, bereitgestellt, greifbar, vorhanden, benutzbar. → erhältlich.
▸ unvollendet.
Gebrauchsgegenstand Gerät, Ding, Gegenstand, Material, Utensil.
Gebrauchssprache Umgangssprache. → Dialekt.
Gebrauchsüberlassung gegen Geld Leasing, Vermietung, Verpachtung.
Gebrauchsvorführung Vorführung, Schaustellung, Kundgebung, Kostprobe, Erklärung, Beweis, Demonstration, Ausstellung, Veranschaulichung. → Demonstration.
gebraucht benutzt, verwendet, verwandt, angewendet, ausgenutzt, zu Nutze gemacht • aufgebraucht, verfügt, verarbeitet, in Anspruch genommen, beschäftigt • gehandhabt, Gebrauch gemacht • alt, abgenutzt, abgegriffen, nicht mehr neu, fadenscheinig, morsch, altersschwach. → alt.
▸ ungebraucht, fabrikneu, nagelneu, neu, unbenutzt, unberührt • frisch.
gebräunt → braun.
Gebrause Getöse, Lärm, Geräusch, Gedröhne, Sturmgebraus, Radau, Geläute, Gerassel, Geklingel, Gepolter, Gestampfe, Geklirre, Krach. → Detonation.
▸ Lautlosigkeit.
Gebrechen → Befinden, Beschädigung, Beschwerde, Defekt, Fehler, Krankheit.
▸ Fitness, Gesundheit, Wohlbefinden.
gebrechlich → bebend, charakterlos, dienstunfähig, krank, schwach.
▸ fit, gesund, kerngesund, kräftig, vital.
Gebrechlichkeit → Ermattung, Befinden.
Gebresten → Krankheit, Übel.
gebrochen → angeschlagen, blind, dämmerig, dienstunfähig, schwach, verzweifelt.
▸ aufrecht, standhaft, unbeugsam, ungebrochen, unnachgiebig • ganz, heil • fließend, flüssig.
Gebröckel Brocken, Geröll, Geschiebe, Schutt, Grieß, Bröckeligkeit, Körnigkeit, Mürbheit, Zerreibbarkeit, Splitter, Scherbe, Gekrümel, Zerfall, Verwitterung.
▸ Festigkeit, (Stück in einem).
Gebrüder → Anverwandte.
Gebrüll Lärm, Gelärm, Geschrei, Gezeter, Tumult, Radau, Heidenlärm, Gejohle, Geräusch, Gebrause, Gedröhn, Judenschule, Gejauchze, Geschmetter, Kindergeschrei, Kindergebrüll, Gejammer, Weinerei, Geheul, Wehgeschrei, Getöse, Gesause.
▸ Geflüster.
Gebrumme → Gemurmel.
Gebühr Abgaben, Gebühren, Pacht, Miete, Steuer, Pflichtteil, Einzahlung, Pflichtgebühr, Jahresgeld, Ausgaben, Zahlung, Rückengeld, Marktgeld, Opfergroschen, Beträge, Teilgebühr, Erhöhung, Verteuerung, Einschreibegebühr, Nachnahmegebühr, Briefgeld, Postgeld, Rundfunkgebühr, Gerichtsgebühr, Kosten, Auslagen, Unkosten. → Aufschlag, Beitrag.
▸ Nachlass.
Gebühr, über allzu viel, übermäßig, zu viel.
Gebühren → Gebühr.
gebühren beanspruchen, zukommen, gehören, zueignen, zufallen, nutznießen, zustehen, verlangen, erlangen • geziemen, vorschreiben, sich gehören, nicht unterlassen, seine Schuldigkeit tun. → ermächtigen.
▸ anmaßen, unterlassen.

gebührend → angemessen, gebührlich.
gebührenfrei kostenlos. → umsonst, gratis.
▸ gebührenpflichtig.
gebührlich gehörig, gebührend, zustehend, zukommend, zuständig, zugehörig, angehörig, geziemend • schicklich, brav, manierlich, wohlerzogen, nett, anständig, gesittet, angenehm, richtig. → angemessen, artig.
▸ ungebührlich.
Gebund → Bund.
gebunden verpflichtet, abhängig, verantwortlich, verschrieben, schuldig, verbindlich • unfrei, eingesperrt, gefangen, eingekerkert, eingeschlossen, geknebelt, gefesselt, gehandikapt • versprochen, angelobt, liiert, zugesagt, verlobt.
▸ ungebunden, frei, ledig • broschiert • gelöst, lose.
gebundenes Heft Broschüre.
Gebundenheit Verpflichtung, Abhängigkeit, Bindung, Pflicht, Versprechung, Verlobung, Versicherung, Ehe, Unfreiheit, Einschränkung.
Geburt Rutsch *u.* → Abkunft, Anfang, Beginn, Entbindung.
▸ Abgang, Fehlgeburt, Sterben, Tod.
Geburt, nach der postnatal.
Geburt, vor der pränatal.
Geburtenhäufigkeit Natalität.
Geburtenregelung Empfängnisverhütung, Geburtenkontrolle.
gebürtig → abstammen, ansässig, daheim.
Geburtshilfe Entbindungshilfe, Hebammenkunst.
Geburtsjahr → Beginn.
Geburtskrämpfe Eklampsie.
Geburtsland Heimat, Heimatland, Vaterland.
Geburtsname Familienname, Nachname, Zuname.
Geburtsrecht → Anrecht.
Geburtsstätte → Aufenthaltsort, Elternhaus.
Geburtstag → Ehrentag, Feier.
Gebüsch Gehölz, Gesträuch, Gestrüpp, Unterholz, Gestäude, Dickicht, Busch, Baumgruppe, Hecke, Knieholz, Grünes.
▸ Wald.
Geck → Banause, Besserwisser, Dandy.
geckenhaft → dünkelhaft, erkünstelt.
Geckenhaftigkeit → Dünkel, Eitelkeit.
gedacht begrifflich, geistig, vorgestellt, verstandesmäßig, verstandesgemäß, bewusst, durchdacht, urteilsfähig • geahnt, unwirklich, unsichtbar, ungeboren.
▸ begriffsstutzig, bestehend.
Gedächtnis Erinnerungsvermögen, Erinnerungsfähigkeit, Wiedererneuerung, Rückerinnerung, Rückblick, Rückschau, Gedächtniskraft, Gedächtnisfrische, Personengedächtnis, Farbengedächtnis, Ortssinn.
▸ Vergesslichkeit.
Gedächtnis verlieren aus dem entfallen, erinnern/entsinnen sich nicht, vergessen.
Gedächtnisfeier Erinnerungsfeier, Gedenkfeier/-tag, Jubiläum, Kommemoratorium.
Gedächtnishilfe Aide-mémoire, Kalender, Knoten im Taschentuch, Merkzettel, Memo, Notiz(block), → Gedächtnisstütze.
Gedächtnisschwäche Amnesie, Gedächtnisschwund, Gedächtnisstörung, Vergesslichkeit, Zerstreutheit, Gehirnschwund, Gedankenlosigkeit, Verwechslung, Erinnerungslosigkeit, Störung, Alterserscheinung, Gedächtnis wie ein Sieb, Verkalkung • Gehirnstauung *u.*
▸ Gedächtnis.
Gedächtnisschwund Amnesie.
Gedächtnisstörung, plötzliche Blackout.
Gedächtnisstütze Erinnerungszeichen, Andenken, Notizbuch, Merkblatt, Anmerkung, Vormerkung, Aufzeichnung, Lesezeichen, Denkzettel, Eselsbrücke, Notiz, Bemerkung, Vermerk, Randbemerkung, Kalender, Knoten im Taschentuch. → Auskunft.
Gedächtnistafel → Chronik, Denkzettel.
Gedächtnistag Jahresfeier, Jahrestag, Jubelfeier, Jubeltag, Jubiläum, Gedenktag, Gründungsfeier, Wiegenfest, Geburtstag, Namenstag, Hochzeitstag, Todestag, Totensonntag, Staatsfeiertag, Wiederkehr, Kreislauf, Wechsel.
Gedächtnisübung → Auffrischung.
gedämpft → belegt (Stimme), dumpf, leise.
▸ dröhnend, gellend, grell, laut, ohrenbetäubend, schallend, schreiend • (hell, intensiv) leuchtend/strahlend.
Gedämpftheit → Dämpfung, Dumpfheit.
Gedanke Gedankengut, Gedankengang, Gedankenflug, Gedankenfülle, Einfall, Idee, Vorstellung, Bedenken, Betrachtung, Reflexion, Grübelei, Besinnung, Geistesgut, Denkbereich, Gedankenwelt, Kopfarbeit, Gedankenarbeit, Vorstellungskraft, Denkvorgang, Gedankenfolge, Gedankenkette, Gedankenverbindung, Gedankenreihe, Vorstellungsablauf, Begriffsbildung, Gedankentiefe, Gedankenbild, Gedankending, Vorstellungsinhalt, Geistesschöpfung, Eingebung, Erkenntnis, Gedächtnis. → Absicht, Begriff, Bild, Einfall, Fiktion.
▸ Gedankenarmut, Gedankenlosigkeit.
Gedanken bringen, auf andere ablenken, aufheitern, erheitern, Stimmung bringen in, zerstreuen.
Gedanken, glänzende → Gedankenfülle.
Gedanken, in → vertieft, zerstreut.
Gedanken machen, sich denken, grübeln, nachdenken, nachsinnen, überlegen.
Gedanken sammeln, seine → denken.
Gedankenarbeit Kopfarbeit, Anstrengung, Leistung, Anregung, Vorstellungskraft, Denkvorgang, Denkarbeit, Erforschung, Erwägung, Prüfung, Entdeckung. → Begriffsscheidung, Gedanke.
▸ Gedankenarmut, Gedankenlosigkeit, Handarbeit.
Gedankenarmut → Faselei, Gedankenlosigkeit.
Gedankenaustausch → Aussprache, Austausch, Beratung, Debatte, Diskussion.
Gedankenbild → Begriff, Dichtung, Gedanke, Ideenfolge.
Gedankenblitz → Idee.
Gedankending → Begriff, Dichtung, Gedanke.
Gedankenflug → Gedanke, Gedankenfülle.

Gedankenflucht → Zerstreutheit.
Gedankenfreiheit Unabhängigkeit, Selbstständigkeit, Freiheitsdrang, Freiheitsgefühl, Freiheitsliebe, Gedankenflug, Höhenflug. ▸ Knechtschaft, Unfreiheit • Gehirnwäsche, Manipulation • Zensur.
Gedankenfülle Gedankentiefe, Gedankenbild, Gedankenflug, Gedankengut, Tiefsinn, Gedankenarbeit, Regsamkeit, Denksport, Einbildungskraft, Gedankenreichtum, Anschauungsvermögen. → Betrachtung, Gedanke. ▸ Gedankenarmut.
Gedankengang → Begriffsscheidung, Betrachtung, Denkart, Gedanke.
Gedankengut → Einbildungskraft, Gedanke.
Gedankeninhalt Noema.
gedankenlos → albern, bedenklich, blindlings, dumm, fahrig, faseln. ▸ aufmerksam, besonnen, bewusst • gedankenvoll, nachdenklich • absichtlich, geplant, vorsätzlich.
Gedankenlosigkeit Gedankenarmut, Geistlosigkeit, Geistesarmut, Flüchtigkeit, Unaufmerksamkeit, Leichtsinn, Denkfaulheit, Sorglosigkeit, Fahrlässigkeit, Gleichgültigkeit, Achtlosigkeit, Vergesslichkeit, Zerstreutheit, Vergessenheit, Dusseligkeit *u,* Dusselei *u,* Schusseligkeit *u.* → Blindheit, Dummheit, Farce, Faselei. ▸ Gedankenfülle.
Gedankenreichtum Einfallsreichtum, Ideenfülle, Fantasie, Vorstellungsvermögen.
Gedankenreihe → Denkart.
Gedankensplitter Sinnspruch, Aphorismus, Lehrspruch, Sprichwort, Kernspruch, Geleitwort, Geleitspruch, Leitsatz, Leitwort, Epigramm, Denkspruch.
Gedankentiefe → Begriffsscheidung, Gedanke, Gedankenfülle.
Gedankenübertragung Telepathie.
gedankenverbindend assoziativ, kombinativ.
Gedankenverbindung/-verknüpfung Assoziation, Ideenassoziation, Kombination.
gedankenverloren gedankenversunken, meditativ, träumerisch, versonnen, verträumt, zerstreut.
gedankenvoll nachdenklich, beschaulich, bedächtig, aufmerksam, durchdacht • zerstreut, in Gedanken vertieft, gedankenverloren. → erwägend. ▸ gedankenlos.
Gedankenwelt Denkbereich, Gedankenarbeit, Vorstellungswelt, Vorstellungskraft, Ideenwelt, Begriffsbildung, Denkart, Denkweise, Begriffsscheidung, Vorstellungsablauf, Vorstellungsreihe, Gedankenreihe, Ideenverbindung, Ideenfolge, Bereich des Geistigen. → Gedanke. ▸ Gedankenarmut, Geistesarmut.
gedanklich → gedacht.
Gedeck → Couvert.
Gedeih und Verderb, auf → ganz und gar.
Gedeihen Zunahme, Anwachs, Zuwachs, Wachstum, Entwicklung, Anschwellung, Fruchtbarkeit, Kräftigung, Gesundheit, Erstarkung • Erfolg, Gelingen, Vorwärtskommen, Segen, Lohn. → Arbeitssegen, Aufbau, Erfolg, Ergiebigkeit. ▸ Abbau, Misserfolg, Unfruchtbarkeit.
gedeihen fortkommen, zunehmen, vermehren, vergrößern, ausdehnen, anschwellen, anwachsen, entfalten, ausdehnen, hochschießen, wachsen, florieren, blühen, grünen, strotzen, gesunden, kräftigen, stählen • glücken, gut einschlagen, Erfolg haben, der Erwartung entsprechen. → aufblühen, bessern sich, dick werden, erblühen, erfüllen die Hoffnung, erholen sich, erstarken. ▸ misslingen, veröden, schwinden • kränkeln • eingehen, verdorren, verkümmern, vertrocknen, welken • aussterben, untergehen, zu Grunde gehen.
gedeihlich fruchtbar, florierend, bekömmlich, kräftigend, nahrhaft, wohl tuend, zuträglich, heilsam, heilkräftig, heilend, wirksam, gesund, vorteilhaft, nützlich, Erfolg versprechend. → ausgiebig, erfolgreich. ▸ misslungen, unergiebig.
gedemütigt → gebrandmarkt.
Gedenkbuch → Album, Buch.
Gedenken → Andenken, Denkzettel, Erinnerung, Erinnerungszeichen, Gedächtnis.
gedenken → einfallen, entsinnen sich, erinnern sich, festhalten. ▸ unerwähnt lassen, vergessen • verdrängen.
Gedenkfeier Jahresfeier, Jubelfeier, Gedächtnistag, Gedenktag, Jahrhundertfeier, Befreiungsfeier, Gründungsfeier, Gedenkstunde, Gründungstag, Heldengedenktag, Staatsfeiertag.
Gedenkmünze Medaille, Plakette.
Gedenksäule → Bildhauerei.
Gedenkstunde → Gedenkfeier.
Gedenktafel → Chronik.
Gedenktag → Ehrenfest, Gedächtnistag.
gedenkwürdig → wichtig.
Gedicht Dichtung, Dichtkunst, Gedankendichtung, Ballade, Sinngedicht, Epos, Heldengedicht, Heldenlied, Preislied, Lyrik, Liebeslied, Vers, Reim, Gelegenheitsgedicht, Volkslied, Klagegesang, Wahrspruch. → Dichtung, Dichtungsart. ▸ Prosadichtung.
Gedichtsammlung Anthologie, Diwan.
Gedichtvortrag Rezitation.
gediegen → achtbar, angesehen, dauerhaft. ▸ unseriös, unsolide • kitschig, protzig.
Gediegenheit → Charakterstärke, Dauerhaftigkeit, Echtheit, Ehrbarkeit, Fehlerlosigkeit.
gediehen → gelungen.
Gedränge → Anzahl, Aufregung, Dichte, Fülle. ▸ Leere, Vakuum • dünne Besiedlung.
gedrängt dicht, gehäuft, angehäuft, haufenweise, überfüllt, übervölkert, voll, geschlossen, volkreich, eingeengt, beengend • kurz, knapp, bündig, summarisch, lakonisch. → arg, dicht, Fassung kurze, genötigt. ▸ breit, weitschweifig, zerstreut.
gedrängt voll rammelvoll *u.*
gedrängte Darstellung Extrakt, Kompendium.

Gedrängtheit → Begrenztheit, Kompendium, Extrakt.
gedrechselt → gewunden.
gedreht verschnörkelt, geschnörkelt, geschweift, kreiselförmig, spiralförmig, gewunden, verschlungen, gekrümmt, gebogen, abgerundet, gerundet, gedrechselt, walzenförmig, säulenförmig, zylindrisch.
▸ gerade, schlicht.
Gedröhn → Detonation, Donner, Lärm.
gedrückt → arm, trübselig, gequetscht.
Gedrücktheit → Bekümmernis, Depression, Trostlosigkeit.
gedrungen → dick, dickwanstig, kräftig.
Gedrungenheit Bulligkeit, Untersetztheit, Stämmigkeit.
geduckt verzagt, schüchtern, ängstlich, verschämt, scheu, furchtsam, schämig, bedrückt, bescheiden, erniedrigt, niedergebeugt, gefügig, unterwürfig, gehorsam, ergeben.
▸ selbstbewusst, unbescheiden, ungehorsam.
Gedudel → Gefiedel.
Geduld Beherrschung, Besonnenheit, Gelassenheit, Milde, Nachgiebigkeit, Sanftmut, Nachsicht, Schonung, Gutmütigkeit, Lammesgeduld, Rücksicht, Langmut, Gelindigkeit, Sanftheit, Gleichmut, Ergebung, Ausdauer, Beharrlichkeit, Unerschütterlichkeit, Ruhe, Gefasstheit, Aufmerksamkeit, Eifer, Lust. → Bedacht, Beherrschung, Bemühung, Bescheidenheit, Duldsamkeit, Ernst, Erfassung.
▸ Ungeduld, Eile, Hast, Hetze.
gedulden warten, zuwarten, abwarten, Zeit lassen, Geduld haben, aushalten, ausharren, dreinschicken sich, dreingeben sich, nicht aus der Ruhe bringen lassen, von der besten Seite nehmen, über sich ergehen lassen, zufrieden geben sich, fügen, ergeben, zurückhalten, an sich halten, mäßigen, zügeln, hinnehmen, erdulden, einstecken, verschmerzen.
▸ beunruhigen, drängen, gefackelt nicht, widersetzen sich.
geduldig → anspruchslos, behäbig, beharrlich, dulderisch, ernst, friedfertig, nachsichtig.
▸ drängend, eilig, gehetzt, hastig, nervös, ungeduldig, unruhig.
geduldiger Mensch Gemütsathlet *u.*
Geduldspiel z.B. Patience, Puzzle.
Geduldsprobe Belastung, Druck, Beunruhigung, Quälerei • Spannung, Ungeduld, Folter, Langeweile.
▸ Vergnügen, Wankelmut.
gedunsen aufgedunsen/-geschwollen, feist, geschwollen, pastös, schwammig.
geehrt → achtbar, angesehen, bejubelt, charakterfest.
geeignet → angemessen, angenehm, annehmbar, brauchbar, einschlägig, Erfolg versprechend.
geeignet sein eignen sich, passen, taugen.
Gefach → Brett.
gefackelt, nicht zugreifen, durchgreifen, zufassen, kurzen Prozess machen, nicht viel Federlesens machen, den Marsch blasen, kurz angebunden.
▸ gedulden.
Gefahr Gefährlichkeit, Gefährdung, Drangsal, Lebensgefahr, Todesgefahr, Bedrängnis, Notlage, Wagnis, Schutzlosigkeit, Hoffnungslosigkeit, Notzeit, Kriegsgefahr, Feuertaufe, Feuersnot, Gefahrenpunkt, Klippe, Hindernis, Schwierigkeit, Tücke, Verwicklung, Unsicherheit, Wagestück, Bomben, Wassernot, Seenot, Gefahrenzone, Dammbruch, Überschwemmung, SOS • Damokles-Schwert. → Abenteuer, Abgrund, Falle.
▸ Gefahrlosigkeit • Deckung, Schutz, Sicherheit.
Gefahr bringen, sich in riskieren, wagen. → Brennnessel berühren, gefährden sich.
Gefahr laufen → gefährden sich.
Gefahr überwinden → bestehen.
gefährden bedrohen, Gefahr bringen in, fahrlässig/leichtsinnig handeln, unsicher machen.
gefährden, sich wagen, Gefahr laufen, sich in Gefahr bringen, auf Glatteis gehen, an einem Haare hängen, im Feuer stehen, auf einem Vulkan tanzen, sich in die Höhle des Löwen begeben, die Kastanien aus dem Feuer holen. → bloßstellen, einsetzen sein Leben, Faden hängen an einem.
▸ schützen sich hinter, vorsehen sich.
gefährdet exponiert, bedrängt, unbehütet, unbeschützt, schutzlos, unbewehrt, in Gefahr, in Not, zwischen zwei Feuern. → Achillesferse, ausgesetzt, gefährlich.
▸ ungefährdet.
Gefahr drohend → bedrohlich.
Gefährdung → Gefahr.
Gefahrenmeldung Alarm.
Gefahrenpunkt → Gefahr.
gefährlich feuergefährlich, bedrängt, unbewacht, unbehütet, unbeschützt, schutzlos, wehrlos, unbefestigt, unbewehrt, verteidigungslos, unsicher, gewagt, abenteuerlich, waghalsig, riskant, tollkühn, bedrohlich, verderblich, unheilvoll, Gefahr bergend, baufällig, Einsturz drohend, Unheil bringend, Verderben bringend, gefährdet, an einem Faden hängend, auf schiefer Bahn, brenzelig, haarig *u,* mulmig *u,* heißes Eisen, windige Ecke, Himmelfahrt, Himmelfahrtskommando, rotzverdächtig *u.* → abbrüchig, bedenklich, böse, diabolisch, doppelschneidig, drohend, faul.
▸ ungefährlich, brav, freundlich, friedlich • gefahrlos, gesichert, gutartig, harmlos, sicher.
gefährlich werden → drohen.
Gefährlichkeit → Gefahr.
gefahrlos → fest, sicher.
Gefahrlosigkeit → Dach und Fach unter, Sicherheit.
Gefährt → Fahrzeug.
Gefährte → Anhänger, Begleitung, Bekannter, Bewachung, Bräutigam, Bruder, Komplize.
Gefährtin Begleiterin, Freundin.
Gefährtschaft Mitwirkung, Unterstützung, Zusammenspiel, Begleitung, Mitarbeit, Mithilfe, Teilnahme, Hilfe, Beteiligung, Mitempfinden.
▸ Ablehnung, Teilnahmslosigkeit.
gefahrvoll gewagt, waghalsig, abenteuerlich, halsbrecherisch, bedrohlich, tollkühn, verderblich, Gefahr bergend, nicht geheuer, Tod

bringend, Verderben bringend. → abschüssig, glatt, schnell.
Gefälle Schräge, Schiefe, Neigung, Fall, Abfall, Böschung, Absturz, Abdachung, Abschrägung, Abhang, Steilhang, Senkung • Wasserfall. ▸ Aufstieg.
Gefallen → Achtung, Anziehung, Befriedigung. ▸ abgelehnt werden, Abscheu/Anstoß erregen, missfallen.
Gefallen erweisen → beistehen, helfen.
gefallen → angeschlagen, ansprechen, befriedigen, behagen, belieben, delektieren, eignen sich, entzücken, erfreuen, erfüllen mit Bewunderung.
Gefallen finden gern haben, lieben, mögen.
gefallen lassen, sich hinnehmen, dulden, ausstehen.
gefallend → angenehm.
Gefallene → Kurtisane, Dirne.
gefällig entgegenkommend, kulant, freundlich, behilflich, hilfreich, dienlich, förderlich, wohl wollend, geneigt, fügsam, willig, nachgiebig, zuvorkommend, ergeben, dienstwillig, angenehm. → akkurat, angenehm, anmutig, anständig, apart, artig, scharmant, demütig, devot, dienstbereit, dienstfertig. ▸ ungefällig • abscheulich, abstoßend, ekelhaft, geschmacklos, unausstehlich, widerlich.
gefälligst bitte, gütigst, freundlicherweise → bitte, freundlicherweise, gütigst, möglichst, tunlichst.
gefällig sein → beistehen.
Gefälligkeit Hilfe, Behilflichkeit, Mithilfe, Handreichung, Pflege, Einsatzbereitschaft, Opfersinn, Fügsamkeit, Entgegenkommen, Bedienung, Liebenswürdigkeit, Freundlichkeit, Dienstbeflissenheit, Zuvorkommenheit, Herzlichkeit, Wohlwollen, Menschlichkeit, Liebesdienst, Mitgefühl. → Beflissenheit, Beihilfe, Beistand, Bemühung, Bereitwilligkeit, Dienstleistung, Eleganz, Entgegenkommen, Erkenntlichkeit. ▸ Ungefälligkeit.
Gefallsucht Eitelkeit, Geckenhaftigkeit, Koketterie, Putzsucht, Ruhmsucht.
gefallsüchtig → aufgeblasen, dünkelhaft, eitel.
gefälscht → erfunden, falsch. ▸ echt, naturbelassen, original, pur, rein.
gefältelt, gefaltet → faltig.
gefalzt → faltig.
gefangen → dingfest, eingeschlossen. ▸ frei • durchgebrannt, flüchtig • gelangweilt, gleichgültig, teilnahmslos.
Gefangener Kriegsgefangener, Häftling, Festungsgefangener, Sträfling, Strafgefangener, Knastschieber *u*, Zuchthäusler, Fürsorgezögling, Bagnosträfling, Kettensträfling, Galeerensklave, Unfreier, Gebrandmarkter. ▸ Wärter, (freier Mensch).
gefangen halten → einsperren.
gefangen nehmen hoppnehmen *u*, hopsnehmen *u*. → einsperren, einfangen, ansprechen.
Gefangenschaft → Arrest, Bemächtigung, Beraubung, Einkerkerung. ▸ Befreiung • Entlassung • Freiheit.
gefangensitzen eingelocht/-sperrt sein, einsitzen, Gefängnis sitzen, Strafe absitzen.
Gefängnis Haftanstalt, Vollzugsanstalt, Karzer, Kittchen, Zuchthaus, Knast *u*. → Anstalt, Bestrafung.
Gefängnis bringen, ins → dingfest machen.
Gefängniszelle Schließfach *u*.
gefärbt → bunt, farbig.
Gefasel Ausdruckslosigkeit, Hohlheit, Halbwahrheiten, Sinnlosigkeiten, Geschwätz, Blödsinn, Unsinn, Wust, Blech, Wortschwall, Wortkrämerei, Nichts, Luft, Phrasendrescherei, Schall und Rauch. → Floskel. ▸ Bedeutung, Gehalt, Geist.
Gefaser Filament.
Gefäß Flasche, Ampulle, Boiler, Kanister, Behältnis, Geschirr, Topf, Pott *u*, Kump *u*, Blechnapf, Hafen, Pfanne, Kessel, Bottig, Kasserolle, Napf, Trog, Bütte, Kübel, Kanne, Tasse, Messglas, Zuber, Kufe, Wanne, Fass, Tonne, Kelch, Vase, Becher, Glas, Suppenschüssel, Schale, Gießkanne, Humpen, Pokal, Ciborium, Trinkhorn, Pulle *u*, Buddel *u*. → Behälter, Büchse, Dose, Eimer.
gefasst gleichmütig, ruhig, besonnen, leidenschaftslos, unerschütterlich, ausgeglichen, gelassen, gesetzt, unberührt, unbeweglich, gleichgültig, kühl, regungslos, nüchtern, kalt, bezähmt • in gutem Glauben, vertrauensvoll, erwartungsvoll, zuversichtlich, ohne Argwohn • eingefasst, verarbeitet, eingesetzt. → beherrscht, ergeben. ▸ aufgeregt, beunruhigt, lose.
Gefasstheit → Beherrschung, Beruhigung, Duldsamkeit, Ernst, Fassung.
Gefecht → Blutbad, Duell, Kampf.
gefedert → elastisch.
gefeiert → achtbar, angesehen, bejubelt.
gefeit → diebessicher, sicher.
gefesselt unfrei, gefangen, eingeschlossen, eingekerkert, gebunden, geknebelt, beschränkt, dingfest, unschädlich, eingeengt, unter Gewahrsam, hinter Schloss und Riegel, hinter schwedischen Gardinen. → begeistert, entbrannt, entzündet. ▸ frei, gelangweilt.
gefestigt ausgereift, erfahren, herangewachsen, reif, selbstbewusst, sicher • fest.
Gefiedel Gedudel, Geklingel, Zirpen, Gejaule, Gezeter, Gerassel, Fiedelei, Lärm, Radiolärm, Gekratze.
Gefieder Kleid *j*. → Bedeckung, Feder.
gefiedert befiedert, flaumig, haarig, fedrig, wollig, weich, zart, umhüllt, eingemummt. ▸ unbefiedert.
Gefilde → Erdboden.
Geflecht Gewebe, Flechtwerk, Netzwerk, Haargeflecht, Flechte, Verwirrung, Verworrenheit, Verwicklung, Gespinst, Verschlingung, Verknotung, Verflechtung, Kranz, Korb, Matte, Gewirk.
geflechtartig netzartig, plexiform.
gefleckt → buntscheckig, farbenreich.
Geflimmer → Brand, Licht.
Geflissenheit → Beflissenheit.
geflissentlich → absichtlich, aufmerksam, beabsichtigt, bedächtig, bedachtsam, bewusst.
geflohen → entkommen.
Geflügel Federvieh, Nutzvögel, Vögel.
Geflügel zerlegen transchieren.

geflügeltes Wort Redensart, Redewendung, Floskel.
Geflunker Geschwätz. → Bombast, Gerede, Lüge, Prahlerei.
Geflüster Geräusche, Flüsterton, Gezischel, Getuschel, Gesäusel, Gelispel, Geplätscher, Gemurmel, Gesumme, Gesumse, Murmeln, Gebrumm, Dämpfung. → Fama. ▸ Donnerhall, Gebrüll, Wahrheit.
geflüstert gemurmelt, im Flüsterton, mit verhaltenem Atem, leise gesprochen. → klar machen.
Gefolge Anhängsel, Anhang, Nachhut, Zug, Begleitung, Anschluss, Geleit, Schutz, Hofstaat, Dienerschaft, Gefolgschaft, Gefolgsleute, Gefolgsmann, Hof, Haushaltung, Belegschaft, Stab, Assistenten, Schlepp(e) *u.* → Arbeitnehmer, Begleitung, Bewachung, Dienstpersonal, Führung. ▸ Anführer, Führung (Vortrupp).
Gefolgschaft → Anhang, Gefolge.
Gefolgsmann → Anhang, Famulus, Freund, Gefolge.
gefoppt getäuscht, übervorteilt, übertölpelt, ruiniert, überwältigt, hintergangen, verulkt, geneckt, geschlagen, geuzt, verspottet, genarrt. ▸ loyal.
gefordert verlangt, ersucht, erbeten, erzwungen, gewünscht, beansprucht, befohlen, angeordnet, vorgeschrieben, beordert, beauftragt. → erforderlich. ▸ unerwünscht.
geformt gebildet, ausgebildet, plastisch, bildnerisch, modelliert, geprägt, gemeißelt, ausgehauen, behauen, gestaltet, geschnitzt, geknetet, fertig. → denkfest, durchdacht, durchgebildet. ▸ ungeformt.
gefragt erwünscht, rar, begehrt, begrüßt, erwartet, verlangt, willkommen, gutgeheißen, wert, zusagend, fehlend, benötigt, ersehnt, mangelnd. ▸ unerwünscht.
gefräßig unmäßig, prasserisch, schwelgerisch, naschhaft, genusssüchtig, ausschweifend, zügellos, ungezügelt, heißhungrig, fressgierig, fresssüchtig, verfressen *u,* den Hals nicht voll genug kriegen *u,* nimmersatt, unersättlich, schlemmend, schlemmerisch, unbeherrscht. → besessen. ▸ enthaltsam, magersüchtig.
gefräßiger Mensch Fressmaschine *u*, Fresssack *u*.
Gefräßigkeit Triebleben *u*. → Esslust.
Gefrieranlage Refrigerator.
gefrieren erstarren, frieren, einfrieren, zufrieren, erkalten, erhärten, vereisen, reifen, eisen, vergletschern, verdicken, versteinern, gerinnen, verglasen, glacieren. → erhärten, erkalten, festigen, frieren. ▸ auftauen.
Gefrierpunkt Nullpunkt.
Gefriertrocknung Freezedrying, Lyophilisation.
Gefrierung → Erstarrung.
gefroren → eisig, erstarrt, fest.
Gefrorenes Festigkeit, Verhärtung, Geronnenes, Eisklumpen, Frische, Kälte, Kühle, Vereisung, Erstarrung • Eis, Speiseeis. ▸ Flüssigkeit.
Gefüge Organismus. → Anordnung, Art und Weise, Aufbau, Bestand, Bildung, Konklave.
gefügig → demütig, devot, gehorsam, hörig.
gefügig machen → zwingen.
Gefügigkeit Biegsamkeit, Schwäche, Bereitschaft, Willigkeit, Entgegenkommen, Nachgiebigkeit, Demut, Erniedrigung, Ergebenheit, Hingebung, Fügsamkeit. → Demut, Fertigkeit, Gehorsam. ▸ Starrsinn, Ungehorsam.
gefügt abgeschlossen, ganz, einheitlich, fertig, aufgebaut, wohlgefügt, zusammengesetzt. → beschaffen. ▸ getrennt, offen.
gefügt, fest → dicht.
Gefühl Empfindung, Sinnesempfindung, Sinnesreiz, Eindruck, Empfindlichkeit, Tastgefühl, Antenne, Wärmegefühl, Druckgefühl, Beweggrund, Ursache, Triebfeder, Vorstellung, Reiz, Anwandlung, Gemüt, Lebensgefühl, Lustgefühl, Unlustgefühl, Schamgefühl, Lebensgefühl, Freudengefühl. → Anhaltspunkt, Begriff, Ehrgefühl, Eindruck. ▸ Erkenntnis, Kenntnis, Wissen • Vernunft, Verstand.
gefühllos unbewegt, hornhäutig *u*. → abgebrüht, abgestumpft, barbarisch, dickhäutig, eindruckslos, unempfindlich, blasiert, frigide. ▸ einfühlsam, emotional, empfindsam, gefühlvoll, seelenvoll, sensibel.
Gefühllosigkeit Empfindungslosigkeit, Abgestumpftheit, Dickfelligkeit, Unempfänglichkeit, Stumpfheit, Teilnahmslosigkeit, Blasiertheit, Gefühlsleere, Gelassenheit, Lauheit, Rohheit, Lieblosigkeit, Gleichgültigkeit, Erbarmungslosigkeit, Hartherzigkeit, Gefühlshärte, Mitleidlosigkeit, Kühle, Frostigkeit, Frigidität. → Koma, Dickfelligkeit, Egoismus. ▸ Gefühl.
Gefühlsarmut Brutalität, Sensibilitätsmangel.
gefühlsbetont sentimental. → empfindsam, emotional, gemütvoll.
Gefühlsbetontheit Emotionalität, Gefühlsduselei, Lyrismus, Sentimentaliät.
Gefühlsbewegung → Erregung, Gefühl.
Gefühlsdichtung → Dichtung.
Gefühlsduselei Pudding *u*, Seelenkitsch *u*. → Sentimentalität.
Gefühlsentladung Affektabfuhr, Abreagieren, Abreaktion, Gefühlsausbruch.
Gefühlserguss Herzenserschließung, Ausschüttung, Erleichterung, Mitleidenschaft, Herzlichkeit, Inbrunst, Wärme, Begeisterung, Feuer, Pathos, Anteilnahme, Leidenschaft. → Erguss. ▸ Gefühllosigkeit, Verschlossenheit.
Gefühlserkaltung → Betäubung, Feindschaft.
Gefühlserschütterung → Erregung, Gefühlserguss.
gefühlskalt → frigide.
Gefühlskälte → Barbarei, Feindschaft, Gefühllosigkeit.
Gefühlsleben Empfindungsleben, Vorstellungsleben, Gedankenleben, Bewusstsein, Allgemeingefühl, Gemütsbewegung, Eindruck, Lebensgefühl, Gefühlslage, Anteilnahme. → Gefühl. ▸ Gefühlsleere.
Gefühlsleere → Gefühllosigkeit.
gefühlsmäßig → unbewusst.

gefühlsschwärmerisch romantisch.
gefühlsselig sentimental. → feinsinnig, empfindungsvoll.
Gefühlsregung → Anwandlung.
gefühlvoll → besinnlich, still, empfindlich, schwärmerisch. ▸ brutal, gefühlsarm, gefühllos, kalt • nüchtern, sachlich.
gefüllt → voll.
gefunden entdeckt, aufgefunden, herausgefunden, herausgebracht, herausgekriegt, ergründet, festgestellt, ermittelt, entziffert, erraten, enträtselt, eine Antwort oder Lösung gefunden. ▸ verloren, unentdeckt bleiben.
Gefunkel → Licht.
gefurcht gekerbt, gerillt.
gegabelt → gabelförmig.
gegeben bedingt, zwingend, vorliegend, unumgänglich, unerlässlich, unabweislich, entschieden, notgedrungen, vorliegend, greifbar, wahrnehmbar, wirklich, körperhaft, anschaulich. ▸ willkürlich.
gegebenenfalls → allenfalls.
Gegebenheit → Naturgesetz, Norm.
gegen → annähernd, anstatt, auseinander, beiläufig, zirka, kontra, doch, entgegen, etwa, fast, wider. ▸ für, pro • von.
gegenangehen → verhindern, verhüten.
Gegenantwort auf eine Entgegnung Duplik.
Gegenanzeige Kontraindikation.
Gegenbehauptung Antithese.
Gegenbewegung Widerspiel, Umschwung, Umkehrung. → Auflehnung, Gegenpol, Gegenseite.
Gegenbeweis Entlastung, Gegenwehr, Rechtfertigung, Verteidigung, Abwehr, Alibi, Berichtigung, Berufung, Ehrenerklärung, Entgegnung, Entschuldigung, Erwiderung, Gegenvorstellung, Verwahrung, Zurückweisung. → Antwort, Einsprache, Gegenerklärung.
Gegenbild → Doppelgänger, Gegenstück.
Gegenbuchung Ristorno.
Gegend → Distrikt, Lage, Region.
Gegendienst → Vergeltung.
Gegendruck → Widerstand.
Gegenerklärung Widerspruch, Einsprache, Einspruch, Gegenbeweis, Entgegnung, Einrede, Verwahrung, Berichtigung, Ablehnung, Weigerung, Abschwörung, Leugnung, Verzichtleistung, Widerruf, Anfechtung, Verzicht, Zurücknahme, Abstreitung, Widerrufung, Ungültigkeitserklärung, Beeidung, Verneinung. → Einsprache. ▸ Bestätigung, Zustimmung.
Gegengewicht Ausgleichung, Nivellierung, Gleichberechtigung, Gewichtsausgleich, Machtausgleich, Gleichschaltung, Gleichmachung, Gleichmacherei • Schutz, Abwehr, Hemmung, Beschränkung, Verhinderung, Hintertreibung, Vereitelung, Verhütung, Sicherung, Deckung, Verteidigung. ▸ Schutzlosigkeit, Verschiedenheit.
gegengezeichnet → abgemacht.
Gegengift Antitoxin *s.* → Arznei, Gegenwirkung.
Gegenklage erheben rekriminieren.
Gegenkritik Antikritik.
Gegenkultur Alternativszene, Protestkultur, Subkultur.
gegenläufig → kontra, diametral.
Gegenleistung Anerkennung, Dankeszoll, Entschädigung, Erkenntlichkeit, Erwiderung, Dank, Geschenk, Gabe, Abgeltung, Vergeltung, Vergütung, Äquivalenz, Entgeltung, Entlohnung. → Abfindung, Ausgleich, Belohnung, Dank, Entschädigung, Erkenntlichkeit, Ersatz. ▸ Undankbarkeit.
Gegenliebe → Freundschaft.
Gegenmaßnahme → Dazwischentreten, Aufstand, Widerspruch, Widerstand.
Gegenmittel → Arznei, Gegenwirkung.
Gegenpartei → Feind, Gegner.
Gegenpol Gegenüber, Gegenüberstellung, Gegenpunkt, Gegenseite, Gegensatz, Entgegenstellung, Kontrast, Opposition. → Gegenbewegung.
Gegenrede → Widerrede.
Gegenredner → Feind, Gegner.
Gegenrevolution Konterrevolution.
Gegensatz Antithese, Gegenpol, Gegenstück, Gegenteil, Kehrseite, Revers, Antagonismus, Diskrepanz, Divergenz, Gegensätzlichkeit, Kontrast, Polarität, Unstimmigkeit, Widerspruch, Widerstreit • Abneigung, Einrede, Einsprache, Einspruch, Einwand, Feindschaft, Gegenhandlung, Gegenpartei, Gegenseite, Gegenwind, Gegenwirkung, Konflikt, Konkurrenz, Widerstand, Zusammenprall, Zusammenstoß, Abfall, Auflehnung, Aufruhr, Empörung, Erhebung, Widersetzlichkeit • Gegenüberstellung, Ungleichheit, Unterschied, Verschiedenheit, Zwiespalt. → Auflehnung, Feindschaft. ▸ Gleichartigkeit, Gleichheit • Einheit • Einvernehmen, Harmonie, Übereinstimmung • Ähnlichkeit.
Gegensatz bringen, in polarisieren.
gegensätzlich entgegengesetzt, adversativ, feindlich, gegenteilig, gegnerisch, kontradiktorisch, konträr, reaktionär, unfreundlich, ungünstig, unvereinbar, widerstrebend, widrig • meuterisch, rebellisch, ungehorsam, widersetzlich, widerspenstig. → dawider, entgegen. ▸ gehorsam, gleichartig, übereinstimmend, verbunden.
Gegensätzlichkeit → Verschiedenheit.
Gegenschlag → Belohnung, Rache, Reaktion.
Gegenseite Gegenüber, Gegenpunkt, Gegnerschaft, Feind, Konkurrenz, Gegenpartei, Opposition, Feindschaft, Gegner, Gegenteil, Widerstreit, Widerspiel • Rückseite, Kehrseite, Gegenstück, Gegenbild, Abart, Unterschied, Kontrast. ▸ Seite auf der gleichen.
gegenseitig rückbezüglich, relativ, bezüglich, wechselweise, beiderseitig, umtauschbar, vertauschbar, umschichtig, reziprok, einander. → abwechselnd, beiderseits, dementsprechend. ▸ beziehungslos, einerseits, einförmig.
gegenseitige Begünstigung Reziprozität, Vetternwirtschaft, → Parteiklüngel.
Gegenseitigkeit Wechselseitigkeit, Gegenbeziehung,

Wechselbeziehung, Korrelation, Wechsel, Abwechslung, Rückwirkung, Wechselfolge, Austausch, Auswechslung, Ausgleich. → Austausch, Verschiedenheit. ▸ (jeder oder jedes für sich).
Gegenseitigkeit, auf au pair.
Gegenseitigkeitsgeschäft Handel, Tausch, Tauschhandel, Umtausch, Wechsel.
Gegenspieler → Champion, Feind, Widersacher.
Gegenstand Ding, Gebilde, Körper, Objekt, Phänomen, Sache, Stoff, Substanz, Materie • Angelegenheit, Aufgabe, Begriff, Fall, Frage, Motiv, Problem, Sujet, Text, Thema, These, Vorschlag • Geschichte, Klamotten *u,* Trumm *u,* ein Biest von . . . *u,* ein Kerl von . . . *u.* → Ding, Etwas, Sache. ▸ Nichts, Unwirklichkeit.
Gegenstände, bewegliche Mobilien.
Gegenstände, unbewegliche Immobilien.
gegenständlich dinghaft, körperlich, substanziell, fassbar, dinglich, handgreiflich, greifbar, körperhaft, wesenhaft, bestimmt, leibhaftig, gestaltet, wirklichkeitsnahe, materiell, stofflich, gegenwartsnahe, wesentlich, fühlbar, leiblich, wägbar, physisch. → dinghaft, fassbar. ▸ (abstrakt), unfassbar, unwirklich.
gegenstandslos → bedeutungslos, wesenlos.
Gegenstellung Opposition.
Gegenstimme → Antwort, Einspruch.
Gegenstoß → Gegenwirkung, Rückprall, Widerstand.
Gegenströmung → Beschwernis, Hemmung, Strömung.
Gegenstück Gegendruck, Gegenbild, Spiegelbild, Seitenstück, Schattenbild, Abklatsch, Ebenbild, Abbild, Spiegelung, Widerschein, Gegenschein • Durchschlag, Abstrich, Kopie, Abdruck, Zweitschrift, Doppel, Umdruck, Abzug, Nachbildung, Vervielfältigung • Abart, Gegenfüßler, Pendant, Kehrseite, Gegenteil. → Abbild, Doppelgänger, Vergleich. ▸ Einzelheit, Original, Ungleichheit.
Gegenteil → Entkräftung, Gegensatz.
Gegenteil beweisen, das entkräften, widerlegen, ad absurdum führen.
Gegenteil, ganz im → dagegen.
gegenteilig → dawider, entgegen, gegensätzlich.
gegenüber benachbart, anstoßend, angrenzend, daneben, bei, nebenan, neben, dicht, beisammen, zusammen, nächst, anliegend, gegenüberliegend, entgegengesetzt, entgegen, gegenüberstehend, dabei → angesichts, angrenzend, bei, kontra, dabei, daneben, diametral, entgegen, nahe. ▸ außer, dafür, fern, getrennt diesseits, hier • nebenan, nebeneinander • seitlich • oberhalb, unterhalb.
gegenüberliegend → gegenüber.
gegenüberstehen → darbieten sich.
gegenüberstehend → gegenüber, gegnerisch.
gegenüberstellen → gegenüber, gegenübertreten, vergleichen, konfrontieren.
Gegenüberstellung Konfrontation. → Gegensatz, Vergleich.
gegenübertreten entgegenstellen, sperren, sträuben, entgegenwirken, entgegenstreben, widersprechen, widersetzen sich, trotzen, entgegentreten, anfeinden, behindern, bekämpfen, hintertreiben, die Spitze bieten, die Zähne zeigen, ein Bein stellen, Front machen, Einspruch erheben, in den Weg treten, einen Plan vereiteln, den Handschuh hinwerfen, jemanden stellen, den Widerstand brechen. ▸ fördern, zustimmen.
Gegenvorschlag Alternative.
Gegenwart → Anwesenheit, Dasein, Existenz, jetzt. ▸ Abwesenheit • Vergangenheit • Zukunft.
gegenwartbezogen modern.
gegenwärtig jetzt, augenblicklich, soeben, sogleich, derzeit, heute, heutigen Tages, heuer, diesjährig, heurig, im laufenden Jahr, momentan, nun, gerade, zur Stunde, zurzeit, eben • anwesend, vorhanden, zugegen, hier, da, dort, zur Stelle, am Platz, zu Hause, daheim, vor Augen, unter den Augen • existierend, seiend, wirklich, tatsächlich. → aktuell, akut, anwesend, augenblicklich, befindlich, dabei, daheim, derzeit, derzeitig, diesjährig, dinghaft, dort, eben, modern, momentan. ▸ abwesend, unwirklich, vergangen, zukünftig damals, früher • vergessen.
gegenwärtig sein → da sein.
Gegenwärtigkeit Aktualität • Anwesenheit, Dasein, Hiersein.
gegenwartsnah → leibhaftig, wirklichkeitsnah, zeitgemäß.
gegenwartsnahe → dinghaft.
Gegenwehr → Abwehr, Kampf.
Gegenwert → Preis.
Gegenwindung → Beschwernis.
gegenwirkend → entgegen.
Gegenwirkung Gegenmaßregel, Gegenstoß, Entgegenwirken, Widerstand, Widersetzlichkeit, Bekämpfung, Gegenwehr, Hinderung, Hemmung, Auflehnung, Gegenschlag, Anfechtung, Zuwiderhandlung, Gegensatz, Abneigung, Ablehnung, Zusammenstoß, Feindschaft, Zusammenprall. → Bewegungstrieb, Durchkreuzung. ▸ Beharrungsvermögen, Hilfestellung, Mitwirkung, Stoß.
gegenzeichnen → annehmen, besiegeln.
Gegenzeichnung Kontrasignatur.
geglättet → poliert.
gegliedert geteilt, spaltig, vielspaltig, eingeteilt, gespalten, teilweise, stückweise, bruchstückweise, abgeteilt, zerpflückt, auseinander geteilt. → geordnet. ▸ ungeordnet, verbunden.
geglückt → gelungen.
Gegner Widersacher, Gegenredner, Gegenpartei, Kontrahent, Gegenspieler, Nebenbuhler, Rivale, Verräter, Feind, Angreifer, Stänkerer, Wühler, Todfeind, Hasser, Scheinfreund, Bekämpfer, Ankläger, Kläger. → Feind. ▸ Freund, Helfer, Gefährte, Genosse, Kamerad, Mitspieler • Anhänger, Sympathisant, Verbündeter.
Gegner, unversöhnlicher Intimfeind *u.*
gegnerisch gegenüberstehend, entgegengesetzt, gegen,

widerstrebend, gegensätzlich, feindselig, unfreundlich, ungünstig, quer, gehässig, gegenteilig, hinderlich, dagegen. → kontra, dawider, entgegen, entzweit, feindlich. ▸ dafür, freundlich, vereint.
Gegnerschaft → Beschwernis, Feindschaft, Gegenwirkung.
Gegnerumklammerung Clinch.
Gegröle → Geschrei.
Gehabe → Art, Gebaren.
gehaben, sich → aufführen, auftreten, aussehen, betragen sich.
gehabt wie → unverändert.
Gehader Wortstreit, Disput, Wortgefecht, Zank, Zänkerei, Schimpferei, Weibergezänk, Keiferei, Maulgefecht, Gezänke, Gekreisch, Geschrei, Gekeife, Lärm, Kränkung, laute Worte. → Debatte. ▸ Einigkeit, Versöhnung.
Gehalt Inneres, Inhalt, Anschauung, Idee, Inbegriff, Wesentlichkeit, Seele, Herzstück, Beschaffenheit, Eigenheit, Eigentümlichkeit, Gepräge, Eigenart, Hauptgehalt, Wert. → Ausdehnung, Ausdruck, Begrenzung, Belohnung, Bezahlung, Dosis, Einkommen, Entgelt. ▸ Gehaltlosigkeit, Oberflächlichkeit.
Gehalt, festes Fixum.
gehalten → ernst, gemessen.
gehaltlos kraftlos, dünnblütig, salzlos *u.* → ausdruckslos, äußerlich, farblos, fade, farcenhaft, Fisch noch Fleisch weder, geistlos, unwichtig.
Gehaltlosigkeit Belanglosigkeit, Wertlosigkeit, Bedeutungslosigkeit, Geringfügigkeit, Armut, Leere, Magerkeit, Albernheit, Bagatelle, Lappalie, Null, Pappenstiel, Schaum, Spreu, Kram, Quark, Flitter, Nichts, Dreck *u,* das macht den Kohl nicht fett *u.* → Bagatelle, Binse. ▸ Gehalt.
gehaltreich gehaltvoll, kompakt, konzentriert.
Gehaltsstufe Preisklasse *u.*
gehaltvoll → ansehnlich, durchdringend. ▸ banal, dürftig, fade, inhaltslos, lasch, leer, nichts sagend • schal, wässrig • kalorienarm.
Gehänge Hang, Überhang, Schwebe, Hangendes, Wechte, Schneebrett • Schweif, Schwanz, Aufhänger, Troddel, Schaukel, Schmuck, Prunk, Zierrat, Schleier, Verzierung, Flitter, Girlande, Gewinde, Angehänge, Kette, Armband, Ohrring, Ohrgehänge, Franse, Quaste, Drapierung, Schleppe. → Blumenstrauß. ▸ Schmucklosigkeit.
geharnischt gepfeffert, gesalzen, polemisch, scharf.
gehässig hasserfüllt, todfeind, verfeindet, aufgebracht, neidisch, erbittert, unversöhnlich, bissig, scheelsüchtig, missgünstig, kratzbürstig, abhold, boshaft, hämisch, rachsüchtig, widerlich, argwillig, schlecht, arg, finsterer Blick, odiös. → arg, bissig, böse, feindlich. ▸ freundlich, liebevoll.
Gehässigkeit → Bissigkeit, Bitterkeit, Bosheit.
gehasst → verhasst.
gehäuft → gedrängt.
Gehäuse → Bedeckung, Dose.
gehbar begehbar, gangbar, zugänglich, offen, geöffnet, unverschlossen, sicher, leicht auf, unversperrt, aufgesperrt, aufgeschlossen.
gehbehindert fußkrank, gelähmt, lahm, langsam.
Gehege Umhegung, Umzäunung, Einzäunung, Einhegung, Schonung, Hain, Umschanzung, Umwallung, Hürde, Umfassung, Pflanzhecke.
geheilt → Damm sein auf dem, gesund, klug.
geheim esoterisch, verborgen, versteckt, verdeckt, inkognito, anonym, pseudonym, verstohlen, heimlich, erschlichen, geheimnisvoll, vertraulich, inoffiziell, unauffällig, unbemerkt, undurchdringlich, verhüllt, verschleiert, verdunkelt, unentdeckbar, dunkel, verkappt, rätselhaft, unter dem Siegel der Verschwiegenheit, unter vier Augen. ▸ bekannt • offenbar, offensichtlich, öffentlich, sichtbar.
geheim halten → binden nicht auf die Nase, verbergen.
Geheimabstimmung mit Kugeln Ballotage.
Geheimagent Agent, Schnüffler, Spion, Spitzel.
Geheimagent, eingeschleuster Undercover.
Geheimanschlag Kabale.
Geheimbund Geheimdienst, Heimlichkeit, Hinterhältigkeit, Versteck, Bespitzelung, Einverständnis, Schlupfwinkel, Vereinigung, Verbindung, Bund, Bündnis, Freimaurer, Verband, Klub, Zusammenschluss. → Bund.
Geheimdienst Geheimpolizei, Nachrichtendienst, politische Polizei, Spionageabwehrdienst, Spionagefirma/-unternehmen, Staatssicherheitsdienst (Stasi).
Geheimgericht Feme.
geheim halten behalten für sich, verbergen, verheimlichen, verschweigen. ▸ ausplaudern, beichten, bekannt geben, bekennen, offenbaren, verkünden, veröffentlichen.
Geheimhaltung Verheimlichung, Schweigepflicht, Amtsgeheimnis, Dienstgeheimnis, Postgeheimnis, Briefgeheimnis, Heimlichkeit, Tarnung, Verschleierung, Deckung, Bemäntelung, Verkleidung, Vermummung, Verborgenheit, Dunkel, Geheimbund, Übername, Deckname, Versteck, Geheimfach, Geheimgemach, Vorbehalt, Hintertürchen. ▸ Bekanntgabe, Veröffentlichung.
Geheimlehre z.B. Esoterik, Gnosis, Kabbala, Mysterien, Mystik, Okkultismus.
Geheimmittel → Arznei.
Geheimnis Arkanum, Geheimniskrämerei, Geheimschrift, Geheimschlüssel, Geheimsinn, Knacknuss, Rätsel, Frage, Forschungsgegenstand, Wortspiel, Irrgarten, Irrgang, Beichte, Beichtsiegel, Beichtgeheimnis, Amtsgeheimnis, Dienstgeheimnis, Geheimlehren, Briefgeheimnis, Mysterium, Labyrinth, Dunkelheit, Heimlichkeit. ▸ Bekanntmachung, Neuigkeit, Veröffentlichung.
geheimniskundig gnostisch.
Geheimnisträger Insider.
geheimnisvoll mystisch, eleusinisch, unverständlich, esoterisch, dunkel, rätselhaft, unklar, unerklärlich, verhüllt, verschleiert, verkappt, verkapselt, unerklärbar, unerforschlich, fragwürdig, heikel, undurchsichtig, unbegreiflich, ungeklärt, kabbalistisch, nebelhaft, nebulös, orphisch, pythisch,

versteckt, zweideutig, unergründlich, unfassbar, unlösbar, verschwommen, schleierhaft, finster, sibyllinisch, verschlungen. → abstrus, dunkel.
▸ bekannt, erklärlich.
geheimnisvolle Weissagung Orakel.
Geheimschrift abfassen, in chiffrieren.
Geheimschriftschreibmaschine Kryptograph.
Geheimsprachenschlüssel Kode, Code.
geheim tun → verbergen.
Geheimzeichen → Chiffre.
Geheisch → Anordnung, Bettelei, Bewerbung.
Geheiß → Anordnung, Auftrag, Beeinflussung, Befehl, Dekret.
Geheiß tun → dienen.
geheißen → benannt.
geheißen werden → benamsen, heißen.
gehemmt gehindert, erschwert, entmutigt, festgefahren, hilflos, ratlos, beschwert, verrannt, weglos, pfadlos, niedergehalten, entkräftet, geschwächt, gelähmt, lahm gelegt, durchkreuzt, angefeindet, undurchführbar, unüberwindlich, ungebannt, beschwerlich, schwierig, bedenklich, unangenehm, an der Strippe liegen *u,* einen Klotz am Bein *u,* gehandikapt *M.*
▸ ungehemmt, ungezügelt • aufgeschlossen, ausgelassen, frei, gesellig, kontaktfreudig, unbefangen, ungeniert • beredt, mitteilsam.
Gehemmtheit Befangenheit, Gehemmtsein, Hemmung, Lahmheit, Schüchternheit, Unentschlossenheit.
gehen marschieren, fortbewegen, schreiten, laufen, stelzen, schlürfen, schluffen *u,* trippeln, trapsen, umherirren, stromern, umhergeistern, umherziehen, wandern, wandeln, pirschen, herumstreichen, schlendern, walzen, reisen, lustwandeln, stolzieren, begehen, bewandern, wallfahren, pilgern, ziehen, betreten, spazieren, promenieren, trotten, trappeln, staksen, aufbrechen, aufmachen, wallen, ergehen sich, gehen zu Fuß, durchziehen *j,* durchtreiben *j,* hoppeln *j,* steigen, tippeln, klabastern *u,* schlendern, latschen *u,* schlampen *u,* herumtigern *u,* auf Schusters Rappen, per pedes apostolorum. → aufspringen, ausschreiten, begeben sich, begehen, bewegen sich, davonmachen sich, einschlagen den Weg.
▸ bleiben auf dem Platze • eintreffen, erscheinen, kommen • ruhen, stehen, stillstehen • stehen bleiben • fahren, fliegen, schwimmen • rennen, sprinten, spurten.
gehen, an die Hand → helfen.
gehen, eigene Wege verselbstständigen, vereinsamen, selbstständig machen, absondern sich, trennen sich, ausschließen sich, entfernen sich, entziehen sich, aussondern sich, lösen sich.
▸ befreunden sich mit, Ferse folgen auf der.
gehen, in sich bereuen, bedauern, beklagen, beweinen, erwachen, zu sich selbst finden, bei sich Einkehr halten, ein neues Leben beginnen, sich bessern, den Weg zu sich finden, wieder einlenken.
▸ verhärten sich.
gehen, ins Einzelne → detaillieren.
gehen lassen → belassen.
gehen, schneller beeilen sich, beschleunigen, hasten, hetzen sich, laufen, rennen, sputen sich.
gehen, seiner Wege → davonmachen sich, davonschleichen.
gehen lassen, sich ausflippen/-rasten, Beherrschung / Fassung / Selbstkontrolle verlieren die • entspannen, lässig sein.
gehetzt gejagt, abgehetzt, müde, abgespannt, erschöpft, hilflos, wehrlos, erschlagen, erschlafft, ermattet, eilend, beflügelt, pfeilgeschwind.
▸ gemächlich, munter.
geheuer, nicht beunruhigend, unsicher, abenteuerlich, gewagt, verderblich, unheilvoll, Gefahr bergend, Verderben bringend, Unheil bringend, Unglück bringend, Furcht einflößend, bänglich, schaudervoll, gruselig, schreckensvoll, grauenvoll, Haar sträubend, gespensterhaft, unheimlich, gräulich, entsetzlich, furchtbar, totenblass, verstört, starr, erschrecklich, Furcht erregend. → blümerant.
▸ beruhigend, sicher.
Geheul → Gebrüll.
Gehhilfe Stock, Krücken, Stütze.
Gehilfe → Arbeiter, Arbeitnehmer, Assistent, Aushilfe, Beistand, Commis, Komplize, Diener, Famulus.
Gehirn Hirnkasten, Grützkasten *u,* Brägen *u,* Gehirnkasten, Köpfchen-Köpfchen *u.* → Verstand.
Gehirnentzündung Enzephalitis.
Gehirnerschütterung Kommotion.
gehirnlos dumm, töricht, blöde, schwach, schwachköpfig, kopfschwach, beschränkt, geistesarm, geistesschwach, kopflos, verständnislos, hirnverbrannt, einfältig, unentwickelt, unbegabt, dämlich, leichtsinnig, sorglos, unklug, übereilt, oberflächlich, nachlässig.
▸ klug. → beschränkt, blöde, dämlich, dumm, kopflos, töricht.
gehoben → aufgeräumt, froh.
gehobener Stimmung, in aufgekratzt, aufgeräumt, froh, heiter.
Gehobenheit → Begeisterung, Entzücken, Stimmung.
Gehöft → Anwesen, Ansiedlung, Bauernhof, Besitztum.
Gehöhne → Spott.
Gehölz → Gebüsch, Wald.
Gehör Ohren.
Gehör schenken → hören, zustimmen.
gehorchen folgen, befolgen, einwilligen, willfahren, nachfolgen, nachgeben, fügen, beugen, demütigen, beigeben, dienen, katzbuckeln, Befehle vollziehen, Geheiß tun, zu Kreuz kriechen, unterwerfen sich, fügen sich, unterordnen sich, unter dem Befehl stehen, den Lakaien machen, unter dem Pantoffel stehen, nach der Pfeife tanzen. → befolgen, beigeben, ducken sich, dareingeben sich, dienen, einwilligen, ergeben sich, fügen sich.
▸ befehlen, befreien sich, trotzen.
gehören → besitzen, eignen, erheben Anspruch.
gehören, sich → angemessen.
gehörig eignen, angehörig, zugehörig, angestammt, erbeigen, zu Eigen • schicklich, sittlich, sittengemäß, recht, geziemend, gebührlich, zustehend, zukommend,

wohlverdient • bestimmt, ordentlich, fest, ausdrücklich. → erstaunlich, fest. ▸ angelernt, ungehörig.
gehörlos schwerhörig, taub, taubstumm.
Gehörnter → Betrogener.
Gehörprüfung Audiometrie.
Gehorsam Folgsamkeit, Gefügigkeit, Willfährigkeit, Entgegenkommen, Widerstandslosigkeit, Fügsamkeit, Unterwerfung, Unterwürfigkeit, Demut, Nachgiebigkeit, Schmiegsamkeit, Botmäßigkeit, Unterordnung, Untertänigkeit, Huldigung, Pflichterfüllung, Aufwartung, Gefolgschaftstreue, Dienstbarkeit, Bedienung. → Bande, Demut, Dienstbarkeit. ▸ Ungehorsam.
Gehorsam fordern → Disziplin halten.
Gehorsam, hündischer Byzantinismus, Demut, Kriecherei.
gehorsam folgsam, gefügig, fügsam, lenksam, willig, ergeben, willfährig, nachgiebig, gefällig, zuvorkommend, bereit, dienstwillig, diensteifrig, beflissen, pflichteifrig, pflichtgemäß, befehlsgemäß, unterwürfig, widerstandslos, untertänig, unselbstständig, knechtisch, sklavisch, hündisch, kniefällig, demütig, kirre *u*, zerknirscht, kusch *u*, niedrig. → aufmerksam, biegsam, demütig. ▸ ungehorsam, aufmüpfig, aufsässig, eigenwillig, unfolgsam, widersetzlich.
gehorsam sein → befolgen, ducken sich, gehorchen.
gehört, wie es sich comme il faut.
Gehrock → Anzug.
Gehudel → Darstellung unrichtige, Flickwerk.
Gehweg Bürgersteig, Fußgängerweg, Fußweg, Gehsteig, Trottoir, Weg.
Geifer Schaum, Gischt • Wut, Zorn, Grimm, Groll, Ingrimm, Erbostheit, Erbitterung, Erzürntheit, Aufregung, Hitze, Heftigkeit, Ereiferung, Ungestüm, Zank, Entrüstung, Rachsucht, Bosheit, Gift und Galle, Sabbel *u*, Triel *u*. → Bissigkeit. ▸ Freundlichkeit, Zahmheit.
geifern vergiften • wüten, ergrimmen, erbosen, grollen, poltern, schauben, losfahren, verübeln, keifen, zanken, schimpfen, zürnen, anknurren, anfahren, murren, schelten, herunterputzen, toben, räsonieren, schmähen, zetern • sabbern, seibern, sabbeln *u*, trenzen *u*, trielen *u*. → aufregen, bekämpfen, bereden, brennend, erbrechen, fluchen. ▸ beschwichtigen, loben, schmeicheln, versöhnen sich.
geifernd sabbelig *u*.
Geige Bratsche, Fiedel, Streichinstrument, Violine • Jammerschinken *u*, Säge *u*.
geigen musizieren, aufspielen, begleiten, streichen, vortragen, tönen, erklingen, kratzen, fiedeln, stimmen • sägen *u*.
Geige spielen, die erste → tonangebend.
geil scharf *u*, sexig *u*, sextoll *u*. → buhlerisch. ▸ frigide, gefühlskalt, kalt, uninteressiert • keusch, sittsam, zurückhaltend • langweilig, uninteressant.
geil sein stieren *u*.
Geiler Faun, Satyr.
geiler Typ Hurenbock *u*, Lustmolch *u*.
Geilheit Juckreiz *u*. → Begierde, Brunst.
Geilheit nach langer Enthaltsamkeit Samenkoller *u*.
geirrt unlogisch, falsch, fehlerhaft, irrtümlich, widersinnig, vernunftswidrig, irrig • fehlgeschlossen, verrechnet, gefehlt, getäuscht, missverstanden, fehlgegriffen, fehlgegangen, abgeirrt, übersehen, versprochen, verzählt, verschrieben, versehen, unrichtig, dargestellt, verwechselt, verdreht. ▸ denkrichtig, logisch.
Geisel → Bürge.
Geisha → Bajadere, Buhle.
Geißbock → Bock.
Geißel Rute, Stock, Fuchtel, Peitsche, Gerte, Knute, Marter, Folter • Leid, Kreuz, Bürde, Unglück, Schmerz, Geißelung, Züchtigung, Folterung. → Bandit, Berserker, Bestie, Plage. ▸ Engel rettender, Erlösung.
Geißellust Flagellation.
geißeln → angreifen, anklagen, bestrafen.
Geißeltierchen/-träger Flagellaten, Mastigophoren.
Geißelung → Askese, Marter.
Geist Genie, Schöpferkraft, Schöpfergeist, Gestaltungskraft, Intuition, Ingenium, Bildungskraft, Gestaltungstrieb, Erfindergeist, Geistigkeit, Geistesmacht, Verstandesweisheit, Verstand, Geistesleben, Vernunft, Erkenntnisvermögen, Klugheit, Weisheit, Erfahrung, Scharfblick • Witz, Esprit, Einfall, Geistesfunke, Geistreichigkeit, Schlagfertigkeit • Schemen, Gespenst, Spukgestalt. → Ausdruck, Begabung, Begriff, Bewusstsein, Charakter, Christus, Dämon, Erscheinung, Fee. ▸ Geistesarmut, Geistlosigkeit Körper, Materie.
Geist, böser → Dämon.
Geist, guter Schützer, Beschützer, Freund, Gefährte, Begleiter, Schutzheiliger, Schutzengel, Engel, Himmelsmacht, Gnadenengel, Himmelsgewalt, Friedensengel. ▸ Bösewicht, Feind, Freund falscher.
Geist, hervorragender → Denker.
Geist, unruhiger Wetterhahn, Schmetterling, Leichtfuß, Windhund, Windfahne, Rückfälliger, Unsteter, Springinsfeld • Gesinnungslump, Mitläufer, Mitgänger, Stimmvieh, Bonze. ▸ Charakter, Fanatiker, beständig(er Mensch).
Geisterbeschwörer Exorzist, Nekromant.
Geisterbeschwörung Geisterfurcht. → Aberglaube.
Geisterglaube Animismus, Dämonismus, Gespensterglaube, Spiritismus.
geisterhaft unwirklich, unsichtbar, eingebildet, fantastisch, fabelhaft, märchenhaft, abenteuerlich, wunderlich, traumhaft, überirdisch, unkörperlich, übernatürlich, spiritualistisch, gespenstisch, unirdisch, spukhaft, schattenhaft, elfenhaft, koboldartig, dämonisch, unheimlich. → abschreckend, farblos, feenhaft, geheuer nicht. ▸ natürlich, sichtbar, wirklich.
geistern herumgeistern, herumspuken, irrlichtern, spuken.
geistesabwesend → befangen, zerstreut.
Geistesabwesenheit → Blindheit, Zerstreutheit.
Geistesarbeit → Gedankenarbeit.

Geistesarbeiter Denker, Eierkopf, Intellektueller, Intelligenzler, Kopfarbeiter, Philosoph.
geistesarm → begriffsstutzig, dumm, gehirnlos.
Geistesarmut → Albernheit, Blödigkeit, Dummheit, Faselei, Gedankenlosigkeit.
Geistesart Mentalität.
geistesbeschränkt hirnvernagelt *u*, volldoof *u*.
Geistesbeschränktheit Pips *u*.
Geistesblitz → Einfall.
Geisteserzeugnis Gedanke, Idee, Vorstellung, Gedankengut, Betrachtung, Gedankenwelt, Kopfarbeit, Begriffsbildung, Begriffsscheidung, Gedankengang, Anstrengung. ▸ Geistesarmut, Nachahmung.
Geistesfriede Seelenfriede, Herzensruhe, Gemütsruhe, Zufriedenheit, Wohlgefühl, Befriedigung, Friede, Behagen, Wohlgefallen, Beruhigung, Lebensfreude, Ruhe, Lebensgefühl, Genügsamkeit, Gleichgewicht, Heiterkeit, Lockerung, Gemächlichkeit, Wohligkeit. ▸ Unfriede, Unzufriedenheit.
Geistesfrische Gedächtniskraft, Gedächtnisfrische, Erinnerungsfähigkeit, Ortssinn, Ortsgedächtnis, Erinnerungsgabe, Fantasie, Einfallskraft, Wortgedächtnis, Personengedächtnis, Farbengedächtnis, Ortsgefühl, Aufmerksamkeit, Gedächtniskunst, Gedächtnisübung, geistig auf der Höhe. ▸ Gedächtnisschwäche, Geistesarmut, Geistlosigkeit.
Geistesfunke → Einfall, Geist, Idee.
Geistesgabe Vernunft, Einsicht, Verständnis, Urteilskraft, Unterscheidungsgabe, Klugheit, Gehirn, Gescheitheit, Weisheit, Scharfblick, Sachlichkeit, Überlegung. → Denkvermögen, Erfindungsgabe. ▸ Gedächtnisschwäche, Geistlosigkeit, Talentlosigkeit.
Geistesgegenwart Gefasstheit, Beherrschtheit, Besonnenheit, Gelassenheit, Gleichmut, Sammlung, Nüchternheit, Haltung, Fassung, Zucht, klarer Blick, abwartende Ausdauer. ▸ Fassungslosigkeit, Schock, Unbeherrschtheit.
geistesgegenwärtig ruhig begonnen, gelassen, sachlich, kühl, unerschütterlich, gemütsruhig, gesetzt, ausgeglichen, ernst, unberührt, gleichmütig, leidenschaftslos. → abgebrüht. ▸ (fassungslos), unbeherrscht, unruhig.
geistesgestört schwachsinnig, blöde, verblödet, idiotisch, idiotenhaft, krank, stumpfsinnig, kindisch, anormal, spleenig, umnachtet, närrisch, verrückt, irr, besessen, toll, nicht alle auf dem Christbaum *u*, bekloppt *u*, nicht richtig beieinander *u*, nicht alle beisammen *u*, weiche Birne *u*, nicht alle auf dem Brett *u*, einen Furz im Kopf *u*, mit dem Klammerbeutel gepudert *u*, nicht ganz richtig im Kopf, plemplem *u*, rappelig, spinnen, einen Stich haben *u*, einen Triller haben *u*, einen Vogel haben, einen Webfehler haben *u*, einen zu viel haben *u*, nicht alle auf dem Kasten haben *u*, einen Klaps haben *u*, nicht alle auf der Latte haben *u*, einen Sparren haben, einen Stich haben, einen weg haben *u* • gehirnweich *u*, huschig *u*, plemplem (plemmplemm) *u*. ▸ vernünftig.
Geistesgestörter Idiot, Paranoiker.
Geistesgröße Gehirnathlet *u*. → Denker.
Geistesgut → Gedanken.
Geisteshaltung → Art.
Geisteskraft → Erkenntnisvermögen, Geist, Verstand.
geisteskrank → geistesgestört.
Geisteskrankheit Geistesstörung, Verrücktheit, Irrsinn, Schwachsinn, Tollheit, Umnachtung, Wahnsinn, Geistesumnachtung, Geistesschwäche, Gehirnkrankheit, Stumpfsinn, Idiotie, Bewusstseinsstörung, Sinnesstörung, Sinnesverwirrung, Wahnvorstellungen, Zwangsvorstellung, Verfolgungswahn, Bewusstseinsspaltung, Gehirnerweichung, Verblödung, Tobsucht, Veitstanz, Tollwut, Koller, Raserei, Dachschaden *u*, Hau *u*, Rappel, Klaps *u*, Knacks *u*, Vogel *u*.
geistesmächtig geistreich, genial, eigengesetzlich, aufgeweckt, begabt, gescheit, scharfsinnig, schöpferisch, talentiert, geistvoll, fruchtbar, selbstschöpferisch, überragend, vollkommen, klug, weise, vernunftbegabt, vernünftig, verständig, schlau, urteilsfähig, fähig, befähigt. ▸ geistesschwach.
Geistesrichtung → Charakter, Denkart.
Geistesschöpfung → Dichtung, Gedanke.
geistesschwach → dumm, geistesgestört.
Geistesschwäche → Blödigkeit, Geisteskrankheit.
Geistesstörung Mattscheibe *u*. → Delirium, Geisteskrankheit.
Geistesträgheit → Albernheit, Gedankenlosigkeit.
geistesverwandt → ähneln, brüderlich, ein Herz und eine Seele.
Geistesverwirrung → Geisteskrankheit, Geistesstörung.
Geisteszustand Gemütszustand, Stimmung, Verfassung, Laune, Anwandlung, Disposition, Verstand, Verständnis, Auffassungsgabe, Schlussvermögen, Gescheitheit, Intelligenz, Einsicht, Scharfsinn, Schlauheit, Fähigkeit, Seelenleben, Gemütsverfassung, Empfindungsleben, Vorstellungsleben, Gemütsbewegung, Anteilnahme, Gedankenleben. → Affekt.
geistig unkörperlich, stofflos, immateriell, raumlos, zeitlos, irdisch, spiritualistisch, überkörperlos, unpersönlich, übernatürlich • intellektuell, geistreich, genial, schöpferisch, verständig, logisch, urteilsfähig, gescheit, klug, weise, talentiert, gedacht • unbegreiflich, übermenschlich, nicht von dieser Welt. ▸ geistlos, körperlich, leiblich, physisch • materiell, real, reell, sachlich, stofflich • sinnlich • ungeistig.
geistig beschränkt begriffsstutzig, borniert, einfältig, eingebildet. → dumm, engstirnig, kurzsichtig, stur.
geistig ebenbürtig geistesverwandt, kongenial.
geistig gesund normal.

geistig unbeweglich borniert, doktrinär. → geistig beschränkt.
geistig zurückgeblieben infantil.
geistige Arbeit Denken, Gedanken(arbeit), Gehirntätigkeit, Lernen, Studieren.
geistige Aufnahmefähigkeit Gehirnschmalz *u.*
geistige Betrachtung z.B. Kontemplation, Meditation.
geistige Fähigkeit Denkvermögen, Intellekt, Intelligenz, Klugheit, Vernunft.
geistige Getränke Spirituosen.
geistiges Eigentum Geistesgut, Idee, Urheberrecht.
Geistigkeit → Begriffsvermögen.
geistlich kirchlich, klerikal, nichtweltllich, sakral.
geistliche Musik z.B. Choral, Kantate, Litanei, Missa, Motette.
geistliche Übungen Exerzitien, Meditationen • Seelenakrobatik *u.*
Geistlichenamtstracht z.B. Ornat, Soutane, Sutane, Talar.
Geistlicher Kleriker, Priester, Pastor, Seelsorger, Pfarrer, Kaplan, Prediger, Pater, Hirte, Seelenhirt, Seelenritter, Beichtvater, Beichtiger, Pfaffe, Schwarzrock, Schwarzkutte, Mönch, Kuttenträger, Hofprediger, Kapitularherr, Bischof, Vikar, Pfarrverweser, Diakon, Katechet, Missionar, Bekehrer, Prälat, Kardinal, Erzbischof, Weihbischof, Domherr, Pfarrherr, Ordensgeistlicher, Ordensbruder, Abt, Propst, Oberpriester, Papst. ▸ Laie.
geistliches Buch z.B. Bibel, Brevier, Evangelium, Katechismus, Missale.
geistliches Lied z.B. Choral, Psalm, Spiritual.
Geistlichkeit Klerus.
geistlos unvernünftig, unverständig, verbohrt, gedankenlos, beschränkt, dumm, borniert, dämlich, unklug, töricht, kindisch, unbedacht, vernunftwidrig, sinnlos, hirnverbrannt, geschmacklos, abgestumpft, hohlköpfig *u.* → begriffsstutzig, dumm, einförmig, farcenhaft. ▸ geistreich.
Geistlosigkeit → Faselei.
geistreich klug, gescheit, weise, talentiert, talentvoll, verständig, aufgeweckt, scharfsinnig, geistig, schöpferisch, vernunftbegabt, einsichtig, überlegt, aufgeklärt • witzig, launig, schlagfertig, stechend, beißend, schneidend, ironisch. → amüsant, begabt, denkend, geistesmächtig. ▸ geistlos.
Geistreichelei Kalauer.
geistreicher Einfall Aperçu, Gag, Idee.
geistreicher Sinnspruch Aphorismus.
geistreiches Wort Bonmot.
geisttötend automatisch, langweilig, mechanisch, öde, stumpfsinnig, stupide.
geistvoll → begabt, eigengesetzlich, geistesmächtig.
Geiz Habgier, Habsucht, Geldgier, Gewinnsucht, Geschäftsgeist, Erwerbssinn, Besitzwelle, Raubbau, Selbstsucht, Egoismus, Eigennutz • Engherzigkeit, Hartherzigkeit, Schmutzigkeit, Neid, Missgunst, Sparsamkeit, Filzigkeit. → Selbstsucht. ▸ Freigebigkeit, Selbstlosigkeit.
geizen → abdarben, abarbeiten, anhäufen, darben, knausern.
Geizhals Egoist, Mammonsdiener, Pfennigfuchser, Profitmacher, Filz, Blutsauger, Halsabschneider, Krawattenmacher, Leuteschinder, Nimmersatt, Vampir, Wucherer, weißer Jude, Knauser, Geizdrache, Geizkragen, Geizteufel, Knicker, Nassauer, Knacker *u,* Kümmelspalter, Rappenspalter, Geizhammel. ▸ Spender, Verschwender.
geizig knauserig, knickerig, kniepig, knietschig, lumpig, schäbig, schofel, ruppig, filzig, berechnend, beutegierig, egoistisch, selbstsüchtig, eigennützig, engherzig, gewinnsüchtig, habgierig, herzlos, kleinlich, missgünstig, neidisch, selbstisch, poplig *u,* schäbig *u.* → begehrlich, engherzig, interessiert. ▸ freigebig, selbstlos.
Geiziger Ru(a)ch *u,* Schandnickel *u.*
gejagt → gehetzt.
Gejammer → Klage.
Gejauchze Jubel, Frohlocken, Lachen, Lustigkeit, Freudigkeit, Jubelgeschrei, Lustgeschrei, Jubelruf, Jubelklang, Freudentaumel, Freudengeheul, Triumphgeschrei, Lobpreisung, Jubellied, Beifallsbezeugung, Beifall, Fröhlichkeit, Heiterkeit, Frohlockung. → Begeisterung, Beifall. ▸ Lautlosigkeit, Teilnahmslosigkeit, Verzweiflung.
Gejohle → Getöse.
gekästelt kariert.
gekelterter Fruchtsaft Most.
gekennzeichnet → benannt, gezeichnet.
gekerbt → uneben.
gekettet unfrei, hörig, botmäßig, dienstbar, geknechtet, willenlos, rechtlos, geknebelt, gebunden, eingeengt, eingeschränkt, abhängig, unterjocht, in Banden, versklavt, nach der Pfeife tanzen, von der Laune abhängen, verhaftet. ▸ befreit, frei, ungebunden.
Gekicher → Lachen.
Gekläff Gekrächze, Geschrei, Gebrüll, Gebell, Gewinsel, Gekeife, Geknurre, Gebläff, Gebrumm.
Geklapper Gerassel, Getrommel, Getrampel, Geballere, Gescharre, Gerumpel, Geroll. ▸ Lautlosigkeit.
geklärt → entschlackt, geläutert. ▸ fraglich, offen, strittig, unklar • abfallverseucht, schmutzig, verunreinigt.
Geklatsche Geschwätz, Klatsch, Schwätzerei, Gerücht, Nachrede, Gerede, Stadtgespräch, Bericht, Geplapper, Gewäsch, Geschnatter, Gesprächigkeit, Mitteilungsbedürfnis, Klatschhaftigkeit, Geschwätzigkeit, Redseligkeit, Klatschsucht. → Fama. ▸ Diskretion, Geheimnis, Verschwiegenheit.
gekleidet angezogen, bekleidet, eingehüllt, eingekleidet, verkleidet, verschalt.
gekleidet, zu feierlich aufgedonnert, herausgeputzt, overdressed.
Geklimper → Missklang.
Geklirr → Geräusch.
Geknatter → Explosion, Geräusch.
geknebelt → gefesselt.
geknechtet → abhängig, erdrückt, gekettet.
geknickt faltig, gerippt, gefurcht, gekrümmt, gebogen, eckig, winklig, zackig • entkräftet, kraftlos, hinfällig, gebrochen, übermüdet,

abgespannt, abgehetzt, abgequält • hoffnungslos, hoffnungsbar, lebensmüde, erledigt, traurig, mutlos, verzagt, niedergedrückt, niedergeschlagen. → angeschlagen, faltig, verzweifelt.
▸ glatt, hoffnungsvoll, munter.
gekocht → gar.
gekonnt → fachgemäß.
gekörnt granulär.
Gekose → Bewerbung, Liebkosung.
Gekrächze Gequake, Gezischel, Geröchel, Gelispel, Rabengeschrei, mit heiserer Stimme, mit belegter Stimme, mit hohlem Ton.
▸ Wohlklang.
gekränkt eingeschnappt. → beleidigt.
gekräuselt → faltig.
Gekreisch → Geschrei.
gekreuzt → diagonal, durchbrochen, winkeln, züchten.
Gekritzel Geklecks̈e, Geschmier, Gehudel, Geschreibsel, Sudelei, Augenpulver, Krakelei, unleserliche Schrift, Zusammengeschmiere, Krakelwerk, Gesudel, Gekratze.
▸ (Schrift deutliche).
gekrönt → adelig.
Gekröse Eingeweide, Innereien, Gedärme → Därme, Gedärme, Eingeweide, Innereien.
gekrümmt → eingebogen.
gekühlt geeist, tiefgekühlt, abgekühlt, eingefroren.
gekündigt → arbeitslos, entkräftet, herausgesetzt.
gekünstelt → erkünstelt.
gekürzt gerafft, kurz gefasst, zusammengefasst • kleiner gemacht, abgeschnitten.
▸ ausführlich, komplett, lückenlos, ungekürzt, vollständig.
Gel Kolloid.
Gelächter Gekicher, Gemecker, Jubel, Lache, Lachsalve, Geschrei, Gejauchze, Lachkrampf, Lustigkeit, Heiterkeit, Fröhlichkeit, Aufgeräumtheit, Freude, Stimmung, Gaudi • Hohngelächter, Spottgelächter, Hohnlachen, Spott, Hohn, Verhöhnung, Verspottung, Verachtung, Gespötte, Kränkung, Erniedrigung. → Belustigung.
▸ Ernst • Heulen, Jammern, Klagen, Schluchzen.
geladen → beduselt, zornig.
Geladener → Eingeladener, Gast.
Gelage Orgie, Bacchanalien, Bankett, Fest, Festessen, Festmahl, Gastmahl, Kneiperei, Saufgelage, Zecherei, Trinkgelage, Schwelgerei, Prasserei, Völlerei.
gelähmt → abgespannt, entnervt, krank.
gelähmt, von Angst panisch.
Gelände → Erdboden.
Geländelauf Crosscountry.
Geländer → Stütze.
Geländewagen Jeep.
gelangen → erwirken, vollführen.
gelangen, ans Ziel → bringen zu Wege.
gelangweilt → blasiert, überdrüssig.
▸ angeregt, gefesselt, gespannt • beschäftigt, eingespannt • interessiert.
Gelass Gemach, Raum, Zimmer, Wohnraum, Kammer, Saal, Stube, Boudoir, Kemenate, Kabinett. → Versteck.
gelassen → bedächtig, befangen, beherrscht, besinnlich, dickhäutig, Eile mit Weile, ergeben, ruhig, still, unempfindlich.
▸ aufgeregt, bestürzt, betroffen, erregt, fahrig, hektisch • verärgert, wüten, zornig.
Gelassenheit → Bedacht, Beharrlichkeit, Beherrschung, Ernst.
geläufig → alltäglich, bekannt, beredt, fließend, perfekt, vertraut.
Geläufigkeit → Behändigkeit, Routine.
gelaunt froh, zufrieden, heiter, vergnügt, lebensfroh, frohgemut, befriedigt, frohsinnig, in Stimmung • missgestimmt, unzufrieden, miesepetrig, unleidig, unlustig, verschnupft, verstimmt, verdrießlich, verdrossen, missleidig, mürrisch, versauert, verkatert, verstört.
geläutert rein, sauber, lauter, klar, fleckenlos, unbefleckt, gesäubert, gereinigt, blank, geklärt. → entschlackt.
▸ unrein.
gelb gelblich, safranfarbig, ockerfarbig, schwefelfarbig, bernsteinfarbig, topasfarbig, kanarienfarbig, zitronenfarbig, chamois, elfenbeinfarbig, teegelb, sandfarben. → beige.
gelbbräunlich → chamois.
gelb-braun → beige.
gelbe Rasse Mongoloiden.
Gelberde Melinit.
gelblich → beige.
gelb-rot → chamois.
Gelbschnabel → Dummerian, Dummkopf.
Gelbsucht Ikterus.
Gelbwurz Kurkuma.
Geld Finanzen, Geldstück, Zahlungsmittel, Verkehrsmittel, Umsatzmittel, Barschaft, Papiergeld, Gold, Silber, Kleingeld, Bargeld, Hartgeld, Münze, Geldrolle, Währung, Vermögen, Habe, Gut, Schatz, Barvermögen, Geldsumme, Betrag, Kosten, Einkommen, Gehalt, Überschuss, Zinsen, Taschengeld, Nadelgeld, Haushaltungsgeld, Geldschein, Wechsel, Dividende, Aktien, Geldumlauf, Notenumlauf, Zahlung, Gulden, Krone, Mark, Pfund, Sterling, Rubel, Franken, Drachme, Lire, Dollar, Zehner, Kreuzer, Sechser, Cent, Deut, Centime, Rappen, Schilling, Leu, Lew, Peseta, Dinar, Zloty, Escudo, Forint, Peso, Cruzeiro, Rupie, Rial, Yen, Groschen, Taler, Pfennig, Draht *u*, Kies *u*, Moos *u*, Marie *u*, Pinke *u*, Pinkepinke *u*, Zaster *u*, Klamotten *u*, Kröten *u*, Moneten *u*, Penunzen *u* • Schweinegeld, Sündengeld, Kleingeld, Pulver *u*, Puttputt *u*, Qualm *u*, Saft *u*, Sand *u*, Schamott *u*, Schotter *u*, Schiefer *u*, Schmalz *u* → Besitz, Besitztum, Blech, Einkommen, Erlös.
▸ Mittellosigkeit, Ware.
Geld anhäufen horten.
Geld aufnehmen → beleihen.
Geld beschaffen finanzieren.
Geld einnehmen einnehmen, kassieren, verdienen.
Geld, flüssiges Liquidität.
Geld, heißes Hot-money.
Geld hingeben abzahlen, bezahlen, entrichten, Schulden begleichen, überweisen, zahlen.
Geld kommen, zu erwerben, gewinnen, verdienen, erarbeiten, erringen, erben, beziehen, einnehmen, aneignen, verschaffen, in Besitz gelangen, sein Glück machen, es zu etwas bringen, zu Reichtum kommen.
▸ verarmen, verlieren.
Geld machen → bringen sein

Schäfchen ins Trockene, kommen zu Geld.
Geld und Gut → Eigentum.
Geld wühlen, im → reich.
Geldanlage → Belehnung.
Geldanlagegesellschaft Investmentgesellschaft.
Geldaristokratie → Kapitalist.
Geldbehälter Börse, Kassette, Portmonee, Safe, Schatulle, Tresor.
Geldbeihilfe z.B. Stipendium, Subvention, Transferzahlung.
Geldbeschaffungskosten Kreditkosten.
Geldbeutel → Beutel.
Geldbörse Portmonee • Portjuchhe *u*, Portmariechen *u*.
Geldeinkommen Nominaleinkommen.
Geldeinziehung Inkasso.
Gelder Finanzen, Fonds, Kapital.
Geldfälschung → Fälschung.
Geldgeber → Gläubiger.
Geldgeschäft, großes Transaktion.
Geldgier Begehr, Geldlust, Begierde, Leidenschaft, Trieb, Drang, Habsucht, Reiz, Habgier, Geldhunger, Geldsucht, Raffgier, Gewinnsucht, Wucher, Schacher, Begehrlichkeit, Pfennigfuchserei, Engherzigkeit, Kleinlichkeit, Goldhunger, Golddurst. ▸ Freigebigkeit, Genügsamkeit.
geldgierig raffgierig, habgierig, geizig, überkarg, geizend, unfreigiebig, engherzig, versessen, habsüchtig, knauserig, knickerig, filzig, schäbig, begierig, begehrlich, gierig, unersättlich, unstillbar, geldhungrig, den Hals nicht voll kriegen, auf den Pfennig aus sein. → begehrlich. ▸ freigebig, genügsam.
Geldinstitut Bank, Kasse, Kreditanstalt, Sparkasse.
Geldkästchen Schatulle.
Geldkatze → Beutel.
Geldklemme → Not, Geldsorgen.
geldlich geldmäßig, finanziell, geschäftlich, pekuniär, rechnerisch, wirtschaftlich, bar, fiskalisch, gängig, laufend, wert, gültig, münztechnisch, gangbar.
geldlos → arm, erwerbslos.
Geldmacher Moneymaker.
Geldmacht → Kapital.
Geldmangel Geldschwierigkeiten, Zahlungsschwierigkeit, Geldverlegenheit, Geldnot, Unterbilanz, Flaute, Zahlungsunfähigkeit, Konkurs, Bankrott, Börsenkrach, Börsensturz, Geschäftsaufgabe, Mittellosigkeit, Verknappung, Mangel, Klemme, Geldsorgen, Not, Elend, Bedrängnis, Pleite *u*. → Armut. ▸ Geldmittel • Liquidität • Reichtum.
geldmäßig → geldlich.
Geldmann Geldmagnat, Kapitalist, Nabob. → Krösus.
Geldmittel → Einkommen, Geld.
Geldmittel bereitstellen finanzieren.
Geldmünzen Pimperlinge *u*, Pinke *u*, Schäfchen *u*.
Geldpolitik monetäre Politik.
geldprotzig → dünkelhaft, geldstolz.
Geldquelle Einkommen, Gehalt, Kapital, Mittel, Vermögen, Zinsen, Verdienst, Erwerb, Lohn, Honorar, Lebensunterhalt, Ertrag, Erbe, Erbschaft, Besitz, Guthaben, Gut, Habe, Dividenden, Aktien, Rente, Pension, Krankengeld, Ersparnis, Kassenvorrat, Anlage. ▸ Einbuße, Geldsorgen.
Geldschein → Bargeld, Geld. ▸ Hartgeld, Münze.
Geldschrank Geldschrein, Kassenschrank, Spind, Aufbewahrungsschrank, Tresor, Silberschrank, Kassette, Geheimfach, Safe, Nummer Sicher *u*. → Behälter.
Geldschwierigkeit → Geldmangel.
Geldsorgen Geldnot, Geldmangel, Zahlungsunfähigkeit, Verschuldung, Zahlungseinstellung, Rückstand, Geldschuld, Mittellosigkeit, Bedürftigkeit, Verknappung, Mangel, Dürftigkeit, Geldverlegenheit. → Armut, Geldmangel. ▸ Geldquelle.
Geldstück Bargeld, Geld.
Geldüberlassung Kredit.
Geldverfügbarkeit Liquidität.
Geldverlegenheit → Armut, Geldmangel.
Geldvermögen Finanzvermögen.
Geldwechselgeschäft Sortengeschäft.
geldwirtschaftliche Maßnahmen Finanzpolitik.
geleckt wie → sauber.
gelegen → annehmbar, befindlich.
gelegen sein zusagen, bekommen, entsprechen, munden, passen, treffen, eignen, taugen, gelegen kommen, günstig kommen, Wasser auf seine Mühle, rechtzeitig kommen, zeitgemäß sein, zweckmäßig sein, verwendbar sein, kommen im rechten Augenblick, dienlich sein. ▸ ungelegen.
Gelegenheit Rechtzeitigkeit, Zeitpunkt, Augenblick, Muße, Feierzeit, Feiertag, Anlass, Zufall, Zufälligkeit, Möglichkeit, passende Zeit, rechte Zeit, Gunst des Augenblicks, gut gewählte Zeit, Masche *u*, Okkasion. → Anlass, Aussicht stehen in. ▸ Unzeit.
Gelegenheit bieten → befähigen, debütieren.
Gelegenheit geben → bieten.
Gelegenheitsarbeit Akzidenz, Job.
Gelegenheitsdichter → Dichter.
Gelegenheitsfreundin Hobby *u*.
Gelegenheitsgedicht → Dichtungsart.
Gelegenheitskauf Wohlfeilheit, Billigkeit, Freundschaftspreis, Schleuderpreis, Preisabbau, Preisermäßigung, Ausverkauf, Ausschussverkauf, Räumungsverkauf, Preisrückgang, Preiserlass, Gelegenheit, Preisabschlag, Preisnachlass, Verbilligung, Vergünstigung, Winterschlussverkauf, Sommerschlussverkauf, günstiger Zeitpunkt, vorteilhafter Kauf, wohlfeiles Angebot.
Gelegenheitsmacher → Duckmäuser, Lump, Zuhälter.
gelegentlich → ab und zu, bedingungsweise, beiläufig, damals, dann und wann, einige Male. ▸ beständig, immer, permanent, ständig, stets • häufig, oft • regelmäßig.
gelegt → befindlich.
gelehrig bildsam, geschickt, anstellig, verständig, aufmerksam, lernbegierig, fleißig, streberhaft, erziehlich, eifrig, emsig, betriebsam, lenkbar, lernend, bildungsfähig, leicht auffassend. → wissbegierig, bezähmbar. ▸ ungelehrig.
Gelehrigkeit → Begabung,

Eignung, Fähigkeit, Fassungskraft.
gelehrsam → gelehrt.
Gelehrsamkeit Gelehrtheit, Gelehrigkeit, Gründlichkeit, Ausbildung, Verständnis, Findigkeit, Fähigkeit, Belesenheit, Schicklichkeit, Bücherkenntnis, Vertrautheit, Erkenntnis, Einblick, Erfahrung, Betrachtung, Wahrnehmung, Vorstellung. ▸ Unwissenheit.
gelehrt bewandert, erfahren, wissend, aufgeklärt, vertraut, weise, gebildet, belesen, sattelfest, beschlagen, akademisch, klug, professoral, reden wie ein Buch. → belesen. ▸ ungelehrt.
Gelehrter Wissenschaftler, Forscher, Denker • Professor, Doktor, Akademiker, Dozent, Magister • Deuter, Künder, Ausdeuter, Ausleger, Gehirnakrobat *u.* → Intelligenzler.
Gelehrtheit → Bildung, Gelehrsamkeit.
Geleier Gedudel, Singsang, Geklimper, Gebimmel, Katzenmusik, Monotonie, Langweiligkeit. ▸ Wohlklang.
Geleise Spur, Graben, Auskehlung, Richtung, Lauf, Gang, Zweck, Bestimmung, Trott, Schienenweg, Schienenstrang, Strecke, Bahn, Bahnweg, Weg. → Bahn, Bindemittel.
Geleise geraten, aus dem abweichen, fehlgehen, verfehlen, irre gehen, verlieren, entgleisen • außer Ordnung kommen, aus den Fugen kommen, in Unordnung kommen • aus der Fassung kommen, die Fassung verlieren. ▸ beruhigen, fassen sich (ins Geleise bringen), ordnen, zielsicher (sein).
Geleit → Bedeckung, Begleitung, Besatzung, Bewachung, Bürgschaft.
Geleitbrief → Bürgschaft, Sicherheit.
geleiten eskortieren, begleiten, folgen, beigesellen, zugesellen, sichern, schützen, beschirmen, behüten, decken, bewachen, umhegen, beschützen, bemannen, behirten, betreuen, feien, in Schutz nehmen. → bringen nach Hause, decken. ▸ trennen.
Geleitwort Wahlspruch, Motto, Sinnspruch, Dichterwort, Leitspruch, Leitmotiv, Torspruch, Sentenz, Richtschnur, Lehrsatz, Kernspruch, Geleitspruch, Denkspruch, Schlagwort, Einführung.
Geleitzug Eskorte, Wache, Deckung, Schutz. → Geleit.
Gelenk → Befestigung, Bindemittel, Daumen.
gelenkbedingt arthrogen.
gelenkig biegsam, geschmeidig, fedrig, elastisch, spannfähig, federnd, flink, behänd, gewandt, geschickt, rasch, artistisch, handlich, fix. → anstellig. ▸ ungelenk.
Gelenkigkeit → Behändigkeit, Fertigkeit.
gelenkt beeinflusst, dirigiert, geführt, geleitet, gelotst, gesteuert, manipuliert.
Gelenkverrenkung Luxation.
Gelenkversteifung Ankylose.
gelernt → einstudiert.
Geleucht → Fackel.
Gelichter → Auswurf, Bande, Clique.
gelichtet → karg, rar. ▸ dicht, kräftig.
geliebt liebend, innig, zärtlich, herzlich, warm, liebevoll, zugeneigt, zugetan, eingenommen, treu, teuer, hoch geschätzt, angebetet, vergöttert, kostbar, verzärtelt, verhätschelt, wert, volksbeliebt, liebenswert, allerliebst. → beliebt. ▸ ungeliebt • gehasst, verhasst.
Geliebte Liebling, Liebchen, Schatz, Abgott, Engel, Angebetete, Freundin, Braut • Konkubine, Betthase, Bettschatz. → Abgott, Kurtisane, Freundin.
Geliebter → Bräutigam, Freund.
geliefert → arm, bankrott.
gelieren → eindicken.
gelinde → milde.
Gelingen → Erfolg, Gedeihen.
gelingen klappen, flutschen, gedeihen, blühen, siegen, erlangen, erreichen, gewinnen, erringen, sichern, vorrücken, emporkommen, durchkommen, bezwingen, erobern, überwinden, bewältigen, Erfolg haben, eine glückliche Hand haben. → durchkämpfen sich, erfüllen die Hoffnung, erobern, erstarken. ▸ misslingen, fehlschlagen, in die Hose gehen, missglücken, missraten, scheitern, schief gehen.
gelinkt werden → hereinfallen.
Gelispel Gemurmel, Flüstern, Geflüster, Gezischel, Flüsterton, Schwachheit, Gesäusel, Gesumme, Gesumse, leiser Ton, leiser Hauch, gedämpfte Laute. ▸ Getöse, Widerhall.
gellen → lärmen.
gellend → laut, schreiend.
geloben → beeiden, bejahen, beschwören, versprechen.
Gelöbnis → Eid, Ehrenschuld, Ehrenwort, Versprechen.
gelobt → beliebt, empfohlen.
gelockert → blättrig, locker.
gelockt gewellt, kraus, lockig.
gelöst → angenehm, entbunden, entlastet.
Gelöstheit → Entspannung.
gelt → bitte schön.
gelten bestehen, feststehen, vorherrschen, dauern, andauern, nachhalten, durchhalten, verharren, einwurzeln, zutreffen, entsprechen, zusagen, Wert haben, gültig sein, Geltung haben. → feststehen. ▸ entwerten, zweifelhaft (sein) falsch/unzutreffend sein • ungültig sein/werden, verfallen • wertlos sein.
gelten lassen respektieren.
geltend gültig, vorherrschend, allgemein, allgemein gültig, gewöhnlich, landläufig, offiziell, gesetzlich, ordentlich, behördlich. → amtlich. ▸ ungültig.
geltend machen → anführen, ausweisen, auszeichnen, berufen sich, bestehen auf, betonen, bewirken.
Geltung → Ansehen, Auswirkung, Bedeutung, Beeinflussung, Einfluss.
Geltung bringen, besonders zur betonen, fördern, herausstellen, unterstreichen.
Geltungsbedürfnis Entwürdigung, Bettelhaftigkeit, Armseligkeit, Neid, Schwäche, Kriecherei, Herrschsucht, Herrensinn, Selbstbewusstsein, Stolz, Geltungsdrang, Großmannssucht, Größenwahn, Großsprecherei, Dünkel, Fimmel *u,* Bettelstolz, Überhebung, Anmaßung, Unverfrorenheit, Aufgeblasenheit. ▸ Bescheidenheit, Fügsamkeit, Würde.
Geltungsdrang, -sucht → Geltungsbedürfnis.
Geltungssucht Ehrgeiz, Geltungsbedürfnis,

Größenwahn, Profilneurose, Ruhmsucht • Höhenrausch *u.*
Geltungssüchtiger Angeber, Aufschneider, Ehrgeizling.
Gelübde → Eid, Ehrenwort, Versprechen.
Gelump → Pack.
gelungen geglückt, gediehen, vorteilhaft, wirksam, erfolgreich, gedeihlich, glücklich, fruchtbar, Erfolg versprechend, preisgekrönt, sieghaft, siegreich, erreicht, errungen, gewonnen, ergebnisreich, geraten, nützlich. → erfolgreich. ▸ misslungen.
Gelüst → Ausschweifung, Bedürfnis, Befriedigung, Begehr, Begierde, Belieben, Brunst, Drang.
Gelüste → Begierde, Feinschmeckerei.
gelüsten → bekommen Lust, brennend, ersehnen.
gemach → bedächtig, Eile mit Weile, Kabinett, Kammer, Kemenate, Raum, Stube, Zimmer.
gemächlich adagio, pomadig *u.* → allmählich, behaglich, bequem, Eile mit Weile, faul, langsam. ▸ eilig, fix, geschwind, hastig, hektisch, rasch, übereilt, überstürzt.
Gemächlichkeit Bedächtigkeit, Gemessenheit, Langsamkeit.
gemacht fingiert, gekünstelt, künstlich, unnatürlich • abgemacht.
Gemahl → Bräutigam, Ehegenosse.
Gemahlin → Ehefrau, Frau.
gemahnen an → ähneln, erinnern.
Gemälde Bild, Bildnis, Porträt, Skizze, Stillleben, Studie, Ölbild, Ölgemälde, Fresko, Malerei, Zeichnung, Pastellzeichnung, Seegemälde, Landschaftsgemälde, Ölmalerei, Ölfarbendruck. → Bild.
Gemäldesammlung Galerie, Pinakothek.
Gemarkung Gegend, Erdstrich, Bezirk, Gebiet, Bereich, Gemark, Feldmark, Stück, Flur, Acker, Feld, Landstück, Landstrich, Gewann, Ländchen, Gau, Grafschaft, Grenzmarke. → Distrikt.
Gemäß → Gefäß. ▸ entgegen, zuwider.
gemäß → angemessen, anlässlich, beziehungsweise, bezüglich, demgemäß, diesbezüglich, entsprechend, fachgemäß.
gemäßigt maßvoll, mäßig, nüchtern, leise, kühl, vernünftig, ruhig, still, gemessen, gesetzt, gelassen, verständig, ernst, geduldig, bedachtsam, überlegt. ▸ maßlos radikal, rücksichtslos • überzogen, übertrieben, unmäßig • anmaßend.
Gemecker Besserwissen, Gehöhne, Gejammer, Geschrei, Gekeife, Gezänke. ▸ Zustimmung.
gemein gaunerhaft, niedrig, gering, schlecht, böse, charakterlos, gewöhnlich, schmutzig, lumpig, lügnerisch, niederträchtig, roh, ungesittet, schuftig, schurkenhaft, unanständig, ehrlos, gewissenlos, schofel *u.* → abstoßend, anrüchig, anstößig, arg, ausschweifend, bedauerlich, beschämend, bestechlich, böse, boshaft, brutal, buhlerisch, charakterlos, zynisch, diabolisch, dreckig, dunkel, eingefleischt, empörend, entmenscht, fahnenflüchtig. ▸ ansprechend, anständig, charaktervoll, ehrenhaft, gut, tugendhaft.
Gemeinde Kommune. → Ansiedlung, Bezirk.
Gemeindegrund → Besitz.
Gemeindeland/-wiese Allmende.
Gemeinderat → Beauftragter, Bürgermeister.
Gemeinderatswahl Kommunalwahl.
Gemeindesteuern Kommunalsteuern.
Gemeindetag → Bund.
Gemeindevorstand Bürgermeister, Magistrat, Senat.
Gemeindevorsteher → Bürgermeister.
gemeindlich kommunal.
gemeingefährlich → gefährlich.
Gemeingut → Besitz.
Gemeinheit Unredlichkeit, Frechheit, Unlauterkeit, Falschheit, Schurkerei, Gewissenlosigkeit, Charakterlosigkeit, Verlogenheit, Hinterlist, Arglist, Bosheit, Büberei, Betrügerei, Fälschung, Untreue, Eidbruch, Niederträchtigkeit, Verworfenheit, Meineid, Sauerei *u,* Schweinerei *u,* Viecherei *u,* Lumperei *u,* Biesterei *u,* → Anstößigkeit, Ärmlichkeit, Beleidigung, Bosheit, Zynismus, Demimonde, Doppelrolle, dunkler Punkt, Falschheit, Niedertracht. ▸ Anstand, Lauterkeit.
gemeinhin → allgemein.
Gemeinnutz Allgemeinbesitz, Mitbesitz, Mitgenuss, Staatseigentum, Staatsbesitz, Staatsgeld, Volksvermögen, Gemeindegrund, Allmend(e), Flur, Gemeindefeld, Gemeindeacker, Gemeindeanger, Gemeindewiese, Gemeindewald, Gemeindeholz, Genossenschaft, Flurgemeinschaft, Konsum, Zusammenschluss, Zusammengehörigkeit. ▸ Eigennutz.
gemeinnützig sozial.
Gemeinplatz → Bedeutungslosigkeit, Farblosigkeit.
gemeinsam zusammen, verbunden, vereinigt, vereint, gemeinschaftlich, bündig, verknüpft, untrennbar, unteilbar, insgesamt, jeder, alles, ausnahmslos, restlos, jedermann, uneingeschränkt, gemeinsame Sache machen, Kippe machen *u,* kollektiv. ▸ getrennt, gesondert, separat • allein, einsam • einzeln, individuell.
gemeinsam einstehend solidarisch.
Gemeinsamkeit Ähnlichkeit, Berührungspunkt, Bindeglied, Verbindnung, Verbundenheit, Verwandtschaft.
Gemeinschaft Einigkeit, Gemeinschaftsarbeit, Zusammenarbeit, Kollektiv, Körperschaft, Volksgemeinschaft, Arbeitsgemeinschaft, Gemeinwirtschaft, Einheit, Gesamtheit, Zusammenschluss, Allgemeinheit, Staat, Volk, Familie, Sippe, Gesellschaftsgruppe, Freundschaft, Brüderlichkeit, Eintracht, Genossenschaft, Verbindung, Corps, Freundschaftsbund, Bündnis, Team *M* • Kette *j,* Gesperre *j.* → Band, Brüderlichkeit, Bruderschaft, Bündnis, Clique, Einheit. ▸ Isolierung, Trennung • Einzelne(r), Individuum, Person, Subjekt.

gemeinschaftlich → beisammen, ein Mann wie.
Gemeinschaftsarbeit Kooperation. → Zusammenarbeit.
Gemeinschaftseinrichtungen Infrastruktur.
gemeinschaftsfähig sozial.
Gemeinschaftsgesang → Chor.
Gemeinschaftsgüter Kollektivgüter.
Gemeinschaftssinn Korpsgeist, Gemeinschaftsgeist, Gemeinschaftstrieb, Gemeinschaftsverpflichtung, Gemeinschaftsbedürfnis, Gemeinsinn, Rassenbewusstsein, Klassenbewusstsein, Parteigeist, Kameradschaft. ▸ Eigennützigkeit.
gemeinschaftsunfähig asozial.
Gemeinsinn Opfersinn, Bürgersinn, Einsatzbereitschaft, Zusammengehörigkeitsgefühl, Zusammenhalt, Solidarität, Menschlichkeit, Nationalität, Heimatgefühl, Volkstum, Schicksalsgemeinschaft, Staatsgesinnung, Gemeinschaftsgefühl, Einigkeit. → Barmherzigkeit. ▸ Eigennutz.
gemeinverständlich → anschaulich, deutsch auf gut, einleuchtend, fassbar.
Gemeinwesen Gemeinde, Kommune, Nation, Staat, Stadt.
Gemeinwohl Gemeinnutz, Gemeinsinn, Mitmenschlichkeit.
Gemenge Mischung, Vermischung, Verbindung, Beimengung, Beimischung, Beifügung, Gemisch, Gebräu, Zusammensetzung • Buntheit, Durcheinander, Untereinander, Vermischtes, Gemengsel, Mischmasch, Sammelsurium, Kuddelmuddel *u*, Schlammpamp *u*. → Konglomerat. ▸ Entmischung, Grundelement.
gemessen gehalten, vernünftig, ruhig, ernst, still, mäßig, kühl, nüchtern, maßvoll, verständig, unerschütterlich, besonnen, gefasst, gesetzt, ausgeglichen, gelassen, feierlich, unberührt, unbeweglich, gemütsruhig, bedachtsam, besinnlich, ernst, still. ▸ maßlos.
Gemessenheit Bedächtigkeit, Gemächlichkeit, Langsamkeit.
Gemetzel → Blutbad.
gemieden einsam, freudlos, verschlossen, vereinzelt, verlassen, weltfremd, geflohen, verloren, abgeschieden, unselig, unwillkommen, ungelasen, umherirrend, mutterseelenallein, vereinsamt, verschmäht. → allein stehend. ▸ gesucht, willkommen.
gemietet ausgeliehen, gechartert, geleast, geliehen, gepachtet.
gemietetes Flugzeug Chartermaschine.
Gemisch Mixtur, Verschnitt. → Konglomerat, Gemenge.
gemischt vermischt, verschnitten, vermengt • allerlei, allerhand, halb und halb, zusammen mit • durcheinander, darunter • bunt. ▸ unvermischt getrennt, separat • pur, rein • sortiert.
Gemme → Bildhauerei.
Gemunkel Gerücht, Gerede, Tratsch, Geflüster, Beleidigung, Beschuldigung, Vorwurf, Fabel, Bezichtigung, Makel, Schandmal, Schandfleck, Bloßstellung, Schande, Schmach, Misskredit, Verworfenheit, Schimpf, Verachtung, Klatsch, Ehrenkränkung, Brandmarkung, Erniedrigung, Herabsetzung, Latrinenparole *u*, Scheißhausparole *u*. → Fama. ▸ Wahrheit.
Gemurmel Geräusch, Ton, Gelispel, Getuschel, Gesumme, Gesumse, Murmeln, Gebrumm, Grabesstimme, Geflüster, Flüsterton, Heimlichkeit, Heiserkeit. ▸ Getöse, Widerhall.
Gemüse Pflanze, Gewächs, Pflanzennahrung, Grünfutter, Pflanzenkost, Gemüsespeise, Gemüsegericht, Beilage • junges Gemüse, Pletsche *u*. → unerfahren.
Gemüsemischung in Essig Mixpickles.
Gemüsesaft Juice.
gemustert betrachtet, angesehen, angeblickt, angeschaut, beobachtet, beäugt, fixiert, angestarrt, angestiert, angeglotzt • gewürfelt, gefleckt, bunt, getigert, geblümt, scheckig, fleckig, streifig, gestreift, schottisch, kariert, getupft, gesprenkelt, punktiert. → farbenfroh. ▸ einfarbig, übersehen, uni, ungemustert.
Gemüt Gemütsart, Gemütsrichtung, Verfassung, Empfindungsleben, Herzenseinstellung, Herzenswallung, Seelenleben, Gefühlsrichtung, Gefühl, Hang, Neigung, Herzensbedürfnis, Laune, Stimmung, Erbmasse, Temperament, Reizbarkeit, Empfänglichkeit, Phlegma, Melancholie, Optimismus, Pessimismus, Sanguinikerblut, Cholerikerblut, Gemütsbewegung, Eindruck, Erregung, Pathos, Feuer, Begeisterung, Wärme, Inbrunst, Teilnahme, Herzlichkeit, Innigkeit, Gefühlserguss. → Art, Charakter, Gefühl. ▸ Charakterlosigkeit, Gefühllosigkeit, Wille.
Gemüt, verhärtetes → Rohheit.
Gemüt, verstocktes → Verstocktheit.
gemütlich innig, vertraut, intim, wohlig, mollig, behaglich, ungetrübt, unbesorgt, befriedigt, zufrieden, behäbig, wohl, beschaulich, stimmungsvoll, lauschig, gemächlich, still, ruhig, bequem, geruhsam, dienstfrei, gesellig, kurzweilig, unterhaltend, unterhaltsam. → allmählich, amüsant, anspruchslos, aufgeräumt, behäbig, behaglich, daheim, Familie im Schoße der. ▸ ungemütlich.
Gemütlichkeit → Beruhigung, Wohlbehagen.
Gemütsabstumpfung Affektverödung.
Gemütsbewegung → Gefühlsleben, Gemüt.
gemütskrank → trübsinnig.
Gemütslage Laune, mentale/psychische Situation, seelische Verfassung, Stimmung, → Gemütsstimmung, Gemütszustand.
Gemütsleben Innereien *u*.
Gemütsmensch Stoiker • Unmensch, Barbar • Sensibelchen *u*.
Gemütsruhe → Befriedigung, Beharrlichkeit, Beruhigung, Geduld.
Gemütsstimmung Laune, Wankelmut, Flattersinn, Nachgiebigkeit, Begeisterung, Lust, Stimmung, Frohsinn, Heiterkeit, Optimismus •

Schwermut, Hypochondrie, Verbitterung, Enttäuschung, Heimweh, Pessimismus, Katerstimmung, Verdrießlichkeit, Unlust, Unbehagen, Sorge, Missbehagen, Melancholie • Gemütsrichtung, Denkweise, Empfindungsleben, Seelenleben, Gefühlsrichtung, Reizbarkeit, Lebensgefühl, Gefühlslage, Gefühlsleben. → Beherrschung.

Gemütstiefe → Feingefühl.

Gemütszustand Laune, Stimmung, Verfassung, Disposition, Anwandlung, Geisteszustand, Affekt, Wallung. → Anwandlung, Temperament. ▸ Beherrschung, Willensschwäche, Willensstärke.

gemütvoll innerlich, feinfühlig, zu Herzen fließend, vom Gefühl beherrscht, empfindungsvoll, beseelt, seelenvoll, bewegend, Mitleid erregend, sensitiv, mitmenschlich, gefühlvoll, zart, feinnervig, schwärmerisch, verträumt, sentimental, poetisch, empfindungsvoll. ▸ brutal, empfindungslos, gemütlos, kalt, rabiat, ungemütlich.

genannt → benannt.

genant → verlegen, peinlich.

genarbt chagriniert.

genäschig naschhaft, leckermäulig, genießerisch, gelüstig. ▸ übersättigt.

genau wörtlich, buchstäblich, Wort für Wort, kopiert, gespiegelt, durchgepaust • exakt, gewissenhaft, gründlich, minuziös, ordentlich, pedantisch, peinlich penibel, präzis, sorgfältig, sorgsam, sorglich, tippelig, getreu, überlegt, zuverlässig, aufs Haar, bis aufs Tüpfelchen, auf den Millimeter, mit dem Lineal gezogen, pünktlich, fehlerlos, ausführlich, deutlich, eindeutig, klar, richtig, scharf, treffend, treffsicher, absolut, gewiss, fehlerfrei, recht *sm* • etepetete, kleinlich, philiströs, pingelig, pinselig, spießig, verbohrt, verknöchert • leicht verständlich, klipp und klar, kurz und bündig, klar und deutlich • prompt, strikt, treu, bündig. → akkurat, anschaulich, ausführlich, bedächtig, bedeutungsvoll, beflissentlich, buchstäblich, deutlich, deutsch auf gut, eingehend, entsprechend, fassbar, gründlich, klar, peinlich, richtig, sorgfältig, streng, verständlich. ▸ ungenau, unpräzise • abgerundet, aufgerundet • annähernd, etwa, gegen, ungefähr, zirka • flüchtig, großzügig, inakkurat, lax, oberflächlich, vage.

genau beschreiben detaillieren.

genau bestimmen definieren.

genau genommen an und für sich, eigentlich, im Grunde, Haus aus von, letztlich, ursprünglich.

genau nachbilden faksimilieren.

genau nehmen, es nicht so → vernachlässigen.

genau, peinlich scharf *u.*

genau, sehr kleinlich, klein kariert, pedantisch, penibel, pingelig, übergenau.

genauer gesagt besser gesagt, mit anderen Worten, nämlich, sozusagen, und zwar.

Genaues wissen, nichts → etwas läuten hören.

Genauigkeit → Bestimmtheit, Charakterstärke, Deutlichkeit, Fehlerlosigkeit, Gewissenhaftigkeit, Richtigkeit, Sparsamkeit, Strenge.

genauso → ein und dasselbe.

Gendarm → Büttel.

Genealogie Ahnenforschung, Geschlechterfolgenforschung, Verwandtschaftsentwicklungsforschung.

genehm sein → belieben.

genehmigen → annehmen, begünstigen, beipflichten, beitreten, besiegeln, bestätigen, bewilligen, billigen, delegieren, dürfen, einräumen, erlauben, ermächtigen, gutheißen. ▸ ablehnen, abschlagen, untersagen, verweigern, zurückweisen • beantragen.

genehmigen, sich einen → trinken.

genehmigt → abgemacht.

Genehmigung Approbation. → Befugnis, Bekräftigung, Bewilligung, Billigung, Konvention, Einräumung, Erlaubnis, Ermächtigung, Konzession, Vollmacht. ▸ Ablehnung, Verbot • Antrag, Bitte.

geneigt bereit, bereitwillig, disponiert, gewogen, gestimmt, günstig gesinnt, hold, willens, wohl wollend, gelaunt, in Laune sein, fühlt sich bemüßigt. → abschüssig, aufgeschlossen, befreundet, beschaffen, empfänglich, schräg. ▸ ablehnend, abhold, zuwider • böse, übel wollend • aufrecht, gerade.

geneigt sein begehren, hinneigen zu, streben nach, tendieren, wünschen sich, zugeneigt sein.

Geneigtheit → Beflissenheit, Bereitwilligkeit, Dienstwilligkeit, Entgegenkommen, Entschlussfreude, Gefälligkeit, Stimmung, Willfährigkeit.

General → Chef.

Generalbass → Bass.

Generaldirektor → Arbeitgeber, Stand.

generalisieren abstrahieren, verallgemeinern.

Generalität → Chef.

Generalpardon → Ablass, Amnestie.

Generation → Menschheit.

generell → allgemein.

generös → freigebig.

genesen sich auf-/hochrappeln *u.* → aufblühen, bessern sich, erholen sich, herstellen. ▸ erkranken, krank werden • sterben • krank • gestorben, tot.

Genesender Rekonvaleszent.

Genesis → Entstehung.

Genesung → Besserung, Erholung, Erleichterung, Erneuerung, Gesundung, Heilung, Linderung, Regeneration, Rekonvaleszenz, Verjüngung, → Auffrischung, Befinden, Befreiung, Wiederherstellung. ▸ Rückschlag, Verschlimmerung.

Genesungsheim Erholungsheim, Heilstätte, Kurheim.

Genesungsstätte Sanatorium.

Genesungszeit Rekonvaleszenz.

genial begnadet, geistesmächtig, geistvoll, selbstschöpferisch, talentvoll, überlegen, überragend, vollkommen • bedeutend, befähigt, feinsinnig, findig, geistreich, gereift, gescheit, geweckt, helle, hervorragend, intelligent, klug. → anstellig, aufbauend, bahnbrechend, eigengesetzlich, erfinderisch, schöpferisch. ▸ unfähig.

Genie → Begabung, Bahnbrecher, Dichter, Erfinder.
genieren, sich → schämen sich.
genießbar → appetitlich, bekömmlich, delikat, essbar, gar, köstlich, schmackhaft. ▸ ekelhaft • giftig, ungenießbar, verdorben.
genießen aalen sich, amüsieren sich, ausleben sich, freuen sich, sonnen sich, triumphieren, strahlen, in Wonne schwimmen, in Seligkeit schwelgen, sich behaglich fühlen, sielen, sich dem Genuss hingeben, sich gütlich tun, sich wohl fühlen, sichs schmecken lassen, naschen, nippen, schlemmen, schwelgen, erfreuen, ergötzen, vergnügt sein, entzückt sein, wonnetrunken, vom Glück trunken • beanspruchen, benutzen, teilhaftig sein • Carpe diem. → ausnutzen, bequem, finden Geschmack an, freuen sich, konsumieren, profitieren. ▸ entsagen, versagen sich • leiden.
Genießer Ästhet, Epikuräer, Genussmensch, Lebemann, Lebenskünstler, Lüstling, Feinschmecker, Gourmand, Leckermaul, Prasser, Schlemmer, Schwelger, Sybarit, Weichling, Weltkind, Wollüstling, kein Kostverächter. → Bacchant, Feinschmecker. ▸ Kostverächter.
genießerisch wählerisch, verwöhnt, verhätschelt, feinschmeckerisch, schlemmerisch, schwelgerisch, üppig, verschwenderisch, leckerhaft, genussfähig, kennerhaft, lebenslustig, sinnenfreudig, sinnenfroh, genussfroh, glückselig, glücklich, fröhlich, freudig, berauscht. → ausschweifend, begehrlich, feinschmeckerisch. ▸ blasiert, unbefriedigt, verdrießlich.
genießerisch essen schlotzen *u.*
Genitalien (haarige) Sachen *u.* → Geschlechtsteile, Penis, Scheide, Vagina.
Genius, böser → Teufel.
Genius, guter → Himmelsmächte.
Genmanipulation Erbgutveränderung (durch Neukombination von Genen).
Genörgel → Nörgelei.
genormt → Regel nach der.
Genosse → Anhänger, Bekannter, Bruder, Komplize, Freund, Kamerad, Mitglied.
Genossenschaft Konsortium. → Bruderschaft, Bund, Bündnis, Gemeinschaft, Vereinigung.
genötigt gedrängt, veranlasst. → bemüßigt, gezwungen.
genötigt sein, sich behelfen müssen, sich beugen müssen, sich darein finden müssen, sich schicken müssen, sich verpflichtet fühlen, sich bemüßigt fühlen, nicht umhin können, keine Wahl haben, keinen Ausweg wissen, gezwungen werden, genötigt werden, terrorisiert werden, unterjocht werden. ▸ ungebunden (sein), wollen.
Genre *s* → Art, Bild.
genug ausreichend, befriedigend, genügend, hinlänglich, hinreichend • aus, basta, fertig, halt, stopp, vorbei, vorüber, Schluss, punktum, aus der Traum. → angemessen, aus, ausreichend, befristet. ▸ ungenügend, zu wenig • überflüssig, zu viel.
genug haben → bekommen die Nase voll, bedient sein *u.*
Genüge Hinlänglichkeit, Fülle, Ergiebigkeit, Angemessenheit, Vollständigkeit, Sättigung, Sattheit. → Ergiebigkeit. ▸ Unzulänglichkeit.
Genüge tun abfinden, befriedigen, entsprechen, erfüllen, zufrieden stellen.
genügen → auskommen, erfüllen.
genügend → angemessen, ausreichend, entsprechend, erklecklich, erträglich, genug, mittelmäßig.
genügsam → anspruchslos, bedürfnislos, behäbig, bescheiden, enthaltsam, erklecklich, erträglich, mittelmäßig. ▸ anspruchsvoll, maßlos, unbescheiden.
Genügsamkeit → Abstinenz, Befriedigung, Beherrschung, Bescheidenheit, Diät, Enthaltung.
Genugtuung → Ausgleich, Befriedigung, Dank, Duell, Entlohnung, Ersatz, Rache.
Genuss Labsal, Lust, Vergnügen, Annehmlichkeit, Augenweide, Gaumenfreude, Ohrenschmaus, Sinnenfreude, Wohlgefühl, Befriedigung, Erquickung, Behaglichkeit, Wollust, Kitzel, Sinnenreiz • Wohlgeschmack, Schmackhaftigkeit, Würze, Hochgenuss, Leckerbissen, Näscherei, Götterspeise • Vorteil, Nutzen, Ertrag, Gewinn, Ergebnis, Anteil, Lohn, Beute, Nutznießung, Nießbrauch, Erfolg, Segen, Anspruch, Recht, Titel. → Delikatesse, Erfrischung, Ergötzen, Feinschmeckerei, Freude, Lust, Vergnügen. ▸ Ärgernis, Entbehrung, Enthaltsamkeit, Übersättigung.
genussfreudig → genießerisch.
Genussmensch → Bacchant, Genießer.
Genussmittel → Delikatesse.
genussreich genussfroh, unterhaltend, belustigend, erheiternd, gemütlich, behaglich, kurzweilig, toll, geistreich, fesselnd, drollig, spaßig, witzig, beschaulich, tröstlich, beruhigend, lindernd, erquicklich. ▸ abscheulich, langweilig.
genussfähig → genießerisch.
Genusssucht → Begierde.
genusssüchtig → ausschweifend, bedürfnisvoll, begehrlich.
geöffnet → offen.
geordnet ordnungsmäßig, festgelegt, organisiert, übersichtlich, klar, entschieden, einheitlich, gleichförmig, gleichmäßig, rhythmisch, gegliedert. → deutlich, geregelt, klar, regelmäßig. ▸ ungeordnet.
Geordnetheit → Disziplin.
gepaart → beide, beigeordnet, beisammen.
Gepäck → Ausrüstung, Bagage, Besitztum, Effekten.
Gepäck, unnötiges → Ballast.
gepackt → bebend, begeistert, entbrannt, entflammt, ergriffen, entzündet.
Gepäckträger → Träger.
gepanzert → ehern, unempfindlich.
gepeinigt leidend, duldend, gequält, geplagt, belästigt, bedrängt, bedrückt, gedrückt, heimgesucht, gezüchtigt, misshandelt, geschunden, gefoltert, gemartert, unglücklich, unglückselig. ▸ angenehm, glücklich, schmerzlos.
gepfeffert scharf gewürzt • sehr teuer, unbezahlbar, unerschwinglich.
gepflegt formsicher, formfest, sprachrein, treffsicher • rein,

sauber, blitzblank, schön, hübsch, schmuck, graziös, elegant, anmutig, adrett, proper, holdselig, entzückend, bezaubernd, bestrickend, anziehend, stattlich, fesch, stilvoll, makellos, zurechtgemacht, geschniegelt, korrekt.
▸ ungepflegt, abgerissen, abgetragen, schlampig, verschlissen, verwildert, wild • schmutzig, unrein, unsauber.

gepflegter Lebensstil Fashion.

Gepflogenheit Gewohnheit, Brauch, Etikette, Regel, Form, Schablone, Sitte, Trott, Üblichkeit, Übung, Zeremonie, Praxis, Geschäftsgebaren, Zug der Zeit, Macht der Gewohnheit, zweite Natur, Schlendrian, Tretmühle, Leier, Dauerzustand. → Angleichung, Brauch, Mode, Regel, Usus.
▸ Abart, Neuheit.

gepfropft → voll.

geplagt → gepeinigt.

Geplänkel → Plänkelei.

geplant → absichtlich, beabsichtigt.

Geplapper → Abschweifung, Beredsamkeit.

geplatzt zerborsten, zersprungen, zerkracht, losgegangen, aufgeflogen, zerrissen, aufgesprungen, zersplittert, zertrümmert, zerschellt, zerspalten, zerplatzt, zerknallt, zerklirrt, in Trümmer gegangen, in die Binsen gegangen. → bankrott, zerstört.
▸ ganz, zahlungsfähig.

Geplauder Unterhaltung, Gespräch, Meinungsaustausch, Gedankenaustausch, Besprechung, Beratung, Unterredung, Plauderei, Geplausch, Gerede, Schwatz, Klatsch, Geplapper, Gewäsch, Geschwätz, Geschnattter, Redefluss, Gesprächigkeit, Babbelei, Plausch, Klön *u*, Schnack *u*. → Redseligkeit.
▸ Stillschweigen, Wortkargkeit.

Gepolter → Detonation, Donner, Getöse.

Gepräge → Art, Art und Weise, Aufbau, Ausdrucksweise, Aussehen, Bildung, Darstellungsweise, Form, Stil.

geprägt → denkfest, durchdacht, reif.

Gepränge → Aufwand, Entfaltung, Farbenglanz, Pracht.

Geprassel → Detonation, Geräusch.

geprellt betrogen, desillusioniert, enttäuscht, geneppt, getäuscht, hereingefallen, übervorteilt.

gepresst → eng, zusammengedrückt.

gepriesen → bejubelt.

geprüft begutachtet, erforscht, erprobt, versucht, erwogen, bewährt, brauchbar, gut, nützlich, tauglich, examiniert, heimgesucht, unglücklich, niedergedrückt, zu Boden gedrückt. → angemessen, erprobt, experimentell, sachlich.
▸ unbrauchbar, wohlgemut.

geputzt herausgeputzt, sauber.

gequält → gepeinigt.

gequetscht gedrückt, eingeengt, verklemmt, beschränkt, eingeschränkt, begrenzt, gepresst, eng, beengt, knapp, dünn, gedrängelt • zerstoßen, zerkleinert, zerstampft, zertrümmert, zermalmt, erdrückt, platt.
▸ flockig, ganz, geräumig.

Gerade → Linie.

gerade → ach, anständig, aufrecht, aufrichtig, ausdauernd, beharrlich, direkt, durchgehend, eben, express, faltenlos, freizügig, kürzlich, loyal, schlicht, senkrecht.
▸ gebogen, gekrümmt, geschlängelt, gewölbt, krumm, kurvenreich, ungerade • verwinkelt, winklig • kursiv • ausweichend, indirekt, unaufrichtig.

gerade so → ähnlich, als, demgemäß, dergestellt, dergleichen, gleichsam.

geradeaus → direkt.

geradeaus gehen der Nase nach gehen, nicht vom Wege abgehen.
▸ abbiegen, abschwenken, abweichen, einbiegen, die Richtung ändern, umkehren.

gerade biegen ausrichten, strecken, ausstrecken, begradigen, ausbreiten • in Ordnung bringen.

gerädert, wie angeschlagen, aufgerieben, durchgedreht, erschöpft.

geraderücken → ordnen.

geradeso → so.

gerade stehen, für eine Schuld→ bürgen.

gerade stehend → aufrecht.

gerade stellen justieren.

geradewegs geradeheraus. → direkt, durchgehend, Richtung auf.

geradezu rundweg *u*. → ausnehmend, direkt.

Geradheit Offenheit. → Charakterstärke, Freimütigkeit, Einfachheit.

geradheraus → unverhohlen.

geradlinig → direkt, durchgehend.

Geradlinigkeit Geradheit, Straffheit, Unbiegsamkeit, Flachheit, Ebenheit • Senkrechte, Waagrechte.
▸ Biegung • Charakterlosigkeit.

gerafft → gekürzt.

gerändert marginatus.

Gerangel Auseinandersetzung, Hader, Hickhack, Hin und Her, Positionskampf, Rangstreit, Ringen, Streit, Zoff.

Geraschel → Geräusch.

Gerassel → Detonation, Geräusch.

Gerät Gebrauchsgegenstand. → Apparat, Ausrüstung, Bedarf, Behälter, Besitztum, Material, Requisit, Utensilien.

Gerätelager Arsenal, Magazin, Remise, Schuppen.

geraten → durchschlagen, erfüllen die Hoffnung, gelungen.

geraten, außer sich verlieren den Kopf, ereifern, erhitzen sich, hitzig werden, aus dem Geleise geraten, in Leidenschaft geraten, außer Fassung kommen, die Ruhe verlieren, aufbrausen, die Geduld verlieren, den Kopf verlieren, den Verstand verlieren, sich nicht beherrschen können, sich wie toll gebärden, vor Wut schäumen, wüten, rasen, geifern, toben.
▸ beherrschen sich, beruhigen (sich).

geraten, unter die Räuber vom Regen in die Traufe kommen, auf den Hund kommen • erpresst werden, in schlechte Gesellschaft kommen, ausgenutzt werden, ausgeplündert werden, ausgeraubt werden, übers Ohr gehauen werden, übergangen werden, überlistet werden, übertölpelt werden, auf eine schlechte Bahn gebracht werden.
▸ gutmachen wieder, hüten sich, Ohr hauen übers, wehren sich.

Geratewohl → Chance, Lotterie, Risiko.

Geratewohl, aufs → blindlings.

Gerätschaft Apparatur.

Gerätschaften Gerät, Werkzeug, Einrichtung, Apparat, Maschine, Rüstzeug, Ausrüstung, Zubehör, Habe,

Eigentum, Sachverhalt, Habseligkeiten, Plunder, Brocken, Siebensachen, Hausrat, Ausstattung, Fahrnis, Mobilien. → Bedarf, Besitztum, Utensilien.

geräumig → ansehnlich, ausgedehnt, breit, endlos, umfassend.
▸ beengt, eng, klein.

Geräumigkeit → Umfang.

geräumt → ausverkauft, demolierend.

geräumt, aus dem Wege → dahin.

Geraune → Stimmengewirr.

Geräusch Schall, Hall, Klang, Stimme, Geschmetter, Klamauk, Krach, Lärm, Radau, Spektakel, Tumult, Geklirr, Geknatter, Gebrause, Gebrüll, Gedröhne, Gepolter, Gerassel, Gesäusel, Donner, Nachhall, Nachklang, Widerhall, Rückschall, Echo, Resonanz, Gelünge *j*, Geräff *j*. → Akustik, Fanfare.
▸ Lautlosigkeit.

Geräusch, lautes → Detonation.

geräuschlos lautlos, leise, ruhig, schweigsam, still, stumm, unhörbar, unvernehmbar, mäuschenstill, schweigend. → unhörbar.
▸ hörbar, geräuschvoll.

Geräuschlosigkeit Lautlosigkeit, Ruhe, Stille, Stillschweigen.

geräuschvoll laut, grell, schallend, schrill, ohrenbetäubend, bellend, klatschend, knallend, krachend, krepierend, platzend, polternd, knirschend, klappernd, dröhnend, donnernd, brausend, grollend, hallend, prasselnd, quietschend, rappelnd, rasselnd, ratschend, ratternd, rollend, rumpelnd, schnarchend, schnarrend, schnurrend, schwirrend, summend, tickend, trampelnd, trommelnd, grölend, gellend, jaulend, johlend, kläffend, krächzend, kratzend, kreischend, schreiend, rauschend, schlabbern. → laut.
▸ geräuschlos.

gerben → bestrafen.

gerben, das Leder → balgen.

Gerbsäure Tannin.

gerecht → angemessen, billig, charakterfest, charaktervoll, objektiv, statthaft.
▸ ungereicht • befangen, einseitig, parteiisch, voreingenommen • schmutzig, übel.

gerechtfertigt → entschuldbar, statthaft.

Gerechtigkeit → Beständigkeit, Charakterstärke, Rechtlichkeit, Vorrecht.

Gerechtigkeitssinn Rechtsempfinden/-gefühl/-sinn, Sinn für Gerechtigkeit.

Gerechtsame → Anrecht, Befugnis, Bürgerrecht.

Gerede Geschwätz, Gefasel, Gerede leeres, Sinnlosigkeit, Blech, Wortkrämerei, Wortschwall, Firlefanz, Phrasendrescherei, Larifari, leeres Stroh, Klatsch, Schwätzerei, Geklatsch, Gerücht, Nachrede, Stadtgespräch, Gequassel *u* • Gestammel, Geflunker. → Fama, Floskel, Phrase.
▸ Ausdruck, Wahrheit.

Gerede kommen, ins zum Gespött werden, dem Klatsch ausgesetzt sein, in Misskredit geraten, in Verruf geraten, bloßgestellt werden, Aufsehen erregen, Anstoß erregen, seinen Ruf aufs Spiel setzen, seinen Namen schänden, geschmäht werden, verleumdet werden, beschimpft werden, dem Skandal ausgesetzt sein, gebrandmarkt werden, verrufen sein, berüchtigt sein, bekannt sein.
▸ Ehre bezeigen, geachtet sein, gereichen zur Ehre.

Gerede, leeres → Blech, Bombast, Gerede.

geregelt festgelegt, geordnet, ordnungsmäßig, organisiert, übersichtlich, ordnungsgemäß, ausgerichtet, methodisch, systematisch, ungestört, klar, im Lot, in Ordnung. → bestimmt, fest.
▸ unbestimmt.

gereift abgeklärt, ausgereift, erfahren, erwachsen, flügge, herangewachsen, klug, reif, weise.

gereinigt → aufgeräumt, entschlackt, geläutert, rein, sauber.

gereizt quarrig *u*. → aufgebracht, böse, cholerisch, desperat, enragiert, zornig.

Gereiztheit → Anwandlung, Empfindlichkeit, Erbitterung, Aufgeregtheit, Empörung, Erregtheit, Missstimmung, Nervosität, Verärgerung, Zorn.

gereuen bereuen, bedauern, beklagen, sich schuldig bekennen, zu Herzen nehmen, Reue empfinden, sich grämen, in sich gehen, Einkehr halten, schuldbewusst sein, bußfertig sein, zur Umkehr bereit sein.
▸ reuelos (sein), verhärten sich.

Gericht Gerichtshof, Feme, Femegericht, Freigericht, Forum, Justiz, Richterstuhl, Ring, Dingstätte. → Ding, Essen, Justiz, Speise.

Gericht gehen, vor einklagen etwas, (ver)klagen, prozessieren, Rechtsweg beschreiten den.

Gerichte → Essen, Kost, Speise.

gerichtet bestraft, in Strafe genommen, zur Verantwortung gezogen, heimgezahlt, geahndet, hingerichtet, verwirkt, gehängt, aufgeknüpft, gelyncht, erschossen, enthauptet, guillotiniert • ausgestoßen, geächtet, verachtet, verfemt, rechtlos, ehrlos, verhasst. → erhältlich, verfügbar.
▸ geehrt, unbestraft.

gerichtlich forensisch.

gerichtlich aberkennen abjudizieren.

gerichtliche Fehlentscheidung Justizirrtum.

Gerichtsanzeige → Klage.

Gerichtsbarkeit → Dienstweg, Justiz.

Gerichtsdiener → Büttel.

Gerichtsmedizin forensische Medizin.

Gerichtsverfahren → Prozess Prozess, Rechtsfall/-streit, Streitigkeit, Verfahren.

Gerichtsverhandlung am Tatort Lokaltermin.

Gerichtsvollzieher Vollstreckungsbeamter, Büttel.

Gerichtswesen → Justiz.

gerieben → aalglatt, bübisch, diplomatisch, durchtrieben.

gerillt → uneben.

gering klein, winzig, geringfügig, geringhaltig, knapp, kurz, puppig, unansehnlich, unbedeutend, unbeträchtlich, unscheinbar, verkrüppelt, zierlich • wenig, karg, selten, dünn, dürftig, spärlich, ein bisschen • belanglos, kärglich, minderwertig, nichtig, schwach, untergeordnet, unwesentlich, unwichtig, winzig • einfach, gemein, hergelaufen, niedrig, dranglos, schlicht, subaltern, vulgär, niedrig geboren, staubgeboren, unebenbürtig, armselig, elend, erbärmlich, gewöhnlich, pöbelhaft. → arm, ausdruckslos, begrenzt, bloß, charakterlos, derb, kaum, mäßig, minderwertig, schwach, unbedeutend. ▸ groß, ungewöhnlich, viel, wichtig • ansehnlich, beachtlich, bedeutend, enorm, unermesslich • arg, heftig, stark • übermäßig.

gering achten gering schätzen, missachten, verachten, verschmähen.

geringer sein → beikommen nicht, schlecht, wenig.

geringfügig → ausdruckslos, begrenzt, bloß, mäßig, nebensächlich, unbedeutend.

Geringfügiges → Dreikäsehoch, Gehaltlosigkeit, Spärlichkeit.

Geringfügigkeit → Bagatelle, Bedeutungslosigkeit, Begrenzung, Binse, Deut, Dunst leerer, Gehaltlosigkeit.

geringgehalten → despektierlich.

gering schätzen → ablehnen, bagatellisieren, beeinträchtigen, diskreditieren, erniedrigen, fegen hinweg, herabsetzen, verachten, vernachlässigen.

geringschätzig abschätzig, verächtlich. → anmaßend, despektierlich, dünkelhaft.

Geringschätzung → Abneigung, Abscheu, Achsel, Beleidigung, Bemerkung, Zynismus, Dünkel, dunkler Punkt, Erniedrigung, Verachtung.

geringstenfalls mindestens, wenigstens, zumindest.

Gerinne → Bett.

gerinnen → eindicken, erhärten.

Gerinnsel Geriesel, Gewässer, Ausfluss, Abfluss, Zufluss, Bach, Ach, Rinnsal, Quelle, Born, Wasserfall, Wasserader.

Gerinnung → Erhärtung, Koagulation.

Gerinnungshemmer/-hemmstoffe Antikoagulantien.

Gerippe → Knochen, Plan, Skizze, Stütze.

gerippt gefurcht, ausgekehlt, gereift, faltig, geriffelt, gefältelt. ▸ glatt.

gerissen → aalglatt.

Gerissenheit Cleverness, Durchtriebenheit, Finesse, Mutterwitz, Schlauheit, Verschmitztheit.

gern bereitwillig, geneigt sein, gewillt sein, erbötig sein, willens sein, disponiert, anstandslos, mit Vergnügen, ohne weiteres, selbstverständlich, entgegenkommend, mit Lust und Liebe, mit vollen Segeln • gewiss, jawohl, sicherlich, wahrlich, wirklich, abgemacht, einverstanden, zugestimmt, von mir aus, sehr wohl, bewilligt, gebilligt, genehmigt, gestattet, zugelassen, zugestimmt, abgemacht, schön, sehr wohl, gut, bon, meinetwegen, geht in Ordnung, bin dafür, so sei es, mit Wonne, mit Kusshand *u.* → anstandslos. ▸ ungern • abgeneigt, lustlos, unwillig, widerwillig.

gern gesehen angenehm, beliebt, geschätzt, umschwärmt.

Gernegroß → Angeber, Besserwisser, Dreikäsehoch.

gern haben gewogen sein, leiden mögen, lieben, lieb haben, mögen, schätzen, verehren, Sympathie empfinden, zugetan sein. ▸ hassen.

geronnen → dickflüssig, fest, verdickt.

geröstete Weißbrotscheibe Toast.

Gerstenkorn Hordeolum.

Gerstensaft → Bier, Getränk.

Gerte → Rute.

gertenschlank → schlank.

Geruch → Duft, Gestank.

Geruch beseitigen desodorieren.

Geruch, ohne → duftlos.

geruchlos → duftlos.

Geruchsbeseitiger Deo(dorant).

Geruchsinn → Nase.

Geruchssinn Olfaktus.

Geruchssinnverlust Anosmie.

Gerücht → Fama, Gemunkel, Nachrede, Nachricht, Neuigkeit.

Gerüchtemacher Kolporteur.

gerüchtweise → bekannt.

gerufen wie → rechtzeitig.

gerühmt → bejubelt.

gerührt bewegt, berührt, ergriffen, beeindruckt, beeinflusst, erschüttert, bestürzt, mitfühlend, teilnehmend, teilnahmsvoll, kein Auge bleibt trocken *u.* → blass. ▸ ungerührt • abgeklärt, gefasst, gelassen, ruhig, unerschütterlich • gleichgültig, kalt, teilnahmslos.

gerührt, zu Tränen → Blick mit feuchtem.

geruhsam ruhevoll, behaglich. → angenehm, beschaulich, besinnlich, gemütlich, ruhig, still.

Gerümpel → Ausschuss, Kitsch, Ramsch.

gerundet bauchig, gebogen, gekrümmt, gewölbt, konkav, konvex, rund, vorgewölbt.

gerupft → federlos.

Gerupfter → Betrogener.

Gerüst Stützwerk, Gestell, Rüstung, Halt.

gerüstet abwehrbereit, ausgerüstet, gewappnet, verteidigungsbereit, wehrhaft • bereit, parat, vorbereitet.

gesagt → erwähnt schon.

Gesalbter → Christus.

gesalzen salzig. → teuer.

gesammelt erfasst, versammelt, zusammen, vereinigt, geordnet, zusammengescharrt, zusammengelesen, zusammengerafft, abgesammelt, abgefangen, eingefangen, geerntet, aufgeschichtet, aufgetürmt, aufgestapelt, zusammengepackt • beherrscht, leidenschaftslos, gleichmütig, ruhig, besonnen, gefasst, ausgeglichen, gelassen, still, sachlich, seelenruhig, geistesgegenwärtig. → beherrscht. ▸ unbeherrscht, verstreut • zerstreut.

gesamt → A bis O, alles, allgemein, ausnahmslos, bestehen auf, einmal alle auf, global, umfassend. ▸ einzeln, partiell, teilweise.

Gesamtabfindung Pauschale.

Gesamtbetrag Endbetrag, Ergebnis, Resultat, Summe.

Gesamtheit → Einheit, Totalität, Zusammenschluss.

Gesandter Ambassadeur. → Abgeordneter, Beauftragter, Bevollmächtigter.

Gesang Lied, Melodie, Sang, Ton, Weise, Canto, Belkanto, Introitus, Chor, Vokalmusik, Begleitung, Rezitativ. → Cantus, Chor, Duett.

Gesang, zweistimmiger → Duett.

Gesangverein → Chor.

Gesäß vier Buchstaben, Arsch *u,* Allerwertester *u,* Dokus *u,* Hinterteil, Hinterviertel *u,* Hinterquartier *u,* Po, Popo *u,* Podex *u.* • Dubs *u,* Dups *u,* Pöker *u,* Pöks *u,* Pops *u,* Popus *u,* Pöter *u,* Schinken *u,* Stinker *u,* verlängerter Rücken *u,* Toches *u.*

Gesäßgegend Popographie *u.*

Gesäßkerbe Hobel *u*, Pupritze *u*.
gesättigt angereichert, dicht, genug, genügend, hinreichend, ausreichend, hinlänglich, angemessen, befriedigend • bemittelt, wohlhabend • satt, voll, keinen Hunger mehr haben, voll gefressen, voll gestopft, voll gepfropft, voll gegessen, befriedigt, übersättigt • überdrüssig, blasiert, abgestumpft, erhaben über, mehr als genug, mehr als zu viel, bis zum Überdruss. ▸ hungrig, unzureichend.
gesäubert → gereinigt.
Gesäusel → Dämpfung, Geräusch.
geschädigt angeschlagen, ausgebeutet, ausgenutzt, beschädigt, lädiert, verletzt.
Geschädigter → Dulder, Opfer.
geschaffen hergestellt, erzeugt, erschafft, hervorgerufen, bewirkt, entwickelt, errichtet, angefertigt, vollendet • organisiert.
geschafft beendet, erledigt, fertig • erschöpft.
Geschäft Firma, Betrieb, Haus, Laden, Kaufhaus, Kaufhalle, Stand, Salon, Zweiggeschäft, Nebenstelle, Filiale • Bruchbude, Quetsche, Boutique, Saftladen • Goldgrube, Bombengeschäft, Business. → Beruf, Betrieb, Bezugsquelle, Dienst, Filiale, Firma, Handel, Kauf.
Geschäft, großes Transaktion.
Geschäfte machen geschäftlich tätig sein, Geld verdienen, handeln, kaufen und verkaufen, verdienen.
geschäftig wuselig, unstet. → angestrengt, anstellig, arbeitsam, aufgeschlossen, ausdauernd, beflissentlich, beweglich, Damm sein auf dem, dienstbeflissen, eifrig, lebhaft, rege.
Geschäftigkeit → Beflissenheit, Begierde, Eile.
geschäftlich angestrengt, angespannt, aufreibend, mühselig • beruflich, dienstlich, amtlich, berufsmäßig • bündig, kurz, knapp, einsilbig • kaufmännisch, buchmäßig, rechnerisch. → dienstlich, finanziell. ▸ erholend, privat, weitschweifig.
geschäftlich abblocken boykottieren.
geschäftliche Flaute (im Sommer) Saure-Gurken-Zeit *u*.
geschäftlicher Wettbewerb Konkurrenz.
geschäftlicher Zusammenbruch Pleite *u*.
geschäftliches Ansehen Bonität, Goodwill.
geschäftliches Vertrauen Kredit.
Geschäftsaufgabe Konkurs, Ruin.
Geschäftsaufschwung → Aufschwung.
Geschäftsbanken Kreditinstitute.
Geschäftsbrief → Brief.
Geschäftsbuch Journal, Memorial.
Geschäftsfreund → Kunde, Lieferant.
Geschäftsführer → Beauftragter, Bevollmächtigter, Direktor.
Geschäftslage Konjunktur.
Geschäftsleben Wirtschaft, Handel, Business, Industrie, Geschäftswelt.
Geschäftsleiter → Arbeitgeber, Beauftragter, Bevollmächtigter.
Geschäftsleitung Direktion, Management, Verwaltung, Vorstand.
Geschäftsmann → Fabrikant, Kaufmann.
geschäftsmäßig → geschäftlich. ▸ laienhaft, privat.
Geschäftsname → Firma.
Geschäftsneid → Brotneid.
Geschäftsordnung Organisation, Planung.
Geschäftspartner Kompagnon, Sozius.
Geschäftsraum → Büro.
Geschäftsreisender → Commisvoyageur, Vertreter.
Geschäftsschild → Firma, Reklame, Werbung.
Geschäftssinn Unternehmungsgeist, Schaffenslust, Tatenlust, Arbeitslust, Arbeitsfreude, Fleiß, Eifer, Lust, Regsamkeit, Strebsamkeit, Betriebsamkeit, Tatkraft, Unternehmungslust, Risikofreudigkeit, Emsigkeit, Geschäftstüchtigkeit, Rührigkeit, Lebhaftigkeit, Geschäftigkeit.
Geschäftsstelle → Büro, Depot, Etablissement, Filiale.
Geschäftsträger → Abgeordneter, Abgesandter, Beauftragter, Bevollmächtigter.
geschäftstüchtig → aufgeschlossen, fleißig, geschickt, sparsam, clever, findig, gewitzt, pfiffig, tüchtig, unternehmerisch begabt.
Geschäftsverkehr → Handel, Tauschhandel, Warenaustausch.
Geschäftsvermittler Agent, Makler.
Geschäftsvermögen Aktiva.
Geschäftszentrum City, Shoppingcenter, Einkaufszentrum, Geschäftsviertel, Gewerbegebiet, Ladenstraße/-zentrum.
Geschäftszweig → Erwerbszweig.
geschändet erniedrigt, gedemütigt, gebrandmarkt, ehrlos, ohne Ehre, unehrenhaft, verschrien, berüchtigt, entehrt, verunglimpft, befleckt, beschmutzt, mit Schimpf bedeckt, ausgestoßen, geschmäht, herabgezogen, dem Gespött preisgegeben. ▸ geachtet.
Geschändete → Kurtisane, Dirne, Straßendirne.
geschärft geschliffen, scharf • angespitzt, spitz.
geschätzt → achtbar, angesehen, bekannt, beliebt, empfehlenswert.
gescheckt → farbenfroh, farbenreich.
geschehen → begeben sich, bestehen, entspinnen, ereignen sich, erfolgen, passieren, vorkommen. ▸ unterbleiben.
Geschehen → Ablauf, Ereignis, Erlebnis.
geschehen lassen annehmen, bewilligen, erlauben, genehmigen, gestatten, zulassen.
Geschehnis → Abenteuer, Begebenheit, Erlebnis.
gescheit → begabt, denkend, feinspürig, geistreich, klug.
gescheitert gestrandet, schiffbrüchig, aufgefahren, aufgesessen, umgeworfen, abgeworfen, abgetakelt, schachmatt • erfolglos, ergebnislos, verfehlt, missglückt, misslungen, fehlgeschlagen, verunglückt, schief gewickelt, vergeblich, nutzlos, umsonst, zwecklos, fruchtlos, auf falscher Fährte, weit vom Ziel, verpfuscht, verkracht. → umsonst. ▸ gelungen.
Geschenk Andenken, Mitbringsel, Angebinde, Aufmerksamkeit, Beschenkung, Bescherung,

Darbringung, Dedikation, Douceur, Gabe, Spende, Trinkgeld, Widmung, Zueignung, Zuwendung. → Almosen, Aufmerksamkeit, Belohnung, Bestechung, Dank, Darbringung, Käuflichkeit. ▸ Entgegennahme, Undank.
geschenkt → bewilligt, Butterbrot für ein, gratis, umsonst.
Geschichtchen Anekdote, Fabel, Kurzgeschichte, Story, Witz.
Geschichte → Chronik, Dichtungsart, Erzählung, Vergangenheit.
Geschichte, verwickelte → Dilemma.
Geschichtenschreiber z.B. Belletrist, Journalist, Redakteur, Romancier.
geschichtet → blättrig.
geschichtliche Darstellung Chronographie.
geschichtliche Jahrbücher Annalen.
Geschichtsforschung Historie.
Geschichtsschreiber Chronist, Historiker → Chronist, Historiograph.
Geschichtsschreibung Historiographie.
Geschichtswerk Annalen, Chronik, Historie, Weltgeschichte, Zeitbericht.
Geschick → Begabung, Behändigkeit, Einfühlungsgabe, Fähigkeit, Fügung, Talent, Verständnis, Zufall.
Geschicklichkeit → Bedacht, Begabung, Behändigkeit, Eignung, Erfahrung, Fähigkeit, Fassungskraft, Fertigkeit, Findigkeit, Gabe, Routine.
Geschicklichkeitskünstler Jongleur.
geschickt findig, geschult, schlau, verschlagen, weltklug, witzig • einsichtsvoll, gescheit, intelligent, klug, verständig, vorsichtig • agil, anpassungsfähig, anstellig, begabt, bewandert, brauchbar, eingefahren, eingespielt, einsichtig, erfahren, erfinderisch, fähig, geschäftstüchtig, fix, flink, fingerfertig, gelenkig, genial, geübt, gewandt, hoch begabt, praktisch, raffiniert, routiniert, scharfsinnig, sinnreich, talentiert, richtig, versiert, vielseitig, virtuos, vollendet, vollkommen, meisterhaft, mit Aweck *u.* → anstellig, begabt, beschlagen, brauchbar, diplomatisch, diskret, erfahren, findig, klug, praktisch, taktisch. ▸ ungeschickt, linkisch, täppisch, tollpatschig, unbeholfen.
geschieden → entzweit, gesondert • getrennt lebend. ▸ getraut, verheiratet.
Geschimpfe Schelte, Beschimpfung, Anzüglichkeit, Schmährede, Scheltrede, Schimpfrede. ▸ Belobigung.
Geschirr Töpferware, Keramik, Fayence, Hausrat, Hausgerät, Werkzeug. → Behälter.
Geschirr legen, ins sich hingeben, widmen, mit Leib und Seele dabei sein, auf ein Ziel lossteuern, Hindernisse beseitigen, Schwierigkeiten aus dem Wege räumen, den Willen durchsetzen, nicht nachlassen, erzwingen, sich versteifen, sich in den Kopf setzen • sich anstrengen, sich abmühen, sich befleißigen, sich plagen, sich abplacken, alle Kräfte anspannen, alle Hebel ansetzen, Unmögliches möglich machen. ▸ schlapp machen, unterliegen.
geschlagen → demütig und wehmütig. ▸ siegreich • unbesiegt, ungeschlagen.
geschlagen, vor den Kopf verzweifelt, mutlos, verzagt, niedergedrückt, niedergeschlagen, ohne Hoffnung, vernichtet. → aalförmig, aalglatt. ▸ zuversichtlich.
geschlagen werden besiegt werden, erliegen, unterliegen.
Geschlecht → Abteilung, Anverwandte, Familie.
Geschlechterherrschaft Matriarchat, Patriarchat.
geschlechtlich abartig sexül *u.*
geschlechtlich empfindungslos frigide.
geschlechtlich enthaltsam leben Samen sammeln *u.*
geschlechtlich erregbar erogen.
geschlechtlich erregen aufgeilen *u*, geilen *u.*
geschlechtlich erregt, erregend sinnlich, lüstern, wollüstig, geil, scharf *u,* brünstig, erotisch, liebestoll, mannstoll, ausschweifend, ungezügelt, zügellos, schwül, schlüpfrig, zotig, obszön, schmutzig, schweinisch. ▸ keusch.
geschlechtliche Liebe Sexualität.
Geschlechtsakt Koitus, Bums *u*, Puff *u*, Rammelei *u*, Rutscher *u*, Rutschpartie *u*, Sprung *u*, Stepp *u.* → Beischlaf, Geschlechtsverkehr.
Geschlechtskälte Anerosie, Frigidität.
geschlechtskrank venerisch.
Geschlechtskrankheit Siff *u.*
Geschlechtsleben Erotik, Sexualität.
geschlechtslos neutral, nicht Fisch noch Fleisch, zwitterhaft, reizlos.
Geschlechtslust Triebleben *u.* → Lust.
Geschlechtsorgane Genitalien, Sexualorgane.
Geschlechtsreifungszeit Pubertät.
Geschlechtsteil, männliches Glied männliches, Membrum virile, Penis, Phallus, (im Volksmund:) Kolben, Nippel, Piepel, Pimmel, Rute, Schniepel, Schwanz, Zipfel u.a. → Penis.
Geschlechtsteil, weibliches Scham, Scheide, Vulva. → Vagina.
Geschlechtsteile, männliche Gepäck *u*, Säckel *u.*
Geschlechtstrieb → Begierde, Brunst.
Geschlechtsverkehr Akt, Beischlaf, Beiwohnung, Geschlechtsakt, Intimverkehr, Kohabitation, Koitus, Kopulation, Liebesakt, Liebesvollzug, Sex, Sexualverkehr, Vereinigung, Verkehr. → Beischlaf, Geschlechtsakt.
Geschlechtsverkehr, kurzer Quicky *u.*
Geschlechtsverkehr, unterbrochener Rückzieher *u.*
Geschlechtswort Artikel.
geschliffen → artig, blank, diplomatisch, faltenlos, freundlich, poliert, scharf. ▸ grob, holprig, roh • ungeschickt, ungeschliffen.
Geschliffenheit → Delikatesse, Manieren.
geschlossen versperrt, zu, zugemacht, verstopft, verkapselt, unzugänglich, undurchdringlich, dicht, undurchlässig, ungeöffnet • ganz, vollständig, unverletzt, unversehrt, unberührt, einheitlich, gleichmäßig, beständig, kreisförmig, ringförmig, abgerundet, rund, kugelförmig • abgeschlossen, gefügt, in sich geschlossen, hermetisch. → abgeschlossen,

dicht.
▸ offen.
Geschlossenheit → Begrenztheit, Kernigkeit.
Geschmack Gout, Stilgefühl, Schönheitssinn, Kunstverständnis, Farbensinn, Kennerblick, Unterscheidungsvermögen, Gusto, Schönheitsgefühl, Schönheitsbedürfnis, Schöngeistigkeit, Lebensart, Schliff, Benehmen, Kennerschaft, Fingerspitzengefühl, kritisches Urteil ● Geschmackssinn, Beigeschmack, Nachgeschmack, Nebengeschmack, Gaumen, Zunge. → Aroma, Ausdrucksweise, Delikatesse, Eleganz, Feingefühl, Stil, Vorliebe.
▸ Geschmacklosigkeit, Kitsch.
Geschmack finden → delektieren, finden Geschmack an.
Geschmack von → Beigeschmack.
Geschmack, Mangel an → Degout, finden Geschmack an.
Geschmack, schlechter → Bitterkeit, Degout.
Geschmack, übler → Degout.
geschmacklos fade, schal, kraftlos, würzlos, geistlos, matt, wässerig, nichts sagend, reizlos, hässlich, scheußlich, furchtbar, grauenhaft, grauenvoll, gräulich, abscheulich, fürchterlich, widerwärtig, abstoßend, abgeschmackt, unschön, gewöhnlich, stillos, gemein, übel, derb, plump, unfein, unkultiviert, taktlos, taktwidrig, grob, albern, garstig, schlüpfrig, unschicklich, kitschig, verlogen, verschroben, aufgedonnert, herausgeputzt, grell, schreiend, bombastisch, aufgeblasen, überladen, unmodern, altmodisch, kleinstädtisch, unpersönlich, lächerlich, gesucht, erkünstelt, affig, unnatürlich, übertrieben, nichts sagend. → albern, anstößig, anwidern, bunt, ekelhaft, reizlos, stillos.
▸ geschmackvoll.
Geschmacklosigkeit → Blamage, Extravaganz, Fadheit, Fremdwort.
Geschmacksrichtung → Stil, Urteilskraft.
Geschmacksverirrung → Demimonde, Extravaganz, Ungeschmack.
Geschmackswidrigkeit → Extravaganz, Ungeschmack.
geschmackvoll → apart, ästhetisch, auserlesen, scharmant, elegant, fein, schön, stilvoll.
geschmälert gestutzt, reduziert, schlank gemacht, schmal geworden, verkleinert, verringert.
Geschmeichel → Bewerbung, Schmeichelei.
Geschmeide → Schmuck.
geschmeidig seifenglatt *u.* → aalglatt, anmutig, anmutsvoll, biegsam, schick, dehnbar, demütig, diplomatisch, elastisch, fügsam, graziös.
▸ hart, spröde ● plump, steif, tollpatschig, ungelenk.
geschmeidig machen → biegen.
geschmeidig sein → aalglatt, biegen.
Geschmeidigkeit Beweglichkeit, Elastizität, Wendigkeit.
Geschmeiß Kriecher, Speichellecker, Duckmäuser, Leisetreter, Katzelmacher, Schnüffler, Schleicher, Kreatur, Schmarotzer, Parasit, Schranze, Mietling, Bittsteller, Bettler, Zuhälter.
▸ Charakter.
Geschmetter → Donner, Fanfare, Getöse.
Geschmiere Schmiererei, Sudelei, Gehudel, Krakelwerk, Stillosigkeit ● Entstellung, unrichtige Darstellung, Falschmeldung, Wortverdrehung ● Gekritzel, unleserliche Schrift, Gekleckse, Krähenfüße, Hieroglyphen.
▸ Deutlichkeit, Kunstwerk, Wahrheit.
geschmiert, wie wie geölt, wie ein geölter Blitz. → schnell.
geschminkt übermalt, überpudert, angestrichen, übertüncht, beschmiert, bepudert, gepudert, herausgeputzt, ausgeschmückt, schön gemacht, zurechtgemacht, Make-up, elegant, aufgedonnert, in Kriegsbemalung *u.*
▸ ungeschminkt ehrlich, offen, wahr.
geschmissen → baff, verloren.
geschmückt verziert, ausgezeichnet, dekoriert ● erfolgsgekrönt ● geziert, drapiert, herausgeputzt, aufgemacht, aufgedonnert.
▸ einfach, nüchtern, schlicht, schmucklos, ungeschmückt.
Geschmunzel Lächeln. → Schmunzeln.
▸ Traurigkeit.
Geschnatter → Beredsamkeit.
geschniegelt → gepflegt.
Geschnörkel → Ausschmückung, Dekoration.
geschnörkelt → gewunden.
geschockt sein bestürzt/betroffen sein, erschrocken sein, starr vor Schrecken sein, zusammenfahren.
Geschöpf → Mensch, Tier.
Geschoss Stockwerk, Zwischenstock, Boden, Mansarde, Speicher, Etage, Mezzanin, Erdgeschoss, Parterre ● Munition, Patrone, Wurfgeschoss, Bolzen, Pfeil, Kugel, Bohne, Blei *j,* Harpune, Kanonenkugel, Granate, Handgranate, Leuchtspurgeschoss, Schrapnell, Kartätsche, Sprenggeschoss, Explosionsgeschoss, schwerer Brocken *u,* Sprengkugel, Brandkugel, Gasgranate, Nebelbombe, Blaukreuz, Gelbkreuz, Grünkreuz, Trängengasgeschoss, Torpedo, Rakete.
Geschossdrehung Drall.
geschraubt → geschwollen.
Geschraubtheit → Manieriertheit.
Geschrei Angstruf, Gejaule, Gestöhn, Gewinsel, Händeringen, Jammer, Klage, Lamento, Schluchzer, Schmerzensruf, Seufzer, Schmerzensausbruch, Wehklage, Zetergeschrei, Ach und Weh ● Gekeife, Gekreisch, Debatte, Disput, Schimpfereien, Stänkereien, Weibergezänk, Wortgefecht, Wortstreit, Wortwechsel, Zänkerei, Auftritt, Donnerstimme. → Angstruf, Klage.
▸ Gelächter, Sprachlosigkeit, Stille, Verträglichkeit.
Geschrei machen jammern, johlen, klagen, krakeelen, kreischen, schreien, zetern.
Geschreibsel → Geschmiere, Erguss, Geschmier, Gesudel, Kritzelei, Schmiererei, Stümperei, Sudelei.
geschult → beschlagen.
Geschütz Kanone, Schießapparat, Schleuder.
Geschützausrüstung/-truppe Artillerie.
Geschützpark → Batterie.

Geschützsalve → Beschießung.
geschützt → diebessicher, einbruchsicher, sicher.
geschwächt → kraftlos.
Geschwechte → Dirne.
Geschwafel Schwafelei, Geschwätz, Geseire.
geschwängert versetzt mit, durchdrungen von, gesättigt mit, gemischt mit.
▸ ungesättigt • unberührt.
geschwärzt → dunkel.
Geschwätz Salbader *u*, Senf *u*. → Abschweifung, Bedeutungslosigkeit, Blech, Bombast, Fama, Gefasel, Schlagwort, Wirrwarr.
geschwätzig redselig, klatschmäulig, tratschig *u*, quasselig *u*, schlabberig *u*. → redselig.
▸ einsilbig, mundfaul, schweigsam, stumm, verschlossen, wortkarg.
Geschwätzigkeit → Abschweifung, Beredsamkeit.
geschwind → bald, beflügelt, beschwingt, eilends, einemmal mit, fix, rasch, schnell.
Geschwindigkeit → Schnelligkeit.
Geschwindigkeit, hohe Sause *u*, Sauzahn *u*.
Geschwindigkeitsmesser Tachometer.
Geschwindigkeitsschreiber Tachograph.
Geschwister → Anverwandte.
Geschwisterkind → Anverwandte.
geschwollen aufgedunsen, aufgetrieben, aufgebläht, dickwanstig, wassersüchtig, gewölbt, bauchig, wuchtig, blasig, aufgebauscht, aufgeblasen • anmaßend, unverschämt, arrogant, dreist, keck, unverfroren, übertrieben, verletzend, überheblich, eingebildet, dünkelhaft → anmaßend, ausdrucksvoll.
▸ bescheiden, gequetscht.
Geschwollenheit → Dicke.
Geschworener Laienrichter.
Geschwulst Abszess, Beule, Knubbel *u*, Eiterbeule, Blase, Blatter, Pocke, Pustel, Warze, Gerstenkorn, Geschwür, Furunkel, Karbunkel, Schwären, Knollen, Kropf, Überbein, Wucherung, Krebsgeschwür, Karzinom, Sarkom, Entzündung, Eiterung, Bernickel, Pickel, Hühnerauge. → Auswuchs. Wölbung.
Geschwulstbildung Onkogenese.
Geschwulstforschung/-lehre Onkologie.
geschwulsthemmend karzinostatisch, onkostatisch, zytostatisch.
Geschwulst tötend onkozid.
Geschwür → Auswuchs, Geschwulst.
gesegnet → beneidenswert.
Gesell → Arbeiter, Diener, Genosse.
gesellen sich → anbändeln, verkehren.
Gesellenstück → Einzelarbeit, Examen.
gesellig leutselig. → amüsant, angenehm, froh, gemütlich.
▸ abweisend, autistisch, einzelgängerisch, ungesellig, unzugänglich.
gesellige Veranstaltung Ball, Bankett, Cocktailparty, Fest, Fete, Gesellschaft, Party.
geselliger Kreis Cercle, Korona, Zirkel.
Geselligkeit Unterhaltung, Zerstreuung, Lustbarkeit, Festlichkeit, Veranstaltung, Party, Empfang, Gastlichkeit, Herzlichkeit, Umgang, Verkehr, Ball, Fünfuhrtee, offenes Haus, Kameradschaft, Kränzchen, Zirkel, Klub, Abendgesellschaft, Tanzgesellschaft, Gesellschaftsabend, Visiten, Empfangstag. → Belustigung, Besuch, Einladung, Gastfreundschaft.
▸ Ungeselligkeit.
Gesellschaft → Ball, Bande, Bankett, Belustigung, Bund, Clique, Feier, Fest, Firma, Mahlzeit, Menschheit, Organisation, Vereinigung.
▸ Einzelne(r), Individuum, Person • Einsamkeit.
Gesellschaft, etablierte Establishment.
Gesellschaft, feine Adel, Aristokratie, führende Kreise, Geldadel, Herrschende, obere Zehntausend, Oberklasse/-schicht.
Gesellschafter → Commis, Hausherr, Plauderer, Kompagnon.
Gesellschafterin Begleiterin, Betreuerin, Geisha, Hostess.
gesellschaftlich → sozial, zugänglich.
gesellschaftlich bedingt sozietär.
gesellschaftliche Förmlichkeiten Etikette.
gesellschaftliche Wiedereingliederung Resozialisierung.
gesellschaftlicher Aufwand Repräsentation.
gesellschaftliches Ansehen Sozialprestige.
Gesellschaftsanzug Frack, Fulldress, Smoking.
Gesellschaftsfeind Asozialer.
gesellschaftsfeindlich → unzugänglich, verbrecherisch, asozial.
Gesellschaftslehre Soziologie.
Gesellschaftsordnung Hierarchie, Kastenwesen, politisches System.
gesellschaftsschädigend asozial.
Gesellschaftsverband → Vereinigung.
Gesellschaftszimmer Salon.
Gesetz → Artikel, Befehl, Codex, Grundsatz, Paragraf, Recht.
▸ Freiheit, Zufall • Gewalt, Willkür.
Gesetz nicht beachten, ein → brechen das Gesetz.
Gesetz, ungeschriebenes → Pflicht.
Gesetzbuch → Codex.
Gesetzes, außerhalb des außergesetzlich, auf eigene Faust, willkürlich, gewalttätig, despotisch, tyrannisch, polizeiwidrig, verbrecherisch, sträflich, gegen Gesetz und Recht. → ungesetzlich.
▸ gesetzlich.
Gesetzes, Missachtung des → Delikt.
Gesetzesbrecher Bandit, Krimineller, Straftäter, Sünder, Täter, Verbrecher.
Gesetzeskraft → Recht.
Gesetzesverstoß Delikt, kriminelle Handlung, Straftat, Verbrechen, Vergehen.
gesetzgebend legislativ.
Gesetzgeber → Chef, Obrigkeit.
Gesetzgebung → Codex, Recht.
gesetzlich → amtlich, behördlich, juristisch, legal, offiziell, rechtlich.
▸ gesetzwidrig, illegal, illegitim, rechtswidrig • freiwillig.
gesetzlich begründet legal, legitim, rechtmäßig, verfassungsmäßig • gesetzmäßig.
Gesetzlichkeit → Anrecht, Konzession, Recht.
gesetzlos anarchistisch, bindungslos, asozial • von Gott und der Welt verlassen.
Gesetzlosigkeit Ungesetzlichkeit, Gesetzwidrigkeit, Rechtsbruch, Rechtsbeugung, Rechtsverdrehung,

Gesetzesverachtung, Pöbelherrschaft, Anarchie, Rechtslosigkeit, Willkürherrschaft, Despotismus, Gewalttätigkeit, Faustrecht, Selbsthilfe, Volksjustiz, Volksgericht, Lynchjustiz, Verfassungsbruch, Tyrannei, Eigenmächtigkeit, Willkür. → Ungehorsam, Unfügsamkeit, Widersetzlichkeit, Pflichtvergessenheit, Aufsässigkeit, Widerstand, Auflehnung, Meuterei, Verschwörung, Staatsstreich, Umsturz, Revolution, Revolte, Komplott, Aufwiegelei, Aufstand, Empörung, Aufruhr, Erhebung, Tumult, Putsch. ▸ Gesetzlichkeit, Legalität • Ordnung, Regelmäßigkeit.

gesetzmäßig unabänderlich, zwangsläufig. → normal, rechtlich. ▸ irregulär, unregelmäßig, zufällig.

Gesetzmäßigkeit Loyalität. → Naturgesetz, Norm, Recht.

gesetzt → alt, befindlich, beherrscht, ernst.

gesetzt den Fall Fall für den, falls, gebenenfalls, wenn.

Gesetztheit → Beherrschung, Besonnenheit.

gesetzwidrig → charakterlos, strafbar. ▸ legal, legitim, gesetzlich, rechtmäßig.

gesichert → begründet, diebessicher, einbruchsicher, feuerfest, sicher.

Gesicht → Angesicht, Aussehen.

Gesicht, leidendes → Duldermiene.

Gesicht schlagen, heftig ins Runzeln ausbügeln *u.*

Gesichter schneiden → Grimasse.

gesichtet ausgesondert, gefiltert, geprüft, revidiert, selektiert, überprüft.

Gesichtsausdruck Air, Ausdruck, Fratze, Gesichtszüge, Maske, Miene(enspiel), Mimik, Physiognomie.

Gesichtsfeld, -kreis Horizont, Blickfeld, Fernblick, Fernsicht • Begriffskreis, Bereich, Fassungsvermögen, Gedankenwelt, Intelligenz, Urteilsfähigkeit, Verständnis. → Blickfeld, Fernblick. ▸ Begrenzung.

Gesichtskosmetiker Visagist.

gesichtslos fade. → unscheinbar.

Gesichtsnerv Fazialis, Trigeminus.

Gesichtspickel Akne.

Gesichtspunkt Ansicht, Begriff, Bild, Bezug, Denkweise, Entstellung, Gutbefinden, Meinung, Standpunkt, Blickwinkel, Stellungnahme. → Ansicht, Begriff, Berücksichtigung, Bezug, Hinsicht, Sicht. ▸ Begriffsmangel, Unsicherheit.

Gesichtsstraffung Facelifting.

Gesichtsverkleidung Larve, Maske.

Gesichtszug → Physiognomie.

Gesichtszüge Gesichtsausdruck, Mimik.

gesiebt → entschlackt, getrennt, schlau.

Gesinde → Dienstpersonal.

Gesindel Pack, Krethi und Plethi, Bagage, Lumpenpack, Saubande *u,* Schweinebande *u,* Rasselbande *u,* Sakramenter *u.* → Auswurf, Canaille.

Gesinnung Denkweise, Mentalität, Seelenverfassung, Weltanschauung, Einstellung, Art, Gebaren, Handlungsweise, Ansicht. → Art, Ansicht, Charakter, Denkart. ▸ Charakterlosigkeit.

Gesinnung, sklavische → Byzantinismus, Demut.

Gesinnungsgenosse Anhänger, Genosse, Parteifreund, politischer Freund, Sympathisant.

Gesinnungslump Abtrünniger, Kriecher, Kläffer, Windhund, Strolch, Ludrian, Taugenichts, Galgenstrick, Halunke, Schleicher, Gesinnungsschnüffler, Schlot, Hundsfott, Heuchler, Schelm, Strick, Schalk. ▸ Edelmensch.

Gesinnungsschnüffelei Sittenrichterei, Mäkelei, Nörgelei, Krittelei, Verleumdung, Beleidigung, üble Nachrede, Verräterei, Verrat. ▸ Achtung, Rechtschaffenheit.

Gesinnungswechsel Unbeständigkeit, Veränderlichkeit, Wandelbarkeit, Flatterhaftigkeit, Flattersinn, Wankelmut, Weichheit, Schwäche, Sinneswechsel, Abtrünnigkeit, Farbenwechsel, Abfall, Unfall, Fahnenflucht, Abkehr, Übertritt, Verleugnung, Abschwörung, Gesinnungslumperei, Niederträchtigkeit, Würdelosigkeit, Niedertracht, Gemeinheit, Hemmungslosigkeit, Heuchelei, Doppelzüngigkeit, Charakterlosigkeit, Unzuverlässigkeit, Unaufrichtigkeit, Hinterlist, Untreue, Treulosigkeit. ▸ Charakter, Stärke, Treue.

gesittet anständig, sittsam, wohlerzogen, zivilisiert, zahm, sittengemäß, menschenwürdig, herkömmlich, gebräuchlich, nach altem Brauch, schicklich, sittenstreng, sittenrein, gebildet, kultiviert. → adrett, anständig, artig, distinguiert, fein, gebildet, gebührlich, höflich, sauber. ▸ ungesittet, lasterhaft, liederlich, ordinär, sittenlos, unmoralisch, unzüchtig • frech, unerzogen.

gesittet machen erziehen, humanisieren.

Gesittung Politur *u.*

Gesocks → Pöbel.

gesondert ohne Beziehung, belanglos, beziehungslos, besonders, für sich allein verbindungslos, vereinzelt, geschieden, geteilt, getrennt, aufgelöst, lose, unzusammenhängend, separat, für sich, allein, abgerissen, uneinig, locker, einsam, berührungslos. → allein, außerdem, besonders, extra, separat. ▸ bezüglich, vereinigt • anliegend, beiliegend, dabei, inliegend • gemeinsam, mit, zusammen.

Gesottenes Sud.

gespalten → entzwei.

Gespann → Zweiheit.

Gespannkolonne Treck.

gespannt (auf) wissbegierig, neugierig, ganz Ohr • ungeduldig, auf glühenden Kohlen, fiebrig • wachsam, hellhörig, erwartungsvoll. → beflissentlich, erwartungsvoll. ▸ entspannt, geduldig, geistesabwesend, teilnahmslos.

Gespanntheit → Feindschaft, Interesse.

gespendet → geschenkt.

Gespenst Blendwerk, Dämon, Geist, Spuk, Erscheinung, Kobold, Schreckbild. → Blendwerk, Fee, Missgestalt.

Gespenster sehen → ängstigen, deuchten.

Gespenstererscheinung → Erscheinung.

Gespensterseherei → Aberglaube, Angst.
gespenstig schemenhaft. → abschreckend, feenhaft, geisterhaft, übersinnlich.
gespenstisch beklemmend, dämonisch, geisterhaft, grauslig, gruselig, schauerlich, schaurig, spukhaft, unheimlich.
gespickt besteckt, dicht, voll.
Gespinst → Geflecht.
gespitzt → eckig, scharf.
Gespött → Beleidigung.
Gespött werden, zum blamieren sich, Blöße geben sich eine, bloßstellen sich.
Gespräch → Aussprache, Beratung, Debatte, Disput, Einigungsgespräch, Unterhaltung.
gesprächig mitteilsam. → beredsam, beredt. ▸ einsilbig, mundfaul, schweigsam, still, stumm, verschwiegen, verschlossen, wortkarg • gehemmt, schüchtern.
Gesprächigkeit → Beredsamkeit.
Gesprächskunst Beredsamkeit, Dialektik, Eloquenz, Redegabe, Rhetorik, Vortragskunst.
Gesprächsleiter Moderator, Talkmaster.
Gesprächsstoff Thema.
Gesprächsteilnehmer Diskussionspartner, Diskussionsteilnehmer, Diskutant, Gesprächspartner.
gesprächsweise → persönlich.
gespreizt → anspruchsvoll.
Gespreiztheit → Effekthascherei, Anmaßung.
gesprenkelt → farbenfroh, farbenreich.
gesprungen → beschädigt, springen, entzwei.
Gespür → Eingebung, Gefühl.
Gespusi → Abgott.
Gestade → Ufer.
gestählt → ehern.
Gestalt → Art, Ausbreitung, Ausdehnung, Aussehen, Figur, Form, Format, Umfang.
Gestalt annehmen → werden.
Gestalt bildend morphogenetisch.
gestalten → anfertigen, aufbauen, ausarbeiten, ausbilden, ausdenken, behauen, erziehen, formen, konstruieren, malen, schaffen.
gestalten, neu reformieren. → ändern.
gestalten, planmäßig organisieren.
gestalten, verschieden differenzieren.
gestaltend → bahnbrechend.
Gestalter → Erbauer, Schöpfer.
gestalterisch → aufbauend, erfinderisch, schöpferisch.
gestaltet → körperhaft, wesenhaft. ▸ amorph, formlos, gestaltlos, ungeformt, unstrukturiert.
gestaltet, so → dermaßen.
gestaltlos → formlos.
Gestaltlosigkeit → Formlosigkeit.
Gestaltumriss Linie, Profil, Silhouette, Skyline.
Gestaltung → Anordnung, Art, Art und Weise, Aufbau, Aussehen, Bestand, Bildung, Charakter, Form, Struktur.
Gestaltungsentwurf Lay-out. → Entwurf.
Gestaltungsfreude, -kraft, -trieb Kreativität. → Erfindungsgabe, Intuition.
Gestaltungsweise → Kunstform, System.
Gestammel → Stammeln.
Gestampfe → Detonation.
geständig schuldig, offenbar, erklärend, bejahend, überführt, angezeigt, strafwürdig, bestätigend. ▸ verschlossen, verstockt.
Geständnis Bejahung, Bestätigung, Aussage, Behauptung, Erklärung, Angabe, Wort, Versicherung, Zeugenaussage, Bekenntnis, Beweis, Erweis, Nachweis, Anführung, Eingeständnis, Überführung, Überweisung. → Aussage, Beichte, Bekenntnis, Berichtigung, Beweis, Einkehr, Enthüllung, Erguss. ▸ Verheimlichung, Verstocktheit, Ableugnung, Leugnung, Lüge • Erfindung, Notlüge • Widerruf.
Geständnis ablegen quacken *u.*
Gestank Geruch, Fäulnis, Ranzigkeit, Verpestung, Dünste, Ausdünstung, Verwesung, Seuchenherd, Stinkbombe, Stinkmorchel, Stinkspargel, Stinktopf, Aas, Jauche, Mist, Gülle, Stinkerei, Ausfluss, Erguss, Schwängerung, Rauch, Dunst. ▸ Wohlgeruch, Aroma, Bukett, Duft.
gestärkt ausgeruht, erfrischt, erholt, erstarkt, gekräftigt, regeneriert.
gestatten erlauben, bewilligen, zulassen, dulden, genehmigen, willfahren, gewähren, leiden, zugeben, einräumen, einwilligen, vergönnen, freistellen, dürfen, frei stehen, berechtigen, gutheißen, billigen, anerkennen, zugestehen, beipflichten, beistimmen. → befähigen, begünstigen, bewilligen, bieten, bringen nicht übers Herz, dürfen, einräumen, erhören, erlauben, ermöglichen. ▸ verbieten, unterbinden, untersagen • vereiteln, verhindern, verwehren.
gestattet erlaubt, zulässig, statthaft, bewilligt, zugestimmt, genehmigt, zugelassen, eingeräumt, freigestellt, unverwehrt. → abgemacht, berechtigt, bewilligt, erlaubt. ▸ unerlaubt.
Gestattung → Billigung, Erlaubnis.
Geste Blick, Wink, Fingerzeig, Gebärde, Achselzucken, Kopfschütteln, Mienenspiel, Zeichensprache, Zeichen, Deut, Kopfnicken, Fingersprache, Mimik, Anzeigung, Augensprache. → Anspielen, Bewegung, Erkennungszeichen, Gebärde.
gestehen offenbaren, angeben, anzeigen, eröffnen, entdecken, verraten, zugeben, zugestehen, eingestehen, kundgeben, sagen, enthüllen, entschleiern, bloßlegen, mitteilen, bejahen, versichern, behaupten, bestätigen, bekennen, verbürgen, betonen, aussagen. → aufklären, beichten, bejahen, bekennen, bereuen. ▸ abstreiten, verheimlichen, ableugnen, dementieren, leugnen • widerrufen, zurücknehmen.
gesteigert besser, mehr, höher, maßlos, hervorragend, vermehrt, vergrößert, gewachsen, aufsteigend, entwickelt, zugenommen, verstärkt, angewachsen. → bühnengerecht, dramatisch. ▸ vermindert.
Gestein → Fels, Stein.
Gesteinskunde/-lehre Lithologie, Mineralogie, Petrographie.
Gesteinsschmelzfluss aus Vulkanen Lava, Magma.
Gestell Wandgerüst, Bücherbrett, Bücherbord, Büchergestell, Aktengestell, Absatzgestell, Stufengestell, Stütze, Unterlage, Ablage, Dreifuß, Ständer, Stellage. → Behälter, Bock, Brett, Diwan.
gestellt hingestellt, aufgestellt,

aufgerichtet, aufgepflanzt, untergestellt, abgelegt, beiseite gelegt • überführt, überliefert, zur Rede gestellt. → befindlich, überführt.
▸ beikommen nicht, verstellt.

gestelzt affektiert, geckenhaft, geschwollen, geschraubt, geziert.

gestern am vergangenen Tag, tags zuvor, vor 24 Stunden.

gesteuert dirigiert, gelenkt, manipuliert.

gestiefelt und gespornt → fix und fertig, geschmückt.

Gestik Gebärden, Gesten.

Gestikulation Gebärden, Zeichensprache, mit Händen und Füßen.

gestikulieren fuchteln. → deuten.

Gestimmtheit Temperament, Wesen, Lebhaftigkeit, Gemüt, Sinnesart, Empfindungswesen, Gefühlsrichtung, Laune, Stimmung, Verfassung, Zustand, Gemütsrichtung.

Gestirnforschung/-kunde Astronomie.

gestirnt bestirnt, sternenbedeckt.

gestohlen nachgemacht, imitiert, nachgeäfft, gefälscht • geraubt, weggenommen, entwendet, entführt, geklaut, gemaust, unterschlagen, angeeignet, weggeschleppt, begaunert, geplündert, veruntreut.
▸ erworben, schöpferisch.

Gestöhne Weinen, Klagen, Klageton, Jammern, Geschrei, Wehgeschrei, Geheul, Gebrüll, Gejammer, Aufschrei, Gewinsel, Weinerlichkeit, Laut, Schmerz, Weinkrampf, Schluchzer, Getöse.
▸ Gejauchze.

gestopft gepfropft, voll, angefüllt, besetzt, gefüllt, voll gestopft, satt, gesättigt, übervoll, voll gegessen, voll gefressen, übersättigt • geflickt, repariert, genäht, zusammengenäht, überbrückt, geheftet, ausgebessert.
▸ hungrig, leer, zerrissen.

gestorben verstorben, abgestorben, verschieden, hingeschieden, verblichen, entseelt, erloschen, kalt, mausetot, erledigt, erlöst, ausgelitten, ausgekämpft, befreit. → abgeschieden, tot.
▸ geboren, lebendig.

gestört verrückt, umnachtet, geisteskrank, wahnsinnig, irrsinnig, verschroben, närrisch, toll • unterbrochen, gehindert, abgehalten, erschwert, eingedämmt, geschwächt, lahm gelegt, eingeschränkt.
▸ ungestört • entstört, funktionsfähig, intakt • geistig gesund, normal • friedlich, ruhig.

Gestotter → Stottern, Stammeln, Zungenklaps, Gestammel, Geräusche, Sprachstörung, Heiserkeit, Gekrächze, Lallen, Anstoßen mit der Zunge, schwere Zunge.

gestrafft aufgerichtet, gerafft, gespannt, prall, straff gezogen, stramm.
▸ lasch, locker.

gestrandet → bankrott, verunglückt.

Gesträuch Buschwerk, Dickicht, Geäst, Gebüsch, Gestrüpp, Unterholz.

gestreckt gedehnt, geweitet, ausgeweitet, lang, ausgezogen, länglich, erweitert, ausgestreckt, lang gezogen. → ausgedehnt, lang.
▸ eingeengt, kurz.

gestreift streifig, schottisch, gebändert, beadert, kariert, getigert, gefleckt, gemustert, gewürfelt, vielfarbig. → farbenfroh.
▸ einfarbig.

gestreng → felsenhart, streng.

gestrichen getilgt, ausgestrichen, ausradiert, ausgekratzt, durchgestrichen, beseitigt, gekürzt, ausgemerzt, abgesetzt, abgeschafft, entlassen, abgebaut • bestrichen, bemalt, bunt, streifig, gestreift, geadert, gebändert. → farbig.
▸ farblos, hinzufügen, unverändert.

gestriegelt geglättet, glatt, sanft, blitzblank, gebohnert, sauber, gesäubert, gereinigt, gebürstet, gebügelt, herausgeputzt, geschniegelt. → sauber.
▸ entstellt, rau, unsauber.

gestrig vergangen, damalig, früher, einstig, verflossen, vergessen, ehemals, ehedem, einst, zuvor, vorbei, vorüber, dahin, gewesen, unwiederbringlich, veraltet, vordem.
▸ gegenwärtig, zukünftig.

gestuft abgestuft, skaliert, stufenweise.

gestürzt gefallen, hingefallen, niedergestürzt • abgesetzt, entlassen, entthront.

Gestüt Pferdezucht.

gestutzt beschnitten, verkleinert, abgeschnitten, abgetrennt, knapp, verkürzt, gekürzt, abgezwickt, abgehackt, verstümmelt, abgehauen, weggenommen, geschmälert • gezaudert, gestockt, gescheut, erschrocken, erschaudert, verstimmt, zusammengefahren, stutzig geworden.
▸ unerschrocken, unvermindert, wuchernd.

gestützt aufgestützt, abgestützt, unterstützt, unterlegt, unterbaut, unterstellt, gehalten • vertrauensvoll, zuversichtlich, verlässlich, vertrauend, anhängend.
▸ schwebend, unverlässlich, selbstständig.

Gesuch Bitte, Anliegen, Begehr, Ansuchen, Ansinnen, Ersuchung, Verlangen, Wunsch, Geheisch, Forderung, Anrufung, Bittschrift, Bittgesuch, Eingabe, Antrag, Bettelei, Anspruch, Aufforderung, Beschwörung, Petition. → Antrag, Beeinflussung, Begehr, Bettelbrief, Bewerbung.
▸ Ablehnung, Widerruf.

Gesuch machen → bewerben sich.

gesucht viel verlangt, gangbar, absetzbar, rar, kostbar, selten, vereinzelt, einmalig, knapp, spärlich, erlesen, wertvoll, gut • nachgesucht, nachgespürt, ausspioniert, erfragt, erforscht. → feinschmeckerisch, feinsinnig.
▸ (gefunden), unerforscht, wertlos.

Gesudel → Geschmiere.

gesund → blühend, geheilt, heil, wohl, pudelwohl, munter, frisch, kräftig, rüstig, forsch, derb, strotzend, gesundheitsstrotzend, kraftstrotzend, abgehärtet, widerstandsfähig, kerngesund, unverwüstlich, unversehrt, unbeschädigt, arbeitsfähig • heilsam, heilkräftig, bekömmlich, kräftigend, zuträglich, nahrhaft, obenauf sein *u.* → ausgezeichnet, bekömmlich, brillant, derb, essbar, gedeihlich.
▸ krank, unbekömmlich • arbeitsunfähig, elend, gebrechlich, hinfällig, kränklich, invalid, leidend, unpässlich.

gesund sein → beneidenswert, Damm sein auf dem, gesund.
gesund machen → bringen auf die Beine, gesunden.
gesund werden aufkommen, genesen, gesunden, heilen.
Gesundbeter → Bader.
Gesundbrunnen Kur, Brunnenkur, Badekur, Wasserkur, Salzbrunnen, Sauerbrunnen, Dampfbad, Lehmbad, Moorbad, Sandbad, Kneippkur, Jungborn, Felkekur, Wickel, Packung, Bäderbehandlung, Seebad, Heilbad, Erholung, Badeort, Badeplatz, Heilmittel. → Bad.
gesunden genesen, ausheilen, aufkommen, aufleben, gedeihen, wiederherstellen, erfrischen, auffrischen, aufraffen, wiederaufkommen, lindern, verjüngen, bessern, heilen, abhelfen, strotzen, erstarken. → erholen sich.
▸ erkranken.
Gesundheit Wohlergehen, Wohlbefinden, Lebensfunke, Lebenssaft, Lebenskraft, Widerstandskraft, Befund, Konstitution, Kraftreserve, Mordsnatur, blühendes Aussehen, Saft und Kraft, rote Wangen, gesundes Blut.
▸ Krankheit.
Gesund leben, der vorbeugen, sich pflegen, sich stählen, sich kräftigen, sich hüten, bekömmlich essen, sich ausschlafen, zuträglich leben, Vorkehrungen treffen.
▸ gesundheitswidrig (leben).
Gesundheitslehre/-pflege Hygiene.
gesundheitsmäßig sanitär.
Gesundheitsmittel → Diät.
Gesundheitspflege Hygiene, Körperpflege, Jungbrunnen, Heilsamkeit, Kräftigung, Vorbeugung, Schutzmittel, Heilmittel, Schlaf, Ruhe, Erholung, Sport, Kaltwasser, Pflanzenkost, Rohkost.
gesundheitswidrig schädlich, unverdaulich, unbekömmlich, verderblich, zerstörend, unvorteilhaft, übel, nachteilig, gefährlich, verdorben. → ungesund.
▸ gesund, unschädlich.
Gesundheitszustand → Befinden.
gesund machen abheilen, behandeln, heilen, kurieren, sanieren, therapieren, wiederherstellen.
gesundstoßen, sich ausbeuten, sanieren sich, Schäfchen ins Trockene bringen sein.
Gesundung Genesung, Besserung, Erholung, Wiederholung, Erleichterung, Heilung, Linderung, Wiederherstellung, Rekonvaleszenz, Fortschritt, Wiederbelebung, Heilprozess, Milderung.
▸ Erkrankung.
Getäfel → Bedeckung.
getäfelter Fußboden Parkett.
getan abgeschlossen, beendet, fertig • gerüstet, vorbereitet.
Getändel Liebkosung, Gekose, Zärtlichkeit, Schmeichelei, Liebesgetändel, Liebesspiel, Gehätschel, Getätschel, Geschnäbel, Augensprache, Liebesblicke, Komplimente, Koseworte, Ständchen, Liebesbrief. → Bewerbung.
▸ Gefühlskälte.
getarnt bedeckt, gedeckt, unauffällig, unsichtbar, verborgen, verschleiert.
Getätschel Betatschen, Petting, Streicheln, Tätschelei, Zärtlichkeit.
getauft benannt, mit Wasser geweiht.
getäuscht → betrogen, enttäuscht, gefoppt.
getäuscht werden aufsitzen, betrogen werden, hereinfallen.
Getäuschter → Betrogener.
geteilt getrennt, geschieden, aufgelöst, unzusammenhängend, einzeln, vereinzelt, abgesondert, durchteilt, entzwei, durchschnitten, zerbrochen, stückweise, gegliedert, gespalten, vielspaltig. → allein, blättrig.
▸ ungeteilt.
Getier Fauna, Tiere, Tierreich, Tierwelt.
getilgt erledigt, wettgemacht, ausgeglichen, gestrichen, ausgestrichen, ausradiert, wegradiert, ausgemerzt, erledigt, quitt, entbunden, entlastet, ausgekratzt, zerstört. → abgetan.
▸ unerledigt.
Getöse Geschmetter, Gepolter, Gejohle, Lärm, Krawall, Tumult, Getümmel, Aufstand, Aufruhr, Tohuwabohu, Gelärm, Gebrüll, Geschrei, Gezeter, Skandal, Randale, Radau, Heidenlärm, Gejodel, Gedudel, Radiolärm, Geräusch, Gebrause, Gedröhn, Judenschule, Messtrubel, Kirmeslärm, Gerassel, Geklingel, Geläute, Geschmetter, Trubel, Gejauchze, Fanfaren, Trompetenstoß, Trommelschlag, Sirene, Gesause, Sturmgebraus, Windgebraus, Geklirr, Donner, Gepolter, Gestampfe, Krach, Knall, Verkehrslärm, Hupenlärm, Straßenlärm, Kindergeschrei, Kindergebrüll, Donnerschlag, Geknatter, Geprassel, Geröll, Gerumpel. → Chaos, Donner, Fanfare, Gebrüll.
▸ Lautlosigkeit.
Getrampel Getrappel, Trampelei.
Getränk Trank, Trunk, Erquickung, Flüssigkeit, Labung, Schluck, Tropfen, Schoppen, Maß, Umtrunk, Heiltrank, Sprudel, Brause, Sodawasser, Limonade, Gesöff *u*, Milch, Molke, Buttermilch, Magermilch, Joghurt, Kaffee, Tee, Kakao, Schokolade, Alkohol, Spirituosen, Schnaps, Branntwein, Feuerwasser, Gerstensaft, Weinbrand, Cognac, Cobbler, Cocktail, Wein, Champagner, Krätzer, Kratzenberger *u*, Rachenputzer *u*, Essig *u*, Drink, Bowle, Traubensaft, Rotwein, Wermut, Apfelsaft, Sekt. → Bier, Essenz, Flüssigkeit, Fusel.
▸ Essen, Speise.
Getränk, dünnes/fades Plempe *u*, Plörre *u*, Plurre *u*.
Getränke Saufkram *u*, Saufzeug *u*.
Getränkemischer Barmixer, Mixer.
Getratsche → Tratsch.
getrauen, sich wagen, unterfangen, zusammenraffen, Mut schöpfen, ein Herz fassen, die Furcht unterdrücken, die Zähne zusammenbeißen, Gefahren trotzen, nicht ausweichen, nicht wanken, sich vor die Bresche stellen, die Feuerprobe bestehen, den Teufel nicht fürchten. → ermannen sich, wagen.
▸ ängstigen sich, kneifen.
getraut → ehelich.
Getreide Brotfrucht, Feldfrucht, Korn, Körnerfrucht, Zeralie.
Getreidekammer → Depot.
Getreidespeicher Silo.
getrennt geteilt, gesiebt, gereinigt, geschieden, aufgelöst, gesondert, allein, entzweit, unverbunden, abgesondert, vereinzelt, gegliedert, abgespalten, entfernt, einsam, fern, entlegen, fern liegend, weit,

fremd, auswärts. → abgelegen, allein, auseinander, außerdem, blättrig, davon, einsam, einzeln, entfremdet, entlegen, entzweit, fern. ▸ verbunden, aneinander, beieinander, beisammen, gemeinsam, gemischt, geschlossen, zusammen.

Getreuer Gesinnungsgenosse, Nachfolger, Schatten, Begleiter, Schüler, Gefolgsmann, Freund, Helfer, Beschützer, Beistand, Gefährte, Beschirmer, Mitkämpfer, Kamerad, Bruder, Retter, Gönner, Förderer, Mitarbeiter. → Anhänger. ▸ Abtrünniger.

getreulich pünktlich, gewissenhaft, gradlinig, getreu, treu, zuverlässig, sorgfältig, genau, ehrenhaft, streng, eifrig. → gewissenhaft. ▸ ungetreu.

Getriebe Anlage, Maschine, Maschinerie, Mechanismus, Triebwerk, Gerät, Instrument, Vorrichtung • Beweglichkeit, Lebhaftigkeit, Bewegung, Rührigkeit, Regsamkeit, Eile, Hast, Verkehr, Unruhe, Gezappel, Ruhelosigkeit, Rastlosigkeit. → Anzahl, Apparat. ▸ Eintönigkeit, Langweiligkeit.

getrieben gestoßen, angestoßen, gedrängt, geschoben, gezerrt, gedrückt, geschubst, gejagt, fortgetrieben, weggetrieben, angetrieben. ▸ freiwillig, willens.

getrocknet ausgedörrt, ausgetrocknet, dürr, saftlos, trocken.

getroffen ruiniert, verzagt, verzweifelt, unglücklich, betrübt, bitter, geplagt, gequält, gepeinigt, stechend, bohrend, leidend • begegnet, angetroffen, angelangt erreicht, eingeholt, eingetroffen, angekommen • erschossen, erstochen, erschlagen, getötet. ▸ lebendig, munter, unberührt.

getrost hoffnungsvoll, getröstet, zuversichtlich, vertrauensvoll, sorglos, furchtlos, sicher, unverzagt, gesichert, gefahrlos, geschützt, ohne Furcht, guten Mutes. → arglos. ▸ bedenklich, gefahrvoll, hoffnungslos.

Getue Mache, Ziererei, Vorspiegelung, Pose, Aufschneiderei, Angabe, Mätzchen, Gehabe, Manieriertheit, Albernheit, Gezwungenheit, Vornehmtuerei, Geckenhaftigkeit, Geschraubtheit, Förmlichkeit, Zimperlichkeit. → Begierde. ▸ Natürlichkeit.

Getümmel Tumult, Auflauf, Aufregung, Trubel, Wirbel, Gewirre, Durcheinander, Allerlei, Unruhe, Rummel, Krawall, Aufruhr, Ansturm, Schlachtengetümmel, Kampfgetümmel, Störung, Gärung, Ansammlung, Rabatz *u.* → Auflauf, Anzahl, Chaos. ▸ Ordnung, Ruhe.

getüpfelt → buntscheckig.

getupft → farbenreich.

Getuschel → Geflüster, Flüstern.

geübt geschickt, gewandt, anstellig, gelenk, behänd, geschult, berufsmäßig, vorbereitet, gelernt, kunstfertig, gründlich, mustergültig, meisterhaft, erfahren, bewandert, erprobt, meisterlich, talentiert, tauglich, tüchtig, brauchbar, verwendbar, kundig, verständig. → anstellig, beschlagen. ▸ ungeübt.

Geübtheit Erfahrung, Tüchtigkeit, Schulung, Gewohnheit, Gewandtheit, Routine, Geschicklichkeit, Fertigkeit, Geläufigkeit, Übung, Leichtigkeit, Befähigung, Geschick, Anstelligkeit, Fähigkeit, Einsicht, Tauglichkeit, Bewährung. ▸ Ungeschicklichkeit.

Gewächs → Blume, Geschwulst, Pflanze.

gewachsen sein (einer Sache) bewältigen. → können.

Gewackel → Bewegung.

gewagt abenteuerlich, heikel, verwegen, unsicher, waghalsig, beunruhigend, halsbrecherisch, tollkühn, zweischneidig, verderblich, Unheilvoll, Gefahr bergend, unheil schwanger, Unglück schwanger, um ein Haar. → drohend, gefährlich. ▸ ungefährlich.

gewagt gekleidet scharf *u.*

gewagte Kleidung scharfe Sachen *u.*

gewählt → ästhetisch, elegant, feinschmeckerisch, feinsinnig.

gewahr bemerkbar, fühlbar, bewusst, offen, klar, gesichtet. ▸ übersehen, unentdeckt.

gewahr werden → denken, gewahren.

Gewähr Beweis, Sicherheit, Bestätigung, Bescheinigung, Glaubwürdigkeit, Beglaubigung, Bürgschaft, Gewährleistung, Sicherung, Rückversicherung, Haftpflicht, Ermächtigung, Garantie. ▸ Risiko, Ungewissheit.

gewahren sehen, erspähen, erblicken, wahrnehmen, bemerken, beachten, beobachten, angucken, erkennen, sichten, auffinden, auftreiben, aufstöbern, hinsehen, begucken, gewahr werden, zu Gesicht bekommen. → auftreiben, durchschauen, entdecken. ▸ entgehen, tappen im Dunkeln, übersehen.

gewähren erlauben, gestatten, billigen, zulassen, dulden, genehmigen, einräumen, vergönnen, zugeben, geruhen, anheim stellen, berechtigen, willfahren, übereinstimmen, zugestehen, bejahen, gutheißen, zuerkennen, geben, schenken, zuwenden, verehren, darreichen. → anbieten, beipflichten, beschenken, bewilligen, bieten, bieten Gelegenheit, darbringen, darreichen, dürfen, einräumen, erlauben, ermöglichen. ▸ verbieten.

gewähren lassen erlauben, geschehen lassen, lassen, zulassen.

Gewährenlassen Laissez-faire, Toleranz.

Gewähr leisten gutstehen, garantieren, hinterlegen, sicherstellen, einstehen, haften, verbürgen, bürgen, verpflichten, Garantie geben, Verantwortlichkeit übernehmen, Bürgschaft stellen. → beglaubigen, bürgen, einstehen, eintreten für. ▸ ablehnen, verweigern.

gewährleistet authentisch, belegt, bezeugt • garantiert, gesichert, sicher, verbürgt, zuverlässig.

Gewährleistung Kaution, Sicherheit, Bürgschaft, Haftung, Gewähr, Sicherstellung, Sicherung, Hinterlage, Deckung, Sicherheitsleistung, Unterpfand, Haftpflicht, Garantie, Verpflichtung. →

Einstandspflicht, Garantie. ▸ Ablehnung, Verweigerung.
Gewahrsam Sicherheit, Haft, Gefängnis, Zuchthaus, Kerker, Arrest, Karzer, Strafanstalt, Aufsicht, Hut, Bewachung, Beschlagnahmung, Gefangenschaft, Verwahrung, Freiheitsberaubung. → Arrest, Bewachung, Einkerkerung.
Gewahrsam bringen, in → dingfest machen.
Gewahrsam, in → Dach und Fach unter, dingfest, sicher.
Gewährsmann Bürge • Hintermann, Kontaktmann, Informant, Spion, V-Mann. → Verbindungsmann, Vermittler.
Gewährung → Belehnung, Bewilligung, Erlaubnis.
Gewalt Nötigung, Unfreiheit, Zwangslage, Macht, Gewalttätigkeit, Zwangsmittel, Strafe, Knute, Vergewaltigung, Freiheitsberaubung, Druckmittel, Erpressung, Blockade, Willenslähmung, Zwangwirtschaft, Hypnose, Suggestion, Strenge, Härte, Unerbittlichkeit, Hartherzigkeit, Grausamkeit, Einschüchterung, Terror, Tyrannei, Despotismus, Rücksichtslosigkeit. → Anlauf, Aufruhr, Ausbruch, Beeinflussung, Befugnis, Bewegungstrieb, Drang, Dynamik. ▸ Freiheit, Milde, Ordnung, Ruhe • Frieden, Gewaltlosigkeit.
Gewalt, ausführende/ staatliche Exekutive.
Gewalt, gesetzgebende Legislative.
Gewalt haben herrschen, mächtig sein.
Gewalt haben, in der → unterdrücken, zwingen.
Gewalt, höhere → Gewalt, Schicksal.
Gewalt klären, mit → kämpfen.
Gewalt, rohe → Despotismus, Gewalt.
Gewalt vorgehen, mit → brechen das Gesetz, nötigen.
Gewaltenordnung Hierarchie.
Gewalthaber Gebieter, Herr, Herrscher, Imperator, Kaiser, Machthaber, Oberhaupt, Regierung(soberhaupt).
Gewaltherr → Despot.
Gewaltherrschaft → Beeinflussung, Despotismus, Diktatur, Tyrannei.
Gewaltherrschaft antreten, eine → brechen das Gesetz.
Gewaltherrscher → Despot.
gewaltig exorbitant, stark, mächtig, überragend, allgewaltig, Furcht erregend, mächtig, majestätisch, massiv, monströs, titanisch, übergroß, voluminös, zyklopisch, überlegen, kraftvoll, kraftstrotzend, kräftig, groß, energisch, stämmig, riesig, gigantisch, athletisch, hünenhaft, reckenhaft, beträchtlich, ausgedehnt, bedeutend, übergroß, riesenhaft, riesengroß, bemerkenswert, unermesslich, kolossal, massig, ansehnlich, dick, fett, stattlich, wohlbeleibt, geschwollen. → ansehnlich, außerordentlich, ausgedehnt, beeinflussend, beherrschend, beispiellos, befehlerisch, despotisch, dick, diktatorisch, enorm, erstaunlich. ▸ schwach, unansehnlich, unbedeutend, unterlegen • bescheiden, gering, niedlich, winzig.
Gewaltlosigkeit Flower-Power, Friedlichkeit, Sanftheit.
Gewaltmensch Schläger. → Athlet, Verbrecher.
gewaltsam gewalttätig, heftig, ungestüm, stürmisch, gärend, kochend, rasend, leidenschaftlich, wild, feurig, erhitzt, aufbrausend, zornig, zwingend, hart, unentrinnbar, genötigt, eisern, unbarmherzig, mitleidlos, drakonisch, blutig, herrisch, tyrannisch, unerbittlich. → eigenmächtig. ▸ freiwillig, gemäßigt • friedlich, gewaltlos.
gewaltsame Aneignung Annexion.
gewaltsame Machterweiterung Imperialismus.
gewaltslos friedfertig, friedlich, harmlos, kompromissbereit, pazifistisch, sanft, weich.
Gewaltstück Gewaltstreich, Handstreich, Mannestat, Heldentat, Heldenstück, Wagnis, Wagemut, Waghalsigkeit, Tollkühnheit, Mutprobe, Abenteuer, Ungeheuerlichkeit, Meisterstreich, Schlag, Stoß, Streich, Unterfangen, Unternehmen, Feuerprobe, Husarenstückchen. → Coup. ▸ Feigheit, Gesetzlichkeit.
Gewalttäter Scharfmacher *u.*
gewalttätig → dämonisch, diktatorisch, gewaltsam.
Gewalttätigkeit Gewalt, Zwang, Rohheit, Strafe, Bedrängnis, Zwangsmittel, Knute, Willensbeherrschung, Nötigung, Freiheitsberaubung, Despotismus. → Gewalt. ▸ Besonnenheit, Fügsamkeit, Gerechtigkeit, Schwäche.
Gewaltverbrechen Bluttat, Gewalttat, Gräueltat, Mord, Schandtat, Schändung, Vergewaltigung.
Gewand Festkleid, Robe, Hülle, Kleid, Kleidung, Gewandung. Kostüm, Garderobe, Tracht, Bekleidung, Staat, Uniform, Kluft, Montur, Anzug, Dienstkleid, Ornat, Trauerkleid, Rock, Kutte, Kittel, Morgenrock, Überrock, Umhang, Mantel. → Anzug, Aufmachung, Faltenwurf.
gewandt geschickt, firm, anstellig, gelenk, gelernt, flink, rasch, behänd, geübt, ungezwungen, ungeniert, weltgewandt, umgänglich, zwanglos, flott, sprachgewandt, ausdrucksgewandt. → anstellig, beschlagen, betragen sich, diplomatisch, diskret, elegant. ▸ ungeschickt, linkisch, plump, steif, tölpelhaft, unbeholfen, ungelenk • undiplomatisch • befangen, schüchtern.
Gewandtheit Ausdrucksfähigkeit, Geschicklichkeit, Behändigkeit, Anstelligkeit, Fähigkeit, Pli *u,* Eignung, Findigkeit, Fertigkeit, Geschick, Gelenkigkeit, Flinkheit, Fixigkeit, Erfahrung, Übung, Tauglichkeit, Tüchtigkeit, Umgang, Umgänglichkeit, Höflichkeit. → Begabung, Behändigkeit, Fertigkeit. ▸ Ungeschicklichkeit.
Gewandung → Anzug, Gewand, Kleidung.
gewappnet → vorbereitet.
gewärtigen erwarten, entgegensehen, hoffen, herbeiwünschen, vorhersehen, ahnen, befürchten, zählen auf, mit etwas rechnen. → annehmen, befürchten, erwarten, fassen ins Auge. ▸ misstrauen, überrascht sein, verzagen.
Gewäsch Geschwätz, Geplapper, Geklatsch, Geschnatter, Kaffeeklatsch, Redefluss, Redeschwall, Gesprächigkeit, Geschwätzigkeit, Schwatzhaftigkeit, Plauderhaftigkeit, Lästerbank,

Aufschneiderei. → Abschweifung. ▸ Wahrheit, Wortkargheit.
gewaschen → adrett, sauber.
Gewässer Strom, Fluss, See, Meer, Wasserstraße, Bach, Flusslauf, Hauptfluss, Nebenfluss, Wasser, Teich, Kanal, Rinnsal, Wasserader, Ozean, Wasserlauf, Wasserweg, Weiher, Tümpel, Pfütze, Wasserfall, Stromschnelle, Flut, Brandung, Springquell, Sturzbach, Wildbach, Sprudel, Strömung, Meerenge, Sund, Seearm, Strudel. → Binnenmeer.
Gewebe Geflecht, Gewirke, Flechtwerk, Netzwerk, Stoff, Stickerei, Klöppelei, Häkelei, Filigran, Strickerei, Substanz, Gespinst, Werg, Tuch, Zeug, Wesen • Leinwand, Rips, Köper, Taft • Batist, Damast, Leinen, Linnen, Weißzeug, Buckram • Wollstoff, Bobinet, Buckskin, Cheviot, Kammgarn, Cotton, Gabardine, Homespun • Popeline, Flanell, Frottee, Brokat, Changeant, Chiffon, Crêpe de Chine, Krepp • Naturseide, Rohseide, Ekrüseide, Eolienne, Greg-Seide, Grisaille, Halbseide, Kunstseide, Gaze, Voile, Grenadine, Egyptienne • Cord, Samt, Plüsch, Cretonne, Drapee, Inlett, Elastik, Etamin, Everglaze, Perlon, Nylon, Dralon, Trevira, Zellwolle, Schleierstoff, Tüll, Zefir, Epinglé, Scharmeuse, Dekorationsstoff, Vorhangstoff, Biber, Loden, Filet, Netzstoff, Filament, Filüre, Filz, Baumwollstoff, Kunstfasergewebe.
Gewebeverpflanzung Transplantation.
Gewebsflüssigkeit Lymphe.
geweckt → begabt.
Gewecktheit → Intelligenz.
Gewehr Pusterohr *u*, Schießprügel *u*, Spritze *u*. → Büchse, Waffe, Donnerbüchse, Flinte, Karabiner, Knarre, Schießeisen/-prügel.
Gewehrfeuer → Beschießung.
gewellt → wellig, gelockt, holprig, hügelig, kraus, lockig. ▸ eben, flach, glatt, strähnig.
Gewerbe Beruf, Beschäftigung, Tätigkeit, Amt, Dienstbereich, Aufgabe, Erwerbszweig, Brot, Existenz, Handwerk, Broterwerb, Lebenserwerb, Erwerb, Posten, Stellung, Betrieb, Unternehmen, Geschäft. → Arbeit, Art, Beruf, Erwerbszweig.
Gewerbeerlaubnis/ -genehmigung Konzession.
Gewerbetreibender Unternehmer, Krämer, Ladenbesitzer, Händler, Geschäftsmann, Kaufmann, Handwerker, Arbeiter, Heimarbeiter, Facharbeiter, Maßarbeiter, Gewohnheitsarbeiter, Schwerarbeiter, Alltagsarbeiter, Handarbeiter. → Detaillist.
gewerbsmäßige Unzucht Prostitution.
Gewerkschaft Vereinigung, Zusammenschluss, Verein, Verbindung, Verband, Union, Gemeinschaft, Bund, Genossenschaft, Körperschaft, Gemeinschaftsarbeit, Zusammenarbeit, Versammlung, Gesellschaftsverband, Gruppe, Schar • Berufsvertretung, Arbeitsschutz.
gewesen vergangen, vergessen, verflossen, gestrig, damalig, einstig, einstens, früher, ehemals, vormals, vordem, zuvor, vorbei, vorüber, dahin, längst, in alter Zeit, vor Tagen, vor Jahren. → einstens. ▸ gegenwärtig, zukünftig.
gewichst geputzt, blank, glänzend, geschniegelt, gestriegelt, poliert, eingeschmiert, eingefettet, eingeölt, blitzblank, gesäubert • geschlagen, durchgehauen, gezüchtigt. ▸ gelobt, ungepflegt.
Gewicht Schwere, Schwergewicht, Wuchtigkeit, Masse, Druck, Last, Belastung, Fülle • Inhalt, Nachdruck, Betonung, Ernst, Wesentlichkeit • Übermacht. → Ansehen, Bedeutung, Ballast, Beeinflussung, Bremse, Bürde, Dichtigkeit, Eindringlichkeit, Einfluss, Ernst. ▸ Belanglosigkeit, Gewichtslosigkeit, Leichtigkeit • Masse.
Gewicht ausgleichen tarieren.
Gewicht der Verpackung Tara.
Gewicht fallen, ins nützen, dienen, helfen, lohnen sich, Zweck erfüllen, zum Vorteil gereichen, in die Waagschale legen. ▸ gering schätzen.
Gewicht fallend, ins gravierend. → erheblich.
Gewicht mit Verpackung Bruttogewicht.
Gewicht ohne Verpackung Nettogewicht.
Gewicht, spezifisches → Dichte.
Gewicht, übermäßiges Fettsucht, Übergewicht.
gewichtig wuchtig, schwer, massig, bleiern, lastend, aufliegend, stark, allgewaltig, mächtig, gewaltig, auserlesen, bedeutend, angesehen, geschätzt, ausgezeichnet, wichtig, ernsthaft. → A und O, ausdrucksvoll, ausschlaggebend, beachtlich, bedeutsam, beeinflussend, beherrschend, bleiern, denkwürdig, dominierend, ereignisreich. ▸ gering, leicht.
Gewichtigkeit → Dichtigkeit, Macht.
Gewichtslosigkeit → Ärmlichkeit, Leichtigkeit.
Gewichtsabnahme Diät, Fasten, Askese, Schrumpfung, FdH (Friss die Hälfte).
gewichtslos → ätherisch, leicht.
gewieft ausgebufft, clever, durchtrieben, gerissen, gewitzt, helle, raffiniert, schlau.
gewiegt durchtrieben, raffiniert, schlau, listig, abgefeimt, verschlagen, pfiffig, gerieben, durchtrieben, verschmitzt, arglistig, berechnend, tückisch, heimtückisch, hinterlistig, grauenhaft, glatt, verräterisch, katzenfreundlich, bübisch. → aalglatt, begabt, durchtrieben. ▸ offenherzig, unverdorben.
Gewiegtheit → Routine.
gewillt bereitwillig, bereit, willig, erbötig, entschlossen, zielbewusst, geneigt. ▸ ablehnend, gezwungen.
Gewimmel → Anzahl, Fülle, Masse.
Gewimmer Gejammer, Geseufze, Geächz, Geheul • Klageruf, Wehgeschrei, Schmerzensschrei • Lamentation, Wehklage.
Gewinde → Ausschmückung, Blumenstrauß, Drehung.
Gewinn Fortschritt, Entfaltung, Zunahme, Lohn, Nutzen, Ertrag, fetter Braten *u*, Beute, Vorteil, Anteil, Genuss, Frucht, Erfolg, Rebbach *u*, Rebbes *u*, Reibach *u*, Ergebnis, Segen, Schores *u*, Schnitt *u*, Gelingen, Gedeihen, Einkünfte, Zuwachs, Umsatz, Einnahme, Arbeitssegen, Nutznießung, Verdienstspanne, Gewinst,

Aufschlag, Zuschlag, Überschuss, Avantage, Dividende, Schanz *u.* → Anteil, Arbeitssegen, Aufschlag, Ausbeute, Auswirkung, Bemächtigung, Beute, bringen sein Schäfchen ins Trockene, Einkommen, Einträglichkeit, Erlös, Errungenschaft, Erwerb. ▸ Verlust, Einbuße, Schaden • Aufwand, Einsatz, Investition, Kosten • Niete.

Gewinn bedacht, auf besitzgierig, geldgierig, gewinnsüchtig, habgierig, profitgierig, raffgierig.

Gewinn bringen rentieren.

Gewinn einstecken → bringen sein Schäfchen ins Trockene.

Gewinn, hoher erster Preis, Großes Los, Hauptgewinn, Jackpot, Supergewinn/-preis, Volltreffer.

Gewinn sichern Schäfchen ins Trockene bringen *u.*

Gewinnanteil Beteiligung, Tantieme. → Anteil, Ausbeute, Dividende, Gewinn.

Gewinnanteilschein Kupon, Dividendenschein, Kupon.

Gewinnausschüttung Dividende.

Gewinnaussicht Vorteil, Chancen, Treffer, Tipp, Sieg, Fischzug, Schlager, Segen, Einschlag, Bombe *u.*

Gewinn bringend → dankbar, dienlich, diplomatisch, einträglich, erfolgreich, erfreulich, förderlich, lohnend, rentabel.

gewinnen erzielen, ausnutzen, sich zu Nutze machen, auf seine Rechnung kommen, Oberhand behalten, Vorteil haben, sich gesund machen, erpressen, sich bezahlt machen, sich lohnen • erlangen, erreichen, erringen, vorwärts kommen, vorrücken, siegen, überwinden, einnehmen, den Lorbeer erringen, Beifall ernten, besiegen, niederstrecken, auspunkten, den Sieg erringen, Beute machen • erwerben, verdienen, erarbeiten, lösen, einheimsen, Gewinn einstreichen, scheffeln, erhalten, anschaffen, sich verschaffen, in Besitz gelangen, sich zum Eigentum machen, einsäckeln, ergattern, hereinbekommen. → abwerten, aneignen, ausbeuten, ausnutzen, bahnen, begeistern, beikommen, bemächtigen, bemeistern, bereichern, beschaffen, bestehen, bringen zu Wege, einbringen, erlangen, erwerben, fesseln, Geld kommen zu, profitieren, siegen, werben. ▸ verlieren, einbüßen • einbringen, einsetzen, hineinstecken, investieren • besitzen, haben • besiegt werden.

gewinnen, das Herz einschmeicheln sich, Liebkind machen, in Gunst gelangen, in Gunst kommen, ins Netz locken, bezaubern, entzücken, betören, den Kopf verrücken, an sich fesseln, verführen, Gefühle wecken, Liebe erregen, Zuneigung fassen. → lieben. ▸ verabscheuen.

gewinnen, für sich das Herz erobern, mitreißen, mit fortreißen, überzeugen, Zustimmung erlangen, Anklang finden, übereinkommen, vereinbaren, überreden, bekehren, belehren, zur Einsicht bringen. ▸ ablehnen, misstrauen, widersprechen.

gewinnen lassen, sich fesseln, hinreißen, bewegen lassen, Anteil nehmen, sich einspannen lassen, sich beirren lassen, sich hineinziehen lassen. ▸ ablehnen, gleichgültig (sein).

gewinnend → angenehm, anziehend, artig, bestechend, einnehmend, reizvoll, sympathisch.

Gewinner → Sieger.

gewinngierig geizig, habgierig, raffgierig, erpicht, interessiert. ▸ uneigennützig.

Gewinnklasse Rang.

Gewinnmitnahme Profit-taking.

Gewinnspanne Gewinnmarge, Handelsspanne, Marge, Reinertrag, Zinsmarge.

Gewinnsucht → Eigennutz, Feilheit, Geiz.

gewinnsüchtig → begehrlich, bestechlich, egoistisch.

gewinnsüchtiger Mensch Profitgeier *u.*

Gewinnung → Erzeugung, Bemächtigung.

gewinnversprechend aussichtsreich, Gewinn bringend, lukrativ, profitabel, rentabel, wirtschaftlich.

Gewinnverteilung Ausschüttung, Dividende.

Gewirk → Geflecht, Gewebe.

Gewirr Salat *u.*

Gewirre → Anzahl, Charivari.

gewiss bestimmt, besiegelt, jedenfalls, notwendig, unvermeidlich, unwiderruflich, gewisslich, unzweifelhaft, tatsächlich, zutreffend, sicher, unanfechtbar, wirklich, entschieden, kategorisch, fraglos, für alle Fälle, unfehlbar, zweifellos, ohne Zweifel, unwiderleglich, unbestreitbar, zuverlässig, untrüglich, unstreitig, klar, allerdings, freilich, sicherlich, unter allen Umständen, jawohl. → absolut, allerdings, augenscheinlich, beglaubigt, bestimmt, beweisend, definitiv, deutlich, erwiesen, freilich, natürlich, positiv, richtig sicher. ▸ ungewiss.

Gewissen → Befehl, Ermahner, Verantwortung.

Gewissen, nach bestem → überzeugt.

Gewissen, böses → Scham, Schuldgefühl.

Gewissen, gutes → Seelenfrieden.

gewissenhaft → akkurat, anständig, ausführlich, bedächtig, bieder, brav, buchstäblich, charakterfest, charaktervoll, eingehend, genau, getreulich, loyal, peinlich, sorgfältig, streng. ▸ fahrlässig, lässig, lax, leichtfertig, liederlich, locker, nachlässig, oberflächlich, salopp, schlampig, unordentlich, unzuverlässig.

Gewissenhaftigkeit → Behutsamkeit, Besonnenheit, Charakterstärke, Dekorum, Ehrenpunkt, Fehlerlosigkeit, Genauigkeit.

Gewissenhaftigkeit, mit strikter → buchstäblich.

gewissenlos → arg, arglistig, barbarisch, bübisch, charakterlos, fahnenflüchtig, niederträchtig.

Gewissenlosigkeit → Bestechlichkeit, Unredlichkeit.

Gewissensbisse → Bedenken, Beeinflussung, Reue, Scham.

Gewissenssache → Ehrenpunkt, Pflicht.

gewissermaßen gleichsam, sozusagen, beinahe, etwa, ungefähr, vorausgesetzt, zufällig, je nachdem, möglicherweise, mehr oder minder, wie die Sache steht, den Umständen nach, im Großen und Ganzen, immerhin, möglichst, teilweise, fast, nicht ganz so. → ähnlich, als, bedingungsweise,

beispielsweise, gleichsam, quasi.
▶ gewiss, tatsächlich.
Gewissheit → Tatsache.
gewisslich → beglaubigt, gewiss.
Gewitter → Ausbruch, Blitz, Donner, Entladung, Spannung.
Gewitterluft Gewitterschwüle, Schwüle, Treibhausluft.
gewitterschwer → bleiern.
gewitzigt geschickt, gewandt, anstellig, einsichtig, erfahren, klug, scharfsinnig, tüchtig, gescheit, vorsichtig. → begabt, erfahren, klug.
▶ dumm, unbegabt, ungeschickt.
gewitzt → anstellig, gewitzigt.
gewogen → geneigt, hörig, zugetan.
gewogen, nicht → abhold. → unfreundlich, verfehdet.
gewogen sein → gern haben.
Gewogenheit → Achtung, Liebe.
gewöhnen (sich) anpassen sich, einarbeiten, bleiben dabei, einwurzeln, finden sich in, angewöhnen, einleben, eingewöhnen, sich der Umwelt anpassen, der Sitte nachleben, abfinden sich. → anpassen, befolgen, beobachten.
▶ entwöhnen.
Gewohnheit Einfügung, Einordnung, Anpassung, Angleichung, Angewöhnung, Gebrauch, Übung, Regel, Sitte, Brauch, Trott, Mode, Zeremoniell, Komment, Manier, Herkommen, Väterart, Überlieferung, Brauchtum, Volkssitte, Dabeibleiben, Stiefel *u.* → Angleichung, Beständigkeit, Brauch, Erfahrung, Etikette, Gebrauch, Gepflogenheit, Mode, Norm, Regel, Routine, Usus.
▶ Abart, Entwöhnung, Fortschritt, Neuheit.
Gewohnheit werden, zur einbürgern sich, Sitte werden, üblich werden.
Gewohnheiten, geschäftliche Usancen.
Gewohnheitsarbeit Alltagsarbeit, Routine, tägliche Arbeit.
gewohnheitsgemäß gewohnt, gebräuchlich, üblich, gang und gäbe, vertraut, alltäglich, althergebracht, eingebürgert, überbracht, eingewurzelt, fortwährend, modisch, dem Brauch gemäß, nach alter Schule, mechanisch, seelenlos, gefühllos, anteillos, stumpf, teilnahmslos, unbewusst, eingetrichtert, ständig, habituell. → alltäglich.
▶ ungewöhnlich.
Gewohnheitsrecht → Anrecht.
Gewohnheitstrinker Alkoholiker, Alkoholsüchtiger, Quartalssäufer, Säufer, Trinker.
gewöhnlich → abgedroschen, alltäglich, beständig, derb, erträglich, fadenscheinig, gewohnheitsgemäß, hässlich, normal, regelmäßig, stillos.
▶ Aufsehen erregend, außergewöhnlich, einmalig, extraordinär, märchenhaft, fantastisch, sensationell • merkwürdig, seltsam, sonderbar, ungewöhnlich • aristokratisch, edel, erlesen, vornehm.
gewohnt → alltäglich, alt, behaftet, besessen, beständig, gewohnheitsgemäß.
▶ neu, ungewohnt.
Gewöhnung → Gewohnheit, Routine.
Gewölbe Arkade, Bauch, Bogengang, Bogenraum, Höhle, Kuppel, Wölbung • Keller.
gewölbt → bauchig.
gewollt künstlich, affektiert, gemacht, manieriert.
▶ lässig, locker, natürlich, ungezwungen • irrtümlich, unbeabsichtigt, versehentlich, zufällig.
Gewühl → Anzahl.
gewunden gebogen, schraubenförmig, geschweift, gekrümmt, umgebogen, verbogen, bogenförmig, bucklig, krumm, geschnörkelt, kurvenreich. → aalförmig, aalglatt, gebogen.
▶ aufrichtig, gerade.
gewünscht → bewusst, verlangt.
gewürdigt → anerkannt.
gewürfelt → gemustert, farbenfroh.
Gewürge → Schlingbewegung, Unordnung.
Gewurstel → Unordnung.
Gewürz Aroma, Geschmacksverbesserer, Würze, Würzstoff.
Gewürze scharfe Sachen *u.*
Gewürzlosigkeit → Fadheit.
gewürzt → angenehm, brennend, scharf, schmackhaft.
▶ fade, gewürzlos, langweilig, würzlos.
gezackt → eckig, scharf.
gezähmt abgerichtet, diszipliniert, domestiziert, dressiert, erzogen, gebändigt, gedrillt, unterworfen, zahm.
gezähnt → eckig, scharf.
Gezänk Fehde, Hader, Kabbelei, Reiberei, Streit, Zank.
Gezänke Kabbelei. → Debatte, Streit.
Gezappel Gewackel, Wackeln, Bewegung, Räkeln, Erschütterung, Gewedel, Regsamkeit, Hast, Eile, Ratlosigkeit.
▶ Besonnenheit, Ruhe.
gezeichnet todgeweiht, erledigt, sterblich, krank, gebrechlich • schuldbetroffen, schuldbewusst, gebrandmarkt, verdammt, verurteilt • gemalt, bemalt, entworfen, nachgezeichnet, abgezeichnet, gepinselt, skizziert, dargestellt.
▶ gesund, unschuldig • anonym, ungezeichnet, unsigniert.
Gezeiten Ebbe und Flut, Flutstrom, Gezeitenströmung, Tide.
Gezeter Geschimpfe, Geschrei, Jammerei, Keifen, Wehklagen.
gezielt → planvoll.
gezielt beeinflussen manipulieren.
geziemen, sich gehören sich, schicken sich, ziemen sich.
geziemend → angemessen, billig, schicklich.
geziert → anspruchsvoll, aufgeblasen, dünkelhaft, eitel, erkünstelt.
geziertes Benehmen → Gehabe.
Geziertheit → Dünkel, Eitelkeit.
Gezischel Zischlaut, Geraschel, Zischen, Gekriesel, Knirschen, Geschwirre, Gebraus, Geräusch, Getuschel. → Gelispel.
▶ Lautlosigkeit.
gezüchtet gezähmt, gezogen, hochgezüchtet, kultiviert, verfeinert, zahm.
gezügelt beherrscht, cool, diszipliniert, gefasst, gelassen, zurückgenommen.
Gezweig → Ast.
gezwungen betragen sich, dünkelhaft, schüchtern. → bemüßigt, dünkelhaft, gezwungenermaßen.
▶ ungezwungen, entkrampft, entspannt, frei, natürlich, unbefangen, zwanglos • aus freien Stücken, frei, freiwillig.
gezwungen sein müssen, sollen, verpflichtet sein.
gezwungenermaßen erzwungen, gezwungen, notgedrungen, unfreiwillig, zwangsweise, gewaltsam, zwingend, unfrei, unumgänglich, unerlässlich,

unausweichlich, unabweislich, fordernd, aufgedrängt, abgenötigt, unvermeidlich, genötigt. ▸ freiwillig.

Giebel First, Dachreiter, Dach, Dachstuhl, Sparre, Spitze, Zinne, Ziergiebel, Turm, Stirnseite, Kuppe, Decke, Gesims, Kapitell, Glockenturm, Hausgiebel, Gewölbe. → Fassade.

Gier Verlangen, Lüsternheit, Gelüst, Begierde, Geile, Leidenschaft, Besessenheit, Sehnsucht, Wunsch, Unruhe • Appetit, Esslust, Hunger, Fresssucht, Gefräßigkeit, Heißhunger, Gähhunger, Gibber *u*, Gieper *u*, Japper *u*. → Begierde, Drang, Esslust. ▸ Genügsamkeit, Keuschheit • Abgeneigtheit, Abscheu, Ekel, Widerwillen • Anspruchslosigkeit, Bescheidenheit, Zurückhaltung • Überdruss.

gieren verlangen, bangen, harren, erwarten, zappeln, brennen auf, brennen nach, nicht erwarten können, haben wollen, unbedingt besitzen wollen • forschen, herumschnüffeln, ausquetschen, aushorchen, belauschen, ausspionieren, umgucken, platzen vor Neugierde, sich nicht beherrschen können. ▸ beherrschen sich.

giererfüllt → besessen, fessellos, gierig.

gierig begierig, giererfüllt, gelüstig, unbeherrscht, hemmungslos, maßlos, triebhaft, tierisch, durstig, hungrig, entbrannt, lebensgierig, lüstern, fressgierig, heißhungrig, prasserisch, unersättlich, unmäßig, lechzend, begehrlich, brünstig, naschhaft, versessen. → besessen, erpicht, fessellos. ▸ genügsam, keusch, beherrscht • abgeneigt, angeekelt • desinteressiert, gleichgültig • anspruchslos, bescheiden, maßvoll • überdrüssig, übersättigt.

gierig sein scharf sein *u*.

gießen bewässern, wässern, anfeuchten, berieseln, begießen, besprengen, eingießen, ausgießen, bespülen, ergießen, vergießen, anfüllen, voll schenken, einschenken. → anfertigen. ▸ austrocknen.

gießen, hinter die Binde → saufen.

gießen, Öl ins Feuer → Öl gießen ins Feuer.

Gießkunst → Bildhauerei.

Gift Giftstoff, Pflanzengift, Tiergift, Krankheitserreger, Schlangengift, Leichengift, Rauschgift • Alkohol, Nikotin, Koffein. → Geifer.

Gift nehmen Selbstmord machen (mit Gift), vergiften sich.

Gift und Galle → Bissigkeit, Geifer.

giften ärgern sich, geifern, Gift verspritzen, keifen, schimpfen, verunglimpfen.

Giftforschung/-kunde Toxikologie.

giftgrün gallig.

Gifthauch Miasma.

giftig schädlich, unrein, gefährlich, ungenießbar, schlecht, ungesund, ansteckend, tödlich, Lebenzerstörend, verderblich, unverdaulich, unbekömmlich, gesundheitswidrig • gallsüchtig, böse, gemein, niedrig, arglistig, abscheulich, feindlich, gereizt, erbost, ärgerlich, aufgebracht, gärend, kochend, zornig, erzürnt, fuchtig, missmutig, wütend. → böse, eitrig, enragiert, erbittert, faul, feindlich. ▸ gut, unschädlich, giftfrei, ungiftig • essbar, genießbar, gesund • freundlich, höflich, nett.

Giftschlange → Drache.

Gigant → Dickwanst.

gigantisch großartig, riesig, groß, mächtig, unermesslich, überragend, ungeheuer, kolossal, gewaltig, übermenschlich, titanisch, enorm, hünenhaft, reckenhaft, athletisch, hoch, erhaben, emporragend, aufsteigend, steil, riesengroß. → ansehnlich, außerordentlich, ausgedehnt, gewaltig. ▸ unscheinbar.

Gigerl → Dandy.

Gilde Zunft. → Bund, Vereinigung.

Gimpel → Banause, Betrogener, Dummerian, Dummkopf.

Gipfel Höhepunkt, Krone, Muster, Meisterstück, Spitze, Vollendung, Ausmaß, Vorbild, Ziel, Hochziel, Vollkommenheit, Spitzenleistung, Schulbeispiel • Gebirge, Berg, Kuppe, Höcker, Zinne, Scheitelpunkt, Wipfel, Zinken, Haupt, Kopf. → Ausbund, Berg, Beste, Clou. ▸ Tal, Tiefpunkt, Abgrund, Schlucht, Talsohle • Fuß • Beginn.

Gipfelkonferenz Generalversammlung, Spitzengespräch, Vollversammlung.

Gipfelleistung → Rekord.

Gipfelpunkt Zenit.

Gipfelstürmer → Bergsteiger.

Gips → abbinden, Bindemittel.

Gipsabguss → Bildhauerei.

Girlande → Ausschmückung, Dekoration.

Giro, durch bargeldlos, bankmäßig.

girren → balzen, liebäugeln.

Gischt → Brodem, Schaum.

Gitter → Beschwernis, Zaun.

gitterförmig → durchbrochen.

Gittern, hinter → eingeschlossen.

Gitterwand Spalier.

Gladiator → Athlet.

Glanz Aufmachung, Kleiderpracht, Putz, Staat, Wichs, Pracht, Prunk, Herrlichkeit, Pomp, Schaugepränge, Farbenglanz, Augenlust, Hofstaat • Schein, Erleuchtung, Helligkeit, Licht, Schimmer, Strahl, Strahlenkranz, Lichtstrom, Lichtschein, Funke, Geflimmer, Gefunkel • Schönheit, Ruhm, Glorie, Liebreiz, Holdseligkeit, Schmuck, Zierrat. → Anziehung, Aufmachung, Ausschmückung. ▸ Einfachheit, Dunkelheit, Hässlichkeit, Ruhmlosigkeit.

glänzen brillieren. → bohnern, einherstelzen, erglühen, leuchten, prunken.

glänzend → auserlesen, blank, blendend, brillant, scharmant, ehrenvoll, eindrucksvoll, erlaucht, erlesen, farbenfroh, prächtig.

Glanzleder/-seide Glacee.

Glanzleistung → Glanzstück.

glanzlos → blind, dämmerig, fahl.

glanzlos machen mattieren.

Glanzpunkt → Clou, Glanzstück.

Glanzstück Seltenheit, Vollkommenheit, Auslese, Ausbund, Gipfel, Meisterstück, Meisterwerk, Spitzenleistung, Blickfänger, Schatz, Kleinod, Juwel, Perle, Tadellosigkeit, Vollendung, Hochziel, Ideal, das Beste, Glanzpunkt. → Anziehung, Attraktion. ▸ Unvollkommenheit.

glanzvoll → prächtig.

Glas → Behälter, Bier, Gefäß.
Glasdruck → Bild, Druck.
gläsern spröde, gebrechlich, zerbrechlich, spaltbar, brüchig, splittrig, mürbe, zerspringbar, empfindlich • glasig, durchsichtig, durchscheinend, klar, glasklar, glashell, hell. ▸ undurchsichtig, widerstandsfähig.
glasiert → bereift, überzogen.
glasig → gläsern.
Glaskolben Ballon, Retorte.
Glaskugel, bunte Bucker *u.*
Glasmalerei → Bild, Malerei.
Glasschrank Etagere, Vitrine.
Glasur Überzug.
glatt → aalglatt, abgetan, ausgebreitet, blank, butterig, diplomatisch, eben, faltenlos. ▸ faltig, runzlig • grob, rau, rissig • gewellt, holprig, hügelig, wellig • kraus, lockig, zerzaust • kompliziert, umständlich • gerade, offen.
glatt machen → glätten.
Glätte Ebenheit, Glanz, Glasur, Spiegelglätte, Schlüpfrigkeit, Glättung, Fettigkeit, Schmiere, Glasschliff, Spiegel, Flachheit • Eisglätte, Eisspiegel, Eisbahn, Eisfläche, Schleifbahn, Schleife, Rutschbahn, Gleitbahn. → Ebene. ▸ Rauheit.
Glatteis → Eisbahn.
Glatteis führen, aufs → Eis führenaufs.
glätten gerade biegen, strecken, auffalten, aufdrehen, auseinander legen, ausbreiten, begradigen, ebnen, abplatten, plätten, bügeln • schmieren, schleifen, abhobeln, striegeln, bohnern, blank machen, polieren, lackieren, abziehen, spachteln, ausfugen, ausgießen, bahnen, über einen Leisten spannen • einfetten, einölen, ölen, einschmieren, fetten, salben. → ausgleichen, bahnen, beruhigen, besänftigen, bohnern, bügeln, entfalten, erleichtern. ▸ biegen, rauen.
glätten, den Weg → befördern.
glattgehen erfolgreich sein, gelingen, glücken, gut gehen.
glattmachen → ebnen, entfalten.
glatt streichen → ebnen, entfalten.
glattzüngig schmeichlerisch, schmeichelhaft, süßfreundlich, honigsüß, übergefällig, gleisnerisch, schöntuerisch, augendienerisch, katzenfreundlich, geschmeidig, diplomatisch, glatt • abgefeimt, verstellt, falsch, arglistig, heuchlerisch, doppelzüngig, kriechend, ausweichend, lügnerisch. → aalglatt, arglistig, diplomatisch. ▸ arglos, aufrichtig, geradezu.
Glatze Kahlkopf, Platte, Eierkopf, Vollmond *u,* Mond *u,* Volltonsur *u,* Mondschein *u,* Bubikopf mit Spielwiese *u,* Kegelkugel *u,* breiter Scheitel *u,* sehr hohe Stirn *u,* Platte *u,* Rutschbahn *u.*
Glatzkopf Plattenberger *u.*
Glatzkopf mit weißem Haarkranz Silbermond *u.*
glatzköpfig glatzig, kahl, kahlköpfig, unbehaart (am Kopf).
Glaube Frömmigkeit, Andacht, Gottvertrauen, Religiosität, Überzeugung, Gottesglaube, Gläubigkeit, Gottvertrauen, Ergebenheit • Zutrauen, Vertrauen, Gewissheit, Zuversicht, Ahnung, Vorahnung, Vermutung, Befürchtung, Glaubensstärke, Glaubensbedürfnis, Hoffnung, Mutmaßung, Hoffnungsstrahl, Versicherung. → Ahnung, Bekenntnis, Begriff, Dogma. ▸ Ungläubigkeit • Gewissheit, Sicherheit, Wissen • Argwohn, Misstrauen, Skepsis, Zweifel.
Glauben erschüttern zweifeln, bedenken, misstrauen, anzweifeln, bezweifeln, schwanken, in Frage ziehen, die Meinung erschüttern, einen Floh ins Ohr setzen, im Doppellicht erscheinen, unsicher sein. ▸ glauben.
Glauben, im guten vertrauensvoll, vertrauensselig, zuversichtlich, glaubensstark, ohne Argwohn. ▸ gewissenlos, misstrauisch, trügerisch.
Glauben, auf Treu und vertrauensvoll, zutraulich, offen, naiv, arglos, treuherzig, auf seine schönen Augen hin, auf Ehre und Gewissen. ▸ misstrauisch • vertraglich.
glauben meinen, vermuten, annehmen, wähnen, denken, einbilden, mutmaßen • fromm leben, gläubig leben, Gott huldigen, Glauben schenken. → ahnen, annehmen, argwöhnen, befürchten, feststehen, vermuten. ▸ glauben nicht • wissen • annehmen, vermuten • anzweifeln, bezweifeln, zweifeln.
glauben, nicht → bezweifeln.
Glaubens, besten optima fide.
Glaubensabtrünniger Renegat, → Abtrünniger.
Glaubensbekenntnis → Bekenntnis, Religion.
Glaubenseiferer Zelot.
Glaubenssatz → Dogma.
glaubensstark → erwartungsvoll, gläubig.
glaubhaft glaublich, denkbar, plausibel, begreiflich, erklärlich, fasslich, verständlich, einleuchtend, dem Anschein gemäß. ▸ unglaubhaft.
Glaubhaftigkeit → Charakterstärke, Wahrscheinlichkeit.
gläubig glaubensstark, glaubensselig, vertrauensvoll, zutraulich, fromm, gottesfürchtig, gottergeben, rechtgläubig, religiös, strenggläubig, christlich, gottbegeistert, gottbegnadet, himmelstrebend, bekehrt, gebessert, geheiligt. → andächtig. ▸ ungläubig • misstrauisch, zweifelnd.
Gläubiger Geldgeber, Geldverleiher, Kreditgeber, Darleiher, Darlehensgeber, Schuldforderer, Geldeintreiber, Mahner. ▸ Heide • Schuldner.
Gläubigkeit → Glaube, Religion.
glaublich → denkbar.
glaubwürdig → authentisch, beglaubigt, erwiesen, wahr.
Glaubwürdigkeit Echtheit, Begründung, Wahrscheinlichkeit, Glaubhaftigkeit, Vermutung, Wahrheit, Überzeugungskraft, Wahrhaftigkeit, Gediegenheit, Genauigkeit, Wirklichkeit, Rechtschaffenheit, Vertrauenswürdigkeit, Aufrichtigkeit, Offenheit, Offenherzigkeit, Wahrheitsliebe, Geradheit, Geradheitssinn. → Bekräftigung, Fehlerlosigkeit. ▸ Verlogenheit.
gleich egal, gleichartig, homogen, übereinstimmend, entsprechend, gleichbeutend, gleichförmig, gleichgestellt, gleichstimmig, wesensgleich, identisch, unterschiedslos, homolog, gleich lautend, identisch, homofon, dasselbe, ebenso, groß, ebenso viel, einförmig, einheitlich,

gleichwertig, regelmäßig, unterschiedslos, ebenso, gleichstehend, synonym, ununterscheidbar, einstimmig, zusammenstimmend, zusammenklingend, ineinander fallend, geradeso, gleichlaufend • sofort, sogleich, fix, schnell, alsobald, flugs, alsbald. → abgetan, analog, bald, beizeiten, beständig, dasselbe, dementsprechend, dergleichen, eben, ein und dasselbe, einheitlich, entweder, faltenlos. ▸ langsam, später • ungleich.

gleich sein → entsprechen.

gleichartig derartig, vollwertig, übereinstimmend, gleichmäßig, entsprechend, ersetzend, angemessen, passend, gemäß, sachgemäß, kongruent, gleich, gleichförmig, regelmäßig. → demgemäß, derart, dergleichen, dermaßen, einheitlich, gleich. ▸ ungleichartig, abweichend, anders, different, heterogen, inhomogen, kontrastierend, unterschiedlich, verschieden • ähnlich • gegensätzlich.

Gleichartigkeit → Einheitsform, Übereinstimmung.

gleichbedeutend → ebenso viel, gleich.

gleichberechtigt emanzipiert, gleichrangig, gleichgestellt, gleichstehend, gleichwertig, paritätisch.

Gleichberechtigung → Emanzipation.

gleich bleiben → bestehen, feststehen.

gleichbleibend → stetig.

gleiche, das → dasselbe, desgleichen, dieses.

gleichen, sich → aussehen wie ähneln/entsprechen einander, aussehen wie, decken sich, kongruieren, korrespondieren.

gleichermaßen auch, ebenfalls/-so, derselben Weise in, ex aequo, desgleichen, dito, genauso.

Gleiches → Abbild.

gleichfalls → auch, desgleichen, eingerechnet, ferner.

Gleichform → Einheit, Übereinstimmung.

gleichförmig isomorph, schematisch. → dauernd, demgemäß, dergleichen, einheitlich.

Gleichförmigkeit → Beständigkeit, Einheitsform, Übereinstimmung.

gleichgeschaltet parallel.

gleichgeschlechtlich eigengeschlechtlich, homoerotisch/-phil/-sexuell, invertiert, schwul.

gleichgesinnt einträchtig, vertraulich, gleichgestimmt, freundschaftlich, brüderlich, befreundet, gesinnungstüchtig, national, verbündet, einig, zusammen, volksverbunden, gemeinschaftlich. ▸ anders geartet, entzweit.

Gleichgesinntheit Einhelligkeit, Einklang, Eintracht, Gleichklang, Harmonie, Übereinstimmung.

gleichgestaltig isomorph.

gleichgestellt → ebenbürtig, entsprechend, gleich, parallel, verwandt.

gleichgestimmt → ähnlich, gleich, gleichgesinnt.

Gleichgewicht Waage, Balance, Gleichmäßigkeit, Gleichförmigkeit, Übereinstimmung, Gleichklang, Harmonie • Gemütsruhe, Geistesfriede, Seelenfriede, Befriedigung, Wohlbehagen, seelisches Gleichgewicht, gehobene Stimmung, inneres Gleichgewicht. → Bilanz. ▸ Disharmonie, Missbehagen.

Gleichgewicht bringen, ins ausgleichen, angleichen, austragen, auffüllen, decken, aufwiegen, in Einklang bringen, die Waage halten, die Wirkung aufheben. ▸ beunruhigen, verwirren.

Gleichgewicht herstellen/ -halten jonglieren.

Gleichgewicht verlieren, das ausgleiten, ausrutschen, Halt verlieren den, hinfallen, schwanken.

Gleichgewichtskünstler Jongleur.

Gleichgewichtslehre Statik.

gleich groß → ebenso groß.

gleichgültig teilnahmslos, fühllos, apathisch, desinteressiert, wirkungslos, indifferent, unempfindlich, indolent, träge, wurstig, unberührt, denkfaul, stumpf, kalt, lau, gefühllos, abgestumpft, phlegmatisch, anteillos, abgestorben, müde, matt, schläfrig, abgehärtet, unbewegt, frostig, kaltblütig, gleichmütig, leidenschaftslos, gelassen, regungslos, widerwillig, abgeneigt, unwillig, abweisend, unentschieden, neutral, faul, bequem, schlaff, nachlässig, zerstreut, fahrlässig, nebensächlich, lässig, ausdruckslos, unlustig, unzufrieden, fragen nach nichts, verdrossen, piepegal *u*, schnurzegal *u*, piepe *u*, das ist mir Wurst *u*, Gottlieb Schulze sein *u*, schnuppe sein *u*, schnurz sein *u*, scheißegal *u*, pomadig *u*, saftlos *u*, puttegal *u*, scheißegal *u*. → abgebrüht, abgestumpft, ausdruckslos, beherrscht, blasiert, dickhäutig. ▸ empfänglich, entschieden, fleißig, leidenschaftlich, wissbegierig.

gleichgültig lassen kalt lassen, unberührt lassen.

Gleichgültigkeit Teilnahmslosigkeit, Apathie, Desinteresse, Indifferenz, Unempfindlichkeit, Trägheit, Indolenz, Faulheit, Stumpfsinn, Stumpfheit, Froschnatur, Wurstigkeit, Unachtsamkeit, Phlegma, Unbekümmertheit, Blasiertheit, Gefühlsleere, Gefühllosigkeit, Lauheit, Gelassenheit, Gleichmut, Kaltblütigkeit, Fischblut, Nachsicht, Langmut, Lammesgeduld, Widerwilligkeit, Unbeteiligtheit, Unentschiedenheit. → Abneigung, Achsel, Dumpfheit. ▸ Empfänglichkeit, Entschiedenheit, Fleiß, Leidenschaftlichkeit, Wissbegier.

Gleichheit Egalité, Gleichberechtigung, Wesensgleichheit, Übereinstimmung, Identität, Gleichform, Gleichförmigkeit, Gleichartigkeit, Gleichmaß, Gleichklang, Einstimmigkeit, Gleichlaut, Gleichläufigkeit, Gleichzeitigkeit. → Ähnlichkeit. ▸ Ungleichheit.

Gleichheit bedacht, auf egalitär.

Gleichklang → Einheit, Einklang, Gleichheit.

gleichkommen → beikommen, entsprechen.

gleichkommend → ebenso viel, gleich.

Gleichlauf Gleichmaß, Gleichrichtung, Parallelismus, Zusammenwirkung, Zusammentreffen, Gleichläufigkeit, Gleichzeitigkeit, Gleichtakt. →

Berichtigung, Gleichheit.
▸ Divergenz, Ungleichheit.
Gleichlauf bringen, zum synchronisieren.
gleich lautend → entsprechend, parallel.
gleichliegen → entsprechen.
gleichmachen → ausgleichen, austragen, bahnen, ebnen.
Gleichmacherei Gleichschaltung/-stellung, Kommunismus, Nivellierung, Uniformierung, Vermassung.
Gleichmachung Gleichstellung, Ausgleich, Ausgleichung, Einebnung, Gleichschaltung, Gleichmacherei, Gewichtsausgleich, Machtausgleich, Gleichgewicht, Nivellierung. → Berichtigung.
▸ Benachteiligung, Bevorzugung.
Gleichmaß Gleichklang, Harmonie, Regelmäßigkeit, Takt, Rhythmus, Ordnung, Gleichmäßigkeit, Regel • Seelenfriede, Ausgeglichenheit, Gleichmut, Beherrschtheit, Festigkeit, Stete, Würde, Erhabenheit. → Ausdauer.
▸ Kontrast, Ungleichmäßigkeit.
gleichmäßig → dauernd, einheitlich, regelmäßig.
▸ chaotisch, inkonstant, schwankend, sprunghaft, unausgewogen, ungleichmäßig, unregelmäßig.
Gleichmäßigkeit → Beständigkeit, Dauer, Gleichmaß.
Gleichmut Gelassenheit, Regungslosigkeit, Unbekümmertheit, Teilnahmslosigkeit, Unerschütterlichkeit, Beherrschtheit, Festigkeit, Ruhe, Gefasstheit, Stete, Bedacht, Gemütsruhe, Gleichgewicht, Gleichmaß, Ausdauer, Lauheit, Wurstigkeit, Unempfindlichkeit, Unempfänglichkeit. → Bedacht, Beherrschung, Besonnenheit, Geistesgegenwart.
▸ Unbeherrschtheit • Aufregung, Erregung, Unruhe • Begeisterung, Ekstase, Überschwang.
gleichmütig → abgebrüht, beherrscht, ergeben, geistesgegenwärtig, ruhig.
Gleichnis Symbol, Bild, Sinnbild, Vergleich, Gegenüberstellung, Nebeneinanderstellung, Allegorie, Vergleichung • Parabel, Fabel, Dichtung, Märchen, Schilderung, Lehrfabel, Erbauungserzählung. → Anspielen, Erzählung.
gleichnishaft allegorisch, bildlich, metaphorisch, parabolisch, symbolisch, sinnbildlich.
gleichnishafte Redewendung Metapher.
gleichrangig → ebenbürtig.
gleichsam sozusagen, anklingend, solchermaßen, analog, als ob, etwa wie. → ähnlich, als.
▸ unähnlich, ungleich.
Gleichschaltung Kopplung, Kommunikation. → Emanzipation, Gleichmachung.
Gleichschritt → Gleichmaß.
gleichsetzen → vergleichen.
Gleichsetzung Identifikation.
gleichstehen → entsprechen, beikommen.
gleichstellen → entsprechen.
Gleichstellung → Anschluss, Aufnahme, Befreiung, Berichtigung, Bilanz, Emanzipation, Gleichmachung, Parität.
Gleichstimmung → Einklang, Harmonie.
gleichstoffig homogen.
Gleichtakt → Beständigkeit, Dauer, Gleichmaß.
gleichtun → nachmachen.
Gleichungslehre Algebra.
gleich viel → ebenso viel.
Gleichwert Pari.
gleichwertig → angemessen, anwendbar, dasselbe, ebenbürtig, gleich.
Gleichwertigkeit Äquivalenz, Parität.
gleichwie egal, einerlei, gleich, gleichgültig, gleich viel, schnurz.
gleichwinklig isogonal.
gleichwohl → aber, allein, allerdings, demungeachtet, dennoch, dessen ungeachtet, doch, immerhin, trotz.
gleichzeitig → als, indem.
▸ asynchron • nacheinander • hinterher, nachher, später • vorher.
Gleichzeitigkeit → Zusammentreffen.
gleichziehen aufholen, ausgleichen, einholen, gutmachen, nachholen, wettmachen.
Gleisnerei → Betrag, Heuchelei.
gleisnerisch → aalglatt, arglistig, bigott, buhlerisch.
gleißen → leuchten, schillern.
gleißend → farbenfroh, schillernd.
Gleiten → Bewegung.
gleiten → ausgleiten, bewegen sich.
Gletscher Firn, Frost, Kälte, Kühle, Ferner, Eisberg, Eisgang, Eisklumpen, Eisscholle, Eisdecke, Pasterze, Firner, Eisfeld.
Gletscherfachmann Glaziologe.
Gletschergeröll/-schutt Moräne.
Gletscherkunde Glaziologie.
Gletscherschlucht Kar.
glibberig → aalglatt.
Glied Körperteil, Gliedmaßen, Extremität, Ferse, Flechse, Zehe, Daumen, Finger, Bein, Schenkel, Arm, Elle, Hand, Klaue • Familienglied, Zweig, Geschlecht, Sippe. → Ast, Ausläufer, Bein, Bindemittel, Daumen, Familie.
▸ das Ganze • Gemeinschaft • Körper, Rumpf.
Glied, männliches Phallus. → Penis.
Glieder → Anzahl, Glied.
gliedern → absondern, anordnen, anschneiden, arrangieren, ausgestalten.
Gliederpuppe → Automat, Modell.
Gliederung Einordnung, Einreihung, Gruppierung, Zusammensetzung, Aufbau, Aneinanderfolge, Aufeinanderfolge, Kette, Ordnung, Zusammenhang, Zusammenstellung. → Anordnung, Aufbau, Einordnung.
▸ Gewirre, Regellosigkeit.
Gliederzittern Tremor.
Gliedmaße Extremität, Membrum.
Gliedmaßen → Bein, Daumen, Glied.
glimmen → blaken, brennen, dämpfen, schwelen.
glimpflich → einigermaßen, mittelmäßig.
glitschen → ausgleiten, bewegen sich, fallen.
glitschig seifig *u.* → aalglatt, blank, fettig.
glitzern blinken, glänzen, gleißen, flimmern, flirren, funkeln, leuchten, schillern.
glitzernd → brillant, schillernd, strahlend.
global gesamt, zusammen, allgemein, verbunden, beisammen, ganz, sämtlich. → ganz vollständig, zusammen.
▸ getrennt, teilweise, im

Einzelnen, speziell • lokal, regional.
Globetrotter → Bummler.
Globus → Ball, Erde, Kugel.
Glocke Bimmel, Gong, Kirchenglocke, Klingel, Schelle.
Glöckner → Küster.
Glorienschein → Größe, Ruhm, Würde.
glorifizieren anhimmeln, lobhudeln, schmeicheln, über den grünen Klee loben.
glorreich ruhmvoll, glänzend, brillant, strahlend, unvergänglich, unsterblich, ruhmbedeckt, ruhmwürdig, hervorragend, ausgezeichnet, auserlesen, herrlich, vortrefflich. → brillant. ▸ unberühmt, unrühmlich.
Gloriole Aureole, Strahlenkranz, Strahlenkrone • Lichtschimmer, Ausstrahlung, Widerschein • Heiligenkranz, Heiligenschein.
Glosse → Auskunft, Erklärung, Notiz.
glossieren ausdeuten, auslegen, erklären, auseinander setzen, darlegen, enthüllen • Anmerkungen machen, Randbemerkungen anbringen • verspötteln.
glotzen → anschauen, erstaunen, staunen.
Glück Erfolg, Freudenleben, Gedeihen, Glücksfall, Glücksstern, Glückswendung, Honigmond, Flitterwochen, Segen, Wohlergehen, Wohlsein, Wonneleben • Heil, Interesse, Lohn, Nutzen, Gewinn, Profit, Vorteil, Füllhorn • Aufstieg, Preis, Sieg, Treffer, Trumpf, Gelegenheit, Massel *u,* Bonheur, Sauglück, *u,* Mordsdusel *u.* → Arbeitssegen, Aussicht stehen in, Befreiung, Beseligung, Chance, Dusel, Entzücken, Erfolg, Ergiebigkeit, Fortuna, Freude, Lust, Segen. ▸ Unglück, Kummer, Leid, Missgeschick, Pech, Schmerz, Unheil, Verdruss.
Glück haben → beneidenswert.
Glück, auf gut → blindlings.
Glück bringend günstig, erfreulich, unter einem guten Stern. ▸ Pech haben, bringen.
Glück machen, sein → vorwärts kommen.
Glück wünschen → beglückwünschen.
Glucke → Mutter.
glücken gelingen, gedeihen, florieren, blühen, wachsen, einschlagen, glücklich aussehen, gut anschlagen, finden sein Auskommen, auf einen grünen Zweig kommen, ins warme Nest setzen, beruhigt der Zukunft entgegensehen, Karriere machen. → bahnen, bestehen, bringen es zu etwas, durchschlagen, erfüllen die Hoffnung, ernten ohne zu säen, erstarken, florieren. ▸ missglücken.
gluckern plätschern, murmeln, rieseln, glucksen, tropfen • strömen, fließen, sprudeln.
glücklich → aufgelegt, aufgeräumt, behaglich, beneidenswert, beruhigt, beseligt, erfolgreich, fruchtbar, gedeihlich, wonnetrunken. ▸ bedauernswert, betrüblich, betrübt, elend, jämmerlich, katastrophal, leidvoll, tragisch, traurig, ungünstig, widrig.
glücklich ausgehen → bringen zu Wege.
glückliche Gegend z.B. Arkadien, Dorado, Paradies.
glückliche Minderheit Happy-few.
glücklicher Ausgang Happy End.
glücklicherweise unberufen, Gott sei Dank, toi-toi-toi *u.*
Glücksaussicht Avance, Chance.
Glücksbringer Amulett, Fetisch, Maskottchen, Talisman.
glückselig → aufgeräumt, beneidenswert, beseligt.
Glückseligkeit → Beseligung.
glucksen → schlingen.
Glücksfall → Chance.
Glücksgefühl → Entzücken, Freude.
Glücksgöttin Fortuna, Tyche.
Glücksgüter → Reichtum.
Glückskind Glückspilz, Schoßkind, Sonntagskind, Gewinner, Glücksmacher, Hans im Glück, Glücklicher • Glücksritter, Karrieremacher, Parvenu. → Emporkömmling. ▸ Pechvogel.
Glücksland Arkadien. → glückliche Gegend.
Glückspilz → Emporkömmling, Glückskind.
Glücksritter → Börsenspieler, Emporkömmling, Spekulant.
Glückssache → Abenteuer, Chance, Examen, Risiko.
Glücksspiel Bakkarat, Hasard. → Abenteuer, Lotterie.
glückstrahlend → vergnügt, zufrieden.
Glückstraum → Herzenswunsch.
Glückswurf → Aussicht stehen in, Chance.
Glück verheißend → ermutigend, günstig.
Glückwunsch Beglückwünschung, Gratulation, gute oder beste Wünsche • Anteilnahme. ▸ Beileid, Kondolenz.
glückwünschen alles Gute wünschen, beglückwünschen, gratulieren.
Glückwünschender Gratulant.
Glühbirne → Birne, Lampe.
glühen → beleuchten, emporlodern, leuchten, wärmen.
glühen für → anbeten.
glühend → brennend, brillant, dämonisch, dampfend, drückend, feurig, flammend, strahlend, abgöttisch.
Glupschauge Froschauge, Glotzauge, hervortretendes Auge.
Glut → Affekt, Aufruhr, Ausbruch, Begeisterung, Bestimmtheit, Brand, Feuer, Flamme, Heftigkeit, Wärme.
Glutbecken → Brandstätte.
Gluthitze Affenhitze, Bruthitze, Bullenhitze, Sauna(hitze), Schwüle, Tropenhitze.
Gnade Huld, Güte, Mitleid, Erbarmen, Langmut, Rücksicht, Schonung, Begünstigung, Mitgefühl, menschliche Rührung, Erbarmnis, Barmherzigkeit, Vergebung, Nachsicht, Frist, Galgenfrist, Amnestie, Begnadigung, Straferlass. → Ablass, Amnestie, Aussöhnung, Charitas, Christus, Erbarmen, Nachsicht, Segen. ▸ Ungnade • Ächtung, Bestrafung, Verdammung, Verurteilung.
Gnade finden geschont werden, milde oder nachsichtig behandelt werden, nicht verurteilt werden. → vergeben. ▸ verurteilen.
Gnadenbrot Freitisch, Stiftung, Unterstützung, Geschenk, Spende, Zuwendung, Liebesgabe, Opfergabe, Scherflein, Beisteuer, Schenkung, Abfindung, Brosamen, Unterhalt. ▸ Gunst, Wohlwollen.
Gnadenfrist → Bedenkzeit.
gnadenlos → hart, herzlos.
Gnadenlosigkeit äußerste Strenge, Brutalität,

Erbarmungslosigkeit, Grausamkeit, Unbarmherzigkeit, Unerbittlichkeit, Rigorosität.
gnädig → barmherzig, schonungsvoll.
Gobelin → Bild, Wandteppich.
Goldgräber Digger.
Goldklumpen Nugget.
Goldmacher Adept, Alchimist.
Golfjunge Caddie.
Gondelführer Gondoliere.
Göre → Backfisch.
Gold → Beste, Schmuck, Wert.
Goldfüchse → Bargeld.
goldene Brücken bauen → helfen.
goldig → anmutig, entzückend.
Goldwaage legen, auf die es genau nehmen, sorgfältig behandeln, Sorgfalt aufwenden, sich angelegen sein lassen, sich Mühe geben, sein Bestes tun, peinlich genau vorgehen oder entscheiden.
▸ nicht so genau nehmen.
Goldstickerei → Dekoration.
Golf → Bai, Becken, Bucht, Busen, Ball, Sport.
Goliath → Athlet, Riese.
Gondel → Boot, Fahrzeug (Wasser-).
gondeln → bewegen sich, fahren.
Gong → Fanfare, Schlagzeug.
gönnen zukommen lassen, verschaffen, gewähren, helfen, fördern, behilflich sein • wohlwollen, unterstützen, begünstigen, Gutes tun, gütig sein, bereitwillig sein, sich gefällig zeigen • gestatten, willfahren, zugeben, zulassen, genehmigen, erlauben, nachgeben.
▸ missgönnen.
Gönner → Abgott, Beistand, Bekannter, Helfer.
gönnerhaft → ermutigend, wohlwollend.
Gönnerschaft → Beistand, Protektion, Gunst, Wohlwollen.
Goodwill *M* → Wille guter.
Gör(e) Backfisch, Fratz, Schlingel.
Gosse → Kloake.
Gott Allah *m (arab.)*, Brahma *s (ind.)*, Buddha *m (ind.)*, Erleuchteter, Allmächtiger, Allweiser, Schöpfer, Gerechter, Allgewaltiger, Gottvater, Gesalbter, Christus, Jesus, Gottessohn, Heiliger Geist, Divus *m*, Starker, Herr, Gottheit, Herrscher, Erhalter, Ernährer, König, Weltenlenker, Ewiger, Allgütiger, Weisheit, Gerechtigkeit, Allmacht, Allwissender, Allgegenwart, Ewigkeit, Unendlichkeit, Unendlicher. → Ein und Alles, Ernährer, Erschaffer, Ewigkeit.
Gott anrufen → beten.
Gott loben → danken.
gottbegnadet begabt, befähigt, talentiert, talentvoll, gescheit, weise, klug, vernünftig, vernunftbegabt, fähig, aufgeweckt, erleuchtet, schlau, scharfsinnig. → talentiert.
▸ unbegabt, unfähig.
Götterbote Merkur.
gottergeben → anspruchslos, behäbig, devot, fromm devot, fromm.
▸ blasphemisch, gotteslästerlich, gottlos, teuflisch.
götterhaft göttlich, gottvoll, köstlich, angenehm, lieblich, schmackhaft, lecker, herrlich, saftig, fein. → appetitlich.
▸ irdisch, scheußlich, unappetitlich.
Götterkost Götterspeise, Göttertrank, Ambrosia, Leckerbissen, Hochgenuss, Met, Nektar, Feinkost, Salböl, Delikatesse, Speise, Dessert, Göttertropfen. → Feinkost.
▸ Fraß.
Götterspeise → Delikatesse, Feinkost, Götterkost.
Göttertrank → Feinkost, Götterkost.
Gottesacker → Friedhof.
Gottesdienst Gottesverehrung, Anbetung, Weihe, Segnung, Mysterium, Seelsorger, Messe, Messopfer, Opferdienst, Sühnopfer, Hochamt, Frühmesse, Stillmesse, Abendmahlsfeier, Wandlung, Totenamt, Totenmesse, Erbauungsstunde. → Feier.
Gottesdienstordnung z.B. Agende, Liturgie, Ritual.
Gotteserkenntnislehre Gnostik.
Gotteserscheinung Theophanie.
Gottesfurcht → Ehrfurcht, Glaube.
gottesfürchtig → andächtig, demütig, devot, fromm.
Gottesgabe Gnade, Glück, Talent, Gedeihen, Gelingen, Wohlergehen, Wohlstand, Zufriedenheit, Unterhalt, Fülle, Befriedigung, Ertrag, Fruchtbarkeit, Sättigung, Brot, tägliches Brot.
▸ Unsegen.
Gottesgeißel Krieg, Seuche, Pest, Überschwemmung, Hungersnot, Not, Missernte, Dürre, Teuerung, Heimsuchung, Katastrophe, Kreuz, Leiden, Plage, Schicksalsschlag, Schiffbruch, Unglück, Unheil, Unsegen, Verhängnis, Verheerung, Zerstörung, Krisis, Dilemma. → Barbar, Not.
▸ Segen.
Gottesgelehrter Theologe.
gottesgläubig → fromm.
Gotteshaus Andachtsort, Bethaus, Dom, Heiligtum, Kapelle, Kathedrale, Kirche, Moschee, Münster, Synagoge, Tempel.
Gotteslästerer → Frevler.
gotteslästerlich → frevlerisch.
Gotteslästerung Blasphemie, (Religions-)Frevel, Religionsvergehen.
Gottesleugner → Abtrünniger.
Gotteslohn, um → umsonst, gratis, ehrenhalber.
gottgefällig → fromm.
Gottgesandter Messias.
Gottheit → Christus, Gott.
Göttin → Fee.
göttlich heilig, geheiligt, himmlisch, ewig, unendlich, einzig, allmächtig, allwissend, allgültig, vollkommen, übernatürlich, unbegreiflich, übermenschlich, überirdisch • geistig, tadellos, unvergleichlich, beispiellos, unübertrefflich, unerreicht, engelgleich, auserkoren, auserlesen, herrlich, prachtvoll, mächtig, olympisch, ideal, majestätisch, makellos. → beispiellos, charmant, delikat.
▸ irdisch, scheußlich.
göttliche Vernunft (Weltvernunft) Logos.
göttliches Wesen Gottheit, höchstes Wesen, Mysterium tremendum, Ursprung des Lebens.
Göttlichkeit → Christus, Gott.
gottlob → bedanken.
gottlos → frevlerisch, sündig.
Gottlosigkeit Unglaube, Religionslosigkeit, Atheismus, Gottvergessenheit, Gottesverachtung, Gottesleugnung, Gottesverleugnung, Blasphemie • Materialismus, Freigeisterei • Sündhaftigkeit, Sittenlosigkeit, Lasterhaftigkeit, Abirrung.
▸ Frömmigkeit, Gottergebenheit, Gottesfürchtigkeit.
Gottmensch → Christus, Gott.
gottvergessen → frevlerisch, gottverlassen.
gottverlassen verzweifelt,

hoffnungslos, seelenwund, niedergedrückt, niedergebeugt, bejammernswert • verlassen, allein, einsam, allein stehend, gemieden, unselig, mutterseelenallein, verloren • gottlos, frevlerisch, gotteslästerlich, heillos, entweiht, unfromm, verstockt, gottvergessen, glaubenslos, religionslos, gottverhasst, gottverdammt. ▸ fromm, gesellig, hoffnungsvoll • zentral (gelegen).

Gottvertrauen → Glaube, Vertrauen. ▸ Angst, Furcht, Urangst.

gottvoll → götterhaft, wunderbar.

Götzenbild → Abgott, Götzendienst.

Götzendienerei → Byzantinismus, Götzendienst.

Götzendienst Götzenverehrung, Götzendienerei, Abgötterei, Teufelsdienst, Teufelswerk, Hexerei, Dämonenverehrung, Dämonenkult, Heidentum, Ketzerei, Irrglaube, Molochdienst, Baaldienst, Sonnenanbetung, Sternanbetung, Feueranbetung, Aberglaube, Geisterglaube, Vielgötterei, Bilderanbetung, Bilderdienst, Feuerverehrung, Menschenopfer, Kinderopferung, Feuerprobe, Fetischismus.

Gourmand → Feinschmecker.

Gourmet Feinschmecker, Genießer, Leckermaul.

Gouvernante → Dienerschaft, Erzieherin, Fräulein.

Gouvernement → Bezirk.

Grab Grube, Ruhestätte, Begräbnisstätte, Grabstätte, Gruft, Totengruft, Totenhügel, Aschenhügel, Feuergrab, Massengrab, Ehrengrab, Kriegsgrab, Mausoleum, Katakomben • Grabstein, Totenmal, Leichenstein, Gedenkstein • Beerdigung, Beisetzung, Begräbnis, Funeralien.

Grab, mit einem Fuße im → alt, krank.

Grabe tragen, zu beerdigen, begraben, beisetzen, bestatten, Grube/Gruft senken in die.

Graben Einbruch, Spalte, Schlucht, Furche, Einschnitt, Vertiefung, Hohlraum, Einbuchtung, Grube, Rinne, Bucht, Schacht, Mulde, Becken, Nische, Auswaschung, Grotte, Höhle, Hohlrinne, Wasserführung, Gang, Wasserweg, Schützengraben. → Beschwernis, Bett, Kloake, Einbauchung. ▸ Damm • Gebirge, Höhenzug, Hügelkette.

graben buddeln, aushöhlen, vertiefen, schürfen, minieren, abteufen, schaufeln • ans Tageslicht bringen • ausheben, ausstechen, ausbaggern, ausbohren, wühlen, matschen *u,* furchen, pflügen, auskehlen, ausbuchten, aussparen, höhlen, ausspülen, auswaschen, cannelieren, schürfen, einbiegen, lochen, minieren. → ausheben, aufwerfen. ▸ aufhäufen.

graben, eine Grube nachstellen, überlisten, fangen, erhaschen, schaden, beeinträchtigen, übervorteilen, reinlegen, hintergehen, übertölpeln, betrügen, übers Ohr hauen, ins Verderben stürzen, einen Strick drehen, aufs Glatteis führen, ins Garn locken, eine Falle stellen, falsches Spiel treiben, ein Schnippchen schlagen. ▸ beschützen, einbringen, Grube fallen in die.

Grabesstille → Stille.

Grabgebäude z.B. Mausoleum, Pyramide. → Grabmal.

Grabgewölbe Gruft.

Grabkammer, unterirdische Krypta.

Grablegung → Bestattung.

Grabmal z.B. Epitaph, Kenotaph, Mausoleum, Pyramide, Stele, Tumba.

Grabrede Leichenrede, Nachruf, Totenrede, Nekrolog.

Grabsäule Stele.

Grabstätte → Grab.

Grad Ausmaß, Größe, Reichweite, Abstufung, Gradunterschied, Vergleichsgrad, Höchstgrad, Stufe • Rang, Amtsstellung, Kategorie, Ordnungsstufe, Platz, Posten, Reihe, Stellung, Titel, Würde, Stand, Altersrang, Verdienst, Staffel, Vorrang. → Bedeutung, Charge, Fels.

Grade eingeteilt, in graduiert, skaliert.

Gradheit → Rechtschaffenheit, Wahrhaftigkeit.

gradheraus → offen.

Gradierwerk Saline.

gradlinig → akkurat, genau, sorgfältig.

Gradmesser → Maßstab.

Gradsinn → Rechtschaffenheit, Wahrhaftigkeit.

Gram → Bekümmernis, Schmerz.

grämen, sich verdrießen, ärgern, bedrücken, plagen, quälen, bekümmern, heimsuchen, schmerzen, ängstigen, abquälen, absorgen, durchmachen, leiden, martern, foltern, peinigen, schinden, erdulden. → bereuen, bessern sich, deprimierend, erschüttern die Hoffnung, fangen Grillen. ▸ freuen sich.

gramgebeugt → schmerzbewegt.

grämlich → aufgelegt, bärbeißig, engherzig, trübsinnig, pedantisch.

Grammofon → Apparat.

Gran Kleinigkeit, Körnchen, Winzigkeit, kleine Menge, Krümelchen • Gramm, Lot, Quäntchen, Unze.

Grande *m span.* → Adel.

grandios → ausgedehnt, brillant, groß, pompös, prächtig.

grantig *ö* → ärgerlich, bärbeißig.

Grapefruit Pampelmuse.

grapschen an sich reißen, ergreifen, greifen, raffen, schnappen, wegschnappen, zusammenraffen.

Gras wachsen hören, das am hellen Tag Gespenster sehen, von Hammelswürsten träumen • die Flöhe husten hören, hellsehen, mutmaßen, prophezeien, unken, vorhersagen, wahrsagen, weissagen, warnen • voraussehen, vorhersehen, vorhersorgen, vorbeugen, vorherwissen, orientieret sein, vermuten, ausschnüffeln, ausklügeln, aufspüren, aufstöbern, ergründen, erspähen, herausfinden, inne werden, wahrnehmen. ▸ feststellen, irren sich, taub (sein).

Grasdecke Grünfläche, Rasen, Rasendecke, Rasenfläche, Wasen, Wiese.

grasen futtern, äsen, weiden, fressen, atzen, mästen, schlingen, herunterwürgen, hinabwürgen, schlucken, schnappen. → aasen, ausruhen.

grassieren → verbreiten, vorkommen.
grässlich → abgeschmackt, abscheulich, abstoßend, bitter, blümerant, empörend, furchtbar, hässlich.
Grat Schärfe, Schneide, Kante, Zuspitzung, Gipfel, Erhöhung, Höcker, Vorsprung, Fels, Klippe, Felswand, Riff, Steile, Zacke, Steilhang, Kuppel, Buckel, Bühel, Fluh, Berg.
▸ Hang.
Gratifikation → Gabe, Prämie.
grätig verdrießlich, mürrisch, grantig.
gratis geschenkt, frei, umsonst, kostenlos, kostenfrei, gebührenfrei, unentgeltlich, bewilligt, erhalten, für nichts, als Zugabe, ohne Geld.
▸ (gegen Zahlung).
Gratulation Beglückwünschung, Glückwunsch, Händedruck, Neujahrswunsch, Geburtstagswunsch, Lebehoch, Frohlocken, Jubel, Mitgefühl, Mitfreude. → Aufwartung.
▸ Beileid, Kondolenz.
gratulieren → beglückwünschen.
grau → bleiern, ergraut, fahl.
▸ abwechslungsreich, bunt, farbig, heiter, lebhaft.
Graubär Grisly, Grizzly.
Grauen Unlust, Missbehagen, Unmut, Gräuel, Bangen, Angst, Furcht, Schauder, Entsetzen, Gruseln, Bestürzung, Angstschweiß, Angstzustände, Verzagtheit, Scheu, Angstfarbe, Abscheu, Widerwille, Ekel, Grausen. → Bedenken, Bammel.
▸ Behaglichkeit, Unverzagtheit.
grauen dämmern, düstern, trüben, eintrüben • gruseln, fürchten, ängstigen, bangen, schaudern, erschrecken, erbeben, verzagen, zusammenfahren, scheuen, erblassen, erzittern, erbleichen, verfärben, entfärben, beben, puppern, zurückfahren, stutzen, Gespenster sehen, Furcht hegen, Gänsehaut kriegen. → auftauchen, entsetzen sich, erschrecken.
▸ strahlen, unverzagt (sein).
grauenhaft → abgeschmackt, abscheulich, abschreckend, ärgerlich, beißend, böse, furchtbar, hässlich.
grauenvoll abscheulich, beklemmend, blatternarbig. → furchtbar, hässlich.
▸ erfreulich, schön.
grauköpfig → alt, bereift, ergraut.
graulen → bangen, grauen.
gräulich → furchtbar, fahl.
Graumalerei Grisaille.
Graupeln → Schnee.
Graus → Abscheu, Grauen.
grausam → arg, barbarisch, beißend, bejammernswert, bestialisch, blutgierig, brutal, diabolisch, entmenscht, entsetzlich.
▸ barmherzig, mild, mitfühlend, mitleidig.
Grausamkeit → Barbarei, Despotismus, Gewalt, Strenge, Tortur.
Grausamkeitslust Sadismus.
Grausen → Abneigung, Abscheu, Angst, Bammel, Bedenken, Grauen.
grausen → ekeln, anekeln, verekeln, verabscheuen, scheuen, widerstreben, anwidern, zurückschaudern, zurückfahren, zurückschrecken, hassen, sich entsetzen, aus dem Wege gehen, Ekel erregen. → grauen.
▸ erfreuen, schmecken, unverzagt (sein).
grausig → abgeschmackt, abschreckend, furchtbar, hässlich.
gravierend schwer wiegend, schwer, massiv, wuchtig, ins Gewicht fallend, beachtlich, nicht zu übersehen, bedeutend, bedeutungsvoll, Folgen habend. → bedenklich, windig.
Gravität → Beherrschung, Ernst.
Gravitation → Anziehung.
gravitätisch erhaben, feierlich, gemessen, hoheits-/würdevoll, königlich.
Gravüre → Abdruck, Bild.
Grazie *f* → Anmut, Scharm, Eleganz, Fee, Schönheit.
grazil → biegsam, graziös.
graziös grazil, geschmeidig, gelenkig, ebenmäßig, wohlgestaltet, holdselig, lieblich, schön, zart, fein, hübsch, reizend, bezaubernd, anziehend, nett, wohlgeformt, köstlich, entzückend, allerliebst, herzig, wie ein Reh, wie eine Gazelle. → angenehm, anmutig, anmutsvoll, biegsam, scharmant, fein.
▸ ungraziös, plump, schwerfällig, tollpatschig, ungeschickt.
Greenhorn → Anfänger.
greifbar → anwesend, auffallend, augenfällig, befindlich, dabei, deutlich, dinghaft, dinglich, disponibel, dort, erkennbar, fassbar, fühlbar, gegeben, gegenständlich, konkret, real.
▸ abstrakt, ätherisch, geisterhaft, nebelhaft, schleierhaft, theoretisch, undeutlich, unerreichbar, verschwommen.
greifen betasten, tasten, befühlen, berühren, angreifen, anfassen, befingern, grapschen *u*, betatschen, ergreifen, hinlangen, zulangen, nehmen, erwischen, erhaschen, kriegen, schnappen, ergattern, mitnehmen. → anfühlen.
▸ (antasten nicht), liegen lassen.
greifen, um sich vergrößern, ausdehnen, erweitern, zunehmen, vermehren, anschwellen, entfalten, gedeihen, strecken, keimen, aufblühen, aufgehen, wachsen, anwachsen, hochschießen, sich ausbreiten. → dehnen.
▸ zusammenziehen.
Greifer Griff, Halter • Polizist, Häscher.
greinen → beklagen, beweinen, weinen.
Greis Alter, alter Mann, Graukopf, uralter Mann.
Greisenalter Bejahrtheit, Lebensabend, Herbst des Lebens, hohes Alter, Lebensherbst.
greisenhaft → alt, schwach.
grell → blendend, brennend, bunt, farbig, schrill.
▸ gedämpft, dumpf, dunkel, mild, sanft, weich, zart.
grellfarbig → blendend, farbig, geschmacklos, schrill.
Gremium *s* → Bund, Vereinigung.
Grenzabgabe Zoll.
Grenze Umgrenzung, Schranke, Banngrenze, Gemarkung, Grenzlinie, Abgrenzung, Abzäunung, Grenzmarke, Grenzzeichen, Markstein, Grenzbach, Graben, Grenzfluss, Grenzgebirge, Sperre, Beschränkung, Einschränkung, Eingrenzung, Grenzschranke, Zollschranke, Grenzsperre, Scheide, Scheidelinie, Bereich, Einschließung, Umfassung, Einfassung, Enge, Grenzbaum, Angrenzung, Aufeinandergrenzung • Limite,

Extrem. → Begrenzung, Demarkation, Dunstkreis.
Grenze erreichen, die äußerste → bringen aufs äußerste.
Grenze, vorläufige Demarkationslinie.
Grenzen setzen abgrenzen, begrenzen, beschränken, eindämmen, einengen, eingrenzen, einschränken, hemmen.
grenzenlos abgrundtief, beträchtlich, ansehnlich, erheblich, überaus, außerordentlich, einzig, gehörig, weidlich, riesig, gründlich, ungewöhnlich, namenlos, unermesslich, ungeheuer, unbeschreiblich • aasig *u,* bannig *u,* entsetzlich, feste, fies *u,* haushoch, heidenmäßig, klotzig, katastrophal, nach Noten *u,* ochsig *u,* pyramidal *u,* sakrisch *u,* saumäßig *u,* verdammt *u,* verflixt, wüst, wie verrückt *u,* bis dort hinaus • ad infinitum. → beispiellos. ▸ begrenzt, beengt, beschränkt, eingeschränkt, eng, knapp, kurz.
Grenzenlose, bis ins ad infinitum.
Grenzfall → Ausnahme.
Grenzfluss → Demarkation.
Grenzkontrollstelle Checkpoint.
Grenzlinie → Demarkation.
Grenzmarke → Erinnerungszeichen, Grenze, Markstein.
Grenzstein → Demarkation.
Grenzübertrittsschein Carnet, Triptik.
Grenzwert Limes, Limit, obere/untere Grenze.
Gräuel Missbildung, Missverhältnis, Widrigkeit, Ungestalt, Disharmonie, Hässlichkeit, Unschönheit, Verzerrung, Entstellung, Gräuelhaftigkeit, Widerlichkeit, Fratzenhaftigkeit, Abscheulichkeit, Abscheu, Ekel, Grauen, Grausen, Widerstreben, Schauder, Entsetzen, Widerwillen, Überdruss, Unlust, Missbehagen, Unmut, Unzufriedenheit, Öde, Langeweile, Abneigung. → Ärgernis, Dorn im Auge, Grauen, Hässlichkeit. ▸ Behaglichkeit, Freude, Harmonie.
Gräueltat Untat, Verbrechen, Übeltat, Freveltat, Missetat, Schandtat, Blutschuld, Mord, Brandstiftung, Diebstahl, Unterschleif, Unterschlagung, Veruntreuung, Täuschung, Landesverrat, Hochverrat, Majestätsverbrechen, Kainszeichen, Todsünde, Fehltritt, Fall, Versehen, Verschulden, Frevel, Pflichtverletzung. → Gräuel.
gräulich fürchterlich, schreckensvoll, schauerlich, schauderhaft, entsetzlich, scheußlich, grauenhaft, furchtbar, schändlich, hässlich, garstig, wüst, ekelhaft, Ekel erregend, anstößig, unflätig, geschmacklos, übel, missförmig, missgestaltet, grauenvoll, grausig, widernatürlich, ungeheuerlich, unheimlich, widerwärtig. → abgeschmackt, abscheulich, abstoßend, blatternarbig, blümerant, furchtbar, hässlich. ▸ erfreulich, gut, schön.
grienen → grinsen, lachen.
Griesgram Sauertopf *u.* → Bärbeißer.
griesgrämig → ärgerlich, aufgelegt, brummig, mürrisch.
Griff Halter, Stiel, Schaft, Heft, Knopf, Henkel, Knauf, Klinke, Handhabe, Klinge, Brücke, Pflock, Helm, Gefäß *j* • Sperre, Verfügung, Wegnahme, Aneignung, Entziehung • heftiger Griff, Graps *u.*
Griff in die Kasse → stehlen, veruntreuen.
Griff, kühner → Gewaltstück, Wagnis.
griffbereit handbereit, vorbereitet, bereit, ordentlich, vorhanden, greifbar, fassbar, in Ordnung, an seinem Platz liegend. ▸ unauffindbar.
Griffbrett Tastatur.
Griffhebel Hebel, Taste.
griffig → handlich.
Grill → Backofen.
Grille → Anwandlung, Auswuchs, Laune, Tier.
grillen rösten. → braten (auf dem Rost).
grillenhaft → albern, komisch, launisch.
Grillfest Barbecue, Gartenparty.
Grillspießchen Brochette.
Grimasse Gesichterschneiden, Possen, Faxen, Faxerei, Fratze, Ungestalt, Missgestalt, Hässlichkeit, Gesichtsverzerrung, Zerrbild, Fratzengestalt, Schreckgestalt, Scheusal, Gebärde, Spötterei, Missachtung, Zeichen, Beleidigung, Beschimpfung, Kränkung, Verachtung, Anzüglichkeit. → Fratze. ▸ Ebenmaß, Schönheit.
Grimm Ergrimmen, Groll, Erregung, Erbitterung, Entrüstung, Unmut, Unwille, Wut, Rache, Verbitterung, Bissigkeit, Gehässigkeit, Erbostheit, Ärger, Verdrossenheit, Erzürntheit, Ungehaltenheit, Zank, Unerbittlichkeit, Unversöhnlichkeit • Ressentiment. → Bitterkeit, Bosheit, Entrüstung, Erbostheit. ▸ Beruhigung, Friedlichkeit, Heiterkeit, Liebenswürdigkeit.
grimmig → aufgebracht, beißend, bestialisch, böse, dämonisch, enragiert, entrüstet, erbarmungslos, erbost.
Grind → Schorf.
grindig schorfig, rau, warzig, knottig, runzelig, narbig • schmutzig • räudig, finnig.
grinsen schmunzeln, angrinsen, belächeln, verzerren, spotten, hänseln, lästern, veralbern, witzeln, verhöhnen, ausgrinsen, feixen *u,* Hohn lachen, ironisieren, herabwürdigen. ▸ brummen, hoch schätzen.
Grippe Influenza.
grippeartig grippös, grippoid.
Grips Aufgewecktheit, beweglicher Verstand, Cleverness, Durchblick, Einblick, Einsicht, Gewitztheit, Grütze, Intelligenz, Klugheit, Kombinationsfähigkeit, Vernunft, Verstand, Weitsicht.
Grips haben → intelligent, verständig.
grob unsanft, unzart, unfein, ruppig, schroff, rau, unwirsch, ausfällig, massiv, klotzig, hart, derb, plump, flegelhaft, ungebührlich, rücksichtslos, gröblich, bäurisch, pöbelhaft, saugrob, grob wie Bohnenstroh *u,* mit der Faust auf den Tisch schlagen • geradeheraus, aufrichtig, natürlich, ohne Ziererei, ungeziert, bieder, offenherzig, freimütig • uneben, rissig, holprig, splissig, fransig, faserig, ungehobelt, roh, unfertig, mangelhaft, unordentlich, ungeschliffen, primitiv, unbearbeitet, unfertig, ruppig *u.* → bärbeißig, bäurisch, brüsk, brutal, derb, eckig, rau, rücksichtslos. ▸ eben, geziert, sanft, taktvoll, fein, geschliffen, glatt, poliert,

zart • behutsam, entgegenkommend, freundlich, höflich, lieb, nett, sanft, zart fühlend, zärtlich • glatt, poliert • exakt, genau.
Grobheit Rohheit, Rücksichtslosigkeit, Unverschämtheit, Flegelei, Taktlosigkeit, Unart, Gemeinheit, Unhöflichkeit, Unzartheit, Rauheit, Härte, Derbheit, Unfeinheit, Boxerstil, Herzensroheit, Brutalität, Grobschlächtigkeit, Dickfelligkeit, Ungebührlichkeit, Pöbelei, Pöbelhaftigkeit, Flegeljahre, Ungeschliffenheit, Fußtritt, Tritt. → Beleidigung, Unhöflichkeit.
▸ Höflichkeit, Sanftheit, Takt.
Grobian Bauer, Raubein, Ochs, Rowdy. → Barbar.
grobknochig → derb, hässlich.
grobkörnig → dick, groß.
Grobzeug → Mob.
grobschlächtig → derb, hässlich.
gröblich → grob.
groggy → angeschlagen.
grölen → belfern, dröhnen.
Groll → Abneigung, Abscheu, Ärger, Bitterkeit, Bosheit, Entrüstung, Erbitterung, Feindschaft, Galle, Grimm.
Groll empfinden → ausstehen, hassen.
grollen → anfeinden, aufregen, balgen, belfern, erbosen, erdolchen mit den Blicken, ergrimmen, geifern.
grollend → aufgebracht, böse, cholerisch, erbittert, furienhaft, zornig.
groß mächtig, beträchtlich, reichlich, stark, ausgedehnt, bedeutend, gewaltig, übertrieben, übergroß, riesig, ansehnlich, bemerkenswert, umfangreich, marathonhaft, riesenhaft, unermesslich, enorm, immens, stattlich, imperial, eindrucksvoll, imposant, grandios, großartig, kolossal, exorbitant, geräumig, gigantisch, kapital, majestätisch, massiv, monströs, monumental, titanisch, überwältigend, faustdick, höllisch, bannig *u,* baumlang, übermäßig, unbegrenzt, umfänglich, unbeschränkt, vielumfassend, voluminös, ungeheuerlich, weit reichend, zyklopisch. → ansehnlich, aufrecht, außerordentlich, ausgedehnt, beachtlich, gewaltig.
▸ geringfügig, klein, gedrungen, niedlich, schmächtig, winzig, zwergenhaft • mittelmäßig, unbedeutend • kindlich, unreif, unentwickelt.
großartig saugut *u.* → auserlesen, ausgedehnt, ehrenvoll, fabelhaft, gigantisch, prächtig.
großartiger Mensch → Held.
Großbank → Bank.
großdünken, sich sich überschätzen, sich für etwas Besonderes halten, großtun sich, überheblich sein, sich aufspielen, sich aufblasen, prahlen.
▸ bescheiden.
Größe Format, Umfang, Bedeutung, Menge, Masse, Macht, Stärke, Mächtigkeit, Riesenmaß, Riesengröße, Riesenhaftigkeit, Überfülle, Großformat, Größenbegriff, Größenvorstellung, Ausdehnung • Würde, Hochsinn, Erhabenheit, Heldengröße, Gesinnung, Heldentum, Großmut, Hingabe, Selbstlosigkeit, Entsagung, Edelmut, Edelsinn, Seelenadel. → Ausbreitung, Ausdehnung, Bedeutung, Dimension, Erhabenheit, Faktor, Format.
▸ Geringfügigkeit, Kleinheit, Bedeutungslosigkeit • Winzigkeit, Zwergenhaftigkeit.
Größe, festgelegte z.B. Fixum, Norm, Standard.
Größe, geistige → Denker.
Größe, veränderliche z.B. Parameter, Variable.
Großeltern → Ahnen.
Großen und Ganzen, im rundweg, vollständig, alles in allem.
▸ geteilt, teilweise, vereinzelt.
Größenverhältnis → Ausdehnung, Umfang.
Größenwahn → Geltungsbedürfnis, Irrsinn, Übertreibung.
größenwahnsinnig megaloman.
größer → dominierend, überwiegend.
großer Mensch Gigant, Hüne, Koloss, Riese • bedeutende Persönlichkeit, Berühmtheit, großartiger Mensch • Übermensch.
großer Ozean Pazifik.
großes Leid Tragik.
Großgrundbesitz Latifundie.
Großhändler → Abgeber.
▸ Einzelhändler.
Großherzog → Adel.
Großherzogin → Adel.
Großhirn Cerebrum (Zerebrum).
Großindustrieller Wirtschaftskapitän, Großkaufmann.
Großkatze z.B. Jaguar, Leopard, Löwe, Panter, Puma, Tiger.
großkopfet → anmaßend, ausschließend.
großköpfig makrozephal.
großkotzig → prahlerisch.
Großmachtbestrebung Imperialismus.
Großmama Großmutter, Oma, Omi.
Großmaul Prahler, Prahlhans, Bramarbas, Großhans, Protz, Dicktuer, Großtuer, Wichtigtuer, Schaumschläger, Marktschreier, Münchhausen, Maulaufreißer, Maulheld, Flunkerer, Großschnauze, Übertreiber. → Angeber.
▸ Kapazität.
großmäulig → großtuerisch.
Großmogul → Efendi.
Großmut Würde, Duldsamkeit, Freigebigkeit, Mildtätigkeit, Gastfreundschaft, Gebefreudigkeit, Güte, Nachsicht, Dienstleistung, Barmherzigkeit, Feindesliebe, Selbstlosigkeit, Selbstaufgabe, Entsagung, Hingabe, Hochherzigkeit, Seelenadel, Seelengröße, Edelmut, Edelsinn, Milde, Noblesse. → Erhabenheit, Fassung.
▸ Niedrigkeit, Unbarmherzigkeit, Unnachsichtigkeit.
großmütig freigebig, großzügig, wohltätig, mildtätig, gastfreundlich, hochherzig, barmherzig, hilfsbereit, uneigennützig, selbstlos, großherzig, neidlos, opferbereit, hingabefähig, edel. → anständig, barmherzig, nobel.
▸ niedrig, unbarmherzig, unnachgiebig • engherzig, kleinlich, schäbig.
Großmutter → Anverwandte.
Großonkel → Anverwandte.
Großpapa Großvater, Opa.
Großpflanzung Plantage.
großsprechen → aufbauschen, aufdrehen, aufschneiden, dick tun, prahlen.
Großsprecher → Angeber, Aufschneider, Chauvinist, Dreikäsehoch, Großmaul.
Großsprecherei → Anmaßung, Bombast, Dünkel, Eigenlob.
großsprecherisch → anspruchsvoll, aufdringlich, dünkelhaft, ehrgeizig, prahlerisch, schwulstig.

großspurig → anspruchsvoll, aufdringlich, aufgeblasen, prahlerisch, schwulstig.
Großstadt City, Hauptstadt, Metropole, zentraler Ort. → Ansiedlung, Stadt.
großstädtisch städtisch, urban, weltstädtisch.
Großtante → Anverwandte.
Großtat → Heldentat.
größtenteils überwiegend, vorherrschend, vornehmlich, vorwiegend.
Großtuer → Besserwisser, Großmaul.
großtuerisch großmäulig, großspurig. → anspruchsvoll, herablassend, prahlerisch.
Großtun → Chauvinismus, Dunst, Prahlerei.
großtun → angeben, aufbauschen, aufschneiden, ballen, blähen, blenden, dick tun, einbilden sich, erhöhen sich, geben ein Ansehen sich, prahlen.
Großvater → Anverwandte.
Großverdiener Geldmacher/-mann, Magnat, Moneymaker, Spitzenverdiener.
Großwesir → Efendi.
großziehen → aufziehen, züchten.
großzügig gönnerhaft, weitherzig, urban. → freigebig, großmütig, verschwenderisch. ▸ geizig, knickrig, schäbig • kleinlich, pedantisch, pingelig, übergenau • bescheiden.
großzügig, sehr hochanständig *u.*
Großzügigkeit Freigebigkeit, Hochherzigkeit, Großmut, Edelmut, Seelenadel, Seelengröße, Opferbereitschaft, Uneigennützigkeit, Selbstlosigkeit, Barmherzigkeit, Mildtätigkeit, Güte, Gutmütigkeit, Bereitwilligkeit, Herz haben, Gebefreudigkeit.
grotesk wunderlich, verschroben, ungewöhnlich, seltsam, grillenhaft, komisch, lächerlich, merkwürdig, drollig, possierlich, hässlich, missförmig, ungestalt, fratzenhaft, grimassenhaft, geschmacklos, albern, fantastisch, sonderbar, fremdartig. → abgeschmackt, abnorm, absurd, albern, befremdend, bizarr, burlesk. ▸ geschmackvoll, gewöhnlich, normal, sinnvoll, schön, vernünftig, witzlos.
Grotte Felsenhöhle.
Grube → Einbauchung, Einschnitt, Falle, Graben, Höhlung.
Grube fallen, in die in die Schlinge gehen, auf jeden Schwindel hereinfallen, sich den Mund verbrennen, sich linkisch benehmen, einfältig sein, leichtgläubig sein, Einfalt üben, arglos sein, naiv sein. → graben eine Grube.
Grube graben, eine → graben eine Grube.
Grübelei Sinnen, Nachsinnen, Denken, Grübeln, Tiefsinn, Reflektion, Selbstbesinnung, Nachdenken, Nachgedanke, Betrachtung, Bedenken, Besinnung, Gedankenfolge, Rückblick, Erforschung, Erwägung, Prüfung. ▸ Gedankenarmut, Sorglosigkeit.
grübeln sinnieren. → beraten sich, besinnen sich, denken, ersinnen.
Grubenarbeiter Bergmann, Hauer, Kumpel, Steiger.
Grubenfahrer → Bergmann.
grüblerisch → besinnlich, gedankenvoll.
Gruft → Grab.
grün grünlich, grünend, erbsengrün, grasgrün, seegrün, olivengrün, flaschengrün, hellgrün, dunkelgrün, mattgrün, tiefgrün, gelbgrün, graugrün, blaugrün, hoffnungsgrün • jung, halbwüchsig, unreif, unfertig, jugendlich, kindisch, fehlerhaft, unerfahren, dumm, unentwickelt, flegelhaft, bartlos. ▸ erwachsen, farblos, reif.
grün sein, einem nicht grollen, zürnen, hassen, verabscheuen, nicht gewogen sein, böse sein mit, Feindschaft hegen, nicht leiden können, nicht ausstehen können, zu allen Teufeln wünschen, Groll fühlen, Abneigung zeigen, unausstehlich finden. ▸ lieben, verehren.
grün werden aufblühen, ausschlagen, begrünen sich, grünen, keimen, knospen, sprießen.
Grünanlage Anpflanzung, Anlage, Garten, grüne Lunge, Grünfläche, Park, Parkanlage.
Grund → Anlass, Anstoß, Argument, Auswirkung, Berücksichtigung, Besitztum, Causa, Eigentum, Erdboden.
Grundbegriff Element, Fundament. → Schema.
Grundbestandteil Element.
Grundbrühe Fond.
Grunde, aus diesem → anlässlich, dadurch, daher, darum, demzufolge, denn, deshalb.
Grunde gehen, zu bringen es nicht weit. → sterben, verderben.
Grundbuch Katasterbuch, Registrierung, Aufzeichnung, Verzeichnis, Katalog, Register, Liste, Bestandsaufnahme. → Buch.
Grunde, im eigentlich, genau genommen.
Grundeigentum → Besitztum.
Grundelement → Element.
gründeln → tauchen.
gründen hervorrufen, bewerkstelligen, bewirken, erwirken, verursachen, veranlassen, herbeiführen, erwecken, anregen, erregen, bauen, erbauen, zusammenbauen, errichten, hinstellen, erstellen, siedeln, bebauen, ausbauen, bereiten, anleiten, grundieren, herstellen. → anfangen, erfinden. ▸ beenden, entwickeln, nachmachen • aufgeben, auflösen, schließen, stilllegen, verkaufen.
Gründer → Erbauer, Erfinder, Erschaffer, Urheber. ▸ Nachfolger.
Grundfarbe → Farbe.
Grundfläche Areal, Basis.
Grundform → Anordnung, Aufriss, Schema.
Grundgedanke → Axiom, Begriff, Denkspruch, Chrie, Idee.
Grundgesetz Charta, Statut.
Grundherr → Besitzer, Eigentümer.
Grundlage Sockel, Unterbau, Basis, Fundament, Bestand, Fundus, Ausgangspunkt, Ansatzpunkt, Stützpunkt, Unterlage, Voraussetzung, Vorbereitung, Vorkehrung, Vorbedingung, Grundstock, Sprungbrett, Vorlage, Anlage, Anfang, Beginn, Grundbedingung, Untergrund, Grundfläche, Grundstein, Boden, Stütze, Grundmauer, Untergestell. → Anfang, Ansatz, Bedeutung, Beginn. ▸ Ergebnis, Spitze.
grundlegend bedeutend, wichtig, zweckdienlich, maßgebend, hauptsächlich, wesentlich, grundsätzlich, beweisend, zutreffend • zuunterst, unten, fundamental, beruhend, gestützt auf. → A

und O, ausschlaggebend. ▸ oben, unbedeutend, unwichtig ● abgeleitet, folgend, nachfolgend ● nebensächlich, sekundär.
grundlegende Erklärung Deklaration, → Grundsatzerklärung.
gründlich genau, sorgfältig, peinlich, überlegt, vollständig, vollzählig, tadellos, erschöpfend, profund, vollauf, rundaus, sehr, besonders, richtig, wirklich. → A bis O, akkurat, ausführlich, bedächtig, durchdringend, eingehend, erstaunlich, fest. ▸ unüberlegt, flüchtig, oberflächlich, schlampig, ungenau ● behelfsmäßig, provisorisch.
Grundlinie Basis.
grundlos → abgründig, beziehungslos, unbegründet.
Grundmauer Basis, Fundament, Grundfeste, Unterbau.
Grundpfandrecht Hypothek.
Grundrichtung Trend.
Grundriss → Anordnung, Aufriss, Extrakt, Fibel, Plan, Schema. ▸ Aufriss ● Profil.
Grundsatz Gesetz, Behauptung, Inbegriff, Prinzip, Regel, Richtsatz, Richtschnur, Überzeugung, Meinung, Kerngedanke, Einstellung, Weltanschauung, Begriff, Auffassung, Gutbefinden, Ermessen, Meinung, Einsicht. → Axiom, Codex. ▸ Lauheit, Ungereimtheit, Unsicherheit.
Grundsatzerklärung Deklaration, Manifest, Programm.
grundsätzlich grundlegend, zusammenfassend, eigentlich, allgemein, begreiflicherweise, prinzipiell, entscheidend, im Allgemeinen, unter diesen Umständen, so betrachtet, unter dieser Bedingung, im Grunde genommen, somit, auf jeden Fall. ▸ bedingt.
Grundsätzlichkeit → Beständigkeit, Voraussetzung.
grundsatztreu konsequent.
grundschlecht → bestechlich, böse, charakterlos, diabolisch, eingefleischt, schlecht.
Grundschleppnetz Trawl.
Grundschule Elementarschule.
Grundstein → Ansatz, Fuß, Grundlage.
Grundsteinlegung → Beginn.
Grundstock → Kapital.
Grundstoff Urstoff, Element, Ding, Materie, Grundstock, Inhalt, Thema, Urzelle, Stoff, Material, Substanz. → Bestandteil. ▸ Zutat.
Grundstück Liegenschaft, Immobilie, Platz, Bauplatz, Baustätte, Baustelle, Baugrund, Boden, Erde, Plan, Gebiet, Gemarkung, Gewann, Landstrich, Bereich, Bezirk. → Distrikt.
Grundstücksfonds Immobilienfonds.
Grundstückspfandrecht Hypothek.
Grundstücksvermittler Immobilienmakler.
Grundstücksverzeichnis Grundbuch.
Grundstückzusammenlegung Arrondierung, Kommassation, Kommassierung.
Gründung → Arbeit, Ausführung, Bildung, Erbauung, Erfindung, Erzeugung.
grundverschieden → anders geartet.
Grundwahrheit → Maxime.
Grundzahl Basis, Kardinale.
grünen → aufblühen.
Grünfläche Rasen, Wiese, → Grünanlage.
Grünling → Anfänger, Dummerian, Dummkopf.
Grünschnabel Hitzkopf, Milchbart, Gelbschnabel, Halbgeback, Bengel, Schlingel, Flegel, Range, Anfänger, Erstklässler, Einfaltspinsel, Grünling, Tölpel, Gimpel, Dummkopf. → Bube, Bursche. ▸ Experte, Kopf fähiger, Schlaukopf.
Gruppe → Abteilung, Anhang, Anzahl, Bande, Block, Bund, Clique, Konklave, Familie, Kategorie, Partei, Serie, Vereinigung, Zweig.
Gruppe, repräsentative Panel.
Gruppenarbeit Teamwork.
Gruppengesang → Chor.
Gruppentanz z.B. Polonäse, Quadrille.
Gruppentheorie Teamtheorie.
gruppenweise abteilungs- oder stufenweise, der Reihe nach, einer nach dem andern, der Größe oder Rangordnung nach ● zusammen, miteinander, verbunden, gruppiert, trauben- oder doldenweise ● mehrere, einige, manche, in Gruppen, in Gesellschaft. ▸ einzeln.
gruppieren zusammenstellen, aufstellen, ordnen, einteilen, anordnen, aussuchen, beigesellen, zuströmen, hinzutreten, anhäufen, zusammenscharen, ausarbeiten. → anordnen, arrangieren, aufstellen, beigesellen. ▸ auseinander gehen, umstoßen, verwirren.
Gruppierung → Anordnung, Aufbau, Einordnung, Gliederung.
Gruseldarstellung Grusical, Horrorfilm, Schauerroman.
gruselig Furcht einflößend, fürchterlich, beunruhigend, schrecklich, entsetzlich, furchtbar, Furcht erregend, gräulich, schauerlich, grässlich, Entsetzen erregend, schreckensvoll, schaudervoll, unheimlich, gespensterhaft, haarsträubend, grauenvoll. → beklemmend, geheuer nicht. ▸ behaglich, beruhigend, erfreulich, schön.
gruseln → ängstigen, bangen, entsetzen sich, erschrecken, grauen.
Gruß → Empfehlung, Höflichkeit.
grüßen begrüßen, salutieren, verbeugen, zuwinken, umarmen, zunicken, anlächeln, zulächeln, verneigen, empfangen, das Haupt entblößen, den Hut abnehmen, die Hand geben, die Hand schütteln, die Hand drücken, den Hut ziehen ● einen Diener machen, sich vorstellen. → anreden, bewillkommnen, drücken die Hand, erweisen Aufmerksamkeiten. ▸ Rücken kehren den, Schulter zeigen die kalte.
grußlos → unhöflich.
gucken → Acht geben, sehen.
Guckkastensex Peepshow.
Guillotine Fallbeil(-Hinrichtungsgerät).
guillotinieren → bestrafen.
gültig → abgeschlossen, anerkannt, dingfest, eingeführt, erlaubt, perfekt, statthaft. ▸ gefälscht ● abgelaufen, gegenstandslos, hinfällig, nichtig, ungültig, verfallen, wertlos.
gültige Wahrheit Axiom.
Gültigkeit Geltung, Wirksamkeit, Legitimität.
Gültigkeit verlieren, die ablaufen, ungültig werden, verfallen, verjähren.

Gültigkeitserklärung Validation.
gummiartig biegbar, biegsam, dehnbar, elastisch, gelenkig, geschmeidig, plastisch, quabblig, schlaff, schlapp, schmiegsam, schwammig, streckbar, weich, federig, nachgiebig.
▸ fest, hart.
Gummibusen eines jungen Mädchens gefüllte Kalbsbrust *u*.
Gummiknüppel Radiergummi *u*.
Gummischutz Gummi, Kondom, Knallballon, Pariser, Präser, Präservativ, Samenfänger, Überzieher, Verhüterli u.a.
Gummiüberschuh Galosche.
Gunst Fürsprache, Förderung, Gönnerschaft, Güte, Beihilfe, Dienst, Hilfe, Mithilfe, Nachhilfe, Stütze, Unterstützung, Klüngel *u* • Freundschaftsdienst, Gefälligkeit, Liebesdienst, Gewogenheit, Gnade, Hingezogenheit, Huld, Lust, Mitgefühl, Neigung, Schätzung, Sympathie, Vorliebe, Wechselneigung, Wohlgefallen, Zuneigung • Auszeichnung, Beifall, Beliebtheit, Popularität, Vorzug. → Achtung, Anziehung, Befriedigung, Wohlwollen, Beistand, Interesse, Liebe.
▸ Ungunst.
Gunst erhalten, sich die sich jemanden warm halten, sich gut mit einem stellen, den Hof machen, schmeicheln, umschmeicheln, schöntun, hofieren, lieb Kind machen.
Gunst des Augenblicks Gelegenheit, Rechtzeitigkeit, richtiger Zeitpunkt, gutgewählte Zeit, Macht des Augenblicks, Konjunktur.
▸ Unzeit.
Gunst des Schicksals Glück, Glücksstern, Glückswurf, Treffer, Segen, Erfolg, Wohlstand, Wohlergehen. → Aussicht stehen in.
▸ Unglück.
Gunst stehen, in einen Stein im Brett haben, eine gute Nummer haben *u*, gut in Ruf stehen, Liebkind sein, Favorit sein, Ein und Alles sein, Gönner, Abgott, Freund, Intimus. → Liebhaber.
Gunst verloren haben, die abgemeldet sein, unten durch sein, verschüttet haben *u*, einpacken können *u*, ausgeschissen haben *u*, es bei jemanden verschissen haben *u*, erledigt sein, die Gefühle sind erkaltet, die Liebe verscherzt haben, verfemt sein, verfeindet sein.
Gunstbezeugung → Beistand, Hilfe.
Gunsten, zu → zu Gunsten.
günstig gelegen, rechtzeitig, zeitgemäß → erfreulich, gedeihlich, gesegnet, glücklich, himmlisch, paradiesisch, wonnig • angenehm, dienlich, förderlich, Gewinn bringend, gut, kostbar, nutzbringend, preiswert, vorteilhaft, wohlfeil, wünschenswert, zweckdienlich • freundlich, geneigt, wohl wollend • aussichtsvoll, Glück verheißend, viel versprechend, Wind in den Segeln. → dankenswert, dienlich, einträglich, empfehlenswert, erfolgreich, erfreulich, erprobt, förderlich, lohnend, preiswert, vorteilhaft.
▸ ungünstig • böse, dunkel, finster, katastrophal, schlecht, übel, unvorteilhaft, widrig • kostspielig, teuer.
günstige Gelegenheit Chance.
Günstling Favorit, Protektionskind, Persona grata, Juwel, Liebling, Schoßkind • Idol, Augapfel, Geliebter, Herzblatt, Goldkind, Zuckerjunge.
Günstlingswirtschaft Vetternwirtschaft, Vereinswirtschaft, Nepotismus, Parteiwirtschaft, Parteiklüngel, Vorzimmerpolitik, Protektionismus.
gurgeln würgen • ausspülen. → trinken.
Gurt → Band, Bund, Bindemittel.
Gürtel → Band, Bund, Bindemittel.
Gürtelflechte/-rose Herpes zoster, Zoster.
Gürtelweite Taille.
Guss → Bad, Konfitüre, Kongestion, Regen.
Guss, aus einem vollständig, vollzählig, ganz, vollkommen, durch und durch, erschöpfend, tadellos, vom Scheitel bis zur Sohle, in jeder Beziehung • einheitlich, in sich geschlossen, gefügt, undurchdringlich, undurchlässig • vollwertig, vollendet, einwandfrei, fehlerfrei, makellos, meisterhaft, mustergültig, fertig.
▸ Flickwerk, getrennt, unfertig, unvollständig.
Gussform Matrize.
Gut → Anwesen, Bauernhof, Besitztum, Domäne, Kapital, Schatz.
gut dienlich, einträglich, ertragreich, heilbringend, lohnend, nützlich, rentabel, vorteilhaft • angenehm, erfreulich, geschätzt, Gewinn bringend, günstig, kostbar, meisterhaft, schätzenswert, wertvoll, wohltätig, wünschenswert • bewährt, echt, frisch, gediegen, gesund, kräftig, natürlich, rein, unbefleckt, unbeschädigt, unverdorben, unverfälscht, unverwelkt, ohne Falsch, wahr • ersprießlich, förderlich, heilsam, segensreich, unschädlich, unschuldig, wohl tuend • anständig, ausgezeichnet, bewundernswert, brillant, edel, einwandfrei, erstklassig, fabelhaft, fein, glänzend, hervorragend, hochwertig, köstlich, lecker, makellos, blendend, dufte *u*, mundend, prächtig, prachtvoll, schmackhaft, schön, solide, tadellos, unbezahlbar, unschätzbar, unvergleichlich, vollkommen, vortrefflich, vorzüglich, währschaft, wundervoll, zuträglich, zuverlässig, non plus ultra, la, prima • brauchbar, empfehlenswert, haltbar • empfohlen, nicht übel, nicht mit Gold aufzuwiegen, über alles Lob erhaben, Klasse, comme il faut, allright, bene • abgemacht, sehr wohl, jawohl, gern, bon, von mir aus, mit Vergnügen, geht in Ordnung, bitte schön, danke ja, einverstanden, ohne weiteres, bin dafür, bin dabei, so sei es, bin zufrieden, nicht schlecht, anerkannt, angenommen, dobsche *u*, ich pflichte bei, ich stimme bei, gebilligt, eingewilligt, erhört, erlaubt, genehmigt, gestattet, gewährt, mitgemacht, übereingekommen, zugebilligt, zugestanden, mein Wort, beim Wort nehmen. → aufrecht, auserlesen, bekömmlich, bieder, brav, brillant, charaktervoll, delikat, einwandfrei, empfehlenswert, empfohlen, erfreulich, erfrischend, erklecklich, erlesen, erprobt, essbar,

fachgemäß, fein, frisch, gediegen, kostbar, praktisch, saftig, unschädlich. ▸ böse, schlecht, abscheulich, arg, bösartig, boshaft, elend, schlecht, schlimm, übel, teuflisch • dürftig, mangelhaft, minderwertig, ungenügend, untauglich • durchschnittlich, gewöhnlich, mittelmäßig • ekelhaft, faul, ungenau.

gut deutsch, auf geradeheraus, bündig, unverhüllt, aufrichtig, wahrhaftig, rückhaltlos, offen heraus, von der Leber weg • sprachrichtig, der Regel entsprechend, genau, gewissenhaft, formsicher, sprachrein. ▸ unaufrichtig, ungenau.

gut gebaut → anmutig.

gut gekleidet elegant, schick.

gut gewürzt herzhaft, scharf, pikant.

gut leiden können lieben, mögen, sympathisch finden. → gernhaben.

gut und gern einmütig, verbunden, einträchtig, einig, innig, freundschaftlich, brüderlich, friedlich, herzlich, zugetan, wohl wollend • auf jeden Fall, gewiss, bestimmt, zweifellos, unzweifelhaft, verlässlich, sicher, sicherlich. ▸ uneinig, ungewiss.

gut machen, wieder zurückerstatten, abtragen, abgelten, tilgen, vergüten, entgelten, ausgleichen, ersetzen, schadlos halten, zurückstellen, entschädigen, wieder freigeben • sühnen, Ersatz leisten, ausbaden, auswetzen, wettmachen, Abbitte leisten, um Verzeihung bitten, abbüßen, Buße tun. → büßen. ▸ schädigen, verhärten sich.

gut zu handhaben bequem, handlich, handgerecht, praktisch.

gut zureden Gewissen reden ins, Besonnenheit/Vernunft mahnen zur.

Gutachten → Attest, Auskunft, Befinden, Beweis, Bescheinigung, Bewertung, Dafürhalten, Erkenntnis, Zeugnis.

Gutachten abgeben, ein begutachten, beurteilen, bewerten, einschätzen, schätzen, urteilen, werten, würdigen.

Gutachter → Fachmann, Sachverständiger.

Gutachtergremium Jury.

gutartig gutmütig, ungefährlich. → harmlos.

gut aussehend ansehnlich, anziehend, attraktiv, hübsch, schön, stattlich.

Gutbefinden → Auslegung, Einstellung, Gesichtspunkt, Urteil.

Gutdünken → Ansicht, Auswahl, Belieben, Erachten, Urteil, Wahl, Wunsch.

Güte → Beste, Christus, Erbarmen, Qualität, Tugend, Wert, Wohlwollen, Zahlungsfähigkeit.

gute Eigenschaft Qualität, Vorteil.

Güteprämie Qualitätsprämie.

Güter → Besitz, Besitztum, Bestand, Ware.

guter Geist Genius.

guter Ruf Ansehen, Goodwill, Renommee.

Güteraustausch → Handel, Markt.

guter Dinge → heiter, hoffnungsvoll.

Güterbeförderung Spedition, Transport.

Gütertausch Handel, Tausch(handel), Warenhandel.

Güterwettbewerb Konkurrenz austauschbarer Güter, Substitutionskonkurrenz.

Güterzug → Fahrzeug (Schienen-).

Gutes nachsagen belobigen, empfehlen, herausstellen, loben, nachrühmen, rühmen.

Gutes tun → helfen, wohl tun.

gutgefügt → stark.

gutgeheißen → angenehm, genehm.

gut gehen erfolgreich laufen, gelingen, glatt gehen, glücken, hinhauen, klappen, wunschgemäß verlaufen.

gut gelaunt aufgeräumt, in Fahrt, aufgedreht, aufgekratzt *u*, auf Draht, high *u*. → aufgeräumt, entzückt, froh. ▸ bärbeißig, brummig, deprimiert, gereizt, grimmig, lustlos, missgestimmt, mufflig, mürrisch, schlecht drauf, schlecht gelaunt, unleidlich, verärgert, verdrossen, verstimmt.

gutgepolstert (am Gesäß) popogen *u*.

gutgesinnt → loyal.

gutgläubig arglos, bona fide, einfältig, leichtgläubig, treuherzig, unkritisch, vertrauensvoll.

Guthaben → Kapital, Kredit. ▸ Debet, Defizit, Minus, rote Zahlen, Schulden, Soll.

Gutheißen → Bekräftigung, Billigung.

gutheißen übereinstimmen, anerkennen, annehmen, bejahen, beipflichten, beistimmen, bekräftigen, bestätigen, bewilligen, billigen, eingehen auf, einräumen, einstimmen, einverstanden sein, einwilligen, erlauben, genehmigen, gestatten, ratifizieren, übereinkommen, willfahren, zulassen, zustimmen, den Wünschen entgegenkommen, die Auffassung teilen, sich nach den Tatsachen richten, sich den Gegebenheiten anpassen. → abgemacht, anerkennen, beipflichten, beitreten, beloben, bestätigen, bewilligen, billigen, delegieren, einräumen, einverstanden sein, erlauben, übereinstimmen. ▸ ablehnen, beanstanden • verbieten.

Gutheißung → Anklang, Beifall, Berücksichtigung, Bewilligung.

gutherzig gütig. → gutmütig.

Gutherzigkeit → Duldsamkeit.

gütig → barmherzig, freundlich, schonungsvoll, warm.

gütlich tun, sich sich etwas zugute tun, sich dem Genuss hingeben, flott leben, sich ausleben, sich des Lebens freuen, sich sonnen, sich das Leben leicht machen, die Sorgen abschütteln, sich das Dasein versüßen. → delektieren. ▸ ekeln, erschweren, (Missbehagen empfinden).

gutmachen → abbüßen, ausbaden, begleichen, erwidern, reparieren.

gutmütig bescheiden, anspruchslos, einfach, genügsam, schlicht, zufrieden, gemütlich, ruhig, jovial, scheu, schüchtern, servil, still, verschämt, zurückhaltend • freundlich, gefällig, gesprächig, hilfsbereit, leutselig, liebenswürdig, nachgiebig, sanft, verbindlich, gutherzig, zutraulich, zuvorkommend, blindgläubig, seelengut *u*. → dulderisch. ▸ boshaft, gehässig.

Gutmütigkeit Friedfertigkeit, Nachgiebigkeit, Versöhnlichkeit • Arglosigkeit, Einfalt, Lammsgeduld, Güte, Edelsinn, Großmut, Hochherzigkeit, Nächstenliebe,

Opfermut, Selbstlosigkeit, Toleranz. → Engelsgüte, Geduld.
▸ (Bosheit), Gehässigkeit.
Gutsager → Bürge.
Gutsagung → Bürgschaft, Kaution.
Gutsbesitzer → Bauer, Besitzer, Eigentümer.
Gutschein → Bon.
gutschreiben → abziehen, anrechnen, berücksichtigen, bezahlen, verrechnen.
Gutschrift → Berichtigung, Bescheinigung.
Gutshof → Ansiedlung, Anwesen.
gut sitzend → anliegend.
Gutsprechung → Garantie.
gutstehen → bürgen.
Guttat → Wohltat.
gutwillig folgsam, gehorsam, geneigt, gewillt, willig.
▸ arglistig, böswillig, feindlich, schändlich, scheinheilig, übel wollend, vorsätzlich.

H

Haar Borste, Stoppel, Bart, Zopf, Frisur, Haartracht, Coiffüre, Locken, Schmachtlocke *u*, Mähne, Wuschelkopf, Tolle, Struwwelkopf *u* ● Fiber, Faden, Hanf, Flachs, Engelshaar ● Vlies, Balg, Pelz, Fell, Wolle, Feder, Bast, Mähne, Zottel, Schopf. → Bedeckung, Faser, Fell.
Haar, auf ein genauso, gewiss, sicherlich, wahrlich, fürwahr, wahrhaftig, wirklich ● fast, beinahe, nahezu, schier, etwa, um ein Haar, haarscharf.
▸ ganz und gar nicht.
Haar aufrauen/kräuseln/ wellen toupieren.
Haar in der Suppe finden stutzig werden ● missbilligen, beanstanden, bemängeln, Einwendungen machen, verübeln, entgegenhalten, sich dagegen erklären, verurteilen, einen Fehler finden, einen Makel entdecken.
▸ beloben, mutig sein, zustimmen.
Haar, um ein knapp, beinahe, nahezu, fast, haarscharf ● drohend, gewagt, am Rande des Abgrunds, zwischen zwei Feuern, in höchster Gefahr.
▸ fern, entgegengesetzt, gefahrlos.
Haaransatzstück Toupet.
haarartig → kapillar.
Haarband → Band, Bindemittel.
Haarboden Kopfhaut.
Haarbürste → Bürste.
Haare lassen einbüßen, Schaden erleiden, Nachteil haben, herhalten müssen, um etwas kommen, verscherzen, aufgeben müssen, Lehrgeld bezahlen, in die Binsen gehen, durch die Finger schlüpfen, aufkommen müssen, zahlen, bluten.
▸ gewinnen.
Haare machen bürsten, kämmen, frisieren.
Haare stehen zu Berge erschrecken, entsetzen, erbeben, erschaudern, grauen, gruseln, erzittern, eine Gänsehaut kriegen, versteinert stehen ● staunen, die Augen aufreißen, irrewerden, die Sprache verlieren, die Haare sträuben sich.
▸ gelassen (sein), mutig sein.
Haare auf den Zähnen → zanksüchtig.
haaren fusseln, fasern, zerfasern, abzupfen.
Haaren herbeiziehen, an den bestehen auf, aufdrängen, aufnötigen, abnötigen, abringen, gewaltsam herbeiziehen ● kleinlich, unwichtig, untergeordnet, bedeutungslos, belanglos, gleichgültig, nebensächlich, unwesentlich, nichts sagend, geringfügig.
▸ freiwillig, wesentlich, wichtig.
Haarfarbe brünett, blond, aschblond, strohblond, rot, kupferrot, tizianrot, braun, schwarz, pechschwarz, grau, greis, meliert, weiß.
haarfein genau, peinlich, sorgfältig, minuziös, präzis ● fein, dünn, eng, schlank. → kapillar, faserig.
▸ dick, grob, ungenau.
Haarfett Brillantine, Pomade.
haarförmig → aalförmig, aalglatt, kapillar, drahtförmig, dünn, faserig.
haargenau akkurat, exakt, sehr genau, präzise.
haarig unwahrscheinlich, unfassbar, unglaublich, erstaunlich, seltsam, unerhört, unbeschreiblich, unaussprechlich, ungeheuerlich, haarsträubend, befremdend, toll, blöd, verrückt, vernunftlos, närrisch, hirnverbrannt, spleenig. → bärtig, borstig, buschig, kapillar, faserig.
▸ glatt, vernünftig ● haarlos, kahl, unbehaart.
Haarkleid Balg, Pelz, Vlies.
Haarkünstler → Bader, Barbier, Coiffeur.
haarlos → entblößt.
▸ behaart, haarig.
Haarpfleger → Coiffeur.
haarscharf → nahezu, scharf.
Haarschmerz Trichalgie.
Haarschmuck → Ausschmückung.
Haarschneider Frisör. → Barbier.
Haarschnitt Putz *u*. → Frisur.
Haarschwund Haarausfall, Glatzenbildung.
Haarspalter → Besserwisser.
Haarspalterei Wortklauberei, Rabulistik, Scholastik, Wortdeutelei, Zweideutelei, Kniffelei, Wortverdrehung, Verdreherei, Spitzfindigkeit, Geistreichelei ● Pedanterie, Engherzigkeit, Belanglosigkeit, Lappalie, Engstirnigkeit.
haarspalterisch → pedantisch.
Haarstoff Filz.
haarsträubend → degoutiert, empörend, furchtbar.
Haartracht Frisur, Haarmode, Haarschnitt.
Haarwaschmittel Shampoo, Schampun.
Habe Sack und Pack *u*. → Ausrüstung, Bagage, Besitz, Besitztum, Bestand, Effekten, Eigentum, Kapital, Vorrat.
haben → besitzen, eignen.
haben wollen begehren, benötigen, brauchen, erheischen, fordern, verlangen.
haben, zur Folge → bedingen, schließen.
haben, im Gefolge → bedingen.
haben, zum Narren → balbieren, verspotten.
haben, sich → angeben.
Habenichts Hungerleider, Bedürftiger, Mittelloser, arme Kirchenmaus, armer Lazarus,

armer Schlucker, Bankrotteur, Bettler, Bettelsack, Krippenreiter, Heimatloser, verschämter Armer. → Bittsteller, Bruder. ▸ Kapitalist.
Habgier → Egoismus, Eigennutz, Geldgier, Geiz.
habgierig → bedürfnisvoll, begehrlich, bestechlich, egoistisch, geizig, geldgierig, selbstsüchtig.
Habgieriger Ru(a)ch *u.*
habhaft werden fangen, greifen, erlangen.
habituell → gewohnheitsmäßig.
Habitus → Art, Aussehen.
hablos arm, unbemittelt, mittellos, besitzlos, abgebrannt, abgerissen, zerlumpt • ärmlich, dürftig, armselig, kümmerlich, kärglich, beschränkt, verarmt • lumpig, schäbig, brotlos, ausgehungert, arm wie eine Kirchenmaus • bedauernswert, hilfsbedürftig. ▸ reich.
Habseligkeiten Pi(e)selotten *u.* → Bagage, Besitztum, Effekten.
Habsucht → Begierde, Geldgier, Wucher, Besitzgier.
habsüchtig geizig, geldgierig, raffgierig, filzig, schäbig, engherzig, knauserig, knickerig, zugeknöpft, habgierig, geizend • bestechlich, käuflich, feil, gemein, besessen auf Geld, versessen auf Geld • gewinnsüchtig, wucherisch, schmutzig, gewissenlos, unersättlich. → besessen, geldgierig. ▸ selbstlos.
Hacienda *f, span.* → Anwesen, Bauernhof, Besitztum.
Hackbraten gehackter Hund *u,* gehackter Molli *u* getarnte Semmel *u.*
Hacke Ferse, Absatz • Picke, Beil, Axt, Karst • Harke, Egge, Forke • Arbeitsgerät.
hacken auflockern, roden, ausroden, reuten, häufeln, jäten, harken, grubben, lockern.
Hacker Weinbergarbeiter • Computereindringling.
Hackfleisch Faschiertes, Gehacktes, Hackepeter, Met, Tatar.
Hackfleischbrötchen Hamburger.
Hackordnung Rangfolge, Rangordnung, Hierarchie.
Häcksler Schredder.
Hader → Auseinandersetzung, Disharmonie, Fehde, Feindschaft.
Haderer Stänkerer, Streithahn, Streitsucher, Rechthaber, Händelsucher, Raufbold, Raufer.
hadern keifen, grollen, böse sein. → austragen, balgen, befehden, brechen mit, streiten.
Hafen → Aufenthaltsort, Becken, Behälter, Gefäß.
Hafen, im sicheren → geborgen.
Hafenboot Barkasse, Kutter, Pinasse, Prahm, Schute.
Hafer, ihn sticht der → übermütig.
Haferbrei Porridge.
Haff → Bai, Becken, Binnenmeer, Bucht, Busen.
Haft → Arrest, Bestrafung, Einkerkerung, Gefangenschaft, Gewahrsam. ▸ Freiheit • Bewährung • Haftverschonung.
Haftanstalt Gefängnis, Kerker, Knast, Strafanstalt, Vollzugsanstalt, Zuchthaus • Brumme *u.*
haftbar haftpflichtig, verantwortlich, rechenschaftspflichtig, verpflichtet, Verpflichtung zuschieben, zur Verantwortung ziehen, eine Pflicht übernehmen, verantwortlich sein, Verpflichtungen eingehen.
haften festkleben. → fest, bürgen, bleiben, einstehen, kleben. ▸ abfallen, abgehen, sich lösen.
haftend vereinigt, zusammenhängend, anhängend, verwachsen, ansaugend, unlösbar, unzertrennbar, dauerhaft, beständig, klebend. → dauerhaft, fest, haftpflichtig. ▸ brüchig, getrennt, löslich.
Haftgeld → Kaution.
Häftlings-Spazierweg Rundlauf *u.*
Häftling → Gefangener.
Häftling ohne Vorstrafen Jungfer *u.*
haftpflichtig schadenpflichtig, unterhaltungspflichtig, verantwortlich, schuldig, verpflichtet, sicherheitspflichtig, haftend, bürgend, gutstehen für, haftbar. → ersatzpflichtig. ▸ (pflichtfrei).
Haftung → Einstandspflicht, Garantie, Gewährleistung, Verbindlichkeit.
Hag Gehege, Gemarkung, Schlag, Wäldchen.
Hagel → Niederschlag.
hageln prasseln • überschüttet werden.
hager → aalförmig, aalglatt, dünn, hässlich.
Hagerkeit → Dürre, Hässlichkeit.
Hagestolz Junggeselle, Einzelgänger, Einspänner, Weiberfeind, Alleingänger, Einsiedler, Frauenfeind, Hinterwäldler, Kauz • Menschenfeind, Eigenbrötler, Duckmäuser, Misanthrop, Mucker, Original, Querkopf, Sonderling, Stubenhocker.
Hahn Ventil, Öffnung, Hydrant, Kran, Abfluss, Ausfluss, Verschluss, Zapfen, Spund, Verschließung, Sperre, Düse • Tier, Vogel, Federvieh, Geflügel, Huhn, Gockel, Hahnrei, Puter, Truthahn, Kapaun, Auerhahn, Spielhahn. Birkhahn.
Hahn im Korb → beliebt.
Hahn, danach kräht kein → unwichtig.
Hahnrei → Betrogener.
Hain → Busch.
Haken → Angel, Beschwernis, Bindemittel.
Hakenschlinge Öse.
halb → halbwegs, unvollendet, teilweise. ▸ ganz • voll.
Halbbildung Scheinwissen, Afterweisheit, Dilettantismus, Buchgelehrsamkeit, Schulweisheit, Lexikonweisheit, unvergorenes Wissen, Allwisserei. ▸ Gelehrsamkeit, Wissen.
Halbblut → Bastard.
Halbdunkel → Dämmer.
halber → behufs.
halb fertig → unvollendet.
halbflüssig → breiig.
halbgelehrt → dilettantisch.
Halbgott Heros, Vorbild, Musterbild • Held.
Halbheit Untauglichkeit, Ohnmacht, Nutzlosigkeit, Wirkungslosigkeit • Pfuscherei, Schmiererei, Geschmier, Stümperei, Pfuschwerk, Flickwerk, halber Kram *u,* Geistesarmut, Dummheit, Torheit. → Faselei. ▸ Klugheit, Tauglichkeit • Ganzheit, Vollkommenheit.
halbieren → abschneiden, durchreißen, durchteilen, teilen, entzweien. ▸ verdoppeln • abrunden, ergänzen.

Halbierung → Durchschnitt, Teilung.
Halbinsel Landzunge, Kap.
halb lang midi, wadenlang.
halblaut gedämpft, geflüstert, leise, Zimmerlautstärke in, (halbleise) mezzopiano.
Halblicht → Dämmerung.
Halbmond (an der Nagelwurzel) Lunula.
halbmondförmig lunular, semilunaris.
halbpart → fifty-fifty.
Halbperücke Toupet.
Halbrund Exedra.
Halbschlaf → Dusel, Schlummer.
Halbschlummer → Dusel, Schlummer.
Halbschwester → Anverwandte.
Halbseitenkopfschmerz Hemialgie, Hemikranie, Migräne.
Halbseitenlähmung Hemiplegie, Hemiparese.
halbseitig → mitten.
Halbstarker Rocker, Rowdy, Teen. → Gassenjunge.
halb wach → schläfrig.
halbwegs halb ungefähr, annähernd, einigermaßen, gleich entfernt, zwischenliegend, halb und halb. → annähernd, einigermaßen. ▸ durch und durch, ganz, völlig, vollkommen, vollständig.
Halbwelt → Demimonde.
Halbweltdame → Kurtisane.
halbwertig → beikommen nicht, unterlegen.
Halbwissen → Anstrich, Unkenntnis.
Halbwisser → Dilettant.
halbwüchsig → jung.
Halbwüchsiger Bursche, Jüngling, Junge, Unreifer, Göre, Fratz, Schnösel *u*, Rotznase *u*, Rotzbube *u*, Rotzgöre *u*, Halbstarker, Bengel, Lauser *u*, Lausbub, Lausebalg *u*, Haderlump, Luder, Lumpsack, Spross, Sprössling, Gelbschnabel, Grünschnabel, Milchbart, Range, Schlingel, Flegel, grüner Junge.
Halde → Abgrund, Matte.
Hälfte → Mitte, Teil, Teilstück, Teilung. ▸ Ganzes.
Hälfte, bessere → Ehefrau.
Hälfte, größere Löwenanteil, das größere Stück, die größere Ration oder Portion. → Vorzug, Mehrheit.
Hälfte, je zur halbiert, zu Paaren, paarweise, zu zweien, zwei zu zwei • halbpart machen, zu gleichen Teilen.
Hall → Akustik.
Halle → Diele.
hallen → erklingen, lärmen.
Hallodri → Arbeitsunfähiger, Ausbund.
Halloren *m* (Salzbergwerk) → Bergarbeiter.
Halluzination Sinnestäuschung, Trugbild, Wahnbild, Fata Morgana, Irrlicht, Blendwerk, Seifenblase, Traum, Verzückung, Wahn, Fieberwahn, Wunder, Einbildung, Täuschung, fixe Idee. → Blendwerk, Chimäre. ▸ Wirklichkeit.
Halm Stängel, Schaft, Stiel, Ranke, Reis, Rispe, Schoß, Spross, Schößling, Trieb, Ableger, Absenker.
Hals Kehle, Nacken, Rachen, Schlund.
Hals heraushängend, zum gesättigt, übersättigt, überfüttert, übernommen, voll gegessen, voll gefressen, voll gestopft, voll gepfropft, übervoll, überdrüssig, abgestumpft, erhaben über, bis zum Ekel, mehr als genug. ▸ erwünscht, interessiert.
Hals über Kopf schnell, geschwind, sofort, eilig, hastig, hurtig, flugs, rasch, unverzüglich, stracks, eilends, schleunig, stehenden Fußes, überhastet, überstürzt, blitzartig, sausend, mit Volldampf. → beflügelt, unüberlegt. ▸ gemächlich, überlegt.
Halsabschneider → Bandit, Blutsauger, Geizhals.
Halsausschnitt Dekolleté.
Halsbinde Krawatte, Schlips.
halsbrecherisch gewagt, waghalsig, tollkühn, abenteuerlich, kühn, wagemutig, forsch, verzweifelt. ▸ ungefährlich.
Halse schaffen, sich vom abschaffen, beseitigen, entledigen sich, entsorgen, vertreiben, wegschaffen/-schicken.
Halsgeschmeide/-kette Kollier.
halsstarrig querköpfig *u*. → bockig, eigensinnig, fanatisch.
Halsstarriger → Dickkopf.
Halsstarrigkeit → Eigensinn.
Halstuch Schal, Shawl, Nicki, Accessoires, Garnitur.
Halt Festigkeit, Bindekraft, Saugkraft, Klebekraft, Bindung, Haft • Stillstand, Unterbrechung, Stockung, Rast, Pause, Atempause, Einhalt, Erholung, Muße, Ruhe, Stille • Stütze, Stützung, Stützwerk, Stützpunkt, Lager, Unterlage, Bettung, Sockel, Unterteil, Grundlage, Unterstützung, Unterzug, Verpfählung, Eckstein, Grundstein, Säule, Pfeiler, Pfosten, Pfahl, Strebe, Versteifung, Träger, Gebälk, Balkenwerk, Holm, Sparren, Gewölbe, Rückgrat • Ordnung, Drill, feste Hand, Griff, Unerschütterlichkeit, Gleichmut, Kraft, Stärke, Hoffnung, Zuversicht, Vertrauen, Mut, Spannung • Ankerplatz, Aufenthaltsort, Lager, Rastplatz, Haltestelle, Station. → Atempause, Aufenthalt, Ausdruck, Haltung, Hinsicht. ▸ Fortgang, (Haltlosigkeit), Heftigkeit, Lockerung, Ruhelosigkeit, Tätigkeit, Zuchtlosigkeit.
halt eben, nämlich. → befristet, genug, ruhe!.
halt machen → anhalten.
haltbar dauerhaft, konserviert, eingemacht, gepökelt, geräuchert • echt, beständig, farbecht, lichtecht, waschecht, winterhart, frosthart • hiebfest, kugelfest, feuersicher, einbruchsicher • massiv, solide, stabil, stark, strapazierfähig, unveränderlich, unverderblich, unverwüstlich • verlässlich, währschaft, zuverlässig. → ausgezeichnet, beständig, dauerhaft, echt, farbecht, fest, gut, massiv, stark. ▸ verderblich, unecht, unsolide, unverlässlich unhaltbar.
haltbar machen fixieren, konservieren, imprägnieren, präparieren, tiefgefrieren.
Haltbarkeit → Beständigkeit, Dauerhaftigkeit.
Haltbarmachung Konservierung. → Erhaltung.
Haltebolzen Niet.
halten → anhalten, basieren, beibehalten, beobachten, berücksichtigen, einhalten, enthalten, erfüllen, stocken.
halten, an sich zügeln sich, beherrschen sich, im Zaume halten, zusammenreißen, sich an die Kandare nehmen, sich bemeistern, gegen sich angehen, sich bezwingen, sich Gewalt antun, Maß halten, mäßigen, zusammenraffen,

beschwichtigen, sich fassen, zu sich selber kommen, den Kopf nicht verlieren, die Fassung bewahren, sich nicht anfechten lassen, kaltes Blut bewahren, sich nicht aus dem Gleichgewicht bringen lassen, Würde bewahren.
▸ Fassung verlieren die.

Halten bringen, zum anhalten, bremsen, hemmen, stoppen.

halten für → auslegen, denken.

halten, hinter dem Berg → verheimlichen.

halten, kurz → binden die Hände.

halten, offen → aufbewahren.

halten, schadlos → danken, schadlos halten.

halten, sich → benehmen sich.

halten, sich vom Leibe der Arbeit aus dem Wege gehen, die Hände in den Schoß legen, herumlungern • distanzieren, ablehnen, fern halten, zurückhalten, aus dem Wege gehen, unnahbar sein, abgeneigt sein, verhindern.
▸ arbeiten, zugetan (sein).

halten, die Stange → helfen.

halten, vor Augen → Dach steigen auf das, vorwerfen, warnen.

halten, die Waage → balancieren.

halten, sein Wort sein Versprechen erfüllen, sein Wort einlösen, zu seinem Wort stehen, nicht im Stich lassen, treu bleiben, zuverlässig sein, sich ehrenhaft verhalten, gewissenhaft erfüllen, nicht wortbrüchig werden, nicht ableugnen.
▸ wortbrüchig (werden).

haltend festsitzend, überdauernd, beständig, unveränderlich, unwandelbar, fest, hart, unauflöslich, unauslöschlich, unbeweglich, unzerstörbar, unvergänglich, feststellbar, feststehend • ruhend, bewegungslos, still, beharrend, verharrend, fixiert, wartend, unverrückbar, stabil, verankert • haltbar, konserviert.
▸ beweglich, losgelöst.

Haltepunkt/-stelle Station.

Halter → Griff, Regal.

Haltestelle → Aufenthaltsort, Bahnhof, Station.

haltlos schlapp *u.* → albern, arg, leichtsinnig, schwach, unentschlossen.

Haltung Auftreten, Benehmen, Benimm, Betragen, Führung, Gang, Gebaren, Gehabe, Habitus, Allüren, Attitüde, Contenance, Manieren, Pose, Verhalten, Aufführung, Handlungsweise • Ausdruck, Aussehen, Form, Zuschnitt • Beherrschung, Fassung, Festigkeit, Halt, Rückgrat, Standhaftigkeit, Stellung, Attitüde. → Art, Art und Weise, Aufführung, Ausdruck, Ausdrucksweise, Aussehen, Benehmen, Bildung, Erhabenheit, Fassung, Stil, Verhalten.
▸ Ausdruckslosigkeit, Formlosigkeit, Unbeherrschtheit, Unerzogenheit.

Haltung zeigen → benehmen sich.

haltungslos → fassungslos.

Halunke → Bandit, Betrüger, Erpresser, Schurke.

hämisch → bärbeißig, zynisch, diabolisch, neidisch, verächtlich.

Hammel → Banause, Bock.

Hammer kommen, unter den → Konkurs.

hämmern → anschlagen, bohren, schlagen.

Hampelmann → Marionette.

hampeln zappeln, hopsen.

hamstern → anhäufen, aufspeichern.

Hand Pfote *u*, Tatze *u*, Pranke *u*, Patsche *u*, Klaue *u*, Flosse *u*, Patschhand *u*, Patschhändchen *u*, Vorderflosse *u*, Knochen *u*, Lamäng *u* • Pranke *u*, Pratze *u* Schaufel *u*.

Hand anlegen → beistehen, handeln, tun.

Hand darauf legen, seine → bemächtigen.

Hand, feste Halt, Aufsicht, Hut, Zucht, Ordnung, Drill, harte Schule, starker Wille, Unnachgiebigkeit, Rückgrat, Entschlossenheit, Festigkeit.
▸ Schlappheit, Zuchtlosigkeit.

Hand, freie Blankovollmacht, Generalprokura/-vollmacht.

Hand, freie – lassen erlauben, bewilligen, zulassen, dulden, gewähren, einwilligen, keinen Einspruch erheben, anheim stellen, frei stellen, Befugnis erteilen, berechtigen, ermächtigen.
▸ lenken, verbieten.

Hand, glückliche → Erfolg.

Hand liegend, auf der einleuchtend, glaubhaft, nahe liegend.

Hand, mit der manuell.

Hand und Fuß haben vernünftig, überlegt, einsichtsvoll, einsichtig, klug, gescheit, schön, gepflegt, formvollendet, tadellos, einwandfrei, fehlerfrei, meisterhaft, mustergültig, zünftig, unübertrefflich, ausgezeichnet, weit blickend.
▸ Hand noch Fuß nicht, unüberlegt.

Hand noch Fuß, nicht unvernünftig, borniert, unklug, töricht, kindisch, lebensfremd, kurzsichtig, hirnverbrannt, albern, unsinnig.

Hand geben, an die ermächtigen, berechtigen, befugen, anheim stellen. → Hand freie lassen, überlassen.
▸ entziehen, vorenthalten.

Hand gehen, zur → helfen.

Hand, glückliche Erfolg haben, siegen, meistern, deichseln *u*, heraushaben *u*, klar kriegen *u*, den Laden schmeißen *u*, zurande kommen, obenauf sein *u*, die Sache schmeißen *u*, weghaben, hinkriegen, das Spiel gewinnen, einen durchschlagenden Erfolg haben, den Zweck erreichen, Schwierigkeiten überwinden, den Bogen heraushaben, das Kind schaukeln *u*, aus dem ff kennen *u*, den Dreh heraushaben *u*, die Sache schaukeln *u*, seinen Weg machen, es zu etwas bringen, vorwärts kommen, in die Höhe kommen, den Preis davontragen, emporkommen, ein Händchen dafür haben *u*, die Lage meistern, ins Schwarze treffen, auf einen grünen Zweig kommen.
▸ misslingen.

Hand in Hand → beisammen, beigeordnet, du und du, hilfreich, vereint.

Hand, kurzer entschlossen, beherzt, zielbewusst, unnachgiebig • schnell, eilig, hurtig, kurz, ohne Umstände, ohne Verzug, schleunigst, umgehend, flink, hastig.
▸ unentschlossen.

Hand in den Mund, von der in den Tag hineinleben, den Herrgott einen guten Mann sein lassen, den Zufall entscheiden lassen, dem Schicksal anheim stellen, es darauf ankommen lassen • gerade sein Auskommen finden, ein dürftiges Dasein führen, sich kümmerlich ernähren, sich mühselig durchbringen, darben, ohne Mittel dastehen.
▸ vorsorgen.

Hand nehmen, in die → beistehen, helfen.
Hand, offene freigebig, großmütig, großzügig, mildtätig, wohltätig, gastfreundlich, verschwenderisch, hilfsbereit, die Spendierhosen anhaben, offenes Haus halten.
▸ geizig.
Hand, rechte → Beistand, Diener.
Hand im Spiel haben sich einmischen, vermitteln, eingreifen, einschreiten, dazwischentreten, sich verwenden, unterhandeln, verhandeln, vergleichen, beilegen, ausgleichen, zur Entscheidung bringen, schlichten, kuppeln. → bekümmern.
▸ einmischen sich nicht.
Hand, unter der gelegentlich, nebenbei, beiläufig • erschleichen, handeln, tauschen, erhaschen, erfassen, von der Gelegenheit Gebrauch machen, günstig einkaufen, schwarz einhandeln.
▸ immer, verpassen.
Hand, eine – wäscht die andere → mitwirken.
Handanfertigung Manufaktur.
Handarbeit Handfertigkeit, Facharbeit, Maßarbeit, Heimarbeit, Beschäftigung, Tätigkeit • Einzelarbeit, Handwerkerzeugnis, Meisterarbeit • Stickerei, Klöppelei, Häkelei, Strickerei, Handweberei. → Einzelarbeit, Facharbeit.
▸ Kopfarbeit.
handarbeiten basteln, handwerken, tüfteln, werkeln • nähen, schneidern, sticken, stricken.
Handball → Ball.
handbereit → griffbereit.
Handbeutel Pompadour.
Handbewegung → Geste.
Handbewegungen machen gestikulieren.
Handbuch Reiseführer, Wegweiser, Nachschlagebuch, Leitfaden, Lehrbuch, Abriss, Fibel, Hilfsbuch, Nachschlagewerk, Übersicht, Zusammenfassung, Zusammenstellung, Wörterbuch, Vademecum. → Kompendium.
Handdeuter Chirologe.
Handdruck → Dessin.
Hände ausstrecken nach nehmen, ergreifen, sich bedienen, zu Nutze machen, annektieren, erwischen, zulangen, sich bereichern, einsäckeln, sich bemächtigen, wegnehmen • rauben, plündern, stehlen, erobern, erbeuten, besetzen, kapern, aufbringen, erpressen, aussaugen, ausbeuten, schröpfen, erraffen, mitnehmen.
▸ zurückgeben.
Hände, plumpe Quanten *u.*
Hände reichen, die → versöhnen.
Hände ringen, die → klagen.
Hände in den Schoß legen → müßig gehen.
Händedruck → Bekenntnis, Gratulation.
Handel Tauschhandel, Geschäft, Umsatz, Umschlag, Absatz, Vertrieb, Veräußerung, Verkauf, Einkauf, Export, Import, Einfuhr, Ausfuhr, Versand, Außenhandel, Zwischenhandel, Freihandel, Warenverkehr, Warenvertrieb, Geschäftsverkehr, Güteraustausch, Gewerbe, Besorgung, Kolportage, Kommerz, Kundendienst, Markt. → Markt.
▸ Herstellung.
Handel treiben → bieten, handeln.
Händel → Feindschaft, Streit.
Händel suchen → ballen, streiten.
handeln tun, wirken, schaffen, unternehmen, beschäftigen sich, verrichten, besorgen, erledigen, vollbringen, vollführen, leisten • angreifen, anfassen, anpacken, beginnen, in Angriff nehmen, in die Hand nehmen, Hand anlegen, zugreifen, an die Arbeit gehen • seine Pflicht erfüllen, sich darüber machen, in Gang bringen, stellen seinen Mann • sich betätigen, beschäftigen sich • wollen, sich einsetzen, kämpfen, wagen, sich durchkämpfen, entgegentreten, ermannen sich, ein Herz fassen • Handel treiben, kaufen, verkaufen, tauschen, machen in einer Sache *u.* → anfangen, anfassen, anstellen, arbeiten, auftreten, beistehen, bekümmern, beschäftigen, beteiligen sich, betragen sich, bewerkstelligen, erledigen, ernähren sich, machen, unternehmen.
▸ fünf gerade sein lassen, müßig gehen, Pflicht verletzen die, herstellen, willenlos (sein), zurückschrecken • inaktiv bleiben, ruhen, unterlassen • zaudern, zögern • herstellen, produzieren.
Handeln, anständiges Fairness.
Handeln, einleitendes Initiative.
handeln, gewalttätig → bunt zugehen, vergehen sich.
handelnd → aktiv.
handelnder Mensch Homo faber, Praktiker.
handelseinig → abgemacht.
Handelsgesellschaft → Bund, Körperschaft.
Handelshemmnisse z.B. Protektionismus, Zoll.
Handelsmarke Marke, Schutzmarke, Trademark, Warenzeichen.
Handelsname → Firma.
Handelsplatz → Markt.
Handelspreis → Preis.
Handelsschiff → Fahrzeug (Wasser-).
Händelsucher → Stänkerer.
Händelsucht → Zanksucht.
händelsüchtig → bissig, zänkisch.
Handelsverkehr → Markt.
Handelsvertreter → Reisender, Vertreter.
Händen tragen, auf den → bejubeln, unterstützen, vergöttern.
Händeschütteln Shakehands.
Händewärmer Muff.
handfertig → anstellig, beschlagen.
Handfertigkeit Geschicklichkeit, manuelles Geschick, Technik.
handfest → derb, eisern.
Handfeuerwaffe Browning, Colt, Pistole, Revolver, Schießeisen.
Handgeld → Bezahlung.
handgemacht → handwerklich.
handgemein werden → balgen.
Handgemenge → Streit.
handgerecht → handlich.
handgeschriebene Druckvorlage Manuskript.
handgreiflich dinghaft, substanziell, fassbar, greifbar, gegenständlich • augenfällig, bemerkbar, deutlich, ersichtlich, offenkundig, erkennbar, auf der Hand liegend, selbstverständlich, klipp und klar, einleuchtend, unzweideutig, unmissverständlich • gewalttätig, tätlich. → absolut, auffallend, augenfällig, authentisch, beglaubigt, bemerkbar, dinghaft, erweislich, fassbar,

gegenständlich.
▶ unerwiesen, unklar, unsichtbar, wesenlos, zweifelhaft.
handgreiflich werden → angreifen.
Handgriff → Griff.
Handhabe → Mittel.
handhaben benutzen, gebrauchen, brauchen, anwenden, verwenden, bedienen sich, in Gebrauch nehmen, in Dienst stellen • ausführen, betreiben, hantieren, manipulieren, umgehen mit, wirken, anfassen, werken, verfahren, vorgehen, betätigen, → anfassen, anstellen, anwenden, arbeiten, bedienen, betragen sich, dirigieren, machen, verrichten.
▶ unterlassen.
Handhabung → Anwendung, Behandlung, Besorgung, Direktion, Gebrauch, Leistung.
Handharmonika Akkordeon.
Handklapper Kastagnette.
Handkoffer Suitcase.
Handkrampf Cheirospasmus.
Handlanger → Arbeiter, Commis, Diener.
Händler → Abgeber, Detaillist, Gewerbetreibender, Kaufmann, Lieferant.
Handlesekunst Chirologie, Chiromantie.
handlich praktisch, brauchbar, sachdienlich, griffig, benutzbar, verwendbar, dienlich, bequem, handgerecht, verwendungsbereit, passend, tauglich, ziemlich, sinnreich, habil. → dienlich, geeignet, tauglich, tragbar.
▶ ungeeignet, unbequem, unhandlich, unpraktisch, unzweckmäßig.
handlicher machen → abrunden.
Handlung → Akt, Arbeit, Ausführung, Besorgung, Bewerkstelligung, Darbietung, Durchführung, Laden, Leistung, Schritt, Tat, Vollzug.
Handlung, feierliche Zeremonie.
Handlung, festgelegte Ritual.
Handlung, strafbare → Delikt.
Handlungsablauf Fabel, Geschichte, Handlung, Plot, Stoff, Story.
Handlungsanstoß/-beginn Initiative.
Handlungsfreiheit → Willensfreiheit.
Handlungsgrundsatz Doktrin, Maxime, Prinzip.
Handlungsreisender → Commis voyageur, Reisender, Vertreter.
handlungsunfähig bewusstlos, erschöpft, ohnmächtig, machtlos, schachmatt.
Handlungsweise Verhalten, Benehmen. → Charakterfundament, Denkart, Gebaren, Gesinnung.
Handpflege Maniküre.
Handreicher → Commis, Hausknecht.
Handreichung Hilfe, Hilfeleistung, Hilfestellung, Mithilfe, Beihilfe, Beistand, Dienstleistung, Unterstützung, Bedienung, Erleichterung, Pflege, Mitwirkung. → Aufwartung, Beihilfe, Beistand, Dienstleistung, Mitwirkung, Vorschub.
▶ Ablehnung, Behinderung, Verweigerung.
Handschlag Shakehands *M.* → Abkommen, Ehrenwort.
Handschrift → Arbeit, Ausdrucksweise, Ausfertigung, Druckvorlage, Manuskript, Schein.
▶ Druck(schrift) • Kopie • Maschinenschrift.
Handschriftendeutung Grafologie.
handschriftlich eigenhändig, schriftlich, brieflich, mit einem Handschreiben, urkundlich, schwarz auf weiß, geschrieben, unterschrieben, verfasst, zu Papier gebracht.
▶ gedruckt • Maschinen geschrieben, maschinenschriftlich • vervielfältigt.
Handstreich → Angriff, Blitz, Gewaltstück.
Handtrommel Tamburin.
Handtuch werfen, das → abbrechen, aufgeben.
Handumdrehen, im augenblicklich, plötzlich, unvermutet, auf einmal, sofort, mit einem Mal, blitzartig • auf Knall und Fall, Liebe auf den ersten Blick. → Blitz, Fall und Knall.
▶ langsam, träge.
Hand voll → Batzen, Dreikäsehoch, Diverses.
Handwagen → Fahrzeug.
handwarm lau, lauwarm, lind.
Handwerk → Beruf, Erwerbszweig.
Handwerk legen, das verhindern, abwenden, aufhalten, beeinträchtigen, bekämpfen, eindämmen, entkräften, hemmen, hindern, hintertreiben, lahm legen, parieren, sabotieren, stören, unterbinden, unterbrechen, unterdrücken, untersagen, verbieten, vereiteln, verhindern, verhüten, vorbeugen, zuvorkommen, dazwischentreten, eingreifen, einmengen sich, einmischen sich, einschreiten, blockieren, das Maul stopfen, das Wort entziehen, mundtot machen, das Wasser abgraben, in den Weg treten, einen Riegel vorschieben, in Schach halten, die Flügel stutzen, zu Fall bringen, im Keim ersticken, in den Arm fallen, einen Streich spielen.
▶ helfen, Stange halten die.
Handwerker → Arbeiter, Diener, Fachmann.
Handwerkerbund/ -vereinigung Gilde, Innung, Zunft.
handwerklich werkgerecht, kunstgerecht, fachgerecht, handwerksmäßig, handgemacht, zunftgemäß, werksgemäß, handgerecht.
▶ maschinenmäßig.
Handwerksbursche Fechtbruder, Tippelbruder, Fahrender, Pennbruder, Zunftbruder, Wanderbursche.
Handwerkszeug → Werkzeug.
Handzeichen Geste, Gebärde, Wink.
Handzeichnung → Bild.
hanebüchen → unerhört.
Hanf → Faser.
Hang Tendenz, Berghang. → Abgrund, Anziehung, Bedürfnis, Begehr, Begierde, Belieben, Bereitwilligkeit, Bestreben, Charakter, Drang, Empfänglichkeit, Neigung, Vorliebe.
▶ Ebene, Flachland • Abneigung, Hass, Widerwille.
Hangar → Abstellraum.
Hängebauch → Bauch.
Hängebrücke → Brücke.
Hängelampe Ampel.
Hängematte → Bett, Liege.
hängen → bammeln, bestrafen, schweben.
hängen an → anbeten.
hängen bleiben → bleiben sitzen.
hängen, an die große Glocke verraten, enthüllen, aufdecken, an das Licht bringen, ausschwatzen, kein Geheimnis machen, die Augen öffnen, kein Blatt vor den Mund nehmen, aus der Schule plaudern, auf die Nase binden.
hängen lassen .

▸ abnehmen, herunternehmen, mitnehmen, wegnehmen.
hängen lassen (sich) sich nicht kümmern, sich keine Sorge machen, gleichgültig bleiben, vernachlässigen, verabsäumen, verwahrlosen, nicht beachten, nicht fragen nach, nicht denken an, durch die Finger sehen, beiseite legen, liegen lassen • faulenzen, die Hände in den Schoß legen, herumlungern, erlahmen, tatenlos zusehen, es sich bequem machen, auf der faulen Haut liegen, umherstreichen, der Arbeit aus dem Wege gehen, keinen Finger rühren, sich der Arbeit entziehen • seine Pflicht nicht tun, sein Versprechen nicht halten, untreu werden, vertagen, anstellen lassen, fünfe gerade sein lassen • laufen lassen, leicht nehmen, abstumpfen, die Achsel zucken • sich entwürdigen, erniedrigen, sich vergessen, wegwerfen, im Staub kriechen, sich demütigen, sich selbst aufgeben.
▸ arbeiten, kümmern (sich), pflichtbewusst (sein).
hängen lassen, die Flügel schlapp machen, aufgeben, kneifen, sich feige zeigen, den Mut sinken lassen, die Flinte ins Korn werfen.
▸ durchdrücken, Stirn bieten die.
hangen und bangen → bangen.
hängend → anhängig, schwebend.
hängende Unterlippe Triel *u.*
Hansa → Bund.
Hanse → Bund.
Hänselei → Belustigung.
hänseln → anführen, anöden, auslachen, beeinträchtigen, bespötteln, Besten halten zum, Dunst vormachen, düpieren, fabeln.
Hanswurst Harlekin. → Bajazzo.
Hanswursterei → Belustigung.
hantieren popeln *u.* → anwenden, bedienen, beschäftigen, tun, verrichten.
Hantierung → Anwendung, Behandlung, Besorgung, Leistung.
hapern → fehlen.
Happen → Teil.
Happening *am.* verrücktes Fest, Fete.
happig gierig, giererfüllt, scharf auf, unbeherrscht, hemmungslos, maßlos, begierig, lüstern • habgierig, habsüchtig, raffgierig • schäbig, versessen, geizig, filzig, zugeknöpft • gemein, käuflich, feil. → fessellos, gierig.
▸ beherrscht, freigebig.
Happy End → Ende.
Harakiri → Ende, Beraubung.
Häresie → Ketzerei.
Häretiker *m* → Abtrünniger.
häretisch → abtrünnig.
Harke → Hacke.
harken → hacken.
Harlekin → Bajazzo.
Harm → Bekümmernis, Betrübnis, Bitternis.
härmen, sich betrüben sich, quälen sich, grämen sich, absorgen, abzehren sich, sich zu Herzen nehmen, die Flügel hängen lassen, den Kopf hängen lassen, verzweifeln, schwarz sehen, vergraulen, sich Sorge machen, Grillen fangen, sich graue Haare wachsen lassen, leiden, Trübsal blasen, bedrückt sein, niedergedrückt sein, kleinmütig sein, sich dem Gram hingeben, sauertöpfisch werden, sich selbst peinigen, mit der Welt verfallen. → deprimieren.
harmlos arglos, seelengut, ohne Arg, lauter, rein, unschuldvoll, fehlerfrei, unverdorben • leichtgläubig, vertrauensselig, zutraulich, offen, einfältig, dumm • unschädlich, ungiftig, ungefährlich, gefahrlos, ohne Nachwirkung, ohne Folgen, mild, leicht • einfältig, ungekünstelt, einfach, natürlich, naiv, treuherzig, ehrlich, redlich, gutartig, trübt kein Wässerchen *u.* → arglos, dumm, friedfertig, unschädlich.
▸ gefährlich, verdorben, zweiflerisch • aggressiv, bösartig, böse, schädlich, schwer wiegend, tückisch, unangenehm • delikat, pikant, unanständig, zotig.
Harmonie Übereinstimmung, Gleichstimmung, Gleichklang, Einklang, Zusammenklang • Einigkeit, Eintracht, Friede, Verträglichkeit • Wohlklang, Ebenmaß, Wohllaut • Anmut, Einträchtigkeit, Ausgeglichenheit, Zufriedenheit, Abgewogenheit. → Anmut, Brüderlichkeit, Scharm, Einklang, Freundschaft, Gleichmaß, Schönheit.
▸ Disharmonie, Missklang, Konflikt, Spannung, Streit, Zwietracht.
Harmonielehre Harmonik.
harmonieren sympathisieren, übereinstimmen, sich verstehen, sich vertragen, zusammenstimmen, zusammenwirken, im Einverständnis handeln, gute Freundschaft halten, Frieden halten, ein Herz und eine Seele sein, am gleichen Strang ziehen.
▸ anfeinden, hadern, unterscheiden sich.
harmonierend ausgeglichen, einheitlich, harmonisch, harmonisierend, kongenial, übereinstimmend. → ein Herz und eine Seele.
Harmonika Akkordeon, Bandoneon, Euphonium, Konzertina.
harmonisieren in Einklang bringen.
harmonisch → befreundet, cordial, ebenmäßig, stilvoll.
Harn Abwasser, Jauche, Pinkel, Pisse, Urin, Wasser • Pipi *u*, Piss *u*, Schiff(e) *u*.
harnen pissen, schiffen *u*, Wasser lassen, nässen *j*, stallen *j* • brunzen *u*, pinkeln *u*, pissen *u*, puschen *u*, schiffen *u*.
Harnflasche Urinal.
Harngang/-röhre Urethra.
Harnleiter Ureter.
Harnstein Urolith.
Harnstoff Urea.
harntreibendes Mittel Diuretikum, Saluretikum.
Harnvergiftung Urämie.
Harnzwang Strangurie.
harren → erwarten, fassen ins Auge, gewärtigen, hoffen.
harsch rau, streng, hart, bissig.
hart fest, steinhart, glashart, ehern, erzen, felsig, stählern, eisern, hornig, knochenhart, knüppelhart, versteinert, verknöchert, hart wie Stein • stetig, unauflöslich, unauslöschlich, unvergänglich, standhaft, unbeirrt, unwiderruflich, unentwegt, unverrückbar, unbeweglich • zäh, widerstandsfähig, undurchlässig, dicht • gefühllos, abgestumpft, unberührt, anteillos, abgebrüht, abgehärtet, unbewegt, dickhäutig, stahlhart, kaltblütig, frostig, steinern, hartherzig, mitleidlos • grob, ruppig, klotzig, massiv, schroff, ausfällig, unwirsch, rau, dickfellig, stur, robust,

rücksichtslos, brutal, derb, ungebührlich • schonungslos, erbarmungslos, kalt, eisig, roh, unmenschlich, barbarisch. → arg, barbarisch, bejammernswert, bestialisch, bestimmt, bitter, blind, böse, brechen das Herz, brutal, drakonisch, ehern, eisern, entsetzlich, erbarmungslos, erstarrt, felsenfest, felsenhart, fest, kompakt, rücksichtslos, schonungslos, starr. ▸ weich, gar • morsch, mürbe, nachgiebig • duldsam, freundlich, gütig, mild, sanft, tolerant.

hart bleiben sich durchsetzen, abwehren, eintreten für, sich stählen, seine Macht zeigen, durchdrücken, durchhalten • zugreifen, anpacken • sein Herz verhärten, keine Nachsicht oder kein Erbarmen zeigen, verfolgen, ans Messer liefern. → verfolgen. ▸ bringen nicht übers Herz.

Härte Festigkeit, Starrheit, Widerstand, Kompaktheit, Dichte, Zusammenhalt, Sprödigkeit, Glashärte. → Barbarei, Bärbeißigkeit, Beharrlichkeit, Dichte, Ernst, Fels, Gewalt, Strenge. ▸ Weichheit.

härten → dichten, erhärten, stählen.

Hartgeld → Bargeld, Münzgeld. ▸ Banknote, Gelschein, Papiergeld.

hart gesotten → ungehorsam.

hartherzig → barbarisch, rücksichtslos.

Hartherzigkeit → Strenge.

harthörig → verstockt.

hartköpfig → fanatisch, starrsinnig.

hartmäulig → bockig.

hartnäckig obstinat. → ausdauernd, beengt, beharrlich, bockig, charakterfest, durchgreifend, eigensinnig, engstirnig, entschlossen, erpicht, fanatisch, felsenfest, felsenhart, ungehorsam, zäh. ▸ anpassungsfähig, flexibel • einsichtig • folgsam, fügsam, gefügig, gehorsam • nachgiebig, schwach, schwächlich • kurz(fristig).

Hartnäckigkeit → Auflehnung, Ausdauer, Beharrlichkeit, Beständigkeit, Bosheit, Denkart kleinliche, Egoismus, Eigennutz, Eigensinn, Fanatismus, Trotz.

Hartziegel Klinker.

harzig zäh, rau, herb. → breiig, dickflüssig.

Harzöl Terpentin.

Hasardeur → Glücksjäger, Spieler, Seiltänzer.

haschen auffangen, einfangen, ergreifen, erhaschen, erwischen, fangen, fassen suchen zu, nachstellen • Haschisch rauchen.

haschen nach locken, ködern, angeln, nachstellen, fangen, fahnden, fischen, erhaschen, überlisten, greifen, sich heranmachen, eine Falle stellen, auf Fang ausgehen. ▸ abstehen.

Häscher → Büttel, Scherge.

Haschich-Zigarette Joint *u.*

Haschisch Heu *u.*

Haselstock → Bambus.

Hasenbock Rammler.

Hasenfuß → Feigling.

hasenherzig → feige.

Hasenherzigkeit → Feigheit.

Hasenpanier ergreifen, das → entfliehen.

Häsin Zibbe, Zippe.

haspeln → aufrollen, aufwinden, drehen.

Hass Verbitterung, Gehässigkeit, Feindseligkeit, Böswilligkeit, Unversöhnlichkeit, Groll, Grimm, Unmut, Abneigung, Widerwille, Unausstehlichkeit, Zanksucht, Angriffslust, Hetzerei, Bissigkeit, Leidenschaft, Wut, Wildheit, Gereiztheit, Missgunst, Schadenfreude, Arglist, Feindschaft, böser Blick. → Abneigung, Abscheu, Bitterkeit, Bosheit, Dorn im Auge, Feindschaft, Verachtung, Zorn. ▸ Liebe, Nächstenliebe • Wohlwollen, Zuneigung.

hassen grollen, zürnen, wüten, anfeinden, verabscheuen, Groll hegen, mit Blicken erdolchen, unausstehlich finden, einem nicht grün sein, einem nicht gewogen sein, nicht leiden können, nicht ausstehen können, zu allen Teufeln wünschen, in den Haaren liegen mit, von Hass erfüllt sein, Todfeind sein, Groll empfinden, Blut wallen machen. → ausstehen, anfeinden. ▸ lieben, gern haben, gut leiden können, mögen.

hassenswert → abscheulich, böse, diabolisch, verachtet.

Hasser → Feind.

hasserfüllt → entzweit, feindlich, gehässig.

Hassgefühl → Hass.

hässlich ärgerlich, beängstigend, böse, empörend, entsetzlich, fürchterlich, garstig, gemein, grimmig, grauenvoll, grässlich, grausig, gräulich, fies, kläglich, kümmerlich, peinlich, quälend, schaurig, schlecht, schlimm, schmerzhaft, schmerzlich, störend, tragisch, traurig, unangenehm, unausstehlich, unbequem, unerfreulich, unerquicklich, ungemütlich, unleidlich, ungenießbar, widerwärtig, widrig, aasig • abscheulich, abstoßend, Ekel erregend, ekelhaft, hassenswert, infam, nichtswürdig, niederträchtig, schändlich, scheußlich, schmutzig, unflätig, verächtlich, verdammenswert, verrucht, verwünscht, widerlich • abgezehrt, dürr, plump, grobschlächtig, reizlos, schwerfällig, unschön, grimassenhaft, vierschrötig • blatternarbig, buckelig, einäugig, kahlköpfig, plumpfüßig, krummbeinig, runzlig, schiefmäulig, schiefnasig, triefäugig, verwachsen • dreckig, heruntergekommen, schlampig, schmierig, schmutzig, schmuddelig, stachelig, struppig, sudelig, unflätig, ungekämmt, ungewaschen, unsauber, verkommen, verlottert, verwahrlost, wüst, zerlumpt, schiach *u*, schiech *u.* → abstoßend, beißend, blatternarbig, borstig, böse, charakterlos, eckig, entstellt, fettwanstig, geschmacklos, stillos. ▸ schön • adrett, anziehend, attraktiv, formvollendet, gut aussehend, hübsch, geschmackvoll, reizvoll, wohlgeformt • freundlich, lieb, nett.

Hässlichkeit Garstigkeit, Unschönheit, Missverhältnis, Verunstaltung, Entstelltheit, Unförmlichkeit, Missbildung, Entstellung, Verzerrung, Verbildung, Abscheulichkeit, Widerlichkeit, Scheußlichkeit, Ungeschlachtheit, Plumpheit, Steifheit, Widrigkeit, Gräuel, Disharmonie • Missgestalt, Ungestalt, Fratze, Schreckgestalt, Scheusal, Ungeheuer, Missgeburt, Monstrum, Zerrbild,

Verunstaltung, Verschandelung • Hagerkeit, Hängebauch, Spitzbauch, Dickwanst, Wasserkopf, Sprachfehler • schlechte Aussprache, Schreiton, Jahrmarktston, Gassenhauer, vulgäre Sprache. → Deformation.
▸ Schönheit.

Hast Ramasuri *u.* → Begierde, Bewegung, Eifer, Eile, Getriebe, Jagd, Übereilung.
▸ Bedächtigkeit, Behutsamkeit, Beschaulichkeit, Besonnenheit, Entspanntheit, Ruhe, Sorgfalt, Umsicht.

hasten hudeln *u* hutzen *u.* → beeilen, beschleunigen, drängen, eilen, rennen.

hastig fummelig *u* rupps *u*, ruschig *u*, ruschlig *u.* → achtlos, auf einmal, augenblicklich, beflügelt, blindlings, eilends, kurzerhand, plötzlich.

hastig trinken runterstürzen *u.*

hastiger Typ Ruschelkopf *u.*

hätscheln → liebkosen.

Hatz → Eile, Hetze, Jagd.

Haube → Bedeckung.

Haube bringen, unter die Mann bringen an den, verkuppeln, verheiraten.

Haube kommen, unter die → verheiraten.

Hauch → Brodem, Dunst, Luft, Wenigkeit.

hauchdünn → faserig, zart.

hauchen → atmen.

hauchzart ätherisch.

Haudegen → Draufgänger.

hauen → angreifen, balgen, dreschen, durchschlagen.

hauen, übers Ohr → auswischen, benachteiligen.

häufeln → anhäufen, bedecken.

Haufen → Anzahl, Ausmaß, Auswahl, Bande, Berg, Bestand, Bund, Clique, Konglomerat, Dickwanst, Diverses, Fülle, Masse.

häufen, sich anwachsen, zunehmen, überhand nehmen, vervielfältigen • zusammenrotten, zusammenballen, anhäufen sich, drängen, schwärmen, wimmeln, bevölkern, mehren • vergrößern, anschwellen, auflaufen, anlaufen, vervielfachen, aufblähen, um sich greifen, sich ausbreiten, ansammeln, sich versammeln, zusammenziehen, vereinigen, sich scharen, zuströmen, zusammenkommen, hinzutreten.
▸ abnehmen, abteilen, auseinander gehen, vereinzelt.

haufenweise scharenweise, zahlreich, häufig, überfüllt, gehäuft, geballt, gedrängt, dicht, beisammen, zusammen, versammelt • viele, etliche, vielerlei, massenhaft, unzählig, unerschöpflich, noch viele andere, oft, überall, zu jeder Zeit.
▸ selten, vereinzelt.

häufig → beständig, diverse, erneut, massenhaft, oft.
▸ selten ausnahmsweise • kaum • ab und zu, gelegentlich, hin und wieder, manchmal.

Häufigkeit Menge, Masse, Haufen, Fülle, Überfluss, Anhäufung, Ansammlung, Rudel, Herde, Horde, Schwarm, Unmasse, Zusammenrottung, Gewühl, Gewimmel, Gedränge, Bande, Rotte, Vielheit, Mannigfaltigkeit, Unzahl, Unsumme, Wiederholung, Wiederkehr, Mehrmaligkeit, Kreislauf, Reihenfolge, Runde.
▸ Seltenheit, Vereinzelung.

Häufung Zusammenballung, Ansammlung, Anhäufung, Zustrom, Zulauf, Zuzug, Zusammenrottung, Versammlung.

Haupt Kopf, Schädel, Schopf, Grind s, *j* • Hauptmann, Häuptling, Mann an der Spitze, Chef, Führer, Unternehmer, Leiter, Verwalter, Verweser, Statthalter, Leithammel, Rädelsführer, Anführer, Baas, Bandenführer, Befehlshaber, Exponent, Gebieter, Herr, Meister, Herrscher, Landesfürst, Landesherr, Landesvater, Machthaber, Monarch, Oberherr, Potentat, Regent, Serenissimus, Souverän, Staatsoberhaupt, Tyrann, Zwingherr • Direktor, Vorsteher, Kommandant, Gouverneur, Oberaufseher, Obermeister, Obmann, Präses, Präsident, Vorsitzender, Vorstand. → Chef, Herrscher.
▸ Fuß, Untertan.

Hauptanziehung → Clou.

Hauptanziehungspunkt Salz in der Suppe *u.*

Hauptausfertigung → Original.

Hauptbestandteil → Substanz.

Hauptbetätigungsfeld Arbeitsfeld, Arbeitsgebiet, Beruf, Domäne, Fachgebiet, Wirkungskreis.

Hauptbuch Journal.

Hauptdarsteller(in) Superstar, Hauptfigur/-person/-rolle, Held(in), Primadonna, Protagonist, Star.

Hauptereignis → Clou.

Hauptgedanke → Chrie, Leitgedanke.

Hauptgehalt → Hauptsache.

Hauptgeschäftszeit Saison • Stoßzeit *u.*

Hauptgewinn erster Preis, Grand Prix, Großes Los, Jackpot, Supergewinn/-preis, Volltreffer.

Hauptgrundsatz Maxime.

Hauptgut → Kapital.

Hauptinhalt Extrakt, Quintessenz, Story.

Hauptkirche Dom, Kathedrale, Münster.

Häuptling → Bonze, Chef, Haupt.

Hauptmasse Gros.

Hauptmelodie Thema.

Hauptort City, Großstadt, Hauptstadt, Kreisstadt, Metropole, Zentrale, zentraler Ort, Zentrum.

Hauptperson → Direktor, Leiter.

Hauptreisezeit Saison.

Hauptrolle → Hauptdarsteller.

Hauptsache Hauptgrund, Kern, Kernpunkt, der springende Punkt, Leitmotiv, Pointe, das A und O, Kernstück, Knalleffekt, Hauptgehalt, Inbegriff, Mark, Quintessenz, Schwergewicht, Schwerpunkt, Wesenheit, Wesensgehalt, des Pudels Kern, der Witz der Sache, Clou des Ganzen *u* • da liegt der Hund begraben *u*, da liegt der Hase begraben *u*, das ist der ganze Witz *u.* → Faden roter.
▸ Nebensache.

hauptsächlich besonders, insbesondere, vor allem, vornehmlich, vorwiegend, vorzüglich, vorzugsweise, wesentlich, wichtig, zentral, in erster Linie, namentlich, notwendig, gewichtig, bedeutend, bedeutungsvoll, ausschlaggebend, bemerkenswert, beherzigenswert, beachtenswert, erwähnenswert, bezeichnend, maßgebend, tonangebend, nötig, erforderlich, selbstverständlich, unumgänglich, unerlässlich, unentbehrlich, unabweislich, kardinal. → A und O, ausnehmend, besonders, darüber, speziell.
▸ nebensächlich.

Hauptschlagader Aorta.

Hauptschlüssel Passepartout.

Hauptschriftleiter Chefredakteur.
Hauptseite → Vorderseite.
Hauptsitz Metropole, Residenz, → Hauptort.
Hauptstadt Kapitale, Metropole, Residenz.
Hauptstelle Zentrale.
Hauptstraße → Chaussee, Straße.
Hauptteil → Faden roter, Kapital.
Hauptversammlung Generalversammlung.
Hauptvertreter Generalagent.
Hauptwort Nomen, Substantiv.
Hauptzeuge Kronzeuge.
Haus Obdach, Unterkunft, Asyl, Behausung, Bleibe, Domizil, Elternhaus, Geburtsstätte, Heimstätte, Penaten, Quartier, Sitz, Stammsitz, Unterschlupf, Vaterhaus, Wohnsitz, Wohnung, Zufluchtsort, Heim, Zuhause das, in den vier Wänden • Bau, Affenkasten *u*, Boutique *u*, Baude, Blockhaus, Bude, Bungalow, Bunker, Gelass, Grotte, Höhle, Horst, Hütte, Schutzhütte, Sennhütte, Kabuse, Kasten *u*, Scheißhaus *u*, Kate, Kaue, Kraal, Laden, Lager, Logis, Nest, Wigwam, Zelle, Zwinger • Bauwerk, Gebäude, Etablissement, Mietskaserne, Wolkenkratzer, Hochhaus, Zinshaus, Eigenheim, Hinterhaus, Gartenhaus, Wohnlaube, Wohnstatt, Einfamilienhaus, Geschäftshaus, Landhaus, Reihenhaus, Wochenendhaus, Stadthaus, Villa, Chalet *schw.*, Pensionshaus, Boardinghouse, Palais, Palast, Casa, Holzhaus, Burg, Halle, Herrenhaus, Kastell, Luftschloss, Pavillon, Pfalz, Rotunde, Schloss, Turm • Krankenhaus, Spital, Charité • Garage, Hangar, Schober, Magazin, Remise, Scheuer, Scheune, Schuppen, Baracke, Speicher, Stadel, Verschlag, Vorhaus, Fertighaus • Anwesen, Bauernhof, Gehöft, Gut, Gutshof, Hacienda, Klitsche, Bruchbude, Niederlassung, Pächterei, Vorwerk. → Besitztum, Familie, Firma, Heim.
Haus bestellen, sein ordnen, verfügen, Anordnung treffen, in Ordnung bringen, aufräumen, seine letzten Verfügungen treffen. ▸ vernachlässigen.
Haus, kleines Schachtel *u*.
Haus und Herd → Heim.
Haus und Hof → A bis Z, A und O, Heim.
Haus, lustiges vergnügtes Huhn, Bruder Lustig, Schäker, Spaßvogel, Spaßmacher, Witzbold, Spötter, Schalk, Kauz, Büttenredner, vergnügtes Haus, Schwerenöter, Tausendsassa, Komiker, Hanswurst, Lustigmacher, Harlekin, Bajazzo, Pulcinell, Clown, Possenreißer, Flausenmacher. ▸ Griesgram.
Hausangestellte Dienstmädchen, Bolzen *u*. → Untergebene.
Hausarbeit → Facharbeit, Tätigkeit.
Hausarrest → Bestrafung.
Hausarzt Allgemeinarzt/-mediziner, Arzt, Doktor, Familienarzt, praktischer Arzt.
Hausaußenseite Fassade.
hausbacken → abgeschmackt, anspruchslos, bedürfnislos, brav, bürgerlich.
Hausball → Ball, Feier.
Hausbeschreibung Ökographie.
Häuschen → Cottage, Haus.
Haus, zu → dort, drinnen.
Häuschen sein, aus dem ausflippen, durchdrehen, Fassung verlieren die, freuen sich (sehr).
Hausdame Gesellschafterin, Haushälterin.
Hause kommen, nach heimkommen, heimkehren, heimreisen, zurückkehren.
Hause sich fühlen, zu → daheim.
Hauseingang Haustür, Pforte, Portal, Tor, Tür.
hausen → beiseite legen, einsparen, sparen, wohnen.
Häuser Gebäude, Immobilien.
Hausflur → Diele.
Hausfrau → Ehefrau.
Hausfreund → Abgott, Freund.
Hausfriede Eintracht, Einigkeit, Einklang, Harmonie, Übereinstimmung, Einstimmigkeit, Einhelligkeit, Einvernehmen, Verträglichkeit, gutes Einvernehmen, Zusammenklang, Ruhe, Friede, Familienglück, gute Nachbarschaft. ▸ Disharmonie, Feinschaft.
Hausgang → Diele.
hausgemacht bürgerlich, echt, gediegen, nahrhaft, schlicht, deftig, schmackhaft, einfach, schmucklos, sorgfältig, währschaft, hausbacken, wohlschmeckend. ▸ luxuriös.
Hausgemeinschaft Familie, Wohngemeinschaft.
Hausgenosse → Mitbewohner.
Hausgerät → Einrichtung, Hausrat.
Hausglocke Gong, Klingel, Wohnungsklingel.
Haushalt Häuslichkeit, Haus und Herd, Haushaltung, Hausstand, Hauswirtschaft, Heim, eigener Herd, häuslicher Herd, Reich der Frau, Schoß der Familie • Haushaltungsplan, Etat, Budget, Kostenanschlag, Finanzausweis, Voranschlag. → eigener Herd.
Haushalt führen → Haus halten.
Haus halten Haushalt führen • sparen, wirtschaften, haushälterisch umgehen, aufbewahren, sich nach der Decke strecken, einen Notgroschen beiseite legen, Geld auf die hohe Kante legen, sich bescheiden, beisammen halten, abknappen, sich einschränken, bescheiden leben. → abdarben, abarbeiten, beiseite legen, erübrigen, sparen. ▸ verschwenden.
Haushälterin Wirtschafterin, Haushaltshilfe, Hausdame.
haushälterisch achtsam, genügsam, mäßig, schlicht, sorgsam, sparsam, wirtschaftlich, puritanisch, spartanisch. ▸ verschwenderisch.
Haushaltplan Budget, Etat, Staatshaushalt, Kostenanschlag, Finanzplan, Vermögensplan, Jahresausweis, Rechenschaftsbericht, Jahreshaushalt, Aufstellung, Voranschlag, Finanzausweis.
Haushaltung → eigener Herd, Haushalt.
Hausherr Grundherr, Gutsherr, Gutsbesitzer, Patron • Unternehmer, Fabrikant, Gastwirt, Hotelier, Herbergsvater, Budenbesitzer • Hauswirt, Gastgeber, Gesellschafter. → Besitzer, Eigentümer, Gastgeber.
Hausherrin Domina, Hausfrau, Herrin, Madam.
Haushilfe Heimkraft, Hausangestellte, Magd, Dienerin, Raumpflegerin, Waschfrau, Mädchen für alles.
haushoch → hoch, überlegen.

hausieren → anbieten, verkaufen.
Hausierer Kolporteur. → Abgeber, Ausrufer, Verkäufer.
Hauskatze Salonlöwe *u.*
Hausknecht Hausdiener, Laufbursche, Besorger, Austräger, Schlepper, Zubringer, Bedienter, Dienstbote, Knecht, Hausmeister, Portier, Schließer, Aufwärter, Kuli. → Arbeitnehmer.
Hauslehrerin → Erzieherin.
Häusler → Bauer.
häuslich einfach, schlicht, gediegen, bürgerlich, hausbacken, zurückgezogen, selbstgenug, zurückhaltend, fürsorglich, zwanglos. → besorgt, bürgerlich, daheim, fürsorglich.
▸ gesellig, außenorientiert, kontaktsüchtig, reiselustig, ruhelos, unternehmungslustig.
häuslicher Herd → Haushalt.
Häuslichkeit Einfachheit, Schlichtheit, Prunklosigkeit, Gemütlichkeit • eigener Herd, Haus und Herd, zu Haus • Sparsamkeit, Genügsamkeit, Wirtschaftlichkeit, Mäßigkeit. → Bescheidenheit, Haushalt.
▸ Vergnügungssucht, Verschwendung.
Hausmarke → Spezialität.
Hausmeister Hauswart, Portier, Pedell.
Hausputz (großes) Reinemachen.
Hausrat Hausgerät, Geschirr, Möbel, Hauseinrichtung, Wohnungseinrichtung, Mitgift, Brautschatz, Aussteuer, Eigentum, Vermögenswerte, Sachwerte, Habe, Geld und Gut, Besitzstand, irdisches Gut. → Besitztum, Geschirr.
Hausschuh Pantoffel.
Hausse Anstieg, Aufschwung, Blüte, Boom, Konjunktur, Wirtschaftsblüte • Preisanstieg, Teuerung.
Hausstand → Haushalt.
Hausteufel → Blut heißes, Drache.
Hausvorbau Erker.
Hausvorderseite Fassade.
Hauswart Hausmeister, Pedell, Portier.
Hauswirt → Besitzer, Eigentümer.
Haushaltung → eigener Herd, Haushalt.
Hauswirtschaft → Haushalt.
Hauszierde → Ehefrau.
Haut → Balg, Bedeckung, Fell, Hülle.
Haut, durch die perkutan, transkutan.
Haut fahren, aus der aufbrausen, explodieren, Luft gehen in die, wütend/zornig werden.
Haut, in die intrakutan.
Haut und Haar, mit ganz, ganz und gar, gänzlich, durchgängig, ausnahmslos, allesamt, samt und sonders, vollständig, von Anfang bis zu Ende, mit Stumpf und Stiel, von Kopf bis Fuß, einer wie alle, von Hacken bis Nacken, alles in allem. → A bis Z, A und O.
▸ ganz und gar nicht, teilweise.
Haut, unter der subkutan.
Haut wehren, sich seiner → verteidigen (sich).
Haut zu Markte tragen durchs Feuer gehen für, den Rücken decken, die Kastanien aus dem Feuer holen, für die Rechnung aufkommen, sich in eine gefährliche Sache einlassen, sich gefährden, aufs Glatteis gehen, im Feuer stehen, ein Wagnis eingehen.
▸ drücken sich, verhindern.
Häutchen → Fell, Hülle.
Hautcreme Sex aus der Tube *u.*
häuten → abbalgen, enthüllen, entkleiden.
hauteng straff, eng anliegend, knapp. → eng.
Hautfalten unter den Augen Säcke (unter den Augen) *u.*
Haut-Wundliegen Dekubitus.
Hautabdruck Dermatogramm.
Hautarzt Dermatologe.
Hautatmung Perspiration.
Hautausdünstung Transpiration.
Hautausschlag Effloreszens, Ekzem, Exanthem, Flechte, Grind.
Hautbemalung Tätowierung.
Häutchen Film, Kutikula, Membran.
Haute Coiffure modebestimmende/ tonangebende Frisierkunst.
Haute Couture modebestimmende/ tonangebende Schneiderkunst.
Hautevolee bessere/feine/vornehme Gesellschaft. → Oberschicht.
Hautfarbstoff Pigment.
Hautflecken Cafe-au-lait, Lentigo, Macula, Naevus.
Hautglättung Liften.
Hautgout Angefaultheit, Anrüchigkeit, scharfer Geschmack (von Wild).
Hautjucken Pruritus.
Hautpilz Dermatophyt.
Hautquaddel Urtika.
Hautrötung Erythem, Rubor.
Hautsalbe Creme.
Hautschälung, kosmetische Peeling.
Havarie *sm* Zusammenstoß. → Anprall, Bekümmernis, Misserfolg, Unglück.
Haxe Ferse, Bein, Fuß.
Headline Blickfang, Eyecatcher, Schlagzeile, Überschrift.
Hearing Anhörung, Verhör (durch Ausschüsse/Fachleute).
Hebamme Geburtshelferin. → Berater, Frau weise.
Hebe → Elevator.
Hebebewegung Hub.
Hebegerät Elevator, Kran, Lift, Paternoster.
Hebel Ansatzpunkt. → Apparat, Werkzeug.
Hebel ansetzen Dampf dahinter machen, alles aufbieten, keine Anstrengungen scheuen, sein Möglichstes tun, sich bemühen, sich anstrengen, vorwärts treiben, vorwärts bringen, sich befassen mit, sich betätigen, tun, handeln, schaffen, arbeiten, wirken, rühren sich, regen sich, tummeln sich, sich kümmern um, in Angriff nehmen, in die Hand nehmen, Hand anlegen, zupacken, vorgehen, seine Pflicht erfüllen, sich etwas angelegen sein lassen, die Hand an den Pflug legen, die Zügel in die Hand nehmen, sich darüber machen, in Gang bringen.
▸ bewenden lassen, faulenzen, Zeit haben.
Hebemaschine Aufzug, Flaschenzug, Winde, Hebe, Fahrstuhl, Hebewerk, Kran, Davits *sm* (Kräne für Boote), Schiffswinde, Gangspill, Rolle, Elevator, Lift. → Elevator.
heben erhöhen, intensivieren, steigern, verschärfen, verstärken • aufheben, aufrichten, aufwinden, aufziehen, baggern, emporbringen, hissen, hochschrauben, lüften, lüpfen, wuchten, türmen, fördern, kultivieren, läutern, verbessern, veredeln, verfeinern, verschönern, vertiefen, vervollkommnen, zivilisieren, entfalten, wachsen lassen, Entwicklung fördern, Vorzüge verleihen • aufgehen. → aufgehen, auftauchen, aufwerfen, aufwinden, steigern, verbessern.
▸ senken, rollen, verunstalten

neigen, sinken lassen • absetzen, fallen lassen, hinstellen • liegen lassen • dämpfen, mindern, reduzieren, verringern.

heben, einen → trinken.

Heber Sauger, Pumpe, Saugrohr, Stechheber, Getreideheber, Hebewerk, Saugleitung • Wagenheber, Aufzug, Kran, Ladebaum, Winde, Flaschenzug.

Hebewerk → Aufzug, Elevator.

Hebung → Betonung.

Hechelei → Belustigung, Spott, Verleumdung.

hecheln atmen stoßweise, japsen, keuchen, röcheln • boshaft reden über andere.

Heck *sm* hinterer Teil des Schiffes, Schiffsende. ▸ Bug, Front.

Hecke Dorngebüsch, lebender Zaun • Brutzeit, Genist, Nest • Wildfalle.

Heckenschütze → Freischärler.

Heckpfennig Sparpfennig, Hungergroschen, Notgroschen, Ersparnis. → Bargeld.

Heer Masse, Haufen, Heerschar, Truppe, Armee, Militär, Truppenmacht, Kriegsmacht, Kriegsvolk, Streitmacht, Wehrmacht, Bürgerwehr, Heervolk, Heerbann, Heerhaufen, Feldschar, Fußvolk, Truppenkörper, Division, Brigade, Legion, Kohorte, Garnison, Armeegruppe, Hauptheer, Heersäule, Armeekorps, Gros. → Anzahl, Aufgebot, Commis.

Heeresbericht → Bekanntgabe, Nachricht.

Heereskrankenhaus Lazarett.

Heerfahne Panier.

Heerführer Befehlshaber, Feldherr, Kommandant.

Heergefolge Tross.

Heerstraße → Chaussee.

Heerwesen Militär.

Hefe → Abfall, Auswurf, Ferment.

Heft → Band, Buch, Bund, Faszikel, Griff.

Heft in der Hand halten → befehligen, herrschen.

heften → anmachen, broschieren, fassen.

heftig ungestüm, stürmisch, wild, feurig, toll, rasend, leidenschaftlich, temperamentvoll, heißblütig, hitzig, impulsiv, hemmungslos, unbändig, gewaltsam, aufgebracht, wütend, zornig, verbissen • scharf, aufbrausend, jähzornig, kochend, tobend • jählings, hastig, rasch, unsanft • reizbar, erregbar, ungeduldig, cholerisch, unbeherrscht, unlenkbar, haltlos, maßlos, zügellos, wutentbrannt, wutschnaubend, schäumend, besessen, grimmig. → arg, auf einmal, aufgebracht, augenblicklich, beißend, böse, brennend, cholerisch, entrüstet, erregbar, Fassung verlieren die, feurig, gewaltsam, plötzlich, rücksichtslos, zornig. ▸ gelassen, gutmütig, maßvoll, sanft.

heftig bewegen fuchteln, rappeln, rucke(l)n, rütteln, schütteln.

heftig werden → bersten, zürnen.

heftige Gefühlsregung Affekt, Emotion.

Heftigkeit Ungestüm, Wildheit, Glut, Gärung, Hast, Aufruhr, Wut, Krampf, Zorn, Ausbruch, Gewalt, Sturm, Donnerwetter, Gewitter, Orkan, Wirbelwind, Unwetter, Erdbeben, Erschütterung • Kraft, Stoß, Ansturm, Entladung, Aufprall, Dynamik • Leidenschaftlichkeit, Erregbarkeit, Temperament, Heißblütigkeit, Unbeherrschtheit, Haltlosigkeit, Eifer, Unrast, Rausch, Taumel, Ekstase • Tatkraft, Energie • Strenge, Härte, Rücksichtslosigkeit, Barschheit, Rauheit • Raserei, Berserkerwut, Koller, Tollwut, Tobsucht. → Aufregung, Ausbruch, Bewegungstrieb, Blitz, Dynamik, Ernst, Erregbarkeit, Erregung, Explosion. ▸ Gelassenheit, Gutmütigkeit, Rückprall, Sanftheit.

Hege Tierpflege, Tierschutz, Wild- oder Vogelhege • Tierliebe • Blumen- oder Pflanzenhege. → Beistand, Obhut.

Hegemonie Führung, Oberbefehl/-herrschaft, Überlegenheit, Vorherrschaft, Vormachtstellung.

hegen züchten, aufzüchten, heranziehen, verbessern, pflegen, warten, hüten, füttern • helfen, beistehen, beispringen, betreuen, fördern, dienen, zur Seite stehen, Sorge tragen, versorgen, unterhalten, beherbergen • umhegen, mit Liebe umgeben, verhätscheln, verzärteln, verzeihen. → aufziehen, begünstigen, beistehen, bringen auf die Beine. ▸ grün sein einem nicht, hemmen, zu Grunde gehen.

Hehl Geheimnis.

Hehler Spießgeselle, Gauner, Schwindler, Helfershelfer, Anonymus, Unbekannter, Ungenannter, Schlepper, Hintermann, Schieber, Betrüger, Schwärzer, Mann im Hintergrund, Halsabschneider, Gangster. ▸ Dieb • Ru(a)ch *u.*

hehr → edel, erhaben, groß, schön.

Heia Kinderbettchen.

Heide Ungetaufter, Ungläubiger. → Freigeist.

Heidekraut Erika.

Heidenangst → Angst, Bammel, Bedenken.

Heidenbekehrer Apostel, Missionar.

Heidentum → Götzendienst, Ketzerei.

heidnisch andersgläubig, irrgläubig, ketzerisch, ungläubig, atheistisch, pantheistisch, götzendienerisch, gottlos, antichristlich, unbekehrt. ▸ (christlich).

heikel knifflig, rotzverdächtig *u*, sengerig *u*. → ärgerlich, bedenklich, delikat, drohend, fein, feinschmeckerisch, gefährlich, kompliziert, peinlich, schwierig, unangenehm. ▸ harmlos.

heil → Damm sein auf dem, ganz • Gesundheit, Glück, Segen, Seelenheil, Wohl, Wohlergehen • (ewiges H.) Erlösung, Seligkeit. ▸ beschädigt, defekt, invalid, kaputt, schadhaft, verletzt, versehrt, verwundet, zerbrochen, zerstört.

Heiland → Befreier, Christus, Gott.

Heilanstalt Krankenhaus. → Bad.

Heilanzeige Indikation.

Heilbad → Bad.

heilbar rettbar, verbesserbar, besserungsfähig, behandlungsfähig, noch nicht verloren, wieder gesund zu machen, wieder herzustellen, dem Leben zurückzugeben, dem Tode entreißen, die Lebensgeister zu wecken, von Krankheit zu befreien, außer Gefahr bringen. ▸ unheilbar, tödlich.

Heilbehandlung Behandlung, Kur, Therapie.
heilen helfen, kurieren, wiederherstellen, verarzten, in Ordnung bringen, wieder auf die Beine stellen, die Gesundheit wiedergeben, über den Berg bringen, aufpäppeln, beleben, lindern, mildern, stärken, neubeleben, den Schmerz stillen, trösten. → begütigen, bekämpfen.
▸ verschlimmern • erkranken, krank werden, sich entzünden, sich verletzen, verletzt/verwundet werden • schaden, schädigen.
heilend kurativ.
Heiler → Heilkünstler.
heilig weihevoll, ehrwürdig, erhaben, fromm, sittlich, tugendrein, engelhaft, himmlisch, gottähnlich, über alles Lob erhaben, göttlich, geheiligt, vollkommen, überirdisch, gottbegnadet, gotterwählt, beseligt, selig, gottgeweiht, gottesvoll, von göttlicher Gnade erfüllt.
▸ sündhaft, sündig.
heilig sprechen → dekorieren.
Heiligabend Weihnachtsabend, Weinachtsfest.
heilige Schrift Avesta, Awesta, Bibel, Koran, Talmud, Weda.
Heiligenbild Ikone.
Heiligenerzählung Legende.
Heiligenschein Aureole. → Corona, Glorie(nschein), Gloriole, Korona, Mandorla, Nimbus.
Heiligenschrein Reliquiar.
Heiligenspiel Mirakel.
Heiliger Geist Spiritus sanctus.
heiliges Versprechen Eid, Gelübde, Schwur.
Heiligkeit, S. → Anrede.
heilig sprechen kanonisieren.
Heiligtum Kultstätte, Tempel.
Heiligung Weihung.
Heilkost → Diät.
heilkräftig heilsam, gesund, zuträglich, wohltuend, bekömmlich, bekräftigend, gedeihlich, nahrhaft, heilend, krankheitsverhütend, prophylaktisch.
▸ ungesund.
Heilkunde, Heilkunst → Medizin.
Heilkundiger Mediziner, Therapeut.
Heilkunst Gesundheitslehre, Heilkunde, Jatrik, Medizin.
Heilkünstler Arzt, Doktor, Mediziner, Anatom, Chirurg, Kliniker, Zahnarzt, Augenarzt, Zahntechniker, Tierarzt, Viehdoktor, Veterinär • Naturarzt, Heilpraktiker, Homöopath, Magnetiseur • Kurpfuscher, Chiropraktiker, Quacksalber, Medizinmann, Scharlatan, Feldscherer • Geburtshelfer, Hebamme, Wehmutter, weise Frau. → Bader, Dentist.
▸ Kurpfuscher.
heillos vergeblich, überflüssig, fruchtlos, erfolglos, unergiebig, zwecklos • verdorben, ungenießbar, wertlos, nichtig, kümmerlich, schwach, kläglich, beschämend, nutzlos, unnütz • gottlos, gottverlassen, sündhaft, frevelhaft.
▸ dienlich, erfolgreich, gottgefällig.
Heilmaßnahme Behandlung, Kur, Therapie.
Heilmittel → Arznei, Baldrian, Balsam, Dosis, Elixier, Erleichterung, Essenz, Mittel.
Heilmittelverordnung/ -verschreibung Rezept.
Heilmittelzubereitung Rezeptur.
Heilpaste Salbe.
Heilpraktiker → Bader, Heilkünstler.
Heilquelle Gesundbrunnen. → Bad, Brunnen.
heilsam → bekömmlich, erfrischend, essbar, gedeihlich, gesund, gut, heilkräftig, kräftigend, tröstlich.
Heilskönig Messias.
Heilstätte Erholungsheim, Genesungsheim, Heilbad, Hospital, Klinik, Krankenhaus, Kurheim, Lazarett, Sanatorium.
Heiltrank → Arznei, Auszug, Elixier, Essenz.
Heilung → Abklingen, Behandlung, Genesung, Gesundung.
Heilverfahren → Kur, Mittel.
Heim Behausung, Familie, Haus, Haus und Hof, Haus und Herd, Heimstätte, Nest, Obdach, Vaterhaus, Wohnung, vier Wände, Zuflucht • Asyl, Blindenheim, Altersheim, Obdachlosenasyl, Armenhaus, Waisenhaus, Findelhaus, Kinderhort, Kindergarten, Säuglingsheim, Mütterheim, Entbindungsanstalt. → Asyl, eigener Herd, Elternhaus, Haushalt.
Heim, im traulichen → daheim.
Heimarbeit → Facharbeit, Tätigkeit.
Heimat → Aufenthaltsort, Entstehungsstätte, Ursprung, Vaterland.
▸ Ausland, Ferne, Fremde.
heimatberechtigt → ansässig, daheim, eingesessen.
Heimatberechtigter → Eingeborener, Einwohner.
Heimatgefühl Heimatliebe, Heimatstolz, Heimweh, Nestgefühl, Vaterlandsliebe, Heimattreue, Verbundenheit, Zusammengehörigkeitsgefühl, Liebe zur Scholle, Volksbewusstsein • Chauvinismus.
▸ Patriotismus.
heimatlich → bodenständig.
▸ ausländisch, auswärtig, fremd, ungewohnt.
heimatlos verfemt, verstoßen, ausgewiesen, ausgetrieben, vertrieben, flüchtig, verjagt, abgeschoben, verbannt, entwurzelt.
▸ beheimatet, ansässig, sesshaft.
Heimatloser Ausgewiesener, Entrechteter, Verfemter, Verstoßener, Flüchtling, Vertriebener, Verbannter, Abgeschobener, der Ewige Jude, Ahasver.
▸ Ansässige.
Heimatort Domizil, Geburtsort.
Heimatrecht → Bürgerrecht.
Heimatrechtentzug Denaturalisation.
heimbringen → bringen nach Hause, einbringen, Schutz nehmen in.
heimelig → behaglich, gemütlich.
heimfahren heimreisen, zurückfahren, zurückreisen.
Heimfahrt Heimkehr, Rückfahrt, Rückkehr.
heimführen → bringen nach Hause, ehelichen, heiraten.
Heimgang → Ableben, Tod.
heimgehen → ausatmen, sterben, zurückkehren.
heimgeigen → anfahren.
heimgesucht → gepeinigt, geprüft.
heimisch → ansässig, bodenständig, eingesessen.
Heimkehr → Ankunft, Rückkehr.
▸ Abfahrt, Abreise, Ausfahrt, Ausgang, Ausreise, Auszug.
heimkommen heimkehren, heimreisen, zurückkehren, zurückkommen.
heimleuchten hinauswerfen, den Stuhl vor die Tür setzen, an die Luft setzen, verweisen, vertreiben, aussperren, verbannen, zurückweisen, hinausekeln, anlaufen lassen • zurechtweisen, zurechtstutzen, die Meinung sagen, einem

Irrtum entgegentreten.
▸ bewillkommen, einladen, enthalten sich.
heimlich unsichtbar, schleichend, still und leise, unter vier Augen, geheim, steckum *u*, stickum *u*, klammheimlich *u* • unauffällig, unbemerkbar, unbemerkt, versteckt, verborgen, verhüllt, verschleiert • allein, ohne Zeuge, unter der Hand, hinten herum, einzeln, einsam, vereinzelt, mutterseelenallein. → diebisch, geheim.
▸ offen, sichtbar • offiziell, unverhohlen, vor aller Welt.
heimlicher Groll Pik, Ressentiment.
heimliches Gericht Feme.
Heimlichkeit Unsichtbarkeit, Verschlossenheit, Versteckspiel, Zurückhaltung • Geheimniskrämerei, Hinterhalt, Hinterlist • Geflüster, Liebesgeflüster, Getuschel, Gerede, Gerücht, Klatscherei, Fäustchen lachen ins, Schlich *u*. → Dunkel.
▸ Offenheit.
Heimlichtuer Geheimniskrämer, Hehler • Ohrenbläser, Drahtzieher • Zuträger, Spitzel, Spion, Kundschafter, Späher, Horcher, Lauscher.
▸ Mensch aufrechter, treuer.
Heimreise Heimfahrt, Heimkehr, Rückkehr, Rückreise.
heimreisen → heimfahren.
heimschicken → ablehnen.
Heimschule Alumnat, College, Internat.
Heimstätte → Aufenthaltsort, Elternhaus, Heim, Obdach.
heimsuchen bedrängen, bittere Stunden durchmachen, bedrückt werden, erleiden, erdulden, ertragen, den Kelch bis zur Neige leeren, im Unglück sitzen, in der Tinte sitzen, verfolgt werden, trübe Zeiten durchstehen, schwere Prüfungen erleiden.
▸ erfreuen, glücken.
Heimsuchung Kreuz, Leid, Übel, Unfall, Unglück, Unheil, Missgeschick, Panne, Reinfall, Fiasko, Schaden, Verlust, Einbuße, böse Zeiten, Plage, Qual, Unannehmlichkeiten, Verdruss, Verlegenheit, Widerwärtigkeit • Leiden, Leidensweg, Marter, Missgeschick, Not, Leidenskelch, kümmerliches Dasein, quälender Kummer, Hölle auf Erden. → Ärgernis, Armut, Bekümmernis, Betrübnis, Fügung.
▸ Freude, Glück.
Heimtücke → Anschlag, Arglist, Bosheit, Doppelsinn.
heimtückisch hinterfotzig *u* politisch *u*. → aalglatt, arglistig, bestechlich, bitter, böse, bübisch, charakterlos, diabolisch, falsch, boshaft, hinterlistig, verräterisch, verfänglich.
▸ gutartig • anständig, aufrichtig, ehrlich, fair, offen.
heimtückischer Anschlag Attentat.
Heimübungsgerät Hometrainer.
heimwärts → nach Hause gehen.
Heimweg Rückweg, Wiederkehr.
Heimweh Sehnsucht, Bekümmernis, Unlust, Katerstimmung, Öde, Unfreude, Unstimmung, Missbehagen, Verbitterung, Enttäuschung, Liebe, Trieb, Drang, Verlockung, Begierde, Verlangen, Gelüst, Herzenswunsch, Liebe zur Scholle, Heimatgefühl. → Drang.
▸ Gefühllosigkeit • Fernweh • Lebensfreude.
heimwehkrank nostalgisch.
Heimwerker Bastler, Praktikus.
heimzahlen zurückzahlen. → abrechnen, ahnden, anstreichen, belohnen, eintränken, empören sich, rächen.
Heimzahlung → Bestrafung, Buße, Belohnung, Rache.
Heirat → Ehe.
▸ Scheidung, Trennung.
heiraten ehelichen, heimführen, eine Familie gründen, freien, zum Traualtar führen, zur Frau oder zum Mann nehmen, fürs Leben heimführen, zum Standesamt schleppen, trauen, verbinden, sich kriegen *u*, vermählen, antrauen, beweiben, kopulieren, kuppeln, verheiraten, zusammengeben, unter die Haube kommen *u*. → ehelichen.
▸ ledig (bleiben), geschieden werden, sich scheiden lassen, sich trennen • sitzen lassen.
Heiratsantrag Liebeswerbung, Umwerbung, Freiung, Brautlauf, Liebeserklärung. → Bewerbung, Liebeswerbung.
heiratsfähig mündig, mannbar, volljährig, herangewachsen, flügge, reif, entwickelt, fraulich, frauenhaft, männlich, aus den Kinderschuhen herausgewachsen. → erwachsen.
▸ minderjährig.
Heiratsgut → Aussteuer.
heiratslustig → ehelustig.
Heiratsvertrag → Ehe.
heiser → belegt (Stimme).
heiß brühheiß, mordsheiß, erhitzt, drückend, tropisch, sonnig, sommerlich, schwül, mollig. → drückend, heftig, innig.
▸ gefühllos, kalt, sanft, eisig, frostig • lauhwarm • inaktuell.
heiß sein → dampfen, schwitzen.
heißblütig → aufgebracht, cholerisch, dämonisch, erregbar, Fassung verlieren die, heftig.
Heißblütigkeit → Anwandlung, Erregbarkeit, Leidenschaftlichkeit, Liebe.
heiße Springquelle Geiser, Geysir.
heiße Zonen Tropen.
heißen benennen, betiteln, bezeichnen, rufen, einen Namen geben, namhaft machen, sich schreiben, sich schimpfen *u* • anweisen, beauftragen, beordern, bestellen, vorladen, zitieren, geheißen, werden • anordnen, auferlegen, auftragen, befehlen, bestimmen, dirigieren, diktieren, gebieten, veranlassen, verfügen, verlangen, verordnen, vorschreiben • hochziehen (*sm*). → anregen, aufzwingen, befehlen, benamsen, benennen, beordern, bestellen, bewirken, Dach steigen auf das, erteilen Auftrag.
▸ erlauben, trotzen, unbenannt (sein).
Heißhunger → Appetit, Esslust.
heißhungrig → besessen, gefräßig.
Heißluftbad Sauna.
Heißluftdusche Föhn.
Heißsporn Pulverkopf *u*. → Brausekopf, Choleriker, Drache, Fanatiker.
Heißwasserbereiter/-speicher Boiler.
heiter frohgemut, freudig, aufgeheitert, sonnig, sonnenhaft, humorvoll, lebensfroh, quietschvergnügt, lebenslustig, frisch, fröhlich, vergnüglich, lustig, aufgeräumt, gut gelaunt, fidel, ausgelassen, übermütig, übersprudelnd, leichtherzig, feuchtfröhlich, guter Dinge sein, zufrieden, wohlig,

klaglos, sorgenfrei, kummerlos • hell, leuchtend, klar, unbewölkt, wolkenlos, strahlend, glänzend. → amüsant, aufgelegt, aufgeräumt, aufgeschlossen, behäbig, beruhigt, beschwingt, Blick mit leuchtendem, ergötzlich, froh, munter, wohlgelaunt. ▸ traurig, todernst, todtraurig, bedrückt, betrübt, deprimiert, niedergeschlagen, trübsinnig • bedeckt, diesig, düster, grau, trübe.

heitere Erzählung Anekdote.

heitere Sinnesart Humor.

heiterer Zwischenfall Intermezzo.

heiteres Tonstück Scherzo.

Heiterkeit Fidelitas. → Entzücken, Freude, Jubel, Lebensfreude, Stimmung.

heizen erhitzen, erwärmen, entzünden, anzünden, anstecken, einheizen, anfeuern, Feuer machen, Feuer anblasen, Feuer legen, in Brand stecken, schüren. → anstecken, einheizen. ▸ kühlen.

Heizkessel → Feuerung, Ofen.

Heizkörper → Esse, Feuerung, Ofen, Herd.

Heizstoff → Brennmaterial.

Heizung Ofen, Heizkörper, Kamin. → Brand, Erwärmung, Wärme.

Hekatombe → Opfer.

Hektik Eile, Geschäftigkeit, Hast, Hetze, Rastlosigkeit, Ruhelosigkeit.

hektisch → übersteigert.

hektisch sein abhetzen sich, abjagen sich, eilen, hasten, hetzen.

Held Haudegen, Degen, Kämpfer, Kampfhahn, Streithahn, Mann der Tat • Bekenner, Berühmtheit, Heros, Preiskämpfer, Überwinder, Eroberer • Darsteller, Schauspieler, Tragödie, Mime, Heldendarsteller, Komödiant, Opernsänger. → Berühmtheit, Draufgänger, Sieger. ▸ Feigling, Maulheld, Angsthase, Drückeberger, Schwächling.

Heldendarsteller Tragöde.

Heldendarstellerin Heroine, Tragödin.

Heldengedicht Epos.

heldenhaft heldenmütig, heroisch, tapfer, beherzt, brav, wacker, unerschrocken, furchtlos, kühn, waghalsig, unbesiegbar, unüberwindlich, reckenhaft, verwegen • mannhaft, männlich, standhaft, entschlossen. ▸ feige.

Heldenhaftigkeit Mannhaftigkeit, Mannesmut, Löwenmut, Heroismus, Kriegsmut, Heldentum, Todesverachtung, Tapferkeit, Wagemut, Mutigkeit, Beherztheit, Kühnheit, Unerschrockenheit, Furchtlosigkeit, Verzweiflungsmut, Tollkühnheit, Bekennermut. → Courage. ▸ Feigheit.

heldenmütig → brav, heldenhaft, opferbereit.

Heldentat Mutprobe, Heldenstück, Wagestück, Husarenstück, Mannestat, Handstreich, Abenteuer, Großtat, Waffentat. → Gewaltstück. ▸ Feigheit.

Heldentum → Heldenhaftigkeit.

Heldin Heroine. → Berühmtheit, Held.

helfen beistehen, beispringen, unterstützen, fördern, klüngeln *u*, behilflich sein, zur Seite stehen, mithelfen, Beistand leisten, beschützen, förderlich sein, beraten, durchschleppen, zur Hand sein, durchziehen, unter die Arme greifen, Gefallen erweisen, versorgen, erste Hilfe leisten, pflegen, bewirten • zukommen lassen, beitragen, zuschießen, gewähren • einspringen, nützen, retten, befreien, mitwirken, ins Schlepptau nehmen, an die Hand gehen, die Stange halten, Vorschub leisten, unter die Fittiche nehmen, auf die Beine helfen • bestärken, begünstigen, Partei ergreifen • zusammentun, verbünden, verbinden, zusammenarbeiten, sich verschwören, sich verbrüdern, auf die Seite schlagen, einen Bund schließen, eine Partei bilden • nützen, von Nutzen sein, behilflich sein, gute Dienste leisten, Dienst erweisen einen, lindern, anraten, zusammengehen, forthelfen, goldene Brücke bauen, halten zueinander, halten die Stange, Hand gehen an die, Hand nehmen in die • durchhelfen, sich über Wasser halten, sich durchbeißen, einen Gefallen erweisen, Obdach gewähren. → abnehmen, abwehren, arbeiten, aufziehen, bedienen, begütigen, beispringen, beistehen, beraten, bringen auf die Beine, bugsieren, Daumen halten, dienen, ebnen den Weg, einlassen sich, einstehen, eintreten für, entbürden, entgegenkommen, entladen, entlasten, erleichtern, ermöglichen, Feuer gehen durchs, durch Feuer und Wasser gehen, hegen, nützen, unternehmen, verbünden, verteidigen. ▸ entmündigen, hemmen, verhindern • abweisen • schaden, schädigen • im Stich lassen, sitzen lassen.

helfend → ermutigend, förderlich, fördernd.

Helfer Mitkämpfer, Kamerad, Kommilitone, Sekundant, Beistand • Erlöser, Erretter, rettender Engel, Helfer in der Not, Retter, Wohltäter, Schirmer, Schützer, Zuarbeiter, Menschenfreund, Gönner, Förderer • Anhänger, Jünger, Schüler, Verehrer, Sekretär, Famulus, Adjutant, Vertreter, Mitarbeiter, Helfershelfer, Verbündeter, Bundesgenosse, Vasall • Hilfskraft, Hilfsarbeiter, Stütze, Faktotum, Diener, rechte Hand, Aushilfe, Bote, Gehilfe, Adlatus, Pfleger, Wächter, Träger, Beiträger • Talisman. → Anwalt, Assistent, Befreier, Beistand, Berater, Beschützer, Bruder, Diener, Komplize, Famulus, Freund, Getreuer, Kamerad. ▸ Verderber.

Helfer, plötzlicher Deus ex Machina.

Helfershelfer Söldling, Helfer → Komplize.

Helikopter Drehflügelflugzeug, Hubschrauber.

Heliogravüre → Druck.

hell blank, feurig, gestirnt, glänzend, heiter, klar, leuchtend, poliert, licht, sonnig, spiegelblank, taghell, umstrahlt, unbewölkt, wolkenlos, wolkenklar • gläsern, durchsichtig, transparent, ungetrübt • bleich, käsig, schneeig, silbern, silbrig, weiß, weißlich, kreidebleich, schlohweiß, schneeweiß, silberweiß • frei von, lauter, pur, rein, schier • adrett, fleckenlos, gewaschen, nett, reinlich, sauber, unbefleckt, unbeschmutzt, blitzsauber • genau, hörbar, leicht, lesbar, offen, licht, kristallklar, klipp und klar, klar und deutlich, sinnfällig, sonnenklar, unverschleiert, unzweideutig, verständlich. → beredt, einleuchtend, feurig, intelligent, klar, lauter, rein, strahlend, verständlich. ▸ dunkel, unklar, unsauber, düster, diesig, finster, matt, neblig, trübe, undurchsichtig.

hellblond → blond.

hellbraun kackfarben *u.*

Helle → Erhellung, Licht, Verstand.

helle → klug.

hellhörig deutlich, hörsam, hörbar • aufmerksam, achtsam, bedachtsam, umsichtig, klüglich, weislich, vorsichtig, ängstlich, wachsam, gespannt, erwartungsvoll, auf der Hut, mit offenen Augen. ▸ taub, unachtsam.

Helligkeit Erhellung, Helle, Klarheit, Leuchtkraft, Lichtstrom, Lichtstreifen, Strahl, Strahlung, Strahlenkegel, Lichtkegel, Lichtstrahl, Feuerstrahl, Sonnenstrahl, Lichtschein • Tag, Tageslicht, Sonnenlicht, Sonnenschein, Lichtermeer, Lichtflut, Dämmerung, Morgenrot, Tagesanbruch, Morgengrau, Abendsonne, Abendröte, Mondschein, Mondlicht, Sternklarheit, Feuergarbe, Flammenmeer, Feuermeer, Feuersäule, Feuerschein, Feuerglut • Schimmer, Glanz, Geflimmer, Gefunkel, Ausstrahlung, Strahlenkranz, Gloriole, Reflex, Widerschein, Spiegelung. → Erhellung, Licht. ▸ Dunkelheit, Lichtlosigkeit, Finsternis, Schatten.

hellsehen ankünden, erraten, mutmaßen, prohezeien, unken, vorhersagen, wahrsagen, warnen, weissagen, in die Zukunft schauen, Gedanken erraten, Gedanken lesen. → ahnen, ankündigen, dämmern, erträumen, fantasieren, Gras wachsen hören. ▸ ahnungslos (sein).

Hellseherei Ahnung. → Aberglaube, Vorhersagung.

hellsichtig ahnungsvoll, ahnungsschwanger, feinfühlig, verinnerlicht, ahnungsbang, hellseherisch. ▸ ahnungslos (sein), irren sich.

Helm Kopfschutz, Schutzhaube, Stahlhelm, Sturzhelm.

Helmbusch → Ausschmückung, Heraldik.

Hemd Oberhemd, Unterhemd, T-Shirt.

hemdsärmelig lässig, salopp, nachlässig, rigoros.

hemmen abhalten, anhalten, aufhalten, behindern, bremsen, einengen, einhalten, erschweren, halten, stoppen, im Wege stehen, unterbrechen, zurückhalten, eingattern *j*, einkesseln *j*, einkreisen *j*, einlappen *j* • beunruhigen, desorganisieren, durcheinander schütteln, erschüttern, stören, umherstreuen, umherwerfen, umkehren, umstürzen, verdrehen, verhaspeln, verheddern, verlegen, verrücken, verschlampen, vertauschen, verwechseln, verwirren, zerwühlen, Unordnung machen • abwarten, aufhalten sich, bummeln, drucksen, hindern, humpeln, kriechen, latschen, mähren, motschen, nachhinken, nachzucken, säumen, schleichen, schlendern, trödeln, verweilen, zaudern, zögern, zotteln, zurückbleiben • erlahmen, erschlaffen, schlapp machen • hinausschieben, hinziehen, lahm legen, hinhalten, retardieren, sabotieren, stauen, verlangsamen, verschieben, auf die lange Bank schieben • entgegenarbeiten, erschweren, in den Weg stellen, in die Arme fallen, den Weg verlegen, einen Plan durchkreuzen. → abkühlen, abwehren, aufhalten, beeinträchtigen, beherrschen sich, bekämpfen, benachteiligen, beschränken, bezähmen, dämpfen, durchkreuzen, einmengen sich, Einspruch erheben, entmutigen, Fall bringen zu, schleppen, stören, Unordnung machen, verbieten, verhindern. ▸ fördern, helfen, begünstigen, unterstützen • anspornen, antreiben, voranbringen.

hemmend → beeinflussend, entmutigend, hinderlich.

Hemmnis → Anstand, Arrest, Barriere, Beschlagnahme, Beschwernis, Durchkreuzung, Einhalt, Hindernis.

Hemmschuh Beschwerde, Bürde, Fessel, Gewicht, Keil, Klotz, Last, Radschuh, Radsperre, Sperrkette, Riegel, Verbot, Zwang. → Bremse. ▸ Bewegungstrieb, Förderung.

Hemmstoffe Inhibitoren.

Hemmung Abhaltung, Gegenströmung, Verhinderung, Stau • Anstände, Beherrschung, Einhalt, Entmutigung, Furcht, Gewissensbisse, Skrupel, Vorstellungen, Zaum, Zügel, Kandare, Nachsicht, Weichheit, Widerwille, Tadel. → Bedenken, Bremse, Depression, Einwand, Entmutigung, Gegengewicht, Gegenwirkung, Tadel, Widerwille. ▸ Ermutigung, Hilfsstellung.

hemmungslos → aufgebracht, begeistert, heftig, zügellos, rücksichtslos, unbekümmert. ▸ ängstlich, furchtsam, gehemmt, schüchtern, zurückhaltend.

Hemmvorrichtung → Bremse, Hemmschuh.

Hengst (kastrierter) Wallach.

Henkel → Griff.

Henkelbecher Tasse.

henken aufhängen, erhängen, hängen.

Henkergerüst Galgen, Schafott.

Henne Haushuhn.

her heran, heraus, herbei, herein, herüber, herzu.

herab → abwärts, bergab, drunten, unten. ▸ aufwärts, empor, herauf, hinauf.

herab, von oben herrisch, hochmütig.

herabfallen → fallen.

herabgekommen arm, heruntergekommen, hungrig, ausgehungert, ausgemergelt, abgemagert, unterernährt • hilfsbedürftig, arbeitslos, erwerbslos, Not leidend • unversorgt, mager, dürr, krank, nothaft, schäbig, dürftig, armselig, ärmlich. → dünn. ▸ reich, versorgt (vorwärts gekommen).

herablassen, sich → erniedrigen sich.

herablassend gnädig, gönnerhaft • arrogant, affektiert, affig, aufgeblasen, dummstolz, dünkelhaft, hochtrabend, eingebildet, eitel, geschwollen, stolz, trotzig • großsprecherisch, hochnäsig, steif, förmlich, wichtig tuend, anmaßend, aufdringlich, dreist, großkotzig, keck, naseweis, patzig, rücksichtslos, schnippisch, überheblich, unverfroren, unbescheiden, verschämt, vorlaut.

▸ bescheiden, freundlich, unaufdringlich.
Herablassung Bequemung. → Demut, Erniedrigung, Eitelkeit.
herabschauen → fegen hinweg, überheben sich.
herabschauen, von oben → dick tun.
herabsetzen senken, hinablassen, abnehmen, herunternehmen, herunterstellen, herunterdrücken, hinunterstoßen • herabwürdigen, deklassieren, gering schätzen, missachten, unterschätzen, verkleinern, erniedrigen, verachten, in den Schmutz ziehen, beleidigen, verächtlich machen, verlästern, verunglimpfen, wegwerfen, von sich werfen, in den Dreck treten • verleumden, anprangern, bloßstellen, durchhecheln, entwerten, losziehen, die Ehre abschneiden, bemängeln, brandmarken, geißeln, entehren, heruntermachen, bespötteln, besudeln, beflecken, begeifern, verkleinern, in den Kot ziehen, in schlechten Ruf bringen, Schlechtes nachreden, diskreditieren, diskriminieren • aussondern, ausstoßen, im Preis heruntersetzen, verschleudern, verramschen. → ablassen, bagatellisieren, beeinträchtigen, begeifern, beleidigen, beschuldigen, besudeln, Dreck treten in den, dienern, diskreditieren, Ehre bringen um die, einlegen Schande, entehren, entwerten, ermäßigen, erniedrigen, hinablassen, tadeln.
▸ ehren, heben, hofieren, schätzen, verteuern.
herabsetzen, sich → demütigen sich.
Herabsetzung Deklassierung, Diskriminierung, Aussonderung, Entwertung, Verachtung. → Achsel, Angriff, Beleidigung, Demütigung, Dezimierung, Entwertung, Ermäßigung, Erniedrigung, Reduktion, Verachtung.
▸ Achtung, Würdigung.
herabsteigen hinuntersteigen, hinuntergehen, herunterkommen, herunterfallen, herabspringen, abspringen, absteigen, absitzen, sinken, niederschmettern.
▸ aufsteigen.
herabwürdigen → bagatellisieren, beeinträchtigen, beleidigen, bloßstellen, diskreditieren, erniedrigen, herabsetzen.
herabwürdigend → zynisch, despektierlich, entehrend.
Herabwürdigung → Demütigung, Ehrenkränkung, Entwertung, Erniedrigung, Verleumdung.
herabziehen → bagatellisieren, verleumden.
Herabziehung → Erniedrigung, Verleumdung.
Heraldik Wappenkunde, Heroldskunst.
heran → bis.
▸ davon, fort, hinweg, weg, zurück.
heranbilden → erziehen.
herandrängen näher kommen, nahe kommen, nahen, herannahen, heranziehen. → aufdrängen, herankommen.
heraneilen → ankommen.
heranführen heranziehen, beiziehen, an sich ziehen, anlocken, zuziehen.
herangehen → herankommen, heranziehen.
herangewachsen → entwickelt.
heranholen → beibringen, beschaffen.
herankommen → begegnen, bevorstehen, Ferse folgen auf der, näher kommen.
▸ fortgehen.
herankommen lassen → zögern.
heranlaufen → eilen heran, entgegeneilen.
Herannahen → Anzug.
herannahen → bevorstehen.
herannahend → bevorstehend.
heranschaffen → beschaffen, einholen.
heranschleichen, sich → auflauern.
heranstehlen → beschleichen, einstehlen.
heranstürmen → besessen, einstürmen, erstürmen.
heranstürzen anstürmen • blitzen, herausschießen, herbeistürzen, rasen • angreifen, bedrängen, überfallen, überrumpeln. → einstürmen, erstürmen, fallen mit der Tür ins Haus.
▸ abwehren, beherrschen sich, lassen sich Zeit.
herantreten an anrufen, ansprechen, vorsprechen, wenden an sich.
heranwachsen → aufblühen, entwickeln sich, aufschießen.
heranwachsend halbwüchsig, kindlich, jugendlich, jung, minderjährig.
Heranwachsende Halbwüchsige, Jugendliche, junge Leute, Teenager.
heranziehen → anziehen, aufziehen, eilen heran, vergleichen, züchten.
heranzüchten → aufziehen.
herauf → aufwärts, aufsteigend, bergauf, hinauf.
▸ abwärts, herab, herunter, hinab, hinunter.
heraufbeschwören den Teufel an die Wand malen. → auslösen, bedingen, verursachen, zeitigen.
heraufgehen → besteigen.
heraufsetzen anheben, aufwerten, erhöhen.
heraufziehen von Gefahr → bedräuen.
heraus hinaus, draußen, außen. → bravo.
▸ herein, hinein.
herausbekommen → auftreiben, ausfindig machen, durchschauen, entdecken.
herausbilden, sich → ändern.
herausbrechen entfernen, ausbrechen, ausreißen, ausrupfen, auszupfen, wegräumen. → erbrechen.
herausbringen → ausfindig machen, expedieren, ermitteln, sagen.
herausbuchstabieren → bedeuten, dolmetschen, entziffern, erraten.
herausfahren → entfernen, reisen, sagen.
herausfinden → aufzeigen, ausdenken, beikommen, ergrübeln, ermitteln, erraten, erschließen.
▸ forschen, nachforschen, suchen • nachdenken, überlegen • sich verirren, sich verstricken.
Herausforderer Provokateur.
herausfordern anrempeln, behelligen, belästigen, auffordern, brüskieren, fordern, zu nahe treten, aufs Blut reizen, dick tun, sich in die Brust werfen, Satisfaktion fordern, Rechenschaft verlangen, Kampf antragen, Streit heraufbeschwören, Genugtuung verlangen, die Spitze bieten, Trotz bieten, Streit vom Zaune brechen. → anrempeln, ärgern, ballen, befehden, befeinden, dick tun.
▸ achten, verschonen, vertragen sich.
herausfordernd → drohend, trotzig, verächtlich.
Herausforderung → Bedrohung, Beeinflussung,

Drachensaat, Drohung, Duell, Ermunterung.
herausfuttern, sich → ansetzen.
Herausgabe Drucklegung, Veröffentlichung, Edition, Ausgabe, Nachdruck, Neudruck, Ankündigung. → Ausgabe.
herausgeben → ankündigen, drucken, geben, veröffentlichen.
Herausgeber Verleger, Editor.
herausgehen, aus sich auftauen, Befangenheit verlieren die, munter/warm werden.
herausgeputzt → bunt, schmücken.
herausgesetzt abgesetzt, ausgesperrt, gekündigt, auf die Straße gesetzt, herausgeworfen, entlassen, abgebaut, abgesägt, abgehalftert.
▸ eingesetzt, geschätzt.
heraushalten, sich Abstand halten, Finger lassen von die, nichts zu tun haben wollen mit.
heraushängen, zum Hals → anöden, langweilen, lästig.
herausheben deutlich machen, hervorheben, pointieren, unterstreichen.
herausholen → ausfindig machen, sichtbar machen.
herauskommen → entfließen, kommen ans Sonnenlicht.
herauskriegen → ausfindig machen.
herauslassen → einlassen, setzen in Freiheit.
herauslaufen → auslaufen.
herauslesen → bedeuten, entziffern.
herauslocken → ausfindig machen, bloßlegen, entlocken, erlisten, ermitteln.
herausnehmen → anmaßen, auspacken, erkecken, fühlen sich.
herausplatzen → entfahren, lachen.
herausputzen → ausschmücken, blähen, dick tun, verschönern.
herausquellen → anschwellen.
herausreden, sich Ausflüchte machen, Ausreden gebrauchen, Vorwände benutzen, winden sich.
herausreißen ausziehen, abziehen, entfernen, wegschaffen, wegräumen, ausbrechen, ausreißen, ausrupfen, auszupfen, ausgraben, ausscharren. → rechtfertigen.
▸ beschuldigen, einpflanzen.
herausreißen, jemanden → Brücke bauen goldene.
herausrücken → ausgeben, bekennen, zugeben.
herausrufen → bejubeln, schreien.
heraussägen → ausschneiden.
herausschaffen → einkommen um, wegschaffen.
herausschälen → abbalgen, blättern, demaskieren.
herausschlagen → abwerfen, ausnutzen, einbringen, profitieren.
herausschwindeln → benachteiligen, erlisten, herauswinden.
herausspringen → herauskommen, wölben.
heraussprudeln → entfahren, quellen.
herausstaffieren → auftakeln, behängen.
herausstaffieren, sich → dekorieren.
herausstehen → vorspringen.
herausstellen auswärts kehren, zur Schau stellen, an die Oberfläche bringen • heranziehen • sich herausstellen, sich zeigen, sich in den Mittelpunkt stellen.
herausstellen, sich entpuppen sich, entscheiden sich, erweisen sich, zeigen sich, zu Tage treten.
herausstreichen → angeben, anpreisen, auftakeln, befürworten, besingen, dekorieren, empfehlen.
▸ verbergen, verschleiern, zurückhalten.
heraustreiben hinauswerfen, vertreiben, exmittieren, ausweisen, verstoßen, beseitigen, ausgliedern, kalt stellen, ächten, verbannen, zurückweisen, hinausekeln, verjagen, entlassen, fortjagen, verscheuchen, aus der Reihe treiben, ins Elend stoßen • fortschaffen, verpflanzen, fortbringen, wegjagen, ausquartieren, wegfegen, entwurzeln, verwehen, auspochen *j*, austrommeln *j*, ausräuchern *j*, ausbrennen *j*. → herausreißen, räumen.
▸ hineintreiben.
heraustreten aufgehen, aufquellen, herausquellen, hervorbrechen/-kommen, quellen, sickern.
heraustretend → plastisch, quellend.
heraustüfteln → ausfindig machen.
herauswachsen → wölben, schwellen, reifen.
Herauswicklung → Befreiung.
herauswinden befreien, freisetzen, freisprechen, erlösen, entledigen, loshelfen, loseisen, loslassen, entfesseln, entjochen, losketten, losbinden, frei machen, entschlüpfen, laufen lassen, herausziehen, ausspannen, entbinden, entbürden, entlasten, entheben, erleichtern, rückgängig machen.
▸ belasten, einsperren, erschweren, festmachen.
herausziehen → herausreißen, herauswinden, Extraktion.
herauszukriegen → ausforschen.
herb spröde • dry, trocken. → bärbeißig, bitter, ernst, sauer.
▸ angenehm, lieblich, mild, süß • herzlich, höflich, nett, sanft, zärtlich.
herbeibringen holen, anschleppen, einholen, herantreiben, auftreiben, zubringen, zutragen, anbringen • übergeben. → herbeischaffen.
▸ wegbringen.
herbeieilen heraneilen, herbeiströmen, versammeln sich, zusammenlaufen.
herbeiführen → ableiten, auslösen, bedingen, bestimmen, bringen unter Dach, erregen, erwirken, schließen, verursachen, zeitigen.
▸ abführen, fortführen, wegführen • wirkungslos sein.
herbeiholen → beschaffen.
herbeikommen → eilen heran.
herbeilassen → geruhen.
herbeilaufen → entgegeneilen.
herbeirennen → entgegeneilen.
herbeirufen → zusammentrommeln.
herbeischaffen → einkommen um, einholen.
herbeistürmen → besessen, heranstürzen.
herbeiwünschen → hoffen, sehnen, suchen.
herbeiziehen heranholen, heranziehen, heranlocken, herbeiführen, anziehen, zuziehen • an den Haaren herbeiziehen, fehlschließen, verdrehen, blauen Dunst vormachen, unsachlich sein.
▸ erkennen, folgern, wegschicken.
herbeizitieren → rufen, zusammentrommeln.
Herberge Gasthof, Hotel, Pension, Han *türk.*, Hospiz, Pilgerherberge, Hotel garni,

Bleibe, Nachtquartier. → Gaststätte.
herbergen → wohnen.
Herbheit Bitterkeit, Säure, Schärfe, beißender Geschmack, Salzgeschmack • Schlichtheit, Schmucklosigkeit, Kernigkeit, Sprödigkeit • Härte, Strenge, Unerbittlichkeit, Hartherzigkeit, Ernst, Rauheit, Barschheit, Heftigkeit. → Bärbeißigkeit, Bissigkeit.
▸ Fröhlichkeit, Herzlichkeit, Süßigkeit.
herbringen beschaffen, besorgen, bringen, heranschaffen, herbeischaffen.
Herbst → Jahreszeit.
herbsten → ernten.
herbstlich welkend, unfreundlich, kühl, neblig, vergehend, sterbend, verwehend, stürmisch, alternd, erlöschend, verdämmernd, versinkend, verlöschend, zur Ruhe gehen, entschwindend, die Blätter fallen, der Wald färbt sich, abgeerntet, Felder liegen brach, Drachen steigen, die Vögel ziehen fort.
▸ (frühlingshaft), sommerlich.
Herd Brandstätte, Feuerung, Glutbecken, Kamin, Heizkörper, Ofen, Rost, Backofen, Esse, Rauchfang • Nährboden. → Backofen, Brandstätte, Esse, Feuerung, Haushalt.
Herde Haufen, Legion, Unmenge, Menge, Fülle • Anhäufung, Ansammlung, Rudel, Horde, Schwarm, Brut, Zug, Kette, Auftrieb, Rotte *j*, Sprung *j* • Volk, Versammlung, Gewühl, Gewimmel, Gedränge, Bande, Rotte, Schar, Truppe, Heer. → Anzahl, Bande, Masse.
Herdentrieb Massenseele, Masseninstinkt, Massenwahn, Volkstrieb, Gewohnheitstrieb • Geschmacklosigkeit, Willenlosigkeit.
▸ Eigenart, Individualität.
hereditär → erblich.
hereinbekommen → ersitzen, gewinnen.
hereinbringen → ernten, holen.
Hereinfall → Enttäuschung.
hereinfallen verrechnen sich, den Kürzeren ziehen, übel ankommen, Pech haben, Verluste haben, Schaden nehmen, herhalten müssen, Einbuße erleiden, Nachsehen haben • blamieren sich, entgleisen, irren sich, reinfallen, versieben, verpatzen, fehlschießen • auflaufen, aufsitzen, hereinrasseln, auf den Leim kriechen, in die Falle gehen, in die Grube fallen, betrogen werden • hereinfliegen, hereinsausen, hereinschlittern, schuldig werden. → Finger verbrennen sich die, verrechnen, erliegen.
▸ vorsehen sich.
hereinkommen einbrechen, eindringen, einfallen • Einzug halten, hineinkommen, kommen.
hereinlassen empfangen, aufnehmen, einladen, heranlassen, hereinholen, einführen, zulassen.
▸ heraustreiben, abhalten, abweisen, den Eintritt verwehren.
hereinlegen betrügen. → hineinlegen.
hereinplatzen → überraschen, überrumpeln.
hereinschauen aufsuchen, beehren, Besuch machen einen, einkehren, vorbeikommen, vorsprechen.
herfallen über attackieren, angreifen, Überraschungsangriff machen einen.
Hergang → Affäre, Verlauf, Vorkommnis.
hergeben aufgeben, fahren lassen, fallen lassen, enteignen sich, abtreten, überlassen, abgeben, herausrücken, preisgeben, abliefern, ausliefern, entäußern, trennen sich von, schenken, verschenken, verschleudern, vertun, durchbringen, spendieren, verschwenden, verprassen • herleihen, verleihen, ausborgen, auf Borg geben, kreditieren, Kredit geben, vorschießen, vorstrecken, verschreiben, verpfänden, belehnen, anlegen, deponieren, unterbringen. → beleihen, das Feld räumen.
▸ entleihen, nehmen.
hergelaufen fremd, ungebeten.
herhalten → ausgeben.
herhalten müssen → büßen, verlieren.
herholen herbeibringen/-schaffen, holen.
Hering Proletenforelle *u*.
Heringsfänger → Fahrzeug (Wasser-).
Herkommen → Abkunft, Brauch, Deszendenz, Regel, Sitte, Usus.
herkommen ableiten, abquellen, entsprießen, entspringen, entstammen, herleiten, hervorgehen, zurückgreifen, zurückgehen, zurückkommen, herrühren, zuschreiben, beimessen, beilegen, beziehen sich auf. → ableiten, abstammen, beruhen, entgegeneilen, folgen.
▸ ergeben sich, verursachen • weglaufen.
herkömmlich → behaftet, schicklich.
Herkules → Athlet.
Herkunft → Abkunft, Born, Deszendenz, Entstehung, Entstehungsstätte, Fabrikationsname, Marke, Quelle, Ursprung.
herleihen verleihen, leihen, borgen, ausborgen, pumpen *u*, verpumpen *u*, geben, hergeben, vorstrecken. → beleihen.
▸ entleihen.
herleiten → ableiten, abstammen, beimessen, denken, herkommen, schließen.
Herme → Bildhauerei.
hermetisch → abgeschlossen, dicht, geschlossen.
hernach zukünftig, künftig, nachher, bald, nächstens, in absehbarer Zeit, voraussichtlich, schließlich, später, danach, nachdem, vermutlich • sofort, sogleich, früher oder später, im Laufe der Zeit, hierauf. → dereinst.
▸ vorher.
hernehmen → anfahren, nehmen.
heroisch → heldenhaft.
Herold *m* → Ausrufer.
Heros → Berühmtheit, Held.
Herr → Besitzer, Dienstherr, Direktor, Efendi, Eigentümer, Haupt.
Herr der Heerscharen Gott.
Herr, hoher → Adel.
Herr im Haus Hausherr, Besitzer, Eigentümer, Meister, Gebieter, Herr, Grundherr • Vater, Familienvorstand, Familienoberhaupt, Erzieher, Ernährer, Hausvater.
▸ Pantoffelheld.
Herr über ... Besitzer, Eigentümer, Eigner, Halter, Herr, Mieter, Nutznießer, Pächter.
Herr von → Adel.
Herr werden → bewältigen, durchsetzen.
Herrendienst → Abhängigkeit.
Herrenfrisör Putzer *u*.

Herrenhof → Anwesen.
Herrenjackett Sakko.
Herrenklubjacke Blazer.
herrenlos frei, unabhängig, selbstständig, ledig, los, unbeaufsichtigt, unbegrenzt, allein, unkontrolliert, frei von Banden, aller Fesseln ledig. → frei.
▸ unfrei, unselbstständig.
herrenloses Gebiet Niemandsland.
Herrenreiterin Amazone.
Herrentier Primat.
herrichten → anordnen, arrangieren, bebauen, zubereiten, zusammenstellen.
▸ abräumen, wegschaffen, zerstören.
Herrin Donna. → Ehefrau.
herrisch → anmaßend, bärbeißig, beeinflussend, befehlerisch, beherrschend, brüsk, despotisch, dünkelhaft, felsenhart, gebieterisch, überheblich.
▸ ängstlich, bang, devot, schüchtern, sklavisch, unterwürfig • fügsam, gehorsam.
herrlich → anmutig, anmutsvoll, angenehm, auserlesen, behaglich, bestrickend, scharmant, delikat, entzückend, erfreulich, erlauscht, erlösen, faszinierend, fein, köstlich.
▸ abscheulich, abschreckend, elend, grässlich, mies, scheußlich, schlimm.
Herrlichkeit Gloria, Glorie. → Anziehung, Ausschmückung, Schönheit.
Herrschaft Hegemonie, Oberherrschaft, Imperialismus, Großherrschaft, Herrscherwürde, Führertum, Gewalt, Selbstherrschaft, Lehnsherrschaft, Alleinherrschaft, Regentschaft, Kaisertum, Königtum, Fürstentum, Volksherrschaft, Macht, Regierung, Gerichtsbarkeit, Regierungsgewalt, Präsidentschaft, Adelsherrschaft, Beamtenherrschaft, Demokratie, Oligarchie. → Bauernhof, Beeinflussung, Besitz, Besitztum, Domäne.
▸ Untertänigkeit.
Herrschaft der Reichen Plutokratie.
Herrschaft einer Minderheit Oligarchie.
herrschaftlich kaiserlich, königlich, bischöflich, päpstlich, aristokratisch, monarchistisch, feudal, absolut, reichsfrei. → vornehm.
▸ bürgerlich.
Herrschaftsanspruch Ambition, Ehrgeiz, Geltungsdrang, Machtanspruch/-gier/-hunger, Ruhmsucht.
Herrschaftsgebiet Domäne, Reich, Territorium.
Herrschaftslosigkeit Anarchie.
herrschen gebieten, walten, verwalten, lenken, leiten, befehlen, vorschreiben, anführen, regeln, steuern, beaufsichtigen, überwachen, befehligen, regieren, kommandieren, den Vorsitz führen, die Zügel halten, die Herrschaft haben, sich der Herrschaft bemächtigen, die Gewalt an sich reißen, Vorschriften machen, Verfügungen erlassen, Gehorsam fordern, das Zepter führen, die Hosen anhaben *u*, den Pantoffel schwingen *u*, unterm Pantoffel haben *u*. → anführen, beherrschen, wüten.
▸ gehorchen • dienen • beherrscht werden • unterdrückt/versklavt werden.
herrschend → anmaßend, beeinflussend, befehlerisch, despotisch, herrschsüchtig.
herrschende Gesellschaft führende Kreise, Herrschende, obere Zehntausend, Oberklasse/-schicht.
Herrscher Gebieter, König, Kaiser, Herzog, Zar, Sultan, Kurfürst, Führer, Befehlshaber, Vorsteher, Staatsoberhaupt, Landesherr, Alleinherrscher, Monarch, Statthalter, Gouverneur, Imperator, Gewaltherrscher, Diktator, Zwingherr, Fürst, Markgraf, Prinz, Regent, Reichsverweser, Gewalthaber, Khan, Khedive, Despot.
▸ Untertan.
Herrschergeschlecht Dynastie.
Herrschergewalt Souveränität.
Herrschersessel Thron.
Herrschersitz → Diwan.
Herrscherstab Zepter.
Herrschsucht → Anmaßung, Geltungsbedürfnis, Stolz, Überhebung.
herrschsüchtig gebieterisch, gebietend, beherrschend, selbstherrlich, befehlshaberisch, allgewaltig, überheblich, gemein, stolz, anmaßend, herrisch, hochfahrend, hochnäsig, hochmütig. → anmaßend, stolz.
▸ gehorsam, untertänig.
herrschsüchtiger Mensch Despot, Macho, Tyrann.
herrühren herkommen, herstammen, folgen, entstehen, hervorgehen, entspringen, beruhen, entsprossen, abhängen, herleiten, zurückgehen, entstammen. → beruhen.
▸ ergeben sich, verursachen.
hersagen wiederholen, aufsagen, vortragen, nachsagen, aufzählen, sprechen, aussprechen, an den Fingern aufsagen, auswendig hersagen. → deklamieren. • schweigen.
herstammen → beruhen, herrühren.
herstammend → daheim, entsprossen.
herstellen fabrizieren, hervorbringen, erzeugen, erschaffen, hervorrufen, bewirken, bilden, formen, weben, schmieden, basteln, drechseln, meißeln, bauen, errichten, aufrichten, zusammenstellen, vollenden, arbeiten, erzielen, entwickeln, einrichten, ausarbeiten, anfertigen • genesen, erholen, erfrischen, erneuern, bessern, erquicken, wiedergenesen, wiederherstellen, besser werden. → anfertigen, arbeiten, aufbauen, ausbessern, bilden, drechseln, erbauen, erschaffen.
▸ erkranken, verkaufen, vernichten konsumieren, verbrauchen.
Hersteller → Abgeber, Erschaffer.
Herstellerhaftung Produkthaftung, Produzentenhaftung.
Herstellung → Aufstellung, Bildung, Entstehung, Erbauung, Erzeugung.
Herstellungsverfahren Technik.
Herstellungszeichen → Fabrikationsname, Marke.
herum → allseitig.
▸ darin, drin, inmitten, innen, zwischen.
herumdoktern quacksalbern, doktern, herumkurieren, salbadern, kurpfuschen, pfuschen, herummachen.
▸ heilen.
herumerzählen auspacken / -plappern / -plauschen / -posaunen, preisgeben, verraten.

herumführen, an der Nase → balbieren, täuschen.
herumfuhrwerken hantieren, herumwerkeln, werkeln.
herumgeistern herumspuken, herumstreunen, wuseln, huschen, schleichen, umherschleichen, stromern, flüstern • tummeln, regen, ausüben, wirken, schaffen, arbeiten, rühren sich • herumjagen, streunen *j*, streinen *j*.
▸ faulenzen, lärmen, rasten.
herumhacken, auf anderen bekritteln, keifen, mäkeln, nörgeln.
herumhantieren popeln *u*.
herumkalbern → belustigen.
herumkommen fahren, herumtreiben sich, reisen, umherziehen, wandern, Welt sehen die.
herumkriegen herumbekommen, umstimmen, bereden, überreden, abschmeicheln, gewinnen, breitschlagen, ersuchen, ködern, beschwatzen, bestechen, verleiten, verführen, anstiften, aufdrängen.
▸ standhalten.
Herumlungerer → Arbeitsunfähiger, Faulpelz.
herumlungern herumstreichen, faulenzen, bummeln, herumstreifen, herumschleichen, herumziehen, troddeln, lottern, verlottern, herumtreiben, herumstreunen, untätig sein. → betteln, beschäftigungslos, entziehen sich der Arbeit, faulenzen.
▸ arbeiten.
herumnörgeln quengeln *u*.
herumrätseln → erraten.
herumschleichen tändeln, schöntun, hofieren, kokettieren, promenieren, herumscharwenzeln, ins Netz locken. → herumgeistern.
▸ arbeiten, lärmen, verabscheuen.
herumschnüffeln → auskundschaften.
herumsprechen bekannt machen, ausposaunen, ausschellen, ausschreien, aussprengen, äußern, kundtun, preisgeben, verbreiten, verkünden, veröffentlichen, weitertragen, verlautbaren • auftauchen, sich wie ein Lauffeuer verbreiten, ruchbar werden, in Umlauf bringen.
▸ verheimlichen.
herumstehen → aufhalten sich, da sein, verweilen, zusehen.
herumstottern → stottern.
herumstreichen → besuchen, bewegen sich, herumlungern, wandern.
herumstreifen herumtreiben sich, schweifen, spazieren gehen, streifen, wandeln, wandern.
herumstrolchen herumstromern, herumtreiben sich, streunen.
herumtoben austoben sich, toben, tollen, tummeln sich.
herumtollen herumspringen, hopsen, tanzen, Luftsprünge machen, Freudensprünge machen, herumtanzen. → tollen.
herumtreiben, sich → gammeln.
Herumtreiber → Ausbund, Bacchant, Bandit.
Herumtreiberin → Dirne.
herumwursteln herumwirtschaften, herumhantieren, herumfipsen, herummurksen, herumschusseln, herumtigern, herummodeln, herumschaffen.
▸ faulenzen.
herunter → drunten.
herunterbringen herunterwirtschaften, abwirtschaften, zerstören, ruinieren, verderben, vernichten, zerrütteln, zu Grunde richten, beeinträchtigen, entwerten, verschlechtern, verunstalten, herunterschaffen, scheitern, verkommen. → abnutzen, beschädigen.
▸ aufbauen, erneuern, schonen.
herunterdrücken → drücken den Preis, erniedrigen, heruntermachen.
herunterfallen → durchfallen, fallen.
heruntergehen heruntersteigen, herabsteigen, runtergehen. → ablassen, ermäßigen.
▸ aufsteigen, heraufsteigen, verteuern.
heruntergekommen → abgebrannt, arm, erwerbslos.
heruntergekommen sein → darniederliegen, herunterkommen.
herunterholen ernten, pflücken.
herunterkommen nachlassen, scheitern, sinken, verkommen, verbauern, verschlimmern, verderben, verblöden, verdorren, verfallen, verflachen, vermodern, veröden, zerfallen, verschimmeln, zurückgehen, schlechter werden, tiefer sinken, baufällig werden, auf die abschüssige Bahn gelangen, unter die Räder kommen.
▸ aufsteigen, heraufgehen.
herunterlassen herablassen, niederlassen, senken.
heruntermachen herunterputzen, herunterreißen, heruntersetzen, herunterziehen, beschimpfen, diffamieren, tadeln, angreifen, bloßstellen, verdammen, geißeln, verschreien, brandmarken, festnageln, hofmeistern, korrigieren, kritisieren, nörgeln, räsonieren, verspotten, verlästern, verlachen, verhöhnen, abkanzeln, zerpflücken, zerzausen, verunglimpfen, bemängeln, abspeisen, anschnauzen, losfahren, losziehen, Übles nachreden, mit Schimpfworten überschütten. → anfahren, beschuldigen, Dach steigen auf das, lösen.
▸ loben, anerkennen, ehren, würdigen.
herunternehmen senken, hinablassen, herablassen, hinunterlassen, heruntersetzen, herunterlegen. → entfernen.
▸ hinaufziehen.
herunterputzen → anfahren, heruntermachen.
herunterreißen → auspacken, erniedrigen, heruntermachen, lösen.
herunterreißen, die Maske → dahinter kommen.
herunterschlagen → abhauen.
herunterschlucken schlucken, verkraften, verdauen, sich abfinden.
herunterschrauben abschwächen, bremsen, drosseln, herabmindern, verlangsamen.
heruntersetzen → bloßstellen, erniedrigen, heruntermachen.
heruntersinken → fallen, herunterstürzen.
herunterspielen abschwächen, bagatellisieren, dämpfen, untertreiben, verharmlosen, verniedlichen, vernütigen.
herunterspringen herabsteigen, herabkommen, herabfallen, sinken, absteigen, absitzen, abspringen, herabspringen • zerspringen, bersten, absplittern,

zersplittern, abbröckeln, abbrechen, abplatzen. ▸ aufsteigen.
heruntersteigen bleiben, verweilen, aufhalten sich, einkehren • absteigen, hinabklettern, ankommen, eintreffen. → herabsteigen, herunterspringen. ▸ heraufgehen, weggehen.
herunterstürzen herunterfallen, niederfallen, niedersinken, absacken, hinstürzen, herabkollern, hinunterkollern, hinsinken, ausgleiten, ausrutschen. → fallen, durchfallen. ▸ aufrichten.
herunterwerfen → fallen lassen.
herunterwirtschaften → herunterbringen. ▸ gründen • aufbauen • sanieren.
herunterziehen → begeifern, bereden, Ehre bringen um die, erniedrigen, fällen, heruntermachen.
hervorbrechen → austreten, ausfließen, emporquellen, entfließen, herkommen.
hervorbringen erzeugen, erschaffen, hervorrufen, anfertigen, bewirken, erwirken, bewerkstelligen, ausführen, aufrichten, errichten, erzielen, erarbeiten, entwerfen, ausarbeiten, zubereiten, vorbereiten, anregen, erregen, basteln, formen, zu Stande bringen, vollenden, schaffen, ausbrüten, aushecken, ins Leben rufen. → anfertigen, bemächtigen, demonstrieren, erschaffen. ▸ vernichten.
Hervorbringung → Erzeugung.
hervorgehen → beruhigen, folgen, herrühren.
hervorgehoben → deutlich.
hervorheben unterstreichen, beleuchten, betonen, anzeigen, dartun, andeuten, berühren, hochhalten, kundmachen, hinzeigen, hindeuten, verdeutlichen, veranschaulichen, herausstreichen, bekräftigen, einschärfen, anstreichen, Wichtigkeit zumessen, Gewicht legen auf, Beachtung schenken. → A und O, ausdrücken, beimessen, betonen, darlegen, dartun, einschärfen, erste Geige spielen. ▸ liegen lassen links, unterdrücken, verbergen.
Hervorhebung Betonung, Herausstellung, Unterstreichung, Verdeutlichung.
hervorragend exzellent, geil *u*, poppig *u*, saustark *u*, taff *u*. → A und O, auffallend, auserlesen, außerordentlich, ausgezeichnet, ausnehmend, beachtlich, besonders, denkwürdig, dominierend, durchschlagend, eindrucksvoll, erlaucht, vortrefflich. ▸ mangelhaft, minderwertig, mies, miserabel, schlecht, ungenügend • bedeutungslos, durchschnittlich, mittelmäßig, unbedeutend.
hervorragender Fachmann Autorität, Koryphäe, Routinier.
hervorragender Mensch bedeutende Persönlichkeit, Berühmtheit, Exzellenz, Größe, Großer, Held, Persönlichkeit, Überflieger, VIP (very important person).
hervorrufen → anfangen, anfertigen, arbeiten, auslösen, bemächtigen, bedingen, bilden, drechseln, erschaffen, erwirken. ▸ abschaffen, beseitigen, vertreiben.
hervorrufen, Bewunderung → beeindrucken.
hervorstechen hervortreten, herausragen, sich abheben, wetteifern, hervortun, überstrahlen, überragen, ausstechen, gewinnen, erringen, hervorragen, übertreffen, meistern, überbieten, verdunkeln, auszeichnen, überwiegen, Ehren genießen, einen Namen machen, den Vorrang ablaufen, die höchsten Stufen erreichen, Beachtung finden. → emporragen. ▸ bleiben zurück, (bleiben im Hintergrund), heruntersetzen.
hervorstechend profiliert *u*. → auffallend, überragend, augenfällig, ausgezeichnet.
hervortreten → anschwellen, hervorstechen.
hervortretend → plastisch, überragend, überwiegend.
hervortun, sich → ausstechen, auszeichnen, bewähren, emporragen, hervorstechen.
Herz Muskel • Wesen, Inneres, Gehalt, Herzstück, Brennpunkt, Hauptsache, Kern, Seelenleben, Innenleben, Mittelpunkt, Zentrum, Gemüt, Gemütssitz, Sinnesart, Sinnesverfassung, Gefühlsrichtung, Gefühl, Empfindungsleben, Hang, Neigung, Seelenstärke, Beherztheit • Liebe, Herzlichkeit, Feuer, Anziehungskraft, Zauber, Zärtlichkeit, Herzenswärme, Innigkeit, Entzückung, Verliebtheit, Verehrung, Vergötterung. → Bewusstsein, Charakter. ▸ Herzlosigkeit, Verstand.
Herz ausschütten aussprechen, erleichtern, offenbaren, enthüllen, bloßlegen, anvertrauen, beichten, ausplaudern, das Herz erleichtern, das Gewissen erleichtern, kein Geheimnis machen. ▸ verheimlichen, verschließen sich.
Herz ergreifen, das → ergreifen das Herz.
Herz erobern, das gewinnen, überzeugen, Anklang finden, den Weg zum Herzen finden, jemanden bestechen, Zustimmung einholen • einschmeicheln, fesseln, Liebe hervorrufen, in Bann schlagen, die Sinne verwirren, das Herz gewinnen, Liebe erregen. ▸ zurückweisen, verabscheuen.
Herz auf dem rechten Fleck gemütvoll, gutmütig, gutherzig, gefällig, wohlwollend, sein Gefühl sprechen lassen, von Fleisch und Blut sein, ein Herz haben, jemandem helfen, von Herzen kommend, Verständnis zeigen, Wohlwollen zeigen, jemandem beistehen, Wohltaten erweisen. ▸ böse, hartherzig.
Herz haben → Beileid, herzensgut.
Herz und Hand, mit einmütig, einträchtig, einig, innig, verbunden, vereint, brüderlich, friedlich, freundschaftlich, ergeben, treu, aufrichtig, bewährt, erprobt, warm, verlässlich, ein Herz und eine Seele, Hand in Hand, Arm in Arm. ▸ feindlich, uneins.
Herz auf der Zunge haben → offenherzig.
herzbeklemmend pektanginös.
Herzbeklemmungen Angina pectoris, Herzangst/-neurose, pektanginöse Beschwerden.
herzbetörend → beseligend, verwirrend.
Herzbeutel Perikard.
herzbewegend → bejammernswert,

berauschend, böse, brechen das Herz, ergreifend.
Herzblatt Herzchen, Liebling, Schätzchen.
Herzblut → Blut, Leben.
Herzeleid → Schmerz.
herzen → Blicke zärtliche, bunt zugehen, drücken ans Herz, liebkosen.
Herzen, am/beim/im/vom kardial.
Herzen gehen, zu tragisch nehmen. → herzergreifend.
Herzen nehmen, sich zu → bekehren, bereuen.
Herzen, von gern, willig, hilfsbereit, ergriffen, bewegt, gefühlvoll, beseelt, seelenvoll, gefühlsinnerlich, von ganzem Herzen, vom Grunde des Herzens, mit Leib und Seele, mit Herz und Hand, bis zum letzten Atemzug.
▸ ungern.
Herzensbedürfnis Gebot, Verpflichtung, Pflicht, Ehre, Dankbarkeit, Liebesdienst, Gefälligkeit, Liebeswerk, Liebesgabe, Wohltat, Liebestätigkeit, Wohltätigkeit, Neigung, Herzenseinstellung, Gesinnung.
Herzensbildung Bildung, Einsicht, Klugheit, Weisheit.
Herzensbrecher Schürzenjäger, Hofmacher, Anbeter, Salonlöwe, Don Juan, Casanova, Verehrer, Liebhaber, Freier, Bel-ami, Courschneider, Süßholzraspler, Schmeichler.
▸ Frauenfeind, Hagestolz, Misogyn, Weiberfeind • schüchterner Liebhaber.
Herzensdame → Abgott.
Herzensdieb → Abgott.
Herzensergießung → Bekenntnis, Erguss.
Herzensfreund → Bekannter, Freund.
herzensgut gut, gütig, menschlich, wohlmeinend, wohlwollend, liebreich, herzlich, zärtlich, liebenswürdig, freundschaftlich, menschenfreundlich, zuvorkommend, gefällig, bereitwillig, hilfsbereit, huldreich, barmherzig, freigebig, großzügig, erkenntlich, weichherzig, zart fühlend, selbstlos, aufopfernd, wohltätig, mildtätig, fühlendes Herz, Herz haben.
▸ böse, schlecht.
Herzensgüte Barmherzigkeit, Engelsgüte, Güte, Gutherzigkeit, Gutmütigkeit, Seelengüte, Weichherzigkeit.
herzensrein → engelsfromm, rein.
Herzensruhe → Befriedigung, Beruhigung, Zufriedenheit.
Herzenswärme → Herz, Liebe.
Herzenswunsch Glückstraum, Wunsch, Hochziel, Sehnsuchtsbild, Neigung, Wunschbild, Vorliebe, Liebhaberei, Steckenpferd, Verlangen, Abgott, Idol, Reizmittel, Magnet, Traum, Anliegen, Begehr, Lust, Geschmack, Hang, Liebe, Sympathie, Wohlgefallen, Zuneigung, Himmel, Seligkeit, Götze, Sehnsuchtstraum. → Bedürfnis, Begehr, Belieben.
herzergreifend jämmerlich, gottsjämmerlich *u*, jammerreich, herzbewegend, traurig, rührend, herzzerreißend, schmerzlich, trauervoll, tränenselig, kläglich, jammervoll, schmerzbewegt, schmerzdurchdrungen, Herzen gehen zu. → schmerzlich.
▸ erfreulich • langweilig.
Herzerkrankung Kardiopathie.
herzerweichend steinzersetzend *u*.
Herzfacharzt Kardiologe.
herzfesselnd → beseligend.
herzhaft deftig, kräftig, ordentlich, tüchtig, würzig. → derb.
▸ ängstlich, verschlossen, fade, lasch, schal, würzlos.
herziehen über → heruntermachen, klatschen, spotten.
herzig → angenehm, anmutig, artig, scharmant.
Herzinfarkt Myokardinfarkt.
Herzklopfen → Beengung, Beklemmung, Erregung, Erröten.
Herzkranzgefäße Koronarien, Koronargefäße.
Herzleiden Kardiopathie.
herzlich fühlend, empfindend, gefühlvoll, beseelt, seelenvoll, innig, hilfsbereit, zuvorkommend, freundschaftlich, zugeneigt, zugetan, wohlwollend, vertraut, vertraulich, liebenswürdig, reizend, gewinnend, verlockend, gesellig, gastfreundlich, leutselig, zugänglich, nachbarlich, gefällig, verbindlich, aufmerksam, einnehmend, höflich, Fuß auf gutem. → aufrichtig, kordial, freundlich, inbrünstig.
▸ gefühllos, unaufrichtig, unfreundlich.
herzliches Einverständnis Entente cordiale.
Herzlichkeit Innigkeit, Teilnahme, Wohlwollen, Anteilnahme, Gefühlserguss, Vertraulichkeit, Hilfsbereitschaft, Hingebung, Schätzung, Gewogenheit, Geselligkeit, Gastfreundlichkeit, Leutseligkeit, Händedruck, Kameradschaft, Liebenswürdigkeit, Gefälligkeit, Sanftmut, Gutmütigkeit, Verbindlichkeit, Umgänglichkeit. → Begeisterung, Enthusiasmus, Gefühlserguss.
▸ Gefühllosigkeit, Unaufrichtigkeit, Unfreundlichkeit.
herzlos → abgebrüht, abgestumpft, arg, barbarisch, böse, charakterlos, diabolisch, egoistisch, feindlich, roh, rücksichtslos.
herzloser Mensch Gemütsathlet *u*.
Herzlosigkeit → Barbarei, Egoismus, Eisklumpen, Rohheit.
Herzmuskel Myokard.
Herzpochen → Beengung, Beklemmung, Verwirrung.
Herzschwäche Herzinsuffizienz.
Herzspezialist Kardiologe.
herzstärkend → behaglich, scharmant, köstlich, wohl tuend.
Herzstärkung → Balsam, Medizin, Tröstung.
Herzstolpern Extrasystolen, Rhythmusstörungen.
Herzstromkurve Elektrokardiogramm (EKG).
Herzstück → Brennpunkt, Drehpunkt, Herz.
Herzweh → Schmerz.
herzzerreißend → bejammernswert, böse, brechen das Herz, herzergreifend.
Hesperien → Abendland.
Hetäre *f* → Bajadere, Buhle.
heterogen → anders geartet.
▸ einheitlich, gleichartig, homogen.
heteromorph → anders geartet.
Hetze Hetzerei, Aufwiegelung, Aufwiegelei, Auflehnung, Unruhestiftung, Krawall, Empörung, Aufruhr, Tumult, Auflauf, Zusammenrottung • Eile, Schnelligkeit, Geschwindigkeit, Hast, Hurtigkeit, Eiligkeit, Unrast, Überhastung, Überstürzung, Übereilung, Beschleunigung, Treiberei, Aneiferung,

Übereile, Jagd, Fahrigkeit. ▸ Beruhigung, Langsamkeit, Trägheit.
hetzen sticheln, lästern, aufwiegeln, schassen *u.* → angreifen, aufhetzen, belasten, bunt zugehen, eilen, jagen. ▸ beruhigen, besänftigen • in Ruhe lassen, schonen.
Hetzer Meuterer, Empörer, Rebell, Aufrührer, Unruhestifter, Abtrünniger, Wühler, Verschwörer, Volksverführer, Anführer, Rädelsführer, Revolutionär, Aufhetzer, Auflehner, Anarchist, Streikführer, Demagoge, Jakobiner, Scharfmacher *u.* ▸ Sklavenseele.
Hetzerei → Hetze.
Hetzjagd → Hetze, Jagd.
Heuchelei Scheinfreundlichkeit, Schönfärberei, Lobhudelei, Kriecherei, Augendienerei, Scharwenzelei, Schöntuerei, Katzenfreundlichkeit, Getue, Mache *u*, Theater *u*, Scheinheiligkeit, Schlangenfreundlichkeit, Speichelleckerei, Gleisnerei, Unredlichkeit, Unehrlichkeit, Frömmelei, falsche Platte *u.* → Anstrich, Betrug, Blendwerk, Doppelrolle, Falschheit. ▸ Aufrichtigkeit, Ehrlichkeit, Offenheit, Wahrhaftigkeit.
heucheln verstellen, vormachen, erheucheln, ausweichen, blenden, verdrehen, verhüllen, beschönigen, verblümen, umgehen, verhehlen, verleugnen, kriechen, bemänteln, täuschen, betrügen, hintergehen, begaunern, übervorteilen, schmeicheln, flattieren, schweifwedeln, Theater machen oder vorspielen *u*, beschwatzen, schwänzeln, herumkriechen • krank spielen • jemandem dumm kommen. → benachteiligen, Einverständnis heimliches, fälschen.
Heuchler Pharisäer, Philister, Mucker. → Betrüger, Duckmäuser, Fälscher, Freund falscher.
heuchlerisch scheißfreundlich *u.* → arglistig, bigott, falsch, glattzüngig, scheinfromm. ▸ aufrichtig, direkt, ehrlich, freimütig, gerade(heraus), unverblümt.
heuer → derzeit, diesjährig, gegenwärtig.
heuern → anstellen, brauchen, chartern, dingen.
Heugabel Forke.
heulen → beklagen, bellen, beweinen, klagen, tönen.
Heulsuse Memme, Tränentier, Klageweib.
heurig → aktuell, gegenwärtig.
Heuschober → Abstellraum, Schober.
heute → augenblicklich, derzeitig, gegenwärtig, momentan.
heutig → aktuell, derzeitig, gegenwärtig, modern.
Hexe → Fee, Zauberer.
hexen → beeilen, zaubern.
Hexenfest Walpurgisnacht.
Hexenglauben → Aberglaube.
Hexenmeister → Fakir, Zauberer.
Hexenschuss Lumbago.
Hexerei → Aberglaube, Schnelligkeit, Zauberei.
Hieb → Bearbeitung, Beleidigung, Schlag, Spott.
hieb- und stichfest begründet, folgerichtig, fundiert, gesichert, sicher, unanfechtbar.
Hiebe Schmackes *u.* → Prügel, Schlag.
hiebfest unangreifbar, sattelfest, gefeit, unverletzbar, haltbar, ungefährdet. → begründet, fest. ▸ unbegründet, unsicher.
Hiebwaffe Säbel, Schwert, Streitaxt, Tomahawk • Sense *u.*
hier → diesseits, dort, gegenwärtig. ▸ da, dort • fort, weg.
Hierarchie Hackordnung, Rangfolge, Rangordnung, Über- und Unterordnungsverhältnisse.
hier und da → dann und wann.
hierauf bald, schließlich, später, nachher, danach, nachdem, allmählich, vermutlich, wahrscheinlich, sofort, sogleich, ferner, von nun an, hinfort, nach kurzer Zeit. ▸ vorher.
hieraus → darum, daraus.
hieraus folgend → erfahrungsgemäß.
hierher → da, hier angekommen, am Platz. ▸ dahin, dorthin, fort.
hierüber dieserhalb, daher, darum, deshalb, demgemäß, demnach, folglich • sonach, somit, so also, schließlich, endlich.
hier zu Lande Ort an diesem, Stelle an dieser, hier, diesseits.
hiesig → ansässig.
Highlight Gipfelpunkt, Glanzpunkt, Höhepunkt, Krönung, Orgasmus, Spitze(nleistung).
Hilfe Abhilfe, Befreiung, Erleichterung, Fortbildung, Linderung, Milderung • Arbeit, Beistand, Beihilfe, Dienst, Mithilfe, Mitwirkung, Vermittlung, Zustimmung • Aushilfe, Beisteuer, Beitrag, Unterhalt, Versorgung, Unterstützung, Zuschuss • Einsatz, Ersatz, Nachschub, Verstärkung • Empfehlung, Begünstigung, Beziehung, Verbindung, Bemühung, Gefälligkeit, Gunst, Gunstbezeugung, Halt, Protektion, Referenz, Schutz, Versicherung, Schirm • Balsam, Labsal, Linderungsmittel, Narkotikum, Palliativ, Stärkungsmittel • Alarm, Hilferuf, Hornsignal, Lärmruf, Notruf, Warnruf, Sirene, Nebelhorn, Bergfeuer, Raketensignal • Diener, Magd, Stütze, Wärterin, Perle, Wirtschafterin, Bonne, Kindermädchen, Hausangestellte, Personal. → Anstrengung, Arbeit, Ausweg, Behelf, Bemühung, Dienst guter, Dienstleistung, Entlastung, Erleichterung, Ermutigung, Gefälligkeit, Gunst, Handreichung, Personal, Ratschlag, Teilnahme, Vorschub. ▸ Beeinträchtigung, Hilflosigkeit, Hintertreibung, Schaden, Schädigung.
Hilfe bringen/leisten beistehen, helfen, unterstützen.
Hilfe, mit → durch.
Hilfe, plötzliche/unerwartete Deus ex machina.
Hilfe rufen, zu alarmieren.
Hilfeleistung → Aushilfe, Beihilfe, Beistand, Dienstleistung, Handreichung.
Hilfestellung → Hilfe.
Hilferuf → Alarm, Angstruf.
hilflos hoffnungslos, bedeppert *u*, wie der Ochs vor dem Berge stehen *u*, wie die Kuh vor dem Scheunentor stehen *u*, schirmlos, schutzlos, unbehütet, unbeschützt, unbewacht, wehrlos • schwach, altersschwach, anfällig, ausgedient, ausgemergelt, bresthaft, energielos, entkräftet, entnervt, erschöpft, flau, gebrechlich, gebrochen, hinfällig, invalid, kraftlos, lahm, blind, machtlos, mit seinem Latein zu Ende, matt, mutlos, ohnmächtig, schlaff,

schwächlich, siech, unfähig, unvermögend, verpäppelt • armselig, bedauernswert, deprimiert, elend, freudlos, gedrückt, niedergedrückt, niedergeschlagen, schwermütig, traurig, trostlos, trübselig, unglücklich, untröstlich, verzagt, verwundet, sorgenvoll, kummervoll. → abgerissen, abgespannt, arm, bebend, bedenklich, bejammernswert, böse, entnervt, krank, schwach. ▸ bewacht, glücklich, kräftig • aktiv, einfallsreich, resolut, selbstständig, tüchtig • unterstützt.

Hilflosigkeit Ratlosigkeit, Krankheit, Minderwertigkeitsgefühl, Schrecklähmung, Willenslähmung, Komplexe, Zwangsvorstellungen, Entkräftung, Behinderung. → Schwäche, Unglück. ▸ Geschicklichkeit, Tatkraft.

hilfreich behilflich, nützlich, förderlich, hilfsbereit, einsatzbereit • freundlich, wohlwollend, geneigt, günstig, gefällig, gönnerhaft, Hand in Hand, an die Hand gehen, gute Dienste leisten, Vorschub leisten, die Stange halten, auf Händen tragen, zu Hilfe kommen. → gefällig, treu. ▸ ablehnend, ungefällig.

Hilfsausbilder Hippie *u.*

hilfsbedürftig → arm, bejammernswert, erwerbslos.

hilfsbereit → barmherzig, besorgt, dienstbeflissen, erbötig, freigebig, freundlich.

Hilfsbereitschaft → Barmherzigkeit, Erkenntlichkeit, Tugend.

Hilfsdienst Hilfe, Hilfsstellung, Hilfswerk, Handreichung, Dienstleistung, Stütze, Unterstützung, Bedienung, Pflege, Nothilfe, Einsatzbereitschaft, Gefälligkeit, erste Hilfe, Mission, Charitas, Rotes Kreuz • Aufmunterung, Befreiung, Aufrichtung, Zuspruch, Ermutigung, Trost, Beruhigung • Liebeswerk, Fürsorge, Wohltat, gutes Werk, Wohlfahrt. → Beihilfe, Beistand, Vorschub. ▸ Entmutigung, Ungefälligkeit.

Hilfsgelder Subsidien, Subventionen.

Hilfsgröße Parameter.

Hilfskraft Assistent, Beistand, rechte Hand, Adjutant, Mitarbeiter, Nebenmann, Hintermann, Kamerad, Gefährte, Freund, Bruder, Getreuer, Sekundant, Schirmer, Schützer, Gönner, Förderer. → Diener, Helfer, Rechtsbeistand, Vertreter.

Hilfsmittel → Aushilfe, Behelf, Ersatz, Requisit, Utensilien.

Hilfsmotor Servomotor.

Hilfsquelle → Aushilfe, Ersparnis, Mittel, Reichtum.

Hilfsschauspieler Komparse, Statist.

Hilfsstellung Einsatzbereitschaft, Hilfsbereitschaft, Opferbereitschaft, Schutz, Sicherung, Deckung, Bedeckung, Sicherheitsvorkehrung, Abschirmung • Hilfeleistung, Hilfe, Beihilfe, Stütze, Beistand, Vorschub, Unterstützung. ▸ Schutzlosigkeit, Ungefälligkeit.

himbeerfarben fraise.

Himmel Firmament, Himmelsgewölbe, Sternenhimmel, Nachthimmel, Sternenall, Sternengewölbe, Sternenmeer, Sternendom, Sternenzelt, Sternenraum, Sternenheer • Beseligung, Wonne • Wunschbild, Stern, Sehnsuchtsbild, Sehnsuchtstraum • Himmelreich, Ewigkeit, Freudenleben, Anschauung Gottes, himmlisches Königreich, himmlisches Paradies, ewiges Leben, besseres Jenseits. → All. ▸ Erde, Hölle.

Himmel, am → droben.

Himmel erheben, in den übertreiben, überheben, überspitzen, überschreiten, überschätzen, überladen, aufputschen, ausschmücken, prahlen, überzüchten, überbilden, hervorheben, preisen, loben. ▸ tadeln.

Himmel heben, in den → bejubeln, loben.

Himmel schreien, zum → schreien zum Himmel.

Himmel, unter freiem draußen, außerhalb, auswärts, außen, außer dem Haus, im Freien, in der freien Luft, in der Natur • obdachlos, ausgewiesen, heimatlos, verlassen, wandernd, allein stehend, ohne Dach über dem Kopf.

Himmelangst → Beengung, Feigheit.

Himmelblau → Blau, azur.

himmelhoch haushoch, hochragend, riesig, turmhoch, überragend, unübersehbar.

himmelhochjauchzend heiter, frohgemut, wohlgemut, freudig, aufgeheitert, sonnenhaft, lebenslustig, lebensfroh, fröhlich, froh gestimmt, aufgeräumt, ausgelassen, fidel, übermütig, übersprudelnd, vergnügt, jubelnd, jauchzend, in Wonne und Freude, in gehobener Stimmung, herrlich und in Freuden, fröhlich wie ein Zeisig. ▸ unglücklich, zu Tode betrübt.

Himmelsbote Engel.

Himmelsforscher Astronom.

Himmelsgewölbe Firmament, Himmel, Sphäre, Sternenzelt.

Himmelskörper Erde, Sterne, Sonne, Mond, Fixstern, Wandelstern, Planet, Sternbild, Komet, Schweifstern, Meteor, Sternschnuppe, Sternnebel, Nebelfleck, Satellit, Nova, Planetoide, Himmelsraum, Milchstraße, Leuchte, Lichtquelle. → Himmel.

Himmelskreis Horizont.

Himmelskunde Astronomie.

Himmelsmächte Engel, Erzengel, Heerscharen, Geister, Schutzengel, Schutzgeister, Friedensengel, Gnadenengel, Kinder des Lichts, überirdische Geister, höhere Gewalten, Seraphim, Cherubim • Genius guter. ▸ Teufel.

Himmelspförtner Petrus.

Himmelsraum → Himmel.

himmelschreiend unglaublich, skandalös, erschütternd, bodenlos.

Himmelsstürmer Tollkopf, Teufelskerl, Wagehals, Abenteurer, Tausendsassa • Forscher, Sucher, Stürmer. ▸ Schlafmütze.

himmelstürmend prometheisch, titanisch.

himmlisch ambrosisch. → beseligend, blendend, elysisch, engelgleich, faszinierend, feenhaft, göttlich, schön.

hin → ab, abhanden, fort, weg. ▸ herbei, heran, herzu • weg • zurück.

hin und her rastlos, unruhig, friedlos, ruhelos, unstet, fahrig, flüchtig, wuselig, quecksilberig, umherirrend, auf und nieder, ein und aus, in ewiger Bewegung, zappelig. →

ein und aus.
▸ unbeweglich.
hin und wieder → dann und wann, manchmal.
hinab → abwärts, bergab, drunten.
▸ aufwärts, empor, herauf, hinauf • herab, herunter.
hinabfallen runtersegeln *u.*
hinabgehen absteigen, hinuntergehen/-steigen, unten gehen nach.
hinabklettern absteigen, heruntersteigen.
hinablassen senken, neigen, herabsetzen, fällen, bücken, beugen, erniedrigen, niedernehmen, herunternehmen, herunterstellen, hinunterschieben, hinunterstoßen, herunterwerfen, herunterschleudern • verbeugen, kriechen, dienern, die Fahne einziehen, klein beigeben, einen Fußfall tun. → beugen.
▸ heben, überheben sich.
hinabwürgen → schlucken.
hinauf → auf, aufsteigend, aufwärts, bergauf, darüber, droben, oben.
▸ abwärts, herab, hernieder, herunter, hinab, hinunter • herauf.
hinaufangeln → besteigen.
hinauffahren → besteigen.
hinaufgehen → besteigen.
hinaufschwingen → besteigen.
hinaufsteigen aufsteigen, besteigen, emporklettern/-steigen, ersteigen, hinaufschwingen sich.
hinaus raus, nichts wie raus, ab nach Kassel *u*, marsch, abhauen, vor die Tür, nicht mehr unter die Augen kommen, nun aber los. → außen.
hinausekeln hinausjagen, hinauswerfen, fortjagen, verscheuchen, zurückweisen, kalt stellen, ausweisen, vertreiben, ausschließen, ausschalten, beseitigen, verjagen, versetzen, den Laufpass geben, einem den Stuhl vor die Tür stellen, an die Luft setzen.
▸ einladen, einlassen.
hinausjagen → forttreiben, hinausekeln.
hinausschieben schieben, fortschieben, hinausbringen, stoßen, fortrücken, fortstellen, abrücken, verstellen. → aufschieben, bedenken, besinnen sich.
▸ erledigen, hereinbringen, übereilen.
hinausschiebend → dilatorisch.
hinausschmeißen → hinauswerfen.
hinaustragen → abdecken, transportieren.
hinaustreiben verjagen, vertreiben.
hinausweisen an die Luft setzen, den Stuhl vor die Tür setzen, hinauswerfen, hinausfeuern *u*, abwimmeln *u*, hinauswimmeln *u*, zum Tempel hinausjagen. → hinaus, hinauswerfen.
▸ einladen.
hinauswerfen → aussiedeln, ausweisen, ausstoßen, geben den Laufpass, hinausekeln, transportieren, vertreiben.
hinauszögern → aufschieben, erstrecken sich.
hinbiegen in Ordnung bringen, beeinflussen, erziehen.
Hinblick → Hinsicht.
Hinblick auf, im → bezüglich.
hinbringen anliefern, bringen, liefern, schicken, zusenden, zustellen.
hinbrüten hindösen, stieren, starren, gleichgültig sein, hindämmern, stumpf blicken, teilnahmslos aussehen, unberührt blicken, lau vor sich hinsehen, gedankenlos sein, träge sein, energielos sein, tatenlos sein, gelangweilt vor sich hinschauen.
▸ hinreißen.
hinderlich hemmend, erschwerend, lästig, ungünstig, gegen, dagegen, abgeneigt, zurückhaltend, abredend, entmutigend, abhaltend, abratend, entgegen, verhütend, aufhaltend, entgegenarbeitend, lähmend, schwächend, entkräftend, untergrabend, drückend, ermüdend, ungelegen, unbequem, zuwider, misslich, schwierig, unerfreulich, unvorteilhaft, hindernd. → beeinflussend.
▸ ausschlaggebend, einflussreich, fördernd, behilflich, dienlich, nutzbringend, nützlich, zuträglich.
hindern verhindern, verhüten, abhalten, aufhalten, verzögern, entgegenarbeiten, vorbauen, vorbeugen, hemmen, niederhalten, entkräften, schwächen, lähmen, lahm legen, hintertreiben, vereiteln, unterbinden, durchkreuzen, stören, unterbrechen, bekämpfen, untergraben, entgegenstehen, entgegenhandeln, entgegenwirken, hintertreiben, einem in die Arme fallen, die Flügel stutzen, den Wind aus den Segeln nehmen, einen Riegel vorschieben, den Plan durchkreuzen. → abwehren, anhalten, beeinträchtigen, beirren, bekämpfen, beschneiden, dawider, dazwischentreten, durchkreuzen, eindämmen, einmengen sich, entgegenarbeiten, entmutigen, Fall bringen zu.
▸ fördern, helfen • ankurbeln, antreiben, behilflich sein, beschleunigen, forcieren, unterstützen, voranbringen.
hindernd → entmutigend, hinderlich.
Hindernis Hemmnis, Fessel, Behinderung, Verhinderung, Klemme, Widerstand, Schwierigkeit, Verstrickung, Schranke, Grenze, Anstoß, Einhalt, Sperre, Gegnerschaft, Hemmung, Störung, Beschränkung, Hintertreibung, Vereitelung, Durchkreuzung, Bekämpfung, Verhütung, Ausschließung, Verbot, Einmischung, Zwangslage, Sackgasse, Unlösbarkeit, Zwang, Sperrung, Zollsperre, Hungerblockade, Barrikade, Hürde, Verhau, Mauer, Gitter, Wehr, Graben, Schlagbaum. → Anstand, Arrest, Barriere, Beschlagnahme, Beschwerde, Beschwernis, Durchkreuzung, Einhalt.
▸ Förderung, Hilfe, Antrieb, Brücke, Erleichterung, Impuls, Stütze.
Hindernis, verborgenes Sand im Getriebe *u.*
Hindernispfahl Palisade.
Hindernisse in den Weg legen quer schießen *u.*
Hindernisse übersteigen bezwingen, überwinden, bewältigen, siegen, besiegen, obsiegen, erobern, gewinnen, übertrumpfen, Hindernisse aus dem Weg räumen, seinen Weg machen, vorwärts kommen, emporkommen, emporklimmen, ersteigen, meistern. → bestehen auf.
▸ unterliegen.
Hindernisse aus dem Weg räumen umstürzen, ein Ende machen, aus der Welt

schaffen, ausmerzen, beseitigen, aus dem Weg schaffen, beiseite räumen, wegfegen, auswischen, niederschlagen. → bringen es zu etwas, Hindernisse übersteigen • bahnen. ▸ hemmen.
Hinderung → Depression, Hindernis, Verbot.
hindeuten → bedeuten, berühren, darlegen, hervorheben, weisen.
hindurch → durch.
hineilen → eilen heran.
hineinbekommen hineinkriegen, einrammen, einflechten • schließen. → hineintreiben.
hineinfallen → reinfallen.
hineinfinden, sich → anpassen.
hineinfressen, in sich → hinunterwürgen.
hineingeben → einbetten.
hineingeheimnissen deuteln, Zeilen lesen zwischen den.
hineingehen → betreten, einkehren, einstellen, hineinkommen.
hineingeraten → außer Stande sein, reinfallen.
hineinklettern → besteigen, hineinkommen.
hineinkommen hineingehen, eintreten, hineinfahren, hineinreiten, eindringen, einsteigen, einschleichen, einmarschieren, einziehen, betreten, beziehen, eintreffen, einrücken, einkehren. ▸ herauskommen.
hineinlegen hineindeuten, erklären, auslegen, deuten, erläutern, erschließen, beleuchten, veranschaulichen, enträtseln, entziffern, kommentieren, einen Sinn hineinlegen • reinlegen, schaden, übervorteilen, benachteiligen, schädigen, beeinträchtigen, eine Falle stellen, übers Ohr hauen, ein Bein stellen, Verlust bringen. → einbetten. ▸ helfen, missdeuten.
hineinreden dazwischenreden, einmischen sich, Wort abschneiden das.
hineinschauen → einsehen.
hineinschlittern → hineinstürzen, hineintreiben.
hineinschreiben → einschreiben.
hineinschütten anfüllen, einfüllen, füllen, eingießen, hinein-/voll gießen.
hineinstecken → durchstecken, einbetten, einbeziehen, einkoffern, einschachteln.
hineinstellen ausstatten, möblieren, einrichten • abstellen.
hineinstopfen → aasen, einhauen, hineintreiben, zwängen.
hineinstürzen hineinfallen, hineinschlittern, ausrutschen, ausgleiten, hinfallen, herunterstürzen, herunterfallen, fallen, hinsinken, stolpern, niederstürzen, straucheln, hinunterkollern, herabfallen, hinunterkugeln. → ersaufen. ▸ auftauchen, herauskommen.
hineintreiben hineinpressen, hineinzwängen, hineinklemmen, einklemmen, eindrängen, einkeilen, einrammen, einflechten, hineinjagen, hereintreiben, hineinstoßen • hineinschlittern, hineinkommen, unvorhergesehen in eine Sache geraten, in eine Sache verwickelt werden. ▸ hinaustreiben.
hineinwachsen → anpassen, lernen, wachsen.
hineinwerfen → eintauchen, einwerfen.
hineinziehen einbrocken eine Suppe, hineinmanövrieren/-reiten, reinreißen, verstricken, verwickeln.
hinfahren → befördern, nähern. ▸ heimfahren, zurückfahren • herfahren • dableiben.
hinfallen → absacken, fallen, fallen lassen.
hinfällig kaduk *u.* → abgelebt, alt, bebend, dienstunfähig, dunkel, entkräftet, erholungsbedürftig, hochbetagt, schwach, vergänglich. ▸ gesund, kräftig, rüstig, vital • gültig • bedeutsam, unerlässlich.
hinfällig sein → darniederliegen.
Hinfälligkeit → Befinden, Beschwerde, Ermattung, Erschöpfung, Vergänglichkeit.
hinfliegen → absacken, fliegen.
hinführen → einlenken, werden.
Hingabe Aufopferungsfähigkeit, Begeisterungsfähigkeit, Edelmut, Hingebung, Nächstenliebe, Opferfreudigkeit, Opfermut, Selbstlosigkeit, Opferwille, Uneigennützigkeit, Gläubigkeit, Vertrauen, Fleiß, Aufmerksamkeit, Anteilnahme, Liebe, Behutsamkeit, Zuversicht, Entsagung, Großmut, Hochherzigkeit, Freigebigkeit, Selbstverleugnung, Altruismus, Selbstaufgabe. → Arbeitslust, Augenmerk, Beflissenheit, Begeisterung, Behutsamkeit, Eifer. ▸ Müßiggang, Selbstsucht, Teilnahmlosigkeit.
Hingabe, mit → aufmerksam, angelegentlich.
Hingang → Ableben, Tod.
hingeben, sich → befreunden, bestehen auf, dabei bleiben, opfern.
Hingebung → Achtung, Demut, Ergebenheit, Hingabe.
hingebungsvoll → anschmiegsam, gern, opferbereit.
hingegen aber, trotzdem, indessen, dagegen, immerhin, gleichwohl. → allein, dennoch. ▸ Regel nach der, weil.
hingeneigt → disponiert, ersehnenswert, geneigt.
hingerissen begeistert, entflammt, entzückt, fanatisch, leidenschaftlich.
hingeschieden → gestorben.
hingestellt → gestellt.
hingestreckt → ausgebreitet, eben, gestorben, waagerecht.
hingestreckt sein aalen sich, daliegen, lagern, liegen, ruhen.
hinhalten auf die Folter spannen *u.* → aufhalten, aufschieben, ausdehnen, ausstehen, bedenken, besinnen sich, bleiben neutral, entgegenhalten, erstrecken sich, verzögern. ▸ weghalten • wegnehmen • ankurbeln, beschleunigen • beenden • erfüllen.
hinhaltend aufschiebend, hinausschiebend, vertagend, bedenkend, besinnend, verweilen, langsam, gemächlich, bedächtig, zögernd, verzögernd, schwankend, unentschlossen, zweifelnd, zaudernd, ausweichend. → dilatorisch. ▸ sofort, sogleich.
hinhauen → absacken, fallen, florieren, stürzen. ▸ schief gehen.
hinhören → horchen.
hinhört → allenthalben.
hinken → erlahmen, ermüden.
hinkriegen, wieder heilen, Ordnung bringen in, reparieren, wiederherstellen.
hinlangen → anfühlen, greifen, tasten.

hinlänglich → angemessen, ausreichend, genug, mittelmäßig.
Hinlänglichkeit Genüge, Auskommen, Zulänglichkeit, Angemessenheit, Sättigung, täglich Brot. → Ergiebigkeit.
▸ Mangel, Mangelhaftigkeit.
hinlaufen → entgegeneilen.
hinlegen → ausgleiten, fällen, legen.
hinlenken hinlotsen, hinsteuern, hinziehen, hinführen, beabsichtigen, bezwecken, hinzielen, vorhaben, erzwecken, anstreben, abzielen, daraufbringen, das Auge richten auf. → einlenken.
▸ ablenken, abzweigen.
Hinlenkung → Blickfang.
hinlotsen → einlenken, hinlenken.
hinmachen → ausrotten.
hinnehmen → abfinden, ausharren, ausstehen, dulden, verschmerzen.
▸ ablehnen • bekämpfen • aufbegehren, trotzen • beanstanden, missbilligen • sich rächen.
hinnehmend erduldend, unbewegt, gleichmütig, leidenschaftslos, unerschütterlich, ruhig, besonnen, gefasst, gesetzt, gelassen, unberührt, unbeweglich, sanftmütig, geduldig, friedfertig, regungslos. → duldend.
▸ (abwehrend), unduldsam.
hinneigen geneigt sein, lieben, mögen, neigen, streben.
Hinneigung → Anziehung, Begeisterung, Bestreben, Liebe, Wohlwollen.
hinraffen sterben, töten.
hinreden, vor sich → brummen.
hinreichen genügen, auskommen, ausreichen, hinlangen, klappen, langen, auslangen, reichen. → auskommen, geben.
▸ mangeln.
hinreichend → ausreichend, angemessen, entsprechend, erklecklich, genug.
hinreißen → aufregen, beseelen, bestricken, entbrennen, fesseln, Furore machen, gefallen.
hinreißend umschmeißend, unerhört. → antreibend, auserlesen, beseligend, erregend, schön.
hinrennen → eilen heran.
hinrichten hängen, erschießen, einen Kopf kürzer machen. → ausrotten, bestrafen, einschlagen den Weg, töten.
Hinrichtung Todesstrafe, Vollzug, Vollstreckung, Todesstoß, Gnadenstoß, Erhängen, Enthauptung, Köpfen, Erschießen, Kreuzigung, Flammentod, Erdrosselung, Pfählung, Sackung, Galgen. → Beraubung, Bestrafung.
▸ Begnadigung.
Hinrichtungsstätte Schafott.
hinsausen → absacken, fallen, rennen.
hinscheiden → ausatmen, sterben.
Hinscheiden → Ableben, Tod.
Hinschlachten → Blutbad.
hinschlagen → absacken, ausgleiten, fallen.
hinschleppen → erlahmen.
hinschmeißen → absacken, wegwerfen.
hinsehen → anschauen, entgegensehen, erheben die Augen.
hinsenden → entsenden.
hinsetzen (sich) → setzen.
Hinsicht Betracht, Beziehung, Bezug, Betreff, Punkt, Sinn, Zusammenhang, Richtung. → Berücksichtigung, Bezug.
Hinsicht, in → betreffend, beziehungsweise, diesbezüglich, hinsichtlich.
Hinsicht, in jeder rundum *u.*
hinsichtlich bezüglich, betreffs, gemäß, rücksichtlich, insofern, dementsprechend, rückgreifend, rückgehend, was das betrifft, in Hinsicht, in Anbetracht, in punkto, in diesem Punkt. → beziehungsweise.
▸ beziehungslos.
hinsinken → fallen.
hinstarren → fallen ins Auge, starren.
hinstellen absetzen, abstellen, hinlegen, niedersetzen, niederstellen, deponieren.
hinsteuern → beabsichtigen, einlenken, einschlagen den Weg, hintreiben.
Hinstimmung → Beeinflussung, Einwirkung, Geleitwort.
hinstreben tendieren.
hintangesetzt fühlen, sich → beleidigt.
hinten, nach rückwärts, zurück, zurückgewandt.
Hintenansetzung → Achsel, Beleidigung.
hinten endend, abschließend, hinterher, dahinter, danach, nach, zuletzt, zuhinterst, hinter, rückwärts, abseits, nach, zurück, hinterrücks, zurückgeblieben • achtern *sm.* → dahinter.
▸ vorn, frontal • seitlich, seitwärts.
hintenherum intrigant, ränkevoll, versteckt, verdeckt, anonym, verstohlen, geheimnisvoll, dunkel, unredlich, unaufrichtig, hinterlistig, hinterhältig, betrügerisch, gaunerisch, verlogen, hinter dem Rücken, bei verschlossener Tür. → arglistig, heimlich, hinterrücks.
▸ direkt, geradezu.
hinter → danach, hinten.
▸ nach vorn, vor.
hinter dem Rücken → heimlich.
hinter etwas kommen → enthüllen.
hinter sich lassen ausstechen, besiegen, bezwingen, schlagen, überbieten / -flügeln/ -holen / -runden / -treffen.
Hinterbliebene Nachkomme, Erbe, Nachfolge, Nutznießer, Stammhalter, Sprössling, Sohn, Tochter, Familie, Frau, Mann, Verwandtschaft. → Besitzer.
hinterbringen → angeben, anzeigen, aussagen, bedeuten, belehren, benachrichtigen, bestätigen, einweihen in das Geheimnis, klatschen, melden.
hintereinander nachfolgend, folgend, nacheinander, sukzessiv, dahinter, hinterher, darauf, folglich, aufeinander folgend, zusammenhängend, der Reihe nach, im Schlepptau, im Gänsemarsch, in Reih und Glied, in Aufeinanderfolge.
▸ nebeneinander.
hinterfötzig (hinterfotzig) → arglistig.
hintergangen → betrogen.
hintergangen werden → hereinfallen.
Hintergangener → Betrogener.
Hintergedanke Verdacht, Argwohn, Misstrauen, Anspielung • Falschheit, Unwahrheit, Verschlagenheit, Hinterhältigkeit, Unehrlichkeit, Täuschung, Unredlichkeit, Verstellungskunst, Hinterlist, Arglist, Verlogenheit, Heuchelei • Heimlichkeit, Geheimniskrämerei, Versteckspiel, Einverständnis, Hinterhalt. → Absicht, Doppelsinn.
▸ Aufrichtigkeit, Offenheit, Vertrauen.
hintergehen erschleichen,

täuschen, betrügen, belügen, mogeln, foppen, narren, beschwatzen, bereden, einwickeln, prellen, benachteiligen, übervorteilen, veruntreuen, unterschlagen, ergaunern, heucheln, überlisten, übertölpeln, trügen, schädigen, beeinträchtigen, Sand in die Augen streuen, übers Ohr hauen, hinters Licht führen, verschaukeln *u.* → bemänteln, beschwindeln, drehen eine Nase, drehen und zu wenden wissen, Dunst vormachen, fischen im Trüben, intrigieren. ▸ begünstigen, ehrlich (sein), Wahrheit sprechen die, Wein einschenken reinen.

Hintergehung → Bestechung, Betrug, Blendwerk, Käuflichkeit, Täuschung Betrügerei, Gaunerei, Machenschaft.

Hintergrund Hinterseite, Rückteil, Hinterwand, Rückwand, Kulisse, Bühnenwand, Szenerie, Raumtiefe, Bühnenwirkung, Bühnenbild, Ausstattung, Dekoration, Staffage, Leinwand • Zurückhaltung, Zurückziehung, abseits, Einsamkeit. → drum und dran. ▸ (Vordergrund).

Hintergrund bleiben, im bescheiden/zurückhalten sich.

hintergründig → arglistig.

Hinterhalt Hinterhältigkeit, Falle, Lauer, Schlinge, Schlupfwinkel, Versteck, Nachstellung, Gefahr, Tarnung, Tücke, Teufelei, Heimlichkeit, Horchposten, Hintergedanke, Vorbehalt, Geheimniskrämerei, Geheimbund, Täuschung, Gefährdung, Bedrängnis, Doppelzüngigkeit, Unaufrichtigkeit, Verschlagenheit, Verstellungskunst, Unehrlichkeit, Unredlichkeit, Hinterlist, Arglist, Heuchelei, Verlogenheit, Blendung, Verheimlichung, Vertuschelung. → Abenteuer, Angriff, Arglist, Danaergeschenk, Falle. ▸ Aufrichtigkeit, Offenheit • direkte Konfrontation, Direktangriff.

hinterhältig schlitzig *u.* → arglistig, heimlich, intrigant.

Hinterhältigkeit Schlich *u.* → Falschheit, Hinterhalt.

Hinterhauptpunktion Genickschuss *u.*

hinterher a posteriori. → dahinter, danach, nachher.

hinterher sein Fersen sein auf den, nachstellen, nachjagen, verfolgen.

hinterherkommen folgen (können), mitkommen, nachkommen.

hinterherlaufen folgen, nachjagen, nachlaufen.

Hinterlage → Kaution.

hinterlassen zurücklassen, dalassen, übrig lassen, stehen lassen, lassen, bleiben, zurückbleiben, abgeben, schenken, spenden, zuwenden, stiften, zueignen, überlassen, übermachen, verabreichen, versorgen, versehen, verschreiben, vermachen, vererben, zuweisen • Nachricht hinterlassen. → beschenken. ▸ mitnehmen, unterlassen beerben, erben • enterben.

Hinterlassenschaft Erbschaft, Erbe, Erbteil, Nachlass.

hinterlegen → aufstellen, bürgen, deponieren.

Hinterlegung → Ersparnis, Kaution, Vorrat.

Hinterlegungsort Depositorium.

Hinterlist → Arglist, Dolchstoß, Doppelrolle, Doppelsinn, Falle, Falschheit, Gemeinheit, Hinterhalt, Täuschung.

hinterlistig → aalglatt, arg, arglistig, bestechlich, böse, charakterlos, durchtrieben, intrigant, verschlagen. ▸ aufrichtig, freimütig, gerade, offen.

hinterlistiger Mensch Intrigant.

Hinterlistigkeit → Arglist, Danaergeschenk, Dolchstoß.

Hintermann Strohmann, Helfershelfer, Hehler.

Hintern Allerwertester, Arsch, Gesäß, Hinterbacken, Hinterteil, Po(po), Sitzfläche, vier Buchstaben.

hinterrücks meuchlings, falsch, gemein, heuchlerisch, heimtückisch, arglistig, abgefeimt, listig, glatt, heimlich, versteckt, verstellt, schleichend, unoffen, unaufrichtig, katzenartig. ▸ aufrichtig, rückhaltlos.

Hinterseite → Rückseite.

Hinterteil → Schluss.

Hintertreffen Benachteiligung, Nachteil • Rückstand, Verzug.

Hintertreffen geraten, ins → beikommen nicht.

hintertreiben → abwenden, aufhalten, beeinträchtigen, bekämpfen, benehmen die Hoffnung, bezwingen, dawider, dazwischentreten, durchkreuzen, hemmen, hindern. ▸ aktivieren, antreiben, beschleunigen, forcieren, fördern, helfen, nachhelfen, vorantreiben.

Hintertreiber Nörgler, Quertreiber.

Hintertreibung → Beschwernis, Durchkreuzung, Hindernis.

Hintertreppenliteratur Kolportage.

Hintertür Hintertürchen, Notausgang, Ausfalltor, Durchschlupf, Hintertreppe, Nebentreppe, Durchgang • Heimlichkeit, Vorbehalt, Rückhalt, Hinterhalt, Hinterlist, Falle, Tarnung, Verbergung, Verschleierung, Geheimhaltung • Schleichweg, Ausweg, Kunstgriff, Winkelzug, Fußangel, List, Kniff, Finte. → Danaergeschenk. ▸ Aufrichtigkeit, Offenheit.

Hinterwäldler Hillbilly.

hinterziehen → fälschen, täuschen.

Hinterziehung → Betrug, Täuschung.

hinüber und herüber → hin und her.

hinübergehen → ausatmen, entschlafen, überqueren, sterben.

hinunter → abwärts, bergab, drunten. ▸ aufwärts, empor, herauf, hinauf • herab, herunter.

hinunteressen → beherrschen sich, schlucken.

hinunterfallen abstürzen, fallen, hinabstürzen, Tiefe fallen in die.

hinuntergehen abwärts gehen, bergabgehen, hinabgehen/-steigen, unten gehen nach.

hinunterkollern → fallen, hineinstürzen.

hinunterschlucken hinunterschlingen, hinunterwürgen, schlucken, verschlucken • abfinden sich.

hinuntersteigen hinabsteigen, herabsteigen, hinuntergehen, herabgehen, absteigen, herunterlaufen, herunterkriechen, bergabsteigen, herunterrennen, heruntersausen, einen Abstieg machen. → absteigen, hinabsteigen, hinunterklettern

aufsteigen, besteigen, emporsteigen, erklettern, heraufkommen, hinaufsteigen, hochklettern • herabklettern, heruntersteigen. ▸ heraufgehen.
hinunterstürzen → hineinstürzen, trinken.
hinunterwürgen → beherrschen sich, schlucken.
Hinterwäldler → Kleinbürger.
hinweg → ab, davon auf und, fort.
hinwegfegen → zerstören.
Hinwegsetzung → Entgleisung, Verstoß.
Hinweis Zeichen, Tipp, Wink, Deut, Geste, Gebärde, Fingerzeig, Anspielung, Wink mit dem Zaunpfahl, Anweisung, Unterweisung, Maßregel, Andeutung, Anleitung, Ratschlag, Auskunft, Angabe, Mitteilung, Erklärung, Eröffnung, Enthüllung, Offenbarung, Bericht, Meldung, Veranlassung, Wegweiser, Auskunftsstelle, Belehrung, Eingebung. → Angabe, Anspielen. ▸ Verheimlichung, Verschwiegenheit.
hinweisen beleuchten, bemerken, einflechten, erwähnen, betonen, dartun, hervorheben, sagen, unterstreichen, zeigen, angeben, ansagen, eröffnen, äußern, sprechen, aufzeigen, enthüllen, erweisen, aufweisen, heranziehen, anführen • hinzeigen, deuten, Finger deuten mit dem, Finger weisen auf mit dem. → angeben, aufzeigen, aufklären, ausdrücken, äußern, befürworten, betonen, bloßlegen, dartun, deuten, demonstrieren, einschärfen, erinnern. ▸ unterlassen, verheimlichen, verschweigen.
hinweisend → demonstrativ.
Hinweiser Schild, Zeiger.
hinwenden → einschlagen den Weg, zuneigen.
hinwerfen → fallen lassen.
Hinz und Kunz Niemand, Null, Unbekannter, Krethi und Plethi.
hinzeigen → deuten.
hinziehen, sich → ausdehnen, dauern.
hinzielen → beabsichtigen, bestreben sich, erzwecken, fassen ins Auge, steuern, streben.
hinzudrängen → beigesellen, hinzufügen.
hinzufügen anfügen, beifügen, einflechten, addieren, angliedern, hinzusetzen, hinzutun, beitragen, erwähnen, verbinden, vermehren, vergrößern, erweitern, verstärken, ansetzen, anschließen, einreihen, anhängen, beipacken, beiordnen, hineintun, hinzuzählen. → anmachen, ausdehnen, beifügen, beigesellen, beitragen, beschlagen, dazukommen, einflechten, einmengen, einrangieren, einrechnen, einverleiben, ergänzen. ▸ abziehen, verringern, weglassen, wegnehmen, streichen.
Hinzufügung → Anhang, Auskunft, Beifügung, Einmischung, Einschluss, Ergänzung, Nachtrag, Notiz.
hinzugefügt hinzugetan. → beifolgend, beigeordnet, beiläufig, beiliegend, dabei, damit, ferner.
hinzukommen → dazukommen, beigesellen, hinzufügen.
hinzurechnen addieren.
Hinzurechnung Addition.
hinzusetzen → beifügen, beitragen, dazukommen, einflechten, einrechnen, ergänzen, hinzufügen.
hinzutreten → beigesellen, beitreten, hinzufügen.
hinzutun → beitragen, einverleiben, ergänzen, hinzufügen.
hinzuzählen → beiordnen, einbeziehen, hinzufügen. ▸ abziehen, substrahieren.
hinzuziehen → einbeziehen.
Hiobsbotschaft → Alarm, Schreck.
Hippe → Bock.
Hippodrom → Bahn.
Hirn Schädel, Kopf, Gehirn, Bregen *u*, Denkorgan, Empfindungssitz, Geweih. → Verstand. ▸ Unverstand.
Hirnarbeit → Intelligenz.
Hirnentzündung Enzephalitis.
Hirnerschütterung Commotio cerebri.
Hirngespinst Schein, Einbildung, Halluzination, Traum, Flause, Luftschloss, Luftbild, Trugbild, Sinnestäuschung, Erscheinung, Scheinbild, Phantom, Phantasmagorie, Fata Morgana, Blendwerk, Irrtum, Täuschung, Selbstbetrug, Fantasiegebilde, Grille, Utopie, Spuk, Träumerei, Vision, Wachtraum, Tagtraum, Fieberwahn, Zwangsvorstellung, Überspanntheit. → Auswuchs, Dunstbild, Dunst leerer, Chimäre. ▸ Wahrheit, Wirklichkeit.
Hirnhälfte Hemisphäre.
Hirnhautentzündung Meningitis.
Hirnkasten Haupt, Kopf, Schädel.
hirnverbrannt dumm, töricht, blöde, einfältig, unentwickelt, dämlich, hohlköpfig, schwachköpfig, gehirnlos, geistesschwach, vernagelt, verbohrt, sinnlos, kopflos, borniert, hirnrissig, albern • idiotisch, krank, unmoralisch, geistesgestört, umnachtet, verrückt, närrisch. → absurd, bedenklich, dumm. ▸ geistvoll, klug, real.
Hirnverkalkung Zerebralsklerose.
Hirnwindung Gyrus.
Hirte → Aufseher, Begleitung, Beschützer, Bewachung, Wächter.
Hirtenflöte Frula, Panflöte, Schalmei, Syrinx.
Hirtengott Pan.
Hirtenlied Ekloge, Idylle, Pastorale.
hissen → aufsteigen, aufziehen, heben, flaggen, hochhieven, Höhe ziehen in die. ▸ einholen, niederholen, streichen.
Histörchen Anekdote.
Historie → Geschichtswerk.
historisch geschichtlich, überliefert • epochal, Epoche machend, sensationell.
Hit Schlager, Renner, Bestseller, Evergreen.
Hitze Siedehitze, Schwüle, glühender Hauch, heißer Brodem, Affen-, Bären- oder Bullenhitze *u* • Erhitzung, Einäscherung • Glut, Lohe, Fieberglut, Temperatur, Siedeglut, Siedepunkt, Weißglut, Hochglut. → Affekt, Aufregung, Begeisterung, Brand, Erwärmung, Geifer. ▸ Kälte, Frost • Abkühlung • Besonnenheit, Gleichmut.
hitzebeständig thermostabil.
hitzig leidenschaftlich, reizbar, aufgeregt, ungeduldig, erregt, stürmisch, wild, ungestüm, feurig, heißblütig, aufbrausend, heftig, hitzköpfig. → aufgebracht, blindlings, cholerisch, Fassung

verlieren die, heftig.
▸ besonnen, ruhig.
Hitzkopf → Brausekopf, Blut heißes, Drache, Choleriker, Enthusiast, Fanatiker.
hitzköpfig → blindlings, cholerisch, feurig.
Hobby Freizeitbeschäftigung, Freizeitgestaltung, Steckenpferd • Vergnügung, Spiel, Zeitvertreib • Lieblingsbeschäftigung, Liebhaberei.
hobeln → abziehen Späne, glätten Holzflächen.
hoch hochgradig, in hohem Grade, beträchtlich, erheblich, überaus, mächtig • empor, erhaben, emporragend, aufsteigend, steil, oben, darüber, über, hinauf, himmelan, wolkenwärts, haushoch, turmhoch, kolossal, gigantisch. → ausgedehnt, bravo, darüber, droben, erhaben, gigantisch, luftig.
▸ niedrig, eben, flach, gedrungen, gering • tief.
hoch, dreimal → bravo.
hoch im Preis → teuer.
hoch und heilig eidlich, kategorisch, gewiss, auf Ehre, auf Treue, auf Treu und Glauben, bei meinem Wort, bei Gott, Hand und Siegel.
▸ ungewiss.
hoch verschuldet pleite, überschuldet, zahlungsunfähig.
hoch zu Ross → Hochmut.
hoch achten → achten, anbeten, anerkennen, schätzen.
Hochachtung → Achtung, Begriff, Ehrenplatz, Verehrung.
hochachtungsvoll ehrerbietig, ehrfurchtsvoll, ehrfürchtig, untertänig • achtungsvoll, ergeben, mit ergebenem Gruße, sehr ergeben, ergebenst.
▸ verächtlich.
Hochadel → Adel.
hochaktuell explosiv, brisant, kritisch, spannungsgeladen.
hochangesehen berühmt, hoch geachtet, verehrt.
hochanständig gentlemanlike.
hochaufgeschossen groß, riesig, hoch gewachsen, lang, stattlich.
Hochbahn → Bahn.
Hochbau → Baukunst.
▸ Tiefbau.
hochbedeutend → Epoche machend.
hochbedeutsam epochal, Epoche machend.
hoch begabt → anstellig.
hochbetagt alt, bejahrt, betagt, bei Jahren, in den Jahren, graköpfig, silberhaarig, weißlockig, überaltet, verrostet, verkalkt, ausgedient, hinfällig, dienstunfähig, abgelebt, steinalt, greisenhaft, senil, verkindscht. → bereift, ergraut.
▸ jung.
hochblicken → erheben die Augen.
hochbringen → ärgern, aufregen.
Hochburg Zentrum.
Hochdruck Spannung, Anspannung, Spannkraft, Kraftgefühl, Tatendrang, Trieb, Ungeduld, Hochspannung • Eifer, Schwung, Hetze, Begeisterung, Energie, Feuer, Hast, Übereilung, Arbeitslust, Fleiß, Vehemenz, Übereifer, Schnelligkeit, Nachdruck, Kraft, Eile. → Atmosphäre, Druck, Dynamik.
▸ Entspannung, Kraftlosigkeit, Langsamkeit, Tiefdruck • Hypotonie, Unterdruck.
Hochdruckgebiet Antizyklone.
Hochebene → Ebene.
Hochehrwürden → Anrede.
hoch empfindlicher Typ Mimose *u*, Sensibelchen *u*.
hochexplosiv brisant.
hochfahrend → anmaßend, aufgeblasen, befehlerisch, dünkelhaft, ehrgeizig, eitel.
Hochfinanz Hautfinance.
Hochfläche Plateau.
hochfliegend überschwänglich, übertrieben, überspannt, verstiegen, exzentrisch, extravagant, abenteuerlich, übersteigert, bombastisch, schwulstig, überspitzt, eitel, dummstolz, hochmütig, eingebildet, dünkelhaft, selbstgefällig, selbstbewusst, aufgeblasen, aufgebläht, großtuerisch, großsprecherisch, prahlerisch, verblendet, dumm, dicktuerisch. → ehrgeizig.
▸ bescheiden.
Hochflut → Berg, Strömung.
Hochform, in fit, in bester körperlicher Verfassung, durchtrainiert, sehr leistungsfähig.
Hochfrisur Popel *u*.
hoch geachtet angebetet, gefeiert, hochangesehen, hochverehrt, verehrt, vergöttert.
Hochgebirge → Berg.
Hochgebirgsweide Alm, Alb.
hochgeboren → adelig.
Hochgefühl → Affekt, Lebensgefühl.
hochgehen aufsteigen, auffliegen, aufschwingen, emporsteigen, emporklimmen, aufbäumen, aufflammen, emporlodern, explodieren, emportauchen, hochkommen, hochschweben • ärgern, erregen, erzürnen, verstimmen, aufreizen, rasen, toben, schäumen, platzen, aus der Haut fahren, sich vergessen, vor Wut zittern, aufschäumen, die Geduld verlieren, Feuer fangen, Gift und Galle speien, in Zorn ausbrechen, in die Luft gehen. → erklettern.
▸ beruhigen, heruntersinken.
hochgehend → aufgebracht, heftig.
hochgemut → stolz.
Hochgenuss → Befriedigung, Ergötzen, Leckerbissen, Schmaus.
hoch geschätzt → angesehen, beliebt, berühmt.
hoch gestellt → adelig, Rang von hohem.
hochgestimmt begeistert, euphorisch, glücklich, high, Laune in bester, selig, verzückt.
hochgestochen → übertrieben.
hoch gewachsen groß, baumlang, stattlich.
Hochglanz Politur.
hochgradig höchst, enorm, bedeutend, besonders, außerordentlich, äußerst, überdurchschnittlich, in hohem Grade, beträchtlich, erheblich, unerreicht, unübertrefflich, überlegen. → ausnehmend, außerordentlich.
▸ gewöhnlich, minderwertig, unbedeutend.
hochhalten achten, verehren, schätzen, hoch schätzen, bewundern, anbeten, vergöttern, preisen, rühmen, anerkennen, Lob spenden, bewundern, ehren, wertschätzen, verherrlichen, schwärmen, herausstreichen. → A und O.
▸ erniedrigen, heruntermachen.
Hochhaus Turmbau, vielgeschossiges Haus, Wohnturm, Wolkenkratzer.
Hochhausdachwohnung Penthaus, Penthouse.
hochherzig → charakterfest, freigebig, großmütig, selbstlos.
Hochherzigkeit Selbstlosigkeit, Uneigennützigkeit, Hingabe, Opferwilligkeit, Großmut, Freigebigkeit, Seelenadel, Edelmut, Edelsinn, Milde, Ritterlichkeit. → Barmherzigkeit, Großmut.

▸ Hartherzigkeit, Unbarmherzigkeit.
hochintelligent genial, sehr klug, superschlau, überdurchschnittlich intelligent.
hochkomisch → bizarr.
hochkommen → emporklimmen, hochgehen.
Hochkonjunktur (Wirtschafts-) Blüte • Hochzeit, Sternstunde, günstige Zeit, Aufschwung.
Hochland → Berg.
hochleben lassen huldigen, feiern, zujubeln, preisen, rühmen, verherrlichen, auf die Schulter heben, zutrinken, anprosten, einen Toast ausbringen, ein Hoch ausbringen.
▸ beschimpfen.
hochmodisch topaktuell *u.*
Hochmut Selbstüberhebung, Selbstvergötterung, Selbstgefälligkeit, Selbstherrlichkeit, Hoffart, Adelsstolz, Einbildung, Dünkelhaftigkeit, Spleen, Aufgeblasenheit, Ruhmsucht, Eigenliebe • Großmannssucht, Größenwahn, Übermut, Dummheit, Großtuerei, hoch zu Ross. → Anmaßung, Dünkel, Eitelkeit.
▸ Bescheidenheit.
hochmütig herablassend, hochtrabend. → abgelebt, abgestumpft, anmaßend, aufgeblasen, ausschließend, bärbeißig, blasiert, dekadent, entartet, eingebildet, eitel.
▸ bescheiden, höflich, zurückhaltend • demütig, ergeben • gefügig, unterwürfig.
hochmütig sein → dick tun.
hochnäsig → anmaßend, dünkelhaft, geldstolz, eitel.
hochnehmen heben. → bemühen, drängen, verspotten.
hochprozentig scharf *u.*
Hochrelief → Bildhauerei.
hochrichten → erheben die Augen, heben.
Hochruf Hurra! Lebe hoch! Eljen! Eviva! Bravo! Bravissimo! Heil, hoch soll er leben! dreimal hoch! Tusch! Viva!.
▸ Pfuirufe.
hochrund → bauchig.
hoch schätzen → anbeten, hochhalten.
hochschauen → erheben die Augen.
Hochschulabsolvent Akademiker.
Hochschule Akademie, Alma mater, College, Universität.
Hochschule verweisen, von der relegieren.
Hochschuleinschreibung Immatrikulation.
Hochschüler Student.
Hochschulgelände Campus.
Hochschullehramt Ordinariat.
Hochschullehrer Dozent, Professor, Ordinarius, Privatdozent.
Hochschulrang, mit graduiert.
Hochschulreife Maturität.
hochsinnig → edel.
Hochsitz → Anstand.
hochspielen aufbauschen, übertreiben, dramatisieren.
höchst → ausnehmend, hochgradig.
Hochstapelei → Betrug.
Hochstapler → Bandit, Bauernfänger, Kanaille, Erpresser.
Höchste, das Gipfel(punkt), Maximum, Nonplusultra, Spitze, Superlativ.
hochsteigen ansteigen, aufsteigen, besteigen, emporstreigen, klettern, steigen.
höchstens → äußerst.
höchstes Wesen Gott, Gottheit, göttliches/höchstes Wesen, Mysterium tremendum, Numen.
Höchstgewinn Gewinnmaximum, Maximalgewinn.
Höchstgrenze Schallgrenze *u,* Schallmauer *u.*
Hochstimmung → Glück (von Schwerkranken) Euphorie.
Höchstleistung → Rekord, Spitze.
höchstpersönlich direkt, eigenhändig, in persona, persönlich, leibhaftig, selbst.
hochstrebend aufsteigend, auffliegend, aufflatternd, aufschwingend, emporsteigend, kletternd, emporklimmend, erklimmend, aufstehend, aufrichtend, aufbäumend, hochkommend, emporkommend, emporstrebend, rankend • empor, auf, herauf, bergauf. → ideal.
▸ niederfallen(d), herunter.
Höchststufe Superlativ.
höchstwahrscheinlich → vermutlich, wahrscheinlich.
Höchstwert Maximum.
Hochtechnologie Hightech, high technology.
Hochtourist → Bergsteiger.
hochtrabend protzig. → anspruchsvoll, ausdrucksvoll, ausschließend, eitel, herablassend, prahlerisch.
hochtreiben → aufschlagen, blähen.
hochverdient → ausgezeichnet, verdient.
Hochverräter → Abtrünniger.
Hochwasser → Flut.
hochwertig → gut, vorteilhaft, vortrefflich.
▸ minderwertig • fehlerhaft, mangelhaft.
Hochwohlgeboren, euer → Anrede.
Hochzahl Exponent.
Hochzeit → Ehe, Ehrentag, Feier.
Hochzeit machen Ehe schließen die, ehelichen, heiraten, trauen lassen, vermählen sich.
Hochzeitsurlaub Stoßzeit *u.*
hochziehen heißen (hissen) *sm*, aufziehen, flaggen, hieven *sm* (Last hochziehen).
▸ herablassen, herunterlassen, hinunterlassen, niederlassen • absetzen, abstellen • abtragen, einreißen, niederreißen.
Hochziel → Denkbild, Herzenswunsch, Ideal.
Hocken → Bund, kauern.
Höcker → Auswuchs, Berg, Wölbung.
höckerig gewölbt, uneben, buckelig, bossiert, knotig, warzig, holprig, knollig, zerklüftet, rissig. → blatternarbig.
▸ eingebogen, glatt.
Höckertier Dromedar, Kamel.
Hockey → Ball.
Hodenentzündung Orchitis.
Hodensack Sack *u.*
Hodenschmerz Orchialgie.
Hof Durchgang, Durchfahrt, Lichtschacht, Hinterhof • Lichthof, Lichtschein, Lichterscheinung, Sonnenring, Mondhof • Gefolge, Gefolgsleute, Vasallen, Hofhaltung, Cour, Stab. → Ansiedlung, Anwesen, Bauernhof, Besitztum.
Hof machen, den flattieren, flirten, hofieren, poussieren, schöntun, schmeicheln, umwerben, werben.
Hofdame → Adel.
hoffähig → adelig, betragen sich, elegant, vornehm.
Hoffart → Anmaßung, Eitelkeit.
hoffärtig → eitel.
hoffen anstreben, herbeiwünschen, erhoffen, harren, erwarten, sich freuen auf, entgegensehen, verlassen sich, versprechen sich, Erwartung hegen, Mut fassen, gewärtigen, spitzen auf, bauen auf etwas, zählen auf, rechnen

auf, frohen Mutes sein, zuversichtlich sein, der besten Hoffnung sein, sich an einen Strohhalm klammern, im Vertrauen leben • ersehnen, wünschen, erstreben, begierig sein, sehnsüchtig sein, etwas für verlockend halten. → ahnen, annehmen, entgegensehen, ersehnen, erwarten, fassen ins Auge, freuen sich, gewärtigen. ▸ verzweifeln • befürchten, fürchten, sich sorgen • wissen.

hoffentlich wahrscheinlich, vermutlich, glaublich, denkbar, mutmaßlich • hoffnungsvoll, zuversichtlich, erwartungsvoll, bevorstehend, voraussichtlich. ▸ unwahrscheinlich • sicher.

Hoffnung Zuversicht, Vertrauen, Mut, Zutrauen, Annahme, Vermutung, Mutmaßung, Voraussetzung, Ahnung, Spannung, Vorgefühl, Erwartung, Optimismus, Vertrauensseligkeit, Glaube, Selbstvertrauen, Lichtblick, Hoffnungsanker, Hoffnungsstrahl, Hoffnungsfreude, Hoffnungsglanz, Hoffnungsschimmer, Hoffnungsfunke. → Ahnung, Annahme, Aussicht stehen in, Erwartung, Glaube. ▸ Verzweiflung • Hoffnungslosigkeit • Befürchtung, Besorgnis • Gewissheit, Wissen.

Hoffnung hegen zuversichtlich sein, optimistisch sein. → hoffnungsvoll (sein).

Hoffnung, ohne → desperat.

Hoffnungsanker → Hoffnung, Lichtblick.

Hoffnungsfreude → Hoffnung, Vertrauen.

hoffnungsfreudig → hoffungsvoll, optimistisch.

hoffnungsfroh hoffnungsvoll, optimistisch, zukunftsgläubig, zuversichtlich.

hoffnungslos aussichtslos, verzweifelt, gedrückt, niedergebeugt, niedergeschlagen, ohne Hoffnung, gottverlassen, vernichtet, unheilbar, unersetzbar, unwiederbringlich, leidvoll, untröstlich • elend, erbärmlich, jämmerlich, demütig, beklagenswert, niederschmetternd, entsetzlich, gedrückt, lastend • ohne Aussicht, unmöglich, unerreichbar, unüberwindlich, kein Gedanke daran. → absprechen, aberkennen, abgründig, ausgeschlossen, aussichtslos, betrogen, desperat, enttäuscht, geknickt, gottverlassen, hilflos, unmöglich, verzweifelt. ▸ hoffnungsvoll.

hoffnungslos machen → benehmen die Hoffnung.

Hoffnungslosigkeit → Depression, Entmutigung, Trostlosigkeit, Verzweiflung.

Hoffnungsseligkeit → Hoffnung, Vertrauen.

Hoffnungsstrahl → Hoffnung, Lichtblick.

hoffnungsvoll hoffnungsfreudig, vertrauensvoll, zuversichtlich, getrost, optimistisch, vertrauensselig, sorglos, furchtlos, arglos, zutraulich, froh gestimmt, erfreulich, guter Dinge sein. → arglos, bedeutungsvoll, getrost, optimistisch, vertrauensvoll. ▸ hoffnungslos.

Hofhaltung Cour.

hofieren schöntun, kokettieren, flirten, tändeln, kosen, vergaffen, werben, flattieren, schmeicheln, schweifwedeln, Hof machen, Kur schneiden. → buhlen, einschleichen sich in die Gunst, Cour schneiden, schmeicheln. ▸ verabscheuen.

höfisch gebildet, kultiviert, gesittet, zivilisiert, schicklich, sittsam • hofmännisch, diplomatisch, geschmeidig, katzenfreundlich, augendienerisch, glattzüngig, schöntuerisch, schmeichlerisch, gleisnerisch. → aalglatt. ▸ geradezu, ungebildet.

höfisches Brauchtum Etikette, Protokoll, Zeremoniell.

höflich galant, gesittet, freundlich, ehrerbietig, formgewandt, erzogen, manierlich, kultiviert, fein, geschliffen, wohlerzogen, nett, brav, gebührlich, anständig, schicklich, gefällig, zuvorkommend, liebenswürdig, verbindlich, hoffähig, einnehmend, bereitwillig, hilfsbereit, willfährig, aufmerksam, willig, erbötig, herzlich, ergeben. → angenehm, artig, betragen sich, dienstbereit, dienstfertig, elegant, galant. ▸ unhöflich, flegelhaft, frech, grob, rüpelhaft, taklos, unerzogen, ungezogen.

höflicher Mann Kavalier.

Höflichkeit Formgefühl, Galanterie, Gruß, Wohlerzogenheit, Artigkeit, Bildung, Manierlichkeit, Schicklichkeit, Sitte, Schliff, Weltgewandtheit, Schmeichelei, Hofmacherei, Courtoisie, Liebenswürdigkeit, Verbindlichkeit, Wohlwollen, Herzlichkeit, Gutmütigkeit, Freundlichkeit, Umgänglichkeit, Gesellschaftsform, Benehmen, Betragen, Gesellschaftlichkeit. → Anstand, Benehmen, Courschneiderei, Demut. ▸ Unhöflichkeit.

Höflichkeit, leere Formalität.

Höflichkeitsbekundung Artigkeit, Schmeichelei.

Hofmacher → Courmacher.

Hofmacherei → Bewerbung, Courschneiderei.

Hofnarr → Bajazzo.

Hofsitte → Etikette.

Hofstaat → Gefolge.

Hofwürdenträger → Adel.

Hofzwerg → Bajazzo.

Höhe Anhöhe, Erhebung, Erhöhung, Größe, Wuchs, Erhabenheit, Steigung, Aufstufung, Gebirge, Hügel, Gipfel, Hochgebirge, Höhenweg, Kuppe, Spitze, Steile, Berg, Kirchturm, Turm • Bedeutung, Rang, Ehre, Ruhm, Titel, Gewicht, Glanz, Würde, Berühmtheit, Beförderung, Grad, Posten, Platz, Klasse, Stelle • Gesundheit, Wohlgefühl, Zufriedenheit. → Bedeutung, Berg, Erhebung. ▸ Tiefe, Niederung, Senke, Tal, Tiefland • Ebene, Flachland • Breite, Durchmesser, Länge, Tiefe, Umfang.

hohe Begabung Genialität, Genie, Talent.

Höhe, in der droben, oben, oberhalb, über (uns).

Höhe steigen, in die aufsteigen, aufwärts gehen, bergauf gehen, besteigen, emporsteigen, hinaufsteigen, klettern, steigen.

Höhe ziehen, in die flaggen, hissen, hochhieven, hochziehen.

Hoheitsabzeichen Geier *u.*

Hoheitsgebiet Territorium.

Hoheitsgewalt Souveränität, Staatsgewalt.

Hoheitsrecht Regal.

hoheitsvoll würdevoll, königlich, ehrwürdig, groß, erhaben, hehr, hochehrwürdig, majestätisch, heilig, weihevoll, stattlich, feierlich, mit Würde, mit Würde und Hoheit •

Grandezza. → königlich.
▸ niedrig, würdelos.
Hoheitszeichen → Emblem, Titel.
Höhenangst Dinophobie, Hypsiphobie.
Höhenstufe Niveau.
Höhenzug → Berg.
Höhepunkt Krisis, Gipfel, Clou, Knalleffekt *u*, Klimax, Gipfelpunkt, Zenit, Kulmination, Spitze, Koppe, Kuppe, Scheitelpunkt, Wipfel, Wendepunkt, Drehungspunkt, Schopf, Zinne, Abschluss, Schluss, Ende, Ziel, Steigerung. → Ausbund, Clou, Gipfel.
▸ Mittelmäßigkeit, Tiefpunkt, Nullpunkt, Talsohle.
höher → darüber, dominierend, überwiegend.
höherstehend entwickelt, kunstvoll, komplex • ranghöher, überlegen, vorgesetzt.
hohl → ausdruckslos, blähen, eingebogen, farblos, unbedeutend.
▸ gefüllt, kompakt, massiv, voll • erhaben, konvex • bedeutungsvoll, inhaltsreich.
Höhle Kaverne. → Einbauchung, Höhlung.
Höhlenkunde Speläologie.
Hohlheit → Bedeutungslosigkeit, Blindheit, Eintagsfliege, Farblosigkeit, Schaum.
Hohlkopf → Banause, Dummerian, Dummkopf.
Höhlung Fuge, Furche, Grube, Höhle, Loch, Lücke, Einschnitt, Einbauchung, Graben, Mulde, Luke, Nische, Schacht, Vertiefung, Hohlraum, Rinne, Bucht, Aushub, Krater, Trichter, Auswaschung, Schlucht, Tal, Grotte, Erdbruch, Tiefe, Untiefe, Brunnen, Abgrund, Schlund. → Einbauchung.
▸ Wölbung.
hohlwangig eingefallen, abgezehrt, mager, kränklich.
Hohlweg → Durchbruch, Weg.
Hohn → Anspielen, Spott.
höhnen bewitzeln, verspotten, nachspotten, verlachen, auslachen, bespötteln, narren, hänseln, necken, foppen, aufziehen, frotzeln, lästern, veralbern, verhöhnen, Hohn lachen, Hohn lächeln, grinsen, nachäffen, witzeln, ironisieren, zum Gespött machen, zum Narren halten, durch die Hechel ziehen. → aufziehen, belächeln, bespötteln.
▸ bewundern.
Hohngelächter → Gelächter, Spott, Verachtung.
höhnisch spöttisch, ironisch, stichelig, neckisch, spottsüchtig, unverschämt, schnippisch, vorwitzig, zynisch, verächtlich, gemein, überheblich. → anmaßend, zynisch.
▸ jubelnd, verbindlich.
Hohn lachen → höhnen.
hökern → anbieten.
Hokuspokus → Aberglaube, Blendwerk, Täuschung.
hold gewogen. → angenehm, anmutig, ästhetisch, scharmant, fein, freundlich, geneigt, schön.
Holdinggesellschaft → Bund.
holdselig → angenehm, anmutig, bestrickend, scharmant, entzückend, fein, freundlich, schön.
Holdseligkeit → Anmut, Scharme, Schönheit.
holen herbeibringen, herbringen, reichen, erreichen, einbringen, hereinbringen, befördern, schicken, senden, zubringen, hintragen, zutragen, zuführen, herschaffen, herräumen, abgeben, fortschaffen, abholen, wegholen, entfernen, übergeben, nehmen • einkaufen, einholen, kaufen • abholen, treffen, antreffen. → beschaffen.
▸ nehmen • bringen, fortbringen, hinbringen, überbringen, wegbringen, zurückbringen/-tragen • erteilen, geben.
Holla! → beachtlich.
Hölle Höllenreich, Höllenpfuhl, Schwefelpfuhl, Abgrund, Feuer, Hades, Inferno, Schattenwelt, Totenreich, Unterwelt, Nebelheim, Nebelreich, Nacht, Finsternis, Dunkelheit, Sitz des Höllenfürsten, Aufenthalt der Unseligen, Ort der Verdammnis, Ort der Pein, die ewige Strafe, höllisches Feuer, Reich des Pluto, das stygische Gewässer, Hades.
▸ Himmel.
Hölle, Bewohner der → Dämon, Teufel.
Hölle auf Erden → Verdruss, Missbehagen.
Hölle heißmachen zanken, geifern, keifen, schimpfen, anknurren, anfahren, zürnen, wüten, grollen, murren, drohen, einschüchtern, verängstigen, androhen, bedrohen, fluchen, quälen, martern, peinigen, piesacken, plagen, schikanieren, zwiebeln, foltern, malträtieren, das Leben zur Hölle machen.
▸ beruhigen, loben, schonen.
Höllendrache → Bestie, Teufel.
Höllenfürst → Beelzebub, Teufel.
Höllenhund → Bandit, Teufel.
Höllenkunst → Aberglaube, Zauberei.
Höllenpein → Schmerz.
Höllenspuk → Dämon, Gespenst.
Höllenwerk → Dämon, Gespenst.
Höllenwesen → Dämon, Gespenst.
höllisch → abscheulich, bestialisch, böse, charakterlos, dämonisch, diabolisch, teuflisch.
holpern → stolpern.
holprig → rau, uneben.
holterdiepolter → durcheinander.
Holz → Baustoff, Bestand, Brennmaterial.
Holz verkleiden, mit (ver)täfeln, paneelieren, verschalen.
holzen → pfuschen.
hölzern holzig, starr, tot, steif, unbiegsam, unbiegbar, unnachgiebig, straff, strack, stramm, spröde, drahtig, stakig *u*, staksig *u*, stocksteif, wie der Storch im Salat *u*, stelzenhaft, ein Besenstock oder ein Ladestock verschluckt haben *u*, ein Lineal verschluckt haben *u*, hart, fest, bewegungslos, plump, unbeweglich, unschmiegsam • ungeschliffen, ungeschickt, ungeeignet, tölpelhaft, unfähig • langweilig, fade, schal, einförmig, witzlos, hässlich, humorlos, schwerfällig, derb, ungraziös, unbehilflich, ungeschlacht, störrisch.
▸ anmutig, biegsam, geschickt, unterhaltend.
Holzgefäß/-wanne Bottich, Bütte, Kufe, Schaff, Zuber.
Holzhaus/-hütte Baracke, Schuppen.
holzig → hölzern.
Holzkopf → Dickkopf.
Holzkugelspiel Boccia, Kegeln.
Holzpantoffel/-schuh Clog, Pantine.
Holzschnitt → Abdruck, Bild.
Holzschnitzerei → Bildhauerei.
Holzweg → Irrtum.
Holzzucker Xylose.
homogen → gleich.
▸ heterogen, inhomogen,

uneinheitlich, ungleichartig • mannigfaltig.
homolog gleich lautend • entsprechend, übereinstimmend.
homo novus → Emporkömmling.
homophil homoerotisch, homosexuell, schwul. ▸ heterosexuell.
homosexuell → homophil.
honett → anständig, artig, ehrenhaft.
Honig → Konfitüre, Schmeichelei.
Honigbiene Imme.
Honigbranntwein Met.
Honigsaft Nektar.
honorabel → ehrenhaft.
Honorar → Belohnung, Bezahlung.
Honorar, geringes Trinkgeld *u.*
Honoratioren Patriziertum, Direktoren, Aristokratie, Industrielle, Professoren, Gelehrte, Fürsten, hohe Persönlichkeiten, Hofwürdenträger, Spitzen der Gesellschaft, der erste Stand, die oberen zehntausend, Männer von Rang. ▸ Masse.
honorieren → belohnen, einbringen.
honorig → ehrenhaft.
hoppla Achtung! halt! hallo! tschupp, fertig los! eins, zwei, drei! ruck! zuck! wie da! Hände weg! Vorsicht! Augen auf! oha! → abbitten.
hops gehen bankrott, sterben.
hopsen → springen.
Hopser → Sprung, Tanz.
hörbar → deutlich, laut.
Hörbarkeit → Deutlichkeit.
horch Achtung! heda! holla! oho! pst! schau! sieh da! hört, hört! Ruhe! still! auf der Hut sein, acht geben, Obacht geben, mit verhaltenem Atem, gespannt wie ein Regenschirm, die Ohren spitzen. → beachtlich.
horchen aushorchen, hinhören, ausfragen, ausquetschen, auspressen, schnüffeln, belauschen, ausspionieren, aufspüren, herausriechen, herumhorchen, herumgucken, herumhören. → charakterlos, erkundigen, hören. ▸ charaktervoll (sein), Ohren predigen tauben, taub (sein).
Horcher Lauscher, Zuhörer, Späher, Schwarzhörer, Ausspäher, Kundschafter, Spitzel, Aufpasser, Zubläser, Ohrenbläser, Spion, Agent, Zuträger, Zwischenträger, Horcher an der Wand. → Heimlichtuer, Kreatur, Mensch aufrechter, treuer.
Horchposten Versteck, Lauer, Hinterhalt, Schlupfwinkel, Höhle, Loch, Geheimdienst, Schwarzsender. → Bewachung.
Horde → Bande, Clique, Masse.
hören lauschen, zuhören, anhören, zu Ohren kommen, horchen, zuhorchen, behorchen, aufhorchen, wahrnehmen, vernehmen, erhören, aufmerken, aufpassen, beachten, belauern, lauschen, Gehör schenken, Aufmerksamkeit schenken, spannen *u*, die Löffel aufsperren *u*, Acht geben, aufschnappen • gehorchen, folgen, befolgen, willfahren, nachgeben, beugen, dienern, nachfolgen, einwilligen, zu Kreuze kriechen, unter dem Befehl stehen. → bekommen Wind, erfahren, erhören, erleben. ▸ hören wollen nicht, Ohren predigen tauben, sprechen, widersetzen sich.
Hören, durch auditiv.
hören und zu sehen, zu audiovisuell.
hören wollen, nicht → blind für.
Hörer → Famulus, Horcher, Student.
Hörerschaft Auditorium, Publikum.
Hörfunk Funk, Rundfunk, Radio.
hörig unselbstständig, untergeordnet, unfrei, leibeigen, eigen, botmäßig, fügsam, gefügig, untertänig, gutsherrlich, dienstbar, unterwürfig, knechtisch, sklavenhaft, sklavisch, geknechtet, schutzlos, rechtlos, wehrlos, willenlos. → abhängig, gekettet. ▸ unabhängig • aufsässig, widerspenstig • frei, unabhängig • beherrschend.
Höriger → Gefolge, Knecht, Werkzeug willenloses.
Hörigkeit → Dienstbarkeit, Knechtschaft.
Horizont → Aussicht, Blickfeld, Gesichtskreis, Sicht.
horizontal → ausgebreitet, waagerecht.
Hörner ablaufen, die erlernen, Kenntnis sammeln, Erfahrung sammeln, sich in der Welt umblicken, sich die Hörner abstoßen, Schule durchmachen, Wissen sammeln, zur Vollkommenheit kommen, geschicklich werden • ruhig werden, vernünftig werden, maßvoll werden, kühl denken, gelassen sein, sich bezähmen, abstumpfen, besonnen sein, abkühlen, leidenschaftslos sein. ▸ irren sich, Mund verbrennen den.
Hörner aufsetzen, einem → benachteiligen, täuschen.
Hornhautablösung Keratolyse.
hornig → erstarrt, fest.
Hornisse → Biene.
Hornsignal → Alarm, Fanfare.
Hornstoff Keratin.
Hornvieh → Banause, Vieh.
Horror *m* → Abscheu.
Hörsaal → Auditorium.
Horst Hort, Nest, Heim, Obdach.
horsten → bewohnen, einnisten.
Hort → Besitz, Obdach, Schatz.
horten → anhäufen, aufspeichern, bereichern.
Hose Beinkleider, die Unaussprechlichen *u*, Buxe, Harmonikahose *u*, Korkenzieherhose *u*, Krachlederne, Schinkenbeutel *u*, Knie-, Bund-, Reit-, Pluder-, Pump-, Sport-, Unterhose, Schwimmhose, Badehose, Dreieckhose, Trikot, Slipper *M*, Shorts *M*, Knickerbocker, Breeches, Jeans, Bluejeans.
Hose wie Jacke auf dieselbe Art und Weise, so lang wie breit, Wurst wider Wurst, gehopst wie gesprungen, gebetet wie gesungen. ▸ interessiert, verschieden.
Hosen anhaben, die → herrschen.
Hosen runterlassen, die aussagen, beichten, Farbe bekennen, gestehen, offenbaren, zugeben.
Hosenlatz Portmonee *u.*
Hosenmatz Nacktspatz, Nacktfrosch, Nackedei, Hemdenmatz, Nesthupferle, Nesthäkchen, Wickelkind, Wiegenkind, Säugling, Lutschkind, Knirps, Küken, Schoßkind, Blag, Balg, Schelm, Fant, Sprössling, Kind.
Hosenschlitz Schlag *u*, Taubenschlag *u.*
Hosenträger → Band, Bindemittel.
Hospital → Anstalt, Krankenhaus.
hospitieren zuhören, anhören, aufpassen, beobachten, aufmerken, zusehen, praktizieren, ansehen, anschauen, lernen, beiwohnen, bleiben, verweilen, beschäftigen.
Hospiz → Krankenhaus.

Hostie Abendmahlsoblate (Leib Christi).
Hotel Einkehrhaus, Absteigehaus, Absteigeort, Quartier, Gaststätte, Unterkunft, Herberge, Hospiz, Gasthof, Gasthaus, Rasthaus, Fremdenhof, Bleibe, Übernachtungsstätte, Standort, Unterschlupf, Zufluchtsort, Pension.
Hotelbesitzer Hotelier.
Hotelbursche Boy, Page.
Hotelgewerbe Hotellerie.
Hotelhalle Lobby, Lounge.
Hotte → Behälter.
Hub Anhub, Sog • Anhebung, Zug.
hübsch → bestrickend, scharmant, entzückend, fein, gepflegt, nett, schön, adrett. ▸ abstoßend, hässlich, unansehnlich.
Hubschrauber Quirl *u.* → Fahrzeug (Luft-) Drehflügelflugzeug, Helikopter.
Hubschrauberlandeplatz Heliport.
Hucke Trage, Kiepe, Behälter.
hudeln schlampen, bummeln, verlottern, verludern, verlumpen, pfuschen, stümpern, stöpseln, klecksen, schmieren, sudeln, wackeln, fackeln, schusseln, tappen. → blamieren. ▸ genau (ausführen).
Hufe Schalen j. → Besitztum.
Hüftgelenkentzündung Koxitis.
Hüfthalter Korsett, Korselett.
Hüftschmerz Ischias.
Hügel → Berg, Erhebung. ▸ Ebene, Flachland • Senkung, Tal.
Hügelgrab Tumulus.
hügelig → gebirgig.
Huhn Puttchen *u*, Puttputt *u.*
Hühnchen zu rupfen haben, mit → auseinander setzen, streiten.
Hühnerauge → Auswuchs.
Huld → Achtung, Erbarmen, Charitas, Gunst, Liebe, Milde.
huldigen → achten, anbeten, anflehen, auszeichnen, beten, beugen, frönen.
Huldigung Ehrung, Ehrenerweisung, Verherrlichung, Feier, Feierlichkeit, Fackelzug, Ehrenwache, Ritterschlag, Ehrenverleihung, Achtung, Ehrfurcht, Ehrerbietung, Wertschätzung, Hochachtung, Würdigung, Bewunderung, Fußfall, Ehrfurchtsbezeigung, Höflichkeitserweisung, Untertänigkeit, Gefolgschaftstreue, Preis, Ehre, Anerkennung, Billigung, Beifall, Ovation, Lobpreisung, Belohnung. → Anerkennung, Aufwartung, Beifall, Ehrenpforte. ▸ Verachtung.
huldreich → freundlich, milde.
Hülle Hülse, Packung, Umhüllung, Haut, Häutchen, Umschlag, Überzug, Verpackung, Bedeckung, Futteral, Decke, Briefumschlag, Buchhülle, Einschlag, Papierhülle, Tüte • Äußeres, Oberfläche, Tarnung, Mantel, Umhang, Schleier, Behang, Maske. → Aufmachung, Balg, Bast, Bedeckung, Behälter, Kuvert, Decke, Dose, Einband, Einschlag, Fell. ▸ Inhalt.
Hülle und Fülle → A bis Z, auch A und O, Überfluss.
hüllenlos → nackt.
Hülse → Bedeckung, Dose, Futteral, Hülle.
human → barmherzig, gut, menschlich. ▸ barbarisch, bestialisch, brutal, grausam, inhuman, mitleidlos, unbarmherzig, unmenschlich, unwürdig • animalisch, tierisch.
Humanität → Barmherzigkeit, Charitas, Kultur, Menschlichkeit.
Humbug Albernheit, Torheit, Narrheit, Sinnlosigkeit, Kinderei, Blödsinn, Possen, Lächerlichkeit, Unfug, Unsinn, Missgriff, Mist, Käse • Gleisnerei, Fälschung, Bluff, Schaumschlägerei, Schwindel, Täuschung, Vorspiegelung, Falschheit. ▸ Wahrheit, Vernunft.
Hummel → Biene.
Hummel, dicke → Dickwanst.
Humor → Stimmung, Witz.
Humoreske → Erzählung.
humoristisch drollig, humorig, humorvoll, komisch, lustig, launig, neckisch, witzig, unterhaltend, spaßhaft, scherzhaft, schelmisch, possierlich, putzig, lächerlich, kurzweilig, grotesk, burlesk. ▸ witzlos.
humorlos → hölzern.
humorvoll → heiter, humoristisch. ▸ albern • ernst, ernsthaft, fade, humorlos, langweilig, reizlos, trocken, verklemmt, witzlos.
humpeln → bleiben zurück, erlahmen.
Humpen → Behälter, Gefäß.
Humus fruchtbarer Boden, reichhaltige Erde.
Humusbildung Humifikation.
Hund Tier, Haustier, Köter, Tölpe, Welpe, Rüde, Dogge, Polizeihund, Jagdhund, Hofhund, Kläffer, Leithund, Pudel, Windhund, Schäferhund, Bluthund, Neufundländer, Spitz, Dackel, Fox, Terrier, Bracke, Wauwau *u*, Köter, Töle *u*, Promenadenmischung • Hundeseele, Knechtseele, Sklavenseele, Lump, Bestie, Blutmensch, Schurke, Aas, Schuft, Spitzbube.
Hund kommen, auf den verlieren, verschlechtern, verfallen, herunterkommen, sinken, absinken, verblühen, eingehen, Schaden haben, Bankrott machen, Unglück haben, Pech haben, auf keinen grünen Zweig kommen. ▸ glücken, Glück haben.
Hund vom Ofen locken, keinen → unwichtig.
Hunde Kaniden.
Hundegebell → Alarm.
Hundejunges Welpe.
Hundekenner/-züchter Kynologe.
Hundepack → Kanaille.
hundert Liter Hektoliter.
Hundertjahrfeier Säkularfeier, Zentenarfeier.
hundertprozentig → A bis O, fanatisch.
hundertsatz Prozentsatz.
Hundewetter Dreckwetter, Sauwetter.
Hündin Tiffe *u.*
hündisch → aufdringlich, biegsam, buhlerisch, charakterlos, demütig, ergeben, gehorsam, kriechend.
Hundsfott → Bandit, Lump.
hundsgemein → schurkisch.
Hüne → Athlet, Riese.
hünenhaft → groß, riesig.
Hunger Magenknurren, Hungertage, Hungerkur, Fastenkost, Bußtag, Mangl, Kohldampf *u*, Bärenhunger, Mordshunger *u*, Hunger bis unter beide Arme, Wolfshunger • Verlangen, Begehren, Wunsch • Not, Hungerleiderei, Verarmung, Elend, Bedürftigkeit, Mittellosigkeit, Ärmlichkeit, Drangsal, Bettlerbrot, Armut • Appetit, Esslust. ▸ Degout, Durst, Schwelgerei, Sättigung • Qualm *u.*
Hungerkur → Diät.
Hungerleider Armer,

Bedürftiger, Besitzloser, Mittelloser, Kirchenmaus, Habenichts, Armenhäusler, Häusler, Kätner, Bettler, Bettelsack, Pfründner, Kleinrentner, Hungerkünstler, Kohldampfschieber. → Bittsteller.

hungern fasten, darben, entbehren, schmachten, kargen, schröpfen, benötigen, leiden, gebrechen, Schmalhans Küchenmeister, nichts zu nagen und zu beißen haben, am Hungertuch nagen • verlangen, begehren, sehnen, ersehnen, wünschen, streben, lechzen, dürsten, verschmachten, vergehen, bedürfen, kümmerlich ernähren, Kohldampf schieben *u*, nichts in den Rippen haben *u*. → darben, ermangeln. ▸ essen, schwelgen, sich überfressen • überdrüssig sein, überernährt sein • dürsten.

Hungersnot → Armut, Katastrophe, Mangel.

Hungerstreik → Bedrohung, Streik.

Hungerzügler Appetitzügler.

hungrig heißhungrig, esslustig, arm, darbend, heruntergekommen, ausgehungert, hungrig wie ein Wolf, hungrig wie ein Scheunendrescher *u*, abgemagert, ausgemergelt, unterernährt, hilfsbedürftig, Not leidend, dürftig, knapp, kärglich, spärlich, nüchtern • gierig, besessen, entbrannt, durstig, erfüllt, begehrlich, verlangend, lüstern, vergessen, leer *j*. → erwerbslos. ▸ satt gesättigt • überdrüssig • überernährt • durstig.

Hunne → Barbar.

hupen → lärmen, warnen.

hüpfen → aufsteigen, bewegen sich, springen.

hüpfend → aufsteigend.

Hürde → Hindernis.

Hürde nehmen, eine → bewältigen, überwinden.

Hürdenläufer Steepler.

Hure → Bajadere, Buhle.

Hure, heilige Hierodule.

huren → buhlen.

Hurenhaus Bordell, Eroscenter, Freudenhaus, öffentliches Haus, Puff.

Huri → Bajadere, Buhle.

Hurrastimmung → Affekt, Stimmung.

hurtig → arbeitsam, anstellig, baldig, beflügelt, beizeiten, beschwingt, eilend, prompt, rasch.

Hurtigkeit → Behändigkeit, Galopp, Schnelligkeit.

Husarenstück → Angriff, Blitz, Gewalt, Streich, Streiche, Tollheit, Tollkühnheit.

huschen → schleichen.

husten, einem etwas → missachten.

husten hören, Flöhe → Flöhe husten hören.

Hustenschleim Qualster *u*.

Hut Kopfbedeckung, Sporthut, Herrenhut, Damenhut, Zylinder, Narrenhut, Filzhut, Panamahut, Sonnenhut, Regenhut, steifer Hut, Melone, Koks *u*, Bibi *u*, Strohhut, Deckel *u*, Kreissäge *u*, Schabbesdeckel *u*, Humber *M.*, Baskenmütze, Barett, Mütze, Schiffermütze, Schiffchen, Kappe. → Bedeckung, Bewachung, Chapeau, Sicherheit.

Hut abnehmen, den → grüßen, schätzen.

Hut, auf der → bedachtsam, vorsichtig.

Hut nehmen, seinen → abdanken.

hüten → Acht geben, aufheben, aufziehen, behüten, beistehen. ▸ im Stich lassen, vernachlässigen.

hüten, sich sich verwahren, in Acht nehmen, auf der Hut sein, Acht geben, sich vorsehen, sich bedenken, Sorge tragen, Vorsichtsmaßregeln treffen, die Augen offen halten, vorbeugen, Vorkehrungen treffen, verhüten. ▸ gefährden sich, leichtsinnig sein • sich trauen, wagen.

Hüter → Aufseher, Begleitung, Beschützer, Bewachung.

Hutrand Krempe.

Hütte → Haus.

Hüttenwesen → Bergbau.

Hutze Überzug, Decke, Haube, Futteral.

Hyäne → Bestie, Drache.

Hybris → Überheblichkeit.

Hygiene → Gesundheitspflege, Körperpflege.

hygienisch → sauber, unschädlich, sanitär. ▸ dreckig, unhygienisch, schmutzig, verschmutzt, verseucht.

hygroskopisch → anziehend.

Hymne → Dichtungsart.

hyper → super.

Hypnose → Beeinflussung, Dämon, Unfreiheit.

hypnotischer Zustand Trance.

Hypochondrie → Freudlosigkeit, Krankheit, Trübsinn.

hypochondrisch zerrissen, selbstquälerisch, splenetisch, gramselig, galsüchtig, milzsüchtig, sauertöpfisch, weinerlich, vergrämt, griesgrämig, freudlos, niedergeschlagen, seelenwund. → aufgelegt, trübsinnig. ▸ lebenslustig.

Hypothek → Darlehen.

Hypothekenbank → Bank.

Hypothese Annahme, Voraussetzung, Theorie, Unterstellung, Meinung, Erklärungsversuch, Vermutung, Konjektur, Möglichkeit, Lehre, Methode, Ableitung, Darstellung, Darlegung, Mutmaßung, Auffassung, Ansicht, Anschauung, Möglichkeit. → Annahme, Aufstellung. ▸ Tatsache.

hypothetisch angenommen, vorausgesetzt, bedingt, mutmaßlich, vermutlich, fraglich, dehnbar, schwankend, bestreitbar, vielleicht, willkürlich, wahrscheinlich, möglicherweise, theoretisch, provisorisch, imaginär, bedacht, fiktiv, gedacht, künstlich. ▸ tatsächlich, bestimmt, gesichert, gewiss, kategorisch, real, sicher, unbedingt.

Hysterie Schwarzseherei, Verrücktheit, Grillenfängerei, Verfolgungswahn, Gespensterseherei, Selbstanklage, Selbstquälerei, Verzweiflung • Heftigkeit, Tobsucht, Ungestüm, Kampfeswut, Erregbarkeit, Tollwut, Raserei. → Krankheit. ▸ Bedachtsamkeit, Heiterkeit.

hysterisch hitzig, heißblütig, heftig, hochgradig, übergeschnappt, jähzornig, tobsüchtig, überspannt, toll, unbändig, verzweifelt, zornig, zügellos, besinnungslos, brutal, blind, rasend, melodramatisch, übernervös, überreizt • hypochondrisch, lebensüberdrüssig, selbstquälerisch, verrannt, verbohrt, verschroben, wahnsinnig, verdreht. → aufgebracht. ▸ bedachtsam, heiter, ruhig.

I

Ich Ichvorstellung, Ichbewusstsein, Seele, Seelenleben, Gedankenleben, Bewusstsein, Leben, Geist, Herz, Inneres, Selbst, Charakter, Person, Innenwelt, Subjekt, Gesinnung, Individualität, Mentalität, Natur, Psyche, Seelenhaltung, Wesen, Konstitution, Einzelmensch, meine Wenigkeit *u.* → Bewusstsein. ▸ (du, Nichtseiende das).
Ich, zweites → Anhänger, Bekannter, Freund.
Ichbewusstsein → Bewusstsein, Ich, Selbstbewusstsein.
ichbezogen → egoistisch.
ichbezogene Lebensphase Egotrip.
ichgestört schizophren.
Ichmensch Egoist.
Ichsucht → Egoismus, Eigennutz, Selbstsucht.
ichsüchtig → egoistisch, selbstsüchtig.
Ideal Hochziel, Vollkommenheit, Musterbild, Wunschbild, Krönung, Leitstern, Inbegriff, Krone, Denkbild, Gipfel, Zukunftstraum, Vollendung, Makellosigkeit, Idee, Zielbild, Vorbild, Muster, Spitzenleistung, Ziel, Höhepunkt, Fantasiebild, Schönheit, Ende, Bestimmung, Zielpunkt. → Anziehung, Auswuchs, Beste, Denkbild. ▸ Hässlichkeit, Unvollkommenheit.
ideal vorbildlich, vollkommen, vollendet, mustergültig, erhaben, edel, einwandfrei, tadellos, meisterhaft, untadelig, beispiellos, fehlerfrei, fehlerlos, makellos, unübertrefflich, unvergleichlich, ersehnt, fabelhaft, unwirklich, schön, idealistisch, bewundernswert, perfekt, imaginär. → anmutig. ▸ hässlich, unvollkommen • unbrauchbar, unpassend • mangelhaft, schlecht • dinglich, real, wirklich.
idealisieren → anbeten.
Idealismus Glauben an Ideale, Streben nach Idealen, Hochsinn, Edelsinn, Erhabenheit, Großmut, Würde, Selbstaufopferung, Hingabe • Dichtungsart, Stilart. → Begeisterung. ▸ Materialismus.
Idealist → Edelmensch, Fantast.
idealistisch → ideal, schön.
Idee Eingebung, Einfall, Geistesfunke, Grundgedanke, Meinung, Plan, Vorstellung, Entschluss, Entwurf, Bild, Begriff, Erleuchtung, Ansicht, Absicht, Anregung, Auffassung, Gedachtes, Gedankending, Gedankengut, Gedanke, Geistesschöpfung, Geistesblitz, Abstraktum, Erkenntnis, Schema, Eindruck • Illusion, Schein, Kleinigkeit, Minimum, Ideechen, Hauch, Spur, Urteil, Häppchen, Stückchen, Fingerhut voll, Geistesfurz *u.* → Absicht, Auffassung, Begriff, Bild, Drang, Einfall, Gedanke, Gehalt. ▸ Gedankenarmut, Menge • Ausführung, Tat, Umsetzung, Verwirklichung • Materie • Realität, Wirklichkeit.
Idee, fixe → Wahnvorstellung.
ideell vorbestellt, geistig, gedanklich, gedacht, begrifflich, körperlos, geistig, immateriell, unkörperlich, transzendent, raumlos, zeitlos, stofflos, körperlos, entsinnlicht, übernatürlich, überirdisch, unwirklich, unsichtbar, entkörpert. ▸ materiell.
Ideenfindung, gemeinsame Brainstorming.
Ideenlehre Ideologie.
ideenlos einfallslos, fade, geistlos, langweilig, öde, fantasielos, unschöpferisch.
ideenreich → findig.
Ideenreichtum Erfindungsgabe, Einfallsreichtum, Kreativität, Fantasie.
Ideenverbindung → Begriffsscheidung, Ideenfolge.
Ideenwelt → Gedankenwelt.
idem → dasselbe, dieses.
identifizieren → erkennen.
Identifikationskarte → Pass.
identisch → dasselbe, ein und dasselbe, gleich. ▸ anders, ungleichartig, unterschiedlich, verschieden.
Identität → Gleichheit.
Ideologie Denkungsart, Denkweise, Gesinnung, Grundeinstellung, Lebenseinstellung, Weltanschauung • Gehirnprothese *u.*
ideologische Manipulation Gehirnwäsche *u.*
Idiom Spracheigentümlichkeit, Sprachmerkmal, Merkmal, Mundart, Besonderheit, Attribut, Zeichen, Eigenart, Eigenheit, Eigentümlichkeit, Kennzeichen.
Idiot Tor, Tölpel, Schwachkopf, Hohlkopf, Wasserkopf, Verrückter, Toller, Irrsinniger, Blödsinniger, Nervenkranker, Wahnsinniger, Narr, Esel, Huhn, Kalb, Kamel, Kuh, Null, Riesengroß, Simpel, Trottel, Depp, Mondkalb, Schussel, Tranfunzel, Oberroß, Rindvieh, Trampeltier, Frese *u*, Schaute *u.* → Banause, Dummerian, Dummkopf. ▸ Denker, Könner.
idiotenhaft → dumm, geistesgestört, hirnverbrannt.
idiotensicher leicht zu handhaben, narrensicher, risikolos.
Idiotie → Geisteskrankheit, Schwachsinn.
idiotisch → dumm, geistesgestört, hirnverbrannt.
Idol *s* → Abgott.
idyllisch → einfach, ruhig.
Iglu Rund(schnee)hütte, runde Schneehütte (der Eskimos).
Ignorant Nichtswisser, Nichtskönner, Unwissender, Analphabet, Anfänger, Neuling, Grünling, Stümper, Halbgelehrter, Dummkopf, Tropf, Holzbock, Laie, Tölpel, Greenhorn, Halbwisser, Hohlkopf. → Banause. ▸ Denker, Könner, Schöngeist.
Ignoranz Dummheit, Kenntnislosigkeit, Dummheit, Unwissenheit.
ignorieren → Achsel ansehen über die, verachten, verkennen. ▸ beachten, bemerken, berücksichtigen, einbeziehen, zur Kenntnis nehmen • Interesse zeigen.
Ikon → Bild.
illegal → anmaßen, ungesetzlich.
illegitim → ungesetzlich.
illiquid bankrott, insolvent, zahlungsunfähig.
illoyal → ungesetzlich, unredlich.
illuminieren → beleuchten.
Illusion Wunschbild, Vorspiegelung, Unwirklichkeit, Fantasie, Traum, Täuschung, Luftschloss, Einbildung, Dunstbild, Scheinbild, Schein, Dunst, Geist, Wahnbild, Betörung, Selbsttäuschung, Hoffnung, Utopie, Zauberland,

Ideal, Idee. → Blendwerk, Einbildung, Idee, Ideal. ▸ Wirklichkeit nackte/schreckliche Wahrheit, Realität • Ernüchterung.

illusorisch imaginär, eingebildet, vorgestellt, scheinbar, schattenhaft, flüchtig, gedacht, falsch, unzutreffend, unrichtig, folgewidrig, ungenau, erdacht, utopisch, unecht, trügerisch, unbegründet, unwahrscheinlich, irrig, blendend, betrüglich. ▸ wirklich.

Illusionist → Zauberer.

Illustration → Beispiel, Bild, Darstellung, Darlegung.

illustrativ → darstellerisch, verdeutlicht.

illustrieren bebildern, veranschaulichen, erklären, beleuchten, erläutern, deuten, klar machen, kommentieren, schildern, auseinander legen, darlegen, darstellen, vorstellen, formen, auseinander setzen, definieren, näher bestimmen, den Sinn wiedergeben, anschaulich erläutern, bildhaft erklären, mit Bildern ausschmücken. → auseinander setzen, ausschmücken, darlegen.

Illustrierte Periodikum mit Bildern, bebilderte Wochenzeitschrift.

im Schwange aktuell, en vogue, modern, topaktuell.

Image → Persönlichkeitsbild, -wert, Ansehen.

imaginär eingebildet, wesenlos, körperlos, unkörperlich, gegenstandslos, inhaltslos, ideell, geistig, stofflos, raumlos, zeitlos, erdacht, gedacht, illusorisch, schattenhaft, täuschend, utopisch, unwirklich, angenommen, künstlich, theoretisch, fiktiv, hypothetisch. ▸ wirklich.

Imbiss → Erfrischung, Speise.

Imitation Nachbildung, Nachahmung, Ersatz, Nachmacherei, Wiederholung, Nachäfferei, Abklatsch, Wiedergabe, Fälschung, Zerrbild, Heuchelei, Darstellung, Faksimile, Nachdruck, Abzug, Anleihe, Anklang, Entlehnung, Echo. ▸ Original, Vorbild.

imitieren → abbilden, nachahmen.

immateriell → ideell, körperlos.

Imme → Biene.

immens → groß.

immer fortgesetzt, allzeit, immerzu, ewig, andauernd, beständig, anhaltend, endlos, fortwährend, immerfort, ständig, ewig, stetig, stets, unablässig, unaufhörlich, ununterbrochen, stetsfort, regelmäßig, unendlich, unvergänglich, bleibend, ewig und drei Tage *u*, unsterblich, unzerstörbar, unzertilgbar, immergrün, unausrottbar, immerdar, eine Ewigkeit dauern, ohne Unterlass, jahraus-jahrein, fort und fort, von Tag zu Tag, von Jahr zu Jahr, egal. → tagaus-tagein, allabendlich, allewege, andauernd, beharrlich, beständig, bis, dauernd, einem fort in, fortwährend. ▸ niemals • ab und zu, bisweilen, gelegentlich, manchmal, sporadisch, vorübergehend, zeitweilig, zuweilen • meist, meistens, zumeist • oft.

immer wieder → beständig, dauernd, fortwährend, immer.

immerdar → allewege, immer.

immerfort → allewege, beständig, chronologisch, chronisch, dauernd, einem fort in, fortwährend, immer.

immerhin gleichwohl, aber, obschon, obwohl, trotz, zwar, jedoch, meinetwegen, dessenungeachtet, jedenfalls, ja, demungeachtet, dennoch, wenn auch, bestenfalls, mindestens. → aber, allein, allerdings, dagegen, doch. ▸ keineswegs.

immerwährend → allewege, andauernd, chronisch, dauernd, einem fort in, immer.

immerzu → allewege, andauernd, fortwährend, immer.

imminent → bevorstehend, drohend.

immobil bewegungslos, reglos, starr, stur, unbeweglich.

Immobilien → Grundstück. ▸ bewegliche Habe/Sachen, Fungibilien, Mobilien.

immun geschützt. → unempfänglich.

immunisieren immun machen, impfen, schützen vor Krankheitserregern.

Immunität Schutz, Vorzugsrecht, Ausnahmerecht, Ausnahmegesetz, Ausnahmestellung, Ausnahmezustand, Befugnis, Gefeitheit, Geschütztheit, Sicherheit, Gepanzertheit. ▸ Schutzlosigkeit.

Imperator → Despot.

imperatorisch → befehlerisch, despotisch.

impertinent → anmaßend, ungezogen.

Impertinenz *f* → Anmaßung.

impfen einführen, einspritzen, injizieren, zuführen, geben, eingeben, einstechen, schutzimpfen, vorbeugen, immunisieren, heilen, helfen, kurieren. → einimpfen.

Impfung Injektion, Inokulation, Vakzination.

implizieren → einschließen.

impliziert → einschließlich.

imponieren → angeben, beeindrucken, blenden, Eindruck machen. ▸ eine schlechte Figur machen, lächerlich wirken.

imponierend imposant, eindrucksvoll, beeindruckend, blendend, Achtung gebietend, achtungsvoll, einschüchternd, gewichtig, ehrwürdig, einzigartig, bewundernswert, erhaben, erregend, ergreifend, fabelhaft, glänzend, groß, prima, schnittig, prachtvoll, prächtig, vollendet, untadelhaft, empfehlenswert, lobenswert, rühmlich. → eindrucksvoll. ▸ eindruckslos, verächtlich.

Import → Einführung, Handel. ▸ Ausfuhr, Export.

importieren → einlassen. ▸ ausführen, exportieren.

imposant → ansehnlich, außerordentlich, eindrucksvoll, groß, imponierend, prächtig.

impotent unschöpferisch, zeugungsunfähig, saftlos *u*. → kraftlos, unvermögend. ▸ (liebes)fähig, potent, vital, zeugungsfähig • bemittelt • einfallsreich, kreativ, schöpferisch.

Impotenz tote Hose *u*.

imprägnieren → dichten, undurchlässig machen.

Impression → Eindruck.

impressionabel → erregbar.

Improvisation → Stegreif.

improvisieren → extemporieren. ▸ planmäßig handeln • (perfekt) planen, vorbereiten • absprechen, verabreden.

improvisiert unfertig, unausgestattet, unorganisiert, primitiv, freihändig, unvorbereitet, unausgearbeitet, unreif, unmethodisch, frei, aus freier

Hand, auf Anhieb, aus dem Stegreif, aufs Geratewohl, aus dem Handgelenk, ex tempore, ohne Umstände, ins Blaue. ▸ vorbereitet, einstudiert, geplant, geübt, vorbereitet • abgelesen, nach Manuskript, nach Noten, vom Blatt • abgesprochen, verabredet.
Impuls → Affekt, Antrieb, Aufregung.
impulsiv → antreibend, aufgebracht, begeistert, heftig, triebhaft.
im Stande fähig, in der Lage.
im Stande sein → ausüben, können.
in → darunter, drinnen, innen. ▸ auf, außerhalb, über, um • inaktuell, out.
in der Mitte zentral.
in Falten legen drapieren.
in Gang bringen anstoßen, starten.
in Gedanken mental.
in Ordnung okay, o.k.
in sich gehen → gehen in sich.
in Wirklichkeit realiter.
inaktiv → untätig.
Inangriffnahme → Angriff, Entschlussfähigkeit, Initiative.
Inbegriff → Gehalt, Grundsatz, Hauptsache, Ideal.
inbegriffen einbegriffen, inklusive, eingeschlossen, mitgerechnet, mit, darinnen, einschließlich, mitenthalten, ineinander, zugehörig, umfassend, alles, angeschlossen, beigeordnet, alles in allem, im Ganzen genommen, in sich fassend, in Bausch und Bogen, mit Einschluss. → beigeordnet, bestehen aus, fassen in sich, inklusive. ▸ ausgenommen, inbegriffen nicht.
inbegriffen, nicht → ausschließlich.
Inbetriebnahme → Angriff.
Inbild Urbild, Idee, Archetypus.
Inbrunst → Affekt, Begeisterung, Enthusiasmus.
inbrünstig durchdrungen, herzlich, begeisternd, ergriffen, bewegt, gefühlvoll, empfindend, fühlend, erschüttert, warm, seelenvoll, tief gehend. ▸ gefühllos, oberflächlich.
indem während, dadurch.
indessen indes, derweil. → aber, allein, dagegen, dennoch, doch.
Index Anzeiger, Namensverzeichnis, Sachverzeichnis, Verzeichnis, Liste, Kennzeichen, Kennzahl, Schlüsselzahl, Wertweiser, Bezeichnung, Standzahl, Messziffer, Bücherverzeichnis, Schriftenverzeichnis.
Indianer → Farbiger.
Indianer-Stammeszeichen Totem.
Indianerfrau Squaw.
Indianerhütte/-zelt Wigwam.
Indianermischling Kastize, Mestize.
Indianerpferd Mustang.
Indianerschuh Mokassin.
Indianerstreitaxt Tomahawk.
indifferent → gleichgültig.
Indifferenz → Gleichgültigkeit.
indigen → einheimisch.
Indignation → Entrüstung, Unwille.
indignieren → entrüsten.
indigniert → entrüstet.
Indigo → Blau.
Indikator *m* → Anzeiger.
indirekt andeutungsweise, mittelbar, vermittelt, über, durch, umständlich, mittels, vermittels, vermöge, kraft, aus zweiter Hand, auf Umwegen, zwischen den Zeilen, mithilfe von, durch Vermittlung. ▸ direkt gerade(wegs), unmittelbar.
indiskret unvorsichtig, vermessen, gewagt, frech, dreist, achtlos, unbekümmert, unüberlegt, voreilig, unbedacht, taktlos, überheblich, verletzend, unverschämt, vorwitzig, keck, unhöflich, abstoßend, ungebührlich, unmöglich, rücksichtslos, unbeherrscht, vorlaut, schwatzhaft, klatschhaft. → aufdringlich. ▸ diskret.
Indiskretion Taktlosigkeit, Vertrauensbruch, Unbedachtheit, Frechheit, Rücksichtslosigkeit, Dreistigkeit, Schamlosigkeit, Unverschämtheit, Anmaßung, Arroganz, Unhöflichkeit, Unbildung, Verstoß, Entgleisung, Ungezogenheit, Zudringlichkeit, Unbeherrschtheit, Schwatzhaftigkeit, Klatscherei. ▸ Diskretion.
indisponiert erkrankt, gebrechlich, hinfällig, leidend, malade.
individualisieren bezeichnen, bestimmen, angeben, absondern, ausführlich aufzählen, ins Einzelne gehen, vereinzeln, einzeln anführen, besonders anführen. ▸ verallgemeinern.
Individualist Außenseiter, Sonderling, Original, Persönlichkeit, Charakter, Einzelgänger, Hagestolz • Exzentriker, Spielverderber, Störenfried, Querkopf, Trotzkopf, Krakeeler.
Individualität Besonderheit, Eigenart, Einmaligkeit, Eigentümlichkeit, Persönlichkeit, Charakter, Merkmal, Kennzeichen, Ausnahme, Einzelheit, Einzelfall, Sonderfall, Einzigkeit, Sonderheit, selbstständige Persönlichkeit. → Art. ▸ Masse.
individuell persönlich, besonders, eigenartig, einzig, leiblich, menschlich, unterschiedlich, verschieden, verschiedenartig, vielfältig, ungleich. → besonders, eigen. ▸ unpersönlich, allgemein, gemeinsam, generell, gesellschaftlich, kollektiv, verbreitet.
Individuum → Mensch. ▸ Gemeinschaft, Gesamtheit, Gesellschaft, Gruppe, Masse, Menge.
Indizien Beweis, Nachweis, Tatsache, Angabe, Belastungsmoment, Verdachtsgründe, Verdachtspunkte, Anzeichen, Verdacht erregender Umstand, Anzeichenbeweis, Anzeige, schlagender Beweis, Corpus delicti. ▸ (Entkräftigung), Widerlegung.
indizieren → anzeigen.
indolent → abgebrüht, bedächtig, gleichgültig, untätig.
Indolenz → Arbeitsunfähigkeit, Gleichgültigkeit.
Induktion → Ausforschen, Betrachten, Beweisführung.
Industrie Herstellung, Anfertigung, Erzeugung, Schöpfung, Schaffen, Betätigung, Regsamkeit, Handwerk, Schwerarbeit, Tätigkeit, Geschäftigkeit, Erzeugungsschlacht, Produktion, Großgewerbe. ▸ Handel • Handwerk.
Industrieller → Fabrikant, Kaufmann.
Industrienebel Smog.
Industrieroboter Produktionsautomat.
induzieren → ableiten, schließen.
ineinander → bums, inbegriffen.
ineinander fallend → ein und dasselbe.

infam → abscheulich, arg, bestechlich, böse, bübisch, dämonisch, grässlich.
Infamie → Bosheit, Unredlichkeit.
Infant *m* → Adel.
Infanterist Sandhase *u.*
infantil kindisch, kindlich, unreif.
Infantin *f* → Adel.
Infektion Infektionsstoff, Ansteckung, Inkubation, Schädlichkeit, Auswurf, Gift, Krankheit, Blutvergiftung, Eiterung, Seuchenherd, Giftstoff, Unreinheit, Unsauberkeit, Schmutz. → Gift. ▸ Desinfektion.
infernalisch → arg, bestialisch, böse, diabolisch.
Infiltration → Eindringen, Einlagerung.
infiltrieren → eindringen.
infizieren → anstecken.
in flagranti → flagranti in.
Inflation Geldwertverfall, Geldentwertung, Preissteigerung, Preisverfall. ▸ Deflation.
infolge → ähnlich, aus, darum, darauf.
infolgedessen → also, anlässlich, dadurch, daher, darum, dementsprechend, deshalb, folglich.
Informant Agent, (Geheim-)Informationszuträger, Gewährsmann, Hintermann, Kontaktperson, Quelle.
Information Auskunft, Erkundigung, Mitteilung, Nachfrage, Nachricht, Botschaft, Angabe, Erklärung, Aufklärung, Orientierung, Nachforschung, Umfrage, Berichterstattung, Aussage, Erwähnung, Anzeige, Belehrung, Instruktion, Erläuterung. → Ausforschung, Auskunft. ▸ Verschleierung.
Informationssaustausch Kommunikation.
informativ aufschlussreich, instruktiv, lehrreich, unterrichtend.
informieren → anschreiben, anzeigen, belehren. ▸ geheim halten, verschweigen • verschleiern, vertuschen • erfahren, ermitteln, herausfinden, zur Kenntnis nehmen.
Ingenieurschule Technikum.
ingeniös → erfinderisch.
Ingredienz → Bestandteil.
ingrimmig → böse, wütend.
Inhaber → Besitzer, Eigentümer, Fabrikant.
inhaftieren festnehmen, einsperren, einkerkern, einschließen, ergreifen, packen, verhaften, fesseln, ketten, anschließen, anschmieden, anketten, knebeln, erfassen, einpferchen, unschädlich machen, gefangen halten, ins Gefängnis bringen, in Haft nehmen, unter Aufsicht stellen, in Arrest führen, hinter Schloss und Riegel setzen, hinter schwedische Gardinen in Gewahrsam bringen. → bewachen. ▸ frei lassen.
Inhaftnahme → Bemächtigung, Verhaftung.
inhalieren → einatmen.
Inhalierung → Aufnahme.
Inhalt Fülle, Gehalt, Begriff, Kern, Sinn, Wesen, Zusammensetzung, Inneres, Stoff, Inbegriff, Hauptsache, Substanz, Seele, Herzstück, Herz, Kernpunkt, Bedeutung, Ausdruck, Geist, Wortbedeutung • Ladung, Last, Fracht, Schlepplast, Cargo, Güter, Ballen, Einlage, Schwere, Gewicht, Masse, Menge, Stoff. → Aufnahme, Ausdehnung, Ausdruck, Begrenzung, Beifügung, Beilage, Bestand, Charakter, Fassung, Gehalt. ▸ Ausdruckslosigkeit, Begriffsmangel, Geistesstumpfheit, Unbedeutendheit • Äußeres, Form, Gestalt • Hülle, Umhüllung, Verpackung.
Inhaltsangabe Zusammenfassung, Abriss, Essenz, Resümee, Übersicht.
Inhaltserklärung Deklaration.
inhaltslos quatschig *u.* → ausdruckslos, farblos, unbedeutend.
inhaltsreich → bedeutsam, sinnvoll.
Inhaltsverzeichnis Abriss, Grundriss, Übersicht, Sammlung, Leitfaden, Auszug, Verzeichnis, Zusammenstellung, Zusammenfassung, Wortweiser, Liste, Sachverzeichnis, Register, Katalog, Tabelle, Kartei, Blattweiser, Nachweis. → Register.
inhibieren → abwenden, verbieten, verhindern.
Initiant → Urheber.
Initiative Inangriffnahme, Entschlossenheit, Tatkraft, Wagemut, Mumm *u,* Vorgehen, Unternehmungsgeist, Entschlussfähigkeit, Einsatz, Entschluss, Eifer, Einsatzbereitschaft, Arbeitslust, Tatenlust, Unternehmungsgeist, Spannkraft, Lust. → Anstoß, Antrieb, Entschlussfähigkeit. ▸ Unentschlossenheit.
Injektion Einspritzung. → Arznei, Beruhigungsmittel, Eindringung.
Injurie → Beleidigung, Schimpf.
Inkasso Einziehung, Einzug, Eintreibung, Einziehungskosten, Einnahme, Betrag, Gelder, Kapitalien, Bezüge, Kosten, Erhebung, Einziehung von Geldforderungen.
inklusive einschließlich, einberechnet, eingeschlossen, inbegriffen, einbegriffen, mitgerechnet, mit, mitenthalten, zugehörig, mitgerechnet, zugeordnet, alles in allem, mit Einschluss, im Ganzen genommen, in sich fassend, in Bausch und Bogen. → eingerechnet, einschließlich, inbegriffen. ▸ exklusive.
inkognito → geheim.
inkommodieren → belästigen.
inkonsequent denkunrichtig, denkwidrig, unlogisch, falsch, unhaltbar, folgewidrig, fehlerhaft, täuschend, kindisch, vernunftlos, widersinnig, widerlegbar, hinfällig, widersprechend, gegenteilig, irrig, unerwiesen. → widerspruchsvoll. ▸ konsequent, folgerichtig, logisch, widerspruchsfrei • ausdauernd, beständig, unbeirrbar.
inkorrekt → falsch, inkonsequent.
inkriminieren → anschuldigen.
Inkunabel → Druck.
Inländer → Eingeborener. ▸ Ausländer, Fremder.
inländisch → einheimisch.
inmitten → binnen, darunter, dazwischen, innen.
innehaben → bekleiden, eignen.
innehalten → anhalten, aufhören, ausruhen, aussetzen, einhalten, schließen. ▸ fortfahren, weitermachen • anfangen, beginnen • beenden.
innen in, inmitten, drinnen, darin, innerhalb, innerlich, intern, inwendig, zuinnerst, binnen, inwärts, einwärts,

eingepflanzt, eingeschlossen, beiliegend, anbei, zwischen, daheim, tief drinnen, in seinen vier Wänden, zu Hause, unter der Haut. → binnen, dazwischen, drinnen, einwärts. ▸ außen, draußen • herum, ringsum.
innen gewandt, nach introvertiert.
innen verursacht, von endogen.
Innenhof Atrium, Patio.
Innenleben → Art, Inneres.
Innenohr Labyrinth.
Innenraum Interieur.
Innenstadt City, Stadtmitte, Zentrum.
Innenwelt → Bewusstsein, Inneres.
inner → innen, mitten.
Innereien Eingeweide, Gekröse, Kaldaunen, Kutteln, innere Organe (Herz, Leber, Lunge, Magen, Niere).
innerer Trieb Instinkt.
Inneres Kernpunkt, Mittelpunkt, Zentrum, Seele, Gehalt, Herz, Gemüt, Wesen, Charakter, Art, Wesentlichkeit, Substanz, Herzstück, Gemütslage, Innenleben, Innenwelt, Sinnesart, Natur, Eigenschaft, Beschaffenheit, Erbmasse, Seelenleben, Denkweise, Gefühlsrichtung. → Bewusstsein, Busen, Charakter, Inhalt. ▸ Äußerlichkeit, (Außenseite), Gedankenarmut, Hülle.
inneres Gefüge Struktur.
innerhalb → binnen, drinnen, innen. ▸ außerhalb, draußen, um (herum).
innerlich → besinnlich, gemütvoll, innen, still. ▸ äußerlich.
innerlich entstanden endogen.
Innerlichkeit Seelenschmalz *u.*
Innern, im drinnen, innen, innerlich, intern.
innervieren → anregen.
innewerden → wahrnehmen.
Innewohnen Immanenz.
innewohnen enthalten, bergen, tragen, ausdrücken, aussprechen, haben, besitzen, zugehören, aufweisen, zukommen, anhaften, anhängen, gehören, ausmachen, einschließen, umfassen. → Blut liegen im. ▸ äußerlich, wesensfremd (sein).
innewohnend wesentlich, innerlich, eigen, innen, eingewurzelt, eingepflanzt, eingefleischt, bezeichnend, kennzeichnend, erblich, vererbt, angeboren, anerschaffen, anerzogen, persönlich, charakteristisch, tief, in der Natur, im Blut, in der Art, in der Rasse. → behaftet, eingefleischt, erblich, innen. ▸ oberflächlich, wesensfremd.
innig einig, friedlich, einmütig, verbunden, freundschaftlich, abgöttisch, heiß, herzlich, zugeneigt, ergeben, aufrichtig, getreu, einträchtig, liebend, zärtlich, liebevoll, anhänglich, treu. → Herz und Hand mit, warm. ▸ kalt, uneinig, unfreundlich, schwach.
Innigkeit → Begeisterung, Liebe, Wärme.
inliegend → anbei, eingeschlossen.
Innovation Einführung von Neuerungen, Erneuerung, Neuerung.
Innung → Bund.
inoffiziell → geheim.
inquirieren → befragen.
Inquisition → Ausforschen, Gericht.
Insasse → Besitzer, Fahrgast, Passagier.
insbesondere → ausdrücklich, ausnehmend, darüber, speziell.
Inschrift Grabinschrift, Aufschrift, Bezeichnung, Kennzeichen, Symbol, Grabmal, Gedenkschrift, Gedächtnistafel, Gedächtnisstein, Rune, Schrifttafel, Dokument, Urkunde, Bilderschrift, Text, Bemerkung. → Erkennungszeichen.
Inschriftenkunde Epigraphik.
Insekten Kerbtier, Kerfe, Urinsekten, Gliedertiere, Hautflügler, Netzflügler, Gradflügler, Zweiflügler, Halbflügler, Larve, Raupe, Made, Puppe, Käfer, Schmetterling, Fliege, Mücke, Ungeziefer. → Biene.
Insektenkunde Entomologie.
Insektenpuppen-Hülle Kokon.
insektenvernichtend insektizid.
Insel wasserumgebenes Land (Atoll, Eiland, Hallig, Klippe, Sandbank, Schäre).
Insel der Seligen Elysium.
Insel in der Wüste Oase.
Insel, sagenhafte Atlantis.
inselartig insular.
Inselbewohner Insulaner.
Inselleben, einsames Robinsonade.
Inserat → Angebot, Anzeige.
Inserent *m* → Anzeiger.
inserieren → ankündigen, anzeigen, einrücken, werben.
Insertion → Anzeige.
insgeheim ganz heimlich, stillschweigend, unbeobachtet.
insgesamt mitsamt, en bloc, pauschal, in corpore. → alles, ausnahmslos, durch und durch, ganz, rundweg. ▸ einzeln, partiell, speziell, teilweise.
Insichgehen → Einkehr.
Insider Eingeweihter. → Fachmann.
inskribieren → einschreiben.
insofern → betreffend, beziehungsweise, dementsprechend, deshalb, hinsichtlich.
insofern als → dementsprechend.
insolent → anmaßend, unhöflich.
Insolenz *f* → Anmaßung, Unhöflichkeit.
insolvent zahlungsunfähig, überschuldet, säumig, bankrott, uneinbringbar, uneintreibbar, am Bettelstab, im Rückstand, Geldschwierigkeiten haben. ▸ solvent.
in Sonderheit → ausdrücklich, speziell.
Inspektion Besichtigung, Aufsicht, Musterung, Prüfung, Überwachung, Betrachtung, Beobachtung, Forschung, Besehung, Beaufsichtigung, Nachfrage, Nachforschung, Nachprüfung, Erkundung, Ausfragen, Beurteilung, Würdigung, Kritik. → Aufsicht.
Inspektor → Arbeitnehmer, Aufseher, Bauer.
Inspiration → Begriff, Einbildungskraft, Einfall, Eingebung, Intuition.
inspirativ → intuitiv.
inspirieren → beseelen, eingeben.
inspirierend → antreibend.
inspiriert belebt, beseelt, begeistert, bezaubert, entzückt, hingerissen, berauscht, erregt, beeindruckt, entzündet, ergriffen, eingenommen, entflammt, schöpferisch, angesprochen. ▸ (gedankenarm), gleichgültig, stumpf.
Inspizient *m* → Aufseher.
inspizieren → beaufsichtigen.
instabil unbeständig.
Installation Anlage, Einbau, Einsetzung, Einrichtung, Unterbringung, Anweisung, Montage, Platzanweisung,

Verlegung, Besetzung, Anschluss, Einweisung, Einbürgerung. → Einbau, Einrichtung.
▸ Abbau, Ausbau, Räumung.
installieren → einrichten.
in Stand funktionsfähig, gesund, heil, in Ordnung, saniert.
instandhalten → pflegen.
inständig flehend, flehentlich, fordernd, verlangend, demütig, bittend, untertänig, kniefällig, bettelnd, bettelhaft, heischend, aufdringlich, fußfällig, hündisch, zudringlich, auf den Knien, bitte schön. → eindringlich.
instandsetzen → ausbessern, reparieren.
Instandsetzung Ausbesserung, Erneuerung, Renovierung, Reparatur.
instandstellen → arrangieren.
Instanz Behördenstelle, Gerichtsstelle, Dienstweg, Rechtsstufe, Rechtsweg, Rechtszug, Gerichtsstand, Gericht, Behörde, Gerichtshof, Gerichtsbarkeit, Senat. → Dienstweg.
Instinkt Tierseele, Unvernunft, Trieb, Triebhaftigkeit, Hundeseele, Unterbewusstsein, Innegefühl, Hundeverstand, Antrieb, Reiz, Beweggrund, Triebfeder, Veranlassung, Empfindung, Vorstellung, Gefühl, Erhaltungstrieb, Fortpflanzungstrieb, Natur, Naturtrieb, Drang, Streben, Riecher, Witterung, Nase, Fingerspitzengefühl, Eingebung. → Ahnung, Drang.
▸ Vernunft, Geist, Intellekt • Absicht, bewusstes Handeln, Plan, Wille.
instinktiv → triebhaft.
▸ absichtlich, bewusst, geplant, überlegt, willkürlich.
instinktmäßig → angeboren, behaftet, blind, blindlings, Blut liegen im.
Institut Einrichtung, Anstalt, Bildungsstätte, Forschungsanstalt, Studienanstalt, Schule, Lehranstalt, Unterrichtsanstalt, Bildungsanstalt, Pensionat, Internat, Kostschule, Klosterschule, Frauenschule, Fachschule, Kunstschule, Musikschule, Konservatorium, Besserungsanstalt, Bekehrungsanstalt, Hochschule, Laboratorium, Heimschule, Seminar, Gebäude, Forschungsabteilung. → Erziehungsanstalt.
Institution → Anstalt, Betrieb, Einrichtung.
instruieren → aufklären, ausbilden, belehren, lehren, unterweisen.
instruierend → belehrend.
Instruktion → Anleitung, Belehrung.
instruktiv anschaulich, erklärend, überzeugend, bildend, lehrreich, belehrend, aufklärend, lehrhaft, unterrichtend, unterweisend, lehrend, einübend. → anschaulich, belehrend.
▸ irreführend, unverständlich.
Instrument Musikinstrument, Tonwerkzeug • Gerät, Werkzeug, Apparat, Mittel. → Apparat.
Insubordination *f* → Auflehnung.
Insult → Beleidigung.
insultieren → beleidigen.
Insurgent *m* → Aufständischer.
insurgierend → aufwieglerisch.
Insurrektion *f* → Aufstand.
inszenieren → anordnen, aufführen.
Intaglio → Bildhauerei.
intakt einwandfrei, wohlbehalten, ganz, unversehrt, unverletzt, vollständig, vollkommen, unzerbrochen, unvermindert, unverkürzt, heil, unberührt, unzerschnitten, ungeteilt, ungetrennt, unbeschädigt, gut, gebrauchbar. → ganz.
▸ kaputt.
integer aufrichtig, bieder, ehrlich, redlich, sauber.
Integration Verbindung zu einer Ganzheit, Zusammenführung, Zusammenschluss.
▸ Auflösung, Aufweichung, Ausschluss, Dezentralisierung, Isolation, Separation, Separatismus, Trennung.
integrieren aufnehmen, einarbeiten, einfügen, einpassen.
Intellekt → Erkenntnis, Verstand.
intellektuell → geistig, intelligent.
Intellektueller Geistesarbeiter, Wissenschaftler, Gelehrter, Künstler, schöpferischer Geist oder Kopf, Erfinder, Gestalter, Studierter, Schriftsteller, Dichter • Stubenhocker, Bücherwurm, Kopfarbeiter • Gehirnakrobat *u.*
intelligent intellektuell, klug, verstandesbegabt, vernunftbegabt, zurechnungsfähig, vernünftig, verständig, fähig, befähigt, aufgeweckt, scharfsinnig, schlau, begabt, talentiert, talentvoll, gescheit, geistreich, weise, durchdacht, helle, lebenstüchtig, pfiffig. → begabt, geschickt.
▸ dumm, unbegabt, ungeschickt • beschränkt, einfältig, naiv, töricht, uneinsichtig.
Intelligenz Klugheit, Geist, Weisheit, Scharfblick, Verstand, Urteilskraft, Gescheitheit, Einsicht, Kopf-, Hirnarbeit, Scharfsinn, Denkkraft, Denkschärfe, Denkvermögen, Fassungskraft, Begriffsvermögen, Erkenntnisvermögen, Verständnis, Helle, Gewecktheit, Schlussvermögen, Schlusskraft, Begabung, Klarsicht, Unterscheidungsgabe. → Begabung, Denkvermögen, Erkenntnisvermögen, Urteilskraft.
▸ Dummheit, Geistesarmut.
Intelligenzabwanderung Braindrain.
intensiv angestrengt, angespannt, nachhaltig, nachdrücklich, ausgeprägt, tief, eindringlich, gründlich, wirksam, ausgesprochen, stark, straff, stramm, verstärkt, sehr, sorgfältig, genau, vollständig, tief gehend, eindringend, betont, besonders, erschöpfend. → angespannt, angestrengt.
▸ schwach • flüchtig, gering, oberflächlich • extensiv.
intensivieren → anfeuern, ankurbeln, heben, steigern.
Intention *f* → Absicht.
Intercity Prominentenschleuder *u.*
Interdikt → Acht, Ächtung, Bann, Bannspruch, Verbot.
interessant anregend, unterhaltsam, unterhaltend, spannend, reizvoll, packend, merkwürdig, wissenswert, kurzweilig, lehrreich, bedeutungsvoll, fesselnd, beachtenswert, lohnend, wichtig, bemerkenswert, denkwürdig, hervorragend, vorzüglich, erwähnenswert, erzählenswert, bezeichnend, angenehm, einnehmend, unwiderstehlich. → A und O, amüsant, anziehend.
▸ uninteressant • abstoßend •

einförmig, einschläfernd, eintönig, fad(e), langweilig, monoton, öde.
Interesse Wissbegierde, Wissensdurst, Lust, Wunsch, Verlangen, Hang, Gefallen, Vorliebe, Liebhaberei, Steckenpferd, Beachtung, Hingabe, Liebe, Leidenschaft, Forschungstrieb, Gespanntheit, Gunst • Belange • Eigennutz, Eigenliebe, Selbstliebe, Gewinnsucht, Selbstelei. → Anteil, Aufmerksamkeit, Augenmerk, Beflissenheit, Glück.
▸ Gleichgültigkeit, Nachteil, Teilnahmslosigkeit, Uneigennützigkeit • Apathie, Desinteresse, Lethargie, Ungerührtheit.
interesselos → gleichgültig, passiv.
Interesselosigkeit Apathie, Desinteresse, Gleichgültigkeit, Lethargie, Teilnahmslosigkeit, Uninteressiertheit, Lethargie.
Interessengemeinschaft Allianz, Kartell, Konzern, Kooperation, Pool, Verein.
Interessengruppe Seilschaft *u.* → Anhang.
Interessenkampf → Konkurrenz.
Interessent → Bewerber.
interessieren → anregen, anhalten, bekommen Lust, bestreben sich, Blick richten auf.
interessiert wissbegierig, gespannt, teilnehmend, beteiligt, begierig, betroffen, erpicht, neugierig, ungeduldig, aufmerksam, achtsam • eigennützig, auf Vorteile bedacht. → betroffen, eingenommen, gewinngierig.
▸ gleichgültig, teilnahmslos, desinteressiert, gelangweilt, unberührt.
Interim → Zwischenzeit.
interimistisch → einstweilig.
intern → drinnen, innen.
Internat → Anstalt, Erziehungsanstalt, Institut, Schule.
international völkerumfassend, überstaatlich, zwischenstaatlich, Welt umspannend, Staaten verbindend. → fern und nah.
▸ (national).
internieren → inhaftieren.
Interpellation *f* → Anfrage, Ausforschen, Einsprache.
interpellieren → anfragen.
Interpret *m* → Ausleger.
Interpretation → Ausführungsbestimmung, Auskunft, Auslegung, Beispiel, Darstellung.
interpretieren erklären, erörtern, auseinander legen, auseinander setzen, herausfinden, ergründen, deuten, auslegen, darstellen, veranschaulichen, ausdeuten, bestimmen, erschließen, kommentieren, erläutern, den Sinn wiedergeben. → auslegen.
▸ missdeuten, verschleiern.
Intervall → Zeitraum, Zeitspanne.
intervenieren → dazwischentreten.
Intervention Einspruch, Einmischung, Vermittlung. → Eingriff.
Interview Fragegespräch, Ausfragung, Audienz, Befragung, Unterredung, Besuch, Zusammenkunft, Konferenz, Unterhaltung, Gespräch, Zwiegespräch, Gedankenaustausch, Besprechung, Verabredung, Beratung, Verhandlung, Ausfrage. → Besuch.
interviewen → befragen.
interzedieren → dazwischentreten.
intim → befreundet, cordial, innig, vertraulich.
Intimität → Einverständnis, Freundschaft, Vertrautheit.
Intimus → Bruder, Freund.
intolerant → engstirnig, fanatisch.
Intoleranz Unduldsamkeit, Rechthaberei, Hartnäckigkeit, Fanatismus, Vorurteil, Voreingenommenheit, Beschränktheit, Einseitigkeit, Verblendung, Betörung, Härte, Unnachgiebigkeit, Rücksichtslosigkeit, Unnachsichtigkeit, Selbstherrlichkeit, Beharrlichkeit, Ausdauer, Beständigkeit, Radikalismus, Dogmatismus, Zähigkeit, Störrigkeit, Pedanterie, Sturheit, Frömmelei, Heuchelei, Parteigeist, Einkapselung. → Fanatismus.
▸ Toleranz, Duldsamkeit, Flexibilität, Großmut, Nachsichtigkeit.
Intrigant Ränkeschmied, Leisetreter, Riemenstecher, Jesuit, Federfuchser, Rechtsverdreher, Hetzer, Wichtigtuer, Streber, Kuppler, Gleisner, Denunziant, Duckmäuser, Spitzbube, Halunke, Schelm, Bube. → Fuchs.
▸ Mensch aufrechter, treuer.
intrigant ränkevoll, ränkesüchtig. → aalglatt, arglistig.
Intrige Schiebung *u.* → Anschlag, Arglist.
intrigieren hintergehen, übertölpeln, betrügen, hinterbringen, einfädeln, ausknobeln, verklatschen, falsches Spiel treiben, Ränke schmieden, ins Garn locken, eine Grube graben, sich einmengen, sich einmischen, sich einlassen, dazwischentreten, eingreifen, vermitteln.
▸ offen heraussagen, Wahrheit sprechen die, Wein einschenken reinen.
Intuition Gedanke, Eingebung, Erleuchtung, Gestaltungstrieb, Idee, Inspiration, Schöpfung, Anschauung, Gestaltungskraft, Bildungskraft, Bildungstrieb, Erfindungsgabe, Erfindergeist, Künstlergeist, Innenschau, Einfall, Erkenntnis, Inngefühl, Instinkt. → Einfall.
▸ Geistesträgheit, Nachahmung, Vorbedacht.
intuitiv gefühlsmäßig, geistig, schöpferisch, gestaltungsfähig, bildungsfähig, instinktiv, naturgemäß, unwillkürlich, phänomenalogisch, eingegeben, gedanklich, inspirativ.
▸ bewusst, geplant, überlegt • diskursiv.
invalid → alt, arbeitsunfähig, krank.
▸ arbeitsfähig, gesund, heil.
Invalide → Arbeitsunfähiger.
Invalidität *f* → Arbeitsunfähigkeit, Krankheit.
Invasion Angriff, Vorstoß, Gegenstoß, Berennung, Erstürmung, Überfall, Einfall, Einbruch, Raubzug, Verwüstung, Überrumpelung, Einmarsch, Einmarschieren, Anmarsch, Krieg, Feindseligkeit, Überfall, Besetzung, Eroberung, Vormarsch, Kriegszug, Heereszug, Durchbruch.
▸ Flut, Rückzug, Verteidigung.
Invektive → Beleidigung.
Inventar Ausstattung, Befund, Fahrnis, Einrichtung, Möbel, Mobilien, Lagerbestand, Vorrat, Vorratsregister, Bestandliste, Lagerverzeichnis, Inhalt, Inventarium, Hausgerät, Aufstellung, Inventur. → Bestand, Bestandsverzeichnis.

Inventur Bestandsaufnahme, Lageraufnahme, Bestandsverzeichnis, Lagerverzeichnis, Inventurausverkauf, Räumungsausverkauf, Preisermäßigung, Preisabbau, Nachlass, Ausverkauf, Vorzugspreis, Nachsaison, Zwangsversteigerung, Schleuderpreis, Sachverzeichnis, Vorratsregister.
investieren anlegen, finanzieren, einbringen. ▸ ausbeuten • einnehmen, gewinnen, herausholen, profitieren, verdienen.
Investierung Investition, Kapitalanlage, Aufwendung, Einsatz, Einlage, Teilhaberschaft, Hypothek, Darlehen, Verleih, Verschreibung, Geldverleih, Kredit.
Investition → Einlage, Investierung.
inwärts → einwärts, innen.
inwendig intus. → drinnen, einwärts, innen.
Inwendiges → Busen, Inneres.
Inzest → Blutschande.
inzwischen während, währenddessen, währenddem, unterdessen, einstweilen, mittlerweilen, binnen, seither, solange, indem, seit, nachdem, bevor, bis, dazwischen, zwischenliegend, in der Zwischenzeit, bis dahin, eine Zeit lang. → als, binnen, bis, dazwischen, einstweilen. ▸ immer, ringsum, später.
Iran Persien.
irdisch chthonisch. → leiblich, vergänglich. ▸ außerirdisch • himmlisch, paradiesisch, fantastisch, überirdisch, unirdisch.
irgendwann zu irgendeiner Zeit, zu unbestimmter Zeit, eines Tages, bei Gelegenheit, ein andermal, früher oder später, einerlei wann.
irgendwas etwas, je nachdem, in gewissem Maße, gewissermaßen, ungefähr, was immer es auch sein könnte.
irgendwer irgendjemand, irgendwelcher, irgendeiner, jemand, einer • Dingsda *u*, Dingskirchen *u*, Dings *u*. ▸ (dieser).
irgendwie wahllos, beliebig, von ungefähr, nach Belieben, unbestimmt, dehnbar, fraglich, unschlüssig, schwankend, ungenau, unentschieden, ungewiss, zweideutig, doppelsinnig, sozusagen, vielleicht, dunkel. ▸ bestimmt.
irgendwo unbestimmt, da und dort, überall, in Dingsda *u*, Dingskirchen *u*, Buxtehude *u*, Posemuckel *u*, wo sich die Füchse gute Nacht sagen. → irgendwie.
irisieren opalisierend, schillernd, regenbogenfarbig, opalfarbig, prismatisch, hinüberspielend, mannigfarbig.
irisierend → buntscheckig.
Ironie Doppelsinn, Zweideutigkeit, Spitzfindigkeit, Witz, Spott, Schimpf, Spöttelei, Gehöhn, Hohn, Spötterei, Verspottung, Stichelei, Anzüglichkeit, Hohnrede, Spottrede, Hieb, Ausfall, Hechelei, Hohngelächter, Sarkasmus, Spottsucht, Spottnatur, Gemeinheit, Bissigkeit, Spitze, Doppelschneidigkeit, Schlagfertigkeit, Schärfe, Treffer. → Spott. ▸ Aufrichtigkeit, Ernstlichkeit.
ironisch beißend, schneidend, spitz, doppelschneidig, scharfzüngig, gemein, spöttisch, höhnisch, stichelig, spottsüchtig, bloßstellend, auslachend, herunterputzend, hässlich, zynisch, höhnend, anspielend, hechelnd, lästernd, sarkastisch, hämisch, nachäffend, anzüglich, zweideutig, beleidigend, satirisch, scharf, vernichtend, bissig, lästernd, abscheulich, schadenfroh • dreckig lachen *u*. → bissig, zynisch. ▸ aufrichtig, ernsthaft.
ironisieren → auslachen, verspotten.
irr → bestürzt, betroffen, geistesgestört, hirnverbrannt, verrückt. ▸ besonnen, normal, vernünftig • sinnvoll.
irre geisteskrank/-gestört, idiotisch, unzurechnungsfähig, verrückt, wahnsinnig.
Irre gehen, in die abirren, fehlgehen, irren, verirren/verlaufen sich, Kurs abkommen vom.
irreal → unwirklich.
irreführen hinters Licht führen, überspielen, irreleiten. → anführen, Anstrich, balbieren, benachteiligen, beschwindeln, bunt zugehen, düpieren, Einverständnis heimliches, Fell über die Ohren ziehen das, täuschen.
irreführend → blendend, erfunden, scheinbar.
Irreführung → Ausflucht, Betrug, Falschheit, Lüge.
irregeführt irregeleitet.
irregehen → irren.
irreleiten → beschwindeln, Bock als Gärtner, täuschen.
irrelevant bedeutungslos, belanglos, unerheblich, unwichtig.
irremachen beirren, durcheinander bringen, kopfscheu machen, stören, verunsichern, verwirren.
irren fehlgreifen, fehlschießen, irregehen, abweichen, verwirren, entgleisen, abirren, fehlen, fehlgehen, verrechnen, verschreiben, sich verquatschen *u*, sich verbabbeln *u*, sich vergaloppieren *u*, übersehen, vernachlässigen, missverstehen, versprechen, verzählen, verfahren, versehen, pfuschen, stümpern, irrlichtern, umherirren, missdeuten, verwechseln, einen Bock schießen, auf falscher Fährte, auf dem Holzweg sein, in die Irre gehen, sich eine Blöße geben, die Rechnung ohne den Wirt machen, sich schneiden *u*, im Kreis herumgehen, nach dem Spiegelbild greifen. → ausgleiten, fehlen. ▸ erkennen, wissen • auf dem richtigen Weg sein, die Richtung halten, richtig gehen • erkennen, klar sehen.
irren, sich danebengreifen, verwechseln, verfehlen, übersehen, missverstehen, fehlgehen, fehlschießen, missdeuten, sich verrechnen, sich täuschen, sich verschreiben, sich versprechen, sich verzählen, falsch auslegen, unrichtig beurteilen, sich täuschen, hineinfallen, hineinrasseln, hineinsegeln, hineinplumpsen *u*, auf den Leim gehen oder kriechen *u*, Böcke schießen, schief gewickelt sein *u*. → irren. ▸ erkennen, wissen • Recht haben, richtig fahren/gehen/liegen • einsehen • berichtigen, korrigieren, verbessern.
Irrenanstalt, -haus → Anstalt.
irrereden delirieren, fantasieren.
Irrgang → Chaos, Verwirrung.
Irrgarten → Labyrinth.
Irrglaube → Ketzerei.
irrgläubig → abtrünnig, heidnisch.

Irrgläubiger → Abtrünniger.
irrig → albern, abwegig, absurd, falsch, illusorisch, unbegründet.
▸ eindeutig, klar, richtig, wahr, zutreffend.
irrige Ansicht Tippfehler *u.*
Irrigkeit → Fehler, Ketzerei.
irritieren → ärgern, stören.
irrlichtern → bewegen sich.
Irrsinn Größenwahn, Verrücktheit, Unsinn, Unvernunft, Torheit, Haltlosigkeit, Wahnwitz, Faselei, Aberwitz, Blödsinn, Schwachsinn, Geistesschwäche, Gehirnkrankheit, Idiotie, Geistesstörung, Geistesumnachtung, Sinnesstörung, Sinnesverwirrung, Bewusstseinsstörung, Wahnvorstellung, Bewusstseinsspaltung, Verfolgungswahn, Schwermut, Komplex, Gehirnerweichung, Stumpfsinn, Verblödung, Tollwut, Tobsucht, Raserei, Koller. → Delirium, Geisteskrankheit.
▸ (Geistesklarheit), Klugheit.
irrsinnig verrückt, irre, umnachtet, geistesgestört, verdreht, närrisch, toll, besessen, unnormal, hirnverbrannt, spleenig, idiotisch, blöde, geistesschwach • dämlich, wirr, vernagelt, verbohrt, gedankenlos, läppisch, unbesonnen, leichtsinnig, kleinstirnig.
▸ (geistesklar), klug.
Irrsinniger Geisteskranker, Verrückter, Wahnsinniger, Blödsinniger, Nervenkranker, Idiot, Tollhäusler, Toller, Narr, Irrer, Besessener, Tobsüchtiger, Schwachsinniger • Dummkopf, Schafskopf, Schafsnase, Bock, Trottel, Tölpel, Tor. → Dummerian, Dummkopf.
▸ Kopf fähiger.
Irrstern Komet.
Irrtum Bock, Delikt, Entscheidung falsche, Falschheit, Fehler, Fehlspekulation, Missverständnis, Unterlassung, Verwechslung.
▸ Erkenntnis, Recht, Wahrheit.
Irrtum beheben, einen → bekämpfen, zurückweisen.
irrtümlich irrig, versehentlich, falsch, unwahr, trügerisch, unbegründet, grundlos, eingebildet, unwahrscheinlich, hinfällig, unhaltbar. → falsch.
▸ richtig.
Irrung Verirrung, Ausartung, Abirrung, Fehler, Sündhaftigkeit, Abweg, Entgleisung, Laster, Abweichung, Schwenkung • Unsinn, Verführung, Verdrehung, Missdeutung.
▸ Aufklärung, Fehlerlosigkeit, Richtung, Vortrefflichkeit, Zielrichtung.
Irrweg Abweg, Umweg, Abirrung, Fehlgang, Irrgang, falsche Fährte, falsche Spur • Unsicherheit, Irreführung, Irreleitung.
▸ Aufklärung, Zielrichtung, richtige Richtung, richtiger Weg • Pfad der Erkenntnis.
Irrwisch Irrlicht, Elmsfeuer • Trugbild, Seifenblase • Brausekopf, Brausewind, Hitzkopf, Heißsporn, Polterer, Haderkatze.
▸ Wirklichkeit, ruhig(er) Mensch).
isolieren vereinzeln, losmachen, scheiden, teilen, trennen, abteilen, abgliedern, abtrennen, absondern, befreien, entbinden, entfesseln, freisetzen. → abschneiden, absondern.
▸ verbinden • einbeziehen, integrieren, zusammenbringen • bahnen, durchgängig/leitend machen.
isolieren, sich absondern sich, zurückziehen sich, abschließen sich, abgeschieden leben, einsam leben, verleugnen lassen sich, die Gesellschaft fliehen, einpuppen sich, einspinnen sich, von der Welt lossagen sich, den Verkehr abbrechen, vereinsamen, aus dem Wege gehen, lösen sich, befreien sich, loskommen, lossagen sich, abdanken, entlassen, forttreiben, abschieben, fortschieben, wegtreiben.
▸ gesellen sich.
isoliert verbindungslos, vereinzelt, getrennt, geteilt, lose, frei, für sich, abgesondert, allein • einsam, abgesondert, entzweit. → abgeschieden, allein, berührungslos, beziehungslos, fern.
▸ zusammen, verbunden.
Isolierung Absonderung, Trennung, Scheidung, Spaltung, Zergliederung, Lostrennung, Loslösung, Entbindung • Abgeschiedenheit, Entzweiung, Uneinigkeit, Unverbundenheit, Abschluss, Vereinsamung, Einsamkeit, Verlassenheit, Zurückgezogenheit, Ungeselligkeit, Weltfremdheit, Eigenbrötelei, Menschenscheu, Weltangst • Stille, Leere, Ruhe, Einkehr. → Absonderung, Bruch, Einsamkeit.
▸ Verbindung.
Item → Bedingung, Voraussetzung, Vorbehalt.
item ebenso, ebenfalls, ferner, falls, wenn, fernerhin, also, gleichfalls.
▸ ausgenommen.

J

ja ach • ei, nun, na ja, ja gewiss, jawohl, natürlich, freilich, sicherlich, allerdings.
▸ keinesfalls, nein • eventuell, vielleicht.
Ja sagen Ja und Amen sagen, bejahen, versichern, behaupten, erklären, bekennen, bestehen, verbürgen, beharren, betonen, zugeben, bewilligen, bleiben dabei • erhärten, bekräftigen, bezeugen, beteuern. → bejahen.
▸ verneinen.
Ja und Amen sagen → befriedigen, Ja sagen.
Jabot Krause, Rüsche, Seidenrüsche, Spitzenrüsche.
Jacht → Fahrzeug (Wasser-), Schiff.
Jäckchen ohne Ärmel Bolero.
Jacke Joppe, Jackett, Blazer, Anorak. → Anzug.
Jackenkleid Kostüm.
Jackenmantel Jantel *u.*

Jagd Fang, Jägerei, Jagdwerk, Weidwerk, Hatz, Hetzjagd, Treibjagd, Pirsch, Halali, Parforcejagd, Spürjagd, Fuchsjagd, Anstand, Hubertusjagd • Verfolgung • Hast, Unruhe, Unrast, Treiberei, Eile, Rastlosigkeit, Drang, Hetze, Aneiferung, Eifer, Betriebsamkeit, Tatkraft, Wettstreit, Wetteifer, Wettlauf, Wettbewerb, Geschäftigkeit, Schnelligkeit • Revier, Jagd eigene, Wald, Feld. → Anstand, Anstrengung, Beflissenheit, Birsch, Hetze. ▸ Bummelei, Saumseligkeit.
Jagdbeute Trophäe.
Jagdbezirk Revier.
Jagdergebnis Beute, Fang. → Jagdbeute.
Jagdgöttin Artemis, Diana.
Jagdhorn Hifthorn, Piston.
Jagdkanzel Ansitz, Hochsitz, Hochstand.
Jagdmesser Knicker, Weidner.
Jagdreise in Afrika Safari.
Jagdtasche Weidsack.
Jagdwagen → Chaise, Fahrzeug (Straßen-).
Jagdwerk Gejaid *s j.* → Beraubung, Weidwerk.
jagen schießen, ankörnern, aufschrecken, hetzen, hatzen, treiben, verfolgen, pirschen, locken, ködern, nachstellen, fangen, fischen, überlisten, fahnden, eine Schlinge legen, eine Falle stellen, die Angel auswerfen, aufscheuchen • sputen, überhasten, überstürzen • aneifern, anspannen, anspornen, ermuntern, drängen, betreiben, beschleunigen, spornen, steigern, hochtreiben, zu Tode hetzen, buschieren *j*, frettieren *j*, schassen *u.* → angeln, ankurbeln, davonmachen sich, eilen, erjagen, rennen. ▸ bummeln.
jagen, nach etwas → Dampf dahinter (machen, setzen), nachstellen.
jagende Eile Hast, Hetze.
Jäger Gebirgsjäger, Alpenjäger, Fußsoldat, Panzerjäger, Fallschirmjäger, Kampfflieger. → Verfolger, Weidmann.
Jäger, leidenschaftlicher Nimrod.
Jägerei Weidwerk.
jäh → abgründig, abschüssig, auf einmal, aufrecht, augenblicklich, blindlings, hitzig, plötzlich, schräg. ▸ allmählich, gemächlich, langsam, nach und nach, sanft, schleichend, sukzessiv • flach.
jähe Wut Furor.
jählings → ahnungslos, auf einmal, augenblicklich, heftig, stürmisch, wild.
Jahr, in diesem → diesjährig.
Jahr und Tag, nach längstens, spätestens, binnen, mit Frist • nach langer Zeit, hinfort, von nun an, früher oder später, dereinst, im Laufe der Zeit, allmählich, nachdem, hernach, nachher, schließlich, bald. → Jahr zu Jahr von. ▸ niemals, plötzlich.
jahraus → dauernd.
Jahrbuch Kalender, Almanach, Annalen, Chronik, Tagebuch, Stundenbuch.
Jahrbuchverfasser Annalist.
Jahre, im anno.
Jahre, über jahrelang, langjährig, mehrjährig.
jahrelang Jahr für Jahr, all die Jahre, die ganze Zeit • andauernd, unaufhörlich, endlos, schon immer, viele Jahre • auf die Dauer, auf die Länge.
Jahres, laufenden → diesjährig.
Jahresabschluss Bilanz • Silvester.
Jahresabzahlung Annuität.
Jahresergebnis einer Volkswirtschaft Bruttosozialprodukt.
Jahresfeier → Ehrenfest, Feier, Jubiläum.
Jahresgeld Apanage.
Jahreskarte → Fahrkarte.
Jahrestag → Ehrenfest, Jubiläum, Rückblick.
Jahresteil Monat, Quartal, Semester, Trimester.
Jahreswende Neujahr.
Jahreszeit Zeitabschnitt, Frühjahr, Frühling, Blütezeit, Blumenzeit, Maienzeit, Lenz, Wonnemonat, Rosenzeit, Rosenmond • Sommer, Erntezeit, Reisezeit, Heumahd • Herbst, Obstzeit, Weinmonat, Spätjahr, Altweibersommer, Nachsommer, Martini, Kirmes, Kirchweih • Winter, Christzeit, Christmond, Julfest, Julfeier, Weihnachten, die heiligen zwölf Nächte, Raunächte, Sonnenwendfeier.
jahreszeitlich zeitbedingt.
Jahrgang → Zeitmaß.
Jahrgeld → Rente.
jährlich → jahrein jahraus, regelmäßig.
Jahrmarkt Markt, Kirmes, Kirchweih, Martini, Weihnachtsmarkt, Messe, Oktoberfest, Wurstmarkt, Schützenfest, Dult, Kerb, Kilbe, Kirbe, Wiese.
Jahrweiser Kalender.
Jahrzehnt Dezennium.
Jähzorn → Anwandlung, Aufregung, Zorn.
jähzornig → aufgebracht, cholerisch, heftig.
jähzorniger Typ Pulverkopf *u.*
Jakobiner → Aufständiger.
Jalousie → Fensterladen.
Jammer → Armut, Beschwerlichkeit, Klage.
Jammerlappen → Schwächling.
jämmerlich → abscheulich, aufgelegt, bejammernswert, beschämend, bestechlich, böse, charakterlos, demütig und wehmütig, kläglich, niederträchtig. ▸ erfreulich, freudig, glücklich, großartig, prächtig.
jammern quaatschen *u* quillen *u.* → ächzen, Blick mit feuchtem, klagen.
Jammertal → Erdentage.
jammervoll → ärgerlich, bejammernswert, demütig und wehmütig, herzergreifend, schmerzlich.
Janker Jacke.
Japan Nippon.
japanische Blumenkunst Ikebana.
japanische Gesellschafterin Geisha.
japanischer Selbstmord Harakiri.
japanischer Todesflieger Kamikaze.
Japanseide Japon.
japsen → schnaufen.
Jargon Kauderwelsch, Gassendeutsch, Gassensprache, Gewelsch, Rotwelsch, Gaunersprache, Diebessprache, Kundensprache • Fachsprache, Berufssprache, Standessprache, Verkehrssprache, Jägersprache, Kaufmannssprache, Kaufmannsdeutsch, Aktendeutsch, Juristendeutsch, Soldatensprache, Studentensprache, Pennälersprache, Backfischsprache, Kindersprache, Ammendeutsch • Mundart, Dialekt, Platt, Slang. ▸ (Hochsprache), Schriftdeutsch.
jäten harken, roden, säubern, putzen, ausrotten. ▸ pflanzen.

Jauche Dung, Mist, Aale, Gülle • Ausscheidung, Abwässer, Kot, Urin, Kuhfladen, Senkgrubenwasser, Abort • Gestank, Verpestung, Seuchenherd, Miasma • Pfuhl, Unrat, Schmutz. → Auswurf.
jauchen düngen, odeln.
jauchzen frohlocken, jodeln, johlen, jubeln, jubilieren, juhuen, lachen, losplatzen, quietschen, krähen *u*, wiehern • zujauchzen, entgegenjubeln, preisen, rühmen, verherrlichen, empfangen, begrüßen, hochleben lassen, ein Hoch ausbringen. → freuen sich.
▸ jammern, trauern.
jaulen → belfern.
Jause Brotzeit, Halbabendbrot, Imbiss, Nachmittagskaffee, Fünfuhrtee, Vesper. → Essen.
jawohl → allerdings, freilich, gewiss, ja, natürlich.
Jawort → Versicherung, Versprechung.
Jawort geben, das → heiraten.
je einmal, zuweilen, manchmal, hier und da, hin und wieder, dann und wann, gelegentlich, bisweilen. → selten.
▸ immer, niemals.
je eher je lieber erwünscht, begehrt, begehrenswert, hoffentlich, lieber, teuer, umso besser. → wünschenswert.
▸ unerwünscht.
jede → all.
jeden Abend → allabendlich.
jedenfalls → aber, allerdings, anscheinend, augenscheinlich, dagegen, denkbar, dennoch, dessen ungeachtet, doch, ein für alle Mal, gewiss, immerhin, mindest, tatsächlich.
▸ auf keinen Fall, bestimmt nicht, keinesfalls, unter keinen Umständen.
jeder alle, unsereiner, ausnahmslos, jedermann, landläufig, restlos, überwiegend, unbeschränkt, gewöhnlich, ganz allgemein, ohne Einschränkung. → all, ein Mann wie, einer wie alle.
▸ keiner, niemand • einige, mancher, ein paar.
jeder Einzelne → einer für alle.
jedermann → ein Mann wie, einer wie alle, jeder.
jederzeit → allewege.
jedes Mal vielmals, unaufhörlich, immer wieder, abermals, fortwährend, in einem fort, überall, auf Schritt und Tritt, gewöhnlich, gemeinhin, zu jeder Zeit, beständig.
▸ niemals • ab und zu, gelegentlich, manchmal.
jedoch → aber, allein, allerdings, dagegen, dennoch, dessen ungeachtet, doch, immerhin, schließlich.
jedweder → all, jeder.
Jeep Rutscher *u*.
jeglicher → all, jeder.
Jemand → Mensch.
▸ keiner.
jemand einer, irgendwer, irgendwelcher, irgendeiner, ein Mensch, eine Person, wer, ein Individuum, ein Unbekannter, ein Fremder.
▸ niemand.
je nachdem → allenfalls, bedingungsweise, eventuell, gewissermaßen, unmöglicherweise.
jemand sein angesehen sein, Ansehen haben.
jenes das andere, nicht dasselbe, widersrechend. → unterschiedlich.
▸ dieses.
jenseitig → drüben, jenseits.
Jenseits Ideenreich, jenseitige Welt, Welt der Ahnungen, Unsichtbarkeit, Unwirklichkeit • Himmel, Himmelreich, Reich Gottes, Thron Gottes, Paradies, Eden, Ewigkeit, Abrahams Schoß • Olymp, Elysium, elysische Gefilde, Insel der Seligen, Nirwana, Walhalla, Asenburg • Tod.
▸ Dasein, (Diesseits) auf dieser Seite, hier.
jenseits → abseits, beiseite, daneben, drüben, fern, seitlich, unkörperlich.
jenseits der Berge ultramontan.
jesuitisch → aalglatt, arglistisch, spitzfindig.
Jesus → Christus.
jetzig → aktuell, modern.
jetzt → akut, augenblicklich, derzeit, diesjährig, eben, gegenwärtig, momentan.
▸ damals, ehemals, einst, früher, vorher • kürzlich, vor kurzem, vorhin • künftig, nachher, später, künftig.
jeweilig zuweilen, bisweilen, manchmal, mitunter, dann und wann, hin und wieder, gelegentlich.
▸ immer, niemals.
jeweils → einige Mal, jeweilig.
Job → Arbeit, Arbeitsplatz, Beruf.
Jobber → Schwindler, Spekulant, Spieler.
Joch → Bande, Fron, Zweiheit.
jodeln → anstimmen, jauchzen, singen.
joggen dauerlaufen.
Jogging Dauerlauf, Fitnesslauf, Freizeit-Dauerlauf.
johlen → beleidigen (das Ohr), jauchzen, lärmen.
Jokus Jux, Schabernack, Scherz, Spaß, Streich, Ulk, Unfug, Uz, Witz.
Jolle → Boot.
Jongleur Artist, Geschicklichkeitskünstler, Equilibrist, Äquilibrist • Dreher, Verdreher. → Pfiffikus.
jonglieren balancieren, lavieren.
Joppe → Anzug Jacke.
Jounalist, gewissenloser Schmierfink *u*.
Journal → Anzeiger, Zeitung.
Journalismus → Presse.
Journalist → Berichterstatter, Bildredakteur, Bildreporter, Publizist, Redakteur, Reporter, Schriftleiter, Zeitungsschreiber.
jovial heiter, fröhlich, sonnig, munter, lustig, aufgeräumt, gut gelaunt, schmunzelnd, vergnüglich • gönnerhaft, geneigt, freundlich, günstig, hilfsbereit, wohlwollend • eingebildet, geschwollen, herablassend, überheblich, verletzend.
▸ bescheiden, griesgrämig, unfreundlich.
Jubel Gejohle, Gejodel, Gedudel, Gejauchze • Fröhlichkeit, Heiterkeit, Begeisterung, Frohlockung, Gelächter, Hallo, Frohsinn, Vergnügtheit, Munterkeit, Stimmung, Lust, Tollen, Gaudium • Beifall, Freudenbezeugung, Freudengeschrei, Freudentaumel, Freudengeheul, Jubelgeschrei, Jubelruf, Triumphgeschrei, Hochrufe, Beifallssturm, Zustimmung • Beräucherung, Beweihräucherung, Schmeichelei, Lobhudelei. → Begeisterung, Beifall, Entzücken, Fanfare, Freude, Frohlockung.
▸ Stille, Trauer • Klage, Jammer.
Jubelfeier → Feier, Fest, Gedenkfeier.
jubeln → freuen sich, jauchzen.
jubelnd erregt, ausgelassen, beglückt, frohlockend, heiter, lustig, triumphierend. → beschwingt.
▸ traurig.
Jubelruf Halleluja, Hosianna.
Jubeltag → Ehrenfest, Jubiläum.
Jubiläum Ehrenfest, Ehrentag, Festfeier, Festtag, Gedenktag,

Geburtstag, Gründungsfeier, Jahresfeier, Jahrestag, Jahrhundertfeier, Jubeltag, Staatsfeiertag, Hochzeitstag, Tag der silbernen oder goldenen Hochzeit, Wiederkehr. → Ehrenfest, Feier, Gedächtnistag.
jubilieren → frohlocken, jauchzen.
juchzen → jauchzen.
jucken kitzeln, kille kille machen *u*, stechen, brennen, beißen, kribbeln, krabbeln, reizen.
Juckflechte Neurodermitis, Prurigo.
Juckreiz Pruritus.
Judaskuss → Dolchstoß, Verrat.
jüdisches Gotteshaus Synagoge.
Jugend Kindheit, Knabenjahre, Jünglingsjahre, Mädchenjahre, Wachstumsjahre, Unreife, Schuljahre, Studienjahre, Flegeljahre, Pubertät • Frische, Spannkraft, Jugendmut, Kraftgefühl, Sturm und Drang, Tatendrang • Verspieltheit. ▸ (Alter), Entkräftung • Lebensabend.
Jugendblüte → Anmut.
jugendfrisch → jung.
jugendlich → jung.
Jugendliche(r) Backfisch, Bursche, Girl, Junge, Junior, Knabe, Mädchen, Mädel, Teenager, Teeny, Twen.
Jugendzeit Adoleszenz, Lebensfrühling, Lenz, Pubertät.
Jugendzentrum Juz *u*.
Juli Heue(r)t, Heumond.
jung blutjung, jugendlich, jugendfrisch, jungenhaft, knabenhaft, kindlich, kindisch, mädchenhaft • blühend, frisch, unerfahren, dumm, grün, unreif • flegelhaft, halbwüchsig, noch nicht trocken, noch feucht hinter den Ohren, kaum flügge. → frisch, grün. ▸ alt, bejahrt, gealtert, senil, verblüht.
Jungborn → Jungbrunnen, Körperpflege.
Jungbrunnen Jungborn, Gesundheitspflege, Hygiene, Sport, Kur, Kaltwasserkur, Entschlackung, Schonkost, Hungerkur, Badereise, Landaufenthalt, Erholung, natürliche Lebensweise • Enthaltsamkeit, Mäßigung, Genügsamkeit, Nüchternheit. → Elixier, Körperpflege. ▸ Gift, Schwelgerei, Übermaß.
Junge → Bengel, Bube, Bursche.
Junge, kleiner Pimpf *u*, Pipifax *u*, Steppke *u*, Stöpsel *u*.
jungen → bringen zur Welt, entbinden.
jungenhaft → bubenhaft, kindlich.
Jünger → Anhänger, Famulus.
Jungfer → Jungfrau.
Jungfernhäutchen Hymen.
Jungfernrede → Eröffnungsrede.
Jungfrau Jungfer, Backfisch, Mädchen, Maid, Dirndl, Mamsell, Fräulein, altes Mädchen. → Dirne. ▸ Frau.
jungfräulich → feminin, weiblich. ▸ defloriert, entjungfert • verheiratet • bebaut, benutzt, beschrieben.
Junggeselle Jüngling, Bursche, Lediger, Unverheirateter, Einspänner *u*. → Hagestolz. ▸ Ehemann, verheirateter Mann.
Jüngling Knabe, Junge, Bube, Bursche, Kerl, junger Mann oder Herr, Twen. ▸ Mann.
Jünglingsjahre → Flegeljahre.
jüngst → bereits, dahin, damals, frisch, kürzlich. ▸ vor langer Zeit • bald, in Kürze.
Jüngstenrecht Minorat.
Jüngster Benjamin, Küken, Nesthäkchen.
Jungvermählte Traute *u*.
Juni Brachet, Brachmond.
Junker → Adel.
Jurisdiktion Rechtsprechung.
Jurist → Anwalt, Berater, Rechtswahrer.
juristisch anwaltlich, gesetzlich, rechtlich, rechtskundlich, rechtswissenschaftlich, richterlich, juridisch, nach dem Recht, nach dem Gesetz. → rechtlich.
Jury Begutachter, Beurteiler, Preisrichter, Preisgericht, Begutachtungsinstanz, Prüfungskommission. → Ausschuss.
Jurymitglied, strenges Scharfrichter *u*.
Jus Recht • Saft.
just → kürzlich.
Justiz Gerichtsbarkeit, Gerichtswesen, Rechtsbehörde, Rechtsordnung, Rechtspflege, Rechtsprechung, Rechtsverfahren, Rechtsverwaltung, Rechtswesen.
Justiziar → Anwalt.
Justizirrtum Fehlurteil, Rechtswidrigkeit, Unrecht.
Jute → Faser.
Juwel Edelstein, Geschmeide, Kleinod, Perle, Prunkstück, Schatz, Schmuck, Schmucksache, Zierde • Krone, Vorbild, Auslese, Auswahl, Gipfel, Glanzstück, Meisterstück, Meisterwerk, Vollkommenheit. → Ausschmückung, Beste, Edelstein, Liebling. ▸ Talmi, Tand, Unvollkommenheit.
Juwelier Goldschmied, Schmuckfachmann/-händler.
Jux → Belustigung, Spaß, Witz.

K

Kabale Schlauheit, Listigkeit, Durchtriebenheit, Verschlagenheit, Arglist, Hinterlist, Heimtücke, Intrige, Anschlag, Schikane, Falle, Schlinge, Schliche, Ränke, Tücke, Heimtücke, Umtrieb, Gaunerei, Lug, Trug, Schleichweg, Hintertür. → Anschlag. ▸ Offenheit, (Vertrauensseligkeit).
kabalistisch → geheimnisvoll.
Kabarett Kleinkunstbühne, Brettl, Überbrettl.
Kabarettlied Chanson, Couplet, Song.
Kabarettstück Parodie, Sketsch.
Kabbelei Rauferei, Streit, Zank.
kabbeln, sich → streiten.
Kabel Draht, Seil, Leitung, Strang, Verbindung, Band, Bindung, Schnur, Drahtseil, Verbindungsstück, Bindeglied, Verbindungsweg,

Verbindungsschnur. → Benachrichtigung, Bindemittel, Draht.
kabeln → benachrichtigen, bestätigen.
Kabelsendung → Depesche.
Kabine Kajüte, Kombüse, Schiffsraum, Aufenthaltsraum, Schlafraum, Mittschiff, Luxuskabine, Schiffskabine, Badekabine, Koje.
Kabinett Zimmer, Raum, Gemach, Frauengemach, Alkoven, Schlafgemach • Behörde, Obrigkeit, Regierung, Magistrat, Versammlung, Kammer, Tagung, Ministerium, Vertretung. → Bureau.
Kachel Ofenkachel, Klinker, Platte, Stein, Füllung, Verputz, Badekachel, Tonware, Ton, Keramik, Majolika, Glasur, Zierde, Schmuck, Verzierung. → Bestand.
Kacke → Aas, Exkrement.
Kadaver → Aas.
Kader *M* Kreis, Einheit, Verband, Gemeinschaft.
Kadi → Richter.
Käferkunde Koleopterologie.
Kaff → Nest.
Kaffee-Ersatz Prütt *u.*
Kaffeehaus Konditorei, Einkehrhaus, Teestube, Teeraum, Tearoom, Gaststätte, Rasthaus, Bleibe, Imbisskaffee, Mokkastube, Erfrischungshalle, Espresso.
Kaffeeklatsch Kaffeestündchen, Fünfuhrtee, Treffen, Geplausch, Plauderei, Schwatz, Plauderstündchen, Tischgespräch, Besuch.
Kaffeetante Kaffeeschwester, Schwätzerin, Plaudertasche, Schnattermaul, Kannegießerin, Gevatterin, Stadtklatsche, Lästermaul, Klatschbase, Lästerzunge, Schmäherin, Schandmaul, Schwatzbase.
Kaffeestube Cafeteria. → Kaffeehaus.
Käfig Vogelkäfig, Vogelbauer, Nistkasten, Zwinger, Pferch, Gitter, Vogelhaus, Voliere, Vogelgitter • Verlies, Gefängnis, Karzer, Gewahrsam, Kerker, Arbeitshaus.
▸ Freiheit.
Kaffer → Tor.
kahl → blattlos, federlos, nackt.
▸ behaart, haarig • bärtig, borstig • behangen, belaubt, bewachsen.
Kahlheit (Haarausfall/-mangel) Alopezie, Psilosis.
Kahlkopf breiter Scheitel *u.* → Glatze.
kahlköpfig unbehaart, haarlos, kahlhäuptig, bloß, bar, nackt, verunstaltet, hässlich, abstoßend, schrecklich, plattköpfig, eine Glatze haben.
▸ behaart.
Kahlschlag Abholzung, Rodung • Lichtung, Schneise.
Kahlstelle am Oberkopf (von Mönchen) Tonsur.
Kahm Kahmhaut, Pilzhaut, Bakterienhaut. → Exkrement.
Kahn → Boot, Fahrzeug (Wasser-).
Kai → Landungsplatz.
Kaiser Imperator, Zar, Cäsar, Herrscher.
Kaiser, der S.M. (Seine Majestät) *u.*
kaiserlich cäsarisch, imperial.
Kaiserreich Imperium.
Kajak → Fahrzeug (Wasser-).
Kajüte → Kabine.
Kalamität → Unglück.
Kalauer → Witz.
Kalb, goldenes Götze, Abgott, Götzenbild, Moloch, Fetisch, Baal, Pagode, Gott • Mammon, Geld, Münzen, Gold, Silber, Goldfuchs, Moneten, Reichtum.
▸ Armut.
kalbern räkeln, verrohen, verbauern, entgleisen, bunt zugehen, Blödsinn machen, sich albern benehmen, Unsinn treiben. → belustigen.
▸ ärgern, vernünftig (sein).
kälbern → bunt zugehen, kalbern.
Kalbsleder Boxkalf, Kid.
Kalender → Buch, Chronik, Jahrbuch.
Kalender mit Geschichtchen Almanach.
Kalesche → Chaise, Fahrzeug (Straßen-).
kalfatern → abdichten, ausfüllen.
Kaliber Durchmesser, Weite, Bohrung, Beträchtlichkeit, Fassungskraft, Größenverhältnis, Stattlichkeit, Ausmaß • Art, Schlag • Geschützweite, Kugeldurchmesser, Geschossdurchmesser.
Kalk → Baustoff, Bindemittel.
Kalkablagerung Kalzifikation.
Kalkbild (Bild auf frischem Kalk) Fresko.
Kalklicht → Fackel.
Kalkulation Berechnung, Kostenvoranschlag, Voranschlag, Zählung, Auszählung, Überschlag, Bemessung, Verrechnung, Bewerten, Veranschlagung, Schätzung, Ausrechnung.
kalkulieren veranschlagen, ausrechnen, überschlagen, schätzen, überrechnen, bemessen, berechnen, taxieren, schließen, bewerten, zusammenrechnen, vermessen, prüfen, erwägen.
Kalorienmessgerät Kalorimeter.
kalt frostig, frisch, eisig, kühl, winterlich, vereist, starr, frostklar, frosthart, grimmig, bitter, schneidend, beißend, hundekalt, saukalt *u,* schaurigkalt, eiskalt, lausekalt *u,* bereift, beeist, frierend, gefroren, erfroren, arktisch • still, entseelt, erloschen, tot, leblos • empfindungslos, unberührt, abgehärtet, unempfindlich, abgestumpft, teilnahmslos, unachtsam, stumpf, lau, gleichgültig, gefühllos, kaltblütig, steinern, hart, herzlos, mitleidlos, kalt lächelnd, unfreundlich, unversöhnlich, kaltherzig, roh, böse, grausam, tierisch, unmenschlich, marmorkalt, glashart, eisig bis ins Herz. → barbarisch, beherrscht, eindruckslos, eisig.
▸ heiß, gefühlvoll, glühend, hitzig • warm, warmherzig • lau, mild • schwül.
kalt bleiben beherrschen sich, zügeln sich, gleichmütig sein, bezähmen sich, mäßigen sich, besonnen sein, gelassen sein, an sich halten, die Geistesgegenwart nicht verlieren, ruhiges Blut bewahren, sich nicht aus dem Gleichgewicht bringen lassen, den Kopf klar halten • gleichgültig sein, teilnahmslos sein, herzlos sein, abgestumpft sein, abgebrüht sein, kalt sein, mitleidlos sein, abgehärtet sein, unbewegt sein. → beikommen nicht, betäuben, bezähmen.
▸ ergreifen das Herz, erhitzen sich, erregen/entsetzen/erschrecken sich, nervös/unruhig werden.
kaltblütig → abgebrüht, beherrscht, bestialisch, kalt, roh.
Kaltblütigkeit Gefühlsroheit, Fischblut, Froschnatur, Herzensverhärtung, Gefühlshärte, Herzlosigkeit, Mitleidlosigkeit, Kühle, Frostigkeit, Gleichmut, Gelassenheit, Beherrschtheit, Geistesgegenwart,

Unerschütterlichkeit, Selbstbeherrschung • Grausamkeit, Unbarmherzigkeit, Bosheit, Rohheit, Niedertracht, Schadenfreude, Unmenschlichkeit, Lieblosigkeit. → Beharrlichkeit. ▸ Empfindlichkeit, Feigheit, Gutmütigkeit, Unbeherrschtheit.
Kälte Frost, Frische, Gänsehaut, Affen-, Bären-, Hunde- oder Mordskälte *u,* Kühle, Vereisung, Erstarrung, Eispunkt, Gefrierpunkt, Frostwetter, Eis, Schnee, Reif, Schüttelfrost, Schauer, Zähneklappern, Frösteln, Schauder, Hagel, Raureif, Eisdecke, Winter • Gefühllosigkeit, Gefühlsleere, Ablehnung, Frostigkeit, Unempfänglichkeit, Unzulänglichkeit, Gelassenheit, Kühle, Kaltsinn, Fischblut, Mitleidlosigkeit, Unempfindlichkeit, Lauheit, Indolenz, Apathie, Gleichgültigkeit, Teilnahmslosigkeit, Abneigung, Ungnade, Ungunst, Ungeneigtheit, Verdrossenheit, Wut, Lieblosigkeit, Unfreundlichkeit, Ungefälligkeit. → Beherrschung, Dickfelligkeit, Entfremdung, Erstarrung. ▸ Hitze, Glut, Wärme • Herzlichkeit, Leidenschaft, Temperament • Begeisterung • Rührung.
Kälte empfinden frieren, frösteln.
kalte Schulter zeigen, die → abwehren.
kaltes Buffet Fresspyramide *u.*
kaltes Leuchten Lumineszenz.
Kältesteppe Tundra.
Kältetrocknung Gefriertrocknung (Lyophilisation).
kalt lächelnd → bestialisch, kalt, roh.
kaltmachen → ausrotten, töten.
Kaltstartklappe Choke.
kalt stellen → ächten, Bord werfen über, boykottieren, hinausekeln, hinaustreiben, verachten, ausbooten.
Kamarilla → Bande, Clique.
Kamee → Bildhauerei.
Kamel(art) Alpaka, Dromedar, Guanako/Huanako, Lama, Pako, Trampeltier, Vicuna/Vikunja.
Kamellen Kleinigkeit, Pappenstiel, Bagatelle, Ausschuss, Blödsinn, Unwichtigkeit, Bedeutungslosigkeit, Witzlosigkeit, Gewichtslosigkeit, Nichtigkeit, Wertlosigkeit, Geschwätz, Altbekanntes, taube Nuss, fauler Witz, dumme Redensart, Mist, Kinkerlitzchen, Käse. ▸ Wichtigkeit.
Kamerad Genosse, Kumpel, Helfer, Gefährte, Begleiter, Vertrauter, Freund, Getreuer, patentes Haus *u,* patenter Kerl *u,* Beteiligter, Anhang, Schatten, Leibfuchs, Jünger, Weggenosse, Beistand, Verbündeter, Bruder, Mitkämpfer, Mitgeselle, Blutsfreund, Mitbruder, Gespiel, Spielkamerad, Schulkamerad, Tischgenosse, Studienfreund, Fellow, Kommilitone, Studiengenosse. → Anhänger, Begleitung, Bekannter, Getreuer, Helfer. ▸ Einsiedler, Feind, Gegner, Unbekannter.
Kameradschaft → Brüderlichkeit, Bruderschaft, Freundschaft.
kameradschaftlich freundschaftlich, kollegial. ▸ feindselig, rücksichtslos, unfair, unkameradschaftlich, unsolidarisch • gleichgültig.
Kameralia (Cameralia) Staatsverwaltung, Oberleitung, Oberaufsicht.
Kamin → Ausweg, Brandstätte, Esse.
Kamm Spitze, Krone, Gebirgskamm, Gipfel, Koppe, Helmbusch, Schädel, Zacke, Grat, Zinne, Höhepunkt, Kopf • Hahnenkamm • Gerät, Säuberungsgerät, Haarkamm, Lauseharke *u,* Lauserechen *u.* ▸ Bürste, Ebene, Schlucht.
kämmen striegeln, bürsten, durchkämmen, durchbürsten, glatt machen. ▸ verwirren, verstrubbeln, zerzausen.
Kammer Raum, Gemach, Zimmer, Wohnraum, Bodenkammer, Speisekammer, Rumpelkammer, Vorratskammer, Aufkammer, Schlafkammer, Dachkammer, Mädchenkammer • Fotokammer, Spiegelreflexkammer, Rollfilmkammer. → Abstellraum, Kabinett.
Kammerdiener → Commis.
Kämmerer → Adel.
Kammerfrau/-mädchen Kammerzofe, Zofe.
Kammerherr → Adel, Commis.
Kämmerlein Kemenate.
Kammerzofe Kammerjungfer, Kammermädchen, Zimmermädchen, Dienerin, Untergebene, Bedienerin, Hoteldienerin, Aschenbrödel, Angestellte, Magd, Dienstmädchen, Hausangestellte, Stütze, Mädchen. → Dienerschaft. ▸ Herrin.
Kammzähner Hai.
Kämpe → Draufgänger.
Kampf Gegenwehr, Gefecht, Friedensbruch, Streit, Fehde, Feindschaft, Abwehr, Mühsal, Krieg, Mühe, Widerstand, Zwist, Anstrengung, Ringen, Strauß, Rauferei, Balgerei, Faustkampf, Aufruhr, Ringkampf, Aufstand, Glaubenskampf, Entgegenwirkung, Bekämpfung, Gegenschlag, Gegenstoß, Abwehrstellung, Protest, Abneigung, Schlacht, Überfall, Einfall • sittlicher Kampf, Macht des Gemüts, Selbstzügelung, Überwindung. → Anstrengung, Aufgebot, Auseinandersetzung, Bewerbung, Duell, Erwerbskampf, Feindschaft. ▸ Einigung, Freundschaft, Friede.
Kampf auffordern, zum → herausfordern.
Kampf ums Dasein Leben, Erdentage, Lebenskampf, Jammertal, Anstrengung, Plackerei, Schinderei, Plage, Arbeit, Beschwerde, Arbeitsbürde, Sorge, Pflicht, Beschwerlichkeit, Arbeitsüberhäufung, Belastung, Geschäftslast, Beruf. ▸ (Erlösung vom Übel), Ruhe, Untergang.
Kampfansage → Herausforderung.
Kampfbahn → Arena.
Kampfbeginn Angriff.
kampfbereit wehrhaft, standhaft, mannhaft, stramm, mutig, stählern, eisern, derb, unüberwindlich, bereit, gerüstet • kampflustig, angriffslustig, angriffsbereit, streitig, zanksüchtig, zanklustig, kratzbürstig, stößig, ungestüm, aufgebracht, zornig, zornmutig, voreilig, radaulustig, rechthaberisch, streitsüchtig. ▸ schwach, versöhnlich.
kämpfen ringen, streiten,

bekriegen, aneinander geraten, bekämpfen, befehden, zanken, raufen, balgen, hauen, prügeln, entgegenstehen, anfeinden, ankämpfen, entgegentreten, entgegenhandeln, Feld ziehen ins • anstrengen sich, erkämpfen, schwitzen, ankämpfen gegen, quälen sich, abkämpfen, abschleppen sich. → abmühen, angreifen, anstrengen, befehden, brechen den Frieden.
▸ faulenzen, (leben in Eintracht), versöhnen sich, friedfertig sein • aufgeben • gewinnen, siegen, triumphieren • unterliegen.

kämpfen, mit sich → überwinden, zaudern.

Kämpfer Streithahn, Streitsucher, Stänkerer, Händelsucher, Raufer, Raufbold, Raudi, Rowdy, Raubein, Friedensstörer, Schläger, Kämpe, Duellant, Kombattant, Zweikämpfer • Verteidiger, Streiter, Soldat, Scharfschütze, Schütze, Verfechter, Abwehr, Sicherheitspolizei, Mann der Tat, Haudegen • Champion *m,* Crack *m,* Meister im Sport. → Draufgänger, Held.
▸ Schwächling.

Kampferfolg Sieg.

kämpferisch angriffig, stürmisch, sturmreif, streitig, streitsüchtig, unfriedlich, kriegerisch, tapfer, kühn, mutig, heldenhaft, herzhaft, soldatenmäßig, streitbar, kriegsbereit, militant. → kampfbereit, martialisch.
▸ feige, friedfertig, schwach.

Kampferöffnung → Eröffnung.

Kampffahrzeug Panzer, Tank.

Kampfhahn → Blut heißes, Brausekopf, Choleriker, Drache, Draufgänger.

Kampflinie Front.

Kampfplatz Kriegsschauplatz, Schlachtfeld, Front, Kriegsplatz, Kriegsbühne, Aufmarschgebiet, Etappengebiet, Kriegsgebiet, Schlachtort, Walstatt, Feldlager • Kampfbahn, Stadion, Arena, Amphitheater, Sportfeld, Fechtboden, Rodelbahn, Skibahn, Rennbahn, Reitschule, Turnhalle, Boxring.

Kampfrichter Juror, Referee, Schiedsrichter, Unparteiischer.

Kampfschutz Helm, Kettenpanzer, Panzer, Rüstung, Visier.

Kampfsport Aikido, Boxen, Fechten, Jiu-Jitsu, Judo, Karate, Ringen, Sumo.

kampfunfähig angeschlagen schwer, erschöpft, geschlagen, groggy, invalide, k.o, verletzt.

kampfunfähig machen hinmachen *u.*

Kampfwagen Panzer, Quadriga, Sturmgeschütz, Tank.

Kampfwütiger Berserker.

Kampfzeuge Sekundant.

Kampfzoll (Zoll als Vergeltungsmaßnahme) Retorsionszoll.

Kampfzone Front.

kampieren sich aufhalten, verweilen, belegen, quartieren, wohnen, biwakieren, zelten, horsten, sein Lager aufschlagen, einen Platz einnehmen.
▸ weiterziehen.

Kanaille (Canaille) Lump, Hochstapler, Hundepack, Schurke, Gesindel.
▸ Mensch aufrechter treuer.

Kanal Wasserstraße, Zufluss, Stromregelung, Stromregulierung, Strombegradigung, Schleuse, Wasserführung, Wasserweg, Ablass, Abfluss, Rinne, Flussbett, Graben, Fleet *sm,* Verbindung, Kanalanschluss, Zuleitung, Zufluss, Meerenge, Furt, Durchstich, Wasserlauf, Wasserader. → Abzug, Ausweg, Bindemittel, Durchfahrt.
▸ Barriere.

kanalisieren → austrocknen, dränieren.

Kanalschacht Gully.

Kanalstraße (in Holland) Gracht.

Kandare Zügel, Halfter, Zaum, Maulkorb, Gebissstange, Seil, Strick, Zwangsjacke, Schlinge, Leitseil, Spannseil, Behinderung, Hemmung, Einengung, Zügelung, Einhalt, Hemmschuh.
▸ Antrieb, Freiheit.

Kandelaber → Leuchter.

Kandidat Anwärter, Prüfling, Bittgänger, Begehrer, Suchender, Ansucher, Forderer, Heischer, Neuling, Schüler, Kadett, Absolvent. → Antragsteller, Bewerber.

kandidieren → balgen, bewerben sich.
▸ abstimmen, wählen • prüfen.

kandieren verzuckern, zuckern, süßen, versüßen, überzuckern, süß machen.

Kandiszucker → Konfitüre, Süßigkeit.

Kanister Behälter, Tank.

Kanne → Behälter, Gefäß.

kannelieren (cannelieren) kerben, auskerben, zähnen, riffeln.
▸ einebnen, glätten.

Kannibale → Menschenfresser.

kannibalisch → wild, wohl.

Kanon Gesang, Wechselgesang, Lied, Melodie, Weise, Vertonung, Komposition, Chor, Rundgesang, Wanderlied, Jägerlied. → Befehl.

Kanonade → Beschießung, Bombardement.

Kanone → Meister, Waffe.

Kante Rand, Einfassung, Abschluss, Ecke, Spitze, Spitzwinkel, Schnabel, Nase, Zacke, Schärfe, Schneide, Grat, Zuspitzung. → Biegung, Bord, Grat.
▸ Mitte, Rundung.

kantig → eckig, scharf.
▸ abgerundet, abgeschliffen, rund.

Kantine Kasino, Treffpunkt, Werkskantine, Ausschank, Speiseraum, Abfütterungsraum, Beköstigungsraum, Essraum, Erfrischungsraum, Ausschank, Boutique.

Kanton → Bezirk.

kantonieren → belegen.

Kantonist, unsicherer → Kandidat unsicherer.

Kantus (Cantus), Melodie, Gesang, Wohlklang, Vertonung, Komposition, Lied, Volkslied, Kunstlied, Weise, Kirchengesang.

Kanu → Boot, (Wasser-)Fahrzeug.

Kanufahrer Kanute.

Kanzel Predigtstuhl, Erhöhung, Tribüne, Predigtort, Verkündungsort, Lehrkanzel, Lehrstuhl • Schanze, Skischanze, umgitterter Raum.

Kanzlei Amtshaus, Amtsstube, Büro, Bürgermeisterei, Rathaus, Schreibzimmer, Rechenstube, Kanzleistube, Amtszimmer, Rechtsanwaltskanzlei. → Bureau.

Kanzleistil Amtsdeutsch, Behördendeutsch, Papierdeutsch.

Kanzler Premier.

Kap Vorsprung, Überhang, Ausladung, Spitze, Nase, Horn, Zunge, Zuspitzung, Landzunge, Landspitze,

Vorgebirge, Bergnase, Horn. → Berg.
Kapazität Befähigung, Fassungsvermögen, Fassungskraft, Fähigkeit, Verständnis, Können, Kraft • Meister, Könner, Fachmann, Fachgröße. → Ausbreitung, Ausdehnung, Berühmtheit, Fachmann, Fassungskraft. ▸ Begrenztheit, Nichtskönner.
Kapelle Orchester, Symphonieorchester, Tanzkapelle, Damenkapelle, Streichkapelle, Blaskapelle, Jazzkapelle, Vereinigung, Militärkapelle, Kurkapelle, Band. → Kirche.
Kapellmeister Dirigent, Maestro.
Kapellmeisterstab Taktstock.
Kapergut Prise.
kapern → bemächtigen, berauben, bestehlen.
Kaperung → Bemächtigung, Beraubung.
Kapholländer Bure.
kapieren → auffassen, verstehen.
kapillar faserig, haarig, haarfein, haarartig, haarförmig, fadenartig, röhrenartig.
Kapital Geld, Vermögen, Anlage, Schatz, Barschaft, Reichtum, Besitztum, Kassenvorrat, Ersparnis, Geldmacht, Habe, Guthaben, Grundstock, Fundus, Gut. → Besitz, Geldquelle. ▸ Kapitalnot, Schulden.
kapital → groß.
Kapitalanhäufung (Kapital-)Akkumulation, (Spargeldanhäufen) Horten.
Kapitalanlagegesellschaft Investmentgesellschaft/-trust.
Kapitalertrag Profit, Rendite, Return-on-investment, Revenue, Zinsen.
Kapitalist Geldaristokrat, Reicher, Geldmann, Börsenkönig, Millionär, Großkapitalist, Nabob, Geldprotz, Plutokrat, Timokrat, Raffke, Finanzier, Bankier, Aktionär, Geldverleiher. ▸ Schlucker armer.
kapitalkräftig betucht, flüssig, gut bei Kasse, liquide, reich, vermögend, wohlhabend.
Kapitalnot → Armut.
Kapitalrückflussrate Profitrate.
Kapitalrückgewinnung Payout.
Kapitalrücklage Reserve.
Kapitalanlage → Investierung, Einlage.
Kapitalverbrechen Attentat, Kidnapping, Mord, Piraterie, Raub.
Kapitalwerte (in der Bilanz) Passiva.
Kapitän Seefahrer, Bootsmann, Fährmann, Schiffer, Führer, Oberster, Schiffsführer, Lenker, Leiter, Wortführer, Offizier, Schiffsoffizier, Steuermann. → Chef.
Kapitel Bruchstück, Absatz, Paragraf, Artikel, Beitrag, Posten, Anteil, Abschnitt, Stelle, Vers • Domkapitel, Ordinariat, Kirchenrat, Kardinalsversammlung.
Kapitulation → Unterwerfung.
kapitulieren → aufgeben.
Kaplan → Diener Gottes, Geistlicher.
Käppchen Barett, Kalotte, Zerevis.
Kappe Mütze, Baskenmütze, Bedeckung, Kopfbedeckung, Wärme, Schutz, Zipfelmütze, Barett, Haube, Deckel *u,* Kapuze, Käppi, Turban, Fez, Skikappe, Pelzkappe, Hauskäppchen, Hülle, Deckung. → Hut. ▸ Blöße, Hut.
kappen → abschneiden, absondern.
Kaprice → Laune.
Kapriole → Sprung.
kapriziös → eigensinnig, launisch, eigenwillig, flatterhaft, grillenhaft, labil, launenhaft, launisch.
Kapsel → Bedeckung, Behälter, Büchse, Dose, Futteral.
kaputt → bankrott, beschädigt, entzwei, erschlagen. ▸ ganz, heil, unbeschädigt • in Ordnung, in Stand, intakt • repariert, saniert • fit, frisch, gesund, munter, vital.
kaputtgehen Brüche gehen in die, draufgehen, einstürzen, entzweigehen, zerbrechen, zerreißen • verenden, krepieren.
kaputtmachen demolieren, kurz und klein schlagen, zerbrechen, zerschlagen, zerstören, zertrümmern • fertig machen, zur Sau machen.
Kapuzenjacke Anorak, Schneejacke, Windjacke.
Karabiner → Büchse.
Karacho Rasanz, Tempo.
Karaffe Kanne, Flasche, Krug, Gefäß, Behälter, Karaffine, Wasserkaraffe, Weinkaraffe.
Karambolage → Anprall.
Karamell-Bonbon Plombenkiller *u.*
Karawane Reisegesellschaft. → Aufzug, Aufmarsch, Zug.
Karbunkel → Auswuchs.
Kardinal → Diener Gottes, Geistlicher.
Kardinalpunkt → Hauptsache.
Kardinalsversammlung (zur Papstwahl) Konklave.
Kardinalversammlung → Konklave.
karessieren tätscheln, befummeln, befingern, drücken, küssen, umarmen. → liebkosen.
karg dünn, dünn gesät, knapp, kümmerlich, schütter, spärlich, unergiebig, wenig, dürftig, unfruchtbar, ungenügend, mangelhaft, kärglich, unzureichend. → abstinent, anspruchslos. ▸ ausgiebig, viel.
kargen → abdarben, abarbeiten, entbehren, Haus halten, hungern.
Kargheit Ungenüge, Mangel, Unzulänglichkeit, Unvollkommenheit, Unvollständigkeit, Not, Armut, Dürftigkeit, Knappheit, Spärlichkeit, Sparsamkeit, Einschränkung, Entbehrung, Beengtheit, Hunger, Elend, Hungersnot, Drangsal, Ärmlichkeit, Beschränktheit, Verknappung. → Bedeutungslosigkeit, Dürre. ▸ Überfluss.
kärglich kümmerlich, knapp, ungenügend, notdürftig, unzulänglich, unvollständig, karg, mangelhaft, armselig, schäbig, Not leidend, spärlich, ärmlich, arm, beschränkt, dürftig. → beengend, begrenzt, bloß. ▸ ausgiebig, reichlich.
kärglich dahinleben vegetieren.
Kärglichkeit → Armut, Kargheit.
kariert gewürfelt. → durchbrochen, farbenfroh.
Karikatur Zerrbild, Parodie, Travestie, Nachahmung • Maßlosigkeit, Missgestaltung, Hässlichkeit, Verzerrung, Fratze, Entstellung, Verunstaltung, Sudelei, Geschmier, Verbildung, Missform, Verschandelung • Satire, Spott, Hohn, Spötterei, Verhöhnung, Verspottung, Neckerei, Spaßerei, Schmähung. → Bild, Darstellung unrichtige, Fratze, Nachahmung, Spott, Verunstaltung. ▸ Darstellung, Schönheit.

karikieren → auslachen, verspotten.
karikiert → bloßgestellt, verspottet.
Karitas Barmherzigkeit, Menschenfreundlichkeit, Nächstenliebe.
Karneval Fastnacht, Faselnacht, Fasching, Vastelovend, Rosenmontag, Narrenfest, Narrenschanz, Mummenschanz, Narrentag. ▸ (Fastenzeit).
Karnevalsrednerpult Bütt(e).
Karnevalsruf Alaaf, Helau.
Karre in den Dreck fahren etwas falsch machen, etwas falsch betreiben, (perf.: die Karre ist verfahren). → versagen.
Karren Fuhrwerk, Verkehrsmittel, Fahrzeug, Gefährt, Handwagen, Schubkarren, Wagen, Lastwagen, Kalesche, Stellwagen, Rollwagen, Schiebkarren, Lore, Schlitten, altes Kraftfahrzeug, Dreirad, Rikschah. → Chaise, Fahrzeug (Straßen-).
Karriere Hetzjagd, Hatz, Sturmlauf, Trab, Galopp • Flug, Eilfertigkeit, Raschheit, Rührigkeit, Behändigkeit, Schnelligkeit • Laufbahn, Fortschritt, Erfolg, Vorwärtskommen, Werdegang, Entwicklung, Verbesserung, Aufstieg, Fortkommen, Beförderung, Erhebung, Ernennung. → Blitz. ▸ Langsamkeit, Rückschritt • Flop, Misserfolg, Pleite.
Karriere machen vom Glück begünstigt sein, vorwärts kommen, sein Fortkommen finden, es zu etwas bringen, zu Ehren gelangen, den Preis davontragen, Beachtung finden, Aufsehen erregen. → bringen es zu etwas. ▸ bringen es nicht weit, missglücken.
Karrierefortsetzung/-neubeginn (nach längerer Zeit) Come-back.
Karrierist Aufsteiger, Emporkömmling, Ehrgeizling, Erfolgsmensch, Musterschüler, Streber, Opportunist.
Karte Plan, Landkarte, Wegekarte, Wanderkarte, Autokarte, Seekarte, Messtischblatt, Atlas, Generalstabskarte, Lagezeichnung • Speisekarte, Speisefolge, Getränkekarte, Weinkarte • Ausweis, Fahrkarte, Freikarte, Eintrittskarte, Visitenkarte, Besucherkarte • Postkarte, Ansichtskarte, Bildwerk, Darstellung, Anschauungsbild • Spielkarte. ▸ Brief.
Karte abgeben, seine → besuchen.
Karte, gute Ass, Joker.
Kartei → Register.
Karteikarte (Spielmarke) Fiche.
Karteireiter (zur Kennzeichnung von Karteikarten) Tab.
Karteischrank Aktenschrank, Registratur.
Kartell → Duell, Vereinigung.
Kartelle auflösen dekartellisieren.
Kartellkontrolle Fusionskontrolle.
Karten spielen, mit falschen → betrügen.
Kartenhaus → Misserfolg, Schwäche, Zusammenbruch.
Kartenlegekunst Kartomantie.
Kartenmischen Durchzug *u.*
Kartensteuer (als Vergnügungssteuer) Billetsteuer.
Kartenstock (bei Glücksspielen) Talon.
Kartenwerk (Landkartenwerk) Atlas.
Kartenzeichner (Landkartenzeichner) Kartograf.
Kartoffelbrei (Kartoffel-)Püree • Jadeschlamm *u.*
Kartoffeln Knolle, Erdäpfel, Grundbirne, Bramburi.
Karton Zeichnung, Entwurf, Vorwurf, Bild • Behälter, Kasten, Behältnis, Kassette, Schachtel, Pappschachtel, Kästchen, Dose. → Bild. ▸ Papier.
kartonieren → broschieren.
kartoniertes Buch Paperback.
Kartothek Zettelkasten, Kartei.
Karussell Ringelspiel, Laufring • Drehscheibe, Göpel • Kreisel.
Karzer → Bestrafung.
käsbleich → erschrocken.
Kaschemme → Ausschank.
kaschieren → verbergen.
Kasematte Festungswerk, Bollwerk, Verschanzung, Vorwerk, Festung, Befestigung • Kerker, Gewahrsam, Zwinger, Zwinghof, Verlies, Fronfeste, Bastille.
Kaserne Standort, Quartier, Lager, Kasematte, Baracke, Gebäude • Mietskaserne, Miethaus, Massenquartier.
käsig geronnen, seimig, teigig, pappig • käsbleich, fahl, totenblass, weiß wie die Wand, bleich vor Schrecken, angstvoll, verstört, bebend, zitternd. → dickflüssig, fahl. ▸ flüssig, frischfarbig, mutig.
Kasino → Kantine.
Kaskade → Wasserfall.
Kasper alberner Mensch, Clown, dummer August, Narr, Possenreißer, Spaßmacher, Witzbold.
Kassation → Abbau.
Kasse Gut, Kapital, Vermögen, Habe, Masse, Schatz, Barvermögen, Geldsumme, Geldvorrat • Sparkasse, Sparbank, Sparbüchse, Tresor feuerfester, Geldschrein, Geldschrank, Bank, Geldkiste, Geldlade • Barzahlung, Entrichtung, Begleichung, Vorauszahlung, Auszahlung, Einzahlung, Bezahlung • Behältnis, Kassette, Kiste, Kasten, Schrein, Truhe, Dose. → Bank, Bargeld, Behälter.
Kasse, gegen bar, cash.
Kasse, gut bei liquide, zahlungsfähig. → reich, wohlhabend.
Kasse, knapp bei arm, einkommensschwach, elend, mittellos, Not leidend, unbemittelt.
Kassenfehlbetrag (Kassen-)Defizit/Manko.
Kassenführer Kassierer.
Kassenprüfer Revisor.
Kassenschrank → Kasse.
Kassenschrank(fach) Safe, Tresor.
Kassensturz Revision.
Kassenvorrat → Kapital.
Kassenzettel Beleg, Bon, Kassenbeleg, Quittung, Rechnung.
Kasserolle → Behälter.
Kassette → Behälter.
kassieren einnehmen, einheimsen, einsammeln, erheben, umlegen, pfänden, einziehen, nachnehmen, einkassieren, einstreichen • entlassen, absetzen, verabschieden, kündigen, abberufen, pensionieren, fortjagen, in den Ruhestand versetzen, vom Thron stürzen, kalt stellen, über Bord werfen, den Stuhl vor die Tür setzen. → abbauen, aufhören, einkassieren. ▸ ausgeben, beauftragen.
Kastanie, essbare Marone.
Kastanien aus dem Feuer holen → helfen.
Kästchen → Behälter.
Kaste → Abteilung, Charge, Clique, Klasse.
kasteien → sühnen.
kasteien, sich enthaltsam sein,

martern sich, quälen sich, sühnen, verzichten.
Kasteiung → Askese, Sühne.
Kastell → Bastion, Befestigung, Besitztum, Burg.
Kasten Behälter, Kiste, Koffer, Schachtel, Schrank, Schrein, Schatulle, Truhe, Dose, Box, Vitrine. → Bedeckung, Behälter, Büchse, Dose.
Kastengeist Vorurteil, Befangenheit, Voreingenommenheit, Parteilichkeit, Einseitigkeit, Beschränktheit, Unduldsamkeit, Intoleranz, Chauvinismus, Lokalpatriotismus, Korpsgeist, Zunftgeist, Vetternwirtschaft, Standesdünkel, Abschließung. ▸ Toleranz, Vorurteilslosigkeit.
Kastenloser Paria.
Kastrat Eunuch.
Kastration → Abtrennung.
kastrieren → beschneiden.
kastrierter Hahn Kapaun.
kastriertes Pferd Wallach.
kasuistisch haarspalterisch. → spitzfindig.
Kasus → Fall.
Katafalk → Bahre.
Katakombe → Grab.
Katalog Inventar, Kartei, Liste, Nachweis, Preisbuch, Register, Sachregister, Tabelle, Verzeichnis, Zusammenstellung. → Angebot, Buch, Führer, Register.
katalogisieren einordnen, erfassen, registrieren.
Katapult → Schleuder.
Katarakt → Stromschnelle.
katastrophal → schrecklich.
Katastrophe Umsturz, Umschwung, Umwälzung, Erschütterung, Explosion, Sturz, Sturm, Erdbeben, Erdstoß, Felssturz, Lawine, Flut, Orkan, Sintflut, Untergang, Abgrund, Unglück, Unstern, Verhängnis, Schicksal, Unheil, Fluch, Not, Tücke, Unglücksfall, Betriebsunfall, Straßenunfall, Flugzeugunfall, Schiffbruch, Havarie, Zusammensturz, Hungersnot, Missernte, Wassernot, Krieg, Vernichtung, Seuche, Verheerung, Zerstörung, Ruin, Niedergang, Untergang, Blitzschlag. → Armut, Explosion, Flut, Niedergang, Unglück. ▸ Glück, Spannung.
Kate → Anwesen, Haus.
Kategorie Abteilung, Art, Einordnung, Einteilung, Fach, Gattung, Gruppe, Kaste, Klasse, Ordnung, Rang, Sorte, Zustand, Zweig, Schlag, Rasse. → Abteilung, Art, Art und Weise, Klasse, Ordnung, Rang, Regel, Zustand.
kategorisch absolut, ausdrücklich, ausgemacht, bestimmt, definitiv, endgültig, entschieden, ernstlich, erwiesen, fest, fraglos, gebieterisch, handgreiflich, nachdrücklich, offenkundig, sicher, streng, unbedingt, unbestreitbar, unstreitig, untrüglich, unumstößlich, unwiderleglich, unwidersprochen, unzweideutig, unzweifelhaft, wirklich, zuverlässig, zweifellos • angeordnet, auferlegt, befohlen, diktiert, gefordert, geboten, verfügt, vorgeschrieben. → absolut, bestimmt, ein für alle Mal, ernstlich. ▸ bedingterweise, unbestimmt, unentschieden, angenommen, hypothetisch, vermutet.
Kater Tier, Katze • Katzenjammer, Nachwehen, Nachwirkung, Haarspitzenkatarr, Brummschädel, Übelkeit. ▸ Katze • Wohlbefinden.
Kateridee Marotte, Schnapsidee, Schrulle.
Katerstimmung → Stimmung Hang-over.
Katharsis Bekehrung, Besserung, Läuterung, Reinigung, Sichbefreien (von seelischen Konflikten).
Katheder Lehrstuhl, Pult, Lehrkanzel • Lehrstelle.
Kathedrale → Kirche.
Katz, für die erfolglos, fruchtlos, müßig, nutzlos, unfruchtbar, unnötig, unnütz, vergeblich, verlustbringend, wertlos, wirkungslos, zwecklos, sich den Mund fusselig reden, fehl am Platz sein, sich erübrigen, in den Wind reden, tauben Ohren predigen, gegen Windmühlen kämpfen. ▸ nutzbringend.
katzbalgen → balgen, streiten.
katzbuckeln → buhlen, kriechen.
Katze Tier, Raubtier, Mieze, Dachhase *u*, Kater • Katze falsche, Evastochter, Schmeichelkätzchen, Schmeichelzunge, Schmeichler, Liebesdienerin • Geldkatze, Geldbörse, Geldbeutel. ▸ Kater.
Katze im Sack kaufen fehlgehen, fehlgreifen, fehlschießen, verhauen sich, verrechnen sich, unbesehen kaufen, übertölpeln lassen sich, betrügen lassen sich, umgarnen lassen sich, übers Ohr gehauen werden. ▸ prüfen eingehend.
katzenartig schleichend, hinterhältig, heimlich, auf Katzenpfoten. ▸ hörbar, offen.
Katzenbär Panda.
katzenfreundlich → aalglatt, listig, schmeichlerisch.
Katzenfreundlichkeit → Heuchelei, Schlauheit, Schmeichelei.
Katzenjammer Übersättigung, Überladung, Ekel, Kater • Trübsinn, Niedergeschlagenheit, Gedrücktheit, Mutlosigkeit, Seelennot, Lebensüberdruss, Trübseligkeit, Weltschmerz, Pessimismus, Kleinmut, Selbstanklage, Selbstquälerei, Verzweiflung, Trostlosigkeit, Murrsinn, Bitterkeit, Missstimmung, Verstimmung, Unstimmung, Missmut. → Kater, Trübsinn. ▸ Fröhlichkeit, Nüchternheit.
Katzenmusik → Dissonanz, Geleier, Missklang.
Katzensprung → nahe.
Katzentiere, Familie der Feliden.
katzenzüngig → aalglatt, falsch.
Kauderwelsch Gewelsch. → Jargon, Unklarheit, Unsinn.
Kaue → Haus.
kauen → äsen, essen.
kauern liegen, kriechen, knien, beugen, niedersitzen, hocken, niederhocken, sich ducken, niederknien. ▸ stehen.
Kauf Einkauf, Ankauf, Aufkauf, Notkauf, Angstkauf, Bestellung, Besorgung, Hamsterei, Verkauf, Abnahme, Anschaffung, Bezug, Erwerbung, Geschäft, Übernahme • Ausgabe, Auslage, Aufwand, Kosten, Unkosten, Belastung. → Abnahme, Einkauf, Errungenschaft, Gelegenheit. ▸ Verkauf, Abgabe, Absatz, Veräußerung, Weitergabe • Erbe, Schenkung.
Kauf anbieten, zum anbieten, feilbieten/-halten, anpreisen.
Kauf auf Raten Abzahlungskauf, Kreditkauf, Ratenkauf.
Kauf nehmen, in aushalten,

ertragen, hinnehmen, gefallen lassen sich.
Kauf und Verkauf Geschäftsverkehr, Handel, Tauschhandel, Warenaustausch.
kaufbar → erkäuflich.
kaufen erstehen, erwerben, ersteigern, bestellen, anschaffen, in Auftrag geben, beziehen, einkaufen, aufkaufen, abhandeln, abfeilschen, abschachern, ramschen, hamstern, beschaffen, sich eindecken. → abnehmen, aneignen, beschaffen, bestellen, erhandeln, nehmen. ▸ verkaufen, absetzen, abstoßen, veräußern, verscheuern, versetzen • geschenkt bekommen • borgen, leasen, mieten, pachten.
Käufer Kunde, Abnehmer, Auftraggeber, Ersteher, Erwerber, Konsument, Verbraucher, Besteller, Auftraggeber, Benutzer, Bezüger, Bezieher, Abonnent. ▸ Verkäufer.
Kaufhalle → Detailgeschäft, Laden.
Kaufhaus → Bezugsquelle, Detailgeschäft, Laden.
Kaufherr → Kaufmann.
Kaufinteresse Nachfrage.
Kaufkraft → Wert, Nachfrage.
Kaufkraft des Einkommens Realeinkommen/-lohn.
kaufkräftig betucht, liquide, reich, vermögend, wohlhabend, zahlungsfähig.
Kaufkraftverfall des Geldes Inflation.
Kaufkraftwährung Indexwährung.
käuflich bestechlich, feil, gemein, gewinnsüchtig, schmutzig, gewissenlos, habgierig, treulos, unredlich, gewissenlos, pflichtvergessen, niedrig, unanständig, verächtlich, ehrlos, infam. → ausschweifend, bestechlich, charakterlos, dirnenhaft. ▸ treu, unbestechlich, unverkäuflich.
Käuflichkeit Bestechlichkeit, Zugänglichkeit, Feilheit, Schmutzerei, Schäbigkeit, Unredlichkeit, Unehrlichkeit, Unlauterkeit, Gemeinheit, Falschheit, Unehrbarkeit, Gewissenlosigkeit, Schurkerei, Gewinnsucht, Unrechtlichkeit, Betrügerei, Schiebung, Lumperei, Gaunerei, Vertrauensmissbrauch, Untreue, Treulosigkeit, Pflichtvergessenheit, Verrat, doppeltes Spiel, Hintergehung • Geschenk, Gabe, Angebinde, Beschenkung, Zuwendung, Spende, Abgabe, Unterstützung, Pfründe, Zuschuss, Entschädigung, Vergütung. → Bestechlichkeit, Bestechung, Feilheit. ▸ Treue, Unbestechlichkeit.
Kauflust → Bedarf, Bedürfnis, Nachfrage.
Kauflustiger Kaufwilliger, Interessent, Reflektant.
Kaufmann Geschäftsmann, Großhändler, Kleinhändler, Zwischenhändler, Ladenbesitzer, Krämer, Detaillist, Händler, Boutiquer *u,* Handelsmann, Gewerbetreibender, Krauter *u,* Koofmich *u,* Hausierer, Kolporteur, Kümmelspalter *u,* Höker, Trödler, Aufkäufer, Marketender, Lieferer, Vermittler, Spediteur, Exporteur, Importeur, Unternehmer, Fabrikant, Industrieller, Bankier, Volkswirt, Wirtschaftsführer. → Detaillist, Fabrikant, Geschäftsführer, Gewerbetreibender, Prokurist, Verkäufer. ▸ Käufer, Kunde.
kaufmännisch geschäftlich, handelsmäßig, krämermäßig, spekulativ, merkantil.
kaufmännischer Brauch Usance, Uso, Usus.
kaufmännisches Angebot Offerte.
Kaufsumme Preis, Rechnungsbetrag.
Kaufverweigerung Boykott.
kaufwürdig preiswert, preiswürdig, wohlfeil, billig, spottbillig, brauchbar, empfehlenswert, erprobt, zum halben Preis, günstig, für die Hälfte des Wertes, um ein Butterbrot, halb geschenkt, herabgesetzt, verschleudert, verramscht. ▸ teuer.
kaum gering, selten, spärlich, vereinzelt, wenig, nur, bloß, just, knapp, etwas, unerheblich, in geringem Grade • undenkbar, unwahrscheinlich, kaum denkbar. → dünn, dann und wann, rar, undenkbar, wenig. ▸ dauernd, denkbar, immer.
Kaumuskel Masseter.
Kaunuss Betel(nuss).
Kautabak-Stück Priem(e).
Kaution Sicherheitsleistung, Gutsagung, Haftgeld, Hinterlegung, Garantie, Unterpfand, Gewährleistung, Sicherstellung, Pfand, Haftung, Rückversicherung, Deckung, Verbindlichkeit, Verpflichtung, Verschreibung, Vertrag. → Gewährleistung. ▸ Ablehnung, Verweigerung.
Kautz, närrischer Eigenbrötler, Sonderling, Außenseiter, Hagestolz, Witzbold, Witzkopf, Schalk, Spaßvogel, Original. → Dummerian, Dummkopf. ▸ Bärbeißer, Schlaukopf, Weltmann.
kauzig → schrullig.
Kavalier Weltmann, Herr, Gesellschaftslöwe, Schwerenöter, Gesellschafter, Tänzer, Ritter, Chevalier. → Begleitung. ▸ Bärbeißer, Klotz.
Kavallerist Dragoner, Husar, Kürassier, Ulan.
keck draufgängerisch, schmissig, schneidig, flott, kess, munter. → anmaßend, anspruchsvoll, burschikos, dreist, geschwollen, herzhaft, ungeniert, unhöflich. ▸ ängstlich, scheu, schüchtern, zaghaft • zurückhaltend • zuvorkommend • brav, bieder.
Keckheit → Anmaßung, Dreistigkeit, eherne Stirn, Frechheit.
Kegel Konus.
Kegel-Fehlwurf Sand *u.*
kegelförmig konisch.
kegeln kugelstoßen. → umwerfen.
Kegelschnitt Ellipse, Hyperbel, Kreis, Parabel.
Kehle Hals, Rachen, Schlund • Tröte *u.*
Kehlkopf Schluckanzeiger *u.*
Kehlkopfentzündung Laryngitis.
Kehllaut Guttural(laut).
Kehraus → Abschluss, Ausgang.
Kehre → Kurve.
kehren → abstauben, ausbürsten, bürsten, drehen, fegen, putzen.
kehren, den Rücken fliehen, flüchten, Fersengeld geben, verduften, auskneifen, fortschleichen, verkrümeln • verlassen, im Stich lassen, sich zurückziehen, aufgeben, drangeben, fallen lassen, abwenden. ▸ hinwenden sich, Kontakt suchen, sich zuwenden.
Kehricht → Abfall, Asche, Dreck, Exkrement.
Kehrreim Refrain.
Kehrseite → Gegensatz,

Gegenseite, Gegenstück, Rückseite.
kehrtmachen → umkehren. ▸ weitergehen.
Kehrwiederkeule Bumerang.
keifen → anfahren, balgen, belfern, geifern, Hölle heiß machen, schmollen.
Keiferei → Gehader, Zanksucht.
Keiferer → Choleriker, Zankteufel.
Keiferin → Blut heißes, Drache, Xanthippe.
Keil → Beschwernis, Werkzeug. ▸ Spalt.
keilen → austragen, balgen, prügeln.
Keilerei Prügelei, Schlägerei, Rauferei.
keilförmig kuneiform, sphenoid.
Keim → Anlass, Anstoß, Samen.
Keimbefreiung Desinfektion, Sterilisation.
Keimblase Blastula.
Keimdrüse Germinale, Gonade, (Hoden) Testikel.
Keimdrüsenentfernung Kastration.
Keimdrüsenhormone Sexualhormone (Androgene, Gestagene, Östrogene).
keimen anfangen, beginnen, einsetzen, ansetzen, entstehen, anbahnen, entspringen, ausbrechen, erscheinen, aufgehen, entfalten, entfließen, entströmen, entquellen, ins Leben rufen, aufkeimen, knospen, schwellen, sprießen, strecken, vermehren, aufsprießen, aufblühen, anschwellen, gedeihen, entwickeln, wachsen. → aufblühen, aufgehen, auftauchen, dehnen, entwickeln, erblühen. ▸ aufhören, verblühen, verkümmern, verwelken.
keimfrei frei von, steril, aseptisch • antiseptisch, keimtötend, desinfiziert. ▸ infiziert, septisch, verseucht.
keimhaltig (fäulniserregend) septisch.
Keimling Spross, Knospe, Schößling, Ableger.
keimtötend antiseptisch, bakterizid, germizid, spermizid.
Keimung → Entstehung.
Keimzelle → Samen, Anlass, Gamet, Germinozyt, Spermium, (pflanzliche K.) Spore.
kein Mensch keiner, niemand, nicht einer.
keine Seele → abwesend.
keiner → niemand.
keinesfalls → beileibe nicht, nie.
keineswegs nie, niemals, nicht, keinesfalls, unmöglich, nimmermehr, nimmer, unausführbar, durchaus nicht, kein Gedanke daran, nicht im Geringsten, ganz und gar nicht, ohne Aussicht, unter keinen Umständen, bestimmt nicht, in keiner Beziehung, fern davon. → absprechen, aberkennen, fern, nie. ▸ immer.
Kelch Blumenkelch, Blütenkelch • Messkelch, Pokal, Trinkhorn, Weinkelch, Schale, Trinkgerät, Glas, Becher. → Behälter, Bier, Gefäß.
Kelch, bitterer → Schmerz, Verdruss.
Kelle Schöpfer • Spartel, Spatel, Fugeisen.
Keller Kellerwohnung, Kartoffelkeller, Weinkeller, Vorratskeller, Tiefe, Kellerloch, Vertiefung, Kohlenkeller. → Abstellraum. ▸ Boden, Dachkammer.
Kellergeschoss Souterrain.
Kellergewölbe Kasematte.
Kellermeister Küfer.
Kellerwerkstätte Hobbyraum.
Kellner Ober *u*, Bediener, Untergebener, Angestellter, Gehilfe, Aufwärter, Hotelkellner. ▸ Gast, Gastwirt • Procenter *u*.
Kellnerei → Ausschank, Gastwirtskellner, Ober, Aushilfe.
keltern → ausdrücken.
Kemenate → Zimmer.
kennen wissen, auskennen, durchschauen, verstehen, entdecken, können, meistern, bemeistern, deichseln, taugen, erlernen, begreifen, einsehen, erfassen, unterscheiden, beherrschen, überblicken, Bescheid wissen, im Klaren sein, den richtigen Grund kennen, bewandert sein, beschlagen sein, kennen etwas wie seine Hosen- oder Westentasche *u*, gewahr werden. → befreunden, erfahren. ▸ begreifen nicht, unbekannt (sein), unwissend (sein), verfeinden sich.
kennen lernen, sich annähern sich, anschließen sich, befreunden sich, einlassen mit, lieb gewinnen sich, verbrüdern sich, bekannt werden, Freundschaft eingehen, in nähere Beziehung treten, Zuneigung fassen, Vertrauen schenken, Umgang pflegen, zusammenkommen, in Verbindung stehen, den Arm geben, in Verkehr stehen, sich sehen, sich treffen, sich aufsuchen, Besuch abstatten, bei jemandem vorsprechen, sich vorstellen, sich einführen lassen. → begegnen, brechen das Eis. ▸ gehen eigene Wege, gehen seiner Wege, verfeinden sich.
Kenner → Fachmann, Feinschmecker.
Kennerblick Feingefühl, Geschmack, Fingerspitzengefühl, innerer Sinn, feine Witterung, Scharfsinn, Begabung, Findigkeit, Meisterhaftigkeit, Eignung, Routine, Übung, Weltkenntnis, Verständnis, Lebensart, Kennermiene, Genießermiene, Feingeschmack. → Feingefühl. ▸ Unerfahrenheit.
kennerhaft → genießerisch.
Kennermiene → Feingefühl, Kennerblick.
Kennkarte Ausweis, Pass, Personalausweis.
kenntlich machen designieren, kennzeichnen, markieren.
Kenntnis Erkenntnis, Verständnis, Einblick, Wissen, Vertrautheit, Einsicht, Bekanntschaft, Erfahrung, Erleuchtung, Kunde, Bild, Können, Geschicklichkeit, Gewandtheit, Anstelligkeit, Fähigkeit, Tauglichkeit, Begabung, Geschick, Raschheit, Tüchtigkeit, Befähigung, Fassungskraft, Kunstfertigkeit, Meisterschaft. → Begabung, Einblick, Erfahrung, Erkenntnis. ▸ Unkenntnis, Unerfahrenheit, Unwissenheit.
Kenntnis setzen, in benachrichtigen, Bescheid geben, informieren, instruieren, mitteilen, orientieren.
kenntnisloser Mensch Ignorant.
kenntnisreich → erfahren.
Kenntnisse erwerben anlernen / einbläuen / -pauken / -trichtern / -üben sich etwas, büffeln, lernen, ochsen, pauken, studieren.
Kennwort Erkennungszeichen, Chiffre.
Kennzahl Chiffre, Index, Nummer.
Kennzeichen Merkmal, Abzeichen, Besonderheit,

Bezeichnung, Kennwort, Chiffre, Kennbuchstabe, Emblem, Hoheitszeichen, Sinnbild, Zeichen, Fabrikationszeichen, Beifügung, Attribut, Ziffer, Anzeiger, Mal, Index, Insignie, Unterscheidungszeichen, Andeutung, Anzeichen, Vorzeichen, Gepräge, Darstellung, Symbol, Versinnlichung, Fingerabdruck, Vermerkung, Name, Namenszug, Stempel, Schriftzeichen, Zahlzeichen, Nummer, Zahl, Bezifferung, Beschriftung, Kerbzeichen, Einschnitt, Schutzzeichen, Spitzmarke, Marke, Dienstzeichen, Gradzeichen, Erkennungsmarke, Ehrenzeichen, Schein, Pass, Urkunde, Zeugnis, Kennzeichen, Gepräge, Äußeres, Unterscheidungszeichen. → Anzeichen, Aufdruck, Bake, Charakter, Emblem, Erkennungszeichen, Erscheinung, Fabrikationsname. ▸ Allgemeingültigkeit.

kennzeichnen → charakterisieren, deuten, durchlochen.

kennzeichnend → bezeichnend, Blut liegen im, charakteristisch.

Kennzeichnung → Benennung, Kennzeichen.

Kennziffer → Kennzahl.

kentern → absacken.

Keramik → Bildhauerei.

Kerbe → Einschnitt, Fuge, Kennzeichen, Zeichen, Einbuchtung.

Kerbe hauen, in dieselbe → übereinstimmen.

Kerbholz haben, auf dem einen nicht leiden können, Feindschaft hegen, böse mit jemandem sein, einem nicht grün sein, leben wie Hund und Katze • Schuld haben, etwas ausgefressen haben, Dreck am Stecken haben, sein Gewissen fühlen, zu Boden sehen, die Farbe wechseln, dem Blick ausweichen, im Innersten erbeben. ▸ befreunden, Gewissen gutes (haben), Wässerchen trüben kein.

Kerbtier → Insekten.

Kerbung (von Reifen) Profil.

Kerker Freiheitsberaubung, Verhaftung, Gefangenschaft, Gewahrsam, Fessel, Kette, Einsperrung, Gefängnis, Arrest, Verlies, Zuchthaus, Arbeitshaus, Zwinger, Karzer, Käfig, Spritzenhaus, Schuldturm, Henkerturm, Strafhaus, Strafanstalt, Zelle, Loch, Besserungsanstalt, Untersuchungshaft, Konzentrationslager, Terror, Halseisen, Zwangsmittel • Strafe, Bestrafung, Strafvollzug, Ahndung, Vergeltung, Buße. → Bestrafung, Kasematte.

Kerkermeister Aufseher, Beschließer, Wärter, Wachmann.

Kerl Kraftmensch, Gewaltmensch, Bulle, Haudegen, Recke, Riese, Hüne • Flegel, Bursche, Bengel, Lümmel, Range, Gassenjunge, Schusterjunge, Schlot, Bauernflegel, Gesell, Bauernkerl, Michel, Lump, Pack, Bande, Horde, Lumpengesindel, ungeleckter Bär, frecher Kerl. → Bursche. ▸ Ehrenmann, Schwächling Angsthase, Drückeberger, Feigling • Softy.

Kern → Ausdruck, Brennpunkt, Charakter, Faden roter, Inhalt, Mark, Substanz, Wesen, Zentrum. ▸ Äußeres, Hülle, Schale.

Kern der Sache → Hauptsache.

Kern, des Pudels Wesen, Inbegriff, Hauptsache, Wesentlichkeit, Substanz, Ding an sich, Herzstück, Gehalt, Seele, Herz, Brennpunkt, der springende Punkt, wesentlicher Teil, Verkörperung. → Inhalt. ▸ Gehaltlosigkeit, Nebensache.

Kerngedanke Grundgedanke, Kernpunkt, Betracht, Betreff, Grundbegriff, Inneres, Kern, Hauptsache, Wesentlichkeit, Brennpunkt, Gehalt, Seele, Herzstück, Hauptsache, Substanz, Inbegriff, Eigentümlichkeit, Kernproblem, Hauptgedanke, Hauptteil, Markstück, Kernstück, Hauptsache, Hauptgehalt, Schwergewicht, Idee, der springende Punkt, Thema, wesentlicher Teil. → Grundsatz. ▸ Beiwerk, Nebensache.

kerngesund quicklebendig *u.* → gesund.

kernhaft → aufrecht, stark.

Kernhaftigkeit → Charakterstärke, Kernigkeit.

kernig → Fassung kurze, stark.

Kernigkeit Geschlossenheit, Kernhaftigkeit, Bündigkeit, Gedrängtheit, Knappheit, Beschränkung, Gedrungenheit, Gesundheit. → Bestimmtheit, Herbheit. ▸ Schlaffheit, Weitschweifigkeit.

Kernkraft Atomenergie.

Kernpunkt → Brennpunkt, Hauptsache, Kerngedanke.

Kernreaktor Atommeiler, Pile.

Kernspaltung Fission.

Kernspruch → Axiom, Denkspruch, Devise, Sinnspruch.

Kernstück → Kerngedanke, Mark.

Kerntruppe Garde.

Kernwaffe Atombombe, Atomrakete, Nuklearwaffe.

Kerze → Licht.

kerzengerade → aufrecht.

Kerzenhalter → Leuchter.

kess → forsch, dreist.

Kessel → Abgrund, Becken, Behälter, Gefäß.

Kesselpauken Timpani.

Kette → Anzahl, Aufeinanderfolge, Band, Bande, Bindemittel, Reihe, Schmuck.

ketten → bändigen, berauben, beschneiden, binden die Hände, fesseln, nehmen, gefangen.

Ketten legen, in → verhaften.

Kettengesang Kanon.

Kettenkugel → Beschwernis, Waffe.

Kettenläden Chain-stores.

Ketzer → Abtrünniger.

Ketzerei Heidentum, Irrglaube, Irrlehre, Häresie, Irrgläubigkeit, Ketzerglaube, Freigeisterei, Ungläubigkeit, Heidenglaube, Götzenverehrung, Bilderanbetung, Bilderdienst, Bilderverehrung, Götzendienerei, Vielgötterei, Gottesleugnung, Freidenkerei. ▸ (Rechtgläubigkeit).

Ketzergericht/-verbrennung Autodafé, Inquisition.

ketzerisch → abtrünnig, heidnisch.

Ketzerrichter Inquisitor.

Keuchen → Beengung, Beschwerde.

keuchen schnauben, schnaufen, fauchen, schnoben, pusten, ermatten, erschlaffen, erliegen, schmachten, lechzen, außer Atem kommen, nicht nachkommen können, nach Luft schnappen, den Atem verlieren. ▸ kräftigen, vorankommen.

Keule → Prügel, Waffe.

keusch anständig, rein,

enthaltsam, schamhaft, unschuldig, sittsam, züchtig, jungfräulich, mädchenhaft, unberührt, unverletzt, unbefleckt, platonisch, ehescheu, unverdorben, heilig, kalt, ehrbar, tugendhaft, tugendsam, zimperlich, spröde, schüchtern, sittig, sittlich, tugendlich, unnahbar, verschämt.
▸ unkeusch • sexuell aufgeschlossen • ausschweifend, lasterhaft, unzüchtig • geil, liebeshungrig, lüstern, sexbesessen.

Keuschheit Reinheit, Anstand, Unschuld, Zucht, Schamgefühl, Sittlichkeit, Züchtigkeit, Jungfräulichkeit, Mädchenhaftigkeit, Schamhaftigkeit, Unverletztheit, Unberührtheit, Anständigkeit, Sittsamkeit, Josephsehe, Ehelosigkeit, Enthaltsamkeit, Zölibat, Mönchsgelübde, Jungfernschaft, keuscher Lebenswandel. → Anstand.
▸ Unkeuschheit.

Keuschheit, freiwillige Abstinentia sexualis, sexuelle Enthaltsamkeit.

kichern gibbeln *u.* → belächeln, grinsen, lachen.

Kiefer (Oberkiefer u. Unterkiefer) Fresslade *u.*

kieken → anschauen.

Kielwasser Achter, Lee, Fahrwasser, Strömung, Trift, Lauf, Wegweiser, Richtungszeiger, Radwellen, Wellen, Sprudel, Schaumkrone, Wirbel.

Kiemen Atmungsorgane der Wassertiere, Branchien.

Kienspan → Fackel.

Kiepe Trage, Tragkorb, Postsack, Hucke, Krätze, Reff, Ranzen, Ränzel, Tasche, Bündel, Felleisen, Brotsack, Rucksack, Tornister, Quersack, Traglast, Gepäck, Korb.

Kies → Bargeld, Baustoff.

Kiesel → Stein.

kiesen → wählen.

kiesig → bröcklig.

Kieswüste Serir.

killen → ausrotten, töten.

Killer Berufsmörder, Gunman.

Kimmung → Blickfeld.

Kind Hemdenmatz, Schreihals *u,* Titi *u,* Wurm *u,* Baby, Bambino, Bankert, Göre, Infant, Hosenmatz, Kleines, Junge, Mädchen, Stammhalter, Spross, Sprössling, Racker *u,* Kroppzeug *u,* Trabanten *u,* Abkömmling, Liebespfand, Nebenkind, Beikind, Pflegekind, Säugling, Wickelkind, Wiegenkind, Knirps, Blag, Balg *u,* Fratz *u,* Krott *u,* Panz *u,* Put *u,* Nackedei, Nesthupfer, Nesthäkchen, Nestkücken, Nachkomme, Erbe • Unschuld. → Abkomme, Ableger, Anverwandte, Baby, Balg, Bengel.
▸ Eltern, (Erwachsener) Mutter, Vater.

Kind beim rechten Namen nennen → charakterisieren, offenbaren.

Kind, kleines Purzel *u.*

Kind, mutwilliges Racker *u.*

Kind und Kegel → A bis Z, A und O.

Kind, unruhiges Quirl *u.*

Kindbett Geburt, Niederkunft, Entbindung, Wochenbett, Kindelbett, Säuglingsheim, Mütterheim, Entsagung, Entbehrung, Aufopferung, Frauenschaft, Frauenlos.

Kindbettpsychosen Puerperalpsychosen.

Kinder → Bagage, Kind.

Kinder bekommen entbinden, gebären, niederkommen.

Kinder-Aufpasser (Kleinkinder-/Baby-Aufpasser) Babysitter.

Kinderarzt Pädiater.

Kinderballon → Ballon.

Kinderbett Wiege, Eia *u,* Heia *u,* Gitterbett.

Kinderei → Humbug.

Kinderfrau Kindermädchen, Nurse. → Erzieherin.

Kinderfreundschaft Sandkastenliebe *u.*

Kindergärtnerin → Erzieherin.

Kinderheilkunde Pädiatrie.

Kinderhort Kinderschule, Kindergarten, Kinderheim, Kleinkinderbewahranstalt, Kleinkinderschule, Heim, Findelhaus, Waisenhaus, Säuglingsheim, Wohltätigkeit, Kinderfürsorge, Pflegeanstalt. → Charite.

Kinderlähmung, epidemische Polio(myelitis).

kinderleicht → leicht.

kinderlos → einsam, unfruchtbar.

kinderlose Frau Nullipara.

Kindermädchen → Kinderfrau.

kinderreich fruchtbar, vielgebärend, ehefähig, zeugungsfähig, fortpflanzungsfähig, ergiebig, reich, viele Kinder, wie die Orgelpfeifen.
▸ kinderlos.

Kindersegen Nachkommenschaft, Nachwuchs, Ehesegen, Sprössling, Nachkomme, Nachfolge, Abkömmling, Erben, Familie, Sippe, Fortpflanzung, Kinder, Kindschaft.
▸ Einsamkeit, Unfruchtbarkeit.

Kinderspiel → Bagatelle, Spiel.

Kindervernachlässigung (durch die Mutter) Sauliebe *u.*

Kinderwagen Schäse *u.*

Kinderwärterin → Erzieherin.

Kindes Statt annehmen, an adoptieren.

Kindesentführer (Entführer) Kidnapper.

Kindesentführung (Entführung) Kidnapping.

Kindeskind → Abkomme.

Kindfrau Lolita.

Kindheit → Jugend.

kindisch → absurd, albern, arglos, beengt, dumm, töricht.

kindisches Wesen → Blödigkeit.

kindlich → jung, schlicht.

Kindlichbleiben Infantilismus.

Kindskopf → Milchbart, Grünschnabel, Gelbschnabel, Halbgeback, Lausbub, Balg, Bengel, Erstklässler, Anfänger, Abc-Schütze, Fratz, Range, Flegel, Nichtswisser, Nichtskönner, Neuling, Dummkopf, Schwachkopf, Dummerian, Stümper, Einfaltspinsel, Faselhans, Grünling.
▸ Schlaukopf.

Kinkerlitzchen → Bagatelle, Kamellen.

Kinn, vorstehendes (vorstehender Unterkiefer) Progenie.

Kinnflechte Bartflechte, Mentagra.

Kinnhaken Niederschlag, Knockout, Schwinger.

Kino Lichtspiele, Lichtspieltheater, Lichtspielhaus, Film, Filmtheater, Vorführung, Veranstaltung, Bildervorführung, Filmvorführung, Aufführung, öffentliche Lustbarkeit.

Kino... → Film.

Kinokarte → Einlasskarte.

Kiosk → Bude.

Kippe → Rückschlag, Stummel.

Kippe, auf der kritisch.

kippelig schwankend, wackelig, auf der Kippe, schlapp, schotterig, schaukelnd,

pendelnd.
→ labil.
kippeln wackeln.
kippen abkippen, kappen, abkappen, stutzen, kupieren, beschneiden, abschneiden, weghauen, verkürzen • umkippen, entleeren, auskippen, umdrehen • einen heben, einen kippen, einen leeren, einen schnäpseln, einen trinken.
▸ aufsetzen, enthalten sich, längen, stellen.
Kippkarren (zum Schüttguttransport) Dumper, (Kipp-)Lore.
Kirche Kathedrale, Kapelle, Dom, Tempel, Münster, Basilika, Gotteshaus, Bethaus, Hauptkirche, Dorfkirche, Stadtkirche, Pfarrkirche, Burgkirche, Bergkirche, Waldkirche, Schlosskirche, Synagoge, Moschee, Andachtsort, Bettempel, Heiligtum, Kultstätte • Bekenntnis, Glaubensrichtung, Glaubensbekenntnis, Konfession • Gottes Staat, Kirchenregiment, Kirchenverfassung, Papsttum, Kirchenbehörde, Priesterherrschaft.
Kirche im Dorf lassen Vernunft walten lassen, dem gesunden Menschenverstand folgen, nicht weitschweifig sein, sich nicht beirren lassen, nicht übertreiben.
▸ (Himmel stürmen).
Kirchenältester Presbyter.
Kirchenausschluss Exkommunikation.
Kirchenbann → Acht, Ächtung, Bannspruch.
Kirchenberatung → Konklave.
Kirchendiener → Küster.
kirchenfeindlich antiklerikal.
Kirchenfest Kirchenbrauch, Feierlichkeit, Zeremonie, Weihnachten, Dreikönigstag, Ostern, Pfingsten, Fronleichnam, Kirchweih, Kirmes, Ruhetag, Feiertag, Fest, Feierlichkeit, Prozession, Erbauung, Festtag, Sonntag, Feierzeit, Freizeit. → Kirchweih.
Kirchenfluch → Bannfluch.
Kirchenführerversammlung Konzil.
Kirchengalerie Empore.
Kirchengesang → Cantus, Chor.
Kirchenglocken Geläut.
Kirchenlicht → Denker.
Kirchenlied (Choral) → Chor.
Kirchenrat → Konklave.
Kirchenraub → Beraubung, Dieberei, Schändung.
Kirchenrede Predigt.
Kirchenspaltung Schisma.
Kirchenstaat Vatikan.
Kirchenversammlung → Konklave.
Kirchhof → Friedhof.
kirchlich klerikal, geistlich, priesterlich, mönchisch, klösterlich, bischöflich, christlich, theokratisch, gläubig, kirchentreu, religionstreu, fromm, bibelgläubig, kirchenfreundlich, bekenntnistreu, religiös, gottesgläubig, frommgläubig, gottbegeistert.
▸ weltlich.
kirchlicher Brauch Ritus.
Kirchweih Jahrestag, Gedenktag, Gedächtnistag, Einweihung • Kirmes, Vergnügen, Schaubuden, Karussell, Winzerfest, Volksfest, Volksfeier, Festlichkeit, Kerb, Scherz, Spaß. → Kirchenfest.
Kirke → Bajadere, Buhle.
Kirmes → Kirchweih.
kirre machen → unterwerfen.
Kismet → Fatalismus, Schicksal.
Kissen → Polster.
Kiste → Ball, Bedeckung, Behälter, Kasten.
Kitsch Gerümpel, Firlefanz, Blödsinn, Humbug, Gräuel, Entstellung, Verunstaltung, Stillosigkeit, Krackelwerk, Stümperei, Sudelei, Geschmier, Schiererei, Gehudel, Flickwerk, Plunder, Dreck, Unwert, Wertlosigkeit, Schund, Seichtigkeit, Schnulze, Schmarren, Verdorbenheit, Mist, Abschaum, Ausschuss, Pfennigromane, Warenhausschund, Bruch, Groschenheft, Geschmacklosigkeit, Abfall.
▸ Kunst, Wert.
kitschig → geschmacklos, stillos, schnulzig.
Kitt → Bindemittel, Brei.
Kittchen → Gefängnis.
Kittel Arbeitskittel, Arbeits- oder Berufskleidung, Schutzkleidung, Schürze, Kittelschürze, Overall.
kitten → anmachen, einkitten.
Kitzel → Begierde, Genuss.
kitzelig kitzlig, empfindlich, empfindsam, anfällig, reizbar, bemerkbar, fühlend, lachbereit.
▸ unempfänglich.
kitzeln → jucken.
kitzeln, den Gaumen → schmecken.
Kitzler Clitoris, Klitoris.
Kladde Diarium, Notizbuch, Strazze.
klaffen gähnen, spalten, spreizen, ein Loch haben.
kläffen → bellen.
klaffend gähnend, gespalten, gesprungen, unterbrochen.
Kläffer Hund, Köter, Rüde, Meute, Schwätzer, Wichtigtuer, Schmäher, Lästerer, Krakeeler, Räsonierer, Verleumder, Lästermaul, böse Zunge.
▸ Lobhudler.
Klage Seufzer, Schmerzensruf, Jammer, Laut, Geschrei, Angstruf, o weh!, au wai! *u,* Notschrei, Schrei, Schmerz, Schmerzensausbruch, Wehklage, Geseufze, Gestöhn, Ächzen, Gewimmer, Geheul, Schluchzer, Stoßseufzer, Todesschrei, Klageruf, Gejammer, Händeringen • Gerichtsanzeige, Anklage, Tadel, Vorwurf, Einwand, Vorhaltung, Vorwurf, Beschwerde, Beanstandung, Bezichtigung, Anzeige, Mahnung, Protest, Rüge, Reklamation, Zeihung, Anschuldigung, Beschuldigung, Klageweg. → Anzeige, Berufung, Beschwernis, Beschwerde, Geschrei.
▸ Belobigung, Freude, Rechtfertigung.
Klage führen beanstanden, bedauern, bejammern, beschweren sich, jammern, klagen, kritisieren, missbilligen, tadeln • verklagen.
Klage vorbringen → belangen.
Klagebrief → Brief.
Klagegesang → Dichtungsart.
Klagelied Elegie, Jeremiade. → Klage.
Klagen → Gestöhne, Klage.
klagen wehklagen, jammern, heulen, schreien, seufzen, schluchzen, zetern, stöhnen, weinen, winseln, wimmern, ächzen, betränen, trauern, in Klage ausbrechen, Hände ringen die • beschuldigen, anklagen, prozessieren, anzeigen, angeben, überführen, überweisen, Anzeige erstatten, jemanden anzeigen, Klage einbringen, sein Recht bei Gericht suchen, den Rechtsweg betreten. → ächzen, beklagen.
▸ freuen sich, rechtfertigen sich • sich beherrschen, sich zusammennehmen • dulden, erdulden • freisprechen.

klagend → böse, demütig und wehmütig, elegisch, traurig.
Kläger Ankläger, Beschuldiger, Staatsanwalt, Angeber, Anzeiger, Sittenrichter, Gegner, Zeuge, Tadler.
▸ Angeklagter, Verteidiger.
Klagesache → Prozess.
Klageweib Heulsuse, Tränentier.
kläglich jämmerlich, herb, schlimm, betrüblich, misslich, erbärmlich, düster, trostlos, schändlich, übel, finster, schmerzlich, betrübend • langweilig, ermüdend, gehaltlos, geistlos, schlecht, unwert, beschämend, schwach, minderwertig, leer, seicht • mühselig, ledig, unselig, verdrießlich, qualvoll, quälend, peinigend, unerträglich. → abbrüchig, abgerissen, albern, ärgerlich, bedauerlich, demütig und wehmütig, freudlos.
▸ erfreulich, geistreich, glücklich • außerordentlich, beachtlich, eindrucksvoll, großartig, hervorragend, imponierend, prächtig • heldenhaft, siegreich.
klaglos → anspruchslos, zufrieden.
Klamauk → Geräusch, Spaß.
Klamm Enge, Engpass, Engweg, Engtal, Hohlweg, Schlucht, Wegenge, Tiefe, Höhlung, Tal, Höhle, Grotte, Auswaschung, Einschnitt, Erdbruch, Nische, Erdfall. → Becken.
klamm → dumpf, kalt, nass.
Klammer Zusammenhalt, Bindung, Verankerung, Verbindungsstück, Schnalle, Riegel, Einschließung, Einschluss, Zusammenschluss, Parenthese, Einschiebsel, Anschluss, Einklammerung, Einschaltung • Stütze, Halter, Wäscheklammer, Hefter, Büroklammer. → Bindemittel.
klammern, sich → festhalten, hoffen.
Klamotten → Bargeld, Kleidung.
Klang Schall, Laut, Ton, Modulation, Geräusch, Resonanz, Stimme, Tonfarbe, Klangfarbe, Widerhall, Klangfülle, Verlautbarkeit, Hörbarkeit, Vernehmlichkeit, Tonwelle, Schallwelle, Betonung, Anklang, Ausklang, Rückschall, Echo, Geläute, Glockenklang, Glockenspiel, Sprechton, Tonfall, Wohlklang, Sprachlaut, Nachdruck, Ausdruck, Lautsprache.
▸ Lautlosigkeit.
Klangfarbe → Farbe, Klang.
Klangfülle → Klang.
klanglich akustisch.
klangreich → wohlklingend.
klangvoll → laut.
▸ dissonant, geräuschvoll, klanglos, lärmend • unbekannt.
Klangwirkung Akustik, Sound.
klapp → bums.
Klappe Einbug, Einschlag, Umbiegung, Umschlag, Ecke, Bruch, Knick, Saum, Scharnier, Verschluss, Kolben, Ventil, Hahn, Drosselklappe, Schließung, Verschließung, Schloss, Zapfen, Pflock • Mundwerk, Mund, Maul. → Falte.
▸ Öffnung.
klappen → gelingen.
▸ misslingen.
klapperdürr → dünn.
klappern scheppern *u* schlappern *u.* → dröhnen.
Klapphut → Chapeau.
Klaps Schlag, Patsch, Kopfnuss.
Klaqueur (Claqueur) Lobpreiser, Beifallspender, Lobredner, Ruhmverkünder, Beifallklatscher, Lobhudler, Reklamemacher, Marktschreier, gedungener Beifallklatscher.
klar hell, lauter, licht, geordnet, genau, deutlich, unverkennbar, unterscheidbar, durchsichtig, ungetrübt, entschieden, übersichtlich, fassbar, rein, fasslich, sichtig, offensichtlich, ungefälscht, unverfälscht, schlicht, einfach, ebenmäßig, regelmäßig • heiter, unbewölkt, entwölkt, wolkenlos, strahlend, glänzend, sonnig, leuchtend, durchscheinend, glasklar, transparent • augenfällig, handgreiflich, unübersehbar, manifest, bemerkbar, verständlich, einleuchtend. → adrett, arglos, auffallend, aufrichtig, augenfällig, ausführlich, ausschließlich, bedeutungsvoll, bekannt, bekanntermaßen, bemerkbar, beredt, definitiv, deutlich, deutsch auf gut, dinghaft, eidlich, einleuchtend, emphatisch, erkennbar, ernstlich, erwiesen, feststehend, geläutert, gläsern, heiter.
▸ unklar, missverständlich, nebelhaft, schleierhaft, ungeklärt, unverständlich, zweideutig • diesig, neblig, trübe, undurchsichtig, unscharf, verschwommen • bedeckt, bewölkt • kompliziert, verworren, wirr.
klar im Kopf, nicht benebelt, betäubt, dumpf.
klar machen → aufklären, auseinander setzen, ausweisen, beweisen, darlegen, darstellen, dartun, deuten.
klar sehen → denken.
klar sein → durchscheinen, verständlich.
klar werden, sich verstehen, erkennen, begreifen, dahinter kommen, einsehen, erfassen, bewusst werden sich, einen Überblick erlangen, Bescheid wissen, entdecken, ein Licht aufgehen, dämmern, durchblicken.
▸ fehlschießen, zögern.
klären läutern. → abmachen, absondern, anordnen, arrangieren, besprechen, bleichen, filtrieren, durchseihen, scheiden.
▸ sich eintrüben, trüben • vernebeln, verschleiern, vertuschen • offen lassen.
Klarheit Helle, Helligkeit, Klare, Leuchten, Lichtstrom, Lichtkegel, Strahlenkegel, Sonnenlicht, Lichtflut, Sonne, Sichtbarkeit, Wahrnehmbarkeit, Anschaulichkeit, Bemerkbarkeit, Deutlichkeit, Bestimmtheit, Veranschaulichung, Erscheinung, Verständlichkeit, Begreiflichkeit, Genauigkeit, Bildkraft, Fasslichkeit • Reinheit, Sauberkeit, Lauterkeit, Fleckenlosigkeit, Läuterung • Nachdrücklichkeit, Entschlossenheit, Unerschütterlichkeit, Zielsicherheit, Beständigkeit. → Bestimmtheit, Deutlichkeit, Durchsichtigkeit, Erhellung.
▸ Unklarheit.
klarlegen → aufklären, auslegen, dartun, illustrieren.
klarmachen, den Standpunkt → Dach steigen auf das, tadeln.
klar sehen begreifen, durchblicken, erfassen, fassen, folgen können, mitbekommen, verstehen.
Klarsicht → Denkvermögen, Erkenntnis, Urteilskraft, Verständnis.
klarstellen klären, berichtigen, reinen Tisch machen.
▸ entstellen, verzerren.
Klärung → Auslegung, Definition, Läuterung.

Klasse Kategorie, Kaste, Abteilung, Einordnung, Gattung, Stand, Zunft, Gilde, Sekte, Schlag, Rasse, Klasseneinteilung, Gruppe, Kreis, Amt, Stellung • Güte, Meisterwerk, Meisterstück, Prachtstück, Wert, Geschätztheit • Schulklasse, Volkshochschulklasse. → Abteil, Abteilung, Band, Charge, gut. ▸ Bedeutungslosigkeit, Wertlosigkeit.
Klasse, obere Elite, Establishment, Hautevolee, Oberklasse/-schicht, Upper ten.
Klassenaufsatz Gehirnmassage *u,* Gehirnwäsche *u.*
Klassenbester Profi *u.*
Klassenbester/-erster Primus.
klassenbewusst → stolz.
Klassenbewusstsein Dünkel, Kastengeist, Standesbewusstsein.
Klassendünkel → Stolz.
Klassengeist → Kastengeist, Standesdünkel, Zunftgeist, Vornehmheit, Würde, Titel, Rangordnung, Stolz, Abschließung, Vorrechte, Standesehre, Berufsehre, Klassenehre, Selbstgefühl, Adelsstolz, Einbildung, Hochmut. ▸ Toleranz, Vorurteilslosigkeit.
Klassenhass Klassendünkel, Parteidünkel, Klassenfeindschaft, Unversöhnlichkeit, Ablehnung, Kastenhass, Feindschaft. ▸ Toleranz, Vorurteilslosigkeit.
Klassenzimmer Saustall *u.*
Klassifikation Einteilung, Sonderung, Einordnung, Sichtung, Bestimmung, Auswahl, Plan, Anordnung, Aufteilung, Absonderung, Rangordnung. → Einschätzung.
klassifizieren → bewerten, einordnen.
Klassifizierung Einordnung, Klassifikation.
klassisch vollendet, schön, hoch entwickelt, human, humanistisch, verfeinert, kulturell, zivilisatorisch, stilmäßig. ▸ modern.
klassisches Altertum Antike.
Klatsch Tratsch, Geschwätz, Getratsche, Geflunker. → Abschweifung, Fama, Geklatsche, Gemunkel, Gerede.
Klatschbase → Angeber, Schwätzer.
Klatschen → Beifall.
klatschen hinterbringen, reden, schwatzen, angeben, schwätzen, verraten, plappern, plaudern, ausplaudern, ausschwatzen, ausklatschen, tratschen, zutragen, einflüstern, schnattern, wäschen, babbeln *u,* schmähen, lästern, herziehen, über, bubbeln *u,* Bubbelwasser getrunken haben *u,* quasseln *u,* Quasselwasser getrunken haben *u,* quatschen • applaudieren, beklatschen, loben, anerkennen, zujubeln, die Hände klatschen, Beifall klatschen, Lob spenden. → aufklären, auspacken, Finger verbrennen die, Glocke an die große hängen. ▸ protestieren, schweigen • ausbuhen, auspfeifen/-zischen, kritisieren, Missfallen äußern, tadeln, zurückweisen.
Klatscher, bezahlte Claque.
Klatscherei → Geklatsche, Gerede, Heimlichkeit.
Klatschgeschichte Histörchen, Kolportage.
klatschhaft → indiskret, klatschsüchtig.
klatschsüchtig geschwätzig, schwatzhaft, redselig, mitteilsam, klatschhaft, verleumderisch, schmähsüchtig, lästersüchtig, spitzzüngig, scharfzüngig, boshaft, kränkend, gewissenlos. ▸ verschlossen.
Klatschsüchtigkeit Geschwätzigkeit, Redseligkeit, Schwatzhaftigkeit.
klauben puhlen *u.*
Klaue Pfote, Tatze, Pranke, Kralle, Pratze, Tierfuß, Fang *j* • Krümmung • Schmiererei, Geschuddel, Kleckserei, Geschmier, Gesudel, unleserliche Schrift. ▸ Lesbarkeit.
klauen → stehlen.
Klause Zelle, Einsiedlerklause, Klosterzelle, Einsiedelei, Höhle, Einzelzelle, Mönchszelle, Kate • Ungeselligkeit, Einsamkeit, Stille, Ruhe, Einkehr, Zurückgezogenheit, Verlassenheit, Abgeschiedenheit, Eingezogenheit, Isolierung, Absonderung. ▸ Geselligkeit • Massenquartier.
Klausel Bedingung, Zusatz, Vorbehalt, Maßgabe, Notiz, Einschränkung, Vereinbarung, Paragraf, Absatz, Abschnitt, Bestimmung, Satzung, Verfügung, Verordnung, Teil, Partikel, Übereinkommen, Abmachung, Festsetzung. → Abkommen, Bedingung, Paragraf. ▸ (Vorbehaltlosigkeit).
Klausner → Einsiedler.
Klausur Klosterzwang, Freiheitsberaubung, Einmauerung, Isolierung, Einschließung, Einschränkung, Mönchswesen, Nonnenstand, Orden, Bruderschaft, Klosterleben, Abgeschlossenheit • Arbeit, Übungsarbeit, schriftliche Arbeit. ▸ (Aufsichtslosigkeit).
Klaviatur Tastatur.
Klavier Piano, Pianoforte, Drahtkommode *u,* Klimperkasten, Wimmerkasten *u.* • Jammertruhe *u.*
Klavier, kleines Pianino.
Klavierautomat Pianola.
Klavierspieler Pianist.
kleben haften, anhaften, ansaugen, zusammenschließen, zusammenhängen, verbinden, hängen bleiben, zusammenkitten, zusammenfügen, ankleistern, anleimen. → ausharren. ▸ losmachen • abgehen, sich lösen, reißen.
kleben, an Formen → bürokratisch.
kleben bleiben ankleben, anhaften, haften, kleben, sitzen, Sitzfleisch (haben).
klebend → haftend, klebrig.
Klebeschild Etikett, Label.
Klebeverband Pflaster.
klebrig kleistrig, schmierig, schmutzig, anhaftend, haftend, harzig, zusammenziehend, zähe, breiig, pappig, sulzig, klebend, teigig, leimig, pechig, gallertartig, seimig. → breiig, dickflüssig, fest. ▸ flüssig, sauber.
Klebstoff Klebe, Leim, Kleister, Stärkegummi, Dextrin, Pappe, Knochenleim, Alleskleber, Kitt, Wasserglas, Trockenleim, Fischmehl, Glutin, Gallert, Harz, Kleber, Emulsion, Kunstharzkleber, Alleskleber • Breiigkeit, Zähflüssigkeit, Klebrigkeit, Schleimigkeit, Harzigkeit, Zähigkeit, Dickflüssigkeit, Pappigkeit.
Klecks Dreck, Fleck, Verunreinigung.
klecksen schmieren, sudeln, sauen *u,* wutzen, verdrecken, verdrecksen, voll machen, voll schmieren, beflecken,

verunreinigen, beschmieren, besudeln, hudeln, stümpern, pfuschen, stöpseln, sauen *u.* → blamieren. ▸ können, radieren, sauber (halten).
Kleckser → Schmierer.
Kleeblatt → Dreiblatt, Freundschaft.
Kleid → Fell, Kleidung.
Kleidausschnitt Dekolleté.
kleiden (sich) sich anziehen, sich etwas überwerfen, sich in Gala werfen, sich in Kluft werfen, sich in Schale schmeißen *u,* sich in Staat werfen *u,* sich in Wichs werfen *u,* sich aufdonnern *u,* sich auftakeln *u,* in vollen Dress werfen *u,* geschniegelt und gebügelt sein *u* • Schale *u.*
kleiden, sich vorschriftmäßig sich in Schale werfen *u.*
Kleiderablage → Aufbewahrung.
Kleideraufseherin/ -verwahrerin Garderobiere.
Kleiderbestand Garderobe.
Kleiderbürste → Bürste.
Kleidernarr → Dandy.
Kleiderpracht → Gala.
Kleidersitte Mode.
Kleidervorführer Dressman.
Kleidervorführerin Mannequin.
Kleiderwart → Aufseher, Garderobier.
kleidsam passend, hübsch, tragbar.
Kleidung Äußeres, Anzug, Gewand, Gewandung, Ausrüstung, Bekleidung, Garderobe, Hülle, Tracht, Uniform, Kostüm, Staat, Kleid, Montur, Klamotten, Putz, Schale *u,* Fähnchen *u,* Ausgehrock *u,* Festkleidung, Ornat, Talar, Staatskleid *u,* Sonntagsstaat *u,* Dienstkleidung, Trauerkleid • Rock, Jacke, Mantel, Bluse, Weste, Wäsche, Strümpfe, Schuhe, Kopfbedeckung, Mönchskleid, Schwesternkleid, Amtstracht, Hoftracht, Kledage *u,* Kluft *u,* Pelle *u,* Wichs *u,* Schale *u,* Räuberzivil, *u,* Kilt, Schale *u.* → Bedeckung.
Kleidung, aufreizende scharfe Sachen *u.*
Kleidungsstück, altes Klamotte.
klein bisschen, winzig, wenig, etwas, kurz, unbeträchtlich, geringfügig, spärlich, kärglich, beschränkt, nur, beengt, knapp, bescheiden, kümmerlich, stäubchengroß, unbemerkbar, zwergartig, knirpsartig, halbe Portion *u,* zwergenhaft, abgebrochener Riese *u,* putzig • erbärmlich, gemein, charakterlos, niederträchtig, nichtswürdig, kleinlich, befangen • demütig, zerknirscht, demutsvoll, erniedrigt, niedergebeugt, gehorsam. → ausdruckslos, begrenzt, bloß, dünn, eingeschränkt, gering. ▸ groß, hünenhaft, riesig, stattlich • bedeutend, enorm, gewaltig, hoch, mächtig.
Kleinarbeit Routine, Tüftelei.
klein beigeben → gehorchen, nachgeben.
Kleinarbeit verrichten pusseln *u.*
Kleinauto Babycar, Minicar • Hilfsauto *u,* Hutsche *u,* Rutsche *u,* Schachtel *u.*
Kleinbuchstabe Minuskel.
Kleinbürger Durchschnittsmensch, Alltagsmensch, Mann auf der Straße, Spießer, Philister, Hinterwäldler. ▸ Persönlichkeit, Weltmann.
kleinbürgerlich unauffällig, schlicht, subaltern, bürgerlich, ohne Rang und Namen, spießig, philisterhaft. ▸ großzügig, prominent.
Kleindarsteller Komparse, Statist.
kleine Mahlzeit Imbiss, Vesper.
kleine Menge Dosis, Prise.
kleine Schritte zum Erfolg Salamitaktik *u.*
Kleinen, im en detail, en miniature.
kleiner als Null negativ.
kleiner machen → dezimieren.
kleiner machen, sich → dienern.
kleiner Mann Popel *u.*
Kleines → Baby, Kind.
kleines Pferd Pony.
Kleingartenanlage Laubenkolonie.
Kleingeld Sand *u.* → Bargeld.
Kleingolf Minigolf.
Kleinhandel → Detailhandel, Einzelhandel.
Kleinheit → Bedeutungslosigkeit, Begrenzung.
Kleinholz machen, zu → zerstören.
Kleinigkeit Geringheit, Kleinheit, Etwas, Knappheit, Kleinformat, Wenigkeit, Geringfügigkeit, Zwerghaftigkeit, Mundvoll, Hand voll, Erbsengröße, Spur, Stipp, Kleinkram, Bröselchen, Körnchen, Stäubchen • Unwichtigkeit, Bedeutungslosigkeit, Kinderspiel, Spaß, Spielerei, Nichtigkeit, Bagatelle, Unbedeutendheit, Lappalie, Pappenstiel *u,* Idee, Dreck • für einen Apfel und ein Ei *u,* für ein Butterbrot *u,* eine Idee, Popelkram, Stipp *u,* Stipps *u.* → Bagatelle, Batzen, Begrenzung, Binse, Bruchstück, Dreikäsehoch, Fetzen. ▸ Größe, Schwierigkeit, Wichtigkeit.
Kleinigkeitskrämer Rechthaber, Besserwisser, Spiegelfechter, Wortkrämer, Rabulist, Pedant, Wicht, Krämerseele, Kläffer, Haarspalter, Kümmelspalter, Erbsenspalter *u,* Korinthenkacker *u,* Spießer, Pfennigfuchser, Opponierer, kleinlicher Mensch. → Besserwisser. ▸ Könner.
Kleinigkeitskrämerei Haarspalterei, Kümmelspalterei, Kleinlichkeit, Wortkrämerei, Spiegelfechterei, Rechthaberei, Wortklauberei, Besserwisserei, Engstirnigkeit, Silbenstecherei, Korinthenkackerei *u.* → Dunst leerer. ▸ (Großzügigkeit).
Kleinkind → Baby, Kind.
Kleinkinderbewahranstalt → Kinderhort.
Kleinkinderwärter Babysitter.
kleinköpfig mikrozephal.
Kleinkraftrad Mokick, Moped.
Kleinkram → Kleinigkeit.
Kleinkrämer → Detaillist.
kleinkrämerisch → engherzig, pedantisch.
Kleinkrieg Guerilla.
Kleinkunst Brettl, Kabarett, Tingeltangel.
kleinlaut → ängstlich, bange, schweigsam.
kleinlich poplig *u.* → albern, beengt, befangen, begrenzt, bigott, bürokratisch, egoistisch, eingeschränkt, engherzig, pedantisch, selbstsüchtig. ▸ freigebig, großzügig, spendabel • großmütig, nachsichtig, tolerant.
kleinlich sein Korinthen kacken *u.*
kleinlicher Typ Püttjer *u.*
Kleinlichkeit → Bedeutungslosigkeit, Dunst leerer, Denkart kleinliche, Deut, Geiz, Kleinigkeitskrämerei.
klein machen, sich sich

ducken, sich beugen, sich erniedrigen, sich fügen, sich bescheiden, sich unterwerfen, sich verkriechen, sich nicht mucksen • entkommen, davonlaufen, abhauen, entfliehen, weglaufen, wegeilen, entweichen, flüchten, durchbrennen, ausreißen, entspringen, Fersengeld geben, Hasenpanier ergreifen, die Beine unter die Arme nehmen. → demütigen sich.
▸ überheben sich.
Kleinmalerei Miniatur.
Kleinmut → Angst, Bammel, Befangenheit, Demut, Depression, Entmutigung, Feigheit, Niedergeschlagenheit.
kleinmütig mutlos, furchtsam, schüchtern, unsicher, verzagt, zaghaft, vorsichtig, schreckhaft, bedrückt, niedergeschlagen, geknickt, scheu. → aufgelegt, ängstlich, bange, feige, hysterisch.
▸ großmütig.
kleinmütig machen → deprimieren.
Kleinmütigkeit → Angst, Feigheit.
Kleinod Bijou. → Edelstein, Juwel, Schatz, Schmuck.
Kleinpferd Pony.
klein schneiden frikassieren, häckseln, zerschneiden, zerstückeln.
Kleinstaaterei (Vielstaaterei) Partikularismus.
Kleinstadt Dorf, Nest, Lausenest *u,* Posemuckel *u,* Kuhdorf *u,* Beamtenstädtchen, Hintertupfingen *u.*
▸ Großstadt, Hauptstadt, Metropole, Weltstadt • Dorf.
Kleinstädterin Provinznudel *u.*
kleinstädtisch krähwinklig, altmodisch, altväterlich, unmodern, provinziell, verschroben, seltsam, geschmacklos, bäurisch. → bäurisch.
▸ elegant, (großstädtisch).
kleinstes Teilchen Elementarteilchen, Korpuskel.
Kleinstkind Baby, Neugeborenes, Säugling, Wickelkind.
Kleinstlebewesen Mikrobe, Mikroorganismen.
kleinstmöglich minimal.
Kleintierwelt Mikrofauna.
Kleinunternehmen Klitsche *u,* Popelfirma *u.*
Kleinwohnung Appartement.
Kleinwuchs Mikrosomie, Zwergwuchs.
Kleister Bindemittel. → Klebestoff.
kleistern kleben, befestigen, verkleben, verkleistern, zuschmieren, pappen, kitten, verbinden, anheften, zusammenkleben, anleimen, leimen, ankleben, ankleistern, zusammenfügen. → anmachen.
▸ loslösen.
kleistrig → breiig, dickflüssig, klebrig.
Klemme Enge, Beengtheit, Raummangel, Einengung, Engpass • Gefahr, Gefährdung, Unsicherheit, Bedrängnis, Krisis, Gefahrenzone, Hoffnungslosigkeit, Schwierigkeit, Zwangslage, Sackgasse, Unlösbarkeit, Unentwirrbarkeit, Verwirrung, Knoten, Labyrinth • Geldsorgen, Not, Armut, Veredelung. → Anstand, Art und Weise, Beschwerde, Dilemma, Geldmangel, Hindernis.
▸ Geräumigkeit, Hoffnung, Sicherheit, Ausweg, Lösung.
klemmen einklemmen, quetschen, einquetschen, verklemmen, beklemmen, einengen, anecken, begrenzen, kürzen • wehtun, stoßen, anstoßen, drücken, petzen, zwicken, kneifen. → stehlen.
▸ ausdehnen, lösen.
Klemmer → Brille.
Klempner Flaschner, Spengler.
Klepper Pferd, Mähre, Ross, Schindmähre, Kracke, Gaul, Kutscherpferd, Zuchttier, Häuter, Saumroß • Skelett, Gerippe, Knochengerippe, Schatten.
Klepperboot → Boot, Fahrzeug (Wasser-).
Kleptomanie Diebssucht, Stehlsucht.
klerikal → kirchlich.
Kleriker → Geistlichkeit.
Klette Schlingpflanze, Kletterpflanze, Kriecher, Behaarung, Stachlichkeit, Klebrigkeit • Anhang, Hinterherlauferei, Ankleberei, Kleberei, Hundeseele, Anhänglichkeit.
Kletterer → Bergsteiger.
klettern aufsteigen, emporsteigen, erklettern, entern *sm,* steigen *j,* treten zu *j,* beklettern, emporklimmen, besteigen, kraxeln, aufsitzen, ersteigen, bergsteigen, hochgehen, emporkommen, aufranken, klimmen, erklimmen, erheben sich. → aufgehen, emporklimmen, erklettern.
▸ heruntergehen hinuntersteigen • abfallen, fallen, sinken, stürzen.
klettern, abwärts absteigen, hinabsteigen, hinunterklettern, hinuntersteigen.
kletternd → aufsteigend, bergauf.
Kletterpflanze Bryonie, Efeu, Glyzine, Klematis, Liane, Wistaria.
Klient Mündel, Schutzbefohlener, Schützling, Schürzenkind, Vögtling • Kunde, Kranker, Patient.
Klima Witterung, Wetter, Atmosphäre, Luftdruck, Luft, Lage, Wetterbeobachtung, Längengrad, Breitengrad, Zone, Wind, Gegend, Landstrich.
Klimaanlage Aircondition.
Klimaanpassung/-gewöhnung Akklimatisation.
Klimakunde Klimatologie.
Klimax → Höhepunkt.
Klimbim → Drum und Dran.
klimmen → erklettern, klettern.
Klimperei → Anschlag, Musik.
klimpern missklingen, misstönen, leiern, musizieren, vorspielen, spielen, tönen, anstimmen, begleiten, einfallen, einstimmen, Klavier spielen, die Tasten misshandeln. → anstimmen.
▸ wohlklingend (sein).
Klinge Gerät, Werkzeug, Messerklinge, Schärfe, Spitze, Degen, Kurzschwert, Stichwaffe, Jagdmesser.
Klinge springen lassen, über → abbauen, Bein stellen, töten, vernichten.
Klingel Schelle, Glocke, Bimmel *u,* Klöppel.
klingeln → läuten.
klingen → dröhnen, erklingen.
▸ hören, vernehmen.
Klinik → Anstalt, Krankenhaus.
Klinke Griff, Halter, Knauf, Türklinke, Knopf, Riegel, Öffner, Türöffner, Anfasser.
Klinken putzen → betteln.
Klinker → Bestand, Kachel, Stein.
klipp und klar → anschaulich, bedeutungsvoll, deutlich, drastisch, einleuchtend, unverhohlen, verständlich.
Klippe Riff, Felsenriff, Felsen, Stein, Spitze, Grat, Felsenwand, Zacke, Fluh, Steile • Gefahr, Gefährlichkeit, Hindernis, Tücke, Schwierigkeit, Anstoß, Falle,

Gefahrenpunkt, Verwicklung, Klemme, Zwangslage, Bedrängnis. → Berg.
Klippenküste Schären.
Klipper → Boot, Fahrzeug (Wasser-).
klirren → erklingen, lärmen.
Klischee Druck, Abdruck, Abklatsch, Abschrift, Abzug, Vervielfältigung, Doppelausfertigung, Wiedergabe, Abbildung, Nachbildung, Abguss • Schablone, Pappe, Gravierung, Ätzung, Ätzbild, Stahlstich, Holzschnitt.
Klitsche → Ansied(e)lung, Haus.
klittern → fälschen.
Klo Abort, Bedürfnisanstalt, Klosett, Lokus, Örtchen, Scheißhaus/-häuschen.
Kloake → Abort.
Klo-Benutzungsgebühr Pisszaster *u.*
klobig grobschlächtig, hölzern, klotzig, plump, schwerfällig, unförmig.
Klofrau Frau Kack *u.*
klönen → schwatzen, schwätzen.
klopfen pochen, anklopfen, stoßen, schlagen, anschlagen, verklopfen, hauen, prügeln, hämmern, poltern, lärmen, pumpern *u.* → angeben, anschlagen, durchschlagen, prügeln.
klopfen, auf die Finger prügeln, tadeln.
klopfen, auf den Busch prüfen.
Klöppel → Beschwernis.
Klosett → Abort.
Kloß Knolle, Bolle • Fleischklößchen, Bulette, Gerbenknödel, Mehlknödel • Klumpen, Verdickung, ein Kloß im Hals, belegte oder raue Stimme • Angstzustand.
Kloßbrühe, klar wie → unklar.
Kloster Eskorial, Abtei, Stiftung, Konvent, Stift, Priorei, Mönchskloster, Nonnenkloster, Frauenkloster, Zufluchtsort • Einsamkeit, Zelle, Einsiedelei, Zurückgezogenheit, Abgeschiedenheit, Verlassenheit, Isolierung, Vereinsamung, Klosterleben.
Klosteranwärter Novize.
Klosterbruder → Einsiedler, Mönch.
Klosterfrau Nonne, Schwester, Ordensschwester, Klosterschwester • Stiftsfräulein • Himmelstochter, Gottesbraut, Braut Christi, Laienschwester, Novizin • Äbtissin, Oberin, Priorin. → Nonne.
Klosterschule → Erziehungsanstalt, Schule.
Klosterspeisesaal Refektorium.
Klosterzelle Klause.
Klotz Klumpen, Scheit, Knolle, Block • Grobian, Trampeltier, Elefant, Bär, Ruppsack, Grobsack, ungehobelter Mensch. → Bärbeißer, Beschwernis, Block, Bremse, Bürde, Knorren, Konglomerat. ▸ Weltmann.
klotzig grob, ruppig, unfein, unzart, grobkotzig, massiv, grobschlächtig, dickfellig, hölzern, ungeschlacht, robust, derb, plump, bäurisch, flegelhaft, pöbelhaft, grob wie ein Klotz. → allerhand, boshaft, fest. ▸ gebildet, wenig, zart.
Klub Gemeinschaft, Einigkeit, Bund, Verbindung, Verband, Vereinigung, Versammlung, Gesellschaft, Geselligkeit, Zirkel, Kränzchen, Treffen, Beziehung. → Clique.
Klubjacke Blazer.
Kluft → Abgrund, Anzug, Bruch, Kleidung, Lücke, Uniform.
klug gewitzit, geschickt, gescheit, helle, kläräugig, fähig, begabt, bedacht, talentiert, belesen, überlegt, etwas loshaben *u,* gewiegt, urteilsfähig, lebenstüchtig, verständig, vernunftbegabt, verstandesbegabt, zurechnungsfähig, vernünftig, befähigt, schlau, oberschlau, ausgekocht, scharfsinnig, geistreich, weise, talentvoll, einsichtsvoll, einsichtig, gewandt, aufmerksam, besonnen, geheilt, mehr können als Brot essen, nicht aus Dummbach sein *u,* Grütze im Kopf haben, nicht auf den Kopf gefallen sein *u,* sein Licht leuchten lassen, intellent *u.* → aufgeklärt, bedächtig, begabt, durchdacht, feinsinnig, feinspürig, gelehrt, genial, gewitzt, Hand und Fuß haben, Grütze im Kopf haben, intelligent, lebenstüchtig. ▸ dumm, beschränkt, töricht, unintelligent, unklug.
kluge Berechnung Diplomatie.
klügeln vernünfteln, tifteln, heraustifteln, herausfinden, herausbekommen, probieren, grübeln, tüftelnd sinnen, spitzfindig denken, herumprobieren, herumdoktern, deuteln, Worte klauben, Kümmel spalten, Haar spalten. ▸ (gradlinig denken).
kluges Verhalten rationales Verhalten, Strategie, Taktik.
Klugheit → Bedacht, Begabung, Behutsamkeit, Besonnenheit, Erkenntnis, Feingefühl, Geistesgabe, Intelligenz, Verstand. ▸ Beschränktheit, Dummheit, Torheit.
klüglich → bedächtig, beflissentlich, klug.
Klugredner Nörgler, Schleimscheißer, Schwätzer, Räsoneur.
Klugscheißer Schlauberger *u,* Schlaumeier *u.* → Angeber.
Klumpen → Auswuchs, Berg, Block, Dickwanst, Fladen, Klotz, Konglomerat.
klumpig → verhärtet.
Klüngel Parteiwirtschaft, Seilschaft *u.* → Anhang, Bande, Clique.
Klunker → Anhang, Ausschmückung.
Klüver *sm* Vorsegel.
knabbern → essen.
Knabe → Bengel, Bube, Jüngling, Kind.
knabenhaft → jung, schlank.
knabenhaftes Mädchen Amazone.
Knabenliebhaber Päderast.
knacken → bersten, brechen.
Knacknuss → Aufgabe, Problem.
Knackpunkt Angelpunkt, Dollpunkt, Engpass, Hauptschwierigkeit, Kern des Problems.
Knacks → Schaden.
Knall → bums, Detonation, Donner, Entladung, Explosion.
Knall und Fall → Fall und Knall.
Knalleffekt → Wirkung.
knallen → dröhnen, lärmen, schießen.
knallend donnernd, krachend, mit einem Knall, detonierend, lärmend.
knallig farbenprächtig, grell • eng anliegend, stramm • treffsicher.
knapp beschränkt, bündig, ungenügend, gedrängt, eng, schroff, notdürftig, zusammengedrängt, eingeschränkt, beengt, gequetscht, gekürzt, verkürzt, kaum, unmerklich, nur, unbeträchtlich, gering, geringfügig, kärglich, spärlich, kümmerlich, unbefriedigend, schwächlich • arm, armselig, mager, karg, unzureichend, unzulänglich, unvollständig,

lückenhaft, unvollkommen. → annähernd, arg, beengend, dünn, eingekeilt, einigermaßen, Fassung kurze, gedrängt, geschäftlich, karg, kärglich.
▸ reichlich, üppig • auskömmlich, stattlich • locker, weit • ausführlich, weitschweifig.
knapp bei Kasse arm, einkommensschwach, elend, mittelos, Not leidend, unbemittelt.
knapp sitzend eng, straff, stramm.
Knappe → Begleitung.
knappen → abdarben, abarbeiten.
Knappheit → Armut, Bedeutungslosigkeit, Dürre, Not.
Knappsack → Behälter.
knarren quarren *u.* → lärmen.
Knast → Gefängnis.
Knatsch Hader, Reiberei, Streit, Tätlichkeit, Zank, Zerwürfnis.
knattern → lärmen.
Knäuel Wollknäuel, Ball, Kugelform, Kugelgestalt, Ineinanderverschlungenes, Gewurstel, Durcheinander, Unordnung, Wirrnis, Wirrsal, Tumult, Menschenknäuel, Menge, Zusammenrottung. → Anzahl.
▸ Entwirrung, Faden, Faden roter.
Knauf → Griff.
Knauser → Geizhals.
knauserig knickrig. → bedürfnisvoll, egoistisch, geizig, geldgierig, genau, habsüchtig, selbstsüchtig.
▸ freigebig, großzügig, nobel, spendabel.
knausern geizen, kargen, sparen, absparen, knicken, filzen, schinden, am Geld hängen, vom Mund abgeizen, sich aus den Fingern saugen, zusammenkratzen, raffen, am Geld kleben, geizig sein, sich steif halten *u,* den Daumen auf etwas halten.
▸ verschwenden, verteilen.
Knautschzone Aufprallschutzraum.
Knebel Hemmung, Hemmschuh, Verhinderung, Behinderung, Entkräftung, Zügel, Halfter, Maulkorb, Beißkorb, Zaum, Knebeltrense, Schloss, Fessel, Abschnürung, Kandare, Gebiss, Zwangsjacke. → Bart.
▸ Befreiung, Freigabe.
knebeln würgen, ersticken, stillen, beschwichtigen, schweigen machen, ketten, fesseln, fangen, einsperren, einschließen, bezwingen, einzwängen, einengen, erpressen, verhaften, überfallen, die Lippen versiegeln, den Mund stopfen, ein Schloss vor den Mund legen. → bändigen, binden die Hände, dingfest machen, fesseln, unterdrücken, kujonieren.
▸ auffordern, entfesseln.
Knecht → Arbeiter, Commis, Diener, Famulus.
▸ freier Mensch • Herr, Herrscher.
knechten unterjochen, niederwerfen, zwingen, unterdrücken, kirren, unterwürfig machen, fronen, zähmen, fesseln, binden, unter das Joch beugen, in Fesseln schlagen, in die Enge treiben, in die Knie zwingen, zu Boden werfen, drangsalieren, schulmeistern, bevormunden, einengen, zur Beute fallen. → bändigen, berauben, beugen, bezähmen, fesseln.
▸ befreien, trotzen, überheben sich.
knechtisch → charakterlos, ergeben, kriechend.
Knechtschaft Hörigkeit, Abhängigkeit, Unterordnung, Leibeigenschaft, Dienstbarkeit, Zwangspflicht, Lehndienst, Zwingherrschaft, Zwang, Ausnutzung, Sklaverei, Knechtung, Joch, Unterwerfung, Unterjochung, Freiheitsberaubung, Unterwürfigkeit, Untergebenheit, Untertänigkeit. → Abhängigkeit, Bande.
▸ Freiheit.
Knechtung → Despotismus, Knechtschaft.
kneifen kneipen, petzen, zwicken, wehtun, foltern, einschneiden, peinigen, martern, rädern • auskneifen, entweichen, verschwinden, davonschleichen, drücken sich, abhauen, ausrücken, ausreißen, zurückweichen, schlapp machen. → bohren, hängen lassen die Flügel.
▸ ausharren, kitzeln.
Kneipe Destille, Kaschemme. → Ausschank, Boutique, Gaststätte.
kneipen → bohren, kneifen, trinken.
Kneipentour Sause *u.*
Kneiperei → Gelage.
Kneippsche Kur → Bad.
knetbar → weich.
kneten → anfertigen, mischen, massieren.
Knetkur Massage.
Knetmaschine Mastikator.
Knick → Falte.
knicken → falten, brechen.
Knicker → Geizhals.
Knickerei → Geiz.
knickerig → bedürfnisvoll, begehrlich, engherzig, geizig.
Knicks → Höflichkeit, Verbeugung.
Knie brechend, übers unüberlegt, ungestüm, stürmisch, übereilt, überstürzt, oberflächlich, ungenau, unvernünftig, leichthin, gedankenlos, unbedacht, vorschnell.
▸ überlegen.
Knie beugen, das → gehorchen, verehren.
Knieband → Band, Bindemittel.
Kniefall Fußfall, Verbeugung, Herablassung, Verneigung • Ergebenheit, Unterwerfung, Demutsbezeugung, Achtungsbezeugung.
kniefällig → aufdringlich, inständig, kriechend.
Knien liegen, auf den → demütig und wehmütig.
kniefreie Hose Shorts, Bermuda.
Kniegeige Cello, Violoncello, Gambe.
Kniegicht/-schmerzen Gonagra.
Kniehose Bundhose, Knickerbocker.
knien niederknien, kauern, kriechen, beugen, verbeugen, neigen • schmeicheln, bedrängen, bitten, einen Fußfall tun, sich auf die Knie werfen, um etwas anklopfen • scharwenzeln, dienern, buckeln, katzbuckeln, sich bücken, auf den Knien rutschen • beten, sich bekreuzigen, andächtig sein, fromm sein.
▸ erzwingen, hochmütig sein, liegen, stehen.
Knierock der Schotten Kilt.
Kniescheibe Patella.
knietief → abgründig.
Kniff Trick, Falle, Täuschung, Schiebung, Finte, Taschenspielerei, Zauber, Gaukelspiel, Ränke, Heimtücke, Betrug, Windbeutelei, Garn, Netz, Leimrute, Hinterhalt, Lüge, Schlauheit, Pfiffigkeit, Listigkeit, Hinterlist, Schliche, Fußangel, Winkelzug, Arglist, Tücke, Umgarnung • Faltung,

Schisslaweng *u.* → Ausweg, Blendwerk, Falle.
▸ Aufrichtigkeit.
Kniffelei Spitzfindigkeit, Pedanterie.
kniffen → falten.
knifflig → kompliziert, heikel, schwierig, umständlich, vertrackt.
knill → angeheitert.
knipsen → aufnehmen, durchlochen.
Knirps → Baby, Bengel, Dreikäsehoch.
knirschen zischen, zischeln, rascheln, rauschen, knistern, lärmen, tönen, fauchen, schnoben, brausen • zürnen, wüten, ergrimmen, erbosen, hochgehen, auffahren, losfahren, toben, rasen, kochen, sieden, bersten, die Zähne fletschen, vor Zorn knirschen, mit den Füßen stampfen.
▸ beruhigen (sich).
knistern → brennen, knirschen.
knittern rascheln, knistern, rauschen, zischeln, zerknittern, Falten, schlagen, krünkeln *u.* → falten.
▸ glätten.
knitterig → faltig.
Knobelbecher Soldatenstiefel, Kanonenstiefel, Marschschuh • Würfelbecher.
knobeln grübeln, ausdenken, nachdenken, sinnen, brüten, nachsinnen, ausknobeln, herausbekommen • losen, wetten, würfeln, spielen, wagen.
▸ (keine grauen Haare wachsen lassen).
Knochen Gerippe, Skelett, Knochengerüst, Wirbelsäule, Rippe, Gebein, Verknöcherung, Verknorpelung. → Bein.
▸ (Fleisch).
knochenartig osteoid.
knochenbildend osteoblastisch, osteogen.
Knochenbruch Fraktur.
Knochenentzündung Ostitis.
Knochenerkrankung Osteopathie.
Knochenfraß → Brand, Krankheit.
Knochengerippe → Dürre, Knochen.
Knochenververhärtung Osteosklerose.
knochig dürr, hager, mager, schlank.
Knock-out *am.* K. o., besiegen, schlagen • kaputt, geschafft. → Kinnhaken.
Knollen → Auswuchs, Block.
Knollennase Knubbelnase, Rhinophym, Zinken.
knollig rund, dick, buckelig, pilzförmig, kugelig, knotenförmig, birnenförmig, eiförmig, oval, apfelförmig, plump, gewölbt. → blatternarbig.
Knopf Bouton, Verschluss, Verbindungsstück, Riegel, Bindeglied, Kragenknopf, Manschettenknopf, Schmuckknopf, Druckknopf • Knauf, Griff, Halt, Klingelknopf • Rundheit, Rundung. → Bindemittel.
knöpfen → schließen.
Knorpel Cartilago.
Knorpelerkrankung Chondrose, Chondropathie.
knorpelig kartilaginär, kartilaginös.
Knorren Geäst, Wurzel, Zacke, Verästelung, Verkrümmung, Klotz, Holz.
knorrig → bärbeißig, fest.
Knospe Pflanze, Gewächs, Keim, Blumenknospe, Spross, Sprössling, Wölbung, Geschwulst, Auswuchs, Entwicklung, Werdegang, Fortschritt, Evolution. → Auge, Auswuchs.
knospen → ansetzen, aufblühen, aufgehn, ausschlagen, dehnen, entfalten sich, erblühen, keimen.
Knote → Barbar.
Knoten → Auswuchs, Beschwernis, Bindemittel, Chaos, Wölbung.
knoten → verknüpfen.
Knotenpunkt Sammelpunkt, Brennpunkt, Mittelpunkt, Schnittpunkt, Zusammentreffen, Sammelplatz, Sammelort, Versammlungsplatz, Versammlungsort, Eisenbahnknotenpunkt, Hauptstelle, Haupttreffpunkt.
knotig → blatternarbig.
Know-how *am.* gewusst wie, Erfahrung • Patent, Verfahren.
Knuff → Bearbeitung, Schlag.
knuffen → kneifen, schlagen.
Knüller *M* Sache, Schlager, Überraschung, Aufsehenerregendes, Interessantes, Erregendes, Hauptsache, Kernpunkt, Geistesfunke, Witz, Einfall, Würze, Pointe, Spitze, Treffer.
▸ Flop, Misserfolg, Reinfall.
Knüpfarbeit Makramee.
knüpfen befestigen, binden, anbinden, verbinden, schnüren, verschnüren, verknüpfen, zusammenknüpfen, schnallen, zusammenstecken, zusammenheften, verflechten, zusammenflechten, festmachen, einheften, einknüpfen. → festhalten.
Knüppel → Prügel, Stecken.
knüppeln → bestrafen, schlagen.
knurren murren, brummen, brummeln, brutteln, brömmeln, hummen, knaunzen, schnurren, heulen, kläffen, bellen, bläffen, belfern • zanken, anknurren, anfahren, zürnen, grollen, keifen, wüten, sich streiten, Wut haben. → beklagen, belfern, bellen.
▸ lachen, vertragen sich.
knuspern kauen, zermahlen, zernagen, fletschern, knacken, knabbern, essen, futtern, schmatzen, beißen, krachen, verspeisen, aufessen. → aasen, essen.
▸ saugen, trinken.
knusprig resch. → appetitlich.
▸ lasch, weich.
Knute → Geißel, Zwang.
Koalition → Bund, Verband, Föderation, Vereinigung.
Kobold Geist, Spuk, Nachtgeist, Spukgebilde, Erdgeist, Zaubergeist, Poltergeist, Troll, Puck, Nöck, Unhold, Wichtelmännchen, Gnom, Berggeist, Klabautermann, Zwerg, Butzemann, Feuermännchen, Waldmann, Heinzelmännchen.
Koch Smutje *sm,* Küchenbulle *u,* Küchenchef • Köchin, Küchenfee *u,* Küchendragoner *u.*
Kochanleitung Rezept.
Kochdunst Wrasen.
Kochen → Bearbeitung.
kochen → abbrühen, aufregen, aufspringen, branden, brodeln, brühen, dampfen, dünsten, fangen Feuer, schäumen, wärmen, zubereiten.
kochend → entrüstet, warm.
Köcher → Behälter, Büchse.
kochfest → unveränderlich.
Kochgeschirr Schanzzeug *u.*
Kochkunst → Feinschmeckerei, Gastronomie.
Kochkünstler Gastronom.
Kochsalz Natriumchlorid.
Kochsalzlösung Lake, Sole.
Koda (Coda) Ende, Schluss, Beendigung, Abschluss, Beschluss, das Letzte, das Äußerste, Grenze, Fertigstellung, Vollendung, Endergebnis, Ausgang,

Nachspiel, Schlussstein, Ziel, Finale. → Anhang, Ausgang, Beifügung.
Köder → Anreiz, Anziehung, Beeinflussung, Blickfang, Lockmittel.
ködern → abbuhlen, begeistern, beeinflussen, befürworten, benachteiligen, bewirken, herumkriegen, täuschen.
Kodex Gesetzbuch, Rechtsbuch, Rechtsspiegel, Gesetzessammlung, Gesetzesordnung, bürgerliches Gesetzbuch, Corpus Iuris, Gesetzgebung, Rechtssatzung, Grundsatz, Erlass, Gebot, gesetzliche Form.
kodieren chiffrieren, enkodieren, (Nachrichten) verschlüsseln.
Koexistenz Nebeneinander, Mitvorhandensein, Zusammenleben • Gleichlauf.
Koffer → Behälter, Bündel, Kasten.
Koffer packen, seine → abdanken.
Kofferraum → Behälter.
Kohl bauen, seinen seinen Kohl pflanzen, seinen eigenen Dreck machen, seine eigene Arbeit machen, sich einpuppen, alleine leben, sich nicht um andere kümmern, sich abschließen, sich zurückziehen, sich nicht von anderen dreinreden lassen, für sich alleine stehend. ▸ wichtigtun.
Kohlblatt Pletsche *u.*
Kohldampf → Appetit.
Kohle → Brennmaterial.
Kohlen, auf glühenden gespannt, ungeduldig, unruhig, nervenzerrüttend, zappelig, gehetzt, gejagt, neugierig, mit verhaltenem Atem, in atemloser Spannung, auf die Folter gespannt, zum Wahnsinn getrieben, wartend, lauernd, auf die Nerven gehend. ▸ abtun, geduldig (sein), leicht nehmen.
kohlen → blaken, lügen.
Kohlenberg Halde.
Kohlenbergwerk Zeche.
Kohlenraum Bunker.
Kohlenschicht Flöz.
Kohorte → Truppe.
koitieren (sich) begatten, beischlafen, Geschlechtsverkehr haben, intime Beziehungen haben, sich lieben/paaren, miteinander ins Bett gehen/schlafen/verkehren, sich vereinigen • beschlafen *u*, bumsen *u*, ficken *u*, geigen *u*, (einen Schlag) hacken *u*, pimpern *u*, rammeln *u*, stemmen *u*, stempeln *u*, steppen *u*, stöpseln *u*, stoßen *u*, vögeln *u*. (usw.).
Koje → Kabine.
Kokain Koks *u.* → Beruhigungsmittel, Laster.
Kokarde → Ausschmückung.
kokett putzsüchtig, eitel, gefallsüchtig, geziert, aufgedonnert, auffällig, anlockend, übertrieben, überladen, aufgesteift, flirtend, liebäugelnd, gespreizt, albern, augenverdrehend, äugelnd, verführerisch, unanständig, aufreizend. → anmaßend. ▸ bescheiden, zurückhaltend.
kokettieren flirten, liebäugeln, sich zieren, sich spreizen, verführen, anlocken, berücken, betören, blenden, verdrehen, verwirren, verstricken, hofieren, schön tun, werben, umschmeicheln, girren, scharwenzeln, die Augen verdrehen, Liebesblicke zuwerfen, den Fächer spielen lassen, Theater spielen, Komödie spielen, Äuglein machen, Blicke zuwerfen, mit dem Blick verfolgen. → bekannt werden, Blicke zärtliche, buhlen, hofieren. ▸ verabscheuen, zurückziehen sich.
Kokke → Bazillus.
Kokotte → Bajadere, Halbwelt.
Koks → Brennmaterial, Rauschgift.
Kolben → Behälter, Waffe.
Kolik → Krankheit, Schmerz.
Kolk → Bruch.
kollabieren ohnmächtig werden, schlappmachen, umfallen, zusammenbrechen/-klappen.
Kollaps Koller, Kräfteverfall, Erschöpfung, Schwäche, Nervenschwäche, Hinfälligkeit, Synkope, Apoplexie.
kollationieren → vergleichen.
Kolleg Hörstunde, Vorlesung(sstunde), Zusammenkunft, Vorlesung, Zusammentreffen, Kolloquium, Besprechung, Unterhaltung.
Kollege Mitarbeiter, Beigeordneter, Verbündeter, Mitspieler, Nebenmann, Kamerad, Gefährte, Freund, Getreuer, Gefolgsmann, Partner, Mitbeteiligter, Amtsgenosse, Berufsgenosse, Amtsbruder, Genosse, Kumpan, Schicksalsgenosse. ▸ Vorgesetzter • Konkurrent.
kollegial freundschaftlich, verbunden, hilfsbereit, befreundet, brüderlich, vereint, verbündet, genossenschaftlich, gemeinschaftlich, zugeneigt, zugetan, wohlwollend, hilfreich, vertraut, willkommen, erprobt, nett, zuvorkommend. ▸ feindlich, gegnerisch • herablassend • einzelgängerisch, unzugänglich • unkollegial.
Kollegialität Fairness. → Freundschaft.
Kollegium Lehrerschaft, Zusammenkunft, Versammlung, Seminar, Sitzung, Tagung, Körperschaft, Ausschuss, Komitee, Kommission. → Anstalt, Ausschuss, Beirat, Beratung.
Kollekte Opferspende, Opfergabe. → Spende.
Kollektion Zusammenstellung, Auswahl, Muster, Vorführmuster, Bemusterung, Mustersammlung, Anordnung, Exemplar, Musterblatt, Beispiel, Auslese, Modell, Vorbild, Probe, Vorlage • Musterkoffer, Verdrusskiste *u.* → Auswahl.
Kollektiv → Gemeinschaft.
kollektiv → gemeinsam, zusammen.
Koller → Affekt, Anwandlung, Ärgernis, Aufregung, Heftigkeit, Schwachsinn.
kollern → fallen, wüten.
Kolli → Behälter.
kollidieren → bums, überschneiden, zusammenfallen.
Kollier Halskette, Halsanhänger. → Schmuck.
Kollision → Widerstreit, Zwiespalt.
Kolloquium → Examen, Zusammenkunft.
Kolonie → Ansied(e)lung.
Kolonisation → Erschließung.
kolonisieren → besetzen.
Kolonist → Bauer, Siedler, Bevölkerung.
Kolonnade (Colonnade) Säulengang, Säulenhalle, Säulenreihe, Säulenkette, Säulengefüge, Säulenverkettung, Säulenzug, Nacheinanderfolge, Aufeinanderfolge, Reihe, Arkaden.
Kolonne Haufen, Gedränge, Rotte, Aufmarsch, Zug,

Marschordnung, Marschkolonne, Heereskolonne, Truppe, Legion, Mannschaft, Bataillon, Heer, Korps, Division, Kompanie, Brigade, Belegschaft, Armeekorps, Abteilung, Vorhut, Nachhut, Regiment.

kolorieren → anstreichen.

Kolorierung → Farbe, Farbenton.

Kolorit → Farbe, Farbenton.

Koloss → Dickwanst, Riese.

kolossal → ansehnlich, ausgedehnt, außerordentlich, dick, gewaltig, gigantisch, groß, hoch.
▸ klein, kümmerlich, winzig • minimal.

kolportieren → anbieten, verkaufen.

Kolumne Spalte, Rubrik, Artikel.

Kolumnist Journalist, Leitartikler, Kommentator.

Koma Empfindungslosigkeit, Schlafsucht, Eindruckslosigkeit, Gefühllosigkeit, Starrsucht, Betäubung, bleierner Schlaf, Schläfrigkeit, Leblosigkeit, Unbeweglichkeit, Scheintod, Ohnmacht, Bewusstlosigkeit.
▸ Lebenskraft.

Koma unempfindlich, empfindungslos sein, betäubt, starr, totengleich, totenähnlich, scheintot, besinnungslos, bewusstlos, abgestumpft.
▸ lebendig.

Kombination Verknüpfung, Vereinigung, Verbindung, Begriffsverknüpfung, Einbeziehung, Stoffverknüpfung, Zusammensetzung, Vermischung, Überlegung, Schätzung, Berechnung, Verquickung, Synthesis, Überschlagung, Komposition.
▸ Irrung, Trennung.

kombinieren → verknüpfen.

Kombüse Schiffsküche. → Küche.

Komfort Annehmlichkeit, behagliche Einrichtung/ Ausstattung, Behaglichkeit, Bequemlichkeit, Wohnlichkeit.

komfortabel behaglich, bequem, luxuriös, wohnlich.

Komik Possierlichkeit, Albernheit, Seltsamkeit, Drolligkeit, Wunderlichkeit, Possenhaftigkeit, Hanswurstiade, Groteske, Possenspiel, Schrullenhaftigkeit, Posse, Allotria. → Drolligkeit.
▸ Ernstlichkeit, Witzlosigkeit • Tragik.

Komiker Humorist, Kabarettist, Spaßvogel, Possenreißer • Hanswurst, Bajazzo, Harlekin, Clown • Schalk, Witzbold, Kauz • Satiriker.

komisch grillenhaft, verrückt, seltsam, burlesk, grotesk, possierlich, lächerlich, drollig, spaßig, humoristisch, wunderlich, absonderlich • fauler Witz. → albern, bühnengerecht, burlesk, humoristisch.
▸ ernsthaft, witzlos • tragisch, traurig.

komisches Stück Komödie, Posse, Slapstickkomödie.

Komitee → Kollegium.

Kommandant Befehlshaber, Heerführer, Feldherr, Kapitän, Oberhaupt.

Kommandeur → Chef.

kommandieren → befehlen, beherrschen, diktieren, Disziplin halten, herrschen.

Kommando Anordnung, Anweisung, Befehl, Instruktion, Order, Ukas, Weisung.

Kommandobrücke Seufzerbrücke *u.*

Kommandostelle → Brücke.

kommen herkommen, näher kommen, hinkommen, ankommen, hinwandern, herankommen, nahen, vorrücken, anrücken, anmarschieren, hinzutreten • bevorstehen, im Anzug sein. → ankommen, auftauchen, besuchen, bevorstehen, eilen heran.
▸ vorbeigehen, weggehen, abziehen, entschwinden, sich entfernen, fortgehen, gehen, scheiden • bleiben, dableiben.

kommen, auf den Hund → abbrennen.

kommen, aus dem Geleise verirren, abweichen, abirren, verhaspeln, verwirren, verheddern, verwickeln, durcheinander sein, zerstreut sein, verblüffen, außer Fassung kommen, bestürzt sein, sich versprechen, sich verlesen, kopflos sein, außer Ordnung kommen, aus Rand und Band geraten. → bestürzen.
▸ beherrschen sich, gefasst bleiben, überwinden.

kommen, ans Sonnenlicht herauskommen, ans Tageslicht kommen, an den Tag kommen, dahinter kommen, spitzkriegen, offenbaren, bloßstellen, aufdecken, aufhellen, bloßlegen, an den Tag legen, in die Augen fallen, kein Geheimnis mehr sein.
▸ unbekannt (bleiben).

kommen, ans Ziel erreichen, erlangen, erzielen, beendigen, krönen, vollenden, ankommen, Erfolg haben, gelingen, gewinnen, erringen, seinen Weg bahnen, den Zweck erreichen, seine Erwartungen erfüllt sehen, einen Preis davontragen, sich in die Höhe schwingen, Glück haben, Ergebnis haben. → bestehen.
▸ misslingen, verfehlen das Ziel.

kommen und gehen → ein und aus.

kommen, in den Sinn einfallen, erkennen, ausdenken, einen Einfall haben, einen Gedanken haben, eine Idee haben.
▸ vergessen.

kommen sehen → ahnen.

kommen, um etwas → verlieren.

kommen, zu Hilfe → bringen auf die Beine, helfen, unterstützen.

kommen, zu kurz → unterliegen.

kommen, zu sich einsehen, erkennen, zur Vernunft kommen • zur Besinnung kommen, das Bewusstsein erlangen, aus der Ohnmacht erwachen, aufwachen.
▸ ohnmächtig (werden), versteifen sich.

kommen, zur Ruhe sich beruhigen, sich legen, still sein, ruhig sein, ruhen, ausruhen, rasten, sitzen, aufatmen, sich verschnaufen, einhalten, der Ruhe pflegen, sich Ruhe gönnen, die Hände in den Schoß legen, beilegen, bekalmen, die Arbeit einstellen, ausspannen. → befreien.
▸ arbeiten, aufbrausen.

Komment → Benehmen, Brauch.

Kommentar → Anmerkung, Ausführungsbestimmung, Auskunft, Auslassung, Darlegung, Einfügung, Erklärung, Randbemerkung.

Kommentator → Ausleger.

kommentieren → auseinander setzen, begründen, darlegen, diskutieren, disputieren, illustrieren, interpretieren.

Kommers → Zusammenkunft.

Kommilitone Studienfreund,

Studiengenosse, Waffenbruder, Leibfuchs, Bundesbruder, Korpsbruder. → Freund, Kollege.
Kommiss Barras, Militär.
Kommissar → Beauftragter.
Kommission → Ausschuss, Beirat, Beratung.
Kommode → Behälter, Möbel.
Kommune Gemeinde • Wohngemeinschaft, Wohngruppe.
Kommunikation → Verbindung.
kommunikationsfreudig extrovertiert, gesellig, gesprächig, kommunikativ, kontaktfreudig, umgänglich, zugänglich.
kommunizieren → korrespondieren.
Komödiant Schauspieler, Gaukler, Schaumschläger, Zauberkünstler, Schwarzkünstler • Betrüger, Spitzbube, Schwindler, Gauner, Zigeuner, Lügner, Schelm, Heuchler, Schurke • Vornehmtuer, Zierbengel, Theaterheld, Schöntuer.
komödiantenhaft schauspielerisch, komödiantisch, darstellerisch, theatralisch, melodramatisch • aufspielerisch, nicht ernst zu nehmen.
Komödie Lustspiel, Posse, Farce, Burleske, Travestie, komische Oper, Singspiel, Tragikomödie • Bühnenstück. ▸ Drama, Tragödie, Trauerspiel.
Kompagnon Gesellschafter, Teilhaber, Sozius, Handelsgenosse, Mitbeteiligter, Geschäftsbeteiligter, Partner, Teilnehmer, Gefährte, Genosse, Berufsgenosse, Fachgenosse, Schicksalsgenosse, Amtsbruder, Amtsgenosse, Aktionär, Mitteilhaber, Parteimann. ▸ Gegner, Konkurrent.
kompakt dicht, fest, hart, geschlossen, gedrängt, widerstandsfähig, widerstandsfest, kräftig, undurchlässig, undurchdringlich, einheitlich, ganz, solid, dauerhaft, zusammenhängend, untrennbar. ▸ dünn, locker, morsch.
Kompanie Wehrmachtsteil • Teilhaberschaft, Mitbesitz • Anteil, Genossenschaft, Gemeinschaft, Verein.
kompatibel anpassbar, anschließbar, miteinander vereinbar, zusammenpassend, verträglich.
Kompendium (Abriss, kurzes Lehrbuch), Gedrängtheit, Auszug, Abkürzung, Kürzung, Zusammenpressung, Zusammenziehung, Leitfaden, Handbuch-Übersicht, Übersichtstafel.
Kompensation → Entschädigung, Reaktion.
kompensieren wettmachen, aufheben, entschädigen, aufwägen, verrechnen, ausgleichen, decken, abverdienen, vorholen, nachholen, tilgen, ersetzen, abgelten. → aufheben, ausgleichen. ▸ differieren.
kompetent zuständig, anerkannt, befugt, urteilssicher, berechtigt, tonangebend, sachkundig, maßgebend. → ausschlaggebend, berechtigt, maßgebend. ▸ unberechtigt, unmaßgeblich.
komplett → A bis O, ausverkauft, voll, vollständig.
komplettieren abrunden, ergänzen, vervollständigen.
Komplex Bezirk, Bereich, Gebiet, Mark, Gemarkung, Landstrich, Land, Kanton, Teil • Koller, Manie, Wahn, Zwangsvorstellung, Sinnesstörung, Sinnesverwirrung, Minderwertigkeitskomplex, Schwermut, Trübsinn, Hemmung, Schüchternheit, Furcht, Behinderung, Scheu, Empfindlichkeit. ▸ Einzelheit, Wirklichkeit.
Komplikation Verworrenheit, Verwicklung, Ungewissheit, Unverständlichkeit, Schwierigkeit, Unbegreiflichkeit, Unfassbarkeit, Hindernis, Zwangslage, Knoten, Verstrickung, Klippe, Klemme, Krisis, Unmöglichkeit, Kopfzerbrechen, kitzlicher Punkt • Rückgang, Verschlechterung. → Dilemma. ▸ Besserung, Erleichterung, Klarheit.
Kompliment → Beifügung, Bewerbung, Courschneiderei, Empfehlung, Getändel, Höflichkeit.
Komplimentemacher Schäker *u.*
Komplize Helfer, Helfershelfer, Unterstützer, Diener, Beistand, Gehilfe, Partner, Mitarbeiter, Verbündeter, Bundesgenosse, Mitspieler, Mitkämpfer, Vertrauter, Genosse, die rechte Hand, Anhänger, Nachfolger, Mitbeteiligter, Spießgeselle, Mitschuldiger, Gefährte. ▸ Gegner.
kompliziert knifflich, schwer, verwickelt, verzwickt, verworren, umständlich, schwierig, unklar, verschlungen, unverständlich, unentzifferbar, unerklärlich, unerforschlich, undurchdringlich, mühevoll, beschwerlich, verwirrend, heikel. → bedenklich. ▸ einfach, leicht, simpel, unkompliziert.
Komplott → Anschlag, Ungehorsam, Zwietracht.
Komponist → Musiker.
Komposition Dichtung. → Arbeit, Ausdrucksweise, Cantus, Zusammensetzung.
komprimieren → abrunden, zusammenpressen.
Kompromiss Schlichtung, Vermittlung, Ausgleich, Diplomatie, Schlichtungsverfahren, Vergleichsverfahren, Lösung, Regelung, Erledigung, Beilegung, Angleichung, Annäherung, Mittelweg, Zwischenlösung, Halblösung, Kuhhandel *u,* Abfindung. → Beilegung. ▸ Ablehnung, Unnachgiebigkeit, Zerwürfnis.
kompromisslos bockig, eigensinnig, halsstarrig, unbelehrbar.
kompromittieren verleumden, entehren, erniedrigen, demütigen, brandmarken, entadeln, beschämen, durch die Mäuler ziehen, in Schande bringen, die Ehre abschneiden, an den Pranger stellen, heruntermachen, in Unehre bringen, durch den Kot ziehen, ins Gerede bringen, in Misskredit geraten. ▸ ehren, loben, schätzen.
kondensieren → dichten, festigen. ▸ verdampfen, verdunsten • verdünnen.
kondensiert eingedickt, verdichtet, verflüssigt (von Gasen).
Kondensierung → Dichte.
Kondition Ausdauer, Befinden, Form, Leistungsfähigkeit, Verfassung, Zustand • Bedingung, Geschäftsbedingung.
Konditor Feinbäcker, Patissier.

Konditorei → Café, Kaffeehaus.
Kondolenzbesuch → Beileid.
kondolieren Beileid bekunden. ▸ beglückwünschen, gratulieren.
Kondom Gummi, Gummischutz(mittel), Pariser, Präser(vativ), Überzieher, Verhüterli.
Kondukt Trauerzug, Trauergeleit, Trauerparade, Leichenkondukt.
Konfekt → Süßigkeit.
Konfektion Anfertigung, Kleideranfertigung, Bekleidungsindustrie, Fertigkleidung, Handel, Bekleidungsgewerbe • Massenartikel, Anzug von der Stange, Fabrikarbeit. ▸ (Maßarbeit).
Konferenz Unterredung, Besprechung, Zusammenkunft, Verhandlung, Zusammenkommen, Beratung, Meinungsaustausch, Lehrerbesprechung, Sitzung, Beratschlagung, Versammlung, Konferenzbeschluss, Symposium, Kolloquium, Kongress • Seminar, Kurzlehrgang. → Ansage, Beratung, Besprechung.
konferieren beratschlagen, erörtern, besprechen, überlegen, sich beraten, bedenken, erwägen, beurteilen, bereden.
Konfession → Bekenntnis, Kirche, Religion.
Konfirmation → Ehrentag.
Konfiskation → Ausplünderung, Bemächtigung, Beschlagnahme, Enteignung.
konfiszieren → bemächtigen, berauben, beschaffen.
Konfitüre Süßigkeit, Kandiszucker, Sirup, Honig, Zuckerwerk, Backwerk, Eingemachtes, kandierte Früchte, Fruchtbonbon, Näschereien, Plätzchen, Guss, Jam, Marmelade.
Konflikt Gegensatz, Gegnerschaft, Antagonismus, Widerstreit, Streit, Meinungsverschiedenheit, Wortstreit, Wortgefecht, Wettstreit, Zank, Unfriede, Händel, Entgegengesetztheit, Verschiedenheit der Ansichten. → Auseinandersetzung, Gegensatz. ▸ Übereinstimmung, Versöhnung.
Konfliktbefreiung Abreaktion, Katharsis.
Konfliktforschung Kriegsforschung, Polemologie.
konfliktreich kritisch, problematisch, spannungsgeladen, zwiespältig.
konform → übereinstimmend.
konfrontieren gegenüberstellen, gegenüberstehen, Auge in Auge, kontrastieren, entgegensetzen, vor jemanden treten, anblicken, von Angesicht zu Angesicht, gegenüber, vis-a-vis. ▸ verbergen.
konfus verwirrt, durcheinander, verworren, zerstreut, fahrig, verzwickt, wirr, unmethodisch, unklar, kunterbunt, wüst, betroffen, flatterhaft, vermischt, vermengt. → durcheinander. ▸ gefasst, gescheit, Kopf klarer.
Konfusion → Unordnung.
kongenial → harmonieren.
Kongestion (Congestion) Blutandrang, Überfluss, Überfülle, Andrang, Überschuss, Übermaß, Anhäufung, Anschwellung, Wassersucht, Schwulst, Erguss, Schwall, Überflutung, Guss.
Konglomerat Gemisch, Gemenge, Klumpen, Haufen, Geröll. ▸ Grundelement, Zerfall.
Kongress Treffen, Zusammenkunft, Tagung, Versammlung, Sitzung, Besprechung, Beratung, Fachversammlung, Berufsversammlung. → Zusammenkunft.
kongruent → übereinstimmend.
König Majestät, Gebieter, Monarch.
königlich gebietend, gewaltig, herrschend, gebieterisch, regierend, monarchisch, absolut • großzügig, freigebig, mildtätig, hochherzig, nobel, verschwenderisch, edelherzig, wohltätig, ritterlich, groß, großherzig, edelsinnig, großmütig, würdevoll, ehrwürdig, erhaben, majestätisch, hoheitsvoll, hehr, stattlich, weihevoll, gewaltig. ▸ gewöhnlich, kleinlich, schäbig, würdelos.
Königssohn Prinz.
königstreu royal.
Königstreue Royalismus.
Konjugation → Biegung.
konjugieren → biegen.
Konjunktur → Aufschwung.
Konklave Zusammenschluss, Gefüge, Gruppe, Versammlung, Zusammenkunft, Zusammenberufung, Körperschaft, Konvent, Konzil, Synode, Kirchenversammlung, Besprechungsversammlung, Wahlversammlung, Kirchenberatung, Kardinalsversammlung, Kirchenrat. → Beratung.
Konkordanz → Einheit, Übereinstimmung.
Konkordat → Abkommen.
konkret greifbar, fassbar, anschaulich, wahrnehmbar, gegeben, wirklich, körperhaft, sinnlich, gegenständlich, stofflich, bestimmbar, substanziell, materiell, wesenhaft, handgreiflich, evident, lebendig, anwesend, fühlbar, kompakt, real → anschaulich, anwesend, augenfällig, dinghaft, erfassbar. ▸ abstrakt, allgemein, unklar.
Konkubinat → Ehe wilde.
Konkubine → Buhle, Dirne.
Konkurrent Gegner, Gegenpartei, Geschäftsgegner, Gegenspieler, Nebenbuhler, Rivale, Mitbewerber, Nebenmann, Feind. → Feind. ▸ Freund, Helfer, Teilnehmer.
Konkurrenz Wirtschaftskampf, Wettstreit, Interessenkampf, Erwerbskampf, Wettbewerb, Wettkampf, Gegenseite, Gegenpartei, Opposition, Kampf, Feindschaft, Nebenbuhlerschaft, Brotneid, Lohnkampf, Gladiatorenkampf. → Bewerbung, Erwerbskampf.
konkurrenzlos unvergleichlich, einzigartig, monopolistisch.
konkurrieren wetteifern, zusammentreffen, entgegenwirken, entgegenhandeln, entgegenarbeiten, rivalisieren, wettfahren, wettlaufen, wettrennen, wettschießen, sich messen, auszustechen trachten, zu überbieten suchen. → balgen. ▸ (außer Wettbewerb), beistehen.
Konkurs Bankrott, Zusammenbruch, Niedergang, Zahlungseinstellung, Stundung, Zahlungsunfähigkeit, Zahlungsschwierigkeit, Geldschwierigkeit, Geldmangel, Geldnot, Unterbilanz, Flaute,

Konkursansage, Konkursmeldung, Börsenkrach, Börsensturz, Zwangsversteigerung, schlechte Geschäfte, Hammer kommen unter den, Pleite *u.* ▸ Zahlungsfähigkeit.

können vermögen, wissen, fähig, im Stande sein • erkennen, durchschauen, begreifen, erfassen, Bescheid wissen, Schulung besitzen, sich auskennen, schaffen, sich geschickt anstellen, begabt sein, gewachsen sein, Bescheid wissen, in allen Sätteln gerecht sein, handfertig sein. → ausüben, befähigen, dürfen. ▸ unfähig sein • versagen.

Könner Profi *u.* → Berühmtheit, Fachmann, Kapazität. ▸ Dilettant, Laie, Nichtfachmann, Pfuscher, Stümper • Anfänger, Lehrling, Neuling.

Konsens → Übereinstimmung.

konsequent → denkgerecht, folgerichtig, logisch.

konsequentermaßen → also, logisch.

Konsequenz → Ausgang, Wirkung. ▸ Inkonsequenz.

Konservatismus → Beständigkeit.

konservativ bleibend, anhänglich, unverändert, unwandelbar, bodenständig, überdauernd, altmodisch, beharrlich, unabänderlich, hartnäckig, eigenwillig, eigensinnig, unnachgiebig, unbelehrbar, unbekehrbar, zähe, traditionsgebunden. ▸ unbeständig, wankelmütig • modern, zeitgemäß • fortschrittlich, progressiv • links.

Konserve Konservierung, Büchse, Eingemachtes, Einmachobst, Einmachfrüchte, Gemüsekonserve, Büchsenobst, Büchsengemüse, Büchsenmilch, Pökelfleisch, Dauerwurst, Obstmus, Erhaltung, Einpökelung, Geräuchertes, Dauerware, Tonkonserve, Bandaufnahme. ▸ (Frischware).

konservieren → aufheben, balsamieren, einpökeln, frosten.

konserviert → haltbar.

Konservierung → Erhaltung, Konserve.

Konsilium (Consilium) → Besprechung.

Konsistenz Gedrängtheit, Kürze, Zusammenziehung, Zusammenpressung, Bündigkeit, Knappheit, Geschlossenheit, Verkürzung, Beschränkung, Einschränkung • Bestand, Festigkeit, Haltbarkeit, Zusammenhalt. ▸ Ausdehnung, Lockerung.

Konsole → Stütze.

konsolidieren erhärten, festigen, stärken.

Konsolidierung Festigung. → Festigkeit.

Konsorte Genosse, Bruder, Gefährte, Teilnehmer, Bande, Clique, Mittäter, Mitangeklagter, Bursche, Kerl. → Bekannter. ▸ Gegner.

konspirieren → verschwören.

konstant feststehend, zusammenhängend, beharrlich, immerfort, fortwährend, unablässig, stets, ständig, ununterbrochen, unaufhörlich, anhaltend, unablässig, immerzu, immer, unaufhaltsam, fortgesetzt, fortlaufend, dauernd, ohne Unterlass, fort und fort, in einem fort. → andauernd, fortdauernd. ▸ unbeständig, zusammenhangslos.

konstatieren feststellen, festhalten, vermerken, bekräftigen, bestätigen, behaupten, betonen, hervorheben, zugeben. → bejahen, bestätigen. ▸ widersprechen, zurücknehmen.

Konstellation Sternenstellung, Lage, Zusammentreffen, Sternbild, Planetenstellung, Kometenbahn, Stellung der Gestirne zueinander.

Konsternation → Verwirrung.

konsterniert → baff, verwirrt.

konstituieren einsetzen, festsetzen, bestimmen, zusammentreten, bestallen, anordnen, belangen, zusammenschließen, Staatsverfassung bestimmen. ▸ auflösen.

Konstitution Staatsordnung, Staatswesen, Staatseinrichtung, Staatsform, Verfassung, Regierungsweise, Regierungsform, Verfassungsstaat, Vertrag, Staatsgrundgesetz, Gesetz, Grundgesetz. → Art.

konstruieren aushecken, formen, einrichten, gestalten, entwerfen, zusammenfügen, schaffen, hervorbringen, erschaffen, ausarbeiten, bilden → annehmen, aufbauen, ausdenken. ▸ zerlegen.

Konstruktion Gestaltung, Anfertigung, Herstellung, Formung, Bildung, Errichtung, Bau, Gründung, Aufbau, Zubereitung, Bereitung, Zuschnitt, Struktur, Prägung, Einrichtung, Zusammenstellung, Aufstellung, Zusammensetzung. ▸ Abbruch, Zerlegung.

Konsul → Beauftragter, Bevollmächtigter.

Konsulent → Anwalt.

konsultieren befragen, besprechen, beraten, anfragen, erfragen, ratschlagen, erörtern, überlegen, bedenken, um Rat fragen, um Rat angehen, sich Rat holen. ▸ (selbst alles besser wissen), unterlassen.

Konsument → Käufer, Verbraucher.

konsumieren aufbrauchen, verzehren, anwenden, verbrauchen, aufessen, leeren, genießen, brauchen, umsetzen, verwenden, verschleißen, ausgeben, aufzehren, verzehren, vertun, benutzen, abtragen, verwerten, verarbeiten. ▸ aufheben, versorgen • herstellen.

Kontakt Berührung, Angrenzung, Verbindung, Aneinandergrenzung, Zusammentreffen, Verkehr, Anreihung, Begegnung, Briefwechsel, Fühlung, Tuchfühlung, Vereinigung • Einschalter, Schalter. ▸ Einsamkeit, Kluft, Unterbrechung, Nebeneinander.

kontaktarm kontaktschwach, kontaktlos. → getrennt, los.

kontaktlos → kontaktarm.

Kontemplation → Beschaulichkeit.

kontemplativ beschaulich, besinnlich, erbaulich, meditativ, versonnen.

Konterbande → Beraubung, Beute.

konterfeien → malen.

kontern aktiv wehren sich, angreifen (aus der Verteidigung heraus), antworten.

kontinental festländisch • europäisch, abendländisch.

Kontingent → Anteil, Zuweisung.
kontinuierlich → andauernd.
Kontinuität Stetigkeit, Fluss, Lauf, Gang, Abwicklung. → Beständigkeit.
Konto Guthaben, Bankkonto, Haben, Besitz, Geld, Kapital, Kontobuch, Sparkassenbuch, Rechnung, Depot, Buchführung, Rechnungsablage, Jahresbilanz. → Besitztum.
Kontodifferenz Saldo.
Kontokorrentbuchhalter → Buchhalter.
Kontor → Büro.
Kontoristin Bürokraft, Buchhalterin.
kontra entgegengesetzt, verschieden sein, abstechend, widersprechend, zuwiderlaufend, in sich uneins, zuwider, entgegen, dagegen, verkehrt, gegenläufig, auseinander, divergierend, divergent, konträr, wie Tag und Nacht, wie schwarz und weiß, ganz im Gegenteil, gegenüber, gegnerisch, gegen, wider. ▸ dafür, Hand in Hand.
kontradiktorisch → widersprechend.
Kontrahent → Gegner.
Kontrakt → Abkommen.
konträr → anders geartet, dawider, gegensätzlich.
Kontrast → Gegenpol, Gegensatz, Gegenseite, Vergleich. ▸ Harmonie • Einverständnis, Übereinstimmung • Ähnlichkeit.
kontrastieren → abweichen.
Kontrollbildschirm Monitor.
Kontrolle Untersuchung, Begutachtung, Überwachung, Beobachtung, Prüfung, Probe, Durchsicht, Zensur, Zoll, Besichtigung, Musterung, Betrachtung, Nachfrage • Gegenrechnung, Gegenprobe. → Aufsicht, Ausforschen, Behandlung, Beschlagnahme, Durchsicht. ▸ Fahrlässigkeit.
Kontrolleur Schnüffler, Aufpasser. → Wächter.
kontrollieren → anschauen, ausforschen, mustern, prüfen.
Kontrollliste Checklist(e), Prüfliste.
Kontrolluhr Stempeluhr.
Kontroverse → Streit.
Kontur → Art, Aussehen, Linie.
konvenieren zusagen, behagen, gefallen, passen, belieben, entsprechen, sich eignen, bequem sein, genehm sein, dienlich sein, brauchbar sein. → behagen, belieben. ▸ ablehnen.
Konvent → Konklave.
Konvention (Convention) Übereinkunft, Abkommen, Vereinbarung, Vertrag, Einvernehmen, Abmachung, Bestimmung, Festsetzung, Verabredung, Verhandlung, Genehmigung, Bestätigung, Unterzeichnung, Vollzug, Abschluss.
konventionell üblich, herkömmlich, überbracht, gewohnt, alt, gebräuchlich, eingebürgert, gewohnheitsmäßig, altherkömmlich, überkommen, dem Brauch gemäß, gang und gäbe, gemeinhin • korrekt, steif, förmlich. ▸ ungewöhnlich • avantgardistisch, extravagant, gewagt, originell, sensationell, vorkämpferisch • flott, frei, lässig, leger, schick.
Konversation Unterhaltung, Unterredung, Gespräch, Wechselrede, Gedankenaustausch, Meinungsaustausch, Plauderei, Geplauder, Schwatz, Tischgespräch, geselliges Gespräch. → Aussprache. ▸ Wortkargheit • Diskussion, Disput, Streitgespräch • Verhandlung.
Konversion grundlegende Einstellungs-/Meinungsänderung, Transformation, Übertritt, Umdeutung (eines nichtigen Rechtsgeschäfts), Umwandlung.
konvertieren Informationen übertragen (in der EDV) • übertreten (zu einem anderen Glauben) • Währungen tauschen.
Konvoi Geleit, Geleitzug. → Bedeckung, Begleitung.
konvulsivisch → heftig.
konzedieren → einräumen, zugestehen.
Konzentration Zusammenziehung, Sammlung, Zusammenfassung, Zusammenstellung, Einkehr, Konzentrierung, Aufmerksamkeit, Ansammlung, Anhäufung, Beharrlichkeit, Ausdauer, Geistesgegenwart, Haltung. ▸ Auflösung, Zerstreutheit.
Konzentrationsausgleich Diffusion, Osmose.
Konzentrationslager → Bestrafung.
konzentrieren vereinheitlichen, zusammenziehen, zusammenschließen, sammeln, vereinigen, erfassen, sättigen, zusammenfließen, aufmerken, anreichern, gehaltreich machen, geistig sammeln. ▸ auflösen, zerstreuen, verdünnen, verteilen, verwässern.
konzentriert angereichert, stark. → aufmerksam. ▸ aufgelockert • verdünnt, wässrig • unaufmerksam, unkonzentriert, zerfahren, zerstreut • ausführlich, weitschweifig.
konzentrierte Lösung Essenz.
Konzept → Ausfertigung.
Konzept bringen, aus dem beirren, durcheinander bringen, irremachen, irritieren, stören, verunsichern, verwirren.
Konzeption *M* Zielsetzung, Entwurf, Zukunftsbild, Auslegung, Vorhaben. → Absicht, Entschluss, Plan.
Konzern → Vereinigung, Zusammenschluss.
Konzertcafé Tingeltangel *u.*
Konzertkaffee → Café.
Konzession Zugeständnis, Vorrecht, Verleihung, Berechtigung, Erlaubnis, Bewilligung, Genehmigung, Einräumung, Gesetzlichkeit, Gestattung, Zulassung, Gewährung, Privilegium, Recht, Ermächtigung, Gutheißung, Freiheit, Zuweisung, Belehnung. → Anrecht, Bedingung, Befugnis. ▸ Eigenmächtigkeit, Enthebung, Verbot, Widerrufung.
konzessionsbereit elastisch, flexibel, kompromissbereit, nachgiebig.
Konzil → Ausschuss, Konklave.
Konzilium → Beirat, Beratung.
konzipieren verfassen, entwerfen, überlegen, denken, ausklügeln, ausdenken, ersinnen, festhalten, abfassen, niederschreiben, darstellen, wiedergeben, schildern, schreiben, behandeln. ausarbeiten • empfangen, schwanger werden. ▸ faseln. Stegreif aus dem.
koordinieren abstimmen, zuordnen. ▸ durcheinander bringen.
Kopf Haupt, Oberstübchen, Verstandskasten, Dach *u,* Ballon *u,* Birne *u,* Bregen *u,* Dez *u,* Gehirnkasten, Giebel *u,*

Globus *u*, Grützkasten *u*, Hirnkasten, Kürbis *u*, Rübe *u*, Gehirnkasten *u*, Tabernakel *u*. → Begabung, Beginn, Hirn, Verstand • Anführer. ▸ Körper, Leib, Rumpf • Fuß.
Kopf, dicker Quellbirne *u*.
Kopf durchsetzen, seinen beharren, bestehen auf, nicht schwanken, sich nicht irre machen lassen, festbleiben, erzwingen, hartnäckig bestehen, sich versteifen, etwas ertrotzen, verstockt sein, unnachgiebig sein, zähe sein, ausdauernd sein, querköpfig sein, störrig sein, bockbeinig sein. ▸ nachgeben.
Kopf, beschränkter → dumm, vernunftlos.
Kopf, fähiger → Denker.
Kopf bis Fuß, von → A bis Z, A und O, vollständig.
Kopf gehen lassen, sich durch den abwägen, bedenken, durchdenken, reflektieren, überdenken, überlegen.
Kopf hauen, (Geld) auf den durchbringen, (Geld) verjuxen, verläppern, verprassen, veruntreuen.
Kopf, klarer sachlich, bestimmt, gradlinig, vorurteilsfrei, verständig, klug, helle, kläräugig, lebenstüchtig, schlau, vernünftig, verstandesbegabt, scharfsinnig, aufgeweckt, begabt, weise, gescheit, befähigt, urteilsfähig, pfiffig, bedacht, einsichtsvoll. ▸ unbedacht, unvernünftig.
Kopf durch die Wand gehen, mit dem → Kopf aufsetzen den.
Kopf mit zwei Gesichtern Januskopf.
Kopf stoßen, vor den beleidigen, brüskieren, herabsetzen, kränken, schmähen, verletzen, verprellen.
Kopf verlieren, den ausflippen, außer Fassung sein, durchdrehen, Kopf/Nerven verlieren.
Kopf waschen, den → tadeln.
Kopf zerbrechen, sich den grübeln, nachdenken, herumrätseln, raten, rätseln.
Kopf zurechtsetzen, den missbilligen, tadeln, vorhalten, beanstanden, vorwerfen, bemängeln, eindringlich zureden, entgegenhalten, ernstlich vorstellen, ins Gebet nehmen, den Standpunkt klarmachen, eines Besseren belehren, eine Pille zum Schlucken geben, ausschimpfen, auszanken, den Marsch blasen, ordentlich die Meinung sagen, zur Vernunft bringen. → bekämpfen. ▸ billigen, loben.
Kopfarbeit Denkarbeit. → Begriffsscheidung, Gedankenarbeit.
Kopfbedeckung → Chapeau, Kappe.
Köpfchen → begabt, klug, Kopf klarer.
Köpfen → Bestrafung.
köpfen → töten, verurteilen.
Kopfhängerei → Bekümmernis, Trübsinn.
kopfhängerisch → aufgelegt, trübsinnig.
Kopfhaut Haarboden.
kopflos → dumm, erinnerungslos, zerstreut.
Kopfloser Azephale.
Kopflosigkeit Gedankenlosigkeit. → Unaufmerksamkeit, Verwirrung.
Kopfnicken → Bejahung, Geste, Gruß, Zustimmung.
Kopfnuss → Bearbeitung, Bestrafung.
Kopfputz → Ausschmückung.
kopfscheu → argwöhnisch, vernunftlos, zerstreut.
Kopfschlagader Carotis, Karotis.
Kopfschmerzen Migräne, Brummschädel, Katzenjammer, schwerer Kopf, Kopfdruck, Kopfstechen.
Kopfschütteln → Geste, Missbilligung, Verneigung, Wink.
Kopfschutz Helm, Schutzhaube, Stahlhelm, Sturzhelm.
kopfüber gegenüber, entgegen, Auge in Auge, von Angesicht zu Angesicht, gegenüberstehend • eilig, schnell, hastend, ungestüm, übereifrig, fieberhaft, übereilt, flink, beschwingt, unbedacht, schleunigst, hitzig, hastig, ohne Bedenken, sofort, blitzartig, flugs, Hals über Kopf, Eile haben, keinen Augenblick verlieren, in der Hitze des Gefechts. ▸ gemächlich, seitab.
kopfwärts kranial.
Kopfzerbrechen → Arbeit, Beschwerde, Mühe.
Kopie Abschrift, Wiedergabe, Abzug, Vervielfältigung, Doppel, Reproduktion, Duplikat, Nachbildung, Durchschlag, Bild, Druck, Abbildung, Abdruck, Zweitschrift, Doppelausfertigung, Nachschrift. → Abdruck, Abklatsch, Abzug, Bild, Durchschlag, Entwurf, Gegenstück. ▸ Original.
kopieren → abbilden, vervielfältigen. ▸ erfinden, erschaffen, kreieren, schaffen, schöpfen.
Koppel Gurt, Gürtel, Leibriemen • Einzäunung.
koppeln → anmachen, berühren, verbinden. ▸ entkoppeln, lösen.
kopulieren veredeln, zusammenbringen, zusammenstecken, verbinden, verbessern, anreihen, hinzufügen, zusammensetzen, anfügen, hinzufügen, aneinander setzen • trauen, vermählen, verheiraten, zusammengeben, antrauen, ehelich verbinden, vereinigen. → beigesellen. ▸ trennen.
Korb Ablehnung, Abweisung, Zurückweisung, Verschmähung, Verneinung, Gegenbescheid, Aufsage, Widerrufung, Zurücknahme, Verweigerung, Versagung, Entlobung, abschlägige Antwort, ausweichende Antwort. → Behälter, Geflecht. ▸ Zusage.
Korb geben, einen abblitzen lassen, ablehnen, absagen, ausschlagen, verschmähen, verweigern, zurückweisen.
Korbball → Ball, Spiel.
Korbballspiel Basketball.
Korbflasche Ballon, Demijohn.
Kordel → Bindfaden.
kordial einträchtig, wohlwollend, herzlich, vertraulich, intim. ▸ uneinig, unfreundlich, zurückhaltend.
Kordon → Absperrung.
kören auswählen, decken, fohlen, rammeln, bespringen, befruchten, prüfen, wählen, Tiere zur Fortpflanzung auswählen, stiften. → balzen, decken, küren. ▸ unfruchtbar (sein).
Korken Stöpsel. → Verschluss.
Körnchen, ein → bloß, wenig.
Körnchenbildung Granulation.
körnen granieren, granulieren.
körnig → bröcklig.
Kornspeicher → Depot.
Korona (Corona) Kranz, Krone, Heiligenschein, Kreisform,

Strahlengebilde um die Sonne, Stirnband, Diadem, Blumengewinde, Sonnenrad, Kreis, Runde, Rundheit, Strahlenkegel, Sonnenring, Strahlenkranz, Ausstrahlung.

Körper Leib, Balg, Pelz *u,* Leichnam *u,* Gerippe, Form, Ding, Etwas, Materie, Stoff, Geschaffenes, Geschöpf, Gestalt, Figur, Gestell *u,* Vorhandenes, Ganzes, Rumpf, Ganzheit, Masse, Tierkörper, Substanz, Fleisch und Blut • Körperschaft, Gemeinschaft, Genossenschaft, Vereinigung, Bund, Verband. → Balg, Ding, Element, Etwas, Gegenstand. ▸ Geist, Seele • Glied, Kopf.

Körperbau-Lehre Anatomie.

Körperbehinderter Behinderter, Schwerbeschädigter, Versehrter.

Körperbildung → Körper, Körperpflege.

Körpererziehung Leibeserziehung, Leibesübungen, Sport, Turnen.

Körperfehler Missbildung, Entstellung, Hässlichkeit.

Körperflüssigkeit abziehen punktieren.

Körpergeruchsbeseitigungsmittel Deo(dorant).

körperhaft gestaltet, geformt, gegeben, körperlich, konkret, wirklich, sinnlich, wahrnehmbar, greifbar, leiblich, materiell, substanziell, dinghaft, bestimmt, fassbar, irdisch, gegenständlich, gegenwartsnahe, wirklichkeitsnahe, stofflich, fühlbar. → dinghaft, fassbar, leiblich. ▸ geistig, körperlos, wesenlos.

Körperhülle Haut.

Körperkraft, rohe Brachialgewalt.

Körperkultur → Körperpflege, Sport.

körperlich → dinghaft, durchgebildet, fassbar, gegenständlich, körperhaft, leiblich. ▸ gedanklich, geistig, psychisch, seelisch • ätherisch, vergeistigt • immateriell, körperlos, unkörperlich, unstofflich.

körperlich in bester Verfassung fit.

körperliche Masse Substanz.

körperliche Spannkraft Energie.

körperlos immateriell, inhaltslos, unkörperlich, wesenlos, leer, hohl, haltlos, nichts sagend, luftig, eitel, raumlos, zeitlos, stofflos, unpersönlich, geistig, entsinnlicht, überirdisch, ätherisch, übernatürlich. → geistig, ideell. ▸ körperhaft, dinghaft, greifbar, körperlich, materiell, stofflich, substanziell.

Körperpflege Jungborn, Jungbrunnen, Hygiene, Kosmetik, Körperbildung, Zuträglichkeit, Sport, Körperkultur, Kur, Sauberkeit, Pflanzenkost, Rohkost, Nahrungspflege, Blutauffrischung, Bewegung, Wanderung, Ruhe, Erholung, Ferien, Muße, naturgemäßes Leben, Sonne, Luft, Höhensonne, Medizin. → Gesundheitspflege. ▸ Unsauberkeit, Vernachlässigung.

Körperschaft Zusammenschluss, Verbindung, Genossenschaft, Bund, Verband, Vereinigung, Gruppe, Versammlung, Handelsgesellschaft, Partei, Fachgemeinschaft, Fachschaft, Ausschuss, Baugenossenschaft, Siedlungsgenossenschaft, Gewerkschaft, Arbeitsgemeinschaft, Interessengemeinschaft, rechtliche Körperschaft. → Bund, Bündnis, Konklave, Gewerkschaft.

Körperteil → Arm, Bein, Daumen, Fuß, Galle, Inneres, Leib, Lichter, Mähne, Miene, Mund, Muskel, Nacken, Nase, Ohr, Pelz, Rumpf, Rücken, Schädel, Schlund, Schwanz, Steiß, Tatze, Weiche, Wolle.

Körperübung Gymnastik, Training.

Körperzustand Status.

Korporation → Bund, Körperschaft.

Korpsgeist → Kastengeist, Gemeinschaftssinn.

korpulent → dick.

Korpulenz Beleibtheit, Leibesfülle, Feistigkeit, Geschwollenheit, Aufblähung, Dickbauch, Schmerbauch, Tonne, Fass, Koloss, Wanst, Falstaff, Leibesumfang, Breite, Stattlichkeit. → Bauch, Dicke. ▸ Magerkeit.

korrekt → artig, perfekt, richtig.

Korrektheit → Zuverlässigkeit, Genauigkeit.

Korrektur → Bearbeitung, Berichtigung, Durchsicht, Verbesserung.

Korrelation → Gegenseitigkeit.

Korrespondent → Berichterstatter.

Korrespondenz Briefwechsel, Schriftwechsel, Mitteilung, Zuschrift, Nachricht, Briefschaften, Schreiben, Schrift, Bericht, Brief, Sendschreiben, Rundschreiben, Vermittlung, Gedankenaustausch, Meinungsaustausch, Bescheid, Bekanntmachung • Trauerbrief, Geschäftsbrief, Mahnbrief, Schreibkram *u.* → Belege.

korrespondieren entsprechen, übereinstimmen, gleich liegen, kommunizieren • schreiben, brieflich verkehren, Briefe wechseln, Bericht erstatten, sich schreiben, antworten, beantworten. ▸ enthalten sich • differieren, divergieren • sich streiten, konträr/uneinig sein.

Korridor Flur, Hausgang, Eingang, Hausflur, Gang, Diele, Zimmerflucht, Vorhof, Durchgang, Fläche, Vorflur, Garderobe, Kleiderablage, Raum, Deise. ▸ Zimmer.

korrigieren ändern, verbessern, berichtigen, überarbeiten, durchsehen, nachsehen, richtig stellen, besser machen, bessern, ausbessern, bereinigen, ergänzen, nacharbeiten, abschleifen, restaurieren, abhelfen, wieder gutmachen • kritisieren, tadeln, rügen, zurechtweisen. → ändern, ausbessern, berichtigen, durchsehen. ▸ stehen lassen, unterlassen, loben • falsch machen, Fehler machen, sich irren, sich täuschen.

korrodieren einrosten, Rost ansetzen, rosten, verrosten.

korrupt bestechlich, käuflich, verführbar.

Korruption Bestechung, Bestechlichkeit, Verfall, Verderbnis, Veruntreuung, Unterschlagung, Unterschleif, Staatsbetrug, Erschleichung, Schiebung, Steuerhinterziehung, Überlistung, Übertölpelung, Betrügerei, Unredlichkeit, Treulosigkeit. ▸ Ablehnung, Ehrlichkeit, Treue.

Korsar → Bandit.

Korsarentum → Beraubung.

Korsett Zwangsjacke,

Schnürlieb, Mieder • Rüstung *u.*
Korso (Corso) Schau, Ausstellung, Schaustellung, Prunkentfaltung, Farbenglanz, Festlichkeit, Bühnenschau, große Auffahrt, Schaufahrt.
Koryphäe → Berühmtheit. ▸ Dilettant, Laie, Nichtfachmann.
koscher → rein, tauglich.
kosen schäkern *u.* → liebkosen. ▸ kratzen, prügeln.
Kosename → Anrede, Beiname.
Kosewort Koserei, Gekose, Schmeichelei, Galanterie, Komplimente, Hofmacherei, Liebesbezeigung, Liebesdienst, Liebesgetändel, Liebesspiel, Liebeswerbung, Liebeswerben, Umwerbung. ▸ Schmährede.
Kosmetik Schönheitspflege, Verschönerung, Massage, Schminkerei, Auffrischung, Körperhaltung. → Körperpflege. ▸ Vernachlässigung.
kosmisch weltumfassend, allumfassend, himmlisch, raumumfassend, weltraumumfassend, gesamtumfassend, das Weltall betreffend. ▸ irdisch.
Kosmopolit Weltbürger • weltweit verbreitete(s) Pflanze/Tier.
Kosmos Weltall, Weltenraum, Universum, Schöpfung, Weltgebäude, Unendlichkeit, Makrokosmos, Weltkreis, Weltball, Weltkörper, Weltkugel. → All, Welt. ▸ Erde • Sterne • Mikrokosmos.
Kost Beköstigung, Ernährung, Essen, Speise, Verköstigung, Essware, Gerichte, Nahrung, Nahrungsmittel, Unterhalt, Speisung, Mahlzeit, Schmaus, Futter, Rohkost. → Beköstigung, Ernährung, Essen, Fraß. ▸ Trunk.
Kost, angepasste → Diät.
Kost, schmale → Armut, Diät.
Kost und Wohnung Pension.
kostbar edel, selten, wertvoll, prächtig, makellos, unbezahlbar, vortrefflich, schön, hervorragend, köstlich, herrlich, glänzend, prachtvoll, unschätzbar, fein, hübsch, angenehm, ausgezeichnet, teuer. → auserlesen, ausgesucht, brillant, delikat, erlesen, fein, gut. ▸ wertlos, billig, kitschig, minderwertig.
Kostbarkeit Sahnebonbon *u.* → Beste, Echtheit, Edelstein, Ergötzen. ▸ Kitsch, Schund.
Kostbarkeiten Pretiosen • Geschmeide, Juwelen, Schmuck.
Kosten Geld, Gebühr, Preis, Auslagen, Unkosten, Kostenpunkt, Voranschlag, Kostenbemessung, Ausgaben, Aufwand, Belastung, Miete, Haushaltungskosten, Lebensunterhalt, Nebenausgaben, Erhaltungskosten, Bestreitung, Bedürfnis, Extraauslagen, Zeitungsgeld, Abgaben, Zuschlag, Erhöhung, Unkosten, Reisekosten, Steuer, Reiseauslagen. → Aufschlag, Beitrag, Gebühr. ▸ Leistung.
kosten versuchen, naschen, essen, schmecken, schlecken, probieren, nippen, proben, den Gaumen kitzeln • wert sein, seinen Preis kosten, einen Preis fordern, einen Preis verlangen, einen Preis begehren, einen Preis behaupten. → ausforschen, essen. ▸ Gewinn abwerfen, einbringen • aufessen.
Kostenabzug, nach netto.
Kostenabzug, ohne brutto.
Kostenanschlag → Kalkulation.
Kostenanteile zuteilen repartieren.
Kostenbemessung → Kosten.
kostenfrei → gratis, umsonst.
kostenlos → gratis, umsonst.
kostenlose Probe Muster, Sample.
Kostenplan → Angebot.
Kostenpunkt → Kosten.
Kostensteigerung → Aufschlag, Verteuerung.
Kostenvoranschlag → Angebot.
Kosthaus → Gaststätte.
köstlich appetitlich, aromatisch, delikat, fein, genießbar, kräftig, lecker, pikant, schmackhaft, verlockend, wohlschmeckend, würzig, zart • bezaubernd, fesch, flott, göttlich, himmlisch, verführerisch, verlockend, wonnig, wunderbar • angenehm, ansprechend, begehrenswert, deliziös, einladend, erfreulich, erfrischend, ergötzlich, erquicklich, gefällig, gemütlich, genussreich, herrlich, herzerfrischend, bekömmlich, labend, süß, willkommen, wohl tuend • amüsant, belustigend, scharmant, unterhaltend, vergnüglich • ansprechend, prickelnd, schön, vortrefflich, herrlich, herzstärkend, mächtig • adrett, allerliebst, anmutig, anziehend, apart, berückend, blitzsauber, einnehmend, blendend, blühend, brillant, duftig, echt, eindrucksvoll, engelhaft, entzückend, ergreifend, erregend, exquisit, exzellent, fabelhaft, formvollendet, frisch, ganz groß, gefällig, gewinnend, glänzend, glatt, goldig, göttlich, graziös, hehr, herzig, kess, klassisch, knorke, knusprig, königlich, liebenswürdig, lieblich, patent, pfundig, picobello, pikant, piekfein, prachtvoll, pyramidal, raffiniert, rank, rassig, resch, sauber, schick, schmissig, schnieke, süperb, sympathisch, tipptopp, todschick, unwiderstehlich, viel versprechend, vornehm, wirkungsvoll, wonnig, wunderbar, wunderschön, wundervoll, zauberhaft, zierlich. → amüsant, angenehm, anmutig, appetitlich, aromatisch, ästhetisch, auserlesen, bestrickend, blendend, brillant, charmant, delikat, entzückend, erfrischend, erwünscht, exquisit, faszinierend, fein, prima, schmackhaft. ▸ abscheulich, unappetitlich, eklig, fade, würzlos.
köstliches Gericht Ambrosia.
Köstlichkeit → Ergötzen, Lust, Pracht, Schönheit, Wohlgeschmack.
Kostprobe → Beweis, Demonstration, Muster.
Kostschule → Erziehungsanstalt.
Kostschüler Alumne.
kostspielig aufwändig. → happig, horrend, kostbar, teuer, unerschwinglich, gepfeffert.
Kostspieligkeit → Luxus.
Kostüm → Anzug, Gewand, Kleid.
Kostümfest → Feier.
kostümieren → verbergen, verkleiden.
Kostverächter Mäkler, Tadler, Quengler *u.* Nörgler, Räsonierer *u,* Unzufriedener, schlechter Esser, übersättigter Mensch.
Kot Kacke *u,* Losung *u,* Scheiß(e) *u,* Schiss *u,* Senf *u,*

Stuhl *u.* → Aas, Absonderung, Auswurf, Brühe, Dreck, Exkrement, Unrat.
kotartig fäkulent.
Kotau machen beugen sich, biegen sich, bücken sich, dienern, einschmeicheln sich, katzbuckeln, kriechen, krümmen sich, scharwenzeln, schmarotzen, verbeugen sich, winden sich, auf den Knien rutschen, Diener machen, Lakai spielen, alles gefallen lassen sich, Liebkind machen sich, nach dem Mund reden, unterwerfen sich, gehorsam sein, gehorchen, sich versklaven lassen, sich knechten lassen.
▸ überheben sich.
Kotelett → Bart, Speise.
koten abführen, defäkieren, entleeren sich, Stuhl(gang) haben • kacken *u*, scheißen *u*, schieten *u*.
Köter Hund, Kläffer, Töle, Hofhund, Kettenhund, Schoßhund, Bastard, Promenadenmischung.
Koterie → Clique.
kotig quatschig *u.* → dreckig, unrein.
Kotstauung Koprostase.
Kötter → Bauer.
kotzen → erbrechen.
Kourage (Courage) Mut, Schneid, Tapferkeit, Wagemut, Beherztheit, Kühnheit, Entschlossenheit, Unerschrockenheit, Furchtlosigkeit, Unverzagtheit, Verwegenheit, Tollkühnheit, Verzweiflungsmut, Männlichkeit, Standhaftigkeit, Festigkeit, Heldensinn, Männerherz, Mannesmut, Löwenmut, Heldenhaftigkeit, Todesverachtung, Kriegsmut, Schlachtenmut.
▸ Angst.
krabbeln → aufhalten sich, jucken.
Krach Rabatz *u.* → Aufsehen, Auseinandersetzung, bums, Detonation, Donner, Entladung, Explosion, Feindschaft, Gebrause, Geräusch, Szene.
▸ Frieden, Harmonie • Geräuschlosigkeit, Ruhe, Stille.
Krach schlagen aufbegehren, empören sich, wütend/zornig werden.
Krachen → Detonation, Entladung, Lärm.
krachen → brechen, dröhnen, lärmen.
Krächzen → Charivari, Zischen.
krächzen → schreien.
Kraft Leistung, Energie, Stärke, Force, Gewalt, Federkraft, Wirkungsvermögen • Macht, Fähigkeit, Gabe, Einfluss, Vermögen, Eignung, Begabung, Wirksamkeit • Rückgrat, Kraft und Saft, Bizeps, Mannhaftigkeit, Lebenskraft, Mut, Seelenstärke, Arbeitskraft, Tatkraft, Betätigungsdrang, Schmalz *u.* → Anlauf, Anstrengung, Atmosphäre, Aufruhr, Ausbruch, Beharrlichkeit, Beherrschung, Bestimmtheit, Deutlichkeit, Dynamik, Energie, Fähigkeit, Faktor, Halt, Heftigkeit, Kapazität, Macht, Mark, Nachdruck, Vermögen, Wichtigkeit.
▸ Schwäche.
Kraft aufbieten, seine ganze → abarbeiten sich.
Kraft einsetzen, letzte finishen, powern.
Kraft rauben, die → benehmen die Aussicht.
Kraft treten, in abschließen, unterzeichnen, unterschreiben, gegenzeichnen, besiegeln, fertig stellen • erlassen, verordnen, verfügen, genehmigen, zum Gesetz erheben, zu Recht bestehen.
▸ beraten, brechen aus den Reihen.
Kraft, über die unmöglich, aussichtslos, hoffnungslos, unausführbar, unüberwindlich, unfähig sein dazu, kein Gedanke daran, ein Wunder müsste geschehen.
▸ ausführbar, erreichbar.
kraft → anlässlich, aus, vermittels.
Kraftaufwand Anstrengung, Arbeit, Leistung, Mühe.
Kraftausdruck Derbheit, Grobheit • unanständiges Wort, Pöbelwort, Straßenausdruck, Kraftwort, Fluch, Schimpfwort, Scheltwort, Schmähwort, vulgäres Wort.
Kraftbrühe → Brühe.
Kräfte haben → können, stark, vermögen.
Krafteinheit Dyn, Pond.
Kräften kommen, wieder zu ausspannen, erholen sich, regenerieren.
Kräfteverbrauch → Anstrengung.
Kräfteverfall → Erschöpfung.
Kräfteverlust → Entnervung, Erschöpfung.
Kraftfahrer Autofahrer, Chauffeur, Fahrer, Lenker.
Kraftfahrzeug → Fahrzeug (Straßen-).
Kraftfülle → Kraft, Übermut.
Kraftgefühl → Spannung, Übermut.
kraftgespannt dynamisch, energisch, kraftvoll, schwungvoll, vital.
kräftig kraftstrotzend, mächtig, machtvoll, kraftvoll, gewaltig, stark, stählern, wirksam, wirkungsvoll, gewichtig, männlich, derb, handfest, stämmig, sehnig, hünenhaft, reckenhaft, nicht von Pappe, nicht von schlechten Eltern, Murr in den Knochen *u* • gut, lecker, saftig, würzig, anregend, ansprechend • schreiend, grell, blendend, satt, frischfarbig, lebhaft • verwendbar, nützlich nutzbringend • rüstig, forsch, gesund, griffig, kernig, wetterhart, munter, frisch, blühend, gesundheitsstrotzend, kerngesund, unverwüstlich, erfrischt • gedrungen, untersetzt, dick, pausbäckig, deftig. → angenehm, appetitlich, aufrecht, bekömmlich, bunt, derb, diensttauglich, drastisch, eisern, fest, gut, kompakt, massiv, saftig, schmackhaft, stark. → kraftlos, schwächlich.
▸ abgeschlafft, abgespannt, ausgepumpt, entkräftet, erschöpft • hinfällig, krank, kümmerlich, siech, ungesund • fade, ungewürzt.
kräftigen → aufrichten, beleben, beruhigen, bringen auf die Beine, drängen, erfrischen sich, erstarken, ertüchtigen.
▸ entkräften, erschöpfen, schwächen.
kräftigend stärkend, stählend, abhärtend, anregend, aufbauend, belebend, erfrischend, erneuernd, erquickend, fördernd, heilsam, heilkräftig, wohltuend, bekömmlich, gedeihlich, nahrhaft, Kraft spendend, krankheitsverhütend, regenerierend, stärkend, verjüngend, gesund, vorbeugend. → erfrischend, erleichternd, ermutigend.
Kräftigung → Auffrischung, Erfrischung, Erholung.
Kräftigungsmittel Stärkungsmittel, Stimulans, Belebungsmittel, Roborans.
kraftlos machtlos, ohnmächtig, unfähig, impotent, untauglich,

untüchtig, fruchtlos, wirkungslos, erfolglos, unvermögend, schwach, mickrig *u,* schwächlich, geschwächt, gebrechlich, hinfällig, entnervt, gelähmt, hinkend, lahm, entkräftet, abgenutzt, marklos, morsch • faul, verfault, hilfsbedürftig, abgezehrt, abgemagert, verrottet, dünn, ausgemergelt, ausgepumpt • wehrlos, waffenlos • unbegabt, untauglich, ausgedient, amtsmüde, herunter sein, aus dem letzten Loch pfeifen, schlapp machen, abbauen, schlabberig *u.* → abgedroschen, abgespannt, arm, bebend, blass, dienstunfähig, entnervt, erholungsbedürftig, energielos, hilflos, krank, reizlos, schwach. ▸ kräftig, stark.

kraftlos sein → darniederliegen, schwach.

Kraftlosigkeit → Abspannung, Beschwerde, Entkräftung, Ermattung, Erschlaffung, Erschöpfung.

Kraftmaschine Motor, Turbine.

Kraftmeierei → Schwung, Stärke.

Kraftmensch Bulle, Bullenkerl, Bursche wie ein Baum, Dragoner, Feger, Riese, Kraftmeier, Muskelprotz, Akrobat. → Athlet, Feuergeist.

Kraftmesser/-messgerät Dynamometer, Ergograph/-meter.

Kraftprobe Kraftanstrengung, Kräfteverbrauch, Kraftgefühl, Sturm und Drang, Tatendrang • Geduldsprobe, Prüfung, Spannkraft, Anspannung, Arbeit, Rekord • Jagd, Endrunde, Kräftemssen, Willensdurchsetzung, Daraufankommenlassen, Versuch, Experiment, Wagnis, Unterfangen, Belastungsprobe, Mutprobe, Husarenritt, Tollkühnheit, Wettlauf, Spiel mit dem Feuer, Handstreich. ▸ Erschlaffung, Zusammenbruch.

Kraftprotz Angeber, Muskelmann, Herkules, Schläger, Bodybuilder. → Kraftmensch.

Kraftquelle → Anlass, Anstoß, Born, Ursache.

Kraftrad Schleuder *u.* → Fahrzeug (Straßen-).

Kraftsammler Akkumulator.

Kraftspeicher → Batterie.

Kraft spendend → kräftigend.

Kraftspender → Batterie.

Kraftspiel Powerplay.

Kraftstoff Benzin, Sprit, Treibstoff • Saft *u.*

Kraftstoffbehälter Kanister, Tank.

Kraft strotzend → stark.

Kraftübung Athletik.

Kraft verzehrend → schwierig.

kraftvoll satt *u.* → derb, durchschlagend, durchgreifend, stark. ▸ impotent, schlaff, schlapp, schwächlich, weichlich.

Kraftwagen → Fahrzeug (Straßen-).

Kraftwagenführer Chauffeur, Fahrer, Lenker.

Kraftwagengestell Chassis.

Kraftwagenschuppen Garage.

Kragen, um Kopf und – kommen → Klinge springen über die, verlieren.

krähen kreischen. → schreien.

Krakeel → Auseinandersetzung, Zwietracht.

krakeelen → streiten, zanken.

Krakeeler → Blut heißes, Brausekopf, Choleriker, Drache, Zänker.

krakelig → unleserlich.

Kral → Haus.

Kralle Pfote, Tatze, Pranke, Pratze, Klaue, Sporn, Fänge, Fangarm.

Kram Brast *u.* → Abfall, Ausschuss, Bagatelle, Ramsch, Kruscht.

Krämer Trödler. → Detaillist, Kaufmann.

Krämerseele → Banause, Pedant, Wicht.

Krampf → Bosheit, Qual. ▸ Entspannung, Gelassenheit, Lässigkeit, Lockerung, Ungezwungenheit.

krampfaderig varikös.

Krampfaderleiden Varikose.

Krampfadern Varizen, Venenknoten.

krampfartiger Schmerzanfall Kolik.

Krämpfe Spasmen.

Krämpfen neigend, zu spasmophil.

Krampf erzeugend spasmogen.

krampfhaft stoßweise, ruckweise, schlagartig • gewaltsam, gewalttätig, konvulsivisch, plötzlich, hastig, rasch, überstürzt, unsanft, unzart, roh, überspannt, übereifrig. ▸ fortwährend, gelöst, langsam, überlegt.

krampfhaft zuckend konvulsivisch.

Krampfleidender Spastiker.

Krampfschmerzen Koliken.

Kran → Elevator, Hebemaschine.

krank ungesund, kränklich, hinfällig, anfällig, befallen von, erkrankt, heruntergekommen, unheilbar, unrettbar, todkrank, sterbenskrank • nervös, matsch *u,* baufällig, klapprig, pimelig *u,* nicht kapitelfest *u,* abgezehrt, angegriffen, behaftet mit, bettlägerig, bresthaft, fiebrig, Fuß im Grabe mit einem, gelähmt, gebrechlich, hilflos, invalid, kraftlos, leidend, matt, siech, übel, unpässlich, unwohl. → dekadent, dienstunfähig, entzündet, erholungsbedürftig, erschlagen. ▸ gesund, fit, munter, wohlauf • erholt, geheilt, genesen.

krank sein auf der Nase liegen, etwas in den Knochen haben *u,* erkranken • krank spielen, heucheln, in keiner guten Haut stecken, nicht auf der Höhe sein, pimpeln *u.* → darniederliegen.

kränkeln → auszehren, darniederliegen, erkranken, krank.

kranken → leiden. ▸ ehren, loben • sich entschuldigen.

kränken → angreifen, anstoßen, ärgern, aufregen, auswischen, beeinträchtigen, beleidigen, betrüben, bloßstellen, demütigen, diskreditieren, entzaubern, erbosen, erdolchen mit den Blicken, erniedrigen, auf den Fuß oder die Hühneraugen treten *u,* auf die Schlappen oder den Schlips treten *u,* auf die Zehen treten, einen Tort antun.

Krankenbehandlung Therapie.

Krankenbesuch Visite.

kränkend → abbrüchig, beleidigend, böse, verletzend.

Krankengeschichte Anamnese.

Krankenhaus Klinik, Hospital, Spital, Heilanstalt, Siechenhaus, Krankenheim, Lazarett, Poliklinik, Kuranstalt, Kurhaus, Erholungsheim, Sanatorium, Nervenheilanstalt, Pflegeanstalt, Charité. → Anstalt.

Krankenhausabteilung Station.

Krankenhauspsychose Hospitalismus.

Krankenkost → Diät.
Krankenpfleger → Beschützer, Pfleger.
Krankenstand/-zahl Morbidität.
Krankenstuhl Fahrstuhl, Bahre.
Kranker Patient, Leidender, Siecher, Siechling, krankes Huhn *u,* Pflegling, Badegast, Kurgast, Hilfsbedürftiger, Verwundeter, Verletzter, Verunglückter, Invalider, Krüppel, Opfer. ▸ (Gesunder). → Leidender, Patient.
Kranker, eingebildeter Hypochonder.
krankhaft, siech, bresthaft, gebrechlich, hinfällig, erschüttert, abgelebt, verkalkt, greisenhaft, schwach, heillos, verdorben, kraftlos, wertlos. ▸ gesund, ausgewogen, harmonisch, intakt, normal • mustergültig, vorbildlich.
krankhafte Veränderung Alteration.
Krankheit Kränklichkeit, Siechtum, Hinfälligkeit, Gebrechlichkeit, Schwachheit, Verfall, Altersschwäche, Verkalkung, Abzehrung, Auszehrung, Gesundheit zerrüttete • Schwäche, Anfall, Weh, Unpässlichkeit, Unwohlsein, Übelsein, Schmerzen, Erkrankung, Beschwerden, Kolik • Seuche, Epidemie, Ansteckungskrankheit, Fieber, Vergiftung, Sepsis, Leukämie, Brand, Sucht, Verwundung, Verletzung, Wunde, Quetschung, Hysterie, Hypochondrie, Gebrechen, Gebresten, Invalidität, Furunkel, Fistel, Knochenfraß. → Beschwerde, Brand, Infektion, Übel. ▸ Gesundheit, Fitness, Wohlbefinden • Erholung, Genesung.
Krankheit, ansteckende Infekt.
Krankheit behandeln, eine → bekämpfen, wiederherstellen.
Krankheit, Erholung von Genesung, Gesundung, Rekonvaleszenz.
Krankheit schützen, vor immunisieren, impfen, vorbeugen.
Krankheiten erkennen diagnostizieren.
Krankheitsabwehrfähigkeit Immunität.
Krankheitsanfall Attacke, Raptus.
Krankheitsanzeichen Symptom.
Krankheitsbehandlung Therapie.
Krankheitsbeschreibung/-erkennung Diagnose.
Krankheitsbild Symptom(en)komplex, Syndrom.
krankheitserregend/-erzeugend pathogen, virulent.
Krankheitsforscher Pathologe.
Krankheitsherd Fokus.
Krankheitsheuchler Simulant.
Krankheitskeim Ansteckungsstoff, Miasma, Bazillus, Bakterie, Virus, Spore, Pilz, Seuchenträger, Krankheitsüberträger, Gifthauch.
Krankheitslehre Pathologie.
Krankheitsträger → Bazillus, Krankheitskeim.
Krankheitsursachenbehandlung Kausaltherapie.
Krankheitsursachenlehre Ätiologie.
Krankheitsverschlimmerung Aggravation, Depravation, Rekrudeszenz, Exazerbation.
Krankheitsvorgeschichte Anamnese.
Krankheitszeichen → Anzeichen, Symptom, (auffälliges K.) Stigma, (Krankheitsbild) Syndrom.
kränklich morbid, schwach, mickrig. → blass, böse, eitrig, krank.
krankmachend pathogen.
Kränkung → Angriff, Bekümmernis, Beleidigung, Demütigung, Erniedrigung, Lästerung.
Kranz → Ausschmückung, Korona.
kranzartig/-förmig koronar.
Kränzchen → Ball.
krass → abnorm.
Krater → Abgrund, Becken.
Kratersee Maar.
kratzbürstig → gehässig.
Krätze Skabies.
kratzen reiben, schaben, scharren, scheuern, schrappen *u,* sich schubben *u,* wetzen • jucken, krippeln, krabbeln, beißen, brennen, stechen, kitzeln, drücken, reizen, beizen, ätzen • schnurren, knurren, surren, knistern, krächzen, leiern, klimpern, missklingen, dudeln, das Ohr verletzen. ▸ gefühllos sein, glätten, polieren, streicheln, wohlklingend (sein).
Kratzer Schramme, Riss, Biss, Wunde, Schmiss, Narbe, Ritze, Schlitz, Scharte, Kerbe, Einschnitt, Verletzung. ▸ (Unversehrtheit).
Kratzfuß → Courschneiderei, Schmeichelei.
kratzig scharf, beißend, beizend, brennend, ätzend, herb, gewürzt, gepfeffert, versalzen, gepökelt, salzig, rau, derb • zänkisch, streitsüchtig, gallig, übelnehmerisch, bösartig. → bissig. ▸ mild, verträglich.
krauchen kriechen, krabbeln, robben.
krauen → liebkosen.
kraulen → liebkosen, schwimmen.
kraus → rau. ▸ glatt, strähnig.
kräuseln → aufrollen, falten, krümmen, locken.
Kräuselstoff Frottee.
Kräuselung Falbel.
krausen falten, furchen, runzeln.
Kraut schießen, ins ausarten, häufen sich, Landplage werden zur, überhand nehmen, üppig werden zu, zu viel werden.
Kraut und Rüben Gemenge, Gemisch, Gemengsel • Durcheinander, Drunter und Drüber, Wirrwarr, Sammelsurium, Mischmasch, Allerlei, Unordnung, polnische Wirtschaft • Schlamperei, Wurstelei, Verworrenheit, Unsauberkeit, Schlottrigkeit, Nachlässigkeit. ▸ Absonderung, Ordnung, Sauberkeit.
Krauterer → Sonderling.
Kräutersoße Remoulade, Vinaigrette.
Krautjunker → Adel, Bauer.
Krawall Radau. → Angriff, Auflauf, Auflehnung, Aufruhr, Bestürzung, Getöse.
Krawatte Binder, Schlips, Selbstbinder • Seil *u.*
kraxeln → klettern, kritzeln.
kreativ einfallsreich, erfinderisch, ideenreich, künstlerisch, originell, produktiv, schöpferisch.
kreativ denken querdenken *u.*
Kreativität Gestaltungskraft, Fantasie, Ideenreichtum.
Kreatur Mensch, Tier, Geschöpf, Lebewesen. → Dirne, Kreatur gemeine. ▸ Stoff.
Kreatur, gemeine Kriecher, Speichellecker, Leisetreter, Katzelmacher, Schmarotzer, Schleicher, Lauscher, Gesinnungsschnüffler, Parasit, Scharwenzler, Zuhälter,

Duckmäuser • Kuppler, Zuträger, Dirne. → Ausbund, Wüstling.
▸ Mensch aufrechter, treuer.
Krebs Krebstier, Krustazee, Krustentier, Schalentier, (z.B. Garnele, Hummer, Krabbe, Languste) • Geschwulst, Gewächs, Karzinom, Krebsgeschwulst, Neoplasma, Tumor, Wucherung.
krebsartig (krebsgeschwulstartig) kankrös, kanzerös.
Krebs erregend/-erzeugend kanzerogen, karzinogen.
Krebsgang → Degeneration, Demoralisation, Rückschritt, Verschlimmerung.
Krebsgeschwulst → Krebs.
Krebsgeschwulstforschung Onkologie.
Krebs hemmend karzinostatisch.
Krebsschaden → Abbruch, Übel, Verschlechterung.
kredenzen → anbieten, aufwarten, darbieten, einschenken.
Kredit Aktiva, Ansehen, Außenstände, Belehnung, Borg, Forderung, Guthaben, Pump, Stundung, Vertrauen, Vorschuss, Wechsel, Akkreditiv, Zutrauen. → Darlehen, Einfluss.
▸ Guthaben, Haben • Außenstände, Forderungen.
Kredit nehmen → anschreiben, aufnehmen, Kreide stehen in der.
Kredit nehmen, einen anpumpen, ausleihen/borgen sich, leihen, Schulden machen.
Kreditanstalt → Bank.
Kreditaufnahme der Kreditgeber Refinanzierung.
Kreditbrief Akkreditiv.
Kreditfrist verlängern prolongieren, stunden.
kreditieren borgen, ausborgen, leihen, verleihen, herleihen, Kredit geben, vorschießen, vorstrecken, verschreiben, verpfänden, beleihen, belehnen, lombardieren.
Kreide stehen, in der verschuldet sein, in Schulden stecken, aufschreiben lassen, in Rückstand sein, in Raten zahlen, auf Rechnung kaufen, auf Konto kaufen, borgen, pumpen.
▸ bezahlen.
kreidebleich → verfärben, weiß.
Kreidezeichnung → Bild.
kreieren schöpfen, schaffen, erfinden, entwerfen.
▸ abkupfern, klauen, kopieren, nachmachen, plagiieren.
Kreis Bucht *sm* (= Kreis der aufgeschossenen Leine). → Anzahl, Bruderschaft, Bezirk, Korona, Distrikt, Freundschaft, Rahmen, Region, Serie, Vereinigung, Zirkel, Zyklus.
Kreis, eiförmiger Ellipse.
Kreis, im kleinen en famille, entre nous, privat.
Kreisabschnitt Segment.
kreisartig ringförmig, rund.
Kreisberührungslinie Tangente.
Kreisbewegung → Bewegung.
kreischen → beklagen, beleidigen (das Ohr), beweinen, dröhnen, lachen, lärmen.
Kreis der seinen, im trauten → daheim.
Kreisel Tanzknopf, Dilldopp, Dopp, Hurrlebub, Hurrlidurrle, Rolle, Spule, Spindel, Triesel, Torl, Turl • Umlauf, Wirbel, Strudel, Drehung, Windung, Triesel *u.* → Rotor.
Kreiselbewegung (der Eiskunstläufer) Pirouette.
Kreiseldrall Topspin.
kreisen → drehen, drehen sich, kreiseln, rollen, rotieren.
kreisen, in der Luft geiern *u.*
Kreisform Rad, Ring, Zirkel, Kreis, Gürtel, Krone, Kranz, Girlande, Oval, Zykloide, Scheibe, Ringel, Kringel, Karussell, Runde, Rundheit. → Korona.
kreisförmig ringförmig, rund, zirkular, zirkulär, zykloid, zyklisch.
Kreishalbmesser Radius.
Kreislauf Kreisbewegung, Zirkulation, Umkreisung, Umlauf, Umdrehung, Drall, Schwenkung • Rundfahrt, Rundreise, Kreisbahn, Rad, Bogen • Ringelspiel, Ringelrennen, Ringelreihen, Karussell • Erdbahn, Sonnenbahn, Planetenbahn, Elektronenbahn, Blutkreislauf, Uhrzeiger. → Umweg, Wiederkehr.
▸ Stillstand, Unregelmäßigkeit.
Kreislaufzusammenbruch Kollaps.
kreisrunder Haarausschnitt Tonsur.
Kreisschnittlinie Sekante.
Kreissparkasse → Bank.
Kreißsaal Brutkäfig *u.*
Kreiszeichner/-zeichengerät Zirkel.
Kremation → Bestattung, Einäscherung.
Krematorium Feuerofen, Verbrennungsofen, Einäscherungshalle, Einäscherungsanstalt.
kremieren → bestatten.
Krempe Rand, Einfassung, Reif, Rahmen, Saum.
Krempel Plunder, Trödelkram.
Kremser → Fahrzeug (Straßen-).
krepieren → bleiben auf dem Platz, brechen den Hals, faulen, sterben.
Krethi und Plethi → Auswurf, Hinz und Kunz.
Kretin Schwachkopf, Hohlkopf, Wasserkopf, Dummkopf, Schafskopf, Schafsnase, Rindvieh, Esel, Narr, Idiot, Trottel, Tölpel.
▸ Denker.
kreucht und fleucht, was da vogelfrei, wie ein Vogel in den Lüften. → alles.
Kreuz → Armut, Bekümmernis, Beschwerlichkeit, Betrübnis, Bitternis, Elend, Geißel, Not, Schmerz, Übel.
Kreuz legen, aufs betrügen, hintergehen, überlisten.
Kreuz schlagen, das → bekreuzigen.
Kreuz tragen, sein demütigen sich, fügen, ergeben, die Folgen auf sich nehmen, klein beigeben, bescheiden sich, verkriechen sich • beugen sich, die Fäuste in die Taschen stecken, hinnehmen, die andere Backe hinhalten, andere nicht büßen lassen • Leid tragen, Not auf sich nehmen, Mühsal ertragen, mit Widerwärtigkeiten fertig werden, durchschlagen sich.
kreuz und quer konfus, kunterbunt, planlos, quer, regellos, sprunghaft, unrhythmisch, unklar, unordentlich, unregelmäßig, turbulent, unübersichtlich verworren, wirr, wüst, wuselig • verwirrt, verwickelt, verschlungen, vergittert, netzförmig, kreuzweise.
▸ planvoll, überlegt.
Kreuze kriechen, zu → beigeben, bekehren, nachgeben.
kreuzen → abschwenken, abweichen, beigesellen, Blut auffrischen, decken, durchkreuzen, mischen, züchten.
Kreuzer → Geld, Schiff.
Kreuzfeuer Kreuzverhör, Verhör, Ausfragung, Zeugenaussage • Trommelfeuer, Störfeuer, Sperrfeuer, Feuervorhang. Feuerglocke, Feuerschutz,

Feuerüberfall, Kanonen- oder Geschützduell.
kreuzfidel → lustig.
kreuzigen → bestrafen, peinigen.
Kreuzigung → Bestrafung.
Kreuzschmerzen Lumbalgie, Lumbago.
Kreuzung Mischung, Zusammensetzung, Verbindung, Vermischung, Verschmelzung, Beimischung, Beifügung, Vermengung, Paarung, Gattung, Blutmischung • Gabelung, Kreuzweg, Abschwenkung, Ecke • Durchkreuzung, Durchquerung, Durchschneidung, Querteilung, Querschnitt, Netzwerk, Geflecht • Mischblut, Befruchtung, Fortpflanzung, Veredelung, Pfropfung. → Bastard. ▸ (Gleichrichtung).
Kreuzverhör → Ausforschen, Kreuzfeuer.
Kreuzweg Kreuzung, Straßenkreuzung, Straßeneinmündung, Straßen- oder Weggabelung • Abzweigung, Gespenster- oder Geisterort • Leidensweg.
kribbelig → Fassung verlieren die, nervös.
kribbeln → jucken.
Kricket → Ball.
kriechen am Boden kriechen, robben, unten liegen • zaudern, zurückbleiben, nachhinken, schleichen, lahmen, hinschleppen, humpeln, taumeln, trödeln, bummeln • kauern, knien, beugen, neigen • zögern, sich Zeit nehmen, Umstände machen, verschleppen, aufschieben • katzbuckeln. im Staub kriechen, demütigen sich, bücken sich, auf den Knien rutschen, krümmen sich, winden sich, beugen sich, scharwenzeln, dienern, zu Kreuze kriechen, den Lakaien machen, sich alles gefallen lassen, nach der Flöte tanzen, den Mantel nach dem Wind hängen. → bleiben zurück, buhlen, demütigen sich, dienern, einschleichen sich in die Gunst, ersterben, heucheln, hinablassen. ▸ aufstehen, laufen, rennen, überheben sich, widersetzen sich.
kriechen, zu Kreuze → kriechen, nachgeben.
kriechend hündisch, knechtisch, kniefällig, unterwürfig, knechtswillig, niedrig, kriecherisch, schmarotzerisch, speichelleckerisch, sklavisch, lakaienhaft, unwürdig. → charakterlos, langsam, würdelos. ▸ charaktervoll, schnell, überheblich.
Kriecher Speichellecker, Leisetreter, Katzelmacher, Schmarotzer, Parasit, Schleicher, Kreatur, Gesinnungsschnüffler, Höfling, Weiberknecht, Bettler. → Geschmeiß. ▸ Mensch aufrechter, treuer.
Kriecherei Fußfall, Gehorsam, hündischer, Katzbuckelmacherei, Knechtsseligkeit, Gesinnung sklavische, Fügsamkeit, Sklavensinn, Speichelleckerei, Liebedienerei, Unterwürfigkeit, Willfährigkeit niedrige, Demut, Angst. → Byzantinismus, Demut, Ergebenheit, Heuchelei. ▸ Charakter, Überheblichkeit, Widersetzlichkeit.
kriecherisch → buhlerisch, charakterlos, demütig, ergeben, dienstbar.
Kriechtier Reptil, Schlange.
Kriechtierhaus Terrarium.
Krieg → Angriff, Auseinandersetzung, Bekämpfung, Gottesgeißel, Kampf. ▸ Frieden, Waffenstillstand.
Krieg führen → kämpfen.
Krieg ziehen, in den → brechen den Frieden.
kriegen → bemächtigen, entlocken, erlangen, fassen, Hände ausstrecken nach.
Krieger → Soldat.
kriegerisch streitbar, mannhaft, militärisch, mutig, kühn, wacker, tapfer, heldenhaft, kämpferisch • herzhaft, ritterlich • unfriedlich, streitsüchtig • tauglich, mannbar, waffenfähig, kriegstüchtig. ▸ feige, friedliebend, versöhnlich.
kriegerische Frau Amazone.
Kriegsauszeichnung Orden.
Kriegsbeil begraben, das aussöhnen sich, einlenken, Frieden schließen, schlichten, versöhnen sich.
Kriegsbemalung → Aufmachung.
Kriegsbereitschaft Mobilität.
Kriegsdrohung Säbelrasseln *u.*
Kriegsentschädigungen Reparationen.
Kriegserklärung Konflikt, Herausforderung, Kampfansage, Kampfbereitschaft, Fehdebrief, Aufforderung, Zweikampf.
Kriegsflotte Armada.
Kriegsforschung (Konfliktforschung) Polemologie.
Kriegsfuß, auf uneins, feindseilig, zerstritten.
Kriegsgegner Antimilitarist, Pazifist.
Kriegsgeschrei Kriegsruf, Kampfgeschrei, • Hetze, Aufhetzung, Bedrohung • Alarm, Weckruf.
Kriegsgewinnler Schieber, Blutsauger, Otterngezücht • Raffke, Protz, Neureicher. ▸ (Kriegsgeschädigter) • Raffke *u.*
Kriegsgott Ares, Mars, Tiu, Tyr, Ziu.
Kriegsgöttin Bellona, Neith, Sachmet.
Kriegshetzer Pulverhuber *u.*
Kriegsmut → Courage.
Kriegsschauplatz → Kampfplatz.
Kriegsursache Feindschaft, Machtpolitik, Gewaltätigkeit, Annexionsgelüste, Chauvinismus, Nationalismus, Rassenhass, Freiheitswille, Unterdrückung, Rache, Vergeltung, Sühne, Selbsthilfe, Misstrauen, Argwohn, Geschäftsneid, Hass, Neid, Niedertracht, Habgier, Volksnot, Raumnot, Rechtsbruch, Unmenschlichkeit, Blutdurst, Boykott, Erniedrigung, Erbstreitigkeiten, Hausmachtgelüste, Eroberungswille.
Kriegszug → Campagne.
Kriminalbeamtin Polize *u.*
Kriminalpolizei (Abkürzung:) Kripo • Presse *u.*
Kriminalpolizei, internationale Interpol.
kriminell ungesetzlich, gesetzwidrig, rechtswidrig, unerlaubt, ungesetzmäßig, unbefugt • frevlerisch, verbrecherisch, schmugglerisch, straffällig, strafbar, sträflich, schuldig, strafwürdig. ▸ gesetzlich, unschuldig.
kriminell aus Ruhmsucht herostratisch.
Krimineller Straftäter, Verbrecher.
Krimskrams Firlefanz, Flitter,

Kram, Kinkerlitzchen, Kruscht, Tand.
Kringel → Kreisform.
Krippe → Behälter.
Krippenreiter → Bettler, Bittsteller.
Krise Entscheidung, Gefahr, Krisis, Notlage, Notzeit, Schwierigkeit, Spannung, Störung, Ungewissheit, Unsicherheit, Verknappung, Verwicklung, Wendepunkt, Wirren, Verfall • Höhepunkt, Reaktion, Rückkehr, Rücklauf, Wiederherstellung, Umkehr • Bedrängnis, Bloßstellung, Klemme, Zuspitzung, Eskalation, Ratlosigkeit, Dilemma, Verstrickung. → Schwierigkeit.
▸ Entspannung, Erleichterung, Sicherheit • Normalzustand.
krisenfest beständig, sicher, wertbeständig.
Krisengeschwür Krisenulkus, Stressulkus.
Krisis → Höhepunkt, Klemme, Krise, Umkehr.
Kristallisation → Erstarrung.
kristallisiert → erstarrt.
kristallklar → anschaulich, beredt, klar.
Kristallzucker Kandis.
Kriterium Merkmal, Kennzeichen, Unterscheidungszeichen, Richtschnur, Prüfstein, Probierstein.
Kritik Beurteilung, Urteil, Besprechung, Begutachtung, Würdigung, Wertung, Bewertung, Abwägung, Urteilskraft, Unterscheidungsvermögen, Schiedsspruch, Gutachten • Tadel, Bemäkelung, Missbilligung, Ablehnung, Aburteilung, Anstoß, Bekrittelung, Verriss, Einwand, Einwendung, Einrede, Einspruch, Korrektur • Rüge, Verweis, Rüffel, Wischer, Ausputzer, Klage, Beanstandung. → Anstoß, Besprechung, Bewertung, Tadel.
▸ Anerkennung, Urteilslosigkeit.
Kritik der Kritik Metakritik.
Kritik, heftige Kahlschlag *u.*
Kritik üben → beanstanden.
Kritiker Kenner, Berater, Denker, Schiedsrichter, klarer Kopf • Kunstkenner, Kunstrichter • Tadler, Sittenrichter, Quengler, Nörgler, Beckmesser, Räsonierer, Lästermaul, Kritikaster, Krittler, Lästerer.
▸ Lobredner, Philister.
kritiklos arglos. → leichtgläubig.
▸ kritisch.
kritisch → argwöhnisch, beachtlich, bedenklich, feinsinnig, pedantisch, ungläubig.
▸ einfältig, kritiklos, leichgläubig, naiv, unkritisch • harmlos, ungefährlich.
kritisch besprechen rezensieren.
kritisieren → beanstanden, besprechen, beurteilen, bloßstellen, Dach steigen auf das, diskutieren, durchsehen, einwenden, glossieren, heruntermachen, korrigieren.
▸ aufwerten, ehren, hochloben, loben, würdigen.
kritisieren, abfällig runterreißen *u*, verreißen *u.*
kritisieren, gemein → herabsetzen, heruntermachen.
Krittelei Tadelsucht, Sittenrichterei, Nörgelei, Mäkelei, Schmähsucht, Gesinnungsschnüffelei, Widerspruchsgeist, Verleumdung, Verhöhnung, spitze Zunge.
▸ Lobhudelei.
kritteln tadeln, vorhalten, vorwerfen, bemängeln, beanstanden, aussetzen, mäkeln, kritisieren, rügen, nörgeln, schmähen, geifern, räsonieren, verlästern. → tadeln.
▸ loben.
krittelig → ärgerlich, pedantisch, tadelsüchtig.
kritzelig undeutlich, unleserlich, krakelig, schmierig.
kritzeln schmieren, schreiben unleserlich, beschmieren, bekritzeln, krakeln.
▸ (schreiben leserlich).
Krocket → Ball.
Krone → Ausbund, Auswahl, Korona, Gipfel, Ideal, Juwel.
Krone des Lebens → Sieg.
Krone der Schöpfung → Weib.
krönen abschließen, vollenden, erreichen, besiegeln, erfüllen, fertig stellen, vervollkommnen, zu Wege bringen, die letzte Hand anlegen, das Werk krönen, den Kranz aufsetzen, das Endziel erreichen, zum Schluss kommen, Richtfest feiern. → begrenzen, berufen, besiegeln.
▸ beginnen, misslingen.
Kronleuchter Lüster, Luster.
Krönung → Abschluss, Berufung, Ideal, Schlusswort.
Krönungsmantel Pluviale.
Kropf → Auswuchs.
kropfartig strumös.
Kropf erzeugend strumigen.
Krösus Nabob, Millionär, Milliardär, Kapitalist, Geldmann, Finanzmagnat, Börsenkönig, Wirtschaftsführer, Industriekapitän, Großindustrieller, Kohlenbaron, Ölkönig, Geldaristokrat.
▸ Hungerleider.
Kröten → Bargeld.
Krücke Stütze, Halter, Stock, Stab, Stecken, Stelze, Holzbein, Prothese.
krude rau, grob, rüde.
Krug → Ausschank, Behälter, Bier, Gefäß.
Krümchen, ein → bloß.
Krume → Batzen, Bruchstück, Erdboden.
krümelig → bröckelig.
krümeln bröseln. bröckeln, zerfallen, zerbröckeln.
krumm gebogen, geschweift, gewunden, bogenförmig, bucklig, gekrümmt, verdreht, verzogen • schief, missförmig, unförmig, verbogen, missgeformt, abnormal, missgestaltet, verwachsen, wie ein Fragezeichen *u*, scheps *u.* → eingebogen, gewunden.
▸ gerade, kurvenfrei • aufrecht, ungebeugt • einwandfrei, korrekt, legal.
krumm nehmen einschnappen, sich zu Herzen nehmen, sich aufregen, übel nehmen, falsch verstehen • grollen, streiten, böse sein, anfeinden, entzweien sich, entfremden, verübeln, erbosen sich. → beneiden.
▸ kalt bleiben, (nichts fragen nach).
krumme Wege gehen betrügen, belügen, mogeln, irreführen, beschwatzen, verwirren, überlisten, ködern, einwickeln, beschwindeln, prellen, bewuchern, überfordern, schieben, unterschlagen, veruntreuen, stehlen, schmuggeln, ablocken, abschwindeln, ablisten, abluchsen • sündigen, vergehen sich, abirren, einen Fehltritt tun, straucheln, auf abschüssige Bahn geraten, verkommen, in Sünde verfallen, den Sündenweg wandeln, versumpfen, über die Stränge schlagen.

▸ ehrlich (sein), tugendsam (sein).
krümmen biegen, beugen, winden, zusammenkrümmen, locken, kräuseln, ringeln, abweichen, krumm werden, drehen, aufrollen, aufringeln. → abbiegen, abweichen, aufrollen, beugen, biegen, einbiegen, ersterben, kriechen, winden.
▸ dehnen, längen, strecken, überheben sich.
Krümmung → Biegung, Drehung, Einmündung.
Krümmung nach außen Konvexität.
Krümmung nach innen Konkavität.
Krüppel Missgestalt, Missgeburt, Missgebilde, Monstrum, Schreckgestalt, Spottgeburt, Ungetüm, Zerrbild, krummes Gestell *u*, Buckliger, Vogelscheuche, Fratze, Karikatur, Fratzengestalt • Kranker, Siecher, Hilfsbedürftiger, Kriegsbeschädigter, Kriegsverletzter, Invalide, Verwundeter, Prothesenträger, Kiefernverletzter, Kriegsblinder.
krüppelhaft verkrüppelt, lahm, gelähmt, verwundet, kriegsbeschädigt • verunstaltet, entstellt, verschandelt, missgestaltet, krummbeinig, krummnasig, schiefnasig, schiefmaulig, klumpfüßig. → verunstaltet.
▸ wohlgestaltet.
Kruscht Kram, Gerümpel, Abfall, Unordnung.
Kruste Rammerl *u*. → Ansatz.
Kruste beziehen/überbacken, mit gratinieren.
Krustentier Garnele, Hummer, Krevette, Languste.
krustig verkrustet, rindig, borkig • resch, hart, fest.
Kübel → Behälter, Eimer.
Kübelwagen Rutscher *u*.
Kubus Würfel. → Dickwanst.
Küche Kochnische, Kombüse *sm*.
Kuchen Gebäck, Torte, Cakes, Biskuit, Backware, Waffel, Lebkuchen, Nascherei, Zuckerwerk, Patisserie, Süßigkeit. → Fladen.
Kuchenblech → Blech.
Küchenschabe Kakerlak.
Kuckuck, zum fortscheren, verwünschen, verstoßen, ausstoßen, hinausweisen, hinauswerfen, verdammen, Tod und Teufel, hol dich der Teufel, zur Hölle, die Pest über dich.
Kuddelmuddel Chaos, Durcheinander, Tohuwabohu, (völlige) Unordnung, Wirrwarr, Wust.
Kufe → Behälter, Schiene.
Kugel Ball, Blase, Erdkugel, Globus, Sphäre, Knäuel, Rundheit, Rundgang. → Ball, Bohne, Geschoss.
▸ Würfel.
Kugeldach Kuppel.
kugelfest → fest, sicher, verhext.
kugelförmig sphäroidisch.
Kugelforschung/-geometrie Sphärologie.
Kugelgefühl im Hals Globusgefühl.
kugelig kugelförmig, knollig, rund, oval, perlenförmig, eiförmig, birnenförmig, apfelförmig, gedreht.
▸ eckig.
kugeln → drehen, stoßen.
Kugeln abstimmen, mit ballotieren.
Kugeln wechseln → kämpfen.
Kugelregen → Blutbad.
Kugelspiel Billard, Boccia, Boule, Roulette.
Kuh, melkende → Quelle.
Kuhantilope Gnu, Hartbeest.
Kuhhandel → Kompromiss.
kühl → abgestumpft, beherrscht, eisig, erfrischend, frisch, kalt, unempfindlich.
▸ heiß, mild, schwül, sonnig, warm • freundlich, herzlich, lieb • glühend, hitzig, leidenschaftlich.
Kuhle → Einbuchtung.
Kühle → Abneigung, Gefühllosigkeit, Kälte.
kühlen → abkühlen, fächeln.
Kühler Weinkübel, Eiskübel, Kühlschrank, Kühlapparat, Motorkühler, Fächer.
Kühlung Abkühlung, Wärmeentziehung, Erkaltung, Temperaturabnahme, Abendkühle, Kaltluft. → Erfrischung.
▸ Erwärmung.
kühn mutig, tapfer, waghalsig, forsch, abenteuerlich, halsbrecherisch, kriegerisch, mannhaft, kämpferisch, herzhaft, heldenhaft, beherzt, brav, wacker, tüchtig, unerschrocken, furchtlos, unverzagt, sieghaft, keck, unternehmend, selbstsicher, verwegen, vermessen, wagemutig, tollkühn. → ausgelassen, brav, heldenhaft, kämpferisch.
▸ furchtsam.
Kühnheit → Begeisterung, Bestimmtheit, Courage, Mut.
kujonieren → ärgern, befeinden, betrüben.
Küken Hühnchen. → Baby, Nesthäkchen, Tier.
kulant zuvorkommend, angenehm, willfährig, aufmerksam, verbindlich, bereitwillig, liebenswürdig, dienstbereit, höflich, entgegenkommend, gefällig, erbötig, willig, gutherzig, herzlich, huldreich, freigebig, großzügig, wohlwollend. → aufmerksam.
▸ grob, unaufmerksam, unhöflich engherzig, inkulant, kleinlich, pingelig, ungefällig.
Kuli → Arbeiter, Hausknecht.
kulinarisch lecker, fein, genießbar, wundervoll, schmackhaft, appetitlich, götterhaft, aromatisch, angenehm, wohlschmeckend, göttlich, gottvoll, prima.
▸ unappetitlich.
Kulisse Szenerie, Staffage, Bühnenwand, Theaterhimmel, Vorhang, Scheidewand. → Hintergrund.
▸ (Vordergrund).
Kullerchen → Bargeld.
kullern → rollen.
Kulmination → Höhepunkt.
Kult Kultus, Brauch, Verordnung, Feierlichkeit, Zeremonie, Ritus, Übung, Ausübung, Feier, Fest, Vorschrift, Amtshandlung, Liturgie, Form, Regel, Verrichtung, Handlung, Weise. → Brauch.
kultische Bräuche Riten.
kultivieren → ackern, erziehen, heben, verbessern.
kultiviert → artig, ausgemacht, betragen sich, distinguiert, fein, gebildet, gesittet, höflich, schön.
▸ banausenhaft, barbarisch, ungebildet, unkultiviert, unzivilisiert • unbebaut, wild, wüst.
Kultstätte → Kirche.
Kultur Zivilisation, Fortschritt, Humanität, Bildung, Menschentum, Entwicklung, Verfeinerung, Anstand, Erziehung, Haltung, Benehmen, Betragen, Gesittung, Brauchtum, Sitte, Volkssitte, Gesellschaftsform, Lebensform, Manieren, Lebensart, Ästhetik, Geschmack • Bodenkultur, Landwirtschaft, Feldbestellung, Anbau, Bodenbearbeitung. → Anmut, Anstand.
▸ Barbarei, Unkultur • Natur.

Kulturboden Gare.
kultureller Zeitungsteil Feuilleton.
kulturfeindlich barbarisch, rückschrittlich, verkommen, öde, verlottert, ausgeartet, verwildert, unzivilisiert, unkultiviert, volksfeindlich, entsittlicht. ▸ kultiviert.
Kulturuntergruppe, eigenständige Subkultur.
Kultus → Kult.
Kümmelspalter → Besserwisser.
Kümmelspalterei → Dunst leerer.
Kummer Seelenknick *u*, Seelenschutt *u*. → Ärgernis, Bekümmernis, Besorgnis, Betrübnis, Bitterkeit, Bitternis, Dorn, Gram, erdrückende Sorge, Leid, Schmerz, Depression.
kümmerlich mickrig, unterentwickelt, zurückgeblieben. → abgerissen, arm, beengend, demütig, dünn, hungrig, karg, schwach, wehmütig. ▸ ausreichend • prächtig, reichlich, üppig • athletisch, hünenhaft, kräftig, muskulös, stattlich, stramm • großartig.
kümmerlich dahinleben vegetieren. → hungern.
kummerlos wohlig, behaglich, froh, ungetrübt, unbesorgt, befriedigt, zufrieden, heiter, lebensfroh, lebenslustig, frohherzig, frohsinnig, sorgenfrei, klaglos, gemütlich, lauschig, behäbig, beschaulich, mollig. → aufgeräumt, beruhigt. ▸ kummervoll.
kümmern → beschäftigen, beteiligen sich, dazwischentreten, scheren.
kümmern, sich nicht um nicht sehen nach, sich nicht befassen mit, sich nicht einlassen, sich nicht widmen, sich nicht einmischen, sich nicht einmengen, nicht einschreiten, alles laufen lassen, alles gleich sein lassen, alles ruhig treiben lassen, sich nicht bemühen, nichts tun. → beikommen nicht. ▸ eingreifen.
Kümmernis → Armut, Bedrücktheit, Besorgnis, Betrübnis, Bitternis, Elend, Not, Schmerz.
kummervoll verdrießlich, qualvoll, betrübt, sorgenvoll, traurig, trübselig, unglücklich, verdrossen, unbefriedigt, unglückselig, erbärmlich, kläglich, unerträglich, unausstehlich, entmutigend, missvergnügt, verstimmt, verstört, unleidig, mürrisch, ärgerlich, übel. ▸ kummerlos.
Kumpan → Bekannter, Bruder.
Kumpel → Arbeiter, Bergarbeiter, Bergmann.
kumulieren anhäufen • (Stimmen auf einen Kandidaten) häufen.
Kunde Geschäftsfreund, Käufer, Abnehmer, Bezüger, Auftraggeber, Besteller, Ersteher, Kundschaft • Kenntnis, Neuigkeit, Nachricht, Wissen, Bekanntschaft, Erfahrung, Entdeckung, Bekanntmachung, Meldung, Anzeige, Aussage, Erklärung, Ansage, Kundmachung, das Neueste, Gerede, Nachrede, Gerücht. → Anzeige, Auskunft, Ausruf, Bekanntgabe, Benachrichtigung, Bericht, Beschreibung, Chronik, Depesche, Einblick, Erzählung, Fama, Käufer, Klient, Zirkular. ▸ Geheimhaltung, Unkenntnis • Verkäufer, Kaufmann.
Kunde, fauler Zahlungsunfähiger, Wechselreiter, Wechselfälscher, Bursche, Schuldner, Durchbrenner, Gauner, Bankbrüchiger, Schlot, Kerl, Bankrotteur, Ganterer, Leiher, Borger, Kreditnehmer, Verschuldeter • Schlampe, Huschel *u*, Huschelpeter *u*.
Kundendienst Entgegenkommen, Gefälligkeit, Dienstbarkeit, Service, Hilfsbereitschaft, Freundlichkeit. → Dienst guter, Kundenwerbung. ▸ Unfreundlichkeit.
Kundenfang → Kundenwerbung.
Kundenkreditkarte Plastikgeld *u*.
Kundenwerbung Werbung, Reklame, Propaganda, Empfehlung, Bekanntmachung, Beeinflussung, Kundenfang, Kundendienst, Anlockung, Werbekunst, Werbetätigkeit, Anpreisung, Anpreiserei, Kundenfängerei, Verführungskünste, Verlockung, Bedarfsweckung.
Künder Mahner, Seher, Weissager, Prophet. → Dichter.
Kundgabe Anzeige, Bekanntgabe/-machung, Erlass, Mitteilung, Verkündigung. → Kundgebung.
kundgeben kundmachen, offenbaren, anzeigen, angeben, eröffnen, entdecken, enthüllen, plappern, plaudern, ausklatschen, zutragen, anvertrauen, eingestehen, mitteilen, verkünden, bekannt machen, ankündigen, veröffentlichen, ausrufen, ausklingeln, in Umlauf setzen. → ankündigen, aufzeigen, ausdrücken, äußern, beweisen, bloßlegen, bloßstellen, demonstrieren, drahten. ▸ verheimlichen.
Kundgebung Bekenntnis, Geständnis, Verkündigung, Bekanntmachung, Kundmachung, Bekanntgabe, Veröffentlichung, Verordnung, Erklärung, Ausrufung, Aussprache, Aussage, Rede, Offenheit • Aufmarsch, Prozession, Straßenaufzug, Fackelzug, Vorbeimarsch, Schweigemarsch. → Aufgebot, Bekanntgabe, Demonstration, Enthüllung. ▸ Verheimlichung.
Kundgebungsteilnehmer Demonstrant.
kundig → geübt, offenbar.
kündigen absetzen, abschaffen, beseitigen, entlassen, verabschieden, abberufen, fortjagen, ausweisen, fortweisen, wegschicken, sich zurückziehen, abmustern *sm*. → abbauen, abdanken, aufhören, ausziehen, ausdehnen, benehmen das Recht, Bord werfen über, kassieren. ▸ beschäftigen, engagieren, einstellen • (Verträge) abschließen, schließen.
Kündigung Absetzung, Entlassung, Enthebung, Abberufung, Rückberufung, Aufhebung, Abweisung, Absage, Abruf, Abschied, Verzicht, Dienstenthebung, Amtsverweisung, Disqualifikation, Strafversetzung, Verabschiedung, Arbeitseinstellung, Abbruch, Streik. → Abbau, Amtsabtretung, Brief. ▸ (Einstellung), Ermächtigung Abschluss, Vertragsabschluss • Engagement.
Kündigung erhalten, die den Sack kriegen *u*.
kundmachen → bedeuten,

darstellen, kundgeben, veröffentlichen.
Kundmachung → Anzeige, Ausruf, Bekanntgabe, Erlass, Kundgebung, Zirkular.
Kundschaft Käufer, Kunde, Besteller, Auftraggeber, Zulauf, Ersteher, Geschäftsfreund, Geschäftspartner.
▸ Verkäufer.
Kundschaften Bemühung, Beobachtung, Kundschaft.
Kundschafter Auskundschafter, Späher, Aufpasser, Lauscher, Horcher, Spitzel, Zuträger, Zwischenträger, Ohrenbläser, Spürhund, Spion, Melder, Entdecker, Untersuchungsrichter, Ermittler. → Beobachter, Dabeistehender.
kundtun → ankündigen, ausdrücken, Glocke an die große hängen, kundgeben.
künftig zukünftig, bevorstehend, bald, nahe, nächstens, herannahend, nachher, später, danach, dereinst, sofort, sogleich, hierauf, von nun an, von jetzt an, von morgen an, vom nächsten Tag an. → hernach.
▸ heutig, vergangen, damalig, ehemalig, einst.
Kunst Findigkeit, Fähigkeit, Belesenheit, Geschicklichkeit, Ausbildung, Gründlichkeit, Wissen, Malerei, Abbildung, Nachbildung, Bildhauerei, Theaterkunst, Dichtkunst, Handhabung, Behandlungsweise, Redekunst, Talent, Kunstfertigkeit, Meisterhaftigkeit, Meisterschaft, Kenntnis, Gelehrtheit, Weisheit.
▸ Kitsch, Unkenntnis, Ungeschicklichkeit.
Kunstarbeit/-erzeugnis Artefakt.
Kunstausstellungsgebäude Museum.
Kunstfasern Synthetics.
kunstfeindlich amusisch.
kunstfertig → anstellig.
Kunstfertigkeit → Fertigkeit.
Kunstförderer Sponsor.
Kunstform Gestaltungsweise, Art, Mitteilungsform, Manier, Stil, Verfahren, Technik, Ausdrucksweise, Ausdrucksform, Vortragskunst, Verzierung, Anschaulichkeit. → Ausdrucksweise, Darstellungsweise.
▸ Stillosigkeit.
Kunstfreund → Ästhet, Blaustrumpf, Dilettant, Feinschmecker.
Kunstgegenstand → Kunstwerk.
kunstgemäß → stilvoll.
kunstgerecht künstlerisch, bildschön, packend, vollendet, gebührend, meisterhaft, gebührlich, mustergültig, geschickt, werkgerecht, geschäftskundig, gewandt, handgerecht, gelernt, artistisch, meisterlich, vollkommen, ausgezeichnet, kunstreich, talentiert. → anstellig.
▸ dilettantisch, stümperhaft.
Kunstgriff Handgriff, Kunstfertigkeit, Übung, Geschick, Anstelligkeit, Findigkeit, Tauglichkeit, Eignung, Fähigkeit, Raschheit, Flinkheit, Leichtigkeit, Meistergeist, Meisterhand, Meisterstreich. → Bestechlichkeit, Käuflichkeit.
▸ Unfähigkeit.
Kunsthandlung Galerie.
Kunsthandwerk Kunstgewerbe, Volkskunst.
Kunstjünger → Feinschmecker, Künstler.
Kunstkenner → Ästhet, Meister.
Kunstkritiker → Ästhet.
Künstler Kunstjünger, Maler, Zeichner, Bildhauer, Kunstschüler, Plastiker, Goldschmied, Schöpfer, Erzeuger, Bildner, Komponist, Verfasser, Baukünstler, Meister, Modellierer, Genie, Schöpfergeist, Artist, Bastler, Schauspieler, Akteur, Mime, Könner, Meisterkopf, Wunderkind, Kunstverständiger • Diva, Star. → Blaustrumpf, Erschaffer.
▸ Stümper.
Künstler der Meisterklasse Virtuose.
Künstler, namenloser Anonymus.
künstlerisch → ästhetisch, scharmant, feinsinnig, kunstgerecht.
Künstlerkreise Boheme.
Künstlername → Beiname.
Künstlerunterschrift Autogramm.
Künstlerwerkstatt Atelier, Studio.
künstlich synthetisch, nachgeahmt, nachgebildet, nachgeformt, unecht, nachgeäfft.
▸ natürlich, ungekünstelt, echt, unverfälscht.
Kunstliebhaber → Ästhet, Blaustrumpf, Dilettant.
Kunstlied → Cantus.
kunstreich → kunstvoll.
Kunstreiter Voltigeur.
Kunstrichter → Kritiker.
Kunstrichtung → Ausdrucksweise, Stil, Epoche.
Kunstschlemmer → Feinschmecker.
Kunststück Zauberei, Jonglierkunst, Trapezkunst, Zirkuskunst, Akrobatik. → Kniff, Trick.
▸ Unfähigkeit.
Kunsttanz Ballett.
Kunstüberwachung Zensur.
Kunstverständnis → Geschmack.
kunstvoll kunstreich, stilgemäß, schulgerecht, methodisch, kunstgemäß, schulgemäß, lehrgerecht, stilvoll • wertvoll, schön, verziert, formvollendet, meisterhaft, schmuck, plastisch, anschaulich, prächtig, herrlich, wirkungsvoll, malerisch, prachtvoll, bewundernswert. → anstellig.
▸ einfach, dilettantisch, stümperhaft.
Kunstwerk Kunstgegenstand, Vollkommenheit, Vollendung, Glanzstück, Meisterstück, Meisterwerk, Spitzenleistung, Makellosigkeit • Gemälde, Denkmal. → Arbeit.
▸ Kitsch, Mache, Stillosigkeit.
Kunstwerk, einmaliges Unikat.
Kunstwerk, zusammengeklebtes Collage.
Kunstwerkeerneuerer Restaurator.
kunterbunt → abwechselnd, allerhand, chaotisch, durcheinander, mannigfach, verwirrt.
Küpe → Behälter.
Kupee → Abteil.
Kupfer Bräune, Braunton, Brauntönung, Bronze, Schokoladenfarbe, Braun, Rotbraun, Orangenfarbe • Metall, Leichtmetall. → Bargeld.
kupferbraun → braun.
Kupferdruck → Bild.
Kupfergeld → Bargeld.
Kupferstich → Abdruck, Bild.
Kupfervergiftung Kuprismus.
kupieren abkürzen, verkürzen, stutzen, beschneiden, abkappen, schmälern, wegschneiden, abschneiden, weghauen, abhauen, abstoßen.
▸ längen, verlängern.
Kupon Abschnitt, Rentenschein, Zinsschein, Zuweisung, Anweisung, Teil, Anteil,

Portion, Zinsanweisung, Prämie, Papier. → Abschnitt, Anteil.
Kuppe → Berg, Spitze, Wölbung.
Kuppel → Höhe, Wölbung.
Kuppelei Sittenlosigkeit, Verkuppelung, Mädchenhandel, Ehestiftung, Verbindung, Annäherung, Paarung, Verbrechen, Zuhälterwirtschaft, Freudenhaus, Bordell, Dirnenhaus. ▸ Keuschheit, Trennung.
kuppeln verbinden, verkoppeln, zusammenfügen, zusammenbringen, zusammenhängen, hinzufügen, aneinander bringen • verkuppeln, zuführen, Gelegenheit machen, zubringen, Ehe vermitteln. → anmachen, berühren, Hand im Spiel haben. ▸ enthalten sich, trennen.
Kuppler Vermittler, Zwischenhändler, Unterhändler, Ehestifter, Freiwerber, Mädchenfänger, Mädchenjäger, Gelegenheitsmacher, Zubringer, Mädchenhändler, Bordellmutter, Zuhälter. → Buhle, Kreatur gemeine.
Kupplerin Schleuse *u.*
Kur Heilverfahren, Heilmittel, Hilfsmittel, Stärkung, Diät, Krankenkost, Schonkost, Brunnenkur, Badekur, Wasserkur, Hungerkur, Bestrahlung, Heilquelle, Lebensreform, Jungbrunnen, Felkekur, Kneippsche Kur, Ross- oder Pferdekur *u*, Rohkost, Salzkur, Moorbad, Lehmbad, Luftbad, Bäderbehandlung, Packung, Stärkung, Erleichterung, Linderung, Belebung. → Behandlung.
Kuranstalt → Bad.
kurant anerkannt, gängig, gültig, eingeführt, landläufig, gangbar, marktläufig, wert, im Umlauf, gang und gäbe, laufend, vollwertig. ▸ ungebräuchlich, wertlos.
Kuratel → Bevormundung, Sicherheit.
Kurator → Aufseher, Beauftragter, Begleitung, Bevollmächtigter.
Kurbad → Bad.
Kurbel Winde, Rolle, Kreisel, Driller, Drillbohrer, Leier, Schraube, Tretmühle, Drehring, Draht, Zapfen, Rad, Spirale, Ringel, Spule, Winde, Rotationsmaschine, Drehscheibe, Bohrwinde.
kurbeln ankurbeln, aufkurbeln, rollen, winden, abrollen, drillen, wirbeln, drehen, wenden, aufdrehen, wälzen, schrauben, andrehen. → aufnehmen.
küren → wählen.
Kurfürst → Adel.
Kurgast → Kranker, Vergnügungsreisender.
Kurier → Bote.
kurieren wiederherstellen, pflegen, betreuen, bedienen, heilen, behandeln, aufhelfen, erleichtern, verarzten, eingeben, einspritzen, operieren, betäuben, schutzimpfen, kuren, bessern, kräftigen, stützen, verjüngen, wieder beleben, in Ordnung bringen, die Gesundheit wiedergeben • die Karre aus dem Dreck ziehen *u*, aufhelfen, auf die Sprünge oder Strümpfe helfen *u.* → heilen. ▸ (krank machen), verschlimmern.
kurierend → heilkräftig.
kurios eigenartig, wunderlich, absonderlich, skurril, komisch, ungewohnt, ungewöhnlich, merkwürdig, seltsam, drollig, schrullig, sonderbar, eigentümlich, außergewöhnlich, befremdend, fremdartig, ungeheuerlich, erstaunlich. → abgeschmackt, albern. ▸ gewöhnlich.
Kuriosität → Abnormität.
Kurort → Bad.
kurpfuschen → herumdoktern.
Kurpfuscher → Bader, Betrüger.
Kurs → Preis, Richtung.
Kurs abkommen, vom vom Weg abweichen, fehlgehen, den Weg verfehlen, die Richtung ändern, sich verirren, aus der Bahn kommen, abirren, abdrehen, ausscheren, abschwenken, wenden, irregehen. ▸ Richtung auf.
Kursaufbesserung Reprise.
Kursbestimmung Navigation.
Kurschneider (Courschneider) → Courmacher.
Kurschneiderei (Courschneiderei) Höflichkeit, Wohlerzogenheit, Artigkeit, Liebenswürdigkeit, Dienstbeflissenheit, Dienstfertigkeit, verbindliches Wesen, Galanterie, Komplimente, Schmeichelreden, Schmeidelworte, süße Worte, Hofmacherei, Kratzfuß, Katzenbuckelmacherei, Buckelkrümmung, Untertänigkeitsbezeugung. → Cour schneiden. ▸ Verachtung.
kursieren umlaufen, zirkulieren.
kursieren lassen → umlaufen.
kursierend umlaufend. → bekannt.
Kursindex Aktienindex, Börsenindex.
Kurssteigerung Hausse.
Kursus Lehrgang, Schulung, Übung, Vorlesung, Bildungsgelegenheit, Instruktionsstunde, Nachhilfeunterricht.
Kurswert → Preis.
Kurtisane Allerweltsliebchen, Prostituierte, Dirne, öffentliche Person, Freudenmädchen, Straßenmädchen, feiles Mädchen, Liebesdienerin, Buhlerin, Halbweltdame, Konkubine, Geliebte, Mätresse, Liebchen, Kokotte.
Kurve Kehre, Drehung, Biegung, Windung, Bogen, Schleife, Schwenkung, Wellenlinie, Schlinge, Schlangenlinie, Krümmung, Einbiegung, Abweichung, Wendung, Einschwenkung, Seitenwendung, Schneckenwindung, Gewundenheit, Neigung. → Biegung, Drehung. ▸ (die Gerade).
Kurve kratzen, die → abhauen.
Kurvenberührungslinie Tangente.
Kurvenmesser Kartometer, Kurvimeter.
kurvenreich → gewunden.
kurz abgeschnitten, vermindert, gestutzt, knapp, zusammengedrängt, klein, verkürzt, gekürzt • flüchtig, schnell, geschwind, vergänglich, kurzlebig, eilig, kurzerhand • bündig, kernig, geschäftlich, einsilbig. → gedrängt, Fassung kurze. ▸ lang, langatmig, langsam • ausführlich, endlos, weitschweifig • andauernd, dauerhaft, nachhaltig.
kurz angebunden barsch, streng, herrisch, bestimmt, unhöflich, knapp, grob, ungefällig, einsilbig, brummig, murrig, unumgänglich. ▸ freundlich, weitschweifig.
kurz und bündig schlankweg *u.* → bestimmt, kurz angebunden, streng.
kurz und gut knapp, unwiderruflich, endgültig, ein

für alle Mal, entschlossen, bestimmt, ohne lange zu fackeln, kurz angebunden. → kurz angebunden.
▸ unentschlossen.
kurz halten einschränken, beschränken, einengen, unterdrücken, anbinden, zwingen, einsperren, eine Zwangsjacke anziehen, unter Aufsicht stellen, Schranken ziehen • sparen, wirtschaften, Haus halten, kargen, geizen, nicht genügend geben, den Brotkorb höher halten.
▸ entbürden, erlauben, verschwenden.
kurz machen → beschneiden, kurzerhand, schnell.
kurz und klein schlagen, alles → zerstören.
kurz und treffend aphoristisch, epigrammatisch, lakonisch.
kurz zusammengefasst summarisch.
Kurzabhandlung Essay.
kurzatmig asthmatisch.
Kurzausflug Trip.
Kurzbesuch Stippvisite.
Kürze Abkürzung, Zusammenziehung, Einschränkung, Zusammenpressung, Spärlichkeit, Knappheit, Lakonismus, (Zusammen-) Raffung • Vergänglichkeit, Flüchtigkeit, Kurzlebigkeit, Schnelligkeit, Wandelbarkeit, Kurzzeit • Bündigkeit, Kernigkeit, Gedrungenheit, Geschlossenheit, Wortverkürzung, Telegrammstil, Einsilbigkeit, Dürre.
▸ Länge.
kurze Aufzeichnung Notiz.
kurze Einblendung Flash.
kurze Erzählung Novelle.
Kürze, in → demnächst.
kurze Übersicht Skizze.
kurze Zusammenfassung (einer Werbeidee) Briefing.
Kürzel Abkürzungszeichen, Sigel.
kurzem, vor gerade, jüngst, kürzlich, neulich.
kürzen → abrunden, behauen, beschneiden, beschränken, dürren, einschränken, ermäßigen.
▸ aufstocken, ausdehnen, auslassen, dehnen, erhöhen, erweitern, strecken, vergrößern, verlängern, vermehren.
kurzer Rock Popomanschette *u.*
kurzer Rock, sehr Minirock.
kurzer Sinnspruch Aphorisme.
Kürzeren ziehen, den → unterliegen.
kurzerhand schnell, flink, geschwind, schleunigst, umgehend, postwendend, hurtig, beschleunigt, ohne Umstände, ohne Verzug, lapidar. → kurz.
▸ langsam.
kurzes Sinngedicht Epigramm.
Kurzfassung → Abriss, Skizze, Übersicht.
Kurzgeschichte → Erzählung.
Kurzhalsgiraffe Okapi.
kurz halten → einschränken.
Kurzköpfigkeit Brachyzephalie, Brachykephalie.
kurzlebig → vergänglich.
kürzlich just, jüngst, gerade, vorhin, eben, letzthin, neulich, unlängst, soeben, vor kurzem, dieser Tage, zuletzt, ehestens, vorgestern, gestern, vor kurzer Zeit, gerade eben, kaum vorbei, bevor, eben noch, am Vortag, den Tag zuvor, gestrig neuerlich. → bereits, damals, frisch.
▸ demnächst, damals, früher, vor langer Zeit.
Kurzschluss → Missgriff, Unterbrechung.
Kurzschlusshandlung → Kopflosigkeit, Verzweiflung.
Kurzschrift Stenografie.
Kurzschrifttext Stenogramm.
kurzsichtig → beengt, blind auf einem Auge, dumm, einsichtslos, Hand noch Fuß nicht.
▸ weitsichtig • überlegt, vorausschauend, weit blickend.
Kurzsichtigkeit Schwachsichtigkeit, Augenschwäche, Sehschwäche, Augenflimmern, Sehmangel, Trübung, Sehstörung. → Blödigkeit.
▸ Fürsorglichkeit, (Weitsichtigkeit) Myopie.
Kurzstrecke Rutsch *u.*
Kurzstreckenflugzeug Aerotaxe, Airbus.
Kurzstreckenläufer Sprinter.
kurz treten Abstriche machen. → einschränken, sparen.
kurzum kurz gesagt, langer Rede kurzer Sinn, mit einem Wort, zusammengefasst.
Kürzung → Abzug, Kompendium, Dezimierung, Ermäßigung, Kürze.
kurzweg → spontan.
Kurzweil → Ablösung, Abschweifung, Abwechslung, Belustigung, Unterhaltung, Vergnügen.
kurzweilig → amüsant, anziehend, genussreich, interessant, unterhaltend.
▸ einschläfernd, fade, langweilig, uninteressant.
Kurzwort aus Anfangsbuchstaben Akronym, Initialwort.
kuschen ducken, unterordnen.
Kusin(e) (Cousin(e). → Anverwandte.
Kuss Baiser, Bussi *u*, Pussi *u.* → Liebkosung.
küssen knutschen, busseln. → bewillkommen, liebkosen.
Küste Gestade, Strand, Kante, Festland, Deich, Mole, Marschland, Schwemmland, Düne, Gest, Küstensaum, Küstenrand, Landzunge, Bank, Bord, Grund, Kai.
▸ (offenes Meer) Hinterland.
Küstenbucht → Bucht.
Küstenfahrer → Fahrzeug (Wasser-).
Küstenland Litorale, Strand.
Küstensee → Becken, Binnenmeer.
Küster Kirchendiener, Aufseher, Wächter, Hüter, Messner, Gehilfe, Kirchner, Kirchenwart, Glöckner. → Fahrzeug (Wasser-).
Kutschbock → Bock.
Kutsche Droschke, Einspänner, Equipage, Kalesche, Karosse, Kremser, Landauer, Schäse *u.* → Chaise, Fahrzeug (Straßen-).
Kutscher → Arbeitnehmer, Chauffeur, Fuhrmann.
kutschieren → bewegen sich, fahren.
Kutte Bekleidung, Kleidung, Gewand, Anzug, Chorrock, Talar, Mönchsgewand, Amtstracht, Ornat, Ordenskleid, Priesterkleidung, Priesterrock, Umhang.
Kutter → Fahrzeug (Wasser-).
Kuvert (Couvert) Besteck, Gedeck • Decke, Deckel, Hülle, Einschlag, Umschlag, Verpackung, Umhüllung, Überzug, Briefumschlag, Einband.
Kyklop → Zyklop.

L

Lab → Ferment.
labbern schlabbern schlürfen, sudeln, sabbern, lecken, schmatzen, glucksen, schlapfen, quabsen, schlappen. → abschweifen. ▸ (reden bündig), (trinken geräuschlos).
laben erlaben, erquicken, erfreuen, erleichtern, erfrischen, ergötzen, anregen, beleben, mildern, lindern, stillen, stärken, helfen, einflößen, unterstützen, heilen. → aufrichten, begütigen, behagen, beleben, delektieren, entzücken, erfreuen sich, erfrischen sich, erfrischen. ▸ ermatten, erschöpfen, plagen, verdrießen.
labend → behaglich, erfrischend, kräftigend.
labern schwatzen, einfältig reden.
labil unstabil, kipp(e)lig. → beweglich, empfänglich, veränderlich. ▸ beständig, fest, stabil.
Laboratorium Forschungsbetrieb, Forschungsstätte, Wirkungsbereich, Versuchsanstalt, Arbeitsplatz, Werk, Labor. → Anstalt, Atelier.
Laborgehilfe Laborant.
laborieren versuchen, erforschen, tüfteln.
Labsal → Auffrischung, Balsam, Belustigung, Bequemlichkeit, Erfrischung, Stärkung, Labung.
Labung → Labsal.
Labyrinth Irrgarten, Verknotung, Verwicklung, Verworrenheit, Wirrung, Windung, Verschlungenheit, Krümmung, Irrgang, Verschlingung • Chaos, Geheimnis, Rätsel, Wortspiel, Schwierigkeit, Wirrwarr, Netz, Verstrickung, Sackgasse, Hindernis, Bedrängnis.
Lache Pfütze. → Becken, Gewässer, Kloake.
Lächeln Lachen, Gekicher, Gelassenheit, Schmunzeln • Lustigkeit, Schäkerei, Spaß, Ergötzlichkeit, Freude, Freudigkeit, Gaudium. ▸ Ernst, Gejammer.
lächeln → lachen.
Lachen Gelächter, Gekicher, Gejauchze, Jubel, Lachlust • Freudentaumel, Freudengeheul, Triumphgeschrei, Frohlocken, Jauchzen, Freudentränen • Tollerei, Scherz, Spaß, Schäkerei, Lustigkeit. → Lächeln. ▸ Ärgernis, Ernst, Gejammer • Traurigsein.
lachen frohlocken, gackern, gickeln, grinsen, grölen, kichern, kugeln sich, lächeln, losplatzen, losprusten, quieken, quietschen, kreischen, brüllen, sich einen Ast lachen *u*, sich den Buckel voll lachen *u*, halbkrank lachen, schief lachen *u*, totlachen, kaputt lachen *u*, kugelig lachen, kringeln vor Lachen *u*, krumm lachen *u*, sich kugeln vor Lachen *u*, schmunzeln, wiehern • wälzen sich, laut aufschreien, Tränen lachen, sich ins Fäustchen lachen, in die Hände klatschen, nicht verbeißen können, sich den Bauch halten, vom Stuhl fallen • freuen, jubeln, kalbern, schäkern, scherzen, spaßen, triumphieren, guter Dinge sein, vor Freude tanzen, freuen sich scheckig, belustigen • belächeln, feixen *u*, bejubeln. → bunt zugehen, belustigen, freuen sich, grinsen. ▸ ärgern, jammern, weinen, deprimiert sein.
Lachen ausbrechen, in auflachen, herauslachen laut, herausplatzen.
Lachen und Weinen reizend, zum tragikomisch.
lachen können, im Unglück Humor.
lächerlich komisch, tragikomisch, närrisch, sonderbar, wunderbar, spaßig, spaßhaft, putzig, drollig, schnurrig, possierlich, burlesk, grotesk, lächerbar *u* • geschmacklos, unfein, ungebildet, unpassend, unanständig, roh, abgeschmackt, albern, garstig, stillos, verschroben, übertrieben, fantastisch, befremdend, seltsam, sonderbar, abscheulich • aufgedonnert, herausgeputzt, auffällig, schreiend, überladen • altmodisch, veraltet, unmodern, zopfig, kleinstädtisch • verbohrt, vernagelt, dumm, borniert, beschränkt, dämlich, töricht, läppisch, geistlos, kindisch, unbesonnen, kurzsichtig, engstirnig, kleinlich, da lachen die Hühner *u*. → abgeschmackt, albern, befremdend, bizarr, dumm, grotesk, komisch. ▸ ernst, geistvoll, geschmackvoll, modern • tragisch, traurig • erhaben, seriös, würdig.
lächerlich machen → aufziehen, blamieren, bloßstellen, narren.
Lächerliche ziehen, ins dem Gelächter preisgeben, lächerlich machen, verspotten, verlachen, bespötteln, hänseln, necken, foppen, zum Besten halten, narren, zum Narren halten, sich lustig machen, belustigen, sticheln, frotzeln, durchhecheln, veralbern, zum Stadtgespött machen. → belächeln. ▸ bewundern.
Lächerlichkeit Seltsamkeit, Wunderlichkeit, Komik, Drolligkeit, Ausgelassenheit, Possenspiel, Hallotria, Affenspiel • Ungereimtheit, Albernheit, Fackelei, Faselei, Spiegelfechterei, Schrulle, Gefackel, Larifari, Wahnwitz • Kinderei, Blödsinn, Unfug, Humbug, Dummheit, Unsinn, Tölpelei, Torheit, Kurzsichtigkeit, Vernunftlosigkeit, Borniertheit, Unvernunft. → Blamage, Drolligkeit, Humbug. ▸ Ernstlichkeit, Klugheit, Vernunft, Würde.
Lachgas → Beruhigungsmittel.
lachhaft → albern, absurd.
Lachhaftigkeit Drolerie, Drolligkeit, Komik, Lächerlichkeit.
Lachkrampf Gelasma.
Lachsalve → Gelächter.
Lack → Anstrich, Bedeckung.
lackieren überziehen, bestreichen, firnissen, verschönern, ausputzen, polieren, schmuck machen, wichsen, Glanz verleihen. → anstreichen, bedecken. ▸ verschandeln.
Lackierer → Anstreicher.
lackiert bedeckt, überzogen, bemalt, verschönert, gefirnisst, glänzend, schimmernd, herausgeputzt • prächtig, herrlich, pompös, aufgedonnert, gebügelt, gestriegelt, geschniegelt, glitzernd, schimmernd, flimmernd. → poliert.

▸ einfach, natürlich, verschandelt.
Lackierung Beschichtung, Überzug, Überguss, Auflage • Oberschicht, Schutzüberzug, Anstrich, mit Lack, Schellack oder Firnis überziehen, transparente Schicht auftragen.
Lackl Flegel, Kaffer, Lausbub, Lauser, Lausejunge, Mondkalb, Simpel, Affe, Bazi, Flabes, Saudackel, Stadtfrack, Dämlack, Haderlump, Lump, Mistvieh, Rotzbengel, Schleimscheißer.
Lackschuhe Salontrittchen *u.*
Lacküberzug Firnis, Lasur.
Lade → Behälter.
Ladebühne Rampe.
Laden Basar, Bude, Detailgeschäft, Geschäft, Geschäftsstelle, Handlung, Kaufhalle, Kaufhaus, Magazin, Niederlage, Warenhaus, Zweiggeschäft, Filiale, Bezugsquelle • Fensterladen, Blende. → Boutique, Detailgeschäft, Fensterladen. ▸ entleeren, löschen • entladen.
laden verladen, verschiffen, verfrachten, einfüllen, versenden, verschicken, verschieben, aufladen, beladen, abladen, ausladen, fortschaffen, belasten, aufbürden, bebacken, überladen • aufhalsen, aufjochen, aufpacken • vorladen, anklagen, verantwortlich machen, Vorladung schicken, vor Gericht fordern, verklagen • einladen, zu Gast laden, aufwarten, bewirten, frei halten.
▸ ausladen, empfangen, entlasten.
Laden für gebrauchte Sachen Secondhandshop.
laden, sich auf den Hals arbeiten, schaffen, wirken, handeln, sich einer Sache widmen, sich beschäftigen mit, sich einschalten, eine Rolle spielen, ein Amt übernehmen, eine Aufgabe erfüllen, ein Geschäft betreiben, durchschlagen sich, durchbringen sich, einen Wirkungskreis schaffen, sich ein Arbeitsfeld erobern, betätigen sich, eine Sache anfassen, durchführen, ein Ehrenamt übernehmen, etwas ehrenhalber tun.
▸ ablehnen.
Ladenbesitzer Ladeninhaber. → Detaillist, Kaufmann.
Ladenbuchhändler Sortimenter.
Ladendiener Gehilfe, Angestellter, junger Mann, Handlungsgehilfe, Ladengehilfe, Ladenschwengel, Ladner, Ellenreiter, Tütendreher, Heringsbändiger. → Commis. ▸ Inhaber.
Ladenhüter → Ausschuss, Ramsch.
Ladenschwengel → Ladendiener.
Ladenstraße Basar, Einkaufsstraße.
Ladentisch Theke, Tresen.
Ladenverkauf → Detailhandel, Einzelhandel.
lädieren → beeinträchtigen.
lädiert → beschädigt, defekt.
Ladung → Anfuhr, Bagage, Ballast, Bestand, Charge, Fracht, Transport.
Laffe → Bengel, Bube, Bursche, Lackl.
Lage Ort, Punkt, Platz, Position, Richtung, Stellung, Bereich, Bezirk, Gegend • Belag, Flöz, Maser, Platte, Schicht, Tafel • geografischer Ort, Breitengrad, Längengrad, Kimmung, Örtlichkeit, Sitz, Standort, Standpunkt, Stätte, Gegend, Stelle, trigonometrischer Punkt • Tatsache, Umstand, Fall • Befinden, Bewandtnis, Beschaffenheit, Feststellung, Festsetzung, Realität, Sachverhalt, Stand, Verfassung, Zustand. → Fall, Konstellation, Ort, Region, Sachlage.
Lage, bedrängte → Armut, Lage schiefe.
Lage, in der geeignet, fähig, im Stande.
Lage, in dieser → dergestalt.
Lage, natürliche (der Körperorgane) Situs.
Lage, schiefe Stellung schiefe, Vertrauensfrage, Misstrauensvotum, Verdacht, Argwohn, Misstrauen, Misserfolg, Misslingen, Fehlschlag, schlimme Wendung, Verlegenheit, Verlust, Hereinfall, Niederlage, Enttäuschung, Unglück. → Misserfolg.
▸ Aufstieg, Erfolg, Vertrauen.
Lagebeschreibung Topografie.
Lager Ansammlung, Aufspeicherung, Bestand, Lagerplatz, Lagerhaus, Magazin, Warenlager, Stapel, Stock, Vorrat, Speicher, Schatzkammer, Zeughaus, Vorratshaus, Maschinenlager, Rollenlager, Kugellager, Bronzelager • Feldlager, Freilager, Biwak, Camp, Zeltlager, Gefangenenlager, Konzentrationslager, Wochenendlager, Camping, Lagerstadt • Ruhebett, Bett, Himmelbett, Ehebett, Feldbett, Diwan, Kautsch, Chaiselong, Polster, Luftbett, Klappbett, Matratze, Schlafstuhl, • Lug *s j*, Loch, Pott *j*, Sasse w *j*. → Aufenthaltsort, Bank, Besitztum, Bestand, Bett, Camp, Depot, Distrikt, Diwan.
Lager, auf deponiert, eingelagert, in Reserve, verfügbar, vorhanden, vorliegend.
Lageraufnahme → Inventar.
Lagerbestand → Inventar.
Lagerhaufen Halde.
Lagerhaus → Depot, Lager.
Lagerplatz → Lager.
lagern speichern. → anhalten, aufhalten sich, ausruhen, besetzen, bleiben, campieren, einlegen, einnisten, ruhen.
Lagerstatt → Lager.
Lagerung Einlagerung, Niederlage, Aufenthaltsort, Lager, Besetzung, Einquartierung, Unterbringung, Installation, Ruhestand, Aufschub, Rast, Ausruhen • Aufbewahrung, Ansammlung, Aufspeicherung, Hinterlegung. → Anordnung, Lager.
▸ Räumung.
Lagerverlust Schwund.
Lagerverzeichnis → Inventar.
Lageveränderung Dislokation.
Lagune → Bai.
Lahm hinkend, invalide, verkrüppelt, krüppelhaft. → arbeitsscheu, arbeitsunfähig, bedächtig, bequem, begriffsstutzig, faul, schwach, unentschlossen, untätig.
▸ beweglich, fix, flott, sportlich.
lahmarschig träge, faul, langsam.
lahmen → erlahmen.
lähmen → beeinträchtigen, bekämpfen, bezwingen, binden die Hände, dazwischentreten, drosseln, entkräften, ermatten, Flügel beschneiden, schwächen.
▸ anregen, beleben, ermuntern, fördern, kräftigen, stärken, stimulieren.
lähmend → entmutigend.
lahm gelegt → gehemmt, gestört.
lahm legen kalt stellen. → aufhalten, betäuben,

entwaffnen, fangen mit seinen eigenen Worten, hindern.
▸ ankurbeln, in Gang bringen.
Lähmung Hemmung, Hinderung, Einhalt, Abhaltung, Verhinderung, Entkräftung, Willenslähmung, Halt, Kandare, Zügel, Entmutigung, Einwand, außer Funktion. → Angst, Betäubung, Ermattung, Erschöpfung, Erstarrung, Fadheit, Koma.
▸ Förderung, Kraft, Mut, Vertrauen, Zielstrebigkeit.
Lähmung, doppelseitige Diplegie, Paraplegie.
Lähmung, halbseitige Hemiplegie.
Laie Nichtkundiger, Nichtfachmann, Ungelehrter, Nichtwisser, Anfänger, Pfuscher, Grünling, Stümper, Nichtskönner, Unerfahrener, Einfaltspinsel, Schafskopf, Dummkopf, Autodidakt, blutiger Laie • Nichtpriester, weltlicher Stand. → Dilettant.
▸ Fachmann, Künstler, Priester, Experte, Spezialist.
laienhaft → dilettantisch, weltlich.
Laissez-faire Duldung, Gewährenlassen, Machenlassen, Toleranz.
Lakai → Commis, Untergebener.
lakaienhaft → biegsam, buhlerisch, unterwürfig.
Lake → Beize.
Laken Betttuch, Leinentuch, Linnen.
lakonisch → Fassung kurze, gedrängt.
Lallen → Gestotter.
lallen stammeln, stottern, gacksen, stocken, sprechen in der Kindersprache • betrunken sein, mit schwerer Zunge lallen.
▸ (deutsch) sprechen.
lallend undeutlich, stotterig, stammelnd, stockend • angeheitert, berauscht, betrunken, mit lallender Zunge. → bebend.
▸ deutlich.
Lama Schafkamel • Mönch, Klosterbewohner, buddhistischer Oberpriester • langweiliger Patron, lahmer Mensch, langsamer Mensch, bedächtiger Mensch.
▸ (Aktivist).
Lamelle → Blatt.
lamentieren → wehklagen.
Lamento → Geschrei.
Lametta → Band.
Lamm, frommes Tugendbold, Musterknabe, Unschuldslamm, Unschuldsengel, Tugendbeispiel, Heiliger, sanfte Taube.
▸ Übeltäter.
lammfromm gutmütig, sanft, sanftmütig, mild, nachsichtig, duldsam, nachgiebig, langmütig, gütig, gnädig, dulderisch, unschuldsvoll, seelengut, fromm wie die Taube, wie der Engel im Paradies.
▸ aufbrausend, rücksichtslos.
Lammsgeduld → Duldsamkeit, Engelsgüte.
Lampe Licht, Ampel, Leuchter, Leuchte, Laterne, Funzel *u*, Tranfunzel *u*, Latüchte *u*, Birne, Glühbirne, Blinklicht, Leuchtturm, Scheinwerfer, Lichtquelle, Lampenlicht, Lüster, Kronleuchter, Armleuchter, Leuchtgerät, Kandelaber, Gaslicht, Öllicht, Petroleumlampe, Stehlampe, Hängelampe, Nachttischlampe, Schreibtischlampe, Taschenlampe, Grubenlicht, Stablampe, Autolampe, Fahrradlampe • Hase, Kaninchen, Meister Lampe. → Birne.
Lampenfieber Furcht, Angst, Beklemmung, Zittern, Beben, Herzklopfen, Angstschweiß, Angsttropfen, Himmelangst, Bangigkeit, Mutlosigkeit, Scheu, Zweifel, Bestürzung, Unruhe, Beunruhigung, Beengung, Feigheit, Mangel an Selbstvertrauen, bange Ahnung. → Bedenken, Bammel.
▸ Entschlossenheit, Mut, Selbstvertrauen.
Lampenschirm → Bedeckung, Schirm.
Lampion → Fackel.
lancieren vom Stapel lassen, in Gang bringen, in Umlauf setzen, geschickt einführen.
Land Festland, Grund, Erde, Staat, Boden, Erdschicht, Erdkurste, Binnenland, Schwemmland, Marschland, Neuland, Küste, Ufer, Strand, Gest, Düne, Gestade, Insel, Acker, Flachland, Feldland, Weideland • Eigentum, Besitz, Grundvermögen, Scholle, Bodenbesitz, Liegenschaften, Grundeigentum, Grund und Boden, Gutsbesitz. → Distrikt, Erdboden.
▸ Wasser.
Land, brachliegendes Brache, Brachland, Brachfeld, Ödland.
Land der Erfüllung Dorado, Eldorado, Goldland, Paradies, Traumland, Wunschland.
Land und Leute → Bevölkerung.
Land- und Wasserauto Amphicar.
Land- und Wassertier Amphibie.
Landarbeiter → Arbeiter, Bauer.
Landauer → Chaise, Fahrzeug (Straßen-).
landauf → landab.
Landaufenthalt Eingezogenheit, Zurückgezogenheit, Abgeschiedenheit, Weltflucht, Absonderung, Abschluss, Försterhaus, Jägerhaus, Menschenleere • Ferien, Urlaub, Erholung, Ausruhen, Ausspannung, Erfrischung, Ferienheim.
Landbau → Anbau, Feldbestellung.
Landbesitz → Land.
Landbestellung → Anbau, Feldbestellung.
Landbewohner → Bauer, Bevölkerung.
Landbote → Beauftragter.
Landbrücke → Landenge.
landen → anhalten, ankommen, beidrehen, bleiben.
▸ ablegen, in See stechen • aufsteigen, starten • scheitern.
Landen, in allen → überall.
Landenge Meerenge, Meereszunge, Holm, Mole, Nehrung, Halbinsel, Erdzunge, Landzunge, Isthmus, Landbrücke, Wegenge, Enge, Beschränkung, Begrenzung. → Bindemittel.
▸ Meerenge.
Landeplatz Airport, Flughafen, Flugplatz.
Länderbank → Bank.
Landeskind → Eingeborener.
Landeskinder → Bevölkerung.
Landesteil → Distrikt, Region, Bezirk, Gebiet, Provinz, Territorium.
Landesverrat → Verrat.
Landesverräter Quisling *u*. → Abtrünniger.
Landesverteidiger → Soldat.
Landfahrer → Wanderer.
Landflucht Abgang, Wegzug, Weggang, Wegtritt, Abmarsch, Abwanderung, Auswanderung, Räumung, Auszug, Ausmarsch, Verlassen, Abzug, Nimmerwiedersehen.
▸ Zuwanderung.
Landgut → Ansiedlung, Anwesen.

Landhaus Gutshof. → Besitztum, Cottage.
Landjäger/-polizist Gendarm.
Landkartenerstellung Kartografie.
Landkartensammlung/-werk Atlas.
Landkartenzeichner Kartograf.
landläufig → allgemein, anerkannt, eingeführt, gebräuchlich, kurant.
ländlich bäuerlich, bodenständig, bewaldet, ackerbar, altmodisch, heimatlich, vorstädtisch. → einfach.
Landmann → Bauer, Eingeborener.
Landmessungslehre Geodäsie.
Landnahme Besitznahme, Eroberung, Einverleibung, Wegnahme, Errungenschaft, Beute. → Anbau. ▸ Enteignung, Räumung.
Landnase Kap.
Landpartie Rutscher *u*.
Landpolizei Gendarmerie.
Landpolizist Gendarm.
Landschaft Gegend, Aussehen, Bezirk, Landstück, Landstrich, Gebiet, Umkreis, Landbezirk, Kanton, Bereich, Gemarkung, Gau, Grafschaft, Provinz, Ländchen, Bodenstück, Natur, Waldlandschaft. → Distrikt, Region.
Landschaftsgarten Park.
Landsitz → Landhaus.
Landsknecht Haudegen, Draufgänger, Söldner, Rabauke • Strauchdieb, Stromer, Strolch, Landstörzer.
Landsleute Landsmann, Eingeborener, Volksgenosse, Nationgenosse, Mitbürger, Staatsangehöriger, Bürger, Genosse, Heimatberechtigter, Mitbewohner, Bevölkerung, Freunde, Nachbarn, Bundesgenosse. ▸ Fremdling.
Landsmann → Landsleute.
Landspitze Kap, Klippe, Riff.
Landstraße → Chaussee.
Landstreicher Plattenbruder *u*, Pülcher *u*, Stromer *u*. → Bandit, Dieb, Schurke.
Landstrich → Landschaft.
Landstück → Gemarkung.
Landung Annäherung, Ankunft, Eingang, Zugang, Anfahrt, Berührung, Eintritt, Abstieg, Landbetretung, Schiffslandung, Besuch, Aussteigen, Anstoß, vor Anker gehen. ▸ Abfahrt, Auslaufen • Abflug, Start.
Landungsbrücke Pier.
Landungsplatz Landungssteg, Anlegeplatz, Haltestelle, Schiffsgelände, Absteigeplatz, Kai, Ankerplatz, Hafen, Fleet, Mole, Reede, Werft, Dock, Anlegebrücke • Flugplatz, Flughafen.
Landungssteg → Landungsplatz.
Landweg → Weg.
Landwirt → Bauer.
Landwirtschaft → Anbau, Anwesen, Bauernhof, Besitztum, Feldbestellung, Kultur.
landwirtschaftlich bäuerlich • forstwirtschaftlich • ländlich.
landwirtschaftliches Erzeugnis Agrarprodukt.
Landzunge → Kap, Landenge.
lang gestreckt, ausgedehnt, endlos, ausgezogen, unendlich, länglich, linear, ausgestreckt, verlängert, längs, dauernd, unaufhörlich, unablässig, lebenslang, immer, immerfort, schrittweise, zollweise, longitudinal, langwährend, jahraus jahrein, langfristig. → ausgedehnt, breit, chronisch, dauerhaft. ▸ kurz, schmal.
langatmig wortreich, weitschweifig, umständlich, redselig, mitteilsam, geschwätzig, eine Oper reden *u*, langen Senf machen *u*. → diffus.
Länge → Abstand, Ausdehnung, Erstreckung. ▸ Breite • Höhe • Kürze.
lange Rede Senf *u*.
Länge ziehen, in die aufschieben, ausdehnen, hinausschieben, hinauszögern, verlängern.
langem, seit längst, schon lange, Zeit seit langer.
langen → auskommen, erstrecken sich, hinreichen, schlagen.
längen strecken, verlängern, ausstrecken, dehnen, ausdehnen, ziehen, ausziehen, spannen, anspannen, recken, ausspinnen, auswalzen, aushämmern. → ausdehnen, erstrecken sich. ▸ kürzen.
Längenkreis Meridian.
Langeweile Ermüdung, Überdruss, Übersättigung, Niedergeschlagenheit, Erschlaffung, Missvergnügen, Nichtstun, Untätigkeit, Tagdieberei, Zeitverschwendung, Trägheit, Eintönigkeit, Öde, Einförmigkeit, Gähnsucht, Alltagsleben, Einerlei, Tretmühle, Muße, Fadheit, Unlust, Verdrossenheit, Faulheit, Alltag. ▸ Abwechslung, Beschäftigung, Unterhaltung.
Langfinger → Dieb.
langfingrig → beutegierig, diebisch.
langfristig → lang.
langfristige Entwicklungsrichtung Trend.
lang gezogen → gestreckt.
langjährig mehrjährig, dauernd, beständig, bleibend, haltbar, winterbeständig, frosthart, verlässlich, unwandelbar, stetig, feststehend, überdauernd, unverändert, unbeirrt, von echtem Schrot und Korn. ▸ (kurzfristig).
Langlaufpiste Loipe.
langlebend → dauerhaft.
langlebig → dauerhaft, haltbar. ▸ ephemer, flüchtig, kurzlebig.
Langlebigkeit → Dauerhaftigkeit, Ewigkeit.
länglich → ausgedehnt, lang. ▸ gedrungen.
länglich rund eiförmig, eirund, ellipsenförmig, oval.
langliegen aalen sich, hingestreckt sein, lagern, liegen, ruhen, Viere von sich strecken alle.
Langmut Schafsgeduld *u*.
Langmut → Beherrschung, Charitas, Duldsamkeit, Engelsgüte, Geduld, Nachsicht.
langmütig nachsichtig, duldsam, tolerant, mitleidig, huldreich, gütig, schonend, mild, gutmütig, gelinde, sanftmütig, zart, friedfertig, engelgleich, verträglich, taubenfromm, geduldig. → dulderisch. ▸ unduldsam, unnachsichtig.
längs → entlang. ▸ quer.
langsam kriechend, gemächlich, sachte, abschnittweise, etappenweise, schleppend, zögernd, schläfrig, bedächtig, bequem, verschleppt, schwerfällig, lahm, hinkend, saumselig, träge, faul, lau, nachlässig, säumig, bleiern, phlegmatisch, langweilig, bummelig, trödelig, pomadig, drämelig *u*, schlaff, schlapp, nach und nach, zurückbleibend • Bummelant, Bummelfritze *u*, Suse *u*, Tunte *u*, Trödelfritze oder -suse *u*. → allmählich,

bedächtig, behäbig, bequem, bleiben zurück, bummelig, Eile mit Weile, energielos, faul. ▸ schnell, fix, flink, flott, geschwind, rapid, rasch • prompt, sofort • abrupt, jäh, plötzlich, schlagartig, überraschend • hastig, hektisch, übereilt.

langsam gehen bummeln, schlendern, spazieren, trödeln, trotteln, Zeit lassen sich.

langsam handeln bummeln, trödeln, kurz treten, herumdrucksen, drämeln *u*, schlendern, tunteln *u*.

langsamer Mensch → Banause, langsam, Schlafmütze.

Langsamfahrer Trautchen *u*.

Langsamkeit Gemächlichkeit, Schneckengang, Schneckenpost, Zeitlupe, Schlaffheit, Untätigkeit, Trägheit, Faulheit, Phlegma, Mattigkeit, Tranigkeit, Trödelei, Bummelei, Verzögerung, Saumseligkeit, Kraftlosigkeit, Schwäche, Teilnahmslosigkeit, Träumerei, Lässigkeit, Zögern, Zauderei, Unbeweglichkeit, Schlendrian, Stockung, Schlappheit, Pomadigkeit *u*, Flüchtigkeit. → Bewegung. ▸ Schnelligkeit.

Langschläfer Schlafratte/-ratz, Pennbruder *u*, Faultier. → Faulenzer.

längs gerichtet longitudinal.

Langspieß Pike.

Längsrichtung (des Schiffes) Trimmung.

längsseits → daneben.

längst → bereits, früher, vorher.

längstens → beiläufig, fällig, Jahr und Tag nach.

langstielig → abgeschmackt, langatmig.

Langstreckenrakete Interkontinentalrakete.

langwährig → dauernd, farbecht, langjährig.

langweilen → anöden, einschläfern, ermüden, gähnen.

Langweiler → Schlafmütze

langweilig freudlos, eintönig, ermüdend, fad, gehaltlos, belanglos, trocken, monoton, nüchtern, schal, geistlos, müde, geisttötend, albern, blöde, stumpfsinnig, einschläfernd, witzlos, abgeschmackt, einförmig, ereignislos, gleichgültig, matt, reizlos, uninteressant, langwierig, ledern, lahm, langstielig, ledern, tranig *u*, trauerklötig *u*, transusig *u*, tranfunzlig *u*, finden die Zeit lang, ennuyant, saftlos *u*, seifig *u*. → arm, beklemmend, böse, einförmig, einschläfernd, faul. ▸ beschäftigt, unterhaltend, abwechslungsreich, amüsant, unterhaltsam, vergnüglich • anregend, aufregend, erregend, fesselnd, interessant, packend, spannend • stressig.

langweilige Arbeit Tretmühle *u*.

langweilige Sache (fade) Soße *u*.

Langweiligkeit Witzlosigkeit, Fadheit, Geistesstumpfheit, Eintönigkeit, Monotonie, Schalheit, Plattheit, Einförmigkeit, Ermüdung, Einerlei, Tretmühle, Belanglosigkeit. → Bummelei, Fadheit, Langeweile. ▸ Abwechslung, Beschäftigung.

langwierig → chronisch, dauerhaft. ▸ kurz, schnell.

lang ziehen → ausdehnen.

Lanze brechen, eine → beistehen, verteidigen.

Lanzenreiter Ulan.

lanzettförmig lanzenförmig, pfeilförmig, nadelspitz, spitzig, spitz, scharf, schneidig.

Lappalie → Bagatelle, Gehaltlosigkeit, Unwichtigkeit.

Lappen Lappländer, Nordländer • Ohrlappen, Ohrwaschel, Lauscher, Windfang, Löffel, Luser, Behang. → Bargeld, Bruchstück, Fetzen.

Lapperei Kinderei, Lumpenzeug, Schwindel, Schrulle, Blech, Schmarren, Kitsch, Lappalie, Ramsch, Schund, Gerümpel, Bettel, Firlefanz, Ungeschmack, Flickwerk, Flickerei, Kleinigkeit. → Kitsch. ▸ Ernstlichkeit, Feingefühl, Vernunft.

läppern, sich → anschwellen.

läppisch → abgeschmackt, irrsinnig, unvernünftig.

Lapsus Entgleisung, Ungeschicklichkeit, Schnitzer, Verschulden, Fehltritt, Missachtung, Verstoß, Hinwegsetzung, Missverhalten, Übertretung, Pflichtverletzung, Fehler, Missgeschick, Unhöflichkeit. ▸ Fehlerlosigkeit, Geschicklichkeit, Höflichkeit.

Larifari → Bagatelle, Fahrlosigkeit, Faselei, Gerede.

Lärm Krachen, Gedröhn, Geschrei, Getöse, Donner, Laut, Geräusch, Schall, Ton, Gelärm, Gebrüll, Gezeter, Tumult, Radau, Gejohle, Gejodel, Gedudel, Radiolärm, Gebrause, Gejauchze, Judenschule, Messtrubel, Kirmeslärm, Gerassel, Geklingel, Geläute, Geschmetter, Fanfaren, Sirenen, Trommelschlag, Sturmgebraus, Knall, Krach, Gestampfe, Gepolter, Geklirr, Hupenlärm, Straßenlärm, Kindergeschrei, Kindergebrüll, Verkehrslärm, Trompetenstoß, Katzenmusik • Streit, Zänkerei, Schimpferei, Geschelte, Weibergezänk, Keiferei, Gehader, Gekeife, Krach, Krakeel *u*, Klamauk *u*, Klimbim *u*, Randale *u*, Spektakel, Tamtam *u*, Trara *u*, Zimbumm *u*, Mordskrach *u*, Gekreisch, Gezänke, Disput, Debatte, Fenster klirren dass die, Stimmengewirr, Lärm wie in einer Judenschule *u*, Rabatz *u*. → Aufregung, Donner, Fanfare, Gebrause, Gefiedel. ▸ Lautlosigkeit, Ruhe, Geräuschlosigkeit, Stille • Frieden.

Lärm, ohrenbetäubender Höllenspektakel *u*.

lärmen kreischen, krachen, johlen, hallen, gellen, hupen, klirren, knallen, knarren, knattern, schmettern, tosen, dröhnen, schreien, rufen, jodeln, brüllen, zetern, randalieren, krakeelen, grölen, plärren, poltern, schlagen, klopfen, tacken, rattern, rumpeln, trampeln, trommeln, hämmern, pochen, prasseln, raballern, Krach machen, spektakeln *u*, bullern *u*, Lärm schlagen, rasseln, schellen, schrillen, explodieren, aufschlagen, bumsen, jachern *u*. → quietschen, beleidigen das Ohr, dröhnen. ▸ lautlos oder still werden, verstummen.

lärmend → laut.

larmoyant jammernd, weinerlich, klagend.

Lärmruf → Alarm.

Lärmschlagen → Alarm, lärmen, alarmieren.

Larve Maske, Visier, Vermummung, Verkleidung, Tarnung, Geheimhaltung, Kappe, Hülle, Umhang • Tierlarve, Puppe, Insektenlarve, Engerling, Made, Raupe.

lasch lau, lahm, schlaff.

▸ angespannt, energisch, intensiv.
Laschheit → Schlaffheit, Weichheit.
lassen → ablassen, aufhören, erlauben, ermöglichen, geben. ▸ ausführen, erledigen, machen, tun • abwandeln, ändern, beheben, umformen, umgestalten, verändern, verwandeln • entfernen • entziehen, wegnehmen.
lassen, fünfe gerade sein vernachlässigen, bummeln, hängen lassen, durch die Finger sehen, sich nicht kümmern um, nachlässig sein, darüber hinwegsehen, etwas versäumen, seine Pflicht vernachlässigen • alles durchgehen lassen, Nachsicht üben, alle beide Augen zudrücken, milde behandeln, sich um die Finger wickeln lassen.
▸ bemühen sich, entschließen sich, genau (sein), handeln, verbieten.
lassen, nicht locker streng, unbeugsam, unnachgiebig, bestimmt, rücksichtslos, unerbittlich, unduldsam, hartnäckig, nachdrücklich, zäh, beharrlich, ausdauernd, stetig, zielbewusst, unabänderlich, unbelehrbar, mit eiserner Beharrlichkeit, mit eisernem Fleiß.
▸ lässig, nachsichtig.
lassen, im Stich sitzen lassen, entfliehen, entlaufen, entkommen, wegrennen, durchbrennen, ausreißen, durchreißen, sich verkrümeln, sich drücken, wegschleichen, entwischen, entweichen, wegstehlen sich • jemanden aufgeben, jemanden fallen lassen, den Rücken kehren. → desertieren.
lassen, keine Wahl zwingen, nötigen, erpressen, bestehen auf, abringen, aufdrängen, die Pistole auf die Brust setzen, nichts anderes übrig lassen, unter Druck.
▸ freistellen.
lassen, sich Zeit zögern, zaudern, trödeln, säumen, verschleppen, stocken, troddeln, bummeln • Umstände machen, aufschieben.
▸ beschleunigen, hasten.
lässig salopp, nonchalant, pomadig *u.* → arbeitsscheu, fahrig, nachlässig, untätig.
▸ angespannt, aufmerksam, eifrig, gewissenhaft, sorgfältig, zuverlässig • konsequent, zielstrebig • gespannt, straff, stramm.
lässige Umgangssprache Jargon, Slang.
Lässigkeit Schlendrian *u.* → Bummelei, Fahrlässigkeit, Langsamkeit, Trägheit.
Lässigkeit, liebenswürdige Nonchalance.
lässlich → entschuldbar, verzeihlich.
Lasso Wurfleine, Wurfschlinge, Fangleine, Fangseil.
Last → Anfuhr, Anstrengung, Arbeit, Armut, Ballast, Bedrücktheit, Beschwerde, Beschwernis, Bremse, Bündel, Bürde, Elend, Gewicht, Mühe, Not, Schwere, Transport, Schmerz.
▸ Leichtigkeit, Mühelosigkeit, Unbeschwertheit.
Last fallen, zur plagen, quälen, peinigen, lästig fallen, auf dem Hals haben, einen Klotz am Bein haben, mit jemandem sein Kreuz haben, auf der Hucke haben *u*, auf der Pelle sitzen *u*, an der Schürze hängen, auf der Tasche liegen. → lästig fallen.
Last legen, zur → belangen.
lasten erschweren, erdrücken, bedrücken, erfahren, ausstehen, plagen, heimsuchen, missbehagen, schmerzen, peinigen, quälen, aufreizen, verdrießen, ärgern, belästigen, bedrängen, kränken, bekümmern, erdulden.
▸ erleichtern.
lastend drückend, belastend • beunruhigend, erschwerend • schwer wiegend, gravierend.
Lastenheber Bagger, Kran.
Lastensegler Glider.
Laster Untugend, Schwäche, Unsitte, Schwachheit, Ausartung, Fehler, Verirrung, Sünde, Lieblingslaster, Abweg, Entgleisung, Lockerheit, Entsittlichung, Sittenverfall, Hemmungslosigkeit, Lasterhaftigkeit, Gemeinheit, Unart, Schandfleck, Schändlichkeit, Ausschweifung, Lotterleben, Verruchtheit, Schlechtigkeit, Schande, Frevel, Schuld, Vergehen, Verstoß, Missetat • Kokain, Opium, Spiel, Morphium, Nikotin, Koffein, Rauschgift, Sucht, Trieb. → Demoralisation, Fehler.
▸ Tugendhaftigkeit.
Lästerer Kritiker, Lästermaul, Nörgler, Räsonierer, Sittenrichter, Tadler, Verleumder, Schmäher, Schmähredner, Lästerzunge, Kläffer, Krakeeler, böse Zunge • Gotteslästerer, Ungläubiger, Abtrünniger, Sünder, Fanatiker.
▸ Lobpreiser, Schmeichler.
lasterhaft → diabolisch, niederträchtig.
▸ abstinent, asketisch, anständig, tugendhaft.
Lasterhöhle Spielhölle, Opiumhöhle, Kokainhölle, Morphiumhölle, Seuchenherd, Pestbeule, Bordell, Babel, Sodom und Gomorrha, Lasterpfuhl, Lasterpfad, Sündenbabel, Anstoß, Ärgernis, Zuchtlosigkeit.
lästerlich sündhaft, frevelhaft, gotteslästerlich, sündig, scheinheilig, fluchend, schändlich, gemein, gottlos, unfromm, unheilig, gottverlassen. → charakterlos, niederträchtig.
▸ tugendhaft • ehrfürchtig, fromm, respektvoll.
Lästermaul → Ehrabschneider, Lästerer.
lästern schandmaulen *u.* → angreifen, begeifern, belächeln, bereden, bespötteln, bloßstellen, diskreditieren, klatschen, spotten, verleumden.
Lästerrede → Lästerung.
Lästerung Lästerrede, Beschimpfung, Spötterei, Gespötte, Pfuirufe, Geringschätzung, Erniedrigung, Schmähung, Entweihung, Beleidigung, Kränkung, Anzüglichkeit, Verleumdung, Verlästerung, Verunglimpfung, Bemäkelung, Schmährede, Ehrenrührigkeit, Ehrenschändung, Beschmutzung, Besudelung, Herabsetzung, Hechelei, Schändung, Befleckung, Verkleinerung, Nachrede, Klatsch • Gotteslästerung, Blasphemie, Verwünschung, Fluch, Fluchwort, Verfluchung, Unfrömmigkeit, Verruchtheit, Sündhaftigkeit, Lästerlichkeit, Verhöhnung, Entweihung.
▸ Lob, Schmeichelei.
Lästerzunge → Ehrabschneider, Lästerer.
lästig belastend, zuwider, beschwerlich, ungelegen, drückend, ermüdend, unbrauchbar, hinderlich, unbequem, mühsam, unangenehm, nachteilig, schwierig, verdrießlich, ärgerlich, unerwünscht,

unerfreulich, unliebsam, störend, unleidig, übel, alt, blöde, oll *u*, widerlich, ungemütlich, erdrückend, mühevoll, mühselig, misslich, anstrengend, ermattend, blutsauer *u*, aufreibend, unpassend, auf die Nerven gehen. → angestrengt, ärgerlich, aufreibend, bedenklich, beklemmend, böse, hinderlich. ▸ bequem, erfreulich, gelegen, leicht, angenehm • erwünscht • sympathisch.

lästig fallen → ärgern, aufdrängen, belagern, lästig, reizen, quälen.

lästige Person Quälgeist, Klette, Brechmittel *u*, einer von der siebten Bitte *u*.

Lastkahn Prahm, Schute.

Lastkraftwagen Laster, Lastwagen, LKW, Transporter, Truck.

Lastwagen → Fahrzeug.

Lastwagenfahrer Trucker.

lasziv anstößig, schlüpfrig, schwül-erotisch, unanständig, unzüchtig.

Lateinkenner/-forscher Latinist.

latent → unerkennbar, unsichtbar, versteckt. ▸ akut, erkennbar, merklich, offen(kundig), sichtbar.

Latenz Verborgenheit, Verstecktheit, schlummernde Anlage, ruhende Kraft • geheime Quelle • Passivität.

Laterne → Leuchter.

Latifundium → Besitztum.

Latrine Abort, Grube, WC, Abtritt, Lokus, Klosett, Kloake, Senkgrube, Jauchegrube, Örtchen, Ort, Häuschen, Bedürfnisanstalt, Pissoir, Austritt, Reinigungsort.

Latschen Pantoffel, Hausschuhe, Pantinen • Kiefern.

latschen → gehen, hemmen.

Latte Lineal, Stab, Stange, Stecken, Stock, Streifen • Latte lange, Bohnenstange, Goliath, Riese, Riesentier, Schlaks, Laban, langes Elend, Lulatsch, Schragn *ö*, Fregatte.

lau → abgestumpft, erschlagen, mild, sachte, unempfindlich, unentschlossen, lasch. ▸ heiß, warm • eifrig, engagiert, hingebungsvoll, hitzig, leidenschaftlich, stürmisch • linientreu • parteiisch, voreingenommen.

Laub → Blatt.

Laube Gartenhaus, Wohnlaube, Verschlag, Nebengebäude, Liebeslaube, Sommerhaus.

Laubengang Kolonnade, Pergola.

Laubgewinde Feston, Girlande.

Laudatio Lobgesang, Loblied, Lobrede.

Lauer → Danaergeschenk, Falle, Hinterhalt.

lauern auflauern, abfassen, abpassen, im Hinterhalt liegen, Heimlichkeiten treiben, Verstecken spielen, eine Falle legen, beschleichen, heranschleichen, heranstehlen, heranmachen • ins Garn locken, eine Schlinge legen, auf der Lauer liegen, nachstellen, fahnden, überlisten, auf Fang ausgehen • aushorchen, ausfragen, ausquetschen, schnüffeln, belauschen, ausspionieren, aufspüren, belauern, an der Tür horchen • schielen, Stielaugen machen, beneiden, missgönnen. → erwarten. ▸ behüten, entschlüpfen lassen, gönnen, Grube fallen in die, vertrauen.

Lauf Branken *j*, Branten *j*, Pranken *j*, Pranten *j*. → Ablauf, Begebenheit, Bewegung, Direktion, Ereignis, Folge, Lage, Strömung.

Lauf, freier freie Bahn, Spielraum, freies Feld, Freiheit, Ungezwungenheit, Ungebundenheit, Unabhängigkeit, Selbstständigkeit. → Bahn. ▸ Abhängigkeit.

Laufbahn → Beruf, Karriere.

Laufbursche → Bote.

laufen fließen, ergießen sich, herausquellen, hervorbrechen, perlen, plätschern, quellen, rauschen, rieseln, rinnen, schwitzen, sickern, sintern, sprudeln, strömen, stürzen, tröpfeln, tropfen, überfließen, überlaufen, überschwappen, umfluten, umspülen, wälzen sich, wogen, gurgeln, bewegen sich, bummeln, eilen, fahren, fliegen, fliehen, gehen, gleiten, glitschen, gondeln, herumtreiben sich, marschieren, pilgern, regen sich, reisen, rollen, rühren sich, schieben, schlängeln sich, schlendern, schnüren, schweifen, spazieren, stapfen, steigen, stiefeln, stolzieren, strolchen, stromern, tänzeln, tippeln, trampeln, trampen, trappen, trotten, vagabundieren, vagieren, wandeln, wandern, waten, wechseln, ziehen, zuckeln, klettern, latschen, schlenkern, socken, staksen, stelzen, schüren *j*, tapern, trudeln, zigeunern • ausreißen, davonlaufen, entlaufen, fortlaufen, weglaufen, durchgehen, hasten, hetzen, huschen, jagen, promenieren, sich die Beine oder Hacken ablaufen, von Pontius zu Pilatus laufen *u*. → ausschreiten, aufspringen, begeben sich, bewegen sich, beeilen, beschleunigen, davonmachen, durcheilen, durchlaufen, eilen, fließen, gehen, quellen, rennen. ▸ fahren, kriechen, ruhen, stocken.

laufen, heran → Anzug.

laufen lassen hängen lassen, kümmern sich nicht, Sorge machen sich keine, gleichgültig bleiben • vernachlässigen, verabsäumen, übergehen, gering schätzen, auf die leichte Schulter nehmen, nicht beachten, nicht fragen nach, nicht denken an, durch die Finger sehen, in den Wind schlagen, zum alten Eisen werfen, beiseite legen, aussondern, ausrangieren • die Achsel zucken, hinnehmen, verschmerzen, gefasst bleiben • die Ruhe bewahren, freilassen, befreien, freisetzen, entlassen, freigeben, losketten, entschlüpfen lassen, entkommen lassen • entlasten, entbinden. ▸ einsperren, lassen nicht locker, schätzen, Sorge tragen, aufregen sich.

laufend kurrent. → andauernd, ständig.

laufende Folgen Serien.

laufende Rechnung Kontokorrent.

Laufenden, auf dem à jour, au courant, aktuell, modern, zeitgemäß.

Läufer → Sport, Teppich.

Laufgang (Lauftreppe für Passagiere) Gangway.

läufig geil, hitzig, heiß *j*, begattungsreif. ▸ abweisend, frigide.

Laufpass geben abberufen, absägen, abservieren, absetzen, degradieren, entlassen, entthronen, fortjagen, kalt stellen, kündigen, suspendieren, verabschieden, wegschicken, wegloben, den Abschied geben, in den Ruhestand

versetzen, fallen lassen, über Bord werfen, in die Wüste schicken, den Stuhl vor die Tür setzen, aus dem Sattel heben, aus dem Amt bringen.
▸ beauftragen, einbeziehen.
Laufschiene Kufe.
Laufschuhe, rutschfeste Spikes.
Laufstall Ställchen, Laufgitter.
Laufzettel → Zirkular.
Lauge → Abguss, Aufguss, Brühe.
Lauheit → Gleichmut.
Laune Hang, Lust, Neigung, Stimmung • Allüren, Anwandlung, Einfall, Flausen, Grille, Kaprize, Manie, Marotte, Schelmerei, Scherz, Schrulle, Mucken, Zicken *u,* Sparren, Spleen, Tick • Affekt, Disposition, Gemütsverfassung, Geisteszustand, Verfassung • Empfindlichkeit, Reizbarkeit. → Affekt, Anwandlung, Ärger, Begehr, Begeisterung, Belieben, Bitterkeit, Einfall, Flatterhaftigkeit, Gemütsstimmung, Gemütszustand, Jubel, Stimmung, Unbeständigkeit.
▸ Ausgeglichenheit, Lebensfreude, Selbstzucht, Stetigkeit.
Laune bringen, in gute erheitern, aufheitern, aufmuntern, beleben, beseelen, anregen. → breitschlagen.
▸ ärgern.
Laune, schlechte → Bissigkeit, Missbehagen, Unhöflichkeit, Zanksucht.
launenhaft → beweglich, brummig, launisch.
Launenhaftigkeit → Anwandlung, Ungezogenheit, Wankelmut.
launig → geistreich, humoristisch.
launisch charakterlos, flatterhaft, haltlos, inkonsequent, launenhaft, leichtsinnig, unbeständig, unstet, untreu, unzuverlässig, veränderlich, treulos, wandelbar, wankelmütig, wetterwendisch, windig, zerfahren, grillenhaft, kapriziös. → eigensinnig, veränderlich.
▸ ausgeglichen, harmonisch.
Lausbub Bursche, Grünschnabel, Bengel, Schlingel, Flegel, Range, Fratz, Fant, Knirps, Balg, Schelm, Wicht, Wisch, Spitzbube, Lapp, Gauner, Lackel. → Lackel.
lausbübisch spitzbübisch.
▸ erwachsen, reif.
lauschen hören, aufhorchen, zuhorchen, behorchen, anhören, zuhören, die Ohren spitzen, erlauschen, horchen, abhorchen, eine Falle stellen, im Hinterhalt liegen, spionieren. → aufpassen, bedenken, beobachten, erwachen.
▸ liegen lassen links, taub (sein), unachtsam (sein).
Lauscher → Anwesender, Beobachter, Dabeistehender, Heimlichtuer, Kreatur gemeine, Kundschafter.
lauschig → angenehm, behaglich, bequem, daheim, gemütlich.
Lausejunge → Junge dummer, Lackel, Lausbub.
Lauser → Junge dummer, Lackel, Lausbub.
lausig verlaust • kläglich, schäbig, nachteilig, schlimm, arg, übel, böse, schlecht, abscheulich, furchtbar, schrecklich, bedauernswert. → bedenklich, jämmerlich.
Laut Klang, Ton, Schall, Stimme, Geräusch, Resonanz, Schrei, Gebrüll, Gebell, Gewinsel, Getriller, Gezwitscher.
▸ Lautlosigkeit.
laut geräuschvoll, hörbar, lärmend, schallend, schrill, vernehmbar, vernehmlich, volltönend, deutlich, klingend, tönend, ohrenbetäubend, dass die Wände wackeln *u,* gellend, donnernd, schreiend, dröhnend • gemäß, entsprechend, im Sinne von, nach, in Bezug auf, hinsichtlich, betreffs, bezüglich. → anlässlich, aufdringlich, deutlich, durchdringend, gemäß, geräuschvoll.
▸ lautlos, leise, undeutlich • geräuschlos, still • friedlich, ruhig • gedämpft, flüsternd, verhalten.
lauten heißen. → läuten.
läuten ertönen, erschallen, klingen, schellen, klingeln, tönen, schallen, bimmeln, dröhnen, anschlagen. → erklingen.
▸ verstummen.
lauter klar, rein, hell, unverfälscht, echt, schlicht, einfach, natürlich, unvermischt, unvermengt, unversetzt, frei, von • sauber, blitzblank, unbeschmutzt, unbefleckt, fleckenlos, durchsichtig • rechtschaffen, ehrlich, ehrbar, unbescholten, eine weiße Weste haben, gediegen, wacker, bieder, brav, arglos, unbestechlich • harmlos, fromm, herzensrein, seelengut • alle, nur, ausschließlich. → achtbar, adrett, angesehen, anständig, arglos, artig, ausschließlich, fest, klar, loyal, sauber.
▸ unlauter.
lauter Beifall Ovation.
Lauterkeit → Beständigkeit, Charakterstärke, Fehlerlosigkeit, Tugend.
läutern → durchseihen, wachsen, sühnen, klären.
läutern, sich → sühnen.
Läuterung Reinigung, Waschung, Säuberung, Klärung, Sichtung, Siebung, Entmischung, Trennung. → Desinfektion, Sühne.
▸ Reuelosigkeit, Trübung, Vermischung.
lautes Fest Rabatz *u.*
lautes Warnzeichen Alarm.
lauthals schreiend, gellend. → laut.
Lautlehre Phonetik.
lautlos → geräuschlos, unhörbar, still.
▸ geräuschvoll, hörbar, laut, vernehmlich.
Lautlosigkeit → Ruhe, Stille.
lautmalend onomatopoetisch.
lautstark → vernehmbar.
Lautstärkeeinheit Fon.
Lautstärkenmesser Fonometer.
lauwarm piwarm *u.* → warm.
Lava Schmelzfluss, Vulkangestein, Vulkanschmelzfluss.
lavieren → abschwenken, abweichen, bleiben neutral, kreuzen.
Lawine → Bewegung.
lax fahrlässig, lässig, säumig, unverantwortlich, unzuverlässig, verantwortungslos.
▸ verantwortungsbewusst, zuverlässig, exakt, genau, gewissenhaft • streng.
Laxheit Lässigkeit, Pflichtverletzung, Schuld, Versäumnis. → Erschlaffung.
▸ Verantwortungsgefühl, Zuverlässigkeit.
Lay-out Anordnung, Aufbau, Bild-/Textgestaltungsentwurf, Entwurf, Gliederung, Skizze.
Lazarett Militärkrankenhaus, Hospital, Spital, Klinik, Feldlazarett, Verbandsplatz, Unfallstation, Krankenanstalt.
lazarettfähig → krank.
Lazarus Armer, Dürftiger,

Bedürftiger, Besitzloser, Mittelloser, Unbemittelter, Hungerleider, Kirchenmaus, Habenichts, armer Schlucker, armer Teufel, Armenhäusler, Almosensammler, Kranker. → Bittsteller.
lebe hoch → bravo.
Lebemann Bonvivant, Windhund, Playboy *M.* → Bacchant, Casanova, Faun.
Leben Belebung, Bildungskraft, Lebensbejahung, Lebensgefühl, Lebendigkeit, Lebensfunke, Lebensflamme, Lebenssaft, Herzblut, Lebenszeit, Lebensinhalt, Dasein, Erdentage, Erdenwallen, Erdentreiben, Lebenswandel, Jammertal, Hundeleben *u*, Bestehen, Vorhandensein, Bestand, Wirklichkeit, Wahrheit, Welt, Weltlauf • Anschaulichkeit, Wirklichkeitsnähe. → Bestand, Dasein, Erdentage, Existenz, Fleisch und Blut.
▸ Tod.
Leben erleichtern, das → erleichtern.
Leben, gottloses Sünderleben, Lotterleben, Verruchtheit, Charakterlosigkeit, Apostasie, Unfrömmigkeit, Gottvergessenheit, Leben in Sünde.
▸ Frömmigkeit.
Leben rufen, ins erfinden, schöpfen, hervorbringen, anfangen, beginnen, den Anfang machen, den Anstoß geben, Bahn brechen, einführen, einleiten, eröffnen, von vorn anfangen. → belegen, bringen zur Welt.
▸ vernichten.
leben existieren, atmen, bestehen, fortleben, sein, da sein, erscheinen, dastehen, werden, vorstellen, überdauern, überleben, verharren, sich behaupten, durchhalten, ausdauern, erhalten, erstarken, aufleben, weilen, wohnen, zugegen sein. → achten, atmen, aufhalten sich, bestehen, da sein, erlangen das Bewusstsein.
▸ sterben • tot/verstorben sein • ausgestorben sein • vergessen sein.
lebe in den Tag hinein dahindämmern, gleichgültig sein, teilnahmslos sein, unberührt sein, anteillos sein, abgestumpft sein, unzugänglich sein, unempfänglich sein, alles egal sein lassen, das Gefühl ertöten, das Gewissen betäuben, die innere Stimme einschläfern, sich um nichts kümmern, auf die leichte Schulter nehmen, taub sein für, in den Wind schlagen, von nichts berührt werden. → verschwenden.
▸ empfinden, interessieren, sorgen, sparen.
Leben scheiden, aus dem ableben, hinscheiden, sterben, Zeitliche segnen das.
Leben sein, am da sein, existieren, leben, lebendig sein.
Leben, tätiges Vita activa.
leben, über die Verhältnisse → verschwenden.
Leben, ungebundenes Boheme.
Leben zur Hölle machen, das drangsalieren, quälen, schikanieren.
lebenden Objekt, am in vivo.
lebend gebärend vivipar.
lebendig vorhanden, leben, belebt, atmend, lebenskräftig, wirklich, körperlich, leibhaftig, greifbar, wesenhaft, substanziell • lebhaft, tätig, angriffig, unermüdlich, kraftvoll, energisch, stark, wirksam, durchschlagend, rührig, fix • erinnerlich, unvergesslich, unverwischbar, unauslöslich, eingedenk, frisch im Gedächtnis. → arbeitsam, bühnengerecht, dramatisch.
▸ tot, gestorben, verstorben • ausgestorben • leblos • unbelebt • langweilig, phlegmatisch, träge • ausgepumpt, erschöpft • blass, blutleer.
lebendig sein → bestehen, lebendig.
Lebendigkeit Lebhaftigkeit, Dynamik, Lebenswille, Beweglichkeit, Unternehmungsgeist, Schnelligkeit, Raschheit, Frische, Stärke, Energie • Geschäftigkeit, Betriebsamkeit, Rührigkeit, Unruhe, Quecksilbrigkeit • Lebenskraft, Lebensflamme, Vitalität, Lebenstrieb • Aufgeschlossenheit, Frohsinn, Frohmut, Heiterkeit, Munterkeit, Aufgeräumtheit, Lebenslust.
Lebensabend Alter, Greisenalter, Bejahrtheit, Ruhezeit, Ruhestand, Lebensende, Lebensherbst.
▸ Jugend.
Lebensabriss → Curriculum vitae.
Lebensanschauung Weltbild, Lebensauffassung, Lebensklugheit, Überzeugung, Gesinnung, Standpunkt.
Lebensarbeit Beruf, Aufgabe, Laufbahn, Lebensberuf, Lebensstellung, Gewerbe, Existenz, Lebenswerk, Lebensinhalt, Beschäftigung, Amt, Arbeitsbereich, Arbeitsbezirk, Unternehmen, Arbeit, Werk, Bau, Bestimmung, Posten, Platz, Tätigkeit. → Erwerbszweig.
▸ Untätigkeit.
Lebensart Lebenshaltung, Erziehung, Bildung, Anstand, Manieren, Weltton, Umgangston, Geschmack, Takt, Benehmen, Fingerspitzengefühl, Einfühligkeit, Urteilskraft, Sitte, Schicklichkeitsgefühl, Lebensstil, Wesen, Betragen, Haltung, Würde, Rücksicht, Fasson nach eigener, Mores. → Anstand, Benehmen, Brauch.
▸ Sittenlosigkeit, Taktlosigkeit, Unbildung.
Lebensaufgabe → Beruf, Berufung, Lebensarbeit.
Lebensbahn → Lebenslauf.
Lebensbaum Thuja, Thuje.
Lebensbedürfnis → Lebensmittel.
lebensbejahend optimistisch, positiv (eingestellt).
Lebensbejahung → Daseinsfreude, Lebensfreude.
Lebensberaubung → Bluttat, Mord.
Lebensbereich Einflussgebiet, Lebenskreis, Lebensraum, Sphäre, Milieu, Umfeld, Umgebung, Umwelt.
Lebensberuf → Beruf, Lebensarbeit.
Lebensbeschreibung Biografie. → Curriculum vitae, Chronik, Denkschrift.
Lebensbeschreibungsverfasser Biograf.
lebensecht lebensnah, echt, wahr, wirklich, real, natürlich, naturnah → realistisch.
Lebenselixier → Elixier.
Lebensende → Tod.
Lebensentstehung Biogenese.
lebenserfahren sein Bescheid wissen, ein Liedchen singen können, mitreden können, hinter allen Hecken gelegen haben, sich auskennen, vertraut sein, die Menschen durchschauen können, einen Blick dafür haben, auf allen Meeren Bescheid wissen. →

erfahren.
▸ unerfahren (sein).
Lebenserfahrung Erfahrung, Gewohnheit, Übung, Betriebserfahrung, Schulung, Wissen, Erkenntnis, Kenntnis, Einsicht, Vertrautheit, Klugheit, Weisheit, Lebenskunst, Scharfblick, Urteil, Lebensklugheit, Geschick, Gewandtheit, Fähigkeit, Auskennen.
▸ Unerfahrenheit.
Lebenserinnerung → Chronik, Denkschrift.
Lebenserinnerungen Memoiren.
lebensfähig daseinsfähig, lebenskräftig, lebend, beständig, gesund, überdauernd, überlebend, hell, unversehrt, leistungsfähig, unbeschädigt, unverkrüppelt.
▸ kraftlos, krank, verfallen, lebensunfähig.
Lebensfähigkeit Vitalität.
lebensfern lebensfremd, trocken, unanschaulich, akademisch, theoretisch.
Lebensform → Leben, Lebensart.
lebensfremd lebensfern, kurzsichtig, unvorsichtig, weltfern, weltfremd, menschenscheu, zurückgezogen, unzugänglich, allein stehend, vereinsamt • ungeschickt, linkisch, umständlich, ungewandt, unerfahren, ratlos, hilflos, ungewohnt, ungeübt. → Hand noch Fuß nicht.
▸ erfahren, lebenstüchtig, weit blickend.
Lebensfreude Heiterkeit, Behagen, Zufriedenheit, Daseinsfreude, Lebensgefühl, Lebensbejahung, Lebensmut, Lebenslust, Wohlgefühl, Urbehagen, Frohsinn, Frohgefühl, Hochgefühl, Schaffensfreude, Schaffenslust, Wohlbehagen, Behaglichkeit, Befriedigung, Vergnügtheit, Tatkraft, Frohnatur. → Daseinsfreude.
▸ Lebensüberdruss, Hoffnungslosigkeit, Lustlosigkeit, Pessimismus, Schwarzseherei, Unlust.
lebensfroh → froh, wohlgemut.
Lebensgefahr → Gefahr.
lebensgefährlich → bedenklich, gefährlich.
▸ todsicher.
Lebensgefährte → Bräutigam, Ehegenosse.
Lebensgefährtin → Ehefrau.
Lebensgefühl Gefühlslage, Gefühl, Lebenskraft, Lebendigkeit, Lebensflamme, Lebenslust, Lebensmut, Zufriedenheit, Lust, Urbehagen, Behagen, Daseinsfreude, Heiterkeit, Lebensgeister. → Lebensfreude, Art, Daseinsfreude.
Lebensgeister → Lebensgefühl, Tatkraft.
Lebensgemeinschaft → Ehe.
Lebensgeschichte → Curriculum vitae, Lebenslauf.
Lebensgesetz → Naturgesetz.
lebensgierig lebenshungrig, unersättlich, unstillbar, begehrlich, lüstern, besessen, versessen, lechzend.
Lebensglück → Glück.
Lebenshaltung Lebensweise, Lebensführung, Lebenskunst, Lebensstandard, Lebensstil, Lebensstand, Lebensunterhalt. → Lebensart.
lebenshungrig lebensgierig, lebensdurstig, unbefriedigt, begierig, sehnsüchtig, abenteuerhungrig, triebhaft, erlebensgierig, weltoffen.
▸ lebensmüde.
Lebensinhalt → Beruf, Lebensarbeit.
Lebenskampf → Kampf ums Dasein.
Lebensklugheit → Lebenserfahrung.
Lebenskraft Lebensbejahung, Lebensgefühl, Lebensfunke, Lebensflamme, Lebendigkeit, Vitalität, Lebenswille, Selbsterhaltungstrieb, Widerstandskraft, Entfaltung, Drang, Keimkraft, Arterhaltung. → Gesundheit, Leben, Lebenstrieb.
▸ Kraftlosigkeit, Krankheit, Altersschwäche, Hinfälligkeit, Siechtum.
Lebenskreis Sphäre.
Lebenskunde/-wissenschaft Biologie.
Lebenskünstler → Bacchant, Genießer.
▸ Miesmacher, Pessimist.
lebenskundig → denkfest, reif.
Lebenslage Situation.
lebenslang → dauerhaft, lang.
Lebenslauf Lebensabriss, Lebensgeschichte, Curriculum vitae, Lebensbeschreibung, Beschreibung, Entwicklungsgang, Leben, Lebensinhalt, Lebenszeit, Abriss. → Chronik, Curriculum vitae.
Lebenslicht ausblasen, das → töten.
Lebenslust → Daseinsfreude, Lebensfreude, Tatkraft.
lebenslustig → aufgeräumt, beschwingt, froh, genießerisch, himmelhochjauchzend, kummerlos, zufrieden.
Lebensmittel Lebensbedürfnis, Nahrung, Ernährung, Nährmittel, Versorgung, Mundvorrat, Futter, Futterage, Delikatesse, Zehrung, Speisung, Essen, Unterkunft, Kost, Beköstigung, Nahrungsmittel, Essware, Bedarf, Material, Verstärkung. → Ernährung.
Lebensmittelkorb Fresskober *u.*
lebensmüde lebensüberdrüssig, unzufrieden, traurig, unbefriedigt, missvergnügt, unglücklich, leidvoll, trübsinnig, mutlos, betrübt, bekümmert, abgehärmt, lebenssatt, gebrochen, seelenwund, melancholisch, niedergeschlagen, kleinmütig, schwermütig.
▸ lebenshungrig.
Lebensmut → Energie, Freude, Lebensfreude, Tatkraft.
Lebensnähe → Echtheit.
Lebensneige → Lebensabend.
lebensnotwendig essenziell, existenziell.
Lebensraum Wirkungsbereich, Umkreis • Reichweite, Ausdehnung, Expansion • Standort, Brutbereich, Nestbereich.
Lebensregel → Maxime.
Lebensretter Retter, Helfer, Rettungsschwimmer • Schützer, Verteidiger, Schutzengel • Schäferhund, Polizeihund, Lawinenhund. → Beschützer, Polizeikräfte.
Lebenssaft → Blut, Gesundheit.
lebenssatt → aufgelegt, lebensmüde.
lebensschädlich bionegativ, giftig, lebensfeindlich.
Lebensspannkraft Biotonus, Energie.
Lebenssphäre der Erde (besiedelte Teile der Erde) Biosphäre.
Lebensstandard → Lebenshaltung, Existenzniveau.
Lebensstil → Lebensart, Lebenshaltung.
Lebenssubstanz aller Zellen Protoplasma.
Lebenssubstanz, lebende und tote Biomasse.
Lebenstage → Erdentage.
Lebenstrieb Erhaltungstrieb,

Fortpflanzungstrieb, Antrieb, Instinkt, Unterbewusstsein, Lebenssaft, Lebenskraft, Bildungstrieb, Wachstum, Zeugungstrieb, Geschlechtstrieb, Betätigungsdrang.
▸ Bewusstsein, Kraftlosigkeit, Verfall, Destruktionstrieb, Todestrieb.
lebenstüchtig klug, erfahren, vernünftig, einsichtsvoll, geschickt, anstellig, gewandt, lebenskundig, bewandert, bewährt, erprobt, tauglich, verwendbar, befähigt, tatkräftig, wirksam, unermüdlich, tüchtig, arbeitsfähig.
▸ lebensfremd, unerfahren.
Lebensüberdruss → Bekümmernis, Trübsinn.
lebensüberdrüssig → aufgelegt, lebensmüde.
▸ lebensgierig, lebenshungrig.
Lebensumstände Milieu.
Lebensunfähigkeit Abiose.
Lebensunterhalt Beruf, Stellung, Existenz, Erwerb, Einkommen, Einnahme, Gehalt, Lohn, Lebensstellung, Vermögen, Geld, Haushaltungskosten, Lebensmittel, Betrag, Lebenshaltungskosten.
Lebensverneinend → pessimistisch.
Lebensverneinung Pessimismus.
Lebenswahrheit Lebensnähe, Wirklichkeitssinn, Tatsache, Realität, Gewissheit.
▸ Trugbild, Zerrbild.
Lebenswandel → Erdentage, Leben.
Lebensweg Laufbahn, Lebenslauf, Schicksal, Werdegang.
Lebensweise → Lebensart.
Lebensweisheit → Lebenserfahrung, Lebenshaltung.
Lebenswerk → Beruf, Lebensarbeit.
lebenswichtig → A und O, ausschlaggebend, nötig.
Lebenswille → Lebenskraft.
Lebenszeichen Gruß, Nachricht.
Lebenszeit → Dasein, Erdentage, Leben.
lebenszerstörend → schädlich.
Lebensziel Bestimmung, Sinn, Endzweck, Erfüllung.
Leber, frisch von der → offenherzig.
Leberentzündung Hepatitis.
Leberfleck Muttermal.
Leberschrumpfung Leberzirrhose.
Lebersekret Galle.
Leberstein Hepotolith.
Lebewelt Highsociety, große Welt, Jetset, obere Zehntausend.
Lebewesen Geschöpf (Mensch, Tier, Pflanze), Kreatur, Wesen.
Lebewesen, menschenartiges Affe, Android(e), Hominid(e) • (Maschinenmensch) Roboter.
Lebewesen-Chemie Biochemie.
Lebewesen-Physik Biophysik.
Lebewesen-Stammesgeschichte Phylogenie, Phylogenese.
lebewohl → ade.
lebhaft geschäftig, betriebsam, unternehmend, lebendig, beweglich, rastlos, nachdrücklich, rege, energisch, forsch, einschneidig, eifrig, beflissen, ruhelos, rührig, temperamentvoll, stürmisch, unermüdlich, unternehmend, unruhig, quecksilbrig, munter, impulsiv, ungeduldig, aufgeregt, leidenschaftlich • springlebendig, übermütig, vergnügt, froh, fidel, heiter, lustig, quick(lebendig), quirlig *u.* → aktiv, anstellig, antreibend, arbeitsam, aufgeräumt, aufgeschlossen, begeistert, beweglich, bühnengerecht, bunt, dramatisch, farbig.
▸ phlegmatisch, ruhig, niedergeschlagen.
lebhaft, sehr putzmunter *u.*
lebhafter Typ Quirl *u.*
Lebhaftigkeit → Aktivität, Begeisterung, Behändigkeit, Bestimmtheit, Temperament.
Lebküchner → Bäcker.
leblos → abgeschieden, bleiern, tot.
▸ belebt • lebend(ig).
Leblosigkeit → Ohnmacht, Tod.
lechzen schmachten, unterliegen, erschöpfen, erschlaffen, ermatten, schwitzen, erliegen, dürsten, begehren, wünschen, verlangen, ersehnen, erstreben, sehen, gelüsten, erpicht sein, vergessen sein, trachten, verschmachten, entbrennen, vergehen. → hungern.
▸ laben.
lechzend → gierig.
Leck → Bruch, Öffnung.
leck → durchlässig sein, offen.
lecken rinnen, durchsickern, durchsintern, herauslaufen, entfließen, herauslassen, ein Loch haben • schmecken, schlecken, kosten, verkosten, proben, versuchen, schleckern, lutschen, genießen, schnuppern, nippen, naschen • ablecken, herzen, küssen, drücken, abschmatzen, schnäbeln, kosen, liebkosen. → essen.
▸ dichten, verschmähen.
lecker mundend. → angenehm, appetitlich, aromatisch, auserlesen, delikat, erfrischend, essbar, köstlich, saftig, schmackhaft.
Leckerbissen Gaumenkitzel, Ambrosia, Hochgenuss, Schmaus, Nascherei, Götterspeise, Götterkost, Göttertrank, Feinkost, Feingebäck, Schmauserei, Schwelgerei, Schnabelweide, Dessert, Delikatesse, Naschwerk, Süßspeise, Nachtisch, Nachspeise, Schleckerei, Zuckerwerk, Schleck *u.* → Delikatesse, Feinkost.
▸ Fraß, Widerlichkeit.
Leckerei → Süßigkeit.
leckerhaft → feinschmeckerisch, genießerisch.
Leckerhaftigkeit → Feinschmeckerei.
Leckermaul → Feinschmecker.
leckermäulig → feinschmeckerisch, genießerisch.
Leder Haut, Außenhaut, Bedeckung, Hülle, Umhüllung, Schutzschicht, Belag, Volleder, Spaltleder, Narbenleder, Rindsleder, Schweinsleder, Ziegenleder, Schafsleder, Boxkalf, Chevreau, Chromleder, Chagrin, Glacee, gegerbtes Leder, Krokodilleder, Eidechsleder, Schlangenleder, Hirschleder. → Balg, Ball, Bedeckung, Fell.
Leder gerben → schlagen.
Leder körnen/narben chagrinieren.
Ledergurt Gürtel, Riemen.
Lederhose, kurze Sepp(el)hose *u.*
ledern → abgeschmackt, langweilig, zäh.
ledig allein stehend, unverheiratet, frei, ehelos, allein, unverehelicht, unvermählt, unbeweibt, gattenlos, ehescheu, einspännig *u,* los, bar, befreit, unabhängig, selbstständig, unbeschränkt, ungebunden, ungehemmt • noch zu haben sein. → allein, allein stehend,

entspannt, federlos, frei.
▸ unfrei, verehelicht, verheiratet.
Lediger, standhafter eiserner Junggeselle *u.*
lediglich → nur.
leer → abwesend, aus, ausdruckslos, blank, blanko, entvölkert, farblos, unbedeutend.
▸ angefüllt, gefüllt, voll • erfüllt • besetzt • halb leer, halb voll.
leer machen abladen, ausgießen/-kippen, ausladen/-leeren, ausschütten, entladen, entleeren, leeren.
Leerabgeber Blankoverkäufer, Fixer.
Leerdruck → Formular.
Leere Vakuum. → Abwesenheit, Gehaltlosigkeit, Lücke.
▸ Fülle.
leere Redensart Floskel, Phrase.
leere Seite vakat.
leeren entleeren, ausleeren, leer machen, räumen, fortschaffen, wegfegen, beseitigen, hinwegschaffen, aufräumen, erleichtern, ausgießen, ausströmen, abfließen, ausschenken, austrinken, absondern, schlürfen, bechern, verputzen *u,* wegputzen *u,* aufkriegen *u,* saufen, kippen. → abladen, ausladen, ausschütten, entvölkern.
▸ beladen, füllen.
leeres Gerede Bafel, Blabla, Gefasel, Gerede, Geschwätz, (leeres) Gewäsch, Schmus, Stroh, Wischiwaschi.
Leerheit → Bedeutungslosigkeit.
Leerlauf Fehlbetrag, Verlustgeschäft, Schaden, Abnahme, Einbuße, Ausfall, Schwund, Verminderung, Verfall, Vermögensschwund, Vermögensabzug, Schrumpfung, Rückgang, Niedergang, Auflösung, Stillstand, Stilllegung, Leere • Willenspause, Lähmung, Ausschaltung, Trägheit, Willensschwäche, Schlaffheit.
▸ Aufschwung, Gewinn, Willensstärke • (hohe) Auslastung, Betrieb, Hochbetrieb.
leer stehend unbewohnt, unbesetzt, zu vermieten.
▸ überfüllt • voll (eingerichtet).
Leerung → Aussiedlung, Entleerung.
legal gesetzlich, ordentlich, koscher *u,* legitim, rechtmäßig, verfassungsgemäß, rechtlich, gesetzmäßig, rechtskräftig, konstitutionell, statutengemäß, ordnungsgemäß, nach Gesetz, mit Fug und Recht.
▸ illegal.
legalisieren genehmigen, gutheißen, ratifizieren, Gesetzeskraft verleihen, zum Gesetz erheben, Gesetz erlassen, rechtskräftig machen.
▸ (ein Gesetz verdrehen oder aufheben).
Legat Nachlass, Hinterlassenschaft, Vermächtnis, Testament, Erbe, Erbschaft, Erbteil, Vermachung, Gabe, Schenkung. → Beauftragter.
legen hinlegen, sich niedertun *j,* sich einschicken *j,* unterbringen, aufstellen, zurechtlegen, schichten, anordnen, einteilen, niederlegen, ausruhen, kauern, liegen, zusammenlegen, falten, betten, ablegen, deponieren, verlegen • jungen, Eier legen. → ausruhen, bequem.
▸ stehen, stellen, aufheben, aufrichten • hängen.
legen, in Asche → abbrennen.
legen, in die Hände → belehnen, geben.
legen, das Handwerk → hindern.
legen, klar → deuten.
legen, zur Last → belangen.
legendär → sagenhaft.
Legende → Dichtungsart, Erfindung, Erzählung.
Legenden befreien, von entmythologisieren.
Legendenspiel Mirakel.
leger umgänglich, leutselig, jovial, zugänglich, ungeniert, flott, zwanglos, ungezwungen, unbefangen, nonchalant, ohne Umstände, ohne Zeremoniell, gesellschaftlich frei.
▸ gezwungen, unzugänglich.
legieren verschmelzen, mischen, verdicken, vereinigen, verquicken, amalgamieren, binden, untermengen, beimengen, anreichern, bespritzen, überschütten • verordnen, stiften, Vermächtnisse machen. → beifügen.
▸ scheiden.
Legierung Verschmelzung, Mischung, Bindung, Metallmischung, Vermengung, Zusammensetzung, Zumischung, Beimengung, Beifügung, Gemisch, Gemenge, Amalgam, Messing, Talmigold, Chinasilber, Tombak. → Bronze.
▸ Scheidung, (Reinmetall).
Legion Heer, Söldnerschar, Truppe, Streitmacht, Soldaten, Heervolk, Feldschar, Kriegerschar, Armee, Militär, Fremdenlegion, Zug, Kohorte, Rotte, Kompanie, Bataillon, Kolonne, Zenturie. → Anzahl.
legislativ gesetzgebend, gesetzgeberisch, verordnungsmäßig, verfassungsmäßig, statutarisch, konstitutionell, gesetzmäßig, satzungsgemäß.
▸ exekutiv.
legitim → legal.
Legitimation → Belege, Bescheinigung, Bestallung, Fähigkeitsausweis.
Legitimationskarte → Pass.
legitimieren → ausweisen, beglaubigen.
Lehen → Bauernhof, Besitz, Besitztum, Belehnung.
Lehensgut → Bauernhof, Besitztum.
Lehnsessel/-stuhl Fauteuil.
Lehnsherr → Besitzer, Eigentümer.
Lehensmann → Besitzer.
lehenspflichtig → abhängig.
Lehmbad → Bad.
lehmig → breiig, dickflüssig.
Lehne Stütze, Abstützung, Halter, Anlehnung, Rückhalt, Stuhllehne, Lehnsessel, Lehnstuhl • Schräge, Schiefe, Berglehne, Wand, Hang, Abseite, Böschung, Neigung, Neige, Schräglage, Senkung, Bergmatte, Halde. → Abgrund.
Lehnsmann Vasall.
Lehnsverband Clan, Stammesverband.
Lehnsverrat Felonie.
Lehnswesen Feudalismus.
Lehnwort → Fremdwort.
Lehranstalt Akademie, Hochschule, Schule, Universität → Anstalt, Erziehungsanstalt.
Lehrart → Art.
Lehraufgabe Pensum.
Lehrauftrag Berufung, Ruf.
Lehrausflug Exkursion.
Lehrbub → Arbeiter, Lehrling.
Lehrbuch → Abriss, Fibel.
Lehrbuchabschnitt Lektion.
Lehre Belehrung, Schulung, Instruktion, Unterweisung, Aufklärung, Anweisung, Anleitung, Anregung, Bildung, Einschärfung, Erklärung, Erläuterung, Einschulung, Übung, Drill • Ermahnung, Anhalt, Verweis, Zurechtweisung, Mahnung,

Bekehrung, Bevormundung, Predigt, Erbauung • Vortrag, Vorlesung • Dogma, Doktrin. → Bekenntnis, Erziehung, Lehrjahre, Rat, Vorschrift. ▸ Verbildung.

Lehre vom Lehren und Lernen Didaktik.

Lehre vom Licht → Optik.

Lehre vom Schall → Akustik.

lehren anleiten, aufklären, ausbilden, befähigen, beibringen, belehren, bilden, dozieren, dressieren, drillen, einweihen, ertüchtigen, erzielen, formen, instruieren, schulen, trainieren, unterrichten, unterweisen, vorbereiten, ziehen • informieren, demonstrieren, durchnehmen, einbläuen, einfuchsen, einpauken, einhämmern, einprägen, einschärfen, einschustern, eintrichtern, erläutern, einstudieren, vormachen, zeigen, schleifen, pauken, schulmeistern, umschulen • einreden, überreden, überzeugen, glauben machen, inspirieren, witzigen. → aufklären, aufziehen, ausbilden, auseinander setzen, beibringen, bekehren, belehren, erziehen. ▸ verbilden, verwirren • aufnehmen, büffeln, (er)lernen, studieren, zuhören.

Lehrer Lehrender, Lehrperson, Pädagoge, Erzieher, Jugendbildner, Jugendführer, Volkserzieher, Schulmann, Schulmeister, Pauker, Mentor, Ratgeber, Arschpauker *u,* Steißtrommler *u,* Trainer, Unterweiser, Ausbilder, Volksschullehrer, Hauptlehrer, Oberlehrer, Studienassessor, Studienrat, Ordinarius, Oberstudienrat, Oberstudiendirektor, Direx *u,* Zeus *u,* Schulleiter, Hochschullehrer, Professor, Dozent, Rektor, Direktor, Hauslehrer, Turnlehrer, Musiklehrer, Tanzlehrer, Gewerbelehrer, Hodscha (Islam), Instrukteur, Lektor, Leiter, Vorsteher • Lehrerin • Meisterin, Lehrherr, Lehrmeister. → Berater, Direktor, Ermahner. ▸ Schüler.

lehrerhaft lehrermäßig, pedantisch, schulmeisterlich, professorenhaft, didaktisch. → lehrhaft. ▸ schülerhaft.

Lehrerin → Erzieherin, Lehrer.

Lehrgang → Art, Kursus.

lehrhaft belehrend, lehrreich, anschaulich, bildend, gelehrt, akademisch, professoral, erziehungsmäßig, erzieherisch, methodisch, erziehlich, didaktisch, schulisch, schulmäßig, erläuternd • trocken, schlicht, spröde, schmucklos, einförmig. → langweilig, lehrerhaft. ▸ (von der Erfahrung ausgehend), interessant.

lehrhafte Erzählung Fabel, Parabel.

Lehrherr → Cicerone, Meister.

Lehrjahre Lehre, Lehrzeit, Lernzeit, Wanderjahre, Schulzeit, Studienzeit, Werdegang • Vorbereitung, Vorarbeit, Ausbildung, Abrichtung, Schulung. ▸ Herrenjahre.

Lehrjunge → Arbeiter, Bursche, Diener, Lehrling.

Lehrkraft Erzieher, Lehrer, Lehrmeister, Pädagoge.

Lehrling Anfänger, Anwärter, Auszubildender, Neuer, Neuling, Novize, Rekrut, Stift • Anlernling, Bursche, Kandidat, Präparand, Prüfling. → Schüler. ▸ Gesell.

Lehrmeinung Dogma, Richtung, Schule, herrschende Auffassung.

Lehrmeister → Direktor, Lehrer, Meister.

lehrreich → anschaulich, belehrend, instruktiv, interressant.

Lehrsatz Denkspruch, Devise, Dogma, Gebot, Gesetz, Grundgedanke, Grundregel, Grundsatz, Kanon, Kerngedanke, Kernspruch, Leitgedanke, Lehre, Leitmotiv, Leitstern, Maxime, Motto, Norm, Postulat, Prinzip, Regel, Reglement, Richtlinie, Richtschnur, Satzung, Sentenz, Statut, Substrat, These. → Axiom.

Lehrspruch → Axiom, Lehrsatz.

Lehrstätte Akademie. → Lehranstalt.

Lehrstuhl Katheder. → Kanzel.

Lehrstunde Lektion.

Lehrweise → Art, System.

Lehrzeit → Erziehung, Lehrjahre.

Leib Körper, Körperteil, Balg, Rumpf, Gebein, Bauch. → Balg, Fleisch und Blut. ▸ Seele.

Leib halten, sich vom Abstand halten, abwehren, distanziert bleiben.

Leib und Seele, mit ganz, gesamt, vollständig, durch und durch, vollkommen, gründlich, erschöpfend, vollauf, in jeder Beziehung, vom Scheitel bis zur Sohle, in jeder Weise. → A bis O, A bis Z. ▸ mangelhaft, (uninteressiert).

Leibbinde Schärpe.

Leibbürge Geisel.

Leibe rücken, zu angreifen, anfallen, anpacken, überfallen, beschleichen, überrumpeln, bedrängen, in die Enge treiben, Schach bieten, bestürmen, bezwingen, in die Flucht jagen • bekämpfen, befehden, beleidigen, beschimpfen, sticheln, necken • anfeinden, tätlich werden, hauen, schlagen, treten. ▸ abwehren, verteidigen (sich).

leibeigen → abhängig.

Leibeigener Sklave.

Leibeigenschaft → Abhängigkeit.

Leibeserbe → Abkomme.

Leibesfrucht Embryo, Spross, Keim, werdendes Leben, Ungeborenes.

Leibesfülle Umfang, Beleibtheit, Feistigkeit, Korpulenz • Wanst, Fass, Koloss, Tonne, Schmerbauch, Dickbauch, Falstaff • Leibesumfang, Schwergewicht, Kaliber, Fülle • Elefantiasis, Hypertrophie. → Bauch. ▸ Magerkeit.

Leibesübung → Anstrengung, Bewegung, Gymnastik, Jungbrunnen, Sport, Turnen, Training.

Leibgarde → Bewachung.

Leibgericht Leibspeise. → Feinkost, Spezialität.

leibhaft → leibhaftig.

leibhaftig dinghaft, effektiv, essenziell, faktisch, fassbar, gegenwartsnah, greifbar, handgreiflich, handhaft, körperhaft, konkret, lebendig, leibhaft, materiell, real, richtig gehend, sinnfällig, sichtbar, substanziell, tatsächlich, unanfechtbar, unleugbar, wirklich, zweifellos. → dinghaft. ▸ imaginär, irreal.

Leibhaftige → Beelzebub, Dämon.

Leibjäger → Commis, Untergebener.

leiblich irdisch, körperhaft, körperlich, materiell, physisch, somatisch, stofflich, fühlbar, greifbar, fassbar, wägbar. ▸ seelisch, psychisch • geistig.

Leibspeise → Leibgericht.
Leibwache → Beschützer, Wächter.
Leibwächter Bodyguard, Mameluck, Prätorianer, Satellit, Trabant • Schatten *u.*
Leiche Leichnam, Gebeine, Mumie, Skelett, Toter, Verblichener, Entschlafener, Asche, Staub, Erde • Tierleiche, Aas, Luder, Kadaver.
Leiche, konservierte Mumie.
Leichenausgrabung Exhumierung.
Leichenbegängnis → Bestattung, Einäscherung.
Leichenbittermiene → Trübsinn.
leichenblass aschfahl, aschgrau, kreidebleich/-weiß, totenbleich.
leichenfahl → erschrocken.
leichenfarbig → blass.
Leichenfeier → Bestattung.
Leichenfeierlichkeiten Funeralien.
Leichengift Ptomain.
leichenhaft leblos, starr, steif, erkaltet, leichenblass.
Leichenkälte Algor mortis.
Leichenrede Grabrede, Nachruf, Totenrede, Nekrolog.
Leichenschau Autopsie.
Leichenschmarotzer Nekrobiont.
Leichenverbrennung Einäscherung, Feuerbestattung, Kremierung, Verbrennung.
Leichenverbrennungsanlage Krematorium.
Leichenwagen Schragen, Totenbahre, Totenbrett, Begräbniswagen.
Leichnam Leiche, Toter, sterbliche Hülle, toter Körper • Tierleiche, Kadaver, Aas, Luder • Entschlafener, Verschiedener, Verewigter, Abgeschiedener, Verstorbener.
leicht ätherisch, beschwingt, duftig, flott, flüchtig, gewichtslos, gewandt, graziös, luftig, schwimmend • durchführbar, einfach, erreichbar, erschwinglich, kinderleicht, wie geschmiert, aus dem Handgelenk, fazil, mühelos, fließend, unschwer, ohne Apparat, es geht am Schnürchen, zugänglich • locker, lösbar, gelöst • erlöst, befreit, behaglich, entbunden, entlastet, unwägbar, erleichtert, bequem • allgemein verständlich, begreiflich, deutlich, einfach, fasslich, verständlich, klipp und klar. → angenehm, anschaulich, bequem, deutlich, dirnenhaft, erreichbar, fasslich, federartig, fließend, grazil, lösbar, mäßig, sachte.
▸ schwer, beschwerlich, lastend • diffizil, kompliziert, mühsam, schwierig • heftig, stark, wuchtig.
leicht entzündbar explosibel.
leicht machen → bahnen, Brücke bauen goldene.
leicht nehmen versäumen, ausweichen, umgehen, außer Acht lassen, in den Wind schlagen, vernachlässigen, auf die leichte Schulter nehmen • gering schätzen, missachten, abtun, abweisen, ablehnen, verwerfen.
▸ nachkommen seiner Pflicht.
leicht veränderlich labil.
leicht zu Geld zu machen liquide.
leichter Spott Ironie.
leichtern → verladen.
leichtes Mädchen Callgirl, Dirne, Freudenmädchen, Hure, Nutte, Prostituierte, Straßenmädchen.
leichtfasslich → deutlich, einfach, populär.
leichtfertig gedankenlos, leichtsinnig, fahrlässig, flüchtig, lässig, nachlässig, oberflächlich, rücksichtslos, saumselig, sorglos, übereilt, unbedacht, unbedenklich, unbesonnen, ungenau, unklug, unüberlegt, unvernünftig, unvorsichtig, vorschnell, zerfahren, zerstreut • frivol, ausgelassen, flatterhaft, genießerisch, genusssüchtig, liederlich, locker, leichtlebig, über die Schnur hauen, über die Stränge schlagen, ungebunden, ungezügelt, vergnügungssüchtig, zügellos • achtlos, hitzköpfig, jäh, hitzig, blind, ruschlig *u.* → achtlos, ausschweifend, bedenklich, beiläufig, blindlings, dummdreist, erste beste, unbedenklich.
▸ nachdenklich, sorgfältig, tugendhaft, verantwortungsbewusst, vernünftig, vorsichtig.
Leichtfertigkeit Gedankenlosigkeit, Torheit, Unsinn, Albernheit, Flüchtigkeit, Unaufmerksamkeit, Leichtsinn, Sorglosigkeit, Lässigkeit, Nachlässigkeit, Achtlosigkeit, Fahrlässigkeit, Fahrigkeit, Unklugheit, Flüchtigkeit, Übereiltheit, Unvorsichtigkeit • Schlüpfrigkeit, Frivolität. → Faselei, Unvernunft.
▸ Nachdenklichkeit, Sorgfalt, Tugendhaftigkeit, Verantwortungsgefühl, Vernunft.
Leichtfuß Windhund, Herumtreiber, Vagabund, Schlawiner, Ludrian, Luderjan, Taugenichts, Luftikus *u,* loser Vogel, Tunichtgut, Tagedieb, Strolch, Stromer, Schubjak, Wicht, Strick, Schelm, Filou, Racker, Früchtchen, Flitschchen *u.*
▸ Edelmensch, Fanatiker, Mensch aufrechter/treuer.
leichtfüßig → beflügelt, beschwingt.
Leichtgewicht → Federgewicht.
leichtgläubig einfältig, harmlos, kindisch, naiv, unverdorben • vertrauensselig, für bare Münze nehmen, kritiklos, offen, weichherzig, treuherzig, offenherzig, gutmütig. → arglos, dumm.
▸ skeptisch, verschlossen, kritisch, misstrauisch, zweifelnd.
leichtherzig → froh, wohlgemut.
leichthin → leichtfertig, oberflächlich, unbedenklich.
▸ betont, nachdrücklich.
Leichtigkeit Gewichtslosigkeit, Unschwere, Leichtgewicht, Tragbarkeit, Schwimmfähigkeit • Unbeschwertheit. → Behändigkeit, Feder, Mühelosigkeit, Übermut.
▸ Schwere, Schwierigkeit.
leichtlebig unbeschwert. → anrüchig, ausschweifend, dirnenhaft, erotisch, flott, ausschweifend, liederlich, locker, lose, lotterhaft, unsolide.
▸ anständig, seriös, tugendhaft, verantwortungsbewusst, zielstrebig • lebensmüde.
leichtlebige Frau Easy-Going-Girl.
Leichtmatrose Janmaat *u.*
Leichtöl Benzin, Benzol, Sprit.
Leichtsinn → Blindheit, Gedankenlosigkeit, Nachlässigkeit, Pflichtvergessenheit, Schwäche, Sorglosigkeit, Übermut, Zuchtlosigkeit.
▸ Bedacht, Gewissenhaftigkeit, Sorgfalt, Umsicht, Verantwortungsbewusstsein, Vorsicht.

leichtsinnig gedankenlos, unüberlegt, unbedacht, töricht, nachlässig, schlampig, unbesonnen, unvorsichtig, haltlos, fragen nach nichts • triebhaft, borniert, wirr, kindisch • toll, launenhaft, wetterwendisch, fahrig • unreif, unfertig • lüstern, verliebt, verbuhlt, liederlich. → achtlos, anrüchig, ausschweifend, bacchantisch, bedenklich, bedürfnisvoll, begehrlich, beiläufig, blind, blindlings, Brennnessel berühren, dumm, dummdreist, erste beste, fahrig, leichtfertig, gefährden sich, nachlässig, unbedenklich, unvorbereitet. ▸ bedachtsam, reif, tugendhaft, überlegt, vernünftig, vorsichtig.
leichtsinniges Mädchen Midinette.
Leid Trübsal, Herzweh, Herzeleid, Liebeskummer, Gram, Verbitterung, Kummer, Seelennot, Trauer, Verlassenheit, Trostlosigkeit, hoffnungslose Lage. → Armut, Betrübnis, Bitternis, Bürde, Elend, Not, Schaden, Schmerz, Verdruss. ▸ Freude, Glück, Glückseligkeit, Seligkeit, Wonne • Gesundheit, Lebensfreude, Wohlbefinden.
Leid tragen → beklagen.
leid lustlos, unlustig, lästig, widrig, unangenehm, unerfreulich, unerquicklich, unbehaglich, peinlich. ▸ angenehm, erfreulich.
Leid tun → bereuen.
Leideform Passiv.
Leiden → Anwandlung, Ärgernis, Beengung, Befinden, Bekümmernis, Beschwerde, Beschwerlichkeit, Betrübnis, Übel.
leiden sich quälen, schmerzen, sich sorgen, trauern, verzweifeln, weh tun, ertragen, kranken, schwer nehmen, erdulden, sich grämen, Sorgen haben, sein Päckchen zu tragen haben • krank liegen, das Bett hüten, kränkeln, siechen, erdulden Schmerzen • erleiden, büßen, ausbaden müssen, verlieren • erlauben, dulden, zulassen, genehmigen, gewähren, einräumen, nichts in den Weg stellen, keinen Einspruch erheben, anheim stellen, freistellen. → ausstehen, auszehren, darniederliegen, dulden, erkranken, erleben. ▸ freuen sich, überwinden, genießen, gesund sein, glücklich sein, sich wohl fühlen.
leiden, Hunger → darben.
leiden mögen, nicht im Magen haben, nicht riechen können, gefressen haben *u,* nicht verputzen können *u,* nicht verknusen können *u.* → Dorn im Auge, hassen.
leidend → abgespannt, blass, erholungsbedürftig, krank. ▸ fit, gesund, lebenslustig.
Leidender → Dulder.
Leidenschaft → Affekt, Aufregung, Ausbruch, Begeisterung, Enthusiasmus, Erregung, Herzenswunsch, Interesse, Liebe, Temperament. ▸ Ausgeglichenheit, Gelassenheit, Ruhe • Frigidität, Gleichgültigkeit, Kälte, Unnahbarkeit.
Leidenschaft geraten, in → bemächtigen, verlieben.
Leidenschaft hemmen → bekämpfen, mäßigen sich.
leidenschaftlich aufbrausend, heißblütig, feurig, ungestüm, stürmisch, wild, unbeherrscht, haltlos, zügellos, heftig, wutentbrannt • begeistert, frenetisch, schwärmerisch, berauscht, trunken, verzückt, entrückt, übertrieben, überspannt, verstiegen • ungeduldig. → aufgebracht, begeistert, brennend, buhlerisch, cholerisch, dämonisch, erotisch, erregbar, fanatisch, Fassung verlieren die, feurig, heftig, hitzig, zornig. ▸ gleichmütig, leidenschaftslos, kalt, keusch, teilnahmslos.
Leidenschaftlichkeit Heißblütigkeit, Wildheit, Erregbarkeit, Unbeherrschtheit, Gereiztheit, Überreizung, Rausch, Taumel, Überschwang, Ekstase, Empörung. → Anwandlung. ▸ Leidenschaftslosigkeit.
leidenschaftslos gleichmütig, unerschütterlich, gemütsruhig, ruhig, besonnen, gefasst, ausgeglichen, gelassen, still, sachlich, gleichgültig, kühl, nüchtern, kalt, regungslos, nachsichtig, sanft, langmütig, seelenruhig, zufrieden, teilnahmslos, abgestumpft. → beherrscht, blasiert, friedfertig, geistesgegenwärtig. ▸ leidenschaftlich.
Leidenschaftslosigkeit → Beherrschung, Besonnenheit, Fassung, Teilnahmslosigkeit, Unerschütterlichkeit.
Leidensgang → Bekümmernis, Beschwerlichkeit, Unglück, Verdruss.
Leidensgenosse → Dulder, Opfer.
Leidensmiene → Duldermiene.
Leidensschule → Armut.
Leidensweg Dornenpfad. → Armut, Bekümmernis, Beschwerlichkeit, Unglück, Verdruss.
leider bedauern, bereuen, Leid tun, nicht recht sein, schade, jammerschade, ewig schade, leider Gottes, schad sein, es ist eine Sünde und Schande, mit geteiltem Herzen, mit gemischten Gefühlen, mit einem lachenden und einem weinenden Auge. → ach, bereuen. ▸ gut, erfreulicherweise, glücklicherweise, zum Glück.
leidig → unangenehm, unheilvoll, unleidlich.
leidlich → alltäglich, erklecklich, erträglich, mäßig, mittelmäßig, ungenügend. ▸ außerordentlich, prächtig.
Leidtragender → Dulder, Opfer.
leidvoll untröstlich, armselig, elend, erbärmlich, vergrämt, verzweifelt, beklagenswert, peinvoll, schmerzlich. ▸ freudvoll.
Leidwesen → Besorgnis, Verdruss.
Leier → Gepflogenheit, Kurbel, Musikinstrument.
Leier, die alte → Wiederholung.
Leierei → Anschlag, Langweiligkeit.
Leiermann Leierkastenmann, Drehorgler, Orgeldreher, Drehorgelmann, Straßenmusikant, Bettelmusikant.
leiern drehen, kurbeln, ableiern, dudeln, herunterleiern, heruntersagen, die Leier drehen, monoton aufsagen. → anstimmen. ▸ deklamieren, stocken, verstummen.
Leihbibliothek → Bibliothek.
leihen → aufnehmen, entlehnen, kreditieren.
leihweise geborgt, geliehen, auf Borg, gegen Sicherheit, auf Pfand • kreditiert, vorgeschossen, vorgestreckt, aushelfend.
Leim → Bindemittel, Klebstoff.
Leim gehen, auf den aufsitzen, hereinfallen, Falle gehen in die, täuschen lassen sich.

Leim kriechen, auf den → hereinfallen.
leimartig viskos, viskös.
leimen → anmachen, kleistern, täuschen.
leimen, in einen Umschlag broschieren.
leimig → breiig.
Leimrute → Falle.
Leine → Band, Bindemittel.
Leine, lange Longe.
Leine ziehen davonlaufen, fortlaufen, kneifen, ausreißen, zurückweichen, abhauen, verzagen, feige sein, Angst haben, schlapp machen, klein beigeben, sich verstecken, sich davonmachen, den Mut verlieren.
▸ bleiben, entgegentreten.
Leinentuch Laken.
Leinwand Linnen, Gewebe, Leinen • Batist, Halbleinen, Damast, Sackleinen, Gitterleinen, Stramin • Projektionswand, Silberwand, Breitband, Perlwand, Filmwand.
leise flüsternd, gedämpft, still, ruhig, lautlos, sachte, doucement, schwach, tonlos, lispelnd, erstickt, geheim, unvernehmlich, unvernehmbar, unhörbar, schweigsam, wortlos, geräuschlos, piano, pianissimo, mit verhaltenem Atem. → belegt (Stimme).
▸ laut, deutlich (hörbar) • dröhnend, durchdringend, geräuschvoll, ohrenbetäubend, schallend.
leise, still und → heimlich.
leisetreten huschen, herumspuken, schweigen • kriechen, scharwenzeln, dienern, schweifwedeln, katzbuckeln, schmiegen, den Lakaien machen, sich ducken.
▸ lärmen, überheben sich.
Leisetreter → Duckmäuser, Intrigant.
Leiste → Brett, Körperteil.
Leisten Spanner, Schuhleisten.
leisten → arbeiten, ausführen, erfüllen, hergeben, herstellen, verrichten.
▸ unterlassen, versagen.
leisten, Abbitte → abbüßen.
leisten, Beistand → befreunden, helfen.
Leistung Handhabung, Handlung, Hantieren, Arbeit, Werk, Erfüllung, Verrichtung, Schöpfung, Vollendung, Tat, Vollzug, Verdienst, Schaffen, Erforschung, Untersuchung, Unternehmung, Vorgehen, Bewerkstelligung • Kunststück, Schlag, Streich, Gewaltstreich, Großtat, Bombenleistung *u*, Heldentat, Durchführung • Befriedigung, Genugtuung, Bezahlung, Erledigung. → Akkord, Akt, Arbeit, Ausführung, Bemühung, Besorgung, Bewerkstelligung, Erfindung, Erfolg, Kraft.
▸ Geistesarmut, Kraftlosigkeit, Misserfolg, Müßiggang, Nichtstun, Unterlassung, Versagen • Gegenleistung.
Leistungsaufschub Moratorium.
leistungsfähig fit *u*, potent *u*, toff *u*. → anstellig, gesund, reich.
Leistungsfähigkeit Ability, Fitness, Kapazität, Können, Kondition, Potenzial, Produktivität, Tüchtigkeit.
Leistungsfähigkeit, höchste Top-Form/-Kondition *u*.
Leistungsgrenze Schallmauer *u*.
Leistungslohn Akkordlohn, Prämienlohn.
Leistungsmotivation Punktestress *u*.
Leistungssoll Norm.
Leistungssport Konkurrenz, Wettkampf.
leistungssteigernd ergotrop. → kräftigend, stimulierend.
Leistungssteigerung mit Drogen Doping.
Leistungsvermögen → Leistungsfähigkeit.
Leitartikler Kolumnist, Schriftleiter.
leitbar → lenkbar.
Leitbild Beispiel, Ideal, Idol, Muster, Vorbild, Wunschbild.
leiten führen, gängeln, lenken, steuern, vorstehen, anführen, dirigieren, bewegen, lotsen, wenden, beaufsichtigen, befehlen, herrschen, gebieten, überwachen, richten, regieren, kommandieren, befehligen, verwalten, beraten, unterweisen, anleiten, belehren, regeln, bevormunden, den Weg vorzeichnen, das Steuer erfassen, den Vorsitz führen, an der Spitze stehen, den Ton angeben, Bahn brechen, in die Hand nehmen, die Zügel ergreifen, bugsieren. → anbahnen, anführen, bahnen, bearbeiten, beherrschen, beeinflussen, bevormunden, dirigieren, Disziplin halten, fahren.
▸ folgen, irregehen.
leitend an der Spitze, anweisend, beherrschend, führend, herrschend, tonangebend, überlegen • anleitend.
▸ untergeben.
leitender Angestellter Boss, Chef, Direktor, Geschäftsführer, Prokurist.
leitender Ausschuss Komitee.
Leiter Führer, Lenker, Manager, Macher, Mann an der Spritze *u*, Organisator, Betreuer, Spiritus rector, Veranstalter, Geist, Seele, Anführer, Hauptperson • Chorführer, Dirigent, Kantor, Meister • Lektor, Chef, Direktor, Erzieher, Magister, Lehrer, Mentor, Pauker, Rektor, Trainer • Impresario • Regisseur, Sachwalter, Vormund, Verwalter • Faktor, Inspektor, Intendant, Präsident, Sprecher, Vorstand, Vorsitzender, Versammlungsleiter, Werkführer, Werkmeister, Prinzipal • Lenker, Lotse, Pilot, Schaffner, Schwager, Chauffeur, Gondoliere • Herrscher, Statthalter, Schulze, Bürgermeister, Gouverneur, Kommandant, Verweser, Rat, Oberherr, Hahn im Korb *u*, Hauptperson • Tritt, Stufe, Treppe, Stiege. → Chef, Cicerone, Dienstherr, Direktor, Herrscher.
▸ Untergebener • Stufe • Nichtleiter.
Leiter einer Schule Direktor, Rektor, Schulleiter.
Leiter einer Sportmannschaft Equipenchef, Kapitän, Teamchef/-leiter.
Leiter eines Theaters Intendant.
Leiter, oberster Generaldirektor, Generalintendant, Topmanager.
Leiterin Chefin, Direktorin.
Leiterstufe Sprosse.
Leiterwagen → Fahrzeug (Straßen-).
Leitfaden Wegleitung, Vademekum. → Abriss, Kompendium, Fibel, Handbuch.
Leitgedanke Hauptgedanke, Lebensregel, Richtschnur, Bruch, Kerngedanke, Grundwahrheit, Grundsatz, Zielgedanke, Gedankenziel, Geleitwort, Dichterwort, Sittenspruch, Leitspruch, Sentenz, Satz, Leitmotiv, Wahlspruch, Sinnspruch, Motiv, Leitsatz, Satzung, Vorschrift, Wahrspruch, Lehrspruch, Gedankensplitter,

Prinzip, Grundbegriff, Glaubenssatz, Gebot. → Devise, Chrie.
▸ Nebensache.
Leithammel Anführer, Zugpferd, Vordermann, Vorhut, Wegbereiter, Bahnbrecher, Vorgänger, Vorbote, Leithund, Spitzenpferd, Vorreiter, Stangenreiter, Stangenpferd, Spurer, Führung, Spitze, Leitung, Anführung. → Cicerone.
▸ Herde, Nachfolger.
Leitmotiv → Hauptsache, Leitgedanke.
Leitsatz → Axiom, Devise, Leitgedanke, Norm.
Leitspruch → Leitgedanke.
Leitstern Ideal.
Leitstrahl Richtstrahl, Peilstrahl • Funkpeilung, Radar, Richtstrahl.
Leitung → Aufsicht, Beeinflussung, Behandlung, Bevormundung, Direktion, Draht, Erziehung, Kabel.
Leitung übernehmen, die → dirigieren, leiten.
Leit(ungs)stelle Zentrale.
Lektion Übungsstück, Lehrstück, Aufgabe, Unterricht, Lehre, Bevormundung, Belehrung, Schulung, Unterweisung, Aufklärung, Anweisung, Anleitung, Übung, Etüde, Zurechtweisung, Mahnung, Predigt.
Lektüre Schriftgut, Dichtung, Dichtungswerk, Literatur, Erbauung, Unterhaltungsstoff, Lesestoff, Werk, Belehrung, Novelle, Erzählung, Roman, Schriftstück, Gedichtband, Band, Schulbuch, Lehrbuch, Broschüre. → Buch.
Lende Lumbus.
Lendenstück Filet.
Lendenstücke abschneiden filieren, filettieren.
lenkbar folgsam, steuerbar, regierbar, manipulierbar, leitbar, schmiegsam, unterwürfig, willfährig, willig, anstellig, aufmerksam. → biegsam, fahrbar, nachgiebig.
▸ unlenkbar.
lenken → anführen, aufbauen, bahnen, bändigen, beeinflussen, bevormunden, beherrschen, dirigieren, Disziplin halten, fahren, leiten.
▸ Folge leisten, sich fügen, gehorchen.
Lenker → Chef, Cicerone, Direktor • Lenkrad, Steuer.
lenksam → aufmerksam, biegsam, gehorsam.
Lenksamkeit Nachgiebigkeit, Geschmeidigkeit, Zugänglichkeit, Folgsamkeit, Willfährigkeit, Entgegenkommen, Fügsamkeit, Botmäßigkeit, Unterordnung, Widerstandslosigkeit, Verträglichkeit, Sanftheit, Sanftmut, Pflichterfüllung. → Friedlichkeit.
▸ Unlenksamkeit.
Lenkung → Beeinflussung, Bevormundung, Direktion.
Lenz → Frühling.
Leopard Panter.
Lepraknoten Leprom.
Lerchenzunge → Feinkost.
Lernablauftheorie Curriculum.
Lernabschnitt Lektion.
lernbar → verständlich.
lernbegierig eifrig, fleißig, emsig, anstellig, aufmerksam, gelehrig, bildungsfähig, verständig, streberhaft, geschickt, bildsam, wissensdurstig, strebend, bildungshungrig, gewissenhaft.
▸ dumm, faul.
Lerneifer → Eifer.
lernen erlernen, einlernen, einstudieren, auffassen, erfassen, einüben, eindrillen, ochsen, durchkauen, büffeln, schanzen, studieren, aneignen, einlesen, rechnen, streben, aufnehmen, hören, sich Kenntnisse sammeln, die Schulbank drücken, Wissenschaft erwerben, bimsen *u,* pauken *u,* einbläuen *u,* eintrichtern • auswendig lernen, einpauken, einochsen *u,* einschustern *u,* sich auf die Hosen setzen *u,* dem Gedächtnis einprägen. → abrichten, begreifen, bilden, durcharbeiten, einleuchten.
▸ lernen nichts • anleiten, beibringen, belehren, dozieren, lehren, unterrichten.
lernen, angestrengt schanzen *u.*
lernen, nichts → bleiben zurück, dumm.
lernfähig → gelehrig.
Lerntechnik Mnemotechnik.
lernwillig aufgeschlossen, ansprechbar, aufnahmebereit, empfänglich, offen, zugänglich.
Lesart → Auffassung, Auslegung, Begriffsbestimmung, Darstellung, Definition, Deutung, Version.
lesbar → deutlich, unterhaltend.
lesbar, schwer hieroglyphisch, unleserlich.
Lesbarkeit → Deutlichkeit.
lesbische Frau Lesbe, Lesbierin, Tribade.
Lese → Ernte.
lesen blättern, entziffern, durchlesen, durchnehmen, durchschauen, auslegen, herauslesen, erraten, erklären, deuten, ablesen, vorlesen, nachlesen, nachsehen, überarbeiten • dozieren, unterrichten, lehren, Vorlesungen halten • schmökern. → durcharbeiten, ernten.
▸ schreiben, verfassen • hören.
lesen, oberflächlich diagonal lesen *u,* querlesen *u.*
lesen, zwischen den Zeilen entziffern, enträtseln, herauslesen, erraten, deuten, auseinander setzen, auslegen, ausdeuten, beurteilen, erkennen, Bescheid wissen, sich zurechtfinden, einen Sinn hineinlegen, einen Sinn herauslesen, verstehen, dahinter kommen.
▸ missverstehen.
lesenswert fesselnd, interessant, wissenswert.
Leser Leseratte, Bücherwurm • Bezieher, Abonnent.
Lese-Rechtschreibschwäche Legasthenie.
Lesebuch Fibel, (L. mit Textauszügen und verbindenden Texten), Reader.
Leseglas Lupe.
Leseratte Bibliomane, Bibliophile, Bücherfreund/-wurm, Leser(in), Vielleser.
leserlich → deutlich.
▸ krakelig, unlesbar, unleserlich.
Lesertest (zur Qualität von Werbemitteln) Copy-Test.
Leseschwäche/-unfähigkeit Alexie.
Lesestoff → Buch, Dichtung, Lektüre.
Lesezeichen → Denkzettel.
Lesung → Beratung, Besprechung, Devise.
letal → tödlich.
Lethargie → Betäubung, Trägheit.
lethargisch → faul.
Letter Buchstabe, Schriftzeichen, Lautzeichen, Schriftsymbol, Druckbuchstabe, Type.
Letterngießform Mater.
letzen → delektieren, erfrischen.
letzte Aufforderung Ultimatum.

letzte Mahlzeit (vor der Hinrichtung) Henkersmahl.
letzte Offenbarung Apokalypse.
letzte Wortsilbe Ultima.
letzten Endes Endeffekt im, letztlich, letztendlich.
letzten Mal, zum ein für alle Mal, endlich, schließlich, punktum, anschließend, bis hierher und nicht weiter. → definitiv.
Letzter Rücklicht *u.* → Hinterster, Nachhut, Nachzügler, Schlusslicht, Verlierer.
▸ Erster • Bester.
letzter der Letzte, schlechtester, dümmster, faulster, schwächster, unbegabtester, untalentiertester.
letzter Tag eines Monats Ultimo.
letzter Tag im Jahr Silvester.
letzter Wille Testament, Verfügung, Vermächtnis.
Letzteres → danach.
Letztes → Neige, Schluss.
letztes Mittel Ultima ratio.
letzthin → kürzlich.
letztlich → eigentlich.
letztmöglich → möglicherweise.
letztwillig testamentarisch.
Leuchte → Birne, Fackel, Leuchter.
leuchten glühen, blinken, strahlen, blitzen, schwelen, brennen, schimmern, flackern, schillern, flimmern, scheinen, funkeln, lohen, glänzen, lodern, gleißen, glimmern, fackeln, aufleuchten, aufblitzen, blenden, prunken, prangen. → erglühen.
▸ erlöschen.
leuchtend → blank, blendend, brillant, scharmant, flammend, strahlend.
Leuchter Leuchte, Laterne, Licht, Ampel, Scheinwerfer, Birne, Lampe, Fackel, Kerze, Kerzenhalter, Flamme, Lichtquelle, Petroleumlampe, Lüster, Leuchtgerät, Kandelaber, Kronleuchter, Armleuchter, Bogenlampe, Taschenlampe, Leuchtkörper. → Lampe.
Leuchtöl Petroleum.
Leuchtröhre Neonröhre.
Leuchtturm Blinklicht, Scheinwerfer, Lichtzeichen, Signal, Licht, Lichtquelle, Nachtlicht, Seeleuchte, Pharus, Feuerzeichen, Merkzeichen, Richtungszeichen, Feuerschiff, Richtungszeiger, Hilfe, Orientierungszeichen. → Ausguck.
leugnen verneinen, verleugnen, widerrufen, abstreiten, abschwören, absprechen, aberkennen, abrufen, widersprechen, ausweichen, verdrehen, verhehlen, umgehen, verblümen, beschönigen, verhüllen, nicht wahrhaben wollen, in Abrede stellen, ungültig erklären, sich verwahren, die Wahrheit verhüllen.
▸ zugeben, bekennen, eingestehen, gestehen • beweisen, nachweisen.
Leugner Neinsager, Verneiner, Absprecher, Hehler, Betrüger, Umgeher, Verhüller, Aberkenner, Verleugner, Widersprechender.
▸ (Geständiger, Bereuender).
Leumund → Ansehen, Ruf.
Leumund bringen, in üblen → besudeln.
Leute Pack, Bande, Brüder *u,* Meute *u,* Krethi und Plethi, Volk, Kadetten *u,* Korps der Rache *u,* Mischpoke *u,* Pappenheimer • Zuschauer, Zuhörer. → Menschheit.
Leute bringen, unter die herumerzählen • anpreisen, losschlagen, verkaufen, verkloppen, verscheuern.
Leuteschinder → Blutsauger.
leutselig → einladend, freundlich, gesellig.
Leutseligkeit Freundlichkeit, Herablassung, Höflichkeit, Herzlichkeit, Händedruck, Liebenswürdigkeit, Wohlwollen, Verbindlichkeit, Umgänglichkeit, Gefälligkeit, Dienstbeflissenheit, Manierlichkeit, Zutunlichkeit, Güte, Bereitwilligkeit.
▸ Stolz, Unnahbarkeit.
Lexikon ABC, Nachschlagewerk, Enzyklopädie.
liberal freiheitlich, freiheitsliebend, fortschrittlich, freigesinnt, freisinnig, duldsam, tolerant, human, liberalistisch, aufgeklärt.
▸ knechtisch, reaktionär.
Liberalismus → Freiheit.
licht hell, strahlend.
▸ Finsternis • Schatten.
Licht Helligkeit, Klarheit, Leuchtkraft, Lichtstrom, Lichtquelle, Lichtmeer, Lichtpunkt, Strahlung, Strahlenkegel, Lichtkegel, Lichtstrahl, Feuerstrahl, Tageslicht, Sonnenlicht, Himmelslicht, Lichtflut, Mittagslicht, Abendlicht, Nordlicht, Wetterleuchten, Funke, Flamme, Blitzstrahl, Flammenmeer, Feuermeer, Schein, Flut, Schimmer, Glanz, Ausstrahlung, Beleuchtung, Kerze, Lampe, Lichterzeichen, Blinklicht, Signallicht, Sichtbarkeit, Leuchtturm, Scheinwerfer, Schlusslicht, Warnzeichen. → Brand, Erhellung, Fackel.
▸ Dunkel, Lichtlosigkeit.
Licht aufgehen, ein → denken, verstehen.
Licht aufstecken, ein aufklären, veranschaulichen, den Irrtum beseitigen, erklären, kommentieren, darlegen, beleuchten, auslegen, auseinander setzen, auseinander legen, klar machen • reinen Wein einschenken, die Wahrheit sagen, nicht zurückhalten, Farbe bekennen, Zeugnis ablegen, der Wahrheit die Ehre geben. → bekämpfen.
▸ irreführen, missdeuten, verheimlichen.
Licht bringen, ans → enthüllen.
Licht führen, hinters → benachteiligen, täuschen belügen, beschwindeln, betrügen, täuschen, überlisten.
Licht kommen, ans offenbar werden, in die Augen fallen, an den Tag kommen, entdeckt werden, eingestanden werden, anzeigen, in die Öffentlichkeit kommen, in Umlauf kommen, bekannt werden, kein Geheimnis mehr sein. → brechen durch die Wolken.
▸ verborgen (bleiben).
Licht setzen, in ein schlechtes → herabsetzen, heruntermachen.
Licht verbreiten → beleuchten.
Lichtangst Heliophobie, Fotophobie.
Lichtbild → Bild.
Lichtbildarchiv/-sammlung Fotothek.
Lichtbildner Fotograf, Fotograf.
Lichtbildstreifen Film.
Lichtblick Hoffnungsanker, Hoffnungsstrahl, Lichtpunkt, Erleichterung, Anhalt, Zuversicht, Vertrauen, Mutmaßung, Erhellung, Mut, Stütze, Stab, Halt, Hoffnungsfunke, Hoffnungsschimmer, Hoffnungsglanz, Vermutung, Ahnung, Erwartung, Optimismus, Vertrauensseligkeit. →

Aussicht stehen in, Hoffnung. ▸ Hoffnungslosigkeit.
Lichtbrecher Prisma.
Licht-Chemie Fotochemie.
Lichtdruck → Bild.
lichtecht → farbecht.
lichten aussondern, vermindern, verringern, verkleinern, zusammenziehen, sondieren, verdünnen, ausdünnen, abschwächen, erleichtern, einschränken, schmälern, lockern, weiten, weniger werden, dünner werden • den Anker lichten. → beschneiden, dezimieren. ▸ anlegen, hinzufügen, vermischen • auffforsten, dicht bepflanzen, fülliger machen.
Licht-Energiegewinnung, natürliche Fotosynthese.
Licht-Energiegewinnungs-technik Fotovoltaik.
Lichtenergie von der Sonne Solarenergie.
Lichtengel Cherub, Seraph.
Lichter → Auge, Licht.
lichterloh flackernd, lohend, brennend, rauchend, glimmend, rauchgeschwärzt, lodernd, heiß, angezündet, angesteckt, feurig, fackelnd, glühend, leuchtend, auflockernd, emporlodernd, aufblitzend. ▸ erlöschen(d), schwelen(d).
Lichterscheinung, kalte Lumineszenz.
Lichtlehre/-wissenschaft Optik.
lichtlos → blind, dunkel.
Lichtlosigkeit → Blindheit, Dunkel.
Lichtmeer → Licht.
Lichtpunkt → Hoffnung, Lichtblick.
Lichtquant Foton.
Lichtquelle → Fackel, Leuchter, Licht.
Lichtrückstrahlung Remission.
lichtscheu augenkrank, schneeblind, schwachsichtig • hässlich, furchtsam, abscheulich, charakterlos, niedrig, gemein, unangenehm, heimlich, sich drückend, sich versteckend, sich verbergend, das Tageslicht scheuen. ▸ charaktervoll, gut, scharfsichtig.
Lichtschimmer → Schein.
Lichtschutz → Blende.
Lichtspiel Film, Kino.
Lichtspielhaus Filmtheater, Kino.
lichtstark beständig, schleierfrei, lichthoffrei, kräftig, bleibend. → hell. ▸ dunkel, unbeständig.
Lichtstärkemesser Fotometer.
Lichtstrahl Lichtschein, Lichtschimmer, Einstrahlung, Lichtstreif, Lichtkegel, Reflex, Lichtquelle, Sonnenstrahl, Scheinwerferstrahl • Flamme, Lohe, Feuer, Feuerschein, Feuersäule, Feuermeer • Sterngefunkel. → Hoffnung, Lichtblick.
Lichtung Zwischenraum, Lücke, Kluft, Abstand, Unterbrechung, Einlage, Hohlraum, Rodung, Waldlichtung, Schneise, Ausblick, Weitblick, Waldschneise, Schlag, Einschnitt, Platz. ▸ (Dickicht), Fülle, Gedrängtheit.
lichtvoll luminös.
Lid → Augenlid.
Lidkrampf Blepharismus, Blepharoklonus, Blepharospasmus.
Lidrandentzündung Blepharitis.
Lidstrichtusche Eyeliner.
lieb freundlich, beliebt, teuer, angenehm, erwünscht, begrüßt, wert, kostbar, hoch geschätzt, verehrt, vergöttert, geliebt, liebevoll, gefällig, hilfsbereit, zuvorkommend, einladend, herzig, herzlich, ansprechend, zusagend, willkommen, artig, einnehmend, anziehend, anregend, reizend, begehrenswert, begehrt, wünschenswert, wünschbar. → achtbar, angesehen, begehrenswert, scharmant, ersehnenswert, erwünscht. ▸ abstoßend, reizlos, unbedeutend, unerwünscht, unhöflich, verächtlich • aufsässig, frech • brutal, grausam.
lieb gewinnen → befreunden, lieben.
liebäugeln girren, hofieren, kokettieren, flirten, umschmeicheln, schöntun, scharwenzeln, hätscheln, anlächeln, anschwärmen, herumschleichen, anhimmeln, liebeln, nachsteigen, werben, verfolgen, betören, verführen, mit den Augen verfolgen, Augen machen, die Augen verdrehen. → Blicke zärtliche, kokettieren. ▸ übersehen, verabscheuen.
Liebchen Gespuse *u,* Flamme *u,* Flitschchen *u,* Donna *u,* Dulzinea *u,* Thusnelda *u,* Poussache *u,* Poussage *u.* → Abgott, Buhle, Kurtisane, Dirne, Freundin.
Liebe Huld, Gunst, Gewogenheit, Herzenswärme, Hinneigung, Innigkeit, Flitterwochen, Heißblütigkeit, Leidenschaft, Begierde, Liebesverlangen, Erotik, Sexualität, Sexus, Geschlechtstrieb, Sinnlichkeit, Liebeswahnsinn, Liebestreue, Liebesglanz, Feuer, Glut, Flamme, Herzlichkeit, Hingebung, Aufopferung, Schätzung, Achtung, Liebesglut, Liebesfeuer, Liebeslust, Liebesbande, Liebesdienst, Liebesbeweis, Seligkeit, Zärtlichkeit, Minne, Entzückung, Verliebtheit, Verehrung, Anbetung, Vergötterung, Schwärmerei, Neigung, Elternliebe, Gattenliebe, Familienliebe, Mutterliebe, Vaterliebe, Kindesliebe • Fleiß, Emsigkeit, Eifer, Lust, Begeisterung, Beharrlichkeit. → Abgott, Anziehung, Drang, Herz, Interesse. ▸ Abneigung, Hass.
Liebe, freie → Liebschaft, Unkeuschheit.
Liebe, mit amoroso → liebevoll.
Liebe, platonische → Keuschheit.
Liebe, Urtrieb der Eros.
Liebediener Duckmäuser, Heuchler, Kriecher, Radfahrer, Schleimer, Schmeichler, Schönredner, Speichellecker, Süßholzraspler • Schlieferl *u.*
Liebedienerei → Kriecherei, Schmeichelei, Speichelleckerei, Unkeuschheit.
liebdienern → schmeicheln.
Liebedienerin → Bajadere, Dirne.
liebedienerisch schmeichlerisch, schleimig, ölig, kriecherisch, unterwürfig. → kriecherisch. ▸ Mensch aufrechter.
liebedienern radeln *u,* Rad fahren *u,* schaben *u,* schleimen *u.*
Liebelei Liebschaft, Verliebtheit, Liebesgefühle, Liebesgeflüster, Flirt, Blumensprache, Verzauberung, Oberflächlichkeit, Techtelmechtel *u,* Schwärmerei, Hofmacherei, Kokettieren, Liebesfrühling, Sinnlichkeit, Erotik, Begierde. ▸ Abneigung, Beherrschtheit, Hass • Pussade *u.*

liebeln → tändeln.
lieben begehren, verlangen, liebäugeln, flirten, vergöttern, hoch achten, hoch schätzen, verlieben, entbrennen, schmachten, gern haben, kosen, anhimmeln, innig lieben, auf den Händen tragen, gewinnen das Herz, in Liebe erglühen, Liebe empfinden, den Pfeil im Herzen tragen, die Neigung gewinnen, zarte Gefühle erwecken, Blut wallen machen • anbandeln, sich einen zulegen oder anschaffen *u*, miteinander gehen, poussieren, es mit jemandem haben *u* • Gefallen finden, in seinem Element sein, im Fahrwasser sein, das ist sein Fall. → achten, anbeten, balzen, begünstigen, bevorzugen, brennend, entbrennen.
▸ Abneigung haben, hassen, verabscheuen • ablehnen, verschmähen • ignorieren.
liebenswert → angenehm, bestrickend, freundlich, lieb, nett, sympathisch.
liebenswürdig → angenehm, anmutig, artig, bestrickend, scharmant, erkenntlich, galant, gutmütig, lieb, nett, sympathisch.
▸ abweisend, bärbeißig, barsch, grob, schroff, unfreundlich, unliebenswürdig, verhasst.
liebenswürdig lässig nonchalant.
liebenswürdig, sehr saunett *u*.
Liebenswürdigkeit → Bereitwilligkeit, Courschneiderei, Duldsamkeit, Entgegenkommen, Gefälligkeit.
lieber → je eher je lieber.
Liebesabenteuer Abenteuer, Affäre, Amour, Liaison, Liebesverhältnis, Liebschaft, Romanze, Seitensprung, Verhältnis. → Liebelei.
Liebesakt → Beischlaf, Geschlechtsakt.
Liebesbande → Liebe.
Liebesbeweis → Liebesdienst.
Liebesbezeigung → Bewerbung, Kosewort, Liebesdienst.
Liebesblick → Liebeswerbung.
Liebesblicke zuwerfen → Blicke zärtliche, liebäugeln.
Liebesbrief → Bewerbung, Brief, Liebeswerbung.
Liebesdienst Entgegenkommen, Freundschaftsdienst, Liebesbeweis, Liebesbezeigung, Gutmütigkeit, Liebenswürdigkeit, Gefälligkeit, Mitgefühl, Menschlichkeit, Wohlwollen, Gutherzigkeit, Güte, Edelmut, Mildtätigkeit, Hilfsbereitschaft, Freundschaft, Gegenliebe, Kameradschaft. → Dienst guter, Dienstleistung, Gefälligkeit.
▸ Hartherzigkeit, Ungefälligkeit.
Liebesdurst → Durst, Liebesglut.
Liebeserklärung → Bewerbung, Freiersfüße, Heiratsantrag.
Liebesfeuer → Liebe, Liebesglut.
Liebesgabe → Bestechung, Bewerbung, Darbringung, Käuflichkeit.
Liebesgeflüster → Heimlichkeit, Liebelei.
Liebesgetändel → Kosewort.
Liebesglut Liebesfeuer, Liebesdurst, Begierde, Sinnenlust, Liebesverlangen, Liebesreize, Liebesgefühl, Leidenschaft, Feuer, Glut, Flamme, Anziehungskraft, Liebeswut, Liebestollheit, Liebeswahnsinn, Erotomanie, Geilheit, Raserei, Liebe, Liebelei, Liebeskünste.
▸ Abneigung, Beherrschtheit, Hass.
Liebesgott Amor, Cupido, Eros.
Liebesgöttin Aphrodite, Astarte, Freia, Freya, Venus.
liebeshungrig geil, lüstern, scharf, sexbesessen, satyrisch, spitz. → liebestoll.
Liebesinsel → Bett.
Liebeskraft, sexuelle Potenz.
liebeskrank unglücklich, bedrückt, liebeshungrig, liebesdurstig, verliebt, verschossen, schmachtend, Liebe verlangend, verlangend, entflammt, schwermütig, melancholisch, trübsinnig, niedergebeugt, betrübt, niedergeschlagen, kopflos, untröstlich, hoffnungslos, trostlos.
▸ beherrscht, glücklich, selig.
Liebeskummer Liebesnöte, Liebesqual, Liebesschmerz, Schmerz, Traurigkeit, Trostlosigkeit, Herzweh, Herzeleid, Herzenskummer, Seelennot, Niedergeschlagenheit, Weltschmerz, Kopfhängerei, Verzweiflung, Verlassenheit, Verdrießlichkeit, Seelenwundheit, Schwermut, Melancholie, Missstimmung.
▸ Seligkeit, Trost.
Liebeskunst Ars amandi, Erotik.
Liebeskünste Schmeichelei, Verführung, Lockmittel, Verlockung, Verleitung, Betörung, Kitzel, Trieb, süße Worte, Komplimente, Liebeserklärung, Werbung, Köder, Sinnenreiz, Benebelung, Anlockung, Anreiz, Verführungskünste, Hofmacherei.
Liebesleben Erotik, Sexualität.
Liebeslehre/-wissenschaft Erotologie, Sexologie.
Liebeslied → Dichtungsart.
Liebeslust → Liebe, Liebesglut.
Liebesmühe, vergebliche Vergeblichkeit, Erfolglosigkeit, Fruchtlosigkeit, Nutzlosigkeit, Wirkungslosigkeit, Unfruchtbarkeit, Tropfen auf einen heißen Stein, Flöhe hüten, den Bock melken, da ist Hopfen und Malz verloren, auf Sand bauen, Eulen nach Athen tragen, gegen Windmühlen kämpfen, in den Wind reden, tauben Ohren predigen, von Pontius zu Pilatus laufen, das Pferd am Schwanz aufzäumen, Bier nach München tragen, in den Rauch schreiben.
▸ Erfolg, Wirksamkeit.
Liebesnöte → Liebeskummer.
Liebespfand → Kind.
Liebesqual → Liebeskummer.
Liebesschmerz → Liebeskummer.
Liebesspiel → Getändel, Liebeswerbung.
Liebesspiele Sexperimente *u*.
Liebesstündchen Tete-a-tete.
Liebessucht Erotomanie. → Liebestollheit.
Liebesszenen, leidenschaftliche scharfe Sachen *u*.
liebestoll liebekrank, entflammt, entbrannt, erglüht, bezaubert, gefesselt, leidenschaftlich, mannstoll, verbuhlt, Liebe verlangend, erotomanisch, sinnlich, vernarrt, begehrlich, lüstern, schwül, fleischlich, geschlechtlich, ausschweifend, geil, tierisch, rammelig *u*, sexaltiert *u*. → anrüchig, ausschweifend, dirnenhaft, buhlerisch, erotisch, liebeshungrig.
▸ beherrscht, hasserfüllt, kühl • frigide • impotent.
liebestolle Frau überstrammer Putzer *u*. → mannstolle Frau.
Liebestollheit Hypererosie. → Liebessucht, Liebeswahn.
Liebestöter → Unterhosen (lange).

Liebestrieb wecken, den erotisieren, (sexuell) erregen, verführen.
Liebesverhältnis Liaison. → Liebelei, Liebesabenteuer.
Liebesverlangen → Begierde, Brunst, Durst.
Liebeswahn Erotomanie, Hypererosie.
Liebeswerbung Heiratsantrag, Liebesblick, Liebesbrief, Liebesspiel, Fensterpromenade, Liebeswerben, Bewerbung, Umwerbung, Freiung, Brautlauf, Freiersfüße, Liebeserklärung, Liebesbezeigung, Komplimente, Galanterie, Liebesdienst, Minnedienst. ▸ Abneigung, Korb.
Liebeswerk → Hilfsdienst.
Liebeswut → Begierde, Brunst.
liebevoll liebenswürdig, angenehm, anziehend, allerliebst, liebenswert, gut, gutherzig, herzensgut, herzlich, zärtlich, freundschaftlich, menschenfreundlich, barmherzig, aufopfernd, hilfsbereit, entgegenkommend, gefällig, wohlmeinend, wohlwollend, mitleidig, mitfühlend, gütig, liebreich. → barmherzig. ▸ lieblos.
lieb gewinnen → befreunden, zuneigen.
lieb haben gern haben, lieben, mögen.
Liebhaber Galan, Liebender, Geliebter, Anbeter, Verehrer, Fan, Hausfreund, Ritter, Freier, Bewerber, Liebesnarr, Poussierstängel *u,* Gönner • Kunstliebhaber, Schöngeist, Mäzen, Kunstfreund, Kunstjünger, Kenner, Kunstschlemmer, Feinschmecker. → Amateur, Bräutigam, Buhle, Dilettant, Freund. ▸ Hasser, Verächter.
Liebhaberei Steckenpferd, Hobby, Fachgebiet, Sonderfach, Vorliebe, Bevorzugung, Hang, Lust, Interesse, Neigung, Leidenschaft • Voreingenommenheit, Parteilichkeit, Parteinahme • Lieblingsbeschäftigung, Herzenswunsch, Wohlgefallen. → Anziehung. ▸ Gleichgültigkeit.
liebkosen herzen, kosen, küssen, busseln, tätscheln, umarmen, umschlingen, krauen, kraulen, streicheln, tändeln, girren, hätscheln, schmusen, turteln, anschmiegen, drücken, abschmatzen, schnäbeln, an die Brust ziehen, in den Arm nehmen, knutschen, umfangen, umhalsen, abknutschen, karessieren • liebeln *j,* abliebeln *j,* beloben, ei-ei-machen *u.* → drücken ans Herz. ▸ verabscheuen, auspeitschen, beißen, foltern, kratzen, quälen.
Liebkosung Gekose, Kuss, Busserl, Kosewort, Liebesgetändel, Zärtlichkeit, Gehätschel, Geknutsche, Umarmung, Umschlingung, Getätschel, Wangenkneifen, Streicheln, Geschlecke, Geschnäbel, Schmatz, Gedrücke, Wangenkuss, Stirnkuss, Händedruck. → Getändel. ▸ Abneigung.
lieblich zierlich. → angenehm, anmutig, bestrickend, scharmant, delikat, entzückend, fein, reizend, schön. ▸ herb, scharf, schroff, streng, trocken, unangenehm • düster, karg, öde, trist, wüst.
Lieblichkeit → Anmut, Schönheit.
Liebling Schatz, Juwel, Goldkind, Geliebte, Darling, Dulcinea, Stern, Flamme, Puppe, Abgott, Favorit, Favoritin, Herzenskind, Herzblatt, Zuckerkind, Perle, Kleinod, Augapfel, Herzchen, Herzenssöhnchen. → Abgott, Freundin. ▸ Dorn im Auge.
Lieblingsbeschäftigung Hobby, Steckenpferd. → Liebhaberei.
lieblos → barbarisch, böse, feindlich, felsenhart, roh, streng, unempfindlich. ▸ liebevoll • liebenswürdig.
Lieblosigkeit → Barbarei, Bosheit, Hass, Gefühllosigkeit, Kälte, Strenge.
liebreich → barmherzig, freundlich, liebevoll, tröstend.
Liebreiz → Anmut, Scharm, Schönheit.
liebreizend → angenehm, anmutig, ästhetisch, scharmant, schön.
Liebschaft Liebelei, freie Liebe, Begierlichkeit, Lust, Verlangen, Verhältnis, Triebbefriedigung, Sinnenlust, Verliebtheit, Neigung, Liebesbeziehung, Liebesverhältnis, dreieckiges Verhältnis *u,* Zusammenleben, Beziehung, Erotik, Buhlschaft. → Liebelei, Abgott. ▸ Abneigung, Feindseligkeit, Keuschheit.
Lied Schlager, Chanson, Arie, Volkslied, Kunstlied, Gesang, Tanzlied, Couplet, Loblied, Duett, Cantus, Kanon, Volksweise, Schifferlied, Matrosenlied, Melodie, Song, Barkarole, Soldatenlied, Wanderlied, Schlaflied, Schlummerlied, Wiegenlied, Marschlied, Weise, Psalm, Chorlied, Studentenlied, Weihnachtslied, Gassenhauer. → Cantus, Dichtungsart, Duett.
liedartig lyrisch.
liedartige Dichtung Lyrik.
Liederjan verbummeltes Genie, Saufbold, Sumpfhuhn, Schürzenjäger, Lotterbube *u.* → Bacchant.
liederlich flottlebend, schlemmerhaft, ungezügelt, lose, leichtsinnig, flatterhaft, oberflächlich, schlampig, unordentlich, ausschweifend, schlecht, locker, unsolide, toll, ausgelassen • schlampen, sumpfen, lumpen, in Saus und Braus leben, versacken *u,* über die Schnur hauen. → anrüchig, arg, ausschweifend, bacchantisch, buhlerisch, dirnenhaft, flott, frivol, nachlässig. ▸ anständig, einfach, sittlich, tugendhaft, züchtig gewissenhaft, ordentlich.
liederliche Frau Rutsche *u.*
Liederlichkeit Schluderei. → Ärgernis, Ausschreitung, Ausschweifung, Schlendrian, Nachlässigkeit, Unordentlichkeit.
Liedertheater Musical, Oper, Operette.
Liedteil Strophe.
Liefer- und Zahlungsbedingungen Konditionen.
Lieferant Abgeber, Vermittler, Händler, Geschäftsfreund, Verkäufer, Lieferer, Hersteller, Fabrikant, Exporteur, Geber. → Abgeber, Bezugsquelle. ▸ Annehmer, Käufer.
Lieferer → Abgeber, Lieferant.
liefern → abgeben, absenden, absetzen, abtreten, beispringen, einliefern, feilbieten, verkaufen, zerstören. ▸ annehmen, bekommen, beziehen, empfangen, erhalten.
Liefersperre/-verweigerung Boykott.

Lieferung Zustellung, Austragung, Bringen, Auslieferung, Abgabe, Sendung, Beförderung, Überbringung, Übersendung, Versand, Verfrachtung, Transport, Ablieferung, Versendung, Verschickung. → Absendung.
▸ Abnahme, Annahme, Bezug, Empfang • Bestellung.
Liege Hängematte, Lehnstuhl, Liegebett, Ruhelager, Sofa, Couch, Kanapee, Chaiselongue, Diwan, Ottomane, Lager, Pritsche, Matte, Bank, Schlafstelle, Bett, Streu, Strohsack, Polster, Poofe *u*, Pritsche *u*. → Bett.
Liegebett → Diwan, Liege.
liegen ruhen, schlafen, rasten, strecken sich, befinden sich, verweilen, ausruhen, daliegen, belegen, niederliegen, besetzen, kauern • da liegt es, pardauz *u*.
▸ aufstehen • auf sein • stehen • sitzen • hängen.
liegen, am Boden darniederliegen, hinlegen, zu Füßen liegen, knien, niederdrücken • besiegt. → erledigt.
liegen, behaglich → aalen sich.
liegen, im Dreck → erledigt, hereingefallen.
liegen, in den Haaren → streiten.
liegen, auf der Hand nachweisbar, erweislich, begründet, deutlich, offensichtlich, offenbar, klar, anschaulich, handgreiflich, unwiderlegbar, überzeugend, durchschlagend, stichhaltig, behauptbar, beweisbar.
▸ unerwiesen.
liegen, auf der Lauer → beobachten.
liegen, in der Luft → bevorstehen.
liegen lassen, links missachten, gering schätzen, verkennen, verachten, beleidigen, vernachlässigen, abweisen, verschmähen, verabscheuen, sich nicht kümmern um, kalte Schulter zeigen, keines Blickes würdigen. → bagatellisieren.
▸ achten, verehren.
liegen bleiben übrig sein • ausschlafen.
Liegenschaft → Besitztum.
Liegeplatz Werft, Schiffswerft, Ankerplatz, Reede, Mole, Kai, Dock, Hafen • Nothafen, Zufluchtsort, Zuflucht, Unterschlupf, Obdach, Nest, Lager, Schlupfwinkel, Ruheplatz.
Liegestatt Bettgestell, Bettstatt, Schlafgelegenheit.
Liegestuhl → Diwan, Bett, Liege.
Lift → Aufzug, Hebemaschine.
Liga → Vereinigung.
liiert → gebunden.
Liköre kurze Sachen *u*.
lila violett, kardinalrot, pflaumenblau, fliederfarben, zartlila, rot-blau, blau-rot, stiefmütterchenfarben.
Limes Grenzwall.
limitieren begrenzen, eingrenzen, einschränken.
Limonade Pimperlwasser *u*, Schlabberwasser *u*.
lind → leise, mild.
lindern mäßigen, dämpfen, schwächen, helfen, hemmen, eindämmen, stillen, zähmen, befriedigen, begütigen, beschwichtigen, mildern, bessern, heilen, wiederherstellen, trösten, erquicken, erleichtern, beruhigen. → bändigen, begütigen, besänftigen, dämpfen, einschläfern, erleichtern, helfen.
▸ aufregen, niederdrücken, verschlimmern reizen.
lindernd → einschläfernd, entspannend, erleichternd, ermutigend, heilkräftig, lösend, tröstlich.
Linderung → Abklingen, Auffrischung, Baldrian, Befreiung, Beistand, Beruhigung, Erholung, Erleichterung, Erlösung, Erquickung, Genesung, Hilfe, Trost.
Lindwurm → Drache.
linear lang gestreckt, lang gezogen, länglich, ausgestreckt, ausgezogen, ausgedehnt, längs. → lang, ausgedehnt.
▸ (kubisch).
Linie Kontur, Strich, Zug, Umriss, Streifen, Strahl, Verbindungslinie, Zeile, Schnur, Gerade, Luftlinie, Schmalheit, Haarbreite, Ader, Maser, Außenlinie, Grenze, Schriftlinie, Diagonale, Radius • Seitenlinie, Nebenlinie, Seitenzweig. → Aufeinanderfolge.
▸ Fläche • Punkt.
Linienführung Ausdrucksweise, Pinselstrich.
Linienstecher Guillocheur.
Linienzeichung (auf Wertpapieren, Metall u.a.) Guilloche.
linken → betrügen.
linker Hand → links.
linkisch tälsch *u*. → albern, bäurisch, dienstunfähig, erfahrungslos, unbeholfen, ungeschickt.
links linker Hand, linkswärts, backbord, linksseitig, Herzensseite, zur Linken, linke Seite.
▸ rechts.
linksdrehend lävogyr.
linksseitig → links.
Linolschnitt → Bild.
linsen → anschauen.
linsenförmig lentikular.
Lippenbeißen/-essen Cheilophagie.
Lippenentzündung Cheilitis.
Liquidation Kostenrechnung, Abrechnung, Auseinandersetzung, Auflösung, Abwicklung, Bereinigung, Liquidationsverhandlung, Begleichung, Ausgleichung.
▸ Schulden, Zahlungsunfähigkeit • Gründung.
liquid(e) flüssig, zahlungsfähig, solvent.
liquidieren → abschaffen, aufhören, auflösen, veräußern.
lispeln → dämpfen die Stimme, flüstern, stammeln.
lispelnd → bebend, leise.
List Schlauheit, Listigkeit, Pfiff *u*, Masche *u*, Kniff, Dreh *u*, Pfiffigkeit, Verschmitztheit *u*, Geriebenheit, Durchtriebenheit, Verschlagenheit, Findigkeit, Bauernschlauheit, Überlistung, Heimtücke, Schachzug, Spitzfindigkeit, Übertölpelung, Schlinge, Falle, Intrige, Kunstgriff, Büberei, Täuschung, Schlich *u*, Schlüpfe *u*. → Ausweg, Bedacht, Begabung, Betrug, Falle.
▸ Ehrlichkeit, Offenheit.
Liste → Faktura, Formular, Katalog, Inhaltsverzeichnis, Nachweis, Register, Tabelle.
Liste, schwarze Ausschluss, Verstoßung, Ausschaltung, Ausstoßung, Bann, Verweisung, Acht, Streichung, Ablehnung.
▸ Anerbieten, Einschluss, (Vorzugsliste).
Liste verbotener Bücher Index.
listig schlau, abgefeimt, verschlagen, gerieben, pfiffig, raffiniert, hinterlistig,

durchtrieben, arglistig, verschlagen, verschmitzt *u,* tückisch, heimtückisch, berechnend, verräterisch, katzenfreundlich, verstellt, ränkevoll, glatt, gaunerhaft, betrügerisch, bübisch, ein Ding drehen *u*, schlitzohrig *u.* → aalglatt, arglistig, bübisch, durchtrieben, falsch, gewiegt.
▸ ehrlich, offen.

Liter → Behälter, Bier, Maß.
Liter, 100 Hektoliter.
literarische Abhandlung Essay.
literarische Folge Zyklus.
literarisches Jahrbuch Almanach.
Literatur Schrifttum. → Buch, Dichtung, Lektüre.
Literatur, schöne Belletristik.
Literatur, ungedichtete Prosa.
Literaturforscher Philologe.
Literaturkritiker Rezensent.
Lithografie → Abdruck, Bild.
Liturgie → Kult.
Litze Streifen, Schleife, Ordensband, Achselklappe, Achselband • Verzierung, Schmuck, Putzwerk, Borte, Einfassung, Galon, Tresse, Randschnur, Band, Besatz, Garnitur, Garnierung, Franse. → Band, Besatz.
Livesendung Originalübertragung.
Livree → Anzug, Uniform.
livrierter Diener Lakai.
Lizenz → Erlaubnis.
Lob Preis, Ruhm, Verherrlichung, Würdigung, Empfehlung, Belobung, Lobrede, Vorschusslorbeeren, Auszeichnung, Ehrung, Achtung, Bewunderung, Huldigung, Wertschätzung, Zustimmung, Gutheißung, Anklang, Applaus, Lobpreisung, Ehrenerweisung, Dank, Vergeltung, Erwiderung. → Anerkennung, Beifall, Belohnung, Bemerkung, Dank, Ehre.
▸ Tadel, abfällige Kritik, Beschwerde, Ermahnung, Rüge, Vorwurf.
Lob erteilen → beloben, loben.
Lob spenden → loben.
Lobbyist Interessenvertreter, Agent, Hintermann.
loben ehren, preisen, rühmen, anerkennen, würdigen, hoch schätzen, lobhudeln, hochhalten, verherrlichen, herausstreichen, über den grünen Klee loben, lobsingen, werthalten, applaudieren, beklatschen, Himmel heben in den, Lob spenden, mit Lob überschütten, Lob erteilen, Lob zollen. → anbieten, anerkennen, auszeichnen, befürworten, bejubeln, besingen, Himmel erheben in den.
▸ tadeln, beschimpfen, heruntermachen, (schlecht) kritisieren, schelten, schlecht machen, schmähen • sich beschweren.
lobend anerkennend, zustimmend.
lobenswert löblich, rühmlich, preislich, preiswürdig, liebenswert, verdienstvoll, musterhaft, ehrenhaft, tadellos, charaktervoll, echt, tugendhaft, gesittet, rein, wahr, redlich. → charaktervoll, empfehlenswert.
▸ tadelnswert.
Lobhudelei → Chauvinismus, Eigenlob, Schmeichelei.
lobhudeln → loben, schmeicheln.
Lobhudler → Claqueur, Schmeichler.
löblich → achtbar, angesehen, lobenswert.
lobpreisen → anbeten, anpreisen, besingen, beten, loben, preisen.
Lobpreiser → Claqueur, Schmeichler.
Lobpreisung → Christabend, Huldigung, Lob.
Lobrede Eloge → Ehre, Huldigung, Lob, Schmeichelei.
Lobredekunst Enkomiastik.
Lobredner → Claqueur, Schmeichler.
lobsingen → besingen, beten, loben, preisen.
Lobspruch Eloge, → Lob.
Loch Hohlraum, Lücke, Kluft, Leck *sm,* Öffnung, Vertiefung, Graben, Grube, Trichter, Krater, Durchlochung, Durchlass, Nadelöhr, Mauseloch, Schlüsselloch, Rille, Schlupfloch, Versteck, Höhle. → Einbauchung, Kerker.
▸ Verschluss, Wölbung.
Locheisen → Durchlocher.
lochen → durchlochen.
löchern lochen, durchstechen • anbetteln.
löchrig → durchlässig sein.
locken wellen, kräuseln, drehen, zwirbeln, aufwickeln, auflocken, brennen • nachstellen, ködern, lauern, überlisten, erwischen, locken in die Falle • rufen, herbeilocken, herlocken, heranrufen, bisten *j.* → anziehen, aufrollen, haschen nach.
▸ gehen in die Falle, glätten, wegschicken, abschrecken, verscheuchen, vertreiben • warnen.
lockend → anziehend, ersehnenswert, erwünscht, faszinierend.
lockender Antrieb Anreiz, Reiz, Verführung, Werbung, → Lockmittel, Verlockung.
locker → anrüchig, ätherisch, ausschweifend, bacchantisch, begehrlich, blättrig, buhlerisch, dirnenhaft, erotisch.
▸ befestigt, dicht, fest, kompakt • angespannt, straff, stramm, unbeweglich • schüchtern, verklemmt, verkrampft.
locker lassen, nicht bestehen, beharren, nötigen, keine Nachsicht üben, die Zügel kurz halten, keine Widerrede gelten lassen, kurzen Prozess machen, unter der Rute halten. → brechen den Starrsinn, diktieren.
▸ nachgeben.
lockern → abmachen, erleichtern, lösen.
▸ anziehen, spannen, straffen • befestigen, festigen, festmachen • pressen, stampfen.
Lockerung → Auflösung, Dezentralisation, Erschlaffung.
lockig gewellt, gekräuselt, aufgelockt, aufgewellt, kruselig, geringelt, gebogen, wellig, wellend, gedreht, aufgewickelt.
▸ glatt • strähnig.
Lockmittel Köder, Anreiz, Anlockung, Blendwerk, Fangmittel, Lockmittel, Lockvogel, Verleitung, Reizmittel, Kitzel, Lockspeise, Brocken *j,* Antrieb, Versuchung, Falle, Mätzchen, Zauber. → Anreiz.
▸ (Abschreckmittel).
Lockruf Balzruf, Locklaut • Warnruf, Anruf. → Ruf.
Lockspeise → Anziehung, Beeinflussung, Blickfang, Lockmittel.
Lockspitzel Spitzel, Agent, Heimlicher, Aushorcher, Ausspionierer, Spion, Aufpasser, Drahtzieher, Späher, Ausspäher, Lauscher, Horcher, Kundschafter.
Lockstoffe (von Insekten) Pheromone.
Lockung → Lockmittel, Verlockung.
Lockvogel → Anreiz, Bauernfänger, Danaergeschenk, Lockmittel.

lodern → emporlodern.
lodernd → aufsteigend, flammend.
Löffel Haushaltgerät, Schöpfer, Kelle, Schaff, Besteck, Kaffeelöffel, Suppenlöffel, Suppenkelle, Vorlegelöffel, Dessertlöffel • Ohren, Lauscher, Lappen, Behang, Luser, Schaufel *u.* → Behälter.
Löffel balbieren, über den → betrügen.
Log *sm* Geschwindigkeitsmesser.
Loge Hofloge, Theaterplatz • Geheimbund, Freimaurerei • Vereinigung, Klub.
logieren → aufhalten sich, bewohnen, einkehren.
Logik Urteilskraft, Denkkraft, Denkvermögen, Folgerungsvermögen, Schlussvermögen, Schlusskraft, Schlussrichtigkeit, Denkschärfe, Vernunft, Begriffsfolge, Schlussfolgerung, Schlagkraft, Beweiskraft, Klugheit, Verständnis, Scharfblick, Einsicht, Klarsicht, Gehirn, Folgerichtigkeit, Denkrichtigkeit, Denkgründlichkeit. → Beweisführung.
▸ Begriffsmangel, Trugschluss.
Logis Bleibe, Wohnung • Asyl, Unterkunft, Logierhaus, Kabine, Kajüte, Koje.
logisch konsequent, folgerichtig, denkrichtig, urteilsgenau, vernunftgemäß, haarscharf, schlussrichtig, erwiesen, folgerecht, stichhaltig, unwiderleglich, überzeugend, beweiskräftig, zwingend, durchschlagend, entscheidend, durchdacht, urteilsfähig, verstandesgemäß, gedacht. → denkgerecht, erfassbar, erklärbar, erweislich.
▸ unlogisch.
logischerweise → also, darum, demnach, deshalb, folglich.
Lohe → Feuer, Flamme.
lohen leuchten, brennen, flackern, glühen, lodern, scheinen, schwelen, strahlen, glimmen, knistern, rauchen, emporlodern, aufflackern, aufblitzen. → emporlodern.
▸ erlöschen, glimmen.
lohend → aufsteigend, flammend.
Lohn → Ausbeute, Ausgleich, Belohnung, Bestrafung, Bezahlung, Buße, Einkommen, Entgelt, Erfolg, Erlös, Erwerb.
Lohn an der Existenzgrenze Subsistenzlohn.
Lohn empfangen Pulver bunkern *u.*
Lohn, gleitender Indexlohn.
Lohn nach Abzügen Nettolohn.
Lohn vor Abzügen Bruttolohn.
Lohnabtretung Lohnzession.
Lohnarbeiter → Kuli.
Lohnbarkeit → Ergiebigkeit.
Lohndiener → Arbeitnehmer, Commis, Untergebener.
lohnen auszahlen sich. → ahnden, anerkennen, belohnen, danken, einbringen, erkenntlich zeigen, zahlen.
lohnend ertragreich, Gewinn bringend, fruchtbar, günstig, dienlich, förderlich, nützlich, Nutz bringend, ersprießlich, lukrativ, einträglich, dankbar, erkenntlich, wert, passend, wirksam, brauchbar, ausgiebig, gedeihlich, rentabel. → ausgiebig, dankbar, dankenswert, einträglich, erfreulich, ersetzend.
▸ ungünstig • undankbar, unergiebig, unrentabel.
Lohnherr → Arbeitgeber, Ernährer.
Lohnstruktur Tarifstruktur.
Löhnung → Ausbeute, Ausgleich, Belohnung, Bezahlung, Einkommen, Entgelt.
Lokal Diele, Bar, Tanzlokal, Dancing *M,* Bums *u,* Bumslokal *u.* → Gaststätte.
lokalisieren einordnen. → orten.
Lokomotivbeiwagen Tender.
Lokomotive → Fahrzeug (Schienen-).
Lokus → Abort.
Lombardbank → Bank.
lombardieren → kreditieren.
Lorbeer Siegespreis, Lorbeerkrone, Lorbeerkranz, Siegerkranz, Orden, Ehrenpreis, Huldigung, Ehrung, Ehrenzeichen • Pflanze, Gewächs, Immergrün, Gewürz.
▸ Missbilligung, Misserfolg.
Lorbeerbaum Laurus.
Lorbeerkranz → Dekoration, Lorbeer.
Lord → Adel, Anrede.
Lorgnette, Lorgnon → Brille.
Los Schicksal, Geschick, Verhängnis, Bestimmung, Zufall, Geratewohl, Sinnlosigkeit, Zufälligkeit • Glückslos, Lotteriegewinn, Treffer. → Anteil, Chance allons! ole!.
Los, das große Glück, Fortuna, Glücksstern, Glücksfall, Glückswurf, Trumpf, Treffer, Glückslos, Glückslotterie, Erfolg, Glücksstand, Gunst des Schicksals, Freudenleben, Gewinn, Goldregen, Geldregen, Lotteriegewinn, Zufall, Schicksal.
▸ Missgeschick, Pech.
los getrennt, aufgelöst, gelockert, gesondert, unzusammenhängend, abgesondert, gelöst, locker, losgelöst, zersprengt, abgelöst, schlaff, einzeln, verstreut, vereinzelt, unverbunden, aufgelockert, flockig, schwammig • frei, ledig, unabhängig, ungebunden, befreit, erlöst. → ab, alle Wörter mit der Vorsilbe «ab-», entspannt.
▸ abhängig, verbunden.
Los ohne Gewinn Niete.
los und ledig frei, unabhängig, selbstständig, wie der Vogel in der Luft, frei von Banden, aller Pflichten ledig.
▸ gebunden.
lösbar leicht, ausführbar, entzifferbar, erreichbar, löslich, möglich, erklärbar, zerlegbar, scheidbar, vollendbar, teilbar, auflösbar, schmelzbar, zersetzbar, zergliederbar, unschwer. → entwirrbar, erfüllbar, erklärbar.
▸ unlösbar.
losbinden → abbinden, absondern, auflösen, ausspannen, entbinden, entspannen, erlösen, frei machen.
löschen ausladen, Ladung löschen • dämpfen, abschrecken, kaltmachen, Feuer dämpfen, Feuer löschen • auslöschen, abwischen • bereinigen, bezahlen, erledigen, zurückerstatten, Schulden löschen. → abladen, abschaffen, aufhören, ausgehen, ausladen, austragen, bezahlen, dämpfen das Feuer, decken.
▸ beladen, schulden • anstecken, anzünden, entfachen, entzünden • schüren • anmachen • (Musik) aufnehmen.
lose locker, abnehmbar, unfest, schlaff, schlapp, zart, flockig, schwammig, brüchig, körnig • baufällig, wacklig • abgesondert, einzeln, sporadisch, vereinzelt, auseinander, beziehungslos • ausgelassen, ausschweifend, begehrlich, flatterhaft, frech,

frivol, gemein, leicht, leichtfertig, leichtsinnig, liederlich, maßlos, naschhaft, sinnlich, süchtig, triebhaft, ungezügelt, ungebunden, unmäßig, unsolide, vergnügungssüchtig, zügellos • entzwei, abgerissen, davon • allein, frei, für sich, besonders, gesondert, allein • zerstreut, verstreut, versprengt, verteilt • beweglich, gleitend, schwenkbar, lenkbar, bewegen sich lassen. → anrüchig, auseinander, ausschweifend, bacchantisch, blättrig, dirnenhaft, charakterlos, dünn, flott, gesondert, los.
▸ fest, befestigt, unbeweglich • dicht, kompakt • anliegend, eng, straff, stramm • verpackt • diszipliniert, solide, sittsam.

loseisen → absondern, herauswinden, lösen.

losen knobeln, spielen, wagen, wetten, würfeln • hellsehen, mutmaßen, prophezeien, unken, vorhersagen, ankünden, weissagen, warnen • hören, lauschen, horchen, wahrnehmen, zuhören, schnüffeln, lauern, neugierig sein.
▸ bestimmen, blind für, unterlassen.

lösen losmachen, lockern, trennen, aufwinden, loswinden, entfernen, loslösen, loseisen *u,* frei machen, zerteilen, abtrennen, absondern, abbinden, losbinden, abzwicken, losreißen, herunterreißen, befreien, entbinden, entfesseln, loslassen, entwirren, auflockern, entkrampfen, zersetzen, verflüssigen, auflösen, auftauen, aufdröseln • herausbekommen, enträtseln, entziffern, durchschauen, erschließen, entdecken, entrollen, herauslesen, finden den Schlüssel • erleichtern, entlasten, freisetzen, entfesseln, scheiden. → abbinden, abblättern, abbrechen, abhauen, abschneiden, abschrauben, absondern, ausschneiden, auflösen, bewältigen, detachieren, entfädeln, entfesseln, entjochen, entledigen, entloben, enträtseln, entwirren, entziffern.
▸ befestigen.

lösen, sich → gehen eigene Wege.

lösen, die Bremsen → bringen in Bewegung.

lösend befreiend, lindernd, wohltätig, heilsam, wohltuend, zuträglich, heilkräftig, heilend, erlösend • schmelzend, verdünnend, verflüssigend. → entspannend.
▸ schädlich, verhärtend.

losfahren → anfahren, anziehen, bekämpfen, Dach steigen auf das, losgehen.

losgehen platzen, krachen, explodieren, bersten, zerbersten, zerspringen, zerkrachen, auffliegen, auffahren, aufspringen, entzünden • beginnen, anfangen, starten, anheben, ansetzen, einsetzen. → abhauen.
▸ beenden, beherrschen sich • sich verzögern • stehen bleiben • festhalten, haften bleiben.

losgelöst → blättrig, entbunden, los.

losgeschlagen → ausverkauft, los.

losgondeln → aufbrechen.

loshelfen → erleichtern, erlösen.

Loskauf → Absolution, Befreiung.

loskaufen aufkaufen, bezahlen, zahlen, befreien, freisetzen, freikaufen, freigeben, freilassen, auslösen, ausliefern. → ausliefern, auslösen, erlösen.
▸ behalten, fesseln, verhindern.

loskaufen, sich → ausbaden, büßen.

losketten → abwerfen, auslösen, entfesseln, entspannen, erlösen, lösen.

loskommen freikommen, durchwischen, entschlüpfen, abhauen, davonlaufen, befreien sich, entbinden sich, losketten sich, retten sich, frei machen sich, etwas abwerfen. → auflösen.
▸ fesseln, verhindern, aufgehalten/festgehalten werden, haften (bleiben), hängen bleiben • gebunden bleiben.

loslassen freigeben, aufbinden, losmachen, losketten, aufschließen, freilassen, freisetzen, befreien, weglassen, fortlassen, erlösen, loshelfen, frei machen, entjochen, erleichtern, entketten, ausspannen, entzügeln. → entfesseln, entspannen.
▸ einspannen, einsperren, fesseln, erfassen, ergreifen, fassen, packen • anbinden, anketten, binden • festhalten, halten, zurückhalten.

Loslassung Erlösung, Befreiung, Entlassung, Freigabe, Freilassung, Begnadigung, Freispruch, Freisprechung, Lossprechung, Entbindung, Enthebung, Entlastung, Aufhebung. → Befreiung, Entlassung, Freiheit.
▸ Freiheitsentziehung.

loslegen → anfangen, reden.

löslich → entwirrbar, erfüllbar, lösbar.

loslösen → abschrauben, anschneiden, aufwinden, detachieren, lösen, trennen.

Loslösung → Absonderung, Bruch, Dezentralisation, Entbindung, Isolierung.

losmachen → abbeißen, abbinden, abschneiden, abschrauben, absondern, anfangen, anschneiden, aufdrehen, auflösen, aufwinden, ausspannen, entfesseln, entledigen, erleichtern, lösen.
▸ anbinden, anketten, befestigen, festmachen.

losmachen, sich → isolieren sich, trennen sich.

losreißen → entreißen, lösen, loskommen.

lossagen, sich frei machen sich, losmachen sich, lösen sich, absagen, trennen sich, zurückziehen sich, abschließen sich. → brechen mit, isolieren sich.
▸ verbinden sich, versöhnen sich.

Lossagung Entsagung, Verzicht, Verzichtleistung, Widerruf, Absage, Zurücknahme, Rückkauf, Lösen, Zurückziehen, Weigerung, Aberkennung. → Aberkennung, Absage.
▸ Anerkennung, Zusage, Zustimmung.

losschießen → anfahren, anfangen, lösen.

losschlagen → absetzen, schlagen, verkaufen.

losschrauben → absondern, aufdrehen, lösen.

lossprechen entsühnen. → begnadigen, bemänteln, entbinden, entheben, entlassen, erlösen.

Lossprechung → Absolution, Ehrenrettung, Entbindung, Erlösung, Freisprechung.

losstürmen → abhauen, vorgehen.

Lostrennung → Isolierung, Trennung.
Losung Devise, Leitsatz, Motto, Richtschnur, Merksatz, Kernspruch, Denkspruch • Parole, Erkennungswort, Signal, Alarm, Schlachtruf • Kot, Geschmeiß *j*, Gestüber *j*, Lorbeeren *j*. → Erkennungszeichen.
▸ Aufgabe, Frage, Problem(stellung), Rätsel.
Lösung Ergebnis, Resultat, Schlüssel, Erklärung, Begründung, Entzifferung, Herausbekommen, Enträtselung • Flüssigkeit, Lauge, Brühe, Lymphe, Wasser. → Anguss, Aufguss, Befreiung, Ei des Kolumbus, Erfüllung, Essenz, Flüssigkeit.
▸ Arbeit, Spannung • Verbindung, Fesselung.
Losungswort Parole, Kennwort, Kennziffer, Chiffre, Stichwort, Erkennungszeichen, Ausweiswort, Losung.
loswerden → drumkommen, verlieren.
▸ bekommen, erhalten • haben • behalten.
loswinden → abschrauben, aufwinden, lösen.
losziehen → anfahren, bekämpfen, bereden, gehen, verleumden, vorgehen.
loszittern → abhauen.
Lot Gewicht, Kleinheit, Bisschen, Knappheit • Messung, Tiefe, Lotung. → Bindemittel.
Lot bringen, ins bereinigen, berichtigen, ordnen, richten, richtig stellen.
Lot, im klar, ordentlich, ordnungsgemäß, ordnungsmäßig, unverwirrt, übersichtlich, geregelt, geordnet, ausgerichtet, regelmäßig, ruhig, ruhigen Ganges, in Ordnung.
▸ schwankend, unklar.
loten auspeilen, einsenken, versenken, vermessen, messen, eintauchen, herunterlassen, die Tiefe messen.
löten → verbinden.
lotrecht → aufrecht, senkrecht.
lotsen → anführen, bahnen, bevormunden, bugsieren, dirigieren, fahren.
Lotterbub Liederjan, Windhund, Schürzenjäger, Lustgreis, Mädchenjäger • Müßiggänger, Faulenzer, Faulpelz, Nichtstuer, Taugenichts, Tagedieb, Herumlungerer, Arbeitsscheuer, Bummler, Eckensteher, Vagabund, Strolch. → Ausbund.
▸ Musterknabe.
lotterhaft → pflichtvergessen.
Lotterie Geratewohl, Zufall, Glücksrad, Wagnis, Glückspiel, Verlosung, Spekulation, Schicksal, Glückssache, Glücksfall, Spiel, Würfel, Knobelbecher, Karte, Zufälligkeit, Sinnlosigkeit, Wette, Lotteriespiel, Lotto, Toto, Totalisator, Glücksgreifen, Los.
▸ Absicht, Sicherheit Denkaufgabe, Planspiel.
Lotterietreffer → Chance, Glück, Los das große.
Lotterleben → Laster, Leben gottloses.
lottern umhertreiben, verlottern, verludern, bummeln, schlampen, sich gehen lassen, sich hängen lassen, unter die Räder kommen, sich ausleben. → faulenzen.
▸ arbeiten, Maß halten.
Lotterwirtschaft → Unordnung.
Lotto-Ansagerin Glücksfee *u*.
Louis → Buhle, Halbwelt, Zuhälter.
Löwe Tier, Geschöpf, Getier, Bestie, Leu, Raubtier, Raubwild, Fleischfresser, König der Tiere • Held, Kämpfer, Haudegen, Siegfried, Wappentier. → Draufgänger.
Löwenanteil mehr als die Hälfte, über die Hälfte, Mehrheit, Majorität • guter Fang oder Griff, Glück, Glücksfall, das größte Stück, die größte Zuteilung oder Zuweisung.
Löwenmut → Courage, Mut.
Löwenzahn Pusteblume *u*.
loyal anständig, lauter, gewissenhaft, ehrlich, gutgesinnt, gerade, pflichtgetreu, treu, vertrauenswürdig, redlich, unbestechlich, unvoreingenommen, unparteiisch, pflichtbewusst, rechtschaffen, verantwortungsbewusst, unbescholten, ehrenfest, wacker, zuverlässig, erprobt. → anhänglich.
▸ pflichtvergessen, unanständig • illoyal, untreu • hinterhältig, intrigant, ränkesüchtig.
Lücke Kluft, Leere, Bresche, Abwesenheit, Daseinslücke, Nichts, Öde, Mangel, Hohlraum, Luft, Lückenhaftigkeit, Blöße, Zwischenraum, Abstand, Bruch, Sperre, Unterbrechung, Spalte, Schlucht, Graben, Öffnung, Loch, Durchstich • Unkenntnis, Leerheit, Hohlheit, Verdummung, Unwissenheit, Unfähigkeit, Schwäche • Gebrechen, Makel, Zahnlücke. → Ausfall, Beschädigung, Bruch.
▸ Geschlossenheit, Klugheit, Verbindung, Wissen.
Lückenbüßer → Behelf, Ersatz.
lückenhaft → beschädigt, defekt, durchlässig sein, ungenügend.
▸ komplett, lückenlos, vollständig.
lückenlos dicht, geschlossen, undurchlässig, ganz, zusammenstehend, zusammenhängend, vollständig, unverletzt, unversehrt, tadellos, heil • ausnahmslos, sämtlich, rundweg, völlig, alle.
▸ lückenhaft, bruchstückhaft, fragmentarisch, unvollständig.
Luder → Aas, Bacchant.
Luderleben → Laster, Leben gottloses.
Ludrian → Gesinnungslump, Lotterbub.
Luft Hauch, Äther, Atmosphäre, Atem, Puste *u*, Fahne *u* • Durchzug, Sturm, Wind, Zug, Dunst, Ozon, Luftkreis, Dunstkreis, das Freie, Luftleere, Luftdruck, Nichts, Leere, Hohlraum, Ungreifbares, Niemand, Null, Himmel, Firmament • Duft, Schaum, Flaum, Seifenblase, Pappenstiel, leere Luft, Schnickschnack, Firlefanz, Pfifferling. → Atmosphäre, Dunst, Dunstkreis.
▸ (Körper fester), Vorhandensein, Wasser, Wichtigkeit • Erde, Land.
Luft bekommen → atmen, bessern sich.
Luft fliegen, in die bersten, explodieren, entladen sich, losgehen, platzen, zerbersten, zerknallen, zerplatzen, zerspringen.
Luft hereinlassen, frische auslüften, belüften, durchlüften, Fenster öffnen, lüften.
Luft machen, sich → schimpfen.
Luft schnappen, nach → atmen, wüten.
Luft sprengen, in die sprengen, zerstören.

Luftangriff → Blutbad, Bombardement.
Luft-Angst (Angst vor frischer Luft) Aerophobie.
Luftabsaugegerät Ventilator.
Luftbefeuchter Sprinkler.
Luftbewegung Bö, Brise, Hauch, Sturm, Wind, Windhauch, Zug.
Luftbild → Blendwerk, Chimäre, Dunst leerer, Erscheinung.
Luftblähung Emphysem.
luftdicht → abgeschlossen, dicht.
Luftdichtemesser Aerometer.
Luftdruck → Atmosphäre.
Luftdruckmesser Aneroid, Barograph, Barometer.
lüften fächern, fächeln, zuwehen, durchwehen, auslüften, durchlüften, Luftaustausch, durchziehen • auflockern, herunternehmen, abnehmen, wegnehmen, abziehen, herunterziehen, den Hut lüften. → aufziehen, heben. ▸ aufsetzen, verpesten, zumachen.
Lüfter → Fächer.
Luftfahrt Aeronautik, Aviatik, Fliegerei, Flugwesen.
Luftfahrzeug → Fahrzeug (Luft-).
Luftfeuchigkeitsmesser Hygrometer, Psychrometer.
Luftfeuchtigkeitsregler Hygrostat.
luftförmig → dampfförmig, dunstartig.
Luftforschung Aerologie.
Luftgebilde → Fantasie.
Luftgewehr → Büchse.
Luftharnen Pneumaturie.
Lufthauch Atem, Hauch, Windhauch. → Durchzug.
Luftholen einatmen, schnaufen, hecheln, japsen, keuchen.
Lufthülle → Atmosphäre, Luft.
luftig flüchtig, duftig, gasförmig, dunstartig, lufthaltig, luftgefüllt • hoch, oben, droben, wolkenwärts, darüber • ausgehöhlt, blasig, hohl • leicht, gewichtslos, federleicht, ätherisch • kühl, windig, böig, zügig, stürmisch, wehend, fächelnd. → dunstartig. ▸ dumpfig, fest, heiß, erstickend, stickig.
Luftikus Schlemmer, Bruder Lustig, leichtsinniges Huhn • Draufgänger, Teufelskerl, Tollkopf, Draufgänger.
Luftkissenfahrzeug Hovercraft, Schwebefahrzeug.
Luftkissenzug Aerotrain.
Luftklappe Ventil.
luftleer machen evakuieren.
Luftleere luftleerer Raum, Vakuum.
Luftleitblech (für bessere Bodenhaftung von Autos) Spoiler.
Luftloch → Esse.
Luftmatratze Pustematratze *u.*
Luftmesser Aerometer.
Luftpirat Flugzeugentführer, Highjacker, Hijacker, Skyjacker.
Luftreifen Pneu.
Luftröhre → Esse, Körperteil, Trachea.
Luftröhrenäste Bronchien.
Luftröhrenentzündung Bronchitis, Tracheitis.
Luftröhrenspiegel Tracheoskop.
Luftrolle Salto.
Luftsack Airback, Balg.
Luftsauggerät Exhaustor, Ventilator.
Luftscheu Aerophobie.
Luftschicht → Atmosphäre, Luft.
Luftschiff → Ballon, Fahrzeug (Luft-).
Luftschiffkabine Gondel.
Luftschloss → Auswuchs, Chimäre, Dunstbild, Illusion.
Luftschlösser bauen → erträumen, fantasieren.
Luftschraube Propeller.
Luftschutzbau Bunker.
Luftschutzkeller → Befestigung, Sicherheit.
Luftspiegelung → Blendwerk.
Luftsportverein Aeroklub.
Luftsprung → Freude, Sprung.
Luftströmung Luftbewegung. → Sturm, Wind.
Lufttrübung Brodem, Dunst, Nebel, Qualm, Smog.
Lüftung Entlüftung, Durchzug, Ventilation.
Luftveränderung Tapetenwechsel *u.*
Luftverunreinigung Emission, Immission. → Lufttrübung.
Luftwirbel Sog, Trombe, Turbulenz, Wirbelsturm.
Luftzug → Wind.
Lug und Trug → Lüge.
Lüge Unwahrheit, Irreführung, Erdichtung, Erfindung, Unterschiebung, Falschmeldung, Ente, Kohl *u,* faule Fische *u,* Dunst, Lügengewebe, Jägerlatein, Ammenmärchen, Münchhausiade, Täuschung, Seemannsgarn, Leugnung, Ausflucht, Notlüge, Verdunkelung, Verhüllung, Entstellung, Winkelzug, Unaufrichtigkeit, Meineid, Falscheid, Fälschung, Sünde, Unredlichkeit, Betrug, Trug, Unrecht, Schwindel, Schein, Hinterlist, Gemeinheit, Heuchelei, Niedertracht, Unglaubwürdigkeit, Falschheit, Hurenseich *u,* Qualm *u,* Quark *u,* Scheibenhonig *u,* Senf *u.* → Ausflucht, Ausrede, Ausweg, Bekenntnis, Dichtung, Dunst, Eid falscher, Erfindung, Falschheit. ▸ Wahrheit • Bekenntnis, Geständnis.
lugen spähen, peilen, äugen, schauen, beobachten, Ausschau halten, auslugen, erkunden. → anschauen. ▸ Augen schließen die, übersehen.
lügen täuschen, entstellen, verdrehen, fälschen, erdichten, erfinden, flunkern, erlügen, kohlen *u,* vorfaseln, vorflunkern, vorkohlen *u,* vormachen, umgehen, ankohlen, vorfabeln, vorplaudern, vorgaukeln, schwindeln, aufschneiden, verdunkeln, vertuschen, benebeln, ableugnen, irrig angeben, Wind machen, falsch darstellen, falsches Zeugnis ablegen, falsch schwören, Sand in die Augen streuen, einen Bären aufbinden, blauen Dunst vormachen, Ausflüchte machen, aus den Fingern saugen • das ist erstunken und erlogen *u,* jemanden die Hucke voll lügen *u,* lügen wie gedruckt, Papier ist geduldig, lügen dass sich die Balken biegen. → bemänteln, blenden, entstellen, erfinden, fabeln. ▸ Wahrheit sprechen die, aufrichtig/ehrlich sein, bekennen, gestehen, zugeben.
Lügen strafen → widerlegen.
lügenhaft → arglistig, charakterlos, erfunden, verlogen.
Lügenhaftigkeit → Falschheit, Lüge.
Lügensucht Mythomanie.
Lügner Flunkerer, Lügenmaul, Betrüger, Heuchler, Schelm, Scheinheiliger, Schwindler, Spitzbube, Gauner, Urkundenfälscher, Gleisner, Kohler, Versteller, Erfinder, Erdichter, Gaukler, Aufschneider, Verdunkler, Vertuscher, Leugner, Schaumschläger, Komödiant, Schwindelhuber, Schauspieler. → Betrüger, Fälscher.

▸ Mensch aufrechter/treuer • Bekenner • Wahrheitsfanatiker.
lügnerisch → arglistig, charakterlos, erfunden, falsch, verlogen.
Luke → Ausgang, Öffnung.
lukrativ → lohnend.
Lukull → Feinschmecker.
lukullisch genießerisch, schwelgerisch, üppig.
lullen → besänftigen.
Lümmel Rüpel, Bengel, Knoten *u,* Kloben, ungesitteter Mensch. → Barbar, Gassenjunge.
Lümmelei → Beleidigung, Unhöflichkeit.
lümmelhaft → brutal, ungezogen, unhöflich.
lümmeln, sich aalen sich, fläzen sich, flegeln sich, räkeln sich.
Lump Halunke, Hundsfott, Galgenstrick, Galgenvogel, Gangster, Landstreicher, Strolch, Herumtreiber, Vagabund, Schlawiner, Ludrian, Nichtsnutz, Taugenichts, Tunichtgut, Tagedieb, Leichtfuß, Laumann, Stromer, Gauner, Lumpsack, Saufsack, Spitzbube, Lumpenkerl, Kujon, Schuft, Schurke, Schwindler, Gelegenheitsmacher, Schleicher, Gesinnungslump, Heuchler, Verbrecher, Schelm, Kerl, Filou. → Ausbund, Betrüger, Canaille, Dieb, Gelegenheitsmacher, Hund. ▸ Mensch aufrechter/treuer.
Lumpen → Abfall.
Lumpengesindel → Bettler, Pöbel.
Lumpenkerl → Bettler, Lump.
Lumpenpack → Bettler, Lump.
Lumpenstrick → Bettler, Lump.
Lumpenzeug → Abfall, Kitsch.
Lumperei Gemeinheit, Niedertracht, Kriecherei, Schande, Schurkerei, Falschheit, Unredlichkeit, Pflichtvergessenheit, Verlogenheit, Schwindel, Betrügerei, Büberei, Ränke, Hinterlist, Gaunerei, Unzuverlässigkeit, Feilheit, Käuflichkeit, Schiebung, Verrat, Treulosigkeit. → Schäbigkeit, Unmäßigkeit. ▸ Redlichkeit, Zuverlässigkeit.
lumpig → geizig, gemein, schäbig.
Lunge Plauze *u,* Puste *u.*
Lungenbläschen Alveolen.
Lungenentzündung Pneumonie.
Lungenheilkunde Pulmologie, Pneumologie.
Lungenschwindsucht Tuberkulose.
lungern gammeln, strolchen, sich herumtreiben.
Lunte → Brennmaterial, Schwanz.
Lupe Vergrößerungsglas, Linse.
lupfen heben, aufheben, anheben, aufrichten, erhöhen, emporheben, hebeln. ▸ bleiben auf dem Platz, niedersetzen.
lüpfen aufstecken, entblößen, enthüllen, öffnen, entkleiden, entlarven, abstreifen, auswickeln, aufsperren, entsiegeln, aufwickeln, auspacken. → lupfen, offenbaren. ▸ verhüllen.
Lust Geneigtheit, Hang, Laune, Neigung, Begehren, Verlangen, Stimmung, Vorliebe • Regung, Empfindung, Faible, Gefühl, Trieb, Libido, Leidenschaft • Kostbarkeit, Köstlichkeit, Genuss, Freude, Frohsinn, Frohmut, Heiterkeit, Entzücken, Vergnügen, Wonne, Labsal, Hochgenuss, Glück, Seligkeit, Zauber, Lustgefühl, Gibber → Anziehung, Befreiung, Begierde, Belieben, Bereitwilligkeit, Drang, Eifer, Empfänglichkeit, Ergötzen, Freude, Genuss, Neigung, Stimmung, Vergnügen, Vorliebe. ▸ Unlust, Ekel, Überdruss, Widerwillen • Ärger, Verdruss • Leid, Pein, Qual, Schmerz.
Lust, fleischliche → Brunst.
Lust haben, keine → bringen nicht übers Herz.
Lustbarkeit → Belustigung, Feier, Fest, Vergnügen.
lustbetont wonnevoll, wonnig, freudig, froh, heiter, aufgeräumt, entzückt, beseligt, bezaubert, glücklich, glückselig, glückstrahlend. ▸ unlustig.
Lustdirne → Buhle.
Lüste → Ausschweifung, Brunst, Zuchtlosigkeit.
Lüster → Lampe.
lüstern → anrüchig, ausschweifend, besessen, buhlerisch, erotisch, geil, hungrig. ▸ anständig, keusch, sittsam, züchtig • frigide, (sexuell) verklemmt.
lüsterner Quäler Sadist.
Lüsternheit → Begierde, Durst, Sinnlichkeit.
Lustfahrt → Partie, Reise.
Lustgang Allee, Promenade.
Lustgefilde Elysium, Paradies.
Lustgefühl Lebenslust, Schaffensfreude, Glücksgefühl, Wohlgefühl, Hochgefühl, Vergnügen, Freude, Heiterkeit, Stimmung, Wonne, Behaglichkeit, Seligkeit, Glück, Zufriedenheit, Entzücken, Befreiung • Glückseligkeit, Liebeslust, Verzückung, Rausch, Taumel, Wollust. ▸ Trübsal, Unlustgefühl.
Lustgreis → Casanova, Faun, Wüstling.
Lusthaus Bordell, Eroscenter, Freudenhaus, Hurenhaus.
Lusthäuschen Salettl.
lustig unterhaltend, amüsant, heiter, fidel, aufgeräumt, ausgelassen, freudig, glücklich, kummerlos, selig, freudestrahlend, sorgenfrei, unbesorgt, zufrieden, aufgekratzt, gemütlich, kurzweilig, lebenslustig, lebhaft, sonnig, spaßhaft, übermütig, unbeschwert, vergnügt, gut gelaunt, spaßig, toll. → amüsant, aufgelegt, aufgeräumt, beschwingt, Blick mit leuchtendem, ergötzlich, froh, heiter, humoristisch. ▸ unlustig, betrübt, deprimiert, schwermütig, traurig, trübsinnig • tragisch • ernst(haft) • humorlos • mühselig, schwierig.
lustig machen, sich → aufziehen, belächeln, belustigen.
lustige Erzählung Humoreske.
lustige Rede Juxrede *u.*
lustiges Stück → Lustspiel.
Lustigkeit Spaß, Scherz, Tollerei, Schäkerei, Gaudium, Gelächter, Jubel, Lust, Übermut. → Drolligkeit. ▸ Unlustgefühl.
Lüstling → Bacchant, Blaubart, Casanova, Faun, Feinschmecker, Wüstling.
lustlos pomadig *u.* → ärgerlich, freudlos, gleichgültig.
Lustspiel → Komödie, Burleske, Operette, Posse, Schwank. ▸ Tragödie, Trauerspiel • Drama.
Lustwäldchen Boskett.
lustwandeln → bewegen sich, erfrischen sich, ergehen sich, spazieren.
lutschen nuckeln. → lecken.
luxuriös → schwelgerisch, teuer, verschwenderisch. ▸ ärmlich, bescheiden, einfach, frugal, karg, schlicht, sparsam, spartanisch.

Luxus Überfluss, Üppigkeit, Reichtum, Schwelgerei, Schlemmerei, Prasserei, Übersättigung, Verschwendung, Vergeudung, Aufwand, Unmäßigkeit ● Bequemlichkeit, Wohlstand, Annehmlichkeit, Kostbarkeit, Kostspieligkeit, Überteuerung, Überfeinerung, Wohlleben. → Aufwand, Unmäßigkeit. ▸ Bescheidenheit, Einfachheit.
Luxusauto Prachtschlitten *u.*
Luxusgut Prestigegut.
Luxushotel Prominentenherberge *u.*
Luxuswagen Equipage.
Luzifer → Dämon, Teufel.
lynchen → abrechnen, ausrotten, rächen, ohne Urteil grausam misshandeln/töten, mit Lynchjustiz verurteilen.
Lynchjustiz (ungesetzliche) Selbsthilfe-Justiz (des Volkes).
Lyrik → Gedicht.
Lyriker → Dichter.
lyrisch liedhaft, klangvoll, dichterisch. ▸ dramatisch, episch ● nüchtern, prosaisch.

M

Machart → System, Verfahren.
machbar ausführbar, denkbar, durchführbar, gangbar, möglich, praktikabel.
Mache Angabe, Ziererei, Aufschneiderei, Getue, Mätzchen, Machenschaft, Pose, Schein, Vorspiegelung, Gaukelspiel, Zauber, Blendwerk, Gesuchtheit, Geziertheit, Gezier, Manieriertheit, Vornehmtuerei, Geschraubtheit, gespreiztes Benehmen. → Blendwerk, Getue. ▸ Natürlichkeit, Wahrheit.
machen handeln, handhaben, tun, leisten, wirken, besorgen, schaffen, ausrichten, arbeiten, ausführen, unternehmen, vollführen, vollbringen, erledigen, verrichten, besorgen, angreifen, anfangen, anfassen, beginnen, anpacken, erfüllen, erzeugen, herstellen, formen, hervorrufen, nachgehen, verwirklichen, vollstrecken, zubereiten, tätigen, aufbauen, ausüben, bemühen, beschleunigen, anstreben, ausfeilen, bereiten, betreiben, bewerkstelligen, durchführen. → anfassen, anfeuern, anfertigen, arbeiten, ausüben, befruchten, bereichern, bestellen, bilden, drechseln, erschaffen, konstruieren. ▸ beginnen, faulenzen, ruhen, unterlassen, zerstören.
machen, ausfindig → entdecken.
machen, Dampf → beeilen.
machen, sich davon entweichen, entlaufen, entfliehen, flüchten, desertieren, durchbrennen, ausreißen, davonlaufen, verduften, entweichen, wegschleichen, verkrümeln sich, Fersengeld geben, aus dem Staub machen. → dannen gehen von. ▸ bleiben, zurückkommen.
machen, ein Ende beenden, beendigen, erledigen, schließen, abschließen, vollenden, aufhören, abbrechen, einstellen, anhalten, innehalten, zur Entscheidung bringen, zu einem Ende bringen, nachlassen, ablassen, beschließen, Kehraus machen ● sich töten, Selbstmord verüben → destruieren. ▸ anfangen.
machen, sich groß aufblähen sich, brüsten sich, aufblasen sich, prahlen, spreizen sich, großtun, dicke tun, herausstreichen sich, dicke Töne reden, sich in die Brust werfen, sich breit machen. ▸ bescheiden (sein).
machen, niedriger oder kleiner → herabsetzen.
machen, selbstständig frei machen sich, auf eigene Füßen stehen. → befreien. ▸ angestellt (sein), dienen.
machen, sich auf den Weg → dannen gehen von, weggehen.
machen, sich zu Nutze ausnutzen, ausbeuten, beanspruchen, nehmen, genießen, gewinnen, schieben, herausschinden, schnappen, erpressen, auswerten, seinen Vorteil wahrnehmen, seine Rechnung finden, sich gesund machen, den Rahm abschöpfen, sich Vorteile verschaffen, sich bezahlt machen, sich lohnen. → bedienen sich. ▸ ausbaden.
Machenschaft Scheißspiel *u*, Schiebung *u*, krumme Sache *u.* → Mache.
Macher → Erschaffer, Dandy.
Macht Kraft, Stärke, Gewalt, Einfluss, Ansehen, Bedeutung, Übermacht, Machtgefühl, Durchschlagskraft, Druck, Schwergewicht, Beherrschung, Übergewicht, Vorherrschaft, Befugnis, Amtsgewalt, Befehlsgewalt, Anmaßung, Gewichtigkeit, Größe, Last, Masse, Menge, Riesenmacht, Wirkungsvermögen, Vollmacht, Tatkraft, Härte, Hauptmacht, Stütze, Gewicht, Geltung, Herrschaft, Beherrschung, Nachdruck, Wucht, Staatsmacht, Machtbereich. → Ansehen, Beeinflussung, Befugnis, Dynamik, Einfluss, Fähigkeit, Faktor, Gewalt, Größe, Herrschaft. ▸ Machtlosigkeit, Hilflosigkeit, Hilfsbedürftigkeit, Ohnmacht, Schwäche.
Macht, alles verschlingende Moloch.
Macht der Funktionäre Bonzokratie *u.*
Macht der Verhältnisse Zwangslage, Notlage, Enge, Bedrängnis, Drang, Einschränkung, Schwierigkeit, Abhängigkeit, Zwang, Notwendigkeit, Gebundenheit, Druck, höhere Gewalt, Unfreiheit, Verpflichtung, Willensunfreiheit. ▸ Unabhängigkeit, Willensfreiheit.
Macht haben, die → herrschen.
Macht mehr haben, keine → breitschlagen, schwach.
Macht über sich selbst → Zucht.
Machtausgleich → Gegengewicht.
Machtbereich Wirkungskreis, Betätigungsfeld, Arbeitsfeld, Bezirk, Arbeitsbereich, Dienstbereich, Macht, Herrschaft, Geltung, Einfluss,

Einflussbereich, Stellung, Ansehen, Regiment, Bestimmung, Lebensberuf, Existenzbereich, Posten, Platz → Beruf, Charge.
Machtbewusstsein Durchsetzungskraft, Autoritätsanspruch, Machtanspruch, Herrschaftsanspruch. → Selbstbewusstsein.
Machtdemonstration Säbelrasseln *u.*
Machtentziehung → Beraubung.
Machtergreifung Ursurpation, Regierungsantritt, Thronbesteigung • Selbstherrschaft • Ernennung zum Präsidenten oder Kanzler, Bestallung zum Direktor oder Generaldirektor • Übernahme der Regierungsgewalt • Führerschaft.
Machtfülle Autorität, Einfluss, Übergewicht, Überlegenheit, Vormacht, Vormachtstellung. → Herrschaft.
Machtgefühl → Macht, Stärke.
Machtgier Machtbessenheit, Machtwahn, Egozentrik, Herrschsucht, Imperialismus.
Machthaber Herrscher, Gebieter, Führer, Befehlshaber, Vorsteher, Unternehmer, Industriekapitän, Börsenkönig, Kapitalist, Staatsoberhaut, Landeshaupt, Kaiser, König, Herzog, Fürst, Diktator, Imperator, Tyrann, Zar, Cäsar, Sultan. → Bonze.
mächtig stark, gewaltig, überlegen, überragend, allgewaltig, allvermögend, Furcht erregend, Achtung gebietend, herrschend, eisern, groß, einflussreich, vorherrschend, tonangebend, beherrschend, ausschlaggebend, maßgebend, angesehen, beträchtlich, bedeutend, wirksam, machtvoll, kraftvoll • umfänglich, dick, umfangreich, umfassend, kolossal, massig, beträchtlich, ansehnlich, geschwollen, mit Macht erdrückend. → außerordentlich, ausgedehnt, beherrschend, dick, diensttauglich, eisern, fest, Furcht erregend, gewaltig, groß.
▸ machtlos.
Mächtigkeit → Dicke, Stärke.
machtlos → bebend, bemüßigt, kraftlos, schwach.
Machtlosigkeit → Schwäche.
Machtmensch Alleinherrscher, Despot, Diktator, Gewaltherrscher/-mensch, Unterdrücker, Tyrann, Willkürherrscher.
Machtordnung Hierarchie.
Machtpolitik Faustrecht, Rechtlosigkeit, Selbsthilfe, Vergehen, Schuld, Rechtsbruch, Rechtswidrigkeit, Unrecht, das Recht des Stärkeren, Willkür, Ungerechtigkeit, Überschreitung. → Kriegsursache.
▸ Milde, Recht, Rechtsgültigkeit.
Machtprobe → Macht, Stärke.
Machtspruch → Strenge.
machtvoll → mächtig.
Machtvollkommenheit → Befugnis, Bemächtigung, Stärke.
Machtwort → Strenge.
Machwerk → Blendwerk, Mache.
Macke Fimmel, fixe Idee, Marotte, Tick, Verrücktheit.
Mädchen Besen *u,* Bluse *u,* Biene *u,* Büchsle *u,* Fletsche *u,* Ricke *u,* → Backfisch, Dirne, Fräulein, Jungfrau.
▸ Bub, Bursche, Junge, Knabe • Frau.
Mädchen, betrunkenes blauer Engel *u.*
Mädchen für alles → Faktotum, Untergebener.
Mädchen, leichtfertiges Flittchen *u.*
Mädchen, liebevollles Pussel *u.*
Mädchen, selbstbewusstes Flapper.
Mädchenfänger → Casanova, Wüstling.
Mädchengymnasium Backfischaquarium *u.*
mädchenhaft → feminin, jung, keusch, weiblich.
Mädchenhaftigkeit Jungfräulichkeit, Weiblichkeit, Keuschheit, Schamhaftigkeit, Züchtigkeit, Sittsamkeit, Sprödigkeit. → Bescheidenheit.
▸ (Alter), Männlichkeit, Unkeuschheit.
Mädchenhandel treiben in der Damenbranche tätig sein *u.*
Mädchenhändler Kuppler, Stenz, Zuhälter • Fleischfahrer *u.*
Mädchenjäger → Casanova, Herzensbrecher, Wüstling.
Mädchenjahre → Kindheit.
Mädchenoberschule Lyzeum.
Made → Larve.
Madenkrankheit Myiase.
Madenwurm Oxyure.
madig → faul, schlecht.
madig machen herabsetzen, schlecht machen.
madonnenhaft → rein.
Magazin Illustrierte, Heft, Filmrevue, Filmzeitung, Modeheft, Unterhaltungsschrift, Revue, Bildheft. → Abstellraum, Detailgeschäft, Lager, Vorrat.
Magd → Aushilfe, Dienerschaft, Untergebener.
Magen Pansen *j,* Wanst, Waidsack *j* • Brotschrank *u.*
Magen her, vom gastrogen.
Magen verderben, sich den Magen sich den verrenken *u,* den Magen verkorksen *u,* Magenschmerzen, Koliken, Magenentzündung, Magenschleimhautentzündung, schlechter Magen, Magenweh, Völlegefühl • sich den Bauch verrenken *u.*
Magen liegen, im beunruhigen, ängstigen, kümmern, erbittern, vergällen, beschweren, verdrießen, belästigen, anwidern, quälen, foltern, peinigen • verabscheuen, nicht leiden können, einem nicht grün sein, nicht ausstehen können, nicht gewogen sein, im Magen haben.
▸ erfreuen, verehren.
Magenknurren lauter Bauch *u.* → Esslust.
Magenkrampf/-schmerz Gastralgie, Gastrodynie, Kolik.
Magenkunde/-lehre Gastrologie.
Magenschleimhautentzündung Gastritis.
Magenspiegelung/-untersuchung Gastroskopie.
Magenübersäuerung Superazidität.
mager schmächtig, hager, spindeldürr, eingegangen *u.* → aalförmig, aalglatt, biegsam, dünn, wenig.
Magerkeit Dünne, Schmalheit, Schmächtigkeit, Schlankheit, Hagerkeit, Kleiderständer *u,* Bohnen- oder Hopfenstange, Klappergestell *u,* lange Latte *u,* langer Lulatsch *u,* langes Register *u,* Stange, Schlaks *u,* langes Gestell *u,* langer Laban *u* • Gerippe, Knochengerüst *u* • Gehaltlosigkeit, Armut, Geringfügigkeit, Belanglosigkeit, Wertlosigkeit. → Dürre.
▸ Dicke.
Magersucht Anorexie, Kachexie.
Magie → Aberglaube, Zauberei.
Magier → Fakir, Zauberer.

magisch unwirklich, überirdisch, geisterhaft, geheimnisvoll, ahnungsbang, bedrückend • zauberisch, schwarzkünstlerisch, besessen, bezaubert. ▸ wirklich.
Magister Gelehrter, Studierter, Dozent, Lehrer, Lehrender, Lektor, Lehrperson, Schulmeister, Meister, Berater, Ratgeber. ▸ Schüler.
Magistrat Behörde, Amt, Verwaltung, Verwaltungsstelle, Stadtverwaltung, Bezirksamt, Magistratur, Schulamt, Zivilbehörde, Regierungsstelle, Amtsperson, Obrigkeit. → Bürgermeister.
Magnat → Adel, Oberschicht.
Magnet Anziehung, Anziehungskraft, Reiz, Blickfang, Zugkraft, Anziehungsmittel, Reißer, Schlager, Anlockung • Magnetnadel, Werkzeug, Pendel. → Anziehung, Bann, Blickfang. ▸ (Abstoßung).
Magnetende Pol.
magnetisch → anziehend. ▸ abstoßend, abweisend • antimagnetisch.
Magnetismus → Anziehung, Anziehungskraft.
Magnetopath → Bader.
Magnifizenz → Anrede.
mahagonibraun → braun.
Mahd Ernte, Schnitt, Ertrag, Heuernte, Grummet, Heuet, Öhmd, Grasschnitt, Abmähen, Futterernte, Grünfutterernte.
Mähder → Bauer.
mähen → abschneiden, ernten.
Mahl → Essen, Mahlzeit.
mahlen pulverisieren, granieren, zermahlen, zermalmen, zerschlagen, zerklopfen, zerstoßen, zerkleinern, zerreiben, verreiben, verkleinern, pulvern, zermülmen, granulieren, ausmahlen. ▸ (unverarbeitet lassen).
Mahlstrom → Brandung.
Mahlzähne Molaren.
Mahlzeit Mahl, Schmaus, Essen, Gastmahl, Speise, Speisung, Verköstigung, Mittagessen, Abendessen, Mittagbrot, Abendbrot, Mittagsmahl, Abendmahl, Gericht, Diner • Tafelfreuden, Bankett, Fest, Festessen, Einladung, Gesellschaft, Gastmahl, Henkersmahlzeit, Schwelgerei • Gruß, Begrüßung. → Essen.
Mahlzeit im Freien Picknick.
Mahnbrief → Auflage, Brief, Ermahnung.
Mähne Haar, Borste, Wolle, Pelz, Locke, Zottigkeit, Struppigkeit, Pferdemähne, Behaarung. → Fell.
mahnen ermahnen, auffordern, hinweisen, erinnern, einschärfen, einfordern, belehren, einprägen, predigen, moralisieren, tadeln, vorhalten, bemängeln, beanstanden, rügen, verweisen, mäkeln, angreifen, verwerfen, abraten, abreden, monieren, ins Gewissen reden, zu Gemüte führen, vor Augen halten, treten *u,* die Wahrheit sagen, den Kopf zurechtsetzen, aufs Dach steigen, einen Rüffel erteilen, nicht hinter dem Berg halten, Vorstellungen machen, eines Besseren belehren, auf die Finger schauen, Einspruch erheben, Einwendungen erheben, Einwendungen machen, Vorwürfe machen, ins Gebet nehmen. → beschuldigen, Dach steigen auf das, drohen, einschärfen, erinnern. ▸ billigen, ermutigen, freie Hand lassen, loben, rechtfertigen, vergessen abwarten, sich gedulden.
Mahner Geldeintreiber, Forderer, Schuldforderer, Gläubiger • Gewissen, innere Stimme, warnende Stimme, das ungeschriebene Gesetz, Zehn Gebote. → Ermahner. ▸ Pflichtvergessenheit, Schuldner.
Mahnmal → Warnung, Zeichen.
Mahnruf → Anruf, Appell, Warnung.
Mahnung Tritt *u.* → Anzeichen, Appell, Diktat, Ermahnung, Erziehung, Vorwurf, Warnung.
Mahr → Beklemmung, Qual.
Mähre → Klepper.
mähren säumen, zögern, kriechen, schleichen, trödeln, trotteln, bummeln, zaudern, nachhinken, herummähren, langsam sein. → hemmen. ▸ beeilen (sich).
Maid → Backfisch, Dirne.
Maiden → Backfisch, Dirne.
Maienzeit → Frühling.
Maisfladen Tortilla.
Maisflocken Cornflakes.
Maisschnaps Pulque, Tschitscha.
Majestät → Anrede, Titel, Würde.
majestätisch → königlich, prächtig, stolz.
Majoratsherr → Besitzer.
majorisieren überstimmen, nötigen, zwingen, tyrannisieren.
Makel → Auswuchs, Blamage, dunkler Punkt, Entstellung, Fehler, Mangel. ▸ Tugend • Vorteil, Vorzug.
Mäkelei → Krittelei, Tadel.
mäkelig anmaßend, heikel, nörgelsüchtig, überkritisch, wählerisch.
makellos → arglos, artig, auserlesen, beispiellos, blendend, brillant, scharmant, engelgleich, erlesen, kostbar, lauter, rein, schön, vollkommen. ▸ befleckt, unrein • fehlerhaft • hässlich.
Makellosigkeit → Beste, Fehlerlosigkeit, Schönheit, Vollkommenheit.
mäkeln → Dach steigen auf das, kritteln, tadeln, nörgeln.
Make-up Aufmachung, Schminke, (Gesichts-) Verschönerung, Anstrich *u,* Aufstrich *u,* Damen-Lay-out *u,* Fassadenanstrich *u.*
mäkeln fiesen *u.*
Makler → Abgeber, Agent, Beauftragter, Bevollmächtigter, Vermittler.
Maklergebühr Courtage, Sensalie, Sensarie.
Makrokosmos → All, Welt.
Makulatur → Abfall.
Mal Wunde, Narbe, Schnitt, Verletzung, Riss • Merkzeichen, Merkmal, Mahnmal, Zeichen, Bezeichnung, Erkennungszeichen, Gepräge, Grenzpfahl, Ehrenmal, Markstein, Landmarke • Muttermal, Fliegermal, Hexenmal, Schönheitspflästerchen, Kainszeichen, Feuermal, Leberfleck • Grabmal, Grabstein, Gruft. → Bake.
Mal, ein anderes → dereinst.
mal so, mal so → wetterwendisch.
malen gestalten, konterfeien, bilden, entwerfen, formen, pinseln, zeichnen, radieren, nachbilden, bemalen, stechen, ausmalen, abkonterfeien, skizzieren, darstellen, tuschen, stricheln, schraffieren, färben, anmalen, pinseln *u.* → anstreichen, ausmalen, bemalen, durchpausen, kritzeln.

malen, den Teufel an die Wand prophezeien, voraussehen, unken, beschreien, berufen, Unglück voraussehen, Unglück verkünden, befürchten, fürchten, entmutigen, Angst machen, Furcht erwecken, die Hölle heiß machen, Schrecken einjagen, Grausen einflößen. ▸ beruhigen, ermutigen.

Maler Künstler, Zeichner, Grafiker, Kunstmaler, Schöpfer, Bildner, Farbenklekser *u*, Erzeuger. → Anstreicher.

Malerei Fresko, Glasmalerei, Bildkunst, Zeichnung, Federzeichnung, Kreidezeichnung, Ölmalerei, Pastellmalerei, Ölfarbendruck, Kupferdruck, Porträtmalerei, Farbengebung, Farbenpracht, Strichelung, Skizzierung, Aquarell, Stiche, Wachsmalerei, Porzellanmalerei, Pinselführung. → Arbeit, Dekoration.

Malerin → Blaustrumpf, Maler.

malerisch → anmutig, ästhetisch, bildreich, blendend, scharmant, schön.

maliziös boshaft, schlecht, arg, übel gesinnt, heimtückisch, missgünstig, böswillig, bösartig, niederträchtig, teuflisch, hämisch, gehässig, unausstehlich, abscheulich, zuwider, scharfzüngig, scheelsüchtig, übeltätig, giftig. → böse. ▸ freundlich, gutmütig, schmeichlerisch.

malmen zermalmen, schmatzen, kauen, zernagen, verspeisen, verzehren, essen, fletschen, aufspeisen, aufessen, zerkleinern, zermalmen, zermahlen. ▸ (unverarbeitet lassen).

malnehmen → multiplizieren. ▸ dividieren, teilen.

malnehmen, mit sich selbst potenzieren.

malträtieren → ärgern, quälen.

Malweise Stil.

Malzbier → Bier, Getränk.

malzunehmende Zahl Multiplikand.

Malzzucker Maltose.

Mama → Anverwandte, Mutter.

Mammi → Anverwandte, Mutter.

Mammon → Bargeld, Geld, Reichtum.

Mammonsdiener Geldhungriger, Nimmersatt, Goldliebhaber, Egoist, Geizhals, Materialist, Raffke, Filz, Knauser. ▸ Idealist, Verschwender.

Mammonsdienst Geldgier, Raffgier, Gewinnsucht, Golddurst, Geiz, Begehrlichkeit, Knickerei, Schäbigkeit, Götzendienst. ▸ Freigebigkeit, Idealismus, Verschwendung.

Mammut → Dickwanst, Tier.

Mamsell Wirtschafterin, Frauenzimmer, Weibsbild, Mädchen, Fräulein, Jungfer, Jungfrau, Maid, Mägdlein, Kinderfräulein, Dienstmädchen, Hausangestellte, Faktotum, Küchenmädchen, Hilfe, Stütze, Dirn, Aushilfe, Küchendragoner.

managen → organisieren, unternehmen.

Manager → Leiter.

Managerkrankheit Überarbeitung, Stress, Arbeitswut, Dystonie, Überanstrengung, Durchdrehen.

manche einige, gewisse, verschiedene, mancherlei, vielerlei, paar, mehrerlei, mehrere, eine Hand voll, diverse, allerlei, mehrfach. → diverse, etliche. ▸ alle, ein, niemand, (wenige).

mancherlei → allerhand, manche.

manches einiges, etwas, verschiedenes, irgendetwas, mancherlei, allerlei, vieles, vielerlei, alles Mögliche. → allerhand. ▸ alles, nichts, wenig.

manchmal hin und wieder, dann und wann, öfter, zuweilen, bisweilen, mitunter, gelegentlich, sprungweise, wiederholt, wiederkehrend, nicht so oft, beiläufig, ab und zu, bei Gelegenheit, gegebenenfalls. → ab und zu, dann, dann und wann, einige Mal, je. ▸ immer, niemals.

Mandant Auftraggeber, Klient, Schutzbefohlener, Kunde, Anempfohlener, Schützling.

Mandat Anordnung, Befehl, Geheiß, Gebot, Auftrag, Vorschrift, Verfügung, Sendung, Zuweisung, Mission, Vollmacht. → Befugnis, Berufung.

Mandatar → Beauftragter.

Mandel Gewürz, Geschmack, Würze, Frucht • Körperteil, Drüse. → Bund, Maß.

Mandelentzündung Angina, Tonsillitis.

Mandoline Jammerschinken *u*.

Manen Geister, Totengeister, Mythos, Geister der Abgeschiedenen, Unterwelt.

Mangel Blöße, Makel, Schönheitsfehler, Ausfall, Wegfall, Dürftigkeit, Verknappung, Entbehrung, Unvollständigkeit, Fehler, Übelstand, Gebrechen, Schwäche, Lücke, Nachteil, Manko, Armut, Ungenügen, Mangelhaftigkeit, Unzulänglichkeit, Unvollkommenheit, Not, Knappheit, Spärlichkeit, Einschränkung, Ärmlichkeit, Bedrängnis, Verelendung, Leere, Ebbe, Drangsal, Verlegenheit, Geldmangel, Mittellosigkeit, Fehlerhaftigkeit, Schadhaftigkeit, Flecken. → Abnahme, Abwesenheit, Armut, Ausfall, Auswuchs, Beschädigung, Defekt, Defizit, Dürre, Elend, Entbehrung, Fehlbetrag, Flickwerk, Kargheit. ▸ Fülle, Vollkommenheit • Güte, Qualität • Nutzen, Tugend, Vorteil, Vorzug • Reichtum, Überfluss • Prasserei, Schlemmerei.

Mangel an Geist → Dummheit.

Mangel an Selbstvertrauen Minderwertigkeitsgefühl. → Bammel, Befangenheit, Feigheit.

Mangel an Wissen → Dummheit, Unkenntnis.

Mangel haben bedürfen, benötigen, brauchen, darben, entbehren, gebrauchen können, kargen, nötig haben.

Mängelanzeige Reklamation.

mangelhaft → abwegig, absurd, beengend, beschädigt, charakterlos, defekt, minderwertig, schwach, ungenügend. ▸ ausgezeichnet, ideal, hervorragend, vollendet, vollkommen, vorbildlich • funktionsfähig, in Stand.

Mangelhaftigkeit Mangel, Unvollständigkeit, Unvollkommenheit, Lückenhaftigkeit, Kargheit, Knappheit, Spärlichkeit, Dürftigkeit, Unzulänglichkeit, Stückwerk, Fehlerhaftigkeit, Versehen, Nichtigkeit, Ungenüge, Schadhaftigkeit, Minderwertigkeit, Fehler, Flickwerk, Unfertigkeit. → Fehler. ▸ Vollkommenheit, Vollständigkeit.

mangeln durchmangeln,

glätten, drücken, zusammendrücken, pressen, glattmachen, durchdrehen, zusammenpressen, Wäsche durch die Mangel drehen. → ausgehen, entbehren, ermangeln, fehlen, fehlen lassen es.
▸ (im Überfluss) vorhanden sein, vorrätig sein.
mangelnd → gefragt, ungenügend.
Mangelware → Ausfall.
Manie Sucht, Wahnsinn, Vorliebe, Leidenschaft, Gelüste, fixe Idee, Verrücktheit, Trieb, Drang, Besessenheit.
Manier → Art, Art und Weise, Ausdrucksweise, Bildung, Diktion, Fassung, Gebaren, Gewohnheit.
Manieren Geschliffenheit, Schliff haben, Wohlerzogenheit, gute Erziehung, Anstand, Schicklichkeit, Sitte, Takt, Haltung, Weltgewandtheit, Form, Ritterlichkeit, • Unbeholfenheit, Unliebenswürdigkeit, Taktlosigkeit, Unbildung, Ungesittetheit, Unziemlichkeit, Unschicklichkeit, Ungezogenheit, schlechte Kinderstube, Flegelhaftigkeit, schlechte Formen, Unbeherrschtheit, Rüpelhaftigkeit, Flegelei, Lümmelei, Anstandswidrigkeit, Formlosigkeit. → Aufführung, Benehmen, Haltung, Höflichkeit, Lebensart.
▸ Unmanierlichkeit.
Manieren, gute → Dekorum, Manieren, wohlerzogen.
Manieriertheit Geschraubtheit, Ziererei, Gesuchtheit, Getue, Gehabe, Mätzchen, Machenschaft, Pose, Vorspiegelung, Erzwungenheit, Schein, Gezier, Vornehmtuerei, Aufschneiderei, Steifheit, Zimperlichkeit, künstliche Haltung, Angabe, erzwungenes Benehmen. → Mache.
▸ Natürlichkeit.
manierlich → anständig, artig, freundlich, gebildet, gebührlich, höflich.
Manierlichkeit → Höflichkeit.
Manifest Kundgebung, Erklärung, Kundmachung, Bekanntgabe, Veröffentlichung, Bekanntmachung, Ankündigung, öffentliche Erklärung, Verkündigung, Verlautbarung.
manifest → klar.
manifestieren ausdrücken, kundtun, verkünden, erlassen, bezeigen, darlegen, dartun, offenbaren, kundgeben, bekunden, bezeugen, verkündigen, kundmachen, bekannt machen, veröffentlichen. → ausdrücken.
▸ geheim halten.
Manipulation Handhabung, Verführung. → Schlich.
Manipulation, geistige Gehirnmassage *u.*
manipulierbar → lenkbar.
manipulieren → ausüben, bedienen, handhaben.
manisch → verrückt.
Manko → Ausfall, Entbehrung, Mangel, Unvollkommenheit.
Mann Herr, Bursche, Gentleman, Monsieur, Efendi, Grandseigneur, Mannsvolk, Mannsbild, Ehemann, Bräutigam, Jungmann, Junggeselle, Gatte, Vermählter, Gemahl, Gefährte • Dingsda, der Dings *u,* Beuteltier *u,* Bohrer *u,* Frau mit Stiel *u,* Säckel *u.* → Bräutigam, Draufgänger, Ehegenosse.
▸ Frau, Weib • Ehefrau • Bub, Bursche, Junge, Knabe.
Mann am 60./70./80. ... Geburtstag Jubelgreis *u.*
Mann bekommen, einen verloben, abkriegen *u,* heiraten, sich verheiraten, unter die Haube kommen *u..*
Mann bekommen, keinen sitzen bleiben, den Anschluss verpassen, Mauerblümchen bleiben, abgetakelt sein *u.*
Mann, betont männlicher Macho.
Mann bringen, an den entledigen sich, Hals schaffen sich vom, loswerden, verkaufen, verramschen, verscheuern, verschleudern.
Mann, schöner Adonis, Beau.
Mann, sehr anziehender He-man (Vollmann).
Mann, sehr reicher Krösus, Nabob, Plutokrat.
Mann, starker Bodybuilder, Herkules, Kraftmensch. → Athlet, Held.
Mann stellen, seinen durchhalten, durchbringen, durchführen, nicht wanken, nicht ausweichen, sich bewähren, sich auszeichnen, ein Leben einsetzen, ausharren, auf dem Platz bleiben, es mit der Gefahr aufnehmen, die Furcht bezwingen, die Zähne zusammenbeißen, nicht weichen.
▸ Flinte ins Korn werfen, weichen.
Mann, stiller Toter, Kind des Todes, Gestorbener, Abgeschiedener, Verschiedener • ruhiger Mensch, zurückhaltender Mensch, verschlossener Mensch, zurückgezogener Mensch, geruhsamer Mensch, schweigsamer Mensch, in sich gekehrter Mensch.
▸ (Lebender), Schwätzer.
Mann der Tat Tatmensch, Vollender, Arbeitsmensch, Arbeitsbiene, Arbeitstier, Schaffer, Tummler, Kraftmensch, Betriebskraft, Werktätiger, Zugreifer, Bewerkstelliger, Vollbringer, Vollführer, Kraftnatur, Geschäftiger, Aktivist.
▸ Nichtstuer.
Mann von Welt Gentleman, Herr, Kavalier, Weltmann.
Mann, wie ein → tapfer, übereinstimmend.
Mann, ein Wort, ein → Wahrhaftigkeit, Zuverlässigkeit.
Manna → Beste, Speise.
mannbar → entwickelt, reif, tapfer.
Männerfacharzt Androloge.
Männerfang auf den Strich gehen, einen Mann anlachen, buhlen, verrückt machen *u,* sich anhauen *u,* umgarnen, in ein Netz verstricken • Anschaffe *u.*
Männerfeindlichkeit/-hass Misandrie.
Männerheilkunde Andrologie.
Männerherz → Courage, Mut.
Männerscheu Androphobie.
männertoll → ausschweifend, buhlerisch, ehelustig, erotisch, mannstoll.
Männerwerk → Tat, Wagnis.
Manneskraft Zeugungskraft, Zeugungsfähigkeit. → Lebenskraft, Lebenstrieb, Virilität.
Manneskraft berauben, der entmannen, kastrieren, sterilisieren, unfruchtbar machen, zeugungsunfähig machen.
Mannesmut → Courage, Heldenhaftigkeit, Mut.
Mannestat → Heldentat, Tat, Wagnis.
Manneswort → Ehrenwort.
Manneswürde Mannesehre, Selbstachtung, Ehrgefühl, Anständigkeit, Wertschätzung,

Ehrbarkeit, Ehrsamkeit, Persönlichkeit, Reife, Charakter, Beherrschung, Stolz. → Bart.
Manneszucht → Ordnung, Zucht.
mannhaft → brav, entschlossen, herzhaft, rechtschaffen, reif, tapfer.
Mannhaftigkeit Heldensinn, Kraft, Mut, Tapferkeit, Manneskraft, Zeugungskraft, Vollkraft, Stärke, Beherztheit, Herzhaftigkeit, Kühnheit, Männlichkeit, Männerherz, Mannesmut, Festigkeit, Seelenstärke, Heldenhaftigkeit, Reife, Aufrichtigkeit, Kernhaftigkeit, Charakterstärke. → Fassung, Heldenhaftigkeit, Kraft, Mut, Rechtschaffenheit. ▸ Furcht, Gewissenlosigkeit, Kraftlosigkeit.
mannigfach kunterbunt, mannigfaltig, unterschiedlich, abwechselnd, vielförmig, abwechslungsreich, verschieden, vermischt, verschiedenartig, unterscheidbar, vielfältig, vielfach, vielstimmig, bilderreich, mehrfach, ungleich, unstimmig, allerhand, allerlei. → abwechselnd, bilderreich. ▸ einförmig, unterschiedslos.
mannigfaltig → abwechselnd, mannigfach.
Mannigfaltigkeit → Centaur, Farbenreichtum, Häufigkeit, Reichtum, Verschiedenheit.
mannigfarbig → bunt, farbenfroh.
männlich maskulin, mannbar, reif, zeugungsfähig, herangewachsen, erwachsen, entwickelt, tauglich, mannhaft, heldenhaft, muskulös, stämmig, kräftig, entschlossen, charakterfest, kernhaft, mutig, beherzt, willensstark, beharrlich, tapfer, tüchtig. → charakterfest, entschlossen, kräftig, mutig, rechtschaffen. ▸ weiblich, unmännlich, weibisch • sächlich.
männlich und weiblich ausgestattet androgyn.
männliches Glied Geschlechtsteil männliches, Membrum virile, Penis, Phallus • Apparat *u.* → Penis.
Männlichkeit → Courage, Entschlossenheit, Mann, Mut, Rechtschaffenheit.
Männlichkeitswahn Machismo.
Mannschaft Seilschaft *u.* → Belegschaft, Besatzung, Clique, Gemeinschaft.
mannstoll → nymphoman(isch), anrüchig, ausschweifend, buhlerisch, ehelustig, erotisch.
mannstolle Frau Feger *u,* Fuchtel *u.* → liebestolle Frau.
Mannweib Abweichung, Unnatur, Amazone, Zwitter, Eigentümlichkeit, Eigenheit, Ausnahme, Unweiblichkeit, Schnurrbartweib, Kraftweib, urwüchsige Person. → Bastard.
Manöver Finesse, Finte, Winkelzug, Advokatenstreich, Kunstgriff, Hintertür, Schliche, Ränke, Kniffe, Schleichweg, Netz, Heimtücke, List, Geriebenheit, Findigkeit, Klügelei • Übung, Kriegsmanöver, Kriegsspiele, Friedenskrieg, Geländeübung, Geschützbedienung, Seemanöver, Flugübung, Betriebsausflug *u,* Buschkrieg *u.* → Ausweg. ▸ (Ernstfall), Geradheit, Krieg.
Manöverkritik Bergpredigt *u.*
manövrieren → führen, leiten.
Manschette → Aufschlag.
Mantelaufschlag Revers.
Manteljacke Arschbetrüger *u,* Jantel *u.*
Mantel nach dem Wind hängen nach einer Seite wenden, sich nach dem Winde drehen, mit der Wurst nach der Speckseite werfen, nach dem Mund reden, seinen Vorteil wahrnehmen. → bringen Schäfchen ins Trockene, einordnen, vorsorgen.
Mantelpavian Papio.
Manual → Tastatur.
manuell mit der Hand, per Hand, von Hand.
Manuskript Aufzeichnung, Urschrift, Druckvorlage, Satzvorlage, Niederschrift, Handschrift, Werk, Schrift, Abfassung, Fassung, Formulierung • Arbeit, Ausfertigung. Druckvorlage • Treatment *M* (Vorform eines Drehbuchs), Drehbuch, Vorwurf, Entwurf, Exposee *M.* ▸ Druckschrift.
Manuskripthalter Tenakel.
Manuskriptprüfer Lektor.
Mappe Tasche, Aktendeckel. → Behälter.
Märchen → Ausrede, Dichtungsart, Erzählung, Fama, Unwahrheit.
Märchenerzähler Fabulant.
märchenhaft → fabelhaft, feenhaft, fantastisch, schön.
Märchenland Märchenwelt, Feenland, Fabelland, Wunderland, Schlaraffenland, Hexenreich, Halbgötterwelt, Einbildung, Traum, Trugbild, Unwirklichkeit, Dunstbild, Wolkenkuckucksheim, Feenreich, Feenwelt, Zauberland, Zauberreich, Wunderland, Fantasiegebilde. → Auswuchs. ▸ Wirklichkeit.
Märchenzauberin Fee.
Marchese → Adel.
Märe → Erfindung, Erzählung, Dichtungsart, Fama.
Margarine Proletenbutter *u.*
Marge Gewinnspanne, Erlös, Schnitt.
Marginale → Randbemerkung.
Mariendarstellung Madonna.
Marienverehrung Mariolatrie.
Marihuana-Zigarette Joint *u.*
Marine → Seemann.
Marineleitung Admiralität.
Marionette Marionettenkunst, Puppe, Figur, Gliederpuppe, Wachsfigur, Hampelmann, Statist, Nachbildung, Nachahmung, Steifheit, Unbeweglichkeit, Unselbstständigkeit, Willenlosigkeit, Drahtpuppe. ▸ Mann der Tat, Selbstsicherheit.
Mark Inneres, Kern, Kernstück, Kraft, Rückgrat, Wiederstandskraft, Saft und Kraft, Hauptsache, Hauptteil, Herzstück, Markstück, Schwergewicht, Nerven, Mark und Bein, Mark und Pfennig, Inhalt, Dicksaft, Pflanzenmark, Knochenmark • Gebiet, Gemarkung, Feldmark, Bezirk, Land, Landstück, Landstrich, Kreis, Gegend, Distrikt, Gau, Grafschaft • Geldstück, Geldschein, Währung, Zahlungsmittel, Geld, Eier *u,* Märker, Zaster *u,* Meter *u,* Emmchen *u,* Fränkli *schw.* ▸ Oberfläche, Schwäche.
markant ausgeprägt, hervorstechend, hervorhebend, ausdrucksvoll, ausdrücklich, augenfällig, bezeichnend, auffällig, auffallend, scharfgeschnitten, klar, deutlich, kennzeichnend. ▸ ausdruckslos, unauffällig, undeutlich.
Marke Herkunft, Herkunftszeichen, Fabrikmarke, Fabrikzeichen, Bezeichnung, Aufschrift, Merkzeichen, Sorte,

Fabrikationsname, Schutzzeichen, Gütezeichen, Kennzeichen, Merkmal, Erkennungszeichen, Fabrikname • Kerl, Possenreißer, Bürschchen, Alberhans, Marke für sich • Briefmarke, Freimarke, Postwertzeichen, Stempelmarke • Dienstmarke, Erkennungsmarke, Ausweis, Nachweis, Hundemarke • Tiefgangsmarke, Aming *sm.* → Art, Aufdruck, Bon, Etikette, Fabrikationsname.

Markenzeichen Logo, Signet.

markerschütternd → durchdringend, ohrenzerreißend.

markieren anzeigen, abstreichen, kennzeichnen, andeuten, bezeichnen, vermerken, einzeichnen, einmalen, einkerben, einschreiben, ein Zeichen machen, eingravieren, eindrucken • so tun als ob, etwas vormachen, nichts dahinter, vortäuschen, angeben, sich verstellen. → einzeichnen. ▸ richtig (darstellen), verdecken, wahrhaftig (sein).

markig → stark.

Markise Schutzdach, Sonnendach, Sonnensegel, Jalousie, Rollladen, Regenschutz, Lichtschutz, Sonnenschutz. → Bedeckung, Schutz.

Markstein Grenzmarke, Gemarkung, Zeichen, Merkzeichen, Meilenstein, Landmarke, Grenzstein, Grenzzeichen, Mal, Merk, Steinhaufen, Kilometerstein, Abgrenzung, Graben, Grenzlinie • Entscheidung, Wendepunkt, Höhepunkt, Entwicklung, einmaliges Erlebnis, entscheidendes Ereignis, bemerkenswertes Geschehen. → Demarkation. ▸ Bedeutungslosigkeit.

Markt Güteraustausch, Handel, Handelsverkehr, Börse, Handelsplatz, Messe, Umschlagsplatz, Warenverkehr, Warenvertrieb, Wirtschaftsleben, Umsatz, Geschäftsverkehr, Verkauf, Basar, Geschäftsplatz, Kaufplatz, Jahrmarkt, Lager, Gemüsemarkt, Kleinhandel, Großhandel, Stand, Absatz, Vertrieb. ▸ Produktion.

Marktanalyse Produktanalyse, Ausfragung, Marktuntersuchung, Bedarfsanalyse, Marktforschung, Marktbeobachtung.

Marktaufseher → Büttel.

marktbeherrschendes Unternehmen Monopol, Trust.

Marktbeobachtung → Marktanalyse.

markten → bieten, feilschen.

Marktforschung Fliegenbeinzählen *u.* → Marktanalyse.

Markt für Wertpapiere Börse.

marktgängig gefragt, gut, verkäuflich, begehrt, eingeführt.

marktgerecht marktfähig, absetzbar, umsetzbar, verkäuflich, handelsüblich.

Markthalle → Depot.

marktläufig → anerkannt, eingeführt, kurant.

Marktpreis → Preis.

Marktschreier Angeber, Schreier, Aufschneider, Prahler, Schaumschläger, Scharlatan, Maulheld, Schnauze, Großschnauze, Wortheld, Großsprecher, Wichtigtuer, Großhans. → Chauvinist, Claqueur. ▸ Mann stiller.

Marktschreierei → Blendwerk, Prahlerei, Täuschung.

marktschreierisch → aufdringlich.

Marktuntersuchung → Marktanalyse.

Marktwert → Preis.

markverzehrend → beißend, schrecklich.

Marmelade Jam, Konfitüre.

marmorieren → bemalen, betupfen.

marmorn → hart.

marode → beklemmend, geknickt, matt.

Marotte → Laune.

Marquis → Adel.

marsch fort! fertig! ab! los! hopp! weg! hau ab! pack dich! Abmarsch! sofort! schnell! augenblicklich! ▸ (halt!).

Marsch Fortbewegung, Wanderung, Ausflug, Schritt, Marschieren, Aufmarsch, Aufmarschieren, Aufzug, Vorbeimarsch • Marschland, Schwemmland. → Bewegung. ▸ Halt, Pause, Rast.

Marschboden Fenn, Klei, Schlick.

marschfertig → reisefertig.

marschieren schreiten, vorangehen, fortschreiten, vorankommen, gehen, wandern, tigern *u,* kilometern *u,* vorwärts kommen, laufen, eilen, schweifen, durchwandern, durchqueren, durchstreifen, traben, Schritt halten, einen guten Schritt am Leib haben *u,* im Schritt gehen. → ausschreiten, begeben sich, bewegen sich, gehen, laufen. ▸ fahren, halten, rasten • flanieren, schlendern, spazieren gehen.

Marschranzen Tornister.

Marschverpflegung Proviant • Fresspaket *u.*

Marter Quälerei, Qual, Pein, Drangsal, Heimsuchung, Leidensweg, Missgeschick, Belastung, Kreuz, Unglück, Unbill, Widerwärtigkeit, Trübsal, Elend, Schmerz, Leiden, Geißelung, Züchtigung, Folterung, Märtyrium, Tantalusqualen, Leidenskelch, Dornenkrone, Bestrafung, Hiebe, Kreuzigung, Flammentod, Erhängen, Peitschenhiebe, Vierteilung, Prügel, Pfählung, Erdrosselung, Tortur, Daumenschrauben, Fessel. → Ärgernis. ▸ Glück, Tröstung.

martern → bestrafen, bohren, quälen.

marternd peinigend, peinvoll, quälend, schmerzhaft, schmerzvoll.

martervoll → beißend, drakonisch, streng, schrecklich.

martialisch kriegerisch, kämpferisch, soldatenmäßig, militärisch, mannhaft, streitbar, feldgrau, herzhaft, kühn, eisenfresserisch, mutig, tapfer, heldenhaft, gerüstet. ▸ feige.

Märtyrer Blutzeuge, Bekenner, Heiliger, Sühner, Opfer, Schlachtopfer, Dulder, Gedemütigter, Leidender, Gequälter, Gekreuzigter.

Martyrium → Marter.

Masche Schleife, Strickmaschine, Windung, Laufmasche, Verschlingung, Verkettung, Schlinge • Netz, Wirrwarr, Verworrenheit, Fadenverschlingung, Knoten, Maschennetz, Maschenpanzer • Trick, Kniff, Pfiff, Praktik, Dreh. → Band, Bindemittel.

Maschine Dampfmaschine, Flugzeug, Motorrad, Rennwagen, Schreibmaschine, Antrieb, Werkzeug, Einrichtung, Bewegungsmittel, Gerät, Getriebe, Anlage,

Triebwerk, Krafterzeuger. → Apparat, Maschinerie. ▸ (Lebewesen), Mensch, Tier.
maschinell → maschinenmäßig.
Maschinenbauer Mechaniker.
Maschinengewehr Ballermann *u*, Baumsäge *u*, Bleischleuder *u*, Fräse *u*, Säge *u*.
maschinenmäßig mechanisch, unbewusst, teilnahmslos, gefühllos, stumpf, gewohnheitsmäßig, seelenlos, maschinell, abgestumpft, nach Schema F *u*, unberührt, dickhäutig, gleichgültig, unzulänglich, unbewegt, unselbstständig. ▸ empfindlich, empfindungsvoll • kreativ, künstlerisch.
Maschinenmensch Roboter.
Maschinensatz Aggregat.
Maschinenschreiberin Stenotypistin, Tippfräulein *u*, Tippmamsell *u*, Tippeuse *u*, Klapperschlange *u*, Schreibkraft, Sekretärin.
Maschinenzusammenbau Montage.
Maschinerie Triebwerk, Mechanismus, Mechanik, Getriebe, Bewegungsmittel, Vorrichtung, Werk, Kraftquelle, Treibkraft, Triebkraft, Antrieb, Zugkraft, Dampfkraft, Wasserkraft, Motor, Benzinmotor, Elektromotor, Kraftanlage, Kraftwerk, Einrichtung, Betrieb, Anlage, Vorrichtung, Instrument, Räderwerk, Mühlenwerk, Transmission, Uhrwerk, Hebewerk, Zubehör, Zahnrad, Kran, Hebel, Flaschenzug, Riemen. → Apparat.
Maschine, selbsttätige Automat, Roboter.
Maske Fasnachtsmaske, Visier, Larve, Maskerade, Vermummung, Hülle, Verborgenheit, Dunkel, Rätselhaftigkeit, Unerkenntlichkeit, Verhüllung • Schein, Täuschung, Hinterhältigkeit, Verstellung, Vorwand, Deckmantel, Vorspiegelung. → Anzug, Etikette, Larve. ▸ Enthüllung, Offenheit.
Maske abnehmen, die → demaskieren, Maske fallen lassen die.
Maske fallen lassen, die offenbaren, gestehen, eingestehen, zugeben, zugestehen, kundgeben, bezeigen, eröffnen, angeben, verraten, loslegen, entpuppen sich, entlarven, enthüllen, entschleiern, die Wahrheit eingestehen, Farbe bekennen, an das Licht bringen. → benehmen den Irrtum, demaskieren. ▸ verheimlichen, verhüllen.
Maskenball → Ball.
Maskenfest Fasching, Karneval, Maskerade.
maskenhaft → starr.
Maskenmantel Domino.
Maskerade Aufzug *u*.
Maskerade → Anzug, Maske, Verkleidung.
maskieren verkleiden, verschleiern, verhüllen, tarnen, verstecken, vertuschen, verkappen, verheimlichen, verbergen, verdecken, geheim halten, bemänteln, verkappen, irreführen, narren, blenden. ▸ enthüllen, offenbaren.
Maskierung → Anzug, Maske, Verkleidung.
Maskotte *f* Glücksbringer, Beschützer, Anhänger, Fetisch, Götze. → Aberglaube.
maskulin → männlich.
masochistisch selbstquälerisch, pervers, autoaggressiv.
Maß Ausmaß, Längenmaß, Raummaß, Eichmaß, Zeitmaß, Versmaß, Taktmaß, Höhe, Breite, Tiefe, Weite, Gewicht, Inhalt, Gemäß, Gramm, Kilo, Zentner, Tonne, Karat, Meter, Meile, Wegstunde, Knoten *sm* (1 Seemeile), Werst, Logg, Elle, Zoll, Fuß, Rute, Morgen, Ar, Hektar, Geviertmeter, Festmeter, Raummeter, Kubikmeter, Ster, Sester, Scheffel, Malter, Fuder, Pfund, Dekagramm, Gran, Quäntchen, Lot, Unze, Liter, Humpen, Pinte, Schoppen, Schnitt, Viertel, Achtel • Umfang, Maßeinheit, Messgerät, Metermaß, Messglas, Volt, Ampere, Ohm • Fon, Dosis, Quantum • Gefasstheit, Stete, Würde, Ernst, Festigkeit, Beherrschtheit, Gleichmaß, Bedacht, Besonnenheit, Gleichmut, Haltung, • Richtmaß, Norm, Vorschrift, Regel, Bestimmung. → Abstinenz, Anteil, Behälter, Bier, Dosis. ▸ Leidenschaftlichkeit, Übermaß.
Massage → Behandlung.
massakrieren → ausrotten, quälen.
Maßangabe → Bedingung, Klausel.
Maßarbeit → Facharbeit.
Masse Herde, Horde, Haufen, Gewimmel, Fülle, Menge, Bevölkerung, Anhäufung, Ansammlung, Schwarm, Volksmenge, Gedränge, Rotte, Pulk, Rudel, Bande, Gewühl, Mob, Stoff, Substanz, Materie, Quantität • Klumpen, Bürde, Ladung, Blei, Zentnergewicht, Zentnerlast, Schwere • Brei, ein Matsch *u*, Teigmasse, Knetmasse, Modelliermasse, Verdichtung, Zusammenziehung. → Anzahl, Ausdehnung, Ausmaß, Ausstellung, Auswahl, Bevölkerung, Block, Brei, Dichtigkeit, Gewicht, Größe, Herde. ▸ Bruchstück, Einzelheit, Individualität, Kleinheit, Leichtigkeit, Wenigkeit • Gruppe, Teil.
Maßen, über alle äußerst, höchst, maßlos, überaus, unermesslich, unsagbar, zutiefst.
Massenangst Panik.
Massenaufmarsch Demonstration.
Massenerhebung → Angriff, Auflauf.
Massengutbehälter Container.
massenhaft häufig, massenweise, viel, zig *u*, bannig *u*, x *u*, zahlreich, scheffelweise, vielfach, zahllos, unerschöpflich, wimmelnd, unzählig, vielerei, schockweise, tonnenweise, fuderweise, übervölkert, gedrängt. → allerhand. ▸ wenig • vereinzelt.
Massenkundgebung → Demonstration.
Massenseele → Herdentrieb, Masse.
Massentrieb, -wahn → Herdentrieb, Masse.
Massenveranstaltung Remmidemmi *u*.
Massenware Fließbandware *u*.
massenweise → massenhaft.
maßgebend kompetent, ausschlaggebend, tonangebend, wichtig, befugt, bestimmend, maßgeblich, richtungweisend, einflussreich, wesentlich, entscheidend, vorwiegend, vorzugsweise, belangreich, bedeutungsvoll, beträchtlich, gewichtig, stark. → A und O, ausnehmend, ausschlaggebend, beachtlich, beeinflussend, beherrschend, berechtigt, denkwürdig, dominierend, Epoche

machend, ereignisreich, mächtig.
▸ unmaßgeblich.
maßgeblich feststehend, überkommen, überliefert, üblich, zulässig, tonangebend, zeitgemäß, maßgebend.
▸ ungewöhnlich • inkompetent, unmaßgeblich.
Maß halten beherrschen sich, bezwingen sich, besiegen sich, meistern sich, mäßigen sich, zügeln sich, zusammenreißen sich, an sich halten, erziehen sich, gegen sich angehen, standhalten, verwinden sich, zurückhalten sich, überwinden sich, Selbstbeherrschung üben.
▸ ereifern sich, übertreiben.
massieren kneten, abreiben, schrubben, frottieren, streichen, reiben, einreiben • kneipen, müllern, mensendiecken • fit machen.
mäßig gering, geringfügig, leidlich, leicht, bescheiden, wenig, beschränkt, unbeträchtlich, eingeschränkt, unbedeutend, klein, unscheinbar, maßvoll, sparsam, mangelhaft, mittelmäßig, erträglich, fade, langweilig, schwach, angreifbar • kühl, gemäßigt, maßvoll, gelassen, ruhig, gemessen, gesetzt, enthaltsam, nüchtern, genügsam, bedürfnisvoll, anspruchsvoll, bescheiden. → abstinent, anspruchsvoll, bedürfnislos, begrenzt, bloß, einfach, einigermaßen, enthaltsam, gemäßigt.
▸ bedeutend, gut, maßlos, viel, reichlich, überreichlich, unmäßig • ausgezeichnet, beachtlich, bedeutend, glänzend, hervorragend, meisterhaft, prima, toll.
massig → dick, groß, massiv.
▸ schmächtig, zierlich.
mäßigen beruhigen, eindämmen, beschränken, hemmen, zügeln, besänftigen, zurückhalten, bezwingen, bezähmen, unterdrücken, stillen, dämpfen, befrieden, entwaffnen, begütigen, beschwichtigen, mildern, abschwächen, zurückdrängen, mindern, bringen zur Ruhe, bringen zur Besinnung. → abnehmen, beruhigen, besänftigen, dämpfen, dämpfen das Feuer, dämpfen die Stimme, eindämmen, halten an sich.
▸ aufbrausen, beunruhigen, erregen • beschleunigen, steigern, überhitzen.
mäßigen, sich beherrschen sich, beruhigen sich, bezähmen sich, zurückhalten sich, zügeln sich, hemmen sich, fügen sich, enthalten sich, Maß halten, Leidenschaft hemmen, einen Zaum anlegen, an sich halten, versagen sich etwas, seinen Ärger verbeißen, überwinden sich, sich in Schranken halten, die Grenzen nicht überschreiten.
▸ ereifern sich, übertreiben.
Mäßigkeit Sparsamkeit, Genügsamkeit, Einschränkung, Enthaltsamkeit, Selbstverleugnung, Selbstbezwingung, Bedürfnislosigkeit. → Bescheidenheit, Mäßigung.
▸ Maßlosigkeit, Unbescheidenheit, Unmäßigkeit, Verschwendung.
Massigkeit → Dichte, Dicke.
Mäßigung Mäßigkeit, Beherrschung, Besonnenheit, Genügsamkeit, Selbstüberwindung, Selbstbezwingung, Askese, Selbstbeherrschung, Entsagung, Beschränkung, Vermeidung, Nüchternheit, Sammlung, Maß, Gelassenheit, Zurückhaltung, Haltung, Fassung, Zucht, Selbsterziehung. → Beruhigung, Besinnung, Besonnenheit, Diät, Enthaltung, Jungbrunnen.
▸ Leidenschaftlichkeit, Unmäßigkeit • Wut, Zorn.
Massiv → Berg.
massiv kräftig, massig, dicht, fest, solide, schwer, haltbar, stark, voll, echt, widerstandsfähig, zäh, hart, widerstandsfest • grob, schroff, rau, unwirsch, robust, mürrisch, derb. → außerordentlich, dauerhaft, groß.
▸ höflich, hohl, leicht, porös.
Maßkrug → Bier, Gefäß, Maß.
maßlos übermäßig, wucherisch, übersteigert, zügellos, unbeherrscht, unmäßig, zu viel, heftig, hochgradig, beträchtlich, überaus, grenzenlos, unermesslich, furchtbar, ungeheuer, haltlos, unbeherrscht, zügellos. → außerordentlich, ausnehmend, bacchantisch, begehrlich, erstaunlich, happig.
▸ maßvoll, bescheiden, gemäßigt, mäßig • abstinent, enthaltsam, asketisch.
Maßlosigkeit Übertriebenheit, Übertreibung, Übersteigerung, Zügellosigkeit, Fessellosigkeit, Zuchtlosigkeit, Haltlosigkeit, Unmäßigkeit, Übermaß, Ausschweifung • Getue, Krampf *u*, Zirkus *u*, Affentheater *u*, Klimbim *u*, Manöver, Mätzchen, Baselemanes *u*. → Ausschreitung, Begierde.
▸ Mäßigkeit.
Maßnahme → Akt, Ausführungsbestimmung, Maßregel.
Maßnahme, wirkungslose Placebo *u*.
Maßnahmen ergreifen aufräumen, durchgreifen, eingreifen, einmischen sich, einschreiten.
Maß nehmen anmessen, zurichten, zielen, vorbereiten.
Maßregel Maßnahme, Vorkehrung, Ausführungsbestimmung, Bestimmung, Anordnung, Vorbereitung, Wegweisung, Richtlinie, Verhaltensmaßregel, Wegweiser, Anweisung, Vorsichtsmaßregel, Anordnung, Verfügung, Warnung, Aufforderung, Anweisung. → Direktive.
▸ Glückssache, Unbedachtsamkeit, Zufall.
maßregeln → abrechnen, ahnden, bervormunden, tadeln.
Maßregelung Zurechtweisung, Tadel, Bestrafung, Warnung, Abrechnung, Vorhaltung, Vorwurf, Mahnung, Rüge, Verweis, Ahndung, Schelte, Beanstandung. → Disziplin.
▸ Belobigung.
Maßstab Gradmesser, Richtschnur, Norm • Bewertung, Wertbestimmung, Benotung, Schätzung, Abschätzung.
Maß- und Gewichtskunde Metrologie.
Maß überziehen, das den Bogen übespannen *u*.
maßvoll → bedachtsam, billig, bescheiden, gemäßigt, mäßig.
Maßziffer → Index.
Mast Höhe, Bugsprit, Schiffsmast, Vordermast, Segelmast, Segelstange • Mästung, Stopfung, Sättigung, Fütterung, Füllung, Nahrungszufuhr, Mastfutter,

Atzung, Vollstopfung, Ätzung. ▸ Hungerkur.
Masthahn Kapaun.
Masthuhn Poularde, Poulet.
Mastkorb → Ausguck.
mästen → anschwellen, ansetzen, ausfüllen, dick werden, füllen.
mästen, sich → ausschweifen.
Mästung → Mast.
Matador Anführer, Berühmtheit, Haupt(stier)kämpfer, Held, hervorragender Mann • Stiertöter.
Match Kampf, Partie, Schlagabtausch, Fight.
Material Substanz, Gerät, Bedarf, Zeug, Rohstoff, Stoff, Werkstoff, Ware, Baustoff, Güter, Mittel, Brennstoff, Sachen, Schreibmaterial • Unterlagen, Sammlungen. → Anhaltspunkte, Bedarf, Belege, Bestand, Grundstoff. ▸ Produkt, Werkzeug • Form, Gestaltung.
Materialismus Erdensinn, Sinnlichkeit, Vielseitigkeit, Nüchternheit, Tierhaftigkeit, Egoismus, Weltlichkeit, Besitzesliebe, Gottlosigkeit, Rücksichtslosigkeit, Geldliebe. ▸ Idealismus.
Materialist Egoist, Mammonsdiener, Geldliebhaber, Rücksichtsloser, Gottesleugner, Freidenker, Freigeist, Ungläubiger, Sinnlicher, diesseitiger Mensch. → Bacchant. ▸ Edelmensch, (Idealist).
materialistisch Genuss orientiert, Gewinn orientiert, auf Geld aus, unreligiös, gottesleugnerisch, unchristlich, egoistisch, weltlich, rücksichtslos. ▸ idealistisch.
Materie → Ding, Etwas, Gegenstand, Körper, Substanz.
materiell → fassbar, gegenständlich, konkret, leibhaftig, leiblich.
Matinee Morgenfeier, Morgenveranstaltung, Veranstaltung, Martineevorführung, Martineevorstellung, Aufführung, Kulturfilmvorführung, Unterhaltung, Morgenkonzert, Zerstreuung, Frühvorstellung, Morgenunterhaltung • Morgenkleid. ▸ Abendunterhaltung, Soiree.
Matratze Unterbett, Strohsack.
Mätresse Geliebte, Liebchen, Freundin, Schatz, Konkubine, Halbwelt, Kameliendame, Freudenmädchen, Frauenzimmer, Gefallene, Verlorene, Kokotte, Dirne, Bajadere, Hetäre, Messalina, Buhlerin, Kreatur, Lustdirne, Sirene, Schlafgängerin, Bettschatz.
Matrize Hohlform, Gießform, Pappform, Stanzform, Modell, Schablone, Vordruck, Vorlage, Musterform, Original, Urform, Urbild, Musterblatt, Muster, Vorbild, Musterbild, Druckform. ▸ Kopie, (Patrize).
Matrone Frau, Greisin, Großmutter, Ahne, Mütterchen, Bejahrtheit, Herrin, Gebieterin, Oma, alte Dame. ▸ Mädchen.
Matrose → Seemann.
Matrosenlohn Heuer.
Matsch völliger Spielverlust. → Dreck, Schlamm, Schmutz, Sumpf.
matsch völlig verloren • geschlagen, schlapp, keinen Stich machen.
matt marode, schwach, krank, ermattet, müde, abgespannt, überarbeitet, abgearbeitet, entkräftet, kraftlos, hinfällig, übermüdet, gerädert, schwächlich, lax, schlaff, ohnmächtig, nichts sagend, abgestanden, wässerig, fahl, glanzlos, trübe, lau, langweilig, einförmig, dumpf, langsam, teilnahmslos, energielos. → abgeschmackt, abgespannt, albern, arbeitsunfähig, beklemmend, blass, erholungsbedürftig, dämmerig, dunkel, erschlagen, fahl, farblos, faul. ▸ frisch • energisch, fit, kräftig, lebhaft, vital • blank, glänzend, leuchtend, strahlend • (wie) ausgewrungen *u*, flau *u*, saftlos *u*.
matt sein → darniederliegen, matt.
matt setzen → überwinden.
Matte Teppich, Fußmatte, Strohmatte, Bodenbelag, Läufer, Vorleger, Vorlage, Bettvorlage, Flechtwerk • Garnier *sm* • Halde, Wiese, Weide, Gelände, Gefilde, Bergmatte, Alm, Senne, Trift. → Geflecht. ▸ Kahlheit, Wald.
mattgelb beige, creme(farbig).
Mattheit → Erschlaffung, Schwäche.
Mattigkeit → Beschwerde, Blutarmut, Dumpfheit, Entnervung, Ermattung, Erschöpfung.
Mätzchen Pose, Machenschaft, Schein, Gehabe, Getue, Ziererei, gespreiztes Benehmen, Vorspiegelung, Maniertheit. → Anreiz, Mache. ▸ Natürlichkeit.
Mauer Grundmauer, Mauerwerk, Wand, Schutz, Umfassung, Einfassung, Ringmauer, Festungsmauer, Festungsgürtel, Umschanzung, Verschanzung, Umwallung, Schranke, Gemäuer, Abschluss, Schacht • Klagemauer. → Bastion, Beschwernis, Demarkation.
mauern bauen • sich verschanzen, stoppen, zurückhalten.
Mauern, außerhalb der extra muros.
Mauerblümchen Jungfer, Blaustrumpf, Sitzenbleiberin, Unbeliebte, unansehnlicher Mensch, Unschöne, Spießerin.
Maul Fang *j*, Aser *j*, Äser *j*. → Klappe, Mund, Öffnung.
Maul stopfen, das Mores lehren, Respekt lehren, einen anfahren, den Stolz nehmen, jemanden demütigen, jemanden erniedrigen, jemanden vertreiben, den Stolz brechen, jemanden anschreien, mit kaltem Wasser begießen, geringschätzig behandeln, jemanden beschämen, beschimpfen, jemandem Bescheid sagen, eins auswischen, ein Schloss vor den Mund legen, einen Maulkorb anlegen, schweigen machen, die Lippen versiegeln, hindern, den Redefluss hemmen, den Hemmschuh anlegen. ▸ Maul aufreißen das.
Maulaffe Müßiggänger, Faulenzer, Eckensteher, Zeitverschwender, Nichtstuer, Faulpelz, Faulsack, Faultier, Tagedieb, Taugenichts, Bummler, Pflastertreter, Eckensteher, Strolch, Murmeltier, Siebenschläfer, Arbeitsscheuer, Herumlungerer, Schnüffler, Topfgucker. ▸ Arbeiter.
Maulaffen feilhalten faulenzen, verlottern, herumlungern, schlendern, strolchen, herumschwärmen, herumzigeunern, duseln, dem lieben Gott den Tag stehlen, auf der Bärenhaut liegen, die Zeit töten, der Arbeit aus dem

Weg gehen, die Zeit verschwenden, die Hände in die Tasche stecken, keinen Finger rühren, seine Nase in alles stecken, herumglotzen, das Maul aufreißen, neugierig sein.
▸ arbeiten, gleichgültig (sein).
maulen meckern, sich auflehnen, sich entrüsten, sich empören, kritisieren, mäkeln, tadeln, kritteln, verbessern, bemängeln, missbilligen, nörgeln, räsonieren, zetern, schmähen, herummäkeln, bemäkeln, beleidigt sein, unzufrieden sein. → aufregen, balgen.
▸ hinnehmen.
maulfaul → schweigsam.
Maulfertigkeit → Abschweifung, Beredsamkeit.
maulfromm → bigott, falsch.
Maulgefecht → Bissigkeit, Debatte, Streit.
Maulheld → Angeber, Chauvinist, Prahler.
Maulkorb anlegen → Maul stopfen das.
Maulschelle → Bestrafung.
Maulwerk Mundwerk, Klappe, Maulfertigkeit, Zungengeläufigkeit, Zungenfertigkeit, Gesprächigkeit, Redewut, Zungendrescherei, Wortreichtum, Wortschwall, Wortpracht, Redseligkeit, Schwatzhaftigkeit, Frechheit, Grobheit, Redefluss, Gewäsch, gutes Mundwerk, Judenschule, Kannegießerei.
▸ Wortkargheit.
Maus, Mann und → A bis Z, A und O.
Mäuse sehen, weiße den Verstand verlieren, torkeln, einen Rausch haben • halluzinieren, verrückt. → betrunken, verdreht.
mauscheln heimlich Vereinbarungen treffen, klüngeln, kungeln, intrigieren, schummeln • mogeln, kaudern, welschen, radebrechen, nuscheln, undeutlich reden, schnodderig reden, unverständlich sprechen, jüdeln, schachern • Glück spielen.
▸ deutlich (sprechen).
mausen → berauben, bestehlen, einbrechen.
Mauser Entblößung, Mauserung, Kahlheit, Enthaarung, Entfederung, Schälung, Enthüllung, Enthülsung, Unbehaartheit, Abschälung, Blöße, Schuppung, Abstreifung, Häutung, Federlosigkeit. → Büchse.
Mauserei → Bemächtigung, Beraubung, Dieberei, Einbruch.
mausern, sich schuppen, entfiedern, häuten, schälen, enthüllen, mausen sich, entblättern, abstreifen, abbalgen, entblößen, entfernen, entkleiden, bloßmachen, verfedern *j*, verfärben *j*, das Haarkleid wechseln.
▸ bedecken.
mausig machen, sich → prahlen, übermütig.
Mausoleum → Grab.
Maut → Zoll.
mauzen klagen → nörgeln.
maximal → äußerst.
▸ mindestens, minimal, wenigstens, zumindest.
Maxime Grundwahrheit, Binsenwahrheit, Lebensregel, Spruch, Kerngedanke, Gebot, Grundsatz, Leitgedanke, Richtschnur, Wahrspruch, Prinzip, Satzung, Sinnspruch, Geleitwort, Glaubenssatz, Grundbegriff, Lehrspruch, Denkspruch, Hauptgrundsatz, Motto, Geleitspruch, das ist ihm Evangelium. → Axiom, Lehrsatz.
Maximum Höchstwert, Höchstpunkt, Gipfelpunkt, Höhe, Höchstmaß, das Höchste, Klima, Hochdruck.
▸ Minimum.
Mäzen Kunstfreund, Kunstliebhaber, Förderer, Schöngeist, Kunstkenner, Gönner, Spender, Kunstjünger, Kunstschlemmer.
▸ Banause.
mechanisch → blindlings, eingetrichtert, maschinenmäßig.
mechanisieren motorisieren, automatisieren, technisieren, rationalisieren.
Mechanismus → Apparat, Maschinerie.
meckern murren, mucken. → bläken, maulen.
Medaille → Auszeichnung, Geld, Kennzeichen.
mediatisieren ein Gebiet einverleiben, ein Land unterwerfen, gewaltsam an sich reißen, erbeuten, sozialisieren, sich etwas aneignen.
Medikament → Arznei, Essenz, Medizin.
Medikamentenmissbrauch (Arzneimittel-) Abusus.
Meditation → besinnlich, Besinnlichkeit.
meditieren nachdenken, nachsinnen, grübeln, überlegen, sinnen, denken, sich vertiefen, sich hingeben, erdenken, sich beschäftigen mit, in Gedanken versunken sein, brüten über, ein geistiges Leben führen, gedankenvoll sein.
▸ zerstreut (sein).
Medium Bindeglied, Zwischenglied • okkultischer Mittler, Spiritist, Kabbalist. → Mittel.
Medizin Herzstärkung, Arznei, Heilmittel, Heilverfahren, Mittel, Drogen, Chemikalien, Medikament, Verordnung, Vorbeugungsmittel, Linderungsmittel, Stärkungsmittel, Erleichterungsmittel, Beruhigungsmittel, Betäubungsmittel, Hilfsmittel • Wissenschaft, Arzneikunst, Arzneikunde, Gesundheitslehre, Heilkunde, Heilkunst, Heilwesen, Chirurgie, Wunderarzneikunst, Zahnarzneikunde, Anatomie, Geburtskunde, Dermatologie, Gynäkologie, Gerichtsmedizin. → Arznei, Auszug, Elixier.
Mediziner Gelehrter, Wissenschaftler, Akademiker, Studierter, Doktor, Arzt, Chirurg, Anatom, Kliniker, Zahnarzt, Wundarzt, Augenarzt, Heilkünstler, Tierarzt, Heilmeister, Geburtshelfer, Kinderarzt, Naturarzt, Hautarzt, Internist, Frauenarzt. → Berater.
Meer See, Ozean, Salzflut, Brandung, Widersee, Sturmflut, Springflut, Flut, Gezeiten, Gewässer, Wassermenge, Meeresarm, der große Teich.
▸ Land.
Meer gehörend, zum maritim.
Meerbusen → Bai, Becken, Bucht, Busen.
Meereinflutung Ingression.
Meerenge → Bucht.
Meeresbucht Bai, Fjord, Golf, Haff.
Meeresgott Neptun, Okeanos, Poseidon.
Meeresgöttin Nereide, Ozeanide, Ran, Sirene.
Meeresjungfrau Nixe, Undine.
Meereskunde Ozeanographie, Thalassographie.
Meeresküste Gestade, Küste, Meeresrand/-strand/-ufer, Strand, Ufer(saum).

Meeresströmung Drift, Trift.
Meerestiefenmessgerät Bathymeter, Echolot, Lot.
Meeresvordringen Transgression.
Meerfee Melusine.
Meernymphe Okeanide, Ozeanide.
Meerrettich Kren.
Meerzwiebel Szilla.
Meeting → Versammlung.
Megafon Flüstertüte *u.*
Megäre → Drache.
mehlig pulverförmig, zermahlen.
Mehr → Beifügung.
mehr → darüber, dominierend, erhaben über, super, überwiegend.
▸ minder, weniger.
mehr oder minder → gewissermaßen.
mehrarmige Flussmündung Delta.
mehrarmiger Kerzenleuchter Kandelaber.
mehrdeutig → doppelsinnig.
▸ eindeutig, klar, unmissverständlich.
mehren → ansetzen, ausbreiten, ausdehnen, vergrößern, vervielfältigen.
mehrere → allerhand, diverse, einige, etliche, manche.
▸ einzelne, wenige • kein • alle.
mehrerlei mehrere, viele, gewisse, manche, einige, verschiedene, verschiedenartige, vielerlei, mehrfach, vielfach, unzählig, massenhaft, häufig. → etliche.
▸ einerlei, wenig.
mehrfach → allerhand, oft.
▸ einfach • (nur) einmal.
mehrfarbig → bunt.
mehrförmig vielförmig, verschiedenartig, unterschiedlich, unterscheidbar, ungleich, mannigfach, vielfältig, abwechselnd, bilderreich, anders, vielfach.
▸ einförmig.
Mehrheit Menge, Masse, Haufen, Überzahl, Mehrzahl, Vielheit, Unzahl, Unsumme, Vielfältigkeit, Plural, Pluralität, Mannigfaltigkeit, Wahlmehrheit, Stimmenmehrheit.
▸ Minderheit.
mehrheitlich → überwiegend.
mehrmals → erneut, oft.
mehrseitig multilateral.
mehrsprachig polyglott.
mehrstimmig polyfon, zweistimmig, dreistimmig, abwechselnd.
▸ einstimmig.
mehrstimmiger Gesang Kanon, Madrigal, Motette.
mehrteilig vielteilig, mehrförmig, teilbar, auflösbar, ungebunden, zahlreich, gelockert, lose, unzusammenhängend.
▸ einteilig.
Mehrwertigkeit Multivalenz.
Mehrzahl Mehrheit, Majorität, Überzahl • Plural.
Mehrzweckwagen Kombi(wagen).
meiden ausweichen, scheuen, wegbleiben, abrücken, sich entfernt halten, aus dem Weg gehen, sich abwenden, sich verschließen, sich zurückziehen, sich verbergen, entsagen, abgewöhnen, entwöhnen, ablassen, abstellen, ablegen, aufgeben, einstellen, fliehen, verabscheuen, sich sträuben, nicht leiden können, im Stich lassen, nicht mögen, von sich weisen, einer Sache überdrüssig werden, aussperren, sich entfremden, gram sein. → entziehen sich.
▸ aufsuchen, erkunden, sich bemühen um, suchen.
Meidungsgebot Tabu.
Meierei → Molkerei, Ansied(e)lung, Bauernhof, Besitztum.
Meilenstein → Erkennungszeichen, Markenstein.
Meineid → Bekenntnis, Betrug, Eid falscher.
meineidig → arglistig, bestechlich, charakterlos, falsch, unredlich.
meinen → ahnen, annehmen, argwöhnen, äußern, befürchten, denken, entgegnen, erwidern, sprechen, vermuten.
meinerseits was mich betrifft, in Verbindung mit mir.
▸ beziehungslos.
meinetwegen gleichwohl, immerhin, obschon, dessen ungeachtet, zwar, meinethalben, wegen mir, jedenfalls.
▸ dagegen.
Meinung → Ahnung, Anhaltspunkt, Annahme, Ansicht, Ansichtssache, Ausdruck, Auskunft, Auslegung, Befürchtung, Begriff, Bescheid, Dafürhalten, Darlegung, Erachten, Gesichtspunkt, Grundsatz, Hinsicht, Idee, Urteil, Vorschlag.
Meinung bilden, sich eine beurteilen, bewerten, einschätzen, urteilen.
Meinung, hohe Achtung, Ehrerbietung, Hochachtung, Wertschätzung, Würdigung, Bewunderung, gute Meinung, hoher Begriff, Verehrung, Ehrfurcht, Pietät.
▸ Verachtung.
Meinung, öffentliche → Presse.
Meinung sagen, jemandem seine → Dach steigen auf das, tadeln.
Meinung sein, einer → dafür, übereinstimmen.
Meinung, vorgefasste Voreingenommenheit, Vorurteil.
Meinungsänderung Konversion, Revision.
Meinungsäußerung Senf *u.*
Meinungsaustausch → Aussprache, Austausch, Beratung, Debatte, Disput, Konversation.
Meinungsbildner Opinionleader.
Meinungsforscher Seelendetektiv *u.*
Meinungsforschung Demoskopie.
Meinungsgegner Opponent.
Meinungsstreit Debatte, Polemik. → Diskussion.
Meinungsverschiedenheit → Auseinandersetzung, Bruch, Differenz, Disharmonie, Disput, Missverständnis.
Meinungsvielfalt Pluralismus.
meißeln → anfertigen, ausarbeiten, behauen, bilden, formen.
Meistbietender Lizitant.
meistens zumeist, meist, fast immer, größtenteils.
▸ kaum, manchmal, selten • niemals • immer.
Meister Könner, Rekordler, Kanone, Lehrherr, Lehrmeister, Kunstkenner, Faktor, Künstler, Sachkenner, Sachverständiger, Kenner, Meisterkopf, Innungsmeister, Weltwunder, Meisterhand, Begutachter, Erzieher, Arbeiter, Werkmeister, Betriebsmeister, Baumeister, Leiter, Oberaufseher, Obermeister, Abteilungsleiter, Größe, Persönlichkeit, Hausmeister. → Anrede, Arbeiter, Arbeitgeber, Berühmtheit, Besitzer, Champion, Chef, Cicerone, Dienstherr, Direktor, Eigentümer, Erfinder, Erschaffer, Fachmann.
▸ Lehrling, Nichtkönner,

Anfänger, Auszubildender, Schüler.
Meisterbrief → Fähigkeitsausweis.
meisterhaft → anstellig, außerordentlich, beispiellos, erlesen, kunstgerecht, sinnreich, vortrefflich. ▸ dilettantisch, mäßig, misslungen, schlecht, schülermäßig, stümperhaft, verpfuscht.
Meisterhaftigkeit → Fertigkeit.
Meisterkopf → Denker, Fachmann, Meister.
meisterlich → geübt, sinnreich.
meistern fixen *u*, ritzen *u.* → ausstechen, bahnen, bewältigen, durchsetzen, das Feld behaupten, eindämmen, Hand glückliche. ▸ aufgeben, kapitulieren, resignieren.
meistern, sich zügeln sich, beherrschen sich, bezwingen sich, zähmen sich, erziehen sich, zusammenreißen sich, selbst besiegen sich, gegen sich angehen, in Zucht nehmen sich, an die Kandare nehmen sich, an die Zügel nehmen sich. → mäßigen sich. ▸ aufbrausen.
Meisterprüfung → Examen.
Meistersänger → Dichter.
Meisterschaft → Fähigkeit, Kunst, Stärke, Wissen.
Meisterspieler/-sportler Champion.
Meisterstreich → Coup, Erfolg, Glanzstück.
Meisterstück → Ausbund, Beste, Einzelarbeit, Glanzstück, Vollkommenheit.
Meisterwerk → Einzelarbeit, Beste, Glanzstück, Handarbeit, Vollkommenheit.
Melancholie Schwermut, Trübsinn, Niedergeschlagenheit, Seelenwundheit, Düsterkeit, Lebensüberdruss, Weltschmerz, Mutlosigkeit, Gedrücktheit, Seelennot, Traurigkeit, Pessimismus, Trostlosigkeit, Tiefsinn, Gemütskrankheit, Grämlichkeit. ▸ Lebensfreude.
melancholisch trübsinnig, mutlos, traurig, schwermütig, schwerblütig, grüblerisch, seelenwund, sterbensfroh, lebenssatt, lebensmüde, wehmütig, gemütskrank, lebensüberdrüssig, niedergeschlagen, betrübt. → aufgelegt, elegisch. ▸ lebensfroh.
melden hinterbringen, anzeigen, verständigen, angeben, berichten, aussagen, enthüllen, bekannt geben, mitteilen, erklären, dartun, benachrichtigen, unterrichten, erzählen, erwähnen, auseinander legen, aufdecken, beibringen, kundgeben, anmelden • knipsen, rufen, sich bemerkbar machen • einen Laut von sich geben, anschlagen, bellen, ausspucken *u.* → aufklären, auseinander setzen, aussagen, benachrichtigen, bestätigen, drahten, erzählen. ▸ schweigen, verheimlichen.
melden, sich → abkommen, aufhalten sich, melden.
Meldereiter Stafette.
Meldezeichen Hörzeichen, Ruf, Warnruf, Anruf, Zuruf, Klingeln, Pausenzeichen, Gong, Signal, Warnzeichen, Fahrzeichen, Haltezeichen, Lichtzeichen, Blinkfeuer, Blinksignal, Verkehrsschild, Feuerzeichen, Leuchtkugel, Warnungstafel, Flammenschrift, Alarm, Hornsignal, Notsignal. → Fanfare.
Meldung → Angabe, Anzeige, Auskunft, Auslassung, Benachrichtigung, Bericht, Chronik, Depesche, Eröffnung, Notiz, Rapport.
Melodie → Cantus, Duett, Gesang, Lied.
melodisch wohlklingend, harmonisch, wohllautend, melodiös, musikalisch, klangreich, liedmäßig, singbar, silberhell, glockenklar, tonsicher, bezaubernd, hinreißend, stimmreich, schmelzend, rhythmisch. → anklingend. ▸ unharmonisch, unmelodisch.
melodische Verzierung Koloratur, Melisma.
melodramatisch → bühnengerecht.
melodramatische Vorführung → Rührstück.
Melusine → Fee.
memento (mori) gedenke des Todes, Mahnung, Mahnruf, Erinnerung, Einkehr, Gewissenserforschung, Buße, Reue, Insichgehen, Buße tun, mit der Sünde brechen, zur Erkenntnis gelangen, an das Lebensende denken.
Memme → Feigling.
memmenhaft → feige.
Memmenhaftigkeit → Feigheit.
Memoiren Erinnerungen, Lebenserinnerungen, Lebensbeschreibungen, Aufzeichnungen, Darstellung, Schilderung, Beschreibung, Erlebnisse, Erfahrungen, Denkwürdigkeiten, Seelen-Striptease *u.* → Chronik, Denkschrift.
Memorandum Erwähnenswertes, Denkschrift, Merkbuch, Tagebuch, Aufzeichnung, Anmerkung, Eintragung.
memorieren auswendig lernen, einlernen, einpauken, lernen, einstudieren, sich einprägen, sich aneignen, einüben, sich einbläuen, sich eindrillen. ▸ verlernen.
Menagerie Tierschau, Zirkus • Zwinger.
Menge Brast *u.* → Anteil, Anzahl, Ausmaß, Auswahl, Bestand, Bevölkerung, Masse, Ration.
Menge, kleine Fitz(el)chen *u*, Spritzer *u.*
Menge, zugemessene Dosis.
mengen → mischen.
Mengen, in großen en masse, haufenweise, massenhaft, unmäßig viel.
mengenmäßig quantitativ.
Mengung → Gemisch.
Mensa Fressarium *u.*
Mensch Erdenbewohner, Erdenbürger, Geschöpf, Individuum, Jemand, Person, Typ, Patron, Nummer *u,* Haus *u,* Haut *u,* Sorte, Sterblicher, Mitmensch, Erdgeschöpf, Erdensohn, Erdenwurm, Herr der Schöpfung, Ebenbild Gottes, Kreatur, Biest, Dreckfink, Dreckspatz, Ferkel, Mistfink, Sau, Sauigel, Schmutzfink, Schweinekerl, Schweinehund, Figur *u.* → Kreatur. ▸ Tier • Gott • Unmensch.
Mensch, feinsinniger → Ästhet.
Mensch, hervorragender bedeutende Persönlichkeit, Berühmtheit, Führungskraft, Größe, Held, Supermann, Überflieger.
Mensch, künstlicher Clonus, Humunkulus.
Mensch, lederner → Banause.
Mensch mit künstlichen Ersatzteilen Cyborg.
Mensch, vernunftbegabter Homo sapiens.
Mensch wie du und ich Durchschnittsbürger, kleiner Mann, Lieschen Müller, gewöhnlicher Sterblicher, Mann von der Straße.

Menschen einer Zeit, alle Generation.
Menschen in den Mittelpunkt stellend anthropozentrisch.
Menschen stammend, vom anthropogen.
Menschenaffe Anthropoide.
menschenähnlich anthropoid.
menschenartige Lebewesen Hominiden.
Menschenauflauf Ansammlung, Auflauf, Demonstration, Gedränge, Versammlung, Zusammenrottung.
Menschenfeind → Einsiedler, Hagestolz.
menschenfeindlich menschenscheu, einsiedlerisch, misstrauisch, ungesellig, weltfremd, zurückgezogen, ungastlich, abweisend, gemieden, freundlos. ▸ menschenfreundlich.
Menschenfresser Kannibale, Kopfjäger • Unhold, Barbar, Wilder. → Bestie.
Menschenfresserei Kannibalismus.
Menschenfreund → Helfer, Wohltäter.
menschenfreundlich philanthropisch, altruistisch. → freigebig, barmherzig, freundlich.
Menschenfreundlichkeit → Charitas, Liebe, Wohlwollen.
Menschenfurcht → Menschenscheu.
Menschengeschlecht → Menschheit.
Menschengestalt, in anthropomorph.
Menschenhasser → Einsiedler, Hagestolz.
Menschenkenntnis → Erfahrung.
Menschenkreis → Menschheit.
menschenleer → einsam.
Menschenliebe Menschlichkeit, Nächstenliebe, Humanität, Selbstlosigkeit, Menschenfreundlichkeit, Güte, Humanismus, Wohltätigkeit, Christentum, Opfersinn, Liebeswerk, Liebestätigkeit, Barmherzigkeit, Liebe, Herzlichkeit, Aufopferung, Gewogenheit, Mitgefühl, Milde, Selbstaufgabe, Opferwilligkeit, Freigebigkeit, Großmut, Hochherzigkeit, Edelmut, Seelengröße, Uneigennützigkeit, Altruismus, Selbstverleugnung. → Barmherzigkeit, Charitas. ▸ Hass • Misanthropie.
Menschenrecht Vernunftrecht, sittliche Ordnung, Gerechtigkeit, Gesetzlichkeit, Rechtsgefühl, Rechtssinn, Glück, Arbeit, Freiheit, Unantastbarkeit, freie Religionsausübung, Recht auf Lohn, Recht auf menschenwürdige Behandlung.
Menschenscheu Weltfremdheit, Weltflucht, Weltangst, Eigenbrötelei, Einzelleben, Abschluss, Absonderung, Vereinsamung, Eingezogenheit, Einsamkeit, Verlassenheit, Zurückgezogenheit, Menschenangst, Ungeselligkeit, Misstrauen, Ängstlichkeit, Menschenfurcht, Lebensfurcht, Lebensfremdheit, Verfolgungswahn, Angstzustände, Verklemmtheit, Platzangst. ▸ Furchtlosigkeit, Geselligkeit, Zutrauen.
menschenscheu → einsam, lebensfremd, menschenfeindich.
Menschenschinder → Barbar, Drache.
Menschenschlag → Menschenklasse, Nation.
menschenunwürdig abscheulich, hässlich, niedrig, gemein, verworfen, lasterhaft, verdorben, unehrlich, grundschlecht, schuftig, schurkisch, ehrlos, treulos, gewissenlos, entmenscht, unmenschlich, bestialisch, tierisch, teuflisch, satanisch, verrucht, erzböse, boshaft, bösartig, bösherzig, argwillig, abgefeimt, niederträchtig, spitzbübisch, verachtungswert, verdammenswert, verabscheuungswürdig, verbrecherisch, verworfen. → schlecht. ▸ menschenwürdig.
Menschenverächter → Einsiedler, Hagestolz.
Menschenverstand, gesunder Vernunft, Aufgewecktheit, Intelligenz, Wirklichkeitssinn, Grips, Grütze, Nüchternheit, Cleverness, Einsicht, Witz, Köpfchen.
Menschenwürde → Kultur, Menschlichkeit, Würde.
menschenwürdig → barmherzig, herzensgut, menschlich.
Menschheit Bevölkerung, Völker, Gesellschaft, Menschengeschlecht, Generation, Masse, Menschenkreis, Menschentum, Welt, Ahnen, Geschlecht, Nationen, Rassen, Staaten, Volksgemeinschaft.
Menschheitsideal Menschenbild, Bildungsideal, Erhabenheit, Menschenwürde, Humanität, Gottähnlichkeit, Seelenadel, innere Reife, Hoheit, reine Menschlichkeit, Heldentum, Vorbild, Ziel, Musterbild, Edelmensch. ▸ Charakterlosigkeit, Unmenschlichkeit.
menschlich persönlich, individuell • human, menschenwürdig, humanitär, selbstlos, menschenfreundlich, wohltätig, gütig, liebevoll, zartfühlend, freigebig, hilfsbereit, mildtätig, aufopfernd, gutherzig, gut, liebenswürdig, herzlich, freundlich, zuvorkommend, aufmerksam, bereitwillig. → barmherzig, herzensgut. ▸ unmenschlich, inhuman • animalisch, tierisch • göttlich, übermenschlich.
menschlich gestalten humanisieren.
menschliche Beziehungen Humanrelations.
Menschlichkeit Humanität, Menschenwürde, Menschenliebe, Menschenfreundlichkeit, Entgegenkommen, Liebenswürdigkeit, Mildtätigkeit, Opfersinn, Mitgefühl, Barmherzigkeit, Güte, Großmut, Hilfsbereitschaft, Humanismus, Teilnahme, Erbarmung, Milde, Hochsinn, Seelenadel, Persönlichkeit, Mitempfindung, Tröstung, Besänftigung. → Charitas. ▸ Unmenschlichkeit.
Menschwerdung → Christus.
Mensur → Duell, Sport.
Mentalität → Art, Charakterfundament, Denkart, Gemüt, Gesinnung.
Mentor → Beirat, Berater.
mephistophelisch → diabolisch.
Merkblatt Stichwortunterlage. → Ausführungsbestimmung.
Merkbuch → Gedächtnisstütze.
merkantil geschäftlich, kaufmännisch.
merken → ausfindig machen, empfindsam, festhalten, handhaben, wahrnehmen. ▸ ignorieren, übersehen.

merken, sich im Gedächtnis behalten.
Merkfähigkeit → Gedächtnis.
merklich → erstaunlich, fühlbar.
Merkmal → Anzeichen, Aufdruck, Aussehen, Bake, Beifügung, Band, Charakter, Erkennungszeichen, Kennzeichen, Kriterium, Mal, Symptom, Zeichen.
Merkmal, vorherrschendes Dominante.
Merksatz → Devise.
Merkspruch Sentenz. → Spruch.
merkwürdig → A und O, anziehend, beachtlich, befremdend, beispiellos, bezeichnend, bizarr, denkwürdig, kurios.
Merkzeichen → Bake, Chiffre, Emblem, Erkennungszeichen, Fabrikationsname, Marke, Zeichen.
Mesalliance Missheirat.
Mesmerismus → Aberglaube.
Messalina → Bajadere, Buhle.
Messbandeinteilung Skala.
messbar → berechenbar.
Messbuch → Bibel.
Messdiener Ministrant.
Messe → Ausstellung, Feier, Markt.
Messeinheiten versehen, mit graduieren.
Messeinteilung Graduation, Skala.
messen → abmessen, loten, vergleichen.
messen, sich kämpfen, konkurrieren, ringen, streiten, wettkämpfen/-streiten.
Messer, chirurgisches Skalpell.
messerscharf → scharf.
Messias Heiland, Befreier, Christus, Erlöser, Heilskönig, Jesus (Christus).
Messlatte Jalon, Zollstock.
Messröhre Bürette.
Mestize → Bastard, Farbiger.
Metall Bronze, Messing, Kupfer, Zinn, Eisen, Stahl, Gold, Silber, Platin, Leichtmetall, Schwermetall, Hartmetall, Weichmetall, Edelmetall, Halbmetall, Legierung, Radium, Stoff, Material, Rohstoff, Bestand.
▸ Holz.
Metall abbeizen dekapieren.
Metall überziehen, mit galvanisieren.
Metallabfall Schrott.
Metallbarren Ingot.
Metallbildnerei Toreutik.
Metallblatt, dünnes Folie.
Metallbolzen Niet.
Metallfadenschmuck Filigran.
Metallgussform Kokille.
metallisch hart, leitend, erzen, ehern, stählern, eisern, fest, anorganisch, gefühllos, metallhaltig, metallähnlich, klangvoll.
▸ organisch, weich.
Metallmischung Alligation, Legierung.
Metallplatte → Blech.
Metallsalz Haloid.
Metallsiegel Plombe.
Metallstecher Ziseleur.
Metallüberzug Emaille.
Metapher → Bild, Vergleich.
metaphysisch überempirisch, → übersinnlich.
Meter, 100 Hektometer.
Metereologe Wetterfrosch, Windaffe *u*, Regenmacher *u*.
Methode → Art, Ordnung, System, Weg.
Methodenforschung Methodologie.
methodisch systematisch, planvoll, geregelt, ordentlich, geordnet, ausgerichtet, ordnungsmäßig, ordnungsgemäß, regelmäßig, übesichtlich, klar, Schritt für Schritt, schulmäßig, pädagogisch, didaktisch, lehrmäßig, planmäßig, schulgerecht, schulgemäß. → durchdacht, geregelt, kunstvoll, planvoll, systematisch.
▸ unmethodisch, unüberlegt, chaotisch, planlos.
Metier → Beruf.
Metropole Haupt-, Weltstadt.
Metze → Bajadere, Buhle, Dirne.
Metzelei → Blutbad, Bluttat.
metzeln abschlachten, massakrieren, niedermetzeln.
Meuchelmord → Anschlag, Attentat, Blutbad, Bluttat.
Meuchelmörder → Bestie, Mörder.
meucheln → ausrotten, töten.
meuchlings → hinterrücks.
Meute → Anzahl, Bande.
Meuterei → Angriff, Anschlag, Auflehnung, Aufstand.
Meuterer Rebell, Revolutionär, Empörer, Aufrührer, Abtrünniger, Wühler, Unruhestifter, Aufwiegler, Hetzer, Jakobiner, Streikführer, Aufständischer. → Aufständischer.
▸ Gefolgsmann, Sklavenseele.
meuterisch → aufständisch.
meutern sich widersetzen, trotzen, widerstehen, aufmucken, wühlen, aufwiegeln, aufhetzen, streiken, sich auflehnen, sich erheben, sich empören, sich zusammenrotten, sich verschwören, aufstehen, den Gehorsam verweigern, Trotz bieten, auf die Barrikaden gehen *u*. → anzetteln, bekämpfen, dawider, empören sich.
▸ gehorchen, folgen, sich fügen.
Miasma → Auswurf, Bazillus, Jauche.
mickrig → kümmerlich, schwach.
Mieder Kleidungsstück, Korsett, Schnürleib, Zwangsjacke.
Mief schlechte oder verbrauchte Luft, Schweißgeruch, Ausdünstung. → Gestank.
Miene Antlitz, Angesicht, Gesicht, Ausdruck, Form, Gesichtszüge, Mienenspiel, Gesichtszeichen, Mimik, Gesichtsverziehung, Andeutung, Kopfnicken, Augenblinzeln, Wink, Gebaren, Mienensprache. → Aussehen.
Miene, undurchdringliche Pokerface *u*, Pokergesicht *u*.
Miene, verdrießliche Flabbe *u*, Flappe *u*, Fotze *u*.
Mienenspiel → Erkennungszeichen, Gebärde.
mies elend, faul, nachteilig, schade, schlecht, schlimm, übel, ungünstig, unvorteilhaft, verdorben.
miesepetrig depressiv, melancholisch, pessimistisch, schlecht gelaunt, schwermütig, trübsinnig.
mies machen anschwärzen, herabsetzen, herabwürdigen, heruntermachen, verdächtigen, verreißen.
Miesmacher Griesgram, Trauerkloß, Jammerer, Wehklager, Kopfhänger, Grillenfänger, Milzsüchtiger, Brummbär, Nörgler, Ekel, Unke, Eule, Melancholiker, Pessimist, Defaitist, Trauerweide. → Freudenstörer.
▸ Optimist.
Miete Bezahlung, Zahlung, Einzahlung, Ausgabe, Hausmiete, Wohnungsmiete, Auslagen, Zins, Pacht, Abgabe
• Kartoffelmiete, Ausgrabung, Überwinterung, Eindeckung. → Belehnung.
mieten heuern, pachten, chartern, benutzen, wohnen, bewohnen, einmieten, unterbringen, einsetzen, behausen, logieren, gebrauchen, anstellen, einstellen, engagieren, dingen, in Dienst nehmen. → besetzen,

chartern, dingen.
▸ vermieten, kaufen.
Mieter Zimmerherr, Untermieter, Einwohner, Inwohner, Pächter, Hausmieter, Mietbewohner, Mietsleute, Einmieter, Aftermieter, Nachmieter, Pensionsmieter. Schlafgänger. → Besitzer.
▸ (Vermieter).
Mieter kündigen entwohnen *u.*
Mietflugzeug Aerotaxe, Chartermaschine.
Mietkutsche Fiaker.
Mietling → Commis, Untergebener.
Mietskaserne → Haus, Kaserne.
Mietzimmermangel Budennot *u.*
Mikrofon Bazillensieb *u*, Pulle *u.*
mikroskopisch atomgroß, klein, stäubchengroß, winzig, zwergartig, blutwenig, erbsengroß, mittelgroß, gering • genau, deutlich, exakt, präzis.
▸ riesenhaft.
mikroskopisch klein fast unsichtbar, kryptomer, winzig.
mikroskopisch nicht erfassbar submikroskopisch.
Milch Ammenbier *u.*
Milchbart → Bursche.
Milchbrötchen Arschklemmer *u.*
Milchgetränke weiße Sachen *u.*
milchig flüssig, dickflüssig, weißlich, unklar, halbklar, schleierig, neblig, undurchsichtig, blass, bleich, käsig.
▸ klar.
Milchkaffee Cafe-au-lait, Melange.
Milchmädchenrechnung Rechnungsfehler, Trugschluss, Schnitzer, Einfalt, Oberflächlichkeit, Leichtfertigkeit.
▸ Klugheit, Überlegung, Verstand.
Milchschorf Grind.
Milchserum Molke.
Milchstraße Galaxie, Galaxis.
Milchzucker Laktose.
mild warm, lau, lind, lauwarm, sommerlich, mäßig • huldreich, gelinde, zahm, nachsichtig, mildernd, tolerant, sanft, sanftmütig, zart, gutmütig, lammfromm, einsichtsvoll, maßvoll, gütig, nachgiebig, gnädig, schonend, freundlich, mitleidig, langmütig, dulderisch, weich, mildtätig. → barmherzig.
▸ eisig, kalt, streng, unnachsichtig, gnadenlos, schonungslos.
Milde Huld, Nachsicht, Sanftheit, Sanftmut, Nachgiebigkeit, Schonung, Gutmütigkeit, Gnade, Mitleid, Rücksicht, Güte, Erbarmung, Toleranz, Friedfertigkeit, Liebe, Persönlichkeit, Vergebung, Freundlichkeit, Zuvorkommenheit, Höflichkeit, Mitgefühl, Teilnahme, Mildtätigkeit, Menschlichkeit, Zartgefühl, Duldung. → Barmherzigkeit, Charitas, Demut, Engelsgüte, Erbarmen.
▸ Strenge • Grausamkeit, Härte.
milde Gabe Almosen, Spende, Stiftung.
milde sein → mild, schonen.
mildern modifizieren. → begütigen, bemänteln, beruhigen, besänftigen, dämpfen, lindern, trösten.
Milderung Entschärfung *u.* → Abklingen, Befreiung, Erleichterung, Mäßigung, Tröstung.
Milderungsgrund Erleichterungsgrund, Linderungsgrund, Entlastungsmoment, Entschuldigungsgrund, mildernde Umstände, milderndes Licht, mildere Auffassung, Entlassung.
▸ Erschwernis.
mildtätig → freigebig, herzensgut, mild.
Mildtätigkeit → Barmherzigkeit, Charitas, Dienstleistung.
Milieu Umwelt, Umgebung, Lebensluft, Lebensbereich, Wohnung, Wirkungskreis, Familie, Herkunft, Herkommen, Platz, Raum, Ort, Spielraum, Boden, Stätte, Kinderstube, Zeitverhältnisse.
▸ Inneres.
Militär Soldaten, bewaffnete Macht. → Heer.
Militäraufmarsch Parade.
Militärbündnis Entente.
Militärdienst Kommiss.
militärisch scharf *u.*
militärisch grüßen einen Bären bauen *u.*
militärische Führung Generalstab, Kommando, Stab.
militärischer Ehrengruß Salut.
Militarismus Militärherrschaft, Imperialismus, Gewaltherrschaft, Schreckensherrschaft, Despotismus, Tyrannei, militärische Vorherrschaft • Waffengewalt, Schonungslosigkeit, Rücksichtslosigkeit, Grausamkeit • Säbelrasselei, Kriegshetzer • Soldatentum.
▸ Pazifismus.
Militarist Eisenfresser *u*, Säbelschleifer *u*, Kraftmensch, Kraftmeier, Säbelrassler, Despot, Imperialist, Tyrann, Bedrücker, Unterdrücker, Friedensbrecher • Soldat, Büttel.
▸ Friedenstifter • Pazifist.
Militärkrankenhaus Lazarett.
Militärpfarrer Don Camillo *u.*
Miliz Bürgerwehr, Bürgergarde, Volksheer, Söldnerheer, Landsknechtheer.
Milz Lien, Splen.
Milzentzündung Lienitis, Splenitis.
Mime Schauspieler, Darsteller, Komödiant.
millionenfach → allerhand.
mimen darstellen, sich verstellen, täuschen, simulieren.
Mimik → Gebärde.
mimosenhaft → empfindlich, zart.
minder weniger, unmerklich, kleiner, geringer, geringfügig, mäßig, niedriger, schlechter, schlimmer, bergab, rückwärts, verschlimmert, ärger, erschwerend.
▸ gebessert, mehr, riesig.
minderbegabt dumm, schwerfällig, talentlos, unbegabt, untalentiert.
minderbemittelt → arm.
Minderheit → Wenigkeit.
▸ Majorität, Mehrheit, Mehrzahl.
minderjährig unmündig, jugendlich, kindlich, blutjung, unreif, klein, knabenhaft, mädchenhaft, grün, bartlos, noch nicht flügge, noch nicht trocken hinter den Ohren.
▸ volljährig.
mindern → abnehmen, abrunden, verkleinern.
Minderung Verkleinerung, Verkürzung, Abkürzung, Schmälerung, Verringerung, Einengung, Zusammenziehung, Abnahme, Rückgang, Rückschritt, Abbau, Verdünnung, Wegnahme, Verstümmelung, Verlust, Einbuße, Schaden, Ausfall, Beeinträchtigung. → Fehlbetrag.
▸ Aufbau, Vergrößerung, Zugabe.
minderwertig gering, wertlos, unbrauchbar, mangelhaft, unvollkommen, unergiebig, untauglich, schlecht, beschissen *u*, das ist Scheiße

u, nichtig, unwert, kläglich, kümmerlich, seicht, eitel • untergeordnet, unwürdig, nichtswürdig, niedrig, charakterlos, ungut, unvorteilhaft, niederträchtig, inferior, arschig *u,* bescheiden *u,* bumsig *u,* dünn *u,* impotent *u,* scheiße *u,* schief *u.* → charakterlos, fadenscheinig, faul.
▸ charaktervoll, wertvoll • fein, gut, hochwertig, rein.

minderwertige Ware Tinnef *u.*

Minderwertiges Bruch *u,* Kack(e) *u,* Rotz *u,* Scheiße *u.*

Minderwertigkeit → Übelstand, Unvollkommenheit.

Minderwertigkeitsgefühl Minderwertigkeitskomplex, Behinderung, Hemmschuh, Hemmung, Beklemmung, Beschämung, Missbehagen, Kleinmut, Komplex, Selbstanzweiflung, Unsicherheit, Befangenheit, Schamgefühl, Zaghaftigkeit, Verlegenheit.
▸ Überheblichkeit.

Minderwertigkeitskomplex → Minderwertigkeitsgefühl.

Minderzahl Minorität, Minderheit.

Mindesteinkommen Existenzminimum.

mindest(ens) zumindest, jedenfalls, wenigstens, höchstens, immerhin, bestenfalls, möglichst, möglichenfalls, geringst, kleinst, wenigst, zirka.
▸ außerordentlich, höchst.

Mindestanforderung Mindestmaß, Geringfügigkeit, Nichtigkeit, Einschränkung, Wenigkeit, Mindestgrad, Minimum.
▸ Maximum.

Mindestgrad → Mindestforderung.

Mindestmaß → Begrenzung, Mindestforderung.

Mine Durchstich, Stollen, Durchgang, Schacht, Goldader, Goldmine, Trumm, Goldquelle, Schatz, Reichtum, Vermögen, Fundgrube • Gefahr, Sprengkörper, Sprengladung, Minenfeld, Flattermine, Tretmine, Waffe • Bleistifteinlage, Bleistiftmine. → Bergbau.

Mineralöl verarbeiten kracken, raffinieren.

Mineralwasser Bitzelwasser *u,* Blubberwasser *u,* Jabbelwasser *u,* Jungfrauenbelustigungswasser *u,* Pitzelwasser *u,* Prickelwasser *u.*

mini klein, winzig, unscheinbar.

Mineral → Bestand.

Miniatur → Bild.

minieren unterhöhlen, untergraben, ausbuchten, durchbohren, graben, wühlen, ausheben, ausstechen, aushöhlen, vertiefen, auskehlen, einen Stollengang anlegen.
▸ bedecken, (zuschütten).

Minimum → Mindestforderung, Wenigkeit.

Minister Regierungsmitglied, Staatslenker, Kanzler, Staatsmann, Politiker, Staatsminister, Ministerpräsident, Würdenträger, Vorsteher, Verwalter, Finanzminister, Gesundheitsminister, Postminister usw. → Chef.

Ministerium → Amt.

Ministerpräsident Kanzler, Premier(minister).

Ministerrunde Kabinett.

Minne → Liebe.

Minnedienst → Liebeswerbung.

Minnesang → Dichtungsart.

Minnesänger Sänger, Troubadour, Barde, Musiker, Balladensänger, Meistersinger, Dichter, Künder, Skalde, Lyriker, Reimschmied, Gelegenheitsdichter, Stegreifdichter. → Dichter.

Minorität Minderheit, Minderzahl.

Minus → Abzug, Abnahme.

minus → abzüglich.

Minute → Augenblick.

minuziös → haarfein, pedantisch.

Mirakel → Wunder.

Misanthrop → Hagestolz.

misanthropisch menschenfeindlich, menschenscheu.

Mischarznei Kombinationspräparat, Mixtur.

Mischbrett für Farben Palette.

mischen mengen, mixen, kneten, kreuzen, verschneiden, vermengen, panschen, manschen, mantschen *u,* verbinden, verquicken, umrühren, einverleiben, durcheinander kneten, versetzen mit, vermischen, einrühren, beirühren, durcheinander schaufeln, zusammenbrauen, einschalten, schwängern, durcheinander werfen, untermengen, zusammenschütten, zusetzen, zusammengeben, anreichern, zumengen, eingießen, beimengen, einflechten, anrühren, einschieben, hineinbrauen, versetzen mit, amalgamieren, legieren. → beibringen, legieren.
▸ klären, trennen, absondern, scheiden, separieren • auseinander halten • sortieren • sieben.

mischerbig heterozygot.

Mischgerät Mixer.

Mischgericht Allerlei, Eintopf, Ragout, Salat.

Mischgetränk → Gebräu.

Mischgewürz Curry.

Mischling → Bastard, Farbiger.

Mischmasch Sammelsurium. → Chaos, Durcheinander, Gemenge.

Mischpoke *jüd.* → Anverwandte.

Mischung → Beifügung, Gemenge, Gemisch, Legierung, Verschiedenheit, Verbindung, Synthese.

miserabel → charakterlos, niederträchtig, schlecht.

Misere → Trostlosigkeit, Unlust.

missachten erniedrigen, sich abwenden, verschmähen, nicht beachten, wegdenken, verunglimpfen, abspeisen, gesellschaftlich schneiden, nachlässig behandeln, übersehen, husten einem etwas, keine Notiz nehmen, keines Blickes würdigen, den Rücken zukehren, herabwürdigen, unterschätzen, herunterziehen, demütigen, gering schätzen, auspfeifen, auszischen, kränken, beleidigen, verhöhnen, schmähen, beschimpfen, schmälern, verachten, verabscheuen, abweisen, ablehnen, kalt stellen, verächtlich machen, herabsetzen. → auspfeifen, bagatellisieren, beeinträchtigen, beleidigen, erniedrigen, liegen lassen links.
▸ hoch achten, respektieren, schätzen • dulden, tolerieren • befolgen • fürchten.

Missachtung → Abneigung, Abscheu, Angriff, Beleidigung, Entehrung, Entgleisung, Erniedrigung, Nichtachtung, Verachtung, Verstoß, Zynismus.

Missachtung zeigen anpinkeln *u.*

Missbehagen Missvergnügen, Unwohlsein, Überspannung, Anspannung, Unlust, Verdruss, Verdrießlichkeit,

Ärger, Verbitterung, Unzufriedenheit, Gekränktheit, Unannehmlichkeit, Unmut, Überdruss, Verstimmung, Niedergeschlagenheit, Unwille, Mutlosigkeit, Kummer, Herzeleid, Bitternis, Ekel, Widerwillen, Pein, Hölle auf Erden, Laune schlechte. → Ärger, Ärgernis, Beengung, Beklemmung, Bitterkeit, Dumpfheit.
▸ Behagen, Wohlbefinden, Zufriedenheit.

Missbildung Fehlkonstruktion *u.* → Auswuchs, Entstellung, Hässlichkeit.

missbilligen mäkeln, schmollen, verübeln, tadeln, murren, brummen, unbefriedigt sein, vorhalten, vorwerfen, beanstanden, bemängeln, kritisieren, anfechten, abkanzeln, Kopf schütteln, Fehler finden, den Stab brechen über. → ablehnen, beanstanden, bekommen die Nase voll, Dach steigen auf das, einwenden, entmutigen.
▸ billigen, akzeptieren, anerkennen, einwilligen, gutheißen.

missbilligend → entmutigend, ungünstig.

Missbilligung → Abneigung, Absage, Anstoß, Beschwerde, Beschwernis, Einwand, Klage, Kritik, Missfallen.

Missbilligung zeigen → tadeln.

Missbrauch Übertreibung, Entweihung, Entheiligung, Schändung, Besudelung, Gotteslästerung, Entehrung, Entwürdigung, Unfug, Unsitte, Vergeudung, Verschwendung, Missgriff, Verdrehung, Verfälschung, Verzerrung, Entstellung, Pfuscherei. → Entweihung.
▸ Anständigkeit, (Harmlosigkeit), Nützlichkeit, Unschädlichkeit, Wertschätzung, Zuverlässigkeit.

missbrauchen hintergehen, entweihen, entehren, schänden, entwürdigen, verschwenden, falsch anwenden, verkehrt verwenden, vergeuden, verschleudern, betrüben, vergewaltigen, jemandem auf der Nase herumtanzen, mit jemandem Schindluder treiben *u,* schwächen, sich versündigen, den Namen Gottes missbrauchen. → entehren, entweihen.
▸ verehren, verzichten, würdigen, (rechtlichen Gebrauch machen).

missbräuchlich abusiv.

missdeuten → deuten, entstellen, irren sich.

Missdeutung Missgriff, Fehlgriff, Missverständnis, Irrtum, Verwechslung, Fehler, Verkennung, Verfänglichkeit, Widerspruch, Schnitzer, Übersehen, Verrechnung, Doppelsinn, Doppeldeutigkeit, Deutelei, Irreführung, Irrweg, Fehlschluss, Trugschluss. → Entstellung.
▸ Aufklärung, Wahrheit.

missen → entbehren, ermangeln, fehlen lassen es, hungern.

Misserfolg Fehlschlag, Fiasko, Fehlschluss, Kartenhaus, Havarie, Lage schiefe, Blatt wenden, Misslingen, Missernte, Fehljahr, Missgeburt, Fehlgeburt, Unfall, Verlust, Unglück, Nachteil, Essig *u,* Schaden, Schiffbruch, Niedergang, Verderben, Zusammensturz, Untergang, Umsturz, Vernichtung, Zusammenbruch, Hereinfall, Niederlage, Fall, Durchfall, Reinfall, Flop, Fehltritt, Fehlgriff, Unstern, Mangel, Drangsal, Heimsuchung, Prüfung, Not, Schicksalsschlag, Sorge, Mühsal, Armut, Ruin • Misserfolg haben, durchfallen, abstinken *u,* nicht durchkommen, erledigt sein, keinen Blumentopf gewinnen können • Pechvogel, Begräbnis (erster Klasse) *u,* Blindgänger *u,* Bruch(landung) *u,* Durchfall *u,* Essig *u,* Fehlzündung *u,* Reinschiss *u,* Scheiße am Baum *u,* Schlag ins Wasser *u.* → Dekadenz, Enttäuschung, Fehl.
▸ Erfolg, Effekt, Gewinn, Sieg, Triumph.

Misserfolg erleiden, einen ausrutschen *u,* baden gehen *u,* auf die Fresse fallen *u.*

Misserfolg werden, ein daneben gehen, fehlschlagen, Flop werden zum, misslingen, missraten, scheitern, schief gehen.

Missernte Heimsuchung. → Misserfolg.

Missetat → Bluttat, Delikt, Frevel, Gräueltat, Schuld.

Missetäter → Bandit, Berserker, Brandstifter.

Missfallen Missbilligung, Widerwille, Tadel, Verstimmung, Missmut, Unzufriedenheit, Unmut, Missbehagen, Unbehagen, Unbefriedigung, Kummer, Abscheu, Ekel, Widerstreben, Ablehnung, Hass, Sträuben, Abneigung, Unwille, Vorwurf, Verwerfung, Verurteilung. → Abneigung, Abscheu, Achsel, Ärger, Bedenken, Dorn im Auge.
▸ Behagen, Gefallen Wohlgefallen • Applaus, Beifall, Lob, Zustimmung.

missfallen verdrießen, beschweren, verletzen, abstoßen, vergällen, betrüben, erbittern, empören, beunruhigen, entrüsten, anwidern, anekeln, peinigen, quälen, auf die Nerven gehen, einen schlechten Eindruck machen, Missfallen erregen, nicht erbaut sein. → anekeln, dick haben etwas.
▸ behagen, gefallen.

Missfallen äußern ausbuhen *u,* buhen *u.*

Missfallen erregen anecken *u.*

missfällig → abstoßend, anstößig, degoutiert, verdrießlich, widerwärtig.

Missform → Auswuchs, Hässlichkeit.

missförmig → blatternarbig, fettwanstig, hässlich, krumm.

Missgebilde → Definition, Hässlichkeit, Missgestalt.

missgebildet fehlgebildet, dysmorph, krüpp(e)lig, unförmig, verunstaltet.

Missgeburt → Fehlgeburt, Misserfolg.

missgelaunt → ärgerlich, aufgelegt, erbittert.

Missgeschick (schöne) Bescherung *u,* Eulenscheiße *u,* Schlamassel *u.* → Armut, Ärgernis, Beschwerlichkeit, Betrübnis, Bürde, Enttäuschung, Lapsus, Übel, Unglück.
▸ Erfolg, Glück.

Missgestalt Missgebilde, Verunstaltung, Entstellung, Verzerrung, Fehler, Mangel, Makel, Ungestalt, Fratze, Schreckgestalt, Gespenst, Missgeburt, Ungeheuer, Scheusal, Grimasse, Hässlichkeit, Missform, Verbildung, Missbildung, Garstigkeit. → Auswuchs.
▸ Wohlgestalt.

missgestaltet → blatternarbig, hässlich.
▸ schön, wohlgestaltet.

Missgestaltung →

Deformation, Fehler, Hässlichkeit, Missgestalt.
missgestimmt sauer *u.* → ärgerlich, aufgelegt, cholerisch, enttäuscht, erbittert, gelaunt, unzufrieden.
missglücken → Boden verlieren den, scheitern.
missglückt fehlgeschlagen, missraten, misslungen, verunglückt, traurig, gescheitert, erfolglos, ergebnislos, fruchtlos, verfehlt, zwecklos, unvollkommen, vernichtet, aufgefahren, geschlagen, aufgesessen, vergeblich, nutzlos, unwirksam, wirkungslos, umsonst, vergebens, tot geboren, geplatzt *u,* flach gefallen *u.* → erfolglos.
▸ geglückt, erfolgreich, gelungen.
missgönnen → beneiden.
▸ gönnen, wünschen.
Missgriff Fehlpass *u.* → Bock, Fehler, Fehltritt, Formfehler, Verwechslung, Verstoß.
Missgriff machen → blamieren, irren sich.
Missgunst → Ärgernis, Bosheit, Brotneid, Eifersucht, Geiz, Selbstsucht.
missgünstig bedürfnisvoll, begehrlich, böse, selbstsüchtig.
missgünstig sein → beneiden, bersten.
misshandeln aufbügeln *u,* bearbeiten *u.* → quälen.
Misshandlung → Bosheit, Rohheit.
Missheirat Mesalliance.
misshellig → diskrepant, uneinig.
Misshelligkeit → Auseinandersetzung, Missverständnis, Streit.
Mission → Auftrag, Berufung, Hilfsdienst.
Missklang Dissonanz, Kakophonie *f,* Misston, Disharmonie, Geklimper, Getöse, Gegröle, Gefidel, Geleier, Gedudel, Heiserkeit, Friss-Moll *u,* Frosch *u.* → Charivari, Disharmonie, Dissonanz, Zwietracht.
▸ Wohlklang, Akkord, Einklang, Harmonie.
missklingen misstönen, ächzen, dudeln, klimpern, piepsen, das Ohr beleidigen, brüllen, grölen, jaulen, schreien, toben, jammern, quietschen, wimmern, winseln.
▸ wohlklingend (sein).
Misskredit → Unehre, Verruf.
mislaunig → ärgerlich, cholerisch, trübsinnig.
misslich → bitterlich, böse, kläglich, schlimm, ungünstig, unangenehm.
Misslichkeit → Notlage.
missliebig unbeliebt, unerwünscht, unsympathisch.
Misslingen → Enttäuschung, Misserfolg, Unglück.
misslingen scheitern, missglücken, missraten, fehlschlagen, fehlen, versagen, hängen bleiben, straucheln, ausgleiten, entgleisen, untergehen, unerfüllt bleiben, nicht in Erfüllung gehen, das Ziel verfehlen, nicht zu Stande bringen, nichts ausrichten, schief gehen, vorbeigelingen, daneben gehen, zu Essig werden *u,* in die Brücke gehen, auffliegen *u,* daneben gehen *u,* in den Eimer/die Hose gehen *u.* → beeinträchtigen, entgleisen, scheitern • gelingen, geraten, glücken, gut gehen, hinhauen, klappen.
misslungen → erfolglos, missglückt, nutzlos, umsonst.
Missmut → Abneigung, Ärger, Bekümmernis, Bitterkeit, Entmutigung, Erbitterung, Galle, Trübsinn.
missmutig → ärgerlich, aufgelegt, bärbeißig, cholerisch, trübselig, verdrossen, verstimmt.
missraten → entgleisen, scheitern, misslingen.
Missstand Saustall *u.* → Übelstand.
Missstände verschweigen dissimulieren.
Missstimmung Zwiespalt, Unstimmigkeit, Uneinigkeit, Misshelligkeit, Missklang, Disharmonie, Übellaunigkeit, Missmut, Verstimmung, Streit, Bitterkeit, Seelenschnupfen *u.* → Ärgernis, Disharmonie, Disput.
▸ Übereinstimmung, Harmonie • Freude, Fröhlichkeit, Heiterkeit, Vergnügtheit.
Misston → Charivari, Disharmonie, Missklang.
▸ Akkord, Einklang, Harmonie.
misstönen → kratzen, missklingen.
misstönend → beleidigen (das Ohr), diskrepant.
Misstrauen → Anstand, Argwohn, Befürchtung, Besorgnis, Disharmonie, Eifersucht, Hintergedanke, Lage schiefe, Verdacht, Zweifel.
▸ Glaube, Vertrauen • Arglosigkeit, Leichtgläubigkeit, Einfalt, Treuherzigkeit.
misstrauen argwöhnen, zweifeln, anzweifeln, beargwöhnen, belauern, Argwohn hegen, das Vertrauen versagen, Verdacht fassen, dem Frieden nicht trauen, finden keinen Glauben, eifersüchteln • wer's glaubt wird selig. → argwöhnen, beargwohnen, befürchten, bezweifeln, diskreditieren, Glauben erschüttern.
▸ vertrauen.
misstrauisch angespitzt *u.* → ängstlich, argwöhnisch, befangen, vorsichtig, eifersüchtig.
misstrauisch machen jemandem eine Laus in den Pelz setzen, argwöhnisch machen, vorsichtig machen, jemandem einen Floh ins Ohr setzen, hellhörig machen, aufstacheln • einen Floh ins Ohr setzen *u.*
Missvergnügen → Ärgernis, Enttäuschung, Erbitterung, Übel, Untätigkeit.
missvergnügt → ärgerlich, aufgelegt, böse, unzufrieden.
Missverhalten → Lapsus, Verstoß.
Missverhältnis → Auswuchs, Disharmonie, Hässlichkeit.
missverstanden → falsch.
missverständlich → dehnbar, dunkel.
Missverständnis Irrtum, Meinungsverschiedenheit, Misshelligkeit, Verwechslung, Schnitzer, Fehler, Fehlgriff, Versehen, Missdeutung, Verkennung, falsche Auslegung, Verfälschung, Missgriff, Verfänglichkeit, Widerspruch, Übersehen. → Auseinandersetzung, Bruch, Differenz, Entfremdung, Entzweiung, Feindschaft, Zwietracht.
▸ Aufklärung, Übereinstimmung, Wahrheit • Eindeutigkeit, Klarheit.
missverstehen schief auffassen *u.* → irren, verkennen.
▸ begreifen, (richtig) verstehen.
Misswirtschaft Wurstelei, Schlamperei • Pfuscherei, Stümperei • Durcheinander, Unordnung, Luderei, Schuldenmacherei
• Dreckstall *u.*
Mist → Aas, Abfall, Auswurf,

Dreck, Jauche, Schmutz, Unvollkommenheit.
misten → säubern.
Mistgrube → Kloake.
mit → beisammen, beifolgend, ferner, inklusive, inbegriffen, einschließlich, samt • verbunden mit, zusammen. ▸ ohne • ausschließlich.
mit Bedacht → andächtig, bedächtig.
mit einemmal → ahnungslos, plötzlich.
Mitangeklagte Konsorten.
Mitarbeit → Arbeit, Bereitwilligkeit. ▸ Sabotage.
Mitarbeit einstellen aussteigen *u.*
mitarbeiten → arbeiten, beteiligen sich.
Mitarbeiter Mithelfer, Beiträger. → Arbeiter, Assistent, Beistand, Belegschaft, Diener, Hilfskraft, Kollege, Komplize, Mitglied. ▸ Konkurrent.
Mitarbeiter loswerden hochloben *u,* rausloben *u.*
Mitarbeitergruppe Team, Stab.
mitbekommen mitkriegen, mitanhören • abkriegen, erben.
mitbeköstigen durchfuttern *u.*
Mitberichterstatter Korreferent.
mitbesitzen → besitzen, beteiligen sich.
mitbestimmen → teilnehmen.
mitbeteiligen → beteiligen sich.
Mitbeteiligter → Komplize, Mitglied.
Mitbewerber Gegner, Gegenpartei, Nebenbuhler, Rivale, Konkurrent, Wettbewerber, Nebenmann. → Konkurrenz.
Mitbewohner Hausgenosse, Hausgemeinschaft, Einwohner, Pächter, Mieter, Mietsleute, Zimmerherr, Einmieter, Untermieter, Inwohner, Insasse, Aftermieter, Nachmieter, Pensionsmieter, Hausgast • Mitbürger.
Mitbringsel Bescheid *u.* → Geschenk.
Mitbruder → Bruder, Komplize, Freund.
Mitbürger → Mitbewohner.
miteinander → zusammen. ▸ gegeneinander • getrennt, separat.
miteins → ahnungslos, plötzlich.
mitempfinden → bemitleiden, Blick mit feuchtem, erweichen.
Mitempfinden → Charitas, Teilnahme.
Mitempfindung → Charitas, Teilnahme.
mitenthalten implizieren.
Mitesser Komedo.
Mitfahrender Beifahrer. → Fahrgast, Passagier.
mitfühlen → beglückwünschen, bemitleiden, dauern, erweichen.
mitfühlend → barmherzig, mild, mitleidig, schonungsvoll.
mitgehen anschließen sich, begleiten, geleiten, mitlaufen, zugesellen sich • aufmerksam sein, bei der Sache sein, zuhören • mitmachen.
mitgehen heißen → aneignen, stehlen.
Mitgefühl → Anziehung, Barmherzigkeit, Beileid, Charitas, Duldsamkeit, Erbarmen, Teilnahme, Wohlwollen.
Mitgefühl haben → bemitleiden, dauern.
mitgenießen → beteiligen sich.
mitgenommen → beschädigt, brechen das Herz, defekt, krank.
mitgerechnet → beigeordnet, bestehen aus, inklusive.
mitgerissen werden → bemächtigen.
Mitgesell → Bekannter, Freund.
Mitgift Brautschatz, Brautgeschenk, Morgengabe, Malschatz, Heiratsgut, Aussteuer, Beisteuer, Brautausstattung, Vorsorge, Grundstock. → Aussteuer. ▸ Mittellosigkeit.
Mitglied Genosse, Mitarbeiter, Mitbeteiligter, Gefährte, Verbündeter, Gehilfe, Teilnehmer, Mithelfer, Teilhaber, Sozius, Partner, Zuhörer, Beteiligter, Nutznießer, Geschäftsteilhaber, Handelsgenosse, Kumpan, Kollege, Amtsbruder, Aktionär, Kamerad, Anhang. ▸ (Nichtmitglied), (Einzelgänger) • Außenseiter • Kandidat.
Mitgliederversammlung Konvent.
Mitgliedschaft Beteiligung, Zugehörigkeit.
Mitglied werden → Beitritt.
mithalten → beteiligen sich.
mithelfen → beispringen, beteiligen sich, dienen, helfen.
Mithelfer → Helfer, Mitglied.
Mithilfe → Behelf, Beihilfe, Gefährtschaft, Hilfe, Mitwirkung.
mithin → also, dadurch, daher, darum, dementsprechend, deshalb, folglich.
mithören abhören, horchen, lauschen, zuhören.
Mitinhaber Gesellschafter, Mitbesitzer, Partner, Teilhaber.
mitjammern → Blick mit feuchtem, klagen, weinen.
Mitkämpfer → Helfer, Komplize.
mitkommen, nicht zurückbleiben, nachhinken, schlapp machen, trödeln • nicht verstehen, begriffsstutzig sein, sich dumm stellen, zu hoch finden, an Einsicht mangeln lassen, es geht über den Horizont, versagen. ▸ ausharren, mithalten, verstehen.
Mitläufer Parteigenosse, Schicksalsgenosse, Anhänger, Mitschuldiger, Parteigänger, Teilnehmer, Kumpan, Genosse, Anhängsel, Nutznießer, Gefährte, Partner, Stab, Kamerad • willensschwacher Mensch, sein Mäntelchen nach dem Wind hängen. ▸ Gegner, (Individualist), Persönlichkeit, Einzelgänger • Pionier, Vorkämpfer.
Mitlaut Konsonant.
Mitleid Mitgefühl, Teilnahme, Anteilnahme, Mitempfindung, Mitempfinden, Mitleidenschaft, Erbarmen, Weichherzigkeit, Erbarmung, Erbarmnis, Barmherzigkeit, Mildtätigkeit, Menschenliebe, Menschlichkeit, Schonung, Milde, Huld, Gnade, Rührung, Hilfe. → Barmherzigkeit, Charitas, Erbarmen, Gnade, Teilnahme. ▸ Gefühlskälte, Rohheit, Gleichgültigkeit, Herzlosigkeit, Mitleidlosigkeit • Schadenfreude.
Mitleid empfinden Anteil nehmen, bedauern, beklagen, bemitleiden, betrauern, beweinen, mitempfinden.
Mitleid erregen auf die Tränendrüse oder -tube drücken *u,* das Herz erweichen.
Mitleid haben → beklagen, bemitleiden, dauern.
mitleiden → bemitleiden, erweichen.
Mitleidenschaft → Nachteil, Unglück.
Mitleid erregend → abgerissen, arm, demütig und wehmütig, unglücklich.
mitleidig mitfühlend, einsichtsvoll, freundlich, gerührt, teilnehmend, teilnahmsvoll, liebevoll,

gnädig, barmherzig, weichherzig, nachsichtig, schonungsvoll, gutherzig, zart fühlend, mildtätig, aufopfernd. → barmherzig. ▸ gefühllos, mitleidlos, roh.
mitleidlos → abgebrüht, barbarisch, bestimmt, despotisch, felsenhart, gewaltsam, roh.
Mitleidlosigkeit → Eisklumpen, Rohheit.
mitmachen dabei sein *u*, einsteigen *u*. → beteiligen sich. ▸ abseits stehen, sich absondern/ausschließen/isolieren • auslassen, verzichten • faulenzen • zuschauen • Abstand nehmen, sich zurückziehen.
Mitmensch → Mensch.
mitmenschlich → menschlich.
mitnehmen → aufregen, einsäckeln, einsacken, stehlen. ▸ dalassen, liegen lassen, stehen lassen, zu Hause lassen • vergessen • auslassen, verzichten.
mitnichten → absprechen, aberkennen.
mitrechnen → beiordnen, einbeziehen, fassen in sich.
mitreißen → gewinnen für sich.
mitreißend → antreibend.
mitsamt → insgesamt.
mitschaffen → beteiligen sich.
mitschleppen → einsacken, helfen, tragen.
mitschuldig sein drinhängen *u*.
Mitschuldiger → Komplize.
Mitschwingen Resonanz.
mitschwingend mitschwebend, mitschwankend, mitbaumelnd, vibrierend, mitbewegend, mitpendelnd, oszillierend, wiegend, mitwippend • empfindsam, teilnehmend, empfindungsvoll, feststehend, gefühllos.
mitspielen → anstimmen, befeinden, benachteiligen, beteiligen sich.
Mitspieler → Helfer, Komplize. ▸ Gegner, Konkurrent, Rivale.
Mitstudent Kommilitone.
Mittag Tageshälfte, Halbzeit, Mahlzeit.
Mittagessen → Essen.
Mittagsgong Fressglocke *u*.
Mittagskreis Meridian.
Mittagspause Fresspause *u*.
Mittagsruhe Siesta.
Mittagsschlaf Denkpause *u*.
Mittagsspaziergang Beamtenlaufbahn *u*.
Mittäter Komplize, Konsorte, Kumpan.
Mitte → Brennpunkt, Zentrum. ▸ Peripherie, Rand(gebiete), Umgebung, Umkreis • Anfang, Beginn • Ende, Schluss.
Mitte, in der medial.
Mitte strebend, zur zentripetal.
mitteilen sagen, melden, eröffnen, erwähnen, erzählen, erklären, aussagen, auseinander legen, dartun, angeben, Bericht erstatten, eine Auskunft erteilen, Bescheid bringen, schreiben, sprechen, reden, äußern, mit grobem Geschütz auffahren, mit der Tür ins Haus fallen, telegrafieren, anrufen, zurufen, durchgeben, drahten, jemandem etwas stecken *u*, unterrichten. → angeben, anschreiben, antworten, aufklären, ausdrücken, auseinander setzen, aussagen, benachrichtigen, drahten, erwidern, erzählen, kundgeben. ▸ verheimlichen.
mitteilsam → beredt, offenherzig.
Mitteilsamkeit → Offenheit, Redseligkeit.
Mitteilung Erwähnung, Nachricht, Bescheid, Bemerkung, Bekanntmachung, Bekanntgabe, Berichterstattung, Botschaft, Meldung, Eröffnung, Verkündigung, Anzeige, Erklärung, Zeitung, Warnung, Ausspruch, Mahnung, Brief, Telegramm, Telefonanruf. → Angabe, Antwort, Ausforschen, Auskunft, Auslassung, Bekanntgabe, Benachrichtigung, Bericht, Bescheid, Brief, Denunziation, Eingabe, Erklärung, Eröffnung. ▸ Frage, Stillschweigen, Verheimlichung, Verschwiegenheit.
Mitteilungsform → Ausdrucksweise, Fassung, Kunstform, Stil.
Mittel Medium, Hilfsquelle, Quelle, Ersatzmittel, Hilfe, Handhabe, Notbehelf, Behelf, Maßnahme, Schritte, Maßregel • Einkommen, Geld, Vermögen, Besitz, Geldquelle, Kapital • Heilmitel, Heilverfahren • Durchschnitt, Mitte, Querschnitt, goldene Mitte, Mittelweg, Mittelstraße, Mittelmaß, Mittelding, Durchschnittsgröße, Überschlag. → Bargeld, Werkzeug. ▸ Basis, Mittellosigkeit, (Überdurchschnittlichkeit) • Ziel, Zweck.
Mittelalterforscher Mediävist.
mittelalterlich mediäval.
mittelbar → drum und dran, indirekt. ▸ direkt, unmittelbar.
Mittelding → Durchschnitt.
Mittelklasse → Mittelstand.
mittellos ausgefegt *u*, ausgepumpt *u*, ausgelaugt *u*, barfuß *u*, blank *u*, down *u*. → abgebrannt, abgerissen, arm, beengend, hablos.
mittellos stier *u*.
Mittellosigkeit Dalles *u*, Ebbe *u*, nüchterne Brieftasche *u*. → Armut.
Mittelmaß → Durchschnitt.
mittelmäßig genügend, glimpflich, ausreichend, hinlänglich, erträglich, befriedigend, leidlich, ziemlich, passabel, durchwachsen *u*, flau, lila *u*, das ist nicht weither, gering, unbedeutend, bescheiden, kümmerlich, angemessen, sattsam, mäßig, nicht aufregend, nicht berühmt, nicht berauschend, nicht gehauen und nicht gestochen, den Verhältnissen entsprechend, plusminus *u*. → alltäglich, begrenzt, erklecklich, erträglich. ▸ überdurchschnittlich, ungenügend • ausgezeichnet, erstklassig, hervorragend, prima • miserabel, schlecht.
Mittelmäßigkeit → Bedeutungslosigkeit, Hinlänglichkeit, Wenigkeit.
Mittelohrentzündung Otitis media.
Mittelpunkt → Brennpunkt, Drehpunkt, Zentrum.
mittelpunktgleich konzentrisch.
mittels → aus, durch, indirekt, vermittels.
Mittelschiff der Kirche Hauptschiff.
Mittelsmann → Agent, Vermittler.
Mittelstand Bürgerstand, Mittelklasse, Beamtenstand, Lehrstand, Kaufmannsstand, Gelehrtenstand, Handwerker, Künstler, Pfarrer, Steuerzahler, Kernstand, Lehrerstand, Angestellter, Unternehmer.
Mittelweg → Durchschnitt, Kompromiss.
Mittelwert Durchschnitt, Mittel(maß), Norm(wert), Querschnitt, Regel(maß).
mitten mittel, innen, inmitten, inner, halbseitig,

halbschichtig, mittendrin, darin, innerhalb, inwendig, inwärts, inne, konzentrisch, zentripetal, innerlich, drinnen, zuinnerst, im Herzen. → dazwischen.
▸ seitab, abseits, am Rand • am Anfang • am Ende.
mittendrin → binnen, dazwischen, mitten.
Mittler → Vermittler.
mittlerweile → als, einstweilen, indem, inzwischen.
Mittönen Resonanz.
mittragen → beteiligen sich, tragen.
mittrauern → Blick mit feuchtem, trauern.
mittun → arbeiten, beteiligen sich, Decke stecken unter der.
mitunter → ab und zu, einige Mal, gelegentlich, jeweilig, manchmal.
Mitverfasser Koautor.
mitwandern → geleiten, wandern.
mitweinen → Blick mit feuchtem, trauern, weinen.
Mitwelt → Menschheit, Welt.
mitwirken mithelfen, zusammenwirken, arbeiten, zusammenarbeiten, zusammenhalten, helfen, sich verbünden, sich zusammenschließen, dienen, fördern, unterstützen, nützen, beistehen, zusprechen, einspringen, beispringen, begünstigen, beitreten, zueinander halten, eine Hand wäscht die andere. → arbeiten, beistehen, beteiligen sich, unternehmen.
▸ entgegenwirken, faulenzen.
Mitwirkung Mithilfe, Handreichung, Dienstleistung, Hilfe, Hilfeleistung, Unterstützung, Mitarbeit, Beihilfe, Beistand, Stütze, Einsatzbereitschaft, Förderung, Zusammenarbeit, Zusammenwirken, Teilnahme, Einsatz, Aushilfe, Vereinigung. → Anwesenheit, Beihilfe, Beistand, Beitrag, Bemühung, Einschluss.
▸ Gegenwirkung.
mitwissend → eingeweiht.
mitziehen mitgehen, mitreisen, mitrennen, mitwandern, mitkommen, mitstreifen, mitmarschieren, umherschlendern, mitlaufen, mitfahren. → helfen, unterstützen.
▸ ablehnen, davonlaufen, entgegenarbeiten, hemmen.
mixen → mischen.
Mixer Mischbecher, Mischglas, Mixbecher, Shaker • Barmixer, Barkeeper.
Mixtur Tinktur, Lösung, Mischung, Gemenge • Gebräu, Mischgetränk, Mixgetränk, Bargetränk • Heilmittel, Medizin.
Mob Volk, Volksmenge, Plebs, Pöbel, Pack, Gesindel, Kroppzeug, Horde, Gelichter, Bagage, Bande, Lumpengesindel, Abschaum, Menge, Masse, Gewimmel, Gewühl, Gedränge, Rotte, Schar, Proletarier, Bettelvolk. → Bande.
Möbel Wohnungseinrichtung, Hauseinrichtung, Besitz, Eigentum, Inventar, Besitztum, Mobilien, Gerät, Habseligkeiten, Ausstattung, Schrank, Bett, Tisch, Stuhl, Sessel, Kommode, Vitrine, Sofa, Schreibtisch, Nachtisch. → Besitztum, Einrichtung, Hausrat.
mobil machen → bedrohen, mobilisieren.
Mobilien → Besitztum, Inventar, Möbel.
▸ Grundstücke, Immobilien, Liegenschaften.
mobilisieren beweglich machen, in Bereitschaft halten, mobil machen, rüsten, aufrüsten, in Kriegsstand setzen, sich vorbereiten, bewaffnen, ausrüsten, bewaffnen, zu den Waffen rufen • einberufen, anwerben, rekrutieren, mustern, ausheben, einmustern, einreihen • Geld flüssig machen, auf die Beine bringen *u.* → abmühen.
▸ abrüsten.
möblieren → einrichten.
möbliertes Zimmer garnierte Bleibe *u.*
Modalität → Art, Art und Weise.
Mode Gepflogenheit, Gewohnheit, Allgemeingeschmack, Zeitgeschmack, Zeiterscheinung, Zeitstil, Zeitsitte, Allerweltsgeschmack, Massengeschmack, Tagesgeschmack, Sitte, Usus, Üblichkeit, Äußerlichkeit, Anpassung, Fashion *f,* letzter Schrei, Dernier Cri *m,* Kleidung, Putz, Ziererei, Kleidermode, Modekleid, Staat, Modenarrheit, Modetorheit. → Brauch, Etikette.
▸ Gewohnheit, Tradition • ewige Werte, zeitloser Geschmack, Stil.
Mode, neueste Dernier Cri.
Mode sein, in → beliebt, modern.
Modebild → Bild.
Modegeck Beau, Dandy, Elegant, Gigerl, Snob.
modegerecht → fein, modern.
Modeherrchen → Dandy.
Modeladen Boutique, Salon.
Modell Muster, Form, Vorschrift, Vorbild, Einheitsform, Beispiel, Entwurf, Vorlage, Schnitt, Original, Musterbild, Gliederpuppe, Wachsfigur, Puppe • Modellkleid, Staatsrobe, Einmaligkeit • Fotomodell. → Abguss, Art, Beispiel, Dessin, Form.
▸ Abbild, Serienprodukt.
modellierbar formbar, biegsam, elastisch, weich, bildbar, behaubar, knetbar, plastisch.
▸ (unformbar).
modellieren modeln. → anfertigen, ausarbeiten, behauen, drechseln, formen.
Modellierkunst → Bildhauerei.
modelliert → durchgebildet, plastisch.
modeln → modellieren.
Modenarr → Dandy.
Modenschau Fleischbeschau *u.*
Moder Schlacke, Dreck, Schimmel, Spor, Kahm, Schmutz, Vermoderung, Schmutzigkeit, Unsauberkeit, Fäulnis.
▸ Sauberkeit, Wohlgeruch.
Moderator Conférencier, Diskussionsleiter, Kommentator, erläuternder/sprechender Redakteur.
Moderfleisch Aas.
moderig → dreckig, faul.
modern → faulen.
modern zeitgemäß, modisch, modegerecht, gegenwärtig, heutig, jetzig, neu, aktuell, neuzeitlich, fortschrittlich, neumodisch, ungewohnt, üblich, tonangebend, maßgeblich, affig, mondän. → aktuell, derzeitig, elegant, erstmalig.
▸ unmodern.
modern sein am Fenster sein *u.*
modernisieren erneuern, auf den neuesten Stand bringen, anpassen • auffrischen *u,* entmotten *u,* entmuffen *u,* entstauben *u,* frisieren *u.*
Modernisierung Aktualisierung, Erneuerung, Renovierung, Restaurierung.

modeschaffendes Kunsthandwerk Haute Couture.
Modeschöpfer Couturier.
Modeschöpfung Creation, Design, Kreation.
Modestil Look.
modisch fesch, schick. → aktuell, erstmalig, fein, gewohnheitsmäßig, modern, neu, zeitgemäß.
Modulation → Aussprache, Betonung, Klang.
modulierbar → dehnbar.
Modus → Art und Weise, Art, Bildung, Form.
Mogeln → Anstrich, Täuschung.
mogeln → benachteiligen, beschwindeln, borgen, fremde Gedanken, fälschen, Fell über die Ohren ziehen, täuschen.
mögen → wollen, wünschen, gern haben.
▸ ablehnen, hassen, verabscheuen.
möglich erschwingbar, erreichbar, denkbar, tunlich, angängig, vertretbar, erzielbar, erschwinglich, überwindbar, erzwingbar, bezwingbar, besiegbar, vielleicht, möglicherweise, wahrscheinlich, wohl, lösbar, unschwer, zugänglich. → anwendbar, ausführbar, bedeutungsvoll, bedingungsweise, denkbar, erfüllbar, erkäuflich, erreichbar, fahrbar.
▸ unmöglich, ausgeschlossen • unwahrscheinlich • nötig, notwendig • gewiss, sicher, wahr, zweifelsfrei.
möglich, alles alles drin *u.*
möglich machen → bieten, Gelegenheit.
möglicherweise wahrscheinlich, je nachdem, letztmöglich, wohl, eventuell, vermutlich, allenfalls, gewissermaßen, möglich, denkbar, zufällig, etwa. → allenfalls, anscheinend, bedingungsweise, möglich.
▸ bestimmt nicht • unwahrscheinlich.
Möglichkeit Handhabe. → Anlass, Aussicht stehen in, Chance, Gelegenheit, Weg.
▸ Unmöglichkeit • Notwendigkeit • Gewissheit.
Möglichkeitsform Konjunktiv, Potenzialis.
möglichst → hochgradig.
mohammedanisch islamisch, moslemisch.
Mohnsaft Opium.
mokant ironisch, spöttisch.
mokieren, sich → auslachen, necken, spotten.
Mole → Landungsplatz.
Molkerei Milchverarbeitungsbetrieb, Meierei, Milchwirtschaft.
Mollenfriedhof → Bauch.
mollig → behäbig, dick.
Moloch → Barbar, Kalb goldenes.
Moment → Augenblick, Wichtigkeit, Zeit.
Moment, in diesem augenblicklich, eben, gerade jetzt, zur Stunde.
momentan gegenwärtig, heute, jetzt, zunächst, im Augenblick, soeben, gerade, heuer, nun, derzeitig, akut, eben, diesjährig, sogleich. → aktuell, akut, augenblicklich, derzeit, derzeitig, eben.
▸ später.
Monarchist Royalist.
Monatsbinde Genussbremse *u.*
Monatsblutung Mensis, Menstruation, Periode.
Monatsletzter Ultimo.
Monatsschrift Schrift, Druckschrift, Broschüre, Heft, Abhandlung, Zeitschrift, Zeitung, Illustrierte, Roman, Modeheft, Fachblatt, Blatt, Kirchenblatt, Schrifttum, Lesestoff, Frauenzeitung, Vereinsblatt, Literaturblatt. → Denkschrift.
Mönch Klosterbruder, Geistlicher, Kuttenträger, Kleriker, Priester, Ordensgeistlicher, -bruder, Pater, Frater, Abt, Klausner, Zellenbruder, Barfüßler, Bettelmönch, Prediger, Einsiedler, Büßer, Eremit. → Fakir.
Mönchsbekleidung Kutte.
Mönchsleben → Askese.
Mond Luna, Satellit, Trabant • Silbermann *u.*
Mond, jenseits vom translunarisch.
mondän → auffallend, elegant, köstlich, modern.
▸ bieder.
Mondfahrer Lunonaut.
Mondfinsternis Eklipse.
Mondforschung Selenologie.
Mondgöttin Bubastis, Luna, Selene.
Mondhof Kreishof, Ring, Nebelring, Nebenzirkel, Beikreis, Lichterscheinung, Lichtkreis, Helligkeit. → Hof.
Mondkalb → Banause.
Mondschwankung Libration.
Mondsenke Mare.
mondsüchtig lunatisch, nachtwandlerisch, schlafwandlerisch, somnambul.
Mondumlauf Lunation.
Moneten → Bargeld.
Mongolenfalte Epikanthus.
Mongolenhütte Jurte.
monieren → mahnen.
Monokel Einglas, Scherbe *u.*
Monolog Selbstgespräch.
▸ Dialog.
Monopol Patentanspruch, Alleinherrschaft. → Anrecht, Vorrecht.
▸ Polypol, polypolistische Konkurrenz, vollständiger Wettbewerb.
monoton → abgeschmackt, einförmig, einschläfernd, langweilig.
▸ anregend, aufregend, bunt, unterhaltsam.
Monotonie → Langweiligkeit.
monströs → außerordentlich, unförmig missgestaltet, monumental, riesig, ungeheuerlich.
Monstrum → Bedrücker, Berserker, Bestie, Bluthund, Krüppel.
Montage → Einbau, Installation.
Montagehandwerker Monteur.
Monteuranzug blauer Anton *u*, Blaumann *u.*
Monteurkittel Overall.
Montgolfiere → Ballon.
montieren ausrüsten, aufbauen, aufstellen, zusammenbauen, festmachen, zusammensetzen, einsetzen, ansetzen, zusammenstellen, hinzufügen, anfügen, zusammenbringen, zusammenkoppeln, anmontieren, verbinden. → aufbauen.
▸ abbauen.
Montur → Anzug, Kleidung, Uniform.
Monument Denkmal, Denksäule, Standbild, Statue, Bildsäule, Statuette, Büste, Figur, Plastik, Bildhauerkunst, Modellierkunst, Gießkunst, Gipsabguss, Metallgießerei, Kriegerdenkmal, Ehrung, Hochachtung, Erinnerung, Widmung, Ehrensäule.
monumental → außerordentlich, groß, prächtig.
Moor → Bruch, Sumpf.
Moorgrund Darg.
Moos → Bargeld, Bedeckung, Bruch, Pflanze, Sumpf.
Mooskunde Bryologie.
Moostierchen Bryozoen.
Mopp Staubbesen.
Moped Feuerstuhl *u.*
Mops Schlummerrolle *u.*

mopsen → stehlen, klauen, mausen, mitgehen lassen, stehlen.
mopsen, sich → langweilen.
moralisch → sittlich, tugendhaft.
▸ amoralisch, ausschweifend, lasterhaft, unmoralisch.
moralisieren Gewissen reden ins, predigen.
Moralist Philister, Sittenlehrer, Sittenrichter • Pedant, Banause, Spießer, Kleinbürger • Saubermann *u.*
Morast → Brühe, Schlamm, Sumpf.
Moratorium → Stundung.
morbid → kränklich.
Mord Lebensberaubung, Tötung, Bluttat, Ermordung, Blutschuld, Raubmord, Meuchelmord, Attentat, Mordanschlag, Dolchstoß, Blutbad, Blutvergießen, Gemetzel, Vernichtung, Metzelei • Selbstmord, Freitod, Ritualmord, Kindsmord, Kindesopferung, Harakiri. → Attentat, Beraubung, Blutbad, Bluttat.
Mord und Totschlag → Streit.
Mord, politischer → Attentat, Mord.
Mordanschlag → Anschlag, Attentat, Mord.
Mordbrenner → Bandit, Bestie, Mörder.
morden → ausrotten, töten.
Mörder Meuchelmörder, Meuchler, Halsabschneider, Mordbube, Mordbrenner, Kehleabschneider, Raubmörder, Lustmörder, Totschläger, Würger, Schächer, Attentäter, Königsmörder, Vatermörder, Gangster, Bombenwerfer, Drossler, Bestie, Verbrecher. → Bandit.
▸ Ermordete(r), Mordopfer.
Mörder, blindwütiger Amokläufer.
Mörder, gekaufter Bravo, Killer.
mörderisch → bestialisch, blutgierig, diabolisch.
Mordgier Blutdurst, Bestialität, Grausamkeit.
mordgierig blutdurstig, blutgierig, blutrünstig, barbarisch, bestialisch, vampirisch.
mordlustig brutal. → bestialisch, blutgierig, entmenscht.
Mordskerl Tausendsasa, Draufgänger, Himmelstürmer.
Mordsucht Phonomanie.
Mores lehren → tadeln.
Morgen Frühe, Frühstunde, Morgenstunde, Vormittag, Tagesanbruch, Morgenrot, Sonnenaufgang, Dämmerung, Morgengrauen, Hahnenruf, Tagesgrauen, Tagesbeginn, Morgenanbruch • Flächenmaß, Maß, Rute, Hektar. → Anfang, Dämmerung.
▸ Abend.
morgen zukünftig, künftig, bevorstehend, herannahend, nahe, nächstens, bald, später, am nächsten Tag, im Anzug. → bald.
▸ gleich • gestern • heute.
Morgendämmerung → Dämmer, Dämmerung, Morgen.
Morgenfeier → Feier, Matinee.
Morgengabe → Aussteuer, Gabe.
Morgengrauen → Dämmer, Dämmerung, Morgen.
Morgenkleid Matinee, Negligee.
Morgenländer Levantiner, Orientale.
Morgenrot → Dämmerung, Morgen.
morgens früh, frühzeitig, beizeiten, zeitig, morgendlich, frühestens, rechtzeitig, vormittags, ehest, zur Frühstunde, beim ersten Hahnenschrei.
▸ (abends).
Morgenstern Hesperos, Luzifer, Venus.
Morgenstunde → Anfang, Dämmerung, Morgen.
Morgenveranstaltung Matinee.
Morgenzeitung Frühstücksnachrichten *u.*
Moritat Gassenhauer, Moritatenlied, Bänkelsängerlied.
morsch → alt, brechbar, fadenscheinig, spröde, schwach.
▸ fest, solide, stabil.
morsen signalisieren, mitteilen • daditten *u.*
Mörser Tiegel, Stampfer, Stampfgefäß, Schroter, Zerkleinerer • Waffe.
Mörtel → abbinden, Baustoff, Bedeckung, Bestand, Bindemittel.
Mosaik → Bild, Farbenreichtum, Schmuck.
mosaikartig musivisch.
Moschee → Kirche.
Moscheeturm Minarett.
Most, gärender Sauser *u.*
Motel Autohotel, Raststätte.
Motiv → Anhaltspunkt, Anlass, Anstoß, Chrie, Gegenstand, Leitgedanke, Ursache.
▸ Aktion, Bewegung, Handlung(sweise), Tat.
motivieren begründen • beeinflussen. → anregen.
Motor Antrieb, Triebwerk, Raketentriebwerk, Strahltriebwerk, Düsenmotor, Luftstrahltriebwerk, Staustrahltriebwerk, Turbine, Strahlturbine, Diesel-, Benzinmotor, Gasmotor, Gasturbine. → Anlass, Anstoß, Apparat, Maschinerie, Wille.
Motor frisieren, einen tunen.
Motorboot → Boot.
Motorfahrzeug → Fahrzeug (Straßen-).
Motorleistung Dampf *u,* Puste *u,* Sex *u.*
Motorrad Dreckschleuder *u,* Eierschaukel *u,* Feuerstuhl *u,* Hobel *u.* → Fahrzeug (Straßen-).
Motorschiff → Fahrzeug (Wasser-).
Motte Kleinheit, Wenigkeit, Winzigkeit, kleines Wesen, Kleinlichkeit • Flatterhaftigkeit, Oberflächlichkeit, Sorglosigkeit • die Motten kriegen, Verärgerung, Wutausbruch. → Tier, Laune.
Motto → Axiom, Denkspruch, Devise, Lehrsatz, Maxime, Zeichen.
Möwe Emma *u.*
Mücke → Bart, Tier.
mucken → trotzen.
Mücken und Fliegen Dipteren.
Mucker → Frömmler.
müde ermattet, abgehetzt, zerschlagen, abgespannt, schlapp, erschöpft, entkräftet, marode, gehetzt, matt, überarbeitet, abgearbeitet, schwach, schläfrig, schlafbedürftig, übermüdet, halb tot, herunter *u* • dekadent, abgelebt, erschossen *u,* fertig, lahm, hundemüde, marode, todmüde, schachmatt *u,* kein Mensch mehr sein *u,* bankrott *u.* → abgelebt, abgespannt, abgestumpft, arbeitsunfähig, beklemmend, blasiert, dekadent, entartet, erholungsbedürftig, erschlagen, faul, gehetzt.
▸ frisch, munter, ausgeschlafen, lebhaft, wach.
müde werden abschlaffen *u.*
müdemachende Trunkenheit Bettschwere *u.*
Müdigkeit → Abspannung, Beschwerde, Ermattung.
Muffel Griesgram.
muffelig mürrisch.
muffeln → essen.

muffig übel riechend, stinkend, stinkig, modrig, vermodert, faul, riechend, staubig, pestilenzialisch, ungelüftet, verstaubt, widerlich, unangenehm, schlecht riechend. → faul.
▸ frisch.
Mühe Lästigkeit, Kraftbeanspruchung, Last, Kopfzerbrechen, Anstrengung, Mühsal, Schwierigkeit, Schinderei, Beschwerde, Beschwerlichkeit, Mühseligkeit, Plackerei, Plage, Arbeit, Belastung, Strapaze, harte Arbeit, Brassel *u*, Plack(erei) *u*. → Amt, Anstrengung, Arbeit, Aufgebot, Bemühung, Beschwerde.
▸ Mühelosigkeit • Bequemlichkeit • Faulheit, Trägheit.
Mühe geben, sich → anstrengen sich.
mühelos → angenehm, bequem, leicht.
Mühelosigkeit Leichtigkeit, Möglichkeit, Ausführbarkeit, Handlichkeit, Kinderspiel, Kleinigkeit, Spaß, Spielerei, Erleichterung, Lösbarkeit, Anwendbarkeit, Ausführbarkeit, Gemächlichkeit, Bequemlichkeit, Zugänglichkeit, ebener Weg, glatte Bahn, günstiger Wind.
▸ Mühe.
mühen, sich → anstrengen sich, arbeiten, erkämpfen.
mühevoll → angestrengt, lästig, schwierig, anstrengend, aufreibend, beschwerlich, hinderlich, lästig, mühsam, mühselig, unbequem.
Mühle, Wasser auf seine → gelegen sein.
Mühlrad im Kopf → ungeschickt, verwirrt.
Muhme → Anverwandte.
Mühsal → Anstrengung, Arbeit, Aufgebot, Bedrücktheit, Bemühung, Beschwerde, Betrübnis, Bürde, Kampf, Mühe, Unglück.
mühsam sauer *u*. → angestrengt, aufreibend, lästig, schwierig.
▸ bequem, einfach, leicht, mühelos.
mühselig → angestrengt, aufreibend, bedauerlich, böse, schwierig.
Mühseligkeit → Anstrengung, Bekümmernis, Bemühung, Beschwerde, Betrübnis, Mühe, Unglück.
Mulatte → Bastard, Farbiger.
Mulde Senke. → Becken, Behälter, Einbauchung, Furche, Graben, Höhlung, Einbuchtung.
Müll → Abfall, Dreck, Exkrement.
Müllgrube → Kloake.
Müllplatz Abladeplatz, Abraumhalde, Deponie, Müllkippe, Schrottplatz, Schutt(ablade)platz.
Müllschlucker Dreckrachen *u*.
Mulm → Schmutz.
mulmig zermülmt, zerfallen, brüchig, pulvrig, mehlig, staubig, zerrieben, zerkrümelt, pulverförmig • gefährlich, beunruhigend, brenzlich, heikel, bedrohlich, unsicher, dicke Luft.
▸ fest, sicher.
multiplizieren malnehmen, vergrößern, rechnen, vervielfältigen, vervielfachen, zunehmen, vermehren, erweitern, erhöhen, hinzufügen, verstärken, anhäufen. → anschwellen.
▸ (dividieren), teilen.
Mumm → Bargeld, Mut.
Mummenschanz → Belustigung, Karneval.
Mumpitz → Unsinn.
Mumps Ziegenpeter.
Münchhausiade → Blendwerk, Chauvinismus, Lüge.
Mund Öffnung, Maul, Gosche, Gusche *u*, Zugang, Schnauze, Rachen, Schlund, Kehle, Fresse, Klappe, Schnabel, Schnute, Babbelmaul *u*, Gefräß *u*, Futterluke *u*, Rüssel • Mündung, Stollenmund, Spalte • Bimsquetsche *u*, Brutsch(e) *u*, Fresslade *u*, Fressritze *u*, Rachen *u*, Raffel *u*, Rüssel *u*, Sabbel *u*, Schalltrichter *u*, Schlabbe(r) *u*, Schlapfen *u*, Triel *u*.
Mund auftun, den äußern sich, berichten, erklären, erzählen, mitteilen, schildern, sagen, sprechen.
Mund betreffend, den oral.
Mund fahren, über den dazwischenreden, zurechtweisen.
Mund, mit offenem → starren, staunen.
Mund voll nehmen, den → prahlen.
Mund wässrig machen, den → reizen.
Mund-zu-Mund-Nachrichten Flüstercampagne *u*.
Mundart → Dialekt, Idiom, Jargon.
Mundartkunde Idiomatik.
mundartlich landläufig, dialektisch, jargonartig, platt.
Mundartwörterbuch Idiotikon.
Mündel Patenkind. → Schützling.
▸ Vormund.
mündelsicher risikolos.
munden → schmecken, zusagen, gut schmecken.
▸ abzweigen.
münden fließen, hineinfließen, heraustreten, entströmen, entfließen, entquellen, entspringen, hervorbrechen, ausbrechen, verlassen, einmünden.
▸ entspringen.
mundend → angenehm, essbar, gut, saftig, lecker, schmackhaft.
mundfaul → schweigsam.
▸ eloquent • geschwätzig.
Mundfäule Stomatitis.
mundgerecht lecker. → angenehm, appetitlich, essbar, delikat, gar, gebrauchsfertig, schmackhaft.
Mundgeruch Foetor ex ore, Kakostomie.
Mundharmonika Mundhobel, Maulhobel, Fotzenhobel *u*, Lutschknochen *u*, Mundfiedel *u*, Mundorgel *u*.
mündig → entwachsen der Rute, entwickelt, erwachsen.
▸ minderjährig, unmündig.
Mündigsprechung → Emanzipation.
Mundlaut Oral.
mündlich → persönlich.
▸ schriftlich.
Mundschleimhautentzündung Stomatitis.
mundtot machen beschwatzen, totreden, totquasseln, reden wie ein Wasserfall, still machen, das Wort ersticken, die Rede abschneiden, ins Wort fallen, den Mund stopfen, Stillschweigen auferlegen, die Lippen versiegeln, den Mund verbieten, zum Schweigen bringen, den Maulkorb umbinden, das Wort unterbinden.
▸ ermuntern.
Mundtrockenheit Xerostomie.
Mundtuch Serviette, Latz, Schlabberlätzchen *u*. → Serviette.
Mündung Gemünd, Einmündung, Zufluss, Zuleitung, Eintritt, Einfluss, Zulass, Zugang, Zutritt, Flussmündung, Ausmündung, Delta, Ausfluss, Abfluss. → Abzug, Ausgang, Kloake.
▸ Quelle.
Mundvoll → Speise, Wenigkeit.

Mundvorrat → Bedarf, Beköstigung, Proviant, Speise.
Mundwerk → Klappe.
Munition Patronen. → Geschoss.
munkeln → flüstern.
Münster → Kirche.
munter fröhlich, frisch, heiter, freudig, vergnügt, gesund, aufgeschlossen, lebhaft, betriebsam, wohlgemut, aufgedreht, auf dem Damm sein, in Fahrt sein, in Form sein, aufgetaut, rege, rührig, unterhaltend, lustig, frohgemut, aufgeweckt, schlagfertig, sonnenhaft, frohherzig, lebenslustig, lebensfroh, regsam, beweglich, wendig, fidel, witzig, gesellig, unterhaltsam, ausgelassen, mitreißend, aufgedreht *u*, aufgekratzt *u*, auf Deck *u*, flott *u*, quick *u*. → anstellig, arbeitsam, aufgeräumt, aufgeschlossen, beweglich, Damm sein auf dem, frisch, froh.
▸ müde, schläfrig, verschlafen • abgespannt, erschöpft, fertig, kaputt, matt • niedergeschlagen • phlegmatisch • krank, marode • altersschwach.
Munterkeit → Beflissenheit, Begierde, Freude.
Münze, Kehrseite der → Gegensatz.
Münze, kleine → Deut.
Münze nehmen, für bare → leichtgläubig.
Münzen Moneten • Pimperlinge *u*.
münzenförmig nummulär.
Münzfälscher → Fälscher.
Münzkunde Numismatik.
Münzprüfer Wardein.
Münzrückseite Revers.
Münzvorderseite Avers.
Münzwert, aufgeprägter Nominalwert.
mürbe → brechbar, spröde, weich.
▸ fest, hart, stabil, zäh • unbeugsam, unnachgiebig.
murksen fummeln. → pfuschen herumbasteln, patzen, pfuschen, quacksalbern, schludern, stümpern.
Murmeln → Geflüster, Spiel.
murmeln → brummen, dämpfen die Stimme, flüstern, sprechen, nuscheln, brutteln, murren.
Murmeltier → Bummler, Müßiggänger, Tier.
Murren → Gebrumme.
murren → beklagen, belfern, brummen, knurren, trotzen, brotzeln *u*, brubbeln *u*, bruddeln *u*.
mürrisch finster, griesgrämig, unzufrieden, versauert, missleidig, missvergnügt, verdrießlich, verdrossen, verkatert, verschnupft, miesepetrig *u*, muffig *u*, sauertöpfisch, vermickert *u*, verstimmt, bissig, launisch, grimmig, lustlos, sauertöpfig, grämlich, übellaunig, misslaunig, grantig *u*, missmutig, missgestimmt, unfreundlich, unwirsch, ungefällig, barsch, brummig, widerwärtig, verbittert, düster, störrisch, unliebenswürdig, ruppig, borstig *u*, eingemopst *u*, bruttelig *u*, quarrig *u*. → ärgerlich, aufgelegt, bärbeißig, brummig, cholerisch, reizbar.
▸ freundlich, fröhlich.
mürrisch ansprechen anmuffeln *u*.
mürrischer Typ Bärbeißer, Finsterling *u*.
Murrsinn → Bitterkeit, Erbitterung, Trübsinn.
Mus → Brei.
Muse Kalliope (Epos), Terpsichore (Tanz), Thalia (Komödie), Euterpe (Lied), Polyhymnia (Musik), Melpomene (Trauerspiel), Kilo (Geschichte), Erato (Liebesdichtung), Urania (Sternkunde).
Musenquelle Hippokrene.
Musenroß Pegasus.
Museum → Ausstellung.
Museumsstück Ausstellungsstück, Exponat.
Musik Klangwelt, Klangreich, Komposition, Tonreich, Melodie, Vertonung, Lied, Gesang, Gedudel, Dudeln, Jazz, Konzert, Streichmusik, Blasmusik, Blechmusik, Schrammelmusik. → Musikwerk.
musikalisch musikbegabt, musisch.
▸ unmusikalisch.
musikalische Meisterschaft Virtuosität.
musikalisches Übungsstück Etüde.
musikalisches Vorspiel Introduktion, Ouvertüre, Präludium, Prélude.
musikalisches Zwischenspiel Intermezzo.
Musikaufführung Konzert.
Musiker Tonkünstler, Tonsetzer, Komponist, Spieler, Organist, Pianist, Klavierspieler, Geiger, Lautenspieler, Flötist, Bläser, Streicher, Trompeter, Cellist, Trommler, Dirigent, Kapellmeister, Musikdirektor, Generalmusikdirektor, Konzertmeister.
Musikeragent Impresario.
Musikerfolg Hit, Schlager.
Musikergemeinschaft Band, Kapelle, Orchester.
Musikfest Festival.
Musikfest im Freien Openairfestival.
Musikgerät Instrument.
Musik machen musizieren.
Musikschule Konservatorium.
Musikstück Duo, Trio, Quartett, Tanz, Unterhaltungsmusik, Ouvertüre, Oper, Opera buffa, Operette, Singspiel, Sonate, Sonatine, Sinfonie, Orchesterwerk, Klavierstück, Solo, Übungsstück, Etüde, Studie, Vorspiel, Einleitung, Capriccio, Introduktion.
Musikveranstaltung Konzert.
Musikwerk Komposition, Opus.
Musikzeichen Note.
musisch → empfindsam, feinsinnig.
musizieren vorspielen, vortragen, spielen, anstimmen, einstimmen, singen, begleiten, aufstreichen, aufspielen, tönen, harfen, flöten, pfeifen, geigen, trällern, dudeln, leiern, trompeten. → klimpern.
Muskel Körperteil, Knochen, Knorpel, Mark, Nerv, Sehne, Bizeps, Flechse, Fleisch, Gelenk. → Daumen.
▸ Knochen.
Muskel, in den intramuskulär.
Muskelentzündung Myositis.
Muskelerschlaffung Atonie.
Muskelerweichung Myomalazie.
Muskelgeschwulst Myom.
Muskelhaut Faszie, Tunica.
Muskelkräftiger/-strecker Expander.
Muskelkraftmesser Ergometer.
Muskellähmung Myoplegie.
Muskelreißen Rheuma.
Muskelschmerz Myalgie.
Muskelschwund Amyotrophie, Atrophie, Myatrophie.
Muskeltraining, gezieltes Bodybuilding.
Muskelzucken Tic, Tremor.
Muskete → Büchse, Waffe.
muskulös → derb, stark.
Muss Befehl, Drang, Gebot, Notwendigkeit, Pflicht, Sucht, Zwang.
Muße Ruhe, Beschaulichkeit, Freizeit, Erholung, Pause, Ruhezeit, Sonntagsruhe, Mußezeit, Feiertag, Festtag, Erholungszeit, Urlaubszeit,

Ferien, Gelegenheit, Feierabend, Mußestunde. → Aufenthalt, Atempause, Entspannung, Feier, Ferien. ▸ Hetzerei, Anstrengung, Stress • Arbeit, Beschäftigung, Tätigkeit.

müssen sollen, gezwungen werden, genötigt werden, unter Zwang stehen, keine andere Wahl haben, in der Zwangslage handeln, unfrei sein, verpflichtet sein, verlangt werden, gedrängt werden. → behelfen sich. ▸ freiwillig (tun), wollen, wünschen • dürfen, entscheiden können, die Wahl haben.

Mußezeit → Dämmerstündchen, Feierabend, Muße.

müßig frei, träge, untätig, faul, langsam, schläfrig, matt, unbeschäftigt, dienstfrei, schulfrei, arbeitslos, beschäftigungslos, schlaff, schlapp, geruhsam, passiv, lendenlahm, die Hände im Schoß, außer Tätigkeit, liegen auf der Bärenhaut, Mühe sparen sich, Mühe scheuen die. → arbeitsscheu, arbeitsunfähig, dienstfrei, faul, umsonst, untätig. ▸ fleißig, eifrig, emsig, flott • beschäftigt, tätig • notwendig.

müßig gehen untätig bleiben, kein Glied regen, nichts tun, nichts leisten, sich der Arbeit entziehen, Hände in den Schoß legen, keinen Finger rühren, faulenzen, auf der faulen Haut liegen, die Zeit verschwenden, die Zeit vergeuden, bummeln, verbummeln, schlenzen *u,* herumstrolchen, die Zeit töten, der Arbeit aus dem Weg gehen, herumlungern, schlendern, herumschwärmen, Maulaffen feilhalten, sich aufs Ohr legen, auf der Bärenhaut liegen, Tag leben in den. → beschäftigungslos. ▸ arbeiten.

Müßiggang Nichtstun, Tatenlosigkeit, Untätigkeit, Tagedieberei, Faulenzerei, Schlendrian, Bärenhaut, Arbeitsflaute, Mattigkeit, Trägheit, Arbeitseinstellung, Winterschlaf, Schlaraffenleben, Lotterbett, Dolce far niente, Faulfieber *u.* → Arbeitsunfähigkeit. ▸ Fleiß.

Müßiggänger Flaneur, Murmeltier, Faulenztier, Faulpelz, Strolch, Faulsack, Nichtsnutz, Faultier, Nichtstuer, Tagedieb, Taugenichts, Zeitverschwender, Pflastertreter, Bummler, Bummelant, Asphaltspucker *u,* Eckensteher, Vagabund, Herumlungerer, Arbeitsscheuer, Schulschwänzer, Drohne, Schläfer, Siebenschläfer, Rumtreiber *u,* Scherenschleifer *u.* → Arbeitsunfähiger, Bummler. ▸ Arbeiter.

müßig gehen poofen *u,* rumgammeln *u,* sich rumtreiben *u,* schlampampen *u,* schlampen *u,* schlenzen *u,* schlumpern *u.*

Muster Kostprobe, Beispiel, Probe, Modell, Musterbild, Musterblatt, Musterform, Vorschrift, Versuchsstück, Schulbeispiel, Vorlage, Zeigestück, Auslese, Auszug, Vorbild, Vordruck, Auswahl, Schriftsatz • Verzierung, Schmuck. → Abguss, Art, Art und Weise, Aufriss, Ausbund, Ausfertigung, Auslese, Ausschmückung, Beispiel, Beste, Dessin, Entwurf, Exempel, Vollkommenheit. ▸ Fehlerhaftigkeit, Gegenbild, Nachbildung, Zerrbild.

Musterbild → Beispiel, Denkbild, Edelmensch, Exempel, Muster, Vollkommenheit.

Musterblatt → Dessin, Formular, Muster.

Musterentwerfer Designer.

Musterfall (Musterentscheid) Präzedenzfall.

Musterform → Abguss, Einheitsform, Exempel, Modell.

mustergültig bilderbuchmäßig *u.* → anstellig, einwandfrei, ideal, kunstgerecht, vortrefflich.

musterhaft exemplarisch, beispielhaft • tugendhaft, brav, gesittet, sittsam, vollkommen, wacker, bieder, lobenswert, tadellos, charaktervoll, gewissenhaft, unvergleichlich, bewunderungswürdig, pflichttreu. → auserlesen, bieder, charaktervoll. ▸ charakterlos, geschmacklos.

Musterknabe Tugendbold, Tugendengel, Lamm, Taube, Unschuldsengel, Musterbild, Tugendbeispiel, Heiliger. ▸ Schaf räudiges.

mustern figurieren, durchmustern, beobachten, prüfen, ausfinden, beäugen, fixieren, begucken, angaffen, anstarren, anglotzen, beluchsen, besichtigen, betrachten, anblicken, ansehen, in Augenschein nehmen, im Auge behalten, den Blick heften auf • eine Musterung abhalten, Soldaten mustern. → Acht geben, aufpassen, bedenken, beschauen, nicht Blick lassen aus dem, Blick richten auf, durchbohren, fassen ins Auge. ▸ übersehen.

Mustersammlung → Auswahl, Kollektion.

Musterung Bullenschau *u,* Fleischbeschau *u.* → Aufmarsch, Aufsicht, Bearbeitung, Beobachtung, Bewertung, Durchsicht, Inspektion, Kontrolle.

Musterzeichnung → Dessin, Modell, Muster.

Mustopf kommen, aus dem überrascht, verblüfft sein, aus allen Wolken fallen.

Mut Schneid, Courage, Löwenmut, Kühnheit, Furchtlosigkeit, Traute *u,* Männerherz, Mannesmut, Mannhaftigkeit, Männlichkeit, Mumm, Tapferkeit, Herzhaftigkeit, Wagemut, Forsche *u,* Mutigkeit, Beherztheit, Entschlossenheit, Unerschrockenheit, Unverzagtheit, Verwegenheit, Tollkühnheit, Selbstvertrauen, Standhaftigkeit, Festigkeit, Heldensinn, Seelenstärke, Heldenhaftigkeit, Ritterlichkeit, Kriegsmut, Schlachtenmut, Heldentum, Todesverachtung, Kraft, Stärke, Gewalt, Feuertaufe, Mutprobe, fassen ein Herz, Traute *u.* → Beharrlichkeit, Beherrschung, bieten die Stirn, Courage, Fassung, Hoffnung, Mannhaftigkeit. ▸ Mutlosigkeit, Angst, Ängstlichkeit, Feigheit, Furcht, Scheu, Schüchternheit.

Mut fassen → hoffen.

Mut gegenüber der Obrigkeit Zivilcourage.

Mut, leichter → Übermut.

Mut machen anfuttern *u,* anfüttern *u.*

Mut zusprechen → aufheitern, helfen.

Mütchen kühlen, das → vergelten.

mutieren misstönen, missklingen, ächzen, kratzen,

mit der Stimme überschnappen, im Stimmbruch sein, die Stimme wechseln, abändern. → abweichen.
mutig furchtlos, tapfer, beherzt, forsch *u,* brav, wacker, tüchtig, unerschrocken, unverzagt, verwegen, mannhaft, charakterfest, entschlossen, kühn, waghalsig, heldenmütig, unbezwingbar, kriegerisch, willensstark, unbeugsam, sieghaft, hartnäckig, heldenhaft, reckenhaft, geil *u.* → brav, charakterfest, entschlossen, herzhaft, kriegerisch, kühn, männlich. ▸ mutlos, ängstlich, feige, furchtsam, scheu, schüchtern, zaghaft.
mutig sein Feuer im Arsch haben *u.* → ausharren, mutig.
Mutigkeit → Entschlossenheit, Mut.
mutlos → abgespannt, aufgelegt, bebend, feige, geknickt, hilflos, kleinmütig, lebensmüde, pessimistisch, schwach, unglücklich. ▸ mutig • zuversichtlich.
mutlos machen → deprimieren.
mutlos werden verbleffen *j,* die Flinte ins Korn werfen, das Herz fällt in die Hose, sich hängen lassen, das Maul hängen lassen *u.*
Mutlosigkeit → Angst, Bammel, Befangenheit, Bekümmernis, Bitterkeit, Depression, Entmutigung, Feigheit, Freudlosigkeit, Niedergeschlagenheit.
mutmaßen → ahnen, ankündigen, argwöhnen, befürchten, glauben, schätzen, vermuten.
mutmaßlich → hoffentlich, vermutlich.
Mutmaßung → Annahme, Befürchtung, Glaube, Vermutung, Voraussetzung.
Mutprobe → Gewaltstück, Heldentat, Mut, Wagnis.
Mutprobe russisches Roulette *u.*
Mutter Mama, alte Dame, Mutsch *u,* Mami, Mutti, Mütterlein, Mütterchen, Hausmütterchen, Ehegattin, Gattin, Gemahlin, Frau, Hausfrau, Gebärerin, Kindbetterin, Glucke • Schraubenmutter, Alte *u,* Altsche *u,* Chefin *u,* alte Dame *u.* → Anverwandte, Frau. ▸ Vater, Kind • Sohn, Tochter • Schraube.
Mutterboden Humus.
Mutterherz Gutmütigkeit, Liebenswürdigkeit, Aufopferung, Opferfreudigkeit, Großmut, Edelmut, Engelsgüte, Opfermut, Wohltätigkeit, Barmherzigkeit, Hilfsbereitschaft, Mutterliebe, Menschlichkeit, Sanftmut, Herzensgüte, Liebesdienst. ▸ Hass, Unmenschlichkeit.
Mutterkornvergiftung Ergotismus.
Mutterkuchen Plazenta.
mütterlich → fraulich, verwandt. ▸ väterlich.
Mutterliebe → Liebe, Mutterherz.
Muttermal → Erkennungszeichen, Zeichen.
Mutterschaft Mutterfreuden, Muttersorgen, Mutterpflichten, Mutterliebe, Frauenlos, Frauenschicksal, Mütterlichkeit.
mutterseelenallein → allein, einsam, gottverlassen, heimlich.
Muttersöhnchen Weichling, Schwächling, Jammergestalt, Mutterknabe, Feigling, Schürzenkind, Pimpelhans, Laffe, Pantoffelheld, Zuckerkind, Herzenssöhnchen, Schoßkind, Goldkind, Herzblättchen, Augapfel, Memme. ▸ Kraftmensch, Tatmensch.
Muttersorgen → Mutterschaft, Schmerz.
Muttersprache → Sprache.
Mutterwitz → Begabung, Schlauheit, Verstand.
Mutti → Anverwandte, Mutter.
Mutung Gesuch um Belehnung, Antrag auf Verleihung des Bergwerkseigentums, Anspruch auf bergmännische Ausbeutung. → Vermutung.
Mutwille → Anmaßung, Anwandlung, Frevel, Überhebung, Übermut.
Mutwillen Daffke *u.*
mutwillig → absichtlich, bubenhaft, übermütig.
Mütze Deckel *u.* → Kappe.
Mylord → Anrede.
mysteriös dunkel, rätselhaft, unerklärlich, verhüllt, inkognito, versteckt, verdeckt, heimlich, verborgen, anonym, geheim, verschleiert, vertuscht. → geheimnisvoll. ▸ bekannt, klar.
Mysterium Geheimnis, Verborgenheit, Dunkel, Rätsel, Rätselhaftigkeit • Geheimlehre. → Geheimnis. ▸ Klarheit.
Mystik Geheimlehre, Gottschau, Gottsuchen, Wunderglaube, Glaubensschwärmerei, Religion, Theosophie, Wundersucht, Frömmigkeit, Glaube, Glaubenseifer, Seligkeitsrausch, Inbrunst, Verzückung, Gottesbegeisterung, Beseligung.
mystisch → geheimnisvoll.
Mythos Urglaube, Urreligion, Götterlehre, Gottheitsahnung, Naturreligion, Volksglaube, Gottheitsdämmerung, Göttersage, Götterdichtung • Aberglaube • falsche Vorstellung.

N

na also → also.
Nabe → Drehpunkt.
Nabel Nabelgegend, Körperteil, Mitte, Vertiefung, Loch, Mittelpunkt, Zentrum, Brosche *u.* → Brennpunkt.
Nabelentzündung Omphalitits.
Nabob → Krösus, Reichtum.
nach gemäß, laut, entsprechend, im Sinne von. → danach, darauf. ▸ entgegen, vorher ab, aus, von • während.
nach außen gewandt extravertiert, extrovertiert.
nach außen gewölbt konvex.
nach der Infektion postinfektiös.
nach der Operation postoperativ.
nach hinten rückwärts, zurück, zurückgewandt.
nach innen gewölbt konkav.
nach und nach langsam, saumselig, bedächtig, schleppend, gemächlich, langweilig, bequem, kriechend, in die Länge gezogen, im Schneckengang,

zögernden Schrittes.
▸ unverzüglich.
nachäffen → auslachen, aussehen wie, nachahmen, verspotten.
Nachäffen von Reden Mimese.
nachahmen nachmachen, ablernen, ablauschen, abgucken, nachdrucken, wiederholen, abdrucken, nachformen, imitieren, reproduzieren, nachmalen, nachbilden, nachäffen, nachspotten, fälschen, karikieren, parodieren, darstellen, anhängen, nachzeichnen, sich verstellen, schauspielern, spielen. → abbilden, aussehen wie, borgen fremde Gedanken, durchpausen, fälschen.
▸ erfinden, gestalten, ausdenken, erdenken, erschaffen, kreieren, schöpfen • entwickeln • lehren, unterweisen • vormachen, zeigen.
nachahmend imitatorisch, mimetisch.
nachahmenswert → erbaulich, gut, wichtig.
Nachahmer Epigone, Nachbeter, Plagiator, Imitator, Fälscher.
Nachahmung Nachbildung, Nachmacherei, Verdoppelung, Wiederholung, Nachäfferei, Abklatsch, Wiedergabe, Verstellung, Fälschung, Parodie, Zerrbild, Karikatur, Nachahmungssucht, Nachahmungstrieb, Spottsucht, Travestie, Heuchelei, Gleisnerei, Faksimile. → Abbild, Abklatsch, Bemächtigung, Darstellung, Echo, Faksimile, Falschheit, Imitation.
▸ Original, Schöpferkraft.
Nachahmungstrieb → Nachahmung, Spott.
nacharbeiten aufarbeiten, aufholen.
Nachbar Anwohner, Anlieger, Grenznachbar, Umwohner, Anrainer, Flurnachbar, der Nächste, Anwohnerschaft, Zimmernachbar, Nebenmann, Nebenhausbewohner, Mitbewohner, Hausbewohner. → Bekannter.
▸ Fremder.
nachbarlich anwohnend, benachbart, angrenzend, daneben, nebenan, gegenüber, beisammen, anstoßend, bei • hilfsbereit, hilfreich, gut bekannt, auf gutem Fuß, zugetan, zugeneigt, wohlwollend, zugänglich. → befreundet.
▸ fremd, getrennt.
Nachbarschaft → Nachbar, Nähe.
nachbeten nachmachen, seinem eigenen Urteil misstrauen, an seinem Geschmack zweifeln, nachahmen, wiederholen, abgucken, wiederkäuen, wiedergeben, sich mit fremden Federn schmücken, naturgetreu wiedergeben, aufwärmen. → abschreiben.
▸ erfinden, gestatten.
nachbetend → epigonenhaft.
Nachbeter Nachahmung, Nachmeister, Nachäffer, Papagei, Echo, Widerhall, Epigone, Simulant, Wiederkäuer, Nachempfinder, Kopist, Plagiator, Nachfahrer, Abschreiber, Wiederholer, Reproduzierer, Imitator.
▸ Schöpfer.
nachbilden → abbilden, auferstehen, durchpausen, nachahmen.
Nachbildung Attrappe. → Abklatsch, Durchschlag, Faksimile, Fälschung, Imitation, Kopie.
▸ Modell, Original, Urbild, Vorbild.
nachdem → binnen, da, danach, darauf.
▸ bevor, ehe.
nachdem, je → allenfalls.
Nachdendenken, ohne freihändig *u.*
nachdenkbar → erfassbar.
Nachdenken → Begriffsscheidung, Bemühung, Denkart, Grübelei.
nachdenken → begrübeln, beraten sich, beratschlagen, besinnen sich, denken, erinnern sich, ermessen, überlegen.
▸ (spontan) handeln.
nachdenklich → besinnlich, erwägend, gedankenvoll, still.
Nachdenklichkeit Bedenken, Betrachtung, Tiefsinn, Grübelei, Besinnung, Überlegung, Gedankentiefe, Besinnlichkeit, Erwägung, Erfoschung, Prüfung, Untersuchung. → besinnlich, Besinnlichkeit.
▸ Gedankenlosigkeit.
Nachdruck Fälschung, Doppel, Nachschrift, Neuauflage, Neudruck, Wiedergabe, Reproduktion, Nachbildung, Abschrift, Kopie, Ebenbild • Festigkeit, Bestimmtheit, Schärfe, Eindringlichkeit, Betonung, Wucht, Schwung, Eifer, Gewicht, Überzeugungskraft, Akzent, Einfluss, Übergewicht, Überlegenheit, Wirksamkeit, Bedeutsamkeit. → Abdruck, Abklatsch, Bestimmtheit, Betonung, Buch, Dieberei, Druck, Eindringlichkeit, Energie, Ernst, Gewicht.
▸ Lässigkeit, Original, Schwachheit, Unwichtigkeit.
Nachdruck verleihen → betonen.
nachdrucken → abbilden, nachahmen.
nachdrücklich → absolut, angespannt, anschaulich, bedeutungsvoll, beeinflussend, deutlich, deutsch auf gut, dringend, eindringlich, emphatisch, ergreifend, kategorisch, intensiv, streng.
▸ leichthin, unverbindlich.
Nachdrücklichkeit → Ernst, Nachdruck, Strenge.
nacheifern → nachmachen.
nacheilen nachlaufen, nachrennen, hinterhereilen, nachgehen, nachfolgen, folgen, verfolgen, nachjagen, nachspüren, einholen, nacheisen, hinter jemandem her sein, auf den Socken sein, hinterherflitzen, nachsausen, nachspringen, bewegen sich.
▸ davonlaufen, vorangehen, zurückbleiben.
Nacheinander Nacheinanderfolge, Hintereinander, Verlauf, Reihenfolge, Ablauf, Zeitraum, Dauer, Folge, Aufeinanderfolge, Fortlauf, Kette, Zusammenhang, Dauerhaftigkeit.
▸ (Gleichzeitigkeit), (Nebeneinander).
nacheinander → hintereinander.
Nacheinanderfolge → Colonnade, Nacheinander.
nachempfinden mitfühlen, nachfühlen, begreifen.
Nachen → Boot, Fahrzeug (Wasser-), Schiff.
nacherzählen → wiederholen.
Nachfahre → Abkomme, Anverwandte.
▸ Ahne, Vorfahre.
Nachfolge → Aufeinanderfolge, Folge.
nachfolgen nachkommen, nachgehen, folgen, anschließen, anhängen, auf der Spur bleiben, nacheilen, nachspüren, auf den Fersen folgen, nachrennen. → Ferse

folgen auf der.
▸ davonlaufen, vorangehen, zurückbleiben.
nachfolgend folgend, anknüpfend, nächst, später, darauf, nachdem, anschließend, dereinst, nachkommend, hinterher, in der Folge. → danach, darauf, dereinst, nachher.
▸ vorangehend, zurückbleibend.
Nachfolger Nachläufer, Hintermann, Begleiter, Stab, Anhänger, Schüler, Gefolgschaft, Gefolge, Gefolgsmann, Nachkomme, Erbe, Hinterbliebener, Nachhut, Thronfolger, Rechtsnachfolger, Regierungsnachfolger • Verfolger, Jäger, Treiber. → Besitzer, Komplize.
▸ Führer, Gründer • Vorhänger • Avantgardist, Pionier, Schrittmacher, Vorkämpfer, Wegbereiter.
nachformen → abbilden, nachahmen.
nachforschen → anfragen, befragen, eindringen in das Geheimnis, erforschen, suchen, verfolgen.
Nachforschung → Anfrage, Beobachtung, Ermittlung, Nachfrage.
Nachfrage Nachforschung, Erkundigung, Frage, Anfrage, Zwischenfrage, Ausforschung, Suche, Untersuchung, Umfrage, Erhebung, Vernehmung, Verhör, Nachprüfung, Erkundigung, Auskundschaft • Kauflust, -kraft, Zuspruch, Bedarf, Bedürfnis, Beachtung. → Ausforschen, Auskunft, Ermittlung.
▸ Angebot, Auskunft.
nachfragen → anfragen, befragen, erfragen, erkundigen.
nachfühlen → begreifen, einleuchten, verstehen.
nachfüllen auffüllen, auftanken, ergänzen, tanken, voll tanken.
nachgeahmt parodiert, travestiert, karikiert, dargestellt, gefälscht, abgesehen, simuliert, nachgeäfft, nachgemacht, abgelauscht, nachgedruckt, abgeguckt, abgemalt, reproduziert, nachgebildet. → epigonenhaft, falsch.
▸ geformt, (vorgemacht) echt, eigenständig, originell, ursprünglich.
nachgeahmtes Produkt Imitat.
nachgeben klein beigeben, ein Auge zudrücken, etwas annehmen, sich erweichen lassen, Nachsicht üben, durch die Finger sehen, weichen, weich werden, zurückweichen, sich ducken, sich fügen, entsagen, nachlassen, ausweichen, unterliegen, sich unterwerfen, gehorchen, sich beugen, klein und hässlich werden, sich demütigen, willfahren, sich unterordnen, zu Boden gehen *u*, sich ducken *u*, einknicken *u*, die Flagge streichen *u*, kleine Brötchen backen *u*. → abstehen, aufhören, beobachten, beugen, biegen, bringen nicht übers Herz, darein geben sich, entgegenkommen, ergeben sich, erlahmen, Finger sehen durch die, fügen sich, gehorchen, hängen lassen die Flügel.
▸ nachgeben nicht, widersetzen sich • aushalten, ausharren, sich behaupten, fest bleiben, standhalten, trotzen • sich wehren/weigern/ widersetzen • entgegentreten • vernichtet werden.
nachgeben, nicht nicht locker lassen, sich versteifen, sich steif halten *u*, darauf bestehen, unnachgiebig sein. → ausharren, biegen, trotzen.
nachgehen → Acht geben, anfassen, nacheilen, suchen.
nachgehen, auf Schritt und Tritt nachfolgen, nachlaufen, nachrennen, nachjagen, verfolgen, anhänglich sein, am Schürzenbändel hängen, hinterherlaufen.
▸ ablehnen, (lassen in Ruhe), vorangehen.
nachgehen, dem Beruf arbeiten, schaffen, handeln, wirken, sich betätigen, sich beschäftigen, sich befassen mit, sich bemühen, sich anstrengen, einem Dienst nachgehen, einem Amt vorstehen, seine Zeit verbringen mit, Geld verdienen, seinen Lebensunterhalt verdienen, sein Brot verdienen, sich einer Tätigkeit widmen.
▸ faulenzen.
nachgehende Uhr Arbeitgeberuhr *u*.
nachgemacht → epigonenhaft, falsch, gestohlen.
nachgeprüft überprüft, nachgesehen, geprüft, besehen, gesehen, überblickt, nachgerechnet, berechnet, nachgemessen, beurteilt. → authentisch.
▸ zweifelhaft.
Nachgeschmack → Aroma, Beigeschmack.
nachgewiesen → authentisch, erwiesen, nachgeprüft.
nachgiebig lenkbar, biegsam, willfährig, folgsam, willig, formbar, regierbar, unterwürfig, gefügig, schmiegsam, gehorsam, friedlich, schwach, wehrlos, fügsam, weich, schleimig *u*, widerstandlos, butterweich *u*. → barmherzig, biegsam, dehnbar, empfänglich, feminin, friedfertig, gefällig, gehorsam, gummiartig, gutmütig, schwach.
▸ unnachgiebig, beharrlich, eigensinnig, fest, hart(näckig), kompromisslos, spröde, starr, steif, stur, trotzig, unerbittlich, unerschütterlich, zäh.
nachgiebig sein → breitschlagen, nachgiebig.
Nachgiebigkeit → Bereitwilligkeit, Entgegenkommen, Friedlichkeit, Gefügigkeit, Gehorsam, Gutmütigkeit, Lenksamkeit, Schwäche.
nachgraben forschen, aufspüren, wühlen.
Nachgrübeln → Anstrengung, Begriffsscheidung, Betrachtung, Denken, Nachdenklichkeit.
nachgrübeln → ausdenken, begrübeln, denken, ergrübeln, ersinnen.
Nachhall → Echo.
nachhalten → ausharren, bleiben, dauern, verübeln.
nachhaltig → fortwährend, intensiv, stark.
nachhangen nachhängen, an etwas denken, sich erinnern, zurückbleiben, zurückrufen, entsinnen, gedenken, ins Gedächtnis rufen, im Auge behalten, im Gedächtnis haben, zurückträumen, vergangene Zeiten aufrollen, nicht vergessen.
▸ vergessen.
nach Hause gehen heimgehen, umkehren, heimkehren, zurückgehen, zurückfahren, zurückkehren, zurücklaufen, sich zurückfinden, wiederkehren, sich heimwärts wenden, in seine vier Wände gehen.
▸ abreisen, bleiben, weggehen.
nachhelfen → antreiben.
nachher fortan, hinfort,

hinterher, nachfolgend, dann, seitdem, einmal, später, darauf, danach, in der Folge, zukünftig, zunächst, ferner, nachkommend, künftig, bevorstehend, nächstens, späterhin, bald, hierauf. → danach, darauf, dereinst, ferner, hernach, Jahr und Tag nach.
▸ vorher, davor, im Voraus, zuvor • gleichzeitig, simultan, synchron, zugleich.
nachhetzen hetzen, hinterherlaufen, nachjagen, nachstellen, verfolgen.
Nachhilfe → Beihilfe, Beistand, Hilfe, Vorschub.
Nachhilfelehrer Bremser *u*, Einpeitscher *u*.
Nachhilfeunterricht Drillkurs *u*.
nachhinein, im hinterher, nachträglich, später, Verspätung mit, verzögert.
nachhinken → besinnen sich, bleiben zurück, erlahmen, mähren.
nachholen wiederholen, rekapitulieren, erneuern, aufholen, eintrichtern, nachkommen, beikommen, das Pensum erreichen, sich einprägen, sich Versäumtes aneignen.
▸ wissen.
Nachhut → Abteilung, Bewachung, Schluss, Soldat.
▸ Vorhut.
nachjagen → auskundschaften, durchstöbern, Ferse folgen auf der, nacheilen, verfolgen.
Nachklang → Echo, Folge, Schluss.
nachklingen → tönen.
Nachkomme → Abkomme, Ableger, Anverwandte.
nachkommen → anpassen, ausüben, bewerkstelligen, bezahlen, einlösen, Wort, Ferse folgen auf der, folgen, nacheilen.
nachkommen, nicht → entziehen sich, bleiben zurück.
Nachkommenschaft Nachwuchs, Ehesegen, Kindersegen, Familie, Sprössling, Kind, Sohn, Tochter, Nachkomme, Abkömmling, Leibeserben, Stammhalter, Erbe. → Abkomme, Deszendenz.
Nachkömmling Senker *u*.
Nachlass → Abzug, Ermäßigung, Rabatt, Reduktion.
Nachlass geben ermäßigen, Preis senken den, verbilligen, reduzieren.
Nachlassen → Abkürzung, Beruhigung, Reduktion, Rückschritt.
nachlassen zurückgehen, absinken, schwinden, stillstehen, ruhen, rasten, stocken, einstellen, verfallen, schrumpfen, abnehmen, sich verringern, sich mindern, schlechter werden, verschlampen, schwächer werden, altern, abhauen, welken • ermäßigen, sinken, heruntergehen, abschlagen, verbilligen, verzeihen, nachsehen, absorbieren, Strafe erlassen, Ablass gewähren • abhalsen *j*. → abflauen, ablassen, abnehmen, abstehen, aufhören, beruhigen, beugen, biegen, drücken, den Preis erlahmen, ermäßigen, ermatten.
▸ bleiben bei der Sache, zunehmen, anschwellen • besser werden, intensiver werden, stärker werden, sich steigern, sich verbessern, sich verstärken, zunehmen • sich verschärfen/verschlimmern • anziehen, straffen.
nachlassend abnehmend, auslaufend, rückläufig, sinkend.
nachlässig leichtsinnig, säumig, fahrlässig, flüchtig, oberflächlich, unvorsichtig, unverlässlich, schlampig, unbedenklich, gedankenlos, hudelig *u*, bummelig, lotterig *u*, liederlich, schluderig *u*, unachtsam, rücksichtslos, sorglos, huschelig *u*, leichtfertig, gleichgültig, verträumt, pflichtvergessen, ungenau, unbedacht, schlotterig *u*, schlampig, schlunzig *u*, flapsig *u*, ruschlig *u*, schlunzig *u*. → Acht geben, arbeitsunfähig, bequem, fahrig, faul.
▸ aufmerksam, sorgfältig, gewissenhaft • akkurat, korrekt, ordentlich • behutsam, vorsichtig • exakt, genau • penibel, pingelig.
nachlässig arbeiten hudeln, schludern *u*.
nachlässiges Weib Fummel *u*.
Nachlässigkeit Leichtsinn, Zerstreutheit, Unaufmerksamkeit, Unachtsamkeit, Achtlosigkeit, Sorglosigkeit, Gedankenlosigkeit, Schlottrigkeit, Bummelei, Rücksichtslosigkeit, Flüchtigkeit, Vernachlässigung, Versäumnis, Nichtachtung, Lässigkeit, Fahrigkeit, Oberflächlichkeit, Schlamperei, Schlampigkeit, Dämelei *u*, Dusselei *u*, Bequemlichkeit, Lauheit, Saumseligkeit, Träumerei, Schlendrian *u*. → Abneigung, Dumpfheit, Fahrlässigkeit, Leichtfertigkeit.
▸ Aufmerksamkeit, Sorgfalt.
nachlaufen beschatten *u*. → folgen, nacheilen, nachgehen auf Schritt und Tritt.
nachleben folgen, sich zum Vorbild nehmen, nachstreben.
nachlesen → durchblättern, lesen.
nachleuchten phosphoreszieren.
nachmachen nachahmen, nachdrucken, nacheifern, gleichtun, nachbilden, wiederholen, ablauschen, abgucken, ablernen, abschreiben, abschmieren, abdrucken, nachmalen, reproduzieren • nachäffen, sich verstellen, fälschen, darstellen, parodieren, karikieren, travestieren, simulieren, heucheln. → nachahmen.
▸ erfinden, gestalten.
Nachmacher → Nachahmer.
nachmalen → abbilden, malen, nachahmen, nachmachen.
Nachname Familienname, Geburtsname, Zuname.
nachprüfen → Acht geben, ausforschen, beobachten, fragen, prüfen.
Nachprüfung → Ausforschung, Inspektion.
nachrangig nachfolgend, (relativ) unwichtig, sekundär, subaltern, untergeordnet.
nachrechnen → demonstrieren, rechnen.
Nachrede Schlusswort, Nachwort, Epilog, Nachruf, Abgesang, Nachspiel, Nachschrift • Fama, Bloßstellung, Schande, Schmach, Gerede, Gemunkel, Tratsch, Klatsch, Beleidigung, Beschuldigung, Schandmal, Bezichtigung, Erniedrigung, Ehrenkränkung, Degradierung, Verleumdung, Beleidigung, Verhöhnung, Beeinträchtigung, Schmähsucht, Verlästerung, Verunglimpfung, Schmähung, Heuchelei, Lästerung, Herabsetzung, Beschmutzung, Verkleinerung, Lästerrede, Schmährede, üble Nachrede. → Erniedrigung, Fama,

Lästerung.
▸ Ansehen, Vorwort, Wahrheit.
Nachrede, üble → Beleidigung, Nachrede, Verleumdung.
nachreden → verleumden.
nachrennen → folgen, nacheilen, nachgehen auf Schritt und Tritt.
Nachricht Botschaft, Mitteilung, Bescheid, Bericht, Bemerkung, Berichterstattung, Auskunft, Heeresbericht, Zeitung, Angabe, Notiz, Bekanntmachung, Bekanntgabe, Rundschreiben, Verkündigung, Eröffnung, Aussage, Erwähnung, Telegramm, Brief, Post, Schriftstück, Verlautbarung, Ankündigung, Veröffentlichung, Umlaufschreiben, Erlass, Kunde, Ausruf, Meldung, Tagesbericht, Flugblatt • Gerücht, Nachrede. → Angabe, Anhaltspunkt, Antwort, Auskunft, Bekanntgabe, Benachrichtigung, Bescheid, Bericht, Brief, Chronik, Denunziation, Depesche, Ermittlung, Kunde, Zirkular.
▸ Verheimlichung.
Nachricht geben → anschreiben, benachrichtigen.
Nachricht, lügenhafte Ente *u.*
Nachricht, unglückliche Hiobsbotschaft.
Nachrichten entschlüsseln decodieren.
Nachrichten erfinden etwas aus der Feder saugen *u.*
Nachrichten verschlüsseln encodieren.
Nachrichtendienst Auskunft, Auskunftsstelle, Auskunftsbüro, Verkehrsbüro, Auskunftsschalter, Zeitung, Anzeige, Auskunft, Meldung, Nachrichtenagentur, Brief, Telefon, Telegramm, Radio, Post, Draht, Fernsehapparat, Fernsprecher, Nachrichtenbüro • Geheimdienst, Bespitzelung, Schwarzsender, Morseapparat.
Nachrichtenmittel Kommunikationsmittel, Medien.
nachrücken folgen, erben.
▸ stecken bleiben, zurückbleiben • zurückweichen, sich zurückziehen.
Nachruf Nachrede, Schlusswort, Nachwort, Grabrede, Leichenrede, Totenklage, Leichengedicht, Würdigung • Anzeige, Trauernachricht, Todesanzeige, Annonce, Verkündigung, Nekrolog.
Nachruhm → Nachwelt.
nachsagen nachbeten. → hersagen, verleumden.
nachsagen, Übles oder Böses schmähen, verleumden.
nachsagen, Schlechtes → diskreditieren, verleumden.
Nachsatz → Anhang, Beifügung, Schluss.
nachschallen wiederschallen, wiederhallen, zurückschallen, nachklingen, nachtönen.
nachschauen nachforschen, nachprüfen, nachsehen, überprüfen.
Nachschlagebuch Nachschlagewerk, Buch, Wörterbuch, Lexikon, Reiseführer, Opernführer, Lehrbuch, Fremdwörterlexikon, Zitatenlexikon, Handbuch, Hilfsbuch, Schulbuch • Verzeichnis, Wortweiser, Ratgeber, Hilfe, Erklärung, Berater, Anweisung, Belehrung.
nachschlagen → aufschlagen, ausforschen, durchblättern, durchsehen, durchstöbern, suchen.
Nachschlagewerk schlaues Buch *u.* → Handbuch, Nachschlagebuch.
nachschleifen → ziehen.
Nachschrift → Anhang, Beifügung, Beilage, Diktat.
Nachschub → Versorgung.
Nachschubgebiet Etappe.
Nachschubtruppe Train, Tross.
Nachschubwesen Logistik.
nachsehen → begnadigen, begraben, blind für, durchsehen, durchsuchen, entschuldigen, erlassen, korrigieren.
Nachsehen haben, das hintenanstehen, kurz kommen zu, nachstehen, zurückstehen.
nachsenden nachschicken, liefern.
Nachsicht Gnade, Duldsamkeit, Langmut, Milde, Sanftmut, Nachgiebigkeit, Toleranz, Rücksicht, Erbarmen, Schonung, Gutmütigkeit, Verträglichkeit, Duldung, Friedfertigkeit, Versöhnlichkeit, Mitgefühl, Barmherzigkeit, Vergebung, Erlassung. → Aussöhnung, Barmherzigkeit, Bescheidenheit, Charitas, Duldsamkeit, Engelsgüte, Entschuldigung, Gnade, Milde.
▸ Unnachsichtigkeit.
Nachsicht üben → bringen nicht übers Herz, schonen.
Nachsicht üben, keine → brechen den Starrsinn, bringen ins Unglück, diktieren.
nachsichtig geduldig, verträglich, friedlich, dulderisch, langmütig, nachgiebig, sanft, mild, zart, gelinde, gutmütig, tolerant, freundlich, huldreich, gnädig, gütig, liebevoll, weichherzig, schonungsvoll, verzeihend • ein Auge zudrücken, durchlassen, durch die Finger sehen, fünfe gerade sein lassen • das kommt in den besten Familien vor *u.* → barmherzig, friedfertig, langmütig.
▸ unnachsichtig, engherzig, intolerant, kleinlich, rigoros, streng.
nachsichtig sein → blind für, nachsichtig.
nachsichtslos → bestimmt, despotisch, diktatorisch, ein für alle Mal, energisch.
Nachsilbe Suffix.
Nachsinnen → Anstrengung, Begriffsscheidung, Betrachtung, Denkart, Erinnerung, Nachdenklichkeit.
nachsinnen begrübeln, beraten sich, beschäftigen, denken, diskutieren, ergründen das Geheimnis, erinnern sich, knebeln, meditieren.
▸ faseln.
nachsitzen brummen, nachochsen *u.*
Nachspeise Dessert. → Nachtisch, Speise.
▸ Antipasto, Entree, Hors d'œuvre, Vorgericht, Vorspeise • Hauptgericht.
Nachspiel Schluss, Epilog, Ausklang, Nachklang, Abschluss, Neige, Schlussakkord, Finale, Endrunde, Folge, böses Ende. → Coda.
▸ Vorspiel, Auftakt, Entree, Intrade, Introduktion, Ouvertüre, Präludium, Prolog • Intermezzo, Zwischenspiel.
nachspionieren → verfolgen, nachspüren, nachstellen.
nachsprechen nachbeten, nachplappern, wiederholen.
nachspüren → auskundschaften, befragen, belauern, nachspionieren, Busch klopfen auf den, durchstöbern, einziehen Erkundigungen, entlocken, erfragen, ergründen das Geheimnis, Ferse folgen auf der, verfolgen.

nächst → angrenzend, annähernd, dabei, danach, darauf, nahe. ▸ entferntest.
Nächste, der → Nachbar, verwandt.
nachstehen unterliegen, nachhinken, untergehen, zurückbleiben, zurückkommen, zurückstehen, nicht mitkommen, zu kurz kommen, nachgeben. ▸ überragen.
nachstehend → danach. ▸ oben genannt, oben stehend • vorstehend.
nachsteigen → anreden, liebäugeln.
nachstellen jagen, verfolgen, hetzen, locken, ködern, lauern, auflauern, fischen, fahnden, haschen, erhaschen, überlisten, aufschrecken, anschließen, treiben, ein Bein stellen, eine Grube graben, jagen nach etwas, die Angel auswerfen, auf der Lauer liegen, auf Fang ausgehen, eine Schlinge legen. → haschen nach, locken. ▸ beschützen.
Nachstellung Falle.
Nächstenliebe → Barmherzigkeit, Gutmütigkeit, Hingabe, Liebe, Menschenliebe, Menschlichkeit.
nächstens zukünftig, bald, nächsthin, künftig, in Kürze, in absehbarer Zeit, nachher, hernach, danach. → bald, bevorstehend, demnächst, künftig. ▸ sofort.
nachsuchen → anfragen, angehen, anhalten, begehren, betteln, bewerben sich, bitten, durchforschen, durchleuchten, durchstöbern, durchsuchen, suchen.
Nacht → Dunkel. ▸ Tag.
Nacht und Nebel, bei → heimlich.
Nacht werden dämmern, dunkeln, verdunkeln sich, verfinstern sich.
Nacht zum Tag machen, die drahen *u*, durchmachen *u*.
Nachtbar Amüsiertempel *u*.
Nächte, schlaflose → Sorge.
Nachteil Hemmnis, Mitleidenschaft, Verlust, Beeinträchtigung, Fehler, Einbuße, Schaden, Schlag, Reinfall, Pech, Not, Schädigung, Unglück, Missgeschick, Leid, Übel, Böses, Verderben, Abbruch, Zusammenbruch, Rückgang, Unkosten, Misserfolg, Fehlschlag, Unfall, Niedergang, Untergang, Niete, Börsenkrach, Sturz, Zusammensturz, Umsturz, Enttäuschung. → Ärgernis, Ausfall, Diskont, Mangel. ▸ Vorteil, Begünstigung, Gunst, Vergünstigung • Errungenschaft, Gewinn, Nutzen, Plus, Profit • Avance, Prä, Vorsprung.
Nachteil wittern Lunte oder den Braten riechen, Böses ahnen, nicht geheuer vorkommen, da stimmt etwas nicht.
nachteilig abträglich. → abbrüchig, böse, lästig, schädlich, unangebracht, unzweckmäßig. ▸ förderlich, günstig, nutzbringend, nützlich, opportun, vorteilhaft.
Nachtessen → Abendessen.
Nachtgeschirr → Nachttopf.
nächtigen → schlafen.
nächtigen, im Freien biwakieren.
Nachtisch Dessert. → Speise.
nächtlich → dunkel. ▸ am/bei Tag, tagsüber.
Nachtlicht → Fackel, Licht.
Nachtmahl → Abendessen.
nachtmahlen → essen.
Nachtmusik Nocturne, Nokturne, Notturno.
Nachtquartier Nachtlager. → Herberge.
Nachtrag Hinzufügung, Vermehrung, Ergänzung, Zusatz, Beigabe, Folge, Vergrößerung, Fortsetzung, Steigerung, Einschluss, Anreihung, Beischluss, Zuschlag, Zutat, Zugabe, Fußnote, Anmerkung, Anhang, Erläuterung, Nachschrift, Anhängsel, Einschiebsel, Beiwerk, Randbemerkung, Beifügung, Beiblatt, Beiheft, Nebenausgabe. → Anhang, Beifügung, Beilage. ▸ (Einbeziehung).
nachtragen → abrechnen, erbosen, erdolchen mit den Blicken, hinzufügen, verübeln.
nachtragend → böse, feindlich, rachsüchtig.
nachträglich → ferner, später.
Nachtragsgesetz Novelle.
Nachtruhe Schlaf, Schlummer.
nachts → dunkel.
Nachtschwärmer → Bacchant.
Nachtschwärmerei Ausrutscher *u*. → Ausschreitung, Laster.
Nachtseite Düsterkeit, Trübung, Dunkelheit, Schattigkeit, Finsternis, Düster, Verdüsterung, Nebelhaftigkeit, Eintrübung, Trübe, Schummerigkeit • Nachtseite der Natur, Geheimnis, Wunder, Ahnung, Vorgefühl, Ahnungsvermögen, Schattenseite. ▸ (Sonnenseite).
Nachttopf Bettvase *u*, Brunzkachel *u*, Brunzscherbe *u*, Kachel *u*, Nachtvase *u*, Pisspott *u*, Senfpott *u*, Traumvase *u*.
Nachtwächter Eule *u*. → Banause, Büttel.
Nachtwandler Schlafwandler, Verzückter, Mondanbeter, Gespensterseher, Träumer, Fantast, Schwärmer, Wolkenschieber, Hellseher, Mondsüchtiger. ▸ Tagträumer.
nachtwandlerisch somnambul.
nachvollziehen können begreifen, durchblicken, erfassen, fassen, folgen können, mitbekommen, verstehen.
Nachwehen Schmerzen, Beschwerden, Übel, Übelkeit, Kater, Brummschädel, Katzenjammer, Anfall, Weh, Geburtswehen, Reißen, Zucken • Folgen, Auswirkungen, Ergebnis, Nachwirkung, Konsequenz, Ende, Resultat • katerig, verkatert. → Ausgang. ▸ Grund, Wohlergehen.
Nachwehen des Rausches Brummschädel *u*, Kater *u*.
nachweinen → trauern.
Nachweis Bescheinigung, Beglaubigung, Aufschluss, Beweisgrund, Begründung, Beweismittel, Anführung, Beweisschrift, Bestätigung, Schein, Buchung, Dokument, Akte, Diplom, Darlegung, Auskunft, Mitteilung, Beleg, Liste, Urkunde, Kartei, Quelle, Zeugnis, Meldezettel, Erweis, Zitat, Geburtsschein, Erklärung, Protokoll, Übelieferung, Fundierung. → Argument, Erweis, Fahrkarte, Fährte, Indizien. ▸ Entkräftigung, Widerlegung.
Nachweis erbringen, den → beweisen, nachweisen.
nachweisbar beweisbar, nachweislich, verbürgt, nachweislich, ausweislich, zugestanden, überzeugend, stichhaltig, unwiderlegbar, demgemäß, demnach, demzufolge,

erwiesenermaßen, ersichtlich, begründet, eindringlich, bündig, auf der Hand. → bekannt, beweisend, erweislich, handgreiflich. ▸ (unnachweisbar), widerlegt.
nachweisen → ableiten, anführen, aufzeigen, ausweisen, beglaubigen, begründen, beibringen, belehren, beschuldigen, beweisen, bringen zum Schweigen, darlegen, dartun, denken, dokumentieren, ertappen auf frischer Tat, erweisen, schließen.
nachweislich → nachweisbar.
Nachwelt Nachkommenschaft, Nachkomme, Erbe, Zukunft, Nachruhm, Nachfolge, Nachwuchs, Abkömmling, Geschlecht, Nachzeit, die nach uns lebenden Menschen. ▸ Vorzeit.
Nachwirkung → Ausgang, Effekt, Erfolg, Folge, Nachwehen, Wirkung.
Nachwort → Nachruf, Nachtrag, Schlusswort. ▸ Einleitung, Vorbemerkung, Vorwort.
Nachwuchs Ableger *u.* → Kindersegen, Nachkommenschaft.
Nachwuchs zeugen schöpferisch arbeiten *u.*
Nachwuchserzeugung Koproduktion *u.*
Nachwuchsspieler Fohlen *u.*
nachzählen prüfen → nachträglich bezahlen, später bezahlen • abstottern, abzahlen, in Raten zahlen. ▸ vorschießen, vorstrecken.
Nachzahlung → Abfindung, Auflage, Aufschlag, Geld, Zahlung. ▸ Vorauszahlung, Vorschuss.
nachzeichnen → darstellen, durchpausen, malen, nachahmen.
nachziehen aufholen, ausgleichen, einholen, gleichziehen, gutmachen, wettmachen.
Nachzügler Trottel, Verspäteter, Unpünktlicher.
Nacken Körperteil, Rumpf, Hals, Anke, Genick, Rückenmark, Kragen, Schulterhöhe, Glied, Muskel • Stiernacken, Kraft, Stärke. → Bindemittel.
Nacken beugen, den → beigeben.
nackend → nackt.
Nacken-Zopfknoten Genickschussbremse *u.*
nackt hüllenlos, kahl, bar, bloß, entkleidet, pudelnackt, barfuß bis an den Hals *u,* ungekleidet, splitternackt, nackend, offen, ausgezogen, entblößt, im Adamskostüm *u,* im Evakostüm *u,* barfuß • haarlos, räudig, bartlos, federlos, unbefiedert, rindenlos, geschält, enthaart, blank *u,* blanko *u,* enthemdet *u,* frostfrei *u.* → Akt, blattlos, federlos. ▸ behaart • angezogen, bedeckt, bekleidet, gekleidet, verhüllt, verschleiert.
Nacktbadestrand Abessinien, FKK-Strand. → Freikörperkultur.
Nacktdarstellung Akt.
nackter Stadtläufer Blitzer *u,* Flitzer *u.*
nacktes Gesäß Blanker *u.* → Gesäß.
Nacktheit blankes Fell *u.* → Entblößung, Enthüllung, Natürlichkeit.
Nacktrevue Fleischbeschau *u.*
Nacktstrand → Nacktbadestrand.
Nadel Spitze, Schärfe, Dorn, Spieß, Stecknadel, Nähnadel, Sonde, Stift, Werkzeug, Gerät, Schusternadel, Sicherheitsnadel, Ahle, Stachel • Haarnadel, Lockennadel • Tannennadel, Fichtennadel, Lärchennadel. → Ahle, Bindemittel, Dorn. ▸ Stich.
Nadelbaum Konifere.
Nadelgeld → Bargeld, Geld.
Nadelloch Nadelöhr, Öhr.
Nadelöhr → Loch, Öffnung.
Nagel Halt, Stift, Niete, Haken, Bolzen, Zapfen, Aufhänger, Spitze, Zuspitzung, Zahn, Zinken • Fingernadel, Fußnagel, Horn. → Bindemittel.
Nagel hängen, an den → belassen, unterbrechen.
Nägel mit Köpfen machen meistern, klar sehen, mit Verstand arbeiten, etwas Nützliches schaffen, weiter sehen als die Nase lang ist, die Wurst am richtigen Zipfel anschneiden, Verständis haben, mit Scharfblick beobachten. ▸ Hand noch Fuß nicht.
Nagel zum Sarg → ärgern, quälen, verdrießen.
Nagelablösung (Fingernagelablösung) Onycholyse.
Nagelbeißen (Knabbern am Fingernagel) Onychophagie.
Nagelbettentzündung Onychie, Paronychie.
Nagelbohrer → Durchlocher, Werkzeug.
Nagelgeschwür Panaritium.
nageln hämmern, verbinden, zusammennageln, festnageln, annageln, befestigen, anheften, schlagen, einschlagen, festmachen, klopfen, einklopfen. ▸ bohren, lockern.
Nagelprobe → Beweisführung.
nageln → aasen, essen.
nagen fieseln *u.* → essen.
nagend marternd, peinigend, peinvoll, quälend, schmerzvoll.
nah und fern → überall.
Nähe Nachbarschaft, Anwohner, Angrenzung, Reichweite, Erreichbarkeit, Umkreis, Vordergrund, Umgegend, Umgebung, Wurfbereich, Steinwurf, Stimmbereich, Haarbreite, Tuchfühlung, Armeslänge, Spanne, Sonnennähe, Erdnähe, Annährung, Berührung, Stadtkreis, Stadtbezirk. ▸ Ferne, Abstand, Distanz, Entfernung.
nahe gegenüber, nächst, anliegend, neben, benachbart, anstoßend, dicht, nebenan, angrenzend, dabei, nahe stehend, beisammen, zusammen, aneinander gereiht, berührend, in nächster Nähe, Katzensprung • bald, zukünftig, herannahend, nächstens, bevorstehend. → angrenzend, bei, beisammen, dabei, dicht dabei, gegenüber. ▸ fern, abgelegen, entfernt, weit ab/weg.
nahe kommen → berühren, näher kommen, nähern.
nahebei → an, nahe.
nahe bringen → nahe kommen, erklären.
nahe gehen bekümmern, berühren, ergreifen, Fassung bringen aus der, packen.
nahe legen → beauftragen, anregen.
nahe liegen → berühren.
nahe liegend → angrenzend.
nahen → ankommen, Anzug, begegnen, beikommen, eilen heran, kommen, näher kommen, nähern.
nähen → verbinden.
nahen sehen → ahnen.
nahend → Anzug.
näher abkürzen, nahe stehend, nächst, benachbart, anstoßend, angrenzend, daneben, dicht, beisammen, zusammen, berührend, nahe, Seite an Seite, dicht bei dicht,

Schulter an Schulter • bald, bevorstehend, nach kurzer Zeit. ▸ entfernt, weit.
näher beleuchten → Blick richten auf, erklären.
näher untersuchen beurgrunzen *u.*
Näherkommen → Entgegenkommen.
näher kommen herankommen, kommen heran, nahe, nähern, herangehen, heraneilen, heranlaufen, herandrängen, herantreiben, entgegenkommen, entgegengehen, entgegenlaufen, vorrücken, anrücken, anmarschieren, hinzutreten, eintreffen, heranschleichen, besuchen, berühren, anlehnen, angrenzen, annähern sich, nahe kommen, kommen. → begegnen, beikommen. ▸ entfernen sich.
nähern hinfahren, nahen, entgegengehen, entgegenkommen, begegnen, herankommen, annähern, nahe kommen, herandrängen, anmarschieren, vorrücken, eintreffen, kommen, heranschleichen, anstoßen, treffen. → begegnen, beikommen, entgegeneilen, entsprechen, näher kommen. ▸ davonlaufen, entfernen sich.
nähern, sich → ankommen, Auszug, aussehen wie, bevorstehen, eilen heran, kommen, näher kommen, näher treten.
nähernd → Anzug.
nahe stehend → Anzug, verwandt. ▸ fern stehend, fremd, unbekannt.
nahezu haarscharf, etwa, beinahe, ungefähr, zirka, fast, schier, angrenzend, sozusagen, dicht, einigermaßen, annährungsweise, gleichsam, um ein Haar, dabei. → als, an, annähernd, Anzug, beiläufig, bloß, dicht dabei, einigermaßen, Haar auf ein. ▸ genau.
Nähfehler Bruddel *u*, Prudel *u.*
Nahkampf Clinch *u*, Drasch *u.*
Nahost Levante, Orient.
Nährboden Acker, Grund, Scholle, Kultur.
nähren füttern, stillen, ernähren, geben, ersorgen, eintun, versehen, helfen, speisen, pflegen, hegen, bewirten, beherbergen, zuschießen, zu essen geben, mästen, verköstigen, auftafeln, auftischen, vorsetzen. ▸ aushungern.
nähren, sich kümmerlich → darben.
nährend, nahrhaft → bekömmlich, essbar, kräftigend, sättigend.
nahrhaft gehaltvoll, nährstoffreich, sättigend.
Nährmittel → Ernährung, Speise.
Nahrung → Bedarf, Beköstigung, Ernährung, Essen, Futter, Kost, Lebensmittel, Speise.
Nahrung versorgen, mit beköstigen, bewirten, essen geben zu, füttern, nähren, speisen, verköstigen, verpflegen.
Nahrungsmittel Essabilien *u*, Fressalien *u.* → Ernährung, Lebensmittel, Speise.
Nahrungssorgen → Not.
Nährvater → Ernährer.
Naht Saum, Rand, Stich, Abschluss, Einsäumung, Einfassung, Steppnaht, Saumnaht, Randnaht, Nahtrand, Strumpfnaht • Unsinn, Blödsinn, dummes Zeug, eine Naht zusammenquasseln • einem auf die Naht gehen, ihm scharf zu Leibe gehen. → Fuge.
nahtlos fugenlos, blank, einfach, saumlos, randlos, durchgewoben, unzusammengenäht, durchgehend, nicht durchbrochen, ohne Naht, in einem Stück. ▸ zusammengesetzt.
Nahtstelle Grenze, Verbindungsstelle, Trennstelle, Bruchstelle. → Verbindung.
Nahverkehrszug Bummelzug *u.*
naiv unkritisch. → albern, arglos, harmlos, leichtgläubig. ▸ aufgeklärt, eingeweiht, erfahren • gewitzt, raffiniert, verschlagen • misstrauisch, zweifelnd.
naiver Typ Dubbel *u.*
Naivität → Ahnungslosigkeit, Albernheit.
Name → Beiname, Fabrikationsname, Familie, Ruf.
Name eines Unternehmens Firma.
Name, gefälschter Friedhofsadresse *u.*
Namen geben → benamsen, Benennung.
Namen machen, sich einen hervortun/verewigen sich, Ruf erwerben, hervorragen, hervorstechen, überstrahlen, etwas vorstellen, Lorbeeren ernten, Beachtung finden, Aufsehen erregen, von sich reden machen, zu den Unsterblichen zählen, in den Schatten stellen, berühmt werden, eine glänzende Erscheinung sein, aus dem Rahmen fallen, sich Vedienste erwerben. ▸ namenlos (sein), (unbeachtet bleiben).
Namen, mit namentlich.
namenlos unbekannt, unbedeutend, unbenannt, dunkel, anonym, unberührt, ungenannt, inkognito, pseudonym, versteckt, verborgen • viel, außerordentlich, ausnehmend, unermesslich, grenzenlos, ungeheuer, unbeschreiblich, maßlos, unbändig, unvergleichlich, groß, schwer, untragbar, unerträglich. → ausnehmend. ▸ berühmt.
Namenlosigkeit Anonymität.
Namensforschung Onomastik.
Namenstag → Ehrentag.
Namensverzeichnis → Index, Liste.
namentlich → ausdrücklich, hauptsächlich, speziell. ▸ anonym.
namhaft → berühmt, wichtig. ▸ unbedeutend, unbekannt.
nämlich folgendermaßen, das heißt, wie folgt, das ist mit anderen Worten, in kurzen Worten, genauer gesagt, im Besonderen, insbesondere • denn, weil, darum, uneigentlich. → beispielsweise. ▸ allgemein, eigentlich.
Napf → Behälter, Gefäß.
Narbe bleibender Eindruck *u*, Durchzieher *u.* → Mal, Verunstaltung, Wunde.
narbig → blatternarbig, faltig, hässlich, verunstaltet.
Narkose → Betäubung.
Narkotika → Beruhigungsmittel.
Narkotikum → Arznei.
narkotisch betäubend, einschläfernd, beruhigend, chloroformierend, empfindungslos, gefühllos, berauschend • giftig, schädlich, ungesund, nachteilig, gesundheitsschädlich, verderblich, gefährlich. ▸ belebend, unschädlich.
narkotisieren → betäuben, bewusstlos/gefühllos/schmerzlos machen, einschläfern, lähmen.

Narr Dollmann *u,* Fex *u.* → Banause, Besserwisser, Betrogener, Dummerian, Dummkopf, Idiot.
narren beschuppen *u,* beschupsen *u.*
Narren halten, zum → benachteiligen, narren, täuschen, verspotten.
narren anführen, foppen, hänseln, täuschen, vorspielen, vorgaukeln, betrügen, einwickeln, betören, ködern, bereden, zum Besten halten, übers Ohr hauen, Sand in die Augen streuen, ein Schnippchen schlagen, an der Nase herumführen, hinters Licht führen, das Fell über die Ohren ziehen, lächerlich machen, zum Narren halten, sich lustig machen, Schabernack treiben, zum Gespött machen. → anführen, auslachen, bespötteln, Besten halten zum, Dunst vormachen, düpieren, eintauchen, fabeln, hintergehen, verspotten. ▸ (ernst nehmen), Wahrheit sprechen die.
Narrenfest → Karneval.
narrensicher → idiotensicher.
Narretei Narrenpossen, Unfug, Allotria, Spaßlust, Witzelei, Faxen, Hanswursterei, Possenreißerei, Gaukelei, Gelächter, Possierlichkeit, Gesichterschneiderei, Späße, Unsinn, Schnurren, Schwank, Streich, Scherz, Witze, Blödsinn, Dollheit *u.* → Belustigung. ▸ Feierlichkeit, Witzlosigkeit.
Narrheit → Blödigkeit.
närrisch damisch *u.* → absurd, beengt, dumm, hirnverbrannt.
närrischer Einfall Rappel *u,* Raptus *u.*
narzisstisch → selbstsüchtig.
naschen schlecken *u.* → berauben, bestehlen, essen, lecken, genießen, kosten.
Nascherei → Konfitüre, Feinkost, Leckerbissen.
naschhaft → feinschmeckerisch, gefräßig, genäschig.
Naschhaftigkeit → Feinschmeckerei, Unmäßigkeit.
Naschkatze → Feinschmecker.
Naschwerk → Konfitüre, Feinkost, Genuss, Leckerbissen.
Naschwerk zum Einschlafen Betthupferl *u,* Bettmümpfeli *u.*
Nase Körperteil, Gesichtsteil, Zinken, Gurke *u,* Erker, Balkon *u,* Rüssel *u,* Schnorchel *u,* Giebel *u,* Riecher, Riechkolben *u,* Gesichtserker *u,* Kartoffelnase, Stupsnase, Himmelfahrtsnase, Lötkolben *u,* Glühbirne *u,* Rotznase *u,* Nasenbein, Nasenknochen, Nasenrücken, Vorsprung, Ausbauchung, Vorbau, Wölbung, Adlernase, Hakennase, Höcker, Nüster, Luftröhre, Luftloch • Geruchsinn, Geruchsorgan, Rotztrompete *u,* Rotzzinken *u.* → Ahnung.
Nase begießen, die → saufen.
Nase binden, nicht auf die → binden nicht auf die Nase.
Nase bohren, in der popeln *u.*
Nase drehen, ein → narren, täuschen, verspotten.
Nase herumführen, an der → benachteiligen, narren, täuschen, verspotten.
Nase hineinstecken → Neugierde.
Nase hoch tragen → stolz.
Nase machen, lange → verachten, verspotten.
Nase rümpfen → stolz, verachten.
näseln nuscheln, schnüffeln, singen, durch die Nase sprechen, undeutlich sprechen. ▸ deutlich (sprechen).
näselnd nasal.
nasenlang, alle → fortwährend, immer.
Nasenbluten Epistaxis.
Nasenheilkunde Rhinologie.
Nasenlaut Nasal.
Nasenrachenbereich Epipharynx, Nasopharynx, Rhinopharynx.
Nasenschleim Rotz *u.*
Nasenschleim, verhärteter Bettler *u,* Butzemann *u,* Popel *u.*
Nasenspiegelung Rhinoskopie.
Nasenstüber → Schlag, Strafe, Tadel.
Nasenwucherung Polyp.
naseweis → anmaßend, burschikos, vorwitzig.
naseweis sein die Fliegen husten hören.
nasführen → narren, täuschen.
Nashorn Rhinozeros.
nass feucht, wässrig, flüssig, regnerisch, tauig, saftig, pudelnass, triefend, betaut, taufrisch, angefeuchtet, bewässert, berieselt, begossen, bespritzt, überschwemmt, eingetaucht, besprengt, keinen trockenen Faden am Leib, patschnass, klatschnass *u,* klitschnass *u* • sumpfig, modrig, schlammig, weich, morastig, humid. ▸ trocken, ausgetrocknet, dürr, getrocknet, verdorrt, vertrocknet.
nass machen → benetzen, durchnässen.
nassauern → benachteiligen, betteln, täuschen.
Nässe → Feuchtigkeit. ▸ Dürre, Trockenheit.
nässen → ausschlagen, bespritzen, durchnässen, netzen.
Nation Staat, Volk, Menschenschlag, Rasse, Stamm, Vaterland, Land, Reich, Bevölkerung, Volkstum, Heimat, Staatsordnung, Schicksalsgemeinschaft, Volksgemeinschaft, Gemeinschaft, Volkseinheit, Rasseneinheit.
national vaterländisch, staatlich, heimatbewusst, heimatverbunden, stammesbewusst. ▸ international • lokal, regional.
Nationalismus Gemeinschaftsgefühl, Volksgefühl, Gemeinsinn, Staatsgesinnung, Volksempfinden, Rassepflege, Staatsempfinden, Zugehörigkeitsgefühl, Volksgemeinschaft, Zusammengehörigkeitsgefühl, Gemeinschaftsgeist, Volksseele. → Kriegsursache.
Nationalist, radikaler Chauvinist, Faschist, Jingo.
Nationalität Staatszugehörigkeit, Volkszugehörigkeit.
Nationalmannschaft Bundeskicker *u.*
Natur Schöpfung, Urkraft. → All, Art, Aufbau, Aussehen, Charakter, Erde, Gemüt, Kosmos, Welt. ▸ Kultur, Zivilisation • künstliche Welt, Menschenwerk.
Naturalisation → Bügerrecht.
naturalisieren eingliedern, einbürgern, einfügen, einsiedeln, niederlassen, aufnehmen lassen, gewöhnen, einordnen, sich anpassen, einwurzeln, einführen. ▸ ausstoßen, fremd (bleiben).
Naturallohn Deputat.
Naturarzt Physiater.
naturbedingt biologisch, physisch.
naturbelassen natürlich, naturrein, pur, unvermischt.
Naturell → Art.
Naturerzeugnisse Naturalien.
Naturfarbe → Farbe.

Naturgabe → Begabung, Talent, Verstand.
naturgemäß natürlich, zuträglich, unverfälscht, selbstverständlich, so wie die Sache ist, dem Umstand entsprechend, in der Art der Sache, arteigen, echt, offensichtlich, unverdorben, gesetzmäßig.
▸ naturwidrig, unnatürlich.
Naturgesetz Gesetzmäßigkeit, Ordnung, Lebensgesetz, Folgerichtigkeit, Gegebenheit, Regelung, Einordnung, Stete, Wiederkehr, Gewohnheit, Kreislauf, Naturzustand, Rhythmus, Reihenfolge, Lauf.
naturgetreu analog, geradeso, wie aus den Augen geschnitten, wie aus dem Gesicht geschnitten, zum Verwechseln ähnlich, zum Sprechen ähnlich, wie aus einem Stück geschnitten, wie aus einer Form gegossen, ähnlich wie ein Tropfen Wasser dem anderen.
▸ naturwidrig, unähnlich • hochkarätig *u.*
Naturgummi Kautschuk.
Naturheilkunde Physiatrie.
Naturkunde/-lehre Biologie.
natürlich angeboren, arteigen, eigentümlich, ursprünglich, echt • begründet, infolge, wirklich, notwendigerweise, logisch, zutreffend, schlechterdings, wahrlich, bestimmt • ungekünstelt, unverdorben, ursprünglich, einfach, unverfälscht, schlicht, unaffektiert, arglos, treuherzig, offenherzig. → anspruchslos, aufrichtig, ausschließlich, beglaubigt, bieder, brillant, bürgerlich, gewiss, lauter.
▸ göttlich, übernatürlich • erzeugt, gemacht, künstlich, synthetisch • falsch, unecht • affektiert, gekünstelt, gewollt, maniriert • unnatürlich • naturwidrig, widernatürlich.
Natürlichkeit → Echtheit, Einfachheit, Freimütigkeit, Wahrhaftigkeit, Kernigkeit.
Naturprodukt → Rohstoff.
Naturrecht Faustrecht. → Menschenrecht.
naturrein → rein.
Naturtrieb → Ahnung, Instinkt, Trieb.
naturwidrig unregelmäßig, regellos, regelwidrig, gesetzwidrig, abweichend, abnormal, ungleichförmig, willkürlich, unnatürlich, zwitterhaft, außergewöhnlich, seltsam, fremdartig, befremdend, erstaunlich, unvereinbar, sonderbar, merkwürdig, aus der Reihe fallend, aus dem Naturgesetz fallend.
▸ gewohnt, naturgemäß, natürlich.
Naue → Schiff.
Nebel Dampf, Wolke, Gewölk, Vernebelung, Trübe, Eintrübung, Rauch, Schummer, Verschwommenheit, Nebelschleier, Tarnung, Einnebelung, Diebswetter *u*, Dreck *u*, Erbsensuppe *u*, Fliegerwetter *u.* → Ausrede, Brodem, Dichtigkeit, Dunst.
nebelhaft rätselhaft, undurchsichtig, schleierhaft, unverständlich, undeutlich, unklar, unerfindlich, undurchdringlich, schleierig, schattenhaft, neblig, unfassbar, unergründlich, unerklärlich, unerkennbar, unerkenntlich, unbegreiflich, unlesbar, wirr, unerforschlich.
▸ klar, deutlich, exakt, greifbar, präzise.
Nebelhaftikeit Verschwommenheit, Eintrübung, Milchigkeit, Undurchsichtigkeit, Schattenhaftigkeit, Unklarheit, Schleierhaftigkeit, Dunst, Trübung, Rätselhaftigkeit, Unbestimmtheit, Zusammenhanglosigkeit, Dunkelheit, Verworrenheit • Ferne, Weite. → Dämmer.
▸ Klarheit.
nebelig dick *u.* → blind, dämmerig, dunkel, nebelhaft.
nebeln feuchten, nieseln, sprühen, dunsten, nässen, sich beziehen, einnebeln.
neben → an, angrenzend, beiseite, dabei, diesseits, entlang, nahe.
▸ auf • gegenüber • in • über • unter • zwischen.
nebenan → angrenzend, bei, beisammen, dabei, daneben, dicht dabei, nahe.
▸ abseits, entlegen.
Nebenarbeit Beschäftigung, Zusatzarbeit, Betätigung, Tätigkeit, Heimarbeit, Mitwirkung, Stunden geben, Handarbeit, Nähen, Erwerbszweig, Gewerbe, Broterwerb, Aushilfe, Dienst, Nebenverdienst, Nebenstunden, Nebenberuf, Nebentätigkeit, Zuschuss, Einnahme • Nebenumstände, das Drum und Dran.
▸ (Hauptarbeit).
Nebenausgabe Ausgaben, Auslagen, Belastung, Kosten, Unkosten, Ausstattung, Mitgift, Bestreitung, Taschengeld, Extraauslagen, Beisteuer, Hilfsgeld, Geschenk, Trinkgeld, Biergeld, Beitrag, Gabe, Spende, Schweinegeld, Abfindungssumme, Belohnung.
▸ (Hauptausgabe).
nebenbei en passant, notabene, übrigens, am Rande (erwähnt). → außerdem, bei, beiläufig, daneben, dicht dabei, episodisch, ferner, Hand unter der.
▸ hauptsächlich • absichtlich, bewusst, gepiant.
nebenbei bemerken anfügen, anmerken, bemerken, einflechten, einfügen, erwähnen.
nebenbei bemerkt am Rande bemerkt, apropos, beiläufig (bemerkt), übrigens.
Nebenbestimmung → Bedingung, Klausel.
Nebenbuhler Gegner, Gegenpartei, Widersacher, Gegenspieler, Rivale, Mitbewohner, Konkurrent, Wettbewerber, Nebenbuhlerschaft, Missgünstiger, Neidischer, Stänkerer. → Feind.
▸ Freund.
Nebenbuhlerei → Brotneid, Nebenbuhler.
nebeneinander → abseits, beiseite, diesseits, parallel, seitlich.
▸ entfernt, weit weg • aufeinander • gegenüber, hintereinander • übereinander • untereinander.
Nebeneinander, friedliches Koexistenz.
nebeneinander laufend parallel.
nebeneinander stellen → stellen, vergleichen.
Nebenerwerbslandwirt Feierabendbauer *u.*
Nebenflügel → Dependance, Teil.
Nebenfluss → Zustrom.
Nebenfrau Konkubine.
Nebengebäude → Anbau, Dependance.
Nebengedanke Nebenabsicht, Hintergedanke • Berechnung, Wunschziel, Vorbedacht • Absicht, Ziel.
Nebengeschmack → Aroma, Beigeschmack.
Nebengüter → Besitztum.
Nebenhandlung → Zwischenfall.

Nebenhaus → Anbau, Dependance.
nebenher → berührungslos.
nebenherlaufen nebenherrennen, flankieren, begrenzen, danebenstehen, danebenlaufen, zur Seite stehen. → begleiten.
Nebenmann Nachbar, Nebenstehender, Dabeistehender, Beifahrer, Teilnehmer, Mitbeteiligter, Begleiter, Anhänger, Gefährte, Hintermann, Kamerad, Kollege, Amtsgenosse, Partner, Klassenkamerad, Kommilitone, Mitarbeiter. ▸ (Vordermann), Vorgesetzter.
Nebenraum Alkoven, Kammer, Nebenzimmer.
Nebenrechte akzessorische Rechte.
Nebenrolle Charge.
Nebensache → Bagatelle, Unwichtigkeit.
nebensächlich bedeutungslos, unwesentlich, belanglos, unwichtig, gleichgültig, unbedeutend, geringfügig, untergeordnet, nichts sagend, wertlos, nebenbei, alltäglich, gehaltlos, töricht, beiläufig, nebenbei. → ausdruckslos, beiläufig, daneben, episodisch, Haaren herbeiziehen an den. ▸ hauptsächlich, entscheidend, grundlegend, primär, schwer wiegend, vordringlich, wesentlich, wichtig.
Nebensächliches Pipapo *u.*
Nebensächlichkeit Bagatelle, Banalität, Bedeutungslosigkeit, Belanglosigkeit, Nebensache.
Nebenstehender → Dabeistehender, Nebenmann.
Nebenstelle → Filiale.
Nebenteil → Anbau, Zweig.
Nebenumstand Nebensache, Nebenerscheinung • Beiwerk, Nebenwerk, Zusatz • Begleiterscheinung • Unwichtigkeit.
Nebenverdienst → Nebenarbeit.
Nebenwirkung Folge. → Begleiterscheinung, Nebenumstand.
neblig . ▸ heiter, klar, sonnig, wolkenlos.
nebst → außerdem, darüber, eingerechnet.
necken verspotten, foppen, spaßen, sich lustig machen, mokieren sich, einen Possen treiben, auslachen, narren, frotzeln, anflachsen, auf den Arm nehmen, flachsen, hänseln, hochnehmen, zum Narren halten, veräppeln *u,* hänseln, ausspotten, nachspotten, Schabernack treiben, uzen, in den April schicken, füchseln *j,* mit jemandem den Affen machen *u,* an der Nase herumführen, veruzen, verhohnepipeln *u,* aufziehen *u,* foppen *u.* → anöden, aufziehen, auslachen, bespötteln, Besten halten zum, Eis führen aufs, spotten. ▸ (lassen in Ruhe), nehmen ernst, witzlos (sein).
Neckerei Flachs *u,* Fopperei *u.* → Anspielen, Beeinflussen, Belustigung, Spott.
neckisch → humoristisch.
Neffe → Anverwandte.
Negation → Aberkennung, Einsprache, Verneinung.
negativ verwerflich, ablehnend, nichtig, erfolglos, verneinend, ergebnislos, verwerfend, verneint, abschlägig, kein • schlecht, nicht gut. → erfolglos. ▸ positiv, bejahend, zustimmend • größer als null.
Neger → Farbiger.
negerfarbig → dunkel.
negieren → aberkennen, ablehnen.
Negierung → Verneinung.
Negligee Hauskleid, Haustracht, Morgenrock, Morgenkleid, Bekleidung, Gewand, Hausanzug, Hausrock.
nehmen erhaschen, ergreifen, erfassen, entgegennehmen, sich aneignen, ergattern, einheimsen, aufgreifen, erwischen, schnappen, bekommen, kriegen, zulangen, einsäckeln, wegnehmen, enteignen, wegschnappen, abnehmen, erbeuten, einziehen, konfiszieren, kaufen, an sich reißen, abjagen, erobern, zusammenkratzen, wegschleppen, einnehmen, zusammenraffen, beziehen, empfangen, annehmen, stehlen, kapern, nehmen an der Hand. → abnehmen, aneignen, ausnutzen, bemächtigen, bestehen, bestellen, chartern, dingen, entgegennehmen, erbeuten, greifen. ▸ geben, hergeben, hingeben, schenken, spenden, stiften, übergeben • anbieten • austeilen, verteilen • lassen • zurückgeben.
nehmen, an sich ausspannen *u,* einkassieren *u.*
nehmen, in Angriff → arbeiten, bringen in Gang.
nehmen, auf sich → debütieren, tragen.
nehmen, in Dienst einstellen, engagieren, verpflichten, anstellen, beschäftigen, dingen, in Anspruch nehmen, verfügen über, ins Haus nehmen, brauchen, sich zu Nutze machen. → brauchen. ▸ entlassen.
nehmen, ernst glauben, Anteil nehmen, trauen, für voll nehmen, für bare Münze nehmen, Vertrauen entgegenbringen, sich nicht lächerlich machen über • schwer nehmen, tragisch nehmen, sich einprägen, sich um etwas kümmern, sich um etwas bemühen, etwas Wert zumessen. → beimessen. ▸ necken, leicht nehmen.
nehmen, ins Gebet → befragen, tadeln.
nehmen, gefangen fangen, einsperren, einschließen, einkerkern, ketten, fesseln, ergreifen, anbinden, festnehmen, einpferchen, einstecken, in Bande schlagen, die Freiheit entziehen, hinter Schloss und Riegel setzen, festhalten, Handschellen anlegen, ins Gefängnis bringen, in den Kerker bringen, hinter schwedische Gardinen setzen, unschädlich machen, unter Aufsicht stellen. → blenden. ▸ loslassen.
nehmen, in die Hand → arbeiten, bringen in Gang.
nehmen, sich zu Herzen → aufregen, deprimieren, nehmen ernst.
nehmen, die Hoffnung → deprimieren.
nehmen, krumm → verübeln.
nehmen, die Lust → deprimieren.
nehmen, den Mund voll → prahlen.
nehmen, für bare Münze glauben, trauen, leichtgläubig sein, einfältig sein, vertrauensselig sein, für wahr halten. ▸ zweifeln.
nehmen, den Mut → deprimieren.
nehmen, ins Schlepptau → bugsieren, helfen.
nehmen, von der besten Seite hinnehmen, sich fügen, sich ergeben, sich dreinschicken, sich nichts draus machen, sich nicht aus der Ruhe bringen

lassen, sich zufrieden geben, über sich ergehen lassen, die Pille schlucken, Selbstbeherrschung üben, die Ruhe bewahren, mit allem aussöhnen, die Wurst nach der Speckseite werfen.
▸ auflehnen, (etwas schwer nehmen), murren.
nehmen, die Sicht behindern, erschweren, vereiteln, hintertreiben, die Aussicht nehmen, stören, sich vor jemanden stellen, sich groß machen, einen Strich durch die Rechnung machen. → blenden.
▸ helfen, (sichtbar machen).
nehmen, ins Tau → bugsieren, helfen.
nehmen, den Zauber ernüchtern, entzaubern.
▸ bezaubern, (Hoffnung machen).
nehmen, den Zweifel→ ausweisen, ermuntern.
Neid → Ärgernis, Bitterkeit, Bosheit, Brotneid, Eifersucht, Geiz, Selbstsucht.
▸ Bedauern • Duldung, Toleranz • Anerkennung, Gunst, Wohlwollen.
neiden → beneiden.
▸ gönnen • dulden, tolerieren.
Neider Neidhammel, Nebenbuhler, Rivale, Scheelsüchtiger, Missgünstiger, Futterneider.
neidisch hämisch, missgünstig, begehrlich, scheelsüchtig, gehässig, abhold, boshaft, abgeneigt, erbittert, verfeindet, böse, übel gesinnt, heimtückisch, arggesinnt, arglistig, giftig, bissig, gelb vor Neid • Neidhammel. → bedürfnisvoll, begehrlich, böse, giftig.
▸ großzügig, gütig, teilnehmend • anerkennend, gewogen, lobend • neidlos.
neidisch sein → beneiden, neidisch.
neidlos nicht missgünstig. → großmütig.
Neige Abfall, Neigung, Fall, Gefälle, Abdachung, Hang, Abseite, Senkung, Abschrägung • Letztes, Ausklang, Abnahme, Schluss, Ende, Rest, Niedergang, Verschlechterung, Rückgang, Zusammensturz, Verfall • Tagesende, Tagesneige, Dämmerung, Sonnenuntergang. → Ausgang, Dekadenz, Entartung.
▸ Aufstieg, Menge, Morgen.
neigen schrägen, überhangen, lehnen, beugen, abfallen, abbiegen, abschrägen, sinken, untergehen, niedersinken, bücken, verneigen, verbeugen, dienern, erniedrigen • wollen, streben, gern tun, tendieren, wünschen, zugreifen. → demütigen sich, fallen, hinablassen.
▸ ablehnen, aufsagen, gerade stehen(d), überheben sich aufrichten, heben.
Neigung Schräge, Schiefe, Fall, Gefälle, Neige, Abfall, Senkung, Strömung • Verbeugung, Demütigung, Herabwürdigung, Herabsetzung • Lust, Hang, Lust und Laune, Lust und Liebe, Geneigtheit, Anlage, Bereitschaft, Hauptneigung, Wunsch, Regung, Sucht, Wohlgefallen, Geschmack, Liebhaberei • Liebe, Sympathie, Gewogenheit, Bewunderung, Vorliebe, Gegenneigung, Wechselneigung, Ergebenheit, Anhänglichkeit, Drive *u.* → Absicht, Anteil, Anziehung, Bedürfnis, Befriedigung, Begehr, Begierde, Belieben, Bereitwilligkeit, Bestreben, Bewegung, Direktion, Drang, Empfänglichkeit, Ergebenheit, Fähigkeit, Gunst, Liebhaberei, Lust, Manie.
▸ Abneigung, Ebene, Überheblichkeit • Steigung.
Neigung fassen zu → brechen das Eis, lieben.
Neigungsmesser Klinometer.
nein → beileibe nicht, negativ, nie.
▸ ja(wohl) • doch • freilich, gewiss, natürlich.
Neinsager Dagegner *u.*
Nekrolog Grabrede, Leichenrede, Nachruf, Totenrede.
Nekromantie → Aberglaube.
Nektar → Beste, Speise.
nennen → anführen, angeben.
nennenswert bedeutsam, bemerkenswert, eindrucksvoll, erwähnenswert.
Nennung → Angabe, Benennung.
Nennwert, zum al pari.
Nennwertabschlag Disagio.
Nennwort Nomen.
neppen → aufschlagen, übervorteilen.
Nerven Kabel *u.*
Nerven gehen, auf die → ärgern, aufdrängen, lästig, quälen, reizen.
Nerven, gute Drahtseilnerven *u*, dickes Fell *u.*
Nervenberuhigungsmittel Sedativum.
Nervenentzündung Neuritis.
Nervenerschütterung Schock.
Nervenfaser Fibrille.
Nervengeflecht Glia, Plexus.
Nervenheilkunde Neurologie.
Nervenkitzel Reiz, Sensation.
Nervenknoten Ganglion.
Nervenleiden Neuropathie.
Nervenschmerz Neuralgie.
Nervenschwäche Neurasthenie.
Nervenzelle Neuron.
Nervenzusammenbruch Anfall, Schock, Krise, Kollaps.
nervig → stark, zäh.
nervös erregt, kribbelig, verstimmt, aufgeregt, unlustig, abgespannt, übel, zitterig, heftig, unruhig, wusselig, rappelig *u*, rappelköpfig, wibbelig *u* • Zappelphilipp *u*, Wibbelsterz *u*, hastig, übereilt, überreizt, überzüchtet, rasend gehetzt, auf glühenden Kohlen, zappelig, gejagt, müde, abgespannt, angekratzt *u*, dibberig *u*, dibberisch *u*, fahrig *u*, fickrig *u*, flattrig *u*, fummelig *u*, quirlig *u.* → erregbar.
▸ gelassen, ruhig.
nervöser Typ Flattermann *u.*
Nervosität Aufgeregtheit, Gereiztheit, Hektik, Herzklopfen, Lampenfieber, Unruhe.
Nervus rerum → Bargeld.
Nesselausschlag Nesselfieber, Nesselsucht, Urtikaria.
Nesseln setzen, sich in die in Schwierigkeiten geraten, ins Gedränge kommen, nicht vom Fleck kommen, steckenbleiben, festsitzen, sich festfahren, in der Tinte oder Patsche sitzen, auf glühenden Kohlen sitzen, keinen Ausweg mehr wissen, erledigt sein.
Nesseltier Koralle, Meduse, Qualle.
Nest Vogelreich, Horst, Nistkasten, Vogelnest, Nistplatz, Geniste, Brutstatt, Geleg *j*, Kobel *j* • Bleibe, Örtchen, Haus, Stätte, Dorf, Kaff, Kleinstadt • Liebesnest. → Ansiedlung, Aufenthaltsort.
Nestel → Bindemittel.
Nestgefühl → Heimatgefühl.
Nesthäkchen Kind, Kleines, Spross, Sprössling, Küken, Jüngstes, Hosenmatz, Schoßkind, Guck in die Welt, Knirps, Nesthupfer, Balg, Grünschnabel, Range, Schlingel. → Baby.
Nestor → Beirat, Berater.

Nestwärme Geborgenheit, Sicherheit, Heimatgefühl. → Schutz.
nett ansprechend, hübsch, süß, einnehmend, freundlich, höflich, artig, brav, gefällig, niedlich, liebenswürdig, angenehm, zusagend, zart, schmuck, hold, bezaubernd, schnieke *u,* herzig, goldig, kess, neckisch, dantschig *u,* flott *u.* → adrett, angenehm, anmutig, artig, scharmant, entzückend, fein, schön. ▸ abstoßend, hässlich, plump, unfreundlich, bärbeißig, derb, grob, kratzbürstig, ruppig, stur, unhöflich, unliebenswürdig, widerlich.
Netz Gewebe, Netzwerk, Geflecht, Haarnetz, Einkaufsnetz, Fangnetz, Fischernetz, Garn *j,* Rönne *f, j,* Schlinge, Handnetz, Stellnetz, Behältnis • Verstrickung, Verworrenheit, Knoten, Masche, Wirrwarr • Netzzuleitung, Netzanschlussgerät, Lichtnetz • Netzhaut. → Falle. ▸ Ausweg, Klarheit Bahn, Faden, Linie, Spur.
Netz gehen, ins → hereinfallen.
Netzauge Fassettenauge, Komplexauge.
Netzball → Ball, Spiel.
Netze auswerfen angeln, fischen, Fische fangen.
netzen feuchten, anfeuchten, beleuchten, besprengen, spritzen, gießen, nässen, berieseln, begießen, bewässern, betauen, triefen, einspritzen, einsprengen.
netzförmig → durchbrochen, kreuz und quer.
Netzhaut (des Auges) Retina.
Netzhautentzündung Retinitis.
Netzwerk → Filigran, Geflecht.
neu frisch, fabrikneu, taufrisch, jungfräulich, neuwertig, gemacht, funkelnagelneu, unbeansprucht, erstmalig, erneuert, modern, modisch, neuzeitlich, neuartig, ungebraucht, jung, neugebacken, frisch, ungewöhnlich, ungewohnt, fremd, ungetragen, unbenutzt, selten. → aktuell, apart, beispiellos, derzeitig, erstmalig, fern, frisch. ▸ alt, gebraucht, unmodern veraltet • bekannt, eingeführt, gängig • antik, antiquarisch • abgenutzt, benutzt, gebraucht, verbraucht, verschlissen.
neu belebt aufgewärmt *u.*
neu, ganz brandneu *u,* jungfräulich *u.*
neuartig → anders geartet, beispiellos, erstmalig, modern, neu, umwälzend. ▸ überholt.
Neubeginn (einer früheren Karriere) Come-back.
Neubelebung → Auffrischung, Erholung.
Neubildung → Regeneration.
Neubürger Neuling, Zugereister, Neusiedler, Zuwanderer.
Neudruck → Abdruck, Auflage, Buch.
neuem, von → wieder.
neuerdings → erstmalig, wieder.
Neuerer Avangardist, Pionier, Reformator, → Neugestalter.
neuerlich → abermals.
Neueröffnung → Eröffnung.
Neuerscheinung → Erstmaligkeit, Neuheit.
Neuerung → Erneuerung, Erstmaligkeit, Fortschritt, Neuheit, Reform, Veränderung. ▸ Antiquität • Tradition • Usus.
Neuerungssucht → Mode, Veränderung.
Neues → Erstmaligkeit, Neuheit.
neues Zeitalter Newage.
Neueste, das → Mode, Neuigkeit.
neugeboren → frisch, jung, gesund, neu.
Neugeborenes Baby, Kleinstkind, Nachwuchs, Säugling, Wickelkind.
neugestalten (ab)ändern, abwandeln, umbilden, umformen, umgestalten, umwandeln, verwandeln, reformieren, renovieren, reorganisieren.
Neugestalter Reformer, Reorganisator, Restaurator. → Neuerer.
Neugestaltung → Abweichung, Erstmaligkeit, Neuheit, Reform. ▸ Nostalgie, Traditionalismus, Unbeweglichkeit.
Neugier Wissbegier, Ungeduld, Spannung, Erwartung, Vorfreude, Wissensdrang, Wissensdurst, Hoffnung, Spannkraft, Folter, Qual, Geduldsprobe, Hochspannung • Unbeherrschtheit, Fürwitz, Vorwitz, Taktlosigkeit, Fragerei, Forscherei, Schnüffelei, Gefrage, Klatschsucht, Spioniererei. → Neugierde. ▸ Diskretion, Gleichgültigkeit, Takt, Zurückhaltung.
Neugierde Kitzel, Fragelust, Forschungseifer, Unbeherrschtheit, Naseweisheit, Fragerei, Aushorcherei, Spürnase, Stielaugen, Neuigkeitsriecherei, Neuigkeitssucht, Eifer, Ausfragung, Ausforschung, Nase hereinstecken die. → Erwartung, Neugier.
neugierig sein wissbegierig, naseweis, fragend, forschend, fragselig, fraglustig, unbeherrscht, vorwitzig, fürwitzig, gespannt wie ein Flitzebogen *u,* gepannt wie ein Regenschirm *u,* unbescheiden, taktlos, dreist, frech, seine Nase in jeden Dreck stecken *u,* mit der Nase überall dabei sein, wunderfitzig, ungeduldig, zappelig, erpicht, versessen, unersättlich, spürsinnig • ungeduldig • Maulaffen feilhalten. → eindringen in das Geheimnis, interessiert, Kohlen auf glühenden.
neugieriger Typ Elster *u.*
Neuheit Fortschritt, Neuerung, Neuerscheinung, Aktualität, Nouveauté, Novum, Neuerrungenschaft, Neues, Neugestaltung, Abweichung, Umstellung, Wechsel, Erstmaligkeit, Umwandlung, Erneuerung, Zeitgeist, Neuzeit, Ungewohntheit, Ausnahme, Dernier Cri, der letzte Schrei. → Erstmaligkeit.
Neuigkeit Mitteilung, Meldung, Anzeige, Kunde, Nachricht, Botschaft, Bericht, Heeresbericht, Brief, das Allerneueste, das Neueste • Gerücht, Klatsch, Geschwätz, Nachrede, Gerede, Stadtgespräch, Schwätzerei. → Depesche, Fama. ▸ (Allbekanntes), Geheimnis.
Neuland Schwemmland, Marschland, Anschwemmung, Boden • Unsicherheit, Ungewissheit, Unbekanntheit, Unbestimmtheit, Unschlüssigkeit, Ratlosigkeit • Neues, Ungewohnheit, neues Land. ▸ Gewissheit, (Gewohntes), Vertrautheit.
neulich → bereits, damals, kürzlich. ▸ demnächst, künftig • längst, vor langer Zeit.
Neuling Reingeschmeckter *u,* Säugling *u.* → Anfänger, Dilettant, Emporkömmling. ▸ Eingeweihter, Experte, Kenner.
neumodisch → modern, neu, ungewohnt.

Neumond Interlunium, Novilunium.
Neuneck Nonagon.
Neunmalkluger Besserwisser, Klugscheißer, Rechthaber, Schlaumeier.
Neunundzwanzigjährige(r) Endtwen *u.*
Neuordnung Neugestaltung, Neuerung, Erneuerung, Reform, Reorganisation.
Neureicher Boofke *u,* Raffke *u.* → Emporkömmling.
neutral parteilos, unbeteiligt, unwirksam, gleichgültig, indifferent, passiv, tolerant, unbestimmt, unentschieden • sachlich. → gleichgültig. ▸ aktiv, entschlossen, fanatisch, parteiisch, unsachlich, befangen, betroffen, eingebunden, einseitig, engagiert, entschieden, parteiisch, voreingenommen.
neutral bleiben → sich neutral verhalten.
neutral verhalten, sich passiv bleiben, geschehen lassen, vom Leibe halten, sich entfernt halten, aus dem Weg gehen, sich die Mühe sparen, den lieben Gott walten lassen, unter den Tisch fallen lassen, sich gleichgültig verhalten, sich nicht um den andern kümmern, eine Festlegung vermeiden. ▸ aktiv (sein), einmischen sich, kümmern, parteiisch sein.
neutralisieren der Beeinflussungsmöglichkeit entziehen, unwirksam machen, wirkungsvoll machen, ein Land von andern abschließen, kein Bündnis mit anderen schließen, vom Krieg ausnehmen. → abwenden.
Neutrum Niemand, Nichts, Null, Unbekannt, Anonymität. ▸ Femininum, Maskulinum.
Neuverfilmung Remake.
Neuvertonung Aufguss *u.*
neuwertig → neu.
Neuzeit Moderne.
neuzeitlich gegenwärtig. → aktuell, derzeitig, erstmalig, modern, neu, zeitgemäß. ▸ althergebracht, antik, historisch, traditionell, überliefert.
nicht negativ, nichts, nein, nie, durchaus, nicht, kein, weit entfernt, fern davon, gar nicht, ganz und gar nicht, keineswegs, niemals, keinesfalls, bestimmt nicht, nimmer, nimmermehr, verneint, entgegengesprochen, widersprochen, nicht im Geringsten. → beileibe nicht. ▸ gewiss, ja, jedenfalls, positiv auf jeden Fall, bestimmt, doch, gewiss, sicher, unbedingt.
nicht annehmen → absagen.
nicht aufregend → alltäglich.
nicht beachten ignorieren.
nicht, durchaus → beileibe nicht, nicht.
nicht einer kein Mensch, keiner, niemand.
nicht haben entbehren, vermissen.
nicht nachlassen → dabei bleiben.
nichtöffentlich privat.
nicht übel → alltäglich, mäßig.
nicht weltbewegend → alltäglich.
nicht nur, sondern auch auch, ferner, außerdem, dann, als auch, zusammen, sowohl, überdies, zudem, nebst, mit, miteinander, insbesondere, obendrein, erst recht. ▸ abzüglich, ausgenommen, ohne.
Nichtachtung Nachlässigkeit, Versäumnis, Vernachlässigung, Nichtbeachtung, Überschreitung, Nichteinhaltung, Nichteinmischung, Entweihung, Verachtung, Dreistigkeit, Gleichgültigkeit, Geringschätzung, Pflichtvergessenheit. → Beleidigung, Sorgfalt. ▸ Respekt, Verehrung, Wertschätzung.
nicht amtlich inoffiziell, privat.
Nichtarbeitender Blaumacher *u.* → Arbeitsloser, Müßiggänger *u.*
Nichtbeachtung → Nichtachtung.
Nichtbefolgung → Eigensinn, Nichtachtung.
Nichtbestehen Durchfall *u.*
Nichte → Anverwandte.
Nichteingeweihter Außenseiter, Exoteriker, Laie.
Nichteinhaltung → Nichtachtung.
Nichteinmischung Neutralität, Unabhängigkeit, Nichtachtung, Untätigkeit. ▸ Beeinflussung, Bevormundung, Druck (von außen), Einflussnahme, Einmischung, Manipulation.
Nichterfüllung Nichteinhaltung, Vernachlässigung, Nachlässigkeit, Unaufmerksamkeit, Fahrlässigkeit, Versäumnis, Unterlassung, Nichtausführung • Versager, Missgriff, Fehlgriff.
Nichtfachmann → Dilettant, Laie. ▸ Autorität, Experte, Fachmann, Könner, Spezialist.
Nichthomosexueller kalter Bruder *u.*
nichtig → albern, ausdruckslos, erfunden, gering, negativ, unbedeutend, unbegründet. ▸ bedeutsam, begründet, wertvoll, wichtig • gültig.
Nichtiges blauer Dunst *u.*
Nichtigkeit → Ärmlichkeit, Bagatelle, Deut, Falschheit, Fehler, Schwäche, Ungültigkeit.
Nichtigkeitserklärung Annihilation, Annullierung.
Nichtkundiger → Anfänger, Dilettant, Laie.
nicht leitend dielektrisch.
Nichtleiter Isolator.
nichtöffentlich geheim, inoffiziell, vertraulich, hinter verschlossenen Türen.
Nichtpriester Laie.
Nichts kein Fatz *u,* Quark *u,* Scheiße *u.* → Bagatelle, Chimäre, Dunst leerer, nichts.
nichts null, niemand, keiner, Leere, Lücke, Öde, Mangel, Wüste, überhaupt nichts, gar nichts, keine Spur, kein Funke, Vakuum, rein gar nichts, keinen Deut, nicht die Bohne *u,* einen Dreck *u,* nix *u,* keinen Schuss, Schmarren *ö,* keinen Pfifferling, nichts und wieder nichts. → bloß. ▸ etwas, jemand, viel.
nichts als → bloß.
nichts für ungut → abgemacht, einhellig, gebilligt, lassen es dabei.
nichts tun blaumachen *u,* Fliegen fangen *u.* → bequem, beschäftigungslos, faulenzen.
nichts zu tun haben wollen mit Abstand halten, Finger lassen von die, heraushalten sich.
nichts ahnend quietschvergnügt *u.* → arglos, sorglos.
nichtsdestoweniger → aber, allein, dagegen, doch.
Nichtsesshafter Nomade • Berber *u,* Steppenwolf *u.*
Nichtskönner Nichtswisser, Unwissender, Laie, Analphabet, Anfänger, Neuling, Grünling, Grünschnabel, Abc-Schütze, Stümper, Null *u,* Blindgänger *u,* Held *u,* Gelbschnabel, Grasaffe, Grünschnabel,

Grünzeug, Schnösel *u*, Kindskopf, Kudler, Dummkopf, Einfaltspinsel, Tölpel, Holzblock, Sonntagsjäger, Tropf, blutiger Laie, Simpel, Laffe, Bettvorleger *u*, Doofnick *u*, Sack *u*, Seifensieder *u*. → Banause.
▸ Fachmann, Kapazität, Können, Meister.
Nichtsnutz Galgenstrick, Tagedieb. → Ausbund, Lump.
nichtsnutzig → arg, bübisch, charakterlos, diebisch, faul, frevelhaft.
Nichtsoldat Zivilist.
nichts sagend gehaltlos, quatschig *u*. → abgedroschen, albern, alltäglich, ausdruckslos, äußerlich, farblos, Haaren herbeiziehen an den, nebensächlich, reizlos, unbedeutend.
▸ ausdrucksstark/-voll • bedeutsam, wichtig • inhaltsreich, lehrreich.
Nichtstattfinden Ausfall *u*.
Nichtstuer Baron *u*, Berufsgammler *u*, Daumenlutscher *u*, Schlieferl *u*. → Arbeitsunfähiger, Bummler, Faulpelz, Maulaffe, Müßiggänger.
▸ Streber • Workaholic • Zwangsarbeiter.
Nichtstun Bummelei *u*, Freizeitgestaltung *u*, Poofe *u*. → Dämmerstündchen, Müßiggang.
Nichtstun, süßes Dolce-far-niente.
Nichtswisser → Dilettant, Dummerian, Dummkopf, Ignorant, Nichtskönner.
nichtswürdig → abbrüchig, abscheulich, anrüchig, arg, bedauerlich, beschämend, bestechlich, böse, bübisch, charakterlos, diabolisch, entehrend, minderwertig, niederträchtig.
Nichtswürdigkeit → Bestechlichkeit, Niedrigkeit.
Nichttänzer Eckensteher *u*.
Nichtübereinstimmung → Differenz, Disput, Entzweiung, Streit.
nichtweltlich esoterisch, geistlich, kirchlich, klerikal, sakral.
Nichtwissen Ahnungslosigkeit, Ignoranz, Unkenntnis, Unwissenheit.
Nichtzuständigkeit Inkompetenz.
nicken → bestätigen, grüßen, schlafen.
▸ den Kopf schütteln.
Nickerchen → Schlaf.
Nickerchen machen, ein dösen, ruhen, Schlafpause einlegen eine, schlummern.
nie keinesfalls, keineswegs, nimmer, niemals, unmöglich, in keinem Fall, kaum, jemals, bestimmt nicht, nimmermehr, zu keiner Zeit, unter keinen Umständen, gar nie, wohl nie, nicht, nein, im ganzen Leben nicht, zu keiner Zeit, niemals, kaum, noch nie da gewesen, eher bricht die Welt zusammen. → keineswegs.
▸ Fall in jedem, gern, häufig, immer, jedesmals, ständig, stets • oft • meist(ens), zumeist • mehrmals • gelegentlich, manchmal.
nie und nimmer → beileibe nicht, nie.
nieder → abwärts, unten.
▸ auf • hoch.
niederbrennen → abbrennen, brandschatzen, demolieren.
niederdrücken → anöden, bändigen, deprimieren, entkräften, erschüttern die Hoffnung, unterwerfen.
▸ aufrichten, emporziehen, hochziehen.
niederfallen → abfallen, absacken, ausgleiten, bitten, fallen, herunterstürzen, stürzen.
Niedergang Katastrophe, Rückgang, Abstieg, Zusammenbruch, Verfall, Verhängnis, Misserfolg, Untergang, Unheil, Fehlschlag, Rückschritt, Neige, Unstern, Entartung, Hereinfall, Zusammensturz, Unglück, Bedrängnis, Verheerung, Schaden, Ruin, Zerstörung, Vernichtung, Verderben, Schicksalsschlag. → Bekümmernis, Dekadenz, Ende böses, Entartung.
▸ Aufstieg, Fortschritt, Glück, Blüte(zeit), Hochkonjunktur.
niedergebeugt → demütig, trübsinnig, verzweifelt.
niedergedrückt → pessimistisch, trübsinnig, verzweifelt.
niedergeschlagen am Boden zerstört *u*, bekniffen *u*. → angeschlagen, beschlagen, enttäuscht, lebensmüde, melancholisch, trübsinnig, verzweifelt, down *engl*.
Niedergeschlagenheit Kleinmut, Mutlosigkeit, Bedrücktheit, Verzagtheit, Gedrücktheit, Traurigkeit, Düsterkeit, Trübsinn, Trübseligkeit, Entmutigung, das graue Elend, Leichenbittermiene, Seelennot, Freudlosigkeit, Schmerz, Übellaunigkeit, Verdrießlichkeit, Verdüsterung, Zerknirschung, Enttäuschung, Trostlosigkeit, Aussichtlosigkeit, heulendes Elend *u*. → Beklemmung, Bekümmernis, Besorgnis, Depression, Entmutigung, Enttäuschung, Trübsinn, Verzweiflung.
▸ Ermutigung, Freude, Hoffnung.
niedergeschmettert fassungslos, enttäuscht, verstört, entzaubert, entgeistert, ensetzt, platt, verdutzt, starr, versteinert, perplex, sprachlos, erschossen, fassungslos. → bestürzt.
▸ gefasst, übermütig.
niederhalten → beeinträchtigen, bekämpfen, beschneiden, bezwingen, entgegenarbeiten, unterdrücken.
niederhauen → fallen, unterwerfen.
niederkommen kalben *u*.
Niederkunft → Entbindung, Erzeugung, Geburt.
Niederkunft vor der Hochzeit Frühgeburt *u*.
Niederlage Besiegung, Bezwingung, Schlappe, Ergebung • Misserfolg, Hereinfall, Fall, Sturz, Fehltritt, Verzicht, Schaden • Ort, Dorf, Niederlassung, Aufenthaltsort, Einlagerung, Anlage, Quartier, Abfuhr *u*, Abreibung *u*, Ausrutscher *u*, Begräbnis erster Klasse *u*, Dresche *u*, Dusche *u*, Senge *u*. → Büro, Depot, Etablissement, Filiale, Lager.
▸ Sieg, Durchbruch, Erfolg, Triumph.
Niederlage erleiden, eine besiegt/geschlagen werden, unterliegen, verlieren • eins aufs Dach kriegen *u*.
niederlassen → ausruhen, besetzen, einbürgern, einwandern.
niederlassen, sich sich festsetzen *u*. → anhalten, aufhalten sich, besetzen, bevölkern, bewohnen, bleiben, einkehren, einquartieren sich.
Niederlassung Ansiedlung, Depot, Etablissement, Filiale.
niederlegen → abbrechen, abdanken, abwerfen, auflegen, ausruhen, beiseite legen, betten, Bord werfen über, deponieren, dareingeben sich,

quittieren.
▸ aufheben, aufnehmen • antreten, übernehmen.
niederlegen, die Arbeit ausstehen *u*, den Bettel hinschmeißen *u*, in den Sack hauen *u*. → abbrechen, abdanken, bequem, streiken.
niedermähen → abbrechen, ausmerzen, demolieren, destruieren, töten, zerstören.
niedermetzeln massakrieren.
niederreißen → abbrechen, abschaffen, ausmerzen, zerstören.
Niederreißung → Abbruch.
niederringen besiegen, unterwerfen.
niederschießen → ausmerzen, erjagen, töten.
Niederschlag Knockdown, Knock-out, Tau, Nebel, Hagel, Schnee, Dunst. → Ansatz, Ausgang, Dreck, Exkrement, Wirkung, Wetter, Regen, Feuchtigkeit.
niederschlagen absondern, spalten, entbinden, freisetzen, lösen, ausschneiden, entdampfen, absetzen, ablösen • trennen, unterbrechen, abstehen, die Sache an den Nagel hängen, Abstand nehmen, einstellen, beseitigen, unter den Tisch fallen lassen, zum Schweigen bringen, in den Papierkorb werfen • betauen, regnen, rieseln, triefen, gießen, spritzen, besprengen • hindern, verhindern, abwenden, eindämmen, niederhalten, lahm legen, ersticken, Riegel vorschieben, bekämpfen, fertig machen *u*. → abbrechen, ausrotten, hemmen, zerstören.
▸ zu Boden gehen • aufheben, aufrichten, heben • sich erheben.
niederschlagsarm regenarm, trocken.
niederschmettern umhauen, niederhauen, fallen, niederstoßen • bestürzen, niederschlagen, erniedrigen, enttäuschen, demütigen, ernüchtern, den Stolz nehmen, den Dünkel austreiben, den Marsch blasen, Mores lehren. → herabsteigen.
▸ aufrichten, überheben sich.
niederschmetternd → arg, bejammernswert, beschämend, Blitz getroffen wie vom, niedergeschmettert, schmerzlich.
niederschreiben → abfassen, aufnehmen, beschreiben, schreiben.
Niederschrift → Arbeit, Druckvorlage, Manuskript, Text, Bandaufnahme.
niedersetzen ausruhen, hinsetzen, kauern, beugen, hinlegen, dasitzen, niedersinken, lagern, rasten, ruhen, verschnaufen, einhalten, sich's bequem machen, die Hände in den Schoß legen. → bleiben auf dem Platz.
▸ arbeiten, aufstehen, sich erheben • aufheben.
niedersinken → fallen, niedersetzen.
niederstimmen → überstimmen.
niederstrecken → ausrotten, bewältigen, töten, unterwerfen.
niederstürzen einen Flachmann bauen *u*. → fallen.
Niedertracht Biesterei *u*. → Anstößigkeit, Bosheit, Niedrigkeit, Schande.
niederträchtig infam, gemein, miserabel, nichtswürdig, gewissenlos, charakterlos, erbärmlich, würdelos, hemmungslos, poplig *u*, böse, schlecht, boshaft, arg, tückisch, unredlich, unmoralisch, verdorben, verrucht, hämisch, übel, berüchtigt, elend, verachtungswürdig, verdammenswert, verworfen, hundsgemein, schändlich, schandbar, unfair, biestig *u*, bodenlos *u*, dreckig *u*, fotzig *u*. → abscheulich, anrüchig, anstößig, arg, bedauerlich, beißend, beschämend, bestechlich, böse, bübisch, charakterlos, dämonisch, diabolisch, dunkel, gemein, klein, zynisch.
▸ charaktervoll, gut, nobel anständig, aufrichtig, gerecht, fair.
niederträchtiger Typ Bluthund *u*.
Niederträchtigkeit → Bosheit, dunkler Punkt, Niedrigkeit, Schande.
Niederung Tiefland, Flachland, Tiefebene, Unterland, Tal • Geest, Geestland, Marsch, Marschland • Küstenland, Küste. → Niedrigkeit.
▸ Anhöhe, Bergland, Hochland.
niederwerfen, niederzwingen → abwerfen, bewältigen, dareingeben sich, erobern, unterwerfen.
niedlich dantschig *u*. → anmutig, scharmant, entzückend, nett, schön.
▸ beeindruckend, erhaben, gewaltig, groß(artig), mächtig, stattlich • bullig, plump, stämmig.
niedrig flach, eben, ebenerdig, tief, drunten, unten, am Boden, zu Füßen. → beschämend, bestechlich, böse, charakterlos, demütig, diabolisch, dunkel, fahnenflüchtig, gemein, menschenwürdig, minderwertig, niederträchtig.
▸ charaktervoll, gut, hoch.
niedriger hängen → erniedrigen, verachten.
Niedrigkeit Tiefpunkt, Untiefe, Tiefstand, Seichtigkeit, Uferland, Niedergang, Flachheit, Ebenerdigkeit • Nichtswürdigkeit, Niedertracht, Niederträchtigkeit, Unwürdigkeit, Lumpengesinnung, Charakterlosigkeit, Armseligkeit, Gemeinheit, Laster, Schande, Unredlichkeit, Lumperei, Erniedrigung, Untertänigkeit, Unterwürfigkeit, Selbsterniedrigung, Gefügigkeit, Ergebenheit, Demütigung. → Schande.
▸ Charakterfestigkeit, Edelmut • Höhe.
Niedrigwasser Ebbe.
niemals → keineswegs, nie.
▸ immer, jedesmals, ständig, stets • häufig, oft • meist(ens), zumeist • mehrmals • gelegentlich, manchmal • bisweilen, selten, zuweilen.
Niemand Keiner, Nobody, Null.
niemand keiner, nicht eine lebende Seele, keinerlei, gar niemand, Leere, Lücke, Mangel, Abwesenheit, Öde, unbesetzt, unbewohnt, menschenleer, unausgefüllt, unbevölkert, verlassen, einsam, entvölkert, Anonymus, keine Menschenseele, kein Aas, kein Mensch, kein Schwanz, keine Maus, kein Hund, keine Kuh *u*, kein Pferd *u*, kein Schwein *u*, gähnende Leere, rein gar nichts, nichts und wieder nichts, null Komma nichts, nichts weit und breit, Vakuum. → abwesend.
▸ alle, anwesend, viele • einige • jemand.
Nieren gehen, an die → ärgern, aufregen, bemächtigen.
Nierenentzündung Nephritis.
Nierenschmerz Nephralgie.

nieseln → regnen.
Nießbrauch → Benutzung.
niet- und nagelfest, nicht mitgehen heißen, lange Finger machen, die Taschen leeren, kaufen wenn niemand im Laden ist, sich unrechtmäßig zueignen, stehlen, entwenden, wegnehmen, mausen, verschwinden lassen, beiseite schaffen.
▸ rechtschaffen (sein).
Niete → Bindemittel, Fehler, Versager.
Nihilismus Gesetzlosigkeit, Anarchie, Verneinung.
Nihilist Verneiner, Anarchist, Verleugner, Ungläubiger, Leugner des Daseinssinns. → Bandit, Brandstifter.
Nimbus Ruhmesglanz, Strahlenglanz, Heiligenschein, Glorienschein, Gepränge. → drum und dran.
▸ Ruhmlosigkeit, Sonnenschein.
nimmer → keineswegs, nie.
Nimmersatt Vielfraß, Ru(a)ch *u.* → Blutsauger, Feinschmecker, Mammonsdiener.
nimmersatt gefräßig.
Nimmerwiedersehen, auf → dahin, fort, weg.
nippen → kosten, probieren, trinken.
nirgends nirgendwo, vermisst, hinweg, verschollen, verloren, verschwunden, abwesend, fort, an keinem Ort, im Nirwana, weg, sonst wo, in Lethes Fluten, wo die Hunde mit dem Schwanz bellen, in Nirgendheim, da kannste lange warten. → abwesend.
▸ überall, allerorts, allseits ● da, dort.
nirgendswo → nirgends.
Nische Vertiefung, Höhlung, Mauervertiefung, Wandvertiefung, Einbauchung, Einschnitt, Fuge, Loch, Lücke, Zimmernische, Zimmerecke.
nisten → besetzen, einnisten.
Niveau Fläche, Höhe, Höhenlage, Stand, Rang, Stufe, Bildungsstand, Gesichtskreis, Horizont, Wert, Geisteshöhe ● Wasserstand, Meerespiegel, Höhengleichheit.
▸ Geistesarmut, Unwert.
niveaulos geistlos, ordinär, primitiv, ungebildet, vulgär.
nivellieren → ausgleichen.
Nivellierung → Gleichmachung.
Nixe Undine, Wasserjungfer, Seejungfer, Meerweib, Schwanenjungfrau, Wassergöttin, Meergöttin, Quellengöttin, Stromgöttin, Flussgöttin, Seegöttin, Sirene, Wassergeist. → Fee.
nobel gesinnungsflott, großmütig, freigebig, großzügig, gastfreundlich, hochherzig, edelherzig, wohltätig, hilfsbereit, königlich, fürstlich, verschwenderisch, leutselig, gefällig, liebenswürdig, großherzig. → adelig, anständig, betragen sich, königlich.
▸ niederträchtig, niedrig ● gemein, schurkisch ● geizig, kleinlich, knauserig, knickrig ● elend, schäbig.
Noblesse → Edelmut, Großmut, Eleganz.
noch → außerdem, beiläufig, dabei, damit, darüber, dazu, ferner.
▸ nicht mehr ● schon.
noch einmal → abermals, doppelt, erneut, wieder.
nochmals → abermals, erneut, wieder.
nomadisch umherziehend, friedlos, ruhelos, unstet, flüchtig, fahrig, umherschweifend, vagabundisch, umherstromernd, reiselustig, unbeständig, ewig unterwegs, in ewiger Bewegung, unruhig, rastlos, beweglich.
▸ sesshaft.
nominieren benennen, ernennen, bezeichnen, anführen, heißen.
▸ widerrufen.
nonchalant → salopp, lässig, leger.
non plus ultra unübertroffen, unübertrefflich, beispiellos, unbeschreiblich, außergewöhnlich, Aufsehen erregend, prima.
▸ gewöhnlich, schlecht, unterlegen.
Nonne → Klosterfrau.
Nonnen-Beichtvater Engelabstauber *u.*
Nonsens → Unsinn.
Norddeutscher Saupreuße *u.*
Nörgelei Nörgelsucht, Genörgel, Widerspruchsgeist, Quängelei. → Kritik, Tadel.
nörgelich → zanksüchtig.
nörgeln mauzen, bramsen *u,* brotzeln *u,* brubbeln *u,* bruddeln *u,* brutteln *u,* fiesen *u,* fitzen *u,* quaken *u,* quängeln *u,* quarken *u,* quengeln *u,* raunzen *u.* → ablehnen.
Nörgler Kritiker, Kritikaster, Miesmacher, Meckerer *u,* Stänker, Nörgelpeter *u,* Quengler, Quengelpeter *u.* ● Bruttler *u,* Runzelkopf *u.*
nörglerisch → spitzfindig.
Norm Gesetzmäßigkeit, Gewohnheit, Regel, Gegebenheit, Vorschrift, Richtschnur, Gebrauch, Sitte, Brauch, Schablone, Grundlage, Vorschrift, Bestimmung, Vorbild, Muster, Musterbild, Ordnung, Richtmaß, Gesetz, Regulativ, Schema, Prinzip, Motto. → Brauch, Regel.
▸ Abart, Neuheit, Abnormität, Abweichung ● Verstoß ● Ausnahmefall, Sonderfall ● Spielart, Variante ● Extrem.
normabweichend abnorm, absonderlich, abweichend, ano(r)mal, atypisch, eigenartig, pervers, regelwidrig, seltsam, ungewöhnlich, unüblich.
Normabweichung, erlaubte Toleranz.
normal gewöhnlich, alltäglich, durchschnittlich, vorschiftsmäßig, gebräuchlich, ordentlich, unverdorben, gesetzmäßig, üblich, nach der Regel, nach Adam Riese, regelmäßig, genormt ● senkrecht.
▸ abnorm, ano(r)mal, abweichend ● pervers ● krankhaft ● irr(e), verrückt ● auffällig, extravagant, merkwürdig, sonderbar ● außergewöhnlich, außerordentlich, hervorragend.
normalisieren Ordnung schaffen, an seinen Ort stellen, organisieren, regeln. → regulieren.
▸ durcheinander bringen, stören.
Normalmaß Durchschnitt, Richtmaß, Standard(maß).
Normalverbraucher kleiner Fisch *u.*
Normanne Waräger, Wikinger.
normieren eichen, regulieren, standardisieren, vereinheitlichen.
Not Leid, Last, Knappheit, Kümmernis, im Fall der Not, Dreck, Klemme, Patsche *u,* Scheiße *u,* Brühe *u,* Suppe *u,* Schwulität *u,* Pein, Qual, Elend, Armut, Bedrängnis, Unheil, Verknappung, Mangel, Druck, Zwangslage, Schaden, Missgeschick, Übel, Gefahr, Schwierigkeit, Unglück, Unruhe, Feuersnot, Kummer, Gottesgeißel, Schmerz, Notlage, Jammer, Gram,

Drangsal, Unheil, Verderben, Mittellosigkeit, Geldklemme, Dürftigkeit, Veredelung. → Ärgernis, Armut, Beschwerde, Elend, Entbehrung, Geldmangel, Kargheit. ▸ Überfluss, Glück, Wohlleben • Prasserei, Schlemmerei, Völlerei • Fülle, Reichtum, Wohlstand.

Not sein, in aufgeschmissen sein, im Elend sitzen, in der Tinte oder Brühe stecken *u,* im Druck sein, im Dreck sitzen, in der Patsche oder auf dem Pfropfen sitzen *u,* auf dem Trockenen oder in der Scheiße sitzen *u,* in die Nesseln geraten sein, es regnet in der Bude *u,* es brennt unter dem Nagel, Holland in Not • unter Druck stehen *u.*

Not, zur behelfsweise, notdürftig, recht und schlecht, unzulänglich, vorläufig, vorübergehend.

notabene → nebenbei.

Notanker → Ausweg, Behelf, Ersatz, Rettung.

Notar → Bevollmächtigter.

Notausgang → Hintertür.

Notbehelf → Aushilfe, Ausweg, Ersatz, Behelf, Mittel.

Notdurft (verrichten, seine), Entleerung, kleines oder großes Geschäft *u,* ein Ei legen *u,* Aa machen *u,* Pipi machen *u,* etwas machen *u,* abschlagen, sich rückwärts in die Büsche schlagen *u,* verschwinden, aufs Häuschen gehen *u,* sich erleichtern, kacken *u,* einen Kaktus pflanzen *u,* ein menschliches Rühren verspüren, Stuhlgang haben, scheißen *u.*

notdürftig → annähernd, begrenzt, eingeschränkt, einigermaßen, kärglich, ungenügend. ▸ reichlich • übermäßig, überreichlich.

Note Fußnote, Anmerkung, Anhang, Erläuterung, Nachschrift, Anhängsel, Nachtrag, Ergänzung • Musiknote, Tonzeichen, Notensystem, Tonleiter • Gutachten, Zeugnisnote, Begutachtung, Zensur, Ergebnis, Beschluss, Beurteilung • Banknote, Geld, Papiergeld, Währung • Schriftstück. → Ausfertigung.

Noten, nach schlagen, verdreschen, verhauen, verklopfen, tadeln, das Fell gerben, überlegen, schimpfen • geübt, geschickt, virtuosenhaft, geschult, gewandt, kunstfertig, gründlich, mustergültig, meisterlich, vollendet, vollkommen, ausgezeichnet. ▸ loben, ungeschickt.

Notenlinien ziehen rastrieren.

Notfall → Beschwerde, Schwierigkeit.

Notfall-Telefon heißer Draht *u,* Hot-line *u,* rotes Telefon *u.*

notgedrungen unfreiwillig, unumgänglich, zweckbedingt, so oder so, gezwungen, zwingend, keine Wahl haben, unabwendbar, unerlässlich, unausweislich, unabweislich, genötigt, keine andere Wahl haben. → gezwungenermaßen. ▸ freiwillig.

Notgroschen → Ersparnis, Heckpfennig.

notieren → aufnehmen, schreiben, verzeichnen.

nötig lebenswichtig, unerlässlich, notwendig, unentbehrlich, unumgänglich, erforderlich, vonnöten, dringend, verlangt, unbedingt, auf jeden Fall. → besiegelt, dringend, erforderlich. ▸ entbehrlich, nutzlos, überflüssig, unnötig • möglich.

nötig haben bedürfen, angewiesen sein auf, benötigen, brauchen, entbehren, gebrauchen können, vermissen.

nötigen erpressen, erzwingen, abnötigen, beschwatzen, abringen, aufnötigen, aufdrängen, die Pistole auf die Brust setzen, mit Gewalt vorgehen, die Hand an die Gurgel legen • anfeuern, aufmuntern, anregen, antreiben, bestimmen, bewegen, bewirken, veranlassen, ersuchen, überreden, bereden, einreden • die Faust zeigen, abtrotzen, abdrohen, die Daumenschrauben anlegen, an die Wand drücken, den Starrsinn brechen, zur Vernunft bringen, den eigenen Willen aufzwingen • lästig fallen, auspressen, ausquetschen, belauern, bedrämmeln *u,* unter Druck setzen *u.* → anbieten, aufdrängen, aufzwingen, bemüßigen, bestimmen, durchdrücken, erzwingen, lassen keine Wahl, zwingen. ▸ anheim stellen, bitten, entmutigen, nachsichtig sein.

nötigenfalls → schließlich, wenn.

Nötigung → Gewalt, Gewalttätigkeit, Unfreiheit, Ursache.

Notiz Glosse, Anmerkung, Meldung, Vermerk, Erwähnung, Randbemerkung, Fußnote, Aufzeichnung, Bemerkung, Ergänzung, Bericht, Bescheid, Mitteilung, Nachricht, Bekanntmachung, Veröffentlichung • Kenntnis, Kenntnisnahme. → Anmerkung, Artikel, Chronik, Gedächtnisstütze.

Notizblock → Block.

Notizbuch kluges/schlaues Buch *u.*

Notjahre Hundejahre *u.*

Notlage Misslichkeit, Ballawatsch *u,* Engpass *u,* Schlamassel *u.* → Dilemma, Krise, Macht der Verhältnisse, Not, Schwierigkeit, Unglück, Verlegenheit.

Notlage befreien, aus einer flottmachen *u,* raushauen *u.*

notleiden kümmern *j.* → arm, ermangeln.

Not leidend → abgebrannt, abgerissen, arm, beengend, erwerbslos, herabgekommen.

Notlösung Behelf, Ausweg, Ersatz.

Notlüge → Ausflucht, Ausrede, Behelf, Deckmantel, einmal ist keinmal.

Notmast → Behelf, Ersatz, Gefahr.

Notmittel → Notlösung.

Notnagel → Aushilfe, Behelf.

notorisch → sicher.

Notpfennig → Ersparnis.

Notruf → Alarm, Angstruf, Mordio!.

Notschrei → Alarm, Angstruf, Klage, Mordio!.

Notstand → Ermächtigung.

Notwehr Selbsthilfe, Verteidigung, Selbstverteidigung, Abwehr, Gegenwehr, Selbsterhaltung, Sicherung, Widerstand • Notlage, Dilemma, Bedrängnis, Gefahr, Lebensgefahr, Unsicherheit, Schutzlosigkeit, Notfall, Schwierigkeit, Wehrlosigkeit, Zwangslage, Ratlosigkeit. ▸ Handlungsfreiheit.

notwendig nötig, erforderlich, erheischt, unumgänglich, unvermeidlich, unabwendbar, unabweislich, fordernd, dringend, unentbehrlich, brotnötig, unentrinnbar, zwangsläufig. → besiegelt, dringend, entscheidend, erforderlich, hauptsächlich, nötig.

▸ zufällig • möglich • entbehrlich, überflüssig, unnötig.
notwendigerweise → bemüßigt, nötig, notwendig.
Notwendigkeit → Bedarf, Bedürfnis, Drang, Erfordernis, Gebot.
Notzeit → Niedergang, Not, Unglück.
Notzucht Gewalt, Zwang, Vergewaltigung, Schändung, Schwächung, Entehrung, Missbrauch, Befleckung, Verführung, Entjungferung. → Beraubung.
notzüchtigen vergewaltigen, missbrauchen, schänden, nötigen, Notzucht treiben. → berauben.
▸ achten, schonen.
Novelle Neuigkeit, das Allerneueste, Kunde, Nachricht, Neuheit • Nachtragsgesetz, Umgestaltung, Ausgestaltung. → Dichtungsart, Erzählung.
Novität → Neuheit.
Novize Mönch oder Nonne auf Probe • Neuling. → Anfänger.
Nu → Augenblick, Knall und Fall.
Nu, im blitzartig, pfeilschnell, plötzlich, schnellstens, sofort, umgehend.
Nuance Abstufung, Abschätzung, feiner Übergang, Feinheit, Ton, Spur, Kleinigkeit, Abtönung, Tönung, Wenigkeit, Kleinigkeit, Grad • etwas, klein wenig, geringfügig • höchstens.
nuancieren abschattieren, unterscheiden.
nüchtern bierernst *u*, cool *u*. → abgeschmackt, abgestumpft, anspruchslos, beherrscht, bedürfnislos, friedfertig, langweilig, mäßig.
nüchtern machen entkatern *u*.
Nüchternheit → Abstinenz, Beherrschung, Beruhigung.
nuckeln lutschen, saugen.
nudeln mästen, füttern, dick machen, stopfen, sättigen, überfüttern, satt machen. → ansetzen, dick werden.
▸ aushungern, hungern (lassen).
Null → Bagatelle, Dunst leerer, Nichts, Nulpe.
Null anfangen, bei aus dem Boden stampfen *u*.
null und nichtig abgeschafft, aufgehoben, gegenstandslos.
Nullpunkt Gefrierpunkt, Ende, Schwelle, Stockung.
▸ Extrem • Gipfel(punkt), Höhepunkt, Maximum, Spitze • Minimum.
Nulpe Null, kein Kirchenlicht, Blödian, Dummkopf, Einfaltspinsel, Simpel, Schussel, Trine.
▸ Kopf kluger.
nummerieren → zählen.
numerisch zahlenmäßig, arithmetisch, der Zahl nach, hintereinander, geordnet, aufeinander folgend, anschließend, in der Folge.
▸ (wertmäßig).
Nummer → Absatz, Art, Ausfertigung, Chiffre, Erkennungszeichen, Lump, Paragraf, Teil, Zahl, Zeichen.
Nummer Sicher → Gefängnis, Sicherheit.
nun gegenwärtig, augenblicklich, jetzt, eben, soeben, gleich, gerade, derzeit, heute, heuer, im Begriff, heutigen Tages, heurig, nunmehr, jetzt, derzeit. → momentan.
▸ damals, ehedem, ehemals, früher, einst(mals) • bald • künftig, später.
nunmehrig → aktuell, derzeitig, momentan, nun.
Nuntius → Beauftragter, Bevollmächtigter.
nur wenig, gering, lediglich, knapp, kaum, bloß, ein bisschen, bescheiden, unmerklich, etwas, fast, unzulänglich, unerheblich, noch, ein wenig, in geringem Grad, minder, teilweise • allein, nichts als, nichts anderes. → bloß.
▸ alle, viel • außerdem, noch, obendrein, sogar.
nuscheln → murmeln.
Nuss → schwierig, unverständlich, unwichtig.
Nusskonfekt Nugat.
Nute → Furche.
Nutte Dirne, Freudenmädchen, Hure, Prostituierte, Straßenmädchen, Strichmädchen.
Nutte, streunende Feldmatratze *u*.
Nuttenadresse Dreckadresse *u*.
Nuttendienst Liebesmühe *u*.
Nuttenkleid Flittchenfahne *u*.
Nuttenkunde Freier *u*.
Nuttenlohn Büchsengeld *u*, Deckgebühr *u*, Deichselgeld *u*, Entladegebühr *u*, Fleischpreis *u*, Sprunggeld *u*, Stöpselgel *u*.
Nuttenlohn-Anteil (des Zuhälters) Schab *u*.
Nuttenscheide Geldschrank *u*.
Nutzanwendung → Benutzung.
nutzbar → verwendbar.
▸ nutzlos, untauglich.
Nutzbarmachung → Benutzung.
nutzbringend → einträglich, erfolgreich, erfreulich, günstig, lohnend.
Nutzen → Anteil, Aufschlag, Ausbeute, Dienlichkeit, Einträglichkeit, Erwerb, Gewinn, Nützlichkeit, Vorteil.
▸ Nachteil, Schaden • Aufwand, Einsatz, Investition.
nutzen → nützen.
nützen helfen, abwerfen, eintragen, nutzen, einbringen, Gewinn bringen, Vorteil bringen, Nutzen abwerfen, zustatten kommen, dienen, von Nutzen sein, Wert haben, gute Dienste leisten, sich lohnen, sich bezahlt machen, Gewinn abwerfen, behilflich sein, den Zweck erfüllen. → abwerfen.
▸ hemmen, wertlos (sein) • beeinträchtigen, behindern • schaden, schädigen • ungenutzt lassen.
nützlich förderlich, günstig, dienlich, anwendbar, passend, wertvoll, gut, lohnend, vorteilhaft, ertragreich, wirtschaftlich, nutzbar, nutzbringend, brauchbar, benutzbar, zweckmäßig, griffig, geeignet • hilfsbereit, behilflich, hilfreich, einsatzbereit. → annehmbar, dankbar, dankenswert, dienlich, opportun, dienstfähig, einträglich, empfehlenswert, erfreulich.
▸ nutzlos, verlustig, schädlich • überflüssig • umsonst • unrentabel • zwecklos.
Nützlichkeit Nutzen, Fruchtbarkeit, Förderlichkeit, Brauchbarkeit, Wohl, Wert, Gewinn, Ertrag, Verwendbarkeit, Einträglichkeit, Vorteil, Wirksamkeit, Lohn, Nutzbarkeit, Güte, Fähigkeit. → Auswirkung, Bedeutung, Brauchbarkeit, Dienlichkeit, Eignung, Einträglichkeit.
▸ Nutzlosigkeit.
nutzlos furchtlos, gescheitert, misslungen, missglückt, erfolglos, zwecklos, tot geboren, vergeblich, verfehlt, wirkungslos, überflüssig, unnütz, wertlos, undienlich, untauglich, wirkungslos, unbrauchbar, verkehrt, missraten, fehlgeschlagen, umsonst, das ist für die Katz • in den Wind oder für die vier

Wände reden • keinen Hund mit etwas hinter dem Ofen hervorlocken, da ist Hopfen und Malz verloren, da ist alle Mühe umsonst. → dienstunfähig, entbehrlich, erfolglos, Katz für die.
▸ nützlich.

Nutzlosigkeit → Fruchtlosigkeit, Liebesmühe vergebliche, Unwert.

nutznießen benutzen, ausnutzen, beanspruchen, das Recht genießen, besitzen, teilnehmen, sich beteiligen, beitreten, sich verbünden, sich vereinigen, aus einer Schüssel essen, Gemeinschaft haben mit, gebrauchen. → profitieren.
▸ (Gebrauch machen keinen), verscherzen.

Nutznießer Trittbrettfahrer *u.* → Besitzer, Hinterbliebene, Teilnehmer.
▸ Eigentümer • Vermieter, Verpächter.

Nutznießer fremden Unglücks Aasgeier *u*, Fledderer *u*.

Nutznießung → Benutzung, Gebrauch.

Nutzung Anwendung, Verwertung, Gebrauch, Nießbrauch.

Nutzungsrecht Lizenz, Patent, Servitut.

Nymphe Meerjungfrau, Nixe.

O

Oase Wüsteninsel, Grünfläche • friedlicher Ort (der Erholung), Rastplatz.

ob, so tun als sich verstellen, markieren, sich geben als, heucheln, sich ausgeben für, aufschneiden, gaukeln, täuschen, düpieren, sich einen falschen Anschein geben, betrügen, hintergehen, hochnehmen, irreführen, ein Schnippchen schlagen.

Obacht Aufmerksamkeit, Achtsamkeit, Augenmerk, Beachtung, Beobachtung, Wahrnehmung, Achtung, Wachsamkeit, Sorgfalt, Umsicht, Vorsicht, Betracht, Berücksichtigung, Augen auf.
▸ Unachtsamkeit.

Obdach Bleibe, Aufenthaltsort, Wohnstätte, Zufluchtsort, Unterschlupf, Schlupfwinkel, Wohnung, Haus, Heimstätte, Behausung, Unterkunft, Schutzdach, Hort, Quartier, Lager, Gaststätte, Zuflucht, Heim, Wohnbereich, Unterkommen, Herberge, Asyl, Sicherheit, Freistätte, Schlupfloch, Loch, Dreckloch *u*, Hundeloch *u*, Spelunke, vier Wände.→ Asyl, Aufenthaltsort, Ausweg, Charite, Elternhaus, Klause.
▸ Himmel unter freiem.

obdachlos → arm, Himmel unter freiem.

Obduktion Autopsie, Sektion.

oben auf, droben, darüber, hoch, obenauf, über, oberhalb, himmelan, wolkenwärts, haushoch, turmhoch, erhaben, emporragend, aufsteigend. → auf, darauf, droben, luftig, sicher, stark.
▸ in der Tiefe, unten • darunter, unterhalb.

oben loben, nach emporloben *u*, hochloben *u*.

oben, nach aufwärts, empor, herauf, Höhe in die.

oben ohne barbusig, busenfrei.

obendrein → außerdem, darüber, desgleichen, ferner, überdies.

oben herab, von hochmütig, eingebildet, eitel, stolz, hochfahrend, überhebend, anmaßend, herrisch, gebieterisch, verächtlich, höhnisch, hochnäsig, großtuerisch, befehlerisch.
▸ bescheiden, demütig, gutmütig, leutselig.

obenhin → oberflächlich.

Oben-unten-Ordnung Hierarchie.

obenauf gut gelaunt, heiter, optimistisch, zuversichtlich.

oben erwähnt oben genannt, vorgenannt.

Ober → Kellner.

Oberaufsicht → Aufsicht, Cameralia, Direktion.

Oberbefehl Kommando.

Oberbefehlshaber Generalissimus.

Oberbehörde Direktorium.

Oberbürgermeister → Bürgermeister.

obere Zehntausend Aristokratie, feine Gesellschaft, Highsociety, Oberklasse, Upper ten. → Oberschicht.

Oberfläche Äußeres, Schale, Kleid, Äußerlichkeit, Außenseite, Außenbild, Oberschicht, Überzug, Decke, Bedeckung, Einschlag, Umschlag • Fläche, Ebene, das Äußere, Erdoberfläche. → Decke.
▸ Inneres, Kern • Grund, Tiefe.
• Untergrund.

Oberfläche bringen, an die aufdecken, entdecken, enthüllen, herausfinden.

oberflächlich flatterhaft, flüchtig, ungenau, leichthin, obenhin, ungefähr, ungenau, unvollständig, seicht, nichts sagend, nachlässig, zerstreut, unachtsam, schlampig, unverlässlich, im Husch-Husch, nach Schnauze *u*, über den Daumen gepeilt, leichtsinnig • äußerlich, außerhalb, auswendig, auswärts, von außen, draußen, auf der Außenseite. → außen, äußerlich, bedenklich, dilettantisch, fahrig, leichtfertig.
▸ gewissenhaft, innerlich, (kernhaft) • genau, gründlich, intensiv, nachhaltig, profund, sorgfältig, tiefgreifend, tiefgründig • radikal • akribisch, pedantisch, pingelig, übergenau.

oberflächlich lesen diagonal lesen *u*, querlesen *u*.

Oberflächlichkeit → Fahrlässigkeit, Milchmädchenrechnung.

oberhalb → darauf, darüber, droben.
▸ darunter, unterhalb.

Oberhand gewinnen, die besiegen, bezwingen, durchsetzen seinen Willen, siegen, überwinden • den Drücker in die Hand kriegen *u*.

Oberhand haben übertreffen, überstimmen, beherrschen, überragen, überbieten, ausstechen, das Übergewicht haben, den Vorrang behalten, Oberwasser haben, in den Sack stecken, den Vogel abschießen, meistern, sich

auszeichnen.
▸ unterliegen.
Oberhaupt Führer, Kopf, Lenker, Oberleitung, Leiter, Hauptperson, Vorstand, Arbeitsherr, Chef, Direktor, Geschäftsführer, Werkführer, Staatslenker, Herrscher, Präsident, Feldherr, Heerführer, Kapitän, Papst, Bürgermeister, Statthalter, Respektsperson, Amtsperson, Anführer, Minister, Obermeister, Prinzipal, Verwalter. → Chef, Direktrice.
▸ Untergebener.
Oberhaut Epidermis.
Oberherrschaft Oberhoheit, Leitung, Führung, Verantwortung.
Oberlippenbart Bürste *u*, Rotzbremse *u*.
Oberschicht Stand, Regierungskreise, Offizierskaste, Patriziertum, Gelehrtenwelt, Professorenstand, Aristokratie, Direktorstand, Herrschertum, die oberen Zehntausend, die Spitze der Gesellschaft, Industriebesitzer. → Anstrich, Bedeckung, Decke, Oberfläche.
▸ Masse, Pöbel.
Oberschule höhere Schule, Gymnasium, Lyzeum.
Oberschüler Gymnasiast, Pennäler.
Oberschülerin vor dem Abitur Primel *u*.
Oberseite → Oberfläche, Vorderseite.
Obersteiger → Bergmann.
Oberstimme Diskant.
Oberstübchen, nicht richtig im → dumm, schwachsinnig.
Oberwasser behalten → gewinnen.
obgleich → allein, dagegen, dennoch, doch, trotz.
Obhut Fürsorge, Obsorge, Betreuung, Schutz, Pflege, Bewachung, Geleit, Sicherheit, Hut, Deckung, Bedeckung, Gefahrlosigkeit, Leitung, Schutzwache, Sicherung, Beschützung, Verteidigung, Sicherheitswache. → Bedeckung, Bewachung.
▸ Schutzlosigkeit.
Objekt → Ding, Etwas, Gegenstand.
▸ Subjekt • Ich • Individuum.
objektiv gerecht, sachlich, unparteiisch, parteilos, unbefangen, vorurteilsfrei, vorurteilslos, unbeeinflusst, angemessen, sachdienlich, unvoreingenommen, tatsächlich, wirklich.
▸ individuell, ungerecht, unsachlich.
objektivieren ins rechte Licht rücken, für sich betrachten.
Objektivität Sachlichkeit, Unparteilichkeit, Gerechtigkeit, Unvoreingenommenheit, Vernünftigkeit, gerechtes Urteil, Unbefangenheit, Einsicht, Vorurteilslosigkeit, Angemessenheit.
▸ Ungerechtigkeit, Unsachlichkeit • Subjektivität.
obliegen zukommen, gebühren, geziemen, sich gehören, als Pflicht ansehen, seine Schuldigkeit tun, nicht unterlassen, sollen, die Nötigung fühlen, sich selbst schuldig sein, sich verpflichtet fühlen, die Forderung fühlen, die Verantwortung übernehmen, eine Pflicht antreten.
▸ anmaßen, vernachlässigen.
Obliegenheit Amt, Pflicht, Aufgabe, Angelegenheit, Schuldigkeit, Auftrag, Verpflichtung, Amtspflicht, Verbindlichkeit, Mission, Last. → Amt, Angelegenheit, Arbeit, Aufgabe, Beruf, Dienstpflicht.
▸ Pflichtvergessenheit, Übergriff.
obligatorisch verpflichtend, angeordnet, verbindlich, bestimmungsgemäß, pflichtmäßig, vorgeschrieben, bindend, erforderlich, obliegend, von Amts wegen, auferlegt, aufgebürdet, pflichtig, ordnungsgemäß, ordnungsmäßig, nötigend. → erforderlich.
▸ freiwillig, unverbindlich.
Obligo Verbindlichkeit, Verpflichtung, Haftung, Gewähr, Soll, Rückstand, Verschuldung, Schuldigkeit.
▸ Guthaben.
Obmann → Chef, Oberhaupt.
Obolus → Entrichtung, Gabe.
Obrigkeit Staatsordnung, Behörde, Amt, Ministerium, Gesetzgebung, Verwaltung, Gericht, Staat, Staatsleitung, Amtsperson, Kabinett, Magistrat, Regierung, Staatsgewalt, Verwaltungsbehörde, Präsidium, Senat. → Amt, Behörde, Bürgermeister, Dienstweg.
▸ Untertan.
obrigkeitlich anmaßend, autoritär, gebieterisch, herrisch, selbstherrlich, unumschränkt, von oben herab, willkürlich.
obschon obgleich, wenngleich, obwohl. → allein, dagegen, dessen ungeachtet, dennoch, doch, immerhin, meinetwegen, trotz.
Observanz Beobachtung, Ritus, Herkommen, Gewohnheitsrecht, Zeremonie, Gebräuche, Rituale, Kultusgebrauch, Ordensregel, Übung, Gepflogenheit, Zeremonial, Rituale, Verordnung.
obsiegen → ausstechen, bewältigen, das Feld behaupten, überbieten.
obskur → dunkel.
obstinat starrsinnig, unbelehrbar, widerwillig.
Obstmus Jam, Konfitüre, Marmelade.
Obstpresse Kelter.
obstruieren entgegenarbeiten, hemmen, hindern • verstopfen • Widerstand leisten.
Obstruktion → Hindernis.
Obstsaft Juice, Most, Sirup.
Obstspeise Kompott.
obszön säuisch *u*. → anrüchig, ausschweifend, abstoßend, frivol, geschlechtlich, unanständig.
▸ anständig, brav, gesittet, harmlos, sauber, züchtig.
Obszönitäten Saukram *u*.
obwohl → allein, dagegen, dennoch, dessen ungeachtet, doch, hingegen, obschon, trotz, obzwar.
obzwar → obwohl.
Ochs vor dem Tor, wie ein → dumm.
ochsen → bewältigen, lernen.
Ochserei Lernen, Paukerei, Büffelei, Studium, Lerneifer.
Ode → Dichtungsart.
Öde → Einöde, Nichts.
öde verfallen, einsam, verlassen, baufällig, verwildert, unfruchtbar, karg, dürr, wüst, trocken, ertragsunfähig, ertragslos, unergiebig, baumlos, kahl, leer • langweilig, quälend, ermüdend, gehaltlos, trocken, monoton, schal, blöde, trostlos, trist, einschläfernd, hölzern, prosaisch, geistlos. → abwesend.
▸ belebend, fruchtbar, heiter • abwechslungsreich, interessant, lebendig, spannend, unterhaltsam • belebt, bevölkert, dicht besiedelt/bewachsen.
oder entweder, so oder so, eines oder das andere, beliebig.

▸ und, weder noch, sowohl ... als auch.
oder auch → außerdem.
Odium Makel, Schandfleck, Schandmal, Schande • Hass, Gehässigkeit, Feindseligkeit, Ungunst, Abgunst, Verbitterung, Abneigung, Unwille, Feindschaft, Zurücksetzung, Widerwille, Unwille, Ablehnung, Ungeneigtheit, Verhasstheit, Hassgefühl.
▸ Anerkennung, Hochachtung, Makellosigkeit, Zuneigung.
Ofen Feuerstelle, Feuerung, Herd, Rost, Kamin, Heizkörper, Heizkessel, Kachelofen, Mantelofen, Brandstelle, Feuerherd, Herdstelle, Backofen, Heizofen, Wärmequelle • Hochofen, Schmelzofen. → Backofen, Brandstätte, Esse.
Ofenhocker → Muttersöhnchen, Stubenhocker.
Ofenrohr → Esse.
offen gähnend, leck, sperrangelweit, geöffnet, auf sein, gangbar, frei, unversperrt, aufgeschlossen, aufgesperrt, auf, hohl, zugänglich, begehbar, erschlossen, unverschlossen • gradheraus, wahrhaft, ehrlich, freimütig, unverhohlen, unumwunden, natürlich, unverfälscht, offenherzig, treuherzig, unverdorben, arglos, grade, echt, aufrichtig, unverstellt, unverblümt, rundheraus, redlich, unverborgen, unverhüllt, bündig, ungeheuchelt, frisch von der Leber, das Kind beim Namen nennen, offen heraus sagen • geöffnet bleiben, auf bleiben • geöffnet halten, auf haben. → anschaulich, arglos, aufrichtig, charakterfest, deutsch auf gut.
▸ geschlossen, verschlossen, zu(geschlossen) • abgeschnitten, gesperrt, unzugänglich, verbaut, versperrt, verstellt • behandelt, besprochen • festgelegt, geklärt • vorbestimmt • geheim.
offen halten → reservieren.
offen sagen → bekennen, offen.
offen lassen auf lassen, in der Schwebe lassen, dahingestellt sein lassen, aus dem Weg gehen, im Dunkeln lassen, der Frage ausweichen, dem Kern der Sache ausweichen, sich nicht festlegen, keine Antwort geben, die Auskunft verweigern, in Unwissenheit halten, von nichts wissen, sich verschließen, ein Schloss vor den Mund legen, den Nichtwisser spielen, die Lösung nicht sagen, die Antwort verweigern, sich ausschweigen, zurückhalten, verschweigen.
▸ aufklären, erklären.
offenbar ersichtlich, deutlich, erwiesen, sichtbar, schaubar, augenfällig, bemerkbar, offenkundig, auffällig, erkennbar, handgreiflich, unverkennbar, augenscheinlich, entschieden, unverhohlen, kundig, unverschleiert, bekanntlich. → anscheinend, auffallend, augenfällig, augenscheinlich, bekanntermaßen, bemerkbar, deutlich, einleuchtend, erkennbar, liegen auf der Hand.
offenbar werden herausstellen sich, sichtbar werden, zeigen sich.
offenbaren mitteilen, angeben, dartun, äußern, sprechen, reden, hinweisen, aufzeigen, enthüllen, ergründen, zeigen, anzeigen, eröffnen, aufdecken, entdecken, auseinander setzen, entschleiern, entlarven, lüften, bloßstellen, bloßlegen, offen legen, aufhellen, darlegen, kein Blatt vor den Mund nehmen, ans Licht bringen, das Kind beim rechten Namen nennen, die Karten aufdecken, die Katze aus dem Sack lassen, beichten *u.* → aufklären, aufzeigen, ausdrücken, ausschütten, beichten, belehren, benehmen den Irrtum, bloßlegen, bloßstellen, darstellen, demaskieren, demonstrieren, eingestehen, erkennen lassen, erzählen, exponieren, gestehen, hängen an die große Glocke, kommen ans Sonnenlicht, manifestieren, Maske fallen lassen.
▸ verheimlichen, verhüllen, verschleiern, verschweigen, verstecken.
Offenbarung Apokalypse, Weissagung, Voraussage, Bescheid, Orakel • Offenheit, Mitteilung, Auskunft, Eröffnung, Aufklärung, Angabe, Darlegung, Offenherzigkeit, Bekanntgabe • göttliche Offenbarung, Bibel, Heilige Schrift, Wort Gottes.→ Bekenntnis, Demonstration, Enthüllung, Entlarvung.
▸ Verheimlichung, Unwissenheit.
Offenbarungseid → Schwur.
offene Feuerstätte Kamin.
offen halten, die Augen → aufpassen.
Offenheit Mitteilsamkeit, Gesprächigkeit, Offenherzigkeit, Herzensergießung, Geständnis, Bekenntnis, Beichte, Enthüllung, Ausschüttung, Erleichterung, Verkündigung, Wahrhaftigkeit, Aufrichtigkeit, Natürlichkeit, Treuherzigkeit, Ehrlichkeit, Redlichkeit. → Aufrichtigkeit, Bestimmtheit, Charakterstärke, Deutlichkeit.
▸ Verschlossenheit.
offenherzig frei, dekolletiert, weit ausgeschnitten, freigebig • mitteilsam, offen, freimütig, gesprächig, das Herz auf der Zunge, frisch von der Leber. → aufrichtig, derb, offen.
▸ verschlossen, autistisch, in sich gekehrt, introvertiert, reserviert, schüchtern, verklemmt, verschämt • ausweichend, verstohlen • unaufrichtig, unehrlich.
Offenherzigkeit → Offenheit.
offenkundig → auffallend, augenfällig, augenscheinlich, bekanntermaßen, bemerkbar, bestimmt, deutlich, erkennbar, erwiesen, sicher.
▸ unbewiesen • undeutlich, ungenau, unklar • heimlich, verborgen, verschleiert, versteckt.
Offenkundigkeit Evidenz.
offen legen → bloßlegen, offenbaren, Glasnost.
offen legen, eine Absicht Flagge zeigen *u.*
offenliegen → erkennbar, offen, klar, verständlich.
offensichtlich → augenscheinlich, deutlich, erwiesen, feststehend, klar, liegen auf der Hand, natürlich.
offensiv aggressiv, angriffslustig, kombattant, militant, provokant, provokativ, provozierend.
Offensive → Angriff, Ausfall.
offen stehen → gähnen, offen.
offen stehend → dahingestellt, offen.
öffentlich → amtlich, behördlich, bekannt, coram publico, offiziell.
▸ geheim, verborgen, versteckt • geschlossen • intern, intim, privat, vertraulich.

öffentlich protestieren demonstrieren.
Öffentliche Anhörung Hearing.
öffentliche Bedürfnisanstalt Brunzelianum *u*, Fluchtburg *u*.
öffentliche Erklärung Deklaration, Manifest, Proklamation.
öffentlicher Haushalt Etat.
öffentlicher Widerruf Dementi.
öffentliches Ärgernis Eklat, Skandal.
Öffentlichkeit → Bevölkerung.
Öffentlichkeitsarbeit Publicrelations (PR).
offerieren → anbieten, bewerben sich.
Offerte → Angebot.
Office → Büro.
officio, ex → dienstlich.
offiziell gesetzlich, öffentlich, amtlich, ordentlich, behördlich, feierlich, authentisch, geltend, staatlich, förmlich, ernsthaft, offiziös, beglaubigt, verbürgt, von der Behörde ausgehend. → amtlich, beglaubigt, behördlich, bestimmt, dokumentarisch, eidlich. ▸ unbestimmt, ungesetzlich familiär, freundschaftlich, vertraulich • formlos, inoffiziell, nicht amtlich.
Offizier Truppenführer. → Chef, Soldat.
offiziös halbamtlich, nicht verbürgt, mit Wissen des Amtes, auf amtlichen Mitteilungen beruhend, umlaufend. → offiziell, gesetzlich, geltend. ▸ amtlich, illegal.
öffnen erschließen, aufschließen, aufsperren, aufkriegen *u*, aufmachen, aufschlagen, auffalten, erschließen, aufdecken, schlitzen, aufschneiden, aufdrehen, aufbrechen, aufsprengen, entkorken, entknoten, entriegeln, entsiegeln, entstöpseln, anzapfen, anstechen, anbrechen, aufstechen, durchstechen, einstoßen, aufreißen, aufschieben, einschlagen, durchschlagen, auftun, bersten, aufspringen, platzen, sprengen • auspacken, aufpacken, aufwickeln, aufrollen, aufschürzen, herauswickeln • öffnen die Augen. → aufbrechen, aufdrehen, aufgehen, aufmachen, aufrollen, aufwinden, bersten, bohren, einlassen, erbrochen. ▸ schließen, verschließen, zumachen, zuschließen • abdrehen, zudrehen • verpacken, zukleben • sperren, versperren.
öffnen können, etwas aufbringen *u*.
Öffnung Zwischenraum, Lücke, Loch, Durchlass, Leck, Luke, Bresche, Durchstich, Eingang, Erschließung, Ausgang, Ausstieg, Fenster, Bullauge, Tür, Tor, Pforte, Hohlraum, Höhlung, Einbruch, Austritt • Mund, Maul, Mündung, Stollenmund, Schlund, Schnauze, Rachen, Kehle, Spundloch, Hahn, Düse, Röhre, Bohrloch, Einstich, Durchlochung, Durchbohrung • Schlüsselloch, Mauseloch, Nadelöhr. → Ausguss, Bruch, Durchfahrt, Durchgang, Loch. ▸ Verschluss.
oft häufig, fortwährend, beständig, mehrfach, mehrmals, wiederholt, wiederkehrend, öfters, unaufhörlich, vielmals, jedes Mal, alltäglich, vielfach, zahlreich, ewig, abermalig, erneut, immer, wiederum, x- oder zig-mal *u*, abermals. → beständig, haufenweise, jedes Mal. ▸ hin und wieder, nie, kaum, selten • bisweilen, gelegentlich, manchmal, sporadisch, zuweilen, zufällig.
oft, nicht → dann und wann.
öfters → beständig, jedes Mal, oft.
oftmals → häufig, gelegentlich, oft.
oh → ach, au, Überraschung.
Oheim → Anverwandte.
ohne → ab, abgesehen, abzüglich, außer, ausgenommen, ausschließlich, exklusive. ▸ einschließlich, inklusive, mit, samt, zusammen (mit).
ohne Abzug brutto.
ohne Begleitung allein, einzeln, solo.
ohne Namensnennung anonym.
ohne Umweg direkt.
ohne Vorbehalt absolut.
ohne weiteres vorbehaltlos, dreist *u*. → direkt, gern.
ohnedies → sowieso.
ohnegleichen → dasselbe, beispiellos, einmalig, fern, unvergleichlich.
ohnehin → absolut, sowieso.
Ohnmacht → Bedeutungslosigkeit, Beengung, Beklemmung, Beschwerde, Koma, Einflusslosigkeit, Entkräftung, Erschöpfung, Schwäche.
ohnmächtig → besinnungslos, energielos, schwach. ▸ allmächtig, kräftig, mächtig, machtvoll, potent • bei Bewusstsein, handlungsfähig.
ohnmächtig werden Boden gehen zu, kollabieren, schlappmachen, umfallen, zusammenbrechen • ausflippen *u*, beschwiemeln *u*.
ohnmächtig werden rübergehen *u*.
Ohr Ohrmuschel, Gehörsinn, Gehörorgan, Ohrtrompete, Trommelfell, Gehörgang, Gehörschnecke • Knick, Eselsohr, Bruch, Ecke, Umschlag • Lauscher, Löffel, Horcher, Luser, Lappen, Schüsseln, Behang *j*, Teller *j*. • Schalltrichter *u*, Schalltüte *u*.
Ohr flüstern, ins mitteilen, anzeigen, eröffnen, verraten, auseinander setzen, enthüllen, bloßstellen, bloßlegen, im Vertrauen mitteilen, in ein Geheimnis einweihen, einblasen, zutragen, einflüstern, jemandem die Augen öffnen, ausschwatzen, plaudern. → verleumden. ▸ verheimlichen.
Ohr, ganz wissbegierig, fragend, forschend, fragselig, ausforschend, aufmerksam, zuhörend, aufpassend, wachsam, hellhörig, gespannt, umsichtig, mit offenen Augen, ganz Auge und Ohr, mit verhaltenem Atem. ▸ unaufmerksam.
Ohr gehauen werden, übers → hereinfallen.
Ohr hauen, übers → täuschen.
Öhr Schlaufe, Schlinge, Öse • Ring, Kreis, Reif.
Ohren, abstehende Fledermausohren *u*, Flügel *u*.
Ohren kommen, zu → erfahren, hören.
Ohren spitzen, die → belauern, neugierig.
Ohren steif halten, die → durchhalten.
ohrenbetäubend → laut.
Ohrenbläser → Angeber, Heimlichtuer, Schmeichler.
Ohrenbläserei → Byzantinismus, Schmeichelei, Verleumdung.
Ohrenentzündung Otitis.
Ohrenschmalz Zerumen.
Ohrenschmaus → Genuss.
ohrenzerreißend → schrill.
Ohrenzeuge → Beobachter.
Ohrfeige Maulschelle, Watsche

u, Ohrwatsche *u,* Backenstreich, Dachtel *u,* Handschrift *u,* Quappe *u,* schlagendes Argument *u,* Tachtel *u.* → Bearbeitung, Bestrafung.
ohrfeigen impfen *u.* → bestrafen, dreschen.
Ohrmuscheln Propeller *u.*
Ohrring Flinserl *u.*
okkult heimlich, verborgen, getarnt, geheim, dunkel, verhüllt, versteckt, verdeckt, rätselhaft, verdunkelt, verschleiert, unklar • übersinnlich, okkultistisch. ▸ begreiflich, nüchtern, offenkundig/-sichtlich, öffentlich, sichtbar, unverborgen.
okkulte Sitzung Séance.
Ökonom → Bauer.
Ökonomie Sparsamkeit, Wirtschaftlichkeit, Wirtschaftskunde, Landwirtschaft, Landwirtschaftsbetrieb, Bodenkultur, Bodenbearbeitung, Ackerbau, Haushaltung. → Bauernhof, Besitztum. ▸ Verschwendung.
ökonomisch haushälterisch, landwirtschaftlich, wirtschaftlich, sparsam, sorgfältig, geschäftstüchtig, genau, wirtlich. ▸ verschwenderisch.
Okzident → Abendland.
Öl ins Feuer gießen das Feuer schüren, Unruhe hervorbringen, auf die Spitze treiben, aufreizen, in Feuer und Flamme bringen, aufstacheln, aufhetzen, aufregen, das Blut zum Kochen bringen, anstacheln, entflammen, eindringen, zum Rasen bringen, das Blut in Wallung bringen, anfeuern, einen Streit heraufbeschwören, antreiben. ▸ beruhigen.
ölen schmieren, einfetten, einölen, einschmieren, fetten, salben, wichsen, wischen, glätten • trinken, tanken, schnäpseln, zechen, bechern, kneipen. → bohnern.
Ölfarbe → Farbe.
Ölgötze → Banause, Tor.
ölig → aalglatt, butterig, fettig.
Olims Zeiten → alt.
Öljacke, gelbe Friesennerz *u.*
Ölleitung Pipeline.
Olymp → Eden, Vergnügen.
Oma → Anverwandter. ▸ Großvater, Opa.
Omega → Endpunkt.
Omen → Anzeichen.
ominös schlimme Vorbedeutung, bedenklich, verdächtig, anrüchig. → unheilvoll. ▸ einwandfrei, unbedenklich.
Omnibus → Fahrzeug (Straßen-).
Omnibus mit Schlafkabinen Rotel *u.*
Ondit Gerede, Gerücht.
Onkel → Anverwandte. ▸ Tante • Neffe, Nichte.
Onkelehe Rentenkonkubinat.
Opa → Anverwandte. ▸ Großmutter, Oma.
opalisierend → irisieren, schillernd.
Operation Eingriff, Wundgeschäft, Aderlass, Unternehmung, Verfahren. → Behandlung.
Operationsmesser Skalpell.
Operationssucht Schneidesucht, Tomomanie.
Operette, moderne Musical.
operierbar operabel.
operieren eingreifen, schneiden, verfahren, einschneiden, behandeln, schröpfen, wiederherstellen, Blut entziehen, zur Ader lassen, verarzten, kurieren • unternehmen, arbeiten.
Operngla s Fernsehapparat *u.* → Feldstecher.
Operntextschreiber Librettist.
Opfer Beitrag, Darbringung, Sühne, Drangabe, Scherflein, Gabe, Spende • Verlust, Einbuße, Entbehrung, Schaden, Beschlagnahme • Notopfer, Opfergeld, Opfergroschen, Hilfe, Zuwendung, Liebesgabe, Fürsorge, Unterstützung, Gottesdienst, Messe, Messopfer, Opferdienst, Rauchopfer, Brandopfer, Sühneopfer, Hekatombe, Opferung • Menschenopfer, Kinderopferung, Witwenverbrennung, Flammentod • Geschädigter, Betroffener, Dulder, Leidtragender, Betrogener, Schlachtopfer, Blutzeuge, Märtyrer. → Beitrag, Hingabe, Märtyrer. ▸ Betrüger, Täter • Selbstsucht.
Opfer bringen bluten *u.*
Opfer, großes Hekatombe.
opferbereit opferwillig, hingebungsvoll, selbstlos, einsatzbereit, treu, verlässlich, bereitwillig, fürsorglich, barmherzig, hilfsbereit, menschenfreundlich. freigebig, spendenfreudig, gefällig, uneigennützig, aufopferungsbereit, aufopferungsfähig, hingabefähig. → großmütig, selbstlos. ▸ kleinlich, selbstsüchtig, ungefällig.
Opferbereitschaft → Bereitwilligkeit, Selbstlosigkeit.
Opferfreudigkeit → Hingabe, Selbstlosigkeit.
Opfergabe → Gabe, Opfer.
Opfermut → Hingabe, Selbstlosigkeit.
opfermütig → nobel, opferbereit, selbstlos.
opfern hinopfern, aufopfern, hingeben sich, geben, bluten *u,* spenden, schenken, zuwenden, reichen, beschenken, zahlen, versorgen, spendieren, erteilen, zuteilen, ausstatten, verabfolgen, übergeben, verabreichen • Opfer darbringen, weihen, Opfer halten. → abbüßen, ausbaden, ausliefern, begleichen, beschenken, Bord werfen über, beißen, darbringen, geben. ▸ behalten, entgegenstellen sich, nehmen, Vorteil haben seinen.
opfern, sich aufopfern sich, hingeben sich, Leben einsetzen sein.
Opfersinn → Gemeinsinn, Liebe, Selbstlosigkeit.
Opfertisch Altar.
Opferung → Brandopfer, Opfer, Tötung.
Opferwille → Hingabe, Selbstlosigkeit.
opferwillig → anständig, barmherzig, enthaltsam, freigebig, opferbereit, selbstlos.
opponieren entgegenstehen, entgegenwirken, widerstreben, widerstehen, widersprechen, widerstreiten, entgegenstellen, trotzen, gegenübertreten, sich widersetzen, entgegenstreben, entgegenarbeiten, in Opposition treten, ablehnen, entgegenreden, die Spitze bieten, anfechten, Einspruch erheben. ▸ zustimmen • sich fügen • kooperieren, zusammenarbeiten.
opportunistisch → pragmatisch, beweglich, erfolgsorientiert. → wetterwendisch.
opportunistisch sein die Fahne nach dem Wind hängen *u.*

Opposition → Auflehnung, Gegenpol, Gegenseite.
optieren sich für etwas entscheiden, wünschen, wählen, erwählen, abstimmen, auswählen, seine Ansicht kundtun, anerkennen, eine Staatsangehörigkeit wählen. ▸ widerrufen.
optimal → bestmöglich.
Optimismus → Enthusiasmus, Hoffnung, Vertrauen.
Optimist Hoffnungsvoller, Zuversichtlicher, Vertrauensseliger, Schönseher, Sorgloser, Lebensfroher, Lebensbejahender, Stehaufmännchen *u*, Hoffnungsseliger. → Enthusiast. ▸ Pessimist.
optimistisch furchtlos, hoffnungsfreudig, getrost, vertrauensvoll, zuversichtlich, sorglos, zukunftsgläubig, unverzagt, guten Mutes, vertrauensselig, arglos, selbstvertrauend, froh, heiter. → ermutigend, hoffnungsvoll. ▸ pessimistisch, schwarzseherisch • deprimiert, hoffnungslos, niedergeschlagen, resigniert • skeptisch.
Optimum Beste das, Wirksamste das • Bestfall, Bestwert, Höchstwert.
optische Täuschung Sinnestäuschung, Vision, Täuschung, Trübung, Sehstörung, Gesichtsverwirrung, Schwindel, Taumel, Irrung, Fehler, Irrglauben, Trugbild, Wahnbild, Selbsttäuschung. → Wirklichkeit.
opulent → prächtig, reich.
Orakel → Ahnung, Bescheid, Weissagung.
Orchester → Kapelle.
Orchesterchef Dirigent, Kapellmeister.
Orden Abzeichen, Stern, Ordensband, Achselklappe, Medaille, Gradabzeichen, Schmuck, Ehre, Auszeichnung, Epaulette, Ehrenzeichen, Lorbeer, Lametta *u*, Blechladen *u*, Klempnerladen *u*, Christbaumschmuck *u* • Klosterorden, Mönchswesen, Bruderschaft, Nonnenstand. → Ausschmückung, Belohnung, Bruderschaft.
Orden verleihen → auszeichnen, dekorieren.
ordengierig sein Blech sammeln *u*.
Ordensband → Band, Erkennungszeichen, Orden.
Ordensbruder → Mönch.
Ordensgeistlicher Pater.
Ordenskleid → Kutte.
Ordensritter Komtur.
ordentlich → akkurat, artig, bedächtig, erstaunlich, fachgemäß, fest, gehörig, griffbereit, legal, normal, offiziell, sorgfältig. ▸ chaotisch, durcheinander, liederlich, schlampig, unaufgeräumt, ungeordnet, unordentlich, verworren • außerordentlich.
ordentlich, peinlich etepetete *u*.
ordentlicher Professor Ordinarius.
Ordenverleihung → Ehre, Dekoration.
Order → Anordnung, Auftrag.
ordinär gewöhnlich, unerzogen, unanständig, grob, gemein, unkultiviert, ungebildet, anzüglich, schlüpfrig, unartig, taktlos, verdorben, verworfen, anrüchig, lasterhaft, unmoralisch, nichtswürdig. → abstoßend. ▸ anständig, anziehend, gebildet, gesittet, vornehm • extraordinär.
Ordinariat → Kapitel, Kirche.
ordinieren → einweihen, verordnen.
ordnen zusammenstellen, regeln, bearbeiten, zurechtlegen, regeln, leiten, zurüsten, ausrichten, gliedern, abstufen, aussuchen, in Reih und Glied stellen, Maßregel treffen, organisieren, anordnen, geraderücken • ausgleichen, begleichen, entrichten, bereinigen. → anordnen, aufbauen, aufstellen, bearbeiten, bahnen, belohnen, beschicken, bestimmen, bezahlen, bringen ins Geleis, einstufen, entfädeln, festhalten. ▸ offen lassen, Unordnung machen, durcheinander bringen, verwirren, zerzausen.
ordnen, seine Verhälnisse Klarschiff machen *u*.
ordnen, Verwirrtes aufdröseln *u*.
Ordner Lenker, Regler, Weltenlenker, Anordner, Ausrichter, Einrichter, Gestalter, Planer, Anweiser, Zusammensteller, Leiter, Führer, Sonderer, Auswähler, Einordner, Verteiler, Einteiler • Heftordner, Briefordner, Mappe. → Faszikel.
Ordnung Regelung, Anordnung, Verordnung, Gleichmaß, Gleichmäßigkeit, Regel, Weltgesetz, Weltordnung, Verkehrsordnung, Unterordnung, Manneszucht, Zucht, Selbstzügelung, Übung, Drill, Schulzucht • Plan, Programm, Folge, Führung, Leitung, sittliche Ordnung, Satzung, Pflichtgebot, Gerichtsordnung, Handelsordnung, Strafprozessordnung. → Art, Aufeinanderfolge, Disziplin, Gliederung, Halt. ▸ Unordnung, Chaos, Durcheinander, Schlamperei, Wirrwarr • Gesetzlosigkeit, Regellosigkeit, Willkür.
Ordnung außer → durcheinander, chaotisch.
Ordnung bringen, in ausbügeln *u*, beibiegen *u*.
Ordnung halten → Disziplin halten.
Ordnung, in angemessen, gerecht, recht, richtig • einverstanden, okay.
Ordnung schaffen aufräumen, ordnen • durchgreifen, eingreifen, einschreiten.
Ordnung stören, die → brechen aus den Reihen.
Ordnungsbegriff → Kategorie, Ordnung.
ordnungsgemäß → anwendbar, derart, füglich, Lot im, richtig. ▸ faul, illegal, kriminell, krumm, rechtswidrig, ordnungswidrig.
Ordnungshüter Polizist.
Ordnungslinie Koordinate.
ordnungslos → chaotisch, unordentlich.
ordnungsmäßig → geregelt, ordnungsgemäß, rationell.
Ordnungsprinzip System.
Ordnungsruf → Tadel.
Ordnungsstufe → Rang.
ordnungswidrig → chaotisch, ungesetzlich, unordentlich.
Organ Sprechwerkzeug, Glied, inneres Organ, Körperteil, Stimme, Sinneswerkzeug, Teil, Hilfsmittel • Beauftragter, Fachblatt, Vereinsblatt, Handhabe, Mittel.
Organisation Einteilung, Führung, Einrichtung, Gefüge, Gesellschaft, Gestaltung, Zusammensetzung, Plan, Aufstellung, Einordnung, Verteilung, Struktur, Gliederung, Verband, Vorbereitung, Anpassung, Verfügung, Verfassung,

Versorgung, Anlage. → Anordnung, Art, Aufbau, Betrieb.
▸ Abbau, (Desorganisation), Unordnung.
Organisationsmangel Desorganisation.
Organisator → Leiter.
organisch belebt, lebendig, gewachsen, gegliedert, natürlich, naturgeworden, anatomisch, geordnet, wuchshaft. → allmählich.
▸ (anorganisch) funktionell • psychisch, seelisch.
organisieren einrichten, gestalten, gliedern, eingliedern, anordnen, ausbauen, ausgestalten, führen, managen, leiten, planen, verfügen, schöpfen, vorzeichnen. → anordnen, beschaffen.
▸ abbauen, einbüßen, umstoßen, verwirren.
organisiert → geordnet, geregelt.
▸ chaotisch, desorgansiert, durcheinander, improvisiert, kunterbunt, unorganisiert, spontan, wild, wirr, zufällig.
Organismus Ganzheit, Gesamtheit, Ganzes • Einheit, einheitliches, Gefüge, zusammenwirkendes Gefüge, Lebewesen.
Organist Kantor.
Organtod Nekrose.
Organverpflanzung Transplantation.
Orgasmus → Affekt, Höhepunkt der Lust (beim Geschlechtsakt), höchste Sinneslust/Wollust, sexuelle Ekstase, Sinnenrausch.
Orgelspieler Organist.
orgiastisch ausschweifend, bacchantisch, ekstatisch, hemmungslos.
Orgie Sauerei *u.*
Orgien → Ausschweifung, Gelage, Unkeuschheit.
Orient Levante, Morgenland, Naher Osten, Nahost, Mittlerer Osten.
orientalischer Herrscher Emir, Kalif, Mogul, Sultan.
orientalischer Markt Basar.
orientalisches Frauengemach Harem.
orientieren richten, einrichten, hinrichten, einstellen, orten, ordnen, zurechtlegen, zurechtfinden sich, franzen sich, wieder erkennen • unterweisen, unterrichten, veranschaulichen, hinweisen, klarmachen, klarlegen, dartun, erklären, aufzeigen. → aufklären.
▸ (Richtung verlieren).
Orientierung → Angabe, Ausforschen, Auskunft, Information.
Orientierung verlieren, die → blenden, irren sich, verirren.
Orientierungssinn Riecher *u,* Spürsinn *u.*
Orientierungsvermögen → Ortssinn.
Orientierungszeichen → Leuchtturm, Licht, Zeichen.
Original Erstdruck, Hauptausfertigung, Urbild, Vorlage, Entwurf, Urschrift, Schriftstück, Urform, Vorbild, Musterbild, Vordruck, Urdruck, Urstück, Urhandschrift • Bodenständiges, Wurzelhaftes, Ursprüngliches, Wirkliches, Echtes, Urwüchsiges, Ursprache. → Ausfertigung, Echtes, Kauz närrischer.
▸ Kopie, Imitation, Nachahmung, Nachbildung, Plagiat, Replik, Reproduktion, Wiedergabe • Übersetzung • Karikatur, Zerrbild • Fälschung.
original → echt.
Originalübertragung Livesendung.
originell eigentümlich, eigenartig, neu, ureigen, einmalig, arteigen, selbstschöpferisch, apart, überdurchschnittlich, unvergleichlich • komisch, gottvoll, köstlich, grotesk, possierlich, gelungen, amüsant, drollig, urkomisch, ausgefallen *u.* → apart, eigengesetzlich.
▸ alltäglich, gewöhnlich, witzlos • epigonal, imitiert, kopiert, nachgemacht, unschöpferisch.
Orkan → Aufruhr, Heftigkeit, Wind.
Ornament Aufschlag, Dekoration, Schmuck.
ornamentieren → ausschmücken, dekorieren.
Ornat Festkleidung, Festgewand, Amtstracht • geistliche Tracht, Priestergewand.
Ort Platz, Stelle, Stätte, Statt, Punkt, Flecken, Fleck, Winkel, Dorf, Standort, Bestimmungsort, Ansiedlung, Ortschaft, Kanton, Provinzstadt, Landstadt, Vorort, Wohnort, Dorfschaft, Schifferdorf, Fischerdorf, Weberdorf, Bereich, Ecke, Gebiet, Örtlichkeit, Raum • Lage, Stellung, Sitz, Ortsangabe, mathematischer Ort, Kante • Schusterahle, Pfriem, Spitze • Münzteil, Gewichtsteil, Maßteil. → Abort, Ansiedlung, Distrikt, Ecke.
Ort der Ruhe Oase, Refugium.
Örtchen → Abort.
orten entdecken, finden, lokalisieren.
orthodox rechtgläubig, strenggläubig, altgläubig, religiös, gläubig, gottesfürchtig, konfessionell.
▸ ungläubig.
örtlich begrenzt, lokal, räumlich, regional.
Örtlichkeit → Ort, Raum.
ortsansässig ansässig, beheimatet, eingeboren, eingebürgert, eingesessen, einheimisch, heimisch, hiesig, wohnhaft.
Ortsbestimmung Demarkation, Lokalisation.
Ortschaft → Ansiedlung, Ort.
ortsfest ortsgebunden, standörtlich, stationär.
Ortssinn Findigkeit, Gespür, Orientierungsvermögen.
Ortsunabhängigkeit Flexibilität, Mobilität.
Ortveränderung → Bewegung.
Öse → Öhr.
Österreich Austria.
Ostwind der Tropen Passat.
Oszillation → Bewegung.
Otterngezücht Schlangengezücht, Teufelsbrut, Satansbrut, Ausgeburt der Hölle, Schlangenbrut, Blutsauger, Verbrecher, Unheilstifter, Wühler, Schieber, Schuft, Gesindel, Bande, Lumpenpack.
Outfit Ausrüstung, Ausstattung, Einrichtung.
Output Ausbeute, Ausbringung, Ernte, Güterausstoß • Ausgangsleistung (einer Antenne) • Datenausgabe (EDV).
Outsider Außenseiter, Außenstehender • Sonderling.
Ouvertüre → Anfang, Musik.
oval länglich, eirund, elyptisch, birnenförmig, langrund, gestreckt, ausgezogen.
▸ eckig, rund.

Overall Arbeitskleid, Arbeitskittel, Überanzug, Schutzkleid, Schutzanzug, Monteur- oder Schlosseranzug.
overdressed feierlich/fein gekleidet, herausgeputzt.
oxidieren verbrennen, beschlagen, rosten, verwittern, zersetzen, anfressen, verfärben, verkohlen, Sauerstoff aufnehmen, mit Sauerstoff verbinden.
Ozean → Gewässer, Meer.

P

Pa → Anverwandte.
Paar → Eheleute, Zweiheit.
paar, ein → einige.
▸ alle • etliche, viele • keine.
paaren → beigesellen, decken, verbinden, züchten.
Paarhufer Paarzeher, Zweihufer.
paarig → beide.
paar Mal, ein mehrfach, mehrmals, häufiger, öfter • gelegentlich, mehr als einmal, vorkommend.
Paarung → Kreuzung, Verbindung.
Paarungszeit Brunft, Brunst.
paarweise → beide, beiderseits.
▸ einzeln, getrennt, gesondert • stückweise • gruppenweise.
Pacemaker Herzschrittmacher.
Pacht → Belehnung, Besitz, Miete.
pachten → mieten.
Pächter → Besitzer, Mieter.
Pachtgut → Bauernhof, Besitztum.
Pachthof → Bauernhof, Besitztum.
Pachtung → Besitztum.
Pack Last, Packen, Bürde, Ladung, Ballen, Masse, Bündel, Bund, Paket, Gebund • Bande, Pöbel, Mob, Plebs, Gesindel, Bagage, Horde, Krethi und Plethi, Gelichter, Lumpengesindel. → Anzahl, Auswurf, Bande, Bund.
▸ Einzelheit, Entbürdung, Gewichtslosigkeit, Oberschicht.
Päckchen kleines Paket • Belastung, Last, Problem, Schwierigkeit • Arbeitskleidung.
Packeis Eisschollengeschiebe.
Packen → Pack.
packen einpacken, einwickeln, zusammenpacken, zusammenwickeln, verstauen • ergreifen, nehmen, kriegen, schnappen, einheimsen, aufgreifen, erhaschen, erwischen, anfassen • erregen, aufregen, erschüttern, rühren, eindringen, durchziehen, anstacheln, entflammen, bewegen, erweichen, mit sich reißen • sich packen, abhauen, flüchten, sich davon machen, entweichen, entfliehen, enteilen, sich verdrücken, sich verkrümeln. → anhalten, aufregen, begeben sich, bemächtigen, berühren, betäuben, einkoffern, erwecken, fassen, Fersengeld geben.
▸ auspacken, loslassen, ungerührt (bleiben).
packen, den Stier bei den Hörnern die Gefahr verachten, den Teufel nicht fürchten, die Stirn bieten, sich in die Bresche werfen, seinen Mann stehen, sich ein Herz fassen, Mut aufbringen • alle Kräfte anspannen, sich ins Geschirr legen, alle Hebel in Bewegung setzen • sich verteidigen, die Gefahr abwenden, den Feind angehen, vorwärts stürmen, drauflos gehen.
packen, seine sieben Sachen abreisen, abmarschieren, fortgehen, fortziehen, weggehen, ausziehen, sich entfernen, sich fortbewegen, Abschied nehmen, seiner Wege gehen, Abgang nehmen, sich aufmachen, verlassen.
▸ bleiben, zurückkehren.
packend → anschaulich, antreibend, anziehend, beeinflussend, ergreifend, erregend, faszinierend, interessant, reizvoll.
▸ einschläfernd, ermüdend, langweilig, uninteressant.
Packer Greifer, Hetzhund • Verpacker, Verpackungsarbeiter.
Packesel Lasttier, Zugtier, Tragesel, Maulesel, Maultier, Saumtier, Nutztier, Passgänger • Schlepper, Träger, Hilfe.
Packung Verpackung, Gehäuse, Hülle, Kapsel, Tüte, Papier, Umschlag, Hülse, Schutzumschlag, Rolle, Papierhülle, Kasten • Wickel, Umschlag. → Ballast, Hülle.
▸ Inhalt.
Packwagen Gepäckwagen • Waggon.
Packzeug → Emballage, Packung.
Pädagoge → Lehrer.
pädagogisch lehrgerecht, schulgerecht, schulgemäß, schulisch, methodisch, erziehungsgerecht, lehrreich, gründlich, kunstgerecht.
▸ (unpädagogisch).
Pädagogium → Anstalt.
Paddel Doppelruder, schmales Ruder.
Paddelboot → Fahrzeug.
paddeln rudern, abpaddeln, üben, trainieren, anpaddeln, gondeln, treiben, fahren, segeln, steuern, befahren, durchsegeln, sich abhärten, Wassersport betreiben. → fahren.
Päderastie Knabenliebe.
Pädiatrie Kinderheilkunde.
Paffe Zigarette.
paffen → rauchen, hastig/schnell/viel rauchen, schmauchen.
Page Edelknabe, Knappe. → Diener.
Pagenfrisur Doofheitsgardine *u.*
Pagina Buchseite • Seitenzahl.
Pagode Turmtempel • (Porzellan-)Götterfigur.
Paket Pack, Bündel, Kiste, Kasten, Kästchen, Ballen, Block, Gebund, Last, Frachtgut, Eilgut, Postgut, Päckchen, Carepaket.
Pakt → Abkommen, Vertrag.
paktieren übereinkommen, abmachen, sich verbinden, sich verbünden, Vertrag schließen, gemeinsame Sache machen, handelseinig werden, ein Bündnis schließen, einen Pakt schließen, etwas festsetzen. → annehmen.
▸ ablehnen, streiten.
paktiert → abgemacht.
Palais → Besitztum, Schloss.
Palast → Besitztum, Schloss.
▸ Bude, Hütte.
Palaver Auseinandersetzung, Beratung, Besprechung, Geschwätz • Verhör.

palavern schwadronieren, schwatzen, plappern, schnattern, quasseln *u,* babbeln *u* • die Köpfe zusammenstecken, sich besprechen, sich beraten, unterhandeln, verhandeln • sich unterhalten, ein Gespräch führen.
Palette Farbmischscheibe • Stapelgutuntersatz.
Palisade → Barrikade, Hindernis.
Pallawatsch Durcheinander, Wirrwarr • Geschwätz • Misserfolg • Missverständnis • Tölpel.
Palliativ Palliativmittel, Linderungsmittel, Beruhigungsmittel, Vorbeugungsmittel Hinhaltungsmittel, oberflächliche Heilung. ▸ Reizmittel.
Palme bringen, auf die erzürnen, in (höchste) Wut versetzen.
Pampe → Schlamm.
Pampelmuse Grapefruit.
pampfen essen, mit vollen Backen/viel, mampfen, reinhämmern/-stopfen, spachteln.
Pamphlet Flugschrift, Flugblatt, Pasquill, kleine Schrift, Schmähschrift, Spottgedicht, Lästerschrift, Beleidigung, Äußerung, Schmähgedicht. ▸ Auszeichnung, Lobhudelei.
pampig anmaßend, frech, vorlaut • breiig, weich • dick, feist.
Pan Gott, Waldgott, Weidengott, Flurgott, Berggott, Waldvater, Feldgott.
Panade Panierbrösel(brei) • Semmelbrei (für Füllungen) • Suppen-Broteinlage.
Pandora, Büchse der → Übel, Unglück.
Panflöte Syrinx.
Panier Banner, Feldzeichen • Motto, Wahlspruch.
panieren → bedecken, einbröseln.
Panik Furcht, Grausen, Verzweiflung, Lähmung, Beben, Zittern, Angstzustände, Platzangst, Gedränge, Himmelangst, Aufschrecken, Erschrecken, wilder Schrecken, panischer Schrecken. → Angst, Bestürzung. ▸ Gefasstheit, Gelassenheit, (stoische) Ruhe.
Panik machen beängstigen, in Angst/Aufruhr versetzen, Katastrophenstimmung erzeugen, schwarz malen, Teufel an die Wand malen den.
Panne Betriebsstörung.
Panorama → Ausblick, Aussicht, Blick, Fernblick. ▸ Ausschnitt • Bildpunkt • Spotlight.
panschen spritzen, spielen, bespritzen, nassspritzen, aufs Wasser schlagen • verdünnen, wässern, verfälschen, mischen. → mischen. ▸ verbessern, trennen.
Pansen (erster) Wiederkäuermagen • dicker Bauch.
Panslavismus → Chauvinismus.
Pantoffelheld Waschlappen, Jammerlappen, Pimpelhans, Laffe, Jammergestalt, Memme, Feigling, Schlappschwanz, Angsthase, Hasenfuß. → Feigling. ▸ Draufgänger.
Pantoffeln Puschen *u,* Schlapfen *u,* Schlappen *u.*
Pantomime Gebärdenspiel, Gebärdensprache, Ballett, Pantomimenspiel, Aufführung, Kunst, Schauspielkunst, Gestenspiel, Mimik, Mienenspiel. → Ballett.
Pantry Speiseraum, Anrichteraum, Messe.
Panzer Tierpanzer, Schildkrötenpanzer, Horn • Tank, Panzerspähwagen, Panzerwagen, Panzerzug, Kugelfang • Harnisch, Rüstung, Schutz, Panzerhemd, Panzerkleid, Schuppenpanzer, Brünne, Ringpanzer.
Panzerabwehrwaffe Büchsenöffner *u,* Dosenöffner *u.*
Panzerechse Alligator, Gavial, Kaiman, Krokodil.
panzern → schützen.
Papa → Anverwandte.
Papageienkrankheit Psittakose.
Paperback broschiertes/kartoniertes Buch.
Papier Pappe, Pappendeckel, Bogen, Schreibblatt, Briefpapier, Folie, Zettel, Pergament, Leinenpapier, Büttenpapier, Schreibpapier • Urkunde, Wisch, Nachweis, Beleg, Briefsachen, Schriftliches • Ausweis, Pass, Papiergeld, Staatspapier, Banknote, Wertpapier, Aktien, Anteilscheine, Bankpapiere, Börsenpapiere, Zinsschein • Klosettpapier, Toilettenpapier • Butterbrotpapier, Einwickelpapier, Zeitungspapier, Packpapier, Silberpapier. → Blatt, Kupon, Einband, Einschlag.
Papier bringen, zu aufschreiben, aufzeichen, hinschreiben, niederschreiben, notieren. → schreiben.
Papierdeutsch Amtsdeutsch, Behördendeutsch, Kanzleideutsch/-stil.
Papiergeld Flieder *u.* → Bargeld. ▸ Hartgeld, Münzen.
Papiergeld, gefälschtes Blüte *u.*
Papierkette Girlande.
Papierkram Akten, Formulare, Vordrucke • Formularunwesen • Bürokratie.
Papierkrieg Akten, Verwaltung. → Bürokratie, unmäßiger Schriftverkehr • diplomatische Korrespondenz im Krisenfall, Notenwechsel zur Beschwichtigung.
Papierkorb Abfallkorb, Mistkübel.
Papierlaterne Lampion.
Papiermusterung/-narbung Gaufrache.
Papierschnitzel Konfetti.
Papierstaude Papyrus.
Papierstreifen zum Feueranzünden Fidibus.
Papiervogel → Drache.
Papp → Brei.
Pappdruckform Mater.
Pappe → Brei, Klebstoff, Papier.
Pappe, ein Stück Karton, Pappendeckel, Pappdeckel.
päppeln aufpäppeln, aufziehen, großziehen, hegen, hochziehen • (mit Brei) füttern, mästen • verwöhnen, verzärteln.
pappen kleben, verkleben, befestigen, leimen, verpappen, verbreien, festkleben, ankleben, zuleimen, verleimen, kleistern. → anmachen, essen. ▸ hungern, lösen.
Pappenstiel → Bagatelle, Eintagsfliege, Schaum.
pappig → breiig, dickflüssig.
Pappschachtel → Karton.
Papst Pontifex, Primas, Kirchenfürst, Würdenträger, Oberster, Stellvertreter Christi, Oberhaupt der Kirche, Vorsteher der Kirche, höchste Instanz der Kirche. → Diener Gottes.
Papstbotschafter Nuntius.
Papsterlass Breve, Bulle, Konstitution, Motuproprio.
Papstkandidat Papabile.
Papstkrone Tiara.
päpstlich kirchlich, geistlich, klerikal, priesterlich,

ultramontan, kirchenrechtlich, kirchengesetzlich, kanonisch, christlich, katholisch, unfehlbar, unanfechtbar, dogmatisch.
päpstliche Beamte Kurialen.
Papsttum → Kirche.
Parabel Kegelschnitt, mathematische Figur, Wurflinie, Bogenform, Bogen. → Anspielung, Dichtungsart.
Parade → Aufmarsch, Aufstellung, Aufzug.
Parade fahren, in die energisch entgegentreten, zurechtweisen • ins Wort fallen.
Paradenummer Bravurstück, Glanzleistung, Glanznummer.
Paraderock Bratenrock *u.*
paradieren aufmarschieren, vorüberziehen, parademäßig vorbeischreiten, aufziehen, vorbeimarschieren, vorbeiziehen, ein Pferd kurz halten. → blenden, prunken. ▸ stillstehen.
Paradies Himmel, Eden, Elysium, Dorado, Eldorado, Land der Seligen, Olymp, Himmelreich, Stätte des Glücks, Ort der Wonne, Beseligung, Freudenleben, Wonneleben, die elysischen Gefilde, Glückseligkeit, Anschauung Gottes, Freude, Lust, Arkadien, Paradiesgarten, Lustgefilde, Wonnegarten • Vorbau, Portalvorbau, Vorhof, Vorhalle, Altrium. → Eden. ▸ Hölle.
Paradiesgarten Eden.
paradiesisch → beseligend, elysisch.
Paradiesjungfrau Huri.
Paradieswächter Cherub.
paradox → abstrus, absurd, widersprechend.
Paragraf Abschnitt, Absatz, Artikel, Satzung, Bestimmung, Ziffer, Gesetz, Nummer, Verordnung, Klausel, Verfügung, Einzelabschnitt, Kapitel, Vers, Anhängsel, Partikel. → Absatz, Artikel.
parallel gleichlaufend, nebeneinander, gleichgerichtet, entsprechend, Seite an Seite, in gleicher Richtung, Reihe an Reihe • vergleichbar, ähnlich, verwandt, passend, analog, erinnernd, annäherungsweise, nahezu. → analog, entsprechend. ▸ (auseinander strebend), entgegengesetzt, (sich schneidend).
paralysieren → schwächen.
paraphieren → annehmen, zeichnen.
paraphiert → abgemacht, unterzeichnet.
Parasit Schmarotzer, Nassauer, Bittsteller, Schmeichler • Schmarotzerpflanze, Schmarotzertier, auf Kosten der andern lebend. → Bettler. ▸ Wirt.
parasitenhaft parasitisch, schmarotzerisch, speichelleckerisch, lakaienhaft, hündisch, charakterlos, kriecherisch, biegsam, niedrig, geschmeidig, kriechend, auf Kosten der andern lebend. ▸ charaktervoll • freigebig, großzügig.
parat → fertig, verfügbar.
Pardon → abbitten, Ablass, Barmherzigkeit, bitte schön, Vergebung.
Parfüm → Duft.
Parfüm, minderwertiges Fosengift *u.*
Parfümfläschchen Flakon.
Parfümhersteller Duftkoch *u.*
parfümiert → duftig.
parieren zurückschlagen, abweisen, verteidigen, auffangen, standhalten. → abwehren, gehorchen. ▸ angreifen, trotzen, widersetzen sich.
paritätisch gleichgestellt, gleichberechtigt, gleichgeordnet, gleichstehend, gleichkommend, gleichartig, unterschiedlos, ebenbürtig, ebenso viel wert. ▸ ungleich.
Park Tierpark, Tiergarten, Zoo, Tiergehege • Stadtgarten, Stadtpark, Palmengarten, Lustgarten, Volkspark, Volksgarten, Orangerie, Kurgarten, Grünanlage • Depot, Armeepark, Artilleriepark oder -depot, Arsenal, Zeughaus, Rüstkammer.
parken stoppen, anhalten, abstellen, Fahrt unterbrechen, parkieren, stationieren. ▸ weiterfahren.
Parkett Fußboden, Bodenbelag, Bodenplatte, Parkettfußboden • Tanzfläche, Tanzboden • Theaterplatz, Zuschauerraum.
Parkgebäude Garage(nhaus) • Pavillon.
Parkplatz Abstellplatz, Stellplatz, Garage.
Parkstraße Allee, Avenue.
Parkuhr Parkometer.
Parkwächter Buschklepper *u.*
Parlamentarier → Abgeordneter.
Parlamentariergruppe Fraktion, Koalition, Opposition.
Parlamentsanfrage Interpellation.
Parlamentsaussprache Debatte.
Parlamentsferien (im Sommer) Sommerloch *u.*
Parodie → Darstellung, Karikatur, Nachahmung, Spott.
parodieren → auslachen, nachahmen, spotten.
Parole → Anruf, Appell, Losung.
Paroli bieten Wehr setzen sich zur, Widerstand leisten.
Part Partie, Rolle, Theaterrolle • Gesang-/Instrumentalstimme • Anteil (am Schiffseigentum).
Partei Farbe *u.* → Anhang, Block, Vereinigung.
Partei bilden, eine → beitreten, vereinigen sich.
Partei ergreifen fürsprechen, stützen, verteidigen, vertreten.
Partei ergreifend faktiös. → parteiisch.
Parteichinesich Funktionärsdeusch/-sprache.
Parteigänger → Anhänger, Mitglied.
Parteigenosse → Mitglied, Mitläufer.
Parteigruppe Fraktion.
parteiisch voreingenommen, einseitig, engherzig, engstirnig, befangen, ungerecht, unduldsam, fanatisch, stur, hartnäckig, verrannt, parteilich, eingenommen, unbillig. → befangen, einseitig. ▸ vorurteilsfrei, gerecht, neutral, objektiv, unbefangen, unparteiisch, unvoreingenommen • gleichgültig, lau, uninteressiert.
parteiisch sein → besessen, einseitig, parteiisch.
Parteiklüngel Vetternwirtschaft, Parteiwirtschaft, Bonzenwesen, Bonzenwirtschaft, Zusammenarbeit, Sippe, Sippschaft, Clique, Anhang, Mitwirkung.
parteilich → befangen, parteiisch.
Parteilichkeit Befangenheit, Einseitigkeit, Voreingenommenheit.
parteilos → neutral, sachlich.
Parteimann → Anhänger, Mitglied.
Parteivorsitzender Bundestrainer *u.*

Parteiwechsel Farbenwechsel *u.*
Parteizugehörigkeit Fakultät *u.*
Parterre Erdgeschoss, Hochparterre • Theaterplatz, Zuschauerraum, Parkett.
Partie Landpartie, Lustfahrt, Abstecher, Wanderung, Ausflug, Streifzug, Spaziergang, Fußwanderung, Landfahrt • Verbindung, Ehe, Ehebund, Eheband, Verheiratung, Heirat • Abschnitt, Teil, Anzahl, Zahl, Gruppe, Vorrat, Menge, Stoß, Pack, Rest, Posten • Rolle, Gesangsrolle • Spiel. → Ausflug.
partiell → teilweise.
Partikel → Teil.
Partisan → Auständiger, Freischärler.
partizipieren abbekommen etwas, Anteil bekommen einen, teilhaben, teilhaftig werden.
Partner Genosse, Gefährte, Kamerad, Mitglied, Geschäftspartner, Beteiligter, Aktionär, Teilnehmer, Geschäftsteilhaber, Berufsgenosse, Fachgenosse, Amtsbruder • Tanzpartner, Sportpartner, Spielpartner, Tanzstundenherr • Ehepartner, Ehegenosse, Ehegefährte, Lebensgefährte, Ehegespons, Gemahl, Gatte, Mann, Ehewirt, Eheherr. → Kollege, Komplize, Nebenmann.
▸ Gegner.
Partner finden, keinen den Anschluss verpassen *u.*
Partnerin Freundin, Kameradin, Lebensgefährtin • Geschäftspartnerin • Mitspielerin.
Partnerschaft Beziehung, (gute) Ehe, Freundschaft, Gemeinschaft, Kameradschaft, Paarbeziehung, Pairing, Verbindung, Verhältnis, Zweierbeziehung.
partnerschaftlich brüderlich, einträchtig, freundschaftlich, friedlich, kameradschaftlich, zweisam.
Partnersuche Anschaffe *u.*
Party Gesellschaft, Zusammensein, Zusammenkunft, Zirkel, Kreis, Kränzchen, Lustbarkeit, Veranstaltung, Gesellschaftsabend, Empfang, Herrenabend, Teegesellschaft, Feier, Ball, Hausball, Tanzabend • Fete *u.*
Parvenü Emporkömmling, Neureicher, Raffke, Glückskind, Glückspilz, Glücksritter, Karrieremacher, Glückmacher. → Glückskind.
▸ Oberschicht, Pechvogel, Schöngeist.
Parzelle → Beet, Teil.
parzellieren zerstückeln, ausgliedern, zergliedern, teilen, aufteilen, verteilen, einteilen, abteilen, vereinzeln, einreihen, auseinander stückeln, in Teilen verkaufen, zerlegen, zerteilen.
▸ verbinden.
paschen schmuggeln, mogeln, täuschen, schwindeln, prellen, schwärzen, schieben, veruntreuen, nassauern, gaunern, doppeln • würfeln.
Paspel → Aufschlag, Rand.
Pass Identifikationskarte, Legitimationskarte, Ausweis, Urlaubsschein, Kennkarte, Erlaubnisschein, Papier, Dienstabzeichen, Dienstausweis, Personalien, Personalausweis, Personenbeschreibung, Passkarte, Vollmacht • Weg, Durchgang, Übergang, Engpass, Durchgangsmöglichkeit, Passgang, Passstraße, Hohlweg, Durchfahrt, Durchweg, Bergübergang • Wechsel *j,* Riegel *j,* Gang. → Engpass, Erkennungszeichen.
passabel → mittelmäßig.
Passage Durchgang, Durchfahrt, Gang, Überfahrt, Durchlass • Tonlauf, Gang in einem Musikstück • Schritt in der Reitkunst.
Passagier Insasse, Mitfahrer, Fahrgast, Reisender, Reisegast, Fahrgenosse, Mitfahrer, Geschäftsreisender, Handlungsreisender, Durchreisender, Fluggast. → Fahrgast.
Passagierraum Gondel, Kabine.
Passanten Verkehrsstrom, Vorübergehende, Fußgänger.
passee → dahingegangen, vorüber.
passen ähneln, behagen, belieben, eignen sich, entsprechen, gelegen sein, konvenieren, stimmen, zusagen • klappern, das haut hin *u.*
▸ abstechen, unliebsam (sein). unterscheiden sich.
passend annehmbar, zweckmäßig, bequem, brauchbar, willkommen, verwendbar, dienlich, sachdienlich, entsprechend, geeignet, recht, übereinstimmend, gleichwertig, angemessen, anwendbar, gemäß, zweckdienlich, zweckentsprechend, formgerecht, gut sitzend, eng anliegend, angemessen, wie angegossen • schicklich, konvenabel, fit *u.* → angemessen, angenehm, anliegend, annehmbar, anwendbar, bequem, brauchbar, dementsprechend, derart, diesbezüglich, einschlägig, Erfolg versprechend, fachgemäß, handlich.
▸ unliebsam, unpassend.
passend zusammenstellen assortieren.
passieren geschehen, erfolgen, vorfallen, ereignen, stattfinden, sich zutragen, sich begeben, sich abspielen, sich einstellen, widerfahren, zustoßen, vorgehen, eintreten, werden • überqueren, überschreiten, durchgehen, übergehen, vorbeigehen, durchreisen. → betroffen, ereignen sich, erfolgen.
▸ unterbleiben.
Passierschein. → Pass.
Passion Leidenschaft, Hang, Exaltation, Vorliebe, leidenschaftliche Hingabe, Begeisterung, Enthusiasmus, Neigung, Begierde, Eifer, Liebe • Leiden, Leiden Christi, Leidensgeschichte.
▸ Animosität, Leidenschaftslosigkeit.
passioniert begeistert, hingebungsvoll, leidenschaftlich.
passiv interesselos, widerstandslos, ablehnend, unwirksam, untätig, abwartend, unbewegt, duldend, ruhend, erleidend, unbeteiligt, hinnehmend, träge, schläfrig, faul, nachgiebig, müßig, bleiern. → neutral.
▸ aktiv • eifrig, emsig, geschäftig, rege, tätig, unternehmungslustig.
Passiva → Schuld.
Passivität schlummernde Anlage, ruhende Kraft, Inaktivität • Tatenlosigkeit, Untätigkeit, Widerstandslosigkeit, Hemmung. → Trägheit, Verborgenheit.
Passivum Leideform des Verbs • Ausfall, Abnahme, Defizit, Verringerung, Verminderung.
▸ (Aktivum).

Passus Absatz, Abschnitt, Kapitel, Passage, Textstelle.
Passvermerk Visum.
Paste Pomade, Fett, Schmiere, Balsam, Creme.
Pastell → Bild.
Pastenbehälter Tube.
Pate Patin, Taufzeuge, Firmpate, Gevatter, Gotte, Patenschaft. ▸ Mündel, Patenkind.
Patenkind Mündel. → Schützling.
Patenschaft Pflegeschaft, Vormundschaft, Kuratel • Protektion, Gönnerschaft • Bürgschaft, Sicherheit, Gewähr, Gewährleistung, Gutsage.
Patent Urkunde, Schutzrecht, Schutzbrief, Erfindungsberechtigung, Bestätigung, Patentschutz, Bestallungsurkunde, Bestallungsbrief, Offizierspatent, Ernennungsschreiben, Lizenz, Vollmacht, Beglaubigungsschreiben • Patentverschluss. → Bestallung, Diplom.
patent sauber, nett, geschniegelt, glatt, brauchbar, tüchtig, praktisch, geschickt, flink, meisterlich, tauglich, verständig, brauchig, kundig, gewitzt. → anmutig, artig. ▸ hässlich, schlecht, schwerfällig, untüchtig.
patentieren schützen, zustimmen, genehmigen, bescheinigen, anerkennen, rechtskräftig machen, anvertrauen, berechtigen, befugen, ermächtigen, die Befugnis erteilen, Patent erteilen. ▸ verwerfen.
Paternoster Beamtenbagger *u.* Proletenbagger *u.* → Aufzug, Gebet.
pathetisch → ausdrucksvoll.
pathetische Stimmung Seelenblähung *u.*
Pathos Leidenschaft, Gefühlserregung, Schwung, Feierlichkeit, Ausdrucksfülle, Feuer, Begeisterung, Gefühlserguss, Wärme, Inbrunst, hochtrabende, Redensart. ▸ Gefühllosigkeit, Leidenschaftslosigkeit, Schlichtheit.
Patient → Kranker.
Patina Edelrost, Überzug auf Kupfer.
patriarchalisch ehrwürdig, altehrwürdig, altväterlich, nach Altväterweise, hochbetagt, weißhaarig, bejahrt. ▸ jung, modisch • matriarchalisch.
Patriotismus Vaterlandsliebe, Vaterlandssinn, Heimatgefühl, Staatsbewusstsein, Staatstugend, Nationalitätsgefühl.
Patrizier Adel.
Patron Schutzherr, Schutzheiliger, Heiliger, Gönner, Förderer, Kirchenherr, Kirchenpatron, Lehnsherr, Gebieter • Grundherr, Schiffsherr, Handlungsherr. → Besitzer, Hausherr, Patron unangenehmer, Patron schlauer.
Patron, schlauer Feinspinner, Fuchs, Schlaukopf, Schlaufuchs, Pfiffikus, Reineke, geriebener Bursche, Federfuchser, Winkeladvokat, Ränkeschmied, listiger Bursche, Bauernfänger. ▸ Gimpel, Mensch aufrechter.
Patron, unangenehmer Klotz, Brummbär, Murrkopf, Trampeltier, Knurrhahn, Flegel, Ekel, unangenehmer Mensch, ungehobelter Mensch, Drängler, Quengler, Querulant, Pöbel, Elefant im Porzellanladen, ungeleckter Bär, unangenehmer Zeitgenosse. ▸ Mensch aufrechter.
Patrone → Geschoss.
Patronenkammer Magazin.
patrouillieren schützen, begehen, auf und ab gehen, beschirmen, auf Wache stehen, Wache halten.
Patsche Schlag, Klaps, Ohrfeige, Handstreich, Strafe, Bestrafung, Wichse • Hand, Pratze, Pranke, Patschhand, Klaue, Tatze • Klatsche, Fliegenklatsche, Schlaggerät, Brandlöscher • Dreck, Straßenkot, Schneeschlicker, Schmutz, Matsch • Verlegenheit, Not, Notlage, Klemme, Bedrängnis, Schwierigkeit, Zwangslage, Panne, Sackgasse, Enge, Mühsal, Zwickmühle, Schlamassel, Ratlosigkeit, Dilemma. ▸ Glück, Sauberkeit, Sicherheit.
patschen in die Hände klatschen, in die Hände schlagen. → bestrafen, schlagen.
patzen murksen, pfuschen, quacksalbern, schludern, stümpern.
patzig → anmaßend, herablassend, vorlaut, ungezogen, unfreundlich.
Pauke hauen, auf die Trubel machen, sich ins Vergnügen stürzen, energisch vorgehen, drauflosgehen.
pauken musizieren, die Pauke schlagen, Lärm machen, spielen, Krach machen • fechten, schlagen, sich duellieren • lernen, ochsen, büffeln, sich eindrillen, einbläuen, einüben, sich plagen, studieren, streben • predigen, tadeln. → abmühen, lehren. ▸ faulenzen.
pausbäckig → dickbackig.
pauschal → insgesamt.
Pause Unterbrechung, Rast, Ruhe, Ruhezeit, Einhalt, Stillstand, Einstellung, Unterbruch, Aufschub, Erholung, Frühstückspause, Atempause, Werkpause, Mußezeit, Ruhepunkt, Innehaltung, Intervall, Zwischenzeit, Halbzeit, Stockung, Durchzeichnung, Durchpausung, Durchschlag, Durchdruck, Pauszeichnung, Abzug, Wiedergabe, Kopie, Abdruck, Abschrift, Fressteil *u.* → Abklatsch, Abschluss, Atempause, Aufenthalt, Ausgang, Bedenkzeit, Einhalt, Einstellung, Feierabend. ▸ Original • Tätigkeit • Arbeitszeit, Betrieb(szeit) • Fortführung, Fortsetzung • Fahrt, Marsch.
Pause machen, eine → pausieren.
pausen → anhalten, bequem, durchpausen.
Pausen einlegen, eine auskuppeln *u.*
pausenlos fließbandmäßig *u*, rasant *u.* → andauernd, ununterbrochen.
pausieren unterbrechen, aufhören, innehalten. → ablassen, aufhören, aussetzen, einhalten, ruhen. ▸ arbeiten • durcharbeiten • weiterarbeiten.
Pavillon Gartenhaus, Rotunde, Laube, Festzelt, Festgebäude, Rondell, Gebäudeteil, Gartenzelt, Lusthäuschen. → Haus.
Pech Harz, Teer, Bergpech, Schwärze, Schwärzlichkeit, Dunkel, Pechfackel, Pechblende, Pechdraht, Pecherz • Unglück, Unheil, Nachteil, Hindernis, Sackgasse, Unstern, Bedrängnis, Prüfung,

Heimsuchung, Not, Geschick, Übel, Klage, Unannehmlichkeit, Unbill, Schaden, Kreuz, Missgeschick, Notlage, Klemme. → Bekümmernis, Beschwerde, Einbuße, Enttäuschung, Fisch auf trockenem Land. ▸ Glück, Erfolg.

Pechsträhne → Unglück, Verhängnis.

Pechvogel Unglücksvogel, Unglücksmensch, Pechmarie, Spielball des Glücks, Ungeschickter, Mann der verpassten Gelegenheiten, Tollpatsch, Unglückshand, Unglücksrabe, Umstandskrämer, Linkshänder, Leidender, Heimgesuchter, Bedrängter, Geplagter. ▸ Glückspilz.

Pedant Rechthaber, Kleinigkeitskrämer, Fanatiker, Dickkopf, Haberecht, Krämerseele, Bücherwurm, Blaustrumpf, kleinlicher Mensch, Philister, Schneiderseele, Schusterseele, Lederseele, Umstandskrämer, Haarspalter, Schulfuchs, Schulmeister, Kupferstecher, Sittenrichter, Silbenstecher, Nörgler, Splitterrichter, Flohsucher *u*, Kacker *u*, Korinthenkacker *u*, Pinsel *u*. → Banause, Besserwisser, Kleinigkeitskrämer. ▸ (Mensch großzügiger), Schlamper.

Pedanterie Wortkrämerei, Schulfuchserei, Steifheit, Haarspalterei, Silbenspalterei, Kleinigkeitskrämerei, Professorenweisheit, Getue, Verschrobenheit, Umstandskrämerei. → Denkart kleinliche. ▸ Großzügigkeit.

pedantisch engherzig, überpeinlich, akkurat, bürokratisch, engstirnig, genau, silbenstecherisch, lehrerhaft, haarspalterisch, mürrisch, kleinlich, kleinkrämerisch, minuziös, langweilig, hölzern, philisterhaft, eng, spießig, spitzfindig, verbohrt, unzugänglich, rechthaberisch, etepetete, exakt, kleinbürgerlich, kurzsichtig, penibel, pinzig, philiströs, versauert, verknöchert, unduldsam, verbissen. → akkurat, bedächtig, bürokratisch, engherzig, genau, lehrerhaft. ▸ großzügig, unpedantisch, weitherzig • liederlich, oberflächlich, schlampig, ungenau, unordentlich.

peilen bestimmen, abpeilen, hinpeilen, anpeilen, abmessen, abzirkeln, messen, ausmessen, bemessen, vermessen, schätzen, abschätzen, taxieren, ausrechnen, loten, pegeln, die Himmelsrichtung bestimmen, Wassertiefe bestimmen, Richtung einer Funkstation bestimmen.

Pein → Armut, Beschwerde, Betrübnis, Dorn, Elend, Marter, Not, Schmerz, Übel. ▸ Freude, Glück, Lust, Seligkeit, Wonne.

peinigen kneifen, kreuzigen, martern, bohren, quälen, foltern, stechen, rädern, ärgern, belästigen, bekümmern, kränken, plagen, heimsuchen, placken, bedrängen, verletzen, verdrießen, verwunden, schmerzen, wehtun, übel wollen, beleidigen, beunruhigen, schikanieren, kujonieren, schinden, schaden, misshandeln. → angreifen, bedrücken, befeinden, betrüben, bohren, quälen. ▸ aufheitern, ergötzen, wohl tun, beglücken • liebkosen, streicheln.

peinigend → aufreibend, beißend, böse, schmerzlich, zynisch.

Peiniger Schinder *u*.

peinlich genau, heikel, gewissenhaft, korrekt, delikat, sorgfältig, sauber, genauestens, zuverlässig, proper • unangenehm, genarrt, unerfreulich, ärgerlich, widrig, betrübend, verdrießlich, penibel, schwierig. → akkurat, ärgerlich, ausführlich, bedächtig, bedenklich, beflissentlich, beschämend, bitterlich, böse, buchstäblich, leid. ▸ ehrenhaft, erfreulich, gut, nachlässig, unachtsam.

peinlich erregt elektrisiert *u*.

peinlicher Vorfall Affäre, Blamage, Skandal.

peinliches Missgeschick schöne Bescherung *u*.

Peinlichkeit → Charakterstärke, Rechtschaffenheit.

peinvoll → leidvoll, schmerzlich.

Peitsche Rute, Gerte, Reitpeitsche, Ochsenziemer, Hagenschwanz, Knute, Karbatsche, Pferdepeitsche • Antrieb, Anstachelung, Ansporn, Antreibung • Zwangsmittel, Härte, Strenge, Bestrafung. → Geißel.

peitschen → ankurbeln, bestrafen, prügeln, strafen.

Peitscher (Selbstauspeitscher) Flagellant.

pejorativ abfällig, abwertend, bedeutungsverschlechternd.

pekuniär → finanziell, geldlich.

Pelle → Haut.

pellen → schälen.

Pellkartoffeln Beamteneier *u*.

Pelz Behaarung, Fell, Balg, Wolle, Vlies, Borste, Haut, Bedeckung, Haar • Wärme, Schutz, Pelzmantel, Pelzjacke, Bekleidungsstück, Fuchspelz, Persianer, Hermelin, Nerz, Breitschwanz, Pelzkragen, Pelzrock. → Balg, Bedeckung, Fell.

Pelz um den Hals Kollier.

pelzen → beifügen.

Pelzmantel Fell *u*.

Penaten Schutzgötter, Hausgötter, Heimgötter, Staatsgötter, Wohngötter, Laren, Schutzgeister. → Aufenthaltsort, Haus.

Pendant → Gegenstück.

Pendel Perpendikel.

Pendelbewegung → Bewegung.

pendeln bammeln *u*. → bammeln, schweben.

pendelnd oszillatorisch.

penibel → akkurat, ärgerlich, bedächtig, genau, peinlich.

Penis Glied, männliches Geschlechtsteil/Glied, Membrum virile, Nippel, Phallus, Pimmel, Schwanz • Bimbam *u*, Blasrohr *u*, Bohrer *u*, kleiner Bruder *u*, Bubi *u*, Bügel *u*, Dergel *u*, Ding *u*, Dingsbums *u*, Dittel *u*, Docht *u*, Dubas *u*, Dubbas *u*, Feger *u*, Fiesel *u*, Finger, Rute *u*, Schniepel *u*, Spritze *u*, Sprungbein *u*, Stöpsel *u*, Stängel *u*, Stoßzahn *u*.

Penis, schlaffer Schlappschwanz *u*.

Penne → Anstalt, Schule.

Penner Herumtreiber, Landstreicher, Strolch.

Pension Altersversorgung. → Anstalt, Einkunft, Einnahme, Gaststätte, Rente.

Pension gehen, in → abdanken.

Pensionat → Erziehungsanstalt, Institut, Schule.

pensionieren → absetzen, entlassen, verabschieden,

kündigen, abberufen, aufsagen, in den Ruhestand versetzen, den Abschied erteilen, vom Amt entheben, wegschicken, fortschicken, entlohnen, ausweisen, ausdingen, abdingen, ablohnen. → abbauen. ▸ einstellen lassen sich.
pensioniert im Ruhestand, ausgedient, entlassen, abgedankt, gestrichen, abgebaut, verabschiedet, gekündigt, vom Amte enthoben, fortgeschickt, ausgewiesen, entlohnt. → arbeitslos. ▸ beschäftigt.
Pensionierung → Abbau, Amtsabtretung, Arbeitsunfähigkeit.
Pensionsalter Schallgrenze *u.*
Pensum → Aufgabe.
perennierend ausdauernd, überdauernd, überwinternd, winterbeständig, frostbeständig, dauernd, beständig, haltbar, überjährig. ▸ vergänglich.
perfekt abgemacht, abgeschlossen, gültig, erledigt, vollzogen • ganz, geläufig, korrekt, fließend, vollkommen, sicher, vollendet, virtuos, gewandt, vollständig, vollwertig, mustergültig, untadelig, tadellos, einwandfrei, fehlerfrei, fehlerlos, geschickt, erfahren, tüchtig, ausgebildet • fertig, vollbracht, beendet. → abgeschlossen, ideal. ▸ schlecht, Schwebe in der, unfertig, unvollendet.
perfid → arglistig, bestechlich, böse, falsch, frevlerisch, unredlich.
Pergament Pergamentpapier, Pergamentbogen, Tierhaut, Handschrift, Dokument, Urkunde, Pergamentrolle, Überlieferung, Pergamentdruck, Pergamentleder. → Bedeckung.
Periode Satzgebilde, Satzreihe, Zeitabschnitt. → Zeitmaß, Zeitraum.
Periodenzahl Frequenz.
periodisch regelmäßig auftretend, immer wieder, in bestimmter Folge, wiederkehrend.
Periodizität → Regelmäßigkeit, Wiederkehr.
peripher → äußerlich.
Peripherie Umfang, Grenzlinie, Randlinie, Umfassungslinie, Rand.
▸ Kern, Mittelpunkt, Zentrum • City, Innenstadt, Stadtkern.
Perle → Ausbund, Beste, Juwel, Liebling, Schmuck, Vollkommenheit.
perlen → brausen, schäumen.
permanent → andauernd, ununterbrochen.
per pedes gehen, wandern, schreiten, wandeln, wallen, durchkreuzen, durchqueren, durchstreifen, durchstreichen, traben, trotten, umherschlendern, reisen, walzen, marschieren, trippeln, spazieren gehen, laufen, zu Fuß gehen. ▸ fahren.
perplex → baff, niedergeschmettert, überrascht.
Persien Iran.
Persiflage Parodie, Zerrbild, Satire, Spott.
persiflieren → auslachen, verspotten.
Person → Mensch (Mensch als) Einzelwesen, Individuum, Jemand, Mensch, menschliches Geschöpf/Wesen, Persönlichkeit, Subjekt.
Person, öffentliche → Dirne.
Personal Dienstpersonal, Hauspersonal, Hilfe, Dienstmädchen, Putzfrau, Hausgehilfin, Waschfrau, Köchin, Zimmermädchen, Kindermädchen, Halbtagsmädchen, Hausmädchen, Chauffeur, Gärtner, Untergebener, Magd, Dienstbote, Hausangestellte, Wirtschafterin, Beschließerin, Erzieherin, Stütze, Bonne, Gouvernante, Bedienter, Knecht, Kutscher, Hausmeister, Portier, Hausdiener, Hoteldiener, Ladengehilfe, Kammerdiener • Belegschaft, Arbeiter, Angestellte. ▸ Chef.
Personalabbau, totaler Kahlschlag *u.*
Personenaufzug Lift, Paternoster.
Personenstandsregister Matrikel.
persönlich eigen, selbst, gesprächsweise, mündlich, direkt, individuell, unmittelbar, menschlich, einzel, besonders, leiblich, in persona • ausfällig, angriffig, unsachlich, gehässig, streitig, gemein. → apart, bahnbrechend, bissig, eigen, eigenhändig, einzel, individuell, menschlich. ▸ unpersönlich, allgemein • gesellschaftlich • dinglich, sachlich.
persönlich werden → beleidigen.
persönlicher Bereich Intimsphäre, Privatleben, Privatsphäre.
Persönlichkeit → Art, Charakter, Manneswürde, Mensch.
Persönlichkeitsforschung Charakterologie, Ethologie, Typik.
Persönlichkeitspflege Selbsterziehung, Selbstzucht, Haltung, Zurückhaltung, Großmut, Duldsamkeit, Selbstkritik, Selbstprüfung, Hochsinn, Gesinnungsadel, Heldengröße, Selbstzügelung, Mäßigung, Manneszucht, Kinderstube, Erziehung, Schulzucht, Selbstbeherrschung, Selbstüberwindung. ▸ Charakterlosigkeit.
Persönlichkeitsreifung Individuation.
Perspektive → Anblick, Aspekt.
Perücke Haarersatz, Kopfbedeckung, Unechtheit, Haaraufsatz, Zweitfrisur, Lockenperücke, Kopfputz, Haartracht • Verkleidung, Maskenaufputz, (Haar-) Prothese *u*, falsche Behauptung *u.* → Ausschmückung.
pervers abartig. → abnorm, anders geartet, anrüchig, ausschweifend. ▸ allgemein üblich, normal.
pesen → rennen.
Pessimismus Schwarzmalerei, Untergangsstimmung. → Freudlosigkeit, Trübsinn.
Pessimist Runzelkopf *u.* → Miesmacher.
pessimistisch lebensverneinend, mutlos, niedergedrückt, mutlos werden, verzagt, bedrückt, schwarzseherisch, Unheil verkündend, düster, trübe, ohne Hoffnung, missvergnügt, in steter Verzweiflung, grämlich, griesgrämig, sauertöpfisch, übellaunig, misslaunig, verdrießlich, unmutig, freudlos. → aufgelegt, trübsinnig. ▸ optimistisch, hoffnungsvoll, lebensbejahend, positiv eingestellt, zuversichtlich.
Pestgeruch bestialischer Gestank, Gifthauch, Miasma, Sumpfgeruch.
Pestilenz Seuche, Pest, Pesthauch, Gestank,

Seuchenherd, Dünste, Übelgeruch, Giftgeruch, Kerkerluft, Gifthauch, Ungesundheit, Unreinheit, Schädlichkeit, Unsauberkeit, Fäulnis, schlechte Luft, Unreinlichkeit, Miasma. ▸ Sauberkeit, Wohlgeruch.
pestilenzialisch übel riechend, stinkend, stinkig. ▸ sauber, unschädlich, wohlriechend.
Petition → Antrag, Bettelbrief, Bewerbung, Gesuch.
Petroleum Erdöl, Steinöl, Mineralöl. → Brennmaterial.
petschieren → besiegeln.
Petting Ersatzbumsen *u*, Stippvisite *u*.
petto haben, in → beabsichtigen.
petzen kneifen, kneipen, zwicken, zwacken, ärgern, weh tun, peinigen ● angeben, verpetzen, verraten. → anzeigen, aufklären. ▸ brechen eine Lanze, unterlassen, verschweigen.
Pfad → Bindemittel, Weg.
Pfadfinder Scout, Wegweiser, Pionier.
pfadlos unzugänglich, undurchdringlich, undurchlässig, versperrt, verschlossen, zu, ungeöffnet, unbegehbar, weglos, beschwert, verrannt, hinderlich, erschwerend. ▸ begehbar.
Pfaffe → Geistlichkeit.
pfäffisch → aalglatt, bigott, eitel, falsch.
Pfahl Strafmittel, Marterpfahl, Schandpfahl, Pranger, Staupsäule, Folterpfahl, Schafott, Blutgerüst, Guillotine, Galgen ● Pfosten, Poller. → Balken, Block, Pfeiler.
Pfahl im Fleisch → Dorn.
pfählen → bestrafen, einräumen, stützen, töten.
Pfahlwerk Stütze, Abstützung, Stützwerk, Halt, Pfahlbau, Unterstützung, Unterzug, Pfahlrost, Verpfählung, Balkenwerk, Gerüst, Holzwerk, Pfosten, Strebe. → Balken.
Pfahlzaun Palisade.
Pfand Strafgeld, Strafe, Beitrag, Beisteuer, Spielpfand, Bürgschaftsgegenstand, Sicherheitsgegenstand, Pfandbrief, Schuldschein, Unterpfand ● Liebespfand, Hoffnungspfand, Lichtblick, Hoffnungsanker, Andenken. → Eid.
Pfand geben, in → beleihen.
Pfandbrief Realobligation.
Pfandbriefanstalt → Bank.
pfänden verpfänden, sperren, in Beschlag nehmen, abnehmen, zwingen, umlegen, einziehen, erheben, einsammeln, einheimsen, wegnehmen, sicherstellen. ▸ freigeben.
Pfanne Dachziegel, Hohlziegel, Krummziegel, Bedeckungsmittel ● Gelenkpfanne, Knochenvertiefung. → Behälter, Gefäß.
Pfanne hauen, in die besiegen, fertig machen, schlagen.
Pfannkuchen Omelett, Palatschinken, Plinse.
Pfarramt Pastorat.
Pfarrei → Bezirk.
Pfarrer → Diener Gottes, Geistlichkeit.
pfeffern → hinauswerfen, würzen.
Pfeife Trillerpfeife, Flöte, Musikinstrument, Hirtenflöte, Hirtenpfeife, Querflöte, Blockflöte, Vogelflöte, Orgelpfeife, Blasinstrument ● Tabakspfeife, Friedenspfeife, Stinktiegel, Wasserpfeife, Tonpfeife, Porzellanpfeife, Meerschaumpfeife ● Versager, Feigling.
pfeifen → anstimmen, musizieren.
pfeifen, auf dem letzten Loch ermüden, ermatten, schachmatt sein, müde sein, nicht mehr japsen können, kaum atmen können, kaputt sein ● röcheln, in den letzten Zügen liegen, mit einem Fuß im Grab stehen, am Rand des Grabes sein, mit dem Tod kämpfen. ▸ Damm sein auf dem.
Pfeil Bogengeschoss, Geschoss, Bolzen, Wurfgeschoss, Waffe, Schusswaffe, Handwaffe, Spitze, Pfeilspitze, Schärfe ● Richtungsweiser, Orientierungszeichen ● Liebespfeil. → Blitz.
Pfeiler Stütze, Säule, Träger, Querpfeiler, Eckpfeiler, Pfosten, Grundpfeiler, Abstützung, Stützwerk, Unterstützung, Pilaster. → Balken, Pfahl. ▸ Mauer.
pfeilgeschwind → beflügelt, schnell.
Pfeilhecht Barrakuda.
Pfennige → Bargeld.
Pfennigfuchser Geizhals, Geizdrache, Geizteufel, Filz, Geiziger, Mammonsknecht, Raffer, Knauser, Knicker, Sparhals, Geizhammel, Raffke, Nimmersatt, Hungerleider, Schmutzfink, Jude, Blutsauger, Wucherer, engherziger Mensch, Egoist, kleinlicher Mensch, knauseriger Mensch. → Geizhals. ▸ Spender, Verschwender, Wohltäter.
pferchen zusammendrängen, zwängen, stauen, pressen, einsperren.
Pferd Haustier, Gaul, Zugtier, Zugpferd, Rennpferd, Reitpferd, Wagenpferd, Jagdpferd, Klepper, Stute, Hengst, Schimmel, Rappen, Mähre, Ross, Fuchs, Kutscherpferd, Schindmähre, Hafermotor *u*, Hottehott *u*, Hottepferd *u*, Schabracke, Rosinante *u*, Lasttier, Nutztier, Ackergaul, Saumross, Falbe, Füllen, Fohlen, Sattelpferd, Vollblut, Halbblut ● Trampel, Elefantenbaby, Dragoner, tölpelhafter Mensch, Trampeltier.
Pferd, altes Schabracke *u*.
Pferd, bestes Crack.
Pferd, geflügeltes Musenross, Pegasus.
Pferd, kleines Pony.
Pferd setzen, aufs falsche → fehlgreifen.
Pferdearbeit → Anstrengung.
Pferdebahn → Bahn, Fahrzeug (Schienen-).
Pferdefuß → Dämon, Teufel.
Pferdekraft → Dynamik, Stärke.
Pferderennbahn Hippodrom.
Pferderennreiter Jockey.
Pferdefachmann/-kenner Hippologe.
Pferdehockey Polo.
Pfiff Pfeifen, pfeifender Ton, Schrillton, Zugpfeifen, Laut, Ruf, Bemerkbarmachung, Vogelpfiff, Stimme, Zeichen ● etwas Geringes, Deut, Kleinheit, Dreck ● kleines Flüssigkeitsmaß. → Ausweg. ▸ Größe, Schrei.
Pfifferling Pilz, Eierpilz, Gelbling, Pfefferschwamm, Waldpflanze, Edelpilz. → Bagatelle, Dunst leerer. ▸ Bedeutung, Wichtigkeit.
pfiffig ausgebufft *u*, ausgefuchst *u*, politisch *u*. → aalglatt, bübisch, durchtrieben, findig, gewiegt, intelligent, listig, schlau. ▸ naiv, fantasielos, töricht.
Pfiffigkeit → Findigkeit, List.
Pfiffikus Schlauer, geriebener Bursche, schlauer Patron,

Schlaufuchs, Schlauberger, Schelm, Feinspinner, Fuchs, Reineke, Klügler, verschmitzter Mensch, pfiffiger Mensch, durchtriebener Mensch, verschlagener Mensch, geriebener Mensch, Riemenstecher, Leisetreter, abgefeimter Spitzbube. ▸ Dummkopf, Simpel.

Pflanze Gewächs, Bodenerzeugnis, Bodengewächs, Bodenwuchs, Baumpflanze, Staude, Strauch, Gemüse, Getreide, Blume, Heilkräuter, Unkraut, Waldpflanze, südliche Gewächse, Flachs, Moos • Berliner Pflanze, Göre. → Backfisch, Blume. ▸ Tier.

pflanzen anbauen, setzen, anpflanzen, säen, bebauen, erzeugen, bepflanzen, bewirtschaften, bestellen, ackern, besäen, einsetzen, vermehren, hochziehen, hochzüchten, urbar machen, pflügen, eggen, veredeln, hervorrufen, gründen, verpflanzen • den Frieden pflanzen, Argwohn ins Herz pflanzen, sich wohin pflanzen, aufpflanzen, sich aufstellen. → ackern, bestellen. ▸ ernten, roden pflücken.

Pflanzen sammeln botanisieren.

Pflanzenanbau Agrikultur.

Pflanzenauszug Essenz.

Pflanzenbeschreibung Phytographie.

Pflanzenesser Vegetarier.

Pflanzenfarbstoff Chlorophyll.

Pflanzenfett Margarine.

Pflanzenforscher Botaniker.

pflanzenfressend herbivor, phytophagisch.

Pflanzenfresser Phytophage, Vegetarier.

Pflanzenheilkunde Phytotherapie.

Pflanzenkost Vegetabilien.

Pflanzenvernichtungsmittel Herbizid.

Pflanzenwelt Flora, Vegetation (Feld/Wald/Wiese). ▸ Fauna, Tierwelt.

Pflanzer → Bauer, Bevölkerung, Siedler.

pflanzlich vegetabilisch, vegetarisch, vegetativ.

Pflanzung → Ansiedlung, Bauernhof, Baumschule, Besitztum.

Pflaster Steine, Straßenbelag, Bodenbelag, Pflastersteine, Asphalt, Beton, Zement, Stampfasphalt, Gussasphalt, Bedeckung, Oberdecke, Schicht, Schotterdecke, Straße • Schutzpflaster, Heilmittel, Zugpflaster, Hilfsmittel, Verbandmittel, Bindemittel, Heftpflaster, Wundmittel • Schönheitsmittel, Schönheitspflästerchen. → Arznei.

pflastern bepflastern, belegen, mit Pflastersteinen versehen, setzen, eine Straße machen • verbinden, heilen, herumdoktern, salbadern, kurpfuschen, quacksalbern. ▸ schlagen.

Pflastertreter → Faulpelz.

Pflaume Obst, Steinobst • Weichling, Versager.

pflaumenweich → kraftlos.

Pflege → Anwendung, Aufrechterhaltung, Bedarf, Behandlung, Beistand, Obhut.

Pflegeanstalt, Altersheim. → Anstalt, Krankenhaus.

pflegen etwas gewohnt sein, etwas betreiben, sich etwas angelegen sein lassen, etwas immer tun, sich widmen • umsorgen, sich einer Sache annehmen, in Stand halten. → aufziehen, bedienen, beistehen, behüten, umsorgen, bringen auf die Beine, hegen, helfen, kurieren, nähren. ▸ ausrotten, erschweren, verderben, verhindern, unterlassen • verkommen lassen, vernachlässigen • misshandeln, quälen.

pflegen, der Ruhe → bequem, ruhen, schlafen.

Pfleger(in) Krankenpfleger, Säuglingsschwester, Wehmutter, Wehfrau, Hilfe, Helfer, Stütze, Schwester, Krankenschwester, Wohltäter, Armenpfleger, Krankenbruder, Diakonisse, Rotkreuzschwester, Fürsorgerin, Fürsorgeschwester, Karbol- oder Lysolmäuschen *u*, Krankenwärter, Wohlfahrtspfleger. → Aushilfe, Beistand, Beschützer.

pfleglich → sorgfältig.

pfleglich behandeln hätscheln, hegen, schonen.

Pflegling Kurand, Patient.

Pflegschaft Kuratel.

Pflicht Verpflichtung, Gewissenssache, Ehrensache, Pflichtgebot, Satzung, Ordnung, sittliche Forderung, Pflichtmäßigkeit, Pflichtgefühl, Pflichtbewusstsein, Pflichttreue, Pflichtübung, Selbstverantwortung, Gewissenhaftigkeit, Pflichterfüllung, Amtspflicht, Bindung, Obliegenheit, Gehorsam, Gesetzespflicht, Bürgerpflicht, Pflichtbegriff, ungeschriebenes Gesetz, Gebundenheit, Abhängigkeit, Arbeit, Pflichtenkreis, Zwang, Muss, Unerlässlichkeit, Schuldigkeit. → Amt, Angelegenheit, Arbeit, Aufgabe, Beharrlichkeit, Beruf, Beschwerde, Charge, Dekorum, Dienst, Dienstpflicht, Existenz, Herzensbedürfnis, Obliegenheit, Raum. ▸ Pflichtvergessenheit • Freiwilligkeit • Kür • Recht • Unverbindlichkeit • Vergnügen.

Pflichtanteil Kontingent.

pflichtbewusst pflichteifrig, pflichtgetreu, rechtschaffen, gewissenhaft, pflichtschuldig, sorgfältig, bieder, zuverlässig, beständig, charakterfest, verlässlich, pünktlich, mannhaft, aufrichtig, gerade, gehorsam, pflichtgemäß, beflissen, gefällig. → bieder. ▸ pflichtvergessen.

Pflichtbewusstsein → Pflicht, Pflichtgefühl, Tatkraft.

pflichteifrig → demütig, dienstbereit, pflichtbewusst.

pflichtenlos → leichtfertig.

Pflichterfüllung → Charakterstärke, Dienstbarkeit, Ehrenpunkt, Treue.

Pflichtgefühl Pflichtbewusstsein, Verantwortung, Verantwortlichkeit, Treue, Gewissenhaftigkeit, Berufstreue, Pflichtauffassung, Pflichttreue, Gehorsam, Schweigepflicht, Verantwortungsgefühl, Charakterstärke, Redlichkeit, Lauterkeit, Rechtschaffenheit, Zuverlässigkeit, Anständigkeit, Unbestechlichkeit, Bravheit. → Anstand. ▸ Pflichtverletzung, Unzuverlässigkeit.

pflichtgemäß → charakterfest.

pflichtgetreu → anständig, brav, charaktervoll, pflichtbewusst.

pflichtig → ersatzpflichtig.

pflichtmäßig → obligatorisch, pflichtbewusst.

pflichtschuldig → pflichtbewusst, verpflichtet.

pflichttreu → anständig, brav, charaktervoll, pflichtbewusst, rechtschaffen.

Pflichttreue Ehrbarkeit,

Lauterkeit, Redlichkeit, Rechtschaffenheit, Verantwortungsbewusstsein.
pflichtvergessen lotterhaft. → achtlos, bestechlich, bummelig, falsch, leichtfertig, ungehorsam.
Pflichtvergessenheit Leichtsinn, Schlamperei, Leichtfertigkeit, Achtlosigkeit, Pflichtversäumnis, Lässigkeit, Unterlassung, Versäumnis, Ausflucht, Vernachlässigung, Verantwortungslosigkeit, Laxheit, Nichtbeobachtung, Verstoß, Pflichtverletzung, Übertretung, Missbrauch, Überschreitung, Zuwiderhandlung, Ungehorsam, Untreue, Unfolgsamkeit. → Bestechlichkeit, Bruch, Bummelei, Fahrlässigkeit, Käuflichkeit, Unterlassung. ▸ Pflicht.
Pflock Holzstift, Holznagel • Zapfen • Halterung, Haltegriff, Klinke, Drücker.
pflücken → ernten. ▸ pflanzen, säen.
pflügen ackern, eggen, bestellen, furchen, bewirtschaften, urbar machen, aushöhlen, auskehlen. → ackern, graben. ▸ brachliegen.
Pforte → Ausgang, Durchgang, Einfahrt, Eingang, Öffnung, Tor.
Pförtner Türhüter. → Portier.
Pfosten Poller. → Balken, Pfahl.
Pfote Klaue, Fuß, Tatze, Pranke, Pratze • Patsche, Faust, Gliedmaß • schlechte Pfote haben, schlechte Schrift, unleserlich schreiben • in den Pfoten haben. → besitzen.
Pfoten davon lassen, die nicht anrühren, nicht berühren, nicht belästigen, sich nicht darum kümmern.
Pfriem → Ahle, Durchlocher, Werkzeug.
Pfropfen Kork, Verschluss, Stöpsel, Stopfen.
pfropfen → veredeln.
Pfründe Unterhalt, Einkommen, Stiftung, Unterstützung, Lebensmittel, Zuschuss, Zugabe, Gabe, müheloses Einkommen • Stelle im Hospital, Stelle in einem Versorgungsheim • Einkommen eines Kirchenamts, Pfarre. → Bestechung, Käuflichkeit.
Pfuhl Sumpf, Pfütze, Tümpel, Entenpfuhl, Ried, Bruch, Morast, Moor, Schlick, Unreinheit, Unsauberkeit, Lache, Schlamm, Gestank, Miasma, Kot • Sündenpfuhl, Hölle.
Pfuirufe → Schimpf, Tadel.
pfundig → anmutig, prima.
Pfusch → Unvollkommenheit.
pfuschen schludern, holzen, murksen, schustern. → blamieren, hudeln.
Pfuscher Nichtskönner, Stöpsler, Hudler, Nichtfachmann, Stümper, Halbwisser, Einfaltspinsel, Dummkopf, Tölpel, Schmierer, Farbenkleckser, Schablonenmaler, Schablonenmensch, Ausschuss, Federfuchser, Verderber, Ölgötze, Holzbock, Tropf, Laie, Grünling, Anfänger, Neuling, Mogler. ▸ Könner, Experte, Fachmann, Kapazität, Sachverständiger • Künstler.
Pfuscherei → Blamage, Blendwerk, Faselei, Flickwerk.
Pfütze → Becken, Gewässer, Kloake.
Phänomen Erscheinung, Bild, Darstellung, Geist, Naturerscheinung, Wunder, Zeichen, Vorzeichen, Anzeichen, Vorbedeutung • Könner, Persönlichkeit, überragender Mensch • Ungeheuer, Unmöglichkeit, Wunderding, Monstrum. ▸ Pfuscher, Wirklichkeit.
phänomenal Aufsehen erregend, außergewöhnlich, beeindruckend, erstaunlich, fesselnd, überwältigend.
Phantasmagorie → Blendwerk, Hirngespinst.
Phantom → Gespenst, Hirngespinst.
Pharisäer Falscher, Heimtücker, Betrüger, Heuchler, Scheinheiliger, Großtuer, Prahler, Eitler, Pfau, Pfingstochse, Hochmutsnarr, Arglistiger • Angehöriger einer jüdischen Partei. ▸ Mensch aufrechter treuer.
pharisäisch → arglistig, bigott, falsch, scheinfromm.
Phase Lage, Situation • Wechsel, Wandlung, Schwankung, Umbildung.
Philippika → Bestrafung.
Philister → Banause, Pedant.
philisterhaft → einseitig, kleinlich, trocken.
Philosoph Weisheitsfreund, Weiser, Weltweiser, Begriffsforscher, Denker, Weisheitslehrer, Gelehrter, Forscher, Wissenschaftler, Geistesritter • Lebenskünstler, Stoiker, Gemütsmensch • Gehirnathlet *u*, Geistesakrobat *u*, Geistesriese *u*. ▸ Brausekopf, Schwachkopf
Phlegma → Bummelei, Dickfelligkeit, Dumpfheit, Gleichgültigkeit, Trägheit.
Phlegmatiker Gemütsmensch, Trottel, langweiliger Bruder *u*, Laumann *u*.
phlegmatisch pomadig *u*. → bedächtig, behäbig, bequem, bleiern, energielos, faul, langsam. ▸ beweglich, dynamisch, feurig, lebendig, lebhaft, munter, schwungvoll • fieberhaft, hektisch, übereifrig.
Phonetik Lautkunde, Sprachlautkunde, Stimmlehre, richtiger Gebrauch der Stimme, Artikulation, Lautlehre, Vokalisation, Aussprache, Sprachlaut. → Akustik.
Phonograph → Apparat.
Phrase Schwulst, Gerde, Bombast, Redewendung, Redeblume, Redensart, Getue mit Worten, Inhaltslosigkeit, Blödsinn, Gefasel, Blech, Wortschwall, Überschwänglichkeit, Hohlheit. → Art und Weise, Bedeutungslosigkeit, Farblosigkeit. ▸ Gedankentiefe, Wortbedeutung.
Phrase, leere → Blech.
Phrasendrescherei → Bedeutungslosigkeit, Blech, Bombast, Phrase.
phrasenhaft nichts sagend, leer, hohl, gehaltlos, gestaltungsarm.
Physiognomie Gesichtszug, Ausdruck, Außenlinie, Gesicht, Mienenspiel, Miene. → Angesicht, Art, Ausdruck. ▸ Ausdruckslosigkeit.
physisch → gegenständlich, leiblich.
Pianist Flügelmann *u*.
piano → leise.
picheln → besaufen.
Pickel Pocke, Quaddel, Pustel, Finne, Warze, Mitesser, Bläschen • Haue, Hacke, Spitzhacke, Picke.
pickelig pustelig, knotig, blasig.
picken prickeln, krabbeln, kribbeln, beißen, brennen, stechen.
Picknick → Ausflug (mit Essen im Freien).
picobello → anmutig, sauber.
pieken stechen, sticheln.
piekfein → anmutig, artig.
piepsen schilpen, zwitschern,

zirpen, gicksen, rufen, quieken, girren, glucksen, gackern, lärmen, pfeifen.
▸ schreien.
piesacken → bedrücken, Hölle heiß machen, quälen.
Pietät Achtung, Ehrfurcht, Ehrerbietung, Hochachtung, Scheu, hohe Meinung, Würdigung, Verehrung, Schätzung, Wertschätzung, Ehrenplatz, Verbeugung, Ehrfurchtsbezeugung, Achtungserweisung, Achtungsbezeigung.
▸ Pietätlosigkeit, Schimpf.
Pietätlosigkeit → Schimpf.
Pigmentmangel → Albino.
pikant → anmutig, anrüchig, appetitlich, aromatisch, köstlich.
▸ fade, langweilig, lasch, witzlos, würzlos • unanstößig.
Pike → Waffe.
Pilgerfahrt → Bittgang, Bußgang.
pilgern wallfahren, wandern, gehen, marschieren, wandeln, wallen, schreiten, unternehmen, ausschreiben, traben, laufen, in einer Prozession ziehen • beten, bitten, singen, anflehen. → begehren, bewegen sich.
▸ fahren.
Pilgerung → Bittgang, Bußgang.
Pille → Arznei, Betrübnis, Dosis.
Pille, bittere → Verdruss.
Pilot Flugzeugführer, Flieger, Luftschiffer, Luftschifffahrer, Flugkapitän, Segelflieger, Steuermann, Lotse.
Pilotenkabine Cockpit.
Pilz → Auswuchs, Bazillus, Pflanze.
Pilzerkrankung Mykose.
Pilzkunde Mykologie.
pilztötend fungizid.
Pilzvergiftung Myzetismus.
Pimmel → Penis.
Pimpf Jungmannschaft, Jungschar, Jugendverband, Jungen, Buben, Halbwüchsige, Burschen, Wandervögel, Trupp, Schar, Horde.
▸ Mann.
Pinasse → Boot.
pingelig → genau.
Pinkel, feiner Dandy, Elegant, Fant, Fatzke, Geck, Gent, Gigerl, Lackaffe, Pinkel, Snob, Stutzer.
pinkeln → pissen.
Pinkepinke → Bargeld.
Pinsel Malgerät, Malerpinsel, Gerätschaft, Anstreicherpinsel • Haarbüschel, Borstenbüschel, Schwanz • Einfaltspinsel, Tropf, einfältiger Mensch, Simpel, Dummerian. → Betrogener.
pinseln → malen, weinen.
Pionier → Bahnbrecher.
Pirat → Bandit.
Piratentum → Beraubung.
pirschen → gehen, jagen.
pissen pinkeln, strullen, Wasser lassen, urinieren.
Piste Abfahrt. → Bahn.
Pistole Ballermann, Colt, Engelmacher, Handfeuerwaffe, Schießeisen, Revolver • Ballermann *u*, Engelmacher *u*, Puste *u*, Taschenflak *u*.
Pistole auf die Brust setzen → zwingen.
Pistolenmann Gunman.
pitschen zwicken, zwacken.
Plache → Decke.
placken → abmühen, anstrengen, bedrücken.
placken, sich → anstrengen.
Plackerei → Anstrengung, Aufgebot, Bemühung, Beschwerde, Mühe.
pladdern → regnen.
plädieren → rechtfertigen, verteidigen.
Plage → Anstrengung, Arbeit, Ärger, Ärgernis, Armut, Bekümmernis, Beschwerde, Beschwerlichkeit, Bürde, Dorn, Elend, Fron, Kampf ums Dasein, Mühe, Not, Übel, Unglück.
Plagegeist → Quälgeist.
plagen → abmühen, anöden, anstrengen sich, bedrücken, befeinden, beschäftigen, bestreben sich, betrüben, binden sich selbst eine Rute, Brotkorb höher hängen, erkämpfen, quälen.
plagen, sich abarbeiten / abmühen / abrackern / anstrengen sich, bemühen sich, schuften.
Plagiat Borg, erborgte Federn, Beraubung, Aneignung, Dieberei, geistiger Diebstahl, Nachahmung, Nachdruck, Fälschung, Eingriff in fremde Rechte, Gaunerei, Schwindel, Betrug. → Abklatsch, Bemächtigung.
▸ Original, Unikat, Urschrift.
Plagiator → Nachbeter.
plagiatrorisch ausnehmen fleddern *u*.
Plakat → Affiche, Angebot, Anschlag, Aushang.
Plakette Gedenktafel, Denkmünze, Ansteckmarke, Medaille, Schaugroschen, Schaumünze, Gedenkmünze, Abzeichen, Parteiabzeichen.
plan flach, eben, glatt.
Plan Formblatt, Grundriss, Gerippe, Linie große, Anordnung, Wegweisr, Skizze, Projekt, Übersicht, Entwurf, Darstellung, Absicht, Entschluss, Vorschlag, Reiseplan, Urlaubsplan, Vorsatz, Vorhaben, Vorbedacht, Karte, Lagezeichnung, Lagebestimmung, Stadtplan, Wanderkarte, Reisehandbuch, Reiseführer, Leitfaden, Landkarte, Vordruck, Konzeption *M*, Schlachtplan. → Absicht, Anordnung, Anschlag, Art, Aufbau, Aufriss, Denkspruch, Dessin, Entwurf, Karte.
▸ Ausführung, Zufall.
Plan entwickeln, einen ein Ei ausbrüten *u*.
Plandruck → Druck.
Plane → Decke.
Pläne durchkreuzen quer schießen *u*.
Plänemacher Planer, Ordner, Gestalter, Projektmacher, Entwerfer, Wegweiser, Anordner, Kartenzeichner, Kartenstecher, Erfinder, Skizzierer, Ausarbeiter, Vorzeichner, Vorbereiter, Anbahner.
▸ Nichtkundiger, Nichtskönner • Improvisator.
planen → anbahnen, ausgestalten, beabsichtigen, einfädeln, organisieren, vorbereiten.
▸ ausarbeiten • ausführen, durchführen, handeln • improvisieren.
Planer → Ordner, Plänemacher.
Planet → Stern.
▸ Fixstern.
Planetenbegleiter Mond, Satellit, Trabant.
Planetenstand Konstellation.
planieren ebnen, einebnen, nivellieren, waagerecht machen, flächen, ausflächen, abflachen, bahnen, ausplatten, glattmachen • bügeln *u*, hobeln *u*.
▸ aufwerfen.
Planke → Bohle, Diele.
Plänkelei Geplänkel, kleines Feuergefecht, Streit, Scharmützel, Fehde, Streitigkeit, Händel, Zwist, Handgemenge, Rauferei, Keilerei, Zusammenstoß, Prügelei, Faustkampf.
▸ Verträglichkeit.
plänkeln → angreifen, beschießen.
planlos unvorbereitet, sinnlos,

unbedacht, unbedachtsam, primitiv, unausgearbeitet, unversorgt, unausgerüstet, unordentlich, unmethodisch, regellos, mangelhaft, schlecht, ungeeignet, improvisiert, aus dem Stegreif, systemlos. ▸ planvoll • geplant, überlegt, vorbereitet • strategisch.
planmäßig → A bis O, durchdacht, fällig, planvoll.
planschen spritzen, baden, untertauchen, patschen, platschen, panschen, manschen *u*, aufs Wasser schlagen.
Plansoll Auflage, Richtlinie, Vorschlag. → Plan.
Plantage → Bauernhof, Baumschule, Besitztum.
Planung Disposition, Entwurf, Konzeption, Plan, Programm, Schlachtplan, Strategie.
Planungsforschung Operations-Research.
Planungsleiter Dispatcher.
planvoll methodisch, gezielt, planmäßig, vorbereitet, ausgeklügelt, überlegt, berechnet, systematisch, durchdacht, klug, schulgerecht, sorgsam, ausgearbeitet. ▸ planlos.
Planzeichnung Skizze.
plappern (dahin)labern, schwatzen, einfältig reden. → abschweifen, auspacken, reden, sprechen.
plärren → beklagen, beweinen, weinen.
Pläsier → Vergnügen.
Plastik → Bildhauerei, Figur.
plastisch heraustretend, hervortretend, bildlich, modelliert, abgehoben, durchgebildet, anschaulich, körperlich, geformt, deutlich hervortreten, gebildet, formgebend, bildnerisch formbar • anschaulich, durchgebildet, gummiartig. ▸ fest, formlos, flach, platt • unanschaulich, undeutlich.
Plateau → Ebene.
platonisch stoisch, gefühllos, gelassen, achtlos, unberührt, enthaltsam, keusch, rein, unbefleckt. ▸ gefühlvoll, triebhaft.
plätschern → fließen, laufen, planschen.
Platt → Dialekt, Jargon.
platt breit, gedrückt, ausgestreckt, flach, seicht, eben, gerade, schildförmig, plan • oberflächlich, nichts sagend, alltäglich, breit getreten, geistlos, abgedroschen, witzlos, langweilig, fad, schal, abgeschmackt • überrascht, erstaunt, stutzig, fassungslos, sprachlos, entgeistert, verblüfft. → abgedroschen, abgeschmackt, eben, fächerartig, farcenhaft, mundartlich, niedergeschmettert. ▸ dick, geistvoll, hoch, schmal, senkrecht • bergig, erhaben, gewölbt, plastisch, wellig.
Plättchen → Diele, Platte.
platt drücken zusammenquetschen, pressen.
Platte Teller, Glasplatte, Schale, Brotplatte, Fleischplatte, Salatplatte, Käseplatte, Silberplatte • Schicht, Tafel, Brett, Decke, Belag, Diele, Bohle, Metallplatte, Fotoplatte, Schlachtplatte • Glatze, Kahlkopf, Kahlheit. → Behälter, Diele, Ebene. ▸ Abhang.
plätten → bügeln.
Plattensammlung Diskothek, Schallplattenarchiv / -sammlung.
Plattenspieler → Apparat Grammofon, Kassettenrekorder, Stereoanlage, Walkman.
Plattform Abplattung, flaches Dach, Rednerbühne, Podium, Ebene, Platte, Postament, Unterbau, Unterlage, Basis, Stützpunkt. → Anfang, Brett.
Plattheit → Fadheit.
Platz → Ansiedlung, Bedeutung, Beruf, Distrikt, Ecke, Flächenraum, Ort, Quartier, Rang, Raum, Region. ▸ Beengtheit, Gedränge, Raumnot.
Platz nehmen hinsetzen sich, niedersetzen sich.
Platz, öffentlicher Forum.
Platzangst Klaustrophobie, Topophobie.
Platzanweiserin Johanniskäfer *u*.
Plätzchen → Konfitüre, Ort, Quartier.
Platzdeckchen Set.
platzen → aufgehen, aufmachen, außer sich, bersten, brechen, fangen Feuer, losgehen, öffnen. ▸ halten • implodieren • weitergeführt werden.
Platzgeld → Aufschlag, Geld.
platzieren → aufstellen, deponieren, stellen, an einen bestimmten Platz stellen, aufstellen, hinstellen, lokalisieren, platzieren.
Platz machen → ausweichen, entfernen.
Platzmangel Beengtheit, Raummangel, Begrenztheit, Raumknappheit, Enge, Kargheit, Bedrängung, Kleinheit, wenig Platz, Gedrängtheit, Zusammengedrängtheit. → Begrenzung, Einengung. ▸ Geräumigkeit, Platz.
Plauderei → Aussprache, Geplauder, Unterhaltung.
Plauderer Unterhalter, Weltmann, Hofmacher, Gesellschaftslöwe, Zerstreuer • Plaudertasche, Schwätzer, Zungenbrecher, Schnattermaul, Schwatzbase. ▸ Mensch lederner.
Plauderhaftigkeit → Beredsamkeit, Redseligkeit.
plaudern dahlen *u*. → abladen, brechen das Stillschweigen, debattieren, erzählen, fabulieren, Mund verbrennen den, reden, sprechen.
Plaudertasche → Angeber, Kaffeetante, Plauderer, Schwätzer.
plauschen → plaudern, unterhalten sich.
plausibel → anschaulich, deutlich, einleuchtend, glaubhaft.
Plauze → Bauch.
Play-back → Wiederholung.
Playboy → Dandy, Salonlöwe.
Plazet Einwilligung, Zustimmung.
plebejisch gewöhnlich, pöbelhaft, proletenhaft, schäbig, armselig, elend, unfein, ungebildet, ungeschliffen, ungesittet, barbarisch, unzivilisiert. → unhöflich. ▸ vornehm.
Plebs → Mob.
pleite → Bankrott, Konkurs, Zahlungsunfähigkeit • Flop, Misserfolg, Reinfall.
Plethi und Krethi → Hinz und Kunz.
plissieren → falten.
plissiert → faltig.
plombieren füllen, heilen, Plombe einsetzen, zumachen, verschließen, in Ordnung bringen, eine Zahnfüllung machen • siegeln, blockieren, verkitten, versiegeln, zollamtlich verschließen. → absperren. ▸ öffnen, aufbohren.
plötzlich jäh, hastig, heftig, mit einem Mal, unerwartet, blitzartig, übereilt, schnell, rasch, überraschend,

überhastet, jählings, schlagartig, schroff, ungestüm, unsanft, unversehens, wie von der Tarantel gestochen *u*, unvermittelt, unvermutet, flugs, blitzschnell, überstürzt, stürmisch, ruckzuck *u*. → auf einmal, augenblicklich, beizeiten, Blitz getroffen wie vom, Handumdrehen im, Knall auf Fall.
▸ langsam, überlegt • allmählich, sanft, schleichend, schleppend, sukzessiv • (wie) erwartet, planmäßig.

plötzliche Erkenntnis Aha-Erlebnis *u*.

Plötzlichkeit → Blitz, Knall auf Fall, Schnelligkeit.

plump schwerfällig, wie ein Elefant im Porzellanladen, unzart, grob, unbeholfen, ungeschliffen, ungelenk, ungeschlacht, ungeschickt, hölzern, steif, linkisch, ungewandt, tölpelhaft, ungehobelt, eckig, deftig *u*, klobig, klotzig, faustdick, ungalant, unritterlich • plumper Mensch: Klotz, Dragoner, Elefantenküken *u*, flämisch *u*, flapsig *u*. → abstoßend, derb, dick, dickwanstig, geschmacklos.
▸ anziehend, geschickt, geschmackvoll, gewandt, elegant, geschickt, geschmeidig • grazil, graziös, niedlich, zart, zierlich • geschliffen, raffiniert.

plump anfassen antappen *u*, antatzen *u*.

plumpsen → abfallen, absacken, fallen.

Plunder → Abfall, Ausschuss, Bagatelle, Kitsch, Ramsch.
▸ Kostbarkeiten, Wertsachen • nützliche Gegenstände.

Plünderer → Bandit, Dieb.

plündern einsacken *u*, fegen *u*, fleddern *u*. → demolieren, stehlen.

Plünderung → Ausplünderung, Beraubung, Dieberei.

Plus Überschuss, Überhang, Saldo • Reingewinn, Gewinst, Mehrwert, Vorsprung. → Beifügung.
▸ Einbuße, Minus, Verlust.

plustern, sich → eitel, prahlen.

Plutokrat → Kapitalist.

Po → Gesäß.

Pöbel Lumpengesindel, Gesocks, Pack, Plebs, Mob, Gesindel, Gelichter, Bagage, Horde, Bande, Hefe, Abschaum, Bettelvolk, Proletarier, Diebesgesindel, Krethi und Plethi. → Auswurf, Bande, Hinz und Kunz, Mob, Pack.

Pöbelei → Unhöflichkeit.

pöbelhaft → abstoßend, brutal, plebejisch.

Pöbelherrschaft → Gesetzlosigkeit.

pochen pumpern *u*. → begehren, bestehen auf, bohren, klopfen, lärmen.

pochen, auf abbringen lassen sich nicht, bestehen auf, erzwingen wollen, insistieren, lockerlassen nicht, versteifen sich.

Podium → Plattform, Bühne, Erhöhung, Podest, Rednerpult, Tribüne.

Poesie Dichtung, Dichtkunst.

Poesiealbum → Album, Buch.

poesielos nüchtern, langweilig, fad, unromantisch, prosaisch, geistlos, eintönig, hölzern, schal, realistisch.
▸ poetisch.

Poet → Dichter.

poetisch → ästhetisch, feinsinnig, schwärmerisch.
▸ banal, dürr, nüchtern, prosaisch, sachlich, schlicht, trocken.

Pointe → Hauptsache, Witz.

pointieren punktieren, tüpfeln, zuspitzen, betonen, geistreich antworten, auf eine Karte setzen.
▸ langweilen, witzlos (reden und schreiben).

pointiert akzentuiert, eindringlich, zugespitzt.

Pokal Fass *u*. → Behälter, Kelch.

Pökel → Bad, Beize, Würze.

pökeln einsalzen, einlegen, einmachen, einlaugen, aufbewahren, einpökeln, in Pökel legen, erhalten, marinieren, aufheben, räuchern, einwecken, sulzen.

pokern (bluffen). → spielen.

pokulieren → besaufen.

Pol Drehpunkt, Kräftepunkt, Achsenendpunkt, Gegenpol, Nord, Süd, Angelpunkt, Mittelpunkt, Wendungspunkt, Polhöhe, Himmelpol, Polkreis, Ruhepunkt.
▸ Äquator.

Pol, der ruhende → Beherrschung, Friede, Stille.

Polarität → Gegensatz.

Polder → Sumpf.

Polemik → Debatte, Streit.

polemisieren → balgen, debattieren.

polieren → bohnern, dekorieren.
▸ aufrauen • beflecken, verschmutzen.

Poliermittel Politur.

poliert geglänzt, glänzend, geglättet, geschliffen, lackiert, blank, gewichst, glatt, geglättet, leuchtend, sauber. → blank, gewichst.
▸ rau, ungepflegt, unsauber.

Politik Staatsführungslehre, Berechnung, Staatskunst, Weltklugheit, Diplomatie, Durchtriebenheit, Staatshändel, Führung.

politisch schlau, klug, gerissen, berechnend, vorsorgend, raffiniert, geschmeidig, höflich, verbindlich, formgewandt • staatsklug, staatsmännisch, weltklug.
▸ unpolitisch.

politische Grundsatzerklärung Manifest.

politische Gruppe Fraktion, Partei.

politischer Anschlag Attentat.

Politur Schliff, Hochglanz, Lack, Satinierung, Glätte, Anstrich, Glasur, Politurglanz, Fettigkeit, Überzug, Glättstoff, Glättung, Poliermittel, Schönheit, Pracht, Schimmer. → Benehmen.
▸ Rauheit, Unbildung.

Polizeifahndung Razzia.

Polizeihund vierbeiniger Beamter *u*.

Polizeikräfte Sicherheitsvorkehrung, Sicherheitsmaßnahmen, Polizei, Polente *u*, weiße Mäuse *u*, Polyp *u*, Constabler, Schutz, Verkehrspolizei, Aufsicht, Bewachung. → Aufgebot.

Polizeistreife Schmiere *u*.

polizeiwidrig → ungesetzlich.

Polizist Gesetzeshüter, Ordnungshüter, Schutzmann, Wachmann • Bulle *u*, Polyp *u*, Schandi *u*.

Pollen Blütenstaub, Spore • Zier, Keim.

Poller Pfahl, Pfosten.

Polo → Ball, Spiel.

Polster Matratze, Ruhelager, Lager, Polstersessel, Polsterstuhl, Lehne, Schaumgummi, Daunen, Watte, Federung, Holzwolle, Rosshaar, Werg, Seegras, Kapok, Federbett, Rückenpolster, Kissen. → Bett.

Polsterbank Kautsch, Diwan, Sofa.

polstern aufpolstern, wattieren, füttern, füllen.

Polterer Schreier, Karkeeler, Geiferer, Lärmhansel *u*.

poltern bullern *u*, rumpsen *u*. → dröhnen, ergrimmen,

geifern, lärmen, Harnisch geraten in.
poltern rumpsen *u*, rumsen *u*.
Polychromie → Farbenreichtum.
Polygamie Vielweiberei, Vielmännerei, Mehrehe, Doppelehe, Polyandrie, Haremswirtschaft, Mormonentum, Blaubarterei, Bigamie, Digamie, Serailwirtschaft, Ungesetzlichkeit, Unrechtmäßigkeit. ▸ Monogamie.
Polyp Vielfuß, Vielarm, Kopffüßer, Tintenfisch, Fangarmtier, Weichtier, Qualle • Nasengewächs, Wucherung • Polizeibeamter, Schutzmann.
Pomade → Paste.
pomadig fett, ölig, glatt, schmierig, speckig, glänzend, talgig, eingeschmiert, glitschig, fettig. → allmählich, bedächtig. ▸ forsch, schnell, trocken.
Pomp → Aufwand, Farbenglanz, Glanz, Pracht.
Pompadour Marquise, Geliebte, Mätresse, Liebhaberin, Konkubine, Buhlerin, Kameliendame. → Beutel.
pomphaft → anmaßend, pompös.
pompös grandios, pomphaft, aufgedonnert, prunkhaft, schimmernd, blendend, prangend, prächtig, herausgeputzt, glänzend, glitzernd, dekoriert, verziert, theatralisch, feierlich, stattlich. → auffallend, brillant. ▸ schlicht.
Popanz Schreckgestalt, Schreckgespenst, Teufel, Gespenst, Bulemann, Butzemann, Wauwau, Geist, Spuk, wilder Mann, Gräuelmärchen, Schreckbild, Geistererscheinung, Nachtgespenst, Ungeheuer, Hausgeist.
populär beliebt, volksbeliebt, bestgehasst, verehrt, volkstümlich, teuer, wert, hoch geschätzt, angebetet, gefeiert, berühmt, geschätzt, geachtet, bedeutend, ausgezeichnet, ehrenwert, verdient, hervorragend • leicht fasslich, gemeinverständlich. → angesehen, anschaulich, berühmt. ▸ elitär • unbeliebt, unpopulär • unverständlich, (zu) wissenschaftlich.
Pore Hautöffnung, Öffnung, Loch, Schweißloch.
porig porös.
Pornofilm scharfer Streifen *u*.
Pornografie → Schweinerei.
Pornozeitschrift Sexpresse *u*.
porös → atmen, dünn, durchlässig sein. ▸ dicht, glatt, porenlos, undurchlässig.
Portal → Ausgang, Einfahrt, Eingang, Öffnung, Tor.
Portmonee Geldbeutel, Börse, Brieftasche.
Portier Angestellter, Schließer, Hausmeister, Werksportier, Hotelportier, Wächter, Türhüter, Türsteher, Pförtner, Concierge, Torwächter, Torschreiber, Aufseher. → Untergebener.
Portion → Anteil, Kupon, Dosis, Ration, Teil.
Porto Briefgebühr, Postsendungsgebühr.
portofrei franko.
Porträt → Abbildung, Bild. ▸ Modell.
porträtieren → abbilden, malen.
Porzellanmalerei → Bild.
Pose → Art und Weise, Bildung, Haltung, Mache.
Position → Lage, Ort, Posten, Stellung.
positiv bejahend, wirklich, gewiss, fortschrittlich, zusagend, aufbauend, bestimmt, gewisslich, unzweifelhaft, entschieden, tatsächlich, sicher, zweifellos, unfraglich, selbstverständlich • plus, größer als Null. → bestimmt. ▸ negativ.
Positur → Posse.
Posse Theaterstück, Bühnenstück, Bühnenwerk, Lustspiel, Komödie • Übermut, Schlemmerei, Scherz, Flausen, Heiterkeit, Humor, Belustigung, Lustigkeit, Lustbarkeit, Ausgelassenheit, Schnurre, Jux, Spaß, Ulk, Schwank, Narretei. → Belustigung, Drolligkeit, Farce. ▸ Tragödie, Trübseligkeit.
Possen Blödsinn, Lächerlichkeit, Unfug, Unsinn, Scherz, Schabernack, Spaß, Schnurre, Jux, Drolligkeit, Possenspiel, Allotria, Ausgelassenheit, Bärentanz, Faxen, Narrenpossen, Narreteien, Possenreißerei, Hanswursterei, Spaßigkeit, Späße. → Faselie. ▸ Ernstlichkeit, Gedankentiefe, Trübseligkeit.
Possen treiben → belustigen, Possen spielen einen.
possenhaft lächerlich, närrisch, drollig, lachenswert, komisch, lustig, spaßig, spaßhaft, possierlich, grotesk, hanswurstartig, zwerchfellerschütternd, neckisch, hochkomisch. → farcenhaft. ▸ ernsthaft, witzlos.
Possenhaftigkeit → Drolligkeit, Narretei.
Possenreißer → Bajazzo, Spaßmacher.
Possenreißerei → Narretei.
Possenspiel → Drolligkeit, Narretei, Posse.
possierlich putzig *u*. → anmutig, klein, originell, possenhaft.
Postbote → Briefträger.
Posten Teil, Ware, Maß, Beitrag, Bestandteil, Position, Anteil, Stoß, Pack, Menge, Vorrat • Standpunkt, Bewachung, Wache, Aufpasser, Torhüter • Geld, Grundstock, Geldsumme, Betrag, Guthaben, Geldschuld • Schildwache, Wachhaltender, Wachmannschaft, Soldatenwache. → Amt, Anzahl, Aufgabe, Batzen, Bedeutung, Beruf. ▸ Absetzung, (Bewachung), Fehlbetrag, Ganzes.
Posten, guter Bombenstellung *u*.
Posten haben, einen → bekleiden, Beruf.
Posten sein, auf dem → beobachten, gesund.
Postenkette Kordon.
Postgebühr Porto.
Postille → Bibel.
Postillon Fahrer, Kutscher, Reiter, Kurier, Fuhrmann, Wagenlenker, Rosselenker, Bote, Briefbote, Zwischenträger, Liebesbote.
Postkarte → Benachrichtigung.
Postkutsche → Chaise, Fahrzeug (Straßen-).
Postsachen frei machen frankieren.
Postskriptum *s* → Anhang, Beifügung.
Postulat → Axiom, Lehrsatz.
postulieren fordern, voraussetzen.
postwendend → eilends, rasch, schnell.
potent mächtig, vermögend, leistungsfähig, zeugungsfähig, fruchtbar, kräftig, bildungfähig, fortpflanzungsfähig,

entwicklungsfähig. ▸ impotent, kraftlos, schwach, (zeugungs)unfähig • arm, bedürftig.

Potentat Machthaber, Fürst, Herrscher, Kaiser, König, Gebieter, Monarch, Herr, Landesherr, Herzog, Gewalthaber, Befehlshaber, Regierender. → Haupt. ▸ Untertan.

Potenz → Dynamik, Faktor, Macht, Zahl.

potenziell ausführbar, durchführbar, gangbar, möglich, praktikabel, wahrscheinlich.

potenzieren → anschwellen, rechnen, steigern.

potztausend Donnerwetter, ach was, nein so was, aber nein, sieh an, was Sie sagen, du lieber Himmel, du lieber Gott, nanu, alle Welt, allerhand, ei der Tausend, Menschenskind, au Backe, nun schlägt's dreizehn, da schau her, sieh mal an, ach geh, ist das möglich, nicht möglich, hast du Worte, schwerenot, gibt's dös a.

Poussage Liebschaft, Liaison, Verhältnis, Schwärmerei, Bekanntschaft. → Abgott.

poussieren den Hof machen, umwerben, liebeln, flirten, kokettieren, hofieren, flattieren, schöntun, tändeln, schwärmen, nachschleichen, nachsteigen. → buhlen. ▸ verabscheuen.

Pracht Köstlichkeit, Pomp, Gepränge, Feierlichkeit, Prachtentfaltung, Prunk, Herrlichkeit, Prunkentfaltung, Schaugepränge, Farbenglanz, Schimmer, Augenlust, Staat, Gala, Wichs, Putz, Stattlichkeit, Hofstaat, Aufputz, Festlichkeit, Festgepränge, Festschmuck, Prunkfest, Schönheit, Wohlgestalt, Reichtum, Kostspieligkeit, Aufwand, Eleganz. → Armut, Anziehung, Aufmachung, Ausschmückung, Scharm, Gala, Glanz, Nimbus. ▸ Glanzlosigkeit, Schlichtheit, Schmucklosigkeit.

Prachtbau Palais, Palast, Schloss.

Prachtentfaltung → Entfaltung, Farbenglanz, Pracht.

prächtig feierlich, festlich, glänzend, glanzvoll, grandios, großartig, imposant, majestätisch, monumental, opulent, vorzüglich, ausgesucht, eindrucksvoll, kostbar, prachtvoll, wunderschön, schön, unübertrefflich, schillernd, prunkhaft, blendend, strotzend, schimmernd, herrlich, flimmernd, pomphaft, prunkvoll, vortrefflich, selten, köstlich, makellos, edel, stattlich, brillant. → artig, auserlesen, bestrickend, brillant, bunt, scharmant, erlesen, farbenfroh, fein, gut, imponierend. ▸ einfach, hässlich • ärmlich, elend, erbärmlich, jämmerlich, kläglich • dezent, schlicht, unauffällig • leidlich, mittelmäßig.

Prachtkutsche Karosse.

Pracht liebend prunksüchtig, Prunk liebend, putzsüchtig, pompsüchtig, übertrieben, Glanz liebend, eitel, theatralisch. ▸ bescheiden, einfach.

Prachtstraße Allee, Avenida, Avenue, Boulevard.

Prachtstück Meisterstück, Meisterwerk, Wertarbeit, Unübertrefflichkeit, Unschätzbarkeit, Vollkommenheit, Kostbarkeit, Vorzüglichkeit, Vortrefflichkeit, Ausgesuchtheit, Kleinod • Prachtkleid, Gala, Staat, Hofstaat, Hoftracht. → Klasse, Pracht. ▸ Tand, Wertlosigkeit.

prachtvoll → artig, auserlesen, bestrickend, blendend, brillant, scharmant, erlesen, fein, prächtig, schön.

Prädestination → Fatalismus, Schicksal, Vorherbestimmung.

prädestiniert berufen, qualifiziert, vorbestimmt, wie geschaffen.

Prädikat Aussage, Beiwort, Verb • Beurteilung, Bewertung, Note, Titel, Urteil, Zensur.

Präferenz Vergünstigung, Vorrang, Vorzug • Trumpffarbe.

Präfix → Anhang, Beifügung.

Prägeform Mater.

prägen → anfertigen, ausarbeiten, formen.

Prägestempel Stanze.

Prägestock Matrize.

Prägewalze Molette.

prägnant genau, präzise, treffend/genau darstellend.

Prägung → Art, Aufdruck, Aussehen, Figur, Form, Geld, Stempel.

prahlen flunkern, brüsten, blagieren, großsprechen, großtun, strunzen, plustern sich, mit fremden Federn schmücken sich, sich aufs hohe Pferd setzen, mausig machen, Mund voll nehmen den, schwadronieren, ausposaunen, eine Klappe riskieren *u*, das Maul aufreißen, auf die Pauke hauen *u*, eine große Schnauze haben *u*, aufschneiden, angeben, prangen, dicke tun, sich batzig machen *u*, große Bogen spucken, renommieren, Staat machen, Wind machen *u*, sich breit machen, sich groß tun, eine Stange angeben *u*, angeben wie zehn nackte Neger *u*, den dicken Wilhelm markieren *u*, sich aufblähen, vergrößern, protzen, strotzen, stolzieren, aufbauschen, aufprotzen, viel Aufhebens machen, sich in die Brust werfen, das große Wort führen, sich etwas anmaßen, übertreiben, sich dünken, sich überschätzen, sich ein Ansehen geben wollen, sich spreizen, den Mund voll nehmen, sabbeln, sich erhöhen, dicke Töne reden, die erste Geige spielen, in seinem eigenen Überschwang ersticken, sich aufblähen wie ein Pfingstochse. → angeben, aufbauschen, aufschneiden, blähen, dick tun, einbilden sich, erhöhen sich, sich ein Ansehen geben, Himmel erheben in den, machen sich groß. ▸ bescheiden (sein), Wahrheit sprechen die.

Prahler Maulheld, Großmaul, Großschnauze *u*, Kraftprotz, Knallprotz, Großtuer, Wichtigtuer, Blender, Angeber, Schwadroneur, Aufschneider, Schaumschläger, Scharlatan, Münchhausen, Flunkerer, Wortheld, Pfau, Großsprecher, Bogenspucker *u*, Vornehmtuer, Windbeutel, Berliner Schnauze, Renommist, Geldprotz, Großklotz *u*, Sexualprotz. → Angeber, Besserwisser, Chauvinist, Großmaul, Marktschreier. ▸ (Mensch bescheidener, zurückhaltender).

Prahlerei Prunksucht, Wichtigmacherei, Protzerei, Wichtigtuerei, Ruhmredigkeit, Dicktuerei, Großsprecherei, Großschnauzigkeit, Großkotzigkeit *u*, große Klappe *u*, Protzentum, Übertreibung, Chauvinismus, Großmannssucht,

Renommisterei, Windbeutelei, Aufgeblasenheit, Windmacherei, Schwadronage, Aufschneiderei, Münchhausiade, Geflunker, Jagdgeschichte, Flunkerei, Seemannsgarn, Jägerlatein, Geschrei, Marktschreierei, Tamtam, Werbetrommelei, Dünkelhaftigkeit, Putzsucht, Anmaßung, Aufschnitt *u*, Großtuerei, Angabe, Prahlen, Bravade, Hurenseich *u*. → Anmaßung, Bombast, Chauvinismus, Dunst, Überheblichkeit. ▸ Schlichtheit, Zurückhaltung.

prahlerisch angeberisch, dicktuerisch, hochtrabend, flunkerhaft, großkotzig, großsprecherisch, großspurig, großtuerisch, großschnauzig, anspruchsvoll, geldprotzig, aufgeblasen, dicktuerisch, marktschreierisch, aufgebläht, aufgeplustert, ruhmredig, bombastisch, windbeutelig, eingebildet, eitel, hochfahrend, dünkelhaft, geringschätzig, hoffärtig, bettelstolz, wichtigtuerisch, verblendet, übertrieben, hochnäsig, selbstgefällig, unbescheiden, maßlos. → anmaßend, dünkelhaft, geldstolz, hochfliegend. ▸ bescheiden, einfach, schlicht, zurückhaltend.

Prahlhans → Angeber, Chauvinist, Dreikäsehoch, Prahler.

Praktik Verfahren, Dreh, Kniff, Trick.

praktikabel machbar, durchführbar.

Praktikant Volontär.

praktisch geschickt, verwendbar, vernünftig, brauchbar, tauglich, sinnreich, ausgeklügelt, kunstgerecht, sinnvoll, benutzbar, griffig, zweckmäßig, handgerecht, nützlich. → angenehm, anstellig, bequem, handlich. ▸ unpraktisch • praxisfern, theoretisch.

praktischer Arzt Feld-/Wald- und Wiesenarzt *u*.

praktizieren praktisch tätig sein, eine Praxis ausüben, Patienten behandeln, verarzten, ärztlich versorgen, ordinieren • betreiben, Werk setzen ins, fortschaffen. → hospitieren. ▸ studieren.

prall → dick, voll. ▸ lasch, schlaff, weich.

Prämie Gratifikation, Auszeichnung, Zusatzgewinn, Beigabe, Zugabe, Beitrag, Vergütung, Treffer, Entgelt, Siegerkranz, Preis, Gebühr, Gabe, Weihnachtsgeld, Zulage, Versicherungsgebühr. → Anteil, Belohnung, Kupon. ▸ Buße, Gehalt.

prämieren → auszeichnen.

prämiert ausgezeichnet, belohnt, preisgekrönt.

Prämisse Vorausgeschicktes, Vordersatz, Urteilsvordersatz, Voraussetzung, Vorausschickung. ▸ Folgerung, Schluss, Konklusion.

prangen in Pracht stehen, grünen, blühen, strotzen, gedeihen, wachsen, in voller Blüte stehen, entfalten sich. → blähen, blenden, dick tun, erhöhen sich. ▸ bescheiden (sein), welken.

Pranger stellen, an den → strafen, verspotten.

Pranke → Pfote.

Präparat → Artikel, Produkt.

präparieren → balsamieren, vorbereiten.

Präriepferd Mustang.

Präriewolf Kojote.

präsent → anwesend, Gabe, Geschenk, Spende.

Präsentation → Darbietung.

präsentieren → anbieten, darbieten, zeigen.

Präsenz Anwesenheit, Gegenwart, Zugegensein.

Präservativ Gummi, Gummischutz(mittel), Kondom, Pariser, Präser, Samenfänger, Überzieher, Verhüterli • Ballon *u*, Fingerling *u*, Rohrschoner *u*, Samenfänger *u*, Samenhülse/-tüte *u*.

Präses → Haupt.

Präsident → Direktor, Haupt.

präsidieren vorsitzen, den Vorsitz führen, vorstehen, an der Spitze stehen, anführen, den Ton angeben, die Leitung übernehmen, die Zügel ergreifen, beaufsichtigen, überwachen, das erste Wort führen, lenken, leiten. ▸ mitwirken.

prasseln knistern, rasseln, lärmen, tosen, knattern, rumpeln, raballern, pochen, dröhnen, erdröhnen, klopfen • brennen • regnen, niederfallen, tropfen, in Strömen regnen. ▸ aufklären (sich), verstummen.

prassen → ausschweifen, essen, verschwenden.

Prasser → Bacchant, Fresser, Feinschmecker, Verschwender.

Prasserei → Ausschreitung, Ausschweifung, Esslust, Gelage, Verschwendung.

prasserisch → ausschweifend, bacchantisch, begehrlich, verschwenderisch.

Pratze → Pfote.

Praxis Ausübung, Anwendung, Erfahrung, Geschäftskreis, Geschicklichkeit, Betätigung, Fachtätigkeit, Betrieb, Brauch • Ausübung des Arztes, Ausübung des Anwalts. → Beruf, Fertigkeit. ▸ Theorie.

präzise → akkurat, anschaulich, ausführlich, bedächtig, buchstäblich, genau, haarfein.

predigen Predigt halten, von Gott sprechen, das Wort Gottes verkündigen, von der Kanzel reden, das Predigeramt ausüben, als Priester reden, lehren, belehren. → beibringen, einschärfen, mahnen, schimpfen, tadeln.

Predigt Kanzelrede, Erbauungsrede, Mahnrede, Abendmahlsrede, Hochzeitsrede, Leichenrede, Leichenpredigt, Belehrung, Anleitung, Unterweisung, Mahnung, Zurechtweisung, Bevormundung, Anhalt, Verweis, Rede, Vortrag. → Rede, Tadel.

Predigtbuch Postille.

Predigtstuhl → Kanzel.

Preis Handelspreis, Kurs, Kurswert, Marktpreis, Marktwert, Gegenwert, Wert, Kosten, Bemessung, Taxe, Gebühr, Geld, Verrechnung, Tarif, Prämie • Siegerkranz, Belohnung, Vergütung, Auszeichnung, Lohn, Gewinn, Ehrenpreis, Orden, Lorbeerkrone, Siegespalme, Ehrenkette. → Beitrag, Belohnung, Dank, Ehre, Lob. ▸ Misserfolg, Tadel • Ware.

Preis davontragen Erfolg haben, gelingen, emporkommen, bewerkstelligen, das Ziel erreichen, sich in die Höhe schwingen, die Palme erringen, Beifall ernten, den Kranz davontragen, Triumphe feiern, Lorbeern pflücken, gut abschneiden, sich durchsetzen, ein Glückskind sein, das große Los ziehen, einen Treffer machen, den Vogel abschießen, ins Schwarze treffen, den Nagel auf den Kopf treffen, das

Rennen machen, bemeistern, übertrumpfen.
▸ misslingen, unterliegen.
Preis drücken, den herunterdrücken, heruntergehen, herunterhandeln, abpressen, abfeilschen, unterbieten, Nachlass billiger machen, herabgehen, billiger verkaufen, zu Schleuderpreisen verkaufen, zu herabgesetzten Ladenpreisen verkaufen.
▸ steigern, verteuern.
Preis, festgelegter Tarif.
Preis, um halben → Butterbrot für ein.
Preis, um jeden auf alle Fälle, gewisslich, wahrlich, bei Gott, mit tödlicher Sicherheit, zweifelsohne, ganz bestimmt, ganz gewiss, dafür lasse ich mich totschlagen, da kannst du Gift drauf nehmen, wetten dass, so sicher wie zwei mal zwei vier ist, wie das Amen in der Kirche. → definitiv.
▸ Fall in keinem, nie.
Preis, unter krumme Preise machen. → Butterbrot für ein.
Preisabfall Baisse, Deflation.
Preisabschlag Disagio.
Preisabzug Dekort, Refaktie, Skonto. → Preisnachlass.
Preisangabe Auszeichnung, Deklaration.
Preisangebot → Kalkulation, Kosten, Preis.
Preisanstieg → Aufschlag, Verteuerung.
Preise, gesalzene → teuer.
preisen lobpreisen, lobsingen, ehren, verehren, huldigen, loben, rühmen, anerkennen, schätzen, bewundern, würdigen, hoch schätzen, Lob spenden, Lob zollen, zujubeln, hochrufen, zujauchzen, auszeichnen, feiern. Ehre bezeigen. → achten, anbieten, anpreisen, auszeichnen, befürworten, bejubeln, besingen, Ehre bezeigen, Himmel erheben in den, hochhalten, loben.
▸ tadeln, verachten • verleumden • beschimpfen.
Preisermäßigung Wohlfeilheit, Billigkeit, guter Handel, gedrückter Preis, Freundschaftspreis, Schleuderpreis, Preisrückgang, Preisnachlass, Gelegenheitskauf, Ausverkauf, Preisabbau, Abschlag, Nachlass, Verbilligung, Vergünstigung, Ermäßigung, Räumungsverkauf, Winterschlussverkauf, Sommerschlussverkauf.
▸ Preistreiberei, Verteuerung.
Preisgabe Aufgabe, Kapitulation, Rapuse, Verrat, Verzicht.
Preisgaberecht Abandonrecht.
preisgeben → abbrechen, ankündigen, ausliefern, Bord werfen über, fahren -, fallen lassen, Feld räumen das.
▸ erobern, wegnehmen • behalten, bewahren, erhalten, halten, schützen, stützen, wahren • fördern • für sich behalten, verbergen, verschweigen.
preisgeben, dem Gelächter → verspotten.
preisgeben, dem Verderben → ausliefern, fahren lassen, fallen lassen.
preisgegeben ausgeliefert, schutzlos, ungeschützt, wehrlos.
preisgekrönt erfolgreich, gelungen, glücklich, fruchtbar, sieghaft, siegreich, sieggekrönt, lorbeergeschmückt, gut, mit Erfolg verbunden, wunderbar, rühmenswert, lobenswert → gelungen.
▸ erfolglos.
Preisgericht → Ausschuss, Jury.
Preisgrenze Limit.
preisgünstig bezahlbar, billig, erschwinglich, günstig, preiswert, teuer nicht, wohlfeil.
Preis(höchst)grenze Schallmauer *u.*
Preiskämpfer → Athlet, Champion, Held.
Preislage → Preis.
preislich kostenwertmäßig.
Preisliste → Katalog.
Preisnachlass Bonus, Dekort, Discount, Diskont, Fusti, Rabatt, Skonto.
Preisnachlass Ermäßigung, Nachlass, Preissenkung, Verbilligung.
Preisrichter → Ausschuss, Jury.
Preisrückgang Baisse, Deflation. → Preisnachlass, Preissenkung.
Preissatz Tarif.
Preissenkung Verbilligung, Vergünstigung. → Ermäßigung.
Preisspanne → Marge.
Preissteigerung → Aufschlag, Verteuerung.
Preistreiberei Überteuerung, Übervorteilung, Wucherei, Schieberei, Gaunerei, Schieberpreis, Schiebergeschäft, Aufschlag, Erhöhung, Verteuerung, Kostspieligkeit, hoher Preis, Prellerei, Ungesetzlichkeit.
▸ Preisermäßigung.
Preisverfall Baisse, Deflation.
Preisverzeichnis Katalog, Preisliste, Prospekt, Tarif.
Preisvorschlag Angebot, Gebot, Offerte.
preiswert günstig, billig, angemessen, wohlfeil, preiswürdig, empfehlenswert, vorteilhaft, nicht teuer, gangbar, gesucht, begehrt, nachgefragt, spottbillig, kaufwürdig, herabgesetzt, halb geschenkt. → Butterbrot für ein, empfehlenswert, günstig, kaufwürdig.
▸ kostspielig, teuer • minderwertig.
Preiswettbewerb Preiskonkurrenz.
preiswürdig lobenswert, preislich, lobenswürdig, rühmlich, löblich, verdienstvoll, geschätzt, empfehlenswert, untadelig, tadellos, ehrenhaft, tugendhaft, brav, erprobt, bewährt, musterhaft, verdienstvoll, bewunderungswürdig, beispielhaft. → angemessen. Butterbrot für ein, preiswsert.
▸ tadelnswert.
Preiszettel Etikett.
prekär → unsicher, schwankend, schwierig.
Prellball → Ball.
prellen einseifen *u*, hinter die Fichten führen *u.* → anschlagen, balbieren, benachteiligen, berühren, beschwindeln, Besten halten zum, betrügen, Fell über die Ohren ziehen das, hintergehen, täuschen.
Preller → Betrüger.
Prellerei → Betrug, Schlauheit, Täuschung.
preschen → rennen.
Presse öffentliche Meinung, Zeitungswesen, Journalismus, Blätterwald, Zeitung, Anzeiger, Nachrichtenblatt, Tagesblatt, Verkündigungsblatt, Literaturblatt, Staatsanzeiger, amtliche Nachrichten, Gesamtheit des Nachrichtenwesens • Kelter, Werkzeug, Fruchtpresse • Buchdruckerpresse, Rotationsmaschine • Klemme, Quetschmaschine • Lehranstalt • Quetsche *u.*
Presse-Befragung Interview.
pressen → entpressen,

mangeln, quetschen, umarmen, übervorteilen.
Presse-Schriftleiter Redakteur.
Pressebericht, aktueller Reportage.
Presseberichterstatter Korrespondent, Reporter.
Pressefeldzug Campagne.
Pressespalte Rubrik.
Pressfalte Plissee.
pressieren dringlich sein, eilen.
Presskohle Brikett.
Prestige → Ansehen.
Pretiosen Kostbarkeiten, wertvolle Dinge, Schmuck.
Preuße Borusse • Buletten-Germane *u.*
preziös geziert, äffisch, unnatürlich, gekünstelt, stutzerhaft, theatralisch, einstudiert, kostbar. ▸ ungezwungen.
prickeln bitzeln *u.*
prickelnd → angenehm, aromatisch, auserlesen, beißend, brennend, saftig, schäumend, schmackhaft.
Priester → Berater, Geistlichkeit.
Priesterehelosigkeit Zölibat.
Priesterherrschaft Hierarchie, Hierokratie.
Priesterweihe Ordination.
prima köstlich, pfundig, toll, hervorragend, ausgezeichnet, vorzüglich, fein, erstklassig, vom Besten, ausgesucht, makellos, himmlisch, prachtvoll, prächtig, meisterhaft, bewundernswert, brillant, herrlich, fantastisch, einzigartig, hübsch, unvergleichlich. → ausgezeichnet, kulinarisch. ▸ schlecht, unappetitlich, ausreichend, mäßig • miserabel, schlecht.
Primaballerina erste Tänzerin, Vortänzerin. → Ballerina.
Primadonna → Berühmtheit.
primär wesentlich, ursprünglich, ursächlich, erst, die Grundlage, bildend, anfänglich, genetisch. ▸ sekundär.
Primärpunkt → Hauptsache.
primitiv urzuständlich, urtümlich, dürftig, arm, ursprünglich, unvollkommen, niedrig, unbearbeitet, derb, unausgearbeitet, ungeschliffen, grob, natürlich, naturnah. → albern, dumm, einfach. ▸ anspruchsvoll, klug, vollkommen • hoch entwickelt, hochwertig, kunstvoll • behaglich, komfortabel, luxuriös • differenziert, komplex, kompliziert.
primitiv denkend prälogisch.
Prinz → Adel, Abgott.
Prinzessin → Adel.
Prinzip → Axiom, Begriff, Betrachtung, Denkspruch, Dogma, Grundsatz, Ursprung.
prinzipiell → grundsätzlich. ▸ ausnahmsweise.
prinzipienlos charakterlos, ehrlos, gemein, nichtswürdig, würdelos • inkonsequent, labil, undurchschaubar, unzuverlässig.
Prinzipienreiter → Fanatiker.
prinzipientreu achtbar, charakterfest, ehrbar, ehrsam • konsequent, zuverlässig.
Prise → Beute, Wenigkeit.
Pritsche Klatsche, Holzgerät, Werkzeug • Reitsattel, leichter Wagen • Holzpritsche, Lagerstatt, Lager, Schlafstelle, Bett, Streu, Strohsack. → Bank, Bett.
privat außeramtlich, nichtöffentlich, geheim, persönlich, häuslich, eigen, amtlos, familiär, für sich, vertraulich, vertraut. ▸ öffentlich, offiziell • beruflich, dienstlich.
Privatbank → Bank.
Privatbesitz, Rückführung in Reprivatisierung.
Privatdrucksache Akzidenz.
privatisieren als Rentner leben, die Arbeit einstellen, sich vom Geschäft zurückziehen, sich pensionieren lassen, in den Ruhestand begeben, sich ausruhen, sich Ruhe gönnen • zurückgezogen leben, im engsten Kreis leben, seinen Kohl pflanzen, ein Muschelleben führen. ▸ (öffentlich) arbeiten.
Privatkasse Schatulle.
Privatleben Einzelleben, Häuslichkeit, Abgeschiedenheit, Einsamkeit, Stillleben, Zurückgezogenheit, Eingezogenheit, stille Häuslichkeit. ▸ Beruf, Geselligkeit.
Privatschule Internat • Presse *u.*
Privileg Sonderrecht. → Anrecht, Ausnahme, Vorrecht.
privilegiert → berechtigt.
Privilegium → Anrecht, Ausnahme, Befugnis, Konzession, Vorrecht.
pro für, je.
probat altbewährt, bewährt, erprobt, wirksam.
Probe Versuchsstück, Experiment, Versuch, Versuchsballon, Prüfung, Kontrolle, Untersuchung, Erforschung, Probefahrt, Probezeit, Probeblatt, Probeseite, Proberolle, Unterlage, Muster, Beweiszeichen, Vorübung, Versuch, Richtigkeitserforschung, Theaterprobe, Probe aufs Exempel • Nagelprobe. → Abenteuer, Analyse, Beispiel, Bewährung, Beweisführung, Entwurf, Exempel, Muster. ▸ Aufführung • Bewährung, Ernstfall.
Probe, letzte Generalprobe.
Probemönch Novize.
proben einstudieren, spielen, etwas versuchen, sich aneignen, vorspielen, üben, probieren. → experimentieren, kosten, probieren, tüfteln.
Probevorhaben Pilotprojekt.
probeweise → einstweilig, experimentell, provisorisch, versuchsweise.
probeweise erörtern durchspielen *u.*
Probezeit → Bedenkzeit, Bewährung, Probe.
probieren versuchen, nippen, begutachten, prüfen, proben, kosten, schmecken, anwenden, umhertasten, experimentieren, ergründen, erproben, sein Möglichstes tun, erforschen, verkosten. → ausforschen, ergründen, debütieren, experimentieren, klügeln, kosten.
Problem Forschungsgegenstand, Knacknuss, der springende Punkt, Grundgedanke, Aufgabe, Frage, Geheimnis, Rätsel, Thema, Schwierigkeit, Stein der Weisen, Buch mit sieben Siegeln, ungelöste Aufgabe, Fragestellung, kritischer Punkt, Angelegenheit, Problemstellung, Problemlage, Streitfrage, Rebus, weißer Fleck. → Angelegenheit, Aufgabe, Ausforschen, Ei des Kolumbus, Frage. ▸ Gewissheit, Lösung.
Problem, unlösbares Aporie.
problematisch fraglich, zweifelhaft, unentschieden, kritisch, unerprobt, dunkel, unsicher, unklar, schwierig, unerklärlich, verworren, unbestimmt, rätselhaft, ungenau, dehnbar, hypothetisch. → abstrus. ▸ sicher • einfach, leicht,

mühelos, problemlos, unproblematisch, unschwer.
Problemaufschaukelung Eskalation.
problemlos einfach, kinderleicht, leicht, mühelos, unkompliziert, unproblematisch, unschwer.
Problemlösung Bewältigung. → Ei des Kolumbus.
Problempunkt Dollpunkt *u.*
Problemstellung → Aufgabe.
Produkt Artikel, Fabrikat, Präparat, Ware, Gebilde, Werkstück, Erzeugnis, Werkarbeit, Ergebnis, Warengattung, Werk, Schöpfung, Stoff, Ertrag, Frucht, Wirkung, Erfolg • Zahl, Zahlenwert, Summe, Artikel. ▸ Ausgangspunkt, Material • Erzeugung, Herstellung.
Produkt, neues Innovation.
Produktanalyse → Marktanalyse.
Produktfamilie Produktlinie.
Produktion → Erzeugung. ▸ Konsum(tion), Verbrauch.
Produktionsausweitung Diversifikation.
produktiv fruchtbar, schöpferisch, ergiebig, ersprießlich, erträglich, schaffenskräftig, tätig, hervorbringend, ertragreich, erzeugend, schaffend, herstellend, hervorrufend, entwickelnd, produzierend. ▸ unproduktiv.
Produktivität Ergiebigkeit, Leistungsfähigkeit, Schaffensdrang • schöpferische Leistung.
Produzent Hersteller, Fabrikant, Erzeuger.
produzieren → anfertigen, arbeiten, herstellen.
profan unheilig, weltlich, ungeweiht, alltäglich, nichtkirchlich • fad, platt, geistlos, schal, gehaltlos, einförmig, stumpfsinnig, ledern, langweilig, öde, gemeinhin • geistvoll, heilig.
Profession → Beruf.
Professor Dozent, Pädagoge, Erzieher, Gelehrter, Forscher, Wissenschaftler, Studierter, Magister, Dekan, Privatdozent, Lehrer, Studienprofessor, Erklärer, Lehrender, Lektor, Hochschullehrer, Künstler. → Anrede.
Profi Professioneller, Fachmann, Experte. ▸ Amateur, Dilettant, Laie, Nichtfachmann.
Profil Seitenansicht, Seitenbild, Querschnitt, Längsschnitt, Seitenlage, Lotschnitt, Schattenriss, Silhouette, Umriss • Profilierung, Profilreifen. → Art, Aussehen. ▸ Vorderseite, (en face).
profiliert → ausgeprägt.
Profit → Einträglichkeit, Glück.
Profitgier Geldgier, Habgier, Geiz.
profitieren genießen, herausschlagen, gewinnen, erzielen, absahnen, ausnutzen, nehmen, seinen Vorteil wahrnehmen, sich zu Nutze machen, etwas ausnutzen, eintragen, sich sichern, sich gesund machen, erwerben, Nutzen tragen, Vorteil herausziehen. → ausnutzen. ▸ verlieren, einbüßen • zuzahlen • einsetzen, investieren.
Profitler Profitjäger, Nutznießer, Raffke, Schieber, Emporkömmling, Geldmensch, (Kriegs-)Gewinnler.
profitlich → gut, sparsam.
profund → gründlich.
Prognose Vorhersage, Voraussage, Annahme, Mutmaßung, Vorahnung, Vordeutung. → Ahnung. ▸ Ahnungslosigkeit, Regellosigkeit, Unwissenheit • Rückblick, Rückschau.
Programm Ordnung, Reihenfolge, Entwurf, Darlegung, Inhalt, Übersicht, Theaterprogramm, Kinoprogramm, Spielplan, Plan, Anordnung, Wegweisung, Parteiprogramm, Radioprogramm, Einteilung, Sendefolge, Funkplan, Vortragsfolge, Verzeichnis, Liste, Festordnung. → Arbeit. ▸ Improvisation.
Progression → Aueinanderfolge, Fortschritt.
progressiv → andauernd.
Projekt → Absicht, Anordnung, Plan.
projektieren → beabsichtigen.
Projektor Lichtbilderwerfer. → Apparat.
projizieren übertragen, abbilden, spiegeln, an die Wand werfen.
Proklamation Erlass, Verkündigung, Erklärung, Kundmachung, Bekanntgabe, Verlautbarung, Bekanntmachung, Bestimmung, Veröffentlichung, Ansage, Aufgebot, öffentliche Bekanntmachung. ▸ Diskretion, (geheime Sache).
Prokurist → Beauftragter, Bevollmächtigter.
Prolet Proletarier, Lohnarbeiter, Gelegenheitsarbeiter • Ungebildeter, Unerzogener, Rohling, Polterer, Schmieriger, Grobian. → Arbeiter, Barbar, Pöbel.
proletarisch, proletenhaft → plebejisch, roh.
Prolog Einleitung, Vorrede, Vorspiel, Einführung, Beginn, Anfang, Vorwort, Präludium, Vorarbeit, Vorderteil, Vorausschickung, Anfangsteil, Vorbemerkung. ▸ (Epilog), Schlusswort.
Prolongation (Kredit-)Fristverlängerung, Stundung.
prolongieren → aufschieben, ausdehnen, verschieben.
Promenade → Allee, Spaziergang, Weg.
Promenadenmischung → Bastard.
promenieren → erfrischen sich, ergehen sich, gehen.
prometheisch (an Größe, Kraft etc.) alles übertreffend • himmelstürmend.
prominent groß, bedeutend, ansehnlich, einflussreich, hervorragend, maßgebend, der Elite angehörig.
Prominenz Größe, Hoheit, hohes Tier, Stern, Star, Diva • Hauptperson, Koryphäe, Sportgröße, Sportkanone, Berühmtheit, Tagesberühmtheit • Mann von Verdienst • verdienter Mann • Künstler • Führerpersönlichkeit, Persönlichkeit, Staatsmann.
Promiskuität treiben rumpimpern *u.*
promiskuitive Frau Gemeinschaftsempfänger *u.*
Promotion Promovierung, Doktorarbeit, Dissertation, Ehrendiplom, Doktordiplom, Doktorat, Doktorhut, Doktortitel, Diplom, Doktorwürde, Beförderung.
Promotor Förderer, Manager.
promovieren den Doktor machen *u.*
prompt bereit, frühzeitig, sofort, schnell, ungesäumt, gleich, rasch, pünktlich, unverzüglich, rechtzeitig, schlagfertig, ohne Verzug, zur vereinbarten Zeit. → baldig, beizeiten, eilends, einemmal mit, fristgemäß, genau, rasch, schnell.

▸ verspätet, verzögert • abwartend, zaudernd.
Propaganda → Einflüsterung, Kundenwerbung, Werbung.
Propagandist Anreißer *u.*
propagieren → aufklären, werben.
Propeller Quirl *u.*
proper → gepflegt.
Prophet Jünger, Heiliger, Begnadeter, Erleuchteter, Seher, Weissager, Prophezeier, Hellseher, Wahrsager, Vorbote, Zukunftseher, Vorhersager, Vorausahner.
prophetisch erleuchtet, begnadet, voraussehend, weissagend, vorausahnend, hellseherisch, vorhersagend, verkündend, gottbegnadet, begeistert.
prophezeien → ankündigen, bedeuten, hellsehen.
Prophezeiung Weissagung, Voraussage, Vorausdeutung, Vorherverkündigung, Orakel, Horoskop, Offenbarung, Bescheid, Warnung, Vorahnung, Mutmaßung, Hellseherei, Sehergabe, Wahrsagekunst. → Ahnung.
prophylaktisch krankheitsverhütend, verhütend, abwendend, vorbeugend, heilsam, gesund, zuträglich, wohltätig, wohl tuend, erhaltend. → heilkräftig. ▸ (versäumend), zu spät • therapeutisch • nachsorgend.
proportional verhältnismäßig, vergleichsweise, verhältnisgleich, verwandt, annähernd, im Verhältnis zueinander stehend. ▸ beziehungslos • disproportional, unverhältnismäßig • eskalierend, progressiv.
proportioniert ausgeglichen, ausgewogen, ebenmäßig, harmonisch.
Proppen → Pfropfen.
Prosadichtung → Erzählung.
prosaisch trocken, begeisterungslos. → abgeschmackt, poesielos. ▸ feierlich • dichterisch, lyrisch, poetisch.
Proseminar einführende Übung.
Prospekt Hintergrund, Bühnenhintergrund, Fernsicht, Zeichnung, Sicht. → Angebot, Plan, Verzeichnis.
prosperieren → florieren.
prosten → bejubeln, trinken.
prostituieren bloßstellen, schänden, öffentlich preisgeben, sich verkaufen, missbrauchen, verführen, entehren, entweihen, entwürdigen, sich anbieten. ▸ enthalten sich, sittsam (sich verhalten).
prostituiert → ausschweifend, dirnenhaft.
Prostituierte Berufsflittchen *u,* Dame des öffentlicheen Dienstes *u,* Dienerin der Liebe *u,* Dienstmädchen *u,* Dosenverkäuferin *u,* Dulle *u,* Feger *u,* Fetze *u,* Flinte *u,* Flitsche *u,* Frau auf Zeit *u,* Freudenfrau/-mädchen *u,* Freundin gegen bar *u,* Fuchtel *u,* Genussdame *u,* Nutte *u,* Pimpernelle *u,* Pritsche *u,* Sexualhelferin. → Buhle, Kurtisane, Dirne, Halbwelt.
Prostituierte, amtlich kontrollierte Diplomierte *u.*
Prostituierte, bejahrte Rokokokotte *u.*
Prostituierte für höhere Ansprüche Edeldirne *u.*
Prostituierte ohne Zuhälter Freiberufliche *u,* Freimädchen *u,* Freischaffende *u.*
Prostitution ältestes Gewerbe (der Welt) *u,* Berufsverkehr *u,* flaches/gelbes Gewerbe *u,* liegendes/schräges Gewerbe *u,* körperliche Arbeit *u,* öffentlicher Dienst *u,* Horizontalgewerbe *u.*
Protagonist erster Schauspieler, Hauptdarsteller, Held (im Drama) • Vorkämpfer • wichtigste Person, zentrale Gestalt/Rolle.
Protegé Günstling, Schützling, Zögling.
Protektion Gönnerschaft, Gunst, Obhut, Gunstbezeigung, Stütze, Beistand, Schutz, Unterstützung, Fürsprache, Halt, Förderung, Vermittlung, Wohlwollen, Parteilichkeit, Parteiwirtschaft, Günstlingswirtschaft, Bevorzugung, Begünstigung, Hintertreppenpolitik. → Hilfe. ▸ Behinderung, Gegnerschaft.
Protest → Ableugnung, Absage, Berufung, Brotneid, Einwand, Klage, Widerstand. ▸ Anerkennung, Beifall, Billigung, Einverständnis, Genehmigung • Applaus, Ovation.
Protestant Baptist, Calvinist, Evangelischer, Hugenotte, Kalvinist, Lutheraner, Puritaner, Reformierter, Zwinglianer.
protestieren → aberkennen, ablehnen, widersprechen.
protestieren, öffentlich demonstrieren.
Protestkultur Alternativszene, Gegenkultur, Subkultur.
Protestkundgebung Demonstration.
Protestmarsch Demonstration, Kundgebung, Massenkundgebung.
Prothese Kunstglied, Gliedersatz, Zahnersatz, Ersatz, Stütze, Stelze, Holzbein, Kunstbein, Gestell, Hilfe, Notbehelf, Hilfsmittel, Notmittel, Ersatzteil *u.* → Krücke.
Prothesenträger → Krüppel.
Protokoll Aufschreiben, Nachweis, Beleg, Statistik, Niederschrift, Aufzeichnung, Eintragung, Nachbericht, Nachschrift, Akten, Urkunde, Beweisaufnahme, Verhandlungsbericht. → Abkommen, Anzeige, Chronik.
protokollieren → aufnehmen, schreiben.
Protz → Angeber, Großmaul, Prahler.
protzen angeben, prahlen, prangen, großtun, großsprechen, dicktun, sich aufblähen, sich spreizen, sich aufspielen, stolzieren, renommieren, sich in die Brust werfen, das Maul voll nehmen, sich mit Fremden Federn schmücken • maulen, trotzen, patzig sein. → angeben, aufbauschen, blähen, blenden, prahlen. ▸ bescheiden (sein), Wahrheit sprechen die, zurückhaltend (sein).
Protzentum → Bombast, Chauvinismus, Prahlerei.
protzig → anmaßend, anspruchsvoll, eitel, prahlerisch, schwulstig.
Proviant Mundvorrat, Beköstigung, Ration, Zehrung, Rücklage, Versorgung, Verpflegung, Rucksackfüllung, Esszeug, Wegzehrung, Futter, Futterage *u,* Futteralien *u,* Speisung, Lebensmittel, Essen, Nahrungsmittel. → Beköstigung, Ernährung, Ration, Speise.
Provinz → Bezirk.
provinziell abgelegen • bäuerlich, dörflich, ländlich • rückständig.
Provision Vergütung, Maklerlohn, Vermittlungsgebühr, Reisegeld, Taggeld, Reisevergütung, Fürsorge, Tagessatz, Werbeanteil,

Umsatzteil, Anteil, Einkommensteil. → Aufschlag.
provisorisch vorläufig, zunächst, einstweilen, zeitweilig, vorübergehend, behelfsweise, probeweise, versuchsweise, aushilfsweise, zeitlich begrenzt. ▸ dauernd • definitiv, endgültig, ständig.
provokant aufreizend, herausfordernd, provozierend, streitsüchtig.
Provokation Herausforderung. → Beleidigung, Drohung.
provozieren ärgern, aufstacheln, reizen • heraufbeschwören, hervorrufen, verursachen • anlabern *u*.
provozierend → provokant.
Prozedur → Verfahren.
Prozente → Beifügung, Geld.
Prozess Vorzug, Verlauf, Durchführung, Entwicklungsgang • Rechtsstreit, Rechtshandel, Gerichtsverfahren, Klagesache, Rechtsfall, Rechtssache, Rechtsangelegenheit, Streitsache, Rechtsweg, Rechtsverhandlung, Verhandlung, Klageweg, Straffall, Skandalprozess, Sensationsprozess, Erbschaftsprozess, Bagatellprozess, Hinterlassenschaftsprozess. → Auseinandersetzung, Streit. ▸ Unveränderlichkeit, Versöhnung.
Prozess machen → befehden, belangen, klagen.
Prozess machen, kurzen zufassen, durchgreifen, nicht lange fackeln, die Faust zeigen, die Zügel kurz halten, nicht viel Federlesens machen, den Marsch blasen, mit beiden Händen zugreifen. ▸ nachgeben, schieben auf die lange Bank.
prozessieren → balgen, befehden, klagen.
Prozession → Aufmarsch, Aufzug, Bittgang, Bußgang, Durchzug.
prüde ehrpusslig *u*, etepetete *u*, säuerlich *u*. → spröde.
Prüderie Sprödigkeit, Steifheit, Geschraubtheit, Unnatürlichkeit, Zimperlichkeit, Förmlichkeit, falsche Zurückhaltung, Tugendhaftigkeit, Gezwungenheit, Gezier, Ziererei, falsche Scham, Schäme *u* ▸ Natürlichkeit • Aufgeklärtheit, (sexuelle) Aufgeschlossenheit • Geilheit, Sexbesessenheit, Schamlosigkeit.
prüfen abwägen, ausfragen, aushorchen, nachfragen, examinieren, untersuchen, befingern *u*, befummeln *u*, beurgrunzen *u*, durchfilzen *u*, besehen, fragen, nachprüfen, erproben, kontrollieren, testen, checken, nachzählen, nachwiegen, nachforschen, erkunden, besichtigen, abhören, fühlen, auf den Zahn fühlen *u* • heimsuchen, durchleuchten *u*, filzen *u*, filtrieren *u*. → Acht geben, anschauen, aufwerfen, ausforschen, beaufsichtigen, begründen, beraten sich, beratschlagen, besinnen sich, besprechen, beurteilen, Blick richten auf, Busch klopfen auf den, diskutieren, durchforschen, ermessen, experimentieren, hören, mustern, versuchen. ▸ übersehen • (bedingungslos) annehmen.
prüfen, eingehend → anschauen, examinieren, prüfen.
Prüfer Controller, Examinator, Experimentator, Kontrolleur, Revisor.
Prüfglas Reagenzglas.
Prüfling → Kandidat.
Prüfliste Checkliste, Katalog, Kontrollliste, Überprüfungsliste.
Prüfstein Feuerprobe, Kriterium.
Prüfung Check *u*. → Analyse, Anstrengung, Armut, Aufsicht, Ausforschen, Begriffsscheidung, Bekümmernis, Bemühung, Beobachtung, Berücksichtigung, Betrachtung, Betrübnis, Darlegung, Durchsicht, Erforschung, Examen, Fügung, Inspektion, Kontrolle, Probe, Schicksal, Übel.
Prüfung bestehen duchkommen *u*.
Prüfung, mündliche Gehirnrevision *u*.
Prüfung nicht bestehen badengehen *u*, durchfallen *u*, durchfliegen *u*, durchrasseln *u*.
Prüfungsbeisitzer Beischläfer *u*.
Prüfungskollegium Prüfungskommission, Prüfungsausschuss, Gutachter, Fachmann, Abnahmekommission, Begutachter, Instanz, Beurteilungsstelle. → Jury.
Prüfungsurkunde Diplom, Zertifikat, Zeugnis.
Prüfungsurteil Note, Prädikat, Zensur.
Prügel Stock, Knüppel, Knüttel, Strafmittel, Rohrstock, Rute, Peitsche, Gerte, Knute, Geißel • Hiebe, Schläge, Auspeitschung, Strafe, Abreibung, Bimse *u*, Dresche, Haue, Keile *u*, Kloppe *u*, Senge *u*, Wichse *u*, Schmisse *u*, Zunder *u*, Geißelung, Streiche, Züchtigung, Keile, Abkühlung *u*, Fänge, Abzug, Körperstrafe, Faustschlag, Bastonade, Schacht *u*. → Bearbeitung, Bestrafung, Denkzettel, Dusche, Strafe, Waffe. ▸ Belobigung, Belohnung, Versöhnung, Liebkosung, Streicheln.
Prügel als Erziehungsmittel Politik der starken Hand *u*.
Prügelei → Streit.
Prügelknabe Prügeljunge, Prügelknecht, Aschenputtel, Aschenbrödel, Sklave, Leibeigener, Knecht, Sündenbock, armer Hund, armer Teufel, Blitzableiter, armes Würstchen, einer der nichts zu melden hat. ▸ Persönlichkeit.
prügeln schlagen, hauen, klopfen, geißeln, abreiben, vermöbeln, züchtigen, durchklopfen, verklopfen, verhauen, knuffen, zurichten, durchhauen, peitschen, knüppeln, durchwichsen, dreschen, verdreschen, gerben, abschmieren, walken, verwalken, ohrfeigen, patschen, maulschellen, boxen, bläuen, bengeln, klopfen auf die Finger, keilen, den Stock erheben, pulvern *u*, salzen *u*. → austragen, auswischen, balgen, beeinträchtigen, bestrafen, beuteln, dreschen, durchschlagen, strafen. ▸ belohnen, loben, versöhnen sich.
Prügelstock → Bambus, Prügel.
Prunk → Aufwand, Dekoration, Farbenglanz, Luxus, Pracht.
Prunkbau Palais, Palast, Schloss.
prunken prangen, glänzen, paradieren, einherstelzen, stolzieren, protzen, strotzen, spreizen, blenden, protzend, prangen, pomphaft auftreten, Eindruck machen wollen,

Pracht entfalten, mit etwas Staat machen. → aussehen, ausstechen, blähen, blenden, prangen.
▸ bescheiden (sein), zurückhaltend (sein).
Prunkentfaltung → Pracht.
prunkhaft → brillant, pompös, prächtig.
prunklos → anspruchslos, bescheiden, einfach.
Prunksarg Sarkophag.
Prunkstraße → Allee.
Prunkstück → Edelstein, Juwel, Pracht, Prachtstück.
Prunksucht → Eitelkeit, Prahlerei.
prunksüchtig → anmaßend, dünkelhaft, eitel, prahlerisch.
prunkvoll → prächtig.
prusten schnauben, schnaufen, räuspern, husten, pusten, niesen, atmen, blasen, durchatmen, hüsteln, röcheln, pfeifen • lachen, losbersten, loslegen, sich Luft machen. → ausatmen.
Pseudonym Doppelname, Deckname, Künstlername, Übername, Namenszulegung, Beiname, Namenswechsel, Scheinname, Umbenennung, Umbezeichnung, Schriftstellername, Umtaufe. → Beiname.
Psyche → Art, Seele.
psychedelisch euphorisch, rauschhaft, tranceartig.
Psychiater Nervenarzt • Seelendoktor *u*, Seelenflicker *u*, Seeleningenieur *u*.
psychisch emotional, seelisch.
Psychologe Seelendetektiv/-doktor *u*.
psychologisch seelenkundlich, innerlich, menschlich, seelisch, anlagebedingt, menschenkundlich, auf die Psychologie bezüglich, vom Menschen aus gesehen, vom Menschen aus beurteilt, den Menschen betrachtend.
▸ (physiologisch).
psychologisch testen durchleuchten *u*.
Psychopath Gemütskranker, Irrer.
Psychopharmakon Seelendroge *u*.
Psychotherapeut Seelenbader *u*, Seelenklempner *u*.
Pubertät Mannwerdung, Geschlechtsreife, Entwicklung, Mannbarkeit, Reifezeit, Reife, Mannhaftigkeit, Wachstumsjahre, Veränderung, Umwandlung. → Jugend.
▸ Reife.
Pubertätskrise Adoleszentenkrise.
Publicrelations Kontaktpflege, Öffentlichkeitsarbeit.
publik bekannt, offenkundig, öffentlich.
publik werden bekannt werden, herumsprechen sich, kursieren, Öffentlichkeit dringen an die.
Publikation → Anzeige, Buch, Veröffentlichung.
Publikum Leute, Öffentlichkeit, Zuhörer, Zuhörerschaft, Volk, Zuschauer, Menschenmasse, Volksversammlung, Andrang, Menschenmenge, Menschenstrom, Rotte, Häufung, Schwarm, Bande.
Publikum, bestelltes Jubelkulisse *u*.
publizieren → ankündigen, aufklären, drucken, veröffentlichen.
Publizist Journalist, Redakteur, Schriftsteller.
Pudding Schlabber *u*.
Pudels Kern, des → Hauptsache, Knackpunkt.
pudelwohl → Damm sein auf dem, froh, gesund.
Puder → Anstrich, Bedeckung, Pulver.
pudern → bestäuben.
pudern, sich sich kalken *u*.
Puderzucker Farinade.
Puff Bordell, Freudenhaus, Dirnenhaus, Frauenhaus, rote Laterne, Venusberg, Bums, Eroscenter • Puffärmel, Kissen, Bausch, Wäschepuff. → Bearbeitung, bums, Prügel, Stoß, Strafe.
puff → bum.
puffen → schießen, schlagen, stoßen, strafen.
Puffmais Popcorn.
Pulk → Menge.
Pulle → Behälter, Flasche.
Pullover Jumper, Sweater.
Pulsader Aorta, Arterie, Schlagader.
pulsieren → bewegen, schlagen.
Pulsschlag → Bewegung, Leben, Wiederkehr.
Pult Gestell, Katheder, Schreibpult, Bank, Tisch, Platz, Schreibtisch, Schreibfläche, Betpult, Schulbank, Kanzel. → Behälter.
Pulver Schießpulver, Schwarzpulver, Munition, Material • Pulverform, Pulverförmigkeit, Staub, Mehl, Puder, Körnigkeit • Heilmittel, Arznei, Medizin, Schlafpulver, Kopfwehpulver, Waschpulver, Backpulver, Mottenpulver. → Arznei, Bargeld, Dosis.
▸ (Körper fester).
pulverig → bröckelig.
pulverisieren → mahlen.
pulverscheu → feige.
pummelig → dick.
Pump Borg, Entlehnung, Anleihe, Anlehen, Schulden, Kredit, Wechsel, Geliehenes, Anlage, Beleihung, Belehnung, Ausleihen. → Darlehen.
▸ Bargeld, Besitz.
pumpen heraufpumpen, auspumpen, hochpumpen, hochziehen, entleeren, schöpfen, ableiten, Wasser pumpen, lenzen *sm*, sich einer Pumpe bedienen. → beleihen, entlehnen, Kreide stehen in der.
▸ besitzen, quellen • hinuntergießen/-schütten, versickern lassen.
Pumpenkolben Piston.
Pumphose Knickerbocker.
Punkt → Faktor, Hinsicht, Lage, Ort, Pause, Schluss, Wenigkeit, Zeichen.
Punkt, dunkler Ungewissheit, Unbestimmtheit, Unsicherheit, offene Frage, Zweifelhaftigkeit, Rätselhaftigkeit, Dunkel, Dunkelheit, Nebel, Dämmerung • Anrüchigkeit, Schande, Übel, Unehre, Schmach, Gemunkel, Schandmal, Schandfleck, Makel, dunkle Vergangenheit. → Dämmerzustand, Dunkel.
▸ Ehrbarkeit, Gewissheit.
Punkt für Punkt punktuell.
Punkt machen, einen → beenden.
Punkt, springender → Hauptsache.
Punkt, wichtigster → Hauptsache.
Pünktchen Tittelchen *u*, Tüttelchen *u*.
pünkteln pointillieren.
punktieren tüpfeln, betüpfeln, bemalen, stricheln, mit Punkten versehen, unterstreichen, ein Zeichen setzen, markieren • untersuchen, einen Abstrich machen, öffnen durch Stich. → betupfen.
pünktlich rechtzeitig, beizeiten, frühzeitig, zeitig, zuverlässig, sorgfältig, gewissenhaft, den rechten Zeitpunkt wahrnehmen, den Dreh finden, verlässlich, ohne Verspätung, genau, auf die Minute genau, zur rechten Zeit, zur vereinbarten Zeit. → baldig, bedächtig, beizeiten, charakterfest, fristgemäß,

getreulich.
▸ unpünktlich, überfällig, verspätet, zu spät • verfrüht, vorzeitig, zu früh.
Pünktlichkeit Pünktlichsein, Genauigkeit, Rechtzeitigkeit, Gewissenhaftigkeit, Sorgfältigkeit, Frühzeitigkeit, Zuverlässigkeit, Verlässlichkeit, Geschwindigkeit, Schnelligkeit, Exaktheit, Zurechtkommen, Strenge. → Charakterstärke.
▸ Unpünktlichkeit, Versäumnis.
Punktrichter, strenger Scharfrichter *u.*
Punktum → ein für alle Mal, genug, Schluss.
punzen prägen, einprägen, stanzen, punzieren, einhämmern, stempeln, einzeichnen, aufprägen, einstampfen, brandmarken, karatieren, eichen, aufdrucken, eingravieren, einätzen, bedrucken.
Puppchen → Abgott, Baby, Puppe.
Puppe Spielzeug, Babypuppe, Schlafaugenpuppe, Püppchen • Puppchen, Baby, Menschlein, Knirps, Zwerg, Säugling, Wicht • Figur, Modell, Schneiderpuppe, Gliederpuppe, Wachsfigur, Marionette, Büste • Geliebte, Liebling, Kosename • Modepuppe • Garbe, Binsenbündel, Reiserbündel, Getreidepuppe. → Baby, Backfisch, Larve.
Puppe an Fäden Marionette.
puppern → bangen, schlagen, zittern.
puppig hübsch, niedlich, putzig, zierlich.
pur → ausschließlich, hell, rein.
▸ gemischt, gemixt, unrein, verfälscht, vermischt, verschnitten.
Püree Brei, Mus, Pamps.
Purgativ → Arznei.
Purgatorium Fegefeuer.
purgieren abführen, ablassen, laufen lassen • säubern, reinigen, destillieren, klistieren, filtrieren, auslaugen, rein machen.
▸ verunreinigen.
puritanisch → abstinent, anspruchslos, bedürfnislos, einfach, haushälterisch.
Purpur Farbe, Rot, Dunkelrot, Scharlachrot, Rubinrot, Tiefrot, Karminrot, Purpurröte • Herrschaftszeichen, Krönungsmantel, Schmuck, Würdezeichen, Prunk, Prachtentfaltung, Schönheit, Glanz, Kostbarkeit, Staat, Aufmachung, Purpurgewand, Purpurglanz, Purpurmantel, Priesterumhang. → Pracht.
Pürsch → Birsch.
Purzelbaum → Freude, Spiel.
purzeln → ausgleiten, fallen.
pussieren flirten, schmusen. → kokettieren.
Pustel → Auswuchs, Krankheit.
pusten → ausatmen, ermatten, prusten.
Putsch → Auflauf, Aufstand, Bürgerkrieg, Revolution.
Putschist → Aufständiger.
Putten Amoretten, Genien.
Putz → Aufmachung, Ausschmückung, Band, Besitztum, Dekoration, Gala, Garnitur, Kleidung, Mode, Pracht, Schmuck.
putzen kehren, wischen, abstauben, säubern, ausbürsten, scheuern, schrubben, fegen, reinigen, reiben, wichsen, striegeln, verschönern, waschen, schwenken, ausklopfen, zurechtmachen, wegschaffen, verputzen, reinmachen, ausputzen • sich schmücken, sich schön machen, sich herausstaffieren, sich fein machen, sich aufputzen, sich hübsch machen, sich in Gala werfen, bimsen *u.* → abstauben, ausbürsten, besetzen, bürsten, dekorieren.
▸ verunreinigen, verunstalten.
Putzfrau Reinmachefrau, Aufräumerin, Raumpflegerin, Bodensachbearbeiterin *u*, Dreckschleuder *u.* → Haushilfe.
putzig possierlich, süß, goldig, niedlich, lieb, nett, reizend, drollig, klein, winzig, zwerghaft, knirpsartig, erbsengroß, sonderbar, eigenartig. → klein.
▸ groß, riesenhaft, witzlos.
Putzlappen/-tuch Feudel *u.*
Putzmacherin Midinette, Modistin, Schneiderin.
Putzstunde Beschäfigungstherapie *u.*
Putzsucht → Eitelkeit.
putzsüchtig → eitel, prahlerisch.
Putzwerk → Ausschmückung, Schmuck.

Q

Quacksalber → Bader, Heilkünstler.
quacksalbern → herumdoktern.
Quaddel Urtica.
Quaddelausschlag Urticaria.
Quadratschädel → Fanatiker.
Quadriga Viergespann.
quaken rufen, schreien, lärmen, quapsen, klappern, quäkern, unken • quängeln, drängeln.
▸ verstummen, zufrieden geben sich.
Qual Krampf, Albdruck, Mahr, Mühe, Anstrengung, Belastung, Pein, Entbehrung, Schmerzgefühl, Leiden, Beschwernis, Körperqual, Übelbefinden, Unbefriedigung, Weh, Anfall, Krankheit, Leiden, Beschwerden, Klage, Last, Kreuz, Bürde, Unbill, Beunruhigung, Bedrückung, Druck, Mühsal, Betrübnis, Drangsal, Gram, Kummer, Jammer, Notlage, Sorge, Heimsuchung, Beklemmung. → Anstrengung, Ärger, Armut, Bekümmernis, Beschwerde, Beschwerlichkeit, Dorn, Elend, Not, Schmerz.
▸ Bequemlichkeit, Freude, Glück, Nichtstun, Sorglosigkeit, Wohlbefinden, Zufriedenheit.
quälen foltern, peinigen, piesacken, plagen, die Hammelbeine lang ziehen *u*, malträtieren, martern, massakrieren, misshandeln, Nagel zum Sarg, auf die Nerven gehen, verletzen, verdrießen, beleidigen, betrüben, belästigen, schaden, schikanieren, schuriegeln *u*, sekkieren *ö*, triezen *u*, zwiebeln *u*, kujonieren, schinden, plagen, bedrücken, schlagen, bedrängen, hetzen, stören, verstimmen, erbittern,

hinopfern. → abmühen, anöden, auswischen, bedrücken, beeinträchtigen, bohren, durchbohren das Herz, grämen sich, peinigen. ▸ erfreuen, erheitern, erleichtern, faulenzen, freuen sich, versöhnen, beglücken, Freude/Lust/Vergnügen bereiten • liebkosen, streicheln • befreien, erleichtern.

quälen, sich → ängstigen, anstrengen, ausstehen, Beste tun, binden sich selbst eine Rute, fallen schwer, kämpfen, leiden.

quälend → aufreibend, langweilig, lästig, schmerzlich.

Quäler Schinder *u.*

Quälerei → Beeinflussung, Besorgnis, Bosheit, Marter, Rohheit, Verdruss.

Quälgeist Quängler, Plaggeist, Quäler, Störenfried, Stänkerer, Querkopf, Spielverderber, Peiniger, Sadist, Tyrann, Haustyrann, Schinder, Hausdrache, Teufel, Quälteufel, Quälender, Ausfrager, Neugieriger. ▸ Helfer.

Qualifikation → Eignung.

Qualifizierung → Eignung, Fortbildung.

Qualität Art, Güte, Sorte, Wert, Beschaffenheit, Eigenschaft, Marke, Rang, Ansehen, Vortrefflichkeit, Vorzüglichkeit, Ausgesuchtheit, Kostbarkeit, Echtheit, Gediegenheit, Wertarbeit, Vollkommenheit, Qualitätsware, Qualitätsarbeit. → Art. ▸ Quantität • Schund, Ausschuss, Plunder, Ramsch • Menge, Quantität.

Qualle → Polyp.

Quällust Sadismus.

Qualm → Dunst, Rauch.

qualmen → rauchen.

qualvoll → schmerzlich.

Quantität Anzahl, Menge, Masse, Zahl. ▸ Beschaffenheit, Qualität.

quantité négligeable → Bagatelle.

Quantum → Anteil, Dosis, Ration, Teil.

Quarantäne Sperrzeit. → Acht, Bewachung.

Quark → Gehaltlosigkeit, Speise.

Quartal Vierteljahr.

Quartier Platz, Standort, Stadtviertel, Gegend, Lager, Stadtbezirk • Wohnung, Herberge, Heim, Unterkunft, Wohnstätte, Wohnsitz, Bleibe, Zufluchtsort, Unterschlupf, Obdach, Schlupfwinkel, Sommerquartier, Logis • Hauptquartier. → Aufenthaltsort, Hotel. ▸ Himmel unter freiem, Räumung.

Quartier geben Asyl gewähren, aufnehmen, beherbergen, unterbringen, Unterkunft gewähren.

quartieren logieren, belegen, behausen, beherbergen, einstellen, einquartieren, aufhalten sich, verweilen, wohnen, festsetzen, biwakieren, zelten, parken, einnisten. → kampieren. ▸ räumen.

quasi als ob, angeblich, annähernd, einigermaßen, etwa, wie, gewissermaßen, gleichsam, gleich wie, scheinbar, solchermaßen, sozusagen. ▸ bestimmt.

quasseln → reden.

Quasselstrippe → Schwätzer.

Quaste Troddel, Franse, Zopf, Locke, Tupfer, Bummel-Pinsel • Gehänge, Garnierung, Ausschmückung, Dekoration, Klunker, Putz, Zier, Zierrat, Zierwerk, Verzierung, Puschel *u.* → Ausschmückung.

Quatsch → Farce.

quatschen → abschweifen.

quecksilbrig → beweglich, hin und her.

Quell → Born, Quelle.

Quelle Anfang, Ausgangspunkt, Auslauf, Beginn, Born, Entstehung, Geburt, Herkunft, Ursache, Ursprung, Verursachung • Kuh melkende • Bezugsort, Fundgrube, Lieferant • Bericht, Beleg, Bibliothek, Fährte, Nachweis, Spur, Überlieferung, Sammlung, Unterlage, Zeugnis. → Anfang, Anlass, Abstoß, Beginn, Born, Brunnen, Buch, Entstehungsstätte, Nachweis, Ursprung. ▸ (Mündung), Wirkung.

Quelle, aus erster → direkt.

Quelle, heiße Therme.

Quelle sitzen, an der → einflussreich, bedienen sich, bereichern sich.

quellen abfließen, anschwellen, aufquellen, austreten, fließen, herausquellen, heraussprudeln, hervorbrechen, hervortreten, rieseln, rinnen, plätschern, sickern, sprudeln, strömen, tropfen, tröpfeln. → ausfließen, laufen. ▸ austrocknen, (stagnieren), stocken • versiegen, vertrocknen • schrumpfen • zusammensinken.

quellend fließend, flutend, heraustretend, nieselnd, rieselnd, sprudelnd, strömend, tropfend. → aufsteigend. ▸ (ausgetrocknet), (stagnierend).

Quengelei Nörgelei, Zwängerei, Stänkerei. → Streit.

quengelig misslaunig, nörgelig, unlustig.

Quengler Plaggeist, Quäler, Querkopf, Stänkerer, Freudenstörer. ▸ Helfer, Lobhudler.

Quäntchen Gramm, Gran, Unze, Lot • Wenigkeit, Geringfügigkeit, Spärlichkeit, Bisschen, Krümel, Prise. ▸ Gewicht, Masse schwere.

quer gegensätzlich, gegnerisch, entgegengesetzt, feindselig, feindlich, unfreundlich, gehässig, bockig, leidig, unleidlich, ungünstig, hinderlich, dagegen, dwars *sm* = quer ab. → schräg. ▸ gerade, parallel entlang, längs.

Querbinder Damenwinker *u*, Propeller *u.*

Quere kommen, in die hindern, verhindern, entgegenarbeiten, das Handwerk legen, hemmen, lahm legen, vereiteln, unterbinden, durchkreuzen, stören, dämpfen, dazwischentreten, einmischen, einmengen sich, den Weg abschneiden, blockieren, im Weg stehen, ein Schnippchen schlagen, einen Streich spielen, das Wasser abgraben, einen Strich durch die Rechnung machen. ▸ helfen.

Querele Klage, Streit, Streitigkeit.

querfeldein → ziellos.

Querfeldeinrennen Crosscountry.

quergeln schnattern, gackern, krähen, quicken, meckern, knurren, kläffen, heulen • greinen, weinen, jammern, seufzen, stöhnen, quengeln, weinerlich sein, nörgeln, tadeln, herummäkeln, zetern, räsonieren, schmähen. ▸ zufrieden geben sich.

quer gestreift travers.

Querholz/-riegel Knebel.

Querkopf → Quengler.

querköpfig hartnäckig,

eigensinnig, eigenwillig, widerspenstig, trotzig, starrsinnig, ungehorsam, unlenksam, verstockt, bockbeinig, halsstarrig • unfreundlich, rücksichtslos, ungefällig, unliebenswürdig, störrisch, barsch, verdreht, unduldsam, ungezogen, unverschämt, flegelhaft, ungehobelt, verschroben.
▸ freundlich, willig.

quer schießen vereiteln. → stören.

Querschnitt Durchschnitt, Überschlag, Mittelmaß, Durchschnittsmaß • Breitenmaß, Quere • Querteilung • Ausschnitt, Überblick, Übersicht, Profil, Darstellung, Ansicht.
▸ Ganzheit, Umriss.

Querulant Klotz, ungehobelter Patron, Streitbold, Krakeeler, Quengler, Brummbär, Ekel, Zankteufel, Hitzkopf, Widerspruchsgeist, Stänkerer.
▸ Helfer, Lobhudler.

Quetsche Presse, Kelter, Filter • Klemme, Not, Bedrängnis, Gefahr, Schwierigkeit, Sackgasse, Enge, Zwangslage, Labyrinth, Dilemma, Klippe, Verstrickung • Kleinbetrieb, Saftladen, Werkstätte • Zwetschge, Pflaume.
▸ Ausweg, (Großbetrieb), Handlungsfreiheit.

quetschen drängen, drücken, einengen, prägen, pressen, walzen, durchwinden, zusammendrücken, klemmen.
▸ ausdehnen, erweitern.

Quetschung Pressung, Verdichtung, Verdickung, Einengung, Einschnürung • Verletzung, Verwundung, Verstümmelung. → Wunde.
▸ Ausdehnung, Erweiterung, Heilung.

quieken → Tierstimme.

quietschen gicksen, pipsen, wimmern, winseln • kichern, wiehern, frohlocken, losplatzen, auflachen, jubeln, lärmen. → lärmen, Tierstimmen.
▸ lautlos (sein), verdrießen.

quietschfidel lustig, heiter, beglückt, ausgelassen, aus dem Häuschen, freudig erregt, puppenlustig, vergnügt, munter, aufgeräumt, froh gestimmt, übermütig, freudestrahlend, himmelhochjauchzend.
▸ verdrossen.

Quintessenz Inbegriff, Kern, Schlussfolgerung, Fazit, Substanz, Wesentlichkeit, springender Punkt, Gehalt, Mark, Schwergewicht, Wesensgehalt, Hauptstück, Hauptteil, Kernstück, Wesen, roter Faden • Auszug. → Hauptsache.
▸ Nebensache.

quitt erledigt, abgetan, getilgt, ausgeglichen, glatt, gleich, entlastet, entbunden, wettgemacht, fertig, los und ledig.
▸ unerledigt • gegenseitig verpflichtet.

quitt sein abtragen, abgelten, tilgen, ablösen, wieder gutmachen, ausgleichen, ersetzen, entschädigen. → quitt.
▸ (schuldig bleiben).

quittieren ausschneiden, zurückziehen sich, demissionieren, Abschied nehmen, in Pension gehen, niederlegen, aufgeben, verlassen • anerkennen, bescheinigen, bestätigen, unterschreiben, eine Quittung ausstellen, den Empfang bescheinigen.
▸ beginnen, einstellen lassen sich, protestieren.

Quittung Bescheinigung, Bestätigung, Empfangsschein, Schein, Gutzettel • Abschluss, Erfüllung, Vollzug, Leistung • Dankzettel, Lohn, Dank schnöder, Eselstritt.
▸ Dank, Protest, Leistung, Zahlung.

Quiz Rätsel, Rätselfrage, Frage- und Antwortspiel, Intelligenzprüfung, Gedächtnistest.

Quizmaster Spielleiter, Rätselmeister, Moderator, Unterhalter, Fernsehstar, Maître de plaisier.

Quodlibet Allerlei, Durcheinander, Kunterbunt, Mischmasch, Potpourri.

Quote Teilgenuss, Anteil, Anteilschein, Beitrag, Dividende, Einlage, Rate, Teil, Zahlung, Zuteilung, Zuweisung.

R

Rabatt Abschlag, Abstrich, Abzug, Agio, Diskont, Erlass, Ermäßigung, Minus, Nachlass, Prozente, Skonto, Vergünstigung, Vergütung. → Abzug, Bon, Ermäßigung.
▸ Aufschlag, Verteuerung.

Rabatte → Beet.

Rabe, weißer Sonderling, Kauz, Hagestolz, Eigenbrötler, Außenseiter • Musterbild, Edelmensch, Tatmensch, Mann von echtem Schrot und Korn, einer unter Tausenden, Tugendmuster, Unschuldsengel, Unschuldiger, Musterknabe, Tugendbold.
▸ Taugenichts.

Rabenmutter → Rabeneltern.

rabiat aggressiv, aufbrausend, auffahrend, aufgebracht, böse, cholerisch, erbost, ergrimmt, erregt, erzürnt, fuchsteufelswild, furios, gereizt, giftig, grantig, grimmig, heftig, hitzköpfig, jähzornig, kribbelig, misslaunig, missmutig, übellaunig, unwillig, wild, wütend, zornig, Zorn sprühend. → zornig.
▸ beherrscht, gutmütig.

Rabulistik → Haarspalterei.

rabulistisch kritisch, jesuitisch, sophistisch, spitzfindig, kleinlich, folgewidrig, denkwidrig, rechtsverdreherisch, wortklauberisch, wortverdreherisch.
▸ denkgerecht.

Rache Hass, Rachgier, Rachsucht, Grimm, Unerbittlichkeit • Heimzahlung, Genugtuung, Gegenschlag, böses Blut, Feme, Abrechnung, Gegenstreich, Lohn, Vergeltung, Wiedervergeltung, Blutrache, Verschwörung, Vendetta, Ahndung, Satisfaktion, Blutgericht,

Blutschuld • Wurst wider Wurst, Blut für Blut, Schlag für Schlag, Auge um Auge, Zahn um Zahn, wie du mir so ich dir. → Blut heißes.
▸ Versöhnlichkeit, Zuneigung.
rachedurstig → rachsüchtig.
rachegierig → brennend, rachedurstig.
Rachegott Gott strafender, Gott der Rache, Rächer, Rachegöttinnen, Eumeniden, Erinnyen, Furien. → Dämon.
▸ Engel rettender.
Rachegöttinnen Erinnyen, Eumeniden, Furien, Megären.
Rachen Mund, Maul, Schnauze • Öffnung, Spalte • Gosche *u*, Fresse *j*, Klappe *u*, Schnute *u*.
rächen abrechnen, ahnden, ankreiden, heimzahlen, lohnen, lynchen, nachtragen, vergelten, Genugtuung verlangen, sich Genugtuung verschaffen, Rache sinnen, sein Mütchen kühlen, Rachgier stillen, ein Hühnchen rupfen, Arges sinnen. → abrechnen, ahnden.
▸ versöhnen sich, verzeihen • dulden, hinnehmen.
Rachenentzündung Pharyngitis.
Rachenmandelentzündung Adenoiditis, Angina, Tonsillitis.
Rachenspiegel Pharyngoskop.
Rächer Vergelter. → Verfolger.
Rachgier → Anwandlung, Bosheit, Rache.
Rachsucht → Anwandlung, Bosheit, Entrüstung, Zorn.
rachsüchtig bösartig, boshaft, gehässig, hämisch, hasserfüllt, missgünstig, nachtragend, neidisch, tückisch • entrüstet, erbittert, feindselig, unerbittlich, unversöhnlich, wütend, zornig. → erbarmungslos, feindlich, gehässig.
▸ gut, gutmütig, versöhnlich.
Racker → Ausbund, Leichtfuß.
rackern → abmühen, anstrengen.
Rad Reif, Ring, Drehring, Räderwerk, Rolle, Spule, Transmission, Welle, Winde, Kardan, Maschine, Tretrad, Fahrrad, Motorrad, Moped, Roller, Hochrad, Veloziped, Laufrad.
Rad am Wagen, fünftes überflüssig, zu viel, unnütz, übrig, belanglos, wertlos, minderwertig, beschämend, kläglich, unterschätzig, nutzlos, untauglich, zwecklos, unbrauchbar, für die Katz.
▸ geschätzt, nötig.
Radau → Gebrause, Geräusch.
Radball → Ball.
radebrechen stottern, stöpseln, kaudern, wechseln, unsicher sein, stümperhaft reden, abgehackt sprechen, sich formwidrig ausdrücken, verballhornen, sich sprachwidrig ausdrücken.
▸ deutsch auf gut, Sprache beherrschen.
radeln → bewegen sich, fahren.
Rädelsführer Anstifter, Drahtzieher, Führer, Funktionär, Haupt, Leiter, Lenker, Macher, Demagoge, Volksverführer, Volksschädling, Räuberhauptmann, Anführer. → Aufständiger, Chef.
▸ Bande, Nachfolger.
rädern → bestrafen.
Räderwerk → Apparat, Maschine.
Rad fahren → bewegen sich.
radieren → durchstreichen, malen, zeichen.
Radiergummi Fummel *u*, Ratzefumm(el) *u*.
Radierung → Abdruck, Bild, Zeichnung.
radikal durch und durch, durchgreifend, endgültig, gänzlich, gebieterisch, kategorisch, nachdrücklich, rücksichtslos, streng, tiefgreifend, unbedingt, unumstößlich, völlig, vollständig • gründlich, eingewurzelt, wurzelhaft, ursprünglich • hartköpfig, bockbeinig, bockig, eigenwillig, fanatisch, hartnäckig, leidenschaftlich, starrsinnig, steifköpfig, störrisch, trotzig, unbekehrbar, unbeugsam, unduldsam, unerbittlich, unlenkbar, unnachgiebig, verbissen, verbohrt, verhärtet, verstockt, widerspenstig • bis zum Äußersten, bis auf die Wurzel. → A bis O, durchgreifend, fanatisch • radiputz *u*, ratzekahl *u*.
▸ energielos, gutmütig, lässig, nachsichtig, stoisch • gemäßigt, maßvoll, rücksichtsvoll, sanft • oberflächlich.
radikale Partei(gruppe) Fraktion.
radikalisieren → bearbeiten, verhetzen.
Radio Rundfunkapparat, Empfänger, Empfangsgerät, Gradeausempfänger, Superhet, Volksempfänger, Musiktruhe, Ein-, Zwei- usw. Röhrenapparat, Überlagerungsempfänger, Jabbelkasten *u*, Jammerkiste *u*, Radaujo *u*. → Apparat.
radioaktive Verunreinigung Kontamination.
radioaktiver Niederschlag Fall-out.
Radioröhre → Birne, Röhre.
Radius Reichweite, Einflussbereich, Umkreis.
▸ Durchmesser • Umfang.
Radkranz Felge.
Radmitte Nabe.
Radschuh → Bremse, Beschwernis.
Radsperre → Beschwernis, Bremse.
raffen ziehen, zerren, reffen, reißen, anheben • nehmen, ergattern, an sich reißen, Besitz ergreifen, aneignen sich, einheimsen, packen, annektieren, erhaschen, schnappen, kriegen, zulangen, sammeln, einsäckeln, bemächtigen sich, bereichern sich, wegnehmen, beschlagnahmen, rauben, ausbeuten, rupfen, schieben, wuchern • sparen, wirtschaften, beiseite legen, geizen, abknappen, zusammenfassen.
▸ geben, loslassen • geiern *u*.
Raffer Geizhals, Geizteufel, Filz, Schmutzfink, Geizhammel, Nimmersatt, Knauser, Knicker • Halsabschneider, Blutsauger, Schubjak, Wucherer. → Pfennigfuchser.
▸ Spender.
Raffgier Engherzigkeit, Pfennigfuchserei, Schmutzerei, Knickerei, Knauserei, Filzerei, Hungerleiderei, Schmutzigkeit, Gewinnsucht, Geldhunger, Begehrlichkeit, Habgier, Habsucht, Geiz. → Mammonsdienst.
▸ Freigebigkeit, Idealismus, Verschwendung.
raffgierig → begehrlich, geldgierig, gewinngierig, interessiert.
raffinieren → reinigen.
raffiniert rabig *u*. → aalglatt, durchtrieben, gewiegt, rein.
▸ arglos, einfältig, naiv • plump • einfach, schlicht.
Raffiniertheit Bauernschläue, Durchtriebenheit, Klugheit, Schlauheit, Verschlagenheit.
Raffke → Banause, Barbar, Emporkömmling, Kriegsgewinnler, Parvenü.
Raffzähne Reff *u*.

Rage Raserei, Wut, Zorn • Eile, Hast.
ragen emporragen, hochragen, recken sich, aufrichten, emporrichten • ansteigen, aufschwingen sich, aufstreben, erheben sich, überragen, hervorheben sich, hervorstehen, auszeichnen sich. → aufsteigen.
▸ fallen, unterliegen.
ragend hoch, riesig, hoch aufgeschossen, hoch gewachsen, kerzengerade, turmhoch, gigantisch, luftig, groß.
▸ klein, niedrig.
Ragout Durcheinander, Frikassee, Gemansche, Gemenge, Gemisch, Haschee, Mischmasch, Mixtur, Sammelsurium, Salat, Allerlei, Mischgericht, Wirrwarr, Kraut und Rüben, Potpourri.
rahmen → einrahmen.
Rahmen Einfassung, Einsäumung, Kreis, Rand, Reif, Ring, Saum, Umgrenzung • Drum und Dran, Fluidum, Hintergrund, Nimbus, Umkreis, Weichbild. → Aufgabenkreis, drum und dran.
Rahmen fallend, aus dem Aufsehen erregend, ausgefallen, außerordentlich, extravagant, überspannt, ungewöhnlich, verrückt.
Rain → Trennung.
Raison bringen zur Vernunft oder Besinnung bringen, die Augen öffnen, abkühlen, ernüchtern, beruhigen.
räkeln, sich drehen sich, ausruhen, winden sich, strecken sich • flegeln, sich rüpelhaft benehmen, sich ungezogen betragen, sich ungehobelt aufführen, gegen den guten Ton verstoßen, lümmeln, sich ungeschliffen hinpflanzen.
▸ arbeiten, Erziehung gute.
Raketenflugzeug → Fahrzeug (Luft-).
Raketenschlepper Crawler.
Raketenstartgestell Launcher.
Rammbock → Bock, Prellbock.
Ramme Rammbock, Rammmaschine, Mauerbrecher, Widder, Fallklotz, Fallhammer, Rammklotz, Rammschiff.
rammeln beschälen, belegen, kören, fohlen, bespringen, balzen, begatten.
rammen → einrammen.
Ramme/Rammklotz Bär *u.*
Rammpfahl Pilote.
Rampe Geländer, Brüstung, Auffahrt, Bühne, Verladeplatz, Halteplatz.
Rampenlicht Bühnenlicht, Flutlicht, Scheinwerferlicht, Spotlight, Szenenbeleuchtung, Theaterlicht.
ramponieren → abbrechen, anstoßen, verderben.
ramponiert → beschädigt, defekt.
Ramsch Altware, Ausschuss, Ausschussware, Gerümpel, Kram, Ladenhüter, Lumpen, Plunder, Reststücke, Schleuderware, Schund, Trödelkram, unverkäufliche Ware, Kitsch. → Ausschuss.
▸ Qualität.
ramschen → erhandeln, verschleudern.
Rand Kante, Saum, Einfassung, Abschluss, Einsäumung, Paspel, Biese, Vorstoß, Borte, Krempe, Reif, Rahmen, Naht • Küste, Gestade, Strand, Ufer • Weichbild, Umkreis, Vorort, Peripherie. → Bord, Demarkation, Kante, Krempe.
▸ Mitte, Inneres, Kern, Zentrum.
randalieren lärmen, schreien, brüllen, kreischen, grölen, poltern • krakeelen, raballern, Krach machen, toben. → anzetteln, balgen.
▸ beruhigen, verstummen, vertragen sich.
Randbemerkung Anmerkung, Einfügung, Einschaltung, Einschiebung, Erklärung, Erläuterung, Fußnote, Kommentar, Marginale, Randglosse, Vermerk, Zwischenbemerkung, Zwischenruf. → Anmerkung, Auskunft, Darlegung, Einfügung, Notiz.
▸ Kerngedanke.
Randbescheid → Randbemerkung.
Rande, am → nebenbei.
Rande kommen, zu bewältigen, bringen es, fertig werden mit, lösen, meistern, vollbringen.
Randgebiet Außenbereich, Peripherie, Stadtrand, Weichbild.
Randglosse → Anmerkung, Darlegung, Randbemerkung.
Randleiste Bande, Gesims, Sims.
Randschnur → Besatz.
Randverdickung Wulst.
Randvermerk → Randbemerkung.
randvoll → voll.
Rang Einfluss, Geltung, Gewicht, Glorie, Nimbus, Prestige, Renommee, Ruhm, Weltruf, Weltruhm • Amt, Kaste, Klasse, Schicht, Stand, Stellung, Würde • Kategorie, Ordnungsstufe, Platz, Wertmaß, Reihe, Rangstufe, Folge. → Achtung, Anrede, Bedeutung, Charakter, Charge, Dienstgrad, Ehre, Erhebung, Grad, Höhe, Stand, Würde. • Ächtung, Bedeutungslosigkeit, Niedrigkeit, Unehre.
Rang ablaufen → zuvorkommen.
Rang haben, einen → bekleiden.
Rang, von hohem hoch gestellt, berühmt, gefeiert, ausgezeichnet, gewichtig, verdient, hochgeboren, gekrönt, adlig, fürstlich, aristokratisch, blaublütig, von hoher Abkunft, von erlauchter Geburt, nobel.
▸ (aus bescheidenen Verhältnissen), pöbelhaft.
Rangbezeichnung Prädikat, Titel, Titulatur.
Range → Backfisch, Bengel, Gassenjunge, Grünschnabel, Kerl.
rangeln balgen, raufen, rempeln sich.
Rangerhöhung → Beförderung.
Rangerniedrigung Degradation, Degradierung.
Ranges, ersten eindrucksvoll • primär, vorrangig.
Rangfolge → Folge.
ranggleich gleichrangig. → ebenbürtig.
Rangliste Klassement.
ranglos subaltern, untergeordnet, unbetitelt, ohne Titel, unedel, niedrig, gemein.
rangmäßig gradual.
Rangmerkmal Statussymbol.
Rangordnung → Hierarchie, Klassifikation.
Rangskala Ordinalskala.
Rangstellung, bevorzugte Primat, Vorrangstellung.
Rangstreit Präzedenzstreit.
Rangstufe → Ebene, Reihe.
ranhalten, sich abhetzen sich, eilen, hasten, hetzen, schnell machen, überstürzen.
rank → anmutig.
Ränke → Arglist, Kabale, Manöver.
Ränke schmieden → intrigieren.
ranken → aufsteigen.
rankend → aufsteigend.
Rankenwerk Arabeske, Ornament.
Ränkeschmied → Intrigant, Spielverderber.
ränkesüchtig intrigant.

ränkevoll → aalglatt, arglistig, bübisch, charakterlos.
Ränzel → Bündel.
Ranzen → Balg, Behälter, Bündel.
ranzig → anwidern, ekelhaft, faul.
▸ frisch, unverdorben.
Ränzlein → Bauch.
rapid → rasch.
Rappel → Anwandlung.
rappeln raballern, rasseln, rumpeln, klappern, trampeln, scharren, schnarren, trommeln • sputen sich, beeilen sich, zusammennehmen sich.
▸ bummeln, verstummen.
Rapport Bericht, Bescheid, Tätigkeitsbericht, Rechenschaftsbericht, Nachricht, Meldung, Auskunft. → Anzeige, Auskunft, Benachrichtigung, Bericht.
▸ Verheimlichung.
rar selten, sonderbar, einmalig, gelegentlich, gesucht, kaum, kostbar, knapp, spärlich, schütter, vereinzelt, wenig, stellenweise, zuweilen, hier und da, dann und wann, ab und zu, hin und wieder, bisweilen, nicht oft. → auserlesen, ausgesucht, gefragt.
▸ gebräuchlich, häufig, immer üblich • im Überfluss (vorhanden) • überflüssig.
rasant → rasch.
Rasanz Eile, rasende Geschwindigkeit, Sturmtempo • erregende Schönheit, Großartigkeit.
rasch schnell, ohne Säumen, ohne Zeitverlust, geschwind, sofort, sogleich, eilig, hastig, hurtig, flink, frischweg, flugs, unverzüglich, stracks, postwendend, prompt, blitzartig, schleunig, behänd, rührig, beflügelt, beschwingt, alsobald, augenblicklich, baldigst, eilends, auf einmal, gleich, im Handumdrehen, im Nu, schleunigst, schnellfüßig, auf der Stelle, stehenden Fußes, umgehend, ungesäumt, unverweilt, ungestüm • geschickt, gewandt, anstellig, gelenk, gelenkig, befähigt, klug, sicher, brauchbar. → anstellig, antreibend, auf einmal, augenblicklich, beflügelt, beschwingt, eilends, einemmal mit, fix, gewandt, Hals über Kopf, plötzlich, rasant, rapid, prompt.
▸ langsam, schwerfällig, bedächtig, gemächlich, langsam, ruhig, schleichend, schleppend, träge.
rasch fertig → leichtfertig, schnell.
rascheln rauschen, schwirren, knistern, surren • sausen, säuseln, sirren, summen, sumsen, zischeln, zischen. → brausen, knittern.
▸ lautlos (sein), verstummen.
rasches Begreifen Frühzündung *u.*
Raschheit → Behändigkeit.
Rasen Grasfläche, Grasteppich, Alm, Alb, Matte, Senne, Trift, Weide, Halde, Grasland, Aue, Anger, Wiese, Erddecke, Boden, Scholle, Grünfläche.
▸ Acker, Beet, Fels.
rasen → aufregen, aufspringen, branden, ergrimmen, geraten außer sich, rennen, toben, zürnen.
▸ langsam fahren • bremsen, stoppen.
rasend → aufgebracht, begeistert, brennend, enragiert, entrüstet, heftig.
▸ gemächlich, langsam, ruhig.
rasendes Weib Bacchantin, Mänade, Furie, Megäre.
Rasensprenger Sprinkler.
Raserei → Anwandlung, Ärgernis, Aufregung, Ausbruch, Besessenheit, Delirium, Liebesglut, Tollheit, Zorn.
rasieren → ausmerzen, balbieren, barbieren, beschneiden.
Rasierer → Bader, Barbier.
räsonieren schimpfen, nörgeln, schmähen, bemäkeln, herummäkeln, zetern, geifern, am Zeug flicken, den Sittenrichter spielen, hofmeistern • klug reden.
▸ beruhigen (sich), loben.
Räsonierer Tadler, Kritiker, Sittenrichter, Quengler, Nörgler, Beckmesser, Lästermaul, Krittler, Lästerer, Schmäher, Krakeeler. → Kläffer.
▸ Lobhudler.
Raspel → Reibe.
raspeln → reiben.
Rasse → Art, Nation.
rasseln → prasseln.
Rassenwahn Rassismus.
rassig edel • feurig, schwungvoll. → anmutig.
rassisch ursprünglich, echt, arteigen, blutgemäß, artgetreu, gleicherbig, reinerbig • arisch, dinarisch, negrisch, negroid, nordisch, ostisch, westisch.
▸ vermischt.
Rast → Atempause, Aufenthalt, Einhalt, Entspannung, Feierabend, Halt, Muße, Pause.
rasten → abstehen, anhalten, aufhören, ausruhen, befristet, bequem, bleiben, bleiben auf dem Platz, einhalten, finden Zeit, liegen, schließen.
▸ aufbrechen, weitergehen • arbeiten • marschieren, wandern.
Rasthaus → Aufenthaltsort.
rastlos beweglich, emsig, fleißig, flüchtig, friedlos, lebendig, wuselig, mobil, nomadisch, ruhelos, tätig, unablässig, unermüdlich, stundenlang mit wachsender Begeisterung • alert, arbeitsam, beflissen, betriebsam, diensteifrig, fieberhaft, flink, flott, forsch, frisch, geschäftig, lebhaft, leistungsfähig, munter, rege, regsam, rührig, temperamentvoll, unternehmend, zielbewusst. → aktiv, anstellig, arbeitsam, ausdauernd, begierig, beweglich, Damm sein auf dem, eifrig, eilfertig, ein und aus, erwerbsam, Fassung verlieren die, fieberhaft, hin und her, lebhaft.
▸ bewegungslos, faul, träge.
rastloser Mensch Hektiker, Quirl *u.*
Rastlosigkeit → Aktivität.
Rastplatz → Aufenthaltsort, Halt.
Rasttage → Ferien, Ruhezeit.
Rat Fingerzeig, Belehrung, Unterweisung, Wink, Vorstellung, Lehre, Einschärfung, Verhaltungsmaßregel, Richtschnur, Warnung, Anleitung, Anweisung • Ermunterung, Ermutigung, Empfehlung, Bitte, Überredung, Aufforderung • Erwägung, Ratschlag, Willenslenkung • Versammlung, Sitzung, Beratung, Konferenz, Kollegium, Körperschaft, Kommission • Staatsrat, Botschaftsrat, hoher Rat, Viererrat, Elternrat, Schülerrat, Betriebsrat, Triumvirat. → Ausschuss, Beeinflussung, Bescheid, Besprechung, Fingerzeig, Titel.
▸ Ratlosigkeit, Vorschrift.
Rat geben anraten, beraten, raten.
Rate → Abzahlung, Anteil, Beitrag, Quote.
▸ Gesamtbetrag • Kredit.

Rate gehen, mit sich zu → denken.
raten → anbieten, anempfehlen, befürworten, binden auf die Seele, empfehlen, erraten, suchen Denksport, Intelligenztraining, Knobelei, Kopfarbeit, Rätselraten.
▸ Rätsel aufgeben.
raten, drum herum im Dunkeln tappen, sich nicht zu helfen wissen, unsicher sein, unwissend sein, unschlüssig sein, etwas für fraglich erachten, einem Problem nachjagen, einem rätselhaft vorkommen, einem fraglich erscheinen.
▸ wissen.
raten lassen, sich sich belehren lassen, sich nicht beirren lassen, die Vernunft walten lassen, dem inneren Trieb folgen, dem gesunden Menschenverstand folgen, sich beeinflussen lassen, auf jemanden hören, nicht eigensinnig sein, sich nicht starrköpfig zeigen, einem Ratschlag folgen, einen Rat nicht in den Wind schlagen.
▸ starrsinnig (sein).
ratenweise → teilweise.
▸ pauschal.
Ratenzahlung → Bezahlung.
Ratespiel-Teilnehmer Quizling *u.*
Ratgeber → Anwalt, Beirat, Beistand, Berater, Chef, Ermahner.
Rathaus Bürgermeisterei, Amtei, Amtshaus, Kanzlei, Gemeindehaus, Stadthaus, Hotel de ville.
ratifizieren → anerkennen, annehmen.
ratifiziert → abgemacht.
Ration Bedarf, Dosis, Maß, Portion, Menge, Quantum, Teil, Zuteilung, Zuweisung, Zuwendung • Klacks, Schlag • Brocken, Bruchstück, Bruchteil, Fetzen, Flocken, Happen, Kontingent, Krümel, Krume, Mundvoll, Ranken, Scheibe, Stück, Trumm. → Anspruch, Anteil, Proviant.
▸ Ganzes.
rational nüchtern, sachlich, vernünftig.
rationalisieren einsparen, planen, anpassen. → vereinfachen.
▸ vergeuden, verschwenden.
rationell ausgeklügelt, dienlich, erfolgreich, ordnungsmäßig, planvoll, sparsam, verständig, wirtschaftlich, wohl durchdacht, zweckmäßig.
▸ unrationell, verschwenderisch.
ratlos perplex, bedeppert *u*, ausgeflippt *u*, bedeppert *u*, daumelig *u*, festgenagelt *u.* → hilflos, ungeschickt.
ratlos machen → beirren.
Ratlosigkeit Unentschlossenheit, Unentschiedenheit, Unschlüssigkeit, Unsicherheit, Verlegenheit, Zaudern, Schwanken, Bedenken, Hemmung, Furcht, Hilflosigkeit • Schwierigkeit, Sackgasse, Enge, Zwangslage, Bedrängnis, Klemme, Krisis, Verwirrung, Verwicklung, Verstrickung, Klippe. → Dilemma.
▸ Rat.
ratsam → annehmbar, anwendbar, empfehlenswert.
ratschen → abschweifen.
Ratschlag Andeutung, Anweisung, Belehrung, Ermunterung, Ermutigung, Fingerzeig, Lehre, Unterweisung, Verhaltungsmaßregel, Warnung, Wink • Bitte, Beschwörung, Überredung, Aufforderung, Seelenschmus *u.* → Anleitung, Ermahnung, Hinweis.
▸ Irreführung, Starrköpfigkeit.
Rätsel → Aufgabe, Frage, Problem, Quiz.
▸ Lösung.
Rätsel lösen → ergründen.
rätselhaft schleierhaft *u.* → abstrus, dämonisch, dunkel, geheimnisvoll, irgendwie, mysteriös, nebelhaft, problematisch, unbegreiflich.
▸ evident, offenkundig • erklärbar, verständlich • aufgeklärt, gelöst.
Rätselhaftes Brezel *u.*
Rätselhaftigkeit → Dämmerzustand, Dunkel, Mysterium.
rätseln herumrätseln, knobeln, Kopf zerbrechen sich den, grübeln, nachdenken, raten.
Rattenkönig Verkettung, roter Faden, Folge, Aufeinanderfolge, Reihe, Gefolge • Übelstand, Unannehmlichkeiten, Verdruss, Ärgernis, Sorge, Plage, Unglück, Widerwärtigkeit, Unbill, Not, Missgeschick, Demütigung, Heimsuchung, Leidensweg, Leidenskelch, Wirrwarr.
▸ Freude, Gelingen, Unterbrechung.
rattern rumpeln, poltern, dröhnen, knattern, klirren, krachen, erdröhnen, lärmen, aufschlagen, anschlagen.
▸ lautlos (sein), verstummen.
rau kraus, grob, harsch, holprig, schroff, stachlig, struppig, uneben, unzart, zerklüftet, zerrissen, rissig, rauhaarig, derb, salzig, hart, scharf, beißend • einschneidend, kalt, unangenehm. → belegt (Stimme), blatternarbig, borstig, derb, faserig, hart, unhöflich.
▸ glatt, höflich, weich.
Raub Beraubung, Erbeutung, Diebstahl, Kaperung, Entführung, Verschleppung, Gewaltraub, Gewalttat, Feldfrevel • Beute, Fang, Prise, Anteil, Konterbande, Strandgut • Übergriff, Eingriff, Eigenmächtigkeit, Rechtsbruch, Willkür. → Ausplünderung, Bemächtigung, Beraubung, Beute.
▸ Erwerbung, Gabe, Kauf, Wiedergutmachung.
Raubbau Ausbeutung, Ausnutzung • Überschreitung, Übergriff.
Raubein → Bärbeißer.
rauben abholzen *u.* → bemächtigen, berauben, bestehlen, einbrechen, erjagen, nehmen.
rauben, die Fassung verblüffen, aufbringen, aus dem Geleise bringen, um den Verstand bringen, aus der Fassung bringen.
▸ beruhigen, erfreuen.
Räuber → Bandit, Dieb, Erpresser.
Räuberei → Beraubung, Dieberei.
Räuberhauptmann → Bandit, Cicerone.
Räuberhöhle Löwengrube, Bärenzwinger, Drachennest, Wespennest, Lasterhöhle • Tohuwabohu, Durcheinander, Unordnung, Unordentlichkeit, wie bei den Hottentotten.
▸ Ordnung, Zuflucht.
räuberisch raubgierig, raublustig, beutegierig, diebisch, begehrlich, langfingrig, betrügerisch, verstohlen, gierig, raffgierig, habsüchtig, griffbereit, plünderisch, gaunerisch, erpresserisch. → beutegierig.
▸ ehrlich, selbstlos, freigebig.
Raubgesindel Plünderer, Streifschar, Freischärler, Lumpengesindel, Mob, Pleps, Zigeunergesindel, Pack,

Gelichter, Abschaum, Bettelvolk, Diebszeug, Gesindel, Horde, Bande, Flintenweiber, Masse. ▸ Mensch aufrechter, Tugendbeispiel.
raubgierig → begehrlich, räuberisch.
raublustig → beutegierig, diebisch, räuberisch.
Raubritter → Bandit, Dieb, Erpresser.
Raubritterburg → Burg.
Raubschütz → Bandit, Dieb.
Raubtier wildes Tier. → Bestie.
Raubtierpfote Klaue, Pranke, Tatze.
Raubvogel Greifvogel.
Raubzug Plünderung, Beraubung, Anschlag, Vorstoß, Verwüstung, Überrumpelung, Einfall, Berennung, Überfall, Streifzug, Straßenraub, Beutezug, Kaperei, Räuberei. → Angriff. ▸ Abwehr, Gabe, Kauf, Wiedergutmachung.
Rauch Qualm, Dampf, Dunst, Verräucherung, Brodem, Hauch, Schwaden, Gas, Gewölk • Schall und Rauch, Plunder, Schnickschnack, Schund, Unwichtigkeit, Schaum, Nichts, Null, Luft, Seifenblase, Pappenstiel. → Brodem, Dunst. ▸ Klarheit, (Rauchlosigkeit), Wert.
rauchen qualmen, rauchen wie ein Schlot, schmoken *u*, sich eine anstecken, sich eine ins Gesicht stecken *u*, paffen, schmauchen, verräuchern, einräuchern, vernebeln, einnebeln, glimmen, flammen, schmoren, plotzen, Dampf von sich geben, ziehen, aufsteigen, blutzen *u*, fluppen *u*, plotzen *u*, qualmen *u*. → brennen, dampfen. ▸ verlöschen.
Raucher Schmöker, Schmaucher, Schmauchteufel, Schwelger, Genießer, Süchtiger. ▸ Nichtraucher.
räucherig trübe, rauchig, geschwängert, dunstig, qualmig, verräuchert, vernebelt, eingenebelt, eingeräuchert, rußig • beißend, brennend, schmerzend, erstickend. ▸ frisch, klar.
räuchern einräuchern, anräuchern, würzen, verräuchern, ausräuchern, desinfizieren, vernebeln, überziehen, bewölken, beweihräuchern, durchräuchern, durchduften. → aufheben, einpökeln, rauchen.
Rauchfang → Ausweg, Esse.
rauchig → räucherig.
Rauchkraut Tabak.
Rauchsäule über einem Vulkan Fumarole.
Rauchware Pelz.
räudig haarlos, entblößt, kahl, geschunden, bloß, bar, struppig, verkommen, abgezogen • unsauber, eklig, unrein, garstig, wüst, schmutzig, dreckig. ▸ behaart, gepflegt, sauber.
rauen aufrauen, aufreißen, aufkräuseln, auffasern, einätzen, rau machen, einkratzen, bearbeiten, aufreiben. ▸ glätten.
Raufbold Streithahn, Streitbolzen, Streitzuber, Stänkerer, Händelsucher, Rachthaber, Raufer, Friedensstörer, Schläger, Eisenfresser, Hauschild, Zänkerer, Keiferer, Lärmmacher, Polterer, Streitbold, Rüpel, Flegel, Dollmann *u*, Dreschflegel *u*. → Blut heißes, Brausekopf. ▸ Lamm frommes, Tugendbeispiel.
raufen → austragen, balgen, beuteln, schlagen, streiten.
Rauferei Rabatz *u*. → Kampf, Streit.
Raufutter Häcksel, Heu.
Rauheit Unebenheit, Runzeligkeit, Zerklüftung, Schroffheit, Holprigkeit, Höckerigkeit, Stoppelfeld, Struppigkeit, Belegtheit, Heiserkeit • Grobheit, Unzartheit, Härte, Derbheit, Rücksichtslosigkeit, Grobschlächtigkeit, Strenge, Barschheit, Schärfe. → Bärbeißigkeit, Strenge. ▸ Glätte, Höflichkeit, Weichheit.
Raum Örtlichkeit, Platz, Ort, Stelle, Gebiet, Bereich, Winkel, Gegend, Zwischenraum, Räumlichkeit, Kabelgat *sm* (Raum für Tauwerk), Kettenkasten (Raum für Ankerkette), Piek (dreieckiger Raum im Vor- und Achterschiff), Pflicht (gedeckter Raum), Poop (Hütte auf dem Achterdeck), Loge • Zimmer, Wohnbereich, Aufenthaltsraum, Kabuff *u*, Schlafraum, Werkraum • Rauminhalt, Raummeter. → Ausdehnung, Distrikt, Erde, Flächenraum, Kammer. ▸ Zeit.
Raum, unausgefüllter Leere, Vakuum.
räumen fortschaffen, forträumen, wegschieben, fortstellen, ausräumen, fortschicken, delogieren, verlegen • aufräumen, fortkehren, heraustreiben, entfernen, fortspülen, beseitigen, sauber machen, putzen, umstellen. → abladen, ausladen, aussiedeln, entvölkern. ▸ bleiben, einquartieren, besetzen, einmarschieren, einnehmen, einziehen • einlagern, füllen, vollstellen.
Raumfahrer Astronaut, Kosmonaut.
Raumfahrt Astronautik, Kosmonautik.
Raumfahrtzentrum Kosmodrom.
Raumgehalt → Ausdehnung, Umfang.
Raumgestalter Dekorateur.
Rauminhalt → Ausdehnung, Fassungskraft.
Raumknappheit → Einengung, Platzmangel.
Raumlehre Geometrie.
räumlich raumhaft, lokal, geräumig, ausgedehnt, ausgebreitet, weit, weitläufig, geometrisch, örtlich bestimmt, örtlich. ▸ zeitlich • flächig, in der Ebene, zweidimensional.
Räumlichkeit → Raum, Zimmer.
raum- und zeitlos körperlos, unpersönlich, transzendental, geistig, übernatürlich, überirdisch, unendlich, ewig, unirdisch. ▸ körperlich.
Raummangel → Einengung, Platzmangel.
Raummaß → Ausdehnung.
Raumnot Beengtheit, Beengung, Gedränge, Enge, Platzmangel, Raummangel.
Raumpflegerin → Haushaltshilfe, Putzfrau.
Raumtiefe Perspektive, Hintergrund, Raumverteilung, Raumsicht, Sehweite, Tiefenwirkung. ▸ Raummangel.
Raumton Quadrofonie, Stereophonie.
Räumung Abschub, Wegnahme, Versetzung, Entfernung, Verlegung, Rückzug, Entleerung, Beseitigung, Ausweisung, Vertreibung, Ausschaltung, Evakuierung, Absendung,

Entsendung, Wegräumung. → Abzug, Aussiedlung. ▸ Ansied(e)lung, (Besetzung), Zuwanderung.
Räumungsverkauf → Abzug, Ermäßigung.
Raumwirkung Raumtiefe, Szenerie, Staffage, Dekoration, Kulisse, Bühnenwirkung, Bühnenbild, Bühne, Ausschmückung, Hintergrund. → Raumtiefe. ▸ (Flächenwirkung).
Raunen Flüstern, Stille, Heimlichkeit, Gelispel, Mattheit, gedämpftes Geräusch, Verborgenheit, Summen, Zuflüsterung, Einflüsterung, Sumsen, Schwirren, Murmeln. → Gebrumme. ▸ Gepolter, Schrei.
raunen brummeln, flüstern, murmeln, nuscheln, wispern.
Raupe → Ausschmückung, Tier.
Raupenfahrzeug Bulldozer, Panzer.
Raupenschlepper Caterpillar.
rausbringen ergründen, erraten • herausbringen.
Rausch Trunkenheit, Berauschung, Besoffenheit, Weinnebel, Benebelung, Affe, Bettschwere *u*, Zopf *u*, Kanonenrausch *u*, Räuscherl, Fahne, Kater, Katzenjammer, Ballon *u*, Brand *u*, Dampf *u*, Fahne *u*, Fetzen *u*, Sauser *u*, Seuche *u*. → Affekt, Aufregung, Ausbruch, Befriedigung, Begeisterung, Begierde, Betäubung, Delirium, Dusel, Ekstase, Entzückung, Fahne, Freude, Leidenschaftlichkeit, Lustigkeit. ▸ Beschwichtigung, Gemütsruhe, Missfallen, Nüchternheit.
Rausch, kleiner Dalles *u*, Dulliöh *u*, Schwips *u*.
Rausch, leichter Spritzer *u*.
Rausch, Schlaf fördernder Bettschwere *u*.
Rauschebart → Bart.
rauschen plätschern, rieseln, fließen, sprudeln, strömen, umfluten, laufen, zufließen, emporquellen, hervorbrechen, fluten • rascheln, wirren, zischeln, säuseln, sausen, brausen, stürmen. → brausen. ▸ eindämmen, verstummen.
Rauschgift Droge, Genussgift, Narkotikum, Opiat, Koks, Shit, Schnee, Stoff • Geisthammer *u*, Pott *u*, Pulver *u*, Senf *u*, Stoff *u*.
Rauschgift, starkes harte Droge *u*.
Rauschgift verkaufen dealen.
rauschgiftentwöhnt clean *u*.
Rauschgifthändler Dealer, Pusher.
Rauschgiftsucht Drogenabhängigkeit/-sucht, Narkomanie.
Rauschgiftsüchtiger Drogenabhängiger/-süchtiger, Fixer, Junkie, Narkomane, User, Spritzer *u*.
Rauschgold Flitter.
rauschhaft bacchantisch, berauscht, beseligt, betrunken, dionysisch, ekstatisch, euphorisch, psychedelisch, trunken, verzückt.
Rauschzustand Delirium. → Rausch.
räuspern husten, hüsteln, prusten, knistern, krächzen, beffzgen, stören, kratzen, murren, brummeln, zischeln. → ausatmen.
Raute Parallelogramm, Rhombus, Pyramide, Fassette, Rosette, Flechtwerk, Geflecht, Viereck.
rautenförmig rhomboid.
Razzia Plünderungszug, Streifzug, Fahndungsstreife, Überrumpelung, Umstellung, Einengung, Überführung, Einkreisung, Säuberung, Aushebung, Fischzug *u*. → Angriff.
Reagenzglas (Labor-)Probierglas, Prüfglas.
reagieren → aufführen, benehmen sich, verhalten sich.
Reaktion Aufhebung, Zusammenstoß, Gegenschlag, Widerstand, Erschütterung, Gegenstoß, Rückwirkung, Gegenwirkung, Rückprall, Reflex, Kompensation, Gegenströmung, Gegendruck, Rückschlag, Rückschritt, Umsetzung. → Ausgang, Effekt, Krise. ▸ Fortschritt, Grund, Ursache • Aktion.
reaktionär rückschrittlich, rückständig, gegenwirkend, rücklaufend, verkehrt, rückgängig. → gegensätzlich. ▸ fortschrittlich, progressiv.
reaktionsfähig anpassungsfähig, beweglich, elastisch, fix, flexibel, flink, flott, geistesgegenwärtig, mobil, reagibel, schnell, spritzig, zackig.
Reaktionsvermögen Flexibilität. → Schnelligkeit. ▸ Beharrlichkeit, Sturheit, Trägheit.
Reaktionszeit Latenzzeit.
Reaktor Atommeiler, Kernkraftwerk, Kernreaktor, Pile.
real greifbar, bestehend, wirklich, dinglich, wahr, tatsächlich, wesenhaft, existierend, vorhanden, zugegen, anwesend, vorliegend, gegenwärtig, sachlich, wahrlich, fassbar, fühlbar, stofflich, körperlich, konkret, sinnlich, anwesend. ▸ unwirklich, irreal • nominal.
realisieren abwickeln, ausführen, bewerkstelligen, durchführen/-ziehen, erledigen, umsetzen in die Tat, verwirklichen.
Realismus Darstellung der Wirklichkeit • Sachlichkeit, Wirklichkeitsnähe/-sinn.
realistisch naturgetreu, nüchtern, sachlich (denkend), Tatsachen ins Auge sehend, wirklichkeitsnah.
Realität → Lebenswahrheit, Tatsache, Wahrheit.
Realzins Effektivzins.
reanimieren wieder beleben.
Rebell *m* → Aufständiger, Hetzer, Meuterer.
rebellieren aufwiegeln, aufhetzen, wühlen, meutern, streiken, sich auflehnen, sich erheben, sich empören, sich verschwören, sich zusammenrotten, sich widersetzen, trotzen, die Arbeit einstellen, die Waffen erheben, den Gehorsam verweigern, aufmucken, Trotz bieten, entgegenhandeln. → anzetteln. ▸ beugen sich, gehorchen.
Rebellion *w* → Aufstand.
rebellisch → aufständisch, gegensätzlich.
Rechenaufgabe Exempel.
Rechenautomat Datenverarbeitungsanlage, Elektronengehirn, Computer, Rechner.
Rechenergebnis Fazit, Produkt, Resultat, Summe.
Rechenkunst Arithmetik.
Rechenmaschine → Rechenautomat.
Rechenschaft Abrechnung, Verpflichtung, Aufschluss, Verbindlichkeit, Aufklärung, Verantwortung, Auskunft, Rechtfertigung, Begründung, Belastung, Berechtigung, Darlegung, Berichtigung, Beweis. → Auskunft, Beweis. ▸ Entbindung, Einwand, Verschwiegenheit, Widerlegung.
Rechenschaft ziehen, zur zur

Verantwortung ziehen, verantwortlich machen, belangen, fordern, stellen, um Abstellung bitten, zur Last legen, in die Schuhe schieben, Beweis fordern, für verantwortlich halten, eine Rechtfertigung fordern • anklagen, beschuldigen, belasten, zuschreiben, bezichtigen, beimessen. ▸ rechtfertigen.
Rechentafel Abakus.
Recherche Ermittlung, Fahndung, Nachforschung, Überprüfung.
recherchieren ermitteln, forschen, nachforschen/-spüren.
rechnen errechnen, nachrechnen, bemessen, messen, abzirkeln, berechnen, verrechnen, ausrechnen, vermessen, teilen, malnehmen, addieren, subtrahieren, kalkulieren, überrechnen, schätzen, veranschlagen, zählen, abzählen, nachzählen, abrechnen, abziehen, zuzählen, dividieren, potenzieren, wurzelziehen, mit dem Stab arbeiten, auf der Rechenmaschine tippen. → abmessen, multiplizieren.
rechnen auf → ahnen, erwarten, hoffen.
rechnen mit → erwarten, hoffen.
Rechner Computer. → Rechenautomat • Kalkulator.
rechnerisch → finanziell.
Rechnung Aufstellung, Abrechnung, Forderung, Belastung, Faktur, Nota, Aufrechnung, Berechnung, Schuldforderung, Geldschuld, Verpflichtung, Anforderung, Rückstand, Bemessung • Rechenaufgabe, Grundrechnung, Bruchrechnung, Prozentrechnung, Zinsrechnung, Gleichung. → Faktura.
▸ Leistung • Begleichung, Bezahlung, Zahlung.
Rechnung, falsche → Fehler.
Rechnung schreiben fakturieren.
Rechnung stellen, in berechnen • einkalkulieren. → berücksichtigen.
Rechnung tragen Rücksicht nehmen, berücksichtigen, begreifen, ergründen, bedenken, überlegen, Sorge tragen, sich vorsehen, auf der Hut sein, sich in Acht nehmen, Milde walten lassen, Nachsicht üben, die Augen zudrücken. ▸ Rücksicht ohne, rücksichtslos (sein).
Rechnungsbetrag Posten.
Rechnungsführer → Buchhalter.
Rechnungshof Budgetkontrollbehörde.
Rechnungsprüfer Revisor.
Rechnungsprüfung Revision.
Recht Gesetz, Gesetzlichkeit, Gesetzmäßigkeit, Gesetzgebung, Gesetzeskraft, Fug und Recht, Volksrecht, Menschenrecht, Naturrecht, Vernunftrecht, Anrecht, Ehrenrecht, Freiheit, Berechtigung, Frauenstimmrecht, Vorzugsrecht, Ausnahmerecht, Vorrecht, Bürgerrecht, Heimatrecht • Anspruch, Anwartschaft, Befugnis, Rechtskraft. → Anrecht, Beeinflussung, Befugnis, Ermächtigung.
▸ Unrecht.
Recht
▸ Willkür • Irrtum • Pflicht.
Recht des Stärkeren → Ungesetzlichkeit.
Recht beugen, das → brechen das Gesetz.
recht → angenehm, annehmbar, anwendbar, begehrenswert, echt, erlaubt, fest, gebührend, genehm, lieb, passend, richtig.
▸ falsch, unrecht, verkehrt • ungelegen, unpassend.
Recht behalten Recht haben, voraussehen, sich durchsetzen, richtig einkalkulieren, das Ziel erreichen, Beachtung finden, es vorher schon wissen, vorher einen Einblick haben, richtig schließen.
▸ irren.
recht und schlecht behelfsmäßig, notdürftig, unzureichend, vorläufig.
▸ perfekt.
rechte Hand → Helfer.
Rechteck Karo, Orthogon, Quadrat, Parallelogramm, Rhombus.
rechten fordern, beanspruchen, verlangen, auf seinem Recht bestehen, auf sein Recht pochen, sein Recht erzwingen, von seinem Recht Gebrauch machen, Ansprüche geltend machen, beharren, Ansprüche durchsetzen, einklagen, sich herumstreiten, sich herumschlagen.
▸ entrechten, nachgeben.
rechten Weg abkommen, vom abweichen, fehlgehen, irren, verirren sich • verkommen.
Rechter Bürgerlicher, Konservativer, Reaktionär.
rechterhand → rechts.
rechtfertigen herausreißen, plädieren, fundieren, eine Lanze brechen, helfen, beistehen, entlasten, entbürden, freisprechen, lossprechen, verteidigen, sich seiner Haut wehren, verantworten, Fürbitte tun, die Unschuld beweisen, entkräften, den Fürsprecher machen, für jemanden kämpfen, jemandes Sache führen, eine Sache verfechten, jemand weiß waschen, entschuldigen, bemänteln. → abwehren, antworten, begründen, beistehen, bemänteln, Brücken bauen goldene, entlasten, entschuldigen, erwidern, verteidigen.
▸ beschuldigen, Rechenschaft ziehen zur.
Rechtfertigung Entschuldigung, Fundierung, Verteidigung, Entlastung, Freisprechung, Wiederherstellung, Milderung, Verantwortung, Widerlegung, Gegenwehr, Berichtigung, Genugtuung, Vergeltung, Sühne, Entschädigung. → Abwehr, Auskunft, Aussöhnung, Ehrenerklärung, Ehrenrettung, Entlastung, Entschuldigung, Freisprechung, Gegenbeweis.
▸ Beschuldigung, Verleumdung, Verschwiegenheit, Verurteilung.
rechtgläubig → orthodox.
Rechthaber → Dickkopf, Eiferer, Fanatiker, Haderer.
Rechthaberei → Anmaßung, Denkart kleinliche, Dreistigkeit, Fanatismus, Intoleranz.
rechthaberisch streitsüchtig, unverträglich, besserwisserisch, intolerant, unduldsam, unversöhnlich, fanatisch, kleinlich, händelsüchtig, unnachgiebig, unversöhnlich, engherzig, starrköpfig, pedantisch, beharrlich, unbekehrbar, unbelehrbar, bockbeinig, verstockt, steifköpfig, unlenksam. → bärbeißig.
▸ nachgiebig, tolerant.
rechtlich gesetzmäßig,

gesetzlich, juristisch, legal, zulässig, rechtmäßig, nach Recht und Gesetz • gestattet, bevollmächtigt, unanfechtbar, erlaubt, statthaft, zulässig, rechtskräftig, ordentlich. → adrett, bieder, charakterfest, erlaubt, dingfest, juristisch. ▸ charakterlos • ungesetzlich, widerrechtlich.

Rechtlichkeit Ehrlichkeit, Zuverlässigkeit, Biedersinn, Treue, Aufrichtigkeit, Gerechtigkeit, Redlichkeit, Ehrbarkeit, Unbestechlichkeit, Ehrenhaftigkeit, Lauterkeit, Bravheit. → Charakterstärke, Ehrbarkeit, Rechtschaffenheit. ▸ Bestechlichkeit, Charakterlosigkeit, Unredlichkeit.

rechtlos rechtsungültig, unbefugt, unberechtigt, widerrechtlich, unerlaubt, unrechtmäßig, rechtswidrig, ungesetzlich • unfrei, abhängig, unterprivilegiert, schutzlos, wehrlos, waffenlos, ausgeliefert, willenlos, verachtet, ausgestoßen, ehrlos, geächtet, gemieden, vogelfrei. → erdrückt, gerichtet. ▸ frei, geachtet, legal, rechtlich • befugt, berechtigt, bevollmächtigt.

Rechtlosigkeit → Gesetzlosigkeit.

rechtmäßig → füglich, gebührend, legal, rechtlich.

Rechtmäßigkeit Vernünftigkeit, Gesetzlichkeit, Billigkeit, Gerechtigkeit, Schicklichkeit, Unparteilichkeit, Befugtheit, Erlaubtheit, Gutheißung, Gutsprechung, Bestätigung. ▸ Gesetzesverstoß, Unrechtmäßigkeit.

rechts rechterhand, rechtsseitig, steuerbord, zur Rechten, Ehrenseite, rechtshändig, rechter Flügel, grüne Seite, schöne Hand, Rechte. ▸ links, backbord • geradeaus • linksorientiert, sozialistisch.

Rechts wegen, von de jure.

Rechtsabtretung Zession.

Rechtsangelegenheit Rechtsfrage. → Prozess.

Rechtsanspruch Anspruch, Claim, Forderung, Recht, Titel.

Rechtsanwalt Anwalt, Berater.

Rechtsbehörde → Justiz.

Rechtsbeistand Berater, Rechtswalter, Anwalt, Justiziar, Syndikus, Rechtsanwalt, Rechtsberater, Verteidiger, Rechtskundiger, Gesetzeskundiger, Ratgeber, Advokat, Fürsprecher, Sachführer. → Anwalt, Berater, Helfer. ▸ Ankläger, Richter.

Rechtsberater → Anwalt, Berater, Bevollmächtigter.

Rechtsbeugung → Rechtsbruch, Ungesetzlichkeit.

Rechtsbrauch Usus.

Rechtsbruch Anmaßung, Rechtsbeugung, Eigenmächtigkeit, Rechtswidrigkeit, Eingriff, Fälschung, Ungesetzlichkeit, Gesetzwidrigkeit, Gesetzesbruch, Rechtsverdrehung, Rechtsverletzung, Missachtung, Umgehung, Strafbarkeit, Strafwürdigkeit, Ungerechtigkeit, Verbrechen. → Beraubung, Frevel. ▸ Gesetzlichkeit, Rechtmäßigkeit.

Rechtsbuch → Kodex.

Rechtschreibung Orthografie.

rechtsdrehend dextrogyr.

Rechtsgelehrter Jurist, Rechtskundiger.

rechtschaffen pflichtgetreu, achtbar, pflichttreu, zuverlässig, redlich, gewissenhaft, unbescholten, ehrenfest, wacker, brav, aufrecht, gerecht, charaktervoll, gerade, hochsinnig, verlässlich, pünktlich, untadelig, unbestechlich, beständig, gesetzt, vertrauenswürdig, wahrheitsliebend, erprobt. → achtbar, angesehen, anständig, arglos, aufrichtig, bieder, brav, charakterfest, charaktervoll, ehrsam, loyal. ▸ bestechlich, charakterlos, unredlich.

Rechtschaffenheit Zuverlässigkeit, Rechtlichkeit, Peinlichkeit, Männlichkeit, Mannhaftigkeit, Gradheit, Redlichkeit, Unbescholtenheit, Ehrsamkeit, Biederkeit, Unantastbarkeit, Charakterstärke, Glaubwürdigkeit, Aufrichtigkeit, Wahrhaftigkeit, Lauterkeit, Wackerkeit, Treue, Beständigkeit, Gewissenhaftigkeit, Pünktlichkeit, Genauigkeit, Sorgfalt, Anständigkeit, Gerechtigkeit, Unbestechlichkeit. → Beständigkeit, Charakterstärke, Ehrbarkeit, Fehlerlosigkeit. ▸ Charakterlosigkeit, Unredlichkeit.

Rechtsfall → Prozess.

Rechtsgefühl Rechtssinn, Rechtsbewusstsein, Objektivität, Gerechtigkeit, Unparteilichkeit, Rechtmäßigkeit, Vernünftigkeit, Schicklichkeit, gerechtes Urteil, Ehrenhaftigkeit. ▸ Charakterlosigkeit, Unehrenhaftigkeit.

rechtsgültig verbindlich, legal. → rechtskräftig.

Rechtsgültigkeit Legitimität, Gesetzeskraft, Legalität, Gültigkeit, Gesetzlichkeit, Gesetzmäßigkeit, Rechtsschutz, Rechtszustand, Rechtskraft. ▸ Ungesetzlichkeit.

Rechtshandel → Auseinandersetzung.

Rechtskraft → Rechtsgültigkeit.

rechtskräftig urkundlich, gesetzlich, rechtsgültig, beglaubigt, ermächtigt, bevollmächtigt, gesetzmäßig, rechtsmäßig, verfassungsmäßig, ordentlich, rechtlich. → legal. ▸ schwebend • ungesetzlich, untersagt.

Rechtskundiger → Anwalt Jurist.

rechtskundlich → juristisch.

rechtsliegend dextral.

Rechtsordnung Gerichtszwang, Gerechtigkeit, Gesetzlichkeit, Rechtsgültigkeit, Legitimität, Rechtsschutz, Staatsnotwendigkeit, Rechtssatzung, Rechtspflege, gesetzliche Form, Rechtszustand. ▸ (Rechtsunsicherheit).

Rechtsordnung, gegen die illegitim.

Rechtspflege → Justiz.

Rechtssache → Prozess.

Rechtssatzung → Kodex.

Rechtsschutz → Sicherheit, Gesetz, Gesetzmäßigkeit, Gesetzlichkeit, Rechtsgültigkeit, Rechtskraft, Hilfe, Patent, Gewähr, Sicherung.

rechtsseitig → rechts.

Rechtsspiegel → Kodex.

Rechtsprechung Gericht, Gerichtsbarkeit, Gerichtswesen, Rechtsbehörde, Rechtswesen, Rechtsverfahren, Rechtsverwaltung, Ordnung, Gerichtsgebaren, Durchführung, Gerichtsordnung, Rechtsordnung,

Rechtsgebaren, Handhabung. → Justiz.
Rechtsspruch → Urteil.
Rechtsstreit Streitfall. → Prozess.
Rechtstitel → Anrecht, Befugnis, Konzession.
Rechtsverdreher Ränkeschmied, Federfuchser, Winkeladvokat, Intrigant, Jesuit, Rabulist, Klügler, Riemenstecher, Leisetreter, Machiavell. • Lamm frommes, Rechtswahrer.
Rechtsverdrehung → Eigenmächtigkeit, Rechtswidrigkeit, Ungesetzlichkeit.
Rechtsverfahren → Justiz, Rechtssache.
Rechtsverletzung → Eigenmächtigkeit, Rechtswidrigkeit, Ungesetzlichkeit.
Rechtsvertreter → Anwalt, Bevollmächtigter, Rechtsbeistand.
Rechtsvorbehalt Reservat.
Rechtswahrer Jurist, Rechtsanwalt, Richter, Sittenrichter, Rechtsvertreter, Gesetzeshüter, Gesetzesausleger, Rechtskundiger, Rechtskenner, Sachwalter, Rechtswalter, Berater, Advokat, Verteidiger, Staatsanwalt, Jugendrichter, Schiedsrichter.
▸ Rechtsverdreher.
Rechts wegen, von eigentlich, an und für sich, der Gerechtigkeit entsprechend, nach Recht und Billigkeit, mit Fug und Recht, gleiches Maß und Gewicht, nach allen Regeln.
▸ rechtswidrig.
Rechtsweg → Instanz, Justiz, Prozess, Instanzenweg.
▸ außergerichtliche Einigung.
Rechtsweg beschreiten, den Gericht gehen vor, klagen, prozessieren.
Rechtswesen → Justiz.
rechtswidrig → anmaßend, charakterlos, unerlaubt, ungesetzlich, unrecht.
Rechtswidrigkeit Rechtsverdrehung, Rechtsverletzung, Übergriff, Eigenmächtigkeit, Ungesetzlichkeit, Eingriff, Ungerechtigkeit, Fehlurteil, Strafbarkeit, Frevel, Rechtsbiegung, Überschreitung, Gesetzwidrigkeit, Gesetzesmissachtung. → Anmaßung, Beraubung, Eigenmächtigkeit, Rechtsbruch, Ungesetzlichkeit.
▸ Recht.
Rechtswissenschaft Jura, Jurisprudenz, Jus.
rechtswissenschaftlich → juristisch.
Rechtszustand Rechtsmäßigkeit, Gesetzlichkeit, Rechtsschutz, Gesetzeskraft, Gesetzmäßigkeit, Gerichtsstand, Rechtskraft, Gesetz, Legalität, Rechtsgang.
▸ Ungesetzlichkeit.
Recht, mit (Fug und) befugt, berechtigt, befugt, bevollmächtigt, ermächtigt • erlaubt, zulässig • zuständig.
rechtwinklig → senkrecht orthogonal, rektangulär.
rechtzeitig → baldig, beizeiten, prompt, pünktlich, zeitig.
rechtzeitig fertig oder da sein → beeilen.
reckbar → biegsam, dehnbar, gummiartig.
Recke Kraftmensch, Gewaltmensch, Gewaltnatur, Kerl, Haudegen, Riese, Übermensch, Hüne, Siegfried, Herkules, Zyklop, Athlet, Goliath, Samson, Held, Kämpfer, Ritter, Krieger, Hektor, Löwe, Tiger • Werkzeug, Stangengerüst, Lattengerüst, Brettergestell, Reckbank, Reckeisen, Längenmaß.
▸ Schwächling.
recken → ausspannen, ausdehnen, erstrecken sich, längen.
▸ kürzen, stauchen.
recken, sich strecken sich, hochrecken sich, ausstrecken sich, ausdehnen sich, längen sich, erstrecken sich, aufblähen sich, verbreitern sich, ausrecken sich, anwachsen, überragen, ausruhen sich, Kraft schöpfen. → aufsteigen.
▸ zusammenfassen.
reckenhaft → gigantisch, groß, heldenhaft.
Redakteur Schriftleiter, Presseangestellter, Zeitungsmann, Verlagsangestellter, Berichterstatter, Sonderberichterstatter, Zeitungsherausgeber, Zeitschriftenherausgeber, Zeitungsverleger, Reporter, Hauptschriftleiter, Chef vom Dienst, Journalist, Korrespondent, Nachrichtenmann, Editor, Herausgeber, Verantwortlicher, Bearbeiter.
Redaktion Schriftleitung, Geschäftsstelle, Leitung, Oberleitung, Oberaufsicht, Beaufsichtigung, Überwachung, Pressewesen, Verlag, Herausgabe, Nachrichtenbüro, Pressestelle, Informationsbüro.
Rede Sprache, Verständigung, Austausch, mündlicher Verkehr, Antwort, Vortrag, Anrede, Predigt, Gerede, Plauderei, Gespräch, Erguss, Fluss der Rede, Wort, Aussprache, Sermon, Wechselrede, Gedankenaustausch, Aussage, Referat • Redeschwung, Redeteil, Redeweise, Redewendung, Redeschwulst, Redeschwall, Redeschmuck, Redekunst, Redefloskel, Redeblüte, Redeblume, Redebild • Salbader, Salm *u*, Senf *u*. → Anrede, Erguss, Vortrag.
▸ (Schreibe die), Stillschweigen, Wortkargheit • Entgegnung, Erwiderung, Gegenrede, Replik.
Rede fallen, in die jemanden unterbrechen, sich nicht beherrschen können, unhöflich sein, nicht abwarten können, ungezogen sein, schwatzhaft sein, redselig sein, taktlos sein, sich nicht zurückhalten können, den Anderen nicht aussprechen lassen.
▸ aussprechen (lassen).
Rede halten, eine Ansprache halten eine, reden, vortragen.
Rede und Gegenrede Ballabtausch *u*, Clinch *u*, Schlagabtausch *u*.
Rede vor Gericht Plädoyer.
redebegabt beredt, eloquent, rede-/wortgewandt, schlagfertig, zungenfertig.
Redeblume → Anspielen, Floskel, Phrase, Rede.
Rededuell Debatte, Disput, Redeschlacht/-streit, Streitgespräch, Wortgefecht/-streit/-wechsel.
Redefluss → Abschweifung, Beredsamkeit, Redseligkeit.
Redegabe → Beredsamkeit.
redegewandt sprachbegabt, sprachgewandt, rednerisch, redefertig, geläufig, wohlredend, beredsam, ausdruckgewandt, fließend, mundfertig, schlagfertig. → beredsam.
▸ ausdrucksschwach,

sprachlich unbeholfen • sprechgestört • einsilbig, lakonisch, mundfaul, schweigsam, wortkarg • geschwätzig.
Redekunst → Beredsamkeit, Rednergabe.
Redekünstler Orator, Redner, Rhetoriker.
reden loslegen, plaudern, plappern, sprechen, anfangen, schnattern, schwarten, erzählen, eröffnen, erklären, erläutern, hinzufügen, hinzusetzen, offenbaren, mitteilen, sagen, unterhalten, vortragen, betonen, äußern, aufklären, darlegen, babbeln, wiedergeben, tratschen *u*, schwadronieren *u*, leeres Stroh dreschen, faseln, schwätzen, quasseln *u*, sabbeln *u*, eine Rede schwingen oder halten, eine Rede von Stapel lassen *u*, Phrasen dreschen, Sprüche machen, Rederitis haben *u*, das Maul voll nehmen, salbadern *u*, schlabbern *u*, schmusen *u*, schwabbeln *u*, seichen, ungewaschenes Zeug reden, blödeln *u*, Makulatur reden *u*, großen Qualm oder Seich machen *u*, jabbern *u*. → ausdrücken, äußern, brechen das Stillschweigen, debattieren, deklamieren, diskutieren, erwidern, erzählen, Fluss geraten in, offenbaren, sprechen. ▸ schreiben, schweigen, verschweigen • verstummen • hören, zuhören • antworten, entgegnen, erwidern.
reden, undeutlich brabbeln *u*.
Redensart → Blech, Phrase, Schlagwort, geflügeltes Wort.
Redensarten, bloße → Blech, Phrase, Schlagwort.
Redeplatz, öffentlicher Forum.
Rederei → Gerede.
redescheu → schweigsam, still.
Redeschwulst Bombast.
Redestreit → Rededuell.
Redeweise → Ausdrucksweise.
Redewendung → Phrase, geflügeltes Wort.
Redewut → Abschweifung, Beredsamkeit, Redseligkeit. ▸ Einsilbigkeit, Wortkargheit.
redlich achtbar, angesehen, anständig, aufrichtig, bieder, bierehrlich *u*. → loyal, rechtschaffen, wacker. ▸ unredlich, betrügerisch, falsch, heuchlerisch, hinterhältig, kriminell, scheinheilig, unlauter, unredlich.
Redlichkeit → Beständigkeit, Charakterstärke, Rechtschaffenheit, Tugend.
Redner Sprecher, Wortführer, Vortragender, Sprechkünstler. ▸ Hörer, Publikum, Zuhörer.
Rednerbühne Kanzel, Katheder, Podest, Podium, Pult, Rostra, Tribüne.
Rednergabe Beredtheit, Redebegabung/-gewalt, Redegewandtheit/-kunst, Rhetorik, Wortgewalt, Zungenfertigkeit.
rednerisch → beredsam, redegewandt.
Redoute Befestigungswerk, Bollwerk, Bastion, Schanze, Verschanzung, Sicherung, Vorwerk, Verhau, Mauer, Kurtine. → Ball.
redselig plauderhaft, schwatzhaft, redefroh, wortreich, geschwätzig, mitteilsam, klatschhaft, klatschsüchtig, zungenfertig, schlagfertig, langatmig, weitschweifig, beredt, schwülstig, fließend, geläufig, quasselig *u*, beredsam, beredt, quasselig *u*. ▸ schweigsam.
Redseligkeit Mitteilsamkeit, Geplauder, Plauderhaftigkeit, Redefluss, Redewut, Gesprächigkeit, Mitteilungsbedürfnis, Schwatzhaftigkeit, Geschwätzigkeit, Zungengeläufigkeit, Zungenfertigkeit, Zungendrescherei, Maulfertigkeit, Wortreichtum, Wortschwall, Redeschwulst, Judenschule, Geschnatter, Gewäsche, Kaffeeklatsch. → Beredsamkeit. ▸ Schweigsamkeit, Wortkargheit.
Reduktion Herabsetzung, Nachlass, Nachlassen, Ermäßigung, Rückgang, Abbau, Zusammenziehung, Abzug, Schwund, Abnahme, Verminderung, Kürzung, Senkung, Verkleinerung, Verringerung, Einschränkung, Dezimierung • Umrechnung • chemischer Prozess. → Ermäßigung. ▸ Zunahme, Ausbau, Entwicklung, Hebung, Steigerung, Vermehrung.
reduzieren → abrunden, verkleinern.
Reede → Aufenthaltsort, Landungsplatz.
reell redlich, zuverlässig, anständig, vertrauenswürdig, vollwertig, bewährt, gediegen, unverfälscht, sauber, rein, waschecht, richtig gehend • rechtlich • wirklich, wirklich vorhanden. → rechtschaffen, anständig. ▸ unreell, unehrlich, unlauter • geistig, ideell.
Referat → Artikel, Auslegung, Rate, Vortrag.
referieren → reden, sprechen, vortragen.
Reff Kratzbürste, Furie, Xanthippe • Rückentrage, Traggestell • Gerippe • Neidhammel. → Behälter, Schiff.
reffen, Segel → beidrehen.
reflektieren → beanspruchen, denken, zurückwerfen.
Reflex → Ausgang, Effekt, Helligkeit, Reaktion, Wirkung.
Reflexion → Begriffsscheidung, Gedanke, Helligkeit, Ideenfolge.
Reform Aufbau, Wiederbelebung, Neugestaltung, Umbildung, Verbesserung, Fortschritt, Neuerung, Umwandlung, Veränderung, Erneuerung, Fortentwicklung, Auffrischung, Neuaufbau. → Berichtigung, Erneuerung. ▸ Reaktion, Revolution • Bewahrung, Erhaltung, Konservation • Rückschritt.
Reform, untaugliche Flickschusterei *u*.
Reformer Pionier, Schrittmacher, Initiator. → Erneuerer.
reformieren → erneuern, verbessern.
Regal Halter, Büchergestell, Träger, Fach, Stütze, Schaft, Stützwerk, Bücherbord, Bücherbrett, Warengestell, Wandbrett, Wandgerüst, Fachgestell, Schriftkastengestell • Riege, Reihe, Linie • Hoheitsreich. → Bücherbrett. ▸ Schrank.
rege fortschrittlich, geschäftig, arbeitsam, regsam, beweglich, aufgeschlossen, rührig, tätig, fleißig, unternehmend, betriebsam, angreifig, unermüdlich, betulich, munter, anstellig, wendig • jüdische Hast, Krampf machen *u*. → aktiv, anstellig, arbeitsam, aufgeschlossen, beweglich, erwerbsam, lebhaft. ▸ träge, schwerfällig, unbeweglich • ruhig, schwach.

rege, sehr putzmunter *u*.
Regel Gewohnheit, Bestimmung, Sitte, Durchschnitt, Übung, Alltag, Gebrauch, Maß, Norm, Formel, Ordnung, Grundsatz, Richtmaß, Satzung, Statut, Richtschnur, Üblichkeit, Vorschrift • Menstruation, Tage, Unwohl, Monatsblutung. → Anwendung, Art und Weise, Axiom, Brauch, Etikette, Gepflogenheit, Norm. ▸ Abart, Abweichung, Neuheit, Zwanglosigkeit.
Regel, goldene → Denkspruch, Regel.
Regel, nach der genormt, gewohnheitsmäßig, üblich, durchschnittlich, gebräuchlich, ordnungsgemäß, herkömmlich, geordnet, regelmäßig. ▸ abweichend, neuartig, ungebräuchlich.
Regelblutung Blüte *u*, Empfangsstörung *u*.
regelhaft → regelrecht.
Regelkreis kybernetischer Kreis.
regellos unstetig. → chaotisch, durcheinander, verwirrt. ▸ geordnet, geregelt, ordentlich • regelmäßig • regelrecht.
regelloser Kampf Catch-as-catch-can.
Regellosigkeit → Chaos, Unordnung.
regelmäßig gewöhnlich, geordnet, geregelt, gleichmäßig, einheitlich, rhythmisch, regulär, wiederkehrend • immer, stets, ständig, alljährlich, jahrein, jahraus. → beständig, chronologisch, dauernd, einförmig, eins um das andere, monatlich. ▸ regellos, unregelmäßig, ab und zu, bisweilen, gelegentlich.
regelmäßige Folge Frequenz, Puls, Rhythmus, Serie, Zyklus.
regelmäßiger Wechsel Turnus.
Regelmäßigkeit Gleichmaß, Zyklus, Periodizität, Wiederkehr, Rhythmus, Wiederholung, Takt, Gleichförmigkeit, Ablösung, Kreislauf, Pulslauf, Regel, Ständigkeit, Beständigkeit. → Beständigkeit, Dauer, Einheitsform. ▸ Unregelmäßigkeit.
regeln → abbezahlen, abmachen, abzahlen, anordnen, arrangieren, bearbeiten, bezahlen, bringen ins Geleis, dirigieren, ordnen. ▸ geschehen lassen, laufen lassen, sich selbst überlassen, dem Zufall überlassen • offen lassen, ungeregelt lassen • durcheinander bringen.
regelrecht ebenmäßig, übersichtlich, Richtung gebend, ungestört, klar, ordnungsgemäß, regelhaft, methodisch, systematisch, regelmäßig, im Lot. → derart, regelmäßig, richtig. ▸ regellos, unrichtig • abweichend, regelwidrig.
Regeltarif Normaltarif, Standardtarif.
Regelung → Behandlung, Direktion, Disziplin, Ordnung.
Regelverstoß Foul, Bock *u*. → Regelwidrigkeit.
regelwidrig regellos, unstetig. → abnorm, befremdend, chaotisch, dennoch, falsch, naturwidrig. ▸ in Ordnung, regelgemäß, regelrecht, regulär, richtig.
regelwidrig kämpfen bolzen *u*.
Regelwidrigkeit Abart, Abnormität, Abweichung, Anomalie, Ausnahme, Besonderheit, Regelverstoß, Einzel/-Sonderfall.
Regen Feuchtigkeit, Guss, Nassauer, Niederschlag, Wasser, Feuchte, Nässe, Plätschern, Befeuchtung, Rieseln, Bindfäden, Schauer, Landregen, Gewitterregen, Strichregen, Platzregen, Pladdern *u*, Platschregen *u*, Regenfall, Staubregen, Sprühregen, Wolkenbruch, Nebelregen, Regenwetter, Regenguss, Hundewetter, Unwetter, Regenwasser, Regenwind • Fluss. → Dusche. ▸ Sonnenschein.
regen → aufspringen, beschleunigen, bewegen sich, durcheilen, erwachen.
Regen, feiner Engelpinkelei *u*, Fisselregen *u*.
regen, sich → arbeiten, bewegen sich, erregen sich.
Regen, strömender Pladder *u*.
regenarm dürr, niederschlagsarm, trocken.
regenbogenfarbig → buntscheckig, farbenfroh.
regendicht machen imprägnieren.
Regeneration Wiedererzeugung, Wiederauffrischung, Erneuerung, Neubildung, Wiedergeburt, Wiederbelebung, Besserung, Verbesserung, Restauration, Verjüngung. ▸ Degeneration, Verfall.
regenerieren auffrischen, erholen sich, Kräften kommen wieder zu • wiedergewinnen.
regenerierend → kräftigend.
Regenguss Draasch *u*, Flatsch *u*.
Regenmesser Hyetograph, Ombrometer, Pluviometer.
Regent Herrscher, Verweser, Gebieter, Führer, Staatslenker, Vorsteher, Oberhaupt, Kaiser, König, Fürst, Prinz, Herzog, Monarch, Landesherr, Landesvater, gekröntes Haupt, stellvertretender Herrscher. → Haupt. ▸ Untertan.
Regentschaft → Herrschaft, Bevollmächtigung.
Regenumhang Cape, Pelerine.
Regenwetter Pisswetter *u*.
Regie Leitung, Spielleitung • Regiebetrieb, Staatsmonopol, Monopol, Monopolverwaltung.
regierbar → biegsam, nachgiebig. ▸ anarchistisch, antiautoritär.
regieren lenken, leiten, führen, vorstehen, befehligen, herrschen, gebieten, anführen, befehlen, verwalten, regeln, steuern, das Zepter führen, die Obergewalt führen, die Obergewalt haben, an der Spitze stehen, den Ton angeben, den Weg vorzeichnen. → beherrschen, erfassen das Ruder, herrschen, leiten. ▸ folgen, gehorchen.
Regierung → Amt, Behörde, Herrschaft, Kabinett.
Regierung, türkische → Diwan.
Regierungsbehörde Ministerium, Magistrat, Senat.
Regierungsbezirk Gouvernement.
Regierungsgegner Opposition.
Regierungsgewalt haben → herrschen.
Regierungslosigkeit Anarchie.
Regierungsmitglied Minister.
Regierungsmitglieder alle Kabinett.
Regierungssitz Residenz.
regierungstreu loyal.
Regierungsvertreter im Ausland Botschafter, Diplomat, Gesandter.
Regime → Regierung.
Regiment Heer, Trupp, Truppenabteilung, Truppe, Bataillon, Division, Abteilung, Schar, Korps • Herrschaft, Führung, Leitung, Verwaltung, Regierung.
Region Gegend, Kreis, Platz, Rayon, Lage, Landesteil, Landschaft, Bezirk, Raum,

Zone, Revier, Ort, Bannkreis, Distrikt, Gebiet, Erdstrich, Umkreis, Bereich, in der Drehe *u* • Luftschicht.
regional bereichsweise, gebietsmäßig/-weise, landschaftlich, lokal, örtlich, strichweise.
Register Inhaltsverzeichnis, Katalog, Liste, Kartei, Registratur, Sammelaktei, Bestand, Tabelle, Sichtung, Einteilung, Übersicht, Wortweiser, Verzeichnis, Zusammenfassung, Eingetragenes • Tastenbrett, Tastatur, Stimmenzug der Orgel, Orgelpfeifenzug, Manual, Findex *u.* → Bestand, Chronik.
Registratur Ablage. → Register.
registrieren → datieren, schreiben, verzeichnen.
reglos ruhig. → regungslos.
regnen pladdern, platschen *u*, gießen, strömen, benetzen, nässen, schauern, nieseln, fisseln, rieseln, niederfallen, durchnässen, fusseln, bewässern, begießen • pinkeln *u*, puschen *u*, siepen *u.*
regnen, dünn drippeln *u*, fisseln *u.*
regnerisch → nass, trübe. ▸ regenarm, sonnig, trocken, wasserarm.
Regression Abnahme, Abschwung, Baisse, Nachlassen, Rückgang, Schwund.
regsam → aktiv, angestrengt, anstellig, arbeitsam, begierig, beweglich, Damm sein auf dem, erwerbsam, rege.
Regsamkeit → Aktivität, Arbeitslust, Beflissenheit, Bestreben, Dienstwilligkeit, Eifer, Eilfertigkeit, Emsigkeit, Fleiß.
regulär → regelmäßig, legal.
Regulativ → Norm.
regulieren regeln, normalisieren, einrichten, ordnen, begradigen, begleichen, bereinigen, berichtigen, verbessern, einböschen. ▸ Unordnung machen, unterlassen • laufen lassen.
Regulierung Regelung, Begradigung, Begleichung, Bereinigung, Berichtigung, Verbesserung, Ordnen, Ausbesserung, Stromregulierung, Stromregelung, Strombegradigung.
Regung → Anwandlung, Atmosphäre, Aufregung, Bewegung, Empfänglichkeit, Neigung.
regungslos → ruhig, still, tot, unerschütterlich.
Regungslosigkeit → Ruhe, Stille, Unerschütterlichkeit.
rehabilitieren wiedereinstellen. → rechtfertigen, wiederherstellen.
rehabilitieren, sich seinen Schatten zurückkaufen *u.*
Rehbock → Bock, Tier.
Reibach → Gewinn.
Reibe Feile, Reibeisen, Werkzeug, Raspel, Kartoffelreiber, Schleifmittel, Reibschale, Mandelreibe, Brotreibe, Rauheit, Obstreibe, Reibholz, Reibnapf, Reibstein, Reibzeug, Reibahle.
Reibeisen, altes → Blut heißes, Drache, Raufbold.
Reibelaut Frikativ, Spirans.
reiben raspeln. → abstauben, ausbürsten, bohnern, frottieren, kratzen, putzen, streiten.
Reiberei → Streit.
Reibkeule Pistill.
Reibung Widerstand, Rauheit, Unebenheit, Reibungsfläche, Ungleichheit, Schroffheit, Raufläche • Friktion. ▸ Glätte, Versöhnlichkeit.
reibungslos still, ruhig, reglos, ohne Aufregung, ohne Krach • glatt, poliert, geglättet, geölt, gefettet, gehobelt, wie geschmiert. ▸ aufgebracht, hemmend, rau.
reibungslos klappen fluppen *u*, flutschen *u.*
reich opulent, begütert, vermögend, gut situiert, wohlhabend, steinreich, stockreich, zahlungsfähig, leistungsfähig, unabhängig, sorgenfrei, wie ein Krösus, mit Glücksgütern gesegnet, etwas an den Füßen *u*, Geld wie Dreck oder Heu *u*, betucht *u*, bezastert *u*, stinkreich *u*, im Fett sitzen, nach Geld stinken *u*, in der Wolle sitzen • ertragreich, üppig, fruchtbar, kinderreich, fett *u*, gut beisammen *u*, hochkarätig *u.* → bemittelt. ▸ arm, bedürftig, mittellos, unvermögend.
reichen → auskommen, geben, hinreichen.
reichen bis → auskommen, bis.
reichen, die Hand → grüßen, helfen, verheiraten, versöhnen.
Reicher Geldsack *u.* → Kapitalist.
reichhaltig → allerhand, ausgiebig, bunt, reichlich.
Reichhaltigkeit → Auswahl, Fülle, Reichtum.
reichlich viel, genug, ausreichend, reichhaltig, vollauf, sehr beträchtlich, unerschöpflich, umfänglich, überreichlich, dicke *u*, nicht zu knapp, gepflegt *u*, satt *u.* → allerhand, angemessen, ansehnlich, außerordentlich, ausgedehnt, ausnehmend. ▸ wenig • dürftig, karg, knapp, kümmerlich, spärlich.
Reichtum Fülle, Mannigfaltigkeit, Glücksgüter, Hilfsquelle, Mammon, Reichhaltigkeit, Anhäufung, Geld, Vermögen, Kapital, Überfluss, Vielfalt, Wohlstand, Wohlhabenheit, Üppigkeit, Geldüberfluss, Krösus. → Arbeitssegen, Besitz, Kalb goldenes, Kapital, Luxus, Pracht. ▸ Armut • Elend, Not • Knappheit, Mangel.
Reichweite Bandbreite *u.* → Ausbreitung, Ausdehnung, Ausmaß, Nähe, Umfang.
Reif Rahmen, Kreisform, Rad, Stirnreif, Diadem, Ring, Schmuckstück, Armreif, Armspange • Frische, Schneeüberzug, Eis, Niederschlag, Frost, Raufrost.
reif erwachsen, mündig, volljährig, flügge, ausgebildet, mannhaft, lebenskundig, mannbar, ausgereift, ausgewachsen, herangewachsen • vorbereitet, durchdacht, geprägt, fertig, geformt, entwickelt. → aus, denkfest, entwachsen der Rute, entwickelt, gedankenvoll, heiratsfähig. ▸ unreif • kindlich • pubertär, unausgegoren, unentwickelt, unfertig.
Reife Mannbarkeit, Mütterlichkeit, Mutterschaft, Reifezeit, Mannheit, Mannhaftigkeit, Mündigkeit, Volljährigkeit, Reifezeugnis, Ehefähigkeit, Heiratsalter • Charakterreife, Vollkommenheit, Ausreifung, Reifung, innere Reife, sittliche Reife. → Erhabenheit. ▸ Unreife.
Reifen Pneu, Autoreifen, Hochdruckreifen, Niederdruckreifen, Gürtelreifen, Schneereifen, Eisreifen • Entwicklung, Wachsen. → Reife, Ring.
reifen ausreifen, überragen, aufblühen, heranreifen, auswachsen, fruchten,

entwickeln, erzielen, ermannen, Früchte tragen, mündig werden, zur Folge haben, zur Reife bringen • vereisen, gefrieren, frieren. → altern, ändern, aufblühen, ausdenken, erblühen. ▸ entfrosten (tauen), umkommen, unreif (bleiben), absterben, verdorren, verwelken, welken.

Reifeprüfling Abiturient.

Reifeprüfung Abitur, Maturum, Qualifizierung. → Examen.

Reifezeit → Pubertät, Reife.

Reifezeugnis Reifebescheinigung, Abiturzeugnis, Abiturium, Abgangszeugnis, Mündigkeitszeugnis, Volljährigkeitsbescheinigung.

Reifrock Krinoline.

Reifung → Reife.

Reifungspause Latenzperiode.

Reigen Tanz, Rundtanz, Reihen, Dreher, Figurentanz, Kreistanz, Kettentanz, Reihentanz, Ringeltanz, Ringelreihen.

Reih und Glied, in → Reihe.

Reihe Aufeinanderreihung, Zeile, Linie, Anzahl, Stufenleiter, Aufeinanderfolge, Ordnung, Folge, Kette, Rangstufe, Gliederung, Reihenfolge, Gänsemarsch, Aufstellung, Anordnung, Richtung, Sitzreihe • arithmetische Reihe, logische Reihe. → Anzahl, Aufeinanderfolge, Beständigkeit, Kolonnade. ▸ Regellosigkeit, Kraut und Rüben, Trennung, (Zusammenhanglosigkeit).

Reihe nach, der nacheinander, hintereinander, danach, abwechselnd, aufeinander, regelmäßig, folgend, in der Reihenfolge, im Gänsemarsch, in regelmäßiger Ordnung, einer nach dem anderen • an der Reihe sein, daran sein, am dransten sein *u.* → danach. ▸ gleichzeitig.

Reihe, außer der naturwidrig, auffallend, regellos, willkürlich, regelwidrig, abweichend, unregelmäßig, ungewohnt. ▸ regelmäßig.

Reihe tanzen, aus der abstechen, auffallen, in die Augen fallen, anders sein, sich anders benehmen, Aufsehen erregen • nicht gehorchen, sich absondern, etwas anderes wollen, eigensinnig sein. ▸ fügen sich, übereinstimmen.

reihen anreihen, einreihen, aufschichten, ordnen, regeln, aneinander reihen, anschließen, folgen, nähen, in einer Reihe aufstellen • tanzen, hüpfen, einen Reigen tanzen. ▸ trennen, unterbrechen.

Reihenfolge → Ablauf, Aufeinanderfolge, Aufzug, Fährte, Folge, Programm, Wiederkehr.

reihenweise vorbeiziehen defilieren.

reihern → erbrechen.

Reim Gedicht, Vers, Kehrreim, Stabreim, Gleichklang, Spruch, Halbreim, Anklang, Gleichlaut, Schüttelreim, Reimsilbe, Reimspruch, Reimgedicht, Reimprosa, weibl. Reim, männl. Reim, gleitender Reim, Reimzeile, Reimwort.

reimen → dichten, fabulieren.

reimlos → prosaisch, ungereimt.

Reimschmied → Dichter.

rein pur, hell, gereinigt, makellos, fleckenlos, klar, lauter, blitzblank, säuberlich, durchsichtig, unbefleckt, gewaschen, gesäubert, koscher, naturrein, unverfälscht, schier • gedankenrein, herzensrein, brav, tugendsam, unschuldig, tugendhaft, jungfräulich, madonnenhaft, züchtig, anständig, sittsam, ehrbar. → adrett, arglos, ausschließlich, blank, engelgleich, geläutert, gut, keusch, sauber. ▸ unrein, unsauber, dreckig, schmutzig, trübe, vergiftet, verschmutzt • gemischt, gemixt, vermischt • legiert • verfälscht.

rein und raus → ein und aus.

Reinemachefrau → Haushilfe, Putzfrau.

reinerbig homozygot.

Reinertrag → Anteil, Ausbeute, Dividende.

Reinfall Schlag, Pech, Einbuße, Beeinträchtigung, Schädigung, Nachteil, Missgeschick, Leid, Mitleidenschaft, Kummer, Betrübnis, Bedrängnis, Schaden, Fehlschlag, Niete, Niederlage, Sturz, Fall, Fiasko, Enttäuschung, Verrechnung, Ernüchterung. ▸ Glück, Erfolg.

reinfallen hineinfallen, ausbaden, zahlen, leiden, übervorteilt werden, benachteiligt werden, den Schaden haben, den Kürzeren ziehen, Pech haben, in die Grube fallen, teuer bezahlen müssen. → hereinfallen. ▸ glücken.

reingelegt werden aufsitzen, betrogen / getäuscht / überlistet werden, hereinfallen, reinfallen.

reinhauen → einhauen, essen, schlagen.

Reinheit → Anmut, Anstand, Beständigkeit, Keuschheit, Klarheit, Mädchenhaftigkeit, Sauberkeit.

reinigen säubern, spülen, wegwaschen, wieder auffrischen, rein waschen, reinmachen, waschen, baden, schwenken, fegen, scheuern, reiben, schrubben, ausspülen, ausschwenken, auswaschen • bleichen, auslaugen, ausbeizen, durchseihen, raffinieren, läutern, klären, filtern, entlausen, ausräuchern, entrosten, abklären, abschäumen • weißwaschen, unschuldig erklären. → ablassen, abstauben, ausbürsten, auslaugen, ausschütteln, auswischen, bohnern, desinfizieren, durchseien, fegen hinweg, filtrieren, kämmen, putzen. ▸ verunreinigen, beschmutzen, schmutzig machen, verschmutzen.

reinigen, sich → beichten, rechtfertigen, reinigen, waschen.

Reinigung Läuterung, Aufschönung, Säuberung, Abführung, Entschlackung, Purgierung, Reinigungsprozess, Bad, Abwaschung, Hausputz, Wäsche, Bleiche, Entlausung, Desinfektion, Entkeimung • Beichte, Erlösung, Tilgung, Lossprechung, Abbüßung, Entsündigung. → Bearbeitung, Berichtigung, Desinfektion, Filter, Läuterung. ▸ Verunreinigung.

Reinkultur Monokultur.

reinlegen hintergehen, übertölpeln, schaden, beeinträchtigen, benachteiligen, übervorteilen, übers Ohr hauen, ein Bein stellen, eine Grube graben, ins Verderben stürzen, an der Nase herumführen, zum Narren halten, hinters Licht führen, eine Nase drehen, ein Schnippchen schlagen, das Fell über die Ohren ziehen, ein X für ein U vormachen, irreführen, eine Falle stellen,

falsches Spiel treiben.
▸ helfen.
reinlich → hell, rein, sauber.
▸ schlampig, schmuddelig, unrein, unsauber.
Reinlichkeit → Sauberkeit.
Reinlichkeitsmanie Putzfimmel *u.*
reinmachen → fegen, putzen, reinigen.
reinstecken → aufwenden, einschachteln.
Reinvermögen Nettovermögen.
rein waschen, sich → beichten, entschuldigen, rechtfertigen, reinigen, waschen.
reinweg → absolut, vollauf.
Reis → Abkommen, Ableger, Pflanze.
Reise Fahrt, Lustfahrt, Abstecher, Ausfahrt, Wanderung, Ausflug, Ausmarsch, Tour, Trip, Wanderschaft, Expedition, Auslandreise, Seereise, Landreise, Erholungsreise, Urlaubsreise, Ferienreise, Landfahrt, Sommerreise, Winterreise, Bahnfahrt, Durchreise, Abreise, Einreise, Weltreise, Schiffsreise, Ausreise, Spritztour, Türchen *u*, Rutsch *u.* → Abstecher, Besuch.
Reise-Abenteuer ... Sextourismus *u.*
Reiseausweis Pass.
Reiseerlaubnis → Pass.
Reisebericht Reisebeschreibung, Landbeschreibung, Erlebnisse • Arbeitsbericht, Nachweis. → Auskunft.
reisefertig gerüstet, ausgerüstet, ausstaffiert, marschbereit, marschfertig, fertig, vorbereitet.
▸ unvorbereitet.
Reisefieber Lampenfieber, Aufregung, Erregung, Wandertrieb, Reiselust, Unrast, Spannung, Erwartung, Vorfreude.
▸ Heimweh.
Reisegast → Fahrgast, Passagier.
Reisegeld → Geld.
Reisegepäck → Bagage.
Reisegut → Ausrüstung, Bagage.
Reisehandbuch Guide, Reiseführer.
Reisekrankheit Kinetose.
reiselustig → reisefertig, unternehmend.
reisen fahren, herausfahren, verreisen, durchreisen, fortreisen, aufbrechen, wegreisen, wegfahren, abreisen, fortfahren, eine Reise tun, eine Reise unternehmen, einen Rutsch machen *u*, auf Rutsch gehen *u*, rutschen *u*, sich den Wind um die Nase oder die Ohren wehen lassen. → begeben sich, besuchen, bewegen sich, davonmachen sich.
▸ daheim (bleiben).
Reisender Handlungsreisender, Geschäftsreisender, Weinonkel, Reiseonkel, Reisetante, Weltreisender, Forschungsreisender, Vertreter, Weltenbummler, Herumfahrer, Reisegast, Fahrgast, Verkäufer. → Abgeber, Agent, Arbeitnehmer, Commis voyageur, Fahrgast, Passagier.
Reiseonkel → Commis voyageur, Reisender.
Reiseweg Route.
Reisewesen Tourismus, Touristik.
Reiseziel Urlaubsziel, Ferienziel, Bestimmungsort, Aufenthaltsort, Reiseende, Endzweck, Reisezweck, Beschluss, Abschluss, Endziel, Beendigung.
Reisig → Brennmaterial.
Reißaus nehmen → fliehen, flüchten.
▸ bleiben, einfangen, zurückkehren.
reißen fortreißen, ziehen, anziehen, einreißen, zerreißen, Tau ziehen, zerren, trennen, durchreißen, aufreißen, losreißen, losmachen, abtrennen, teilen, zerstückeln, zerteilen.
▸ stoßen, verbinden, aushalten, halten, standhalten • drücken, heben, stemmen.
reißen, an sich → bemächtigen, stehlen.
reißen, mit sich → begeistern.
Reißer Kriminalroman, Schlund, Kitsch, Schlager, Zugkraft, Anziehungsmittel, Anziehungskraft, Reizmittel, Lockmittel. → Anziehung, Anziehungskraft, Reiz.
▸ Flop, Langweiler, Misserfolg.
reißerisch anziehend, anlockend, gerissen, zugkräftig, durchschlagend, werbekräftig, anreißerisch, marktschreierisch, aufreizend, herbeilockend, blendend, verleitend, verlockend, verführerisch, unsachlich.
▸ langweilig, sachlich.
Reißverschluss → Bindemittel.
Reißwolf Papierhäcksler, Schredder.
Reiswein Sake.
Reitbahn → Bahn.
reiten traben, galoppieren, jagen, springen, durchreiten, sprengen, trotten, kantern, im Schritt gehen, hüpfen, sich aufrichten, sich aufbäumen, üben, bereiten, zureiten, Sport treiben, trainieren. → bewegen sich.
▸ laufen.
Reiter, militärischer Dragoner, Husar, Kavallerist, Kürassier, Ulan.
Reiterangriff Attacke.
Reiteraufzug Kavalkade.
Reiterballspiel Polo.
Reiterei Kavallerie.
Reiterin Amazone.
Reitermannschaft Equipe.
Reithalle/-schule Tattersall.
Reitsitz Sattel.
Reiz → Anstoß, Anziehung, Anziehungskraft, Attraktion, Begriff, Scharm, Drang, Gefühl, Lust, Magnet, Schönheit, Wunsch.
▸ Desinteresse, Langeweile, Überdruss • Abscheu, Ekel, Widerwillen.
Reiz, anmutiger → Anmut, Schönheit.
Reizantwort Reaktion, Reflex.
reizbar quarrig *u.* → ärgerlich, bärbeißig, böse, brummig, empfänglich, erbittert, erregbar, Fassung verlieren die, heftig, ungezogen.
reizbar, leicht → aufregen, ärgerlich, bärbeißig, böse, brummig, empfänglich, erbittert, erregbar, Fassung verlieren die, heftig, ungezogen.
Reizbarkeit → Anwandlung, Ärger, Bitterkeit, Empfindlichkeit, Erregbarkeit, Heftigkeit.
Reizempfänger(zelle) Rezeptor.
reizempfindlich allergisch, sensibel.
reizen anlocken, verlocken, anfachen, aufbringen, aufreizen, affizieren, anspornen, entzünden, erregen, aufstacheln, empören, aufbringen, herausfordern, verdrießen • kitzeln, ätzen, beißen, brennen • bewegen, aufpeitschen, ködern, entflammen, verführen, Begierde anfachen, in Feuer bringen, den Mund wässrig machen, auf die Nerven gehen • beim Skat reizen, ansagen, herausfordern. → abbuhlen,

anfeuern, anstoßen, aufhetzen, begeistern, bewegen lassen sich, entrüsten, entzünden, sticheln. ▸ beruhigen, beschwichtigen, hemmen • lindern, wohl tun • befriedigen • gleichgültig lassen, kalt lassen • abstoßen, Ekel erregen.

reizend lieblich, reizvoll, gefällig, nett, köstlich, herrlich, geschmackvoll, schön, wunderbar, hübsch, graziös, anmutig, anmutsvoll, entzückend, bestrickend, anziehend, schmuck, fein, herzig, allerliebst, süß, gewinnend, bezaubernd, verlockend, gottvoll, himmlisch, knusprig, zum Fressen *u*, kess. → angenehm, anmutig, antreibend, beeinflussend, begehrenswert, bestrickend, scharmant, ersehnenswert, faszinierend, fein, putzig, reizvoll, schön. ▸ reizlos.

Reizleitungsorgan Nerv.

reizlos fade, matt, geschmacklos, kraftlos, nichts sagend, uninteressant, langweilig, ledern, würzlos, schal, wirkungslos, ungewürzt, schwach, wässrig, unvermögend, nichtpackend, flach, platt, witzlos, geistlos, abgeschmackt, einförmig. → arm, einförmig, hässlich, langweilig. ▸ reizend, reizvoll.

Reizmittel → Blickfang, Lockmittel, Mittel.

Reizung Entzündung, Bewirkung, Veranlassung, Ursache. → Verlockung.

reizvoll packend, gewinnend, reizend, anregend, viel sagend, ansprechend, vielbietend, anziehend, unterhaltend, belebend, spannend, bewegend, sehenswert, ergreifend, gefällig, erregend. → apart, interessant, reizend, schön. ▸ langweilig, reizlos.

Reizwäsche Scharfmacher *u*.

rekapitulieren wiederholen. → durchdenken.

Reklamation Einspruch, Einsprache, Einwand, Beschwerde, Widerspruch, Zurückforderung, Anfechtung, Verwerfung, Beanstandung, Klage, Einwendung, Belangung, Bemängelung, Missbilligung, Vorhaltung, Zurückweisung, Tadel, Verwahrung, Verweis. ▸ Zustimmung.

Reklame Anpreisung, Werbung, Propaganda, Beeinflussung, Hinstimmung, Lockmittel, Kauflenkung, Marktbeeinflussung, Anbietkunst, Bedarfslenkung, Kauflustweckung, Geschäftsschild, Inszenierung, Sirenengesang, Stimmungsmache, Agitation, Anpreiserei, Kundenfang, Werbekunst, Klamauk, Zimmbumm *u*, Tamtam *u*, Trara *u*, Mauloffensive. → Kundenwerbung, Werbung.

Reklame machen → anbieten, werben.

Reklamemacher → Claqueur, Werber, Werbeberater.

Reklameplan → Campagne.

Reklamesatz → Schlagwort, Slogan.

reklamieren beanstanden, Beschwerde führen, Einspruch erheben, Mängel anzeigen • beanspruchen für sich, fordern, zurückfordern.

rekognoszieren → ausforschen.

Rekommandation Empfehlung, Fürsprache, Hilfe, Beistand, Unterstützung, Schutz • Einschreibsendung. ▸ Ablehnung.

Rekonvaleszens → Gesundung.

Rekord Höchstleistung, Spitzenleistung, Meisterstück, Vorrang, Bestleistung, Glanzstück, Vollendung, Vollkommenheit, das Beste, Zielbild, Gipfelleistung • Anstrengung, Schwierigkeit, Anforderung, Beanspruchung. → Kraftprobe. ▸ Durchschnitt, (Minderleistung).

Rekrut Pimpf *u*, Pinscher *u*, Pinsel *u*, Säugling *u*.

rekrutieren → ausheben.

Rektor → Direktor.

Relation Beziehung, Verbindung, Verhältnis • regelmäßig befahrene (Schifffahrts-)Strecke • Rechtsgutachten.

relativ bedingterweise, verhältnismäßig, beziehungsweise, bezüglich, vergleichsweise, entsprechend, im Hinblick auf, mit Rücksicht auf, hinsichtlich, in Verbindung mit, in Zusammenhang mit. ▸ absolut, beziehungslos.

Relegation Entlassung, Verweisung.

relegieren ausweisen, verweisen, ausgliedern, ausschließen, vertreiben, verbannen, verjagen, entlassen, hinauswerfen, fortjagen, ausstoßen, verweisen von der Schule, verweisen von der Universität. ▸ aufnehmen, einbeziehen.

relevant bedeutsam, belangvoll, gewichtig, wesentlich, wichtig.

Relief Skulptur, Hochrelief, Tiefrelief, Flachrelief, Basrelief, Halbrelief • Aufwölbung. → Erhabenheit.

Reliefdruck → Druck.

Religion Bindung, Überzeugung, Glauben, Gläubigkeit, Glaubensbekenntnis, Konfession, Bekenntnis, Glaubensbedürfnis, Glaubenstreue, Frömmigkeit, Religiosität, Gottesglaube, Gottvertrauen, Kinderglaube, Ehrfurcht, Demut, Erkenntnis, Gotterkenntnis. → Bekenntnis.

Religionsbekenntnis Konfession.

Religionsfrevel Gotteslästerung, Sakrileg.

Religionsgemeinschaft Diaspora, Kirche, Sekte.

religionslos ungläubig, konfessionslos, freigeistig, freidenkerisch.

Religionswissenschaft Theologie.

religiös → andächtig, fromm, kirchlich.

religiöser Gesang Choral, Psalm.

religiöser Wahnsinn Theomanie.

religiöser Brauch Ritus.

Religiosität → Glaube, Religion.

Relikt Rest, Restbestand, Rudiment, Spur, Überbleibsel, Überrest.

Reling → Bord.

Reliquie Andenken, Überrest (einer/s Heiligen).

Reliquienschrein Sanktuarium.

Reminiszenz Erinnerung, Anklang, Entlehnung, Rückblick, Rückschau, Gedächtniskraft, Gedenken, Angedenken, Rückerinnerung, Gedächtnis, Erinnerungsvermögen, Wiedererneuerung. ▸ Vergesslichkeit.

Remise Wagenschuppen, Schuppen, Abstellraum.

remittieren zurückschicken, zurückweisen.

rempeln anfahren, anrempeln, anstoßen, auffahren, checken, foulen, rammen.

Renaissance Wiedergeburt, Restauration, Regeneration, Wiederbelebung,

Wiedererweckung, Wiedereinführung, Wiedererzeugung, Erneuerung. ▸ Degeneration, Rückschritt, Verfall.
Rendez-vous → Verabredung.
Renegat → Antrünniger.
renitent → aufständisch, widerspenstig.
Renitenz Auflehnung, Widerspenstigkeit, Widerstand, Widersetzlichkeit, Entgegenwirkung, Eigensinn, Ungehorsam, Nichtbefolgung, Unfolgsamkeit, Verletzung, Hartnäckigkeit, Nichtbeachtung, Unfügsamkeit, Starrköpfigkeit, Unbezähmbarkeit, Opposition, Starrsinn, Empörung. ▸ Anpassung • Gehorsam.
Rennbahn Piste. → Bahn, Kampfplatz.
Rennen → Bewegung, Sport.
rennen hasten, jagen, laufen, flitzen, rasen, fliegen, sausen, hinsausen, nehmen die Beine unter die Arme, eilen, überstürzen, Eile haben, sich sputen, hetzen, türmen, stürmen, springen, spritzen, rühren sich, huschen, pesen, preschen, galoppieren, sauen *u.* → aufspringen, beeilen, beschleunigen, davonmachen sich, durcheilen. ▸ bleiben auf dem Platz, bummeln, säumen, zaudern.
Rennerei Lauferei, Hetzjagd, Wirbel, Gerenne • Unrast, Eile, Eilerei.
Rennfahrersitz Cockpit.
Rennmotorrad singende Säge *u.*
Rennreiter Jockei, Jockey.
Rennschlitten Bob, Skeleton, Snowkart.
Rennschuhe Spikes.
Renommée → Ruf.
renommieren → angeben, aufbauschen, blähen, protzeln.
renommiert bekannt, angesehen, berühmt, populär, berüchtigt, geschätzt, auserlesen, ausersehen, geehrt, bedeutend, ausgezeichnet. ▸ unbedeutend, unbekannt.
Renommist → Angeber, Chauvinist, Prahlhans.
renovieren → ausbessern, erneuern, reparieren, wiederherstellen.
renoviert → neu.
Renovierung Instandsetzung, Wiederherstellung, Reparatur, Auffrischung.
rentabel Gewinn bringend, einträglich, lohnend, zinstragend, ertragreich, vorteilhaft, einbringend, abwerfend, eintragend, rentierend, ergiebig, verdienstlich, dankbar, hochverzinslich. → gut, lohnend. ▸ (unrentabel), Verlust bringend.
Rente Hilfsquelle, Kriegsrente, Ruhegehalt, Witwengeld, Pension, Jahrgeld, Altersversorgung, Versorgung, Bezug, Zehrgeld, Einkommen, Verzinsung, Einkunft, Zahlung. → Einkunft, Geld, Geldquelle.
Rente gehen, in abdanken, pensionieren lassen sich, Ruhestand gehen in den.
Rentenbank → Bank.
Rentenempfänger Rentier, Rentner, Pensionist.
Rentenschein → Kupon.
rentieren, sich → lohnen.
Rentner Pensionär, Pensionist, Veteran, Rentier, Rentenempfänger • Auszügler • Unterstützungsempfänger, Wohlfahrtsempfänger.
reorganisieren neu einrichten, umgestalten, wieder beleben, wiederherstellen, wieder aufbauen, erneuern, umwandeln, auffrischen, ausbilden, aufrüsten, verjüngen, verwandeln, umformen, umarbeiten. ▸ verfallen.
Reparatur Ausbesserung, Verbesserung, Überarbeitung, Berichtigung, Wiederherstellung, Flecken, Flicken, Riester, Bearbeitung, Abschleifung, Aufpolierung, Abhilfe, Bereinigung. → Bearbeitung. ▸ Zerstörung.
reparieren flicken, in Stand setzen, gutmachen, renovieren, auffrischen, verbessern, stopfen, aufpolieren, erneuern, ergänzen, ausbessern, bereinigen, berichtigen, wiederherstellen, überholen, restaurieren, neu machen, zurechtmachen, verarzten *u*, in Schuss bringen, herumdoktern *u.* → ausbessern. ▸ zerstören, beschädigen, demolieren, kaputtmachen • abnutzen, verschleißen.
repariert → ganz, gestopft, wiederhergestellt.
Replik → Antwort, Auskunft.
replizieren → antworten, entgegnen.
Reportage Bericht, Dokumentation, Report.
Reporter → Berichterstatter.
Repräsentant → Abgeordneter, Beauftragter, Bevollmächtigter Beauftragter, Delegierter, Volksvertreter.
Repräsentation Stellvertretung, Beauftragung, Befugnis, Auftreten, Würde, Aufwand, Erscheinung, Darstellung, Vorstellung, Vertretung. → Bevollmächtigung.
repräsentativ → charakteristisch, typisch.
repräsentative Gruppe Panel.
repräsentative Stichprobe Sample.
repräsentieren vertreten, auftreten, vorstellen, erscheinen, verkörpern, darstellen, die Standeswürde wahrnehmen, mit Würde auftreten. → auftreten.
Repressalien Ahndung, Vergeltungsmaßnahme, Druckmittel, Rache, Heimzahlung, Vergeltungsrecht, Abrechnung. ▸ Nachgiebigkeit, Versöhnlichkeit.
repressiv hemmend, unterdrückend.
Reprise Wiederaufnahme, Wiederholung • Kurssteigerung • Wiedererbeutung.
Reproduktion → Abdruck, Abzug, Durchschlag, Faksimile, Kopie, Nachdruck.
reproduzieren → abbilden, nachahmen.
requirieren herbeischaffen, auftreiben, eintun, einheimsen, besorgen, versorgen, aufstapeln, aufspeichern • anfordern, zurückfordern, rupfen, sozialisieren, sich zueignen, konfiszieren, nehmen, sich aneignen. ▸ freigeben, zurückgeben.
Requisit Gerät, Hilfsmittel, Zubehör, Bedarf, Rüstzeug, Erfordernis, Unerlässlichkeit, Gerätschaft, Handwerkszeug, Theatergerät.
resch knusprig, lecker, schmackhaft, köstlich, krachig, hart • munter, lebhaft, frisch, heiter, gesund, rührig, quicklebendig, jung • steil. → anmutig. ▸ hässlich, unschmackhaft.
Reservat → Abteilung, Anrecht.
Reserve Vorrat, Ansammlung, Speicher, Stapel, Niederlage, Hamsterkiste, Brotsack, Rücklage, Vorratskammer, Aufspeicherung,

Sammelbecken, Erspartes • Ersatzmannschaft • Zurückhaltung, Verschlossenheit, Zugeknöpftheit. ▸ Verbrauch, Wichtigmacherei, Zuneigung.
reservieren zurücklegen, sparen, versparen, aufsparen, verwahren, bereithalten, aufbewahren, belegen, sicherstellen, vorbehalten, vermerken, offen halten, frei halten, vorbestellen. → aufbewahren. ▸ besetzen, verbrauchen.
reserviert → zurückhaltend.
Reservoir → Behälter, Brunnen.
Residenz Wohnsitz, Wohnort, Fürstensitz, Hoflager, Hauptstadt, Sitz, Hofhaltung, Aufenthalt, Residenzstadt, Wohnstätte, Wohnstadt. → Aufenthaltsort.
Resignation Ergebung, Entsagung, Geduld, Verzicht, Abdankung, Selbstaufgabe, Stoizismus, Teilnahmslosigkeit, Interesselosigkeit, Gleichgültigkeit, Fatalismus, Apathie. ▸ Auflehnung, Hoffnung, Selbstsicherheit.
resignieren aufgeben, entsagen, kapitulieren, verzagen, verzichten, widerspruchslos hinnehmen • ungültig machen.
resigniert ergeben, entsagend, gefasst, beherrscht, stoisch, seelenruhig, widerstandslos, mutlos, verzichtend, apathisch, gleichmütig. → behäbig. ▸ hoffnungsvoll, selbstsüchtig, ungeduldig.
resistent abwehrfähig, immun, widerstandsfähig.
Resistenz Abwehr(kraft), Widerstandsfähigkeit. ▸ Abwehrschwäche, Immunschwäche.
resolut → anstellig, arbeitsam, durchgreifend.
Resolution Auflösung, Zerteilung • Entschlossenheit, Beschluss, Entschließung, Durchgreifen, Beherztheit, Entschiedenheit, Unbeugsamkeit, Entschlusskraft, Willenskraft. ▸ Unentschlossenheit, Willenlosigkeit.
Resonanz → Echo, Klang.
Respekt → Achtung.
respektabel beachtlich, beträchtlich, stattlich.
respektieren achten, ehren, verehren, hochhalten, anerkennen, bewundern, in Ehre halten, Achtung erweisen, Ehre erweisen, Anstand wahren, Höflichkeit zeigen, einen hohen Begriff haben, hoch schätzen, huldigen, würdigen. ▸ verachten, diskriminieren, missachten • außer Acht lassen.
respektlos → beschämend, respektwidrig, ungezogen.
Respektlosigkeit Abfälligkeit, Geringschätzung, Herabsetzung, Missachtung, Verachtung.
Respektperson → Autorität.
respektvoll achtungsvoll, anhänglich, ehrerbietig, ehrfurchtsvoll, folgsam, feierlich, höflich, untertänig, barhäuptig, hochachtungsvoll. ▸ respektlos, abwertend, despektierlich, geringschätzig, verächtlich.
respektwidrig respektlos, unhöflich, ungezogen, unerzogen, nachlässig, unehrerbietig, grob, entehrend, herabwürdigend, verächtlich, nachlässig, schnöde, schmählich, gleichgültig, hämisch, spöttisch. ▸ höflich, respektvoll.
Ressentiment → Grimm.
Ressort Amtsbereich, Arbeitsgebiet, Aufgabenbereich, Geschäftsbereich, Sektor, Sparte, Zuständigkeitsbereich.
Rest → Abfall, Anzahl, Asche, Ausläufer, Bruchstück, Neige, Partie, Rückstand, Schlacke. ▸ Anfangsbestand • Überfülle, Überfluss.
Restanz → Rückstand.
Restaurant → Gaststätte.
Restauration Erneuerung, Instandsetzung, Umwandlung, Wiederherstellung, Wiedereinsetzung. → Berichtigung, Gaststätte. ▸ Verfall.
restaurieren → aufbauen, auferstehen, ausbessern, erfrischen, erneuern. ▸ beschädigen • verfallen lassen.
Restbestände Schamott *u.*
Restesuppe Rumfutsch *u.*
restlich übrig, überzählig, übrig bleibend, außerdem, zurückbleibend, ferner, noch, unverkauft, überdies, dazu, unverkäuflich. ▸ vollzählig.
restlos → A bis O, absolut, alles, ausnahmslos, durchaus, durch und durch, ganz, ganz und gar, jeder.
Reststücke → Ausschuss, Ramsch, Altwaren, Ausschuss, Kram, Ladenhüter, Plunder, Schund, Unverkäufliches.
Resultat → Ablauf, Ausgang, Auswirkung, Effekt, Erfolg, Ergebnis, Lösung, Wirkung.
resultieren → erfolgen, ergeben sich.
Resümee Quintessenz, Abriss. → Zusammenfassung.
retardieren → aufhalten, hemmen, verzögern.
retirieren → zurückziehen sich.
Retrospektive Erinnerung, Rückblick, Rückschau.
rettbar → heilbar.
retten erretten, bergen, befreien, erlösen, frei machen, freigeben, freisprechen, in Sicherheit bringen, dem Untergang entreißen, sanieren, dem Tod entrinnen, der Gefahr entreißen, herausziehen, herauswickeln, entlasten, entbürden, aufriegeln, entjochen, freisetzen, loslassen, loskaufen, auf freien Fuß setzen. → beistehen, erlösen. ▸ fallen lassen, gefährden • aufgeben, umkommen/untergehen lassen, verderben/verkommen lassen • verlieren.
Retter → Befreier, Beschützer, Helfer.
Rettung Errettung, Befreiung, Erlösung, Loslösung, Freispruch, Sicherheit, Bergung, Notanker, Rettungsanker, Retten, Entsatz, Loskauf, Freiheit, Bergungsdampfer, Hilfe. → Aufrechterhaltung, Ausweg, Befreiung, Entweichen. ▸ Gefahr, Untergang, Verderben • Verdammung • Aufgabe • Verlust.
rettungslos aufgeben, verloren, gezeichnet, ohne Hoffnung, unrettbar, hoffnungslos, erledigt. ▸ rettbar.
Retusche Veredelung, Schminke.
retuschieren überarbeiten, verbessern, nachbessern, übertuschen, nacharbeiten, nachtuschen, bearbeiten, abhelfen, aufarbeiten, berichtigen, bessern, verschönern. ▸ (unbearbeitet lassen).
Reue Gewissensbisse, Buße, Zerknirschung, Einkehr,

Selbsterkenntnis, Reuegefühl, Schuldbewusstsein, Schulderkenntnis, Schuldgefühl, Selbstanklage, Selbstverdammung, Selbstverurteilung, Gewissensregung, Bußfertigkeit, Bedauern, Nachgeschmack, Beschämung, Beklemmung, Schamgefühl, Schamröte • Widerruf, Zurücknahme, Abschwörung. → Buße, Einkehr.
▸ Reuelosigkeit.

Reue empfinden bedauern, bereuen, einlenken, in sich gehen, Leid tun, schade finden.

Reuegefühl → Reue.

reuelos → unverbesserlich.

Reuelosigkeit Verstocktheit, Herzensverhärtung, Hartnäckigkeit, Hartherzigkeit, Halsstarrigkeit, verstocktes Gemüt, Schamlosigkeit, Unbußfertigkeit, Verblendung, Unnachgiebigkeit, Störrigkeit, Trotz, Widerspenstigkeit, Eigensinn, Starrsinn, Gottlosigkeit, Verworfenheit.
▸ Reue.

reuig → bußfertig.

reumütig → bußfertig.

Revanche → Rache, Vergeltung.

revanchieren, sich → anstreichen, belohnen, rächen, vergelten.

Reverenz → Achtung, Aufwartung, Verbeugung.

Reverenzbezeugung → Ehrenplatz.

Revers Rückseite, Münzenrückseite • Aufschlag • Gegenverpflichtung, Verpflichtungsschein, Verzichtschein, Erklärung.
▸ Vorderseite.

revidieren nachsehen, prüfen, nachprüfen, mustern, durchsehen, nachsuchen, untersuchen, besehen, ausfinden, fixieren, anschauen, überprüfen.
▸ übersehen.

Revier Gehege *j.* → Distrikt, Region.

Revision Durchsicht, Prüfung, Musterung, Nachprüfung, Untersuchung, Besehen, Nachsehen, Überprüfung. → Berufung.
▸ Billigung, Unterlassung.

Revolte → Angriff, Auflauf, Auflehnung, Revolution.

revoltieren auflehnen sich, erheben sich, empören sich, verschwören sich, streiken, meutern, abfallen, aufmucken, widersetzen sich, trotzen, widerstehen, entgegenhandeln, zusammenrotten sich, den Gehorsam verweigern, Trotz bieten, die Hand erheben, die Waffen erheben.
▸ gehorchen, unterwerfen sich.

Revolution Umsturz, Umwälzung, Empörung, Aufstand, Kampf, Bürgerkrieg, Putsch, Revolte, Staatsstreich, Wirren, Widerstand, Verschwörung, Ungehorsam, Auflehnung, Meuterei, Abfall, Gehorsamsverweigerung, Verfassungsbruch, Krawall, Komplott, Aufruhr, Tumult, Zusammenrottung, Massenerhebung. → Aufstand, Bürgerkrieg.
▸ Gehorsam, Ruhe, Unterwerfung • Konterrevolution • Entwicklung, Evolution • Reform.

Revolutionär → Aufständiger, Meuterer.

revolutionär → aufständisch, umwälzend.

revolutionieren → anzetteln, aufwiegeln, revoltieren.

Revolver Pistole, Colt, Handfeuerwaffe • Schießeisen *u.* → Pistole.

Revolverpresse → Skandalblatt, Verleumdung.

Revolverschnauze → Prahlhans, Verleumder.

Revue Musterung, Heerschau, Truppenschau • Zeitschrift, Magazin • Theater, Revuebühne, Unterhaltung, Vorführung, Aufführung, Varietee, Ausstattungsstück, Operettentheater, Revuefilm • Schenkelschau *u.*

rezensieren (künstlerische/wissenschaftliche Arbeiten) besprechen, kritisch besprechen.

Rezension Buchbesprechung, Buchaufsicht, Begutachtung, Einschätzung, Beurteilung, Beschluss, Kritik, Bewertung, Entscheidung, Gutbefinden, Besprechung.

Rezept → Arznei, Verordnung.

rezitieren → deklamieren, reden, sprechen, vortragen.

Rhetorik → Beredsamkeit.

rhetorisch → ausdrucksvoll.

Rhombus → Raute.

rhythmisch → fließend, regelmäßig.

Rhythmus → Betonung, Naturgesetz, Gleichmaß, Regelmäßigkeit, Takt.

Richtblei Lot.

richten → bahnen, ordnen, orientieren, verurteilen, vorbereiten.

Richter Kadi, Urteilsschöpfer, Urteilsfinder, Gerichtshalter, Landrichter, Amtsrichter, Feldrichter, Schiedsrichter, Friedensrichter, Untersuchungsrichter, Strafrichter, Schöffe, Laienrichter, Rechtswahrer, Gesetzeshüter, Gesetzeskundiger, Gesetzesausleger, Jurist, Staatsanwalt, scharfer Hund *u,* Paragrafenmüller *u.*
▸ Angeklagter, Kläger, Verteidiger.

Richtergewalt Judikative.

Richterkollegium Senat.

richterlich → juristisch.

richtig fachmännisch, korrekt, ordnungsgemäß, genau, fehlerlos, recht, gewiss, regelrecht, am rechten Ort, zutreffend, angebracht, stichhaltig, begründet, wahr, logisch, zutreffend, gerecht, passend, wirklich, unzweifelhaft, ungelogen. → anwendbar, ausführlich, billig, buchstäblich, einschlägig, fachgemäß, fest, genau.
▸ falsch, unrichtig, irrig, unpassend, verkehrt.

richtig finden absegnen, befürworten, beistimmen, billigen, gutheißen, zustimmen, positiv beurteilen.

richtig liegen Recht haben, ins Schwarze treffen.

Richtigkeit Gründlichkeit, Denkschärfe, Genauigkeit, Tatsache, Wirklichkeit, Fehlerfreiheit, Wahrhaftigkeit, Realität, Lebensnähe, Lebenswahrheit, Wesentlichkeit, Tatsächlichkeit, Fall. → Fehlerlosigkeit, Tatsache.
▸ Fehlerhaftigkeit, Unrichtigkeit.

richtig stellen → ändern, berichtigen, durchsehen, korrigieren.
▸ falsch machen, Fehler machen, irren • sich verschreiben/versprechen • täuschen.

Richtigstellung Berichtigung, Fehlerbeseitigung, Korrektur, Verbesserung.

Richtlinie → Bestimmung, Grundsatz, Norm, Richtschnur.

Richtmaß Richtlinie. → Regel, Vorschrift, Norm.

Richtpreis Orientierungspreis.

Richtsatz → Devise, Grundsatz, Maßregel, Norm, Regel.

Richtschnur →

Ausführungsbestimmung, Axiom, Befehl, Betrachtung, Denkspruch, Devise, Gesichtspunkt, Grundsatz, Leitgedanke, Maßregel, Norm, Regel.
Richtstätte Schafott.
Richtung Ziel, Zielpunkt, Richtungspunkt, Richtungslinie, Zielrichtung, Zielangabe, Zug, Flug, Bestimmung, Lauf, Gang, Kurs, Fortgang, Strecke, Geleis • Wegweiser, Richtungszeiger. → Ablauf, Absicht, Direktion, Durchführung, Fährte, Folge, Geleis, Neigung, Weg. ▸ Abweichung, Verirrung, Umweg.
Richtung auf geradewegs, gerade, vorwärts, heimwärts, zielsicher, zielbewusst, hinlenkend, geradeaus, unmittelbar, zielklar, unbeirrt. → bis, direkt. ▸ abweichend.
Richtung bestimmen, die anführen, ausrichten, führen, peilen, orientieren, richten, vorangehen, Weg weisen den, Ziel festlegen das.
richtunggebend → ausschlaggebend, maßgebend.
Richtungspunkt → Ziel.
richtungweisend → ausschlaggebend, maßgebend.
Richtzahlen Durchschnittswerte, Kennziffern, Normzahlen.
riechen duften, wohlriechen • schnüffeln, beschnüffeln, beschnuppern, schnuppern, wittern, Geruch haben, reisern *j*, winden *j* • stinken, ausdünsten, stänkern, verpesten, transpirieren, muffeln, verpesten, die Nase beleidigen, drei Meilen gegen den Wind, eine Fahne haben, muffeln *u*. → duften. ▸ Geruch ohne (sein).
riechen, den Braten Verdacht fassen, Argwohn hegen, Lunte riechen, dem Frieden nicht trauen, ausspüren, auf die Spur kommen. ▸ harmlos (sein), vertrauen.
Riecher → Ahnung, Fernblick, Instinkt.
Riechfläschchen Flakon.
Riechnerv Olfaktorius.
Ried → Bruch, Gewässer.
Riedgras → Binse.
Riedstock → Bambus.
Riege Abteilung, Block, Gruppe.
Riegel → Beschwernis, Bindemittel, Verschluss.
riegeln zuriegeln, verriegeln, abriegeln, schließen, zumachen, absperren, zusperren, einschließen, verschließen, verrammeln. ▸ öffnen.
Riemen → Band, Bindemittel, Ruder.
Riemenschuh Sandale.
Riese Hüne, Goliath, Koloss, Mordskerl, Riesentier, langer Kerl, Großer, langer Laban, Mammut, Untier, Bulle, Athlet, Herkules, Viech, Heldengestalt, Ungeheuer, Riesengröße, Riesenhaftigkeit, Schlaks, Bohnenstange, Lulatsch, langes Laster. → Berg, Dickwanst, Kerl. ▸ Zwerg, Knirps, Liliputaner, Wicht, Winzling.
rieseln → befeuchten, ergießen sich, fallen, fließen, laufen, quellen.
riesengroß → riesig.
riesenhaft → außerordentlich, ausgedehnt, gewaltig, riesig.
Riesenmenge Myriade.
Riesenross → Banause, Riese.
Riesenschädel Makrokranie, Enzephalomegalie, Kephalonie, Megalozephalie.
riesenstark herkulisch.
Riesenwuchs Akromegalie, Gigantismus, Hypersomie, Makosomie.
riesig gigantisch, hünenhaft, übergroß, riesengroß, riesenhaft, gewaltig, ausgedehnt, stark, groß, beträchtlich, unbeschreiblich, grenzenlos, ungeheuer, ungewöhnlich, überragend, erstaunlich, kraftstrotzend, heldenhaft, stählern, athletisch, reckenhaft, kolossal, ragend, baumlang, haushoch, hoch gewachsen, hochaufgeschossen, kerzengerade, turmhoch. → ansehnlich, außerordentlich, ausgedehnt, ausnehmend, fest, gigantisch, grenzenlos, groß. ▸ klein, mikroskopisch winzig, zwergenhaft.
Riff → Berg, Fels, Spitze.
Rigorist → Fanatiker.
rigoros hemmungslos, gebieterisch, streng, diktatorisch. ▸ behutsam, einfühlsam, mild, nachsichtig.
Rille → Fuge.
rillen furchen, graben, harken, ziehen, durchziehen, vertiefen, auskehlen, aussparen, ritzen, eine Rille machen. → rillen. ▸ glätten.
Rinde Borke. → Schutz, Umhüllung.
Rinderfett Talg.
Rinderrippenstück Entrecote.
Rindfleischbrühe Beeftea, Bouillon.
rindig → borkig.
Ring Reifen, Schmuckstück, Ehering, Reif, Brillantring, Verlobungsring • Genossenschaft, Vereinigung, Kartell, Gesellschaft, Kreis, Ringverein, Korps, Verbindung, Verein, Körperschaft, Handelsgenossenschaft, Trust • Kampfplatz, Boxerring • Jahresring, Baumring. → Damm, Kreisform, Mondhof, Reifen, Vereinigung.
Ringbahn → Fahrzeug (Schienen-).
Ringelblume Calendula.
Ringelform → Drehung, Schnörkel.
ringeln → drehen, krümmen.
Ringen → Anstrengung, Aufgebot, Auseinandersetzung, Daseinskampf, Kampf, Sport.
ringen kämpfen, erkämpfen, fechten, ankämpfen, streiten, erringen, erstreben, einstehen, sich anstrengen, Schwierigkeiten überwinden, Sport treiben, aneinander geraten, balgen, sich herumschlagen, sich durchschlagen, sich abarbeiten, sich kampeln, sich beuteln, sich messen, raufen, sich prügeln. → abmühen, anstrengen, balgen, befehden, bekämpfen, erkämpfen, fallen schwer. ▸ schwächlich sein, unterlassen, unterliegen, versöhnen sich.
Ringer → Athlet, Sportler.
ringförmig → rund.
Ringkämpfer → Athlet, Sportler.
Ringlein Circulus.
Ringmauer Zingel.
rings ringsumher, rundherum, rundum.
ringsum → allenthalben, allseitig, Busch und Feld, fern und nah, Ort zu Ort von, überall.
ringsumher, von → Ecke, von allen Ecken und Enden.
Rinne → Furche, Graben, Höhlung, Kloake, Röhre.
rinnen → ausfließen, austreten, emporquellen, durchlaufen, fließen, laufen, quellen. ▸ stehen • versickern.
Rinnsal → Gerinnsel, Gewässer.
Rinnstein Rand, Kante, Bordstein, Einfassung,

Abschluss, Bord • Kloake, Rinne, Gosse, Abzugskanal.
Rippenfell Pleura.
Rippenfellentzündung Pleuritis.
Rippenstoß → Bearbeitung, Bestrafung.
Rippenstück Entrecote, Karbonade, Karree, Kotelett.
Risiko Geratewohl, Zufall, Ungefähr, Glücksfall, Wagnis, Gefährlichkeit, Wagestück, Gefahr, Unternehmen, Tollkühnheit, Spiel mit dem Feuer, Belastungsprobe, gewagte Sache, Einsatz, Gefährdung, Gefährlichkeit, Unsicherheit.
▸ Berechnung, Sicherheit.
risikolos totsicher, mündelsicher, völlig ungefährlich.
▸ gefährlich, gewagt, leichtsinnig, mutig, riskant, spekulativ, unsicher, waghalsig.
Risikospieler Glücksritter, Hasardeur.
Risikostreuung Diversifikation.
riskant risikovoll. → gefährlich.
▸ risikolos, sicher, ungefährlich.
riskieren → wagen.
Riss Bruch, Disharmonie, Feindschaft, Kratzer, Plan, Skizze, Wunde, Zeichnung, Zwiespalt.
▸ Kitt.
rissig → rau.
▸ glatt.
Ritter Kavalier, Hofmacher, Verehrer, Bewerber, Anbeter, Weltmann, Gesellschaftslöwe, Casanova, Bewunderer, Courschneider, Galan. → Adel, Begleitung, Recke.
▸ Bauer, Knappe, Soldat.
ritterlich → adrett, anständig, artig, chevaleresk, galant, königlich.
ritterliches Kampfspiel Buhurt, Turnier.
Ritterrüstung Harnisch, Panzer.
Ritterschlag Akkolade.
Ritual → Brauch, Kirche, Kult.
Ritualmord → Tötung.
rituell liturgisch, zeremonial, kulturell, eucharistisch, geweiht, religiös, vorschriftsmäßig, gebräuchlich, erbauend, feierlich, kirchlich, zum Ritus gehörig, durch den Ritus geboten.
▸ ungebräuchlich, (unfeierlich).
Ritus → Brauch, Kult.
Ritze → Bruch, Fuge, Öffnung.
ritzen kratzen, strammen, reißen, kerben, einkerben, auskerben, schnitzen, schnitzeln, zähnen, einschneiden, einkratzen, einritzen, furchen, schaben. → rillen.
▸ glätten.
Ritzmesser Lanzette.
Rivale → Feind, Gegner, Konkurrent, Mitbewohner, Nebenbuhler.
rivalisieren kämpfen um den besseren Platz, konkurrieren, wetteifern, wettkämpfen.
Rivalität Kampf um den Vorrang, Konkurrenz, Nebenbuhlerschaft, Wettbewerb, Wettkampf.
robben → kriechen.
Robe → Gewand.
Robot Frondienst, Leibeigenschaft, Dienst, Zwangspflicht, Schufterei, Knechtschaft, Unterordnung, Joch, Knechtung, Ausnutzung, Zwang, Zwingherrschaft, Sklaverei, Unterjochung, Unterwerfung.
▸ Freiheit, Unabhängigkeit.
roboten → fronen.
Roboter Schwerarbeiter • elektronisch gesteuertes Gerät, Maschinenmensch. → Arbeiter, Automat.
robust kräftig, derb, handfest, stämmig, sehnig, muskulös, kraftvoll, unbesiegbar, unbezwingbar, kraftstrotzend, unerschütterlich, stark, vierschrötig, ungeschlacht, grobschlächtig, massiv, grob, klotzig, schroff, dickfellig, plump.
▸ schwach • kränklich, zerbrechlich • empfindlich, fragil, feinfühlig, gefühlvoll, zart.
Robustheit Derbheit, Festigkeit, Härte, Unempfindlichkeit, Widerstandsfähigkeit, Zähigkeit.
röcheln → ausatmen, sterben.
röchelnd stertorös.
Rock → Anzug, Gewand.
Rock der Schotten Kilt.
Rock, enger Presssack *u.*
Rock, kurzer Popomanschette *u.*
Rodelbahn Piste.
rodeln fahren, sausen, gleiten, glitschen, rutschen, schlittern, schlusern, schliefen, Schlitten fahren, Wintersport treiben, sich abhärten, hitschen *u.* → bewegen sich.
roden → abmachen, ackern, jäten, pflügen.
Rodung Urbarmachung, Pflanzstätte, Anbaufläche, Ackerland, Acker, Feld, Land, Neuland. → Lichtung.
roh herzlos, kaltblütig, kalt lächelnd, lieblos, brutal, mitleidlos, proletenhaft, ungeschliffen, bestialisch, barbarisch, rücksichtslos, unzart, unfein, ungeordnet, gemein, entmenscht, unmenschlich, viehisch, schonungslos, erbarmungslos, wild, gefühllos, unempfindlich, hart, grausam, bösgesinnt, mordlustig, kalt, erbärmlich, elend, niederträchtig, nichtswürdig, ungesittet, grobknochig, unzivilisiert, geschmacklos. → barbarisch, bäurisch, bestialisch, brutal, derb, formlos, gassenmäßig.
▸ gefühlvoll • mitfühlend, sensibel, zart • gar • gebacken, gebraten, gekocht • bearbeitet, zubereitet.
rohe Gewalt Brachialgewalt, Brutalität. → Gewalt.
Rohheit Bestialität, Brutalität, Ungeschliffenheit, Herzlosigkeit, Misshandlung, Quälerei, Mitleidlosigkeit, Gemüt verhärtetes, Mitgefühl ohne, Ärgernis, Plattheit, Unkultur, Bildungslosigkeit, Unmenschlichkeit, Gefühlsrohheit, Herzensrohheit, Verrohung, Ruchlosigkeit, Gefühllosigkeit, Lieblosigkeit, Gleichgültigkeit, Erbarmungslosigkeit, Teilnahmslosigkeit, Hartherzigkeit, Härte, Barbarei, Mordlust, Grausamkeit, Verfolgung, Metzgernatur, Schlachterseele, Mordgier, Zerstörungswut, Grobheit, Derbheit, Boxerstil, Pöbelei, Gemütserkältung *u.* → Ärgernis, Barbarei, Beleidigung, Bosheit, Gewalttätigkeit, Kaltblütigkeit.
▸ Empfindsamkeit.
Rohling → Barbar, Ausgearteter.
Rohmaterial → Rohstoff.
Rohr Röhre, Leitung, Zuleitung, Ableitung, Abfluss, Abzug, Wasserrohr, Rinne, Dachtraufe, Schlauch, Wasserführung, Ablauf • Pflanze, Schilf, Riedgras, Binse, Röhricht, Risch, Segge, Rausch • Strafmittel, Bambusrohr, spanisches Rohr, Haselstock, Rute, Fuchtel, Prügel, Stock • Geschleif *j*, Geschleppe *j.* → Büchse.
Rohr, spanisches → Bambus, Rohr.
Rohransatz Flansch, Muffe, Nippel, Trap.
Röhrchen Kanüle.
Rohrdurchmesser Kaliber.
Röhre Rohr, Rinne, Leitung,

Zuleitung, Ableitung, Luftröhre, Öffnung, Loch, Durchlass, Durchlochung, Durchbohrung, Durchgang, Kamin, Schlot • Radioröhre, Röhrenapparat • Sonde, Katheter, Nichts, Null. → Backofen, Behälter, Birne, Rohr.
röhren brüllen, schreien, lärmen, klagen, rufen, jammern, stöhnen, angeben, brünstig sein.
röhrenartig → kapillar, rund.
Röhricht → Pflanze, Rohr.
Rohrknie Fitting.
Rohschrift Konzept.
Rohseide Ecru, Ekrü, Grege, Japon.
Rohstoff Rohmaterial, Naturprodukt, Fabrikationsgut, Werkstoff, Material, Zeug, Bedarf, Baustoff. → Bedarf, Bestand, Metall. ▸ Produkt.
Rohstoffwiederverwendung Recycling.
Rollladen → Fensterladen.
Rollbahn → Bahn, Bindemittel.
Rolle Rundheit, Trommel, Bobine, Säule, Rundung, Runde, Kugelform, Winde, Spanne, Aufrolle, Kurbel, Spule, Fadenrolle, Drahtrolle, Seilrolle, Driller, Haspel • Stammrolle, Liste • Wagen, Handwagen, Schiebkarre, Lore • Papierrolle, Pergamentrolle, Papyrusrolle • Laufbahn, Bestimmung, Sendung, Lebensstellung, Beruf, Bedeutung, Schwergewicht, Theaterrolle, Spielrolle, Einsatzplan *sm*, Verteilungsplan • Mangel, Drehrolle. → Amt, Arbeit, Beruf, Besorgung, Charge, Leistung, Walze.
Rolle fallen, aus der ausflippen, ausrasten, danebenbenehmen sich, durchdrehen, entgleisen, vergreifen sich im Ton, vorbeibenehmen sich.
rollen kullern. → aufrollen, bewegen sich, drehen, fahren. ▸ ruhen, sich stauen, still stehen, stocken • gleiten.
Rollen bringen, ins anregen, anstoßen, initiieren, verursachen.
Roller Spielzeug, Kinderroller, Fahrzeug, Tretroller, Holzroller • Vespa, Lambretta, Gogo, Motorroller, Rad, Kabinenroller. → Rad.
rollern → fahren.
Rollstuhl → Fahrstuhl, Bahre.
Rolltreppe Proletenbagger *u.*
Rollwand Wandschirm, spanische Wand.
Roman → Dichtung, Dichtungsart, Buch, Lüge.
Romanautor Romancier.
Romancier → Dichter.
Romantik Traumwelt, Traumzustände, Fantasie, Ichwelt • Stil, Stilrichtung, Neuromantik, Dichtungsart, Edelmenschentum, Poesie • Schwärmerei, Sentimentalität, Empfindelei, Weltschmerz, Empfindsamkeit, Gefühligkeit, Verträumtheit, Schönheitelei. ▸ Nüchternheit.
Romantiker → Enthusiast, Fantast.
romantisch schwärmerisch, berauscht, verzückt, verstiegen, übertrieben, verschroben, überspannt, trunken, betört, gefühlvoll, elegisch, verträumt, überschwänglich, sentimental, musisch. ▸ natürlich, real • nüchtern, unromantisch, unsentimental.
Romanze Musikstück, Tonstück, Musikwerk, schwärmerisches Stück, Lied, erzählendes Lied. → Dichtungsart.
röntgen → ausforschen, durchleuchten.
Röntgenfacharzt Radiologe.
Röntgenschichtaufnahme Tomographie.
rosa rosig, gelb-rot, blassrot, mattrot, hell rot, rosafarben, rötlich, rosenrot, pfirsichfarben, rosenfarbig, blassrosa • rosenwangig, lieblich, zart, beschwingt.
Rosenlorbeer Oleander.
Rosenmontag → Karneval.
rosenwangig → Damm sein auf dem, gesund.
Rosenzeit → Rosen Tage der.
Rosette → Dekoration.
rosig → optimistisch, rosa.
Rosinen Gewächs, Pflanze, getrocknete Weinbeere, Korinthen, Sultaninen, Backzutaten, Beigabe, Zugabe, Süße • Einbildung, Fantasie, Dünkel, Hochmut, Selbstüberhebung, Spleen, Aufgeblasenheit, Hoffart. → Bargeld. ▸ Schlichtheit.
Ross → Klepper, Tier.
Rosskur → Pferdekur, Quacksalberei, Heilung, Kurpfuscherei, Verordnung, Behandlung, Bearbeitung, Gewalt, Heftigkeit, Gewaltmittel, Härte, Rücksichtslosigkeit, Unzartheit, Rohheit, Grobheit.
Rosstäuscher Betrüger, Gauner, Spitzbube, Schwindler, Bauernfänger, Beutelschneider, Schieber, Rosskamm, Schwärzer, Schurke, Heuchler, Schaumschläger, Schelm, Aufschneider, Erbschleicher, Baldower. ▸ Betrogener, Mensch aufrechter treuer.
Rost Verderb, Schimmel, Zahn der Zeit, Zersetzung, Oxidation, Verwitterung, Überzug, Edelrost, Grünspan, Patina, Masse, Eisen. → Backofen, Brandstätte, Esse, Feuerung.
Rost ansetzen alt werden • einrosten, rosten, verrosten.
Rostbraten Grillade, Roastbeef.
Rostbratküche Grillroom.
Röstbrot Toast.
rosten → anlaufen, bedecken, beeinträchtigen, durchfressen, ruhen.
rösten → austrocknen, braten, dünsten, zubereiten.
rostfarben → chamois, rostig.
Rostfraß Arrosion.
rostig schimmelig, modrig, dumpf, zerfressen, unrein, verrostet, rostfarben, schmutzig, gefleckt, verkommen, zerstört, abblätternd, überzogen, unansehnlich, unbrauchbar, eingefressen. → schlecht, unschön. ▸ rostfrei.
rot kirschrot, weinrot, karminrot, scharlachrot, purpurrot, tiefrot, hochrot, zinnoberrot, rubinrot, dunkelrot, ziegelrot, erdbeerrot, rosenrot, bordeauxrot, lachsrot, rötlich, fuchs, blutrot, gelb-rot, feuerrot, hellrot, krebsrot, lippenrot, schamrot, verschämt, beschämt, befangen, erglühend, errötend • sozialistisch, kommunistisch, links.
Rotation → Bewegung, Umdrehung.
rotblond → blond.
rote Blutkörperchen Erythrozyten.
Röteln Rubella.
roter Blutfarbstoff Hämoglobin.
Rothaarigkeit Erythrismus.
Rothaut Indianer.
rotieren → drehen.
rötlich → chamois, rosa, rot.
rotsehen → zürnen.
Rotte → Anzahl, Bande, Clique, Kolonne, Masse.

Rotwelsch → Diebesjargon.
Rotwerden → Erröten, Scham.
Rotzbengel Lümmel, Lauser, Lausejunge.
rotzig schleimig, frech.
Route → Weg.
Routine Gewohnheit, Gewöhnung, Gewiegtheit, Geschicklichkeit, Geübtheit, Erfahrung, Gewandtheit, Fertigkeit, Übung, Handfertigkeit, Geschick • Tretmühle, Verknöcherung. → Geläufigkeit, Kennerblick. ▸ Unerfahrenheit, Ungeschicklichkeit.
routiniert → anstellig, beschlagen, erfahren, geschickt.
Rowdy → Bärbeißer. ▸ Gentleman, Kavalier.
rubbeln → scheuern.
Rübensaft Sirup.
Rübezahl Berggeist, Waldmann, Waldgeist, Waldschrat, Geist, Erdgeist, Bergkönig, Zaubergeist, Helfer, Zauberer. → Bergmann, Dämon.
Rubrik Titelkopf, Titelaufschrift • Abteilungslinie, Spalte, Klasse, Fach, Bereich, Reihe, Schubfach, Spezies, Linie. → Abteilung.
rubrizieren einordnen • Initialen/Überschriften malen.
ruchlos → arg, arglistig, barbarisch, niederträchtig.
Ruchlosigkeit → Barbarei, Bosheit, Rohheit, Unredlichkeit, Untugend.
Ruck → Anlauf, Bewegung, Detonation, Explosion, Stoß.
ruck → hoppla.
Rückantwort → Antwort, Auskunft, Echo.
ruckartig → plötzlich.
Rückäußerung → Antwort, Auskunft, Bekenntnis.
Rückberufung → Abbau, Amtsabtretung.
rückbezüglich rückblickend, ursprünglich, damals, vormals, zuvor, früher, ehemals, rückbezogen, zurückgewandt, umgewandt, rückläufig, zurückgreifend, zurückgehend, rückwärts gerichtet. → gegenseitig. ▸ nachher.
Rückbildung → Entartung, Niedergang.
Rückblick Umschau, Erinnerung, Überblick, Gedanken, Gedenktag, Rückschau, Gedenkschau, Gedenkstunde, Jahrestag, Rückerinnerung, Altjahresabend, Wiedererneuerung, Überschlag, Fantasie, Erinnerungsvermögen, Gedächtniskraft, Gedächtnisübung, Lebensbetrachtung, Angedenken. → Auffrischung. ▸ Voraussage, Vorausschau, Vergesslichkeit, Vorschau • Prognose, Prophezeiung, Weissagung • Ausblick • Blick in die Zukunft.
rückblickend rückwärts blickend, rückbezüglich, vergangen, zurückgewandt, rückwärts gerichtet, zurückgreifend, zurückgehend. ▸ voraussehend.
rucken wippen, stoßen, rücken, hin- und herrucken, wackeln, sich bewegen • gurren, lärmen, rufen. ▸ bleiben auf dem Platz, verstummen, stehen lassen • Hucke *u.*
Rücken Rückseite, Rückteil, Kehrseite, Schlussseite, Buckel, Höcker, Kreuz, Bogen, Buchtung, Rundung, Erhöhung, Rückgrat. → Berg. ▸ Bauch, Brust.
Rücken decken, den → einstehen, eintreten für.
Rücken kehren, den → verachten.
Rücken stärken, den → einstehen, eintreten für, beistehen, helfen.
rücken zusammenrücken, verrücken, sich regen, sich bewegen, sich rühren, fortrücken, aneinander rücken, auseinander rücken, Platz machen • einrücken. ▸ abkehren sich, bleiben auf dem Platze.
Rückendeckung Rückhalt, Absicherung, Deckung, Protektion.
rückenlahm kreuzlahm.
Rückenmarkentzündung Myelitis.
Rückenschmerz Notalgie.
Rückerinnerung → Auffrischung, Denkzettel, Rückblick.
Rückfahrt Heimfahrt, Heimkehr, Rückkehr.
Rückfall Wiederkehr, Wiederholung, Wiedererscheinung, Wiederaufnahme • Rückschritt, Rückbildung, Rücklauf, Krebsgang, Verfall, Rückartung, Entwertung, Verschlechterung, Verschlimmerung, Verheerung, Laster, Entgleisung, Schwachheit, Abirrung. → Dekadenz. ▸ Fortentwicklung, Fortgang, Genesung, Sittsamkeit.
Rückfallfieber Rekurrensfieber.
rückfällig unverbesserlich, gottlos, verdammt, verworfen, verloren, unrettbar, verhärtet, verstockt, unbußfertig, störrisch • wiederkehrend, erneuert, wiederholt, wiederum, mehrmals, rückschrittlich • fällig, überfällig. ▸ gebessert, standhaft.
Rückfälliger → Abtrünniger, Deserteur.
Rückgabe Erstattung, Zurückerstattung, Wiedererstattung, Zurückgabe, Abtragung, Abgeltung, Schadenersatz, Wiedergutmachung, Ersatzleistung, Rückzahlung, Rücksendung, Einlösung, Vergeltung, Entschädigung, Vergütung, Übertragung, Gegenrechnung. → Aneignung, Schädigung. ▸ Empfang, Entgegennahme • Eingabe.
Rückgang → Bewegungstrieb, Degeneration, Dekadenz, Demoralisation, Depression, Diskont, Ende böses, Minderung, Niedergang, Rückschritt. ▸ Entwicklung, Fortschritt • Steigerung, Wachstum, Zunahme.
rückgängig rückläufig, zurück, von hinten, rückwärts, gekehrt, rückwärts bewegend • rückgängig machen, aufheben, annullieren, abblasen, ausladen, einmal hott und einmal hü sagen *u*, rin in die Kartoffeln – raus aus den Kartoffeln *u*, für nichtig erklären, für ungültig erklären. ▸ fortschrittlich, vorangehend, zunehmend • stagnierend.
rückgängig machen → breitschlagen, desertieren, rückgängig.
Rückgrat Wirbelsäule. → Ausdruck, Haltung, Hilfe, Mark, Tatkraft.
Rückgrat besitzen → charakterfest.
Rückgrat brechen, das → unterdrücken.
Rückgratlosigkeit → Schwäche.
Rückgratverkrümmung Kyphose, Lordose.
Rückgriff Rücknahme, Zurückziehung, Rückwärtsbewegung, Rückwendung, Rückzieher,

Rückbeziehung, Rückgreifen ● Ersatz, Ausgleich, Verantwortung, Bürgschaft. ▸ (Vorgriff).
Rückhalt Stütze, Zuflucht, Freistätte, Schutz, Hilfe, Unterstützung, Kraftquelle, Haltepunkt, Beistand, Förderung, Background, Hilfsstellung ● Hinterhalt, Heimlichkeit, Schlinge → Born. ▸ Falle, Offenheit, Unvermögen.
rückhaltlos → aufrichtig, bedeutungsvoll, derb, deutsch auf gut, offen, wahr.
Rückkehr Heimkehr, Umkehr, Rückmarsch, Rückfahrt, Rückreise, Wiederkehr, Heimfahrt, Nachhauseweg, Wiedersehen ● Wiederholung, Wiedererscheinung, Kreislauf ● Come-back *M.* → Ankunft. ▸ Abreise, Einzelfall, Weggang.
Rückkopplung Feed-back.
Rücklage → Depot, Ersparnis, Geld, Proviant, Vorrat.
Rücklagen Polster *u.*
Rücklass → Asche.
Rücklauf → Bewegungstrieb, Rückkehr, Rückschritt, Umkehr.
rückläufig → rückfällig, rückgängig.
rückläufige Veränderung Retrogradation.
Rückprall Gegenstoß, Rückschlag, Rückwirkung, Reaktion, Gegenwirkung, Aufprall, Anprall, Ruck, Gegenschlag, Zusammenstoß, Rückstoß, Rücksprung, Rücklauf. → Bewegung, Bewegungstrieb, Echo. ▸ Beharrungsvermögen, Stillstand ● Aufprall, Aufschlag, Zusammenstoß.
Rucksack Affe *u.* → Behälter, Beutel, Bündel.
Rucksackfüllung → Proviant.
Rückschall → Echo.
Rückschau → Gedächtnis, Reminiszenz, Rückblick.
Rückschlag Rückprall, Rückstoß, Rücklauf, Rücksprung, Rückwirkung, Gegenwirkung, Reaktion, Aufprall, Anprall ● Wende, Wendung, Kippe, Abkehr, Umschlag, Rückweg, Rückkehr, Umkehr ● Rückgang, Rückschritt, Rückfall, Krebsgang, Wendepunkt. → Atavismus, Verlust. ▸ Beharrungsvermögen, Gewinn, Stillstand.
rückschreitend regressiv.
Rückschritt Dekadenz, Krebsgang, Nachlassen, Rückartung, Rückgang, Rücklauf, Degression. → Dekadenz, Entartung, Niedergang, Rückschlag. ▸ Fortschritt, Entwicklung, Evolution.
rückschrittlich hinterwälderisch. → kulturfeindlich, reaktionär. ▸ aufgeschlossen, fortschrittlich, modern, progressiv.
Rückseite Kehrseite, Hinterseite, Rücken, Rückenteil, Schlussseite, Hinterteil, Popo, Revers. → Rücken. ▸ Vorderseite, Front ● Fassade.
Rücksendung Remission, Renvoi, Retoure.
Rücksicht Betracht, Betreff, Bezug, Beziehung, Verhältnis ● Duldsamkeit, Erbarmen, Geduld, Güte, Mäßigung, Milde, Nachgiebigkeit, Nachsicht, Sanftmut, Schonung, Toleranz, Vergebung, Verzeihung ● Überlegung, Behutsamkeit, Vorsicht, Sorgfalt, Klugheit, Besonnenheit, Selbstbeherrschung ● Schicklichkeit, Lebensart, Verfeinerung, Anstand, Erziehung, Benehmen, Betragen, Haltung, Aufführung, Höflichkeit, Zurückhaltung, Manierlichkeit, Schliff, Zuvorkommenheit, Gefälligkeit, Verbindlichkeit, Gutmütigkeit, Umgänglichkeit, Freundlichkeit. → Berücksichtigung. ▸ Rücksichtslosigkeit.
Rücksicht auf, mit → beziehungsweise, dementsprechend.
Rücksicht nehmen auf beachten, bedenken, berücksichtigen, in Rechnung stellen, tolerieren.
Rücksicht, ohne → diktatorisch.
Rücksichtnahme → Behutsamkeit, Berücksichtigung, Besonnenheit, Besorgnis, Entgegenkommen, Besorgtheit, Diskretion.
rücksichtslos hartherzig, heftig, grob, herzlos, brutal, drakonisch, eisern, eisig, empfindungslos, entmenscht, erbarmungslos, gefühllos, gewissenlos, grausam, hart, kalt, kaltschnäuzig, kalt wie eine Hundeschnauze, mit jemandem Schlitten fahren, lieblos, mitleidlos, roh, rüde, schonungslos, unerbittlich, streng, ohne Nachsicht, teilnahmslos, unbarmherzig, unnachgiebig, unnachsichtig, unversöhnlich, zynisch, barsch ● derb, formlos, flegelhaft, frech wie Oskar *u*, vom Leder ziehen, scharf schießen *u*, frech, gemein, klobig, lümmelhaft, pöbelhaft, roh, taktlos, unachtsam, unbedacht, unbedenklich, unbekümmert, fort mit Schaden *u*, mir nichts dir nichts, kurzen Prozess machen, nicht viel Federlesens machen *u*, unanständig, unartig, ungalant, ungebührlich, ungehobelt, ungeschlacht, ungeschliffen, ungesittet, ungezogen, unkultiviert, kein Blatt vor das Maul nehmen *u*, Fraktur schreiben *u*, scharf ins Zeug gehen, unmanierlich, unverfroren, unverschämt, unziemlich, schäbig, schmutzig, selbstsüchtig. → barbarisch, barsch, bedürfnisvoll, befehlerisch, blind, boshaft, derb, deutsch auf gut, drakonisch, durchgreifend, egoistisch, erbarmungslos, feindlich, felsenhart, nachlässig, radikal, roh, schonungslos, selbstsüchtig, unbedenklich, unhöflich. ▸ rücksichtsvoll, behutsam, einfühlsam, sanft, schonend, zart fühlend.
rücksichtslos vorgehen scharf schießen *u.*
Rücksichtslosigkeit → Beleidigung, Dreistigkeit, Egoismus, Eigennutz, Grobheit, Haut dicke.
rücksichtsvoll → diskret, galant, schonungsvoll.
Rückspiel Revanche.
Rücksprache → Aussprache, Besprechung.
Rückstand Rest, Überbleibsel, Überrest, Übriges, Trümmer, Scherbe, Bruchstück, Fragment, Asche, Schlacke, Moder, Schlamm, Ablagerung, Moräne, Anspülung, Stumpf, Stummel, Kippe, Stoppel, Abfall, Rücklass, Ausschuss, Auswurf, Abschaum, Bodensatz, Brocken, Hefe, Treber, Trester, Restanz ● Absonderung ● Verschleppung, Verzögerung, Saumseligkeit, Langsamkeit, Aufschiebung ● Schuld, Verbindlichkeit, Soll, Obligo, Schuldigkeit, Passiva, Defizit, Verpflichtung, Verschuldung, Schuld schwebende. → Abfall,

Asche.
▸ Einbeziehung, Ganzes, Guthaben, Schnelligkeit • Übererfüllung • Vorleistung • Vorsprung • Vorteil.
rückständig entbehrlich, restlich, rudimentär, überzählig, übrig • unbezahlt, schuldig, überschuldet, verschuldet, säumig, bankrott, zahlungsunfähig. → abgetan, kulturfeindlich, reaktionär, unmodern.
▸ bezahlt, fortschrittlich, kultiviert, modern.
Rückständigkeit Zurückgebliebenheit.
Rückstoß → Bewegungstrieb, Rückschlag.
Rückstoßmotor Reaktionsmotor.
Rückstrahler Reflektor.
Rückstrahlung Reflexion.
Rücktritt → Abbau, Amtsabtretung, Zurücknahme.
▸ Amtsübernahme, Antritt, Dienstantritt.
Rücktritt erklären, seinen → abdanken.
rückübersetzen retrovertieren.
Rückvergütung → Rückzahlung.
Rückversicherung Bürgschaft, Garantie, Gewähr, Haftpflicht, Haftung, Kaution, Parole, Sicherung, Unterpfand, Verbindlichkeit, Verpflichtung, Versicherung • Eigentumsvorbehalt, Garantieschein, Hypothek, Kontrakt, Schuldschein, Urkunde, Vertrag, Zeugnis • Geleit, Schutzbrief, Sicherheitswache, Besatzung, Schildwache, Runde, Nachhut, Vorhut, Horchposten, Patrouille • Gewährleistung, Pfand, Gutsagung, Eintragung.
▸ Wagnis.
Rückwand → Hintergrund.
Rückwanderer Remigrant.
rückwandern remigrieren.
rückwärts achtern, hinten, nachher, zurück, hinterrücks, meuchlings, zuhinterst, hinter dem Rücken, retour • entgegengesetzt, retrograd, rückläufig, rückschrittlich, verkehrt. → dahinter.
▸ voran, vorwärts • seitwärts, seitlich.
rückwärts sein → bleiben zurück.
Rückwärtsbewegung → Bewegung.
rückwärts gerichtet konservativ, nostalgisch • rückständig, rückschrittlich.
ruckweise stückweise, sprunghaft, unzusammenhängend, abgerissen, unstet, abwechselnd, sprungweise, gelegentlich • mitunter, bisweilen, hin und wieder, dann und wann • rhythmisch, schrittweise, der Reihe nach • krampfhaft, schlagartig, plötzlich, stoßweise, stürmisch.
▸ immerzu, stetig.
rückwirkend reaktiv.
Rückwirkung Wechselseitigkeit, Wechselfolge, Wechselbeziehung, Gegenseitigkeit. → Echo, Reaktion, Rückschlag, Rückschritt.
▸ Beziehungslosigkeit, Fortschritt, Gewinn, Grund • Beeinflussung, Einwirkung, Wirkung.
Rückzahlung Abtragung, Abzahlung, Ausgleich, Begleichung, Bereinigung, Entrichtung, Erstattung, Rückgabe, Tilgung, Überweisung, Vergütung, Wiedererstattung, Zurückgabe • Vergeltung, Quittung, Buße. → Abtragung, Ausgleich, Bezahlung, Bon, Einzahlung.
▸ Einnahme, Schulden, Stundung, Vergebung • Vorschuss.
Rückzahlungsgarantie Delkredere.
Rückzieher machen zurückweichen, der Gewalt weichen, nachgeben, fügen sich, entsagen, die Flinte ins Korn werfen, die Flügel hängen lassen, den Schwanz einziehen, erlahmen, abfallen, sich zurückziehen, den Rücken kehren, sich abwenden • vorbehalten, sich sichern • sich erweichen lassen, ein Auge zudrücken, durch die Finger sehen, die Fahne nach dem Wind drehen, den Herrgott einen guten Mann sein lassen.
▸ beharren.
Rückzug → Abzug, Ausweg, Entweichen, Räumung, Verzicht.
▸ Angriff, Attacke, Offensive.
rüde → barbarisch.
Rudel → Anzahl, Herde.
Ruder Riemen, Steuer, Stange • Schwinge, Flosse • Führung, Leitung, Vorsitz, Kommando, Zügel, Lenkung, Herrschaft.
Ruderboot → Boot, Fahrzeug (Wasser-).
Ruderlager Dolle.
rudern pullen *u.* → bewegen sich, fahren.
Ruderschiff Galeere.
Ruderstange Stake.
Rudiment → Abfall.
Ruf Anruf, Appell, Aufruf, Befehl, Lockruf, Forderung, Gebot, Geheiß, Mahnung, Meinung, Notruf, Zuruf • Ansehen, Prestige, Renommée, Leumund, Name, Ruhm, Weltgeltung, Weltruf • Ausruf, Schrei, Anschrei • Jagdruf, Halali • Halleluja, Hosianna, so Gott will, Inschallah • Heureka, Hurra, Heil, Eljen • Hände hoch, Hände weg, Hands up, Hands off • ich hab's gefunden. → Achtung, Anerkennung, Bedeutung, Ehre, Fama, Meldezeichen, Rang.
▸ Ächtung, Bedeutungslosigkeit, Missbilligung, Niedrigkeit, Tatsache, Unehre, Verunglimpfung.
Ruf bringen, in üblen → diskreditieren, verleumden.
rufen → benamsen, locken, röhren, schreien.
Rufer Mahner, Warner, Seher, Prophet.
Rüffel → Tadel.
rüffeln → anfahren, korrigieren, tadeln, anschießen *u.*
Rufmord Diffamierung, Nachrede üble, Verleumdung.
Rufname → Vorname.
Rufnummer Fernsprechnummer, Ruf, Telefonnummer.
Rugby → Ball.
Rüge Predigt *u.* → Beschwerde, Ermahnung, Klage.
▸ Anerkennung, Belobigung, Ehrung, Lob, Würdigung.
rügen → ablehnen, anfahren, anklagen, aussetzen, beanstanden, beschuldigen, bloßstellen, Dach steigen auf das, korrigieren, kritteln, mahnen, tadeln.
Ruhe Lautlosigkeit, Schweigen, Stille, Stillschweigen, Stummheit • Untätigkeit, Regungslosigkeit, Mattigkeit, Rast, Schlendrian, Faulenzerei, Tatenlosigkeit, Nichtstun, Müßiggang • Friede, Friedlichkeit, Eintracht, Freundschaft, Waffenstillstand, Gefechtspause. → Atempause, Aufenthalt, Ausgang, Beherrschung, Beruhigung, Besonnenheit, Beständigkeit, Erholung, Erleichterung, Fassung, Halt, Horch, Muße, Pause.

▸ Ruhelosigkeit, Aktion, Arbeit, Betrieb, Bewegung, Elan, Fahrt, Gang, Lauf, Marsch, Schwung • Hast, Hektik, Ruhelosigkeit, Unruhe • Geräusch, Lärm, Radau.
Ruhe bewahren → beherrschen sich.
Ruhe bringen, aus der ärgen, aufbringen, beunruhigen, piesacken, plagen, reizen, schikanieren, stören.
Ruhe, in aller → bequem.
Ruhe verlieren → erregen.
Ruhe bringen, zur → anhalten, besänftigen.
Ruhe bringen lassen, sich nicht aus der → beherrschen.
Ruhe setzen, sich zur abdanken, ausscheiden, zurückziehen sich, sich ins Privatleben zurückziehen, sich pensionieren lassen, sich auf sein Altenteil setzen, demissionieren, seinen Abschied nehmen, sich in den Ruhestand versetzen lassen, aus dem Amt ausscheiden, seinen Beruf aufgeben. ▸ arbeiten.
ruhebedürftig → erholungsbedürftig.
Ruhebett Ottomane. → Bett, Diwan.
Ruhegehalt → Rente.
Ruhelager → Bett, Diwan.
ruhelos quirlig *u.* → anstellig, arbeitsam, beweglich, friedlos, rastlos. ▸ ruhig.
Ruhelosigkeit → Begierde, Gezappel, Unruhe.
ruhen basieren, bauen auf, beruhen, fußen, gründen sich auf, sitzen, stehen, still liegen, wurzeln, halten, stützen, tragen, unterstützen • ankern, rasten, stagnieren, verweilen, stocken, stoppen, anhalten, aussetzen, einhalten, innehalten, legen sich, pausieren, schließen, stunden, verschieben, ausspannen, lagern *j*, niedertun *j*, einbetten, einlagern • sich's bequem machen, die Arbeit einstellen, sich zurückziehen, auf seinen Lorbeeren ausruhen, zu Bett gehen • beschwichtigen, einlullen, einschläfern, einwiegen, zur Ruhe bringen, es sich behaglich machen, der Ruhe pflegen, lagern • brachliegen, rosten. → abstehen, anhalten, aufhören, ausruhen, aussetzen, basieren, befristet, beruhigen, bleiben auf dem Platz, einschlafen, kommen zur Ruhe, liegen, niedersetzen, schließen, stocken. ▸ anfangen, arbeiten, aufwachen, aufstehen, fortfahren • sich bewegen, gehen, laufen, marschieren, sich regen, wandeln, wandern • hasten, rasen, toben.
ruhend → passiv.
Ruheort → Aufenthaltsort.
Ruhepause Atempause, Entspannung, Erholung, Pause, Rast, Unterbrechung.
Ruheplatz der Toten Friedhof, Grab, Grabstätte, Krypta, Mausoleum.
Ruhepunkt Ruhepol. → Feierabend, Stütze.
Ruhesitz → Stützpunkt, Zufluchtsort.
Ruhestand → Abbau, Aufenthalt, Lebensabend.
Ruhestand gehen, in Rente gehen in, pensionieren lassen sich, pensioniert werden. → abdanken.
Ruhestand, im → pensioniert.
Ruheständler Emerit, Inaktiver, Pensionär, Rentier, Rentner.
Ruhestätte → Bank, Diwan, Grab, Obdach.
Ruhestörung Krach, Lärm. → Störung.
Ruhetag Feiertag, Ferientag, Sonntag, Urlaubstag • Sendepause *u.*
ruhevoll → friedsam, gemütlich.
Ruhezeit Rasttage, Pause, Freizeit, Erholung, Muße, Feiertag, Erholungszeit, Urlaubszeit, Ferien, Werkpause, Ladenschluss, Festzeit • Saure-Gurken-Zeit • Bettruhe, Schlaf, Schlummer, Siesta, Nickerchen, Winterschlaf • Feierabend, Abendruhe, Abendstunde, Feierstunde, Wochenende • Lebensabend, Ruhestand, Wartezeit. → Dämmerstündchen, Feier, Feierabend. ▸ Arbeitszeit.
ruhig beschaulich, besonnen, friedlich, gedämpft, gefasst, gelassen, gemach, gemütlich, geruhsam, gleichmütig, leise, maßvoll, sanft, schweigsam, still, unhörbar, regungslos, idyllisch, gefasst bleiben. → abgebrüht, angenehm, bedächtig, beherrscht, Eile mit Weile, ergeben, ernst, friedsam, gemessen, gemütlich, geräuschlos, hinnehmend, leidenschaftslos, leise, Lot im, sachte, stillschweigend, unhörbar. ▸ unruhig • eilig, hastig, hektisch, überstürzt • beweglich, lebendig • aufgeregt, bewegt, gerührt • lebhaft, schwungvoll, stürmisch, temperamentvoll, ungestüm, wild • geräuschvoll, laut.
ruhig stellen beruhigen, besänftigen, betäuben, bezähmen, einlullen, Ruhe bringen zur, zähmen.
Ruhm Ehre, Ansehen, Ehrung, Berühmtheit, Glorie, Nimbus, Glanz, Weltruhm, Weltruf, Unsterblichkeit, Gewichtigkeit, Bedeutsamkeit, Popularität, Beliebtheit, Volksgunst, Ruf, Name. → Achtung, Arbeitssegen, Ehre. ▸ Ruhmlosigkeit, Bedeutungslosigkeit • Schande, schlechter Ruf, Schmach, Unehre.
ruhmbedeckt → glorreich.
rühmen anerkennen, auszeichnen, bewundern, ehren, empfehlen, loben, preisen, schätzen, Beifall zollen, Lob spenden, verehren, verherrlichen, vergöttern, herausstreichen, besingen, anpreisen, anschwärmen, anhimmeln • schmeicheln. → anbeten, anpreisen, befürworten, bejubeln, besingen, hoch leben lassen, loben. ▸ schmähen • tadeln • verfluchen.
rühmen, sich → dick tun.
rühmenswert glorreich, lobenswert, preiswürdig, rühmlich.
Ruhmesglanz → Nimbus.
rühmlich → erlauscht, imponierend, lobenswert.
ruhmlos erfolglos, namenlos, unbekannt, unberühmt • entwürdigend, schändlich, schmachvoll, unrühmlich.
Ruhmlosigkeit Unberühmtheit, Namenlosigkeit, unbekannte Größe, Verborgenheit • Unwürdigkeit, Ehrlosigkeit, Verächtlichkeit, Schmach und Schande, Schandmal, Vergangenheit dunkle, Schandfleck, Makel, Unehre, Schande, Schmach. ▸ Ruhm, Berühmtheit, Berühmtsein, Popularität, Weltruf • Erfolg, Sieg, Triumph.
ruhmredig → aufdringlich.
Ruhmredigkeit → Dünkel.
Ruhmsucht → Ehrgefühl.
ruhmsüchtig → ehrgeizig.
ruhmreich verdient, achtbar.
ruhmvoll → brillant, ehrenvoll, erlaucht.

rühren → aufregen, aufspringen, beschleunigen, betäuben, bewegen sich, drehen, erheben, erweichen, packen.
rühren, sich → arbeiten, bewegen sich, eilen.
rühren, das Herz → dauern.
rührend → anspruchslos, bejammernswert, ergreifend, faszinierend, innig.
rührig → aktiv, angestrengt, anstellig, arbeitsam, aufgeschlossen, beflissentlich, beflügelt, begierig, besorgt, beweglich, Damm sein auf dem, dienstbeflissen, eifrig, eilfertig, erwerbsam, fix, fürsorglich, lebendig, lebhaft, rastlos, rege, strebsam.
▸ bequem, faul, inaktiv, lässig, müßig, träge, unbeweglich.
Rührigkeit → Aktivität, Anstrengung, Arbeitslust, Beflissenheit, Begierde, Behändigkeit, Bemühung, Bestreben, Eifer, Emsigkeit.
Rührmichnichtan Mimose.
Rühr-mich-nicht-an-Miene → Duldermiene.
rührsam → empfindsam.
rührselig gefühlsbetont, gefühlsduselig, gefühlsselig, larmoyant, melodramatisch, sentimental, tränenreich.
Rührseligkeit Seelenschmalz *u*, Vanille *u*.
Rührstück Gemütsfetzen *u*, Schnulze *u*, Seelenhack *u*, Seelenknaatsch *u*, Sentimentalschnulze *u*, (R.-Serie) Seifenoper *u*. → Schnulze.
Rührung → Affekt, Aufregung, Begeisterung, Erregung, Teilnahme.
▸ Gleichgültigkeit, Teilnahmslosigkeit.
Ruin → Abbruch, Armut, Beschwerlichkeit, Verlust.
Ruine → Bruchstück, Trümmer, Überrest.
▸ Neubau, renoviertes Gebäude.
ruinieren verderben, vernichten, zu Grunde richten, brotlos machen, um das Vermögen bringen, herunterwirtschaften, zerrütten, jemandem den Rest geben, in die Pfanne hauen *u*, das bringt ihn auf den Hund, auf den Hund oder vor die Hunde gehen • zerstören, verwüsten. → abbrechen, anstoßen, ausmerzen, herunterbringen, zerstören.
▸ bewahren, erhalten • fördern, stärken, stützen • renovieren, restaurieren.
ruiniert → abgebrannt, abgerissen, arm, getroffen, unglücklich.
rülpsen → aufstoßen.
rumkriegen beschwatzen, herumkriegen, überreden, verführen.
Rummel → Aufregung, Trubel.
Rumor Lärm, Geschrei, Getöse, Tumult, Radau, Krach, Gedröhne, Gepolter, Gestampfe, Getümmel, Geprassel.
▸ Stille.
rumoren geräuschvoll hantieren, hin- und herrücken, kollern, lärmen, Möbel rücken, poltern, rumpeln.
Rumpelkammer → Abstellraum.
rumpeln → rattern.
Rumpf Körper, Körperteil, Leib, Menschenleib, Brustkasten, Gerippe, Knochengerüst, Skelett, Gebein, Glieder • Schiffskörper, Schiffsraum.
▸ Aufbau • Kopf • Extremitäten.
rümpfen, die Nase → verachten.
Rumpfstück Rumpsteak.
rumsitzen arbeitslos sein, sich langweilen, untätig sein.
Rumtreiber Herumtreiber, Müßiggänger.
Run → Ansturm.
rund eirund, elliptisch, gerundet, geschlossen, kreisförmig, kreisrund, oval, radlinig, reifförmig, ringförmig, röhrenartig. → an, annähernd, bauchig, dick, etwa, geschlossen, kugelig, summarisch.
▸ eckig, kantig, länglich, spitz, zackig • (auf den Pfennig) genau.
rundaus vollauf, erschöpfend, gründlich, durch und durch, ganz, gesamt, vollständig.
▸ durchaus nicht, undenkbar, ungewiss, unglaublich.
Rundbau Amphitheater, Kolosseum, Rotunde, Stadion, Zirkus.
Rundbaukirche Seelengasometer *u*.
Rundbild Panorama, Rundblick, Ansicht, Fernsicht, Perspektive, Raumtiefe.
Rundblick → Aussicht.
Rundbrief Zirkular.
Runde → Bewachung, Korona, Umtrunk, Wache, Wanderung, Wiederkehr.
Runde ausgeben, eine Umtrunk halten, Salamander reiben, zutrinken, bewirten, frei halten, einladen, spendieren, aufwarten.
runden abrunden, abzirkeln • umkreisen, umgeben • drechseln, drehen, Kugelform geben, kugeln, ballen, rollen, knäueln.
▸ anspitzen, schärfen, (kantig) schleifen.
Runden kommen, über die beenden, bewältigen, durchkommen, hinkriegen, Hürden nehmen die, klarkommen, schaffen, vollbringen, Ziel erreichen das.
runder Tisch Konferenztisch.
Runderlass → Bekanntgabe, Zirkular.
Rundfahrt Sightseeingtour.
Rundfrage Befragung, Erhebung, Umfrage.
Rundfunk Hörfunk, Radio, Sender, Empfänger.
Rundfunkgerät Radio.
Rundgang → Ausflug, Ausmarsch, Reise, Wache.
Rundgesang Kanon, Rondo.
Rundheit → Korona, Kreisform, Kugel.
rundheraus → offen.
rundherum → rings.
rundlich → dick.
▸ dünn, dürr, hager, mager, schlank.
Rundreise Tournee.
Rundschreiben → Angebot, Bekanntmachung, Zirkular.
Rundspruch → Benachrichtigung.
Rundtheater Amphitheater.
Rundung Rundheit, Runde, Bogen, Gewölbe, Kugelgestalt, Kreisform, Zylinderform, Sphäre, Sphäroid, Ellipsoid, Birnenform • Anmut, Lieblichkeit, Gefälligkeit, Harmonie, Stil fließender, Wohlklang, Abrundung, Endrundung.
▸ Ecke, Kante, Zacke.
rundweg alles, durchaus, durchgängig, durchweg, ganz, gänzlich, ganz und gar, insgesamt, reinweg, sämtlich, samt und sonders, ungeteilt, vollauf, völlig, vollends, ohne Ausnahme, in Bausch und Bogen, von Anfang bis Ende, von A bis Z, vom Scheitel bis zur Sohle, mit Haut und Haar • barsch, entschieden, kurz und gut, kurz und bündig, kategorisch.
▸ langatmig, (nachgebend), teilweise.
runtermachen ausschimpfen, heftig kritisieren, heruntermachen, rügen,

runterputzen, runterreißen, rügen, verreißen. → herabsetzen.
Runzel Falte, Krähenfüße, Rauheit, Runzeligkeit, Zerknitterung.
runzelig → blatternarbig, faltig.
runzellos → blank, eben, faltenlos.
runzeln falten, fälteln, kräuseln, zerknittern, verrunzeln, falten die Stirn. → falten.
▸ glätten.
runzeln, die Stirn das Gesicht verziehen, eine saure Miene machen, ein Gesicht ziehen, finster dreinschauen, unzufrieden sein, Bedenken haben, ungeduldig werden. → brummen.
▸ erfreuen sich, (Miene verziehen keine).
runzlig faltig, knitterig, runzelig, welk, verschrumpft, zerfurcht, zerknittert.
Rüpel → Barbar, Bärbeißer, Gassenjunge.
Rüpelei → Unhöflichkeit.
rüpelhaft → bäurisch, unhöflich.
Rupfen → Bemächtigung, Stoff.
rupfen → berauben, bestehlen, bewuchern, erpressen.
rupfen, ein Hühnchen entgelten lassen, erwidern, eintränken, wiedervergelten, heimzahlen, revanchieren sich, den Spieß umdrehen, das Blatt wenden.
▸ verteidigen (sich), verziehen.
ruppig pöbelhaft, unfein, niederträchtig, nichtswürdig, ungeschliffen, barbarisch, ungesittet, gewöhnlich, roh, ungezogen, unerzogen, klobig, ungehobelt, rücksichtslos, brutal, derb, stur, dickfellig, grobschlächtig, plump, ungebührlich, bäurisch, flegelhaft. → klotzig.
▸ wohlerzogen, entgegenkommend, freundlich, höflich.
Rüsche → Falte.
Ruß → Abfall, Auswurf, Dreck, Schmutz, Schwärze.
Russe Iwan *u*, Russki *u* • Iwan *u*.
rußen → blaken.
Rüssel Nase, Zinken, Höcker, Gurke • Schnauze, Schnute, Maul, Schnabel, Gebrech *j*.
rußig unrein, schmutzig, befleckt, rauchig, dreckig, schmierig, garstig, schwarz, schwärzlich, geschwärzt. → dreckig.
▸ sauber.
rüsten → angreifen, auftakeln, befähigen, ertüchtigen, mobilisieren, wappnen.
▸ abrüsten, demilitarisieren, entmilitarisieren.
rüstig → Damm sein auf dem, gesund, stark.
▸ altersschwach, gebrechlich, hinfällig, klapprig, kränklich, siech, verbraucht.
rustikal deftig, bäuerlich, ländlich, derb, zünftig.
Rüstkammer Magazin, Arsenal, Munitionskammer, Lagerhaus, Lagerstätte, Aufbewahrungsort, Armeedepot, Zeughaus.
Rüstung Harnisch, Panzer, Panzerhemd, Kettenhemd, Kettenpanzer, Brustpanzer, Brünne, Kürass • Aufrüstung, Kriegsvorbereitung, Mobilisierung, zu den Waffen rufen, Verteidigung.
Rüstzeug → Ausrüstung, Requisit.
Rute Maß, Ausmaß, Längenmaß, Flächenmaß • Schwanz, Schweif, Wedel, Sterz, Glied, Körperteil • Gerte, Zweig, Stab, Stock, Trieg, Schoß, Schössling, Stängel, Stiel, Glied, Fruchtglied *j*. → Prügel.
Rutenbündel → Bündel.
Rutsch → Fall.
Rutsche Rutschbahn, schiefe Ebene, Gleitbahn, Schüttelrinne, Transportbahn • Schaukel *bayr.*
▸ Lift.
rutschen gleiten, schleifen, ausgleiten, glitschen, ausrutschen, schlittern, schliefen, kascheln, rodeln • schieben, niederfallen, stürzen, absacken, hinsinken, umfallen, abstürzen, stolpern, straucheln, das Gleichgewicht verlieren, hinunterkollern, herabkugeln.
▸ gehen, halten, stehen.
rutschen, auf den Knien kriechen, sich verächtlich machen, sich in den Staub werfen, sich krümmen, sich winden, sich beugen, scharwenzeln, dienern, zu Kreuz kriechen, den Hof machen, den Lakaien spielen, schweifwedeln, nach der Flöte tanzen, schranzen, den Mantel nach dem Wind hängen • sühnen, Abbitte tun, um Verzeihung bitten, abbüßen, Buße tun, bereuen, Buße leisten, bußfertig sein.
▸ überheben sich.
rütteln rammeln. → aufrütteln, aufwerfen, stoßen.

S

Saal Raum, Zimmer, Gemach, Salon, Tanzsaal, Kronsaal, Prachtsaal, Festsaal, Vorsaal, Staatssaal, Audienzsaal, Wartesaal, Aula, Auditorium, Hörsaal, Räumlichkeit. → Zimmer.
Saat Aussaat, Gesätes, Samen, Anbau, Bodenbestellung, Ackersaat, Feldsaat, Keim • Anfang, Ursprung.
▸ Ernte, Wirkung.
Saatgut Saat, Samen.
sabbeln → erbrechen, prahlen.
sabbern → seibern.
Säbel rasseln, mit dem → drohen, Strenge.
säbeln schneiden, schnippseln.
Säbelquaste Portepee.
säbelrasselnd → drohend.
Säbelrassler → Angeber.
sabern → erbrechen.
Sabotage Sand im Getriebe *u*.
Saboteur Iltis *u*.
sabotieren → aufhalten, hemmen, stören.
Sachbearbeiter Dezernent, Referent.
Sachbereich Arbeitsbereich, Aufgabenbereich, Dezernat, Referat, Ressort, Sachgebiet.
Sachbeschädiger Diversant, Saboteur.
sachbezogen objektiv, pragmatisch, realistisch.
Sachbuch oder Fachbuch Non-fiction.
sachdienlich → annehmbar, handlich, objektiv, passend, zweckmäßig.
Sachdienlichkeit Anwendbarkeit, Zulässigkeit, Geeignetheit, Angemessenheit, Tauglichkeit,

Zweckmäßigkeit, Schicklichkeit, Füglichkeit, Verwendbarkeit, Tunlichkeit, Eignung. → Dienlichkeit. ▸ Zwecklosigkeit.

Sache Ding, Etwas, Dingsda *u*, Kiste *u*, Laden *u*, Zeugs, Schose, Pfundssache, Mistding, Gegenstand, Begriff, Angelegenheit, Stoff, Masse, Material, Anliegen, Belang, Fall, Begebenheit, Obliegenheit, Auftrag, Lade • Straffall, Strafsache, Streitsache, Klagesache, Rechtsfall, Rechtshandel, Rechtsstreit • Tatsache, Substanz, Objekt, Motiv, Hauptgedanke, Moment, Geschichte *u*, Grundgedanke • Hauptschwierigkeit. → Angelegenheit, Aufgabe, Charge, Ding, Beruf, Etwas, Faktor, Gegenstand, Obliegenheit, Sachwerte. ▸ (Körperlosigkeit), Nichts, Unsichtbarkeit.

Sache bleiben, bei der aufmerksam sein, konzentrieren sich.

Sache liegt, wie die → dementsprechend, deshalb.

Sache treu bleiben, einer → dabei bleiben.

Sache, wichtigste → Hauptsache.

Sachen → Besitztum, Bagage, Effekten, Kleidung, Sache, Sachwerte.

sachfremd dilettantisch, laienhaft, stümperhaft, unsachgemäß.

Sachgebiet Aufgabenbereich, Branche, Dezernat, Fachgebiet, Geschäftsbereich, Referat, Ressort, Sektor.

sachgemäß → anwendbar, denkrichtig, diesbezüglich, einschlägig, fachgemäß, logisch.

Sachinvestition Realinvestition.

Sachkapital Produktionskapital, Realkapital.

Sachkenner → Fachmann, Sachverständiger.

Sachkredit Realkredit.

sachkundig sachverständig, fachmännisch, angemessen, gutachtlich, geprüft, klug, sachlich, erwogen, urteilssicher, tonangebend, zuständig, verständig, einsichtsvoll, befähigt, meisterhaft, kunstgerecht, geübt, geschult, meisterlich, erfahren, bewandert, bewährt, fähig, erprobt. → kompetent. ▸ laienhaft, unerfahren.

Sachlage Lage, Bewandtnis, Sachverhalt, Umstand, Zusammenhang, Standpunkt, Verhältnis, Stand, Situation, Zustand, Umstand, Konstellation, Stadium, Tatsache, Verfassung. → Art und Weise. ▸ Folge.

sachlich parteilos, objektiv, erwogen, geprüft, vorurteilsfrei, unparteiisch, geradlinig, angemessen, wesentlich, schlicht, unbefangen, unbeeinflusst, einfach, zur Sache gehörig, konsequent, sinngemäß, vernunftgerecht, verstandesgemäß, unvoreingenommen, unbefangen, sachdienlich, gerecht, vorurteilslos, folgerichtig, streng, verständig • dinglich, gegenständlich, eine Sache betreffend, cool *u*. → denkrichtig, gesammelt, Kopf klarer, leidenschaftslos. ▸ unsachlich • vage, verschwommen • emotional, gefühlsbetont • geistig, ideell.

Sachlichkeit Unparteilichkeit, Klarheit, klares Urteil, Bestimmtheit, Einsicht, Gradsinn, Festigkeit, Billigkeit, Vernunft, Verständnis, Überlegung, Klarsicht, Ruhe, Scharfblick, Umsicht, Bedacht, Objektivität, Toleranz, Schlichtheit, Unbefangenheit. → Objektivität. ▸ Unsachlichkeit.

Sachregister → Katalog, Realindex.

Sachschaden Sachbeschädigung. → Bruch, Demolierung, Zerstörung.

Sachsteuern Objektsteuern, Realsteuern.

sachte leicht, ruhig, lau, gelinde, leise, mild, verhalten, sanft, tonlos, unmerklich, still, unhörbar, weich, zaghaft, lautlos, geräuschlos, unhörbar, unvernehmbar, beruhigend, doucement. → allmählich, bedächtig, langsam. ▸ grob, hurtig, schnell.

Sachverhalt → Art und Weise, Lage, Sachlage.

Sachvermögen Realvermögen.

sachverständig → erwägend, sachkundig.

Sachverständigengutachten Expertise.

Sachverständiger Experte, Fachmann, Gutachter, Begutachter, Kenner, Fachgröße, Könner, Meister, Sachkenner, Spezialist, Kunstverständiger, Meisterkopf, Meisterhand, Fachberater, gerichtlicher Sachverständiger. → Experte, Fachmann. ▸ Laie, Nichtfachmann, Nichtskönner.

Sachverständigkeit Expertentum, Fachkompetenz, Fachwissen, Kompetenz, Spezialkenntnisse, Zuständigkeit.

Sachverzeichnis → Inventar, Katalog.

Sachwalter → Anwalt, Beauftragter, Bevollmächtigter.

Sachweiser Register.

Sachwerte Sachen, Eigentum, Besitztum, Vermögenswerte, Gesamtvermögen, Besitzstand, Habe, Geld, Gut, Vermögensstand, irdisches Gut, Kleider, Schmuck, Juwelen, Einrichtung, Mobiliar, Güter, Fahrnis, Wertsachen, Barvermögen, Mitgift, Ausstattung, Barschaft. ▸ ideelle/immaterielle Werte.

Sachwissen Expertenwissen. → Sachverständigkeit.

Sachwörterbuch, umfassendes Enzyklopädie.

Sack Beutel, Tasche, Kartoffelsack, Getreidesack, Behälter, Behältnis, Leinensack, Strohsack, Geldsack, Sackleinen • Sackrock, Anzug, Gewand • Dicksack, Fettsack, Dickbauch, Schmerbauch • Getreidemaß *(holländ.)*, Gewicht *(engl.* und *russ.)*. → Balg, Behälter, Beutel. ▸ Kiste.

Sack und Pack → Bagage, Besitz.

Sack stecken, in den übertreffen, überragen, überholen, überbieten, ausstechen, den Rang ablaufen, stärker sein • zum Narren halten, hinters Licht führen, eine Nase drehen, ein Schnippchen schlagen, das Fell über die Ohren ziehen, einem Hörner aufsetzen, übers Ohr hauen. ▸ helfen, unterliegen.

Säckel → Beutel, Sack.

Sackgasse → Dilemma, Ei des Kolumbus, Hindernis, Klemme, Schwierigkeit, Weg.

Sackrock → Anzug.

sadistisch quälerisch, gemein, gehässig, pervers, teuflisch.

Sadomasochismus harter Sex *u*.

säen → bestreuen, einstreuen, pflanzen. ▸ ernten, pflücken.

Safe Geldschrank, Geldtruhe, Geldkassette, Panzerschrank, Sicherheitsschrank, Geheimschrank, Tresor, Schließfach, Stahlfach, Panzergewölbe, Schutzgewölbe, Geldkassette, Kassenschrank, Schatzkammer, Schatzhaus.

Saft Flüssigkeit, Wässerigkeit, Feuchtigkeit, Gerinnsel, Brühe, Soße, Obstsaft • Inneres, Mark, Blut. → Brühe.

Saft und Kraft Kraft, Mark, Tatkraft, Energie, Einsatz, Mut, Eifer, Stahl und Eisen, Thors Hammer, Kernpunkt, Nerv, Stärke, Macht, Kernigkeit. → Mark.

saften siepen *u.*

saftig kräftig, erfrischend, mundend, fein, lecker, voller Saft, prickelnd, satt, schwer, voll, gehaltvoll, würzig, köstlich, schmeckbar, nahrhaft • geistreich, zotenhaft, schmutzig. → erfrischend, essbar, gut, nass. ▸ saftlos, dürr, eingetrocknet, trocken, verdorrt.

saftlos → abgedroschen, reizlos, schwach, trocken.

Saftlosigkeit Schalheit, Lauheit, Fadheit, Schwachheit, Kraftlosigkeit, Geschmacklosigkeit, Trockenheit, Welkheit, Kümmerlichkeit, Gehaltlosigkeit, ohne Mark. → Fadheit. ▸ Feuchte, Kraft, Schmackhaftigkeit.

Sage → Erfindung, Erzählung.

sagen sprechen, reden, plaudern, schwatzen, fallen lassen, die Lippen voneinander tun, die Lippen öffnen, den Schnabel auftun, das Stillschweigen brechen, erzählen, ausdrücken, äußern, kundtun, darstellen, erklären, hervorheben, herausbringen, herausfahren, durchblicken lassen, verdeutlichen, anzeigen, bemerken, offenbaren, die Augen öffnen, einen Wink geben, enthüllen. → angeben, ausdrücken, äußern, benachrichtigen, bestätigen, bestellen, betonen, deklamieren, erwidern, hinweisen, hinzufügen, reden, sprechen. ▸ schreiben, schweigen, verheimlichen • hören, zur Kenntnis nehmen, vernehmen • entgegnen, erwidern.

sägen absägen, ansägen, einsägen • schnarchen. → schnaufen, schneiden.

sagenhaft mythologisch, mythisch, fabelhaft, unwahrscheinlich, sagenmäßig, fantasiereich, erfinderisch, poetisch, märchenhaft, romantisch, legendär. ▸ (historisch), wahr.

Sahne Rahm, Obers, Schmand, Dickmilch, Süßrahm, Schlagsahne, Schlagobers, saurer Rahm, Sahneeis, Sahnekuchen, Sahnekäse. → Speise.

Saison Zeitraum, Jahreszeit, Zeitmaß, Zeitabschnitt, Hauptgeschäftszeit, Hauptverkehrszeit, Haupturlaubszeit, Hauptzeit. ▸ Vor-, Nachsaison • Flaute • Ferienzeit, Urlaubszeit.

Saite Tonsaite, Strang, Faser, Flechse, Violinsaite, Darmsaite, Metallsaite, Faden, Bespannung.

sakral geistlich, gottgeweiht.

Sakrament Gnadenmittel, Heilmittel, Kirchenmittel, Kommunion, Beichte, Firmung, Sterbesakrament, Ehesakrament, Priesterweihe, Taufe. → Beichte.

Sakrileg Kirchenraub, Gotteslästerung, Diebstahl, Beraubung, Plünderung, Räuberei, Einbruch, Entwendung, Gaunerei, Unfrömmigkeit, Sünde, Ruchlosigkeit, Frevel, Entweihung, Entheiligung, Kirchenfrevel, Kirchenschändung, Religionsfrevel. ▸ Gottesfurcht, Heiligung, Weihe.

Säkularisation Verweltlichung, Besitznahme, Beschlagnahme, Klosterraub. → Bemächtigung.

säkularisieren enteignen, beschlagnahmen, einziehen, wegnehmen, sich bemächtigen, verweltlichen, nehmen, sich zueignen, entrechten. → bemächtigen. ▸ zurückgeben (der Kirche).

Salär → Einnahme, Gehalt.

Salat Pflanze, Kopfsalat, Feldsalat, Lattich, Endivie, Zichorie, Rapunzel, Pflücksalat, Speise, Gericht, Nahrungsmittel • Bescherung, dickes Ende, Reinfall, Pech, Missgeschick, Schlag, Verderben, Fehlschlag, unangenehme Überraschung. → Wirrwarr.

Salatsoße Dressing.

Salbaderei → Abschweifung, Redseligkeit.

salbadern quacksalbern, herumdoktern, herumkurieren, pflastern, kurpfuschen • schwätzen, reden, plappern, abschweifen, ausbreiten, ausdehnen, schnattern, wäschen, palavern, babbeln, schwadronieren, zerreden. ▸ heilen, schweigen.

Salbe → Arznei.

salben ölen, schmieren, einschmieren, glätten, einreiben, einfetten, einölen, einsalben, frisieren, pomadisieren • einbalsamieren • bestechen, anschmieren, betrügen • einweihen.

Salbenmasse Pasta.

salbig → butterig, fettig.

Salbung Vornehmtuerei, Mache, Umschweife, Ziererei, Gezier, Manieriertheit, Gesuchtheit, Gezwungenheit, Gebaren • Weihe, Weihung, Heiligung, Einsalbung, Einweihung. ▸ Natürlichkeit, Schändung.

salbungsvoll übertrieben, überladen, theatralisch, gesucht, gemacht, umschweifend, manieriert, verschroben, weitschichtig, weitschweifig, hochtrabend, aufgeblasen, förmlich, großspurig, gezwungen, pathetisch, gemessen. → ausdrucksvoll. ▸ ausdruckslos, natürlich.

saldieren → abschließen.

Saldo Bilanz, Abschluss, Schlussrechnung, Übertrag, Ergebnis, Transport, Überschuss, Überhang.

Salon Besuchszimmer, Gesellschaftszimmer, Empfangszimmer, Staatszimmer, Putzstube, Prangstube, Rauchsalon, Wohnzimmer, Gemach, Gelass, Raum, Herrschaftszimmer, Wohnraum • Frisiersalon, Schönheitssalon, Modesalon.

salonfähig gesellig, gesellschaftlich, gewandt, weltgewandt, unbefangen, unverlegen, ungezwungen, zwanglos, ungeniert, wohlerzogen, manierlich, formgewandt, geschliffen, einnehmend, galant, gebildet, höflich, artig, kultiviert, gesittet, hoffähig. ▸ ungesittet, unerzogen.

Salonfähigkeit Höflichkeit, Wohlerzogenheit, Artigkeit,

Manierlichkeit, Schicklichkeit, Schliff, Weltgewandtheit, Manieren, Lebensart, Umgänglichkeit, Ritterlichkeit. → Dekorum. ▸ Ungeschicklichkeit, Weltfremdheit.
Salonlöwe Don Juan, Ballkönig, Lebemann, Tänzer, Kavalier, Galan, Hahn im Korb, Herzensbrecher, Unterhalter, flotter Bursche, Playboy • Zecher, Spieler.
Salontiroler → Dandy.
salopp ungezwungen, wüst, lässig, schlampig, unfein, nonchalant, ungepflegt, schmutzig, dreckig, schmierig, ungewaschen, sudelig, ungekämmt, struppig, stachelig. → bäurisch, hässlich. ▸ elegant, gehemmt, gezwungen, tadellos.
salü → ade.
salutieren → grüßen, präsentieren das Gewehr.
Salut Ehrensalve, Ehrensalut, Salutschuss. → militärische Ehren, Ehrerweisung, Huldigung.
Salve Geknatter, Schuss, Ehrenschuss, Geprassel, Krach, Knall, Schlag, Ehrerweisung, Kanonenschuss • Begrüßung, Ausruf, Willkommensheißung, Gruß.
Salz bilden halogenieren.
Salzausscheidungsmittel Saluretikum.
Salz bildend halogen.
salzen → würzen.
salzig scharf, bitter, herb, rau, versalzen, gepökelt, gewürzt, verpfeffert, beißend, brennend, hart, beizend, kratzig, ätzend, salzhaltig. ▸ salzlos, süß, fad, schal • ungesalzen.
salzlos würzlos, geschmacklos, fad, schal, kraftlos, unschmackhaft, übelschmeckend • geistlos, witzlos, flach, platt, reizlos, langweilig, abgeschmackt, matt, einförmig, ledern. ▸ gesalzen • salzig • versalzen.
Salzlösung Lake, Sole.
Salzsiederei Saline.
Salzwerk Gradierwerk, Saline.
Sämann → Bauer.
Samariter → Helfer, Wohltäter.
Samen Keim, Pflanzenkeim, Blütenstaub, Pollen, Spore, Ursprung, Anfang, Beginn, Ursache, Saat, Embryo, Zeugungsstoff • Sämereien, Pulver *u.* → Abkomme.
Sameneinbringung Befruchtung, Begattung, Besamung, Empfängnis, Schwängerung, Zeugung.
Samenerguss, unwillkürlicher kalter Bauer *u*, (nasser) Faden *u.*
Samenflüssigkeit Sperma.
samenlos aspermatisch.
sämig → dickflüssig.
Sammelband → Album.
Sammelbecken Zusammenlauf, Sammelpunkt, Treffpunkt, Gedränge, Auflauf, Konzentration, Konzentrierung, Schnittpunkt, Treffpunkt, Wasserbecken, Wasserstation, Brunnenstube, Aufspeicherung, Hinterlegung, Talsperre. → Ersparnis. ▸ Ablauf.
Sammelbegriff Allgemeinbegriff, Gattungsbegriff, Begriffseinheit, Sprachfamilie, Wortfamilie, Zusammenfassung. ▸ (Einzelbegriff).
Sammelbehälter Reservoir.
Sammelbuch Album.
Sammelbüchse Sparbüchse, Tronk.
Sammelmappe Konvolut.
sammeln anhäufen, zusammenscharren, aufbewahren, zusammenlegen, aufhäufen, zulegen, aufheben, auflesen, sich verschaffen, auftreiben, vereinigen, behalten, erraffen, erfassen, einsammeln, einziehen, erhalten, versammeln sich, anreihen, aufschichten, auftürmen, aufstapeln, die Gedanken sammeln. → anhäufen, aufbewahren, aufheben, aufspeichern, bereichern, beschreiben, betteln, einfangen, einsäckeln, erfassen, ernten. ▸ verschwenden, verstreuen.
sammeln, sich konzentrieren sich, Einkehr halten, überlegen, zügeln sich, an sich halten, mäßigen sich, besinnen sich, bedenken sich • versammeln sich, vereinigen sich, scharen sich, zusammenkommen, treffen sich, zusammenziehen. → bessern sich. ▸ auseinander gehen, Fassung verlieren die, zerstreut (sein).
Sammelname Kollektivum.
Sammelplatz Arsenal, Depot. → Sammelstelle.
Sammelpunkt → Brennpunkt, Depot, Drehpunkt, Sammelstelle, Zentrum.
Sammelstelle Sammelpunkt, Sammelort, Sammelplatz, Knotenpunkt, Brennpunkt, Schnittpunkt, Mittelpunkt, Ausgangspunkt, Versammlungsplatz, Treffpunkt, Aufenthaltsort, Lager, Lagerplatz, Standort, Einkehrhaus, Quartier. → Depot, Zentrum.
Sammelsurium → Chaos, Durcheinander, Ragout.
Sammelwerk → Depot, Faszikel, Überblick.
Sammler Sucher, Forscher, Himmelstürmer, Aufbewahrer, Begehrer, Liebhaber, Steckenpferdbetreiber, Kenner, Spezialist • Akkumulator.
Sammlung → Anhaltspunkt, Anzahl, Auffrischung, Ausstellung, Beherrschung, Belege, Bereicherung, Beruhigung, Besinnung, Denkschrift, Entspannung, Erbauung, Erholung, Ernst, Feierabend, Galerie, Serie, Überblick. ▸ Durcheinander, Verwirrtheit, Zerstreutheit • Abgabe, Verteilung.
Samt Glätte, Glanzstoff, Weichheit, Zartheit, Fügsamkeit, Geschmeidigkeit, Stoff, Schmuck, Plüsch, Seidensamt. ▸ außer • ohne.
samt → außerdem, beigeordnet, beisammen.
samt und sonders → A bis Z, A und O, Haut und Haar mit, rundweg.
samtartig → aalglatt, faltenlos, federartig, weich.
samtig weich, zart, schmiegsam, edel.
sämtlich → A bis Z, alles, einmal alle auf, Haut und Haar mit, rundweg.
Sanatorium Heilanstalt, Spital, Hospital, Krankenhaus, Krankenheim, Siechenhaus, Klinik, Erholungsheim, Kuranstalt, Heilbad, Seebad, Badeort, Badeplatz, Irrenanstalt, Nervenanstalt, Gesundbrunnen • Satanorium *u.*
Sand Gebröckel, Flugsand, Düne, Kies, Verwitterungsschutt, Quarz, Lockerheit, Körnigkeit, Pulverform, Pulverförmigkeit, Schutt, Staubmehl, Meeressand • Scheuersand, Feuerschutz, Putzmittel. ▸ Fels.
Sand graben, im buddeln.
Sand in die Augen streuen →

balbieren, täuschen betrügen, täuschen, überlisten.
Sand bauen, auf scheitern, Wasser in ein Sieb schöpfen, ein Fiasko erleben, den Boden unter den Füßen verlieren, eine Dummheit begehen, einen Fehler machen, unüberlegt handeln, das Nachsehen haben, den Bock melken, da ist Hopfen und Malz verloren, Flöhe hüten, Eulen nach Athen tragen, Bier nach München tragen, das Pferd am Schwanz aufzäumen, keine Seide spinnen, kleine Brötchen backen, einen Mohren weiß waschen, Wasser in den Rhein tragen.
▸ gelingen • sicher gehen.
Sand am Meer, wie zahlreich, massenhaft, unzählig, tonnenweise, übervölkert, unerschöpflich, wie die Sterne am Himmel, zahllose Scharen.
▸ selten.
Sandale Mokassin, Opanke, Pantolette.
Sandbank Untiefe, Versandung, Seichtigkeit, Seichtheit, Land, Boden, Grund, Anschwemmung • Gefahr, Falle, Tücke. → Bank.
▸ Gefahrlosigkeit, Tiefe.
Sande verlaufen, sich im → scheitern.
sandfarben → beige.
sandig → bröcklig.
Sandsack → Ballast.
Sandstein Arkose, Molasse.
Sandsturm z.B. Buran, Haboob, Habub, Kamsin, Karaburan, Scharaff.
Sanduhr Messglas, Standglas, Uhr, Eieruhr, Sandglas, Stundenglas, Zeitmessung.
▸ Federwerk, Pendeluhr, Sonnenuhr.
Sandwich Häppchen, Schnitte, Zwischenmahlzeit.
sanft → anklingend, barmherzig, besinnlich, faltenlos, federartig, fein, gutmütig, lammfromm, mild, ruhig, sachte, still.
▸ abrupt, jäh, steil, schroff • brutal, hart, heftig, unsanft.
Sänfte Tragstuhl, Tragsessel, Beförderungsmittel, Tragbahre • Sanftheit, Sanftmut. → Bahre.
Sanftheit → Besonnenheit, Duldsamkeit, Engelsgüte, Erbarmen, Geduld, Milde, Nachsicht.
Sanftmut → Demut, Duldsamkeit, Engelsgüte, Erbarmen, Geduld, Milde, Nachsicht.
sanftmütig → barmherzig, demütig, friedsam, mild.
Sang → Gesang.
Sänger Tenor, Buffo, Bariton, Bassist, Skalde, Barde, Straßensänger, Hofsänger, Opernsänger, Operettensänger, Kabarettsänger, Chansonier, Konzertsänger, Bänkelsänger, Künstler, Troubadour, Volkssänger, Balladensänger, Vorsänger, Jodler, Chansonette. → Bass, Dichter, Minnesänger.
▸ (Schauspieler), Sprecher.
Sängergruppe Chor.
Sanguiniker Hitzkopf, Brausekopf, Spauzteufel, Giftkropf, Zornkropf, Unband, Übereifriger, Heißblütiger, Eifriger, Heißsporn, Aufbegehrer, leicht erregbarer Mensch.
▸ Melancholiker • Stoiker.
sanguinisch hitzköpfig, aufbrausend, heftig, hitzig, ungestüm, feurig, stürmisch, reizbar, erregbar, leidenschaftlich, lebhaft.
▸ melancholisch, stoisch.
sanieren → retten.
sanitär hygienisch, gesundheitsgemäß.
Sanitäter Helfer, Hilfskraft, Beistand, Pfleger, Heilgehilfe, Wärter, Krankenträger, Krankenbruder, Rotkreuzmann, Lazarettgehilfe, Pflasterkasten *u,* Sanitätsoffizier.
Sanktion Zwangsmaßnahme, Vollzug, Bestätigung, Sicherungen, Sicherungsbestimmungen, Erteilung der Gesetzeskraft, Gutheißung, Festsetzung, Abmachung, Vereinbarung, Übereinkommen • Sanktionierung, Weihe, Weihung, Heiligung. → Abkommen.
▸ Ablehnung.
sanktionieren bestätigen, gutheißen, genehmigen, abmachen, festsetzen, Gesetzeskraft erteilen, unterzeichnen, zum Gesetz erheben.
▸ ablehnen, verbieten.
Sarabande → Tanz.
sardonisch krampfhaft, hämisch, höhnisch, hohnlächelnd, ironisch, spöttelnd, belächelnd, schmähend, verkrampft, bitter, verzweifelt.
▸ ernsthaft, froh, gelöst.
Sarg Totenschrein, Totenkiste, Totenlade, Baumsarg, Steinsarg, Sarkophag, Totenbahre, Totenbrett, Trauergerüst, Leichengerüst, Ehrenbett, Katafalk • Urne, Aschenkrug, Totenurne. → Bahre.
Sarggerüst Katafalk.
Sargnagel Zigarre, Zigarette, Glimmstängel, • Kummer, Plage, Kreuz, Bürde, Sorge, Last, Stachel, Dorn, Krebs, Wunde, bittere Pille, Galle und Wermut, Pein, Leid.
Sarkasmus → Ironie, Spott.
sarkastisch scharfzüngig, ironisch, bitter, hämisch, spöttisch, scharf, stichelig, höhnisch, spottsüchtig, karikierend, zynisch, gefährlich, satirisch, schmähend, lästernd, beißend.
▸ freundlich.
Sarkophag → Bahre, Sarg.
Satan → Barbar, Beelzebub, Bestie, Dämon, Teufel.
satanisch → böse, dämonisch, diabolisch, entmenscht, roh.
Satellit → Begleitung, Stern.
Satellitenkreisbahn Orbit.
satinieren glätten, polieren, schleifen, bimsen, striegeln, bohnern, firnissen, lackieren, glasieren, wienern, wichsen, einschmieren, fetten, einölen, salben, glatt machen.
▸ rauen.
Satire → Persiflage.
Satiriker Spötter, Lästermaul, Lästerer, Kritiker, Nörgler, Absprecher, Höhnender, Schmäher, Tadelsüchtiger, Hohnredner, Bespöttler, Sarkast, Zyniker, Schmähredner, Lästerzunge, Frevelzunge, Beleidiger.
satirisch → sarkastisch, spöttisch.
Satisfaktion Genugtuung, Vergeltung, Gutmachung, Sühne, Entschädigung, Sühnung, Ersatz.
▸ Vergebung.
satt gesättigt, voll, voll gefressen, voll gepfropft, genudelt *u,* pappsatt *u,* knüppelsatt *u,* nicht mehr papp sagen können *u,* zum Hals herauskommen *u,* bis hierher *u,* befriedigt, übervoll, übersättigt, gefüllt • überdrüssig, leid, etwas über haben, genug, es müde sein, etwas satt bekommen, einer Sache überdrüssig werden • tief, sattgrün, sattfarben. → gesättigt, Hals heraushängen zum.
▸ hungrig, ungesättigt.

Sattel heben, aus dem → abwerfen, bringen zu Wege.
Satteldecke, verzierte Schabracke.
sattelfest → belesen, sicher.
satteln → einspannen.
sättigen sattmachen, stopfen, mästen, füttern, speisen, befriedigen, überfüllen, überfüttern, stillen, laben, erquicken, erfrischen, saturieren, übersättigen. → konzentrieren.
▸ hungern (lassen), verdünnen.
sättigend füllend, fütternd, nährend, nahrhaft, bodenlegend, labend, stopfend, mästend, erfrischend, hinhaltend, erquickend, speisend, kräftig, ausreichend, genügend, hinreichend.
Sättigung Erquickung, Labung, Erfrischung, Sattmachen, Speisen, Befriedigung, Erholung, Fülle, Übersättigung • Überdruss, Langweiligkeit, Stumpfheit • Konzentriertheit, chemische Sättigung. → Genüge.
▸ Hunger, Verdünnung.
sattsam genügend, hinreichend, völlig, voll, vollauf, vollständig, satt, genug, genügsam, ausreichend, befriedigend, angemessen, erklecklich. → angemessen.
▸ ungenügend, wenig.
saturieren → sättigen, zufrieden stellen.
Satz Aussage, Urteil, Redeteil, Satzgefüge, Satzgebilde, Satzreihe, Satzaufbau, Satzform, Satzfassung, Ausdruck, Ausdrucksweise, Einkleidung • Sinnspruch, Wahlspruch, Denkspruch, Grundsatz, Sentenz • Garnitur, Pack, Anzahl • Kaffeesatz, Niederschlag, Rest, Kaffeegrund, Abfall • Sprung, Luftsatz, Luftsprung, Hupf • Schriftsatz. → Bewegung.
▸ Auflösung, Einzelheit, Stillstand, Wort.
Satzendung → Endung.
Satzgegenstand Subjekt.
Satzlehre Syntax.
Satzung Denkspruch, Dogma, Gebot, Gesichtspunkt, Grundsatz, Ordnung, Paragraf, Regel, Bestimmung, Anordnung, Vorschrift.
Satzvorlage → Arbeit, Druckvorlage, Manuskript.
Satzzeichensetzung Interpunktion.
Sau → Beleidigung, Tier.
▸ Eber, Keiler.
sauber adrett, rein, blitzblank, blank, blitzsauber, schmuck, lauter, nett, ordentlich, hygienisch, gestriegelt, gereinigt, gewaschen, picobello, pieksauber *u,* wie geleckt *u,* reinlich, fleckenlos, gesäubert, klar • flott, gesittet, anständig, stubenrein, rechtlich, ehrlich, ehrenhaft, ritterlich • ordentlich, sachlich richtig, gerecht • schön, herrlich, prächtig, hübsch, fein, zierlich, nett, herzig, entzückend, fesch, blühend, leuchtend, glänzend, köstlich, bewundernswert, makellos, vollendet. → adrett, akkurat, anmutig, appetitlich, arglos, artig, aufgeräumt, scharmant, entschlackt, gestriegelt, gewichst, hell, lauter, patent, rein.
▸ schmutzig, unflätig.
sauber machen → abblasen, ausbürsten, auslaugen, ausschütteln, auswischen, bohnern, bürsten, desinfizieren, fegen hinweg, filtrieren, putzen, reinigen, waschen.
sauber und ordentlich, sehr prick *u.*
Sauberkeit Saubersein, Reinheit, Reinlichkeit, Nettigkeit, Klarheit, Lauterkeit, Fleckenlosigkeit, Unbeflecktheit • Anständigkeit, Redlichkeit, Rechtschaffenheit, Ehrlichkeit. → Klarheit.
▸ Schmutz.
säuberlich → rein.
säubern entflecken, misten. → abblasen, ausbürsten, auslaugen, ausschütteln, bohnern, bürsten, desinfizieren, fegen, fegen hinweg, filtrieren, putzen, reinigen, waschen.
▸ beflecken, beschmutzen, dreckig/schmutzig machen, verschmutzen, verunreinigen.
Säuberung → Desinfektion, Reinigung.
sauer herb, säuerlich, würzig, scharf, hart, zusammenziehen, gewürzt, ätzend, brennend, unangenehm • unreif, grün • sumpfig, feucht • unhöflich, eisig, sauertöpfisch, finster, mürrisch, grämlich, verdrießlich.
▸ freundlich, reif, süß, trocken.
sauer reagieren → entgegenstellen sich.
Sauerei → Schweinerei.
säuerlich → sauer, unfreundlich, unhöflich.
Säuerlichkeit Säure, Säuerung, Essig, Weinstein, Sauergärung, Holzapfel, Sauerbraten, Sauerbrunnen, Sauerfleisch, Sauerkäse, Sauerkirsche, Sauerkohl, Sauerkraut, Sauerklee, Sauerteig • Unfreundlichkeit, Unhöflichkeit, Sauertöpfigkeit, Grämlichkeit, Verdrießlichkeit, Mürrischkeit, Bissigkeit. → Unhöflichkeit.
▸ (Base), Freundlichkeit, Höflichkeit, Süßigkeit.
Sauerstoff lebend, von aerob.
Sauerstoffmaske Rüssel *u.*
sauertöpfisch → aufgelegt, brummig, sauer, unhöflich.
saufen trinken, bechern, schlürfen, einschlürfen, zechen, schnäpseln, ölen, tanken, kneipen, nippen, vertrinken, sich betäuben, sich besaufen, tierisch trinken, im Übermaß trinken, einen heben, einen kippen, leeren, hinuntergießen, hinter die Binde gießen, die Nase begießen, eine Flasche ausstechen, zu tief ins Glas sehen. → trinken.
▸ beherrschen sich, entsagen • fressen.
Säufer → Bacchant, Trinker.
Säuferei Saufgesellschaft, Zecherei, Schwelgerei, Unmäßigkeit, Kneiperei, Saufgelage, Trinkerei, Trinkgelage, Besäufnis, Sauferei, Suff *u,* Zechgelage, Kommers, Völlerei, Berauschung. → Ausschreitung, Ausschweifung.
▸ Entsagung, Fresserei, Nüchternheit.
Säuferwahnsinn Delirium tremens, Methomanie, Önomanie.
Saufgelage → Ausschreitung, Ausschweifung, Sauferei.
saufgierig → ausschweifend, bacchantisch, besessen.
sauflustig → ausschweifend, bacchantisch.
saugen schlotzen *u.* → einsaugen, trinken.
säugen tränken, nähren, ernähren, stillen, aufziehen, auffüttern, befriedigen, speisen, füttern, sättigen, satt machen, erquicken, erfrischen.
▸ dürsten, hungern, trinken.
Saugkraft Saugfähigkeit, Hubkraft, Anhaftungsfähigkeit, Anziehungsfähigkeit, Haltfähigkeit, Haftfähigkeit,

Spannung, Klebekraft, Haltekraft, Bindekraft, Zusammenhalt, Adhäsion. ▸ Lockerung, Schwungkraft.
Säugling Putzerl *u.* → Baby, Kind.
Säuglingswärter Babysitter.
Saugröhre Pipette.
Saugwarze Zitze.
Saugwirkung Sog.
Säule Obelisk. → Pfeiler.
Säulengang → Kolonnade, Galerie.
Säulenhalle → Kolonnade.
Säulenheiliger → Einsiedler, Fakir.
Säulenhof Peristyl.
Säulenkette → Kolonnade.
Säulenkopf Kapitell.
Säulenreihe → Kolonnade.
Säulenverkettung → Kolonnade.
Säulenzug → Colonnade.
Saum Saumpfad, Saumweg. → Falte, Naht, Rand.
säumen umgeben, einfassen, umsäumen, umfassen, einfriedigen, umschließen, begrenzen • nähen, sticheln. → aufhalten sich, bedenken, faulenzen, lassen sich Zeit, stocken, zaudern. ▸ aufmachen, eilen, entschlossen sein, handeln, trennen.
Säumen, ohne → rasch.
säumig → achtlos, bedächtig, langsam, lax, nachlässig, spät.
Säumigigkeit Fristverletzung, Unpünktlichkeit, Verspätung, Verzögerung, Verzug.
saumlos → nahtlos.
saumselig → arbeitsscheu, bedächtig, dilatorisch, faul, langsam, spät, untätig.
Saumseligkeit → Abneigung, Bummelei, Dumpfheit, Rückstand, Unterlassung.
Sauna → Bad.
Saure-Gurken-Zeit Hochsommer, Hundstage, Zeit ohne Ereignisse, Wochen der Stille und Ruhe, nachrichtenarme Zeit, Ferienstimmung.
Saus und Braus Gastmahl, Gelage, Schwelgerei, Zecherei, Tafelfreuden, Prasserei, Schlemmerei, Völlerei, Saufgelage, Unmäßigkeit, Verschwendung, Unersättlichkeit, Üppigkeit, kulinarische Genüsse, üppiges Leben. ▸ Einfachheit.
säuseln → brausen, dämpfen die Stimme, rauschen.
sausen → brausen, fahren, rennen.
Sauseschritt → Schnelligkeit.
Sauwirtschaft Augiastall, Chaos, Misswirtschaft, schamlose Unordnung, Schlamperei, Schlamperwirtschaft.
Savanne → Einöde.
Schabefleisch Mett, Tatar.
schaben → barbieren, kratzen.
Schabernack → Anspielen, Spott, Ulk, Witz.
schäbig dürftig, arm, schlecht, dünn, fadenscheinig, abgetragen, abgegriffen, notdürftig, elend, spärlich, karg, ärmlich, heruntergekommen • lumpig, gemein, schnöde, armselig, erbärmlich, schofel, schmutzig, filzig, niederträchtig, nichtswürdig, kleinlich, nichts wert • räudig, grindig. → abgerissen, arm, bedürfnisvoll, beengend, begehrlich, bestechlich, böse, charakterlos, dünn, erwerbslos, fadenscheinig, geizig, habsüchtig. ▸ dick, charaktervoll, großzügig, gutmütig, reich • elegant, gepflegt, schick.
Schäbigkeit Geiz, Schmutzigkeit, Lumperei, Kleinlichkeit, Knickerei, Knauserei, Filzerei, Engherzigkeit, Undank • Abgetragenheit, Fadenscheinigkeit, Spärlichkeit, Ärmlichkeit. ▸ Charakterstärke, Großmut, Luxus.
Schablöffel Kürette.
Schablone → Art, Art und Weise, Aufriss, Matrize, Muster.
schablonenhaft → abgedroschen.
Schach bieten gewinnen, die Karten in der Hand behalten, aus dem Sattel heben, über dem Graben sein, die Palme erringen, den Zweck erreichen • entgegenstellen, entgegenwirken, in den Arm fallen, widersprechen, widersetzen sich, gegenübertreten, trotzen, Front machen, in den Weg treten, den Plan vereiteln, hintertreiben, durchkreuzen, den Widerstand brechen, die Suppe versalzen, den Handschuh hinwerfen, die Stirn bieten, ein Bein stellen, sich auf die Hinterbeine stellen, die Zähne zeigen, Einhalt gebieten, das Wasser abgraben, die Flügel stutzen, in die Quere kommen, den Hemmschuh anlegen, dazwischentreten, zuvorkommen, einmengen sich, das Handwerk legen. ▸ misslingen, nachgeben, unterliegen.
Schacher Schacherhandel, Schacherei, Wucher, Schmutzigkeit, Güterschlächterei, Raffgier, Pfennigfuchserei, Feilscherei, Ausbeute, Hausierhandel, gewinnsüchtiger Handel. ▸ Freigebigkeit, (Makler ehrlicher), Opferfreudigkeit.
Schächer → Verbrecher.
schachern → bieten, feilschen.
Schachfigur Spielzeug, Marionette, Puppe.
schachmatt sein → pfeifen auf dem letzten Loch.
Schachspiel → Brett, Spiel.
Schachstein Figur.
Schacht → Ausweg, Bergwerk, Durchbruch, Esse, Höhlung, Tiefe.
Schachtel → Behälter, Beleidigung, Dose, Kasten.
Schachtfahrer → Bergmann.
Schachtsohle Teufe.
Schachzug Schlauheit, Verschlagenheit, Durchtriebenheit, geschickter Zug, überlegter Zug. → List. ▸ Ehrlichkeit, Offenheit, Stockung.
schade bedauerlich(erweise), betrüblich, leider, mies, schlimm, traurig.
Schädel Körperteil, Haupt, Kopf, Hirn, Gehirn, Hirnschale, Hirnkasten, Hirnschädel, Scheitel, Kürbis, Birne *u,* Quadratschädel • Einsicht, Verstandssitz • Dickschädel, Holzschädel. ▸ Fuß, Wetterfahne.
Schädeldach Kalotte.
Schädellehre Kraniologie.
Schädelnaht Sutur.
Schädelöffnung Trepanation.
Schaden Leid, Nachteil, Verlust, Einbuße, Pech, Not, Reinfall, Schädigung, Unglück, Missgeschick, Mitleidenschaft, Unheil, Schlag, Beeinträchtigung, Knacks *u,* Misserfolg, Niedergang. → Abbruch, Bekümmernis, Beschwerlichkeit, Bürde, Einbuße, Fehlbetrag, Fehlgeburt, Nachteil, Übel, Unglück. ▸ Nutzen, Gewinn, Vorteil • Entschädigung, Schadenersatz, Wiedergutmachung.
schaden beschädigen, schädigen, beeinträchtigen, reinlegen, benachteiligen,

übervorteilen, ein Bein stellen, übers Ohr hauen, Unheil stiften, Böses zufügen, Schaden verursachen • zum Schaden gereichen, büßen, ausbaden, Einbuße erleiden, Verluste haben, das Nachsehen haben, sich die Finger verbrennen, sich in die Finger schneiden, sich ins eigene Fleisch schneiden, sich die Pfoten oder das Maul verbrennen *u*, sich in die Nesseln setzen, in ein Wespennest greifen.
▸ nützen, dienen, fördern, helfen, heilen, wohl tun • entschädigen, wieder gutmachen.

Schadenersatz Ausgleich. → Ersatz, Rückgabe.

Schadenfeuer → Brand.

Schadenfreude → Bosheit, Spott.

schadenfroh → böse, diabolisch, falsch, feindlich, ironisch, spöttisch, zynisch.

schadenfroh sein jecken *u*.

schadenpflichtig verpflichtet, ersatzpflichtig, zinspflichtig, gebunden, genötigt, verbindlich, verantwortlich, verschrieben, schuldig, unterhaltungspflichtig, in Schuld.
▸ entlastet.

Schadenstifter Diversant, Saboteur. → Schädling.

schadhaft → beschädigt, defekt, entzwei, fadenscheinig, unvollendet.
▸ einwandfrei, heil, intakt, unbeschädigt.

Schadhaftigkeit → Beschädigung, Defekt.

schädigen → auswischen, bedrücken, benachteiligen, hineinlegen, hintergehen, schaden.
▸ begünstigen • dienen, fördern, helfen, nützen • entschädigen, wieder gutmachen.

Schädigung → Dieberei, Fehlbetrag, Nachteil, Schaden, Verlust.

schädlich Leben zerstörend, nachteilig, unannehmbar, unerträglich, abträglich, zerstörend, minderwertig, verderblich, übel, Verlust bringend, ungünstig, unvorteilhaft, gesundheitswidrig, unbekömmlich, ungesund, schadend, da ist der Wurm drin *u*. → abbrüchig, böse, eiterig, faul, gesundheitswidrig, giftig, schlecht.
▸ bekömmlich, nützlich, dienlich, förderlich, heilsam, hilfreich • harmlos, unschädlich.

Schädlichkeit → Nachteil, Schaden, Schlechtigkeit.

Schädling Unkraut, Schmarotzerpflanze • Übeltäter, Unheilstifter, Bedrücker, Zerstörer, Unglücksstifter, Verderber, Landesverräter, Vaterlandsverräter, Umsturzmann, Blutsauger, Schieber, Störenfried, Schadenfleck, Bösewicht, Missetäter, Jämmerling, Neidling. → Frevler.
▸ Edelmensch, Menschenfreund, Retter.

schadlos halten entschädigen, zurückgeben, vergüten, entgelten, abliefern, abgelten, ausgleichen, ersetzen, honorieren, prämiieren • übervorteilen, hintergehen, begaunern, übertölpeln, täuschen, sich gesund stoßen. → decken, gut machen wieder.
▸ ehrlich (sein), schädigen.

Schadloshaltung → Abfindung, Ausgleich, Entschädigung.

Schaf Schafbock, Mutterschaf, Lamm, Widder, Hammel, Schnucke, Bähschaf *u*, Mähschaf *u*, Wolltier, Schafskopf, Dummer, Schafsnase, Dummkopf, Schafshirn, Pfarrkinder, Böcke und Schafe.

Schafbock → Bock, Schaf.

Schäfchen ins Trockene bringen glücken, gewinnen, Erfolg haben, ins Schwarze treffen, über dem Graben sein, mit vollen Segeln fahren, Glück haben, den Zweck erreichen • ausnutzen, sein Schäflein scheren, die Wurst nach der Speckseite werfen, sein Ich nicht vergessen, sein persönliches Wohl im Auge haben, nur an sich denken, dem Egoismus huldigen, seinen Vorteil wahrnehmen, sich gesund machen.
▸ misslingen.

Schäfchenwolke Zirrokumulus.

Schäferei → Ansiedlung, Anwesen, Bauernhof.

Schäfergedicht → Dichtungsart.

Schäferspiel Pastorale.

Schaffen Arbeit, Beschäftigung, Tätigkeit • Gesamtwerk, Meisterwerk, Œuvre.

schaffen arbeiten, bewirken, fertig bringen, bewerkstelligen, befördern, wirken, schöpfen, zeugen, erschaffen, bilden, formen, erdenken, gestalten, ersinnen, erfinden, erzeugen, herstellen, schmieden, tun, machen, unternehmen. → anfassen, anfertigen, arbeiten, aufbauen, ausarbeiten, ausdenken, beistehen, bekümmern, berufstätig, beschäftigen, bilden, durchbringen sich, ernähren sich, erschaffen, können, machen, nachgehen dem Beruf.
▸ faulenzen, zerstören.

schaffen, sich vom Hals fortjagen, wegjagen, abschütteln, abweisen, von sich stoßen, vor die Tür setzen, unter den Tisch fallen lassen, über Bord werfen, die kalte Schulter zeigen. → drücken sich.
▸ beglücken, heranziehen.

schaffen, aus der Welt → beseitigen, vernichten.

schaffend → aufbauend, erfinderisch, schöpferisch.

Schaffender → Arbeiter, Erschaffer.

Schaffensfreude → Fleiß, Lebensfreude, Lustgefühl.

Schaffenskraft → Energie.

schaffenskräftig kreativ. → produktiv, schaffig.

Schaffenslust → Arbeitslust, Eifer, Emsigkeit, Fleiß, Initiative.

schaffig schaffenskräftig, emsig, arbeitsam, wirksam, unermüdlich, werktätig, fleißig, kraftvoll, energisch, tatkräftig, eifrig, rührig, strebsam, betriebsam, tätig, betulich. → erwerbsam.
▸ faul.

Schafott Gerüst, Hinrichtungsgerüst, Blutbühne, Blutgerüst, Guillotine, Galgen, Block, Bock, Folter, Marter, Pfahl, Tortur. → Bock.

Schafskopf → Banause, Irrsinniger, Schaf, Spiel.

Schaft → Griff, Pflanze, Regal, Stängel, Werkzeug.

Schah → Efendi.

Schäker Schelm, Schalk, Spaßmacher, Heiterkeitsapostel, Vergnügter, Spaßvogel, Flausenmacher, Humorist, Witzbold, Witzkopf, Bruder Lustig, Bruder Immerfroh, lustiges Haus. → Spaßmacher.
▸ Griesgram.

Schäkerei Stimmung, Heiterkeit, Lustigkeit, Aufgeräumtheit, Scherzhaftigkeit, Gelächter, Ausgelassenheit, Jux, Spaß, Scherz, Tändelei. ▸ Brummigkeit, Ernstlichkeit, Trübseligkeit.
schäkern spaßen, scherzen, erheitern, unterhalten, aufheitern, tändeln, Unsinn machen, Gelächter hervorrufen, zum Lachen bringen, ausgelassen sein. ▸ klagen, langweilen.
schal geschmacklos, fade, abgestanden, würzlos, kraftlos, geistlos, nichts sagend, matt, wässrig, reizlos, langweilig, ermüdend, einförmig, ledern, blöde, platt, trocken, hölzern, nüchtern, gehaltlos, salzlos, schmalzlos, tot. → abgedroschen, abgeschmackt, albern, ekelhaft, farcenhaft, geschmacklos, öde, platt, poesielos, profan, reizlos. ▸ geistreich, heiter, klug, poetisch, würzig.
Schal Brusttuch. → Halstuch.
Schale → Anzug, Aufmachung, Bedeckung, Behälter, Dose, Gefäß, Kelch, Kleidung, Oberfläche, Platte.
schälen abziehen, abschälen, abschaben, abschneiden, abkratzen, abreiben, abhobeln, schaben, kratzen, schmälern, dünnen, pellen • herausschälen, enthüllen, entmummen, entschleiern, ausschälen • sich häuten. → beschneiden. ▸ (ungeschält lassen), bedecken.
Schalheit → Fadheit, Geistesstumpfheit.
Schalk → Schäker, Spaßmacher, Unsinn, Witz.
schalkhaft schelmisch, schäkernd, fidel, ausgelassen, kurzweilig, scherzhaft, aufgeräumt, froh gestimmt, lustig, witzig, launig, drollig, spaßhaft, unterhaltend, spaßig, komisch. → humoristisch. ▸ langweilig, witzlos.
Schall → Akustik, Echo, Klang, Laut, Nichts.
Schall und Rauch → Bedeutungslosigkeit, Blech, Eitelkeit, Nichts.
Schalldämpfer Sordino.
Schalllehre Akustik.
schallen erschallen, tönen, klingen, lärmen, ertönen, widerhallen, läuten, schellen, klingeln, tosen, nachklingeln, nachschallen. → dröhnen, erklingen. ▸ verstummen.
schallend → laut.
Schallplatten Scheiben *u*, Tonkonserven, Opernplatten, Operettenplatten, Schlagerplatten, Konzertplatten, Plattenmusik, Grammofonplatte, Tonplatte, Sprechplatte, Langspielplatte, Füllschriftplatte.
Schallplattenetikett Label.
Schallplattenhülle Cover.
Schallplattensammlung Diskothek.
Schalltrichter Megafon.
Schaltbrett Armaturenbrett, Tastatur.
schalten ankurbeln, aufdrehen, denken, walten.
schalten und walten → beliebig, tun.
Schalter Schiebefenster, Wandöffnung, Fensterverschluss, Fensterladen • Postschalter, Auskunftsschalter, Annoncenschalter, Abfertigungsstelle, Ausfertigungsstelle, Bankschalter • Lichtschalter, Anknipser, Vorrichtung, Druckknopf, Hebel, Taste, Taster.
Schälung → Enthüllung.
Schaluppe → Fahrzeug (Wasser-), Schiff.
Scham Schamgefühl, Schamröte, Beschämung, Schuldgefühl, Schuldbewusstsein, Reue, Rotwerden, böses Gewissen, den Blick zu Boden richten • Keuschheit, Unschuld, Schamhaftigkeit, Zartgefühl, Tüchtigkeit, Unberührtheit, Sprödigkeit, Sittsamkeit, Sittlichkeit. → Anstand, Keuschheit. ▸ Schamlosigkeit.
Scham, falsche Prüderie, Sprödigkeit, Gezier, Geziertheit, Scheinsprödigkeit • Selbstdemütigung, Kriecherei, Unterwürfigkeit, Kleinmut. → Demut. ▸ Überheblichkeit, Ungezwungenheit.
Scham ergehen, vor → schämen sich.
Schambock → Bestrafung, Bock.
schämen, sich erröten, erbleichen, sich genieren, bescheiden sich, vor Scham vergehen, Staub fressen, Scham empfinden, sich in die Erde verkriechen wollen, seinen Unwert fühlen, die Hände vors Gesicht halten, sich die Augen aus dem Kopf schämen, ein Mauseloch suchen, die Schamröte ins Gesicht steigen, Blick zu Boden richten • bedauern, bessern, einsehen, Reue empfinden. ▸ schamlos (sein).
Schamgefühl Genie *u*. → Erröten, Keuschheit, Scham.
schamhaft → befangen, demütig, keusch. ▸ aufreizend, lasziv, obszön, schamlos, schlüpfrig, sittenlos, unanständig, unzüchtig.
Schamhaftigkeit → Bescheidenheit, Keuschheit.
schamlos → anrüchig, arg, bedauerlich, buhlerisch, charakterlos, diabolisch, entehrend, unkeusch. ▸ anständig, sittsam, züchtig • bescheiden, zurückhaltend • prüde, schamhaft, schüchtern, verklemmt, verschämt.
schamlos verletzend zynisch.
Schamlosigkeit → Ausschweifung, Beleidigung, Bestechlichkeit, Bosheit, Unkeuschheit.
Schampus → Sekt.
schamrot beschämend, schämig, verschämt, beschämt, reuig, errötend, erglühend, befangen, ängstlich, spröde, bescheiden, zerknirscht, bußfertig, schuldbewusst. ▸ anmaßend, schamlos.
Schamröte → Erröten, Scham.
Schamteile Gemächt *u*.
schandbar → niederträchtig.
Schandbube → Brandstifter, Verbrecher.
Schande Unehre, Niedertracht, Niederträchtigkeit, Niedrigkeit, Gemeinheit, Verruf, Schimpf, Anstößigkeit, Schmach, Beschämung, Blamage, Schandfleck, Schandmal, Makel, Skandal, Verrufenheit, Misskredit, Verunehrung, Geringschätzung, Beleidigung, Nichtachtung, Verachtung, Missachtung, Ruhmlosigkeit, Verruf, Ehrlosigkeit, Verschiss, Verworfenheit, geschändeter Name, übler Leumund. → Anstößigkeit, Beleidigung, Blamage, dunkler Punkt. ▸ Ehre, Ansehen, guter Ruf, Prestige, Reputation, Ruhm, Verdienst.
schänden sich vergehen an. → begeifern, berauben, beschuldigen, besudeln, Ehre

bringen um die, entweihen, vergewaltigen, verleumden. ▸ beglücken • ehren • unangetastet lassen.
Schänder Entweiher, Zuhälter, Ehebrecher, Blutschänder, Wüstling, Sittenloser, Schamloser, Bösewicht, Missbraucher, Entwürdiger, Besudler, Schmäher • Kirchenschänder, Kirchenräuber, Gottloser, Gotteslästerer. → Faun. ▸ Ehrenmann.
Schandfleck Schandmal, Makel, Unehre, übler Leumund, schlechter Ruf, befleckter Name, Ruhmlosigkeit, Verdorbenheit, Schlechtigkeit, Lasterhaftigkeit, Schändlichkeit, Laster, Lotterleben, Dunkelmann, unbekannte Größe. → Ausbund, Punkt dunkler, Odium. ▸ Ehre, Ehrbarkeit.
schändlich → abbrüchig, abscheulich, anrüchig, anstößig, arg, arglistig, bedauerlich, beschämend, böse, charakterlos, diabolisch, lästerlich, niederträchtig, schlecht, schmachvoll. ▸ achtbar, ehrenvoll, rühmlich, verdienstvoll.
Schändlichkeit → Punkt dunkler, Schande, Schlechtigkeit, Unkeuschheit.
Schandmal → Punkt dunkler, Schandfleck.
Schandmaul Lästerer. → Verleumder.
Schandpfahl → Block, Schafott.
Schandtat → Ärgernis, Frevel, Mordtat, Schändigung, Schuld.
Schändung Schandtat, Entweihung, Entheiligung, Missbrauch, Erniedrigung, Entwürdigung, Verspottung, Schändlichkeit, Verleumdung, Schmähung, Beeinträchtigung, Lästerung, Entehrung, Befleckung, Beschimpfung, Bemäkelung, Vergewaltigung • Kirchenraub. → Blutschande, Demoralisation, Punkt dunkler, Entweihung, Ehrenkränkung, Missbrauch. ▸ Ehrbarkeit, Ehrung, Hochachtung, Sittlichkeit, Wertschätzung, Würdigung.
Schankstube → Boutique, Gaststätte.
Schanktisch Theke, Tresen.
Schanze Schutt, Verschanzung, Wall, Mauer, Vorwerk, Redoute, Sicherung, Bastion, Turmschanze, Hohlschanze, Brückenwerk, Schützengraben, Schutzbefestigung, Kastell, Achterkastell, Schanzwerk, Schanzzeug. → Barrikade.
schanzen graben, aufschichten, auftürmen, vertiefen, aushöhlen, ausheben, ausstechen, auskehlen, aussparen, ausbuchten, schuften, sich abmühen, schwer arbeiten, einen Wall bauen. → abmühen, arbeiten, beschäftigen, lernen. ▸ einebnen, faulenzen.
Schanzpfahl Palisade.
Schar → Clique, Masse, Vereinigung.
Schar, wilde Horde.
scharen, sich sammeln, zusammenkommen, versammeln sich, vereinigen sich, zugesellen, beigesellen, zuströmen, hinzutreten, gruppieren, anhäufen, zusammenscharen. ▸ auseinander gehen.
scharenweise → allerhand.
scharf salzig, bitter, beißend, versalzen, brennend, verpfeffert, herb, kratzig, ätzend • eingreifend, heftig, schneidig, hitzig, heiß, erhitzt, aufbrausend • geschliffen, gespitzt, gezackt, gezähnt, kantig, haarscharf, scharfkantig, schnitzig, spitz, zugespitzt • lüstern, gierig, vergessen, gelüstig, happig, giererfüllt, verrückt auf • scharfzüngig, messerscharf, trennscharf, bissig, sarkastisch. → anschaulich, anwidern, ausführlich, beißend, bissig, bitter, brennend, deutlich, deutsch auf gut, doppelschneidig, drastisch, eckig, einschneidend, fassbar, fessellos, kratzig, salzig. ▸ stumpf, unscharf • abgestumpft • desinteressiert • lieblich, mild(e), sanft, zart • fade, schal, würzlos • undeutlich, unklar.
scharf gewürzt pikant.
scharf umrissen profiliert.
scharf und unsachlich polemisch.
Scharfblick → Bedacht, Begabung, Blick, Denkvermögen, Erkenntnis, Erkenntnisvermögen, Feingefühl, Fernblick, Geist, Geistesgabe, Intelligenz, Urteilskraft, Beobachtungsgabe.
Schärfe Schneide, Grat, Kante, Zuspitzung, Spitzigkeit, Stacheligkeit, Spitze, Stachel, Dorn, Nadel, Spieß, Speer, Lanze, Dolch, Sporn, Nagel, Stift. → Beleidigung, Bestimmtheit, Bissigkeit, Despotismus, Energie, Erbitterung, Herbheit, Nachdruck, Strenge. ▸ Unschärfe.
scharfe Ablehnung → Hass.
schärfen spitzen, wetzen, schleifen, scharf machen, dengeln, abziehen, feilen, anspitzen, zuspitzen, würzen, pikant machen, salzen. ▸ (stumpf machen).
scharfer Geschmack Hautgout • Hugo (haut-gout) *u.*
scharfkantig spitz, haarscharf, schnittig, schneidig, scharf, eckig, spitzig, zugespitzt, nadelspitz, nadelscharf, zackig, gezackt, dornig, stachelig, gezähnt. ▸ stumpf, unscharf.
Schärflein → Beitrag, Gabe, Hilfe, Opfer, Wenigkeit.
scharfmachen aufgeilen. → aufhetzen. ▸ abwiegeln, beruhigen, besänftigen, entschärfen • abblitzen lassen.
Scharfmacher Heißsporn, Hessenblut, Hetzer, Aufhetzer, Ansporner, Bullenbeißer, Tiger • Verlocker, Anstachler, Antreiber • Wetzmesser, Wetzstein, Schleifstein. ▸ Moderator.
scharfsichtig fernblickend, klaräugig, adleräugig, durchdringend, gesund, sehkräftig, fernsichtig, weitsichtig, visuell • aufmerksam, durchschauen, unterscheiden. ▸ blind, unaufmerksam.
Scharfsichtigkeit → Augenmerk, Erkenntnisvermögen, Fernblick, Urteilskraft.
Scharfsinn → Bedacht, Begabung, Denkvermögen, Erfahrung, Fähigkeit, Findigkeit, Kennerblick, Kritik.
scharfsinnig → anstellig, begabt, denkend, Eltern nicht von schlechten, erfinderisch, feinspürig, geistreich, gewitzigt, klug, Kopf klarer, logisch, sinnreich. ▸ begriffsstutzig, beschränkt, blöd, dämlich, dumm, engstirnig, schwachköpfig, schwer von Begriff, unintelligent.
scharfzüngig boshaft, spitzzüngig, klatschsüchtig, schmähsüchtig, lastersüchtig,

verleumderisch, verkleinerungssüchtig, kränkend, beleidigend, sarkastisch, scharf, spitz, verletzend, böswillig, schneidend, hässlich, zynisch. → beredt, scharf. ▸ schmeichlerisch, wortkarg.
Scharlatan → Heilkünstler, Marktschreier, Chauvinist, Schwätzer.
scharmant anmutig, anziehend, einnehmend, entzückend, freundlich, gefällig, graziös, herzig, hold, holdselig, liebenswürdig, lieblich, liebreizend, nett, niedlich, reizend, schmuck, zierlich, ergötzlich, erfreulich, fröhlich, wohl tuend, annehmbar, lieb, ansprechend, herzstärkend, erfrischend, den Gefühlen zusagend, süß, köstlich, geschmackvoll, trefflich, herrlich, schön, hübsch, gewinnend, verführerisch, verlockend, bezaubernd, fesch, forsch, wonnevoll, göttlich, wunderbar, sinnberückend, unterhaltend, anregend, prächtig, zart, elegant, anmutsvoll, allerliebst, berückend, bestrickend, wirkungsvoll, sauber, wohl gestaltet, wohl geformt, abgestimmt, abgerundet, stattlich, schön gebaut, wunderschön, blühend, brillant, glänzend, strahlend, malerisch, künstlerisch, makellos, einwandfrei, tadellos, unentstellt, zum Küssen schön. → angenehm, chevaleresk. ▸ geschmacklos, hässlich, unhöflich, unerträglich.
Scharm Schönheit, Anmut, Ebenmaß, Eleganz, Grazie, Harmonie, Holdseligkeit, Liebreiz, Pracht, Reiz, Wohlgestalt. → Anmut. ▸ Hässlichkeit, Flegelhaftigkeit, Plumpheit, Rücksichtslosigkeit, Tölpelhaftigkeit, Unhöflichkeit.
Scharmützel → Blutbad, Plänkelei, Streit.
Scharnier → Bindemittel.
Schärpe Schmuckbinde, Schleife, Gürtel, Bund, Gehänge, Feldbinde, Ehrengürtel, Dienstgürtel, Gurt, Binde, Schultergehänge, Degengehänge, Umgürtung, Umschnürung • Schmuck, Putz, Aufmachung, Verschönerung, Zierde. → Schmuck.
scharren → kratzen, lärmen. ▸ Beifall spenden, verstummen.
Scharte → Bruch, Einschnitt.
schartig → unscharf.
scharwenzeln → bereden, einschleichen sich in die Gunst, fügen sich, leisetreten, liebäugeln.
schassen → vertreiben.
Schatten Schaum, Schemen, Kartenhaus, Momentsache, Vergänglichkeit, Dunst • Lichtschatten, Kernschatten, Schattierung, Schlagschatten, Dämmerung, Dämmerlicht, Düsternis, Halbdunkel, Halblicht, Trübheit • Gespenst, Schemen, Fabel, Blendwerk • Traurigkeit, Betrübnis, Nachteiliges, dunkler Fleck, Belastung, Bedrückung, Niederdrückung. → Aufseher, Begleitung, Bekannter, Bewachung, Dunkel, Famulus. ▸ Hitze • Freude, Licht, Sonnenschein.
Schatten, ständiger → Anhänger.
schattenhaft → feenhaft, hässlich, unsichtbar.
Schattenriss → Bild, Profil.
Schattenseite schwache Stelle, Flaute, Unterlegenheit, Achillesferse, Minderwert • Kummer, Sorge, Leid, Plage, Unglück, Übel, Bedrängnis, Trostlosigkeit, Erdentage, Jammertal • Nachtseite, Schatten. ▸ Freude, Glück, Sonnenschein, Tag.
schattieren → dunkeln, malen.
Schattierung → Abstufung, Abweichung, Ausdehnung, Farbe, Farbenton.
schattig düster, trübe, dunkel, matt, dämmerig, fahl, abgedunkelt, beschattet, umschattet • kühl, erfrischend, erholsam, belebend, erquickend, angenehm, sonnenlos. → dunkel. ▸ heiß, lichtstark, sonnig.
Schatulle → Kasten.
Schatz Gut, Hort, Kleinod, Besitz, Geld, Vermögen, Kapital, Mittel, Juwel, Perle, Edelstein, Kostbarkeit, Wertstück, Vorrat, Anhäufung, Bestand, Antiquität. → Abgott, Besitz, Bestand, Edelstein, Ersparnis, persona gratissima. ▸ Armut, Dorn im Auge, Mangel, Wertlosigkeit.
schätzbar → angesehen, ehrbar, ehrsam, erlaucht.
schätzen abwägen, werten, annehmen, vorausberechnen, begutachten, veranschlagen, einschätzen, mutmaßen, bemessen, taxieren, über den Daumen schätzen oder peilen, beurteilen, bestimmen, überschlagen • achten, würdigen, mit Verstand genießen, hoch achten, estimieren, bewundern, verehren, anerkennen, loben, Hut abnehmen den, Huldigung anbringen • abwiegen, abzirkeln, bewerten, abschreiten • huldigen, auszeichnen, adeln, feiern. → A und O, abmessen, achten, anerkennen, annehmen, auszeichnen, beurteilen, bestimmen, bewerten, hochhalten, preisen, rühmen. ▸ verabscheuen, ablehnen, gering schätzen • (genau) berechnen/kalkulieren, messen, zählen.
schätzenswert → angesehen, ausgezeichnet, bekömmlich, brillant, ehrsam, erlesen, gut, vortrefflich.
Schätzer Taxator.
Schätzer(in) Quasseltüte *u.*
Schatzkammer Vorrat, Aufbewahrungsort, Speicher, Rücklage, Kasse, Tresor • Staatssack, Staatssäckel, Sparkasse, Finanzamt. → Lager.
Schätzkurs Taxkurs.
Schätzung → Achtung, Anschlag, Berücksichtigung, Betrachtung, Bewertung, Kombination.
schätzungsweise → an, annähernd, etwa.
Schau → Ausblick, Ausstellung, Korso.
Schau stellen, zur → demonstrieren, zeigen.
Schau tragen, zur → täuschen, zeigen.
Schaubild Diagramm.
Schaubühne → Theater.
Schauder → Angst, Grauen, Kälte.
schauderhaft → abscheulich, abstoßend, beengend, beißend, bitter, böse, entsetzlich, furchtbar, gräulich.
schaudern zittern, frösteln, frieren, puppern, schlottern, bibbern, sich schütteln • sich ekeln, anwidern, anekeln • fürchten, erschaudern, durchschaudern, gruseln, bangen, beben, zagen, Angst haben. → ängstigen, bangen, nehmen den Atem, entsetzen sich, erkälten sich, erschrecken, fürchten. ▸ genießen, mutig sein, schwitzen.
schaudervoll → abscheulich,

abstoßend, blümerant, entsetzlich, furchtbar, gräulich.
schauen bemerken, sehen, erblicken, beobachten, vorschweben, erkennen, betrachten, wahrnehmen, besehen, aufblicken, anblicken, gewahr werden, sich bewusst werden, ins Auge fassen • verstehen, durchschauen, geistig schauen • verwundern sich, Augen machen, staunen, überrascht sein, groß gucken, platt sein. → Acht geben, anschauen, aufpassen.
▸ übersehen.
Schauer → Angst, Dusche, Entgelt, Kälte, Regen.
Schauergeschichte Gruselgeschichte/-roman, Horrorstory, Moritat, Schocker.
schauerlich → beengend, beißend, beschämend, böse, entsetzlich, furchtbar, gräulich, gruselig.
Schaufahrt → Aufmarsch, Korso.
Schaufel Spaten, Schippe.
Schaufelmaschine Bagger.
schaufeln → graben.
Schaufenster Auslage, Schaukasten, Vitrine.
Schaufensterbummel Windowshopping.
Schaufenstergestalter Dekorateur.
Schaufensterwerbung Auslage. → Dekoration.
Schaufläche → Vorderseite.
Schaugepränge Flitter, Pomp, Prunk.
Schaugeschäft Unterhaltungs-/ Vergnügungsbranche, Showbusiness.
Schaukämpfer Catcher, Gladiator.
Schaukel Wippe, Wiege, Schaukelpferd, Schaukelreck, Schaukelstuhl, Spielzeug, Turngerät, Schunkel, Reidel, Klunker, Gautsche, Gureize • Hutsche *u.*
schaukeln deichseln, fertig bringen, fertig stellen, erreichen, erzielen • hin- und herbammeln, baumeln, flattern, schunkeln, schlenkern, schlingern, schwanken, pendeln, schwingen, stampfen, schwappen, wippen, wackeln, wanken, zappeln, sich wiegen, taumeln, schwänzeln, wogen, kippen, erschüttern, hutschen *u.* → bammeln, bewegen sich, schwanken.
▸ anhalten, aufgeben.
schaulustig → neugierig.
Schaum Gischt, Geifer, Blase, Flugwasser, Seifenschaum, Bierschaum, Stehkragen *u,* Feldwebel *u* • Hohlheit, Vergänglichkeit, Seifenblase, Eintagsfliege, Geflunker. → Bagatelle, Dunst, Geifer.
▸ Beständigkeit, Brei, Festigkeit, Schwere, Wichtigkeit.
schäumen perlen, moussieren, kochen, wallen, sieden, sprudeln, zischen, gären, brausen, schwären • toben, wüten, aufbrausen, rasen, bersten, geifern, erregen sich, vor Wut schäumen, kommen zum Äußersten. → aufregen, aufspringen, branden, brausen, brennend, ergrimmen, fangen Feuer.
▸ beherrschen sich.
schäumend schaumig, prickelnd, brausend, sprudelnd, kochend, moussierend, wallend, zischend, siedend, umtost • wütend, geifernd, rasend, tobend, aufgebracht, gärend, grimmig.
▸ dickflüssig, ruhig, unerschütterlich.
Schaumkrone Gischt.
Schaumschläger → Gerät, Lügner, Marktschreier, Prahler.
Schaumünze Medaille, Plakette.
Schaumwein Sekt, Schampus, Champagner • Bitzelwasser *u,* Pitzelwasser *u.*
Schaumweinvertreter Sektierer *u.*
Schaupackung Attrappe, Dummy.
Schauplatz Kriegsschauplatz, Kriegsbühne, Front, Kampfzone, Aufmarschgebiet, Schlachtfeld, Schlachtort, Walstatt, Walplatz, Kriegsgebiet. → Szene.
schaurig → schrecklich.
Schauseite → Fassade, Vorderseite.
Schauspiel Bühnenspiel, Bühnendichtung, Bühnenwerk, Drama, Trauerspiel, Tragödie, Lustspiel, Komödie, Singspiel, Charakterstück • Vergnügen, Veranstaltung, Aufführung, Festspiel, Theater, Schmiere. → Darbietung, Pracht, Vorkommnis.
▸ (Oper) Singspiel.
Schauspiel, rührseliges → Rührstück.
Schauspieldichter Dramatiker.
Schauspieler → Komödiant.
Schauspielergruppe Ensemble.
schauspielerisch komödiantisch, mimisch, theatralisch.
schauspielern → nachahmen, täuschen.
Schauspielgestaltung Dramaturgie.
Schauspielhaus Theater.
Schaustellung → Corso, Demonstration, Entlarvung.
Schaustück → Meisterwerk, Pracht.
Schautanz Ballett.
Scheck Zahlungsanweisung, Devise, Geld.
scheckig → buntscheckig, farbenfroh, farbenreich.
scheel schielend, triefäugig, schwachsichtig • scheelsüchtig, boshaft, missgünstig, neidisch, gehässig, böswillig, hasserfüllt, geizig, begierig, begehrlich, hämisch, gelb vor Neid, grün vor Missgunst, schiach *u,* schiech *u.* → boshaft.
▸ gütig, großzügig.
scheelsüchtig neidisch, begehrlich, boshaft, scheel.
Scheffel Maß, Getreidemaß, Feldmaß, Messgerät, Maßeinheit, Hohlmaß, Fuder, Festmeter, Kubikmeter.
scheffeln schaufeln. → gewinnen.
scheffelweise → massenhaft.
Scheibe Schnitte, Schnittchen, Stück, Teil, Brotscheibe, Schicht, Kreisform, Trommel, Fensterscheibe, Glasscheibe, Schuppe, Platte, Schallplatte, Planke, Fläche, Drehscheibe, Diskus, Schießscheibe, Zielscheibe, Wurfscheibe, Zielpunkt, Richtungspunkt.
▸ Brocken, Kugel.
Scheibenenteiser Defroster.
Scheide Büchse *u,* Dose *u,* Presse *u,* Pumpel *u,* Pumperl *u,* Punz *u,* Pusch *u,* Puse *u,* Pussel *u,* Putzerl *u,* Schachtel *u.* → Bedeckung, Futteral, Grenze, Vagina.
Scheidelinie → Demarkation, Grenze, Hindernis, Trennung.
scheiden klären, entmischen, entfernen, sichten, vereinfachen, ausscheiden, abscheiden, trennen, teilen, zerteilen, lösen, befreien • weggehen, abziehen, abreisen, fortgehen, fortfahren, fortziehen, sich auf den Weg machen, von dannen gehen, die Reise antreten • sterben, verscheiden, hinscheiden, absterben, entschlafen, hinübergehen, einschlummern, enden •

scheiden die Ehe, freigeben, auflösen, die Ehe trennen, von Tisch und Bett verstoßen. → abhauen, absetzen, absondern, Bord gehen an, dannen gehen von, empfehlen sich, entfernen sich, entschlafen, isolieren. ▸ leben, verbinden sich, vermischen, zurückkommen.
scheiden, sich → scheiden, unterscheiden.
Scheidenentzündung Kolpitis, Vaginitis.
Scheidenkrampf Vaginismus.
Scheidewand → Beschwernis, Grenze, Hindernis, Trennung.
Scheideweg Gabelung, Zweiteilung, Halbierung, Spaltung, Verzweigung, Verdoppelung • Wahl, Belieben, Willkür, Wahlfreiheit, Wahlrecht, Entscheidung. ▸ Einmündung, Unfreiheit, Zwangslage.
Scheidung → Absonderung, Analyse, Auflösung, Ausschluss, Barriere, Bruch, Dezentralisation, Trennung. ▸ Mischung, Verbindung • Heirat, Hochzeit, Trauung, Vermählung.
Schein Nichts, Null, Niemand, Dunst, Schatten, Einbildung, Hirngespinst, Geist • Anschein, Analogie • Licht, Helligkeit, Feuerschein, Helle, Klarheit, Lichtschein, Sonnenschein, Tageslicht, Heiligenschein, Ausstrahlung, Aura • Handschrift, Schriftstück, Zettel, Papier, Versicherungsschein, Ausweis, etwas Schriftliches, Fahrschein, Geldschein, Kassenschein • Windbeutelei, Aufschneiderei, faule Fische, fauler Zauber, erborgte Feder, Gaukelspiel, Blendwerk, Unredlichkeit, Gleisnerei, Kitsch, Maske. → Anstrich, Attest, Bescheinigung, Betrug, Empfangsschein, Fahrkarte, Fälschung, Illusion, Licht, Masche, Maske, Quittung. ▸ Etwas, Natürlichkeit, Wahrheit, Wirklichkeit.
Schein, nur zum formell, pro forma.
Schein, schöner Blendwerk, fauler Zauber, Gaukelei, Hokuspokus, Illusion, Scharlatanerie, Staffage.
Scheinangriff → Angriff.
Scheinarznei Placebo.
scheinbar anscheinend, fragwürdig, irreführend, unsicher, täuschend, widersinnig, trügerisch, unlogisch, verfänglich, zweifelhaft, unentschieden, fraglich, dahingestellt, ungenau, schattenhaft, imaginär, anfechtbar. → als, anscheinend, dergleichen. ▸ unzweifelhaft, gewiss • faktisch, real, tatsächlich, wirklich.
Scheinbild → Erscheinung, Schein.
scheinen anmuten. → aussehen, blenden, deuchten, dünken, durchscheinen, emporlodern, erglühen, leuchten.
scheinend → strahlend.
Scheinfreund → Feind.
scheinfromm frömmlerisch, selbstgerecht, heuchlerisch, scheinheilig, pharisäisch, salbungsvoll, bigott, unfromm, gottlos, gleisnerisch, muckerisch, maulfromm, mundfromm, frevelhaft, heillos, gottverlassen, unheilig, ungeheiligt. → bigott. ▸ fromm.
Scheinfüßchen Pseudopodium.
Scheingrund → Ausrede, Ausweg, Vorwand.
Scheinhandlung Farce, Finte, Manöver.
scheinheilig → arglistig, bigott, engherzig, frömmelnd, scheinfromm.
Scheinheilige Quissel *u.*
Scheinheiliger → Betrüger, Frömmler, Lügner, Pharisäer.
Scheinheiligkeit Unfrömmigkeit, Bigotterie, Verruchtheit, Unheiligkeit, Lästerlichkeit, Unfug, Frömmelei, Scheinfrömmigkeit, Muckerei, Muckertum, Lippenandacht, Augendienerei, Andächtelei, Heuchelei, Augenverdreherei, Gleisnerei, Äußerlichkeit, Anschein, Pharisäertum. → Anstrich, Betrug. ▸ Frömmigkeit, Natürlichkeit, Offenheit.
Scheinname → Pseudonym.
Scheinsieg Pyrrhussieg.
Scheintod → Erstarrung.
scheintot → besinnungslos.
Scheinwahrheiten Illusionen.
Scheinwerfer Licht, Blinkfeuer, Leuchter, Sichtbarkeit, Lichtzeichen, Signal, Blinklicht, Wahrnehmbarkeit, Bemerkbarkeit, Beleuchtung, Autoscheinwerfer, Aufheller, Spotlight, Punktstrahler, Breitstrahler. → Licht, Leuchter.
Scheinwerferlicht Flutlicht, Rampenlicht, Spotlight.
Scheinwissen → Anstrich, Schein.
Scheißdreck Dreck, Kot, Mist, Scheiße • wertloses Zeug.
Scheiße Mist, Dreck, Blödsinn, Bescherung, Verhängnis, Malör, Missgeschick, Verheerung • Gestank, Kot, Katzendreck, Aas, Jauche, Löwenmist, Stinkadores, Fladen, Rieselfeld. → Aas.
scheißegal total gleichgültig.
scheißen ausscheiden, defäkieren, entleeren sich, groß machen, einen Haufen machen, kacken, koten.
Scheißer Dreckskerl, Fiesling, Macho, Saukerl • Feigling, Schisser • Gesäß, Hintern.
Scheißgeld Abortabgabe, Bedürfnisanstaltbenutzungsgebühr, Klofrauenhonorar • schmutziges Geld, Steuerzahlung.
Scheißhaus Abort, Bedürfnisanstalt, Klo, Toilette.
Scheit Teil, Stück, Holzscheit, Spalt, Span, Brennmaterial, Scheitholz.
Scheitel Spitze, Gipfel, Koppe, Kuppe, Scheitelpunkt, Schroffe, Wipfel, Zinken, Horn, Höhe, Kamm, Krone, Knopf, Knauf, Schopf, Läuseallee *u,* Poposcheitel *u,* Mittelscheitel, Haupt, Schädel. → Haupt, Spitze. ▸ Sohle.
Scheitel bis zur Sohle von Kopf bis Fuß. ▸ begrenzt, teilweise.
Scheitelpunkt → Scheitel, Spitze.
scheitern missglücken, sich im Sande verlaufen, misslingen, missraten, zu Fall kommen, fehlschlagen, versagen, fehlen, nicht in Erfüllung gehen, schlecht davonkommen, übel ankommen, es nicht weit bringen, zurückweichen müssen, nichts zu Stande bringen, das Ziel verfehlen, verunglücken, zu Grunde gehen, herunterkommen, zu Schanden werden, sich selbst im Weg stehen, im Nachteil sein, aufsitzen, auffahren, Schiffbruch erleiden *u.* → bankrott, beikommen nicht, blamieren, Boden verlieren den, entgleisen, enttäuschen, herunterkommen, Sand bauen auf. ▸ gelingen, glücken, Erfolg haben, erfolgreich sein • gerettet werden.
schellen klingeln. → läuten.

Schellentrommel Tamburin.
Schelm → Bandit, Bauernfänger, Bengel, Betrüger, Bube, Fälscher, Rosstäuscher, Schäker, Spaßmacher.
Schelmerei Streich. → Belustigung, Betrug, Schlauheit.
schelmisch → humoristisch, schalkhaft.
Schelte → Geschimpfe, Schimpf, Tadel.
schelten → anfahren, belfern, bellen, Dach steigen auf das, fluchen, schimpfen, tadeln.
Scheltname → Beiname, Schimpf, Tadel.
Schema Anleitung, Grundbegriff, Grundform, Einteilung, Muster, Entwurf, Schablone, Form, Wegweisung, Vorbild • Schema F, Abrichtung, Dressur, alte Schule, Leier, Tretmühle, Amtsschimmel, Macht der Gewohnheit. → Anordnung, Aufriss.
schematisch gleichförmig, schablonenhaft.
schematisieren erleichtern, ordnen. → vereinfachen.
Schemel → Bank, Bock.
Schemen → Erscheinung, Geist, Schatten.
schemenhaft → gespenstig, undeutlich.
Schenke Bodega. → Boutique, Gaststätte.
schenken geben, anbieten, bescheren, zueignen, widmen, weihen, verleihen, verabreichen, gewähren, darbringen, spendieren, spenden, stiften, überraschen, verehren, zuwenden, angedeihen lassen, beschenken, opfern. → ablassen, anbieten, beschenken, bestechen, darbieten, darbringen, darreichen, geben. ▸ nehmen, annehmen, bekommen, empfangen, erhalten • veräußern, verkaufen.
Schankstube → Ausschank, Boutique, Gaststätte.
Schenkung → Beitrag, Belehnung, Bestechung, Darbringung, Gabe, Käuflichkeit, Legat.
scheppern klappern, krachen, klirren, lärmen.
Scherbe Fragment, Bruchstück, Trümmer, Übriges, Rest, Rückstand, Brocken, Überbleibsel, Überrest, Glasscherben, Rücklass, Blumenscherbe, Splitter, Gebröckel • Blumentopf • Einglas, Monokel. ▸ Ganzheit.
Scherbengericht Ostrakismos, Ostrazismus.
scheren schälen, abschneiden, beschneiden, sichten, schröpfen, schmälern, abscheren, entfernen, wegnehmen, abziehen, rasieren, schaben, abschaben, entblößen, enthaaren, vermindern. → barbieren.
Scherenfernrohr → Feldstecher.
Scherenschnitt Silhouette.
Scherenschnittkunst Psaligraphie.
Schererei Ärger, Beschwerlichkeit, Maläse, Malesche, Unannehmlichkeit, Verdrießlichkeit.
Scherflein → Gabe.
Scherge Häscher, Büttel, Scharfrichter, Henker, Profoß, Henkersknecht, Folterknecht, Fänger, Amtsgehilfe, Stockmeister, Vogt, Weibel, Landjäger, Schnapper, Polizeidiener, Gerichtsdiener, Helfer.
Scherz Gaukelei, Witz, Schabernack, Scherzrede, Scherzhaftigkeit, Ulk, Streich, Narretei, Schwank, Jux, Schnurre, Spaß • Heiterkeit, Lustigkeit, Lachlust, Vergnügtheit, Stimmung, Jubel, Trubel, Gelächter, Lust, Übermut, Unterhaltung, Ausgelassenheit, Schäkerei, Schelmerei, Lachen. → Belustigung, Drollichkeit, Possen. ▸ Ernst, Witzlosigkeit.
Scherz, schlechter Farce, Kalauer.
scherzen spaßen, belustigen, lachen, erheitern, aufheitern, aufmuntern, beleben, Unsinn machen, schäkern, tändeln, dummes Zeug treiben, Mutwillen treiben, ergötzen, vergnügen, zerstreuen, narren, necken, aufziehen, Possen treiben, schäkern *u.* → belustigen, freuen sich, lachen, schäkern. ▸ ernst (sein).
scherzhaft → humoristisch, schalkhaft.
Scherzhaftigkeit → Possen, Scherz, Unsinn, Witz.
Scherzname Uzname, Spitzname, Spottname, Beiname, Übername, Umbenennung, Umtaufe, Namenwechsel, Namenstausch.
Scherzstück Scherzo.
Scherzzeichnung → Karikatur.
Scheu Schüchternheit, Blödigkeit, Befangenheit, Bänglichkeit, Bedenklichkeit, Einschüchterung, Zurückhaltung • Misstrauen, Menschenscheu, Menschenfurcht, Ungeselligkeit, Weltangst, Eigenbrötelei, Unzugänglichkeit, Unnahbarkeit • Furcht, Angst, Besorgnis, Schauder, Angstzustände, Platzangst, Verfolgungswahn, Ängstlichkeit, Unschlüssigkeit, Beunruhigung, Verzagtheit, Feigheit, Bedenken • Bescheidenheit, Selbstunterschätzung, Verschämtheit, Sprödigkeit, Unbeholfenheit • heilige Scheu, Ehrfurcht, Hochachtung, Anbetung, Vergötterung. → Abneigung, Bammel, Bedenken, Befangenheit, Bescheidenheit. ▸ Furchtlosigkeit, Überheblichkeit, Verspottung, Vertrauen.
scheu → ängstlich, bange, bebend, befangen, feige. ▸ aggressiv • aufdringlich, dreist, kess • furchtlos, mutig • zutraulich.
scheuchen → erschrecken, jagen.
scheuen widerstreben, ablehnen, bocken, sperren sich, widersetzen sich, im Wege stehen, hemmen, lähmen, entziehen sich, sträuben sich, abstehen, aus dem Wege gehen, sich drehen und wenden, sich zurückziehen • fürchten sich, erschrecken, ängstigen sich, bangen, erbeben, erschaudern, gruseln, erzittern, aufhören, bangen, befürchten, erschrecken, Haar in der Suppe finden. ▸ furchtlos (sein), helfen.
scheuen, sich ekeln, verabscheuen, widerwärtig finden, Anstoß nehmen, eklig finden, widerstreben, anwidern, anekeln, Übelkeit erregen • sich entfernt halten, ausweichen, meiden, scheuen vor, zurückfahren, erschrecken, erschaudern, sich entsetzen vor, aus dem Weg gehen. → bangen, befürchten, bringen nicht übers Herz, erschrecken.

▸ furchtlos (sein), überwinden (sich).
Scheuer → Abstellraum, Depot.
Scheuerbürste → Bürste.
scheuern rubbeln. → ausbürsten, ausstauben, bohnern, fegen, putzen, waschen.
Scheuklappen Kopflosigkeit, Gedankenlosigkeit, Brett vor dem Kopf, Dummheit, Hirnverbranntheit, Sturheit, Beschränktheit, enger Horizont, Unverstand, lange Leitung, Unverständnis, geistige Armut, Verdummung, Leere, Unfähigkeit. → Blende. ▸ Klugheit, Verständnis, Aufgeschlossenheit, Glasnost, Offenheit • Interesse, Neugier, Wissensdurst.
Scheune → Abstellraum, Depot.
Scheusal → Bandit, Bestie, Fratze, Missgestalt.
scheußlich scheißlich *u.* → abgeschmackt, abscheulich, abstoßend, beißend, beklemmend, beschämend, bitter, blatternarbig, blümerant, böse, brennend, entsetzlich, freudlos, gräulich, hässlich, schauerlich, schlimm, unangenehm. ▸ Appetit anregend, wohlschmeckend • attraktiv, elegant, entzückend, erfreulich, geschmackvoll, herrlich, hübsch, schick, schön, wundervoll.
Scheußlichkeit → Hässlichkeit.
Schicht Schluss, Schichtwechsel, Feierabend, Schichtarbeit, Torschluss, Ruhezeit, Feierschicht, Einteilung • Volksschicht, Herrenschicht, Oberschicht, Volksschichtung, Kernschicht, Arbeiterschicht • Auflage, Platte, Schuppe, Maser, Belag, Bedeckung. → Decke, Ebene, Feierabend, Fell, Patina. ▸ Anfang, Arbeit, Fortgang.
schichtartig → blättrig.
Schichtaufnahme(verfahren) Tomographie.
schichten ordnen, einteilen, einordnen, anordnen, einrichten, zurechtstellen, zurechtsetzen, zurechtlegen, häufen, anhäufen, einreihen, stufen, abstufen, staffeln, aufeinander stellen, aufschichten, stapeln. ▸ verwirren.
Schichten auftragen beschichten, überziehen, (z.B. emaillieren, furnieren, galvanisieren, kaschieren). → bedecken.
Schichtung → Anordnung, Schicht, Struktur.
Schichtwolke Stratus.
Schick Eleganz, Wichs, Grazie, Harmonie, Wohlklang, Sexappeal, Schönheit, Modernheit, Augenweide, Geschmack, geschmackvolles Äußeres, Feinheit, Vollendung • Geschick, gute Lebensart, Schicklichkeit, Anstand. ▸ Geschmacklosigkeit.
schick elegant, geschmackvoll, anziehend, ebenmäßig, exquisit, entzückend, geschmeidig, raffiniert, schnafte *u,* dafte *u,* schnieke *u,* mondän, toll, todschick, tipptopp, fesch, kess, tadellos, vollendet, fantastisch, modern, Dernier Cri, fein. → anmutig, anmutsvoll, scharmant, elegant. ▸ anspruchslos, geschmacklos, hässlich, unansehnlich, unelegant, scheußlich • altmodisch, veraltet • bieder, brav • schlampig, ungepflegt, verschlissen.
schicken senden, übermitteln, absenden, beilegen, befördern, zustellen, zugehen lassen, fortschicken, zuleiten, verfrachten, zubringen, verschicken, einschicken, einsenden, fortschaffen, wegtragen, versenden • von Pontius zu Pilatus schicken. → absenden, austragen, befördern, detachieren, einschicken. ▸ empfangen, entgegennehmen, erhalten • bringen, hintragen • überreichen.
schicken, in die Wüste absetzen, ausbooten, entlassen, kündigen.
schicken, sich fügen sich, übereinkommen, abfinden sich, dareinfinden sich, geduldig sein, aushalten, gefallen lassen sich, dreinschicken sich, über sich ergehen lassen, von der besten Seite nehmen, zufrieden geben sich. → abfinden, ausharren, fügen sich. ▸ widersetzen sich.
schicklich füglich, geziemend, herkömmlich, angebracht, gebührlich, gehörig, angemessen höflich, anständig, ziemlich, passend, sachdienlich, tauglich, tüchtig, sittengemäß, stubenrein, menschenwürdig, sittig, sittsam, gesittet, sittenrein, schämig • nichts dabei finden, da ist nichts dabei. → angemessen, anständig, artig, füglich, gebührlich, gehörig, höfisch. ▸ unschicklich, anstößig, schlüpfrig, unanständig • ungehörig, unhöflich.
schicklich sein → benehmen sich, schicklich.
Schicklichkeit → Benehmen, Dekorum, Salonfähigkeit, Zweckmäßigkeit.
Schicksal Geschick, Schickung, Verhängnis, Los, Vorherbestimmung, Vorsehung, Fügung, Missgeschick, Fatalität, Prädestination, Unannehmlichkeit, Verstrickung, Verkettung, Fatum, höhere Gewalt, Bekümmernis, Bedingtheit, Unvermeidlichkeit, Notwendigkeit, Willenlosigkeit, Zufall, Bestimmung, Zufälligkeit • Unheil, Unstern, Unglück, Unsegen, Heimsuchung, Drangsal, Bedrängnis, Übel, Ungemach, Schicksalsschlag, Schlag, Strafe des Himmels, Prüfung. → Bekümmernis, Berufung, Betrübnis, Chance, Fügung, Los, Zufall. ▸ Glück, Lebensfreude, Sorglosigkeit.
schicksalhaft schicksalsbedingt, fatal, unangenehm, unumgänglich, unabwendbar, vorbestimmt, unabweislich, gefügt, unentrinnbar, entschieden, zwingend, unvermeidlich, beschlossen, unausbleiblich, unwiderruflich, bestimmt, gewiss, jedenfalls. → fatal. ▸ erfreulich, überwindbar.
schicksalsbedingt → schicksalhaft.
Schicksalsergebenheit Resignation.
Schicksalsgemeinschaft → Bündnis, Gemeinschaft, Staat.
Schicksalsgenosse Gefährte, Kumpan, Genosse, Kamerad, Kriegsgefährte, Partner, Kommilitone, Mitbeteiligter, Mitschuldiger, Amtsgenosse, Berufsgenosse, Fachgenosse • Ehegenosse, Ehegefährte, Ehegatte, Mann, Ehemann. ▸ Fremder.
Schicksalsglaube, blinder Fatalismus.
Schicksalsgläubiger Fatalist.
Schicksalsschlag harter Schlag *u.* → Armut, Bekümmernis,

Beschwerlichkeit, Ende böses, Fehlgeburt, Misserfolg, Übel, Unglück.
▸ Glücksfall, Glückstreffer.
Schickung → Fügung, Schicksal, Zufall.
schieben drücken, stoßen, deuen *u,* schupsen, drängen, treiben, anstoßen, bewegen, befördern, ziehen, verrücken, vorwärts treiben • werfen, schubweise befördern, zwangsweise befördern • aufschieben, hinauszögern, verschieben • herausschinden, täuschen, betrügen, hintergehen, begaunern, Schiebergeschäfte machen, Teuerung ausnutzen. → ankurbeln, anstoßen, bemächtigen, benachteiligen, bewegen sich, Decke unter der stecken, krumme Wege.
▸ bremsen, ehrlich (sein), hemmen, still stehen, verlieren fahren • schleppen, ziehen.
Schieber → Betrüger, Dieb, Emporkömmling, Fälscher, Kriegsgewinnler.
Schieberei → Beraubung, Betrug, Dieberei, Gaunerei, Preistreiberei.
Schiebung → Bemächtigung, Beraubung, Bestechung, Betrug, Dieberei, Gaunerei, Käuflichkeit, Kniff, Preistreiberei.
schiech → arm, hässlich, schlecht.
Schiedsgericht Zwischenkunft, Vermittlung, Einmischung, Vermittler, Mittelsperson, Zwischenträger • Einigkeit, Übereinstimmung, Einvernehmen, Schlichtung, Einspruch, Schiedsrichteramt, Schlichtungsverfahren, Fürsprache, Friedensgericht, Einigungsamt, Vermittlungsamt, Gütestelle. → Auseinandersetzung, Unterhandlung.
Schiedsmann → Schiedsrichter.
Schiedsrichter Unparteiischer, Schiedsmann, Chef, Vermittler.
Schiedsspruch → Entscheidung, Urteil.
schief schräg, windschief, geneigt, absteigend, abfallend, krumm • unförmig, unebenmäßig, missförmig, verzerrt, verdreht, verbogen, buckelig, höckerig, missgeformt, hässlich, verwachsen, schief gebaut, verunstaltet • böse, scheel, missgünstig, verdrossen, missmutig, falsch, schlecht, schepp *u,* scheps *u,* schiach *u,* schiech *u.* → einseitig, krumm, schräg.
▸ frohgemut, gerade, gut, wohlgestaltet.
schief gehen schief liegen. → Boden verlieren den, irren, scheitern.
schief gewickelt im Irrtum, verkehrt gedacht, auf dem Holzweg, ins Blaue schießen, die Rechnung ohne den Wirt machen, über die eigenen Füße stolpern, lange warten müssen.
▸ gelungen, obsiegen.
schief liegen irren. → schief gehen.
Schiefe Neigung, Schiefheit, Schräge, Schräglage.
schiefe Bahn geraten, auf die entgleisen, verkommen. → scheitern.
schiefrig → brechbar, spröde.
schiefwinkliges Rechteck Raute, Rhombus.
Schielauge Schieler, Triefauge, Schwachsichtigkeit, Tränenauge, Verunstaltung, Hässlichkeit, Augenschwäche • Geizhals, Neidhammel, Scheelsüchtiger, Neidwurm, Habsüchtiger. → Auge.
▸ Geber, Scharfsichtigkeit.
schielen neiden, lauern, scheele Augen machen, auf den Teller gucken, Stielaugen machen • unvollkommen sehen, einen Nebel vor den Augen haben, schräg sehen. → blinzeln.
▸ gönnen, scharfsichtig (sein), Strabismus.
Schielen (leichtes) Silberblick *u.*
Schielender Strabo.
Schielwinkelmesser Strabometer.
Schiene Geleis, Strang, Schienenstrang, Schienenweg, Spur, Bahn, Strecke, Route, Richtungslinie, Kufe, Führungsstrang • Bandage, Verband, Schienung, Brett, Leiste.
schienen bandagieren, verschnüren, einschnüren, Verband anlegen, mit Schienen versehen • vermessen.
▸ aufwickeln, losbinden.
Schienenstrang → Schiene.
Schienung → Bandage, Schiene.
schier → Anzug, Haar auf ein, nahezu, rein, schön, zirka.
schießen knallen, puffen, feuern, funken, abschießen, beschießen, einschießen, ballern, Feuer geben, Kugeln wechseln, pflastern *u,* eins auf den Pelz brennen, die Geschütze bedienen, mit Kugeln eindecken, piffpaff, zielen, abdrücken, treffen, laden, pfeffern, enthahnen *j* • rennen, flitzen, sausen, rasen, hervorschießen • emporquellen, hervorbrechen, treiben, sprießen, wachsen, aufschließen, heranwachsen • schleudern, werfen, hinwerfen • es ist zum Schießen, lachen, totlachen sich, Gelächter hervorrufen, ulkig sein.
▸ langweilen, stechen, verkümmern, versiegen, zögern • treffen.
schießen, ins Kraut → Vermehrung, wachsen.
Schießwaffe → Büchse, Waffe.
Schiff Dampfschiff, Jacht, Nachen, Naue, Schaluppe, Reff, Floß, Dampfer, Segelschiff, Küstenfahrzeug, Ruderschiff, Fregatte, Schlachtschiff, Kreuzer, Linienschiff, Flugzeugträger, Tanker, Galeere, Galeone, Kahn, Boot, Barke, Motorschiff, Fischerboot, Rennschiff, Kutter, Zweimaster (*sm* Brigg), Dreimaster (*sm* Bark), Beiboot (*sm* Barkasse), Küstenfahrzeug (*sm* Ewer), Dschunke, Eindecker, Dreidecker, Viermaster, Fischerboot, Handelsschiff, Klipper, Polizeiboot, Schlepper, Leichter, Schute, Kasten *u* • Kirchenschiff, Hauptschiff, Nebenschiff • Schiffchen, Webgerät • Sternbild, Pott *u.* → Fahrzeug (Wasser-).
▸ Bahn.
Schiff außer Dienst stellen, ein abtakeln.
Schiff erobern, ein entern.
Schiff, kleines Schachtel *u.*
Schiff, morsches schwimmender Sarg *u.*
Schiff schieben/schleppen bugsieren.
schiffbar → fahrbar.
Schiffbauanlage Dock, Helling, Werft.
Schiffbaugerüst Stapel.
Schiffbett, eingebautes Koje.
Schiffbruch → Armut, Bekümmernis, Unglück, Zerstörung.
Schiffbruch/-schaden Havarie.
Schiffdeck Bord, Deck.
Schiffe mieten chartern.
schiffen → bewegen sich, fahren.
Schifffahrtsgesellschaft Reederei.
Schifffahrtskunde Nautik.

Schifffahrtsunternehmer Reeder.
Schifffenster Bullauge.
Schiffsausbesserungswerk Dock.
Schiffsbalken Planke, Spant, Steven, Stringer.
Schiffsbesatzung Crew.
Schiffsdrehung Manöver.
Schiffseigner Partikulier, Reeder.
Schiffseite Steuerbord *sm* (rechte Seite), Backbord *sm* (linke Seite).
Schiffsfracht Tonnage.
Schiffsfugen dichten kalfatern.
Schiffsführer Kapitän, Kommodore, Lotse, Navigator.
Schiffsgeländer Reling.
Schiffshaltetau Gei, Reep, Stag, Trosse. → Schiffsseil.
Schiffskoch Smutje.
Schiffskran Davit.
Schiffsmann Maat.
Schiffsmannschaft Crew.
Schiffsmieter Charterer.
Schiffsraum → Kabine, Tonnage.
Schiffsreise Passage.
Schiffsreisender Passagier.
Schiffsroute Track.
Schiffsschnabel → Bug.
Schiffsseil Brasse, Gei, Gording, Pardune, Reep, Stag, Tau, Trosse, Want.
Schiffstagebuch Logbuch.
Schiffstau → Schiffsseil.
Schiffstreppe Fallreep.
Schikane Quälerei, Marter, Tortur, Überlistung, Tücke, Heimtücke, Prellerei, Gaunerei, Ränke, Finte, Kniff, Finesse, Pfiff, Schliche, Manöver, Winkelzug.
▸ Gutmütigkeit, Offenheit, Hilfe, Wohltat.
schikanieren triezen *u.* → ärgern, bedrücken, Hölle heiß machen, peinigen, quälen.
Schild Platte, Ebene, Fläche • Abzeichen, Plakette, Tafel, Firmenschild, Namenstafel • Decke, Bedeckung, Visier, Rüstung, Panzerhand, Schutzwaffe, Wappenschild, Schirm, Schutz. → Bedeckung, Etikett(e).
▸ Schutzlosigkeit.
Schildbürger Spießbürger, Till Eulenspiegel, Einfaltspinsel, Leichtgläubiger.
▸ Kopf fähiger.
Schildbürgerstreich → Schwabenstreich.
Schilddrüsenerkrankung Thyreose.
Schilderer Erzähler. → Dichter.
schildern erzählen, berichten, ausmalen, verkörpern, spielen, vorstellen, veranschaulichen, nachmalen, beschreiben, darstellen, sagen, ein Bild entrollen, nachberichten, zusammenstellen, herausstellen, überliefern, wiedergeben, ausspinnen, beklatschen, aufzählen. → aufzeigen, ausarbeiten, ausdrücken, auseinander setzen, ausmalen, beschreiben, darstellen, detaillieren, entwerfen, ein Bild erzählen.
▸ verheimlichen • kurz berichten/darstellen, skizzieren.
Schilderung → Bericht, Beschreibung, Chronik, Darstellung, Denkschrift, Dessin, Erzählung, Reisebericht.
Schildträger → Begleitung, Bewachung.
schillern irrlichterieren, flackern, wechseln • gleißen, schimmern, glänzen, leuchten, strahlen, blenden, herausputzen, strotzen, flimmern. → blenden, leuchten.
▸ erlöschen, farblos (sein), gleich bleiben.
schillernd glitzernd, gleißend, opalisierend, bunt, glänzend, farbenfroh, kräftig, schimmernd, veränderlich, wechselnd, leuchtend, prächtig, herrlich, prunkhaft, prismatisch, irisierend. → bunt, buntscheckig, farbenfroh, farbenreich, irisierend, changierend.
▸ farblos, gleich bleibend, schlicht.
schilpen → piepsen.
Schimäre Hirngespinst, Luftschloss, Trugbild, Utopie, Wolkenkuckucksheim, Wunschtraum.
Schimmel weißes Pferd • Fäulnis, Schwamm, Schimmelpilz. → Moder.
▸ (Rappe).
schimmelig moderig, madig, dumpf, ansteckend, pestilenzialisch, trüb, unrein, schmutzig, befleckt, staubig, dreckig, schmierig, garstig, vergoren, bedeckend, stinkend. → dreckig.
▸ einwandfrei, sauber.
Schimmer → Anmut, Ahnung, Anziehung, Ausschmückung, Einblick, Farbe, Farbenglanz, Farbenton, Pracht, Schatten, Schein.
schimmern → emporlodern, erglühen, leuchten, schillern.
schimmernd → brillant, farbenfroh, pompös, schillernd.
Schimpf Unehre, Schande, Schmach, Verrufenheit, Misskredit, Unwürdigkeit, Schmählichkeit, Fluch, Ruhmlosigkeit, Erniedrigung, Entehrung, Pfuirufe, Pietätlosigkeit, Niedertracht, Injurie • Tadel, Schelte, Scheltname, Spott, Hohn, Lästerung, Geschrei, Beschimpfung, Beleidigung, Kränkung, Verspottung, Schmähung, Schmährede, Schimpfrede, Schimpfname, Schimpfwort, Schimpfschrift, Ehrverletzung. → Achsel, Anstößigkeit, Beleidigung, dunkler Punkt, Erniedrigung, Schande, Spott.
▸ Ehrerbietung, Lob, Anerkennung, Belobigung, Ehre, Ehrung, Würdigung.
schimpfen schelten, predigen, tadeln, beschimpfen, beleidigen, verhöhnen, kränken, schänden, lästern, verunglimpfen, herabwürdigen, erniedrigen, demütigen, wie ein Rohrspatz schimpfen, den Marsch blasen, Luft machen sich, toben, donnern, auffahren, aufbrausen, Bescheid sagen, zanken, keifen, kollern *u,* bölken *u,* bullern *u,* räsonieren, wettern, schnauzen, Krach schlagen, toben wie ein Wilder *u,* raunzen, schnauzen, anknurren, anfahren, knurren, zürnen, mahnen, verweisen, beanstanden, makeln, kritisieren, die Leviten lesen, den Standpunkt klar machen, Vorstellungen machen, ausschimpfen, herunterputzen, rüffeln, auszanken, Gericht halten. → belfern, demütigen, fluchen, Hölle heiß machen, räsonieren.
▸ achten, loben, vertragen sich.
Schimpferei Zänkerei, Geschelte, Keiferei, Gezänke, Gekreisch, Maulgefecht, Gehader, Gekeife, Lärm, Schimpf, Beschimpfung, Beleidigung, Kränkung, Schelte, Schmährede, Tadel, Rüge, Verweis, Rüffel, Strafpredigt, Gardinenpredigt, Bemäkelung, Vorwurf, Mäkelei, Nörgelei, Geschimpfe, Bußpredigt, Mahnung, Schimpfreden. → Schimpf, Tadel.
▸ Ehrerbietung, Lob, Verträglichkeit.

schimpflich verwerflich, unehrenhaft, ehrenrührig. → abstoßend, anrüchig, anstößig, arglistig, bedauerlich, beschämend, bestechlich, charakterlos, entehrend, niederträchtig.
schimpflich reden → diskreditieren.
Schimpfname → Beiname, Beleidigung, Schimpf.
Schimpfwort → Beleidigung, Diebesjargon, Fluch, Schimpf, Spott.
Schindanger Schinderwasen, Abdeckerei, Aasplatz.
schinden → abmühen, anstrengen, arbeiten, bedrücken, befeinden, beschäftigen, bestrafen, bestreben sich, binden sich selbst eine Rute, erkämpfen, quälen.
schinden, sich abarbeiten/abmühen/abrackern/anstrengen sich, mühen/plagen sich, schuften.
Schinder Placker, Quäler, Wucherer, Peiniger, Unterdrücker, Bedrücker, Ausnützer, Halsabschneider. → Abdecker.
▸ Wohltäter.
Schinderei → Anstrengung, Arbeit, Aufgebot, Beschwerde, Mühe.
Schinderhannes → Bandit.
Schippe Schaufel, Spaten • Flunsch, Schmollmund.
Schippe nehmen, auf die aufziehen, foppen, frotzeln, hänseln, necken, verulken.
schippeln → schieben.
Schirm Regenschirm, Sonnenschirm, Lampenschirm, Röntgenschirm, Bildschirm • Schutz, Sicherheit, Sicherung, Geleit, Deckung, Beschützung, Beschirmung, Obdach, Hut, Obhut. → Bedeckung, Blende.
▸ Schutzlosigkeit.
Schirm und Schutz, in → Dach und Fach unter, sicher.
Schirmdach Baldachin.
schirmen → aufheben, bringen unter Dach, helfen, schützen.
Schirmer → Beschützer.
Schirmherr → Beschützer.
Schirmherrschaft Präsidentschaft, Ehrenvorsitz, Protektorat • Hilfe, Förderung, Mitwirkung • Einflussbereich, Machtbereich, Hoheitsbereich, Herrschaftsgebiet • Schutzherrschaft, Schutzmacht • Einfluss.
schirmlos → hilflos.
Schisma Abfall, Spaltung, Kirchenspaltung, Separatismus, Glaubensabfall, Trennung, Bruch, Schnitt, Teilung, Scheidung, Zwiespalt, Entzweiung, Uneinigkeit, Meinungsverschiedenheit, Unstimmigkeit, Widerrede, Widerspruch, Apostasie. → Bruch.
▸ Übereinstimmung, Vereinigung, Zusammenhang.
schismatisch → abtrünnig.
Schiss → Angst, Bammel, Bedenken, Befangenheit, Scheiße.
schlabbern → seibern.
Schlacht Bataille. → Angriff, Blutbad, Kampf.
Schlacht schlagen, eine → kämpfen.
schlachten → ausrotten, töten.
Schlächter → Berserker, Bestie, Bluthund.
Schlachtfeld → Kampfplatz.
Schlachtgewühl → Blutbad.
Schlachtlied → Fanfare.
Schlachtopfer → Brandopfer.
Schlachtordnung → Aufstellung.
Schlacke Rest, Abfall, Unrat, Absonderung, Asche, Schaum, Schmutz, Bodensatz, Abschaum, Unreinheit, Unwert, Staub, Spreu, Schale, Ruß, Schmiere. → Abfall, Asche, Auswurf, Dreck.
▸ Brennmaterial.
Schlackenberg Halde.
schlackern schlenkern, rutteln. → stoßen.
Schlaf Apathie, Empfindungslosigkeit, Lähmung • Halbschlaf, Schlummer, Ruhe, Ruhezustand, Einhalt, Rast, Erholung, Traum, Unterbrechung, Stockung, Hemmung, Entspannung, Bettruhe, Schläfchen, Siesta, Nickerchen, Winterschlaf, Stärkung, Erfrischung, Labsal • letzter Schlaf, Tod.
▸ Leben, Ruhelosigkeit, Schlaflosigkeit.
schlafähnlicher Zustand Hypnose, Trance.
Schlafanzug Pyjama.
schlafbedürftig → müde.
Schlafbus Rotel (rollendes Hotel) *u.*
Schläfchen → Dusel, Schlaf.
schlafen duseln, einlullen, niederlegen, rasten, einnicken, ausruhen, schlummern, träumen, ruhen, nicken, schnarchen, stillliegen, müßig sein, der Ruhe pflegen, liegen auf der Bärenhaut, pennen *u,* nächtigen, sich nicht rühren, untätig sein, faulenzen, unaufmerksam sein, ausschlafen sich, ein Nickerchen machen, durchschlafen, durchpennen *u,* heia machen *u,* wie ein Bär oder Dachs schlafen, wie eine Ratte oder ein Ratz schlafen, sich einen Stiefel zusammenschlafen *u,* bis in die Puppen schlafen • brach liegen, Horchdienst *u.* → ausruhen, beruhigen, übernachten.
▸ arbeiten, aufwachen, munter (sein), auf sein, wach sein • keinen Schlaf finden, wachliegen.
schlafen poofen *u.*
schlafen, miteinander → koitieren.
Schläfer → Faulpelz.
schlaff locker, lose, weich, schlotterig, hängend, schwammig, schlapp, morsch, nachgiebig, schmiegsam, biegsam. → abgespannt, arbeitsunfähig, bequem, energielos, faul, langweilig, matt.
▸ arbeitsfähig, fest, frisch, energisch, kräftig • angespannt • eng, gespannt, prall, steif, straff, stramm.
Schlaffheit Willenlosigkeit, Weichheit, Unkraft, Charakterschwäche, Nachgiebigkeit, Trägheit, Willensschwäche, Langsamkeit, Trödelei, Schläfrigkeit, Schlappheit, Verzögerung, Bummelei, Lendenlahmheit, Faulheit, Schwäche, Lockerung, Kraftlosigkeit, Mattheit, Laxheit, Abspannung. → Erschlaffung.
▸ Kraft, Willenskraft.
schlaffördernd hypnotisch.
Schlafkautsch → Bett.
Schlaflied Wiegenlied, Lullaby.
schlaflos munter, regsam, unruhig, unermüdlich, rührig, rege, schaffig • krank, überanstrengt.
▸ schläfrig, (tief) schlafend.
Schlaflosigkeit Agrypnie, Asomnie, Insomnie.
Schlafmittel → Arznei, Beruhigungsmittel.
Schlafmütze Langweiler. → Arbeitsunfähiger, Banause, Bummler, Faulpelz.
Schlafnische Alkoven.
Schlafpulver → Arznei, Beruhigungsmittel.
schläfrig halb wach, schlaftrunken, müde, gähnend, matt, ermattet,

lendenlahm, übermüdet, kraftlos, entkräftet, abgespannt, aufgerieben, ruhebedürftig, benommen. → arbeitsunfähig, bedächtig, behäbig, behaglich, bequem, betäubt, bleiern, bummelig, einschläfernd, faul, müde. ▸ schlaflos, wach.
Schläfrigkeit Ermattung, Ermüdung, Müdigkeit, Erschöpfung, Erschlaffung, Erlahmung, Entkräftung, Hinfälligkeit, Kraftlosigkeit, Abgespanntheit, Schwäche, Übermüdung • Faulheit, Saumseligkeit, Trägheit, Phlegma, Langsamkeit. → Bummelei. ▸ Arbeitsfreude, Kraft, Ruhelosigkeit.
Schlafsack Poofbeutel *u.*
Schlafsessel → Diwan.
Schlafstelle Poofe *u.*
Schlafsucht → Schwäche.
Schlafsüchtiger Hypnomane.
Schlaftrunk → Arznei, Baldrian.
schlaftrunken → müde, schläfrig.
Schlafwagen Waggon-Lit.
schlafwandeln → fantasieren, Mondsüchtigkeit, Nachtwandeln, Noktambulismus, Somnambulismus.
Schlafwandler Mondsüchtiger, Nachtwandler, Somnambule.
Schlafzimmer Allerheiligstes *u.*
Schlag Hieb, Knuff, Hau *u,* Strich, Stoß, Schub, Druck, Prügel, Nasenstüber, Ohrfeige, Schelle, Handschrift, Tachtel *u,* Kopfnuss • Ruck, Explosion, Sturz, Fall, Erdbeben, Erdstoß, Laut, Katastrophe • Rasse, Sippe, Art, Volksart, Gattung • Acker, Flur, Feldmark, Stück, Boden, Lichtung, Baumschlag, Rodung, Schneise • Unheil, Unglück, Übel, Reinfall, Pech, Zerstörung, Vernichtung, Beeinträchtigung, Unglücksfall, Mühsal, Unglücksstern, Ungemach, Plage, Schicksalsschlag, Schickung, Fügung • Enttäuschung, Ernüchterung, Fehlschlag, harter Schlag • Coup, überraschende Tat. → Abteilung, Art, Art und Weise, Armut, Aussehen, Bekümmernis, Beleidigung, Beschwerlichkeit, Bewegungstrieb, Betrübnis, bums, Charakter, Coup, Donner, Entlassung, Enttäuschung, Explosion, Familie, Kaliber, Patsche, Übel, Unglück. ▸ Erfolg, Ganzes, Glück, Lautlosigkeit, Lebensfreude, Sorglosigkeit, Zufriedenheit • Betroffenheit • Loch • Wunde.
Schlag zur Gegnertäuschung Finte.
Schlaganfall Apoplexie.
schlagartig → auf einmal, augenblicklich, plötzlich.
Schlagball → Ball, Spiel.
Schlagbaum → Beschwernis, Grenze, Hindernis.
Schlagbecken Gong.
Schlagbrücke → Brücke.
Schläge Schmackes *u.* → Bestrafung, Prügel.
Schlagen → Bearbeitung, Bestrafung, Bewegung.
schlagen durchhauen, raufen, reinhauen, ein loses Handgelenk haben, hauen dass die Fetzen fliegen, zusammenhauen, die Hosen stramm ziehen, knallen, titschen *u,* auf den Hut geben *u,* eine verpassen *u,* pfeffern *u,* patschen *u,* eine langen, gerben das Leder, knuffen, knüppeln, klopfen, hauen, prügeln, puffen, losschlagen • aus der Armenkasse kriegen *u,* eine aufs Dach kriegen *u,* ein paar hinten drauf geben *u* • das Fell juckt, der Buckel juckt • hämmern, peitschen, dreschen, anschlagen, strafen, bestrafen, maulschellen, abschwarten *u,* bläuen *u,* zu Brei hauen, eins auf den Deckel geben, *u,* durchbläuen *u,* durchwalken, durchwichsen, frikassieren *u,* gleich gibt es etwas, da ist etwas gefällig *u,* holzen, die Jacke ausklopfen, die Knochen entzwei schlagen, in der Mache haben *u,* ein paar auf den Pelz brennen *u,* schmieren *u,* ein paar überziehen, verbläuen, verhauen, verprügeln, versohlen, verkamisölen *u,* vermöbeln *u,* vertobaken *u,* vertrommeln *u,* verwamsen *u,* wichsen, wamsen *u,* zerbläuen *u,* züchtigen, bearbeiten, zurichten, zerschlagen, walken, durchbeuteln, wamsen, eine Holzhammernarkose geben *u,* eins auswischen *u,* in die Fresse hauen *u,* die Fresse polieren *u,* keilen, patschen, ohrfeigen, boxen, traktieren, abreiben, bimsen *u,* braun und blau hauen, eine aufs Dach geben *u,* durchhauen, durchwansen *u,* das Fell gerben, heimleuchten, die Hucke voll hauen *u,* keilen, das Leder gerben, zu Mus hauen *u,* hauen dass die Schwarte knackt *u,* verbimsen, verdreschen, verholzen, verkeilen, vertrimmen *u,* verwalken, verwichsen, walken, windelweich hauen, zusammenhauen • übertreffen, hinter sich lassen, überlegen sein, ausstechen, überstrahlen, überbieten, überholen, überragen, gewinnen, in den Sack stecken, den Rang ablaufen • wogen, branden • pulsieren, puppern • stampfen. → ankreiden, anschlagen, auswischen, balgen, beeinträchtigen, bestrafen, beuteln, dreschen, fächeln, pflastern, prügeln. ▸ abprallen, loben, still stehen, unterlassen, unterliegen • liebkosen, streicheln.
schlagen, in Stücke → zerstören.
schlagen, rhythmisch pulsen, pulsieren.
schlagen, sich → angreifen, schlagen, streiten.
schlagen, ins Geicht in die Schnauze oder Fresse schlagen *u,* die Fassade lackieren *u,* ohrfeigen, einen Backenstreich geben, eine herunterhauen.
schlagen, sich zu einer Partei → beteiligen sich.
schlagen, in die Schanze → wagen.
schlagen, ein Schnippchen übertölpeln, überlisten, aufs Korn nehmen, übers Ohr hauen, eine Nase drehen, falsches Spiel treiben, das Fell über die Ohren ziehen, eine Falle stellen, eine Grube graben, Sand in die Augen streuen, zum Narren halten, einen in den Sack stecken, hinters Licht führen, einem Hörner aufsetzen, auf falsche Spur bringen. → balbieren. ▸ ehrlich (sein).
schlagen, um sich → toben, wüten.
schlagen, in den Wind → Wind schlagen.
schlagend beweisend, zwingend, durchschlagend, unwiderleglich, entscheidend, überzeugend, stichhaltig, folgerichtig, logisch, denkrichtig, wirksam, anschaulich, treffend, verblüffend, überraschend, frappant, treffend, den Nagel auf den Kopf getroffen, gut

gebrüllt Löwe *u.* → absolut, anschaulich, derb, durchschlagend.
▸ falsch, unlogisch, widersprechend.
Schlager Gassenhauer, Lied, Schund, Kitsch, Chanson, Schnulze *u,* Gesang • Fischzug, Einschlag, Bombe, Anziehung, Attraktion, Zugstück, Magnet, Zugkraft, Anziehungsmittel, Reißer, Reiz, Treffer, Evergreen. → Anziehung, Anziehungskraft, Attraktion, Lied.
▸ Niete.
Schläger Fechter, Kämpfer, Duellant, Rapier, Degen, Tennisschläger • ausschlagendes Pferd, schlagender Singvogel. → Raufbold.
▸ Lamm frommes.
Schlägerei → Streit, Tätlichkeit.
Schlagersänger(in) Jammerlappen *u.*
Schlagervorführung Hitparade.
schlagfertig → beredt, plötzlich, prompt, redegewandt.
▸ begriffsstutzig, borniert, gehemmt, geistlos, langsam, träge, unbeweglich, verlegen, vernagelt.
Schlagfertigkeit → Geist, Redseligkeit, Witz.
Schlagkraft Wirkung, Wirksamkeit, Durchschlagskraft, Wirkungsvermögen. Nachdruck • Logik, Urteilskraft, Denkkraft, Schlagfertigkeit, Überzeugungskraft, Beweiskraft, Bündigkeit, Beweisführung • Treffsicherheit, Bildkraft, Wucht, Redekunst, Eindringlichkeit.
▸ Unverstand, Unwirksamkeit.
schlagkräftig → eindrucksvoll, heftig, mächtig, schlagend.
Schlagsahne Schlag *u.*
Schlagseite Übergewicht, Schräglage, Schräge, Schrägrichtung, Neigung, Rutsche, Kränkung • Schlagseite haben. → betrunken.
Schlagwort Geschwätz, Redensart, Reklamesatz, Gemeinplatz, Phrase, Schlagzeile, Slogan, Werbeschlagwort, nachgeplapperte Dummheit, Unsinn, Sprachfehler, Versehen, Verwechslung, Entgleisung, Missgriff, Sprachunart, Leere, Hohlheit, Wortkrämerei, Gefasel, Schwulst, Jahrmarktswort, Jahrmarktston. → Blech, Farblosigkeit.
Schlagzeile → Schlagwort, Titel.
Schlagzeug Musikinstrument, Tonerzeuger, Trommel, Pauke, Kastagnetten, Tamburin, Gong, Tamtam, Zimbel, Becken, Kesseltrommel, Glockenspiel, Triangel.
Schlagzeuger Drummer.
Schlaks → Riese.
Schlamassel → Armut, Chaos, Patsche, Unglück.
Schlamm Schlick, Pampe. → Abfall, Brei, Brühe, Dreck, Schlacke, Schmutz.
Schlammbank Barre.
schlammig → breiig, schmutzig.
Schlampe Schlendrian, Schlappschwanz, Schlumpe, Schlunze, Vettel, Struwwelpeter, Dreckliese, Schmutzliese, Dreckspatz, Drecksack, Schmutzfink, Schmierfink, Ferkel, Witz, Unflat, Schweinematz, Rübenschwein, Wuschelkopf, Hutzelkopf, liederlicher Mensch, unordentlicher Mensch. → Buhle.
▸ (Mensch ordentlicher/sauberer).
schlampen → fackeln, hudeln, müßig gehen.
Schlamperei → Fahrlässigkeit, Pflichtvergessenheit, Unordentlichkeit, Zuchtlosigkeit.
schlampig → nachlässig, unordentlich.
▸ elegant, schick • ordentlich.
Schlange Kriechtier, Reptil, Lindwurm, Ringelnatter, Otter, Viper, Königsschlange, Boa • Betrüger, Scheinheiliger, Schurke, Heuchler, Lügner, Schelm, Gleisner, Schleichhändler, Täuscher, Fälscher, Natternbrut, Otterngezücht, falscher Freund • Geschütz, Feldschlange • Schlangenlinie, Schlängelung, Schleife, Wellenlinie, Windung, Drehung. → Anzahl.
▸ Freund, Mensch aufrechter.
schlängeln, sich → aufrollen, drehen.
schlängelnd → aalförmig, aalglatt.
Schlängelung → Biegung, Kurve, Schlange.
schlangenartig → aalförmig, aalglatt, falsch.
schlangenförmig → aalförmig, aalglatt, dünn.
Schlangengezücht → Otterngezücht.
Schlangenlinie → Biegung, Kurve, Schlange.
schlank schmal, knabenhaft, schmächtig, biegsam, dünn, dürr, fleischlos, geschmeidig, gertenschlank, grazil, hager, klapperdürr, knochig, mager, rank, spindeldürr, storchbeinig, unterernährt, zart, fadenförmig, lang, länglich. → aalförmig, aalglatt, biegsam, dünn.
▸ beleibt, dick.
schlanker Mensch → Bohnenstange.
Schlankheit → Dürre, Magerkeit.
Schlankheitskur Abmagerungskur, Diät(kur), Fastenkur, Hungerkur.
▸ Fresssucht • Mast.
schlankweg → direkt, durchgehend.
schlapp → abgespannt, arbeitsunfähig, bedächtig, bequem, faul, feminin, langsam, müde, schlaff, schwach, unentschlossen.
Schlappe Reinfall, Fehlschlag. → Niederlage.
schlappen schlürfen, sabbern, schlabbern, schlappern, schlarfen, latschen, schmatzen, schnalzen.
Schlappheit → Erschlaffung, Schlaffheit.
Schlapphut Kalabreser.
schlappmachen erlahmen, erliegen, ermatten, ermüden, erschlaffen, nachlassen, niederbrechen, überarbeiten sich, unterliegen, versagen, zurückbleiben, zurückfallen, ohnmächtig werden, schläfrig werden, außer Atem kommen, zusammenknacken, zusammenbrechen, umsinken, abbauen, blümerant werden, nicht mehr können, flau werden.
▸ durchhalten.
Schlappschwanz Jammerlappen, Muttersöhnchen, Schwachmatikus, Schwächling, Weichling, Wrack, Schlappier • Hampelmann, Leimsieder, Puppe, Schneiderseele, Wetterfahne, Zweifler, Schlaffi *u.* → Feigling, Pantoffelheld.
▸ Draufgänger, Held.
Schlaraffenleben → Wohlleben.
schlau klug, geschäftstüchtig, listig, gewitzigt, pfiffig, nicht aus Dummbach *u,* taktisch,

zielbewusst, zielklar, findig, verschlagen, weltklug, witzig • achtsam, aufmerksam, bedacht, bedachtsam, bedächtig, behutsam, besonnen, umsichtig, verschlossen, verschmitzt, vorsichtig, wachsam • abgefeimt, ausgekocht, bauernschlau, bübisch, durchtrieben, falsch, gerieben, gerissen, gewieft, gewitzt, hinterlistig, hintertrieben, gesiebt, intrigant, katzenfreundlich, raffiniert, ränkevoll, spitzfindig, tückisch, faustdick hinter den Ohren. → aalglatt, diplomatisch, durchtrieben, findig, geistesmächtig, geschickt, gewiegt, intelligent, listig. ▸ dumm, unklug.

Schlauberger → Filou, Pfiffikus, Schlitzohr, Besserwisser, Schlaukopf.

Schlauch → Behälter, Röhre Gummiröhre • Anstrengung.

schlauchartig tubulär.

schlauchen anstrengen, ermüden.

Schlaufe → Schlinge.

Schlauheit List, Tücke, Schliche, Büberei, Prellerei, Finesse • Klugheit, Köpfchen *u,* Pfiff, Geistesgegenwart, Rücksichtnahme, Umsicht, Vorsicht • Durchtriebenheit, Mutterwitz, Findigkeit, Verschmitztheit, Spitzfindigkeit, Ränke, Winkelzug, Schelmerei, Katzenfreudigkeit. → Begabung, Betrug, Falle, Falschheit, Kniff, List, Schachzug. ▸ Dummheit, Unklugheit.

Schlaukopf Aas, Filou, Fuchs, Gehängter, Schlauberger, Leisetreter, Schelm, Schlaumeier, Schlitzohr, Spitzbube, stilles Wasser, Spiegelberg • Schlange. → Patron schlauer, Pfiffikus. ▸ Dummerian.

Schlaumeier Politikus. → Schlaukopf.

Schlawiner Vagabund, Zigeuner, Ludrian, Luderjan, Nichtsnutz, Taugenichts, Tunichtgut, Lump, Strolch, Tagedieb, Leichtfuß, Stromer, Gauner, Gauch, Schubjack, Halunke, Laumann, Lumpenkerl, schlechter Kerl, Galgenvogel, Schwindler, Gesinnungslump, Schnüffler, Schleicher, Schelm, Racker, Strick, Schalk, Wicht.

schlecht abscheulich, böse, elend, furchtbar, gemein, heimtückisch, kläglich, lumpig, niedrig, niederträchtig, nichtswürdig, schändlich, schandvoll, schlimm, dreckig, haarig, hanebüchen *u,* hundemäßig, hundsmiserabel *u,* unter aller Kanone *u,* klaterig *u,* Krampf *u,* lausig *u,* lieblich *u,* matsch *u,* obermies *u,* unter aller Sau *u,* saumäßig, übel, ungut, ungünstig, Verlust bringend, da ist der Wurm drin *u* • ängstlich, jämmerlich, minderwertig, tadelnswert, unartig, ungezogen, unverbesserlich, verworfen, grundschlecht, schadenfroh • gottlos, höllisch, teuflisch, unmenschlich, menschenunwürdig, verbrecherisch, unvorteilhaft, unglücklich, schrecklich, beklagenswert, verheerend, beschissen *u,* traurig, schmerzlich, kränkelnd, unheilvoll • unheilbar, schädlich, nachteilig, abträglich, das ist Bruch *u,* mau *u,* nicht empfehlenswert, gefährlich, wund, ungesund, verdorben, verrottet, verfault, faul, stinkend, giftig, madig, eitrig, tranig, kränklich, tödlich, brandig, absterbend • rostig • verrufen, unter das Fußvolk geraten *u,* vor die Hunde gehen *u,* unter die Räder kommen, versacken, versumpfen, verludern, verlottert, unsittlich, unmoralisch, miserabel, schiech • dilettantisch, unkünstlerisch, unästhetisch • stumpf, düster, schattig, regnerisch, neblig, muffig • geringer sein • Unheil anstiften, Unheil anrichten, Böses verursachen, faule Kunde, unsicherer Kantonist, krank machen, aus den Fugen gehen, sauer *u.* → abbrüchig, anrüchig, arg, bedauerlich, bestechlich, betragen sich, bitter, böse, charakterlos, dämonisch, diabolisch, falsch, faul, feindlich, gemein, minderwertig, niederträchtig, planlos, schäbig, schief. ▸ gut • großartig, meisterhaft, prächtig, prima, vorzüglich • angenehm, günstig, positiv • brauchbar, mittelmäßig, tauglich • einwandfrei, essbar, frisch, genießbar, gesund.

schlecht arbeiten sauen *u.*

schlecht behandeln malträtieren, plagen, quälen, schikanieren, traktieren.

schlecht benehmen, sich danebenbenehmen sich, entgleisen, Rolle fallen aus der, unhöflich sein, vorbeibenehmen sich.

schlecht und recht → mittelmäßig.

schlecht schmecken → anwidern.

schlechte Ware Ausschuss, Kram, Ladenhüter, Plunder, Ramsch, Schund, Tinnef, Trödel, Unverkäufliches.

schlechter Ruf Misskredit.

schlechterdings schlechtweg, durchaus, gewiss, unzweifelhaft, tatsächlich, wirklich, unzweideutig, zweifellos, zweifelsohne, unbestreitbar, erwiesenermaßen, augenscheinlich, unstreitig, selbstverständlich, wahrlich, fürwahr, rundaus, bestimmt, jedenfalls, natürlich. → schlecht und recht. ▸ zweifelhaft.

Schlechtester Rücklicht *u.*

schlecht gelaunt brummig, grantig, verdreht, kiebig *u.* mickerig *u,* mit dem linken Bein zuerst aufgestanden, eine Laus ist über die Leber gelaufen, nicht auf der Höhe sein, miesepetrig *u,* stinkgelaunt *u,* nervös, ungut, komisch, geladen. ▸ gut gelaunt.

schlechthin ohne weiteres, wohl sehr, immerhin, eben, ganz und gar, gerade, gänzlich, absolut, ausnahmslos, platterdings, kurzweg. → A und O, schlechterdings. ▸ keineswegs, zweifelhaft.

Schlechtigkeit Bösartigkeit, Heillosigkeit, Giftigkeit, Schädlichkeit • Bosheit, Tücke, Heimtücke, Abgunst, Schändlichkeit, Schadenfreude, Neid, Arglist, Niedertracht, Gehässigkeit, Bissigkeit, Unmenschlichkeit, Lieblosigkeit, Unbarmherzigkeit, Schäbigkeit, Übelwollen • Gottlosigkeit, Sündhaftigkeit, Schwachheit, Schwäche, Unsitte, Sittenlosigkeit, Hemmungslosigkeit, Unanständigkeit, Schamlosigkeit, Würdelosigkeit, Nichtswürdigkeit, Unverschämtheit • Laster, Sünde, Büberei, Verderbtheit, Verdorbenheit, Verruchtheit, Schuftigkeit, Niederträchtigkeit,

Unehrlichkeit. → Bosheit.
▸ Anstand, Anständigkeit, Güte.
schlecht machen bloßstellen, abkanzeln, diskreditieren, mies machen.
▸ anpreisen, loben, preisen, rühmen.
schlecken → lecken.
Schlecker → Feinschmecker.
Schleckerei → Essen, Süßigkeit.
schleichen huschen, herumgeistern, beschleichen, heranstehlen, einschleichen, leisetreten, überlisten, sich zu drehen und zu wenden wissen, übertölpeln. → aufhalten sich, auflauern, begeben sich, bewegen sich, davon machen sich, erlahmen, herumgeistern, kriechen.
▸ rennen, flitzen, jagen, preschen, rasen, sausen • beschleunigen, Gas geben, sprinten, spurten.
schleichen, sich fort wegschleichen, wegstehlen, drücken, verkrümeln, entwischen, verduften, auskneifen, sich auf Französisch empfehlen, Reißaus nehmen, aus dem Staub machen, flüchten.
▸ zurückkommen.
schleichend → charakterlos, chronisch, katzenartig.
▸ abrupt, blitzartig, jäh, plötzlich.
Schleicher → Duckmäuser, Kreatur gemeine, Parasit.
Schleichhandel Schmuggel, Schmuggelei, Frevel, Verbrechen, Schwarzhandel, Bückware *u*, Flüsterware *u*, Schwarzmarktgeschäfte, Volksschädigung, Missbrauch, Ungesetzlichkeit, Gesetzwidrigkeit, Wucher.
schleichhandeln → erlangen, Reichtum.
Schleichhändler Schwarzhändler, Schieber, Schwindler, Spitzbube, Betrüger, Schwärzer, Schmuggler, Pascher, Gauner.
▸ Kaufmann (ehrlicher) • Raffke *u*.
Schleichware → Beute.
Schleichweg Jägerpfad, Schleichpfad • Hintergedanken, Heimlichtuerei, Geheimniskrämerei, Hinterhältigkeit, Versteckspiel • Hintertür, Ausweg, Kunstgriff, Winkelzug, Finte, krumme Tour, Finesse, Ränke, Heimtücke, Arglist, Hinterlist • Schlauheit, Danaergeschenk.
▸ Offenheit • Autobahn.
Schleier → Behang, Blende, Brodem.
schleierhaft → nebelhaft.
Schleierstoff Gaze.
Schleierwolke Zirostratus.
Schleifbahn → Eisbahn.
Schleife → Ausschmückung, Band, Bindemittel, Eisbahn, Kurve, Masche.
schleifen drillen. → abschaffen, ausmerzen, bedrücken, bewegen sich, bohnern, einstampfen, schleppen.
Schleiffläche Fassette.
Schleifmühle → Tretmühle.
Schleim Rotz *u*, Schlabber *u*, Schlatz *u*. → Abfall, Abguss, Brei, Brühe.
Schleimauswurf/-klumpen Qualster *u*.
Schleimhautentzündung Katarr.
schleimig → breiig, dickflüssig, unterwürfig.
Schleimigkeit Breiigkeit, Dickflüssigkeit, Zähflüssigkeit, Klebrigkeit, Harzigkeit, Zähigkeit, Brei, Mus, Schlamm, Morast, Emulsion. → Unterwürfigkeit.
▸ Flüssigkeit, Überheblichkeit.
Schleimlöser Mukolytikum, Solvens.
schlemmen → ausschweifen, genießen.
Schlemmer → Feinschmecker, Fresser, Genießer.
Schlemmerei → Esslust, Feinschmeckerei.
schlemmerhaft üppig, genussfreudig, genießerisch, schwelgerisch, verschwenderisch, unwirtschaftlich, liederlich, lüderlich, flott.
▸ bescheiden, genügsam.
schlemmerisch → feinschmeckerisch, genießerisch.
Schlemmerlokal Fresstaurant *u*.
schlendern schlenkern *u*, schlenzen *u*, schlumpern *u*. → aufhalten sich, bleiben zurück, ergehen sich, erlahmen, laufen, Maulaffen feilhalten, spazieren.
Schlendrian Arbeitsscheu, Phlegma, Beharrungsvermögen, Müßigkeit, Liederlichkeit, Unordentlichkeit. → Langsamkeit.
▸ Arbeitsfreude, Ordnung, Schnelligkeit.
schlendrig unwirtschaftlich, lebenslustig, verschwenderisch, großzügig, freigebig • fahrig, lässig.
▸ geizig, schnell, überlegt.
schlenkern → schlackern.
schleppen aufhalten, aufschieben, bremsen, hemmen, innehalten, verlangsamen, verzögern, zaudern • schleifen, zerren, ziehen • tragen, wegtragen, forttragen, wegräumen, befördern, verschieben, beladen, aufladen, fortschaffen, holen, püngeln *u*. → bugsieren, verzögern, ziehen.
▸ beschleunigen, helfen, stoßen, unterlassen • schieben.
schleppend → allmählich, bedächtig, chronisch, dilatorisch, faul.
Schlepper Lockvogel, Bauernfänger, Beutelschneider, Verführer, Schieber, Betrüger. → Fahrzeug (Wasser-), Packesel, Schiff, Träger.
Schleppkahn → Fahrzeug (Wasser-).
Schleppnetz Zeese.
Schleuder Spanner, Katapult, Bogen, Wurfgeschoss, Schwungwaffe, Gummizug • Küchenmaschine, Waschmaschine, Wäschetrockner, Küchengerät, Mixer, Zentrifuge, Mischer. → Bewegungstrieb.
schleuderfest fahren satt auf der Straße liegen *u*.
schleudern schlenzen *u*. → aufrütteln, bombardieren, schütteln.
Schleudern auf nasser Straße Aquaplaning.
Schleuderpreis → Ermäßigung, Gelegenheitskauf.
Schleuderpreis, zu einem → Butterbrot für ein.
Schleuderpreise Dumpingpreise, Ramschpreise.
Schleuderware → Ausschuss, Ramsch.
schleunig → beflügelt, eilends, rasch.
▸ gemächlich, langsam, zaudernd.
schleunigst → rasch, schnell.
Schleuse Wehr, Schütt, Staudamm, Stauwehr, Talsperre, Durchlauf, Kanal, Tor, Abschluss, Abfluss. → Kloake.
schleusen durchschleusen, die Schleuse öffnen, durchlassen • bewässern, regulieren.
Schlich List, Trick, Nebenweg,

Schleichweg, Intrige, Machenschaft, Manipulation, Ränke, Umtriebe, Kunstgriff. → Schlauheit.
▸ Offenherzigkeit.
Schliche → Ausweg, Betrug, Falschheit, Manöver, Schlich.
Schliche kommen, auf die aufdecken, enthüllen, entlarven.
schlicht echt, einfach, gerade, kindlich, klar, natürlich, phrasenlos, ungekünstelt. → anschaulich, anspruchslos, bedürfnislos, bescheiden, bürgerlich, einfach, hausgemacht, klar, natürlich, sachlich, weich.
▸ bombastisch, elegant, unbescheiden, aufgedonnert, überladen • aufwändig, luxuriös, prächtig, prachtvoll, prunkvoll • vornehm.
schlichten → ausgleichen, aussöhnen, befrieden, befriedigen, bieten, dazwischentreten, Einklang bringen, einlegen gute Worte, einrenken, einschreiten, vermitteln.
▸ entfachen, schüren.
Schlichtheit → Einfachheit.
Schlichtung → Abkommen, Auseinandersetzung, Beilegung, Einigungsgespräch, Unterhaltung.
Schlick → Schlamm.
Schließe Schnalle. → Bindemittel.
schließen zuriegeln, zusperren, zumachen, zuklappen, zuknallen, zuschmeißen, zukriegen, verriegeln, blockieren, abschneiden, verstopfen, versiegeln, verkleben, plombieren, verkorken, verkitten, vermauern, zukleben, zuschieben, zunähen, zunageln, zudrehen, vorhängen, zuschließen, zuschnallen, zuschnüren, zuschrauben, zustecken, zustopfen • abbrechen, ablassen, abschließen, abstehen, aufgeben, aufhören, aussetzen, beendigen, bewenden lassen, einstellen, einmotten, einwecken, einwickeln, einstecken, innehalten, nachgeben, nachlassen, rasten, ruhen, unterbrechen, vollenden • ableiten, annehmen, denken, feststellen, finden, folgern, herbeiführen, herleiten, induzieren, nachweisen • zur Folge haben. → abdichten, ableiten, abschaffen, absperren, aufhören, aussagen, deduzieren, disputieren, dokumentieren, entnehmen, ersehen, kalkulieren, riegeln.
▸ öffnen, aufmachen, eröffnen, gründen • anfangen, beginnen • einleiten • fortfahren, weitermachen.
schließen auf → denken.
schließen, enger → festigen.
schließen, in sich → bilden.
schließen, in das Herz → befreunden.
Schließer → Portier.
Schließfach → Safe.
schließlich später, in der Folge, darauf, hinter, nach, nachdem, zunächst • abschließend, allenfalls, am Ende, doch, endend, endlich, jedoch, immerhin, nötigenfalls, wenn auch, zuletzt, zum letzten Mal, zum Schluss, im Laufe der Zeit, nach langer Zeit, nach Jahr und Tag • so oder so, in der Zwangslage • abschließend, beschließend. → allenfalls, daher, dahinter, danach, darauf, endlich, hierauf.
▸ keinesfalls, sofort, voran, vorher.
Schließmuskel Konstriktor, Sphinkter.
Schließung Abschließung, Verschließung, Abdichtung, Eindämmung, Verdämmung, Isolierung, Imprägnierung, Verstopfung, Verriegelung, Versiegelung, Sperrung, Blockade.
▸ Eröffnung, Öffnung.
Schliff Politur, Hochglanz, Glätte, Spiegelglätte, Glanz • Oberfläche, Oberschicht, Firnis. → Anstand, Benehmen, Höflichkeit.
▸ Rauheit, Unhöflichkeit.
Schliff haben → benehmen sich.
schlimm misslich, leidig, kläglich, elend, beklagenswert, bedauernswert, verhängnisvoll, folgenschwer, unheilvoll, böser Fall, es wird den Hals nicht kosten, trostlos • peinlich, ärgerlich, unangenehm, unerfreulich, böse, unerträglich, entmutigend, furchtbar, schrecklich, tragisch, hart, bitter, grausam, schwer, arg, fürchterlich, schauderhaft, entsetzlich, scheußlich, grauenhaft, verwünscht. → abbrüchig, bedauerlich, bedenklich, beißend, bitterlich, böse, diabolisch, erwerbslos, fatal, kläglich, schlecht, schwierig.
▸ gut, angenehm, beglückend, erfreulich • förderlich, heilsam, hilfreich • gesund, heil.
schlimmer verschlimmert, erschwerend, schlechter, ärger • geringer, minder. → schlimm.
▸ gebessert.
Schlingbewegung Schluckbewegung, Gewürge, Aufschluck, Japser, Schluck • Brandung, Mahlstrom, Strudel, Wirbel, Kielwasser, Sog, Sprudel.
Schlinge Schlaufe. → Band, Beschwerde, Bindemittel, Dilemma, Falle, Hinterhalt, Kurve, Netz.
Schlinge gehen, in die in die Falle gehen, in die Grube fallen, auf einen Schwindel hereinfallen, zu vertrauensselig sein, hereinschlittern, hereinfallen.
▸ aufpassen, Schlinge legen eine.
Schlinge legen, eine eine Falle stellen, ins Garn locken, eine Angel legen, ein Netz stellen, an der Nase herumführen, auf den Leim kriechen lassen, locken, verlocken, verführen, ködern, fischen, nachstellen • wildern. → überlisten.
▸ offenherzig (sein), Schlinge gehen in die.
Schlingel → Bengel, Bube, Bursche.
schlingen schlucken, schnappen, pressen, essen, glucksen, würgen, hinabwürgen • erbrechen, verschlucken, gurgeln • gierig sein.
▸ ausspucken, beherrschen sich.
schlingern → schaukeln.
Schlingung → Drehung.
Schlips Binder, Krawatte, Schleife, Fliege, Schmetterling, Plastron • Krause, Bäffchen • Damenwinker *u.*
Schlips Seil *u.*
Schlitten Hitsche *u*, Rutsche(r) *u.*
Schlittenbahn → Eisbahn.
Schlittengleitschiene Kufe.
Schlittenhund Husky.
schlittern → bewegen sich, rutschen.
Schlitz → Furche, Spalte.
schlitzen → öffnen.
schlitzohrig → aalglatt.
Schloss Verschluss, Riegel, Schließe • Palais, Palast, Burg,

Prunkhaus, Remter, Kastell, Feste, Herrenhaus, Fürstenhaus, Jagdhaus. → Besitztum, Bindemittel.
Schloss vor den Mund legen → schweigen, verbieten, verheimlichen.
Schloss und Riegel Gewahrsam, Gefängnis, Nummer Sicher, Festung, Kerker, Zuchthaus, Strafanstalt. ▸ Freiheit, Freilassung.
Schlossaufseher/-verwalter Kastellan.
Schlosskerker Verlies.
Schlot → Esse, Kunde fauler.
schlotterig → dreckig, ungepflegt, zuchtlos.
schlottern flattern, schwanken, schütteln, rütteln, taumeln, stolpern, schleppen, bibbern, schlappern *u.* → bangen, frieren, fürchten. ▸ mutig (sein), schwitzen, stehen.
schlotternd → erschrocken, schwankend.
Schlucht → Abgrund, Becken, Engpass, Graben. ▸ Anhöhe, Gipfelzug.
schluchzen → ächzen, beklagen, beweinen, klagen.
Schluck Teil, Kleinigkeit, Brocken, Mundvoll, Tropfen • Schälchen, Maß. → Schlingbewegung. ▸ Unmaß.
Schluckauf Schlicks *u,* Schluckser *u.*
schlucken schlingen, schnappen, pressen, essen, trinken, einnehmen, saufen, würgen, hinabwürgen, hinunterwürgen, hinunteressen. → dulden, einnehmen. ▸ ausspucken, entgegentreten.
schlucken, eine bittere Pille hinnehmen, sich dreinschicken, über sich ergehen lassen, sich fügen, einstecken, hinunterwürgen, hineinfressen, verbeißen • gleichmütig bleiben, erdulden, beherrschen sich, bemeistern sich, ruhig bleiben, zusammenraffen, Ruhe bewahren, den Kopf nicht verlieren, sich nicht anfechten lassen. ▸ entgegentreten, wüten.
Schlucker, armer → Bittsteller, Bruder.
Schluckstörung Dysphagie.
Schluderei → Liederlichkeit.
schluderig → liederlich.
schludern → hudeln.
Schlummer Halbschlummer, Halbschlaf, Ruhe süße, Nickerchen, Schläfchen • Labsal, Erfrischung, Stärkung. → Schlaf. ▸ Ruhelosigkeit, Schlaflosigkeit.
schlummern schlafen, einduseln, stillliegen, einnicken, die Augen schließen, träumen • ruhen, ausruhen, ausschlafen, behaglich machen, der Ruhe pflegen. → ausruhen, schlafen. ▸ arbeiten, ruhelos (sein), wachen.
schlummernd schlafend, ruhend, stillliegend, träumend • unentdeckt, unerforscht, mystisch, geheimnisvoll, unerklärlich, unter der Oberfläche liegend, unerweckt. → betäubt. ▸ ruhelos, wach.
Schlummerrolle Puff *u.*
Schlund Körperteil, Mund, Maul, Schnauze, Schnabel, Drossel, Kropf, Gurgel, Rachen, Kehle, Hals, Kragen • Spundloch, Loch, Öffnung • Hohlraum, Höhlung, Eingang, Bresche, Spalte, Schlucht, Furche, Riss, Schlitz, Ritz, Kluft, Scharte, Tröte *u.* → Abgrund.
Schlüpfer Höschen, Minislip, Slip, Tanga, Unterhose.
Schlupfhafen → Bucht.
Schlupfloch → Asyl, Ausweg, Behelf, Deckmantel.
schlüpfrig blank, glatt, geschliffen, spiegelglatt, aalglatt, glitschig *u,* gebohnert, gewichst, gewienert, schmierig, geschmiert • fett, ölig, gesalbt, salbig, talgig, speckig, tranig, schmalzig, butterig, seifig, wachsig • geschmacklos, gewöhnlich, unfein, unzart, gemein, unpassend, unanständig, taktlos, garstig, anzüglich, unschicklich • zotig, anstößig, unflätig, lose, zweideutig, obszön, schweinisch, schmutzig, frech, wollüstig. → aalglatt, anrüchig, butterig, dehnbar, dirnenhaft, fettig, ordinär, unkeusch. ▸ anständig, rau, tugendhaft, rutschfest.
Schlüpfrigkeit → Glätte, Unkeuschheit.
Schlupfwinkel → Asyl, Ausweg, Hinterhalt, Obdach, Zuflucht.
schlurfen schlabbern *u,* schlappen *u,* schlappern *u,* schlorchen *u,* schlubbern *u.* → gehen.
schlürfen → trinken.
Schluss Abschluss, Ausgang, Ausklang, Beendigung, Ende, ab der Bart *u,* aus, dein treuer Vater *u,* Hinterteil, Letztes, Nachhut, Nachklang, Nachsatz, Neige, Punkt, Punktum, Schlussstein, Schwanzende, Vollendung, Ziel, Schlussstrich • Befund, Begriffsfolge, Begründung, Bestätigung, Beweisführung, Ergebnis, Folgerung, Schlussfolgerung, Urteil. → Abschluss, Ausgang, Ausläufer, Axiom, befristet, Betrachtung, Beweisführung, Koda, Ende, Ergebnis, Feierabend, Folge, Neige. ▸ Beginn.
Schluss machen Sense machen *u.* → aufhören.
Schluss, ohne festgesetzten open end.
Schlussakkord → Ende, Feierabend, Schluss.
Schlüsse ziehen → denken ableiten, auslegen, deuten, deuteln, erklären, erläutern, folgern, herleiten.
Schlusseffekt → Endeffekt.
Schlüssel Drücker, Dietrich, Klinke, Öffner, Schließe, Knochen *u,* Krampe, Diebeshaken • Violinschlüssel, Bassschlüssel. → Auskunft, Begriffsbestimmung, Lösung. ▸ Begriffsmangel, Nachfrage, Schloss, Unlösbarkeit, Verdrehung.
Schlüsselbein Klavikula.
Schlüsselblume Primel.
Schlüsselstellung → Ausgang.
Schlüsselzahl → Index.
Schlussfehler Denkfehler, Fehlurteil, Folgewidrigkeit, Begriffsverwirrung, Urteilstrübung, Widersinn, Widerspruch, Verrechnung, Rechnungsfehler, Milchmädchenrechnung, Unsinn, Versehen, Irrtum • Trugschluss, Zirkelschluss, Dilemma, Sophismen, Syllogismus • Spalterei, Zweideutigkeit, Rabulistik, Kasuistik, Jesuitismus, Schliche, Täuschung. → Fehler. ▸ Urteilskraft.
Schlussfolgerung Fazit, Quintessenz. → Argument, Beweis, Beweisführung, Folgerung, Schluss, Urteil. ▸ Prämisse, Voraussetzung.
schlussfolgern → ableiten.
schlüssig → bestimmt. ▸ unlogisch, zweifelhaft.
Schlusskampf Finale, Finish.
Schlusskraft → Erkenntnisvermögen.

Schlusslicht Letzter, Nachhut, Nachzügler.
Schluss machen abbrechen, abschließen, aufhören, beenden • umbringen sich.
Schlussmann Rücklicht *u.*
Schlussrechnung → Bilanz, Rechnung.
Schlussrede Epilog.
schlussrichtig → denkgerecht, folgerichtig.
Schlussseite → Rückseite.
Schlussstein → Endpunkt.
Schlussstrich → Ende, Schluss.
Schlusssumme → Ende.
Schlussteil → Ende, Schluss.
Schlussvermögen → Beweisführung, Logik.
Schlussvortrag (des Verteidigers und des Staatsanwalts) Plädoyer.
Schlusswort Abschiedswort, Abschluss, Ausklang, Epilog, Krönung, Nachschrift, Nachruf, Nachspiel, Nachwort, Überblick, Verabschiedung, Zusammenfassung, Nekrolog. ▸ Vorwort.
Schmach → Achsel, Anstößigkeit, Bekümmernis, Beleidigung, Betrübnis, Demütigung, Schande, Schimpf. ▸ Anerkennung, Ansehen, Ehre, Ruhm, Würde.
Schmachten → Begeisterung, Begierde, Drang, Durst.
schmachten verwelken, verdorren, vertrocknen • brennen vor Begierde, begehrliche Augen machen, mit Blicken entkleiden, lechzen nach, lüstern sein, nagen am Hungertuch, dürsten nach, hungern nach, darben, missen • schwärmen, Feuer fangen, lichterloh brennen, himmeln, verhimmeln, lieben, liebeskrank sein, werben, entbrennen, mit den Blicken verzehren, in Liebe vergehen, verliebte Augen machen, anhimmeln, den Hof machen, hofieren, schöntun, nachstürzen. → brennend, Brotkorb höher hängen, darben, erlahmen, ermangeln, fangen Feuer, fehlen lassen es, hungern, lechzen. ▸ erblühen, gesättigt (sein), verabscheuen.
schmächtig → aalförmig, aalglatt, dünn, schlank, zart, zerbrechlich.
Schmachtlappen Hungerleider • Liebeskranker.
schmachvoll verächtlich, unwürdig, schmählich, schändlich, beschämend, niedrig, gemein, elend, schlecht, schandvoll, schimpflich, skandalös, anstößig, anrüchig. ▸ gut, würzig.
schmackhaft abgestimmt, angenehm, auserlesen, ausgezeichnet, blumig, fein, frisch, gar, genießbar, gewürzt, göttlich, herrlich, köstlich, lecker, lieblich, mundend, mundgerecht, prickelnd, vortrefflich, wohlschmeckend, zusagend. → appetitlich, aromatisch, bekömmlich, delikat, essbar, exquisit, fein, gut, hausgemacht, köstlich, resch. ▸ unschmackhaft.
Schmackhaftigkeit → Delikatesse.
schmähen runterreißen *u*, verreißen *u.* → angreifen, ärgern, begeifern, bekämpfen, belächeln, beleidigen, belfern, bereden, beschuldigen, besudeln, demütigen, diskreditieren, Ehre bringen um die, erniedrigen, verleumden. ▸ loben, preisen, rühmen, verherrlichen, würdigen.
schmähend → sardonisch.
Schmäher → Ehrabschneider.
schmählich → abscheulich, anrüchig, anstößig, beschämend, böse, entehrend, niederträchtig, zynisch.
Schmählichkeit Verächtlichkeit, Unwürdigkeit, Schmach und Schande, Ruhmlosigkeit • Erniedrigung, Entehrung, Schimpf, Misskredit, Schmach, Schande • Beleidigung, Skandal, Makel, Schandfleck, Schandmal. → Zynismus. ▸ Anständigkeit, (Bedeutsamkeit), Wertschätzung, Würde.
Schmährede → Bedrohung, Bemerkung, Ehrenkränkung, Fluch.
Schmähredner → Ehrabschneider.
Schmähschrift → Pamphlet.
schmähsüchtig tadelsüchtig, zanksüchtig, streitbar, spöttisch, verleumderisch, boshaft, klatschsüchtig, scharfzüngig, spitzzüngig. → tadelsüchtig. ▸ schmeichlerisch, zurückhaltend.
schmähsüchtiger Mensch Schandschnauze *u.*
Schmähung → Ächtung, Beleidigung, Ehrenkränkung, Entehrung, Erniedrigung, Karikatur, Nachrede, Schimpf, Verleumdung.
schmal → aalförmig, aalglatt, arg, beklemmend, dünn, eng, kurz, schlank. ▸ breit, korpulent, stattlich, umfangreich.
schmälern → abnehmen, abrunden, bagatellisieren, beschränken, dezimieren, einschnüren, einschränken. ▸ ausdehnen, ausweiten, erweitern, verbreitern, vergrößern.
Schmälerung → Abkürzung, Abnahme, Entziehung, Minderung.
Schmalheit → Begrenztheit.
schmalwüchsig leptosom.
schmalzig → butterig, fettig, süßlich.
Schmankerl Delikatesse, Leckerbissen.
schmarotzen schnorren *u.* → betteln, erschmeicheln.
Schmarotzer → Bettler, Bittsteller, Kanaille, Geschmeiß, Parasit, Wucherer.
Schmarotzerforschung Parasitologie.
schmarotzerisch → charakterlos, parasitenhaft.
Schmarotzertum Parasitismus.
Schmarren → Kitsch, Speise.
schmatzen beißen, einhauen, essen, fressen, futtern, glucksen, kauen, knuspern, nagen, naschen, schlappen, verspeisen, verzehren, zermalmen, schnalzen. → schmecken.
schmauchen → rauchen.
Schmaus Ergötzlichkeit, Festlichkeit, Gastmahl, Gelage, Hochgenuss, Leckerbissen, Leckerei, Schmauserei, Schwelgerei, Tafelei. → Delikatesse, Ergötzlichkeit, Essen, Feinkost, Mahlzeit. ▸ Fadheit, Trunk, Widerlichkeit.
schmausen → essen.
Schmauserei → Ergötzlichkeit, Schmaus.
schmecken abschmecken, lecken, versuchen, auf die Zunge nehmen • munden, bekommen, zusagen, kitzeln den Gaumen, schmatzen. → kosten, probieren. ▸ ekeln.
schmecken, gut → delektieren.
schmeckend → essbar.
Schmeichelei Geschmeichel, Liebesdienerei, Lobhudelei, Lobrede, Ohrenbläserei, Kratzfuß, süße Worte, Schmus *u,* Schmeichelrede, Schönfärberei, Anbiederei, Wohldienerei, Kriecherei,

Scharwenzeln, Speichelleckerei • Liebesbezeugung, Koserei, Liebesdienst, Hofmacherei, Liebkosung, Getändel, Gehätschel, Zärtlichkeit • Lobpreisung, Lobeshymne, Anpreisung, Werbung, Umwerbung, Beweihräucherung, Pomade *u.* → Beeinflussung, Beleidigung, Bewerbung.
▸ Charakterstärke, Grobheit, Schmährede, Schmähung.

schmeichelhaft rühmlich, lobenswert, verdienstvoll, empfehlenswürdig, staunenswert, gut • ehrenvoll, angenehm, schön, wohl tuend, befriedigend, dankenswert.
▸ schmählich, verletzend.

schmeicheln huldigen, verehren, auf den Knien liegen, die Hand küssen, den Hof machen, umschmeicheln, die Cour schneiden, schöntun, ablieben *j,* Honig um den Mund schmieren *u,* katzbuckeln, schmusen *u,* verneigen sich, bekomplimentieren, hofieren, flattieren • Liebkind sein, lobhudeln, mit Lob überschütten, Beifall zollen, bejubeln, anpreisen • um den Bart gehen, anbiedern sich, schweifwedeln, liebdienern, in den Arsch kriechen *u,* Brei um den Mund schmieren *u,* hinten hineinkriechen *u,* sich Liebkind machen, Süßholz raspeln, einseifen *u,* ums Maul gehen *u,* im Staub liegen, beweihräuchern, vergöttern, scharwenzeln, kriechen, bauchpinseln *u* • sich geschmeichelt fühlen, sich gebauchpinselt fühlen *u,* säuseln *u,* scharwenzeln *u.* → bereden, Blicke zärtliche, buhlen, erschmeicheln, hofieren.
▸ schmähen, beschimpfen.

Schmeichler Schmeichelkätzchen, Honigmaul, Katzenmacher, Zuträger, Augendiener, Wohldiener, Lakai, Kreatur, Hofmacher, Liebediener, Courschneider, Schranze, Höfling, falscher Freund, Katze, Lobhudler, Lobpreiser, Lobredner, Ohrenbläser, Speichellecker, Kriecher, Schmuser, Schmusepeter, Schmuskopf, süßes Heu *u,* Süßholzraspler, Schleimscheißer *u,* Arschkriecher *u,* Arschlecker *u,* Schmarotzer, Heuchler, Angeber, Schleimi *u,* Schleimling *u,* Schlieferl *u.*
▸ Schmähredner.

schmeichlerisch schöntuerisch, geschmeidig, glatt, ölig, schleimig, falsch, katzenfalsch, katzenfreundlich, honigsüß, einschmeichelnd, gleisnerisch, augendienerisch, schranzenhaft, seifig *u.* → aalglatt, buhlerisch, devot, glattzüngig.
▸ schmähsüchtig.

schmeißen → werfen.

Schmelz → Anmut, Ausschmückung.

Schmelz überziehen, mit emaillieren.

schmelzen → abnehmen, abweichen, auflösen, auslassen, einschmelzen, enthärten, erweichen, verflüssigen, vergehen.
▸ frieren, gefrieren • erstarren.

schmelzend bezaubernd, hinreißend, harmonisch, wohlklingend, wohllautend, melodiös, klangreich, silberhell, klar, schön, fein, herrlich, voll, weich, sonor. → biegsam.
▸ (erstarrend), kratzig.

Schmelzfluss Lava, Vulkanschmelzfluss.

Schmelzglas Überzug, Emaille, Glasur, Mosaik. → Bedeckung.

Schmelzofen Reduktionsofen.

Schmelzung → Erwärmung.

Schmerbauch → Bauch, Dickwanst.

schmerbäuchig → dick.

Schmerz Kreuz, Kümmernis, Last, Bürde, Plage, Sorge, Trauer, Trübsinn, Not, Mühsal, Unglück, Belastung, Jammer, Heimsuchung, Leidensweg, Fegefeuer • Leid, Gram, Herzeleid, Herzweh, Kelch bitterer, Kummer, Qual, Harm, Bitternis, Muttersorgen • Körperqual, Wehweh *u,* Kolik, Leiden, Krankheit, Kopfweh, Zahnweh, Leibweh, Krämpfe, Wehen, Wundschmerz, Marter, die Engel im Himmel singen hören, Hören und Sehen vergehen, Folterqual, Höllenpein, Züchtigung, Geißelung, Todeskampf • Tantalusqual. → Beengung, Bekümmernis, Beschwerde, Beschwernis, Betrübnis, Bitternis.
▸ Jubel, Unempfindlichkeit, Wohlgefühl, Wohlbehagen, Glück, Lust, Wonne • Schmerzfreiheit.

Schmerz erdulden → demütigen sich, schmerzen.

Schmerz ertragen → demütigen sich, schmerzen.

Schmerz erträglich machen erleichtern, lindern, mildern, Schmerz stillen.

Schmerzangst Algophobie.

schmerzausschaltend analgetisch, anästhetisch.

Schmerzbetäubung Anästhesie, Narkose.

schmerzbewegt → Blick mit feuchtem, demütig und wehmütig, schmerzdurchdrungen.

schmerzdurchdrungen jammervoll, tränenreich, trauervoll, herzbewegend, herzergreifend, herzzerreißend, rührend • schmerzbewegt, schmerzerstickt, händeringend, tränengebadet, wehklagend, wehrufend, blindgeweint, haareraufend, im Staub wälzend, den Kopf verhüllt.
▸ freudevoll.

schmerzempfindlich, sehr hyperalgetisch.

Schmerzempfindlichkeit Algesie.

schmerzen quälen, peinigen, verletzen, beleidigen, betrügen, erbittern, empören, heimsuchen, alte Wunden aufreißen • Schmerzen erdulden, Schmerzen ertragen • wehtun, kneifen, brennen, kneipen, jucken, schneiden, stechen, beißen, foltern, martern, rädern, bohren, peinigen, züchtigen, misshandeln, schinden • ertragen, erdulden, erleiden, verwunden • blass werden, ohnmächtig werden, die Besinnung verlieren. → bohren, leiden.
▸ erfreuen, überwinden, vergnügen, wohl tun.

schmerzempfindlich anfällig, allergisch, sensibel, wehleidig, verletzlich, dünnhäutig.

schmerzend stechend, bohrend, beißend, martervoll, leidend, duldend, gequält, gepeinigt, geplagt • qualvoll, quälend, peinigend, peinlich, unerquicklich, lästig, verdrießlich • kränkend, unangenehm, unerträglich, unausstehlich, schlimm, böse. → beißend, bejammernswert, bitterlich, böse.
▸ erfreuend, schmerzlos, schmerzstillend, wohl tuend.

Schmerzensgeld → Sühne.

Schmerzensruf → Klage.
schmerzerfüllt → bejammernswert, böse, schmerzdurchdrungen.
schmerzerstickt → bejammernswert, Blick mit feuchtem, schmerzdurchdrungen.
Schmerzgefühl → Beklemmung, Qual, Schmerz.
schmerzhaft → beißend, schmerzlich.
▸ angenehm, wohl tuend • schmerzarm, schmerzfrei, schmerzlos.
schmerzlich ärgerlich, beängstigend, bitter, böse, entsetzlich, furchtbar, grauenhaft, herzergreifend, jammervoll, kläglich, niederschmetternd, qualvoll, peinigend, peinvoll, quälend, verdrießlich, widerwärtig, widrig. → abbrüchig, ärgerlich, bejammernswert, beschämend, böse, brechen das Herz, demütig und wehmütig, elegisch.
▸ erfeuend, schmerzstillend.
schmerzlos klaglos. → unempfindlich, zufrieden.
schmerzstillend → erleichternd, tröstlich.
Schmerzstillmittel Analgetikum.
schmerzunempfindlich machen anästhesieren, narkotisieren.
schmerzvoll → bejammernswert, schmerzlich.
schmettern → lärmen.
Schmetterschlag Smash.
Schmiedeblock Amboss.
schmieden → anfertigen, bilden, schaffen.
schmiegen, sich biegen, beugen, nachgeben, nachlassen • kriechen, scharwenzeln, dienern, buckeln, sich alles bieten lassen, mit dem Strom schwimmen, die Fahne nach dem Wind drehen • sich kuscheln, anlehnen.
▸ abstoßen, widersetzen sich.
schmiegsam veränderlich, biegsam, flexibel, zart, teigig, tonig, knetbar, schlaff, schlapp, geschmeidig, fügsam, fügbar, dehnbar, streckbar, reckbar, hämmerbar, schmiedbar, formbar, bildsam. → biegsam, diplomatisch, elastisch, fein, nachgiebig, schmeichlerisch.
▸ starr, unschmiegsam, widersetzlich, abweisend, fest, spröde, starr, steif.
Schmiegsamkeit Biegsamkeit, Elastizität, Gelenkigkeit, Dehnbarkeit, Streckbarkeit, Formbarkeit • Leichtigkeit, Gefügigkeit, Folgsamkeit, Lenksamkeit, Willfährigkeit, Nachgiebigkeit, Zugänglichkeit, Gehorsamkeit, Unterwürfigkeit • Wohldienerei, Speichelleckerei, Liebesdienerei. → Demut, Schmeichelei.
▸ Starrheit, Widersetzlichkeit.
Schmiere Glätte, Fettung, Salbung, Schmierigkeit • Schleifmittel, Schmirgel, Schleifpulver, Bimsstein, Schleiföl, Schmieröl, Maschinenöl, Wagenschmiere, Seife, Pomade, Öl, Salbe, Wichse, Wachs, Erdöl, Steinöl, Mineralöl, Fett • Gelenkwasser. → Abfall, Beschwerde, Dreck, Exkrement, Posten, Theater.
▸ (Entfettung), Puder, Reibung, Reinheit.
schmierbar → weich.
Schmiere stehen aufpassen, Posten stehen, die Ohren spitzen.
schmieren salben *u.* → beschenken, bestrafen, blamieren, bunt zugehen, fetten, glätten, klecksen, salben.
schmieren, die Hand → bestechen.
Schmierer Kleckser, Stümper, Sudeler, Pfuscher, Nichtskönner, Hudler, Simpel, Schmierfink, blutiger Laie, Anfänger, Dilettant.
▸ Könner.
Schmiererei → Blamage, Darstellung unrichtige, Geschmiere, Halbheit, Stümperei.
Schmierfink → Schmierer.
Schmiergeld → Bestechung.
schmierig seifig *u.* → aalglatt, dreckig, fettig, unrein.
▸ elegant, sauber, solide • Vertrauen erweckend.
Schmierigkeit → Schmutz, Schmutzerei, Widerlichkeit, Zuchtlosigkeit.
Schminke Anstrich *u*, Aufstrich *u*, Damen-Lay-out *u*, Fassadenanstrich *u*, Putz *u*, Schlachtbemalung *u.* → Anstrich, Bedeckung, Farbe, Farbenton, Schönheitsmittel.
schminken bepinseln *u*,. pinseln *u.* → anstreichen, bedecken, bemalen, zurechtmachen.
▸ ungeschminkt lassen.
Schmiss Schramme, Kratzer, Riss, Wunde, Narbe, Kerbe, Verletzung • Mutprobe, Husarenstück, Wagnis, Kühnheit, Waghalsigkeit, gewagte Sache, Tat, Heldenstück, Forschheit, Schwung, Elan.
▸ Furchtsamkeit, Trägheit.
Schmiss haben forsch, waghalsig, schmissig, gewagt, kühn, wagemutig, Elan haben, mit Schwung.
▸ furchtsam (sein), träge (sein).
Schmöker → Buch, Raucher.
schmökern → aufschlagen, durchblättern.
▸ überfliegen.
schmollen rümpsen *u.* → beklagen, brummen, Nase hängen lassen die, trotzen, die Lippen aufwerfen.
Schmollmund Flunsch *u.*
Schmollwinkel Trotzecke, Schmollecke. → Unzufriedenheit.
▸ Eintracht, Geselligkeit, Zufriedenheit.
Schmonzes Bafel, Blabla, Gefasel, Gerede, Geschwätz, (leeres) Gewäsch, Schmus, Stroh • Vorspiegelungen.
schmoren braten, backen, bähen, rösten, dünsten, brühen, kochen, dämpfen, sieden, brodeln, dampfen, rauchen, glühen • bräunen, sonnen, schwitzen, heiß werden zu, anbrennen. → braten, brodeln, dünsten.
Schmorobst Kompott.
Schmortopf Kasserolle.
Schmu → Betrug.
Schmuck Gold, Kette, Bijouterie, Anhänger, Kollier, Ornament, Geschmeide, Kleinod, Perle, Putz, Putzwerk, Schärpe, Samt und Seide, Garnitur, Beiwerk, Verschönerung, Zier, Verzierung, Aufputz, Zierrat, Mosaik, Staat, Glanz, Prunk, Schimmer, Vergoldung, Zierwerk, Schnörkel, Tischverzierung, Tischschmuck, Schmuckpflanze, Ausstaffierung • Redeschmuck, Redebild, Beiwort • Schmucksache, Schmuckwerk, Pomp, Gepränge, Gala, Prunk, Politur, Flitter. → Aufmachung, Besatz, Besitztum, Dekoration, Edelstein, Juwel, Schmucksache.
▸ Schmucklosigkeit.
schmuck flott, adrett, wohlgefallend, sauber, nett, stattlich, anmutig, wirkungsvoll, einnehmend,

wohlgefällig, gewinnend, bestrickend, wohlgestaltet, reizend, hübsch, zart, fein, bezaubernd, allerliebst, herzig. → adrett, ästhetisch, angenehm, anmutig, bestrickend, scharmant, fein, nett, sauber, schön. ▸ schmucklos, unschön, abscheulich, abstoßend, heruntergekommen, schmutzig, ungepflegt.

Schmuckdraht Kantille.

schmücken herausputzen, aufputzen, herausschmücken, zieren, verschönern, besetzen, garnieren, betressen, besticken, bordüren, herausstaffieren, dekorieren, bemasten, bewimpeln, beflaggen, bekränzen, polieren, lackieren, vergolden, schmuck machen, schniegeln, einölen, salben, locken, kräuseln, ornamentieren, putzen, verzieren, auftakeln, aufmachen, anordnen, ausschmücken, beflaggen, behängen. ▸ verunstalten.

schmücken, sich mit fremden Federn sich brüsten, alles Verdienst für sich in Anspruch nehmen, sich selbst erhöhen, sich herausstreichen, sich aufspielen, sich vergrößern, den Mund voll nehmen, dicke Töne reden, die erste Geige spielen, sein eigenes Lob singen. ▸ bescheiden (sein), ehrlich (sein).

schmückend dekorativ, ornamental.

Schmuckgewinde Girlande.

Schmuckhändler Juwelier.

Schmuckkasten Schatulle.

Schmuckknopf Bouton.

schmucklos → einfach.

Schmucklosigkeit → Einfachheit.

Schmucknadel Agraffe, Brosche.

Schmucksache Berlocke, Bracelet, Brasselett, Kollier, Diadem. → Schmuck.

Schmuckspange Agraffe, Fibel, Fibula.

Schmuckstück → Anhängsel, Juwel, Schmuck.

schmuddelig → schmutzig.

Schmuggel → Betrug, Schleichhandel, Ungesetzlichkeit.

schmuggeln prellen, schwärzen, veruntreuen, unterschleifen, unterschlagen, hinterziehen, betrügen, belügen, mogeln, baldowern, gaunern, erschleichen, übervorteilen, freveln, das Gesetz brechen, eigenmächtig handeln. → benachteiligen, bunt zu gehen, erlangen Reichtum, paschen. ▸ verzollen • exportieren, importieren.

Schmuggelware Konterbande.

Schmuggler Schwärzer. → Bandit, Erpresser, Schleichhändler.

Schmund → Sahne.

schmunzeln → Geschmunzel, Lächeln.

schmunzeln → belächeln, lachen.

Schmus → Schmeichelei.

schmusen → liebkosen.

Schmutz Dreck, Quatsch *u*, Patsch *u*, Saudreck, Matsch *u*, Mulm, Ruß, Mist, Schlamm, Schmierigkeit, Abfall, Abschaum, Unreinheit, Unrat, Bodensatz, Rest, Absonderung, Unsauberkeit, Schmutzigkeit, Sauerei, Schmierage, Schmuddel, Schmuddelei, Schweinerei, Sudelei, Trübung, Sudelküche, Müll, Kehricht, Niederschlag, Unwert, Plunder, Gerümpel, Schrot, Unflat, Dreckzeug, Dreckwetter, Dreckloch, Dreckling *u* • Unsittlichkeit, Schamlosigkeit, Schlüpfrigkeit. → Abfall, Dreck, Exkrement, Flecken, Patsche, Schlacke. ▸ Sauberkeit.

Schmutz entfernen putzen, reinigen, sauber machen, säubern.

Schmutz ziehen, durch den beleidigen, beschimpfen, herabsetzen, schlecht machen, schmähen, schmutzige Wäsche waschen.

Schmutz ziehen, in den → erniedrigen, verleumden.

Schmutzerei Schmierigkeit, Unsauberkeit, Unreinheit • Schäbigkeit, Knickerei, Knauserei, Filzerei, Engherzigkeit, Kleinlichkeit, Pfennigfuchserei, Käuflichkeit, Bestechlichkeit, Mammonsdienst, Raffgier, Gemeinheit. → Schmutz. ▸ Charakterstärke, Rechtschaffenheit, Sauberkeit.

Schmutzfink Schmierfink, Schmutzliese, Sudelkopf, Dreckspatz, Drecksau, Dreckschwein, Dreckfink, Mistfink, Dreckhammel, Sudler, Sau, Saumagen, Saunickel, Schmierkittel, Schmierlappen, Schmutzkittel, Drecksack, Schlampe, Ferkel, Schweinematz, Rübenschwein, Struwwelpeter, Wutz, Schweinigel • Geizhals, Filz, Geizdrache, Geizteufel, Geizhammel, Nimmersatt, Knauser, Knicker, Raffer • Pottsau *u*. ▸ (Mensch sauberer).

schmutzig fleckig, schlammig, unrein, schmuddelig, patschig *u*, klaterig *u*, nicht mit der Zange anfassen können, in Dreck und Speck, befleckt, staubig, rußig, trüb, schmierig, ungewaschen, unflätig, ungekämmt, wüst, lumpig, schäbig, schofel, elend, unfein • geizig, knickerig, gewissenlos, unersättlich, gewinnsüchtig, wucherig, knauserig, käuflich, gemein, bestechlich, selbstsüchtig, schäbig, engherzig, missgünstig, feil • obszön, anstandswidrig, unanständig, schweinisch, gewöhnlich, anrüchig, unverschämt, unflätig, zweideutig. → abscheulich, anrüchig, beschämend, bestechlich, blatternarbig, borstig, böse, dirnenhaft, dreckig, habsüchtig, hässlich, klebrig, räudig, rußig, saftig, schlecht. ▸ sauber, blank, gepflegt, geputzt, hygienisch, rein • anständig, lauter.

schmutzig machen beflecken, beschmutzen, besudeln, dreckig machen, verdrecken, verunreinigen.

schmutziger Witz Zote.

Schmutzigkeit → Schäbigkeit, Schmutz.

Schmutzkruste Plack *u*.

Schmutzteil → Fremdkörper.

Schnabel Fresswerkzeug, Mund, Maul, Schnauze, Stecher *j* • Spitze, Zacken, Zinken, Schärfe, Spitzigkeit, Nase, Horn • Schiffsvorderteil, Schiffsschnabel. → Ausguss.

schnäbeln → liebkosen.

schnabulieren essen • kosen.

Schnack → Anstrich, Ausrede, Vorwand.

Schnalle → Bindemittel.

schnalzen zischeln, knallen, lärmen, zischen, schmatzen, schnarren, murksen, glucksen, schnuppern.

schnappen fressen, schlucken, schlingen, begehren, schmachten, trachten nach • herausschinden, schieben, erpressen • nehmen, fangen, erschnappen, fassen, bekommen, kriegen, erbeuten, mitnehmen, ergattern, erfassen, packen, erwischen, erhaschen, zulangen, in die Hände fallen, die Hand darauf legen • nach Luft schnappen, einatmen. → nehmen, packen. ▸ ausatmen, loslassen, verschmähen.

schnappen, nach Luft → bestürzen, schnappen.

Schnapphahn → Bandit, Bauernfänger.

Schnappschuss → Fotografie.

Schnaps Genickschuss *u*, Kabolzwasser *u*, Quasselwasser *u*, Rachenputzer *u*, Sabbelwasser *u*, Saft *u*, Schabau *u*, scharfe/stramme Sache *u*, Seelentröster *u*. → Fusel, Getränk.

schnarchen rucksen *u*, rußen *u*, sägen *u*. → schlafen, schnaufen.

schnarren brummen, schelten, schnattern, pfupfern, schnoben, schlappen, schlapfen, näseln, nuscheln, nuseln, stocken, brabbeln.

Schnattermaul → Schwätzer.

schnattern zittern, beben, bubbern, schauern, erschauern, vor Kälte schnattern, wie Espenlaub zittern • girren, lärmen, rufen, klappern • reden, quasseln, tratschen, ratschen, schwatzen, abschweifen, totreden, plappern, daherreden, babbeln, quatschen. ▸ schwitzen, verstummen, zurückhaltend sein.

schnauben → aufregen, ausatmen, blasen, prusten, schnaufen, toben, wüten.

Schnaufen → Beengung, Beschwerde.

schnaufen keuchen, japsen, hecheln, schnarchen, schnauben, blasen, atmen, schnoben, fauchen, pusten, prusten, labern • schnarchen, sägen *u*. → blasen, ermatten, keuchen.

Schnauze Öffnung, Mund, Maul, Rachen, Kehle, Rüssel, Fresswerkzeug, Schnute, Muffel, Klaffe. → Schnauze freche.

Schnauze, freche Großschnauze, Wortheld, Marktschreier, Großtuer, Angeber, Dicktuer, Zungenheld, Schnattermaul, Revolverschnauze, ungezogener Mensch. ▸ Hofmacher, Höfling, Speichellecker, Weltmann.

schnauzen → schimpfen.

Schnecke Schraube, Winde, Weife, Haspel, Spindel, Spule, Windung, Spirale, Krümmung, Schneckengang, Schneckenlinie, Volute, Schraubengang, Schraubengewinde, Wendeltreppe • Gehörschnecke, Gehörgang • Zurückgezogenheit, Schneckenleben, Isolierung • Bummler, Tier. → Schraube.

schneckenförmig gewunden, gebogen, verschlungen, gekrümmt, spiralförmig, gedreht, geschnörkelt, wurmförmig, gekräuselt, arabeskenartig, ausgeschweift, verschnörkelt. ▸ geradlinig.

Schneckengang, -tempo Verschlingung, Wendeltreppe • Bummelei, Zeitlupe, Saumseligkeit, Phlegma, Nachlässigkeit. → Schnecke. ▸ Schnelligkeit.

Schnee Frost, Kälte, Kühle, Frische, Schneeflocke, Frostwetter, Winter, Geriesel, Niederschlag, Graupeln, Eis, Eiskristalle, Weiß • Eierschnee, Schaum, Sahne. → Flocke. ▸ Regen, Sonnenschein, Wärme.

Schneeball → Eisklumpen.

schneebedeckt verschneit, weiß, winterlich.

Schneefahrzeug Akia, Bob, Rodel, Schlitten.

Schneemasse, herabstürzende Lawine.

Schneematsch Tratsch *u*.

Schneesturm Blizzard, Metel, Purga.

Schneid → Courage, Energie, Mut, Wille.

Schneide Schärfe, Grat, Kante, Zuspitzung, Spitzigkeit, Spitze, Dorn, Spieß, Speer, Lanze, Haken, Schneidewerkzeug, Schnittseite, Messerschneide • Flurgrenze. → Einschnitt, Grat. ▸ Griff, Schlucht, Unschärfe.

schneiden trennen, abschneiden, abtrennen, abzwicken, zerschneiden, einschneiden, zerstückeln, sägen, säbeln *u*, herumsäbeln *u* • kreuzen • operieren, schröpfen, herausschneiden, wehtun • ignorieren, überhören, übersehen, totschweigen, verleugnen, keine Notiz nehmen, wie Luft behandeln, links liegen lassen, die kalte Schulter zeigen, missachten. → abschneiden, Achselzucken, aufnehmen, barbieren, ernten. ▸ Ehre erweisen, verbinden, verbinden sich.

schneidend → beißend, bissig, ironisch, kalt scharfzüngig, spitz.

schneidig scharf, wirksam, einschneidend, durchschlagend, durchgreifend, energisch, kraftvoll, unermüdlich, kernhaft, fleißig, tatkräftig • schnittig, haarscharf, spitzig, zackig, gezackt • flott, entschlossen, männlich, resolut, stramm, willensstark, hartnäckig, entschieden, mutig, keck, trutzig, couragiert. → arbeitsam. ▸ kraftlos, träge, unmännlich.

Schneidigkeit Mut, Courage, Tollkühnheit, Forschheit, Furchtlosigkeit, Beherztheit, Unerschrockenheit, Dreistigkeit, Kühnheit, Unternehmungslust, Unüberwindlichkeit, Uneingeschüchtertheit, Heftigkeit. → Courage, Mut. ▸ Furchtsamkeit.

Schneise → Lichtung, Weg.

schnell fix, flott, flugs, prompt, pfeilgeschwind, eilig, gewandt, express, flink, rasch fertig, postwendend, Pistole geschossen aus der, null Komma nichts *u*, übers Knie brechen, kurzen Prozess machen, geflügelt, rasen, rasch, blitzartig, blitzhaft, rasant, schnellfüßig, schleunigst, behänd, rührig, hurtig, zügig, zusehends, hastig, stracks, unverzüglich, schnell, wie der Wind, mit vollen Segeln, einen Zahn darauf haben *u*, blitzig, umgehend, schleunigst, kopfüber • übereilt, ungestüm, übereifrig, fieberhaft, rastlos, ruhelos • flüchtig, oberflächlich, kurz machen • wie ein Donnerwetter, wie die Feuerwehr, wie der Teufel, ruckzuck, im Heidi *u*, dalli *u*, im Hui *u*, im Hurra *u*, wie ein geölter Blitz, mit affenartiger Geschwindigkeit, husch-husch *u*, wie das Katzenficken *u*. → anstellig, arbeitsam, auf einmal, augenblicklich, baldig, beflügelt, beizeiten, beschwingt, Blitz wie der, dringend, eilends, einemmal mit, Hals über Kopf, kopfüber, prompt, rasch.

▸ träge • bedächtig, gemächlich, langsam.
schnell machen abhetzen sich, beeilen sich, beschleunigen, eilen, hasten, hetzen, sputen, sich, überstürzen.
schnell reiten galoppieren.
schnell, sehr ruckzuck *u.*
Schnelldruck → Druck.
Schnelle → Galopp, Schnelligkeit.
schnellen → federn, heranstürzen, springen.
schnellfüßig → beflügelt, beschwingt, rasch, schnell.
Schnelligkeit Hurtigkeit, Fixigkeit, Hexerei, Plötzlichkeit, Sauseschritt, Schnelle, Raschheit, Blitzesschnelle, Geschwindigkeit, Flüchtigkeit, Eilfertigkeit, Behändigkeit, Reaktionsvermögen, Beschleunigung, Flug, Eile, Hast, Übereilung, Übereile, Überstürzung, Wettrennen, Hetzjagd, Höllentempo, Höllengeschwindigkeit, Wuppdizität *u*, Rennerei • Vergänglichkeit, Kurzlebigkeit, Kürze. → Bewegung.
▸ Trägheit.
Schnellkraft → Elastizität.
Schnellsegler → Fahrzeug (Wasser-).
Schnellstraße Autobahn, Highway.
Schnellzug → Fahrzeug (Schienen-).
schnäuzen putzen, abwischen, sauber machen, rotzen.
schnicken schnellen, zucken, schwingen, werfen, knallen, knipsen, bewegen, fuchteln, wackeln, schütteln, rucken, schleudern, schlagen. → ankurbeln.
▸ streicheln, ziehen.
Schnickschnack → Bagatelle, Farce, Unwichtigkeit.
schniegeln herausputzen, aufdonnern, salben, wichsen, putzen, pomadisieren, frisieren, einölen, locken, verschönern, zieren, ausstaffieren, in Wichs stecken, in Gala werfen, geschniegelt und gebügelt.
▸ verunstalten.
schnieke *u.* → schick.
Schnippchen schlagen, ein übers Ohr hauen, zum Narren halten, über den Löffel balbieren, hinters Licht führen, das Fell über die Ohren ziehen, auf falsche Spur bringen, Sand in die Augen streuen, einen Plan vereiteln, einen Strich durch die Rechnung machen, in die Quere kommen, einen Streich spielen, Schabernack treiben, das Wasser abgraben. → täuschen.
▸ ehrlich (sein).
schnippen schnellen, schnicken.
schnippisch putig *u.*
Schnipsel → Schnitzel.
schnippisch → anmaßend, herablassend, ungezogen, unhöflich, zynisch.
Schnitt Trennung, Teilung, Scheidung, Spaltung, Zerlegung, Zerstückelung, Entzweiung • Scherenschnitt, Holzschnitt, Zuschnitt, Modeschnitt, Schnittmuster, Form, Formung. → Art, Art und Weise, Behälter, Bildung, Durchschnitt, Ernte, Figur, Mahd, Marge, Modell, Wunde.
▸ Saat, Unförmigkeit, Verbindung.
Schnitte Brotscheibe, Stulle.
Schnitter → Bauer, Tod.
schnittig → scharf, schneidig, spitz.
Schnittpunkt Treffpunkt, Begegnung, Zusammenlauf, Brennpunkt, Mittelpunkt, Sammelplatz, Sammelort, Ausgangspunkt, geometrischer Ort. → Knotenpunkt.
Schnittstelle (in der EDV) Interface.
Schnitzel Schnipsel, Fleischstück. → Bruchstück, Fetzen, Speise.
schnitzeln zerschneiden, zerkleinern, zerstückeln, zergliedern, zerlegen, abtrennen, zerreißen, einreißen, zerpflücken, durchschneiden, zerteilen, zertrennen, klein machen, auseinander bringen. → abschneiden, durchreißen.
▸ verbinden.
schnitzen → anfertigen, drechseln, formen.
Schnitzer Künstler, Holzschnitzer, Herrgottsschnitzer, Bildner, Behauer, Bildschneider. → Bock, Entgleisung, Fehler, Fehltritt, Formfehler, Lapsus, Verstoß.
▸ Fehlerlosigkeit, Formgefühl, Geschicklichkeit, Höflichkeit.
schnoben → schnaufen.
schnodderig flegelhaft, vorlaut, unverschämt, ungezogen, lümmelhaft, unhöflich, frech, flegelig, großsprecherisch, anmaßend, vorwitzig, dreist, keck, voreilig, unschicklich, ungehörig, taktlos. → fassen sich kurz.
▸ bescheiden, höflich, langatmig.
schnöde verächtlich, erbärmlich, wertlos, schlecht, schäbig, schändlich, undankbar, unangenehm, widerwärtig, peinlich, rücksichtslos, niederträchtig, boshaft, niedrig, ärmlich, dankvergessen, unerkenntlich. → befehlerisch, böse, zynisch.
▸ dankerfüllt, gut.
Schnörkel Ringelform, Windung, Verschlungenheit, Arabeske, Verschlingung, Beiwerk, Schneckenlinie, Schlinge, Geschnörkel, Krakel *u.* → Ausschmückung, Drehung, Schmuck.
schnörkelig verschlungen, ineinander greifend, arabesk, gewunden, geringelt, krakelig *u.*
Schnorrer → Bettler.
Schnorrerei → Bettelei.
Schnösel Halbstarker, Lackaffe, unreifer Mensch.
Schnüffelei Bespitzelung, Riecherei, Stielaugen, Neuigkeitssucht, Spürnase, Kitzel, Aushorcherei, Gefrage, Fragerei, Naseweisheit, Vorwitz, Taktlosigkeit, Unbeherrschtheit, Wissbegier, Neugierde, Fragelust, Ausspionierung, Ermittlung, Ausquetscherei, Belauerei.
▸ Beherrschung, Gleichgültigkeit, Teilnahmslosigkeit.
schnüffeln → erkundigen, horchen, riechen.
Schnüffler Naseweis, Ausfrager, Frager, Horcher, Topfgucker, Spion, Spitzel, Auskundschafter.
Schnuller Lulle *u*, Schlotzer *u.*
Schnulze Rührstück. → Kitsch.
schnupfen einführen, eingeben, einziehen, heraufziehen, priemen, ziehen, eine Prise nehmen, Gehirntripper *u.* → Rhinitis, Schniefnase • Verschnupftheit.
Schnupfen und Erkältung Pips *u.*
Schnupftabaksdose Tabatière.
schnuppern wittern, riechen, schnüffeln, beschnüffeln, beschnuppern, schnauben, atmen, schnobeln, schnalzen • naschen, nippen, lecken, genießen, versuchen, probieren, herumschnuppern.
Schnur → Ausschmückung, Band, Bindemittel, Bindfaden, Faden, Faser, Schmuck.
Schnur hauen, über die bis zum Äußersten treiben, über

die Schranke hauen, sich die Freiheit herausnehmen, sich viel erlauben, sich austoben, es nicht so genau nehmen, nach niemandem fragen, nach Belieben schalten, sich ungebunden glauben • ungehorsam sein, über die Stränge schlagen, aufbegehren, auftrotzen, sich entgegenstellen.
▸ gehorchen, mäßigen sich.

Schnüre Ausschmückung, Band, Bindemittel, Bindfaden, Faden, Faser, Schmuck.

schnüren binden, zubinden, zuknüpfen, festmachen, zumachen, verbinden, einpacken, einengen, einpressen, verschnüren, zuschnüren, die Luft nehmen • gehen, laufen, schnuren, traben • aufknüpfen, hängen, anschnüren. → einschnüren.
▸ lockern.

Schnürleib → Korsett.

Schnurrbart → Bart, Bürste.

Schnurre → Drolligkeit, Spaß, Ulk.

schnurren brummen, knurren, miauen, raulen, murren, rufen, spinnen, surren, schnarren, knaunzen • schrumpfen, einschrumpfen, zusammenschnurren, kleiner werden.
▸ ausdehnen, bellen.

schnurrig → burlesk, witzig.

Schnürsenkel → Band, Bindemittel.

Schnute → Ausguss, Mund, Schnabel, Schnauze.

Schober Heuschober, Scheune, Speicher, Stadel, Hütte • Bund, Stoß, Stapel, Hocken, Stiege, Haufe, Garbe, Mandel, Büschel, Ansammlung, Anhäufung, Ballen, Gebund, Gebinde, Bündel.

Schock Maßeinheit, Sechzig • Haufe, Menge • Nervenanfall, Anprall, Stoß, Schrecken, Schauder, Zusammenzucken, Gänsehaut, Erschrecken, Heidenangst, Kleinmut, Beängstigung • Unglücksbotschaft, Hiobspost, Schreckensbotschaft, Schreckschuss.
▸ Freudenbotschaft, Gleichgültigkeit.

schockieren → anstoßen.

schockierend erschreckend, erschütternd, shocking.

schockiert → erschrocken.

schockweise → allerhand.

schofel *u* armselig, kümmerlich, beschämend, gemein, niederträchtig, elend, gewöhnlich, schäbig, niedrig, erbärmlich, lumpig, nichtswürdig, pöbelhaft, unredlich, knickerig, knauserig, kleinlich, undankbar, würdelos, unlauter, schimpflich, charakterlos, ehrlos, gewissenlos. → schnöde.
▸ charaktervoll, ehrlich, freigebig.

schokoladenbraun → braun.

Schokoladenguss Kuvertüre.

Scholle → Besitztum, Erdboden, Tier.

schon → bereits, eher, zeitig.

schön hübsch, geschmackvoll, hinreißend, hold, lieblich, liebreizend, makellos, malerisch, märchenhaft, niedlich, prachtvoll, reizend, schmuck, nett, angenehm, anziehend, einnehmend, gewinnend, wohlgestaltet, wohlgeformt, köstlich, prächtig, graziös, zart, fein, wirkungsvoll, wonnig, anmutsvoll, herzig, berückend, bestrickend, wunderschön, engelschön, blühend, delikat, erwünscht, erlesen, brillant, entzückend, ästhetisch, goldig, wie ein Gedicht, schnieke *u*, piekobello *u*, das ist Sache *u*. → angenehm, ästhetisch, behaglich, bestrickend, brillant, scharmant, delikat, entzückend, erlesen, erwünscht, fein, gepflegt, gut, köstlich, prächtig.
▸ hässlich, abscheulich, abstoßend, schauderhaft, scheußlich, widerwärtig • unschön.

schön machen → dekorieren, schmücken.

schöne Aussicht Bellevue.

schöne Frau Aphrodite, Beauté, Beauty, Helena, Venus.

schonen nachsehen, milde sein, verschonen, Nachsicht üben, verzeihen, vergeben, mildern, entschuldigen, übersehen, nachlassen, durch die Finger sehen, ein Auge schließen, in Vergessenheit geraten • sparen, Haus halten, wirtschaften, vor Schaden behüten, wenig beanspruchen, sorgsam behandeln, nicht abnutzen, Sorge bewahren, sorgsam umgehen, flott erhalten • schonen sich, sich gesund halten, sich zurückhalten, sich nicht anstrengen. → Haus halten.
▸ abnutzen, ahnden, arbeiten, verschwenden beanspruchen, strapazieren • bestrafen • misshandeln, quälen, rücksichtslos behandeln.

schonend → durch die Blume, barmherzig, diskret, gelinde, mild.
▸ brutal, rücksichtslos, schonungslos.

Schoner → Bedeckung, Teppich, Schiff, Schutz.

schöner Mann Adonis, Beau, Hyazinth.

schöner Schein Illusion.

schönfärben bemänteln, beschönigen, verbrämen, verklären.

Schönfärberei → Heuchelei, Schmeichelei.

Schöngeist → Ästhet, Blaustrumpf, Feinschmecker, Mäzen.

Schöngeisterei → Ästhetik.

schöngeschrieben kalligrafisch.

Schönheit Geschmacksvollendung, Wunschbild, Zierbild, Anmut, Grazie, Liebreiz, Lieblichkeit, Niedlichkeit, Holdseligkeit, Liebenswürdigkeit, Zartheit, Feinheit, Jugendblüte, Glanz, Schimmer, Wohlgestalt, Ebenmaß, Stattlichkeit, Regelmäßigkeit, Scharm, Eleganz, Reiz, Beauté, Harmonie, Schick • schöne Frau, Beauty, Venus, Pracht *u*. → Scharm, Pracht.
▸ Hässlichkeit.

Schönheitsfehler → Mangel.

Schönheitskuranstalt Beautyfarm.

Schönheitslehre → Ästhetik.

Schönheitsmittel Schminke, Make-up, Puder, Lippenstift, Dauerwelle, Schönheitspflege, Kosmetika, Hilfsmittel, Lack, Creme, Parfüm, Packungen, Massage, Gesichtswasser, Auffrischung, Neubelebung, Verjüngung, Gesichtskorrekturen.

Schönheitspflästerchen Mouche, Musche.

Schönheitspflege → Kosmetik.

Schönheitssinn → Delikatesse, Eleganz, Geschmack.

Schonkost → Diät.

schön machen (sich) → verschönern.

Schönschreiber Kalligraf.

schöntuend → aalglatt, diplomatisch.

Schöntuerei → Schmeichelei, Byzantinismus, Heuchelei.

schöntuerisch → aalglatt, höfisch.

schön tun → bereden, Blick zärtlicher, Cour schneiden, einschleichen sich in die

Gunst, liebäugeln, poussieren, schmeicheln.
Schonung → Barmherzigkeit, Besorgnis, Charitas, Diskretion, Erbarmen, Gnade, Milde, Nachsicht, Rücksicht • Wald.
▸ Strapaze • Überanstrengung, Überbeanspruchung • Verausgabung.
schonungslos hart, unverhohlen, nichts verschweigen, roh, ohne Schonung, wild, grob, viehisch, streng, hartherzig, grausam, glashart, steinhart, unmenschlich, gefühllos, herzlos, mitleidlos, kalt lächelnd, eisig, unempfindlich, kalt, marmorkalt. → barbarisch, blind, erbarmungslos, roh, rücksichtslos.
▸ schonungsvoll, behutsam, fürsorglich, liebevoll, rücksichtsvoll, schonend • dezent, taktvoll, vorsichtig.
Schonungslosigkeit Despotismus, Rohheit, Strenge.
schonungsvoll gütig, behutsam, mitfühlend, gnädig, duldsam, rücksichtsvoll, mild, nachsichtig, sachte, vorsichtig, teilnahmsvoll, teilnehmend, gerührt, mitleidig, mild, liebreich, liebevoll, sanft, zart, weichmütig, weichherzig, versöhnlich, mitleidsvoll. → barmherzig.
▸ schonungslos.
Schopf Mähne, Strähnen, Zotteln.
schöpfen füllen, einfüllen, einschöpfen, geben, eingießen, vollschöpfen, anfüllen, auffüllen, hineinfüllen, voll gießen, dazugeben, hineingießen, einschenken • herausnehmen, wegnehmen, ausschöpfen, leerschöpfen, heben • atmen, Luft holen, einatmen, Luft schöpfen. → anfertigen, arbeiten, ausarbeiten, ausdenken, erfinden, ersinnen, formen, schaffen.
▸ ausgießen, eingießen, nachahmen, zerstören, kopieren, plagiieren.
schöpfen, Luft atmen, einatmen, schnaufen, japsen, keuchen, Luft holen • an die frische Luft gehen. → blasen.
▸ arbeiten, ausatmen, ersticken.
schöpfen, aus dem Vollen Überfülle/Überschuss haben, schwelgen, schlemmen, keine Not kennen, Vermögen haben, reich sein.
▸ darben, entbehren.
Schöpfer Gestalter, Erzeuger, Urheber, Erfinder, Gründer, Erschaffer, Züchter, Genie, Meister, Künstler, Former, Erbauer, Bildner, Komponist, Verfasser, Autor, Hersteller, Macher, Schaffender, Unternehmer. → Arbeiter, Bahnbrecher, Behälter, Christus, Erbauer, Erfinder, Erschaffer, Löffel.
▸ (Nachahmer), Zerstörer.
schöpferisch gestalterisch, fantasiebegabt, fantasiereich, schaffend, genial, fruchtbar, aufbauend, bildend, gestalterisch, formend, erzeugend, geistreich, erfinderisch, kunstreich, hoch begabt, sinnreich, talentiert, produktiv, begnadet, intuitiv, klug. → anstellig, aufbauend, bahnbrechend, begabt, denkend, eingesetzlich, erfinderisch, geistesmächtig, genial, inspiriert, intuitiv, produktiv.
▸ dumm, fantasielos, unbegabt, ungeschickt, unproduktiv • epigonal, nachahmerisch.
Schöpferkraft → Begabung, Begriffsvermögen, Born, Einbildungskraft, Fantasie, Tatkraft.
Schöpfung Kreation. → All, Arbeit, Ausführung, Bewerkstelligung, Bildung, Einfall, Entstehung, Entwicklung, Erbauung, Erde, Erfindung, Erzeugung, Intuition, Leistung, Produkt, Tat, Welt.
Schöpfungsgeschichte Genesis.
Schoppen → Behälter, Bier, Gefäß.
Schöps → Banause, Bock.
Schorf Unreinlichkeit, Unsauberkeit • Krankheit, Entzündung, Eiterung, Grind, Schrunde, Kruste, Krätze, Räude, Flechten, Ausschlag, Aussatz, Hautkrankheit, Verunstaltung, Pustel. → Dreck.
Schornstein → Esse.
Schornstein schreiben, in den verlieren, einbüßen, verwirken, Schaden erleiden, entbehren müssen, Nachteile haben, herhalten müssen, um etwas kommen, Haare lassen, teuer bezahlen, ein blaues Auge davontragen, Lehrgeld bezahlen müssen, in den Mond gucken, in die Binsen gehen, in die Brüche gehen, durch die Finger schlüpfen.
▸ bekommen, gewinnen, glücken.
Schornsteinfegerlehrling Qualmstift *u.*
Schose *s* → Ding.
Schoß Ursprung, Born, Quell, Anfangspunkt, Ursache, Kraftquelle, Entstehung, Herkunft, Mutterschoß, Heimatstätte, Ausgangspunkt, Fruchtbarkeit, Entstehungsort, Inneres, Leib, Körperteil • Pflanzenteil, Spross, Trieb, Halm, Zweig, Schößling, Ranke. → Auge, Born, Entstehungsstätte, Rute, Ursprung.
Schoß der Familie → Heim.
Schoß, Hände legen in den → faulenzen.
Schoßkind → Baby, Liebling, Nesthäkchen.
Schößling → Abkomme, Schoß.
Schott *sm* Querwand, Schutzwand, Abtrennung, Abdichtungswand.
Schotter Straßenschotter, Schottersteine, Belag, Straßenbelag, Bedeckung, Pflasterung, Auflage, Schotterdecke, Steinmaterial, Geröll, Kies, Bruchstücke.
▸ Sand.
schräg schief, geneigt, abfallend, abschüssig, jäh, aufsteigend, schroff, überhängend, quer, steil, windschief, abgedacht, überlehnend, bergauf, spitz, diagonal, überzwerch • unehrlich • betrunken, scheps *u.* → abschüssig.
▸ gerade • eben, horizontal, waagerecht • senkrecht.
Schräge Jähe, Schiefe, Neigung, Fall, Gefäll, Abfall, Schräglinie, Abweichung, Winkelform, Schrägrichtung, Schräglage, Abdachung, Abschrägung, Absturz, Abhang, Steilhang, Uferböschung, Abseite, Senkung, Felswand, Berglehne. → Neigung.
▸ Ebene, Gleichlauf.
Schragen → Bahre.
Schräglinie Diagonale.
Schramme → Kratzer.
schrammen ritzen, reißen, schnitzen, schneiden, einschneiden, schlitzen, einreißen, anreißen, wehtun • anstreifen, anstoßen.
▸ glätten.
Schrank → Behälter, Kasten.
Schranke → Anstand, Barriere, Beschwernis, Demarkation, Einhalt, Hindernis.

Schranken ziehen → binden die Hände.
schrankenlos unbegrenzt, unbeschränkt, bodenlos, unendlich, endlos, raumlos, zeitlos, grenzenlos, unermesslich, unberechenbar, unergründlich, unzählbar.
▸ begrenzt, eingeschränkt.
Schranze → Helfer, Schmeichler.
schranzenhaft → schmeichlerisch.
Schraube Winde, Haspel, Schnecke, Rolle, Spule • Windung, Wickelung, Gewinde, Spirale, Schneckengang, Schneckenlinie, Spindel, Spill, Welle, Bohrer • Schiffsschraube, Flügel, Propeller • Antrieb. → Bindemittel.
▸ Mutter, Niete.
Schraube locker, eine dumm, töricht, blöd, schwachköpfig, hirnverbrannt, vernagelt, saudumm, ein Brett vor dem Kopf, Tinte gesoffen, einen Sparren zu viel.
▸ klug, überlegt, vernünftig.
schrauben drehen sich, wirbeln, winden, spulen, ringeln, ranken, bohren, locken • sticheln, aufziehen, herziehen, necken, foppen, hänseln, frotzeln, veralbern. → anmachen.
▸ lösen, nageln, (nieten), (schweißen).
schraubenförmig → gewunden.
Schraubenlinie Spirale.
Schrebergarten Garten, Land, Acker, Scholle, Pflanzstätte, Laubenkolonie, Kleingarten.
Schreck Angst, Entsetzen, Furcht, Grauen, Beklemmung, Bestürzung, Schauder, Gruseln, Sorge, Besorgnis, Beängstigung, Zittern, Beben, Himmelangst, Todesschreck, Hiobspost, Hiobsbotschaft, Lähmung, Verzweiflung. → Aufsehen, Beengung, Bestürzung, Blitz, Knall und Fall, Panik.
▸ Beruhigung, Furchtlosigkeit, Gefasstheit.
Schreck bekommen, einen erschrecken, zusammenschrecken.
Schreckbild Alb, Lampenfieber, beängstigendes Gefühl, Unruhe, Ahnung, Beengung, Befürchtung • Schreckgespenst, Schreckschuss • Geist, Spuk, weiße Frau, Poltergeist, Nachtgespenst, Hexe, Werwolf • Höllenwerk, Kettengerassel, Hexengepolter, Höllenspuk, Höllenmusik, Blendwerk, Gespenstererscheinung. → Popanz.
▸ Beruhigung, Furchtlosigkeit, Gefasstheit.
Schrecken → Abscheu, Angst, Schock, Schreck.
Schrecken, panischer Himmelangst, Panik, Hasenherzigkeit, Zaghaftigkeit, Verzagtheit, Kleinmut, Kleinmütigkeit, Furchtsamkeit, Feigheit, Memmenhaftigkeit, Mutlosigkeit. → Schreck.
▸ Abgestumpftheit, Apathie • Wunschbild.
schrecken hemmen, abhalten, abreden, entmutigen, verleiden, zu bedenken geben, warnen • erregen, aufregen, ergreifen, bewegen, an die Nieren gehen, die Sinne verwirren, außer Fassung bringen, aufschrecken, aus dem Geleis bringen, die Sprache verlieren, nach Luft schnappen, erstarren, versteinern • ängstigen, erschrecken, Furcht erwecken, alarmieren, aufschrecken, Angst einjagen, aufscheuchen, abschrecken, einschüchtern, bange machen, bestürzen, den Teufel an die Wand malen, die Hölle heiß machen, Furcht und Schrecken verbreiten • abkühlen, härten, erstarren machen, löschen, auslöschen. → bedrohen, drohen.
▸ beruhigen, ermutigen, erwärmen, helfen.
Schreckensherrschaft → Despotismus, Strenge.
Schreckensherrscher → Despot.
Schreckenskunde Schreckensbotschaft, Unglücksbotschaft, Todesnachricht, Schreck, Hiobsbotschaft, Alarm, Unglücksdepesche, Trauerbrief.
▸ Freudenbotschaft.
schreckensvoll → abschreckend, einschüchternd, schrecklich.
Schreckgespenst → Gespenst, Schreckgestalt.
Schreckgestalt Schreckgespenst, Missgestalt, Fratze, Ungestalt, Hässlichkeit, Zerrbild, Scheusal, Ungeheuer, Gespenst, Ungetüm, Missgeburt, Fratzengestalt, Vogelscheuche, Kinderschreck, Butzemann, Scheußlichkeit, Garstigkeit. → Hässlichkeit.
▸ Schönheit, Wirklichkeit.
schreckhaft → feige, ängstlich.
Schreckhaftigkeit → Feigheit, Bammel.
schrecklich fürchterlich, herzbrechend, Mark verzehrend, katastrophal, schlimm, kläglich, Mitleid erregend, qualvoll, schmerzhaft, verdrießlich, peinigend, quälend, misslich, schauerlich, schaurig, schauderhaft, scheußlich, grauenhaft, grauenvoll, greuelhaft, verdammt, verflucht, verwünscht, grässlich, grausig, haarsträubend, gruselig, horrend, horribel. → abbrüchig, abgeschmackt, abscheulich, abschreckend, bedauerlich, beißend, beklemmend, böse, diabolisch, entsetzlich.
▸ erfreulich, schön.
Schreckschuss → Alarm.
Schrecksekunde Reaktionszeit.
Schreckstarre Kataplexie.
Schredder Häcksler, Häckselmaschine, Schrottzerkleinerer, Zerkleinerer, Zerschnipsler.
Schrei Laut, Notschrei, Hilfeschrei, Geschrei, Klageton, Wehgeschrei, Weineton, Gejammer, Aufschrei, Gestöhn, Geheul, Gebrüll, Gewinsel, Schmerz • Freudenschrei, Frohlocken, Jubel • Tierschrei, Menschenschrei, Vogelschrei. → Ausruf, Ruf.
▸ (Flüsterton), Lautlosigkeit.
Schrei, letzter Dernier Cri.
Schreibart → Ausdrucksweise, Darstellungsweise, Diktion, Fassung, Stil.
Schreibdame Stenotypistin, Tippfräulein *u*, Tippmaus/-mieze *u*, Tippöse *u*, Tippse *u*, Tipse *u*.
Schreiben pinseln *u*. → Benachrichtigung, Brief, Eingabe.
schreiben niederschreiben, notieren, aufschreiben, hinschreiben, protokollieren, registrieren, aufnehmen, ausstellen, aufzeichnen, berichten, verzeichnen, beurkunden, festhalten, eintragen, abschreiben, nachschreiben, mitteilen, unterschreiben, gegenschreiben, gegenzeichnen, aufsetzen, verfassen, ausarbeiten, hinhauen, herunterhauen,

pinnen *u*, krakeln *u*, schmieren, sudeln, klauen *u*, tippen, sich einen Stiefel zusammen schreiben • dichten, reimen. → angeben, ausarbeiten, beantworten, benachrichtigen, dichten, erzählen, korrespondieren, kritzeln.
▸ lesen, reden.
Schreiber Berichter, Mitteiler, Federheld, Schriftführer, Stadtschreiber, Buchhalter, Maschinenschreiber, Bücherschreiber, Verfasser, Büchermacher, Erzähler, Schilderer, Aufzeichner, Zeitungsschreiber, Aktuar, Gerichtsschreiber, Tintenkuli *u*, Tintenspion *u*, Federfuchser, Schmierfink, Schmierlappen, Schmierant *u*. → Berichterstatter, Dichter.
▸ (Leser), (Redner).
Schreibfeder → Feder.
Schreibgerät Pinsel *u*.
Schreibkraft Stenotypistin, Tippfräulein, Tippse *u*.
Schreib-Leseschwäche Legasthenie.
Schreibanweisung Diktat.
Schreiberling Skribent.
Schreibmaschine Composer, Fernschreiber, Schreibautomat, Schreibcomputer, Telex, Tippapparat.
Schreibstube → Büro.
Schreibtisch → Pult.
Schreibweise Schreibe *u*. → Art, Ausdrucksweise, Fassung, Stil.
Schreibzimmer → Kanzlei.
schreien rufen, lärmen, toben, krähen, kreischen, zetern, brüllen, johlen, krakeelen, randalieren, plärren, gröhlen, poltern • meckern, mursen *j*, girren *j*, schnalzen, bölken, trensen *j*, mahnen *j*, quarren *j*, locken *j*, murren *j*, kröchen *j*, orgeln *j*, knören *j*, röhren *j*, kollern *j*, pfeifen *j*, klagen *j*, piepen *j*, melden *j*, rudeln *j* • zetern, die Lunge aus dem Hals schreien, brüllen als ob er am Spieß steckte, Zetermordio schreien • wehklagen, jammern, weinen, klagen, aufschreien, stöhnen, winseln, vor Schmerzen stöhnen. → ächzen, belfern, bläken, dröhnen, krächzen, Maul aufreißen das, röhren. → beherrschen sich, flüstern, verstummen.
schreien, weinerlich quarren *u*.
schreiend → blendend, brennend, bunt, farbig, laut.
▸ dezent, gedämpft.
Schreier Maulheld, Großmaul, Angeber, Großschnauze *u*, Radaubruder, Hetzer, Krakeeler.
Schrein Totenschrein, Sarg • Geldschrank, Geldschrein, Spind, Kasten, Lade, Aufbewahrungsort. → Behälter, Kasten, Sarg.
schreiten → begeben sich, gehen.
Schrift Handschrift, Krakel, Klaue, Pfote *u*, Schmierage *u*, Druckschrift, Fraktur, Grotesk, Antiqua, Versalien, Augenpulver. → Buch, Denkschrift, Druckschrift, Monatsschrift, Text.
▸ Rede, Sprache.
Schrift, heilige Bibel.
Schrift, unleserliche Geschmier, Gesudel, Klaue, Krakelei, Sudelei.
Schriftauslegungskunst Hermeneutik.
Schriftbild Satz. → Text.
Schriftdeutsch Schriftsprache, Hochsprache, Bühnensprache, Hochdeutsch, Literatur, Schriftschöpfung, Einheitssprache • Umgangssprache, Landessprache, Volkssprache.
Schriftenbündel Akte.
Schriftgut → Buch, Dichtung, Lektüre.
Schriftgutablage Aktei, Registratur.
Schriftleiter → Redakteur.
schriftlich aufgeschrieben, aufgezeichnet, geschrieben, handschriftlich, niedergeschrieben, nachweisbar, brieflich, schwarz auf weiß.
▸ mündlich, telefonisch.
schriftliche Ausarbeitung Skript.
schriftliche Wiedergabe Protokoll.
schriftlicher Vermerk Aktennotiz, Notiz.
schriftliches Machwerk Elaborat.
Schriftsetzer Metteur, Setzer.
Schriftsteller Autor, Herausgeber, Federfuchser, Verfasser, Bücherschreiber, Gelehrter, Memoirenschreiber, Reiseberichter, Romanschriftsteller, Erzähler, Bearbeiter, Blackscheißer *u*, Tintenscheißer *u*. → Dichter, Schreiber.
Schriftstück Schreibe *u*. → Bekräftigung, Belege, Bescheinigung, Brief, Diplom, Fähigkeitsausweis, Urkunde.
Schrifttum → Literatur.
Schriftverkehr Briefwechsel, Korrespondenz, Schriftwechsel.
Schriftwechsel → Korrespondenz.
Schriftzeichen Buchstabe, Hieroglyphe, Letter, Rune, Type.
Schriftzug Duktus.
schrill grell, laut, durchbohrend, lärmend, schallend, hoch, ohrenzerreißend, gellend, geräuschvoll, quietschend, klirrend, dröhnend, markerschütternd, steinerweichend, betäubend. → durchdringend, laut.
▸ gedämpft.
schrillen → lärmen.
Schritt Gang, Bewegung, Vorwärtsgehen, Marsch, Lauf, Verrückung, Fortbewegung, Marschtritt, Schlenderschritt, Bummel, Wandel • Schritte, Handlung, Vorgehen, Entscheidung, Maßregel, Tat, Versuch, Mittel, Weg, Maßnahme, Hilfe.
▸ Stillstand, Unentschlossenheit, Trab • Galopp.
Schritt, der erste → versuchen.
Schritt, erster Initiative.
Schritte tun, die ersten in Gang bringen • entgegenkommen, verzeihen, sich erbieten, entgegengehen, sich herablassen, um etwas werben, die Hände reichen • anfangen zu laufen, laufen lernen, die Beine gebrauchen.
▸ rühren sich nicht, stillstehen • zögern.
Schrittmacher → Bahnbrecher.
schrittweise → allmählich, bedächtig, behäbig, ruckweise.
▸ abrupt, plötzlich • fließend.
Schrittzähler Hodometer, Passometer, Pedometer, Podometer.
schroff ruppig *u*. → abgründig, abschüssig, auf einmal, aufrecht, augenblicklich, barsch, boshaft, knapp, plötzlich, rau, roh, schräg, unhöflich.
▸ allmählich, fließend • flach, mild, sanft.
Schroffheit → Bärbeißigkeit, Schräge, Unhöflichkeit.
Schröpfen → Bemächtigung, Blut ablassen.
schröpfen zur Ader lassen, Blut ablassen • aussaugen, abzapfen, ausbeuten, ausquetschen, abnehmen, schädigen, entrechten,

enteignen. → aufschlagen, bemächtigen, berauben, bestehlen, bewuchern, erpressen.
▸ ehrlich (sein), einspritzen, geben.

Schrot und Korn, von echtem kernig, tatkräftig, kernhaft, herzhaft, energisch, stramm, stark, stählern, derb • beständig, zuverlässig, wahr, redlich, unverdorben, verlässlich, unwandelbar, rechtschaffen, bieder, wacker, solide, brav, aufrecht, unbestechlich, ohne Falsch, ein Mann ein Wort. → rechtschaffen.
▸ charakterlos, schwach, unbeständig, unredlich, unzuverlässig.

Schrott → Abfall.

Schrott(auto)zerkleinerer Schredder.

schrottreif altersschwach, brüchig, kaputt, verfallen, zerfallen.

schrubben → ausbürsten, bürsten, fegen, frottieren, putzen.

Schrubber → Bürste.

Schrulle Narretei, Anwandlung. → Faselei, Laune.

schrullenhaft schrullig, komisch, sonderbar, seltsam, sonderlich, eigenartig, wunderlich, launisch, verschroben, absonderlich, grillenhaft, närrisch, einsiedlerisch. → bizarr, burlesk.
▸ aufgeschlossen, natürlich.

schrullig → albern, grotesk, kurios, schrullenhaft.

schrumpelig → faltig.

schrumpfen sich zusammenziehen, eingehen, sich verringern, zusammenschrumpfen, austrocknen, schwinden, verkleinern, vermindern, zusammenfallen, abmagern, austrocknen, welken, dörren, verfallen, abnehmen, eingehen, abbauen, abzehren. → abnehmen, altern, auszehren.
▸ ausdehnen, knospen, zunehmen, aufgehen, sich ausdehnen, auseinander gehen, sich dehnen, quellen, wachsen.

Schrumpfung → Schwund.

schrumpfungsfähig retraktil.

Schrunde → Furche.

Schub → Anzahl, Bewegung, Stoß, Transport.
▸ Zug.

Schubfach → Abteil, Abteilung, Behälter.

Schubkarren → Fahrzeug (Straßen-), Karren.

Schublade → Behälter.

Schubladentruhe Kommode.

Schubs → Anprall, Stoß.

schubsen → stoßen.

schüchtern ängstlich, unsicher, gehemmt, scheu, geduckt, befangen, blöde, beengt, bänglich, bescheiden, verzagt, unbeholfen, furchtsam, feig, errötend, verschämt, zurückhaltend, gezwungen, schämig, genieren, spröde. → ängstlich, bange, befangen, geduckt.
▸ dreist, aufdringlich, frech, keck, kokett, unverfroren, zudringlich • lässig, salopp • gewandt, selbstbewusst, sicher, unbefangen.

schüchterner Liebhaber Seladon.

Schüchternheit → Bammel, Befangenheit, Bescheidenheit, Feigheit, Scheu.

Schuft → Bandit, Bauernfänger, Dieb, Hund, Lump, Schurke.

schuften → abarbeiten, abmühen, anstrengen sich, arbeiten.
▸ sich erholen, Ferien/Urlaub machen • bummeln, faulenzen, feiern, krankfeiern, trödeln.

Schufterei → Anstrengung.

schuftig → arg, bestechlich, bübisch, charakterlos, gemein, niederträchtig.

Schuftigkeit Gemeinheit, Niedertracht, Bosheit, Bubenstück, Unredlichkeit, Treulosigkeit, Pflichtvergessenheit, Wortbruch, Betrügerei, Unterschlagung, Schwindel, Schofeltat, Ehrlosigkeit, Schändlichkeit, Verruchtheit, Schurkenhaftigkeit, Verderbtheit, Verdorbenheit, Frevelhaftigkeit. → Bosheit.
▸ Rechtschaffenheit, Vollkommenheit.

Schuhe Stiefel, Halbschuhe, Langschäfte, Knobelbecher *u*, Galoschen, Stiefeletten, Latschen, Sandalen, Kähne *u*, Quadratlatschen *u*, Geigenkasten *u*, Pumps, Bottine, Sandaletten, Hausnummer *u*.

Schulanfänger Stift *u*.

Schularbeiten Aufgaben, Hausarbeiten.

Schulbank → Bank.

Schulbeispiel → Ausbund, Beispiel, Exempel, Gipfel, Muster.

Schulbuch → Buch, Fibel.

Schuld Missetat, Pflichtverletzung, Pflichtversäumnis, Schandtat, Sünde, Sündenschuld, Abweg, Fluch der bösen Tat, Täterschaft, Fall, Jugendsünde, Straffall, Gesetzesbruch, Verbrechen, Mittäterschaft, Übeltat, Kulpa, Blutschuld • Verpflichtung, Verschuldung, Haftung, Geldschuld, Debet, Schuldbetrag, Belastung, Verantwortlichkeit, Rückstand, Schuldigkeit, Passiva, Defizit • Fehler, Missverhalten. → Delikt, Ehrenschuld, Fehler, Fehltritt, Frevel, Rückstand, Verbindlichkeit.
▸ Darlehen, Pflichterfüllung, Tilgung, Unschuld • Strafe • Buße, Sühne.

Schuld abwälzen → beschuldigen.

Schuld befreien, von einer entschuldigen, exkulpieren, freisprechen, vergeben, verzeihen.

Schuld in die Schuhe schieben anschuldigen, beschuldigen, bezichtigen, unterstellen, verdächtigen, verleumden.

Schuldanerkenntnis/-schein Promesse.

Schuldbefreiung Entschuldigung, Exkulpation, Freispruch, Pardon, Vergebung, Verzeihung.

schuldbeladen → charakterlos, schuldig.

schuldbewusst verschämt, reuig, schamrot, demütig, zerknirscht, sündig, reumütig, bereuend, bußfertig, selbstanklägerisch, schämig, besserungsbereit. → schuldig.
▸ überheblich, unschuldig.

Schuldbewusstsein → Reue, Scham.

Schulden Geldschuld, Schuld, Verpflichtung, Verbindlichkeit, Rückstand, Verschuldung, Überschuldung, Schuldigkeit, Zechschulden, Saufschulden *u*, Geldsorgen, Geldnot • Darlehen, Anleihe, Kredit, Schuldschein, Schuldbrief, Wechsel, Borg, Entlehnung, Pump, Beleihung, Geldanlage.
▸ Guthaben.

schulden verdanken, verantworten, dienen, verpflichtet sein, abhängen von • im Rückstand sein, Schulden haben, verschuldet

sein, Geldschulden haben, fremder Leute Brot essen, bis über die Ohren in Schulden stecken, ein Loch aufmachen und das andere schließen, pumpen, in der Kreide stehen, auf Borg leben.
▸ pflichtenlos (sein), schuldenfrei (sein).

Schulden machen anpumpen, borgen, entleihen, Kredit aufnehmen, leihen, pumpen, verschulden sich.

Schuldenabtragung Abzahlung, Amortisation.

Schuldenanmahnung Tritt *u*.

Schuldenaufrechnung Clearing, Kompensation.

schuldenfrei sicher, unabhängig, geborgen, unverschuldet, sorgenfrei, zahlungsfähig, unverpflichtet. → reich.
▸ abhängig, verschuldet.

Schuldenkauf Kreditkauf.

Schuldenmacher Borger, Leiher, Pumper, Ausleiher, Schuldner, Kreditholer, Verschuldeter, Verpflichteter, Abhängiger.
▸ Gläubiger.

Schuldensumme Passivsaldo.

Schulderlass → Erlass.

schuldfrei → unschuldig.

Schuldgefühl Gewissen böses, Reue, Schuldbewusstsein, Gewissensangst, Gewissensqual, Selbstvorwurf, Selbstanklage, Reuegefühl, Reumütigkeit, Schamgefühl, Beschämung, Gewissensbisse. → Erröten, Scham, Schuld.
▸ Gewissenlosigkeit, Reuelosigkeit, Schamlosigkeit.

schuldhaft → schuldig.

schuldig schuldhaft, schuldbeladen, schuldbewusst, verantwortlich, strafwürdig, straffällig, verurteilt, das Karnickel sein *u*, derjenige welcher *u* • verpflichtet, gebunden, verschrieben, abhängig, unfrei • rückständig, verschuldet, überschuldet. → charakterlos.
▸ bezahlt, ungebunden, unschuldig.

schuldig bleiben Zahlung einstellen oder unterlassen, nicht abdecken, prolongieren, ausstehen lassen, säumig bleiben, um Stundung nachsuchen, auf später vertrösten, einen Vergleich machen, Konkurs machen, pleite *u*.
▸ heimzahlen, wiedergeben, zahlen.

schuldig sprechen → anklagen, verurteilen.

Schuldigkeit → Amt, Aufgabe, Beharrlichkeit, Dienstpflicht, Obliegenheit, Pflicht, Schuld.

schuldlos → unschuldig.

Schuldner Kreditnehmer. → Kunde fauler, Schuldenmacher.
▸ Geld-/Kreditgeber, Gläubiger.

Schuldschein → Bekräftigung, Bescheinigung, Bürgschaft, Pfand, Schuld, Sicherheit.

Schuldspruch → Urteil.

Schuldsumme → Anleihe, Schuld.

Schuldumwandlung Konversion, Konvertierung, Novation.

Schuldverschreibung → Anleihe, Schulden.

Schuldwechsel Passivwechsel.

Schule Internat, Klosterschule, Penne, Pennal, Presse, Quetsche *u*, Gänsestall *u*, Affenkasten *u*, Pensionat, Institut, Kinderschule, Volksschule, Hilfsschule, Mittelschule, Oberschule, Realschule, Gymnasium, Realgymnasium, Lyceum, Handelsschule, Lehranstalt, Bildungsstätte, Erziehungsanstalt, Technikum, technische Hochschule, Volkshochschule, Hochschule, Universität, hohe Schule, Kolleg, Haushaltungsschule, Frauenschule, Fachschule, Meisterschule, Akademie, Berufsschule, Fahrschule, Tanzschule • Gebäude, Schulhaus, Schulgebäude • Unterricht, Disziplin, Zucht, Belehrung, Schulung, Drill, Vorbereitung, Ausbildung • Gemeinschaft, Zucht • Gewohnheit, das macht Schule, Vorbild, Musterbild, Stil. → Anstalt, Erziehungsanstalt, Institut, Zucht.

Schule, harte → Zucht.

schulen einschulen, belehren, erziehen, erklären, bilden, unterweisen, unterrichten, anleiten, anweisen, ausbilden, formen, gestalten, vorbereiten • trainieren, dressieren, abrichten, üben, zähmen, eindrillen, abhärten. → abrichten, aufklären, aufziehen, ausbilden, bekehren, belehren, drillen, erziehen.
▸ lernen, vorbereiten sich, verlottern, verziehen.

Schüler Zögling, Kadett, Scholar, Eleve, Gymnasiast, Abiturient, Pennäler, Hochschüler, Student, Musterschüler, Abc-Schütze, höhere Tochter • Anfänger, Lehrling, Lehrjunge, Stift • Jünger, Anhänger, Nachwuchs. → Famulus.
▸ Lehrer • Meister.

Schüler, eifriger Schanzer *u*.

schülerhaft unreif, jung, unerfahren, ungeschickt, stümperhaft, ratlos, dumm, unbeholfen, ungeschult, hilflos, verkehrt, tölpelhaft. → erfahrungslos.
▸ erfahren, reif • fachmännisch, gekonnt, meisterhaft.

Schulfall → Beispiel.

Schulfestsaal Aula.

Schulfreizeit Ferien.

Schulfuchserei Haarspalterei, Kümmelspalterei, Tüftelei, Deutelei, Wortreiterei, Wortklauberei, Silbenstecherei, Spiegelflechterei, Kleinigkeitskrämerei, Pedanterie.
▸ Großzügigkeit.

Schulgebäude Brutkasten *u*.

schulgemäß → pädagogisch.

schulgerecht → kunstvoll, pädagogisch.

Schulhausmeister Pedell.

Schulheim Alumnat, Internat.

schulisch → lehrhaft, pädagogisch.

Schulleiter Direktor, Rektor.

schulmäßig → lehrhaft, pädagogisch, wegweisend.

Schulmeister Lehrer, Magister, Schulleiter.

schulmeisterlich besserwissend, rügend, tadelnd, verbessernd, hofmeisternd, kleinlich, überheblich, intolerant, überklug, gebieterisch, verletzend, geringschätzig.
▸ großzügig, tolerant.

schulmeistern hofmeistern, anschreien, tadeln, rügen, zurechtweisen, einschüchtern, anfahren, bemuttern, gering schätzen, Vorhaltungen machen, anmaßen sich, knechten, belehren, sein Wissen zur Schau tragen, vermessen sich, befehlen, herumstoßen, anschnauzen, verächtlich behandeln.
▸ anerkennen, loben.

Schulnote Zensur.

Schulsaal Aula.

Schultasche Ranzen, Schulranten, Tornister.

Schulter zeigen, die kalte ablehnen, zurückweisen, verschmähen, abkehren von ● verachten, den Rücken zeigen, übersehen, keines Blickes würdigen, zu Tode schweigen, nicht einen Strohhalm krümmen. → verachten.
▸ beachten, befreundet sein, einverstanden sein.
Schulter, auf die leichte unbedenklich, pflichtvergessen, oberflächlich, unverantwortlich, verantwortungslos, pflichtenlos, schlampig, unbekümmert, dienstvergessen. → leicht nehmen.
▸ pflichtbewusst.
Schulterschmerz Omalgie, Omagra.
Schulterumhang Mantilla, Mantille, Poncho.
Schultheiß → Bürgermeister.
Schulung → Abrichtung, Anleitung, Bearbeitung, Bildung, Disziplin, Erziehung, Geübtheit, Routine, Schule, Zucht.
Schulverweisung Relegation ● Sause *u.*
Schulweisheit Gemeinplatz, Nullwörter, Unkenntnis, Nichtigkeit, Bedeutungslosigkeit, Nichts, Null, Ausdruckslosigkeit, Gefasel, Binsenwahrheit, Blech, Kleinlichkeit ● Buchgelehrsamkeit, Lexikonweisheit, Afterweisheit, Halbbildung, Halbgelehrtheit, Scheinwissen, Scheingelehrsamkeit, unvergorenes Wissen ● Kraftlosigkeit, Zahmheit, Ausdruckslosigkeit, Einförmigkeit, Langweiligkeit, Fadigkeit, Würzlosigkeit. → Binse, Dunst leerer.
▸ Bedeutung, Gelehrsamkeit, Überzeugungskraft, Wissen.
Schulze → Bürgermeister.
Schulzeugnis Jammerlappen *u.*
schummeln → betrügen.
schummerig → dunkel.
Schummerlicht Dämmerung, Halbdunkel, Morgengrauen.
schummern dämmern, dunkeln, grauen, einnachten, zunachten, dunkel werden, düstern, beschatten, trüben, eintrüben.
▸ aufklären (sich), hell werden.
Schummerstunde → Abend.
Schund Pofel *u,* Povel *u.* → Ausschuss, Kitsch, Ramsch, Reißer, Schlager.
▸ Erlesenes, Kostbarkeiten, Kunst(gegenstände), Qualität(sware), Wertsachen.
Schundroman Kolportageroman.
Schuppe Plättchen, Häutchen, Belag, Kopfschuppen, Fischschuppe, Horn, Bedeckung, Schmutz, Absonderung, Schinnen ● Schutz, Haut.
Schuppen → Abstellraum, Bude, Lager.
schuppen → blättern.
Schuppenbildung Desquamation.
Schuppenflechte Psoriasis.
schuppenförmig → blättrig.
schuppig → blättrig.
schüren → aufhetzen, einheizen, entrüsten, entzünden, Feuer gießen ins Öl, heizen.
schürend → antreibend.
schürfen → graben.
Schürfung Kratzer, Riss, Schramme.
schurigeln → anfahren.
Schurke Betrüger, Spitzbube, Schwindler, Gauner, Beutelschneider, Bauernfänger, Hochstapler, Verführer, Lockvogel, Zigeuner, Dieb, Landstreicher ● Lump, Halunke, Hundsfott, Schubbejack, Kujon, Hanake *u,* Schuft, Schelm, Strolch, Vagabund, Wicht, Schlawiner, Nichtsnutz, Taugenichts, Stromer, Galgenstrick, Lumpenkerl, Erzlump, Galgenvogel, Schleicher, Gesinnungslump, Schlot. → Bandit, Bauernfänger, Bestie, Betrüger, Bube, Kanaille, Dieb, Fälscher, Lump.
▸ Betrogener, Tugendbeispiel.
schurkenhaft → diebisch, niederträchtig, schurkisch.
Schurkerei → Ärgernis, Bosheit, Dolchstoß, Doppelrolle, Falschheit, Gemeinheit, Lumperei, Schuftigkeit.
schurkisch hundsgemein, schurkenhaft, elend, gemein, unehrlich, unredlich, lumpig, betrügerisch, spitzbübisch, käuflich, dienstvergessen, schändlich, verräterisch, entmenscht, niedrig, schuftig, abscheulich, verworfen, verdorben, lasterhaft, ruchlos, schamlos, treulos, verbrecherisch. → arglistig, charakterlos, niederträchtig.
▸ arglos, aufrichtig, charaktervoll.
Schürze Kittel, Schurz, Vortuch.
Schürze hängen, an der nachlaufen, hinterherlaufen, ankleben, wie ein Hund folgen, auf Schritt und Tritt folgen, nicht loslassen, hörig sein ● ein Schoßkind sein, ein Muttersöhnchen sein, sich verwöhnen, feige sein, unselbstständig sein.
▸ selbstständig (sein), wagen.
schürzen binden, verknoten, schlingen, verschlingen, hochschürzen, losschürzen ● raffen, hochziehen, durchschlingen, verflechten, ineinander schlingen, ineinander fügen.
▸ trennen.
Schürzenjäger → Casanova, Wüstling.
Schuss Maß, Sog, Schluck, Menge, Strahl, Eingießung ● Ausschuss, Ramsch, Bruch, Dreck, Zeug, Luder, Trödelkram ● Gewebefaden, Einschuss, Durchschuss. → bums, Fanfare, Salve.
▸ Fülle, Hieb, Kette, Qualität.
Schussbahnkunde Ballistik.
schussbereit → fertig, entsichert.
Schüssel → Behälter, Gefäß, Inhalt, Speise.
schusseln fuchteln, sich bewegen, rühren, ausweichen, wuseln, stromern, schweifen ● ungeschickt sein, herumfackeln, tappen, tapsen, tapern, faseln, sich blöde stellen, versieben, fahrig sein, unaufmerksam sein, schwerfällig sein, unbeholfen sein, sich plump benehmen, sich hölzern benehmen, sich hilflos verhalten, sich albern anstellen, dumm tun, ratlos sein, verkehrt machen. → fackeln.
▸ stillstehen, überlegen.
schussfest → fest.
Schusswaffe → Waffe.
Schuster Schuhmacher, Ausbesserer, Flicker ● Nichtskönner, Stümper, Hudler, Denunziant ● Schabe, Weberknecht, Afterspinner, Schleie, Bockkäfer.
▸ Könner.
schustern → pfuschen.
Schutt Schmutz, Bruchstück, Sprengstück, Schotter, Splitter, Ruinen, Dreck, Geröll, Gebröckel, Steine, Zerklüftung, Rest, Bruch, Abfall, Müll, Trümmer, Schutthalde, Schutthaufen, Schuttkegel ● Schamott *u.*
Schutt und Asche legen, in abbrennen, niederbrennen,

zerbomben, zerstören, zertrümmern.
Schuttabladeplatz Abladeplatz, Abraumhalde, Deponie, Müllhalde, Schrottplatz, Schuttplatz.
Schütte Speicher, Kornspeicher, Sammelpunkt, Scheuer, Schütthaus, Kornboden, Schüttboden, Tenne, Niederlage, Scheune • Haufen, Bund, Aufeinandergeschüttetes • Schaufel, Schippe, Kübel.
Schüttelkrampf Konvulsion.
schütteln schleudern, werfen, stoßen, bewegen, erschüttern, rucken, mischen, mengen, durcheinander schütteln, durcheinander werfen, vermischen, vermengen, rütteln • frösteln, erschauern, schaudern, schlottern, bubern, bibbern • ekeln sich. → aufrütteln, aufwerfen, beibringen, beuteln.
▸ anhalten, gern (tun), schwitzen, stocken, versöhnen.
schütteln, aus dem Ärmel hervorzaubern, begabt sein, mehr können als Brot essen, fähig sein, aufgeweckt sein, nicht auf den Kopf gefallen, Talent haben.
▸ unfähig sein.
Schüttelrinne → Rutsche.
schütten gießen, ausschütten, leeren, ausleeren, entleeren, verschütten, ausschenken, herunterschütten, herunterstürzen, trinken, werfen, einschenken, einschütten • regnen, fließen, schauern, strömen, prasseln, niederfallen.
schütter → karg, rar.
▸ dicht, üppig, voll.
Schutz Sicherheit, Gefahrlosigkeit, Sicherung, Deckung, Rinde, Bedeckung, Markise, Beschützung, Hut, Nestwärme, Obhut, Schutzbrief, Waffe, Geleit, Sicherheitswehr, Sicherheitsvorkehrung, Hilfe, Beistand, Hilfsstellung, Stütze, Unterstützung, Verteidigung, Beschirmung, Rechtsschutz, Befestigung, Bollwerk, Verschanzung, Schanze, Wall, Mauer, Graben, Vormundschaft, Schutzherrschaft, Schirmherrschaft, Aufsicht • Buchhülle, Umschlag, Schoner, Regenschirm, Schutzbrille, Schutzblech, Schutzärmel, Schutzdach, Schutzengel, Schutzfarbe, Schutzgatter, Schutzheiliger, Schutzmarke, Schutzzoll, Schutzmann • Fender *sm* (= Schutzkissen), Persenning *sm* (= Segeltuch als Schutzhülle). → Abwehr, Bedeckung, Beistand, Bewachung, Chapeau, Feder, Futteral, Hilfsstellung, Immunität, Obhut, Protektion, Rückhalt, Sicherheit.
▸ Schutzlosigkeit • Bedrohung, Gefahr, Gefährdung, Risiko.
Schutz durch Anpassung Mimikry.
Schutz gewähren abschirmen, aufpassen, beaufsichtigen, behüten, beschirmen, beschützen, bewachen, bewahren, decken, hüten.
Schutz, in → Dach und Fach unter, sicher.
Schutz finden Obdach finden, Unterkunft finden, Unterschlupf finden, Beistand finden, Hilfe finden, einen Zufluchtsort haben, beschützt werden, unterkommen.
▸ schutzlos (sein).
Schutz nehmen, in heimbringen, geleiten, behüten, bewachen, decken, bewahren, beschützen, schützen, in Schirm nehmen, betreuen, behirten • verteidigen, abwehren, verfechten, einlegen für, eintreten für, eine Lanze brechen für, die Partei ergreifen für. → schützen.
▸ preisgeben.
Schutz, vorbeugender Prophylaxe.
Schutzanstrich Firnis.
schutzbedürftig hilflos, wehrlos.
Schutzbefohlener Günstling, Protegé, Schützling.
Schutzbegleitung Eskorte, Geleit(zug), Konvoi.
Schutzbrief Charta. → Bürgschaft, Sicherheit.
Schutzdach → Asyl, Bedeckung, Obdach, Schutz.
Schütze → Soldat, Weidmann.
schützen feien, schirmen, beschirmen, beschützen, sichern, bewachen, bewahren, abschirmen, bergen, verschanzen, abwehren, versorgen, geleiten, begleiten, bemannen, betreuen, behirten, in Schirm nehmen, in Schutz nehmen, mit dem Schild decken, panzern, verteidigen, hüten, schonen, umhegen, hudern *j.* → abwehren, Acht geben, aufheben, beistehen, bewachen, bewahren, einstehen, patentieren.
▸ angreifen, bekämpfen, Gefahr laufen, preisgeben • bedrohen • ausliefern • schutzlos/ungeschützt lassen.
schützen, sich → decken sich, abwehren.
schützend davor stellen, sich → verteidigen.
Schutzengel → Beschützer, Himmelsmächte, Schutz, Schützer.
Schützenhilfe Beistand, Deckung, Unterstützung.
Schützer Beschirmer, Hirte, Hüter, Schutzgeist, Schutzengel, Beschützer, Verteidiger, Wächter, Aufseher, Bewahrer, Vormund, Wärterin, Helfer, Hilfskraft, Beistand, Freund, Kamerad, Begleiter, Gefährte, guter Geist, Schutzheiliger. → Befreier, Begleitung, Bekannter, Bewachung.
▸ Bedrücker, Feind, Schützling, Widersacher.
Schutzgeist → Beschützer, Schutz, Schützer.
Schutzgötter → Penaten.
Schutzhaube Helm, Kopfschutz, Stahlhelm, Sturzhelm.
Schutzherr → Patron.
Schutzherrschaft → Schirmherrschaft.
Schutzhülle → Einband, Schutz.
Schutzimpfung Impfung, Vakzination.
Schützling Schutzbefohlener, Mündling, Mündel, Patenkind, Vögtling, Klient, Schürzenkind, Anvertrauter, Günstling.
schutzlos → abgründig, gefährdet, gefährlich, hilflos, rechtlos.
▸ behütet, geschützt, sicher.
Schutzlosigkeit Schirmlosigkeit, Wehrlosigkeit, Entwaffnung, Hoffnungslosigkeit, Verletzbarkeit, Blöße, Gefahr, Gefährlichkeit, Gefährdung, Rechtlosigkeit, Unsicherheit, Hilflosigkeit, Frondienstbarkeit, Leibeigenschaft, Knechtung, Abhängigkeit, Willenlosigkeit, Waffenlosigkeit, Ausgeliefertsein.
▸ Schutz.
Schutzmann Polizei, Amtsperson, Polizist, Polizeimann, Wachtmeister, Gendarm, Landjäger, Schupo, Auge des Gesetzes, Blauer *u*, Grüner *u*, Abführmittel *u*, Sicherheitsvorkehrung. → Polyp, Schutz.

Schutzmarke → Fabrikationsname, Marke, Zeichen.
Schutzraum → Bedeckung, Befestigung.
Schutzstoff im Blut Antikörper.
Schutzumschlag Hülle, Buchhülle, Deckel, Einband.
Schutzverband Bandage.
Schutzwand → Bedeckung, Schutz.
Schutzzeichen → Fabrikationsname, Marke.
Schwabenstreich Schildbürgerstreich, törichter Streich, Dummheit, Blödheit, Borniertheit, Denkfehler, Unverständnis, lange Leitung, Beschränktheit, Unsinn, Milchmädchenrechnung, Nichtigkeit, Schlussfehler, Einfalt, Albernheit. ▸ Klugheit, Überlegung.
schwach kraftlos, machtlos, auf tönernen Füßen, mangelhaft, mau *u*, haltlos, hilflos, gebrechlich, gebrochen, gering, greisenhaft, hinfällig, mickrig *u*, kümmerlich, marklos, morsch, saftlos, leidend, mutlos, ohnmächtig, schlapp, matt, lahm, Nerven verlieren die, keine Macht mehr haben, müde, abgespannt, anfällig, unfähig, ausgemergelt, unterernährt, entkräftet, entnervt, schwächlich, untauglich, gelähmt • verweichlicht, pimpelig *u*, quengelig *u*, verquengelt *u*, nachgiebig, zart, weibisch, altersschwach, tappisch • dumm, einfältig, unentwickelt, dämlich, begriffsstutzig, schwachköpfig, geistesschwach, beschränkt, unbegabt • unentschlossen, wankelmütig, energielos, kläglich. → abgespannt, arm, bebend, belegt (Stimme), charakterlos, dämmerig, dienstunfähig, dunkel, energielos, entnervt, erholungsbedürftig, faul, feminin, geknickt, gering, hilflos, matt, reizlos, unentschlossen. ▸ stark, energiegeladen, energisch, intensiv, heftig, kräftig, potent, rüstig, vital • gewaltig, mächtig, machtvoll • fest, standhaft, unerschütterlich.
schwach werden abkommen von guten Vorsätzen, betören/erweichen lassen sich, nachgeben, verführen lassen sich, versagen, Vorsätze aufgeben, Zugeständnisse machen • erlahmen, ermatten, ermüden, schlapp machen. ▸ erstarken.
Schwäche Hilflosigkeit, Machtlosigkeit, Ohnmacht, Mattheit, Erschöpfung, Energielosigkeit, Schlaffheit, Laxheit, Erschlaffung • Nachgiebigkeit, Faible, Leichtsinn • Unvermögen, Unfähigkeit, Wehrlosigkeit, Machtlosigkeit, Mangel, Fehler, Anfall, Gebrechlichkeit, Kränklichkeit, Tatterich, Hinfälligkeit, Altersschwäche, Verfall, Ermüdung, Müdigkeit, Ermattung, Entkräftung • menschliche Schwäche, Abirrung, Ausartung, Entgleisung, Lasterhaftigkeit, Schwachheit, Rückgratlosigkeit, Untugend. → Anspannung, Anwandlung, Bedeutungslosigkeit, Befinden, Beschwerde, Blutarmut, Einflusslosigkeit, Entkräftung, Entnervung, Ermattung, Erschöpfung, Flauheit, Gefügigkeit, Irrung, Kollaps, Minderwertigkeitsgefühl, Schlaffheit. ▸ Stärke, Kraft, Macht, Potenz.
Schwäche haben für jemanden, eine lieben, hängen an, mögen, zugeneigt sein.
Schwächeanfall → Erschöpfung, Schwäche.
schwächen erschöpfen, entkräften, unterdrücken, lähmen, hemmen, angreifen, paralysieren, abschwächen, entnerven, verkrüppeln, stutzen, beschneiden, unfähig machen, schwach machen, lahm legen, die Kraft nehmen, schmälern, ermüden, ermatten, langweilen, erschlaffen, abmüden, erlahmen, plagen, placken, abhetzen, niederhalten, hindern, stürzen, hintertreiben, unterwühlen, vereiteln, niederschlagen, unterbinden, durchkreuzen, untergraben • schänden, missbrauchen, verführen. → abnehmen, aufhalten, beeinträchtigen, bekämpfen, berauben, beschneiden, bezwingen, dazwischentreten, drosseln, Enge treiben in die, entgegenarbeiten, entkräften, ermatten, entwaffnen, lindern. ▸ stärken, kräftigen.
schwächend → auftreibend.
schwacher Punkt Achillesferse.
schwächer werden → abflauen.
Schwächerer Benachteiligter, Underdog, Unterlegener, Verlierer.
Schwachheit → Befinden, Blutarmut, Einflusslosigkeit, Entkräftung, Ermattung, Erschöpfung, Gefügigkeit, Rückfall, Saftlosigkeit, Schlaffheit, Schwäche.
Schwachherzigkeit → Feigheit.
Schwachkopf → Banause, Dummerian, Dummkopf, Kretin.
schwachköpfig → beengt, dumm, gehirnlos.
schwächlich schlabberig *u*. → abgespannt, bebend, begrenzt, schwach. ▸ energiegeladen, kraftstrotzend, vital.
schwächlich sein → darniederliegen, krank, schwach.
Schwächling Weichling, Süchtling, Muttersöhnchen, Trottel, Zwitter, Eunuch, Müdling, Mutterkind, Pimpeliese *u*, Tränentier *u*, Flennliese *u*, Heulliese *u*, Heulsuse *u*, Jammergestalt, Waschlappen, Jammerlappen, Pantoffelheld, Laffe, Schürzenkind, Pimpelhans, Feigling, Memme, Schleimscheißer, Korinthenkacker, Schwachmatikus *u*, Paulchen *u*, Wrack, Fingerbiebche, Bubi, Sack *u*, Schlaffi *u*, Schlappohr *u*. → Schlappschwanz. ▸ Kraftmensch, Bodybuilder, Muskelprotz • Athlet • Held • Macho • Supermann.
schwachsichtig sein → blind auf einem Auge.
Schwachsinn Geistesschwäche, Gehirnkrankheit, Stumpfsinn, Idiotie, Blödsinn, Geistesstörung, Geistesumnachtung, Irrsinn, Wahnsinn, Verrücktheit, Bewusstseinsstörung, Sinnesverwirrung, Koller, Komplex, Schwermut, Trübsinn, Verblödung, Gehirnerweichung, Gehirnkrämpfe, Tobsucht, Tollwut, Raserei • Dummheit, Hirnverbranntheit, Vernunftlosigkeit, Minderwertigkeitskomplex. → Begriffsmangel, Blödigkeit. ▸ Klugheit, Vernunft.
schwachsinnig blöde, verblödet, idiotisch, idiotenhaft, stumpfsinnig,

trokelig *u*, krank, geisenhaft, hirnverbrannt, geistesgestört, umnachtet, verrückt, närrisch, irr, vernunftlos, verdreht, besessen, nicht ganz richtig im Kopf, eine Schraube locker, im Oberstübchen nicht ganz richtig. → geistesgestört, dumm.
▸ klug, vernünftig.
Schwächung → Beraubung, Dekadenz, Demoralisation, Desorganisation, Entkräftung, Entnervung, Ermattung, Erschöpfung, Schwäche.
Schwaden Dampf, Dunst, Brodem, Nebelschwaden, Dunstartigkeit, Rauch, Vernebelung, Verräucherung. → Rauch.
▸ Klarheit.
Schwadroneur → Angeber, Marktschreier, Prahler.
schwadronieren → abschweifen, angeben, aufbauschen, aufschneiden.
Schwager Bruder des Ehepartners • Kutscher • Hausfreund. → Anverwandter.
Schwägerin Ehepartner-Schwester.
Schwäher Schwiegervater • Schwager.
schwalchen → blaken.
Schwall Anschwellen, Flut, Dünung, Masse, Menge, Fülle, Nebenkanal, Rinnsal, Schwalch, Schwulst, Erguss • Redeschwall, Wortschwall, Redseligkeit, Redefluss, Wust, Salbaderei. → Kongestion, Redseligkeit.
▸ (Ebbe), Wortkargheit.
Schwamm Mauerschwamm, Verderb, Schimmel, Fäulnis, Zersetzung • Saugkraft, Aufsaugung, Sog • Wassertier • Gewächs, Pilz, Schwammerl, Bovist • Badeschwamm, Waschmittel, Gummischwamm, Schulschwamm. → Auswuchs, Brennmaterial.
schwammartig → durchlässig sein, weich.
schwammig → dick, weich.
schwanen → deuchten.
Schwanengesang → Abschluss, Ausgang, Tod.
schwanger befruchtet, gravid, in anderen Umständen, trächtig.
schwanger gehen guter Hoffnung sein, schwanger sein, in anderen Umständen sein, trächtig sein.
schwängern durchtränken, anräuchern, beweihräuchern, bespritzen, besprengen, übergießen. → befruchten, belegen, decken.
▸ abtreiben, entmischen.
schwängern mit → beibringen, beifügen, schwängern.
Schwangerschaft Gravidität.
Schwangerschaftsabbruch Abtreibung, Interruption, Schwangerschaftsunterbrechung.
Schwangerschaftsverhütung Antikonzeption, Kontrazeption, Verhütung.
Schwängerung Befruchtung, Zeugung, Empfängnis, Begattung • Dunst, Rauch, Erguss, Weihrauch, Tränkung, Beräucherung, Duft, Gerüche. → Befruchtung, Beifügung.
▸ Entmischung.
Schwank Fabliau, Posse, Burleske, Lustspiel, Farce, Stück, Komödie, Schnurre, Jux, Narretei, Streich, Spaß, Scherz, Schabernack, Ulk, Spott, Humor, Lustigkeit, Groteske, Satire. → Witz.
▸ Trauerspiel, Witzlosigkeit.
schwanken beben, zittern, flattern, schwingen, wackeln, wogen, zappeln, schusseln, stürzen, umfallen, erschüttern, schweben, wippen, wabbeln *u*, schuckeln *u*, schlottern, baumeln, humpeln, taumeln, Schlagseite haben *u*, stolpern, wogen, schwenken, schlängeln, wuseln • unschlüssig sein, sich bedenken, im Dunkeln tappen, zaudern, zweifeln, sich besinnen, sich überlegen, sich nicht entschließen können, sich drehen und wenden, hinhalten, vertagen, abwarten, darauf ankommen lassen, unsicher sein, in Frage ziehen, widerstreben, sich anders besinnen, sich abseits halten, sich schwer entschließen. → abweichen, ausgleiten, bammeln, bangen, bedenken, befürchten, besinnen sich, bleiben neutral, dämmern, Dunkeln lassen im.
▸ entschließen sich, stillstehen.
schwankend schlotternd, schaukelnd, prekär, zitternd, wackelnd, wetterwendisch, launenhaft, unschlüssig, unzuverlässig, wogend, ruhelos, wankelmütig, unstet, flüchtig, flatterhaft, veränderlich, wandelbar, unentschlossen, unsicher, schwindlig, Mäntelchen nach dem Wind hängen. → beweglich, einem zum andern von.
▸ entschlossen, regungslos • beständig, fest(stehend), gleichmäßig, konstant, kontinuierlich, stabil, stetig, unveränderlich • treu, zuverlässig.
Schwankung Schwanken, Wallung, Gewoge, Gewackel, Schwingung, Schaukel, Schlingern, Zappeln, Schwenken, Woge • Preisschwankung, Unsicherheit. → Bewegung.
▸ Entschlossenheit, Regungslosigkeit.
Schwanz Tierschwanz, Lunte, Körperteil, Schweif, Wedel, Fisel, Steiß, Anhang, Anhängsel, Bürzel, Sterz, Schwanzfeder, Schwanzhaar, Blume *j*, Standarte *j*, Rute, Fahne *j*, Pürzel *u*, Zain *j*, Stoß *j* • Ende, Schluss, Beschluss, Schwanzende, Hinterteil, Hinterstücke, Schnörkel, Kehrseite, Schlussglied • Anzahl, Menge. → Penis, Rute.
▸ Anfang, Kopf.
schwänzeln → bereden, freuen sich, schmeicheln.
schwänzen → fehlen.
Schwanzende → Schluss, Schwanz.
schwappen plätschern, wogen, schlagen, branden.
Schwären → Auswuchs.
schwären schwellen, herauswachsen, dick werden, blähen, sich mit Eiter füllen • brausen, sprudeln, wallen, moussieren, perlen, schäumen, sieden, kochen.
▸ heilen, verstummen, zurückgehen.
Schwarm → Abgott, Clique, Herde, Masse.
schwärmen → ausdenken, außer sich, ausschweifen, bewegen sich, drängen, erträumen, fliegen, hochhalten, Saus und Braus, schmachten, träumen.
Schwärmer Utopist, Träumer. → Enthusiast, Fantast, Tier.
▸ Realist • nüchterner/fantasieloser Mensch.
Schwärmerei → Affekt, Begeisterung, Bezauberung, Delirium, Liebe, Übertreibung.
schwärmerisch poetisch, romantisch, verschwärmt, berauscht, trunken, entrückt, entzückt, träumerisch, versunken, erregt, ekstatisch, empfindungsvoll, fantasievoll, feinsinnig, enthusiastisch. → ästhetisch, befangen, berauscht, ekstatisch,

empfindungsvoll, entrückt, feinsinnig, romantisch.
▸ empfindungslos, kaltherzig • abweisend • apathisch • nüchtern, realistisch, sachlich • fantasielos, trocken, unromantisch.

Schwarte Haut, Tierhaut, Menschenhaut, Balg • Buch, Schweinsleder, altes Buch, Schmöker • Mundwerk, Maul, Schnauze • Baumrinde, Überzug, Speckschwarte. → Fell.
▸ (Fleisch), (Taschenbuch), Literatur.

schwarz dunkel, kohlenähnlich, schmutzig, düster, pech- oder rabenschwarz, pechrabenschwarz, kohlpechrabenschwarz, finster, traurig, trübe, Unheil bringend • überfüllt, angefüllt, voll • heimlich, verboten.
▸ farbenfroh, leer, weiß • legal, offen, sauber.

schwarz auf weiß → schriftlich.

Schwärze Schwarz, Schwärzlichkeit, Dunkel, Bleifarbe, Kohlestift, Ruß, Pech, Tinte, Tusche, Ofenschwärze, Stiefelwichse, Mohr, Neger, Rappe, Rabe, Schwarzsein • Düsterheit, Abscheulichkeit, Verworfenheit • Hopfenkrankheit. → Dunkel, Farblosigkeit.
▸ Helligkeit.

schwarze Kunst Magie, Nigromantie, Zauberei.

Schwarze treffen, ins Nagel auf den Kopf treffen, einen guten Griff tun, Glück haben, Geschicklichkeit zeigen, treffsicher sein, zur Vollkommenheit bringen, das Richtige tun, Erfolg haben.
▸ Stroh dreschen leeres, unerfahren (sein).

schwärzen → anschwärzen, bemächtigen, benachteiligen, dunkeln, paschen, schmuggeln.

Schwärzer → Betrüger.

schwarzes Pigment Melanin.

schwarzes Schaf Enfant terrible.

Schwarzhandel Handel unter dem Ladentisch, illegaler Handel, krumme Geschäfte.

Schwarzhändler → Schleichhändler.

Schwarzkünstler → Zauberer.

schwärzlich → dunkel, rußig, schwarz.

schwarz malen → entmutigen.

Schwarzmaler Miesmacher, Schwarzseher, Unheilsprophet.

Schwarzmalerei Panikmache, Pessimismus, Skepsis.

schwarz sehen unken, trüb sehen, die Flügel hängen lassen, sich graue Haare wachsen lassen, pessimistisch sein, den Teufel an die Wand malen, das Gras wachsen hören, sich etwas schwarz ausmalen, entmutigen, verzagen, verzweifeln, sich abzehren, sich grämen. → fangen Grillen.
▸ hoffen.

Schwarzseher Pessimist, Vorahner, Vorhersager, Warner, Vorbote, Unke, Kassandra, Trübsinniger, Vorausdeuter, Seher, Zukunftsseher, Missmutiger, Eule, Leichenbitter, Trauerkloß, Melancholiker, Selbstpeiniger, Hintersinner, Brummbär, Miesmacher, Kopfhänger. Grillenfänger, Griesgram.
▸ Optimist.

Schwarzseherei → Trübsinn.

schwarzseherisch → pessimistisch.

Schwatz → Geplauder.

schwatzen quackeln *u*, quaddeln *u*, quakeln *u*. → brechen das Stillschweigen, debattieren, Fluss geraten in, reden, sprechen.

schwätzen → abschweifen, auspacken, klatschen, reden, sprechen.

Schwätzer Klatschbase, Klatsche, Babbelmaul *u*, Faselhans, Maulheld, Phrasendrescher, Schaumschläger, Schmuser, Schmuskopf, Schmusepeter *u*, Plaudertasche, Schnattermaul, Scharlatan, Zungendrescher, Elster, Kaffeeschwester, Kannegießer, Predigthalter, Stundenhalter, Wohlredner, Moralprediger, Laffe, Langweiler • Lästerzunge, Lästermaul, Krakeeler, Räsonierer, Ehrabschneider, Revolverschnauze, Schmäher, Frevelzunge, Klapperschlange *u*, Klatschmaul, Klatschtante, Klatschtrine *u*, Quasselkopf *u*, Quasselstrippe *u*, Quatschkopf *u*, Quatschmichel *u*, Tratsche *u*, Tratschmaul *u*, Waschweib, Salbaderer *u*, Schlabberschnute *u*, Schwabbelfritze *u*, Schwabelmeier *u*, Schwadroneur, Entenarsch *u*, Quadderbacke *u*, Qualmkopf *u*. → Banause.
▸ Schöngeist, (Schweiger) Trappist.

Schwätzerei → Geklatsche.

Schwätzerin → Kaffeetante.

schwatzhaft plauderhaft, gesprächig, redefertig, geläufig, redselig, redefroh, wortreich, geschwätzig, redegewaltig, klatschhaft, klatschsüchtig, zungenfertig, mitteilsam, schlagfertig, rednerisch, langatmig, weitschweifig, schwülstig, beredt, fließend. → ausholend, beredsam, beredt.
▸ schweigsam, diskret, verschwiegen • einsilbig, mundfaul, wortkarg, zugeknöpft.

Schwatzhaftigkeit → Beredsamkeit, Indiskretion, Redseligkeit.

Schwebe, in der → hoffen, unsicher.

Schwebebahn → Bahn.

schweben fliegen, hangen, pendeln, baumeln, bammeln, schwimmen, schwingen, schaukeln, wippen, schlottern, flattern, schwanken, vibrieren, wiegen, wedeln, oszillieren, schwänzeln, tanzen, treiben, huschen, schnellen. → bammeln, bewegen sich, fliegen.
▸ fallen, ruhen, sinken, stehen.

schwebend hängend, unerledigt, anhängig, ausstehend, fraglich, unbestimmt, zweifelhaft, unentschieden, ungeklärt, unsicher, fragwürdig, dahingestellt, unergründlich • schwingend, wackelnd, tanzend, flatternd, schaukelnd, wiegend, baumelnd, pendelnd, eingehakt, fließend, fliegend. → anhängig.
▸ (fallend), fest stehend.

Schweif → Schwanz, Stern.

schweifen denken, sinnen, grübeln, nachdenken, die Gedanken herumschweifen lassen • ausschneiden, bogenförmig ausschneiden • schwingen, spülen, ausschweifen, waschen. → bewegen sich, gehen.
▸ begradigen, denkfaul (sein), stillstehen.

schweifwedeln kriechen, sich krümmen, sich winden, sich schmiegen, scharwenzeln, dienern, katzebuckeln, hofieren, einschmeicheln, den Lakaien machen, sich alles gefallen lassen, in Demut ersterben, anschmarotzen, nach der Geige tanzen, den Mantel nach dem Wind hängen, mit dem Strom schwimmen, sich anbiedern, die Füße lecken. → fügen sich, leisetreten, schmeicheln. ▸ trotzen, überheben sich.

Schweigegeld → Bestechung, Käuflichkeit.

Schweigen → Ruhe, Tod. ▸ antworten • sich äußern, aussprechen, plaudern, reden, sprechen • auspacken, ausplaudern, bekannt geben, preisgeben.

Schweigen, dumpfes → Bestürzung, Ruhe.

Schweigen, zeitweiliges Sendepause *u*.

schweigen verstummen, ruhen, Stille bewahren, nicht reden, stillschweigen, sich beherrschen, das Maul halten, die Fresse halten *u*, die Luft anhalten, die Plautze halten *u*, die Zunge im Zaum halten, den Mund nicht aufmachen, still werden, bumsstillsein, den Mund nicht öffnen, nicht mucksen, sich lieber die Zunge abbeißen, sich auf die Lippen beißen, kein Sterbenswort sagen, kuschen, einen Punkt machen *u*, den Rand halten *u* • quatsch nicht Krause *u*, darüber schweigt des Sängers Höflichkeit, betreten sein. → abschließen, bezähmen, enthalten sich. ▸ schwatzen.

schweigend → schweigsam.

Schweigepflicht Geheimhaltung, Amtsgeheimnis, Dienstgeheimnis, Postgeheimnis, Briefgeheimnis, Verbergung, Arztgeheimnis, Gewissenssache, Ehrensache. ▸ Mitteilung, Pflichtverletzung • Auskunfts-/Offenbarungspflicht.

schweigsam kleinlaut, maulfaul, redescheu, still, wortkarg, zugeknöpft, kurz angebunden, mundfaul, verschlossen, einsilbig, zurückhaltend, reserviert, verschwiegen, taktvoll, unmitteilsam, stumm, schweigend, lautlos, ruhig, geräuschlos, wortlos, verstummt, unvernehmbar, leise • vornehm, eingebildet, ernst. → diskret, einsilbig. ▸ schwatzhaft.

Schweigsamkeit Wortkargheit, Verschwiegenheit, Stillschweigen, Redescheu, Zugeknöpftheit, Zurückhaltung, Herbe, Verschlossenheit, Verstocktheit, Schweigen, Einsilbigkeit, Reserviertheit, Stummheit • Weigerung, Zurückhaltung • Geheimhaltung, Verheimlichung, Heimlichkeit, Verbergung, Verschleierung. ▸ Offenheit, Redseligkeit.

Schwein Tier, Haustier, Borstenvieh, Wildschwein, Sau, Keiler, Eber, Bache, Wildeber, Wutz, Ferkel, Spanferkel, Frischling, Mutterschwein • Glück, Erfolg, Dusel, Glückswendung, Glücksfall. → Beleidigung, Schweinehund. ▸ Belobigung, Unglück.

Schweinehund Schlappschwanz, Schuft, Kerl, Gemeiner, Niederträchtiger, Lump, Rotzbengel, Schweinigel, Rübenschwein, Mistvieh, Sauluder, Schleimscheißer, Bettpisser, Drecksack, Lumpsack, Haderlump, Schlunze, Schlumpe, Saudackel. → Schurke, Verbrecher.

Schweinehund besiegen, den sich an die Kandare nehmen, sich zusammenreißen, sich selbst besiegen, sich bezwingen, sich in Zucht nehmen, Selbstbeherrschung üben • die Feigheit bezwingen, Gefahren trotzen, nicht ausweichen, seinen Mann stellen, auf dem Platz bleiben, es mit dem Feind aufnehmen, in das Feuer rücken, die Zähne zusammenbeißen. ▸ egoistisch (sein), schlapp machen, unterliegen, zurückweichen.

schweinemäßig schweinisch, saumäßig, unsauber, schmutzig, dreckig, wüst, hudlerisch, säuisch • schlüpfrig, unflätig, zotig, zweideutig, obszön, schändlich, gemein, gewöhnlich, frech, anzüglich, anstandswidrig, schamlos, unanständig, unehrbar, unmoralisch. → anrüchig. ▸ anständig, sauber, tadellos.

Schweinerei Sauerei, Unflätigkeit, Zote, Schweinigelei, Sudelei, Schmutzigkeit, Sudelküche, Unreinheit, Schmierigkeit, Schlammigkeit, Fäulnis • Unzucht, Schändung, Zuchtlosigkeit, Sittenlosigkeit, Anstandswidrigkeit, Anzüglichkeit, Unflat, Schmutz, Pornografie, Zotenreißerei, Unkeuschheit, Schlüpfrigkeit, Nackttanz, Zweideutigkeit, Feilheit • Missglücken, Erfolglosigkeit, Pech. ▸ Erfolg, Sauberkeit.

Schweinestall Ferch • Unsauberkeit, Schmutz, Dreck, Unflat, Augiasstall, Gestank, Pfuhl, Schlammigkeit, Schmierigkeit, Unordentlichkeit, Nachlässigkeit, Sudelei. ▸ Sauberkeit.

Schweinigelei → Schweinerei.

schweinisch → anrüchig, unanständig, schweinemäßig.

Schweiß Absonderung der Hautporen bei Fieber, Hitze, Überanstrengung, Nervosität; Angstschweiß • Blut des Wildes *j*. [Daher auch bei Schweißarbeit wird der Schweißhund zur Nachsuche auf die Schweißspur (Blutspur) angesetzt, bis er das Schweißbett (Wundbett), das ist die Stelle, an die sich ein angeschossenes (angeschweißtes) Wild hinlegt, gefunden hat; Schweißfährte ist die Wund- oder Rotfährte; Schweißhund ist ein Jagdhund, der auf die Schweißfährte angesetzt ist *j*.].

Schweißabsonderung Diaphorese, Schwitzen, Sudation.

Schweißbildung Hidrose.

schweißen bluten *j*. → verbinden.

schweißtreibend anstrengend, heilsam • hidrotisch.

schweißtreibendes Mittel Hidrotikum.

schweißtriefend schweißgebadet, schmachtend, entkräftet, abgehetzt, gerädert, abgequält, überarbeitet, abgearbeitet, kraftlos, schwach, lendenlahm • nass, feucht, patschnass, verschwitzt. ▸ geruhsam, trocken.

Schweiz Helvetia, Helvetien.

schweizerisch helvetisch.

schwelen glimmen, lodern, lohen, brennen, flackern, rauchen, glosen, dampfen, dunsten, verdunsten, glühen. ▸ erlöschen • lodern • verbrennen.

schwelgen prassen, schlemmen, genießen, fressen, tafeln, schmausen, zechen, sich anessen, sich überfressen, essen, sich anstopfen, sich vollpropfen, sich anfüllen, begehren, verprassen, den Bauch pflegen, es mit der Schüssel halten, schlampampen *u.* → essen, freuen sich, genießen, schöpfen aus dem Vollen. ▸ darben, Maß halten.

Schwelger → Bacchant, Feinschmecker.

Schwelgerei → Ausschreitung, Ausschweifung, Ergötzlichkeiten, Esslust, Sauferei, Saus und Braus, Schmaus.

schwelgerisch luxuriös, prassend, schlemmerisch, fresssüchtig, leckermäulig, üppig, heißhungrig, feinschmeckerisch, lukullisch, unersättlich. → ausschweifend, bacchantisch, bedürfnisvoll, begehrlich, feinschmeckerisch, genießerisch, schlemmerhaft. ▸ bescheiden, hungrig.

schwellen → anschwellen, ansetzen, aufgehen, ausbuchten, ausschlagen, blähen, keimen. ▸ abschwellen, eingehen, implodieren, schrumpfen, verschrumpeln, zurückgehen, zusammenfallen/-sinken.

Schwelle Türschwelle, Türrahmen • Eingang, Eintritt, Zugang • Grenze, Grenzfall, Grenzbegriff • Begrenzung.

schwellend prall, aufgeblasen, aufgebläht, verbreitert, entfaltet, vermehrt, keimend, sprießend, knospend, aufblühend, aufgehend, anschwellend, gedeihend, vergrößernd, wachsend, entwickelnd, dick, erweitert. ▸ (eintrocknend), schlaff, zusammengezogen.

schwellfähig erektil, erigibel.

Schwellung → Auswuchs, Wölbung.

Schwemme Viehtränke, Pferdetränke, Schwemmteich, Wasser, Tümpel, Gewässer. → Boutique.

Schwemmland → Marsch, Neuland.

Schwenkbecher Shaker.

schwenken einschwenken, abschwenken, umschwenken, sich bewegen, marschieren, sich regen, verrücken, gehen, tanzen • schwingen, schlenkern, schwanken, wackeln, zappeln, wogen • wegjagen, fortjagen, davonjagen, abwehren • die Fahne schwenken. → ausschütteln, waschen. ▸ bleiben stehen, bleiben bei der Sache.

Schwenkung → Bewegung, Drehung, Kurve, Wandlung.

schwer → arg, beachtlich, bejammernswert, bleiern, böse, gewichtig, kompliziert, massiv, schwierig. ▸ gewichtlos • leicht, tragbar • einfach, harmlos, unkompliziert, unschwer.

schwer zu fassen quallig *u.*

Schwerarbeit Maloche. → Anstrengung, Mühe.

Schwerarbeiter Racker *u.*

Schwerbeschädigter Behinderter, Körperbehinderter, Versehrter.

Schwerbeweglichkeit Phlegma.

schwerblütig träge. → melancholisch.

Schwere Belastung, Schwergewicht, Gewichtigkeit, Wuchtigkeit, Schwerkraft, Gravitation, Druck, Last, Ladung, Masse, Ballast, Blei, Zentnerlast • Luftdruck, Atmosphäre • Fülle, Dicke, Kaliber, Weite, Leibesfülle. → Anziehung, Bedeutung, Dichtigkeit, Gewicht, Wichtigkeit. ▸ Leichtigkeit • Belanglosigkeit, Geringfügigkeit.

schweren Herzens ungern, unwillig, widerstrebend.

Schwerenöter → Casanova, Haus lustiges, Spaßmacher.

schwer fallen → schwierig. ▸ leicht fallen.

schwerfällig langsam, langweilig, schläfrig, verschlafen, müde, unbeweglich, bleiern, schlaff, abgestumpft, schleppend, ungelenk, plump, bequem, träge, säumig, saumselig, zögernd, bummelig, lahm, unentschlossen, hilflos, zaghaft, träge, passiv, energielos, willenlos, schwach, teilnahmslos, dickfellig, phlegmatisch, ungeschickt, linkisch, unbeholfen, umständlich, steif, hölzern, tölpelhaft, tapprig, täppisch, schläfrig, tappig *u,* tapsig *u.* → arbeitsunfähig, bedächtig, beengt, begriffsstutzig, behäbig, bequem, bleiern, bummelig, derb, dick, dickwanstig, dumm, Eiern gehen auf, faul, hässlich, plump. ▸ anmutig • behände, beschwingt, beweglich, fix, flink, flott • geschickt, gewandt • reaktionsschnell.

Schwerfälligkeit Bequemheit, Trägheit, Faulheit, Langsamkeit, Bummelei, Phlegma, Stumpfheit, Plumpheit, Schläfrigkeit, Mattigkeit, Verdrossenheit, Erschöpfung, Energielosigkeit, Stockung, Unbeweglichkeit, Trödelei, Schlappheit, Schlaffheit, Steifheit, Unbeholfenheit, Ungeschlachtheit, Tölpelhaftigkeit, Untauglichkeit, Umständlichkeit, Ungelenkigkeit, Sturheit. ▸ Leichtigkeit.

Schwergewicht → Faden roter, Gewicht, Hauptsache, Kerngedanke, Quintessenz.

schwerhörig harthörig, undeutlich, unhörbar, gehörlos, taub • krank, leidend • ungehorsam, unfolgsam. ▸ folgsam, hellhörig.

Schwerkraft Anziehungskraft, Erdanziehung(skraft), Gravitation, Massenanziehung.

schwer machen, das Herz → betrüben, Hoffnung nehmen die.

Schwermut Plüsch *u,* Seelenkatarr *u.* → Bekümmernis, Freudlosigkeit, Melancholie, Trübsinn.

schwermütig → aufgelegt, böse, demütig und wehmütig, elegisch, lebensmüde, melancholisch, trübsinnig.

schwer nehmen → leiden.

Schwerpunkt Brennpunkt, Drehpunkt, Kernpunkt, Mittelpunkt, Zentrum, Stützpunkt • Nachdruck, Kern, Schwergewicht, Hauptgehalt, Mark, Wesensgehalt, Bedeutsamkeit, Inbegriff, Schwerkraft, Druck, Größe, Gewicht, Hauptsache, Kerngedanke. ▸ Bedeutungslosigkeit, Nebensache.

Schwerreicher Nabob.

Schwerverbrecher Erpresser, Gangster, Gewaltverbrecher, Killer, Massenmörder, Mörder.

schwer wiegend → gravierend, wesentlich, wichtig. ▸ bedeutungslos, irrelevant, nebensächlich, peripher, sekundär, unwesentlich, unwichtig, zweitrangig.

Schwester Krankenschwester, Pflegerin, Säuglingsschwester, Kinderschwester, Fürsorgeschwester,

Diakonisse, Klosterschwester, Klosterfrau, Himmelsbraut, Laienschwester, Ordensschwester, Ordensfrau, Klosterfräulein, Stiftsfräulein. → Anverwandte.
▸ Bruder.
schwesterlich verwandt, versippt, verschwistert, blutgebunden, blutsverwandt, artgemäß. → barmherzig, gut, mild.
▸ brüderlich, fremd, gefühllos.
Schwieger → Anverwandte.
Schwiele → Auswuchs, Wölbung.
schwielig kallös, tylotisch.
schwiemeln feiern, ludern.
schwierig schwer, knifflig *u*, tüftelig *u*, knibbelig *u*, schwere Geburt *u*, es in sich haben, mühevoll, mühsam, schwer fallen, mühselig, prekär, schlimm, Kraft verzehrend, heikel, ermüdend, harte Nuss, lästig, aufreibend, beschwerlich, unverständlich, undeutlich, unangenehm, nicht auf Rosen gebettet, misslich, drückend, unfügsam, verwickelt, verwirrend, kompliziert, kritisch, bedenklich, verfänglich, diffizil • unlenkbar, unlenksam, schwerfällig, bockig, störrisch, knorrig, zähe, hart • dunkel, finster, verworren, rätselhaft, verhüllt, verkappt, verschleiert, problematisch, die Sache hat einen Haken, unerklärlich. → angestrengt, ärgerlich, kompliziert, peinlich, unangenehm, ungünstig.
▸ leicht, einfach, klar, lösbar, problemlos, simpel, unkompliziert.
Schwierigkeit Unmöglichkeit, Unlösbarkeit, Hindernis, Sackgasse, Enge, Zwangslage, Bedrängnis, Gedränge, Klemme, Dilemma, Knoten, Haken, Verstrickung, Klippe, Wirrwarr, Verworrenheit, Umstände, Kopfzerbrechen, Kniffligkeit *u*, Mühe, harte Nuss, kitzlicher Punkt, Notlage, Anstrengung, Mühseligkeit, Plage, Last, Lästigkeit, Mühsal, Belastung, Beschwerde, Beschwerlichkeit, Schinderei, Bürde, Druck, Plackerei, Strapaze, Überanstrengung, Schranke, Widerstand, Behinderung, Anstand, Tücke, Wirren, Kraftbeanspruchung, Problem, Schwulität • eine harte Nuss knacken müssen. → Anstand, Anstrengung, Arbeit, Aufgabe, Beschwerde, Dilemma, Hindernis, Klippe, Komplikation, Krise, Mühe, Patsche, Problem, Übelstand, Verlegenheit.
▸ Leichtigkeit, Mühelosigkeit.
Schwierigkeiten überwinden bewältigen, durchstehen, lösen, meistern, schaffen, verkraften.
Schwimmbad → Bad.
Schwimmbecken Bassin, Pool, Swimmingpool.
Schwimmbrücke Ponton.
Schwimmen → Bewegung.
schwimmen krawlen, planschen, tauchen, baden, untertauchen, eintauchen, untertunken, sich hineinstürzen, springen, wassertreten, sich abhärten, üben, Sport treiben • durchschwimmen, durchrinnen *j* • verschwimmen, ineinander fließen, fahren lassen, sein lassen, sich nicht mehr drum kümmern • unsicher sein, nicht viel wissen. → durcheilen die Wogen, erfrischen sich.
▸ feststehen, sinken, wissen.
Schwimmhaut Pterygium.
Schwindel Taumel, Gleichgewichtsstörung, Drehwurm *u*, Rausch, Schwindligkeit, Augenflimmern, Drehkrankheit, Anfall, Kreislaufstörung, Bergkrankheit, Höhenangst, Störung, Platzangst • Betrug, Schwindelei, Gaunerei, Täuschung, Gemeinheit, Lüge, Betrügerei, Büberei, Übertölpelung, Unredlichkeit, Unrechtlichkeit, Falschheit, Schurkerei • Humbug, Mist, Dreck, Kitsch, Schmarren, Kinderei, Schrulle, Blech, Lumpenzeug, Qualm *u*. → Bemächtigung, Betrug, Blech, Dieberei, Kitsch, Lumperei, Plagiat.
▸ Ehrlichkeit, (Schwindelfreiheit), Wahrheit.
schwindelig → schwankend, wanken.
▸ schwindelfrei.
Schwindelmeier → Lügner.
schwindeln lügen, verulken, vertuschen, kohlen, heucheln, herausschwindeln, abschwindeln, erschwindeln, bemänteln, belügen, umgehen, erfinden, erdichten, vorfabeln, vorplaudern, vorgaukeln, aufschneiden, flunkern, benebeln, betören, die Unwahrheit sagen. → angeben, lügen, saugen sich aus den Fingern.
▸ Wahrheit sprechen die.
Schwindelunternehmen, gescheitertes Seifenblase *u*.
schwinden zergehen. → abflauen, abnehmen, dezimieren, nachlassen, schrumpfen.
Schwindler Lügner, Betrüger, Spitzbube, Gauner, Beutelschneider, Zechpreller, Jobber, Heuchler, Schurke, Windbeutel, Schelm, Aufschneider, Schwindelhuber, Schwindelmeier, Scheinheiliger, Erschwindler, Erzschwindler, Lump, Strolch, Tunichtgut, Strick, Gelegenheitsmacher. → Bandit, Bauernfänger, Betrüger, Bube, Lügner, Rosstäuscher.
▸ Betrogener • ehrlicher Mensch.
schwindlerisch → charakterlos, diebisch.
schwindlermäßig → charakterlos, diebisch.
Schwindsucht Phthise, Tabes, Tuberkulose.
schwindsüchtig hektisch, phthisich, phtitisch, tuberkulös.
Schwinge Fittich, Flügel, Schwungfedern, Fangarm, Fortbewegungsmittel.
schwingen oszillieren. → aufsteigen, bammeln, sich bewegen, dröhnen, erheben, fächeln, schaukeln, schwanken.
Schwinger → Fächer, Schlag, Sportler.
Schwingkörper Pendel.
Schwingung → Bewegung.
Schwingungsschreiber Oszillograph.
Schwingungsweite Amplitude.
Schwingungszahl → Frequenz.
Schwippschwager → Anverwandter.
Schwips → Dusel.
schwirren schwärmen, fliegen, schwingen, brausen, sausen, rascheln, zischeln, rauschen, surren, flattern • umherschwirren, herumlaufen, sich bewegen, sich herumtreiben, wirbeln. → brausen, dämpfen die Stimme, rascheln.
▸ stillstehen.
Schwirrvogel Kolibri.
Schwitzbad Dampfbad, Sauna, Sudatorium • Thermalbad.
schwitzen ausdünsten, transpirieren, ausschwitzen, heiß sein, schmoren, sich anstrengen, sich schinden,

sich abrackern, sich quälen, schlapp machen, erlahmen, ermatten, schnaufen, schwitzen wie ein Bär *u* • Angst haben, schlottern, zittern, das Herz in den Schuhen haben • triefen, nass sein, sich mit Feuchtigkeit beschlagen, anlaufen. → abmühen, dampfen, keuchen, schmoren.
▸ abkühlen, beruhigen (sich), mutig sein • Ausdünstung, Diaphorese, Hidrose, Schweißabsonderung, Transpiration, trocken bleiben.
Schwitzmittel Diaphoretikum, Hidrotikum.
schwofen → tanzen.
schwören beteuern, beeiden, bezeugen, geloben, bekennen, bestätigen, erhärten, bekräftigen, aussagen, Gott zum Zeugen anrufen, einen Eid schwören, Stein und Bein schwören, als absolut wahr behaupten, beschwören • fluchen, verwünschen, jemandem Verderben schwören, donnern • auf etwas schwören, daran glauben, felsenfest überzeugt sein • die Treue schwören, das Jawort geben, sich in den Ehestand begeben. → beeiden.
▸ abschwören, (Aussage verweigern).
schwul → homophil.
▸ heterosexuell.
schwül → beengend, bleiern, dirnenhaft, drückend, erotisch, heiß.
▸ entspannt, frisch, kühl, lind.
Schwüle → Brodem, Hitze.
Schwulität → Schwierigkeit.
Schwulst → Ausschmückung, Auswuchs, Bombast, Chauvinismus, Kongestion, Floskel, Phrase, Schlagwort, Übertreibung, Ziererei.
schwulstig großsprecherisch, großspurig, protzig, übersteigert, übertrieben, aufgeblasen, prahlerisch, anspruchsvoll, zu viel, übermäßig, schwülstig, großkotzig, dicktuerisch, großtuerisch, überbetont, herausgeputzt, überladen, stillos, exorbitant. → anspruchsvoll, aufdringlich, aufgeblasen.
▸ anspruchslos, natürlich.
schwülstig → barock, schwulstig.
schwülstige Rede Sektansprache *u.*
Schwulstigkeit → Ausschmückung, Bombast, Floskel, Phrase, Übertreibung.
Schwund Schrumpfung. → Abkürzung, Abnahme, Reduktion.
Schwung Stoß, Anstoß, Anhub, Schub, Wuppdich *u*, Durchschlagskraft, Triebkraft, Kraftmeierei, Schwenkung, Kurve, Bogen • Glut, Feuer, Wärme, Lebhaftigkeit, Aufschwung, Eindrucksfähigkeit, Eindringlichkeit, Kühnheit, Lebendigkeit, Nachdruck, Überzeugungskraft, Wucht, Eifer, Temperament, Schneid, Kraft, Dampf, Verve, Schisslaweng *u*, Schlanz *u*, Schmackes *u.* → Anlauf, Anprall, Begeisterung, Bestimmtheit, Bewegung, Bewegungstrieb, Dynamik, Farbe, Hochdruck, Pathos, Schmiss.
▸ Hemmung, Lässigkeit, Stillstand, Trägheit.
Schwungkraft → Elastizität, Schwung.
schwunglos lahm, verschlafen, verträumt, drämelig *u*, hinkend, die Ruhe weg haben • saftlos *u*, salzlos *u*, schlapp *u.*
▸ schwungvoll.
Schwunglosigkeit tote Hose *u.*
schwungvoll temperamentvoll, gefühlvoll, pathetisch, lebendig, lebhaft, schlagkräftig, nachdrücklich, eindringlich, eindrucksfähig, kraftvoll, überzeugend, durchschlagend, feurig, fantasievoll, schmissig, mit Schmiss, mit Aweck *u.*
▸ lahm, lässig, träge, schwunglos • popig *u*, poppig *u.*
Schwur Ehrenwort, Wort, Eid, Gelöbnis, Gelübde, Bekräftigung, Bestätigung, Zeugnis, Erhärtung, Bezeugung, Jawort, Behauptung, Erklärung, Aussage, Handschlag, Manneswort, Fahneneid, Versicherung, Verpfändung, Verpflichtung, Eidesformel, Beschwörungsformel, Angabe, Beteuerung, Offenbarungseid • Fluch. → Aussage, Bekenntnis, Bannspruch, Bekräftigung, Ehrenwort, Eid.
▸ Eidbruch, Eid falscher.
Sechsergruppe Sextett.
Sechsfingrigkeit Hexadaktylie.
sechsflächig hexaedrisch.
Sedativum Beruhigungsmittel, Tranquilizer • Schmerz(linderungs)mittel.
See → Gewässer.
▸ Land.
See stechen, in → abfahren.
Seebad → Bad.
Seefrachtbrief Konnossement.
Seegang → Flut.
Seehund Robbe.
Seejungfer Nixe, Siren.
Seekriegsbeute Prise.
Seekunde Limnologie.
Seele Anlage, Gemütsart, Gemütsanlage, Beschaffenheit, Empfindungsleben, Herz, Gewissen, Wesen, Inbegriff, Herzstück, Gehalt, Innenleben, Eigenart, Eigenheit, Eigentümlichkeit, Veranlagung, Hauptsache, Hauptteil, Zentrum, Schwerpunkt, Psyche, Markt, Innenwelt, Geist, Selbst. → Art, Bewusstsein, Charakter, Inneres, Kerngedanke.
▸ Gefühllosigkeit, Hülle, Leib, Nebensache.
Seele binden, auf die einschärfen, zureden, anempfehlen, raten, beraten, überzeugen, belehren, Vorstellungen machen, ans Herz legen, anflehen, ersuchen, anhalten, ansuchen, beschwören, bedrängen, quälen, jemanden angehen um, erheischen.
▸ abraten, verschweigen, widerrufen.
Seelenadel → Erhabenheit, Großmut, Hochherzigkeit.
seelenartig psychoid.
Seelenfriede Wohlgefühl, Wohlbehagen, Behagen, Friede, Zufriedenheit, Geistesfriede, Herzensruhe, Gemütsruhe, Heiterkeit, gutes Gewissen, sorgenfreier Sinn, Selbstzufriedenheit. → Gewissen böses, Gewissensangst, Unzufriedenheit.
Seelengröße → Erhabenheit, Großmut, Hochherzigkeit, Selbstlosigkeit.
seelengut → arglos, engelsfromm, gut, lammfromm, selbstlos.
Seelenhaltung → Art, Gemütszustand.
Seelenheilkunde Psychiatrie.
Seelenherrschaft → Dämon.
Seelenhirt → Berater, Geistlichkeit.
Seelenkranker Psychopath.
Seelenkunde/-lehre Psychologie.
seelenkundlich → psychologisch.
Seelenlage → Stimmung.

Seelenleben → Art, Gefühlsleben, Gemüt.
seelenlos unbeseelt. → eingetrichtert, gewohnheitsmäßig, maschinenmäßig, niederträchtig, roh.
Seelenmassage Predigt, Suggestion, Manipulation, Gehirnwäsche, Werbung.
Seelenmesse Trauerfeier/-messe, Totenmesse, Requiem.
Seelenqual → Bekümmernis.
Seelenruhe → Fassung, Frostigkeit, Seelenfriede.
seelenruhig ausgeglichen, majestätisch, feierlich, ernst, gesetzt, würdevoll, ruhig • unerschütterlich, gleichmütig, leidenschaftslos, gemütsruhig, gelassen, unbeeinflusst, unberührt, unbeweglich, kaltblütig, frostig, kühl, nüchtern, regungslos, gleichgültig, besonnen, gefasst, sachlich, stoisch. ▸ aufgeregt, heißblütig, unausgeglichen.
Seelenstärke Seelenkraft, Zucht, Überwindung, Selbstlosigkeit, Selbstbeherrschung, Charakter, Disziplin, Seelenadel, Würde, Selbstzucht, Zurückhaltung, Heldengröße, Duldsamkeit, Ehrgefühl, Opferwilligkeit, Hingabe, Selbstaufgabe. ▸ Egoismus, Kleinmütigkeit.
Seelenstörung Psychose.
Seelenverfassung → Art, Charakterfundament, Denkart, Gemüt, Gemütszustand, Gesinnung.
seelenvergnügt → froh, vergnügt.
Seelenverkäufer Bösewicht, Lotterbube, Windhund, Mädchenhändler, Zubringer, Zuträger, Zuhälter, Gelegenheitsmacher, Lüdrian. → Boot.
seelenvoll gefühlvoll, beseelt, empfindend, fühlend, mitfühlend, ergriffen, beeindruckt, bewegt, berührt, empfindsam, gutmütig. → ausdrucksvoll, besinnlich, still. ▸ gefühllos, unempfindlich.
Seelenwanderung Metempsychose, Wiedergeburt.
seelenwund → melancholisch, trübsinnig.
seelisch innerlich, eigen, psychisch, ichhaft, subjektiv, psychologisch, unkörperlich, metaphysisch, geistig, gedacht, ideell, transzendent. ▸ äußerlich, körperlich, materiell.
seelisch bedingt psychogen.
seelisch beeinflussen hypnotisieren, manipulieren, suggerieren.
seelisch krank psychopathisch.
seelische Erschütterung Schock, Trauma.
Seelsorger → Berater, Geistlichkeit.
Seemacht Marine.
Seemann Schiffer, Seefahrer, Schiffsmann, Bootsmann, Schiffsjunge, Küstenfahrer, Kanalschiffer, Steuermann, Matrose, Maat, Seebär, Teerjacke, Marine, Kapitän, Schiffsmannschaft, Bemannung, Schiffsfahrer, Wasserratte • fliegender Holländer • Janmaat *u.*
Seemannsgarn Erdichtung, Erfindung, Lügengewebe, Jägerlatein, Münchhausiade, Ammenmärchen, Aufschneiderei, Prahlerei, Flunkerei, Geflunker, blauer Dunst, Windmacherei, Großsprecherei, Klabautermann. → Lüge. ▸ Wahrheit.
Seemeilen pro Stunde Knoten.
Seeräuber Filibustier, Korsar, Pirat.
Seeräuberei → Beraubung.
Seesperre → Barriere.
Seeungeheuer → Chimäre.
Seezeichen → Bake.
Segel setzen die Segel hissen, die Anker lichten, die Leinen loswerfen, absegeln, ablegen, auslaufen, Fahrt aufnehmen, den Wind nutzen, manövrieren, lavieren, vor dem oder am Wind segeln.
Segel streichen → unterwerfen sich.
Segel, mit vollen vor dem Wind segeln • wie der Wind. → gern.
segelbar → fahrbar.
Segelflugzeug → Fahrzeug (Luft-).
Segeln, Wind in den → günstig.
segeln schiffen, fahren, befahren, durchsegeln, beschiffen, umschiffen, dampfen, treiben • Sport treiben, üben, sich ertüchtigen, trainieren • fliegen, gleiten • heruntersegeln, fallen. → bewegen sich, fahren. ▸ dampfen, rudern, (mit Motorkraft fahren oder fliegen).
segeln, unter einer Flagge unter einem Namen bekannt sein, auf einen Namen hören • in einem Heer dienen, einem Herrscher dienen, vereint schlagen • unter einer Decke stecken, zusammenhalten, zusammen etwas aushecken, gemeinsame Sache machen. ▸ entgegenhandeln.
Segelschiff → Fahrzeug (Wasser-).
Segelstange → Mast.
Segeltuch Persenning.
Segelwind Brise.
Segen Fülle, Sattheit, Ergiebigkeit, Ertrag, Fruchtbarkeit, Wohlstand, Genüge, Erfolg, Glück, Fortschritt, Fortkommen, Gelingen, Gedeihen, Gewinn, Lohn, Vorwärtskommen, Gottesgabe, Wohlergehen, Arbeitssegen, Fischzug, Preis • Gnade, kirchlicher Segen, Absolution, Segensspruch, Leichensegen, Einsegnung. → Arbeitssegen, Ergiebigkeit, Fortschritt, Gunst des Schicksals. ▸ Unsegen, Unheil, Missgeschick • Fluch, Verwünschung.
Segen bringend erfolgreich, gedeihlich, Glück bringend, Glück spendend, ergebnisreich, vorteilhaft, siegreich, wirksam, fruchtbar, günstig, erfreulich, beneidenswert, begünstigt, nutzbringend. → günstig. ▸ unheilvoll.
segensreich → günstig, gut, Segen bringend. ▸ unheilvoll.
Segler → Fahrzeug (Wasser-), Schiff, Sportler.
Segment Kreisabschnitt, Kugelabschnitt, Bogenabschnitt, Halbzirkel, Teil, Stück, Sektor, Bogenschnitt, Teilstrecke, Abschnitt, Ausschnitt. ▸ Ganzes.
segnen → auflegen, einweihen, ergießen sich.
Segnung Handauflegung, Weihe, Einweihung, Segensspruch, Einsegnung, Beweihräucherung. → Segen. ▸ Verdammung, Verfluchung.
sehen gucken, erblicken, erspähen, Blick heften auf, schauen, bemerken, beobachten, wahrnehmen, gewahr werden, gewahren, betrachten, besichtigen, beachten, anblicken, ansehen, besehen, anschauen, mustern, ausfinden, ausspähen,

beäugeln, fixieren, angaffen, anstarren, anstieren, anglotzen, beluchsen, erkennen, durchschauen, fernsehen, durchsehen, besehen, in Augenschein nehmen, sichten, Stielaugen machen *u.* → anschauen, auftauchen, durchsehen, einsehen, entdecken, fallen in die Augen, fassen ins Auge, gewahren, schauen.
▸ hören, übersehen, blind sein.

sehen, durch die Finger milde behandeln, blind sein für, Nachsicht üben, schonen, alle beide Augen zudrücken, sich nicht drum kümmern, seinen eigenen Weg gehen lassen, nachgiebig sein, nachsichtig sein, die Zügel schlaff halten • entgleiten, verlieren, zerrinnen, entschwinden, schwinden.
▸ gewinnen, unnachsichtig (sein).

sehenswert → anziehend, interessant, reizvoll.
▸ uninteressant.

sehenswürdig → anziehend, interessant, reizvoll.

Sehenswürdigkeit Kunst, Theater, Veranstaltung, Aufführung, Baudenkmäler • Sensation, Schlager, Tagesgespräch, Erlebnis, Ereignis, Mittelpunkt, Schwerpunkt, Kern, Imposantes, Großes.

Seher Prophet, Weissager, Wahrsager, Zukunftsseher, Vorhersager, Sterndeuter, Magier, Vorbote, Warner, Schwarzseher, Sphinx, Augur. → Auge.

Sehergabe Wahrsagekunst, Sterndeuterei, Hellseherei, Astrologie, Vorahnung, Voraussage, Prophezeiung, Vordeutung, Mutmaßung, Vorherverkündung. → Aberglaube.

seherisch → ahnen.

Sehkraft Sehvermögen, Sehschärfe, Augenlicht.

Sehkreis Horizont.

Sehmängel Farbenblindheit, Schwachsichtigkeit, Augentäuschung, Kurzsichtigkeit, Fernsichtigkeit, Weitsichtigkeit, Lichtscheue, Augenschwäche, Verzerrung, Tränenauge, Triefauge, Augenfluss, Blödauge, Doppeltsehen, Gesichtstäuschung, Augenflimmern.

Sehne Bindegewebsbündel, Strang, Flexe, Bindemittel, Band, Faser • Gerade. → Befestigung.

sehnen herbeiwünschen, wünschen, wollen, verlangen, ersehnen, erstreben, möchten, schmachten, lechzen, dürsten, hungern, hangen, bangen, bedürfen, brauchen, vermissen, benötigen, Lust haben zu, brennen auf, gieren, sich interessieren. → hungern.
▸ verabscheuen, verwünschen • Erfüllung finden.

sehnen, sich streben nach, freuen sich auf, trachten nach, seufzen um, brennen auf, ersehnen, erstreben, verlangen, wollen, wünschen, sich interessieren, schmachten, vor Sehnsucht vergehen, sich verzehren. → sehnen.
▸ verabscheuen, verwünschen • Erfüllung finden.

Sehnenentzündung Tendinitis.

Sehnenscheidenentzündung Tendovaginitis.

sehnig → elastisch, stark.

Sehnsucht → Begeisterung, Begierde, Drang, Erwartung, Liebe.

Sehnsucht nach alten Zeiten Nostalgie.

sehnsüchtig begierig, sehnlich, sehnsuchtsvoll, bangend, verlangend, erpicht, wünschenswert, begehrenswert, hoffend, trachtend, wollend, versessen, durstig, lüstern.
▸ ablehnend, teilnahmslos.

sehnsuchtsvoll → sehnsüchtig.

sehr viel, beträchtlich, beachtlich, überaus, außerordentlich, weitaus, unermesslich, ungeheuer, bodenlos, ansehnlich, bemerkenswert, gehörig, weidlich, anständig, fabelhaft, höllisch, kolossal, ordentlich, rasend, sündhaft, turmhoch, wüst, als ob er es bezahlt bekäme, nicht von schlechten Eltern, Stein und Bein, riesig, erheblich, hochgradig, besonders, vollauf, höchlich, mächtig, dermaßen, merklich, ausnehmend. → außerordentlich, fest, grenzenlos.
▸ begrenzt, wenig.

sehr gut ausgezeichnet, erstklassig, herausragend, hervorragend, prima.

Sehschärfe, -vermögen → Sehkraft.

Sehwinkel Perspektive, Raumsicht, Sehweite, Augenweite, Augenpunkt, Fernzeichnung, Parallaxe, Gesichtswinkel.

seibern schlabbern, sabbern, seifern, auströpfeln, ausscheiden, fließen, sudeln, voll machen, beschmieren, sich beflecken, sich verdrecken, schlackern, beschmutzen • babbeln, schwatzen, plappern, schnattern, klappern, wäschen, kannegießern.
▸ schlucken, wortkarg (sein).

seicht flach, niedrig, untief, versandet, ausgetrocknet, gesunken. → albern, äußerlich, oberflächlich, platt.
▸ ernsthaft, innerlich, tief, tiefgründig, profund.

Seichtheit Oberflächlichkeit, Flüchtigkeit, Gehaltlosigkeit, Albernheit, Unsinn, Faselei, Blech, Stuss, Geistesarmut, Gicksgacks, Torheit, Blödsinn, Dummheit, Gedankenarmut, Hohlheit, Verblödung, Verdummung. → Sandbank.
▸ Gedankentiefe, Tiefe.

Seidel → Behälter, Gefäß.

seidig glatt, zart, weich, sanft, seidenartig, glänzend, fließend, faltenlos, eben, schmiegsam, satinartig, atlasartig, leicht. → federartig.
▸ rau, steif.

seiend → gegenwärtig.

Seienden, Lehre vom Ontologie.

Seife Sapo, Waschmittel.

Seifenblase → Bagatelle, Eintagsfliege, Irrwisch, Nichts, Schaum.

Seifenpulver Waschpulver, Waschmittel.

Seifensieder Arbeiter, Werktätiger, Seifenkocher • Philister, Pedant, Spießer, Banause, Holzkopf, Krämerseele, Schusterseele, Langweile.

seifig seifenartig, glatt, schlüpfrig, verschmiert, schmierig, schaumig, weich, salbig, talgig, säubernd. → fettig.
▸ rau, trocken.

seihen sieben, sichten, durchschlagen, durchpressen, durchsickern, durchsintern, filtrieren, durchlaufen lassen, säubern, klären, reinigen.
▸ vermengen.

Seiher Filter.

Seil Strick, Tau, Strang, Leine, Schnur, Fessel, Bindeglied, Lahn, Hanf, Jute, Haltemittel, Schlinge. → Band, Draht, Kabel.
▸ Kette.

Seilbahn Bergbahn, Sessel-, Schwebebahn.
Seilbahnkabine Gondel.
seilen anbinden, anseilen, fesseln, anknüpfen, festmachen, befestigen, festhalten, verschnüren, anschnallen. → aufwinden.
▸ lösen.
Seilkunststück Balanceakt.
Seil laufen → balancieren.
Seilschaft Bande, Bonzenverein, Geheimbund, Interessengruppe, Klüngel, Sippschaft.
Seil tanzen sich vermessen, Gott versuchen, die Gefahr lieben, sein Leben aufs Spiel setzen, mit dem Feuer spielen, waghalsig sein, tollkühn sein, etwas Halsbrecherisches tun. → wagen.
▸ feige (sein).
Seim → Abguss, Aufguss, Brei.
seimig → dickflüssig.
Sein → Dasein, Ding, Existenz.
▸ Schein • Nichtsein.
Sein oder Nichtsein → Schicksal.
sein existieren, da sein, anwesend sein, vorhanden sein, wohnen, weilen, sich befinden, sich aufhalten, zugegen sein, sich vorfinden, auftreten, begegnen, stattfinden, vorkommen. → atmen, bestehen, leben.
▸ werden, entstehen • vergehen • (nicht sein).
seinerzeit → früher.
seinesgleichen solche. → ebenso.
Seinsforscher Ontologe.
Seinsforschung/-lehre Ontologie.
seit → ferner, inzwischen, nach.
▸ bis.
seitab → abseits, beiseits, daneben, seitlich.
seitdem → nach, nachher.
Seite Körperseite, Seitenlage, Flügel, Profil, Breitseite, Windseite, Flanke, Flügel, Körperhälfte • Buchseite • Richtung, Teil, Hälfte. → Bord, Flanke, Rückseite, Vorderseite.
Seite, auf der gleichen → diesseits.
Seite, schwache Fehler, Schwäche, Entgleisung, Unsitte, Laster, Abirrung, verborgene Sünde. → Schwäche, Untugend.
▸ Seite starke.
Seite, starke Stärke, Hingabe, Großmut, Hochherzigkeit, Tugend, Größe. → Vollkommenheit.
▸ Seite schwache.
Seite an Seite → beigeordnet, beisammen.
Seite stehen, zur → dienen, helfen.
Seiten beziffern paginieren.
Seiten binden broschieren, einbinden, einhängen, festheften, festklammern, zusammenfügen Seiten.
Seitenansicht → Profil.
Seitengebäude → Anbau, Dependance.
Seitengewehr Bajonett • Sense *u*.
Seitenhaus → Anbau.
Seitensprung → Unkeuschheit, Verstoß.
Seitenstück → Abbild, Ähnlichkeit.
Seitenüberschrift Kolumnentitel.
Seitenzahl Pagina.
seither → bereits, dahin, inzwischen, nachher.
seitlich nebeneinander, abseits, seitwärts, seitab, daran, Seite bei Seite, nebenan, neben, daneben, aneinander, längs, längsseits, lateral. → abseits, beiseite, daneben.
▸ gegenüber • frontal, vorn • hinten.
seitwärts → abseits, beiseite, daneben, entlang, seitlich.
sekkieren *ö* → bedrücken, quälen.
Sekret Geheimsiegel, geheimes Fach • Ausscheidung, Absonderung, Ausfluss, Austritt, Aussonderung, Erguss, Abfluss. → Abguss.
Sekretär Schreibtisch, Pult, Schreibpult, Rollpult, Schreibschrank • Schreiber, Schriftführer, Stadtschreiber, Angestellter, Beamter, Kanzleischreiber, Gerichtsschreiber, Kontorist, Assistent, rechte Hand.
Sekretariat Anmeldung, Vorzimmer.
Sekt Schaumwein, Schampus, Champagner • Bitzelwasser *u*, Pitzelwasser *u*, Prickelwasser *u*, Prominentensprudel *u*.
Sekte → Vereinigung.
Sektierer → Abtrünniger.
Sektion Abschnitt, Abteilung, Teil, Teilung, Gau, Riege, Zweig, Ortsgruppe • Leichenöffnung, Sektionsbefund. → Abteilung.
▸ Ganzes.
Sektor *M* Teil, Bruchstück, Ausschnitt, Abschnitt, Kugelausschnitt, Kreisausschnitt, Abteilung • Einteilung, Stadtteil, Aufteilung, Zergliederung.
▸ Ganzes.
Sekundant → Helfer.
sekundär → zweitrangig.
Sekunde → Augenblick.
sekundieren → helfen.
selber → selbst.
Selbst → Bewusstsein.
selbst → auch, eigenhändig, persönlich.
▸ andere • mithilfe.
selbst geschrieben autographisch.
selbst, von automatisch, spontan.
Selbstachtung Würde, Persönlichkeit, Menschenwürde, Ehrgefühl, Stolz, Eigenbewusstsein, Selbstsicherheit, Selbstzufriedenheit, Standesehre, Berufsehre, Handwerkerstolz. → Manneswürde, Selbstbewusstsein.
▸ Minderwertigkeitsgefühl, Selbstgefühl Mangel an, Unwürdigkeit.
Selbstanbetung Ideolatrie.
Selbstanklage Selbstvorwurf, Schuldbewusstsein, Schuldgefühl, Reue, Gewissensregung, Zerknirschtheit, Beichte, Bußfertigkeit, Umkehr, Verzweiflung • einen Moralischen haben *u*, sich an der Nase fassen *u*. → Katzenjammer.
▸ Reuelosigkeit, Unbekümmertheit.
Selbstaufgabe → Resignation.
Selbstaufopferung → Selbstlosigkeit.
Selbstbedienung Cash and carry.
Selbstbedienungscafé Cafeteria.
Selbstbeeinflussung Autosuggestion.
Selbstbefriedigung Ipsismus, Ipsation, Masturbation, Onanie.
Selbstbefruchtung Autogamie.
Selbstbeherrschung → Beherrschung, Behutsamkeit, Besinnung, Besonnenheit, Persönlichkeitspflege, Zucht.
Selbstbekenntnis → Beichte, Selbstanklage.
Selbstbeschreibung Autobiografie.
Selbstbestimmung → Auswahl, Emanzipation, Freiheit, Recht, Wahl.
Selbstbestimmungsrecht → Emanzipation.
Selbstbetrug → Täuschung, Vorwand.
Selbstbewegung Automatik.

Selbstbewunderer Narziss.
selbstbewusst selbstsicher, überlegen, unzugänglich, zugeknöpft, ahnenstolz, hochgemut, anmaßend, herrisch, überhebend, verächtlich, geschwollen, klassenbewusst. → gebieterisch. ▸ demütig, feige • kriecherisch, servil, unterwürfig • ängstlich, gehemmt, schüchtern, unsicher, verklemmt, verkrampft, verlegen.
Selbstbewusstsein Ichbewusstsein, Selbstachtung, Stolz, Eigenbewusstsein, Selbstsicherheit, Selbstzufriedenheit, Stattlichkeit, innere Ehre, Standesehre, Berufsehre, Gelehrtenstolz, Herrensinn, Ehrgefühl, Herrscherseele, Selbstgefühl, Traute *u.* → Bewusstsein, Stolz. ▸ Selbsterniedrigung, Unsicherheit.
Selbstbezähmung Selbstbezwingung, Selbstverleugnung, Selbstüberwindung, Selbstentsagung, Askese, Strenge, Selbstbesiegung, Haltung, Fassung, Zurückhaltung, Ruck, Selbsterziehung. → Beherrschung, Zucht. ▸ Unbeherrschtheit, Zuchtlosigkeit.
Selbstbezwingung → Diät, Selbstbezähmung, Zucht.
selbstentblößungssüchtig exhibitionistisch.
Selbstentsagung → Beherrschung, Selbstlosigkeit.
Selbsterhaltungstrieb Lebenshunger. → Lebenskraft.
Selbsterkenntnis → Einkehr, Reue, Scham, Selbstanklage.
Selbsterniedrigung → Demut, Selbstlosigkeit.
Selbsterzeugnis → Eigenerzeugnis.
Selbsterziehung → Beherrschung, Persönlichkeitspflege, Selbstbezähmung, Zucht.
selbstgefällig → anmaßend, aufgeblasen, dünkelhaft, eitel.
Selbstgefälligkeit → Eitelkeit.
Selbstgefühl → Selbstbewusstsein, Stolz.
Selbstgefühl, Mangel an Schüchternheit, Selbstunterschätzung, Selbstverleugnung, Verzagtheit, Befangenheit, Verschämtheit, Sprödigkeit, Scheu, Zurückhaltung, Unbeholfenheit, Blödigkeit, Minderwertigkeitskomplexe, Bescheidenheit, Selbstbescheidung. ▸ Selbstachtung.
selbstgenug → allein, ungesellig.
selbstgenügsam autark.
selbstgerecht → eitel, scheinfromm, überheblich.
Selbstgerechtigkeit → Eitelkeit, Überheblichkeit.
Selbstgespräch Monolog, Soliloquium.
Selbstgetriebe → Automat.
selbstherrlich → eitel, überheblich.
Selbstherrlichkeit → Egoismus, Eitelkeit, Überheblichkeit.
Selbstherrscher → Alleinherrscher.
Selbsthilfe → Freiheit, Notwehr.
selbstisch → bestechlich, selbstsüchtig.
Selbstkontrolle verlieren, die ausflippen, ausrasten, Beherrschung/Fassung verlieren die, durchdrehen.
Selbstkritik Selbstprüfung, Selbsterziehung, Selbsterkenntnis, Urteil, Bemängelung, Würdigung, Selbstbeurteilung, Selbsteinschätzung, Selbstbewertung. → Kritik. ▸ Überheblichkeit.
Selbstlaut Monophtong, Vokal.
Selbstliebe → Egoismus, Eitelkeit, Selbstsucht.
Selbstlob → Eigenlob, Eitelkeit.
selbstlos hochherzig, opferbereit, altruistisch, opferwillig, seelengut, uneigennützig, großmütig, edelmütig, freigebig, großherzig, nobel, aufopferungsbereit, selbstverleugnend, hingabefähig, unbestechlich, gütig, gutmütig, wohltätig, mildtätig, barmherzig, großzügig, gefällig, menschlich, hilfsbereit. → anständig, freigebig, opferbereit. ▸ egoitisch, egozentrisch, eigennützig, ichbezogen, selbstisch, selbstsüchtig.
selbstlos sein → bezähmen, selbstlos.
Selbstlosigkeit Hochsinn, Opferbereitschaft, Opferfreudigkeit, Opfermut, Opfersinn, Opferwille, Seelengröße, Selbstaufopferung, Selbstentsagung, Selbsterniedrigung, Selbstverleugnung, Uneigennützigkeit, Nächstenliebe, Menschenliebe, Altruismus, Entsagung, Hingabe, Freigebigkeit, Großmut, Hochherzigkeit, Seelenadel, Edelmut, Edelsinn, Selbstaufgabe, Selbstverleugnung, Gutmütigkeit, Barmherzigkeit, Menschlichkeit, Humanität. → Entsagung. ▸ Selbstsucht.
Selbstmord Suizid. → Beraubung, Ende, Tötung.
Selbstmord der Menschheit (z.B. durch Atomwaffen) Omnizid.
selbstmörderisch suizidal.
Selbstquälerei → Bekümmernis, Trübsinn.
selbstquälerisch masochistisch. → trübsinnig, verzweifelt, masochistisch.
selbstredend → selbstverständlich.
selbstregelnd/-tätig automatisch.
selbstschöpferisch → apart, eigengesetzlich, genial, originell.
selbstsicher → ehrsinnig, selbstbewusst, stolz.
Selbstsicherheit → Selbstbewusstsein, Stolz, Übermut.
selbstständig autonom, absolut, unabhängig, eigenständig, frei, ungebunden, unbeaufsichtigt, zwanglos, unbeherrscht, ungehemmt, unbegrenzt, selbstsicher, freiberuflich, willensstark. → fessellos. ▸ unselbstständig, abhängig, angestellt, anlehnungsbedürftig, hilfsbedürftig • heteronom, hörig, sklavisch, untertänig • im Auftrag.
selbstständig machen, sich Abhängigkeiten befreien sich aus, Existenz gründen eine, Geschäft aufmachen ein, emanzipieren sich, unabhängig machen sich, Unternehmer werden.
Selbstständigkeit → Bahn, Emanzipation, Freiheit.
Selbstsucht Ichsucht, Geiz, Egoismus, Selbstliebe, Eigenliebe, Eigennutz, Rücksichtslosigkeit, Selbstsüchtigkeit, Gewinnsucht, Habgier, Ausnutzung, Kleinlichkeit, Engherzigkeit, Hartherzigkeit,

Selbstverherrlichung. → Egoismus, Eigennutz. ▸ Selbstlosigkeit.
selbstsüchtig habgierig, ichsüchtig, kleindenkend, kleinlich, knauserig, missgünstig, selbstisch, neidisch, egoistisch, eigennützig, eigensüchtig, narzisstisch, gewinnsüchtig, beutesüchtig, vorteilsüchtig, scheelsüchtig, beutegierig, engherzig, schäbig, rücksichtslos, schutzig, bestechlich, unfreigebig. → bedürfnisvoll, egoistisch. ▸ selbstlos, altruistisch, uneigennützig.
Selbstsüchtiger Egoist, Egozentriker, Narziss.
Selbsttätigkeit Automatik.
Selbsttäuschung → Chimäre, Dunstbild, Illusion.
Selbstüberhebung → Eitelkeit, Stolz, Überheblichkeit.
Selbstüberschätzung Eingebildetsein, Hybris, Überheblichkeit.
Selbstüberwindung → Mäßigung, Bescheidenheit, Zucht.
Selbstverantwortung sittliche Kraft, innere Freiheit, Selbstkritik, Reife, gefestigter Charakter, Größe, Persönlichkeit.
Selbstverdauung Autodigestion, Autolyse.
Selbstvergiftung Autointoxikation.
Selbstverherrlichung → Eigenlob, Eitelkeit, Selbstsucht.
Selbstverleugnung → Bescheidenheit, Demut, Selbstlosigkeit.
Selbstverliebtheit Autoerotismus, Narzissmus.
selbstverständlich gewiss, bestimmt, unzweifelhaft, sicher, gewisslich, zweifelsohne, selbstredend, natürlich, jawohl, unfraglich, wirklich, ohne weiteres, von selbst, eo piso *u*, entschieden, erwiesenermaßen, klar, ausgemacht, eindeutig, selbstredend, naturgemäß, wahrlich, jedenfalls, fürwahr, auf alle Fälle, um jeden Preis, mit tödlicher Sicherheit, absolut, alle Mal, ja, sicherlich, unbedingt, zweifellos, eisern *u*, klar, sowieso, klärchen *u*. → anstandslos, beglaubigt, gern, handgreiflich, naturgemäß, natürlich. ▸ unerwiesen, ungewiss • schwer verständlich, unverständlich, erklärungsbedürftig • kompliziert, schwierig, umständlich • auffällig, merkwürdig, seltsam, ungewöhnlich.
Selbstverständlichkeit Natürlichkeit, Bestimmtheit, Sicherheit, Gewissheit, Klarheit, Eindeutigkeit, Wirklichkeit, Unerlässlichkeit, Notwendigkeit, Erfordernis, Unentbehrlichkeit, Schicklichkeit. ▸ Unentschiedenheit, Ungewissheit.
Selbstverstümmelung Autotomie.
Selbstvertrauen → Mut, Selbstbewusstsein.
Selbstvorwurf → Reue, Selbstanklage.
selbstwirkend autodynamisch.
Selbstzucht → Beherrschung, Fassung, Persönlichkeitspflege, Zucht.
Selfmademan Autodidakt, Erfolgsmensch, Emporkömmling, Homo novus.
selig geheiligt, beseligt, auferweckt, himmlisch • beglückt, froh, glückselig, wonnig, jubelnd, froh, entzückt, freudig, glücklich, wonnevoll, paradiesisch, arkadisch, bezaubert, berauscht, fröhlich, freudestrahlend. → angeheitert, aufgelegt, aufgeräumt, beduselt, beruhigt, beseligt, elysisch, froh. ▸ traurig, unglücklich • unselig, verdammt.
Seligkeit → Beseligung, Entzücken, Entzückung, Freude, Liebe, Lust.
selig machend → elysisch.
selig preisen benedeien.
Seligsprechung Beatifikation.
Sellerie Scharfmacher *u*.
selten rar, dünn gesät, kaum, vereinzelt, zuweilen, manchmal, hie und da, dann und wann, ab und zu, hin und wieder, alle Jubeljahr, gelegentlich, bisweilen, nicht oft, spärlich, karg • kostbar, erlesen, einmalig, ungewohnt, vortrefflich, wertvoll • selten kommen, sich rar machen. → abnorm, auserlesen, ausgesucht, einmalig, erlesen, kaum, kostbar, rar. ▸ häufig, oft • nie, niemals • meist, meistens, in der Regel • alltäglich, gewöhnlich, üblicherweise.
Seltenheit Wenigkeit, Einmaligkeit, Ausnahme, Besonderheit, weißer Rabe, Spärlichkeit, Ungewohnheit, Abweichung, Rarität. → Beste, Glanzstück. ▸ Gewohnheit, Häufigkeit Rarität, Singularität.
seltsam putzig *u*. → abnorm, anziehend, befremdend, beispiellos, frappant, grotesk, interessant, komisch, kurios, naturwidrig, ungewohnt, matt. ▸ alltäglich, gängig, gewöhnlich, natürlich, selbstverständlich, üblich.
seltsam, sehr saukomisch *u*.
Seltsamkeit Eigentümlichkeit, Eigenart, Widersinn, Unnatur, Kuriosum, Kuriosität, Regellosigkeit, Abweichung, Abart, Lächerlichkeit, Schrullenhaftigkeit, Absonderlichkeit, Wunderlichkeit, Verschrobenheit, Grillenhaftigkeit, Grillenfängerei, Laune, Stimmung, Anwandlung, Ungewöhnlichkeit, Befremdung, Wunderding, wunderlicher Heiliger. → Drolligkeit. ▸ Natürlichkeit, Norm.
Seminar → Anstalt, Schule.
Semmel Brötchen, Rundstück, Schrippe, Weck(en).
Senator Ratsherr, Senatsmitglied, Politiker, Parlamentarier, Abgeordneter, Würdenträger, Staatsmann. → Bürgermeister.
Sendbote Missionar, Geheimbote, Überbringer, Eilbote • Gesandter, Botschafter, Abgeordneter, Abgesandter, Legat, Sendling, Nunzius, Stellvertreter • Engel. → Bevollmächtigter. ▸ Empfänger.
Sendefolge Programm.
senden schicken, abschicken, befördern, zustellen, übermitteln, verschicken, zuschicken, wegschicken, zuleiten, zuführen, aufgeben, versenden. → absenden, austragen, beauftragen, befördern, einschicken, entsenden, funken, holen, schicken. ▸ empfangen, erhalten • annehmen, entgegennehmen.
Senderaum Studio.
Sendung Beförderung, Abschickung, Überbringung, Übersendung, Versand, Verfrachtung, Eilbrief, Brief, Wertsendung, Drucksache, Gut, Fracht, Paket, Kolli, Waggon, Ladung, Versendung,

Absendung, Weiterbeförderung, Entsendung, Erledigung • Funkspruch, Rundfunksendung, Wellenübertragung, Sendefolge, Funkbericht, Ansage. → Ausbreitung, Berufung, Emission. ▸ Empfang.
Senf Mostrich, Sinapis.
Senge → Prügel.
sengen versengen, verkohlen, erhitzen, entzünden, glimmen, knistern, brennen, rauchen, dampfen, bräunen, absengen, qualmen, schwelen • riechen unangenehm. → abbrennen.
sengen und brennen → abbrennen, sengen.
senil → abgelebt, alt, hochbetagt.
Seniorenpass Runzelkarte *u.*
Senkblei Lot.
Senke → Mulde.
senken → ablassen, abwerfen, ermäßigen, fällen, hinablassen.
Senkgrube → Abort, Kloake.
Senkkasten (für Arbeiten unter Wasser) Caisson.
senkrecht gerade, aufrecht, vertikal, lotrecht, rechtwinklig, steil, normal, aufsteigend, seiger, scheitelrecht, aufgerichtet, gerade stehend, straff, stramm, strack, kerzengerade. → aufrecht. ▸ waagerecht.
Senkrechte Lot, Vertikale.
Senkung → Abzug, Betonung, Bewegung, Depression, Ermäßigung, Neigung, Reduktion.
Sensation → Anziehung, Anziehungspunkt, Attraktion, Ereignis.
sensationell → beispiellos.
Sensationsblatt Revolverpresse.
sensibel empfindlich, empfindsam, empfänglich, erregbar, feinfühlig, gefühlvoll, feinnervig, sensitiv, fühlig, reizbar, mimosenhaft, leicht verletzbar, zart besaitet, zart fühlend, zartgestimmt • rohes Ei, Prinzessin auf der Erbse, Rührmichnichtan, aufgeschlossen, besinnlich, still, empfänglich. ▸ empfindungslos, gefühllos, unempfindlich, unsensibel • abgestumpft, roh.
sensibilisieren empfindlich/sensibel machen.
Sensibilität → Empfindlichkeit.
sensitiv → besinnlich, still, empfänglich, empfindlich, sensibel.
Sentenz Wahrspruch, Kernspruch, Denkspruch, Sinnspruch, Betrachtung, Ausspruch, Rechtsspruch, Lehrspruch, Leitsatz, Lehrsatz, Grundgedanke, Ausspruch, Satz, Lehre, Motto, Urteil, Weisheitsspruch. → Aphorismus, Gedankensplitter.
sentimental → empfindungsvoll, feinsinnig, gemütvoll, romantisch.
Sentimentalität Empfindsamkeit, Rührseligkeit, Gefühlsseligkeit, Romantik, Schwärmerei, Weltschmerz, Seelenwundheit, Wertherstimmung, Verträumtheit, Gefühlsduselei, Melancholie. • Pudding *u.* ▸ Gefühlskälte, (Realistik).
separat gesondert, getrennt, abgetrennt, für sich, einzeln, geteilt, abgesondert, vereinzelt. → allein, besonders, einzel, gesondert. ▸ verbunden, zusammen, gemeinsam.
Separation → Absonderung, Auflösung, Trennung.
separieren → absondern, trennen.
separieren, sich abhauen, fortgehen, heraushalten sich, weggehen.
Sequenz Aufeinanderfolge, Befehlsfolge (EDV), Folge, Reihe, Reihenfolge, Serie, Wiederholung.
Serenade Abendmusik, Ständchen, Musikstück, Nachtmusik, Tonsatz, Melodie, Weise, Ton, Gesang, Nocturno. → Bewerbung.
Serie Reihe, Gruppe, Folge, Masse, Kreis, Kette, Zahlenfolge, Serienbild, Zusammenhang, Zusammenfassung, Aufeinanderfolge, Verkettung. → Anzahl. ▸ Einzelfall, Einzelheit.
Serienprodukt vom Fließband, Massenware, von der Stange.
seriös → achtbar, schätzenswert. ▸ nicht ernst zu nehmen • krumm, unehrenhaft, ungediegen, unsauber, unseriös, verwerflich, windig.
Sermon → Rede.
Serpentine → Kurve, Windung.
Service → Kundendienst.
Servierbrett Tablett.
servieren kredenzen, aufwarten mit. → anbieten, auftragen. ▸ abräumen, abservieren, abtragen • annehmen • retournieren, zurückschlagen.
servil → unterwürfig.
Servus *ö* → ade.
Sessel Klubsessel, Ohrensessel, Sitzgelegenheit, Sitzmöbel, Thron, Armsessel, Lehnstuhl, Schlafsessel, Großvatersessel, Ruhestuhl, Stuhl, Ledersessel, Polstersessel, Fauteuil *m.* ▸ Liege.
Sessellift Idiotenbagger *u.*
sesshaft → ansässig, daheim, eingesessen.
sesshaft machen, sich siedeln, sich ansiedeln, niederlassen, setzen, anbauen, wohnen, einlogieren, einstallen, bebauen, kolonisieren, sich einpflanzen, besetzen, bemannen, belegen. → aufhalten sich, bewohnen. ▸ auswandern, ausziehen.
sesshaft sein → ansässig, aushalten sich, bewohnen, eingesessen.
Sesshaftigkeit Aufenthalt, Einsiedlung, Sesshaftsein, Einquartierung, Einwurzelung, Einlebung, Fuß fassen, Beharrungsvermögen, Ansiedlung, Aufhalten, Festsetzung, Einnistung • Einhalt, Anhalt. ▸ (Auswanderung), Veränderung.
setzen niedersitzen, niedersetzen, kauern, neigen, beugen, hinsetzen, stellen, hinstellen, schichten, absetzen, unterbringen, zurechtsetzen, zurechtlegen, zurechtstellen, ausruhen, ruhen, anhalten, bleiben, sich's bequem machen, einschwingen *j*, fußen *j*, sich platzen *j* • brüten, ausbrüten, stillsitzen. → ausruhen, besetzen, pflanzen, stellen. ▸ aufstehen, stehen.
setzen, sich festigen, erhärten, verdicken, verdichten, erstarren, versteinern, ablagern, verglasen, zusammenziehen, kondensieren, schlacken. → anhalten, ausruhen, bleiben. ▸ aufstehen, schweben, sich erheben • sich heben • sich legen • stehen bleiben.
setzen, in Bewegung → anfahren, Dampf dahinter machen, gehen.
setzen, in Freiheit herauslassen, freilassen, befreien, freisetzen, erlösen, loshelfen, freigeben, loslassen, entlassen, entfesseln, entjochen, losketten, losbinden, frei machen, aufschließen, aufriegeln,

aufbinden, laufen lassen. ▸ einsperren.
setzen, sich in den Kopf beharren, durchhalten, bestehen auf, ausharren, nicht schwanken, sich nicht abbringen lassen, dabei bleiben, einer Sache treu bleiben, sich hingeben, auf ein Ziel lossteuern, den Willen durchsetzen, nicht nachlassen, erzwingen, halsstarrig sein, sich versteifen, auf seinem Sinn bestehen, ertrotzen, versessen sein auf, abtrotzen, auf sein Recht pochen. ▸ nachgeben.
setzen, an die Luft hinauswerfen, fortjagen, verscheuchen, heimleuchten, verstoßen, vertreiben, verweisen, ausschalten, ausschließen, verbannen, ausgliedern, kalt stellen, verjagen, den Laufpass geben, den Stuhl vor die Tür setzen, ins Elend stoßen, aus dem Weg räumen, hinaustreiben, forttreiben, wegtreiben, wegjagen, fortschicken. ▸ einladen, hereinlassen.
setzen, sich aufs hohe Ross → eitel, Pferd aufs hohe sich setzen.
setzen, sich zur Ruhe ausscheiden, sich zurückziehen, privat leben, kündigen, aufsagen, weggehen, fortgehen, demissionieren, sich auf Rente setzen, auf sein Altenteil setzen, von der Pension leben, seinen Abschied nehmen. ▸ arbeiten.
setzen, aufs Spiel → wagen.
setzen, sich zur Wehr → verteidigen.
setzen, in die Welt erzeugen, niederkommen, gebären • erschaffen, hervorrufen, zu Stande bringen, bewirken, ausführen, tun, machen, herstellen, bilden, vollenden, schaffen, unternehmen, verrichten, handeln, ins Leben rufen, in Bewegung bringen • Gerücht in die Welt setzen. ▸ unterlassen, zerstören.
Seuche → Gottesgeißel, Krankheit, Pestilenz.
seuchenartig epidemisch.
seuchenfest machen immunisieren.
Seuchenkunde/-lehre Epidemiologie.
Seuchenträger → Krankheitskeim.
Seuchenüberträger → Bazillus.
seufzen → ächzen, atmen, beklagen, klagen.
Seufzer → Klage, Schmerz, Ton.
Sex geschlechtliche Anziehung, Betätigung. → Geschlechtsverkehr, Sinnlichkeit.
Sex im Eiltempo Quicky *u.*
Sexangst Erotophobie.
Sexappeal Scharm, Brunst, Sexualität, Triebhaftigkeit.
Sexgier nach langer Enthaltsamkeit Samenkoller *u.*
Sexprotz Rammler *u.*
Sexrausch Erotismus • Orgasmus.
Sexsucht (der Frau) Nymphomanie, (des Mannes) Satyriasis.
sexuell angeregt sinnlich, erotisch, geschlechtlich • lüstern, geil, brünstig, verbuhlt, verführerisch, liebestoll, mannstoll, weibstoll, rammelig *u.* → geil, liebestoll.
Sezession → Absonderung.
sezieren → ausforschen, schneiden.
Shakehands *M* Handschlag, Händeschütteln, Begrüßung, Freundschaftsbezeugung, Abschiednehmen.
Share → Anteil.
Shorts → Hose.
Show Schau, Darbietung, Spektakel, Theater, Sensation • Ausstellung.
Siam Thailand.
sibyllinisch → geheimnisvoll.
sicheln → ernten, schneiden.
sicher gewiss, offenkundig, ausdrücklich, wirklich, wahr, bestimmt, tatsächlich, gewiss, bezeugt, erwiesen, überzeugt, unleugbar, unbestreitbar, unerschütterlich, unumstößlich, bestätigt, unzweideutig, unzweifelhaft, verbürgt, sicherlich, unbeweislich, selbstverständlich, siegessicher, wahrlich, ausgemacht, fürwahr • feuersicher, gefahrlos, gesichert, gefeit, geschützt, sattelfest, in Gewahrsam, kugelfest, obenauf, getrost, zuversichtlich, erprobt, verlässlich, zuverlässig, unangreifbar, unverletzbar, unbezwinglich, unbedroht, ungefährdet, sorglos, die Luft ist rein. → absolut, augenscheinlich, beglaubigt, beruhigt, bestimmt, dauerhaft, diebessicher, einbruchsicher, erwiesen, fest, feuerfest, getrost, gewiss, haltbar, handgreiflich, optimistisch, perfekt, positiv, stabil. ▸ unsicher • gefährlich, gefahrvoll, gewagt, riskant • angenommen, hypothetisch • anscheinend, eventuell, möglich(erweise), vielleicht, vermutlich • ungewiss, vage, zweifelhaft • auf keinen Fall, bestimmt nicht.
Sicherheit Schutz, Schutzbrief, Luftschutzkeller, Geleitbrief, Gefahrlosigkeit, Hut, freies Geleit, Nummer Sicher, Kuratel, Sicherung, Unbezwingbarkeit, Uneinnehmbarkeit, Unverwundbarkeit, Unverletzlichkeit, Festigkeit, Obhut, Sicherheitswache, Sicherheitswehr, Sicherheitsvorkehrung, Schutzvorrichtung, Rettung • Bürgschaft, Schuldschein, Haftung, Unterpfand, Kaution, Sicherheitsleistung, Rückversicherung, Pfand • Bestimmtheit, Gewissheit, Überzeugung, Glaube, Zutrauen, Unbesorgtheit, Vertrauen, Sichersein, Sorglosigkeit. → Bedeckung, Bürgschaft, Einstandspflicht, Erlösung, Garantie, Gewährleistung, Kaution, Schutz. ▸ Unsicherheit • Bedrohung, Gefahr, Risiko, Wagnis • Möglichkeit • Wahrscheinlichkeit • Unbestimmtheit, Ungewissheit, Zweifel • Befangenheit, Schüchternheit.
Sicherheit, in → Dach und Fach unter, sicher.
Sicherheitsfach Safe.
Sicherheitsleistung → Bürgschaft, Garantie, Kaution.
Sicherheitstruppe → Besatzung, Schutz, Sicherheit.
Sicherheitswache → Besatzung, Schutz, Sicherheit.
Sicherheitswehr Besatzung, Schutz, Sicherheit.
sicherlich → absolut, allerdings, definitiv, freilich, gewiss, Haar auf ein, selbstverständlich, sicher.
sichern feiern, beschirmen, hüten, schonen, beschützen, bergen, bewachen, behüten, decken, umhegen, verteidigen, bewahren, abschirmen, aufheben, geleiten, begleiten, betreuen, behirten • verhoffen *j*, prüfen. → abwerfen, abdichten, Acht geben, aufheben, beikommen,

bewachen, bewahren, bringen unter Dach, festhalten, geleiten, schützen.
▸ achtlos (sein), aufmachen, preisgeben, prüfen *j.* verhoffen *j.*
sichern, sich → machen sich zu Nutze.
sicherstellen → aufbewahren, bürgen, deponieren, Gewähr leisten, pfänden, reservieren.
Sicherstellung → Bürgschaft, Sicherheit.
Sicherung → Bake, Gegengewicht, Rückversicherung, Schutz, Sicherheit, Ventil.
Sicherungsgeleit Eskorte.
Sicht Anblick, Überblick, Aussicht, Horizont, Fernsicht, Gesichtspunkt, Wahrnehmung, Sichtbarkeit, Klarheit, Übersicht, Vogelschau, Raumsicht, Deutlichkeit, Wahrnehmbarkeit, Anschaulichkeit, Bemerkbarkeit, Sichtweite • in Sicht sein. → Aussicht.
▸ Dunkelheit • Nebel.
sichtbar evident, sehbar, erkennbar, erblickbar, durchschaubar, augenscheinlich, deutlich, bemerkbar, dinghaft, augenfällig, sichtlich, unterscheidbar, offenbar, ersichtlich, unverkennbar. → augenfällig, augenscheinlich, bemerkbar, deutlich, dinghaft, erkennbar, handgreiflich, offenbar.
▸ unsichtbar, verborgen • latent.
sichtbar machen herausholen, offenbaren, darlegen, zeigen, anzeigen, vorzeigen, bloßstellen, veranschaulichen, preisgeben, ausstellen, auslegen, aufweisen, erklären. → darlegen, darstellen.
▸ unsichtbar machen, verheimlichen.
sichtbar werden auftauchen, deutlich werden, erscheinen, herauskommen, hervorkommen/-treten, manifestieren/offenbaren sich.
Sichtbarkeit → Aussicht, Deutlichkeit, Sicht.
▸ Unsichtbarkeit.
sichten durchgehen, durchsehen. → absondern, auftauchen, ausschalten, beurteilen, charakterisieren, eliminieren, ersehen, fallen in die Augen, fassen ins Auge, scheiden, sehen, seihen.
Sichtgerät Bildschirm, Display, Kontroll-Bildschirm, Monitor.
sichtgerecht perspektivisch.
Sichtgrenze Horizont.
sichtig → deutlich, klar, sichtbar.
Sichtkontrolle visuelle Kontrolle.
sichtlich → augenfällig, bestimmt, sichtbar.
Sichtung → Auslassung, Einordnung, Klassifikation, Register, Tabelle.
Sichtvermerk Visum.
Sichtwechsel Avistawechsel, Vistawechsel.
sickern siepen *u.* → fließen, quellen.
Sickerverlust Leckage.
Siebdruck(verfahren) Serigraphie.
sieben → absondern, durchpressen, filtrieren, Seihen, Zahl.
Siebeneck Heptagon.
siebeneckig heptagonal.
siebenfüßiger Vers Heptameter.
Siebengestirn Plejaden.
siebenjährig septennal.
Siebensachen → Bagage, Bedarf, Besitztum, Gerätschaften, Utensilien.
Siebenschläfer → Bummler, Faulpelz, Tier.
siebenstufiges Intervall Septime.
Siebung → Abtrennung, Filter.
siech → bebend, krank.
▸ gesund, vital.
siechen → abnehmen, auszehren, darniederliegen, erkranken, leiden.
Siechtum → Krankheit.
siedeln → sesshaft machen sich, wohnen.
sieden → abbrühen, aufregen, brennend, brodeln, brühen, dampfen, dünsten, schäumen, wärmen, wüten.
siedend → heftig, schäumend, wütend.
Siedepunkt Siedehitze, Hitze, Erhitzung, Entzündung, Tropenhitze, Glut, Weißglut, Verbrennungsprodukt, Verbrennungshitze, Temperatur, Hochglut, Rotglut, Kochhitze, Backhitze, Schmelzhitze.
▸ Gefrierpunkt, Nullpunkt.
Siedler Kolonist, Pflanzer, Ansiedler, Farmer, Bauer • Schrittmacher, Wegbereiter, Bahnbrecher, Bereiter, Vorbereiter, Vorläufer, Vorarbeiter, Quartiermacher.
▸ Auswanderer.
Siedlung → Ansied(e)lung.
Sieg Erfolg, Fortschritt, Vorwärtskommen, Segen, Gelingen, Gewinn, Meisterzug, Meisterstreich, Rekord, Anerkennung, Preis, Trumpf, Treffer, Leistung, Sportsieg, Krönung, Endsieg, Zugstück, Prämie, Aufstieg, Erfüllung, Ergebnis, Eroberung, Vorteil, Krone des Lebens, Gedeihen, Glückswurf, Glück. → Auswirkung, Erfolg.
▸ Niederlage, Fehlschlag, Fiasko, Misserfolg.
Siegel → Aufdruck, Bescheinigung, Sicherheit, Stempel, Verschluss.
Siegel und Hand → Schwur, Versprechen.
Siegelkunde Sphragistik.
siegeln versiegeln, Stempel aufdrücken, mit einem Siegel versehen, beurkunden, unterschreiben, besiegeln, verbürgen, Gewähr leisten, beglaubigen, bescheinigen, legitimieren • schließen, verschließen, zumachen, zusiegeln, sichern. → bestätigen.
▸ öffnen, ungültig (erklären), verweigern.
siegen meistern, beherrschen, besiegen, ausstechen, bewältigen, übertreffen, zuvortun, triumphieren, die Oberhand behalten, überwinden, auspunkten, übermannen, obsiegen, erobern, einnehmen, bezwingen, überwältigen, unterjochen, niederwerfen • erlangen, erreichen, erringen, gelingen, übertrumpfen, Erfolg haben. → bewältigen, erobern, Feld behaupten das, gewinnen, unterwerfen.
▸ unterliegen, besiegt/unterworfen werden, verlieren.
Sieger Held, Meister, Gewinner, Eroberer, Überwinder, Preiskämpfer, Sportler, Wettkämpfer, Spielführer, Weltmeister, Weltbester, Triumphator.
▸ (Besiegter).
Siegerkranz → Lorbeer, Prämie.
Siegesanwärter Favorit.
Siegesbeute Trophäe.
siegesbewusst mannhaft, aufrecht, mutig, herzhaft, unwiderstehlich, unerschütterlich, unbezwingbar, heldenhaft, unbesiegt, unbesiegbar, ungebeugt, unerschüttert, standhaft • lebensfroh, lebenslustig, heiter, hoffnungsvoll, frohgemut, frohherzig, wohlgemut, selbstsicher, siegessicher,

sorgenfrei.
▸ bedrückt, ohmächtig.
Siegesgöttin Nike, Viktoria.
Siegespokal Pott *u*, Saufgeschirr *u*.
Siegespreis → Lorbeer, Prämie.
siegessicher → sicher, wohlgemut.
Siegeswille Entschlossenheit, Entschlusskraft, Willenskraft, Siegerwille, Wehrgeist, Kriegsgeist, Entschiedenheit, Ehrgeiz, Heldensinn, Heldenhaftigkeit, Siegeszuversicht, Heroismus, Kriegsmut, Schlachtenmut, Wagemut, Selbstvertrauen, Unerschrockenheit, Unverzagtheit. → Mut.
▸ Feigheit, Kraftlosigkeit, Unentschlossenheit.
sieggekrönt siegreich, erfolgreich, gelungen, glücklich, gedeihlich, preisgekrönt, lorbeergeschmückt, triumphierend, sieghaft, vorteilhaft, wirksam, Erfolg versprechend, fruchtbar, lohnend, nutzbar, ertragreich, nutzbringend. → lohnend.
▸ (besiegt), erfolglos.
sieghaft → sieggekrönt, stolz.
siegreich → sieggekrönt.
▸ abgehängt, besiegt, geschlagen, unterlegen, unterworfen • zweitbester, drittbester ...
sieh da → horch.
Siel Abwasserkanal, Deichschleuse, Senkloch, Abzugskanal, Entwässerung, Ableitung, Ablaufvorrichtung, Kotschleuse, Jauchegrube, Mistgrube, Müllgrube. → Abort, Kloake.
sielen → genießen.
Siesta → Ruhezeit.
Siesta halten ausruhen, unterbrechen, rasten, verschnaufen, sich's bequem machen, einnicken, Nachmittagschläfchen halten, duseln, der Ruhe pflegen, die Arbeit einstellen, einlullen.
▸ arbeiten, erwachen.
Signal → Alarm, Bake, Brand, Erkennungszeichen, Fanfare, Meldezeichen, Scheinwerfer, Zeichen.
Signalfahne Flagge.
signalisieren → bestätigen, Zeichen geben.
signieren kennzeichnen. → zeichnen.
signifikant bedeutsam, typisch, wichtig.
Signum Unterschrift(enkürzel), verkürzte Unterschrift • Zeichen.
Silbenfall → Betonung.
silbenstecherisch → pedantisch.
Silberblick Schielen, Strabismus.
Silberglanz Argentit.
silberhaarig → alt, ergraut.
silberhell melodiös, melodisch, glockenhell, glockenklar, klangreich, wohllautend, wohlklingend, harmonisch, schmelzend, bezaubernd, hinreißend, tonsicher, klangrein, flötend, sangvoll.
▸ dumpf.
silberlockig → alt, bereift, ergraut.
Silhouette Schattenriss, Schattenbild, Umrisslinie, Profil, Seitenansicht, Seitenbild, Skizze, Scherenschnitt.
Silo *m* Speicher, Getreidespeicher, Kornhaus, Großspeicher, Lager, Lagerhaus. → Behälter.
Simonie *f* → Feilheit, Käuflichkeit.
Simpel → Banause, Beleidigung, Dummerian, Nichtskönner, Nulpe, Pinsel, Tor.
▸ kompliziert, schwierig.
simpel einfach, bescheiden, schlicht, kunstlos, ungeziert, schmucklos, einförmig, unansehlich, ungeputzt, bürgerlich, hausbacken, hausgemacht • einfältig, leichtgläubig, läppisch, dumm, offenherzig, dämlich, blöde, unvernünftig, beschränkt, minderbemittelt, begriffsstutzig, verbohrt, vernagelt, hirnverbrannt. → dumm, einfach, farcenhaft.
▸ elegant, geistvoll, klug.
Sims → Vorsprung.
Simson → Athlet.
Simulant Heuchler, Epigone, Nachahmer, Nachäffer, Betrüger, Tartüff, Schauspieler, Komödiant, Scheinkranker, Scheinheiliger, Gleisner, Gaukler, Schaumschläger, Schwindler, Versteller, Krankheitsheuchler.
simulieren → denken, täuschen.
simultan gemeinsam, gleichzeitig, synchron.
singen einstimmen, jodeln, mitsingen, trällern, leiern, summen, trillern, anstimmen, jubeln, tönen, vortragen, einfallen, schleifen, ziehen, jauchzen, juhuhen, brummen, grölen, sich einen Stiefel zusammen singen *u*, lobsingen, psallieren, psalmodieren, schreien, perlen, ertönen, erklingen, klingen, die Stimme erheben. → anstimmen, erklingen.
▸ sprechen.
Singgemeinschaft Chor, Gesangsverein, Singkreis.
Singspiel Märchenspiel, Operette, Bühnendichtung, Bühnenwerk, Stück, Schäferspiel. → Dichtungsart.
Singstimme → Stimme.
Singweise Melodie.
Sinken → Bewegung.
sinken versinken, untergehen, eintauchen, untertauchen, untersinken, eintunken, ertrinken, ersaufen. → abnehmen, ausgleiten, ermäßigen, herunterkommen, Hund kommen auf den, neigen, verschlimmern.
▸ aufsteigen • anschwellen, ansteigen, anziehen, klettern, steigen, wachsen, zunehmen • auftauchen • schweben, schwimmen.
sinkend abfallend, degressiv, fallend.
Sinn → Ausdruck, Begriff, Bereitwilligkeit, Charakter, Hinsicht, Inhalt, Interesse, Wesen, Verständnis, Zweck.
▸ Form • Sinnlosigkeit, Unsinn.
Sinn haben, im beabsichtigen, bezwecken, anstreben, ausgehen auf, vorhaben, im Schilde führen, hinzielen, hinsteuern, sich tragen mit, darauf aus sein, es anlegen auf, aufs Korn nehmen, Lust haben, ins Auge fassen, in den Kopf setzen, bestrebt sein, trachten, wünschen. → wollen.
▸ absehen, ziellos (sein).
Sinn kommen, in den → deuchten.
Sinn wiedergeben, den → deuten, dolmetschen.
Sinn des Wortes, im → buchstäblich.
sinnähnlich/-gleich synonym.
sinnberauschend → beseligend.
sinnberückend → scharmant, wunderbar.
Sinnbild Bild, Merkmal, Gleichnis, Allegorie, Parabel, Attribut, Kennzeichen, Beifügung • Vergleichung, Sinnvertauschung, Personifikation, Vermenschlichung, Umschreibung, Wendung, Übertragung, Anspielung. → Aar, Beifügung, Emblem,

Symbol.
▸ Ding, Sache.
sinnbildlich allegorisch, bildlich, symbolisch, figürlich, metaphorisch, übertragen, uneigentlich.
▸ eigentlich.
Sinndeutung → Auslegung, Definition, Erklärung.
Sinnen → Absicht, Betrachtung, Neigung.
sinnen sinnieren. → begrübeln, denken, ersinnen, fangen Grillen, überlegen.
Sinnenfreude → Delikatesse, Feinschmeckerei, Genuss.
sinnenfreudig genussfreudig, genießerisch, genüsslich, sinnlich, schwelgend.
Sinnenreiz Sinnenlust, Sinnenfreude, Genussfreude, Augenweide, Gefühl, Lust, Wollust, Kitzel. → Delikatesse.
▸ Degout.
sinnentsprechend → sinngemäß, sinnvoll.
Sinnesänderung → Abfall, Absage, Unbeständigkeit.
Sinnesart → Art, Ausdruck, Aussehen, Charakter, Wesen.
Sinneseindruck Eindruck, Empfindung, Impression, Wahrnehmung.
Sinneslust → Brunst, Sinnenreiz, Wollust.
Sinnesrausch → Begierde, Brunst.
Sinnesrichtung → Ansicht.
Sinnestaumel Sinnesrausch, Sinneslust, Liebeswut, Gelüste, Lüste, Begierde, Begier, Begehrlichkeit, Wohllust, Erregung, Erregtheit, Kitzel. → Brunst.
Sinnestäuschung → Auswuchs, Blendwerk, Chimäre, Delirium, Dunstbild, Einbildung, Ekstase, Erscheinung, Halluzination, optische Täuschung.
Sinnesverwirrung → Blendwerk, Delirium.
Sinneswechsel → Abfall, Wankelmut.
Sinneszelle Rezeptor.
sinnfällig → anschaulich.
Sinngebung Zielsetzung. → Deutung.
Sinngedicht → Dichtungsart.
Sinngefüge Struktur.
sinngemäß sinnentsprechend, → buchstäblich, denkrichtig, fachgemäß, logisch.
▸ wörtlich • sinnwidrig.
sinngleich synonym.
sinnieren → sinnen.
sinnig überlegt, einsichtsvoll, einsichtig, weise, klug, gescheit, fähig • gefühlvoll, tief. → feinspürig.
▸ dumm, oberflächlich.
sinnlich scharf *u.* → ausschweifend, bacchantisch, begehrlich, buhlerisch, dirnenhaft, erotisch, geschlechtlich, konkret.
▸ frigide, prüde, unsinnlich • gesittet, sittenstreng.
Sinnlichkeit Liederlichkeit, Zügellosigkeit, Vergnügungssucht, Unmäßigkeit, Genusssucht • Glut, Hingebung, Leidenschaft, Liebesfeuer, Liebeslust, Sex, Liebesglut, Verlangen, Ekstase • Lüsternheit, Schamlosigkeit, Schlüpfrigkeit, Unsittlichkeit, Unzucht, Schmutz, Unflat. → Ausschreitung, Ausschweifung, Begierde, Unkeuschheit.
▸ Mäßigung, Sauberkeit, Sittenstrenge.
sinnlos → absurd, albern, ausdruckslos, beengt, blindlings, dumm.
▸ sinnvoll, vernünftig.
Sinnlosigkeit → Charivari, Faselei, Torheit, Zufall.
sinnreich meisterlich, zweckmäßig, kunstgerecht, praktisch, findig, scharfsinnig, ingeniös, erfinderisch, vollkommen, vernünftig, kunstreich, ausgezeichnet. → anstellig, erfinderisch, praktisch, sinnvoll.
▸ sinnlos.
Sinnspruch Kernspruch, Gedankensplitter, Epigramm, Aphorismus, Wahrspruch, Kerngedanke, Sentenz, Lehrspruch, Sprichwort, Betrachtung, Satz, Wahlspruch, Denkspruch, Leitsatz, Richtschnur. → Denkspruch, Dichtungsart, Gedankensplitter, Maxime.
sinnverwandt synonym.
sinnverwirrend verwirrend, bestürzend. → erregend.
▸ langweilig, öde.
sinnvoll folgerichtig, richtig, zweckmäßig, natürlich, überzeugend, sinnreich, meisterhaft, tauglich, verwendbar, planvoll, sinngemäß, sinnentsprechend, zielgerecht, sinngerecht. → bedeutsam, praktisch, sinnreich.
▸ sinnlos, unsinnig, unvernünftig.
sinnwidrig → falsch.
Sippe → Anhang, Anverwandte, Bagage, Bande, Blut, Bruderschaft, Clique, Familie, Glied, Parteiklüngel.
Sippenforschung/-kunde Genealogie.
Sippschaft → Anhang, Anverwandte, Bagage, Bande, Bruderschaft, Clique, Familie.
Sire → Anrede.
Sirene → Alarm, Bajadere, Buhle, Fee.
Sirenengeheul → Alarm.
Sirup → Konfitüre.
Sitte Herkommen, Gewohnheit, Usus, Gesittung, Übereinkunft, Gesellschaftsform, Lebensform, Brauchtum, Volkssitte, Volksbrauch, Sittsamkeit, Lebensart, Lebensstil, Benehmen, Betragen, Gesinnung, Haltung, Moral, Ethik, Ethos. → Anstand, Anwendung, Benehmen, Brauch, Etikette, Gepflogenheit, Gewohnheit, Kultur, Lebensart, Norm, Regel, Usus, Keuschheit, wohlerzogen.
▸ Sittenlosigkeit, Unsitte, Untugend.
Sitten, schlechte → Demoralisation, Unhöflichkeit, Unkeuschheit, Untugend.
sittenfest → charaktervoll, keusch, sittlich.
Sittenlehre Ethik, Ethologie, Moral.
sittenlos → anrüchig, arg, buhlerisch, diabolisch, charakterlos, unanständig.
Sittenlosigkeit → Demoralisation, Schlechtigkeit, Unkeuschheit.
Sittenpolizist Sautreiber *u.*
sittenrein → sittlich.
sittenstreng katonisch. → charaktervoll, keusch, sittlich.
▸ freizügig, tolerant • ausschweifend, sittenlos.
Sittenstrenge → Anstand, Benehmen, Keuschheit, Tugend.
sittenstrenger Typ Moralist, Puritaner, Tugendwächter, Sexmuffel *u.*
Sittenstrolch Sittlichkeitsverbrecher, Herumtreiber, Voyeur, Exhibitionist.
Sittenverfall → Ärgernis, Demoralisation, Unkeuschheit, Untugend.
Sittenwächter Saubermann *u.*
Sittenwächterin Polize *u.*
sittig → gesittet, sittlich.
sittlich moralisch, ethisch, sittenstreng, sittig, sittengemäß, menschenwürdig, schicklich, schämig, sittenrein, sittsam, gesittet, kultiviert, geziemend, tugendsam, tugendrein,

keusch, rein. → anständig, charaktervoll, keusch. ▸ unsittlich.
sittliche Forderung Postulat.
Sittlichkeit Moral. → Anstand, Keuschheit, Sitte, Tugend.
Sittlichkeitsverbrecher Sittenstrolch *u.*
sittsam → anständig, bescheiden, brav, demütig, gesittet, musterhaft, schicklich, sittlich. ▸ ausschweifend, unkeusch, unzüchtig • sittenlos, ungehörig, ungesittet.
Sittsamkeit → Anstand, Benehmen, Bescheidenheit, Keuschheit, Mädchenhaftigkeit, Scham, Sitte.
Situation → Lage, Sache, Zustand.
situiert, gut → reich.
Sitz → Art, Aufenthaltsort, Diwan, Ort, Residenz.
Sitzbadewanne/-becken Bidet.
sitzen brüten, aufsitzen, warm halten, ausbrüten, legen, jungen, blocken *u* • passen, wie angegossen sitzen, stimmen, hereinpassen, tauglich sein. → niedersetzen, ruhen. ▸ (nicht passen), stehen, liegen • danebengehen, fehlgehen, das Ziel verfehlen.
sitzen, in der Wolle → reich.
sitzen bleiben übrig bleiben, sich ablagern, überzählig oder überflüssig sein • das Ziel nicht erreichen, nicht versetzt werden, zurückversetzt werden, durchfallen, versagen, durchrasseln, nicht bestehen, durchplumpsen • scheitern, keinen Erfolg haben, fehlschlagen • ledig bleiben, alleinstehen, allein bleiben, Mauerblümchen sein • nicht aufstehen.
Sitzfleisch Beharrungsvermögen, Sesshaftigkeit, Ruhezustand, Unterbrechung, Wartenkönnen, Trägheit, Phlegma, Bummelei, Faulheit.
Sitzstreik Sit-in.
Sitzung → Beratung, Besprechung, Konferenz.
Sitzung, okkulte Séance.
Sitzungsbericht Protokoll.
Skala Gradmesser, Gradmaß, Skale, Gradeinteilung • Tonleiter, Stufenleiter, Wellenskala, Spannungsregler, Wellenscheider.
Skalde → Dichter, Minnesänger.
Skandal Lärm, Geschrei, Gezeter • Ärgernis, Anstoß, Nachrede, Prozess, Szene, Zusammenstoß, Schande, Unehre, Schmach. → Ärgernis, Aufsehen, Schmählichkeit.
Skandalgeschichte Chronique scandaleuse.
Skandaljournalist Schmierfink *u.*
skandalös → anrüchig, bedauerlich, entehrend, schmachvoll.
Skandalreporter Muckraker.
Skelett Gerippe. → Knochen.
Skepsis → Zweifel.
Skeptiker Zweifler, Argwöhner, Ungläubiger, Zweifelgeist, Zweifelsüchtiger • Freidenker, Unbekehrter, Religionsverächter. ▸ Optimist.
skeptisch → argwöhnisch, ungläubig.
Sketsch Posse, Parodie.
Skiabfahrt Rutschpartie *u.*
Skiabfahrt(strecke) Piste.
Skilanglaufspur Loipe.
Skilift (am Übungshang) Idiotenbagger *u.*
Skizze Gerippe, Entwurf, Lay-out, Umriss, Andeutung, Handzeichnung, Plan, Zeichnung, Aufriss, Abriss, Grundriss, Skizzierung. → Anordnung, Entwurf, Plan. ▸ Reinzeichnung, Vollendung.
skizzenhaft skizziert • knapp, unvollständig, unfertig, andeutungsweise.
skizzieren gestalten, planen, hinwerfen, entwerfen, bilden, ersinnen, erdenken, vorzeichnen, vorbereiten, anbahnen, anlegen. → ausarbeiten, ausdenken, formen. ▸ vollenden.
skizziert → gezeichnet.
Sklave Helote, Unfreier, Untertane, Abhängiger, Fronknecht, Leibeigener, Höriger, Gemeiner, Paria, Prügelknabe, Knecht, Odaliske. ▸ Herr, (Mensch freier).
sklavenhaft unfrei, abhängig, unselbstständig, leibeigen, untergeordnet • knechtisch, unterwürfig, kriechend, sklavisch • schutzlos, wehrlos, rechtlos, ausgeliefert, waffenlos, geknechtet. → hörig, kriechend. ▸ frei, herrisch, unabhängig.
Sklavenleben → Übel.
Sklavenseele Hundeseele, Knechtseele, Schranzentum, Willenlosigkeit, Unterwürfigkeit, Liebedienerei. ▸ Selbstständigkeit, Selbstbewusstsein.
Sklaverei Knechtschaft, Leibeigenschaft, Unfreiheit, Unterdrückung, Unterjochung • Fron(arbeit), harte Arbeit, Herrendienst.
sklavisch → charakterlos, kriechend, sklavenhaft.
Skrupel → Bedenken, Hemmung, Zweifel.
skrupellos → unbedenklich.
Skrupellosigkeit Bedenkenlosigkeit, Brutalität, Gefühllosigkeit, Gewissenlosigkeit, Rücksichtslosigkeit.
Skulptur Bildwerk, Figur, Steinbild, Marmorbild, Holzskulptur, Bildhauerei, Plastik, Bildnerei, Bildhauerkunst, Formkunst. → Arbeit. ▸ Gemälde.
skurril → kurios.
Skylight *sm* Oberlicht.
Slang → Dialekt, Jargon.
Slip Scharfmacher *u.*
Slogan Werbeschlagwort, Reklamesatz, Schlagwort, Reklamevers, Anpreisung, Werbung, Anziehungswort, Lockvers, Werberuf.
Smog → Dunst.
Snob → Angeber, Dandy, Prahler.
snobistisch anmaßend, blasiert.
so folgendermaßen, solch, geradeso, vorliegend, ebenso, sozusagen, dasselbe, sonach, schließlich, also, endlich, in dieser Art. → derart, dergestalt, dermaßen. ▸ unterschiedlich, anders.
so oder so s.o.s. *u.* → beliebig, notgedrungen.
sobald → da, wenn. ▸ bevor, ehe.
Sockel → Fuß, Grundlage.
Socken machen, sich auf die → aufbrechen.
sodann → auch, außerdem, damals, dann, überdies.
Sodbrennen Pyrosis.
soeben → direkt, eben, kürzlich. ▸ längst, vor einiger Zeit • bald, in Kürze.
sofern → allenfalls, falls, vorausgesetzt, wenn.
sofort postwendend *u*, ruckzuck *u.* → baldig, beizeiten, Blitz wie der, direkt, eilends, mit einemmal, fristlos, im Handumdrehen, Knall und Fall, prompt, rasch. ▸ langsam, verzögert, zögernd • später.
Sofortgeschäft Spotgeschäft.
Sog Zug, Saugkraft, Zugkraft, Wirbel, Abfluss, Strömung •

Hinneigung, Anziehung.
▸ Druck, Stoß.
sogar → aber, allein, auch, dagegen, dennoch, dessen ungeachtet, doch.
▸ bloß, nur.
so genannt heißend, namens, besagend, meinend, so bedeutend, so bezeichnet, allgemein so geheißen, benannt, bekannt, namhaft, dem Namen nach.
▸ unbenannt.
sogleich → Blitz wie der, eilends, gegenwärtig, hernach, Knall und Fall, nun, prompt, rasch.
Sohle Schuhsohle, Strumpfsohle, Gummisohle, Ledersohle, Unterlage, Stützpunkt, Grund Unterteil • Fuß, Ferse, Ballen, Hornhaut, Fußsohle • Bodenfläche, Rinne, Bergsohle, Wassersohle.
▸ Oberfläche, Oberteil • Schädeldecke.
sohlen → ausbessern.
Sohn Senker *u.* → Abkomme.
solange → da, einstweilen, inzwischen.
solch → demgemäß, dergestalt, gleichsam, so.
solchermaßen → daher, darum, derart, dergleichen, dermaßen, so.
Sold → Belohnung, Einnahme, Entgelt, Erlös.
Soldat Kommiss, Landesverteidiger, Offizier, Krieger, Militärperson, Waffenträger, Frontkämpfer, Landser, Schütze, Landsknecht, Frontsoldat, Streiter, Fechter, Befreier, Angreifer, Verteidiger • beim Haufen sein *u.*
▸ (Politiker), Zivilist.
Soldat, altgedienter Veteran.
Soldatenausbilder Sautreiber *u.*
Soldatenkneipe Pulverschuppen *u.*
Soldatenlohn Sold.
Soldatenstand → Kommiss.
Soldatenstiefel Salontrittchen *u.*
Soldatenunterkunft Kaserne.
Söldling → Helfer.
Söldner Legionär.
Sole Salzwasser, Mineralwaser, Heilwasser.
solidarisch einträchtig, eng verbunden, füreinander einstehend, gemeinsam, übereinstimmend, zusammenhaltend.
Solidarität → Gemeinschaft.
solide anständig, dauerhaft, fest, gut, haltbar, kompakt, massiv, rechtschaffen.
▸ brüchig, instabil, klapprig, labil, locker, lose, morsch, schwankend, wacklig, zerbrechlich • abenteuerlich, unsolide, unzuverlässig, windig • ausschweifend, wüst.
Soll → Schuld, Zwang.
▸ Ist • Guthaben, Haben.
sollen müssen, schuldig sein • geziemen, gebühren, sich gehören, einem zukommen, eine Pflicht haben. → müssen.
▸ wollen.
Sollkosten Budgetkosten, geplante Kosten, vorgegebene Kosten.
Sollsaldo Debetsaldo.
solo → allein sein.
Sologesangstück Arie.
Soloimprovisation Kadenz.
Solotänzerin Ballerina.
solvent → reich, zahlungsfähig.
somatisch → leiblich.
somit → also, dadurch, daher, darum, deshalb, grundsätzlich.
Sommer Heumond, Brachmond, Erntezeit, Reisezeit • Dürre, Sommerhitze, Sonnenglut, Hundstage, Schwüle, Tropenhitze • Lebenssommer, Reifezeit. → Jahreszeit.
▸ Winter.
Sommerfest der Kleingärtner Gemüse-Festival *u.*
Sommerflaute, geschäftliche Saure-Gurken-Zeit *u.*
sommerlich → warm.
Sommersprossen Epheliden.
sonach → also, behufs, dadurch, daher, darum.
Sonde → Nadel, Werkzeug.
Sonderart → Charakteristik, Eigenart.
sonderartig → abnorm, befremdend, originell.
Sonderausbildung Spezialisierung.
sonderbar putzig *u.* → abartig, abnorm, abstrus, absurd, befremdend, burlesk, frappant, kurios, naturwidrig, wundersam, seltsam, merkwürdig, fantastisch, schrullenhaft.
▸ alltäglich, gewöhnlich, normal, üblich.
Sonderbarkeit → Charakter, Eigenart.
Sonderdruck → Abdruck.
Sonderdrucke Separata.
Sonderfach → Sondergebiet.
Sonderfall → Ausnahme, Einmaligkeit, Einzelfall.
▸ Normalfall • Regel.
Sondergebiet Fachgebiet, Sonderfach, Liebhaberei, Steckenpferd, Eigentümlichkeit, Besonderheit. → Eigenerzeugnis, Spezialität.
▸ (das Allgemeine), Regel.
sondergleichen → auserlesen.
Sonderheit → Ausnahme, Drolligkeit, Einmaligkeit, Einzelfall.
Sonderklasse Elite.
sonderlich → ausnehmend, befremdend, besonders, schrullenhaft.
Sonderling Krauterer, Eigenbrötler, Außenseiter, Hagestolz, Kauz, Einzelgänger, Original, Menschenverächter, Einspänner, Weiberfeind, Einsiedler, Junggeselle. → Abtrünniger, Kauz närrischer.
▸ Gesellschafter • Jedermann, Normalbürger.
sondern → aber, doch, abschneiden, absondern, beurteilen, charakterisieren, trennen.
Sonderrecht → Privileg.
sonders, samt und → alles.
Sonderstellung → Ausnahme, Eigenart.
Sonderung → Auflösung, Dezentralisation, Einordnung, Klassifikation, Trennung.
Sondervereinbarung Klausel.
Sondervergütung Bonus.
Sondervermögen Fonds.
Sondervollmacht Spezialvollmacht.
Sonderzubehör Extra.
Sonderzuschlag → Aufschlag.
Sonderzuwendung Bonus, Gratifikation.
sondieren → abmessen, Acht geben, anfragen, ausforschen, beurteilen, fühlen, lichten, suchen.
Sondierung → Anfrage, Ausforschen, Umfrage.
Song → Lied.
Sonne Tageslicht, Tante Klara *u.* → Sonnenschein.
Sonne gehörig, zur solar.
Sonne meidend heliophob.
sonnen, sich bräunen, sich aalen, in die Sonne legen, sich die Sonne auf den Pelz brennen lassen *u* • zufrieden sein • sich rühmen, schwelgen, strahlen, genießen, triumphieren. → freuen sich.
▸ beklagen (sich), (im Schatten liegen).
Sonnenaufgang → Anfang, Morgen.
Sonnenbahn, scheinbare Ekliptik.
Sonnenblume Helianthus.
Sonnenbrand Erythema solare, Heliodermatitis.

Sonnendach Markise.
Sonnen-Energiegewinnungstechnik Fotovoltaik.
Sonnengeflecht Solarplexus.
Sonnenglut → Dürre, Sommer.
sonnenklar → anschaulich, klar, verständlich.
Sonnenkraft Solarenergie.
Sonnenlichtbehandlung Heliotherapie.
Sonnenrad → Korona, Licht.
Sonnenring → Korona, Hof, Licht.
Sonnenschein Helle, Helligkeit, (Tages-)Licht, Lichtflut, Lichtmeer, Glanz, Flimmern • Wärme, Hitze • Glück, Freudenleben, Wonne, Wohlsein, Wohlergehen. ▸ Dunkelheit, Nebel, Regen, Unglück.
Sonnenumlauf der Erde Geozyklus.
Sonnenuntergang → Abend.
sonnenverbrannt → braun.
sonnig besonnt. → heiter, jovial, strahlend, warm.
Sonntag Feiertag, Festtag, Ruhetag, Kirchtag, Rasttag, Erholungszeit, Weekend. → Feierzeit. ▸ Alltag, Arbeitstag, Werktag.
Sonntagkind Glückskind, Glücklicher, Glückspilz, Goldmarie, Gewinner, Glücksritter, Glückmacher, Karrieremacher, Fortunas Liebling. ▸ Pechvogel.
Sonntagshut Schabbesdeckel *u.*
sonor klangvoll, volltönend, melodisch, klangreich, wohlklingend, durchdringend, sangvoll, taktmäßig, klar, tonsicher, vernehmbar, schallend, lautstark, hörbar, klingend, tönend. ▸ misstönend, undeutlich, piepsig.
sonst → anders, außerdem, bereits, früher.
sonstig → anderweitig.
sonst wo → abwesend, nirgends.
sophistisch spitzfindig, kleinlich, rabulistisch, kasuistisch, unecht, trügerisch, irrig, anfechtbar. ▸ erwiesen, großzügig, offen.
Sorge Verdruss, Ärgernis, Missvergnügen, Leid, Unannehmlichkeit, Last, Kreuz, Plage, Bürde, Unglück, Unbill, Kümmernis, Mühsal, Not, Kummer, Trübsal, Belastung, Gram, Qual, Pein, Jammer, Schmerz • Sorgfalt, Besorgtheit, Bedacht, Umsicht • Furcht, Angst, Besorgnis, Unruhe, Entsetzen, Beklemmung. → Angst, Argwohn, Bammel, Bedenken, Bedrücktheit, Befangenheit, Bekümmernis, Bemühung, Besonnenheit, Besorgnis, Betrübnis, Schmerz, Übel. ▸ Sorglosigkeit • Freude, Hoffnung, Lebensfreude, Optimismus.
Sorge tragen → beistehen, helfen, hegen, schonen.
sorgen bedienen, sich kümmern, pflegen • vorbauen, helfen, planen, vorbeugen, vorkehren, vorsehen, vorsorgen, wirtschaften, ausstatten. → beklagen, Haus halten. ▸ hemmen, sorglos (sein), verschwenden.
sorgen, sich → abbüßen, ängstigen, ausstehen, bangen, leiden. ▸ hoffen, ruhig sein, sorglos/unbekümmert sein.
sorgenfrei sich keine grauen Haare wachsen lassen, sich keine Kopfschmerzen machen. → aufgeräumt, behaglich, beneidenswert, beruhigt, reich. ▸ sorgenvoll, bekümmert, besorgt, elend, kummervoll, sorgenvoll.
sorgenvoll → kummervoll.
Sorgfalt → Aufmerksamkeit, Augenmerk, Bedacht, Behutsamkeit, Besorgtheit, Besorgnis, Charakterstärke, Fehlerlosigkeit, Fleiß, Obacht, Rücksicht, Umsicht. ▸ Leichtsinn • Nachlässigkeit, Schlampigkeit, Unordnung.
sorgfältig gewissenhaft, genau, geradlinig, ordentlich, peinlich, pfleglich, behutsam, gründlich, getreulich, pünktlich, zuverlässig, buchstäblich, sorglich, aufmerksam, besonnen, eingehend. → akkurat, aufmerksam, ausführlich, bedächtig, bedachtsam, geflissentlich, buchstäblich, charakterfest, eingehend, genau, gründlich, peinlich, pflichtbewusst, vorsichtig. ▸ sorglos, unordentlich, achtlos, lässig, leichtfertig, nachlässig, salopp, schlampig.
sorglich → ängstlich, bedächtig, behutsam, besinnlich, still, sorgfältig.
sorglos unüberlegt, flüchtig, achtlos, unachtsam, nachlässig, fahrlässig, schlampig, gedankenlos, unbedenklich, leichtfertig, leichtsinnig, unbesonnen, leichthin, oberflächlich • furchtlos, getrost, optimistisch • in Abrahams Schoß, in Saus und Braus, wie die Fürsten, fein heraus, wie die Laus im Grind *u*, wie Gott in Frankreich. → achtlos, arglos, blind, blindlings, entlastet, fahrig, leichtfertig, nachlässig, optimistisch, reich, unbedenklich, vertrauensvoll. ▸ kummervoll • sorgfältig, behutsam, gewissenhaft • bekümmert, besorgt, sorgenvoll.
Sorglosigkeit Leichtsinn, Leichtfertigkeit, Fahrlässigkeit, Fahrigkeit, Gedankenlosigkeit, Zerstreutheit, Oberflächlichkeit, Unbedenklichkeit, Unachtsamkeit, Gleichgültigkeit, Lässigkeit, Wurstigkeit, Achtlosigkeit, Windbeutelei, Missachtung, Torheit. → Beharrlichkeit, Blindheit, Gedankenlosigkeit. ▸ Sorge.
sorgsam → akkurat, bedächtig, beflissentlich, Eiern gehen auf, eingehend, Pfennig auf Heller und, sorgfältig.
Sorgsamkeit → Charakterstärke, Sorge, Zuverlässigkeit.
Sorte → Art, Kategorie, Klasse, Marke, Qualität.
sortieren → absondern, anordnen, arrangieren, ausscheiden, ordnen. ▸ durcheinander bringen • mischen.
Sortiment → Auswahl • Buchhandlung.
Sortimentausweitung Diversifikation.
Soße → Brühe, Saft.
Soßenkoch Saucier.
soufflieren vorsagen, einblasen, zuflüstern, vorflüstern, eingehen, ansagen, vorsprechen, hinsagen, hinflüstern, reden, helfen, einspringen. ▸ (stillschweigen).
Souper → Abendessen, Essen.
Souvenir → Andenken.
souverän überlegen, unumschränkt (herrschend) • autark, autonom, frei, selbstständig, unabhängig.
so viel so und so viel, noch mal so viel, zweimal so viel • um so viel, annähernd, fast, nahezu, nicht mehr, genügend • eine Menge, Masse oder Haufen.
sowieso ohnehin, bestimmt,

doch, ohnedem, ohnedies, gewiss, natürlich, jedenfalls, auf jeden Fall, unter allen Umständen.
▸ keineswegs, vielleicht.
sowohl als → auch, ferner.
sozial gesellschaftlich • hilfsbereit, gemeinnützig, gütig, wohltätig.
▸ (unsozial) asozial • egoistisch, eigennützig • gesellschaftsfeindlich.
soziales Umfeld Milieu, Umgebung, Umwelt.
Sozialwesen Gemeinschaft, Kommune, Gesellschaft, Staat.
Sozius → Kompagnon, Mitglied.
sozusagen → ähnlich, als, beispielsweise, dergleichen, eigentlich, gewissermaßen, gleichsam, quasi.
spachteln herausstechen, ebnen, ausfügen, ausgießen, ausgleichen, verstreichen, bearbeiten. → essen.
▸ rauen.
spack → dünn.
spähen linsen *u*, plinsen *u*. → Acht geben, anschauen, aufpassen, belauern, beobachten, Schmiere stehen, sehen.
Späher → Agent, Anwesender, Beobachter, Heimlichtuer, Lockspitzel.
Späherei → Beobachtung.
spaltbar → brechbar, spröde.
Spalte Schlitz, Lücke, Zwischenraum, Kluft, Bruch, Loch, Einbruch, Öffnung, Schlucht, Schlund, Furche, Ritz, Einschnitt, Riss, Fuge, Rille, Rinne, Falz, Scharte • Teil einer Druckseite. → Bruch, Fuge, Rubrik, Scheit.
▸ Seite, Verbindung, Verschluss, Zeile • Kante, Spitze.
spalten → aufhetzen, durchkreuzen, durchteilen, trennen.
▸ verbinden, vereinigen, zusammenfügen.
Spaltpilz → Ferment, Pflanze.
Spaltung → Absonderung, Auflösung, Disharmonie, Disput, Durchbruch, Durchkreuzung, Fäulnis, Fehde, Gabel, Schisma, Streit, Trennung.
Spaltungsirresein Schizophrenie.
Span → Anteil, Bruchstück, Diele, Feuer, Scheit, Teil.
Spange Klemme, Haarspange, Bindemittel, Zusammenhaltmittel, Schuhspange, Schnalle, Haken, Verschlussmittel, Ansteckspange.
Spanien Iberien.
Spanne Zeit, Zeitabschnitt, Strecke, Kürze, Flüchtigkeit, Unbestand, Wenigkeit, Kleinheit, Augenblick • Länge, Breite, Haarbreite, Armeslänge, Reichweite, Wurfbereich • Fußteil, Wölbung. • Marge, Gewinnspanne. → Erstreckung.
spannen → aufpassen, längen, Schmiere stehen.
▸ entspannen, lockern, locker lassen.
spannen, sich → dehnen.
spannend → anziehend, bühnengerecht, dramatisch, erregend, interessant, reizvoll.
▸ eintönig, ermüdend, langweilig, öde.
spannender Film Thriller.
Spanner heimlicher/verborgener Zuschauer, Voyeur.
Spannkraft Federkraft, Spannfähigkeit, Spannbarkeit, Elastizität, Fedrigkeit, Prallkraft, Schwingkraft, Springkraft, Schnellkraft • Kraft, Energie, Wirksamkeit, geistige Spannkraft, Wille, Regsamkeit, Ausdauer, Fleiß, Unternehmungslust. → Begeisterung, Bemühung, Elastizität, Hochdruck, Jugend.
▸ Faulheit, Kraftlosigkeit, Steifheit, Trägheit, Versagen • Laschheit, Schlaffheit.
spannkräftig elastisch.
Spannung Gereiztheit, Hochdruck, Anspannung, Steigerung, Erwartung, Ergriffenheit, Neugier, Vorfreude, Fieber, Folter, Ungeduld, Gewitter, Qual, Ahnungsdrang • Kraftgefühl • Lichtspannung, Stromspannung. → Ärger, Ausdehnung, Befürchtung, Begeisterung, Bruch, Dehnung, Differenz, Disharmonie, Distanz, Drang, Dynamik, Entfremdung, Entzweiung, Erwartung, Feindschaft, Folter, Spannkraft, Streit, Verstimmung, Zwietracht.
▸ Entspannung, Freundschaft • Harmonie, Starrheit, Teilnahmslosigkeit • Harmonie • Entspannung, Lockerung • Gelassenheit • Gleichgültigkeit, Langeweile.
Spannungsirresein Katatonie.
Spannungsmesser Elektrometer, Kompensator, Voltmeter.
Spanten *sm* Schiffsrippen.
Sparbank → Bank.
Sparbüchse → Behälter, Ersparnis.
sparen Haus halten, wirtschaften, erübrigen, zurücklegen, ersparen, aufsparen, beiseite legen, einschränken, kargen, abzwacken, von der Hand in den Mund leben *u*, sich bescheiden, sich absparen, auf die hohe Kante legen *u*, zusammenhalten, geizen, einsparen. → anhäufen, aufheben, beiseite legen, bereichern, beschränken, bewahren, erübrigen, Haus halten, raffen.
▸ verschwenden, vergeuden, verprassen • ausgeben • konsumieren, verbrauchen • investieren.
Spargroschen → Geld, Heckpfennig.
Sparkasse → Bank, Ersparnis.
Sparkassenbuch → Ersparnis.
spärlich → beengend, begrenzt, bloß, dünn, einigermaßen, erwerbslos, gering, karg, kaum, rar, schlecht, wenig.
▸ reichlich, überreichlich, üppig, wuchernd.
Spärlichkeit Geringfügiges, Mangel, Knappheit, Not, Beschränktheit, Wenigkeit, Hand voll, Mundvoll, Ungenüge, Unzulänglichkeit, Unvollständigkeit, Kargheit, Beengtheit, Ärmlichkeit. → Armut, Verknappung, Wenigkeit.
▸ Reichtum, Überfluss.
Sparpfennig → Ersparnis, Geld, Heckpfennig.
Sparprinzip Grundsatz der Wirtschaftlichkeit, ökonomisches Prinzip.
Sparren → Balken.
Sparrenwerk → Balken.
sparsam profitlich, geschäftstüchtig, wirtschaftlich, wirtlich, sorgsam, haushälterisch, achtsam, genügsam, spartanisch, akkurat, geschäftskundig, rührig, häuslich, bescheiden, einfach, schlicht • geizend, kniepig *u*, kargend, knickerig, engherzig, zähe, zugeknöpft. → anspruchslos, bescheiden, besorgt, eingeschränkt, enthaltsam, fürsorglich, ökonomisch, mäßig, rationell.
▸ verschwenderisch, luxuriös • unwirtschaftlich • freigebig, großzügig.
Sparsamkeit Wirtschaftlichkeit,

Genügsamkeit, Einschränkung, Umsicht, Beschränkung, Notpfennig, Rücklage, Ersparnis, Vorsorge • Kurzheit, Bündigkeit, Einsilbigkeit, kurze Fassung der Worte. → Bescheidenheit, Besorgtheit, Besorgnis, Enthaltung, Geiz, Häuslichkeit, Mäßigkeit.
▸ Verschwendung.

spartanisch → abstinent, anspruchslos, enthaltsam, sparsam, streng.

Sparte Bereich, Fach, Fakultät, Gebiet.

Spaß Jux, Klamauk, Schnurre, Schnurrpfeiferei, Unsinn, Narretei, Schabernack, Streich, Allotria, Schwank, Schalkhaftigkeit, Fez *u*, Gaudi *ö*, Gaudium, Uz *u*, Hanswursterei, Gaukelei, Lustigkeit, Heiterkeit, Gelächter, Blödsinn, Übermut, Ausgelassenheit, Kurzweil, Neckerei, Fopperei, Hänselei. → Bagatelle, Belustigung, Freude, Kleinigkeit, Possen, Scherz.
▸ Ernst, Witzlosigkeit.

Spaß verderben, den mies machen, vergällen, vermiesen.

spaßen Unsinn machen, scherzen, hänseln, necken, verspotten, aufziehen, witzeln, Witze reißen oder machen, spielen, Possen treiben, zum Narren haben, zum Besten halten, sich lustig machen, frotzeln, veralbern, sticheln, belustigen, schäkern *u*. → belustigen, bunt zugehen, schäkern, scherzen.
▸ (ernst nehmen), witzlos (sein).

spaßig juxig, putzig *u*. → amüsant, burlesk, genussreich, komisch, lustig, possenhaft.
▸ ernst, traurig, trist.

Spaßmacher Spaßvogel, Flausenmacher, Possenreißer, Schäker, Schalk, Schwelm, Schwerenöter, Clown, Hofnarr, Narr, Witzbold, Witzkopf, Witzling, Witzjäger, Spöttler, Tausendsasa, Humorist, Komiker, Mimiker, Hampelmann, Harlekin, Bajas *u*, Uzvogel *u*, dummer August, Scherzbold *u*. → Bajazzo, Haus lustiges, Schäker.
▸ Trauerkloß.

Spaßvogel → Haus lustiges, Spaßmacher.

spät säumig, saumselig, rückständig, verspätet, unpünktlich, unzuverlässig, zuletzt, langsam, verzögert, endlich, erst.
▸ zeitig, beizeiten, früh, rechtzeitig.

Spaten Schaufel, Schippe.

später nachher, bald, nachdem, nach, nachkommend, nachfolgend, hinter, hierauf, anknüpfend, nächstens, dereinst, morgen, sofort, sogleich, nachträglich, ferner, worauf, darauf, nachher, seitdem. → danach, darauf, demnächst, dereinst, ferner, hernach, morgen, nachfolgend, nachher, nächstens, schließlich.
▸ früher, eher, ehemals, einstig • augenblicklich, heute, im Moment • bald, sofort, umgehend, unverzüglich • davor, erst, vorher, zuerst.

späterhin → nachher, künftig.

spätestens → beiläufig, fällig, Jahr und Tag nach.
▸ frühestens.

Spätnachmittag → Abend.

Spatzen unter dem Hut → Dummheit, Eitelkeit.

spazieren spazieren gehen, lustwandeln, schlendern, bummeln, ergehen sich, promenieren, flanieren, sich erfrischen, gehen, schreiten, umherschlendern, herumbummeln, trödeln, ada gehen *u*, zockeln *u*, zuckeln *u*, stiefeln *u*. → bewegen sich, erfrischen sich, ergehen sich, gehen.
▸ fahren, rennen, stillstehen.

spazieren gehen → begeben sich, erfrischen sich, ergehen sich, per pedes, spazieren.

Spaziergang Promenade, Streifzug, Lustwandel, Gang, Ausflug, Bummelei, Bummel,*u*, Katerbummel *u*, Spazierweg, Schlenderei, Picknick, Vergnügungstour, Erfrischung, Luftschöpfen. → Abstecher.
▸ (Spazier-)Fahrt.

Spaziergänger Bummler, Flaneur, Müßiggänger.

spe, in → dereinst.

speckig → butterig, dick, fettig.

spedieren → absenden, befördern.

Spediteur Fuhrherr, Frachter, Rollführer, Versender, Beförderer, Ausfuhrhändler, Einfuhrhändler, Verschicker.
▸ Empfänger.

Speibecken → Ausguss.

Speichel Flüssigkeit, Saft, Brühe, Spucke, Seiber, Sabbel *u*, Sabber *u*, Ausscheidung, Absonderung, Mundflüssigkeit • Rotze *u*, Sabbel *u*, Schlatz *u*.

Speichellecker Scharwenzel, Bedientenseele. → Freund falscher, Geschmeiß, Kriecher.

Speichelleckerei → Byzantinismus, Demut, Kriecherei, Schmeichelei.

speichelleckerisch → charakterlos.

speicheln trielen *u*.

Speicher → Abstellraum, Depot, Ersparnis, Lager.

speichern → lagern.

Speicherscheibe Datenscheibe, Diskette, Floppy (disk), Magnetspeicherscheibe.

speien → erbrechen.

Speise Gericht, Nachspeise, Dessert, Manna, Schüssel, Essware, Essen, Imbiss, Mundvoll, Mundvorrat, Nachtisch, Nährmittel, Nahrung, Nahrungsmittel, Nektar, Proviant, Unterhalt, Verpflegung, Lebensmittel, Schmaus, Gang, Schnabelweide • Mörtel. → Beköstigung, Brei, Ernährung, Essen, Kost.
▸ Trunk.

Speisekammer → Abstellraum.

Speisekorb Fresskober *u*.

Speisekunde → Feinschmeckerei, Gastronomie.

speisen schmieren, einfetten, ölen, einschmieren, salben • dinieren, nähren, stillen, füttern, beköstigen, eingeben, versehen, versorgen mit, schlampampen *u*. → essen.
▸ abziehen, hungern, trinken, fressen, hinunterschlingen.

Speisenfolge Menu, Menü.

Speiseraum → Kantine.

Speiseröhre Ösophagus • Fressschlauch *u*.

Speisung Schmierung, Einfettung, Schmiere, Salbung, Ölung, Einreiben, Zuführung. → Bedarf, Beköstigung, Essen.
▸ Entziehung.

Spektakel → Geräusch.

spektakulär Aufsehen erregend, eindrucksvoll, sensationell.

Spekulant Glücksritter, Jobber, Wager, Abenteurer, Hasardspieler, Börsenspekulant, Knobler, Wagehals, Draufgänger. → Börsenspieler.

Spekulation Berechnung. → Lotterie, Wagnis.

Spekulationskasse passive Kasse.

spekulieren → ahnen,

feilschen, spekulieren auf, überlegen.
spekulieren auf auf seinen Vorteil sinnen, sich spitzen auf, ins Auge fassen, haben wollen, versessen sein auf, auf dem Sprung stehen, vorbereiten, erpicht sein auf, danach trachten.
▸ zurücktreten.
Spelunke Destille, Kneipe, ungepflegtes Wirtshaus • Höhle.
spendabel → freigebig.
Spende → Almosen, Andenken, Beitrag, Bestechung, Darbringung, Entrichtung, Gabe, Geschenk, Gnadenbrot, Käuflichkeit, Opfer.
spendefreudig → opferbereit.
spenden → anbieten, austeilen, beschenken, darbringen, darreichen, geben, schenken.
▸ annehmen, empfangen • geizig sein.
Spendensammlung Kollekte.
Spender → Mäzen, Wohltäter.
▸ Empfänger.
spendieren → anbieten, austeilen, beschenken, bewilligen, bewirten, darreichen, geben, hergeben, Runde ausgeben eine, schenken.
Sperenzchen Ausflüchte, Fisimatenten, Umschweife, Umstände.
Sperma Samenflüssigkeit, Pulver *u*, Rotz *u*, Sache *u*, Saft *u*, Sahne *u*, Soße *u*, Schmiere *u*.
Sperre → Absperrung, Ausschluss, Barriere, Barrikade, Beschlagnahme, Beschwernis, Blockade, Einhalt, Embargo, Hindernis.
sperren → abdrosseln, ausschalten, bekämpfen, schließen, verbieten.
▸ freigeben • aufmachen, öffnen.
sperren, sich → abwehren, auflehnen, dawider, trotzen, widerstehen.
Sperrung → Schließung.
Spesen Unkosten, Aufwand, Reisespesen, Gebühren, Auslagen, Kosten, Ausgaben, Nebenverdienst, Belastung. → Aufschlag.
Spezialernährung Diät.
Spezialgebiet Branche, Disziplin, Dömäne, Fach, Fachbereich, Fachrichtung, Spezialität, Zweig.
spezialisieren, sich sich beschränken, sich festlegen, sich ausrichten.
Spezialist → Fachmann, Sachverständiger, Sammler.
Spezialität Leibgericht, Extragericht, Feinkost • Besonderheit, Eigentümlichkeit, Steckenpferd, Liebhaberei, Fachgebiet, Sondergebiet, Sonderfach, Eigenerzeugnis, Hausmarke, Lieblingsfach. → Eigenerzeugnis.
▸ Standard.
speziell besonders, eigens, ausschließlich, einzeln, extra, insbesondere, hauptsächlich, vorzugsweise, namentlich, vor allem, vornehmlich. → ausdrücklich, außerdem, ausnehmend, besonders.
▸ gewöhnlich, regelmäßig • allgemein, generell, universell.
Sphäre → Aufgabenkreis, Ball, Kugel, Rahmen, Welt.
spicken bestechen, durchstechen, zufügen, bearbeiten, verschönern, schmackhaft machen, zubereiten, einstecken • abschreiben, abgucken, schmieren, abspähen.
Spicknadel → Ahle, Werkzeug.
Spiegel Glas, Glätte, Schliff, Glanz, Helle, Hohlspiegel, Rasierspiegel, Frisierspiegel • Meeresspiegel • weiße Fellstelle, After • Musterbild, Vorbild. → Beste.
▸ Unebenheit, Unvollkommenheit.
Spiegelbild → Abklatsch, Faksimile, Gegenstück.
spiegelbildlich symmetrisch.
Spiegelfechterei Blendwerk, Larifari, Blödsinn • Wortklauberei, Haarspalterei, Kümmelspalterei, Kniffelei, Spitzfindigkeit, Wortspalterei.
▸ Sachlichkeit.
spiegelglatt → eben, faltenlos.
spiegeln reflektieren, wiedergeben, abbilden.
Spiegelung Lichtbrechung, Strahlenbrechung, Farbenbrechung, Zurückwurf, Wiedergabe, Abbild, Ausstrahlung, Spiegelbild, Abglanz, Ebenbild, Gegenschein, Widerschein.
▸ Dunkel, (Unähnlichkeit).
Spiel Zeitvertreib, Unterhaltung, Gesellschaftsspiel, Stich, Kartenspiel, Kurzweil, Brettspiel, Würfelspiel, Glücksspiel, Hasard • Theater, Aufführung, Stück, Schauspiel, Musikstück • Sport, Wettspiel • Kinderspiel, Leichtigkeit, Spaß, Kleinigkeit, Mühelosigkeit, Einfachheit • Spielraum, freie Bahn • auf dem Spiel stehen, gefährdet sein, aufs Spiel setzen • sein Spiel treiben, jemanden nach seiner Laune behandeln. → Aufführung, Belustigung, Darbietung, Lotterie.
▸ Arbeit, Ernst, Mühe.
Spiel, ehrliches Fairplay.
Spiel mit Worten Doppelsinn, Doppeldeutigkeit, Doppellösung, Zweideutigkeit, Fraglichkeit, Halbwahrheit, Doppellicht, Anspielung, Doppelwort, Geheimniskrämerei, Spitzfindigkeit, Geistreichelei, Wortspiel, Kalauer.
▸ Klarheit, Offenheit.
Spiel setzen, aufs einsetzen, hineinstecken, riskieren, wagen.
Spiel treiben, falsches → betrügen.
Spiel, unentschiedenes Patt, Remis.
Spielart → Abart, Ausnahme, Eigenart, Nuance, Variante.
Spielautomat Flipper.
Spielbank Kasino.
spielen sich zerstreuen, sich unterhalten, skaten, sich ergötzen, sich belustigen, sich vergnügen • schäkern, tändeln, flirten, kokettieren, zum Narren halten, etwas vormachen • wetten, wagen, riskieren, pokern, knobeln, losen, würfeln, Skat dreschen *u*, wagen. → anstimmen, auftreten, beschäftigen, darstellen, losen, musizieren.
▸ arbeiten, nehmen ernst.
spielend leicht, flott von der Hand gehend, mühelos, einfach, kinderleicht • sich vergnügend, sich belustigend, sich ergötzend.
▸ schwer, schwerfällig, mühsam.
Spieler Jobber, Hasardspieler, Wager, Glücksspieler, Knobler, Würfler, Spielteufel, Spielratte • Musiker, Spielmann, Organist.
Spielerei → Bagatelle, Mühelosigkeit, Spiel, Dilettantismus.
Spielfeld Spielraum, Spielplatz, Sportplatz, Arena, Tummelplatz • Fußballplatz, Tennisplatz, Rollschuhbahn, Kampfbahn, Eisbahn, Kunsteisbahn • Zone, Bereich, Bezirk • Bannmeile, Bannkreis, Viertel. → Region.
Spielfolge Programm.
Spielfreund → Bekannter, Spieler.

Spielführer Kapitän. → Spielleiter.
Spielgewinn Schluck aus der Pulle *u.*
Spielkarte, höchste Ass.
Spielkarte ohne Wert Lusche.
Spielkasse Pinke *u,* Pott *u.*
Spielleiter Animateur, Kapitän, Maître de Plaisir, Regisseur, Showmaster.
Spielleitung Regie.
Spielmarke Chip, Fiche, Jeton, Plaque.
Spielplan Programm, Repertoire.
Spielplatz Sportplatz, Kampfbahn, Rennbahn, Stadion, Fußballplatz, Golfplatz, Tennisplatz, Rollschuhbahn, Eisplatz, Eisbahn, Kunsteisbahn • Kinderspielplatz, Spielstraße.
Spielraum Ausdehnung, Entfaltungsmöglichkeit, Bereich, Bewegungsfreiheit, Gebiet, Wirkungskreis, Umfang, freie Bahn, freier Lauf, Feld, Freiheit. → Ausbreitung, Ausdehnung, Ausmaß, Entfaltungsmöglichkeit, Freiheit, Lauf freier, Marge, Umfang.
▸ Enge.
Spielregelverstoß Foul.
Spielrunde Partie.
Spielstein Figur.
Spielverderber Störenfried, Querkopf, Quälgeist, Quängler, Stänkerer, Plaggeist, Motzer, Mucker.
▸ Spießgeselle.
Spielzeug Spielerei, Spielsachen, Kram, Flitter, Nippsachen, Unterhaltungsmittel, Tand, Kinderspiel, Spielwerk. → Puppe, Roller, Spiel.
Spieß Ger, Hellebarde, Partisane.
spießbürgerlich kleinbürgerlich, kleinlich. → pedantisch.
Spießer → Banause, Bürger, Pedant, Seifensieder.
▸ Weltmann • Freigeist • Künstler • Außenseiter • Aussteiger • Asozialer.
Spießgeselle → Anhänger, Bekannter, Bruder, Komplize, Hehler.
spießig → abgeschmackt, pedantisch.
Spießruten laufen → Bestrafung.
spinale Kinderlähmung Poliomyelitis.
Spind → Behälter, Schrein.
Spindel Werkzeug, Spinnvorrichtung, Knuckel, Haspel, Fadenrolle, Schraube • Bohnenstange, hagere Person, Latte. → Werkzeug.
spindeldürr → dünn, trocken.
spinnen anfertigen, arbeiten, weben, ausziehen, verarbeiten. → fantasieren, faseln, schnurren.
▸ überlegen, weben.
spinnenähnlich arachnoid.
Spinnenkunde Arachnologie.
Spinnentiere Arachniden.
Spinner Tier, Falter, Schmetterling, Nachtschmetterling • Verrückter, Fantast, Übergeschnappter, Märchenerzähler • Spinnender, Arbeiter, Weber.
Spinnstoff → Faser.
spintisieren → ausdenken.
Spion Iltis *u.* → Agent, Anwesender, Beobachter, Dabeistehender, Kundschafter, Lockspitzel.
Spionage Geheimdienst, Auskundschaftung, Ermittlungsdienst, Horchposten, Bespitzelung, Geheimbund, Agententum • Verrat, Landesverrat, zweitältestes Gewerbe der Welt *u.* → Beobachtung.
▸ Abwehr.
Spionage-Abwehrdienst Gehirn-Waschmaschine *u.*
spionieren → auskundschaften, belauern, beschleichen.
Spioniererei → Beobachtung, Spionage.
Spirale → Schnecke, Schraube, Windung.
spiralförmig → gedreht, schneckenförmig.
spiritistische Mittelsperson Medium.
spiritistische Sitzung Séance.
Spirochäte → Bazillus.
Spital → Anstalt, Krankenhaus.
spitz schneidend, schnittig, scharf, kantig, scharfeckig, spitzig, zugespitzt, nadelspitz, stachelig, zäckig, gezähnt • dünn, mager, spindeldürr. → scharf, scharfkantig, scharfzüngig.
▸ stumpf, abgestumpft • rund, rundlich • abweisend, gleichgültig, uninteressiert.
Spitzbart → Bart.
Spitzbauch → Bauch.
spitzbogig ogival.
Spitzbube Filou. → Bandit, Betrüger, Bube, Dieb.
Spitzbüberei → Betrug, Spitzbubenstreich, Täuschung.
spitzbübisch → arglistig, charakterlos, gemein, niederträchtig.
Spitze Krone, Gipfelpunkt, Spitzenleistung, Vollkommenheit • Anfang, Führung, Leitung, Kopf, Haupt, Vorstand • Gipfel, Riff, Koppe, Kuppe, Scheitel, Zinken, Schroffe, Wipfel, Höhepunkt • Besatz, Krause, Rand, Borte, Stickerei, Zierde, Spitzenstoff, Schmuck. → Ausbund, ausnehmend, Ausschmückung, Auswahl, Beginn, Berg, Dorn, Ecke, Gipfel, Höhepunkt, Kamm, Kante, Schärfe, Scheitel, Schneide.
▸ Tiefe, Unvollkommenheit, Wurzel, Rundung • Kuppel.
Spitze stehen, an der → dirigieren.
Spitze treiben, auf die aufs Äußerste treiben, Öl ins Feuer gießen, zu weit gehen, wild machen.
▸ beruhen lassen, beruhigen.
Spitzel → Angeber, Denunziant, Heimlichtuer, Horcher, Kundschafter, Lockspitzel, Schnüffler.
spitzeln → belauern, beschatten.
spitzen lauschen, aufmerken, zuhören, die Ohren spitzen, Acht geben, aufpassen, schnüffeln. → schärfen.
▸ hören wollen nicht, stumpf (machen), taub (sein).
Spitzenkönner Top-Leute *u.*
Spitzenleistung → Gipfel, Rekord, Vollkommenheit.
▸ Durchschnitt • Schund.
Spitzenmann Anführer, Ass, Crack, Erster, Führer, Führungskraft, Führungspersönlichkeit, Gewinner, Koryphäe, Rekordhalter, Sieger, Spitzenkönner, Star, Topstar, Weltrekordler.
Spitzenwein → Ausbruch, Getränk, Gipfel, Vollkommenheit.
spitzfindig jesuitisch, ausgeklügelt, kleinlich, kasuistische, rabulistisch, findig, abgefeimt, scharfsinnig, schlau, feinspürig, gerieben, pfiffig, verschlagen, diplomatisch, gewiegt, raffiniert, armlistig, tückisch. → aalglatt.
▸ großzügig.
Spitzfindigkeit → Ausrede, Doppelsinn, Ironie, Kniff, Schlauheit.
spitzig → scharf, spitz.
Spitzkeil Picot.

spitzkriegen herausbekommen, mitbekommen.
Spitzname → Beiname, Scherzname, Spott.
Spitzpfahl Palisade.
Spitzpfeiler Obelisk.
Spitztürmchen Fiale.
spitzzüngig → klatschsüchtig, scharfzüngig, schmähsüchtig, spitz.
Spleen → Eitelkeit, Hochmut, Laune, Übertreibung.
spleenig → haarig, irrsinnig, verrückt.
spleißen spalten, trennen.
Splitter → Anteil, Bruchstück, Fetzen, Scherbe, Teil.
splittern → brechen, teilen.
splitternackt → bloß, nackt.
splittrig → brechbar, gläsern, spröde.
spontan kurzweg, unvermittelt, von selbst, aus eigenem Antrieb, von innen heraus, freiwillig, ungezwungen, unaufgefordert, unwillkürlich. ▸ bedacht, gezwungenermaßen.
sporadisch zerstreut, vereinzelt, unzusammenhängend, gesondert, allein, gelockert, aufgelöst, besonders, ungebunden. ▸ immer, regelmäßig.
Sporen verdienen, sich die Lorbeeren ernten, zu Ehren kommen, siegen, den Preis davontragen, gewinnen. ▸ unterliegen.
Sporn Stachel, Anreiz.
Sport Leibesübung, Ertüchtigung, Turnen, Wettkampf, Wettspiel, Turnier, Zweikampf, Fünfkampf, Olympische Spiele, Körperkultur, Training, Stählung, Übung. → Jungbrunnen.
Sportanzug Dress, Trainingsanzug, Trikot.
Sportfest, internationales Olympiade.
sportgestählt athletisch, durchtrainiert, fit.
Sportler Wettkämpfer, Preiskämpfer, Turner, Springer, Sprinter, Ringer, Boxer, Boxmeister, Athlet, Schnellläufer, Wettläufer, Langstreckenläufer, Kurzstreckenläufer, Radler, Rodler, Skifahrer, Schwinger, Reiter, Fechter, Pauker, Flieger, Wassersportler, Paddler, Segler, Ruderer, Taucher, Sportfex *u* • Spielwart, Schiedsrichter, Kampfrichter, Trainer, Sportlehrer, Turnwart.
Sportler, gedopter Spritzensportler *u.*
Sportlerbetreuer Coach.
Sportlergruppe Team.
sportlich sportiv.
sportlich anständig fair.
sportlich leistungsfähig fit.
sportlich regelwidrig foul.
sportliche Leistungsfähigkeit Fitness.
sportliche Übungen Training.
Sportliebhaber Amateur.
Sportmeister Champion.
Sportplatz Sportfeld, Kampfplatz, Kampfbahn, Stadion, Arena, Wettplatz, Rennplatz, Turnplatz, Fechtboden, Übungsplatz, Trainingsplatz.
Sportpreis Cup, Pokal.
Sportschlitten Bob, Skeleton.
Sportsieger, voraussichtlicher Favorit.
Sportwette Toto.
Spot Spotlight • Einblendung, Kurzfilm, Kurztext, Werbekurzfilm, Werbekurztext.
Spot(light) Flutlicht, Punktlicht, Rampenlicht, Scheinwerferlicht.
Spott Hechelei, Hieb, Gehöhne, Hohn, Ironie, Parodie, Schadenfreude, Spitzname, Karikatur, Nachahmungstrieb, Neckerei, Sarkasmus, Schabernack, Hohn, Spöttelei, Spötter, Flachs *u*, Verhohnepipelung *u*, Verhöhnung, Verspottung, Anzüglichkeit, Stichelei, Fopperei, Schmähung, Spottrede, Hohnlachen, Spottlied, Spottvers. → Anspielen, Belustigung, Ironie, Karikatur, Schimpf. ▸ Ernstlichkeit, Witzlosigkeit.
Spottbild → Fratze, Karikatur.
spottbillig → Butterbrot für ein, preiswert.
Spöttelei → Anspielen, Belustigung, Ironie, Spott.
spötteln → bespötteln.
spöttelnd ironisch.
spotten lästern, necken, parodieren, herziehen über, mokieren sich, verhöhnen, bloßstellen, verlachen, verspotten, höhnen, nachspotten, auslachen, narren, hänseln, sticheln, durchhecheln, frotzeln, veralbern, an den Pranger stellen, zum Gespött machen, Hohn lachen, witzeln. → anöden, aufziehen, grinsen. ▸ ernsthaft (reden), (lassen in Ruhe).
Spötter → Satiriker.
Spötterei → Beleidigung, Belustigung, Ironie, Spott.
Spottfigur Popanz.
Spottgedicht → Pamphlet.
spöttisch satirisch, schadenfroh, höhnisch, ironisch, stichelnd, neckisch, spottsüchtig, lachend, hämisch, grob, schnöde, verächtlich, ätsch *u.* → ärgerlich, höhnisch, ironisch, sarkastisch. ▸ ernsthaft, freundlich, verbindlich.
spöttische Randbemerkung Glosse.
Spottname → Beiname, Beleidigung, Scherzname, Spott.
Spottpreis Schleuderpreis, Tiefpreis.
Spottschrift Pasquill, Satire.
spottsüchtig → ironisch, sarkastisch, spöttisch.
Spottvers Epigramm.
sprachbegabt → beredsam, beredt.
Sprache Muttersprache, Rede, Landessprache, Umgangssprache, Bühnensprache, Fremdsprache, Mundart, Gassensprache, Verkehrssprache, Gaunersprache • Stimme, Ton, Ansprache, Verständigung, Laut.
Spracheigentümlichkeit → Idiom.
Sprachendung → Endung.
Sprachfehler → Fehler.
Sprachforscher Grammatiker, Linguist, Philologe.
Sprachgefühl Ausdruckskraft, Beredsamkeit, Stil, Wortgewandtheit, Redekunst, Zungenfertigkeit.
sprachgewandt → fließend, redegewandt.
Sprachgewirre → Charivari.
Sprachheilkunde Logopädie.
Sprachlehre Grammatik.
sprachlos still, lautlos, wortlos, verstummt • überrascht, platt, bestürzt, versteinert, starr, verblüfft, betroffen, fassungslos, geplättet *u.* → baff, bange, bestürzt, Donner gerührt vom, erschrocken, erstarrt, platt. ▸ sprachgewandt, unerschütterlich.
Sprachlosigkeit Lautlosigkeit, Stummheit • Fassungslosigkeit, Erstarrung, Bestürzung, Verwirrung, Betroffenheit, Versteinerung, Erschütterung, Schlag aus

heiterem Himmel. → Überraschung. ▸ Unerschütterlichkeit.
sprachrein → gepflegt, gut deutsch auf.
Sprachstörung → Gestotter.
Sprachweise → Ausdrucksweise.
Sprachwissenschaft Linguistik, Philologie.
Sprechangst Logophobie.
sprechen murmeln, rezitieren, plappern, plaudern, reden, referieren, sagen, schwatzen, aussprechen, mitteilen, bemerken, äußern, eröffnen, ausdrücken, vortragen, aufsagen, hersagen, aussprechen, vorlesen • zur Sprache bringen. → äußern, betonen, erklären sich, erzählen, reden. ▸ schreiben, singen, verstummen, zuhören.
sprechen, miteinander bereden, besprechen, kommunizieren, Konversation machen, reden miteinander, unterhalten sich, verständigen sich.
sprechen, unvorbereitet extemporieren.
sprechend redend, vortragend, sagend, lesend, aussprechend, plaudernd • ansprechend, ausdrucksvoll, anzeigend. → anschaulich, ergreifend. ▸ schreiben(d), (unanschaulich), verstummen(d).
Sprecher Vortragender, Vortragskünstler, Ansager, Diseur, Diseuse, Conferencier, Plauderer, Unterhalter, Wortführer, Redner, Vorredner. → Anwalt, Ausleger, Berater. ▸ Sänger, Zuhörer.
Sprechfunkgerät, tragbares Walkie-Talkie.
Sprechgesang Chanson, Parlando, Rezitativ.
Sprechmuschel Quatschofon *u.*
Sprechstunde Beratung, Verhandlung, Auskunft, Untersuchung, Besprechung, Zusammentreffen, Verabredung, Zusammenkunft.
Sprechunfähigkeit Alalie.
Sprechzimmer Sprechsaal, Audienzsaal, Beratungszimmer, Raum, Arztzimmer, Untersuchungsraum, Ordinationszimmer. ▸ (Wartezimmer).
spreizen, sich sich zieren, übertreiben, geschraubt sein, zimperlich tun, vornehm tun, sich gezwungen benehmen. → angeben, aufbauschen, auflehnen, einbilden sich, trotzen, widerstehen. ▸ helfen, natürlich sein, zusammenhalten.
Spreizschritt Grätsche, Spagat.
Spreizung Abduktion.
Sprengel Kirchensprengel, Gemeinde, Kirchspiel, Pfarre, Pfarrei, Pfarrbezirk, Pastorat • Bevölkerung, Körperschaft.
sprengen einsprengen, einspritzen, besprengen, nass machen, begießen, bewässern • reiten, dahinsprengen, traben. → aufgeben, aufmachen, bewegen sich, öffnen, zerstören. ▸ abschließen, aufbauen, gehen, trocknen.
Sprenggeschoss Bombe, Granate, Rakete, Torpedo.
Sprengkraft Brisanz.
Sprengung Öffnung, Trennung, Zerstörung, Explosion, Zersprengung, Zersplitterung, Detonation, Vernichtung, Zerberstung. ▸ Aufbau.
sprenkeln bemalen, tüpfeln, flecken, marmorieren, bemustern, streifen, besprenkeln, batiken. → bespritzen. ▸ entfärben.
Spreu Grannen, Hülsen, Spelzen • Wertloses. → Abfall. ▸ Beständigkeit, Schwere, Wert.
Sprichwort Lehrspruch, Sinnspruch, geflügeltes Wort, Kernspruch, Denkspruch, Betrachtung, Gedankensplitter, Satz, Bemerkung, Wahlspruch • Grundwahrheit, Weisheit.
sprichwörtlich ausdrücklich, offenbar, zutreffend, unwiderleglich, absolut, wahrhaft, tatsächlich, zweifellos, fürwahr, buchstäblich, wahrheitsgemäß. → bekanntermaßen. ▸ unzutreffend.
sprießen → ändern, anfangen, ansetzen, aufblühen, aufgehen, erblühen, keimen, schießen.
Springbrunnen Fontäne, Wasserspiele, Kaskade.
springen hüpfen, schnellen, aufspringen, hopsen, tanzen, walzen, aufschwingen, herumtollen, jumpen *sm* • Luftsprung machen, freuen sich, Freudensprung machen • gehorsam sein, eilen, gehorchen, befolgen. → aufsteigen, bewegen sich, brechen, eilen, federn. ▸ stillstehen, trotzen.
springen, nach unten abspringen, hinabspringen, hinunterspringen.
springende Punkt, der → Hauptsache.
Springfeder → Bewegungstrieb, Feder.
Springflut → Berg, Brandung.
Springinsfeld → Geist unruhiger.
Springquelle, heiße Geiser, Geysir.
Sprinterschuhe Spikes.
Spritze Schlauch, Wasserspritze, Zuleitung, Gerät, Gartengerät • Injektion. → Beruhigungsmittel.
spritzen besprengen, begießen, anspritzen, bewässern, nässen, anfeuchten, befeuchten, betauen • betäuben, einspritzen, beruhigen, unempflichlich machen • eilen, flitzen, sausen, rasen, rennen, schnellen. → planschen. ▸ langsam (gehen), trocknen • versickern.
spritzig flink, anregend, witzig.
Spritzigkeit Esprit.
Spritztour Abstecher, Stippvisite.
spröde morsch, mürbe, splitterig, schiefrig, gläsern, brüchig, gebrechlich, spaltbar, zerbrechlich, glashart • prüde, zimperlich, altjüngferlich, gespreizt, förmlich, geschraubt, abweisend, steif, schämig, zurückhaltend, tugendhaft. → brechbar. ▸ biegsam, elastisch, stabil • entgegenkommend, nachgiebig • geil.
Sprödigkeit Zerbrechlichkeit, Spaltbarkeit, Zerreibbarkeit, Mürbigkeit, Bröseligkeit, Glashärte, Springhärte. → Herbheit, Prüderie, Scham falsche. ▸ Biegsamkeit.
Spross → Abkomme, Ableger, Anverwandter, Baby, Knospe, Nesthäkchen Abkomme, Ableger, Epigone, Kind, Nachkomme, Schößling, Senker, Sohn, Trieb.
Sprosse → Stufe.
sprossen → anfangen.
Sprössling → Abkomme, Anverwandter, Baby, Kind.
Spruch Sinnspruch, Wahrspruch, Leitsatz, Kernspruch, Denkspruch, Lehrspruch, Sprichwort, Gedankensplitter • Gedicht, Vers, Weise, Reim •

Urteilsspruch, Richterspruch. → Maxime.
Spruchband → Band.
Spruchdichter Epigrammatiker, Gnomiker.
Spruchdichtung Epigrammatik, Gnomik, gnomische Dichtung.
Sprüchemacher → Angeber.
Spruchgedicht Priamel.
spruchreif → aktuell, derzeitig, fertig.
Spruchsammlung Ana, Anthologie, Brevier.
Sprudel Getränk, Limonade, Selterswasser, Spritzwasser, Mineralwasser • Quelle, Sole, Heilbrunnen • Schaum, Blase, Brause. → Bad, Brunnen.
sprudeln → brausen, emporquellen, fließen, quellen, schäumen, reden.
sprühen vor Freude sprühen, lachen, quietschen, toben, herumtollen, erregt sein, jubeln, lustig sein, brillieren, vergnügen sich, freuen sich, munter sein, vibrieren • Funken sprühen, sprayen, lohen, glimmen • nässen, feucht werden, regnen, versprühen, nieseln, tauen, zersprühen.
▸ trauern, trocknen.
Sprung Hopser, Luftsprung, Kapriole, Satz, Hupfer, Kreuzsprung, Bogensprung, Hochsprung, Weitsprung, Stabsprung, Galopp • Differenz, Spaltung, Disharmonie, Entfremdung • Kratzer, Bruch, Zerbrechlichkeit, Brüchigkeit. → Bewegung, Bruch, Furche.
▸ Festigkeit, Harmonie, Stillstand.
Sprungbrett Start, günstige Basis.
Sprungfeder → Feder.
sprunghaft unstetig. → ruckweise, unstet.
▸ allmählich, fließend.
Sprunghaftigkeit Labilität, Unbeständigkeit, Unstetheit, Veränderlichkeit, Wechselhaftigkeit.
Sprungschanze Bakken.
spucken speien, ausspucken, hineinspucken, ausspeien, auswerfen, brechen, erbrechen, seibern, besabbern • vor Wut spucken, Gift und Galle spucken, toben, wüten, erregt sein • große Töne spucken, prahlen, protzen, dicke Töne reden, angeben.
▸ bescheiden (sein), schlucken.
Spuk → Angst, Dämon, Gespenst, Kobold, Schreckbild.
spuken geistern, herumgeistern, herumspuken, irrlichtern.
spukhaft gespenstisch, gespensterhaft, geisterhaft, unirdisch, koboldartig, dämonisch, nicht geheuer, unheimlich, unnatürlich, schattenhaft. → feenhaft.
▸ natürlich.
Spülbecken → Ausguss.
Spule Bobine → Rad, Rolle, Walze.
spulen → aufdrehen, aufrollen, drehen.
spülen umspielen, unterspülen, abspülen, auswaschen • bespülen, berieseln, bewässern. → reinigen, sauber machen, säubern.
Spülstein → Ausguss.
Spülwasser → Abfall, Dreck.
Spund → Verschluss.
Spur → Bahn, Fährte, Geleis, Furche, Wenigkeit, Weg, Zeichen.
Spur wechseln, die changieren.
spürbar deutlich, durchgreifend, einschneidend, empfindlich, fühlbar, merklich, nachhaltig, scharf, streng, tief gehend, unmissverständlich.
spuren aufspüren, eine Spur suchen, einer Fährte folgen • auf etwas eingehen, gehorchen, sich einfügen, nachkommen, befolgen.
▸ trotzen.
spüren bemerken, empfinden, fühlen, verspüren, gewahr werden, erleben • schmerzen, beißen, brennen, kitzeln, jucken, drücken, kratzen, stechen, reißen, stoßen, wehtun. → erleben.
▸ übersehen, unempfindlich (sein).
spurlos unbemerkbar, unsichtig, weg, unsichtbar, versteckt, verborgen, unauffindbar, vermisst, abhanden, fort, verschwunden.
▸ bemerkbar, sichtbar.
Spürnase Spürsinn, Riecher, Vorgefühl, Findigkeit, Wagemut, Neugierde, Scharfsinn, Forscherblick, Entdeckergeist. → Fernblick, Schnüffler.
▸ Ahnungslosigkeit.
Spürsinn → Fernblick, Spürnase.
Spurt Anlauf, Tempobeschleunigung, Endspurt, Ansatz, Anstrengung, Start, Ablauf, Anfang, Beginn.
▸ Trägheit, Ziel.
spurten beschleunigen, Tempo steigern.
sputen → eilen, jagen, rennen.
Staat Schicksalsgemeinschaft, Volk, Land, Nation, Volksgemeinschaft, Volkseinheit, Rasse, Verwaltungseinheit, Bund, Reich, Rechtsstaat, Machtstaat, Republik, Imperium, Königreich, Kaiserreich, Kirchenstaat. → Anzug, Aufmachung, Ausschmückung, Gala, Glanz, Kleidung, Nation, Pracht, Schmuck.
▸ Bürger, Einfachheit, Schmucklosigkeit.
Staatenblock Monolith.
Staatenbund → Bund.
Staatenbündnis Allianz, Entente.
Staatenloser Apatride, Apolide.
staatenverbindend → international.
staatlich → amtlich, behördlich, offiziell.
Staatsangehöriger → Bevölkerung, Eingeborener.
Staatsangehörigkeit Nationalität.
Staatsanwalt, strenger Scharfmacher *u.*
staatsauflösend separatistisch.
Staatsbürger → Bürger.
Staatsdiener → Beamter.
Staatsetat Budget.
Staatsfeind Anarchist.
Staatsführung Regierung.
Staatsführungspraxis Politik.
Staatsgebiet Territorium.
Staatsgewalt, ausführende Exekutive.
Staatsgut Domäne.
Staatshaushalt Budget, Etat, Finanzen.
Staatskasse Ärar, Fiskus.
Staatskunst Diplomatie, Politik.
Staatskutsche Equipage, Karosse.
Staatsmann Politiker.
staatsmännisch diplomatisch, politisch, weit blickend, findig, verständig, gewandt, weltgewandt, tauglich, vorausblickend, vorspringend.
Staatsoberhaupt Staatsmann, Führer, Herrscher, Leiter, Kanzler, Minister, Präsident, Vorsteher, Befehlshaber, Kaiser, König, Landesherr, Regent, Zar, Gewalthaber, Diktator.
▸ Bürger, Untertan.
Staatspapiere → Effekten.
Staatsschatz Juliusturm *u.*
Staatsstreich → Anschlag, Aufstand, Bürgerkrieg, Revolution, Ungehorsam, Tat.

Staatstugend → Gemeinsinn.
Staatsverbrechen Rebellion, Revolution, Spionage.
Staatsvertreter Attaché, Botschafter, Diplomat, Gesandter, Geschäftsträger, Konsul.
Staatsvolk Nation.
Stab Stock, Stütze, Halt, Stecken • Alpenstock • Würdenträger, Gefolge, Gefolgschaft, Begleitung, Offiziersstab, Adjutant, Führung • Würdenstab, Marschallstab. → Hof, Rute.
Stab brechen, den missbilligen, verdammen, bloßstellen, geißeln, verübeln, verurteilen, brandmarken, ausschließen. → tadeln. ▸ anerkennen, billigen.
Stäbchenspiel Mikado.
Stabführer Dirigent.
stabil solide, sicher, fest, beständig, dauerhaft, steif, unveränderlich, zuverlässig, widerstandsfähig, haltbar, massiv, strapazierfähig, unverwüstlich, beständig, dauerhaft, felsenfest, feststehend, haltbar. ▸ (labil), zerbrechlich, brüchig, instabil, morsch • schwankend, unbeständig, unsicher, wacklig, wechselhaft.
stabilisieren dauerhaft machen, festigen, festsetzen, konsolidieren, standfest machen.
Stabilität → Ausdauer, Beständigkeit, Dauerhaftigkeit.
Stabreim Alliteration.
Stachel → Betrübnis, Dorn, Nadel, Schärfe, Schmerz, Werkzeug.
Stachel löcken, wider den → trotzen.
Stacheldraht → Barrikade, Hindernis.
stachelig stichelig, kratzig, kratzbürstig, giftig, zanksüchtig, streitig, zänkisch, gallig, übellaunisch, gehässig, keifend. → borstig, eckig, rau, spitz. ▸ glatt, nachgiebig, stumpf.
Stachelkeule Morgenstern.
stacheln anstacheln, aufstacheln, antreiben, bohren, aufhetzen, anspornen, aufputschen, aufreizen, reizen, erregen. ▸ beruhigen.
Stachelpflanze Distel, Kaktus.
Stadion → Kampfplatz, Sportplatz.
Stadium Abschnitt, Etappe, Periode, Phase, Stufe, Zeitraum/-spanne, Zustand.
Stadt Großstadt, Kleinstadt, Weltstadt, Hauptstadt, Universitätsstadt, Reichsstadt, Garnisonstadt, Bäderstadt, Residenzstadt, Kurort, Provinzstadt, Kreisstadt, Handelsstadt, Hansestadt, Vorstadt, Hafenstadt • Nest, Drecknest, Klatschnest, teures Pflaster, Sündenbabel • Wohnplatz, Häusermeer. → Ansiedlung. ▸ Dorf, Land.
Stadtadel Patriziat.
Stadtbahn → Fahrzeug (Schienen-).
Stadtbezirk → Quartier.
Stadtburg Zitadelle.
Städtebauforschung Urbanistik.
städtebaulich erschließen urbanisieren.
Städter → Bevölkerung, Bürger, Einwohner.
Städter in Alpentracht Salontiroler *u.*
Stadtgespräch → Fama, Stadtklatsch.
Stadtkern City, Innenstadt, Stadtmitte/-zentrum, Zentrum.
Stadtklatsch Stadtgespräch, Gerücht, Stadtgeschwätz, Basengewäsch, Nachrede, Tratsch, Lästerrede, Ehrenkränkung, Besudelei, Verleumdung, Hechelei, Lästerung.
Stadtrand Stadtgebiet, Stadtkreis, Vorstadt, außerhalb, Umkreis, Umgebung, Dunstkreis, Gesichtskreis, Randsiedlung, außerhalb der Mauern, ganz weit draußen, am Ende der Welt. ▸ Zentrum, City, Innenstadt, Stadtmitte.
Stadtrat Magistrat, Senat.
Stadtrundfahrt Sightseeingtour.
Stadtstaat Polis.
Stadtstreicher Clochard.
Stadtverwaltung → Magistrat.
Stadtviertel → Quartier.
Stadtzentrum City. → Stadtkern.
Stafette Meldereiter, Eilbote • Eilbotenlauf, Schnelllauf, Stafettenlauf, Streckenlauf, Staffellauf, Sport.
Staffage Ausschmückung, Beiwerk, Szene, Drum und Dran, Ausstattung, Szenerie, Dekoration, Nebensächliches. → Kulisse. ▸ Hauptsache.
Staffel → Ehre, Sport, Stufe.
Staffellauf Stafette.
staffeln → schichten.
Staffelung Schichtung, Anordnung, Ordnung, Folge, Aufeinanderfolge, Abstufung, Klasse, Stufengang, Einordnung. → Stufe.
Stagnation Stillstand, Stockung, Stopp. ▸ Entwicklung, Fortschritt, Wachstum, Zuwachs.
stagnieren → anhalten.
stählen härten, kräftigen, abhärten, ertüchtigen, stärken, erhärten, üben, Sport treiben, trainieren. → befähigen, drängen, erhärten, ertüchtigen. ▸ enthärten, schwächen, verweichlichen, entmutigen.
stählern → derb, diensttauglich, eisern, felsenhart, fest, metallisch.
stahlhart undurchdringlich, abgehärtet, abgebrüht, gefühllos, kalt, steinern, ehern, hart, mitleidlos. → eisern, felsenhart, fest, metallisch, streng. ▸ biegsam, empfindsam, schwach.
Stahlkammer Safe, Tresor.
Stahlstich → Bild.
staken schreiten, rudern. → bewegen sich.
Staket → Hindernis, Zaun.
staksen → gehen, stammeln.
Stall Stallung, Tierhaus, Koben, Ausspann, Ausspannung, Hütte, Schlag, Stock, Gehege, Käfig, Zwinger, Bauer. → Auslauf.
Stallabteil Box.
Ställchen → Laufstall.
Stamm Baumstamm, Schaft, Halt, Rinde, Holz • Wortstamm, Stammwort, Wortendung. → Deszendenz, Familie, Nation. ▸ Ableitung, Ast, (Nebenlinie).
Stammbaum → Aufeinanderfolge, Familie.
Stammbuch Ausweis, Geschlechterbuch, Sippenbuch, Familienbuch, Beurkundung, Geburtsregister. → Album.
Stammeln Gestammel, Stottern, Gestotter, Zungenschwere, Zungenklaps, Sprachstörung, schwere Zunge, Anstoßen mit der Zunge. ▸ Deutlichkeit.
stammeln gacksen, lispeln, stottern, stacksen, stocken, kaudern, lallen, japsen, stecken bleiben • quasseln. → lallen, stocken. ▸ deutlich (sprechen).
stammelnd → stockend.
stammen → herkommen.

Stammesverband Clan.
Stammeszeichen Totem.
Stammgast Gast, Besucher, Kostgänger, Erholungsreisender, Dauermieter, Stammmieter, Abonnent.
▸ Fremder, (Laufkunde).
Stammgut → Anwesen, Bauernhof, Besitztum.
Stammhalter → Anverwandter, Baby.
Stammmiete/-recht Abonnement.
stämmig → derb, dick, dickwanstig, kräftig, robust.
▸ grazil • schmächtig.
Stammrolle Nachweis, Beleg, Dokument, Geschlechterliste, Urkunde, Geburtsregister, Eintragung, Verbuchung.
Stammtisch Tisch-, Diskussionsrunde.
Stammvater Adam, Ahn, Patriarch.
stammverwandt paronymisch.
Stampfbau Piseebau.
stampfen → schaukeln, schlagen, zerhauen.
Stampfer Kartoffelstampfer, Zerkleinerungsmittel, Gerät, Stößel, Gerätschaft, Mörser, Pochwerk, Klopfer. → Schiff, Werkzeug.
Stand Rang, Volksschicht, Kaste, Rangordnung, Stellung, Amt, Gelehrtenstand, Professorenstand, Adelsstand, Mittelstand, Lehrstand, Gewerbetreibender, Beamtenstand, Handwerker, Bürgerstand, Arbeiterstand, Bauernstand • Sachlage, Bestand, Zustand, Befinden, Fall, Lage, Beschaffenheit • Stillstand, Halt, Bewegungslosigkeit. → Beruf, Bude, Boutique, Charge, Ergehen, Klasse, Lage, Niveau, Oberschicht.
▸ Bewegung, Pöbel, Umstand, Veränderung, Gang, Lauf.
Standard Normalmaß, Richtschnur, Richtmaß, Allgemeingültigkeit, Regel, Grundform, Typus, Musterform, Mustergültiges, Standardwerk, Meisterstück, Richtstück, Meisterwerk, Werkarbeit, Vortrefflichkeit • Lebensstandard, Lebenshaltung.
▸ Abweichung, Besonderheit, Minderwertigkeit, Verfall.
Standardwerk → Gipfel, Standard, Vollkommenheit.
Standarte → Banner, Fahne.
Standbild → Bildhauerei, Figur, Monument.
standbildhaft statuarisch.
Ständer → Gestell.
standesamtliche Ehe Zivilehe.
Standesbezeichnung Titel.
Standesdünkel → Eitelkeit, Kastengeist, Klassengeist.
standesgemäß zurückgezogen, vornehm, hoch gestellt, hochgeboren, aristokratisch, hoffähig, nobel, von hohem Rang.
▸ pöbelhaft, unsolide.
standfest sicher, stabil.
standhaft → aufrecht, fanatisch, beherrscht, brav, felsenfest, fest, hart, stark, tapfer.
▸ bestechlich • gefügig, nachgiebig • feige.
standhaft sein → ausharren.
Standhaftigkeit → Ausdruck, Beständigkeit, Courage, Beharrlichkeit, Beherrschung, Entschlossenheit, Fassung, Haltung, Wille.
standhalten → abwehren, aushalten, ausstehen, bestehen, durchhalten, ersticken die Gefühle, parieren, verteidigen.
ständig laufend, dauernd, immer, fortwährend, stets, unbeirrt, regelmäßig, immerfort, oft, immerzu, andauernd, naslang alle • auf dem Laufenden sein, auf der Höhe sein. → allewege, andauernd, immer, konstant, regelmäßig, unbeirrt.
▸ gelegentlich, unregelmäßig • nie.
ständig beziehen abonnieren.
Ständigkeit Stete, Dauerhaftigkeit, Gleichmäßigkeit, Beharrlichkeit, Wiederkehr, Regelmäßigkeit, Gewohnheit, Gleichförmigkeit, Brauch, Stetigkeit, Ausdauer.
▸ Einmaligkeit, Unregelmäßigkeit.
Standleuchte Kandelaber.
Standort → Kaserne, Ort, Quartier.
Standort bestimmen lokalisieren.
Standort, bevorzugter Habitat.
standörtlich ortsgebunden, ortsfest, stationär.
Standortunabhängigkeit Flexibilität, Mobilität.
Standpauke → Ermahnung.
Standpunkt → Ansicht, Art und Weise, Auslegung, Begriff, Erachten, Gesichtspunkt, Ort, Sachlage, Urteil.
standrechtlich erschießen füselieren.
Standuhr Pendule.
Stange Barre, Stock, Rohr, Latte, Pfahl, Mast, Höhe, Stab • Bohnenstange, Hopfenstange • Geweih • bei der Stange bleiben, bei einer Sache bleiben. → Bier. ▸ Brett, Dickwanst, Klotz.
Stange halten, die → helfen.
▸ abkehren sich.
Stängel Schaft, Stamm, Stiel, Halm.
Stänkerei → Drachensaat, Geschrei, Streit, Zwietracht.
Stänkerer Händelsucher, Krachmacher, Querulant, Querkopf, Störenfried, Gegner, Quälgeist, Plaggeist, Streithahn, Kampfhahn, Haderer, Friedensstörer, Krakeeler, Aufbegehrer. → Demagoge, Freudenstörer, Gegner, Haderer, Querulant.
▸ (Mensch friedfertiger).
stänkern → riechen, stören, streiten.
stanzen → punzen.
Stanzform → Matrize.
Stapel Unterlage, Schiffbaugerüst, Reede, Dock, Werft. → Auswahl, Bund, Fülle, Lager, Vorrat.
▸ Einzelheit, Mangel, Zerstreuung.
stapeln → schichten.
Stapelplatte Palette.
Stapelplatz → Depot, Markt.
Star Tier, Vogel, Singvogel, Starmatz • grauer Star, schwarzer Star, Augenkrankheit, Blendung • Stern, Filmgröße, Bühnengröße, Virtuose, Theatergröße, Vedette, Diva • Elster, Schwätzer, Klatscher. → Berühmtheit, Blindheit.
▸ Unberühmtheit.
stark herkulisch, kraftvoll, markig, kraftstrotzend, kapital *j*, kernig, muskulös, nachhaltig, abgehärtet, rüstig, sehnig, muskulös • bedeutend, mächtig, wirksam, einflussreich, energisch, einschneidend • lautstark • unverschämt, ungebührlich, frech, starkes Stück • seelenstark, beherrscht, charaktervoll, willensstark. → angestrengt, aufrecht, beeinflussend, beherrschend, bitter, dauerhaft, derb, dick, dickwanstig, dienstfähig, diensttauglich, drastisch, eisern, fest, Furcht erregend, gewaltig, gewichtig, grenzenlos, groß, herzhaft, kräftig, nervig, mächtig, maßgebend.
▸ schwach, energielos,

entkräftet, erschöpft, kraftlos, lasch • gebrechlich, kränklich, schwächlich • machtlos, ohnmächtig.
Stärke Kraftmeierei, Machtgefühl, Mächtigkeit, Machtprobe, Machtvollkommenheit, Meisterstück, Pferdekraft, Intensität, Kraft, Gewalt, Durchschlagskraft • Stellung, Einfluss, Schwergewicht, Bedeutung, Ansehen, Übergewicht • Charakterstärke, Gefasstheit, Ernst, Selbstbeherrschung, Haltung, Fassung, Zucht, Ruck, Mannesmut, Festigkeit • starke Seite, Neigung, Talent, Leistungsfähigkeit • Kraftmehl, Kartoffelmehl, Stärkemittel, Wäschestärke. → Bedeutung, Beeinflussung, Beherrschung, Bestimmtheit, Dicke, Dynamik, Größe, Macht, Mannhaftigkeit, Seelenstärke. ▸ Schwäche.
stärken → aufrichten, befähigen, begütigen, beleben, erfrischen, ertüchtigen, festigen, laben, abhärten.
stärken, sich → beleben, erfrischen sich, essen, laben.
stärkend → erbaulich, erfrischend, erleichternd, kräftigend.
starker Mann Held • Kraftmensch, Muskelprotz • Machthaber.
stärker werden anschwellen, anziehen, kräftiger werden, verstärken sich, zunehmen.
starkherzig → heldenhaft.
Stärkung Labsal, Labung, Auffrischung, Erquickung, Belebung, Erholung, Kräftigung, Erneuerung, Wiederherstellung, Neubelebung, Erleichterung • Linderung, Trost, Zuspruch, Tröstung, Aufmunterung, Ermutigung, Herzensstärkung. → Auffrischung, Getränk, Schlaf. ▸ Schwächung.
Stärkungsmittel Arznei, Stärke, Stärkung.
starr festgenagelt, bewegungslos, scheintot, empfindungslos, bewusstlos, steif, leblos, besinnungslos, totengleich, totenähnlich, maskenhaft • hart, hölzern, straff, unnachgiebig, ungelenk, plump • apathisch, untätig, stumpf. → baff, bange, bebend, besinnungslos, bestimmt, bestürzt, bleiern, dickhäutig, ehern, eisig, erschrocken, erstarrt. ▸ beweglich, biegsam, interessiert, nachgiebig.
starr festlegen zementieren.
Starre → Betäubung, Erstarrung, Starrheit, Trägheit.
starren glotzen, gucken, fixieren, gaffen, anstieren, anstarren, überrascht sein, staunen. → anschauen, erstaunen, staunen. ▸ gefasst bleiben, übersehen.
starrgläubig → bigott.
Starrheit Härte, Trägheit, Unbiegsamkeit, Unbiegbarkeit, Steifheit, Unnachgiebigkeit, Starre • Stillstand • Bockigkeit, Eigensinn, Widerspruchsgeist, Quersinn. ▸ Beweglichkeit, Biegsamkeit, Nachgiebigkeit.
Starrkopf → Dickkopf, Eiferer, Fanatiker.
starrköpfig bockig, dickköpfig, doktrinär, eigensinnig, halsstarrig, störrisch, unbelehrbar, verstockt.
Starrköpfigkeit → Eigensinn.
Starrsinn → Beharrlichkeit, Beständigkeit, Eigensinn.
starrsinnig hartköpfig, starrköpfig, verbohrt, beharrlich, steifköpfig, hartnäckig, eigenwillig, widerspenstig, ungehorsam, hartmäulig, unbelehrbar, unbekehrbar, verstockt, bockbeinig. → bockig, eigensinnig, felsenfest, querköpfig, ungehorsam. ▸ nachgiebig.
Starrsucht → Erstarrung.
Start → Anfang, Beginn. ▸ Ankunft, Eintreffen • Landung • Ziel.
Startbahn Runway.
starten → abhauen, anfahren, anfangen, ankurbeln, losgehen, anlassen. ▸ ankommen, durchs Ziel gehen, einlaufen • landen.
Startschuss Signal, Anpfiff.
Station Haltestelle, Bestimmungsort, Halt, Bahnhof, Bushaltestelle, Standort, Aufenthaltsort • Abschnitt, Abteilung, Krankenhausabteilung. → Aufenthalt, Aufenthaltsort, Bahnhof.
stationär standörtlich, bleibend, grundfest, stillstehend, beständig, ständig, dauern, stets, immer. → ständig. ▸ beweglich, unregelmäßig, ambulant.
Statist Figurant, Komparse, stummer Mitspieler.
Statistik → Nachweis, Quelle aus amtlicher.
statt anstatt, für, gegen, an Stelle von, als Ersatz für, in Ermangelung von. ▸ stetig.
Stätte → Ort.
stattfinden → begeben sich, bestehen, einstellen sich, entspinnen, ereignen sich, erfolgen, fügen sich, passieren, sein, vorkommen. ▸ ausfallen, ins Wasser fallen.
stattgeben → entsprechen, ereignen sich, erfolgen, erlauben.
statthaft gültig, gerecht, gerechtfertigt, erlaubt, zulässig, gestattet, beanspruchbar, gebührlich, unbestritten. → bewilligt, erlaubt. ▸ unstatthaft, unerlaubt, verboten.
Statthalter Eparch, Exarch, Gouverneur, Landpfleger, Nabob, Präfekt, Prokonsul, Prokurator, Resident, Satrap, Vizekönig.
stattlich → ansehnlich, scharmant, dick, erhaben, gewaltig, groß, hoheitsvoll, pompös, schmuck, schön. ▸ klein, kümmerlich, schmächtig, schwächlich, zierlich • ärmlich, bescheiden, dürftig, gering.
Stattlichkeit → Anziehung, Ausdehnung, Pracht, Schönheit, Umfang.
Statue → Bildhauerei, Bronze, Figur, Monument, Standbild.
Statuette → Figur, Monument, Figurine.
Statur Körpergröße, Wuchs, Form, Gestalt, Formung, Aussehen. → Art, Aussehen. ▸ Missgestalt.
Status → Zustand.
Statut → Befehl, Dekret, Regel.
statutarisch satzungsgemäß, statutengemäß, verfassungsmäßig, rechtskräftig, gesetzlich, gesetzmäßig, rechtlich, verordnungsmäßig, gesetzgebend. ▸ ungesetzlich.
Stau → Hemmung.
Staub → Abfall, Dreck, Eintagsfliege, Vergänglichkeit.
Staub werden, zu → abblühen, sterben.
Staub aufwirbeln in Umlauf kommen, Stadtgerücht werden, bekannt werden, von Mund zu Mund, von Haus zu

Haus kommen, sich wie ein Lauffeuer verbreiten • Anstoß erregen, Staub machen, hinter eine Sache schauen, Krach schlagen.
▸ bemänteln, entschuldigen (sich), verheimlichen.
Staub machen, sich aus dem fliehen, flüchten, verduften, auskneifen, Reißaus nehmen, die Beine unter die Arme nehmen, sich verkrümeln, Fersengeld geben.
▸ bleiben.
Staubbesen Mob.
stauben schmutzen, schmieren, dreckig werden, befleckt werden, staubig werden.
▸ reinigen.
staubgeboren erdgeboren, leiblich, menschlich • unedel, gering, niedrig, ranglos, ahnenlos, unfein, proletarisch • demütig, bescheiden, untertänig, gefügig, sich im Staub wälzen.
▸ edel, überheblich, überirdisch.
staubig → dreckig, schmutzig.
Staubkrankheit Koniose.
stauchen aufschichten, erhöhen, aufrichten, aufstülpen • zusammenpressen, kleiner machen, hineinstopfen, hineinstoßen • hemmen, stauen • zusammenstauchen, anfahren, tadeln, zurechtweisen.
▸ ausdehnen, loben, senken, recken, strecken.
stauen → aufhalten, hemmen.
Staunen → Befremden, Betäubung, Erstarrung, Erstaunen.
staunen glotzen, starren, mit offenem Mund, schauen, erstaunen, überrascht sein, sprachlos sein, sich verwundern, anstaunen, seinen Augen nicht trauen, wundernehmen, es nicht fassen können, kaum glauben können. → erstaunen, Haare stehen zu Berg, schauen.
▸ gefasst bleiben.
staunend beeindruckt, erstaunt, fassungslos, überrascht, verblüfft, verwundert.
staunenswert seltsam, sonderbar, haarsträubend, auffallend, erstaunlich, unfasslich, unerklärlich • lobenswert, rühmlich.
▸ gewöhnlich, tadelnswert, unrühmlich.
stäupen → quälen, schlagen, strafen.
Staupsäule → Bestrafung, Block.
Steak → Beefsteak.
Steak, zähes Sohle *u.*
stechen pieken. → angreifen, einstechen, bohren, fahren, malen, öffnen, quälen.
stechend → beißend, böse, scharf, spitz, spöttisch.
Stecher Graveur.
Stechheber Pipette.
Steckbrief Anschlag, Fingerabdruck, Abbild, Suchanschlag, Verhaftungsbrief, Verfolgungsbrief.
Stecken Stock, Stab, Krücke, Stelze, Wanderstab, Spazierstock, Knüppel, Alpenstock, Stütze, Gehhilfe.
stecken einführen, einfügen, einstecken, hineinstecken, anstecken, pflanzen, einreihen, hineinstopfen, durchschießen, einpressen, einklemmen, einkeilen, einrammen, pfählen, pflöcken, einflechten • hinzufügen, dazutun. → aufklären.
▸ herausziehen, verheimlichen.
stecken bleiben → stammeln.
stecken, unter einer Decke → beteiligen sich.
stecken, die Nase, in neugierig sein, schnüffeln, spionieren, vorwitzig sein, gieren, abgucken, umgucken, umhören, abhorchen, lauschen, belauern, begaffen, glotzen, lästig fallen, platzen vor Neugierde, sich um jeden Quark kümmern, in die Töpfe schauen.
▸ (heraushalten sich), neutral bleiben, übergehen.
stecken, in den Sack übertreffen, beherrschen, meistern, obsiegen, zuvortun, überragen, den Vorrang haben, Oberwasser haben, überholen, überflügeln, überbieten, den Vogel abschießen, über sein, ausstechen. → balbieren.
▸ unterliegen.
Steckenpferd Hobby, Liebhaberei. → Spezialität, Vorliebe.
Steckling Ableger, Schößling, Setzling.
Steg → Brücke, Weg.
Stegreif, aus dem Improvisation, unvorbereiteter Vortrag, aus dem Handgelenk, ex tempore, frei reden, ursprünglich, ungekünstelt.
▸ vorbereitet.
Stegreifdichter → Dichter.
Stegreifgedicht Makame.
Stegreifstück Impromptu, Sketsch.
Stegreifvortrag Extempore, Improvisation.
Stehbierhalle → Boutique.
stehen → anhalten, basieren, bleiben auf dem Platz.
▸ sich bewegen, fahren, fließen, gehen, laufen, marschieren, rennen, strömen, wandeln • hängen, liegen, sitzen • fallen, stürzen, umfallen.
stehen bleiben → ausruhen, feststehen, stammeln, verweilen.
stehen, auf gutem Fuß → befreunden.
stehen, in Gunst → befreunden.
stehen lassen aufgeben, niederlegen, einstellen, beiseite legen, ablegen, von sich stoßen, im Stich lassen • abschütteln, über Bord werfen, wegwerfend behandeln, verschmähen, hintansetzen • keinen Gebrauch machen, nicht anrühren, versäumen, außer Acht lassen, versparen, versagen sich • davon abkommen, vernachlässigen, unterlassen, vermeiden.
▸ achten, benutzen, helfen • aufräumen, beseitigen, fortschaffen, mitnehmen, wegbringen, wegschaffen • ändern, berichtigen • ausstreichen, tilgen.
stehen, an der Spitze vorangehen, voranschreiten, führen, vorgehen, die Führung übernehmen, das Kommando führen, Oberwasser haben, den Weg bahnen, nach sich ziehen, anführen. → überlegen.
▸ nachfolgen.
stehen bleiben anhalten, aussetzen, halten, Stillstand kommen zum, stoppen.
stehend, am Ende → dahinter.
Stehklo für Männer Pisswinkel *u.*
stehlen erbeuten, ernten ohne zu säen, erschleichen, Griff in die Kasse, klauen, klemmen, mitnehmen, plündern, reißen an sich, büxen, entwenden, wegnehmen, aneignen, betrügen, stibitzen, verschwinden lassen, mausen, beiseite schaffen, krumme oder lange Finger machen, abstauben *u*, krampfen *u*, organisieren *u*, mopsen, mitgehen heißen, putzen, stemmen *u.* → bemächtigen, benachteiligen, berauben, bestehlen, einbrechen,

nehmen.
▸ zurückgeben • bekommen, erhalten • erwerben, kaufen.
Stehler → Dieb.
Stehlsucht/-trieb Kleptomanie.
stehlsüchtig kleptoman.
Stehvermögen Ausdauer, Beharrlichkeit, Beständigkeit, Durchhaltevermögen, Entschlossenheit, Festigkeit.
steif → betragen sich, dauerhaft, dünkelhaft, ehern, ernst, förmlich, hölzern, konventionell, pedantisch, plump, stabil, starr.
▸ behände, beweglich • gewandt, graziös • lässig, leger, ungezwungen • biegsam, elastisch, flexibel, geschmeidig, nachgiebig, schmiegsam.
steifen, sich → versteifen sich.
Steifheit → Festigkeit, Manieriertheit, Pedanterie.
steifköpfig → bockig, eigensinnig.
Steifsinn → Eigensinn.
Steig → Brücke.
steigen aufschwingen sich, aufstehen, aufstreben, emporkommen, erheben sich, klettern, klimmen. → anschwellen, aufgehen, aufziehen, bewegen sich, emporkommen, erklettern, fliegen.
▸ fallen, heruntergehen, senken, stillstehen, sinken • stürzen • abschwellen, nachlassen, zurückgehen.
steigend → aufsteigend, bergauf.
Steiger → Bergarbeiter, Bergmann.
steigern anfachen, anfeuern, erhöhen, heben, verstärken, vermehren, intensivieren, vergrößern, potenzieren, verteuern, hochtreiben, schrauben, schnellen, übertreiben, forcieren, aktivieren, mehr anspannen, eindringlicher werden. → anfeuern, aufbauschen, aufwinden, erhöhen, heben, jagen.
▸ beschwichtigen, erniedrigen, senken, verbilligen, vermindern • beschränken, dämpfen, drosseln, einschränken, mäßigen, mindern, reduzieren • stoppen.
steigernd → belastend, verstärkend.
Steigerung Zunahme, Wachstum, Entwicklung, Ausdehnung, Ausbreitung, Aufstufung, Erweiterung, Förderung, Vergrößerung, Erhöhung, Schwellung, Anschwellung, Anspannung, Zuwachse, Wertzuwachs, Kräftigung. → Ausdehnung, Erweiterung.
▸ Verminderung, Dämpfung, Drosselung, Einschränkung.
Steigung → Berg, Erhebung, Steigerung.
▸ Abhang, Gefälle, Neigung.
steil → abschüssig, aufrecht, hoch, schräg, senkrecht.
Steile → Berg.
Steilheit Höhe, Steigung, Steigerung, Steilhang, Schräge, Neigung, Neige, Gefälle, Senkung, Lehne, Steile, Jähe, Schüssigkeit.
▸ Ebene.
Steilküste Kliff.
Stein Findling, Gestein, Klinker, Fels, Urgestein, Donnerkeile, Granit, Basalt, Kiesel, Schiefer, Sandstein, Lava • Denkmal, Mahnmal, Grabstein, Ehrenmal. → Baustoff, Fels, Kachel.
▸ Holz.
Stein des Anstoßes → Dorn im Auge.
Stein, großer Megalith.
Stein, Herz von → steinhart.
Stein werfen auf, einen → verdächtigen.
steinalt → hochbetagt.
Steinbrocken Klamotte.
Steindruck → Bild.
Steine behauen bosselieren.
steinern → ehern, hart.
steinerweichend markerschütternd, ohrzerreißend • erschütternd, herzbewegend.
▸ gefühllos, harmonisch, melodisch.
Steingarten Alpinum.
steinhart hart, fest, erzen, ehern, felsig, stählern, eisern, hart wie Stein • unempfänglich, stumpf, gefühllos, abgestumpft, teilnahmslos, unberührt, anteillos, abgebrüht, frostig, hartherzig, kalt, mitleidlos, lächelnd, roh, brutal. → ehern, felsenhart.
▸ weich.
steinig felsig, kahl, wüst, karg.
steinigen → töten.
Steinkohle → Brennmaterial.
Steinkohlenzeit Karbon.
Steinkunstsammlung Glyptothek.
Steinpfeiler → Bildhauerei.
steinreich → reich.
Steinreicher Nabob.
Steinschleuder Haubitze, Katapult.
Steinschneidekunst Glyptik.
Steinschneider Graveur, Lithograf.
Steiß Körperteil, Bürzel, Sterz, Schwanz, Schweif, Wedel, Schlepp *ö*, Ziemer, Blume, Fahne, Rute, Lunte, Pinsel, Steißbein, Körperende • Hintern, vier Buchstaben, Popo, Arsch, Fott *u*.
▸ Kopf.
Stelldichein → Verabredung.
Stelle → Arbeitsplatz, Ort.
Stelle, verwundbare → Achillesferse.
stellen platzieren, nebeneinander stellen, setzen, abstellen, anbringen, aufstellen, ausstellen, deponieren, einstellen, hinterlegen, lagern, legen, unterbringen, stützen, halten, betten. → anreden, setzen.
▸ übersehen, wegbringen • legen, setzen.
stellen, ein Bein → auswischen.
stellen, seinen Mann → durchhalten, handeln.
stellen, an den Pranger → bestrafen, demütigen.
stellen, sich gegenüberstellen, anblicken, darbieten sich • verteidigen, schützen, entgegentreten, wehren sich, abwehren, parieren, standhalten, Widerstand leisten, abschlagen, zurückweisen, den Rücken decken, eintreten für • stellen sich auf, kosten, bemessen, bewerten.
▸ anklagen, Rücken kehren den, weggehen.
stellen, sich zur Verfügung → Daumen halten, verfügen.
Stellenanzeige Personalanzeige.
Stellenbeschreibung Job-Description.
Stellenbewerbung Bewerbung, Stellengesuch.
Stellenschiebung Ämterpatronage.
stellenweise → rar.
Stellung → Amt, Arbeit, Art und Weise, Bedeutung, Beeinflussung, Beruf, Charge, Erwerbszweig, Existenz, Grad, Konstellation, Rang.
Stellung sein, in → dienen.
Stellung nehmen seine Ansicht sagen, seine Meinung kundtun, sich ein Urteil bilden, meinen, erachten, einen Standpunkt einnehmen, sich äußern.
▸ abwarten, zweifeln.
Stellungnahme → Ansicht,

Auslegung, Einstellung, Gesichtspunkt.
stellungslos → arbeitslos.
Stellungswechsel Ortsveränderung. → Fluktuation.
stellvertretend anstatt, ersatzweise, in Vertretung/in Vollmacht, (i.V.), repräsentativ, vertretungsweise.
Stellvertreter → Assistent, Aushilfe, Beauftragter, Bevollmächtigter.
Stellvertretung → Bevollmächtigung.
stelzen bewegen sich, fortbewegen, traben, trippeln, schusseln, schnurren, watscheln, stolzieren, mit steifen Beinen gehen.
stemmen (hoch)drücken, (hoch)heben.
stemmen, sich widerstreben, entgegenwirken, widersetzen sich, sträuben, entgegentreten, Front machen, auf die Hinterbeine stellen, durchkreuzen, bekämpfen, verhindern, zuwiderhandeln, anfeinden, dagegen sein • zögern, Bedenken haben, zaudern, sich Zeit lassen, säumen, trödeln, bummeln, aufschieben, sträuben sich, Umstände machen.
▸ durchführen, nachgeben.
Stempel Aufdruck, Aufschrift, Fabrikmarke, Kennzeichen, Merkmal, Musterbild, Prägung, Siegel, Zeichen • Einheitsform, Urform, Matrize, Modell, Klischee, Druckstock • Stiel, Blütenstempel, Fruchtstempel • Punze, Bolzen. → Anzeichen, Art, Aufdruck, Bescheinigung, Erkennungszeichen.
stempeln schlagen, bosseln, hämmern, prägen, punzen • eichen, zeichnen, siegeln. → drucken, punzen.
Stempeluhr Kontrolluhr, Stechuhr, Zeiterfassungsuhr.
stenografieren → aufnehmen.
Stenotypistin Schreibdame *u*, Tippfräulein *u*, Tippmaus/-mieze *u*, Tippöse *u*, Tippse *u*, Tipse *u*. → Schreibkraft.
Stenz Camp, Dandy, Elegant, Fant, Fatzke, Geck, Gent, Gigerl, Lackaffe, Pinkel, Snob, Stutzer.
Steppe → Einöde.
Steppenklima arides Klima.
Steppenpferd Mustang.
Steppenwolf Kojote.
Sterbehilfe Euthanasie.
sterben erlöschen, in die Grube fahren, den Weg alles Fleisches gehen, zu Grunde gehen, hinscheiden, heimgehen, hinübergehen, zu Staub werden, entschlafen, eingehen, einschlummern, verscheiden, vollenden, das Zeitliche segnen, abfahren *u*, abkratzen *u*, draufgehen *u*, himmeln *u*, hops gehen *u*, krepieren, fallen *j*, zur Hölle fahren, in den Himmel kommen, ein Engel werden, von hinnen gehen, enden, hinraffen, verludern *j*, ins Gras beißen, daran glauben müssen, verrecken *u*, um die Ecke gehen, rübergehen *u*. → Ableben, ausatmen, bleiben auf dem Platz, brechen den Hals, einschlummern, entschlafen, ersaufen, fallen, scheiden.
▸ leben • geboren werden, zur Welt kommen • fortleben, überleben, weiterleben.
Sterbender Todeskandidat, Hinsiechender, Hinscheidender, Hinschlummernder, Verschlummernder, Entschlafender, mit dem Tod Ringender.
sterbenskrank → bedenklich, todkrank.
Sterberate Mortalität.
sterblich todgeweiht, gezeichnet, erledigt • vergänglich, unbeständig, zeitlich, begrenzt, kurzlebig, vergehend, verwelkend, zu Staub werden, irdisch.
▸ unsterblich.
sterbliche Überreste Gebeine, Leiche, Leichnam.
Sterblicher → Mensch.
Sterblichkeit Tod, Lebensende, Untergang, Absterben, Todeshauch, Erlösung, Würger, Würgengel • Vergänglichkeit, Kurzlebigkeit, Wandelbarkeit, Endlichkeit, Unbestand.
▸ Unsterblichkeit, ewiges Leben.
stereotyp → einförmig.
steril immun, unfruchtbar, zeugungsunfähig, dürr, trocken • keimfrei, bakterienfrei.
▸ fruchtbar, infizieren(d), infiziert, septisch.
sterilisieren abkochen. → einlegen, entmannen.
sterilisierend → bakterientötend.
Stern Gestirn, Himmelskörper, Sternenmeer, Kosmos, Sternbild, Trabant, Sonne, Komet, Planet, Mond, Fixstern, Sternnebel, Meteor, Asteroid, Nebelfleck, Wandelstern • Lichtquelle, Himmelslicht. → Ausschmückung, Berühmtheit, Orden, Schmuck.
Stern, neuer Nova.
sternähnlich asterisch.
Sternaufgang Aszension.
Sterndeuter Astrologe.
Sterndeutung Astrologie.
sternenbedeckt bestirnt, gestirnt.
Sternenhimmel → All.
sternenlos → dunkel.
▸ gestirnt, stern(en)reich.
Sternenzelt → Himmel.
Sternfahrt Rallye.
Sternforscher Astronom, Astrophysiker.
sternhaft astral.
Sternkunde Astronomie.
Sternschnuppe Meteor, Meteorit.
Sternstunde Schicksalsstunde, hohe Zeit, Wende, Wendepunkt, glückhafte Zeit, der große Augenblick, der rechte Zeitpunkt.
Sternwarte Observatorium.
stet verlässlich, unwandelbar, unfehlbar, zuverlässig, unveränderlich, dauernd. → stetig, unerschütterlich.
▸ unstet.
stetig stet, beständig, dauernd, unveränderlich, unwandelbar, dauerhaft, fest, hart, unsterblich, unvergänglich, unwiderruflich, unbeirrt, gleichmäßig, gleich bleibend. → allmählich, andauernd, ausdauernd, beharrlich, beständig, chronologisch, in einem fort, fest, fix, fortwährend, immer, unbeirrt.
▸ ungleichmäßig • abrupt, plötzlich • ruckweise, schrittweise, stufenweise.
Stetigkeit → Aufeinanderfolge, Ausdauer, Beständigkeit, Dauer, Ewigkeit.
stets → allewege, anhaltend, andauernd, fortwährend, immer, konstant, unbeirrt.
stetsfort → immer, regelmäßig.
Steuer Steuerrad, Lenker, Volant, Ruder, Pinne, Höhensteuer, Tiefensteuer • Lenkung, Leitung, Führung, Regierung, Kommando. → Abgabe, Aufschlag, Beeinflussung, Beitrag.
steuerbar → fahrbar, lenkbar.
Steuerbehörden Finanzbehörden.
Steuerbord → Bord, rechts.
▸ Backbord.

Steuerhebel (für Computerspiele) Joystick.
Steuerhelfer → Berater.
Steuerkasse Fiskus.
Steuerlisten Kataster.
Steuermann → Chauffeur, Kapitän, Pilot.
steuern befehligen, einschlagen, fahren, führen, gebieten, hinzielen, leiten, lotsen, richten, an der Spitze stehen, dem Ziel zuführen, zielen • eindämmen, entgegenarbeiten, hindern, unterbinden, verhüten, vorbeugen, den Riegel vorschieben • abzielen, hinsteuern, hinzielen, sich tragen mit, vorhaben, bestrebt sein, sich in den Kopf setzen. → bahnen, dirigieren, Disziplin halten, eindämmen, fahren, leiten.
▸ abkommen von, gehorchen, hemmen, verweigern den Gehorsam.
Steuern erheben Bürger rupfen *u.*
Steueroasen Tax-havens.
Steuerung Lenkung, Leitung, Führung, Wendung, Strömung, Fahrwasser, Kielwasser, Trift, Neigung • Kommando, Zügel, Steuer, Volant, Oberleitung, Regelung, Kontrolle, Ruder, Befehl, Überwachung, Kuratel. → Behandlung.
▸ Abweichung, Gehorsam, Verirrung.
steupen → bestrafen.
Steward Gästebetreuer.
Stewardess-Beruf fliegendes Gewerbe *u.*
stibitzen → bemächtigen, berauben, bestehlen.
Stich → Bild, Farbe, Farbenton, Naht, Spiel, Rausch, Wunde.
Stich lassen, im verlassen, aufgeben, fallen lassen, in den Rücken fallen, den Rücken kehren, zurückziehen sich, desertieren, ausreißen, davonlaufen, aus dem Staub machen • unterlassen, abschütteln, verschmähen, untätig sein, vernachlässigen, über Bord werfen • hintergehen, verraten.
▸ helfen.
Stichdegen Florett.
Stichelei → Anspielen, Belustigung, Ironie, Spott, Stickerei.
stichelig → stachelig.
sticheln → anfeinden, anöden, bespötteln, ins Lächerliche ziehen.
stichelnd → bissig.
stichfest → unangreifbar.
stichhaltig anschaulich, ausschlaggebend, beweisend, begründet, beweiskräftig, bündig, durchschlagend, eindringlich, entscheidend, folgerichtig, triftig, überzeugend, unwiderleglich, zwingend. → beweisend, erweislich, nachweisbar, richtig, schlagend.
▸ unbegründet.
Stichprobe → Ausforschen.
Stichprobenvolkszählung Mikrozensus.
Stichwaffe Bajonett, Dolch, Florett, Stilett.
Stichwort Kennwort, Passwort, Merkwort, Anruf, Parole, Treffwort • Nachricht, Mitteilung, Anhaltspunkt, Wink, Fingerzeig, Ruf • Notiz, Kurzstil, Aufzeichnung, Telegrammstil, Brockenstil • Ansage, Zuruf, Anfangswort.
▸ Verschlossenheit, Weitschweifigkeit.
Stichwortliste/-verzeichnis Index.
sticken → durchlochen, durchwirken, verzieren.
Stickerei Handarbeit, Gewirke, Gewebe, Stichelei • Verzierung, Schmuck, Putz, Zierrat, Zierwerk, Garnierung. → Ausschmückung.
stickig erstickend, bedrückend, ungelüftet, dumpf, dämpfig.
▸ erfrischend, frisch.
stieben eilen, blitzen, sausen, schnellen, rasen, laufen, rennen, traben, tummeln, rühren, regen, schießen, stürzen • flocken, nieseln, niedergehen, fallen, regnen, nässen.
▸ aufklären, zögern.
Stiefel Schläuche *u.* → Schuh.
stiefeln → laufen.
Stiefmutter → Anverwandter.
stiefmütterlich bissig, kratzbürstig, ungütig, unfreundlich, hämisch, boshaft, feindlich, gehässig • vernachlässigt, entfremdet, abscheulich, unausstehlich, verächtlich, abweisend, zurücksetzend, lieblos, ohne Herz, ohne Gefühl, verletzend.
▸ bevorzugt, freundlich.
Stiefsohn → Anverwandte.
Stieftochter → Anverwandte.
Stiege → Treppe.
Stiel → Griff, Stängel.
Stielauge Missgestalt, Ungestalt, Scheusal, Hässlichkeit, Garstigkeit, Verunstaltung, Missform, Missbildung, Entstellung, Verbildung • Spürnase, Klatschsüchtiger, Schnüffler, Horcher, Naseweis • Scheelsüchtiger, Neider, Neidhammel, Neidwurm, Eifersüchtiger, Verliebter, Argwöhner, misstrauischer Mensch. → Auge.
▸ Wohlgestalt.
Stielaugen machen → wundern sich.
Stier → Bock.
stieren → anschauen, hinbrüten.
Stierkampf Corrida.
Stierkämpfer Matador, Torero.
Stiermensch Buzentaur, Minotaurus.
Stiesel → Banause.
Stift → Ahle, Asyl, Bindemittel, Kloster, Lehrling, Nadel, Nagel.
stiften → anbieten, austeilen, beschenken, Fersengeld geben, geben, schenken.
stiften, Frieden → befrieden.
stiften gehen → fliehen.
Stifter Geber, Spender, Schenker, Gastgeber, Gönner, Mäzen, Wohltäter, Unterstützer • Erbauer, Gründer • Erblasser, Testator, Erbonkel.
▸ Geizhals, (Nehmer).
Stiftsherr Kapitular.
Stiftskirche Abtei, Münster.
Stiftung → Darbietung, Gnadenbrot, Vermächtnis.
Stigma → Zeichen.
Stil Art und Weise, Ausdrucksart, Ausdrucksform, Darstellungsweise, Formgefühl, Gepräge, Griffel, Geschmack, Geschmacksrichtung, Haltung, Kunstform, Kunstrichtung, Mitteilungsform, Schreibart, Schreibweise, Ton, Verfahren • Mode, Directoire *s*, Ductus *m*, Empire *s*, Klassik, Expressionismus, Impressionismus, Futurismus, Kubismus, Jugendstil, Gotik, Naturalismus, Romantik, romanischer Stil, Barock, Renaissance, Rokoko • Schwulst, Euphuismus. → Anmut, Anstand, Art, Ausdrucksweise, Aussehen, Bildung, Charakteristik, Darstellungsweise, Diktion, Eigenart, Fassung, Form, Kunstform.
▸ Stillosigkeit.
Stil, feiner Fashion.
Stilgefühl → Geschmack.
stilgemäß → kunstvoll.
stilgerecht → ästhetisch, auserlesen, feinsinnig, stilvoll.
▸ stillos, stilwidrig.
stilisieren formen, gestalten, vereinfachen, glätten.

Stilist Wortkünstler, Sprachkünstler, Rhetoriker, Schriftsteller, Dichter, Lyriker, Schriftkünstler, Schöngeist, Ästhetiker.
▸ Nichtskönner.
still friedfertig, sanft, gelassen, gemessen, nachdenklich, geruhsam, redescheu • mucksmäuschenstill, ganz ruhig, kein Laut, lautlos • regungslos, bewegungslos, unbeweglich, verharrend, erstarrt. → aufmerksam, bedachtsam, beherrscht, besinnlich, einsilbig, ernst, friedsam, gemessen, kalt, leise, sachte, ohne Sang und Klang, schweigsam, unhörbar, zurückhaltend.
▸ laut, vorlaut, unbeherrscht • ausgelassen, munter, übermütig • geräuschvoll, hörbar, vernehmlich • dröhnend, gellend, schallend, schrill.
still und leise → heimlich.
Stille Halt, Bewegungslosigkeit, Rast, Ruhe, Stockung, Beruhigung, Hemmung, Regungslosigkeit • Lautlosigkeit, Schweigen, Stummheit, Totenstille, Geräuschlosigkeit, Schweigsamkeit, Unhörbarkeit, Grabesstille • Flaute, Schicht, Nichtstun, Müßiggang, Tatenlosigkeit, Untätigkeit, Leblosigkeit • Abgeschiedenheit, Einsamkeit, Verlassenheit, Menschenferne, weitab vom Großstadtgetriebe, Waldesruhe. → Atempause, Dämpfung, Dumpfheit, Feierabend, Halt, Ruhe.
▸ Arbeitsfreude, Geselligkeit, Lärm.
Stillleben → Absonderung, Bild, Einsamkeit.
stilllegen → abdrosseln, ausschalten.
Stilllegung Abbau, Schrumpfung, Schwund, Niedergang, Auflösung, Stillstand, Leerlauf, Verfall. → Stillstand.
▸ Aufbau, (Inbetriebnahme).
stillen → abbinden, bändigen, begütigen, besänftigen, bezähmen, dämpfen, dämpfen das Feuer, eindämmen, erlösen, laben, lindern, nähren, säugen, sättigen, trinken.
▸ hungern lassen.
Stiller Ozean Pazifik.
Stillhalteabkommen Moratorium.
stillhalten → abfinden, stunden.
▸ unter Druck setzen • sich bewegen, sich regen, sich rühren.
stillliegen nichts tun, untätig sein, tatenlos zusehen, nichts leisten, ruhen, rasten. → ruhen.
▸ arbeiten, brachliegen, ungenutzt sein.
stillos abgeschmackt, formlos, geschmacklos, gewöhnlich, hässlich, kitschig, scheinkünstlerisch, stilwidrig, unharmonisch, unkünstlerisch, unpassend, wahllos. → abgeschmackt.
▸ stilvoll.
Stillosigkeit → Darstellung, unrichtige, Formlosigkeit, Kitsch, Ungeschmack.
Stillschweigen → Ruhe.
stillschweigend gelassen, ohne Erklärung, ohne weiteres, ruhig, unausgedrückt, unausgesprochen, ungesagt.
▸ nicht unwidersprochen lassend, unbeherrscht.
Stillstand Einstellung, Unterbrechung, Aufenthalt, Stockung, Ruhe, Rast, Pause, Stille, Stilllegung • Schrumpfung, Rückgang, Schwund, Niedergang, außer Funktion, Leerlauf, Leere • Bewegungslosigkeit, Halt, Hemmung. → Atempause, Aufenthalt, Einstellung, Halt, Pause.
▸ Bewegung, Fließen, Fluss, Gang, Lauf, Strömung • Betrieb • Entwicklung, Fortschritt, Weiterkommen.
Stillstand bringen, zum abbremsen, abstoppen, abwürgen, bremsen, nicht mehr fördern, stoppen.
stillstehen aussetzen, stocken, bleiben, rasten, ruhen, verweilen, aufhalten, niederlassen, setzen sich, ruhen lassen, hemmen, bremsen, stoppen, unterbrechen, festlegen, beidrehen.
▸ bewegen sich.
Stillung Linderung, Befriedung, Beendigung.
stilvoll auserlesen, angemessen, ausgesucht, ausgewählt, ästhetisch, echt, einwandfrei, fein, geschmackvoll, harmonisch, künstlerisch, kunstgemäß, passend, schön, stilgerecht, tadellos, wohlgegliedert. → ausdrucksvoll, gepflegt, kunstvoll.
▸ stillos.
stilwidrig → stillos.
Stilwidrigkeit Geschmacksverirrung, Geschmackswidrigkeit, Abgeschmacktheit, Kitsch, Geschmacklosigkeit, Barbarei, Rohheit, Unkultur, Ungeist, Formlosigkeit, Flitterwerk, Trödel, Stilbruch • Prahlerei, Großtuerei, Berlinerei, Gipsprunk.
▸ Stil, Geschmack.
Stimmbildunglehre Phonetik.
Stimme Laut, Sprache, Gesang, Singstimme, Fistelstimme, Mordsstimme *u*, Gelalle, Klage, Notschrei, Ausruf • Geräusch • Bedeutung, Einfluss, Wert, Gewicht, Macht, Stärke, Übergewicht, Ansehen, Rolle • Wahlstimme, Ermächtigung, Auftrag, Anweisung, Bevollmächtigung. → Organ.
▸ Lautlosigkeit, Unbedeutendheit.
Stimme, innere Gewissen, Ingefühl, Warner, Eigengefühl, Verantwortungsgefühl, Pflichtgefühl. → Stimme warnende.
▸ Pflichtvergessenheit.
stimmen klangrein machen • abstimmen, erwählen, wählen, seine Stimme abgeben • passen, richtig sein.
▸ sich der Stimme enthalten • verstimmen.
Stimmeneinheit → Einklang, Einstimmigkeit.
Stimmenfang Canvassing, persönliche Wählerwerbung (an der Haustür, per Hausbesuch).
Stimmengewirr Geraune. → Lärm.
Stimmenmehrheit Majorität.
stimmhaft stimmlich, lautlich, tönend, ausgesprochen, hörbar.
▸ stimmlos.
Stimmlagen Register.
stimmlich phonisch, vocale.
stimmlos unhörbar, verstummt, lautlos, wortlos, leise, unausgesprochen, untönend, • stumm. → belegte Stimme.
▸ stimmhaft.
Stimmlosigkeit Aphonie.
stimmreich → melodisch.
Stimmritze Glottis.
Stimmung Laune, Lust, Hurrastimmung, Heiterkeit, Frohsinn, Fröhlichkeit, Gehobenheit, Humor, Geneigtheit, Anwandlung, Seelenlage, Anfall, Freudigkeit, Begeisterung, Mumm *u*, Hochgefühl, Gemüt,

Geneigtheit, Spaßlust • Galgenhumor • Stimmungskanone *u.* → Affekt, Anwandlung, Atmosphäre, Begeisterung, Belieben, Bereitwilligkeit, Entzücken, Geisteszustand, Gemütsstimmung, Gemütszustand, Jubel, Laune, Lust.
▸ Stimmung üble.
Stimmung bringen, in animieren, aufmuntern/-putschen, erheitern.
Stimmung, üble → Bissigkeit.
stimmungsvoll → gemütlich.
Stimmungswechsel, schneller Seelenakrobatik *u.*
Stimmzettelbehälter Urne.
Stimulation Anregung, Anreizung, Ermunterung, Reizung.
stimulieren anregen, anreizen, aufputschen, beleben, reizen.
stimulierend antreibend, anfachend, bewegend, anspornend, anregend, erregend, reizend, belebend. → antreibend.
▸ hemmend.
stinken → beleidigen die Nase, riechen.
▸ duften, gut riechen.
stinkend stinkig, schweißig, ranzig, übel riechend, muffig, moderig, faul, pestilenzialisch, schlecht riechend, widerlich, unangenehm, übel, die Nase beleidigend. → aasig, böse, eitrig, faul pestilenzialisch, schlecht.
▸ durftend, wohlriechend.
stinkig → aasig, faul, muffig, pestilenzialisch, schlecht.
Stinknase Ozeana.
stippen → eintauchen.
Stirn bieten, die → trotzen, widerstehen.
Stirnband Bandeau, Diadem.
Stirnfleck Blesse.
Stirnseite → Fassade, Vorderseite.
stirnseitig frontal, vorn.
stöbern durchsuchen • säubern.
Stock Pflanzenstamm, Wurzelstock, Topfpflanze, Blumenstock, • Grundstock, Grundmasse, Grundlage, Kapitalgrundstock • Holzschnitt, Holzschnittform. → Prügel, Rute, Stockwerk.
stöckeln steif gehen.
stocken halten, stillstehen, ruhen, säumen, zaudern, zögern, trödeln, abbrechen, erlahmen, bummeln, aussetzen, aufhören, einhalten, kriechen • stottern, stammeln, gacksen, den Faden verlieren. → anhalten, aussetzen, bleiben, stecken, erlahmen, ruhen, zögern.
▸ bewegen sich, reden, flüssig reden • weitersprechen • vorangehen, weitergehen, weiterwachsen • beschleunigt werden, gefördert werden • fließen, laufen, rollen.
stockend langsam, bummelig, saumselig, schwerfällig, gemächlich, zögernd, schläfrig • stammelnd, stotternd, zitternd, bebend, lallend • erstarrt, stoppend, unbeweglich, bewegungslos, still, verharrend, ruhend • versiegend, unergiebig, karg, ausbleibend • unterbrochen, abgerissen, sprunghaft, lückenhaft • zuweilen, manchmal, bisweilen, hin und wieder, dann und wann, gelegentlich, mitunter, ruckweise, sprungweise.
▸ fließend, flüssig, zügig • stetig, ununterbrochen.
stockfinster → dunkel.
Stockhiebe → Bestrafung.
Stockstreiche → Bearbeitung, Bestrafung.
Stockung → Atempause, Aufenthalt, Embargo, Halt.
Stockwerk Etage, Beletage, Zwischenstock, Unterhaus, Dachgeschoss, Mansarde, Entresol, Erdgeschoss, Stock, Obergeschoss, Dachstuhl, Mezzanin. → Stock.
Stoff Urstoff, Ding, Bestand, Grundstoff, Element, Werkstoff, Baustein, Substanz, Materie, Etwas • Zeug, Gewebe, Textil, Leinen, Kessel, Rupfen, Gewebe, Gespinst, Seide, Nylon, Perlon, Samt, Everglaze, Taft, Chiffon, Tuch, Werg, Organza • Thema, Motiv, Text, These, Gegenstand, Inhalt. → Artikel, Bestand, Ding, Element, Etwas, Fahne, Fetzen, Grundstoff, Masse, Material, Samt, Substanz.
▸ Gedankenarmut, Geist • Nichts.
Stoffdach Baldachin, Markise.
Stoffel → Tölpel, Blöderian, Kamuffel, Elefantenbaby, Michel, Mondkalb, Simpel, Unhöflicher, Hammel, Unerzogener.
▸ Schlaukopf.
Stofflehre Chemie.
stofflich → dinghaft, fassbar, gegenständlich, konkret, leiblich.
Stofflichkeit → Ding, Masse, Stoff, Substanz.
stofflos → imaginär, raum- und zeitlos.
Stoffwechsel Metabolismus.
stöhnen → ächzen, beklagen, beweinen, klagen.
stoisch → abgebrüht, bedürfnislos, beherrscht, eindruckslos, Eile mit Weile.
Stollen Gang, Schacht, Bohrung, Aushub, Höhle, Ader, Mine, Trumm, Durchgang, Durchstich • Kuchen, Weihnachtsstollen • Hufeisenvorsprung, Messerklingenabsatz • Minnesangstrophe. → Ausweg, Mine.
stolpern straucheln, fallen, taumeln, glitschen, humpeln, schlottern, ausgleiten, schwanken, purzeln, tapsen, schullsen, fickfackern • scheitern, entgleisen, ein böses Ende nehmen, ausgleiten, bankrott, bewegen sich, einknicken, erlahmen, fallen, rutschen.
▸ bewähren, feststehen, vorwärts kommen.
Stolz Herrschsucht, Klassendünkel, Selbstbewusstsein, Selbstgefühl, Selbstsicherheit, Selbstüberhebung, Eigenbewusstsein, Herrensinn, Herrscherseele, Herrennatur, Standesstolz, Trutzigkeit, Hochmut, Geltungsdrang, Stattlichkeit, Würde, Zuversicht, Arroganz. → Hochsinn, Klassengeist, Selbstbewusstsein.
▸ Bescheidenheit, Selbsterniedrigung, Untertänigkeit.
stolz überheblich, herrschsüchtig, selbstbewusst, klassenbewusst, sieghaft, hochgemut, hochmütig, selbstsicher, eingebildet, majestätisch, die Nase hochtragend, die Nase rümpfend, arrogant, zugeknöpft, herrisch, anmaßend, verächtlich, höhnisch, hochfahrend, gebieterisch, hochnäsig *u.* • würdig, ehrsinnig, unbeugsam. → anmaßend, anspruchsvoll, aufrecht, ehrsinnig, oben herab von.
▸ bescheiden, selbstlos, untertänig, unterwürfig, demütig, devot.
Stolz, brechen den → demütigen.
stolzieren → bewegen sich,

blähen, blenden, einherstelzen, laufen, prunken.
Stopfen → Verschluss.
stopfen → ansetzen, ausbessern, ausfüllen, nudeln.
stopfend → sättigend.
stopp halt. → aus, genug.
stoppelig → bärtig, faserig, rau.
Stoppeln Rest, Stummel, Abfall, Rückstand • Feldstoppeln, Rauheit, Unebenheit, Ungleichheit, Stoppelfeld • Bärtigkeit, Behaarung, unrasiert, Struppigkeit, Bartstoppeln. → Bart.
stoppen bremsen, hindern, stillstehen, halten, aufhören, ablassen, nachlassen, einstellen, stocken, abbrechen, anhalten. → abdrosseln, anhalten, aufhalten, aufhören, ausschalten, beidrehen, bleiben stehen, hemmen.
▸ antreiben, fahren, anfahren, in Gang setzen • beschleunigen.
Stöpsel → Verschluss, Pfropfen • Stecker, Keil • kleine Person, dicke Person.
▸ Bohnenstange, Öffnung.
stören hemmen, hindern, aufhalten, abhalten, behelligen, erschweren, bedrängen, madig machen, mies machen *u*, versalzen *u*, vermiesen *u*, in die Suppe spucken *u*, durchkreuzen, quer schießen, irritieren, dazwischentreten, behindern, lästig fallen, sich einmengen, Ungemach bereiten • stänkern, streiten, anfeinden, bekämpfen. → abwehren, anstoßen, aufhalten, aufwerfen, beeinträchtigen, dawider, dazwischentreten, durchkreuzen, einmengen sich, Handwerk legen das, hemmen, hindern, Quere kommen in die.
▸ helfen, fördern • in Frieden/Ruhe lassen.
störend lästig, unangenehm, widrig, unbehaglich, unerfreulich, ungemütlich, kränkend, unerträglich, schlimm • lärmend, laut, unruhig, unfriedlich, lärmselig. → böse, laut.
▸ helfend, angenehm, anregend, erfreulich.
Störenfried Friedenstörer, Querkopf, Spielverderber, Quäler, Nörgler, Stänkerer, Quengler, Plaggeist, Quälgeist, Ekel, Brummbär, Unke, Eule, Wühler, Bilderstrümer. → Brandstifter, Freudenstörer, Miesmacher, Quälgeist.
Stores → Behang.
Störrigkeit → Eigensinn.
störrisch → bockig, eigensinnig, fanatisch, schwierig, unverbesserlich.
Störung Unzulänglichkeit, Unstimmigkeit, Mangel, Defekt, Absonderlichkeit, Panne • Belästigung, Behinderung. → Auflauf, Beschwernis, Desorganisation, Durchkreuzung, Hindernis, Krise.
störungsfrei unbehindert, frei, unbelästigt, ungehemmt, geräuschlos, ununterbrochen, stockungslos. → fließend.
▸ gestört, hinderlich, empfindlich, störanfällig.
Story → Erzählung.
Stoß Puff, Deuh *u*, Bums, Schubs, Stups, Schwupp *u*, Schwups *u*, Schupf *u*, Schupp *u*, Druck, Boxer, Anstoß, Anhub, Schneller, Antrieb, Knuff • Erschütterung, Krach, Geräusch, Aufprall • Menge, Last, Pack, Anzahl, Schicht, Stapel *u*. → Anlauf, Anprall, Anstoß, Anzahl, Bearbeitung, Bewegungstrieb, Bums, Bund, Coup, Detonation, Ermunterung, Explosion, Rückprall, Schlag • Kicks.
▸ Einhalt, Einzelheit, Entmutigung, Rückschlag, Wenigkeit, Anziehung, Sog, Zug.
Stoß, leichter Stipps *u*.
Stoßdegen Florett, Rapier.
stoßen puffen, knuffen, anrempeln, deuhen *u*, schubsen, stupsen, antreiben, bewegen, rütteln, drücken, drängen, erschüttern, schlackern, kugeln, schieben, wälzen, kicken • sich stoßen, anecken, sich wehtun, putzen *u*, rammeln *u*. → angreifen, anstoßen, auswischen, geraten ins Gedränge, rucken, schieben.
▸ schlagen, verteidigen.
stoßen auf auffinden, aufspüren, ausfindig machen, finden, herausbekommen, entdecken, vorfinden.
stoßen, ins Elend → vertreiben.
stoßen, sich an etwas → beanstanden.
Stoßkraft Elastizität, Betriebskraft, Antrieb, Wirksamkeit, Durchschlagskraft, Schwungkraft, Schwingkraft, Tatkraft, Saft *u*. → Drang.
▸ Anziehungskraft, Attraktivität • Gravitation, Schwerkraft • Traktion, Zugkraft.
Stoßseufzer → Klage, Schmerz.
Stoßwaffe z.B. Hellebarde, Partisane, Pike.
stoßweise → ruckweise.
▸ allmählich, stetig.
Stoßzeit Hauptgeschäfts(Verkehrs)zeit, Rushhour.
stottern → bleiben stecken, radebrechen, stammeln, stocken, drucksen.
▸ flüssig sprechen.
stotternd abgehackt, stammelnd, stockend.
stracks → direkt, durchgehend, eilends, rasch.
Strafanstalt Seminar *u*. → Bestrafung, Kerker.
Strafaufschub → Amnestie.
strafbar gesetzwidrig, widerrechtlich, unbefugt, unrechtmäßig, unerlaubt, ungesetzlich, rechtswidrig, ungesetzmäßig, unberechtigt, polizeiwidrig, frevlerisch, straffällig, verbrecherisch. → böse, charakterlos.
▸ erlaubt, legitim.
strafbare Handlung(sweise) linke Sache *u*.
Strafe Fußtritt, Prügel, Puff, Fußkugel, Fuchtel, Nasenstüber, Rutenlaufen, Brandmal, Züchtigung, Ahndung, Abrechnung, Sühne, Strafvollzug, Vergeltung, Lohn, Heimzahlung, Geldstrafe. → Bestrafung, Brandopfer, Buße, Denkzettel, Ende böses, Prügel.
▸ Belohnung.
Strafe absitzen, eine → abbüßen.
strafen schlagen, puffen, peitschen, hauen, stäupen, prügeln, durchrütteln, ein Exempel statuieren, auf die Finger klopfen, ins Gebet nehmen, an den Pranger stellen, ahnden, bestrafen, heimzahlen, vergelten, züchtigen. → abrechnen, ahnden, durchschlagen.
▸ belohnen.
Straferlass → Amnestie, Erlass, Freisprechung.
Strafermäßigung → Amnestie.
straff strack, aufrecht, gerade, stramm, zackig, die Knochen zusammenreißen *u*, ruckzuck, ungebeugt, fest, unbiegsam, unnachgiebig.
▸ biegsam, gekrümmt, nachgiebig, schlaff, lasch • ruckzuck *u*.

straffällig → schuldig.
Straffälligkeit Kriminalität.
straffen spannen.
straffen, sich straff werden, glatt werden, glätten sich.
Straffheit Steife, Unbiegsamkeit, Steifheit, Unbiegbarkeit, Festigkeit, Zähigkeit • Frische, Ausdauer. ▸ Biegsamkeit, Nachgiebigkeit, Schlaffheit.
straffrei immun.
Straffreiheit → Freisprechung Freispruch, Immunität, Verschonung.
Straffung von Gewebe, kosmetische Lifting.
sträflich → anstößig, kriminell, schlecht, strafbar.
Sträfling Seminarist *u.* → Bandit, Gefangener.
straflos freigesprochen, straffrei, unschuldig, frei, unbestraft, ungeahndet, ungesühnt. ▸ strafbar, sträflich.
Strafmaß → Verurteilung.
Strafnachlass → Amnestie.
Strafpredigt Strafrede, Standpauke, Moralpauke, Gewissenspauke, Gardinenpredigt. → Bestrafung, Schimpferei.
Straftat Delikt, Frevel, kriminelle Handlung, Reat, Sünde, Untat, Verbrechen, Verstoß • schräge Sache *u.*
Straftäter Bandit, Ganove, Gesetzesbrecher, Krimineller, Sünder, Täter, Verbrecher.
Strafversetzung → Deportation.
strafwürdig → charakterlos, kriminell, strafbar.
Strahl Lichtstrahl, Feuerstrahl, Schimmer, Glanz, Ausstrahlung, Helligkeit, Blitzstrahl, Schein, Sonnenstrahl • Radius, Schenken • Wasserstrahl, Spritzer • Tierläufe, Tritte, Ständer. → Schein.
strahlen → emporlodern, freuen sich, leuchten.
Strahlenbehandlung Radiotherapie.
strahlend flimmernd, hell, leuchtend, scheinend, sonnig, glitzernd, glühend, funkelnd, glänzend, klar, licht, prächtig. → blank, blendend, brillant, glorreich, heiter, klar, schön. ▸ dunkel, erlöschen(d), traurig.
Strahlenfacharzt Radiologe, Röntgenologe.
Strahlenkranz → Korona, Helligkeit, Schein.
Strahlenkunde Radiologie.
Strahlenmedizin Nuklearmedizin.
Strahler Radiator.
strahlig radiär.
Strahltriebwerk Düsentriebwerk, Jet, Pulsojet, Ramjet, Turbojet, Turboprop.
Strahlung → Erwärmung, Licht, Schein, Strahl.
Strähne → Strang.
strähnig haarig, strubbelig, struppig, zerzaust.
stramm angestrengt, aufrecht, schneidig, Schrot und Korn von echtem, straff. ▸ entspannt, lasch, lässig, locker, lose, schlaff.
strampeln → treten, zappeln.
Strand → Rand, Ufer.
stranden → auflaufen.
Strandgut herrenloses Gut, Angeschwemmtes, Beute, Schiffsüberrest, Sachen. ▸ Eigentum.
Strandsee → Becken, Binnenmeer.
Strang Strähne. → Band, Bestrafung, Bindemittel, Draht, Faden, Kabel, Schiene, Sehne, Strafe.
Strang ziehen, an einem übereinstimmen, harmonieren, zusammenwirken. ▸ entgegenhandeln.
strangulieren → bestrafen, quälen, strafen.
Strapaze → Anstrengung, Arbeit, Aufgebot, Bemühung, Beschwerde, Mühe.
strapazieren abtragen, abschaben, oft gebrauchen, oft anziehen, abnutzen • sich plagen, sich placken, sich anstrengen, sich mühen, sich sorgen, schuften, sich abstrapazieren, überbeanspruchen, sich quälen, sich überlasten. ▸ schonen.
strapazierfähig → dauerhaft, haltbar.
Strapazierfähigkeit → Dauerhaftigkeit.
strapaziös anstrengend, aufreiben, beschwerlich, ermüdend, lästig, mühevoll, unbequem.
Straße Weg, Landstraße, Hauptstraße, Chaussee, Boulevard, Autobahn, Radweg, Allee, Autostraße, Ring, Rollbahn, Fernstraße, Broadway, Gasse, Platz, Heerstraße, Fahrweg, Uferstraße, Nebenstraße, Seitenstraße, Reichsstraße, Fußweg, Wanderweg. → Allee, Bahn, Bindemittel, Durchführung, Durchgang. ▸ Platz.
Straßenaufzug → Kundgebung.
Straßenbahn Proletenschaukel *u.* → Bahn, Fahrzeug (Schienen-).
Straßenbelag → Pflaster.
Straßenbenutzungsgebühr Maut.
Straßendirne Ambulante *u,* Flaniermädchen *u,* Strichhure *u,* Strichlerin *u,* Strichmädchen *u,* Tippeldame *u.*
Straßenjunge → Gassenjunge.
Straßenkreuzung → Kreuzung.
Straßenmädchen → Dirne.
Straßenprostitution ambulantes Gewerbe *u.*
Straßenraub → Beraubung, Dieberei.
Straßenräuber Bandit, Brigant, Wegelagerer.
Straßenschmutz → Schmutz.
Straßensperre Barrikade.
Straßenwindung Serpentine.
Straßenzug Trakt, Trasse.
Strategie Kriegskunst, Feldherrenkunst, Kriegswissenschaft, Schlachtenlenkung, Schlachtenplan, Taktik, Kriegshandwerk, Waffenhandwerk.
strategisch kriegskundig, taktisch, lenkungsfähig, gefechtsmäßig, schlachtenkundig, diplomatisch. ▸ planlos.
sträuben, sich → ablehnen, abwehren, auflehnen, dawider, entgegenstellen sich, widerstehen, zögern.
Strauch → Busch.
Strauchdieb Buschklepper. → Bauernfänger, Betrüger, Dieb.
straucheln abweichen, ausgleiten, bankrott, bewegen sich, blamieren, brechen das Gesetz, bringen es nicht weit, einknicken, entgleisen, fallen, freveln, scheitern, stolpern, sündigen. ▸ fest stehen • standhaft bleiben • sich fangen.
Sträucher Buschwerk, Dickicht, Gebüsch, Gesträuch, Röhricht, Unterholz.
Strauß → Busch, Kampf, Plänkelei, Schmuck, Streit, Tier.
Strebe → Balken, Stütze.
Streben Trieb, Eifer, Beflissenheit, Geflissenheit, Unruhe, Beweglichkeit, Neugierde, Betriebsamkeit, Forschungstrieb oder -eifer, Wissensgier, Fleiß, Tatendrang

oder -lust, Schaffensfreude, Regsamkeit, Strebsamkeit, Unternehmungsgeist, Tatkraft, Lust und Liebe, Wetteifer, Begeisterung, Tüchtigkeit • Sucht, Hang, Neigung, Gefallen, Wille, Begehr, Verlockung, Sehnsucht, Verlangen, Regung, Vorliebe, Leidenschaft, Besessenheit, Hunger • Habsucht, Habgier, Geldgier. → Absicht, Anstrengung, Anteil, Begierde, Begriffsscheidung, Beharrlichkeit, Bemühung, Bestreben, Betrachtung, Bewerbung, Drang, Ehrgeiz, Fleiß.
▸ (Faulheit), Willensschwäche.

streben forschen, hinzielen, schaffen, bezwecken, vorhaben, wünschen, planen, unternehmen, beabsichtigen • suchen, neigen, gedenken, sich plagen, fleißig sein, sich eindrillen, lernen, pauken, arbeiten, erstreben. → abmühen, bewerben sich.
▸ faul (sein), unterlassen, (beschaulich/kontemplativ) leben.

Streber Pauker, Büffler, Ochser, Schaffer, Wühler, Lerner, Schufter, Unternehmer • Schüler.
▸ Faulenzer, Leichtfuß • Lebenskünstler.

streberhaft lernbegierig, paukend, strebsam, beharrlich, arbeitswütig, beflissen, pflichtbewusst, ehrgeizig.
▸ träge.

strebsam rührig, beflissen, tätig, fleißig, erpicht, schaffig, wissbegierig, aufmerksam, unternehmend, vorwärts drängend, eifrig, regsam, betriebsam, ehrgeizig, unermüdlich, forschend. → ehrgeizig, schaffig.
▸ träge.

Strebsamkeit → Arbeitslust, Eifer, Fleiß.

streckbar → biegsam, dehnbar, weich.

Strecke → Abschnitt, Abstand, Bahn, Entfernung, Geleis, Schiene, Teil.

Strecke bringen, zur → besiegen.

strecken ausdehnen, ausweiten, verbreitern, auswalzen, ausbreiten, aufblähen • wachsen, entwickeln, in die Höhe schießen • verlängern, in die Länge strecken, Speise ausgiebiger machen, Vorrat ausnutzen, verdünnen, panschen, verwässern. → ausdehnen, dehnen, erstrecken sich, recken sich.
▸ stauchen, zusammenziehen, pressen.

Streckung → Ausdehnung, Dehnung, Erstreckung.

Streich → Albernheit, Beleidigung, Bewegungstrieb, Coup, Farce, Gewaltstück, Narretei, Scherz, Schlag, Schlauheit, Schwank, Stoß, Strafe, Streiche, Tat, Übel.

Streich, dummer Quinte.

Streiche Faxen, Torheiten, Eseleien, Blödsinn, Gicksgacks, Albernheiten, Possen, Scherze, Flausen, Schelmereien, Übermut, Narreteien, Schnurren, Narrenpossen, Hanswurstereien, Possenreißereien, Eskapade. → Strafe, Unsinn.
▸ Belohnung, Ernst.

streicheln → liebkosen.

streichen auslassen, weglassen, fortlassen, beseitigen, ausmerzen, ausradieren, durchstreichen, kürzen, beschränken • tilgen, löschen, auswischen, abtragen, bezahlen • glatt streichen, ebnen, glätten, ausgleichen, verstreichen • weißen, anstreichen, tünchen, verdrängen, von der Liste streichen, nicht mehr einladen, entlassen, kündigen. → ablassen, anstreichen, streifen.
▸ hinzufügen, rauen.

streichfähig weich, schmierbar.

Streichung → Entfernung, Rückzahlung.

Streifen Stück, Strich, Länge, Linie, Maser, Ader, Faser, Band, Strang • Verzierung, Ausschmückung, Abzeichen, Litze, Raupe, Orden • Feldstreifen, Gendarm. → Litze.
▸ zusammenstoßen.

streifen anstoßen, anecken, anrempeln, fühlen, in Berührung kommen mit • gehen, umherstreifen, durchwandern, durchstreifen, abpirschen, umherschlendern, durchkreuzen, durchqueren • färben, bemalen, stricheln, bemustern, besprengen. → bewegen sich.
▸ entfernt halten sich, stillstehen.

streifig → gestreift.

Streifzug → Abstecher, Angriff, Ausmarsch, Durchzug, Partie, Razzia, Reise, Wanderung.

Streik Einstellung, Stockung, Stillstand, Arbeitseinstellung, Arbeitsniederlegung, Versäumnis, Abbruch, Weigerung, Kündigung • Auflehnung, Widerstand, Empörung, Putsch, Auflauf, Trotz, Gehorsamsverweigerung, Aufsage, Widersetzlichkeit, Geldforderung, Lohnerhöhungsforderung • Hungerstreik, Sitzstreik. → Angriff, Auflauf, Auflehnung, Bedrohung, Chaos, Demonstration.
▸ Arbeitslust, Gehorsam, Unterwerfung.

streiken sich widersetzen, trotzen, den Gehorsam verweigern, die Arbeit niederlegen, sich empören, aufmucken, Ansprüche stellen, aufkündigen, nichts mehr tun, Forderungen stellen, sich erheben, sich auflehnen, aufhören, einhalten, einstellen. → bunt zugehen, meutern, rebellieren, revoltieren.
▸ arbeiten, gehorchen, unterwerfen • weiterarbeiten.

Streit Handgemenge, Misshelligkeit, Prügelei, Stänkerei, Scharmützel, Prozess, Spannung, Streiterei, Reiberei, Händel, Schlägerei, Keilerei, Holzerei *u*, Tanz *u*, Mord und Totschlag, Gezänke, Gekeife, Friedensstörung, Rauferei, Hader, Szene, Zank, Strauß, Kontroverse, Familienzwist, Feindschaft, Feindseligkeit, Balgerei, Skandal • Wortstreit, Wortwechsel, Disput, Wortgefecht, Polemik, Wortkrieg, Streitfrage, Debatte • Wettstreit, Konflikt, Konkurrenz, Putz *u*, Rammelei *u*. → Auseinandersetzung, Aussprache, Debatte, Disput, Duell, Entzweiung, Fehde, Feindschaft, Kampf, Plänkelei, Reibung, Szene, Zwietracht.
▸ Versöhnung.

Streit begraben, den aussöhnen sich, beilegen, bereinigen, einlenken, Frieden schließen, schlichten, versöhnen.

Streitaxt Tomahawk.

streitbar → diskutierbar, feindlich, martialisch.

Streitbold → Dickkopf, Eiferer, Fanatiker, Raufbold.

streiten raufen, stänkern, sich schlagen, sich hauen, reiben, Händel suchen, krakeelen, liegen sich in den Haaren, hadern, beunruhigen, sich anfeinden, sich bekriegen, sich überwerfen, sich nicht leiden können, zanken, ringen, kämpfen, aneinander geraten, sich befeinden, sich befehden, einen Streit entfesseln, einen Streit vom Zaun brechen, anbinden, sich in die Haare geraten, sich an die Köpfe kriegen, sich in die Wolle geraten, sich mit jemandem haben *u* • disputieren, debattieren, polemisieren, sich ereifern für, diskutieren. → austragen, balgen, ballen, befehden, belfern, besprechen, beunruhigen, beuteln, brechen den Frieden, brechen mit, debattieren, diskutieren, disputieren, kämpfen, ringen, verteidigen. ▸ friedlich bleiben • versöhnen sich.

Streiter → Dickkopf, Eiferer, Fanatiker, Kämpfer.

Streitfall → Prozess, Streit, Zwiespalt.

Streitfrage → Problem, Zwietracht.

Streitgespräch Schlagabtausch *u.* → Auseinandersetzung, Debatte, Diskussion, Erörterung, Streit.

Streithahn → Dickkopf, Draufgänger, Eiferer, Fanatiker, Raufbold.

streitig → bissig, dahingestellt, diskutierbar, feindlich, kampfbereit, kratzig.

Streitigkeit → Auseinandersetzung, Bruch, Debatte, Differenz, Disput, Streit, Zwietracht.

Streitmacht → Heer.

Streitsache → Auseinandersetzung, Prozess, Streit.

Streitschrift Diatribe, Pamphlet.

Streitsucht Zanksucht, Zankteufel, Händelsucht, Kampfgelüste, Streitgelüste, Hadersucht, Geifersucht, Radaulust, Hetzerei, Bissigkeit, Rechthaberei, Unnachgiebigkeit, Angriffslust, Zornmut, Gärung, Wut, Grimm, Gehässigkeit, Gereiztheit, üble Laune. → Wut, Zwietracht. ▸ Versöhnlichkeit.

streitsüchtig → arglistig, bissig, feindlich, kampfbereit, kämpferisch, kratzig, rechthaberisch, wütend.

streng drakonisch, gewissenhaft, nachdrücklich, spartanisch, hart, martervoll, kurz und bündig, streng, stahlhart, lieblos, unter Fuchtel haltend, unbeugsam, ernst, unnachgiebig, bestimmt, energisch, unbedingt, rücksichtslos, herrisch, entschieden, kategorisch, eisern, hartnäckig, mitleidlos, unnachsichtlich, barsch, unbarmherzig • gerecht, sachlich, vorurteilsfrei • bitter, herb, salzig. → ausschließlich, bärbeißig, bemüßigt, buchstäblich, despotisch, diktatorisch, einschneidend, energisch, ernst, ernstlich, felsenhart, fest, radikal, rechtschaffen, schonungslos. ▸ mild, nachgiebig.

streng geheim topsecret.

streng, sehr scharf *u.*

Strenge Härte, Hartherzigkeit, Lieblosigkeit, Machtspruch, Machtwort, Nachdrücklichkeit, Rauheit, Recht des Stärkeren, Grausamkeit, Säbelgerassel, Schärfe, Gewalt, Schonungslosigkeit, Schreckensherrschaft, Unerbittlichkeit, Unerschütterlichkeit, Unnachsichtigkeit • Zucht, Disziplin, Genauigkeit, Amtsmiene. → Bärbeißigkeit, Energie, Rechtschaffenheit. ▸ Milde, Nachgiebigkeit.

strenggläubig → orthodox.

Stress Anspannung, Anstrengung, Druck, Körperalarm. ▸ Entspannung, Erholung.

Stressauslöser Stressfaktor, Stressor.

Stresshormon Adrenalin.

streuen verstreuen, zerstreuen, ausstreuen, umherstreuen, ausbreiten, säen, aussäen, verteilen, bestreuen. ▸ anhäufen, konzentrieren, sammeln, zentrieren.

streuen, Sand in die Augen → täuschen.

Streugemeinde Diaspora.

Streuherd (einer Infektion) Fokus.

Streulicht diffuses Licht.

streunen herumstreunen, herumstrolchen, herumtreiben sich, umherschweifen • scharwenzeln *u.*

Streuung → Verbreitung.

Streuwirkung Sprengwirkung, Ausbreitung, Verteilung, Geschützweite, Verbreitungsweite.

Strich Gerade, Federstrich, Zeichen, Merkzeichen, Unterstreichung, Strichelung, Bleistiftstrich • gegen den Strich gehen, etwas zuwider sein, nicht mögen, gegen die Absicht • in einem Strich, ununterbrochen, dauernd, laufend, anhaltend • nach Strich und Faden, tüchtig, sehr. → Linie. ▸ Punkt.

Strich durch die Rechnung machen, einen durchkreuzen, verhindern.

Strich unter die Rechnung aufhören, nachlassen, beenden, ablassen, Schluss machen, ein Ende machen, einen Rückzieher machen, etwas aufgeben, etwas streichen • vergessen, begraben, Verzeihung. ▸ nachtragen, Strich haben auf dem.

Strich ziehen, einen → abbrechen.

Striche ziehen linieren.

stricheln schraffieren, abschatten, schattieren, abschattieren, streichen, pinseln, malen, ausmalen.

Strichgewerbe horizontales Gewerbe, Prostitution.

Strichpunkt Semikolon.

strichweise örtlich, partiell.

Strick → Ausbund, Band, Bandit, Bindemittel, Bindfaden, Schlawiner, Seil, Strafe.

Strick drehen, einen hereinlegen, hintergehen, eine Grube graben, aufs Glatteis führen, übers Ohr hauen, jemanden gefährden, überlisten, zum Narren halten, einen drankriegen, Sand in die Augen streuen, täuschen. ▸ helfen.

stricken handarbeiten, arbeiten, durchstechen, verschlingen, aneinander reihen, schlingen ineinander schlingen, winden, verflechten, ineinander fügen. ▸ aufwickeln.

Striegel Kardätsche.

striegeln → ausbürsten, bürsten, putzen.

strikt → bemüßigt, bestimmt, energisch, genau, streng.

Strippe → Band.

strittig → diskutierbar.

Strohblume Immortelle.

Strohdach → Bedeckung.

strohdumm → dumm.

Strohkopf → Banause, Dummerian, Dummkopf.

Strohmann → Behelf, Doppelgänger, Dummkopf, Ersatz, Unwichtigkeit.

Strolch → Arbeitsunfähiger, Ausbund, Bandit, Betrüger, Dieb, Faulpelz, Schlawiner.

strolchen → beschäftigungslos,

betteln, entziehen sich der Arbeit, flanieren, gehen müßig.
Strom → Bewegung, Strömung, Überfluss, Wasser.
Strom, elektrischer Saft *u.*
Strom schwimmen, gegen den entgegenhandeln, entgegenwirken, widerstreben, nicht alles mitmachen, anders tun als die Mitwelt, sich nicht treiben lassen, sich entgegenstellen. ▸ helfen, mitmachen, treiben lassen sich.
stromabwärts → abwärts, bergab.
stromauf → aufsteigend, bergauf.
stromaufwärts → aufsteigend, aufwärts, bergauf.
strömen → bewegen sich, durchlaufen, emporquellen, ergießen sich, fließen, quellen, rauschen.
Stromer → Bandit, Dieb, Lump, Schlawiner.
stromern bummeln, umherschweifen, herumgeistern, sich herumtreiben, umherziehen, walzen, herumstreichen. → streichen. ▸ arbeiten, bleiben.
Stromerzeuger Dynamo, Generator.
stromlinienförmig schnittig, strömungsgünstig, winderprobt, elegant.
Strommessgerät z.B. Amperemeter, Galvanometer, Voltameter.
Stromsammler Akkumulator, Konduktor.
Stromschnelle Katarakt, Gefälle, Fall, Wasserfall, Gießbach, Wildbach, Wasserstrahl, Erguss • Gefährlichkeit.
Stromspeicher → Batterie.
Stromstoßbehandlung Elektrotherapie.
Strömung Lauf, Strom, Bewegung, Hochflut, Gang, Gegenströmung, Stromlauf, Richtung, Wasserdruck, Golfstrom, Fluss, Zustrom, Wasser, Gewässer, Wallung, Springflut, Strudel, Wirbel, Wellen, Schaumkrone, Kielwasser, Drift • Zeitströmung, Mode, Zeitstil. → Bahn, Bewegung, Erguss, Flut. ▸ Stillstand.
Strömungsmesser Rheometer.
Strophe Gedichtabschnitt, Verseinheit.
strotzen → aufblühen, blähen, Damm sein auf dem, erstarken, florieren, gedeihen, prunken, triefen.
strotzend prahlerisch, prunkend, großtuerisch, dicktuerisch, aufgebläht, aufgeplustert, geldprotzig. → dick, dickwanstig, gesund, stark. ▸ bescheiden, dünn.
strubbelig haarig, struppig, unfrisiert, zerzaust, zottig.
Strudel → Auflauf, Brandung, Chaos, Cyklon, Strömung, Verwirrung.
strudeln → emporquellen, fließen, quellen, schäumen.
Struktur Gestaltung, Schichtung, Anordnung, Aufbau, Formung, Zusammensetzung, Lagerung, Gefüge, Wesen, Beschaffenheit, Bildung, Bau, Grundform, Einrichtung, Gebilde, Zusammenstellung. → Anordnung, Aufbau, Aussehen, Bildung, Figur.
strukturlos amorph.
Strumpfband → Band, Bindemittel.
strunzen → prahlen.
struppig → borstig, räudig, rau.
Stube → Zimmer.
Stube, kleine Käfterchen *u.*
Stubenhocker Ofenhocker, Bücherwurm, Sterngucker, Brillenschlange, Eckenhocker, Schulmeister, Zurückgezogener, Einzelgänger.
Stück Exemplar, Muster, Teil, Bruchstück, Bruchteil, Schnitte • Fass • Bodenstück, Grundstück, Landstück, Wingert • Theaterstück, Bühnenstück, Bühnenwerk, Charakterstück, Rührstück. → Abschnitt, Anteil, Ausfertigung, Ausläufer, Batzen, Bruchstück, Darbietung, Dependance, Dosis, Fetzen, Klotz, Teil. ▸ Ganzes.
Stückakkord → Akkord.
Stuckarbeit Stuckatur.
Stücke gehen, in auseinander brechen, brechen, kaputtgehen, zerbrechen, zerfallen.
Stücke schlagen, in → zerstören.
Stückkauf Spezieskauf.
stückeln anstückeln, einsetzen, ansetzen, flicken, verbinden, hinzufügen, zusammenstellen, zusammennähen, überbrücken, einnähen, zusammensetzen. → trennen.
Stücken, aus freien → freiwillig.
Stücklohn → Bezahlung.
stückweise teilweise, bruchstückweise, ruckweise, geteilt, fragmentarisch, unterbrochen, lückenhaft, unbeständig, unstet, unverbunden • unvollständig, nicht fertig. → einerseits, ruckweise, teilweise. ▸ immerfort, zusammenhängend.
Stückwerk → Bruchstück, Chaos, Fehler, Mangelhaftigkeit, Stümperei, Unwert.
Student Hochschüler, Hörer, Akademiker, Fuchs, Bursche, Korpsbruder, Burschenschaftler, Farbenträger, Werkstudent, Seminarist, Kandidat, Prüfling, Schüler, Gymnasiast, Abiturient.
Studentenverbindung Korporation, Korps.
Studentenverzeichnis Matrikel.
Studie → Bild, Skizze.
Studienanstalt → Anstalt, Institut, Schule.
Studienbeihilfe Stipendium.
Studienberater Tutor.
Studienhalbjahr Semester.
studieren → Acht geben, begrübeln, beikommen, beobachten, beschäftigen, besinnen sich, denken, erlernen, lernen, pauken, überlegen, verfolgen.
studiert → belesen.
Studio → Anstalt, Atelier.
Studium → Anstrengung, Arbeit, Aufmerksamkeit, Begriffsscheidung, Bemühung, Betrachtung, Erkenntnis, Mühe, Wissenschaft.
Stufe Sprosse, Staffel, Staffelung, Abstufung, Reihe, Grad, Klasse, Stufengang, Stufenleiter, Speiche, Stiege, Leiter, Treppenstufe, Auftritt, Trittbrett, Trittling • Altersstufe, Rangstufe, Stellung, Posten, Platz. → Abschnitt, Ebene, Grad, Steigung, Treppe.
Stufenfolge Gradation, Progression, Skala.
Stufengestell Etagere.
Stufengründung Sukzessivgründung.
Stufenleiter → Aufeinanderfolge, Stufe, Zusammenhang.
stufenweise stufenartig, geordnet, abgestuft, abteilungsweise,

gruppenweise, rangweise, abgeteilt, graduell, hintereinander. → allmählich, chronologisch.
▸ gleichzeitig, plötzlich, ungeordnet.
stufenweise steigern eskalieren.
Stuhl Sessel, Schaukelstuhl, Sitzgelegenheit, Sitzplatz, Klavierstuhl, Ruhemöbel, Hocker, Liegestuhl, Küchenstuhl, Großvaterstuhl, Ohrenstuhl, Ruhestätte, Lehnstuhl, Fauteuil. → Bank.
▸ Tisch.
Stuhlgang → Entleerung.
Stuka → Fahrzeug (Luft-).
Stuckatur → Anstrich, Bedeckung, Schmuck.
stülpen vorstülpen, wenden, umkehren, umwenden, umstülpen • aufsetzen, aufstülpen.
stumm → bebend, erstarrt, schweigsam, stimmlos, verwundert.
▸ sprechend • beredt • geschwätzig.
Stummel Rest, Übriges, Überrest, Stumpf, Ende, Stoppel, Stumpel, Rückstand • Zigarrenstummel, Zigarettenstummel, Kippe.
▸ Ganzes.
stummer Darsteller Komparse, Statist.
Stummheit Schweigsamkeit, Stimmlosigkeit, Sprachlosigkeit, Lauflosigkeit, Stille, Schweigen, Ruhe, Stillschweigen, Redescheu, Verschwiegenheit. → Ruhe, Verwunderung.
▸ Lärm, Redseligkeit, Stimme.
Stümper → Banause, Dilettant, Dummerian, Dummkopf, Nichtskönner, Pfuscher.
Stümperei Schmiererei, Kitsch, Geschmier, Flickwerk, Sudelei, Gehudel, Gekleckse, Krakelei, Ungeschicklichkeit, Pfuschwerk, Halbheit, Stümperhaftigkeit. → Blamage, Darstellung unrichtige.
▸ Meisterschaft.
stümperhaft → erfahrungslos, falsch, schweinemäßig, ungeschickt.
stümpern → blamieren, hudeln.
Stumpf → Bruchstück, Stamm, Stummel.
stumpf → abgedroschen, abgeschmackt, abgestumpft, betäubt, dickhäutig, dumpf, dumpf brütend, eingetrichtert, faul, maschinenmäßig, unempfindlich.
▸ scharf, spitz.
Stumpf und Stiel, mit → A bis Z, A und O.
Stumpfheit → Abspannung, Betäubung, Blödigkeit, Koma, Gefühllosigkeit, Schwerfälligkeit, Seichtheit.
stumpfmachen mattieren.
Stumpfsinn → Beharrlichkeit, Betäubung, Blödigkeit, Dummheit, Langeweile.
stumpfsinnig → dumm, geistesgestört, langweilig, schwachsinnig.
Stunde, zur → augenblicklich, derzeit.
stunden abwarten, zuwarten, aufschieben, einstellen, befristen, verlängern, Zeit geben, stillhalten, Frist setzen. → aufschieben, datieren.
▸ drängen, bezahlen.
Stundenglas → Sanduhr.
Stundenkilometer Sachen *u.*
stundenlang → lang.
stündlich → beständig, oft.
Stundung Fristung, Moratorium, Frist, Zahlungsfrist, Aufschub, Unterbrechung, Einstellung, Wartezeit, Gestundung. → Bedenkzeit.
▸ Bezahlung, Knall und Fall.
Stunk Auseinandersetzung, Hader, Reiberei, Schtonk, Streit, Zank, Zerwürfnis.
stupend eindrucksvoll, erstaunlich, ungeheuer.
stupfen anstoßen, schubsen.
stupid → albern, dumm.
Stups → Anprall, Stoß.
stur verbohrt, verrannt, engstirnig, verschroben, verkappt, fanatisch, unduldsam, intolerant, unzugänglich, unnachsichtig, unnachgiebig, hartnäckig, starr, stier • dickfellig, ungeschlacht, rücksichtslos, derb, grob, brutal. → fanatisch.
▸ rücksichtsvoll, tolerant, anpassungsfähig, beweglich.
Sturheit Dickköpfigkeit, Eigensinn, Eigenwilligkeit, Halsstarrigkeit, Starrheit, Störrischkeit, Trotz, Verbohrtheit.
Sturm Orkan, Schneesturm, Blizzard, Hurrikan, Wirbelsturm, Tornado, Windhose, Bö, Sturmwind, Ungewitter • Brausen, Heulen, Krachen, Lärmen • Sturmangriff, Erstürmung, Überfall • Leidenschaftlichkeit, Glut, Erregtheit, Siedehitze, Wut, Erregung. → Aufruhr, Chaos.
▸ Windstille.
stürmen toben, rasen, wüten, blasen, wehen, winden, rauschend, krachen, sausen, brausen. → angreifen, beschießen, beschleunigen, blasen, erstürmen, heranstürzen.
▸ verteidigen, zurückweichen, (windstill sein).
Stürmer → Himmelsstürmer, Kämpfer.
stürmisch wehend, windig, böig, blasend, rauschen, luftig, heftig, zugig, tobend, tosend, lärmend • schnell, jählings, überhetzt, übereilt, eilig, vorschnell • hitzig, gereizt, leidenschaftlich, aufgeregt, erregt. → aufgebracht, begeistert, einemmal mit, Fassung verlieren die, gewaltsam, heftig, hitzig, leidenschaftlich, plötzlich.
▸ regungslos, windstill.
Sturmlauf Schnelligkeit, Geschwindigkeit, Hurtigkeit, Flinkheit, Raschheit, Schnelllauf, Eile, Hetzjagd, Lauf, Hetze, Rennerei, Raserei, Übereilung, Galopp. → Blitz.
▸ Langsamkeit.
sturmreif → fertig.
Sturmvogel Albatros.
Sturmwind → Sturm.
Sturz Fall, Rutsch, Absturz, Umsturz, Zusammenbruch • Verfall, Verderben, Zerstörung, Leere, Einsturz, Zusammensturz, Unglück, Übel • Umkehrung, Umstülpung • Misserfolg, Schaden, Fehlschlag, Niete, Hereinfall, Kladderadatsch *u*, Fehltritt • Absetzung, Enthebung, Regierungssturz • Schwanz. → Bewegung, Einsturz, Fall.
▸ Aufbau, Aufstieg, Erfolg, Erhebung, Errichtung.
Sturz, tiefer Sause *u.*
stürzen absetzen, abschaffen, beseitigen, umstoßen, aussatteln, kündigen, kalt stellen • umstülpen, umkehren, umwenden • fallen, ausgleiten, niederhauen, hinschlagen, ausrutschen. → abfallen, absacken, ausgleiten, fallen, rutschen.
▸ aufsteigen, gelingen.
Stuss → Farce, Faselei, Unwichtigkeit.
Stütze Balken, Strebe, Stützpunkt, Stützwerk, Halter, Träger, Sockel, Konsole, Gestell, Pfeiler, Stützstein,

Ruhepunkt, Grundlage, Gerippe, Geländer, Lehne. → Anhaltspunkt, Aushilfe, Balken, Behelf, Beihilfe, Bein, Beistand, Bock, Diener, Dienstleistung, Diwan, Gestell, Grundlage, Halt, Hilfsstellung, Rückhalt.
▸ Beeinträchtigung, Behinderung.

Stutzen → Büchse.

stutzen → ängstigen, ausschneiden, bangen, befürchten, behauen, beschneiden, dezimieren, erschrecken, Flügel beschneiden die, fürchten, staunen, zögern.
▸ (schnell) reagieren.

stützen pfählen, unterstützen, tragen, unterstellen, unterbauen, anlehnen, abstützen, aufstützen, verstreben, riegeln, unterlegen • helfen, trösten, beistehen. → ausharren, basieren, beispringen, bugsieren, lehnen sich, ruhen.
▸ behindern, fallen lassen.

stützen, sich sich anlehnen, aufstützen, ruhen, sich zurücklehnen, sich betten • vertrauen, zutrauen, glauben, hoffen, erwarten. → lehnen sich.
▸ aufrecht (stehen), misstrauen.

Stutzer feiner Pinkel *u.* → Dandy.

stutzerhaft → erkünstelt.

stutzig → argwöhnisch, baff, Donner gerührt vom, erstarrt, verwundet.

stutzig machen befremden, denken geben zu, irritieren.

stutzig werden → befürchten, überrascht, verwundert.

Stützpunkt Ruhesitz, Abstützung, Auflage, Unterlage, Bettung, Sockel, Unterteil, Grundmauer, Grundbau • Anfangspunkt, Ansatzpunkt, Schwerpunkt, Anhalt • Truppenstützpunkt, Festung. → Anhaltspunkt, Bein, Stütze.

Stützwerk → Pfahlwerk, Stütze, Stützpunkt.

subaltern → ranglos, untergeordnet.

Subjekt Mensch, Person, Kreatur • Gegenstand, Satzgegenstand • Verkommener, Beleidigung, Verachtung, Schimpfwort. → Bewusstsein, Mensch.
▸ Edelmensch • Objekt.

subjektiv persönlich, seelisch, innerlich, gefühlsbetont, vom Ich aus gesehen • einseitig, vorurteilsvoll, beeinflusst, unfrei, unsachlich, parteiisch.
▸ objektiv, unparteiisch, unpersönlich.

Subordination → Unterwerfung.

Substanz Hauptbestandteil, Kern, Materie, Stoff, Stofflichkeit, Urgrund, Bestand, Masse, Wesenheit, Vermögen, Körper, Etwas, Gegenstand, Ding, Quintessenz, Zugrundeliegendes, Bestandteil, Zeug. → Bestand, Ding, Etwas, Gehalt, Gewebe, Inhalt, Masse, Quintessenz.
▸ Äußerlichkeit, Illusion, Nichts.

substanzlos quallig *u.*

subtanziell → anwesend, dinghaft, fassbar, gegenständlich, handgreiflich, lebendig, leibhaftig.

subtil zart, fein, sorgsam • spitzfindig, verschlagen, tückisch, gerieben, raffiniert, hinterlistig, schwierig. → bedächtig, genau.
▸ aufrichtig, grob, unverbogen.

subtrahieren abziehen, ausschließen, ausschalten, dezimieren, abrechnen, vermindern, verringern, abstreichen.
▸ hinzufügen.

Subtraktion → Abzug.
▸ Addition.

Subvention Beihilfe, Unterstüzung, Zuwendung.
▸ Steuer.

Suche → Ausforschen, Umfrage.

suchen fahnden, nachgehen, nachschlagen, nachsuchen, ergründen, sondieren, nachforschen, aufsuchen, aufspüren, raten, erkunden, erschließen, durchstöbern, erfragen, ausspionieren, schwärmen *j* • wünschen, herbeisehnen, versessen sein auf, haben wollen, trachten nach, erpicht sein auf, sich bewerben • spüren *j*, fährten *j*, abfährten *j*. → ausforschen, durchforschen, durchsuchen, erforschen.
▸ finden, auffinden, entdecken, enthüllen, herausfinden • erfinden • verstecken.

Suchender → Antragsteller, Kandidat, Suchender.

Sucher Forscher, Begehrer, Forderer, Heischer, Begehrernatur, Sammler, Bewerber, Nachforscher, Kundschafter • Lupe, Rahmensucher, Bildsucher.

Suchgerät Sonde.

Sucht → Laster, Manie, Wunsch.

süchtig abhängig, gierig, hörig, manisch, verfallen.

süchtig auf geil auf.

süchtig, nicht mehr clean.

Suchtmittel Betäubungsmittel, Droge, Rauschgift, Stoff.

Sudelei Geschmier, Gehudel, Gekleckse, Unsauberkeit, Schmutzigkeit, Kritzelei, Flickwerk, Schmiererei. → Gekritzel, Stümperei.
▸ Deutlichkeit, Fertigkeit.

sudelig → dreckig, hässlich, unsauber.

sudeln schmieren, klecksen, beflecken, beschmutzen, verdrecken, beschmieren, besudeln, pfuschen, schnuddeln, stümpern • schlecht kochen. → hudeln.
▸ können, säubern.

Südseetourismus die 3 S (Sonne, Strand, Sex) *u.*

Suff Besäufnis, Alkoholsucht.

süffig → appetitlich, gut.

süffisant herablassend, selbstgefällig, spöttisch, überheblich, Überlegenheit zur Schau tragend.

suggerieren → bearbeiten, beeinflussen.

Suggestion → Anziehung, Bann, Beeinflussung, Unfreiheit.

suggestiv eindringlich, überzeugend, zwingend.
▸ überzeugend.

suhlen → wälzen.

Sühne Sühnung, Aussöhnung, Versöhnung, Genugtuung, Rechtfertigung, Vergeltung, Befriedigung • Strafe, Ersatz, Entschädigung, Schmerzensgeld, Schadenersatz, Sühnegeld, Loskauf, Tilgung, Entschuldigung, Abbitte • Buße, Bußübung, Sühneopfer. → Aussöhnung, Buße, Opfer.
▸ Reuelosigkeit, Schuld, Vergehen.

sühnen gutmachen, Ersatz leisten, ersetzen, abtragen, austilgen, entschädigen, sich loskaufen, wettmachen, ausbaden, auslösen, abbüßen, sich reinigen, sich läutern, wallfahren, sich kasteien. → abbüßen, ausbaden, begleichen, bekennen, bereuen, büßen, gutmachen wieder.
▸ vergehen sich, verhärten sich.

sühnend → bußfertig.

Sühnopfer → Brandopfer, Sühne.

Sühnung → Brandopfer, Buße, Sühne.

Sujet → Gegenstand.
Sultanspalast/-sitz Serail.
Sülze Aspik, Gelee.
summarisch zusammengefasst, abgekürzt, rund, gedrängt, kurzerhand, allgemein, bündig, in Bausch und Bogen. → alles, ausnahmslos.
▸ einzeln.
Summe Ganzes, Alles, Gesamtbetrag, Gesamtheit, Masse, Menge • Ergebnis, Endsumme, Schlusssumme, Gesamtzahl. → Geld.
▸ Bruchteil.
summen zirpen. → anstimmen, brausen, dämpfen die Stimme, singen.
Sumpf Moor, Morast, Moos, Gewässer, Luch, Watt, Brühl, Bruch, Pfuhl, Fenn, Kolk, Tümpel, Ried, Schlick, Brackwasser, Polder. → Bruch, Pfuhl.
▸ Steppe.
Sumpfbiber Nutria.
Sumpfgas Methan.
sumpfig feucht, schlammig, modrig, matschig, dumpfig, morastig, schmutzig, klebrig, weich, moorähnlich, quatschig *u.*
▸ trocken.
Sumpfland Fenn.
Sumpfwiese Loh.
Sund → Bai, Becken, Bucht.
Sünde Delikt, Demoralisation, Fehltritt, Laster, Schuld, Untugend.
Sündenbekenntnis → Beichte.
Sündenbock → Prügelknabe.
Sündenregister → Schuld.
Sündenvergebung Absolution.
Sünder Bösewicht, Schuldner, Täter, Übeltäter, Sündenbock, Schädling, Verbrecher, Frevler, Freveltäter, Gotteslästerer, Ungerechter, Götzendiener, Unfrommer, Untugendsamer, Galgenvogel, Gefangener, Sträfling. → Frevler.
▸ Tugendspiegel.
sündhaft → arg, böse, charakterlos, diabolisch, lästerlich, niederträchtig, sündig.
sündig sündhaft, gottlos, schuldig, frevelhaft, unrecht, verbrecherisch, schuldbeladen, hart gesotten, schlecht, schlimm, unfromm, gottverlassen, sündlich, gotteslästerlich. → arg, böse, diabolisch, schlecht.
▸ keusch, tugendhaft, unschuldig.
sündigen zu Fall kommen, fehlen, versumpfen, dem Laster verfallen, die Gebote übertreten, sich vergehen, abirren, einen Fehltritt tun, Böses tun, entgleisen, ausgleiten, den Weg allen Fleisches gehen, vom Weg der Tugend abweichen. → ausgleiten, begehen, bunt zugehen, fehlen, freveln.
▸ tugendhaft (sein), Wässerchen trüben kein.
sündlos → unschuldig.
super erstklassig, großartig • äußerst, über, ober, darüber, übergenug, mehr als genug, viel, über und über.
▸ minder, normal, wenig.
Superlativ Gipfel, Spitze.
Supermann Held, He-man, Überflieger, Vollmann.
superschlau genial, überklug.
Suppe → Brühe, Speise.
Suppe aus Resten Rumfutsch *u.*
Suppe, dünne Plempe *u.*
Suppenbrühe → Brühe, Speise.
Supplement → Beifügung.
Support Werkzeugträger, Stütze, Unterlage.
surren drehen, sich bewegen • tönen, lärmen, gurren, rauschen, rattern, glucken, knurren, schnurren, knarren, reiben, schaben, schwirren.
▸ stillstehen, verstummen.
Surrogat → Abklatsch, Aushilfe, Ersatz.
suspekt → verdächtig.
suspendieren aufheben, aufschieben, zeitweise einstellen, vertagen, unterdrücken • des Amtes entheben, absetzen, entlassen, kündigen, abschaffen, verabschieden, abberufen, pensionieren. → abhauen.
▸ einsetzen.
suspendiert → arbeitslos.
Suspendierung → Abbau, Amtsabtretung, Arbeitsunfähigkeit.
süß zuckrig, überzuckert, gesüßt, honigsüß, verzuckert, süßlich, kandiert, zuckersüß. → angenehm, anmutig, auserlesen, scharmant, delikat, entzückend, köstlich, reizend.
▸ bitter, salzig, sauer, herb, trocken.
süßen zuckern, verzuckern, überzuckern, versüßen, kandieren, bestreuen, süß machen, würzen.
▸ versalzen.
süßfreundlich → aalglatt.
Süßholz raspeln → schmeicheln.
Süßigkeit Leckerei, Bonbon, Kandiszucker, Konfekt, Süßes, Süßspeise, Süßstoff, Verzuckerung, Überzuckerung, Zuckerzusatz, Zucker, Honig, Zuckerwerk, Schleckerei, Backwerk, Waffeln, Kuchen, Plätzchen, Pralinen, Schokolade, Marzipan, Nascherei, Drops, Fondant, Karamell • Süßigkeit des Lebens, Leckerhaftigkeit, Ergötzlichkeit, Vergnüglichkeit. → Konfitüre, Torte.
▸ Säuerlichkeit.
Süßkartoffel Batate.
süßlich widerlich, fad, eklig, unangenehm • geziert, zimperlich, gespreizt, aalglatt, zu höflich. → süß.
▸ salzig, säuerlich.
Sutane Kutte, Ordenskleid.
sylphenhaft → ätherisch.
Symbol Sinnbild, Gleichnis, Andeutung, Bild, Zeichen, Symbolisierung • Bekenntnis. → Aar, Anspielen, Erkennungszeichen, Fahne, Kennzeichen.
symbolisch sinnbildlich, gleichnisweise, andeutungsweise, bildlich, symbolisiert. → anschaulich, tief.
▸ wirklich.
symmetrisch spiegelgleich • ebenmäßig, regelmäßig, wohlgeformt, gleichförmig, passend, wohlgestaltet, abgestimmt. → schön.
▸ asymmetrisch, ungleichmäßig.
Sympathie → Anziehung, Freundschaft, Liebe, Neigung.
▸ Abneigung, Antipathie.
sympathisch gewinnend, liebenswert, liebenswürdig, freundlich, nett, anziehend, einnehmend, ansprechend, angenehm, wohlwollend, entgegenkommend, höflich, geil *u.* → angenehm, anziehend, einnehmend.
▸ abstoßend, unangenehm.
Symptom Merkmal, Krankheitszeichen, Zeichen, Erscheinung, Verbote, Anzeichen, Kennzeichen, Vorzeichen. → Anzeichen, Zeichen.
▸ Phantom.
symptomatisch → bezeichnend.
Synagoge → Kirche.
synchron gleichzeitig, simultan.
Syndikat → Gemeinschaft, Vereinigung.
Syndikus → Anwalt.
Synode → Konclave.
Synonym sinnverwandtes Wort • Begriffsverwandtschaft,

Sinnverwandtschaft, Ähnlichkeit, Anpassung, Begriffspaar, Begriffsreihe, Doppelwort, Wortreihe. ▸ Gegensätzlichkeit.

synonym → bedeutungsähnlich, bedeutungsgleich, sinngleich, sinnverwandt.

Synopse vergleichende Gegenüberstellung/Übersicht, Zusammenfassung, Zusammenschau.

Synthese Zusammenfügung, Zusammensetzung, Verbindung, Vereinigung, Verknüpfung, Begriffsverbindung, Einbeziehung • chemischer Vorgang. → Kombination. ▸ Analyse, Antithese, Trennung.

synthetisch → künstlich.

System Lehrweise, Methode, Schnitt, Machart, Gestaltungsweise, Gliederung, Ausführungsart, Einteilung, Einordnung, Zusammenhang, Ordnung, Verfahren, Manier, Plan, Zusammenstellung, Lehrart, Lehrgang, Stil, Vorgang, Weise. → Art, Art und Weise, Bestand.

systematisch methodisch, zielgerecht, planvoll, absichtlich, wohlbewusst, sinnvoll, zusammenhängend, geflissentlich, planmäßig, berechnet, klug, wegweisend, schulgerecht, stilvoll. → A bis O, geregelt, planvoll. ▸ planlos.

Szenarium Schauplatz • Szenenfolge.

Szene Schauplatz, Bühne, Anblick, Ort, Aussicht • Akt, Aufzug, Bild, Teil, Abschnitt, Ausschnitt • Szenerie, Kulisse, Staffage • Krach, Streit, Ungewitter, Wortwechsel, Zank, Handgemenge, Auftritt. → Affäre, Streit. ▸ Versöhnung.

Szene setzen, in abwickeln, aufführen, bewerkstelligen, durchführen/-ziehen, erledigen, verwirklichen.

Szenerie → Blick, Kulisse, Szene.

szenisch → bühnengerecht.

T

Tabak Heu *u.*

Tabak, ein starker Knaster.

Tabakdose Tabatiere.

Tabakpfeife Brösel *u*, Rotzkocher *u*, (kurze T.) Sauzahn *u.*

Tabelle Liste, Aufstellung, Zusammenstellung, Sichtung, Nachweis, Verzeichnis, Tafel, Übersicht, Register, Rubrik, Übersichtstafel, Reihe. → Register.

Tablett Präsentierbrett, Servierbrett, Auftragsbrett, Speisetablett, Brett, Tasse *ö.*

Tablette Pille, Arznei.

tabu → verboten, Berührungsverbot, moralische/sittliche Schranke, Untersagung, Verbot • kein Gesprächsgegenstand.

Tadel Kritik, Pfuirufe, Predigt, Schimpferei, ein starker Tabak, Mäkelei, Nasenstüber, Nörgelei, Rüffel, Schelte, Scheltname, Vorhaltung, Vorwurf, Mahnung, Ordnungsruf, Warnung, Gardinenpredigt, Zurechtweisung, Bemäkelung, Verweis, Beschwerde, Ablehnung, Missbilligung, Anschiss *u*, Böller *u*, Deckel *u.* → Abneigung, Anstoß, Bemerkung, Ermahnung, Klage, Kritik, Maßregelung, Missfallen, Strafe. ▸ Lob, Anerkennung, Applaus, Auszeichnung, Beifall, Ehrung, Würdigung.

tadellos dufte *u*, toff *u.* → artig, auserlesen, bieder, blendend, brav, brillant, scharmant, dauerhaft, einwandfrei, erlesen, gut, ideal, tipptopp.

tadeln kritteln, mäkeln, maßregeln, Mores lehren, Marsch blasen, Stab brechen den, predigen, herabsetzen, den Standpunkt klarmachen, auf die Finger klopfen, räsonieren, die Leviten lesen *u*, den Kopf waschen, nörgeln, pfeifen, auspfeifen, rüffeln, Missbilligung bezeigen, meistern, ins Gebet nehmen, am Zeug flicken, jemandem seine Meinung sagen, vorhalten, vorwerfen, ausstellen, bemängeln, missbilligen, einwenden, kritisieren, meckern *u*, herummeckern *u*, quengeln *u*, bloßstellen, anspucken *u*, bürsten *u.* → ablehnen, anklagen, aussetzen, beanstanden, bereden, beschuldigen, bloßstellen, Dach steigen auf das, heruntermachen, Kopf zurechtsetzen den, kritteln, missbilligen, quergeln, schimpfen, schulmeistern. ▸ loben.

tadelnswert → anstößig, böse, charakterlos, niederträchtig, schlecht.

Tadelsucht → Krittelei, Tadel, Unhöflichkeit.

tadelsüchtig krittlig, schmähsüchtig, absprechend, absprecherisch, vorstellig, beißend, vorwurfsvoll, scharf, missfällig, abfällig, schneidend, bitter, streitbar, spitz, mit Lob geizend. → bärbeißig, schmähsüchtig. ▸ loben(d), preisen(d).

Tadelsüchtiger → Kritiker, Räsonierer.

Tadler → Kritiker, Räsonierer.

Tafel Fläche, Ebene, Brett, Platte, Schultafel, Schreibtafel, Schiefertafel, Board • Tisch, Back *sm*, Bankett, Festtafel, Essgelage, Festmahl • Gesetzestafel, Gedächtnistafel, Gedenktafel. → Bankett, Brett, Lage.

Tafelfreuden Schwelgerei, Festfreuden, Fressgelage, Saufgelage, Zecherei, Schlemmerei, Prasserei, Bauchdienerei, lukullische Genüsse, Feinschmeckerei • Bankett, Gastmahl, Einladung. → Feinschmeckerei. ▸ Enthaltsamkeit, Mäßigung.

Tafelland → Ebene.

tafeln → essen.

täfeln → dielen, verkleiden.

Tafelrunde Tischrunde, Gesellschaft, Stammtisch, Tischgesellschaft • Gemeinschaft, Klub, Bund, Versammlung, Zusammenschluss, Verbindung, Herrengesellschaft, Kränzchen, Kaffeeklatsch, Brüderschaft.

Täfelung → Bedeckung, Schmuck, Getäfel, Vertäfelung, Wandtäfelung, Wandverkleidung (mit Holz/Platten).

Tag Wochentag, Zeitmaß,

Termin, Zeit, Zeitraum, Zeitabschnitt, Weile, Etmal *sm* (= astr. Tag) • Tageslicht, Helligkeit, Dämmerung, Morgen, Tagesanbruch, Morgengrauen • Ehrentag, Geburtstag, Festtag, Feiertag, Namenstag • Nachmittag, Mittag • Gericht, Ding.
▸ Nacht.
Tag bringen, an den anzeigen, melden, aufdecken, in Umlauf bringen, an das Sonnenlicht bringen, an die Öffentlichkeit bringen, an die Öffentlichkeit ziehen.
▸ verschweigen.
Tag, guten → Glück, grüßen.
Tag kommen, an den offenbar werden, herauskommen.
▸ unentdeckt (bleiben), verheimlichen.
Tag leben, in den → müßig gehen, verschwenden.
Tag, schwarzer Dies Irae, Heimsuchung, Unglückstag. → Unglück.
▸ Glück, (Glückstag).
Tag zu Tag, von → anhaltend, immer, oft.
tagaus, tagein → immer.
Tagblindheit Nyktalopie.
Tagebuch Kalender • Bericht, Aufzeichnung, Mitteilung, Erinnerung, Lebenserinnerung, Lebensbeschreibung, Darstellung, Beschreibung, Erlebnisse, Schilderung, Erfahrung • Memoiren, Kriegstagebuch, Reisebericht, Reisebuch, Logbuch *sm,* Diarium. → Buch, Chronik.
Tagedieb Gammler, Nichtsnutz, Taugenichts, Eckensteher *u.* → Arbeitsunfähiger, Ausbund, Bandit, Betrüger, Bummler, Faulpelz, Maulaffe, Müßiggänger, Schlawiner.
Tagegeld → Belohnung, Entgelt, Geld.
Tagegelder Diäten.
Tagelöhner Häusler, Kuli, Peon.
tagen stattfinden, platzieren, treffen, zusammenkommen • grauen, dämmern, anfangen, beginnen, anheben, aufhellen, aufklären, hell werden. → auftauchen.
▸ abbrechen, auseinander gehen, dunkeln.
Tagesanbruch → Anfang, Dämmer, Dämmerung, Morgen.
Tagesangabe Datum.
Tagesbefehl → Ausruf, Bekanntgabe.
Tagesbericht → Bekanntgabe, Bericht.
Tagesberühmtheit → Berühmtheit, Star.
Tagesende → Abend.
Tagesgeschmack Allgemeingeschmack, Massengeschmack, Allerweltsgeschmack, Herdentrieb, Modenarrheit, Modeteufel, Zeitgeschmack, Zeitsitte. → Mode.
▸ Tradition.
Tagesordnung Programm.
Tagesverzeichnis Kalendarium, Kalender.
Tagewerk Pensum.
täglich → anhaltend, beständig, immer, oft.
Taglohn → Belohnung, Entgelt.
Taglöhner → Arbeiter, Commis.
tagtäglich → anhaltend, beständig, immer, oft.
Tagung → Besprechung, Kongress, Versammlung.
Tagungsbericht Protokoll.
Taille Körpermitte, Bauchumfang.
Takelwerk → Ausrüstung, Werkzeug.
Takt Fingerspitzengefühl, Anstand, Benehmen, Höflichkeit, Wohlerzogenheit, Bildung, Manieren, Schliff, Zurückhaltung, Schicklichkeitsgefühl, Feingefühl, Zartgefühl • Rhythmus, Wohlklang, Wohllaut, Wiederkehr, Dreivierteltakt, Zweivierteltakt, Metrum. → Anstand, Bedacht, Diskretion, Lebensart, Regelmäßigkeit.
▸ Taktlosigkeit.
Takt angeben, den → erste Geige spielen.
taktfest taktmäßig, rhythmisch, sangbar, wohlklingend, wohllautend, tonsicher, harmonisch, melodisch, klangrein, klangreich. → taktvoll.
▸ taktlos, (unmusikalisch).
Taktgefühl → Takt.
Taktik Aufstellungslehre • Kampfesweise, Feldherrnblick, Feldherrnauge, Kriegshandwerk, Gefechtskunst, Kriegskunst • List, Schlauheit, Geschicklichkeit, Klugheit, Vorsicht, Überlegung • Handhabung, Plan, Verfahren. → Benehmen.
▸ Sinnlosigkeit, Unklugheit.
taktisch geschickt, zweckdienlich, klug, wohlberechnet, planvoll, überlegt, einsichtsvoll, schlau, besonnen, überdacht, listig, gerissen.
▸ sinnlos, unklug.
taktlos → aufdringlich, ausgelassen, bäurisch, boshaft, brutal, geschmacklos, indiskret, neugierig sein auf, rücksichtslos, unanständig, unflätig, unangebracht, unhöflich.
▸ diskret, feinfühlig, höflich, taktvoll, zurückhaltend.
Taktlosigkeit → Beleidigung, Blamage, Demimonde, Entgleisung, Formfehler, Formlosigkeit, Grobheit, Indiskretion, Unhöflichkeit.
taktvoll verschwiegen, zurückhaltend, diskret, rücksichtsvoll, anständig, höflich, gebildet, wohlerzogen. → artig, diskret.
▸ taktlos.
Taktwidrigkeit → Dissonanz, Unhöflichkeit.
Tal Senkung, Einsenkung, Bergeinschnitt, Mulde, Schlucht, Klamm, Cañon, Enge, Nische, Auswaschung, Höhlung • Erdreich, Land, Boden, Ebene, Gelände • Tiefe, Tiefstand. → Abgrund, Becken, Ebene.
▸ Berg, Anhöhe, Erhebung, Gebirge, Höhe.
talabwärts → abwärts.
Talar Ornat, Robe, Sutane.
Talent Geschick, Begabung, Naturgabe, Tauglichkeit, Fähigkeit, Gewandtheit, Anlage, Eignung, Gelehrigkeit, Geschick, Verstand, Auffassungsvermögen, Erkenntnisvermögen, Fassungskraft, Einsicht, Lerngabe, Geistesgabe, Anstelligkeit, Veranlagung • Gewicht, Geldsumme. → Begabung, Begriffsvermögen, Denkvermögen, Fähigkeit, Fassungskraft, Gabe, Kunst • Dummheit, (Talentlosigkeit), Ungeschicklichkeit.
▸ Bildung, Erfahrung, (erworbenes) Wissen.
Talententdecker Aufreißer *u.*
talentiert gottbegnadet, fähig für, tauglich, befähigt, klug, talentvoll, gescheit, anstellig, tüchtig, verständig, brauchig, verwendbar, einsichtsvoll. → anstellig, begabt, denkend, Eltern nicht von schlechten, geistesmächtig, geistreich, geschickt, intelligent, klug, tauglich.
▸ talentlos.
talentlos → albern, dumm, ungeschickt.
Taler → Bargeld.

Talg Sebum, Unschlitt.
Talgabsonderung, übermäßige Seborrhoe.
talgig → butterig, fettig.
Talisman Amulett, Zaubermitel, Galgenmännlein, Retter, Helfer, Zaubergehänge, Zauberstab, Schutz. Autoanhänger • Aberglaube.
Talmi vergoldetes Messing, Gemisch, Talmigold, Legierung • Talmischmuck, Talmiware • Unechtheit, Billigkeit, Wertlosigkeit • Blendwerk, falsche Pracht, Schein.
▸ Echtheit, Edelstein, Gold.
Talon (Wertpapapier-)Erneuerungsschein • Kartenrest (beim Geben) • Kartenstock • Kauf steine (beim Domino).
Talsohle Flaute, Tief, Tiefpunkt, Tiefstand.
talwärts → bergab.
Tamtam → Lärm, Prahlerei, Werbung.
Tand Eitles, Wertloses, Unwichtigkeit, Firlefanz, Bedeutungslosigkeit, Kram, Flitter, Nippsachen, Luft, Lirum-Larum, Tandwerk, Zierrat • Possen, Geschwätz, Drum und Dran, Umschweife, Schischi *u.* → Aufmachung, Dekoration.
▸ Gediegenheit, Wert.
tändeln liebeln, scharwenzeln, flirten, kokettieren, liebäugeln, spielen mit, girren, kosen, umschmeicheln, fensterln, locken, anschwärmen, flunsen *u*, geilen *u.* → Blick zärtlicher, bummeln, scherzen.
▸ arbeiten, langweilen, verabscheuen.
Tank Kanister. → Behälter, Panzer.
tanken → füllen, trinken.
Tankwart Säulenheiliger *u.*
Tante → Anverwandte, Beleidigung.
tantenhaft betulich, umständlich.
Tantieme → Gewinnanteil.
Tanz Hopser, Bewegung, Drehung, Rhythmus, Springen, Reigen, Schwof • Gemeinschaftstanz, Kriegstanz, Liebestanz, Maskentanz • Kulttanz, Tempeltanz • Volkstänze, Schuhplattler, Bauerntanz • höfischer Tanz, Kontertanz, Gavotte, Française • Nationaltanz, Masurka, Krakowiak, Csárdas, Fandango, Bolero, Habanera, Tarantella, Polka, Rheinländer, Contre • Ballett, Spitzentanz, Schautänze, Revue, Bühnentanz, Stepp, Onestep, Solotanz, Ausdruckstanz • Turniertanz • Gesellschaftstanz, Walzer, Foxtrott, Cancan, Boogie-woogie, Schieber, Rock and Roll, English Walz, Slow-Foxtrott, Baiao, Samba, Twist.
Tanzabend → Ball, Feier.
Tanzbewegungsfolge Figur.
tänzeln leichtfüßig gehen, tippeln, trippeln.
tanzen hopsen, hüpfen, springen, reihen, sich drehen, schwofen *u,* fegen *u,* einen Tanz hinlegen, das Tanzbein schwingen, eine kesse Sohle aufs Parkett legen *u,* walzen • schaukeln, flattern, baumeln, wackeln, wedeln • sich unterhalten, sich belustigen, sich verlustieren, sich ergötzen, feiern, zur Brust nehmen *u,* (sich) drehen *u,* eumeln *u,* hotten *u.* → bammeln, belustigen.
▸ langweilen, stillstehen.
tanzen, aus Freude → freuen sich.
tanzen, auf der Nase beleidigen, beschimpfen, anschnauzen, ärgern, anfahren, nicht zu Wort kommen lassen, ins Wort fahren, einem etwas husten, mit einem alles tun, jemanden traktieren, unehrbietig behandeln.
▸ achten, tanzen nach der Pfeife.
tanzen, nach der Pfeife folgen, einwilligen, sich demütigen, sich unterwerfen, den Lakaien machen, den Schranzen machen, zu Kreuze kriechen, klein beigeben, sich nicht mucksen. → befolgen, gehorchen.
▸ tanzen auf der Nase, widersprechen.
Tänzerin Ballettratte *u.* → Bajadere, Ballerina, Balletteuse.
tänzerisch → bühnengerecht.
Tanzfest Ball.
Tanzgruppe Ballett, Formation.
Tanzkapelle Band.
Tanzkunst Choreutik, Orchestik.
Tanzleidenschaft Dinomanie.
Tanzlokal Bumsschuppen *u,* Beatschuppen *u,* Disko *u,* Radauschuppen *u.*
Tanzmeister Maître de Plaisir.
Tanzoper → Ballett.
Tanzpartnerin Flatterbacke *u.*
Tanzsaal Ballsaal, Redoute.
Tanzschrift Choreografie.
Tanzschritt Chassé, Pas, Stepp, Tap.
Tanzspiel → Ballett.
Tanzstück Ballett.
tanzwütig choreomanisch.
tapern → fackeln, tasten, ungeschickt.
Tapet bringen, aufs → erörtern.
Tapete → Dekoration.
Tapete wechseln, die → verändern.
tapezieren auskleiden, verkleiden.
tapfer mannhaft, mutig, mannbar, wie ein Mann, heldenhaft, kämpferisch, wacker, kühn, kriegstüchtig, heldenhaft, starkherzig, furchtlos, beherzt, entschlossen • ernst. → kriegerisch, männlich, mutig.
▸ feige, ängstlich, furchtsam, memmenhaft, mutlos, verzagt, zaghaft, zimperlich.
tapferer Mann → Held.
Tapferkeit Bravur. → Courage, Fassung, Mannhaftigkeit, Mut.
tappen → fackeln, gehen, tappen im Dunkeln, tasten, ungeschickt.
tappen, im Dunkeln im Finstern tappen, sich nicht auskennen, umherirren.
▸ finden sich zurecht, unterscheiden.
tapperich → schwach.
täppisch → albern, dienstunfähig, ungeschickt.
tapsen → fackeln, gehen, tasten, ungeschickt.
tapsig → ungeschickt.
Tarif Gebührensatz. Lohnsatz, Tarifordnung, Einordnung, Gehaltsordnung. → Preis, Stufe.
tarnen → anpassen, Mantel der christlichen Nächstenliebe bedecken mit dem, maskieren, schützen, sichern, verschweigen.
▸ enthüllen, enttarnen • untermalen • sichtbar machen • zur Schau stellen.
Tarnung → Geheimhaltung.
Tartüff Lustspiel, Komödie • Heuchler, Täuscher, Betrüger, Lügner, Schlange, Gleisner, Wolf im Schafsfell, Schwindler.
▸ Betrogener, Trauerspiel, Wohltäter.
Tasche → Behälter, Beutel, Bündel.
Tasche stecken, in die der Stärkere sein, die erste Geige spielen, die Oberhand behalten, der Herr sein, überlegen sein, um den

kleinen Finger wickeln, übermeistern.
▸ unterliegen.
Tasche, leere → arm, karg.
Taschenbuch Paperback, Vademekum, (Merkbuch, Notizbuch), Agenda.
Taschendieb Börsenspekulant *u*, Drahtzieher *u*, Drücker *u*, Sackgreifer *u*, Seifensieder *u*.
Taschengeld Betriebskapital *u*, Elternmuckis *u*. → Bargeld.
Taschenpistole Terzerol.
Taschenspieler → Fakir, Zauberer.
Taschenspielerei → Aberglaube, Blendwerk, Kniff, Täuschung, Zauberei.
Taschentuch Schnupftuch, Bazillenschleuder *u*, Fahne *u*, Popelfahne *u*, Putzlappen *u*, Rotzfahne *u*, Rotzlappen *u*, Sacktuch *u*.
Taschenuhr Bolle *u*, Priemel *u*.
Tasse → Behälter, Gefäß, Tablett.
Tastatur Griffbrett, Klaviatur, Tastenbrett, Fußtaste, Pedal, Manual, Register, Tastenwerk. → Register.
Tastbrett Klaviatur, Tastatur.
tasten hinlangen, angreifen, greifen, anfühlen, befingern, befühlen, berühren, abtasten, anfassen, betasten • tapern, tappen, tapsen, wackeln, schusseln, unsicher gehen. → anfühlen, greifen.
Tastenbrett → Register, Tastatur.
Tastengleiten Glissando.
Tastsinn betreffend, den haptil, taktil.
Tastsinn-Lehre Haptik.
Tat Handlung, Schöpfung, Arbeit, Zugriff, Werk, Aufbau, Ausführung, Verrichtung, Gründung, Unternehmung, Leistung, Akt, Eingriff • Mannestat, Männerwerk, Streich, Staatsstreich, Angriff, Schwabenstreich, Wohltat, Heldentat, Übeltat, Großtat. → Arbeit, Bewerkstelligung, Leistung, Schritt, Werk, Wirkung.
▸ Untätigkeit.
Tat, auf frischer in flagranti.
Tat umsetzen, in die abwickeln, ausführen, bewerkstelligen, durchführen/-ziehen, erledigen, machen, praktizieren, realisieren, verwirklichen, wahr machen.
Tatbestand → Tatsache.
Tate *jüd.* → Anverwandte.
Tatendrang → Arbeitslust, Eifer, Fleiß, Kraftprobe.
tatenlos müßig, unbeschäftigt, beschäftigungslos, unbeteiligt, arbeitslos, bleiern, phlegmatisch, faul • schwach, machtlos, widerstandslos. → faul, schwach.
▸ tätig.
Tatenlust → Arbeitslust, Beflissenheit, Dienstwilligkeit, Eifer, Eilfertigkeit, Fleiß.
Täter Verbrecher, Schuldner, Schädling, Übeltäter, Sünder, Sündenbock, Dieb, Einbrecher, Bösewicht, Galgenvogel. → Schuldiger, Verbrecher.
▸ (Unschuldiger), Unschuldsengel, Opfer.
tätig fleißig, in Funktion sein, arbeitend, wirkend, unermüdlich, beschäftigt, schaffig, betriebsam, berufstätig, rührig, angriffig, rege, wendig, rastlos, seiner Pflicht nachkommend. → aktiv, angestrengt, anstellig, arbeitsam, Damm sein auf dem, dienstbeflissen, eilfertig, erwerbsam, lebendig, rastlos, rege.
▸ tatenlos, untätig abwartend • faul, inaktiv, müßig, passiv, ruhig, still.
tätig sein → bekümmern, berufstätig, tätig.
tätigen → anfassen, arbeiten, ausführen, machen, tun.
Tätigkeit Aktion, Hausarbeit, Heimarbeit, Beruf, Dienst, Verrichtung, Funktion, Handarbeit, Betätigung, Kopfarbeit, Beschäftigung, Handlung, Betriebsamkeit, Geschäftigkeit, Wirksamkeit, Arbeit, Manöver *u*. → Aktivität, Amt, Arbeit, Bemühung, Beruf, Besorgung, Eifer, Erwerbszwang, Existenz, Fleiß, Leistung.
▸ Untätigkeit.
Tätigkeitsbereich → Beruf, Wirkungskreis.
Tätigkeitsbericht → Auskunft, Bericht, Rapport.
Tatkraft Schöpferkraft, Tatwille, Energie, Entschlusskraft, Nachdruck, Standhaftigkeit, Verantwortungsbewusstsein, Einsatzfähigkeit, Mut, Kraft, Nerven, Charakter, Wirksamkeit, Schneid, Angriffslust, Forsche *u*. → Aktivität, Anstrengung, Antrieb, Arbeitslust, Ausdauer, Energie, Enthusiasmus, Entschiedenheit, Entschlussfähigkeit, Fleiß, Initiative, Kraft, Saft und Kraft, Wille.
▸ Faulheit, Kraftlosigkeit, Schwachheit.
tatkräftig schmissig, dynamisch. → aktiv, durchgreifend, Kopf mit rotem, schaffig, schneidig, tätig.
▸ bequem, energielos, faul, lasch, müßig.
tätlich werden → angreifen.
Tätlichkeit Auseinandersetzung handgreifliche, Handgemenge, Prügelei.
Tätlichkeiten → Angriff, Beleidigung, Streit.
Tatmensch → Feuergeist, Mann der Tat.
Tatmerkmal Indiz.
tätowieren → bemalen.
Tatsache Faktum, Fall, Fait, Tatbestand, Realität, Gewissheit, Angelegenheit, Richtigkeit, Ereignis, Bestimmtheit, Unwiderlegbarkeit, Wirklichkeit, Ergebnis, Tatsächlichkeit, Lebensbedingung, Sicherheit, Untrüglichkeit, Unfehlbarkeit. → Angelegenheit, Affäre, Begebenheit, Begebnis, Bestimmtheit, Dasein, Faktor, Lage, Richtigkeit, Sache, Wahrheit,.
▸ Unwahrheit, Illusion, Schein, Trug • Vorstellung • Indiz • Annahme, Hypothese, Vermutung.
Tatsachenmensch Realist.
Tatsachensinn Realismus.
tatsächlich wirklich, faktisch, effektiv, de facto, in praxi, vorliegend, vorherrschend, bestimmt, sicher, sicherlich, unumstößlich, gewisslich, unzweifelhaft, unstreitig, bezeugt, jedenfalls, vorgefallen. → absolut, beglaubigt, dinglich, dokumentarisch, durchaus, effektiv, eigentlich, erwiesen, feststehend, objektiv, real, schlechterdings, sicher, wahr, wahrhaftig.
▸ unwahr, scheinbar, vermeintlich.
tatsächlicher Wert Realwert.
tatsächlicher Zins Effektivzins.
Tatsächlichkeit → Dasein, Fall, Faktor, Tatsache.
tätscheln → begreifen.
Tatterich → Schwäche.
Tatwille → Energie, Fleiß, Tatkraft, Wille.
Tatze Pranke, Klaue, Patze, Pfote, Pratze, Kralle, Tierfuß. → Klaue.
Tau Nässe, Feuchte, Feuchtigkeit, Benetzung, Niederschlag, Tautropfen,

Nebelregen, Blumentau • Bändsel *sm* (= dünnes Tau), Leinen *sm*, Trosse, Stütztaue, Wanten *sm*. → Band, Bindemittel, Kabel.
▸ Trockenheit.
taub gehörlos, taubstumm, schwerhörig, harthörig, stocktaub, leidend, krank. → abgestumpft, unempfindlich.
▸ empfindlich, hellhörig.
Taubenschlag Vogelhaus, Nisthaus • Menge, Schwarm, Rudel, Anhäufung, Brut, Massen, Gewimmel, Gedränge.
Taubheit Anakusis, Kophosis.
Taubstummheit Surdomutitas, Mutisurditas.
tauchen schwimmen, untertauchen, kraulen, baden, eintauchen, gründeln, untertunken, planschen. → eintauchen.
▸ auftauchen, schwimmen.
tauen ziehen, schleppen, in Tau nehmen, bugsieren, pilotieren, zerren, reffen, lotsen, reißen • schmelzen, verflüssigen, auftauen, auflösen, zerrinnen, zerlaufen, zergehen • Tau fallen. → bugsieren.
▸ frieren, einfrieren, erstarren, gefrieren, vereisen • schneien.
Taufe Sakrament, Widergeburt, Taufakt, Taufhandlung, Segnung, Bespritzung, Salbung • Äquatortaufe, Bluttaufe. → Bad, Benennung, Feier.
Taufe heben, aus der begründen, einrichten, errichten, gründen, Leben rufen ins, schaffen, stiften.
taufen salben, segnen, bespritzen, eintunken • vermischen, verdünnen, verfälschen, mindern. → benamsen, benennen.
taufrisch → erstmalig, jung, nass, neu.
Taufzeuge Pate.
taugen helfen, passen, dienen, zukommen, ansprechen, anstehen, gelegen kommen • geschickt sein, erlernen, sich bewähren, sich schicken, können, kennen.
▸ hemmen, untauglich (sein).
Taugenichts Racker *u*, Schlawack *u*, Schlot *u*. → Arbeitsunfähiger, Faulpelz, Leichtfuß, Lump, Schlawiner, Tagedieb.
tauglich handlich, koscher, bequem, dienlich, brauchbar, passend, verwendbar, zweckmäßig, nützlich, geeignet • talentiert, geschickt, einsichtsvoll, fit *u*. → annehmbar, anstellig, brauchbar, dienstfähig, geeignet, gut, handlich, patent, praktisch.
▸ untauglich.
Tauglichkeit → Begabung, Brauchbarkeit, Dienlichkeit, Eignung, Fertigkeit, Sachdienlichkeit, Talent.
Tauglichkeitsprüfung Test.
tauig → nass.
Taumel Dormel *u*, Dusel *u*. → Affekt, Aufregung, Begierde, Betäubung, Delirium, Ekstase, Erregung, Freude, Leidenschaftlichkeit, Lustigkeit, Schwindel.
Taumel Triesel *u*.
taumeln betrunken sein, benebelt sein, berauscht sein, angesäuselt sein, bekneipt sein. → abfallen, erlahmen, fallen, schwanken.
▸ nüchtern (sein), stehen.
Taupunkt Kondensationspunkt.
Tausch Umtausch, Wechsel, Auswechslung, Vertauschung, Wechselfolge, Handel, Gegenseitigkeit, Gegenbeziehung, Tauschhandel. → Austausch.
▸ Kauf.
tauschen austauschen, umtauschen, vertauschen, wechseln, erneuern, übertragen, umwandeln, umformen, umwechseln, handeln, verhandeln, eintauschen, vermakeln, *u*., aufsitzen lassen *u*, (über den Löffel) barbieren *u*, blitzen *u*, bluffen *u*, filmen *u*, Finte schlagen *u*, hinter die Fichten führen *u*. → absenden, begeben, einhandeln, Hand unter der.
▸ behalten, kaufen.
täuschen irreführen, ankohlen *u*, bekohlen *u*, verkohlen *u*, etwas aufhängen *u*, hereinlegen, blauen Dunst vormachen, auf den Leim führen, übertölpeln, Menkenken machen *u*, schummeln *u*, pfuschen, etwas vormachen, leimen, irreleiten, ködern, mogeln, nassauern, hintergehen, gaukeln, hinterziehen, an der Nase herumführen, sich mit fremden Federn schmücken, hinters Licht führen, unter falschem Vorwand erlangen, ein Schnippchen schlagen, zum Narren halten, schauspielern, überfahren, simulieren, Sand in die Augen streuen, eine Nase drehen, übers Ohr hauen, zur Schau stellen. → anführen, Anstrich, balbieren, benachteiligen, beschwindeln, Besten halten zum, betrügen, bewuchern, blenden, Decke unter der stecken, Dunst vormachen, düpieren, entzaubern, enttäuschen, erfinden, fabeln, Fell über die Ohren ziehen das, heucheln, lügen, narren, paschen, schadlos halten.
▸ ehrlich (sein) • aufklären.
täuschen lassen, sich → hereinfallen.
täuschen, sich → irren sich.
täuschend ähnlich, geradeso, annährungsweise, gleichsam, sozusagen • trügerisch, unecht, unrichtig, verfänglich, irreführend. → blendend, scheinbar.
▸ zutreffend.
Tauschgeschäft Bartergeschäft, Kompensationsgeschäft, Parallelgeschäft, Switchgeschäft, Tausch, Tauschhandel.
Tauschgeschäfte machen fuggern *u*, quanteln *u*.
Tauschhandel → Austausch.
Täuschung Büberei, Doppelspiel, Hintergehung, Hinterlist, Hokuspokus, Mogeln, Prellerei, Selbstbetrug, Spitzbüberei, Spitzbubenstreich, Taschenspielerei, Betrug, Kniffe, Überlistung, Bestechung, blauer Dunst, Humbug *u*, Leim *u*, Reinfall, Kinkerlitzchen *u* • Dreh, Finte, Kniff, Täuschungsverfahren, Zauber • Sinnestäuschung, Schein, Halluzination, Irrtum, Wahn, Nichtigkeit, Widerspruch, Trugbild, Camouflage, Fantasie, Fabel, Augenwisch(erei) *u*, Beschub *u*, Beschupp *u*, Bluff *u*, Dreh *u*, fauler Trick *u*, Finte *u*, Fixfax *u*, Qualm *u*, Schiebung *u*, Schlich *u*. → Anschein, Ausflucht, Chimäre, Doppelsinn, Enttäuschung, Erscheinung, Falle, Falschheit, Gaunerei, Hintergedanke, Illusion, List, Lüge.
▸ Wahrheit, Wirklichkeit, Offenbarung, Offenlegung.
Täuschungsmittel Flunkerkram *u*, Fuchs *u*.
Täuschungsschlag Finte.
Täuschungsverfahren Dreh *u*.
Tauschwirtschaft Naturalwirtschaft.
Tausend Mille.
tausend Billionen Billiarde.
tausend Milliarden Billion.

tausend Millionen Milliarde.
Tausend, vom pro mille.
tausendfach millenar.
Tausendsassa → Draufgänger, Haus lustiges, Himmelsstürmer.
Tauwetter Matschwetter, Frühling.
Tauziehen Hick-Hack, Hin und Her, Unentschiedenheit.
Taxe → Abgabe, Aufschlag, Preis.
Taxi → Fahrzeug (Straßen-).
taxieren → abwägen, bewerten, einschätzen, errechnen, kalkulieren, schätzen, urteilen.
Team Gruppe, Arbeits- oder Werksgruppe, Forschungsgruppe, Gemeinschaft, Vereinigung, Crew, Stab, Mannschaft, Arbeitsgemeinschaft, Kollegenschaft, Trupp, Verband • Teamwork, Gemeinschaftsarbeit, Partnerschaft, Zusammenschluss, Gruppenarbeit. ▸ Einzelgänger, Individuum, Single.
Technik Verfahren, Wesensform, Art, Manier, Malweise, Handhabung, Weise, Praxis • Geschick, Fingerfertigkeit, Routine • Wissenschaft, Technologie, Ingenieurwesen, Maschinenwesen. → Kunstform.
Technikum → Anstalt.
technisch maschinenmäßig • artistisch, kunstfertig, geübt, handfertig, geschickt, praktisch, kunstgerecht, verwendbar, brauchbar. ▸ handgemacht, ungeschickt.
technische Lehranstalt Polytechnikum, Technikum.
technischer Defekt Sand im Getriebe *u.*
technisches Gerät Apparat.
Techtelmechtel → Liebeswerbung.
Tee Getränk, Erquickung, Labung, Aufmunterung, schwarzer Tee. → Arznei.
Teemaschine, russische Samowar.
Teenager junge Leute. → Backfisch.
Teer → Pech.
Teer abdichten, mit kalfatern.
teeren → abdichten, ausfüllen, bunt zugehen, töten.
Teestube Tearoom.
Teewirkstoff Koffein, Tein.
Teich → Becken, Binnenmeer, Gewässer. Kloake.
Teig Masse, Knetmasse, Kuchenteig, Brotteig, Modelliermasse, Weichheit, Fügsamkeit, Papp. → Brei.
teigig pappig, klebrig, kleistrig, zähe, dickflüssig, ziehend. → dickflüssig, faul. ▸ flüssig.
Teil Portion, Etappe, Splitter, Nummer, Strecke, Stück, Happen, Partikel, Span, Quantum, Anteil, Kleinigkeit, Fetzen, Brocken, Bissen, Hälfte, Mundvoll, Brosamen • Gebäudeteil, Nebengebäude, Straßenteil. → Abschnitt, Anspruch, Anteil, Anzahl, Ast, Ausfertigung, Ausschnitt, Batzen, Beitrag, Bestandteil, Bruch, Bruchstück, Kupon, Dependance, Dosis, Komplex, Partie, Ration, Schluck, Sektor. ▸ Ganzes.
Teilabschnitt → Abschnitt.
Teilaufhebung eines Gesetzes Derogation.
teilbar trennbar, lösbar, ungebunden, durchschneidbar, locker, reißbar, schneidbar. → berechenbar, lösbar. ▸ unteilbar.
Teilbereich z.B. Branche, Sektor, → Bereich.
Teilbetrag Quote, Rate, Transche.
Teilchen, kleinstes Atom, Elementarteilchen, Quant.
Teilchenbeschleuniger Kosmotron, Synchrotron.
teilen halbieren, splittern, zerteilen, stückeln, einteilen, abteilen, absondern, trennen, zumessen, zusprechen, zergliedern, zuteilen, zerschneiden • dividieren, berechnen • sich spalten, anfeinden, sich streiten • fifty-fifty *u,* Kippe machen *u.* → abbeißen, abbinden, abschneiden, ausschütten, brechen, detachieren, durchkreuzen, durchreißen, durchteilen, gabeln, parzellieren, schneiden. ▸ verbinden, zusammenfügen • malnehmen, multiplizieren.
teilen, ehrlich fifty-fifty machen *u.*
Teilgenuss → Anteil, Dividende.
Teilglatze breiter Scheitel *u.*
Teilhabe Partizipation.
teilhaben Anteil nehmen, mitmachen, mitbesitzen, mitmischen • dazugehören, gehören zu, teilnehmen, mit von der Partie sein. ▸ alleinstehen.
Teilhaber → Kompagnon, Mitglied.
Teilhaber werden → Beitritt.
Teilhaberschaft → Investierung.
Teilhafter Kommanditist.
teilhaftig beteiligt, betroffen.
Teilnahme Hilfe, Mitempfinden, Mitempfindung, Mitgefühl, Rührung, Anteilnahme, Menschlichkeit, Mitarbeit, Milde, Gefährtschaft, Erbarmen • Mitwirkung, Gegenwart, Beteiligung, Zusammenschluss. → Anwesenheit, Anziehung, Aufmerksamkeit, Bemühung, Barmherzigkeit, Charitas, Erbarmen, Herzlichkeit, Mitleid, Mitwirkung, Tätigkeit. ▸ Ausschluss, Gefühlskälte • Abwesenheit, Fernbleiben.
teilnahmslos → barbarisch, bequem, blasiert, eingetrichtert, faul, gleichgültig, leidenschaftslos, maschinenmäßig, roh, unempfindlich, unerschütterlich.
Teilnahmslosigkeit Leidenschaftslosigkeit, Gleichgültigkeit, Apathie, Trägheit, Stumpfsinn, Faulheit, Phlegma, Lässigkeit, Froschnatur, Wurstigkeit, Gedankenlosigkeit, Fahrlässigkeit, Unaufmerksamkeit, Sorglosigkeit, Rohheit, Gefühlsleere, Unempfindlichkeit. → Betäubung, Ermattung, Gefühllosigkeit, Kälte. ▸ Teilnahme.
teilnahmsvoll → mitleidig, schonungsvoll.
teilnehmen mitfühlen, mitdenken, erwärmen, beglückwünschen, sich freuen mit, trösten, lindern, ergreifen, erweichen, Mitgefühl zeigen • Mitglied sein, anwesend sein, da sein, mitmachen, mitbestimmen, teilhaben, mitspielen. → beglückwünschen, nutznießen. ▸ ausschließen, teilnahmslos (sein), gleichgültig sein • absagen • abseits stehen, sich ausschließen • abwesend sein, fernbleiben.
teilnehmend → barmherzig, interessiert, mitleidig, mitschwingend, warm.
Teilnehmer Anhänger, Zuhörer, Begleiter, Nutznießer, Gefährte, Mitglied, Mitläufer, Beteiligter, Weggenosse, Nebenmann, Genosse, Kamerad, Kollege. →

Bewerber, Mitglied, Partner.
▸ Gegner, (Unbeteiligter).
Teilnehmer werden → Beitritt.
teils → einerseits, teilweise.
teils teils → schlecht und recht, teilweise.
Teilschuldverschreibung Partialobligation.
Teilstrecke → Abschnitt, Teil.
Teilstrich Grad.
Teilstück → Bruchstück, Detail, Einzelheit, Muster, Teil.
Teilung Halbierung, Trennung, Verteilung, Einteilung, Austeilung, Zuteilung, Schnitt, Spaltung, Zerlegung, Zerstückelung, Zersprengung • Entzweiung, Streit, Zwiespalt, Schisma. → Absonderung, Analyse, Auflösung, Bruch, Durchbruch, Durchschnitt, Entzweiung, Isolierung, Schnitt, Streit, Trennung.
▸ Verbindung, Zusammenschluss.
teilweise stückweise, halb und halb, ratenweise, teils teils, teils, geteilt, zuweilen, nicht uneingeschränkt, partiell, zum Teil, nicht ganz, in mancher Hinsicht, einesteils. → einerseits.
▸ ganz und gar, gänzlich, insgesamt, total, völlig.
Teilzahlung → Abzahlung, Bezahlung.
▸ Begleichung • Pauschale.
Telefon Fernsprecher, Telefonapparat.
Telefonanruf Anruf, Telefongespräch, Telefonat.
Telefonapparat Sabbelkasten *u.*
Telefongespräch → Anruf, Benachrichtigung.
telefonieren durchrufen *u.* → benachrichtigen, bestätigen, drahten.
telefonisch fernmündlich.
telefonisch Einkaufen Homeshopping, Teleshopping.
Telefonleitung Fernsprechleitung, Strippe *u,* Quasselstrippe *u.* • Strippe *u.*
telegrafieren → benachrichtigen, bestätigen, drahten.
Telegramm → Benachrichtigung, Depesche.
Television Fernsehen.
Teller → Behälter, Gefäß, Platte.
Tempel → Kirche.
Tempel für alle Götter Pantheon.
Tempelsklave/-sklavin Hierodule.
Tempeltänzerin Bajadere.
Tempelturm Pagode.
Temperament Lebhaftigkeit, Gemütszustand, Leidenschaftlichkeit, Charaktermischung, Schwung, Gestimmtheit, Schneid, Wesensform, Gefühlsrichtung, Empfänglichkeit, Sonderart, Typ, Saft *u.* → Anwandlung, Art, Aufregung, Charakter, Erregbarkeit, Schwung.
▸ Temperamentlosigkeit • Apathie, Gleichgültigkeit, Kälte, Lauheit, Leidenschaftslosigkeit, Phlegma.
temperamentlos phlegmatisch, melancholisch, leidenschaftslos, unerschütterlich, gemütsruhig, ruhig, gelassen, unbeweglich, träge, nüchtern, kalt, regungslos, gemütsarm, ernst, still, beherrscht, gleichmütig, gefasst, soft *u.* → leidenschaftslos.
▸ temperamentvoll.
Temperamentlosigkeit Beherrschtheit, Unerschütterlichkeit, Nüchternheit, Mäßigung, kaltes Blut, Gleichgültigkeit, Wurstigkeit, Seelenruhe, Teilnahmslosigkeit, Blasiertheit, Frostigkeit. → Leidenschaftslosigkeit.
▸ Temperament heißes.
temperamentvoll gepfeffert *u,* quirlig *u.* → begeistert, heftig, lebhaft, schwungvoll.
Temperatur → Hitze.
Temperaturabnahme → Kühlung.
Temperaturmesser Thermometer.
Temperaturregler Thermostat.
Tempo Zeitmaß, Schnelligkeit, Lebhaftigkeit, Raschheit, Fixheit, Geschwindigkeit, Schnelle.
▸ Langsamkeit.
Tempobeschleunigung Akzeleration, Beschleunigung, Spurt.
temporär → vergänglich.
Tendenz → Absicht, Neigung, Zweck.
tendenziös zweckgefärbt, einseitig, entstellt, zurechtgemacht, unsachlich, verdreht.
▸ objektiv, unabsichtlich.
tendieren → neigen, streben.
Tenne → Schütte.
Tennis → Ball, Sport.
Tennisaufschlag Service.
Tennissatz Set.
Tennisschläger Racket.
Teppich Bodenbelag, Schoner, Läufer, Wandteppich, Bildteppich, Buklee, Gobelin, Vorlage, Vorleger, Bettumrandung, Brücke, Unterlage, Belag, Perserteppich • Rasenteppich, Blumenteppich. → Bedeckung, Brücke, Matte.
Teppichwebekunst Stromatik.
Termin Frist, Fälligkeitstag, Datum, Zeitpunkt, Wartezeit, Zeit, Zeitgrenze, Ziel, Zeitabschnitt, Festsetzung. → Datum, Frist.
termingemäß beizeiten, fristgerecht, pünktlich, rechtzeitig, zeitig.
Terminkalender Agenda, Kalendarium.
Terrain → Bezirk.
Terrasse Balkon, Altan, Dach, Anbau, Aufsatz, Vorbau, Söller, Loggia, Veranda • Stufenbau, Erhöhung, Terrassenland. → Erker.
Terrine Suppenschüssel.
Territorium → Bezirk.
Terror Anarchie. → Bedrohung, Gewalt, Strenge.
terrorisieren → bedrohen, zwingen.
Terzett Trio, Dreiergruppe.
Test Probe, Versuch, Experiment, Prüfung, Ausforschung, Befragung • Erkennungszeichen. → Versuch.
Testament machen, sein testieren, geben, hinterlassen, schenken, zuweisen, vererben, zum Erben einsetzen, aussetzen. → sterben.
testen durchspielen *u.* → versuchen.
Testperson Proband.
teuer kostspielig, luxuriös, wertvoll, kostbar, übertrieben, gesalzene Preise, gesalzen *u,* happig *u,* klotzig, gepfeffert *u,* Apothekenpreis, reißt ins Geld, zu hoch bemessen • begehrt, begehrenswert, erwünscht, wünschenswert, verlockend • lieb, fassen in Gold, wert, hoch geschätzt, verehrt, angebetet. → ersehnenswert, erwünscht, unerschwinglich, lieb.
▸ billig, erschwinglich, preiswert • wertlos.
teuer, nicht → bezahlbar.
Teuerung Hungersnot, Missernte, Elend, Armut, Verknappung, Rohstoffmangel • Preiserhöhung, Überforderung, Ansteigung, Kostpieligkeit, Überteuerung, Preistreiberei, Preiswucher.
▸ Preisermäßigung, Wohlstand.
Teufel Bösewicht, Höllenbewohner, Höllenfürst,

Höllendrache, Höllenhund, Luzifer, Satan, Pferdefuß, Genius böser, Antichrist, Diavolo, Urian, Diabolus, Mephistopheles, Deibel *u,* Kuckuck *u,* Widersacher, Versucher, Verderber, Erzfeind, Höllenbraten , Deibel *u,* Deifel *u,* Deubel *u,* Deuxel *u,* Düker *u,* Teuxel *u.* → Bandit, Barbar, Belzebub, Bestie, Dämon. ▸ Edelmensch, Engel.

Teufel, armer → Bittsteller, Bruder.

Teufel an die Wand malen Angst machen, etwas Schlimmes voraussehen, unken, Unruhe stiften, warnen. ▸ ermutigen.

Teufelei Pferdefuß, Pech und Schwefel. → Falschheit, Hinterhalt.

teufelhaft → diabolisch, teuflisch.

Teufelsaustreibung/-beschwörung Exorzismus.

Teufelsdienst → Götzendienst.

Teufelsweib Hexe.

teuflisch höllisch, satanisch, diabolisch, verteufelt, dämonisch, teufelhaft, mephistophelisch • grausam, roh, bestialisch, elend, schlimm, schlecht, niederträchtig, gemein, schurkisch, erzböse. → barbarisch, bestialisch, böse, charakterlos, dämonisch, diabolisch, eingefleischt, entmenscht, niederträchtig, roh, schlecht. ▸ gut, gütig, engelhaft.

Text Schrift, Niederschrift, Abfassung, Fassung, Wortlaut, Wortgefüge, Formulierung, Inhalt, Manuskript, Urschrift, Thema, Motiv, Stoff, Aufschrift, Anmerkung, Schriftsatz, Schriftbild, Urtext. → Inschrift.

Textabschnitt Passage.

Textansage Diktat.

Texter Librettist, Schreiber(ling), Textverfasser, Verfasser, Werbetexter.

Textilien Gewebe, Webwaren, Stoffe, Kleidung.

Textsperrung Blockade.

Textstelle Passus.

Theater Bühne, Oper, Schauspiel, Vorstellung, Stück, Schaubühne, Freilichtbühne, Schmiere, Hoftheater, Staatstheater, Festspielhaus • Erheiterung, Unterhaltung, Festlichkeit • Affentheater, Klamauk, Krach, Lärm, Aufregung. → Darbietung.

Theater-Gastspielreise Tournee.

Theateraufzug Akt.

Theaterdarsteller Akteur, Darsteller, Bühnenkünstler, Schauspieler.

Theatergerät Requisit.

Theaterkarte → Einlasskarte.

Theater spielen → aufführen, fabeln, lügen.

Theaterleiter Intendant.

Theaterpause Fressteil *u.*

Theaterspielzeit Saison.

Theaterstück Bühnenstück, Bühnenwerk, Schauspiel.

Theaterzettel Programm.

theatralisch → anmaßend, bühnengerecht, dramatisch, pompös, salbungsvoll.

Theke Schanktisch, Tresen • Budel *u,* Budl *u.*

Thema → Angelegenheit, Aufgabe, Gegenstand, Problem.

Themenstellung Thematik.

theoretisch gedacht, logisch, begrifflich, angenommen, hirnlich, gemeint, sozusagen, gewissermaßen, als ob, wenn. ▸ praktisch, tatsächlich • angewandt.

Theorie → Annahme, Art, Aufstellung, Hypothese. ▸ Erfahrung, Praxis • Tatsache.

Therapeut → Heilkünstler.

Therapie Dienst, Heilkunde, Krankheitsbehandlung, Mittel, Heilverfahren, Behandlung, Krankenpflege, Medizin. ▸ Krankheit • Diagnose • Prophylaxe.

therapieren behandeln, gesundmachen, heilen, kurieren, wiederherstellen.

Thermalbad → Bad.

Thermosflasche Anton *u.*

These → Lehrsatz, Text. ▸ Antithese, Gegenbehauptung.

Thron Thronsitz, Thronsessel, Herrschersitz • Oberherrlichkeit, Oberherrschaft, Machtvollkommenheit, Staatslenkung, Regentschaft.

Thronräuber Usurpator.

Tick Stich, Grille, Schrulle, Knall, Klaps, Spleen, Drall, Vogel, Triller, Fimmel • Verrücktheit, Blödigkeit, Idiotie • tickende Berührung, tickendes Geräusch. ▸ Natürlichkeit.

ticken → schlagen.

Ticket Billet, Eintrittskarte, Fahrkarte, Fahrschein, Fahrausweis, Flugkarte.

Tief Depression, Flaute, Talsohle, Tiefpunkt/-stand

tief tief liegend, versenkt, unterirdisch, kellertief, bodenlos, knietief, grundlos, unten, drunten • bedeutungsvoll, tief schürfend, symbolisch, umfassend, unendlich, tiefgründig, viel sagend, versunken, schwer, herzlich, durchdrungen, gründlich, tief gehend. → abgründig, bedeutsam, durchdringend, niedrig, sinnig, sinnvoll. ▸ hoch.

tief ausgeschnitten → entblößt.

tief unten → drunten.

Tiefdruck → Druck. ▸ Hochdruck.

Tiefe Vertiefung, Untiefe, Senkung, Einsenkung, Bodenlosigkeit, Höllentiefe, Unergündlichkeit • Höhle, Brunnen, Abgrund, Krater, Schlund • Gedankentiefe, Tiefsinn, Reflexion, Grübelei. → Born. ▸ Höhe • Breite.

tiefe Frauenstimme Vaginalbass *u.*

Tiefe, in der → drunten.

tiefe Verbeugung Bückling *u.*

Tiefebene → Ebene.

Tiefenmesser Bathymeter, Bathometer, Echolot, Lot.

Tiefgang, ohne äußerlich, banal, geistlos, oberflächlich.

tiefgefrieren einfrieren, einfrosten, frosten, gefrieren, tiefkühlen.

tief gehend → durchdringend. ▸ oberflächlich.

tiefgekühlt gefroren, gefrostet, tiefgefroren, vereist.

tiefgreifend → A und O, durchgreifend, radikal, tief.

tiefgründig → durchdringend.

tiefkühlen frosten, eisen, vereisen • konservieren.

Tiefland → Ebene.

tiefliegend → durchdringend, tief.

Tiefpunkt Tiefe, Trübsinn → Minimum, Tief.

tief schürfend → durchdringend, tief.

Tiefseeforscher Aquanaut.

Tiefseeforschung Bathygraphie.

Tiefseelot Bathymeter, Bathometer.

Tiefsinn → Betrachtung, Gedankenfülle, Nachdenklichkeit, Trübsinn.

tiefsinnig grübelnd, sinnend, nachdenklich, nachdenkend, selbstquälerisch, schwermütig, denkend. → aufgelegt, melancholisch,

trübsinnig.
▸ fröhlich, oberflächlich.
Tiefstand → Niedrigkeit, Tief, Trübsinn.
▸ Gipfel, Hausse, Hochkonjunktur, Höhepunkt, Maximum, Spitze.
Tiefstapeln Understatement.
tiefstapeln untertreiben.
Tier Geschöpf, Kreatur, Biest *u*, Viehzeug, Beute, Getier, Bestie, Säugetier, Zweifüßler, Vierfüßler, Sohlengänger, Zehengänger, Zuchtvieh, Wiederkäuer, Haustier, Jagdtier, Raubtier, Vogel, Insekt, Kriechtier, Fisch, Fähe *j*, Föhe *j*, Betze *j*. → Kreatur.
▸ Mensch, Pflanze.
Tierabrichtung Dressur.
Tierart Spezies.
Tierarzt Veterinär.
Tierbändiger Dompteur.
Tierforschung Zoologie.
Tiergarten Zoo, Gehege, Tierpark, Freigehege. → Tierpark, Zoo, Zoologischer Garten.
tierhaft animalisch. → ausschweifend, bestialisch, blutgierig, brutal, cerebral, entmenscht, erotisch, roh.
Tierheilkunde Veterinärmedizin.
tierisch → ausschweifend, bestialisch, blutgierig, brutal, cerebral, entmenscht, erotisch, unkeusch.
▸ human, menschlich • pflanzlich.
Tierkunde Zoologie.
Tierleiche Kadaver.
Tierreich Tierwelt, Fauna.
Tierreich/-welt Fauna.
Tierschau Menagerie.
Tierstimme quieken, quietschen, brüllen, schreien, jaulen, grölen, brummen, miauen, bellen, heulen, knurren, wiehern, winseln, schnurren, fauchen, bähen, rufen, zwitschern, lärmen, zirpen, gackern, krähen, krächzen, quaken, schnattern, blasen, schleifen *j*, kollern *j*, kullern *j*, rodeln *j*, grudeln *j*, kudern *j*.
▸ lachen, singen, sprechen.
Tierwelt Fauna.
Tierzähmung/-züchtung Domestikation.
tifteln → ausdenken.
tilgen → abbezahlen, abbüßen, aberkennen, abzahlen, ausbaden, ausführen, ausrotten, begleichen, bezahlen, büßen, einlösen, erstatten.
▸ (Kredite) aufnehmen • beibehalten, belassen, erhalten, stehen lassen.
Tilgung → Abtragung, Ausgleich, Befriedigung, Bewerkstelligung, Bezahlung, Einzahlung, Reinigung, Rückzahlung.
Tilgungsrate, jährliche Annuität.
Tingeltangel Schmiere, Schmierentheater, Schaubude, Jahrmarkttheater • Tanzbude, Vorstadt-Tanzboden • Lärmbude. → Kleinkunst.
Tinktur → Abguss, Aufguss, Essenz, Farbe.
Tinte Flüssigkeit, Schreibflüssigkeit, Füllertinte • in der Tinte sitzen, Pech haben, in der Klemme sitzen, hereingefallen sein, Beschwerde, Black *u*. → Farbenton.
▸ (Bleistift), Glück haben, glücken.
Tipp → Anleitung, Wink.
tippeln → laufen.
tippen → schreiben, wetten.
Tippse Stenotypistin
tipptopp → anmutig, artig, köstlich, schick, tadellos.
Tirade → Ausschmückung, Floskel, Redseligkeit.
Tisch → Speise, Tafel.
Tisch bringen, auf den anbieten, auftischen, auftragen, reichen, vorsetzen • in die Debatte werfen, ins Gespräch bringen, vorschlagen.
Tisch ziehen, über den → betrügen.
tischfertig → fertig, fixfertig.
Tischrücken → Aberglaube.
Tischtennis Pingpong.
titanisch → gigantisch.
Titel Ehrentitel, Titulatur, Anrede, Hoheitszeichen, äußere Ehre, Rangliste, Dienstbezeichnung, Ehrenbenennung, Adelsdiplom, Pairswürde, Auszeichnung, Majestät, Sire, Hoheit, Exzellenz, Eminenz, Heiligkeit, Durchlaucht, Doktor, Professor, Rat • Überschrift, Schlagzeile, Thema, Bezeichnung, Aufschrift • Rechtsgrund, Gesetzesabschnitt. → Anrede, Bedeutung, Belohnung, Charakter, Effekten.
▸ Inhalt, Spitzname.
Titelbildmädchen Covergirl.
Titelträger Titular.
Titulatur → Anrede, Titel.
titulieren benennen, betiteln, bezeichnen.
Toast Röstschnitte, Röstbrot • einen Toast ausbringen, ein Hoch ausrufen, hochleben lassen, einen Trinkspruch ausbringen.
toben krachen, lärmen, tosen, trampeln, gären, kochen, sausen, bausen, rauschen • explodieren, schnauben, rasen, um sich schlagen, vor Wut platzen, in die Höhe fahren, aus der Haut fahren, Gift und Galle speien, zornig sein, wüten, knurren, stampfen, zureden, aufbrausen, knirschen vor Zorn, die Fäuste ballen, ramnenten *u*, ramentern *u*. → aufregen, außer sich, brennend, ergrimmen, fangen Feuer, geraten außer sich, Harnisch geraten in, lärmen, schäumen, schimpfen, wüten.
▸ beruhigen • abflauen, sich glätten, sich legen.
tobend → brennend, entrüstet, laut, wütend, zornig.
Tobsucht → Besessenheit, Delirium, Wahnsinn, Zorn.
tobsüchtig → aufgebracht, krank, verrückt, wütend, zornig.
Tobsüchtiger Kranker, Besessener, Verrückter, Toller, Tollhäusler, Wahnsinniger, Irrsinniger, Amokläufer.
Tochter → Abkomme, Anverwandte.
▸ Eltern • Mutter, Vater • Sohn.
Tochtergeschäft → Filiale.
Tochtermann → Anverwandte.
Tod Ableben, Verlust, Ende, Todesfall, Weggang, Sterben, Verscheiden, Hinschied, Hinscheiden, Hingang, Exitus, Lebensende, letztes Stündlein, Schwanengesang, Leblosigkeit, Auflösung, Blutstockung, Herzschlag, Todeshauch, Feuertod, Kältetod, Freitod, Schweigen • Schnitter, Sensenmann, Würger, Gevatter Tod, Knochengerippe, Feierabend *u*. → Ableben, Fäulnis, Jenseits.
▸ Leben • Geburt.
todbringend → tödlich, gefährlich.
todesdüster makaber.
Todesfall → Ableben, Tod.
Todesflieger, japanischer Kamikaze.
Todesgesicht hippokratisches Gesicht.
Todesgöttin z.B. Hather, Hathor, Hel, Keren.
Todeskampf Agonie. → Tod, Agonie.
Todeskunde/-lehre Thanatologie.

Todesstrafe → Hinrichtung.
Todesurteil-Vollstreckung Exekution, Hinrichtung.
Todeszeichen Signa mortes.
Todfeind → Feind, Teufel.
todfeind spinnefeind, feindselig, verhasst, unerbittlich, unversöhnlich, hasserfüllt, unerweichlich, unnachgiebig. ▸ befreundet.
todgeweiht aufgegeben, verloren, erledigt, krank, sterbenskrank, gezeichnet, sterblich. → krank, todkrank. ▸ gesund, genesen.
todkrank sterbenskrank, im Sterben liegen, nicht mehr lange machen, Matthäi am Letzten sein *u,* todgeweiht, siech, leidend, abgezehrt, unrettbar, unheilbar, lebensgefährlich, invalide, bettlägerig. → bedenklich, gefährlich, krank. ▸ gesund.
tödlich letal, Tod bringend, lebensgefährlich, heimtückisch, verdorben, schädlich, bösartig, Leben zerstörend, epidemisch, gesundheitswidrig • schmerzlich, abscheulich, widerlich, unausstehlich, peinvoll. → arg, epidemisch, giftig. ▸ bekömmlich, gesund, wirkungslos.
todsicher → absolut sicher.
todunglücklich depressiv, melancholisch, schwermütig, trübsinnig, verzweifelt.
Toga → Faltenwurf.
Toilette → Abort.
tolerant gerecht, sachlich, duldsam, verständig, nachsichtig, entgegenkommend, weitherzig, gütig, friedlich, verträglich, versöhnlich, maßvoll, verständnisvoll, einsichtsvoll. → aufgeklärt, barmherzig. ▸ engherzig, unsachlich, unversöhnlich.
Tolerant → Friedlichkeit, Gutmütigkeit, Nachsicht, Rücksicht.
toll → abscheulich, absurd, aufgebracht, entrüstet, hysterisch, irrsinnig, Rand und Band außer, schick, verrückt. ▸ besonnen, gelassen, maßvoll, nüchtern, vernünftig • alltäglich, durchschnittlich, mäßig • langweilig.
tollen jubeln, springen, umhertollen, hüpfen, sich freuen, sich kugeln, toben, sprühen, tanzen, trampeln, jodeln, ausgelassen sein, wagen, sich erkühnen. → freuen sich, toben. ▸ beruhigen, betrüben (sich).
Toller → Irrsinniger, Tobsüchtiger.
Tollerei → Lustigkeit, Tollheit.
Tollhaus Narrenhaus, Irrenanstalt, Zwangsjacke, Heilanstalt, Sanatorium, Heim, Verrücktenanstalt.
Tollheit Raserei, Wahnsinn, Narrheit, Tollwut, Veitstanz • Übermut, Mutwille, Tollerei, Dreistigkeit, Ausgelassenheit. → Besessenheit, Delirium, Verrücktheit, Zorn. ▸ Beherrschung.
tollkühn → ausgelassen, blindlings, gefährlich, gewagt, halsbrecherisch, mutig, übermütig.
Tollkühner → Draufgänger.
Tollkühnheit → Begeisterung, Courage, Dreistigkeit, Heldenhaftigkeit, Mut, Risiko, Übermut, Wagnis.
Tollpatsch Nichtskönner, Tölpel, Bock, Kalb, Knote *u,* Kalb Moses *u,* Klotz, Ölgötze *u,* Schlaks *u,* Stockfisch *u,* Stoffel, Taps, Duseltier, Unglücksrabe, Linkshänder, Unglückshand, Pechvogel, Umstandskrämer, Bär, Stümper, Elefant. → Dummkopf, Dummerian. ▸ Könner.
tollpatschig täppisch, tapsig, tölpisch, unbeholfen.
Tölpel Elefantenbaby *u,* Quack *u.* → Barbar, Dummerian, Dummkopf, Irrsinniger, Nichtskönner, Tollpatsch.
tölpelhaft → bäurisch, beengt, dumm, erfahrungslos, ungeschickt.
Tölpelhaftigkeit → Blödigkeit, Schwerfälligkeit.
Ton Seufzer, Fistel, Ruf, Klage, Laut, Lärm, Geräusch, Schall • Gesang, Tonzeichen, Tonart, Note • Erdreich, Mergel, Tonerde, Knetmasse, Benehmen, Bestand, Brauch, Fanfare, Klang, Laut, Mode. ▸ Lautlosigkeit, Ungezogenheit.
Ton angeben, den → dirigieren.
Ton, guter → Anstand, Benehmen, Brauch.
tonangebend → ausschlaggebend, beeinflussend, beherrschend, dominierend, kompetent, maßgebend, überlegen • erste Geige spielen.
Tonaufnahmegerät Rekorder.
Tonband Schallkonserve *u.*
Tonbandgerät → Apparat.
Tondichtung Komposition.
tonen → anstreichen, stimmen, tönen.
tönen ertönen, nachklingen, widerhallen, schallen, schellen, klingen, lärmen, anstimmen, singen, heulen. → anstreichen, dröhnen, erklingen, läuten, schallen. ▸ verklingen, verstummen.
tönend sonor.
tönernen Füßen, auf auf Sand gebaut. → schwach.
Tonfall → Aussprache, Betonung.
Tonfarbe → Klang.
tonig → weich.
Tonfolge Thema, Passage, Melodie.
Tonkünstler Tonsetzer. → Musiker, Komponist, Musiker.
Tonlauf → Passage, Ton.
Tonleiter Skala.
tonlos still, leise, sachte, schweigsam, ruhig, lautlos, geräuschlos, mäuschenstill, stumm, verstummt, vernehmbar, gedämpft. ▸ tönen(d).
Tonnage Schiffsraum, Tonnengehalt, Tonnengeld, Schiffskörper, Laderaum, Kielraum.
Tonne → Behälter, Dickwanst, Maß.
Tonspeicher Compactdisc (CD), Schallplatte, Tonband.
Tonstufe Intervall.
Tonsur → Glatze.
Tönung Abschattierung, Abstufung, Farbe, Färbung, Kolorit, Nuance.
Tonverwirrung → Charivari, Dissonanz.
Tonzeichen Note.
Topf Pott *u.* → Behälter.
Topf werfen, in einen → unordentlich, vermengen.
Topfen Quark.
Töpfer Hafner, Häfner, Keramiker, Ofensetzer.
Töpferkunst → Bildhauerei.
Töpferware → Geschirr.
Tor Kaffer, Ölgötze, Simpel, Blöder, Narr, Alberhans, Einfaltspinsel, Tölpel, Tollpatsch, Wasserkopf, Ochs, Blödian, Trottel, Schaf, Depp • Pforte, Portal, Eingang, Durchgang, Tür, Einlass, Ausfahrt • Fußballtor, Ziel, Gewinn. → Ausgang, Ausweg, Dummkopf, Durchgang, Einfahrt, Eingang, Idiot, Öffnung, Schaf. ▸ Könner, Kopf fähiger.
Torerfolg, dreifacher Hattrick.
Torheit Blödheit, Sinnlosigkeit,

Leichtsinn, Possen, Gicksgacks, Eselei, Unvernunft, Kurzsichtigkeit, Kinderei, Narrheit, Tölpelhaftigkeit, Doofheit *u*, Eselei *u*. → Blödigkeit, Dummheit, Farce, Humbug. ▸ Klugheit, Einsicht, Intelligenz, Schlauheit, Vernunft, Weisheit.

töricht unklug, unüberlegt, zerstreut, blind, gedankenlos, dumm, tappisch, leichtsinnig, leichtfertig, unbedacht, borniert, verbohrt, beschränkt, dämlich, läppisch, unreif, lebensfremd, kurzsichtig, engstirnig, albern, flapsig, unsinnig, toll, wirr, geistlos, kopfscheu, unvernünftig, verblendet, eine Dummheit machen, sich ein Stück leisten *u*, bescheuert *u*, beknackt *u*, deppert *u*, faselig *u*. → absurd, albern, beengt, dumm, gehirnlos, geistlos, hirnverbrannt, leichtsinnig. ▸ klug, clever, durchtrieben, gerissen, listig, raffiniert • einsichtig, gescheit, intelligent, schlau, vernünftig, verständig, weise.

törichter Einfall Schafsidee *u*.

törichter Mensch Blasenkopf *u*.

törichtes Geschwätz Quackelei *u*.

torkeln mit den Beinen stottern *u*. → abfallen, tappen im Dunkeln, schwanken.

Törn *sm* Drehung, Verdrehung, Umdrehung.

Tornado Trombe, Wirbelsturm.

Tornister Dachs *u*. → Behälter.

Torso → Bildhauerei, Bruchstück, Figur.

Torte → Kuchen.

Tortur Marter, Qual, Pein, Bitternis, Schmerz, Gräuel, Kreuz, Unbill, Plage, Bürde, Unheil, Bedrückung, Kümmernis, Elend, Weh, Drangsal, Jammer. → Beklemmung, Strafe. ▸ Belohnung, Bequemlichkeit, Linderung.

Torwart Goalkeeper, Keeper, Schlussmann, Torwächter.

Torweg → Ausgang, Durchgang, Durchlass, Eingang, Öffnung, Weg.

tosen → außer sich, dröhnen, lärmen, toben.

tosend → ungehemmt.

tot erloschen, gestorben, leblos, mausetot, kalt, abgeschieden, dahingegangen, verstorben, gefallen, verschieden, selig, erlöst, entseelt, atemlos, unbelebt, ausgelitten, ausgekämpft • tot sein, hops sein *u*, mausetot sein, um die Ecke sein *u*, ihn hat es erwischt *u* • öde, unfruchtbar • düster, matt, glanzlos. → abgeschieden, betäubt, gestorben, kalt, unempfindlich. ▸ lebendig • lebensfähig • belebt.

total → A bis O, alles, ausnahmslos, durch und durch, ganz, ganz und gar, vollständig.

totalitär → diktatorisch.

Totalität Alles, Ganzes, Ganzheit, Gesamtheit, Gesamtumfang, Vollständigkeit, Vollkommenheit, Gesamtbetrag, Bausch und Bogen, von Anfang bis Ende. ▸ Einzelheit.

töten ums Leben bringen, unter die Erde bringen, entleiben, ermorden, erschießen, erschlagen, erstechen, ertränken, erwürgen, kaltmachen, umlegen, ins Jenseits befördern, abservieren *u*, fertig machen *u*, killen, köpfen, schlachten, niederstechen, pfählen, hinopfern, steinigen, hinrichten, das Lebenslicht ausblasen, ans Messer liefern, meucheln, morden, umbringen, niedermachen, niederschießen, abschießen, abmurksen, lynchen, abfedern *j*, abrücken *j*, abschlagen *j*, abknallen *j*, abmurksen *u*, abservieren *u*, alle machen *u*, um die Ecke bringen *u*, hinmachen *u*. → ausmerzen, ausrotten, durchschießen. ▸ (am Leben lassen), leben lassen • erwecken • wieder beleben.

totenähnlich → besinnungslos, bleiern.

Totenbeschwörung Nekromantie.

totenblass → erschrocken, fahl.

totenbleich → besinnungslos, bleiern.

Totenfährmann Charon.

Totenfeier → Einäscherung.

Totengeister Lemuren, Manen.

Totenkälte Algor mortis.

Totenmesse Requiem, Seelenmesse.

Totenschrein Sarg, Sarkophag.

Totenstarre Rigor mortis.

totenstill lautlos, still, ruhig, tonlos, mäuschenstill, leise, verstummt, stumm, sachte, unvernehmbar, sprachlos, wortlos, schweigsam, geräuschlos. ▸ lärmend, ohrenbetäubend.

Totentanz Danse makabre.

Totenverehrung Manismus.

Totenverzeichnis Nekrologie, Nekrologium.

Toter → Leiche, Mann stiller.

tot geboren → nutzlos, umsonst.

totgehen → sterben.

Toto → Lotterie.

totpeitschen → ausrotten, quälen, strafen, töten.

totprügeln → ausrotten, quälen, strafen, töten.

totquälen → ausrotten, quälen, töten.

totreden → mundtot machen, tratschen.

totschießen abknallen, abschießen, erschießen, füsilieren, niederschießen/-strecken, umlegen.

Totschlag → Attentat, Beraubung, Blutbad, Blutat, Tötung.

totschlagen → ausrotten, quälen, töten.

Totschläger → Mörder.

totschweigen → übersehen, ignorieren, schneiden, überhören, verleugnen, keine Notiz nehmen, die kalte Schulter zeigen, links liegen lassen, wie Luft behandeln • tarnen, geheim halten, bewahren, verbergen, verdecken, verschweigen. ▸ auspacken, erzählen, offenbaren.

Tötung Ermordung, Mord, Totschlag, Meuchelmord, Opferung, Ritualmord, Lebensunterbrechung, Bluttat, Gemetzel, Attentat, Raubmord, Dolchstoß, Blutbad, Vernichtung • Hinrichtung, Vollstreckung, Henkersmahlzeit, Garaus • Selbstmord, Freitod, Harakiri. → Beraubung, Bluttat.

Touch Anflug, Anstrich, besondere Note, Hauch, Nuance.

Toupet Perücke, Zweitfrisur • (Haar-)Prothese *u*.

Tour → Ausflug, Ausmarsch, Reise.

Touristenbetreuer Animateur, Animator.

Tournee Gastspielreise.

Toxine Giftstoffe. → Beruhigungsmittel.

Trabant Nebenstern, Nebenplanet, Stern, Satellit, Planetenbegleiter, Mondbegleiter. → Anhänger, Assistent, Begleitung, Schlawiner. ▸ Abtrünniger.

traben laufen, galoppieren, reiten, davonspringen, marschieren, gehen, wandern, sprengen, trotten, trollen *j.* → bewegen sich.
▸ stillstehen ● schleichen.
Trabrennwagen Buggy, Sulky.
Tracht → Anzug, Bearbeitung, Bestrafung, Kleidung.
Trachten → Absicht, Beflissenheit, Begierde, Bemühung, Bestreben, Betrachtung, Bewerbung, Drang.
trachten nach → beabsichtigen, bewerben sich, Lippen lecken nach, schnappen.
trächtig schwanger, körig, rossig, stierig, geil, fruchtbar, ergiebig, wuchernd, ertragreich, gesegnet, dick *j,* innehaben *j,* beschlagen *j,* hochbeschlagen *j,* tragend.
▸ unfruchtbar.
Tradition → Brauch, Etikette, Mode, Sitte, Überlieferung.
traditionell althergebracht, herkömmlich, überliefert.
Tragbahre → Bahre.
Tragbalken → Balken.
tragbar handlich, zusammenlegbar, beweglich, leicht versetzbar, gangbar, transportierbar ● leicht, gewichtslos, unschwer ● aushaltbar, erträglich.
▸ unerträglich, schwer.
Tragbrett Tablett.
träge dammelig *u,* pomadig *u.* → arbeitsscheu, arbeitsunfähig, behäbig, bequem, bleiben sitzen, bummelig, energielos, faul, langsam, passiv, schwach, unentschlossen.
▸ agil, aktiv, beweglich, dynamisch, lebendig, lebhaft, mobil, munter, rege, rührig ● behände, fix, flink, geschwind, rasch, schnell ● eifrig, emsig, fleißig, strebsam ● hastig, hektisch, übereifrig.
tragen mitschleppen, halten, schleppen, wegtragen, forttragen, austragen, abtragen, buckeln *u,* Huckepack tragen *u,* heben ● stützen, unterstützen ● auf sich nehmen, ertragen, belastet sein, buckeln ● helfen, unter die Arme greifen ● um den Hals tragen, anhaben, anhängen, umhängen, umhaben *u* ● auf dem Kopf tragen, aufhaben *u.* → basieren, ruhen, schleppen.
▸ aufbegehren, empfangen, entbürden, hemmen, stellen.
tragen, mit sich → beabsichtigen.
Träger Überbringer, Besorger, Austräger, Laufbursche, Briefträger, Briefbote, Zubringer, Schaffner, Kofferträger, Gepäckträger, Dienstmann, Schlepper. → Anhaltspunkt, Balken, Faktor, Packesel, Regal ● Konsole.
▸ Empfänger.
träger Mensch Faularsch *u,* Flatsche *u.*
Tragesel → Packesel.
Trägheit Lässigkeit, Leblosigkeit, Lethargie, Phlegma, Starre, Starrheit, Passivität, Faulheit, Müßiggang, Unfleiß, Arbeitsscheue, Bequemlichkeit, Dumpfheit, Schwerfälligkeit, Abspannung, Schläfrigkeit, Saumseligkeit, Nachlässigkeit. → Arbeitsunfähigkeit, Bummelei, Dumpfheit, Flauheit, Gleichgültigkeit, Langeweile, Langsamkeit, Schlaffheit, Untätigkeit.
▸ Arbeitsfreude, Geisteskraft, Schneidigkeit, Aktivität, Beweglichkeit, Dynamik, Eifer, Elan, Schwung ● Hast, Hektik, Rastlosigkeit ● Arbeitswut, Übereifer.
Traghimmel Baldachin.
tragikomisch → bühnengerecht, lächerlich.
tragisch → bühnengerecht, dramatisch, entsetzlich, freudlos, schlimm.
▸ albern, komisch, kurios, lächerlich ● günstig.
Tragkorb → Kiepe.
Tragödie Trauerspiel, Bühnenstück, Drama, Schauspiel, Rührstück, Charakterstück, Bühnenkunst, Dramenkunst ● Unglück, Übel, Unheil, Unstern, Schrecklichkeit.
▸ Glücksfall, (Lustspiel) Komödie.
Tragsessel → Sänfte.
Tragstuhl → Bahre, Sänfte.
Tragweite Reichweite, Entfernung, Ferne, Weite, Abstand, Armeslänge, Strecke ● Belang, Bedeutung, Wirkungskraft, Geltung.
▸ Begrenzung, Unbedeutendheit.
Trainer → Lehrer, Sportler.
trainieren üben, schulen, ertüchtigen, abhärten, dressieren, exerzieren, Sport treiben, hart arbeiten, einüben, zum Wettkampf rüsten, fit machen *u.* → ausbilden, drillen.
▸ bleiben zurück, verlottern, verziehen.
trainiert, gut Form gut in, fit, topfit.
Training → Ausbildung, Vorbereitung.
Traktat Abhandlung, Schrift, Flugschrift, Untersuchung, Beitrag, Bearbeitung, Dissertation, Erklärung ● Vertrag, Übereinkommen, Festsetzung, Abmachung.
traktieren bewirten, aufwarten, geben, behandeln. → balgen, bestrafen, quälen, schlagen.
▸ belohnen, vertragen sich, unterlassen.
Traktor Bulldozer, Schlepper, Trecker, (landwirtschaftliche) Zugmaschine ● Dieselroß *u.*
trällern → anstimmen, singen.
Trambahn → Bahn, Fahrzeug (Schienen-).
Tramp Gelegenheitsarbeiter umherziehender ● Landstreicher ● Fußwanderung ● Dampfer für Gelegenheitsfahrten.
Trampel Trampeltier, Elefant, Bär, Tölpel, Schwerfälliger, Klotz, Plumpsack, Dicker, Bullenkalb, Meister Petz, Linkischer, Elefantenbaby, schwerfälliger Mensch, Elefantenküken, Holzkopf, Maschine *u,* Dampfwalze *u,* Dragoner *u.* → Pferd, Tollpatsch.
trampeln → toben, treten.
trampen landstreichen, wandern, bewandern, durchziehen, gehen, per Anhalter fahren. → laufen.
Trampolin Federsprungtuch(gerät).
Trance Entrückung, Traumzustand, Erregung, Verzückung, Rausch, Taumel, Überschwang, Trancezustand, Koller, Wonnerausch, Wallung, Hochgefühl, Schwärmerei, Verblendung.
▸ (Wachzustand), Wirklichkeit.
Träne → Zähre.
Tränen ausbrechen, in schluchzen, weinen, Tränen vergießen.
Tränen schwimmen, in → beklagen.
Tränenerguss Heularie *u.*
tränenreich → schlimm, schmerzlich.
Tränentier → Tranfunzel.
tränentreibend lakrimogen.
Tranfunzel Schlafmütze, Bummler, Tränentier, Transuse, Schnecke, Faultier, Kriechtier, Schildkröte, Bärenhäuter,

Schlampe. → Banause.
▸ (Mensch aufgeweckter).
tranig → bedächtig, faul, fettig.
Tranigkeit → Langsamkeit, Trägheit.
Trank Frischung *j.* → Aufnahme, Essenz, Getränk.
tränken → säugen.
Tranquilizer Antiangstpille, Beruhigungspille, Entspannungspille, Glückspille, Sedativum.
Transaktion Bankgeschäft, Geldgeschäft/-übertragung, größere Unternehmung • Wechselbeziehung.
transchieren → abschneiden, teilen.
Transfer Überführung, Übertragung, Überweisung, Weitertransport • Umwandlung, Wechsel • Zahlung (ins Ausland).
Transformation Konversion, Übertragung, Umformung/-gestaltung, Umwandlung.
Tranformator Umspanner.
Transit Durchfahrt, Durchfuhr, Durchgang, Durchreise, Passage.
transparent durchsichtig, durchlässig, licht, durchscheinend, ungetrübt, klar, reinsichtig, durchschimmernd, hell. → hell.
▸ undurchsichtig, durchscheinend, durchsichtig, gläsern.
Transparenz → Durchsichtigkeit.
Transport Ladung, Fortschaffung, Beförderung, Versendung, Verladung, Verschickung, Fuhre, Last, Hieve *sm,* Fracht, Schub, Überführung, Zuleitung, Versand, Übersendung, Verfrachtung, Verschiffung. → Anfuhr, Fracht.
▸ Einlagerung, Empfang.
transportabel → tragbar.
Transportband → Rutsche.
Transportflugzeug Jumbo *u.*
transportieren befördern, hinaustragen, hinauswerfen, senden, versenden, verladen, verfrachten, verschiffen, verschicken, fortschicken, fortschaffen. → absenden.
▸ empfangen, stehen lassen.
transzendent → raum- und zeitlos, seelisch.
▸ immanent.
trappeln → laufen, traben.
trapsen → erklingen, gehen.
Trasse abgesteckter Verkehrsweg, Bahndamm, Bahnkörper, Bahnlinie, Straßendamm, Strecke, Streckenführung.
Tratsch → Beleidigung, Gemunkel, Nachrede, Unehre.
tratschen klatschen, knatschen, babbeln, kannegießern, schnattern, plappern, schwatzen, seibern, palavern, in Fluss kommen. → abschweifen, reden.
▸ schweigen.
trauen heiraten, kopulieren, nehmen ernst, nehmen für bare Münze, vertrauen, wagen.
▸ trau schau wem, misstrauen, zweifeln • scheiden.
Trauer Kummer, Unglück, Unbill, Herzweh, Übel, Gram, Unmut, Leid, Weh, Harm, Herzeleid, Unheil • Trauerfall, Todesfall, Seelennot. → Beschwerde, Schmerz.
▸ Freude, Fröhlichkeit, Glück, Heiterkeit.
Trauerband/-binde Flor.
Trauerkloß → Miesmacher.
Trauerlied Nänie.
Trauermesse Requiem, Seelenmesse, Totenmesse.
trauern mittrauern, mitweinen, klagen, Anteil nehmen, jammern, nachweinen, Trübsal blasen, den Blick zu Boden richten, leiden, sich abhärten, verzweifeln, erleiden, ertragen, erdulden, Kummer haben, sich betrüben, vertrauern, sich bekümmern, sich grämen, sich abzehren. → beklagen, leiden.
▸ freuen sich, feiern • fröhlich/vergnügt sein.
Trauerspiel → Theater, Tragödie.
▸ Komödie, Lustspiel, Sketsch.
Traufe Dachrinne, Regenrinne, Wasserableitung, Dachtraufe • vom Regen in die Traufe, in der Tinte sitzen, Misserfolg haben, verhängnisvoll, daneben gegangen, entmutigend, erschwerend.
träufeln tropfen, rieseln, drieseln, sickern, fließen, tröpfeln, laufen.
▸ versiegen • siepen *u.*
traulich → angenehm, gemütlich, anheimelnd, behaglich, familiär, gemütlich, heimelig, idyllisch, lauschig, traut, wohlig, wohnlich.
▸ unbehaglich, ungemütlich.
Traum Fernsehen der Armen *u,* Privatkino *u.* → Delirium, Dämmerzustand, Dunstbild, Illusion, Schönheit, Wunsch.
▸ Realität, Wachsein, Wirklichkeit.
Trauma Erschütterung (seel.), Schädigung. → Wunde.
träumen schwärmen, erträumen, fantasieren, sich einbilden, spinnen • mäßig sein, duseln, schlafen, nichts tun, vor sich hinträumen, verdösen *u,* faulenzen. → ausfallen, erträumen, faseln, schlummern.
▸ arbeiten, aufwachen, überlegen, (wachen) fest/traumlos schlafen • bewusst erleben, hellwach sein, wach sein, wachen • aufpassen, aufmerksam/bei der Sache sein.
Träumer → Bummler, Faulpelz, Fantast.
Träumerei Geistesabwesenheit, Verträumtheit, Zerstreutheit, Flüchtigkeit, Unaufmerksamkeit • Leichtsinn, Traumgebilde, Unsinn, Faselei, Spinnerei. → Auswuchs, Chimäre.
▸ Wachsamkeit.
träumerisch → schwärmerisch, zerstreut.
Traumgebilde → Illusion, Träumerei, Utopie, Wunsch.
Traumgesicht Vision.
Traumgespenst Alb.
traumhaft → anmutig, dämonisch, feenhaft, fantastisch, schön.
Traumland Dorado, Eldorado, Goldland, Land der Erlösung, Paradies, Reiseziel traumhaftes, Wunschland.
Traumwelt → Auswuchs, Dunstbild, Hirngespinst, Illusion, Träumerei, Traumzustand, Utopie.
Traumzustand Traumwelt, Traumgebilde, Träumerei, Vision, Wachtraum, Entrücktheit, Ekstase, Erdenferne, Verträumtheit, Überspanntheit, Fieberwahn, Vorstellung, Erscheinung, Einbildung, Halluzination. → Trägheit, Träumerei, Zertstreutheit.
traurig klagend, bekümmert, niedergedrückt, trüb, leidmütig, weinend, seelenwund, tränenreich, herzbewegend, trauervoll, lustlos, bedripst *u,* missvergnügt, abgehärmt, gebrochen, gramzerfetzt *u,* desolat • schlecht, schlimm, unglücklich, unheilvoll, schrecklich. → arm, aufgelegt, beschämend, bitter, böse, brechen das Herz, wehmütig, elegisch, freudlos, hilflos, kummervoll, schmerzlich, unglücklich.

▸ fröhlich • angenehm, erfreulich, spaßig, vergnüglich.
Traurigkeit → Bekümmernis, Ernst, Freudlosigkeit, Niedergeschlagenheit, Schmerz, Trübsinn, Unglück.
traut → angenehm, freundlich, gemütlich.
Trauung Eheschließung, Heirat, Hochzeit, Vermählung.
Treck Flüchtlingszug.
Trecker → Traktor.
Treffen Kongress, Meeting, Tagung, Versammlung, Zusammenkunft, Beisammensein • Treff, Verabredung • Gefecht, Schlachtordnungslinie, Scharmützel, Entgegenkommen.
▸ Trennung.
treffen berühren, anstoßen, bewerfen, beschießen • ein Rendezvous geben, ankommen, sich verabreden, erreichen, sich einfinden, sich einstellen, zusammentreffen, kommen, begegnen, eintreffen • entsprechen, zusagen, passen, gelegen kommen. → begegnen, begrenzen, beigesellen, beleidigen, berühren, entgegeneilen, Ferse folgen auf der, tagen.
▸ abirren, scheiden, trennen • verfehlen, vorbeischießen.
treffen, eine Verfügung → befehlen.
treffend → anwendbar, ausführlich, frappant, genau, gut, passend, schlagend.
▸ falsch, unpassend, unzutreffend.
Treffer → Fortuna, Los, Los das große, Prämie, Schlager, Zufall.
trefflich → behaglich, scharmant, delikat, erfreulich, erwünscht, gut, renommiert, vortrefflich.
Treffpunkt Beiß *u.* → Gaststätte, Ort, Sammelstelle.
treffsicher → ausführlich, entsprechend, genau.
treiben wachsen, grünen, sprossen, anschwellen, sich entfalten, hochschießen • hochgehen, sich aufblähen • drängen, reizen, anreizen, anstacheln. → ankurbeln, anregen, anstoßen, Anzug, ausschlagen, beeilen, bewegen sich, drängen, drücken, eilen, Ferse folgen auf der, jagen, nachstellen, schieben, schießen, segeln.
▸ verdorren, zurückhalten, anhalten, halten, stoppen.
treibend antreibend, aufhetzend, anstachelnd, erregend, aufregend, reizend, verlockend • schwimmend, segelnd. → ausschlaggebend, entscheidend.
▸ beruhigend, hemmend.
Treiber Jagdgehilfe, Jäger, Verfolger, Umzingler, Schütze, Weidmann • Anstifter, Antreiber, Aufhetzer, Anstachler • Leuteschinder, Antreiber, Sklavenhändler. → Commis.
Treiberei Eile, Schnelligkeit, Unrast, Überhast, Überstürzung, Übereile, Übereilung. → Hetze, Jagd.
▸ Bedächtigkeit, Lässigkeit.
Treibgeschoss Rakete.
Treibkraft Getriebe, Triebkraft, Antrieb, Vorrichtung, Zugkraft, Batterie, Elektrizität, Kraftquelle. → Maschinerie.
Treibnetz Fleet.
Treibschlag Drive.
Treibstoff Kraftstoff, Benzin • Rollwasser *u*, Sprit *u*, Stoff *u*.
Treibstoffbehälter Kanister, Tank.
Trend Tendenz, Richtung, Zug, Verlauf, Strömung, Hinlenkung, Entwicklung, Kurs, Zielrichtung.
▸ Abweichung, Einbruch • Zufall.
trennbar teilbar, lose, locker, ungebunden, auflösbar, lösbar, unzusammenhängend, scheidbar, spaltbar, zergliederbar.
▸ untrennbar.
trennen loslösen, separieren, dezentralisieren, sondern, spalten, sich losmachen, scheiden, teilen, zerteilen, verteilen, abteilen, einteilen, abtrennen, erlegen, abschneiden, abnabeln, absplittern, durchschneiden, zersplittern • auflösen, eine Ehe trennen • von jemandem gehen, sich streiten, die Freundschaft brechen, auseinander dividieren *u.* → abbeißen, abhauen, abschneiden, abschrauben, absondern, anschneiden, aufhetzen, ausrotten, ausschalten, ausschneiden, beiseite legen, brechen, detachieren, differenzieren, durchbrechen, durchreißen, durchschlagen, durchteilen, entzweien, lösen, reißen, scheiden, schneiden, streiten.
▸ verbinden, integrieren, mischen, paaren, vereinigen, verheiraten, vermengen, vermischen, verschmelzen, zusammenfügen.
Trennpunkte (Zeichen der getrennten Aussprache von zwei Vokalen) Trema.
trennscharf → klar, logisch, scharf.
Trennung Lostrennung, Scheidelinie, Rain, Scheidewand, Sonderung, Separation, Spaltung, Teilung, Streit, Zwiespalt, Entzweiung, Auflösung, Lockerung, Scheidung, Uneinigkeit, Zersetzung. → Absonderung, Abtrennung, Auflösung, Ausschluss, Bruch, Dezentralisation, Differenz, Disharmonie, Durchbruch, Durchschnitt, Durchstich, Entfremdung, Filter, Isolierung, Schnitt, Schisma, Zwietracht.
▸ Verbindung.
Trennungsverfahren z.B. Destillation, Dialyse.
Trennwand Scheidewand, Hindernis, Wandschirm, Grenze.
Treppe Stiege, Stufe, Sprosse, Freitreppe, Aufgang, Eingang, Stufengang, Treppenleiter, Auftritt, Treppenhaus.
treppenförmig anlegen terrassieren.
Treppenwitz → Wiederholung.
Tresen Theke.
Tresor Behälter, Geldschrank, Kasse, Vorrat.
Tresse → Ausschmückung, Band, Besatz, Litze.
treten stampfen, strampeln, trampeln, auftreten, knarren, gehen, hintreten • Wasser treten, datschen *u*, dätschen *u.* → angreifen, ankurbeln, auswischen, beeinträchtigen, diskreditieren, quälen, strafen.
▸ aufrichten, stillstehen, verteidigen.
Tretmühle Schleifmühle, Kurbel, Turbine, Wasserrad • Leier, Einerlei, Langweiligkeit, Eintönigkeit, Alltag, Saure-Gurken-Zeit, Stumpfsinn, Kehrreim, Alltagsgeist, Binsenwahrheit, Abgesang, Gewohnheit. → Alltag, Routine, Schema.
▸ Abwechslung.
treu sich selbst treu, echt, wahr, ursprünglich • bereit, hilfsbereit, brav, lieb, zuvorkommend, genau, unverfälscht, hilfreich, zuverlässig, gewissenhaft, verlässlich, peinlich • ergeben, warm, innig, ewig treu, unvergänglich, unveränderlich, einig, über das Grab, feuerfest *u.* → anhänglich, anständig, bieder,

brav, charakterfest, fest, getreulich, Herz und Hand mit, loyal, rechtschaffen. ▸ untreu, treulos, unzuverlässig • verräterisch.
treu bleiben, einer Sache beharren, aushalten, ausführen, standhalten, durchhalten, festhalten, nicht ablassen, nicht locker lassen, nicht schwanken, seinen Willen durchsetzen, bei der Stange bleiben, sich nicht irre machen lassen. ▸ abwenden sich.
Treu und Glauben, Abkommen auf Gentlemen's Agreement.
Treu und Glauben, auf leichtgläubig, aufs pure Nichts hin vertrauen, für bare Münze nehmen, trauen, hereinfallen. → Glauben auf Treu und. ▸ misstrauen.
Treubruch → Bekenntnis, Bruch, Dolchstoß, Eid falscher, Fahnenflucht, Ungehorsam.
Treue Pflichterfüllung, Pflichttreue, Treupflicht, Zuverlässigkeit, Ausdauer, Beständigkeit, Biedersinn, Ehrlichkeit, Geradsinn, Bekennermut • Gelöbnis, Gelübde, Zusage, Versprechen, Schwur, Handschlag, Wort • Vaterlandstreue. → Ausdauer, Bande, Beständigkeit, Charakterstärke, Ergebenheit, Liebe, Rechtlichkeit. ▸ Untreue, Treulosigkeit, Unbeständigkeit, Unzuverlässigkeit • Verrat.
treue Liebe Dauerbrenner *u.*
treuer Gefolgsmann Paladin. → Anhänger.
treuer Wächter Argus.
Treuhänder → Beauftragter, Bevollmächtigter.
Treuhandgebiet Mandat.
treuherzig altdeutsch *u,* dackelig *u.* → arglos, bieder, charakterfest, Glauben auf Treu und, leichtgläubig, offen, wahrhaftig.
treuherziger Blick Silberblick *u.*
Treuherzigkeit Leichtgläubigkeit, Arglosigkeit, Einfalt, Kurzsichtigkeit • Biedersinn, Natürlichkeit, Offenheit, Geradheit. → Freimütigkeit, Offenheit. ▸ Misstrauen, Verschlossenheit.
treulos → abtrünnig, arg, bestechlich, charakterlos, fahnenflüchtig, falsch.
Treulosigkeit → Dolchstoß, Doppelrolle, Eid falscher, Falschheit.
treusinnig → bieder, rechtschaffen, treu, wahrhaftig.
Tribunal Gericht, Kadi, Gerichtshof, Gerichtsbarkeit, Instanz, Gerichtsstand, Richterstuhl, Richterkollegium.
Tribüne Erhöhung, Treppe, Zuschauerbühne, Rednerpult, Aufstockung, Aufrichtung, Aufsatz, Dach. → Kanzel.
Tribut Steuer, Abgabe, Zoll, Auferlegtes, Beisteuer, Lehensgeld. → Beute, Gabe. ▸ Einnahme.
Trichter Durchlass, Loch, Krater, Sprengloch, Granattrichter, Höhle, Kessel, Verftiefung • Nürnberger Trichter. → Behälter.
Trick Trickaufnahme, Dayverfahren, Matteverfahren • Ausweg, Drall *u,* Dreh *u,* Schisslaweng *u,* Schlüpfe *u.* → Kniff, Schlich.
Trickbetrüger Spritzer *u.*
trickreich ausgekocht *u.*
tricksen → betrügen.
Trieb Naturtrieb, Instinkt, Unterbewusstsein, Ingefühl, innerer Drang, Antrieb, Reiz, Eingebung, Anreiz • Eifer, Streben, Forschungsdrang, Ahnungsdrang • Begierde, Lust, Wunsch, Neigung, Begehren • Keim, Spross, Keimkraft • Tritt, Weideplatz, Weiderecht, Herde, Schar, Bock *u.* → Begierde, Charakter, Drang, Instinkt, Neigung, Rute, Schoß. ▸ Beherrschung, Keuschheit, Lässigkeit, Unfruchtbarkeit.
Triebfeder → Anlass, Anstoß, Auswirkung, Gefühl, Drang, Instinkt, Ursache.
triebhaft impulsiv, instinktmäßig, instinktiv, spontan, unwillkürlich, unbewusst • geil, tierisch, erotisch, ausschweifend, sinnlich, unkeusch. → angeboren, bacchantisch, blind, blindlings, gierig. ▸ beherrscht, frigide, keusch.
Triebkraft Agens, Dampf *u.* → Anlauf, Bewegungstrieb, Drang, Faktor, Treibkraft, Schwung. ▸ Traktion, Zugkraft.
Triebleben Instinkt, Hundeseele, Erhaltungstrieb, Fortpflanzungstrieb, Ingefühl, Antrieb, Unterbewusstsein • Begierde, Begehrlichkeit, Sinnlichkeit, Verlangen. → Instinkt, Trieb. ▸ Beherrschung, Keuschheit.
triebmäßig instinktiv. → triebhaft.
Triebmensch Libidinist, Lustmolch *u.*
triebsteigernd aphrodisisch, aufgeilend, erregend, Lust erregend, Potenz anregend.
Triebwerk → Apparat, Getriebe, Maschinerie, Treibkraft.
Triefauge Lippitudo.
Triefaugen Plieraugen *u.*
triefäugig blödsichtig, scheel, augenkrank, lichtscheu, blinzelnd, tränend. → hässlich.
triefen gießen, regnen, rieseln, durchnässen, benetzen, feucht sein, durchnässt sein, tröpfeln, tropfen, plieren *u.* → ausschlagen, befeuchten, schwitzen. ▸ trocken (sein), trocknen.
triefend quatschig *u.* → nass.
triezen → bedrücken, quälen.
Trift Seetrift, Strömung, Fahrwasser, Kielwasser, Triftströmung • Weide, Weideplatz, Gras. → Rasen.
triftig → A und O, ausschlaggebend, beachtlich, beeinflussend, beherrschend, beweisend, folgerichtig, stichhaltig, wichtig.
trillern → anstimmen, singen.
trimmen üben, trainieren, abhärten • striegeln.
Trinität → Dreieinigkeit, Dreifaltigkeit, Vater Sohn und Heiliger Geist.
Trinkbecher Cup, Pokal.
trinken kneipen, zechen, nippen, saufen, prosten, saugen, schlürfen, tanken, einen heben, hinunterstürzen, gurgeln, sich einen genehmigen, einen kippen, bechern, hinter die Binde gießen, einen durch die Gurgel jagen *u,* einen schmettern *u,* zu sich nehmen, einen verlöten *u,* einen stemmen *u,* ein leeres Glas nicht leiden können, schnapsen *u,* einen guten Stiefel trinken, begießen, einen guten Zug am Leib haben, nicht auf dem Trockenen sitzen können, einen blasen *u,* gluckgluck machen *u,* die nötige Bettschwere haben, sich einen zu Gemüt führen *u,* die Gurgel schmieren *u,* einen unter das Jackett brausen *u,* die Kehle schmieren *u,* einen hinter die Krawatte gießen *u,* kümmeln *u,* verkümmeln *u,* einen auf die Lampe gießen *u,* picheln *u,* pietschen *u,* pötten *u,* saufen wie ein Loch *u,* saufen wie ein

Bürstenbinder oder eine Senke *u*, süffeln *u*, einen zischen *u*, einen zwitschern *u*, schöpfen *j*, tränken sich *j*, schnäpseln, ölen, sich betrinken, sich berauschen • austrinken, aussaufen, auspicheln *u*, einer Flasche den Hals brechen • sich erquicken, sich laben, sich erfrischen • Bibamus, baggern *u*, bibbeln *u*, bibern *u*, dröhnen *u*, ein Fass aufmachen *u*, schlucken *u*. → betäuben, einsaugen, ernähren sich.
▸ enthalten sich • essen.
trinken geben, zu einflößen, säugen, stillen, tränken.
trinken, hastig runterstürzen *u*.
Trinker Säufer, Alkoholiker, Schluckbruder, Trunkenbold, Saufbold, Saufigel, Saufloch, versoffene Nudel *u*, Süffel *u*, Schnapsbruder, durstige Seele • Schnapsnase *u*, Lötkolben *u*, Saufbruder oder -kumpan, Zecher, Zechbruder, Bacchusbruder, Schnapsteufel, Falstaff, Betrunkener, Gewohnheitstrinker, Bürstenbinder *u*, Fass ohne Boden *u*, nasser Bruder *u*, Schlaucher *u*, Schluckspecht *u*.
▸ (Esser), (Abstinenzler).
trinkfest trinklustig, weinfroh, bierliebend, Alkohol liebend, versoffen, sauflustig, schluckbegierig, ewig durstig • ausgepicht *u*.
Trinkgelage Besäufnis *u*, Betrunk *u*, Flaschensitzung *u*. → Sauferei.
Trinkgeld Bedienungsgeld, Botenlohn, Bakschisch *u*, Saft *u*, Seifengeld → Almosen, Belohnung, Bestechung, Gabe, Geld.
Trinkgenosse Saufbruder *u*. → Bekannter, Trinker.
Trinklieder → Dichtungsart.
Trinkschale → Behälter, Gefäß.
Trinkspruch Toast.
Trinkstube → Ausschank, Gaststätte.
Trinksucht Durst krankhafter, Polydipsie.
Trinkvermögen Aufnahmefähigkeit *u*.
Trinkwasser Brunnenheimer *u*, Entenwein *u*, Gänsewein *u*.
Trio Orchester, Musikkapelle, Musiker. → Dreiheit.
Trip Fahrt. → Reise.
trippeln auf Eiern gehen, stelzen, dabbeln *u*, dabbern *u*. → bewegen sich, gehen.
Tripper Gonorrhö.
trist → öde.
Tritt Stoß, Schlag, Bestrafung, Behandlung, Angriff, Bearbeitung, Misshandlung, Tätlichkeit, Fußtritt. → Bearbeitung, Bewegungstrieb, bums, Strafe.
Tritte Ruder, Ständer, Läufe, Strahl, Tierfüße. → Bearbeitung, Strafe.
Triumph → Ehre, Freude, Jubel.
Triumphator Bezwinger, Held, Heros, Sieger.
Triumphbogen → Ehrenpforte.
Triumphgeschrei → Beifall, Begeisterung, Freude, Jubel.
triumphieren → ausstechen, freuen sich, siegen, unterwerfen.
▸ gedemütigt werden, den Kürzeren ziehen, unterdrückt werden, unterliegen, sich unterwerfen, verlieren, die Waffen strecken.
triumphierend → jubelnd.
Triumphpforte → Ehrenpforte.
Triumphzug → Aufmarsch, Aufzug.
▸ Trauerzug.
trivial → abgeschmackt, albern, alltäglich, farcenhaft, unwichtig.
trocken regenarm, dürr, niederschlagsfrei, ausgetrocknet, saftlos, kraftlos, fleischlos, karg, ertraglos, baumlos, verdorrt • philisterhaft, spindeldürr, knochig, klapperdürr, pedantisch, vertrocknet, steif, zugeknöpft, langweilig, mürrisch. → blattlos, ernst, lehrhaft, öde, unfruchtbar.
▸ nass, durchnässt, feucht, regnerisch • moorig, sumpfig, wasserreich • frisch, grün, saftig • triefend • wässrig • lieblich, süß • alkoholsüchtig.
trocken hinter den Ohren, nicht → jung, unreif.
Trockenbeere Korinthe, Rosine, Sultanine.
Trockene bringen, sein Schäfchen ins sein Ich nicht vergessen, gut abschneiden, vorsorgen, sein Schäfchen scheren, für seinen Vorteil sorgen, sich gesund machen, Seide spinnen, seinen Vorteil wahren, sich zu Nutze machen, es zu etwas bringen.
▸ verlieren.
Trockenen, auf dem verbraucht, abgenutzt, Ebbe in der Tasche, kein Geld mehr vorhanden, ohne Mittel, schlecht bei Kasse, am Hungertuch nagen, in der Klemme, keinen roten Pfennig mehr haben • ohne Getränke dasitzen.
▸ besitzen.
Trockenhaut Xerodermie.
Trockenheit → Dürre, Saftlosigkeit.
trockenlegen → abtrocknen, austrocknen, dränieren, trocknen.
Trockenlegung → Entwässerung.
Trockenmalerei Pastell.
Trockenmittel/-stoff Sikkativ.
Trockenmund Xerostomie.
trocknen trockenlegen, entwässern, eintrocknen, welken, dichten, ableiten, kanalisieren, abdeichen • dürren, dörren, einbalsamieren, räuchern, aufheben. → abblühen, abtrocknen, aufheben, beeinträchtigen.
▸ befeuchten, anfeuchten, benetzen, nässen • feucht/nass werden.
Troddel Abzeichen, Gradabzeichen, Achselklappe, Schmuck, Puschel *u*. → Ausschmückung, Quaste.
Trödel → Abfall, Ramsch.
Trödelkram Plunder, Krempel. → Ramsch, Unwert.
trödelig → langsam.
Trödelmarkt Flohmarkt *u*.
trödeln dreckeln *u*. → bummeln, entziehen sich der Arbeit, hemmen, lassen sich Zeit, mitkommen nicht, schieben auf die lange Bank.
Trödler Tandler *u*. → Krämer.
Trog → Behälter.
trollen, sich → begeben sich, bewegen sich, davonmachen sich.
Trommel Musikinstrument, Schlagzeug, Kesseltrommel, Gong, Tamtam, Trommelschlag • Zeichen, Trommelwirbel, Alarm, Geschmetter • Gehörtrommel. → Rolle, Walze.
Trommelfellentzündung Myringitis.
Trommelfeuer Kanonade • Budenzauber *u*, Feuerzauber *u*.
trommeln hämmern, schlagen, lärmen, rumpeln, tönen, tosen • zusammentrommeln, rufen, Alarm schlagen. → werben, wiederholen.
Trommelschlag → Fanfare.
Trommelwirbel → Alarm, Fanfare.
Trommler Drummer, Schlagzeuger, Tambour.
trompeten → musizieren.
Trompetengeschmetter → Fanfare.
Trompetenstoß → Fanfare.

Tropenwind z.B. Monsun, Passat, Samum.
Tropf → Betrogener, Nichtskönner, Pfuscher, Pinsel.
tröpfeln fließen, rieseln, plätschern, tropfen, sprudeln, drieseln, strömen, auslaufen, drippeln *u.* → fließen.
▸ vesiegen.
tropfen → fließen, tröpfeln.
Tropfen Schluck, Wenigkeit, Fingerhut, Mundvoll, Teil, Kleinigkeit • Blase, Wassertropfen • Trank, Trunk, Tröpfchen, Wein.
▸ Menge, Überfluss.
Tropfen, ein guter Trank, Trunk, Wein, Schoppen, Maß, Gals • Sinnenlust, Gaumenfreude, Gaumenlust, Gaumenkitzel, Erfrischung, Erquickung, Belebung.
tropfenweise → teilweise.
Tropfsteinhöhle Grotte.
Trophäe Siegespreis. → Beute.
tropisch südlich, heiß, brennend, glühend, schwül.
▸ kalt.
Tross Bagage, Pack, Train, Gepäck, Heergepäck, Menge, Proviant • Nachhut, Nachzug, Gefolge.
▸ Vorhut, Vortrupp.
Trosse Tau, Seil, Drahtseil, Pechdraht. → Bindemittel.
Trossschiff Tender.
Trost Linderung, Tröstung, Erleichterung, Beruhigung, Milderung, Besänftigung, Beschwichtigung, Hilfe, Zuspruch, Aufrichtung, Ermunterung, Erquickung, Lichtblick. → Baldrian, Balsam, Erlösung, Ermutigung, Erquickung, Hilfsdienst.
▸ Trostlosigkeit • Schadenfreude • Verletzung.
Trost spenden → aufheitern, bringen auf andere Gedanken, trösten.
Trost, nicht bei → verrückt.
trösten erquicken, lindern, beruhigen, besänftigen, zusprechen, ermutigen, aufheitern, beschwichtigen, unterstützen, die Tränen trocknen, Mut zusprechen. → aufheitern, begütigen, bringen auf andere Gedanken, erleichtern, erlösen.
▸ betrüben, Kummer machen, quälen, verletzen.
tröstend liebreich, erleichternd, trostreich, lindernd, ermutigend, stärkend, aufrichtend, helfend, heilsam, belebend. → tröstlich.
▸ trostlos.
Tröster → Beistand, Christus.
tröstlich heilsam, lindernd, Schmerz stillend, tröstend, trostreich, balsamisch, ermutigend, aufrichtend, belebend, helfend, erleichternd, beruhigend, zusprechend, erquickend. → erleichternd, ermutigend.
▸ untröstlich, ärgerlich, betrüblich, schmerzlich, unangenehm, verletzend.
trostlos → abgerissen, arm, aufgelegt, aussichtslos, bedauerlich, bejammernswert, beschämend, bitter, böse, elegisch, fatal, kläglich, leidvoll, öde.
Trostlosigkeit Hoffnungslosigkeit, Misere, Gedrücktheit, Unglück, Leiden, Unheil, Jammer, Pech, Schicksalsschlag, Verzweiflung, Aussichtlosigkeit, Enthoffnung, Niedergeschlagenheit, Verzagtheit, Weltschmerz, Mutlosigkeit. → Freudlosigkeit, Verzweiflung.
▸ Trost.
trostreich → tröstend.
Tröstung Herzstärkung, Milderung, Trost, Erquickung, Belebung, Aufrichtung, Hilfe, Ermutigung, Besänftigung, Beschwichtigung. → Baldrian, Beileid, Charitas, Erleichterung, Erlösung, Trost.
▸ Trostlosigkeit, Verzweiflung.
Trott → Alltag, Bewegung, Geleis, Tretmühle.
Trottel Banause, Dummerian, Dummkopf, Idiot, Irrsinniger, Nachzügler.
trotten → bewegen sich, bummeln, gehen.
Trottoir Bürgersteig, Fußgängerweg, Gehweg, Gehsteig.
Trotz Hartnäckigkeit, Dickköpfigkeit, Halsstarrigkeit, Auflehnung, Widerstand, Unbotmäßigkeit, Widerspenstigkeit, Ungehorsam, Starrsinn, Steifsinn, Eigensinn, Störrigkeit, Unnachgiebigkeit, Verstocktheit, Verhärtung, Verblendung, Fanatismus, Daffke *u.* → Auflehnung, Bärbeißigkeit, Eigensinn.
▸ Nachgiebigkeit, Willfährigkeit Unterwerfung • Einsicht.
Trotz bieten → ballen, empören sich, trotzen.
trotz gleichwohl, obgleich, obschon, obwohl, obzwar, dennoch, wenn auch, trotzdem, ungeachtet, immerhin, doch, jedoch, dessen ungeachtet, nichtsdestotrotz. → bei, dagegen, dennoch, dessen, ungeachtet, doch, hingegen, immerhin.
▸ dafür, demnach, folglich, (umso mehr), weil, wegen.
trotz allem → dennoch, dessenungeachtet, trotz.
trotzdem → aber, allein, dennoch, dessen ungeachtet, doch, trotz.
trotzen murren, aufbegehren, schmollen, spreizen sich, sperren sich, entgegenhandeln, nachgeben nicht, die Faust ballen, auflehnen sich, die Stirn bieten, Trotz bieten, wider den Stachel löcken, widerstehen, widersetzen sich, empören sich, meutern, halsstarrig sein, hartnäckig sein, rebellieren, aufbegehren, eine Lippe riskieren *u,* die Zähne zeigen, sich auf die Hinterbeine stellen, auftrumpfen. → auflehnen, ballen, entgegenstellen sich, erheben Protest, gegenübertreten, herausfordern, meutern, rebellieren, widerstehen.
▸ nachgeben.
trotzig → aufständisch, bockig, eigensinnig, felsenfest, herablassend, herzhaft, querköpfig, ungehorsam.
▸ einsichtig • fügsam, nachgiebig • demütig.
Trotzkopf → Dickkopf.
Troubadour Sänger, Minnesänger, Barde, Balladensänger, Hofsänger. → Dichter.
trübe regnerisch, verhangen, düster, funzlig *u,* tranfunzlig *u,* schummrig, glanzlos, neblig, undurchsichtig, matt, fahl, verschwommen, bewölkt, dunstig, schlecht, unfreundlich, wolkig, bewölkt, hässlich. → blind, dämmerig, dunkel, matt, pessimistisch, schwarz, traurig, trübsinnig.
▸ heiter.
Trubel Rummel, Aufregung, Wirrwarr, Tumult, Geräusch, Treiben, Verkehr, Lärm, Gedränge, Betrieb, Krawall, Getöse, Wirbel, Radau, Affenstall *u,* Messtrubel, Kirmestrubel, Unruhe. → Aufregung, Betrieb, Getöse, Getümmel, Jubel.
▸ Lässigkeit, Ruhe.
trüben beeinträchtigen, behindern • dunstig machen,

eintrüben, verdunkeln, vernebeln.
trüben, kein Wässerchen → unschuldig.
Trübsal → Bekümmernis, Beschwerlichkeit, Bitternis, Leid, Trostlosigkeit, Unglück, Verdruss.
Trübsal blasen → langweilig, trauern.
trübselig freundlos, gedrückt, missmutig, traurig, niedergeschlagen, mutlos, seelenwund, lustlos, niedergebeugt, übellaunig. → arm, trübsinnig, unglücklich. ▸ heiter.
Trübseligkeit → Depression, Freudlosigkeit, Niedergeschlagenheit, Trübsinn.
Trübsinn Katzenjammer, Lebensüberdruss, Missmut, Pessimismus, Hypochondrie, Schwermut, Selbstquälerei, Tiefpunkt, Tiefstand, Traurigkeit, Trübseligkeit, Niedergeschlagenheit, Schwarzseherei, Gedrücktheit, Grämlichkeit, Verdrießlichkeit, Verdüsterung, Mutlosigkeit. → Bekümmernis, Ernst, Katzenjammer, Melancholie, Schmerz, Verstimmung. ▸ Frohsinn, Heiterkeit.
trübsinnig hypochondrisch, gemütskrank, grämlich, kopfhängerisch, misslaunig, niedergebeugt, niedergedrückt, niedergeschlagen, pessimistisch, schwermütig, seelenwund, selbstquälerisch, tiefsinnig, trübe, trübselig, das Maul hängen lassen, freudlos, leidmütig, traurig, lustlos, aussehen wie bestellt und nicht abgeholt *u.* → aufgelegt, ernst, melancholisch, pessimistisch, traurig. ▸ heiter, aufgekratzt, fröhlich, gut gelaunt, in bester Stimmung.
Trübung → Dichtigkeit, Dunst, Verunreinigung.
trudeln rollen, kullern, kreisen, würfeln.
Trug blauer Dunst *u.* → Ausflucht, Ausrede, Lüge, Unredlichkeit.
Trug und Lug → Lüge, Täuschung.
Trugbild → Anschein, Begriff, Blendwerk, Chimäre, Einbildung, Hirngespinst, Irrwisch, optische Täuschung, Schein, Täuschung.
trügen → betrügen, täuschen.
trügerisch vorgetäuscht, fiktiv. → beziehungslos, falsch, folgewidrig, irrtümlich, scheinbar. ▸ gewiss, offenkundig, untrüglich, wahr, zuverlässig.
Truggewebe → Danaergeschenk, Lüge, Schein, Schlauheit, Täuschung.
Trugschluss → Anstrich, Doppelsinn, Entscheidung falsche, Falschheit, Fehler, Milchmädchenrechnung, Missdeutung.
Truhe → Behälter, Kasten.
Trumm → Bergbau, Bruchstück, Stück.
Trümmer Ruine, Rest, Überbleibsel, Überrest, Nachlass, Wrack, Fragment, Schutt, Teil, Scherbe, Splitter, Trumm, Trümmerfeld, Schamott *u.* → Bruchstück, Scherbe. ▸ Ganzheit • Neubau • Wiederaufbau.
Trümmer legen, in abbrechen, demolieren, runinieren, verheeren, zerstören, zertrümmern.
Trümmerfeld → Demolierung, Trümmer, Zerstörung.
Trumpf → Erfolg, Prämie, Treffer.
Trunk → Aufnahme, Getränk, Tropfen, Tropfen guter.
trunken → angeheitert, beduselt, befangen, berauscht, betrunken, entrückt, schwärmerisch.
Trunkenbold → Trinker.
Trunkenheit Betrunkenheit, Rausch, Dusel, Suff *u,* Beschmortheit *u,* besoffener Kopf *u,* Benebelung, Weinlaune, Angetrunkenheit, Besoffenheit. → Fahne, Verzückung. ▸ Nüchternheit.
Trunksucht Versoffenheit, Suff *u,* Dauersuff *u,* Sauflust, Versoffenheit *u,* Schnapsteufel, Brand, Ausschweifung. → Durst. ▸ Enthaltsamkeit, Nüchternheit.
trunksüchtig sein saufen *u.,* → trinken.
Trunksüchtiger Alkoholiker, Dipsomane, Quartalssäufer, Säufer, Trinker.
Trupp → Bande, Clique, Truppe, Vereinigung.
Truppe Armee, Stoßtrupp, Trupp, Garde, Heer, Soldaten, Leibwache, Einheit, Brigade, Militär, Kerntruppe, Fliegertruppe, Schar, Mannschaft • Menge, Kohorte, Masse, Haufen, Schwarm • Ensemble. → Kolonne, Gemeinschaft.
Truppenlager Biwak.
Truppenmacht → Aufgebot.
Truppenstandort Garnison.
Truppenübung Manöver.
Truppenübungsplatz Blutacker *u,* Busch *u,* Drillgelände *u,* Druckwüste *u,* Sandkasten *u.*
Truppenunterkunft Kaserne.
Truppenversorgung Logistik.
Trust → Vereinigung.
trutzig mutig, tapfer, kühn, waghalsig, keck, dreist, unbändig, heroisch, heldenmütig, trotzig, grimmig, heldenhaft, reckenhaft, mannhaft, starkherzig, beherzt, brav, wacker, furchtlos, unerschrocken, entschlossen, verwegen, verwogen, unerschütterlich, unverzagt. ▸ feige, verzagt.
tschilpen zwitschern, piepsen, zirpen.
Tube → Behälter.
Tube drücken, auf die → beschleunigen.
Tuberkel → Bazillus.
Tubus → Walze.
Tuch Stoff, Gewebe, Gespinst, Webstoff, Zeug, Loden. → Fahne, Faltenwurf, Gewebe.
Tuchfühlung Nähe, Nachbarschaft, Reichweite, Berührung, Zusammentreffen, Berührungspunkt, Verbindung. ▸ Abstand.
tüchtig tauglich, fit, knuffig *u,* patent, zünftig, fähig, arbeitsfähig, kräftig, mächtig, gewaltig, gewichtig, energisch, herzhaft, aufrecht, standhaft • sehr, nachdrücklich, beträchtlich, erheblich, hoch, schwer, tief, merklich, rundweg, trefflich, ordentlich, gehörig, weidlich, wacker, fest, stark, herzhaft, herzlich, wahrlich, wirklich, vollauf, gründlich • nach Noten, nicht von Pappe, nach Strich und Faden, nach Takt und Noten, auf Teufel komm raus *u* • füglich, ziemlich, angemessen, sachdienlich, brauchbar, verwendbar • geschickt, gewandt, anstellig, begabt, qualifiziert, flink, fleißig, rasch, geschult, vorbereitet, geübt, mustergültig, meisterhaft, erfahren, bewandert, in allen Sätteln gerecht, fähig, talentiert, begabt, scharfsinnig, klug, verständig, vernünftig, gescheit, einsichtsvoll, nicht auf den Kopf gefallen, weit blickend,

sicher, vorsichtig, findig, diplomatisch, gewitzt • kühn, unternehmend, mutig, tapfer, brav, beherzt, entschlossen • tüchtiger Kerl, Mordskerl, Mordsmädel, Prachtkerl, Prachtmädel, Prachtexemplar, Teufelskerl, Teufelsmädel. → anstellig, arbeitsam, brav, fix, durchgreifend, erstaunlich, fest, gediegen, geübt, perfekt, patent, lebenstüchtig, trutzig. ▸ untüchtig, unfähig, ungeeignet, untauglich • arbeitsscheu, bequem, faul.

Tüchtigkeit → Brauchbarkeit, Fähigkeit, Fertigkeit, Initiative, Geübtheit, Gewandtheit, Routine, Zweckmäßigkeit.

Tücke → Arglist, Bekümmernis, Betrug, Bosheit, Falle, Gefahr, Klippe, Schlauheit, Schlechtigkeit.

tückisch → aalglatt, arglistig, bärbeißig, bestechlich, bitter, boshaft, bübisch, charakterlos, zynisch, diabolisch, falsch. ▸ aufrichtig, ehrlich, gerade, gutartig, gütig, gutmütig, harmlos, hilfreich, offen, vertrauenswürdig.

tüfteln proben, ausdenken, ersinnen, tifteln, ausklügeln, knobeln, ausknobeln, ausbrüten, bebrüten, spintisieren. → ausdenken.

Tüftler → Bastler.

Tugend Aufrichtigkeit, Edelsinn, Güte, Lauterkeit, Redlichkeit, Selbstberrschung, Sittenstrenge, Sittlichkeit, Unverdorbenheit, Vollkommenheit, Verdienstlichkeit, Vortrefflichkeit, Meriten • Frömmigkeit, Glaube, makelloser Lebenswandel • Sittsamkeit, Hausehre, Aufopferung, Entsagung, Mutterliebe, Vaterpflicht, Elternpflicht. ▸ Untugend.

Tugendbeispiel → Edelmensch.

Tugendbold → Edelmensch.

tugendeifrig → charaktervoll.

tugendhaft tugendsam, tugendvoll, gesittet, moralisch • gut, fromm, brav, vollkommen, wacker, bieder, gerecht, rechtschaffen • ehrenhaft, pflichttreu, sittlich, sittenfest, gewissenhaft, fehlerfrei, fehlerlos, Fehl ohne • tugendrein, tugendreich, musterhaft, beispiellos, beispielhaft, bewunderungswert • echt, redlich, würdig, rein, wahr, einzig • keusch, unschuldig, unberührt, märchenhaft, jungfräulich, unbefleckt, züchtig, ehrbar, schamhaft, schämig, verschämt, schamvoll, sittsam, anständig, hausbacken, bescheiden • sündlos, demütig, gottesfürchtig, religiös, gottesfromm, gottgefällig, gottergeben, begnadet. → artig, bieder, brav, charaktervoll, engelgleich, erbaulich, keusch, musterhaft. ▸ lässig • lasterhaft, niederträchtig, unkeusch, verstockt.

Tugendhaftigkeit Lauterkeit, Pflichtgefühl, Pflichttreue, Redlichkeit, Vollkommenheit • Reinheit, Jungfräulichkeit, Makellosigkeit, Unverdorbenheit, Sündlosigkeit, Herzensunschuld, Arglosigkeit, Einfalt, Keuschheit, Schamhaftigkeit, Zartgefühl, Wohlerzogenheit, Sittsamkeit, Bescheidenheit, Ehrbarkeit, Anständigkeit, Enthaltsamkeit • Frömmigkeit, Gottesfurcht, Religiosität, Glaubenseifer, Demut, Gottvertrauen, Ergebenheit, Gläubigkeit. → Tugend. ▸ Niederträchtigkeit, Unkeuschheit, Verstocktheit.

tugendliebend → charaktervoll, tugendhaft.

tugendlos → charakterlos.

Tugendmuster → Edelmensch.

tugendreich → charaktervoll, tugendhaft.

tugendrein → tugendhaft.

tugendsam → brav, charaktervoll, rein, tugendhaft.

Tugendspiegel → Edelmensch.

tugendvoll charaktervoll, tugendhaft.

Tülle → Ausguss.

tummeln, sich → aufspringen, beschleunigen, besessen, durcheilen, eilen, Hebel ansetzen, heranstürzen, wirken.

Tummelplatz Auslauf, Weide, Alm, Wildgehege, Wildgatter • Vergnügungsplatz, Festplatz, Festwiese, Festanger, Vergnügungspark, Tanzboden, Vergnügungsstätte, Bumslokal • Versammlungsort. → Spielraum.

Tümmler Delfin.

Tümpel → Becken, Gewässer, Pfuhl.

Tumult → Angriff, Auflauf, Auflehnung, Aufregung, Aufruhr, Bestürzung, Chaos, Getöse, Getümmel, Lärm, Rumor, Trubel, Unordnung.

tun handeln, wirken, schaffen, arbeiten, machen, unternehmen, beschäftigen, tätigen, Hand anlegen, erledigen, vollbringen, ausführen, ausrichten, besorgen, beginnen, anfangen, angreifen, anfassen, zugreifen, zupacken • Pflicht erfüllen, bemühen sich, Gelegenheit wahrnehmen, seinen Weg gehen, schalten und walten, Geschäfte machen, eine Rolle spielen, Werte schaffen, sein Bestes tun, einer Arbeit nachgehen, alles aufbieten • einmischen sich, einmengen, eindrängen, kümmern sich, einschreiten, einlassen, Finger im Spiel haben. → anfassen, arbeiten, begehen, bekümmern, beschäftigen, beteiligen sich, bewerkstelligen, bilden, drechseln, handeln, machen, schaffen. ▸ nichts tun lassen, unterlassen • veranlassen • erdulden, erleiden, leiden.

tun als ob → annehmen, blenden, täuschen.

tun, nicht → belassen, bewenden lassen.

tun, schön → buhlen.

tun, den ersten Schritt → bringen in Gang.

tun, seine Schuldigkeit → bürgen.

tun, vornehm spreizen sich, groß tun, wichtig tun, aufblasen, prahlen, sich ein Ansehen geben, übertreiben, Sand in die Augen streuen, blenden, brüsten sich, so tun als ob, protzen, eitel sein, große Rosinen im Kopf haben, Reichtum zeigen, Pracht entfalten, auf großem Fuß leben, sich schniegeln, angeben, ein großes Haus machen, zieren sich, sich affig benehmen, Theater spielen, schön tun, sich ein Ansehen geben. ▸ natürlich sein, (sein).

Tünche → Anstrich, Bedeckung, Farbe, Schein.

tünchen bepinseln *u*, pinseln *u*. → anstreichen, ausmalen, bemalen.

Tüncher → Anstreicher.

Tunichtgut Rammel *u*. → Ausbund, Betrüger.

Tunke Stippe *u*. → Abguss, Beize, Dip, Brühe.

tunken → eintauchen.

tunlich → angemessen, angenehm, bequem.

tunlichst möglichst, immerhin,

jedenfalls, doch, höchstens, wenigstens, mindestens • nachdrücklich, besonders, ordentlich, gehörig, weidlich, fest, tüchtig, gründlich. ▸ keinesfalls, oberflächlich.
Tunnel → Durchbruch, Durchfahrt, Durchgang, Durchsicht, Verbindung.
tuntig prüde, jüngferlich, zimperlich.
tüpfeln → betupfen, punktieren.
Tupfer Pflaster, Wischer, Wattebausch. → Flecken.
Türangel → Angel.
turbulent aufregend, hektisch, lärmend, stürmisch, ungestüm • ungeordnet.
Tür → Ausgang, Ausweg, Einfahrt, Eingang, Öffnung.
Tür und Angel, zwischen unvorbereitet, so im Vorübergehen, beim Weggehen, auf dem Sprung, im Handumdrehen, fix, auf die Schnelle. ▸ klar, müssen, unüberlegt, vorbereitet.
Tür ins Haus fallen, mit der den richtigen Zeitpunkt nicht abwarten können, übers Knie brechen, Hals über Kopf, losplatzen, explodieren • sich die Finger verbrennen, sich den Mund verbrennen. ▸ diplomatisch, erwünscht, gelegen, überlegt, vorbereitet.
Türgriff → Klinke.
Türhüter Concierge, Pförtner, Portier, Torhüter.
Türhüter Portier.
Turm Bergfried, Bastion, Zinne, Feste • Glockenturm, Kirchturm, Campanile *m* • Aussichtsturm. → Bastion.
Turmbau, babylonischer → Chaos.
türmen erhöhen, aufrichten, aufstocken, aufschichten, aufeinander stellen. → abhauen, aufziehen, aufsteigen. ▸ abbrechen, bleiben, nebeneinander stellen.
turmhoch hoch, steil, luftig, himmelan, wolkenwärts, haushoch, gigantisch, kolossal, aufsteigend, emporsteigend, emporragend. ▸ niedrig.
Turmtempel Pagode.
turnen Sport treiben, ertüchtigen, abhärten, üben, trainieren, exerzieren, Gymnastik betreiben, sich geschmeidig erhalten. → bewegen sich.
Turnier Streit, Kampf, Fehde, Ringen, Wettstreit, Wettspiel, Regatta, Wettkampf, Zweikampf, Duell, Preiskampf, Olympische Spiele • Wortgefecht, Wortstreit, Diskussion, Disput • Schauspiel, Szene, Fest.
Turnus Wechsel, Abwechslung, Ablösung, Reihenfolge, Runde, Kreis, Rhythmus, Takt, Wende, Umdrehung. ▸ Unregelmäßigkeit.
Türsteher → Portier.
turteln → liebkosen.
Turteltäubchen → Abgott.
Tusch → bravo, Fanfare.
tuscheln dibbern *u.* → flüstern.
tuschen tönen, färben, einfärben, nachtuschen, bunt machen, überarbeiten, malen, ausmalen, darstellen, zeichnen, stricheln, abschatten, abschattieren, Lichter aufsetzen, klecksen, schmieren.
Tüte → Papierbeutel, Behälter, Beutel, Packung.
tuten → beleidigen das Ohr, blasen.
Tutu Ballettröckchen, Tanzröckchen.
Twen junges Mädchen, junger Mann.
Typ → Art, Aufbau, Aussehen, Charakter.
Type Letter, Schrift, Buchstabe, Matrize, Initiale, Minuskel • komischer Mensch, Nudel, Sonderling, Einzelgänger, Eigenbrötler, Hagestolz, Außenseiter.
Typenlehre Typologie.
typisch besonders, einmalig, persönlich, eigentümlich, charakteristisch, repräsentativ, befremdend, sonderbar, selten, kennzeichnend, seltsam, ohnegleichen, bezeichnend, merkwürdig, auffallend • allgemein gültig, gemeinsam, gang und gäbe. → anschaulich, charakteristisch. ▸ ungewöhnlich • atypisch, untypisch • eigenartig, individuell, spezifisch.
typisieren gleichmachen, normen. → vereinfachen.
Typus *m* Urbild, Vorbild, Erscheinungsform, Grundgestalt, Original, Musterbild, Eigenform, Eigenart, Urform. → Art. ▸ Abart, Nachbildung.
Tyrann Bluthund *u.* → Alleinherrscher, Bedrücker, Despot.
Tyrannei Gewaltherrschaft, Despotismus, Diktatur • Verfassungbruch, Gewalttätigkeit, Rechtlosigkeit, Gesetzlosigkeit, Rechtswidrigkeit, Zuchtrute • Militärherrschaft, Militarismus, Missregierung, Willkürherrschaft, Parteiherrschaft, Imperialismus, Fremdherrschaft, Terror • Hartherzigkeit, Unerbittlichkeit, Strenge, Härte, Grausamkeit, Rücksichtslosigkeit, Unduldsamkeit, Intoleranz, Unnachsichtigkeit, Machtwahn. → Beeinflussung, Despotismus, Diktatur, Gesetzlosigkeit. ▸ Demokratie, Gesetzlichkeit, Nachsicht.
tyrannisch → anmaßend, despotisch, diktatorisch, Gesetzes außerhalb des.
tyrannisieren nötigen, unnachsichtlich vorgehen, ohne Schonung verfahren, strenges Regiment führen, keine Widerrede gelten lassen, unter die Rute nehmen, Gewalt anwenden, abnötigen, abdrohen, erzwingen, bezwingen, die Pistole auf die Brust setzen. → beherrschen. ▸ nachgeben, unterwerfen sich.
tz, bis zum genug, weidlich, über und über, bis dort hinaus, zum Davonlaufen, zum Lachen, zum Weinen, was das Zeug hält, nach Strich und Faden, aus dem ff, wie der Teufel, dass einem die Augen übergehen, fuchswild, zu arg, happig, saumäßig, hanebüchen, hochgradig, irrsinnig, lausig, verteufelt, verwünscht. ▸ gern, wenig, witzlos.

U

U-Bahn Bahn.
Übel Kreuz, Gebresten, Leiden, Streich, Schicksalsschlag, Krankheit, Sorge, Missgeschick, Schlag, Missvergnügen, Pein, Prüfung, Sklavenleben, Plage, Schaden, die Büchse der Pandora, Krebsschaden, Bürde, Beeinträchtigung, Nachteil, Pech, Widerwärtigkeit, Unbill, Unannehmlichkeit, Ungemach, Unheil, Heimsuchung, Böses, Not, Elend, Unstern, da sieht der Pferdefuß heraus, dreckig *u*, flau *u*. → Ärgernis, Befinden, Bekümmernis, Beschwerde, Dorn, Not, Übelbefinden.
▸ Glück, Gesundheit, Heiterkeit, Lebensfreude • Wohl.
übel → abbrüchig, abgeschmackt, böse, degoutiert, dreckig, ekelhaft, falsch, faul, gräulich, hässlich, kläglich, schädlich, schlecht, Tür ins Haus fallen mit der.
▸ angenehm, erfreulich, günstig, gut, wohl • anständig, ehrenhaft, fair, gerecht, gesittet.
übel ankommen büßen, ausbaden, teuer bezahlen, Verlust haben, Schaden haben, Einbuße erleiden, herhalten müssen, verrechnen sich, leiden.
▸ Vorteil wahrnehmen seinen.
übel mitspielen beeinträchtigen, quälen, schädigen.
übel schmecken → beleidigen, den Geschmack verletzen.
übel sein flau, speiübel, schlecht, unpässlich, unwohl, verschnupft, leidend, schwach, angegriffen, matt, kränklich, nicht gut • müde, erschlagen, krank, siech, übel, elend, erkältet, bettlägerig, schwächlich, hinfällig, anfällig, heruntergekommen, blümerant, kraftlos, todkrank, sterbenselend • unleidig, nicht wohl, nervös, abgespannt, verkatert, verstimmt, verstört, missvergnügt, verdrossen, ärgerlich, verdrießlich, mürrisch, unbehaglich.
▸ heiter (sein), wohlbefinden sich, wohl fühlen.
übel zurichten frikassieren *u*.
Übelbefinden Qual, Weh, Unbehaglichkeit, Schmerz, Leiden, Übelkeit, Krankheit, Beschwernis, Beklemmung, Kopfweh, Gebrechlichkeit, Übel. → Anwandlung, Befinden, Schmerz, Übel.
▸ Wohlbefinden.
übel beleumdet in schlechtem Ruf oder Geruch stehen, schlecht beurteilt, kein Ansehen genießen, schlechter Mensch, finsterer Geselle, nicht mit der Zange anzufassen.
▸ angesehen.
übel gesinnt → arglistig.
Übelkeit Ekel, Abscheu, Widerwille, Widerstreben, Brechreiz, Überdruss, Aberwille • Schlechtigkeit, Bösartigkeit, Nachteiligkeit, Giftigkeit, Fracksausen *u*. → Abscheu, Ekel, Übelbefinden.
übellaunig gallig, gehässig, reizbar, zänkisch, streitsüchtig, wütend, bissig, bösartig, radaulustig, krittelig, übelnehmerisch, angriffslustig, kratzig, stichelig. → aufgelegt, cholerisch, trübselig.
▸ heiter.
übellaunisch → übellaunig.
Übellaut → Charivari, Dissonanz, Missklang.
übel nehmen → beneiden, krumm nehmen, schimpfen, tadeln, zanken.
übelnehmerisch zornig, beleidigt, verletzt, bösartig, gekränkt, unversöhnlich, trotzig, patzig, gallig, grollend, übellaunisch, streitsüchtig, aufgebracht, stachelig, gehässig. → übellaunig.
▸ gutmütig, heiter • tolerant.
übel riechend → aasig, faul, pestilenzisch.
übel schmeckend → beleidigend (den Geschmack verletzen).
▸ genießbar • appetitlich, delikat, köstlich, lecker, schmackhaft, wohlschmeckend.
Übelstand Missstand, Schwierigkeit, Unvollkommenheit, Hindernis, Untunlichkeit, Missbrauch, Mangel, Nachteil, Schadhaftigkeit, Unreife, Makel, Mangelhaftigkeit • Klemme, Ratlosigkeit, Wirrwarr, Verstrickung. → Ausfall, Entbehrung, Mangel.
▸ Vorteil, Wohlstand.
Übeltat → Bluttat, Bosheit, Frevel, Schuld, Tat.
Übeltäter Bösewicht, Verräter, Lump, Dieb, Schuldiger, Teufel, Sünder, Missetäter, Betrüger, Galgenvogel, Erzspitzbube, Täter, feines Früchtchen *u*. → Angeklagter, Bandit, Dämon, Schädling, Täter.
▸ Wohltäter.
übel wollen → bedrücken, Bein stellen ein, beneiden, benachteiligen, quälen, schädigen, täuschen.
übel wollend → arglistig, böse, diabolisch, niederträchtig, schlecht.
üben lernen, arbeiten, musizieren, ochsen, einüben, einbläuen, schuften • drillen, exerzieren, trainieren • befolgen, beobachten, dabei bleiben.
▸ vernachlässigen • improvisieren.
über → ausnehmend, bis darauf, darüber, droben, fort, oben, indirekt, super.
▸ in, unter • unterhalb • entlang, längs, neben • um (herum).
über alle Berge entfernt, weit, fort, weg, davon, unerreichbar, auf und davon, fortgerannt, abgerückt, verduftet, dahin, ab.
▸ nahe.
über haben → überdrüssig.
Überaktivität Hyperaktivität, Übereifer.
überall rings, ringsum, nah und fern, Landen in allen, allenthalben, allerorts, in allen Ecken und Enden, in jeder Gegend, wo immer, auf Schritt und Tritt, in Dorf und Stadt, allerwärts, ringsumher, unbegrenzt, weit und breit, in Raum und Zeit, ausnahmslos, Busch und Feld, Feld und Wald, fern und nah, jedes Mal.
▸ nirgends, nirgendwo, an keinem Ort • im Nirwana.
überallher, von → Ecken und Enden von allen.
überaltert steinalt, hinfällig, abgelebt, verlebt, senil, greisenhaft, überholt, überlebt. → abgetan, alt.
▸ jung, neuartig.
Überangebot Masse, Vielheit, Warenmenge, Vielzahl, Unmenge • Verlustgeschäft, billiger Absatz, Ausverkauf, Angebot.
▸ Mangelware • Bedarf, Knappheit, Marktlücke, Not, Versorgungslücke.

überanstrengen schlauchen *u.* → abarbeiten, abmühen, anstrengen sich.
Überanstrengung Plackerei, Schinderei, Mühe, Plage, Anstrengung, Last, Beschwerde, Beschwerlichkeit, Belastung, Bürde, Druck, Taglöhnerei, Schwerarbeit, Fronarbeit, Pferdearbeit, Joch, Strapaze. → Anstrengung. ▸ Faulheit, Lässigkeit ● Erholung, Ruhe, Schonung.
überantworten übertragen, abtreten, ablassen, aushändigen, geben, veräußern, übergeben, überweisen, einhändigen. → ausliefern, begeben. ▸ aberkennen, nehmen.
überarbeiten → abarbeiten, abmühen, ändern, anstrengen sich, ausbessern, durchsehen, fallen schwer, korrigieren, retuschieren, tuschen.
überarbeitet → erholungsbedürftig.
überaus irrsinnig *u.* → außerordentlich, enorm, erheblich.
überbeanspruchen → strapazieren. ▸ schonen, unterfordern.
Überbegriff Oberbegriff, Sammelbegriff, zusammenfassende Bezeichnung.
Überbein → Auswuchs.
überbelegt knallvoll. → voll.
überbewerten → überschätzen. ▸ ignorieren, übersehen ● unterbewerten, unterschätzen.
überbieten besiegen, ausstechen, den Rang ablaufen, übertreffen, die Spitze halten, überlegen sein, sich auszeichnen, überholen, überflügeln, überstrahlen, auftrumpfen, das Maul stopfen *u*, in die Pfanne hauen *u*, an den Wagen fahren können, ausbooten *u.* → ausstechen, auszeichnen, bewähren, Oberhand haben, Sack stecken in den, siegen. ▸ unterbieten.
Überbleibsel Funde, geschichtliche Reste, Altertümer, Spur, Grabfunde ● Neige. → Abfall, Asche, Bruch, Bruchstück, Fetzen, Rückstand. ▸ Fülle, Ganzheit.
Überblick Sammlung, Sammelwerk, Einsicht, Übersicht, Zusammenfassung, Voranschlag, Überschlag, Verständnis ● Aussicht, Ausblick, Vogelschau. → Anschlag, Ausschnitt, Ausstellung, Blickfeld, Querschnitt, Rückblick, Schlusswort, Sicht. ▸ Detail, Unverständnis, Ausschnitt, Teilaspekt.
Überblick verschaffen, einen einführen, informieren, instruieren, resümieren, zusammenfassen.
überblicken → anschauen, ansehen.
überborden ausarten, ausufern, häufen sich, Kraut schießen ins, Landplage werden zur, überhand nehmen, üppig werden zu, zu viel werden.
überbracht → behaftet, gebräuchlich, konventionell.
überbringen geben, hinbringen, übergeben, zuleiten, abgeben, zubringen, hintragen, austragen, fortbringen. → geben. ▸ annehmen, stehen lassen, abholen, holen ● schicken, zusenden.
Überbringer → Bote, Briefträger.
überbrücken → verbinden. ▸ klären, regeln ● verschärfen, vertiefen.
überbrühen, kurz abbrühen, blanchieren.
überbürden → abarbeiten, anstrengen sich.
Überbürdung → Anstrengung, Arbeit, Beschwerde, Überanstrengung.
überdachen → bedachen, bedecken.
überdachter Durchgang Passage.
überdauern fortdauern, fortbestehen, ausharren, aushalten, durchhalten, anhalten, fortsetzen, andauern, sich behaupten, währen. ▸ gehen.
überdauernd → farbecht, perennierend.
überdecken → bedachen, bedecken, behängen.
überdeckend dominant.
überdenken → denken.
überdies extra, auch, noch, obendrein, sodann, außerdem, ferner, zudem, dazu, fernerhin. → auch, außerdem, darüber, desgleichen, eingerechnet, ferner, nicht nur sondern auch. ▸ abzüglich, ausgenommen, nicht ohne.
Überdruck/-spannung Hypertonie.
Überdruss → Abneigung, Abscheu, Bitterkeit, Degout, Ekel, Faulheit, Langeweile, Sättigung, Unlust.
überdrüssig gelangweilt, lästig, widerlich, satt, ekelhaft, leid, unerwünscht, ermüdend, übersatt, müde, abhold, dick haben, bis zum Hals haben, die Nase voll haben, den Kanal voll haben *u*, die Schnauze voll haben *u*, es steht mir bis hier, etwas über kriegen, bankrott *u*, bedient *u.* → böse, Hals heraushängen zum, satt. ▸ hungrig, durstig ● begierig, geil, gierig, lüstern ● sehnsüchtig.
überdüngt (nährstoffreich, zu viel Nährstoffe enthaltend) eutroph.
überdurchschnittlich → außerordentlich, ausnehmend, hochgradig, originell. ▸ durchschnittlich, mäßig, mittelmäßig ● unterdurchschnittlich ● abgrundschlecht, miserabel, sehr schlecht, völlig ungenügend.
überdurchschnittlich begabt genial.
Übereifer Rastlosigkeit, Ruhelosigkeit, Unruhe, Ungeduld, Gereiztheit, Unrast, Aufregung, Hast ● Fanatismus, Unduldsamkeit. → Aufdringlichkeit, Eile, Ekstase. ▸ Geduld, Lässigkeit, Überlegung.
übereifrig übereilt, überhastet, schnell, ungestüm, hastig, atemlos, geschwind, hitzig, unbedacht, geschwind, kopfüber, fieberhaft, rastlos, ruhelos ● fanatisch, religionswütig ● fickrig *u.* ▸ lässig, ruhig, überlegt ● apathisch, lethargisch, phlegmatisch, schwerfällig.
übereignen überschreiben, überlassen, auflassen, vermachen, vererben ● verpachten, vermieten, übergeben, überantworten ● verkaufen. ▸ belassen.
übereilen sich überhetzen, rasen, sich überhasten, flitzen, ganz aus dem Häuschen sein, vorschnell handeln, unüberlegt handeln, voreilig sein, blindlings etwas tun, derhutzen *u*, draaschen *u.* → beeilen, beschleunigen, drängen, erkühnen. ▸ säumen, überlegen.
übereilt ruschlig *u.* → achtlos, auf einmal, augenblicklich, blindlings, fahrig, Fassung verlieren die, fieberhaft, leichtfertig, plötzlich, vorzeitig. ▸ bedächtig, besonnen,

gemächlich, gemessen, ruhig, überlegt.
übereilt handeln ruscheln *u.*
Übereiltheit → Blitz, Eile, Indiskretion.
Übereilung → Begierde, Blitz, Eile, Treiberei.
Übereinkommen → Abkommen, Ausgleich, Aussöhnung, Aussprache, Beilegung, Einigung, Klausel, Vertrag.
übereinkommen → abmachen, beipflichten, beitreten, bestätigen, einigen, Einklang bringen, einverstanden sein, gutheißen, paktieren, vereinbaren.
Übereinkunft → Abkommen, Aussprache, Bedingung, Beilegung, Berichtigung, Konvention, Einigung, zwei Seelen und ein Gedanke, Vertrag.
übereinstimmen passen, zusammenstimmen, sich fügen, zusagen, entsprechen, gefallen, sich vertragen, anpassen sich, übereinkommen, angleichen • gutheißen, gefallen, erlauben, sich richten nach, einer Meinung sein, in dieselbe Kerbe hauen, auf einen Nenner bringen, bejahen, anerkennen, zugeben • wohlklingen, harmonieren. → anpassen, beitreten, billigen, decken sich, eignen sich, eingehen auf, entsprechen, korrespondieren.
▸ widersprechen, protestieren • sich streiten • differieren, Konflikte haben, sich unterscheiden, unterschiedlicher Auffassung sein.
übereinstimmend konform, ansprechend, kongruent, passend, austauschbar, entsprechend, angemessen, sachgemäß • harmonisch, gleichartig, geistesverwandt, gleich, wie ein Mann. → demgemäß, demzufolge, derart, dergleichen, diesbezüglich, ebenbürtig, einhellig, ein Herz und eine Seele, entsprechend, gleichartig, passend.
▸ widersprechend.
übereinstimmend, nicht → beziehungslos, divergierend.
Übereinstimmung Gleichartigkeit, Gleichform, Gleichförmigkeit, Konkordanz, Kongruenz, Konsens, Einklang, Gleichlaut, Einigkeit, Eintracht, Zusammenfall, Wesenseinheit, Zusammenklang, Einförmigkeit, Wohlklang. → Berichtigung, Beruhigung, Billigung, Einheit, Einklang, Einstimmigkeit, Gleichgewicht, Harmonie.
▸ Widerspruch, Unstimmigkeit.
überempfindlich empfindsam, feinfühlig, zartbeseitet, hoch empfindlich • reizbar, anfällig, erregbar, sensibel, nervös • verletzlich, mimosenhaft, überspannt • heikel, kritisch • verhätschelt, verwöhnt • peinlich genau, übergenau, kleinlich. → unempfindlich.
▸ abgebrüht, abgestumpft, apathisch, dickfellig, gefühllos, gleichgültig, stoisch, unerschütterlich.
überempfindlicher Mensch Prinzessin auf der Erbse *u.*
überempfindsam hypersensibel, sensitiv. → empfindlich.
überernährt dick zu, feist, fett, gemästet, hypertroph, verfressen, voll gefressen, voll gestopft, vollschlank, Wohlstandsbauch ausgestattet mit einem. → übersättigt.
übererregbar aufbrausend, cholerisch, fickrig, hysterisch, nervös, überreizt, → erregbar.
überfahren überrollen. → täuschen, verletzen.
Überfahrt → Chaussee, Angriff, Beschließung, Invasion, Raubzug.
überfallen → anfallen, angreifen, beschleichen, einhauen, erstürmen.
überfällig → verlustig, verspätet.
überfeinert → erkünstelt, pretiös.
Überfeinerung Übersteigerung, Überzüchtung, Ziererei, Verweichlichung. → Luxus.
▸ Natürlichkeit.
überfliegen durchblättern, durchfliegen, durchgehen/durchsehen schnell, flüchtig/oberflächlich lesen • über etwas hinwegfliegen.
Überflieger Genie, Erfolgsmensch.
▸ Versager.
überfließen überlaufen, überschreiten, überfluten, überkochen, überschütten, übertreten, überschäumen, überschwappen • strotzen, übrig haben. → üppig.
▸ drinnen (bleiben), mangeln, stehen.
überflügeln übertreffen, einholen, überholen, hinter sich lassen, besser sein, in den Sack stecken, meistern, obsiegen, überbieten, jemanden an die Wand drücken, jemandem den Rang ablaufen, abhängen *u,* ausbeißen *u.* → überbieten.
▸ unterliegen, zurückbleiben.
Überfluss → Hülle und Fülle, Flut, Überfülle, Überschuss, Auswuchs, Reichtum, keine Sorgen, Überfüllung, Überflutung, Anschwellung, Unzahl, Unmenge, Unmasse, Unerschöpflichkeit, Vielheit, Wohlstand, Üppigkeit, Menge. → Auswahl, Kongestion, Fülle, Luxus, Reichtum, Verschwendung.
▸ Ebbe • Bedürftigkeit, Elend, Mangel, Knappheit, Not.
Überflussgesellschaft Affluent-society, Wohlstandsgesellschaft.
Überfluss leben, im im Fett schwimmen *u.*
überflüssig wertlos, zu viel, nicht notwendig, überzählig, nutzlos, unnütz, wirkungslos, überladen, unnötig, übervoll, überreichlich, erdrückend • vergeblich, zwecklos, furchtlos, erfolglos, flüssiger als flüssig *u.* → beiläufig, entbehrlich, nutzlos, Rad fünftes am Wagen.
▸ nötig, unentbehrlich, wenig, wertvoll.
überflüssiger Dienst Arbeitsbeschaffung *u.*
Überflüssiges Brimborium *u,* Firlefanz *u.*
Überflüssigkeit Nutzlosigkeit, Erfolglosigkeit, Wirkungslosigkeit, Fruchtlosigkeit, Vergeblichkeit, vergebliche Liebesmüh, Unwert. → Überfluss.
▸ Nützlichkeit, Unentbehrlichkeit.
überfluten überschwemmen, überströmen, bedecken, bewässern, steigen, überlaufen, übertreten, übersteigen. → bleiben, emporquellen, fließen, überfließen.
▸ eindämmen, mangeln, stehen.
Überflutung → Kongestion, Flut, Überfluss, Überschreitung.
überfordern prellen, übertreiben, zu viel • überlasten. → aufschlagen, balbieren, benachteiligen, beschwindeln, bewuchern,

täuschen, abarbeiten.
▸ in Ruhe lassen, schonen.
Überforderung Überlastung, Stress • Preistreiberei, Überteuerung, Wucher, Übervorteilung, Schieberpreis, Schiebergeschäft • Schwindel, Täuschung, Prellerei, Gemeinheit. → Betrug.
▸ Schleuderpreis.
Überfuhr Fähre.
überführen nachweisen, erwischen, ertappen, zur Rechenschaft ziehen • festnageln, den Hals brechen, das Genick brechen, beschuldigen, anklagen, bezeihen, bezichtigen. → ausliefern, begründen, bekehren, beweisen, ertappen auf frischer Tat.
▸ entlasten, rechtfertigen, widerlegen.
überführt gestellt, erwischt, beschuldigt, ertappt, angeklagt, gebrandmarkt, belastet, ergriffen, bezichtigt, angezeigt • überzeugt, geschlagen, berichtigt.
▸ unschuldig, widerlegt.
Überführung Ergreifung, Belastung, Beschuldigung, Anzeige, Verdacht, Überweisung, Gefängnisüberführung • Leichenüberführung. → Argument, Beweis, Beweisführung, Berichtigung, Brücke, Transport.
▸ Rechtfertigung, Trennung, Widerlegung • Tunnel, Unterführung.
Überfülle → Kongestion, Luxus, Masse, Überfluss.
überfüllen überladen, voll stopfen, übersättigen, überwuchern, strotzen, übertreiben, überwiegen, stopfen, mästen, überfüttern, sich überessen, sich übernehmen.
▸ entleeren, mangeln, mäßigen sich.
überfüllt gerammelt voll, voll gestopft, dicht gedrängt, wie in einer Sardinenbüchse *u*, keine Stecknadel kann fallen, stehen wie die Heringe *u*, voll gefüllt, kein Platz mehr.
▸ leer, öde, verlassen • brechend voll *u*, bumsvoll *u*, rammelvoll *u*.
Überfüllung Sättigung, Übermaß, Übersättigung, Maßlosigkeit, Schwelgerei, Anhäufung, Überladung, Überschreitung, Anschwellung, Schwulst, Unmasse, Unmenge. → Überfluss.
▸ Leere, Mangel, Mäßigung.
überfüttern → nudeln, sättigen, übersättigen.
Übergabe → Aufgabe, Gabe, Niederlage, Transport.
▸ Abnahme, Annahme, Empfang • Abwehr, Widerstand.
Übergang Farbübergang, Abstufung, Abtönung, Schattierung • Bindeglied, Vermittlung, Fuge, Übergangsglied • Umwandlung, Umformung • Übertritt, Wechsel • Übertragung, Besitzwechsel. → Brücke, Furt, Pass.
▸ Stetigkeit, Trennung.
übergangslos direkt, unvermittelt.
Übergangszustand Akklimatisation, Anpassungsphase, Interim, Probezeit, Provisorium, Vorläufigkeit.
übergeben
▸ übernehmen.
übergeben (sich) speien, brechen, kotzen *u*, spucken, rülpsen • abgeben, weggeben, übertragen, veräußern, überweisen, geben, abtreten, überantworten lassen • unterwerfen, erliegen, unterliegen, nachgeben, beigeben. → abgeben, absenden, abgehen, abtreten, anvertrauen, ausliefern, austeilen, beauftragen, begeben, berufen, beschäftigen, beschenken, dareingeben sich, delegieren, entäußern sich, ergeben sich.
▸ annehmen, behalten, trotzen.
übergehen meiden, unterlassen, vernachlässigen, übersehen, auslassen, hintenansetzen, aufsagen, außer Acht lassen • desertieren, überlaufen, abschwören. → abfallen, bekehren, fegen hinweg, umgehen.
▸ bleiben, trachten (nach), verwerfen • beachten, berücksichtigen, beteiligen, einbeziehen, erwähnen, würdigen.
übergehen, zum Feind → desertieren.
Übergeilheit (der Frau) Nymphomanie, (des Mannes) Satyriasis.
übergenau → genau, pedantisch.
übergenug → übermäßig.
übergeschnappt → hysterisch, verrückt.
Übergetretener Konvertit.
Übergewicht Schlagseite, Ungleichheit, Fettdruck *u*. → Beeinflussung, Einfluss, Macht, Überlegenheit.
▸ Balance, Gleichgewicht • Unterlegensein • Normalgewicht • Untergewicht.
übergießen → begießen, beifügen, bespritzen.
Übergriff Frechheit, Unverschämtheit, Unverfrorenheit, Maßlosigkeit, Gemeinheit, Ausrutscher *u*. → Eigenmächtigkeit, Frechheit, Rechtswidrigkeit.
▸ Zurückhaltung.
übergroß → enorm.
Übergröße (übermäßige Vergrößerung) Hyperplasie, Hypertrophie, (Riesenwuchs) Hypersomie.
überhand nehmen zu weit gehen, sich ausdehnen, sich häufen, wuchern, zu viel werden. → anschwellen, ausdehnen, nicht beikommen, vervielfältigen.
▸ verringern, fehlen, mangeln.
Überhang Rest, Rückstand, Schwebe, Überschuss • Klippe • Plus, Saldo. → Abhang, Gehänge, Überrest.
überhängen vorspringen, vorstehen, vorragen, überragen, herausragen, heraushängen, vorhängen, sich vorstülpen, hervorragen. → bedecken.
▸ abdecken.
überhängend → abschüssig, schräg.
Überhast → Anstrengung, Begierde, Eile, Hetze.
überhasten überstürzen, rasen, hetzen, flitzen, jagen, zu schnell sein, kopflos sein, zu schnell handeln, unüberlegt handeln, sich wie toll gebärden. → Dampf dahinter machen, eilen.
▸ säumen, überlegen.
überhastet → auf einmal, augenblicklich, blindlings, plötzlich, übereilt, vorzeitig.
überhaupt → A und O, all, A bis Z.
überheben, sich herabschauen, herabsehen, sich überschätzen, sich anmaßen, sich einbilden, sich aufblähen, arrogant sein, sich vermessen, sich erdreisten • sich einen Bruch heben, zu viel tragen. → blähen, dick tun, fühlen sich.
▸ bescheiden (sein), unterwerfen sich.

überheblich selbstgerecht, selbstherrlich, eingebildet, arrogant, herrisch, unverschämt, dreist, hochfahrend, verletzend, geschwollen, verächtlich, geringschätzig, dünkelhaft, dicktittig *u*, eingebogen *u*, hochnäsig *u*. → anmaßend, eitel, stolz. ▸ bescheiden, unterwürfig.

Überheblichkeit Selbstgerechtigkeit, Selbstherrlichkeit, Selbstüberhebung, Hybris, Vermessenheit, Einbildung, Absprecherei, Prahlerei, Titanenstolz, Übermut, Dünkelhaftigkeit, Pfaffendünkel, Hochmut, Junkerherrlichkeit, Dünkel, Verachtung, Geringschätzung, Missachtung, Hirnblähung *u*. → Anmaßung, Dünkel, Eitelkeit, Stolz, Überlegenheitsanspruch. ▸ Bescheidenheit, Unterwürfigkeit.

Überhebung Herrschsucht, freventlicher Mutwille, Anmaßung, Arroganz, Vermessenheit, Unverschämtheit, Aufsässigkeit, Unverfrorenheit, Prahlerei, Geringschätzung. → Anmaßung, Dünkel, Frechheit, Geltungsbedürfnis, Überheblichkeit. ▸ Bescheidenheit, Unterwerfung.

überhöht überteuert, zu hoch, übertrieben, teuer, kostspielig, übertrieben hoch. → billig.

Überhöhung Übertreibung, Aufblähung, Schwellung, Anschwellung, Verdickung, Wucherung • Preissteigerung, Kurserhöhung • Zuwachs, Zunahme. ▸ Abnahme.

überholen einholen, zurücklassen, vorbeigehen, hinter sich lassen, abstauben *u* • übertreffen, schlagen, obsiegen, meistern. → ausbessern, ausschreiten, ausstechen, beeinträchtigen, einholen, entgehen, durchgehen lassen, überbieten. ▸ folgen, unterliegen, verwahrlosen • zurückbleiben.

überholt repariert, wiederhergestellt, nachgesehen, ausgebessert, geflickt, gereinigt. → überaltert, vergangen. ▸ modern, verkommen.

überholungsdürftig eingerostet *u*.

überhöhter Preis Nepp.

überhören abhören. → übersehen, vernachlässigen. ▸ aufschnappen • hören, zur Kenntnis nehmen.

Überich Superego.

überirdisch unkörperlich, zeitlos, stofflos, raumlos, geistig, übernatürlich, jenseitig, transzendent, göttlich, unbegreiflich, übermenschlich, himmlisch. → ätherisch, beseligend, elysisch, feenhaft, magisch. ▸ irdisch, erdverbunden • unterirdisch.

überkleben kaschieren.

überkommen überliefert, übernommen. ▸ unterliegen, vergessen, verlieren.

überkritisch hyperkritisch, mäkelig.

überkrusten gratinieren, inkrustieren.

überladen → abgeschmackt, anstrengen sich, überfüllen, voll.

Überladung → Ausschmückung, Bombast, Extravaganz, Luxus, Überfluss.

überlagern, sich interferieren.

überlagernd dominant.

Überlagerung Störung, Funkstörung.

überlassen geben, hergeben, abtreten, anheim geben, schenken, anvertrauen, entäußern, vergehen, verschenken, gewähren, zuwenden, bewilligen, ablassen, an die Hand gehen. → abgeben, absenden, abgehen, anvertrauen, ausliefern, austeilen, fallen lassen, das Feld räumen, hergeben. ▸ annehmen, behalten, verschweigen.

überlassen, sich sich hingeben, dabei bleiben, sich widmen, einwurzeln, sich kümmern um, sich eingewöhnen, einer Gewohnheit hingeben, nicht davon loskönnen. ▸ entziehen sich.

Überlassung Entäußerung, Verzicht, Abtretung, Gabe, Geschenk, Schenkung, Aufgabe, Übergabe, Überschreibung, Übermachung, Überweisung, Verschreibung. ▸ Entgegennahme.

überlasten schinden, plagen, placken, aufbürden, schikanieren, überbürden, quälen, anstrengen, einspannen. → abarbeiten, anstrengen sich, überfordern. ▸ schonen (sich).

Überlastung Überanstrengung, Überarbeitung, Überbelastung, Überforderung.

Überlaufen → Fahnenflucht.

überlaufen → abfallen, ausfließen, bekehren, brechen das Gesetz, desertieren, Fahne fliegender mit, überfließen.

Überläufer Durchgänger *u*. → Abtrünniger, Deserteur, Drückeberger.

überleben → bestehen, bleiben, überstehen. ▸ erliegen, hinscheiden, krepieren, umkommen, zu Grunde gehen.

Überlebender Hinterbliebener, Nachkomme.

überlebt zeitwidrig, unmodern, nicht zeitgemäß. → abgetan, alt, überaltert, vergangen.

überlegen erwägen, nachdenken, sinnen, studieren, spekulieren, denken, spintisieren, ausklügeln, erörtern, ermessen, planen, bedenken, abwägen • haushoch, turmhoch, tonangebend, an der Spitze stehend, unübertrefflich, unbesiegt, ausschlaggebend, Hahn im Korb, unerreichbar. → Acht geben, anmaßend, anschauen, aufpassen, ausdenken, beabsichtigen, bedenken, begrübeln, beherzigen, beherrschend, beisammen, beraten sich, beratschlagen, beschäftigen, besinnen sich, besprechen, Beste tun, bleiben bei der Sache, denken, diskutieren, entscheiden sich, ergrübeln, erhaben über, erhaben, ersinnen, konferieren, mächtig, Rechnung tragen, sammeln sich, verfolgen, wägen. ▸ überhasten, unbesonnen, unterlassen, unterwürfig.

überlegen sein → ausnehmend, auszeichnen, überklug.

überlegend → charakterfest, erwägend.

Überlegenheit Übergewicht, Vorrang, Vorteil, Hauptstärke, Vorzugsstellung, Ausnahmestellung, Führung, Meisterschaft, Spitze, Einfluss, Bedeutung. → Beeinflussung, Einfluss, Erhabenheit, Vorzug. ▸ Unterordnung •

Ebenbürtigkeit • Unterlegenheit.
Überlegenheit zeigen auftrumpfen *u.*
überlegt erwogen, sorgfältig, durchdacht, vorsichtig, behutsam, klug, gründlich, vernünftig, planvoll, einsichtsvoll, gescheit, weise, vorsorgend, diplomatisch • listig, raffiniert, feinspürig. → akkurat, aufmerksam, bedächtig, bedachtsam, begabt, begründet, durchdacht, ernst, erwägend, feinspürig, planvoll, taktisch, vorsichtig.
▸ unüberlegt.
Überlegung Denkübung *u.* → Absicht, Aufmerksamkeit, Augenmerk, Bedacht, Beflissenheit, Begriffsscheidung, Behutsamkeit, Berücksichtigung, Besonnenheit, Besorgtheit, Besorgnis, Betrachtung, Denkart, Kombination, Taktik, Umsicht.
Überlegung, schwierige Gehirnerschütterung *u.*
überleiten anknüpfen, verbinden, weiterspinnen.
überliefern → beschreiben, einliefern, geben, schenken.
überliefert traditionell, überkommen, angenommen, übernommen • abgeliefert, abgegeben, hingebracht, weggeben. → maßgeblich.
▸ empfangen, modern.
Überlieferung Quellen, Zeugnis, Beleg, Nachweis, Funde, Überbleibsel • Aufrechterhaltung, Tradition, Etikette, Konservatismus, Herkommen, Komment, Zeitsitte. → Brauch, Chronik, Quelle aus amtlicher.
▸ Neuerung.
überlisten Schlinge legen, täuschen, eine Falle stellen, betrügen, foppen, narren, übervorteilen, begaunern, umgarnen, ins Garn locken, besäbeln *u*, beschuppen *u*, beschupsen *u*, beschwulen *u*, betakeln *u*, betimpeln *u*, filmen *u.* → Anstrich, balbieren, benachteiligen, beschwindeln, bringen zum Schweigen, drehen eine Nase, düpieren, erhaschen, Fell über die Ohren ziehen das, fischen im Trüben, Garn locken ins, graben eine Grube, täuschen.
▸ ehrlich (sein).
überlistet werden → hereinfallen.
Überlistung → Betrug, Danaergeschenk, Falle, Gaunerei, Schlauheit, Täuschung.
übermachen → darbringen, darreichen, geben, schenken.
Übermacht → Dämon, Macht, Überlegenheit.
übermalen → anstreichen, bedecken.
übermannen → bewältigen, erobern, siegen, unterwerfen.
Übermaß → Ausschreitung, Ausschweifung, Begierde, Kongestion, Exzess, Masse, Maßlosigkeit, Überfluss, Überfüllung, Überschreitung.
übermäßig allzu viel, übergenug, verschwenderisch, maßlos, unmäßig, übertrieben, ungeheuer, unersättlich, zügellos, prasserisch, schwelgerisch, ausschweifend, ungezügelt, viel verlangt. → ausschweifend, barock, bedürfnisvoll, maßlos.
▸ mäßig, wenig.
Übermensch → Christus, Recke.
übermenschlich → allmächtig, überirdisch.
übermitteln entrichten, einsenden, senden, schicken, entledigen, erfüllen, einlösen, anweisen, zahlen, bezahlen, ordnen, zukommen lassen • auftragen, einschärfen, befehlen, gebieten, anordnen, heißen, beauftragen, vorschreiben, begehren, verlangen, heischen • grüßen, sagen, ausrichten, entbieten, Kenntnis geben. → absenden, bestellen, schicken.
▸ empfangen, verschweigen.
Übermittlung → Absendung.
übermüdet → matt, müde.
Übermüdung Ermattung, Ermüdung, Müdigkeit, Erschlaffung, Hinfälligkeit, Erschöpfung, Erlahmung, Schwäche. → Schläfrigkeit.
▸ Kraft, Munterkeit.
Übermut Mutwille, Beherztheit, Keckheit, Unbekümmertheit, Heiterkeit, Leichtsinn, Unüberlegenheit, leichter Mut, Selbstsicherheit, Tollkühnheit, Ausgelassenheit, Verwegenheit, Waghalsigkeit • Überheblichkeit, Frechheit, Fürwitz, Daffke *u.* → Anmaßung, Lustigkeit, Überhebung.
▸ Besonnenheit, Niedergeschlagenheit, Schwachheit.
übermütig mutwillig, feuchtfröhlich, beschwingt, lustig, ausgelassen, tollkühn, batzig *u*, toll, unbedacht, unklug, unbeschwert, heiter, fidel, vermessen, verwegen, selbstherrlich, unvorsichtig. → anmaßend, burschikos, lustig, quietschfidel, Rand und Band außer, überheblich.
▸ feige, niedergeschlagen, schwach, überlegt • brav, manierlich.
übernachten absteigen, einkehren, logieren, Quartier nehmen, nächtigen, schlafen.
übernächtigt bleich und übel riechend *u*, wie ausgespuckt *u.* → müde.
Übernachtungsheim Hospiz, Hotel garni, Schlafstelle.
Übernahme → Abnahme, Kauf.
übernatürlich → allmächtig, körperlos, überirdisch, übersinnlich.
übernehmen → abnehmen, aufschlagen, debütieren, kaufen, nehmen.
▸ abgeben, aushändigen, übergeben, verteilen.
übernehmen, sich zu viel arbeiten, sich überanstrengen, sich zu viel zumuten, sich abrackern, schuften, sich plagen, sich überladen, sich überlasten. → abarbeiten, anstrengen sich, betrinken, dick haben etwas.
▸ faulenzen, schonen (sich).
überordnen → voranstellen.
▸ unterordnen, unterstellen.
Überorganisation z.B. Bürokratie, Parkinsonismus.
überpeinlich → pedantisch.
überpflanzen transplantieren.
überpflastern → bedecken.
überproportional eskalierend, kumulativ, multiplikativ, progressiv.
überprüfbar → nachweisbar.
überprüfen → prüfen.
überprüft → nachgeprüft.
Überprüfung Check *u.* → Revision.
überqueren hinübergehen, überschreiten, passieren, übergehen, hinüberlaufen, kreuzen, schreiten, gehen. → passieren.
▸ umkehren.
überragen → aufsteigen, ausstechen, auszeichnen, beherrschen, hervorstehen, Oberhand haben, ragen, schlagen, überbieten, überhängen.
überragend hervorstehend, hervortretend, ausstechend, überlegen, übertreffend, besiegend, maßgebend, sich anhebend • groß, riesig,

enorm. → außerordentlich, ausgedehnt, ausnehmend, beherrschend, dominierend, erhaben, gewaltig, genial, gigantisch, überwiegend, vortrefflich.
▸ klein, nichts sagend, unterlegen.
überranken → überwachsen.
überraschen frappieren, erwischen, (auf frischer Tat) ertappen • stutzig machen, befremden, auffallen, verblüffen, verwirren, enttäuschen, vereiteln, überfallen, bestürzen, erschrecken, verlegen machen, aus dem Geleis bringen, versteinern, Bestürzung hervorrufen, Verwunderung hervorrufen • eine Freude bereiten, eine Überraschung bereiten, ein Schlag aus heiterem Himmel. → aufsehen, begreifen, beschenken, bestürzen, enthüllen, erfreuen mit, erstaunen, geben, schenken, verwundern.
▸ ahnen, wissen • vorbereiten.
überraschen lassen, sich ahnungslos sein, es nicht vermuten, es nicht fassen können, nichts vorher wissen, aus allen Himmeln fallen, unvorbereitet sein, aus den Wolken fallen, überrumpeln.
▸ vorbereitet sein, abwägen, erwägen, auf dem Sprung stehen, nüchtern sein, nicht träumen, einen klaren Blick haben, wissen was man will, entgegensehen, bedenken, rechnen auf.
überraschend → ahnungslos, anders, auffallend, auf einmal, augenblicklich, beispiellos, Blitz getroffen wie vom, einmalig, fern, frappant, Knall und Fall, plötzlich.
▸ befürchtet, geahnt • fristgemäß, planmäßig, prognostiziert, vorhergesagt, vorhergesehen, vorhersehbar.
überrascht perplex, stutzig werden, baff, erstaunt, verwundert, stutzig, verblüfft, verlegen, verwirrt, wirr, betroffen, stumm, verstummt, sprachlos, fassungslos, festgebannt, außer sich, versteinert, erstarrt, entsetzt, bestürzt. → baff, Donner gerührt vom, geblendet, platt.
▸ ahnend, gefasst.
überrascht sein → benehmen den Atem, betäuben, staunen, überrascht.
Überraschung Sprachlosigkeit, Erstaunen, Verwunderung, Erstarrung, Bestürzung, Erschütterung, Verwirrung, Fassungslosigkeit, Betroffenheit, Verblüffung, Überrumpelung • Schreck, Entsetzen. → Aufsehen, Befremden, Bestürzung, Betäubung, Blitz, Erstaunen, Verwunderung.
▸ Ahnen, Wissen.
Überraschungserfolg Coup.
überrechnen → kalkulieren, rechnen.
überreden überzeugen, bekehren, gewinnen, belehren, verleiten, zureden, bewegen, anhalten zu, einreden, einflüstern, drängen, auffordern, bereden, beschwatzen, nötigen, anempfehlen, antreiben, begeistern für, anraten, mit Worten besoffen machen *u*, beschmusen *u*, breitschlagen, herumkriegen, keilen *u*, platt schlagen, überfahren, breitklopfen *u*, breitschlagen *u*, rumkriegen *u*. → beeinflussen, befürworten, bekehren, bestimmen, bewirken, Dach steigen auf das, empfänglich machen, gewinnen für sich.
▸ abhalten, abreden, hemmen • überzeugen.
überreden lassen, sich → breitschlagen lassen.
Überredung Beschwörung, Anempfehlung, Überzeugung, Ermunterung, Nötigung, Zureden, Einflüsterung. → Beeinflussung.
▸ Hemmung • Argumentation • Überzeugung.
Überredungskraft Überredungskunst, Überzeugungskraft, Rednergabe, Schmeichelei, Verlockung, Beschwatzung, Verleitung, Einflüsterung, Benebelung, Zuflüsterung, Suggestion, Gewandtheit. → Schmeichelei, Überredung.
überreichen → abgeben, abgehen, absenden, abtreten, anvertrauen, beschenken, darbringen, darreichen, einliefern, geben, schenken, übergeben.
▸ abnehmen, bekommen, in Empfang nehmen, empfangen, erhalten.
überreichlich sehr, viel, üppig, wuchernd, strotzend, unzählig, verschwenderisch, überladen, erdrückend, viel zu viel, in Hülle und Fülle, unermesslich, vollauf, ungeheuer, erstickend, pfropfenvoll, genug, wie Sand am Meer *u*. → allerhand.
▸ wenig, äußerst knapp.
überreizen → aufregen.
überreizt verdrießlich, ärgerlich, übel gelaunt, missmutig, aufgebracht, kochend, siedend, entzündlich, nervös, giftig, böse, gallsüchtig, gärend, wütend, zornig, empfindlich. → erregbar.
▸ ruhig.
Überreizung → Aufregung, Erregbarkeit.
überrennen → fegen hinweg.
Überrest Ruine, Rest, Übriges, Übergang, Nachlass, Trümmer, Wrack, Scherben, Fragment, Schlacke, Ende, Stummel, Abfall, Rücklass, Ausschluss. → Abfall, Asche, Bruchstück, Rückstand.
▸ Ganzheit.
Überreste, sterbliche Leiche.
überrollen → überfahren.
überrumpeln → angreifen, aufspringen, beschleichen, bestürzen, einhauen, ernüchtern, erstürmen, heranstürzen, überraschen.
Überrumpelung Umsturz, Umwälzung, Plötzlichkeit, Überfall, Berennung, Einfall, Handstreich, Erstürmung, Überraschung. → Angriff, Erstarrung, Blitz, Erstaunen, Invasion, Überraschung.
▸ Verteidigung, Ahnung, Wissen.
überrunden → überholen, zurücklassen.
übersät dicht besetzt, gespickt, voll.
übersatt pupvoll *u*. → übersättigt.
übersättigen überladen, voll stopfen, überfüllen, anfüllen, überwuchern, übertreiben, überschreiten, überfluten, mästen, pfropfen • langweilen, anekeln. → nudeln, sättigen.
▸ aufnahmefähig (sein), Maß halten, vergnügen sich.
übersättigt voll gestopft, angefüllt, voll gefressen, angefressen, überladen, übervoll, pfropfenvoll • überdrüssig, blasiert, abgestumpft, verlebt, müde, verbraucht. → abgelebt, abgestumpft, blasiert, dekadent, eingebildet, entartet.
▸ aufnahmefähig, einfach, enthaltsam, mäßig, natürlich, gierig • hungrig • unterernährt.
übersättigt sein dick haben.
Übersättigung Aufblähung. →

Abscheu, Ekel, Langeweile, Überfluss, Überfüllung.
Übersäuerung Azidose.
überschätzen überheben, zu hoch anschlagen, einen zu hohen Begriff haben, eine zu hohe Meinung haben, zu viel Wichtigkeit beilegen, übertreiben, zu viel Ansehen zuschreiben, überbewerten. → A und O, dick tun. ▸ unterschätzen, unterbewerten • richtig beurteilen/einschätzen.
überschätzen, sich → blähen, einbilden sich, machen sich groß.
Überschätzung Überhebung, Übertreibung, Einbildung, Lobhudelei, Dünkel, überspannte Ansicht. → Selbstüberhebung, Selbstlob, Eigenlob, Selbstgerechtigkeit, Selbstverherrlichung. → Chauvinismus, Dünkel. ▸ Unterschätzung.
Überschau Durchblick • Durchschnitt, Querschnitt • Überblick, Übersicht, Zusammenfassung.
überschaubar → übersichtlich.
überschäumen → beeinträchtigen, freuen sich, überfließen.
überschäumend aufgereizt, äußerst erfreut/erregt, bacchantisch, begeistert, ekstatisch, glückselig, orgiastisch • überbordend, überfließend.
Überschlag Kalkül. → Anschlag, Plan, Querschnitt, Sport, Überblick.
überschlagen zurückrufen, erinnern, auffrischen • blättern, umwenden, umblättern. → abmessen, annehmen, errechnen, kalkulieren, schätzen. ▸ feststehen, (genau) errechnen.
überschlagen, sich → ausgleiten, fallen.
überschmeckend → anwidern.
überschnappen irre werden, irre reden, spinnen, verrückt sein, verkindschen • überspannt sein • einbilden sich etwas, freuen sich maßlos, überrascht sein. → überraschen lassen sich. ▸ natürlich (sein), überlegen, wohlklingen(d).
überschneiden kreuzen, kollidieren, zusammenfallen, überkreuzen, zur selben Zeit sein, überschreiten. ▸ parallel, trennen.
überschneidend, sich konvergent.
überschreien einschüchtern, laut sein, schreien, nicht ausreden lassen, nicht zu Wort kommen lassen, poltern, sich erdreisten, unhöflich sein, kreischen, taktlos sein, kein Benehmen haben, sich herausnehmen. ▸ benehmen sich, unterliegen, verstummen.
überschreitbar passabel.
überschreiten übersteigen, übertreten, überfluten, überladen, übertreiben, überspitzen • auf keine Kuhhaut gehen, das Recht überschreiten, sich nicht um das Verbot kümmern, vernachlässigen, seine Pflicht verletzen. → beeinträchtigen, dick tun, passieren, überqueren. ▸ umkehren, mäßigen.
überschreitend, Erfahrung metaphysisch.
überschreitend, jedes Maß horrend.
Überschreitung Überflutung, Übermaß, Übersteigerung, Übergang, Überfahrt, Übergehung, Überfüllung, Übersättigung, Maßlosigkeit • Übergriff, Überhebung, Überspitzung, Eingriff, Ungebührlichkeit. → Ausschweifung, Eigenmächtigkeit. ▸ Berechtigung, Mäßigung.
Überschrift → Anrede, Titel.
Überschuh Galosche.
überschuldet → bankrott, insolvent.
Überschuldung Verschuldung, Rückstand, Zahlungsunfähigkeit, Geldsorgen, Geldnot, Zahlungseinstellung, Ausfall, Konkurs, Bankrott. ▸ Guthaben.
Überschuss → Abfall, Kongestion, Plus, Saldo, Überfluss, Überhang, Überrest. ▸ Defizit, Mangel, Manko • Verlust.
Überschussfinanzierung Cash-Finanzierung.
überschüssig → überzählig.
überschütten → bedecken, loben, überfließen.
Überschwang Überschwänglichkeit, Überspanntheit, Übertreibung, Verrücktheit, Schwärmerei, Verstiegenheit, Spleen, Bombast, Überspannung • Ausgelassenheit, Begeisterung, Feuer, Exaltation. → Affekt, Aufregung. ▸ Beherrschtheit, Natürlichkeit, Mäßigung.
überschwemmen → ausbreiten, beeinträchtigen, bespritzen, bleiben, überfließen, überfluten.
Überschwemmung Überflutung, Überströmung, Hochwasser, Bewässerung, Hochflut, Überschreitung. → Demolierung, Überfluss. ▸ Abnahme, Rückgang, Trockenheit.
überschwänglich → barock, schwulstig, überspannt.
Überschwänglichkeit → Überschwang.
Überseebesitz Kolonie.
überseeisch exotisch, transatlantisch, transozeanisch.
Übersehen → Achsel, Falschheit, Fehltritt.
übersehen → beiseite legen, blind für, durchgehen lassen, einschätzen, erniedrigen, fehlen, Finger sehen durch die, irren sich, schneiden, totschweigen, vernachlässigen. ▸ beachten, bedenken, bemerken, berücksichtigen, in Betracht ziehen, zur Kenntnis nehmen.
übersetzen → bedeuten, beeinträchtigen, erklären, dolmetschen, entziffern.
Übersetzer Ausleger, Erklärer, Entzifferer, Dragoman, Kommentator, Dolmetscher. → Deuter.
Übersetzung Deutung, Erklärung, Auseinanderlegung, Übertragung, Wiedergabe, Erläuterung, Darstellung, Umschreibung, Verdolmetschung, Ausdeutung • Fahrradübersetzung.
Übersetzung, wortgetreue Metaphrase.
Übersicht → Abriss, Anordnung, Ausschnitt, Bericht, Beschreibung, Kompendium, Darstellung, Handbuch, Inhaltsverzeichnis, Plan, Programm, Querschnitt, Tabelle, Überblick. ▸ Ausschnitt, Detail, Einzelheit, Teilaspekt.
Übersichtigkeit Hypermetropie.
übersichtlich überschaubar. → deutlich, genau, geregelt, klar, Lot im, sorgfältig. ▸ chaotisch, unübersichtlich, verwirrend.

übersichtlich zusammengestellt synoptisch, tabellarisch.
Übersichtstafel → Abriss, Kompendium, Plan,Tabelle.
übersiedeln umziehen. → aussiedeln.
übersinnlich esoterisch, metaphysisch, übernatürlich, gespenstisch, unheimlich, dämonisch, geisterhaft, unverständlich, unerklärbar, transzendent, jenseitig, überirdisch. → okkult, überirdisch.
▸ natürlich.
übersorgfältig pingelig *u*, pitzelig *u*.
überspannt exaltiert, extravagant, verstiegen, überschwänglich, übertrieben, schwulstig, überzüchtet, überfeinert, verrannt, hochfliegend, überspitzt, anormal, geckig, blöde, eingebildet, affig, verschroben, nicht ganz bei Trost, ausgeflippt *u*, durchgedreht *u*. → abnorm, absurd, aufgebracht, ausgelassen, ausschweifend, barock, befangen, befremdend, bizarr, ekstatisch, entrückt, erkünstelt, grotesk, hochfliegend, maßlos, fantastisch.
▸ beherrscht, natürlich.
Überspanntheit Überspannung, Spleen, Verrücktheit, Idiotie, Verstiegenheit, Übertreibung, Schwulstigkeit. → Ausschweifung, Blödigkeit, Bombast, Chimäre, Delirium, Dünkel, Extravaganz, Überschwang.
▸ Beherrschtheit, Mäßigung, Natürlichkeit.
Überspannung → Aufregung.
überspielen überdecken, übertönen.
überspitzt übertrieben, hochfliegend, verstiegen, überladen, überzüchtet, verrannt. → maßlos, überspannt.
▸ maßvoll, natürlich.
überspringen im Sprung nehmen, überfliehen *j*, überfallen *j*. → beeinträchtigen, durchblättern, entgehen, überschlagen, vernachlässigen.
übersprudelnd überschäumend, überkochend, auslaufend. → aufgeräumt, froh, lustig.
▸ traurig, zurückgehend.
überstaatlich → international.
überstanden durch *u*.
überstehen aushalten, durchhalten, sich durchbeißen, durchmachen, auswettern, durchstehen, ausstehen, bestehen, erfahren, erleiden, überleben, davonkommen, über den Berg sein. → bessern sich, entkommen, überwinden.
▸ Gefahr laufen, unterliegen, verschlechtern sich, sterben, untergehen • scheitern.
übersteigen → aufsteigen, bedecken, beeinträchtigen, beherrschen, überschreiten.
übersteigern überbieten, übertreffen, überflügeln, übertrumpfen.
übersteigert → äußerst, maßlos, schwulstig, überspitzt.
Übersteigerung → Extravaganz, Überschreitung, Überschwang.
Überstellung Abgabe, Auslieferung, Lieferung, Übersendung, Zuleitung.
überstimmen mundtot machen, überwältigen, überbieten, jemandem über sein, überschreien, überragen, niederstimmen, klein kriegen, ausstechen, der Erste sein. → bringen zum Schweigen.
▸ unterliegen.
überstrahlen → ausstechen, emporragen.
Überstreckung Hyperextension.
überstreichen → bedecken.
Überstrumpf Gamasche.
Überstunden Mehrarbeit, Zusatzverdienst, Spätdienst.
überstürzen → beeilen, beschleunigen, besessen, Dampf dahinter machen, drängen, durcheilen, eilen, erkühnen, Hals über Kopf, übereilen sich.
überstürzt hiddelig *u*. → beizeiten, blindlings, dummdreist, fahrig, Hals über Kopf, vorzeitig, hastig, hektisch.
▸ abwartend, bedächtig, besonnen, gemächlich, gemessen, ruhig, überlegt, zögernd.
Überstürzung → Begierde, Blitz, Eile, Erregbarkeit, Hetze, Schnelligkeit, Hals über Kopf.
überteuern → aufschlagen, bewuchern.
Überteuerung Kostspieligkeit, Teuerung, Erhöhung, Überforderung, Wucher, Preistreiberei, Schieberei, Schieberpreis. → Überforderung.
▸ Verbilligung.
übertölpeln überlisten, hereinlegen, leimen *u*, überfahren, in die Tasche stecken, schlau vorgehen, begaunern, eine Falle stellen, eine Grube graben, ein Bein stellen, ins Garn locken, ein falsches Spiel treiben, auf den Leim locken, verdummteufeln *u*, ein Schnippchen schlagen, austricksen *u*, belabern *u*, bepinkeln *u*, einbalsamieren *u*, filmen *u*, flachsen *u*, mit der Sense rasieren *u*, schaben *u*. → benachteiligen, betrügen, drehen eine Nase, reinlegen, schadlos halten, täuschen, überlisten.
▸ aufklären • begünstigen • fair behandeln.
übertölpelt → gefoppt.
Übertölpelung → Betrug, Danaergeschenk, Schlauheit, Täuschung.
übertragbar ansteckend, ungesund, schädlich, verderblich, bösartig, epidemisch, tödlich, gefährlich • veräußerlich, absetzbar, verkäuflich, umsetzbar. → epidemisch, erblich.
▸ unübertragbar.
übertragen → abbilden, begeben, beleihen, dolmetschen, einräumen (Recht), sinnbildlich, tauschen, überantworten.
übertragenen Sinn, im bildlich, gleichnishaft, metaphorisch, sinnbildlich, symbolisch.
Übertragung Annahme, Übergabe, Übergang, Überlassung, Überschreibung, Verkauf, Überweisung, Übermachung, Veräußerung, Verschreibung, Amtsübertragung, Verleihung, Sendung • Übersetzung • Sinnübertragung, Metapher. → Anordnung, Beifügung, Bestallung.
▸ Enthebung, Weglassung.
Übertragung, bildhafte Metapher.
Übertragungsbilanz Transferbilanz.
Übertragungskosten Transaktionskosten.
übertreffen → ausstechen, auszeichnen, beeinträchtigen, beikommen nicht, bewähren, hervorstechen, Sack stecken in den, siegen, überbieten.
▸ nachstehen, zurückbleiben • gleichkommen, mithalten.
übertreffen, sich selbst

auszeichnen, sich hervortun, die Feuerprobe bestehen, vollkommene Arbeit leisten. → sich auszeichnen sich.
▸ schlapp machen, zurückweichen.
übertreiben angeben *u*, aufdrehen *u*, dick auftragen *u*, aufschneiden *u*, puffen *u*. → anführen, aufbauschen, aufdrehen, aufschneiden, bemänteln, blähen, dehnen, deuteln, dick tun, überschreiten.
▸ sich bescheiden, sich mäßigen • bagatellisieren, herunterspielen, untertreiben, verharmlosen.
Übertreibung Größenwahn, Schwärmerei, Schwulst, Spleen, ein starker Tabak, Bombast, Aufgeblasenheit, Überheblichkeit, Aufschneidung, Entstellung, Prahlerei, Wichtigmacherei, Windmacherei, Flunkerei, Tamtam. → Ausschweifung, Auswuchs, Bombast, Chauvinismus, Darstellung unrichtige, Dünkel, Dunstbild, Entstellung, Extravaganz, Exzess, Fantasie, Überspanntheit, Überschwang.
▸ Natürlichkeit, Wahrheit.
Übertreibung, rednerische Hyperbel.
Übertreibungen Flausen *u*.
Übertreibungsneigung Superlativismus.
übertreten → abweichen, beeinträchtigen, desertieren, sündigen, überfluten, überschreiten.
Übertretung → Delikt, Eigenmächtigkeit, Fahnenflucht, Fehler, Fehltritt, Ungehorsam, Verstoß.
übertrieben exorbitant, extravagant, extrem, exzentrisch, überschwänglich, verstiegen, bombastisch, überspannt, hochgestochen, überladen, zu viel, verschwenderisch, erdrückend, üppig, überreichlich • aufgeschnitten, verzerrt, entstellt, jüdische Hast, aufgepulvert *u*. → abgeschmackt, anspruchsvoll, aufdringlich, ausschweifend, äußerst, barock, bizarr, fantastisch, prahlerisch, schwulstig, übermäßig.
▸ natürlich, wahr • untertrieben, verharmlost.
übertrieben modern hypermodern.
übertriebene Verehrung Kult.
übertriebener Aufwand Pomp.
Übertriebenheit → Ausschweifung, Extravaganz, Maßlosigkeit, Übertreibung.
Übertritt Übergang, Glaubenswechsel, Parteiwechsel, Absage, Zurücknahme, Widerruf, Verleugnung, Abschwörung • Wankelmut, Abtrünnigkeit, Fahnenflucht. → Wankelmut, Wechsel.
▸ Beständigkeit.
übertrumpfen → ausstechen, bemeistern, Feld behaupten das, siegen.
übertünchen → bedecken, korrigieren, malen.
Übervölkerung Überbesiedlung, Gedränge. → Platzmangel.
übervoll → gestopft, überfüllt, übersättigt.
übervorsichtig ängstlich, feige, mutlos, kleinmütig, überängstlich, zaghaft, zimperlich.
übervorteilen neppen, pressen, begaunern, betrügen, beschwindeln, baldowern, überlisten, schädigen, beeinträchtigen, drankriegen, prellen, übers Ohr hauen, mogeln, verwirren, beschwatzen, überteuern, überfordern, fangen, abkochen *u*, anmeiern *u*, anpinkeln *u*, anscheißen *u*, anschmieren *u*, austricksen *u*, beharken *u*, beneppen *u*, bescheißen *u*, bestrahlen, balbieren, benachteiligen, beschwindeln, betrügen, bewuchern, Fell über die Ohren ziehen das, hereinlegen, hintergehen, täuschen.
▸ aufrichtig (sein), ehrlich (sein), entschädigen fair/gerecht behandeln • begünstigen, bevorzugen.
Übervorteilung Beschiss *u*, linkes Ding *u*. → Betrug, Preistreiberei, Schlauheit, Täuschung, Überteuerung.
überwachen belauern, äugen, im Auge behalten. → anführen, beschatten, bevormunden, dirigieren, leiten, verwalten.
überwachsen bedecken, überranken, überwuchern.
Überwachung → Aufsicht, Berücksichtigung, Bewachung, Direktion, Durchsicht, Inspektion, Kontrolle.
überwältigen in den Sack hauen *u*. → aufdrängen, bahnen, bändigen, beherrschen, bemeistern, bewältigen, drücken zu Boden, durchgreifen, durchkämpfen sich, emporarbeiten, erobern, unterwerfen, zwingen.
überwältigend → aufregend, außerordentlich, berauschend, demolierend, fabelhaft, fantastisch.
überwältigt aufgewühlt, (sehr) berührt, (sehr) betroffen, (sehr) bewegt, (sehr) ergriffen, erschüttert, fassungslos, (sehr) gerührt.
Überwärmung Hyperthermie.
überweisen → abgeben, abgehen, absenden, abtreten → ausgeben, überantworten, überführen.
Überweisung → Abgabe, Absendung, Abtragung, Bestechung, Käuflichkeit, Rückzahlung, Überführung.
Überweisungsvermerk Giro.
überwerfen mit, sich entzweien sich. → balgen, befehden, brechen mit, erkalten, streiten.
▸ versöhnen sich, vertragen sich.
überwiegen vorherrschen, dominieren, überstimmen, überbieten, mehr da sein, in der Mehrheit sein. → feststehen, nicht beikommen.
▸ Minderheit (sein in der), unterliegen.
überwiegend überragend, größer, höher, hervortretend, mehr, mehrheitlich, vorwiegend, vorherrschend. → ausnehmend, ausschlaggebend, dominierend.
▸ bedeutungslos, weniger.
überwindbar → bezwingbar, entwirrbar.
überwinden mattsetzen, bezwingen, unterwerfen, kirre machen, niederstrecken, bewältigen, übertrumpfen, aushalten, ausharren, sich bezähmen. → ausstehen, bahnen, bemeistern, bewältigen, demolieren, dulden, durchgreifen, durchsetzen, emporarbeiten, erobern, ersticken die Gefühle, gewinnen, überstehen.
▸ Fassung verlieren die, unterliegen, verlieren.
Überwinder Bezwinger, Held, Sieger.
Überwindung → Beherrschung, Zucht.
Überwölken → beschatten, bewölken, dunkeln.
überwölkt → dunkel.

überworfen feindlich, spinnefeind, verfeindet.
überwuchern → überwachsen.
Überwurf → Faltenwurf.
Überzahl Mehrheit, Mehrzahl, Übergewicht, Überlegenheit, Übermacht, Führung, Oberherrschaft.
▸ Minderheit.
überzählig überschüssig. → darüber, diverse, entbehrlich, restlich, überflüssig.
▸ fehlend • knapp.
überzeugbar → empfänglich.
überzeugen überreden, bekehren, für sich gewinnen, zur Einsicht bringen, Anklang finden, Glauben finden. → anempfehlen, ausweisen, beeinflussen, begeistern, bekehren, bestimmen, Dach steigen auf das, empfehlen, gewinnen für sich.
▸ zweifeln, im Zweifel lassen • manipulieren • überreden.
überzeugen, sich → bestätigen, konstatieren.
überzeugend → anschaulich, authentisch, beeinflussend, belehrend, bestechend, beweisend, durchschlagend, erweislich, schlagend, stichhaltig.
▸ bedenklich, fadenscheinig, unglaubwürdig, zweifelhaft.
überzeugt sicher, gewiss, zuversichtlich, ohne Zweifel, ohne Schwanken, in der festen Überzeugung, nach bestem Gewissen, durchdrungen. → beglaubigt, beruhigt, fanatisch, sicher.
▸ ungewiss, zweifelhaft zweifelnd, skeptisch, unsicher.
Überzeugung → Ansicht, Auslegung, Begriff, Dafürhalten, Dogma, Einstellung, Erachten, Erkenntnis, Glaube, Grundsatz, Religion, Urteil.
▸ Hypothese, Vermutung • Argwohn, Bedenken, Skepsis, Zweifel.
Überzeugungskraft → Beweisführung, Eindringlichkeit, Nachdruck, Urteilskraft, Wahrheit.
Überzeugungskunst → Beweisführung.
überziehen → anziehen, bedecken, einmummen.
überzogen glasiert, bedeckt, bestreut, bestrichen, beschmiert, lackiert, belegt, gefirnisst, beklebt, vergoldet, versilbert, beworfen, übermalt. → bereift, bewölkt, regnerisch, hässlich, unfreundlich, düster, dunkel, trübe, fahl, bleifarben, dämmerig, dunstig, überwölkt, grau, eingetrübt, neblig.
▸ (unbedeckt), wolkenlos.
überzüchtet zart. → dekadent.
Überzug → Ansatz, Anstrich, Bast, Bedeckung, Kuvert, Decke, Einband, Faltenwurf, Futteral, Hülle, Packung, Patina, Rost, Schmelzglas.
üble Gesellschaft Dreckbande *u.*
üble Nachrede → Verleumdung.
übler Ruf Diskredit.
üblich → allgemein, alltäglich, behaftet, gebräuchlich, gewohnheitsmäßig, konventionell, maßgeblich, normal.
▸ ausgefallen, außergewöhnlich, einmalig, neu, originell, sensationell, ungewöhnlich.
üblich werden einbürgern sich, Gewohnheit/Sitte werden zur.
Übliche, das Pipapo *u.*
üblicherweise gewöhnlich, normalerweise, regelmäßig.
Üblichkeit → Brauch, Etikette, Gepflogenheit, Regel, Tradition, Usus.
übrig → entbehrlich, restlich.
▸ aufgezehrt, verbraucht.
übrig haben → erübrigen.
übrig haben für, nichts ablehnen, hassen.
übrig bleiben hinterlassen werden, nachbleiben, Rest bilden den, überleben, überbleiben, zurückbleiben • sitzen bleiben.
übrigens → nebenbei.
Übriggebliebenes Abfall, Neige, Relikt, Rest, Restbestand, Restposten, Rückstand, Überbleibsel, Überrest • Tradition, Überlieferung.
übrig lassen → hinterlassen.
Übung → Beobachtung, Brauch, Erfahrung, Fertigkeit, Geübtheit, Gepflogenheit, Gewandtheit, Lebenserfahrung, Lektion, Manöver, Regel, Religion, Routine, Usus, Zucht.
▸ Ausführung, Praxis • Ernstfall.
Übungen, geistliche Exerzitien.
Übungsboxen Sparren.
Übungsgelände Idiotenwiese *u.*
Übungskurs Seminar.
Übungsstück → Lektion.
Ufer Gestade, Küste, Strand, Land, Deich, Mole, Schwemmland, Marschland, Sand, Rand, Saum, Kante.
Uferbefestigung Kai, Kaje, Mole, Pier.
uferlos → endlos, weit.
Uhr Zeitanzeiger, Chronometer, Stundenanzeiger, Zwiebel *u*, Kartoffel *u*, Ticktack *u*, Sonnenuhr, Stoppuhr. → Sanduhr.
Uhrenpendel Perpendikel.
Uhrkettenanhänger Berlocke.
ui → ach.
Ukas → Befehl, Bekanntmachung.
Ulk Gaudium, Schabernack, Scherz, Schnurre, Spaß, Unsinn, Narretei, Posse, Schwank, Spott, Jux, Faxen, Drolligkeit, Hanswurstiade, Drall *u*, Ducks *u.* → Anspielen, Scherz, Witz.
▸ Ernst, Witzlosigkeit.
ulkig lustig, witzig, spaßig, spaßhaft, blöde, drollig, lächerlich, putzig, komisch, neckisch, albern, scherzhaft, grotesk, burlesk. → albern.
▸ witzlos.
Ultimatum letzte Erklärung, letzte Antwort, Erpressung, Druckmittel, Bedingung. → Antrag, Bedrohung.
▸ Verhandlung, Willensfreiheit.
um rundum, um etwas herum, um eine bestimmte Zeit, in der Gegend von oder um... • aus einem bestimmten Grund, wegen irgendetwas, deswegen, deshalb, damit, weil. → darum.
▸ in, warum • durch • hinein • in • genau.
um zu → damit, deshalb.
umändern abändern, ändern, umbilden, umformen, verändern.
umarbeiten → ändern.
umarmen pressen, sich in die Arme fallen, drücken, an die Brust ziehen, ans Herz drücken, hätscheln, streicheln, küssen, abküssen, kosen. → bewillkommnen, drücken ans Herz, liebkosen.
▸ Rücken kehren den, verabscheuen, abweisen, wegstoßen.
Umarmung → Liebkosung.
Umbau → Einbau, Veränderung.
umbauen erweitern, ändern, renovieren.
umbiegen → einbiegen, einknicken, einlenken, falten.
umbilden → ändern.
Umbildung Abänderung, Änderung, Neugestaltung, Perestroika, Reform, Renovierung, Reorganisation, Umgestaltung.

umbinden → anziehen.
▸ abbinden, ablegen.
umblättern → blättern.
umbringen ermorden, hinmachen *u.* → ausrotten, töten.
Umbruch Revolution. → Wandel.
Umbuchung Ristorno.
umdrehen kehrt machen, umschwenken, Rad schlagen, nach hinten schauen, sich umblicken • umstülpen. → ändern, blättern, bleiben zurück, kippen.
▸ unterlassen, vorangehen.
Umdrehung Wendung, Rotation, Inversion, Kreiswendung, Kreisbewegung, Achsendrehung, Umlauf, Windung. → Drehung, Kreislauf.
Umfall Umsturz, Umschwung, Fall • Änderung, Wechsel, Wandel, Umstellung, Umschlag, Rückzieher, Rückkauf, Rücknahme, Absage, Umkehr, Abfall.
▸ Beharrlichkeit.
umfallen umkehren, verkehren, umstülpen, umwerfen, umstürzen, purzeln, stürzen, kentern, zurückfallen • ohnmächtig werden, zusammenbrechen, zusammensacken, einschlafen, schlapp machen, zurückbleiben, erliegen, unterliegen, zusammenbrechen, nicht mehr weiter können, auf der Strecke bleiben • in Konkurs gehen, Bankrott machen, aufgeben sich, unter den Hammer kommen. → abfallen, absacken, ändern, ausgleiten, fallen, besinnen, einlenken, ermüden.
▸ beharren, bezahlen, erstarken, stehen, fest/treu bleiben.
umfällen → fällen.
Umfang Reichweite, Raumgehalt, Spielraum, Stattlichkeit, Gestalt, Geräumigkeit, Größenverhältnis, Ausbreitung, Weite, Ausdehnung, Umkreis, Ausmaß, Größe, Fassungskraft, Grad, Gebiet. → Ausdehnung, Ausmaß, Dicke, Dimension, Format, Größe, Leibesfülle, Masse, Spielraum.
▸ (Durchmesser), Inhalt, Wenigkeit, Radius.
umfangen → enthalten, fassen, liebkosen.
umfänglich → ausgedehnt, durchdringend, reichlich, tief, umfassend.
Umfänglichkeit → Dicke, Umfang.
umfangreich → ausgedehnt, ansehnlich, dick, groß, umfassend, wichtig, aufgedunsen.
▸ dünn, schlank, schmal.
Umfangslinie Peripherie.
umfassen → bilden, enthalten, fassen, fassen in sich, feststehen, liebkosen.
▸ ausschließen • loslassen.
umfassend gesamt, ansehnlich, umfänglich, geräumig, umfangreich, ausgedehnt, reichlich, universal, viel umfassend, komplex. → alles, ansehnlich, ausgedehnt, ausnahmslos, dick, durchdringend, eingehend, fassen in sich, gründlich, tief.
▸ begrenzt, oberflächlich, wenig.
umfassendes Lexikon Enzyklopädie.
Umfasstes → Inhalt.
Umfassung Umhegung, Umzäunung, Einfassung, Einschließung, Fassung, Umwallung, Einhegung, Gitter, Zaun, Gatter, Geländer, Hecke, Mauer. → Begrenzung, Blockade, Demarkation, Fassung.
▸ Öffnung.
Umfassungsbereich → Blickfeld.
Umfeld Milieu, soziales Umfeld, Umgebung.
umformen verformen. → ändern, bekehren, beruhigen, reorganisieren, tauschen, verwandeln.
▸ beibehalten, bestehen lassen, lassen.
Umfrage Ausforschung, Untersuchung, Befragung, Erforschung, Sondierung, Erhebung, Prüfung, Erkundigung, Nachfrage, Anfrage, Volkszählung. → Ausforschen, Bemühung, Beobachtung, Ermittlung, Information, Nachfrage.
▸ Beantwortung.
umfrieden → einfassen, umgeben.
Umfriedung Fenz, Zaun.
Umgang → Aufnahme, Geselligkeit.
umgänglich unterhaltend, nett, lieb, gesellig, gesprächig, redselig, mitteilsam, angenehm, offenherzig • patentes Haus oder Kerl *u.* → du und du auf.
▸ unzugänglich, unnahbar, bärbeißig, eklig, kratzbürstig, mürrisch, unfreundlich.
Umgangsformen → Anstand, Benehmen, Etikette.
Umgangssprache → Dialekt.
Umgangsvorschrift Etikette.
umgarnen → drehen eine Nase, schmeicheln.
umgeben einfassen, einschließen, umfrieden, umkreisen, umringen, umranken, in sich begreifen, umzingeln, umhegen, umzäunen, einmauern, einpferchen, einschließen • rund herum liegen. → begrenzen, belagern, bereift, einfassen, einrahmen.
▸ ausdehnen, öffnen.
umgebend ambient, para, peri, zirkum.
umgebildet metaplastisch. → umgewandelt.
umgebogen → eingebogen, faltig.
umgebracht → blutbefleckt, tot.
Umgebung Nachbarschaft, Nähe, Stadtgebiet, Vorstadt, Vorwerk, Landbezirk, Blickfeld, Weichbild, Umgrenzung, Umkreis, Ring, Gesichtskreis, Umgegend. → Atmosphäre, Aufgabenkreis, drum und dran, Dunstkreis, Milieu, Nähe, Rahmen.
▸ Ferne, Weite • Inneres, Mitte, Zentrum • City, Innenstadt.
Umgebungseinflüsse externe Effekte.
Umgegend → Nähe, Umgebung.
umgehen übergehen, meiden, vermeiden, ausweichen, außer Acht lassen, vernachlässigen, sich versagen, nicht beachten, sich drücken, verblümen, hinhalten • begegnen, verkehren, Umgang pflegen. → auftauchen, bemänteln, benachteiligen, drehen und zu wenden wissen, drücken sich, entziehen sich, fälschen, handhaben, täuschen.
▸ anschließen, ehrlich (sein), entgegengehen, erörtern, helfen, auf sich nehmen • beachten, einhalten • betreten, durchfahren, durchqueren.
umgehen mit → bedienen, beigesellen, handhaben, verkehren.
umgehen, das Gesetz→ brechen das Gesetz.
umgehen, sparsam → beiseite legen.
umgehend → Blitz wie der, eilends, Knall und Fall,

kurzerhand, rasch.
▸ irgendwann, später.
Umgehung → Ausrede, Ausweg, Behelf, Deckmantel, Falschheit, Lüge, Täuschung.
umgekehrt → anders, verdreht.
▸ richtig(stehend).
umgeschlagen gefaltet, gefältelt, geknickt, zerknickt • sprunghaft, unruhig, wetterwendisch, launenhaft, unzuverlässig • wankelmütig, veränderlich, wandelbar, wankend, wechselnd, schwankend, ausgewechselt • verdorben, verändert, schlecht geworden, ungenießbar, wertlos, schlecht, faul, stinkend, schädlich. → faltig, schlecht, verdorben.
▸ beharrlich, besonnen, genießbar, glatt, unveränderlich.
umgestalten → ändern, bekehren, beruhigen, reorganisieren, verwandeln.
▸ erneuern, renovieren • beibehalten, belassen, bestehen lassen, lassen.
Umgestaltung Wandel, Wechsel, Veränderung, Neuerung, Umformung, Änderung, Umstellung, Umbildung, Verwandlung, Umbau. → Veränderung.
▸ Unveränderlichkeit.
umgestoßen umgestaltet, verwandelt, verdreht, zerstört • umgestürzt, umgehauen, niedergeworfen, niedergeschmettert, gefällt, umgeworfen, herabfallend, herabhängend • beseitigt, für ungültig erklärt, null und nichtig, zurückgenommen, entkräftet, verworfen, entzogen, widerrufen, zurückgepfiffen. → entkräftet.
▸ unveränderlich.
umgetrieben → rastlos.
umgewandelt verändert, umgeformt, umgebildet, umgestaltet, erneuert, verwandelt, anders • was ist mit dir los?, was ist in dich gefahren?. → neu.
▸ unverändert.
umgezogen abgewandert, fortgezogen, weggezogen.
umgraben rajolen, rigolen.
Umgrenzung → Demarkation, Dunstkreis, Rahmen, Umhegung, Umgebung.
umgürten → begrenzen, belagern, einfassen, umgeben.
Umhang Kapotte. → Behang, Blende, Faltenwurf.
umhängen → anziehen, verdecken.
Umhängetuch Stola.
umhauen → absacken, ausgleiten, fällen, niederschmettern, töten.
umhegen → aufheben, begrenzen, bewahren, einfassen, schützen, umgeben.
Umhegung Umgrenzung, Brüstung, Umzäunung, Einzäunung, Zaun, Hürde, Gehege, Einhegung, Umschließung, Fassung, Schonung, Umfassung • Sicherung, Deckung, Hut, Obhut. → Gehege.
▸ Öffnung, Umfang.
umher → allseitig.
umhergetrieben fahrig, rastlos, ruhelos, umtriebig, unstet.
umherirren herumirren, herumtreiben sich.
umherirrend ahasverisch. → rastlos.
umherjagen toben *u.*
umherlungern → flanieren.
Umherreisender → Weltenbummler.
umherschleichen rumgeistern *u.*
umherschlendern → bewegen sich, bummeln, flanieren, umherstreichen.
umherschweifen → bummeln, flanieren, umherstreichen.
umherschwirren → bummeln, flanieren, schwirren, umherstreichen.
umherstreichen einherschlendern, bummeln, walzen, stromern, herumlungern, herumlatschen *u*, herumschlurfen *u*, umherreisen, herumgondeln, flanieren, herumstehen. → beschäftigungslos, betteln, bummeln, flanieren.
▸ beschäftigen sich, eilen.
umherstreifen → umherstreichen.
umherstreunen schliefeln *u.*
umhertreiben → umherstreichen.
umherziehen → umherstreichen.
umherziehend → nomadisch, Ort zu Ort von.
umhin können, nicht müssen, sollen, benötigen, nicht anders können, nicht missen können, es nötig haben.
▸ wollen.
umholzen → fällen.
umhören horchen, sich erkundigen, erkunden, umgucken, acht geben, schnüffeln, lubschen, aufmerken, neugierig sein, belauschen, ausspionieren, belauern.
▸ Augen schließen die.
umhüllen → anziehen, bedecken, behängen, decken, einbinden, einmummen, einpacken.
Umhüllung → Bandage, Bast, Kuvert, Decke, Einband, Einschlag, Emballage, Packung.
Umkehr Rückkehr, Rückfahrt, Rückreise, Rücklauf, Rückgang, Rückmarsch, Rückziehung • Sinneswechsel, Krisis, Verwandlung, Reaktion. → Abfall, Wandlung.
▸ Beharrlichkeit, Weggang.
umkehrbar anazyklisch, konvertibel, reversibel, rückgängig zu machen, wandelbar.
umkehren → abfallen, ändern, bekehren, bereuen, besinnen sich, bleiben zurück, breitschlagen, desertieren, einlenken wieder, entfernen sich, entloben, nach Hause gehen.
▸ weitergehen.
umkehren, ein Druckbild kontern.
Umkehrung → Gegenstück.
umkippen → Umfallen.
umklammern umfassen, umfangen, festhalten, halten, einschließen, zupacken, anklammern, greifen, verketten, anspannen, mit hartem Griff.
▸ loslassen.
Umklammerung → Absperrung, Blockade, Einkreisung, Clinch.
umkleiden → decken, einbinden, einkapseln, anziehen.
Umkleideraum Garderobe, Kabine.
Umkleidung → Bekleidung, Decken, Fassade.
umknicken → einknicken, fallen, falten.
umkommen → beeinträchtigen, bleiben auf dem Platz, brechen den Hals, faulen, sterben, tot.
Umkreis → Ausbreitung, Ausdehnung, Ausmaß, Nähe, Region, Umfang, Umgebung.
umkreisen → begrenzen, belagern, umgeben.
umkrempeln → ändern, falten, verwandeln.
Umlage Steuer, Steuererhebung, Gelderhebung, Steuereinnahme, Gebühren. → Beitrag, Geld.
▸ Einnahme.

Umlauf → Bekanntgabe, cirkular, Drehung, Kreislauf, Wunde.
Umlauf bringen, in ausbreiten, ausstreuen, herumerzählen, streuen, unter die Leute bringen, verbreiten, verkaufen, veröffentlichen.
umlaufen umgehen, bekannt sein, verkündet werden, verbreitet werden, zirkulieren, kursieren lassen, kundgemacht werden, veröffentlicht werden, von Haus zu Haus, von Mund zu Mund • Geltung haben, im Umlauf sein.
▸ geheim halten, stillstehen.
umlaufend kursieren. → bekannt, gangbar.
Umlaufschreiben → Bekanntmachung, Cirkular.
Umlaut Diphthong.
umlegen → absacken, anziehen, ausrotten, fällen, töten.
▸ ablegen, abnehmen • aufrichten • leben lassen, verschonen.
umleiten ableiten, verlegen, herumführen.
ummodeln → ändern.
umpflanzen → ändern, einpflanzen.
umnachtet → verrückt.
umrahmen → einrahmen.
Umrahmung Einfassung, Rahmen, Umrandung • Abgrenzung, Zaun.
umranden → einfassen, fassen.
Umrandung → Umrahmung.
umreißen → abbrechen, ausmerzen, erklären.
umringen → angreifen, begrenzen, belagern, einrahmen, umgeben.
Umriss → Aufriss, Form, Linie, Plan, Profil, Skizze.
Umrisslinie → Linie, Silhouette.
umrühren → aufwerfen, mischen.
umsatteln den Beruf wechseln, umschulen.
Umsatz → Absatz, Handel.
Umsatzanteil Provision, Tantieme.
Umsatzmittel → Bargeld.
Umsatzüberschuss Cashflow.
umsäumen → einfassen, säumen, umgeben.
umschaffen → ändern.
umschalten umschwenken. → wechseln, die Farbe.
umschatten → beschatten.
umschattet schattig, beschattet, kühl, bedeckt, luftig. → dunkel, verrückt.
▸ sonnig, vernünftig.
Umschau Rundblick. → Rückblick.
umschauend → rückblickend.
umschichtig abwechselnd, regelmäßig, der Reihe nach, eins ums andere, schrittweise, einer nach dem andern, in regelmäßigen Abständen. → abwechselnd.
▸ vereinzelt, zusammen.
Umschlag Verband, Kompresse, Heilmittel, Aufschlag • Rückschlag, Wechsel, Wandel. → Absatz, Aufschlag, Bast, Bedeckung, Kuvert, Decke, Einband, Einschlag, Emballage, Falte, Faltenwurf, Packung, Veränderung.
▸ Beharrlichkeit, (Briefbogen), Unveränderlichkeit.
Umschlag leimen, in einen broschieren.
umschlagen → ändern, anziehen, befördern, falten.
Umschlagplatz → Markt.
Umschlagtuch Schal.
umschließen → begrenzen, belagern, einfassen, einrahmen, umgeben.
Umschließung → Blockade, Fassung, Umhegung, Verschluss.
Umschlingung → Einkreisung, Fesselung, Liebkosung, Windung.
umschmeicheln scharwenzeln. → begünstigen, kokettieren, schmeicheln, tändeln.
Umschnürung → Absperrung, Blockade, Einkreisung, Fesselung.
umschreiben → auslegen, einkleiden in Worte, erklären.
umschreibend periphrastisch.
Umschreibung Erklärung, Deutung, Darstellung, Wiedergabe, Auslegung • Abschweifung, Umständlichkeit, Schwulst, Ausdehnung, Wortkrämerei, Weitschweifigkeit, Umstand. → Anspielen.
▸ Geradheit, Missdeutung, Kürze.
umschrieben programmatisch, skizzenhaft, umrissen, begrenzt, schattenhaft, in den Grundzügen festgelegt • so als ob, unklar, angedeutet, bildhaft ausgedrückt.
▸ deutlich, direkt, unumwunden, unverblümt.
Umschuldung Novation.
umschulen → umsatteln.
umschwärmt angehimmelt, (sehr) angesehen/begehrt/beliebt/gern gesehen/geschätzt, verehrt.
Umschweif → Bewegung, Umständlichkeit.
▸ Geradheit, Kürze, Starrheit.
Umschweife Brimborium *u*, Drumherumgerede *u*.
Umschweife, ohne → deutsch auf gut, klipp und klar.
umschwenken → abfallen.
Umschwung → Revolution, Veränderung, Wandlung.
umsehen, sich → drehen sich um, kokettieren, suchen, überrascht.
umsetzen → abgeben, absenden, absetzen, ändern, begeben, konsumieren, verkaufen.
Umsetzung Deplacement, Versetzung • Begreifen, Verstehen.
Umsicht Sorgfalt, Überlegung, Bedacht, Fürsorglichkeit, Verstand, Verständnis, Wachsamkeit, Besorgtheit. → Aufmerksamkeit, Augenmerk, Bedacht, Beflissenheit, Behutsamkeit, Beobachtung, Besonnenheit, Besorgnis, Diskretion, Obacht, Schlauheit.
▸ Leichtfertigkeit, Unverständnis.
umsichtig → akkurat, ängstlich, aufmerksam, bedächtig, bedachtsam, still, charakterfest, schlau, vorsichtig.
▸ achtlos, chaotisch, gedankenlos, leichtsinnig, nachlässig, schusselig, verwirrt.
umsichtig sein → Acht geben.
umsiedeln → aussiedeln.
Umsiedlung → Aussiedlung.
umsinken → fallen, schlapp machen.
umsonst geschenkt, kostenlos, kostenfrei, gratis, unentgeltlich, wohlfeil, für nichts, für einen Apfel und ein Ei • misslungen, erfolglos, resultatlos, vergebens, vergeblich, missglückt, verfehlt, nutzlos, für arm *u*. → erfolglos.
▸ bezahlt, gelungen.
umsonst bemühen, sich abblitzen • erfolglos bleiben.
Umsonstleistung Geschenk, kostenlose Zuwendung, Nulltarif-Leistung, Stiftung.
umsorgen betüddeln *u*, betüddern *u*, betun *u*. → behüten, pflegen.
umspannen enthalten, umfassen.
Umspanner Transformator.
Umstand → Affäre, Angelegenheit, Dilemma, Faktor, Fall, Lage, Sachlage,

Schwierigkeit, Umschweif, Vorfall.
Umstand, verdächtiger Indiz.
Umstände Brassel *u*, Schischi *u*.
Umstände machen schwanken, sich drehen und wenden, nicht wissen was tun, unentschlossen sein, sich überlegen, zögern, zaudern, Geschichten oder Sperenzien machen *u*, Tamtam oder Trara machen *u*. unschlüssig sein • Vorbereitungen treffen, sich richten, auf jemanden warten, sich Arbeit machen, Unbequemlichkeiten auf sich nehmen, fackeln *u*, fickfacken *u*, rummähren *u*.
▸ entschlossen sein, unvorbereitet sein
Umstände machen, keine ohne Umstände, ohne Apparat *u*, auf kaltem Weg *u*. → entschlossen, schnell.
Umständen, unter eventuell, möglicherweise, vielleicht.
Umständen, unter allen auf jeden Fall, jedenfalls, ganz bestimmt, gewiss, gewisslich, sicherlich, so wahr wie ich hier stehe. → dagegen, dennoch, definitiv, dessen ungeachtet.
▸ keineswegs, unentschieden.
umständehalber → bedingungsweise.
umständlich barock *u*, blumig *u*, dröhnig *u*, von hinten durch die Brust ins Auge *u*, pisselig *u*. → kompliziert, langatmig, ungeschickt.
▸ anstellig, fix, flott, geschickt • bequem, einfach, glatt, leicht, mühelos, unkompliziert.
umständlich reden trielen *u*.
umständliche Arbeit Brasselkram *u*.
umständlicher Mensch Korinthenkacker, Krämerseele, Pedant, Umstandskrämer.
Umständlichkeit Schwulst, Kompliziertheit, Dehnung, Umschreibung, Wortschwall, Überladung, Umstandskrämerei, Weitschweifigkeit, Abwegigkeit, Drum und Dran, Abweg, Umweg, Unzweckmäßigkeit, Langatmigkeit, Ungeschick, Langsamkeit, Schwerfälligkeit, Fisimatenten *u*. → Pedanterie, Unbeholfenheit, Umschweif, Zeremonie.
▸ Entschlossenheit, Geschicklichkeit.
umstandsbedingt modal, situationsbedingt.
Umstandskrämer → Banause, Besserwisser, Tollpatsch.
Umstandskrämerei → Pedanterie, Umständlichkeit.
Umstandswort Adverb.
umstellen → ändern, räumen, umgeben.
Umstellung → Einkreisung, Neuheit, Razzia, Veränderung, Wandel.
umstimmen aufweichen *u*, rumreißen *u*. → ändern, aufklären, erhören, herumkriegen, überreden.
Umstimmung, ideologische Gehirnwäsche *u*.
umstoßen stürzen, umwerfen, niederschmettern • widerrufen, entkräften, zurücknehmen. → ändern, abwerfen, besinnen sich, breitschlagen, entkräften.
▸ anerkennen, aufstellen, gleich bleiben • beibehalten, belassen, bestehen lassen.
Umstoßung → Absage, Entkräftung, Revolution.
umstritten diskutabel, fraglich, fragwürdig, kontrovers, problematisch, streitig, strittig, ungeklärt, zweifelhaft.
umstülpen umkehren, umdrehen, umwenden, umblättern, herumdrehen, anders aufsetzen. → ändern.
▸ gleich bleiben.
Umsturz → Aufstand, Bürgerkrieg, Demagogie, Demolierung, Einsturz, Revolution, Unglück, Zerstörung.
umstürzen → absacken, abbrechen, ändern, ausmerzen, Bord werfen über, brechen aus den Reihen, demolieren, fallen, umstoßen, zerstören.
▸ etablieren, festigen.
Umstürzler → Aufständiger, Brandstifter, Schädling.
umstürzlerisch revolutionär, subversiv.
Umsturzversuch der Untergebenen Palastrevolution.
umtaufen umbenennen, umnennen, ein Pseudonym annehmen, einen andern Namen zulegen. → ändern.
Umtausch → Austausch, Tausch.
umtauschen → einhandeln, eintauschen, feilschen, tauschen.
umtost → bejubelt, schäumend.
umtreiben, sich → herumtreiben sich.
Umtrieb → Kabale, Schlauheit, Schlich, Umständlichkeit, Ungelegenheit.
Umtrunk Runde, Zecherei, Sauferei, Gelage, Kneiperei, Trinkerei, Kommers, Schoppen, Bierabend. → Getränk.
Umwallung → Bastion, Damm.
umwälzend neuartig, revolutionär, fortschreitend, fortschrittlich, ändernd, umwandelnd, aufbauend, das Alte verdrängend, neue Ausblicke eröffnend, • pyramidal *u*.
▸ althergebracht, unverändert.
Umwälzung → Aufstand, Drehung, Revolution, Veränderung.
umwandeln → ändern, beruhigen, erneuern, tauschen, verwandeln.
umwandelnd → umwälzend.
Umwandlung → Abweichung, Erneuerung, Erstmaligkeit, Neuheit, Reduktion, Reform, Veränderung.
umwechseln auswechseln, umsatteln, sich verändern, übertreten • wechseln, einwechseln, flüssig machen, Geld wechseln.
▸ gleich bleiben.
Umweg Abweichung, Abirrung, Fehlgang, Irrgang, Umschweif, Abweg, Kreislauf, Zickzack, Bogenweg, das ist um *u* • Weitläufigkeit, Schlenker *u*. → Abstecher • Ausweg, Bewegung.
▸ Kürze, (Weg gerader), Abkürzung, direkter Weg.
Umweg, ohne → direkt, durchgehend.
Umwegen, auf indirekt, mittelbar, zweiter Hand aus.
umweglos direkt, geradlinig, spontan, unmittelbar.
Umwelt → Milieu.
umweltbedingt extern, peristatisch.
Umwelteinwirkung externe Effekte, (U. auf Organismen), Peristase.
Umweltlehre Ökologie.
Umweltverschmutzung von Grundstücken Immission.
umwenden → ändern, blättern, drehen um sich.
umwerben anheuern *u*, anspitzen *u*, sich ranmachen/ranschmeißen *u*. → kokettieren, liebkosen, schmeicheln, tändeln.
Umwerbung → Liebeswerbung, Liebkosung, Schmeichelei.
umwerfen → abbrechen, aufwerfen, ausgleiten, Bord werfen über, demolieren, destruieren, fällen, fallen,

fallen lassen, umstoßen, zerstören.
umwerfend beeindruckend, großartig, sagenhaft, überwältigend, wirkungsvoll sehr.
umwerten → neu bewerten.
umwickeln → anziehen, einmummen, einpacken.
Umwickelung → Bandage, Einband, Einfassung, Emballage, Packung.
Umwindung → Umschlingung, Windung.
Umwohner → Nachbar.
Umwölkung → Dunkel.
Umwurf → Faltenwurf.
umzäunen → begrenzen, einfassen, umgeben.
umziehen verziehen, ausziehen, wegziehen, fortziehen, sich verändern, versetzen, zuziehen, weggehen, seinen Wohnsitz verlegen, die Tapete wechseln *u.* → ändern, räumen.
▸ bleiben • beziehen, einziehen, sich niederlassen.
umzingeln → angreifen, begrenzen, drohen, umgeben.
Umzingelung → Angriff, Einkreisung.
Umzug Verlegung, Auszug, Auswanderung, Räumung, Versetzung, Wegzug, Tapetenwechsel *u*, Zuzug, Fortzug, Entfernung, Veränderung • Aufmarsch, Korso, Festzug, Aufzug, Fastnachtszug, Rosenmontagszug, Prozession, Straßenaufzug. → Aufzug.
unabänderlich → definitiv, fanatisch, feststehend, rechtlich.
unabänderliches Schicksal Fatum, Geschick, Kismet, Prädestination, Vorsehung.
unabdingbar unanfechtbar, unaufhebbar, unabhängig. → unabwendbar.
unabhängig independent. → beziehungslos, fessellos, ledig, los, los und ledig, reich, selbstständig, stark.
▸ hörig, süchtig, verfallen • abhängig, angewiesen, unfrei, unselbstständig • versklavt.
unabhängig von unbeschadet, ungeachtet.
Unabhängiger Independent.
Unabhängigkeit → Bahn, Emanzipation, Ferien, Freiheit, Gedankenfreiheit.
unabhängig machen, sich selbstständig machen sich, emanzipieren sich.
unabkömmlich benötigt, erforderlich, gebraucht, begehrt, notwendig.
▸ unnötig • abkömmlich, entbehrlich, frei, verfügbar.
unablässig eisern *u.* → andauernd, anhaltend, chronisch, dauerhaft, dauernd, einem fort in, immer, konstant, rastlos.
▸ nie • gelegentlich, manchmal, zeitweise.
unabsehbar riskant, unberechenbar, unbestimmt, ungewiss, unsicher, unwägbar, zufällig.
unabsichtlich absichtslos, unbeabsichtigt, unbezweckt, ungewollt, vorsatzlos, blindlings, ohne Willen, aus Versehen. → absichtslos.
▸ absichtlich.
unabweislich → besiegelt.
unabwendbar → besiegelt, bevorstehend, fatal, notwendig, schicksalhaft.
▸ vermeidbar.
unachtsam duss(e)lig *u*, duselig *u.* → blind, blindlings, fahrig, kalt, nachlässig, rücksichtslos, zerstreut.
Unachtsamkeit Schlamperei *u.* → Bummelei, Fahrlässigkeit, Unterlassung, Zerstreutheit.
unähnlich verschieden, ungleich, abweichend, verschiedenartig, unterschiedlich, fremd, entgegengesetzt, anders, ohne sich zu gleichen. → anders.
▸ ähnlich.
unanfechtbar → angemessen, bestimmt, erwiesen, feststehend, klar, logisch.
unangebracht nicht ratsam, unzeitig, unschicklich, entgleisen, das sind keine Sachen *u*, mach keine Sachen *u*, nachteilig, undienlich, ungehörig, am falschen Ort, taktlos, ungeeignet, unangemessen, verfehlt, unpassend, unzweckmäßig, übel, unratsam, unbotmäßig.
▸ angebracht • angemessen, passend • nötig, unabdingbar.
unangefochten → unbehelligt.
unangemessen → unangebracht.
▸ adäquat, angemessen, gebührend, passend, verhältnismäßig.
unangenehm leidig, scheußlich, heikel, schwierig, lästig, widerlich, ärgerlich, Ekel erregend, widerwärtig, betrüblich, verwickelt, peinlich, verdrießlich, unerfreulich, unliebsam, misslich, ungelegen, störend, unbehaglich, unerquicklich, bescheiden, beschissen *u*, bitter, aasig, alt, blöde, brenzlig, dumm, niedlich, obermies *u*, sakrisch *u*, schweinisch, vertrackt, verflixt • unerträglich, zum Auswachsen, zu bunt, nicht mehr feierlich, zum aus der Haut fahren, Himmel schreiend, zum Kotzen *u*, ein starkes Stück, zum auf die Bäume klettern, zum Davonlaufen, biestig *u*, brenzlig *u*, dalkert *u*, dumm *u*, eklig *u*, fies *u.* → ärgerlich, ausgelassen, bedenklich, beengend, bitter, brennend, degoutiert, delikat, ekelhaft, lästig, peinlich, schlimm, schwierig.
▸ angenehm, entzückend, erfreulich, gut, köstlich, nett, schön, sympathisch, wohl tuend, wunderbar.
unangenehm, äußerst hübsch *u*, sakrisch *u.*
unangenehmer Vorfall Affäre, Skandal.
unangepasst asozial, nonkonformistisch.
unangreifbar stichfest. → begründet, diebessicher, einbruchsicher, logisch, sicher.
unannehmbar → schädlich.
▸ akzeptabel, annehmbar, erträglich, passabel • empfehlenswert, günstig, vorteilhaft.
Unannehmlichkeit Biesterei *u*, Sauerei *u*, Scheiße *u.* → Ärger, Bescherung, Beschwerde, Bürde, Demütigung, Übel, Unglück, Verdruss.
Unannehmlichkeit, große Quadratscheiße *u.*
unanschaulich abstrakt, schwer verständlich, vage, verschwommen.
unansehnlich verdorben, wertlos, übel, geringfügig, bedeutungslos • unschön, hässlich, garstig, anmutslos, unfein, gewöhnlich, reizlos, ungestalt • scheinbar, einfach, schmucklos, schlicht. → dreckig, hässlich, rostig, simpel.
▸ ansehnlich.
unanständig obszön, sittenlos, unzüchtig, unschicklich, schamlos, anstößig, schweinisch, dreckig *u*, saftig, nicht stubenrein, anzüglich, unsittsam, anstandswidrig, unehrbar, unmoralisch, unverschämt, schlüpfrig, lümmelhaft, schnoddrig, unflätig, lose, zweideutig,

zotig, schmutzig, gemein, schändlich. → abstoßend, anrüchig, arg, ausgelassen, bestechlich, brutal, buhlerisch, charakterlos, empörend, fassen sich kurz, ordinär, schlüpfrig, schweinemäßig, unhöflich, unkeusch.
▸ anständig, brav, gesittet, schicklich, wohlerzogen, züchtig • dezent, rücksichtsvoll, zurückhaltend.
unanständiger Witz Zote. → Schweinerei.
Unanständigkeit → Anstößigkeit, Bosheit, Demimonde, Sünde, Tabak ein starker, Unhöflichkeit, Unkeuschheit.
unantastbar → fest, rechtschaffen, unschuldig.
▸ empfindlich, verletzbar, verletzlich, verwundbar.
unanwendbar → beziehungslos, falsch.
unappetitlich übelschmeckend, geschmacklos, fad, würzlos, salzlos, kraftlos, flau, ungenießbar, widerlich, Ekel erregend, schlecht, ekelhaft, faul, verdorben. → anwidern, ekelhaft, schlecht.
▸ appetitlich, Appetit anregend, attraktiv, delikat, einladend, köstlich, lecker, sexy, verlockend.
unaromatisch → duftlos.
Unart → Beleidigung, Frechheit, Ungezogenheit, Unhöflichkeit.
unartig unmanierlich, ungezogen, unhöflich, frech, böse, lümmelhaft, vorwitzig, unverschämt, flegelhaft, aufdringlich, neugierig, unstetig, vorlaut, ungebührlich. → arg, ausgelassen, böse, boshaft, schlecht, ungezogen, unhöflich, ungehorsam.
▸ artig, brav, höflich, lieb, manierlich, wohlerzogen.
unästhetisch → hässlich.
unattraktiv abstoßend, missgestaltet, hässlich, unansehnlich.
unaufdringlich → anständig, diskret, distinguiert.
Unaufdringlichkeit Bescheidenheit, Dezenz, Diskretion, Schüchternheit, Taktgefühl, Zurückhaltung.
unauffällig heimlich, versteckt, unbemerkt, verdeckt, dunkel, ungesehen, verstohlen, geheim. → bescheiden, diskret, einfach.
▸ auffallend, blendend, extravagant, fesch, glänzend, hervorstechend, markant, prächtig, ungewöhnlich • pompös.
unauffällig entfernen, sich sich auf polnisch empfehlen *u.*
unauffindbar vermisst, weg, fort, verschwunden, verlegt, abwesend, verloren, verborgen, versteckt, nicht zu finden, es hat Beine gekriegt *u*, wie weggeblasen.
▸ auffindbar.
unaufgefordert freiwillig, ungeheißen, ungezwungen, aus freien Stücken, aus freiem Willen, aus eigenem Antrieb, aus sich heraus, nach eigenem Ermessen.
▸ widerstrebend.
unaufgeklärt → blind, dilettantisch, unkundig.
▸ aufgeklärt, eingeweiht, informiert.
unaufgeschlossen unzugänglich, zugeknöpft.
unaufhaltsam → andauernd anhaltend, beständig, dauernd, fortwährend, unausgesetzt.
▸ vermeidbar.
unaufhörlich → andauernd, ausdauernd, ausgedehnt, beharrlich, beständig, chronisch, chronologisch, einem fort in, dauernd, fortwährend, immer, Jahr zu Jahr von, konstant, oft, Schritt und Tritt auf.
▸ niemals • ab und zu, bisweilen, gelegentlich, manchmal, vorübergehend, zweitweilig.
unaufmerksam achtlos, unachtsam, unbedacht, dusselig *u*, im Tran *u*, verpennen *u*, verdöst *u*, benommen, abgelenkt, unüberlegt, lässig, verträumt, verschlafen, flüchtig, dröselig *u*, ruschig *u*, schusselig *u.* → blind, zerstreut.
▸ aufmerksam, höflich, zuvorkommend • gesammelt, konzentriert • achtsam, gespannt, hellhörig, voll bei der Sache, wachsam.
Unaufmerksamkeit Schaltpause *u.* → Fahrlässigkeit, Nachlässigkeit, Teilnahmslosigkeit, Träumerei, Zerstreutheit.
unaufrichtig doppelbödig *u*, hinterfotzig *u*, schief *u*, schlitzohrig *u.* → bestechlich, charakterlos, falsch, hintenherum, unredlich, verlogen.
Unaufrichtigkeit → Betrug, Falschheit, Lüge, Schwindel, Täuschung.
unaufschiebbar → dringend.
unausbleiblich gewiss, unumgänglich, bestimmt, sicher, jedenfalls, besiegelt, unwiderruflich, beschlossen, entschieden, unvermeidlich. → abhängig, besiegelt, bevorstehend, schicksalhaft.
▸ ungewiss.
unausführbar → ausgeschlossen, aussichtslos, unmöglich.
▸ ausführbar, machbar, möglich, praktikabel.
unausgebacken datschig *u*, klitschig *u*, pitschig *u.*
unausgefüllt leer, unbesetzt, unbewohnt, menschenleer, unbevölkert, verlassen, blank • einsam, inhaltsleer, unbeansprucht, ungebraucht, unausgefülltes Inneres. → blank, blanko.
▸ (erfüllt), gebraucht, gesellig, voll • ausgelastet, beschäftigt, eingespannt • zufrieden.
unausgeglichen ungleichmäßig, ungleich, verschieden, holprig • fahrig, unzufrieden, einmal so und einmal so, einmal Hü und einmal Hott, nicht wissen was tun, heute so und morgen so, uneins mit sich selber, ungefestigt, unreif.
▸ ausgeglichen.
unausgegoren → unreif.
unausgerüstet → unvorbereitet.
unausgesetzt fortschreitend, dauernd, anhaltend, fortwährend, konstant, unermüdlich, ununterbrochen, ewig, fortdauernd, beständig, beharrlich, in einem fort. → andauernd, ausdauernd, dauernd, konstant.
▸ unterbrochen.
unausgesprochen → stillschweigend.
unausgewählt → zufällig.
unauslöschlich immer während, unverrückbar, unauflöslich, unentwegt, feststehend, unbeweglich, eingedenk, erinnerlich, unverwischbar, lebendig, unvergesslich, ergreifend, erfassend, bewegend. → eingedenk.
▸ eindruckslos, veränderlich, vergessen.
unausrottbar unsterblich, bleibend, dauerhaft, ewig, immergrün, beständig, unvergänglich, immer, unvertilgbar, unzerstörbar,

langlebig • eingefressen *u.* ▸ sterblich, vergänglich.
unaussprechlich unsagbar • fabelhaft, herrlich, wunderbar, ergreifend, himmlisch, bewegend, fantastisch. ▸ ausdruckslos, (aussprechbar), unwichtig.
unausstehlich sauer *u.* → abscheulich, abstoßend, beißend, böse, degoutiert, empörend.
Unausstehlichkeit Abscheulichkeit. → Bitterkeit, Dorn im Auge.
unausweichlich → bemüßigt, besiegelt, charakterfest, entscheidend, schicksalhaft, unausbleiblich. ▸ vermeidbar.
unbändig → aufgebracht, ausgelassen, begeistert, erregbar, fessellos, namenlos, ungezügelt, voreilig, wild. ▸ gebändigt, gezügelt, sanft, zahm.
Unbändigkeit Lebhaftigkeit, Schwung, überschäumendes Temperament, Ungestüm, Wildheit, Zügellosigkeit.
unbar Bank über die, bargeldlos, Kreditkarte / Scheck / Überweisung per.
unbarmherzig → barbarisch, bestimmt, diktatorisch, felsenhart, grausam, roh, streng. ▸ barmherzig, gnädig, gütig, mild, mitfühlend, nachsichtig, sanft, tolerant, weichherzig.
Unbarmherzigkeit → Barbarei, Rohheit, Strenge.
unbeabsichtigt → absichtslos, beiläufig, erste beste, unabsichtlich.
unbeachtet unsichtbar, spurlos, unbemerkt, unbemerkbar, heimlich, unauffällig, unwahrnehmbar, verborgen, versteckt • übersehen, ausgelassen, ungeprüft, übersprungen • geringschätzig, schneiden, den Rücken kehren, wie Luft behandeln, wie durch Luft oder Glas hindurchsehen, links liegen lassen • unfreundlich, abhold, hämisch • abwenden sich, keine Beachtung schenken, keines Blickes würdigen, keine Notiz nehmen, etwas husten *u*, etwas niesen *u*. ▸ (beachtet).
unbeackert brach, öde.
unbeansprucht → arbeitslos, disponibel, neu.
Unbearbeiteter Rohling, Ungehobelter, Unkultivierter, Unzivilisierter, Ungeschnitzter, Elefant, Tollpatsch, Unmanierlicher, Grober, Klotz, Kerl, Unhöflicher.
unbeaufsichtigt frei, allein, unbeobachtet, ledig, selbstständig, ungehemmt, ungebunden, unkontrolliert, zwanglos, schulfrei, losgelassen. ▸ (beaufsichtigt), unfrei.
unbedacht unklug, unachtsam, nachlässig, gedankenlos, fahrlässig, schlampig, flüchtig, leichtsinnig, leichtfertig, unbesonnen, unverständig, leichthin, oberflächlich, rücksichtslos, dumm, töricht, kindisch, geistlos, blind, vernagelt, verbohrt, engstirnig, kurzsichtig. → achtlos, blind, blindlings, dumm, dummdreist, fahrig, Knie brechen übers, kopfüber, leichtfertig, rücksichtslos. ▸ bedacht, überlegt, umsichtig, vorsichtig, wohl bedacht/überlegt.
Unbedachtsamkeit → Fahrlässigkeit, Nachlässigkeit, Träumerei, Unvernunft.
unbedarft schlicht. → einfältig.
Unbedarftheit Anspruchslosigkeit, Einfachheit, Primitivität, Unkompliziertheit.
unbedenklich leichthin, skrupellos, sorglos, leichtfertig, leichtsinnig, bedenkenlos, unbesonnen, ohne Scheu, rücksichtslos, gewissenlos, ohne zu zögern, unverantwortlich, gedankenlos. → leichtfertig, rücksichtslos. ▸ bedenklich, gefährlich, heikel, kritisch.
unbedeutend hohl, leer, gering, geringfügig, inhaltslos, nichts sagend, ausdruckslos, wirkungslos, bedeutungslos, wertlos, belanglos, unwirksam, fade, unwesentlich, farblos, untergeordnet, gehaltlos, unbeträchtlich, gleichgültig, nichtig, klein, dünn, minderwertig. → albern, alltäglich, begrenzt, bloß, dunkel, gering, mäßig, nebensächlich, nichts. ▸ bedeutend.
unbedeutend hinstellen, als herunterspielen, verharmlosen, verniedlichen.
unbedeutende Sache Bagatelle, Bedeutungslosigkeit, Lappalie, Nichtigkeit.
Unbedeutsamkeit → Bagatelle, Deut, Dunkel, dunkle Abkunft, Gehaltlosigkeit, Schaum.
unbedingt auf jeden Fall, gewiss, bestimmt, völlig, durchaus, bis auf die Knochen *u*, unerlässlich, vollständig, absolut, gänzlich, unabhängig • streng, ohne Gnade. → absolut, ausschließlich, bestimmt, deutlich, durchaus, streng. ▸ auf keinen Fall, keines Falls, unter keinen Umständen • bedingt, eingeschränkt, nur unter bestimmten Bedingungen.
unbedroht → einbruchsicher, sicher.
Unbeeinflussbarkeit Abgeschlossenheit, Widerstandskraft, Zähigkeit, Beständigkeit, Unnachgiebigkeit, Starrsinn, Festigkeit, Standhaftigkeit, Beharrlichkeit, Ausdauer. → Wille. ▸ (Beeinflussbarkeit).
unbeeinflusst → beherrscht, objektiv, selbstständig. ▸ befangen, manipuliert, parteiisch.
unbeendet → unvollendet.
unbefähigt → dumm, ungeschickt.
unbefangen → ungeniert.
unbefestigt unsicher, gefährlich, unbeschützt, unbewacht, schutzlos, gefährdet, unbewehrt, unheilvoll, baufällig, gefahrbergend, einsturzdrohend • lose, locker. → gefährlich. ▸ befestigt, fest.
unbefiedert → entblößt, federlos.
unbefleckt → adrett, blank, rein, unschuldig.
unbefriedigend verdrießlich, langweilig, unschön, unerquicklich, unangenehm, ermüdend, kläglich, mäßig • missfällig, getadelt, ungünstig, nicht genügend. → unangenehm, ungenügend. ▸ befriedigend zufrieden stellend.
unbefriedigt → ärgerlich, aufgelegt, böse, enttäuscht, unzufrieden.
unbefugt → eigenmächtig, Faust auf eigene. ▸ autorisiert, befugt, bevollmächtigt.
unbegabt untalentiert. → beengt, dienstunfähig, dumm,

gehirnlos.
▸ begabt, talentiert • genial.
unbegleitet → allein, einschichtig, vereinzelt.
unbegreiflich rätselhaft, unfassbar, unbeschreiblich, unglaublich, unerklärlich, unerforschlich, unerfindlich, unverständlich, nicht zu fassen, hanebüchen • göttlich, übernatürlich. → abstrus, ausgeschlossen, bedenklich, beispiellos, dahingestellt, dunkel, unerhört.
▸ begreiflich, einleuchtend, einsichtig, evident, fassbar, verständlich • klar, selbstverständlich.
unbegrenzt zahllos, unendlich, unnennbar, unermesslich, unzählbar, unerschöpflich, ohne Grenze • ohne Zaun, ohne Gitter, frei, unverschlossen. → ausgedehnt, endlos, fessellos, groß, schrankenlos.
▸ begrenzt, beschränkt, eingeschränkt, knapp, limitiert, spärlich.
unbegründet grundlos, irrig, unlogisch, falsch, unsachlich, folgewidrig, leer, ohne Anhaltspunkt, aus der Luft gegriffen, unklar, unverständlich. → erfunden.
▸ begründet, fundiert, gesichert • motiviert.
Unbehagen Frost *u.* → Abspannung, Ärger, Ärgernis, Schmerz, Übel, Verdruss, Verstimmung.
unbehaglich übel, lästig, nicht wohl, unlustig, abgespannt, verstimmt, unwohl, verdrossen, verdrießlich, missleidig, ungemütlich, unwohnlich, störend. → aufgelegt, beklemmend.
▸ behaglich.
unbehauen → formlos.
unbehelligt unbelästigt, unangefochten. → unwidersprochen.
▸ behelligt, behindert, belästigt, gestört.
unbeherrscht → brutal, erregbar, fessellos, gierig, maßlos, Rand und Band aus, ungezogen.
▸ beherrscht, besonnen, cool, gefasst, gelassen, stoisch.
unbeherrschtes Verlangen Gier, Manie, Sucht.
Unbeherrschtheit Neugierde, Taktlosigkeit, Vorwitz, Fragerei • Unbildung, Unerzogenheit, Unart, Reizbarkeit, Leidenschaftlichkeit, Launenhaftigkeit. → Erregbarkeit, Temperament heißes.
▸ Beherrschtheit.
unbeholfen blind *u*, duss(e)lig *u*, tappig *u*, tapsig *u.* → dienstunfähig, linkisch, holperig, plump, schülerhaft, schwach, ungeschickt.
Unbeholfenheit Bescheidenheit, Dummheit, Schwerfälligkeit. → Umständlichkeit.
unbehütet → hilflos, unbeaufsichtigt, unbefestigt.
unbeirrbar fest entschlossen, unverdrossen, zielstrebig, → unbeirrt.
unbeirrt fest, zuverlässig, stetig, ständig, zielbewusst, stets, unwandelbar, unentwegt, unerschütterlich, ohne Wanken, fanatisch, verlässlich, unverändert. → fanatisch, felsenhart, fest.
▸ wankelmütig.
unbekannt → dunkel, einsam, namenlos.
▸ angesehen, bekannt, berühmt.
Unbekannte, der große graue Eminenz, Mann im Hintergrund, Drahtzieher, Urheber, Spitzel, Spion, Angeber, Aufpasser, Ungenannter, Anonymus, dritter Mann. → Gott.
Unbekannter unbeschriebenes Blatt *u.* → Dingsda.
▸ Bekannter, Freund, Vertrauter, Verwandter.
unbekehrbar → beharrlich, bockig, fanatisch.
unbekehrt abtrünnig, unbelehrt, unüberzeugt, unbelehrbar • gottlos, unreligiös, heidnisch, verstockt, atheistisch, unchristlich.
▸ bekehrt, gläubig, überzeugt.
unbekleidet → entblößt, nackt.
unbekömmlich → gesundheitswidrig, schädlich.
▸ bekömmlich, essbar, genießbar.
unbekümmert pomadig *u.* → abgebrüht, achtlos, behaglich, rücksichtslos, übermütig.
▸ sorgfältig, vorsichtig • ängstlich.
Unbekümmertheit → Nachlässigkeit, Übermut.
unbelastet → frei, unschuldig.
▸ angespannt, belastet • überlastet • vorbelastet.
unbelästigt → unbehelligt.
unbelebt anorganisch, leblos, unfühlend, fühllos, sinnlos, steinern, metallisch, vulkanisch, tot, ohne Leben, erstarrt • leer, menschenleer, einsam.
▸ belebt.
unbelehrbar eingefleischt *u.* → beharrlich, bockig, fanatisch, unbekehrt.
▸ einsichtig, intelligent, verständig.
Unbelehrbarkeit Verbohrtheit, Beharrlichkeit, Fanatismus, Haltlosigkeit, Flatterhaftigkeit, Willensschwäche. → Fanatismus.
▸ Belehrbarkeit.
unbeleibt → dünn.
unbelesen → dilettantisch, dumm.
unbeliebt freundlos, unangenehm, lästig, unpopulär, verhasst, verabscheut, ungeliebt, entfremdet, vernachlässigt, unausstehlich, unleidlich, zuwider.
▸ beliebt.
unbeliebt machen → abstoßen.
unbeliebte Leute loswerden fortloben *u.*
unbemalt → farblos.
unbemäntelt → anschaulich, bedeutungsvoll, fassbar, klar, offen, unverhohlen, verständlich.
unbemerkt unbeobachtet, ungesehen, unbeachtet, heimlich, verstohlen, versteckt, verdeckt, verborgen, still und leise, klammheimlich *u*, sang- und klanglos. → unbeaufsichtigt.
▸ bemerkbar • offenkundig.
unbemittelt → abgebrannt, abgerissen, arm, beengend, hablos.
▸ begütert, bemittelt, reich, vermögend.
unbenannt → namenlos.
unbenommen → erlaubt.
unbenutzt → disponibel, neu.
unbeobachtet → heimlich.
unbequem → lästig, unangenehm, unbehaglich.
▸ bequem, komfortabel.
Unbequemlichkeit Anstrengung, Last, Störung, Ungemütlichkeit.
unberaten ratlos, unkundig, schülerhaft, ungeschickt, unerfahren, tölpelhaft, ungeschult, ungeübt, unreif, jung, hilflos. → ungeschickt, unkundig.
▸ beraten.
unberechenbar → schwer, unbegrenzt, unmöglich.
▸ berechenbar, kalkulierbar • verlässlich, zuverlässig.
unberechenbare Umstände Imponderabilien.

unberechnet franko, frei, gratis, kostenlos, umsonst.
unberechtigt → anmaßend, eigenmächtig, Faust auf eigene.
▸ autorisiert, befugt, berechtigt, bevollmächtigt, kompetent, zuständig.
unberühmt → dunkle Abkunft, Dunkel.
unberührbar tabu, unantastbar, verboten, → unberührt.
unberührt apathisch, abgestumpft, kalt, unbeeindruckt, gleichgültig, teilnahmslos, blasiert • unerschütterlich, gleichmütig, beherrscht, gelassen • unbenutzt, intakt, unbeansprucht, unverwendet. → dunkle Abkunft, eindruckslos, ergeben, kalt, keusch, namenlos, rein, tugendhaft.
▸ berührt betroffen, schockiert • benutzt, gebraucht • defloriert, entjungfert • abgenutzt • zerstört.
Unberührtheit Sauberkeit, Reinheit, Klarheit, Lauterkeit • Unbenutztheit • Gelassenheit, Teilnahmslosigkeit, Beherrschtheit, Gleichgültigkeit, Empfindungslosigkeit, Gleichmut, Unerschütterlichkeit. → Keuschheit.
▸ Gefühlsbewegung, Unsauberkeit.
unbeschädigt → ganz, intakt.
▸ beschädigt, defekt, entzwei, kaputt, lädiert, ramponiert, verletzt, versehrt • zerstört.
unbeschäftigt → beschäftigungslos, dienstfrei, faul.
unbescheiden → anmaßend, anspruchsvoll, ehrgeizig, eitel, neugierig sein.
▸ anspruchslos, bescheiden, genügsam.
Unbescheidenheit Eitelkeit, Überheblichkeit, Einbildung, Dünkelhaftigkeit, Pfaffendünkel, Hochmut, Professorenton, Geringschätzung. → Dreistigkeit, Eitelkeit, Frechheit, Unhöflichkeit.
▸ Bescheidenheit.
unbeschmutzt → adrett, rein.
unbescholten → achtbar, angesehen, anständig, brav, ehrbar, lauter, rechtschaffen.
Unbescholtenheit → Charakterstärke, Rechtschaffenheit.
unbeschönigt → deutsch auf gut, offen, unverhohlen.
unbeschränkt → frei, unbegrenzt.
▸ beschränkt, eingeschränkt, knapp.
unbeschränkte Herrschaft Absolutismus.
unbeschreiblich → beispiellos, erstaunlich, riesig, unbegreiflich.
unbeschuht barfuß, barfüßig, bloßfüßig, Füßen mit nackten.
unbeschützt → gefährlich, hilflos, unbefestigt.
unbeschwert leicht, gewichtlos, ätherisch • sorglos, ausgelassen, heiter, unbekümmert, froh, mutwillig, leichtherzig, sonnenhaft, quietschvergnügt. → flott, übermütig.
▸ bekümmert, bedrückt, bekümmert, belastet, besorgt, betrübt, deprimiert, niedergeschlagen, schwermütig, traurig • überfordert, überlastet.
unbeseelt → seelenlos.
unbesehen unbedingt, auf jeden Fall.
unbesetzt frei, leer, unbelegt, blank, unbewohnt, verlassen, unausgefüllt, unbesessen. → abwesend, unausgefüllt.
▸ besetzt, okkupiert • reserviert.
unbesiegbar überlegen, übermächtig, unbezwinglich, unschlagbar, unüberwindlich.
unbesonnen → ausgelassen, blindlings, dumm, erfahrungslos, erregbar, fahrig, Fassung verlieren die, kopfüber, unbedenklich.
Unbesonnenheit → Blamage, Dreistigkeit, Eile, Erregung, Fahrlässigkeit, Übermut.
unbesorgt → angenehm, aufgeräumt, beruhigt, entlastet, gemütlich, wohl.
unbesprochen darauf komme ich zurück, das steht auf einem anderen Blatt, darüber muss noch geredet werden, unerörtert, unausgesprochen, unerwogen.
▸ (besprochen).
unbeständig wechselhaft, sprunghaft. → abtrünnig, beweglich, chaotisch, einem zum andern von, energielos, unstet, veränderlich.
▸ beständig, gleich bleibend, kontinuierlich, stabil, zuverlässig.
Unbeständigkeit Untreue, Wechsel, Flatterhaftigkeit, Vergänglichkeit, Veränderlichkeit, Unentschlossenheit. Launenhaftigkeit, Flattersinn, Schwäche, Widerruf, Abschwörung.
▸ Beständigkeit.
unbestechlich säurefest *u*, senkrecht *u*. → achtbar, angesehen, anständig, bieder, brav, charakterfest, fest, loyal, rechtschaffen.
▸ bestechlich, käuflich, korrupt.
Unbestechlichkeit → Charakterstärke, Fehlerlosigkeit, Pflichtgefühl, Rechtschaffenheit.
unbestimmt zirka. → ausdruckslos, dahingestellt, dehnbar, diskutierbar, doppelsinnig, dunkel, ungewiss, vage.
▸ bestimmt, eindeutig, exakt, fest(gesetzt), genau, gewiss, konkret, präzis(e).
Unbestimmtheit → Dämmerzustand, Dunkel, Ungewissheit.
unbestraft nicht vorbestraft, frei, straflos, straffrei, schuldlos, freigesprochen, unschuldig, losgesprochen, freigesprochen, entlastet.
▸ bestraft, vorbestraft.
unbestreitbar → absolut, angemessen, augenscheinlich, beglaubigt, bestimmt, erwiesen, frei stehend, sicher.
unbestritten → erwiesen, feststehend, sichern, statthaft.
▸ strittig.
unbesucht → einsam, entvölkert.
unbeteiligt → beschäftigungslos, erstbeste, neutral, passiv, tatenlos.
unbeträchtlich → ausdruckslos, begrenzt, bloß, mäßig, unbedeutend, wenig.
unbetretbar → unzugänglich.
unbeugbar indeklinabel, inflexibel. → beharrlich, felsenfest.
unbeugsam → aufrecht, bestimmt, bockig, despotisch, drakonisch, ehrsinnig, entschlossen, fanatisch, felsenhart, radikal, stolz, streng.
▸ anpassungsfähig, flexibel • gefügig.
Unbeugsamkeit → Entschiedenheit, Entschlossenheit, Strenge, Trotz, Wille.
unbevölkert → entvölkert.
unbewacht → gefährlich, hilflos, unbeaufsichtigt.
unbewaffnet hilflos, wehrlos.
▸ aufgerüstet • abwehrfähig, bewaffnet, gerüstet,

verteidigungsbereit, wehrhaft • Waffen starrend.
unbewandert → entvölkert, unkundig.
unbewegbar → bleiern, starr, unbeweglich.
unbeweglich regungslos. → arbeitsunfähig, beherrscht, bleiern, charakterfest, felsenhart, feststehend, starr, stabil, unerschütterlich. ▸ beweglich.
unbewegt → gefühllos, ruhig.
unbeweibt → allein stehend.
unbewiesene Annahme Hypothese.
unbewohnbar unberührt, außer Gebrauch, untauglich • verlassen, entvölkert. ▸ (bewohnbar).
unbewohnt → abwesend, einsam, entvölkert, unbesetzt.
unbewohnter Teil der Erde Anökumene.
unbewölkt blauer/klarer Himmel, heiter, wolkenlos.
unbewusst ungewollt. → absichtslos, beiläufig, blind, instinktmäßig, maschinenmäßig, triebhaft. ▸ absichtlich, beabsichtigt, bewusst.
unbezahlbar → erlesen, kostbar.
unbezahlt ehrenamtlich, freiwillig • franko, frei, gratis, umsonst.
unbezahlter Angestellter Volontär.
unbezahlter Sportler Amateur.
unbezähmbar widersetzlich, widerspenstig, eigensinnig, wild, unnachgiebig, unfügsam, unlenksam, starrsinnig, starrköpfig, halsstarrig, revolutionär. → bockig, ungehorsam, wild. ▸ bezähmbar.
unbezweckt → absichtslos, blindlings.
unbezwingbar unerschütterlich, unbesiegbar, heldenhaft, ungebeugt, stählern • gesichert, geschützt, sicher, unüberwindlich, uneinnehmbar. → unbezähmbar. ▸ bezwingbar.
unbezwinglich → bockig, diebessicher, sicher, unbezähmbar, unbezwingbar.
unbiegsam → ehern, starr.
Unbildung Unkultur, Ungeschmack, Taktlosigkeit, Unbelesenheit, Unart, Unschicklichkeit, Verstoß, Banausentum, Ungeist, Bildungslosigkeit. → Dummheit, Unhöflichkeit. ▸ Bildung.
Unbill → Bekümmernis, Beleidigung, Betrübnis, Bitternis, Marter, Qual, Übel, Verdruss.
unbillig ungerecht, unrecht, ungebührlich, rechtswidrig, ungehörig, unschicklich, unpassend, unziemlich, unredlich, unlauter. → charakterlos, eigenmächtig, unredlich. ▸ billig, angemessen, gerecht, gerechtfertigt • zumutbar.
unbotmäßig → aufständisch, bockig, unangebracht, unartig, unfügsam, ungebärdig, ungehörig, ungehorsam. ▸ brav.
Unbotmäßigkeit → Auflehnung, Trotz, Ungehorsam.
unbrauchbar → abgetan, beschädigt, Bock als Gärtner, charakterlos, defekt, dienstunfähig, entzwei, lästig, minderwertig, unzweckmäßig, veraltet, wertlos. ▸ brauchbar, einwandfrei, geeignet, hilfreich, nützlich, passend, sachdienlich, tauglich, verwendbar, zweckmäßig.
unbürokratisch beweglich, entscheidungsfreudig, elastisch, flexibel, schnell.
unchristlich atheistisch, gottlos, heidnisch, ungläubig, ketzerisch, religionslos, antichristlich • gemein, niederträchtig, roh, grausam, sündig, teuflisch. → materialistisch. ▸ (christlich), gut.
und plus. → auch, außerdem, beigeordnet, samt, zusätzlich.
Undank → Dank schnöder.
undankbar → dankvergessen, schnöde.
Undankbarkeit → Dank schnöder.
undefinierbar dunkel, unbestimmt, undurchdringlich, unergründlich, unfassbar, unerforschlich, verhüllt, unklar, zweideutig, rätselhaft, versteckt. → dehnbar, doppelsinnig, dunkel, unverständlich. ▸ erklärlich.
undenkbar keinesfalls, keineswegs, unmöglich, unwahrscheinlich, mitnichten, in keiner Weise • unerhört, unausführbar, unglaublich. → ausgeschlossen, unmöglich. ▸ denkbar, machbar, möglich • selbstverständlich.
Undercoveragent Geheimagent, Polizeispitzel, Spitzel (im kriminellen Bereich).
Underdog Asozialer, Benachteiligter, Schwächerer, Unterprivilegierter, Zukurzgekommener.
Underground Anti-Establishment(gruppen), Aussteiger(gruppen), Protestgruppen/-organisationen (gegen die etablierte Gesellschaft).
Understatement nüchtern-unpathetische (Selbst-)Darstellung, Unterspielen, Untertreiben.
undeutlich schemenhaft, verwaschen. → abstrus, bebend, dehnbar, doppelsinnig, dumpf, nebelhaft, schwierig, unverständlich. ▸ deutlich, klar, offenbar, offensichtlich, scharf, vernehmlich, verständlich.
undeutlich reden in den Bart brummen *u*, brabbeln *u*, brubbeln *u*, brummeln *u*.
Undeutlichkeit → Doppelsinn, Dunkel.
Undichte Lockerheit, Dünnheit, Dünne, Porosität, Schwammigkeit, Löchrigkeit, Durchlässigkeit, Unfestigkeit, Wasserdurchlässigkeit, Leck. ▸ Dichte.
undienlich → unangebracht, unzweckmäßig, wertlos.
undifferenziert → einfach.
Unding Hirngespinst, Chimäre, Idee, Illusion, Traum, Luftschloss, Trugbild, Luftbild, Unmöglichkeit, Undenkbarkeit, Unausführbarkeit, Aussichtslosigkeit, Wunder, Träumerei. ▸ Wahrheit, Wirklichkeit.
undiplomatisch einfältig, redselig, arglos, ungeübt, tölpelhaft, unfähig, dumm. → dumm, ungeschickt. ▸ diplomatisch.
undiszipliniert zuchtlos, unordentlich, haltlos, fahrig, schlampig, ohne Zucht, regellos, wild, planlos, unmethodisch. ▸ Disziplin halten, (undiszipliniert) artig, brav, fügsam • beherrscht, diszipliniert.
unduldsam engstirnig, verbohrt, vorurteilsvoll, intolerant, unsachlich, voreingenommen, stur, ungerecht, hartnäckig, kleinlich, zähe, verrannt, pedantisch, parteiisch. →

beengt, befangen, befehlerisch, bigott, bürokratisch, dumm, engherzig, fanatisch, streng.
▸ duldsam.

Unduldsamkeit → Denkart kleinliche, Fanatismus, Intoleranz, Strenge, Tyrannei.

undurchdringlich → abgeschlossen, abstrus, dicht, dickhäutig, fest, geheimnisvoll, unverständlich.

undurchdringliche Miene Pokerface *u*, Pokergesicht *u*.

Undurchdringlichkeit Dichte, Dichtigkeit, Masse, Verdichtung, Undurchlässigkeit, Abdichtung, Festigkeit, Widerstand, Geschlossenheit, Einheitlichkeit, Härte, Verstopfung • Unklarheit, Verworrenheit, Unverständlichkeit, Dunkel, Unbegreiflichkeit, Nebel.
▸ Klarheit, Undichte.

undurchführbar → schwierig, unmöglich.

undurchlässig → abgeschlossen, dicht.
▸ durchlässig, durchlöchert, offen, permeabel, porös, siebartig, undicht.

undurchlässig machen → imprägnieren.

Undurchlässigkeit → Undurchdringlichkeit.

undurchsichtig opak. → beschlagen, blind, dämmerig, geheimnisvoll, unverständlich.
▸ reell, Vertrauen erweckend • durchsichtig, klar, transparent.

Undurchsichtigkeit → Dichtigkeit, Dunkel.

uneben holprig, knubbelig *u*, hubbelig *u*, rubbelig *u*, knotig, verwittert, zerrissen, rissig, zerklüftet, schroff, gefurcht, stachelig, höckerig, buckelig, runzlig, gerillt, gekerbt, knollig, bollig. → blatternarbig, faltig, rau.
▸ eben, glatt.

unebenbürtig niedrig, unedel, ungleich, ungeadelt, ranglos, gewöhnlich, einfach, staubgeboren, von niedriger Abkunft, ohne Stammbaum, unbetitelt, untergeordnet.
▸ ebenbürtig.

Unebenheit Rauheit, Ungleichheit, Runzligkeit, Zerklüftung, Schroffheit, Holprigkeit, Knubbel *u*. Wubbel *u*, Höckrigkeit, Haarigkeit, Stoppelfeld, Raufläche.
▸ Ebene, Glätte • Hubbel *u*.

unecht talmi. → erfunden, erkünstelt, falsch.
▸ echt, original • natürlich, ungekünstelt, unverstellt.

unedel → niedrig, unebenbürtig.

unehelich außerehelich, illegal.
▸ ehelich.

unehrbar → charakterlos, unehrenhaft, unkeusch.

Unehre Misskredit, Schande, übler Ruf, Schmach, Verrufenheit, Ehrlosigkeit, Makel, Schandmal, Namenlosigkeit, übler Leumund, Tadel, Beschuldigung. → Anstößigkeit, dunkler Punkt, Schande.
▸ Ehre.

unehrenhaft ehrlos, ehrenrührig, verächtlich, unwürdig, ehrwidrig, schlecht, nichtswürdig, niederträchtig, schändlich, gemein, niedrig, schandvoll, schimpflich, verwerflich, anrüchig. → charakterlos, niederträchtig, unredlich.
▸ ehrenhaft.

Unehrenhaftigkeit → Bestechlichkeit, Unredlichkeit.

unehrerbietig ehrfurchtslos, achtungswidrig, schnöde, schmählich, ungezogen, unhöflich, entehrend, verächtlich, geringschätzig, gleichgültig, hämisch, schnoddrig *u*, spöttisch, leichthin.
▸ ehrerbietig.

unehrlich falsch, meineidig, treulos, unaufrichtig, lügnerisch, verlogen, heuchlerisch, jesuitisch, gleisnerisch, arglistig, heimtückisch, doppelzüngig, glattzüngig, katzenartig, abgefeimt, frömmlerisch, verstellt, lügenhaft, kriecherisch, glatt, ausweichend, listig • unredlich, schlecht, schurkisch, schuftig, lumpig, betrügerisch, verschmitzt • unrühmlich, ehrlos, ehrenrührig, gemein, niedrig, schändlich, nichtswürdig, schlecht. → anstößig, bestechlich, bubenhaft, charakterlos, diplomatisch, doppelsinnig, falsch, unredlich, verlogen.
▸ ehrlich.

Unehrlichkeit → Bestechlichkeit, Betrug, Falschheit, Feilheit, Lüge, Täuschung, Unredlichkeit.

uneigennützig → freigebig, selbstlos.
▸ egoistisch, eigennützig.

Uneigennützigkeit → Entsagung, Hingabe, Hochherzigkeit, Selbstlosigkeit.

uneingeengt → beherrschend, fessellos, frei, ledig, los.

uneingerechnet → außer, ausgenommen.

uneingeschränkt → absolut, durchaus, fessellos, ledig, los, selbstständig, unbegrenzt.
▸ begrenzt, beschränkt, eingeschränkt.

uneingeweiht → blind, unkundig.
▸ aufgekärt, eingeweiht, informiert, wissend.

uneinheitlich wirr, durcheinander, kunterbunt, regellos, ungleich, ungleichartig, mannigfaltig, allerhand, vielerlei, vielförmig, mehrfach, bald so bald so.
▸ einheitlich • durchwachsen *u*.

uneinig misshellig, entgegengesetzt, abweichend • zwiespältig, uneins, unverträglich, streitig, feindlich, gehässig, unversöhnlich, widerspenstig, gegnerisch, zwieträchtig. → entzweit, feindlich.
▸ einig.

Uneinigkeit → Absonderung, Auflösung, Auseinandersetzung, Bruch, Disharmonie, Disput, Streit, Trennung, Zwietracht.

uneinnehmbar → diebessicher, sicher.

uneins → entfremdet, uneinig.

uneins, mit sich gespalten, unentschieden, zwiespältig.

uneintreibbar zahlungsunfähig, uneinkassierbar, uneinbringbar, bankrott, uneinlösbar.
▸ eintreibbar.

unelastisch starr, unbeweglich.
▸ dehnbar, elastisch, flexibel, wendig.

unelegant → einfach, hässlich, schlicht.

unempfänglich steril • immun, abgetötet, apathisch, gefühllos, unberührt, unbeeindruckt, empfindungslos, teilnahmslos, anteillos, abgestorben, unbewegt, kühl, kalt, unzugänglich, lau, stumpf. → blasiert.
▸ empfänglich.

Unempfänglichkeit Unzugänglichkeit, Apathie, Stumpfheit, Teilnahmslosigkeit, Kaltblütigkeit, Wurstigkeit, Empfindungslosigkeit,

Unempfindlichkeit, Immunität • Sterilität, Anästhesie. → Kälte. ▸ Empfänglichkeit.
unempfindlich frostig, taub, gepanzert, stumpf, gelassen, kühl, anteillos, abgestumpft, teilnahmslos, dickfellig, ein dickes Fell haben, kalt wie eine Hundeschnauze, dickhäutig, tot, gefühllos, frigid, gleichgültig, nüchtern, starr, ungerührt, empfindungslos, kaltschnäuzig, totengleich, totenähnlich • lieblos, hartherzig, roh, herzlos, eisig, glashart • schmerzlos • abgehärtet, etwas vertragen können, seinen Mann stehen, gesund, stark. → abgebrüht, abgestumpft, barbarisch, beherrscht, besinnungslos, blasiert, dickhäutig, starr. ▸ empfindlich, dünnhäutig, feinfühlig, sensibel, überempfindlich, übersensibel • wehleidig.
unempfindlich machen abhärten, desensibilisieren, immunisieren, stärken, widerstandsfähig machen, Widerstandskräfte wecken.
Unempfindlichkeit → Beharrlichkeit, Betäubung, Koma, Dauerhaftigkeit, Dickfelligkeit, Erstarrung, Fels, Rohheit, Unempfänglichkeit.
unempfindsam → herzlos, unempfindlich.
unendlich → allmählich, ausgedehnt, endlos, lang, raum- und zeitlos, schrankenlos, tief, unbegrenzt. ▸ begrenzt, endlich • minimal • null.
unendlich klein infinitesimal.
unendlich kleine Größe Differenzial.
Unendliche, bis ins ad infinitum, infinitesimal.
unendliche Macht → allmächtig.
Unendlicher → Christus, Gott.
Unendlichkeit → Ein und Alles, Ewigkeit.
Unendlichkeitszeichen Lemniskate (liegende 8).
unentbehrlich → dringend, durchaus, erforderlich, nötig, notwendig. ▸ abkömmlich • entbehrlich, überflüssig, unnötig, verzichtbar.
Unentbehrlichkeit → Bedarf, Bedürfnis, Erfordernis.
unentdeckt → geheimnisvoll, schlummernd.
unentgeltlich → gratis, umsonst. ▸ kostenpflichtig • teuer.
unentrinnbar unabwendbar, unvermeidlich, genötigt, gezwungen, unumgänglich, unerlässlich, unausbleiblich, unabweislich. → besiegelt, bevorstehend, schicksalhaft. ▸ entrinnen (können).
unentschieden → dahingestellt, diskutierbar, doppelsinnig, problematisch, ungewiss, unvollendet. ▸ bestimmt, gewiss, sicher, entschieden, entschlossen • gewonnen, verloren • beharrlich, energisch, fest, zielbewusst.
Unentschiedenheit → Dämmerzustand, Dilemma, Dunkel, Unentschlossenheit, Ungewissheit, Zweifel.
unentschlossen schwankend, wankelmütig, energielos, lau, lahm, träge, schwach, weich, ratlos, schlapp, unschlüssig, neutral, fackelig *u*, zweiflerisch. → bedenken, Fisch noch Fleisch weder. ▸ entschlossen.
unentschlossen sein rumhängen *u*.
Unentschlossenheit Unentschiedenheit, Unbestimmtheit, Gleichgültigkeit, Unsicherheit, Unschlüssigkeit, Ratlosigkeit, Zaudern, Verlegenheit, Bedenken, Schwanken. → Bammel, Bedenken, Ratlosigkeit. ▸ Entschlossenheit.
unentschuldbar → unverzeihlich.
unentwegt → anhaltend, ausdauernd, eifrig, fanatisch, felsenhart, unbeirrt, zäh.
unentwickelt unterentwickelt. → beengt, dumm, jung, schwach, unkundig.
unentwirrbar → chaotisch.
unentzündbar lahm, interessenlos, passiv, unerregbar, unleidenschaftlich, ruhig, gesetzt, besonnen, unantreibbar, unanspornbar. → feuerfest. ▸ entzündbar.
unerbeten → unerwünscht.
unerbittlich → arg, barbarisch, bemüßigt, bestimmt, bockig, charakterfest, despotisch, drakonisch, durchgreifend, ein für alle Mal, eisern, entschlossen, erbarmungslos, felsenhart, streng. ▸ barmherzig, entgegenkommend, freundlich, gütig, nachgiebig, nachsichtig, tolerant, verständnisvoll.
Unerbittlichkeit → Bitterkeit, Entschiedenheit, Frostigkeit, Härte, Rache, Strenge.
unerfahren fabrikneu *u*, noch Eierschalen hinter den Ohren *u*. → blind, dienstunfähig, dilettantisch, dumm, erfahrungslos, ungeschickt, unkundig. ▸ aufgeklärt, clever, eingeweiht, erfahren, kenntnisreich, mit allen Wassern gewaschen, versiert.
Unerfahrenheit → Blindheit, Dummheit, Ungeschicklichkeit, Unkenntnis.
unerfindlich → abstrus, nebelhaft, unbegreiflich, unverständlich.
unerforschlich → abstrus, dunkel, geheimnisvoll, unbegreiflich, unverständlich.
unerforscht unentdeckt, fraglich, offen, offen stehend, unentschieden, unbeantwortet, strittig, unbekannt, geheimnisvoll. → diskutierbar, dunkel, nebelhaft. ▸ bekannt.
unerfreulich scheißlich *u*, schleißig *u*. → anstößig, ärgerlich, beschämend, bitter, lästig, peinlich, unangenehm, verdrießlich. ▸ angenehm, beglückend, erfreulich.
unerfüllbar → unmöglich.
unergiebig → charakterlos, karg, minderwertig, unfruchtbar.
unergründlich schleierhaft. → abgründig, abstrus, beispiellos, geheimnisvoll, nebelhaft, tief, ungewiss, unverständlich.
Unergründliches Abgrund, Abyssus, bodenlose Tiefe, ewiges/großes Geheimnis, grundlose Tiefe • Unterwelt.
unerheblich → karg, mäßig, wenig. ▸ ansehnlich, bedeutsam, beträchtlich, enorm.
unerhört bodenlos, gemein, ungemein, hanebüchen. → abnorm, absurd, außerordentlich, ausgeschlossen, ausnehmend, beispiellos, enorm, unmöglich, wunderbar.
unerkannt unentdeckt, übersehen.
unerkennbar nebelhaft, verschwommen, finster, undeutlich, wirr, verworren, verhüllt, versteckt, verborgen,

unlesbar, unkenntlich, rätselhaft, verhüllt, zweideutig, unklar. → abstrus, dunkel, nebelhaft.
▸ erkennbar.

unerklärlich → abstrus, dunkel, nebelhaft, unbegreiflich, unverständlich.
▸ begreiflich, erklärbar, fassbar, klar • selbstverständlich.

unerlässlich brotnötig *u.* → ausschließlich, bemüßigt, durchaus, entscheidend, erforderlich, notwendig, unbedingt.
▸ entbehrlich, überflüssig, unnötig.

Unerlässlichkeit → Bedarf, Bedürfnis, Entschiedenheit, Erfordernis, Gebot, Requisit, Selbstverständlichkeit.

unerlaubt → eigenmächtig, rechtlos, strafbar, ungesetzlich.

unerlaubte Handlung Delikt.

unerledigt → anhängig, offen, schwebend.

unerleuchtet → dunkel.

unermesslich → außerordentlich, ausgedehnt, beispiellos, enorm, gigantisch, unbegrenzt.
▸ begrenzt, endlich.

unermüdlich → aktiv, anstellig, arbeitsam, ausdauernd, beharrlich, erwerbsam, rastlos, schaffig.

Unermüdlichkeit → Ausdauer, Begeisterung, Bemühung, Eifer, Elastizität, Fleiß.

unernst albern, heiter, humorig, humorvoll, lachend, lustig, spielend, spielerisch, verspielt, witzig.

unerquicklich → bitter, schlecht, traurig, unangenehm, verdrießlich.

unerreichbar einsam *u.* → abgelegen, abseits, absprechen, aberkennen, ausgeschlossen, aussichtslos, davon, entfernt, entlegen, fern, Kraft über die, schwierig, unmöglich
▸ erreichbar, greifbar, nahe(liegend) • machbar.

Unerreichbarkeit → Unmöglichkeit, Utopie, Vollkommenheit.

unerreicht → beispiellos, dominierend, erhaben, entfernt, kostbar, vollkommen.
▸ übertroffen.

unersättlich gefräßig, fressgierig, nimmersatt, schlemmend, prasserisch, unbeherrscht, üppig, heißhungrig, unstillbar, anspruchsvoll, begehrlich, begierig, genießerisch, versessen, erpicht • wissbegierig, fragselig. → begehrlich, besessen, unmäßig.
▸ beherrscht, bescheiden, genügsam, maßvoll, zufrieden • satt • übersättigt.

Unersättlichkeit Besitzgier, Geldgier, Gewinnsucht, Habgier, Habsucht, Maßlosigkeit, Raffgier.

unerschlossen keusch, jungfräulich, unberührt, unerforscht.

unerschöpflich → allerhand, massenhaft, reichlich, unbegrenzt, unversieglich.

Unerschöpflichkeit → Born, Masse, Überfluss.

unerschrocken tapfer, mutig, verwegen, beherzt, wacker, tüchtig, herzhaft, furchtlos, unverzagt, entschlossen, unerschütterlich, ungebeugt, sieghaft, unternehmend, heldenmütig, grimmig, standhaft. → brav, felsenfest, trutzig.
▸ erschrocken • ängstlich, feige, furchtsam, gehemmt, verzagt, zaghaft.

Unerschrockenheit → Courage, Dreistigkeit, Entschlossenheit, Fassung, Mut.

unerschütterlich unbeweglich, teilnahmslos, unbeirrt, unbeirrbar, willensstark, standhaft, beharrlich, bierruhig *u*, unveränderlich, zielbewusst • unbeugsam, unerbittlich, unnachgiebig, betoniert *u*, eingefleischt *u*, sattelfest *u*. → abgebrüht, beherrscht, besiegelt, charakterfest, durchgreifend, felsenfest, felsenhart, rechtschaffen, robust, seelenruhig, sicher, streng, unbeirrt.
▸ beweglich, schwankend, teilnahmsvoll, weich.

Unerschütterlichkeit Regungslosigkeit, Leidenschaftslosigkeit, Beherrschung, Fassung, Unbeugsamkeit, Gleichmut, Beständigkeit, Festigkeit, Bierruhe *u*, Gleichmaß, Stete, Würde, Gefasstheit, Stärke, Bedacht, Besonnenheit, Ruhe, Nachsicht, Langmut, Bärenruhe *u*, Drahtseilnerven *u*. → Ausdauer, Beharrlichkeit, Beherrschung, Fassung, Kaltblütigkeit.
▸ Beweglichkeit, Unbeherrschtheit, Ungeduld.

unerschüttert → beherrscht, felsenhart, stark, unempfindlich, unerschütterlich.

unerschwinglich → teuer.

unersetzbar verloren, unrettbar, unwiederbringlich, vernichtet • wertvoll, erlesen, kostbar. → böse, kostbar.
▸ ersetzbar.

unersetzlich → aussichtslos, unersetzbar.

unersprießlich → unzweckmäßig, wertlos.

unerträglich → beißend, böse, brechen das Herz, lästig, schlecht, unangenehm.
▸ erträglich, tragbar • liebenswert • angenehm, wohl tuend.

unerwähnt lassen für sich behalten, verheimlichen, verschweigen, zürückhalten.

unerwartet → auf einmal, augenblicklich, beizeiten, Blitz getroffen wie vom, Knall und Fall, plötzlich, überraschend, vorzeitig.
▸ angekündigt, angemeldet, erwartet, (wie) geplant/vorgesehen, planmäßig, pünktlich • vorauszusehen.

unerweckt → schlummernd.

unerwidert → dankvergessen.

unerwiesen hinfällig, grundlos, unglaubhaft, zusammenhanglos, unlogisch, widerlegbar, irrig, fehlerhaft, unklar, zweifelhaft.
▸ erwiesen.

unerwünscht unerbeten. → lästig, überdrüssig, unangenehm, ungebeten, verdrießlich.
▸ ersehnt, erwünscht, geplant, gern gesehen, willkommen.

unerzogen → unartig, ungehorsam, ungezogen, unhöflich.

Unerzogenheit Unmanierlichkeit, schlechte Erziehung, schlechte Kinderstube, Taktlosigkeit, linkisches Benehmen, Entgleisung, Ungezogenheit, Unart, Flegelei, Flegelhaftigkeit, Rüpelei, Lümmelei, Bauernmanieren.
▸ Erziehung gute.

unfachmännisch dilettantisch, laienhaft, schlampig, stümperhaft, unerfahren.

unfähig → abgespannt, bebend, bleiben sitzen, dienstunfähig, dumm, energielos, entnervt, erfahrungslos, kraftlos, schwach, ungeschickt, unwissend.

▸ begabt, fähig, genial, geschickt, im Stande, potent, tüchtig.
unfähig sein nicht viel los haben, sich ein Armutszeugnis ausstellen, lass dich begraben *u.* → bleiben zurück, durchfallen.
Unfähigkeit Unvermögen, Schwäche, Untauglichkeit, Ungeeignetheit, Versagen, Wirkungslosigkeit, Unkenntnis, Ungeschick, Unkunde, Unbeholfenheit, Talentlosigkeit, Geistlosigkeit, Unerfahrenheit. → Anstrich, Dummheit, Erschöpfung, Schwäche.
▸ Fähigkeit.
unfair grob, unredlich, unsportlich.
▸ anständig, fair, regel(ge)recht, rücksichtsvoll, sportlich • feige *u.*
Unfall → Affäre, Fehlgeburt, Schaden, Übel, Unglück.
unfallbeschädigt havariert.
Unfallest (von Autos) Crashtest.
Unfallschäden (an Schiff und Ladung) Havarie.
Unfalltestpuppe Dummy.
Unfallverletzung Trauma.
unfassbar → abstrus, außerordentlich, ausnehmend, nebelhaft, unbegreiflich, unverständlich.
▸ begreiflich, erklärlich, fassbar, fasslich, verständlich • selbstverständlich.
unfasslich → nebelhaft, unbegreiflich, unverständlich, wunderbar.
unfehlbar unangreifbar, dogmatisch, unleugbar, fraglos, unumstößlich, unwidersprochen, apodiktisch, kategorisch, unanfechtbar, unweigerlich, wahrhaftig, unerschütterlich. → beglaubigt, besiegelt, bestimmt, hoch und heilig.
▸ fehlbar.
unfein → ausgelassen, hässlich, niederträchtig, ruppig, unartig, ungezogen.
unfertig → dumm, erfahrungslos, jung, unvollendet.
unflätig säuisch *u.* → abscheulich, anrüchig, bestialisch, böse, unkeusch.
unflätig reden sauen *u.*
Unflätigkeit Sauerei *u.*
unflügge → federlos, jung.
unfolgsam → unartig, ungehorsam, ungezogen.
Unfolgsamkeit → Eigensinn, Renitenz, Trotz, Ungehorsam, Ungezogenheit.
unförmig monströs, fett, dick, plump, schwerfällig, klobig • ungeformt, formlos, ungefüge, ungestaltet, gestaltlos, unförmlich, missgestaltet, unbehauen, missförmig, schief. → fettwanstig, krumm.
▸ wohlgeformt, wohlgestaltet, harmonisch (gestaltet), proportioniert, schön • zierlich.
Unförmigkeit → Deformation, Formlosigkeit.
unförmlich → hässlich, krumm, plump, unförmig.
unfraglich → absolut, beglaubigt, bestimmt, sicher.
unfrei → abhängig, eingeschlossen, gebunden, hörig.
▸ autark, autonom, frei, selbstständig • natürlich, salopp, ungezwungen • frankiert.
Unfreier Abhängiger, Knecht, Leibeigener, Sklave, Untertan.
unfreigebig geizig, zugeknöpft, knauserig, filzig, hart, knickerig, kleinlich, karg, happig, schäbig. → egoistisch, engherzig.
▸ freigebig.
Unfreiheit Knechtschaft, Abhängigkeit, Hörigkeit, Unterordnung, Zucht, Frondienst, Leibeigenschaft, Joch, Lehndienst • Verhaftung, Knebelung, Gefangennahme, Freiheitsentziehung, Zwang, Einschränkung • Willenlosigkeit, Nötigung, Suggestion, Hypnose. → Abhängigkeit, Denkart kleinliche, Fremdherrschaft.
▸ Freiheit • Souveränität.
unfreiwillig → notgedrungen, widerwillig.
unfreundlich sauertöpfisch, feindselig, mürrisch, übellaunig, grämlich, verstimmt, miesepetrig, kratzbürstig, giftig, erbost, kalt, hässlich, lieblos, böse, grob, schnippisch, auffahrend, biestig *u.* → abstoßend, bärbeißig, brummig, brüsk, dawider, ernst, feindlich, trübe, ungezogen, unhöflich.
▸ freundlich, entgegenkommend, herzlich, lieb, nett, umgänglich.
Unfreundlichkeit → Abneigung, Beleidigung, Bosheit, Feindschaft, Ungezogenheit, Unhöflichkeit.
Unfrieden → Feindschaft, Streit, Zwietracht.
unfriedlich → feindlich, unbehaglich, unfreundlich, verdrießlich.
▸ ausgleichend, friedfertig, friedlich, harmonisch, kompromissbereit, ruhig, versöhnlich • pazifistisch.
unfruchtbar infertil, trocken, unergiebig, ertragsunfähig, brach, dürr, kahl, karg, steril, öde, wüst, nutzlos, immun, baumlos • zeugungsunfähig, eheunfähig, kinderlos. → öde.
▸ fruchtbar.
unfruchtbar machen entmannen, kastrieren, sterilisieren, verschneiden, zeugungsunfähig machen.
Unfruchtbarkeit Sterilität, Zeugungsunfähigkeit • Ertraglosigkeit, Unergiebigkeit, Kargheit, Wüste, Wildnis, Steinacker, Trockenheit. → Liebesmühe vergebliche.
▸ Fruchtbarkeit.
Unfug Possen, Allotria, Blödsinn, Torheit, Kinderei, Humbug, Unsinn • Missbrauch, Unsitte, Ungemach, Ungehörigkeit, Ungebührlichkeit, Ungelegenheit, Unschicklichkeit, Unrecht. → Frevel, Narretei, Possen.
▸ Ernst, Erziehung gute, Witzlosigkeit.
unfügsam → bockig, fanatisch, unartig, unbotmäßig, ungehorsam, widerspenstig, wild, zäh.
ungalant → brüsk, fassen sich kurz, plump, unhöflich.
ungastlich ungesellig, unzugänglich, unfreigebig, abweisend, unfreundlich, verstimmt, einspännig, unnahbar, zurückhaltend, unwirsch. → unfreigebig, unfreundlich.
▸ gastlich.
ungeachtet ehrlos, rechtlos, namenlos, vogelfrei, unbekannt, verachtet, verfemt, gerichtet, verhasst, ausgestoßen, gesellschaftlich tot, verhöhnt, verlacht, verspottet, verstoßen, herabgewürdigt. → dennoch, despektierlich, trotz.
▸ geachtet.
ungeachtet dessen trotz.
ungeadert → blank.
ungeahnt → auf einmal, augenblicklich, plötzlich.
ungebändigt ungezähmt, wild, zügellos.
ungebärdig ungesittet, ungehobelt, ungezogen, ungefüge. → bockig, unartig, unbotmäßig, ungehorsam, wütend, zornig.

ungebeten unerwünscht, unbegehrt, unerwartet, ungelegen, unangenehm, plötzlich, überraschend, unverlangt, ungewollt, ungewünscht, nicht nach Wunsch.
▸ erwünscht, geladen, willkommen.
ungebeugt → felsenhart, felsenfest, unbeirrt, unerschütterlich.
▸ flektiert • gebeugt, krumm, zusammengesunken • gebrochen.
ungebildet böotisch. → bäurisch, dilettantisch, dumm, ordinär, plebejisch, unwissend.
▸ gebildet, kenntnisreich, kultiviert • hoch gebildet.
Ungebildeter Banause, Barbar, Böotier, Dilettant, Ignorant, Illiterat, Laie, unwissender Mensch.
Ungeborenes Embryo, Fetus, Fötus.
ungebräuchlich → ausländisch, befremdend, ungewohnt.
▸ gängig, gebräuchlich, üblich.
ungebraucht jungfräulich *u.* → erstmalig, neu.
▸ abgenutzt • antiquarisch • second hand.
ungebrochen → fest, unbeirrt, unerschütterlich.
▸ entmutigt, gebrochen, verzweifelt.
Ungebühr → Ausschreitung, Ausschweifung, Beleidigung, Exzess, Frechheit, Frevel, Ungesetzlichkeit, Verstoß.
ungebührlich → abstoßend, derb, fassen sich kurz, ruppig, ungesetzlich, ungezogen, unhöflich.
Ungebührlichkeit → Beleidigung, Eigenmächtigkeit, Frechheit, Frevel, Unfug, Ungesetzlichkeit, Verstoß.
ungebunden → allein, allein stehend, ausschweifend, berührungslos, blättrig, entbunden, erotisch, fessellos, frei, los, selbstständig.
▸ abhängig, eingeschränkt • gebunden • liiert, verheiratet.
Ungebundenheit → Bahn, Ferien, Freiheit.
ungedeckt ohne Deckung, ohne Guthaben • nicht gedeckt/bedacht • schutzlos, ungeschützt.
Ungeduld Voreiligkeit, Heftigkeit, Temperament, Ruhelosigkeit, Rastlosigkeit, Haltlosigkeit • Aufregung, Spannung, Unruhe, Eifer blinder, Übereifer, Gereiztheit, Neugierde, Unrast, Hochdruck, Anspannung, Vorfreude, Folter, Last, Qual, Steigerung, Erwartung, Wissbegier, Kinderaugen • Unbeherrschtheit, Taktlosigkeit, Vorwitz. → Erwartung, Neugier.
▸ Geduld, Ausdauer, Beharrlichkeit, Langmut.
ungeduldig quarrig *u.* → fieberhaft, gespannt, leidenschaftlich, neugierig.
ungeeignet → dienstunfähig, unangebracht, unzweckmäßig, wertlos.
▸ tauglich, geeignet, passend, zweckmäßig.
Ungefähr über den Daumen gepeilt *u.* → Chance, Zufall.
ungefähr → an, annähernd, bei, beiläufig, zirka, einigermaßen, etwa, fast, gewissermaßen, halbwegs, nahezu, oberflächlich, zufällig, nach Augenmaß.
▸ exakt, genau, präzise.
ungefährdet → einbruchsicher, geborgen, sicher.
ungefährlich → geborgen, harmlos, sicher.
▸ bedrohlich, brenzlig, gefährlich, gefahrvoll, gewagt, risikoreich, riskant, unsicher • bedenklich, kritisch • bösartig.
ungefällig inkulant, eigenwillig, verschlossen, lieblos, widerstrebend, störrisch, unartig, unzuvorkommend, bissig, nicht hilfsbereit, unfreundlich, derb, grob, unerzogen, widerlich, verdrießlich, mürrisch, brummig. → böse, unhöflich, ungern, widerwillig.
▸ gefällig.
Ungefälligkeit Bosheit, Eigenwilligkeit, Störrigkeit, Unzuvorkommenheit, Unfreundlichkeit, Bissigkeit, Unart, Barschheit, Frechheit, Verdrießlichkeit, Brummigkeit, Unerzogenheit, Derbheit, Grobheit, Ablehnung, Widerspenstigkeit, Widerstand, Inkulanz. → Bosheit, Unhöflichkeit.
▸ Gefälligkeit.
ungefalzt plano.
ungefärbt farblos, naturell.
ungeformt ungestaltet. → formlos, unförmig.
▸ strukturiert.
ungefragt einmischen, sich querfurzen *u.*
ungefügig → unförmig.
ungehalten → aufgebracht, bissig, böse, wütend, zornig.
▸ beherrscht, freundlich, gelassen.
ungeheißen → freiwillig, spontan.
ungehemmt hemmungslos, tosend. → ausgelassen, fessellos, frei, heftig, herzhaft, los und ledig, übermütig, ungeniert.
▸ behindert • ängstlich, befangen, gehemmt, scheu, schüchtern, verklemmt, verlegen, verschämt, zaghaft.
Ungeheuer dick *u.* → Bandit, Bedrücker, Berserker, Bestie, Bluthund, Dämon, Dickwanst, Drache.
ungeheuer → außerordentlich, ausgedehnt, beispiellos, enorm, erstaunlich, gigantisch, riesig, übermäßig.
ungeheuerlich überladen, übertrieben, überspannt, übersteigert, schwulstig, bombastisch, maßlos, übermäßig, zu viel. → abgeschmackt, abschreckend, enorm, erstaunlich, gigantisch, übermäßig.
▸ klein, schlicht.
ungehindert → angenehm, ausgelassen, bequem, entbunden, frei.
ungehobelt → bäuerisch, barsch, derb, plump, unhöflich.
ungehörig zu scharf *u.* → abgeschmackt, unangebracht, unartig, unbotmäßig, ungesetzlich, ungezogen, unhöflich.
Ungehorsam Unfolgsamkeit, Unbotmäßigkeit, Übertretung, Trotz bieten, Unfügsamkeit, Widerspenstigkeit, Eigensinn, Eigenwille, Pflichtvergessenheit, Widerstand, Auflehnung, Trotz, Aufsässigkeit, Gehorsamsverweigerung • Verschwörung, Revolte, Krawall, Treubruch, Putsch • Starrsinn, Steifsinn, Unnachgiebigkeit, Verstocktheit, Gegenwirkung. → Auflehnung, Eigensinn, Fahnenflucht, Renitenz, Trotz, Unterlassung.
▸ Gehorsam.
ungehorsam hart gesotten, starrsinnig, starrköpfig, unartig, ungebärdig, unbezähmbar, ungezogen, unfolgsam, unfügsam, hartnäckig, meuterisch, pflichtvergessen, halsstarrig, widersetzlich, widerspenstig, unlenksam, unlenkbar, wild, unnachgiebig, rebellisch, aufrührerisch. → aufständisch,

bockig, eigensinnig.
▸ gehorsam, artig, brav, folgsam • unterwürfig.
Ungeist → Dummheit, Unhöflichkeit, Verstoß.
ungekämmt → borstig, dreckig.
ungeklärt ungelöst. → dunkel, offen, schwebend, ungewiss.
▸ aufgeklärt, enthüllt, geklärt • klar, sauber.
ungekocht roh.
ungekünstelt → anspruchslos, aufrichtig, deutsch auf gut, echt, einfach, freiherzig, natürlich, offen, schlicht.
▸ befangen • affektiert, gekünstelt.
ungeladen → frei, lästig, unangenehm, ungebeten.
ungeleckt → bäuerisch.
ungelegen → lästig, unangenehm, ungünstig.
Ungelegenheit Unzeit, Unschicklichkeit, Pech, ungelegene Stunde, Unbequemlichkeit, Ungebührlichkeit, Ungehörigkeit, Unangemessenheit • Unfug, Kummer, Leid, Sorgen. → Unfug.
▸ Freude, Schicklichkeit.
ungelehrig → dumm, gehirnlos, ungeschickt.
ungelehrt → dumm, unkundig, unwissend.
Ungelehrter → Dilettant, Laie.
ungelenk bocksteif *u.* → derb, dienstunfähig, plump, schwerfällig, starr, ungeschickt.
▸ behände, geschickt, gewandt, graziös.
ungelernt → dienstunfähig, dilettantisch, dumm, erfahrungslos, unwissend.
▸ angelernt • ausgebildet, gelernt.
Ungelernter → Dilettant, Laie.
ungeliebt gehasst, verabscheut, unbeliebt, vernachlässigt, entfremdet, abscheulich, widerlich, unangenehm, schlecht gelitten, freundlos, unbeachtet, ungeschätzt, verschmäht, abgewiesen. → betrogen.
▸ geliebt.
ungelogen ehrlich, wahr, wahrhaftig, wahrheitsgetreu, wirklich, zutreffend.
ungelöst → ungeklärt.
ungelüftet → stickig.
Ungemach → Bedrücktheit, Bekümmernis, Betrübnis, Bitternis, Beschwerlichkeit, Übel, Unfug, Unglück, Verdruss.
ungemasert → blank, einfarbig.
ungemein → außerordentlich, ausnehmend, eminent, enorm.
ungemischt lauter, pur, rein, sauber.
ungemustert uni.
ungemütlich → böse, lästig, unangenehm, unbehaglich, verdrießlich.
▸ behaglich, gemütlich, lauschig, traulich, wohnlich.
ungenannt anonym, inkognito, namenlos.
ungenau → abwegig, absurd, dilettantisch, diskutierbar, fahrig, falsch, leichtfertig, nachlässig, oberflächlich, ungewiss.
▸ akkurat, exakt, genau, präzis(e) • deutlich, eindeutig, klar, unmissverständlich • fehlerfrei, richtig • gewissenhaft, gründlich, sorgfältig • pedantisch, pingelig.
ungeneigt unwillig, widersprechend, widerstrebend, unüberzeugt, unbelehrbar, dagegen, entgegengesetzt, abweichend, abwendig, abgeneigt.
▸ geneigt.
ungeniert keck, ungehemmt, frei, zwanglos, freimütig, zutraulich, offen, ungezwungen, frank und frei, unbefangen. → ausgelassen, fessellos, herzhaft.
▸ gehemmt, gezwungen.
ungenießbar → anwidern, bitter, degoutiert, ekelhaft, faul, schädlich, schlecht.
▸ angenehm, köstlich, wohlschmeckend • bekömmlich, einwandfrei, essbar, genießbar, giftfrei, verträglich.
ungenießbar machen denaturieren, vergällen.
ungenießbares Essen Saufraß *u*, Saufutter *u.*
ungenügend leidlich, lückenhaft, mangelhaft, mangelnd, am Hungertuch nagen, notdürftig, unbefriedigend, unvollständig, unzulänglich, wenig, unzureichend, unvollkommen, spärlich, karg, knapp, kärglich, armselig, Not leidend, unversorgt. → beengt, karg, knapp.
▸ genügend, genug, ausreichend, hinlänglich, hinreichend • erstklassig, prima, vorzüglich.
Ungenügsamkeit Unzufriedenheit, Unbegnügsamkeit, Unersättlichkeit, Hemmungslosigkeit, Neid, Maßlosigkeit, Verschwenderei, Verprasserei.
▸ Genügsamkeit.
ungenutzt brachliegend, unwirksam.
▸ (voll) ausgelastet, ausgenutzt, genutzt • im Einsatz, im Gebrauch.
ungenutzt lassen benutzen nicht, brachliegen lassen, gebrauchen nicht, unbebaut lassen.
ungenutztes Land Brache, Brachland, Brachfeld, Ödland.
ungeöffnet → geschlossen.
ungeordnet bunt *u.* → durcheinander, verwirrt.
▸ geordnet, ordentlich • sortiert.
ungepaart → allein.
ungepflegt schlotterig, schlampig, schmutzig, schmierig, dreckig, zerlumpt, unfein, garstig, geschmacklos, unelegant, salopp, schmuddelig • grob, derb, formwidrig, bäurisch, schlunzig *u.* → dreckig.
▸ gepflegt, adrett, sauber, schmuck • geschniegelt, zurechtgemacht.
ungeplant ex tempore, Geratewohl aufs, impulsiv, improvisiert, Stegreif aus dem, spontan, überraschend, unvorbereitet • planlos, ziellos.
ungeprüft anstandslos, bedenkenlos, bereitwillig, gern, ohne weiteres, selbstverständlich • unerprobt, ungetestet, unbewährt.
ungerade → krumm.
ungerechnet außerdem, noch, dazu, zudem, ferner, obendrein • ohne, ausgenommen, abgesehen davon • ungelöst, nicht ausgerechnet. → abgesehen, außerhalb, ausschließlich, ferner.
▸ eingezeichnet, hinzugefügt • eingeschlossen, einschließlich, inklusive.
ungerecht unrecht, rechtswidrig, ungebührlich, ungehörig, einseitig, parteilich, unsachlich, ungesetzlich, unziemlich, unerlaubt, rechtlos • unfromm, gottverlassen. → beengt, befangen.
▸ gerecht • ausgewogen, fair, objektiv, unparteiisch, unvoreingenommen, vorurteilsfrei.
ungerechtfertigt unverantwortlich,

unverzeihlich, unhaltbar, erschwerend, hoffnungslos, nicht zu rechtfertigen. → ungerecht.
▸ gerechtfertigt.

Ungerechtigkeit Unbilligkeit, Rechtsbruch, Rechtswidrigkeit, Parteilichkeit, Begünstigung, Gunst, Bevorzugung, Gönnerschaft, Unrecht, Frevel, Unfug, Unziemlichkeit, Machtpolitik, Schuld, Vergehen, Faustrecht. → Bosheit.
▸ Gerechtigkeit.

ungereimt reimlos, verslos, prosaisch, unpoetisch, erzählend, nüchtern, ungebunden • unharmonisch, unangemessen, auseinander gehend, abweichend, misstönend. → absurd, albern, beziehungslos, bizarr, wunderlich.
▸ gereimt • harmonisch, poetisch, vernünftig.

Ungereimtheit → Faselei.

ungereinigt → dreckig.

ungern widerwillig, abgeneigt, unwillig, abweisend, ablehnend, ungefällig, widerstrebend, verleidet, mit schwerem Herzen, der Not gehorchend, ohne Lust, unfreiwillig. → abgeneigt, widerwillig.
▸ gern.

ungerührt → abgebrüht, abgestumpft, dickhäutig, unempfindlich, unerschütterlich.
▸ bestürzt, betroffen, bewegt, ergriffen • interessiert.

ungesalzen fade, geschmacklos, salzlos.

ungesättigt hungrig, ausgehungert, heruntergekommen, unernährt, ausgemergelt • arm, dünn, kümmerlich, karg, mangelhaft, spärlich, wenig, ungenügend, unzureichend, unzulänglich, nicht angereichert.
▸ gesättigt, satt voll(gegessen/-gefressen).

ungesäumt ungenäht, nicht umstochen, fransig • unordentlich, schlampig. → prompt, rasch.
▸ (gesäumt), langsam, ordentlich, später.

ungeschälter Reis Paddy.

ungeschätzt → zynisch, ungeliebt.

ungeschehen ungetan, der Erledigung harrend, unverrichtet, halb vollendet, unfertig, unbeendigt, unvollendet, schwebend.
▸ geschehen.

Ungeschick → Bock, Dummheit, Fehltritt, Ungeschicklichkeit, Unglück.

Ungeschicklichkeit Ungeschick, Umständlichkeit, Schwerfälligkeit, Steifheit, Unbeholfenheit, Tapsigkeit, Schlaksigkeit, Tollpatschigkeit, Fehler, Missgriff, Pfuscherei, Schnitzer, Torheit, Flickwerk, Versager, Fehlzug, Ausrutscher *u.* → Entgleisung, Verstoß.
▸ Geschicklichkeit.

ungeschickt linkisch, undiplomatisch, stümperhaft, schwerfällig, täppisch, tatenlos, ratlos, ungelenk, ungelehrig, tölpelhaft, umständlich, blöde, dumm, steif, ledern, schlaksig, stakig, stocksteif, stoffelig, taperig, tappig, tollpatschig, plump, unbefähigt, unerfahren, unfähig, unbeholfen • ungeschickt benehmen: tapern, zwei linke Hände haben *u.* → bäuerisch, dienstunfähig, dumm, erfahrungslos, plump, Tür ins Haus fallen mit der.
▸ geschickt, anstellig, fingerfertig, fix, flink, gekonnt, gewandt, meisterhaft, routiniert, versiert, virtuos.

Ungeschickter → Tollpatsch.

ungeschlacht → bäuerisch, bleiern, brüsk, derb, dickwanstig, hässlich, plump, robust, ungeschickt.

ungeschlechtlich agamisch, vegetativ.

ungeschliffen → abstoßend, bäuerisch, brüsk, brutal, derb, fassen sich kurz, formlos, plebejisch, plump, roh, ungeschickt, unhöflich.
▸ ausgefeilt, geschliffen • kultiviert.

Ungeschmack Stillosigkeit, Geschmacksverirrung, Abgeschmacktheit, Plattheit, Geschmacklosigkeit, Taktlosigkeit, Unkultur, Unbildung, Unart, Formlosigkeit, Kitsch, Kram, Überladung, Banausentum • Fadheit, Ekel, übler Geschmack, Ungenießbarkeit.
▸ Geschmack.

ungeschmälert → unverkürzt, zulässig.
▸ alles.

ungeschminkt → einfach, offen, schlicht, unverhohlen, wahr.
▸ geschminkt • andeutungsweise.

ungeschult → dienstunfähig, dilettantisch, unkundig, unwissend.

ungeschützt hilflos, ungesichert, unbehütet.
▸ behütet, beschützt, geschützt, sicher.

ungesehen → heimlich, unbemerkt, unsichtbar.

ungesellig selbstgenug, einsam, menschenscheu, weltfremd, entfremdet, einsiedlerisch, zurückgezogen, vereinsamt, unzugänglich, abweisend, unwirsch, zugeknöpft *u.* → einsam, menschenfeindlich, ungastlich, asozial.
▸ gesellig.

Ungeselligkeit → Absonderung.

ungesetzlich illegal, illoyal, illegitim, gesetzwidrig, ordnungswidrig, polizeiwidrig, rechtswidrig, unerlaubt, ungebührlich, ungehörig, unschicklich, unbefugt, unberechtigt, unstatthaft, unverantwortlich, widerrechtlich, verfassungswidrig, unbillig, außergesetzlich, willkürlich, eigenmächtig. → strafbar.
▸ gesetzlich, legal, legitim, rechtmäßig.

Ungesetzlichkeit Rechtsbeugung, Rechtsverletzung, Rechtsverdrehung, Rechtswidrigkeit, Schmuggel, Ungebühr, Ungebührlichkeit, Recht des Stärkeren, Gesetzwidrigkeit, Gesetzesbruch, Rechtsbruch, Verstoß, Schleichhandel, Steuerhinterziehung, Eigenmächtigkeit. → Eigenmächtigkeit.
▸ Gesetzlichkeit.

ungesichert ausgeliefert, ausgesetzt, preisgegeben, schutzlos, ungedeckt, ungeschützt • unsicher • gewagt, leichtsinnig, riskant, waghalsig.

ungesittet → abstoßend, ausgelassen, bäuerisch, brutal, ruppig, unartig, ungezogen, unhöflich.

ungesitteter Mensch Flegel, Lümmel, Rüpel, Strolch.

ungestaltet → unförmig.
▸ geformt, gestaltet.

ungestört unverwirrt, regelrecht, ordentlich, übersichtlich, klar, geordnet, methodisch, systematisch, geregelt, in Ordnung, ruhig,

ruhigen Ganges • sturmfrei *u.* ▸ gestört, belästigt.
Ungestüm → Aufregung, Blitz, Eile, Erregung, Heftigkeit, Hetze. ▸ beherrscht, gesetzt, gezügelt.
ungestüm → aufgebracht, augenblicklich, begeistert, blindlings, dämonisch, einem Mal mit, erregbar, Fassung verlieren die, gewaltsam, heftig, plötzlich, rasch, sanguinisch.
ungesühnt → straflos.
ungesund gesundheitswidrig, schlecht, schlimm, Unheil bringend, krankheitsbringend, giftig, abträglich. → böse, eitrig, faul, krank, schädlich, schlecht. ▸ gesund bekömmlich, verträglich • förderlich, heilkräftig, heilsam, wohl tuend.
ungesund sein → darnieder liegen, krank, ungesund.
ungeteilt → A bis O, A und O, A bis Z, all, ganz, rundweg.
ungetrennt → A bis Z, A und O, ganz.
ungetreu → abtrünnig, bestechlich, fahnenflüchtig.
ungetrübt → klar, rein, zufrieden.
Ungetüm → Dämon, Drache, Hässlichkeit, Missgestalt.
ungeübt → erfahrungslos, ungeschickt.
ungewandt eckig *u.*
Ungewandtheit → Ungeschicklichkeit.
ungewaschen → dreckig, schmutzig.
ungewiss fraglich, unbestimmt, unentschieden, unergründlich, ungeklärt, ungenau, dunkel, dahingestellt, unsicher, schwebend, fragwürdig, zweifelhaft, unbestätigt, wirr, nebelhaft, verhüllt. → dahingestellt, dämonisch, dehnbar, diskutierbar. ▸ gewiss, bestimmt, feststehend, sicher, unausbleiblich, unweigerlich • beschlossen, entschieden.
Ungewissen lassen, im braten lassen *u*, auf die Folter spannen *u*, zappeln lassen.
Ungewisses blauer Dunst *u.*
Ungewissheit Unbestimmtheit, Unentschieden, dunkler Punkt, Unsicherheit, offene Frage, Zweifelhaftigkeit, Unschlüssigkeit, Zaudern, Zweifel, Doppelsinn, Rätselhaftigkeit, Trügbarkeit, Unklarheit, Undeutlichkeit. → Argwohn, Befürchtung, Dämmerzustand, Doppelsinn, Dunkel, Frage, Krise, Verdacht, Zweifel. ▸ Gewissheit, Tatsache.
Ungewitter Gewitter, Regen, Donner, Blitz, Unwetter, Wettersturz, Wolkenbruch, Wetterleuchten, Krach, Hagel, Schauerwetter, Regenwetter, Sturm. → Streit, Szene. ▸ Sonnenschein, Verträglichkeit.
ungewöhnlich → abnorm, ansehnlich, außerordentlich, ausländisch, befremdet, bizarr, enorm, erstaunlich, fabelhaft, grotesk, kurios, neu. ▸ alltäglich, bekannt, geläufig • banal, bedeutungslos, selbstverständlich, trivial • konventionell • ordinär.
ungewohnt neumodisch, seltsam, ungebräuchlich, ungewöhnlich, außergewöhnlich, ungeübt, fremdartig, ausländisch, selten, befremdend, neu, sonderbar, unüblich, seltsam, merkwürdig, chinesisch *u*, drollig *u*, exotisch *u.* → abnorm, erstmalig. ▸ gewohnt, bekannt, vertraut.
ungewollt → unbewusst. ▸ absichtlich, beabsichtigt, bewusst, gewollt, vorsätzlich, willkürlich.
ungewürdigt unterschätzt, verachtet, herabgesetzt, ungeschätzt, verächtlich, vernachlässigt, missachtet, verkannt, verkleinert, herabgewürdigt, erniedrigt. → zynisch. ▸ gewürdigt.
ungewürzt → fad, reizlos. ▸ aromatisch, gewürzt, herzhaft, pikant, würzig • gepfeffert, gesalzen.
ungezählt → allerhand, gigantisch, massenhaft, unbegrenzt. ▸ kein • einige, wenige • abgezählt, gezählt • zählbar.
ungezähmt → wild. ▸ gebändigt, gezähmt, zahm.
Ungeziefer Schädlinge, Flechten, Schimmel, Schmutztiere, Seuchenherd • Laus, Floh, Milbe, Wanze, Schabe, Insekt, Kerbtier, Besuch *u*, Bewohner *u*, Einquartierung *u.* ▸ Sauberkeit • Sand *u.*
ungeziert → aufrichtig, derb, einfach, freiherzig, natürlich, offen, schlicht.
ungezogen unartig, frech, ungesittet, böse, ungehörig, flegelhaft, impertinent, schnippisch, kratzig, rotznäsig, frech wie Oskar *u*, frech wie eine Laus im Grind *u*, ungebührlich, unerzogen, unbeherrscht, respektlos, unfein, unfolgsam, unfreundlich, sich rekeln, bengelhaft, aufdringlich, störrisch, sich vorbeibenehmen *u*, sich viel herausnehmen. → abstoßend, arg, ausgelassen, bäuerisch, böse, boshaft, gassenmäßig, respektwidrig, rücksichtslos, ruppig, schlecht, schnodderig, unhöflich. ▸ artig, brav, freundlich, gut erzogen, höflich, lieb, wohlerzogen.
Ungezogenheit Unart, Unfolgsamkeit, Unfreundlichkeit, Launenhaftigkeit, Frechheit, Bosheit, Lümmelhaftigkeit, Gemeinheit, Flegelhaftigheit, Misston, Verstoß, Respektlosigkeit, Schnoddrigkeit. → Beleidigung, Dreistigkeit, Frechheit, Tabak starker, Unhöflichkeit. ▸ Artigkeit.
ungezügelt → anrüchig, aufständisch, ausgelassen, ausschweifend, bacchantisch, bedürfnisvoll, begehrlich, bestialisch, dirnenhaft, erotisch, fessellos, unbändig, unkeusch. ▸ gebändigt, fügsam, gezügelt, zahm.
ungezwungen frei gesinnt, frei bewegen sich, ungeheißen, unaufgefordert, freiwillig • ungeniert, einfach, natürlich, unaffektiert, schlicht, naiv, ungeziert, ungekünstelt. → anspruchslos, ausgelassen, frei, freiwillig, herzhaft, leger, natürlich, salopp, ungeniert. ▸ gezwungen, unfreiwillig • affektiert, förmlich, gekünstelt, gewollt, krampfhaft • befangen, betreten, gehemmt, steif, verklemmt, verkrampft, verlegen.
Ungezwungenheit Ungekünsteltheit, Einfachheit, Geradheit, Treuherzigkeit, Offenheit, Arglosigkeit, Unaffektiertheit, Natürlichkeit, Schlichtheit. → Freiheit, Recht. ▸ Manieriertheit.
ungiftig → harmlos. ▸ giftig, septisch, toxisch • vergiftet.
Unglauben abschwören, dem → bekehren.
unglaubhaft → absurd,

ausgeschlossen, dahingestellt, erstaunlich, unbegreiflich, unverständlich.
ungläubig freidenkend, kritisch, heidnisch, skeptisch, zweiflerisch, schwachgläubig, unüberzeugbar, zweifelsüchtig, abtrünnig, gottesleugnerisch, unchristlich, atheistisch, unbelehrbar, verloren, glaubenlos, freigeistig. ▸ gläubig fromm, gottesfürchtig, religiös.
Ungläubiger Skeptiker, Zweifler, Gottesleugner, Atheist, Monist, Freigeist, Freidenker, Heide, Glaubenloser, Zweifelsüchtiger • Dissident, Giaur, Positivist, Relativist, Ketzer, Sektierer, Renegat, Pantheist, Häretiker, Antichrist, Apostat, Freimaurer. ▸ Gläubiger.
Ungläubigkeit → Anstand, Eifersucht, Zweifel.
unglaublich → außerordentlich, ausgeschlossen, ausnehmend, bedenklich, beispiellos, dahingestellt, erstaunlich, haarig, unbegreiflich, unverständlich. ▸ glaubhaft, glaubwürdig • alltäglich, evident, selbstverständlich.
unglaubwürdig → falsch, unglaubhaft, unredlich, verlogen.
ungleich verschiedenartig, heterogen. → anders, anders geartet, beikommen nicht, beziehungslos, diskrepant, divergierend. ▸ deckungsgleich, egal, einheitlich, entsprechend, gleich, homolog, identisch, kongruent, übereinstimmend, uniform.
ungleichartig → anders, anders geartet. ▸ gleichartig, homogen.
Ungleichartigkeit → Differenz, Disharmonie.
ungleichförmig → abnorm, anders.
Ungleichheit → Abnormität, Abweichung, Differenz, Gegensatz, Verschiedenheit.
ungleichmäßig ungleich, abweichend, auseinander gehend, beziehungslos, anders, verschieden, verschiedenartig, andersartig, widerstrebend, asymmetrisch, unvergleichbar. → anders, anders geartet. ▸ gleichmäßig.
Ungleichmäßigkeit → Differenz.
ungleichseitig asymmetrisch.
ungleichwertig heteronom, inadäquat.
Unglück Havarie, Kalamität, Missgeschick, schwarzer Tag, Unfall, Katastrophe, Untergang, Plage, Traurigkeit, Trübsal, Unannehmlichkeit, Niederlage, Hereinfall, Pech, Hilflosigkeit, Mühsal, Mühseligkeit, Ungeschick, Leidensgang, Leidensweg, Leidenskelch, Notlage, Notzeit, trauriger Fall, Schlamassel, Ungemach, Misslingen, Schaden, Mitleidenschaft, Schiffbruch, Schlag, Malheur, Panne, Schicksalsschlag, Unstern, Verhängnis, Unheil, Unsegen, Unglücksfall, dies ater, Pleite *u.* → Ärgernis, Armut, Bedrücktheit, Bekümmernis, Beschwerlichkeit, Beschwernis, Betrübnis, Bürde, Fluch, Katastrophe, Not, Pech, Schaden, Schicksal, Schlag, Tag schwarzer, Tragödie, Übel. ▸ Glück.
Unglück, großes Desaster, Erdbeben, Katastrophe, Ruin, Schicksalsschlag, Tragödie.
Unglück stürzen, ins ans Messer liefern, eine Grube graben, beeinträchtigen, eine Schlinge legen, seine Hilfe versagen, hintergehen, ausbeuten, kirre machen, niederdrücken • im Unglück sitzen, Pech haben, trübe Zeiten durchmachen, schwere Prüfungen erleiden, mit der Not kämpfen. ▸ Glück haben.
unglücklich traurig, freudlos, ruiniert, Mitleid erregend, arm, trostlos, elend, unselig, verzagt, verzweifelt, fatal, verunglückt, kläglich, bedauernswert, beklagenswert, schwer geprüft, heimgesucht, verhärmt, jämmerlich, schlimm, unheilvoll, übel. → abbrüchig, abgerissen, arm, aufgelegt, bedauerlich, bejammernswert, bekümmert, böse, brechen das Herz, traurig, unzufrieden, verdrießlich. ▸ glücklich, hochbeglückt, selig, (sehr) zufrieden • günstig, opportun, vorteilhaft.
unglücklicherweise bedauerlicherweise, dummerweise, leider, jammerschade, schade.
Unglücksbote Hiobsbote, Unheilbringer. ▸ Glücksfee.
unglückselig verhängnisvoll, schrecklich, übel, schmerzlich, furchtbar, hoffnungslos, grässlich, misslich. → bejammernswert, böse, schlimm, schmerzlich, traurig, verdrießlich. ▸ glückselig.
Unglücksfall → Fehlgeburt, Unglück. ▸ Freudentag, Glücksfall, Hauptgewinn, Segen, Treffer.
Unglücksnachricht Hiobsbotschaft.
Unglücksrabe → Pechvogel, Hascherl, Pechvogel, Tollpatsch, Unglücksmensch.
Unglücksstern → Pech.
Ungnade Unwille, Ablehnung, Widerwille, Kälte, Ungunst, Ungeneigtheit, Verdrossenheit, Missfallen, Verhasstheit, Unausstehlichkeit, Hass, Abneigung, Widerwille. ▸ Gnade, Gunst.
ungnädig → ungünstig.
ungraziös → derb, hässlich, plump, schwerfällig.
ungreifbar quallig *u.*
ungültig wertlos, bedeutungslos, verfallen, nutzlos, undienlich, untauglich, verjährt, annulliert, unbrauchbar, zwecklos, rechtsungültig. → falsch, wertlos. ▸ gültig, geltend.
ungültig machen durchixen *u.*
ungültig werden ablaufen, Gültigkeit verlieren die, verfallen, verjähren.
Ungültigkeit Nichtigkeit, Absage, Streichung, Hinfälligkeit, Falschheit, Aufhebung, Ausstreichung, Belanglosigkeit, Wertlosigkeit. → Falschheit, Fehler. ▸ Gültigkeit, Richtigkeit.
Ungunst → Feindschaft, Ungnade. ▸ Gunst.
ungünstig erschwerend, misslich, hinderlich, schwierig, lästig, unerfreulich, unratsam, Verlust bringend, ungelegen, abfällig, unvorteilhaft, widrig • missbilligend, ungnädig, missfällig, abfällig, scheiße *u.* → anstößig, böse, hinderlich, lästig, schädlich, schlecht. ▸ günstig, glücklich, opportun, positiv, vorteilhaft.
ungut → arg, schimpflich.
unhaltbar → falsch, lästig.
unharmonisch misstönend, missklingend, tonwidrig, unmelodisch, atonal,

taktwidrig, ohrenzerreißend, steinerweichend, grell, markerschütternd • nicht schön, unpassend, feindlich. → beleidigen das Ohr. ▸ harmonisch.

Unheil → Armut, Bekümmernis, Beschwerlichkeit, Elend, Entartung, Fehlgeburt, Fluch, Niedergang, Not, Pech, Übel, Unglück, Verdruss. ▸ Glück, Heil, Segen.

unheilbar hoffnungslos, aussichtslos, verzweifelt, unrettbar, unwiederbringlich, verloren, aufgegeben, sterbenskrank, schwach, todkrank, lebensgefährlich, unrettbar, bedenklich. → aussichtslos, bedenklich, bedrohlich, böse, fatal, schädlich, schlecht, unheilvoll. ▸ heilbar.

Unheil bringend → abbrüchig, böse, diabolisch, fatal, schädlich, schlecht, unheilvoll.

unheildrohend sengerig *u.* → bedrohlich, fatal, schlimm, unheilvoll.

unheilig ketzerisch, sündig.

Unheilstifter → Berserker, Brandstifter, Schädling, Teufel.

Unheilsverkünderin Kassandra.

Unheil verkündend → pessimistisch.

unheilvoll leidig, Unheil bringend, unheildrohend, gefährlich, bedrohlich, beunruhigend, verderblich, Gefahr bringend, gefahrbergend, schlimm, todbringend, unheilschwanger, ominös, übel, misslich. → böse, fatal, schlimm, unglücklich. ▸ gefahrlos, glücklich, gut.

unheimlich → abschreckend, beklemmend, böse, drohend, feenhaft, geheuer nicht, gruselig, übersinnlich. ▸ anheimelnd, behaglich, geheuer, sicher, vertraut.

unhöflich rüpelhaft, taktlos, unanständig, unartig, unerzogen, ungalant, ungeschliffen, ungezogen, ungehörig, flegelhaft, lümmelhaft, grob, saugrob *u*, ungesittet, frech, schnippisch, ungebührlich, ungefällig, schroff, unfreundlich, ungehobelt, gemein, rücksichtslos, unmanierlich, unkultiviert, unschicklich, ruppig *u.* → boshaft, brummig, Tür ins Haus fallen mit der, ungezogen. ▸ höflich, aufmerksam, freundlich, wohlerzogen, zuvorkommend.

unhöflich sein benehmen sich schlecht, danebenbenehmen sich, entgleisen, Rolle fallen aus der, vergreifen sich im Ton, vorbeibenehmen sich.

Unhöflichkeit Mangel an Erziehung, keine Kinderstube, Flegelei, Grobheit, Insolenz, Lümmelei, Rüpelei, Unbildung, Ungefälligkeit, Unanständigkeit, Unfreundlichkeit, Ungastlichkeit, Ungezogenheit, Taktlosigkeit, Pöbelhaftigkeit, Schroffheit, Ruppigkeit, schlechte Sitten, Tadelsucht, Rohheit, Rücksichtslosigkeit, Unverschämtheit, Gemeinheit, Ruppigkeit *u.* → Bissigkeit, Beleidigung, Frechheit, Lapsus, Ungezogenheit. ▸ Höflichkeit.

Unhöflichkeit, unbeabsichtigte Fauxpas.

Unhold → Bandit, Bestie, Dämon, Missgestalt.

unhörbar leise, lautlos, geräuschlos, ruhig, still, unmerklich, unvernehmbar, schweigsam, tonlos, wortlos, stumm, totenstill, sachte, undeutlich. ▸ hörbar.

uni → einfarbig. ▸ bunt, farbenfroh, farbenprächtig, mehrfarbig, vielfarbig • gemustert.

Uniform Kluft, Livree, Montur, Waffenrock, Dienstanzug • Gleichheit, Gleichförmigkeit, Einheit • Ehrenkleid, Dienstklamotten *u*, Ehrenkleid der Nation *u*, Fetzen *u*, Feudel *u*, Frack *u*, Schale *u.* → Anzug, Kleidung. ▸ Verschiedenheit (Zivil).

uniformiert → einheitlich.

Uniformjacke Affenjacke *u.*

Unikat Einzelstück, einziges (Kunst-)Werk seiner Art, einzige (Schriftstück-)Ausfertigung.

Unikum Einmaligkeit, Einzigartigkeit, Einzigkeit, Original, Einheit, nur einmal vorhanden.

unintelligent begriffsstutzig, doof, dumm, einfältig, närrisch, unbedarft, töricht.

uninteressant → langweilig, lästig.

Uninteressiertheit Desinteresse, Gleichgültigkeit, Interesselosigkeit, Teilnahmslosigkeit, Lethargie.

Union → Anschluss, Bund, Gemeinschaft, Vereinigung.

universal → allgemein.

universell global, umfassend, unbestimmt, universal, vielseitig, weitgespannt, weltweit.

Universität Hochschule → Anstalt.

Universum → All, Welt.

unkalkulierbar unabsehbar, unabwägbar, unberechenbar • gewagt, riskant.

unkameradschaflich asozial *u*, ego *u*, feige *u*, fies *u*, fotzig *u*.

unkameradschaftlich unfair, egoistisch, rücksichtslos. ▸ fair, hilfsbereit, kameradschaftlich.

Unke Warner, Voraussager, Schwarzseher, Schwarzmaler, Kassandra, Vorbote, Unheilbote, Unheilverkünder, Eule, Käuzchen, Rabe, altes Weib, Miesmacher, Pessimist. ▸ Optimist.

unken → ankündigen, beschreien, den Teufel an die Wand malen, schwarz sehen.

unkenntlich → unerkennbar.

unkenntlich machen ausradieren, kaschieren, tarnen, übertünchen, verbergen, verschleiern, verschlüsseln, verstecken.

Unkenntnis Halbwissen, Unerfahrenheit, Mangel an Wissen, Unwissenheit, Unkunde, Blindheit, Unfähigkeit, Untauglichkeit, Scheinwissen, Halbgelehrtheit, Dilettantismus, Lexikonweisheit, Dummheit, Hohlheit, Leerheit, Verdummung. → Dummheit. ▸ Kenntnis, Bildung, Einblick, Erfahrung, Wissen.

unkeusch schamlos, unflätig, unehrbar, schlüpfrig, tierisch, unanständig, unenthaltsam, ungezügelt, unsittlich, zweideutig, lüstern, unrein, sittenlos, ohne Scham, unmoralisch, lose, obszön, schmutzig, schweinisch, schändlich, gemein, verbuhlt, geil, wollüstig, locker, leichtlebig, liederlich, wüst. → anrüchig. ▸ keusch, unberührt, sexuell unerfahren • anständig, züchtig • enthaltsam.

Unkeuschheit Sinnlichkeit, Sittenlosigkeit, Liebe freie, Orgien, Schamlosigkeit, Schlüpfrigkeit, Seitensprung, Sittenverfall, Unanständigkeit, Zweideutigkeit, Unzucht, Unflätigkeit, Anstößigkeit,

Zote, Schweinerei, Geilheit, Wollust, Lüsternheit, Gelüst, Fleischeslust, Brunst.
▸ Keuschheit.

unklar schleierhaft *u.* → abstrus, blind, chaotisch, dämmerig, dunkel, durcheinander, einseitig, fahl, fahrig, kompliziert, konfus, milchig, problematisch, unbegreiflich.
▸ anschaulich, deutlich, eindeutig, einsichtig, geklärt, klar • bestimmt, gewiss, sicher • durchsichtig, klar, rein.

Unklarkeit Dunkelheit, Unverständlichkeit, Verworrenheit, Wust, Geschwätz, Wortgewirr, Undeutlichkeit • Schimmer, Verschwommenheit, Trübe, Nebel, Dunst, Rauch, Zwielicht, Dämmerung • Milchigkeit, Schleierigkeit • Tarnung, Unsichtbarkeit, Verschleierung, Verborgenheit, Heimlichkeit • Unfassbarkeit, Unerklärlichkeit, Unbegreiflichkeit, Undeutlichkeit, Räselhaftigkeit, Zweideutigkeit, Ungewissheit. → Dunkel, Einseitigkeit, Nebelhaftigkeit, Wirrwarr.
▸ Klarheit.

unklug → achtlos, bedenklich, blindlings, gehirnlos, töricht, Tür ins Haus fallen mit der, unbedacht.
▸ einsichtig, gescheit, intelligent, klug, weise.

Unklugheit Torheit, Unvorsichtigkeit, Unbesonnenheit, Nichtachtung, Nachlässigkeit, Vernachlässigung • Unverstand, Unvernunft, Urteilslosigkeit, Blindheit, Beschränktheit, Borniertheit, Dummheit, Kurzsichtigkeit, Narrheit, Einfalt, Horizont beschränkter, Einfältigkeit, Tölpelhaftigkeit, Ungeschick, Sinnlosigkeit, Wahnwitz, Leichtsinn, Haltlosigkeit, Blödsinn, Kinderei, Unfug, Humbug, Unsitte, Missgriff, Lächerlichkeit • Übermut, Mutwille, Wagemut, Leichtlebigkeit, Unüberlegtheit, Fürwitz, Flüchtigkeit, Übereiltheit. → Farce.
▸ Klugheit.

unkompliziert → anspruchslos, einfach.

unkontrolliert → fessellos, frei.

unkonventionell einfallsreich, fortschrittlich, lässig, modern, mutig, normabweichend, unbeschwert, unternehmerisch.

unkonventioneller Denker Querdenker *u.*

unkonzentriert → zerstreut.

unkörperlich jenseits, körperlos, inhaltslos, wesenlos, nichts, eitel, hohl, leer, gegenstandslos, trügerisch, fantastisch • raum- und zeitlos, transzendent, stofflos, überirdisch, übernatürlich, ideell, spiritualistisch, ätherisch. → geistig.
▸ körperlich.

unkorrekt falsch, fehlerhaft • unehrlich, unlauter, unredlich, unfair • schlitzohrig.

Unkorrektheit Entgleisung, Fehler, Fehlgriff, Makel.

Unkosten → Beitrag, Gebühr, Kosten, Spesen.

Unkraut → Abfall.

Unkrautvertilgungsmittel Herbizid.

unkritisch → naiv.

unkultiviert → abstoßend, ausgelassen, bäuerisch, betragen sich, geschmacklos, kulturfeindlich, unhöflich.
▸ gebildet, kultiviert.

Unkultur Rückschritt, Verfall, Dekadenz, Entwertung, Rückartung, Auflösung, Verdummung, Unbildung, Abstieg, Tiefstand, Verrohung, Barbarei, Verschandelung, Verbildung • Ungeschmack, Geschmacksverirrung, Geschmackswidrigkeit, Geschmacklosigkeit, Plattheit, Gemeinheit, Taktlosigkeit, Rohheit, Banauserei, Ungeist • Unart, Unhöflichkeit, Unanständigkeit, Entgleisung, Verstoß, Formlosigkeit. → Blamage, Extravaganz.
▸ Kultur.

unkundig unaufgeklärt, unberaten, unbewandert, uneingeweiht, unentwickelt, unerfahren, ungelehrt, ungeschult, unvertraut, unwissend, fremd, ununterrichtet, ungebildet, bildungsbedürftig. → blind.
▸ erfahren, informiert, kenntnisreich, kundig.

unkünstlerisch → stillos.

unlängst → bereits, dahin, damals, eher, kürzlich.

unlauter → unredlich.
▸ anständig, aufrichtig, ehrlich, geradlinig, redlich, reell • erlaubt.

Unlauterkeiten linke Dinger *u.*

unlebendig formal, langweilig, tot, unanschaulich.

unleidlich unfreundlich, leidig, widrig, gegenteilig, bockig, unbeugsam, feindselig • lustlos, unlustig, lästig, unangenehm, unerfreulich, unerquicklich, unbehaglich, ungemütlich, unheimlich, betrübend, peinlich, missfällig, traurig, missvergnügt, unzufrieden, schwer, peinvoll, quälend, abstoßend, hässlich, grässlich, unausstehlich, anwidernd, ekelhaft. → abstoßend, böse, degoutiert.
▸ artig, brav, freundlich, gut gelaunt, nett, wohlgemut.

unlenkbar → aufständisch, heftig, schwierig, ungehorsam.

unlenksam → bockig, eigensinnig, querköpfig.

Unlenksamkeit → Eigensinn.

unleserlich krakelig, undeutlich, unlesbar, unverständlich, unfassbar, unbegreiflich, unentzifferbar, unlösbar, unergründlich, unerfindlich, dunkel, wirr, nebelhaft, unklar, rätselhaft, verwickelt.
▸ lesbar.

unleserliche Schrift Geschmier, Gesudel, Klaue, Krakelei, Sudelei • Doktorklaue *u*, Klaue *u.*

unleugbar → augenscheinlich, authentisch, beglaubigt, erwiesen, sicher.
▸ unbewiesen, unsicher, zweifelhaft.

unliebenswürdig → brummig, mürrisch.

unliebsam → ärgerlich, unangenehm, lästig.
▸ angenehm, erfreulich, willkommen.

unlogisch ungereimt. → absurd, abwegig, beziehungslos, dunkel, falsch, folgewidrig, inkonsequent, kasuistisch, scheinbar.
▸ einleuchtend, folgerichtig, logisch • selbstverständlich.

unlösbar → abstrus, fest, unverständlich.
▸ durchführbar, lösbar, machbar, möglich • einfach, leicht.

unlösbares Problem Aporie.

Unlösbarkeit → Dilemma.

Unlust Missbehagen, Missfallen, Missvergnügen, Unbehagen, Unmut, Unzufriedenheit, Überdruss, Misere, Verstimmung, Niedergeschlagenheit, Langeweile, Beklommenheit, Kummer, Bitterkeit, Herzeleid, Verbitterung, Beklemmung, Unwille, Ekel, Widerwille,

Abscheu • Trägheit, Faulheit, Bequemlichkeit, Energielosigkeit, Teilnahmslosigkeit, Dumpfheit, Erschöpfung, Abspannung, Verdrossenheit, Tatenlosigkeit, Arbeitsscheu • Katerstimmung, Murrsinn, Ärger, Gekränktheit • Lustlosigkeit, Appetitlosigkeit, Lauheit, Wunschlosigkeit. → Ärgernis, Bedenken, Bitterkeit, Missbehagen.
▸ Lust • Begierde, Eifer, Freude, Vergnügen • Sucht.

Unlustgefühl → Unlust, Verstimmung.

unlustig dösig *u.* → arbeitsunfähig, aufgelegt, freudlos, unbehaglich.

unmanierlich → abstoßend, ausgelassen, bäuerisch.
▸ artig, brav, gesittet, gut erzogen.

Unmanierlichkeit → Beleidigung, Blamage, Demimonde, Unerzogenheit.

unmännlich → feige.

Unmännlichkeit → Feigheit.

Unmaß → Anzahl.

Unmasse → Anzahl.

unmaßgeblich unbefriedigend, notdürftig, spärlich, wenig, dürftig, kümmerlich, unvollkommen, unzureichend, nicht entsprechend, ungenügend, mangelhaft. → albern.
▸ maßgeblich, bedeutend, bedeutsam, einflussreich, kompetent, wichtig, zuständig.

unmäßig → bacchantisch, bedürfnisvoll, begehrlich, beispiellos, besaufen, gefräßig, maßlos, übermäßig.
▸ anspruchslos, bescheiden, frugal, gemäßigt, mäßig, maßvoll, sparsam, zurückhaltend • asketisch.

Unmäßigkeit Maßlosigkeit, Üppigkeit, Luxus, Wohlleben, Genusssucht, Verschwendung, Vergnügungssucht, Lebenslust, Gelüst, Geilheit, Sinnlichkeit, Ausschweifung, Zügellosigkeit, Ungezügeltheit, Liederlichkeit, Naschhaftigkeit, Saus und Braus, Lumperei, Übersättigung, Überladung. Lotterleben, Völlerei. → Luxus, Trunksucht.
▸ Mäßigkeit.

unmelodisch atonal, dissonant.

Unmenge → Anzahl, Überangebot, Überfüllung.
▸ ein bisschen, wenig.

Unmensch → Bandit, Barbar, Bedrücker, Berserker, Bestie, Bluthund.

unmenschlich → abscheulich, bestialisch, blutgierig, brutal, charakterlos, dämonisch, diabolisch, eingefleischt, entmenscht.
▸ barmherzig, gütig, human, liebevoll, menschlich, rücksichtsvoll, wohltätig.

Unmenschlichkeit → Barbarei.

unmerklich → allmählich, behäbig, sachte, unhörbar.

unmessbar unendlich, unzählbar, zahllos, ungezählt, unberechenbar, unbegrenzt, unermesslich, endlos, unerschöpflich, unergründlich, unbestimmbar, ad infinitum, bis ins Unendliche, bis in die Puppen, immensurabel.
▸ messbar.

unmethodisch → durcheinander, konfus, planlos.
▸ geordnet, gezielt, methodisch, planmäßig, systematisch.

unmissverständlich → deutsch auf gut, drastisch, fassbar, verständlich.
▸ undeutlich, unklar, zweifelhaft.

Unmissverständlichkeit Eindeutigkeit, Klarheit.

unmitteilsam → einsilbig.

unmittelbar immediat, direkt. → direkt, durchgehend, persönlich.
▸ indirekt, mittelbar, auf Umwegen.

unmodern rückständig, gewohnt, eingewurzelt, überbracht, alt, althergebracht, eingebürgert, gebräuchlich, üblich, gang und gäbe, herkömmlich, ländlich, alltäglich, unmodisch, alte Schule • geschmacklos, barbarisch, unfein, gemein, ungepflegt, unkultiviert, unpassend, roh, abgeschmackt, garstig, grotesk, befremdend, sonderbar, altfränk(i)sch *u.* → abgetan, veraltet.
▸ modern, aktuell, zeitgemäß.

unmöglich undenkbar, undurchführbar, unerhört, untragbar, unerreichbar, aussichtslos, keinesfalls, gar nicht, durchaus nicht, ganz und gar nicht, mitnichten, nicht im Geringsten, kein Gedanke, nie • unwirklich, fantastisch, utopisch, verwunderlich, traumhaft, abenteuerlich • schwer, nicht leicht, reichbar, unerfüllbar • ausgestoßen, verfemt, gerichtet, verachtet. → absurd, aussichtslos, ausgelassen, ausgeschlossen, nie.
▸ möglich, denkbar, durchführbar, machbar • leicht, problemlos, spielend, ohne weiteres • angenessen, gut, passend, richtig.

unmöglich machen abwenden, durchkreuzen, vereiteln, verhindern.

Unmöglichkeit Unerreichbarkeit, Undenkbarkeit, Unausführbarkeit, Unüberwindlichkeit, Aussichtslosigkeit, Unding, hoffnungsloser Fall, Wunder • Unlösbarkeit, Sackgasse, Klemme, Verstrickung, Klippe, Verlegenheit, harte Nuss, Kopfzerbrechen, kitzliger Punkt.
▸ Möglichkeit.

unmoralisch gemischt *u.* → anrüchig, arg, charakterlos, dirnenhaft, schlecht, unkeusch.
▸ gesittet, moralisch, sittsam • züchtig.

unmotiviert → absichtslos.

unmündig → minderjährig.
▸ erwachsen • mündig • volljährig.

Unmündigkeit Abhängigkeit, Minderjährigkeit, Unreife, Unselbstständigkeit.

Unmut → Abneigung, Ärger, Bitterkeit, Erbitterung, Grimm, Hass, Missfallen, Verstimmung, Zorn.
▸ Bereitwilligkeit • Fröhlichkeit, gute Laune, Munterkeit.

unmutig → pessimistisch, zornig.

Unmutsfalten Runzeln *u.*

unnachahmlich ursprünglich, echt, eigentümlich, original, originell, kennzeichnend, charakteristisch, einzig, einmalig, unvergleichbar, genial. → bahnbrechend.
▸ unecht, vergleichbar.

unnachgiebig → barbarisch, bockig, charakterfest, eigensinnig, eisern, erpicht, felsenfest, felsenhart, lassen nicht locker, radikal, starr, stur, streng, todfeind.
▸ bereitwillig • beweglich • einsichtig • fügsam, gefügig • labil, mürbe, weich.

Unnachgiebiger → Eiferer.

Unnachgiebigkeit → Wille.

unnachsichtig → barbarisch, bestimmt, drakonisch, stur.
▸ duldsam, großmütig, tolerant.

unnachsichtlich → felsenhart, streng.

unnahbar fern, weit, entfernt, entfremdet, entlegen, fremd, unzugänglich, unerreichbar,

getrennt, einsam • verlassen, exklusiv, vereinsamt, gemieden, mutterseelenallein, freundlos, abgeschlossen, geschieden, eingebogen *u*, kalt (wie ein Fisch) *u*, seifig *u*. → einsam, entfremdet, fern. ▸ leutselig • aufgeschlossen, kontaktfreudig, offen, umgänglich, zugänglich.
unnahbare Frau Eskimöse *u*, Fangzahn *u*.
unnahbarer Mensch Eisklotz *u*.
Unnahbarkeit Ungeselligkeit, Unzugänglichkeit, Einsamkeit, Eigenbrötelei, Menschenscheu, Weltangst, Weltflucht, Flucht vor der Welt, ungeselliges Wesen, Alleinsein, Freundlosigkeit, Ungastlichkeit, Lieblosigkeit, Abschluss, Absonderung, Vereinsamung, Eingezogenheit, Zurückgezogenheit, Abgeschiedenheit, Ferne, Verlassenheit, Mönchsleben • kühler Sex *u*. ▸ Leutseligkeit, Kontaktfreudigkeit.
Unnatur Widersinn, Verirrung, Abirrung, Unmöglichkeit, Wunderding, Wunderwelt, Mirakel, Kuriosum, Kuriosität, Zauber • Unregelmäßigkeit, Abart, Spielart, Ausnahme, Fremdkörper • Überspitzung, Überschwänglichkeit, Schwulst, Bombast, Verbildung • Gesuchtheit, Geziertheit. → Zwitter. ▸ Natürlichkeit.
unnatürlich abweichend, abnormal, naturwidrig, eigentümlich, übernatürlich, überspannt, ungeheuerlich, wunderbar, erstaunlich, außergewöhnlich, ungewöhnlich, beispiellos, selten, rar, sonderbar, befremdend, merkwürdig, seltsam • hässlich, entstellt, verschandelt, verunstaltet, missgestaltet, verzerrt • gesucht, gemacht, erkünstelt, affektiert, einstudiert, geziert, pretiös, überfeinert, albern, aufgeblasen, auffällig, aufgedonnert, steif, gespreizt, verschroben, erzwungen. → abnorm, befremdend, dünkelhaft, erkünstelt, förmlich, geisterhaft, naturwidrig, schlecht. ▸ natürlich, naturgemäß • biologisch • ungekünstelt • echt, ursprünglich.
Unnatürlichkeit Abnormität, Regellosigkeit, Willkürlichkeit, Überspanntheit, Wunder, Seltenheit, Rarität, Merkwürdigkeit, Missgestalt, Ungestalt, Sonderlichkeit, Theater *u*, Affentheater *u*, Krampf *u*, Mache *u*, Angabe *u*. ▸ (Natürlichkeit).
unnennbar → unbegrenzt.
unnormal → unnatürlich, verrückt.
unnötig → entbehrlich, überflüssig. ▸ erforderlich, nötig, notwendig, unabdingbar.
unnütz funktionslos, unnötig, überflüssig. → Bock als Gärtner, entbehrlich, nutzlos, überflüssig, unzweckmäßig. ▸ brauchbar, hilfreich, nützlich, sinnvoll, zweckmäßig • notwendig.
unordentlich ordnungslos, ordnungswidrig, schlampig, Topf werfen in einen, aus den Fugen, aus dem Geleis, aus Reih und Glied, aus Rand und Band, aus dem Häuschen, ungeordnet, regellos, ordnungswidrig, unmethodisch, unsystematisch, naturwidrig, kunterbunt, oberst zuunterst, Hals über Kopf, verwirrt, wirr, unentwirrbar, irre, zerstreut, vermengt, verwüstet, verwickelt, verworren, verdreht, unklar, verkehrt • zuchtlos, haltlos, schlapp, weichlich, fahrig, flatterhaft, hudlig *u*, im Hurra *u*, im Hopphopp *u*, klüngelig *u*, nachlässig, formlos, unsauber, schlotterig • grob, ungeschliffen, derb, unfertig, fudelig *u*, fuddelig *u*, fummelig *u*, schlud(e)rig *u*. → chaotisch, durcheinander, kurz und quer, oberflächlich, verwirrt. ▸ ordentlich.
unordentlich arbeiten hudeln *u*.
Unordentlichkeit Wirrwarr, Wirrsal, Gewirre, Durcheinander, Sammelsurium, Verwirrung, Schlamperei, Schlampigkeit *u*, Liederlichkeit, Trubel, Tumult, Regellosigkeit • Zuchtlosigkeit, Willensschlaffheit, Haltlosigkeit, Zwanglosigkeit, Unordnung, Unsauberkeit, Schmiererei, Schlendrian, Hudelei, Nachlässigkeit, Lotterleben. → Oberflächlichkeit, Schlendrian. ▸ Ordnung, Sauberkeit.
Unordnung Durcheinander, Gewurstel, Knäuel, Konfusion, Tumult, Wirren, Wirrnis, Wirrsal, Gewürge, Regellosigkeit, bunt zugehen, Drunter und Drüber, Lotterwirtschaft, polnische Wirtschaft, Saustall *u*, Sauwirtschaft *u*, Sauhaufen *u*, Schlamassel *u*, Schlamperei *u*. → Auflösung, Chaos, Desorganisation, Kraut und Rüben, Unordentlichkeit. ▸ Ordnung, Organisation • System.
Unordnung machen hängen lassen, schlampen, fackeln, verlumpen, verstreuen, verwirren, vermengen, beunruhigen, durcheinander werfen, alles liegen lassen, in einen Topf werfen, aus Reih und Glied bringen, aus dem Geleis bringen, aus den Fugen bringen. ▸ aufräumen, ordnen, räumen.
unorganisch anorganisch, unbelebt, leblos, steinern, metallisch • sinnlos, fühllos • uneinheitlich, ungegliedert, unnatürlich, zweckentbunden. ▸ organisch.
unparfümiert → duftlos.
unparteiisch → anständig, loyal, objektiv, sachlich. ▸ befangen, parteiisch, voreingenommen.
Unparteilichkeit → Recht, Sachlichkeit.
unpassend ungleich, widersprechend, widerstrebend, unvereinbar, unverträglich, fremd, abwegig, ungehörig, unschicklich, unzulässig, zeitfremd, volksfremd, unzeitgemäß, zeitwidrig • abweichend, unangemessen, Faust aufs Auge wie die • unzeitig, ungelegen, ungünstig, irrtümlich, falsch, zu spät, zu früh • ungeeignet, unbrauchbar, übel, unverwendbar, untauglich • kitschig, abscheulich, abgeschmackt, grell, schreiend, übertrieben, überladen, unanständig, taktlos, unbillig, ungerecht, rechtswidrig, parteiisch, unziemlich, deplatziert, nicht in Ordnung, im Unrecht, unsittlich, unmoralisch, schlecht, unkultiviert, keine Art, Mangel an Erziehung, unerzogen, frech, keck, zu scharf *u*. → ausgelassen, bäuerisch, berührungslos, divergierend, stillos, Tür ins Haus fallen mit der, unangebracht, unzweckmäßig. ▸ passend, angemessen,

geeignet, korrekt, recht, richtig • rechtzeitig • treffend, zutreffend • ideal, vorzüglich.
unpassierbar → unzugänglich.
unpässlich verdrießlich, verstimmt, nicht aufgelegt, indisponiert, nicht wohl, unlustig, unwohl, verkatert, verdrossen, ärgerlich, missleidig, übersättigt, unbehaglich, unfriedlich. → abgespannt, krank.
▸ gesund, wohlauf, fit.
Unpässlichkeit Indisposition *f*, Störung, Unlust, Unwohlsein, Verdruss, Ärger. → Übelbefinden.
▸ Wohlbefinden.
unpersönlich ohne persönliche Note, allgemein, gewöhnlich, gang und gäbe, landläufig • üblich, altherkömmlich, modisch, modern, nach der Mode, wie jedermann, affig, ohne eigene Note • förmlich, kühl, brummig, unhöflich, ohne Wärme, ohne Herz, ohne Anteilnahme, steif, aufgeblasen, gespreizt, gezwungen, gesucht.
▸ persönlich • freundlich, herzlich, liebenswürdig • intim • vertraulich.
Unpersönlichkeit Allgemeingültigkeit, Allseitigkeit, Verallgemeinerung, Masse, Herde • Entkörperung • Förmlichkeit, Gewohnheit, Etikette, Zeremoniell, Komment, Formalität • Salbung, Gesuchtheit, Ziererei, Gezier, Verschrobenheit, Gezwungenheit, Steifheit, Albernheit. → Bitterkeit.
▸ Persönlichkeit.
unpolitisch unklug, töricht, unbesonnen, gedankenlos, dumm, beschränkt, leichtsinnig, leichtfertig, vorschnell, engstirnig, undiplomatisch, lebensfremd, kurzsichtig, unvorsichtig, kleinlich, unvernünftig • ungeschickt, linkisch, unbeholfen, umständlich, steif, schwerfällig, unberaten, unerfahren, ungeschult, roh, ungeschliffen, ungeeignet • neutral, parteilos, ungebunden, frei, wirtschaftlich, kulturell, religiös, ohne mich.
▸ politisch.
unpopulär verhasst, unbeliebt, unangenehm, gemieden • abscheulich, empörend, widerlich, schauderhaft, Ekel erregend, unleidlich.
▸ populär, bekannt, (allgemein) beliebt.
unpraktisch unzweckmäßig, ungeeignet, unbrauchbar, unnütz, undienlich, wirkungslos, hinderlich, nachteilig, unnötig, unangebracht, unbequem, unratsam, unverwendbar, zweckwidrig, zwecklos, fehlerhaft, untauglich, übel, schlecht, für die Katz, sinnlos, unüberlegt.
▸ praktisch, geeignet, handlich • geschickt.
unproblematisch einfach, leicht, leicht lösbar, mühelos, unkompliziert, Schwierigkeit ohne.
unproduktiv unfruchtbar, unergiebig, ertragslos, ertragsunfähig, dürr, öde, steril, immun • wertlos, nichtig, eitel, minderwertig, kümmerlich, schwach, kläglich, nutzlos, unnütz, undienlich, untauglich, wirkungslos, Verlust bringend, überflüssig, fruchtlos, erfolglos, zwecklos, für die Katz, nicht Werte schaffend.
▸ produktiv, erfinderisch, kreativ, schöpferisch.
unpünktlich verspätet, saumselig, säumig, rückständig, zuletzt, in letzter Minute, überfällig, zu spät • zu früh. → spät.
▸ pünktlich.
Unpünktlichkeit Verspätung, Saumseligkeit, Säumigkeit, Versäumnis, Pomadigkeit, Unzuverlässigkeit, Unzeit, Ungehörigkeit, Panne, Zeitversäumnis.
▸ Pünktlichkeit • Bummelei *u*.
Unrasiertheit Reibeisenhaut *u*.
Unrast → Eifer, Eile, Jagd, Übereifer.
Unrat → Abfall, Auswurf, Dreck, eherne Stirn, Exkremente, Kloake, Schlacke, Schmutz.
▸ Sauberkeit.
Unratgrube → Kloake.
unrationell umständlich, ungünstig, unwirtschaftlich, kompliziert.
unratsam → ungünstig.
unrealistisch idealistisch, fantastisch, unwirklich, utopisch, versponnen, weltentrückt, weltverloren, wirklichkeitsfern.
Unrecht Treulosigkeit, Verrat, Heimtücke, Ränke, Pflichtverletzung, Täuschung, Fälschung, Lüge, Verdrehung, Verschlagenheit, Hinterhältigkeit, Arglist, Verstellung, Verlogenheit, Heuchelei, Scheinheiligkeit, Unaufrichtigkeit, Ungerechtigkeit, Ungebühr, Rechtsbruch, Parteilichkeit, Günstlingswirtschaft, Hintertreppenpolitik, Rechtlosigkeit, Misshandlung, Unfug, Sittenlosigkeit, Machtpolitik, Faustrecht, Vergehen, Schuld, Untat, Übeltat, Missetat, Gräueltat, Veruntreuung, Fehler, Irrtum, Unterlassungssünde.
▸ Recht • Gerechtigkeit.
unrecht tun sündigen. → brechen das Gesetz.
unrecht ungerecht, rechtswidrig, unbillig, ungebührlich, ungehörig, parteiisch, einseitig, unsittlich, unmoralisch, ungerechtfertigt, unzulässig, im Unrecht, unziemlich, unpassend • lästig, fehlerhaft, zwecklos, unzeitig, unbequem, unnötig, unangebracht, übel • aufsässig, unverfroren, übertrieben, frech • schuldig, unverantwortlich, frevelhaft, nicht zu rechtfertigen • ungesetzlich, unerlaubt, unberechtigt, willkürlich, eigenmächtig, gewalttätig, sträflich. → böse, charakterlos.
▸ passend, recht, richtig.
unrechtlich → bestechlich, charakterlos.
unrechtmäßig → unrecht, strafbar.
Unrechtmäßigkeit Gesetzwidrigkeit, Rechtsbeugung, Rechtsverletzung, Rechtsverdrehung, Gewalttätigkeit, Faustrecht • Unbilligkeit, Ungebühr, Unfug, Ungerechtigkeit, Selbsthilfe, Unziemlichkeit, Frevel, Begünstigung. → Fälschung, Unrecht.
▸ Rechtmäßigkeit.
unredlich illoyal, meineidig, perfid, unaufrichtig, unehrlich, unbillig, unehrenhaft, unglaubwürdig, schlecht, schurkisch, schuftig, lumpig, betrügerisch, spitzbübisch, unwahrhaftig, falsch, hinterhältig, ränkevoll, unreell, unsolide, gaunerhaft, heuchlerisch, versteckt, schofel, schäbig, unlauter, würdelos, schimpflich, niedrig, verächtlich, elend, unschön, ehrlos, gemein, gewissenlos, falsch, verstohlen, verlogen, arglistig, heimtückisch, glattzüngig, bigott, verstellt,

unecht, listig, glatt. → bestechlich, charakterlos, falsch.
▸ redlich, anständig, ehrbar, ehrlich, rechtschaffen.
Unredlich Gewissenlosigkeit, Infamie, Ruchlosigkeit, Lug, Unehrenhaftigkeit, Unehrlichkeit, Unlauterkeit, Gemeinheit, Falschheit, Schurkerei, Unehrbarkeit, Charakterlosigkeit, Unzuverlässigkeit, Unglaubwürdigkeit, Verlogenheit, Heuchelei, Ränke, Hinterlist, Feilheit, Käuflichkeit, Bestechlichkeit, Pflichtvergessenheit. → Bestechlichkeit, Falschheit, Feilheit, Schwindel.
▸ Redlichkeit.
Unredlichkeit linke Sache *u.*
unreell → bestechlich, unredlich.
unregelmäßig sporadisch, launenhaft. → auseinander, chaotisch.
▸ periodisch, regelmäßig, regulär, stetig, turnusmäßig.
Unregelmäßigkeit → Abart, Abnormität, Ausnahme, Centaur, Chaos, Anomalie.
unreif unvollkommen, mangelhaft, schwach, unflügge, halbwüchsig, trocken hinter den Ohren nicht • minderwertig, fade, geschmacklos, sauer, grün • unvorbereitet, unfertig, ungebildet, linkisch, ungeschickt, tapsig, täppisch, unbeholfen, ungelenk, hölzern, steif, plump, schwerfällig, hilflos, roh, unbesonnen • unentwickelt, kindlich, unausgegoren, unerwachsen, unmündig, frisch *u.* → albern, erfahrungslos, jung, minderjährig, sauer, schülerhaft, vorzeitig.
▸ reif, abgeklärt • ausgeklügelt, ausgereift, (voll) entwickelt, erwachsen, fertig, gereift.
Unreife → Fehler, Jugend.
unrein kotig, moderig *u*, patschig *u.* schmierig, befleckt, faul, garstig, schmutzig, staubig, schlammig, rußig, rauchig, trüb, schleimig, ungewaschen, wüst, unflätig • zotig, schlüpfrig, schweinisch, gemein, schändlich • unkeusch, unzüchtig, anstößig • ansteckend, verpestet, gefährlich, giftig, schädlich • verstimmt • Hochdeutsch mit Streifen *u.* anrüchig, blatternarbig, dreckig, schimmlig.
▸ rein, geputzt, gesäubert, klar, pur, sauber.
Unreinheit → Schlacke, Unrat, Unreinlichkeit.
unreinlich schmutzig, säuisch *u.*
Unreinlichkeit Unreinheit, Unsauberkeit, Schmutzigkeit, Sudelei, Trübung, Trübheit, Schlammigkeit, Fäulnis • Schweinerei, Schmutz, Dreck, Staub, Müll, Kehricht. → Exkrement, Unrat.
▸ Sauberkeit.
unrentabel unwirtschaftlich, nicht lohnend.
▸ einträglich, Gewinn bringend, lohnend, lukrativ, profitabel, rentabel.
unrettbar → aussichtslos, bedenklich, rettungslos.
unrichtig irrig, anfechtbar, unwahr, trügerisch, ungenau, fehlerhaft, falsch, gemacht, mangelhaft • unzeitig, ungelesen, unpassend, ungünstig, falsch • unlogisch, widersinnig, unvernünftig, widerspruchsvoll, denkwidrig, folgewidrig, unhaltbar, verboten, einfältig • missverständlich, stümperhaft, falsch gedacht, falsch gedeutet, falsch übersetzt, falsch gerechnet. → absurd, abwegig, erfunden, falsch, täuschend, unbegründet.
▸ richtig.
Unrichtigkeit → Entscheidung falsche, Falschheit.
unromantisch → poesielos.
Unruhe Ruhelosigkeit, Bewegung, Beweglichkeit, Lebhaftigkeit, Rührigkeit, Unrast, Regsamkeit, Rastlosigkeit, Eile, Gezappel, Hin und Her, Hast • Beunruhigung, Störung, Gärung, Erregung, Konvulsion, Herzklopfen, Anfall, Aufregung, Aufruhr, Auflauf, Getümmel, Sturm • Verwicklung, Fassungslosigkeit, Chaos, Kraut und Rüben, Kopflosigkeit, Verwirrung • Flucht, Unbeständigkeit, Unbestand, Launenhaftigkeit, Unstetigkeit, Wetterfahne. → Angst, Anwandlung, Auflauf, Aufregung, Aufruhr, Aufstand, Bammel, Bedenken, Befangenheit, Beklemmung, Bekümmernis, Besorgnis, Bewegung, Bürgerkrieg, Charivari, Erregung, Getriebe, Gier, Not, Sorge, Streben, Trubel, Veränderlichkeit, Verwirrung.
▸ Ruhe, Frieden, Stille • Bedächtigkeit, Gelassenheit • Nichtstun, Untätigkeit.
Unruhe stiften rabatzen *u.*
Unruhe versetzen, in aufbringen, aufregen, beunruhigen, durcheinander bringen, irremachen, stören, verunsichern, verwirren.
Unruhestifter → Hetzer, Meuterer.
Unruhestiftung Agitation, Aufhetzung/-wiegelung, Demagogie, Hetze, Randale, Störaktion, Volksverführung.
unruhig flattrig *u.* → bange, bebend, beweglich, nervös, rastlos, schlaflos, veränderlich.
▸ friedlich, ruhig, still • beherrscht • stoisch • untätig.
unruhig machen → beunruhigen, Unruhe versetzen in.
unruhiger Mensch Quecksilber *u.*
unruhiges Kind Quirl *u.*
unrühmlich → charakterlos, frevelhaft, unehrlich, verrufen.
▸ beeindruckend, glänzend, imponierend • ehrenvoll/-wert, rühmlich.
unsachgemäß dilettantisch, fachmännisch nicht, laienhaft, minderwertig, sachfremd, schlampig, stümperhaft.
unsachlich → einseitig, persönlich, tendenziös, unbegründet.
▸ nüchtern, objektiv, sachlich, vorurteilsfrei.
unsachlicher Angriff (Meinungsstreit) Polemik.
Unsachlichkeit → Einseitigkeit.
unsagbar → außerordentlich, enorm.
unsäglich → außerordentlich, enorm.
unsanft → grob, plötzlich.
unsauber sudelig, unrein, schmutzig, befleckt, staubig, schlammig, rußig, rauchig, trüb, schleimig, dreckig, kotig, schmierig, ungewaschen, ungekämmt, ungepflegt, garstig, unflätig, wüst, grindig • nachlässig, unordentlich, schlampig, schlunzig, schlotterig • blutig, eitrig, wund, zerfressen, hässlich, verschandelt, verunstaltet. → borstig, schweinemäßig.
▸ sauber, ansehnlich, blank, gepflegt, geputzt, gereinigt, gesäubert, gestriegelt, rein(lich), sauber • anständig, lauter, makellos • korrekt, ordentlich, sorgfältig.
Unsauberkeit → Pestilenz, Schmutz, Schmutzerei.
unschädlich gut, harmlos,

hygienisch, mild, nicht gesundheitsschädlich, rein, unschuldig, unverderblich, unverfälscht, zuträglich, bekömmlich, gedeihlich, heilsam, nicht ansteckend. → bekömmlich, gesund, harmlos. ▸ schädlich, giftig, unheilvoll, verderblich, zerstörerisch.

unschädlich machen auffliegen lassen *u*, ausradieren *u*, ausräuchern *u*, in den Sack hauen *u*. → dingfest machen.

unscharf stumpf, abgestumpft, schartig • abgeschliffen, abgenutzt, rau, rund • weich, verschleiert, verwackelt • mild, freundlich, gutmütig, zahm, liebig • undeutlich, unverständlich, fehlerhaft. → formlos. ▸ scharf.

Unschärfe Abstumpfung, Scharte, Stumpfheit, Abschleifung, Abnutzung, Rundung • schlechte Einstellung, Schleier, Schlieren, Verschleierung. → Freundlichkeit, Nachsicht, Rundung, Sanftmut, Versöhnung, Zufriedenheit. ▸ Schärfe.

unschätzbar selten, makellos, wertvoll, vorzüglich, kostbar, Gewinn bringend, wünschenswert, zweckdienlich, von unschätzbarem Wert, nicht mit Gold aufzuwiegen, einmalig, herrlich, edel, prächtig, unvergleichbar, unbezahlbar, vollkommen, über alles Lob erhaben, nonplusultra, unvergleichlich. ▸ schätzbar • preiswert • wertlos.

unscheinbar einfach, schlicht, kunstlos, unansehnlich, schmucklos, ungeziert, ungekünstelt, natürlich, ungezwungen, prunklos, hausbacken, hausgemacht, bürgerlich • klein, winzig, unbeträchtlich, unbedeutend, gering, schwächlich, spärlich, kärglich, unvollkommen, bescheiden, kümmerlich, knapp, mikroskopisch, unendlich klein, unbemerkbar, unsichtbar, gesichtslos, verschwindend, blutwenig, zwergenhaft, putzig. ▸ auffallend, bedeutend, überheblich.

unschick nachlässig, schlampig.

unschicklich → ausgelassen, bäuerisch, fassen sich kurz, Türe ins Haus fallen mit der, unangebracht.

Unschicklichkeit Unhöflichkeit, Taktlosigkeit, Unart, Mangel an Schliff, Rücksichtslosigkeit, Unmanierlichkeit, unfeines Benehmen, Unziemlichkeit, Zudringlichkeit, Ungezogenheit, Unanständigkeit, Flegelhaftigkeit, Gemeinheit, Unbeherrschtheit, Schroffheit, Unfreundlichkeit, Rüpelei, Barschheit, Bissigkeit, Bärbeißigkeit, Frechheit, Dreistigkeit, Unverschämtheit, Unbescheidenheit. → Demimonde, Entgleisung. ▸ Schicklichkeit.

unschlagbar (sehr) eindrucksvoll, erstklassig, spitze, überlegen, übermächtig, unbesiegbar, unbezwingbar.

unschlüssig → schwankend. ▸ beherzt, energisch, entschieden, entschlossen.

unschlüssig sein → belassen, bleiben neutral, dämmern, schwanken.

Unschlüssigkeit → Bedenken, Besorgnis, Dämmerzustand, Dilemma, Dunkel, Verlegenheit, Zweifel.

unschmackhaft → anwidern, degoutiert.

unschmiegsam → starr.

unschön hässlich, grauenvoll, furchtbar, schrecklich, grässlich, scheußlich, fürchterlich, entsetzlich, gräulich, widernatürlich, ungeheuerlich, unheimlich, gespenstisch, abscheulich, widerwärtig, abstoßend, unsauber, unrein, schmutzig, schmierig, dreckig, ungewaschen, ungepflegt, struppig, stachelig, borstig, ekelhaft, widerlich, rostig. → abstoßend, arm, blatternarbig, charakterlos, geschmacklos, gräulich, hässlich, unredlich. ▸ schön.

Unschönheit → Formlosigkeit, Hässlichkeit, Unredlichkeit.

unschöpferisch → unvermögend. ▸ erfinderisch, ideenreich, kreativ, fantasievoll.

Unschuld → Anstand, Edelmensch, Einfachheit, Keuschheit.

unschuldig freigesprochen, schuldenfrei, schuldlos, straflos, unbestraft • unbefleckt, unantastbar, fehlerfrei, sündenlos, lauter, rein, sündlos, unbelastet, tadellos, unbescholten, unverdorben, unfehlbar, ohne Fehl • gut, vortrefflich, ausgezeichnet, schätzenswert, natürlich, unverfälscht, edel, echt • jemanden weiß waschen. → keusch, tugendhaft, unschädlich. ▸ schuldig.

Unschuldigkeit → Fehlerlosigkeit.

Unschuldsengel → Musterknabe.

unschwer → angenehm, bequem, entwirrbar, erreichbar, leicht.

Unsegen → Bekümmernis, Beschwerlichkeit, Unglück.

unselbstständig → abhängig, unentschlossen, untertänig. ▸ autark, autonom, eigenständig, selbstständig, souverän, unabhängig, ungebunden • frei, freiberuflich (tätig).

unselig → abgerissen, bedauerlich, böse, entsetzlich, fatal, unglücklich.

unsensibel gefühllos, herzlos, kalt, taklos, unempfindlich.

unsereiner → jeder.

unseriös astrein nicht, undurchsichtig, unfein, unredlich.

unsicher unglaublich, bedenklich, unbegreiflich, geheimnisvoll, fraglich, fragwürdig, unentschieden, dahingestellt, zweifelhaft, verfänglich, scheinbar, prekär, dubios, schwankend, in der Schwebe, auf der Kippe stehen *u*, trau schau wem, dick *u*, fickrig *u*. → dehnbar, doppelsinnig, feige, gefährlich, mulmig, scheinbar, schüchtern, unwahrscheinlich, ungewiss. ▸ sicher.

unsicher machen beirren, beunruhigen, durcheinander bringen, foppen, irremachen, irritieren, kopfscheu machen, verunsichern, verwirren.

unsicher sein → bezweifeln.

Unsicherheit → Bedenken, Dämmerzustand, Dilemma, Dunkel, Feigheit, Krise, Minderwertigkeitsgefühl, Risiko, Verlegenheit, Zweifel. ▸ Festigkeit, Stabilität • Bestimmtheit, Gewissheit • Gefahrlosigkeit, Sicherheit • Souveränität, Unbefangenheit.

unsichtbar dunkel, undeutlich, unterscheidbar, verwischt, verschleiert, verhüllt, unklar, schattenhaft • klein, wenig, unerträglich, gering, verschwindend, blutwenig, unbemerkbar, mikroskopisch, atomhaft, winzig • unentdeckbar, unwahrnehmbar, verkappt, verkapselt, im Inneren, unter der Asche, eingemummt • heimlich, geheim, verstohlen, verborgen, versteckt, verdeckt, ungesehen, unoffen, still und leise • geschlossen, versperrt. ▸ sichtbar, auffallend, Aufsehen erregend, augenfällig, bemerkbar, eklatant, hervorstechend, offensichtlich, unübersehbar, wahrnehmbar.

unsichtbar machen → blenden.

Unsichtbarkeit → Dunkel, Verborgenheit.

Unsinn Gedankenlosigkeit, Sinnlosigkeit, Ungeistigkeit, Torheit, Albernheit, Mucken, Gicksgacks, dummes Zeug, Stuss, Faselei, Fisimatenten, Flachs, Nonsens, Mumpitz, Blech *u*, blühender oder höherer Blödsinn *u*, Bockmist *u*, Edelquatsch *u*, Kappes *u*, Käse *u*, Kohl *u*, Mist *u*, Mumpitz *u*, Quark *u*, Quatsch *u*, ein Schmarren *u*, Sums *u*, dummes Zeug, Schalk, Scherzhaftigkeit, Streich • Denkfehler, Fehlurteil, Dummheit, Falschheit, Schlagwort, Kauderwelsch, Irrigkeit, Nichtigkeit, Unverstand, Blöße • Wahnwitz, Ungreimtheit, Schrulle, Gefackel, Aberwitz, Geschwätz, Babbelei, Einbildung, Haftlosigkeit, Lächerlichkeit, Einfältigkeit, Sinnlosigkeit, Borniertheit, Bafel *u*, Blak *u*, Blech *u*, Bockmist *u*, Fez *u*, Feez *u*, Fetz, Piss *u*, Quark *u*, Quatsch *u*, Stiefel *u*. → Bedeutungslosigkeit, Blech, Dummheit, Faselei, Gefasel, Humbug, Schwabenstreich. ▸ Sinn, Nutzen, Zweck(mäßigkeit) • Vernunft.

Unsinn machen sündigen, Torheiten machen, Witze reißen, zum Narren halten, unachtsam vorgehen, unüberlegt handeln, Dummheiten machen, ungeschickt sein, unbesonnen handeln • verschwenden, vergeuden, sein Geld zum Fenster hinauswerfen, sein Pulver verknallen, falsch handeln, gegen die Wand anrennen, gegen den Strom schwimmen • sich selbst schädigen, sich in Misskredit bringen, mit seinem Leben abschließen wollen, sein Leben fortwerfen wollen, alles hinter sich werfen wollen. → spaßen. ▸ ernst (sein), sparen, vernünftig handeln.

Unsinn reden → blamieren, blödeln.

Unsinn treiben fickfacken *u*.

unsinnig hirnverbrannt *u*. → absurd, ausdruckslos. ▸ nützlich, sinnvoll, zweckdienlich • vernünftig, weise.

Unsinnigkeit Idiotie. → Unsinn.

unsinnlich asexuell, frigide, kalt, kühl, langweilig, nüchtern, platonisch, unerotisch.

unsinnniges Gerede Quack *u*.

Unsitte → Auswuchs, Seite schwache.

unsittlich → anrüchig, schlecht, unanständig, unkeusch. ▸ anständig, sittsam • prüde, sittenstreng • züchtig.

unsittlich handeln ferkeln *u*.

Unsittlichkeit Sauerei *u*, Saukram *u*. → Ärgernis, Sinnlichkeit, Unkeuschheit.

unsolide → arg, ausschweifend, bacchantisch, bestechlich, liederlich, verschwenderisch. ▸ brav • dauerhaft, gediegen, haltbar, solide, stabil.

unsozial asozial. → eigennützig. ▸ gemeinnützig, gesellschaftlich engagiert.

unsportlich → weichlich. ▸ fair • durchtrainiert, fit, sportlich • sportbegeistert.

unstabil → labil.

unstatthaft → ausgeschlossen, eigenmächtig, verboten. ▸ erlaubt, genehmigt, gestattet, zulässig.

unsterblich → berühmt, dauernd, ewig. ▸ sterblich, todgeweiht, vergänglich • unbekannt.

unsterblich machen → auszeichnen.

Unsterbliche, der → Gott.

Unsterblichkeit → Beständigkeit, Ewigkeit, Ruhm.

Unstern → Bekümmernis, Betrübnis, Dekadenz, Misserfolg, Niedergang, Pech, Übel.

unstet unterbrochen, abgerissen, lückenhaft, sprunghaft, unbeständig, wuselig, unzusammenhängend, quirlig *u*. → beweglich, friedlos, nomadisch. ▸ stets, beständig, geruhsam, ruhig.

unstetig → regellos, regelwidrig, sprunghaft.

unstillbar → versessen.

unstimmig unpassend, unterschiedlich, verschiedenartig • widersprechend, widerstreitend, widerstrebend, unvereinbar, unverträglich, unangemessen • entgegengesetzt, misshellig, uneinig, abfällig, unwillig, ungeneigt, unbelehrbar, abtrünnig, unbelehrt, feindlich. ▸ einig, gleichartig, zutreffend.

Unstimmigkeit Misshelligkeit, Uneinigkeit. → Differenz, Disharmonie, Disput, Dissonanz.

Unstimmung Missbehagen, Überspannung, Übelbefinden, Laune schlechte, Verdruss, Ärger, Unbehagen, Ungemütlichkeit, Unfriede, Trübsinn, Traurigkeit, Niedergedrücktheit, Seelennot, Mutlosigkeit, Freudlosigkeit, Schwarzseherei, Melancholie, Schwermut, Weltschmerz, Miesmacherei, Überdruss, Minderwertigkeitsgefühl, Verzweiflung, Bitterkeit, Verstimmung, Missmut, Missstimmung. ▸ Stimmung.

unstreitig → absolut, authentisch, beglaubigt, bestimmt, definitiv, tatsächlich. ▸ fraglich, strittig.

unsühnbar unverzeihlich, tadelhaft, unverbesserlich, niedrig, abscheulich, unrühmlich, hässlich, nicht wieder gut zu machen. → charakterlos. ▸ verzeihlich.

Unsumme → Anzahl, Diverses, Masse.

unsympathisch abscheulich, abstoßend, eklig, garstig, missliebig, unangenehm, unattraktiv, unausstehlich, unbeliebt, unerwünscht, ungeliebt, unliebenswürdig, widerwärtig • arschig *u*, eklig *u*, fies *u*, sägig *u*. → abscheulich, abstoßend, unbeliebt.

unsympathischer Mensch Arsch (mit Ohren) *u*, Fiesel *u*, Fiesling *u*, Finsterling *u*.

unsystematisch → unordentlich.

untadelig → akkurat, artig.

untalentiert → unbegabt. ▸ begabt, talentiert.

Untat → Frevel, Gräueltat.
untätig lahm, müßig, saumselig, auf der Bärenhaut liegen, lässig, indolent, außer Dienst, pensioniert, den Rentner spielen, arbeitsscheu, bequem, faul, träge, inaktiv. → arbeitslos, arbeitsscheu, arbeitsunfähig, beschäftigungslos, dienstfrei, energielos, faul, passiv, starr. ▸ tätig • agil, aktiv, rege, rührig • beschäftigt, tätig • arbeitssüchtig.
untätig bleiben → bewenden lassen.
untätig sein beschäftigungslos sein, herumtreiben sich, müßig gehen, Pause einlegen eine • bummeln *u*, Däumchen drehen *u*, feiern *u*.
untätig sitzen rumhängen *u*.
Untätigkeit Langeweile, Missvergnügen, Drohnendasein, Müßiggang, Nichtstun, Tagedieberei, Trägheit, Zeitverschwendung, Faulheit, Nichteinmischung, Beharrung. → Ruhe, Trägheit. ▸ Tätigkeit.
untauglich → albern, arbeitsunfähig, Bock als Gärtner, charakterlos, dienstunfähig, erfahrungslos, minderwertig, schwach, unzweckmäßig. ▸ brauchbar, geeignet, hilfreich, nützlich, tauglich, zweckdienlich.
Untauglichkeit → Schwäche.
Untauglichkeitserklärung Disqualifikation.
unteilbar → fest, ganz. ▸ teilbar.
unten abwärts, drunten, herab, nieder, niederwärts, unterhalb, zutiefst, zuunterst, in der Tiefe, tief, tiefliegend, versenkt, unterirdisch, bodenlos, unergründlich, grundlos, knietief. → drunten, niedrig. ▸ oben.
unten gehen, nach hinabgehen, hinuntergehen.
unter → bei, darunter, drunten. ▸ auf, über • neben • mehr als.
unter allen Umständen Fälle auf alle, unbedingt.
unter den Tisch fallen lassen → belassen.
unter die Arme greifen → helfen, unterstützen.
unter die Leute bringen herumerzählen, publizieren, veröffentlichen • verkaufen.
unter sich en famille, exklusiv, im kleinen Kreis, intern, intim, privat, unter vier Augen.
unter Umständen eventuell, möglicherweise, vielleicht.
unter uns entre nous.
Unterabteilung Teil, Stück, Einzelabteilung, Abteilung, Glied, Abschnitt, Ausschnitt, Sektor, Segment, Teilstrecke, Nebenstelle, Zweigstelle, Filiale, Tochtergesellschaft. → Dependance. ▸ Ganzheit.
Unterart Subspezies.
Unterbau → Grundlage. ▸ Gebäude • Überbau • Dach.
unterbauen → stützen. ▸ untergraben.
Unterbett Matratze.
unterbewerten → unterschätzen.
Unterbewusstsein → Drang, Triebleben. ▸ Bewusstsein, Ichbewußsein/-gefühl.
unterbieten → den Markt drücken, Preis drücken den. ▸ mitbieten • überbieten.
unterbinden → abdrosseln, ausschalten, eindämmen, steuern. ▸ anregen, fördern, initiieren, gründen • unterstützen • dulden • gestatten, zulassen.
unterbleiben → belassen.
unterbrechen einhalten, anhalten, aussetzen, abbrechen, dazwischentreten, abblasen, stilllegen, stillsetzen, trennen, streiken, Nagel hängen an den, aufhören, stocken, stoppen, dazwischenreden, in die Rede fallen. → abdrosseln, abstehen, anhalten, aufhalten, aufhören, ausfallen, ausschalten, aussetzen, ausstehen, beeinträchtigen, beruhen lassen, bleiben, einfallen, ruhen, schließen, stocken. ▸ beginnen, fortdauern, fortsetzen.
Unterbrechung Feuerpause *u*. → Ablösung, Abschweifung, Abwechslung, Atempause, Aufenthalt, Ausfall, Bedenkzeit, Beruhigung, Einhalt, Einstellung, Halt, Lücke, Pause, Stundung. ▸ Anfang, Beginn • Fortführung, Fortsetzung • Weiterfahrt • Wiederaufnahme • Come-back, Wiederauftreten.
Unterbrechung der Verständigung Sendepause *u*.
Unterbrechungen, mit intermittierend.
unterbreiten → anbieten.
unterbringen → anbieten, anordnen, arrangieren, auflegen, aufstellen, beherbergen, belegen, besetzen, bewohnen, bleiben, bringen unter die Haube, deponieren, einfügen, einlogieren, einschachteln. ▸ abschieben, ausweisen • rausschmeißen • wegwerfen.
Unterbringung → Depot, Installation.
Unterbringung von Kapital/Waren Placement.
unterbrochen → abgerissen, gestört, unstet.
unterdessen → als, beständig, bis, da, einstweilen, indem, inzwischen.
Unterdruck Depression, Hypotonie.
unterdrücken Gewalt haben in der, niederhalten, unterwerfen, demütigen, bezwingen, zu Boden werfen, besiegen, unter das Joch zwingen • schwächen, lähmen, die Kraft nehmen, lahm legen, ersticken, zerstören, abtöten, abdrängen • sich etwas verkneifen. → bändigen, begütigen, beherrschen sich, besänftigen, betäuben, beugen, bewältigen, bezähmen, dämpfen, das Feuer drosseln, drücken zu Boden, eindämmen, entkräften, entwaffnen, erobern, fesseln, schwächen, verschmerzen. ▸ ermutigen, trotzen, unterliegen • anregen, anstacheln, bestärken • fördern, unterstützen • zulassen • befreien.
Unterdrücken → Beherrschung, Demolierung.
unterdrückend diktatorisch, repressiv. → anmaßend, herrisch, rücksichtslos.
Unterdrücker Alleinherrscher, Despot, Gewaltherrscher/-mensch, Diktator, Macho, Tyrann, Willkürherrscher.
Unterdrückung Diktatur, Druck (von oben), Gewaltherrschaft, Pression, Suppression.
Untereinander → Gemisch.
unterentwickelt zurückgeblieben. → dumm, unentwickelt, veraltet. ▸ auf dem neuesten Stand, modern • (voll) entfaltet, entwickelt • überentwickelt • dekadent, entartet, überfeinert.
unterernährt → erwerbslos, schwach. ▸ fett, korpulent • satt • überernährt • voll gefressen.

Unterernährung Not, Armut, Kargheit, Knappheit, Ärmlichkeit, Elend, Entbehrung, Entkräftung, Verelendung, Blutarmut, Schwäche, Hunger, Hungerleiderei, Schmalhans, Drangsal, Dystrophie, Hypotrophie, Malnutrition, Mangel.
▸ Schwelgerei.
Unterfangen → Absicht.
unterfangen, sich → debütieren, erdreisten sich, getrauen sich, wagen.
unterfassen sich einklinken *u.*
unterfertigen → unterzeichnen.
Untergang → Bekümmernis, Niedergang, Unglück, Verlust, Zerstörung.
▸ Aufgang • Entfaltung, Entwicklung • Aufstieg, Blüte • Bewahrung.
Untergangsstimmung Defätismus, Hoffnungslosigkeit, Pessimismus, Schwarzseherei.
Untergebene Schäfchen *u.*
Untergebener Untertan, Abhängiger, Knecht, Sklave, Gefolgsmann, Gesinde, Diener, Bedienter, Dienstbote, Handlanger, Kutscher, Hausmeister, Portier, Mädchen für alles, Leibjäger, Hausangestellte, Lakai, Lohndiener, Magd, Mietling, Hausdiener, Hausknecht, Packesel, Kuli, Aschenbrödel, Angestellter, Arbeiter, Ladengehilfe, Verkäufer, Schreiber, Sekretär, Dienerin, Koch, Dienstbote, Kindermagd, Bonne, Amme, Zofe. → Arbeitnehmer, Commis, Diener.
▸ Gebieter, Vorgesetzter.
Untergebenheit → Dienstbarkeit.
untergebracht → ausverkauft, versorgt.
untergehen → abbrennen, beikommen nicht, Boden verlieren den, ersaufen, faulen, räumen das Feld, scheitern, sinken.
▸ entstehen • aufgehen, erscheinen • sich entwickeln • aufblühen, blühen, gedeihen • sich behaupten • gerettet werden, sich retten • bestehen (bleiben).
untergeordnet abhängig, unselbstständig, unfrei, lehnspflichtig, leibeigen, hörig, botmäßig, untertänig, dienstbar, gekettet • kleiner, geringer, niedriger, weniger, minder • unwichtig, in zweiter Linie, bedeutungslos, unbedeutend, belanglos, nebensächlich, unwesentlich, ausdruckslos, nichts sagend, geringfügig • gemein, subaltern, ranglos, ohne Titel, bürgerlich, einfach, unedel. → abhängig, ausdruckslos, gering.
▸ unabhängig, überlegen, wichtig.
Untergeordneter → Commis, Diener.
Untergeschoss Keller, Souterrain.
Untergestell Chassis, Lafette.
untergraben → angreifen, aufhalten, aufwerfen, beeinträchtigen, bekämpfen, dawider, diskreditieren, durchfressen, durchkreuzen, Fall bringen zu, minieren, verderben, zerstören.
▸ befestigen, fundieren, untermauern.
Untergrundwirtschaft Hidden-economy, Parallelwirtschaft.
unterhalb → abwärts, drunten, unten.
▸ oberhalb, über.
Untergrund → Basis.
Unterhalt → Aufrechterhaltung, Ernährung, Speise, Zuwendung.
unterhalten → amüsieren, anregen, beispringen, beköstigen, belustigen, Besten geben, debattieren, erfreuen, helfen, sprechen, zuwenden.
▸ anöden, langweilen • verhungern lassen.
unterhaltend erbaulich, kurzweilig, feuilletonistisch, lesbar, lustig, ergötzlich, verlustrierend, unterhaltsam, gemütlich, gesellig, angenehm, possierlich, fidel, munter, witzig, geistreich, anziehend, einnehmend, fesselnd, hinreißend, toll, ausgelassen, unwiderstehlich, unverbesserlich, vergnüglich. → amüsant, angenehm, scharmant, ergötzlich, genussreich, humoristisch, interessant, köstlich, lustig, reizvoll.
▸ langweilig.
Unterhalter Animateur, Conférencier, Entertainer, Maître de plaisier, Showmaster.
unterhaltsam → angenehm, anziehend, erfreuend, ergötzlich, gemütlich, interessant, unterhaltend, abendfüllend.
Unterhaltszahlungen Alimente.
Unterhaltung Aussprache, Beratung, Besprechung, Causerie *f*, Diskurs *m*, Diskussion *f*, Divertimento *s*, Erörterung, Gedankenaustausch, Geplauder, Gespräch, Meinungsaustausch, Plauderei, Unterredung • Spaß, Zerstreuung. → Auseinandersetzung, Aussprache, Belustigung, Besprechung, Debatte, Erbauung, Feier, Geplauder, Geselligkeit, Konversation.
Unterhaltsfürsorge Alimentation *f.* → Unterhaltungsbeitrag.
Unterhaltungsangebot Freizeitwert *u.*
Unterhaltungsbeitrag Aliment, Haftpflicht, Verpflichtung, Verbindlichkeit, Schadenspflicht, Zahlungspflicht, Wechsel, Haushaltsgeld, Sold, Gehalt. → Unterhaltung.
Unterhaltungsbühne Boulevardtheater.
Unterhaltungsliteratur Belletristik.
Unterhaltungsstoff → Buch, Dichtung, Feuilleton, Zeitung, Zeitschrift.
unterhandeln → ausgleichen, besprechen, vermitteln.
Unterhändler → Abgeordneter, Agent, Anwalt, Beauftragter, Bevollmächtigter, Vermittler.
Unterhandlung Aussprache, Gespräch, Beratung, Auseinandersetzung, Schiedsgericht, Verhandlung, Vermittlung, Schlichtung, Verbindung, Zusammenkunft, Einigung. → Bearbeitung, Besprechung.
Unterhaut Subkutis.
unterhöhlen unterwühlen. → minieren.
Unterholz Buschwerk, Dickicht, Geäst, Gebüsch, Gesträuch, Gestrüpp.
Unterhose Sextöter *u.*
Unterhose im Kleinformat Cache-sexe, Minibikini, Minislip, Slip, Tanga.
Unterhosen Schlüpfer, Höschen.
unterirdisch versenkt, unten, unterhalb, kellertief, unergründlich, in der Erde, bodenlos, tief liegend. → tief.
▸ oben, oberirdisch.
Unterjacke Kamisol, Weste.
unterjochen → bändigen, beeinträchtigen, beherrschen, berauben, beugen, bewältigen, bezähmen,

drücken zu Boden, knechten, unterwerfen.
unterjocht → erdrückt, gekettet.
Unterjochung → Despotismus, Unterwerfung.
unterkommen → Schutz finden.
unterkriegen besiegen, unterwerfen.
Unterkühlung Hypothermie.
Unterkunft Bleibe, Wohnstätte, Aufenthaltsort, Herberge, Hütte, Zelt, Obdach, Zufluchtsort, Unterschlupf, Schlupfwinkel, Behausung, Heimstätte, Schutzhütte. → Aufenthaltsort, Gaststätte, Hotel, Quartier.
Unterlage Dokumentation, Druckschrift, Akte. → Anhaltspunkt, Balken, Belege, Block, Diwan, Grundlage, Material.
Unterlass, ohne → anhaltend, dauernd, immer, ununterbrochen.
unterlassen die Mühe ersparen sich, sich etwas schenken *u*, unter den Tisch fallen lassen, versäumen, absehen von, vernachlässigen, verbummeln *u*, verschlampen *u*, verschwitzen *u*, verdusseln *u*, verschlappern *u*, von sich schieben, nicht tun, ausbleiben, vertagen, verschmähen, abbrechen, ausweichen, aufheben, ablehnen, sich entziehen. → ablassen, ablehnen, aufhören, ausfallen, bekämpfen, beiseite legen, belassen, enthalten sich, entsagen, entwöhnen, fehlen lassen es, schlagen in den Wind, versagen. ▸ ausführen, tun ausführen, durchführen, betreiben, erledigen, handeln, machen, praktizieren, tun.
Unterlassung Pflichtvergessenheit, Saumseligkeit, Unachtsamkeit, Ungehorsam, Zuwiderhandlung, Versehen, Versäumnis, Absage, Ablehnung, Verzicht, Widerstand, Weigerung, Ausfall. → Fahrlässigkeit, Pflichtvergessenheit. ▸ Ausführung.
Unterlassungssünde → Delikt, Fahrlässigkeit, Schuld.
unterlegen betten, lagern, stützen, abstützen, aufstützen, eine Unterlage geben, unterstellen, grundieren • halbwertig, besiegt, unterworfen, schwach, einpacken können *u*, an etwas nicht tippen können *u*, gegen jemanden ein Waisenknabe sein *u*, jemandem das Wasser nicht reichen können, bet sein *u*, angreifbar • füttern, aufliegen, ausrüsten, ausstaffieren, herrichten, ausstatten, satteln, vorbereiten. ▸ überlegen.
unterliegen zu Fall kommen, die Flagge streichen, den Kürzeren ziehen, nachstehen, zurückbleiben, versagen, nachgeben, schlapp machen, sich unterwerfen, klein beigeben, sich beugen, die Waffen strecken. → dareingeben sich, erlahmen. ▸ unterdrücken • besiegen, bezwingen, schlagen, siegen.
Unterlippe, hängende Triel *u*.
untermauern → festigen. ▸ untergraben.
unterminieren → anfeinden, angreifen, aufwerfen.
Unternehmen → Arbeit, Beruf, Firma, Gewerbe, Plan, Werk, Wirkungskreis.
unternehmen handeln, in die Hand nehmen, anfassen, anpacken, in Angriff nehmen, wirken, schaffen, vorgehen, eingreifen, helfen, Hand anlegen, tun, machen, managen. → arbeiten, ausüben, bekümmern, beschäftigen, bewerkstelligen. ▸ unterlassen.
Unternehmen, schlecht geführtes Saftladen *u*.
unternehmend reiselustig, kühn, waghalsig, unternehmungslustig, betriebsam, schaffig, tatkräftig, regsam, eifrig, aufgelegt, emsig, rührig, geschäftigt. → anstellig, arbeitsam, aufgeschlossen, lebhaft, rege, strebsam. ▸ faul, träge, ungeschickt.
Unternehmensführung Direktion, dispositiver Faktor, Geschäftsleitung, Management.
Unternehmensspitze Topmanagement.
Unternehmensvereinigigung Elefantenhochzeit *u*.
Unternehmer Manager. → Fabrikant, Kaufmann.
Unternehmergewinn Profit.
Unternehmung → Abenteuer, Arbeit, Bemühung, Besorgung, Bewerkstelligung, Leistung, Plan, Tat.
Unternehmungsgeist → Bestreben, Beflissenheit, Entschlussfähigkeit, Fleiß, Geschäftssinn, Initiative. ▸ Abgeklärtheit • Lustlosigkeit • Trägheit.
unternehmungslustig aufgelegt *u*, in Fahrt *u*. → beflissentlich, lebhaft, unternehmend. ▸ apathisch, lustlos, träge.
unterordnen, sich → befolgen, dareingeben sich, gehorchen.
Unterordnung Subordination, Einordnung, Gehorsam, Disziplin, Hörigkeit, Unterstellung, Knechtschaft, Ergebung, Demut, Willfährigkeit, Folgsamkeit. → Abhängigkeit, Demut, Dienstbarkeit, Ergebenheit, Gehorsam, Knechtschaft. ▸ Überheblichkeit, Zwiesprache.
Unterpfand → Kaution, Pfand, Rückversicherung, Sicherheit.
unterprivilegiert benachteiligt. → rechtlos.
Unterredung → Auslassung, Aussprache, Besprechung, Debatte, Disput, Interview, Unterhaltung.
Unterricht Unterweisung. → Belehrung, Erziehung, Lehre.
unterrichten Unterricht erteilen, bilden, lehren, schulen, erziehen, unterweisen, belehren, dozieren, beibringen, einbläuen, eintrichtern, einprägen, einschärfen, einpauken, üben, einschulen, disziplinieren, erklären, erleuchten. → angeben, anschreiben, anzeigen, aufklären, ausbilden, aussagen, beibringen, bekehren, belehren, benachrichtigen, benehmen, den Irrtum, bestätigen, bilden, einweihen in das Geheimnis, lehren, melden, mitteilen, orientieren, schulen. ▸ irreführen, verschweigen, verwirren.
unterrichtend → belehrend, instruktiv.
unterrichtet → aufgeklärt, belesen, bibelfest, eingeweiht.
Unterrichtsanstalt → Anstalt, Erziehungsanstalt, Schule.
Unterrichtskunst/-lehre Didaktik.
Unterrichtspause Fressteil *u*.
Unterrichtsweise Methode.
Unterrock Jupon, Petticoat.
untersagen → verbieten.
untersagt → definitiv, verboten.
Untersagung → Beschwernis, Durchkreuzung, Verbot.
Untersatz Set.
unterschätzen unterbewerten. → bagatellisieren,

beeinträchtigen, erniedrigen, herabsetzen, verkennen, verkleinern. ▸ hoch schätzen, verehren • überbewerten.
Unterschätzung Geringschätzung, Missachtung, Herabwürdigung, Verkennung, Vernachlässigung. ▸ Überschätzung, Unterdrückung.
unterscheidbar → anders, anders geartet, bemerkbar, klar.
unterscheiden sich zurechtfinden, Bescheid wissen, erkennen, sondern, sichten, charakterisieren, auswählen • sehen, durchschauen, klar sehen, verstehen, scharfsichtig. → abweichen, anschauen, begreifen, beurteilen, charakterisieren, denken, deuten, durchblicken, erkennen, verstehen, wägen. ▸ gleichen sich, Sand in die Augen streuen, tappen im Dunkeln, täuschen sich, verwechseln • gleichsetzen.
unterscheiden können auseinander kennen *u.*
unterscheiden, sich → abweichen.
unterscheidend → charakteristisch.
Unterscheidung Beurteilung, Prüfung, Urteil, Entscheidung, Bescheid, Meinung, Würdigung, Geschmack, Kennerblick, Kennerschaft, Fühler, Blick, Witterung, Gutachten, Befund, Fingerspitzengefühl. → Unterschied.
Unterscheidungsgabe → Denkvermögen, Erkenntnisvermögen, Urteilskraft, Verständnis.
Unterscheidungsvermögen → Feingefühl, Geschmack, Kritik, Urteilskraft.
Unterscheidungszeichen → Differenz, Unterschied, Zeichen.
unterschieben → täuschen, unterstellen.
Unterschiebung → Bekenntnis, Betrug, Lüge, Täuschung.
Unterschied Abstand, Wesensmerkmal, Abweichung, Verschiedenheit, Besonderheit, Unterscheidungszeichen, Differenz, Ungleichheit, Divergenz, Unstimmigkeit, Abart, Unähnlichkeit, Ungleichheit, Schiedunter *u.* → Abweichung, Differenz, Gegensatz, Marge.
▸ Dunkel, Übereinstimmung • Ähnlichkeit • Gleichheit, Identität, Kongruenz.
unterschiedlich → abwechselnd, anders, anders geartet, mannigfach. ▸ ähnlich • gleich, identisch, kongruent, übereinstimmend, uniform.
Unterschiedlichkeit → Abweichung, Gegensatz, Unterschied, Verschiedenheit.
Unterschiedsbetrag Saldo.
unterschiedslos → chaotisch, dasselbe, ebenso groß, ebenso viel, einförmig, einheitlich, ein und dasselbe, gleich, egalweg *u.* ▸ abweichend, andersartig, divergent, uneinheitlich, unterschiedlich, verschieden • bunt, mannigfach, mannigfaltig, variantenreich, vielfältig, vielförmig.
unterschlagen → bemächtigen, benachteiligen, berauben, bestehlen, betrügen, Decke stecken unter einer, einschmuggeln, fälschen, missbrauchen, täuschen, übervorteilen. ▸ demonstrieren • offenbaren, präsentieren, vorweisen/-zeigen, zeigen.
Unterschlagung → Beraubung, Betrug, Dieberei, Täuschung, Ungesetzlichkeit.
Unterschleif Unterschlagung • Unterschlupf. → Betrug, Schuld, Ungesetzlichkeit, Unredlichkeit, Verstoß.
unterschleifen → benachteiligen, berauben, bestehlen, einschmuggeln, täuschen.
Unterschlupf → Asyl, Ausweg, Obdach, Unterkunft.
unterschlupfen Obdach finden, Schutz finden, Zuflucht finden, Schirm finden, Unterkunft haben, Unterschlupf finden, eine Herberge finden. ▸ nachstellen, Schlinge gehen in die.
unterschreiben → anerkennen, annehmen, besiegeln, bestätigen, quittieren, unterzeichnen.
unterschrieben → abgemacht.
Unterschrift Autogramm. → Bekräftigung, Bescheinigung.
unterschwellig einschleichend, instinktiv, subluminal, unbewusst, unwillkürlich.
Unterseeboot (schwimmender) Sarg *u.*
untersetzt → derb, dick, dickwanstig, plump.
Untersetztheit Bulligkeit, Gedrungenheit, Stämmigkeit.
untersinken ertrinken, ersaufen, untertauchen, versinken, einsinken, untergehen, hineinfallen, sterben. ▸ auftauchen, schwimmen.
Unterspielen Untertreibung, Understatement.
unterspülen → auswaschen.
unterst → drunten.
Unterstand Bucht *u.* → Befestigung.
unterstehen → erdreisten sich.
unterstellen unterbauen, unterlegen, unterstützen, betten, lagern, abstützen • unterschieben, fingieren, erdichten, lügen, fabeln, vorplaudern, einreden • einstellen, sicherstellen, trockenstellen. → annehmen. ▸ entfernen, freilegen • hemmen, lockern sich, nehmen.
Unterstellraum Boden, Box, Garage, Hangar, Kellerraum, Lagerraum, Remise, Schuppen.
Unterstellung → Annahme, Hypothese, Lüge.
unterstreichen anstreichen, anzeichnen, punktieren, markieren, kennzeichnen, stricheln. → A und O, ausdrücken, besiegeln, betonen, hervorheben, hinweisen. ▸ ausstreichen.
Unterstreichung Betonung, Nachdruck.
unterstützen stützen, abstützen, tragen, halten, aufstützen, unterlegen • zu Hilfe kommen, mitziehen, auf Händen tragen, dienen, helfen, befürworten, sich einsetzen für, behilflich sein. → beeinflussen, begünstigen, beispringen, beistehen, beraten, besiegeln, beschenken, beteiligen sich, bringen auf die Beine, Daumen halten den, Decke unter einer stecken, dienen, eintreten für, ermuntern, helfen, tragen. ▸ freilegen, hemmen, behindern, bekämpfen, hindern, sabotieren, stören • im Stich lassen • unterbinden, vereiteln, verhindern • entgegenarbeiten • zunichte machen.
Unterstützung → Aushilfe, Beihilfe, Beistand, Beitrag, Bestechung, Dienstleistung, Diwan, Erhaltung, Gabe, Geld, Handreichung, Mitwirkung,

Vorschub.
▸ Behinderung, Hemmung, Störung • Vereitelung.

untersuchen abklopfen *u*, durchleuchten *u*, filtern *u*, filzen *u*. → aufklären, aufwerfen, ausforschen, befragen, beratschlagen, besprechen, beurteilen, abklopfen, charakterisieren, deuten, diskutieren, durchforschen, experimentieren, prüfen, punktieren, revidieren, verfolgen.

Untersuchung Check *u*, Schleuse *u*. → Analyse, Ausforschen, Auslegung, Begriffsscheidung, Bemühung, Beobachtung, Betrachtung, Darlegung, Denkart, Durchsicht, Erforschung, Ermittlung, Kontrolle, Kritik, Probe, Revision, Umfrage.

Untersuchung, gründliche (zur Vorsorge) Check-up.

Untertan → Diener, Untergebener.

untertan → abhängig, untertänig.

untertan machen, sich abhängig machen, besiegen, unterdrücken, unterwerfen.

untertänig unselbstständig, unfrei, botmäßig, geknechtet, dienstbar, lehenspflichtig, gutsherrlich • unterwürfig, sklavenhaft, schutzlos, wehrlos, ausgeliefert, widerstandslos, hündisch. → abhängig, charakterlos, demütig, devot, dienstbeflissen, dienstbereit, ehrfurchtsvoll.
▸ herrschsüchtig, überheblich.

Untertänigkeit → Demut, Gehorsam, Knechtschaft, Unterwerfung.

Untertasse, fliegende UFO (unidentified flying object).

untertauchen → eintauchen, untersinken.
▸ auftauchen.

unterteilen → zergliedern.

Untertemperatur Hypothermie.

Unterton → Beigeschmack.

untertreiben abschwächen. → abmildern, Understatement, Unterspielen.
▸ angeben, aufschneiden • aufbauschen, hochspielen, übertreiben.

unterwandern einschleichen sich, infiltrieren • verfremden.

Unterwäschenkot Eingemachtes *u*.

Unterwassergeschoss Torpedo.

unterwegs fort, weg, auf Trab, auf den Beinen, verreist, auf Reisen, wandernd, umherschweifend, reiselustig, en route • draußen, auf halber Strecke • wuselig, friedlos, ruhelos, nomadisch, vagabundisch, umherirrend, zu Fuß, per Bahn, per Schiff, im Auto, mit dem Rad, fürbass.
▸ anwesend, sesshaft, daheim, zu Hause • angekommen, eingetroffen.

unterweisen lehren, bilden, anraten, anleiten, anhalten, weisen, Unterricht erteilen, Anweisung geben, Lehre erteilen, abrichten, erziehen, einschulen, präparieren, vorbereiten, befähigen, einpauken, dressieren, eindrillen, einschustern, einexerzieren, einüben • raten, anempfehlen, Rat erteilen, zureden, abreden, einreden, ermuntern, ermutigen, zuraten, anraten, eintrichtern, unterweisen, überzeugen, eines Bessern belehren. → aufklären, ausbilden, beibringen, bekehren, belehren, beraten, dozieren, einschärfen, erklären, erziehen, lehren, orientieren, unterrichten.
▸ irreführen, verschweigen, verwirren.

unterweisend → belehrend.

Unterweisender Erzieher, Instrukteur, Lehrer, Pädagoge, Unterrichtender.

Unterweisung → Anleitung, Belehrung, Bevormundung, Direktive, Einführung, Ermahnung, Erziehung, Lehre, Ratschlag.

Unterwelt → Demimonde, Dunkel, Hölle.

Unterweltfluss Acheron, Lethe, Styx.

unterweltlich acherontisch, chtonisch, höllisch, plutonisch.

unterwerfen niederdrücken, niederwerfen, überwältigen, unterjochen, unterkriegen *u*, übermannen, obsiegen, besiegen, siegen, in die Knie zwingen, überwinden, knechten, erobern • fallen zu Füßen, fallen in die Knie, sich unterwerfen, unterliegen, sich beugen, sich demütigen. → aufdrängen, bändigen, belehnen, bestehen auf, beugen, bezähmen, drücken zu Boden, durchdrücken, erobern, fesseln, übergeben, zwingen.
▸ auflehnen, überheben sich.

unterwerfen, sich Segel streichen. → befolgen, beigeben, demütigen sich, ducken sich, ergeben sich, erniedrigen sich, klein machen sich.
▸ sich erheben, rebellieren, revoltieren, trotzen, sich widersetzen • sich befreien.

Unterwerfung Unterjochung, Untertänigkeit, Niederwerfung, Niederlage, Besiegung, Waffenstreckung, Bezwingung, Gewaltfrieden, Joch, Diktat • Kapitulation, Übergabe, Ergebung, Abtretung, Verzicht. → Abhängigkeit, Dienstbarkeit, Niederlage.
▸ Aufstand, Befreiung.

unterworfen → abhängig, erdrückt.

unterwühlen → schwächen, unterhöhlen.

unterwürfig schleimig, lakaienhaft, untertänig, Rad fahren *u*, knechtselig, niedrig, schmiegsam, geschmeidig, kriechend, bäuchlings, biegsam, servil, hündisch, parasitenhaft, unwürdig, entschuldigen Sie, dass ich geboren bin *u*. → befangen, biegsam, charakterlos, demütig, devot, ergeben, geduckt, gehorsam, kriechend, nachgiebig.
▸ überheblich.

unterwürfig sein Bauch liegen *u*, buckeln *u*, ducken *u*, sich in den Frack scheißen *u*. → schmeicheln.

Unterwürfigkeit Kriecherei, Bauchrutsch *u*, Willfährigkeit, Fügsamkeit, Augendienerei, Speichelleckerei, Schmarotzerei, Liebedienerei, Demut, Selbsterniedrigung. → Byzantinismus, Demut, Dienstbarkeit, Ergebenheit, Knechtschaft, Schmiegsamkeit.
▸ Überheblichkeit.

unterzeichnen unterschreiben, vollziehen, stempeln, abschließen, gegenzeichnen, ratifizieren, petschieren, mit einem Federstrich. → annehmen, besiegeln, bestätigen, quittieren, sanktionieren.
▸ ablehnen, ausstreichen, unterlassen.

unterzeichnet parafiert, verbrieft, besiegelt, abgeschlossen, abgemacht, handelseinig, verglichen, ausgehandelt, übereingekommen, zum Abschluss gebracht, verpflichtet, unterschrieben. →

abgemacht.
▸ widerrufen.

Unterzeichnung Bestätigung, Unterschrift, Annahme, Signatur, Vollzug, Stempelung, Abschluss, Besiegelung. → Konvention.
▸ Widerrufung.

untief → platt, seicht.
▸ tief.

Untiefe Tiefe, Versenkung, Einsenkung, Unergründlichkeit, Bodenlosigkeit, Schacht • Gefahr, Gefährlichkeit. → Bank, Furt, Sandbank.
▸ Tiefe.

Untier → Dickwanst, Drachen, Hässlichkeit, Missgestalt.

untragbar → unmöglich.

untrennbar → einheitlich, einhellig, fest, verbunden.

untreu → ehebrechen, falsch, unredlich.
▸ anhänglich, loyal, treu, zuverlässig.

untreu werden abfallen, betrügen, ehebrechen, hintergehen.

Untreue → Bekenntnis, Doppelrolle, Eid falscher, Fahnenflucht, Falschheit, Unbeständigkeit, Ungehorsam, Unredlichkeit, Wankelmut.

untröstlich → aufgelegt, böse, traurig, trostlos.
▸ aufgeräumt, fidel, fröhlich, heiter, munter.

untrüglich → absolut, authentisch, bestimmt, definitiv, echt, wahrhaftig.
▸ illusorisch, trügerisch, ungewiss, unsicher, zweifelhaft.

untüchtig schlapp *u.* → erfahrungslos, ungeschickt, unkundig, unzweckmäßig, wertlos.
▸ fähig, tüchtig.

Untüchtigkeit → Ungeschicklichkeit, Unkenntnis.

Untugend Ruchlosigkeit, schlechte Sitten, Sittenverfall, schwache Seite, Sünde, Gottlosigkeit, Schwäche, Abirrung, Ausartung, Fehler, Sündhaftigkeit, Abweg, Entgleisung, Lockerheit, Entsittlichung, Laxheit, Unanständigkeit, Gemeinheit, Laster, Liederlichkeit, Schandfleck, Lotterleben, Schurkerei, Abscheulichkeit, Schlechtigkeit, Verderbtheit, Verruchtheit. → Fehler.
▸ Tugend.

untunlich → ausgeschlossen, schwierig, unmöglich.

Unüberbietbares Nonplusultra, Superlativ.

unüberlegt Hals über Kopf, vorschnell, eilig, hetzend, gedankenlos, aufgeregt, täppisch, verwirrt, unbedacht, geistlos, zerstreut, schnell, achtlos, unachtsam, erregt, eilfertig, darauflos *u.*, fahrig *u.* → achtlos, blind, blindlings, dumm, dummdreist, erregbar, Fassung verlieren die, Knie abbrechen übers, Hals über Kopf.
▸ überlegt, bedacht, besonnen, durchdacht, geplant, ruhig, strategisch, umsichtig, vorausschauend, vorsichtig.

Unüberlegtheit Fahrlässigkeit, Impulsivität, Leichtfertigkeit, Leichtsinn(igkeit), Planlosigkeit, Unbedachtheit, Unbesonnenheit.

unübersehbar → deutlich.
▸ unsichtbar, verdeckt, versteckt, winzig.

unübersteigbar → schwierig, unmöglich.

unübertragbar unverkäuflich, ersessen, erbeingesessen, erblich, unveränderlich, unverjährbar, feststehend, bleibend, unverletzlich.
▸ übertragbar.

unübertreffbar → nonplusultra, prächtig, vollkommen, wunderbar.

unübertrefflich affenstark *u*, baumig *u*, bodenlos *u*, cool *u*, einsam *u*, einsame Klasse *u*, elementar *u*, fetzig *u*, sehr fähig *u*, spitze *u*, spitzenmäßig *u.* → erhaben über, erlesen, köstlich, prächtig, vollkommen, wunderbar.
▸ durchschnittlich, normal • miserabel, schwach.

unübertroffen → beispiellos, dominierend, vollkommen, vortrefflich.
▸ besiegt, bezwungen, überholt.

unüberwindlich → beherrscht, schwierig, sicher, unmöglich.
▸ besiegbar, bezwingbar, überwindbar.

unüblich → ungewohnt.
▸ alltäglich, gängig, gebräuchlich, normal, üblich.

unumgänglich → besiegelt, bevorstehend, brummig, erforderlich, fassen sich kurz, notgedrungen, nötig, schicksalhaft.
▸ entbehrlich, überflüssig, unnötig, vermeidbar.

unumschränkt allgewaltig, beherrschend, unabhängig, vorstehend, gebieterisch, berechtigt, anerkannt, selbstständig.
▸ abhängig • begrenzt, beschränkt, bestimmt, eingeschränkt.

unumstößlich felsenfest *u.* → authentisch, beglaubigt, bestimmt, definitiv, sicher, tatsächlich.

unumwunden → bedeutungsvoll, direkt, natürlich, offen, unverhohlen.

ununterbrochen permanent, ohne Unterlass, pausenlos, beständig, am laufenden Band, stetig, dauernd, anhaltend, unaufhörlich, ständig, immer, fortwährend, fortgesetzt, in einer Tour *u*, unermüdlich, ewig, beharrlich, (wie) am Fließband *u.* → andauernd, ausdauernd, chronologisch, dauernd, einem fort in, fließend, fortwährend, immer, konstant.
▸ unterbrochen • stockend, zögernd • bisweilen, gelegentlich, manchmal, sporadisch • niemals.

Ununterbrochenheit → Beständigkeit, Dauer, Ewigkeit.

ununterrichtet → unkundig, unwissend.

ununterscheidbar → dunkel, ein und dasselbe, unsichtbar, unverständlich.

unveränderlich unabänderlich, unwandelbar, beständig, kochfest, dauerhaft, unaufhörlich, stetig, beharrlich, unbeirrt, unverrückbar, feststehend, unvergänglich, standhaft, gleichmäßig. → besiegelt, charakterfest, dauerhaft, definitiv, farbecht, haltbar, stabil, unbeirrt.
▸ veränderlich, inkonstant, instabil, schwankend, unbeständig, variabel, verformbar, wandelbar.

Unveränderliche Konstante.

Unveränderlichkeit → Beharrlichkeit, Beständigkeit, Christus, Dauer, Dauerhaftigkeit, Entschiedenheit, Ewigkeit, Fels.

unverändert gleich, unbeirrt, feststehend, verlässlich, genauso, unwandelbar, bleibend, beständig, echt, haltbar, dauernd. → fest, gleich.
▸ verändert.

unverändert lassen belassen, beruhen lassen auf sich,

bewenden lassen, lassen, ruhen lassen.
unverantwortlich unvertretbar. → bestechlich, charakterlos, eigenmächtig, Faust auf eigene, frei, Schulter auf die leichte, unbedenklich. ▸ gewissenhaft, ordentlich, pflichtbewusst, sorgfältig, verantwortungsvoll, verlässlich, zuverlässig.
Unverantwortlichkeit → Dispensation, Eigenmächtigkeit, Freiheit, Pflichtvergessenheit.
unveräußerlich → unübertragbar. ▸ käuflich, veräußerlich.
unverbesserlich reuelos, störrisch, halsstarrig, verstockt, hart gesotten, schlecht, nichtswürdig, unheilbar, unbußfertig, nichtsnutzig, schwach, unverzeihlich, tadelhaft, abscheulich, freventlich, verdorben, verderbt, abgehärtet, gewissenlos, unzerknirscht, ungebessert, gottlos, verloren, ohne Einsicht, dagegen ist kein Kraut gewachsen. → böse, charakterlos, rückfällig. ▸ charaktervoll, reumütig.
unverbildet → natürlich.
unverbindlich nicht verpflichtet, nicht gebunden, ungebunden, pflichtenlos, ledig, nicht pflichtig, pflichtfrei • unhöflich, schroff. ▸ verbindlich, entgegenkommend, freundlich, herzlich, bindend, definitiv, obligatorisch, verbindlich, verpflichtend.
unverblümt ungeniert. → anschaulich, derb, deutsch auf gut, offen, unverhohlen. ▸ andeutungsweise, beschönigend, durch die Blume, indirekt, umschrieben.
unverbogen ungekünstelt, einfach, unverfälscht, echt, gerade, schlicht, unaffektiert, ungezwungen, arglos, offen, natürlich, naiv. → einfach, sachlich, schlicht. ▸ unnatürlich, verbogen.
unverborgen → offen.
unverbraucht frisch, jugendlich, jung, jungfräulich, knackig, knusprig, leistungsfähig, munter, neu, vital.
unverbunden → getrennt, los.
unverdächtig zweifellos, zuverlässig, ehrlich, offen, treu, stubenrein, astrein, koscher *u*, freimütig, wahrhaftig. ▸ verdächtig • astrein *u*.
unverderblich → dauerhaft, haltbar, unschädlich.
unverderbt → brav, rechtschaffen, unschuldig.
unverdientes Glück Dusel *u*.
unverdorben → aufrichtig, bieder, brav, brillant, charakterfest, ehrsam, frisch, gut, haltbar, harmlos, natürlich, normal, rechtschaffen, unschuldig. ▸ faul(ig), schlecht, ungenießbar, verdorben, verfault, widerlich • lasterhaft, schamlos, sündhaft, unanständig, unzüchtig.
Unverdorbenheit → Fehlerlosigkeit, Rechtschaffenheit, Tugendhaftigkeit.
unverdrossen → anstellig, arbeitsam, ausdauernd, eifrig, rege. ▸ lustlos, resigniert, verdrossen.
unverdünnt dickflüssig, hochkonzentriert, konzentriert, pur.
unverehelicht → allein stehend, ledig.
unvereinbar disparat. → beziehungslos, diskrepant, gegensätzlich. ▸ kompatibel, passend, vereinbar, verträglich, zusammenpassend • füreinander bestimmt, verbunden, zusammengehörig • widerspruchsfrei.
Unvereinbarkeit Inkompatibilität.
unverfälscht → arglos, aufrichtig, ausschließlich, echt, gediegen, gesund, lauter, naturgemäß, natürlich, reell, unschädlich, wahrhaftig. ▸ entstellt, verfälscht, verzerrt.
unverfroren → abstoßend, dreist, unhöflich, unverhohlen.
Unverfrorenheit → Beharrlichkeit, Frechheit, Überhebung, Unhöflichkeit.
unverfügbar indisponibel.
unvergänglich → chronisch, dauerhaft, ewig, felsenfest, fortwährend, unveränderlich. ▸ endlich, sterblich, vergänglich, zeitgebunden • ephemer, kurzlebig.
Unvergänglichkeit → Beständigkeit, Dauer, Dauerhaftigkeit, Ewigkeit.
unvergessen bleibend, denkwürdig, (sehr) eindrucksvoll/einprägsam, unvergesslich.
unvergesslich → anmutig, eingedenk, unauslöschlich.
Unvergleichbarkeit Inkommensurabilität.
unvergleichlich → anders, auserlesen, außerordentlich, bahnbrechend, brillant, einmalig, enorm, Epoche machend, erlesen, erstaunlich, schön, vollkommen, konkurrenzlos. ▸ durchschnittlich, gewöhnlich, mittelmäßig, normal, ordinär.
unverhältnismäßig → anders, außerordentlich, beziehungslos, enorm, erstaunlich. ▸ relativ, vergleichsweise, verhältnismäßig.
unverheiratet einspännig *u*. → allein stehend, ledig.
unverhofft unerwartet, unvermutet, überraschend, unversehens, unvorhergesehen, plötzlich, unangemeldet, gegen alle Erwartungen. → Blitz getroffen wie vom, Knall und Fall, plötzlich. ▸ erwartet, vorbereitet.
unverhohlen unbemäntelt, unbeschönigt, unumwunden, ungeschminkt, unverblümt, unverfroren, klipp und klar, frank und frei, eindeutig, unverkennbar, wahrheitsgetreu, rückhaltlos, freimütig, geradheraus, unverschleiert, offenkundig. → anmaßend, offen, schonungslos. ▸ schonend, verschlossen, heimlich, verborgen, verhohlen.
unverhüllt → augenfällig, deutlich, nackt, offen, unverhohlen, verständlich. ▸ verblümt • angezogen, bedeckt, bekleidet, verhüllt, verpackt.
unverkäuflich → bleiben sitzen, restlich.
Unverkäufliches Ausschuss, Flop, Kram, Ladenhüter, Plunder, Ramsch, Schund, Tinnef, Trödel.
unverkennbar → absolut, anschaulich, augenfällig, bedeutungsvoll, beglaubigt, deutlich, deutsch auf gut, einleuchtend, erkennbar, fassbar, klar, offenbar, sicher, unverhohlen, verständlich.
unverkürzt unvermindert, ungeschmälert, nicht abgeschnitten, unversehrt, heil, ungeteilt. → A und O, A bis Z, all, ganz. ▸ verkürzt.

unverlässlich nachlässig, schlampig, leichtsinnig • schwankend, wankelmütig, unstet, unzuverlässig, wetterwendisch, fahrig, untreu, wandelbar, flatterhaft, treulos. → doppelsinnig, fahnenflüchtig.
▸ verlässlich.
unverletzlich ungeschmälert, unübertragbar, unveräußerlich, unverjährbar, rechtlich, gesetzlich, satzungsgemäß, unangreifbar, gesetzmäßig, rechtmäßig. → sicher.
▸ übertragbar, ungesetzlich, unsicher.
Unverletzlichkeit Immunität, Tabu, Unverwundbarkeit.
unverletzt → ganz, gesund, intakt, keusch.
▸ verletzt, versehrt, verwundet.
unverlierbar → diebessicher, sicher.
unvermählt → allein stehend, ledig.
unvermeidlich → absolut, besiegelt, bevorstehend, schicksalhaft, unausbleiblich.
▸ überflüssig, unnötig, vermeidbar.
unvermindert → A und O, A bis Z, all, unverkürzt.
unvermischt → ausschließlich, klar, lauter, rein.
unvermittelt übergangslos. → augenblicklich, direkt, plötzlich, spontan.
Unvermögen Kraftlosigkeit, Machtlosigkeit, Ohnmacht, Untauglichkeit, Untüchtigkeit, Unfähigkeit, Schwäche, Versagen, Wirkungslosigkeit, Erfolgslosigkeit, Nutzlosigkeit, Erschöpfung, Entnervung. → Bedeutungslosigkeit, Einflusslosigkeit, Entkräftung, Schwäche.
▸ Bedeutung, Kraft.
unvermögend impotent, schwach, kraftlos, untauglich, schwächlich, unfähig, hinfällig, entkräftet • unfruchtbar, steril, immun • arm, unbemittelt, mittellos, schwach auf der Brust *u.* → arm, Bock als Gärtner, reizlos, schwach, unkundig.
▸ bedeutend, kraftvoll, vermögend.
unvermutet → augenblicklich, Blitz getroffen wie vom, plötzlich, unverhofft.
▸ erhofft, ersehnt • erwartungsgemäß, wie vermutet, wunschgemäß.
unvernehmbar → leise, tonlos, unhörbar.
▸ hörbar, laut, vernehmlich, wahrnehmbar.
unvernehmlich → dumpf, leise, tonlos.
Unvernunft Leichtfertigkeit, Dummheit, Idiotie, Torheit, Blödheit, Borniertheit, Unverstand, Beschränktheit, Albernheit, Einfalt, Ungeschick, Unsinn, Possen. → Dummheit.
▸ Vernunft.
unvernünftig läppisch, dumm, vernagelt, verbohrt, unverständig, idiotisch, blöde, unbesonnen, dämlich, borniert, unklug, unweise, hirnverbrannt, toll, voreilig, sinnlos, kurzsichtig, gedankenlos, unbedacht, das Pferd am Schwanz aufzäumen. → absurd, ausgeschlossen, bedenklich, begriffsstutzig, blindlings, dumm, dummdreist, unmöglich.
▸ vernünftig.
unverrichtet → erfolglos, schwebend, unvollendet.
unverrückbar → felsenfest, starr, unbeirrt, unbeweglich, unveränderlich.
unverschämt ausgeschamt *u*, rotzfrech *u*, rotzig *u.* → abstoßend, anmaßend, anrüchig, arg, aufdringlich, boshaft, brutal, höhnisch, rücksichtslos, ungezogen, unhöflich.
▸ bescheiden, genügsam, zurückhaltend • entgegenkommend, freigebig, großzügig.
Unverschämtheit Chuzpe *u.* → Anmaßung, Beleidigung, Bissigkeit, Bosheit, Dreistigkeit, Dünkel, Frechheit, Tabak ein starker, Ungezogenheit, Unhöflichkeit.
unverschleiert → anschaulich, deutsch auf gut, fassbar, nackt, offen, unverhohlen.
unverschlossen → freiherzig, offen, redselig.
unverschuldet → absichtslos, schuldenfrei.
unversehens → ahnungslos, augenblicklich, Blitz getroffen wie vom, plötzlich, unverhofft.
▸ erwartungsgemäß.
unversehrt → ganz, gesund, intakt.
▸ beschädigt, defekt, entzwei, kaputt, schadhaft, verletzt, versehrt.
unversiegbar unerschöpflich, überreichlich, üppig, voll, strotzend, fließend, angefüllt, ungeheuerlich. → enorm, fließend.
▸ spärlich.
unversöhnlich intim verfeindet *u.* → barbarisch, böse, feindlich, gehässig, rachsüchtig, verbissen.
▸ entgegenkommend, freundlich, friedfertig, friedlich, kompromissbereit, konziliant, umgänglich, verbindlich, versöhnlich, verträglich.
Unversöhnlichkeit → Entzweiung, Feindschaft.
unversorgt karg, ärmlich, in Not, spärlich, notdürftig, unbemittelt, unbefriedigt, ohne Vorrat, armselig, hilfsbedürftig, Not leidend, ausgehungert, unausgerüstet, unausgestattet, unversehen. → arm.
▸ versorgt • im Überfluss lebend, überversorgt • wohlhabend.
unversperrt → offen.
Unverstand → Blödigkeit, Dummheit, Entscheidung falsche, Unsinn, Unvernunft.
unverständig → beengt, blindlings, dumm, einsichtslos, erfahrungslos, ungeschickt, unvermögend.
▸ einsichtig, verständig.
unverständlich abstrus, verworren, unlösbar, finster, unergründlich, unfassbar, unerklärlich, unfasslich, unglaubhaft, dunkel, Buch mit sieben Siegeln, böhmische Dörfer, unglaublich, unklar, undefinierbar, durchsichtig, unerfindlich, unerforschlich, wirr, schleierhaft *u.* → delikat, diskutierbar, dunkel, kompliziert, nebelhaft, schwierig, unbegreiflich.
▸ verständlich, anschaulich • artikuliert, begreiflich, deutlich, einleuchtend, fassbar, klar, verständlich, verstehbar.
unverständlich reden bramsen *u*, bruddeln *u*, brummeln *u.*
Unverständliches Brezel *u.*
Unverständnis → Dummheit, Unvernunft.
unverstellt unverrückt, unverändert, am gleichen Ort, an derselben Stelle. → anspruchslos, aufrichtig, derb, deutsch auf gut, einfach, echt, offen, wahrhaftig.
▸ verstellt, heuchlerisch, verlogen.
unverträglich verstritten, streitig, böse, gehässig, misshellig, gegnerisch, widerspenstig, ungezogen,

unversöhnlich, streitsüchtig, zwiespältig, zwieträchtig, feindlich, boshaft, katzig, kiebig *u*, kratzbürstig • mit ihm ist nicht gut Kirschen essen • unverträglicher Mensch: Drache, Furie, Kratzbürste, Brummbär, Beißzange, Rüppel, borstig *u*. → feindlich. ▸ verträglich, bekömmlich, genießbar, gesund, leicht verdaulich • duldsam, tolerant, umgänglich.
unvertraut fremd, fremdartig, neu, ortsfremd, ungewöhnlich, ungewohnt, unkonventionell.
unvertretbar → unverantwortlich.
unverwandt → andauernd.
unverwendbar → unzweckmäßig, wertlos.
unverwendet unbenutzt, unbrauchbar, unberührt, unbeansprucht, zur Verfügung, entbehrlich, außer Gebrauch. → arbeitslos, disponibel, neu. ▸ gebraucht, unentbehrlich, (verwendet).
unverwischbar → eingedenk, unauslöschlich.
unverwundbar immun, gefeit, sicher, kugelfest. ▸ verletzbar, verwundbar.
unverwüstlich → ausdauernd, Damm sein auf dem, dauerhaft, gesund, haltbar, zäh.
unverzagt → brav, felsenfest, optimistisch, unbeirrt, unerschrocken. ▸ ängstlich, kleinmütig, mutlos, niedergeschlagen, verzagt, verzweifelt.
unverzeihlich unverantwortlich, ungerechtfertigt, belastend, erschwerend • schlimm, lasterhaft, schlecht, böse, schändlich, unmoralisch, abscheulich, niederträchtig, verbrecherisch, frevelhaft, todeswürdig, unentschuldbar, unrecht, nicht zu rechtfertigen. ▸ verzeihlich.
unverzinsliche Anleihen Nullkupon-Anleihen, Zerobonds.
unverzüglich → eilends, prompt, rasch, schnell.
unvollendet halb, halb fertig, unbeendigt, unentschieden, unfertig, unverrichtet, schwebend, unvollkommen, unvollständig, fehlerhaft, halb vollendet, ungetan, anhängig, in der Schwebe. → bruchstückartig, schwebend. ▸ vollendet.
unvollkommen billig *u*. → abwegig, absurd, beengt, begrenzt, charakterlos, einigermaßen, fadenscheinig, minderwertig, schwebend, unvollendet. ▸ fehlerlos, ideal, makellos, meisterhaft, perfekt, vollendet, vollkommen.
Unvollkommenheit Fehlerhaftigkeit, Fehlfarbe, Manko, Mist, Minderwertigkeit, Unvollständigkeit, Mangelhaftigkeit, Ausfall, Stückwerk, Unzulänglichkeit, Pfusch, Murks, Leere, Lücke, Gebrechen, Ungenüge, Mangel, Schadhaftigkeit, Mittelmäßigkeit, Übelstand, Unreife, Makel, Unfertigkeit, Fehlkonstruktion. → Defekt, Fehlbetrag, Fehler, Mangelhaftigkeit, Übelstand. ▸ Vollkommenheit.
unvollständig → beschädigt, bruchstückartig, defekt, oberflächlich, ungenügend, unvollendet. ▸ abgeschlossen, vollendet • komplett, lückenlos, ungekürzt, vollständig, vollzählig.
Unvollständigkeit → Ausfall, Fehler, Lücke, Mängel, Mangelhaftigkeit, Übelstand, Unvollkommenheit.
unvorbereitet leichtsinnig, unbedacht, unvorsichtig, unfertig, unversorgt, planlos, improvisiert, ex tempore • ursprünglich, natürlich, unbewusst. → improvisiert, planlos, Tür und Angel zwischen. ▸ vorbereitet, bereit, gerüstet, parat, startbereit.
unvorbereitete Arbeit Extemporale, Improvisation.
unvoreingenommen → loyal, objektiv, sachlich. ▸ befangen, einseitig, parteiisch, voreingenommen.
unvorhergesehen → absichtslos, blindlings, Blitz getroffen wie vom, Knall und Fall, unverhofft. ▸ erwartet, erwartungsgemäß, planmäßig, (wie) vorgesehen.
unvorsätzlich → absichtslos, beiläufig.
unvorsichtig fahrlässig, nachlässig, sorglos, gedankenlos, unbedenklich, unbesonnen, leichthin, unbedacht, unvernünftig, töricht, vorschnell, leichtfertig, unklug, unbekümmert, übermütig, wagemutig, verwegen, vermessen → achtlos, bedenklich, blindlings, fahrig, leichtfertig, nachlässig, übermütig, unbedenklich. ▸ vorsichtig, behutsam, sachte, sorgfältig • ängstlich.
Unvorsichtigkeit → Fahrlässigkeit, Indiskretion, Übermut.
unvorstellbar bodenlos *u*, märchenhaft *u*, sagenhaft *u*. → außerordentlich, empörend, enorm, fabelhaft, unbegreiflich, unverständlich.
unvorteilhaft → abbrüchig, böse, schädlich, schlecht, ungünstig, unzweckmäßig. ▸ angenehm, erfreulich, gefällig, günstig, lukrativ, opportun, profitabel, vorteilhaft.
unwägbar → leicht, ungewiss.
unwahr → charakterlos, erfunden, falsch, irrtümlich, verlogen.
unwahrhaft → charakterlos, erfunden, falsch, unredlich, verlogen.
unwahrhaftig → charakterlos, falsch, verlogen.
Unwahrheit Märchen, Erfindung, Fabelei, Erdichtung, Lüge, Unrichtigkeit, Irrtum, Trugbild, Blendwerk, Falschheit, Dunst, Roman, Lügengewebe, Jägerlatein, Seemannsgarn, Hurenseich *u*. → Ausflucht, Ausrede, Bekenntnis, Dichtung, Entstellung, Falschheit, Lüge. ▸ Wahrheit.
Unwahrheit sagen, die beschwindeln, flunkern, lügen, schwindeln.
unwahrnehmbar → unsichtbar.
unwahrscheinlich → kaum, undenkbar, ungewiss. ▸ bestimmt, gewiss, sicher • möglich, wahrscheinlich.
Unwahrscheinliches erzählen auftischen *u*.
unwandelbar → ausdauernd, beharrlich, chronisch, dauerhaft, dauernd, ewig, unbeirrt, unveränderlich. ▸ labil, unbeständig, wandelbar, wechselhaft.
Unwandelbarkeit → Beständigkeit, Dauer, Ewigkeit.
unwegsam unzugänglich, unfahrbar, ungebahnt, unübersteigbar, kompliziert, heikel, schlimm, undurchführbar, unerreichbar, knorrig, verwickelt. → kompliziert, schwierig. ▸ begehbar, erschlossen, zugänglich.
unweiblich männlich, unzart, derb, roh, grob. ▸ weiblich.

unweigerlich gewiss. → unfehlbar.
▸ bestimmt nicht, keinesfalls.

unweit → nahe.
▸ entfernt, fern, weit entfernt.

Unwert Nutzlosigkeit, Stückwerk, Trödel, Trödelkram, Belanglosigkeit, Wertlosigkeit, Nichtigkeit, Seichtigkeit, Wirkungslosigkeit, Erfolglosigkeit, Plunder, Gerümpel, Lumpen, Abfall, Luder, Überrest, Kitsch, Schleuderware, Dreck, Schmutz, Deut • Unwürdigkeit, Lumpengesinnung, Würdelosigkeit.
▸ Wert.

unwesentlich → ausdruckslos, gering, nebensächlich, unbedeutend, unwichtig.

Unwetter → Ausbruch, Blitz, Donner, Ungewitter.

unwichtig gehaltlos, nicht erwähnenswert, trivial, unwesentlich, kein Hahn kräht danach, leere Nuss, es ist nichts dahinter, kein Hund vom Ofen zu locken damit, nebenbei, untergeordnet, bedeutungslos, gleichgültig, nebensächlich, schwach, ausdruckslos, nichts sagend, geringfügig, kleinlich, alltäglich, gemein, schal, fad. → albern, ausdruckslos, gering, nebensächlich, unbedeutend.
▸ wichtig, bedeutend, bedeutsam, bedeutungsvoll, entscheidend, gewichtig, schwer wiegend, wesentlich.

Unwichtigkeit Lappalie, Nebensache, Schnickschnack, Stuss, Strohmann, Belanglosigkeit, Wertlosigkeit, Unbedeutendheit, Gleichgültigkeit, Bedeutungslosigkeit, Gehaltlosigkeit, Geringfügigkeit, Unansehnlichkeit, Kinderei, Bagatelle, Pfifferling, Pappenstil, Firlefanz, Schaum, Flitter, Fliegenschiss *u.* → Ärmlichkeit, Bagatelle, Bedeutungslosigkeit, Binse, Deut, Dummheit, Dunst, leerer, Kamellen.
▸ Wichtigkeit.

unwiderlegbar → bestimmt, beweisend, demnach, erweislich, klar, logisch, nachweisbar, stichhaltig.
▸ fraglich, zweifelhaft • widerlegbar.

Unwiderlegbarkeit → Tatsache, Wahrheit.

unwiderleglich apodiktisch, bombensicher *u.* → absolut, bestimmt, beweisend, klar, logisch, schlagend, stichhaltig, wahr.

unwiderruflich → besiegelt, charakterfest, definitiv, entschlossen, felsenfest, feststehend, schicksalhaft.

unwidersprochen angenommen, einstimmig, einverstanden, abgemacht, einmütig, einig, dafür, bejahend, einhellig, verständnisinnig. → absolut, beifällig, bestimmt, einhellig.
▸ dawider, unsicher.

unwiderstehlich zwingend, unerlässlich, verlockend, angelockt, unwiderruflich, stark, angereizt, drängend • unerschütterlich, kraftvoll, energisch, aufrecht, unbesiegbar. → erregend, stark.
▸ kraftlos, nachgiebig, uninteressant.

Unwiderstehlichkeit → Anziehung.

unwiederbringlich verloren, fort, weg, dahin, unrettbar, abhanden, ade, auf Nimmerwiedersehen • vergangen, vorbei, vorüber, längst, zuvor, einst. → aussichtslos, einstig.
▸ Gewinn bringend, hoffnungsvoll, wiederkehrend, zukünftig.

Unwille Indignation, Unlust, Widerstreben, Sträuben, Ekel, Unbehagen, Verdruss, Unmut, Grimm, Groll, Gift und Galle. Erbitterung. → Abneigung, Abscheu, Bitterkeit, Entrüstung, Grimm, Zorn.
▸ Lust.

unwillig → cholerisch, erbost, widerwillig, wütend, zornig.
▸ bereit, entgegenkommend, freundlich, nachgiebig, willig.

Unwilligkeit → Abneigung, Ärger, Bosheit, Unwille, Verstimmung, Widerwille.

unwillkürlich → spontan, triebhaft.

unwirklich eingebildet, imaginär, trügerisch, illusorisch, vortäuschend, nichtig, irreal, unsichtbar, geisterhaft, unerschaffen, nicht vorhanden, gedacht, unkörperlich, entsinnlicht, unpersönlich, fantastisch, utopisch, unmöglich, irreal. → begrifflich, bizarr, ideell.
▸ wirklich, greifbar, real, sichtbar, tatsächlich.

Unwirklichkeit → Anschein, Dunstbild, Illusion, Schein.

unwirksam außer Funktion, unvermögend, schwach, impotent, unfähig, wirkungslos, nutzlos, erfolglos, machtlos, kraftlos, einflusslos, belanglos, abgeklappert, abgeleiert, vergebens, vergeblich, das zieht nicht. → ausdruckslos, passiv, nutzlos, unbedeutend, unvermögend.
▸ wirksam, wirkungsvoll, effektiv, effektvoll.

unwirksam machen abschaffen, beseitigen, eliminieren, neutralisieren, paralysieren, töten.

Unwirksamkeit → Einflusslosigkeit, Bedeutungslosigkeit.

unwirsch biestig *u*, eklig *u*, essigsauer *u*, sauer *u.* → ärgerlich, brummig, cholerisch, ernst, furienhaft, grob, unhöflich, unzufrieden.

Unwirtlichkeit Einöde, Öde, Ödland, Steppe, Wüste.

Unwirtschaftlichkeit Verschwendung, Unsparsamkeit, Vergeudung, Verschleuderung, Überfluss, Leichtsinn, Überfülle, Prasserei, Schlemmerei, Schwelgerei, Aufwand. → Luxus.
▸ Wirtschaftlichkeit.

unwissend ungebildet, ungelehrt, ungelernt, ungeschult, unvertraut, unkundig, fremd, unaufgeklärt, dumm, unerfahren, uneingeweiht, unbelesen, dilettantisch, laienhaft, beschränkt, borniert, keine blasse Ahnung, keinen Schimmer haben, von Tuten und Blasen keine Ahnung, desorientiert • absichtslos. → bäuerisch, blind, dumm, einsichtslos, erfahrungslos, unhöflich, unkundig.
▸ wissend, aufgeklärt, eingeweiht, gebildet, informiert, kenntnisreich, unterrichtet.

Unwissender → Nichtskönner.

Unwissenheit Unerfahrenheit, Unkunde, Halbbildung, Bildungslosigkeit, Afterweisheit, Buchgelehrsamkeit, Schulweisheit, Dilettantismus, Oberflächlichkeit, Leerheit, Hohlheit, Wissenslücke, Scheinwissen, Ignoranz. → Blindheit, Dummheit,

Unkenntnis.
▸ Wissen.
unwohl blümerant *u.* → abgespannt, krank, schlecht, übel.
▸ fit, gesund, wohlauf, wohlig.
Unwohlsein Dalles *u.* → Befinden, Beschwerde, Missbehagen, Übelkeit.
unwohnlich → unbehaglich.
▸ behaglich, gemütlich, wohnlich.
unwürdig → bedauerlich, charakterlos, entehrend, minderwertig, niederträchtig, schmachvoll, unredlich.
Unwürdigkeit → Demoralisation, Schmählichkeit, Unehre, Unredlichkeit, Unwert.
Unzahl → Anzahl, Diverse, Masse, Überfluss.
unzählbar → enorm, Sand am Meer wie, unbegrenzt.
unzählig → enorm, massenhaft, Sand am Meer wie, unversiegbar.
▸ einige, wenige • kein.
unzart → plump, rau, unhöflich, unweiblich, wild.
▸ liebevoll, sanft, zart, zärtlich.
Unzartheit → Indiskretion, Unhöflichkeit.
Unzeit Ungelegenheit, Unschicklichkeit, Pech, ungelegene Stunde, Beeinträchtigung, Ungünstigkeit, Unpassendheit, Unzweckmäßigkeit, Ungeschicklichkeit, Unangemessenheit.
▸ Gunst des Augenblicks, Schicklichkeit.
unzeitgemäß → abgetan, beziehungslos, Tür ins Haus fallen mit der, ungünstig, veraltet.
▸ aktuell, in, modern, zeitgemäß.
unzeitig → unangebracht, ungünstig, unzweckmäßig.
unzerbrechlich → dauerhaft, fest, haltbar.
▸ brüchig, fragil, zerbrechlich.
unzerstörbar → chronisch, dauerhaft, felsenfest, fest, gut, haltbar.
▸ brüchig, gebrechlich, morsch, mürbe, spröde, zerstörbar.
Unzerstörbarkeit → Beständigkeit, Dauerhaftigkeit.
unzerstört → A und O, A bis Z, all, ganz, intakt.
unzertrennlich fest, verbunden, unteilbar, unzerschnitten, unzerschneidbar, unzerbrechbar, unauflöslich, unauflösbar, untrennbar, dauerhaft • befreundet, vertraut, zusammen, einhellig, einmütig. → befreundet, fest.
▸ lose, trennbar, verfeindet.
unziemlich ungehörig, unartig, unschicklich, unanständig, ungeziemend, ungebührlich, anstandswidrig, unzart, unsittlich, unrecht, unbillig, flegelhaft, unmoralisch, bubenhaft. → abstoßend, ausgelassen, bäuerisch, fassen sich kurz, frei, ungezogen, unhöflich.
▸ höflich, schicklich.
unzivilisiert geschmacklos, ungebildet, roh, unkultiviert, barbarisch, unzart, gemein, tierisch, gewöhnlich, proletenhaft, ungeschliffen, ungesittet, unfein, unmöglich, taktlos. → unhöflich, unwissend.
▸ zivilisiert.
Unzucht → Schuld, Sinnlichkeit, Unkeuschheit.
Unzucht mit Tieren Sodomie.
unzüchtig → anrüchtig, arg, ausschweifend, begehrlich, charakterlos, unflätig, unkeusch.
▸ prüde • keusch • anständig, sittsam, sauber, tugendhaft, züchtig.
unzufrieden missgestimmt, missvergnügt, unbefriedigt, unglücklich, unwirsch, ärgerlich, verdrossen, enttäuscht, mürrisch, unlustig, freudeleer, leidvoll, herb, schwer, unleidlich, unausstehlich, verdrießlich, quengelig *u*, schlecht gelaunt • maulen, meckern, herummeckern, quengeln *u.* → ärgerlich, aufgelegt, böse, enttäuscht, erbittert, freudlos, mürrisch, unglücklich, verdrießlich.
▸ zufrieden, befriedigt • glücklich, selig • zufrieden.
Unzufriedenheit Unbefriedigung, Unmut, Unlust, Missfallen, Missvergnügen, Unbehagen, Niedergeschlagenheit, Verdrießlichkeit, Ärger, Unersättlichkeit, Verbitterung, Schmollwinkel. → Abneigung, Achsel, Ärger, Bitterkeit, Enttäuschung, Missbehagen, Missfallen, Unwille, Verstimmung.
▸ Zufriedenheit.
unzugänglich unpassierbar, unbetretbar. → abgelegen, abseits, ärgerlich, ausschließend, befangen, dicht, einsam, engstirnig, entfremdet, entlegen, fern, geschlossen, pfadlos, schwierig, ungesellig.
▸ begehbar, erschlossen, zugänglich • ansprechbar, aufgeschlossen, extrovertiert, kontaktfreudig, umgänglich • kontaktgeil.
Unzugänglichkeit → Denkart kleinliche, Entlegenheit, Kälte, Teilnahmslosigkeit.
unzulänglich → beengend, karg, schwach, ungenügend, wenig.
Unzulänglichkeit → Bedeutungslosigkeit, Lücke, Mangel, Mangelhaftigkeit, Nachteil, Unvollkommenheit.
unzulässig → unrecht, verboten.
▸ erlaubt, statthaft, zulässig.
unzumutbar (sehr) lästig/unangenehm, unausführbar, unerträglich, ungebührlich.
unzurechnungsfähig → dumm, gehirnlos, schwach.
Unzurechnungsfähigkeit, zeitweilige Sendepause *u.*
Unzurechnunsgfähigkeits-Bescheinigung Jagdschein *u.*
unzureichend → beengt, karg, ungenügend, wenig.
unzusammenhängend → abgerissen, allein, beziehungslos, blättrig, los, unstet, vereinzelt.
unzuständig inkompetent, laienhaft, unberechtigt.
unzutreffend → absurd, falsch, illusorisch.
▸ belegt, bestätigt, bewiesen, richtig, treffend, triftig, wahr, zutreffend.
unzuverlässig wankelmütig, unstet, unsicher, unbeständig, treulos, untreu, charakterlos, veränderlich, wetterwendisch, leichtsinnig, flüchtig, fahrig, wandelbar, bestechlich, unehrlich, unpünktlich, flatterhaft, vergesslich, faul *u*, seifig *u*, schief *u.* → abtrünnig, achtlos, doppelsinnig, spät, unverlässlich.
▸ zuverlässig.
unzuverlässiger Typ falscher Fuffziger *u*, linker Bruder *u*, schräge Figur *u*, linke Titte *u.*
unzweckmäßig nachteilig, unbequem, unbrauchbar, unverwendbar, unvorteilhaft, lästig, unpassend, untauglich, verfehlt, zweckwidrig, ungeeignet, wirkungslos, ungelegen, für die Katz, Verlust bringend, hinderlich, unangebracht, am falschen

Platz, umständlich.
▸ zweckmäßig, zweckdienlich, zweckentsprechend, brauchbar, geeignet, tauglich.
unzweideutig astrein *u.* → absolut, anschaulich, augenscheinlich, authentisch, beglaubigt, bestimmt, definitiv, deutlich, drastisch, einleuchtend, fassbar, kategorisch, klar, logisch, sicher, verständlich.
unzweifelhaft → absolut, augenscheinlich, beglaubigt, bestimmt, beweisend, deutlich, dokumentarisch, erwiesen, feststehend, sicher.
▸ fraglich, offen, unbewiesen, unsicher, zweifelhaft.
up to date aktuell, auf dem neuesten Stand, en vogue, hip, modern, zeitgemäß.
üppig fruchtbar, ertragreich, wuchernd, reich, überreichlich, strotzend, unerschöpflich, überladen, pfropfenvoll, überfließend • ausschweifend, schlemmend, unenthaltsam • verführerisch, sinnlich • dick, korpulent, fleischig, barock *u*, fleischwogend *u.* → allerhand.
▸ dünn, karg, mäßig, unfruchtbar.
üppiges Land Dorado, fruchtbarer Acker/Boden. → Paradies.
Üppigkeit → Auswahl, Saus und Braus, Überfluss.
uralt archaisch, greisenhaft, hochbetagt, steinalt, vergreist.
urban städtisch. → großzügig.
▸ provinziell.
urbar machen → pflegen.
▸ brachliegen lassen • veröden/versteppen lassen.
Urbehagen → Lebensfreude.
Urbild Archetypus. → Original, Typus.
▸ Abbild, Kopie, Reproduktion.
ureigen → apart, eigengesetzlich, originell.
Ureinwohner → Bevölkerung, Eingeborener.
Urenkel → Anverwandter.
Urform → Entwurf, Original.
urgemütlich saunett *u.*
urgewaltig dämonisch.
Urgroßeltern → Ahnen.
Urgroßvater → Anverwandter.
Urgrund → Substanz, Stoff.
Urheber Erzeuger, Gründer, Verfasser, Autor, Erbauer, Erschaffer, Züchter, Schaffer, Former, Bildner, Künstler, Komponist, Dichter, Dramatiker, Baumeister, Architekt, Ingenieur, Maler, Bildhauer, Plastiker, Gießer, Zeichner, Grafiker, Schnitzer, Goldschmied. → Arbeiter, Erfinder, Erschaffer, Schöpfer.
▸ Verwerter.
Urheberrecht Copyright, Patent.
Urheberschaft → Erzeugung.
Urin Harn, Wasser • Brunzwasser *u*, Pinkel, *u* Pisse *u.*
Urinflasche Pissbombe *u.*
urinieren brunzen *u*, flossen *u*, pinkeln *u*, pissen *u.*
Urinlassen Harnen, Miktion, Pinkeln, Pissen, Urinieren, Wasserlassen.
urkomisch → originell.
Urkraft → Natur.
Urkunde Schriftstück, Beweisstück, Dokument, Diplom, Akte, Bill, Aktenstück, Niederschrift, Erlass, Bulle, Nachweis, Beleg. → Abkommen, Attest, Bescheinigung, Bestallung, Chronik, Diplom, Fähigkeitsnachweis, Patent, Quelle aus amtlicher, Vertrag, Zeugnis.
Urkundenfälscher → Fälscher.
Urkundenfälschung → Fälschung.
Urkundenlehre Diplomatik.
Urkundensammler Archivar.
Urkundensammlung Archiv, Dokumentation.
urkundlich → belegend, beweisend, dokumentarisch.
Urkundsbeamter Notar.
Urlaub → Abbau, Abschied, Amtsabtretung, Dispensation, Feierzeit, Ferien, Freizeit.
▸ Arbeitszeit.
Urlaub machen ausflippen *u*, ausscheren *u.*
Urlaub mit Flugreise Airlaub *u.*
Urlaub ohne Ehepartner Ferien vom du *u.*
Urlauber Ferienmensch, Tourist.
Urlaubsfreundin Ferienbraut *u.*
Urlaubszeit → Ferien.
Urmasse → Chaos, Element, Stoff, Substanz.
Urnenhalle Kolumbarium.
Ursache Motiv, Kraftquelle, Triebfeder, Nötigung, Anlass, Voraussetzung, Grund, Veranlassung, Anreiz, Anstoß, Beweggrund, Antrieb, Verursachung, Born, Motor. → Anlass, Anreiz, Anstoß, Auswirkung, Bedingung, Samen, Schoß.
▸ Wirkung, Effekt, Ergebnis, Folge • Symptom.
Ursachenlehre Ätiologie.
ursächlich bedingt, primär, anlässlich, abhängig, genetisch, zuzuschreiben, kausal • darum, deswegen, deshalb, daher.
▸ folglich, warum.
Ursächlichkeit Kausalität.
Ursasse → Eingeborener.
Urschrift → Arbeit, Ausfertigung, Druckvorlage, Manuskript, Original.
▸ Abschrift, Duplikat, Kopie.
urschriftlich original.
Ursprung Quelle, Herkunft, Schoß, Prinzip, Heimat, Abkunft, Ursache, Anlass, Born, Entstehungsstätte, Stamm, Ausgangspunkt, Ableitung, Anfang, Beginn, Urzeit. → Abkunft, Anfang, Ansatz, Anstoß, Beginn, Born, Dessendenz, Entstehungsstätte, Quelle.
▸ Wirkung, Ziel.
Ursprung aller Dinge vom Ureinen Emanation, Tao.
Ursprung unbekannt kryptogen.
ursprünglich natürlich. → aufrichtig, bahnbrechend, beginnend, bodenständig, charakteristisch, echt, primär, roh, unvorbereitet.
▸ abgeleitet, epigonal, kopiert, künstlich, nachgeahmt, nachempfunden, nachgemacht, sekundär, übernommen, übertragen, vervielfältigt • unecht, unnatürlich.
Ursprüngliches → Echtes, Original.
Ursprünglichkeit Originalität. → Charakteristik, Eigenart.
Urstoff → Element.
Urteil Gutbefinden, Meinung, Schlussfolgerung, Standpunkt, Überzeugung, Auffassung, Rechtsspruch, Wahrspruch, Schiedsspruch, Schuldspruch, Bescheid, Strafmaß, Entscheidung richterliche, Einstellung, Ermessen. → Begriff, Bescheid, Beweisführung, Endergebnis, Kritik, Überblick.
▸ Klage, Vorurteil, Widerlegung, Widerspruch, Zweifel.
urteilen taxieren, bemessen, würdigen, bestimmen, werten, beurteilen, schätzen, bewerten, entscheiden, folgern, schließen, erkennen, verstehen, denken, prüfen, wägen, unterscheiden, klar sehen • richten. → auslegen, begründen, bestimmen, beurteilen, denken.
▸ fehlschließen, widerlegen.
Urteilsaufhebung Kassation.
urteilsfähig → begabt, klug, logisch.

Urteilsfähigkeit → Denkvermögen, Gesichtskreis, Intelligenz, Urteilskraft.
Urteilskraft Intelligenz, Geschmacksrichtung, Klarsicht, Scharfblick, Scharfsichtigkeit, Schlussrichtigkeit, Überzeugungskraft, Unterscheidungsvermögen, Urteilsfähigkeit, Denkvermögen, Erkenntnisvermögen, Verstand. → Begabung, Begriffsvermögen, Beweisführung, Denkvermögen, Einsicht, Erkenntnis, Intelligenz, Kritik, Logik, Verstand.
▸ Urteilslosigkeit.
urteilslos akritisch, naiv, unkritisch, → arglos, dumm.
Urteilslosigkeit → Begriffsmangel, Dummheit, Unkenntnis, Unvermögen, Unvernunft.
urteilssicher → klug, kompetent.
Urteilsüberprüfung Revision.
Urteilsvermögen → Denkvermögen, Einsicht, Urteilskraft, Verstand.
Urtext Original, Quelle.
Urtierchen Amöben, Protisten, Protozoen.
Urtrieb der Liebe Eros.
urtümlich originär, primitiv.
Ururgroßeltern → Ahnen.
Urwald Wildnis, Dschungel, Busch.
urwüchsig animalisch, elementar, originell.
Urwüchsiges → Echtes, Original.
Urzeit Ursprung, Altertum, Vorzeit, Vorgeschichte, Vorwelt, Vorwesen, Antike, Eiszeitalter, Steinzeitalter, Bronzezeit, Eisenzeit. → Ahnen.
▸ Neuzeit • Zukunft.
urzeitlich adamitisch, fossil.
Usance → Anwendung, Brauch, Usus.
Usurpator → Emporkömmling.
Usus Usance, Herkommen, Sitte, Gewohnheit, Üblichkeit, Gepflogenheit, Übung, Regel, Gebrauch, Beobachtung, Gebaren. → Anwendung, Brauch, Mode.
▸ Neuheit.
Utensilien Siebensachen, Hilfsmittel, Gerätschaften, Gerät, Zubehör, Werkzeug, Kram, Geschirr, Gegenstände, Zeug, Ausrüstung, Gepäck, Gebrauchsgegenstände. → Bedarf.
Utopie Illusion, Traumgebilde, unerreichtes Ideal, Zukunftsraum, Wunschbild, Unwirklichkeit, Unmöglichkeit, Fantasiegebilde, Zukunftsfantasie, ungelegte Eier *u*, Luftschloss, Einbildung. → Auswuchs, Chimäre, Hirngespinst, Illusion.
▸ Wirklichkeit.
utopisch → fantastisch, unwirklich.
▸ machbar, realisierbar • konkret, realistisch, wirklich • nostalgisch • reaktionär.
uzen → auslachen, Eis führen aufs, necken, verspotten.

V

Vabanquespiel Abenteuer, Risiko, Wagnis.
Vademecum → Abriss, Handbuch.
Vagabund → Ausbund, Bandit, Bettler, Dieb, Faulpelz, Schurke.
vagabundieren → beschäftigungslos, betteln, laufen.
vagabundierend → beweglich, faul.
vage ungewiss, dunkel, zweifelhaft, unbestimmt, unentschieden, unsicher, ungenau, dahingestellt, unbestätigt • irgendwas, irgendwelcher, irgendwer, irgendwann, irgendwie, irgendwo • ausdruckslos, zweideutig, doppelsinnig • dehnbar, fraglich, fragwürdig, problematisch, rätselhaft, hypothetisch, verdächtig • unschlüssig, schwankend, anfechtbar, antastbar, bestreitbar • beinahe, fast, ungefähr, nahezu, sozusagen, gewissermaßen, in gewissem Maße.
▸ eindeutig, gewiss.
Vagina (weibliche) Scheide, Balalaika *u*, Bonbonnière *u*, Brötchen *u*, Büchse *u*, Bürste *u*, Bucht *u*, Dose *u*, Etui *u*, Flansch *u*, Ficke *u*, Fosse *u*, Fotze *u*, Frosch *u*, Fummel *u*, Hobel *u*.
vakant frei, offen, erlaubt, unbesetzt, leer, verlassen, fehlend.
▸ besetzt.
Vakuum → Leere.
Valuta Geldsorte, Währung.
Vamp → Vampir, Kokotte, Circe, Kirke, Sirene, Verführerin, leichtes Mädchen, lockerer Vogel, Sexbombe.
Vampir → Barbar, Bluthund, Blutsauger, Bestie.
Vandale → Barbar.
Vandalismus Bösartigkeit, Gewalttätigkeit, Grausamkeit, Rohheit, Unmenschlichkeit, Blutdurst, Unbarmherzigkeit, Zerstörungswut, Vernichtungswille, Wildheit, Barbarei, Brutalität, Blutrausch, Mordlust, Mordgier.
▸ Barmherzigkeit, Kultur, Menschlichkeit.
variabel → veränderlich.
Variante → Auffassung, Deutung, Veränderung, Version.
▸ Konstante.
variieren abwandeln, verändern • abweichen, verschieden sein.
Vasall Diener, Anhänger, Sippe, Lehnsträger, Höfling, Helfer, Verbündeter, Bundesgenosse, Teilnehmer, Mitspieler, Hintermann, Gefährte, Getreuer, Gefolgsmann, Lehnsmann, Untertan, Untergebener, Mitläufer, Sklave, Leibeigener, Helote, Eigenmann, Fronknecht, Knappe, Mietling, Lakai, Trabant.
▸ Gegner, Herrscher.
Vase → Behälter, Gefäß.
Vater → Anverwandter, Ernährer.
Vaterhaus → Aufenthaltsort, Elternhaus, Heim.
Vaterland Heimat, Statt, Schicksalsgemeinschaft, Volksgemeinschaft, Volkseinheit, Staatswesen, Nation, Inland • Stammland, Volk, Geburtsland, Heimatland, zu Hause. →

Aufenthaltsort.
▸ Ausland, Fremde.
Vaterlandsfreund Patriot.
Vaterlandsliebe → Patriotismus.
väterlich → wohl wollend.
Vaterlandsverräter → Abtrünniger.
Vaterschaft Paternität.
Vaterstadt → Aufenthaltsort.
Vegetation → Pflanzenwelt.
vegetieren leben, atmen, fortleben, dahinleben, sich durchschlagen, sich kümmerlich ernähren, dahinsiechen, arm sein, ärmliches Dasein führen, hungern, sich abquälen, leiden, unwohl fühlen, krank sein, teilnahmslos sein, nicht bewusst leben.
▸ prassen, schwelgen.
vehement → heftig.
veilchenfarben violett.
Veitstanz Chorea.
Velo Fahrrad, Veloziped.
Vendetta Blutrache.
Vene → Ader, Blutader (die das Blut zum Herzen führt).
Vene, in die intravenös.
Venenentzündung Phlebitis.
Ventil Sicherung, Abfluss, Ableitung, Ausweg, Hahn, Klappe, Verschluss. → Hahn, Klappe.
▸ Öffnung.
Ventilation Entlüftung, Luftzug, Luftströmung, Durchzug, Windzug, Erneuerung, Frischluftzufuhr, Entgasung, Klimaanlage, Wetterführung, Absaugung.
Ventilator Lüfter, Lufterneuerung, Miefquirl *u*, Entlüfter, Fächer, Gebläse, Absauger, Flügelrad, Propeller, Kühler. → Blasebalg.
ventilieren → auseinander setzen, entlüften.
verabfolgen → abgehen, absenden, abtreten, ausstellen, beschenken, bewilligen, darbringen, verteilen.
verabreden → abmachen, beraten, besprechen, erwägen.
verabreden, sich abkarten. → beteiligen sich.
verabredet → abgekartet, abgemacht.
Verabredung Rendez-vous, Treff, Stelldichein, Zusammentreffen • Abmachung, Besprechung, Beratung, Verhandlung • Sprechstunde, Besuch, Interview, Audienz, Empfang, Kaffeeklatsch • Abrede, Beschluss, Vertrag, Planung • Anbahnung, Unterhandlung, Übereinkunft, Festsetzung, Kontrakt, Akkord, Handel, Versicherung. → Abkommen, Besprechung, Konvention, Datum.
▸ Ablehnung.
verabreichen → anbieten, austeilen, bestrafen, einnehmen, einträufeln, schenken, verteilen.
verabsäumen → vernachlässigen.
verabscheuen → abstoßen, ablehnen, anfeinden, fallen in Ungnade, hassen, missachten, verachten.
▸ begehren • gern haben, lieben, mögen.
verabschieden → abbauen, abdanken, abhauen, auflösen, ausschalten, beseitigen, Bord werfen über, entlassen, entsetzen, Laufpass geben, pensionieren, abfeiern.
▸ begrüßen, berufen, einführen, einsetzen, empfangen, willkommen heißen • außer Kraft setzen.
verabschiedet → arbeitslos, pensioniert.
Verabschiedung → Abbau, Amtsabtretung, Arbeitsunfähigkeit, Befreiung, Dispensation, Entlassung.
verachten gering schätzen, ablehnen, abweisen, verabscheuen, verschmähen, von sich weisen, die kalte Schulter zeigen, kalt stellen, Nase lang machen, niedriger hängen, den Rücken zeigen, rümpfen die Nase, links liegen lassen, jemandem auf den Kopf spucken *u*, ausklammern *u*. → ablehnen, bagatellisieren, beeinträchtigen, erniedrigen, herabsetzen, missachten, verstoßen, Schulter die kalte zeigen.
▸ achten, bewundern, ehren, hoch achten, respektieren, verehren, würdigen.
Verächter Neinsager, Ablehner, Zyniker, Verweigerer, Hasser, Tadler • Verderber, Zerstörer, Bilderstürmer • Nörgler, Kostverächter.
▸ Genießer.
verachtet ausgestoßen, geächtet, verfemt, gerichtet, verhasst, unbeliebt, unmöglich, ungeliebt, verabscheut, unpopulär, missfällig, unerwünscht, verschmäht. → niederträchtig, unmöglich.
▸ geachtet.
verächtlich verachtungswürdig, ehrlos, rechtlos, geächtet, verachtet • unwichtig, untergeordnet, bedeutungslos, belanglos, gleichgültig, nebensächlich, schwach, ausdruckslos, nichts sagend, geringfügig, nicht des Aufhebens wert • töricht, kindisch, gehaltlos, gemein, alltäglich, trivial, arm, mager, schal, albern, fad • ohne Ehre, unwürdig, schmählich, beschämend, niedrig, schändlich, schlecht, nichtswürdig, schandvoll, schimpflich, anrüchig, verschrien, verrufen, bescholten, berüchtigt, in üblem Geruch, mit Schimpf bedeckt, aus der Gesellschaft ausgestoßen • verdrießlich, peinlich, unerquicklich, missfällig, unangenehm, störend, kränkend, erbärmlich, kläglich, entmutigend • unredlich, schurkisch, schuftig, lumpig, falsch, hinterlistig, heuchlerisch, schofel, schäbig, miserabel, unanständig, unrühmlich, unrechtlich, umlauter, gewissenlos • verflucht, verhasst, tadelnswert, nichtsnutzig, hart gesotten, entmenscht, unmenschlich, menschenunwürdig. → abscheulich, abstoßend, bedauerlich, beschämend, bestechlich, böse, bübisch, charakterlos, zynisch, despektierlich, dünkelhaft, entehrend, schnöde, unehrenhaft, unglimpflich, unlauter.
▸ achtenswert, anziehend, liebenswert.
verächtlich machen herabsetzen, gering schätzen, missachten, links liegen lassen, verkleinern, erniedrigen, in den Schmutz ziehen, beleidigen, lächerlich machen, verhöhnen, verunglimpfen, verleumden, in den Dreck treten • abweisen, über die Achsel ansehen, von oben herab behandeln, einem etwas husten, keines Blickes würdigen. → Besten halten zum, kriechen.
▸ achten, hoch schätzen.
Verächtlichkeit → Beleidigung, Zynismus, Erniedrigung, Wertlosigkeit.
Verachtung Abneigung, Abscheu, Geringschätzung, Missachtung, Hass, Herabsetzung, Widerwille, Ablehnung, Hohn, kalte

Schulter, Empörung, Entrüstung, Verfemung, Ausschluss, Boykott, Schmach, Verhöhung, Kränkung, Erniedrigung. → Abneigung, Abscheu, Achselzucken, Angriff, Beleidigung, Erniedrigung, Nichtachtung. ▸ Achtung, Anerkennung, Bewunderung, Ehrfurcht, Hochachtung, Respekt, Verehrung, Wertschätzung.

verachtungswürdig → charakterlos, verächtlich.

veralbern anpflaumen *u*, äppeln *u*, auf den Ast nehmen *u*, aufziehen *u*, belämmern *u*, derblecken *u*, flachsen *u*, frotzeln *u*, frozzeln *u*, veräpfeln *u*. → auslachen, Lächerliche.

verallgemeinern für allgemein gültig erklären, generalisieren, verabsolutieren.

Verallgemeinerung Abstraktion, Generalisation.

veralten → vergehen.

veraltet abgetan, altmodisch, altväterlich, altertümlich, bezopft, rückständig, unbrauchbar, unmodern, unzeitgemäß, aus der Mode gekommen, vergangen, zurückgeblieben, vorsintflutlich, abgenutzt, fossil, altfränkisch, antik, uralt, überholt, überaltert, verknöchert, abgegriffen, morsch, altersschwach, zopfig, vorsintflutlich • verkalkt, verstaubt, abgestanden *u*, angestaubt *u*, altbacken *u*, eingerostet *u*. → abgedroschen, abgetan, gestrig. ▸ modern, zeitgemäß.

Veraltetsein Kalk *u*.

Veranda → Balkon.

veränderbar → beweglich anpassungsfähig, biegsam, flexibel, wandelbar, wandlungsfähig, → veränderlich.

veränderlich verändert, umgewandelt, verwandelt, anders, neu, vergangen, unbeständig, wechselnd, launisch, schwankend, unruhig, variabel, wankelmütig, wandelbar, vergänglich, unstetig, tauschbar, beweglich, rastlos, friedlos, flatterhaft, flüchtig, vorübergehend, gebrechlich, launenhaft • unentschlossen, unschlüssig, unentschieden, zweifelhaft, schwach, einmal hott und einmal hü sagen *u*, rinn in die Kartoffeln – raus aus die Kartoffeln *u*, umkippen, Rad fahren *u*, wählerisch, unverlässlich, wetterwendisch, leichtsinnig, fahrig, untreu. → beweglich, biegsam, chaotisch, ein und aus, einem zum andern von, energielos, schillernd. ▸ unveränderlich • beständig, feststehend, fix(iert), gleich bleibend, invariabel, invariant, konstant, stabil.

Veränderlichkeit Wandel, Wechsel, Veränderung, Wendung, Wende, Abänderung, Umänderung, Tausch, Neuerung, Wandlung, Unbestand, Verflüchtigung, Verwandlungskunst, Umsturz, Revolution • Unruhe, Wandelbarkeit, Rastlosigkeit, Launenhaftigkeit, Wankelmut, Unentschiedenheit, Unsicherheit, Verlegenheit, Zaudern, Bedenken • Flatterhaftigkeit, Weichheit, Schwäche, Sinneswechsel, Abtrünnigkeit, Umfall, Abfall, Widerruf. ▸ Unveränderlichkeit.

verändern die Tapete wechseln. → abfallen, abweichen, ändern, enthüllen, tauschen, verwandeln. ▸ aufrechterhalten, beibehalten, belassen, bestehen lassen, lassen.

verändern, sich → umwechseln.

verändert → einem zum andern von, neu, umgeschlagen, umgewandelt.

Veränderung Blatt wenden, Neuerung, Neuerungssucht, Umgestaltung, Umbau, Umschlag, Umschwung, Umstellung, Umwälzung, Umwandlung, Änderung, Erneuerung, Verwandlung, Wandlung, Wechsel, Wende. → Erneuerung, Reform, Umgestaltung, Umzug, Wandlung. ▸ Stabilität, Unwandelbarkeit.

verängstigen drohen, bedrohen, androhen, schrecken, erschrecken, abschrecken, einschrecken, Furcht einjagen, bange machen, verschüchtern, einschüchtern, die Zähne zeigen, ins Bockshorn jagen, die Faust zeigen, auf den Tisch schlagen, die Hände erheben, den Stock schwingen, die Pistole auf die Brust setzen, mit dem Säbel rasseln. → Hölle heiß machen. ▸ ermutigen.

verängstigt → bange.

verankern verzurren, festbinden, festmachen, festlaschen.

verankert → feststehend, fix.

veranlagen bemessen, messen, veranschlagen, vermessen, abschätzen, bemächtigen, taxieren, werten, anordnen, anlegen, abstecken, vorausberechnen. → abmessen.

veranlagt → beschaffen, disponiert.

veranlagt sein → angeboren.

Veranlagung → Aufbau, Aussehen, Ausplünderung, Begabung, Charakter, Empfänglichkeit, Neigung, Talent.

veranlassen anspitzen *u*. → anordnen, anregen, auslösen, anstoßen, aufdrängen, bearbeiten, bedingen, beeinflussen, befehlen, beruhen, bestimmen, bewirken, durchdrücken, einfädeln, einleiten, zwingen. ▸ planen • ausführen, durchführen, machen, realisieren, tun, verwirklichen.

veranlasst → genötigt.

Veranlassung Triebfeder, Anlass, Grund, Ursache, Motor, Kraft, Anstachelung, Verleitung • Anleitung, Einladung, Empfehlung, Beispiel, Rat, Bitte, Aufruf, Aufgebot, Geheiß, Gebot, Befehl, Anforderung, Aufforderung, Überredung, Lenkung, Ermutigung, Ermahnung, Trieb, Gefühl, Antrieb, Anreiz, Druck, Not, Nötigung, Wirkstoff, Einwirkung, Lockmittel, Same, Anstoß • Feder, Ursprung, Quelle, Ansatzpunkt, Kausalität, Verkettung, Keim, Ehrgeiz • Element, Ferment, Brutstätte, Pflanzstätte • Voraussetzung, Bedingung, Beweggrund, das Warum, das Wieso. → Anhaltspunkt, Anlass, Anstoß, Auswirkung, Ursache. ▸ Hemmung, Resultat, Wirkung.

veranschaulichen beleuchten, darlegen, erklären, hervorheben, schildern, vor Augen führen, in Worte kleiden, verbildlichen, preisgeben, sichtbar machen. → aufklären, auseinander setzen, auskegeln, ausmalen, begründen, beschreiben, darlegen, darstellen, dartun, deuten, erleuchten, erzählen,

illustrieren, interpretieren, schildern.
▸ irreführen, verdunkeln.
veranschaulichend illustrativ.
Veranschaulichung → Beispiel, Darstellung, Deutlichkeit, Exempel.
veranschlagen → abmessen, annehmen, anschlagen, kalkulieren, schätzen.
veranstalten anordnen, einrichten, ausbauen, ordnen, verfügen, aufstellen, aufschlagen, anbringen, beschicken • einfädeln, planen, arrangieren, begehren, beworten, bieten, durchführen, feiern, in Szene setzen, aufziehen *u.* → begehen.
▸ unterlassen, absagen, ausfallen lassen.
Veranstalter Leiter, Lenker, Gastgeber, Wirt, Manager, Unternehmer, Betreuer, Regisseur. → Direktor.
▸ Ausführender, Teilnehmer.
Veranstaltung Einrichtung, Anstalten, Anweisung, Verteilung, Aufstellung, Zusammenstellung, Organisation, Auswahl, Zuteilung • Geselligkeit, Unterhaltung, Vorstellung, Benefiz, Schauspiel, Konferenz, Gesellschaft, Festlichkeiten, Fest, Feier, Belustigung. → Ball, Belustigung, Feier, Fest.
verantworten rechtfertigen, reinigen, rein waschen, entlasten, entbürden, lossprechen, verteidigen, kämpfen, streiten, Lanze brechen, verfechten, herausstreichen, entkräftigen, widerlegen • entschuldigen, wehren sich, beschönigen, bemänteln • die Verantwortung übernehmen, verpflichten, haftbar sein, herhalten müssen, Schuldigkeit tun • treu bleiben, vertrauen sich, ein Urteil bilden, Stellung beziehen, meinen, erachten, denken, seinen Standpunkt wahren, auf seinen Buckel nehmen *u,* auf seine Kappe nehmen, ein Fell oder seine Haut zu Markte tragen, den Kopf ins Loch stecken. → rechtfertigen.
▸ ablehnen, beschuldigen.
verantwortlich pflichtig, der jenige, welcher *u,* das ist das Karnickel *u,* pflichtgemäß, gehörig, pflichtbewusst, rechtschaffen, gewissenhaft, pflichtgetreu, von Amts wegen, verpflichtet, haftbar, gebunden, schuldig, bestimmungsgemäß, verbindlich. → haftbar, haftpflichtig, schadenspflichtig, schuldig.
▸ verantwortungslos.
verantwortlich machen → belangen, beschuldigen.
Verantwortlichkeit → Pflichtgefühl, Verantwortung.
Verantwortung Pflicht, Schuldigkeit, Verpflichtung, Gewissen, Gewissensschuld, Ehrensache, Treue, Pflichtbewusstsein, Selbstverantwortung, Gewissenhaftigkeit, innere Stimme, Pflichttreue, Bindung, Mission, Rechenschaft, Schweigepflicht • Verantwortlichkeit, Belastung, Verschuldung, sittliche Kraft, Selbstachtung, Würde, Haltung • Prügeljunge. → Beobachtung, Rechenschaft.
▸ Verantwortungslosigkeit.
Verantwortung ziehen, zur ahnden, belangen, bestrafen, haftpflichtig machen, maßregeln, rächen, Rechenschaft ziehen zur, strafen, züchtigen.
verantwortungsbewusst → gesinnungstüchtig.
▸ fahrlässig, gewissenlos, leichtfertig, leichtsinnig, unüberlegt, unverantwortlich, verantwortungslos.
Verantwortungsgefühl Pflicht, Verantwortungsbewusstsein, Pflichtgefühl, Charakter, Rückgrat, Energie, Härte, Wille, Bereitschaft, Entschlusskraft, Tatwille, Tatkraft.
▸ Verantwortungslosigkeit.
verantwortungslos pflichtvergessen, leichtsinnig, bedenkenlos, unverantwortlich, unbedenklich, ohne Bedenken, ohne Gewissen, pflichtlos, pflichtfrei, rücksichtslos, schamlos, sittenlos. → lax.
▸ verantwortlich • verantwortungsbewusst, pflichtbewusst.
Verantwortungslosigkeit → Pflichtvergessenheit.
veräppeln → auslachen.
verarbeiten benutzen, gebrauchen, brauchen, anwenden, verwenden, verwerten, unterbringen, verfügen, handhaben, in Anspruch nehmen, bedienen sich, beschäftigen. → anwenden, brauchen.
▸ unterlassen, verschmähen.
Verarbeitung → Erzeugung.
verargen böse sein, übel nehmen, ungehalten werden, verbittert sein, unwirsch werden, wütend werden, in Zorn geraten, sich verletzt fühlen, vor Wut knirschen, heimzahlen, nicht so leicht vergessen, daran denken, zu fühlen geben.
verärgert angekratzt *u,* fuchsig *u.*
verärgert sauer *u.*
Verärgerung → Ärger, Verdruss.
verärgert → erbittert.
verärgert sein → brummen.
verarmen → abnehmen, austrocknen, Brotkorb höher hängen, entbehren.
verarmt → abgebrannt, abgerissen, arm, beengend.
▸ neureich • begütert, reich, vermögend.
Verarmung Entäußerung. → Armut, Verknappung.
verarzten behandeln, kurieren, einspritzen, operieren, zur Ader lassen, verbinden, Pflaster auflegen, Pulver eingeben, pflegen, betreuen. → anfassen.
verästelt → fächerartig, faserig, federartig, verzweigt.
verausgaben → ausgeben, aufwenden.
verausgaben, sich abarbeiten / abmühen / aufreiben / zermürben sich, letzten gehen bis zum • Geld ausgeben viel • ausbrennen *u.*
veräußerlich → übertragbar.
▸ unveräußerlich.
veräußern → abgeben, absenden, absetzen, abstoßen, anbieten, begeben, bieten, entäußern sich, feilbieten, verbrauchen.
▸ anschaffen, erwerben, kaufen • behalten.
veräußert → ausverkauft.
Veräußerung Übertragung, Übergabe, Kauf, Verkauf, Austausch, Tausch, Wechsel, Umsatz, Handel, Verpachtung, Versendung, Überschreibung, Schenkung, Verfügung, Verschreibung, Überweisung, Absatz, Vermittlung, Angebot, Ausverkauf, Versteigerung, Auktion, Vergantung. → Handel.
▸ Entgegennahme, Kauf.
verbal mündlich, mit Worten.
▸ schriftlich.
verballhornen entstellen, verunstalten, verformen, verschlechtern, schänden,

verunzieren, das Auge oder Ohr beleidigen, die Schönheit nehmen, den Glanz rauben, die Farbe verwischen, den Reiz benehmen, verhorniegeln, den guten Geschmack verletzen, entgleisen, daneben greifen, verrohen, den Ton verletzen, verbocken, radebrechen, stöpseln, kaudern, welschen. ▸ deutsch auf gut • verschönen.

Verband → Bandage, Block, Bund, Clique, Organisation, Schiene, Vereinigung.

Verbandmittel Salbe, Zugpflaster, Verbandzeug, Charpie, Watte, Heftpflaster, Schiene, Binde, Mull, Klammer. → Pflaster.

verbannen → ablehnen, ächten, ausstoßen, ausweisen, verpönen, vertreiben, verwerfen.

verbannt → geächtet.

Verbannter Ausgestoßener, Ausgewiesener, Deportierter, Geächteter, Verfemter, Verstoßener • Asylant.

Verbannung → Acht, Ächtung, Aussiedlung, Bann, Bestrafung, Deportation, Exil.

verbarrikadieren verrammeln, verlegen, eindämmen, blockieren, abschneiden, hemmen, verhindern, ausschließen, abwenden, erschweren, hintertreiben, vereiteln, verminen, Fallen stellen, Riegel vorschieben, verriegeln, bekämpfen, verteidigen, schirmen, abwehren, aufwerfen, verstecken, verbergen. ▸ öffnen.

verbauen zubauen. → bebauen, bekämpfen.

verbauern versimpeln, sich zurückziehen • unhöflich werden, sich ungeschliffen geben, unzart werden • verwildern, abgleiten, entarten, verrotten, verfallen. → beeinträchtigen. ▸ gesellen sich, höflich (sein), kultiviert (sein).

verbeißen, sich beharren, sich einer Sache hingeben, sich widmen, dabei bleiben, festhalten, nicht nachlassen, fest bleiben, hartnäckig sein, versessen sein, trotzen, in den Kopf setzen • sich enthalten, versagen, unterlassen, sich bezwingen, sich mäßigen, verzichten, überwinden, den Schmerz nicht merken lassen, die Zähne zusammenbeißen, sich in den Schranken halten, verfangen *j*, festbeißen • verkämpfen *j*, abbeißen, absprossen *j*. → beherrschen sich, festhalten, schlucken eine bittere Pille. ▸ nachgeben, unterliegen.

verbergen verstecken, etwas hinter den Spiegel stecken, verheimlichen, verdecken, kaschieren, verschleiern, verhüllen, decken, bedecken, tarnen, decken *j*, geheim halten, geheim tun. • verhehlen, vernebeln, vertuschen, verkleiden, verkappen, bewahren, verscharren, versenken, ersticken, unterdrücken. → bedecken, bemänteln, binden nicht auf die Nase, verschließen, verschweigen. ▸ enthüllen, gestehen, kundtun, offenbaren, präsentieren, verraten, vorzeigen.

verbergen, sich → verbauern, verbergen, zurückziehen.

Verbesserer Reformer.

verbessern abschleifen, aufpolieren, auffrischen, ausbessern, bekehren, bereinigen, berichtigen, ergänzen, flicken, heben, korrigieren, herumdoktern *u*, kultivieren, reformieren, regeln, stopfen, sohlen, übertuschen, veredeln, verfeinern, verschönern, vervollkommnen, wieder gutmachen • beschicken *sm*, aufmotzen *u*, aufpolieren *u*. → ändern, aufziehen, ausarbeiten, ausbessern, Dach steigen auf das, durchsehen, korrigieren, reparieren, verschönern, züchten. ▸ verschlimmern.

Verbesserung → Arbeitssegen, Aufbau, Bearbeitung, Berichtigung, Durchsicht, Erleichterung, Elaborat, Fortschritt, Reform. ▸ Verschlechterung, Verschlimmerung • Fehler.

verbesserungswillig reformistisch.

verbeugen → dienern, ersterben, grüßen.

verbeugen, sich → bewillkommnen, demütigen sich.

Verbeugung Fußfall, Verneigung, Bückling, Katzbuckel, Kratzfuß, Knicks, Kniefall, Kniebeugung, Reverenz • Huldigung, Ehrerweisung, Aufwartung, Senker *u*. → Bewegung, Demütigung. ▸ Überheblichkeit.

verbeulen verbiegen, einbiegen, eindrücken • einreißen, schrammen, schlitzen, kratzen. → verbiegen.

verbiegen verdrehen, verformen, deformieren, krümmen, verkrümmen, verbeulen, entstellen • biegen, winden, wölben, runden, ausbiegen, aufbiegen, abbiegen, eindrücken. → verkrümmen. ▸ gerade biegen, richten.

Verbiegung Biegung, Beugung, Krümmung, Wölbung, Rundung, Einbuchtung, Ausbuchtung, Einbiegung, Verbiegung • Verdrehung, Verzerrung, Enstellung • Täuschung, Zerrbild, Falschdarstellung • Verbeugung.

verbiestert → erpicht, verwirrt.

verbieten untersagen, verwehren, vereiteln, abhalten, entziehen, vorenthalten, einschränken, beschränken, Einhalt gebieten, ächten, das Handwerk legen. → ablehnen, abwehren, aufhalten, aufheben, beeinträchtigen, bekämpfen, beschneiden, fesseln, verhindern, verpönen. ▸ erlauben • anordnen, befehlen • empfehlen, fördern, gutheißen • genehmigen, gestatten, gewähren lassen, zulassen.

verbildlichen → veranschaulichen.

Verbildlichung Allegorie, Metapher, Metaphorik, Symbolisierung, Veranschaulichung.

Verbildung → Auswuchs, Deformation, Unkultur, Unnatur.

verbilligen → ablassen, ermäßigen.

Verbilligung → Ermäßigung, Vergünstigung.

verbinden vereinigen, binden, zusammenbinden, die Köpfe zusammenstecken, fügen, festhalten, koppeln, paaren, überbrücken, zusammenkoppeln, zuhängen, zupacken, zusammenkitten, anschließen, zusammensetzen, montieren, einverleiben, befestigen, anbinden, nähen, fesseln, anheften, anknöpfen, anstricken, anseilen, schließen, sperren, verketten, fügen, verkeilen, verzapfen, anlöten, anschrauben, vernieten, schweißen, zusammenschweißen. → anmachen, anschlagen, ausbessern, beibringen, beifügen, beigesellen, beitragen, beitreten, berühren, bringen in Verbindung, ehelichen, einpacken, einverleiben, fassen, festhalten, fügen, heiraten, hinzufügen, knüpfen, kuppeln, mischen, nageln, verknüpfen. ▸ trennen.

verbinden, sich → anbändeln, befreunden, beitreten.

verbindende Worte sprechen moderieren.

verbindlich → angenehm, anständig, artig, dienstbereit, diplomatisch, erbötig, erforderlich, erkenntlich, freundlich, galant, höflich, kulant, obligatorisch. ▸ fakultativ, frei bleibend, unverbindlich, wahlfrei • abweisend, kühl, unfreundlich.

Verbindlichkeit Belastung, Bindung, Haftpflicht, Haftung, Pflicht, Schuld, Unterhaltungspflicht, Verpflichtung, Verschreibung • Lebensart, Schliff, Artigkeit, Entgegenkommen, Freundlichkeit, Höflichkeit, Schicklichkeit, Zuvorkommenheit, Weltgewandtheit, Sitte, Manierlichkeit, Wohlerzogenheit. → Bürgschaft, Obligo, Rechenschaft, Rücksicht, Schuld. ▸ Guthaben, Unhöflichkeit, Unverantwortlichkeit.

Verbindlichkeiten eingehen anpumpen, ausleihen, borgen, entleihen, Kredite aufnehmen, leihen, pumpen, Schulden machen.

Verbindlichkeiten erfüllen → bezahlen.

Verbindung Beziehung, Verknüpfung, Nahtstelle, Zusammenhang, Verkettung, Bekanntschaft, Genossenschaft, Vereinigung, Beitritt, Einschluss, Einverleibung, Anreihung, Ergänzung, Begleitung, Mischung, Mengung, Vermengung, Beimischung, Beimengung, Beifügung, Verquickung • Kommunikation • Paarung, Freundschaft, Ehe, Heirat • Tunnel, Durchbruch, Kanal, Durchgang, Durchfahrt, Durchzug, Stollen, Mine, Pass, Meerenge, Furt, Übergang, Gasse, Weg, Straße, Bahn. → Band, Befestigung, Beitritt, Beständigkeit, Brücke, Bruderschaft, Bündnis, Clique, Draht, Durchstich, Ehe, Einbeziehung, Einigungsgespräch, Familie, Freundschaft, Gemeinschaft, Kabel, Kombination, Kontakt, Tuchfühlung, Unterhandlung, Vereinigung, Vergleich. ▸ Trennung, Lösung, Scheidung, Spaltung.

verbindungslos → ab, allein, berührungslos, beziehungslos, blättrig, fern, isoliert.

Verbindungsmann Vertreter, Agent, Diplomat, Manager, Anbahner, Vermittler, Mittelsmann, Zwischenhändler, Makler, Unterhändler, Kartellträger, Parlamentär, Werber, Kuppler, Fürsprecher, Impresario, Berater, Beistand, Bevollmächtigter, Beauftragter, Sprecher, Gesandter, Botschafter, Geschäftsträger, Abgeordneter, Strohmann, Lückenbüßer, Sendbote, Stellvertreter. ▸ Widersacher.

Verbindungsschnur → Kabel.

verbissen → ausdauernd, beharrlich, erpicht. ▸ entspannt, locker • lasch.

Verbissenheit → Ausdauer, Eifer, Zorn.

verbitten, sich von sich weisen, sich abwenden, dagegen sein, ablehnen, zurückweisen, ausschlagen, versagen, verweigern, aufsagen, absagen, abwenden sich, lösen sich, Anstoß nehmen, brechen mit, abbrechen, untersagen, Einspruch erheben, protestieren, beanstanden, sich verwahren. ▸ entgegenkommen • ertragen, sich gefallen lassen, hinnehmen • fordern, verlangen, wollen, sich wünschen.

verbittern → ärgern, aufregen.

verbittert eingemopst *u.* → bärbeißig, brummig.

Verbitterung → Ärgernis, Bärbeißigkeit, Bitterkeit, Erbitterung, Leid, Unlust.

verblasen → wirklichkeitsfern.

verblassen → bleichen, entfärben.

verbleiben → ausstehen, bleiben, stehen.

verbleichen bleiben, erblassen, verschießen, abfärben, verblassen, verwischen, verwelken, welken, die Farbe verlieren, blass werden. ▸ farbecht (sein), leuchten.

verblenden faszinieren. → täuschen.

verblendet → dünkelhaft, töricht.

Verblendung Irreführung. → Aufregung, Bedeckung, Begierde, Betäubung, Bezauberung, Fanatismus, Vorurteil.

verblichen → blass, farblos.

verblöden verkindschen, verdummen, überschnappen, spinnen, irrereden, verkalken, vergreisen, spleenig werden, stumpfsinnig sein, weiße Mäuse sehen, verdreht werden, närrisch sein, verrückt werden, nicht ganz bei Trost sein, nicht richtig im Kopf sein, eine Schraube locker, aus dem Tollhaus entsprungen, reif fürs Irrenhaus. ▸ klug (sein).

verblödet → beigriffsstutzig.

Verblödung → Begriffsmangel, Geisteskrankheit.

verblüffen → aufsehen, begreifen, bestürzen, blenden, Bockshorn jagen ins, erstaunen, rauben die Fassung, überraschen, verwundern.

verblüffend unvermutet, unerwartet, unversehens, unvorhergesehen, überraschend, plötzlich, auf einmal, aus heiterem Himmel, frappant. → ahnungslos, frappant. ▸ (zu erwarten).

verblüfft → baff, bestürzt, Blitz getroffen wie vom, niedergeschmettert, überrascht.

verblüfft sein → staunen.

Verblüffung → Bestürzung, Erstarrung, Überraschung.

verblühen → abblühen, baufällig, beeinträchtigen, fälschen. ▸ aufblühen, blühen, erblühen.

verblüht abgeblüht, abgelebt, alt, schlaff, verdorrt, verwelkt, welk.

verblümen → bemänteln.

verbluten verschweißen *j.* → ausfließen.

verbocken Böcke schießen, versagen, falsch machen, hudeln, verpatzen, pfuschen, stümpern, sudeln. ▸ können.

verbogen → eingebogen, gebogen, gewunden, krumm, schief, unrichtig.

verbohrt verklemmt, trotzig. →

absurd, fanatisch, irrsinnig, starr, unduldsam, unvernünftig. ▸ anpassungsfähig, einsichtig, flexibel, freimütig, nachgiebig.
Verbohrtheit → Fanatismus.
verborgen → anvertrauen, geheim, unbemerkt, unerkennbar, unsichtbar. ▸ auffallend, offenbar, offenkundig, sichtbar • entdeckt • öffentlich.
Verborgenheit Dunkel, Unsichtbarkeit, Geheimhaltung, Tarnung, Verschleierung, Deckung, Bemäntelung, Verkleidung, Vermummung, Hülle, Mantel, Maske. → Unklarheit. ▸ Klarheit, Offenheit.
Verbot Hinderung, Interdikt, Untersagung, Inhibition, Einhalt, Hemmnis, Einschränkung, Zurückhaltung, Zwang, Einstellung, Abstellung, Hindernis, Sperre, Behinderung, Erschwerung, Ausschließung, Gebot, Vorschrift • Gesetz. → Arrest, Ausschluss, Bann, Beschlagnahme, Einsprache, Embargo. ▸ Erlaubnis.
verboten unstatthaft, untersagt, unzulässig, unerlaubt, ausgeschlossen, unbewilligt, versagt, nicht gestattet, unrechtmäßig, ungesetzlich, gesperrt, tabu. ▸ erlaubt.
verbrämen ausschmücken, bemänteln, beschönigen, schönfärben, verdecken, verklären.
Verbrämung Einkleidung. → Ausschmückung, Dekoration.
Verbrauch Konsumtion, Konsum. → Abnahme, Aufwand, Bedarf, Beschädigung, Erschöpfung. ▸ Herstellung, Produktion • Investition, Sparen.
verbrauchen → anwenden, aufsaugen, aufwenden, ausgeben, beseitigen, durchbringen, zum alten Eisen werfen, extrahieren, konsumieren. ▸ erzeugen, herstellen, produzieren • aufheben, bewahren, erhalten, investieren, sparen.
Verbraucher Konsument, Normalverbraucher, Käufer, Erwerber, Benutzer, Kunde, Verbraucherschaft, Kundschaft, Käuferschaft, Abnehmerkreis, Kundenkreis • Einkäufer, Aufkäufer • Laufkunde, Stammkunde • Auftraggeber. ▸ Hersteller.
verbraucht ausgeleiert *u.* → ausgegeben, abgenutzt, abgegriffen, abgetragen, ausgetreten, schäbig, schlecht, untauglich, minderwertig, abgelaufen, fadenscheinig, dünn, ausgeleiert *u.* → abgedroschen, abgespannt. ▸ aufgehoben, gespart, investiert • (gut) erhalten, fit, frisch, gesund • neu.
Verbrechen Sünde, Delikt, Vergehen, Fall, Übertretung, Frevel, Pflichtverletzung, Mord, Schandtat, Diebstahl, Brandstiftung, Missetat, Freveltat, Untat, Übeltat, Veruntreuung, Hochverrat, Landesverrat, Majestätsverbrechen, Unterschleif, Raub, Betrug, Lustmord, krummes Ding *u.* → Bluttat, Gräueltat. ▸ Sühne • gute Tat, Wohltat.
Verbrechenslehre Kriminalistik, Kriminologie.
Verbrecher Gewaltmensch, Täter, Schächer, Schandbube, Schweinehund, Bandit, Schurke, Schuft, Dieb, Gangster, Gauner, Straßenräuber, Spitzbube, Ruchloser, Schädling, Betrüger, Schieber, Erpresser, Wucherer, Raubmörder, Mordbube, Bösewicht, Galgenvogel, schwerer Junge *u.* Ganove, Schuldiger, Kidnapper. → Bandit, Berserker, Bestie, Brandstifter, Dämon, Erpresser, Täter.
Verbrecheralbum Gemäldesammlung *u*, Poesiealbum *u*.
Verbrecherbande Gang.
verbrecherisch gesellschaftsfeindlich, asozial, frevelhaft, unverantwortlich, strafwürdig, schändlich, bestialisch, unmenschlich, schimpflich, nichtswürdig, sündhaft, lästerlich, anrüchig, sträflich, straffällig. → charakterlos, frevelhaft, kriminell. ▸ charaktervoll, gesetzlich.
verbreiten ausbreiten, ausstreuen, austragen, unter die Leute bringen, erzählen, kundtun, weitergeben, weitertragen, verkündigen, bekannt machen. → ankündigen, ausschütten, austeilen, bestreuen, eindicken. ▸ verheimlichen, zusammenscharren.
verbreitern dehnen, breit machen, ausdehnen, ausbreiten, in die Breite ziehen, auswalzen, aufblasen, aufblähen, breittreten. → anschwellen, ausbreiten, ausdehnen, ausfüllen, dehnen, dick werden, strecken, vergrößern. ▸ zusammenziehen • schmäler machen, verengen, verschmälern.
Verbreiterung Streuung. → Ausdehnung, Ausbreitung, Dehnung.
verbreitet mitgeteilt, kundgemacht, bekannt, weit verbreitet, angezeigt, gerüchteweise, berichtet, angemeldet, erzählt, ausgebreitet, ruchbar, erwähnt, eröffnet, angegeben. → besät, geheim.
verbreitet, seuchenartig epidemisch.
Verbreitung Streuung. → Ausbreitung, Bekanntgabe, Cirkular, Erweiterung.
Verbreitungsrecht geistigen Eigentums Copyright.
verbrennbar → entzündbar.
verbrennen verlodern, den Flammen übergeben. → abbrennen, anstecken, ausmerzen, ausrotten, brandschatzen, einheizen, entzünden, oxidieren.
verbrennen, sich den Mund zu viel erzählen, herausplatzen, den Mund nicht halten können, sich verplappern, undiplomatisch sein, taktlos sein • reinen Wein einschenken, sich die Zunge verbrennen, entschlüpfen lassen, kein Blatt vor den Mund nehmen, sein Herz auf der Zunge tragen, aus seinem Herzen keine Mördergrube machen • anklagen, anzeigen, beschuldigen. ▸ beschönigen, schweigen.
Verbrennung Autodafé. → Bestattung, Brand, Einäscherung.
Verbrennungsofen → Krematorium.
verbriefen → bürgen.
verbrieft → abgemacht.
verbringen, seine Zeit → ausfüllen.
verbrüdern, sich fraternisieren, sich vereinigen, sich verbinden, zusammenarbeiten, sich helfen, sich zusammentun, aus einer Schüssel essen,

Gemeinschaft pflegen, an einem Strang ziehen, zusammenwirken.
▸ verfeinden sich.
Verbrüderung → Brüderlichkeit, Freundschaft, Gemeinschaft.
verbrühen in eine heiße Flüssigkeit fallen, Brandblasen bekommen. → abbrühen, brühen.
verbuchen → anschreiben, einschreiben.
verbummelt vertrödelt, verlottert. → arbeitsunfähig, faul, langatmig.
verbunden fest gefügt, untrennbar, vereinigt, zusammen, ungelockert, verknüpft, verheiratet, verlobt, kopuliert, unlösbar, fest, verzahnt, unteilbar, durchdrungen, zusammengeschlossen • dankerfüllt, erkenntlich. → beigeordnet, beisammen, brüderlich, dankbar, dankenswert, gemeinsam, einhellig, ein Herz und eine Seele, fassen sich kurz, erkenntlich.
▸ unverbunden.
verbunden sein → danken.
verbünden, sich sich zusammenschließen, einen Verband gründen, sich helfen, zusammenhalten, sich verschwören, zusammenwirken, sich zusammentun, sich vereinigen, einen Bund schließen. → anbändeln, beigesellen, beteiligen sich, beitreten.
▸ verfeinden sich, trennen.
Verbundenheit → Anerkennung, Bande, Dankbarkeit, Heimatgefühl.
Verbündeter → Komplize, Helfer, Mitglied.
▸ Feind, Gegner, Konkurrent, Rivale.
verbürgen → beeiden, beglaubigen, beweisen, eintreten für, erhärten, versichern.
verbürgt → authentisch, beglaubigt, bestimmt, beweisend, definitiv, erwiesen, nachweisbar, sicher.
▸ aus der Luft gegriffen, unbewiesen, unsicher, unverbürgt, zweifelhaft.
Verbürgung Garantie.
verbüßen abbrummen *u*, absitzen *u*. → abbüßen.
verbuttern → verschwenden.
Verdacht Misstrauen, Ungewissheit, Argwohn, Zweifel, Vermutung, Befürchtung, den Braten riechen, Hintergedanken, Bedenklichkeit, Ungläubigkeit, Ängstlichkeit, Zweifelsucht, Zurechnung, Skeptik. → Ahnung, Anhaltspunkt, Anstand, Argwohn, Befürchtung.
▸ Gewissheit, Vertrauen, Zutrauen.
Verdacht fassen → befürchten, bezweifeln, verdächtigen.
verdächtig suspekt, fraglich, bedenklich, schlüpfrig, rätselhaft, problematisch, doppelsinnig, zweideutig • katzenartig, hinterhältisch, meuchlings, schleichend, unoffen, faul *u*, sengerig *u*. → bereden.
▸ unantastbar • unverdächtig, einwandfrei, geheuer, Vertrauen erweckend.
verdächtigen misstrauen, argwöhnen, Misstrauen hegen, Verdacht fassen, anzweifeln, beargwöhnen, belauern, den Braten riechen, dem Landfrieden nicht trauen, das Vertrauen absprechen, anklagen, in Verdacht bringen, Verdacht schöpfen, Lunte riechen, verleumden, den Stein auf jemanden werfen. → angreifen, anschuldigen, argwöhnen, beargwöhnen, befürchten, begeifern, behaupten, beimessen, beschatten, beschuldigen, bezweifeln, Ehre bringen um die, verleumden.
▸ verteidigen, vertrauen.
Verdächtigung → Beschwerde, Denunziation, Verdacht, Verleumdung.
Verdachtsgründe → Indizien.
verdammen → ächten, anklagen, beeinträchtigen, beschuldigen, besiegeln, fluchen, verurteilen.
verdammenswert → abscheulich, bestialisch, böse, diabolisch, niederträchtig, schlecht, unredlich, verbrecherisch.
verdammt verflucht, verwünscht, gebrandmarkt, höllisch, in Pech und Schwefel, gottlos, teuflisch, gottverhasst, gottvergessen, gottverdammt, gottverflucht, satanisch. → abscheulich, bitter, böse, gezeichnet.
▸ (erlöst), freigesprochen, gut.
Verdammung → Acht, Ächtung, Flucht, Verurteilung.
▸ Absolution, Erlösung, Gnade, Rettung • Berufung.
verdampfen → dampfen, entdampfen, machen sich davon, verdunsten.
Verdampfen trennen, durch destillieren, fraktionieren.
Verdampfer Evaporator.
verdampft → dampfförmig.
Verdampfung Evaporation, Vaporisation.
Verdampfungsflüssigkeit Kondensat.
verdanken schulden, verantworten, verpflichtet sein, verbunden sein, sich zu Dank verpflichtet fühlen, Dank bekennen müssen, etwas bekommen haben.
verdattert bestürzt, entgeistert, erschrocken, verblüfft, verdutzt.
verdauen → verarbeiten, verwerten, aufschließen.
verdaulich, schwer dyspeptisch, unbekömmlich • schwer verkraftbar.
Verdauung Digestion.
verdauungsfördernd peptisch.
Verdauungsmittel Amarum, Digestivum.
Verdauungsschwäche/-störung Dyspepsie.
verdecken umhängen, bedecken, kaschieren, zudecken, überdecken, zuhängen, verhüllen, verhängen, vermummen, einmummen, verbergen, tarnen, verstecken, streichen, verschleiern, vernebeln, verdunkeln, verkleiden, abblenden, verheimlichen, vorschieben. → anziehen, bedecken, behängen, bemänteln, verbergen, verschweigen.
▸ entblößen, aufdecken, enthüllen, freilegen.
verdeckt → unsichtbar.
verdenken → verübeln.
Verderb → Abbruch, Fehlbetrag, Unwert, Verderbnis, Verlust, Zerstörung.
Verderben → Bekümmernis, Beschwerlichkeit, Demolierung, Schaden, Übel, Unglück, Zerstörung.
▸ Heil, Nutzen, Wohl • Gedeihen • Erhaltung • Erlösung, Rettung.
verderben zerstören, ramponieren, wegfegen, vernichten, ausrotten, ausmerzen, beseitigen, niederschlagen • zerrütten, angreifen, rosten, oxidieren, verschießen, verwittern, vermodern, verschimmeln, faulen, zu Grunde gehen,

absterben, verfallen, entwerten • verbilden, verwöhnen, übel beraten, einseitig erziehen, verziehen • vereiteln, den Plan durchkreuzen • verbauen, verbocken, verbuttern, verbumfiedeln, *u*, verhauen, verhudeln, verhunzen *u*, verkorksen *u*, vermanschen *u*, vermasseln *u*, vermurksen *u*, verpfuschen, verpudeln, *u*, versauen, *u*, verschlampen, verschludern *u*, versieben, die Karre in den Dreck fahren *u* • im Eimer sein, *u*, da hat doch einer dran gedreht *u*. → abbrechen, anstoßen, ausfallen, auswischen, bankrott, beeinträchtigen, beikommen nicht, bekämpfen, bespritzen, besudeln, bezwingen, demolieren, demonstrieren, destruieren, durchfressen, entweihen, Fall bringen zu, faulen, ruinieren, zerstören.
▸ blühen, sich entwickeln, gedeihen, wachsen • frisch bleiben • erzeugen, erziehen, helfen.

verderben, den Spaß vergällen, verleiden, vermasseln, vermiesen.

Verderben bringend fatal, giftig, lebensgefährlich, katastrophal, letal, schädlich, seuchenhaft, todbringend, unheilvoll.

Verderber → Barbar, Beelzebub, Berserker, Dämon, Schädling.

verderblich → abbrüchig, bestialisch, böse, diabolisch, epidemisch, schädlich, schlecht.
▸ haltbar, konserviert, tiefgekühlt • günstig, heilsam, hilfreich, positiv • kreativ, schöpferisch.

Verderbnis Fäulnis, Verderb, Zerstörung, Beschädigung, Zerfall, Verfall, Verwesung, Vernichtung, Verheerung, Zerrüttung, Verstümmelung, Verwilderung, Entartung, Dekadenz. → Demoralisation, Verschlimmerung.
▸ Erzeugung, Fortschritt, Reform, Sittlichkeit.

verderbt → arg, bestechlich, charakterlos, niederträchtig, schlecht.

Verderbtheit Untugend, Verfallserscheinung, Dekadenz, Marasmus, Prostitution, Tiefstand, Verrohung, Barbarei, Verbildung, Schlechtigkeit, Bösartigkeit, Schädlichkeit, Verdorbenheit, Schandfleck, Fäule, Seuche, Lasterhaftigkeit, Abscheulichkeit, Niederträchtigkeit, Bosheit, Zerrüttung, Feilheit, Scheußlichkeit, Abscheulichkeit, Gräuelhaftigkeit, Widerlichkeit, Verwilderung, Entartung. → Bosheit, Schlechtigkeit.

verdeutlichen → erklären.

Verdeutlichung Betonung, Hervorhebung, Nachdrücklichkeit, Unterstreichung, Veranschaulichung.

verdichten → abdichten, abrunden, beengen, dichten, eindicken, erhärten, festigen.
▸ auflockern, auflösen, lockern, verdünnen, streuen, zerstreuen.

Verdichter Kompressor, Kondensator.

verdichtet zusammengezogen, geteert, verstopft, zusammengeschlossen, gehärtet, dicht, unporös, fest, zäh, hart, körnig, geschlossen, widerstandsfähig, undurchlässig • unlösbar, geronnen, gefroren, zusammengelaufen, verdickt, eingedickt, zusammengekittet • zusammengeballt, kondensiert, komprimiert, beengt, erstarrt, abgelagert, verschlackt • unteilbar, unlösbar, untrennbar, dauerhaft.
▸ flüssig, getrennt, lose, porös.

Verdichtung → Atmosphäre, Block, Dichte, Dunst, Erhärtung, Erstarrung.

verdicken → anschwellen, dichten, eindicken, erhärten.

verdickt geronnen, pappig, dicklich, käsig, seimig, gallertartig, schleimig, kleistrig, erhärtet, fest, verglast.
▸ flüssig • abgeschwollen, geschrumpft • verdünnt, verwässert.

Verdickung → Ansatz, Konglomerat, Erhärtung, Erstarrung.

verdienen → bereichern, erarbeiten, erlangen Reichtum, erwerben, Geld kommen zu.

Verdienst Brötchen *u*, Schanz *u*. → Anteil, Arbeit, Bedeutung, Belohnung, Einkommen, Erlös, Gewinn, Leistung, Tugend.

Verdienstmöglichkeit Schaffe *u*.

Verdienstspanne → Marge.

verdienstvoll → brav, charaktervoll, lobenswert, schmeichelhaft.

verdient → achtbar, angesehen, brav, ehrsam, rechtschaffen.
▸ geschenkt bekommen • unverdient.

verdinglichen konkretisieren, greifbar machen.
▸ abstrahieren.

verdolmetschen → deuten, erklären.

Verdolmetschung → Übersetzung.

verdonnern → verurteilen.

verdoppeln duplettieren, duplieren, duplizieren, verzweifachen, zweifach machen. → kopieren, vervielfältigen.

verdoppelt dubliert. → doppelt.
▸ halbiert.

Verdoppelung → Dublette, Echo.

verdorben schlecht, ungesund, verfault, verrottet, faul, stinkend, pestilenzialisch, ungenießbar, widerlich, unbrauchbar, ranzig, faulig, wertlos, umgeschlagen • sündhaft, lasterhaft, verdammt, unredlich, unsittlich, verworfen, verderbt, verstockt, ruchlos, schamlos, unverbesserlich, belämmert *u*. → angeschlagen, faul, schlecht, unansehnlich, unappetitlich.
▸ appetitlich, genießbar, gut, sittlich, anständig, keusch, naiv, unschuldig, unverdorben, züchtig • bekömmlich, einwandfrei, frisch, genießbar, gesund, giftfrei.

Verdorbenheit → Bosheit, Demoralisation, Schlechtigkeit, Unwert.

verdorren eingehen *u*. → abblühen, abnehmen, abtrocknen, austrocknen, beeinträchtigen.
▸ aufblühen, blühen, gedeihen, grünen, reifen, saftig werden.

verdorrt verwelkt, abgeblüht, welk, ausgetrocknet, saftlos, fleischlos, abgestorben, verblüht. → trocken.
▸ entwickelt, taufrisch, frisch, grün, saftig.

verdrängen abschieben, verbannen, ausbeißen *u*, ausbooten *u*, ausmanövrieren *u*, ausrangieren *u*. → auftreten für, ausfüllen, bemächtigen, beeinträchtigen, ersetzen.

Verdrängungen Komplexe.

verdrecken → beschmutzen.

verdreckt befleckt, besudelt, dreckig, fleckig, kotig, mistig, schmutzig, unrein, unsauber, verschmutzt.

verdrehen verschieben, verkanten, ändern, verstellen. → anführen, bemänteln, Bock als Gärtner, deuteln, Dunst vormachen, sich in die Gunst einschleichen, entstellen, erfinden, herbeiziehen, lügen, tauschen die Rollen.

verdreht umgekehrt • verärgert. → absurd, chaotisch, durcheinander, einseitig, entstellt, erfunden, irrsinnig, krumm, schief, tendenziös, verwirrt. ▸ richtig (herum).

Verdrehung Umbiegung, Entstellung • Törn *sm.* → Auswuchs, Betrug, Darstellung unrichtige, Entstellung, Erfindung, Falschheit, Lüge, Täuschung.

verdreschen → dreschen, prügeln.

verdrießen ärgern, belästigen, beschweren, sauer ankommen, nicht recht sein, kümmern, erbosen, die Lust nehmen, bedrängen, aufreizen, erbittern, verschnupfen, trüben, verletzen, behelligen, heimsuchen. Verdruss verursachen. → ärgern, aufregen, erbosen, erdolchen, mit den Blicken, grämen sich, Magen liegen im, missfallen. ▸ erfreuen.

verdrießlich unerquicklich, unerfreulich, unzufrieden, betrübt, launisch, missvergnügt, lustlos, trübsinnig, grämlich, griesgrämig, mürrisch, sauertöpfisch, verdrossen. → ärgerlich, aufgelegt, bärbeißig, beklemmend, bitter, böse, brummig, cholerisch, erbittert, fassen sich kurz, freudlos, gelaunt, peinlich, schmerzlich, übel sein, unangenehm, unbefriedigend, unzufrieden. ▸ erfreulich • aufgekratzt, fröhlich, gut gelaunt, vergnügt.

Verdrießlichkeit Schererei *u.* → Ärger, Ärgernis, Bärbeißigkeit, Bekümmernis, Beschwerde, Erbitterung, Unstimmung.

verdrillen schraubenförmig verdrehen, tordieren, zwirnen.

Verdrillung Torsion.

verdrossen → arbeitsunfähig, ärgerlich, aufgelegt, bequem, mürrisch, unzufrieden, verdrießlich. ▸ ausgelassen, lebenslustig, munter, optimistisch.

Verdrossenheit → Bitterkeit, Erbostheit, Verdruss.

verdrücken, sich → abhauen.

Verdruss Leid, Unheil, Trübsal, Kummer, Unbill, Unbehagen, Ungelegenheit, Ungemach, Unannehmlichkeit, Missfälligkeit, Quälerei, Verdrossenheit, Pein, Leidwesen, bittere Pille, Leidensweg, Leidensgang, Leidenskelch, bitterer Kelch, in Teufels Küche, Hölle auf Erden, Schweinerei *u*, Scheiße *u*, Sauerei *u*, Schlamassel *u*, Biesterei *u*, Dreck *u*, Brühe *u*, Malheur *u*, Soße *u*, Suppe *u*, Verärgerung, Widerwärtigkeit, Plage, Bürde, Last. → Ärger, Ärgernis, Beschwerde, Bitterkeit, Bürde, Erbitterung, Unstimmung, Zorn. ▸ Erleichterung, Freude, Ausgelassenheit, Glück, Heiterkeit, Optimismus.

verduften → abhauen, aufbrechen, bedecken, begeben sich, bewegen sich, davonmachen sich, enteilen, entfernen sich, Fersengeld geben, machen sich davon, Reißaus nehmen, schleichen sich fort.

verduftet → über alle Berge.

verdummen dumm machen • dumm werden. → beeinträchtigen, bleiben zurück, verblöden. ▸ lernen, verstehen, dazulernen, sich geistig entwickeln, klüger werden.

verdunkeln → abblenden, anschwärzen, bedecken, bemänteln, beschatten, bewölken, binden nicht auf die Nase, dunkeln, verdecken, verleumden.

Verdunkelung → Blende, Dämmer, Dunkel, Verheimlichung.

verdünnen verwässern. → panschen, strecken, vermindern. ▸ andicken, eindicken, kondensieren, konzentrieren, verdichten, verdicken.

verdünnisieren, sich → davonmachen sich.

verdünnt → dünn.

verdunsten verdampfen, verduften, verfliegen, verflüchtigen, vergasen, verrauchen, verschwelen • ausdünsten, schwitzen, glosen. → dampfen, entdampfen. ▸ dichten, festigen, regnen, kondensieren, sich niederschlagen.

Verdunstung Verflüchtigung, Ausdünstung, Verdampfung, Vergasung, Vernebelung, Versprühung. → Erwärmung. ▸ Abkühlung, Erstarrung, Niederschlag.

Verdunstungsniederschlag Kondensat.

verdursten vertrocknen, eintrocknen, ausdorren, verdorren, eindorren, dorren, trocknen, dürren, versiegen, verwelken, welken, verschmachten • trinken müssen, trockene Zunge haben, lechzen, umkommen, sterben, eingehen. ▸ bewässern, trinken.

verdüstern verfinstern, verdunkeln, erlöschen, ausblasen, abschalten, abblenden • grämen, härmen, betrüben sich, trauern, schweres Herz haben, sich dem Gram hingeben, schwarz sehen, unken, sich graue Haare wachsen lassen • verzweifeln, verzagen, sich aufgeben, mit der Welt zerfallen, an die Menschen nicht mehr glauben können • wahnsinnig werden, den Verstand verlieren, schwermütig werden, krank werden, irrwerden. → bewölken, dunkeln. ▸ aufheitern.

verdüstern, sich → dämmern, verdüstern.

Verdüsterung Hoffnungslosigkeit, Verzweiflung, Verzagtheit, Weltschmerz, Verlassenheit, Trostlosigkeit, Enttäuschung, Enthoffnung, Niedergeschlagenheit, Aussichtslosigkeit • Gedrücktheit, Traurigkeit, Seelennot, Mutlosigkeit, Düsterkeit, Seelenwundheit, Melancholie, Schwermut, Lebensüberdruss, Freudlosigkeit, Freudeleere, Schwarzseherei, Weltschmerz, Überdruss, Grillenfängerei, Kopfhängerei, Gespensterseherei, Verfolgungswahn, Kleinmut, Minderwertigkeitsgefühl, Selbstanklage, Selbstqual, Tiefsinn • Dunkelheit, Finsternis, Nacht, Dämmerung, Beschattung, Umwölkung, Verfinsterung, Düsterheit, Düster. → Dunkel. ▸ Freude, Sonnenschein.

verdutzt → baff, verwundert.

verebben → abflauen.
veredeln okulieren, aufnorden *u.* → ausbessern, Blut auffrischen, verbessern, züchten.
Veredelung Kopulation, Raffination.
verehelichen → beigesellen.
verehelicht → ehelichen.
verehren lieben, anbeten, bewundern, vergöttern, hoch achten, hoch schätzen, auf den Händen tragen, bis in den Himmel heben, in Liebe erglühen, vergaffen, vernarrt sein, schwärmen, entbrennen, sich die Augen aus dem Kopf sehen, mit den Blicken verzehren, umwerben, verhätscheln, verziehen • achten, bevorzugen, preisen, schätzen, verherrlichen, huldigen, verklären • beten, an Gott wenden, fromm sein, Gott preisen, lobsingen, lobpreisen, opfern, anrufen, glorifizieren, Knie beugen • darbieten, erfreuen mit, schenken. → achten, anbeten, auszeichnen, beloben, beten, bevorzugen, Cour schneiden, darbieten, dienen, schätzen, schenken, tragen auf den Händen.
▸ gering schätzen, verabscheuen.
verehrenswert → ehrenwert.
Verehrer → Anhänger, Bewerber, Buhle, Courmacher, Freund.
verehrt → achtbar, angesehen, beliebt, populär.
Verehrung Hochachtung, Ehrfurcht, Achtung, Wertschätzung, Würdigung, hohe Meinung, Vergötterung, Huldigung, Kniefall, Fußfall, Ehrerweisung, Verbeugung, Auszeichnung, Ansehen, Popularität • Herzlichkeit, Wohlwollen • Gottesfurcht, Gläubigkeit, Ergebenheit, Gottvertrauen, Begeisterung, Entzückung, Verzückung, Inbrunst. → Begeisterung, Christabend, Empfehlung, Liebe, Meinung hohe, Pietät.
▸ Geringschätzung, Verruchtheit.
Verein → Clique, Vereinigung.
vereinbar angemessen, anpassungsfähig, passend, kompatibel, verträglich, zusammenpassend.
vereinbaren übereinkommen, anpassen, angleichen, festlegen, beistimmen, zustimmen, ja sagen, annehmen, eingehen auf, für gut befinden, anerkennen, verpflichten, handelseinig werden, abmachen, feststellen, festsetzen, einen Vertrag schließen, ein Abkommen treffen, vergleichen, aushandeln, ausmachen *u.* → abmachen, anordnen, arrangieren, festlegen.
▸ ablehnen, widersprechen.
vereinbart abgemacht *u,* ausgemacht *u,* unter Dach und Fach *u.* → abgekartet.
Vereinbarung Agreement, Absprache. → Abkommen, Ausgleich, Bedingung, Beilegung, Konvention, Klausel, Vertrag.
vereinen, sich sich die Hand reichen, zusammenkommen, übereinstimmen, harmonieren, verbrüdern sich, zusammenwirken, Freundschaft halten, zusammengehen, zusammenarbeiten, mit vereinter Kraft vorgehen, sich zusammentun.
▸ trennen, verfeinden sich.
vereinfachen vereinheitlichen, gleichmachen, vereinzeln • unkompliziert machen • abrunden, kürzen, versimpeln, banalisieren, handlicher gestalten, klarer formulieren • rationalisieren, schematisieren, typisieren. → erleichtern.
▸ erschweren, prunken.
vereinheitlichen normalisieren. → abrunden, absondern, vereinfachen.
vereinigen → anhäufen, anmachen, begegnen, beifügen, beigesellen, beitreten, berufen, einigen, erfassen, fassen, festhalten, gruppieren, konzentrieren, sammeln, verbinden, verknüpfen.
▸ absondern, lösen, scheiden, spalten, trennen.
vereinigen, sich sich begegnen, sich verbinden, sich befreunden, in Verkehr stehen, sich vertragen, übereinkommen, Partei bilden eine, koalieren • zusammenlaufen, zusammenstehen, zusammenfließen, zusammenrotten, sammeln, konzentrieren, aufmarschieren, zusammentreffen, zusammentun, zusammenscharen, helfen, einen Bund schließen, sich verschwören, auf die Seite schlagen, die Köpfe zusammenstecken, verbrüdern sich, aus einem Napf essen. → anbändeln, beteiligen sich, scharen sich.
▸ auseinander gehen, hemmen, trennen, verfeinden sich.
vereinigt → beigeordnet, beisammen, gemeinsam, zusammen.
Vereinigung Bund, Gemeinschaft, Genossenschaft, Gesellschaft, Gesellschaftsverband, Gewerkschaft, Gilde, Gruppe, Fusion, Gremium, Kaste, Kartell, Körperschaft, Kreis, Konzern, Liga, Partei, Schar, Schicht, Sekte, Syndikat, Trupp, Ring, Union, Trust, Verband, Verbindung, Bruderschaft, Burschenschaft, Zunft, Zusammenschluss • Schar, Schwarm *j.* → Anschluss, Beitritt, Block, Bündnis, Clique, Einbeziehung, Einheit, Einmischung, Einmündung, Familie, Gemeinschaft, Kombination, Körperschaft, Ring, Verbindung • Aggregat.
▸ Trennung.
vereinsamen trennen sich, absondern sich, eigene Wege gehen, das Leben eines Sonderlings führen, sich allein durchschlagen, keine Freunde haben, nicht geliebt werden, abgeschieden leben, zurückziehen sich, abschließen, der Welt entsagen, die Gesellschaft meiden, einspinnen sich, lossagen sich, die Menschen fliehen, verbergen sich, keinen Umgang pflegen, aus dem Wege gehen, den Rücken kehren, leben wie eine Nonne, ins Kloster gehen, ein Mönchsdasein führen, menschenscheu sein, sich allen entfremden, einsiedlerisch leben, in die Einsamkeit gehen, ungastlich sein, die Gesellschaft meiden.
▸ gesellen sich.
vereinsamt ungesellig, menschenscheu, weltfremd, einsiedlerisch, zurückgezogen, unnahbar, unzugänglich, ungastlich, abweisend, gottverlassen, einsam, mutterseelenallein, allein stehend, freundlos, geflohen, gemieden, verachtet, unwillkommen, traurig, trostlos, ohne Trost, allein,

desolat, abgeschieden, gesondert, verlassen, selbstgenug, abgesondert. → allein, gemieden.
▸ gesellig, (in Gesellschaft von), (weltnah).
Vereinsmeier Vereinsfreund.
Vereinssatzung Statut.
vereint verbunden, vereinigt, gemeinschaftlich, Hand in Hand, Arm in Arm, zusammen, mitsamt, kopuliert, verheiratet, verehelicht, verlobt • dicht, ungelockert, fest, verknüpft, • gesellschaftlich, bündisch, unter einer Decke, geschlossen, zünftig, im Bündnis mit, im Einverständnis mit. → beisammen, brüderlich, ein Herz und eine Seele, ein Mann wie, einhellig, gemeinsam, Herz und Hand mit, zusammen.
▸ getrennt.
vereinzeln → absondern, isolieren.
vereinzelt abgesondert, allein, beziehungslos, getrennt, isoliert, unverbunden, unzusammenhängend, ungepaart, für sich, ohne Führung, vereinsamt. → allein, allein stehend, anders, auseinander, berührungslos, beziehungslos, dann und wann, einer nach dem andern, einmalig, einsam, einzeln, episodisch, fern, gelegentlich, geteilt, getrennt, kaum, rar, selten, separat.
▸ verbunden, zusammen • überall • häufig, oft, vielfach.
vereinzelte Erscheinung Besonderheit, Seltenheit, Rarität, Singularität.
Vereinzeltheit → Detail.
Vereinzelung → Ausnahme, Einmaligkeit, Einzelfall.
vereisen → abkühlen, beschlagen, gefrieren.
vereist → bereift, eisig.
Vereisung → Erstarrung, Kälte.
vereiteln hindern, zu Fall bringen, verhindern, das Handwerk legen, verhüten, erschweren, entgegenarbeiten, vorbeugen, abwenden, versperren, eindämmen, einmischen, erwehren, dazwischentreten, Knüppel zwischen die Beine werfen, einen Strich durch die Rechnung machen, die Tour vermasseln *u*, den Fahrplan verderben *u*. abwehren, fesseln, lähmen, ketten, lahm legen, behindern, stören, zu Fall bringen, unterbrechen, dämpfen, abblocken *u*, abschmettern *u*, auffliegen lassen *u*, den Braten versalzen *u*, dazwischenfunken *u*, quer schießen *u*. → abwehren, aufhalten, aufwerfen, beeinträchtigen, bekämpfen, bezwingen, dawider, dazwischentreten, durchkreuzen, Einspruch erheben, Fall bringen zu, Flügel beschneiden, Handwerk legen das, Quere kommen in die, verhindern.
▸ ermutigen, helfen, zusprechen, fördern, unterstützen • anstoßen, initiieren • dulden • erlauben, gestatten, zulassen.
Vereitelung → Aufenthalt, Beschwernis, Fehlgeburt, Verhütung.
Vereiterung → Fäulnis.
verekeln abgeneigt machen, Ekel erregen, Übelkeit hervorrufen, mit Abscheu erfüllen, mit Widerwillen erfüllen, Ablehnung hervorrufen, Unwillen wachrufen, verleiden.
▸ Appetit anregen, schmackhaft machen.
Verelendung → Armut.
verenden → bleiben auf dem Platz, brechen den Hals, ersaufen, sterben.
verengt beklemmend, dicht, eingeengt, eng, gestaut, schwer durchlässig, Stau bildend, stenotisch.
Verengung Schrumpfung, Schwund, Abnahme • Einschränkung, Beschränkung • Verkürzung, Verkleinerung • Zusammenziehung, Verminderung • Begrenzung.
▸ Aufdehnung, Ausweitung, Dehnung, Erweiterung, Verbreitung, Weitung.
vererben → beschenken, geben, Testament machen sein.
▸ beerben, erben • enterben.
vererbt → erblich.
▸ anerzogen • erworben.
Vererbungsforscher Genetiker.
verewigen überdauern, fortsetzen, anhalten, fortdauern, durchhalten, Bestand haben, mit eisernem Griffel schreiben, einkratzen, einritzen, bleiben, kein Ende nehmen, überstehen.
▸ vergehen.
Verfahren Prozedur, Vorgang, Weg, Manier, Art und Weise, System, Methode, Stil, Ausübung, Handhabung, Verlauf • gerichtliches Verfahren. → Affäre, Anwendung, Ausdrucksweise, Behandlung, Darstellungsweise, Kunstform, Stil, System, Weg.
verfahren → aufführen, anstellen, benehmen sich, verhalten sich.
verfahren, sich → bleiben stecken, irren sich, ungeschickt, versagen.
verfahrensrechtlich prozessual.
verfahrenstechnisch technologisch.
Verfall → Abnahme, Beschädigung, Brand, Dekadenz, Demoralisation, Desorganisation, Ende böses, Entartung, Fäulnis, Neige, Niedergang, Schwäche, Unkultur, Verderbnis, Verschlimmerung, Zerstörung.
▸ Aufbau • Entwicklung, Gedeihen, Wachstum • Blüte(zeit) • Erholung, Genesung • Erneuerung, Renovierung, Restaurierung.
verfallen verrotten, faulen, absterben, vermodern, verlottern, verfaulen, rosten, zerrütten, verderben, entarten, verwildern, sich auflösen, zerfallen, zerbröckeln, zusammenbrechen, vergehen, verkommen, abgleiten, dem Untergang geweiht. → abblühen, abbrauchen, abnehmen, alt, altern, auszehren, baufällig, begehen, dürren, entarten, ungültig, verderben, verschlimmern.
▸ aufbauen, erneuern.
verfallenes Bauwerk Ruine.
Verfallserklärung Kaduzierung.
verfälschen beeinträchtigen. → beifügen, bemänteln, deuteln, erdichten, fälschen, lügen, panschen, täuschen.
verfälschen, Informationen manipulieren.
verfälscht entstellt, gefälscht, verunstaltet.
Verfälschung → Darstellung unrichtige, Entstellung, Entweihung, Lüge, Täuschung.
verfangen nachwirken, einschlagen, veranlassen.
verfänglich verführerisch, perfid. → bedenklich, blendend, dahingestellt, scheinbar, schwierig, unsicher.
▸ harmlos, ungefährlich, unverfänglich.
verfärben, sich die Farbe verlieren, abfärben, abschießen, ausgehen • erblassen, erbleichen, sich fürchten, Angst haben, die

Fassung verlieren, kreidebleich • erröten, sich schämen, sich genieren, die Hände vors Gesicht halten, die Schamröte ins Gesicht treiben. → blass, Farbe wechseln. ▸ farbecht (sein), Furcht ohne.
verfärbt dyschrom.
verfassen komponieren. → abfassen, konzipieren, schreiben.
Verfasser → Arbeiter, Schreiber, Schriftsteller, Urheber.
Verfassung Gemütslage, Gemütsart, Lage, Anlage, Natur, Zustand, Eigenschaft, Beschaffenheit, Denkweise • Staatsordnung, Regierungsform, Vertrag, Sanktion, Staatsgrundgesetz, Konstitution, Grundgesetz. → Affekt, Anwandlung, Atmosphäre, Bemächtigung, Charakter, Denkart, Disposition, Geisteszustand, Gemüt, Gemütszustand, Konstitution, Lage, Recht.
verfassungsgemäß → legal.
verfassungsmäßig konstitutionell.
Verfassungsurkunde Charta.
verfassungswidrig → ungesetzlich antikonstitutionell, staatsfeindlich.
verfaulen → faulen, verderben, verfallen. ▸ gedeihen.
verfault → faul, schlecht, verdorben. ▸ frisch, unverdorben.
verfechten → bekämpfen, disputieren, verteidigen. ▸ anfechten.
Verfechter → Dickkopf, Eiferer, Kämpfer.
verfehdet nicht gewogen, Spinnefeind, entzweit, auseinander, verfeindet, todfeind, feindlich, unversöhnlich, feindselig, in Fehde. → feindlich. ▸ befreundet.
verfehlen → ausstehen, begehen, brechen die Pflicht, fehlen, Geleis geraten aus dem, irren sich, verfehlen sich, vernachlässigen, verpassen.
verfehlen, sich verspäten sich, verschlafen, versäumen, verirren sich, fehlgehen, irregehen, fehlschießen, fehlen, nicht treffen, nichts ausrichten, Misserfolg haben, verabsäumen, versagen, sündigen. → brechen das Gesetz, verpassen.
▸ gelingen, hinzielen, treffen, zurechtkommen, erreichen, finden, treffen, aufeinander stoßen, sich begegnen, sich finden • zusammenprallen.
verfehlt missraten, schief. → erfolglos, missglückt, nutzlos, umsonst, unangebracht, unzweckmäßig.
Verfehlung Abirrung, Abweichung, Fehler, Irrtum, Irrweg • Fehltritt, Frevel, Sakrileg, Sünde, Verbrechen, Vergehen, Verstoß.
verfeinden → aufhetzen, balgen, brechen mit, entzweien.
verfeinden, sich → balgen, brechen mit, differieren, entzweien, streiten, überwerfen sich mit. ▸ sich befreunden, Freundschaft schließen • miteinander auskommen, sich vertragen • sich aussöhnen/versöhnen.
verfeindet → entzweit, feindlich, todfeind, verfehdet.
verfeinern → erziehen, verbessern.
verfeinert sublim.
verfeinerte Lebensweise Kultur.
Verfeinerung Verdünnung, Raffinierung, Auflockerung, Verbesserung, Überarbeitung, Veredelung, Aufschönung, Reinigung. → Bearbeitung, Benehmen, Geschmack, Schönheit. ▸ Geschmacklosigkeit, Hässlichkeit, Unhöflichkeit, Verdickung, Vergröberung.
verfemen → ächten, boykottieren, strafen.
verfemt → gerichtet, unmöglich, verachtet.
Verfemung → Ächtung.
verfertigen → erfüllen, herstellen, machen, tun.
verfestigen festigen, fest machen, erhärten, versteinern, versetzen mit, einschnüren, hart machen, gerinnen, verglasen, verdicken, zusammenpressen. → erstarren. ▸ losmachen, verdünnen.
verfettet adipös, feist, fett, fettig, überernährt.
verfilzen verhaspeln, verschlingen, ineinander schlingen • filzig werden. ▸ freigebig (sein), lockern.
verfinstern → abblenden, beschatten, bewölken, dunkeln, verdüstern.
Verfinsterung → Dämmer, Dunkel.
verflechten verbinden, verketten, fusionieren, verwickeln, verschlingen, verknoten, spleißen *sm*, verwirren, verhaspeln, verdrehen, vermengen, vermischen. → drehen, knüpfen, schürzen, verfilzen. ▸ lockern, entflechten.
verfliegen → verdunsten, vergehen, versiegen, Kurs abkommen vom.
verfließen → ausfließen, aufhören.
verflixt → abscheulich, au.
verflochten geflochten, verwoben, verschlungen, überkreuzt, kreuzweise, gitterförmig, vergittert. ▸ entflochten • unverbunden, unverflochten.
verflossen → dahingegangen, damals, einstig, vergangen, damalig, ehemalig, einstig, früher, gewesen, vergangen, vormalig, vorüber.
verfluchen vermaledeien. → ächten, fluchen.
verflucht → abscheulich, beißend, bitter, böse, verdammt.
verflüchtigen → bedecken, dampfen, entdampfen, verdunsten, verschwinden, versiegen.
Verflüchtigung → Dunst, Verdunstung.
Verfluchung → Acht, Ächtung, Bannfluch, Fluch.
verflüssigen schmelzen, auftauen, auflösen, zergehen, zerfließen, zerrinnen, zerlaufen, in Fluss kommen, tauen, wässrig werden. → auflösen. ▸ verfestigen • eindicken.
verflüssigt aufgelöst, flüssig, fließend, zerflossen.
Verflüssigung Kondensation.
verfolgen nachjagen, nachspüren, nachfolgen, nacheilen, treiben, bedrängen, hetzen, jagen, plagen, pirschen, beschatten, nachspionieren, auf den Socken sein *u* • auf den Hals schicken, jemanden hetzen • studieren, sinnen, untersuchen, überlegen, erörtern, im Auge behalten, ausfindig machen, dranbleiben *u*. → aufwerfen die Frage, auswischen, beabsichtigen, beeinträchtigen, befeinden, Ferse folgen auf der, jagen, nacheilen, nachgehen auf Schritt und Tritt, nachstellen. ▸ befreundet sein, erklären,

vernachlässigen, vorangehen • entfliehen, entkommen • fliehen.
Verfolger Treiber, Hetzer, Jäger, Nachhut, Nachläufer, Nachfolger, Umzingler, Rächer, Rachegott • Schürzennachläufer.
Verfolgter Gehetzter, Gejagter, Märtyrer • Flüchtling.
Verfolgung → Beflissenheit, Bewerbung, Bosheit, Jagd. ▸ Flucht.
Verfolgungswahn → Angst, Besessenheit, Schwachsinn Paranoia, Persekutionsdelirium.
verformbar → formbar, wandelbar.
Verformbarkeit Duktilität, Flexibilität, Plastizität.
verformen → umformen.
verfrachten → absenden, befördern, beladen, einschicken, expedieren, transportieren.
Verfrachtung → Absendung, Transport.
verfressen gefräßig, ausgehungert, gierig. ▸ asketisch • magersüchtig.
verfrüht → beizeiten, ehestens, vorzeitig. ▸ fristgemäß, pünktlich, rechtzeitig • überfällig, verspätet, zu spät.
verfügbar parat, gerichtet, benutzbar, bereit, vorrätig, bereitgestellt, vorhanden, erhältlich, greifbar, gebrauchsbereit, gebrauchsfertig, verwendbar, griffig, brauchig. ▸ fehlend • indisponibel.
Verfügbarkeit Bereitschaft, Disponibilität, Vorhandensein.
verfugen → abdichten.
verfügen anordnen, Anordnung treffen, befehlen, bestimmen, verordnen, entscheiden, vorschreiben, erlassen, beschließen • zu Gebot stehen, haben, besitzen, sein Eigen nennen, handhaben, verarbeiten in Anspruch nehmen. → anordnen, bahnen, befehlen, begehren, beordern, bestimmen, diktieren, dirigieren, erlassen, gruppieren, Haus halten, heißen, organisieren. ▸ Dunkeln lassen im, gehorchen, verwirren, widersetzen sich.
verfügt befohlen, angeordnet, beordert, verordnet, vorgeschrieben, festgesetzt, erlassen, von oben, auf Anordnung oder Befehl, dienstlich, auf Kommando.
Verfügung → Anordnung, Auflage, Auftrag, Befehl, Bekanntgabe, Cirkular, Dekret, Entscheidung, Kodex, Paragraf.
Verfügung, letztwillige Testament.
Verfügung, richterliche → Dekret.
Verfügung stehen, zur bereit sein, angreifen, anfassen, anpacken, arbeiten, mitwirken, zugreifen, sich betätigen, mittun • haben, besitzen, gehören, eignen, beanspruchen. → verfügen. ▸ fehlen, widersetzen sich.
Verfügung stellen, zur bereitstellen, hergeben, stiften, überlassen, vermieten • (V. stellen sein Amt zur) → abdanken.
Verfügungsbefugnis Berechtigung, Kompetenz, Vollmacht.
Verfügungsberechtigter Besitzer, Disponent, Eigentümer, Eigner, Halter, Herr, Inhaber, Mieter, Nutznießer, Pächter.
verführbar charakterlos. → willensschwach. ▸ abweisend, prüde • charakterfest, unbestechlich.
verführen verlocken. → beeinflussen, begeistern, bewirken, Bock als Gärnter, brechen die Ehe, herumkriegen, kokettieren, liebäugeln, reizen, Schlinge legen eine, verleiten, versuchen, vernaschen *u.*
Verführer Büchsenöffner *u.* → Bacchant, Casanova, Faun, Gaukler, Schlepper, Wüstling.
Verführerin Circe, Femme fatale, Vamp, Sirene, Scharfmacher *u.* → Buhle.
verführerisch → auffallend, ausschlaggebend, beeinflussend, blenden, buhlerisch, berauschend, gleisnerisch, scharmant, erotisch, kokett, üppig. ▸ reizlos, unattraktiv • abscheulich, abstoßend, Ekel erregend.
Verführung Versuchung, Verlockung, Verleitung, Sinnenreiz, Betörung, Zuflüsterung, Einflüsterung, Verblendung, Anstiftung, Benebelung, Blendwerk, Lockmittel, Anreiz, Anlockung. → Anziehung, Beeinflussung, Beispiel, Bezauberung, Unkeuschheit. ▸ Einflusslosigkeit • Hingabe.
Verführung des Volkes Demagogie.
vergaffen, sich → fangen Feuer, verlieben.
vergällen → ärgern, verdrießen.
vergaloppieren, sich sich verheddern, sich verhaspeln. → irren sich.
vergammeln verlottern, verkommen. ▸ sich pflegen.
vergangen früher, verflossen, überholt, überlebt, einstig, gestrig, damalig, vergessen, verwichen, veraltet, ehemals, verblichen, verstrichen, vorbei, vorüber. → dahingegangen, einstig, gewesen, verfärben sich. ▸ zukünftig.
Vergangenheit Perfektum, Imperfekt, Ahnenzeit, Geschichte, Vorzeit, Vorwesen, Vorleben, Urzeit, Altertum, Gewesenes, gewesene Tage, Steinzeit, Bronzezeit, Eisenzeit. ▸ Zukunft, Gegenwart.
Vergangenheit, dunkle Ehrlosigkeit, Unehre, Ruhmlosigkeit, Namenlosigkeit, Makel, Misskredit, schlechter Ruf. ▸ Charakterstärke, Makellosigkeit.
vergänglich sterblich, irdisch, hinfällig, flüchtig, kurzlebig, temporär, kurz, zeitlich wandelbar, zeitgebunden, zeitweise, zeitweilig, geschwind, schnell, unbeständig, veränderlich, verschwindend, vorübergehend, wankelmütig, unstetig. ▸ unvergänglich, zeitlos.
Vergänglichkeit Hinfälligkeit, Staub, Flüchtigkeit, Kürze, Zeitlichkeit, Unbeständigkeit, Wandelbarkeit, Beweglichkeit, Wankelmut, Wetterfahne, Kurzzeit, Unbestand, Sterblichkeit, Kurzlebigkeit. → Asche, Eintagsfliege, Schaum. ▸ Unvergänglichkeit.
vergasen → blähen, töten, verdunsten.
Vergasung → Dunst, Verdunstung.
vergeben → austeilen, begnadigen, begraben, beschenken, entschuldigen, erlassen, verteilen.
vergeben, sich etwas → sich erniedrigen.
vergebens, vergeblich → erfolglos, nutzlos, umsonst.
vergeblich aussichtslos, erfolglos, nutzlos, vergebens, umsonst.

Vergebung Versöhnung, Verzeihung, Aussöhnung, Begnadigung, Amnestie, Absolution, Friedenspfeife, Entgegenkommen, Gnade, Nachsicht, Erlassung, Entbindung, Ablass, Pardon ● Verteilung, Zuweisung, Anweisung, Austeilung. → Ablass, Amnestie, Aussöhnung, Barmherzigkeit, Beilegung, Beruhigung, Charitas, Entschuldigung, Nachsicht, Verzeihung. ▸ Unversöhnlichkeit, Verurteilung, Zurücknahme.
Vergebung bitten, um Abbitte tun, entschuldigen sich, Verzeihung bitten um.
vergegenständlichen hypostasieren, materialisieren, objektivieren.
vergegenwärtigen, sich → denken, überlegen, zeigen.
Vergehen krummes Ding *u.* → Delikt, Fehler, Fehltritt, Schuld, Unrecht, Verbrechen, Verstoß. ▸ Gnade ● Strafe ● Sühne.
vergehen verrinnen, ein Ende nehmen, vorübergehen, verstreichen, entschwinden, einteilen, verfliegen ● erlöschen, sterben, verwehen, veralten, versinken, aufhören ● schmelzen, tauen, verschwinden, verdunsten, sich verflüchtigen. → abblühen, altern, bedecken, benehmen die Aussicht, brennend, einschlummern, entschlafen, erlahmen, ermatten, ersaufen, fallen, fangen Feuer, faulen, sterben, verbergen, verderben. ▸ aufblühen, bleiben, entstehen, leben.
vergehen, sich gewalttätig handeln, sündigen, Schuld auf sich laden, das Gesetz brechen, vergewaltigen, sich vergessen, straucheln, entgleisen, abirren, verkommen, fehlen, ausgleiten, notzüchtigen, schänden, missbrauchen, zu Fall kommen. → ausgleiten, brechen die Ehe, Fall bringen zu. ▸ charaktervoll (sein).
vergehen vor → außer sich.
vergeistigen verinnerlichen, veredeln, vertiefen, emporheben, kultivieren.
vergelten sich revanchieren, ersetzen, danken, sich erkenntlich zeigen, Dank zollen, belohnen, besolden, vergüten, schadlos halten ● sich rächen, ahnden, heimzahlen, wettmachen, Genugtuung fordern, Mütchen kühlen, den Spieß umkehren, das Blatt wenden, sein Fett kriegen, alte Scharten auswetzen, Wurst wider Wurst *u* ● mit jemandem quitt werden *u.* → abrechnen, ahnden, anerkennen, anstreichen, belohnen, danken, einbringen, eintränken, entgelten, entlohnen, erkenntlich zeigen sich, erwidern, rächen. ▸ vergeben, vergessen.
Vergeltung Genugtuung, Sühne, Entschädigung, Abrechnung, Ersatz, Ausgleich, Erwiderung ● Dank, Erkenntlichkeit, Danksagung, Vergütung, Entgeltung, Belohnung, Anerkennung, Gegendienst ● Rache, Revanche, Ahndung, Blutrache, Blut für Blut, Blatt wenden, Hass. → Ausgleich, Belohnung, Bestrafung, Buße, Dank, Entlohnung, Entschädigung, Erkenntlichkeit, Ersatz, Gegenleistung, Rache, Rückgabe, Rückzahlung, Satisfaktion. ▸ Vergebung.
Vergeltungsmaßnahme Revanche. → Rache, Strafe, Vergeltung.
vergesellschaften beschlagnahmen, enteignen, sozialisieren, verstaatlichen.
vergessen entfallen, verdrusseln *u,* liegen lassen, entschlüpfen, verschwitzen, entschwinden, verlieren, verlernen, verlöschen, aus dem Sinn kommen, sich nicht mehr entsinnen, das Kreuz machen, es geht zum einen Ohr hinein zum anderen hinaus ● Dank vergessen, undankbar sein ● verzeihen, vergeben, nichts nachtragen ● in Vergessenheit geraten, im Sande verlaufen, Gras darüber wachsen lassen, Schwamm darüber, unter den Tisch fallen lassen. → begraben, entfallen, Faden verlieren den, vergangen, verschmerzen. ▸ vergelten, wissen, behalten, sich erinnern, sich merken ● sich entsinnen, gedenken.
vergessen, sich → abweichen, ausgleiten, begehen, brechen die Ehe, brechen das Gesetz, entgleisen, Fall bringen zu, vergehen sich, wüten.
Vergessen suchen → betäuben.
Vergessenheit Nichts, Nirwana, Fluss, Lethe, Nichtigkeit, Unterbewusstsein, Wesenlosgikeit, Tilgung, Verschwinden. → Aussöhnung, Verzeihung. ▸ Bewusstsein, Gedächtnis.
vergesslich → erinnerungslos, nachlässig, oberflächlich, zerstreut. ▸ mit gutem Gedächtnis (mit einem guten Gedächtnis ausgestattet).
Vergesslichkeit Schlamperei *u.* → Gedächtnisschwäche, Gedankenlosigkeit. ▸ Erinnerung(svermögen), (gutes) Gedächtnis.
vergeuden draufhauen *u,* draufmachen *u.* → aufwenden, ausgeben, beseitigen, durchbringen, missbrauchen, verschwenden, vertrödeln. ▸ ansammeln, aufsparen, horten ● Haus halten, sparen.
Vergeudung → Unwirtschaftlichkeit, Verlust, Verschwendung.
vergewaltigen schänden, notzüchtigen, zwingen, verführen, schwächen, missbrauchen, entehren, die Ehre rauben, Notzucht treiben, umlegen ● das Recht missbrauchen, das Gesetz brechen. → berauben, notzüchtigen. ▸ enthalten sich, widersetzen sich manipulieren ● verführen.
Vergewaltigung → Beeinflussung, Beraubung, Demagogie, Diktatur, Notzucht, Schändung, Zwang.
vergewissern, sich → anschauen, erkundigen.
vergießen → ausschütten, ausfließen. ▸ eingießen.
vergießen, Tränen → klagen, weinen.
vergiften → ausrotten, töten. ▸ entgiften, entseuchen ● heilen.
Vergiftung → Infektion.
Vergissmeinnichtblau → Blau.
vergittert → durchbrochen, geschlossen.
Verglasung → Bedeckung, Erstarrung.
Vergleich Gegenstück, Verbindung, Gleichnis, Kontrast, Gegenüberstellung, Metapher, Sprachvergleichung, Analogie, Allegorie, Parabel, Austrag, Ausgleich. → Abkommen, Anspielen, Ausgleich, Aussöhnung, Beilegung, Bescheinigung, Vertrag.

▸ Ablehnung, Differenz, Unversöhnlichkeit.
vergleichbar → entsprechend, parallel.
▸ (ganz) anders, unterschiedlich, verschieden • inkomparabel, unvergleichbar, unvergleichlich.
vergleichen gegenüberstellen, messen, nebeneinander stellen, gleichsetzen, heranziehen, Parallelen ziehen, vergleichsweise, Vergleiche anstellen, kollationieren, hinweisen auf, anführen. → annehmen, beitreten, beurteilen, bieten, charakterisieren.
▸ ablehnen, missdeuten, verweigern.
vergleichen, sich ausgleichen, vermitteln, schlichten, austragen, sich vertragen, beilegen, regeln, sich einigen, handelseinig werden, sich aussöhnen, versöhnen sich, begütigen, beschwichtigen, sich verständigen.
▸ bestehen auf, verfeinden sich.
vergleichsweise → bezüglich, relativ.
Vergleichszahlen z. B. Indexzahlen.
verglimmen → erlöschen, zerfallen.
verglühen → erlöschen, zerfallen.
Vergnügen Frohsinn, Olymp, Kurzweil, Festlichkeit, Lust, Lustbarkeit, Genuss, Flitterwochen, Ausspannung, Zerstreuung, Freude, Zeitvertreib, Pläsier, Erholung, Befriedigung, Reiz, Annehmlichkeit, Vergnüglichkeit, Vergnügung, Wohlleben, Belustigung, Rutschpartie *u*, Spritztour, Wonnezeit, Glückstage • Leckerbissen, Erquickung, Schwelgerei, Gaumenfreude, Frühschoppen, Schnabelweide. → Befriedigung, Belustigung, Delikatesse, Betrieb, Erbauung, Ergötzen, Freude, Genuss, Interesse, Lustgefühl, Lust.
▸ Arbeit, Verdruss • Pflicht • Langeweile • Ärger, Gram, Kummer, Leid(en), Schmerz.
vergnügen → amüsieren, anregen, behagen, erfreuen.
Vergnügen, mit anstandslos, bereitwilig, bedenkenlos, gern, freiwillig, selbstverständlich.
vergnügen, sich flott leben, sich des Lebens freuen, das Leben versüßen, freuen sich mit, sich ausleben, feiern, sich ergötzen, sich unterhalten, sich anregen, sich belustigen, sich verlustrieren, vertändeln, sich berauschen, sich beseligen, den Sorgen aus dem Weg gehen, sich dem Genuss hingeben, sich gütlich tun. → bekämpfen, belustigen.
▸ arbeiten, langweilen, verdrossen (sein).
vergnüglich → amüsant, angenehm, erfreulich, ergötzlich, jovial, unterhaltend, vergnügt.
Vergnüglichkeit → Belustigung, Freude, Lust, Vergnügen.
vergnügt lebensfroh, heiter, seelenfroh, wohlig, glücklich, froh, frohgemut, lustig, fidel, ausgelassen, übermütig, quietschfidel *u*, quietschvergnügt *u*, kreuzfidel *u*, mordsfidel *u*, aufgekratzt *u*, juxig *u*, obenauf, putzig, pudelnärrisch • fideles Haus, fideles Huhn *u*, lustiges Huhn *u*, toller Hecht *u*. → aufgelegt, aufgeräumt, behäbig, beruhigt, froh gelaunt, himmelhochjauchzend, munter, selig, wohlgemut.
▸ verdrossen, verstimmt, bedrückt, betrübt, deprimiert, traurig • verzweifelt.
vergnügt, sehr quietschfidel *u*.
Vergnügung → Belustigung, Feier, Freude, Lust, Vergnügen.
Vergnügungsfahrt Rutschpartie *u*.
Vergnügungsindustrie Showbusiness.
Vergnügungsreise, kurze Spritztour *u*.
Vergnügungsreisender Feriengast, Urlauber, Reisender, Tourist.
Vergnügungsstätte Etablissement, Odeon, Theater, Varietee, Zirkus. → Freudenhaus.
Vergnügungssucht → Unmäßigkeit.
vergnügungssüchtig → ausschweifend, bacchantisch, bedürfnisvoll, begehrlich.
vergolden → ausschmücken, bedecken, dekorieren.
vergönnen → begünstigen, darreichen, erlauben, gewähren, gönnen.
vergotten → loben, schmeicheln, vergöttern.
vergöttern vergotten, auf Händen tragen, lieben, vergaffen sich, bewundern, verehren, vergötzen, den Hof machen, verzärteln, verhätscheln, jeden Wunsch erfüllen, hoch achten, hoch schätzen, anbeten, verklären, in den Himmel heben, anhimmeln *u*. → anbeten, Cour schneiden, lieben, verehren.
▸ verabscheuen.
vergöttert → beliebt, geliebt.
vergraben → eingraben, einstampfen, verbergen.
vergrämt verbittert, verärgert. → alt, bitter, hypochondrisch, traurig, verdrießlich.
▸ aufgekratzt, froh, fröhlich, heiter, (glück)selig.
vergraulen ärgern, erschrecken • vermiesen, mies machen, vertreiben.
▸ locken, mutig sein, vergnügen sich.
vergreifen, sich → brechen das Gesetz, irren sich, missbrauchen, vergewaltigen.
vergreisen → altern.
vergreist greisenhaft, senil, uralt, zittrig.
Vergreisung, vorzeitige Progerie.
vergriffen verbraucht, ausgegeben, verkauft, leer, blank, ausverkauft, ausgegangen, nicht vorhanden, fehlend, mangelnd.
▸ (noch) auf Lager, im Angebot • schwer verkäuflich, unverkäuflich.
Vergröberung Entartung, Ausartung, Verwilderung, Verderbnis, Vermoderung, Fäulnis, Verwesung, Verheerung, Zerrüttung • Vereinfachung. → Auswuchs, Hässlichkeit, Ungeschmack.
▸ Verfeinerung.
vergrößern mehren, verbreitern, ausbreiten, vervielfachen, ausdehnen, verstärken, entwickeln, vermehren, hinzufügen, erweitern, anschwellen, wachsen, verstärken, verdoppeln, strecken • Lichtbild vergrößern. → anschwellen, aufbauschen, ausbreiten, ausdehnen, ausfüllen, blähen, dehnen, dick tun, dick werden, erhöhen sich, greifen um sich.
▸ verkleinern, minimieren, vermindern, verringern • beschränken, dezimieren, einschränken, herabsetzen, kürzen, reduzieren, schmälern, senken.
Vergrößerung Dicktuerei, Großmannssucht, Aufschneiderei,

Großsprecherei, Geflunker, Protzerei, Prahlerei, Marktschreierei, Geschrei, Ruhmredigkeit • Bild. → Ausbreitung, Dehnung, Erweiterung, Nachtrag, Steigerung. ▸ Bescheidenheit, Verkleinerung.

Vergrößerungsgerät Mikroskop.

Vergrößerungsglas → Lupe.

vergucken, sich Feuer fangen, verlieben / verknallen / vernarren sich.

Vergünstigung Entgegenkommen, Zugeständnis, Einräumung, Vorteil, Erleichterung, Verbilligung, Preisermäßigung, Bewilligung, Gestattung, Genehmigung, Bonus *u*, Rosine *u*. → Abzug, Ausnahmen, Bestechung, Dienlichkeit, Einräumung, Ermäßigung, Erwählung, Gabe, Rabatt, Vorteil, Vorzug. ▸ Aufschlag, Einschränkung, Nachteil, Nutznießung, Präferenz, Privileg, Vorrang, Vorsprung, Vorteil.

vergüten ersetzen, vergelten, ausgleichen, decken, erstatten, aufwiegen, entschädigen, zurückerstatten, zurückgeben, abtragen, abgelten, tilgen, abliefern, berichtigen, bezahlen. → anerkennen, ausbaden, ausgeben, begleichen, belohnen, bezahlen, decken, einbringen, einlösen, entgelten, erkenntlich zeigen, erstatten, verbessern, vergelten, bonifizieren, ersetzen, gratifizieren, honorieren, indemnisieren. ▸ einnehmen, verweigern, wegnehmen.

Vergütung Bonifikation, Bonus. → Abfindung, Abzug, Ausgleich, Bezahlung, Bon, Buße, Dank, Entschädigung, Ersatz, Gegenleistung, Prämie, Provision, Rabatt.

verhaften knebeln, inhaftieren, arretieren, internieren, in Ketten legen, packen, in Bande schlagen, ins Loch stecken, ins Gefängnis stecken, in Haft nehmen, in Gewahrsam nehmen, einschließen, einkerkern, festnehmen, einfangen, einbuchten *u*, einlochen, einspinnen, einstecken, hoch gehen lassen, hoch nehmen, hops nehmen *u*, beim Krips kriegen *u*, beim Schlafittchen nehmen *u*, hoppnehmen *u*, hopsnehmen *u*. → anhalten, bemächtigen, berauben, dingfest machen, fassen, fesseln, inhaftieren. ▸ freilassen • entkommen lassen.

verhaftet → dingfest, gekettet.

verhaftet werden hoppgehen *u*, hopsgehen *u*.

Verhaftung Inhaftnahme, Freiheitsberaubung, Gefangennahme, Einkerkerung, Einmauerung, Einsperrung, Einschließung, Gefängnis, Gewahrsam, Schutzhaft, Fesselung, Ankettung, Erfassung, Verhinderung. → Bemächtigung, Beraubung. ▸ Freilassung.

verhallen vergehen, verfließen, ersterben • leiser werden, verklingen, abdämpfen.

Verhalten Haltung, Art und Weise, Verhaltungsweise, Aufführung, Gebaren, Benehmen, Einstellung, Betragen, Handlungsweise, Auftreten, Anstand, Führung • Weise, Weg, Methode, Richtschnur, Handhabung. → Art und Weise, Ausweg, Benehmen.

verhalten gedämpft. → anstellen, belegt (Stimme), betragen sich, bleiben zurück, sachte, verhalten sich, zurückhaltend.

Verhalten, anständiges Anstand, Fairness, Fairplay, gutes Benehmen, Höflichkeit, Moral, Sittlichkeit.

Verhalten einüben abrichten, anerziehen, beeinflussen, dressieren, erziehen, konditionieren, manipulieren.

verhalten, sich verfahren, reagieren, sich aufführen, sich benehmen, sich gebaren, sich gebärden, sich anstellen, sich betragen, auftreten, entgegentreten. → aufführen, benehmen sich.

Verhaltensforschung Ethologie.

Verhaltensregel Direktive.

Verhältnis Sachverhalt, Bewandtnis, Bedingung, Stand, Stellung • Beziehung, Verkettung, Gemäß, Ähnlichkeit • Liebschaft, Verbindung, Liebelei. → Abgott, Art und Weise, Lage, Sachlage. ▸ Missverhältnis.

Verhältnis haben, ein Beziehung haben eine, ehebrechen, fremdgehen, intim, befreundet sein, Liebhaber(in) sein, Liebschaft unterhalten eine, untreu sein.

verhältnisgleich → proportional.

Verhältnisgröße Funktion, Modul, Proportion, Proporz, Quotient, Relation.

verhältnismäßig → analog, relativ.

Verhältnisse leben, über die verjubeln, durchbringen, leichtsinnig sein, in den Tag hineinleben, in Saus und Braus leben, auf großem Fuß leben, sich um nichts kümmern, verschlemmen, verschweigen, nicht sparen. → verschwenden. ▸ sparen.

Verhältniswahl Proporz.

Verhältniswort Präposition.

Verhaltung Retention.

Verhaltungsregel → Anleitung, Direktive, Ratschlag.

Verhaltungsweise → Art und Weise, Benehmen, Verhalten.

verhandeln → absetzen, anbahnen, anbieten, auseinander setzen, ausgleichen, begeben, benehmen sich, besprechen, bieten, debattieren, diskutieren, disputieren, einlegen gute Worte, einschreiten, erörtern, feilbieten, feilschen, vermitteln.

Verhandlung → Auseinandersetzung, Konvention, Debatte, Einigungsgespräch, Erörterung, Konferenz, Prozess, Unterhandlung.

Verhandlungen, einleitende Präliminarien.

Verhandlungsbericht Protokoll.

Verhandlungsgeschick Diplomatie.

verhangen → trübe.

verhängen → ausschlagen, bedecken, behängen, verbergen, verheimlichen.

Verhängnis → Armut, Bekümmernis, Bescherung, Betrübnis, Fatalismus, Fügung, Los, Niedergang, Schicksal, Übel, Unglück, Zufall. ▸ Glück, Glücks(zu)fall.

verhängnisvoll → bedauerlich, fatal, schicksalhaft, unglücklich, verdrießlich.

verharmlosen → bagatellisieren.

verhärmt → unglücklich.

verharren → ausbedingen, bestehen auf, bleiben, durchsetzen sich, verbissen in.

▸ gehen, marschieren, sich regen/rühren, weitergehen • sich entwickeln, sich wandeln.
verhärten verharschen. → betäuben, erhärten, erstarren, verfestigen.
verhärten, sich verstockt sein, versteinern, sich nicht bessern, unempfänglich sein, sich verschließen, keine Reue fühlen.
▸ bereuen, demütigen sich, mitfühlen.
verhärtet hart, klumpig, fest, geronnen, versteinert • verstockt, unzugänglich, hart gesotten, störrisch, unverbesserlich, halsstarrig • gottlos, unbelehrbar. → beikommen nicht, erstarrt, fanatisch, fossil.
▸ fromm, gutmütig, reumütig.
Verhärtung → Ansatz, Beharrlichkeit, Konglomerat, Eigensinn, Erhärtung, Erstarrung.
verhaspeln → irren sich, verfilzen, verflechten.
verhasst → böse, charakterlos, empörend, geächtet, niederträchtig, unbeliebt.
▸ angebetet, bewundert, verehrt, vergöttert • angenehm, beliebt, geliebt, geschätzt, lieb.
Verhasstheit → Bitterkeit, Dorn im Auge.
verhätscheln verwöhnen, verzärteln, verziehen, verbilden, verderben, einseitig erziehen, jeden Willen tun, vertätscheln, betreuen, bevorzugen. → beeinträchtigen.
▸ streng (erziehen).
verhätschelt verwöhnt, verzärtelt, verzogen. → anspruchsvoll, beliebt, feinschmeckerisch.
▸ abgehärtet, anspruchslos.
Verhau → Beschwernis, Hindernis, irren, prügeln.
verhauen → irren, prügeln.
verheddern → Faden verlieren, hemmen.
verheeren → abbrennen, ausmerzen, ausrotten, demolieren, destruieren, verderben, zerstören.
Verheerung → Asche, Beschädigung, Beschwerlichkeit, Dekadenz, Demolierung, Einfall, Niedergang, Unglück, Verderbnis, Verschlimmerung, Zerstörung.
verhehlen → bemänteln, fälschen, lügen, täuschen, verbergen, verheimlichen, verschweigen.
verheilen ausheilen, gesunden, heilen.
verheimlichen verhängen, verhehlen, verschweigen, verbergen, geheim halten, in petto haben *u*, verstecken, tarnen, verschleiern, verkleiden, versiegeln, vorenthalten, verwahren, hinter dem Berg halten, ein Schloss vor den Mund legen, hinter den Spiegel stecken, verdecken. → bemänteln, binden nicht auf die Nase, täuschen, verbergen, verschweigen.
▸ mitteilen, aufdecken, enthüllen • ausplaudern, auspacken, aussagen, bekennen, eröffnen, gestehen, kundtun, offenbaren, preisgeben, verkünden, verraten.
Verheimlichung Verdunkelung, Verschweigung, Verhehlung, Verbergung, Geheimhaltung, Schweigepflicht, Tarnung, Deckung, Bemäntelung, Verkleidung, Deckname, Vermummung. → Täuschung.
▸ Mitteilung.
verheiraten, sich unter die Haube kommen, heiraten, die Hand reichen, sich verehelichen, sich vermählen, sich verbinden, den ewigen Bund schließen, das Jawort geben, Hochzeit feiern. → beigesellen.
▸ ledig (bleiben), auseinander gehen, sich scheiden lassen, sich trennen.
Verheiratete → Eheleute.
Verheiratung → Ehe.
verheißen → versprechen, zusagen.
Verheißung → Prophezeiung, Versprechung.
verheißungsvoll → viel versprechend.
verheizen verbrennen • überfordern, ausbeuten.
verhelfen zu → auftreiben, beschaffen, verschaffen.
verherrlichen → anbeten, bejubeln, besingen, beten, Ehre bezeigen, verehren, vergöttern.
▸ diffamieren, herabsetzen, schmähen, in den Schmutz ziehen, verleumden, verunglimpfen.
Verherrlichung Verehrung, Anbetung, Lobpreis, Ruhm, Beifall, Ehre, Lob, Preis, Würdigung, Anerkennung, Lobgesang, Tedeum, Benedeiung, Gottesdienst. → Christabend, Endeffekt, Huldigung.
▸ Verachtung, Unterschätzung.
verhetzen radikalisieren, aufwiegeln, aufhetzen, aufwühlen, abspenstig machen, anstacheln, eine Verschwörung anzetteln, anstiften. → anzetteln, aufwiegeln.
▸ beschwichtigen.
verhexen verzaubern, verwünschen, zaubern, beschwören, bezaubern, behexen, verwandeln • locken, bestricken, betören, benebeln, blenden, aufreizen, verrückt machen, den Widerstand nehmen, versuchen. → behexen, Blick böser.
verhext verzaubert, behext, gefeilt, kugelfest, verwunschen, besessen, verwünscht, verwandelt • betört, verrückt machen, versessen auf, benebelt, verliebt, vernarrt, vergafft. → besessen, feenhaft.
Verhexung → Bezauberung.
verhimmeln → schmeicheln, vergöttern.
verhindern inhibieren, zu Fall bringen, hemmen, zuvorkommen, abwehren, zügeln, vorbeugen, hindern, stören, verhüten, verbieten, vereiteln, niederhalten, abwürgen *u*. → aufhalten, bekämpfen, dawider, dazwischentreten, Einspruch erheben, entgegenarbeiten, Handwerk legen das, Quere kommen in die, verbieten.
▸ helfen, fördern, stützen, unterstützen • ausführen, durchführen, machen • dulden, tolerieren • erlauben, genehmigen, gestatten, zulassen • initiieren, ins Leben rufen.
Verhinderung → Beeinflussung, Beschwernis, Durchkreuzung, Hemmung, Hindernis, Verbot.
verhöhnen blecken *u*. → aufziehen, auslachen, auspfeifen, begeifern, belächeln, beleidigen, Besten halten zum, bloßstellen, erniedrigen, grinsen, spotten.
▸ ehren, preisen, verherrlichen, würdigen.
verhohnepiepeln → auslachen.
Verhöhnung Äppelei *u*. → Beleidigung, Spott, Verachtung.
verhökern → verkaufen.
Verhör Gerichtsverfahren,

Erkundigung, Ausfragung, Nachforschung, Vernehmung, Kreuzverhör, Untersuchung, Nachfrage. → Ausforschen.
verhören abklopfen *u*, ableuchten *u*, ausgreifen *u*, ausquetschen *u*, ausweiden *u*, betasten *u*, quetschen *u*. → ausforschen, befragen, durchforschen, durchleuchten, einziehen Erkundigung, entlocken, erfragen, irren sich.
Verhornung Keratinisation, Keratose.
verhüllen → anziehen, bedecken, behängen, bemänteln, binden nicht auf die Nase, decken, einbinden, einkapseln, einpacken, einrollen, fälschen, Mantel der christlichen Nächstenliebe bedecken mit dem, verbergen, verheimlichen, verschweigen.
▸ nackt bleiben • ausziehen, entblößen, enthüllen, entkleiden, offenbaren, preisgeben • verraten.
verhüllt → abstrus, unerkennbar, ungewiss, unsichtbar.
Verhüllung → Ausweg, Behelf, Blende, Blendwerk, Larve, Täuschung, Verheimlichung.
verhungern → darben, sterben.
verhunzen → verderben.
verhunzt entstellt, verdorben, verpatzt, verschandelt.
verhüten → abwehren, aufhalten, beeinträchtigen, bekämpfen, bewahren, bezwingen, dawider, dazwischentreten, eindämmen, steuern, verhindern.
Verhüterli Präservativ.
Verhütung Vereitelung, Vorbeugung, Einhalt, Ausschließung, Bekämpfung, Durchkreuzung, Ausschluss, Hintertreibung, Verhinderung, Hemmung, Behinderung, Beschränkung, Sperre • Vorbeugungsmittel. → Beschwernis, Hindernis.
▸ Hilfeleistung.
Verhütungspille Antibabypille *u*.
verinnerlicht feinfühlig, hellsichtig, denken, geistig, innenschauend, auf das Innenleben konzentriert, überlegend, nachdenken, nachsinnend, grübelnd.
▸ äußerlich.
verirren, sich fehlgehen, die Orientierung verlieren, die Richtung verlieren, den Weg verfehlen, irregehen, entgleisen, abweichen, sich verlieren, verfransen • sündigen, zu Fall kommen, vom Pfad der Tugend abkommen. → abschwenken, abweichen.
▸ finden sich zurecht, hinsteuern, (geraden Weg gehen).
verirrt abgeirrt, abgekommen vom Weg, erratisch.
Verirrung Abweichung, Ablenkung, Fehlgang, Irrgang, Umschweif • Fehler, Versehen • Sinnesstörung, Sinnesverwirrung, Bewusstseinsstörung • Verstoß, Sünde, Schuld. → Fehler, Schuld, Unnatur, Verstoß.
▸ Natürlichkeit, Zielsetzung.
verjagen → ausrotten, austreiben, heraustreiben, hinausekeln.
verjähren (zeitlich) ablaufen, Gültigkeit verlieren die, ungültig werden, verfallen.
verjährt ungültig, vorbei, überholt.
▸ gültig, widerrufen.
verjubeln → ausgeben, durchbringen, Verhältnisse leben über die, verschwenden.
verjüngen aufmöbeln *u*. → aufblühen, auferstehen, ausbessern, bekämpfen, erneuern.
▸ alt machen/werden, altern.
verjüngend → kräftigend.
Verjüngung Erneuerung, Wiederbelebung, Erfrischung, Auffrischung, Altweibermühle, Restauration, Besserung, Befreiung, Auferstehung, Erquickung, Belebung, Erholung. → Auffrischung, Erneuerung, Regeneration.
▸ Rückschritt, Verfall.
verkalken → altern.
verkalkt → alt.
verkannt → ungewürdigt.
▸ bekannt, berühmt, geehrt, verehrt.
verkappt → dunkel, engstirnig, fanatisch, geheim, pedantisch, unsichtbar.
▸ offen, sichtbar, unverhüllt.
verkapseln → einkapseln.
verkapselt verschlossen, versperrt, eingepackt, eingeschlossen • verkappt, dunkel, unklar, unerklärlich, unentdeckbar.
▸ deutlich, geöffnet.
verkatert → übel sein, verdrießlich.
Verkauf → Abgabe, Absatz, Handel, Veräußerung.
▸ Ankauf, Anschaffung, Aufkauf, Einkauf, Erwerb, Kauf • Schenkung, Stiftung.
Verkauf, direkter Direktmarketing.
verkaufen abgeben, auf den Markt bringen, absetzen, zu Geld machen, abstoßen, wechseln, anbringen, vertreiben, Handel treiben, veräußern, liefern, umsetzen, hausieren, tauschen, feilbieten, feilhalten, losschlagen, verkitschen, verklopfen, verkümmeln *u*, vermakeln, versilbern, verramschen, verhökern, an den Mann bringen, versteigern. → abgeben, abgehen, absenden, abtreten, bieten, einhandeln, feilschen.
▸ (einkaufen), kaufen, ankaufen, anschaffen, erwerben • stiften, verschenken • verleihen.
verkaufen wollen anbieten, feilbieten/-halten.
Verkäufer Lieferant, Ausbieter, Versteigerer, Hausierer, Ladner, Händler, Lieferer, Abgeber, Verkaufskanone *u*, Ladenfritze *u*, Camelot. → Abgeber, Lieferant, Vertreter.
▸ Käufer.
verkäuflich feil, gesucht, begehrt, nachgefragt, gangbar, viel verlangt, absetzbar, es geht ab wie Butter oder warme Semmeln *u*, umlaufend, gewollt, abgebbar. → gangbar.
▸ unverkäuflich.
Verkäuflichkeit → Feilheit.
Verkaufserfolg Bestseller, (Dauer-)Brenner, Erfolgsstück, Hit, Longseller, Reißer, Renner, Schlager, Seller, Zugstück. → Verkaufsschlager.
Verkaufsförderung Marketing, Merchandising, Product-Placement, Promotion, Salespromotion.
Verkaufsgerät Automat.
Verkaufshäuschen Kiosk.
Verkaufskartell Syndikat.
Verkaufsleiter Salesmanager, Substitut, Vertriebsleiter.
Verkaufspreis → Preis.
Verkaufsraum/-stelle Boutique, Budike, Geschäft, Kiosk, Laden.
Verkaufsschlager Reißer, Kassenschlager, Kassenerfolg, Publikumserfolg, Kassenmagnet, Erfolgsartikel, Bestseller, Rekordverkauf. → Verkaufserfolg.
Verkaufstisch Theke, Tresen.
verkauft → ausverkauft.
Verkehr → Besuch, Bewegung,

Freundschaft, Geselligkeit, Getriebe, Handel, Korrespondenz, Trubel.
verkehren umgehen mit, in Verkehr stehen, Umgang pflegen, sich begegnen, sich sehen, zusammenkommen, sich aufsuchen, bekannt sein, besuchen • fortbewegen, sich bewegen, in Bewegung sein, fahren • mündlich verkehren, brieflich verkehren, korrespondieren, sich schreiben • Geschlechtsverkehr haben. → beigesellen, umgehen. ▸ schweigen, stillstehen, zurückziehen sich.
Verkehrserziehung Regelung, Schulung, Ordnung, Disziplin, Verkehrsordnung, Sicherheitsmaßnahme, Übung, Belehrung, Instruktion, Unterweisung, Ermahnung, Anhalt.
Verkehrslärm Gehupe, Krach, Getöse, Straßenlärm, Hupenlärm, Tumult, Trubel, Fahrradgeklingel, Feuerwehrsirene, Geknatter, Motorenlärm, Gekreische, Geräusch, Lautstärke, Lärm ohrenbetäubender, Entnervung, Schall, Phonstärke. ▸ Lautlosigkeit.
Verkehrsmittel → Fahrzeug.
Verkehrspolizist Bobby *u*, Dirigent *u*.
Verkehrsschild → Erkennungszeichen, Zeichen.
Verkehrszeichen Signal.
verkehrt → absurd, albern, chaotisch, kontra, erfahrungslos, falsch. ▸ einwandfrei, fehlerfrei, korrekt, recht, richtig(stehend).
Verkehrtheit → Chaos, Charivari, Fehler.
verkeilt eingeschoben, eingekeilt, verklemmt, eingeklemmt, eingehauen, dazwischen gesteckt, eingeschaltet. ▸ frei stehend, herum, lose.
verkennen missverstehen, unterschätzen, nicht anerkennen, missachten, ignorieren, nicht erfassen, herabsetzen, verachten, vernachlässigen, gering schätzen, entwerten, absprechen, schmälern. → bagatellisieren, beeinträchtigen, erniedrigen. ▸ erkennen • anerkennen.
Verkennung → Missdeutung, Unterschätzung.
verketten → anmachen, berühren, bringen in Verbindung, verbinden, verknüpfen.
Verkettung → Anschluss, Band, Befestigung, Dichtigkeit, Faden roter.
verketzern → verleumden.
verkitschen kitschig gestalten • billig verkaufen.
verklagen → anklagen, anschuldigen, anzeigen.
Verklagter → Angeklagter, Beklagter.
verklären bewundern, veredeln, idealisieren, vergöttern, hoch achten, hoch schätzen, achten, schätzen, anbeten, huldigen, in den Himmel erheben. → erhellen, verehren. ▸ verachten, verkennen.
verklärt astral, vergeistigt, verzückt.
Verklärung Idealisierung, Erscheinung, Phantom, Sinnestäuschung, Blendwerk, Traumgebilde, Träumerei, Rausch, Trance • Gesicht, Elysium, Gefilde der Seligen.
verklatschen → anzeigen, beschuldigen, intrigieren.
verklausulieren sich vorbehalten, sich ausbedingen, Bedingung machen, bestehen auf, verbindlich machen, mit Klauseln versehen, einschränken • durch Spitzfindigkeit verstecken, verbergen. ▸ offen lassen, erklären, erläutern.
verkleben → haften, schließen.
Verklebung Adhäsion, Agglutination, Konglutination, Verkleisterung.
verkleiden täfeln, auskleiden, vergolden, versilbern, überziehen, übermalen, einschlagen, bekleben, ausschlagen, bestreichen • kostümieren. → anziehend, bemänteln, einkapseln, maskieren, verbergen. ▸ entkleiden.
Verkleidung Maskerade, Larve, Maskierung, Hülle, Vermummung, Maske, Mummenschanz, Visier, Fastnachtskleid, Deckung, Verhüllung, Bemäntelung, Blende. → Ausweg, Bedeckung, Behelf, Blendwerk, Decke, Einband, Einschlag, Maske, Verheimlichung. ▸ Entkleidung.
verkleinern mindern, reduzieren, unterschätzen, verkennen, herabsetzen, herabwürdigen, verunglimpfen, erniedrigen, verachten, gering schätzen • verringern, abnehmen, vermindern, zusammenziehen, kleiner machen, verdünnen • hacken, halbieren, schnitzeln, zerkleinern. → abnehmen, abrunden, angreifen, ausgehen, bagatellisieren, beeinträchtigen, beenden, bemänteln, beschränken, dezimieren, erniedrigen, mahlen, schrumpfen, verkennen. ▸ vergrößern.
verkleinert abgenommen, beschnitten, eingegangen, gekappt, gekürzt, gemindert, geschmälert, geschrumpft, gestutzt, reduziert, vermindert.
Verkleinerung → Abzug, Dezimierung, Reduktion, Unterschätzung, Verleumdung.
verklemmen einklemmen, einkeilen, eintreiben, einhauen, dazwischen stecken, einschlagen, eindrücken, verengen. ▸ losmachen.
verklingen verwehen, aufhören, nachklingen, austönen, verhallen, aushallen, absterben, ersterben, erlöschen. ▸ erblühen, ertönen, leben.
verklopfen → anbieten, bieten, einhandeln, prügeln, verkaufen.
verknacken aburteilen, inhaftieren.
verknallen, sich Feuer fangen, verlieben sich.
Verknappung Spärlichkeit, Not, Kargheit, Verarmung, Armut, Einschränkung, Dürftigkeit, Unzugänglichkeit, Engpass *u*. → Abkürzung, Armut, Ausfall, Elend, Entbehrung, Mangel, Not. ▸ Überfluss.
verkneifen → versagen sich.
verknöchern → altern, erhärten, erstarren, pedantisch.
verknöchert → alt, fest.
Verknöcherung → Erhärtung, Routine.
Verknorpelung → Erhärtung.
verknoten → drehen, verknüpfen.
verknüpfen verketten, verbinden, verknoten, vereinigen, zusammenketten, zusammenfügen, verschnüren, verquicken, verschmelzen • kombinieren, assoziieren, denken, bedenken, sich besinnen. → ausdenken, berühren, bringen in

Verbindung denken, knüpfen, verbinden.
▸ losmachen, (keinen Zusammenhang sehen).
verknüpft → verbunden.
Verknüpfung → Anschluss, Band, Befestigung, Einbeziehung, Kombination, Verbindung.
verknusen können, nicht ablehnen, leiden können nicht, mögen nicht, hassen.
verkohlen → Brand stecken in, necken, täuschen.
verkommen elend, vor die Fische gehen *u.* → arg, begriffsstutzig, dreckig, faulen, scheitern, schlecht, verderben.
▸ adrett, gepflegt • aufblühen, sich gut entwickeln • bewahrt bleiben • sich aufraffen, sich erholen • sich zusammennehmen • gerettet werden.
verkorken Korken verschließen mit einem, zustöpseln.
verkorkst misslungen, vermurkst.
verkorkt verstöpselt.
verkörpern → auftreten, darstellen, repräsentieren.
Verkörperung Vermenschlichung, Gestaltung • Beschaffenheit, Stofflichkeit, Körperlichkeit, Substanzialität • Darstellung, Bildhaftigkeit, Vorstellung.
verköstigen → beköstigen.
verkrachen, sich → entzweien.
verkraften → meistern.
▸ sich (sehr) zu Herzen nehmen, scheitern.
verkrampft angespannt, ängstlich, gehemmt, geziert, krampfhaft, spasmisch, spastisch, steif, verspannt.
Verkrampfung Krampf, Krampfanfall, Krampfzustand • Beklemmung, Verklemmung, Schmerzanfall. → Schmerz.
▸ Entkrampfung, Entspannung, Lockerung.
verkriechen, sich sich schämen, sich verstecken, vor Scham vergehen, ein Mauseloch suchen, sich verbergen, in den hintersten Winkel gehen. → klein machen sich.
▸ überheben sich, hervortreten, sich präsentieren.
verkrümeln, sich abhauen, Fersengeld geben, schleichen sich fort.
verkrümmen verbiegen, verformen, verzerren, deformieren, verdrehen, verwinden.
verkrümmt deformiert, gebogen, gewunden, kontrakt, krumm, schraubenförmig, verbogen, verdreht, verzerrt.
verkrüppelt → krummbeinig, krüppelhaft.
Verkrüppelung → Deformation, Entstellung.
verkühlen, sich erkälten sich.
verkümmeln → bieten, einhandeln, verkaufen.
verkümmern → abbrauchen, abnehmen, darben.
▸ aufblühen, sich entfalten, sich (gut) entwickeln, gedeihen, wachsen.
verkünden → bejubeln, besingen, kundgeben, lehren, manifestieren.
▸ geheim halten, verhehlen, verheimlichen, verschweigen • hören, zur Kenntnis nehmen, vernehmen.
Verkünder Prophet.
verkündigen ankündigen, verheißen, prophezeien, dartun, andeuten, voraussagen, anzeigen, bekannt machen, verkünden, kundtun. → kundgeben, manifestieren, verbreiten.
▸ verheimlichen.
Verkündigung → Ausruf, Bekanntgabe, Benachrichtigung, Cirkular, Denunziation, Erlass, Gebot, Kundgebung, Manifest, Proklamation.
Verkündung → Anordnung, Aufgebot, Auslassung, Bekanntgabe, Eröffnung, Kundgebung.
verkünsteln überfeinern, überbilden, überzüchten, erkünsteln, verschlimmern, verstärken, übertreiben, ausschmücken, überladen, überspannen, überspitzen, übertreiben, herausputzen, aufputzen, ausschmücken.
verkuppeln → bringen unter die Haube, kuppeln, verbinden.
▸ auseinander bringen, entzweien.
verkürzen → abrunden, behauen, beschneiden, drücken den Preis, kippen, kupieren, übertölpeln, verkleinern.
▸ ausdehnen, dehnen, strecken, verlängern.
Verkürzungsfähigkeit Kontraktilität.
verlachen → aufziehen, auslachen, auspfeifen, belächeln, beleidigen, bespötteln, Besten halten zum, bloßstellen, Lächerliche ziehen ins, spotten.
verlacht → beleidigt, bloßgestellt.
verladen → absenden, auflegen, ausladen, befördern, entbieten zu sich, transportieren.
▸ abladen, ausladen, entladen, löschen.
Verladeplatz → Rampe.
Verladung → Transport.
verlagern → entfernen.
Verlagsjahrbuch Almanach.
Verlagsrecht Copyright.
Verlangen Forderung, Bitte, Anliegen, Begehr, Wunsch, Anrufung, Beschwörung, Antrag, Petition • Begierde, Lust, Gelüste, Gier, Lüsternheit, Leidenschaft, Sehnsucht, Besessenheit, Regung, Sucht, Hang, Ansinnen. → Absicht, Anwandlung, Atmosphäre, Auflage, Bedürfnis, Befriedigung, Begehr, Begeisterung, Begierde, Belieben, Bemächtigung, Bettelei, Bewerbung, Brandbrief, Drang, Eingabe, Empfänglichkeit, Erwartung, Flehen, Interesse, Lust, Neigung, Sinnlichkeit, Wunsch.
▸ Ablehnung, Beherrschung, Abneigung, Abscheu, Ekel, Widerwillen.
verlangen fordern, ersuchen, begehren, ansprechen um, angehen um, anfordern, anordnen, wollen, wünschen, ersehnen, erstreben, gelüsten, erwünschen. → angehen, aufzwingen, beanspruchen, begehren, bemühen, bestehen auf, bestellen, betteln, bewerten, bitten, brauchen, brennend, drängen, eindringlich zureden, einfordern, einkommen um, erbeten, erfordern, erheben Anspruch, ermangeln können nicht, ersehnen, erteilen, Auftrag, erwarten, erzwecken, fallen zur Last, gieren, hungern, mögen, sehnen.
▸ ablehnen, beherrschen sich • erfüllen, gewähren, zugestehen • bekommen, erhalten, erlangen, erreichen.
verlängern → ausdehnen, ausspannen, bedenken, dauern, erstrecken sich, strecken, stunden.
▸ abkürzen, kürzen, verkürzen • abbrechen • beenden • kündigen.
Verlängerung → Ausdehnung, Dehnung, Erstreckung, Frist.
verlangsamen → aufhalten, bummeln, schleppen.

verlangt → angenehm, erwünscht, gefordert.
verläppern vergeuden, verschwenden, verplempern.
Verlass → Ausdauer, Freundschaft, Vertrauen.
verlassen → abhauen, allein, allein stehend, dannen gehen von, desertieren, einsam, entvölkert, fallen lassen, fern halten, gemieden, hinnen gehen von, Mauern hinter vier, öde, packen seine Siebensachen, unausgefüllt, unnahbar, vereinsamt. ▸ belebt, besiedelt, bewohnt • gesucht • bleiben, dableiben • ankommen, eintreffen • betreten, beziehen.
verlassen, die Familie ausbrechen *u*, aussteigen *u*.
verlassen, sich auf → erwarten, hoffen, vertrauen.
Verlassenheit → Absonderung, Einsamkeit, Isolierung, Unnahbarkeit, Verdüsterung, Verzweiflung.
verlässlich → anhänglich, bieder, charakterfest, dauerhaft, farbecht, fest, haltbar, pflichtbewusst, sicher, treu, unbeirrt. ▸ labil, pflichtvergessen, unberechenbar, unzuverlässig, wankelmütig.
verlästern → auspfeifen, beleidigen, diskreditieren, Ehre bringen um die, entehren, herabsetzen, verleumden.
Verlästerung → Beleidigung, Ehrenkränkung, Entehrung, Verleumdung.
Verlauf Hergang, Ablauf, Abwicklung, Durchführung, Fortgang, Lauf, Geschehen, Fluss, Verfahren. → Ablauf, Bahn, Dauer, Durchführung, Epoche, Folge, Nacheinander, Prozess, Weg. ▸ Hindernis, Stillstand, Unterbrechung.
verlaufen → irren sich, vergehen, verirren sich, ablaufen, abspielen sich, vonstatten gehen.
verlaufen, sich abkommen vom Weg, fehlgehen, Irre gehen in die, Orientierung verlieren die, verirren sich.
verlaufend auslaufend, ohne Halt, ohne Kraft, erschlaffend, sich zersetzend, sich auflösend, zerfallend, endend.
verlautbaren → ankündigen, annoncieren, kundgeben, verbreitern, veröffentlichen.
Verlautbarung → Bekanntgabe, Erlass, Kundgebung, Proklamation, Veröffentlichung.
verlauten lassen andeuten, durchblicken lassen.
verlebt → alt, blasiert, übersättigt.
verlegen scheu, verwirrt, bange, bedrängt, betreten, verschämt, in die Enge getrieben, verdutzt, beschämt, befangen, bänglich, bedrippt *u*, mutlos, niedergeschlagen, schüchtern, beengt • nicht finden, fortlegen, weglegen, auf einen falschen Platz legen, verschusseln *u* • herausgeben, veröffentlichen, drucken, publizieren • verpflanzen, umleiten, wegräumen, entfernen • duchsig *u*, bedröppelt *u*, betröppt *u*. → baff, bange, beeinträchtigen, hintenherum, verwirrt. ▸ dreist, überheblich, selbstsicher, unbefangen, ungeniert • schlagfertig • finden.
verlegen, sich auf sich einlassen, sich widmen, sich weihen, dabei bleiben, tun, machen, nachgehen, sich befleißigen, sich betätigen, sich regen, ausüben. → befassen, tun. ▸ faulenzen, versäumen.
verlegen machen verwirren, bestürzen, überraschen, verblüffen, bloßstellen, aus dem Geleis bringen, befremden, erstaunen, versteinern, in Verlegenheit bringen, zum Erröten bringen. → beirren, bestürzen, bloßstellen. ▸ beispringen, ermuntern.
Verlegenheit Notlage, Klemme, Schwierigkeit, Bedrängnis, Ratlosigkeit, Dilemma, Zwangslage, Enge, Mangel, Drangsal, Not, Armut, Knappheit, Kargheit • Zaudern, Bedenken, Unschlüssigkeit, Zwiespalt, Unsicherheit, Blöße, Schwanken, Verschämtheit, Scheu. → Armut, Bedenken, Beschwerde, Dilemma, Minderwertigkeitsgefühl, Not, Unglück. ▸ Entschlossenheit, Überfluss, Überheblichkeit.
Verleger Editor, Publizist, Herausgeber, Buchproduzent.
verlegt → unauffindbar.
Verlegung → Deportation, Installation, Räumung.
verleiden → anwidern, ärgern, bekämpfen, deprimieren, stören, verdrießen.
verleidet → unangenehm, verdrießlich, widerwärtig.
verleihen leihen. → anstellen, anvertrauen, ausstehen, austeilen, belehnen, beleihen, berufen, beschenken, bewilligen, darreichen, dekorieren, geben, hergeben, herleihen, schenken.
Verleihung → Belehnung, Berufung, Bestallung, Konzession.
verleimen → pappen.
verleiten versuchen, in Versuchung führen, verlocken, veranlassen, benebeln, bestricken, betören, berücken, umgarnen, anstiften, aufreizen, zuflüstern, blenden, beschwatzen, ködern, anlocken, sich angeln, abbuhlen, beeinflussen, beraten, bewirken, Bock als Gärtner, bunt zugehen, täuschen, versuchen. ▸ abhalten • anspitzen *u*.
Verleitung → Beeinflussung, Überredungskraft, Versuchung.
verlernen → entfallen, vergessen. ▸ auffrischen • behalten, sich merken • sich einprägen, lernen.
verletzbar reizbar, empfänglich, verletzlich, nervös, sensitiv, erregbar, verwundbar, beleidigt, gekränkt, böse, empfindlich, feinnervig. → erregbar. ▸ unempfindlich.
Verletzbarkeit → Empfindlichkeit, Erregbarkeit.
verletzen erzürnen, verdrießen, ärgern, kränken, bedrängen, betrüben, quälen, bekümmern, plagen, wehtun, heimsuchen • verwunden, anschießen *j* verschießen *j*, anschweißen *j*, anfärben *j* schädigen, verderben, misshandeln, überfahren, etwas antun • die Pflicht verletzen, ein Gebot verletzen, ankratzen *u*. → angreifen, anstoßen, ärgern, aufregen, auswischen, beeinträchtigen, beleidigen, beschädigen, fehlen, quälen, schmerzen, verdrießen. ▸ beispringen, erfreuen, nachkommen seiner Pflicht, schmeicheln.
verletzend kränkend, arrogant, dreist, unverschämt, unverfroren, überheblich, verächtlich, geringschätzig, dünkelhaft, frech, grob, bissig, abstoßend. → bärbeißig, zynisch, fassen sich kurz,

überheblich.
▸ schmeichelhaft.
verletzend spöttisch zynisch.
verletzlich → verletzbar.
Verletzlichkeit Achillesverse, Verwundbarkeit • Empfindlichkeit, Empfindsamkeit.
verletzt → beleidigt, beschädigt, defekt.
▸ geheilt • getröstet • gesund, heil, unbeschädigt, unverletzt, unversehrt, unverwundet.
Verletzung → Angriff, Beleidigung, Bruch, Fahnenflucht, Fehltritt, Quetschung, Schmiss, Verstoß, Wunde.
verleugnen verneinen, absagen, zurücknehmen, widerrufen, abstreiten, verwerfen, in Abrede stellen, sich lossagen von, bestreiten, abschwören. → Achsel, behaupten, fälschen, leugnen, totschweigen.
▸ eintreten für • bekennen, eingestehen, gestehen, offenbaren, zugeben.
verleugnen lassen, sich sich verbergen, nicht da sein wollen, angeblich fort sein, sich entfernt halten, sich einpuppen, sich einschließen, sich verstecken.
▸ Verfügung stehen zur.
verleumden schmähen, in den Schmutz ziehen, herabziehen, in üblen Ruf bringen, verdächtigen, losziehen über, durch die Zähne ziehen, einseifen *u*, in Verschiss bringen *u*, schänden, verlästern, nachreden, nachsagen, Übles nachsagen, verketzern, anschwärzen, bezichtigen, verunglimpfen, anprangern, durchhecheln, bloßstellen, bringen in Verruf, etwas anhängen, schmutzige Wäsche waschen, diffamieren. → angreifen, beeinträchtigen, begeifern, berauben, bereden, beschuldigen, besudeln, diskreditieren, Ehre bringen um die, entehren, erniedrigen, kompromittieren.
▸ schmeicheln • loben, preisen, rühmen, verherrlichen, würdigen.
Verleumder Frevelzunge, Verlästerer, Revolverschnauze, Lästerzunge, Lästermaul, Tadler, Kläffer, Lästerer, Schmäher, Schmähredner, Schmächdichter, Krakeeler, Schwätzer, Räsonierer, Schandmaul, Klatsche, Klatschbase, Ehrenschänder, Beleidiger, Dreckmaul *u*, Dreckschleuder *u*, Quisling *u*. → Bube, Ehrabschneider.
▸ Schmeichler.
verleumderisch klatschsüchtig, schmähsüchtig, spitzzüngig, kränkend, beleidigend, herabziehend, entehrend, gehässig, boshaft. → boshaft.
▸ schmeichlerisch.
verleumdet → beleidigt.
Verleumdung Verlästerung, Verunglimpfung, Schmähung, Bemäkelung, Hechelei, Lästerung, Schändung, Entehrung, Befleckung, Beschimpfung, Verkleinerung, Nachrede, Schmährede, Herabwürdigung, Ehrverletzung, Verdächtigung, Herabziehung, üble Nachrede, Revolverpresse, Ohrenbläserei, Diffamierung, Rufmord *u*. → Beleidigung, Entehrung, Erniedrigung, Nachrede.
▸ Schmeichelei.
verlieben, sich Feuer fangen, sich vergaffen, in Leidenschaft geraten, entbrennen, lieben, verknallt sein, sich verschießen, sich vernarren, sich aufzehren, schwärmen, tändeln, kokettieren, flirten, verliebte Augen machen, verrückt sein nach • sich verplempern *u*. → fangen Feuer.
▸ verabscheuen • sich entfremden, sich hassen lernen.
verliebt vergafft, vernarrt, verknallt, verschossen, schmachtend, von Amors Pfeilen getroffen, liebestoll, entflammt, entbrannt, entzückt, gefesselt, bezaubert, zugetan, zugeneigt, eingenommen für. → buhlerisch, ehelustig, entbrannt.
▸ hasserfüllt.
Verliebtheit → Liebe.
verlieren Verluste haben, sich verrechnen, nicht gewinnen, einen Versager haben, einbüßen, verwirken, liegen lassen, hängen bleiben, Nachteil haben, um etwas kommen, abhanden kommen, zerrinnen, in den Mond gucken, drumkommen, entbehren, verspielen, vermissen, loswerden, flöten gehen, zuzahlen, badengehen *u*. → abschwenken, aufsaugen, ausbaden, bankrott, beeinträchtigen, brechen den Hals, drumkommen, durchschlüpfen lassen, Haare lassen, hereinfallen, Schornstein schreiben in den, unterliegen.
• vergessen.
▸ finden, aufspüren, entdecken • bekommen, erhalten • wiederbekommen, wieder finden • gewinnen, gutmachen, profitieren • siegen • bewahren, retten.
verlieren, sich sich verheddern, stottern, den Faden verlieren, sich verwickeln • sich um eine Sache zu viel kümmern und andere vernachlässigen.
▸ bleiben bei der Sache, durchsetzen sich.
Verlierer Abgeschlagener, Besiegter, Erfolgloser, Geschlagener, Letzter, Schwächerer, Unterlegener, Versager, Zweitbester.
Verlierertyp Underdog.
Verlies → Käfig, Kerker.
Verlöbnis Verlobung. → Aufgebot, Versprechung.
verlocken → abbuhlen, beeinflussen, begeistern, bestechen, bestimmen, bewirken, reizen, verleiten, versuchen.
verlockend → anziehend, appetitlich, aromatisch, beeinflussend, beseligend, scharmant, delikat, einladend, ersehnenswert, erwünscht, teuer, unwiderstehlich.
▸ abscheulich, abstoßend, ekelhaft • reizlos, unattraktiv, uninteressant.
Verlockung Lockung, Versuchung, Verführung, Verleitung, Reiz, Reizung, Betörung, Anlockung, Anstiftung, Anreiz, Zauber, Blendwerk, Lockmittel, Köder, Kitzel. → Anziehung, Bann, Beeinflussung, Beispiel, Bezauberung, Blendwerk, Einladung, Ermunterung, Irrung, Versuchung.
▸ Standhaftigkeit.
verlodern → verbrennen.
verlogen lügenhaft, lügnerisch, unaufrichtig, unehrlich, unglaubwürdig, unwahr, unwahrhaftig, falsch, doppelzüngig, treulos, heuchlerisch, bigott. → arglistig, boshaft, falsch, unredlich.
▸ charaktervoll, ehrlich, wahrhaftig.
Verlogenheit → Falschheit, Lüge, Unredlichkeit.
verloren fort, dahin, unersetzlich, unrettbar,

abhanden, weg, vertilgt, verschwunden, abwesend, vermisst, verschollen, futsch *u*, heidi *u*, hops *u*, futschikato *u*, beim Teufel sein, verschütt *u*, verratzt *u*, geliefert *u*, erwischt *u*, aufgeschmissen *u*, quitt • unverbesserlich, schlecht, verworfen, verdammt, störrisch, geschmissen, verstockt. → abhanden, abwesend, angeschlagen, arm, bankrott, charakterlos, dahin, dahingegangen, gottverlassen, rettungslos, rückfällig, todgeweiht, unersetzbar, unheilbar, unwiderbringlich. ▸ gefunden, vorhanden.
Verlorene → Kurtisane, Dirne.
verloren gehen in die Binsen/Fichten gehen *u*, flöten gehen *u*. → verschwinden.
verlöschen → dunkeln, sterben, vergessen. ▸ aufflackern, aufflammen, sich entzünden • brennen, lodern, glimmen.
Verlosung → Lotterie.
verlöten löten, verschweißen, zusammenschweißen.
verlottern → beschäftigungslos, fackeln, lottern, Maulaffen feilhalten, treiben lassen sich, verderben.
verlottert heruntergekommen, schlampig, verkommen, verludert, verwahrlost, verwildert, zerlumpt.
verludern → fackeln, faulen, lottern, treiben lassen sich, verderben.
verludert → verlottert.
verlumpen → fackeln, lottern, treiben lassen sich, verderben.
Verlust Rückschlag, Ruin, Schädigung, Verderb, in die Binsen gehen, Abschreibung, Schaden, Untergang, Vergeudung, Einbuße, Abnahme, Ausfall, Verfall, Verderb, Schwund, à fonds perdu, Minderung, Beeinträchtigung, Beraubung, Entziehung • Todesfall. → Ableben, Abnahme, Aufwand, Beitrag, Bekümmernis, Einbuße, Entbehrung, Entziehung, Fehlbetrag, Nachteil, Opfer, Schaden, Tod, Übel, Unglück. ▸ Gewinn, Erfolg, Ertrag • Eroberung, Errungenschaft • Fund • Rettung • Wiederentdeckung.
Verlust, schwerer harter Schlag *u*.
Verlust bringend → böse, schädlich, schlecht, ungünstig, unglücklich. ▸ bereichernd, einträglich, Gewinn bringend, lukrativ, profitabel.
Verlustgefahr Risiko, Wagnis.
verlustig fort, weg, überfällig, abhanden, verloren. ▸ vorhanden, vorteilhaft.
Verlustkonto, auf à fonds perdu.
verlustreich → Verlust bringend.
verlustieren, sich → vergnügen sich.
vermachen vererben, zuweisen, zuwenden, verschreiben, bestimmen für, hinterlassen, sein Testament machen, bedenken mit, zum Erben einsetzen, darreichen, bescheren. → beschenken, geben. ▸ enterben, wegnehmen.
Vermächtnis Stiftung, Gabe, Geschenk, Beschenkung, Zuwendung, Zueignung, Spende, Unterstützung, Nachlass, Hinterlassenschaft, Erbteil, Erbe, Schenkung, Verleihung, Zuteilung. → Gabe, Legat. ▸ Enterbung, Wegnahme.
vermählen → ehelichen, heiraten.
vermählen, sich ehelichen, freien, heiraten, trauen lassen sich, verheiraten sich.
Vermählte → Eheleute.
Vermählter → Bräutigam, Ehegenosse.
Vermählung → Ehe.
Vermännlichung Maskulinisierung, Virilismus, Virilisierung.
vermanschen → vermengen.
vermasseln → verderben, durchkreuzen • verderben, verpfuschen, verhunzen, vermurksen, verpatzen.
vermassen → verrohen.
Vermassung Massengesellschaft, Massenorganisation • Gleichmachung, Nivellierung • Massenseele, Masseninstinkt, Herdentrieb • Individualitätsverlust • Massenproduktion, Massenkommunikationsmittel, Massengeschmack, Konsumentenkultur, Massenverbrauch, Mode. ▸ Individuation, Persönlichkeitsentwicklung • Pluralismus.
vermehren → aufblühen, ausbreiten, ausdehnen, ausnutzen, ausschlagen, befruchten, beitragen, bevölkern, drängen, entwickeln, gedeihen, greifen um sich, häufen sich, hinzufügen, steigern, vergrößern, vervielfältigen. ▸ beschränken, einschränken, herabsetzen, mindern, reduzieren, senken, vermindern.
vermehrt gesteigert, häufiger, öfter, wachsendem Maße in, zunehmend • hyper, multi, poly.
Vermehrung Zunahme, Zuwachs, Verstärkung, Vergrößerung, Verdickung, Schwellung, Ausdehnung, Masse, Anhäufung, Entwicklung, schießen ins Kraut, Fortpflanzung, Aufzucht, Deckung. → Aufbau, Arbeitssegen, Ausbreitung, Ausdehnung, Ergänzung, Erweiterung, Fortschritt, Steigerung. ▸ Abnahme, Minderung.
vermeiden versäumen, hintansetzen, übergehen, aufsagen, verschmähen, sich enthalten, von der Hand weisen, unterlassen, umgehen, sich fern halten, fernbleiben. → abbrechen, ablassen, durchgehen lassen, entwöhnen, entziehen sich, umgehen. ▸ tun • ansteuern, suchen • erstreben, wollen.
vermeintlich anscheinend, mutmaßlich, putativ, scheinbar, vermutlich.
vermengen mischen, vermischen, umrühren, beimischen, beirühren, kneten, schmelzen, untermengen, beimengen, zumengen, manschen, verquicken • verwirren, in einen Topf werfen, verstreuen, umherstreuen, in Wallung bringen, zusammenschließen. → aufwerfen, Faden verlieren den, mischen, Unordnung machen. ▸ ordnen, trennen.
vermengt → chaotisch, durcheinander, unordentlich.
Vermengung → Chaos, Einmischung, Gemisch.
Vermenschlichung → Christus, Wesen.
Vermerk → Anmerkung, Auskunft, Gedächtnisstütze, Notiz, Randbemerkung.
vermerken → aufnehmen, konstatieren, markieren, verzeichnen.
vermessen messen, ausmessen, abstecken,

abzirkeln, abmessen, bemessen, loten, eichen, veranschlagen, peilen, abschätzen • übermütig, überheblich, waghalsig, hochmütig, dreist, verwegen, frech, dummdreist, stolz. → ausgelassen, dummdreist, errechnen, loten, übermütig, unvorsichtig. ▸ bedächtig, verlegen, vorsichtig.

vermessen, sich sich erkühnen, sich erdreisten, wagen, sich erkecken, sich zumuten, Gefahr herausfordern, den Hals wagen, aufs Spiel setzen. → entblöden sich nicht, Schanze schlagen in die, wagen. ▸ bedächtig (sein), unterliegen.

Vermessenheit Übermut, Stolz, Tollkühnheit, Verwegenheit, Überheblichkeit, Waghalsigkeit, Rücksichtslosigkeit, Frevelhaftigkeit, Dreistigkeit, Keckheit, Dummdreistigkeit, Jugendmut, Unüberlegtheit, Wagemut, Anmaßung, Begierde, Dünkel, eherne Stirn, Frechheit, Übermut. ▸ Unterwerfung.

vermiesen mies machen. → schlecht machen.

vermieten → einlogieren, verpachten.

Vermietung Ablokation, Leasing, Miete, Verpachtung.

vermindern (sich) verkleinern, verdünnen, verringern, schwinden, zusammengehen, zusammenfallen, abnehmen, zusammenziehen, kleiner werden, lichten, abziehen, abstreichen, schmälern, erniedrigen, entlasten, erleichtern. → abnehmen, abrunden, ausgehen, beengen, beschneiden, beschränken, dezimieren, einschränken, entbürden, erleichtern, ermäßigen, erniedrigen, verkleinern. ▸ vergrößern • verstärken, vervielfachen • aufblähen, ausbauen, erhöhen, erweitern, heben, heraufsetzen, steigern.

vermindert gekürzt, verringert, verkürzt, vernachlässigt, verkleinert, abnehmend, abgestrichen, gelichtet, geschmälert, weniger, eingeengt, zusammengezogen, verdünnt. ▸ gesteigert.

Verminderung → Abnahme, Abzug, Dezimierung, Diskont, Entwertung, Ermäßigung, Erniedrigung, Reduktion, Verlust.

vermischen vermanschen. → aufwerfen, beifügen, einmengen, mischen, schütteln, vermengen. ▸ auseinander halten, getrennt halten • absondern, entmischen, isolieren, scheiden, sieben, sondern, sortieren, trennen.

vermischt → durcheinander, mannigfach.

Vermischtes Allerlei, (V. in wiss. Zeitschriften), Miszellen.

Vermischtheit → Gemisch, Verschiedenheit.

Vermischung → Chaos, Durcheinander, Einmischung, Gemisch, Kombination, Verbindung.

vermissen → ausgehen, begehren, brauchen, drumkommen, entbehren, ermangeln, fehlen, verlieren, wünschen. ▸ besitzen, haben • suchen • entdecken, finden, wieder finden.

vermissen lassen → ermangeln, fehlen.

vermisst → abwesend, verloren.

vermitteln schlichten, verhandeln, unterhandeln, ausgleichen, beilegen, einschreiten, aussöhnen, dazwischentreten, einlenken, helfen, sich einmischen, sich bekümmern. → auftreiben, ausgleichen, aussöhnen, befriedigen, beschaffen, einlegen gute Worte, dazwischentreten, Einklang bringen in, einrenken, einschreiten, Hand im Spiel haben. ▸ schüren, verhindern.

vermittels kraft, dank, mittels mithilfe von, vermöge, über, vermittelnd, zweckdienlich. → aus, durch indirekt.

Vermittler Makler, Mittelsmann, Mittler, Schiedsrichter, Unterhändler, Zwischenhändler, Zwischenträger, Friedensstifter, Schiedsmann, Fürsprecher, Berater • Kuppler, Zuhälter, Zubringer, Zuträger, Gelegenheitsmacher. → Abgeber, Abgeordneter, Agent, Anwalt, Beauftragter, Bevollmächtigter, Kaufmann, Lieferant, Verbindungsmann, Vertreter.

Vermittlung → Abgabe, Arbeit, Auseinandersetzung, Aussöhnung, Beilegung, Bemühung, Eindringen, Einigungsgespräch, Handel, Übergang, Unterhandlung.

Vermittlungsbüro Agentur.

Vermittlungsgebühr Provision.

vermöbeln → prügeln.

vermodern → beeinträchtigen, faulen, verderben.

Vermoderung → Fäulnis, Verderbnis.

vermöge → anlässlich, aus, behufs, daher, darum, denn, durch, vermittels.

Vermögen Besitz, Reichtum, Wohlstand, Geld, Kapital, Güter • Kraft, Bedeutung, Potenz, Einfluss, Macht, Fähigkeit, Können, Geltung. → Besitz, Besitztum, Eigentum, Geld, Geldquelle, Kapital, Mittel, Reichtum, Substanz. ▸ Armut, Einflusslosigkeit, Impotenz, Ohnmacht, Unfähigkeit, Unvermögen.

vermögen Kräfte haben, können, Macht haben, Einfluss haben, Fähigkeit haben, wirken, meistern, beherrschen. → ausüben, bewirken, können. ▸ unterliegen.

vermögend → ausgiebig, bemittelt, potent, reich.

Vermögensanlage Anlage, Finanzen, Investition, Investment, Kapitalanlage.

Vermögenserfassung Bilanz, Inventur, Status.

Vermögensmasse, geschlossene Fonds.

Vermögensverwaltung Portfolio Management.

vermummen → anziehen, bedecken, bemänteln, einmummen.

vermurksen → verderben.

vermuten glauben, meinen, mutmaßen, einen Riecher haben *u.* annehmen, den Fall setzen, für möglich halten, voraussetzen, ahnen, wähnen, befürchten, argwöhnen, erwarten, erhoffen, sich einbilden, munkeln. → ahnen, annehmen, argwöhnen, befürchten, dämmern. ▸ irren sich • wissen, sicher sein • beweisen.

vermutlich mutmaßlich, vorausgesetzt, wahrscheinlich, vielleicht, bedingt, scheinbar, anscheinend, möglicherweise, allenfalls, glaublich, denkbar, voraussichtlich, dem Anschein nach, wie anzunehmen ist. → anscheinend, denkbar, fällig. ▸ bestimmt, irrtümlich, tatsächlich.

Vermutung Mutmaßung, Meinung, Glaube, Annahme, Möglichkeit,

Wahrscheinlichkeit, Erwartung, Denkbarkeit • Verdacht, Argwohn, Misstrauen, Zweifel. → Ahnung, Anhaltspunkt, Annahme, Argwohn, Befürchtung, Dafürhalten, Erwartung, Verdacht. ▸ Irrtum, Tatsache, Vertrauen • Gewissheit, Wissen.

Vermutung, falsche Tippfehler *u.*

vernachlässigen links liegen lassen, missachten, gering schätzen, beiseite legen, übersehen, pfuschen, unterschätzen, herabsetzen, wegwerfen, entwerten, verleiden, laufen lassen, genau nehmen es nicht. → bagatellisieren, beeinträchtigen, beiseite legen, belassen, Bord werfen über, übergehen, umgehen. ▸ beteiligen sich, betonen, helfen, fördern • (intensiv) betreiben • behüten, hegen, hüten, in Stand halten, pflegen, versorgen, warten.

vernachlässigt → dreckig, ungeliebt.

vernachlässigt werden hintenanstehen, links liegen gelassen werden, Nachsehen haben das, nachstehen, zurückstehen.

Vernachlässigung Missachtung, Versäumnis, Pflichtvergessenheit, Lässigkeit, Leichtsinn, Achtlosigkeit, Wurstigkeit, Nichtbeobachtung, Gleichgültigkeit • Geringschätzung, Unterschätzung, Benachteiligung, Hintansetzung. → Beleidigung, Fahrlässigkeit, Nichtachtung, Unterlassung. ▸ Achtung, Betonung, Durchführung, Fürsorglichkeit, Pflichterfüllung.

vernagelt blöde, dämlich, töricht, verbohrt, hirnverbrannt, kopflos, gehirnlos, strohdumm, verständnislos, saudumm, borniert, beschränkt • verschlossen, zu, verriegelt. → dumm, hirnverbrannt, irrsinnig, Schraube locker eine. ▸ vernünftig.

vernähen flicken *u.*

vernarben verwachsen, erneuern, regenerieren, heilen, ausheilen, sich schließen • auffrischen, wieder in Ordnung kommen, vergessen, überwinden.

vernarren, sich → verlieben sich.

vernarrt → verliebt.

vernebeln benebeln, bewölken, verräuchern • tarnen, verbergen, verdecken, verschleiern, verdunkeln, verstecken, verkleiden, verheimlichen, abblenden, verschweigen, geheim halten. → verbergen. ▸ aufklären.

vernehmbar lautstark, hörbar, vernehmlich, verlautbar, klingend, schallend, tönend, erfassbar. → deutlich, laut. ▸ undeutlich, unhörbar.

vernehmen verhören, untersuchen, ausforschen, fragen, auskundschaften, überführen, ins Verhör nehmen, den Eid abnehmen, auseinander nehmen *u*, ausholen *u*, auskeilen *u*. → erfahren, hören. ▸ aussagen • taub (sein).

vernehmlich → anschaulich, deutlich, laut, vernehmbar.

Vernehmung → Verhör.

verneigen, sich → bewillkommen, demütigen sich, dienern.

Verneigung → Ehre, Verbeugung.

verneinen → aberkennen, ablehnen, behaupten, diskreditieren, einkommen gegen, entsagen, versagen, verwerfen. ▸ akzeptieren, bejahen, zustimmen • bekennen, gestehen • behaupten, bekräftigen, bestätigen, beweisen, bezeugen.

verneinend → negativ.

Verneinung Negation, Negierung, Verleugnung, Abschwörung, Aberkennung, Verwerfung, Widerspruch, Einsprache, Kopfschütteln, Einspruch, Gegenrede, Ablehnung, Weigerung, Aufhebung, Verbot, Absage • Misshelligkeit, Missstimmung. → Entsagung. ▸ Bejahung.

vernichten zerstören, ausrotten, ausmerzen, verderben, abschaffen, durchstreichen, zerreißen, erledigen, beseitigen, vertilgen, zerschmettern, zusammenhauen, verhauen *u*, in Klump hauen *u*, alle machen *u*, erledigen *u*, fressen *u*. → abbrechen, abbrennen, abschaffen, ausrotten, beschießen, beseitigen, Bord werfen über, aus der Welt schaffen, brandschatzen, demolieren, destruieren, durchschießen, durchstreichen, einstampfen, Fall bringen zu, faulen, ruinieren, töten, verderben, zerstören. ▸ erhalten, erzeugen, erfinden, erschaffen, herstellen, hervorbringen, schaffen • aufbauen, erbauen • fördern, pflegen • wieder aufbauen, wiederherstellen.

Vernichter Verheerer, Verwüster, Zerstörer, Verderber, Vertilger, Bilderstürmer, Wüstling, Brandschatzer, Rohling, Türke, Verächter, Mörder, Neinsager, Verbrecher, Schädling, Satan, Teufel, Tod. → Barbar. ▸ (Erhalter), Erschaffer, Schöpfer.

vernichtet → angeschlagen, dahin, erdrückt, zerstört.

Vernichtung Erledigung, Zerstörung, Austilgung, Tilgung, Tötung, Ausrottung, Ausmerzung, Verfall, Verödung, Verheerung, Brandschatzung, Einäscherung, Schädigung, Unglück, Abbruch, Armut, Asche, Bekümmernis, Blutbad, Brand, Demolierung, Demütigung, Destruktion, Ende böses, Fäulnis, Garaus, Tötung, Unglück, Verderbnis, Verlust, Zerstörung. ▸ Erhaltung, Erzeugung.

Vernichtungswille → Bosheit, Vandalismus.

verniedlichen → bagatellisieren, verkleinern.

vernieten → anmachen, anschlagen, schließen.

Vernunft Einsicht, Verständnis, Urteilskraft, Klarsicht, Unterscheidungsgabe, Klugheit, Erkenntnis, Gehirn, Kopf, Scharfblick, Weisheit, Bedacht, Umsicht, Sachlichkeit, Besinnung, Innenschau, Geistesgabe, Lebensweisheit. → Begriffsvermögen, Besinnung, Bewusstsein, Denkvermögen, Erkenntnis, Geist, Logik, Verstand. ▸ Unvernunft.

Vernunft annehmen Einsicht haben, erkennen, sich etwas überlegt haben, klug werden, weise handeln, mit beiden Beinen auf dem Boden stehen, einen törichten Gedanken aufgeben, keine Dummheit

mehr machen, diesen Zahn lass dir ziehen *u.* → gehorchen. ▸ ausflippen, sich falsch verhalten • unvernünftig bleiben/sein.
Vernunft bringen, zur beruhigen, besänftigen, mäßigen • strafen.
vernunftbegabt → intelligent, klug, vernünftig.
vernunftbegabter Mensch Homo sapiens.
vernunftgemäß → denkgerecht, folgerichtig, klug, logisch, rational. ▸ gefühlsmäßig, instinktiv • abwegig, falsch, irrig, unlogisch.
vernunftgerecht → denkgerecht, erklärbar, fachgemäß, folgerichtig, logisch.
vernünftig vernunftbegabt, verständig, überlegt, einsichtsvoll, einsichtig, klug, weise, intelligent, vorsorgend, gesetzt, vorurteilsfrei, aufgeklärt. → bedächtig, bedachtsam, begabt, erwägend, gemessen, intelligent, klug, praktisch, überlegt. ▸ unvernünftig, vernagelt, vernunftlos.
Vernunftlehre Noologie.
vernunftlos kopfscheu, dumm, kindisch, einfältig, schwach, töricht, blöde, denkschwach, beschränkt, schwachsinnig, Kopf beschränkter, närrisch, idiotisch, dämlich, gehirnlos, verkindscht, geistesgestört, hirnverbrannt. → dumm, schwachsinnig, vernagelt. ▸ vernünftig.
Vernunftlosigkeit Unvernunft. → Dummheit. ▸ Vernunft.
vernunftmäßig rationalistisch.
Vernunftmensch Rationalist.
Vernunftschluss Logismus, Syllogismus.
vernunftwidrig → irrational, abwegig, unvernünftig.
Vernunftwidrigkeit Paralogie • Unvernunft.
veröden versteppen. → demolieren, faulen, verderben, verfallen, vernichten, verschlimmern.
Verödung Obliteration, Versteppung.
veröffentlichen ankündigen, verlautbaren, publizieren, ausschreiben, auflegen, verlegen, kundtun, drucken, kundmachen, herausgeben, bekannt machen, in Umlauf bringen, aushängen. → ankündigen, bloßlegen, drucken. ▸ verheimlichen.
Veröffentlichung Verlautbarung, Bekanntmachung, Verkündigung, Ankündigung, Kundmachung, Bekanntgabe • Publikation, Druck, Herausgabe, Buch, Schrift. → Abdruck, Bekanntgabe, Benachrichtigung, Buch, Cirkular, Druckschrift, Erlass, Herausgabe, Kundgebung, Manifest. ▸ Verheimlichung.
Veröffentlichungspflicht Publikationspflicht, Publizitätspflicht.
verordnen ordinieren, gebieten, anordnen, auferlegen, auftragen, einschärfen, verfügen, beordern, anweisen, vorschreiben, bestimmen, festsetzen. → aufzwingen, befehlen, befehligen, begehren, diktieren, einschärfen, erlassen. ▸ zuwiderhandeln • untersagen, verbieten.
Verordnung Rezept, Medikament, Arznei • Anweisung, Bestimmung, Verfügung, Verlautbarung, Befehl, Gebot, Geheiß, Vorschrift, Kundgebung, Anordnung, Gesetz, Regel, Bescheid, Beschluss, Bulle, kirchliche Verordnung. → Arznei, Auflage, Befehl, Bekanntgabe, Brauch, Cirkular, Dekret, Entscheidung, Erlass, Gesetz, Kult, Paragraf. ▸ Zuwiderhandlung.
verpachten übertragen, vermieten, überschreiben, überweisen, abtreten, ablassen, veräußern, aushändigen, überantworten, übergeben, einlogieren. ▸ verkaufen, pachten.
verpacken einpacken, stauen *sm*, verstauen *sm*. → einkoffern, einsacken. ▸ auspacken, auswickeln, enthüllen, öffnen.
Verpackung Emballage, Hülle, Umhüllung, Kasten, Kiste, Papier, Einband, Dose, Tüte, Umschlag, Belag, Papierhülle, Sack, Hülse, Verschlag. → Aufmachung, Bandage, Bedeckung, Decke, Einschlag, Emballage, Hülle, Kuvert, Packung. ▸ Inhalt.
Verpackung, mit brutto.
Verpackung, ohne netto.
Verpackungsgewicht Tara.
verpassen verfehlen, verspäten sich, versäumen, verschlafen, zaudern, zurückbleiben, entschlüpfen lassen, vertrödeln, verbummeln, den Anschluss verpassen, nicht anbeißen, sausen lassen *u* • schlagen, strafen, ohrfeigen. → bummeln. ▸ Gebrauch machen von, loben, zurechtkommen abpassen, ergreifen, erreichen, wahrnehmen.
verpatzen → fackeln, hereinfallen, ungeschickt, verbocken, verderben, verpfuschen.
verpetzen anzeigen, melden, verraten.
verpesten stinken, widerlich riechen, schlecht riechen, übel riechen, unangenehm riechen, stänkern, vergiften, ausräuchern, verderben, faulen, vermodern. → riechen. ▸ wohlriechen.
verpfänden ein Pfand geben, hinterlegen, einstehen, bürgen, verbürgen, garantieren, Gewähr leisten, sichern, haften, sicherstellen, sich verpflichten, sein Wort geben. ▸ einlösen.
Verpfändung → Belehnung, Bürgschaft, Eid.
Verpfändungskredit Lombardkredit.
Verpfändungsschein Orderlagerschein, Warrant.
verpfeifen → anzeigen, beschuldigen.
verpflanzen → einpflanzen, verlegen.
Verpflanzung Transplantation.
verpflegen → beispringen, beköstigen, helfen. ▸ hungern/verhungern lassen, unversorgt lassen.
Verpflegung → Beköstigung, Ernährung, Proviant, Speise.
verpflichten → ausbedingen, bedingen, befehlen, belehnen, festlegen, Gewähr leisten, nehmen in Dienst, vereinbaren. ▸ (von einer Verpflichtung) befreien, entbinden, entpflichten, suspendieren.
verpflichten, sich Bindung eingehen eine. → festlegen, versprechen.
verpflichtend → erforderlich, obligatorisch. ▸ fakultativ, freiwillig, unverbindlich, wahlfrei.
verpflichtet pflichtschuldig, genötigt, verbindlich, erforderlich, schuldig,

verschrieben, abhängig, verantwortlich, pflichtig, gehalten, haftbar, gezwungen, zinspflichtig, obligat. → dankbar, dankenswert, erkenntlich, gebunden.
▸ frei, los und ledig.

Verpflichtung Bindung, Verbindlichkeit, Pflicht, Haftung, Haftpflicht, Verantwortlichkeit, Rechenschaft, Treupflicht, Gebundenheit, Schuldigkeit, Gewissenssache, Obligation. → Abhängigkeit, Abkommen, Aufgabe, Bedingung, Beharrlichkeit, Beruf, Besorgung, Bürgschaft, Dankbarkeit, Dekorum, Dienstbarkeit, Ehrenpunkt, Ehrenschuld, Einstandspflicht, Erkenntlichkeit, Garantie, Gebundenheit, Leistung, Pflicht, Rechenschaft, Schuld, Schulden, Verbindlichkeit, Vertrag.
▸ Freiheit, Pflichtverletzung, Entbindung, Entpflichtung, Suspendierung.

Verpflichtung lösen, aus einer dispensieren, entpflichten, emeritieren, inaktivieren.

Verpflichtungsschein Revers.

verpfuschen verpatzen, verwackeln, versieben, sich blöde anstellen, Mist machen, tapern, fackeln, schusseln, tappen, verschütten, herumfackeln, ungeschickt anstellen, tasten, fickfacken, pfuschen, stümpern, hudeln, klecksen, schmieren, sudeln.
▸ bestmöglich (handeln), können bewältigen, bewerkstelligen, hinkriegen • fachmännisch/ordentlich, erledigen • in Ordnung bringen.

verpimpeln → verziehen.
▸ abhärten.

verplappern herausplatzen, zu viel erzählen, den Mund verbrennen sich, ausplaudern.
▸ schweigen, wissen.

verplaudern die Zeit vergessen, sich aufhalten, verbabbeln *u*, Gesellschaft leisten, verpassen, verschwätzen, vertratschen *u*, verklöhnen *u*, verquasseln *u*. → verplappern.

verplempern → verschwenden.

verpönen ausschlagen, zurückweisen, verschmähen, verbieten, untersagen, versagen, verweigern, zuwider sein. → ächten.
▸ bewilligen, empfehlen.

verprassen vertun. → durchbringen, Verhältnisse leben über die, verschwenden.

verprellen desillusionieren, enttäuschen, frustrieren, Kopf stoßen vor den.

verprügeln schlauchen *u*. → schlagen.

verpuffen seine Kräfte vergeuden, den Zweck verfehlen, ausgeben sich, nutzlos arbeiten, den Bock melken, das Pferd am Schwanz aufzäumen, ergebnislos ausgehen, vergeuden, verpulvern, für nichts und wieder nichts.
▸ eignen sich, gelingen.

verpumpen verleihen.

Verputz → Anstrich, Bedeckung, Decke.

verputzen bewerfen, bedecken, überdecken, bepflastern. → essen.

verquicken → beifügen, mischen, vermengen.

Verquickung → Gemisch, Kombination, Verbindung.

verquirlen rühren, umrühren, verrühren.

verrammeln → absperren, riegeln.

Verrammelung Barrikade.

verramschen → verschleudern.

verrannt → beengt, befangen, bürokratisch, engstirnig, fanatisch, radikal, überspannt, überspitzt.
▸ einsichtig, flexibel.

Verranntheit → Denkart kleinliche, Fanatismus.

Verrat Landesverrat, Judaskuss, Treubruch, Felonie, Untreue, Treulosigkeit, Heimtücke, Vertrauensbruch, Vertragsbruch, Eidbruch, Hinterlist, Meineid, Unaufrichtigkeit, Unredlichkeit, Unrecht, Pflichtverletzung, Täuschung. → Bekenntnis, Betrug, Bruch, Dolchstoß, Eid falscher, Falschheit, Käuflichkeit, Lüge, Täuschung, Unredlichkeit.
▸ Zuverlässigkeit Loyalität, Treue • Verschweigen.

verraten verpetzen. → anzeigen, aufklären, auftauchen, auspacken, ausschütten, belehren, bekennen, bloßlegen, brechen das Stillschweigen, denunzieren, erkennen lassen, gestehen, Glocke an die große hängen, Maske fallen lassen.
▸ für sich behalten, geheim halten, verheimlichen, verschweigen • loyal/treu bleiben.

Verräter Landesverräter, Vaterlandsverräter, Umstürzler, Wühler, Deserteur, Fahnenflüchtiger, Abtrünniger, Volksverräter, Überläufer, Spion, Anscheißer *u*, Eule *u*, Fiesel *u*, linker Bruder *u*, Quisling *u*. → Abtrünniger Feind.
▸ Freund, treuer Anhänger/Gefolgsmann.

Verräterei → Doppelrolle, Falschheit, Unredlichkeit, Verrat.

verräterisch → abtrünnig, bestechlich, bübisch, charakterlos, fahnenflüchtig, falsch, niederträchtig, unredlich.

verrauchen → entdampfen, verdunsten, vergehen.

verräuchert → räucherig.

verrechnen gutschreiben, einrechnen, überschlagen, einen Überschlag machen, veranschlagen. → abziehen, anrechnen, aufheben, ausgleichen, fehlen, kompensieren.

verrechnen, sich irren, verzählen sich, fehlgehen, versehen sich • büßen, herhalten müssen. → ausbaden, büßen, irren sich.
▸ ahnen, erkennen, gelingen, gewinnen, zutreffen richtig (be)rechnen/kalkulieren.

Verrechnung → Entscheidung falsche, Enttäuschung, Falschheit, Fehler, Milchmädchenrechnung, Preis.

Verrechnungsabkommen Clearingabkommen.

verrecken → bleiben auf dem Platz, brechen den Hals, ersaufen, sterben, krepieren.

verregnet feucht, nass, regnerisch.

verreiben mahlen, zermahlen, zerschlagen, zerstoßen, zermalmen, zerkleinern, pulverisieren, granulieren, zerkrümeln, verarbeiten • ausbreiten, strecken, verbreiten, verbreitern, auswalzen, ausdehnen.
▸ verdichten.

verreisen → reisen.

verreißen herabsetzen, heruntermachen, mies machen, schlecht machen, schmähen.

verrenken verstauchen, ausrenken, einrenken, verdrehen, drehen, umdrehen, strecken, bewegen.
▸ einrenken.

verrichten vollstrecken, ausüben, vollenden,

vollbringen, besorgen, leisten, bewerkstelligen, handhaben, durchführen, erledigen, hantieren, errichten, tüfteln *u.* → anfassen, anstellen, arbeiten, ausführen, ausüben, bedienen, beschäftigen, betragen sich, einlösen Wort, erfüllen, machen, tun. ▸ faulenzen.
Verrichtung → Arbeit, Aufgabe, Ausführung, Besorgung, Bewerkstelligung, Dienst, Einkauf, Elaborat, Leistung, Obliegenheit, Tat, Werk, Zeremonie.
verriegeln → abdämmen, abschließen, absperren, schließen, verschließen.
verringern → abnehmen, ausgehen, beengen, bemänteln, beschränken, dezimieren, einschränken, erleichtern, ermäßigen, nachlassen, verkleinern.
Verringerung → Abnahme, Dezimierung, Ermäßigung, Reduktion.
verrinnen → vergehen.
Verriss → Kritik.
verröcheln → sterben.
verrohen sein Herz verhärten, kein Erbarmen kennen, zu Tode quälen, hartherzig sein • verbauen, vermassen, verschandeln, ohne Geschmack sein, entgleisen, den Takt verletzen, ohne Kinderstube sein, herumflegeln, grob sein, poltern, fluchen. ▸ Erbarmen zeigen, taktvoll (sein), empfindlich werden • empfindsam/sensibel werden.
verrosten einrosten, oxidieren.
verrottet → faul, schlecht, verdorben.
verrucht → abscheulich, böse, charakterlos, niederträchtig, unredlich, verdorben.
Verruchtheit Untugend, Gottlosigkeit, Schlechtigkeit, Entsittlichung, Laster, Argheit, Sündenleben, Verderbtheit, Schurkenhaftigkeit, Verworfenheit, Verdorbenheit, Schuftigkeit, Niederträchtigkeit, Verstocktheit, Sündhaftigkeit. → Bosheit. ▸ Frömmigkeit, Tugendhaftigkeit.
verrückbar → beweglich, dehnbar.
verrücken → bewegen, räumen, rücken. ▸ zurechtrücken • stehen lassen.
verrückt irr, spleenig, tobsüchtig, toll, übergeschnappt, umnachtet, nicht bei Trost, geisteskrank, wahnsinnig, gestört, irrsinnig, närrisch, manisch, umschattet, blöde, idiotisch, verblödet, geistesgestört, bekloppt *u,* bestusst *u,* doll *u,* hirnverbrannt, klapsig *u,* einen Knall haben *u,* lititi *u,* manoli *u,* meschugge *u,* plemplem *u,* einen Sonnenstich haben, rappelköpfig, aberwitzig • verstellt, verräumt, anders gestellt, beknattert *u,* bestrampelt *u,* bestusst *u,* betütert *u,* datsch *u,* dätsch *u,* dwatsch *u,* entsprungen *u,* hirnrissig *u,* hirnverbrannt *u,* plemplem *u.* → abs, irrsinnig. ▸ vernünftig, geistig gesund, normal, unauffällig.
verrückt werden ausflippen *u.*
Verrückter → Irrsinniger.
Verrücktheit Wahnsinn, Geisteskrankheit, Irrsinn, Schwachsinn, Geistesgestörtheit, Verblödung, Idiotie, Fimmel *u,* Spleen, Raptus *u,* Rappelkopf *u,* Dachschaden *u,* Gehirnfälschung *u,* Hirnkrampf *u.* → Delirium, Tollheit, Überspanntheit. ▸ Vernunft.
Verrückung Deplacement.
Verruf → Ächtung, Anstößigkeit, dunkler Punkt, Schande, Unehre. ▸ Ansehen, guter Ruf, Unbescholtenheit.
Verruf bringen, in → verleumden.
verrufen anrüchig, verschrien, berüchtigt, skandalös, schimpflich, verschmäht, verworfen. → anrüchig, anstößig, arg, berüchtigt, böse, diabolisch, gebrandmarkt, schlecht. ▸ angesehen, gut geachtet, populär • verehrt, vergöttert.
Verrufserklärung Boykott.
verrunzeln → runzeln.
Vers → Reim. ▸ Prosa.
versacken sich hingeben, den Leidenschaften oder Begierden frönen, ausschweifen, versumpfen, das Maß überschreiten, darauflos leben • nicht mehr hochkommen können, zu Grunde gehen • einsacken. ▸ hervortreten, hochkommen • Fuß fassen • sich aus dem Sumpf ziehen.
Versagen Unvermögen, Fehlanzeige, Fehlgriff, Fehlurteil, Versager, Niete, Fehlgang, Metzgergang, Bock, Schnitzer, Fehler • Unterlassung, Vernachlässigung, Versehen, Unkenntnis, Schwachheit, Einflusslosigkeit, Bedeutungslosigkeit, Fähigkeit • Ablehnung, Vorenthaltung, Verweigerung. → Bummelei, Entnervung, Ermattung, Erschöpfung, Unfähigkeit. ▸ Erlaubnis, Kraft, Zusage • Bewährung • Leistung, Stärke • Erfolg, Sieg.
versagen abschlagen, vorenthalten, ablehnen, verweigern, veneinen, nicht erlauben, nicht gewähren, verbieten • enttäuschen, unbrauchbar sein, nichts können, untauglich sein, sich nicht bewähren, erliegen, unterliegen, fehlgreifen, verfahren sich, fehlschlagen, scheitern, nichts leisten, misslingen. → abblitzen, abbrechen, aberkennen, ablehnen, absagen, angreifen, beeinträchtigen, beikommen nicht, bekämpfen, durchfallen, enttäuschen, ermatten, fehlen, mitkommen nicht, scheitern, schlapp machen. ▸ anerkennen, billigen, erlauben, erreichen, zusagen • arbeiten, sich bewähren, (gut) funktionieren • Erfolg haben, erfolgreich sein.
versagen, sich kasteien, enthalten, unterlassen, verzichten, zügeln, mäßigen, verkneifen, überwinden, vermeiden. → beiseite legen, brechen mit einer Gewohnheit, enthalten sich, entwöhnen.
Versager Niete, Versagen, Unfähigkeit, Schwäche, Kraftlosigkeit, Misserfolg, Fehlgriff, Fehlschritt • Schwächling, Nichtskönner, Dummkopf, Idiot, Blindgänger *u,* Absteiger *u,* August *u,* Blödel *u,* Durchfaller *u,* Dimpfel *u,* Dimpfi *u,* taubes Ei *u,* taube Nuss *u,* traurige Existenz *u,* Fehlzünder *u,* Flasche *u,* leises Fressen • Saftsack *u,* Schlump *u,* Seifenblase *u,* Seifensack *u,* Stöpsel *u,* Tränentier *u.* ▸ Könner.
Versagung Abfuhr, Ablehnung, Absage, Verweigerung, Weigerung.
versalzen zu viel Salz zugeben • verdrießen, deprimieren, eins auswischen, vergrämen,

verekeln, versäuern, kränken, verübeln, etwas antun, die Freude nehmen.
▸ erfreuen, süßen.

versammeln, sich → scharen sich, treffen.

Versammlung Tagung, Meeting, Sitzung, Beratung, Zusammenkunft, Treffen • Ansammlung, Anhäufung, Menge, Masse, Volksversammlung, Aushebung. → Anzahl, Auflauf, Besprechung, Konklave, Einberufung, Kollegium.

Versand → Handel, Sendung, Transport.

versanden austrocknen, von Sand überspült werden • nicht mehr berücksichtigen, nicht mehr daran denken oder in Angriff nehmen • fallen.

Versandhandel Direct-mailing, Mailorder-Geschäft.

versauen → verderben.

versauern versimpeln, verspießern. → ärgern, verdrießen, versalzen.

versauert → bärbeißig, brummig, verdrießlich.

versaufen verpicheln. → ersaufen.

versäumen → ausstehen, bedenken, belassen, bummeln, fehlen, unterlassen, vernachlässigen, verpassen.
▸ einhalten, wahren • erreichen • nutzen, mitmachen, wahrnehmen.

Versäumnis → Bummelei, Nachlässigkeit, Pflichtvergessenheit, Unterlassung.

Versbau Metrik.

verschachern verklopfen, verkümmeln, verschrotteln, losschlagen, abstoßen, an den Mann bringen, zu Geld machen. → verkaufen.
▸ behalten, kaufen.

verschaffen verhelfen zu, aneignen sich, anschaffen, auftreiben, beschaffen, besorgen, erwerben, Vorteil wahrnehmen, Vorteil bieten, zuhalten, zukommen lassen, zulegen, gewähren, herbeischaffen. → aneignen, auftreiben, bahnen, beibringen, beikommen, beispringen, bemächtigen, bereichern, beschaffen, bieten, erarbeiten, erbetteln, erschmeicheln.
▸ hintertreiben, wiedergeben.

verschaffen, sich → aneignen sich, auftreiben, sammeln.

verschalen verdecken, zudecken, überdecken, einhüllen, umhüllen, verhüllen, überziehen, verkleinern, bekleiden. → einpacken, einrollen.
▸ entblößen.

Verschalung → Bedeckung, Decke, Einband, Einschlag.

verschämt → brav, schüchtern, schuldbewusst.
▸ aufdringlich, hemmungslos, unverschämt • lässig, leger, unbefangen.

Verschämtheit → Bescheidenheit, Selbstgefühl Mangel an.

verschandeln verunstalten, verunzieren, entstellen, verletzen, das Auge beleidigen, verballhornen, besudeln, beschmieren, beschmutzen. → anstoßen.
▸ schmücken.

verschandelt verunstaltet, entstellt, verzerrt, verballhornt, missgestaltet, verkrüppelt • abscheulich, kitschig, grotesk, aufgedonnert, herausgeputzt, überladen, grell, schreiend, geschmacklos, gewöhnlich, unfein. → unsauber.
▸ geschmackvoll, schön • verschönert.

Verschandelung Verunstaltung, Entstellung, Verunreinigung, Vergröberung, Verzerrung • Fehler, Mangel, Makel, Schmutz • Stillosigkeit, Stilwidrigkeit, Ungeschmack, Geschmacksverirrung, Abgeschmacktheit, Geschmacklosigkeit, Barbarei, Rohheit, Unkultur, Formlosigkeit, Überladung • Unverschämtheit, Anmaßung, Überhebung, Unverfrorenheit, Maßlosigkeit, Ungeheuerlichkeit, Schamlosigkeit, Übermut, Mutwille, Frechheit, Zuchtlosigkeit, Ärgernis, Schmutz, Schweinerei. → Auswuchs, Unkultur.
▸ Geschmack • Verschönerung.

verschanzen bergen, abschirmen, bewahren, umhegen, absperren, sichern, verteidigen, abwehren, befestigen, verbergen, zurückziehen sich, verstecken, tarnen, vertuschen • für sich behalten, hinter dem Berg halten, einer Sache ausweichen, kneifen.
▸ angreifen, aussagen.

Verschanzung → Befestigung, Damm, Zuflucht.

verschärfen Ärger machen, um sich greifen, strenger halten, unnachsichtig sein, bestehen auf, Gewalt anwenden, keine Nachsicht kennen, ein strenges Regiment führen, kurzen Prozess machen, mit eisernem Besen kehren • verschlechtern, verschlimmern, ausarten, abgleiten, beeinträchtigen, entwerten, anstecken.
▸ beschwichtigen, bringen ins Geleis, nachsichtig sein • entspannen, lindern, lockern, mildern.

verscharren → eingraben, verbergen.

verschätzen überschätzen, unterschätzen, sich verrechnen, falsch urteilen, fehlschätzen, überbewerten, unterbewerten, falsch taxieren, überbetonen, missachten, herabsetzen, verkennen.

verschaukeln → hintergehen.

verscheiden → sterben.

verschenken → geben, schenken, überlassen.

verscherzen verbocken, verfehlen, versäumen, fehlgehen, fehlgreifen, versagen, verlustig gehen, verlieren, verpassen, loswerden, in den Schornstein schreiben, entschlüpfen lassen, durch die Lappen gehen lassen.
▸ gelingen, gewinnen.

verscheuchen Furcht einjagen, erschrecken, beunruhigen, ängstigen, in Schrecken versetzen, einschüchtern, bange machen, verblüffen, forttreiben, Angst einflößen, wegjagen, abschrecken *j.* → ausstoßen, ausweisen, befördern, entmutigen, jagen, vertreiben.
▸ einladen, ermutigen, herbeiziehen.

verschicken → austragen, befördern, begeben, einschicken, expedieren.

verschieben prolongieren, hinauszögern, vertagen, verzögern, abwarten, hinhalten, Zeit lassen sich, verlängern, hinausschieben, auf die lange Bank schieben, aufschieben • bewegen, verrücken, fortbewegen. → aufhalten sich, ausstehen, bedenken, beruhen lassen.
▸ ausführen, stehen lassen, tun, vorziehen • stehen lassen • zurechtrücken.

verschieden → abgeschieden, abwechselnd, anders, anders

geartet, beikommen nicht, beziehungslos, diskrepant, divergierend, tot, unähnlich, ungleichmäßig.
verschieden gestalten differenzieren, modifizieren, variieren.
verschieden sein anders sein, differieren, variieren.
verschiedenartig → anders, anders geartet, beziehungslos, diverse, unähnlich, ungleichmäßig. ▸ ähnlich • gleich(artig).
Verschiedenartigkeit → Abstufung, Abtönung, Abweichung, Ausdehnung, Verschiedenheit.
verschiedene → diverse, einige, etliche, manche.
verschiedenerlei → allerhand, manche, mannigfach.
Verschiedenes → allerhand, manches, Diversa.
verschiedengestaltig heteromorph.
Verschiedenheit Mannigfaltigkeit, Unterschiedlichkeit, Gegensatz, Gegensätzlichkeit, Mischung, Ungleichheit, Vermischtheit, Abweichung, Abart, Ungleichartigkeit, Widerspruch, Unvergleichbarkeit, Unvereinbarkeit, Widerstreit, Ungleichförmigkeit, Divergenz, Unähnlichkeit, Uneinheitlichkeit • Unstimmigkeit, Meinungsverschiedenheit. → Abweichung, Centaur, Differenz, Disharmonie, Disput, Farbdruck, Unterschied. ▸ Gleichartigkeit.
verschiedentlich gelegentlich.
verschießen → ausgehen, bleichen, durchfressen, entarten, verbleichen, verderben, vergehen.
Verschiffung → Absendung, Deportation, Transport.
verschimmeln → beeinträchtigen, faulen, verderben.
Verschiss Misskredit, Schimpf, Beleidigung, Verrufenheit, Gerücht, Tratsch, Tadel, Unehre, Bezichtigung, Ehrlosigkeit, Schande, Schmach, Verruf, Verstoß. → Ächtung, Unehre. ▸ Belobigung, Hochachtung.
verschlackt schmutzig, unsauber, dreckig, verkrustet, verschmutzt, verkohlt, überzogen, verengt, zugesetzt.
verschlafen → unaufmerksam, verpassen, zerstreut.
Verschlag Schuppen, Scheuer, Scheune, Hürde, Stall, Raum, Baracke, Stallung, Baude, Kate, Holzschuppen, Bodenkammer, Abstellraum, Bude, Hindernis • Käfterchen *u.*
verschlagen hinterlistig, heimtückisch, katzenartig, glattzüngig, abgefeimt, raffiniert, pfäffisch, listig, gewiegt, pfiffig, gerieben, arglistig, tückisch, abgefeimt, ausgefuchst, ausgekocht, geschmiert *u,* gewichst *u,* gewieft *u,* mit allen Hunden gehetzt, mit allen Salben geschmiert, mit allen Wassern gewachsen, gaunerhaft, schlitzohrig *u.* → aalglatt, bübisch, durchtrieben, schlau. ▸ aufrichtig.
Verschlagenheit Politik *u.* → Bosheit, Falle, Falschheit, Schachzug, List, Schikane, Schlauheit.
verschlampen vergammeln, verlottern, verludern.
verschlechtern → beeinträchtigen, diskreditieren, durchfressen, entstellen, verleumden, verschlimmern. ▸ besser machen, bessern, verbessern • veredeln.
verschlechtern, sich zurückgehen, verkommen, verderben, an Wert verlieren, zu Schaden kommen, verschlimmern sich, ausarten, abnehmen, rückwärts gehen, abgleiten, tiefer sinken, verfallen, eingehen, zerfallen, kränker werden, bessere Zeiten gesehen haben. ▸ bessern sich.
Verschlechterung Verschlimmerung, Rückgang, Verfall, Krebsschaden, Entartung, Rückfall, Dekadenz, Verderbnis, Verheerung, Rückschritt, Entwertung, Vermoderung, Fäulnis, Niedergang, Zusammensturz. → Degeneration, Dekadenz, Demoralisation, Desorganisation, Einbuße, Ende böses, Entwertung. ▸ Besserung, Fortschritt.
verschleiern → bemänteln, binden nicht auf die Nase, fälschen, verbergen, verheimlichen, vernebeln. ▸ aufdecken, aufklären, enthüllen, entschleiern.
verschleiert → unsichtbar.
Verschleierung → Ausweg, Geheimhaltung, Unklarheit.
Verschleiß Abnutzung, Beanspruchung, Nutzungsschaden.
verschleißen → abbrauchen, abnutzen, aufbrauchen, konsumieren.
verschleppen fortbringen, wegbringen, deportieren • eine Krankheit verschleppen, anstecken jemanden. → aufhalten sich, aufschieben, ausstehen, bedenken, besinnen sich, bummeln, erstrecken sich, verschieben. ▸ ausführen, wiedergeben, zurückbringen.
Verschleppung Verzögerung, Vertagung, Verlängerung, Zauderei, Langsamkeit, Saumseligkeit, Zögerung, Bummelei, Trödelei, Schlendrian. → Aufenthalt, Bemächtigung, Beraubung, Deportation, Raub. ▸ Ausführung, Wiedergutmachung • Heimholung • Rücktransport.
verschleudern verschwenden, vergeuden, zum Fenster hinauswerfen, durchbringen, verschlemmen, verpassen, verwirtschaften • losschlagen, verklopfen, verkaufen, verkümmeln, abstoßen, verramschen. → beseitigen, durchbringen, hergeben, verschwenden. ▸ behalten, Haus halten, kaufen.
verschließen abschließen, verriegeln, zumachen, zuklappen, verwahren, verstecken, verbergen, zuriegeln, versiegeln, plombieren, verkitten, sichern, absperren, versperren, einkoffern. → abdrosseln, abschließen, absperren, aufheben, ausschalten, bewahren, einkoffern, siegeln. ▸ öffnen.
verschließen, sich verschweigen, verhehlen, schweigen, zurückhaltend sein, nichts anvertrauen, nicht trauen, zugeknöpft sein, misstrauen. → abschließen. ▸ anvertrauen, mitteilen.
verschlimmern (sich) verschlechtern, entarten, schlechter werden, ausarten, faulen, verderben, herunterkommen, scheitern, verrotten, vermodern, entsittlichen, rückbilden, eingehen, rückwärts gehen. → anschwellen, aufbauschen, beeinträchtigen, blähen, diskreditieren, durchfressen,

verschlechtern sich.
▸ bessern sich, verbessern.
verschlimmert rückschrittlich, rückständig, schlimmer, schlechter, zugespitzt, ausgeartet, verwildert, verkommen, verschlechtert, erschwerend, ärger • rettungslos, aufgegeben, gezeichnet.
▸ gebessert.
Verschlimmerung Verderbnis, Verheerung, Verschlechterung, Verfall, Krebsgang, Abnahme, Rückschritt, Degeneration, Erniedrigung, Entwertung, Neige, Fäulnis, Verwesung, Zusammensturz, Verwilderung, Verminderung, Rückgang, Entartung, Schwächung. → Beschwernis, Demoralisation.
▸ Besserung.
verschlingen fressen, auffressen, aussaugen, essen, herunterschlucken, würgen, vertilgen, vernichten • verwickeln, verketten, verknoten, verwirren, verhaspeln, verflechten. → aasen, beeinträchtigen, einhauen.
▸ ausspeien, entwirren.
Verschlingung Verknotung, Verflechtung, Verwicklung, Verwirrung, Verwustelung • Geflecht, Bindung, Krümmung, Umschlingung.
▸ (Entwirrung).
verschlissen abgenutzt, abgetragen, schäbig, verbraucht, abgewetzt, abgetragen, abgescheuert, alt.
▸ nagelneu • ungebraucht.
verschlossen → dicht, einsilbig, geschlossen, schweigsam, zurückhaltend.
▸ geöffnet, offen, unverschlossen • ansprechbar, aufgeschlossen, extravertiert, interessiert, umgänglich, zugänglich.
Verschlossenheit Zurückhaltung, Schweigsamkeit, Wortkargheit, Zugeknöpftheit, Verstocktheit. → Behutsamkeit.
▸ Mitteilsamkeit.
verschlucken schlucken, essen, würgen, vertilgen, husten, japsen, glucksen • herunterschlucken, unterdrücken, einstecken, herunterwürgen, eine bittere Pille schlucken, es sich verbeißen, sich zügeln, den inneren Zustand verleugnen.
▸ ausspeien, widerstreiten.
verschlungen verschluckt, vertilgt, verdrückt, heruntergewürgt, aufgegessen, verzehrt • verwickelt, gewunden, verwunden, zuknallen, gebogen, verwirrt, gelockt, schneckenförmig, brezlig *u.* → durchbrochen, kompliziert.
▸ entwirrbar, gerade, unkompliziert.
Verschluss Riegel, Siegel, Spund, Umschließung, Haken, Schließhaken, Krampe, Hahn, Zapfen, Druckknopf, Reißverschluss, Pflock, Stopfen, Korken, Klappe, Kolben, Ventil, Plombe, Stöpsel • Abschließung, Verschließung, Schließung, Sperrung, Sperre, Versiegelung, Deckel, Klappe, Knopf, Schloss.
▸ Ventil • Öffnung.
verschlüsseln chiffrieren, codieren.
Verschlussstreifen Banderole.
verschmachten austrocknen, verwelken, dörren, dürren, verdorren, verdursten, vertrocknen, sterben • begehren, lüstern sein, sehnen sich, lechzen nach.
▸ erblühen, laben, verschmähen.
verschmähen → ablehnen, ächten, liegen lassen links, verachten, verwerfen.
▸ bevorzugen • begehren, haben wollen, lieben, mögen, verlangen, sich wünschen • akzeptieren, annehmen.
verschmäht gemieden, verrufen, verpönt, verschrien. → betrogen, ungeliebt, verachtet.
▸ begehrt, beliebt, geliebt.
verschmelzen → verbinden.
Verschmelzung → Bündnis, Gemeinschaft, Gemisch.
verschmerzen hinnehmen, vergessen, ausstehen, verriegeln, überwinden, unterdrücken, sich dreinschicken, sich gefallen lassen, standhalten, nicht mehr nachtrauern, aushalten, durchhalten, über sich ergehen lassen, sich fügen, von der besten Seite nehmen. → dulden.
▸ hadern, nachtrauern.
verschmieren → verunreinigen.
verschmitzt → aalglatt, bübisch, durchtrieben, gewiegt, schlau.
Verschmitztheit Cleverness, Gerissenheit, Gewitztheit, Mutterwitz, Schlauheit.
verschmolzen verbunden, ungetrennt, vereinigt, verwachsen, unlösbar, untrennbar, zusammen, zusammengeschlossen, verschweißt, verkettet, verflochten. → einheitlich.
▸ getrennt.
Verschmolzenheit → Einheit, Verbindung.
verschmutzen → beschmutzen, verunreinigen.
Verschmutzung Kontamination.
verschnaufen ausruhen, rasten, aufatmen, erholen sich, Atem schöpfen, verpusten sich, es sich bequem machen. → beruhigen, finden Zeit, niedersetzen.
▸ überanstrengen.
verschneiden kastrieren, entkräften, unfruchtbar machen, sterilisieren, entmannen, verkrüppeln • irren, falsch zuschneiden, zerstückeln, verstümmeln, ungeschickt sein. → mischen.
Verschnitt → Mischung.
Verschnittener Eunuch, Kastrat.
verschnörkelt → barock, gedreht, verschlungen.
▸ eben, glatt, schlicht, schmucklos.
verschnupfen → ärgern, aufregen.
verschnupft → ärgerlich, böse, übel sein, verdrießlich.
verschnüren → schnüren.
verschollen vermisst, verschwunden, fort, weg, unauffindbar, verloren, abhanden, hinweg, entfernt, fehlend, anderswo. → abwesend.
▸ anwesend, aufgetaucht, (wieder)gefunden.
verschonen belästigen nicht, nachsehen, übersehen, freisprechen, nachlassen, ein Auge schließen, durch die Finger sehen, milde beurteilen, nicht nachtragen, verzeihen, Nachsicht üben, vergeben, entschuldigen. → schonen.
▸ belästigen, nachtragen.
verschönen → ausschmücken, beflaggen, behängen, besetzen, schmücken.
verschönern herausputzen, auffrischen, verzieren, aufpolieren, schmücken, verbessern, verfeinern, veredeln, vervollkommnen, schön machen, ausstaffieren, lackieren, wichsen, vergolden, firnissen, ausputzen, bohnern,

fegen, aufmöbeln *u*, aufmotzen *u*, frisieren *u*. → auftakeln, ausbessern, ausbürsten, dekorieren, verbessern. ▸ verschandeln, verunstalten, verunzieren, hässlich machen, entstellen • verkommen lassen.

Verschönerung → Aufmachung, Ausschmückung, Besatz, Dekoration, Schmuck, Schönheit.

Verschonung Freispruch, Straffreiheit • Schonung.

verschossen → blass, farblos, verliebt.

verschreckt abgeschreckt, ängstlich, angstvoll, bang, beklommen, frustriert, scheu, schüchtern, zaghaft.

verschreiben → beschenken, erlassen, verordnen.

verschreiben, sich vertippen. → engagieren sich, irren sich.

Verschreibung → Arznei, Belege, Belehnung, Bescheinigung, Bürgschaft, Fehler, Kaution, Übertragung, Verbindlichkeit, Verordnung.

verschreien → beleidigen, bloßstellen, tadeln.

verschrien → anrüchig, arg, bekannt, berühmt, berüchtigt, ungeliebt, verschmäht.

verschroben → abgeschmackt, absurd, albern, bizarr, burlesk, grotesk, kleinstädtisch, pedantisch, schrullenhaft, unweiblich, verrückt.

Verschrobenheit Versponnenheit, Verworrenheit, Verzwicktheit.

verschrumpelt → faltig.

verschüchtern einschüchtern, bedrohen, erschrecken, bange machen, Angst machen, ins Bockshorn jagen, verängstigen, Furcht einjagen, entsetzen, abschrecken, verscheuchen. → verscheuchen. ▸ ermutigen.

Verschulden → Entgleisung, Fehler, Schuld, Verstoß.

verschulden → sündigen, unrecht tun, verüben, verursachen.

verschuldet → arm, bankrott, verursachen. ▸ schuldenfrei • unverschuldet.

Verschuldung → Rückstand, Schuld, Überschuldung, Verantwortung.

verschütten vergießen, umstoßen, umwerfen, umkippen, bluten *u*, verschlappern *u* • verpatzen, verbocken, verwackeln, versieben, sich blöde anstellen, sich ungeschickt benehmen, fickfacken, hudeln, schmieren, sudeln, plempern *u*, verplempern *u*. → abstoßen. ▸ bewältigen, gelingen • ausgraben, freilegen.

verschwelgen verhehlen, verhüllen, verdecken, verheimlichen, verbergen, verstecken, nicht erwähnen, für sich behalten, vorenthalten, offen lassen, tarnen, geheim halten, unterdrücken, zurückhalten, verschleiern, vernebeln, nicht auf die Nase binden, einer Frage ausweichen. → totschweigen, verbergen, verheimlichen, verschließen sich. ▸ aussagen • aufdecken, enthüllen • ausplaudern, auspacken, aussagen, beichten, bekennen, eröffnen, erwähnen, gestehen, kundtun, offenbaren, preisgeben, verkünden, verraten.

verschweißen → verbinden.

verschwelen verkoken. → brennen.

verschweigen → durchbringen, verschleudern, verschwenden.

verschwenden vergeuden, verprassen, verschleudern, das Geld durchs Fenster werfen, über die Verhältnisse leben, prassen, aasen, verjubeln, durchbringen, verwirtschaften, verschlemmen, vertun, in Saus und Braus leben, verbumfideln *u*, verbuttern *u*, verfumfeien *u*, verjucken *u*, verjuxen *u*, verplempern *u*, verkümmeln *u*, verludern *u*, verpulvern *u*, verputzen, verwichsen *u*, verschlampen, verläppern, durch die Gurgel jagen. → aufwenden, ausgeben, durchbringen. ▸ geizen, Haus halten • anhäufen, aufsparen, einsparen, ersparen, horten, sammeln, sparen • darben.

verschwendend dissipativ. → verschwenderisch.

Verschwender Prasser, Vergeuder, Verjubler, Schlemmer, Luftikus, Verschleuderer, Schwelger, Lukullus, Bruder Lustig, der verlorene Sohn. ▸ Geizhals (Sparer).

Verschwenderei → Ungenügsamkeit, Verschwendung.

verschwenderisch luxuriös, prasserisch, unsolide, unwirtschaftlich, üppig, schwelgerisch, schlemmerhaft, liederlich, lebenslustig, freigebig. → feinschmeckerisch, flott, übermäßig, übertrieben. ▸ geizig, haushälterisch, sparsam.

Verschwendung Saus und Braus, Prasserei, Überfluss, Vergeudung, Verschleuderung, Unwirtschaftlichkeit, Aufwand, Schlemmerei, Schwelgerei, Ausschweifung, Missbrauch. → Luxus, Unmäßigkeit. ▸ Geiz, Sparsamkeit.

verschwiegen dicht *u*. → diskret, einsilbig, schweigsam, taktvoll, zurückhaltend. ▸ geschwätzig, indiskret, klatschsüchtig, mitteilsam, redselig, schwatzhaft.

Verschwiegenheit → Diskretion, Verschlossenheit.

verschwimmen verwischen, verwackeln, flimmern, verlieren sich, verbleichen, entrücken, entschwinden dem Blick, undeutlich werden. → bedecken. ▸ wahrnehmen • sich abheben, deutlich sichtbar sein, hervortreten, klar sein.

verschwinden entschwinden, entrücken, entfernen sich, verflüchtigen sich, vergehen, versinken, verlieren sich, fortgehen, fortschleichen, drücken sich, trollen sich, zurückziehen sich, entweichen, kneifen, weggehen, verziehen sich. → abhauen, absetzen, aufmachen, bedecken, nehmen die Aussicht, entfernen sich, enteilen, sterben, verbergen. ▸ ankommen, auftauchen, auftreten, eintreffen, erscheinen, hervorkommen, kommen, nahen, sich nähern.

verschwinden lassen → bemächtigen, berauben, bestehlen.

verschwindend → bloß, demolierend, unscheinbar.

verschwitzen → vergessen, verpassen.

verschwommen → blind, dämmerig, unerkennbar. ▸ deutlich, eindeutig, fest umrissen, genau, greifbar, klar, präzise, unmissverständlich.

Verschwommenheit → Dämmer, Dämmerung, Nebelhaftigkeit.

verschwören, sich

konspirieren, erheben sich, meutern, rebellieren, revoltieren, auflehnen sich, empören sich, streiken, abfallen, zusammenrotten sich, die Waffen erheben, gegen den Stachel löcken. → beigesellen, beitreten, beteiligen sich, erheben sich, revoltieren.
▸ unterwerfen sich, verfeinden sich.
Verschwörer Rebell, Meuterer, Aufrührer, Empörer, Unruhestifter, Abtrünniger, Wühler, Aufwiegler, Hetzer, Jakobiner, Anarchist, Streikführer. → Aufständiger.
▸ Sklavenseele.
verschwörerisch konspirativ.
Verschwörung → Anschlag, Auflauf, Auflehnung, Revolution, Ungehorsam.
verschwunden → abwesend, dahin, unauffindbar, verloren, vermisst.
Verse bringen, in → dichten.
Verse setzen, in → dichten.
Versehen Irre *u*, Pudel *u*. → Bock, Bummelei, Delikt, Falschheit, Fehlbetrag, Fehler, Fehltritt, Missverständnis, Schuld, Unterlassung, Verwechslung.
versehen → bereift, geben, irren sich, verwechseln.
versehen, sich eindecken sich, irren sich, täuschen sich, versorgen sich, verwechseln.
versehen mit ausgerüstet, ausgestattet, versorgt, gewappnet, eingedeckt. → austeilen, eindecken sich.
▸ unversorgt.
versehentlich → irrtümlich.
▸ absichtlich, beabsichtigt, bewusst, gewollt, vorsätzlich, wissentlich.
versehren → anstoßen, verletzen.
versehrt → beschädigt, defekt.
▸ gesund, heil, unbeschädigt, unverletzt, unversehrt.
Verseifung Saponifikation.
verselbstständigen selbstständig machen. → befreien.
Verselbstständigung Befreiung, Emanzipation, Gründung eines eigenen Unternehmens, Selbstständigmachen.
Versemacher Dichter, Lyriker, Poet, Reim(e)schmied, Versemacher, Wortkünstler.
versenden → befördern, begeben, einschicken, senden, transportieren.
Versender Expedient.
Versendung → Absendung, Lieferung, Transport.
Versendungskosten Liefergebühren/-preise, Logistikkosten, Transportkosten, Versandkosten.
versengen → Brand stecken in, dampfen, sengen.
Versengung → Brand.
versenken einsenken, vergraben, eintauchen, untertauchen, vernichten, zerstören, ausmerzen, vertilgen • verbergen, verstecken, eingraben • vertiefen, versinken, hingeben, erbauen, beten, betrachten, andächtig sein. → ausrotten, eingraben, einrammen.
▸ heben.
versenkt → tief, unterirdisch.
Versenkung Tiefe, Einsenkung, Vertiefung, Untiefe, Bodenlosigkeit, Höllentiefe, Unergründlichkeit, Abgrund, Krater, Becken, Joch, Einschnitt, Einbuchtung • Schiffsversenkung, Vernichtung.
▸ Erhöhung.
versessen unstillbar. → anstellig, begehrlich, besessen, brennend, erpicht, fanatisch, interessiert, neugierig sein, scharf, unersättlich.
▸ abweisend, cool, gleichgültig, uninteressiert.
versetzen durchrutschen. → abziehen, ändern, antworten, befördern, beibringen, beifügen, bestrafen, entsetzen, ernennen, fernbleiben.
versetzt entfernt, verändert, verpflanzt, entwurzelt, verrückt, verzogen, verräumt • befördert, verbessert, aufgerückt • warten lassen, fern geblieben, fortgeblieben, hingehalten, entledigt • verpfändet, ins Leihhaus getragen, beliehen.
▸ unverändert, zugegen.
versetzt werden, nicht → bleiben sitzen.
Versetzung → Beförderung, Deportation, Entlassung, Räumung.
verseuchen → anstecken.
▸ desinfizieren, entseuchen • immunisieren.
verseuchend → epidemisch.
Verseuchung, radioaktive Kontamination.
Versfuß Anapäst, Daktylus, Dibrachys, Dichoreus, Dijambus, Hexamter, Jambus, Spondeus, Trochäus.
versichern decken, schützen, Versicherung abschließen • behaupten, beteuern, bejahen, bestätigen, bestehen auf, betonen, darauf kannst du Gift nehmen, die Hand ins Feuer legen, steif und fest behaupten, verbürgen, bezeugen, versprechen, zusichern, garantieren, beeiden, hervorheben, bekräftigen, beschwören, das kannst du annehmen, das kann ich dir flüstern, Stein und Bein schwören, das kann ich dir singen *u*. → absperren, beeiden, beglaubigen, bejahen, bekennen, beschwören, besiegeln, bestätigen, bestehen, bestehen auf, betonen, beweisen, bringen zum Schweigen, ja sagen, konstatieren, versprechen, zusagen.
▸ ablehnen • abstreiten.
Versicherung Lebensversicherung, Unfallversicherung, Haftpflichtversicherung usw., Sicherheit, Deckung • Zusicherung, Vertrag, Übereinkommen, Verschreibung, Versprechen, Zusage • Eid, Schwur, Gelöbnis, Handschlag, Wort, Ehrenwort • Bejahung, Beteuerung, Aussage, Behauptung. → Bekenntnis, Bekräftigung, Bescheinigung, Bürgschaft, Ehrenwort, Eid, Erweis, Garantie, Versprechung.
▸ Ablehnung, Widerruf, Wortbruch, Gefahr, Risiko, Verlustgefahr, Wagnis.
Versicherung des Versicherers Rückversicherung.
Versicherungsschein Police.
Versicherungstheorie Assekuranztheorie.
versickern einsickern, eindringen, eintrocknen, versiegeln.
▸ hervortreten.
versieben → verbocken, verschütten, ungeschickt.
versiegeln → absperren, plombieren, schließen, siegeln.
versiegen verfliegen, verflüchtigen, vertrocknen, aufsaugen, vergehen, verdunsten, versickern, austrocknen • versagen, verstummen, verdummen, aufhören, ersterben, sich nicht mucksen. → abbrauchen, abnehmen, aufhören,

aussetzen, ersterben.
▸ ertönen, fließen, verstehen quellen, spritzen, sprudeln.
versiert → anstellig.
versilbern → bedecken, verkaufen, verschönern.
versimpeln → vereinfachen.
versinken → ersaufen, vergehen.
▸ (oben) schwimmen • auftauchen • geborgen/gehoben werden.
versinnbildlichen symbolisieren.
Version Lesart, Wendung, Auffassung, Wortlaut, Darstellung, Variante, Deutung, Fassung, Schreibart, Auslegung, Form, Übersetzung, Übertragung. → Auffassung, Deutung.
versippt → verwandt.
versklavt → abhängig.
▸ befreit • frei, unabhängig.
Versklavung → Abhängigkeit.
verslos → ungereimt.
Versmaß Metrum.
versoffen → trinkfest, unmäßig.
versohlen → schlagen.
versöhnen → ausgleichen, aussöhnen, austragen, befrieden, befriedigen, begütigen, Einklang bringen, einschreiten, vermitteln.
versöhnen, sich reichen sich die Hände, Frieden herstellen, sich einigen, sich aussöhnen, den Streit beilegen, die Streitaxt begraben, sich vergeben, sich vergleichen, in Eintracht leben, Frieden machen, sich wieder vertragen, einlenken, die Freundschaft erneuern • beichten.
▸ verfeinden sich • sich auseinander setzen, sich bekriegen, sich entzweien, sich kabbeln, Krieg miteinander führen, sich streiten, sich überwerfen, sich zanken.
versöhnlich konziliant. → friedfertig, nachgiebig.
▸ aggressiv, streitsüchtig • stur, unversöhnlich • feindlich • rachsüchtig.
Versöhnlichkeit → Gutmütigkeit, Milde, Nachsicht, Vergebung.
Versöhnung Aussöhnung, glückliches Ende, Beilegung, Verständigung, Friedenskuss, Friedenspfeife, Waffenruhe, Friede, Vergebung, Verzeihung, Schlichtung, Übereinstimmung, Eintracht, Friedlichkeit, Freundschaft, Friedensstiftung • Versöhnung mit Gott, Entschärfung *u.* → Ausgleich, Aussöhnung, Beilegung.
▸ Unversöhnlichkeit.
versonnen versponnen. → besinnlich, still.
versorgen → aufspeichern, beschenken, beispringen, beköstigen, bringen unter die Haube, darreichen, geben, helfen, versehen mit.
▸ entsorgen • ausbeuten • entziehen • vernachlässigen.
versorgen, sich fouragieren, proviantieren, versehen sich, aufstapeln, ausrüsten sich, auftreiben, ergänzen, ausstatten sich, eindecken sich, einheimsen, einspeichern, einscheuern, anwerben, eintun, einbringen, aufsparen, ersparen, einstecken, vorsorgen. → eindecken sich, verpflegen.
▸ verbrauchen.
Versorger → Ernährer.
versorgt untergebracht, versehen mit, aufgehoben, bewahrt, vorbereitet, vorgesehen, versichert, gestiefelt, gerüstet, gespornt, befähigt, abgerichtet.
▸ unversorgt.
Versorgung Nachschub. → Arbeitsessen, Beköstigung, Einkauf, Fourage, Proviant, Rente.
Versorgungsbezüge Alimente, Apanage, Pension, Rente.
Versorgungsstelle → Bezugsquelle.
versparen → aufbewahren, reservieren, sparen.
versparen, sich vermeiden, zurückhalten sich, fern halten sich, enthalten sich, versagen sich, unterlassen, entheben, ausbleiben, entbinden sich, aufschieben.
▸ einmischen sich, bedienen sich.
verspäten, sich säumen, trödeln, bummeln, zaudern, zögern, nachhinken, zurückbleiben, ausbleiben, aufhalten sich, die Zeit verfehlen, unpünktlich sein, den Anschluss verpassen, nachkommen.
▸ pünktlich kommen • zu früh kommen.
verspätet überfällig. → allmählich, spät, unpünktlich.
▸ fristgemäß/-gerecht, pünktlich, rechtzeitig, termingemäß • eher, früher, überpünktlich, verfrüht, vorzeitig, zu früh.
Verspätung Nachzeitigkeit, Verzögerung, Vertagung, Verschleppung, Unpünktlichkeit, Langsamkeit, Saumseligkeit, Zauderei, Bedächtigkeit, Aufschiebung, Trödelei, Bummelei, Unzeitigkeit. → Rückstand.
▸ Pünktlichkeit.
verspeisen → essen.
versperren → abdämmen, absperren, hemmen, verschließen.
versperrt → geschlossen.
Versperrung → Barriere, Hindernis.
verspielen → bankrott, verlieren, verschwenden.
verspielt hingebungsvoll, kindlich, leicht(lebig), spielerisch, unernst, ungezielt, unreif, versonnen, versponnen • Glücksspiel verloren im.
verspießern → versauern.
versponnen entrückt, schrullig, spleenig, verträumt, weltfremd.
Versponnenheit → Verschrobenheit.
verspotten narren, karikieren, nachäffen, lächerlich machen, verflachsen, anflachsen, anpflaumen *u,* veräppeln *u,* veruzen *u,* lustig machen sich, zum Narren halten, foppen, an der Nase herumführen, eine lange Nase machen, dem Gelächter preisgeben, persiflieren, ironisieren, verhöhnen, auslachen, verlachen, hänseln, sticheln, frotzeln, veralbern, verlästern, auf den Arm nehmen, verhohnepipeln *u.*, äppeln *u,* aufziehen *u,* veräpfeln *u,* auf den Ast nehmen *u,* derblecken *u.* → angreifen, anöden, auslachen, auspfeifen, beeinträchtigen, begeifern, belächeln, beleidigen, bespötteln, Besten halten zum, bloßstellen, Ehre bringen um die, Eis führen aufs, necken, spotten.
▸ bewundern, ernst nehmen, verteidigen.
verspottet karikiert, verlacht, bloßgestellt, geneckt, gehänselt, veralbert, parodiert, travestiert, verhöhnt, belächelt, gefoppt. → bloßgestellt.
▸ bewundert.
Verspottung → Beleidigung, Spott.
Versprechen Gelöbnis, Gelübde, Zusage, Versicherung, Zusicherung, Schwur, Handschlag, Wort, Ehrenwort, Beteuerung, Eid, Verpfändung, Verpflichtung, Pfand, Verbindlichkeit, das

kleine Ehrenwort geben *u,* ich fresse einen Besen *u,* das wäre gelacht *u,* stelle mich auf den Kopf *u.* → Ehrenwort, Versicherung, Versprechung.
▸ Ablehnung, Wortbruch.
versprechen geloben, verheißen, versichern, verpflichten sich, Siegel und Hand, beschwören, sein Wort geben, das Maul voll nehmen *u,* das Maul aufreißen *u,* beteuern, zusichern, die Hand darauf geben, zuschwören, binden sich • irren. → bestechen, versichern, zusagen.
▸ ablehnen, wortbrüchig (werden).
versprechen, sich verplappern sich • binden sich, verlieben sich, verpflichten sich, die Hand reichen, ewige Treue schwören. → kommen aus dem Geleise, irren sich.
▸ brechen mit, verzagen, wissen.
Versprecher Fehler, Irrtum, Lapsus, Unsinn.
Versprechung Verheißung, Versicherung, Verlöbnis, Beteuerung, Zusage, Zusicherung, Eid, Schwur, Gelöbnis, Gelübde, Wort, Ehrenwort, Verpflichtung, Bürgschaft, Verbindlichkeit. → Versprechen.
▸ Nichteinhaltung, Wortbruch.
versprengen auseinander treiben.
versprengt dystop.
verspritzen → ausschütten, bespritzen, bestreuen, verschütten.
versprochen → gebunden, geirrt.
versprühen → sprühen.
verspüren → empfindsam, erleben, spüren.
Versroman Epos.
verstaatlichen beschlagnahmen (durch den Staat), enteignen, konfiszieren, nationalisieren, sozialisieren, vergesellschaften.
verstädtern urbanisieren.
Verstand Geisteskraft, Hirn, Intellekt, Klugheit, Köpfchen, Mutterwitz, Urteilsvermögen, Denkkraft, Erkenntnisvermögen, Geist, Gehirn, Denkschärfe, Scharfsinn, Einsicht • Hirn, Hirnkasten, Oberstübchen *u,* Giebel *u,* Grips *u,* Grützkasten *u,* Spatzenhirn, Schmalz *u.* → Begriffsvermögen, Besinnung, Bewusstsein, cum grano salis, Denkvermögen, Erkenntnis, Geist, Intelligenz, Urteilskraft, Vernunft.
▸ Unverstand, Unvernunft, Begriffsstutzigkeit, Blödigkeit, Dummheit, Torheit • Empfindung, Gefühl, Instinkt, Leidenschaft.
verstandbetont intellektualistisch.
verstandesgemäß → denkrichtig, erklärbar, logisch.
verstandesmäßig intellektuell.
Verstandesmensch Gemütskrüppel *u.*
verständig → aufmerksam, begabt, gelehrig, intelligent, rationell, talentiert, tüchtig.
▸ begriffsstutzig, blöd, borniert, dumm, kindisch, naiv, stur, töricht, uneinsichtig, unverständig.
verständigen → angeben, anschreiben, aussagen, belehren, benachrichtigen, bestätigen, dartun, drahten, einweihen, melden.
verständigen, sich → befrieden, befriedigen, einigen, sprechen, vereinbaren.
▸ aneinander vorbeireden, eine andere Sprache sprechen, auf Unverständnis stoßen, sich nicht verstehen.
Verständigkeit → Vernunft, Verstand, Verständnis.
Verständigung Übereinkommen, Einigung, Vertrag, Einigkeit, Eintracht, Zustimmung • Rede, Gespräch, mündlicher Verkehr, Sprache. → Einigung, Versöhnung, Vertrag.
▸ Uneinigkeit, Missverständnis.
Verständigungsschwierigkeit, zeitweilige Sendepause *u.*
verständlich klar, eindeutig, sonnenklar, unbemäntelt, genau, klipp und klar, unverhüllt, unverkennbar, unzweideutig, unmissverständlich, begreiflich, scharf, fasslich, lernbar, logisch, einleuchtend, durchsichtig, unverschleiert, ersichtlich, augenfällig, unverkennbar • lesbar, verstehbar, leicht, übersetzbar, entzifferbar. → anschaulich, augenfällig, deutlich, deutsch auf gut, einleuchtend, erfassbar, erkennbar, fassbar, fasslich, glaubhaft.
▸ unverständlich, unbegeiflich, unfassbar, unfasslich • missverständlich, rätselhaft, schwer verständlich, sonderbar, verwirrend, verworren, wirr.
verständlich machen anschaulich machen, darstellen vereinfachend, vereinfachen, transparent machen.
Verständlichkeit → Deutlichkeit, Einfachheit, Klarheit.
Verständnis Geschick, Auffassungsgabe, Verständigkeit, Befähigung, Klarsicht, Fassungsvermögen, Unterscheidungsgabe, Klugheit, Schlauheit, Verstand, Einsicht, Helle, Vernunft, Hirn, Kopf, Köpfchen, Scharfsinn, Denkschärfe, Urteilskraft, Umsicht, Überlegung, Anstelligkeit, Tauglichkeit. → Augenmerk, Bedacht, Begabung, Begriffsvermögen, Besorgnis, Besorgtheit, Denkvermögen, Diskretion, Einfühlungsgabe, Erfahrung, Erkenntnis, Erkenntnisvermögen, Überblick, Umsicht, Vernunft, Verstand.
▸ Unverständnis • Unbelehrbarkeit • Gefühllosigkeit • Intoleranz • Missverständnis.
Verständnis haben einfühlen sich, mitfühlen, nachfühlen, nachempfinden, tolerieren, verstehen.
Verständnislosigkeit → Dummheit, Ungeschicklichkeit, Unvernunft.
verständnisvoll → tolerant.
verstärken anheizen *u,* aufstocken *u.* → anfeuern, ausbreiten, ausdehnen, blähen, steigern, vergrößern, verschärfen.
▸ abschwächen, dämpfen, drosseln, herabsetzen, lindern, mindern, reduzieren, senken, vermindern.
Verstärkung → Ausdehung, Erweiterung, Zunahme.
verstaubt → veraltet.
verstauchen verletzen, ausrenken, auskugeln, sich den Fuß verknacksen.
verstauen → auflegen, einkoffern, einpacken, einrollen, einsacken, verbergen.
▸ auspacken, entladen.
Versteck Verborgenheit, Dunkel, Verheimlichung, Verbergung, Geheimhaltung, Heimlichkeit • Versteckplatz, Lauer, Schlupfwinkel, Höhle, Loch, Horchposten • Schutzdach, Schlupfloch, Zufluchtsort, Asyl, Obdach, Bunker *u.* → Asyl, Ausweg,

Hinterhalt, Horchposten, Loch. ▸ Offenheit.
verstecken → bedecken, bemänteln, eingraben, verbergen, verdecken, verheimlichen, verschließen. ▸ auffinden, entdecken, finden • offenbaren, präsentieren, vorzeigen, zeigen.
Versteckspiel Cache-cache.
versteckt verborgen, verdeckt, anonym, inkognito, geheim, verstohlen, pseudonym, heimlich, erschlichen, unsichtbar, ungesehen, unauffällig, unbemerkt, unauffindbar, verhüllt, getarnt, verschleiert, unentdeckbar, verkappt. → Blume, hintenherum, unauffällig, unauffindbar, undefinierbar, unlauter. ▸ auffallend, bekannt, lauter, offen, öffentlich.
Verstecktheit (z.B. einer Krankheit) Latenz.
verstehen kapieren, nachfühlen, unterscheiden, ein Licht aufgehen, sich als klug erweisen, begreifen, erfassen, denken, sich bewusst werden, Grütze im Kopf haben, erkennen, durchschauen können, sich auskennen, Bescheid wissen, sein Fach kennen, einsehen, urteilen, durchblicken, wägen, einlesen, meistern, aus dem ff kennen *u*, eingefuchst sein *u*, eine Laterne geht auf *u*, ein Blinder sieht's *u*, funken *u*, der Groschen fällt *u*, auf den Trichter kommen *u*, dämmern, den Zusammenhang erkennen, sich etwas zusammenreimen, sich einen Vers machen können. → auffassen, begreifen, bemeistern, bleiben bei der Sache, denken, durchblicken, durchschauen, eindringen in das Geheimnis, einleuchten, erfassen, erkennen. ▸ missverstehen.
verstehen, sich harmonieren, zusammenpassen, zusammenstimmen, an einem Strang ziehen, zusammenwirken, im Einverständnis handeln, zusammenklingen, sich lieben. ▸ zanken, eine andere Sprache sprechen.
verstehen geben, zu → belehren, benachrichtigen, mitteilen.
versteifen → erhärten. ▸ biegsam machen, lockern.
versteifen, sich hartnäckig sein, halsstarrig sein, auf sein Recht pochen, seinen Willen durchsetzen, unnachgiebig sein, unerbittlich sein. → dabei bleiben, ertrotzen, festhalten. ▸ nachgeben.
Versteifung Verhärtung, Härte, Verknöcherung, Verknorpelung, Versteinerung • Beharrlichkeit, Eigensinn, Halsstarrigekit, Hartnäckigkeit, Steifsinn, Starrsinn, Verstocktheit, Zähigkeit, Unlenksamkeit, Unnachgiebigkeit, Eigenwille. → Ausdauer, Stütze. ▸ Nachgiebigkeit, Weichheit, Lockerung.
Versteigerer Auktionator.
versteigern → verkaufen.
Versteigerung Auktion, Gant, Lizitation, Subhastation.
versteinern → dichten, erhärten, erstarren, überraschen.
versteinert → baff, bange, bebend, beikommen nicht, bestürzt, Donner gerührt vom, ehern, erschrocken, erstarrt, fest, fossil.
versteinerte Lebewesenreste Fossilien.
Versteinerung → Ansatz, Erhärtung, Erstarrung.
verstellen, sich → fälschen, lügen, täuschen.
verstellt abgeschnitten, unübersteigbar, beengt, schlimm, festgefahren • verrückt, anders gestellt, verändert. → falsch, verlogen. ▸ erreichbar, lauter, offenherzig, unverändert.
Verstellung → Anstrich, Betrug, Doppelrolle, Lüge, Doppelsinn, Falschheit, Heuchelei, Täuschung, Unrecht.
Verstellungskunst → Falschheit, Täuschung.
versteppen → veröden.
versteuern Steuer zahlen, Abgaben leisten.
verstiegen ausgeflippt *u*. → absurd, ausgelassen, barock, dumm, fantastisch, romantisch, überspannt, überspitzt, übertrieben.
Verstiegenheit Hirnkrampf *u*. → Extravaganz, Überfeinerung, Verrücktheit.
verstimmen böses Blut machen *u*. → anstoßen, ärgern, deprimieren, erbosen, erdolchen mit den Blicken, quälen, verdrießen. ▸ stimmen • aufmuntern, in Stimmung bringen.
verstimmt angesäuert *u*, sauer *u*. → ärgerlich, desperat, nervös, trübsinnig, übel sein, unbehaglich, unpässlich, verdrießlich, vergrämt.
Verstimmung Spannung, Unzufriedenheit, Unbehagen, Unwilligkeit, Abneigung, Ärger, Verübelung, Erbostheit, Unmut, Groll, Unlustgefühl, Missbehagen, Missfallen, Misslaune, Niedergeschlagenheit, Trübsinn, Verdruss, Wermutstropfen, Überdruss, Unfreude, Mutlosigkeit, Kummer, Grämlichkeit, Miesmacherei, Tiefzeit, Verstimmtheit, Seelenkatarh *u*. → Abneigung, Affekt, Ärger, Feindschaft, Missstimmung, Unpässlichkeit, Unstimmung, Unzufriedenheit. ▸ Vergnüglichkeit, Zufriedenheit.
verstockt harthörig, unverbesserlich, reuelos, unbußfertig, unzugänglich, unzerknirscht, halsstarrig, gottlos, verdammt, verloren, unrettbar, hart gesotten, störrisch, verworfen, hartnäckig, widerspenstig, unnachgiebig, zähe, steifköpfig, trotzig, bockbeinig, querköpfig, eigensinnig, schamlos • schweigsam, verschlossen. → gottverlassen, rückfällig, unbekehrt. ▸ nachgiebig, weichherzig, schuldbewusst, reuig.
Verstocktheit Eigensinn, Halsstarrigkeit, Harnäckigkeit, Widerspenstigkeit, Steifsinn, Starrsinn, Störrigkeit, Zähigkeit, Eigenwille, Verhärtung, Unlenksamkeit • Verstockung, Herzensverhärtung, Gemüt verstocktes, Unbußfertigkeit, Schamlosigkeit • Schweigsamkeit, Zugeknöpftheit. → Beharrlichkeit, Beständigkeit, Eigensinn, Reuelosigkeit, Trotz, Ungehorsam. ▸ Weichheit.
verstohlen verborgen, versteckt, geheim, heimlich, erschlichen, ungesehen, unsichtbar, unbeobachtet, hintenherum, auf Schleichwegen, auf Hinterwegen, unauffällig, unentdeckbar, verhüllt. → diebisch, falsch, unauffällig, unbemerkt. ▸ auffallend, ehrlich, offen.
verstopfen → abdämmen,

abdichten, abdrosseln, absperren, ausfüllen, ausschalten, beschädigen, dichten, hemmen.
Verstopfung Embolie, Konstipation, Obstipation, Stau, Thrombose.
verstorben → selig, tot.
Verstorbener → Leichnam.
verstört flimmerig *u.* → durcheinander, erschrocken, erstarrt, verwirrt.
▸ gelassen • munter, reaktionsschnell • unberührt.
Verstoß Verschulden, Missachtung, Missgriff, Pflichtverletzung, Pflichtversäumnis, Schnitzer, Übertretung, Verletzung, Seitensprung, Ungebührlichkeit, Unterschleif, Ungeschicklichkeit, Bock *u,* Vergehen, Entgleisung, Unhöflichkeit, Lapsus, Zuwiderhandlung, Fall, Irrtum, Sünde, Schuld. → Delikt, Entgleisung, Falschheit, Fehler, Schuld, Ungesetzlichkeit, Unhöflichkeit, Unkultur.
▸ Gesetzlichkeit, Höflichkeit, Kultur, Pflichterfüllung, Unschuldigkeit.
verstoßen sündigen, entgleisen, sich schlecht benehmen, anecken, anstoßen, Anstoß geben, flegeln, kalbern. → anstoßen, aussiedeln, ausstoßen, ausweisen, entvölkern, geben den Laufpass, vertreiben.
▸ benehmen sich, einbeziehen • befolgen.
Verstoßener Exulant, Geächteter, Verbannter, Vertriebener.
Verstoßung → Aussiedlung, Bemächtigung, Deportation, Exil.
verstreben → stützen.
verstreichen → streichen, vergehen.
verstreuen zerstreuen, umherstreuen, säen, ausbreiten, verbreiten, austragen, austeilen, unter die Leute bringen, zersprengen, aussprengen, versäen, aussäen • verwirren, vermengen, durcheinander machen, in Unordnung bringen. → ausschütten, einstreuen, Unordnung machen.
▸ verschweigen, zusammenscharren.
verstreut verteilt. → auseinander, besät.
verstrichen → vergangen.
verstricken verführen, in Fesseln legen, an sich fesseln, in Bande schlagen, berücken, ins Netz locken, die Sinne verwirren.
▸ Acht geben, kalt bleiben • befreien, entwirren.
verstrickt → verliebt, verwirrt.
Verstrickung → Anstand, Beschwerde, Hindernis, Komplikation, Netz, Schuld, Schwierigkeit.
verstümmeln → ausschneiden, beschädigen, beschneiden, schwächen, verschneiden.
verstümmelt → defekt.
Verstümmelung → Abtrennung, Auslassung, Ausschnitt, Defekt, Deformation, Wunde.
verstummen schweigen, ausklingen, austönen, verklingen, ruhen, ersterben, stillschweigen • ersticken, unterbinden, die Lippen versiegeln • erschrecken, versteinern, erstarren, keines Wortes mehr mächtig sein. → beruhigen, betäuben, ersterben, schweigen.
▸ ertönen, reden.
Versuch Experiment, Probe, Versuchsballon, Nachweis, Beleg, Befund, Bericht, Induktion, Forschung, Analyse, Prüfung, Zergliederung, Erprobung, Untersuchung, Beobachtungsversuch, Erforschung. → Abenteuer, Anfang, Anlauf, Ausforschen, Beitrag, Experiment, Probe, Schritt.
versuchen probieren, experimentieren, prüfen, umhertasten, einen Weg suchen, erproben, erweisen, den ersten Schritt machen, sein Möglichstes tun, erforschen, testen • nippen, kosten, schmecken, lecken • bemühen sich, streben, danach trachten, befleißigen sich, herumdoktern *u* • umgarnen, verleiten, verlocken, verführen, bestricken, behexen, betören, benebeln, einstürmen auf, in Versuchung bringen, anstiften. → ausforschen, begründen, bestreben sich, debütieren, experimentieren, Fall bringen zu, kosten, probieren, schmecken.
▸ ablehnen, beikommen nicht, erliegen.
Versucher → Beelzebub, Dämon, Teufel.
Versuchsanstalt → Laboratorium.
Versuchsballon → Probe, Versuch.
Versuchsmodell (Autoversuchsmodell) Erlkönig *u.*
Versuchsstück → Muster, Probe.
Versuchsverfahren → Ausforschen, Experiment.
versuchsweise experimentell, erfahrungsgemäß, probeweise, empirisch, anerkannt, bewährt, vorläufig, auf Probe, unter Vorbehalt, annähernd • provisorisch, aus dem Stegreif. → beginnend, erfahrunsgemäß, experimentell, provisorisch.
Versuchung Verlockung, Verführung, Betörung, Sinnenreiz, Verblendung, Anfechtung, Anstiftung, Einflüsterung, Köder, Kitzel, Blendwerk, Gier, Reizung, Reizmittel. → Anziehung, Bann, Beeinflussung, Beispiel, Bezauberung, Lockmittel.
▸ Entsagung, Unbeeinflussbarkeit • Sündenfall.
versumpfen → fehlen, sündigen, verderben.
versündigen, sich → ausgleiten, brechen das Gesetz, fehlen, sündigen, tun Unrecht.
versunken in entrückt, verzückt, verschwärmt, verträumt, berauscht, trunken, betört, träumerisch, in Träumerei, vertieft, versenkt • leblos, untätig, bleiern, unaufmerksam, nicht bei der Sache.
▸ aufmerksam, nüchtern.
Verswissenschaft Metrik.
vertäfeln Holz verkleiden mit, paneelieren, täfeln, verkleiden/verschalen mit Holz.
vertagen → aufschieben, bedenken, besinnen sich, hängen lassen, verschieben.
vertändeln → vergnügen.
vertäuen → festmachen.
vertauschen → ändern, einhandeln, eins für das andere, tauschen.
verteidigen fürsprechen, verfechten, rechtfertigen, helfen, plädieren, eine Lanze brechen für, beschützen, beschirmen, beispringen, schützend davor stellen sich, förderlich sein, dienlich sein, beistehen, dienen, begünstigen, Partei ergreifen, entschuldigen, entlasten, ein gutes Wort einlegen,

widerlegen, die Anklage zurückweisen, vertreten • standhalten, streiten, wehren sich, zur Wehr setzen sich, abwehren, widerstehen, kämpfen, die Zähne zeigen, zur Waffe greifen, zurückweisen. → abwehren, beistehen, bekämpfen, bewachen, darbieten, decken, entschuldigen, Feuer gehen durchs, parieren, rechtfertigen, Schutz nehmen in, schützen. ▸ angreifen, überfallen • anklagen, beschuldigen, bezichtigen.

Verteidiger → Anwalt, Begleitung, Besatzung, Helfer.

Verteidigung Abwehrkampf, Verteidigungskrieg, Selbstverteidigung, Widerstand, Verfechtung, Beschützung, Bedeckung, Beschirmung • Beistand, Rechtfertigung, Entschuldigung, Widerlegung, Berichtigung • Verteidigungsschrift oder -rede, Apologie. → Abwehr, Defensive, Notwehr. ▸ Angriff.

verteidigungsbereit abwehrbereit, gerüstet, gewappnet, kampfbereit, widerstandsfähig.

verteilen vergeben, aufteilen, zerteilen, austeilen, geben, austragen, bemessen, zusprechen, zuerkennen, verschenken, teilen, aufschlüsseln, verabreichen, darreichen, zerstückeln, verabfolgen, reichen. → abschneiden, ausliefern, ausschütten, austeilen, bestreuen, detachieren, einteilen, geben, teilen. ▸ nehmen, zusammenscharren • bekommen, empfangen, erhalten • anhäufen, einsammeln, konzentrieren, sammeln, zusammentragen.

verteilen, fein dispergieren.

verteilend distributiv.

Verteiler Austeiler, Distribuent • Empfängerliste.

verteilt → verstreut.

Verteilung Austeilung, Aufteilung, Verabfolgung, Geschenk, Anweisung, Zuweisung, Vergebung, Einteilung, Abteilung • Zerstückelung, Parzellierung, Landaufteilung • Verstreuung. → Dezentralisation, Gabe, Teilung. ▸ Empfang, Zusammenhang.

Verteilungsanteil Anteil, Quote.

verteuern → erhöhen. ▸ billiger machen, den Preis senken, verbilligen.

Verteuerung Kostensteigerung, Preissteigerung, Preisanstieg, Preiserhöhung, Aufschlag, Erhöhung, erhöhte Belastung, Zuschlag, Auslagen, Steuer, Sonderzuschlag, Gebühren, Abgaben, Inflation. ▸ Verbilligung.

verteufeln → herabsetzen.

verteufelt → abscheulich, böse, diabolisch, entsetzlich, unangenehm.

vertiefen → ausbuchten, ausheben, baggern, bohren, rillen, schanzen. ▸ abflachen, ebnen, einebnen • auffüllen, zuschütten • oberflächlich behandeln, streifen • ausgleichen, überbrücken.

vertiefen in, sich → beraten sich, meditieren.

vertieft in Gedanken, in Gedanken verloren, versunken, zerstreut, meditierend, nachdenkend, grübelnd, sinnend, denkend, gedankentief, beschaulich. → eingebogen, tief, versunken in. ▸ (erhöht), oberflächlich.

Vertiefung Rinne, Delle. → Einbauchung, Höhlung, Tiefe.

vertiert → bestialisch.

vertikal → aufrecht, senkrecht. ▸ horizontal, waagerecht.

vertilgen → abbrechen, abbrennen, ausmerzen, ausrotten, demolieren, einstampfen, essen, verderben, vernichten, zerstören.

Vertilguung → Abbruch, Demolierung, Zerstörung.

vertippen → verschreiben sich.

vertrackt diffizil, heikel, kompliziert, problematisch, schwer, schwierig, verwickelt, verzwickt.

Vertrag Kontrakt, Pakt, Übereinkommen, Übereinkunft, Verpflichtung, Abmachung, Vereinbarung, Abkommen, Verabredung. → Abkommen, Beilegung, Bekräftigung, Konvention.

Vertrag schließen, einen akkordieren, kontrahieren, paktieren.

vertragen, sich Frieden halten, in Frieden leben, übereinstimmen, verstehen sich, harmonieren, verbrüdern sich, Uneinigkeit fern halten, entgegenkommen sich, einigen sich, vergleichen sich, den Streit beilegen, das Kriegsbeil begraben, die Friedenspfeife rauchen. → befreunden, befriedigen, einlenken wieder, fügen sich, übereinstimmen, verbrüdern sich, verstehen sich. ▸ verfeinden sich.

vertragen, zu bekömmlich.

vertraglich vertragsgemäß, abgeschlossen, besiegelt, handelseinig, verbrieft, abgemacht, ratifiziert, unterschrieben, nach Übereinkommen, unter Hand und Siegel. ▸ unverbindlich.

verträglich → friedfertig, nachgiebig, nachsichtig.

Verträglichkeit → Einheit, Einklang, Harmonie, Lenksamkeit, Nachsicht.

Vertragsbestätigung Ratifikation.

Vertragschließender Kontrahent, Partner.

Vertragseinleitung Präambel.

vertragsmäßig → abgemacht, besiegelt.

Vertragsunterzeichner Signatar.

Vertrauen Gottvertrauen, Optimismus, Gläubigkeit, Zuversicht, Mut, Selbstvertrauen, Glaube, Zutrauen • Verlass, Verlässlichkeit, Aussicht. → Aussicht stehen in, Begeisterung, Erwartung, Lichtblick. ▸ Misstrauen, Argwohn, Skepsis, Zweifel.

vertrauen bauen auf, verlassen sich auf, anlehnen sich, anhängen sich, aufgeben sich, entgegenkommen sich, glauben, Zuversicht haben, erwarten, Zutrauen haben, hoffen, im Vertrauen auf. ▸ misstrauen • zweifeln.

Vertrauen ziehen, ins aussprechen sich • einweihen, Mitwisser machen zum.

Vertrauensbruch → Falschheit, Indiskretion, Lüge. ▸ Diskretion, Loyalität, Redlichkeit, Treue.

Vertrauenserwerb in der Öffentlichkeit Publicrelations.

Vertrauensfrage (der Regierung an das Parlament) Kabinettsfrage.

Vertrauenskredit Personalkredit.

Vertrauensmangel Diskredit.

Vertrauensmann → Bevollmächtigter.

Vertrauensmissbrauch →

Doppelrolle, Falschheit, Indiskretion, Lüge, Unredlichkeit.
vertrauensselig zutraulich, leichtgläubig • arglos, naiv, einfältig, ohne Falsch, unverfälscht, natürlich, gutmütig, offenherzig, entgegenkommend. → arglos, aufrichtig, dumm, erwartungsvoll, Glauben auf Treu und. ▸ misstrauisch.
vertrauensvoll hoffnungsvoll, sorglos, vertrauensselig, erwartungsvoll, zuversichtlich, zutraulich, furchtlos, sicher, optimistisch, ohne Furcht, guten Mutes. → arglos, beruhigt, erwartungsvoll, Glaube im guten, gläubig, hoffnungsvoll, optimistisch. ▸ misstrauisch.
vertrauenswürdig (gut) betucht *u.* → anständig, aufrichtig, brav, bieder, loyal, reell, rechtschaffen. ▸ bestechlich, charakterlos, kriminell, labil, treulos, untreu, unzuverlässig.
Vertrauenswürdigkeit → Charakterstärke, Rechtschaffenheit.
vertraulich inoffiziell, außerdienstlich, nicht amtlich, geheim, im Geheimen, unter vier Augen, unter uns gesagt, hinter verschlossenen Türen, unter dem Siegel der Verschwiegenheit • intim, befreundet, in innigem Verhältnis, vertraut, plump, indiskret, bloßstellend. → kordial, diskret, geheim, privat, vertraut. ▸ öffentlich, offiziell • distanziert, förmlich.
Vertraulichkeit → Beichte, Freundschaft, Offenheit.
verträumen → träumen, verplaudern.
verträumt duss(e)lig *u*, duselig *u* → romantisch, sensibel, versunken, unaufmerksam, zerstreut.
Verträumtheit → Sentimentalität, Träumerei.
vertraut alltäglich, bekannt, geläufig, wohl bekannt, Spatzen von den Dächern pfeifen, ausnahmslos • aufgeklärt, eingeweiht • vertraulich, auf gutem Fuße, befreundet, kordial. → alltäglich, alt, anerkannt, aufgeklärt, befreundet, bekannt, kordial, herzlich, unzertrennlich. ▸ unvertraut, fremd, fern stehend, neu, unbekannt, ungewohnt.
vertraut machen → aufklären.
vertraut mit → bibelfest, eingeweiht.
Vertrauter → Bekannter, Beschützer, Bruder, Komplize, Freund, Kamerad.
Vertrautheit Intimität. → Brüderlichkeit, Erfahrung, Freundschaft, Kenntnis. ▸ Fremdheit.
vertreiben fortjagen, herauswerfen, verscheuchen, verstoßen, ausstoßen, verwerfen, ausweisen, verbannen, verjagen, entlassen, wegscheren, ausschließen, ausschalten, ächten, kalt stellen, schassen, bannen, hinausekeln, ausräuchern *u.* → abgeben, absetzen, absenden, anbieten, aussiedeln, ausstoßen, austreiben, bemächtigen, relegieren, setzen an die Luft, bringen an den Bettelstab. ▸ besiedeln, bevölkern, einbeziehen • anlocken, anziehen, herbeilocken, locken.
Vertreibung → Aussiedlung, Bann, Bekümmernis, Bemächtigung, Deportation, Räumung.
vertretbar → möglich.
vertretbare Sachen (austauschbare, bewegliche, ersetzbare Sachen) Fungibilien.
vertreten eine Meinung vertreten, eine Sache vertreten, verfechten, streiten, kämpfen für, eintreten für, Wort ergreifen für, erwärmen sich, eine Lanze brechen für. → auftreten für, ausfüllen, bekämpfen, verteidigen, eintreten für, repräsentieren. ▸ ablehnen.
vertreten lassen, sich jemanden berechtigen, befugen, bevollmächtigen, ermächtigen, betrauen, in die Hände legen, Vollmacht erteilen.
Vertreter Handlungsreisender, Verkäufer, Geschäftsreisender, Klinkenputzer *u,* Reisefritze *u,* Generalvertreter, Werber, Propagandist • Stellvertreter, Ersatzmann, Hilfskraft • Vermittler, Anwalt, Sachverwalter, Unterhändler, Mittelsmann. → Abgeordneter, Agent, Anwalt, Arbeitnehmer, Beauftragter, Berater, Bevollmächtigter, Rechtsbeistand, Reisender. ▸ Gegner, Käufer.
Vertreter, hervorragender (z.B. einer Weltanschauung) Exponent.
Vertretung → Abordnung, Ausweg, Repräsentation.
Vertretungsrecht → Vollmacht.
vertretungsweise → ersetzbar.
Vertrieb → Absatz, Handel.
Vertriebener Flüchtling, Verbannter, Ausgewiesener, Verstoßener, Auswanderer, Entwurzelter, Weggeschickter, Entrechteter. → Auswanderer, Heimatloser. ▸ Ansässige.
vertrimmen → prügeln.
vertrocknen → abbrauchen, abnehmen, abtrocknen, austrocknen, versiegen. ▸ aufblühen, aufleben, gedeihen, grünen • feucht werden, versumpfen.
vertrödeln → bleiben, bummeln, vergeuden, verpassen.
vertrottelt verkommen, verlottert, verwildert, dekadent, ausgeartet, verlumpt, entartet, verdreht, verbummelt, verludert. ▸ clever, klug.
vertun verprassen, verplempern *u.* → ausgeben, beseitigen, Saus und Braus, verschwenden.
vertuschen → abblasen, belassen, bemänteln, beruhen lassen, binden nicht auf die Nase, lügen, Mantel der christlichen Nächstenliebe bedecken mit dem, schwindeln, verbergen. ▸ aufdecken, aufklären, bloßlegen, enthüllen, erhellen, sichtbar machen.
verübeln nachhalten, nachtragen, krumm nehmen, böse sein, unwillig werden, erbosen sich, ergrimmen, zürnen, übel aufnehmen, grollen, wild werden, aufregen sich, schnauben, verargen, ärgern sich, verdrießen sich, hochgehen, ein Hühnchen zu rupfen haben • ankreiden, eintränken *u,* verdenken, anlasten, auf dem Korn haben, auf dem Strich haben, einen Pick auf jemanden haben *u,* auf dem Kieker haben *u.* → aufregen, krumm nehmen. ▸ verzeihen.
Verübelung → Ärger, Erbostheit, Verstimmung, Wut, Zorn.
verüben tun, verschulden, zu Schulden kommen lassen sich, Fehler begehen, freveln, versündigen sich, etwas auf dem Kerbholz haben,

verantworten, schuldig sein, verbrechen. → begehen. ▸ unterlassen.

verulken anmeiern *u*, anpflaumen *u*, blecken *u*. → auslachen, verspotten.

verunglimpfen heruntermachen, diffamieren. → angreifen, auspfeifen, beeinträchtigen, begeifern, beleidigen, bereden, beschuldigen, Besten halten zum, besudeln, bloßstellen, demütigen, diskreditieren, Ehre bringen um die, erniedrigen, herabsetzen, verleumden.

Verunglimpfung Fertigmache *u*. → Achsel, Beleidigung, Ehrenkränkung, Entehrung, Erniedrigung, Herabsetzung, Verleumdung.

verunglücken im Unglück sitzen, in der Tinte sitzen, in der Klemme sitzen, Pech haben, vom Unglück verfolgt sein, schwere Prüfungen erleiden, hart mitgenommen werden • fallen, überfahren werden, untergehen, scheitern, etwas zugestoßen, umgekommen, draufgegangen. → fallen, scheitern. ▸ davonkommen, glücken.

verunglückt ruiniert, gestrandet, untergegangen, ertrunken, gefallen, verwundet, überfahren, verletzt. → bedauerlich. ▸ davongekommen, geglückt.

verunmöglichen → verhindern.

verunreinigen verschmieren, beschmieren, beschmudeln, beflecken, besudeln, schmutzig machen, klecksen, sudeln, verdrecken, beschmutzen *u*, schmuddeln *u*, beschlappern *u*, kleckern *u*, voll machen, bespritzen, bestauben, entweihen, dreckig machen, verdrecken, voll spritzen, ferkeln, sauen *u*, bekotzen *u*, bescheißen *u*, bepinkeln *u*, besauen *u*, beschmaddern *u*. → bespritzen, bestauben, besudeln, entweihen. ▸ reinigen, säubern.

Verunreinigung Trübung, Unreinheit, Sudelei, Schmutz, Dreck, Schlamm, Schlamperei, Nachlässigkeit, Schmierigkeit, Staub, Unreinlichkeit, Fäulnis, Seuchenherd, Unsauberkeit, Speck. → Beschädigung, Demoralisation, dunkler Punkt, Entweihung. ▸ Reinigung, Sauberkeit.

verunsichern beirren, durcheinander bringen, irremachen, irritieren, unsicher machen, verwirren.

verunstalten → anstoßen, beeinträchtigen, benehmen den Reiz, beschädigen, besudeln, entstellen, verderben. ▸ dekorieren, schmücken, veredeln, verschönern, verzieren, zieren.

verunstaltet krüppelhaft, hässlich, entstellt, verschandelt, verzerrt, missgestaltet, schielend, triefäugig. → blatternarbig, hässlich, unnatürlich, unsauber. ▸ wohlgestaltet.

Verunstaltung Narbe, Entstellung, Vergröberung, Verschandelung, Verzerrung, Makel, Blatternarben, Warze, Ausschlag, Aussatz, Krätze, Auswuchs, Verkrüppelung, Buckel, Missgestalt • Karikatur, Parodie, Zerrbild, Fratze. → Auswuchs, Deformation, Entstellung, Fehler, Hässlichkeit, Karikatur. ▸ Wohlgestalt.

veruntreuen betrügen, mogeln, unterschlagen, unterschleifen, stehlen, entwenden, kürzen, benachteiligen, übervorteilen, schwärzen, schädigen, beeinträchtigen, wegnehmen, mausen, begaunern, durchbrennen, Griff in die Kasse. → benachteiligen, beschwindeln, betrügen, Bock als Gärtner, fälschen, unter der Decke stecken, stehlen, täuschen. ▸ ehrlich (sein).

veruntreut → gestohlen.

Veruntreuung → Beraubung, Betrug, Dieberei.

verunzieren → verballhornen.

verursachen heraufbeschwören, herbeiführen, verschulden, auslösen, zur Folge haben, hervorrufen, erzeugen, bewirken, erwirken, erwecken, erregen, veranlassen, zeitigen, die Hand im Spiel haben, anrichten, aushecken, etwas ausgefressen haben, einbrocken, sein Fett kriegen, sich auf den Hals laden, sich eine Suppe einbrocken. → anstoßen, ausarbeiten, auslösen, bedingen, beruhen, bewerkstelligen, erregen, erwirken, tun. ▸ verhindern • wieder gutmachen • auslösen, bewirken, erreichen, erzielen.

verurteilen richten, verdammen, den Stab brechen, angreifen, schuldig sprechen, anklagen, zudiktieren, aufbrummen *u*, verdonnern *u*, verknacksen *u*, bestrafen, tadeln, brandmarken, strafen, geißeln, in Acht und Bann erklären, hinrichten. → ächten, befehlen, beschuldigen, bestrafen, Dach steigen auf das, ertappen auf frischer Tat, fluchen, tadeln. ▸ freisprechen, loben, würdigen • vergeben, verzeihen • billigen • begnadigen • anklagen.

Verurteilung Aburteilung, Überführung, Verdammung, Schuldbefund, Schuldspruch, Richterspruch, Verdonnerung *u*, Wahrspruch, Straferkenntnis, Strafzuerkennung, Strafmaß, Brandmarkung, Achterklärung, Todesurteil. → Bestrafung, Bewertung. ▸ Belobigung, Freispruch.

Verve → Schwung.

vervielfachen → anschwellen, ausbreiten, ausdehnen, dick werden, vergrößern, vervielfältigen. ▸ dividieren, teilen • einschränken, reduzieren, verkleinern, vermindern, verringern.

Vervielfacher Multiplikator, Multiplier.

Vervielfachung Kopie, Fotokopie, Ablichtung, Reproduktion, Mehrung, Vervielfältigung, Häufung, Ausdehnung, Vermehrung, Vergrößerung, Ansammlung, Anzahl, ein Vielfaches, Unzahl, Vielfältigkeit. ▸ Vereinzelung, Verminderung.

vervielfältigen (sich) vervielfachen, mehren, vermehren, ausdehnen, vergrößern, erweitern, häufen, hinzufügen, verstärken, verdoppeln, anwachsen, entfalten sich, anhäufen sich • drucken, abziehen, abschreiben, kopieren, fotografieren. ▸ vereinzeln, vermindern.

Vervielfältigung → Abdruck, Gegenstück, Kopie, Vervielfachung.

Vervielfältigungszahl Faktor.

vervollkommnen → ausarbeiten, bereichern, ergänzen, verbessern.

Vervollkommnung Vervollständigung, Verfeinerung, Verbesserung, Veredelung, Ausarbeitung, Verrichtung, Beendigung, Makellosigkeit, Vollendung, Tadellosigkeit, Berichtigung, Verschönerung. → Bewerkstelligung. ▸ Unvollkommenheit.
vervollständigen vervollkommen, vollenden, ergänzen, ausfertigen, ausbilden, vollbringen, ausarbeiten, festigen, letzte Hand anlegen, beendigen, durchführen, abschließen, fertig machen, verfestigen • komplettieren. → ausarbeiten, ergänzen. ▸ belassen, unterlassen, verschlechtern, weglassen.
vervollständigen, sich → entfalten sich.
Vervollständigung → Bewerkstelligung, Ergänzung, Vervollkommnung.
verwachsen → ansässig, bodenständig, buschig, eingesessen, hässlich, verunstaltet, vernarben, verwandt.
verwackeln fickfacken, schusseln, verbocken, verpatzen, blöde anstellen sich, tapern, zittern, hudeln, stümpern, ungeschickt anstellen sich. → verbocken, verschütten.
verwahren → aufbewahren, aufheben, bewachen, bewahren, einpökeln, reservieren, verbergen, verschließen.
verwahren, sich → verbitten sich.
Verwahrer → Aufseher.
Verwahrgut Depositum.
verwahrlosen verkommen, verderben, verlottern, verlumpen, vermodern, herunterkommen, unter die Räder kommen, verschlampen, nachlässig sein, entgleisen. ▸ hegen, vorwärts kommen.
verwahrlost heruntergekommen, schmuddelig, ungepflegt, verkommen, verlottert, verludert, verwildert, wüst.
verwahrloste Wohnung Saustall *u.*
Verwahrung Vorbehalt, Bedingtheit, Voraussetzung, Einspruch, Einrede • Sicherheit, Obhut, Schutz, Aufbewahrung, Hut, Aufsicht, Gewahrsam, Haft, Fürsorge. → Arrest, Berichtigung, Berufung, Beschwerde, Bewachung, Einkerkerung, Einsprache, Gefangenschaft, Klage. ▸ Freilassung • Zustimmung.
verwaist elternlos, freundlos, allein → allein stehend.
verwalken → prügeln.
verwalten überwachen, führen, beaufsichtigen, leiten, bewirtschaften, besorgen, betreuen, bestellen, lenken, regeln, befehlen, gebieten, an der Spitze stehen • ein Amt verwalten, bekleiden. → bestellen, dirigieren. ▸ laufen lassen.
Verwalter Administrator. → Aufseher, Beauftragter, Beschützer, Bevollmächtigter, Bewirtschafter, Direktor, Inspektor, Vertreter, Wächter.
Verwaltung Administration. → Amt, Aufsicht, Behörde, Direktion, Magistrat.
Verwaltungshochhaus Bürokratensilo *u.*
Verwaltungsmacht Bürokratur *u.*
Verwaltungs-Verselbstständigung Bürokratisierung.
Verwaltungsbereich Ressort.
Verwaltungsgesellschaft Holdinggesellschaft.
verwaltungsmäßig administrativ.
Verwaltungswesen Behördenkram *u.*
verwandeln umformen, umwandeln, umgestalten, ändern, verändern, umkrempeln, erneuern, wenden, abändern, abweichen, umwenden, umstürzen, umarbeiten, umstoßen • verzaubern, verhexen. → abweichen, ändern, entpuppen. ▸ gleich bleiben, aufrechterhalten, beibehalten, belassen, bestehen lassen.
verwandelt → umgestoßen, umgewandelt.
Verwandlung → Umgestaltung, Umkehr, Veränderung.
verwandt nahe stehend, stammverwandt, versippt, artverwandt, verwachsen mit, zugehörig, verschwägert, verschwistert, blutsverwandt • ähnlich, artgemäß, anklingend, gleichartig, artgleich. → ähneln, ähnlich, dementsprechend, naturgetreu. ▸ fremd, unähnlich.
Verwandter → Anverwandter.
Verwandtschaft Anhang *u.* → Anverwandte, Anziehung, Familie.
verwarnen → drohen, mahnen, warnen.
Verwarnung → Ermahnung, Warnung.
verwaschen blass, farblos, undeutlich.
verwässern verdünnen, panschen, strecken • vermischen, Kraft und Saft nehmen, eine Idee oder ein Vorhaben zum Schlechten ummodeln.
verweben verstricken. → verbinden.
verwechseln versehen sich, irren sich, vertauschen, irren, vergreifen sich, vertun sich, einen Bock schießen, missverstehen, daneben greifen, ungeschickt sein, durcheinander schmeißen *u.* → ändern, irren, irren sich, tappen im Dunkeln. ▸ auseinander halten.
Verwechslung Missgriff, Versehen, Irrtum, Fehlgriff, Verkennung, Vertauschung, Auswechslung, Schnitzer, Konfusion, Unsicherheit, Entgleisung • Gedächtnisschwäche, Versagen, Zerstreutheit. → Missdeutung, Missverständnis. ▸ Richtigkeit • Unterscheidung.
verwegen eiskalt *u.* → ausgelassen, blindlings, brav, dummdreist, gewagt, trutzig, übermütig, unerschrocken, unvorsichtig. ▸ ängstlich, feige, furchtsam • vorsichtig, zurückhaltend.
Verwegenheit → Begeisterung, Courage, Mut, Übermut.
verwehen zerflattern. → fortfliegen, vergehen.
verwehren → ablehnen, beschneiden, hemmen, verbieten, verpönen.
Verwehrung → Abwehr, Barriere, Hindernis, Verbot.
verweiblichen feminieren, feminisieren, weibliche Eigenschaften/Merkmale annehmen.
Verweiblichung Effemination, Feminisierung.
verweichlichen ermatten, entkräften, verfallen, vergehen, abzehren, erlahmen, lähmen, entnerven, entmannen, entsittlichen, verpäppeln *u,* verpimpeln *u,* verhätscheln, verfallen, verderben, zergehen, abgleiten, entarten, zerrütten.

→ beeinträchtigen, verderben. ▸ ertüchtigen, verhärten, abhärten, kräftigen, stählen, stärken, widerstandsfähig machen.
verweichlicht → bebend, feminin, schwach.
Verweichlichung → Feinschmeckerei, Niedergang, Überfeinerung.
verweigern → ablehnen, absagen, brechen einen Vertrag, entgegenhalten, entgegenhandeln, entziehen sich, verbieten, verpönen, versagen, vorenthalten. ▸ bewilligen, erteilen, gewähren, zubilligen, zugestehen • ableisten • befolgen.
verweigern, den Gehorsam auflehnen sich, streiken, meutern, revoltieren, rebellieren, widerstehen, widersetzen sich, trotzen, aufmucken, erheben sich, verschwören sich, entgegenstellen sich. ▸ gehorchen.
verweigert abgelehnt, abgewiesen, zurückgewiesen, abschlägig beschieden. ▸ bewilligt, bereit, gehorsam.
Verweigerung Ablehnung, Absage, Abweisung, Zurückweisung, Verschmähung, Verwerfung, Versagung • Antwort ablehnende, Gegenbescheid, Verneinung, Aufsage, Zurückhaltung. ▸ Bewilligung, Zusage.
verweilen herumstehen, stehen bleiben, bleiben, übernachten, hausen, wohnen, rasten, suchen, stocken, halten, anhalten, aussuchen, niederlassen sich, aufhalten sich, setzen sich, bremsen, innehalten, aussetzen, zögern, weilen. → anhalten, ausruhen, besinnen sich, aufhalten, bleiben, dabei bleiben, bleiben auf dem Platz, kampieren, ruhen. ▸ arbeiten, weglaufen, aufbrechen, fortgehen • weiterfahren / -gehen / -laufen / -ziehen • durchfahren.
Verweis Putzer *u*, Scherzl *u.* → Einwand, Ermahnung, Erziehung, Klage, Schimpferei, Strafe, Tadel. ▸ Anerkennung, Lob, Würdigung.
verweisen → anfahren, bedenken, Dach steigen auf das, mahnen, relegieren, schicken, schimpfen, tadeln, vertreiben. ▸ Asyl gewähren • bleiben lassen • einbürgern • loben.
Verweisung Abschuss *u.* → Amtsabtretung, Bann, Deportation, Ermahnung, Tadel.
verwelken → abblühen, austrocknen, baufällig, beeinträchtigen, verderben, verfallen, vergehen. ▸ aufblühen, blühen, erblühen, gedeihen, grünen, reifen, wachsen.
verwelkt abgeblüht. → farblos, verdorrt.
verweltlichen → säkularisieren.
Verweltlichung → Säkularisation.
verwendbar → annehmbar, anstellig, anwendbar, bewohnbar, brauchbar, einschlägig, Erfolg versprechend, passend, praktisch, tauglich. ▸ defekt, kaputt • unbrauchbar, ungeeignet, untauglich.
Verwendbarkeit Zweckmäßigkeit, Eignung, Verwendungsmöglichkeit, Förderlichkeit, Nützlichkeit, Nutzen, Handlichkeit, Tauglichkeit, Sachdienlichkeit, Tunlichkeit, Vorzüglichkeit, Anwendbarkeit, Vorteil, Vorzug, Dienlichkeit • Geschick, Geschicklichkeit, Befähigung. → Brauchbarkeit, Eignung, Einträglichkeit. ▸ Wertlosigkeit.
verwenden ausnutzen, benutzen, bedienen sich, gebrauchen, verwerten, ausschlachten *u,* zu Nutze machen sich, anwenden, verfügen über, verarbeiten, handhaben, in Anspruch nehmen, beschäftigen • engagieren, mieten, heuern, chartern, in Dienst stellen oder nehmen. → abnutzen, anwenden, ausfüllen, ausnutzen, bedienen sich, beschäftigen, brauchen, chartern, dingen. ▸ unbenutzt (lassen), verschmähen.
verwenden, sich → dazwischentreten, vermitteln.
Verwendung → Anwendung, Behandlung, Benutzung, Dienst guter, Gebrauch, Vermittlung.
verwendungsbereit → fixfertig, gebrauchsfertig, handlich.
Verwendungsmöglichkeit → Eignung, Verwendbarkeit.
verwerfen verneinen, verschmähen, ablehnen, zurückweisen, abschaffen, verbannen, abweisen, ausschließen, ächten, ausschlagen, anerkennen nicht, ausscheiden, annehmen nicht, das Kind mit dem Bade ausschütten, missbilligen. → aberkennen, ablehnen, absagen, absprechen, ächten, angreifen, aufheben, ausstoßen, ausweisen, verpönen, vertreiben. ▸ anerkennen, bejahen, einbeziehen, verteidigen, zusagen.
verwerflich ehrenrührig. → arg, böse, negativ, niederträchtig, schlecht, schimpflich, unehrenhaft.
Verwerfung → Ablehnung, Missfallen, Tadeln.
verwertbar anwendbar, brauchbar, geeignet, nutzbar, nützlich, passend, tauglich, wertvoll.
verwerten gebrauchen, ausschlachten *u.* → abnutzen, anwenden, ausnutzen, bedienen sich, begeben, beschäftigen, brauchen, verarbeiten, verwenden.
Verwertungsrecht Copyright, Lizenz, Nutzungsrecht.
verwesend → böse, faul, tot.
Verwesendes Kadaver.
verwest faul, modrig, verdorben, zerfallen.
Verwesung → Beschädigung, Fäulnis, Verderbnis.
verwetzt abgewetzt. → beschädigt.
verwickeln → beeinträchtigen, beifügen, hemmen, verflechten, verknüpfen.
verwickelt → ärgerlich, bedenklich, chaotisch, delikat, dunkel, durcheinander, gebogen, kompliziert, schwierig, Tür und Angel zwischen, unangenehm, unerkennbar, unwegsam. ▸ unbeteiligt • einfach, klar, ordentlich, übersichtlich.
Verwicklung → Beschwerde, Chaos, Charivari, Dilemma, Klippe, Komplikation, Krise, Verwirrung.
verwildern → beeinträchtigen, verbauern, verderben, verrohen. ▸ bearbeitet/bebaut/bestellt werden, genutzt werden • gebändigt/gezähmt werden • gepflegt werden.
verwildert öde, verkommen, versteppt, verwüstet.
Verwilderung → Degeneration, Demoralisation.

verwinden → dareingeben sich, dulden, ersticken Gefühle, mäßigen sich.
verwirken → drumkommen, verlieren.
verwirklichen ausführen, tun, zu Stande bringen, bewahrheiten, in die Tat umsetzen, wahr machen, durchführen, vollstrecken, erfüllen, vollbringen, vollführen, machen, bewerkstelligen, vollenden, verrichten, erledigen, verfertigen, anfertigen, ausarbeiten, über die Bühne bringen *u.* → anfassen, arbeiten, ausführen, bahnen, bewahrheiten, bringen zu Wege, erwirken.
▸ unterlassen • beabsichtigen, entwerfen, erträumen, planen.
Verwirklichung Ausführung, Durchführung, Erfüllung, Erledigung, Realisation, Realisierung, Umsetzung, Vollendung, Vollstreckung.
Verwirkung Verlust, Abfall, Verfall, Minderung, Abnahme • Entziehung, Schädigung, Beeinträchtigung, Einbuße, Ausschluss, Disqualifikation.
verwirren zerrütten, verrücken, verstellen, verlegen, stören, in Unordnung bringen, durcheinander machen, verdrehen, umdrehen, zerstreuen, durcheinander werfen, verwickeln, verflechten, verwechseln, brouillieren, derangieren, drausbringen *u*, rausbringen *u.* → beeinträchtigen, beengen, begreifen, beirren, bemänteln, Besten halten zum, beunruhigen, blenden, Bock zum Gärtner, brechen aus den Reihen, bunt zugehen, Dunkeln lassen im, entzücken, erschrecken, erstaunen, Faden verlieren, kommen aus dem Geleis, täuschen, überraschen, verwundern.
▸ erklären, ordnen, beruhigen • aufklären • entwirren, glätten, kämmen, klären, ordnen.
verwirrend wirr, verwickelt, kompliziert, unklar, heikel, unverständlich, labyrinthisch, kritisch, bedenklich, peinlich • herzbetörend, bestürzend, beseligend, berauschend, berückend. → beklemmend.
▸ erklärbar, verständlich, klar.
verwirrt durcheinander, verfilzt, kunterbunt, ungeordnet, verdreht, wirr, verstrickt, regellos, unordentlich, chaotisch, vermengt, verworren, unentwirrbar, ordnungslos, regelwidrig, uneinheitlich • konsterniert, zerstreut, verdattert, verdutzt *u*, durchgedreht, faselig, perplex *u*, rappelig, verbaselt *u*, verstört, verlegen, unüberlegt, betroffen, befangen, betreten, beunruhigt, bebend, zittern, errötend, konfus, bestürzt, fassungslos, Mühlrad im Kopf, verbiestert, behämmert *u*, bekloppt *u*, betütert *u*, damisch *u*, daneben *u*, durcheinander *u*, flimmerig *u*, rammdösig *u.* → baff, bange, bebend, befangen, bestürzt, betroffen, durcheinander, erschrocken, geblendet, konfus, Kopf mit rotem.
▸ ordentlich, überlegt.
Verwirrung Durcheinander, Verwicklung, Strudel, Unordnung, Chaos, Verschlingung, Verdrehung, Gewirre, Wirrsal, Kunterbunt, Störung • Unruhe, Herzpochen, Kopflosigkeit, Irrgang, Überrumpelung, Fassungslosigkeit, Befangenheit, Bestürzung, Betroffenheit, Erröten, Überraschung • Knoten, Schwierigkeit, Hindernis, Klemme. → Befremden, Beklemmung, Betäubung, Blitz, Chaos, Charivari, Dämmerzustand, Desorganisation, Disharmonie, Erröten, Unruhe.
▸ Ordnung, Überlegung, Verständlichkeit.
Verwirrung stiften querfurzen *u*, ruscheln *u*.
verwirtschaften → aufwenden, ausgeben, durchbringen, verschwenden.
verwischen tilgen, auswischen, streichen, ausstreichen, durchstreichen, beseitigen, erledigen, abtun • verschwimmen, entrücken, verlieren sich, verbleichen, an Farbe verlieren. → ausmerzen, verbergen.
▸ (abheben sich), hervorrufen.
verwitterbar → bröckelig.
verwittern → zerfallen.
verwittert verrottet, verbraucht, runzelig, schrumpelig, bejahrt • brüchig, bröckelig, verfallen, zerfallen. → uneben.
Verwitterung Korrosion.
Verwitterungsprozess Erosion.
verwoben → verschlungen.
verwöhnen betüddeln *u*, betüddern *u*, betun *u.* → beeinträchtigen, tragen auf den Händen, verziehen.
▸ schlecht behandeln, vernachlässigen.
verwöhnt verzogen, verhätschelt, verzärtelt, zimperlich, genießerisch, anspruchsvoll, vertätschelt, heikel, leckermäulig, vergöttert, angebetet. → anspruchsvoll, feinschmeckerisch.
▸ anspruchslos.
Verwöhnung Verzärtelung, Verhätschelung *u*, Vergötterung. → Überfeinerung.
▸ Strenge.
verworfen → abscheulich, anrüchig, arg, bedauerlich, bestechlich, bübisch, charakterlos, dunkel, menschenunwürdig, niederträchtig, schlecht, verdorben, zynisch.
▸ akzeptiert • anständig.
Verworfener → Abtrünniger, Teufel.
Verworfenheit → Anstößigkeit, Bosheit, dunkler Punkt, Niedertracht, Schlechtigkeit, Untugend, Zynismus.
verworren abstrus, regellos, verwirrt, verwickelt, regelwidrig, unordentlich, ungeordnet, dunkel, nebelhaft, unbestimmt, rätselhaft, verhüllt, faselig *u.* → abstrus, dunkel, durcheinander, kompliziert, nebelhaft, verwirrt.
▸ klar, ordentlich, verständlich.
verworrenes Gerede Galimathias.
Verworrenheit → Bestürzung, Chaos, Dilemma, Dunkel, Schwierigkeit, Undurchdringlichkeit, Unklarheit, Verschrobenheit, Verwirrung, Wirrwarr.
verwundbar → verletzbar.
▸ gefeit, geschützt, unverwundbar.
verwunden ankratzen *u*, antöten *u*, ein Ding verpassen *u*, fetzen *u.* → anstoßen, ärgern, auswischen, beleidigen, beeinträchtigen, schmerzen, verdrießen, verletzen, anschießen.
verwunderlich → wunderlich.
verwundern, sich überraschen, verwirren, befremden, bestürzen, erstaunen, verblüffen, stutzig machen, verlegen machen, aus dem Geleis bringen, staunen, wundernehmen, anstaunen, starren, gaffen,

glotzen, keine Worte finden, fassungslos dastehen. → erstaunen.
▸ erwarten, gefasst bleiben.
verwundert stutzig, verdutzt, betroffen, sprachlos, erstaunt, fassungslos, überrascht, verblüfft, verwirrt, baff, betreten, betroffen, überrascht, verwirrt.
▸ erwartend, gefasst.
Verwunderung Überraschung, Verwirrung, Bestürzung, Erstaunen, Betäubung, Betroffenheit, Erschütterung, Stummheit, Erstarrung, Staunen, Fassungslosigkeit, Verzauberung, Verblüffung, Überrumpelung • Unerwartetheit. → Aufsehen, Befremden, Bestürzung, Betäubung, Erstarrung, Erstaunen, Überraschung.
▸ Gefasstheit.
verwundet verletzt, versehrt, lädiert, ramponiert, schwer mitgenommen, angekratzt sein *u,* erwischt *u,* einen verpasst erhalten *u,* angeschossen, verunglückt, Blut lassen müssen, angeschweißt *j,* angefärbt *j.*
▸ heil, unverletzt, unversehrt, unverwundet.
verwundet, leicht angetötet *u,* angeknackst *u.*
Verwundung Blessur. → Beleidigung, Quetschung, Übel, Unglück, Wunde.
verwünschen verfluchen, verdammen, ächten, fluchen, verbannen, verwerfen, wettern, beschimpfen, andonnern, die Faust ballen, bedrohen, androhen, auf den Blocksberg wünschen, dahin wünschen wo der Pfeffer wächst • verhexen, verzaubern, beschwören, verwandeln. → ächten, behexen, bereuen, Blick böser, fluchen, zaubern.
▸ achten, herbeiwünschen, segnen, wohl tun.
verwünscht verhext, verzaubert, verdammt, behext, verflucht • verflixt *u,* beschissen *u,* gottverdammt *u,* gottverflucht *u,* sakrisch *u,* vertrackt, verdammt, verflixt oder verflucht und zugenäht *u,* sakramentisch *u,* sakrisch *u.* → abscheulich, beißend, bitter, böse, tz bis zum.
▸ (gottlob), segensreich.
Verwünschung Verfluchung, Verdammung, Ächtung, Reichsacht, Bann, Drohung, Verbannung, Ausstoßung • Zauberei, Hexenwerk, Hexerei, Bezauberung, Beschwörung. → Ächtung, Fluch.
▸ Segnung.
verwurzelt → ansässig, bodenständig, eingesessen.
verwüsten → demolieren, destruieren, verderben, vernichten, zerstören.
▸ urbar machen • (wieder)aufbauen, renovieren, wiederherstellen.
verwüstet → unordentlich.
Verwüstung → Abbruch, Beschädigung, Desorganisation, Zerstörung.
verzagen → bangen, einsargen Hoffnung, erschrecken, erschüttern die Hoffnung, fallen aus allen Himmeln, Flügel hängen lassen, grauen, verzweifeln.
verzagt beknirscht *u.* → ängstlich, aufgelegt, bange, bebend, befangen, erstarrt, feige, geduckt, kleinmütig, pessimistisch, unglücklich, verzweifelt.
▸ agil, aktiv, energisch, entschlossen, furchtlos, kühn, mutig, optimistisch, risikofreudig, wagemutig • leichtsinnig.
Verzagtheit → Bammel, Befangenheit, Besorgnis, Depression, Entmutigung, Feigheit, Niedergeschlagenheit, Niederlage, Scheu, Selbstgefühl Mangel an, Trostlosigkeit, Verzweiflung.
verzählen, sich → irren sich, verrechnen.
verzahnt → verbunden.
verzanken, sich → entzweien.
verzapfen zapfen, schröpfen, ausbluten • verbinden, verkoppeln, zusammensetzen, verknüpfen, anbolzen, einkeilen, einschrauben, einfügen, durchziehen, einschwalben • Unsinn reden, auslassen sich über, viel reden, dreschen, babbeln. → abschweifen.
▸ losmachen, überlegen.
verzärteln → verziehen.
verzärtelt → anspruchsvoll, schwach, verwöhnt.
▸ gedrillt, hart erzogen • vernachlässigt • anspruchslos • abgehärtet, widerstandsfähig.
verzaubern verlocken, blenden, betören, verlocken, bestricken, berücken, bezaubern, entzücken, an sich fesseln, verführen • verwandeln.→ behexen, Blick böser, verwünschen.
▸ entzaubern.
Verzauberung → Aberglaube, Begeisterung, Bezauberung, Verwünschung, Zauberei.
Verzehr → Aufwand, Bedarf, Proviant, Speise.
verzehren vertilgen, vernichten, ausmerzen, zerstören • aufbrauchen, essen, genießen, verspachteln, aufzehren, aufessen, konsumieren, schlucken, speisen, herunterwürgen, aufputzen *u.* → aasen, aufwenden, ausgeben, ausmerzen, essen, konsumieren.
▸ erzeugen, hungern, verabscheuen.
verzeichnen notieren, registrieren, aufschreiben, niederschreiben, buchen, melden, belegen, vermerken, festhalten, feststellen, niederschreiben, zusammenstellen, eintragen, merken. → aufnehmen, einschreiben, schreiben, zusammenstellen.
▸ unterlassen, (mündlich) überliefern).
Verzeichnis Prospekt, Katalog, Inventarium, Tabelle, Sachverzeichnis, Liste, Register, Nachweis, Wortweiser, Inhaltsverzeichnis, Kartei, Namensverzeichnis, Aufzeichnung, Notierung, Wörterverzeichnis, Plan. → Bestand, Chronik, Faktura, Formular, Inhaltsverzeichnis, Katalog, Programm, Register, Tabelle.
verzeihbar → entschuldbar, verzeihlich.
verzeihen vergeben, entschuldigen, nachsehen, übersehen, amnestieren, die Strafe erlassen, absolvieren, lossprechen, freisprechen, begnadigen, aussöhnen, vertragen sich wieder, milde sein. → begnadigen, begraben, blind für, entschuldigen, Schritte tun die ersten.
▸ übel nehmen, nachtragen • sich rächen, vergelten.
verzeihlich lässlich, entschuldbar, erlässlich, zulässig, gerechtfertigt. → entschuldbar.
▸ unverzeihlich, unentschuldbar, unverantwortlich.
Verzeihung Vergebung, Vergessenheit, Aussöhnung, Erlass, Nachsicht, Entschuldigung, Gnade,

Entbindung, Ablass, Absolution, Freisprechung, Straferlass, Amnestie, Sühne, Begnadigung, Milde, Friedferigkeit. → Ablass, Aussöhnung, Barmherzigkeit, bitte schön, Entschuldigung. ▸ Unversöhnlichkeit.
Verzeihung bitten, um Abbitte tun, entschuldigen sich, Nachsicht bitten um, Vergebung bitten um.
verzerren → anführen, bemänteln, beschädigen, deuteln, entstellen.
verzerrt → einseitig, entstellt, grotesk, hässlich.
verzerrtes Gesicht Grimasse.
Verzerrung → Auswuchs, Blendwerk, Darstellung unrichtige, Deformation, Einseitigkeit, Entstellung, Hässlichkeit, Missgestalt, Übertreibung.
verzetteln → detaillieren, durchbringen, verlieren, verschwenden, verstreuen.
Verzicht Entsagung, Resignation, Abdankung, Abgabe, Übergabe, Zurückweisung, Ablehnung, Lossagung, Verzichtleistung, Widerruf, Abweis, Rückzug, Verschmähung, Korb, Vermeidung, Aufgabe. → Aberkennung, Ablehnung, Befreiung, Entsagung, Entwöhnung, Opfer, Resignation, Überlassung, Unterlassung, Unterwerfung. ▸ Verlangen, Wunsch.
Verzicht, strenger Askese.
verzichten → abdanken, ablehnen, aufheben, bekämpfen, besinnen sich, Bord werfen über, breitschlagen, enthalten sich, entloben, entsagen, fallen lassen, verbeißen sich, versagen sich. ▸ Ansprüche erheben/aufrechterhalten, beanspruchen, fordern, Rechte geltend machen, verlangen, vorhaben, wollen, sich wünschen.
verziehen verwöhnen, verzärteln, verhätscheln, verweichlichen, verpimpeln, vertätscheln, einseitig erziehen, verderben, verbilden, auf Händen tragen, jeden Wunsch erfüllen • verzerren, verbiegen, verkrümmen, missformen, verformen, winden. → beeinträchtigen, begünstigen, umziehen. ▸ bleiben, erziehen.
verziehen, das Gesicht grinsen, schielen, die Augen rollen, Gesichter schneiden, Fratzen machen • die Stirn runzeln, verdrossen sein, Schmerz haben. ▸ beherrschen sich • lächeln.
verziehen, sich abhauen, davongehen, davonschleichen sich, verdrücken sich.
verzieren sticken, lackieren, firnissen, wichsen, polieren, vergolden, verschnörkeln, besticken, bordieren, besetzen, garnieren, betressen, dekorieren, beflaggen. → ausschmücken, dekorieren, schmücken, verschönern. ▸ verschandeln, verunzieren.
Verzierung Franse, Schmuck, Zierde, Schmückung, Aufmachung, Zierwerk, Zierrat, Schnörkel, Ornament, Dekoration, Beschläge, Aufschläge, Putzwerk, Zutat, Ausschmückung, Troddel, Quaste, Borte, Einfassung, Litze, Tresse, Garnierung, Spitze. → Aufmachung, Aufschlag, Ausschmückung, Besatz, Dekoration, Quaste, Schmuck. ▸ Verschandelung.
Verzinsung → Geld, Rente, Rückzahlung, Zins.
verzogen → verwöhnt.
verzögern hinhalten, retardieren, verschleppen, auf die lange Bank schieben, stocken, erlahmen, kriechen, hinziehen, trotten, trotteln, bummeln, aufschieben, vertagen, bedenken sich, abwarten, anstehen lassen, besinnen sich, trödeln, bremsen • verspäten, verpassen, nachhinken. → aufhalten, ausstehen, bedenken, beeinträchtigen, bleiben zurück, erlahmen, erstrecken sich, hemmen, hindern, schleppen, verpassen. ▸ überstürzen • beschleunigen, vorantreiben • abschließen, vollenden.
verzögernd → hinhaltend.
verzögert aufgeschoben, etwas länger dauernd, gebremst, hinausgeschoben, mit (leichter) Verspätung, protrahiert, (etwas) später/verspätet.
Verzögerung Hinausschiebung, Trottelei, Bummelei, Hinhaltung, Saumseligkeit, Verlängerung, Rückstand, Zauderei, Verschleppung, Schlappheit, Hemmung, Stockung, Verschiebung, Vertagung, Verzug, Ausdehnung, Erschwernis. → Aufenthalt, Beschwernis, Erstreckung, Rückstand. ▸ Überstürzung.
verzollen Zoll zahlen, Abgabe leisten.
verzottelt → wirr.
verzückt → begeistert, ekstatisch, entrückt. ▸ entsetzt, verschreckt.
Verzückung Trunkenheit, Erregung, Erregtheit, Wallung, Rausch, Passion, Exaltation, Taumel, Erregungszustand, Entrücktheit, Halluzination, Ekstase, Gesichter, Verzauberung, Behexung, Besessenheit, Vertiefung, Versenkung. → Affekt, Aufregung, Aufschwung, Begeisterung, Beseligung, Bezauberung, Chimäre, Delirium, Ekstase, Trance. ▸ Unerschütterlichkeit • Entsetzen, Grauen.
Verzug → Aufenthalt, Beschwernis, Verzögerung. ▸ Pünktlichkeit, Rechtzeitigkeit • Vorsprung.
verzurren → verankern.
verzweifachen Doppel anfertigen ein, dualisieren, duplizieren, kopieren, verdoppeln.
verzweifeln verzagen, die Hoffnung fahren lassen, verloren geben sich, den Kopf hängen lassen, die Flinte ins Korn werfen, ohne Hoffnung sein, nicht mehr glauben, abzehren sich, mit der Welt zerfallen. → beklagen, einsargen Hoffnung, erschüttern die Hoffnung, härmen sich, schwarz sehen. ▸ hoffen.
verzweifelt niedergebeugt, hoffnungslos, niedergeschlagen, bedeppert *u*, Häufchen Elend, down *u*, selbstquälerisch, verzagt, mutlos, aussichtslos, unrettbar, unheilbar, seelenwund, verloren, trostlos, unglücklich, beklagenswert, sterbenselend, niedergeschmettert, elend, hilflos, bedauernswert, eng *u*. → abgerissen, arm, aufgelegt, betroffen, betrogen, brechen das Herz, desperat, dumpf, brütend, enttäuscht, gebrochen, leidvoll. ▸ hoffnungsvoll.
Verzweiflung Hoffnungslosigkeit, Niedergeschlagenheit, Trostlosigkeit, Verlassenheit,

Verzagtheit, Aussichtslosigkeit, Verdüsterung, Enttäuschung, Mutlosigkeit, Entmutigung, Kummer, Traurigkeit, Herzensweh, Qual, Trauer, Leid, Gram, Hilflosigkeit, Kurzschlusshandlung, Trübsinn, Seelenwundheit, Einsamkeit. → Angst, Ärgernis, Ausbruch, Bestürzung, Depression, Entmutigung, Katzenjammer, Panik, Trostlosigkeit.
▸ Hoffnung, Zuversicht • Glaube.

verzweigen, sich auseinander laufen, abweichen, abschwenken, auseinander gehen, versenden, aussenden, teilen, halbieren, gabeln, abzweigen, abgabeln, kreuzen, spalten. → gabeln.
▸ zusammenfließen, zusammenlaufen.

verzweigt verästelt, winkelig, gabelförmig, doldenförmig, gegabelt, zweigförmig, zweigig, gespalten, zackig, gliedrig. → gabelförmig.
▸ vereinigt.

verzwickt → durcheinander, kompliziert, konfus, schwierig.

Verzwicktheit → Verschrobenheit.

Vesper → Nachmittagskaffee.

Veteran alter Mann, Greis, Altgedienter, Nestor, Invalide, Rentner.

Veto → Einsprache.

Vettel → Buhle, Schlampe.

Vetter Cousin.

Vetternwirtschaft → Parteiklüngel.

vexieren → hemmen, schwierig.

vibrieren schwingen, zittern, oszillieren, wackeln, beben, schwanken, pulsieren, zucken. → bewegen sich.

Vicomte → Adel.

Vieh Tier, Getier, Säugetier, Bestie, Zuchtvieh, Hornvieh, Haustier, Zweihufer, Sohlengänger, Klauentier, Kuh, Pferd, Rind, Kalb, Schwein, Borstenvieh, Rindvieh. → Barbar, Tier.

viehisch → bestialisch, brutal, erbarmungslos.

viel satt *u.* → massenhaft, namenlos, reichlich, Sand am Meer wie, sehr, überreichlich, üppig.
▸ ein bisschen, etwas, wenig.

viel zu viel → überreichlich.

vielbietend → appetitlich, reizvoll, schön, verschwenderisch.

vieldeutig → doppelsinnig.

Viele → Anzahl.

viele → beengend, diverse, haufenweise, manche, massenhaft, mehrerlei.
▸ einige • wenige • kein • niemand.

Vieleck Polygon.

vieleckig polygonal.

Vielerlei → Diverses, Verschiedenheit.
▸ Einerlei.

vielerlei → allerhand, bilderreich, diverse, massenhaft, mehrerlei.

vieles → allerhand.

vielfach → allerhand, massenhaft, oft.
▸ einfach • einzeln, selten, vereinzelt.

Vielfalt → Anzahl, Auswahl, Fülle, Masse, Reichtum.
▸ Einerlei, Eintönigkeit, Monotonie • Einheit.

vielfältig multiplex. → allerhand, bilderreich, mannigfach.
▸ eintönig, monton • einheitlich.

Vielfältigkeit Fülle, Mannigfaltigkeit, Vielgestaltigkeit.

vielfarbig → bunt, buntscheckig, farbenfroh, farbenreich, farbig.
▸ einfarbig, monochrom, uni.

Vielfarbigkeit → Farbdruck, Farbenreichtum.

vielflächig polyedrisch.

vielförmig → abwechselnd, allerhand, bilderreich, mannigfach, mehrförmig, uneinheitlich.

Vielförmigkeit → Anzahl, Centaur, Durcheinander, Fülle, Reichtum, Verschiedenheit.

Vielfraß Fresser, Gourmand, Schlemmer, unersättlicher Typ, Völler • Fresser *u*, Fressmaschine *u*, Raffzahn *u.*

vielgestaltig pleomorph, polymorph. → mannigfaltig.

Vielheit → Anzahl, Fülle, Häufigkeit, Masse, Mehrheit, Verschiedenheit.

vielleicht eventuell, möglich, unter Umständen, wahrscheinlich, vermutlich, denkbar, möglicherweise, allenfalls, letztmöglich, so Gott will, etwa • an dem Seidenfaden. → annähernd, anscheinend, denkbar, etwa, eventuell, Haar es hängt an einem, irgendwer, irgendwie, möglich, möglicherweise, vermutlich.
▸ bestimmt, definitiv, garantiert, gewiss, sicher.

vielmals → erneut, jedes Mal, oft.

Vielmännerei → Polygamie.

vielmehr → sicher, wahrhaftig.

viel sagend → anziehend, ausdrucksvoll, bedeutsam, durchdringend, reizvoll, sinnvoll, tief.

vielschichtig mehrschichtig, vielfältig, vielförmig, vielerlei, komplex.

Vielschwätzerin Quasselstrippe *u.*

vielseitig multilateral. → anstellig, dehnbar.
▸ einseitig • langweilig.

vielsprachig polyglott.

vielstimmig polyfon.

vielteilig → mehrteilig.

vielumfassend → umfassend.

viel verlangt → gangbar, reizvoll, anziehend, übermäßig.

viel versprechend anziehend, aussichtsvoll, Glück verheißend, gangbar, reizvoll, anreizend, hochgemut, verheißungsvoll, gut verlaufend, gute Aussicht. → anziehend.
▸ nichts sagend, ungünstig enttäuschend.

Vielweiberei → Polygamie.

vielwertig multivalent, polyvalent.

Vielwisser Besserwisser, Neunmalkluger, Neunmalgescheiter, Bücherwurm, Alleswisser, Klügling, Neuigkeitskrämer, Schreier, Posauner, sein eigener Lehrer, Klugscheißer, Gelehrter, Schnüffler.
▸ Dummkopf • Weiser.

Vielzahl → Fülle, Masse, Überangebot.

vier Augen, unter entre nous, nur zu zweit, ohne (weitere) Mithörer/-wisser, persönlich, unter uns, vertraulich.

viere von sich strecken, alle → aalen sich.

Viereck Karree, Karo, Parallelogramm, Quadrangel, Quadrat, Raute, Rhomboid, Rhombus, Tetragon, Trapez, Trapezoid.

Viererspiel Quartett.

vierfach quartär.

Vierflächer Tetraeder.

Vierpolröhre Tetrode.

vierschrötig → borstig, derb, hässlich, plump, robust.

Viertel, akademisches cum tempore.

Vierteljahr Quartal.

vierter quartus.

vif → schlau.

Villa → Besitztum, Haus.

violett veilchenblau, lila, blau-rot, rot-blau, fliederfarben, amethystfarben,

stiefmütterchenblau, kardinalrot.
Violettblindheit Tritanopsie.
Viper → Bestie, Drache, Schlange.
virtuos → perfekt.
virulent giftig, schädlich, gefährlich, nachteilig, ungenießbar, tötend, abträglich, unbekömmlich, verderblich, gesundheitswidrig, bösartig, ansteckend, krankheitserregend. ▸ ungefährlich, (ungiftig), unschädlich.
Virus → Bazillus, Krankheitskeim.
Virusforscher Virologe.
Visage hässliches Gesicht. → Fratze.
vis-a-vis gegenüber, in Front, davor, in der Nähe, gegenüberliegend, benachbart, entgegengesetzt, gegen, Auge in Auge. ▸ entfernt, seitwärts.
visieren fest anblicken, peilen, ansehen, anpeilen, anschauen, angucken, den Blick richten auf, scharf beobachten, anlinsen. ▸ übersehen, (vorbeisehen).
Vision Gesicht, Traum, Erscheinung, Täuschung, Hellseherei, Einbildung, Sinnestäuschung, Unwirklichkeit, Schattenbild, Trugbild, Scheinbild, Fata Morgana. → Blendwerk, Hirngespinst, optische Täuschung, Traumzustand. ▸ Wirklichkeit.
visionär eingebildet, imaginär, unwirklich, hellseherisch, utopisch, fantastisch, unirdisch, traumhaft, entrückt, uneigentlich, weit blickend. ▸ wirklich • nostalgisch, reaktionär • engstirnig • fantasielos.
Visitation Durchsuchung, Inspektion, Razzia.
Visite Besuch, Aufmerksamkeit, Höflichkeit, Verkehr, Annäherung. Vorstellung, Umgang, Einkehr, Einführung, Empfang, Anwesenheit, Treffen • Arztvisite, Untersuchung, Krankenbesuch.
visitieren → ausforschen.
Vita Autobiografie, Biografie, Lebensbeschreibung / -bild / -erinnerungen / -geschichte, Werdegang • Lebensfunktion, Lebenskraft.
vital lebendig, lebhaft, kernhaft, gesund, forsch, rüstig, pudelwohl, leistungsfähig, rege, unermüdlich, zugreifend, anpackend, lebensfroh, wendig, unverwüstlich, derb, frisch, beweglich, flink. ▸ leblos, müde, schwach.
Vitaminkrankheit (Hyper-)Vitaminose.
Vitaminmangel Hypovitaminose.
Vitrine Glaskasten/-schrank, (gläserner) Schaukasten.
Vlies → Balg, Fell.
Vogel abschießen, den überragen, in den Sack stecken, ins Schwarze treffen, auszeichnen sich, hervortun sich. ▸ misslingen, unterliegen.
Vogel im Kopf, einen → verrückt.
vogelfrei → friedlos, geächtet, los, ledig.
Vogelhaus Voliere.
Vogelkunde Ornithologie.
Vogelscheuche → Schreckgestalt.
Vogelwelt Ornis.
Vogtei → Bezirk.
Vokabel Wort, Ausdruck → Einzelwort, fremdsprachliches Wort, Wort.
Vokal Selbstlaut.
Volk → Anzahl, Bevölkerung, Demokratie, Gemeinschaft, Nation.
Völker → Bevölkerung, Gemeinschaft, Menschheit.
Völkerkundler Ethnologe.
völkerumfassend → international.
volkhaft → völkisch.
völkisch volkstümlich, vaterländisch, national, volksbewusst, volkhaft, heimisch, vaterlandsliebend, eingesessen, angestammt, gemeinsinnig, staatlich, patriotisch, nach dem Volksbrauch, volkskünstlerisch, volksgläubig, volkskundlich, folkloristisch. ▸ international.
volkreich besiedelt, bevölkert, dicht besiedelt.
Volksaufwiegler Demagoge.
Volksbetrug → Betrug, Fälschung, Schlechtigkeit, Täuschung, Unredlichkeit.
volksbewusst vaterlandsliebend, Heimat liebend, patriotisch, national, völkisch, nationaldenkend, königstreu, verfassungstreu, vaterländisch, gemeinsinnig. → völkisch.
Volksbewusstsein, überhöhtes Nationalismus.
Volksführer (römischer V.) Tribun.
Volksgemeinschaft → Bevölkerung, Gemeinschaft.
Volksgenosse → Landsleute.
Volksherrschaft → Demokratie.
Volkshochschule Bildungswarenhaus *u.*
Volkskrankheit Epidemie.
Volkskundler Folklorist.
Volkslied → Dichtungsart, Gedicht, Kantus.
Volksmenge → Bevölkerung, Masse.
Volksmund Lebensweisheit, Spruch.
Volksmusik Folklore.
Volksrecht → Menschenrecht.
Volkssänger → Dichter.
Volksstaat → Demokratie.
Volkstum → Volksbrauch, Art, Brauch, Sitte, Volksbewusstsein, Nationalität, Abstammung, Rasse, Eigenart, Volksseele, Staatsbewusstsein, Zusammengehörigkeit, Heimatgefühl, Zusammenhalt.
volkstümlich → beliebt, populär, volksbewusst.
Volksverführer → Demagoge, Schädling, Verbrecher.
Volksverführung → Demagogie.
Volksverhetzung → Demagogie.
Volksverräter → Abtrünniger, Fahnenflüchtiger, Verbrecher.
Volksvertreter Volksbeauftragter, Abgeordneter, Deputierter, Parlamentarier, Delegierter, Beigeordneter, Stadtverordneter, Bundestagsmitglied, Mitglied des Bundestages oder Bundesrates, des Landtages, des Ober- oder Unterhauses, des Herrenhauses, der Kammer.
Volkswirtschaftslehre Nationalökonomie, ökonomische Theorie, Sozialökonomie.
Volkszugehörigkeit → Nationalität.
voll gepfropft, überfüllt, gefüllt, überladen, komplett, angefüllt, gedrängt, gestopft, ausgefüllt, überbelegt, gesättigt, satt zum Platzen • besetzt, ausverkauft • betrunken, berauscht, besoffen, benebelt. → beduselt, dick, gesättigt, satt, sattsam, überfüllt. ▸ leer, entleert, geleert, ungefüllt • halb leer, halb voll • hohl • nüchtern.
vollauf reinweg, gänzlich,

gründlich, erschöpfend, zur Genüge, in Hülle und Fülle, sehr, höchst, ausnehmend, außerordentlich, bodenlos, völlig, vollkommen, vollständig, gesamt, ausschließlich. → Beziehung in jeder, erklecklich, ganz, reichlich, rundaus, sehr, überreichlich.
▸ ungenügend, wenig.
Vollbart Biber *u*, Fräse *u*. → Bart.
Vollbart, ungepflegter Sauerkraut *u*.
vollbracht → abgeschlossen, aus, fertig.
vollbringen → anfassen, arbeiten, ausführen, bekümmern, bestellen, bewerkstelligen, bringen zu Wege, durchdrücken, einlösen Wort, erledigen, machen, tun, verrichten, verwirklichen.
▸ unterlassen • versagen.
vollbusig (gut) bestückt *u*.
vollbusiges Weib Försterchristel *u*.
Völle Trunkenheit, Betrunkenheit, Unmäßigkeit, Übersättigung, Überdruss, Sauferei, Versoffenheit, Völlerei, Ausschweifung, Ausgelassenheit. → Unmäßigkeit.
▸ Enthaltsamkeit, Nüchternheit.
vollen schöpfen, aus dem viel haben, alles haben, im Überfluss leben, wie Gott in Frankreich leben, in Saus und Braus leben.
▸ ermangeln, fehlen, geizen.
vollendbar → lösbar.
vollenden abschließen, absolvieren. → anfertigen, ausarbeiten, bahnen, bringen unter Dach, Entscheidung bringen zur, erfüllen, ergänzen, erschaffen, erwirken, herstellen, kommen ans Ziel, krönen, machen ein Ende, schließen, sterben, verrichten.
▸ anfangen, beginnen • verzögern • abbrechen.
vollendet → abgeschlossen, ästhetisch, aus, ausgesucht, beispiellos, bestrickend, scharmant, Ende gut alles gut, engelgleich, erlesen, Guss aus einem, fertig, ideal, kunstgerecht, schön, sinnreich, vollkommen, vortrefflich.
▸ bruchstückhaft, fragmentarisch, lückenhaft, mangelhaft, unvollendet, unvollkommen, unvollständig.
vollendete Tatsache Fait accompli.
vollends → ganz, rundweg, vollkommen, vollständig.
Vollendung → Abschluss, Ausbund, Ausgang, Beste, Bewerkstelligung, Koda, Endergebnis, Gipfel, Leistung, Schluss, Vollkommenheit.
▸ Anfang, Beginn • Verzögerung • Abbruch.
voller Service Full-Service.
Völlerei → Ausschreitung, Ausschweifung, Esslust, Feinschmeckerei, Saus und Braus, Trunksucht, Unmäßigkeit.
▸ Entbehrung, Hunger, Mangel, Not • Fasten • Kasteiung, Verzicht.
vollführen durchführen, machen, tun, ausführen, erfüllen, vollstrecken, vollziehen, erledigen, verfertigen, abschließen, fertig stellen, fertig machen, zu Stande bringen, besorgen, erwirken, gelangen zu, abtun. → anfassen, arbeiten, ausführen, bedienen, bekümmern, berücksichtigen, bewerkstelligen, bringen zu Wege, einlösen Wort, erfüllen, erwirken, machen, verwirklichen.
▸ unterlassen.
vollführt → fertig, fix und fertig.
Vollführung → Ausführung, Bewerkstelligung, Durchführung, Erfüllung, Vollzug.
voll gefressen → satt, übersättigt, voll.
voll gepfropft → voll.
vollgesogen getränkt, durchtränkt.
voll gestopft → gestopft, voll.
voll gießen → einschenken, füllen.
völlig radiputz *u*, ratzekahl *u*, reineweg *u*, rundum *u*. → A bis O, absolut, allgemein, ausschließlich, durch und durch, durchaus, radikal, rundweg, sattsam, unbedingt, vollauf.
▸ gar nicht • halbwegs • partiell, stellenweise, stückweise, teilweise.
volljährig → entwickelt, erwachsen, heiratsfähig, reif.
▸ minderjährig, unmündig.
vollkommen einwandfrei, vollwertig, vollendet, ausgereift, tadellos, fehlerfrei, fehlerlos, makellos, unerreicht, unübertroffen, unübertrefflich, unvergleichlich, vollends, gut, mustergültig, beispiellos, auserlesen, auserkoren • ganz, unversehrt, heil, unverletzt, vollständig. → abgeschlossen, absolut, Beziehung in jeder, brillant, durchaus, engelgleich, erlesen, ganz und gar, Guss aus einem, gut, perfekt, unschätzbar, vortrefflich.
▸ unvollkommen, unvollendet, unvollständig • defekt, fehlerhaft, mangelhaft • einigermaßen, halbwegs, leidlich.
Vollkommenheit Makellosigkeit, Meisterstück, Meisterwerk, Musterbild, Perle, Spitzenleistung, Standardwerk, Unerreichbarkeit, Vollendung, Tadellosigkeit, das Beste, Vollwertigkeit, Vorbild, Glanzstück, Schatz, runde Sache *u*. → Ausbund, Beste, Christus, Ein und Alles, Fehlerlosigkeit, Gipfel, Ideal, Juwel, Tugend, Tugendhaftigkeit.
▸ Unvollkommenheit.
voll machen → füllen, verunreinigen.
Vollmacht Genehmigung, Beauftragung, Befugnis, Ermächtigung, Bewilligung, Erlaubnis, Einräumung, Bevollmächtigung, Auftrag, Ernennung, Bestätigung, Zeugnis, Diplom, Lizenz, Patent. → Befugnis, Dekret, Diplom, Erlass, Ermächtigung.
▸ Gegenerklärung, Widerruf.
Vollmachtgeber Mandant.
Vollmann He-man, Mannsbild, Supermann.
Vollmond Plenilunium.
vollnehmen, den Mund → prahlen.
voll packen aufbürden/-lasten, befrachten, beladen, bepacken, voll laden.
vollpropfen, sich essen, fressen, zechen, schwelgen, anessen sich, überfressen sich, anpfropfen, voll stopfen, verprassen, gefräßig sein, gütlich tun sich, pflegen den Bauch, es mit der Schüssel halten, den Wanst anfüllen sich, einhauen.
▸ hungern, mäßigen sich.
vollsaugen → einsaugen.
voll schenken → füllen, gießen.
vollschlank → dick.
Vollschlanke Dutte *u*, Tutte *u*.
vollschütten → ausfüllen, füllen, gießen.
Vollsitzung Plenarsitzung, Plenum.
voll spritzen → einspritzen, gießen, verunreinigen.

vollständig ganz, gänzlich, total, Stock und Stein, komplett, vollends, von Kopf bis Fuß, global, ganz und gar, alles, ausnahmslos, rundweg, sämtliche, völlig, vollkommen, ungeteilt, allesamt, samt und sonders, Kind und Kegel, einer wie alle, durch und durch, mit Pauken und Trompeten • fertig, erschöpfend, abschließend, fix und fertig, vollzogen, in extenso. → abgeschlossen, alles, ausführlich, ausnahmslos, bestehen aus, Beziehung in jeder, durchaus, eingehend, lückenlos, perfekt, radikal, sattsam, unbedingt. ▸ unvollständig, bruchstückhaft, fragmentarisch, gekürzt, inkomplett, lückenhaft, teilweise, unvollständig, zum Teil.
Vollständigkeit → Einheit, Totalität, Vollkommenheit.
voll stopfen → füllen, überfüllen, übersättigen, vollpropfen sich.
vollstrecken → anfassen, arbeiten, ausführen, erfüllen, expedieren, machen, verrichten, verurteilen, verwirklichen, vollführen, vollziehen. ▸ (zum Tode) verurteilen.
Vollstrecker Exekutor.
Vollstreckung → Ausführung, Beraubung, Bewerkstelligung, Strafe, Vollzug.
volltönend → laut.
volltrunken duhn *u*, high *u*, satt *u*.
Vollversammlung Plenum.
vollwertig → ausgesucht, äußerst, einwandfrei, erlesen, gleichartig, gut, reell, sinnvoll, vortrefflich. ▸ minderwertig.
vollzählig → A bis O, alles, ausnahmslos, beengend. ▸ inkomplett, teilweise, unvollständig.
vollziehen durchführen, vollstrecken, erledigen, machen, tun, verrichten, verfertigen, abfertigen, ausführen, erfüllen, bewerkstelligen, zu Stande bringen, durchsetzen, herstellen, ausrichten, beenden, schließen, abschließen • unterzeichnen, unterschreiben, ratifizieren. → anstellen, ausführen, betragen sich, bewerkstelligen, durchdrücken, verrichten, verwirklichen, vollführen. ▸ ablehnen, faulenzen, unterlassen.
Vollziehung → Ausführung, Besorgung, Bewerkstelligung, Durchführung, Erfüllung, Leistung, Vollzug.
vollzogen → abgeschlossen, fertig, perfekt.
Vollzug Handlung, Vollführung, Vollziehung, Vollstreckung, Zugriff, Bewerkstelligung, Durchführung, Erledigung, Unterzeichnung, Vollendung, Verrichtung, Beendigung, Fertigstellung, Tat • Strafvollzug, Exekution. → Ausführung, Bewerkstelligung, Durchführung, Erfüllung, Konvention, Quittung, Leistung. ▸ Aussetzung, Ablehnung, Straferlass.
Vollzugsanstalt Brumme *u*.
Volontär Gehilfe, Lehrling, Kraft, Anfänger, Hilfskraft, Bursche, Freiwilliger.
Volumen → Ausdehnung, Fassung, Fassungskraft.
von hoher Abkunft → adelig.
von jetzt an ex nunc.
von oben herab → herablassend.
von Rechts wegen de jure.
von selbst eo ipso, spontan.
von sich weisen ableugnen, Abrede stellen in, abstreiten, anfechten, bestreiten, dementieren, leugnen, verneinen.
von vorn da capo • en face, frontal.
voneinander, weit → beziehungslos.
vonnöten → nötig.
vonstatten gehen vor sich gehen, flutschen *u*, • eine Rolle spielen • einleiten, erfolgen, beginnen, eröffnen, in Angriff nehmen • enden, abwickeln.
vor vorn, zuvorderst, zuvor, voraus, vorher, vorweg, an der Spitze • vormals, vordem, seit, damals, früher, ehemals. ▸ nach, hinter.
vor allem → ausdrücklich, ausnehmend, besonders, darüber, hauptsächlich, speziell.
vor allem anderen überlegen, zuerst, unerreicht, unübertroffen, hervorragend, vorherrschend, unerreichbar, nichts darüber, tonangebend, ausschlaggebend. ▸ unterlegen, zuletzt.
vor der Geburt pränatal.
vor kurzem jüngst, kürzlich, neulich, unlängst.
vorab → voraus, zunächst.
vorahnen → ahnen, vermuten.
vorahnend divinatorisch, hellsehersich, prophetisch, seherisch, wahrsagerisch.
Vorahnung Riecher *u*. → Erwartung, Prognose, Prophezeiung, Vermutung.
voran vorn, an der Spitze, zuerst, vorgängig, zuvor, zuvorderst, vorher, der Erste, vorangehend, vornheraus, voraus • mach voran, beeile dich, schnell, fix. ▸ nach, zuletzt • dahinter, danach, hinterher • rückwärts, zurück.
vorangehen voranschreiten, vorankommen, vorgehen, voranstehen, vorrücken, spuren, anführen, vorstehen, voreingehen, an der Spitze gehen, den Weg bahnen, an der Tete sein • weiterkommen, zu Ende kommen, weitergehen, fertig werden, zum Schluss kommen. → marschieren. ▸ nachkommen, nachfolgen folgen, hinterhergehen • stagnieren, stehen bleiben, stocken • rückwärts gehen, weichen, zurückgehen.
vorangehend → bereits, bevor, voran.
vorankommen → marschieren, vorangehen.
voranmarschieren → dringen, marschieren.
Voranschlag → Anschlag, Kalkulation, Kosten, Plan, Überblick.
Voranschlag machen, einen budgetieren.
voranstehen → vorangehen.
voranstellen an die Spitze stellen, vorausschicken, vorsetzen, vorschieben, überordnen. ▸ nachfolgen, nachholen, nachkommen, unterordnen sich.
vorantreiben → beschleunigen. ▸ hemmen, verzögern.
Voranwartschaft Option.
Voranzeige Avis.
Vorarbeit → Anfang, Ansatz, Arbeit, Bearbeitung, Beginn, Grundlage, Plan, Skizze.
vorarbeiten → bahnen, vorarbeiten.
voraus → vor, vorab, voran. ▸ anschließend, danach, hinterher, nachher, nachträglich, später.
voraus zahlbar, im pränumerando.
vorausahnend → prophetisch. ▸ nichts ahnend.

vorausberechnen → ersinnen, schätzen, vorbereiten.
vorausbestellen subskribieren.
Vorausbestellung Pränumeration, Subskription.
vorausbestimmen prädisponieren.
vorausblicken vorausschauen, voraussehen, vorhersehen, vor sich sehen • in die Zukunft blicken, ahnen, vorausahnen, vorherahnen, vorherwissen, ein Gespür haben, spüren. ▸ zurückblicken.
vorausfühlen → ahnen, dämmern.
vorausgehen → vorangehen.
vorausgesetzt sofern, vorbehältlich, bedingt, angenommen, falls, unter Vorbehalt, je nachdem, wenn die Umstände es erlauben. → bedingungsweise, demgemäß, falls, hypothetisch, vermutlich. ▸ obwohl.
Voraussage Vorschau. → Erwartung, Prognose, Prophezeiung.
vorausschickend → beginnend, einleitend.
voraussehen → ahnen, dämmern, erraten, Gras wachsen hören das, überraschen lassen sich nicht.
voraussehend → prophetisch.
voraussetzen → annehmen, bedingen, vermuten.
Voraussetzung Annahme, Mutmaßung, Grundsätzlichkeit, Beweggrund, Item, Grund • Einschränkung, Vorbehalt, Grenzfall, Bedingung, Bedingtheit, Vorbedingung, Verwahrung, Sicherung, Vorkehrung, Festsetzung. → Anfang, Anlass, Annahme, Ansicht, Anstoß, Bedingung, Berücksichtigung, Causa, Erwartung, Grundlage, Hypothese, Ursache. ▸ Folge.
voraussetzungslos → absolut.
Voraussicht Vorausblick, Überlegung, Bedachtsamkeit, Vorbedacht, Klugheit, Berechnung • Annahme, Ahnung, Vermutung, Vorahnung, Vorhersicht, Spürsinn, Vorkenntnis, Vorgedanke, Befürchtung, Erwartung. → Ahnung. ▸ Ahnungslosigkeit, Unbedachtsamkeit.
voraussichtlich → prophetisch, vermutlich. ▸ eventuell, möglicherweise, vielleicht • wahrscheinlich nicht • sicher nicht.
voraussichtlicher Sieger Favorit.
Vorausvermächtnis Prälegat.
Vorauswissen künftiger Ereignisse Präkognition.
vorauszahlen vorstrecken.
Vorauszahlung → Bezahlung. ▸ Kreditaufnahme • Nachnahme • Nachzahlung.
vorauszusehen absehbar, voraussehbar, vorhersehbar.
Vorbau → Balkon, Erker, Terrasse. ▸ Anbau • Hauptgebäude.
vorbauen vorsorgen, vorbereiten sich, vorbeugen, vorkehren, zuvorkommen, Vorsorge treffen, Vorkehrungen treffen, aufspeichern, aufstapeln, sorgen für, einheimsen, einlagern, beschaffen, beiseite legen, an die Zukunft denken. → beeinträchtigen, dawider, dazwischentreten. ▸ vernachlässigen, vertun.
Vorbedacht Sorgfalt, Bedacht, Sorgsamkeit, Besorgnis, Vorsicht, Wachsamkeit, Überlegung, Besonnenheit, Klugheit, Fürsorglichkeit, Umsicht, Emsigkeit, Vorsorge, Gewissenhaftigkeit, Pfleglichkeit, Anordnung, Vorbereitung • Absicht, Endabsicht, Vorsatz, Gedanke. → Diskretion, Plan. ▸ Indiskretion, Unbedachtsamkeit.
vorbedacht → absichtlich, beabsichtigt, bedacht, berechnet, geplant, planvoll, überlegt, vorbereitet, vorsorglich, taktisch.
Vorbedeutung → Anzeichen.
Vorbedingung → Berücksichtigung, Voraussetzung.
Vorbehalt Einschränkung, Beschränkung, Item, Verwahrung, Bedingtheit, Vorbedingung • Hinterhältigkeit, Versteckspiel • Vorkehrung, Verpflichtung, Artikel. → Bedingung, Berücksichtigung, sum grano salis, Hintertür, Klausel, Voraussetzung. ▸ Bekräftigung, Einwilligung, Vorbehaltlosigkeit Bedingungslosigkeit, Bestimmtheit, Gewissheit.
Vorbehalt, geheimer Mentalreservation.
Vorbehalt, unter a condition, bedingt, Einschränkung mit, vorbehaltlich.
vorbehalten verweigern. → ausbedingen, bedingen, berücksichtigen, reservieren.
vorbehalten, sich → bestehen auf, verklausulieren.
vorbehältlich → vorausgesetzt → Vorbehalt unter.
vorbehaltlos → ohne weiteres.
vorbei → abgeschlossen, aus, befristet, ein für alle Mal, Ende gut alles gut, fertig, gewesen, verjährt. ▸ aktuell • beginnend • bevorstehend, kommend • herein, hinein.
vorbeibenehmen, sich → unhöflich.
vorbeigehen defilieren, abschreiten, vorbeimarschieren, streifen, vorbeilaufen, entlanggehen, vorbeischreiten • nicht achten, nicht sehen wollen • nicht treffen, Löcher in die Luft schießen, schlecht zielen, das Ziel nicht erreichen, vorbeischießen. → passieren. ▸ beachten, stehen bleiben • hereinkommen, hineingehen • andauern, bleiben, währen • sitzen, treffen.
Vorbeimarsch → Aufmarsch.
vorbeischauen (kurz) besuchen, (einmal kurz) hereinschauen.
vorbeiziehen, reihenweise defilieren, paradieren.
Vorbemerkung Vorwort, Vorrede, Einführung, Eingang, Einleitung, Vorspruch, Proömium, Prolog, Prooimion • Voraussetzung, Vorschau, Postulat. ▸ Nachwort.
vorbereiten anbahnen, Vorsorge treffen, anschicken sich, zurechtlegen, ausholen, vorkehren, ausstechen, planen, aufziehen, entwerfen, einleiten, einfädeln, vorausberechnen, richten, reparieren, bahnbrechen, vorfühlen, Vorkehrungen treffen, vorsorgen, anordnen, in Angriff nehmen, lernen, einstudieren • bereitstellen, es ist etwas im Anmarsch oder Busch, es zieht sich etwas zusammen. → anbahnen, anfangen, anfertigen, ausdenken, bahnen, bearbeiten, befähigen, belehren, brauen sich zusammen, bringen in Gang, drillen, durcharbeiten, einschulen, ersinnen, ertüchtigen, erziehen, ordnen. ▸ improvisieren, misslingen, tappen im Dunkeln, treiben

lassen sich, ausarbeiten • ausführen, durchführen.
vorbereiten, sich → durcharbeiten, lernen, vorbereiten.
vorbereitend → bahnbrechend.
Vorbereiter → Bahnbrecher, Plänemacher.
vorbereitet befähigt, versorgt, versehen, bereit, reif, bearbeitet ausgearbeitet, gerüstet, bewaffnet, fertig, gestiefelt, vorgesehen, gewappnet, geschult, geübt. → denkfest, durchdacht, fertig, geübt, planvoll, reif, reisefertig. ▸ unvorbereitet, improvisiert, aufs Geratewohl, planlos, aus dem Stegreif.
vorbereitet sein → überraschen lassen sich nicht.
Vorbereitetes Präparat, Bereitetes, Gerüstetes, Zugerichtetes, Geordnetes, Ausgerüstetes, Ausgearbeitetes, Plan, Skizze, Entwurf, Lay-out.
Vorbereitung Anordnung, Bereitschaft, Einleitung, Vorsorge, Vorarbeit, Vorlauf, Zubereitung, Zurüstung, Vorkehrung, Zurichtung, Verfügung, Einrichtung, Anfassung Ausrüstung, Ausarbeitung, Ausbildung, Schulung, Dressur, Training, Übung, Lehrzeit, Lehre, Drill. → Anfang, Ansatz, Beginn, Einführung, Erziehung, Grundlage, Maßregel, Plan, Skizze. ▸ Nachlässigkeit, Stegreif, Unbedachtsamkeit.
Vorbesprechung → Bearbeitung, Besprechung, Konferenz, Vorbereitung.
vorbestellen buchen, frei halten / reservieren / vormerken lassen, vorausbestellen.
vorbestimmen festlegen, prädestinieren, zwingen.
vorbestimmt → schicksalhaft. ▸ ungewiss, zufällig.
Vorbestimmtheit Prädisposition.
Vorbestimmung Fatum, Prädestination.
vorbeugen → abwehren, aufhalten, aufpassen, aufspeichern, beeinträchtigen, bekämpfen, dawider, eindämmen, hemmen, steuern, vereiteln, verhindern. ▸ behandeln, heilen, therapieren • es darauf ankommen lassen.
vorbeugend → prophylaktisch.
Vorbeugung → Gesundheitspflege, Verhütung.
Vorbeugungsmedizin Präventivmedizin, prophylaktische Medizin, (medizinsiche) Prophylaxe.
Vorbeugungsmittel → Arznei, Verhütung.
Vorbild → Abguss, Auslese, Beispiel, Beste, Dessin, Einheitsform, Entwurf, Gipfel, Ideal, Modell, Muster, Norm, Schema, Typus. ▸ Abbild, Fälschung, Imitation, Kopie, Nachahmung, Nachbildung, Plagiat • abschreckendes/schlechtes Beispiel.
Vorbild, männliches → Held.
vorbildlich bilderbuchmäßig *u.* → bahnbrechend, ideal, normal, vollkommen, vortrefflich. ▸ abschreckend, schlecht.
Vorbote Vorläufer, Seher, Prophet, Weissager, Warner, Verkünder, Kassandra, Wahrsager, Vorhersager, Zukunftsseher, Norne, Augur, Magier. → Anzeichen, Symptom.
vorbringen → anbieten, behaupten.
Vorbühne Proszenium.
vordem → als, bereits, dahin, damals, dermalen, ehedem, eher, einmal, früher, vorher.
Vorderansicht Avers, Fassade, Front.
Vorderdeck → Bug.
Vordergrund → Nähe, Vorderseite. ▸ Hintergrund.
vordergründig nach außen hin, scheinbar, oberflächlich.
Vorderseite Avers, Hauptseite, Oberseite, Gesichtsseite, Front, Schaufläche, Schauseite, Stirnseite, Vorderansicht, Vordergrund, Fassade, Bildseite, Vorderteil, Bug. → Fassade. ▸ Rückseite, Hintergrund.
vorderste Linie Front.
Vorderteil → Vorderseite.
vordiktieren → befehlen, diktieren.
vordrängen, sich neugierig sein, unbescheiden sein, drängeln, anecken, anstoßen • anmaßend sein, aufspielen, nicht warten können, aufzwingen, drücken, stoßen. ▸ bescheiden (sein), zurückstehen.
vordringen vorstoßen, vorgehen, vorprellen, vorrücken, andrängen, bedrängen, zustoßen, stürmen, vorstürmen • bestürmen, besteigen, erklettern • zu Leibe rücken, drauflosgehen • fortschreiten, vorwärts gehen, vordrängen, vorschieben, einholen, an Boden gewinnen. ▸ zurückbleiben.
vordringlich an erster Stelle. → wichtig.
Vordruck → Dessin, Entwurf, Formular, Plan.
voreilig hitzig, unbesonnen, vorschnell, unbeherrscht, ungeduldig, ungestüm, unüberlegt, unbedacht, übereilt. → blindlings, unbändig, vorzeitig. ▸ überlegt bedächtig, besonnen • verspätetet, zu spät.
Voreiligkeit → Eile, Ungeduld.
voreingenommen → befangen, besessen, dumm, einseitig, engherzig, unduldsam. ▸ gleichgültig • indifferent, neutral, tolerant • unbefangen, unparteiisch, unvoreingenommen, vorurteilsfrei.
Voreingenommenheit Denkart kleinliche, Einseitigkeit, Fanatismus, Vorliebe, Vorurteil.
vorenthalten → ablehnen, binden nicht auf die Nase, hemmen, verheimlichen, versagen, verschließen, verschweigen. ▸ aufdrängen • einräumen, geben, gewähren, lassen • verhelfen • herausgeben.
Vorentscheidung Präjudiz.
vorerst erst einmal, vorausgehend, zuvor, erst, vorn weg, an der Spitze, an erster Stelle, vorgängig • vorläufig. ▸ danach, dann, darauf, nachher, später.
vorerwähnt → erwähnt schon.
vorfabeln → erdichten, fabeln, lügen, täuschen.
Vorfahren → Ahnen, Anverwandte. ▸ Abkömmlinge, Nachkommen.
vorfahren → ankommen, besuchen.
Vorfahrtstraße Autobahn, Bundesstraße, Hauptstraße.
Vorfall Umstand, Ereignis, Geschehen, Geschehnis, Begebenheit, Erscheinung, Episode, Szene, Abenteuer. → Affäre, Angelegenheit, Bescherung, Erlebnis. ▸ Bagatelle, Unwichtigkeit.
vorfallen → begeben sich, begegnen, bestehen, ereignen

sich, erfolgen, passieren, vorkommen.
Vorfilm/-spann Trailer.
vorfinden antreffen, auffinden, entdecken, finden, stoßen auf.
vorfinden, sich → bestehen, da sein.
Vorfreude → Erwartung, Freude, Spannung, Ungeduld.
vorfühlen vorgehen, vortasten, vorrücken, vorschreiten, vorangehen, spuren, führen • einleiten, einführen, vorausschicken, voranstellen, vorschieben, das erste Wort nehmen • ergründen, vorbereiten, anschicken sich, vorbauen, vorkehren, zurechtlegen, bereithalten, vorarbeiten, verteilen die Rollen, in Angriff nehmen, den Grund legen, frei machen, Hindernisse beseitigen, abstecken, Vorsorge treffen, herrichten, zurichten, abklopfen *u.* → ahnen, ergründen.
▸ abwarten, irren sich, tappen im Dunkeln, übersehen.
Vorführdame Mannequin.
vorführen → darbieten.
Vorführer modischer Bekleidung Dressman.
Vorführgerät Projektor.
Vorführung → Darbietung, Demonstration, Experiment, Verhör.
Vorführungsmuster → Kollektion.
Vorgabe Entgegenkommen. → Vorsprung, Vorteil.
Vorgang → Affäre, Anfang, Anzug, Begebenheit, Ereignis, Verfahren, Vorfall.
Vorgänger Vorläufer, Bahnbrecher, Vordermann, Vorhut, Spurer, Wegbereiter, Pionier, Vorkämpfer, Vorbote, Anführer, Leiter, Leithammel, Spitze, Kopf, Gründer.
▸ Nachfolger.
vorgaukeln → anführen, ausdenken, Besten halten zum, Dunst vormachen, erträumen, fabeln, fantasieren, lügen, narren, schwindeln, täuschen.
vorgeben → vormachen, fingieren, heucheln, lügen, markieren, vortäuschen.
vorgebildet präformiert.
Vorgebirge → Berg, Kap.
vorgeblich angeblich, fiktiv, nach außen hin, scheinbar, unter einem Vorwand.
vorgefasste Meinung Voreingenommenheit, Vorurteil.
Vorgefühl → Anhang, Annahme, Befürchtung, Einflüsterung, Erwartung, Fernblick, Voraussicht.
vorgegeben programmiert *u.*
Vorgehen → Akt, Angriff, Anzug, Besorgung, Initiative, Leistung, Schritt.
▸ zurückgehen • fliehen, flüchten, weichen, sich zurückziehen • nachgehen.
vorgehen vorschrieben, losziehen, vorangehen, voranrücken, an der Spitze gehen, als erster gehen, losstürzen • handeln, tun, angreifen, jemandem auf der Nase sitzen *u,* anpacken, unternehmen, anfassen, zugreifen. → anfeinden, angreifen, anstellen, auftreten, begeben sich, beistehen, betragen sich, bewerkstelligen, machen, passieren, unternehmen, verrichten.
▸ nachfolgen, unterlassen, verteidigen.
Vorgehen, planmäßiges Methode, Strategie, Taktik.
vorgenannt → erwähnt, schon.
Vorgeschmack → Ahnung, Geschmack.
vorgeschrieben → erforderlich, kategorisch, obligatorisch.
vorgeschriebene Menge Dosis.
vorgeschriebenes Muster Formular.
vorgesehen vorgesorgt, vorsorgend, vorsorglich, fürsorglich, Vorsorge getroffen, besorgt, angeschafft, beschafft, ausgerüstet.
Vorgesetzter Alter *u,* Anscheißer *u,* Boss *u,* Brötchengeber *u,* Dollmann *u.* → Chef, Direktor.
▸ Untergebener.
vorgesorgt → vorgesehen.
vorgestellt → bekannt, gedacht, ideell.
vorgestrig überholt, veraltet.
vorgetäuscht → fingiert.
vorgewölbt bauchig, erhaben, konvex, nach außen gewölbt.
Vorgläubiger Zedent.
vorgreifen übereilen, überstürzen, drängen, beschleunigen, beherrschen sich nicht können • erfrechen sich, erkühnen sich.
▸ beherrschen sich, kriechen, überlegen.
Vorhaben → Absicht, Anschlag, Bewerbung, Endabsicht, Entschluss, Erwählung, Plan, Zweck.
vorhaben planen, beabsichtigen, bezwecken, erzwecken, hinsteuern auf, anstreben, hinzielen, wollen, führen im Schilde, tragen sich mit, fassen ins Auge, angelegen sein lassen sich, trachten nach, setzen in den Kopf sich. → beabsichtigen, erzwecken, fassen ins Auge, hinlenken, Sinn haben im, streben.
▸ anheim stellen, übersehen, vergessen.
Vorhalle → Diele.
vorhalten → behaupten, belangen, beschulden, fallen zur Last, Kopf zurechtsetzen den, mahnen, tadeln.
Vorhaltung Tadel, Vorwurf, Warnung, Mahnung, Strafpredigt, Epistel, Gardinenpredigt, Bekrittelung, Bemäkelung, Kritik, Wink, Rüge, Verweis, Rüffel, Schelte, Nasenstüber, Ausputzer, Beanstandung, Anschiff, Verschiss, harte Worte, Bedenken, Missbilligung, Anpfiff, Zeihung, Klage, Beschuldigung, Anwurf, Bezichtigung, Anklage, Klage, Zurechtweisung. → Klage, Kritik, Tadel.
▸ Belobigung, Rechtfertigung.
Vorhand Vorrecht, Vorrang, Vorzug, Privileg, Vorkaufsrecht, Übergewicht, Führung.
▸ Nachteil • Rückhand.
vorhanden → anwesend, befindlich, dabei, disponibel, dort, effektiv, erhältlich, verfügbar.
▸ abwesend, fehlend, fort, weg.
vorhanden sein → auftauchen, bestehen, da sein.
Vorhandensein → Anwesenheit, Bestand, Dasein, Etwas, Existenz.
Vorhang → Bedeckung, Behang, Blende, Faltenwurf.
vorhängen → schließen, überhängen.
Vorhaut Präputium.
vorher früher, längst, vordem, vormals, bevor, vor Zeiten, damals, ehedem, einstmals, ehemals, einmal • vorn, zuvor, an der Spitze, führend, vorangehend, zuerst. → bereits, bevor, ehe, ehedem, eher, erwähnt schon.
▸ nachher.
Vorherbestehen Präexistenz.
vorherbestimmen prädestinieren, zwingen, vorschreiben • berechnen, überlegen, planen, erwägen.
▸ (einfallen lassen),

improvisieren, irren sich, wollen.
Vorherbestimmung Prädestination, Schicksal, Geschick, Vorsehung, Fatalismus, Kismet, Schickung, Los, Verhängnis, Willenlosigkeit, Determinismus, Unvermeidlichkeit, Fügung, Abhängigkeit • Berechnung, Erwägung. Überlegung, Planung. → Endabsicht, Fatalismus.
▸ Selbstbestimmung • Zufall.
vorherfühlen → ahnen, befürchten, entgegensehen.
vorhergehen → vorangehen.
Vorherrschaft Autorität, Dominanz, Führung, Hegemonie, Oberhand, Übergewicht, Überlegenheit, Vormachtstellung, Vorrangstellung.
vorherrschen → beikommen nicht, gelten, überwiegen.
vorherrschend → allgemein, beherrschend, bezeichnend, dominierend, gebräuchlich, überwiegend.
▸ minderheitlich • selten, vereinzelt • unterlegen.
Vorhersage Vorschau. → Prognose, Prophezeiung, Vorhersagung.
vorhersagen weissagen, prophezeien, vorherrschen, unken, warnen, lesen aus den Sternen, stellen das Horoskop, berufen, beschreien, hellsehen, verkünden, ahnen, voraussehen. → ankündigen, bedeuten, bekommen Wind, berufen, malen den Teufel an die Wand.
▸ irren sich.
Vorhersagung Hellseherei, Voraussage, Vorhersehung, Vordeutung, Weissagung, Vorherverkündigung, Offenbarung, Warnung, Vorahnung, Bescheid. → Prognose, Prophezeiung.
▸ Ahnungslosigkeit, Unwissenheit.
vorhersehen → ahnen, befürchten, dämmern, entgegensehen, Gras wachsen hören, vorhersagen.
▸ (völlig) ahnungslos sein.
Vorhersehung → Ahnung, Prophezeiung, Vorhersagung.
vorhin → eher, eingangs, kürzlich.
Vorhof Atrium, Aula.
Vorhut Vortrupp. → Abteilung, Bewachung
▸ Gefolge, Nachhut, Tross.
Vorkämpfer Avantgardist, Bahnbrecher, Pionier, Protagonist, Schrittmacher, Wegbereiter.
vorkämpferisch avantgardistisch, fortschrittlich, links, progressiv, wagemutig.
vorkauen vormachen, vorbeten.
▸ wiederkauen • nachbeten, nachmachen.
vorkehren → anbahnen, anordnen, aufpassen, ausgestalten, bearbeiten, befähigen, ordnen, organisieren, vorbereiten.
Vorkehrung → Anfang, Anordnung, Ausführungsbestimmung, Bearbeitung, Besorgnis, Besorgtheit, Grundlage, Maßregel, Organisation, Vorbereitung.
Vorkenntnis → Ahnung.
verknöpfen → anfahren, schimpfen, tadeln.
Vorkommen → Dasein, Vorkommnis.
vorkommen geschehen, stattfinden, vorfallen, zutragen sich, einstellen sich, zustoßen, widerfahren, erfolgen, vorliegen, passieren • vorhanden sein, da sein, existieren, auftreten. → auftauchen, befallen, begegnen sich, bestehen, da sein, entspinnen, ereignen sich.
▸ ausfallen, fehlen, unterbleiben.
Vorkommnis Hergang, Ereignis, Erlebnis, Szene, Auftritt, Episode, Erscheinung, Vorfall, Fall, Begebenheit, Schauspiel • Dasein. → Abenteuer, Angelegenheit, Begebenheit, Episode, Ereignis, Erlebnis, Fall.
vorladen → befehlen, beordern, berufen, beschuldigen, bestellen.
Vorlage → Modell, Muster, Original, Teppich.
Vorlauf → Vorbereitung.
Vorläufer → Bahnbrecher, Vorgänger.
vorläufig → einstweilig, momentan, provisorisch, versuchsweise.
▸ abschließend • definitv, endgültig.
Vorlaufstudie Pilotstudie.
vorlaut frech, ungezogen, keck, dreist, vorwitzig, anmaßend, unverschämt, arrogant, altklug, unerzogen, maßlos, zwanglos, unverfroren, burschikos, patzig, unbeherrscht, rücksichtslos, ungewaschenes Maul • Großmaul, Großschnabel, Grünschnabel, Großschnauze *u*, flapsig *u*. → anmaßend, anspruchsvoll, schnodderig, unartig.
▸ artig, bescheiden, unterwürfig, kleinlaut, schüchtern, schweigsam.
Vorleben → Vergangenheit.
vorlegen → anbieten, aufwerfen, darbieten.
Vorleger → Matte, Teppich.
Vorlesung → Kolleg, Vortrag.
Vorlesungsmitschrift Scriptum.
Vorliebe Voreingenommenheit, Sympathie, Neigung, Passion, Fimmel *u*, Geschmack, Bevorzugung, Liebhaberei, Steckenpferd, Hobby, Drall *u*. → Begehr, Herzenswunsch, Interesse, Manie, Neigung, Passion.
▸ Abscheu, Gleichgültigkeit.
vorlieb nehmen → begnügen sich.
vorliegend gegeben, vorhanden, da, anwesend, zugegen, gegenwärtig, existierend, seiend. → gegeben.
▸ abwesend, fehlend.
vormachen vorgeben. → blenden, fantasieren, geben ein Beispiel, heucheln, täuschen.
▸ imitieren, kopieren, nachahmen, nacheifern, nachmachen.
vormachen, sich einbilden sich, vortäuschen sich, vorspiegeln, fantasieren, einreden sich, vorreden sich, täuschen sich, fiebern, in den Kopf setzen, ein Ansehen geben sich.
▸ klar werden sich, natürlich sein.
Vormachtstellung Hegemonie, → Vorherrschaft.
vormals → als, bereits, dahin, damals, dermalen, ehedem, früher, vorher.
Vormarsch → Angriff, Invasion, Campagne.
▸ Flucht • Rückmarsch, Rückzug.
Vormenschen Prähomininen.
Vormerkbuch Agenda, Memorial.
vormerken → reservieren, zeichnen.
Vormerkung → Anmerkung, Auskunft, Gedächtnisstütze, Notiz.
Vormittag → Morgen.
▸ Nachmittag.

Vormittagsveranstaltung Matinee.
Vormund → Beauftragter, Begleitung, Bevollmächtigter. ▸ Minderjährige(r) • Mündel, Pflegling.
Vormundschaft Kuratel, Tutel.
vorn vor, zuvor, an der Spitze, obenan, vornheraus, vorangehend, zuvörderst, am Kopf, anführend, vornweg, vornher, zuerst. → voran. ▸ hinten, im Hintergrund, am Ende/Schluss, rückwärts.
Vorname Rufname. → Anrede, Beiname. ▸ Familienname, Nachname, Zuname.
vornehm hoffähig, adelig, feudal, herrschaftlich, hochherrschaftlich, hoch gestellt, fürstlich, hochgeboren, aristokratisch, nobel, noblig *u*, pieknobel *u*, überkandidelt *u*, gekrönt, von hohem Rang • salonfähig, distinguiert, manierlich, gewandt, erzogen, ritterlich, galant, verbindlich • ruhig, still, schweigsam, zurückhaltend, hochkarätig *u*, scheißfein *u*. → adelig, anständig, ausgesucht, ausgezeichnet, distinguiert, elegant, erhaben, fein. ▸ bäuerisch, einfach, unhöflich, vorlaut • schlicht • lässig, leger, ungezwungen, zwanglos • gewöhnlich, ordinär, ungehobelt.
vornehm bleich edelblass *u*.
vornehm gekleidet, zu aufgedonnert, herausgeputzt, overdresst.
vornehme Gesinnung Noblesse.
vornehme Handlungsweise Salon-Tour *u*.
vornehmen, sich → beabsichtigen, Blick richten auf, vorhaben.
vornehmer Bürger Patrizier.
vornehmlich → A und O, ausdrücklich, besonders, hauptsächlich, speziell.
vornehmtuerisch stinkfein *u*.
vornherein, von schon immer, von Anfang an, a priori, selbstverständlich. ▸ nachträglich, a posteriori, später.
Vorortzug → Fahrzeug, (Schienen-).
vorprellen vorpreschen. → vordrängen sich. ▸ nachhaken • nachhinken • zu spät kommen.
Vorrang Oberwasser, Hauptgewicht. → Ausnahme, Ehrenplatz, Erwählung, Vorzug. ▸ Bedeutungslosigkeit, Unwichtigkeit.
vorrangig an erster Stelle, maßgeblich, primär, unaufschiebbar, zuerst.
Vorrangstellung führende Stellung, Hegemonie, Primat, Überlegenheit, → Vorherrschaft.
Vorrat Rücklage, Fonds, Fülle, Hinterlegung, Magazin, Stapel, Lager, Schatz, Quelle, Fundgrube, Bezugsquelle, Ansammlung, Niederlage, Brotsack. → Anzahl, Batzen, Besitztum, Bestand, Ersparnis, Inventar, Lager, Proviant, Reserve, Schatz. ▸ Mangel.
vorrätig → disponibel, erhältlich, verfügbar, vorliegend. ▸ erforderlich, fehlend, nötig.
Vorratshaus → Depot, Lager.
Vorratskammer → Abstellraum, Depot, Ersparnis.
Vorratslager Arsenal, Depot, Magazin.
Vorratsverzeichnis → Inventar, Verzeichnis.
Vorraum → Diele.
Vorrecht Privileg, Monopol, Privilegium, Ausnahmestellung, Vorzug, Vorteil, Bevorzugung, Immunität, Anspruch. → Anrecht, Ausnahme, Befugnis, Konzession, Vorzug. ▸ Gleichschaltung, Unterordnung.
Vorrede → Einführung, Prolog. ▸ Epilog, Nachwort, Schlusswort.
vorreden → anführen, fantasieren, vorsagen.
Vorrichtung → Apparat, Maschinerie.
vorrücken spuren, vorangehen, vormarschieren, nähern sich, herankommen, ankommen, vorwärts gehen, vorlaufen, vordringen, näher kommen, einmarschieren, angreifen, überfallen • aufsteigen, vorkommen, gewinnen, erreichen, übertrumpfen, fortkommen • vor Augen rücken, vorknöpfen sich, tadeln, rügen. → bahnen, begegnen, beikommen, dringen, emporarbeiten, erobern. ▸ loben, nachfolgen, unterliegen, fliehen, weichen, sich zurückziehen • zurückrücken, zurückschieben.
vorsagen vorreden, zuflüstern, soufflieren, helfen, beispringen, vorquasseln *u*, einblasen *u*, einsagen *u*, Feuerschutz geben *u*. → vorquatschen *u*, pfuschen, mogeln • aufsagen, hersagen, sprechen, vortragen, vorlesen, deklamieren. ▸ schweigen.
Vorsatz → Absicht, Anschlag, Bewerbung, Endabsicht, Entschluss, Plan, Zweck. ▸ Fahrlässigkeit • Ausführung, Durchführung, Tat • Zuwiderhandlung.
Vorsatz, böser Böswilligkeit, Dolus.
vorsätzlich mit Fleiß *u*. → absichtlich, beabsichtigt, eigens, express, geflissentlich. ▸ fahrlässig • unbeabsichtigt, versehentlich • zufällig.
vorsatzlos → absichtslos, beiläufig, unabsichtlich.
Vorschau → Voraussage, Vorhersage. ▸ Erinnerung, Reminiszenz, Rückblick, Rückschau.
Vorschein kommen, zum auffallen, aufkommen, herauskommen, hervortreten, offenbar/sichtbar werden, zeigen sich, zu Tage treten.
vorschicken schicken, beordern, bestellen, befehligen, betrauen, beauftragen, herschicken, rufen lassen, holen, lassen, befugen. ▸ abwarten, folgen, nachkommen • zurückziehen.
Vorschein kommen, zum → wiedererscheinen, zeigen sich.
vorschieben → begünstigen, verdecken, voranstellen.
vorschießen vorrücken. → kreditieren. ▸ abtragen, begleichen • nachzahlen • zurückzahlen.
Vorschlag Entwurf, Anregung, Empfehlung, Einladung, Angebot, Bitte, Anliegen, Wunsch, Plan, Gedanke, Thema. → Absicht, Angebot, Antrag, Bewerbung, Chrie, Plan. ▸ Ablehnung, Warnung.
Vorschlag, unsinniger Hirnblähung *u*.
vorschlagen → anbieten, aufwerfen, beantragen, befürworten, empfehlen. ▸ ablehnen, zurückweisen • akzeptieren, annehmen, zustimmen.
Vorschlussrunde Semifinale.
vorschnell unüberlegt, voreilig, unbesonnen, unbedacht, leichtsinnig, unvorsichtig, ungestüm, ungeduldig,

stürmisch, Hals über Kopf. → erregbar, Fassung verlieren die, Knie brechen übers, Hals über Kopf, unvorsichtig, vorzeitig.
▸ überlegt, vorsichtig.
vorschreiben → aufdrängen, aufzwingen, befehlen, beordern, bewirken, Dach steigen auf das, diktieren, dirigieren, Disziplin halten, erfordern, erteilen Auftrag, verbieten, verordnen, zwingen.
▸ abraten • empfehlen • machen lassen.
Vorschrift Gebot, Anweisung, Verfügung, Anordnung, Auftrag, Verschreibung, Rezept, Bestimmung, Gesetz, Verordnung, Satzung, Regel, Kanon, Lehre, Statut, Formel, Standard, Richtmaß, Richtschnur, Befehl, Geheiß, Geheisch, Mandat, Erlass, Edikt. → Anleitung, Auflage, Beeinflussung, Befehl, Dekret, Denkspruch, Dessin, Diktat, Entwurf, Erlass, Norm, Regel, Verbot, Verordnung.
▸ Freiheit.
Vorschrift machen → befehlen, diktieren, schulmeistern.
vorschriftsmäßig nach Brauch und Sitte, nach Schema F, wie vorgeschrieben, wie verlangt, wie gewünscht, nach der Norm, nach dem Ritus • in Dress, in Kriegsbemalung *u.* → normal, rituell.
vorschriftswidrig illegitim, ordnungswidrig, ungesetzlich.
Vorschub Hilfsdienst, Hilfe, Unterstützung, Handreichung, Nachhilfe, Beihilfe, Beistand, Förderung, Beitrag, Mithilfe, Dienstleistung, Bedienung, Einsatz, Gefälligkeit • Vorschiebung, Beförderung, Verlegung, Verschiebung, Wegräumung, Verpflanzung, Zuschub. → Beihilfe, Beistand, Hilfe, Hilfsstellung.
▸ Hemmung.
Vorschuss → Anleihe, Aushilfe, Belehnung, Bezahlung, Darlehen, Kredit.
▸ Nachzahlung • Rückzahlung.
vorschützen vorspiegeln, suchen einen Vorwand, entstellen die Tatsachen, ausweichen, ausweichend antworten, ausreden sich, umgehen, suchen Ausflüchte, so tun als ob, heucheln, mogeln, schwindeln, vormachen blauen Dunst. → täuschen.
▸ Wahrheit sprechen die.
vorschwatzen → anführen, Dunst vormachen, düpieren, fabeln, lügen, schwindeln, täuschen, vorsagen, vorschützen.
vorschweben → beabsichtigen, denken, schauen.
vorsehen, sich abwägen, Acht geben, sich in Acht nehmen, Sorge tragen, auf der Hut sein, die Augen offen halten, die Ohren spitzen, nicht trauen dem Frieden, sich vor Gefahr schützen, vorsichtig sein, obachtgeben, sorgen für, auf Eiern gehen, auf dem Posten sein, sich außer Schussweite halten, in Deckung gehen, behutsam sein, besonnen vorgehen, auf Nummer sicher gehen. → Acht geben, überlegen.
▸ wagen.
Vorsehung → Fatalismus, Schicksal.
Vorseiten eines Buches Titelei.
vorsetzen → auftragen, voranstellen.
Vorsicht → Achtung, Argwohn, Aufmerksamkeit, Augenmerk, Bedacht, Behutsamkeit, Beobachtung, Besonnenheit, Besorgnis, Besorgtheit, Diskretion, Obacht, Rücksicht.
▸ Kühnheit • Achtlosigkeit, Fahrlässigkeit, Leichtsinn, Rücksichtslosigkeit.
vorsichtig sorgfältig, überlegt, umsichtig, auf der Hut, achtsam, aufmerksam, bedacht, bedächtig, wachsam, behutsam, sorglich, mit Glaceehandschuhen anfassen, weit blickend, besonnen, auf Eiern gehen *u,* klug • ängstlich, bang, argwöhnisch, misstrauisch. → ängstlich, argwöhnisch, bedächtig, beflissentlich, diplomatisch, diskret, feige, gewitzigt, schonungsvoll, sorgfältig, tüchtig.
▸ unvorsichtig.
vorsichtig sein → Acht geben.
vorsichtiger Mensch Doppeldecker *u*, Eierkicker *u.*
Vorsichtsmaßregel Kautel.
vorsintflutlich → alt, veraltet.
Vorsitz Leitung, Federführung, Präsidium.
vorsitzen → präsidieren.
Vorsitzender Chairman, Präses, Präside, Präsident.
Vorsorge Fürsorge, Vorbereitung, Versorgung, Pflege, Anordnung, Vorkehrung, Zehrgeld, Rücklage, Notgroschen, Hilfsquelle, Fürsorglichkeit, Zehrung, Proviant, Mundvorrat. → Ahnung, Bearbeitung, Besorgnis, Besorgtheit.
▸ Nachlässigkeit, Unbedachtsamkeit, Verbrauch • Sorglosigkeit • Nachsorge.
Vorsorgemedizin Präventivmedizin.
vorsorgen vorbauen, sorgen für, zuvorkommen, vorbeugen, vorkehren, vorsehen, Vorsorge treffen, den Vorteil nutzen, weiter denken, sichern, sparen, aufsparen, abgrasen, abklopfen, Geld herausschlagen. → aufspeichern, Beste tun, darbringen, vorbereiten.
▸ verbrauchen, vernachlässigen.
vorsorglich → fürsorglich.
Vorspann Einführung, Einleitung, Präludium.
Vorspeise Antipasto, Entree, Hors d'œuvre.
vorspiegeln etwas dahermachen *u*, blauen Dunst vormachen *u*, flunkern *u.* → anführen, ausdenken, Besten halten zum, Dunst vormachen, erträumen, fabeln, fantasieren, lügen, schwindeln, täuschen, vortäuschen.
Vorspiegelung → Anschein, Ausflucht, Behelf, Betrug, Blendwerk, Deckmantel, Dunstbild, einmal ist keinmal, Erscheinung, Illusion, Lüge, Mache, Mätzchen, Schein, Täuschung.
Vorspiel → Anfang, Beginn, Prolog.
▸ Nachspiel • Schlussakt.
vorsprechen → beehren, besuchen, deklamieren, diktieren, erklären sich, vorsagen.
vorspringen vorstehen, vorragen, überragen, herausragen, heraushängen, vorhängen, vorstülpen sich, abstehen, wölben sich, herausstehen. → auftreiben, ausbuchten, vorgehen.
▸ vertiefen • zurückspringen.
vorspringend → bauchig.
vorspringendes Bollwerk Bastei, Bastion.
Vorspruch Prolog.
Vorsprung Sims, Vorgabe, Polster *u.* → Auswuchs, Balkon, Ecke, Entfernung, Erker, Grat, Vorteil, Wölbung.
▸ Bucht, Delle, Einbuchtung • Nachhinken, Nachteil, Rückstand, Verzug.
vorstädtisch → ländlich.

Vorstand → Chef, Direktor, Haupt.
vorstehen → anführen, leiten.
Vorsteher → Chef, Dienstherr, Direktor, Haupt.
Vorsteherdrüse Prostata.
Vorsteherhund Griffon, Pointer.
vorstellbar erdenklich, denkbar, erwägbar, fassbar, ersinnbar, bildhaft, darstellbar, erfassbar, vertretbar. → erfassbar, erkennbar.
▸ unvorstellbar.
vorstellen → auftreten, ausdenken, ausmalen, basieren, bekämpfen, begegnen, darbieten, darstellen, debütieren, denken, repräsentieren, tadeln.
▸ vorenthalten, zurückhalten • zurückstellen.
vorstellen, sich → annehmen, bekannt werden, darstellen sich, denken.
Vorstellung → Absicht, Anhaltspunkt, Ansicht, Auffassung, Ausführung, Ausdruck, Begriff, Betrachtung, Bild, Chimäre, Darbietung, Darstellung, Delirium, Dunstbild, Einbildung, Eindruck, Einführung, Erscheinung, Gedanke, Idee, Tadel, Veranstaltung.
▸ Realität, Wirklichkeit.
Vorstellungen, unwirkliche Illusionen, Haluzinationen.
Vorstellungsbild Image.
Vorstellungskraft Imagination, Fantasie.
Vorstellungsvermögen → Einbildungskraft, Fantasie.
Vorstoß → Angriff, Anlauf, Aufschlag, Erker.
▸ Flucht • Rückmarsch, Rückzug • Rückzieher.
vorstoßen → vordringen.
▸ fliehen, sich zurückziehen • zurückbleiben, zurückfallen.
vorstoßend angreifend, anfallend, beschleichend, plänkelnd, bedrängend, zustoßend, vorrückend, vormarschierend, losstürmend, eindringend • anfeindend, befehdend, beschimpfend, tätlich werdend • hervorstoßend, aufprallend • hervorragend. → bahnbrechend.
▸ unterliegen(d), verteidigen(d), zurückbleibend.
Vorstrafe schwarzer Spritzer *u.*
vorstrecken hinstrecken, hinhalten • verlängern, recken, ausdehnen, ausziehen. → kreditieren.
▸ einziehen, entleihen, verkürzen.
Vortänzerin Primaballerina.
vortäuschen vorspiegeln, fingieren, lügen, schwindeln, vorreden, erdichten, fabeln, vormachen, vorgaukeln, erfinden, einreden, in den Kopf setzen • es steckt nichts dahinter. → erdichten, erträumen, fantasieren, täuschen, vorreden.
▸ Wahrheit sprechen die.
Vortäuschung Kulisse, Maskerade, Perlusion, Simulation, Theater. → Täuschung, Vorspiegelung.
Vorteil Gewinn, Nutzen, Profit, Vergünstigung, Erfolg, Einträglichkeit, Förderlichkeit, Vorzug, Vorgabe, Vorsprung, Nützlichkeit, Ertrag, Erwerb, Verdienst, Genuss, guter Fang, Glück, Zuwachs, Bereicherung, Überlegenheit. → Ausbeute, Auswirkung, Bemächtigung, Dienlichkeit, Einträglichkeit, Gewinn, Überlegenheit, Vergünstigung.
▸ Nachteil.
Vorteile Pluspunkte *u.*
Vorteile sichern Schäfchen ins Trockene bringen *u.*
vorteilhaft günstig, bewährt, wohlfeil, dienlich, wertvoll, hochwertig, nützlich, preiswert, empfehlenswert, förderlich, billig, lohnend, ertragreich, Nutz bringend, erfolgreich, ersprießlich, passend, anwendbar, da ist was dran. → annehmbar, ausgiebig, dankbar, dankenswert, dienlich, einträglich, erfolgreich, Erfolg versprechend, erfreulich, günstig, gut, lohnend, nützlich, preiswert, rentabel, Segen bringend.
▸ nachteilig unvorteilhaft.
vorteilhafte Seite Butterseite *u,* Schokoladenseite *u.*
Vortrab Vorhut, Außenposten, Sturmtrupp, Stoßtrupp, Horchposten.
vortraben antanzen, aufkreuzen, vorsprechen • vor jemanden treten, sich vor jemanden schützend stellen, die Stirn bieten, die Zähne zeigen, Front machen, verteidigen • vorangehen, vorpreschen, vorneweg gehen, vorgehen.
Vortrag Rede, Referat, Vorlesung, Aussprache, Auslegung, Lehre, Schulung, Stunde, Erklärung, Erläuterung, Übung • musikalischer Vortrag • Übertragung, Rechnungseröffnung, Konto, Übertrag, Voransetzung. → Ausdrucksweise, Rede.
vortragen referieren, rezitieren, deklamieren, singen, spielen, aufsagen, hersagen, belehren, predigen, reden, sprechen, lehren, herunterleiern, ein Anliegen vorbringen • vorbringen, herbringen, nach vorn bringen, eröffnen • übertragen, voransetzen. → anstimmen, aufklären, deklamieren, hersagen, sprechen.
▸ anhören, hören • zurücktragen.
Vortragender Sprecher, Vorleser, Redner, Referent • Lektor, Lehrer, Professor • Sänger, Meister, Musiker.
Vortragskünstler Deklamator, Diseur, Rezitator.
Vortragsreihe Zyklus.
vortrefflich meisterhaft, trefflich, mustergültig, vollkommen, vollwertig, vorbildlich, überragend, unübertroffen, vollendet, hervorragend, ausgezeichnet, einwandfrei, klassisch, zünftig, pfundig, prima, vorzüglich, toll, wie es im Buche steht *u* • à la bonne heure. → angenehm, aromatisch, auserlesen, außerordentlich, bieder, brillant, charaktervoll, dauerhaft, erlaucht, erlesen, erstaunlich, fest, köstlich, prächtig, schön, vollkommen.
▸ charakterlos, hässlich, wertlos, mies, miserabel, unbefriedigend.
Vortrefflichkeit → Beste, Dauerhaftigkeit, Delikatesse, Echtheit, Gipfel, Qualität, Vollkommenheit, Wert.
vortreiben treiben, antreiben, vorwärts treiben, in Bewegung setzen, den Anstoß geben, losgehen lassen, hinausjagen, austreiben, stoßen, schieben, drücken, schnellen.
▸ zurückhalten • stoppen • zurücktreiben.
Vortritt Vorantritt, Voranstellung, Spitze, Führung, Vorzug, Vorrang, Vorrecht, Anführung, Spitzenstellung, Spitzengruppe, Führerstellung • Ehrenplatz, Ehrung, Verehrung.
Vortrupp Vorreiter. → Vorhut.
▸ Nachhut, Tross.
vorüber vorbei, passee, dahin, verschwunden, vergangen,

gewesen, vergessen, verflossen, verwichen, vormals, damals, ehedem, vordem, gegangen, zuvor, einst, anher, damalig. → abgeschlossen, aus, befristet, bereits, dahin, Ende gut alles gut, fertig
▸ beginnend, unfertig • künftig.
vorübergehen → passieren, vergehen, vorbeigehen.
vorübergehen lassen → verpassen, warten.
vorübergehend auf Zeit, flüchtig, anfallweise, temporär. → einstweilig, provisorisch, vergänglich.
▸ anhaltend, beständig, bleibend, ewig, fortwährend • endgültig.
vorüberziehen → marschieren, paradieren, vergehen.
Vorurteil Befangenheit, Voreingenommenheit, Einseitigkeit, Verblendung, Unduldsamkeit, Parteilichkeit, Beschränktheit, Rechthaberei, Unlenksamkeit. → Denkart kleinliche, Einseitigkeit, Fanatismus, Intoleranz, Kastengeist.
▸ Vorurteilslosigkeit.
vorurteilsfrei → aufgeklärt, sachlich, vernünftig.
▸ befangen, intolerant, parteiisch, voreingenommen, vorurteilsvoll.
vorurteilslos → aufgeklärt, objektiv, sachlich.
Vorurteilslosigkeit → Objektivität.
vorurteilsvoll → beengt, befangen, bigott, engstirnig, fanatisch, parteiisch, pedantisch, unduldsam.
Vorverhandlung (diplomatische V.) Präliminare.
vorverlegen voranstellen. → vorziehen.
Vorwand Scheingrund, Selbstbetrug, leere Phrase, Täuschung, Beschönigung, Ausrede, Ausweichung, Vorspiegelung, Maske, Schnack, faule Fische, Flausen, Finte, Versteckspiel, Winkelzug, Notlüge, Bewerbchen *u*, Finte *u*. → Ausflucht, Ausrede, Ausweg, Deckmantel, Entschuldigung, Lüge, Täuschung.
▸ Wahrheit.
Vorwände benutzen Ausflüchte machen, Ausreden gebrauchen, herausreden sich.
vorwärts voran, fort, voraus, weiter, drauf, drauflos, en avant, heran, los, hü *u*, ran *u*, hop *u*, losgehend, losschreitend, vorwärts machen, beeilen, dalli *u*. → ausschreiten, direkt.
▸ rückwärts, nach hinten, zurück • seitwärts, zur Seite.
vorwärts drängend → bahnbrechend, strebsam.
Vorwärtskommen → Arbeitssegen, Bemächtigung, Erfolg.
vorwärts kommen kommen auf einen grünen Zweig, Glück haben, Erfolg haben, gewinnen, glücken, bezwingen, den Zweck erreichen, Lorbeeren ernten, fahren mit vollen Segeln, ins Schwarze treffen, Schach bieten. → bringen es zu etwas, vorrücken.
▸ zurückbleiben.
vorwärts treiben → stoßen.
vorweg → beginnend, einleitend, voran.
▸ anschließend, danach, darauf, hinterher, später.
vorwegnehmen → vordrängen sich.
vorwegnehmend antizipativ.
vorweisen → darbieten, zeigen.
Vorwelt → Urzeit.
vorwerfen tadeln, vor Augen halten, am Zeug flicken, missbilligen, beschuldigen, in die Schuhe schieben, zuschreiben, belasten, zur Last legen, zur Rechenschaft ziehen, rügen, aufs Dach steigen, einen Rüffel erteilen. → behaupten, belangen, beschuldigen, Dach steigen auf das, fallen zur Last, tadeln.
▸ loben, verteidigen • würdigen • danken.
Vorwerk → Barrikade, Bastion, Bauernhof, Hindernis.
vorwiegend → besonders, hauptsächlich, überwiegend.
Vorwitz → Anmaßung, Dreistigkeit, Frechheit, Naseweis, Neugierde.
vorwitzig naseweis, neugierig, frech, dreist, altklug, taktlos, unbescheiden, unbeherrscht, fürwitzig, rotzig *u*, ungeduldig, keck, vorlaut, anmaßend. → burschikos, schnodderig.
▸ bescheiden, zurückhaltend.
Vorwölbung Bauch, Prominenz, Protrusion.
Vorwort → Einführung.
Vorwurf Vorhaltung, Mahnung, Tadel, Vorstellung, Warnung, Strafpredigt, Gardinenpredigt, Bemäkelung, Bekrittelung, Kritik, Rüge, Verweis, Schelte, Missbilligung • Vorlage, Muster, Urform, Original, Vorbild, Karton, Schablone, Modell. → Bemerkung, Beschwerde, Frage, Klage, Maßregelung, Schimpferei, Tadel.
▸ Belobigung, Befriedigung, Lob, Würdigung • Dank.
Vorwürfe machen → Dach steigen auf das.
vorwurfsvoll vorstellig, kritisch, krittelig, missbilligend, tadelsüchtig, absprechend, missfällig, unbefriedigend, absprecherisch, unzufrieden, verweisend, rügend, nörgelnd, tadelnd.
▸ loben(d).
vorzaubern betrügen, neppen, täuschen.
Vorzeichen → Anzeichen, Aspekt.
vorzeichnen → einführen, malen, organisieren.
vorzeigen → begeben, darbieten, zeigen.
Vorzeit → Urzeit, Vergangenheit.
vorzeitig übereilt, überhastet, überstürzt, verfrüht, vorschnell, voreilig, unerwartet, frühreif, unreif • schon, bevor, früh, früher, frühzeitig, beizeiten, zeitig, ehest, pünktlich. → beizeiten, ehestens.
▸ spät, überlegt, unpünktlich.
vorziehen vorverlegen. → bevorzugen, vorrücken.
▸ gleichbehandeln • benachteiligen, hintansetzen, übervorteilen, zurücksetzen • zurückziehen.
Vorzimmer → Diele.
Vorzimmer warten, im antichambrieren.
Vorzimmerdame Spritze *u*, Cheftippse *u*, Vorstandsbremse *u*.
Vorzug Ausnahme, Vorrecht, Auszeichnung, Vorrang, Bevorzugung, Vergünstigung, Erwählung, Überlegenheit, Privilegium, Vorteil • Vorliebe, Neigung • Wert. → Ausnahme, Vorteil.
▸ Benachteiligung, Nachteil, Fehler, Makel, Mangel, Schwäche.
Vorzüge Kenntnisse, Gelehrigkeit, Talent, Fähigkeit, Fassungskraft, Belesenheit, Meisterschaft, Geschicklichkeit, Einsicht, Begabung, Anlage, Eignung, Tauglichkeit, Können, Beschlagenheit, Scharfsinn • Schönheit, Reize, Anmut • Charakter, Mut, Tapferkeit, Pflichtbewusstsein. → Vollkommenheit, Wert.

▸ Unfähigkeit, Unvollkommenheit, Wertlosigkeit.
vorzüglich erstklassig, vollkommen, toll, vortrefflich, makellos, wertvoll, meisterlich, schätzenswert, vorteilhaft, schön, edel, selten, rar, unübertrefflich, gut, prima, ff, einwandfrei, prächtig, herrlich, kostbar, primissima *u*, primstens *u*. → ansehnlich, auserlesen, ausgezeichnet, bekömmlich, dauerhaft, denkwürdig, erheblich, erlesen, gut, unschätzbar, vollkommen, vortrefflich. ▸ abscheulich, schlecht ungenießbar, widerlich.
Vorzüglichkeit → Beste, Dauerhaftigkeit, Echtheit, Eignung, Gipfel, Qualität, Vollkommenheit, Wert, Zweckmäßigkeit.
Vorzugsaktie Preference-share, Prefered-stock, Prioritätsaktie.
Vorzugsdividende Superdividende.
Vorzugseinkommen Differenzialrente.
Vorzugsrecht Priorität. → Vorrecht.
vorzugsweise → ausdrücklich, ausnehmend, hauptsächlich, speziell.
Votum Stimme, Abstimmung, Wahl, Wahlgang • Gelübde, Geloben • Gutachten, Urteil, Meinungsäußerung.
Voyeur Spanner *u*.
vulgär gewöhnlich, unfein, grob, unschön, unbeschlacht, gemein, roh, hässlich, niedrig, proletenhaft, proletarisch. ▸ vornehm.
Vulkanausbruch Eruption, Extrusion.
Vulkanauswurf Lava.
Vulkangestein z.B. Andesit, Basalt, Bims, Diabas, Diorit, Gabbro, Granit, Liparit, Obsidian, Phonolith, Pophyr, Syenit, Trachyt, Trass, Tuff.
vulkanisch explosiv, Feuer speiend, unbändig, wild.

W

Waage Messgerät, Bleiwaage, Wasserwaage, Brückenwaage, Hauhaltswaage, Dezimalwaage, Briefwaage, Feinwaage, Goldwaage, Standwaage, Gerät, Gewichtsmaß. → Brücke, Gleichgewicht.
Waagerechte Abzisse, Horizontale.
waagrecht wasserrecht, horizontal, eben, flach, flächig, platt, glatt, ausgebreitet, hingestreckt, niedergeworfen. ▸ senkrecht, aufrecht, lotrecht, vertikal.
wabbelig gallertartig, glibb(e)rig, schwabbelig, schleimig.
wabbern flimmern, wedeln, züngeln, pulsieren, schwanken, wabbeln, wibbeln, vibrieren.
wach → aufgeschlossen, empfänglich, hellhörig. ▸ schlafend • müde, schlafbedürftig, schläfrig, übernächtigt, verschlafen.
wach sein aufmerksam sein, aufpassen, obachtgeben • aufgestanden sein, auf sein, wachen.
wach werden → erwachen.
Wache Runde, Rundgang, Schutzwache, Aufsicht, Bewachung, Feldwache, Schildwache, Wacht, Horchposten, Leibgarde, Leibwächter, Schutz, Patrouille, Polizei. → Bewachung, Posten, Wächter.
Wache stehen → beobachten.
wachen aufbleiben, auf den Beinen sein, kein Auge schließen oder zumachen, wach sein, nicht schlafen können • erwachen, zu sich kommen • Schmiere stehen, aufpassen, patrouillieren, behüten, beschirmen, beschützen, hüten, sichern, schirmen, verteidigen, in Schutz nehmen. → bewachen, schützen. ▸ angreifen, ergeben sich, gefährden sich, schlafen, versagen.
wachend achtsam, vigil, wachsam.
wachmachen aufwecken, wecken.
Wachmann → Wächter • Putz *u*.
wachrufen wiederauffrischen. → begeistern, beleben, bemächtigen, beschuldigen, erwecken.
Wachrundgang Patrouille, Ronde.
wachsam → ängstlich, bedächtig, beflissentlich, charakterfest, erwartungsvoll, gründlich, hellhörig, vorsichtig. ▸ fahrlässig • unachtsam, verträumt.
wachsam sein → Acht geben.
Wachsamkeit → Aufmerksamkeit, Augenmerk, Bedacht, Beflissenheit, Behutsamkeit, Bemühung, Beobachtung, Besonnenheit, Besorgtheit, Besorgnis, Bewachung, Obacht, Umsicht.
Wachsbildnerei → Bildhauerei.
wachsen zunehmen, zusammenläppern, steigern, vermehren, vergrößern, schwellen, anschwellen, aufgehen, treiben, hochschießen, fortkommen, ins Kraut schießen, vervielfachen, verdoppeln, hinzufügen, anhäufen, gedeihen, blühen, florieren, strecken, entwickeln • einschmieren, polieren, einreiben, glätten, einbohnern. → ändern, anschwellen, aufbauschen, aufblühen, auftauchen, ausbreiten, ausdehnen, ausfüllen, ausschlagen, blähen, dehnen, entfalten sich, entwickeln sich, erblühen, erstarken, florieren, gedeihen, keimen, putzen, schießen, strecken, treiben, vergrößern, vervielfältigen. ▸ verfallen • abnehmen, eingehen, kleiner werden, kümmern, schrumpfen, schwinden, sinken, sich verkleinern, verkümmern, sich vermindern, sich verringern, zurückgehen • entfetten, entwachsen.
wachsen lassen → aufgehen, entwickeln, heben, strecken, vervielfältigen.
wachsend → aufsteigend, gedeihlich, verstärkend.
Wachsfigur → Marionette.
Wachsfigurenkabinett Panoptikum.
wachsig → fettig.
Wachssalbe Zerat.
Wachstum → Arbeitssegen, Aufbau, Ausbreitung, Ausdehnung, Entfaltung, Entwicklung, Erzeugung,

Fortschritt, Gedeihen, Lebenstrieb, Steigerung. ▸ Minderung, Rückgang, Schrumpfung, Schwund • Stillstand.
Wachstumsbeschleunigung Akzeleration.
Wachstumsfonds growth fund, Thesaurierungsfonds.
Wachstumshemmung Retardierung.
Wachstumshormon Somatotropin.
Wachstumsjahre → Flegeljahre.
Wachstumsminderung/-rückgang Rezession.
Wachstumsrate Inkrement.
Wacht → Wache.
Wächter Verwalter, Kontrolleur, Hüter, Gaucho, Wärter, Beschützer, Bewacher, Inspektor, Hirte, Älpler, Bannwächter, Feldhüter, Flurwächter, Förster, Heger, Grenzwächter, Grenzer, Grenzaufseher • Verwahrer, Beschließer, Pedell, Pförtner, Hausmeister. • Schildwache, Wachmeister • Schildwache, Wachposten • Schäferhund, Hofhund, Zerberus. → Aufseher, Begleitung, Beschützer, Bewachung, Büttel. ▸ Gefangener.
Wachtraum Einbildung, Sinnestäuschung, Unwirklichkeit, Trugbild, Irrtum, Tagtraum, Hellseherei, Dämmerzustand, Fieberwahn, Entrücktheit, Überspanntheit, Verträumtheit, Vision, Träumerei, Gesicht, Fantasiegebilde, Hirngespinst, Grille, Traumgebilde, Traumzustände. ▸ Wirklichkeit.
wackelig → lose.
wackeln → bewegen sich, schaukeln, schwanken.
wacker ehrbar, redlich, rechtschaffen, brav, aufrecht, zuverlässig, solid, treu, gerecht, mannhaft, pflichtgetreu • mutig, herzhaft, tapfer, verwegen, furchtlos, beherzt, unerschrocken. → angesehen, bieder, brav, charakterfest, heldenhaft, kühn, lauter, mutig, Schrot und Korn von echtem, tapfer, trutzig, tugendhaft, unerschrocken. ▸ charakterlos, feige, lasterhaft.
Wadenkrampf Krampus-Syndrom.
Waffe Schusswaffe, Schießwaffe, Gewehr, Stichwaffe, Hiebwaffe, Feuerwaffe, Kanone, Mörser, Angriffswaffe, Verteidigungswaffe, Schutzwaffe, Trutzwaffe, Bogen, Kettenkugel, Kolben, Muskete, Prügel, Keule, Pike, Flinte, Revolver, Colt, Pistole, Karabiner, Drilling, Kugel, Hirschfänger, Standhauer *j*, Waidmesser *j*, Waidblatt *j*, Genickfänger *j*, Saufeder *j*, Bäreneisen *j* • Gewaff *j*, Hauer *j*, Wetzer *j*, Haderer *j*. → Panzer, Pfeil, Schutz.
Waffe ergreifen, die → brechen den Frieden, wehren sich.
Waffen scharfe Sachen *u*.
Waffen strecken, die → beigeben.
Waffengang → Kampf.
Waffengetümmel → Blutbad.
waffenlos entrüstet *u*. → hilflos, schwach. ▸ bewaffnet, gerüstet, verteidigungsbereit, waffenstarrend.
Waffenrock → Anzug, Uniform.
Waffenstillstand → Aussöhnung.
waffnen → ertüchtigen.
wägbar messbar, wiegbar, zählbar, berechenbar, fassbar, stofflich, körperlich, materiell, körperhaft. → fassbar. ▸ unfassbar.
Wagehals → Himmelsstürmer.
Wagemut → Antrieb, Courage, Entschlussfähigkeit, Initiative, Mut, Übermut, Unklugheit, Vermessenheit.
wagemutig → kühn, mutig, übermütig, unvorsichtig, vermessen. ▸ besonnen, vorsichtig • ängstlich, feige, furchtsam • vorsichtig, zaghaft.
wagemutiger Unternehmer Pionierunternehmer.
Wagen Auto, Anhänger, Verkehrsmittel, Fahrzeug, Gefährt, Droschke, Kutsche, Omnibus, Straßenbahnwagen, Karren, Kraftwagen, Leiterwagen, Reisewagen, Einspänner, Cab, Camion, Lastwagen, Motorwagen, Schlafwagen, Speisewagen, Triebwagen, Lieferwagen, Handwagen, Beiwagen. → Chaise, Fahrzeug (Straßen-), Karren.
wagen getrauen sich, riskieren, schlagen in die Schanze, Seiltanzen, setzen aufs Spiel, trauen, unterziehen sich, vermessen sich, draufgehen, nicht ausweichen, mutig sein, sich unterfangen, unternehmen, sich ermannen, einsetzen, wetten, sich erkühnen, sich erdreisten, Gott versuchen, Feuer und Wasser gehen durch, den Teufel nicht fürchten, durch dick und dünn gehen, unerschrocken sein, wagemutig, wagehalsig. → bestehen, bewähren, Feuer spielen mit dem, gefährden sich, getrauen sich, handeln, vermessen sich. ▸ aufgeben, unterliegen, versagen. • zagen, zaudern, zögern • sich fürchten, sich hüten, kneifen, sich scheuen, zurückschrecken.
wägen abwiegen, wiegen, abwägen, bemessen, eichen, loten, peilen, messen. • überlegen, unterscheiden, urteilen, beurteilen, prüfen, erwägen, sichten, entdecken, erkennen, klarsehen. → abmessen, beurteilen, errechnen, urteilen. ▸ übereilen, unüberlegt (handeln).
Wagenabstellraum Garage, Remise.
Wagenabteil Coupé.
Wagenaufbau Karosserie.
Wagendecke Plaid.
Wagenfahrgestell Chassis.
Wagenführer/-lenker Chauffeur.
Wagenkolonne Pulk, Treck.
Wagenrücksitz Fond.
Wagenschuppen → Abstellraum.
Wagestück → Abenteuer, Gefahr, Heldentat, Risiko, Wagnis.
Wagon → Wagen.
waghalsig → blindlings, drohend, dummdreist, gefährlich, halsbrecherisch, trutzig, übermütig, unternehmend, vermessen. ▸ abwägend, besonnen, risikobewusst, umsichtig, vorsichtig.
Waghalsigkeit → Dreistigkeit, Mut, Übermut, Vermessenheit.
Wagnis Unternehmung, Unterfangen, Mutprobe, Abenteuer, Husarenstückchen, Feuerprobe, Mannestat, Wagemut, Kühnheit, Waghalsigkeit, Tollkühnheit, Spekulation, Lotteriespiel, Glücksspiel, Heldentat, Handstreich, Gewaltstreich, Wahnwitz, Salto mortale, Hexenprobe. → Abenteuer, Angriff, Bemühung, Chance, Experiment, Gefahr, Lotterie, Risiko. ▸ (Gefahrlosigkeit), Mutlosigkeit, Versagen •

risikoloses Unternehmen, sichere Sache • Absicherung • Versicherung.
Wagnisgeschäft Spekulation.
Wagniskapital Risikokapital, Venture-capital.
Wagniszuschlag Risikoprämie.
Wahl Auslese, Selbstbestimmung, Gutdünken, Auswahl, Erwählung, Bevorzugung, Ermessen, Entscheidung, Kür, Entschluss • Stimme, Mehrheit, Minderheit, Wahlversammlung, Sitz, Wahlakt. → Auswahl, Belieben, Berufung, Entschluss, Erwählung, Scheideweg.
▸ Ablehnung, Widerruf.
Wahl duch Zuruf Akklamation.
Wahl, keine Unfreiheit, Unfreiwilligkeit, Notwendigkeit, Zwangslage, Notlage, höhere Gewalt, Bedrängnis, Gebundenheit, Pflicht, Verpflichtung, Nötigung, Zwang, Ultimatum, Erpressung, Schwierigkeit.
▸ Freiheit.
wählen erwählen, erkiesen, erküren, auswählen, erheben, erklären, abordnen, entsenden, aussuchen, vorziehen, beschicken, abstimmen, seine Stimme geben für, sichten. → ausheben, auslesen, bestimmen, ernennen, kören, optieren.
▸ ablehnen, widerrufen.
wählerisch schlauchig *u.* → anspruchsvoll, begehrlich, feinschmeckerisch.
▸ anspruchslos, bescheiden, genügsam, zufrieden.
Wahlfeldzug Campagne.
Wahlfreiheit Entscheidungsfreiheit, freie Wahl.
Wahlkampf Qualkampf *u.*
wahllos → beliebig, stillos, zufällig.
▸ ausgewählt, bestimmt, gezielt, sorgfältig, zielstrebig.
Wahlmöglichkeit Alternative. → Wahlfreiheit.
Wahlspruch → Axiom, Denkspruch.
Wahlstimme Votum.
Wahlübung Kür.
wahlverwandt affin.
wahlweise beliebig, Gutdünken nach, Wunsch nach, wunschgemäß.
Wahn → Aberglaube, Dunstbild, Einbildung, Ekstase, Fantasie, Täuschung.
▸ Realität, Wirklichkeit.
Wahnbegriff → Blendwerk, Chimäre, Täuschung.
Wahnbild → Aberglaube, Blendwerk, Chimäre, Einbildung, Halluzination, optische Täuschung, Täuschung.
wähnen → ahnen, annehmen, argwöhnen, befürchten, denken, vermuten.
Wahnidee Fimmel *u.*
Wahnsinn Tobsucht, Koller, Raserei, Tollwut, Veitstanz, Wutanfall, Säuferwahnsinn, Delirium, Irrsinn, Liebeswahnsinn, Liebesraserei, Siedehitze, Überreizung, Wildheit, Zorn • Wahnwitz, Verrücktheit, Idiotie, Ungeheuerlichkeit, Tollkühnheit. → Ausbruch, Delirium, Fanatismus, Tollheit, Verrücktheit.
▸ Geistesgegenwart, Verstand.
wahnsinnig → brennend, dämonisch, schwachsinnig, verrückt.
▸ (geistig) gesund, normal, vernünftig • genial.
Wahnsinniger → Irrsinniger, Tobsüchtiger.
Wahnvorstellung Zwangsvorstellung, Größenwahn, Verfolgungswahn, fixe Idee, Komplex, Manie, Amok, Stacheldrahtkoller, Halluzination, Verirrung, Sinnesverwirrung, Sinnesstörung, Bewusstseinsstörung, Irrsinn, Wahnsinn, Verrücktheit. → Schwachsinn, Verrücktheit.
▸ Wirklichkeit.
Wahnwitz → Abenteuer, Irrsinn, Unklugheit, Vernunftlosigkeit, Verrücktheit, Wahnsinn.
wahnwitzig → absurd, brennend, dämonisch, unbezähmbar, unbezwingbar, verrückt, wütend, zornig.
wahr ohne Falsch, glaubwürdig, rückhaltlos, tatsächlich, ungeschminkt, unwiderleglich, unwiderlegbar, Politik der offenen Tür, nennen das Kind beim rechten Namen, offen, echt, treu, unverfälscht, fehlerlos, peinlich, wahrhaftig, gewissenhaft, unbeschönigt, Farbe bekennen, aus seinem Herzen keine Mördergrube machen, reinen Wein einschenken, unübertrieben, natürlich, schlicht, ehrlich, rein, lauter, unbestechlich, brav, zuverlässig • quellenmäßig, urkundlich, belegt, richtig, amtlich, beglaubigt, wahrheitsgemäß, über allen Verdacht erhaben. → absolut, aufrichtig, bestimmt, buchstäblich, charakterfest, charaktervoll, erwiesen, gut, real, rechtschaffen, richtig, sicher.
▸ unwahr, erlogen, gelogen, lügenhaft, lügnerisch, unaufrichtig, verlogen • falsch • eingebildet, illusorisch, irrig, trügerisch, vermeintlich • erdichtet • fantastisch.
wahr machen in die Tat umsetzen, realisieren, verwirklichen.
wahren aufrechterhalten, beibehalten, bewahren.
wahren, sein Recht auf seinem Recht beharren, Gerechtigkeit herrschen lassen, leben und leben lassen, jedem das Seine lassen • sein Recht bei Gericht suchen, klagen, Klage einbringen, das Gesetz anrufen.
▸ schädigen, verteidigen (sich).
währen → ausdehnen, dauern, erstrecken sich, überdauern.
während → als, binnen, bis, da, einstweilen, indem, inzwischen.
▸ außerhalb • nach • vor.
währenddem indes, derweil. → als, bis, da, indem, inzwischen.
wahres Gesicht zeigen, sein bekennen sich, demaskieren sich, offenbaren sich.
wahrhaben wollen, nicht → leugnen.
wahrhaft → aufrichtig, offen, wahr, wahrhaftig.
wahrhaftig wahr, untrüglich, unverfälscht, unverstellt, wahrhaft, offen, frisch von der Leber, aufrichtig, rückhaltlos, unumwunden, ohne Falsch, wahrheitsgetreu, ehrlich, offenherzig, freimütig, redlich, ungekünstelt, echt, bieder, veritabel • oh, o je! ach! ei! → absolut, aufrecht, aufrichtig, beglaubigt, offen, wahr, unfehlbar.
▸ unwahrhaftig.
Wahrhaftigkeit Natürlichkeit, Gradheit, Gradsinn, Wahrheit, Sinn gerader, Wahrheitsliebe, Offenheit, Offenherzigkeit, Bekennermut, Ehrlichkeit, Zuverlässigkeit, Treue, Biedersinn, Freimütigkeit, Arglosigkeit, ein Mann ein Wort, Rechtschaffenheit, Anständigkeit, Glaubwürdigkeit, Unbestechlichkeit, Bravheit, Lauterkeit, Wackerkeit,

Ehrenhaftigkeit, Festigkeit, Reinheit. → Charakterstärke, Fehlerlosigkeit, Offenheit, Wahrheit.
▸ Charakterlosigkeit, (Unwahrhaftigkeit).
Wahrheit Realität, Tatsache, Unwiderlegbarkeit, Binsenwahrheit, Richtigkeit, Wirklichkeit, Glaubwürdigkeit, Fehlerlosigkeit, Echtheit, Wahrhaftigkeit, Gewissheit, Richtigkeit → Echtheit, Erkenntnis, Tatsache, Wahrhaftigkeit.
▸ Unwahrheit.
Wahrheit, absolute Axiom.
Wahrheit sprechen, die → bekennen.
Wahrheit werden bewahrheiten sich, eintreffen, Wirklichkeit werden.
wahrheitsgemäß wahrhaftig, glaubhaft, unwiderleglich, tatsächlich, bestimmt, ohne Zweifel, zweifellos, glaubwürdig, zuverlässig, ungeschminkt, unverfälscht, unbeschönigt, nicht übertrieben, auf Ehre und Gewissen.
▸ fälschlicherweise • unwahr, wahrheitswidrig.
wahrheitsgetreu unleugbar, unbestreitbar, glaubwürdig, unanfechtbar, festgestellt, unstreitig, ausgemacht, ersichtlich, erwiesen, zweifellos, unumstößlich, verbürgt, bezeugt, amtlich, beglaubigt • unverhohlen, wahr, wahrhaftig, unbeschönigt, ehrlich, aufrichtig, unverfälscht, fehlerlos, echt. → aufrichtig, offen, wahr, wahrhaftig.
▸ unwahr.
Wahrheitsliebe → Aufrichtigkeit.
wahrheitsliebend → aufrichtig, offen, wahr, wahrhaftig, wahrheitsgetreu.
Wahrheitsnachweis Verifikation.
wahrlich → absolut, beglaubigt, bestimmt, schlechterdings, sicher, wahrhaftig.
wahr machen → verwirklichen.
wahrnehmbar → konkret.
wahrnehmen hören, feststellen, merken, vernehmen • gewahr werden, dahinterkommen, sehen, entdecken, bemerken, beobachten, innewerden, auf die Spur kommen, erblicken, erspähen, schauen, ausspähen, gewahren, zu Gesicht bekommen, bestätigen *j*, bestatten *j*, → anschauen, auftauchen, ausfindig machen, erhören, ersehen, fassen ins Auge, hören, schauen, sehen.
▸ übersehen.
Wahrnehmung → Begriff, Berücksichtigung, Betrachtung, Deutlichkeit, Eindruck, Einwirkung, Erkenntnis.
Wahrnehmung, trügerische Illusion. → Trugbild, Wahnvorstellung.
Wahrnehmungsfähigkeit Perzeptibilität.
Wahrnehmungsgegenstand Objekt.
wahrsagen → ankündigen, hellsehen.
Wahrsager Seher, Zukunftsseher, Vorhersager, Weissager, Sterndeuter, Prophet, Magier, Augur, Zigeuner, Hexer, Warner, Vorbote, Sibylle, Schwarzseher, Unke, Kartenleger, Handleser, Hellseher, Schwarzkünstler, Gaukler, Scharlatan.
Wahrsagerei Mantik.
Wahrsagerin z.B. Kassandra, Pythia, Sibylle.
wahrsagerisch divinatorisch, hellseherisch, prophetisch, seherisch, sibyllinisch, vor(aus)ahnend.
wahrscheinlich → anscheinend, denkbar, möglicherweise, vermutlich.
▸ bestimmt, gewiss, sicher • sicher nicht, unmöglich, unwahrscheinlich.
Wahrscheinlichkeit Glaubhaftigkeit, Aussicht, Glaubwürdigkeit, Annahme, Vermutung, Erwartung, Möglichkeit, Denkbarkeit, Ausführbarkeit, Tunlichkeit, Hoffnung, Mutmaßung, Ansicht, Ermessen. → Annahme, Vermutung.
▸ Unsicherheit, Unwahrheit, (Unwahrscheinlichkeit).
Wahrspruch → Axiom, Denkspruch, Urteil.
Währung Valuta → Geld, Note.
Währungsabwertung Devalvation.
Währungsaufwertung Revalvation.
Währungsgeld Kurantgeld, obligatorisches Geld, Valuta.
Währungskonto Devisenkonto, Valutakonto.
Währungskurs Devisenkurs.
Währungsmünze Kurantmünze.
Währungsreserven Devisenreserven.
Wahrzeichen → Anzeichen, Wappen, Zeichen.
Waid → Pflanze.
Waise Vereinsamter, Alleinstehender, Schützling, Mündel, Waisenkind, Schutzbefohlener, Mündling, Vögtling, Findling, Schürzenkind, Elternloser. → Anverwandte.
Waisenvater → Beschützer.
Wald Forst, Gehölz, Schonung, Land, Boden, Laubwald, Nadelwald, Waldland, Gebiet, Hain, Mutter Grün, Lichtung, Schneise, Waldung, Baumschule, Rodung, Holz *j*, Hochwald, Gelände, Gefilde, Buschwald, Urwald. → Besitztum, Busch.
▸ Feld.
Waldbrand → Brandstätte.
Waldesstille → Ruhe.
Waldgeist → Fee, Pan.
Waldgott → Faun, Pan.
waldig → buschig, waldreich.
waldreich waldig, baumreich, bewaldet, beforstet, bestockt, bebuscht, ertragfähig, buschig, ersprießlich, pflanzenreich. → buschig.
▸ öde, (waldarm).
Waldteil Revier.
walken → bestrafen, prügeln.
Wall → Barrikade, Damm, Demarkation, Hindernis.
Wallbefestigung Bastion.
wallen → bewegen sich, brausen, brodeln, brühen, dampfen, dröhnen, ergehen sich, pilgern, schäumen.
wallend → schäumend.
wallfahren → bewegen sich, beten, bitten, gehen, pilgern.
Wallfahrer Büßer, Bittgänger, Hadschi, Pilger, Pilgrim.
Wallfahrt → Bittgang, Bußgang, Durchzug.
Wallung → Affekt, Anwandlung, Auflauf, Aufregung, Aufschwung, Begeisterung, Chaos, Erregung, Gemütszustand.
Walöl Tran.
Walstatt → Kampfplatz.
walten schalten, herrschen, wirken, arbeiten, tun, machen, bewerkstelligen, verwalten, regieren, gebieten, verfahren, anordnen, lenken, führen, leiten, vorstehen, befehlen, vorschreiben.
▸ faulenzen, widersetzen sich.
Walze Rolle, Spule, Zylinder, Trommel, Welle, Säule, Tubus, Gerät, Werkzeug, Ackergerät • Wanderschaft, Fußreise,

Fußwanderungen, Handwerkerwanderschaft.
walzen schibbeln *u.* → gehen, per pedes, quetschen, tanzen.
wälzen suhlen. → aufrollen, drehen, stoßen.
wälzen, sich wohlig sich sielen *u.*
walzenförmig rund, zylindrisch, säulenförmig, wurmförmig, pilzförmig, kugelförmig, gedreht, gedrechselt, sphäroidisch, knollig, perlenförmig, walzig. ▸ eckig.
Wälzer *u* → Buch, Tier.
Wampe → Bauch.
Wams → Kleidung.
Wand → Abgrund, Berg, Beschwernis, Demarkation, Fels, Hindernis, Mauer.
Wandbekleidung Wandbehang, Tapete. → Dekoration, Wandteppich.
Wandbord → Brett, Gestell.
Wandbrett → Bücherbrett, Gestell.
Wände, die vier → Heim.
Wandel Wechsel, Veränderung, Wende, Änderung, Umänderung, Abänderung, Wandlung, Unbestand, Verwandlung, Umstellung, Umbildung, Umformung, Verwechslung, Abweichung • Fortschritt, Entwicklung, Zeitenwandel • Wanderung, Lustwandel, Bummel • Lebenswandel, Lebensführung. → Bewegung, Umgestaltung, Veränderlichkeit. ▸ Bestand, Beständigkeit, Unwandelbarkeit.
wandelbar verformbar. → beweglich, unzuverlässig, veränderlich, vergänglich. ▸ beständig, bleibend, konstant, starr, unveränderlich.
wandelbarer Mensch Proteus.
Wandelbarkeit → Vergänglichkeit.
Wandelgang/-halle Foyer, Lobby, Pergola, Stoa.
Wandelhalle → Foyer.
wandeln → abweichen, ändern, bewegen sich, gehen. ▸ aufrechterhalten, beibehalten • stillstehen.
wandeln, sich → ändern, bekehren.
Wandelstern Planet.
Wanderbühne Schmiere, Tourneetheater.
Wanderer Wandersmann, Wandervogel, Fußgänger, Tourist, Pilger, Wallfahrer, Landfahrer, Bergsteiger, Hochtourist, Alpenfex, Wanderbursch, Tippelbruder, Landstraßenwanze, Weltenbummler, Abenteurer, Vagabund, Herumschwärmer, Wandervolk, Nomade, → Fußgänger.
Wandergewerbe ambulantes Gewerbe.
Wandergruppe Horde *u.*
Wanderhändler Hausierer.
Wanderherz Cor mobile.
Wanderhirte Nomade.
Wanderjahre Lehrjahre, Lehrzeit, Lernzeit, Werdegang, Studium, Jugend, Schule, Vorbereitung, Erziehung, Lehre, Trainierung, Schulung, Ausbildung, Abrichtung, Dressur. ▸ Sesshaftigkeit.
Wanderkünstler Tingler *u.*
wanderlustig → reisefertig, unternehmend.
wandern gehen, laufen, reisen, marschieren, walzen, durchqueren, durchstreifen, wandeln, wallen, tippeln, trippeln, trappeln, herumgeistern, umherziehen, spazieren gehen • wandernd, ambulant, klotzen, stiefeln *u.* → begeben sich, begehen, bewegen sich, gehen, per pedes, trampeln. ▸ fahren, verweilen.
wandernd ambulant.
Wanderschaft → Ausmarsch, Ausflug, Reise, Walze, Wanderung.
Wanderstab Stecken, Stock, Spazierstock, Alpenstock, Bengel, Ziegenhainer, Stab, Stütze, Knotenstock.
Wandertheater Schmiere, Tournee (-theater).
Wanderung Exkursion, Expedition, Streifzug, Runde, Wanderschaft, Fahrt, Fußreise, Fußwanderung, Walze, Landfahrt, Tour, Ausflug, Spaziergang, Abstecher, Bummel, Gang, Bergbesteiger, Durchquerung, Marsch, Lauf. → Abstecher, Ausmarsch, Bewegung, Marsch, Partie, Reise. ▸ Rast.
Wanderung, anstrengende Klotzpartie *u*, Klotztour *u.*
Wandervogel → Himmelsstürmer, Wanderer.
Wandervolk Beduinen, Nomaden, Zigeuner.
Wanderzug Treck *u.*
Wandgemälde → Bild.
Wandgestell Etagere, Regal.
Wandler Transformator.
Wandlung Entwicklung, Werdegang, Erneuerung, Wende, Evolution, Wechsel, Schwenkung, Veränderung, Umkehr, Umstellung, Umschwung, Wandel, Neuerung, Unbestand, Veränderlichkeit, Fortschritt, Fortkommen, Ablauf, Verwandlung, Umwandlung, Auffrischung • Bekehrung, Konversion • Brotverwandlung, heilige Wandlung. → Veränderlichkeit, Veränderung, Wandel.
wandlungsfähig anpassungsfähig, einfügsam • wandelbar, unformbar, bildsam, verformbar • veränderlich, unbeständig, unberechenbar. → wankelmütig.
Wandpapier Tapete.
Wandpfeiler Lisene, Pilaster.
Wandschirm Rollwand, spanische Wand.
Wandteppich Wandbehang, Gobelin, Wandschmuck, Wandverkleidung, Dekoration, Behang.
Wandverkleidung Täfelung, Tapete, Vertäfelung, Wandtäfelung, → Wandbekleidung.
Wandvertiefung Nische.
Wandvorsprung Erker, Sims.
Wange Körperteil, Gesichtsteil, Backen, Seite, Seitenteil.
Wangenrot Rouge.
Wangenröte, krankhafte hektische Röte.
Wangenspalte Meloschisis.
Wankelmut Untreue, Launenhaftigkeit, Sinneswechsel, Unentschlossenheit, Unstetigkeit, Rastlosigkeit, Neuerungssucht, Unbeständigkeit, Flüchtigkeit, Wetterfahne, Charakterlosigkeit, Abtrünnigkeit, Abfall, Umfall, Umkehr, Abschwörung, Fahnenflucht, Absage. → Abfall, Flatterhaftigkeit, Unbeständigkeit, Veränderlichkeit. ▸ Beständigkeit.
wankelmütig beeinflussbar, hörig. → abtrünnig, beweglich, chaotisch, unentschlossen, unzuverlässig, veränderlich, vergänglich. ▸ entschieden, entschlossen, zuverlässig • stur.
wanken umfallen, schwindelig, umstürzen, erschüttern, flattern, schillern, flackern, wechseln, sich ändern, sich drehen und wenden, den Mantel nach dem Wind

hängen, unentschlossen sein, mit dem Strom schwimmen, veränderlich sein, übertreten, unbeständig sein, kippeln *u.* → schwanken.
▶ feststehen.
wanken, nicht → ausharren.
wankend kippelig *u.* → unentschlossen, veränderlich.
wann seit wann, bis wann, wie lange ● irgendwann, wann auch immer, einerlei wann ● dann und wann, hin und wieder, gelegentlich, bisweilen, mitunter, zuweilen, manchmal.
Wanne → Behälter, Gefäß.
Wanst → Balg, Bauch, Dickwanst.
Wanze Abhörgerät, Lauschgerät.
Wappen Emblem, Wahrzeichen, Wappenschild, Doppeladler, Kokarde, Stadtwappen, Abzeichen, Symbol, Erkennungszeichen, Hoheitszeichen, Feldzeichen, Adler, Schmuck, Verzierung, Familienwappen. → Ausschmückung, Emblem.
Wappenbuch Armorial.
Wappenkunde Heraldik.
Wappenspruch Devise.
Wappenträger Herold.
Wappenvogel → Aar, Heraldik.
wappnen rüsten, ausstatten, vorsehen, befähigen, vorkehren, bewaffnen, vorbereiten, ertüchtigen, rüsten, stärken, stählen, abhärten, kräftigen, begaben, waffnen, ausstaffieren, bemannen, zurüsten, ausrüsten, herrichten. → ertüchtigen.
▶ (nicht bereit sein), versagen.
Ware Produkt, Güter, Erzeugnis, Stoff, Zeug, Material, Handelsgegenstand, Bedarf, Werkstoff, Rohstoff, Lebensmittel, Habe, Mundvorrat, Zehrung, Reisegut ● Ramsch, Reißer, Dreckzeug *u*, Tinnef *u*, Povel *u*, Bafel *u.* → Artikel, Besitztum, Produkt.
Waren, alte Schamott *u.*
Waren ausführen exportieren.
Waren, besondere Spezieswaren.
Waren einführen importieren.
Waren einstufen bonitieren.
Warenabfall Fusti.
Warenangebot Sortiment.
Warenart Artikel.
Warenausfuhr Export.
Warenausfuhrverbot Embargo.
Warenausstellung Messe.
Warenaustausch Geschäftsverkehr, Handel, Tauschhandel.
Warenauswahl Kollektion, Sortiment.
Warenballen Ballot, Kollo.
Warenbeschädigungsrabatt Refaktie.
Warenbeschaffungsverein Konsumgenossenschaft.
Wareneinfuhr Import.
Warengattung → Artikel, Produkt.
Warenhaus → Detailgeschäft, Laden.
Warenlager → Lager Depot, Magazin, Silo, Stock.
Warenliste Katalog.
Warenlohn Naturallohn.
Warenmarkt Markt, Messe.
Warenmenge Partie, Posten.
Warenprüfer Tester.
Warenrechnung → Faktura.
Warenreste Ramsch.
Warenschild Etikett.
Warenverkehr → Handel.
Warenverpackungsgewicht Tara.
Warenvertrieb → Handel.
Warenverzeichnis → Faktura.
Warenzeichen → Etikette, Firmenzeichen.
warm heiß, sommerlich, bullig *u*, sonnig, lauwarm, erwärmt, schwül, glühend, flammend, südlich, tropisch, kochend, siedend, aufgewärmt, erhitzt, mundwarm, glutwarm, dampfend, rauchend, glimmend, lohend, flackernd ● gütig, innig, teilnehmend, herzlich, mitfühlend, aufgeschlossen, wohl wollend, empfänglich, lebendig, empfindsam, mitschwingend, empfindungsvoll, hilfreich, entzündlich, befreundet. → aufrichtig, dampfen, gefiedert, heiß, menschlich.
▶ kalt, abgekühlt, gekühlt, kühl ● eisig, eiskalt, frostig.
warm werden auftauen, Befangenheit verlieren die, Feuer fangen, Interesse bekommen, munter werden, zutraulich werden.
Warmbier → Bier.
Wärme Glut, Feuer, Heizung, Hitze, Schwüle, Sommer, Sonnenglut, Hundstage, Tropenhitze, Erwärmung, Siedehitze, Kochhitze, Schmelzhitze, Brodem ● Innigkeit, Herzenswärme, Herzlichkeit, Wohlwollen, Teilnahme, Mitleidenschaft, Inbrunst, Erregung. → Barmherzigkeit, Begeisterung, Bestimmtheit, Erröten, Erwärmung, Feuer, Hitze, Pathos.
▶ Kälte, Frost ● Herzlosigkeit.
wärmelos → kalt.
wärmen erwärmen, erhitzen, anzünden, anstecken, einheizen, einfeuern, dampfen, sieden, schwitzen, glühen, kochen, anblasen, schüren, schmoren, dörren, auftauen, zergehen lassen, Feuer anmachen ● hegen, pflegen, trösten, lindern. → brennen.
▶ erkalten, kühlen.
Wärmequelle Sonne, Heizung, Körper. → Ofen.
warm halten den Platz sichern, einstehen für, eintreten für ● erhalten, vorsorgen, hegen und pflegen ● erwärmen.
Warmherzigkeit → Barmherzigkeit, Freundschaft, Liebe, Wärme, Wohlwollen.
Warnbrief → Brief, Warnung.
warnen mahnen, ermahnen, abraten, abreden, entmutigen, verwarnen, halten vor Augen, ein Zeichen geben, widerraten, drohen, zu bedenken geben, einen Wink geben, hupen. → ankündigen, bekämpfen, drohen, rühren die Trommel.
▶ verheimlichen, verteidigen, Wind schlagen in den, auffordern ● empfehlen, zuraten ● verführen ● entwarnen.
Warner → Ausrufer, Ermahner.
Warnruf → Alarm, Warnung.
Warnung Ermahnung, Mahnung, Mahnruf, Mahnmal, Verwarnung, Warnbrief, Flammenschrift, Wink, Zuruf, Andeutung, Vorstellung, Vorsichtsmaßregel, Schreckschuss, Hupe, Alarm, Warnungstafel, Lichtzeichen, Zeichen ● Bescheid, Offenbarung, Verkündigung, Weissagung, Voraussage, Prophezeiung, Vordeutung. → Bake, Bedrohung, Drohung, Ermahnung, Fingerzeig, Rat.
▶ Verheimlichung, Verteidigung.
Warnzeichen → Alarm, Bake, Meldezeichen, Warnung.
Wart → Aufseher.
Warte → Ausguck, Bastion.
warten abwarten, abwarten und Tee trinken *u*, sich die Beine in den Leib stehen *u*, auf dem Quivive sein *u*, einen Augenblick du wirst gleich rasiert *u*, vorübergehen lassen, verschieben, hinhalten, anstehen, verlängern, erstrecken, dauern, zögern, zaudern ● erwarten, hoffen, harren, ahnen,

entgegensehen, sich freuen auf • pflegen, hegen, hüten, verpflegen • lauern • draufsetzen, versetzen, auf glühenden Kohlen sitzen, auf die Folter spannen. → aufhalten sich, aufziehen, ausdehnen, beistehen, dauern, erwarten, hegen.
▸ beschleunigen, einstellen sich, vernachlässigen, weglaufen, zurückblicken.
warten lassen → verzögern.
Wärter → Aufseher, Beschützer, Büttel, Helfer, Wächter.
Wartezeit Karenz. → Ruhezeit, Termin.
Wartturm → Ausguck.
Wartung → Anwendung, Behandlung.
warum weshalb, weswegen, wozu, wieso, wodurch, womit, wie, woher, was ist die Ursache, wie kommt es, aus welchem Grunde • offen stehend, fraglich, unbeantwortet, unerforscht, strittig.
▸ darum, wegen, zutreffend.
Warze → Auswuchs.
was wann, wo, wieso, wie, wie bitte, was ist los, hm, na, und, wer, hä, wa, wie kommt es • offen stehend, fraglich, zweifelhaft • wirklich, potz tausend, Donner und Wetter. → ach.
Waschbecken Wanne. → Behälter.
Wäsche Unterwäsche, Bettwäsche, Tischwäsche, Damenwäsche, Herrenwäsche, Leibwäsche, Leinenzeug, Weißzeug, Aussteuer • Reinigung, Säuberung, Katzenwäsche.
waschecht → farbecht.
waschen auswaschen, einseifen, schwenken, ausspülen, läutern, baden, scheuern, bürsten, rein waschen, fegen, säubern, sauber machen, anfeuchten, auslaugen, bleichen, schrubben, reinmachen, reiben • schwätzen, quatschen, Romane erzählen, leeres Stroh dreschen, prälatern, seibern, wäschen, babbeln, schnattern, kannegießern, zerreden, klatschen, plappern, schwadronieren. → auslaugen, bespritzen, erfrischen sich, putzen, reinigen.
▸ beschmutzen.
Waschlappen Schwamm, Tuch, Wischlappen, Reinigungsgegenstand, Waschhandschuh. → Feigling, Pantoffelheld.
▸ Kraftmensch.
Waschpulver Seifenartikel, Seifenpulver, Waschmittel.
Waschraum Bad, Badezimmer, Baderaum, Duschraum, Waschgelegenheit.
Waschschüssel → Behälter.
Waschung Reinigung, Säuberung.
Waschweib Klatschbase, Schwätzerin. → Schwächling.
Waschzwang Ablutomanie.
Wasenmeister → Abdecker.
Wasser Strom, Seewasser, Salzwasser, Süßwasser, Meerwasser, Flusswasser, Regen, Gewässer, Fluss, Bach, Sole, Born, Quelle, Guss, Bewässerung, Grundwasser, Pfütze, Teich, Meer, eau • Getränk, Selterswasser, Sprudel, Spritzwasser, Sodawasser • Tränen, Zähren, Tropfen • Urin. → Auswurf, Flüssigkeit.
▸ Land, Luft • Feuer.
Wasser abgraben, das → hemmen, hindern.
Wasser fallen, ins ausfallen, abgesetzt/abgeblasen werden, entfallen, fortfallen, wegfallen.
Wasser lassen harnen, pinkeln, pissen, urinieren.
Wasserader → Ader, Gewässer, Wasser.
wasserarm arid, dürr, regenarm, trocken, wüstenhaft.
Wasserarmut → Dürre.
Wasserball → Ball, Spiel, Sport.
Wasserbett → Bett, Gewässer, Wasser.
Wässerchen trüben, kein → unschuldig.
wasserdicht → dicht, trocken.
▸ undicht, wasserdurchlässig.
Wasserdoktor → Bader.
Wasserfall Wassersturz, Gewässer, Erguss, Wallung, Fall, Gefälle, Schaumkrone, Wirbel, Kaskade, Wasserkunst, Wasserspiele, Wasserstrahl, Gießbach, Wildbach, Flut, Stromschnelle, Woge, Welle. → Bewegung.
▸ Geysir • Springbrunnen.
wasserhaltig durchnässt, feucht, klamm, nass, verregnet, wässrig.
wässerig flüssig, tropfbar, tropfend, fließend, strömend, saftig, dünnflüssig • klar, hell, durchsichtig • abgestanden, fade, fahl, kraftlos, nichts sagend, matt, reizlos, unschmeckbar, geschmacklos, schlabberig *u.* → flüssig, nass, reizlos.
▸ dickflüssig, gehaltvoll, unklar.
wässerig machen, den Mund verheißen, goldene Berge versprechen, reizen, kitzeln, den Gaumen kitzeln, die Sinne gefangen nehmen, verlocken, anlocken, ködern, verführen, aufreizen, entflammen, die Begierde erwecken, gelüstig machen. → begeistern.
▸ verekeln.
Wasserkopf → Dummerjan, Dummkopf.
Wasserlauf → Gewässer, Wasser.
Wasserloch → Becken, Binnenmeer.
Wassermangel → Dürre, Durst.
wässern bewässern, anfeuchten, bespritzen, einspritzen, begießen, berieseln, besprengen, eintauchen, einbrocken, weichen, einlegen, laugen, auswässern, verdünnen, überschwemmen, auswaschen, panschen. → gießen.
▸ austrocknen.
Wassernot → Dürre, Durst, Mangel.
wasserrecht → ausgebreitet, waagrecht.
Wasserscheide Scheitelpunkt, Koppe, Kuppe, Gipfel, Spitze, Scheitel, Klimax, Kopf, Höhepunkt, Wipfel, Kamm, Haupt. → Spitze.
wasserscheu → ängstlich, feige.
Wasserspiele → Wasserfall.
Wasserstraße → Gewässer, Kanal, Wasser.
wassersüchtig → dick, dickwanstig.
Wassersuppe dünne oder kraftlose Suppe, Brühe, Spülwaser *u.*
Wasserverdrängung Deplacement *sm.*
Wasserweg → Gewässer, Kanal, Wasser.
Wasserweihe Taufe.
Wasserwirbel Evorsion, Strudel.
Wasserzeichen Prägung.
Wassersuppe Plörre *u,* Plurre *u.*
waten gehen, laufen, wassertreten, plantschen, patschen, durch Wasser gehen, ausschreiten, tauchen • tratschen *u.*
watscheln → bewegen sich, gehen, schwanken.
Watte Füllung, Einlage, Fütterung, Füllsel, Einfüllung, Auffüllung, Futter,

Ausfütterung, Schulterkissen, Kapok • Wundwatte, Verbandzeug. → Dämpfung.
Wattierung Polsterung, Fütterung, Ausfütterung, Auskleidung, Einlage • Dämpfung, Isolierung.
wau wau bellen, kläffen, bleffen, heulen, knurren, jaulen, belfern, angeben • Bulemann, Butzemann, wilder Mann, Spuk, Schreckgespenst.
W. C. → Abort.
weben flechten, durchweben, durchziehen, handarbeiten, winden, knoten, verflechten, verschlingen, durchschlingen, ineinander schlingen, ineinander fügen, wirken, verweben, herstellen, fertigen, arbeiten. → bilden.
Webstoff Stoff, Tuch.
Wechsel Übertritt, Veränderung, Wandel, Wendung, Wende, Umänderung, Wandelbarkeit, Fortschritt • Verschreibung, Kredit, Pfand, Schulden, Darlehen, Vorschuss, Aushilfe, Übertragung, Geld, Akzept. → Abweichung, Austausch, Darlehen, Neuheit, Turnus, Übergang, Unbeständigkeit, Veränderlichkeit, Veränderung, Wandel, Wandlung.
▸ Althergebrachtes, Beständigkeit • Guthaben.
Wechsel ankaufen diskontieren.
Wechsel überschreiben indossieren.
Wechselaussteller Trassant.
Wechselbalg Wechselkind, Mantelkind, Unterschiebling, Missgeburt • Unhold, Ungeheuer, Kielkropf, Werwolf.
Wechselbanken Diskontbanken.
Wechselbeziehung → Gesichtspunkt, Rückwirkung, Wechsel.
Wechselbürgschaft Aval.
Wechselfälscher → Fälscher.
Wechselfieber Febris intermittens.
Wechselfolge → Folge, Rückwirkung, Wechsel.
Wechselgesang → Duett, Kanon.
wechselhaft → sprunghaft, veränderlich.
Wechselkredit Akzeptkredit.
Wechselkurs Devisenkurs.
Wechselkursschwankungen Floating.
wechseln Geld wechseln, umwechseln, einwechseln, flüssig machen • einziehen *j*, einwechseln *j*, auswechseln *j* • umsatteln, die Richtung ändern, verändern, an einen anderen Ort gehen, die Tapete wechseln *u*. → abweichen, ändern, beiderseits, eintauschen, tauschen, verkaufen.
▸ behalten, beharren, kaufen währen.
wechseln, die Farbe abfallen, abschwören, widerrufen, desertieren, überlaufen, wechseln die Gesinnung, den Mantel nach dem Wind hängen, mit den Wölfen heulen, den Sinn ändern, unbeständig sein • erröten, erblassen, erbleichen, sich verfärben, erbeben, erzittern, erschauern.
▸ dabei bleiben.
wechseln, die Gesinnung → wechseln die Farbe.
wechselnd → einem zum andern von, schillernd, veränderlich.
Wechselrede Gespräch. → Diskussion.
wechselseitig → abwechseln, beiderseits, einer für alle.
wechselseitige Abhängigkeit Interdependenz.
Wechselseitigkeit → Gegenseitigkeit, Rückwirkung.
Wechselstube → Bank.
Wechseltierchen Amöbe.
Wechselüberschreiber Girant, Indossant.
Wechselverlängerung Prolongation.
wechselweise → beiderseits, eins für das andere, gegenseitig.
Weck Brötchen, Rundstück, Schrippe, Semmel, Weck(en), Weißbrotsemmel.
wecken → erwecken, begeistern.
▸ einschläfern • schlafen lassen.
Weckruf → Anruf, Appell.
Wedel Schwanz, Schweif, Fissel, Zagel, Lummel, Sterz, Tierschwanz • Staubwedel. → Fächer, Schwanz.
wedeln wackeln, schlagen, zappeln, schlängeln, winken, bewegen, schweifwedeln • sich freuen, schmeicheln. → fächeln.
weder noch auf keinen Fall, weder das eine noch das andere.
▸ möglicherweise, vielleicht • entweder ... oder • beides, oder, und.
Weg Verbindungsweg, Feldweg, Fahrweg, Hohlweg, Landweg, Pfad, Promenade, Sackgasse, Torweg, Allee, Damm, Anfahrt, Zufahrt, Durchgang, Gasse, Steg, Straße, Strecke, Zielrichtung, Route, Bahn, Schienenweg, Heerweg, Gehweg, Radfahrerweg, Waldweg, Reitweg, Strandweg, Leinpfad, Seitenweg, Kreuzweg • Methode, Möglichkeit, Richtung, Spur, Verlauf, Verfahren, Mittel, Fahrwasser, Ablauf, Durchführung. → Art, Aufbau, Ausgang, Bahn, Bindemittel, Chaussee, Durchfahrt, Durchgang, Entwicklung, Geleise, Pass, Schritt, Verhalten.
Weg, aus dem unnahbar, unerreichbar, fort, weg, getrennt, davon, auf und davon, über alle Berge, auswärts, auswärtig, abseits, jenseits, fern, weit, entlegen. → fort, weg.
▸ da, erreichbar, zugegen.
Weg bereiten → bahnbrechend, beraten.
Weg ebnen, den → ebnen den Weg.
Weg gehen, aus dem den Rücken zeigen, die kalte Schulter weisen, nicht mehr kennen, meiden, vermeiden, sich absondern, sich nicht mehr kümmern um, missachten, nicht mehr sehen wollen, sich zurückziehen, von sich stoßen, sich drücken.
▸ achten, stellen seinen Mann.
weg fort, dahin, verloren, verschwunden, hin, auf Nimmerwiedersehen, ade, abhanden, unrettbar, unwiederbringlich • auswärts, verreist, nicht da, davon • getilgt, gestrichen. → abhanden, abwesend, auf, aus, dahin, davon auf und, fern, nirgends, über alle Berge, unauffindbar, unwiederbringlich, verloren, verlustig, verschollen.
▸ da.
Weg kreuzen, den → begegnen (sich).
Weg machen, sich auf den aufbrechen, aufmachen sich, davongehen, entfernen sich, fortgehen, (weg)gehen, starten.
weg sein abhanden (gekommen) sein, abwesend/auf und davon sein, fort sein, nicht da sein, (spurlos) verschwunden sein.
wegbegeben, sich abhauen, davongehen, entfernen sich, fortgehen, gehen. → weggehen.

wegbeordern abkommandieren.
Wegbereiter → Bahnbrecher.
wegbewegen rücken, schieben, verrücken, verschieben, verstellen.
Wegbiegung Kurve.
wegbleiben fortbleiben, meiden, weggehen, fortgehen, abgehen, fehlen, ausfallen, sich entfernen, nicht kommen wollen, verlassen. → fehlen, meiden.
▸ da sein, kommen.
wegbringen fortbringen, fortschaffen, fortstellen, forttragen, forträumen, fortschieben, hinaustreiben, hinwegschicken, senden, ausweisen, transportieren, verschicken, verfrachten, räumen, wegjagen. → abschaffen, absondern, beseitigen, entladen, verschleppen.
▸ zurückbringen.
wegbürsten → ausbürsten.
wegdrücken hinterziehen, unterschlagen, veruntreuen.
Wege bringen, zu bewerkstelligen, Erfolg haben, erreichen, schaffen, verwirklichen, vollbringen.
Wege leiten, in die anfangen, anstoßen, einfädeln, initiieren, veranlassen.
Wege stehen, im abhalten, behindern, hemmen, hindern.
wegeilen → enteilen.
Wegelagerei → Beraubung, Dieberei.
Wegelagerer → Bandit, Dieb.
wegen weil, zwecks, warum, weshalb, damit, deswegen, behufs, aus, ursächlich, bedingt, rücksichtlich, indem, aus dem Grund, in Anbetracht dessen, denn, infolge, folglich, notwendigerweise, folgerecht, demzufolge, demgemäß, demnach. → anlässlich, behufs, da, dadurch, darum, denn, indem.
▸ warum • trotz.
wegengagieren abwerben, abspenstig machen.
Wegenge → Engpass.
wegfahren abreisen, scheiden, wegreisen, wegfahren, weggehen, abfahren, fortfahren, fortziehen, abrücken, abdampfen, sich einschiffen, abrollen, auslaufen, verlassen, sich entfernen, sich verabschieden, verziehen, dahinziehen, sich beurlauben. → weggehen.
▸ zurückkommen.
Wegfall → Abnahme, Ausfall, Mangel.
wegfliegen → entfliegen, wegfahren.
▸ landen.
Weggang → Ableben, Abschied, Abzug, Ausgang, Ausmarsch, Entfernung, Reise, Tod, Wanderung.
▸ Ankunft, Eintreffen.
weggeben geben aus der Hand, abgeben, übergeben, schenken, hergeben, herausgeben, vergeben, absenden, versenden, entsenden, zuwenden, reichen, bewilligen, versorgen, zustecken, versehen, spendieren, überreichen, verabfolgen, verabreichen, zuteilen, einhändigen, zustellen, vermachen. → entäußern sich, geben.
▸ behalten, erhalten.
weggehen entfernen sich, fortbegeben sich, wegfahren, auf den Weg machen sich, abgehen, abziehen, ausziehen, wegmarschieren, wegtreten, aussteigen, dahinziehen, dahingehen, abwandern, auswandern, verziehen sich • verschwinden, vergehen. → abhauen, abziehen, austreten, empfehlen sich, entfernen sich, fern halten, französisch sich empfehlen, hinnen gehen von, scheiden.
▸ bleiben, zurückkommen.
weggelegt → dahin, fort, weg.
Weggenosse → Freund, Teilnehmer.
weggezogen abgewandert, fortgezogen, umgezogen, verzogen.
weghauen → behauen, beschneiden.
wegholen → holen.
wegjagen → heraustreiben, setzen an die Luft, verscheuchen, vertreiben.
wegkehren → ausmerzen, fegen hinweg.
Wegkreuzung Kreuzweg, Weggabel, Zugang, Kreuzung, Abbiegung, Überkreuzung, Überschneidung.
weglassen ausschalten, ausschließen, ausscheiden, einschränken, sichten, kürzen, dezimieren, entfernen, abziehen, auslassen, unterlassen, übergehen, übersehen, vernachlässigen, ausmerzen, auslesen, aussondern, beiseite legen, absondern, beschränken, ausschneiden. → beiseite legen, beschränken.
▸ hinzufügen • berücksichtigen • stehen lassen.
Weglassung Wegnahme, Abzug, Fortfall, Kürzung, Auslassung, Schmälerung, Einschränkung, Entziehung, Abziehung, Ausscheidung, Aussonderung, Auslese, Ausschluss, Unterlassung, Versäumnis, Absage, Verwerfung, Ablehnung, Abweichung. → Auslassung, Diskont.
▸ Hinzufügung.
weglaufen → aufbrechen, enteilen, hinnen gehen von.
▸ Schutz suchen, zulaufen • heimkehren • dableiben.
weglegen → abdecken, räumen, verlegen, wegbringen.
Wegnahme → Abzug, Ausplünderung, Dieberei, Enteignung, Räumung.
Wegnehmen → Bemächtigung, Dieberei, Entnahme.
wegnehmen abknöpfen, entwenden, nehmen, stehlen, sich aneignen, ergattern, einheimsen, entlocken, sich bereichern, erwischen, schnappen, kriegen, wegschleppen, abspenstig machen, entführen, beiseite schaffen, klauen, mausen, stibitzen • kürzen, verringern, stutzen, beschneiden, kupieren, schmälern, vermindern. → abbalgen, abdachen, abnehmen, anschneiden, auslassen, ausrotten, ausschneiden, bemächtigen, berauben, beschneiden, beschränken, bestehlen, deduzieren, demaskieren, einbrechen, entreißen, erleichtern, erpressen, nehmen, schröpfen.
▸ wiedergeben.
wegpacken → einpacken, einsacken, wegschaffen.
wegräumen beiseite räumen. → abdecken, ausdrücken, bahnen, eliminieren, fegen hinweg, herausbrechen, räumen, verlegen, wegschaffen.
▸ herausnehmen, heraussuchen • hinstellen.
wegreißen → abreißen.
wegrennen → enteilen, hineinlaufen von, lassen im Stich.
wegsam erschlossen, zugänglich.
▸ unwegsam, unzugänglich.
Wegschaffen → Entfernung.
wegschaffen herausschaffen, wegpacken, wegräumen, fortschicken, forttragen,

verschiffen, verladen, verfrachten, verschicken, versenden, fortschiffen, wegbringen, wegtragen. → abladen, ausdrücken, austragen, eliminieren, expedieren, herausreißen, räumen, wegschicken, zerstören.
▸ behalten, erhalten, zurückstellen • her(bei)bringen/-schaffen, zurückbringen, zurückholen • behalten, dabehalten, dalassen, stehen lassen.

Wegscheide → Gabelung.

wegscheren, sich → vertreiben.

wegschicken abschicken, wegschaffen, senden, fortschicken, forträumen, verschicken, exportieren, versenden • von sich schieben, verstoßen, abstoßen, ablehnen, fortjagen, schicken, entlassen, absetzen, beseitigen, verdrängen, verabschieden, fortweisen, ausweisen, abberufen, kündigen. → abhauen, absenden, befördern, benehmen das Recht, detachieren, entsenden, senden.
▸ behalten, empfangen, erhalten, zurückstellen einladen • herbeiholen, herholen, holen.

wegschleppen → bemächtigen, bestehlen, einsäckeln, wegnehmen, wegschaffen.

wegschleudern katapultieren.

wegschmeißen Abfall werfen zum, beseitigen, fortwerfen, Müll tun auf den, wegwerfen.

wegschnappen → bemächtigen, bestehlen, wegnehmen.

wegschneiden → kupieren.

wegschütten leeren, ausgießen.

wegschwemmen erodieren.

wegsehen durchgehen lassen, übersehen.

wegsein → fort.

wegstecken → einpacken, einkoffern.

wegstehlen, sich Fersengeld geben, machen sich davon → davonschleichen/-stehlen sich, schleichen sich, verschwinden heimlich/still und leise, wegschleichen sich.

wegstellen → räumen, wegschaffen.

wegtragen → austragen, räumen, tragen, wegschaffen.

wegtreten → gehen, hinnen gehen von, machen sich davon.
▸ antreten.

wegtun → absondern, entledigen, wegschaffen, wegschicken.

wegwaschen → reinigen.

wegweisen → bahnen, verscheuchen, zeigen.

wegweisend weisend, zeigend, erklärend, unterrichtend, schulmäßig, erziehend, aufklärend, vorzeichnend, entwerfend, ausarbeitend, bahnend, vorbereitend, anbahnend. → A und O, bahnbrechend.
▸ irreführend.

Wegweiser Schild, Wanderkarte, Richtungsschild, Reisehandbuch, Richtungszeiger, Zeichen, Verkehrsschild, Guide • Führer, Wegbereiter, Vorläufer, Wegbahner. → Ausführungsbestimmung, Bake, Plan.

Wegweisung → Ausführungsbestimmung, Erkenntnis, Maßregel, Plan, Schema.

wegwerfen vernachlässigen, erniedrigen, hinschmeißen, von sich werfen, in den Dreck treten, verachten, verkleinern, in den Schmutz ziehen, preisgeben, verzetteln, verbrauchen, vergeuden, verschleudern, verjubeln, verprassen, fortwerfen, hergeben, fallen lassen, überlassen, verwirtschaften. → ausschütten, beeinträchtigen, beseitigen, Bord werfen über, Eisen zum alten werfen, fahren lassen, verschleudern.
▸ aufheben, behalten.

wegwerfen, sich → erniedrigen sich.

wegwerfend abfällig, geringschätzig, überheblich, verächtlich, verletzend, von oben herab.

wegwischen → abtrocknen, ausrotten, löschen.

Wegzehrung → Beköstigung, Proviant, Speise.

Wegzeichnung Spur.

wegziehen → absondern, aussiedeln, räumen, scheiden, umziehen.
▸ sich ansiedeln • (eine Wohnung) beziehen, einziehen, zuziehen.

Wegzoll Maut.

Wegzug → Abzug, Fahnenflucht, Räumung, Umzug.

Weh → Bekümmernis, Betrübnis, Bitternis, Qual, Trauer, Wunde.
▸ Heil, Wohl.

wehe tun → ärgern, beleidigen, blasen, bohren, leiden, quälen, schmerzen, verdrießen.
▸ beglücken, wohl tun.

wehen → blasen, fächeln.

Wehenschwäche Bradytokie, Inertia uteri.

Wehgeschrei → Gestöhne, Klage, Schmerz.
▸ Jubel(ruf), Lustschrei.

Wehklage → Gestöhne, Klage, Schmerz.

wehklagen klagen, lamentieren, jammern, schreien, zettern, wehrufen, heulen, brüllen, kreischen, wimmern, winseln, stöhnen, seufzen, ächzen, schluchzen, beklagen, vor Schmerz vergehen, toben. → klagen.
▸ duldsam (sein), jauchzen, jubeln • sich zufrieden äußern.

wehleidig → empfindlich, feige.
▸ tapfer • hart (gegen sich selbst) • unempfindlich.

wehleidiger Mensch Jammerlappen *u.*

Wehmut Betrübnis, Gram, Kummer, Melancholie, Schwermut, Sehnsucht, Traurigkeit, Trübsal, Trübsinn.

wehmütig → elegisch, melancholisch, trübsinnig, verdrießlich.
▸ ausgelassen, froh, fröhlich, heiter, lustig • übermütig.

Wehmutter Hebamme.

Wehr Heer, Armee, Militär, Wehrmacht, Bürgerwehr, Reichswehr, Streitmacht, Wehr und Waffen, Verteidigung, Truppen, Volksheer, Feldheer. → Barriere, Beschwernis, Damm, Hindernis, Schleuse, Schutz, Waffe.
▸ Wehrlosigkeit.

Wehrdienst Soldat, Kommiss, Barras *u*, die Preußen, im grauen oder bunten Rock.
▸ Zivildienst.

Wehrdienstuntauglicher Siffilist *u.*

wehren, sich erwehren, sich durchsetzen, eintreten für, durchdrücken, durchhalten, sich stählen, sich anstrengen, sich nichts gefallen lassen, sich verteidigen, kämpfen, sich stellen, standhalten, widerstehen, sich vor die Bresche stellen, die Zähne weisen, seinen Mann stellen, Widerstand leisten, sich seiner Haut wehren. → abwehren, dawider, verteidigen.
▸ unterliegen, aufgeben, sich

ergeben, nachgeben • aushalten, dulden, einstecken, erdulden, sich gefallen lassen, hinnehmen, stillhalten.
wehrhaft → kampfbereit, stark. ▸ schutzlos, wehrlos.
wehrlos → gefährlich, gehetzt, hilflos, rechtlos, schwach. ▸ bewaffnet, gerüstet, geschützt, verteidigungsbereit, wehrhaft.
Wehrlosigkeit → Erschöpfung, Schwäche.
wehrufen → beklagen, wehklagen.
Wehrwille → Verteidigung.
wehtun → verletzen.
wei → au.
Weib Kebse, Frauenzimmer, Weibsbild, Weibervolk, Weiblichkeit, Krone der Schöpfung, das schöne Geschlecht, Evastochter, Dame, Ehefrau, Gattin, Madame, Geliebte, bessere Hälfte, Braut, Fräulein, Jungfer, Mamsell, Herrin, Gebieterin, Matrone • Weib altes, Waschweib, Schwächling, Jammerlappen, Feigling, Angsthase, Schlotterhose. → Feigling, Frau. ▸ Kerl, Mann.
Weib, altes → Feigling.
Weib, rasendes Bacchantin, Furie, Mänade, Megäre.
Weib, zänkisches Furie, Xanthippe.
Weiberfeind Weiberhasser, Junggeselle, Hagestolz, Lediger, Einzelgänger, Frauenhasser, Klosterbruder. ▸ Weiberknecht, Casanova, Don Juan, Frauenverehrer, Galan, Lüstling, Verführer, Weiberheld, Wüstling.
Weiberfurcht Gynäkophobie, Misogynie.
Weibergeschwätz → Klatsch, Verleumdung.
Weibergezänk Zänkerei, Schimpferei, Geschelte, Keiferei, Gezänke, Gekeife, Gehader, Geschrei, Gekreisch, laute Worte, Zungenkampf, Gardinenpredigt, Streit. ▸ Hausfriede, Verträglichkeit.
Weiberknecht Kriecher, Scharwenzler, Schweifwedler, Höfling, Augendiener, Gesinnungsschnüffler, Wohldiener, Schleicher, Katzebuckelmacher, Bauchkriecher, Pudel, Schoßhund, Schleppenträger, Hofschranze, Leisetreter, Speichellecker, Schmarotzer. ▸ Weiberfeind.
Weibervolk → Weib.
weibisch → feige, feminin, schwach, weiblich. ▸ hart, heldenhaft, kühn, machohaft/-mäßig, maskulin, reckenhaft, supermännlich, viril.
weibischer Mann Samtheini *u.*
weiblich mädchenhaft, feminin, jungfräulich, fraulich, jüngferlich, zimperlich, weibisch, dämlich *u*, schwach. → feminin, fraulich. ▸ männlich, maskulin, viril.
weibliche Person Öse *u.*
Weibsbild → Buhle, Dirne, Weib.
Weibsstück → Beleidigung, Buhle, Dirne, Weib.
weibstoll faunisch. → anrüchig, ausschweifend, buhlerisch, ehelustig.
weich flaumig, knetbar, mürbe, samtartig, schwammartig, schwammig, streckbar, glatt, fein, schlicht, zart, pflaumenweich, windelweich, durch *u*, quabbelig *u*, wabbelig *u*, teigig, breiig, tonig, schlaff, schlapp, morsch, knochenlos, biegsam, biegbar, fügsam, nachgiebig, aufgelöst, hämmerbar, formbar, schmiegsam, schmierbar • gutmütig, mitleidig, mitfühlend, zart fühlend, weichherzig. → aalglatt, butterig, dehnbar, essbar, faltenlos, faul, federartig, fein, fettig, mild, sachte, schlaff, seidig, unentschlossen. ▸ hart.
weich machen → abweichen, ärgern, quälen, verdrießen. ▸ abhärten • härten.
Weichbild → Atmosphäre, Blickfeld, Nähe, Rand.
Weiche Seite, Lende, Weichteil, Magengegend, Leiste • Fahrradweiche, Schienenweiche, Stellwerk. → Erschlaffung. ▸ Härte.
weichen zurückgehen, abgleiten, umkehren, fallen, prallen, zurückfallen, nachgeben, zurückschrecken, wehrlos sein, schlaff sein, ermatten, vergehen, erlahmen, nachlassen, zurückweichen, sich fügen, der Gewalt weichen, die Flinte ins Korn werfen • der besseren Einsicht weichen, etwas annehmen, sich erweichen lassen, dem Zwange weichen • einweichen, enthärten, entspannen, lockern, weich machen. → abnehmen, erlahmen. ▸ verteidigen, wehren sich • standhalten • vordringen, vorrücken.
weichfeucht quatschig *u.*
Weichheit → Erschlaffung, Flaum, Milde, Nachgiebigkeit, Schwäche. ▸ Festigkeit, Härte, Stärke.
weichherzig → barmherzig, mild, mitleidig, weich.
weichlich verweichlicht, butterweich, verzärtelt, weibisch, nachgiebig, widerstandslos, energielos, hinfällig, kümmerlich, schwächlich, lax, kraftlos, unsportlich, flaschig *u*, zügellos, ungezügelt, ungebändigt, zuchtlos, verlottert, schlotterig, haltlos, schlapp, schlabberig *u*, schlatzig *u*, soft *u*. → feminin. ▸ hart.
Weichling → Feigling, Muttersöhnchen, Pantoffelheld, Schlappschwanz. ▸ Held • Macho • Rohling • Samtheini *u*, Schlaffi *u.*
Weichmacher Plastifikator.
weichmütig → barmherzig, nachgiebig, mild, mitleidig.
Weichspeise Brei, Gelee, Mus, Pudding, Püree.
Weichtier Molluske.
weichwerden → nachgeben.
weichzeichnen soften.
Weide → Besitztum, Erdboden, Pflanze, Rasen, Trift.
weiden hüten, hegen, behirten, beschützen, führen, umsorgen, pflegen, zur Weide führen. → aasen, freuen sich, grasen.
weiden, sich → freuen sich.
weidgerecht weidmännisch, jagdgemäß, jagdmäßig, jägermäßig, jägergerecht. ▸ (unweidmännisch).
weidlich lebhaft, köstlich, kräftig. → erstaunlich, fest, grenzenlos, sehr, tüchtig, tunlichst, Tz bis zum, wacker.
Weidling → Fahrzeug (Wasser-), Schiff.
Weidmann Jäger, Nimrod, Schütze, Treiber, Jägersmann, Wildhüter, der wilde Jäger, Hetzer, Heger, Förster, Forstgehilfe.
Weidsack Pansen.
Weidwerk Jagdwerk, Jagd, Birsch, Pirsch, Hatz, Jägerei, Fang, Jagdruf, Treibjagd, Hetzjagd, Spürjagd, Kreisjagd, Fuchsjagd, Weidmannsheil, Hubertusjagd. → Birsch.
weigern → auflehnen,

entgegenhandeln, entgegenstellen sich, hindern, widerstehen.
Weigerung → Absage, Einsprache, Unterlassung, Verneinung.
Weihe → Erhabenheit, Salbung, Segnung, Würde.
Weihegebet Eulogie.
Weihegeschenk Exvoto, Votivgabe.
Weihelied Hymne, Hymnus, Ode.
weihen salben, heiligen, einweihen, segnen, einsegnen, konfirmieren, ordinieren, die Weihe geben, ölen. → beschenken, darbringen, einweihen, geben, schenken.
Weiher → Becken, Binnenmeer, Gewässer, Wasser.
Weihestunde Erbauungsstunde, Festlichkeit, Hochamt, Ehrung, Dankgottesdienst, Siegerehrung, Triumphzug, Fackelzug, Feierstunde, Tedeum, Freudenfeuer, Gedächtnisfeuer, Feierlichkeit, Ehrensalve, Flaggenehrung, Tusch. → Erhabenheit.
weihevoll → erbaulich, erhaben.
Weihnachten → Christabend, Christmond.
Weihnachtsbaum Christbaum.
Weihnachtseinkäufe heilige Kauferei *u.*
Weihnachtsgeschenk Gaben, Christkindchen *u.*
Weihnachtsmonat → Christmonat, Dezember.
Weihwasserbesprengung Aspersion.
weil → behufs, da, dadurch, daher, damit, daraus darum, demnach, demzufolge, denn, deshalb, nämlich.
weiland → als, dermalen, früher, vorher.
Weilchen Sprung *u.*
Weile → Augenblick, Frist, Zeit.
weilen → aufhalten, aufhalten sich, bewohnen, da sein, einnisten, sein.
Weiler → Ansiedlung, Ort, Rasen, Trift.
Wein → Getränk.
Wein des letzten Jahrgangs Heuriger.
Wein einschenken, reinen ehrlich sein, offen sein, die Wahrheit sagen, Farbe bekennen, ein Licht aufstecken, der Wahrheit die Ehre geben, aufrichtig sein, offenherzig sein, freimütig sein • deutsch mit jemandem reden, sich den Mund verbrennen, aufrichtig, offen, wahr, wahrhaftig.
▸ Ohr hauen übers, verheimlichen.
Wein, junger Sauser *u.*
Wein zuckern chaptalisieren.
Weinbauer Winzer.
Weinbeere, getrocknete Korinthe, Rosine, Sultanine.
Weinberg Wingert.
Weinbrand Cognac, Kognak, Eau de vie.
Weinduft Bukett.
weinen flennen, greinen, heulen, jammern, wie ein Schoßhund heulen, Rotz und Wasser heulen *u*, mitjammern, mitweinen, schluchzen, plärren, stöhnen, losheulen, wimmern, seufzen, schreien, Tränen vergießen, losweinen, aufweinen, ächzen, ausstoßen, zetern, aufschreien, wehrufen, brüllen, betränen, sich die Augen rot weinen, in Tränen zerfließen, plärren *u.* → ächzen, klagen, schreien.
▸ lachen, sich freuen, jauchzen, jubeln.
weinerlich quarrig *u.* → demütig und wehmütig, empfindlich, trübsinnig, verdrießlich.
▸ ausgelassen, quietschvergnügt, übermütig.
weinerlich reden quaatschen *u.*
Weingeist Äthylalkohol, Alkohol, Spiritus, Sprit.
Weingott Bacchus, Dionysos.
Weinhaus → Ausschank, Gaststätte.
Weinkrampf heulendes Elend.
▸ Gelasma, Lachanfall, Lachkrampf • (befreiendes) Gelächter/Lachen • sardonisches Lachen.
Weinlaune, in → beduselt, Wein voll süßen.
Weinnebel → Dusel, Fahne.
Weinpresse Kelter.
Weinrausch Sauser *u.*
Weinreife Firne.
Weinschaumsoße Chaudeau.
weinselig → beduselt.
Weinseligkeit → Dusel, Fahne.
Weinstock Rebe.
Weinstube → Ausschank, Gaststätte z.B. Bodega, Bottega, Buvette.
Weise → Art, Beziehung in jeder, Kantus, Gesang, Methode, Verfahren, Verhalten, Weg.
Weise, Art und Modus.
Weise, auf diese → derart, dermaßen.
weise → aufgeklärt, begabt, feinspürig, gelehrt, klug, sinnig.
▸ närrisch • kindlich, unerfahren, unreif • borniert, dumm, töricht.
weisen hindeuten, anleiten, zeigen, beleuchten, offenbaren, hinweisen, aufweisen, dartun, nachschlagen, belehren, erhellen, erleuchten, erziehen, einschulen, befähigen, veranschaulichen, anleiten, unterweisen, anraten, bilden, lehren, dozieren, anschaulich machen, aufklären. → erziehen, lehren, zeigen.
▸ irreführen.
weisen, von sich → ablehnen, verachten, verneinen, verscheuchen.
Weiser → Bake, Denker, Philosoph, Wegweiser.
▸ Dummkopf • Narr • Tor.
Weisheit → Begriffsvermögen, Christus, Erkenntnis, Lebenserfahrung, Vernunft, Verstand.
▸ Dummheit, Torheit • Unreife.
weislich → ängstlich, aufmerksam, beflissentlich, vorsichtig.
weismachen → dünken, Dunst vormachen, fabeln, lügen, narren, schwindeln, täuschen.
weiß weißlich, schneeweiß, lilienweiß, kreideweiß, kreidebleich, schlohweiß, blank, blass, bleich, silbern, silberfarbig, silberhaarig, bereift, milchig, weißhaarig, grauköpfig. → alt, blank, fahl, farblos.
▸ (unbunt), schwarz, bunt, farbig • bekannt, erforscht.
weiß, wie man bekanntlich, bekannt wie, bekanntermaßen.
weissagen → ankündigen, bedeuten, prophezeien.
weissagend hellseherisch, prophetisch, sibyllinisch, vorhersagend.
Weissager → Fakir, Prophet, Seher, Wahrsager.
Weissagung Orakel, Prophezeiung, Voraussage, Vordeutung, Vorhersage, Vorherverkündigung, Horoskop, Bescheid, Offenbarung, Warnung, Mahnung, Vorahnung, Hellseherei, Wahrsagerei. → Aberglaube, Offenbarung, Prophezeiung.
Weißbier → Bier.
Weißbinder *ö* → Anstreicher.
Weißbrotscheibe, geröstete Toast.
Weißdorn Crataegus.
Weiße → Albino, Bier, Bleichheit, Farblosigkeit.
weiße Ameise Termite.

weiße Blutkörperchen Leukozyten.
weißer Schimmel (z.B. auch: alter Greis) Hendiadyoin (Hendiadys), Tautologie • Doppelmoppel *u.*
weißes Haar Schimmel *u.*
weißhaarig → alt, ergraut, weiß.
Weißhaariger Silberpappel *u.*
Weißkäse Quark, Topfen.
weißlich → bereift, milchig, weiß.
weißlockig → alt, bereift, ergraut, weiß.
weißwaschen weißen, weißtünchen, weißfärben, anstreichen, bleichen • rechtfertigen, entlasten, reinigen, säubern, entbürden, freisprechen, lossprechen, Unschuld beweisen, entkräftigen, schuldlos sprechen. → bemänteln, Brücke bauen goldene. ▸ beschmutzen, verurteilen, zugeben.
Weisung → Anordnung, Ansage, Auflage, Befehl, Dekret, Diktat, Direktive, Gebot.
weit uferlos. → abgelegen, abseits, ausgedehnt, bei, breit, davon, endlos, entfernt, entlegen, Feld und Wald, fern, getrennt, über alle Berge, unnahbar. ▸ begrenzt, beschränkt, eng, knapp, schmal • dicht (bei), nah, in der Nähe, unweit.
weit und breit → Feld und Wald, überall.
weit mehr → meisten am.
weitaus → besonders, hauptsächlich, rundweg, sehr.
weit blickend vorsorglich, verständig, klug, vernünftig, einsichtsvoll, vorsorgend, gescheit, sichergehend, vorsichtig, vorbereitet, geschickt, planvoll, ausarbeitend, überlegend, fürsorglich, vorbauend, vorbeugend, vorkehrend, besorgt • weiträumig. ▸ kurzsichtig.
Weite → Abstand, Ausbreitung, Ausdehnung, Ausmaß, Breite, Dimension, Entfernung, Kaliber, Umfang. ▸ Begrenztheit, Enge, Platzmangel, Raumnot • Nachbarschaft, Nähe.
Weite suchen, das abhauen, davonlaufen, fliehen, flüchten, weglaufen/-rennen.
weiten → ausdehnen. ▸ enger machen, verengen.
weiter → beiläufig, damit, daneben, dazu, entfernt, fort.
Weiterbildung → Fortbildung. ▸ Ausbildung • Rückbildung.
weiterbringen fördern.
Weiteren, des → auch, beiläufig, dabei, daneben, darüber, dazu.
Weiterentwicklung → Arbeitssegen, Aufbau, Fortschritt Entwicklung, Evolution, Fortschritt, Reifung, Wachstum. ▸ Stagnation • Rückschritt.
weiteres, ohne → anstandslos.
weiterführen fortführen, fortsetzen, weitermachen, weiterverfolgen.
weitergeben → abgeben, verbreiten.
weiterhin → auch, dazu, ebenso, ferner.
Weiterkommen → Aufstieg, Entwicklung, Fortschritt, Karriere, Reifung, Umwälzung, Veränderung, Wachstum.
weiterkommen zudem, ansteigen, wachsen, fortschreiten, heranbilden, fortbilden, sich entwickeln, sich entfalten, emporschießen • Erfolg haben, auf einen grünen Zweig kommen, bezwingen, vorwärts kommen, es zu etwas bringen, vorrücken, siegen, erlangen, gedeihen, gelingen, glücken, erreichen, erringen, Glück haben, mit vollen Segeln fahren, die Karten in der Hand haben, sich in die Höhe schwingen. ▸ misslingen, nachstehen • pausieren • aufgehalten werden, aussetzen, sich festfahren, festsitzen, stecken bleiben, stehen bleiben, stillstehen.
weiterleben bleiben, dableiben, fortexistieren, fortleben, hier bleiben.
weiterleiten durchlassen, übermitteln, übertragen, weitergeben.
weitermachen → ausdehnen, fortführen. ▸ erlahmen • abbrechen • innehalten, unterbrechen • aufgeben.
weitersagen mitteilen, klatschen, verbreiten. ▸ für sich behalten.
weitertragen → verbreiten.
Weiterung → Ausdehnung.
weitgespannt ausgedehnt, umfasssend, universell.
weitherzig → großmütig.
weitläufig weiträumig. → ausgedehnt, diffus, entfernt, kompliziert, räumlich.
weiträumig ausgedehnt, raumgreifend, spatiös, weit, weitläufig.
weit reichend → wichtig.
weitschichtig → ausgedehnt, entfernt, langatmig.
weitschweifig → ausholend, diffus, langatmig, redselig.
Weitschweifigkeit → Redseligkeit, Umschreibung, Umständlichkeit.
Weitsicht Bedacht, Besonnenheit, Umsicht, Weitblick.
weitsichtig übersichtig, fernsichtig, doppelsichtig, augenkrank • weit blickend, vorsorgend, fürsorglich, vorsichtig, vorarbeitend, bedächtig. → weit blickend. ▸ kurzsichtig.
weit verbreitet → verbreitet.
welche etwelche, manche, einige • um welche Zeit, wann, um wie viel Uhr, in der Zeit von, die (der, das) derjenige (diejenige, dasjenige).
welk → alt, trocken, verdorrt. ▸ blühend, frisch, grün.
welken → abnehmen, abtrocknen, altern, auszehren, verbleichen, vergehen.
Welle Woge, Gewoge, Flut, Gezeiten, Wallung, Brandung, Wasser, Wirbel, Strudel, Sturmflut, Springflut • Walze, Rolle, Säule, Winde, Werkzeug, Haspel, Weiche • Lichtwelle, Radiowelle • Wasserwelle, Dauerwelle • Bündel, Reisig, Stroh. → Achse, Berg.
wellen sieden, kochen, aufwellen, wallen lassen, schäumen lassen, aufgehen lassen, sprudeln lassen • walgern, zusammenhämmern • drehen, ondulieren. → drehen, locken. ▸ erkalten, glätten.
wellenförmig strömen pulsieren, pulsen.
Wellenlinie Wellenform, Bogenform, Schlangenform, Schneckenwindung, Muschellinie, Gewundenheit, Kurve, Windung, Drehung, Krümmung, Lockenform, Einbiegung, Wölbung, Bogen, Wellenbewegung, Geschlängel. → Kurve. ▸ Geradlinigkeit.
Wellenreiten Surfing.
Wellenschaum Gischt.
wellig → gebogen, lockig. ▸ eben, flach, glatt, platt.
Welt Globus, Kosmos, Makrokosmos, Mitwelt, Natur, Schöpfung, Universum,

Weltall, Himmelsraum, Erde, Sphäre, Weltgebäude, Weltkugel, Weltkörper, Himmel, Leben • Weltgeschichte • Leute, Menschen, Gesellschaft, die große Welt, Halbwelt • Wirkungsbereich, Lebensbereich, Wirkungskreis, Innenwelt. → All.
Welt ansehen, sich die herumfahren, herumtreiben sich, reisen, Weltreisen machen.
Welt, belebte Bios.
Welt bringen, zur entbinden, gebären, Kinder bekommen, niederkommen.
Welt der Kleinlebewesen Mikrokosmus.
Welt schaffen, aus der → ausmerzen, ausrotten, zerstören.
weltabgewandt autistisch, einsam, einsiedlerisch, in sich gekehrt, introvertiert, isoliert, weltfern/--fremd.
Weltall → All, Kosmos, Welt.
Weltallforscher Astronom.
Weltangst → Scheu.
Weltanschauung → Ansicht, Denkart, Charakterfundament, Gesinnung.
weltbekannt → angesehen, bekannt, berüchtigt, berühmt.
weltberühmt → bekannt, berühmt.
weltbewegend epochal, historisch, sensationell.
Weltbild → Lebensanschauung.
Weltbürger Fazifist, Kosmopolit, Internationalist, Friedensfreund, Menschenfreund. ▸ Chauvinist, Nationalist, Separatist • Patriot • Kleinbürger, Provinzler, Spießer.
Weltbürgertum Menschenfreundlichkeit, Humanität, Weltbürgersinn, Pazifismus, Internationalismus, Friedensschwärmerei. ▸ Chauvinismus.
Welten, zwischen zwei überirdisch, jenseitig, hellseherisch, übersinnlich, magisch, metaphysisch, transzendent, transzendental, aus dem Gebiet des Übersinnlichen, zwischen Himmel und Erde • verträumt, unaufmerksam. ▸ aufmerksam, irdisch, natürlich, weltlich.
Weltenbummler Umherreisender, Zugvogel, Abenteurer, Vagabund, Wanderer, Nomade, Reisender, Herumschwärmer, Vagant, fahrender Schüler, Weltreisender, Globetrotter, fahrendes Volk, Tippelbruder. → Bummler, Wanderer. ▸ Einsiedler, (Ofenhocker).
Weltenraum → All, Kosmos, Welt.
weltentrückt entrückt, Trance(zustand) im, träumend, versponnen, verträumt, weltfern/-fremd, weltverloren, wirklichkeitsfern.
Weltentstehungslehre Kosmogonie.
welterfahren erfahren, lebenserfahren, weltgewandt, weltläufig, weltmännisch.
Weltflucht Weltentfremdung. → Einsamkeit, Entfremdung, Entsagung, Scheu, Unnahbarkeit. ▸ Aufgeschlossenheit, Extrovertiertheit, Geselligkeit, Kontaktfreude, Menschenfreundlichkeit, Offenheit, Realismus, Umgänglichkeit.
weltfremd → einsam, farcenhaft, lebensfremd, ungeschickt. ▸ extrovertiert, realistisch, weltgewandt, weltoffen.
weltfremde Grundeinstellung Ideologie.
Weltfremdheit → Isolierung, Menschenscheu.
Weltganze, das → All, Welt.
Weltgeltung → Ruf.
weltgewandt formgewandt, höflich, diplomatisch, geschliffen, wohl erzogen, gebildet, galant, geschmeidig, glatt, verbindlich, zuvorkommend, leutselig. → salonfähig. ▸ weltfremd.
Weltkörper → Erde, Welt.
Weltkugel Globus.
weltläufig welterfahren, weltgewandt, weltmännisch.
weltlich erdgebunden, irdisch, kosmisch, tellurisch • heidnisch, gottlos, unchristlich, fleischlich, irdisch gesinnt, materialistisch, schlecht, sündig • laienhaft, säkular, bürgerlich, profan. → bürgerlich, profan. ▸ kirchlich, übersinnlich.
Weltmann → Kavalier.
weltmännisch erfahren, weltläufig, vornehm, mondän, kultiviert.
Weltmeer Ozean. → Meer.
weltoffen extravertiert, extrovertiert, kontaktfreudig, menschenfreundlich, nach außen gerichtet, umgänglich, weltzugewandt.
Weltraum Kosmos, Universum, Weltall.
Weltraumfahrer Astronaut, Kosmonaut.
Weltraumfahrt Astronautik, Kosmonautik.
Weltraumlabor Spacelab.
Weltreich Empire, Imperium.
Weltreisender → Bummler, Weltenbummler.
Weltreligionen Buddhismus, Christentum, Islam.
Weltruf → Ehre, Ruf.
Weltruf haben → angesehen, berühmt.
Weltschmerz → Bekümmernis, Melancholie, Schmerz, Unstimmung, Verdüsterung.
Weltschöpfer Demiurg, Gott, Schöpfer.
Weltseele Pneuma.
Weltstadt → Metropole.
weltumspannend → international.
Weltuntergang Apokalypse, Götterdämmerung, Ragnarök.
Welturgrund Brahma, Tao.
Weltweisheit Kosmosophie.
weltweit → breit, entfernt, fern.
Wemfall Dativ.
Wende Umkehr, Kehre, Kehrtwendung, Rückwendung, Wendung, Abkehr, Umbiegung, Abbiegung, Rückkehr, Umschlag • Änderung, Umänderung, Neuerung, Krisis, Pol • Biegung, Ecke, Wendepunkt. → Veränderlichkeit, Veränderung, Wandlung. ▸ Unveränderlichkeit.
wenden → abschwenken, ackern, ändern, bereuen, drehen, leiten, verwandeln.
wenden an, sich → angehen um, appellieren, beabsichtigen, bitten.
wenden, das Blatt andere Saiten aufziehen, die Waffen umkehren, vergelten, die Scharte auswetzen, den Spieß umdrehen, sich revanchieren, heimzahlen. ▸ gleich bleiben, nehmen auf sich.
Wendepunkt → Art und Weise, Drehpunkt, Gipfel, Krise, Markstein, Pol, Rückschlag, Wende.
wendig rührig, tätig, rege, munter, regsam, anstellig, beweglich, unruhig, schaffig, betriebsam, betulich, unermüdlich, fleißig, flink • aufgeschlossen, lenkbar, empfänglich, aufnahmefähig.

→ erwerbsam.
▸ faul, träge, verschlossen.
Wendigkeit Gewandtheit, Beweglichkeit, Fleiß, Geschäftigkeit, Regsamkeit, Tätigkeit, Munterkeit, Rührigkeit, Flinkheit, Beschäftigung, Betätigung, feine Witterung, Lebhaftigkeit, wache Sinne, Empfänglichkeit, Zugänglichkeit, Aufgeschlossenheit.
▸ Faulheit, Trägheit, Ungeschicklichkeit, Verschlossenheit.
Wendung → Anspielen, Auffassung, Ausdruck, Befreiung, Begebenheit, Direktion, Enttäuschung, Ereignis, Fall, Lage, Tatsache, Veränderlichkeit, Version, Vorfall, Wandel, Wende.
Wenfall Akkusativ.
wenig kaum, mager, spärlich, unbeträchtlich, unerheblich, unzulänglich, unzureichend, mangelnd, gering, ein Körnchen, eine Hand voll, klein, geringfügig, blutwenig, nur eine Idee, ein Pappenstiel, ein paar Brocken, minder, beengt, kärglich, kümmerlich, knapp, nur, stäubchengroß, verschwindend, unsichtbar, dünn, schütter, zählbar, bescheiden, bloß, atomgroß, winzig. → begrenzt, bloß, dünn, karg, kaum, knapp, mäßig, nur, rar, ungenügend.
▸ viel.
weniger → ab, alle Wörter mit der Vorsilbe ab, abzüglich, vermindert, wenig.
▸ mehr • über.
Wenigkeit Hauch, Minderheit, Minimum, Mittelmäßigkeit, Anflug, Mundvoll, Spärlichkeit, Krise, Spur, Kleinigkeit, Punkt, Scherflein, Ansatz, Kürze, Knappheit, Unzulänglichkeit, Krümel, Körnchen, Winzigkeit, Hand voll, Geringfügigkeit • Seltenheit, weißer Rabe. → Bedeutungslosigkeit.
▸ Vielheit.
wenigstens → mindest, tunlichst.
▸ maximal.
wenn als, bis, bevor, ehe, sobald, indem, binnen, damals • falls, sofern, nötigenfalls, bedingt, dennoch, wenn auch, wenn die Umstände es erlauben, je nachdem, vorausgesetzt, mit Vorbehalt, bedingungsweise. → allenfalls, da.
▸ indessen, keineswegs, weil.
wenn auch → allein, dennoch, dessen ungeachtet, doch, immerhin, schließlich, trotz.
wenngleich → allein, dagegen, doch, trotz.
Werbeberater Gebrauchsgraphiker, Werbechef, Reklamechef, Werbeleiter, Anzeigenverwalter, Texter, Marktanalytiker, Meinungserforscher, Werbepsychologe, Verkaufspsychologe, Vertriebsfachmann.
Werbebrief → Angebot.
Werbefilm im Fernsehen TV-Commercial, TV-Spot.
Werbefilm, kurzer Filmlet, Spot.
Werbegabe Anreiz, Anlockung, Verlockung, Versuchung, Anpreiserkünste, Lockmittel, Lockspeise, Blendwerk, Zauber, Mätzchen, Kundenfang, Kundenfängerei, Kundenwerbung • Reklameartikel, Geschenkartikel, Zugabe. → Werbung.
werbekräftig → durchschlagend.
Werbekunst → Kundenwerbung, Werbung.
Werbemittel z.B. Inserat, Plakat, Prospekt.
werben trommeln, propagieren, inserieren, gewinnen, Propaganda machen, Reklame machen, anpreisen, Kunden gewinnen, annoncieren, zureden, anreden, aufklären, umstimmen, bearbeiten, überzeugen, beeinflussen, publizieren, bekannt machen, einflüstern, verleiten, anlocken, ködern, beschwatzen, anpreisen, abgrasen, akquirieren • umwerben, freien, um die Hand anhalten, erklären sich, einen Heiratsantrag machen. → anbeten, bewerben sich, Blicke zärtliche, buhlen, Cour schneiden, einsetzen sich, empfehlen, erklären sich, liebäugeln, rühren die Trommel, schmachten.
▸ ablehnen, nachfragen, verabscheuen • abschrecken, abstoßen.
werbend verlockend, anlockend, anreizend, versuchend, anreißerisch, betörend, bezaubernd, gewinnend, sinnberückend, ansprechend, benebelnd, bestrickend, umgarnend, Reklame machen. → anschaulich, beeinflussend.
▸ abstoßend.
werbend, politisch agitatorisch, propagandistisch.
Werbepsychologe Seelenjongleur *u.*
Werber Reklamemacher, Ausschreier, Marktschreier, Verkäufer, Akquisiteur, Vertreter, Anpreiser, Kundenwerber, Propagandist, Anreißer, Kundenfänger • Verleiter, Anstifter, Anlocker, Verführer • Freier, Heiratskandidat, Umwerber, Verehrer, Courschneider • Keiler *u.*
▸ (Umworbener)
Werbeschlagwort Slogan. → Reklame, Schlagwort, Werbung.
Werbeschrift → Einladung, Propaganda, Reklame, Werbung.
Werbetätigkeit → Kundendienst, Reklame, Werbung.
Werbeträger Media, Medien.
Werbetrommel → Reklame.
werbewirksam attraktiv, verlockend, zugkräftig • knackig *u.*
Werbung Agitation, Willenslenkung, Anpreisung, Werbekunst, Aufklärung, Reklame, Bedarfslenkung, Propaganda, Bedarfsweckung, Kundenwerbung, Akquisition, Beeinflussung, Kundendienst, Bekanntmachung, Empfehlung, Einflüsterung, Werbegabe, Geschäftsschild, Tamtam, Werbetrommel, Werbeschlagwort, Werbetätigkeit, Verführung, Verlockung, Verleitung, Anlockung, Kundenfängerei • Öffentlichkeitsarbeit, Publicrelations, Liebeswerbung, Umwerbung, Bewerbung. → Angebot, Reklame, Schmeichelei.
▸ Ablehnung, Nachfrage.
Werbung, politische Propaganda.
Werdegang → Aufbau, Entwicklung, Wanderjahre, Wandlung.
werden Gestalt annehmen, erscheinen, vorstellen, atmen, leben, dastehen, sich einstellen, sich ereignen, sich zutragen, Tatsache werden, vorkommen, erfolgen, der Fall sein, entspinnen sich, sich begeben, sich zutragen, hinführen, bevorstehen, in der Luft liegen, herannahen. → aufblühen, ausbreiten,

begeben sich, entwickeln, passieren.
▸ sein, vergehen.
Werfall Nominativ.
werfen schwingen, treiben, stoßen, schleudern, schnellen, wälzen, kugeln, rollen, schießen, hochwerfen, fortwerfen, wegwerfen, lupfen, rucken, schütteln, knallen, pfeffern, schmeißen • Junge werfen, jungen.
▸ auffangen.
werfen, zu Boden → unterwerfen, wüten.
werfen, über Bord → wegwerfen.
werfen, sich in die Brust → dick tun.
werfen, die Flinte ins Korn nachgeben, zurückweichen, den Schwanz hängen lassen, erlahmen, ausweichen, fliehen, aufgeben, entwischen, Angst haben, kneifen, sich aus dem Staube machen, Reißaus nehmen, entrinnen, das Hasenpanier ergreifen, Fersengeld geben, sich ins Bockshorn jagen lassen, schlappmachen.
▸ kämpfen.
werfen, an den Kopf anpöbeln, anranzen, anschreien, anfahren, schimpfen, ausfällig werden, beleidigen, abrüffeln, anbellen, fluchen, zu nahe treten, Grobheiten sagen, tadeln, flegelhaft sein, grob sein.
▸ loben, verschonen.
werfen, in einen Topf zusammenschmeißen, vermengen, vermischen, verflechten.
▸ ordnen, trennen, überlegen.
werfen, von sich → wegwerfen.
Werk Fabrik, Anlage, Unternehmen • Tat, Verrichtung, Aufgabe, Ausführung, Pflicht, Leistung, Beruf, Handlung, Akt, Arbeit, Bewerkstelligung, Behandlung, Ausübung, Vorgang • Triebwerk, Maschinenwerk, Maschinerie, Mechanismus, Schlagwerk. → Anstalt, Anstrengung, Arbeit, Aufgabe, Ausführung, Band, Betrieb, Buch, Druckschrift, Fabrik, Leistung, Lektüre, Manuskript, Produkt, Tat, Werkstatt.
▸ Müßiggang, Nichtstun, Unterlassung.
Werk, einzigartiges Unikat.
Werkarbeit → Artikel, Produkt.
werkeln → arbeiten.
werken → anfassen, arbeiten, ausüben, machen, tun.
werkgerecht bewährt, vorzüglich, vortrefflich, erfreulich, richtig, meisterhaft, handwerksmäßig, kunstgerecht, geschickt, brauchbar, handwerklich, meisterlich, vollendet, vollkommen. → kunstgerecht.
▸ stümperhaft, unbrauchbar.
Werkküche Kantine.
Werkpause → Ruhezeit.
Werkstatt Arbeitsplatz, Wirkungsbereich, Werkstätte, Werkanlage, Betrieb, Fabrik, Schmiede, Gießerei, Schmelzhütte, Reparaturwerkstatt, Arbeitsstelle. → Anstalt, Atelier.
Werkstoff → Bedarf, Bestand, Ersatz, Material, Rohstoff.
Werkstück → Artikel, Produkt.
Werktag Alltag, Arbeitstag, Wochentag.
▸ Feiertag, Festtag, Ruhetag, Sonntag • Ferientag, Urlaubstag.
werktätig tätig, wirksam, arbeitsam, beschäftigt, rührig, emsig, schaffend, geldverdienend, beruflich, dienstlich, amtlich, berufstätig, handwerksmäßig, berufsmäßig, geschäftlich, arbeitend.
▸ untätig.
Werktätiger → Arbeiter.
Werkzeug Gerätschaft, Einrichtung, Maschine, Takelwerk, Zubehör, Gerät, Schneiderwerkzeug, Hebel, Sonde, Spindel, Pfriem, Nagelbohrer, Stampfer, Stachel, Schaft, Keil, Haspel, Hammer, Zange, Schraube, Nagel, Bohrer, Feile, Nadel, Ackergerät, Beil, Mittel, Pricker *sm.* → Apparat, Ausrüstung, Bedarf, Gerätschaften, Instrument, Mittel, Utensilien.
Werkzeug, willenloses Schwächling, Willensschwächling, passiver Mensch, Jasager, Leisetreter, unterwürfiger Mensch, Radfahrer *u*, Niete, Befehlsempfänger, Knecht, Lakai, Sklave.
Wermutstropfen → Bekümmernis.
Wert Vorzüglichkeit, Belang, Vortrefflichkeit, Echtheit, Verdienst, Geltung, Kaufkraft, Güte, Nützlichkeit, Gold, Vollkommenheit, Kleinod, Geld • innerer Wert, Menschenwürde, Adel, Edelsinn, Charakter, Persönlichkeit, sittliche Kraft, Anständigkeit, Tugend, Würde, Unschuld. → Anteil, Ausbeute, Bedeutung, Edelstein, Einträglichkeit, Gehalt, Niveau, Preis, Qualität, Vorteil, Wichtigkeit.
▸ Unwert, Wertlosigkeit.
wert → angenehm, lieb, lohnend, teuer
▸ bedeutungslos, unerheblich • minderwertig, schäbig, wertlos.
Wert, äußerster Extrem.
Wert, fester Konstante.
Wert feststellen, den begutachten, berechnen, beurteilen, bewerten, einschätzen, kalkulieren, schätzen, taxieren, werten.
wert, viel hochwertig, kostbar, wertvoll.
Wert, wirtschaftlicher Bonität.
Wertangabe Deklaration.
Wertarbeit → Prachtstück, Wert.
wertbeständig dauerhaft, stabil, sicher.
Wertbestimmung Bewertung, Schätzung, Valvation, Wert(ab)schätzung.
Werte → Besitz, Effekten, Geld.
werten → abmessen, errechnen, schätzen, urteilen, veranlagen.
Wertermittler (Wert-)Gutachter, Schätzer, Taxator.
Wertgegenstände Valoren.
Wertgruppe Klasse.
werthalten loben, preisen, rühmen, schätzen, anerkennen, würdigen, wertschätzen, hoch schätzen, verherrlichen, hochhalten, billigen, lobpreisen, bewundern, ehren, herausstreichen.
▸ verachten.
Wertlehre Axiologie.
wertlos unbrauchbar, undienlich, unersprießlich, ungeeignet, ungültig, untüchtig, unverwendbar, schlecht, untauglich, belanglos, unwert, nichtig, keinen roten Heller wert, das ist Krampf *u*, keinen Pfifferling wert, keinen Schuss Pulver wert, unter aller Sau *u*, unter aller Kanone *u*, geschenkt zu teuer *u*, leer, seicht, minderwertig, kümmerlich, kläglich, wirkungslos, zwecklos, unergiebig, verdorben, ausgedient • charakterlos, gemein, niederträchtig. → abgedroschen, albern,

alltäglich, ausdruckslos, charakterlos, minderwertig, nebensächlich, überflüssig, umgeschlagen, unansehnlich, unbedeutend, ungültig, unproduktiv, verdorben. ▸ wertvoll • auserlesen, edel, erlesen, exquisit, kostbar, teuer • gültig.

wertloses Zeug Kitsch *u*, Klimbim *u*, Klumpatsch *u*, Piss *u*, Schamott *u*, Scheißdreck *u*, Scherben *u*.

Wertlosigkeit Schlechtheit, Unwert, Belanglosigkeit, Nichtigkeit, Eitelkeit, Seichtigkeit, Verdorbenheit, Heillosigkeit, Minderwertigkeit, Überflüssigkeit, Nutzlosigkeit, Wirkungslosigkeit, Erfolglosigkeit, Fruchtlosigkeit, Plunder, Brocken, Bruch, Dreck, Krempel *u*, Krimskrams *u*, Quark *u*, Saudreck *u*, Sauzeug *u*, Schmarren *ö*, Zimt *u*, Brühe *u*, Gerümpel, Verächtlichkeit, Mist, Schrott, Kitsch, Schleuderware, Abfall, Staub, Schmutz, Schaum, Asche, Schlacke. → Ärmlichkeit, Talmi, Ungültigkeit, Unwert. ▸ Wert.

Wertmesser Maßstab, Wertmaß, Bedeutung, Gradmaß, Wertung, Werturteil.

Wertmesszahl/-ziffer Index.

Wertminderung Unvollkommenheit, Mangelhaftigkeit, Unzulänglichkeit, Ungenüge • Fehlbetrag, Defizit • Stückwerk, Mangel, Fehler, Gebrechen, Defekt • Ertragsminderung, Verminderung, Abwertung, Beschädigung, Verunreinigung, Verderbnis, Frostschaden • Schwund, Entwertung, Vermögensverlust oder -schaden, Teil- oder Totalschaden. ▸ Verteuerung • Werterhöhung.

Wertpapieraufbewahrungsort Depot, Tresor.

Wertpapierausgabe Emission.

Wertpapierbörse Effektenbörse.

Wertpapiere → Effekten, Papiere.

Wertpapiere, hinterlegte Depositen.

Wertpapiere zuteilen repartieren.

Wertpapierfonds Investmentfonds.

Wertpapiermakler Börsenmakler, Broker.

Wertpapiermarkt Börse.

Wertpapierzulassung Kotierung.

Wertsachen Besitztum, Effekten.

wertschätzen → bemessen, schätzen, werthalten.

Wertschätzung → Achtung, Anerkennung, Begriff, Beifall, Ehre, Ehrenplatz, Verehrung.

Wertung → Bewertung.

Werturteil → Wertmesser.

wertvoll → ansehnlich, beachtlich, begehrenswert, brillant, dauerhaft, denkwürdig, erlesen, förderlich, gesucht, gut, kostbar, kunstvoll, nützlich, selten, teuer, unersetzbar, unschätzbar, vorteilhaft, vortrefflich, wichtig. ▸ billig, minderwertig, unwichtig, wertlos.

Wertzuwachs → Errungenschaft, Erwerb.

Wesen Mensch, Kreatur, Ding, Inneres • Art, Wesenheit, Ausdruck, Sinnesart, Begriff, Sinn, Beschaffenheit, Kern, Bildung, Geist, Inhalt, Eigenheit, Charakter, Vermenschlichung, Gemüt, Gemütsanlage, Seele, Natur, Zustand, Verfassung, Einstellung, Gehalt, Definition, Bedeutsamkeit, Belang, Wert, Stoff, Element, Material. → Art, Aufbau, Ausdruck, Aussehen, Begriff, Charakter, Dasein, Ding, Element, Gegenstand, Gemüt, Gewebe, Inneres, Kern des Pudels, Mensch, Seele, Struktur. ▸ Ausdruckslosigkeit, Nichts.

Wesen, göttliches Numen.

Wesen, höchstes → Gott.

wesenhaft gestaltet, lebend, tatsächlich, wirklich, geschaffen, vorherrschend, real, vorhanden, gegenwärtig, zugegen, vorliegend, seiend, bestehend, existierend, da. → dinghaft, dinglich, fassbar, gegenständlich, handgreiflich, real. ▸ unwirklich.

Wesenheit → Anzeichen, Ausdruck, Charakter, Charakteristik, Dasein, Ding, Eigenart, Gehalt, Substanz, Wesen.

wesenlos → imaginär, körperlos, unkörperlich.

Wesensart → Art, Aussehen, Charakter, Wesen.

Wesensform → Art, Charakter, Charaktermischung, Stil, Temperament, Wesen.

wesensfremd → beziehungslos, fremd.

Wesensgehalt → Hauptsache, Kern, Quintessenz, Schwerpunkt.

wesensgemäß bezeichnend, charakteristisch, eigentümlich, kennzeichnend, typisch, unverkennbar.

wesensgleich → gleich.

Wesensmerkmal → Eigenschaft, Unterschied.

Wesensverwandtschaft Affinität, Sympathie.

Wesenszug Charakter(eigenschaft), Eigenart, Eigenheit, Eigentümlichkeit.

wesentlich essenziell, unerlässlich, integrierend, erforderlich, nötig, durchaus, selbstverständlich, hauptsächlich, wichtig, bedeutend, erheblich, bemerkenswert, beachtenswert, erwähnenswert • bestehend, seiend, geschaffen, körperlich, dinghaft, sachlich, gegenstandsnahe, innerlich, eigen, eigentümlich, zugehörig, kennzeichnend, charakteristisch. → A und O, ansehnlich, ausschlaggebend, beachtlich, denkwürdig, ereignisreich, innewohnend, maßgebend, sachlich, wichtig. ▸ unwesentlich.

Wesentliche, das Dollpunkt, Hauptsache, Kernpunkt/-stück, Knackpunkt, Quintessenz.

Wesfall Genitiv.

weshalb → warum.

Wespe → Biene, Tier.

Wespennest → Räuberhöhle.

Wespennest stechen, in ein in Teufels Küche kommen, in Streit geraten, Zwietracht säen, Öl ins Feuer gießen, Händel stiften, den Frieden stören. → auffallen.

westlich abendländisch, okzidental.

weswegen → warum.

Wettbewerb → Auseinandersetzung, Erwerbskampf, Jagd, Konkurrenz.

Wettbewerber → Mitbewerber, Nebenbuhler.

Wettbewerbshüter Kartellbehörden.

Wette Wagnis, Wettrennen, Wettkampf, Spiel, Würfel, Geratewohl, Los, Spekulation, Abenteuer, Hasardspiel • Zufall, Schicksal, Ungefähr,

Glückssache, Glücksfall. → Chance.
Wetteifer → Bewerbung, Eifer, Fleiß, Konkurrenz.
wetteifern → ausstechen, beikommen, bewähren, hervorstechen, konkurrieren, verbissen in.
wetten spielen, würfeln, knobeln, losen, aufs Spiel setzen, tippen, totosieren *u,* eine Wette machen, es darauf ankommen lassen, den Zufall entscheiden lassen, das Los entscheiden lassen, unterziehen, unterfangen. → wagen.
Wetter Witterung, Klima, Zone, Luft, Himmel, Tiefdruck, Hochdruck, ein Wetter zum Eierlegen *u,* Mordswetter *u,* Windrichtung, Windstärke, Bestrahlung, Abkühlung, Bewölkung, Wolke, Niederschlag, Wärme, Kälte, Tauwetter, Schneewetter, Hundewetter, Waschküche, Dreckwetter *u,* Matschwetter *u,* Patschwetter *u,* Sauwetter *u,* Scheißwetter *u,* so schlecht dass man keinen Hund vor die Tür jagt, Unwetter, Wolkenbruch, Blitz, Donner, Gewitter, Sturm • schlagende Wetter • Spieler, Tipper *u.*
Wetterfahne Wetterhahn, Wetteranzeiger • Mantelträger, Windfahne, Leichtfuß, Windhund, Gesinnungslump, Fahnenflüchtiger, Rückfälliger, Mitläufer, Stimmvieh, Abtrünniger, Schmetterling, unsteter Mensch, wankelmütiger Mensch. → Charakter.
Wetterfühligkeit Biotropie, Meteoropathie.
Wetterglas → Barometer.
Wetterkunde Meteorologie.
wettern donnern, blitzen, krachen, gewittern, tönen, dröhnen, regnen, gießen, toben, wüten • fluchen, verwünschen, verdammen, andonnern, anschreien, anfahren. → anfahren, werfen an den Kopf.
▸ aufklären, beruhigen (sich).
Wettersturz Unwetter, Gewitter, Tiefdruck, Tief, Sturmtief.
wetterwendisch wankelmütig, opportunistisch, unstet, unzuverlässig, unbeständig, charakterlos, treulos, veränderlich, flüchtig, flatterhaft, launenhaft, wankend, fahrig, flatterig, untreu, wandelbar, mal so mal so. → abtrünnig, beweglich, schwankend, veränderlich.
▸ beständig, zuverlässig.
wettgemacht → abgetan, getilgt, quitt.
Wettkampf → Erwerbskampf, Sport, Streit, Wette.
Wettkämpfer → Champion.
Wettkampfplatz/-stätte Arena, Kampfplatz, Sportplatz, Stadion.
Wettlauf → Beflissenheit, Bewerbung, Fleiß, Jagd, Sport.
wettlaufen → machen ein Wettrennen.
wettmachen → ahnden, aufheben, ausgleichen, belohnen, einlösen, entgelten, entlohnen, gutmachen wieder, kompensieren, rächen, vergelten.
▸ ins Hintertreffen geraten, nachlassen, schlechter/schwächer werden • schlechter/schwächer sein • zurückbleiben.
Wettrennen Race, Rennen.
wettrennen → konkurrieren, machen ein Wettrennen.
Wettschein Tippzettel *u.*
Wettstreit → Auseinandersetzung, Erwerbskampf, Konkurrenz, Sport, Streit, Turnier.
wettstreiten → bewerben sich, konkurrieren, streiten.
wetzen → einteilen, schärfen.
Wichs → Aufmachung, Gala, Schmuck.
wichsen ausbürsten, balgen, bestrafen, bohnern, bürsten, prügeln, putzen, verschönern.
Wicht Zwerg, Knirps, Däumling, Wichtelmännchen, Heinzelmännchen, Männlein, Menschlein, Gernegroß, Säugling, Dreikäsehoch • Hanswurst, Kasperle • Feigling, Angsthase, Hasenherz, Hasenfuß, Memme • Tropf, Krämerseele, Gewürm, armer Wicht • Schelm, Strolch, Strick, Schalk, Racker, Früchtchen, Geschöpf, Filou • Kobold, Gnom, Erdgeist, Glasmännchen, Haulermännchen, Bergmännchen. → Abtrünniger, Ausbund, Dreikäsehoch, Kobold.
▸ Bekenner, Held, Riese Gigant.
wichtig gewichtig, bedeutend, weit reichend, nicht ohne sein *u,* belangreich, groß, ganz groß, Format haben, ausgezeichnet, von Belang, ansehnlich, ernstlich, einflussreich, bedeutungsvoll, wuchtig, vordringlich, nachdrücklich, triftig, dringend, bemerkenswert, erwähnenswert, beachtenswert, vorzüglich, namhaft, erheblich, beträchtlich, bezeichnend, ereignisreich, folgenreich, wertvoll, wirkungskräftig, wesentlich, pfundig *u.* → A und O, ausdrucksvoll, ausschlaggebend, beachtlich, bedeutsam, denkwürdig, dominierend, dringend, Epoche machend, ereignisreich, gewichtig, maßgebend, wesentlich.
▸ unwichtig, bedeutungslos, gegenstandslos, irrelevant, nebensächlich, peripher, sekundär, undedeutend, unwesentlich, zweitrangig.
wichtig machen, sich angeben, aufschneiden, brüsten sich, prahlen.
wichtig tun → aufbauschen, aufdrehen, blenden, blähen, dick tun.
Wichtige, das eigentlich Salz in der Suppe *u.*
Wichtigkeit Wert, Kraft, Bedeutung, Wirksamkeit, Gewicht, Größe, Bedeutsamkeit, Triftigkeit, Erheblichkeit, Einfluss, Rolle, Druck, Schwergewicht, Betonung, Macht, Ansehen, Wesentlichkeit, Kernpunkt, Hauptsache, Fundament. → Anteil, Bedeutung, Einfluss.
▸ Unwichtigkeit.
Wichtigkeit beimessen → betonen.
Wichtigmacherei → Bombast, Chauvinismus, Dunst, Prahlerei.
Wichtigste, das → Hauptsache, Wesentliche das.
wichtigste Person Hauptperson.
wichtigtun → angeben, aufdringlich, aufgeblasen, dünkelhaft, eitel, prahlerisch, tun vornehm.
Wichtigtuer → Angeber, Bonze, Chauvinist, Prahler.
Wichtigtuerei → Prahlerei.
wichtigtuerisch → aufgeblasen, dünkelhaft, eitel, prahlerisch.
Wickel Lockenwickel, Haarwickel, Aufwickler, Holzwickler, Metallwickler • beim Wickel kriegen, am Schlafittchen kriegen. → Bandage, Packung.
Wickelkind → Baby.
wickeln → aufrollen, drehen, einpacken, locken.

wider gegen, kontra, entgegengesetzt, dagegen, gegensätzlich, gegenteilig, hinderlich, widrig, quer, gegnerisch, feindselig, feindlich, unfreundlich, bockig, widerhaarig, widerborstig, widerspenstig. → auseinander, contra, demonstrativ, hingegen.
▸ dafür, für.

widerborstig → feindlich, wider, widerspenstig.

widerfahren zuteil werden, zufallen. → ausgehen, befallen, begegnen sich, begegnen, ereignen sich, erfahren, erleben, passieren, vorkommen.

Widerhaken Haken, Spitze, Dorn, Schärfe, Stachel, Spitzigkeit, Stachligkeit, Schneide, Zuspitzung.

Widerhall → Echo, Klang.

widerhallen → dröhnen, erklingen, tönen.

widerlegbar hinfällig, konträr, gegensätzlich, gegenteilig, kontradiktorisch, nicht beweisbar, unbeweisbar, widersinnig, unbegründet, irrig, falsch, erschütterbar.
▸ belegt, bewiesen, unbestreitbar, unwiderlegbar, zweifelsfrei (richtig).

widerlegen Lügen strafen, zur Vernunft bringen, entgegenhalten, entgegentreten, entgegenstellen, aberkennen, entgegnen, absprechen, das Gegenteil beweisen, bestreiten, die Waffen umkehren, entkräften, lahm legen, widersprechen, dagegensprechen, das eigene Wort entgegenhalten • eine Anklage entkräften, rechtfertigen, entlasten, freisprechen. → antworten, aufklären, balgen, beantworten, fangen mit seinen eigenen Worten.
▸ anerkennen, beweisen, bekräftigen, bestätigen, erhärten, stützen.

widerlegt → entkräftet.

Widerlegung → Abwehr, Antwort, Entkräftung, Verteidigung.

widerlich abscheulich, abschreckend, abstoßend, anstößig, beißend, bitter, böse, ekelhaft, entsetzlich, faul, feindlich, hässlich, überdrüssig, unangenehm, unschön.
▸ angenehm, anziehend, appetitlich, attraktiv, betörend, scharmant, entzückend, liebenswert, lieblich, reizvoll, sympathisch • sauer *u*, tälsch *u*.

Widerlichkeit Scheußlichkeit, Hässlichkeit, Abscheulichkeit, Garstigkeit, Unförmlichkeit, Missgebilde, Missgeburt, Scheusal. → Bitterkeit, Degout, Hässlichkeit.
▸ Feinheit, Schmackhaftigkeit, Schönheit.

widernatürlich → abgeschmackt, abschreckend, hässlich, unnatürlich, zwitterhaft.
▸ natürlich, naturgemäß, normal.

Widerpart Antagonist, Opponent. → Widersacher.

widerraten abraten, abmahnen, mahnen, verwarnen, drohen, warnen, zu bedenken geben, entgegenstellen, ablehnen, entmutigen. → bedenken.
▸ zuraten, zureden.

widerrechtlich → eigenmächtig, strafbar, ungesetzlich.
▸ gesetzmäßig, legal, rechtmäßig.

Widerrede Widerspruch, Einsprache, Einspruch, Weigerung, Verneinung, Uneinigkeit, Disharmonie, Zwiespalt, Entgegnung, Ungehorsam, Gegenrede, Widerspenstigkeit, Abneigung, Ablehnung, Protest, Abwehrstellung, Opposition, Knaatsch *u*. → Ungehorsam.
▸ Gehorsam, Widerrede gelten lassen keine, Zustimmung Beifall, Bestätigung.

Widerruf → Abbitte, Abfall, Ableugnung, Absage, Berichtigung, Dementi, Verneinung, Wandlung, Wechsel.
▸ Versprechen, Zusage • Behauptung • Bekenntnis, Geständnis • Bekräftigung, Bestätigung.

widerrufen → abbestellen, abbitten aberkennen, ableugnen, aufheben, benehmen das Recht, besinnen sich, entkräften, entkräftet, entloben, umgestoßen, verleugnen.
▸ versprechen • aussagen, gestehen • behaupten • bekräftigen, bestätigen.

Widerrufung → Gegenerklärung.

Widersacher Gegner, Feind, Gegenspieler, Opponent, Gegenpartei, Nebenbuhler, Rivale, Verräter, falscher Freund, Konkurrent • Teufel, Versucher, Erzfeind, Verderber, Todfeind, Zerstörer, der Böse. → Beelzebub, Dämon, Gegner, Nebenbuhler, Teufel.
▸ Freund, Helfer.

Widerschein Abglanz, Reflektion, Feuerschein, Lichtschein, Reflex, Spiegelung, Lichtbrechung, Schimmer, Glanz, Ausstrahlung. → Brand.
▸ Dunkelheit.

widersetzen, sich → abwehren, auflehnen, bekämpfen, dawider, empören sich, entgegenhandeln, erheben sich, widerstehen, gegenübertreten, Schach bieten, trotzen.

widersetzlich → aufständisch, dawider, entgegen, ungehorsam, widerspenstig.

Widersetzlichkeit → Auflehnung, Durchkreuzung, Gegensatz, Ungehorsam, Trotz, Widerspenstigkeit.

Widersinn → Fehler, Unnatur, Paradoxie.

Widersinn zeigen ad absurdum führen.

widersinnig → absurd, erfunden, falsch, inkonsequent, scheinbar, stupid, unrichtig.
▸ konseqeunt, logisch, sinnvoll, vernünftig, zweckmäßig.

widerspenstig widerstrebend, widerwillig, bockig, eigenwillig, ungehorsam, trotzig, störrisch, halsstarrig, hartnäckig, knorrig, starrköpfig, unlenksam, unfolgsam, unverträglich, widersetzlich, widerborstig, renitent. → aufständisch, bockig, borstig, dawider, eigensinnig, feindlich, querköpfig, ungehorsam, unbezähmbar, verstockt.
▸ gehorsam, untertänig • bereitwillig, folgsam, fügsam, nachgiebig, willig • entgegenkommend • aufreizend, verführerisch.

Widerspenstigkeit Friedensstörung, Widersetzlichkeit, Widersetzung, Ungehorsam, Unfolgsamkeit, Unfügsamkeit, Trotz, Hartnäckigkeit, Halsstarrigkeit, Bockigkeit, Auflehnung, böses Blut, Widerwille, Selbstherrlichkeit, Widerstand. → Auflehnung, Eigensinn, Renitenz, Trotz,

Ungehorsam, Verstocktheit. ▸ Folgsamkeit.
Widerspiel Gegenstück, Gegendruck, Gegenwirkung, wechselseitige Abhängigkeit, Gegenzug, Gegenteil, Umschwung, Gegenbewegung, Entgegenstellung.
widersprechen protestieren, sich widersetzen, Widerstand leisten, dagegensprechen, bekritteln, entgegenhalten, verneinen, absprechen • sich sträuben, sich spreizen, bocken, entgegenhandeln, entgegenwirken, ungehorsam sein • abweichen, auseinander gehen. → absprechen, aberkennen, antworten, aufklären, auflehnen, beantworten, behaupten, bekämpfen, bringen zum Schweigen, dawider, einkommen gegen, entgegenhalten, entgegenstellen sich, erheben Protest, gegenübertreten, leugnen, opponieren, widerstehen. ▸ beistimmen, beweisen, behaupten, folgen, helfen.
widersprechend paradox, kontradiktorisch, falsch, unsinnig, unglaubwürdig, scheinbar, nicht glaubwürdig • bockig, entgegen, dawider, halsstarrig, ungehorsam. → beziehungslos, kontra, dahingestellt, diametral, diskrepant, divergierend, ungehorsam, unstimmig. ▸ gehorsam, übereinstimmen(d), zustimmen(d).
Widerspruch Antagonismus, Contra dictio. → Antwort, Disharmonie, Einsprache, Feindschaft, Gegenerklärung, Gegensatz, Streit, Verneinung, Widerstand.
Widerspruch reizen, zum → herausfordern.
widersprüchlich ausschließend einander, diskrepant, folgewidrig, inkonsequent, paradox, unlogisch, widerspruchsvoll.
Widersprüchlichkeit Antinomie, Diskrepanz, Gegensätzlichkeit, Unstimmigkeit, Unvereinbarkeit.
widerspruchsfrei folgerichtig, konsistent, schlüssig, sinnfällig, sinnvoll.
Widerspruchsgeist → Blut heißes, Choleriker, Gegensatz, Querulant, Unschicklichkeit.
widerspruchsvoll folgewidrig, unlogisch, inkonsequent, fehlerhaft, verbogen, denkwidrig, unhaltbar, vernunftlos, einfältig, täuschend, trügerisch, widersinnig, hinkend, gegenteilig, konträr, irrig, unerwiesen, zusammenhanglos, widerlegbar. ▸ logisch, vernünftig.
Widerstand Gegenwirkung, Widersetzlichkeit, Hinderung, Hemmung, Entkräftung, Gegendruck, Widerstreit, Ungehorsam, Widerspruch, Gegenstoß, Protest, die Spitze bieten, Widerstreben, Eigensinn, Feindschaft, Ungefälligkeit, Ablehnung, Auflehnung, passiver Widerstand, Streik, Meuterei • Federung, Festigkeit, Streife, Reibung. → Abwehr, Anstand, Auflehnung, Defensive, Dichte, Fahnenflucht, Gegensatz, Gegenwirkung, Hindernis, Reibung, Ungehorsam, Verteidigung. ▸ Gehorsam, Untertänigkeit, Zustimmung, Angriff, Druck, Offensive • Unterdrückung • Aufgabe, Rückzug.
Widerstand leisten abwehren, aufbegehren, kämpfen, protestieren, sträuben/verteidigen/wehren sich, streiken, zurückschlagen.
widerstandsfähig → ausdauernd, dauerhaft, fest, gesund, massiv, stabil, stark, zäh, abgehärtet. ▸ anfällig, empfindlich, kränklich, schwächlich.
Widerstandsfähigkeit Immunität, Resistenz, Robustheit, Tenazität.
Widerstandskämpfer Partisan, Freiheitskämpfer, Franktireur • Rebell, Empörer, Aufrührer, Verschwörer. ▸ Kollaborateur.
Widerstandskraft Resistenz. → Dauerhaftigkeit, Entschiedenheit, Gesundheit, Mark, Wille.
Widerstandskraft, geistige Seelenspeck *u.*
widerstandslos → passiv, schwach. ▸ aggressiv • kämpferisch • aufbegehrend, unter Protest • widerspenstig.
widerstehen Stirn bieten, sperren sich, spreizen sich, sträuben sich, widersetzen sich, abwehren, zurückweisen, auflehnen sich, widerstreben, widersprechen, weigern sich, entgegenwirken, trotzen, entgegenstehen, entgegentreten, in die Parade fahren, empören sich • anekeln, anwidern. → ablehnen, anekeln, anwidern, auflehnen, bieten die Stirne, entgegenhandeln, entgegenstellen sich, erheben sich, trotzen, verteidigen. ▸ erfreuen sich, gehorchen, zustimmen • aufgeben, sich beugen, erliegen, sich fügen, sich unterwerfen • zusammenbrechen.
Widerstreben → Abneigung, Degout, Trotz, Ungehorsam, Widerspenstigkeit.
widerstreben → anwidern, auflehnen, entgegenstellen sich, entsetzen sich, erheben sich, widerstehen.
widerstrebend → diskrepant, divergierend, gegensätzlich, ungehorsam, ungeneigt, ungern, unpassend, widerwillig.
Widerstreit Gegensätzlichkeit, Gegensatz, Kontrast, Widerspruch, Verschiedenheit, Missverhältnis, Zwiespalt, Unversöhnlichkeit, Unvereinbarkeit, Abweichung, Kollision, Antagonismus, Misston, Streit • Abwehrstellung, Protest, Widerspenstigkeit, Ungehorsam, Gegnerschaft, Feindschaft, Ablehnung. → Auflehnung, Gegensatz, Konflikt, Verschiedenheit. ▸ Übereinstimmung, Versöhnlichkeit, Zustimmung.
widerstreiten → bekämpfen einkommen gegen, erheben Protest, opponieren, streiten, widersprechen.
widerwärtig ärgerlich, unangenehm, verdrießlich, verleidet, schlimm, böse, schauderlich, scheußlich, peinlich, unerwünscht, ungelegen • hässlich, abstoßend, garstig, widerlich, anstößig, zuwider, ekelhaft, unbeliebt, verhasst • ungezogen, brummig, barsch, launenhaft, sakramentisch *u*, schiach *u*, schiech *u*. → abgeschmackt, abstoßend, anstößig, degoutiert, entsetzlich, furchtbar, geschmacklos, schmerzlich, unangenehm, unschön. ▸ anziehend, artig, erfreulich, liebenswert, schön.
Widerwärtigkeit Scheiße *u*. → Ärger, Beschwerde, Betrübnis,

Demütigung, Hässlichkeit, Übel, Ungehorsam, Unglück, Verdruss.
Widerwille Abneigung, Antipathie, Hemmung, Widerspenstigkeit, Widerstreben, Abscheu, Ablehnung, Sträuben ● Trägheit, Faulheit, Überdruss, Missvergnügen ● Auflehnung, Ungehorsam, Empörung, Unlust, Missbehagen, Ekel, Abscheu, Hass, Übelkeit, Verachtung, Horror *u.* → Abneigung, Abscheu, Arbeitsunfähigkeit, Bitterkeit, Degout, Dorn im Auge, Ekel, Grauen, Hass, Langeweile, Missfallen, Übelkeit, Unlust, Unwille, Verachtung.
▸ Arbeitsfreude, Befriedigung, Willfährigkeit, Bereitschaft, Neigung ● Appetit, Lust ● Verlangen, Wunsch ● Vorliebe ● Begierde, Geilheit, Gier.
widerwillig abgeneigt, widerstrebend, angewidert, unwillig, gleichgültig, ungefällig, unfreiwillig, ungern, der Not gehorchend, gezwungen, ablehnend, abweisend, widerhaarig, verleidet, ungehorsam, widerspenstig, trotzig, störrisch ● verhasst, widerwärtig, unausstehlich, abscheulich, unangenehm, ärgerlich, scheußlich, verdrießlich, zuwider, unleidlich, gegen den Strich ● in den sauren Apfel beißen, eine bittere Pille schlucken. → ungern, widerwärtig.
▸ bereitwillig, gern ● willfährig.
widmen → beschenken, geben, dabeibleiben, darbringen, darreichen, schenken.
widmen, sich → arbeiten, machen, tun.
Widmung → Andenken, Erinnerungszeichen, Geschenk.
widrig → abschreckend, abstoßend, ärgerlich, blatternarbig, gegensätzlich, hässlich, verdrießlich, widerwärtig.
▸ angenehm, erfreulich ● förderlich, glücklich, günstig, opportun.
Widrigkeit Abscheu, Gegensatz, Hässlichkeit, Widerwille ● Salat *u.*
wie → ähnlich, dergleichen, fraglich, gleichsam, was.
wie wenn → als, beispielsweise.
wieder neuerdings, von neuem, nochmals, erneut, wiederholt, wiederum, abermals, wiederkehrend, mehrmals, noch einmal, oft, häufig, vielmals, fortwährend. → dann und wann, erneut.
▸ einmal, niemals.
wieder in Tätigkeit setzen reaktivieren.
wiederanfangen → wiederbeginnen.
Wiederansteckung Reinfektion.
wieder aufbauen bauen, erneuern, wiederherstellen, reformieren, auffrischen, wiedererrichten, erbauen, restaurieren, umwandeln, neu in Stand setzen, wiedererstehen lassen. → auferstehen.
▸ unterlassen, zerstören.
wiederauffrischen regenerieren. → reinigen, wachrufen.
Wiederaufleben Come-back, Neubeginn, Wiederbelebung, Wiedergeburt, Wiederherstellung, Wiederkehr.
Wiederaufnahme Wiederholung, Duplikation, Erneuerung, Verdoppelung, Wiedererscheinung, Wiederkehr, Verbesserung ● Redeform: Asyndeton, Häufung.
▸ Abbruch, Pause, Stockung, Unterbrechung ● Ausschluss.
Wiederausfuhr Reexport.
wiederausgraben, eine Leiche exhumieren.
wiederbeginnen wiederanfangen, wieder von vorne anfangen, von neuem versuchen, zurückkommen auf, erneuern, neu anfangen, wiederholen.
wiederbekommen zurückerlangen, zurückbekommen, entgolten werden, herauskriegen.
▸ verlieren.
wieder beleben → auferstehen, bekämpfen, erfrischen, erneuern.
▸ betäuben ● töten ● vergessen.
Wiederbelebung → Erneuerung, Regeneration, Verjüngung, Wiederherstellung.
wiederbewaffnen remilitarisieren.
wiederbringen zurückbringen, ausgleichen, entschädigen, ersetzen.
▸ abholen, holen ● entwenden.
wiedereinbürgern repatriieren.
Wiedereingliederung Rehabilitation, Reintegration, Resozialisierung.
Wiedereinpflanzung Reimplantation, Replantation.
wiedereinrichten reponieren.
wieder einsetzen neu einstellen, rückberufen, erneuern. → rehabilitieren.
▸ absetzen, des Dienstes entheben, suspendieren.
wieder erkennen → denken an, einfallen, entsinnen sich.
wiedererlangen → wiederbekommen.
Wiedererneuerung → Erinnerung, Erneuerung, Verjüngung.
Wiedererrichtung Remontage, Restitution.
wiedererscheinen zum Vorschein kommen. → auferstehen, kommen, wiederholen.
▸ verschwinden.
Wiedererstattung → Abtragung, Ausgleich, Ersatz, Rückzahlung.
wiedererwachen → entsinnen sich, erlangen das Bewusstsein.
Wiedererwärmung Rekaleszenz.
wieder erwecken → erwecken.
Wiedererweckung Neubelebung, Wiederbelebung.
Wiedergabe → Abbild, Abdruck, Abklatsch, Bericht, Beschreibung, Chronik, Darlegung, Darstellung, Denkschrift, Erzählung, Faksimile, Kopie, Nachdruck, Rückzahlung, Übersetzung.
wiedergeben zurückgeben, zurückerstatten, abtragen, abzahlen, abgelten, tilgen, vergüten, entschädigen ● vergelten, wettmachen, heimzahlen, das Blatt wenden, den Spieß umdrehen, einträńken. → abfassen, ausarbeiten, ausmalen, erklären.
▸ behalten, nehmen, verdrehen.
Wiedergeburt Reue, Bekehrung, Buße, Umkehr, Zerknirschung, Bußfertigkeit, Gewissensforschung, Neugeburt, Erlösung. → Erneuerung, Renaissance, Verjüngung.
▸ ewige Ruhe, Nirwana.
Wiedergenesung Rekonvaleszenz. → Genesung, Heilung.
wieder gutmachen ersetzen, ausgleichen, sich revanchieren, gutmachen, wiedergeben, vergelten, zurückgeben, bezahlen,

entschädigen, abtragen, vergüten, berichtigen, ausgleichen, schadlos halten, zurückerstellen, zurückerstatten, ausbügeln • büßen, sühnen, sich loskaufen, ausbaden. → erstatten, erwidern, korrigieren, verbessern. ▸ rächen, wegnehmen.

Wiedergutmachung → Entschädigung, Ersatz, Rückgabe.

wiederhergestellt gesund, auf dem Damm, verbessert, erholt, genesen, erfrischt, neubelebt, erquickt, frisch • repariert, geflickt. → Damm sein auf dem, überholt.

wiederherstellen erfrischen, erneuern, eine Krankheit behandeln, wieder gesunden, ausheilen • renovieren, verbessern, ausbessern, berichtigen, bearbeiten, wieder gutmachen, restaurieren, reformieren, aufbauen • entlasten, rehabilitieren, rechtfertigen. → aufbauen, ausbessern, erholen sich, erneuern, kurieren. ▸ abbrechen, unterbrechen • beschädigen, demolieren, ruinieren, verwüsten, zerstören, zertrümmern.

Wiederherstellung Genesung, Wiederbelebung, Gesundung, Verjüngung, Heilung, Wiedererholung, Linderung, Erleichterung • Erneuerung, Verbesserung, Mehrung, Kräftigung, Erfrischung, Erquickung, Erholung • Restauration, Ersetzung, Ersatzleistung, Berichtigung, Wiedererstattung • Entlastung, Rechtfertigung, Freisprechung. → Auffrischung, Bearbeitung, Berichtigung, Ersatz, Genesung, Restauration, Stärkung, Umkehr.

wiederholen wiederkommen, wiedererscheinen, wiederkehren, verdoppeln, erneuern, nachahmen, nacherzählen, wiederkäuen, wieder aufnehmen, trommeln, hämmern, wiederanfangen, wiederbeginnen, nachmachen, abmalen, nachdrucken, wieder tun • schwätzen, sich verbreiten, ausdehnen, abschweifen, zu keinem Ende kommen. → bleiben bei der Sache, dabei bleiben, einhämmern, erneuern, nachbeten, nachholen, nachmachen.

wiederholend → jahraus, jahrein.

wiederholt → abermals, beständig, bis, dann und wann, erneut, jahraus jahrein, oft, wieder.

Wiederholung Wiederkehr, Wiedererscheinung, Wiederaufnahme, Erneuerung, Verdoppelung, Widerhall, Play-back • Treppenwitz, alte Leier, Nachgesang, Kehrreim, Abgesang, Häufigkeit, Einerlei, Gewohnheit • Nachahmung, Nachäfferei, Abklatsch, Wiedergabe, Nachbildung, Nachahmerei, Duplikation • Häufung, Aufzählung, Weitschweifigkeit, Umständlichkeit, Ausdehnung. → Gewohnheit, Regelmäßigkeit, Rückfall.

wiederkäuen zermalmen, zermahlen, kauen, fressen, zerkleinern, zerstampfen, mahlen, verdauen. → nachahmen, nachbeten, wiederholen.

Wiederkäuer → Nachbeter.

Wiederkehr Wiederholung, Rückkehr, Wiedererscheinung, Rückfall, Häufigkeit, Mehrmaligkeit, Häufung, Takt, Rhythmus, Runde, Wechsel, Kreislauf, Reihenfolge, Pulsschlag, Periodizität • Umkehr, Zurückkommen, Heimkehr, Wiedereintritt, Wiedersehen, Heimfahrt, Rückmarsch. → Erneuerung, Jubiläum, Regelmäßigkeit, Wiederholung.

wiederkehren heimkehren, heimkommen, wiederkommen, zurückkommen.

wiederkehrend → dann und wann, erneut, erwähnt schon.

wiederkommen → wiederkehren.

wieder sehen wiedererscheinen, wiederkehren, sehen, zurückkommen, umkehren, heimkommen, heimfinden, heimgehen, heimkehren, wiedereintreten.

Wiedersehen, auf Lebewohl! Glückliche Reise! Ade! mit Gott! behüt dich Gott! *bay,* Guten Morgen! Guten Abend! Guten Tag! habe die Ehre! *ö,* Gott zum Gruß! Adieu! meine Verehrung! *ö.*

wieder tun → wiederholen.

wiederum → erneut, erwähnt schon wieder.

Wiederverfilmung Remake.

wiedervergelten → belohnen, entlohnen, rächen, wieder gutmachen, wiederherstellen.

Wiedervergeltung → Bestrafung, Entlohnung, Rache, Rückzahlung, Vergeltung.

Wiederverkörperung Reinkarnation.

Wiederverpflichtung Reengagement.

Wiederverwendung (Aufbereitung und Wiederverwendung, Wiedereinschleusung) Recycling.

Wiege Schaukel. → Anfang, Anstoß, Aufenthaltsort, Beginn, Bett.

wiegen enthalten, betragen, bemessen, darstellen • schaukeln, in Schlaf wiegen, baumeln, wackeln, erschüttern. → abmessen, wägen.

Wiegenfest → Geburtstag.

wiehern rufen, schreien, Laut geben • lachen, johlen, auflachen, kreischen, toben, kichern.

wienern polieren, bohnern, wichsen, Glanz erzeugen, glätten, einfetten, schmieren. → bürsten.

Wiese → Matte, Rasen.

wieso → warum, was. ▸ deswegen.

Wikinger Normanne, Waräger.

wild ungeregelt, durcheinander, gesetzwidrig, unvereinbar • heftig, feurig, toll, rasend, leidenschaftlich, unbändig, unbezähmbar, ungestüm, stürmisch, aufbrausend, tobend, gärend, kochend, aufgebracht, wütend, hitzig, erregt, blitzig, unüberlegt, zornig, schäumend • roh, unzart, kannibalisch, grob, rücksichtslos, viehisch, unfügsam • jählings. → aufgebracht, bacchantisch, begeistert, bestialisch, bizarr, blindlings, blutgierig, brutal, enragiert, entrüstet, Rand und Band außer, unbezähmbar, wütend, zornig. ▸ behutsam, vorsichtig • brav, gebändigt, gezähmt, ruhig, sanft, zahm.

wild machen anstacheln, ärgern, aufgeilen, aufregen, erregen, erzürnen, wütend/zornig machen.

wild werden → toben, wüten.

wilde Angst Panik.

wilde Ehe Konkubinat.

wilde Schar Horde.

Wilderei → Dieberei, Beraubung.

wildern dieben, rauben, aussaugen, ausbeuten, nehmen, ergattern, berauben, schnappen, wegnehmen, wegschleppen, sich zueignen, unbefugt jagen.
wildes Fest/Gelage Orgie.
wildes Fleisch Caro luxurians.
wildes Tier Bestie, Raubtier.
Wildgehege Remise.
Wildheit → Ausbruch, Dämon, Entrüstung, Temperament heißes, Wut, Zorn.
Wildnis Dürre, Einöde, Wüste, Steinacker, Kargheit, Unergiebigkeit, Trockenheit, Unfruchtbarkeit, Steppe, Urwald, Menschenleere, Abgeschiedenheit, Verlassenheit • Kulturlosigkeit. → Einöde, Einsamkeit. ▸ Kultur, Zivilisation.
wild wachsen wuchern.
Wildwestfilm Western.
Wildwuchs → Wucherung.
Wilensstärke Power *u.*
Wille Energie, Willenskraft, Entschiedenheit, Tatkraft, Entschlossenheit, Schneid, Initiative, Tatwille, Motor, Entschlusskraft • Festigkeit, Zähigkeit, Ausdauer, Beharrlichkeit, Widerstandskraft, Beständigkeit, Unnachgiebigkeit, Standhaftigkeit, Unbeugsamkeit, Unbeeinflussbarkeit • Belieben, Eigenwille, Neigung, Begierde, Begehren, Lust, Verlangen, Gelüste, Wunsch, Besessenheit, Drang, Sehnsucht, Sucht, Geschmack. → Absicht, Begehr, Begierde, Belieben, Beständigkeit, Bestreben, Entschluss, Ernst, Wunsch.
Wille, böser → Bosheit, Rache.
Wille, freier Willensfreiheit.
Wille, guter Opferbereitschaft, Güte, Eifer, Entschlusskraft, Tatkraft, Hilfsbereitschaft, Einsatzbereitschaft, Goodwill *M.* → Liebe, Neigung. ▸ Wille böser.
Wille, Letzter Testament, Zueignung, Überlassung, Schenkung, Hinterlassenschaft, Erbe, Erbschaft, Erbteil, Vermächtnis, Zuwendung, Nachlass.
Willen durchsetzen, seinen → durchsetzen sich.
willenlos → faul, schwach, unentschlossen.
willenloses Wesen Marionette, Popanz.
Willenlosigkeit → Gehorsam, Herdentrieb, Knechtschaft, Marionette, Schlaffheit, Schwäche.
willens → geneigt.
willens sein beabsichtigen, vorhaben, zu tun gedenken.
Willensantrieb, fehlender Abulie.
Willensfreiheit Handlungsfreiheit, freier Wille, Unbedingtheit, eigene Wahl, Eigenbestimmung, Selbstbestimmungsrecht, Entschlussfreiheit, Belieben, Willkür, Gutdünken, Ermessen, Wahlfreiheit, Wahlrecht, innere Freiheit, Selbstständigkeit. ▸ Willenlosigkeit, Willenslähmung.
Willenskraft → Entschluss, Wille. ▸ Abulie, Willenslähmung, Willenschwäche, Unentschlossenheit.
Willenslähmung Unfreiheit, Willensunfreiheit, Nötigung, Gewalttätigkeit, Zwangsmittel, Vergewaltigung, Druckmittel, Beeinflussung, Willenslenkung, Hypnose, Suggestion, Zwang, Knechtschaft, Abhängigkeit, Hörigkeit. ▸ Willensfreiheit.
Willenslenkung → Werbung, Willenslähmung.
willensschwach charakterlos, verführbar. → schwach, unentschlossen, weich, weichlich, zuchtlos. ▸ willensstark.
Willensschwäche → Schwäche, Wankelmut, Zuchtlosigkeit.
willensstark entschlossen, entschieden, unerschütterlich, unveränderlich, unbeugsam, beharrlich, zielbewusst, unerbittlich, unnachgiebig, unausweichlich, unwiderruflich, kernhaft, charakterfest, unwandelbar, unabänderlich, stramm. → stark, unbeirrt, unerschütterlich. ▸ willensschwach, beeinflussbar, haltlos, labil, manipulierbar, verführbar.
Willensstärke Entschlusskraft, Willenskraft, Standhaftigkeit, Unbeugsamkeit, Unerschütterlichkeit, Willenskraft, Energie, Selbstbeherrschung, Zielsicherheit, Selbstzucht, Selbstüberwindung, Selbsterziehung, Herr über sich selbst, Beständigkeit, Männlichkeit, Zucht, starker Wille, Ordnung. ▸ Willensschwäche.
Willensübertragung Suggestion.
willentlich → absichtlich, beabsichtigt, geflissentlich.
willfahren → anerkennen, begünstigen, befolgen, beipflichten, bewilligen, einwilligen, entgegenkommen, erlauben, fügen sich, gehorchen, geruhen, gewähren.
willfährig → angenehm, aufmerksam, biegsam, demütig, devot, dienstbereit, dienstwillig, erbötig, gehorsam, kulant, nachgiebig.
Willfährigkeit Gehorsam, Bereitwilligkeit, Willigkeit, Artigkeit, Geneigtheit, Hilfsbereitschaft, Nachgiebigkeit, Zustimmung, Folgsamkeit, Widerstandslosigkeit, Demut, Gefügigkeit, Schmiegsamkeit, Botmäßigkeit, Sklavensinn, Kriecherei, Unterwürfigkeit, Knechtseligkeit. → Bereitwilligkeit, Demut, Dienstbarkeit, Unterordnung, Entgegenkommen, Entschlussfreude, Ergebenheit, Gefälligkeit, Schmiegsamkeit. ▸ Widersetzlichkeit.
willig → aufmerksam, beabsichtigt, biegsam, dienstbeflissen, dienstwillig, fügsam, gehorsam, gewillt, nachgiebig. ▸ aufsässig, störrisch, stur, ungern, unwillig, verbohrt, verstockt, widerspenstig.
Willigkeit → Bereitwilligkeit, Entgegenkommen, Ergebenheit, Gefälligkeit, Willfährigkeit.
Willkomm → Ankunft, grüßen.
willkommen angenehm, gelegen, erwartet, erwünscht, ansprechend, wohl tuend, erfreulich, wünschenswert, vortrefflich, beliebt, gern gesehen, ein gefundenes Fressen *u,* in den Kram passen *u,* Wasser auf die Mühle, das ist der wahre Jakob *u,* das kommt wie gepfiffen *u* • Guten Morgen! Guten Tag, Hallo, Wie geht es? Herzlich willkommen! Habe die Ehre! Gott zum Gruß! Grüß dich Gott! → angenehm, annehmbar, beliebt, scharmant, erwünscht, gefragt, genehm, passend.

▸ unbeliebt, unerwünscht, unpassend.
willkommenheißen begrüßen, bewillkommnen, Empfang bereiten einen freundlichen.
Willkür → Belieben, Despotismus, Eigenmächtigkeit, Fahnenflucht, Machtpolitik, Tyrannei, Unrecht, Wille.
Willkürherrschaft → Beeinflussung, Despotismus, Diktatur, Tyrannei.
Willkürherrscher → Despot.
willkürlich → beliebig, dessen ungeachtet, despotisch, eigenmächtig, einer oder der andere, Faust auf eigene, geflissentlich, Reihe außer der, ungesetzlich, unrecht. ▸ gesetzmäßig, rechtmäßig • instinktiv, unbewusst, ungewollt, unwillkürlich, vegetativ • unabsichtlich, versehentlich • zwangsläufig.
wimmeln wuseln. → drängen, häufen sich.
wimmelnd → massenhaft, überflüssig, überfüllt.
wimmern winseln, seufzen, wehrufen, zetern, klagen, jammern, heulen, weinen, schluchzen greinen, flennen, ein Jammergeschrei erheben, knaatschen *u* → beklagen, beweinen, Blick mit feuchtem, klagen, weinen. ▸ erfreuen sich, lachen, überwinden.
Wimpel → Ausschmückung, Fahne.
Wind Luftzug, Orkan, Luft, Luftströmung, Sturm, Windstoß, Prise, Böe, Lüftchen, Hauch, Sturmwind, Wirbelwind, Drehsturm, Windhose, Taifun, Monsun, Mistral, Passatwind, Regenwind Föhn, Windsbraut • Schnelligkeit, Geschwindigkeit, Galopp, Hurtigkeit, Flug • Nichtigkeit, Schaum, Wertlosigkeit, Belanglosigkeit, Unbedeutendheit, Gehaltlosigkeit, Unwichtigkeit, Bedeutungslosigkeit, leere Luft, leeres Stroh. → Blitz, Durchzug, Luft.
Wind bekommen entdecken, herausfinden, herausschnüffeln, ausspüren, ermitteln, bemerken, lauern, auf die Spur kommen, auskundschaften, auftreiben, aufstöbern, den Braten riechen, einen sechsten Sinn haben, ausklügeln, erraten, voraussehen. ▸ übersehen.
Wind kreuzen, gegen den lavieren.
Wind machen Aufhebens machen, wichtig tun, zu wichtig nehmen, aufblasen, aufschneiden, sich aufspielen, aufblähen, sich brüsten, sich herausstreichen, prahlen, aufbauschen, schwadronieren, die große Trommel rühren, renommieren. ▸ bescheiden (sein), zurückstehen.
Wind schlagen, in den vernachlässigen, entschlüpfen lassen, übergehen, gering schätzen, verabsäumen, auf die leichte Schulter nehmen, nicht beachten, nicht daran denken, verscherzen, unterlassen, beiseite legen, nicht hören, nicht folgen, über Bord werfen, vom Halse schaffen, unter den Tisch fallen lassen. ▸ bedenken, überlegen.
Wind um die Nase wehen lassen, sich den herumkommen, herumtreiben sich, reisen, umherziehen, wandern.
Windbeutel → Angeber, Betrüger, Chauvinist.
Windbeutelei → Blendwerk, Bombast, Prahlerei.
Windbluse/-jacke Anorak.
Winde → Aufzug, Elevator, Pflanze, Rolle, Werkzeug.
winden rollen, ringeln, bohren, biegen, locken, kräuseln, strudeln, wälzen, drillen, kurbeln, spulen, haspeln, aufdrehen • auswinden, auswringen. → aufrollen, aufwinden, drehen, krümmen, lupfen, schrauben. ▸ strecken.
winden, sich genötigt werden, gezwungen werden, müssen, unter Zwang stehen • Schmerzen haben, gequält werden, sich krümmen. → aufrollen, Kotau machen, räkeln sich, schmiegen sich. ▸ aufrecht (sein), freistellen.
Windgott Äolus, Boreas, Zephir.
Windhauch Luftzug.
Windhund → Leichtfuß, Tier, Wüstling.
windig scheinheilig, unecht, nichtig, leer, lumpig, haltlos, hemmungslos, würdelos, locker, leichtlebig, leichtsinnig, ungebunden, liederlich, zügellos, wüst • prahlerisch, windbeutelig, flunkerhaft, aufgeblasen, aufgeplustert. → luftig. ▸ anständig, bescheiden, verantwortungsbewusst, (windstill), ehrlich.
Windkunde Anemologie.
Windmacherei Anmaßung, Prahlerei.
Windmühlen kämpfen, gegen tauben Ohren predigen, Bier nach München tragen, Flöhe hüten, Eulen nach Athen bringen, auf Sand bauen, von Pontius zu Pilatus laufen, Nutzloses tun, umsonst kämpfen, sich vergeblich bemühen, das Pferd am Schwanz aufzäumen. ▸ Erfolg haben, helfen.
Windpocken Varizellen.
Windröschen Anemone.
Windschattenseite Lee.
windschief schräg.
Windschirm Paravent.
windschlüpfig schnittig, stromlinienförmig.
Windseite Luv.
windstill alkyonisch, flau.
Windstille Flaute. ▸ Sturm.
Windstoß Bö.
Windung Serpentine, Spirale, Umschlingung, Krümmung, Bucht, Beugung, Einbiegung, Drehung, Abweichung, Neigung, Wendung, Schwung, Schwenkung, Kurve, Gewundenheit, Ringelform, Umwindung, Schneckengang, Bogen, Krümmung, Schnörkel, Schraubengang, Wendeltreppe. → Biegung, Drehung, Kurve, Schlange, Schnecke, Schnörkel. ▸ Geradlinigkeit.
Wink Tipp, Hinweis, Wink mit dem Zaunpfahl, Zeichen, Fingerzeig, Anspielung, Andeutung, Anhaltspunkt, Achselzucken, Geste, Kopfschütteln, Augenspiel, Gebärde, Mienenspiel, Stichwort, Weisung, Belehrung, Spur, Wegweiser, Angabe, Auskunft, Bescheid, Deut, Eröffnung, Kopfnicken. → Angabe, Anhaltspunkt, Anspielen, Auslassung, Bemerkung, Benachrichtigung, Blick, Erkennungszeichen, Deut, Ermunterung, Fingerzeig, Geste, Hinweis, Miene, Rat, Ratschlag, Warnung.
Winkel → Ecke, Ort, Schräge, Werkzeug.
Winkelmesser Oktant, Quadrant, Sextant.
Winkelmessung Goniometrie.
winkeln biegen, abbiegen,

knicken, formen, bilden, krümmen, beugen, kreuzen, ausbeugen, buchten. → abbiegen, abweichen.
▸ begradigen.
Winkelzug → Ausrede, Ausweg, Behelf, Deckmantel, einmal ist keinmal, Fische faule, Hintertüre, Manöver, Schikane, Schleichweg, Täuschung.
Winkelzüge machen → betrügen, täuschen.
winken wedeln, fächeln, schwingen, schlagen, wackeln, ein Zeichen geben, deuten, zuwinken, winke winke machen, gestikulieren, schwenken, blinken, eine Flagge hissen. → anhalten.
winken, mit dem Zaunpfahl zu verstehen geben, hinweisen, die Augen öffnen, äußern, sprechen, reden, offenbaren, mit dem Scheunentor winken, durch die Blume sagen, dartun, Bescheid geben, enthüllen, ansagen.
▸ verschweigen.
winklig → eckig.
▸ gerade.
winseln wimmern, schreien, miaunzen, jaulen, greinen, miauen, angeben, rufen, klagen, janken *u.* → beklagen, beweinen, Blick mit fechtem, weinen, wimmern.
▸ jauchzen.
Winter → Jahreszeit, Kälte.
Wintergewächshaus Orangerie.
winterlich → eisig, kalt.
Winterschlaf, künstlicher Hibernation, Hibernisierung.
Winzer → Bauer.
winzig klitzeklein *u.* → begrenzt, bloß, dünn, gering, klein, mikroskopisch, putzig, unsichtbar.
▸ gigantisch, hünenhaft, kolossal, riesengroß, riesig, überragend.
Winzigkeit Deut.
Winzling → Zwerg.
Wipfel Baumkrone, Krone, Laubkrone, Laubwerk, Laubdach, Belaubung.
Wippe → Schaukel.
wippen → rucken, schaukeln, schweben, strafen.
Wirbel Zapfen, Bolzen, Stift • Unordnung, Strudel, Getümmel, Trübung • Knochen, Wirbelknochen, Wirbelsäule, Halswirbel • Schraubhebel • Drehung, Umlauf, Wirbelwind, Taifun, Strömung, Welle, Wallung, Sprudel, Sturm • Trommel, Trommelschlag, Trommelwirbel, Geigenwirbel. → Auflauf, Befestigung, Brandung, Chaos, Cyklon, Trubel.
Wirbelentzündung Spondylitis.
wirbelig wirbelnd, kreiselnd, drehend, strudelnd, herumwirbelnd • unruhig, aufgeregt, turbulent, tobend.
wirbelloses Tier Evertebrat.
wirbeln trommeln, schlagen • strudeln, wogen, wallen, branden, wälzen, rollen, drehen, kurbeln. → drehen.
Wirbelsäule Columna vertebralis.
Wirbelsturm Hurrikan, Taifun, Tornado, Zyklon.
Wirbeltier Vertebrat.
wirken funktionieren, arbeiten, schaffen, machen, erzeugen, hervorrufen, herstellen, formen, anfertigen, aufrichten, handeln, unternehmen, verrichten, bewerkstelligen, erledigen, leisten, vollbringen, vollführen, angreifen, dienen, sich widmen, ausüben, besorgen, anfassen, werken, verfahren, vorgehen, tummeln sich, weben, durchwirken, sticken, klöppeln, häkeln • wirken für, heilen, gedeihen, bekommen. → anfassen, arbeiten, aussehen, bedienen, beistehen, bekümmern, berufstätig, beschäftigen, bewerkstelligen, durchbringen sich, ernähren sich, machen, schaffen, tun, unternehmen, vermögen, walten.
▸ faulenzen, verschlimmern, erfolglos bleiben/sein, verpuffen.
wirkend, nach außen extensiv.
wirkend, stark intensiv.
Wirkkraft Effizienz. → Wirksamkeit.
wirklich → absolut, ach, anwesend, augenscheinlich, beglaubigt, bestimmt, definitiv, dinghaft, dinglich, durchaus, echt, effektiv, erwiesen, fest, feststehend, gegeben, konkret, leibhaftig, objektiv, positiv, real, selbstverständlich, sicher, tatsächlich, tüchtig, unbedingt.
▸ abstrakt, eingebildet, geträumt, ideal, illusorisch, imaginär, irreal, fantastisch, scheinbar, trügerisch, unwirklich, utopisch, vermeintlich.
wirklicher Wert Realwert.
Wirkliches → Dasein, Echtheit, Tatsache, Wahrheit.
Wirklichkeit → Begebenheit, Dasein, Echtheit, Erdentage, Erscheinung, Existenz, Tatsache, Wahrheit.
Wirklichkeit, in in concreto, realiter, sicher, tatsächlich, wirklich.
Wirklichkeit werden bewahrheiten sich, eintreffen, entstehen, geschaffen werden, Wahrheit werden.
wirklichkeitsbezogen existenziell.
wirklichkeitsfern utopisch, idealistisch, verblasen, nicht auf dem Boden der Tatsachen, unrealistisch • ungreifbar, undurchsichtig, unwirklich. → fantastisch.
▸ wirklichkeitsnah.
wirklichkeitsgetreu naturalistisch, veristisch, → wirklichkeitsnah.
Wirklichkeitsmensch Realist.
wirklichkeitsnah gegenwartsnah, wesentlich, lebendig, leibhaftig, greifbar, körperhaft, dinglich, bestimmbar, fassbar, wesenhaft, deutlich, klar, anschaulich • den Tatsachen ins Gesicht sehend. → gegenständlich.
▸ unfassbar, weltfremd, wesenlos, wirklichkeitsfern.
Wirklichkeitssinn Nüchternheit, Realismus, Vernunft, gesunder Menschenverstand, Klarsicht.
Wirklichkeitstreue Naturalismus, Realistik, Verismus.
wirksam Funktion in, funktionieren, durchgreifend, einschneidend, wirkungsvoll, gut, nützlich, tauglich, günstig, dienlich, wichtig, behilflich, verwendbar, bestimmend, passend, angemessen. → aktiv, anwendbar, ausschlaggebend, denkwürdig, derb, drastisch, durchschlagend, erfolgreich, förderlich, fruchtbar, gedeihlich, gelungen, intensiv, mächtig, sicher.
▸ unwirksam, wirkungslos.
wirksam machen aktivieren.
wirksam sein → wirken.
wirksam, stark drastisch, intensiv.
Wirksamkeit → Aktivität, Arbeit, Bedeutung, Dynamik, Energie, Fähigkeit, Faktor, Nützlichkeit, Wichtigkeit.
Wirkstoff Extrakt, Substanz • Ferment, Hormon, Vitamin.
Wirkung Ergebnis, Resultat, Ausschlag, Reflex, Effekt,

Auswirkung, Reaktion, Niederschlag, Nachwirkung, Nachwehen, Erfolg, Ertrag, Konsequenz, Gewinn, Folge, Frucht, Knalleffekt, Tat, Ausfluss, Auswirkung, Entwicklung, Ausgang, Produkt, Entscheidung, Werk, Arbeit. → Einwirkung, Erfolg, Ergebnis.
▸ Ursache, Wirkungslosigkeit.
Wirkung bedacht, sehr auf effekthascherisch, gefallsüchtig.
Wirkung, entgegengesetzte Antagonismus.
Wirkung erzielen auswirken sich, bewirken etwas, Einfluss/Folgen haben, erzielen, wirken, wirksam werden.
Wirkung, persönliche z.B. Aura, Ausstrahlung, Fluidum, Image.
Wirkung, verblüffende Knalleffekt *u.*
Wirkung zeigen ansprechen auf, antworten, beantworten, entgegnen, erwidern, reagieren.
Wirkungsbereich → Beruf, Betrieb, Büro, Wirkungskreis.
Wirkungsbereich ausdehnen, seinen expandieren.
Wirkungsfähigkeit Kapazität, Potenzial.
Wirkungskraft → Bedeutung, Einfluss, Tragweite, Irrtum, Dynamik, Energie.
wirkungskräftig → eindrucksvoll, förderlich, wichtig, wirksam.
Wirkungskreis Tätigkeitsbereich, Fach, Wirkungsbereich, Beruf, Arbeitsfeld, Arbeitsplatz, Betätigungsfeld, Bezirk, Geschäftszweig, Gewerbe, Lebensinhalt, Handwerk, Aufgabe, Lebensstellung, Existenz, Amt, Dienstbereich, Betätigung, Handel, Dienstangelegenheit. → Amt, Arbeit, Ausdehnung, Beruf, Bezirk, Charge, Entfaltungsmöglichkeit, Erwerbszweig, Existenz, Machtbereich, Milieu, Spielraum.
wirkungslos → ausdruckslos, nutzlos, reizlos, überflüssig, unbedeutend, unfruchtbar.
▸ wirksam, wirkungsvoll.
wirkungslos machen neutralisieren.
wirkungslose Maßnahme Placebo *u.*
Wirkungslosigkeit Schlag ins Wasser *u.* → Bedeutungslosigkeit, Einflusslosigkeit.
Wirkungsstärke Intensität.
Wirkungsverlängerung Protraktion.
Wirkungsvermögen Stärke, Gewalt, Wirksamkeit, Energie, Einfluss, Bedeutung, Arbeitskraft, Fähigkeit, Macht, Durchschlagskraft, Tatkraft, Schlagkraft, Nachdruck. → Bedeutung, Faktor, Wirkung.
▸ Unvermögen.
Wirkungsverstärkung Kumulation, Summation.
wirkungsvoll knallig *u.* → auffallend, scharmant, erregend, gigantisch, schmuck, schön, wirksam.
Wirkung auf die Öffentlichkeit Optik *u.*
wirr verzottelt, zerzaust. → bestürzt, betroffen, chaotisch, durcheinander, Hand noch Fuß nicht, konfus, kreuz und quer, uneinheitlich, unerkennbar, verrückt, verwirrt.
▸ geordnet, geregelt, klar, ordentlich, regelmäßig, übersichtlich • verständlich • frisiert, gekämmt, glatt.
wirr reden fabulieren, fantasieren.
Wirren → Aufstand, Bürgerkrieg, Krise, Revolution, Unordnung.
Wirrkopf Dussel, Kindskopf, Fantast, Schussel, Spinner.
Wirrnis Salat *u.* → Chaos, Durcheinander, Knäuel, Unordnung, Wirrwarr.
Wirrsal → Chaos, Durcheinander, Unordnung, Wirrwarr.
Wirrwarr Gewirre, Geschwätz, Unklarheit, Verworrenheit, Salat, Wirrnis, Unordnung, Chaos, Verwicklung, Kraut und Rüben, Sammelsurium, Allerlei, Mischmasch, polnische Wirtschaft, Regellosigkeit, Vermengung, Unregelmäßigkeit, Mischung, Mengsel. → Aufregung, Bestürzung, Chaos, Kraut und Rüben, Ragout, Trubel, Unordentlichkeit.
▸ Beruhigung, Ordnung.
Wirt Hauswirt, Gastwirt, Hotelwirt, Kneipwirt, Pensionsherr, Gaststättenbesitzer, Herbergsvater, Krüger • Ehemann, Ehegespons • Veranstalter, Bewirter, Hausherr. → Gastgeber.
▸ Gast.
Wirtschaft Gasthaus, Absteigehaus, Gasthof, Weinhaus, Osteria, Bar, Schenke, Kneipe, Herberge, Bierhaus, Wirtshaus, Pinte *u,* Budike, Kaschemme, Schankstube, Straußwirtschaft, Besenwirtschaft • Betrieb, Haus, Eigentum, Bauernhof • Handel, Leben, Volkswirtschaft. → Ausschank, Chaos, Gaststätte, Unordnung, Wirrwarr.
▸ Ordnung, Ruhe.
wirtschaften → beiseite legen, einsparen, erübrigen, haushalten, sparen, toben.
Wirtschafterin → Mamsell.
wirtschaftlich → anspruchslos, bescheiden, finanziell, haushälterisch, ökonomisch, rationell.
▸ ineffizient • teuer • unökonomisch, unrationell, unrentabel, unwirtschaftlich • verschwenderisch.
wirtschaftlich unabhängig autark.
wirtschaftliche Ergiebigkeit Produktivität.
wirtschaftliche Vormachtstellung Hegemonie.
wirtschaftlicher Ertrag Profit, Rendite.
wirtschaftlicher Rückgang Rezession.
wirtschaftlicher Wettbewerb Konkurrenz.
Wirtschaftlichkeit → Bescheidenheit, Einsparung, Ersparnis.
Wirtschaftsaufschwung Boom, Hausse, Konjunktur-Aufschwung.
Wirtschaftsbereiche Branchen, Sektoren.
Wirtschaftskampf → Erwerbskampf, Konkurrenz.
Wirtschaftsblüte Aufschwung, Konjunktur, Boom, Wachstum.
Wirtschaftslage Konjunktur.
Wirtschaftsleben → Handel, Wirtschaft.
Wirtschaftsprüfer Revisor.
Wirtschaftswagnis Risiko.
Wirtschaftszweig Branche, Fach(gebiet), Geschäftszweig, Zweig.
Wirtshaus Tankstelle *u.* → Ausschank, Budike, Gaststätte, Wirtschaft.
Wirtshaus besuchen einkehren, sich niederlassen, hineingehen, auf ein Bierchen *u,* ein Zug durch die Gemeinde *u,* Bierreise *u,* Sauftour *u.*
Wisch Schrieb, Zettel, Schreiben, Briefchen, Blatt, Stück Papier, Schriftstück • Strohbüschel • Lumpen,

Putztuch, Stück Stoff, Lappen, Tuch, Feudel. → Lausbub.
wischen → bohnern, bürsten, putzen.
Wischer Tupfer, Pflaster • Scheibenwischer, Reiniger • Rüffel, Ausschelte, Anschnauzer, Ausputzer, Anpfiff, Anschiss *u*, Zigarre *u*, Donnerwetter, Gardinenpredigt, Strafpredigt, Tadel, Philippika.
Wispern → Dämpfung, Getuschel.
wispern tuscheln, flüstern, lispeln, zischeln, zischen, fispern, fispeln, knistern, summen, säuseln.
Wissbegier Wissensdurst, Forschergeist, Forschungstrieb, Aufmerksamkeit, Beflissenheit, Faustseele • Neugierde, Spannung, Ungeduld, Ermittlung, Unbeherrschtheit. → Aufmerksamkeit, Beflissenheit, Eifer, Interesse, Neugierde.
▸ Stumpfsinn, Teilnahmslosigkeit, Trägheit, Desinteresse, Gleichgültigkeit.
wissbegierig strebsam, beflissen, gespannt, eifrig, faustisch, unersättlich, erkenntnisfroh, hintergründig, forschungslustig, fragselig, fraglustig, unbeherrscht, ungeduldig, erpicht, versessen, aufmerksam, vorwitzig. → eindringen in das Geheimnis, strebsam.
▸ stumpfsinnig, teilnahmslos, träge.
Wissen Erkenntnis, Erkennen, Meisterschaft, Gelehrsamkeit, Talent, Klugheit, Vorstellung, Einblick, Verständnis, Vertrautheit, Einsicht, Erfahrung, Beobachtung, Entdeckung, Weisheit, Begabung. → Erfahrung, Fähigkeit, Kenntnis, Verstand.
▸ Unwissenheit, Unkenntnis • Dummheit, Ignoranz • Ahnung • Glaube, Meinung, Vermutung • Zweifel.
wissen in allen Sätteln gerecht sein. → erfahren, kennen, können.
▸ annehmen, glauben, meinen, vermuten • nicht wissen.
wissen lassen → angeben, benachrichtigen.
wissen, nicht ein noch aus ratlos oder fassungslos oder unschlüssig sein • in Schwierigkeiten geraten, mit sich ringen, keinen Ausweg wissen, im Dunkeln tappen, sich nicht zu helfen wissen, sich festfahren, in der Patsche sitzen, nicht vorwärts kommen.
▸ beurteilen, entscheiden sich, ermutigen, entwirren den Knoten.
wissen wollen ausfragen, Auskunft bitten um, erfahren suchen zu, erforschen, erkundigen sich, forschen, fragen, Fragen stellen, informieren sich, Rate ziehen zu.
wissend → aufgeklärt, beschlagen, klug.
Wissenschaft Studium, Forschung, Lehre, Darstellung, Geisteswissenschaft, Seinswissenschaft, Wissenschaftskunde, Naturwissenschaft, Philosophie, Geschichtswissenschaft, Religionswissenschaft, Volkswirtschaft, Erforschung, Erkenntnis, Geistesarbeit, Erkenntnislehre, Meisterschaft.
▸ Kunst.
wissenschaftlich festgestellt, feststellbar, erklärbar, erklärlich, allbekannt, anerkannt, zielgerecht, methodisch, planvoll, experimentell, forschungsmäßig. → systematisch.
▸ dilettantisch, laienhaft • unwissenschaftlich.
Wissenschaftler → Gelehrter.
wissenschaftliche Untersuchung Analyse.
wissenschaftlicher Vortrag Kolleg.
wissenschaftliches Fach Disziplin.
wissenschaftliches Gutachten Expertise.
Wissensdurst Wissensdrang. → Interesse, Neugierde, Wissbegierde.
wissensdurstig → lernbegierig, wissbegierig.
▸ gleichgültig, teilnahmslos, uninteressiert.
Wissensgebiet Domäne, Fachgebiet, Sparte, Wissenszweig.
wissenswert → interessant.
▸ langweilig, uninteressant.
wissentlich → absichtlich.
Witfrau Witib. → Anverwandte.
Witmann → Witwer.
wittern → riechen, schnuppern.
Witterung → Ahnung, Fährte, Feingefühl, Instinkt, Klima.
Witwe Witib, Hinterbliebene, Witfrau, Witwenstand, Verwitwung, Hintersasse • Strohwitwe. → Anverwandte.
Witwe, Lebensgemeinschaft mit einer Onkelehe *u*.
Witwengeliebter Onkel *u*.
Witwer Hinterbliebener, Witmann, Hintersasse, Eheloser, Zurückgelassener • Strohwitwer. → Anverwandte.
Witz Geistesfunke, Einfall, Scherz, Spaß, Jux, Schnulze *M*, Scherzhaftigkeit, Schlagfertigkeit, Schwank, Treffer, Faxen, Schabernack, Schalk, Ulk, Schnurrpfeiferei, Pointe, Gag *M*, Humor, Kalauer, Schnake, Streich, Narretei, Posse, Scherzrede, Bonmot, Spott, Stichelei, Zweideutigkeit, Zote, starker Tabak, aus der ersten Kiste, Stich, Hieb, Schärfe, Witzigkeit, Spaßigkeit, Drolligkeit, Spitze, Gedankensplitter • Klugheit, Scharfblick, Mutterwitz. → Drolligkeit, Einfall, Idee, Scherz.
▸ Ernst, Witz fauler, Witzlosigkeit.
Witz, alter Pyramidenwitz *u*.
Witz, fauler Kalauer, leeres Stroh, Fadheit, Torheit, Dummheit, Plattheit, Schalheit, Banalität.
Witz, feiner Humor.
Witz, unanständiger Zote.
Witzbold → Spaßmacher.
Witze reißen → witzeln.
Witzelei → Belustigung, Spott, Witz.
witzeln necken, spaßen, scherzen, Witze reißen, sich lustig machen, Possen treiben, zum Lachen bringen • spotten, durchhecheln, hänseln, narren, bespötteln, foppen, sticheln, frozzeln, veralbern, lästern, zum Gespött machen, nachäffen, verhöhnen, parodieren, karikieren, travestieren. → belustigen, Besten halten zum.
Witzhöhepunkt Pointe.
witzig schlagfertig, schnurrig, launig, humoristisch, scherzhaft, spaßhaft, spaßig, drollig, putzig, geistreich, stechend, beißend, schneidend, spitz, ironisch, doppelschneidig, schelmisch, kurzweilig, unterhaltend, lächerlich, scharfzüngig, sarkastisch, komisch, possierlich, burlesk. → beredt, geistreich, schalkhaft, unterhaltend.
▸ witzlos.
witziger Einfall Gag.
witzlos → abgedroschen, albern, fad, farcenhaft, langweilig, reizlos, salzig.

Witzlosigkeit → Fadheit, Langweiligkeit, Witz fauler.
wo wo auch immer, irgendwo, in dieser Gegend, hier, dort, stellenweise, allda, dort, dort herum.
Wochenbett → Geburt.
Wochenbettfieber Puerperalfieber.
Wochenbettkrämpfe Eklampsie.
Wochenende Weekend, Sabbat *u.* → Ausgang, Freizeit, Ruhezeit.
Wochenkarte → Fahrkarte.
Wochenschrift → Zeitschrift.
Wochentag → Alltag.
wöchentlich allwöchentlich, von Tag zu Tag, wieder und wieder, regelmäßig, alle sieben Tage, von Woche zu Woche.
Wöchnerinnenbett Brutkäfig *u.*
Woge → Brandung, Welle.
wogen → branden, brodeln, schäumen, schwanken.
woher woraus? wodurch? wieso? weshalb? inwiefern? weswegen? woher kommend? wovon? woher stammend? woher rührend? → warum?. ▸ (wohin).
wohlgefällig sahnig *u.*
wohin dorthin, hierhin, hierher, dahin, da, dort, hier.
Wohl Vorteil, Anteil, Glück, Glücksfall, Trumpf, guter Fang, Nützlichkeit, Nutzbarkeit, Einträglichkeit, Glückswurf, Segen, Erfolg, Wohlstand, Wonne, Beglückung • zum Wohl! Prost! Trinkspruch, Höflichkeitsformel. → Glück, Nützlichkeit, Vorteil. ▸ Schädigung, Unglück.
Wohl und Wehe → Leben, Schicksal.
wohl sehr, betont, ausgesprochen, besonders, nachdrücklich, beträchtlich, ansehnlich, erheblich, hoch, höchlich, überaus, in hohem Grade • möglich, denkbar, vielleicht, so Gott will, wenn es die Umstände gestatten • jawohl, bestimmt, fraglos, natürlich, wahrlich, fürwahr • gesund, gut, pudelwohl, kannibalisch, wohl, unbesorgt. → behäbig, fest, gemütlich, gesund, möglicherweise, schlechthin. ▸ krank, unbestimmt, unmöglich, unwohl.
wohlauf putzmunter *u.* → gesund.
Wohlbefinden → Befinden, Gesundheit, Wohlbehagen.
Wohlbefinden Schwerkranker Euphorie.
wohlbefinden, sich → Damm sein auf dem, gesund.
Wohlbehagen Wohlbefinden, Gemütlichkeit, Befriedigung, Wohlstand, Wohlleben, Erdenfreude, Bequemlichkeit, Zufriedenheit, Wohlgefühl, Wohlsein, Gesundheit, Wohligkeit, Behaglichkeit, Annehmlichkeit, Seelenfriede, Daseinsfreude, Urbehagen, Lebensgefühl, Wohlgefallen, Gemächlichkeit, Lebensfreude. → Befriedigung, Seelenfriede. ▸ Unbehagen, Unzufriedenheit, Verdruss • Schmerz.
wohlbehalten → ganz, gesund, intakt.
wohl bekannt → bekannt, vertraut.
wohlbeleibt gepolstert *u.* → dick, dickwanstig.
wohlberechnet → taktisch.
wohlbeschaffen hübsch, gut aussehend, gefällig.
wohlbewusst → absichtlich, systematisch.
wohlduftend → aromatisch.
wohl durchdacht → rationell, systematisch.
Wohlergehen → Befinden, Gesundheit, Segen, Wohlbehagen.
wohl erhalten → ganz, gesund, intakt.
wohlerwogen überlegt, bedacht, bewusst, beabsichtigt, berechnet, einstudiert, beschlossen, vorherbestimmt, gedacht, abgemacht, geplant, vorbereitet, verabredet. ▸ unüberlegt, unbedacht • leichtfertig • improvisiert • spontan.
wohlerzogen gute Erziehung, gute Manieren, gute Sitten, höflich, anständig, gesittet, manierlich, artig, geschliffen, gebildet, kultiviert, schicklich, gebührlich, nett, brav, gefällig, verbindlich, bescheiden, liebenswürdig, liebreich, aufmerksam, formgewandt, gute Kinderstube, sittsam, tugendhaft. → anständig, artig, freundlich, gebildet, gesittet, höflich. ▸ unerzogen.
Wohlerzogenheit Höflichkeit, Schliff, Manieren, Manierlichkeit, Bildung, gute Erziehung, Weltgewandtheit, Lebensart, Takt, guter Ton, Salonfähigkeit, Ritterlichkeit • Anstand, Sittsamkeit, Zartgefühl, Bescheidenheit, Züchtigkeit. → Anstand, Bescheidenheit, Courschneiderei, Dekorum, Höflichkeit, Salonfähigkeit, Takt, Tugendhaftigkeit, Verbindlichkeit. ▸ Unerzogenheit.
Wohlfahrt Wohlbefinden, Wohlergehen, Glück, Erfolg, Segen, Wohlstand, Glückstand • Menschenfreundlichkeit, Opfersinn, Wohltätigkeit, Fürsorge, Hilfe, Liebestätigkeit, Liebeswerk, Wohlfahrtswesen, Hilfsdienst, Hilfstätigkeit, Hilfswerk, Arbeiterwohlfahrt, Wohlfahrtspflege. ▸ Selbstsucht, Verderben.
wohlfeil → Butterbrot für ein, günstig, kaufwürdig, preiswert, umsonst, vorteilhaft.
wohl fühlen sich heimisch fühlen, sich freuen, sich ergötzen, sich erquicken, in gehobener Stimmung sein, zufrieden sein, in Behagen leben, sich behaglich einrichten, sich sonnen, sich's behaglich machen, ungetrübten Mutes sein, sich kannibalisch wohlfühlen. → wohl. ▸ übel sein, leiden, krank sein.
wohlgebaut → ästhetisch, ebenmäßig, schön.
Wohlgefallen → Liebe, Lust, Neigung, Wohlbehagen.
wohlgefällig → anmutig, gefällig, schmuck, schön.
wohlgeformt → ästhetisch, scharmant, ebenmäßig, schön.
Wohlgefühl → Daseinsfreude, Genuss, Gesundheit, Lebensfreude, Wohlbehagen.
wohlgegliedert → ästhetisch, stilvoll, systematisch.
wohl gelaunt → heiter, wohlgemut.
wohlgelitten → befreundet, beliebt, bekannt.
wohlgemut vergnügt, heiter, lebensfroh, siegessicher, aufgeräumt, zufrieden, aufgeschlossen, munter, gut gelaunt, sorglos, seelenfroh, freudig, übermütig, froh gestimmt, sonnig, fröhlich, lebenslustig. → aufgelegt, aufgeräumt, aufgeschlossen, beruhigt, munter, himmelhochjauchzend. ▸ beunruhigt, unzufrieden • deprimiert, unlustig, verstimmt • gereizt, misslaunig, mürrisch, schlecht gelaunt.
wohlgenährt → dick. ▸ dürr, unterernährt • hungrig • verhungert.

Wohlgenährtheit Eutrophie.
wohlgenießbar → appetitlich, gut.
Wohlgeruch → Aroma, Duft.
▸ Gestank, Mies, Pesthauch.
Wohlgeschmack Köstlichkeit, Schmackhaftigkeit, Blume, Aroma, Würze, Gaumenkitzel, Leckerbissen, Hochgenuss, Schmaus, Näscherei, Götterspeise, Götterkost, Lerchenzunge, Schwalbennest, Schnepfendreck, Kiebitzei, Auster, Feinkost, Feingebäck, lukullische Mahlzeit. → Aroma, Feinkost.
▸ Widerlichkeit.
wohlgesinnt → wohl wollend.
Wohlgestalt → Anmut, Anziehung, Scharm, Schönheit.
wohlgestaltet → anmutig, anmutsvoll, ästhetisch, scharmant, ebenmäßig, entzückend, fein, graziös, schön.
▸ deformiert, hässlich, klobig, krüpp(e)lig, missgestaltet, plump, ungeschlacht, unförmig.
wohlgewachsen → anmutig, ebenmäßig, schön.
wohlgezielt → ausführlich, genau.
wohlhabend → bemittelt, reich.
▸ arm, bedürftig, einkommensschwach, mittellos, unbemittelt, unvermögend.
wohlig → angenehm, gemütlich, heiter, wohl, wohlgemut.
Wohlklang → Cantus, Einklang, Eleganz, Harmonie.
▸ Disharmonie, Krach, Lärm, Missklang, Misston.
wohlklingend klangreich, melodisch, wohllautend, musikalisch, sangvoll, sangbar, silberhell, flötend, melodiös, harmonisch, liedmäßig, glockenklar, tonsicher, gut, schmelzend, rhythmisch, bezaubernd, hinreißend, übereinstimmend. → anklingend, melodisch, schmelzend.
▸ misstönend, unharmonisch.
Wohlleben Schlaraffenleben. → Bequemlichkeit, Ergötzen, Freude, Luxus, Unmäßigkeit, Wohlbehagen.
▸ Armut, Bedürftigkeit, Elend, Entbehrung, Mangel, Not, Qual.
wohlmeinend → wohl wollend.
wohlproportioniert harmonisch. → wohlgestaltet.
wohlriechen → duften, riechen.
wohlriechend → aromatisch, duftig.
▸ stinkend, übel riechend.
wohlschmeckend toff *u.* → angenehm, appetitlich, aromatisch, auserlesen, delikat, essbar, fein, hausgemacht, köstlich, schmackhaft.
▸ Ekel erregend, scheußlich, unappetitlich, widerlich, widerwärtig.
Wohlsein → Befinden, Gesundheit, Wohlbehagen.
Wohlstand → Besitz, Dekorum, Ergiebigkeit, Gunst des Schicksals, Luxus, Reichtum, Segen, Überfluss, Vermögen.
▸ Armut, Bedürftigkeit, Elend, Entbehrung, Knappheit, Mittellosigkeit, Not.
Wohltat Guttat. → Barmherzigkeit, Dienstleistung, Gabe, Opfer, Tat.
▸ Missetat, Schaden, Verbrechen.
Wohltäter Spender, Menschenfreund, Samariter, Helfer, Retter, Quäker, Armenvater, Waisenvater, Waisenpfleger, Pfleger, Barmherziger, Krankenpfleger, Krankenschwester, Pflegerin, Diakonisse, Rotkreuzschwester, Fürsorgerin, Säuglingsschwester, Kinderfreund.
▸ Menschenfeind, Übeltäter.
wohltätig humanitär. → barmherzig, bekömmlich, freigebig, großmütig, Hand offene, heilkräftig, kräftigend.
▸ geizig, knauserig, knickrig, schäbig • nachteilig, schädlich, verbrecherisch.
Wohltätigkeit Caritas. → Barmherzigkeit, Dienstleistung, Gabe, Opfer, Tat.
wohltuend herzstärkend, gut, vorteilhaft, zuträglich, heilsam, heilkräftig, wohltätig, bekömmlich, kräftigend, gedeihlich, nahrhaft, heilend • anregend, angenehm, zusagend, willkommen, erwünscht, erfreulich, wünschenswert, schön, ergötzlich, labend, erfrischend, erquickend, lecker. → angenehm, behaglich, bekömmlich, erfreulich, erfrischend, erwünscht, gut, gesund, kräftigend, schmeichelhaft.
▸ unangenehm, ungesund.
wohl tun wohl wollen, gut tun, trösten, gut behandeln, Gutes tun, helfen, Wohltaten erweisen, beistehen, die Not lindern, unter die Arme greifen, bemuttern, Verständnis zeigen. → helfen.
▸ hemmen, übel wollen • plagen, quälen, reizen, schaden, schmerzen, stören.
wohl überlegt ausgefeilt, ausgeklügelt, ausgereift, ausgetüftelt, ausgewogen, bedacht, durchdacht, gründlich/sorgfältig geplant.
wohlverdient → angemessen, gebührend.
wohlweislich überlegt, wohl überlegt, weise, klug, vorsichtig, vorsorglich, geschickt, vernunftsgemäß, einsichtsvoll, einsichtig, begründet.
Wohlwollen Freundlichkeit, Menschenfreundlichkeit, Mitgefühl, Warmherzigkeit, Entgegenkommen, Hilfsbereitschaft, Güte, Liebenswürdigkeit, Gutmütigkeit, Freigebigkeit, Toleranz, Duldsamkeit, Menschlichkeit, Gefälligkeit • Gunst, Gönnerschaft, Zuneigung, Hinneigung. → Entgegenkommen, Herzlichkeit, Protektion, Wärme.
▸ Missgunst, Niederträchtigkeit, Abneigung, Aversion • Feindschaft, Hass.
wohl wollend gönnerhaft, wohlmeinend, wohlgesinnt, gutmütig, gutherzig, menschlich, liebreich, liebevoll, herzensgut, herzlich, freundschaftlich, menschenfreundlich, liebenswürdig, zugetan, entgegenkommend, günstig, gefällig, hilfreich, zuvorkommend, verbindlich, huldreich, großzügig, bereitwillig, aufmerksam, freundlich. → befreundet, kordial, dulderisch, freundlich, geneigt, hilfreich, jovial, menschlich, sympathisch, warm.
▸ missgünstig, niederträchtig.
Wohnbereich → Heim.
wohnen siedeln, herbergen, hausen, bleiben, leben, ansässig sein, seinen Sitz haben, sich aufhalten, sesshaft sein, logieren, sich einstellen, mieten, niederlassen sich, bewohnen, einziehen, einquartieren, besitzen, bestallen, sich einnisten, Fuß fassen, bleiben. → aufhalten,

aufhalten sich, bewohnen, einbürgern, leben, sein. ▸ fortbleiben, wegziehen.
Wohngemeinschaft (Abkürzung:) WG • Familie • Mehrfamilienhaus • Dorf, Siedlung, Stadt.
Wohngemeinschaft leben, in einer quervögeln *u.*
wohnhaft → ansässig, befindlich, daheim.
wohnhaft sein → aufhalten sich, bewohnen, wohnen.
Wohnhaus Behausung, Bungalow, Domizil, Eigenheim, Einfamilienhaus, Ferienhaus, Hütte, Heim, Kate, Schloss, vier Wände, Villa, Zuhause.
Wohnhügel z.B. Magda, Terp, Warf, Wurt.
wohnlich → angenehm, gemütlich. ▸ ungemütlich, unwohnlich.
Wohnmobil Campauto, Camper, Campingfahrzeug, Wohnauto, Wohnfahrzeug.
Wohnort → Aufenthaltsort, Ort.
Wohnplatz Habitat, Wohnort, Wohnraum, Wohnstätte.
Wohnraum → Gelass, Raum, Salon, Zimmer.
Wohnschule Internat.
Wohnsitz → Aufenthaltsort.
Wohnsitz der Götter Olymp.
Wohnsitz des Staatsoberhauptes Residenz.
Wohnstätte → Aufenthaltsort, Haus, Heim, Obdach, Ort, Quartier.
Wohnung → Aufenthaltsort, Besitztum, Haus, Heim, Obdach, Quartier, Appartement.
Wohnung eines Einsiedlers Eremitage.
Wohnung und Kost Pension.
Wohnung weisen, aus der ausquartieren.
Wohnungsangabe Adresse, Anschrift.
Wohnungseinrichtung → Möbel.
Wohnungsleiher/-pächter Mieter.
Wohnungsverleiher/-verpächter Vermieter.
Wohnungswechsel Umzug (Auszug, Fortzug, Wegzug).
Wohnwagen Caravan.
Wohnwagenreise Caravanning.
wölben → aufblasen, auftreiben, ausbuchten, blähen.
Wölbung Geschwulst, Knoten, Kuppel, Kuppe, Vorsprung, Höcker, Schwellung, Schwiele, Ausbauchung, Ausbuchtung, Bogen, Buckel, Erhöhung, Grat, Ausschweifung, Unebenheit, Bauch, Buchtung, Bug, Rundung. ▸ Ebene, Vertiefung.
Wölfen heulen, mit den folgen, sich richten nach, sich gewöhnen, dasselbe tun, mit dem Strom schwimmen, keine eigene Meinung haben, gehorchen, über dem Befehl stehen, keinen eigenen Willen kennen, nachgeben, schwach sein, willenlos sein, nach der Pfeife tanzen. ▸ gehen eigene Wege, widersetzen sich.
Wolfshunger → Esslust.
Wolken, in den → zerstreut.
wolkenbedeckt bedeckt, verhangen, wolkig.
Wolkenbruch Regenguss/-schauer, plötzlicher/starker Niederschlag/Regen, Schauer.
Wolkenkuckucksheim Nirgendwo, Dingskirchen, Fantasiegebilde, Hirngespinst, Schlaraffenland, Luftschloss, Utopie, Grille, Mondreise, Feenland, Zauberland, Traumwelt, Wunderwelt, Wunderland. → Auswuchs. ▸ Wirklichkeit.
wolkenlos → klar. ▸ bedeckt, bewölkt, wolkig.
wolkenwärts → turmhoch.
wolkig → blind, dunkel, trübe. ▸ unbewölkt, wolkenlos.
wolkig werden → bewölken.
Wolldecke Plaid, Tartan, Vlies.
Wolle Faden, Garn, Faser, Strickgarn • Bedeckung, Behaarung, Fell, Pelz, Haar, Zottel, Borste, Mähne, Locke, Bart, Vlies • in die Wolle kommen, sich streiten, sich schlagen. → Fell, Mähne. ▸ Baumwolle (Leinen, Seide), vertragen sich.
Wollen → Absicht, Begehr, Wunsch.
wollen Lust haben, Lust bekommen, im Sinn haben, belieben, gelüsten, wünschen, beharren auf, verlangen, ersehnen, begehren, erstreben, erpicht sein, mögen, erwünschen, erhoffen. → bekommen Lust, mögen, neigen, sehnen, verlangen, wünschen. ▸ fügen sich, gering schätzen, sollen, müssen • dürfen.
Wollfett Lanolin.
Wollhaar Lana, Lanugo.
wollig → buschig, faserig, federartig.
Wollkamm Karde.
Wollust Sinneslust, Genussfreude, Lust, Sinnlichkeit, Üppigkeit, Rausch, Kitzel, Begierde, Verlangen, Begehrlichkeit, Sinnenreiz, Taumel, Liebeslust • Sünde, Laster, Schamlosigkeit, Unzucht, Unkeuschheit, Geschlechtstrieb, Erotik, Buhlerei, Lüsternheit, Fleischeslust, Geilheit. → Affekt, Befriedigung, Begierde, Sinnenreiz, Sinnestaumel, Unkeuschheit. ▸ Keuschheit, Selbstbeherrschung, Unbehagen.
wollüstig → anrüchig, ausschweifend, bacchantisch, begehrlich, buhlerisch, dirnenhaft, erotisch, geschlechtlich, unkeusch.
Wollüstling → Bacchant, Casanova, Faun, Wüstling.
womöglich möglicherweise, möglich, hoffentlich, vielleicht, für den Fall.
Wonne → Befriedigung, Eden, Entzücken, Freude, Himmel, Lust, Lustgefühl, Verlangen, Wohlbehagen. ▸ Gram, Kummer, Pein, Qual, Schmerz.
Wonnemonat → Frühling.
wonnetrunken → berauscht, vergnügt.
wonnevoll → scharmant, schön, wohl, wonnig.
wonnig herrlich, fantastisch, himmlisch, schön, wonnevoll, köstlich, reizend, sinnberückend, wunderbar, entzückend, anziehend, sinnbetörend, erfreulich, Glück verheißend. → beseligt, schön. ▸ unschön.
worauf → danach, dann, darauf, ferner.
woraus abgeleitet, von, demnach, demgemäß, herkommend, davon, daher, dadurch, herstammend, herleitend, nach, herrührend, entstammend, entquellend. → woher. ▸ daraus.
Wort → Ausdruck, Ehrenwort, Ratschlag, Schwur, Versprechung.
Wort abschneiden, das dazwischenreden, dreinreden, einmischen sich, hineinreden, Mund fahren über den, Wort fallen ins.
Wort entziehen, das den Mund stopfen, zum Schweigen bringen, Stillschweigen auferlegen, die Lippen versiegeln, knebeln,

ein Schloss vor den Mund legen, das Wort ersticken, die Rede unterbinden. → bringen zum Schweigen.
▸ reden, (Wort erteilen).

Wort geben, sein beteuern, geloben, versichern, versprechen.

Wort, geflügeltes Allegat, Ausspruch, Bonmot, Denkspruch, Gedankenblitz/-splitter, Lebensregel, Spruch, Spruchweisheit, Weisheit, Zitat.

Wort, gleichbedeutendes Synonym.

Wort nehmen, beim bestehen auf • sich auf jemanden verlassen, jemandem vertrauen.
▸ entpflichten, nachsehen, (nicht ernst nehmen).

Wort für Wort wörtlich, genau, exakt, sinngemäß, buchstäblich, textlich, genauestens, wiedergebend, nachäffend, nachahmend, wiederholend.
▸ undeutlich, ungenau.

wortarm → schweigsam.

Wortbedeutung → Ausdruck, Begriff, Definition, Hinsicht.

Wortbedeutungslehre Semantik.

Wortblümchen → Floskel.

Wortbruch → Ableugnung, Dolchstoß, Fahnenflucht, Unredlichkeit.

wortbrüchig → abtrünnig, bestechlich, charakterlos, fahnenflüchtig, falsch, unredlich.

Wortdeutung → Auslegung.

Worte abwägen, die überlegen, auf der Hut sein, genauestens nachdenken, es sich vorher überlegen, ausklügeln, erwägen, auf die Goldwaage legen, eine Sache beschlafen, seine Gedanken sammeln, mit sich zurate gehen.
▸ aufbrausen, schwatzhaft (sein), Fassung verlieren.

Worte fassen, in artikulieren, ausdrücken, äußern, berichten, erklären, erzählen, formulieren, mitteilen, reden, sagen, schildern, sprechen.

Worte, glatte Blendung, Betörung, Vorspiegelung, List, Bestechung, Diplomatie, Gerissenheit, Gaunerei, Doppelzüngigkeit, Verschlagenheit, Fußangel. → aalglatt.
▸ Wort ein Mann ein.

Worte, hohle → Blech.

Worte, schöne → Schmeichelei, Versuchung.

Worten, mit anderen besser/genauer gesagt, sozusagen, nämlich, und zwar.

Wörterbuch → Wortschatz.

wörterbuchartig lexikalisch.

Worterguss Tirade. → Wortschwall.

Wortforschung Etymologie.

Wortführer Sprecher, Redner, Vorredner, Volksredner, Präsident, Vorsitzender, Leiter, Lenker, Vorstand, Vorsteher, Präses, Parteiführer. → Direktor.
▸ Nachbeter.

Wortgebrauch → Ausdruck, Begriff, Definition.

Wortgefecht → Aussprache, Debatte, Diskussion, Polemik, Streit.

Wortgefüge → Text.

wortgetreu buchstäblich, wortwörtlich, wörtlich.

wortgewandt → beredt.

Wortheld → Angeber, Marktschreier.

wortkarg → einsilbig, schweigsam.

Wortkargkeit → Verschlossenheit.

Wortklauberei → Haarspalterei.

wortklauberisch → rabulistisch.

Wortkrämer → Besserwisser.

Wortkrämerei → Bedeutungslosigkeit, Haarspalterei, Pedanterie.

Wortkünstler → Dichter, Stilist, Lyriker, Poet, Reimeschmied, Versemacher, Verseschmied.

Wortlaut → Darstellung, Deutung, Text, Version.

wörtlich → buchstäblich, genau, Wort für Wort.
▸ kurz gefasst • übertragen • sinngemäß, ungefähr.

wörtlich wiedergeben zitieren.

wortlos → baff, schweigsam, verwirrt.

Wortneubildung Neologismus.

wortreich → langatmig, redselig, schwatzhaft.
▸ wortkarg • schweigend, still, wortlos.

Wortschatz Begriffsschatz, Ausdrucksschatz, Vokabularium, Begriffsvorrat • Wörterbuchsammlung.

Wortschwall → Abschweifung, Beredsamkeit, Floskel, Phrase, Redseligkeit, Wirrwarr.

Wortsinn → Ausdruck, Begriff, Deutung, Inhalt.

Wortspalterei → Haarspalterei, Pedanterie.

Wortspiel → Doppelsinn, Witz, Wortverdreherei.

Wortspiele Geistreicheleien *u.*

Wortstreit → Debatte, Diskussion, Disput, Erörterung, Streit, Turnier.

Wortverdreher Deutler, Tüftler, Haarspalter, Kümmelspalter, Wortklauber, Pedant, Silbenstecher, Advokat, Rechtsverdreher, i-Punktreiter.

Wortverdreherei Entstellung, Verdrehung, Wortverdrehung, Falschmeldung, Verunstaltung, Verzerrung • Deutelei, Kniffelei, Haarspalterei, Missdeutung, Wortspiel. → Darstellung unrichtige, Haarspalterei.
▸ Genauigkeit.

Wortwechsel Kabbelei *u.* → Auseinandersetzung, Debatte, Diskussion, Gehader, Streit, Szene, Zank.

Wortweiser → Register, Verzeichnis.

Wortwiederholung Anapher, Responsion.

Wortwitz Bonmot, Kalauer, Wortspiel.

wortwörtlich buchstäblich, verbaliter, wortgetreu, wörtlich.

wozu → warum.
▸ dafür, für.

Wrack → Bruchstück, Trümmer, Überrest.

wringen auswringen, auswinden, ringen, drehen, schlingen • entwässern, trocknen.

Wucher Habsucht, Schacher, Güterschlächterei, Geiz, Raffgier, Gewinnsucht, Begehrlichkeit, Wucherzinsen, Feilheit, Geldhunger, Schieberei, Gaunerei, Prellung • Unredlichkeit, Ungesetzlichkeit, Betrug, Büberei, Unrecht, Preistreiberei. → Feilheit, Geldgier, Preistreiberei, Schacher, Schleichhandel, Überforderung.
▸ Großmut, Redlichkeit.

Wucherer Güterschlächter, Beleiher, Pfandschleicher, Raffer, Schacherer, Halsabschneider, Harpagori, Leuteschinder, Raffke, Schächer, weißer Jude, Schmarotzer, Ausbeuter, Usurpator, Geldhai *u,* Geldschneider *u,* Raffke *u.* → Betrüger, Blutsauger, Erpresser, Raffer.
▸ Geber.

wucherisch → maßlos.

wuchern wild wachsen. → anschwellen, raffen, Tanz ums goldene Kalb.

wuchernd → üppig.
▸ karg • kultiviert.
Wucherung Wildwuchs. → Polyp, Steigerung, Wölbung, Zunahme.
Wuchs → Dehnung, Figur, Höhe, Zunahme.
Wucht Wuchtigkeit, Gewicht, Schwere, Schwergewicht, Kraft, Druck, Ladung, Stärke, Stoß. → Anlauf, Bestimmtheit, Nachdruck.
▸ Kraftlosigkeit, Leichtigkeit.
wuchten heben, stemmen.
wuchtig knallhart *u*, satt *u*. → ansehnlich, beachtlich, beeinflussend, denkwürdig, eindringlich, gewichtig, gigantisch, groß.
▸ grazil, zart, zierlich.
Wühlarbeit Intrige, Sabotage, Schnüffelei • Werbung. → Wühlerei.
wühlen → anzetteln, bohren, graben, plantschen, quälen.
Wühler → Aufständiger, Demagoge, Meuterer, Schädling.
Wühlerei Hetzerei, Stänkerei, Putsch, Aufwiegelung, Revolution, Streik. → Demagogie, Ungehorsam.
▸ Beschwichtigung, Gehorsam, Unterwerfung.
Wulst → Ausdehnung, Erweiterung, Wölbung, Zunahme.
wulstige Lippen Punschlippen *u*.
wund schmerzlich, krank, eiternd, faul, schlimm, schlecht, triefend, nässend, netzend, blutig, zerfressen • seelenwund, weh, sterbensleid, leidvoll, trostlos, zerrissen.
▸ gesund, glücklich, unverletzt, heil • geheilt.
Wunde Stich, Verletzung, Verwundung, Narbe, Quetschung, Trauma, Schnitt, Schmiss *u*, Weh, Riss, Umlauf, Biss, Ritzer, Schramme, Kratzer, Grind, Schorf, Beule, Geschwür, Ausschlag. → Schmiss.
Wunden zufügen kränken, verletzen, verwunden.
Wunder Zauberei, Hexerei, Stigmatisation, Geisterspuk, Widersinn, Unverständigkeit, Mirakel, Kuriosum, Unmöglichkeit, Undenkbarkeit, Unding, Unwahrscheinlichkeit, Mirakel. → Unding.
▸ Naturgegebenheit, Realität, Wirklichkeit.
wunder Punkt Achillesferse, Blöße, Dollpunkt, empfindliche/gefährliche Stelle, Krux, Lücke, Mangel, Problembereich/-zone, Schwäche, Verletzbarkeit, verwundbare Stelle.
wunderbar fabelhaft, unerhört, unfasslich, unübertrefflich, herrlich, himmlisch, prima, wundervoll, unsagbar, unbegreiflich, unfassbar, erstaunlich. → beispiellos, scharmant, delikat, erstaunlich, fabelhaft, faszinierend, fantastisch, schön, unaussprechlich, unnatürlich.
▸ abscheulich, scheußlich, schrecklich • unangenehm, unerfreulich • banal • normal • natürlich.
Wunderdoktor → Bader.
Wunderglaube Aberglaube, Mystizismus.
Wunderland → Märchenland.
wunderlich verwunderlich, wundersam, interessant *u*. → abnorm, bizarr, burlesk, ekstatisch, grotesk, komisch, kurios.
Wunderlichkeit → Drolligkeit, Grille, Lächerlichkeit, Laune, Seltsamkeit.
Wundermittel Arkanum, Panazee, Placebo, Zauberarznei/-mittel.
wundern, sich → erstaunen, staunen.
wundersam → sonderbar, wunderbar.
wunderschön → bestrickend, scharmant, fein, prächtig, schön, wunderbar.
wundervoll → auserlesen, gut, köstlich, schön, wunderbar.
Wunderwelt → Märchenland, Wolkenkuckucksheim.
Wundliegen Dekubitus.
Wundmal Mal, Stigma.
Wundmittel → Arznei.
Wundrose Erysipel.
Wundstarrkrampf Tetanus.
Wundverband Bandage, Pflaster.
Wundwolf Intertrigo.
Wunsch Begehr, Anliegen, Sehnsucht, Verlangen, Wollen, Herzenswunsch, Sucht, Traum, Reiz, Wille, Absicht, Neigung, Hang, Vorliebe, Trieb, Drang, Begierde, Durst, Hunger, Begehren, Wunschtraum • Eigenwille, Willkür, Belieben, Ermessen. → Absicht, Auswahl, Bedürfnis, Begehr, Begierde, Belieben, Bewerbung, Drang, Erwartung, Herzenswunsch, Interesse, Neigung, Utopie, Verlangen.
▸ Erfüllung, Wunschlosigkeit, Zufriedenheit, Ablehnung • Befehl • Wirklichkeit.
Wunsch, nach → beliebig, einer oder der andere.
wünschbar → annehmbar, angenehm, erwünscht, lieb, treuer.
Wunschbild → Begehr, Beste, Denkbild, Gipfel, Herzenswunsch, Ideal, Illusion, Utopie, Wunsch.
wünschen erstreben, vermissen, begehren, verlangen, sehnen sich, fragen nach, ersehnen, erstreben, gelüsten, Lust haben, erwünschen, erhoffen, erwarten, erbitten, gerne haben, hungern, dürsten, lechzen, schmachten, wollen, belieben. → angehen, anhalten, beabsichtigen, bekommen Lust, bestreben sich, bitten, breitschlagen, brennen, einkommen um, ersehnen, erwarten, erzwecken, mögen, sehnen, suchen, streben, verlangen.
▸ erfüllen (sich), zufrieden geben sich • ablehnen, verweigern • befehlen.
wünschenswert gut, vortrefflich, wertvoll, schätzenswert, vorzüglich, kostbar, angenehm, dienlich, vorteilhaft, schön, vollkommen, prächtig, prachtvoll, annehmbar, anziehend, je eher je lieber, desiderabel. → angenehm, anziehend, appetitlich, begehrenswert, erfreulich, ersehnenswert, erwünscht, genehm.
▸ unerwünscht.
wunschgemäß beliebig, nach Belieben/Wunsch.
wunschgemäß verlaufen erfolgreich sein, gelingen, glatt gehen, glücken, gut gehen, hinhauen, klappen.
Wunschland Dorado, Eldorado, Elysium, Goldland, Land der Erlösung, Märchenland, Paradies, Traumland.
wunschlos glücklich, leidenschaftslos, befriedigt, genügsam, satt • gleichgültig, teilnahmslos, stoisch, unbekümmert. → zufrieden.
▸ begierig, unzufrieden.
Wunschtraum → Herzenswunsch, Illusion, Wunsch.
Wunschvorstellung Hirngespinst, Idealbild, Illusion, Schimäre, Selbsttäuschung,

Halluzination, Utopie, Wunschtraum.
Würde Seelengröße, Menschenwürde, Großmut • Persönlichkeit, Haltung, Majestät • Beherrschung, Ernst, Gefasstheit, Gelassenheit, Festigkeit • Rang, Titel, Ehre, Wert, Weihe. → Achtung, Bedeutung, Beherrschung, Charge, Ehre, Erhabenheit, Ernst, Fassung, Größe, Rang, Stolz, Unerschütterlichkeit.
▸ Niedrigkeit, Unwürdigkeit.
würdelos charakterlos, gemein, niedrig, gewöhnlich, unadelig, unwürdig, kriechend, windig, haltlos, hemmungslos, erbärmlich, klein, minderwertig, schlecht, knechtisch, armselig, hündisch. → bestechlich, charakterlos, unlauter.
▸ würdevoll.
Würdenträger → Autorität.
würdevoll → edel, ehrenvoll, erhaben, hoheitsvoll, nobel, stolz.
▸ gemein, nichtswürdig, unwürdig • albern, lächerlich.
würdig rechtschaffen, brav, ehrwürdig, erhaben, hoheitsvoll, königlich, wertvoll, passend, verdient, achtbar, schätzbar, ehrenwert, geachtet, ehrsam, rühmlich, geehrt, unbescholten. → achtbar, angesehen, bieder, brav, charakterfest, charaktervoll, ehrsam, ehrsinnig, erlaucht, nobel, rechtschaffen, stolz.
▸ unwürdig.
würdigen → achten, anerkennen, bejubeln, beloben, berücksichtigen, besingen, einschätzen, loben, schätzen urteilen.
▸ diffamieren, diskriminieren, entehren, herabsetzen, schlecht machen, schmähen.
Würdigung → Anerkennung, Anklang, Auslegung, Befinden, Beifall, Berücksichtigung, Betrachtung, Bewertung, Einschätzung, Einsicht, Kritik, Unterscheidung, Begriff, Verherrlichung.
Wurf Schuss, Stoß, Druck, Anhieb, Entladung, Stoßkraft, Durchschlagskraft, Tragkraft, Schwingkraft, Schwungkraft, Ballwurf • Erfolg, Glück, guter Wurf • Jungtiere, Junge, Gelege, Brut, Geheck *j.* → Bewegungstrieb.
▸ Misserfolg, Zug.
Wurfbereich → Nähe.
Würfel Hexaeder, Kubus.
Würfel ist gefallen, der → entschieden.
würfeln → knobeln, losen, spielen.
Wurfgeschoss → Schleuder.
Wurfhaken Harpune.
Wurfholz Bumerang.
Wurfmaschine Balliste, Katapult, Wurfgeschütz.
Wurfscheibe Diskus.
Wurfschlinge Lasso, Wurfseil.
würgen → absperren, quälen, schlingen, schlucken, töten, verschlingen.
Würger → Berserker, Bestie, Bluthund, Mörder, Tier, Tod.
Wurm Tier, Kriechtier, Regenwurm, Lindwurm, Drache, Ungetüm • Schwächling, Erdenwurm, Kind • armer Wurm, Kreatur, Dulder, Unglücksvogel, Schlachtopfer, Pechvogel • Gewissenswurm.
wurmartig → aalförmig, aalglatt, gebogen.
wurmen → ärgern.
Wurmfortsatz des Blinddarms Appendix.
Wurmkrankheit Helminthose.
wurmstichig → defekt, faul, minderwertig.
Wurst → Aufschnitt.
Wurst nach der Speckseite werfen, die sich zu Nutze machen, seinen Vorteil wahrnehmen, gesund machen, den Rahm abschöpfen, sich Vorteile verschaffen.
▸ misslingen, Ohr hauen übers.
Wurst wider Wurst Zahn um Zahn, Blut für Blut, Schlag für Schlag, wie du mir so ich dir, mit der gleichen Münze heimzahlen, den Spieß umdrehen, das Blatt wenden, Aug um Aug.
▸ verzeihen.
Wurstelei → Chaos, Unordnung, Wirrwarr.
wursteln → arbeiten.
wurstig egal, gleich, gleichgültig, schnurz, anteillos, lau, stoisch, unbewegt, träge, unbewegt, schläfrig, indifferent, unbekümmert, kühl. → abgebrüht, faul.
▸ fleißig, interessiert.
Wurstigkeit → Trostlosigkeit, Teilnahmslosigkeit, Vernachlässigung.
Würze Zutat, Würzung, Beigeschmack, Kräuter, Pökel, Muskat, Gewürze, Salz • Geschmack, Nachgeschmack, Blume, Vorgeschmack, Schmackhaftigkeit, Gaumenkitzel • Farbe, Schärfe, Witzigkeit. → Aroma, Farbe, Feinkost.
▸ Fadheit.
Würze, ohne geschmacklos, lasch, schal.
Wurzel Faserwurzel, Saugwurzel, Pfahlwurzel, Knolle, Zwiebel, Wurzelstock • Zahl • Ursache, Samen, Keim, Grundlage, Anfang, Veranlassung, Quelle, Beginn. → Anlass, Anstoß.
▸ Gipfel, Wirkung.
Wurzel fassen einsiedeln sich, wohnen, einlogieren, beziehen, bleiben, aufhalten sich, einstellen sich, sesshaft werden, einpflanzen sich, einbürgern sich, bewohnen, einmieten sich, eingewöhnen sich, aufgehen in, heimisch werden. → bleiben, wohnen.
▸ aussiedeln, entwurzeln.
Wurzelbürste → Bürste.
Wurzelentzündung Radikulitis, Zahnwurzelentzündung.
wurzeln entstammen. → abstammen.
Wurzelhaftes → Echtes, Original.
würzen hinzufügen, beifügen, beisetzen, beimischen, hinzutun, bestreuen, salzen, pfeffern, begießen, einverleiben, bespritzen.
▸ weglassen.
würzig → appetitlich, aromatisch, duftig, kräftig, saftig.
▸ fade, geschmacklos, gewürzlos, lasch, schal, ungewürzt.
würzlos fad, geschmacklos, schal, kraftlos, abgestanden, matt, reizlos, wässerig, flau, geschmacksleer, labberig *u* • langweilig, geistlos, witzlos, monoton, eintönig, blöde. → arm, reizlos.
▸ würzig.
Würzsoße z.B. Dressing, Ketchup, Marinade, Majonäse, Remoulade.
wuselig beweglich, geschäftig, unstet, rastlos, ruhelos, irrlichterierend, quecksilbrig, springlebendig, flüchtig, umherschweifend, unstet, kribbelig, hastig, fiebrig, aufgeregt, eilig, unruhig, fickerig. → fahrig.
▸ ruhig, träge.
wuseln bewegen sich, fuchteln, schusseln, flattern, zappeln, hasten, eilen, fegen, zigeunern, geistern, wackeln,

wimmeln.
▸ rasten, überlegen.
Wust Unsinn, Geschwätz, Gefasel, Gerede, Possen, Wortschwall, Mist, Sinnlosigkeit, Gicksgacks, Floskel, Firlefanz, Wortgewirre, Redefluss, Wortreichtum • Maske, Faschingsnarr • Menge, Masse, Anzahl, Vielheit, Reichtum, Fülle, irrsinnig *u* → Floskel.
▸ Kargheit, Wenigkeit, Wortbedeutung.
wüst abscheulich, absurd, anrüchig, ausschweifend bacchantisch, beißend, beschämend, bestialisch, blatternarbig, borstig, böse, brutal, chaotisch, erotisch, hässlich, öde, unfruchtbar, unkeusch, unsauber.
▸ fruchtbar gut, ordentlich, sauber, schön, zahm, zurückhaltend.
Wüste → Einöde, Unfruchtbarkeit.
Wüste gehen, in die absondern sich, isolieren sich, allein sein, ungesellig sein, zurückziehen sich, abschließen sich, einpuppen sich, ein Muschelleben führen, von der Welt abschließen sich, einspinnen sich, vereinsamen.
▸ gesellen sich.
Wüste schicken, in die abschieben, ausbooten, entheben, entlassen, entmachten, kaltstellen, schassen.
Wüstenwind z.B. Chamsin, Kamsin, Gibli, Samum.
Wüstling Wollüstling, Schürzenjäger, Lustgreis, Verführer, Lüstling, Mädchenjäger, Galan, Venuspriester, Lebemann, Ludrian, Lotterbube, Frauenschänder, Don Juan • Zerstörer, Rohling, Barbar, Türke, Zigeuner, Satan, Teufel • Verschwender, Luftikus, Verschleuderer, Schlemmer, Schwelger. → Bacchant, Blaubart, Casanova, Faun.
▸ Seele von Mensch, Softie, Weichling.
Wut Zorn, Rage, Stinkwut, Streitsucht, Wildheit, Groll, Gift und Galle, Geifer, Rachsucht, Unmut, Entrüstung, Jähzorn, Tollwut, Raserei, Verfolgungswahn, Berserkerwut, Sturm, Erregung. → Anwandlung, Aufregung, Aufruhr, Ausbruch, Bitterkeit, Bosheit, Entrüstung, Erbostheit, Erregung, Grimm, Heftigkeit, Zorn.
▸ Beherrschung, Versöhnlichkeit • Gelassenheit, Gemütsruhe • Gleichgültigkeit.
Wutausbruch Wutanfall → Anwandlung, Aufregung, Wut.
wüten toben, hassen, aufregen sich, rasen, sieden, kochen, geifern, bersten, schäumen, zürnen, wild werden, ergrimmen, erbosen sich, hochgehen, auffahren, schnauben, poltern, entrüsten sich, ereifern sich, aus der Haut fahren, stampfen, knirschen, schmähen, kollern, herrschen, zum Äußersten kommen, um sich schlagen, vergessen sich, zu Boden werfen sich, schreien, schimpfen. → anfeinden, aufregen, aufspringen, außer sich, brennen, erblassen, ergrimmen, schäumen, zürnen.
▸ beherrschen sich, versöhnen sich.
wütend tobend, aufgebracht, kochend, rasend, schnaubend, zornig, ergrimmt, erzürnt, ingrimmig, siedend, streitsüchtig, unwillig, wild, tobsüchtig, ungebärdig, ungehalten, mit geballter Faust, wutentbrannt, wutverzerrt, schäumend, unbeherrscht, leidenschaftlich, glühend, gallsüchtig, böse, blitzböse, fuchsteufelswild, fuchtig *u,* kollerig *u,* aufbrausend, giftig, gallig, besessen, grollend, krötig *u,* rabiat, wie eine Furie, zähneknirschend, aus dem Anzug *u,* den Bauch voller Wut, auf der Palme *u,* furios, rabiat *u,* sauer *u.* → aufgebracht, böse, cholerisch, enragiert, entrüstet, erbost, schäumend, überreizt, zornig.
▸ beherrscht, versöhnlich.
wütend werden aufregen sich, ausflippen, böse werden, empören sich, erregen sich, zornig werden.
wütendes Weib Furie, Megäre, Xanthippe.
wutentbrannt → böse, erbost, heftig, schäumend, überreizt, wütend, zornig.
Wüterich Brausekopf, Spautzteufel, Hitzkopf, Unband, Giftkopf, Zornkopf, Sanguiniker, Choleriker, Giftnickel, Polterer, Kampfhahn, Rechthaber, Raufbold, Raufer, Barbar, Stänkerer, Krakeeler, Zankapfel, Aufbegehrer, Heißsporn, Böskröte, Zankteufel, Streitbolzen, Streithahn • Verwüster, Verheerer, Vernichter. → Bedrücker, Berserker, Brausekopf.
▸ Lamm frommes.
Wutschrei Tobe *u.*
wutverzerrt → erbost, heftig, schäumend, überreizt, wütend, zornig.
Wutz Ferkel, Schwein, Rübenschwein, Dreckspatz, Schlampe, Drecksack, Schmutzfink, Mistvieh, Struwwelpeter • Kröte, Knirps, Fant, Schelm, Hosenmatz, Kücken. → Tier.

X

X für ein U vormachen, ein → benachteiligen, täuschen.
X-Achse Abszisse.
Xanthippe Keiferin, Hausdrache, Hausteufel, Furie, böse Sieben, Haderkatz, Kratzbürste, Zankeisen, Reibeisen, Reff, Kratzelse, Böskröte, Zornkopf, Giftkopf, Widerspruchsgeist, Krakeelerin. → Blut böses, Rache.
Xenie Gastgeschenk • Sinnspruch • Spottgedicht.

Y

Y-Achse Ordinate.
Yang männliche Urkraft, schöpferisches Prinzip.
Yankee US-Amerikaner.
Yeti Himalaja-Fabelwesen, Schneemensch.
Yogi Asket, Jogi → Asketen.
Yohimbin Reizmittel, Aphrodisiakum.

Z

Zacke Spitze, Ecke, Kante, Schnabel, Nase, Zinken, Zinne, Kamm. → Berg, Ecke, Fels. ▸ Rundung, Tiefe.
zacken kerben, auskerben, einkerben, verzinken, einzahnen, auszähnen. → einkerben.
zackig gezackt, gezahnt, zackenförmig • scharf, schnittig, schneidig, forsch, aufrecht, kühn, wagemutig, fesch • eckig, scharfeckig, scharfkantig, sägeförmig. → eckig, scharf, schneidig, spitz. ▸ glatt, stumpf, unscharf, zaghaft.
zage bange, furchtsam, mutlos, ängstlich, verwirrt, beunruhigt, zitternd, besorgt, betreten, misstrauisch, verzagt, zaghaft, scheu, kleinmütig. → ängstlich, bange. ▸ mutig.
zagen bangen, fürchten, ängstigen, beben, erschaudern, erbleichen, erzittern, puppern, verzagen, zurückweichen, zusammenfahren, stutzen, stutzig werden. → ängstigen, bangen, fürchten. ▸ mutig sein, wagen.
zaghaft → ängstlich, bange, befangen, feige, sachte, vorsichtig, zage.
Zaghaftigkeit Angst, Furcht, Mutlosigkeit, Verzagtheit, Bangigkeit, Ängstlichkeit, Feigheit, Mangel an Selbstvertrauen, Scheu, Unschlüssigkeit, Unentschlossenheit. → Angst, Feigheit, Schrecken panischer. ▸ Mut.
zäh widerstandsfähig, ledern, lederartig, unfügsam, unverwüstlich, nervig, klebrig, haftend, anhaftend, harzig, fest, hart, teigig, breiig, pappig, dickflüssig • beharrlich, ausdauernd, unentwegt, wehrhaft, unerbittlich, unnachgiebig, unbekehrbar, unbelehrbar, unbeirrt, störrisch, bockig • zugeknöpft, geizig. → aufrecht, ausdauernd, dickflüssig, fanatisch, felsenfest, fest, hart, klebrig, lassen nicht locker, stark, teigig. ▸ flüssig, nachgiebig, weichlich, weich, brüchig, mürbe, spröde • gar, zart • empfindlich, kränklich, morbid, schnell erschöpft.
zähflüssig dickflüssig, teigig, zähe, pappig, leimig, breiig, schlammig, quallig, harzig, halbflüssig, schleimig. → breiig, dickflüssig, zäh. ▸ flüssig.
Zähigkeit Zähheit, Biegsamkeit, Dehnbarkeit • Beharrlichkeit, Stetigkeit, Festigkeit, Härte, Unempfindlichkeit, Dauerhaftigkeit, Beharrungsvermögen • Schleimigkeit, Breiigkeit, Dickflüssigkeit, Zähflüssigkeit, Schwerflüssigkeit • Geiz, Kargheit, Knauserei, Knickerigkeit. → Entschiedenheit, Geiz, Schleimigkeit, Wille. ▸ Flüssigkeit, Freigebigkeit, Nachgiebigkeit, Selbstlosigkeit, Weichheit.
Zähigkeitsmessung Viskosimetrie.
Zahl Ziffer, Zahlzeichen, Nummer, Zahlwort, Bezifferung, Zahlenreihe, Teilzahl, Summe, Potenz, Ergebnis, Faktor, Produkt, Grundzahl, Primzahl. → Anzahl, Chiffre, Faktor. ▸ (Buchstabe).
Zahl, teilende (Teiler, Nenner eines Bruches) Divisor.
Zählautomat z.B. Chronometer, Schrittzähler, Tachometer.
zahlbar → befristet, fällig.
zählbar → berechenbar, wägbar, wenig.
zahlbar, im Voraus pränumerando.
zahlbar, in bar bar, cash, per cassa.
zahlbar, nachträglich postnumerando.
zählebig lebenstüchtig, lebenskräftig. → dauerhaft.
zahlen blechen, berappen, latzen *u*, einzahlen, entrichten, lohnen, auswerfen, bezahlen, ausgeben, bluten, steuern, entgelten, abtragen, tilgen, entschädigen, wettmachen, Ersatz leisten, spenden, opfern, geben. → auflösen, ausbaden, ausgeben, liquidieren. ▸ einnehmen, Vorteil wahrnehmen seinen.
zählen auszählen, nummerieren, ausrechnen, berechnen, aufzählen, beziffern, sich belaufen, aufstellen, betragen, veranschlagen, ergeben, überschlagen, taillieren *sm* • zählen auf, erwarten, erhoffen, damit rechnen, gewärtigen. ▸ abschätzen, schätzen, taxieren • keine Rolle spielen.
Zahlen abziehen subtrahieren.
zählen auf erwarten, sich freuen auf, ins Auge fassen, bauen auf, sich verlassen, vertrauen, rechnen auf, zuversichtlich sein, im Vertrauen leben, Zuversicht haben, vertrauensvoll in die Zukunft blicken, seine ganze Hoffnung setzen auf, spitzen auf, sich versprechen, entgegensehen. → gewärtigen, hoffen. ▸ hereinfallen, misstrauen, überrascht sein, verzagen.
Zahlen malnehmen/ vervielfachen multiplizieren.
zahlen teilen dividieren.
Zahlen zusammenzählen addieren, summieren.
Zahlenangaben Daten.
Zahlenerhebung Statistik.
Zahlenfolge (Folge, Gruppe, Reihe) Serie.
Zahlenlehre/-wissenschaft Arithmetik, Mathematik.
Zahlenlotterie Lotterie, Lotto.
zahlenmäßig ziffernmäßig,

verhältnismäßig, berechenbar, zählbar, arithmetisch. → numerisch, (mengenmäßig) quantitativ.
Zahlentafel Tabelle.
Zahlenübersicht Statistik.
Zahlenverhältnis (Beziehung zwischen mathematischen Größen) Relation.
Zahlenwert Wert in Zahlen, Ergebnis, Endsumme, Resultat, Summe, Differenz, Faktor, Produkt, Quotient, Exponent.
Zahlenwissenschaft → Zahlenlehre.
Zähler (einer Bruchrechnung/eines Bruches) Dividend.
zahllos unermesslich, unmessbar, unzählbar, unendlich, unbegrenzt, unerschöpflich, unergründlich. → allerhand, enorm, massenhaft, Sand am Meer wie.
▸ begrenzt, zählbar.
zahlreich → allerhand, beengend, diverse, etliche, gedrängt, haufenweise, manche, massenhaft, Sand am Meer wie.
zahlreiche viele.
Zahlstelle Kasse.
Zahltag (letzter Tag einer Frist/eines Monats) Ultimo.
Zahlung Bezahlung, Auszahlung, Abzahlung, Einzahlung, Nachzahlung, Tilgung, Befriedigung, Ausgleichung, Abfindung, Abgeltung, Berichtigung, Begleichung, Entlohnung, Sold, Löhnung, Kosten, Bereinigung, Entschädigung, Gehalt, Miete. → Abgabe, Anteil, Bezahlung, Einzahlung, Entlohnung, Gebühr, Quote, Unterhaltungsbeitrag.
▸ Einnahme.
Zählung Auszählung, Aufzählung, Schätzung, Berechnung, Messung, Statistik, Bewertung.
Zahlung, bargeldlose Giro-Zahlung, Überweisung.
Zahlung bescheinigen quittieren.
Zahlung in Raten Abzahlung, Ratenzahlung.
Zahlungsabzug Skonto.
Zahlungsanweisung Scheck.
Zahlungsaufschub Moratorium, Stundung.
Zahlungsbereitschaft Flüssigkeit, Liquidität.
Zahlungsbescheinigung (Empfangsbestätigung) Quittung.
Zahlungseinstellung → Konkurs, Überschuldung, Zahlungsunfähigkeit.
zahlungsfähig bemittelt, solvent, begütert, wohlhabend, vermögend, leistungsfähig, geborgen, unabhängig, schuldenfrei, sorgenfrei. → bemittelt, reich.
▸ zahlungsunfähig.
Zahlungsfähigkeit Bonität, Vermögen, Wohlstand, Güter, Reichtum, sicheres Auskommen, Geldüberfluss, Eigentum, Mittel, Einkünfte, Erdengüter, Guthaben, Haben, Darlehen, Aktien, Besitz, Wohlhabenheit, Kapitalien.
▸ Zahlungsunfähigkeit.
Zahlungsfrist → Frist, Stundung, Ziel.
Zahlungsmittel → Bargeld, Geld.
Zahlungsmittel, ausländisches → Devisen.
Zahlungsort (bei Schecks oder Wechseln) Domizil.
zahlungspflichtig schuldig, verpflichtet, rückständig, verschuldet, haftbar.
▸ bezahlt, entlastet.
Zahlungsschalter Kasse.
Zahlungsschwierigkeit Geldmangel, Konkurs, Zahlungsunfähigkeit.
▸ Zahlungsfähigkeit.
zahlungsunfähig verschuldet, überschuldet, rückständig, säumig, hablos, besitzlos, bettelarm, unbemittelt, stier *u.* → arm, bankrott, insolvent, uneintreibbar.
▸ zahlungsfähig.
Zahlungsunfähigkeit Zahlungseinstellung, Mangel an Deckung, Geldnot, Unterbilanz, Flaute, Konkurs, Bankrott, Zwangsversteigerung, Verschuldung, Ausfall, Rückstand, Überschuldung, Versteigerung, Börsensturz. → Geldmangel, Überschuldung.
▸ Zahlungsfähigkeit.
Zahlungsverkehr, bargeldloser Giroverkehr.
Zahlwort Numerale, Ordinale.
Zählzwang Arithmomanie.
zahm mild, gemach, gemäßigt, maßvoll, gesetzt, gelassen, geduldig, verständig, bedachtsam, überlegt, still, ruhig, vernünftig, gezügelt, zurückgehalten, bezwungen, beherrscht, gemessen • langweilig, fad, kraftlos, ausdruckslos, einförmig • gezähmt, erzogen, gebändigt, dressiert, abgerichtet.
▸ überzeugend • ungestüm, (ungezähmt), wild, wüst.
zähmbar → bezähmbar.
zähmen → abrichten, aufziehen, bändigen, begütigen, beherrschen, besänftigen, beugen, bezähmen, dämpfen, eindämmen, fesseln, mäßigen, schulen, züchten, zwingen.
Zähmer Erzieher, Dompteur.
Zahmheit Mäßigkeit, Nachgiebigkeit, Milde, Geduld, Gelassenheit, Stille, Gelindigkeit, Ruhe, Besonnenheit, Mäßigung, Beherrschung, Sanftheit, Zartheit • Kraftlosigkeit, Ausdruckslosigkeit, Langweiligkeit, Einförmigkeit, Fadigkeit.
▸ Überzeugungskraft, Ungestüm, Wildheit.
Zähmung Dressur, Bändigung, Bereitung, Schulung, Unterrichtung, Drill, Zucht • Maßregelung, Zurechtweisung, im Zaume halten. → Abrichtung, Disziplin, Schule.
Zahn fühlen, auf den prüfen, befragen, ergründen, verhören, ausforschen, erfragen, erkunden, nachspüren, auskundschaften, ausspähen, ins Gebet nehmen, einer Prüfung unterziehen, auf den Busch klopfen, abhören, sich erkundigen, beleuchten, ausholen.
▸ übersehen.
Zahn der Zeit Verwitterung, Vermoderung, Zersetzung, Auflösung, Fäulnis, Verderb, Vernichtung, Zerfall, Verfall, Verödung, Erosion. → Rost, Verderbnis, Zerstörung.
Zahn, kleiner Dentikel.
Zahn, überzähliger Mesiodens, Mesiodont.
Zahnarzt → Dentist.
Zahnbehandler → Dentist.
Zahnbein Dentin.
Zahnbett Parodont.
Zahnbetterkrankung Parodontose.
Zahnbildung Dentinogenese.
Zahndurchbruch Dentition.
Zähne Gebiss, Kauwerkzeuge, Schneidezähne, Backenzähne, Milchzähne, Reißzähne, Eckzähne, Haderer *j*, Grandeln *j*, Hacken *j*, Stemmer *j* • Schärfe, Spitzigkeit, Zuspitzung, Spitze • Zahnkranz.
Zähne fletschen → bedrohen.
Zähne füllen plombieren.
Zähne zeigen, die Trotz bieten, sich auf die Hinterbeine

stellen, sich widersetzen, trotzen, sich sträuben, zum Kampf herausfordern, die Faust ballen, zur Rechenschaft ziehen, den Krieg erklären, nichts gefallen lassen, drohen, mit den Säbeln rasseln, die Zähne fletschen, mit der Faust auf den Tisch schlagen. → drohen.
▸ nachgeben, unterwerfen sich.
zähnefletschend → bedrohlich, böse, wütend, zornig.
Zähneklappern → Angst.
Zähneknirschen Bruxomanie, Fremitus dentium, (Z. im Schlaf) Bruxismus • Wut, Zorn.
zähneknirschend → bedrohlich, böse, wütend, zornig.
Zahnentzündung Odontitis.
Zahnersatz Prothese, falsches Gebiss, Stiftzahn, Krone, Brücke, Plombe, Ersatzstück → Gebiss, Prothese.
Zahnfäule (Knochenfraß) Karies.
Zahnfleischentzündung Gingivitis, Parodontitis, Stomatitis.
Zahnfleischschwund Parodontose (Paradentose).
Zahnfüllung Plombe.
Zahnheilkunde Dentologie, Odontologie.
Zahnmark Pulpa (dentis).
Zahnprothese Fressmaschine *u.*
Zahnrad Stirnrad, Kegelrad, Getriebe, Antrieb • Uhrwerk, Räderwerk, Zahnkranz.
Zahnschmelz Enamel(um).
Zahnschmerz(en) Dentagra, Dentalgie, Odontagra, Odontalgie.
Zähre Träne, Tropfen, Tränenperle, Tränenerguss • Geheul, Heulerei, Gewimmer, Geseufze, Jammer, Wehklage, Lamentation, Wehgeschrei.
Zange → Werkzeug.
Zank Streit, Händel, Hader, Zwist, Feindschaft, Unfriede, Rauferei, Balgerei, Keilerei, Zusammenstoß, Wortwechsel, Wortstreit, Wortgefecht, Polemik, Zänkerei, Schimpferei, Gekeife, Donnerwetter, Kabbelei *u,* Klamauk *u,* Krach, Krakeel, Mord und Totschlag, Stank *u,* auf Hauen und Stechen, Stunk *u,* Szene, Tanz, Theater, Zunder, Keiferei, Gehader, Grimm, Groll, Erregung, Ereiferung, Verdruss, Ärger, Bitterkeit, Erbitterung, Rammelei *u.* → Auseinandersetzung, Debatte, Disput, Entzweiung, Fehde, Streit, Wut.
▸ Friede, Versöhnung.
Zankapfel Streitursache, Streitfrage, Streitgegenstand. → Drache, Xanthippe, Zänker.
▸ Lamm frommes, Verträglichkeit.
Zankbold → Drache, Drachensaat, Xanthippe, Zänker.
Zankeisen → Blut heißes, Choleriker, Drache, Xanthippe, Zänker.
zanken sich in die Haare kriegen, schimpfen, krakeelen, streiten, toben, Krach schlagen, katzbalgen, sich kabbeln *u,* disputieren, keifen, einen Wortwechsel haben, geifern, belfern, bäffzken, anknurren, anfahren, wüten, zürnen, wettern, andonnern, fluchen, grollen, murren, knurren, persönlich werden, übel nehmen • da ist etwas fällig *u,* da ist der Kuckuck los *u,* da tanzen die Puppen, es raucht, es geht rundum, der Teufel ist los, die Bombe platzt *u,* es funkt *u,* da gibt es etwas. → balgen, befehden, belfern, brechen mit, debattieren, geifern, Maul aufreißen das, streiten, tadeln.
▸ loben, versöhnen sich, vertragen sich.
Zänker Krakeeler, Kratzbürste, Xanthippe, Beißzange, Drache, Furie, Hausdrache, Zange *u,* böse Sieben, Streitbold, Zankteufel, Stänkerer, Wüterich, Polterer, Heißsporn, Kampfhahn, Giftmichel, Rechthaber, Keiferin, Raufleder, Kröte *u,* Bullenbeißer *u,* Widerspruchsgeist, Böskröte, Zornkopf. → Drache.
▸ Lamm frommes.
Zänkerei Disput, Entzweiung, Gehader, Streit, Zanksucht.
zänkisch händelsüchtig, kratzbürstig, streitsüchtig, rechthaberisch, radaulustig, gallig, übellaunisch, bärbeißig, kiebig *u,* krötig *u,* bissig, bösartig, gekränkt, krittelig, rachsüchtig, unnachgiebig, gereizt, giftig, kratzbürstig, leicht aufgebracht, stichelig, krakeelerisch, querköpfig, reizbar. → ärgerlich, bärbeißig, bissig, übellaunig.
▸ versöhnlich, verträglich.
Zanksucht Keiferei, Händelsucht, schlechte Laune, Zänkerei, Geifersucht, Hadersucht, Zankgelüste, Streitsucht, Prozesswut, Widerspruchsgeist, Kampfbereitschaft, Radaulust, Radausucht, Zornmut, Angriffslust, Angriffsbereitschaft, Gehässigkeit, Bissigkeit, böses Blut, Grimmigkeit, Gereiztheit, Hetzerei, Unnachgiebigkeit.
▸ Friedlichkeit, Versöhnlichkeit, Verträglichkeit.
zanksüchtig → zänkisch.
▸ friedlich, versöhnlich, verträglich.
Zankteufel → Zänker.
Zapfen Bindeglied, Verbindungsstück, Riegel, Angel, Scharnier, Gelenk, Glied, Bolzen, Dollen, Stift, Niete, Pflock, Krampe, Lager, Drehpunkt • Spund, Hahn, Stopfen, Stöpsel, Plombe • Eis, Eiszapfen • Tannenzapfen. → Befestigung, Bindemittel, Stift, Verschluss.
▸ Öffnung.
zapfen abzapfen, ablassen, anzapfen, anstechen, anstoßen, abfüllen, abziehen, schröpfen, entnehmen, ausfließen lassen, Blut zapfen • tanken, abfüllen, entleeren.
▸ eingießen.
Zapfenstreich Sense *u.*
Zapfstelle Hydrant.
zappelig → nervös, wuselig.
zappeln sich bewegen, wackeln, wuseln, fuchteln, schaukeln, strampeln, schütteln, pendeln, schlängeln, pulsieren, schwanken, sich hin- und herbewegen • neugierig sein, zippern, nicht erwarten können, auf die Folter gespannt sein. → bewegen sich, schwanken, wuseln.
▸ gleichgültig (sein), rasten, still stehen.
zappeln lassen quälen, peinigen, beunruhigen, schikanieren, kujonieren, klagen, schinden, bedrücken, bedrängen, verfolgen, verdrießen, bekümmern, seine Bosheit auslassen, übel wollen. → bedrücken.
▸ befriedigen.
zart fadenförmig, dünn, schmächtig, hauchdünn • schwach, gebrechlich, hinfällig, widerstandslos, schlaff • fein, weich, sanft, eben, seidig, glatt, blass • mild, schonend, empfindsam, sensibel, nervös, feinfühlig, zart besaitet, zart fühlend • graziös, schön, zierlich,

anmutig, hübsch, reizend, hold, feenhaft, überirdisch • weichherzig, barmherzig, weichmütig. → anklingend, ätherisch, auserlesen, bebend, besinnlich, still, biegsam, blass, scharmant, delikat, dünn faltenlos, farblos, federartig, fein, feinsinnig, feminin, mild, seidig, zerbrechlich.
▸ unzart, brutal, derb, grob, heftig, rabiat, robust, rücksichtslos • zäh.

zart gebaut asthenisch, grazil.

zart besaitet empfindsam, empfindlich, sensibel, sensitiv, mimosenhaft, leicht verletzbar, gefühlvoll, empfindungsvoll, zart fühlend, zartgestimmt, feinnervig, feinfühlig, schwärmerisch, verträumt, romantisch. → empfindungsvoll, feinsinnig, sensibel.
▸ gefühllos, unempfindlich.

Zärtelei Empfindelei, Ziererei, Verweichlichung, Verhätschelei, Verhätschelung, Verwöhnung, Überfeinerung, Übersteigerung, übertriebene Feinheit, Kleinlichkeit, Getue.
▸ Natürlichkeit, Strenge, Stumpfheit.

zart fühlend → empfindungsvoll, feinsinnig, sensibel.

Zartgefühl → Anstand, Charakterstärke, Delikatesse, Feingefühl, Scham, Takt.

Zartgliedrigkeit Grazilität.

Zartheit → Durchsichtigkeit, Feingefühl, Magerkeit, Milde, Schönheit.

zärtlich innig, herzlich, warm, liebevoll, zugetan, zugeneigt, begeistert, ergeben, liebend, anhänglich, treu, eingenommen für, vernarrt, vergafft, verliebt, verschossen, verhätschelt, verzärtelt, angebetet, herzensgut, inniglich, liebevoll, liebreich, wohlmeinend, liebenswürdig. → herzensgut, innig.
▸ grob, unzart.

zärtlich berühren hätscheln, kosen, küssen, liebkosen, streicheln, tätscheln.

Zärtlichkeit → Anziehung, Liebe, Liebkosung, Schmeichelei.

Zärtling Schwarmgeist, zarte Seele, Dichterseele, Tasso, Werther, Mimose. → Kräutchen Rühr-mich-nicht-an.
▸ Rohling.

Zartsinn Empfindsamkeit, Zartheit, Feinheit, Empfänglichkeit, Nervosität, Empfindlichkeit, Verletzbarkeit, Feinsinn, Fingerspitzengefühl, Sentimentalität, Gefühligkeit, Empfindelei, Schönheitelei, Gefühlsduselei, Weltschmerz, Verträumtheit, Erregbarkeit, Verletzlichkeit.
▸ Gefühllosigkeit, Unempfindlichkeit.

Zaser Faser, Fiber, Haar, Faden, Hanf, Flachs, Jute. → Faden, Faser.

Zaster → Bargeld, Geld.

Zauber → Aberglaube, Anmut, Anreiz, Anziehung, Bann, Beeinflussung, Begeisterung, Bezauberung, Blendwerk, Entzückung, Kniff, Liebe, Lockmittel, Schönheit, Täuschung, Unnatur, Zauberei.

Zauber, fauler Blendwerk, Gaukelspiel, Talmi, faule Fische, Windbeutelei, Kniff, Lug und Trug, Betrug, Betörung, Fallstrick, Gaunerei, Hokuspokus, Täuschung, Übertölpelung • Blödsinn, Mist. → Betrug, Täuschung.
▸ Ehrlichkeit, Wirklichkeit.

Zauberbann → Begeisterung, Bezauberung.

Zauberei Taschenspielerei, Hexerei, Magie, Beschwörung, Zauber, Höllenkunst, Verzauberung, Schwarzkunst, Zauberwesen, Zauberkunst, Teufelskunst, Trugwerk, Bezauberung, Verhexung, Behexung, Gaukelei, Verwandlungskunst, Teufelsakt, Geisterklopfen, Tischrücken, Geisterseherei, Hokuspokus • Zaubermittel, Amulett. → Aberglaube, Blendwerk.

Zauberer Hexer, Hexenmeister, Magier, Illusionist, Taschenspieler, Zaubergeist, Schwarzkünstler, Hexerich, Fee, Drude, Wettermacher, Geisterbanner, Teufelsbanner, Geisterbeschwörer, Zauberpriester, Gaukler, Scharlatan, Medizinmann, Wahrsager, Horoskopsteller, Weissager, Zigeuner, Krankheitsbeschwörer. → Fakir.

Zauberformel → Bannspruch, Zauberei.

Zaubergeist → Dämon, Zauberer.

zauberhaft → feenhaft, fantastisch, schön.

Zauberin Drude, Fee, Hexe, Magierin, Zirze.

zauberisch → feenhaft, fantastisch, schön.

Zauberkunst Magie.

Zauberkünstler Eskamoteur, Fakir, Gaukler, Illusionist, Magier, Taschenspieler, → Zauberer.

Zauberland → Chimäre, Märchenland, Wolkenkuckucksheim.

zaubern Zauber treiben, hexen, verwünschen, beschwören, bannen, bezaubern, verzaubern, verhexen, den Teufel rufen, Gespenster austreiben, den Zauberstab schwingen, Zaubersprüche murmeln, wahrsagen, prophezeien, das Horoskop stellen, Hokuspokus machen • eilen, übereilen, jagen, sich sputen, hasten. → behexen.

Zauberpriester Schamane.

Zauberspruch → Bannspruch, Bezauberung, Dichtungsart, Zauberei.

Zaubertrank (Verjüngungsmittel) Elixier.

Zauberwurzel Alraune.

Zauderei → Bedenken, Unentschlossenheit, Verspätung.

Zaudern → Abfall, Bedenken, Rastlosigkeit, Umstände machen, Unentschlossenheit.

zaudern bummeln, säumen, abwarten, zögern • schwanken, unentschlossen sein • sich unschlüssig zeigen, kämpfen mit sich, nachhinken, stocken, aufschieben, herumtrödeln, sich Zeit lassen, Umstände machen, verpassen, vertragen, verlängern, verschleppen, sich aufhalten, zurückbleiben. → abgeneigt, aufhalten sich, ausstehen, bedenken, belassen, besinnen sich, bleiben neutral, bleiben zurück, dämmern, dunkeln, lassen im, faulenzen, hemmen, schieben auf die lange Bank, schleppen, stocken.
▸ ausführen, eilen, entschließen sich. • getrauen sich, wagen sich • anfangen, beginnen, loslegen.

zaudernd → bedächtig, langsam, zögernd.
▸ entscheidungsfreudig, entschlossen, zielstrebig • eilig, hastig, hektisch • leichtsinnig.

Zaum → Disziplin, Hindernis, Kandare.

Zaum halten, im bändigen, hemmen, hindern, zügeln.

zaumlos → los, los und ledig.

Zaun Gitter, Gatter, Umhegung, Umzäunung, Einzäunung,

Hürde, Gehege, Hecke, Umschanzung, Verschanzung, Abschluss, Geländer, Schranke, Fassung, Umfassung, Umschließung, Pfahlzaun, Hag, Umwallung, Einfriedigung, Staket. → Umhegung.

Zaun brechen, vom → streiten.

zausen zupfen, wühlen ● züchtigen.

Zeche Bewirtung, Gasterei, Gastmahl, gemeinsame Tafel, Schmaus, Essgelage, Kommers, Gesellschaft, Wirtshaustafel ● Rechnung ● Bergwerk, Kohlengrube.

zechen pullen *u*, scheppern *u*, schickern *u*. → essen, saufen, trinken.

Zechenanteil (Bergwerksanteil) Kux.

Zecher → Trinker.

Zecherei → Esslust, Sauferei, Saus und Braus, Tafelfreuden.

Zechgelage → Sauferei.

Zechgenosse Saufbruder *u*.

Zechinen → Bargeld.

zechlustig bacchanalisch.

Zechpreller → Betrüger, Fälscher.

Zechschulden → Schulden.

zedieren abtreten, weichen, sich entfernen, wegziehen, weggehen, sich zurückziehen, davongehen ● übertragen, verzichten, abdanken, anheim geben, überlassen. ▸ behalten, behaupten sich, bleiben, (Sicherheit verlangen).

Zehn, die ersten Topten.

Zehn Gebote Dekalog.

zehn Gramm Deka(gramm).

zehn Jahre (zehn Stück, zehn Tage, Zehnzahl) Dekade.

zehn Meter Dekameter.

Zehneck Dekagon.

Zehnersystem Dezimalsystem.

Zehnflächner Dekaeder.

Zehntausend, obere High Society, Upper ten, Führungsschicht, Oberschicht, der erste Stand, Spitzen der Gesellschaft, Regierungskreise, Adel, Generaldirektoren, Industrielle, Geldaristokratie, Professorenstand, Ministeriale, Schickeria *u*. ▸ Pöbel.

zehnteilig dekadisch, dezimal.

zehntel Gramm Dezigramm.

zehntel Liter Deziliter.

zehntel Meter Dezimeter.

Zehnzahl Dekade.

zehren verzehren, aufzehren, verspeisen, aufbrauchen, aufessen, ausgeben, verschleißen, benötigen, verspachteln, verschlingen ● zerstören, vergeuden, dahinschwinden, abwetzen, abtragen, abnützen ● abmagern, schwach werden, bekümmern, peinigen, verdrießen, weniger werden. ▸ hungern, schonen, zunehmen.

zehrende Erkrankung Kachexie.

Zehrgeld → Bargeld, Einkunft, Rente.

Zehrung → Aufwand, Bedarf, Beköstigung, Futter, Proviant, Vorrat.

Zeichen Unterscheidungszeichen, Kennzeichen, Bezeichnung, Andeutung, Anzeichen, Vorzeichen, Orientierungszeichen, Merkmal, Merkzeichen, Symptom, Symbol, Erkennungszeichen, Gepräge, Wahrzeichen ● Zeichensprache, Fingerzeig, Deut, Wink, Zinke, Gebärde, Geste ● Kerbe, Muttermal, Stigma, Inschrift, Grabmal ● Ausweis, Fahrzeichen, Verkehrsschild, Nummer, Signal, Kelle, Schaumlöffel *u* ● Punkt, Komma, Schriftzeichen, Strich ● Fabrikationszeichen, Schutzmarke ● Mahnmal, Spur, Weissagung, Verdeutung ● Feldgeschrei. → Anhaltspunkt, Anspielen, Anzeichen, Aufdruck, Brand, Denkspruch, Deut, Erinnerungszeichen, Etikette, Fahne, Fanfare, Fährte, Geste, Hinweis, Kennzeichen, Mal, Markstein, Stempel, Symbol, Symptom, Warnung, Wink.

Zeichen geben, ein deuten, signalisieren, gestikulieren, nicken, zunicken, blinken, die Achseln zucken, den Kopf schütteln, eine Fahne hissen, mit dem Finger deuten, einen Wink geben, Blicke zuwerfen. ▸ (still verhalten), unterlassen, vermeiden.

Zeichen und Wunder → Prophezeiung, Unnatur, Wunder.

Zeichenfeder → Feder.

Zeichen-Lehre/-Wissenschaft Semiotik.

Zeichenbedeutungslehre (Wortbedeutungslehre) Semantik.

Zeichenerklärung (auf Karten u. Ä.. Darstellungen) Legende.

Zeichengerät (in der EDV) Koordinatenschreiber, Plotter.

Zeichengruppe (Krankheitszeichengruppe) Syndrom.

Zeichenkunst (zeichnerische Darstellung) Grafik.

Zeichenschrift Semeiographie.

Zeichensetzung (Satzzeichensetzung) Interpunktion.

Zeichensprache → Deut, Erkennungszeichen, Gebärde, Geste, Wink.

Zeichentafel Akabus.

Zeichentinte Tusche.

zeichnen radieren, graphieren, pinseln, abmalen, ausmalen, konterfeien, entwerfen, skizzieren, darstellen, pausen, schraffieren, tuschen, nachbilden, nachahmen, veranschaulichen ● unterzeichnen, unterschreiben, signieren, stempeln, paraphieren. → drucken, durchpausen, malen.

Zeichner Grafiker.

Zeichnung Bild, Radierung, Riss, Kupferstich, Handzeichnung, Grafik, Holzschnitt, Linolschnitt, Gemälde, Porträt, Darstellung, Umriss, Abriss, Ölgemälde, Federzeichnung, Kreidezeichnung, Pastellmalerei, Druck, Miniatur, Skizze. → Bild, Dessin, Entwurf, Karton, Skizze.

Zeichnung von Wertpapieren Subskription.

zeigen präsentieren, weisen, wegweisen, vorzeigen, vorweisen, tragen zur Schau, offenbaren, anzeigen, darlegen, aufmerksam machen, sichtbar machen, enthüllen, erkennen lassen, hinweisen, angeben, ansagen, dartun, Aufklärung geben, die Augen öffnen ● markieren *j*. → ausdrücken, aussehen, begründen, behaupten, beraten, berühren, beschreiben, betonen, demonstrieren, darlegen, dartun, darstellen, entgegenhalten, enthüllen, entpuppen, erkennen lassen, erweisen, hinweisen, sichtbar machen, weisen. ▸ verstecken.

zeigen, deutlich beleuchten, demonstrieren, herausstellen, herausstreichen, hervorheben, präsentieren, Schau stellen zur, vorzeigen.

zeigen, sich zum Vorschein kommen. → auftauchen, aussehen, brechen durch die Wolken, darstellen, erkennen lassen, sichtbar machen,

zeigen.
▸ verborgen/versteckt bleiben • sich verbergen, sich verstecken • sich zurückziehen.

zeigen, mit den Fingern auf schmähen, verleumden, entehren, deuten, in den Schmutz ziehen, in Schande bringen, dem Klatsch aussetzen, zum Gelächter machen, die Ehre abschneiden, den Ruf angreifen. → deuten.
▸ achten, loben, missdeuten.

zeigen die Zähne → Zähne zeigen, die.

Zeigestück → Muster.

zeihen → anschuldigen, beimessen, beschuldigen, verleumden.

Zeihung → Beschuldigung, Klage.

Zeile → Linie, Reihe.

Zeilen → Brief, Reihe.

Zeilen ziehen Linien ziehen, linieren.

Zeilenmesser Typometer.

Zeit Augenblick, Zeitraum, Moment, Zeitspanne, Zeitpunkt, Weile, Frist, Ablauf, Verlauf, Termin, Zwischenzeit, Bedenkzeit, Zeitstufe, Zeitmaß, Zeitabschnitt, Sekunde, Minute, Stunde, Tag, Woche, Monat, Jahreszeit, Lebenszeit, Dauer, Kürze, Vorzeitigkeit, Nachzeitigkeit, Gegenwart, Zukunft, Vergangenheit, Jugendzeit, Frühzeit, Vorzeit • Unzeit, Zeitirrung. → Datum, Epoche, Tag, Termin.
▸ Raum, Zeitlosigkeit.

Zeit, für kurze flüchtig, kurz(fristig), vorübergehend, zeitweilig, zeitweise.

Zeit, in absehbarer → bald, demnächst

Zeit, in alter anno dazumal *u,* anno Tobak *u,* zu Olims Zeiten. → damals, vergangen.
▸ künftig, zukünftig.

Zeit, außer der ungelegen, unschicklich, unzeitig, zur unrechten Zeit, unzeitgemäß, unpassend, ungünstig, unrichtig, irrtümlich, falsch, zu früh, zu spät.
▸ günstig, schicklich.

Zeit haben bummeln, trödeln, trendeln, zaudern, zotteln, zucken, säumen • nach und nach, langsam, zögern • sich aalen, sich ausruhen, entspannen, pausieren, rasten, ruhen, sich verschnaufen, sich Ruhe gönnen, Siesta halten, die Hände in den Schoß legen, nichts zu tun haben, Gott einen guten Mann sein lassen, auf der Bärenhaut liegen, unbeschäftigt sein • stundenlang mit wachsender Begeisterung *u..*
▸ arbeiten, hetzen.

Zeit, kurze Augenblick, Moment, Nu.

Zeit, lange Äon, Ära, Beständigkeit, Endlosigkeit, Dauer(haftigkeit), Epoche, Ewigkeit, Jahrhunderte, Jahrtausende, Zeitalter.

Zeit passend, nicht in die anachronistisch, inaktuell, obsolet.

Zeit totschlagen, die gammeln, herumtreiben sich, langweilen sich, müßig gehen.

Zeit von, in der binnen, innerhalb, Laufe von im.

Zeit, vor der zu früh, verfrüht, voraus im, vorzeitig.

Zeit, zu keiner keineswegs, noch nie da gewesen, unmöglich, kaum, jemals, unwahrscheinlich, selten, unbegreiflich, undenkbar, keinesfalls, in keiner Weise, ganz und gar nicht, wohl kaum.

Zeit, in nächster → bald, demnächst.

Zeit, zu seiner → damals, dermalen.

Zeit vertreiben spielen, bummeln, sich amüsieren, sich zerstreuen, sich unterhalten • das Leben genießen, dem Vergnügen nachgehen, die Zeit vertändeln, die Langeweile bekämpfen, die Zeit verbringen oder vertrödeln, die Zeit um die Ohren schlagen • basteln, arbeiten, sich beschäftigen, einer Liebhaberei nachgehen, lesen, musizieren, ein Steckenpferd reiten.
▸ langweilen.

Zeit, Zahn der → Rost, Verderbnis, Zerstörung.

Zeit, zur → augenblicklich, derzeit, diesjährig, derzeit.

Zeitabschnitt → Chronik, Datum, Epoche, Frist, Zeit.
▸ Ewigkeit.

Zeitakkord → Akkord.

Zeitalter → Epoche.

Zeitalter, neues New Age.

Zeitangabe Befristung, Datum, Frist, Termin, Zeitpunkt.

Zeitangabe versehen, mit datieren.

Zeitbuch → Chronik.

Zeitdauer → Dauer.

Zeitdruck unter Zeitdruck, in Zeitnot, ohne Säumen, ohne Zögern, ohne Zeitverlust, unverzüglich, in Hast, in Eile, nur kurze Zeit haben, nur für einen Augenblick, keine Zeit haben, die Zeit vergeht oder läuft ab, die Zeit eilt, die Zeit drängt, Hetze, Hetzjagd, Überhastung, Übereile.
▸ Beschaulichkeit, Gemächlichkeit • Ruhe • Langeweile.

Zeiten, Olims → alt, damals, vergangen.

Zeiten, vor damals, ehemals, einst, früher.

Zeiterfassungsuhr Kontrolluhr, Stechuhr, Stempeluhr.

Zeitfolge → Chronik, Chronologie.
▸ Augenblick, Moment.

zeitfremd → unpassend.

Zeitfurcht Chronophobie.

zeitgebunden → vergänglich.

Zeitgeist Aktualität, Mode, letzter Schrei, Modernität, Neuheit, Neuigkeit, Errungenschaft, Fortschritt, Neuzeit, Novität, Geist der Zeit oder Gegenwart, Ablehnung der Vergangenheit, fort mit dem Alten.

zeitgemäß fortschrittlich, der Zeit angepasst, gang und gäbe, zeitgenössisch, modern, neuzeitlich, modisch, passend, schicklich, recht, in der Mode, nach neuestem Schnitt, üblich, aktuell, derzeitig, gebräuchlich, modern.
▸ alt, rückschrittlich, unmodern.

Zeitgenosse Mitwelt, Umwelt, Nebeneinander, Zusammentreten, Nebenbuhler, Mitmensch, Nebenmann, Mensch.
▸ Vorfahren.

zeitgenössisch → aktuell, derzeitig, zeitgemäß.

zeitgerecht → pünktlich, zeitgemäß.

Zeitgeschichte → Chronik.

zeitgeschichtlich chronikalisch.

Zeitgeschmack → Mode, Tagesgeschmack.

zeitgleich parallel, synchron.

Zeitgrenze → Frist, Termin.

zeitig schon, früh, frühzeitig, rechtzeitig, frühmorgens, zur Zeit, morgendlich, geschwind, bald, ehest, pünktlich. → baldig, beizeiten, ehestens, morgens.
▸ spät.

zeitigen heraufbeschwören, herbeiführen, veranlassen, bewirken, verschulden, erwecken, hervorrufen, erzeugen, bewerkstelligen, beitragen zu. → auslösen, bedingen, erregen,

verursachen.
▸ verhindern.
Zeitkunde → Chronologie.
Zeitlauf → Zeit, Zeitmaß.
zeitlich → chronologisch, vergänglich.
▸ dauernd, immer während, ewig • räumlich.
zeitlich abstimmen timen.
zeitlich geordnet (in zeitlicher Reihenfolge) chronologisch.
zeitlich unbegrenzt chronisch, ewig.
zeitliche Aufzeichnung Chronik.
Zeitliche segnen, das hinscheiden, sterben.
Zeitlichkeit → Vergänglichkeit, Zeit.
Zeit lang, eine befristet. → zeitweilig.
zeitlos außer der Zeit, ewig, fristlos, jenseits von Raum und Zeit, fortdauernd, bleibend, endlos, dauerhaft, unaufhörlich, unvergänglich, beständig, immer, unsterblich, langlebig • befristet, vergänglich.
▸ zeitgebunden, aktuell, modisch.
Zeitlosigkeit → Ewigkeit.
Zeitlupe Gemächlichkeit, Schneckengang, Schneckenpost, Trödelei, Bummelei, Verzögerung, Tranigkeit, Zeitlupenaufnahme, Zeitlupentempo.
▸ Zeitraffer.
Zeitmaß Zeitabschnitt, Weile, Zeit, Sekunde, Minute, Stunde, Tag, Woche, Monat, Jahr, Jahreszeit, Jahrgang, Lenz, Sommer, Herbst, Winter, Zeitlauf, Jahrhundert, Menschenalter, Lebenszeit, Periode. → Datum, Tempo, Zeit.
Zeitmesser Chronometer, Chronoskop, Uhr.
zeitnah → zeitgemäß.
Zeitnot → Bedrängnis, Eile, Zeitdruck.
Zeitpunkt → Augenblick, Datum, Frist, Gelegenheit, Termin, Zeit, Zeitmaß.
▸ Ewigkeit.
Zeitpunkt bestimmen, den datieren, timen.
zeitraubend langwierig, dauernd, umständlich.
▸ fix, geschwind, prompt, rasch, schnell.
Zeitraum → Dauer, Epoche, Frist, Zeit, Zeitmaß.
▸ Augenblick, Moment • Ewigkeit.
Zeitrechnung(slehre) Chronologie.
Zeitschrift Zeitung, Schrift, Unterhaltungsstoff, Monatsschrift, Wochenschrift, Magazin, Illustrierte, Druck, Veröffentlichung, Broschüre. → Druckschrift, Revue, Zeitung.
Zeitsitte → Zeitstil.
Zeitspanne → Chronik, Frist, Zeit, Zeitmaß.
Zeitstil Sitte. → Brauch, Mode, Strömung, Tagesgeschmack, Überlieferung.
Zeitung Presse, Zeitschrift, Nachrichten, Tageszeitung, Anzeiger, Frauenzeitung, Druckschrift, Druck, Leitartikel, Mitteilung, Bescheid, Berichterstattung, Bekanntmachung, Blatt, Veröffentlichung, Sonderausgabe, Unterhaltungsstoff, Kunde, Anzeiger, Benachrichtigung, Nachricht, Presse • Käseblatt, Mistblatt *u,* Klatschblatt, Dreckblatt *u,* Revolverpresse, Sensationsblatt, Boulevardblatt, Gazette.
Zeitungsanzeige → Anzeige.
Zeitungsartikel Schreibe *u.*
Zeitungsaufsatz Artikel.
Zeitungsente → Lüge, Unwahrheit.
Zeitungsschreiber → Berichterstatter.
Zeitungsspalte Kolumne.
Zeitungsstand (Verkaufshäuschen) Kiosk.
Zeitungswesen Journalismus, Pressewesen, Publizistik.
Zeitverlust, ohne → rasch.
Zeitverschwender → Müßiggänger.
Zeitverschwendung → Aufenthalt, Faulheit, Untätigkeit.
Zeitvertreib → Abschweifung, Abwechslung, Belustigung, Spaß, Unterhaltung, Vergnügen, Zerstreuung.
zeitweilig wiederholt, wiederkehrend, verschiedentlich, mehrmalig, eine Zeit lang, von Zeit zu Zeit. → vergänglich.
▸ einmal • immer, immerzu, dauernd, permanent, ständig, stets, unablässig, unaufhörlich • ewig, bleibend • endgültig.
zeitweise selten, stellenweise, alle Jubeljahre, kaum, so gut wie gar nicht, vereinzelt, wenig, ungewöhnlich, außergewöhnlich, gelegentlich • in Abständen, in Zwischenräumen, mit Pausen, sprungweise, sporadisch. → vergänglich.
▸ dauernd, einmal.
Zeitwende Wendepunkt, Schicksalsstunde, Sternzeit, Gunst der Stunde, beste Gelegenheit, der richtige oder glücklicher Augenblick • Krise, kritischer Augenblick.
zeitwidrig anachronistisch, unzeitgemäß.
Zeitwort Verb(um), Tätigkeitswort.
zelebrieren Messe lesen, opfern, anbeten, Gott dienen, lobpreisen, verherrlichen, Gott ehren, Lob singen, das Opfer darbringen.
Zelle Raum, Einsiedelei, Klause, Verlassenheit, Mönchszelle • Gefängniszelle, Kerker, Arrest, Gewahrsam, Strafanstalt, Loch • Pflanzenzelle, Keimzelle, Kern, Zellstoff, Faserstoff. → Klause.
Zelleiweiß Protoplasma, Zytoplasma.
zellenartig (zellenförmig) zellular, zellulär.
Zellkern Karyon, Nukleus, Zytoblast.
Zellstoff Zellulose.
Zellwolle Viskose.
Zelt Wigwam. → Aufenthaltsort, Bedeckung, Camp.
Zeltaraber Beduine.
zelten → aufhalten sich, bleiben, Camping, kampieren.
Zeltlager → Camp.
Zeltleben Camping.
Zeltpflock Hering.
Zeltplatz Campingplatz.
Zelttuch Plane.
Zement → Baustoff, Bindemittel.
zementieren befestigen, festigen, festlegen, starr/unverrückbar festlegen, (Lockeres) verbinden/verfestigen, verkitten, Zustand (unverrückbar) festlegen einen • asphaltieren, betonieren.
Zenit Erfolgs-Höhepunkt, Entfaltungs-Höhepunkt, Gipfelpunkt, höchster Punkt (des Himmelsgewölbes), Höhepunkt, Zeitpunkt der Höchstentfaltung/-leistung • Scheitelpunkt.
zensieren werten, benoten, begutachten, abschätzen. → prüfen.
Zensor Richter, Schiedsrichter, Schöffe, Kritiker.
Zensur → Note, Presse.
Zensus Abgabe, Pachtzins • Frühdruckverzeichnis • Volkszählung.
Zentnerlast → Bürde.

zentral innen, inmitten, mitten, inne, im Herzen, im Mittelpunkt, im Kern • bequem, geeignet, passend, leicht erreichbar.
▸ auswärts, entfernt, abgelegen, abseits • am Rand(e), peripher • nebensächlich, unwichtig, zweitrangig.
Zentrale → Zentrum.
zentralisieren konzentrieren. → zusammenfassen.
▸ dezentralisieren.
Zentralpunkt → Hauptsache.
Zentrifuge → Schleuder.
zentrisch zentral, mitten, inmitten, inne, mittendrin, mittel, konzentrisch, im Innern, im Mittelpunkt, im Zentrum.
Zentrum Mitte, Kern, Mittelpunkt, Sammelpunkt, Sammelstelle, Schaltstelle, Zentrale, Herz, Mittellage, Achse, Drehpunkt, Wendepunkt, Knotenpunkt, Kernpunkt, Inneres, Herzstück, Fokus, Nabel, Nabe, Stadtzentrum • Partei. → Achse, Brennpunkt, Drehpunkt, Nabel.
▸ Außenbezirk, Peripherie, Rand(gebiete), Stadtrand, Vorort, Vorstadt.
Zeppelin → Ballon, Fahrzeug (Luft-).
zerbersten → losgehen, zerbrechen.
▸ implodieren.
zerbrechen zerbersten, fallen in Stücke, sich auflösen, zersplittern, zerbröckeln, zerschellen, brechen, zerspalten, zerplatzen, zerdrücken, zermatschen *u*, ausreißen, krachen, knicken, zertrümmern, zerspringen • trennen, teilen, stückeln, auseinander brechen, aus dem Leim, kleinkriegen, abteilen, austeilen • beschädigen, zerstören. → abbrechen, beeinträchtigen, bersten, brechen, durchschlagen, einwerfen, erbrechen, verschlimmern.
▸ aushalten, ertragen, halten • in Stand setzen, kleben, leimen, reparieren, wiederherstellen, zusammenfügen.
zerbrechlich splittrig, spröde, mürb wie Zunder, morsch, rissig, tönern, gläsern, brüchig, brechbar, schwach, fragil. → zart.
▸ biegsam, elastisch, flexibel, weich • robust, stabil, unzerbrechlich.
Zerbrechlichkeit Brüchigkeit, Lockerheit, Schlappheit, Löslichkeit, Unverbundenheit, Sprödigkeit, Spaltbarkeit, Zerreibbarkeit, Glashärte, Mürbigkeit, Bröckeligkeit • Zartheit, Schwäche.
zerbrochen → beschädigt, defekt, entzwei, diffrakt, kaputt, (aus Zerstörungsprodukten best.) klastisch. → zerstört.
▸ geklebt, reapariert • ganz, heil, intakt.
zerbröckeln → abbrechen, demolieren, zerbrechen, zerstören.
zerdeppern → ausmerzen, zerstören.
zerdrücken → zerbrechen.
zeremonial → rituell.
Zeremonie Verrichtung, Ritus, Feierlichkeit, feierliche Handlung, Kirchenbrauch, Zeremonial, Ordensregel, Vorschrift, Verordnung, Gebräuche • gesellschaftliche Form, Förmlichkeit, Etikette, Höflichkeit, Hofstaat, Empfang, Gala, Prunk, Pracht, Schaugepränge • Umständlichkeit, Ballast. → Kult.
Zeremoniell → Benehmen, Brauch, Etikette, Zeremonie.
zerfahren → fahrig, nachlässig, zerstreut.
Zerfall → Bruch, Demolierung, Beschädigung, Degeneration, Desorganisation, Destruktion, Einsturz, Fäulnis, Streit, Verderbnis.
▸ Beständigkeit, Bindung, Zusammenhalt.
zerfallen auseinander fallen, zusammenbrechen, zerbröckeln, loslösen, abfallen, verfallen, zerbrechen, auflösen, zersetzen, zerlegen, zergliedern, zergehen, zerteilen, lösen, schmelzen, verfaulen, verrotten, zu Grunde gehen, umkommen, verwittern, vermodern, verschimmeln • sich entzweien, verfeinden, brechen, überwerfen sich, lossagen sich, zanken, sich in den Haaren liegen, die Freundschaft aufgeben. → abblättern, baufällig, entzweien sich, faulen, herunterkommen, lockern, verderben, verfallen, verschlechtern sich, verschlimmern.
▸ haltbar (sein).
zerfallenes Bauwerk Ruine.
zerfetzen → zerreißen.
zerflattern → verwehen.
zerfleddert verschlissen, zerschlissen.
zerfleischen zermalmen, zerknirschen, anfallen, verbunden, zerreißen, zerstümmeln, zernagen, würgen, morden, ausrotten, ausmerzen, in Stücke reißen, niederschlagen, erdrücken, zerquetschen, zermalmen, verderben, vernichten, opfern • sich zerfleischen, sich quälen, sich peinigen, sich Vorwürfe machen, sich aufreiben. → abbeißen, töten.
zerfließen sich verflüssigen, zerrinnen, zerlaufen, verlaufen, sich lösen, auftauen, schmelzen, zergehen, tauen, laufen, fortlaufen • zunichte werden, in Rauch aufgehen, durch die Finger schlüpfen. → braten, zerfallen.
▸ (fest sein).
zerflossen aufgelöst, flüssig, fließend, verflüssigt.
zerfressen → abbrauchen, abnutzen, beschädigen, durchfressen, eiterig, faul, hässlich.
zerfurchen → graben.
zerfurcht faltig, knittrig, runzlig, zerknittert.
zergehen → braten, faulen, tauen, vergehen, zerfließen.
▸ verklumpen, sich zusammenballen.
zergliedern ausschlachten, trennen, teilen, scheiden, zerstückeln, einteilen, zerlegen, sezieren, abtrennen, absondern, losmachen, zerteilen, analysieren, zersetzen, entwirren, entknoten, entrollen, unterteilen, aufteilen, aufspalten. → abbinden, auflösen, ausforschen, ausschneiden, brechen, detaillieren, entwirren, teilen. → zusammenstellen.
Zergliederung → Absonderung, Analyse, Auflösung, Dezentralisation, Durchbruch, Erforschung, Teilung, Trennung.
zerhauen zerklopfen, stampfen, zerstampfen, zerschlagen, zerreißen, zerbrechen, auseinander schlagen, entzweischlagen, zerstoßen, spalten, zerbröckeln, zermalmen, zerhacken, zerstückeln, verkleinern, verreiben.
▸ verbinden.
zerkleinern schnipseln. → abschneiden, verglimmen,

verglühen, verkleinern, verreiben, zerbrechen, zerstampfen, zerfasern.
Zerkleinerungsmaschine Reißwolf, Schredder.
zerklopfen → brechen, mahlen, verkleinern, zerhauen.
zerklüften erodieren.
zerklüftet → uneben.
Zerklüftung → Durchbruch, Trennung, Unebenheit, Verkleinerung.
zerknallen → bersten, explodieren.
zerknicken → abbrechen, falten, zerknüllen, zerstören.
zerknickt → bedrückt, faltig.
zerknirscht → bedrückt, bußfertig, demütig, ehrfurchtsvoll.
Zerknirschung → Reue, Wiedergeburt.
zerknittern krumpeln. → falten, runzeln, zerknüllen.
zerknittert faltig, knittrig, runzlig, zerfurcht.
zerknüllen zusammendrücken, knüllen, umknicken, einknicken, zerknittern, runzeln, zusammenlegen, zerreißen, zerknicken, verknüllen. → falten. ▸ glätten.
zerkrümeln → mahlen, verkleinern, zerhauen.
zerlassen → auflösen, auslassen.
zerlaufen → zerrinnen.
zerlegbar → entwirrbar, lesbar.
zerlegen → abbrechen, auflösen, ausforschen, demolieren, demontieren, destruieren, deuten, diskutieren, entwirren, trennen, verkleinern, zerstören. ▸ aufbauen, bauen, erbauen ● montieren, zusammenbauen, zusammenfügen, zusammensetzen.
zerlegend abbauend, zersetzend, zerstörend, auseinander legend, teilend, trennend, absondernd, zerstückelnd, zerteilend, zergliedernd, abtrennend ● deutend, erklärend, diskutierend. → destruktiv.
Zerlegung → Abbau, Abbruch, Absonderung, Analyse, Auflösung, Demontage, Destruktion, Durchbruch, Teilung, Trennung, Verkleinerung.
zerlumpt schleißig *u.* → abgerissen, arm, hässlich, schmutzig.
zermahlen → mahlen, malmen, verkleinern, verreiben, wiederkauen.
zermalmen → abbeißen, ausmerzen, ausrotten, demolieren, einstampfen, malmen, verkleinern, wiederkauen, zerhauen, zerstören.
zermürben zermalmen, zerkleinern, zerpellen, zerpulvern, zerreiben, zerteilen, zerstören ● aufreiben, verzehren, abgrämen, verzweifeln, krank machen ● abrackern, abplacken, überarbeiten, sich übernehmen, überlasten, überbürden, sich abquälen. ▸ aufmuntern, heilen, stützen.
zernagen → abbeißen, abbrauchen, beschädigen, durchfressen, malmen, verderben, zerstören.
zernagend korrosiv.
zerpflücken → auflösen, teilen, verreiben, zerstören.
zerplatzen bersten, zerspringen, platzen, zerkrachen, zersplittern, brechen, zerschellen, aufplatzen, zerspalten, aufschlagen, knacken, zerbröckeln, abspringen, aufkrachen, zerknallen. → bankrott, bersten, brechen, wüten.
zerplatzt → geplatzt.
zerquetschen → einstampfen, malmen, verkleinern, verreiben, zerstören.
zerquetscht → gequetscht.
Zerrbild → Bild, Hässlichkeite, Darstellung unrichtige, Karikatur, Schreckgestalt, Verunstaltung.
zerreden schwatzen, schnattern, plappern, babbeln, seibern, palavern, prälatern, priestern, der Zunge freien Lauf lassen ● zerpflücken, zerlegen, zerstückeln, auseinander reden, verquatschen *u.* ▸ entmutigen.
zerreiben → auflösen, mahlen, verkleinern, verreiben.
zerreißen zerfetzen. → brechen, durchreißen, trennen, vernichten. ▸ aushalten, halten ● festigen ● stricken, weben ● ausbessern, kleben, zusammennähen.
zerreißfest strapazierbar, bruchsicher, fest, zäh, elastisch, dehnbar.
Zerreißprobe Belastungsprobe, Machtprobe.
Zerreißung Divulsion, Lazeration, Ruptur.
zerren → quälen, schleppen, stoßen, ziehen.
zerrieben pulverig, mehlig, körnig, staubartig, strukturlos.
zerrinnen zerlaufen → abhanden, auflösen, vergehen, verlieren.
zerrissen verstört, schizoid, unzufrieden, seelenwund, niedergeschlagen, traurig, gequält, gebrochen, trübsinnig, wehmütig, betrübt, abgehärmt, düster. → beschädigt, defekt, entzwei. ▸ lustig, unbeschädigt (mit sich und anderen) einig/eins, einträchtig, übereinstimmend, verbunden.
Zerrissenheit Niedergeschlagenheit, Bedrücktheit, Verzweiflung, Trostlosigkeit, Tiefsinn, Selbstqual, Freudlosigkeit, Missstimmung, Weltschmerz, Traurigkeit, Seelennot. → Unebenheit. ▸ Einheit, Glätte, Lustgefühl, Zufriedenheit.
zerronnen vernichtet, fort, fehlgeschlagen, missglückt, misslungen, missraten, weg, verweht, verdorben, zerschlagen, aufgelöst, verlustig, vertan, umgeworfen ● geschmolzen, getaut, gelöst. → abhanden, vergangen, verloren. ▸ erstarrt, vorhanden.
Zerrspiegel Zerrbild, Fratze, Karikatur ● Entstellung, Verdrehung, Verzerrung, falsche Darstellung, Täuschung, Verbiegung, Spottbild.
Zerrung Distorsion.
zerrütten → auflösen, beeinträchtigen, durchfressen, ruinieren, vernichten, zerstören. ▸ festigen, stabilisieren.
zerrüttet → bebend, entnervt, verfallen, zerstört.
Zerrüttung → Auflösung, Chaos, Charivari, Dekadenz, Demoralisation, Desorganisation, Verderbnis, Verschlimmerung, Zerstörung.
zersägen → abschneiden, verkleinern.
zerschellen → bersten, brechen, zerplatzen.
zerschlagen → abbrechen, abgespannt, angeschlagen, ausmerzen, bersten, brechen, demolieren, einwerfen, müde, nutzlos, vernichten, zerstören.
zerschlissen → beschädigt, fadenscheinig.
zerschmettern → ausmerzen, demolieren, einwerfen, vernichten, zerstören.

zerschmettert → angeschlagen, entzwei, zerstört.
zerschneiden spalten, trennen, zerteilen.
zerschneiden, Filme cutten.
zersetzbar → lösbar.
zersetzen, sich → abbauen, auflösen, demolieren, demontieren, destruieren, faulen, verderben.
zersetzend → abbauend, destruktiv, doppelschneidig, zerlegend.
Zersetzung → Abbau, Absonderung, Auflösung, Demontage, Destruktion, Fäulnis, Ferment, Trennung, Verderbnis, Zerstörung.
zersplittern → abbrechen, ausmerzen, bersten, brechen, demolieren, einwerfen, trennen, zerplatzen, zersplittern sich, zerstören.
zersplittern, sich zerstreuen sich, zerteilen sich, zergliedern sich, zersprengen sich, auflösen sich, ausbreiten sich, verbreiten sich, teilen sich • verzetteln sich, sich nicht genau konzentrieren, sich mit zu vielem beschäftigen • streiten sich, anfeinden sich, in Disharmonie leben. ▸ verbinden sich, versöhnen sich, zusammenhalten, zusammenlaufen.
zersplittert → angeschlagen, bröckelig, entzwei.
Zersplitterung Zerfall, Abbruch, Zerstörung, Auflösung, Zersprengung, Verderbnis, Zerschlagung, Zerstückelung, Zergliederung, Zerteilung, Trennung, Vernichtung, Verheerung, Zersetzung, Beschädigung, Verfall • Zerstreuung, Verstreuung, Ausbreitung • Streit, Differenzen, Disharmonie. → Abbruch, Dezentralisation, Zerrissenheit. ▸ Vereinigung, Versöhnung, Zusammenhalt.
zerspringen → aufspringen, bersten, brechen, freuen sich, zerplatzen, zersplittern.
zersprungen → entzwei, geplatzt.
zerstampfen → zerkleinern, zerstören.
zerstäuben zerstreuen, verstreuen, verbreiten, abschwenken, abzweigen, weggehen, auseinander laufen, auseinander gehen • versprühen, verspritzen, zerteilen.
Zerstäuber Verteiler, Verstreuer, Zerstreuer, Sprüher, Sprühdose, Sprühflasche, Sprühbehälter, Sprayer, Spraydose.
zerstören demolieren, zersetzen, demontieren, destruieren, zerlegen, abbrechen, abbauen, zerrütten, vernichten, zernagen, wegschaffen, untergraben, verderben, verheeren, wegfegen, zerquetschen, zerfressen, zermalmen, zerpflücken, zerstampfen, zerschlagen, zerschmettern, verwüsten, ruinieren, sprengen, kaputt machen, schänden, vertilgen, zerbröckeln, zerknicken, niederreißen, niedermähen, niedermachen, liefern, hinwegfegen, hinopfern, zu Brei zermalmen, kurz und klein hauen, Salat machen *u,* dem Erdboden gleichmachen, aus der Welt schaffen, hinmachen *u.* → abbauen, abbrauchen, abbrechen, abbrennen, ausmerzen, beeinträchtigen, beschädigen, beschießen, Bord werfen über, brandschatzen, demolieren, demontieren, destruieren, drosseln, durchschießen, einstampfen, faulen, herunterbringen, ruinieren, schwächen, verderben, vernichten, verzehren. ▸ aufbauen, erschaffen, erzeugen, herstellen, hervorbringen • aufheben, beibehalten, bestehen lassen, bewahren, erhalten • in Stand setzen, reparieren, wiederherstellen.
zerstörend → abbauend, demolierend, destruktiv, epidemisch, schädlich.
Zerstörer → Barbar, Beelzebub, Berserker, Dämon, Schädling, Kriegsschiff, Vernichter.
zerstörerisch ruinös. → zerstörend.
zerstört vernichtet, zermalmt, zerrüttet, zerschmettert, geplatzt, vertilgt, dahin, fort, ausgerottet, ausgemerzt, verschwunden, verloren, erledigt, todgeweiht, aufgegeben, zertrümmert, abgeschafft, umgestürzt, abgetan, beseitigt, abgebrochen, abgerissen, zerfallen, ruiniert, ausgebombt. → angeschlagen, dahin, entzwei, getilgt. ▸ unzerstört.
Zerstörung Zersetzung, Demontage, Zerlegung, Abbruch, Abbau, Destruktion, Austilgung, Vertilgung, Zerrüttung, Untergang, Verderb, Verfall, Verderben, Verheerung, Zahn der Zeit, Schiffbruch, Trümmerfeld, Umsturz, Vernichtung, Verwüstung, Austilgung, Unterdrückung, Zerfall, Zusammenbruch, Einäscherung. → Abbau, Abbruch, Asche, Bekümmernis, Brand, Demontage, Desorganisation, Destruktion, Entweihung, Tod, Unglück, Verderbnis, Vernichtung. ▸ Aufbau.
Zerstörungssucht Rakadele *u.*
Zerstörungswut → Vandalismus.
zerstoßen → bersten, brechen, mahlen, verkleinern, verreiben, zerhauen.
zerstreuen auseinander gehen, verstreuen, verbreiten, ausbreiten, sich trennen, sich teilen, zersprengen, zergliedern • säen, aussäen • beunruhigen, verwirren, verdrehen, stören. → ablenken, abschwenken, anregen, ausschütten, bekämpfen, belustigen, bestreuen, betäuben, detaillieren, einstreuen, verbreiten, verstreuen. ▸ aufmerken, beruhigen, sammeln, zusammenlaufen.
zerstreuend → erfreuend, ergötzlich.
zerstreut verstreut, gesät, ausgesät, versprengt, nebenaus sein *u,* im Mond sein *u,* verteilt, auseinander, unregelmäßig, abgesondert, hier und da • vergesslich, verträumt, unüberlegt, in den Wolken, verschlafen, zerfahren, in Gedanken, geistesabwesend, unkonzentriert, abgelenkt, kopflos, kopfscheu, zerstreuter Professor, träumerisch, unachtsam, achtlos, unaufmerksam, flüchtig, abgelenkt, im Traum, erinnerungslos, verwirrt. → auseinander, befangen, besät, diffus, durcheinander, erinnerungslos, fahrig, gleichgültig, konfus, oberflächlich, unordentlich. ▸ aufmerksam, interessiert, ordentlich, zusammen.
Zerstreutheit Vergesslichkeit, Unaufmerksamkeit, Unachtsamkeit, Achtlosigkeit,

Gedankenlosigkeit, Fahrlässigkeit, Leichtsinn, Geistesabwesenheit, Träumerei, Traumzustand, Verträumtheit • Konfusionsrat *u.* → Fahrlässigkeit, Gedächtnisschwäche, Gedankenlosigkeit, Nachlässigkeit. ▸ Aufmerksamkeit.

Zerstreuung Verstreuung, Absonderung, Auflösung, Zersprengung, Zersplitterung, Verbreitung, Ausbreitung, Vereinzelung • Ablenkung, Belustigung, Zeitvertreib, Betäubung, Erholung, Belebung, Vergnügen. → Belustigung, Beruhigung, Erholung, Feier, Geselligkeit, Matinee, Spaß, Unterhaltung, Vergnügen. ▸ Langweiligkeit, Ungeselligkeit, Vereinigung.

Zerstreuungssucht Eskapismus.

zerstückeln → abbeißen, abbinden, abschneiden, ausschneiden, brechen, durchreißen, durchschlagen, parzellieren, teilen, verteilen.

Zerstückelung → Auflösung, Teilung.

zerteilen aufspalten, ablösen *j.* → abbeißen, abbinden, ausschneiden, bespritzen, brechen, durchreißen, durchteilen, entwirren, reißen, schnitzeln, teilen, trennen, verteilen. ▸ verbinden, vereinen, zusammenfügen • ungeteilt/unzerteilt lassen.

Zerteilung → Absonderung, Auflösung, Durchbruch, Teilung, Trennung.

Zertifikat → Attest, Zeugnis.

zertreten kaputtreten, niedertreten, zertrampeln.

zertrümmern → ausmerzen, bersten, brechen, demolieren, destruieren, ruinieren, zerstören.

zertrümmert → angeschlagen, entzwei, zerstört.

zerwühlen zerraufen, in Unordnung bringen, verwirren.

Zerwürfnis Qualm *u.* → Auseinandersetzung, Disharmonie, Disput, Entzweiung, Feindschaft, Streit, Zwietracht. ▸ Einigkeit, Harmonie • Annäherung • Kompromiss • Einigung • Versöhnung.

zerzausen zausen, verwirren, vermengen, zerrupfen, zertrampeln, zerpflücken, durcheinander bringen, in Unordnung bringen, lockermachen. ▸ ordnen glätten, kämmen.

zerzaust → wirr.

zerzupfen zerfasern, zerteilen, zerfuseln. → zerkleinern.

Zetergeschrei → Geschrei.

zetern → anklagen, beklagen, geifern, klagen, lärmen, räsonieren, schimpfen, schreien.

Zettel → Papier, Schein, Wisch.

Zettelkasten Kartei, Kartothek, (elektronischer Z.) z.B. Datenbank, Datei.

Zeug dummes Zeug, blödes Zeug, Plunder, Abfall, Kitsch, Ausschuss, Wertlosigkeit, Unwert, Lumpenzeug, Blech • Talent haben, fähig sein, zu etwas veranlagt sein • was das Zeug hält, so viel wie möglich • flicken am Zeug, aufs Dach steigen, den Kopf zurechtsetzen, tadeln. → Abfall, Bagatelle, Bedarf, Bestand, Gewebe, Masse, Material, Rohstoff. ▸ Gedankenfülle, Vortrefflichkeit.

Zeug legen, sich ins → bemühen sich.

Zeuge → Anwesender, Beobachter, Bürge, Dabeistehender.

zeugen fortpflanzen, erzeugen, begatten, schwängern, hervorrufen, bewirken, erwecken, ins Leben rufen, züchten, befruchten, besamen, vermehren • bekräftigen, bürgen, begründen, bezeugen, bestärken, bewahrheiten. → befruchten, belegen, decken, schaffen. ▸ aberkennen, sterilisieren, zerstören.

Zeugenaussage → Bekräftigung, Eid.

Zeughaus → Lager, Rüstkammer.

Zeugnis Bescheinigung, Gutachten, Urkunde, Attest, Zertifikat, Schulzeugnis, Ausweis, Schein, Beleg, Bescheinigung • Bestätigung, Beweis, Aussage, Angabe, Erweis, Eid, Schwur, Bezeugung, Zeugenaussage, Beteuerung, gerichtliches Zeugnis. → Argument, Attest, Aussage, Bekräftigung, Belege, Bescheinigung, Beweis, Diplom, Empfängnis, Endergebnis, Erweis, Fähigkeitsausweis, Nachweis. ▸ Aberkennung, Einwand, Widerlegung, Widerruf, Unfruchtbarkeit.

Zeugung → Befruchtung.

zeugungsfähig zeugungskräftig. → potent. ▸ zeugungsunfähig.

Zeugungskraft Fruchtbarkeit, Gebärfähigkeit, Potenz, Zeugungsfähigkeit • Power *u,* Pulver *u.*

Zeugungsorgane Genitalien.

Zeugungsschwäche Impotenz.

Zeugungstrieb → Lebenstrieb.

zeugungsunfähig insolvent *u.* → impotent, kraftlos. ▸ potent, zeugungsfähig.

zeugungsunfähig machen entmannen, kastrieren, sterilisieren, unfruchtbar machen, verschneiden.

zickig altjüngferlich, schrullig.

Zickzack Umweg, Abweg, Umstand, Bogen, Bogenweg, Winkel, Winkelform, Gabelung, Hin und Her, Weitschweifigkeit, Abwegigkeit • Betrunkenheit. ▸ Geradlinigkeit.

Ziege Hippe *u.*

Ziegel → Baustoff, Bestand.

Ziegeldach → Bedeckung.

Ziegenbock → Bock.

Ziegenpeter Mumps, Parotitis (epidemica).

ziehen zerren, zucken, raffen, reffen, trecken *u,* tauen, Tauziehen, reißen, schleppen, nachschleifen, ins Schlepptau nehmen, treideln • anziehen, anlocken, locken, verführen • einziehen, einsaugen, aufsaugen • fortziehen, umziehen, wegziehen • erziehen, aufziehen • strecken, dehnen, ausdehnen, längen • bewegen • ein Los ziehen, einen Wechsel ziehen • kühl sein, durchziehen • auslaugen, herausziehen • berupfen *j.* → blasen, bugsieren, reißen, schleppen. ▸ abstoßen, rasten, stoßen, verziehen drücken, schieben.

ziehen, den Kürzeren vom Regen in die Traufe kommen, schlecht wegkommen, zu kurz kommen, die Rechnung ohne den Wirt machen, in die Grube fallen, auf den Hund kommen, Schaden haben, Einbuße erleiden, teuer bezahlen, sich verrechnen, verlieren, ausbaden, herhalten müssen. → beikommen nicht. ▸ gewinnen, ziehen das große Los.

ziehen, über den Tisch betrügen.

ziehen, vom Leder → streiten. ▸ versöhnen sich.

ziehen, das große Los Glück

haben, vorwärts kommen, Karriere machen, im Trockenen sitzen, es zu etwas bringen, vom Glücke verwöhnt werden, in der Butter sitzen, auf einen grünen Zweig kommen, ein Glückskind sein, vom Himmel gesegnet sein, ernten ohne zu säen, glücken, mit vollen Segeln fahren, unter einem guten Stern geboren sein.
▸ verlieren, ziehen den Kürzeren.

ziehen, nach sich → bedingen.

Ziehharmonika Akkordeon, Schifferklavier, Quetschkommode *u*, Knautschkommode *u*, Mansardenklavier *u*, Knautsche *u*, Presse *u*, Quautsche *u*. → Akkordeon, Bandoneon, Konzertina.

Ziehmutter (-vater) Pflegeeltern, Stiefeltern.

Ziehung Anziehung, Zugkraft, Hubkraft, Zug, Hub, Anhub • Saugkraft, Saugfähigkeit, Ansaugung, Aufsaugung • Steigkraft • Auslosung, Ausspielung, Lotterie, Gewinnermittlung, Glückspielergebnis.

Ziel Ende, Schluss, Endziel, Endzweck, Endergebnis, Höhepunkt, Abschluss, Punkt, Sportziel, das Schwarze • Frist, Datum, Zeitpunkt, Richtungspunkt • Absicht, Endabsicht, Vorbedacht, Vorsatz, Plan, Zielgedanke. → Adresse, Anteil, Ausgang, Ausschweifung, Auswirkung, Bahnhof, Begehr, Begriff, Beste, Coda, Endabsicht, Gipfel, Interesse, Richtung, Schluss, Termin, Zweck.
▸ Beginn, Start, Ursprung, Zufall.

Ziel erreichen, das ankommen • bewältigen, bewerkstelligen, durchkommen, durchsetzen sich, durchstehen, Ende bringen zu, leisten, meistern, schaffen, überwinden.

Ziel setzen, sich zum beabsichtigen, planen, vorhaben, zielen auf.

Zielbahnhof Terminal.

zielbewusst → anstellig, arbeitsam, ausdauernd, beflissentlich, beharrlich, beständig, charakterfest, direkt, entschlossen, felsenfest, gewillt, Hand kurze, rastlos, unbeirrt, unerschütterlich, willensstark.
▸ haltlos, labil, planlos, schwankend, unentschlossen, unschlüssig, ziellos • impulsiv, spontan • zufällig.

zielen schießen, werfen • bezwecken, hinzielen auf, beabsichtigen, anpeilen, abzielen auf, hinsteuern auf, anstreben, erzwecken, sich vornehmen, vorhaben, es abgesehen haben auf, planen, es anlegen auf.
▸ verfehlen • treffen • dem Zufall überlassen.

zielen, auf ansteuern, beabsichtigen, ins Auge fassen, vorhaben, Ziel setzen sich zum.

zielgerecht → richtig, systematisch.

zielgerichtet/-strebig beharrlich, final, intentional, unbeirrt, zielbewusst.

Zielgruppen Adressaten.

Zielkerbe Kimme.

Ziellauf, schneller Spurt.

ziellos zwecklos, auf Umwegen, unklar, abweichend, weitschweifig, unsystematisch, unmethodisch, unvorbereitet, umherschweifend, ohne Ziel, querfeldein, planlos, systemlos.
▸ zielbewusst.

ziellos wandern rumstreichen *u*.

Zielpunkt → Endabsicht, Ziel, Zweck.

Zielrichtung → Absicht, Geleise, Richtung, Weg, Ziel.

Zielscheibe → Ziel.

zielsetzend richtunggebend, richtungweisend, vorbildlich, wegweisend.

Zielsetzung → Aufgabe, Bestreben, Ziel.

zielsicher → beharrlich, sicher, unbeirrt, unerschütterlich.

zielstrebend → absichtlich, beharrlich, beflissen, fleißig, unbeirrt, unerschütterlich.

zielstrebig beharrlich, durchdacht, energisch, entschlossen, konsequent, methodisch, planmäßig, systematisch, überlegt, unbeirrt, zielbewusst, zielgerichtet, zupackend, zweckorientiert.

Zielstrebigkeit → Ausdauer, Beharrlichkeit, Fleiß.

Zielvorrichtung Visier.

ziemen, sich geziemen, gebühren, sollen, sich gehören, anerkennen, sich selbst schuldig sein, erheischen, verpflichten, vorschreiben, erfordern, verlangen, schicklich.
▸ herausnehmen, unziemlich (sein), verletzen.

Ziemer Tierrücken, Hinterviertel, Hinterschinken • Prügel, Ochsenziemer, Peitsche, Strafmittel, Reitpeitsche, Gerte, Hagenschwanz, Hagenziemer, Haslauer.

ziemlich → angemessen, anwendbar, begrenzt, erheblich, erträglich, gebührend, mittelmäßig, schicklich, tüchtig.

ziepen zupfen, rupfen, kneifen.

Zier → Aufmachung, Aufschlag, Ausschmückung, Dekoration, Schmuck.

Zieraffe → Dandy.

Zierrat → Aufmachung, Aufschlag, Ausschmückung, Besatz, Dekoration, Garnitur, Quaste, Schmuck.

Zierband → Band.

Zierbaum → Baum.

Zierbengel → Dandy.

Zierde → Aufschlag, Ausschmückung, Dekoration, Schmuck, Verzierung.
▸ Verunstaltung.

zieren → beflaggen, behängen, besetzen, dekorieren, schmücken, verschönern.
▸ hässlich machen, schänden, verunzieren.

zieren, sich sich spreizen, Theater spielen, die Augen verdrehen, vornehm tun, schöntun, empfindeln, übertreiben, sich spröde geben, zimperlich tun, prüde tun, sich haben, vormachen • sich schmücken, sich putzen. → schmücken, tun vornehm.
▸ natürlich sein, verschandeln.

Ziererei → Getue, Mache, Manieriertheit, Mätzchen, Prüderie.

Zierfiguren Nippes.

Zierkunst Ornamentik.

zierlich feingliedrig, zart. → angenehm, anmutig, biegsam, scharmant, entzückend, fein, lieblich, nett, schön.
▸ groß, stattlich • klobig, kompakt, mächtig, massig, plump, unförmig, ungeschlacht, wuchtig.

Ziernarr → Dandy.

Ziertaschentuch Pussierlappen *u*.

Zierwerk → Dekoration, Schmuck.

Ziffer → Absatz, Chiffre, Paragraf, Zahl.

Ziffern versehen, mit beziffern, durchnummerieren, nummerieren.

ziffernmäßig zahlenmäßig,

berechenbar, messbar, teilbar, zählbar, arithmetisch, nummernmäßig.
Zigarette Glimmstängel, Stäbchen, Sargnagel *u,* Lungenbrötchen *u* • Kippe • Lulle *u,* Pimme *u,* Poofe *u,* Puste *u,* Qualmling *u,* Qualmstift *u,* Sargnagel *u,* Stängel *u.*
Zigarette mit Rauschgift Joint.
Zigarre Havanna, Brasil, Schwarze, Blonde, Virginia, Glimmstängel, Giftnudel *u,* Stinkbolzen *u,* Stinkadores *u,* Stinkspargel *u,* Qualmbolzen *u,* Festrübe *u,* Kotzbalken *u,* Sonntagszigarre. • Schlotzer *u.*
Zigarre, kleine Zigarillo.
Zigeuner Landfahrer, Roma, Sinti.
zigeunern → bummeln, herumlungern.
Zimmer Kemenate, Stube, Wohnraum, Appartement, Bude, Gelass, Gemach, Kajüte *sm,* Speisezimmer, Esszimmer, Wohnzimmer, Empfangszimmer, Schlafzimmer, Badezimmer, Mansarde, Halle, Diele, Boudoir, Chambre garni, Cambre separee, Amtsstube, Geschäftszimmer. → Kabinett, Kammer, Raum, Saal.
Zimmerflucht Appartement, Enfilade, Suite.
Zimmerluft Mief *u,* Muff *u,* Hecht *u,* schlechte Luft.
Zimmermädchen → Kammerzofe.
zimmern schreinern, tischlern, werken.
zimperlich altjüngferlich, g'schamig *ö,* pretiös, prüde, spröde, etepetete *u,* scheu • schamhaft, hausbacken, frigid, feinfühlig, spießig, unnahbar, unschuldig, verschämt, zart fühlend, züchtig. → empfindlich, erkünstelt, feinschmeckerisch, feminin, spröde.
▸ unempfindlich, abgebrüht, abgehärtet • draufgängerisch.
Zimperlichkeit Ängstlichkeit, Empfindlichkeit, Mimosenhaftigkeit, Prüderie.
Zimt Würze, Gewürz, Kaneel • Kohl, Geschwätz, Gefasel, Faselei, Dummheit, Unsinn, Quatsch • Geld, Kohlen, Zaster, Kies.
Zinke → Berg, Schärfe, Spitze.
Zinken → Nase, Spitze.
Zinne → Ausguck, Spitze, Turm.
Zins → Abgabe, Aufschlag, Geld, Miete.
Zins, tatsächlicher Effektivverzinsung, Rendite.
Zinsen Geld, Gefälle, Anteil, Dividende, Einnahme, Erträgnis, Prozente, Ertrag, Erlös. → Geldquelle.
▸ Kapital.
Zinsen bringen rentieren.
Zinsertrag Rendite.
Zinsleiste Talon.
zinspflichtig verpflichtet, schuldig, in Schuld, zinszahlungspflichtig, schadenspflichtig.
▸ zinsfrei.
Zinsschein → Abschnitt, Anteil, Kupon.
Zinsspanne (Zins-)Marge.
zinstragend → lohnend, rentabel.
▸ unverzinslich • verlustbringend.
zinsverzinsend anatozistisch.
Zipfel → Ende, Spitze.
▸ Kuhle • Spalte.
Zipperlein Podagra, Rheuma, Gicht, Ischias, Gliederreißen, Altersschmerz, Alterszittern, Gebrechlichkeit.
Zirbeldrüse Corpus pineale, Epiphyse.
zirka → annähernd, etwa.
Zirkel → Kreis, Kreislauf, Ring, Linie, Reif, Kreisform, Runde • Sternbild • Messgerät, Zeichengerät. → Bruderschaft, Freundschaft, Klub.
Zirkelschluss Circulus vitiosus.
Zirkular Rundschreiben, Mitteilung, Bekanntmachung, Laufzettel, vorgedruckter Brief, Verkündigung, vervielfältigter Brieftext, Vordruck, Formular, Bekanntgabe, Erlass, Veröffentlichung, Nachricht, Kunde, öffentlicher Ausruf, Verbreitung, Umlauf, Bericht, Ausrufung, Runderlass, Verordnung, Verfügung, Umlaufschreiben, Ausschreiben, Ausgabe, Fragebogen, Vordruck.
zirkulieren → umlaufen.
Zirkus Tierschau, Menagerie, Bärenzwinger, Löwengrube, Schauzelt, Akrobatik, Amphitheater, Manege, Hippodrom, Stadion, Arena • Krach, Tohuwabohu, Affentheater.
Zirkuskünstler Akrobat, Artist.
Zirkusrund Manege.
zirpen → summen.
zischeln → dämpfen die Stimme, wispern, zischen.
Zischen Zischlaut, Gezischel, Geraschel, Geknirsch, Geschwirr, Gebraus, Sausen, Rauschen, Schwirren, Tuscheln, Knirschen, Stürmen, Brausen, Schnauben, Schnoben, Krächzen • Schäumen, Gischt, Geifer, Schampus, Schwären, Schaum • Wut.
zischen zischeln, rascheln, schwirren, rauschen, fauchen, lispeln, flüstern, tuscheln, wispern, brausen, schnauben, schnarchen, blasen, schnoben • schäumen, schwären, wallen, moussieren • ablehnen, verneinen, seine Missachtung zeigen. → brausen, krächzen, schäumen, wispern.
▸ anerkennen, verstummen.
zischend → schäumend, wütend.
Zisterne → Brunnen.
Zitadelle → Bastion, Befestigung, Burg.
Zitat Ausspruch, Anführung, Begründung, Angabe • Satz, Spruch, Dichterspruch, Belegstelle, Wort. → Bekräftigung, Erweis, Nachweis.
Zitatensammlung Ana, Analekten.
zitieren → anführen, angeben, befehlen, heißen.
Zitierung Allegation.
Zitrusfrucht z.B. Grapefruit, Mandarine, Orange, Zitrone.
zittern frösteln, puppern, frieren, durchschütteln, beben, bibbern *u,* den Tatterich haben *u,* zappeln, wackeln, schüttern • ungeschickt sein, herumfackeln, schusseln, verwackeln • bangen, puppern *u,* ängstlich sein, fürchten, sich beunruhigen, erblassen, Trema, Tremor, (Beben, Trällern, Zitterton) Tremolo. → ängstigen, bangen, berühren, durchschüttern, ergrimmen, erschrecken, frieren, fürchten, schaudern, vibrieren.
▸ erkühnen (sich), ruhig (bleiben), schwitzen.
zitternd → bebend, erschrocken, schwankend.
zittrig → alt, bebend, schwankend, ungeschickt.
Zitze Brust, Euter, Saugwarze • Brustwarze.
zivil → bürgerlich.
Zivilcourage → Courage.
Zivilisation → Erziehung, Fortschritt, Kultur, Sitte, Verfeinerung.
▸ Natur, Wildnis, Wüste.
zivilisieren → erziehen, heben.
zivilisiert → gesittet.
▸ barbarisch, wild • natürlich, ursprünglich.

zockeln → zotteln.
Zoff Auseinandersetzung, Hader, Reiberei, Streit, Zank, Zerwürfnis.
zögern stocken, sich sträuben, bummeln, zaudern, säumen, sich Zeit lassen, trödeln, nöhlen *u*, tunteln *u*, erlahmen, Umstände machen, an sich herankommen lassen, zurückbleiben, nachhinken, abwarten, sich aufhalten, hinausschieben, verschleppen • verschieben, hinauszögern, verzögern, sich bedenken, stutzen • schwanken, drucksen, fackeln, herumdrucksen, unschlüssig sein, trielen *u*, trödeln *u*. → anhalten, aufhalten sich, bedenken, befürchten, belassen, besinnen sich, bleiben neutral, bleiben zurück, mähren, schieben auf die lange Bank, stocken, Umstände machen, verweilen, zaudern. ▸ ausführen, eilen, entschließen (sich), getrauen sich, wagen • anfangen, beginnen, loslegen, starten • springen.
Zögern, ohne anstandslos, bereitwillig, ohne weiteres, prompt, sofort, umgehend.
zögernd zaudernd, langsam, stockend, bummelig, gemächlich, trödelig, saumselig, schläfrig, zurückbleibend, verspätet, säumig, rückständig • schwankend, unentschlossen. → allmählich, bequem, faul, langsam, nach und nach. ▸ entschlossen, schnell.
Zögling → Baby, Schüler.
Zölibat Ehelosigkeit, lediger Stand. ▸ Ehe(stand).
Zoll Maß, Maßeinheit, Längenmaß • Umschlag, Abgabe, Umlage, Umgeld, Steuer, Marktgeld • Zoll der Dankbarkeit. → Abgabe, Tribut.
zollen bekunden, Achtung oder Dank zollen, Begeisterung zeigen.
Zollerklärung Deklaration.
Zöllner Mautner, Zollbeamter.
Zollschranke → Beschwernis, Grenze, Hindernis.
Zollstreifen Banderole.
zollweise langsam, langwierig, endlos, Stück für Stück, schrittweise. Schritt für Schritt, allmählich, im Schneckenschritt. ▸ schnell.
Zone → Distrikt, Klima, Region.
Zonen, heiße Tropen.
Zonengrenze Demarkationslinie.
Zoo Tierpark, zoologischer Garten.
Zopf Flechte, Haar, Haarstrang, Zwiebel *u* • Gewohnheit, Üblichkeit, Bocksbeutelei, Schlendrian, Amtsweg • Schmuck, Verzierung • Fahne, Räuscherl, Brummer, Dambes, Dusel, Affe, Trunkenheit.
zopfig → abgestanden, abgetan, alt.
Zorn Wut, Grimm, Rage, Zornanfall, Groll, Geifer, Erbostheit, Erbitterung, Erzürntheit, Zornesröte, Unwille, Ungehaltenheit, Erregung, Ungestüm, Rachsucht, Tollwut, Tobsucht, Raserei, Anfall, Heftigkeit, Leidenschaftlichkeit, Aufgebrachtheit, Berserkerwut, Hitze, Sturm, Heißwut, Hass, Jähzorn, Tollheit, Verbissenheit, Ingrimm, Verdruss. → Aufregung, Aufruhr, Ausbruch, Bitterkeit, Bosheit, Entrüstung, Erbostheit, Erregung, Galle, Geifer, Heftigkeit, Wut. ▸ Beschwichtigung, Gelassenheit, Heiterkeit, Nachgiebigkeit, Sanftmut.
Zornanfall Ausbruch. → Anwandlung, Wut, Zorn.
zornig rabiat, ungehalten, unmutig, unwillig, zähneknirschend, zähnefletschend, tobsüchtig, ungebärdig, wild, wütend, grollend, gereizt, böse, geladen, erzürnt, grimmig, aus dem Häuschen, fuchtig, erhitzt, erbost, wutentbrannt, wutverzerrt. → aufgebracht, böse, cholerisch, enragiert, erbost, Kopf mit rotem, rabiat, übellaunig, wild, wütend. ▸ gelassen, heiter, nachgiebig, sanftmütig.
zornig sein aufgebracht/wütend sein, erzürnen sich, zürnen.
zornmütig ärgerlich, böse, gereizt, überreizt, nervös, giftig, aufgebracht, grimmig, gallsüchtig, unbeherrscht, zügellos, wutentbrannt, ungebärdig, rasend, wutschnaubend, wutschäumend, unbändig • zornig, aus dem Häuschen, fuchtig, erbittert, in Harnisch, wütend, furienhaft, zähneknirschend, wutverzerrt • streitsüchtig, rechthaberisch, zänkisch, radaulustig, händelsüchtig. ▸ gelassen, heiter, sanftmütig, versöhnlich.
Zote → Schweinerei, Unkeuschheit, Witz.
Zoten Saukram *u*.
Zoten erzählen sauen *u*.
Zotenhaftigkeit → Beleidigung, Schweinerei, Unkeuschheit.
Zotenreißer Sauglocke *u*, Schmierfink *u*.
zotig trichinös *u*. → anrüchig, dirnenhaft, geschlechtlich, schlüpfrig, schweinemäßig, unanständig, unkeusch. ▸ anständig, harmlos.
zotige Reden führen schampern *u*.
Zotte → Ausguss, Fell.
zotteln zuckeln, zockeln. → bummeln, hemmen, zögern.
Zotteln Mähne, Schorf, Locken, Fransen, Strähnen.
zottig → bärtig, borstig, buschig, fransig.
zu geschlossen, bis, darum, durch, dazu, zudem, hinzu, in Ergänzung, einzufügen, mit, darüber, noch, dabei, hinzugebend • zur, hin, in Richtung auf. → pfadlos, verkapselt. ▸ offen, auf, geöffnet, unverschlossen.
zu diesem Zweck dafür, hierfür, zwecks.
zu Fuß per pedes.
zuarbeiten helfen, vorbereiten.
Zubau Anbau, Nebenbau, Nebenflügel, Seitenflügel, Seitengebäude, Nebenhaus, Nebengebäude, Hinterhaus, Vorhaus, Vorbau. ▸ (Hauptgebäude).
Zubehör Anlage, Ergänzung, Beilage, Dazugehöriges, Besatz, Beschlag, Zusatz, Extras *m*, Zierrat, Schmuck, Zutat, Zugabe, Drum und Dran, mit allen Schikanen, Zugehörigkeit • Würze, Beigeschmack. → Aufmachung, Bedarf, Beifügung, Beilage, Bestandteil, Dependance, Garnitur, Requisit, Utensilien. ▸ Hauptsache.
Zubehör, übliches Pipapo *u*.
Zubehörteil, besonderer Extra.
Zuber → Behälter.
zubereiten herrichten, zurüsten, vorbereiten, vorarbeiten • kochen, rösten, backen, dämpfen, sieden, braten, grillen, dünsten, zurichten, brauen. → anfertigen, arbeiten, bilden,

machen, vorbereiten, anrichten.
zubereitet → essbar, fertig, gar. ▸ roh, ungenießbar, unzubereitet.
Zubereitung → Bearbeitung, Bildung, Vorbereitung.
zubilligen → anerkennen. ▸ aberkennen, absprechen, verweigern.
zubinden → absperren, einpacken, hemmen, schließen, schnüren.
Zubläser → Denunziant, Horcher.
zubringen → befördern, benachrichtigen, mischen.
Zubringer Kuppler, Gelegenheitsmacher, Zuträger, Zuhälter • Vermittler, Zusteller, Bote, Briefträger, Zuführer, Greifer • Zubringerstraße.
Zubringerin Kupplerin, Zuträgerin, Zuhälterin, Mädchenhändlerin, Gelegenheitsmacherin • Vermittlerin, Zustellerin, Botin, Austrägerin.
Zubuße → Abgabe, Ausgabe.
zubuttern draufzahlen, zulegen, zusetzen.
Zucht Selbstzügelung, Selbstzucht, Selbsterziehung, Selbstüberwindung, Überwindung, Übung, Selbstbeherrschung, Schulung, harte Schule, Manneszucht, Macht über sich selbst, Drill, Fuchtel *u,* Erziehung, Sitte, Schulzucht, Anstand • Aufzucht, Abrichtung, Dressur, Tierzucht, Aufziehung, Auslese, Selektion. → Anstand, Disziplin, Ernst, Fassung, Keuschheit, Ordnung, Selbstbezähmung, Willensstärke. ▸ Zuchtlosigkeit.
züchten heranziehen, kreuzen, paaren, fortpflanzen, aufziehen • abrichten, zähmen, bändigen, veredeln, dressieren, ins Gebet nehmen, pflegen, verbessern, heranzüchten. → aufziehen, ausbilden, Blut auffrischen. ▸ ausrotten, (im Naturzustand belassen).
Zuchthaus → Anstalt, Bestrafung, Kerker.
züchtig → anständig, brav, keusch, tugendhaft. ▸ zuchtlos.
züchtigen → abrechnen, ahnden, bestrafen, dreschen, durchschlagen, prügeln, strafen, tadeln.
Züchtigkeit → Bescheidenheit, Keuschheit, Mädchenhaftigkeit.
Züchtigung → Bearbeitung, Beleidigung, Bestrafung, Demütigung, Prügel, Schmerz, Strafe, Unglück, Tadel.
zuchtlos willensschwach, schlampig, schlotterig, zwanglos, haltlos, schlapp, weichlich, fahrig, flatterhaft, schlunzig, unordentlich, sittenlos, aus der Reihe tanzen, eine Extrawurst gebraten haben wollen *u.* → undiszipliniert. ▸ züchtig.
Zuchtlosigkeit Willensschwäche, Weichlichkeit, Haltlosigkeit, Schlamperei, Leichtsinn, Hudelei, Lotterleben, Wildwest, polnische Wirtschaft, Schlendrian • Gier, Lüste, Unzüchtigkeit, Unsittsamkeit. → Ärgernis, Demoralisation, Maßlosigkeit, Schweinerei, Unkeuschheit, Unordnung. ▸ Zucht.
Zuchtmeister Bändiger, Dompteur, Erzieher, Pauker.
Zuchtrennen Derby.
Züchtung Zuchtwahl, Aufzucht, Kreuzung, Paarung. ▸ Entartung.
Zuchtwahl Auslese, Aussonderung, Auswahl, Paarung, Kreuzung, Züchtung. ▸ Dekadenz.
Zuck-, Ruck Druck, Hub. → Zug.
zuckeln → zotteln.
zucken zittern, zusammenzucken, erschüttern, wackeln, schlottern, schaudern • krank sein, Anfälle bekommen. → vibrieren. ▸ still stehen.
zücken blankziehen, aus der Scheide ziehen, vom Leder ziehen • ziehen, zerren, reißen.
Zucken, nervöses Tic.
Zucker, gebrannter Karamell.
Zuckerbäcker → Bäcker.
Zuckerguss(überzug) Glasur.
Zuckerkranker Diabetiker.
Zuckerkrankheit Diabetes mellitus.
Zuckerkristall Kandis.
zuckern überzuckern, verzuckern, kandieren, süßen, versüßen, süß machen. ▸ versalzen.
Zuckerrohrschnaps Rum.
Zuckersaft Sirup.
Zuckerwerk → Konfitüre, Leckerbissen.
Zuckerzeug Bonbon, Dolce, Fondant, Konfekt.
Zuckkrampf Klonus, Schüttelkrampf.
zuckrig dolce, süß.
Zuckung Zucken, Reißen, Wehen, Schmerzen, Krankheit, Übel, Beschwerden, Anfälle • Erschütterung, Ruck, Stoß, Beben. ▸ Stillstand, Wohlergehen.
Zudecke → Decke.
zudecken → absperren, anziehen, bedachen, bedecken, behängen, decken, einbinden, einmummen, verdecken, verheimlichen, verschalen. ▸ aufdecken, entblößen, enthüllen, preisgeben.
zudem → absichtlich, auch, außerdem, beiläufig, dabei, darüber, dazu, ferner, nicht nur sondern auch, überdies, ungerechnet.
zudrängen stoßen, drängen, drücken, eindringen, schieben, hinzukommen, hinzudrängen. ▸ weggehen, ziehen.
zudrehen → abdrosseln, absperren, ausschalten, schließen. ▸ aufdrehen, öffnen.
zudrehen, sich hinwenden sich, zukehren/zuwenden sich.
zudringlich → aufdringlich, Türe ins Haus fallen mit der, unhöflich. ▸ gehemmt, scheu, schüchtern • abwartend, reserviert, taktvoll, zurückhaltend.
zudringlich sein → aufdrängen, bleiben.
Zudringlichkeit → Unhöflichkeit, Unschicklichkeit.
zudrücken, ein Auge Milde walten lassen, milde behandeln, durch die Finger sehen, Nachsicht üben, verzeihen, übersehen. ▸ ahnden.
zueignen → beschenken, besitzen, darbringen, darreichen, erarbeiten, erheben Anspruch, geben, schenken, vermachen.
zueignen, sich → bemächtigen, nehmen.
Zueignung → Andenken, Dieberei, Einbruch, Entziehung, Gabe, Geschenk, Unredlichkeit, Vermächtnis.
zueinander halten zusammenhalten, am selben Strang ziehen, zusammenwirken, zusammenarbeiten, unter einer Decke stecken, im Einverständnis sein, im Einvernehmen handeln, verstehen sich. → beigesellen.

▸ abkehren sich, entzweien, hemmen.
zuerkennen → anerkennen, einräumen, erlauben, verteilen.
zuerst → beginnend, bereits, bevor, einleitend, vor allem anderen.
▸ danach, dann, darauf, später ● zuletzt.
zuerst vorhanden grundlegend, primär, ursprünglich.
Zufahrt → Allee, Chaussee, Durchfahrt, Weg.
Zufall Bestimmung, Verhängnis, Fügung, Schickung, Los, Geschick ● Sinnlosigkeit, Ungefähr, Grundlosigkeit, Geratewohl, Zufälligkeit ● Glücksache, Glücksfall, Glück, Chance, Treffer ● Begegnung, Lage, Erlebnis. → Chance, Dusel, Fortuna, Gelegenheit, Lotterie, Schicksal.
▸ Absicht, Misserfolg, Missgeschick ● Gesetz, Notwendigkeit, Plan.
zufallen → beerben, bekommen, empfangen, schließen, zukommen.
zufällig ungefähr, von ungefähr, wahllos, unausgewählt, beliebig, irgendwie, nach Belieben, unbeabsichtigt, unbewusst, akzidentell ● aufschnappen ● aufgabeln. → absichtslos, beiläufig, blindlings, erste beste.
▸ absichtlich, bewusst.
Zufälligkeit → Chance, Erlebnis, Zufall.
zufallsabhängig aleatorisch, imponderabel, stochastisch, unberechenbar. → zufällig.
Zufallseinkommen Windfall-gains/-profits.
Zufallstreffer Schlump *u.*
zufassen zupacken, angreifen, anfassen, erfassen, nehmen ● in die Hand nehmen, nicht nachlassen, nicht nachgeben ● den Marsch blasen, entschlossen sein. → gefackelt nicht, Prozess machen kurzen.
▸ drücken sich, nachgeben, zögern.
zufliegen → bekommen.
zufließen lassen → ausliefern, beschenken, darbringen, schenken.
Zuflucht Schlupfwinkel, Freistätte, Aufenthaltsort, Bleibe, Obdach, Unterschlupf, Asyl, Zufluchtsort, Unterkommen, Schlupfloch, Heim, Hut, Versteck, Verschanzung, Schirm, Schutz. → Asyl, Ausweg, Elternhaus, Heim, Obdach.
▸ Exil ● Gefängnis ● Flucht ● Verfolgung.
Zuflucht, letzte Ultima ratio.
Zufluchtsort Zuflucht, Versteck, Bleibe, Schlupfloch, Unterschlupf, Hut, Freistätte, Zufluchtsstätte, Ruhesitz. → Asyl, Aufenthaltsort, Obdach, Quartier, Unterkunft, Versteck, Zuflucht.
Zufluss Zunahme, Zuwachs, Vermehrung, Anschwellung, Erhöhung, Wertzuwachs, Kräftigung, Befestigung, Ansammlung ● Zulauf, Zuleitung, Zustrom, Zuströmung, Zusammenlauf, Zusammenströmung, Zuleitung, Mündung, Verbindung, Kanal, Einbruch ● Einführung, Auffüllung, Einfüllung, Zufuhr, Einlauf, Zuführung.
▸ Abfluss.
zuflüstern → anvertrauen, bedeuten, verleiten.
Zuflüsterung → Überredungskraft, Verführung.
zufolge → dadurch, darum.
zufrieden wohl, befriedigt, ungetrübt, glücklich, klaglos, lebensfroh, lebenslustig, genügsam, bedürfnislos, kummerlos, seelenfroh, sorgenfrei, wohlig. → anspruchslos, aufgelegt, aufgeräumt, behäbig, behaglich, beruhigt, bescheiden, daheim, entzückt, Familie im Schoße der, froh, kummerlos, wohlgemut.
▸ unzufrieden, unglücklich, verdrossen ● klagend, mürrisch, wehleidig.
zufrieden geben, sich → abfinden, befriedigen, belassen, schicken sich.
zufrieden gestellt saturiert.
Zufriedenheit Herzensruhe, Wohlgefühl, Wohlbehagen, Wohlsein, Befriedigung, Behagen, Lebensfreude, Genügsamkeit, Seelenfriede, Genüge, Selbstzufriedenheit, Vergnüglichkeit. → Befriedigung, Bescheidenheit, Daseinsfreude, Einheit, Einklang, Harmonie, Lebensfreude.
▸ Unzufriedenheit.
zufrieden stellen saturieren, befrieden, sühnen, wieder gutmachen, Schuld abtragen, wettmachen, ersetzen, Genugtuung leisten, vergelten ● erfreuen, ergötzen, vergnügen. → befriedigen, erfreuen, erfüllen die Hoffnung.
▸ enttäuschen.
zufrieden stellend angemessen, gerecht, Ordnung in.
Zufriedenstellung → Abbitte, Befriedigung, Sühne.
zufrieren → gefrieren.
zufügen → hinzugeben, machen, zugeben.
zufügen, Wunden verletzen.
Zufuhr Zuleitung, Zuführung, Zufluss, Einfüllung, Auffüllung, Einspritzung, Injektion, Klistier, Füllung, Einlauf, Sättigung, Nahrungsaufnahme. → Handel, Transport.
▸ Abfluss, Entgegennahme ● Abfuhr ● Verbrauch.
zuführen einflößen, einfüllen, eingießen, einspritzen, geben, eingeben, einblasen, zugeben, einführen. → befördern.
▸ abfließen, entführen, entgegennehmen.
Zuführung → Zufuhr.
Zug Ruck, Pull *sm,* Hub, Stoß, Anhub ● Herde, Aufzug, Aufmarsch, Karawane, Prozession, Folge, Gefolge, Schwarm, Abteilung ● Gesichtszug, Gesichtsform, Miene, Aussehen ● Bewegung, Marsch, Fortkommen ● Wind, Luftzug ● Schluck, Tropfen ● Namenszug, Federzug ● Charakterzug, Art, Weise ● Richtung, Weg, Verfahren, Methode ● Lastzug, Transportzug, Personenzug, Güterzug, Schnellzug, Express, Eisenbahn. → Abteilung, Aufeinanderfolge, Aufstellung, Bewegung, Bewegungstrieb, Durchzug, Fahrzeug (Schienen-, Linien-).
▸ Anprall, Druck, Gegenwirkung, Stillstand.
Zugabe → Beifügung, Beilage, Beitrag, Beiwerk, Einlage, Einschuss, Ergänzung, Erwerb, Geschenk, Prämie.
Zugabteil Kupee.
Zugang → Durchgang, Eingang, Öffnung, Weg.
▸ Abgang, Verkauf ● Ausgang.
zugänglich genießbar *u.* → aufgeschlossen, dirnenhaft, du und du, empfänglich, erkäuflich, erreichbar, erschwinglich, offen.
▸ prüde, unnahbar, unzugänglich, verschlossen ● zurückhaltend ● abgeschlossen, gesperrt.
zugänglich machen aufmachen, aufschließen, aufsperren, auftun, entfalten,

(er)öffnen • anbieten, preisgeben, publizieren, veröffentlichen.
Zugänglichkeit Zutraulichkeit, Entgegenkommen, Umgang vertrauter, Schmiegsamkeit, Biegsamkeit, Geschmeidigkeit, Gefügigkeit, Lenksamkeit, Willfährigkeit, Folgsamkeit. → Bestechlichkeit, Empfindlichkeit, Feilheit. ▸ Unzugänglichkeit.
Züge → Aussehen, Zug.
zugeben anerkennen, einverstanden sein, bejahen, Ja sagen, bestätigen, bekennen, herausrücken, gestehen, beistimmen, zustimmen, beglaubigen, behaupten • erlauben, gestatten, gewähren. → anerkennen, annehmen, aussagen, ausschütten, begünstigen, beipflichten, bejahen, bekennen, bestätigen, beweisen, eingestehen, erlauben, Ja sagen, übereinstimmen. ▸ leugnen, abstreiten, bestreiten • dementieren.
zugefügt → anliegend.
zugegen → befindlich, dabei, daheim, dort.
zugegen sein → da sein.
Zugegensein Anwesenheit, Dabeisein, Gegenwart, Jetztzeit, Präsenz.
zugehen auf annähern sich, herangehen, nähern sich.
zugehen lassen → schicken.
Zugehfrau Haushaltshilfe, Aufwartung, Putzfrau, Raumpflegerin.
zugehören besitzen, angehören, umfassen, enthalten, einbeziehen, mitrechnen, einschließen, beiordnen, anschließen, inbegriffen, zusammengehören. → enthalten. ▸ ausschließen, verbannen.
zugehörig → beigeordnet, eigen, einschließlich, gebührend, inklusive, verwandt.
Zugehörigkeit Einschließung, Einschluss, Inbegriff, Zusammenschluss, Zusammensetzung, Zubehör • Angehöriger, Verwandtschaft • Mitglied, Teilnehmer. → Aufnahme, Beitritt. ▸ Ausschließung, Fremder, Verbannung.
zugeknöpft → einsilbig, schweigsam, stolz, trocken, zurückhaltend.
Zugeknöpftheit → Stolz, Verschlossenheit.
Zügel → Beeinflussung, Kandare.
Zügel ergreifen, die → dirigieren.
zügellos → anrüchig, aufständisch, ausgelassen, ausschweifend, bacchantisch, bedürfnislos, begehrlich, bestialisch, brutal, buhlerisch, dämonisch, erbarmungslos, erotisch, fessellos, heftig, leichtfertig, maßlos, unkeusch, windig, zuchtlos. ▸ beherrscht, diszipliniert, gebändigt, gezügelt • gesittet, sittsam, züchtig.
Zügellosigkeit → Ausschreitung, Ausschweifung, Begierde, Sinnlichkeit, Unkeuschheit, Zuchtlosigkeit.
zügeln → abwehren, bändigen, begütigen, beherrschen, bekämpfen, besänftigen, beschränken, betäuben, bezähmen, dämpfen, eindämmen. ▸ anspornen, antreiben • (sich) gehen/treiben lassen, freien Lauf lassen.
zügeln, sich → beherrschen sich, kalt bleiben, mäßigen sich, versagen sich.
zugemacht zu, abgeschlossen, verschlossen, versperrt.
Zugemessenes → Dosis.
zugeneigt → anhänglich, kordial, ehelustig, eingenommen, herzlich.
zugenommen → gesteigert.
zugeordnet konjugiert, zusammengehörend, zusammengehörig.
zugesellen, sich → anbändeln, beitreten, geleiten.
zugesperrt abgeschlossen, abgesperrt, geschlossen, gesperrt, verschlossen, zu.
zugespitzt → scharf, schräg, spitz, verschlimmert. ▸ entkrampft, entspannt, entschärft.
zugestanden bejaht, eingestanden, zugegeben, beteuert, offenbart, kundgetan. → anerkannt, nachweisbar. ▸ verboten, widerlegt.
Zugeständnis → Anrecht, Befugnis, Erlaubnis, Konzession, Vergünstigung.
zugestehen konzedieren, erlauben, gestatten, bewilligen, zulassen, dulden, genehmigen, einräumen, gewähren, zugeben, willfahren • gestehen, bejahen, bekennen. → anerkennen, beigeben, bekennen, leugnen, verbieten, verhärten sich.
zugetan → anhänglich, befreundet, cordial, dankbar, dankenswert, ehelustig, eingenommen, erkenntlich, geliebt, innig, verliebt, wohl wollend. ▸ abgeneigt, ablehnend • übel wollend.
zugetan sein gernhaben, hängen an, lieben, mögen, schätzen, verehren.
Zugeteiltes Anteil, Ration.
zugewandt liebend, vertrauend, aufmerksam, solidarisch. ▸ abweisend.
Zugfestigkeit Tenazität.
zugießen → hinzufügen.
Zugkraft → Anziehung, Anziehungskraft, Magnet, Reiz. ▸ Abstoßung, Repulsion.
Zugmaschine Bulldog, Bulldozer, Schlepper, Traktor, Trecker • Lok(omotive).
Zugnummer Attraktion, Glanzstück, Schlager, Zugstück, Clou, Hit, Paradenummer/-stück, Schlager.
zu Grunde richten hinmachen *u*, kaputt machen *u*.
zu Grunde gerichtet abgewirtschaftet, bankrott, kaputt, machulle, ruiniert, verelendet, weg vom Fenster, zerstört.
zugucken → zusehen.
zugig → luftig.
zügig → schnell.
Zugkraft → Anziehung, Anziehungskraft, Magnet, Reiz.
zugkräftig biegsam, gummiartig, spannfähig, federnd • werbekräftig, anlockend, durchschlagend, anreißerisch, gewinnend, herbeilockend, lockend, anpreisend, werbend. ▸ abträglich, minderwertig, starr.
zugleich → als, auch, beifolgend, da, desgleichen, indem.
Zugluft Luftzug, Durchzug, Wind, Windstoß, Luftströmung, Lüftchen • Kühle.
zugreifen → entgegenkommen, handeln, helfen, nehmen, Prozess machen kurzen, tun, zufassen.
Zugriff → Bemächtigung, Bewerkstelligung, Dieberei, Hilfe, Tat, Vollzug.
zugriffig rege, arbeitsam, ruhelos, rastlos, anstellig,

fleißig. → derb.
▸ mimosenhaft, träge.
Zugriffigkeit → Fleiß.
zu Grunde gehen umkommen, untergehen, vergehen, zerfallen, absterben, sterben, zerschellen. zusammenbrechen, zusammenfallen, zusammenstürzen, verregnen, verhageln, verwelken, sich auflösen, drankommen, draufgehen, flöten gehen *u*, zum Kuckuck gehen *u*, eingehen, einschlummern, hinüberschlummern, enden, entschlafen, erlöschen, heimgehen, heimkehren, scheiden, verhauchen, verröcheln, verrecken, krepieren, wegbleiben, an die Reihe kommen, abberufen werden, in die Hölle fahren, sein Leben aushauchen, ins Grab sinken, zur großen Armee abgehen, den Geist aufgeben, ins Gras beißen, in die Grube fahren, zu Staub werden, den Weg allen Fleisches gehen • sich nicht halten können, unter die Räder kommen, Bankrott machen, das Feld räumen müssen, Pleite machen, Fiasko machen, abstinken, Pech haben, den Boden unter den Füßen verlieren, auf den Hund kommen.
▸ gedeihen, gelingen, leben.
zu Grunde legen unterstellen, annehmen, voraussetzen, den Fall setzen, konstruieren • mutmaßen, vermuten, wähnen, meinen, unterstellen.
▸ ergeben sich, wissen.
zu Grunde liegen Ursache sein, bewirken, auslösen, bedingen, bewerkstelligen, erregen, erwecken, erzeugen, heraufbeschwören, hervorrufen, herbeiführen, verursachen, zeitigen, im Gefolge haben, nach sich ziehen.
zu Grunde richten → ruinieren.
Zugstück → Anziehung, Attraktion, Schlager.
zu Gunsten für, zum Vorteil.
▸ zu Ungunsten.
zugute halten akzeptieren, annehmen, glauben, nachsehen, in Kauf nehmen, einverstanden sein.
zugute kommen → nützen.
zuhalten → hemmen, schließen, verschaffen, zueinander halten.
Zuhälter Kuppler, Gelegenheitsmacher, Zubringer, Zuträger, Vermittler, Mädchenhändler, Louis, Stenz, Hurentreiber *u*, Sautreiber *u*, Schani *u*, Spritzer *u*. → Buhle, Halbwelt, Kuppler.
zuhängen → ausschlagen, behängen, verdecken.
zuhause → daheim, Familie im Schoße der Behausung, Daheim, Domizil, (eigenes) Haus, Heim, Heimat, Vaterland, Wohnsitz, Wohnung.
zuhinterst hinten, hinterst, am Letzten, rückwärts, zuletzt, nach, nachher, nachfolgend.
▸ vorn.
zuhorchen → aufpassen, bedenken, beherzigen, hören.
zuhören → aufpassen, erhören, erwachen, hören, hospitieren.
▸ sich äußern, mitteilen, reden, sprechen, vortragen • ins Wort fallen, unterbrechen • unaufmerksam sein • weghören.
Zuhörer → Anwesender, Publikum, Teilnehmer.
Zuhörerschaft → Auditorium.
zuinnerst → drinnen, innen, mitten.
zujauchzen zujubeln, jubeln, preisen, rühmen, entgegenjubeln, besingen, klatschen, ehren, loben, feiern, Beifall zollen, ein Freudengeschrei erheben. → jauchzen.
▸ trauern, verdammen.
zujubeln → klatschen, zujauchzen.
zuklappen → schließen.
zukleben → absperren, schließen.
zuknallen → verschließen.
zukommen zufallen, gehören, anhaften, anhängen, ausmachen, enthalten, aufweisen, innewohnen • zueignen, geziemen, in den Händen liegen, die Pflicht tun. → ausliefern, besitzen, darreichen, eignen, Anspruch erheben, ermächtigen, gebühren, obliegen.
▸ (abwälzen), eigenmächtig handeln, entbehren.
zukommen lassen → abgehen, absenden, abtreten, austeilen, beschaffen, beschenken, bestrafen, darbringen, geben, verschaffen.
zukommend → angemessen, gebührlich.
Zukunft Futurum, die kommende Zeit, Nachzeit, spätere Tage • Weltende, das Jüngste Gericht • Nachwelt • Vorahnung, Voraussicht.
▸ Vergangenheit, Gegenwart.
zukünftig → bevorstehend, dereinst, hernach, künftig, nächstens.
▸ gegenwärtig, momentan • heute, jetzt • damals, ehemals • damalig, ehemalig, einstig, früher.
Zukünftiges vorwegnehmen antizipieren.
Zukunftsaussicht Perspektive.
Zukunftsdeutung Astrologie, Orakel.
Zukunftsforschung/ -wissenschaft Futurologie.
Zukunftsglaube Fortschrittsglaube, Hoffnung, Optimismus, Zuversicht.
zukunftsträchtig Erfolg versprechend, verheißungsvoll.
Zukunftstraum → Utopie.
zulächeln → anlächeln.
Zulage → Aufschlag, Beifügung, Beilage, Beitrag, Geld, Prämie.
▸ Abstrich, Abzug.
zulangen → Hände ausstrecken nach, nehmen.
▸ sich zurückhalten.
zulänglich genügsam, genügend, ausreichend, hinreichend, hinlänglich, angemessen, erklecklich, sattsam, leidlich, ziemlich, erträglich, glimpflich. → genug.
▸ unzulänglich.
Zulass → Aufnahme, Beitritt, Einfahrt, Eingang, Weg.
zulassen → annehmen, aufnehmen, befähigen, beigeben, bewilligen, darreichen, dürfen, einräumen, einwilligen, erlauben, ermöglichen, gewähren, gutheißen, Hand freie lassen, hereinlassen, machen eine Ausnahme, zuführen.
▸ abmelden • stillegen • ausschließen • unterbinden, untersagen, verbieten, verhindern, verwehren.
zulässig ungeschmälert. → entschuldbar, erlaubt, maßgeblich, rechtlich, statthaft.
▸ unerlaubt, unstatthaft, unzulässig, verboten.
zulässige Menge Kontingent.
Zulassung → Aufnahme, Bekräftigung, Billigung, Einfahrt, Erlaubnis, Konzession.
▸ Abmeldung • Ausschluss • Entfernung • Verweisung.
Zulassungsbeschränkung Numerus clausus.
Zulauf Zusammenfluss, Einmündung, Zustrom,

Ansammlung, Zusammenziehung, Zuströmung, Zusammenlauf, Zuleitung, Zutritt, Zugang • Schwarm, Menge, Andrang, Häufung. → Anschluss, Anzahl, Einmündung. ▸ Abfluss, Isolierung Abfall, Flucht, (Partei-)Wechsel.
zulaufen hinlaufen, hinströmen, hingehen, hineilen, nachfolgen, anhängen sich, folgen, scharen sich, ansammeln sich, häufen sich, drängen sich • einmünden, einfließen, spitz zulaufen, zusammenlaufen. ▸ abfließen, abwenden sich, meiden.
zulegen → aneignen, auftreiben, beschaffen, sammeln, verschaffen. ▸ abnehmen • abstreichen, abziehen, drosseln, kürzen, mindern, reduzieren, verlangsamen.
zuleibe gehen → angreifen.
zu Leide tun → schaden. ▸ zuliebe tun.
zuleiten → absenden, befördern, schicken, zulaufen.
Zuleitung Zuführung, Zufuhr, Zufluss, Einführung, Vereinigung, Zustrom, Hinführung, Zulauf, Leitung, Hindirigieren. → Absendung, Transport, Zulauf. ▸ Abfluss, Entgegennahme.
zuletzt → endlich, schließlich, unpünktlich, zuhinterst. ▸ vorher, zuvor • zuerst.
zuliebe für, zu Gunsten, zum Vorteil von.
zum Schein pro forma.
zumachen → abdämmen, abdrosseln, abschließen, absperren, ausschalten, bedachen, bedecken, einklinken, schließen, verschalen. ▸ auflassen, offen lassen • aufmachen, eröffnen, öffnen.
zumal weil, sintemal, alldieweil, da, indem, dass.
Zumaß → Dosis.
zumauern → einmauern.
zumeist → meisten am.
zumengen einmengen, vermischen, einrühren, verschneiden, versetzen, vereinigen, legieren, anreichern, einverleiben, untermengen, beibringen. ▸ klären, trennen.
zumessen → austeilen, teilen, verteilen.
zumindest → mindest.
zumutbar auszuhalten, erträglich, tragbar, zuzumuten.
zu Mute gestimmt, geneigt, aufgelegt, veranlagt, angelegt, gelaunt.
zumuten ersuchen, auffordern, vorschlagen, aufdringen, verlangen, zu nahe treten, Vorschriften machen, quälen, schulmeistern, befehlen, fordern, Ansprüche stellen. ▸ ablehnen, abwenden, unterwerfen sich, widersetzen sich.
Zumutung Antrag, Gebot, Geheisch, Befehl, Anordnung, Forderung • Unverschämtheit, Frechheit, Flegelei, starkes Stück, Anmaßung. ▸ Ablehnung, Abwendung, Unterwerfung, Widersetzlichkeit.
zunächst vorab, erst einmal. → danach, darauf, derzeit, momentan, provisorisch. ▸ danach, dann, ferner, später, weiterhin.
zunageln → absperren, hemmen, schließen, verschließen.
zunähen → absperren, schließen.
Zunahme Verstärkung, Steigerung, Vergrößerung, Wachstum, Wuchs, Zuwachs, Verbreitung, Ausbreitung, Erhöhung, Wulst, Schwellung, Wucherung, Verdickung • Fortschritt, Entfaltung, Entwicklung. → Arbeitssegen, Aufbau, Ausbreitung, Ausdehnung, Dehnung, Entwicklung, Erweiterung, Vermehrung. ▸ Abnahme Rückgang, Schwund, Verlust, Verminderung.
Zuname → Anrede, Name. ▸ Rufname, Vorname.
zünden → anzünden, aufregen. ▸ abwürgen • löschen.
zündend → begeisternd, erregend, mitreißend. ▸ ermüdend, langweilig.
Zunder → Bargeld, Brennmaterial.
Zündmittel Detonator.
Zündschnur Lunte.
Zündstoff → Beweggrund, Brennmaterial.
zunehmen wuchern, um sich greifen. → anschwellen, ansetzen, ausfüllen, bevölkern, blähen, dehnen, dick werden, entfalten sich, entwickeln sich, erstarken, florieren, häufen sich, vervielfältigen, wachsen. ▸ abfallen, abflauen, abklingen, abnehmen, nachlassen, schwinden, sinken, sich verkleinern, sich vermindern, sich verringern, zurückgehen.
zunehmend → gedeihlich, verstärkend.
zuneigen hinwenden, lieb gewinnen, Freundschaft schließen, befreunden sich, lieben, annähern sich, gern haben • gerne tun, hinneigen zu, mögen, wollen, wünschen. ▸ ablehnen.
Zuneigung → Achtung, Anziehung, Begeisterung, Gunst, Liebe, Neigung, Wohlwollen. ▸ Abneigung, Abscheu, Antipathie, Ekel, Hass.
Zuneigung fassen Herz verlieren sein, Liebe empfinden, verlieben sich.
Zunft → Charge, Gemeinschaft, Vereinigung.
zunftgemäß → fachgemäß, handwerklich, kunstvoll, zünftig.
zünftig handelseinig, zunftmäßig, zunftgemäß, werkgerecht, werksmäßig, gut, gebührlich • großartig, prima, toll, fabelhaft, prachtvoll, ausgezeichnet, vorzüglich, prächtig, pfundig, hochher. → Hand und Fuß haben. ▸ unvollkommen.
Zunge Lecker *j*, Graser *j*, Waidlöffel *j*, Geäse *j*, Schmecker *j*, Lappen *u*.
Zunge, böse → Verleumder.
Zunge verbrennen, sich die reinen Wein einschenken, kein Blatt vor den Mund nehmen, das Kind beim rechten Namen nennen, aus seinem Herzen keine Mördergrube machen, frisch von der Leber weg reden • deutsch mit jemandem reden, mit der Tür ins Haus fallen, offenherzig sein, treuherzig bekennen. ▸ abstehen, verheimlichen.
züngeln brennen, flammen, wabern, lohen, emporlodern, glühen, flackern, fackeln, auflodern • hin- und herbewegen, die Zunge bewegen, die Zunge herausstrecken • nippen, probieren, versuchen, schmecken. ▸ verlöschen.
Zungendrescher Schwätzer, Schnattermaul, Plaudertasche, Bierbankpolitiker, Stadtklatsche. ▸ (Schweiger).
Zungendrescherei Geschwätzigkeit,

Schwatzhaftigkeit, Redseligkeit, Gewäsch, Aufschneiderei, Geplapper. ▸ Wortkargheit, Bündigkeit.
Zungenentzündung Glossitis.
zungenfertig → beredt, redselig.
Zungenfertigkeit → Beredsamkeit, Redseligkeit.
zunichte machen vernichten, hemmen, verhindern, stören, untergraben, vereiteln, zu Schanden machen, lähmen, schwächen, hintertreiben, unterbinden, zu Fall bringen, im Keim ersticken. → bezwingen. ▸ erzeugen, helfen, unterliegen.
zunicken nicken, ein Zeichen geben, grüßen, hinnicken, zuwinken, anlächeln, verneigen sich • bejahen, einverstanden sich erklären, gestatten, erlauben. ▸ schneiden, verbieten.
zu Nutze machen, sich ausnutzen, seinen Vorteil wahrnehmen, im Auge behalten, sein Ich nicht vergessen, seine Rechnung finden, sich sichern, sich gesund machen, den Rahm abschöpfen, sich Vorteile verschaffen. → bemächtigen, verwenden. ▸ übersehen, übervorteilen.
zuordnen → beiordnen, einbeziehen.
zupacken → Federlesens machen nicht viel, Hebel ansetzen, Prozess machen kurzen, tun zufassen.
zupfen zerren, reißen, rupfen, pflücken, abreißen, wegreißen, fortreißen, ziehen • die Laute zupfen, die Zither schlagen, die Saite anreißen. → anstimmen.
zuraten → anbieten, anpreisen, befürworten, beraten, empfehlen.
zurechnen zuzählen, zugute halten.
zurechnungsfähig mündig. → klug, intelligent, vernünftig. ▸ geistesgestört, unzurechnungsfähig.
zurechtbiegen bereinigen, einrenken, klären.
zurechtfinden, sich Bescheid wissen, erkennen, unterscheiden, zwischen den Zeilen lesen können, die Spreu vom Weizen trennen können, die Böcke von den Schafen trennen können. ▸ orientierungslos sein, sich verirren, vom Weg abkommen.
zurechtgemacht → entstellt, fertig, fix und fertig, gepflegt, tendenziös.
zurechtgewiesen werden abgekanzelt werden, eins aufs Dach kriegen, sein Fett kriegen oder weghaben, eine hineingewürgt kriegen, eine Zigarre verpasst kriegen *u.*
zurechtkommen früh kommen, zur Zeit kommen, zeitig kommen, beschleunigen sich • fertig werden mit etwas, zu Stande kommen, zu Stande bringen, tun, einrichten sich, entwickeln, erzielen, anstellen sich gut, ausführen, bewerkstelligen, erledigen, entledigen sich, zu Wege bringen, zu Ende führen, ans Ziel gelangen, das Ziel erreichen. → beeilen. ▸ misslingen, zurückbleiben.
zurechtlegen → bearbeiten, gruppieren, ordnen, vorbereiten.
zurechtmachen schminken, verschönern, ausbessern, berichtigen, regeln, bearbeiten, bereinigen, flicken, ergänzen, abhelfen, retuschieren, frisieren, übertünchen, übertuschen, überarbeiten, veredeln, verfeinern, verzieren, schmücken, pudern, Landluft aus dem Döschen *u,* lackieren, vergolden, herausstreichen • kochen, aufdecken, auftragen, schmieren. → reparieren. ▸ vernachlässigen, verschandeln, zerstören.
zurechtsetzen anordnen, einrichten, ordnen, legen an den rechten Platz, aufstellen, unterbringen, zurechtstellen, zurechtlegen • entwirren, aussondern, sieben, einteilen • vorbereiten, vorkehren, die Rollen verteilen, in Gang bringen, vorbauen, bahnen. → erziehen. ▸ verwirren.
zurechtstellen → schlichten, zurechtsetzen.
zurechtstutzen beschneiden, kürzen, zurückschneiden.
zurechtweisen Bescheid sagen, heimleuchten, heruntermachen, eins auf den Hut geben, sich jemanden kaufen, den Kopf waschen, den Kopf zurechtsetzen, die Leviten lesen, den Marsch blasen, abkanzeln, abkapiteln, abtrumpfen, eins auswischen, Bescheid stoßen *u,* eins aufs Dach geben, aufs Dach steigen, einheizen, ins Gebet nehmen, herunterreißen, übers Maul fahren, unter die Nase reiben, rüffeln, eine Standpauke halten, den Standpunkt klarmachen, mit jemandem Schlitten fahren, sich jemanden vorknöpfen, am Zeuge flicken, eine Zigarre verpassen *u,* abstauben, sich jemanden angeln, ausputzen *u,* anhauen *u,* auf die Bude rücken *u,* bürsten, aufs Butterbrot schmieren, eins auf den Deckel geben, deckeln, ducken, durchhecheln, fertig machen *u,* die Flötentöne beibringen, gerade stellen *u,* herumhacken, jemandem eine hineinwürgen, jemandem den Kopf zwischen die Ohren setzen, das Maul stopfen, Mores lernen, vor die Nase halten, zur Raison bringen, stauchen, jemandem eine Szene machen, jemandem einen Tanz machen, jemandem den Text lesen, sich jemanden vorkriegen *u,* jemandem die Wahrheit sagen, jemandem etwas unter die Weste schieben *u,* den Wurm segnen, in die Zange nehmen, jemanden zwischennehmen. → abrechnen, bevormunden, einschärfen, erziehen, korrigieren, zurechtsetzen. ▸ loben, zustimmen.
zurechtweisen, derb auf den Sack treten *u.*
Zurechtweisung Predigt *u.* → Bevormundung, Direktive, Disziplin, Ermahnung, Erziehung, Lektion, Maßregelung, Tadel. ▸ Ehrung, Lob, Würdigung.
Zureden → Überredung. ▸ abbringen, abhalten, abraten, ausreden.
zureden → anempfehlen, anhalten, anregen, aufrichten, beeinflussen, begeistern, beraten, bestimmen, binden auf die Seele, Dach steigen auf das, ermuntern, Seele binden auf die, überreden, werben.
zureichen zuleiten, anreichen, hinreichen, hingeben, zugeben, ausladen • darreichen, zuwenden, geben, überreichen, beschenken, verabfolgen, ausfolgen, einhändigen, zuteilen. ▸ nehmen.
zureichend ausreichend, genug, genügend.
zureiten → ausbilden, bezähmen.
zurichten → anordnen,

arrangieren, bearbeiten, dünsten, zubereiten.
Zurichtung Vorbereitung, Einrichtung, Zurüstung, Anordnung, Vorkehrung.
zuriegeln → abdrosseln, absperren, ausschalten, riegeln, verschließen.
zürnen rasen, wüten, wild werden, in Zorn geraten, Feuer und Flamme speien, rot sehen, hochgehen, übel nehmen, verübeln, toben, schäumen, sich vergessen, die Zähne zeigen, in Harnisch geraten • zanken, geifern, keifen, streiten sich. → aufregen, balgen, erbosen, erdolchen mit den Blicken, ergrimmen, grün sein einem nicht, verübeln. ▸ beruhigen sich, verzeihen.
zurren reißen, zerren, ziehen.
Zurschaustellung Enthüllung, Entblößung • Offenlegung, Entlarvung, Demaskierung, Aufdeckung • Eröffnung • Veranschaulichung, Schaustellung, Auslage.
zurück nach, von hinten, rückwärts, rückgängig, nachhause, rückbezüglich, rückwirkend, vergangen, aber, wieder • kehrt! ab! fort! nun aber abziehen!. ▸ voran, vorwärts • heran, herbei • hin, hinzu • davon, fort.
zurückantworten → erwidern.
zurückbeben → befürchten, benehmen den Atem, Haar in der Suppe finden.
zurückbegeben, sich heimfahren, heimkehren, zurückgehen/-kehren.
zurückbehalten einlagern, wegstecken, aufsparen, ersparen, aufbewahren, horten, hamstern, auf Lager nehmen, auf Vorrat halten. → beiseite legen.
zurückbekommen → wiederbekommen.
zurückbeordern zurückrufen.
zurückberufen → abberufen.
zurückbilden, sich → zurückgehen.
zurückbleiben → aufhalten sich, besinnen sich, nachstehen, schlappmachen, verspäten sich. ▸ anführen, führen • sich entwickeln, fortschreiten, vorankommen, vorwärts kommen • aufholen, einholen • nachkommen • vorstoßen • überbieten, überholen.
zurückbleibend → langsam, restlich.
zurückblicken → Blicke zuwerfen, erinnern sich, nachhangen.
zurückblickend retrospektiv, rückblickend.
zurückbringen erstatten, zurückgeben, abtragen, tilgen, abgelten, einlösen, ausliefern, vergüten, wieder gutmachen, zurückstellen, entschädigen. ▸ behalten • abholen, herbeibringen, holen • fortbringen, fortschaffen, wegbringen.
zurückdenken → besinnen sich, entsinnen sich, erinnern sich, festhalten.
zurückdrängen zurückstoßen, zurückschieben, verdrängen, abweisen, abfertigen, parieren, zurückschlagen, puffen, abstoßen. → aufrollen, beherrschen. ▸ heranstürzen, heranziehen, vorwärts treiben, (Gefühlen nachgeben).
zurückdrängend (verdrängend) suppressiv.
zurückerinnern, sich erinnern sich, zurückblicken, zurückdenken.
zurückerlangen → wiederbekommen.
zurückerstatten → erstatten, vergüten, wiedergeben, wieder gutmachen, zurückgeben.
Zurückerstattung → Abfindung, Ausgleich, Entschädigung, Rückgabe.
zurückerstellen → erstatten, wieder gutmachen, zurückgeben.
zurückfahren → erschrecken, grauen, zurückkehren.
zurückfallen → bleiben zurück, ermüden, umfallen.
zurückfallend rezidiv.
zurückfinden umkehren, umwenden, zurückgeben, zurückfahren, zurückfliegen, zurückreisen, zurückkehren, zurücklaufen, zurückkommen, heimgehen, nachhause gehen, heimfinden, wiederkehren • einordnen, einrichten, einreihen, zusammenreißen, meistern, bezwingen, einfügen sich, zähmen, bezähmen. ▸ fehlgehen, widersetzen sich.
zurückfordern → beanspruchen, begehren, bestehen auf. ▸ ausborgen, ausleihen, leihen, verborgen, verleihen • erlassen, schenken, überlassen.
zurückführen zurückziehen, umwenden, den Rücken kehren • in Sicherheit bringen • erinnern sich, zurückrufen, aufrollen • begründen, den Grund in etwas sehen, die Quelle sehen, in Zusammenhang bringen. ▸ fehlschließen, vergessen, vorrücken.
zurückführen, in die Gesellschaft (wieder eingliedern) resozialisieren.
zurückführen, in die Heimat repatriieren.
zurückführen, in Privatbesitz reprivatisieren.
Zurückgabe → Abtragung, Ausgleichung, Berichtigung, Rückzahlung.
zurückgeben → bringen nicht übers Herz, einlösen, entarten, entgelten, erstatten, vergüten, wiedergeben, wieder gutmachen, zurücksenden, zurückzahlen. ▸ behalten, einbehalten • bekommen, empfangen, erhalten, sich (aus)borgen, sich (aus)leihen • nehmen.
zurückgeblieben verspätet, überfällig, veraltet, altmodisch, zu spät, rückständig, saumselig, bummelig • beschränkt, dumm, dusselig, unklug, unbezahlt. → dumm, hinten, kümmerlich, veraltet.
Zurückgebliebenheit Infantilismus • Rückständigkeit.
zurückgehen → abflauen, abnehmen, bleiben zurück, nachlassen. ▸ anschwellen, ansteigen, sich entwickeln, sich vergrößern, wachsen, zunehmen • her(bei)kommen, kommen • hergehen • hingehen • angreifen, vor(an)gehen, vordringen.
Zurückgehen, allmähliches (Zurückweichen, Rückfall) Regression.
zurückgehend abflauend, abnehmend, nachlassend, regressiv, rekursiv, schwindend, verebbend, vermindernd sich.
zurückgelegt hinter sich gebracht, hinter sich gelassen • reserviert, zurückbehalten, aufgehoben • besetzt, belegt.
zurückgenommen → entkräftet, umgestoßen.
zurückgezogen → abschließen, entkräftet, ungesellig.
Zurückgezogenheit → Absonderung, Einsamkeit, Menschenscheu, Privatleben.

zurückgreifen wieder aufnehmen • herleiten, ableiten, zurückgehen, zurückkommen, herstammen, herrühren, die Ursache nennen • zurückfallen, zurückblicken, zurückschauen auf, zurücksehen auf. ▸ abstehen, unterlassen.
zurückhalten → aufhalten, beherrschen, beherrschen sich, besänftigen, beschränken, bezähmen, dämpfen, eindämmen, enthalten sich, halten sich vom Leibe, hemmen, mäßigen • mauern *u* (beim Kartenspiel).
zurückhaltend reserviert, verhalten, verschlossen, verschwiegen, zugeknöpft, distanziert, still. → anständig, charakterfest, demütig, diskret, einsilbig, schweigsam, taktvoll, ungastlich. ▸ aufdringlich, vorlaut.
Zurückhaltung → Abstinenz, Ausschluss, Bescheidenheit, Beschlagnahme, Diskretion, Embargo, Fassung, Reserve, Scheu, Verschlossenheit.
zurückholen → hindern.
zurückkehren heimgehen, umkehren, umdrehen, wenden sich, zurückgehen, zurückfahren, zurückfliegen, zurückreisen, zurückkommen, zurückschwimmen, zurücklaufen, heimkehren, nachhause gehen, heimfinden, wiederkehren, wieder sehen, wiedereintreten. → nachhause gehen. ▸ weglaufen.
Zurückkommen → Wiederkehr.
zurückkommen → zurückkehren.
zurückkommen auf → beziehen.
zurücklassen überrunden. → ausschreiten, bleiben, erübrigen, hinterlassen, überholen.
zurücklaufen → zurückkehren.
zurücklegen → anhäufen, aufbewahren, beiseite legen, erübrigen, reservieren, sparen.
zurückliegend einst, früher, vergangen, vorher.
Zurücknahme Einrede, Gegenerklärung, Verneinung, Verzicht, Widerruf, Rückkauf, Rücknahme, Aufhebung, Tilgung • Sinneswechsel, Wankelmut, Umfall, Abfall, Abschwörung, Launenhaftigkeit • Rücktritt, Verwerfung, Verschmähung, Aufsage, Abweisung, Zurückweisung, Austritt, Absetzung, Entlassung, Enthebung, Abberufung, Abschied, Verabschiedung • Umtausch, Austausch, Wechsel, Auswechslung. → Ableugnung, Absage, Dispensation, Entsagung, Gegenerklärung. ▸ Beständigkeit, Zusage.
zurücknehmen → abbestellen, abbitten, aberkennen, aufheben, besinnen sich, breitschlagen, entkräften, entloben.
zurückprallen → aufspringen, federn.
Zurückrufen → Erinnerung.
zurückrufen zurückpfeifen, hindern. → aufheben, entsinnen sich, erinnern sich.
zurückrufen, Entschwundenes → denken an.
zurückschaudern → davonlaufen, grausen.
Zurückschauen → Erinnerung.
zurückschauen → drehen sich um.
zurückschicken → zurücksenden.
zurückschieben → zurückdrängen.
zurückschlagen → abwehren, parieren.
zurückschneiden → beschneiden.
zurückschnellen → federn.
zurückschrauben Rückschritte machen, nachlassen, absinken • zurückschrauben Forderungen, vernünftig handeln, klug disponieren, ausweichen, anpassen sich, eingehen auf. → hemmen. ▸ fordern, helfen, vorwärts kommen.
zurückschrecken → befürchten, benehmen den Atem, erheben.
zurückschreiben schriftlich antworten.
zurücksenden zurückschicken, zurückgeben, wiedergeben, wieder zurückgeben, wiedererstatten, wiederbringen, zurückstellen • erstatten, zurückzahlen, tilgen, abgelten, abtragen, ablösen.
Zurücksendung Remission, Renvoi, Rücksendung.
zurücksetzen → ärgern, benachteiligen, bloßstellen, demütigen, erniedrigen.
Zurücksetzung Benachteiligung, Herabsetzung, Minderung, Vernachlässigung.
zurückspringen → federn.
zurückstecken einlenken, nachgeben, klein beigeben, verzichten, Zugeständnisse machen, zurückstehen.
zurückstehen → beeinträchtigen, beikommen nicht, nachstehen.
zurückstellen zurückgeben, wiedergeben, wiederbringen, zurückerstatten • ersetzen, schadlos halten, ausgleichen • zurückgehen, auf den alten Platz stellen, Ordnung machen, einsortieren • aufgeben, entsagen, zurücktreten, verzichten, zurückziehen sich. ▸ ausführen, behalten, verrücken, wegnehmen.
zurückstoßen → austreiben, zurückdrängen.
zurückstoßend → ausstoßend.
zurückstrahlen reflektieren, rückstrahlen, spiegeln, widerspiegeln, zurückwerfen.
zurücktreiben → Enge treiben in die, zurückdrängen.
zurücktreten abdanken, entsagen, aufgeben, zurückziehen sich, austreten, Verzicht leisten, niederlegen, zurücklegen, Abschied nehmen, seine Entlassung beantragen, demissionieren, sein Amt niederlegen, den Vortritt lassen, aussteigen *u* • in die Reihe treten, zurückgehen. → fürlieb nehmen. ▸ standhalten, vorangehen, vortreten.
zurückversetzt werden → sitzen bleiben.
zurückweichen → davonlaufen, erheben, erlahmen, erschrecken, fallen lassen, Leine ziehen.
zurückweisen abweisen, verteidigen, wehren sich, abwehren, Irrtum beheben einen • verstoßen, ausschalten, ausgliedern, kaltstellen, verbannen, abweisen, einen Korb geben, hinausekeln, verjagen, relegieren, heimleuchten, exmatrikulieren. → abblitzen, aberkennen, ablehnen, absagen, abwehren, auflehnen, auslassen, Schulter die kalte zeigen, verbitten sich, verpönen, verwerfen, widerstehen. ▸ anerkennen, angreifen, einbeziehen.
Zurückweisung → Abwehr, Berichtigung, Berufung, Gegenbeweis, Klage, Korb.
zurückwerfen reflektieren, prallen, abglänzen,

zurückfallen, abgleiten • zurückgehen, zum Rückzug zwingen, besiegen, jagen, verjagen.
▸ auffangen, standhalten.
zurückwirken reagieren.
zurückwirkend reaktiv, rückwirkend.
zurückzahlen zurückgeben, abgelten, tilgen, einlösen, ablösen, abtragen, ausgleichen. → heimzahlen.
Zurückzählen bis Null Count-down.
Zurückziehen → Abwehr, Flucht, Lossagung.
zurückziehen zurückgehen, zurückführen, zurückschreiten, rückwärts schreiten, weichen, umkehren, umwenden, den Rücken kehren, den Rücken zeigen • sichern sich, verbergen. → abbestellen, davonschleichen.
▸ vorangehen, zeigen sich.
zurückziehen, sich zurückgehen, rückwärts schreiten, weichen, umwenden, abwenden, den Rücken kehren, den Rücken zeigen • entfernen sich, abrücken, abmarschieren, abreisen, Abschied nehmen, seine sieben Sachen packen, abtreten, wegtreten, ausziehen, seiner Wege gehen, verschwinden, auskneifen, davonschleichen, entweichen, entschlüpfen, entrinnen, entfliehen, entlaufen, Fersengeld geben, das Hasenpanier ergreifen, verduften, auskneifen, wegschleichen, stiften • abdanken, entsagen, aufgeben, zurücktreten, verzichten, niederlegen, Abschied nehmen, demissionieren • abschließen, verbergen, verleugnen lassen sich, der Welt entsagen, das Leben fliehen, privatisieren, ins Kloster gehen, in den Sack hauen *u.* → bleiben zurück, einspinnen sich, Fersengeld geben, quittieren.
▸ standhalten, stellen seinen Mann, vorkehren, verteidigen.
Zuruf → Anruf, Appell, Beifall, Erkennungszeichen, Ruf, Warnung.
zurufen anrufen, unterrichten, verständigen, beibringen, hinterbringen, kundgeben, sagen, telefonieren, Nachricht geben, eröffnen, erklären, dartun, erwähnen, anzeigen, berichten, aufmerksam machen, aufklären, belehren, ermahnen, zur Vorsicht mahnen. → bestätigen.
▸ verheimlichen.
zurüsten → zubereiten.
Zurüstung → Bearbeitung.
zurzeit → gegenwärtig, momentan.
Zusage → Versicherung, Versprechung.
zusagen versichern, versprechen, zusichern, einverstanden sein • entsprechen, gelegen sein, passen, munden, gefallen. → anpassen, behagen, belieben, eignen sich, entsprechen, gelegen sein, konvenieren, schmecken, übereinstimmen, versprechen.
▸ absagen, abweichen, beanstanden, nutzlos (sein).
zusagend → angenehm, annehmbar, behaglich, einnehmend, erfreuend, erfreulich, ergötzlich, erwünscht, gefällig, interessant, positiv, schmackhaft, willkommen.
zusammen miteinander, vereinigt, vereint, zweisam, Hand in Hand, Mann für Mann, global. → an, aneinander, bei, beigeordnet, beisammen, bums, daneben, dicht dabei, ein Mann wie, einer für alle, gegenüber, gemeinsam, gesammelt, verschmolzen.
▸ getrennt.
zusammen, alles insgesamt, pauschal, summa summarum, total.
zusammen mit → beifolgend.
Zusammenarbeit Kooperation, Teamwork *M,* Arbeitsgemeinschaft, Gemeinschaftsarbeit. → Bündnis, Einheit, Gemeinschaft.
zusammenarbeiten → befriedigen, beitreten, mitwirken, vereinen sich.
zusammenballen → brauen sich zusammen.
Zusammenballung → Häufung.
Zusammenbau Montage.
zusammenbauen → zusammenfügen.
Zusammenberufung → Konklave, Zusammenschluss.
zusammenbinden bündeln. → verbinden.
zusammenbrauen → mischen.
zusammenbrechen → absacken, erlahmen, schlappmachen, verfallen.
zusammenbringen → berühren, bringen in Verbindung, kopulieren.
Zusammenbruch Zerfall, Zersplitterung, Spaltung, Verwitterung, Auflösung • Unterbrechung, Uneinigkeit • Kartenhaus, Vernichtung, Umsturz, Weltuntergang, Götterdämmerung, Unglück, Verderben • Debakel *s,* Verheerung, Sturz, Kladderadatsch *u.* → Abspannung, Dekadenz, Demolierung, Desorganisation, Einsturz, Fall, Konkurs, Lage schiefe.
▸ Aufstieg, Einigkeit, Erfolg, Kräftigung, Tilgung.
Zusammendrängen → Dichtigkeit.
zusammendrängen → ballen, einschnüren, zusammenpressen.
zusammendrängen, sich → ballen, dichten, zusammenpressen.
zusammendrückbar kompressibel.
zusammendrücken → ballen, einschnüren, mangeln, quetschen.
zusammenfahren → erschrecken, fürchten, zusammenstoßen.
Zusammenfall Einstimmigkeit, Einklang, Zusammenklang, Gleichklang, Harmonie, Kongruenz • Gleichlauf, Gleichförmigkeit, Beiordnung, Koordination • Anpassung, Dienlichkeit, Sachdienlichkeit, Verträglichkeit, Vereinbarkeit, Wesenseinheit • Zerstörung, Vernichtung, Zerfall, Zusammenbruch, Umsturz, Sturz, Fall, Verheerung, Verderb, Zersetzung, Auflösung • Ermattung, Erschöpfung, Erschlaffung, Erlahmung, Kraftlosigkeit, Schwäche, Abgespanntheit, Hinfälligkeit, Mattigkeit, Ohnmacht, Verfall.
▸ Aufstieg, Kräftigung, Zunahme.
Zusammenfall zweier Ereignisse Koinzidenz.
zusammenfallen übereinstimmen, decken sich, gleichen sich, hauen in dieselbe Kerbe, identisch sein • zusammengehen, zurückgehen, verringern, vermindern, schrumpfen, schwinden, eingehen • zusammentreffen, begleiten, Schritt halten, gleichzeitig sein • welken, eintrocknen, abmagern, auszehren, abzehren, verdorren, verdichten sich, verdicken, zusammenpressen,

verkleinern • kollidieren, zusammenstoßen, aufschlagen, auflaufen, anprallen, einstürzen, eindrücken. → auszehren, beengen, decken sich, einfallen, überschneiden. ▸ differieren, standhalten, zunehmen.
zusammenfallend → dasselbe.
zusammenfalten zusammenlegen, falten, fälteln, falzen, knicken, zusammenlegen, einschlagen, umbiegen, umschlagen • zerknittern, zerknüllen.
zusammenfangen → ausheben.
zusammenfassen einreihen, beifügen, hinzufügen • sammeln, erfassen, zusammenziehen, vereinigen, scharen, beigesellen, gruppieren, anhäufen, zusammenscharren, auflesen, einfangen, häufeln, aufschichten, auftürmen, aufstapeln, packen, zusammendrängen, zentralisieren, näher bringen. → beigesellen, raffen. ▸ ausschließen, gehen ins Einzelne, zerstreuen.
Zusammenfassung Resümee. → Abriss, Abschluss, Handbuch, Konzentration, Register, Sammelbegriff, Schlusswort, Überblick, Zyklus.
Zusammenfassung, kurze (einer Werbeidee) Briefing.
zusammenflechten → flechten.
zusammenflicken flicken, reparieren.
zusammenfließen → begegnen, Konfluenz.
Zusammenfluss Zusammenlauf, Zusammentreffen, Begegnung, Zusammenstoß, Treffpunkt, Schnittpunkt, Sammelpunkt, Vereinigung. → Dichtigkeit. ▸ Trennung.
zusammenfügen zusammenbauen. → anmachen, aufbauen, broschieren, konstruieren, verknüpfen.
Zusammenfügung Bindung, Kopplung, Synthese, Verbindung, Verheiratung, Verknüpfung.
zusammengeballt konvolut, dicht, geballt, gebündelt, geknüllt, kompress.
zusammengeben → bringen unter die Haube, heiraten, mischen.
zusammengebrochen, wirtschaftlich bankrott.
zusammengedrängt kompakt, kompress. → eng, kurz.
zusammengedrückt gepresst, platt, dünn, fein, gedrängt, eingeschrumpft, vermindert, gequetscht, dicht, kurz, niedrig, zusammengefasst. → fächerartig. ▸ ausgedehnt.
zusammengefasst → summarisch.
zusammengeheftet broschiert, geheftet.
zusammengeheftete Schriftstücke Akten.
zusammengehen zusammenschrumpfen, einschrumpfen, eingehen, schwinden, verringern, zurückgehen, vermindern, zusammenfallen. → beigesellen, vereinen sich. ▸ ausweiten, scheiden, trennen.
zusammengehören enthalten, zusammenfassen, in sich schließen, bestehen aus, angehören, einschließen, gehören zu, beizählen, einordnen, einreihen, beifügen, hinzufügen • verwandt sein, verschwägert sein, verheiratet sein, verlobt • zusammen. ▸ scheiden, trennen (sich).
zusammengehörend → einheitlich.
zusammengehörig verbunden, vereinigt, vereint, gemeinschaftlich, zusammen, kopuliert, verheiratet, verlobt, verknüpft. ▸ geschieden, getrennt.
Zusammengehörigkeit → Anschluss, Band, Bündnis, Einheit, Familie.
Zusammengehörigkeitsgefühl Gemeinsinn, Bürgersinn, Einsatzbereitschaft, Zusammenhalt, Gemeinschaft, Heimatgefühl, Verbrüderung, Kameradschaft, Freundschaft, Treue, Liebe, Vaterlandsliebe, Nationalbewusstsein. ▸ Differenz, Disharmonie.
zusammengeklebtes Kunstwerk Collage.
zusammengelegt → faltig.
zusammengepresst → zusammengedrängt, (-gedrückt).
zusammengeschlagen → angeschlagen, zerstört.
zusammengeschlossen → verbunden.
zusammengesetzt verbunden, vielteilig, mehrteilig, versetzt mit, durchdrungen, gesättigt mit, vermischt mit, verschmolzen, kombiniert, einverleibt, zusammengefügt, compound. → beschaffen, gefügt. ▸ einteilig, getrennt.
zusammengestoppelt eklektisch, kompilatorisch.
zusammengewachsen siamesisch.
zusammengewürfelt → allerhand, zusammengesetzt.
Zusammengewürfeltes Konglomerat.
zusammengezählt summarisch.
zusammengezogen → eng, kurz, verdichtet, vermindert, konzentriert • kontrakt, verkrampft.
Zusammenhalt → Dichte, Härte, Zusammengehörigkeitsgefühl.
zusammenhalten zusammenhängen, kleben, pappen, haften • umfassen, mitarbeiten, am selben Strange ziehen, zueinander halten, den Daumen halten, unterstützen, beitragen, ins Zeug legen sich, Kastanien aus dem Feuer holen, zusammenwirken, zusammenspielen, mithelfen, sich in die Hände spielen, verbünden sich, verabreden sich, verschwören sich, Feundschaft pflegen, anschließen sich, Vertrauen schenken, Feud und Leid teilen, durch dick und dünn gehen, durch Feuer und Wasser gehen. → brechen das Eis. ▸ absondern, brechen, trennen.
zusammenhaltend einig, einträchtig, harmonisch, solidarisch, verbunden, verbündet.
Zusammenhang Verknüpfung, Verkettung, Beziehung, Wechselbeziehung, Verwandtschaft, Verhältnis, Übereinstimmung, Ähnlichkeit, Bindung, Abstammung, Wahlverwandtschaft • Vereinigung, Verkittung, Befestigung, Verkuppelung, Angelpunkt, Berührungspunkt, Vereinigungspunkt, Zusammenhalt, Zusammenschluss, Anschluss, Kontext, Halt, Haft, roter Faden, Folge, Konnex • Reihe, Faden, Glied, Stufenleiter, Kette, Kreis, Reihenfolge, Gefolge, Zug, Fortsetzung, Bindeglied, Fuge, Übergang • Wesen, Bau, Organismus,

Gestaltung, Einordnung, Gefüge • Begriff, Sinn, Vorstellung, Gedankenfolge, Gedankengang, Vorstellungsablauf, Vorstellungsreihe, Gedankenkette, Gesichtspunkt. → Dichtigkeit, Faden roter, Gesichtspunkt, Hinsicht, Sachlage, System, Verbindung. ▸ Trennung, Ungereimtheit.

Zusammenhang erkennen, den → verstehen.

Zusammenhang mit, im → beziehungsweise, dementsprechend.

zusammenhängen Bezug haben, beziehen sich auf, bringen mit sich, im Gefolge haben, angehören, zugehören, berühren, angehen, anbelangen, zu tun haben mit, drehen sich um • kuppeln, aneinander reihen, verketten, verschmelzen, zusammenschließen, eine Reihe bilden, aufeinander folgen, nachfolgen. ▸ beziehungslos, trennen, zusammenhanglos.

zusammenhängend → chronologisch, systematisch.

zusammenhanglos getrennt, beziehungslos. → durcheinander, konfus.

zusammenhauen → prügeln.

zusammenketten → verknüpfen.

zusammenkitten → verbinden.

Zusammenklang → Einklang, Einstimmigkeit, Harmonie, Übereinstimmung.

zusammenklappen → schlappmachen.

zusammenklingen in Einklang sein, übereinstimmen • wohlklingen, harmonieren, zusammenstimmen. ▸ differieren, missklingen.

zusammenklingend gleichförmig, gleichartig, einförmig, übereinstimmend, stimmig, ebenso, demgemäß, aus einem Guss, durch die Bank, einerlei, auf einer Ebene • wohllautend, wohlklingend, musikalisch, melodisch, melodiös, taktmäßig, taktfest, rhythmisch. → ein Herz und eine Seele. ▸ misstönend.

zusammenknoten knüpfen, verknoten, verknüpfen, verweben.

zusammenkommen → beehren, begegnen, tagen.

zusammenkoppeln → verbinden.

zusammenkrachen → anfahren, zerfallen.

zusammenkratzen einheimsen, aufgreifen, erhaschen, erwischen • sammeln, scheuern, zusammenfegen, scharren, kehren. → abarbeiten, abdarben, einsäckeln, erübrigen. ▸ ausbreiten, verschwenden.

zusammenkrümmen → krümmen.

Zusammenkunft Kolloquium, Kommers, Kongress, Tagung, Zusammenberufung, Einberufung, Versammlung, Besprechung, Beratung, Stelldichein, Heimabend, Gesellschaft, Besuch, Unterredung, Audienz, Empfang • Plauderei, Plauderstündchen, Schwatz, Geplauder, Geplausch, Kränzchen, Kaffeeklatsch. → Audienz, Auseinandersetzung, Aussprache, Beratung, Besprechung, Konklave, Einberufung, Interview, Konferenz, Unterhaltung, Unterhandlung, Versammlung. ▸ Ungeselligkeit.

zusammenkuppeln → beigesellen, verbinden.

zusammenlaufen → begegnen, vereinigen sich.

zusammenlaufend konvergent.

zusammenleben Ehe schließen, eine Onkelehe eingehen, im Konkubinat leben • verkehren, zusammenkommen, Gesellschaft pflegen, sich zugesellen, sich zusammentun, in einem Boot sitzen • mit von der Partie sein, gute Nachbarschaft pflegen.

Zusammenleben → Ehe, Familienleben, Gemeinde, Gemeinschaft, Koexistenz, Gruppenexistenz, Staat, Kommune, Symbiose, Synökie, Wohngemeinschaft.

zusammenlegbar → fächerartig, tragbar.

zusammenlegen → anhäufen, aufbewahren, falten, sammeln.

Zusammenlegung Arrondierung, Konsolidierung, (Z. von Unternehmen) Fusion.

zusammenlesen sammeln, einberufen, anwerben, einziehen, zusammenscharren, auflesen, aufraffen, ernten, abernten, einernten, häufeln, schichten, stapeln, packen, vereinen. → ausheben. ▸ ausbreiten, verstreuen.

zusammennähen ausbessern, flicken.

zusammennehmen, sich → rappeln.

zusammenpacken → packen.

zusammenpassen → verstehen sich. ▸ sich nicht verstehen, nicht aufeinander eingestellt sein, verschiedene Naturen haben, wie die Faust aufs Auge passen, wie Feuer und Wasser.

zusammenpassend harmonisch, kompatibel, passend, vereinbar.

Zusammenprall → Auflauf, Gegenwirkung.

zusammenprallen aufschlagen, aufstoßen, aufknallen, es bumst *u.* → abprallen, entgegenhalten. ▸ entfernen sich, mitwirken.

zusammenpressbar komprimierbar.

zusammenpressen komprimieren, verdichten, kondensieren, zusammendrängen • ablagern, versteinern, erstarren • verengen, verkleinern, schrumpfen, verdicken, quetschen, klein machen, zusammenziehen. → abrunden, beengen, dichten, dürren, einschnüren. ▸ ausbreiten, ausdehnen.

Zusammenpressung Verminderung, Schwund, Schrumpfung, Verdichtung, Quetschung, Pressung, Einschnürung, Reduktion. → Kompendium, Extrakt. ▸ Ausbreitung, Ausdehnung.

zusammenraffen → raffen, rauben.

zusammenraffen, sich → ermannen sich.

zusammenrechnen addieren, summieren.

Zusammenrechnung Addition, Summation, (Ergebnis der Z.) Summe.

zusammenreimen → fantasieren.

zusammenreißen, sich → ermannen sich.

zusammenrollen → einrollen.

zusammenrotten, sich → empören sich, erheben sich, vereinigen sich.

Zusammenrottung → Auflauf, Masse.

zusammensacken erlahmen, ermatten, ermüden, erschlaffen, erschöpfen, unterliegen, erliegen, den Atem verlieren, schnaufen, außer Atem kommen, Herzbeklemmung bekommen,

schlappmachen, umfallen, ohnmächtig werden, zusammenbrechen, nicht mehr weiter können, auf der Strecke bleiben, den Mut verlieren, verzagen, die Hoffnung aufgeben.
▸ aufleben, zusammenraffen sich.

zusammenscharren sammeln, zusammenfassen, erfassen, zusammenziehen, vereinigen, einberufen, anwerben, einfordern, einziehen • anhäufen, zusammenraffen, auflesen, absammeln, auffangen, ernten, häufeln, schichten, türmen, stapeln, packen • erfassen, aufbewahren, sparen, knausern, absparen, an sich reißen, Besitz ergreifen, sich aneignen, einheimsen, aufgreifen, annektieren, zulangen, einsäckeln, plündern, abjagen, erpressen, ausbeuten • zusammenkratzen, zusammenschleppen, wegschleppen, erraffen, zusammenraffen, mitnehmen • geizen, filzen, dem Gelde nachjagen, am Gelde kleben, wuchern, ausschlachten, ausziehen, aussaugen. → anhäufen, aufbewahren, ausheben, beigesellen, beitreten, einsäckeln, erbetteln, erbeuten, ernten, sammeln.
▸ ausbreiten, verschwenden, verstreuen.

Zusammenschau Synopse, Überblick, Übersicht, → Zusammenfassung.

zusammenschlagen → prügeln.

zusammenschleppen zusammenscharren, zusammenkratzen, wegschleppen, zusammenraffen, erraffen • zusammentragen, einheimsen, in Sicherheit bringen, nehmen, anhäufen, sammeln, einscheuern, einernten. → aneignen.
▸ ausbreiten, verschwenden, verstreuen.

zusammenschließen → durchschießen, Fall bringen zu.

zusammenschließen, sich → dichten, drängen, konstituieren, konzentrieren, vereinigen sich.

Zusammenschluss Verbindung, Vereinigung, Verknüpfung, Kombination, Synthesis, Verquickung, Vermischung, Gemenge, Gemisch • Anschluss, Verkettung, Kreis, Kette, Reihe, Ring, Gesamtheit, Konzern • Konzentration, Sammelbecken, Sammelpunkt • Zusammenspiel, Mitwirkung, Beteiligung, Teilnahme • Bündnis, Bund, Koalition, Genossenschaft, Sippe, Sippschaft, Anhang, Partei, Klub, Clique, Kameradschaft, Trutzbündnis, Schutzbund, Volk, Nation. → Anschluss, Aufeinanderfolge, Aufnahme, Beitritt, Bund, Bündnis, Conclave, Familie, Fraktion, Gemeinschaft, Körperschaft, Teilnahme, Vereinigung.
▸ Trennung.

zusammenschmelzen legieren, verschmelzen, vermischen, vereinigen, zusammensetzen, zusammenfügen.
▸ ausscheiden, trennen.

zusammenschnüren zusammenbinden, zusammenkoppeln, zusammenpacken, verbinden, kuppeln, befestigen, verketten, verknüpfen • einengen, abkneifen, zusammenpressen, beengen, drosseln, verschließen, abriegeln, versperren, absperren, zumachen → verbinden.
▸ trennen.

zusammenschrecken → erschrecken (sich).

zusammenschrumpfen → dürren.

zusammenschütten → beifügen, mischen.

zusammenschweißen → verbinden.

Zusammensein Geselligkeit, Treffen.

zusammensetzen → anschlagen, aufbauen, einrangieren, konstruieren, montieren, verbinden.

zusammensetzen, sich → bilden.

Zusammensetzung Verbindung, Vermischung, Verschmelzung, Vermengung, Mischung, Mengung, Beimengung, Beifügung, Beimischung, Zumischung, Verschnitt • Verquickung, Kreuzung, Einflößung, Zutat, Zusatz • Legierung, Gemenge, Gemengsel, Durcheinander • Allerlei, Sammelsurium, Kraut und Rüben, Mischmasch, Mischgericht, Salat, Ragout, Potpourri, Gebräu, Mosaik • Gefüge, Struktur, Bau, Aufbau, Beschaffenheit, Gebilde, Zusammenstellung. → Anordnung, Aufbau, Bildung, Einbeziehung, Gliederung, Inhalt, Kombination, Konstruktion, Organisation, Struktur.
▸ Trennung.

zusammensinken Boden gehen zu, kollabieren, niedersinken, ohnmächtig werden, zusammenbrechen, zusammenklappen, zusammensacken.

Zusammensinken Kollaps.

Zusammenspiel Zusammenwirken, Harmonie.

zusammenstauchen → anfahren, bearbeiten.

zusammenstecken verabreden, sich besprechen, einig gehen, eine Front bilden, die Köpfe zusammenstecken • sich beraten, sich verabreden.

zusammenstehen einig sein. → zusammenhalten.

zusammenstellen verbinden, zusammenbringen, vereinigen, zusammensetzen, anfügen, hinzufügen, einverleiben • herrichten, ausrüsten, vollenden, vervollständigen, ausbauen, ausarbeiten • vor Augen führen, feststellen, erhellen, verzeichnen, anführen, bekunden, darlegen, bezeugen, begründen, beweisen • vorbereiten, in Bereitschaft bringen, ordnen, organisieren, anordnen. → anfertigen, anführen, angeben, aufstellen, anordnen, bearbeiten, bauen, bilden, darstellen, demonstrieren, entwerfen ein Bild, erzählen, fügen, gruppieren, ordnen.

Zusammenstellung → Abriss, Artikel, Auswahl, Denkschrift, Einordnung, Faszikel, Handbuch, Katalog, Kollektion, System, Tabelle, Zusammensetzung.

zusammenstimmen → befreunden, beitreten, entsprechen, fügen sich, übereinstimmen, verstehen sich, harmonieren.

zusammenstoppeln kompilieren.

Zusammenstoß → Anprall, Bewegungstrieb, Duell, Explosion, Plänkelei, Reaktion, Schnittpunkt.
▸ Abprall.

zusammenstoßen stoßen, eindrücken, schieben, zerren, schleudern, anprallen, anfahren, auffahren, zusammenfahren, aufschlagen, auflaufen • zusammenlaufen, zusammenfließen, sammeln, konzentrieren, begegnen sich, vereinigen sich • entgegenarbeiten, widersprechen, streiten, widersetzen sich, gegenübertreten, trotzen, die Stirne bieten, die Zähne zeigen, Einspruch erheben, anfeinden, bekämpfen, ringen, aneinander geraten, befehden, stänkern, zanken, balgen, raufen, prügeln, beuteln, gerben, dreschen, den Handschuh hinwerfen, vom Leder ziehen, die Klingen kreuzen. → anfahren, anschlagen. ▸ (abstoßen), zusammengehen, zusammenhalten.

zusammenströmen sammeln sich, zusammenlaufen.

Zusammensturz → Desorganisation, Einsturz, Katastrophe, Verschlimmerung, Zusammenbruch.

zusammenstürzen einstürzen, zusammenbrechen, zusammenfallen, zusammensinken.

zusammentragen → anhäufen, aufbauen, zusammenscharren.

Zusammentreffen Gleichzeitigkeit, Duplizität, Gleichheit, Übereinstimmung, Zusammenklang, Zusammenwirken, Gleichlaut, Gleichklang, Gleichtakt • Berührung, Nähe, Verbindung, Angrenzung, Begegnung • Zusammenlauf, Zusammenkunft, Stelldichein, Versammlung, Auflauf, Zusammenrottung • Zusammenfluss, Zusammenstoß, Sammelpunkt, Treffpunkt, Konzentration, Konzentrierung. → Verabredung.

zusammentreffen → treffen, vereinigen sich.

zusammentreten → konstituieren.

zusammentrommeln herbeirufen, zusammenscharren, anschleppen. → zusammenschleppen. ▸ (auseinander jagen).

zusammentun hinzufügen, vereinigen, verbinden, hinzusetzen, fügen hinzu, beifügen, beischließen, anschließen, anreihen, einreihen, angliedern, anheften, anhängen, anschlagen, einverleiben, beipacken, beiordnen, mischen, beimengen, zugießen, einrühren, hinzutun • anschließen sich, beitreten, begleiten • alliieren. → beitreten, helfen, verbrüdern sich, vereinigen sich. ▸ trennen.

zusammenwerfen → beibringen, beifügen.

zusammenwickeln aufhaspeln • einwickeln, einpacken, einrollen, einbinden, einschlagen, verhüllen, umhüllen, zudecken, verdecken, bedecken, einhüllen. ▸ aufrollen, aufwinden.

zusammenwirken kooperieren. → Einverständnis heimliches, verbünden sich, Konzert, Kooperation, Koordination, Organisation, Synergie, Synergismus, Zusammenarbeit.

zusammenzählen rechnen, aufrechnen, berechnen, überschlagen, einen Überschlag machen, veranschlagen, abschätzen, taxieren, werten, verbinden, vereinigen, addieren. ▸ abziehen.

Zusammenzählung Addition, Summierung.

zusammenziehbar kontraktil.

Zusammenziehen Verengung, Verkleinerung, Schrumpfung, Schwund, Umfangsverminderung, Verdichtung, Einengung, Einschnürung, Presse, Klemme • Zusammenfassung, Abnahme, Verringerung, Verminderung, Schwächung, Schmälerung, Beschränkung, Rückgang. → Dezimierung. ▸ Abzug.

zusammenziehen → abrunden, aufrollen, ballen, beengen, berufen, beschränken, dichten, drängen, einschnüren, erfassen, verkleinern, vermindern.

zusammenziehen, sich → ballen, federn.

zusammenziehend einschrumpfend, schwindend, verringernd, vermindernd, verkleinernd, abnehmend • verflüchtigen sich, abmagernd, auszehrend, welkend, schrumpfend, verdichtend, kondensierend • sauer, säuerlich, herb, scharf. ▸ mild, verstärken.

Zusammenziehung Abnahme, Kürzung, Ermäßigung, Abzug, Schwächung, Einschränkung, Beschränkung, Einengung, Senkung • Zusammenschluss, Zusammenfassung, Sammlung, Umfassung, Zusammenstellung, Gesamtheit, Ansammlung, Anhäufung, Einberufung, Zusammenstrom, Zusammenfluss, Zulauf, Andrang, Häufung • Überblick, Sammelwerk • Addition, Rechnung, Zusammenstellung, Ergänzung • Verdichtung, Kondensierung, Verdickung, Pressung, Quetschung. → Kompendium, Extrakt, Konsistenz, Reduktion. ▸ Ausdehnung, Erweiterung, Zunahme.

Zusammenziehung des Herzens Systole.

zusammenzucken erbeben, erschauern, erschrecken, zusammenschrecken.

Zusatz Attribut, Äußerlichkeit, Nebensache, Beigabe, Mitgift, Beifügung, Ergänzung, Ausschmückung, Schmuck, Besonderheit, Einzelheit • Mischung, Beimischung, Zumischung, Beimengung, Verschnitt, Versetzung, Verquickung, Einmischung, Einstreuung, Einschaltung, Schwängerung, Zutat • Fälschung. → Anhang, Anmerkung, Beifügung, Beilage, Bestandteil, Einlage, Ergänzung, Klausel, Nachtrag.

Zusatzantrag Amendement.

Zusatzarbeit → Nebenarbeit.

Zusatzbestimmung Klausel.

Zusatzgewicht → Ballast.

Zusatzgewinn → Prämie.

Zusatzleistung Bonus, Gratifikation, Prämie.

zusätzlich → außerdem, extra.

Zusatzsteuer Surtaxe.

Zusatzstoff Additive, Extender.

Zusatztriebwerk Booster.

zuschanden machen → beeinträchtigen, bekämpfen, bezwingen, dazwischentreten.

zuschanden werden → scheitern.

zuschauen → zusehen.

Zuschauer → Anwesender, Beobachter, Dabeistehender, Publikum.

Zuschauer, heimlicher Spanner, Voyeur.

Zuschauerbühne Tribüne.

zuschicken → austragen, einschicken.
zuschieben schließen, zuriegeln, einschließen, blockieren, versperren, absperren, abriegeln, verriegeln, abschneiden, verstopfen, versiegeln, zumachen, zudrehen, abschließen • in Bewegung bringen, rücken, verrücken, verändern, fortbewegen, verschieben, zuleiten, hinreichen, zureichen • eine Bürde auflaeen, eine Pflicht aufbürden, verbindlich machen, haftbar machen, verantwortlich machen, abwälzen, verpflichten, vorschreiben, verlangen, belasten, aufdrängen, aufnötigen, zuschupsen *u,* anhalten dazu, heischen. ▸ entbürden, öffnen.
zuschießen → ausgeben, beispringen, beschenken, beteiligen sich, darreichen.
Zuschlag → Aufschlag.
zuschlagen hinzufügen, vermehren, vereinigen, verbinden, beifügen, beilegen, beischließen, angliedern, einreihen, anheften, anhängen, einverleiben, beipacken, hinzutun, hineintun, zugießen, mischen, beimengen, einmengen, einrühren • aufrechnen, erhöhen, aufschlagen, aufwerten, verteuern, umlegen, den Preis treiben, ein Aufgeld verlangen, besteuern. → durchgreifen, einklinken. ▸ öffnen, abziehen.
zuschließen → schließen.
zuschnallen → absperren, schließen.
Zuschnitt → Ausdruck, Aussehen, Format, Haltung, Schnitt.
zuschnüren → absperren, schnüren, schließen.
Zuschnürung Zusammenpressung, Zusammenziehung, Beschränkung, Abschnürung, Abschließung, Verschließung, Versiegelung, Sperrung.
zuschrauben → einschrauben, schließen.
zuschreiben → anschuldigen, behaupten, beimessen, beschuldigen, Dach steigen auf das, herrühren.
Zuschrift → Brief, Depesche, Korrespondenz.
zu Schulden kommen lassen unrecht tun, verschulden, sich versündigen, freveln, ungehorsam sein, etwas auf dem Kerbholz haben.
Zuschuss → Anteil, Beitrag, Bestechung, Einzahlung, Hilfe, Käuflichkeit, Nebenarbeit.
zusehen zuschauen, zugucken, abseits stehen, daneben stehen, nicht mitgerechnet werden, nicht mitzählen, keine Macht haben, keine Rolle spielen, keinen Einfluss haben, nichts bedeuten, als Null betrachtet werden, wehrlos sein, ohnmächtig sein, unnütz sein. → betrachten. ▸ behaupten sich, mitwirken.
zusehends → schnell.
zusenden expedieren, liefern, schicken, senden, zuschicken, zustellen.
zusetzen → anfeuern, angehen, appellieren, bearbeiten, beeinflussen, bestimmen, bewirken, eindringlich zureden, extemporieren, mischen.
zusichern → beeiden, bejahen, beschwören, versichern, versprechen, zusagen.
Zusicherung → Versicherung, Versprechen, Versprechung.
Zusichkommen → Besinnung, Einkehr.
zusichkommen → erlangen das Bewusstsein.
zusperren → abschließen, absperren, einklinken, schließen.
zuspielen mitwirken, zusammenarbeiten, zusammenspielen, zusammenwirken, sich in die Hände arbeiten, verabreden sich, im Einverständnis handeln, unter einer Decke stecken, den Ball zuwerfen. ▸ entgegenwirken, hemmen.
zuspitzen spitz machen, spitz zulaufen lassen, schärfen, scharf machen, wetzen, schleifen, abziehen, spitzen. → brauen sich zusammen, pointieren. ▸ glätten.
Zuspitzung → Krise.
zusprechen → anerkennen, aufrichten, aufrütteln, austeilen, befürworten, beistehen, einräumen, essen, helfen, teilen, trösten, verteilen.
zusprechen, Mut → Beileid, Stärkung, Trost.
zusprechend → ermutigend, tröstlich.
zuspringen eingreifen, helfen.
Zuspruch → Auffrischung, Beileid, Nachfrage, Stärkung, Trost.
Zustand Befinden, Stand, Bewandtnis, Lage, Tatsache, Beschaffenheit, Form, System, Bau, Gefüge, Aussehen, Gepräge, Schnitt, Haltung • Eigenschaft, Kennzeichen, Form, Eigenart, Wesensart • Stellung, Standort, Platz, Raumverteilung, Körperhaltung, Pose, Verhältnis, Situation, Status, Kategorie • Sinnesart, Denkweise, Empfindungsleben, Seelenleben, Laune, Stimmung. → Art, Aussehen, Bestand, Charakter, Denkart, Disposition, Ergehen, Lage, Raumverhältnis, Verfassung. ▸ Umstand.
Zustand, vorläufiger Interim.
zustande bringen → erwirken, hervorbringen, verwirklichen, vollführen, zurechtkommen.
zuständig → ansässig, berechtigt, kompetent.
Zuständigkeit Autorität, Instanz, Kompetenz, Ressort, Sachverständigkeit.
Zuständigkeitsregelung Kompetenz(en)abgrenzung.
zustatten kommen → nützen.
zustecken beschenken, spenden, opfern, darreichen, überraschen, zuwenden, stiften, unterstützen, ein Almosen geben, unter die Arme greifen, aushelfen, zuschießen, zufließen lassen, versorgen, versehen, überreichen, überlassen, spendieren, verabreichen, austeilen, zuteilen, jemandem etwas zuschustern *u,* zuweisen, vermachen, bedenken. → schließen. ▸ erhalten, öffnen, wegnehmen.
zustehend → angemessen, gebührend.
zustellen → anvertrauen, schicken, übergeben.
Zusteller Briefträger, Postbote.
Zustellung → Lieferung.
zustimmen beistimmen, einstimmen, bejahen, annehmen, vereinbaren, übereinkommen, eingehen auf, Gehör schenken, gestatten, bekräftigen, bestätigen, billigen, anerkennen, gutheißen, an einem Strang ziehen, einwilligen, genehmigen, erhören, willfahren, beipflichten, schlichten, zufrieden geben sich, einverstanden sein, Ja sagen,

befriedigen. → anerkennen, annehmen, anpassen, beipflichten, bejahen, bekennen, beloben, bestätigen, billigen, bewilligen, delegieren, eingehen auf, eingestehen, einverstanden sein, einwilligen, entsprechen, erlauben, ermächtigen, geruhen, gutheißen, vereinbaren.
▸ verneinen.
zustimmend affirmativ, anerkennend, beipflichtend, billigend, lobend.
Zustimmung Übereinstimmung, Einstimmigkeit, Einklang, Beistimmung, Beifall, Lob • Einverständnis, Einvernehmen, Beipflichtung, Billigung, Kopfnicken, Genehmigung, Bestätigung, Anerkennung, Gewährung, Entlastung, Bejahung, Zugeständnis. → Abkommen, Anerkennung, Anklang, Beifall, Bekenntnis, Bekräftigung, Bemerkung, Bereitwilligkeit, Berichtigung, Bewilligung, Berücksichtigung, Billigung, Hilfe, Jubel, Lob, Verständigung, Vertrag, Willfährigkeit.
▸ Ablehnung, Verneinung.
zustopfen → füllen, schließen.
zustoßen → befallen, begegnen sich, begegnen, betroffen, erfahren, erleben, fügen sich, passieren, vorkommen.
Zustrom Nebenfluss, Zulauf, Zufluss, Zuleitung, Zusammenlauf, Einmündung, Verbindung • Zuzug, Einwanderung, Einmarsch, Einzug, Zuwanderung • Strömung, Strom, Lauf, Druck, Drift, Umströmung, Zuströmung, Erguss, Strudel.
▸ Abfluss.
zuströmen zufließen, sprudeln, rinnen, sickern, rauschen, rieseln, tropfen, tröpfeln, quellen, fluten, austreten, überschwemmen, hervorbrechen, ergießen sich, umfluten, auswaschen, unterspülen, branden, wirbeln • zusammenfluten, zusammenlaufen, vereinigen, zusammenrinnen, zusammenrotten, eintreffen, konzentrieren, einfließen • sammeln, versammeln, zusammenziehen, scharen sich, beigesellen, hinzudrängen, einbeziehen, zusammenscharren.
▸ abfließen, zerstreuen.
zu Tage fördern ans Licht bringen, offenbaren, aufdecken.
zu Tage treten aufkommen/-tauchen, erscheinen, Freie gelangen ins, herauskommen, Licht kommen ans, hervortreten.
Zutat → Aufmachung, Beifügung, Beilage, Garnitur.
Zutaten Beimengungen, Beimischungen, Bestandteile, Ingredienzen.
zuteilen aufteilen, verteilen, erteilen, einteilen, abteilen, austeilen, zumessen, einreihen, ausgliedern, zergliedern, zuerkennen, zusprechen, anweisen, bemessen, vergeben • vermachen, verschreiben, bestimmen für, bedenken mit, verabreichen, zustellen, geben, spenden, zuwenden, abtreten, bewilligen, ausstatten, versorgen, versehen, verleihen, übermachen, spendieren. → austeilen, beschenken, einbeziehen, einteilen, teilen, verteilen.
▸ ausschließen, erhalten, wegnehmen.
Zuteilung → Anteil, Belehnung, Bestechung, Darbringung, Quote, Ration.
zutiefst → drunten, unten.
zutragen → anvertrauen, auspacken, befördern, denunzieren.
zutragen, sich → begeben sich, begegnen, bestehen, darbieten sich, einstellen sich, fügen sich, passieren, vorkommen.
Zuträger → Angeber, Anzeiger, Briefträger, Commis, Denunziant, Freund falscher, Horcher.
Zuträgerei Verleumdung, Verunglimpfung • Lästersucht, Schmähsucht, Ohrenbläserei, Skandalsucht, Bezichtigung, Anzeige, Verdächtigung, Angeberei.
▸ Schmeichelei, Verschwiegenheit, Wortkargheit.
zuträglich → bekömmlich, essbar, gedeihlich, gesund, gut, heilkräftig, kräftigend, naturgemäß.
Zutrauen Traute *u.* → Glaube, Vertrauen.
zutraulich → arglos, du und du, ungeniert, vertrauensselig, vertrauensvoll.
zutreffen entsprechen, feststehen, außer Zweifel stehen, gewiss sein, treffen, außer Frage stehen, die Probe bestehen, der Fall sein.
▸ bezweifeln, fehlschießen.
zutreffend → authentisch, beglaubigt, bestimmt, beweisend, richtig.
Zutritt → Aufnahme, Beitritt, Einfahrt, Eingang.
Zutritt verschaffen, sich einbrechen, eindringen, einschleichen sich, einsteigen.
Zutun Hilfe, Mitwirkung, Unterstützung, guter Wille, Opferbereitschaft, Aufmerksamkeit, Bereitschaft, Beflissenheit.
▸ Teilnahmslosigkeit, Trägheit, Unfähigkeit.
zutun mitarbeiten, mittun, anfassen, zugreifen, unterstützen, beitragen, helfen, Dienste erweisen, ins Zeug legen, eintreten für • einwirken, eingreifen, wirken. → aneignen sich.
▸ faulenzen, zusehen.
zu tun haben, mit → drehen sich um.
zutunlich höflich, artig, manierlich, vornehm, nobel, gewandt, galant, gebildet, gesittet, kultiviert, anständig, schicklich, brav, ritterlich, nett, bescheiden, wohlerzogen, geschliffen, fein, leutselig, zutraulich, verbindlich, aufmerksam, liebenswürdig, liebreich, gefällig, glatt, einnehmend, förmlich, diplomatisch, geschmeidig, tugendlich, wacker, bieder, charaktervoll, gewissenhaft. → freundlich.
▸ abweisend, unhöflich.
zuunterst → unten.
zuverlässig → anständig, aufrichtig, authentisch, beglaubigt, bestimmt, bieder, brav, buchstäblich, charakterfest, dauerhaft, genau, haltbar, pünktlich, rechtlich, reell, Schrot und Korn von echtem, sicher, sorgfältig, treu, wacker, wahr.
Zuverlässigkeit Dauerhaftigkeit, Festigkeit, Stabilität, Gleichmäßigkeit, Korrektheit, Unwandelbarkeit, Stete, Rechtschaffenheit, Redlichkeit, Biederkeit, Sorgsamkeit, Kredit, Vertrauenswürdigkeit, Charakterstärke, Ehrlichkeit, Festigkeit, Wahrhaftigkeit, Unbestechlichkeit, Lauterkeit, Ehrenhaftigkeit, Bravheit,

Gewissenhaftigkeit, Pünktlichkeit, Genauigkeit, Strenge, Treue • Dichte, Undurchdringlichkeit, Undurchlässigkeit, Sicherheit, Festigkeit, Widerstand. → Charakterstärke, Ehrbarkeit, Dauerhaftigkeit, Pflichtgefühl, Treue, Fehlerlosigkeit, Pünktlichkeit, Rechtlichkeit, Rechtschaffenheit, Wahrhaftigkeit. ▸ Unbeständigkeit, (Unzuverlässigkeit), Wankelmut.

Zuverlässigkeit eines Tests Reliabilität.

zuverlässlich unverstellt, unverblümt, unbeargwohnt, untrüglich, ehrlich, offenherzig, freimütig, treu, rechtschaffen, redlich, treuherzig, arglos, ungekünstelt, unverhüllt, natürlich, echt, bieder, unverdorben, ungeziert, einfach, rechtlich, vertrauenswürdig, brav, unbescholten, unparteiisch, solid, reell, unbestechlich, fehlerlos, unantastbar, gewissenhaft, hochsinnig, charakterfest, verlässlich, mannhaft, untadelig. → stabil, unbeirrt, unverändert. ▸ unbeständig, unzuverlässig, wankelmütig.

Zuversicht → Annahme, Begeisterung, Glaube, Hoffnung, in Aussicht stehen, Lichtblick, Stolz, Vertrauen.

zuversichtlich → arglos, beruhigt, bestimmt, charakterfest, erwartungsvoll, getrost, hoffentlich, hoffnungsvoll, optimistisch, sicher, vertrauensvoll.

zu viel → arg, maßlos, überflüssig, ungeheuerlich.

zu viel werden auftürmen sich, häufen sich, überhand nehmen, wuchern.

zuvor → beginnend, bereits, bevor, dahin, damals, eher, eingangs, einleitend, früher.

zuvörderst → beginnend, bevor, eingangs, einleitend.

zuvorkommen vorbauen, vorbeugen, vorsehen, vorkehren • Rang ablaufen, schnell handeln, Absicht vereiteln, nicht zur Ausführung kommen lassen, Abschreckung, Prävention, Prophylaxe, Verhütung, Vorbeugung. → abwehren, dazwischentreten, Einspruch erheben, verhindern. ▸ angreifen, unterlassen, vernachlässigen, vertun.

zuvorkommend → anständig, artig, dienstbereit, erbötig, erkenntlich, freundlich, höflich, kulant.

Zuvorkommenheit → Demut, Verbindlichkeit.

zuvortun → auszeichnen, überbieten.

Zuwaage → Beifügung.

Zuwachs → Ausdehnung, Beifügung, Erweiterung, Erwerb, Vermehrung.

Zuwachs, ohne stagnierend, stationär.

Zuwanderung Einwanderung, Zuzug, Zulauf, Annäherung, Vereinigung.

zuwarten → gedulden, stunden.

zu Wege bringen ausführen, durchführen, vollführen, bewerkstelligen, erfüllen, verrichten, erledigen, vollstrecken, vollziehen, fertig stellen, vollenden, zu Stande bringen, ausrichten, abwickeln, durchsetzen, zu Ende führen, ans Ziel gelangen, die Krone aufsetzen, zur Entscheidung kommen, ein Ende herbeiführen. → erwirken. ▸ versagen.

zuwehen hereinbekommen, bekommen, empfangen, gelangen zu, verschaffen, auftreiben, herausschlagen, ergattern, erobern • zufliegen, zufallen, zuflattern, gewinnen, erringen • bedecken, verdecken, verhüllen, verhängen, zumachen, einschneiden, einkrusten, bewerfen, bekleiden • entschwinden, verlieren sich, verbergen, verstecken, verschleiern, tarnen. → fächeln. ▸ bloßlegen, entdecken, geben, verlieren, verwehen.

zuweilen → ab und zu, auseinander, dann und wann, einige Mal, fern und nah, gelegentlich, jeweilig, manchmal, teilweise.

zuweisen → geben.

Zuweisung → Abgabe, Anspruch, Anteil, Beitrag, Belehnung, Bestechung, Kupon, Darbringung, Gnadenbrot, Käuflichkeit, Quote, Ration, Vergebung, Verteilung.

zuwenden geben, spenden, schenken, opfern, bescheren, verehren, überraschen mit, darbringen, abtreten, stiften, unterstützen, Almosen geben, zuschießen, aushelfen, beitragen, zueignen, versorgen, versehen, unterhalten, zuteil werden lassen, unter die Arme greifen, Zuschuss geben, ausstatten, ausrüsten, bewirten, kredenzen, spendieren, vermachen, verschreiben, hinterlassen, testieren, bedenken mit, vererben • hinwenden, hinneigen, ansprechen. → abgeben, abgehen, absenden, abtreten, anbieten, ausliefern, austeilen, beschenken, darbringen, darreichen, geben, schenken, überlassen, vermachen. ▸ abwenden sich, nehmen.

Zuwendung Gabe, Spende, Geschenk, Beisteuer, Abgabe, Andenken, Erinnerung, Angebinde, Aufmerksamkeit, Bescherung, Almosen, Zuschuss, Zugabe, Aussteuer, Ausstattung, Vergütung, Gehalt, Unterhalt, Entschädigung, Lohn. → Andenken, Anspruch, Gabe, Geschenk, Ration, Vermächtnis, Wille letzter. ▸ Entgegennahme.

zuwerfen → geben, schließen.

zuwider → auseinander, kontra, dagegen, degoutiert, lästig, unbeliebt, widerwärtig, widerwillig.

zuwider sein → anekeln.

zuwiderhandeln → entgegenhandeln.

Zuwiderhandlung → Delikt, Unterlassung, Verstoß.

zuwiderlaufend → beziehungslos, kontra, diametral.

zuwinken → bewillkommnen, grüßen, winken.

zuzahlen draufzahlen. → verlieren.

zuzählen → abziehen, einbeziehen, fassen in sich, verrechnen, aufrunden.

zuzählen, sich → beitreten.

zuziehen → einwandern, herbeiziehen, schließen.

zuziehen, sich schädigen, erkälten sich, übernehmen, beeinträchtigen, erschüttern, verfallen, verderben, untergraben, zerrütten, trüben, anstecken, vergiften, infizieren, kränkeln, hinfällig werden, fiebern, krank werden, siech werden. ▸ aufklären, vorbeugen.

Zuzug Zusammenlauf, Auflauf, Gedränge, Zufluss, Einmarsch, Zuwanderung, Einwanderung, Verstärkung. → Beifügung. ▸ Abfluss, Abzug.

zuzüglich einschließlich, ergänzend, ferner, dazu, brutto, zulasten, unter Hinzurechnung. ▸ abzüglich.
zuzuschreiben beimessen, sich beziehen auf, herstammen, ableiten, herleiten • verschulden, verursachen, Anlass geben, beitragen, zurückgehen auf, Ursache sein • beifügen, anfügen, ergänzen, anreihen, hinzutun, vervollständigen, vollenden. ▸ ergeben sich, streichen.
zwacken kneifen, pitschen, zwicken.
Zwang Härte, Strenge, Zucht, Knute • Gewaltherrschaft, Schreckensherrschaft, Terror, Vergewaltigung, Notzucht, Überwältigung, Nötigung • Logik, Richtigkeit, Bündigkeit, Kraft, Triftigkeit • Lähmung, Bestimmung, Schicksal, Fügung, Verhängnis, Unvermeidlichkeit, Trieb, Bedürfnis, Drang, Druck, Gewalt, Abhängigkeit, Unfreiheit, Notlage, Zwangslage, höhere Gewalt, Schwierigkeit, Pflicht, Verpflichtung, Druckmittel Unabwendbarkeit, hartes Muss, Willenslenkung, Willenslähmung, Suggestion, Hypnose • Hemmung, Behinderung, Störung, Durchkreuzung, Sperrung, Absperrung, Ausschließung, Blockade • Verbot, Untersagung, Einhalt, Hinderung, Zurückhaltung, Entziehung, Einspruch, Acht, Bann. → Arrest, Ausschluss, Despotismus, Drang, Embargo, Fatalismus, Knechtschaft, Macht der Verhältnisse, Strenge, Unfreiheit, Willenslähmung. ▸ Zwanglosigkeit.
zwängen eindrücken, eintreiben, drängen, schieben, stoßen, schlagen, klopfen, hämmern, prellen, hineinstopfen • beugen, biegen, Gewalt antun, bedrängen, Zwang antun. → belasten, drücken. ▸ ausdehnen, bahnen, entlasten, widersetzen sich, ziehen.
zwanglos → ausgelassen, du und du, frei, leger, Rand und Band außer, ungeniert.
Zwanglosigkeit Ungezwungenheit, zwanglose Art, zwangloses Benehmen, Lässigkeit • Flatterhaftigkeit, Schlamperei, Nachlässigkeit • Unhöflichkeit, Unbildung, Mangel an Schliff, Lümmelei, Unmanierlichkeit, Flegelei, Ungezogenheit, Rüpelei, Unanständigkeit, ohne Umgangsformen, Flegelhaftigkeit, Formlosigkeit, Anstandswidrigkeit. ▸ Zwang.
Zwangsabgabe Tribut.
Zwangsarbeit → Bestrafung.
Zwangsenteignung Beschlagnahmung, Expropriation.
Zwangsherrschaft Despotie, Despotismus, Diktatur, Terror, Tyrannei.
Zwangsideen fixe Ideen.
Zwangsisolierung Quarantäne.
Zwangslage → Armut, Beschwerde, Dilemma, Entscheidung, Klemme, Macht der Verhältnisse, Not, Notwehr, Patsche, Schwierigkeit, Verlegenheit.
Zwangsjacke Korsett. → Zwangsmittel.
zwangsläufig → notwendig.
Zwangsmaßnahme Freiheitsberaubung, Verhaftung, Gefangennahme, Einkerkerung, Gewahrsam, Schutzhaft, Verwahrung, Fesselung, Zwangsmaßregel, Zwangsmittel • Beschränkung, Zwangsverbot, Einschränkung, Belagerung, Blockade. → Sanktion. ▸ Freiheit, Freimachung.
Zwangsmittel Nötigung, Gewalt, Gewalttätigkeit, Strafe, Willenslähmung, Knute, Hemmung • Strenge, Unerbittlichkeit, Unerschütterlichkeit, Ernst, Nachdrücklichkeit, Härte, Unnachsichtigkeit, Schärfe, Schonungslosigkeit, Zucht, Festigkeit, eiserne Zuchtrute, Feuer und Schwert, Faust gepanzerte, Zwangsvollstreckung, Folter, Kerker, Halseisen, Zwangsjacke, Stock, Daumenschraube, Handschelle. → Zwangsmaßnahme. ▸ Nachsicht.
Zwangspflicht Knechtschaft, Abhängigkeit, Disziplin, Zucht, Subordination, Hörigkeit, Frondienst, Lehnsdienst, Vasallentum, Leibeigenschaft, Dienstbarkeit. → Robot. ▸ Selbstständigkeit, Unabhängigkeit.
Zwangsräumung Exmission.
Zwangsverschickung Deportation.
Zwangsvollstreckung Exekution.
Zwangsvorstellung Halluzination, fixe Idee, Wahnvorstellung, Komplex, Verfolgungswahn, Manie, Größenwahn, Wahnsinn, Bewusstseinsspaltung, Fieberzustand, Schizophrenie, Delirium, Koller, Rauschzustand • Sinnestäuschung, Einbildung, Phantom, Phantasmagorie, Vorspiegelung, Täuschung, Luftbild, Blendwerk, Dunstbild, Fata Morgana, Fantasie, Hirngespinst, Utopie, Traumwelt, Vision, Verzückung, Erregungszustand, Überspanntheit • Willenlosigkeit, Wachtraum, Hypnose • Hemmung. → Fatalismus, Wahnvorstellung. ▸ Lebensklugheit, Wirklichkeit, Willensstärke.
zwangsweise → gezwungenermaßen, notgedrungen.
zwar → aber, allein, allerdings, dagegen, hingegen, immerhin, nämlich.
Zweck Absicht, Ziel, Zielpunkt, Vorsatz, Vorhaben, Tendenz, Sinn, Endabsicht, Bestimmung, Vorbedacht, Wunschziel, Glückstraum • Neigung, Sinnen, Wunsch, Plan, Berechnung, Anschlag, Verlangen, Begehr • Nagel, Heftzwecke, kleiner Pflock, Zwicke, Reißzweck, Reißnagel. → Absicht, Begriff, Endabsicht, Interesse, Ziel. ▸ Zwecklosigkeit • Mittel.
Zweck nicht aus den Augen verlieren → dabei bleiben.
zweckbedingt → notgedrungen.
zweckbestimmt zweckgebunden, intentional, absichtlich, vorsätzlich, ausdrücklich • eigens, deshalb, deswegen, behufs, weil, damit, um zu, ausdrücklich, darum. → express. ▸ unbeabsichtigt, zufällig, zwecklos.
Zweckbestimmtheit Finalität.
Zweckbestimmung Planung, Vorbedacht, Berechnung, Vorkehrung, Vorbereitung, Verabredung, Voraussicht, Vorausblick • Vorherbestimmung, Prädestination • Ziel, Absicht,

Zweck, Endabsicht, Plan. ▸ Unbedachtsamkeit, Zufälligkeit, Zwecklosigkeit.
zweckdienlich zweckgerichtet. → annehmbar, brauchbar, einschlägig, entstellt, günstig, taktisch, tendenziös.
Zweckdienlichkeit → Brauchbarkeit, Einseitigkeit, Verwendbarkeit.
zweckentsprechend zweckdienlich, zweckmäßig, passend, brauchbar, verwendbar, handlich, bequem, angemessen, sachdienlich, tauglich, Erfolg versprechend, ratsam, geeignet, tüchtig. → Erfolg versprechend. ▸ unbrauchbar, ungeeignet, zwecklos.
zweckgebunden zwingend, gegeben, bedingt, unfreiwillig, notgedrungen, notwendigerweise, zwangszweise, ohne Wahl, unausweichlich, unabweislich, entschieden, genötigt, gezwungen, unentrinnbar, unvermeidlich, unumgänglich, unerlässlich. → gegeben. ▸ frei, freiwillig, willkürlich.
zweckgefärbt → einseitig, entstellt, tendenziös.
zweckgerecht funktionell.
zwecklos → absichtslos, erfolglos, Katze für die, nutzlos, überflüssig, unproduktiv.
Zwecklosigkeit Unzweckmäßigkeit, Undienlichkeit, Wirkungslosigkeit, Verkehrtheit, Untauglichkeit, Unvorteilhaftigkeit, Unersprießlichkeit, Zweckwidrigkeit, Schädlichkeit • Unbequemlichkeit, Unangemessenheit, Umständlichkeit, Unfug. ▸ Zweckmäßigkeit.
zweckmäßig zweckdienlich, zweckentsprechend, zweckhaft, handlich, bequem, angemessen, sachdienlich, tauglich. → brauchbar, dienlich, Erfolg versprechend, geeignet, passend, praktisch, rationell, sinnreich, tauglich. ▸ ungeeignet, unbrauchbar, zwecklos.
Zweckmäßigkeit Festigkeit, Schicklichkeit, Eignung, Vorzüglichkeit, Tüchtigkeit, Angemessenheit, Fähigkeit, Verwendbarkeit, Bequemlichkeit, Handlichkeit, Tunlichkeit, Zweckdienlichkeit. → Eignung, Sachdienlichkeit, Verwendbarkeit. ▸ Zwecklosigkeit.
zweckorientiert → zielbewusst.
zwecks ad hoc. → darum, deshalb, wegen.
zwecksetzend final.
Zweckverband → Bund.
zweckvoll → zweckmäßig.
zweckwidrig → unpraktisch, unzweckmäßig.
zwei → beide.
zwei Hälften teilen, in halbieren, zweiteilen.
Zwei, Stück für Duette, Duo.
Zweibund → Zweiheit.
Zweidecker → Fahrzeug (Luft-).
zweideutig → anrüchig, dehnbar, dirnenhaft, doppelsinnig, dunkel, schlüpfrig, undefinierbar, unerkennbar, unkeusch.
zweideutiger Witz Zote.
Zweideutigkeit → beleidigen das Gefühl, Dämmerzustand, Doppelsinn, Dunkel, Falschheit, Unkeuschheit, Unklarheit.
Zweier → Boot.
zweierlei ungleich, verschieden, verschiedenartig, verschiedenwertig, widersprechend, widerstreitend, widerstrebend, unvergleichbar, unvereinbar • beziehungslos, fremd, abwegig, zeitwidrig, abweichend, ungereimt, auseinander gehend • halbiert, zweigeteilt, zweiteilig, halb und halb, gespalten, gegabelt, zweispaltig, zweizackig, zweigliedrig, zweilippig, biform. ▸ einerlei, zusammen.
Zweiersystem Binärsystem, Dualsystem.
zweifach → doppelt.
zweifarbig → bunt.
Zweifel Besorgnis, Bedenken, Misstrauen, Ungläubigkeit, Skrupel, Zwiespalt, Skepsis, Unentschiedenheit, Ungewissheit, Argwohn, Unschlüssigkeit, Unsicherheit, Zweifelsfall. → Ahnung, Anstand, Argwohn, Bedenken, Befangenheit, Befürchtung, Besorgnis, Eifersucht, Ungewissheit, Verdacht, Vermutung. ▸ Gewissheit, Glaube, Selbstsicherheit, Überzeugung, Vertrauen.
Zweifel hegen, keinen → bekehren, zweifellos.
Zweifel, ohne → absolut, feststehend, zweifellos.
zweifelhaft → dahingestellt, diskutierbar, dunkel, problematisch, scheinbar, unerwiesen, ungewiss, unsicher, vage, was, zwielichtig. ▸ eindeutig, fraglos, unzweifelhaft, zweifellos, zweifelsfrei, sicher.
Zweifelhaftigkeit → Dämmerzustand, Dilemma, Dunkel, Frage, Ungewissheit.
zweifellos gewiss, unzweifelhaft, zutreffend, tatsächlich, wirklich, entschieden, sicher, unanfechtbar, unabweislich, kategorisch, apodiktisch, unzweideutig, unfehlbar, zweifelsohne, ohne Zweifel, unleugbar, unbestreitbar, fraglos, unwiderleglich, unwidersprochen, unumstößlich, unverkennbar, beglaubigt, amtlich, verbürgt, bezeugt, glaubwürdig, zuverlässig, wahrhaftig, augenscheinlich, erwiesen, handgreiflich, untrüglich, ersichtlich, unstreitig, allbekannt, festgestellt, wahrheitsgetreu, natürlich, selbstverständlich, schlechterdings, wahrlich, bestimmt, absolut, offenbar, urkundlich, unverdächtig, unverfälscht, fehlerlos, ungeschminkt, unübertrieben. → absolut, beglaubigt, bestimmt, durchaus, eigentlich, erwiesen, feststehend, gewiss, schlechterdings. ▸ zweifelhaft.
zweifeln bedenken, in Frage ziehen, anzweifeln, bezweifeln, schwanken • misstrauen, argwöhnen, beargwöhnen, dem Frieden nicht trauen, misstrauisch sein, stutzig werden, vom Glauben abwenden, frei denken. → argwöhnen, bedenken, befürchten, belassen, besinnen sich, erschüttern die Hoffnung, Glauben erschüttern, schwanken, zaudern. ▸ Zweifel hegen keinen • glauben, (sich) sicher sein.
Zweifelsfall (-frage) Streitfrage, Zankapfel, Streitpunkt. → Zweifel.
zweifelsohne (-frei) → beglaubigt, selbstverständlich.
zweifelsüchtig → zweiflerisch, skeptisch, unüberzeugbar, glaubenslos, atheistisch, materialistisch, freidenkerisch, weltlich, irdisch, lau, unchristlich.

Zweifler Bangemann, Pessimist, Schwarzseher, Skeptiker.
zweiflerisch → ungläubig, zweifelsüchtig.
Zweifüßer Bipede.
Zweig Ast, Geäst, Gezweig, Stängel, Gerte, Ranke, Reis, Rispe, Schoss, Schössling, Spross, Trieb, Stiel • Fach, Teil, Nebenteil, Gruppe, Bereich, Branche, Gebiet. → Abkomme, Abkömmling, Abteilung, Amt, Arbeit, Art, Ausläufer, Beruf, Familie, Glied, Kategorie, Rute, Sektion.
▸ Ganzheit, Stamm.
zweigeschlechtlich androgyn, doppelgeschlechtlich, zwittrig.
zweigesichtig janusköpfig.
zweigestaltig dimorph.
zweigeteilt zweifach, zwiespältig, doppelt, zweigestaltig, binomisch, dualistisch, gepaart, paarweise, zu zweien • halbiert, halb und halb, gespalten, gegabelt, gabelförmig, zweispaltig, zweierlei. → entzwei, zweierlei.
▸ einerlei, zusammen.
Zweiggeschäft → Filiale.
Zweigniederlassung → Etablissement, Filiale.
Zweigstelle → Büro, Filiale.
zweihändig bimanuell.
Zweiheit Gespann, Paar, Joch, Zwilling • Duett, Duo, Zweibund • Zweimaligkeit, Zweizahl, Dual, Zwiegestalt, Doppelstellung, Dualität, Doppelgesicht, Doppelgestalt, Dualismus, Polarität. → Eheleute.
▸ Einheit.
Zweijahreszeitraum Biennium.
zweijährig zwei Jahre alt, biennal, binar, alle zwei Jahre • jung, jugendlich, frisch, kindlich, unentwickelt, unflügge, unreif.
▸ alt.
Zweikampf → Duell.
zweimal bis. → doppelt, einmal noch.
Zweimaster Brigantine, Brigg.
Zweimonatszeitraum Bimester.
zweipolig bipolar.
Zweipolröhre Diode.
Zweirad Fahrrad, Tandem, Velo.
zweisam → zusammen.
zweischneidig beunruhigend, unsicher, drohend, gewagt, abenteuerlich, waghalsig, tollkühn, halsbrecherisch, bedrohlich, verderblich, gefahrbergend, unheilvoll, unglückschwanger, Verderben bringend.
▸ eindeutig, sicher.
zweiseitig beidseitig, bilateral, doppelseitig.
zweispaltig zweigeteilt, zweiteilig, gespalten, gegabelt, gabelförmig, zweigliedrig. → zweierlei, zweigeteilt.
▸ (einspaltig), einteilig, einerlei, zusammen.
Zweispänner → Fahrzeug (Straßen-).
zweisprachig bilinguisch.
Zweitdruck → Abklatsch, Druck.
zweite Möglichkeit Alternative.
zweiteilen halbieren, zwei Hälften teilen in.
zweiteilig halbiert, zweigeteilt, gespalten, gegabelt, zweispaltig, zweigliedrig, zweilippig. → gabelförmig, zweierlei, zweigeteilt.
▸ einteilig.
zweiteiliger Badeanzug Bikini.
Zweiteilung Halbierung, Spaltung, Gabelung, Verzweigung, Verdoppelung, Doppel, Zwilling, Halbzeit, Hälfte, Halbscheid. → Gabel.
▸ Einheit.
zweiter Mann Doppelgänger, Double, Ersatzmann, Stellvertreter, Vize.
Zweitimpfung Revakzination.
Zweitinfektion Sekundärinfektion.
Zweitmöglichkeit Alternative.
zweitrangig zweitklassig, an zweiter Stelle, später, unwichtig, untergeordnet, in zweiter Linie, bedeutungslos, unbedeutend, nebensächlich, unwesentlich, belanglos • nachfolgend, ferner, folgend.
▸ primär.
Zweitschrift → Abzug, Kopie.
zweiwertig bivalent.
Zwerg Knirps, Däumling, Gnom, Kobold, Wichtel, Heinzelmännchen, Hutzelmännchen, Wicht, Männlein, Menschlein, Liliputaner, Püppchen, Gernegroß, Säugling, Baby • Buckliger • Zwergnase, Nasenkönig, Unhold, Kinderschreck, Butzemann. → Dreikäsehoch.
▸ Riese, Zyklop.
Zwergbahn → Bahn.
Zwergbaum Bonsai.
Zwerghaftigkeit Mikrokosmos, Geringfügigkeit, Erbsengröße, Stecknadelkopf, Fünkchen, Schnitzelchen, Fäserchen, Bröselchen, Krümelchen, Körnchen, Krümlein, Pünktchen, Stäubchen, Teilchen. → Begrenzung.
▸ Größe, Menge.
Zwergkopf Nanozephalus.
Zwergwuchs Mikrosomie.
Zwickel Keil, Einsatz, Aufsatz, Einfassung • Verzierung, Schmuck, Zierde, Aufmachung, Beiwerk, Zierwerk, Ornament, Schnörkel.
zwicken abzwicken, abkneifen, kürzen, kleiner machen, verringern, verkleinern, vermindern • zwacken, einklemmen, kneifen, pitschen • behindern, belästigen.
▸ verbinden, vergrößern, unterlassen.
Zwicker → Brille.
Zwickmühle → Patsche.
zwiebeln drillen, hochnehmen, fuchsen, kujonieren, kuranzen, misshandeln, peinigen, pisacken, plagen, quälen, schikanieren, schinden, schlauchen, schleifen, sekkieren *ö*, triezen, zwirbeln, einen Streich spielen, die Suppe versalzen, eins auswischen, Schlitten fahren mit, hetzen, die Flötentöne beibringen, sein Mütchen kühlen, die Hölle heiß machen, einheizen, bimsen, malträtieren, striegeln, zwacken.
▸ Nachsicht haben, verschonen.
zwiefach → doppelt, einmal noch.
Zwiegesang → Duett.
Zwiegespräch → Aussprache, Beratung, Debatte, Interview.
Zwielicht → Abend, Dämmer.
zwielichtig → dunkel, zweifelhaft.
zwielichtige Angelegenheit Affäre.
zwielichtige Gesellschaft Demimonde, Halbwelt, Schickeria.
Zwiespalt Entzweiung, Uneinigkeit, Spaltung, Trennung, Riss, Streitfall, Kollision, Zwietracht, Meinungsverschiedenheit, Abweichung, Verschiedenheit, Missstimmung, Disharmonie, Misshelligkeit, Zwistigkeit, Streitigkeit, Zerwürfnis, Bruch, Entzweiung, Unfriede, Hader, Kampf, Feindschaft, Feindseligkeit, Wortstreit, Eifersucht. → Bedenken, Besorgnis, Bruch, Differenz, Dilemma, Disharmonie, Feindschaft, Gegensatz, Missstimmung, Trennung, Verlegenheit, Widerstreit,

Zweifel.
▸ Einigkeit, Harmonie, Vertrauen.
zwiespältig → diskrepant, feindlich, uneinig.
Zwiesprache Zwiegespräch, Dialog, Diskussion, Debatte. → Unterredung.
Zwietracht Missverständnis, Stänkerei, Krakeel, Komplott, Streitfrage, Streitigkeit, Zanksucht, Streitsucht, Unfriede, Uneinigkeit, Trennung, Missklang, Spannung, Streit, Krach, Zank, böses Blut. → Auseinandersetzung, Abneigung, Disharmonie, Disput, Entfremdung, Feindschaft, Zwiespalt.
▸ Harmonie, Einigkeit.
zwieträchtig zwiespältig, uneins, uneinig, unverträglich, streitig, misshellig, entgegengesetzt, gegnerisch, gehässig, widerspenstig, streitsüchtig, unversöhnlich, rechthaberisch, polemisch. → feindlich, uneinig.
▸ einig, verträglich.
Zwilling Abklatsch, Spiegelbild, Gegenstück, Seitenstück, Paar • Ähnlichkeit, Anklang • Zweiheit, Zwei, Zweimaligkeit, Nebenschwester, Nebenbruder, Pärchen. → Anverwandte, Zweiheit.
▸ Einmaligkeit, Ungleichheit.
Zwillinge, eineiige identische Zwillinge.
Zwillinge, zusammengewachsene siamesische Zwillinge.
Zwillingsforschung Geminologie.
Zwillingsgeschehen Duplizität, Gleichzeitigkeit.
zwingen binden, Gewalt haben in der, nötigen, Pistole auf die Brust setzen, terrorisieren, überwältigen, zu Paaren treiben, unterwerfen, vorschreiben, zähmen • abringen, aufdrängen, bestehen auf, festnageln *u*, bestimmen, durchdrücken, durchsetzen, erpressen, gefügig machen, kleinkriegen, kirren *u* • friss dich oder ich fress dich. → aufdrängen, bändigen, bemüßigen, bestehen, bestimmen, beugen, bezähmen, durchdrücken, durchsetzen, fesseln, lassen keine Wahl, locker lassen nicht, vergewaltigen, verschleppen.
▸ freistellen, widersetzen sich.
zwingend → anschaulich, bemüßigt, beweisend, durchschlagend, entscheidend, notgedrungen, schlagend, stichhaltig, unwiderstehlich.
Zwinger → Käfig, Kerker.
zwinkern → blinzeln.
zwirbeln drehen, drillen, kräuseln, locken, wickeln, winden, aufrollen, aufdrehen, aufringeln.
▸ (auseinander ziehen).
Zwirn → Bargeld, Band, Bindemittel, Bindfaden, Faden.
Zwirn geht aus, der aus, vorbei, vorüber, zu Ende, fertig, erledigt • sterben, erlöschen, verklingen, verschwinden, vergehen, beschließen, beenden, Kehraus machen.
▸ beginnen, fortführen, leben.
Zwirnsfaden → Faden, Zwirn.
zwischen dazwischen, inmitten, darunter, in, unter, mang *u*, durcheinander • innen, inwendig, darinnen, inwärts • eingeschlossen, eingekeilt, zwischenliegend, verkeilt • inzwischen, solange, eine Zeit lang, in der Zwischenzeit, unterdessen. → darunter, dazwischen.
▸ abseits, hinter, vorn außen, außerhalb, herum, ringsum • nach • neben.
Zwischenbemerkung → Anmerkung, Einfügung, Randbemerkung.
Zwischenbescheid → (kurze) Bestätigung.
Zwischending → Zwitter.
Zwischenfall Nebenhandlung, Begebenheit, Einschiebsel, Ereignis, Nebenbehandlung, Zwischenspiel, Zwischenstück, Wendung. → Abenteuer, Begebnis, Episode.
Zwischenfälle, ohne reibungslos, störungsfrei, ungehindert.
Zwischenfrage Anfrage, Interpellation, Erkundigung, Erhebung, Auskunft.
Zwischenhändler → Agent, Verbindungsmann, Vermittler.
zwischenliegend → binnen, dazwischen, halbwegs, dazwischentretend, verkeilt.
Zwischenlösung Vorläufigkeit. → Kompromiss.
Zwischenmahlzeit Imbiss, Jause, Snack, Vesper.
zwischenmenschliche Beziehungen Human relations.
Zwischenraum → Abstand, Distanz, Entfernung, Lücke, Raum.
Zwischenregierung Interregnum.
Zwischenruf → Einfügung, Randbemerkung.
zwischenschieben einschieben. → einfügen.
Zwischenspiel Episode, Intermezzo, Interregnum, Zwischenhandlung, Zwischenzeit. → Episode.
▸ Hauptsache.
zwischenstaatlich → international.
zwischenstaatliche Verrechnung Clearing, Kompensation.
Zwischenträger → Angeber, Anzeiger, Denunziant, Eindringling, Vermittler.
Zwischenzeit mittlerer Stand, Wendepunkt, Halbzeit, Hälfte • Pause, Unterbrechung • Zeitraum, Ära, Zeitstufe • Bedenkzeit, Zwischenspiel, Episode, Interim, Interregnum • Frist, Abschnitt, Wartezeit, Probezeit, Atempause.
zwischenzeitlich → inzwischen.
Zwist Rammelei *u*. → Auseinandersetzung, Bitterkeit, Bruch, Disharmonie, Feindschaft, Kampf.
▸ Bündnis • Eintracht, Frieden, Harmonie • Versöhnung.
Zwistigkeit → Auseinandersetzung, Bruch, Differenz, Disput, Kampf.
zwitschern → piepsen.
Zwitter Wunderding, Kuriosum, Kuriosität, Hydra, Zwischending, Mannweib, Doppelgeschöpf, Hermaphrodit, Minotauros, Kentaur, Zyklop, Sphinx, Greif, Wasserjungfer • Einhundertfünfundsiebziger. → Bastard, Mannweib.
Zwitterbildung Androgynie.
Zwitterding → Zwitter.
zwitterhaft androgyn, amphoter • zweigeschlechtig, bisexuell • naturwidrig, regelwidrig, unnatürlich, abweichend, anormal, abnorm.
▸ natürlich, normal.
zwittrig androgyn, doppelgeschlechtlich, hermaphroditisch, monoklin, zweigeschlechtlich, → zwitterhaft.
Zwölfersystem Dodekatik, Duodezimalsystem.
Zwölffingerdarm Duodenum.
Zwölfflächner Dodekaeder.
zwölfteilig duodezimal.
zyklisch periodisch, regelmäßig.
Zykloide → Kreisform.

Zyklon Wirbelsturm.
Zyklop Regelwidrigkeit, Unnatur, Widersinn, Ungeheuer, Riese, Kraftmensch, Gewaltmensch, Übermensch, Hüne, Herkules, Enakssohn, Goliath, Samson, Simson. → Athlet. ▸ Zwerg.
zyklopisch außergewöhnlich, merkwürdig, seltsam, fremdartig, Aufsehen erregend • riesig, gigantisch, athletisch, hünenhaft, reckenhaft, unbezwingbar, unbesiegbar, riesenhaft. → außerordentlich. ▸ natürlich, normal, winzig.
Zyklus Kreis, Reihe, Serie, Kette, Folge, Periode, Umlauf, Umlaufszeit • Zusammenstellung, Organisation, Ordnung. → Regelmäßigkeit. ▸ Unregelmäßigkeit, Unterbrechung.
Zylinder Tubus, Walze, Zylindroid, Rolle • Kompressionsraum, Verbrennungsraum, Hohlkörper, Topf *u* • Zylinderhut, hoher Hut, Seidenhut, Ofenrohr, Angströhre, Klapphut, Chapeau claque *m,* Zivilhelm *u,* Bibi *u,* Schabbesdeckel *u.*
Zylinderhut → Zylinder.
zylindrisch → walzenförmig.
Zyniker → Satiriker, Verächter.
zynisch bissig, schamlos-verletzend. → abgebrüht, abstoßend, barbarisch, beherrscht, boshaft, ironisch, sarkastisch.
Zynismus Missachtung, Geringschätzung, Unausstehlichkeit, Verschmähung, Verächtlichkeit, Schmählichkeit, Gemeinheit, Hohn, Verhöhnung, Verworfenheit. ▸ Schonung, Verherrlichung.